中国人口普查
CHINA POPULATION CENSUS

2020

中国人口普查分县资料

TABULATION ON 2020 CHINA POPULATION CENSUS BY COUNTY

国务院第七次全国人口普查领导小组办公室　编

Compiled by
Office of the Leading Group of the State Council
for the Seventh National Population Census

中国统计出版社
China Statistics Press

图书在版编目（CIP）数据

中国人口普查分县资料. 2020 = Tabulation on 2020 China Population Census by County / 国务院第七次全国人口普查领导小组办公室编. -- 北京：中国统计出版社, 2022.7
ISBN 978-7-5037-9772-9

Ⅰ. ①中… Ⅱ. ①国… Ⅲ. ①县－人口普查－统计资料汇总－中国－2020 Ⅳ. ①C924.25

中国版本图书馆 CIP 数据核字(2021)第 275266 号

中国人口普查分县资料-2020
Tabulation on 2020 China Population Census by County

作　　者/国务院第七次全国人口普查领导小组办公室
责任编辑/郭　栋　佘竞雄
执行编辑/张　怡
封面设计/李雪燕
出版发行/中国统计出版社有限公司
通信地址/北京市丰台区西三环南路甲 6 号　邮政编码/100073
发行电话/邮购（010）63376909　书店（010）68783171
网　　址/http://www.zgtjcbs.com/
印　　刷/三河市双峰印刷装订有限公司
经　　销/新华书店
开　　本/880mm×1230mm　1/16
字　　数/1966 千字
印　　张/62
版　　别/2022 年 7 月第 1 版
版　　次/2022 年 7 月第 1 次印刷
定　　价/510.00 元

《中国人口普查分县资料—2020》编委会和编辑工作人员

编委会

主　　任：康　义

副 主 任：蔺　涛　李晓超　曾玉平

编委会成员：王萍萍　张　毅　刘爱华　李希如
崔红艳　孟灿文　叶礼奇

编辑工作人员

总 编 辑：王萍萍

副总编辑：崔红艳　叶礼奇

编辑人员：（以姓氏笔画为序）
于弘文　权少伟　刘　慧　刘璐彭
李　姝　李　莎　李　睿　李宁宁
佘竞雄　张　强　武　超　周慧妮
郭　栋　郭　徽　董淑太　辜　阳

编辑说明

《中国人口普查分县资料—2020》是第七次全国人口普查编辑出版的专题数据资料之一，是人口普查资料开发利用的重要成果。它涵盖了2020年全国各县级单位的人口数量、结构以及家庭居住状况等多项指标，是自2000年以来历次人口普查都公开发布的系统、详实的县级大型人口数据资料。为方便读者使用本资料，现将有关情况说明如下:

1. 本资料是第七次全国人口普查实际登记直接汇总的数据，不包括漏登的人口(事后质量抽查表明，人口漏登率为0.05%)，不包括200万现役军人。资料中各项指标的汇总结果未做任何误差校正，读者在使用时应考虑不同指标登记误差因素的影响。

2. 本资料分县人口数均为2020年11月1日零时的常住人口。

3. 第七次全国人口普查采用了长、短两种普查表，本资料有关婚姻、生育、家庭居住条件等指标取自普查长表，未推算总体。数据范围各表中均有注明。

4. 本资料按省级、地级和县级三级开列，各省级和地级均列出了其合计。对直辖市，分别给出了其市辖区、县合计。使用时请勿重复计算。

5. 本资料县级单位采用第七次全国人口普查统计用区划，读者在进行历史比较时请注意。

6. 本资料中部分相对数由于单位取值问题而产生的计算误差，均未做机械调整。

7. 本资料表中空项表示无数字或数字很小。

目　　录

全部数据

表 1 人口基本状况

表1 人口基本状况

地　区	人口数				少数民族人口比重
	合　计（人）	男（人）	女（人）	性别比（女=100）	(%)
合　计	**1409778724**	**721416394**	**688362330**	**104.80**	**8.89**
北京市	**21893095**	**11195390**	**10697705**	**104.65**	**4.79**
市辖区	**21893095**	**11195390**	**10697705**	**104.65**	**4.79**
东城区	708829	343913	364916	94.24	5.78
西城区	1106214	536462	569752	94.16	6.48
朝阳区	3452460	1706125	1746335	97.70	4.93
丰台区	2019764	999286	1020478	97.92	4.18
石景山区	567851	281740	286111	98.47	4.04
海淀区	3133469	1562094	1571375	99.41	4.99
门头沟区	392606	199066	193540	102.86	2.73
房山区	1312778	675427	637351	105.97	3.84
通州区	1840295	968061	872234	110.99	4.71
顺义区	1324044	710705	613339	115.87	4.32
昌平区	2269487	1219677	1049810	116.18	4.45
大兴区	1993591	1072459	921132	116.43	4.26
怀柔区	441040	235006	206034	114.06	9.54
平谷区	457313	233891	223422	104.69	2.07
密云区	527683	269688	257995	104.53	8.12
延庆区	345671	181790	163881	110.93	4.56
天津市	**13866009**	**7144949**	**6721060**	**106.31**	**3.20**
市辖区	**13866009**	**7144949**	**6721060**	**106.31**	**3.20**
和平区	355000	184265	170735	107.92	3.80
河东区	858787	429568	429219	100.08	2.62
河西区	822174	401956	420218	95.65	3.26
南开区	917106	452645	464461	97.46	3.47
河北区	647702	321926	325776	98.82	2.94
红桥区	483130	241683	241447	100.10	6.74
东丽区	936322	505386	430936	117.28	2.82
西青区	1180770	622383	558387	111.46	3.00
津南区	928066	490613	437453	112.15	3.16
北辰区	909643	473492	436151	108.56	5.24
武清区	1153235	593678	559557	106.10	2.79
宝坻区	722367	373013	349354	106.77	1.85
滨海新区	1973752	1033939	939813	110.02	2.69
宁河区	395333	205179	190154	107.90	1.36
静海区	787106	412001	375105	109.84	1.94
蓟州区	795516	403222	392294	102.79	4.92
河北省	**74610235**	**37679003**	**36931232**	**102.02**	**4.32**
石家庄市	**11235086**	**5634151**	**5600935**	**100.59**	**1.27**
长安区	1059572	533055	526517	101.24	2.23
桥西区	979646	480526	499120	96.27	2.07
新华区	802057	393706	408351	96.41	2.00
井陉矿区	77015	39030	37985	102.75	0.29
裕华区	771255	373208	398047	93.76	2.35
藁城区	741068	374932	366136	102.40	1.41
鹿泉区	588279	298447	289832	102.97	1.33
栾城区	378689	191513	187176	102.32	0.71
井陉县	250989	128539	122450	104.97	0.31
正定县	549321	276213	273108	101.14	1.33
行唐县	376627	190365	186262	102.20	0.26
灵寿县	309121	156245	152876	102.20	0.65
高邑县	178368	90454	87914	102.89	0.22
深泽县	215806	107713	108093	99.65	0.16
赞皇县	242549	124455	118094	105.39	0.14
无极县	451377	225524	225853	99.85	2.22
平山县	423333	216178	207155	104.36	0.31
元氏县	392710	203430	189280	107.48	0.28

(全部数据)

城乡人口		城市城区人口(人)	家庭户				家庭户类别			
城镇人口(人)	乡村人口(人)		户数(户)	人口数(人)	户规模(人/户)	其中:一人户(户)	一代户(户)	二代户(户)	三代户(户)	四代以上户(户)
899991162	**509787562**	**575170855**	**494157423**	**1292809300**	**2.62**	**125490007**	**244615023**	**181471659**	**65528182**	**2542559**
19166433	**2726662**	**17751681**	**8230792**	**19014338**	**2.31**	**2463325**	**4842948**	**2532522**	**839474**	**15848**
19166433	**2726662**		**8230792**	**19014338**	**2.31**	**2463325**	**4842948**	**2532522**	**839474**	**15848**
708829			285543	664218	2.33	83563	148077	105698	31448	320
1106214			440708	1044441	2.37	124928	227080	163513	49538	577
3452460			1465020	3167579	2.16	503179	914816	433336	115598	1270
2003652	16112		828157	1889810	2.28	235973	487920	261653	77473	1111
567851			222821	522548	2.35	56219	122938	76881	22777	225
3058731	74738		1118037	2602895	2.33	348723	623941	367996	124505	1595
358945	33661		155912	355253	2.28	41187	92472	51048	12187	205
1025320	287458		454271	1131310	2.49	106390	245709	149370	57859	1333
1361403	478892		639191	1494172	2.34	190801	382878	188301	66561	1451
875261	448783		510917	1177328	2.30	165902	323681	129680	55458	2098
1856115	413372		815773	1819742	2.23	275300	529310	202214	82744	1505
1622382	371209		660307	1579029	2.39	188507	391075	193153	74157	1922
334682	106358		153338	366957	2.39	38876	90031	47473	15346	488
278501	178812		160875	420199	2.61	33818	81374	55407	23048	1046
350398	177285		195078	481339	2.47	42541	108960	64734	20875	509
205689	139982		124844	297518	2.38	27418	72686	42065	9900	193
11744440	**2121569**	**10933092**	**4867116**	**11668540**	**2.40**	**1167393**	**2627276**	**1826511**	**403160**	**10169**
11744440	**2121569**		**4867116**	**11668540**	**2.40**	**1167393**	**2627276**	**1826511**	**403160**	**10169**
355000			115456	266470	2.31	30351	60294	46231	8823	108
858787			332224	729904	2.20	92112	192514	118391	21052	267
822174			300652	680223	2.26	80192	164100	113525	22634	393
917106			346629	777144	2.24	93427	194489	127716	24028	396
647702			253205	562647	2.22	67748	145557	90390	16979	279
483130			185175	408791	2.21	48516	108683	65018	11336	138
936322			324595	754918	2.33	85773	186295	116102	21962	236
1118123	62647		366668	859962	2.35	92717	209015	133826	23449	378
928066			302219	730522	2.42	72088	160117	118563	23114	425
822691	86952		313461	736331	2.35	80057	174755	113808	24523	375
638435	514800		384233	1026117	2.67	74598	180786	146079	54955	2413
309040	413327		255540	658069	2.58	48093	132099	95862	26610	969
1888364	85388		699376	1669880	2.39	169104	376968	272943	48915	550
188910	206423		141833	369223	2.60	27572	72160	53976	15155	542
447594	339512		267413	679998	2.54	54746	138514	108100	20200	599
382996	412520		278437	758341	2.72	50299	130930	105981	39425	2101
44816486	**29793749**		**25429609**	**69871266**	**2.75**	**5082767**	**11841204**	**10124450**	**3325910**	**138045**
7884379	**3350707**	**4423882**	**3639157**	**10259382**	**2.82**	**718223**	**1609345**	**1421043**	**580221**	**28548**
1059572			369036	941788	2.55	87058	180510	146926	40203	1397
979646			337556	842288	2.50	85173	175434	129092	32375	655
802057			258792	684775	2.65	51350	118965	109835	29356	636
67531	9484		27799	72960	2.62	5629	13843	9814	4037	105
771255			242841	645701	2.66	49526	110256	103407	28160	1018
427218	313850		215731	694108	3.22	31876	78058	81377	52132	4164
439312	148967		166184	517183	3.11	25933	60481	66361	37188	2154
258488	120201		106173	341420	3.22	16408	37352	41937	25207	1677
132756	118233		92045	240637	2.61	22295	44812	33140	13707	386
355785	193536		162921	493512	3.03	28147	66339	59877	34673	2032
135039	241588		132256	363629	2.75	27084	60951	53250	17418	637
142289	166832		95253	278860	2.93	17634	41076	36927	16404	846
100414	77954		55921	173492	3.10	8564	21978	21839	11532	572
94216	121590		87549	212077	2.42	20557	47009	34010	6309	221
83176	159373		83850	237988	2.84	17405	38043	37657	7878	272
186172	265205		146318	437834	2.99	27911	59956	52882	31625	1855
219902	203431		145269	409808	2.82	32761	65356	53330	25326	1257
188316	204394		117636	371834	3.16	18221	43714	47425	25114	1383

表1 续表 1

地 区	人口数 合计 (人)	男 (人)	女 (人)	性别比 (女=100)	少数民族人口比重 (%)
赵县	505366	258878	246488	105.03	0.13
石家庄高新技术产业开发区	304675	151136	153539	98.43	1.85
石家庄循环化工园区	56147	28755	27392	104.98	0.76
辛集市	594628	297951	296677	100.43	0.37
晋州市	507959	255098	252861	100.88	0.19
新乐市	478529	238800	239729	99.61	1.97
唐山市	**7717983**	**3921523**	**3796460**	**103.29**	**3.79**
路南区	334204	167496	166708	100.47	2.50
路北区	784667	386888	397779	97.26	2.18
古冶区	317932	158744	159188	99.72	1.44
开平区	279432	141343	138089	102.36	3.83
丰南区	552532	281966	270566	104.21	3.56
丰润区	800740	406839	393901	103.28	2.72
曹妃甸区	352069	191342	160727	119.05	2.91
滦南县	508538	257158	251380	102.30	2.63
乐亭县	389198	199159	190039	104.80	0.96
迁西县	365615	186940	178675	104.63	2.77
玉田县	664906	337826	327080	103.29	4.76
河北唐山芦台经济开发区	43558	23312	20246	115.14	1.03
唐山市汉沽管理区	52550	27565	24985	110.33	1.04
唐山高新技术产业开发区	169923	83076	86847	95.66	2.79
河北唐山海港经济开发区	98218	50852	47366	107.36	4.29
遵化市	707047	355837	351210	101.32	13.40
迁安市	776752	399910	376842	106.12	3.50
滦州市	520102	265270	254832	104.10	1.76
秦皇岛市	**3136879**	**1582129**	**1554750**	**101.76**	**15.67**
海港区	1024876	513467	511409	100.40	8.69
山海关区	164989	82846	82143	100.86	9.01
北戴河区	130104	63155	66949	94.33	4.20
抚宁区	291211	148258	142953	103.71	1.65
青龙满族自治县	431138	223425	207713	107.56	79.75
昌黎县	487989	244977	243012	100.81	1.32
卢龙县	333942	169582	164360	103.18	1.65
秦皇岛市经济技术开发区	197898	98880	99018	99.86	9.77
北戴河新区	74732	37539	37193	100.93	3.09
邯郸市	**9413990**	**4706427**	**4707563**	**99.98**	**0.55**
邯山区	614303	307083	307220	99.96	1.27
丛台区	572175	284086	288089	98.61	0.75
复兴区	319980	161266	158714	101.61	0.85
峰峰矿区	429245	217013	212232	102.25	0.29
肥乡区	372265	186935	185330	100.87	0.15
永年区	851227	428773	422454	101.50	0.10
临漳县	589003	286482	302521	94.70	0.15
成安县	401052	200060	200992	99.54	0.19
大名县	726396	361716	364680	99.19	2.14
涉县	379559	191610	187949	101.95	0.16
磁县	426345	213449	212896	100.26	0.28
邱县	210998	105108	105890	99.26	4.37
鸡泽县	297425	148659	148766	99.93	0.17
广平县	264025	129938	134087	96.91	0.07
馆陶县	307912	152785	155127	98.49	0.13
魏县	796806	395006	401800	98.31	0.09
曲周县	463727	230680	233047	98.98	0.11
邯郸经济技术开发区	294436	152306	142130	107.16	0.64
邯郸冀南新区	285480	144509	140971	102.51	0.14
武安市	811631	408963	402668	101.56	0.21
邢台市	**7111106**	**3589652**	**3521454**	**101.94**	**0.41**
襄都区	426224	210521	215703	97.60	1.34
信都区	798770	400475	398295	100.55	0.83
任泽区	342869	174761	168108	103.96	0.11

城乡人口		城 市 城区人口 (人)	家庭户				家庭户类别			
城镇人口 (人)	乡村人口 (人)		户数 (户)	人口数 (人)	户规模 (人/户)	其中：一人户 (户)	一代户 (户)	二代户 (户)	三代户 (户)	四代以上户 (户)
200524	304842		150682	486193	3.23	20899	50833	59990	37564	2295
304675			89916	256948	2.86	17146	37520	37335	14453	608
48217	7930		18801	54098	2.88	3812	8345	6883	3356	217
368208	226420	314028	223056	566593	2.54	48932	118034	77181	26717	1124
238153	269806	156800	173025	493233	2.85	30559	78308	65858	27488	1371
281458	197071	198499	140547	442423	3.15	23343	52172	54710	31999	1666
4963907	**2754076**	**2135991**	**2837237**	**7245356**	**2.55**	**573944**	**1477817**	**1067954**	**284159**	**7307**
313866	20338		129660	312326	2.41	29852	69160	48800	11493	207
755006	29661		331735	747434	2.25	98029	198446	109079	23869	341
276273	41659		132311	308266	2.33	30708	75264	45723	11140	184
206649	72783		108483	268366	2.47	22966	57291	40624	10394	174
347738	204794		197902	521775	2.64	32084	100756	76633	19972	541
466829	333911		295458	734197	2.48	63833	158748	112400	23754	556
301242	50827		108270	256089	2.37	24302	61934	40537	5728	71
237640	270898		193160	489797	2.54	33021	105691	69491	17448	530
174311	214887		153119	352930	2.30	29199	96435	46543	9906	235
200036	165579		124591	351671	2.82	20555	55992	50486	17692	421
296238	368668		241283	646422	2.68	42601	116292	95706	28311	974
25032	18526		15259	40161	2.63	2629	8509	4894	1760	96
36014	16536		20221	48525	2.40	4498	11517	7011	1655	38
122561	47362		57300	136742	2.39	13911	31612	20905	4710	73
66634	31584		36986	89990	2.43	7685	20393	14004	2548	41
392821	314226	248087	238670	688530	2.88	39760	101428	97043	38856	1343
466210	310542	378323	261982	744524	2.84	45335	114668	109420	36865	1029
278807	241295	189879	190847	507611	2.66	32976	93681	78655	18058	453
2006711	**1130168**	**1249303**	**1187963**	**2901692**	**2.44**	**252671**	**639347**	**446894**	**99267**	**2455**
927186	97690		380931	910848	2.39	87551	200534	151111	28924	362
154723	10266		64827	153426	2.37	13662	35976	23521	5230	100
115675	14429		43845	101392	2.31	9543	25702	15336	2764	43
123404	167807		116234	282908	2.43	22389	64375	43718	7928	213
135890	295248		152291	415873	2.73	30088	71058	58362	21967	904
227270	260719		192561	462211	2.40	39952	111217	66257	14607	480
123352	210590		132416	322070	2.43	27217	73319	48599	10253	245
159464	38434		74391	181571	2.44	15801	39052	29422	5847	70
39747	34985		30467	71393	2.34	6468	18114	10568	1747	38
5485163	**3928827**	**1940903**	**2830697**	**8922082**	**3.15**	**486335**	**1058599**	**1221211**	**527050**	**23837**
524549	89754		190302	545162	2.86	38318	80494	83060	26050	698
499406	72769		190476	532818	2.80	40206	86478	77784	25618	596
298628	21352		112081	305224	2.72	23695	48730	48720	14344	287
327532	101713		142547	406825	2.85	28943	60711	55257	25817	762
188215	184050		100563	359378	3.57	12718	31028	43700	24175	1660
442425	408802		227730	781527	3.43	32609	76216	102515	46951	2048
290955	298048		182139	565584	3.11	35294	70357	71941	37598	2243
181879	219173		114491	377944	3.30	16009	38326	50767	24205	1193
317877	408519		227563	706649	3.11	39629	86221	99579	39640	2123
239933	139626		133237	366140	2.75	29480	57043	58599	17202	393
223882	202463		121587	406660	3.34	17751	38103	49956	31850	1678
112644	98354		72187	206420	2.86	13031	32425	33918	5692	152
141302	156123		84691	286792	3.39	11097	28245	41961	13877	608
141156	122869		73663	251034	3.41	11462	24108	31139	17332	1084
157033	150879		99375	298785	3.01	16494	40355	46557	11810	653
357500	439306		230716	775371	3.36	37748	80083	94006	53102	3525
244750	218977		135835	455952	3.36	19535	47314	64302	23023	1196
173176	121260		75443	247213	3.28	13237	27366	35211	12394	472
168879	116601		83137	281366	3.38	11292	26244	35546	20278	1069
453442	358189	280061	232934	765238	3.29	37787	78752	96693	56092	1397
3846965	**3264141**	**1172708**	**2304757**	**6804569**	**2.95**	**396938**	**951260**	**1003044**	**335937**	**14516**
389773	36451		135057	388277	2.87	24601	56512	58388	19553	604
613835	184935		271697	728857	2.68	54776	125712	114141	31193	651
161535	181334		101489	334440	3.30	13789	34267	44898	21258	1066

表1 续表 2

地 区	人口数				少数民族人口比重
	合 计（人）	男（人）	女（人）	性别比（女=100）	(%)
南和区	350384	177518	172866	102.69	0.15
临城县	199793	101061	98732	102.36	0.22
内丘县	258260	127600	130660	97.66	0.13
柏乡县	168761	85134	83627	101.80	0.11
隆尧县	480447	243237	237210	102.54	0.09
宁晋县	745389	381344	364045	104.75	0.12
巨鹿县	346007	174210	171797	101.40	0.18
新河县	134095	66994	67101	99.84	0.19
广宗县	280603	142413	138190	103.06	0.15
平乡县	323675	163687	159988	102.31	0.13
威县	496230	249425	246805	101.06	1.04
清河县	421582	217283	204299	106.36	0.23
临西县	326968	164708	162260	101.51	1.08
河北邢台经济开发区	182585	93842	88743	105.75	0.72
南宫市	396718	198341	198377	99.98	0.12
沙河市	431746	217098	214648	101.14	0.16
保定市	**11544036**	**5816557**	**5727479**	**101.56**	**1.93**
竞秀区	522813	258869	263944	98.08	2.34
莲池区	913541	450657	462884	97.36	3.49
满城区	391359	201195	190164	105.80	1.26
清苑区	625246	317743	307503	103.33	0.78
徐水区	604275	309534	294741	105.02	2.04
涞水县	315753	158246	157507	100.47	5.55
阜平县	194004	98602	95402	103.35	0.28
定兴县	512765	254605	258160	98.62	3.14
唐县	505849	252527	253322	99.69	0.23
高阳县	318986	162968	156018	104.45	0.43
容城县	273164	145006	128158	113.15	1.25
涞源县	248890	128140	120750	106.12	0.22
望都县	233790	116352	117438	99.08	0.40
安新县	453723	230992	222731	103.71	0.38
易县	485536	243653	241883	100.73	6.07
曲阳县	573975	286496	287479	99.66	0.20
蠡县	488152	248728	239424	103.89	0.23
顺平县	269678	135995	133683	101.73	0.26
博野县	225065	112855	112210	100.57	0.17
雄县	478553	249998	228555	109.38	2.28
保定高新技术产业开发区	96301	47950	48351	99.17	1.64
保定白沟新城	153132	79740	73392	108.65	4.78
涿州市	667678	333091	334587	99.55	2.39
定州市	1095986	542377	553609	97.97	2.82
安国市	363091	181209	181882	99.63	1.01
高碑店市	532731	269029	263702	102.02	1.94
张家口市	**4118908**	**2080437**	**2038471**	**102.06**	**1.53**
桥东区	279616	139406	140210	99.43	2.51
桥西区	279033	134480	144553	93.03	3.12
宣化区	542358	270947	271411	99.83	1.27
下花园区	64216	33515	30701	109.17	1.23
万全区	216795	109581	107214	102.21	0.60
崇礼区	105501	57443	48058	119.53	3.89
张北县	308880	155052	153828	100.80	1.43
康保县	138205	69730	68475	101.83	1.00
沽源县	160995	81452	79543	102.40	2.53
尚义县	104247	52667	51580	102.11	0.94
蔚县	411824	210377	201447	104.43	0.27
阳原县	205773	103755	102018	101.70	0.37
怀安县	179949	91054	88895	102.43	0.43
怀来县	348746	177326	171420	103.45	2.34
涿鹿县	294013	150116	143897	104.32	1.31
赤城县	197919	101931	95988	106.19	1.18

城乡人口		城市城区人口(人)	家庭户				家庭户类别			
城镇人口(人)	乡村人口(人)		户数(户)	人口数(人)	户规模(人/户)	其中：一人户(户)	一代户(户)	二代户(户)	三代户(户)	四代以上户(户)
206007	144377		113338	339154	2.99	18520	43834	53558	15290	656
90920	108873		69435	189301	2.73	12347	33064	29188	6921	262
115960	142300		84922	251883	2.97	14770	32547	35439	16170	766
77541	91220		51805	164896	3.18	7345	18793	20027	12196	789
212776	267671		141650	469812	3.32	19456	45906	59058	34754	1932
342341	403048		227037	722864	3.18	34837	81589	98329	44651	2468
142982	203025		119572	335797	2.81	23073	52472	52052	14480	568
64960	69135		54181	129825	2.40	13072	30802	19816	3487	76
102448	178155		99844	273482	2.74	18636	45952	47151	6452	289
177125	146550		98768	311678	3.16	14691	35688	48049	14321	710
194464	301766		175830	483827	2.75	33926	84401	76530	14364	535
254224	167358		132029	402453	3.05	19591	52089	62103	16895	942
141043	185925		102123	310576	3.04	17563	41862	42460	17018	783
109604	72981		57277	176101	3.07	7771	21357	27719	7989	212
183450	213268	141104	140391	378000	2.69	28557	69479	53766	16499	647
265977	165769	232446	128312	413346	3.22	19617	44934	60372	22446	560
6425944	**5118092**	**1896945**	**3879690**	**10901976**	**2.81**	**747701**	**1704262**	**1556837**	**590309**	**28282**
519410	3403		193845	487395	2.51	49608	98610	71226	23319	690
878945	34596		277159	733207	2.65	64622	131303	110084	34742	1030
214248	177111		123865	375725	3.03	20025	49001	50339	23379	1146
267021	358225		208557	609796	2.92	32660	85344	88260	33194	1759
287983	316292		185397	571758	3.08	25359	70517	74087	38600	2193
163459	152294		116679	304461	2.61	26072	55930	44261	15777	711
100321	93683		70567	184293	2.61	16716	34610	28880	6913	164
230023	282742		163881	493628	3.01	26687	62863	62151	36634	2233
191066	314783		164011	490301	2.99	28713	64789	66321	31173	1728
148172	170814		104534	304395	2.91	16576	43605	45267	15073	589
145215	127949		83324	247573	2.97	12578	35490	34752	12225	857
162973	85917		99788	238503	2.39	29098	53675	39019	6973	121
122493	111297		88388	227477	2.57	18382	43965	33015	10931	477
186713	267010		155981	436177	2.80	23976	69951	70166	15261	603
199500	286036		178451	473870	2.66	39209	83100	67561	26673	1117
235213	338762		204381	553499	2.71	43654	92102	97170	14762	347
231467	256685		150720	471419	3.13	21656	56852	60884	30888	2096
109612	160066		98121	262806	2.68	19760	46358	38169	13112	482
113588	111477		83307	218806	2.63	15554	40775	34123	8104	305
235236	243317		144821	447916	3.09	18745	56393	64654	22720	1054
60760	35541		31010	84610	2.73	6242	13471	13156	4247	136
149956	3176		44356	135769	3.06	6963	17576	19390	7095	295
395792	271886	320443	239039	629442	2.63	54499	114982	88547	34261	1249
577440	518546	405863	360476	1056545	2.93	65853	143620	137481	75124	4251
189925	173166	162406	130294	351820	2.70	28292	62260	48618	18382	1034
309413	223318	269691	178738	510785	2.86	36202	77120	69256	30747	1615
2722683	**1396225**	**1093783**	**1732183**	**3872240**	**2.24**	**475550**	**1048546**	**609973**	**72670**	**994**
239804	39812		119323	263165	2.21	32716	72625	41489	5148	61
276354	2679		111646	251346	2.25	28841	63764	42374	5437	71
408776	133582		223463	518001	2.32	53174	130519	84316	8520	108
51673	12543		27446	55729	2.03	9378	17937	8847	657	5
151353	65442		88699	208004	2.35	20399	50512	34206	3932	49
57534	47967		45108	93733	2.08	14183	30286	13964	848	10
214188	94692		129329	289365	2.24	32362	79542	44922	4791	74
68098	70107		70980	134779	1.90	25578	53642	15987	1324	27
91472	69523		66593	141629	2.13	19785	44354	20764	1463	12
55869	48378		53049	101354	1.91	19512	39164	13117	761	7
215790	196034		163624	402124	2.46	42690	85767	64866	12776	215
115758	90015		86772	195334	2.25	22916	52330	31331	3074	37
94361	85588		79112	174662	2.21	21914	49552	26257	3257	46
211641	137105		139248	332510	2.39	32172	76100	55172	7839	137
138859	155154		131276	285059	2.17	40405	79151	45751	6304	70
100137	97782		98779	193189	1.96	38828	68781	27641	2336	21

表1 续表 3

地区	人口数 合计（人）	男（人）	女（人）	性别比（女=100）	少数民族人口比重（%）
张家口经济开发区	257331	129500	127831	101.31	2.17
张家口市察北管理区	16915	8689	8226	105.63	0.90
张家口市塞北管理区	6592	3416	3176	107.56	6.60
承德市	**3354444**	**1700675**	**1653769**	**102.84**	**44.33**
双桥区	358431	178068	180363	98.73	21.95
双滦区	187361	93811	93550	100.28	31.48
鹰手营子矿区	54730	27079	27651	97.93	9.41
承德县	340579	175033	165546	105.73	14.34
兴隆县	271628	137280	134348	102.18	8.85
滦平县	268647	136409	132238	103.15	64.12
隆化县	347707	177040	170667	103.73	59.97
丰宁满族自治县	326353	165838	160515	103.32	72.23
宽城满族自治县	240579	124344	116235	106.98	79.19
围场满族蒙古族自治县	423676	215452	208224	103.47	68.64
承德高新技术产业开发区	135375	68246	67129	101.66	18.32
平泉市	399378	202075	197303	102.42	37.28
沧州市	**7300783**	**3730569**	**3570214**	**104.49**	**3.53**
新华区	253222	127303	125919	101.10	12.26
运河区	511086	253470	257616	98.39	5.19
沧县	626011	323329	302682	106.82	3.76
青县	420878	214356	206522	103.79	5.80
东光县	340288	172013	168275	102.22	0.40
海兴县	189273	96316	92957	103.61	1.96
盐山县	411356	210190	201166	104.49	0.82
肃宁县	341919	175209	166710	105.10	1.06
南皮县	347473	178545	168928	105.69	0.63
吴桥县	217986	107937	110049	98.08	0.35
献县	568418	289098	279320	103.50	1.23
孟村回族自治县	203507	104964	98543	106.52	27.25
河北沧州经济开发区	31524	16698	14826	112.63	4.57
沧州高新技术产业开发区	14953	7696	7257	106.05	2.07
沧州渤海新区	153135	81286	71849	113.13	4.73
泊头市	573842	289665	284177	101.93	2.91
任丘市	816401	419798	396603	105.85	0.93
黄骅市	484313	253714	230599	110.02	4.68
河间市	795198	408982	386216	105.89	2.38
廊坊市	**5464087**	**2791276**	**2672811**	**104.43**	**3.09**
安次区	479826	243915	235911	103.39	1.96
广阳区	538798	270227	268571	100.62	2.61
固安县	576344	294447	281897	104.45	2.75
永清县	384767	197668	187099	105.65	2.52
香河县	449038	228700	220338	103.80	2.67
大城县	481902	249363	232539	107.23	0.41
文安县	544778	283742	261036	108.70	2.43
大厂回族自治县	171366	86396	84970	101.68	17.62
廊坊经济技术开发区	128967	68359	60608	112.79	6.70
霸州市	743226	382850	360376	106.24	1.70
三河市	965075	485609	479466	101.28	4.24
衡水市	**4212933**	**2125607**	**2087326**	**101.83**	**0.31**
桃城区	608586	300792	307794	97.73	0.62
冀州区	304854	154079	150775	102.19	0.26
枣强县	365640	183604	182036	100.86	0.22
武邑县	265962	134365	131597	102.10	0.25
武强县	176672	88647	88025	100.71	0.20
饶阳县	254613	129989	124624	104.30	0.22
安平县	327496	168492	159004	105.97	0.51
故城县	444493	223562	220931	101.19	0.18
景县	463949	233000	230949	100.89	0.19
阜城县	293877	147122	146755	100.25	0.10
河北衡水高新技术产业开发区	144731	73711	71020	103.79	0.47
衡水滨湖新区	79771	41132	38639	106.45	1.23
深州市	482289	247112	235177	105.07	0.18

城乡人口		城　市城区人口（人）	家庭户				家庭户类别			
城镇人口（人）	乡村人口（人）		户数（户）	人口数（人）	户规模（人/户）	其中：一人户（户）	一代户（户）	二代户（户）	三代户（户）	四代以上户（户）
211424	45907		87630	210061	2.40	18219	47953	35806	3830	41
13097	3818		7341	16037	2.18	1859	4785	2296	258	2
6495	97		2765	6159	2.23	619	1782	867	115	1
1898080	**1456364**	**537583**	**1236849**	**3175335**	**2.57**	**277163**	**617975**	**467273**	**147498**	**4103**
342396	16035		136289	328481	2.41	34205	72571	51129	12372	217
154620	32741		68423	179534	2.62	13325	32099	28462	7700	162
51313	3417		23946	53195	2.22	6882	14302	7909	1700	35
146317	194262		121286	328898	2.71	23452	56280	44807	19552	647
135924	135704		107865	264323	2.45	27576	58304	36876	12302	383
129894	138753		97979	252441	2.58	22192	48706	36773	12152	348
138768	208939		131674	336615	2.56	31051	65578	50382	15214	500
148332	178021		129388	313220	2.42	31750	70299	48651	10199	239
140890	99689		82563	232173	2.81	14694	37127	33482	11626	328
174027	249649		153012	407722	2.66	31245	73171	58804	20461	576
107338	28037		32866	92915	2.83	6090	14066	12839	5787	174
228261	171117	165410	151558	385818	2.55	34701	75472	57159	18433	494
3733313	**3567470**	**810845**	**2468698**	**6967135**	**2.82**	**424860**	**1122045**	**1040530**	**294357**	**11766**
243213	10009		89306	240434	2.69	15379	39804	41280	8113	109
484666	26420		164653	450825	2.74	27234	73288	73715	17325	325
125085	500926		214926	611641	2.85	31027	99204	93622	21343	757
226363	194515		150433	410860	2.73	26518	70778	63702	15520	433
170863	169425		123612	333253	2.70	22587	60920	49315	12995	382
72299	116974		69531	185330	2.67	13320	34721	29113	5519	178
190096	221260		138848	396898	2.86	24647	62429	59887	15930	602
170261	171658		104711	328732	3.14	14142	39405	42593	21451	1262
137293	210180		115207	338662	2.94	18738	50223	45984	18224	776
88004	129982		95484	207670	2.17	28121	60771	30266	4374	73
203715	364703		179682	539974	3.01	27326	74768	77042	26525	1347
104220	99287		69596	200713	2.88	12235	30775	31330	7162	329
31524			8818	23976	2.72	1732	4204	3763	803	48
14407	546		4604	13827	3.00	737	2147	1807	628	22
137889	15246		49495	131440	2.66	9799	23447	22483	3471	94
264187	309655	207240	199341	549567	2.76	42374	92133	80972	25443	793
458878	357523	342314	274929	784067	2.85	43177	123916	118125	31493	1395
313530	170783	244279	159775	445501	2.79	23790	73022	72542	13804	407
296820	498378	184871	255747	773765	3.03	41977	106090	102989	44234	2434
3543106	**1920981**	**659566**	**1795272**	**4991556**	**2.78**	**387409**	**820363**	**706844**	**256634**	**11431**
337755	142071		158460	442428	2.79	29600	68052	66254	23428	726
430684	108114		190048	489799	2.58	45257	97120	70131	22083	714
342159	234185		173182	520671	3.01	31836	67736	69418	33962	2066
176869	207898		114447	368579	3.22	15863	40620	45475	26921	1431
330665	118373		158495	424187	2.68	36736	75863	56986	24253	1393
215121	266781		160972	456236	2.83	27258	71535	74605	14370	462
266761	278017		174547	509508	2.92	26221	74035	80830	19047	635
109011	62355		60247	159712	2.65	14103	28675	22194	8892	486
118051	10916		41477	90217	2.18	21913	30282	7470	3587	138
455923	287303	160178	227885	685186	3.01	40323	93290	93619	39418	1558
760107	204968	628784	335512	845033	2.52	98299	173155	119862	40673	1822
2306235	**1906698**	**838460**	**1517106**	**3829943**	**2.52**	**341973**	**791645**	**582847**	**137808**	**4806**
543637	64949		200757	533730	2.66	40574	95440	86201	18751	365
164268	140586		116565	270150	2.32	28575	69068	39406	7887	204
200423	165217		136797	344504	2.52	30574	73129	52618	10734	316
122183	143779		97731	243169	2.49	23142	53613	34966	8844	308
58954	117718		73073	172884	2.37	19065	40727	26337	5838	171
96783	157830		88357	245678	2.78	15489	40146	33680	13749	782
191674	135822		116446	300007	2.58	26488	58437	43858	13537	614
207499	236994		168380	417912	2.48	38789	88086	69252	10737	305
217383	246566		162969	426513	2.62	35654	82756	62652	17052	509
128454	165423		107451	266225	2.48	25975	58792	39888	8494	277
122864	21867		47558	119051	2.50	11471	23487	20197	3797	77
54699	25072		19826	49339	2.49	4465	10875	7567	1332	52
197414	284875	138920	181196	440781	2.43	41712	97089	66225	17056	826

表1 续表 4

地区	人口数				少数民族人口比重
	合计(人)	男(人)	女(人)	性别比(女=100)	(%)
山西省	**34915616**	**17805148**	**17110468**	**104.06**	**0.35**
太原市	**5304061**	**2722001**	**2582060**	**105.42**	**0.68**
小店区	1139798	580577	559221	103.82	0.86
迎泽区	592747	295457	297290	99.38	0.98
杏花岭区	765816	385044	380772	101.12	0.67
尖草坪区	530499	277583	252916	109.75	0.68
万柏林区	951238	486453	464785	104.66	0.71
晋源区	316445	166337	150108	110.81	0.63
清徐县	325509	168349	157160	107.12	0.23
阳曲县	121218	64196	57022	112.58	0.29
娄烦县	91208	47717	43491	109.72	0.15
山西转型综合改革示范区	258826	139487	119339	116.88	0.30
古交市	210757	110801	99956	110.85	0.35
大同市	**3105591**	**1571837**	**1533754**	**102.48**	**0.39**
新荣区	88664	47195	41469	113.81	0.58
平城区	1101942	549319	552623	99.40	0.66
云冈区	684753	341175	343578	99.30	0.25
云州区	138035	72289	65746	109.95	0.39
阳高县	191981	96809	95172	101.72	0.16
天镇县	160691	80965	79726	101.55	0.23
广灵县	154253	80291	73962	108.56	0.22
灵丘县	212771	109784	102987	106.60	0.09
浑源县	237749	120943	116806	103.54	0.08
左云县	117943	64071	53872	118.93	0.47
山西大同经济开发区	16809	8996	7813	115.14	1.08
阳泉市	**1318505**	**676396**	**642109**	**105.34**	**0.32**
城区	225443	113109	112334	100.69	0.69
矿区	230691	115753	114938	100.71	0.29
郊区	275094	143844	131250	109.60	0.35
平定县	306228	158341	147887	107.07	0.15
盂县	281049	145349	135700	107.11	0.23
长治市	**3180884**	**1618349**	**1562535**	**103.57**	**0.82**
潞州区	895280	440715	454565	96.95	2.46
上党区	319660	159302	160358	99.34	0.24
屯留区	253756	129085	124671	103.54	0.15
潞城区	219256	113440	105816	107.20	0.21
襄垣县	260081	135008	125073	107.94	0.20
平顺县	115927	60544	55383	109.32	0.17
黎城县	134186	67986	66200	102.70	0.12
壶关县	240109	118966	121143	98.20	0.14
长子县	298690	153534	145156	105.77	0.21
武乡县	155386	83013	72373	114.70	0.10
沁县	138578	72866	65712	110.89	0.16
沁源县	149975	83890	66085	126.94	0.11
晋城市	**2194545**	**1110830**	**1083715**	**102.50**	**0.33**
城区	574665	282322	292343	96.57	0.66
沁水县	196528	106386	90142	118.02	0.16
阳城县	350474	177054	173420	102.10	0.23
陵川县	204825	103596	101229	102.34	0.37
泽州县	414999	215608	199391	108.13	0.23
高平市	453054	225864	227190	99.42	0.11
朔州市	**1593444**	**826012**	**767432**	**107.63**	**0.17**
朔城区	493331	253461	239870	105.67	0.16
平鲁区	148212	79174	69038	114.68	0.09
山阴县	199505	104950	94555	110.99	0.14
应县	243970	125902	118068	106.64	0.09

城乡人口		城市城区人口(人)	家庭户				家庭户类别			
城镇人口(人)	乡村人口(人)		户数(户)	人口数(人)	户规模(人/户)	其中:一人户(户)	一代户(户)	二代户(户)	三代户(户)	四代以上户(户)
21831494	**13084122**		**12746142**	**32138952**	**2.52**	**3057920**	**6415068**	**5154387**	**1134834**	**41853**
4723657	**580404**	**4049693**	**1851328**	**4535515**	**2.45**	**463344**	**947852**	**762387**	**138892**	**2197**
1051917	87881		384861	921563	2.39	108671	208213	149139	27136	373
581443	11304		220432	522624	2.37	61511	116381	85179	18588	284
717642	48174		289467	699266	2.42	71348	146437	119050	23659	321
501069	29430		178522	447699	2.51	40301	87598	75344	15326	254
950238	1000		332996	832063	2.50	74894	162316	142997	27221	462
268766	47679		101467	273579	2.70	20110	46780	44330	10090	267
126932	198577		114162	294021	2.58	22303	56664	52052	5369	77
61263	59955		47940	114118	2.38	12377	26809	18211	2870	50
45968	45240		39780	88566	2.23	12914	22931	15581	1245	23
258826			61418	144721	2.36	18591	33093	24656	3613	56
159593	51164	143939	80283	197295	2.46	20324	40630	35848	3775	30
2257531	**848060**	**1754682**	**1280068**	**2906403**	**2.27**	**358380**	**731376**	**504259**	**44065**	**368**
35636	53028		39444	82317	2.09	13269	26615	12168	655	6
1101942			432474	998826	2.31	113494	231884	184420	16050	120
595284	89469		278169	648899	2.33	67937	157022	110745	10350	52
59834	78201		58405	130746	2.24	16641	36090	20690	1607	18
87063	104918		87749	186225	2.12	27040	56646	29200	1884	19
67380	93311		71825	156898	2.18	22787	45116	24472	2195	42
54843	99410		66811	150941	2.26	20966	36425	28223	2140	23
77999	134772		87558	203699	2.33	26990	48659	35047	3813	39
101237	136512		102500	231059	2.25	30419	59244	39305	3914	37
59504	58439		50266	104692	2.08	18052	31298	17681	1275	12
16809			4867	12101	2.49	785	2377	2308	182	
939172	**379333**	**508403**	**495881**	**1235290**	**2.49**	**104096**	**254408**	**198318**	**42468**	**687**
224180	1263		88001	213803	2.43	18035	46836	33928	7145	92
230691			92383	223453	2.42	18514	47267	38421	6634	61
192401	82693		99787	248654	2.49	19035	50891	39981	8781	134
155929	150299		114973	288934	2.51	27526	58582	45702	10508	181
135971	145078		100737	260446	2.59	20986	50832	40286	9400	219
1796139	**1384745**	**1024148**	**1152912**	**2988263**	**2.59**	**269858**	**550527**	**464257**	**134550**	**3578**
770362	124918		296324	820738	2.77	58450	125469	124114	45650	1091
147258	172402		111307	306286	2.75	21140	49498	43728	17491	590
120581	133175		96220	246146	2.56	21626	47456	41272	7328	164
129841	89415		74361	201243	2.71	15996	32582	30356	11123	300
139555	120526		96005	245526	2.56	21921	47288	39879	8652	186
38157	77770		47483	112846	2.38	14072	25149	17825	4387	122
62375	71811		53699	129377	2.41	14405	27617	21185	4792	105
93004	147105		94674	233540	2.47	25025	49070	36932	8528	144
104466	194224		103280	283829	2.75	20927	46227	39370	16932	751
55692	99694		65569	145536	2.22	21167	37750	24780	3005	34
61795	76783		58136	133665	2.30	18383	31506	23120	3464	46
73053	76922		55854	129531	2.32	16746	30915	21696	3198	45
1376521	**818024**	**604967**	**795887**	**2031984**	**2.55**	**184470**	**389059**	**298499**	**104103**	**4226**
574665			196209	527109	2.69	39939	84792	84520	26051	846
96032	100496		72854	173799	2.39	19461	39694	25400	7478	282
175023	175451		139081	330760	2.38	35796	76896	48122	13508	555
89822	115003		77741	199245	2.56	19588	37919	27367	11994	461
197435	217564		162743	381409	2.34	43705	90414	58623	13283	423
243544	209510	166283	147259	419662	2.85	25981	59344	54467	31789	1659
985435	**608009**	**417807**	**582926**	**1447983**	**2.48**	**137565**	**300795**	**253110**	**28497**	**524**
337548	155783		175392	449202	2.56	41020	82050	86368	6884	90
83281	64931		56161	136441	2.43	16410	30471	23168	2486	36
110109	89396		76695	185897	2.42	19576	42294	29278	4983	140
99436	144534		93992	228394	2.43	21998	52217	36353	5308	114

表1 续表 5

地　区	人口数				少数民族人口比重
	合　计（人）	男（人）	女（人）	性别比（女=100）	(%)
右玉县	88212	46537	41675	111.67	0.29
山西朔州经济开发区	71744	35302	36442	96.87	0.54
怀仁市	348470	180686	167784	107.69	0.19
晋中市	**3379498**	**1719729**	**1659769**	**103.61**	**0.25**
榆次区	904518	444784	459734	96.75	0.58
太谷区	322099	161624	160475	100.72	0.26
榆社县	111714	58474	53240	109.83	0.08
左权县	144519	74684	69835	106.94	0.09
和顺县	121617	63956	57661	110.92	0.08
昔阳县	190861	98959	91902	107.68	0.09
寿阳县	200352	108660	91692	118.51	0.11
祁县	254535	130194	124341	104.71	0.09
平遥县	450697	229270	221427	103.54	0.14
灵石县	246491	129722	116769	111.09	0.10
介休市	432095	219402	212693	103.15	0.12
运城市	**4774508**	**2410247**	**2364261**	**101.95**	**0.21**
盐湖区	928334	456540	471794	96.77	0.30
临猗县	482559	242787	239772	101.26	0.04
万荣县	361956	183750	178206	103.11	0.04
闻喜县	355269	179311	175958	101.91	0.06
稷山县	316114	159097	157017	101.32	0.05
新绛县	282230	141627	140603	100.73	0.40
绛县	226871	113669	113202	100.41	0.44
垣曲县	197772	101996	95776	106.49	0.56
夏县	287938	146690	141248	103.85	0.09
平陆县	205080	104381	100699	103.66	0.63
芮城县	342889	176992	165897	106.69	0.09
永济市	394935	199370	195565	101.95	0.09
河津市	392561	204037	188524	108.23	0.20
忻州市	**2689668**	**1384527**	**1305141**	**106.08**	**0.18**
忻府区	577089	284766	292323	97.41	0.24
定襄县	193997	97617	96380	101.28	0.19
五台县	216178	111310	104868	106.14	0.12
代县	178870	93895	84975	110.50	0.23
繁峙县	250409	130113	120296	108.16	0.16
宁武县	136470	73402	63068	116.39	0.14
静乐县	119277	64395	54882	117.33	0.15
神池县	75757	40102	35655	112.47	0.07
五寨县	100220	51824	48396	107.08	0.09
岢岚县	69324	37068	32256	114.92	0.09
河曲县	123505	64840	58665	110.53	0.29
保德县	144218	76373	67845	112.57	0.10
偏关县	73382	38200	35182	108.58	0.07
五台山风景名胜区	17050	8716	8334	104.58	1.81
原平市	413922	211906	202016	104.90	0.16
临汾市	**3976481**	**2001917**	**1974564**	**101.39**	**0.19**
尧都区	959198	471415	487783	96.64	0.25
曲沃县	216595	110366	106229	103.89	0.28
翼城县	264181	129749	134432	96.52	0.80
襄汾县	425553	211433	214120	98.75	0.06
洪洞县	637812	318176	319636	99.54	0.04
古县	79816	41768	38048	109.78	0.10
安泽县	75574	39648	35926	110.36	0.20
浮山县	98833	50156	48677	103.04	0.06
吉县	87374	44847	42527	105.46	0.31
乡宁县	206892	109007	97885	111.36	0.07
大宁县	52166	28158	24008	117.29	0.12
隰县	91394	47326	44068	107.39	0.11
永和县	49946	26075	23871	109.23	0.06
蒲县	95679	52287	43392	120.50	0.04

城乡人口		城市城区人口（人）	家庭户				家庭户类别			
城镇人口（人）	乡村人口（人）		户数（户）	人口数（人）	户规模（人/户）	其中：一人户（户）	一代户（户）	二代户（户）	三代户（户）	四代以上户（户）
51243	36969		37048	81158	2.19	11186	23503	12731	804	10
56206	15538		24429	62049	2.54	5412	10954	12649	820	6
247612	100858	182227	119209	304842	2.56	21963	59306	52563	7212	128
2027808	**1351690**	**786456**	**1211275**	**3032993**	**2.50**	**275546**	**631431**	**500037**	**78548**	**1259**
716222	188296		283578	712347	2.51	66965	148223	114157	20869	329
184347	137752		114380	277019	2.42	25182	63207	44519	6543	111
51023	60691		46854	109486	2.34	13183	25565	19854	1424	11
76007	68512		56896	134529	2.36	15187	31013	23588	2271	24
63557	58060		47627	115926	2.43	11643	25893	18475	3215	44
78903	111958		80925	182752	2.26	22212	48155	29290	3445	35
90524	109828		79106	185076	2.34	19870	45680	28826	4534	66
114598	139937		91317	243861	2.67	16699	43548	38506	9089	174
216298	234399		171463	438189	2.56	39718	85866	74307	11122	168
144936	101555		87792	226764	2.58	19528	43205	38873	5612	102
291393	140702	266180	151337	407044	2.69	25359	71076	69642	10424	195
2352523	**2421985**	**655620**	**1581263**	**4483085**	**2.84**	**307737**	**670383**	**614096**	**278907**	**17877**
692003	236331		310073	824715	2.66	70628	145989	126164	36289	1631
191540	291019		153500	462037	3.01	25785	57881	57041	35758	2820
113634	248322		116313	349297	3.00	20008	44317	44531	25609	1856
149638	205631		118031	338049	2.86	24037	49763	43090	23720	1458
124829	191285		92838	300132	3.23	12454	31905	35308	23949	1676
115090	167140		89157	265148	2.97	13986	35950	33086	18845	1276
102507	124364		76659	216729	2.83	15380	32263	28070	15479	847
111679	86093		74535	184320	2.47	19557	37083	29796	7528	128
88957	198981		90383	277837	3.07	14889	31211	34830	22575	1767
79415	125665		77186	196388	2.54	16964	37092	31250	8511	333
175174	167715		123259	324930	2.64	26042	55371	51231	15846	811
182248	212687	147640	128261	376706	2.94	23297	53411	45344	27129	2377
225809	166752	199884	131068	366797	2.80	24710	58147	54355	17669	897
1446429	**1243239**	**368109**	**1074978**	**2517715**	**2.34**	**299834**	**593673**	**422233**	**57835**	**1237**
384424	192665		215036	520613	2.42	56364	112580	87889	14243	324
85823	108174		72605	186037	2.56	14705	35822	29653	6933	197
90408	125770		89660	209809	2.34	25360	48379	35215	5957	109
85432	93438		69967	164240	2.35	18752	39070	27279	3557	61
127149	123260		96012	234110	2.44	24592	49190	42010	4717	95
73895	62575		59579	126650	2.13	22416	36718	20949	1879	33
56688	62589		49029	113852	2.32	15320	27161	19487	2336	45
35761	39996		35630	71733	2.01	13852	23252	11316	1046	16
53570	46650		43971	95225	2.17	13863	26817	15792	1343	19
37590	31734		29095	63115	2.17	9334	17443	10911	734	7
65997	57508		51586	117539	2.28	13492	30803	19251	1482	50
75880	68338		59760	137806	2.31	18312	33952	24706	1097	5
37953	35429		33072	71648	2.17	9878	20730	11266	1049	27
8813	8237		5125	12304	2.40	1619	3050	1741	323	11
227046	186876	182888	164851	393034	2.38	41975	88706	64768	11139	238
2114457	**1862024**	**666185**	**1402579**	**3749104**	**2.67**	**303555**	**640950**	**578619**	**174247**	**8763**
696393	262805		314565	866871	2.76	67225	137257	130615	44680	2013
97988	118607		64592	201221	3.12	10302	23240	23816	16456	1080
112644	151537		92006	253595	2.76	18165	39591	33713	17708	994
160963	264590		151862	406234	2.68	29757	72051	59711	18935	1165
252220	385592		223466	622879	2.79	43993	93622	94333	33635	1876
41246	38570		29493	75881	2.57	6975	14133	12370	2893	97
35202	40372		27438	69105	2.52	6259	13671	11075	2627	65
42238	56595		43022	96969	2.25	12958	24011	15714	3170	127
37012	50362		35958	84368	2.35	9012	20263	14616	1054	25
84800	122092		76920	193022	2.51	17528	37073	35979	3781	87
28220	23946		21211	48279	2.28	6804	11688	8868	643	12
46266	45128		35292	85401	2.42	8766	18358	15482	1416	36
23197	26749		21087	48835	2.32	5816	11611	8875	583	18
46680	48999		33619	82868	2.46	8602	16465	15635	1492	27

表1 续表 6

地　区	人口数 合 计 (人)	男 (人)	女 (人)	性别比 (女=100)	少数民族人口比重 (%)
汾西县	104627	53926	50701	106.36	0.05
侯马市	257854	129328	128526	100.62	0.35
霍州市	272987	138252	134735	102.61	0.06
吕梁市	**3398431**	**1763303**	**1635128**	**107.84**	**0.08**
离石区	456355	232392	223963	103.76	0.10
文水县	372580	190167	182413	104.25	0.07
交城县	226768	116769	109999	106.15	0.07
兴县	183484	98814	84670	116.70	0.12
临县	394713	208697	186016	112.19	0.03
柳林县	287969	152971	134998	113.31	0.05
石楼县	96808	50453	46355	108.84	0.03
岚县	148315	78078	70237	111.16	0.11
方山县	112692	60749	51943	116.95	0.10
中阳县	138498	73753	64745	113.91	0.07
交口县	95313	50269	45044	111.60	0.06
孝义市	477289	244269	233020	104.83	0.10
汾阳市	407647	205922	201725	102.08	0.14
内蒙古自治区	**24049155**	**12275274**	**11773881**	**104.26**	**21.26**
呼和浩特市	**3446100**	**1740118**	**1705982**	**102.00**	**14.58**
新城区	699672	350844	348828	100.58	16.22
回民区	436042	216071	219971	98.23	16.87
玉泉区	524573	265083	259490	102.16	12.35
赛罕区	885321	443731	441590	100.48	19.24
土默特左旗	263131	135515	127616	106.19	11.73
托克托县	166192	86070	80122	107.42	5.37
和林格尔县	162476	81960	80516	101.79	10.52
清水河县	76674	40042	36632	109.31	1.47
武川县	95869	49751	46118	107.88	4.01
呼和浩特经济技术开发区	136150	71051	65099	109.14	13.40
包头市	**2709378**	**1373718**	**1335660**	**102.85**	**6.79**
东河区	484218	242557	241661	100.37	6.88
昆都仑区	787681	396182	391499	101.20	6.89
青山区	535128	265736	269392	98.64	7.67
石拐区	24745	13661	11084	123.25	5.33
白云鄂博矿区	22681	12359	10322	119.73	8.78
九原区	245190	129253	115937	111.49	5.02
土默特右旗	237421	122257	115164	106.16	4.95
固阳县	118624	62444	56180	111.15	2.43
达尔罕茂明安联合旗	69563	36203	33360	108.52	19.05
包头稀土高新技术产业开发区	184127	93066	91061	102.20	6.37
乌海市	**556621**	**291044**	**265577**	**109.59**	**7.01**
海勃湾区	339155	173881	165274	105.21	6.87
海南区	94770	52361	42409	123.47	7.09
乌达区	122696	64802	57894	111.93	7.33
赤峰市	**4035967**	**2049636**	**1986331**	**103.19**	**24.12**
红山区	469079	234928	234151	100.33	22.97
元宝山区	284990	143355	141635	101.21	16.91
松山区	706312	361387	344925	104.77	27.76
阿鲁科尔沁旗	240360	121361	118999	101.98	42.39
巴林左旗	277522	139927	137595	101.69	38.59
巴林右旗	155027	78085	76942	101.49	48.59
林西县	186663	93872	92791	101.16	7.15
克什克腾旗	186143	95093	91050	104.44	16.99
翁牛特旗	333970	170380	163590	104.15	17.75
喀喇沁旗	262792	134729	128063	105.21	51.28
宁城县	484397	248592	235805	105.42	13.85
敖汉旗	448712	227927	220785	103.23	6.96
通辽市	**2873168**	**1449181**	**1423987**	**101.77**	**49.94**
科尔沁区	718665	356823	361842	98.61	43.42

城乡人口		城市城区人口(人)	家庭户				家庭户类别			
城镇人口(人)	乡村人口(人)		户数(户)	人口数(人)	户规模(人/户)	其中：一人户(户)	一代户(户)	二代户(户)	三代户(户)	四代以上户(户)
50440	54187		45765	102177	2.23	14033	26153	18516	1075	21
175373	82481	171950	87876	247410	2.82	17265	38646	33582	14792	856
183575	89412	127406	98407	263989	2.68	20095	43117	45719	9307	264
1811822	**1586609**	**333778**	**1317045**	**3210617**	**2.44**	**353535**	**704614**	**558572**	**52722**	**1137**
335285	121070		168802	419752	2.49	47940	84183	79919	4642	58
152454	220126		140184	356571	2.54	33492	71612	58148	10154	270
126862	99906		84398	215607	2.55	20984	42019	36876	5422	81
82919	100565		76187	171306	2.25	24288	46523	27470	2164	30
133412	261301		173544	380900	2.19	56633	104298	66323	2902	21
140139	147830		114124	270865	2.37	33317	64782	47496	1827	19
52577	44231		37404	93155	2.49	9027	19027	17675	689	13
63879	84436		61358	142160	2.32	18297	34804	24402	2128	24
45018	67674		47162	107640	2.28	14923	27164	18515	1458	25
89741	48757		52367	131171	2.50	12922	26579	24102	1636	50
44574	50739		39264	89107	2.27	11904	23332	14845	1069	18
337489	139800	267857	180188	450553	2.50	42184	91010	82817	6296	65
207473	200174	171535	142063	381830	2.69	27624	69281	59984	12335	463
16227475	**7821680**		**9483957**	**22296184**	**2.35**	**2209731**	**5342168**	**3551257**	**577594**	**12938**
2727517	**718583**	**2232683**	**1314910**	**3018151**	**2.30**	**333608**	**734205**	**521537**	**58442**	**726**
621072	78600		248937	586967	2.36	59529	128484	106858	13473	122
417448	18594		161946	381925	2.36	36736	84034	69812	8012	88
463142	61431		200817	471199	2.35	48582	104372	88211	8150	84
735587	149734		324884	750094	2.31	87037	178505	127390	18711	278
105947	157184		115723	246338	2.13	32442	75866	37068	2752	37
76352	89840		70071	158753	2.27	16683	42494	26120	1425	32
82219	80257		61912	138033	2.23	16535	39188	20616	2068	40
36566	40108		36612	74390	2.03	11872	26335	9922	354	1
53034	42835		45743	92922	2.03	13616	32586	12451	703	3
136150			48265	117530	2.44	10576	22341	23089	2794	41
2334393	**374985**	**1897779**	**1099919**	**2494296**	**2.27**	**264799**	**624204**	**435228**	**40052**	**435**
442384	41834		199814	452751	2.27	45617	113165	79239	7316	94
760462	27219		311599	728516	2.34	72051	160456	137960	13011	172
516014	19114		207270	476144	2.30	47632	113107	84739	9367	57
18417	6328		11061	21509	1.94	4097	8300	2495	262	4
22681			9616	20183	2.10	2849	6245	3130	238	3
189918	55272		91782	219564	2.39	18038	49860	38636	3249	37
116238	121183		105155	224033	2.13	28002	69199	34171	1772	13
54002	64622		55954	111661	2.00	19804	39585	15358	990	21
37358	32205		33158	65608	1.98	10186	24481	8166	506	5
176919	7208		74510	174327	2.34	16523	39806	31334	3341	29
530877	**25744**	**513469**	**223131**	**508503**	**2.28**	**57487**	**125757**	**87359**	**9911**	**104**
322668	16487		132847	311042	2.34	31378	71210	55037	6524	76
85513	9257		39898	85322	2.14	13246	25120	13570	1199	9
122696			50386	112139	2.23	12863	29427	18752	2188	19
2143486	**1892481**	**1013670**	**1543099**	**3864773**	**2.50**	**307420**	**817067**	**580926**	**141027**	**4079**
454301	14778		168803	425785	2.52	35395	81855	70920	15698	330
217460	67530		112695	275876	2.45	21596	59971	43287	9245	192
421307	285005		252084	663302	2.63	42372	122483	102197	26672	732
107140	133220		99901	233432	2.34	22065	57882	36114	5767	138
109060	168462		120322	269936	2.24	34650	72630	40636	6903	153
94024	61003		61402	149518	2.44	11378	33962	23474	3898	68
109890	76773		79357	180920	2.28	20165	47987	26867	4393	110
97052	89091		76870	178307	2.32	16675	46996	25306	4462	106
127237	206733		135465	324667	2.40	29180	78811	46714	9655	285
107771	155021		97897	255796	2.61	17327	49690	36562	11277	368
153827	330570		169870	469690	2.76	27967	77722	64915	26243	990
144417	304295		168433	437544	2.60	28650	87078	63934	16814	607
1437489	**1435679**	**434037**	**1045667**	**2733362**	**2.61**	**183908**	**505293**	**411801**	**124646**	**3927**
480059	238606		262594	663591	2.53	50766	133348	99654	28720	872

表1 续表 7

地　　区	人口数				少数民族人口比重 (%)
	合　计 (人)	男 (人)	女 (人)	性别比 (女=100)	
科尔沁左翼中旗	399631	205226	194405	105.57	74.28
科尔沁左翼后旗	321438	163374	158064	103.36	73.81
开鲁县	313364	156472	156892	99.73	18.17
库伦旗	151133	77239	73894	104.53	61.44
奈曼旗	375312	189918	185394	102.44	39.29
扎鲁特旗	251806	127345	124461	102.32	52.96
通辽经济技术开发区	203143	100601	102542	98.11	49.63
霍林郭勒市	138676	72183	66493	108.56	41.25
鄂尔多斯市	**2153638**	**1154944**	**998694**	**115.65**	**10.66**
东胜区	574242	296410	277832	106.69	7.01
康巴什区	118796	60755	58041	104.68	13.31
达拉特旗	328593	170287	158306	107.57	5.15
准格尔旗	359184	197999	161185	122.84	8.58
鄂托克前旗	92724	51486	41238	124.85	22.37
鄂托克旗	162726	89601	73125	122.53	17.96
杭锦旗	110824	57884	52940	109.34	20.76
乌审旗	158566	91164	67402	135.25	19.84
伊金霍洛旗	247983	139358	108625	128.29	8.59
呼伦贝尔市	**2242875**	**1132938**	**1109937**	**102.07**	**19.90**
海拉尔区	365012	179191	185821	96.43	21.61
扎赉诺尔区	84424	42042	42382	99.20	7.83
阿荣旗	257815	131314	126501	103.80	11.13
莫力达瓦达斡尔族自治旗	228822	117053	111769	104.73	22.45
鄂伦春自治旗	174023	88127	85896	102.60	12.70
鄂温克族自治旗	141102	71088	70014	101.53	41.93
陈巴尔虎旗	50556	26727	23829	112.16	51.66
新巴尔虎左旗	37007	18970	18037	105.17	72.52
新巴尔虎右旗	38358	20732	17626	117.62	73.42
满洲里市	150508	76282	74226	102.77	12.94
牙克石市	256396	128132	128264	99.90	10.58
扎兰屯市	318933	162036	156897	103.28	14.39
额尔古纳市	68482	34925	33557	104.08	25.44
根河市	71437	36319	35118	103.42	11.88
巴彦淖尔市	**1538715**	**785739**	**752976**	**104.35**	**7.30**
临河区	582206	293640	288566	101.76	6.12
五原县	224809	114404	110405	103.62	4.19
磴口县	90196	46253	43943	105.26	10.19
乌拉特前旗	257826	132406	125420	105.57	5.29
乌拉特中旗	112159	59688	52471	113.75	21.40
乌拉特后旗	53946	29437	24509	120.11	25.19
杭锦后旗	217573	109911	107662	102.09	3.17
乌兰察布市	**1706328**	**869837**	**836491**	**103.99**	**4.96**
集宁区	425059	210058	215001	97.70	7.03
卓资县	85648	45616	40032	113.95	3.11
化德县	95273	48566	46707	103.98	2.79
商都县	173926	87608	86318	101.49	1.97
兴和县	167881	85382	82499	103.49	3.99
凉城县	119061	61873	57188	108.19	4.17
察哈尔右翼前旗	125172	65629	59543	110.22	3.89
察哈尔右翼中旗	86108	45038	41070	109.66	3.80
察哈尔右翼后旗	103599	53025	50574	104.85	6.96
四子王旗	129372	66428	62944	105.54	12.07
丰镇市	195229	100614	94615	106.34	1.75
兴安盟	**1416929**	**717239**	**699690**	**102.51**	**46.83**
乌兰浩特市	356035	175183	180852	96.87	37.01
阿尔山市	32301	16695	15606	106.98	23.54
科尔沁右翼前旗	285392	145912	139480	104.61	51.11
科尔沁右翼中旗	207380	105637	101743	103.83	84.43
扎赉特旗	315153	161734	153419	105.42	43.54
突泉县	220668	112078	108590	103.21	29.93

城乡人口		城市城区人口(人)	家庭户				家庭户类别			
城镇人口(人)	乡村人口(人)		户数(户)	人口数(人)	户规模(人/户)	其中：一人户(户)	一代户(户)	二代户(户)	三代户(户)	四代以上户(户)
119166	280465		143947	391577	2.72	25735	63200	59154	20988	605
106278	215160		116531	311873	2.68	19020	54978	45462	15587	504
123077	190287		115487	303231	2.63	17360	57653	42899	14336	599
60938	90195		56325	146504	2.60	9308	28181	21883	6081	180
131429	243883		130472	364948	2.80	19319	57505	52355	19911	701
118424	133382		98756	243516	2.47	18629	52341	39086	7183	146
167879	35264		69227	177903	2.57	13125	32314	28796	7880	237
130239	8437	129922	52328	130219	2.49	10646	25773	22512	3960	83
1667962	**485676**	**668906**	**797496**	**1902172**	**2.39**	**197421**	**439553**	**324413**	**33056**	**474**
552252	21990		203073	513849	2.53	43399	95995	95517	11456	105
118796			35226	93262	2.65	7588	14850	17393	2960	23
207102	121491		131433	309323	2.35	29989	76317	50879	4116	121
250568	108616		138438	317096	2.29	37461	81832	53217	3367	22
54710	38014		33190	79892	2.41	7863	18709	12579	1878	24
128829	33897		59696	139394	2.34	15713	33651	23435	2565	45
69101	41723		46505	102907	2.21	12378	29532	15554	1398	21
98830	59736		58520	135366	2.31	17587	34447	21762	2268	43
187774	60209		91415	211083	2.31	25443	54220	34077	3048	70
1656914	**585961**	**432316**	**918965**	**2094233**	**2.28**	**224201**	**534501**	**325878**	**57489**	**1097**
354442	10570		147231	330875	2.25	36597	84992	53328	8791	120
84424			37656	79474	2.11	9583	23928	12597	1122	9
124589	133226		100655	249224	2.48	20086	52272	39414	8744	225
82870	145952		91756	219882	2.40	21763	50504	33706	7332	214
128919	45104		73099	162039	2.22	18584	44634	24680	3716	69
108893	32209		57549	129213	2.25	14270	33788	20542	3190	29
37231	13325		20002	44967	2.25	4848	12234	6742	1013	13
20713	16294		14631	34111	2.33	3625	8443	5393	787	8
25206	13152		14904	33224	2.23	4419	8799	5279	816	10
150508		146348	59243	138460	2.34	14108	31796	24295	3126	26
239742	16654	140369	114103	238009	2.09	33382	72892	35871	5273	67
174049	144884	139934	123626	301495	2.44	24896	66455	45766	11129	276
54164	14318	43261	29548	64751	2.19	7150	18529	9581	1421	17
71164	273	41887	34962	68509	1.96	10890	25235	8684	1029	14
922952	**615763**	**399699**	**654451**	**1468425**	**2.24**	**147446**	**404643**	**226844**	**22609**	**355**
413117	169089		236835	550440	2.32	50746	134735	91513	10424	163
112379	112430		97988	219519	2.24	20221	62370	32872	2694	52
50639	39557		40977	87029	2.12	10358	27720	12032	1206	19
136352	121474		113773	247518	2.18	26484	74653	36536	2545	39
61286	50873		51044	104827	2.05	15348	35782	14037	1210	15
35121	18825		22249	48198	2.17	6473	14013	7364	864	8
114058	103515		91585	210894	2.30	17816	55370	32490	3666	59
1018617	**687711**	**380206**	**795202**	**1613705**	**2.03**	**248656**	**558159**	**223137**	**13735**	**171**
394269	30790		165926	378761	2.28	36475	94612	65713	5539	62
38058	47590		43839	81016	1.85	16910	34144	9140	544	11
56643	38630		46535	91020	1.96	15183	34681	11366	483	5
81789	92137		85501	169358	1.98	26834	63287	21290	911	13
75800	92081		80649	163190	2.02	25930	57202	22573	864	10
48884	70177		58493	114910	1.96	20383	42797	14706	980	10
54179	70993		58397	115612	1.98	19035	43234	14204	940	19
29775	56333		44671	84307	1.89	15160	35136	9078	454	3
52048	51551		52424	101665	1.94	17354	39440	12428	551	5
64979	64393		64490	125570	1.95	21407	47901	15814	768	7
122193	73036	113782	94277	188296	2.00	33985	65725	26825	1701	26
754183	**662746**		**535843**	**1336929**	**2.50**	**102143**	**277723**	**206348**	**50582**	**1190**
318009	38026	301730	133638	319633	2.39	29357	69575	52995	10858	210
29045	3256	18136	13433	29555	2.20	3213	8463	4227	733	10
85917	199475		105633	274400	2.60	17205	53362	40087	11919	265
97559	109821		76347	197824	2.59	13133	37034	31050	8103	160
141147	174006		120023	303892	2.53	21559	60684	47692	11383	264
82506	138162		86769	211625	2.44	17676	48605	30297	7586	281

表1　续表 8

地　区	人口数				少数民族人口比重
	合　计（人）	男（人）	女（人）	性别比（女=100）	(%)
锡林郭勒盟	**1107075**	**571371**	**535704**	**106.66**	**34.18**
二连浩特市	75794	38807	36987	104.92	25.59
锡林浩特市	349953	176194	173759	101.40	26.02
阿巴嘎旗	38589	20583	18006	114.31	56.10
苏尼特左旗	33643	18165	15478	117.36	60.65
苏尼特右旗	62402	31910	30492	104.65	35.13
东乌珠穆沁旗	70610	36659	33951	107.98	65.07
西乌珠穆沁旗	99255	55077	44178	124.67	56.51
太仆寺旗	109370	56021	53349	105.01	7.07
镶黄旗	27399	14395	13004	110.70	58.07
正镶白旗	42950	22415	20535	109.16	38.75
正蓝旗	69908	35820	34088	105.08	45.40
多伦县	103736	53068	50668	104.74	20.74
乌拉盖管委会	23466	12257	11209	109.35	35.96
阿拉善盟	**262361**	**139509**	**122852**	**113.56**	**24.83**
阿拉善左旗	176744	92388	84356	109.52	27.21
阿拉善右旗	22647	12047	10600	113.65	27.67
额济纳旗	35756	18852	16904	111.52	18.94
内蒙古阿拉善经济开发区	27214	16222	10992	147.58	14.78
辽宁省	**42591407**	**21263529**	**21327878**	**99.70**	**15.08**
沈阳市	**9070093**	**4521021**	**4549072**	**99.38**	**10.28**
和平区	730785	363521	367264	98.98	8.54
沈河区	782628	383160	399468	95.92	7.99
大东区	754952	370105	384847	96.17	7.93
皇姑区	877287	428476	448811	95.47	8.48
铁西区	1335935	665992	669943	99.41	9.23
苏家屯区	524336	261244	263092	99.30	11.76
浑南区	798765	401705	397060	101.17	15.69
沈北新区	619375	316526	302849	104.52	17.51
于洪区	1066062	535400	530662	100.89	11.66
辽中区	395017	198686	196331	101.20	5.91
康平县	278384	139177	139207	99.98	15.93
法库县	340933	172953	167980	102.96	7.30
新民市	565634	284076	281558	100.89	6.68
大连市	**7450785**	**3710161**	**3740624**	**99.19**	**6.65**
中山区	388564	187427	201137	93.18	5.43
西岗区	305317	148497	156820	94.69	4.36
沙河口区	670310	321608	348702	92.23	3.09
甘井子区	1798458	900872	897586	100.37	6.55
旅顺口区	398579	197373	201206	98.09	5.83
金州区	1545491	774195	771296	100.38	9.83
普兰店区	629664	315615	314049	100.50	2.99
长海县	66824	34667	32157	107.81	2.32
瓦房店市	905082	461728	443354	104.14	8.56
庄河市	742496	368179	374317	98.36	6.69
鞍山市	**3325372**	**1665873**	**1659499**	**100.38**	**14.71**
铁东区	511574	248118	263456	94.18	3.29
铁西区	408118	201573	206545	97.59	5.44
立山区	529275	262568	266707	98.45	3.66
千山区	94729	47993	46736	102.69	3.70
台安县	300764	152135	148629	102.36	1.71
岫岩满族自治县	413007	210846	202161	104.30	92.84
海城市	1067905	542640	525265	103.31	3.61
抚顺市	**1861372**	**923275**	**938097**	**98.42**	**27.98**
新抚区	222984	108223	114761	94.30	7.32
东洲区	236731	117409	119322	98.40	9.32
望花区	396257	197202	199055	99.07	14.23
顺城区	466126	227311	238815	95.18	13.43
抚顺县	83125	43072	40053	107.54	22.29
新宾满族自治县	217259	109547	107712	101.70	83.91
清原满族自治县	238890	120511	118379	101.80	68.08

城乡人口		城 市 城区人口 (人)	家庭户				家庭户类别			
城镇人口 (人)	乡村人口 (人)		户数 (户)	人口数 (人)	户规模 (人/户)	其中：一人户 (户)	一代户 (户)	二代户 (户)	三代户 (户)	四代以上户 (户)
817897	**289178**		**450592**	**1028533**	**2.28**	**112403**	**260296**	**169060**	**20912**	**324**
74252	1542	73207	30172	71681	2.38	5964	16429	12561	1172	10
327112	22841	325078	132075	317749	2.41	27208	66671	58211	7120	73
22778	15811		15481	34698	2.24	4189	9324	5368	773	16
18205	15438		14433	32184	2.23	4718	8551	4973	874	35
47424	14978		27888	59535	2.13	7806	17650	9394	839	5
47742	22868		27675	66144	2.39	6990	14828	11010	1792	45
61756	37499		36321	84820	2.34	9291	20486	13724	2069	42
49564	59806		51733	105836	2.05	15254	36672	13824	1217	20
18860	8539		11668	25294	2.17	3214	7132	4084	450	2
23427	19523		20263	41283	2.04	6304	13987	5698	567	11
38590	31318		30958	67359	2.18	8915	19312	10323	1308	15
67316	36420		42287	99876	2.36	10067	23616	16377	2253	41
20871	2595		9638	22074	2.29	2483	5638	3513	478	9
215188	**47173**		**104682**	**233102**	**2.23**	**30239**	**60767**	**38726**	**5133**	**56**
142493	34251		72162	161706	2.24	19842	41693	26913	3513	43
17629	5018		9705	20587	2.12	3011	6176	3176	350	3
30456	5300		14163	29976	2.12	5004	8185	5353	618	7
24610	2604		8652	20833	2.41	2382	4713	3284	652	3
30725976	**11865431**		**17467111**	**39914651**	**2.29**	**4647274**	**9986900**	**6033090**	**1418474**	**28647**
7665638	**1404455**	**7067239**	**3748824**	**8172935**	**2.18**	**1163011**	**2219023**	**1273501**	**252262**	**4038**
730785			295751	642033	2.17	100206	169359	107183	18978	231
782628			333597	710536	2.13	116441	204576	109533	19288	200
754952			322969	685279	2.12	104310	194108	107532	21096	233
877287			374954	796580	2.12	126680	222898	128769	23051	236
1323977	11958		573328	1224335	2.14	182422	338995	198804	35121	408
403055	121281		212899	476243	2.24	57419	123185	74879	14633	202
674781	123984		303636	653276	2.15	100409	180734	103011	19661	230
491289	128086		221880	471093	2.12	74631	137071	71168	13470	171
987604	78458		456692	974435	2.13	150656	277293	153618	25501	280
202962	192055		171617	383395	2.23	46200	102414	56867	12070	266
94738	183646		106832	272070	2.55	20378	56222	36006	13992	612
123539	217394		138845	336289	2.42	29386	75751	46965	15627	502
218041	347593	139080	235824	547371	2.32	53873	136417	79166	19774	467
6135727	**1315058**	**5208288**	**2959972**	**6779996**	**2.29**	**750639**	**1672872**	**1062679**	**221281**	**3140**
388564			157592	350152	2.22	45197	87281	58828	11370	113
305317			126802	280521	2.21	36879	71038	46905	8780	79
670310			298478	590841	1.98	121312	190081	93325	14954	118
1798458			682513	1603151	2.35	164725	358076	268966	54945	526
379875	18704		149791	337547	2.25	36311	88668	51103	9909	111
1371355	174136		584410	1375328	2.35	131937	315608	227889	40468	445
372864	256800		261722	610545	2.33	56982	153419	86031	21845	427
46568	20256		28101	62946	2.24	6635	17354	9024	1694	29
454388	450694	378038	369191	862022	2.33	86980	215651	122766	30129	645
348028	394468	272133	301372	706943	2.35	63681	175696	97842	27187	647
2479691	**845681**	**1457387**	**1411251**	**3177319**	**2.25**	**429173**	**831669**	**460722**	**116786**	**2074**
511574			227815	473780	2.08	79554	143477	71012	13210	116
397160	10958		190853	375696	1.97	74890	125674	56216	8907	56
522686	6589		239605	490778	2.05	81158	149194	77621	12675	115
48912	45817		36900	90856	2.46	8108	19619	12502	4703	76
143744	157020		128732	293756	2.28	32105	77067	42114	9336	215
175582	237425		153459	404977	2.64	33333	72923	55901	23967	668
680033	387872	406359	433887	1047476	2.41	120025	243715	145356	43988	828
1457326	**404046**	**1208021**	**827584**	**1774525**	**2.14**	**249012**	**506912**	**266392**	**53445**	**835**
211963	11021		104755	215319	2.06	37270	68428	30823	5456	48
215401	21330		113401	226850	2.00	39154	75737	32336	5267	61
364773	31484		166575	352804	2.12	50543	101118	55150	10173	134
436753	29373		212725	450572	2.12	63313	129037	71340	12193	155
15341	67784		33670	81299	2.41	6993	19275	10663	3627	105
93127	124132		91939	213450	2.32	24030	51470	31505	8776	188
119968	118922		104519	234231	2.24	27709	61847	34575	7953	144

表1 续表 9

地　　区	人口数				少数民族人口比重
	合　计（人）	男（人）	女（人）	性别比（女=100）	(%)
本溪市	**1326018**	**656531**	**669487**	**98.06**	**33.19**
平山区	226059	110936	115123	96.36	13.18
溪湖区	204660	99827	104833	95.22	17.56
明山区	378936	185248	193688	95.64	17.77
南芬区	55560	28261	27299	103.52	25.66
本溪满族自治县	230850	116179	114671	101.32	69.13
桓仁满族自治县	229953	116080	113873	101.94	57.91
丹东市	**2188436**	**1088067**	**1100369**	**98.88**	**35.41**
元宝区	202325	97052	105273	92.19	13.38
振兴区	423538	207130	216408	95.71	13.61
振安区	189995	93731	96264	97.37	21.26
宽甸满族自治县	334636	168528	166108	101.46	60.27
东港市	568566	286461	282105	101.54	11.89
凤城市	469376	235165	234211	100.41	81.10
锦州市	**2703853**	**1341806**	**1362047**	**98.51**	**26.92**
古塔区	252209	124222	127987	97.06	13.37
凌河区	402038	191973	210065	91.39	12.15
太和区	457602	226096	231506	97.66	11.90
黑山县	451206	226046	225160	100.39	21.14
义县	305996	154491	151505	101.97	41.40
凌海市	412513	206648	205865	100.38	14.42
北镇市	422289	212330	209959	101.13	73.25
营口市	**2328582**	**1173434**	**1155148**	**101.58**	**6.97**
站前区	261439	128522	132917	96.69	3.77
西市区	212913	105231	107682	97.72	6.29
鲅鱼圈区	541113	271252	269861	100.52	13.20
老边区	146748	74732	72016	103.77	4.12
盖州市	559271	285293	273978	104.13	8.57
大石桥市	607098	308404	298694	103.25	2.26
阜新市	**1647280**	**812522**	**834758**	**97.34**	**14.89**
海州区	234029	111017	123012	90.25	7.65
新邱区	66769	32657	34112	95.73	9.76
太平区	142171	68807	73364	93.79	6.44
清河门区	51394	24632	26762	92.04	9.95
细河区	273525	134039	139486	96.09	11.24
阜新蒙古族自治县	545749	274215	271534	100.99	20.77
彰武县	333643	167155	166488	100.40	18.75
辽阳市	**1604580**	**800602**	**803978**	**99.58**	**7.73**
白塔区	359401	173204	186197	93.02	6.67
文圣区	160466	79947	80519	99.29	8.07
宏伟区	142491	70349	72142	97.51	7.91
弓长岭区	80870	40235	40635	99.02	3.92
太子河区	134604	67827	66777	101.57	5.56
辽阳县	372131	189623	182508	103.90	10.11
灯塔市	354617	179417	175200	102.41	7.78
盘锦市	**1389691**	**692330**	**697361**	**99.28**	**5.25**
双台子区	214290	106248	108042	98.34	4.02
兴隆台区	529394	260844	268550	97.13	5.90
大洼区	422797	212869	209928	101.40	4.97
盘山县	223210	112369	110841	101.38	5.40
铁岭市	**2388294**	**1194753**	**1193541**	**100.10**	**23.01**
银州区	375292	184524	190768	96.73	9.33
清河区	84693	42246	42447	99.53	55.65
铁岭县	324383	162945	161438	100.93	11.10
西丰县	225123	114177	110946	102.91	52.55
昌图县	711818	356751	355067	100.47	2.31
调兵山市	206058	102065	103993	98.15	4.58
开原市	460927	232045	228882	101.38	62.30

城乡人口		城市城区人口（人）	家庭户				家庭户类别			
城镇人口（人）	乡村人口（人）		户数（户）	人口数（人）	户规模（人/户）	其中：一人户（户）	一代户（户）	二代户（户）	三代户（户）	四代以上户（户）
1053426	**272592**	**765932**	**578371**	**1257395**	**2.17**	**161463**	**351712**	**188081**	**38023**	**555**
221957	4102		101271	211511	2.09	29724	63661	32426	5127	57
186994	17666		88568	177416	2.00	29509	58902	25454	4168	44
357678	21258		167755	364492	2.17	44950	100384	57263	9998	110
41592	13968		24710	51182	2.07	7408	16742	6643	1304	21
139319	91531		99828	227117	2.28	24374	57879	33957	7858	134
105886	124067		96239	225677	2.34	25498	54144	32338	9568	189
1507471	**680965**	**684563**	**904495**	**2092042**	**2.31**	**226602**	**515396**	**304004**	**83212**	**1883**
194968	7357		89140	185153	2.08	30029	56309	27576	5194	61
419768	3770		185616	395280	2.13	58053	112447	59883	13115	171
134247	55748		80797	180042	2.23	22747	47835	26076	6728	158
148338	186298		128470	324812	2.53	25315	66149	44794	17063	464
357229	211337	228276	232282	549630	2.37	49746	131912	79570	20289	511
252921	216455	177841	188190	457125	2.43	40712	100744	66105	20823	518
1613255	**1090598**	**1014814**	**1114291**	**2551777**	**2.29**	**276555**	**643864**	**371917**	**96204**	**2306**
248069	4140		106515	226770	2.13	31515	65254	35195	6004	62
402038			176080	368737	2.09	53804	108606	58663	8724	87
371371	86231		169726	392781	2.31	39935	95383	60933	13150	260
177115	274091		193131	444237	2.30	46921	114284	59332	18965	550
94720	211276		125502	300530	2.39	28499	68344	43081	13701	376
167909	244604	136207	172458	405260	2.35	40048	98498	57019	16482	459
152033	270256	122193	170879	413462	2.42	35833	93495	57694	19178	512
1564242	**764340**	**956686**	**951889**	**2222208**	**2.33**	**247954**	**526934**	**335833**	**86944**	**2178**
259197	2242		112887	245971	2.18	32213	65317	39641	7808	121
212913			89350	186192	2.08	27882	55267	29219	4820	44
434542	106571		227580	513772	2.26	69112	127455	82823	16990	312
120465	26283		60605	137104	2.26	14989	34884	21692	3955	74
228059	331212	175409	216066	545265	2.52	47994	113130	73212	28752	972
309066	298032	264053	245401	593904	2.42	55764	130881	89246	24619	655
1015622	**631658**	**696563**	**681641**	**1576659**	**2.31**	**165417**	**382452**	**233545**	**64027**	**1617**
234029			103283	217988	2.11	29996	62734	34564	5899	86
60958	5811		31949	64515	2.02	10285	20550	9811	1571	17
135726	6445		67841	134847	1.99	23107	44328	20279	3183	51
42463	8931		23923	49919	2.09	7470	14661	7798	1444	20
269142	4383		109238	247846	2.27	24881	59710	42252	7189	87
146325	399424		205467	534833	2.60	35529	100156	72808	31565	938
126979	206664		139940	326711	2.33	34149	80313	46033	13176	418
1071626	**532954**	**742592**	**694463**	**1552311**	**2.24**	**182486**	**408686**	**235298**	**49578**	**901**
359401			156880	340247	2.17	44072	91924	55614	9223	119
120154	40312		71009	155823	2.19	19333	42433	24043	4454	79
130501	11990		61140	134768	2.20	15185	36599	21000	3512	29
66958	13912		38297	78924	2.06	12683	24739	11341	2186	31
87490	47114		58239	128201	2.20	16955	35203	18170	4780	86
121499	250632		159423	368160	2.31	40336	91497	53418	14180	328
185623	168994	113090	149475	346188	2.32	33922	86291	51712	11243	229
1075688	**314003**	**942809**	**560915**	**1316002**	**2.35**	**123522**	**312793**	**207549**	**39853**	**720**
204267	10023		89659	206441	2.30	20986	50258	33708	5622	71
513054	16340		220456	502231	2.28	52224	124265	84920	11158	113
263101	159696		160252	389299	2.43	33865	86369	58486	15079	318
95266	127944		90548	218031	2.41	16447	51901	30435	7994	218
1318021	**1070273**	**251693**	**977260**	**2317401**	**2.37**	**235483**	**544480**	**333243**	**96899**	**2638**
361798	13494		155551	356915	2.29	39502	92197	54744	8508	102
62402	22291		38000	82571	2.17	11453	22782	12517	2648	53
120353	204030		129604	307203	2.37	30579	72613	44192	12485	314
77160	147963		93603	221066	2.36	22417	53032	31356	8980	235
259006	452812		278209	698687	2.51	59214	145194	92144	39410	1461
179480	26578	152660	92834	199532	2.15	25891	59134	28745	4901	54
257822	203105	219370	189459	451427	2.38	46427	99528	69545	19967	419

表1　续表 10

地　　区	人口数				少数民族人口比重 (%)
	合　计 (人)	男 (人)	女 (人)	性别比 (女=100)	
朝阳市	**2872857**	**1453153**	**1419704**	**102.36**	**7.35**
双塔区	463543	225155	238388	94.45	6.34
龙城区	222065	112519	109546	102.71	3.86
朝阳县	404460	207732	196728	105.59	4.73
建平县	455826	230582	225244	102.37	3.47
喀喇沁左翼蒙古族自治县	346133	175785	170348	103.19	20.92
北票市	439998	221148	218850	101.05	5.29
凌源市	540832	280232	260600	107.53	7.88
葫芦岛市	**2434194**	**1230001**	**1204193**	**102.14**	**27.74**
连山区	468110	233381	234729	99.43	13.23
龙港区	294250	144073	150177	95.94	12.82
南票区	182135	91669	90466	101.33	7.66
绥中县	545963	276990	268973	102.98	48.64
建昌县	453436	233284	220152	105.96	4.38
兴城市	490300	250604	239696	104.55	56.36
吉林省	**24073453**	**12018319**	**12055134**	**99.69**	**8.67**
长春市	**9066906**	**4538382**	**4528524**	**100.22**	**4.42**
南关区	657682	319554	338128	94.51	6.46
宽城区	856177	430095	426082	100.94	3.92
朝阳区	614021	306504	307517	99.67	5.56
二道区	559966	274946	285020	96.47	5.29
绿园区	714919	355599	359320	98.96	4.81
双阳区	335723	168752	166971	101.07	9.00
九台区	613836	310055	303781	102.07	6.58
农安县	763983	388645	375338	103.55	0.93
长春经济技术开发区	429387	212067	217320	97.58	5.17
长春净月高新技术产业开发区	408740	193858	214882	90.22	7.35
长春高新技术产业开发区	460607	233665	226942	102.96	6.43
长春汽车经济技术开发区	317978	163993	153985	106.50	5.02
榆树市	836098	422713	413385	102.26	1.79
德惠市	635476	322457	313019	103.02	1.11
公主岭市	862313	435479	426834	102.03	3.31
吉林市	**3623713**	**1803823**	**1819890**	**99.12**	**9.21**
昌邑区	581852	283783	298069	95.21	10.94
龙潭区	371607	186809	184798	101.09	14.28
船营区	464893	229830	235063	97.77	10.67
丰满区	259374	125950	133424	94.40	9.21
永吉县	243469	125564	117905	106.50	11.65
吉林经济开发区	55692	28533	27159	105.06	13.08
吉林高新技术产业开发区	162447	76601	85846	89.23	8.96
吉林中国新加坡食品区	37164	18563	18601	99.80	16.92
蛟河市	328925	165292	163633	101.01	7.26
桦甸市	341308	171822	169486	101.38	3.01
舒兰市	406744	204714	202030	101.33	6.24
磐石市	370238	186362	183876	101.35	7.48
四平市	**1814733**	**904701**	**910032**	**99.41**	**10.05**
铁西区	314307	148202	166105	89.22	5.22
铁东区	313650	157285	156365	100.59	8.40
梨树县	537145	273030	264115	103.38	1.64
伊通满族自治县	331873	168381	163492	102.99	36.11
双辽市	317758	157803	159955	98.65	3.44
辽源市	**996903**	**498860**	**498043**	**100.16**	**7.97**
龙山区	327079	159837	167242	95.57	6.29
西安区	136337	68327	68010	100.47	4.42
东丰县	307302	155448	151854	102.37	10.39
东辽县	226185	115248	110937	103.89	9.27
通化市	**1812114**	**905916**	**906198**	**99.97**	**10.17**
东昌区	355346	172138	183208	93.96	7.18
二道江区	91571	45266	46305	97.76	6.16

城乡人口		城　市城区人口(人)	家庭户				家庭户类别			
城镇人口(人)	乡村人口(人)		户数(户)	人口数(人)	户规模(人/户)	其中:一人户(户)	一代户(户)	二代户(户)	三代户(户)	四代以上户(户)
1435268	**1437589**	**584880**	**1102207**	**2780548**	**2.52**	**223334**	**568401**	**409440**	**121426**	**2940**
423138	40405		180600	441365	2.44	37065	91363	74445	14565	227
157857	64208		83362	212145	2.54	15794	40522	34884	7846	110
80419	324041		151128	397187	2.63	29960	74189	56406	20090	443
196344	259482		174903	443374	2.53	35784	92162	60569	21571	601
139707	206426		131391	337924	2.57	25259	65730	48840	16296	525
190315	249683	163542	181777	429972	2.37	40956	104705	60065	16584	423
247488	293344	206801	199046	518581	2.61	38516	99730	74231	24474	611
1332975	**1101219**	**642884**	**953948**	**2343533**	**2.46**	**212623**	**501706**	**350886**	**98534**	**2822**
378060	90050		196222	446345	2.27	48907	111258	71709	13070	185
281398	12852		122213	283403	2.32	26542	66401	48436	7291	85
104783	77352		75526	176839	2.34	17490	43777	24201	7376	172
223005	322958		215037	537305	2.50	45862	111284	79626	23469	658
126184	327252		158225	445444	2.82	28178	68107	61770	27240	1108
219545	270755	193074	186725	454197	2.43	45644	100879	65144	20088	614
15079014	**8994439**		**9426822**	**22103381**	**2.34**	**2313775**	**5289361**	**3281969**	**832788**	**22704**
5979069	**3087837**	**3425890**	**3330525**	**8018524**	**2.41**	**796831**	**1787280**	**1196449**	**336779**	**10017**
657682			245117	546560	2.23	70265	140740	85057	18945	375
676759	179418		315144	739587	2.35	82897	170707	115839	28019	579
586679	27342		219858	484936	2.21	69047	129322	73617	16703	216
528311	31655		217019	481235	2.22	68552	124338	75826	16625	230
698396	16523		272457	648650	2.38	63846	143055	103018	25821	563
159392	176331		116134	290185	2.50	22144	62951	40932	11834	417
224442	389394		237598	577786	2.43	54006	129600	81554	25563	881
196832	567151		293282	736993	2.51	57331	155280	104298	32486	1218
429387			158225	363697	2.30	43268	86864	57920	13276	165
208866	199874		113379	274692	2.42	26341	59709	42148	11344	178
453298	7309		146467	352245	2.40	36907	72800	58896	14582	189
317978			121297	281173	2.32	31855	66661	43464	10959	213
253344	582754	202198	313305	812139	2.59	61176	156837	110579	43885	2004
202988	432488	191912	237356	613923	2.59	45267	117180	88536	30300	1340
384715	477598	262653	323887	814723	2.52	63929	171236	114765	36437	1449
2301426	**1322287**	**1296202**	**1516884**	**3412989**	**2.25**	**408684**	**889277**	**504141**	**121050**	**2416**
472950	108902		248784	550289	2.21	69819	145490	84290	18732	272
274418	97189		158586	343545	2.17	45987	95916	51261	11201	208
391359	73534		191136	429295	2.25	51663	108067	67174	15654	241
187913	71461		104492	236443	2.26	26314	61948	34245	8131	168
93845	149624		101534	229634	2.26	26852	60631	32065	8643	195
44980	10712		20016	44113	2.20	5454	12348	6112	1517	39
137672	24775		59898	140120	2.34	14064	32097	22511	5225	65
4882	32282		15661	36827	2.35	3919	8989	5096	1542	34
168313	160612	131058	145178	321746	2.22	40069	87835	47215	9961	167
184810	156498	153982	148657	330948	2.23	44883	89101	48590	10720	246
176692	230052	149478	170330	391833	2.30	44643	99683	53999	16198	450
163592	206646	122854	152612	358196	2.35	35017	87172	51583	13526	331
935799	**878934**	**481333**	**700554**	**1681136**	**2.40**	**160553**	**390988**	**237754**	**69565**	**2247**
232301	82006		114617	256551	2.24	29090	66281	40689	7518	129
253409	60241		130215	278599	2.14	40627	79595	42671	7829	120
193144	344001		205486	517768	2.52	42009	111160	68086	25185	1055
110229	221644		128420	322232	2.51	24777	69149	44019	14773	479
146716	171042	120197	121816	305986	2.51	24050	64803	42289	14260	464
575248	**421655**	**406463**	**396879**	**924333**	**2.33**	**96908**	**226909**	**133144**	**35794**	**1032**
286833	40246		128862	286637	2.22	34169	73647	46817	8299	99
120463	15874		59445	119019	2.00	20509	39188	17434	2779	44
112665	194637		118914	297027	2.50	23470	63760	40753	13926	475
55287	170898		89658	221650	2.47	18760	50314	28140	10790	414
1085368	**726746**	**387426**	**728481**	**1712521**	**2.35**	**177951**	**405975**	**254598**	**66354**	**1554**
330153	25193		138492	315472	2.28	32541	77488	51073	9824	107
78250	13321		41615	87053	2.09	12242	26001	13456	2118	40

表1 续表 11

地区	人口数 合计（人）	男（人）	女（人）	性别比（女=100）	少数民族人口比重（%）
通化县	175114	88391	86723	101.92	16.53
辉南县	237113	118757	118356	100.34	8.07
柳河县	274414	140021	134393	104.19	10.15
梅河口市	509336	256387	252949	101.36	11.14
集安市	169220	84956	84264	100.82	12.06
白山市	**968373**	**483457**	**484916**	**99.70**	**4.44**
浑江区	307982	151338	156644	96.61	4.53
江源区	138272	69737	68535	101.75	2.76
抚松县	233759	117310	116449	100.74	3.04
靖宇县	108478	55057	53421	103.06	5.23
长白朝鲜族自治县	58266	29484	28782	102.44	15.25
临江市	121616	60531	61085	99.09	2.94
松原市	**2252994**	**1128600**	**1124394**	**100.37**	**4.36**
宁江区	619364	304463	314901	96.69	5.84
前郭尔罗斯蒙古族自治县	407385	204560	202825	100.86	9.40
长岭县	451620	228661	222959	102.56	1.30
乾安县	205542	103221	102321	100.88	1.93
吉林松原经济开发区	94066	46842	47224	99.19	8.22
扶余市	475017	240853	234164	102.86	1.31
白城市	**1551378**	**770277**	**781101**	**98.61**	**6.36**
洮北区	356054	176363	179691	98.15	4.90
镇赉县	217387	108978	108409	100.52	7.41
通榆县	281589	140977	140612	100.26	10.18
吉林白城经济开发区	118222	55148	63074	87.43	6.78
洮南市	307215	153596	153619	99.99	7.09
大安市	270911	135215	135696	99.65	2.45
延边朝鲜族自治州	**1986339**	**984303**	**1002036**	**98.23**	**33.59**
延吉市	686136	331434	354702	93.44	45.27
图们市	85248	42139	43109	97.75	46.30
敦化市	392486	196287	196199	100.04	6.82
珲春市	239359	119044	120315	98.94	35.05
龙井市	129286	65060	64226	101.30	61.80
和龙市	117087	59623	57464	103.76	42.12
汪清县	167911	84601	83310	101.55	26.57
安图县	168826	86115	82711	104.12	19.31
黑龙江省	**31850088**	**15952468**	**15897620**	**100.35**	**3.52**
哈尔滨市	**10009854**	**5007089**	**5002765**	**100.09**	**4.59**
道里区	1097430	540845	556585	97.17	1.88
南岗区	1390679	689946	700733	98.46	3.85
道外区	811178	404666	406512	99.55	2.46
平房区	238945	121384	117561	103.25	5.81
松北区	413515	210708	202807	103.90	2.97
香坊区	1120185	550550	569635	96.65	3.38
呼兰区	769997	380332	389665	97.60	2.23
阿城区	500327	249345	250982	99.35	11.10
双城区	633880	321135	312745	102.68	15.66
依兰县	258345	130533	127812	102.13	3.24
方正县	183789	90939	92850	97.94	1.95
宾县	444314	226109	218205	103.62	1.11
巴彦县	420409	213354	207055	103.04	0.79
木兰县	176245	89726	86519	103.71	1.77
通河县	179828	90473	89355	101.25	1.71
延寿县	182725	93050	89675	103.76	4.46
尚志市	463358	235424	227934	103.29	4.13
五常市	724705	368570	356135	103.49	10.37
齐齐哈尔市	**4067489**	**2044598**	**2022891**	**101.07**	**2.47**
龙沙区	355849	176726	179123	98.66	2.11
建华区	332566	160787	171779	93.60	3.32
铁锋区	271372	137873	133499	103.28	2.16

城乡人口		城市城区人口(人)	家庭户				家庭户类别			
城镇人口(人)	乡村人口(人)		户数(户)	人口数(人)	户规模(人/户)	其中:一人户(户)	一代户(户)	二代户(户)	三代户(户)	四代以上户(户)
77528	97586		73368	170003	2.32	16914	42834	24768	5626	140
123574	113539		96032	227061	2.36	23398	54497	32247	9057	231
102743	171671		105951	264517	2.50	23902	54727	38178	12726	320
291138	218198	247329	203919	484928	2.38	54342	110900	71441	20982	596
81982	87238	72426	69104	163487	2.37	14612	39528	23435	6021	120
771554	**196819**	**349668**	**401500**	**896156**	**2.23**	**97155**	**243278**	**135838**	**21835**	**549**
281039	26943		123257	280604	2.28	27574	70120	45156	7788	193
110195	28077		58718	124773	2.12	15599	38736	17167	2745	70
185588	48171		96288	216190	2.25	24049	58798	32344	5005	141
66218	42260		44006	102079	2.32	9959	25458	15895	2576	77
40959	17307		25539	54794	2.15	6742	16643	7952	932	12
87555	34061	81217	53692	117716	2.19	13232	33523	17324	2789	56
1056361	**1196633**	**474062**	**840420**	**2130955**	**2.54**	**154288**	**427376**	**316314**	**93499**	**3231**
480769	138595		224912	566496	2.52	39040	109504	91741	23153	514
160878	246507		153718	392820	2.56	26810	77664	58270	17262	522
125129	326491		173386	436709	2.52	34610	90564	63467	18610	745
93731	111811		80331	195161	2.43	14194	45300	28571	6261	199
70980	23086		32615	81389	2.50	6464	16617	12521	3378	99
124874	350143	93082	175458	458380	2.61	33170	87727	61744	24835	1152
844632	**706746**	**244306**	**635434**	**1457082**	**2.29**	**139147**	**383236**	**209505**	**41598**	**1095**
263667	92387		144274	330670	2.29	31985	84505	49283	10275	211
105997	111390		89791	208062	2.32	18368	54312	29342	5987	150
113347	168242		116194	269678	2.32	25561	70559	38488	6949	198
108852	9370		39231	91712	2.34	7963	21657	14600	2913	61
115946	191269	105179	129745	297945	2.30	29178	77857	42733	8938	217
136823	134088	103142	116199	259015	2.23	26092	74346	35059	6536	258
1529557	**456782**		**876145**	**1869685**	**2.13**	**282258**	**535042**	**294226**	**46314**	**563**
630612	55524	610911	290999	632386	2.17	95501	166409	106612	17770	208
71023	14225	59388	38773	79131	2.04	13580	25403	11502	1852	16
241929	150557	195002	174753	378162	2.16	49812	108448	57512	8685	108
189760	49599	179047	100539	226435	2.25	27604	57000	36877	6575	87
96972	32314	86037	61137	121988	2.00	23877	40066	18126	2914	31
80419	36668	59261	55010	109647	1.99	20800	36871	16007	2118	14
114193	53718		80110	162057	2.02	27470	53587	23543	2949	31
104649	64177		74824	159879	2.14	23614	47258	24047	3451	68
20897694	**10952394**		**13024687**	**28934500**	**2.22**	**3806499**	**7768696**	**4343411**	**892050**	**20530**
7067709	**2942145**	**5499284**	**3931383**	**8761798**	**2.23**	**1237089**	**2306181**	**1313812**	**304630**	**6760**
1023936	73494		456203	941231	2.06	181689	303906	128115	23903	279
1362687	27992		506195	1103195	2.18	167385	297668	173639	34236	652
741444	69734		325470	691036	2.12	109214	196054	109289	19913	214
237665	1280		91662	200424	2.19	26016	52819	32375	6390	78
279644	133871		148144	322677	2.18	50834	89747	46373	11773	251
1092269	27916		418315	897898	2.15	134141	242188	147568	28187	372
505252	264745		277193	610455	2.20	90647	168014	87348	21321	510
322530	177797		188418	451860	2.40	43730	99777	69764	18413	464
239931	393949		250210	608692	2.43	69305	136894	83490	28997	829
113401	144944		111456	247678	2.22	31563	67550	36399	7345	162
99903	83886		80519	177245	2.20	25608	46486	28317	5619	97
162735	281579		170004	416331	2.45	39335	88014	62948	18559	483
135099	285310		162598	409788	2.52	35022	82052	59759	19997	790
60560	115685		74814	171462	2.29	22627	43209	24852	6546	207
104952	74876		87244	174259	2.00	32433	57904	26535	2779	26
81979	100746		83601	178141	2.13	26770	51826	27621	4085	69
246880	216478	149072	201957	449633	2.23	62047	115489	71263	14980	225
256842	467863	171900	297380	709793	2.39	88723	166584	98157	31587	1052
2181650	**1885839**	**1211530**	**1714813**	**3816396**	**2.23**	**511005**	**1012958**	**576297**	**122665**	**2893**
354654	1195		148331	292566	1.97	61759	103869	37834	6549	79
327029	5537		129438	270789	2.09	45689	79817	42026	7503	92
252070	19302		116190	231903	2.00	43374	77400	32735	5960	95

表1 续表 12

地 区	人口数				少数民族人口比重
	合 计（人）	男（人）	女（人）	性别比（女=100）	(%)
昂昂溪区	67824	34360	33464	102.68	5.84
富拉尔基区	197424	97935	99489	98.44	3.93
碾子山区	56553	28136	28417	99.01	1.98
梅里斯达斡尔族区	125399	63973	61426	104.15	10.78
龙江县	414285	209431	204854	102.23	2.69
依安县	353872	179975	173897	103.50	0.59
泰来县	249153	126520	122633	103.17	4.18
甘南县	288203	145078	143125	101.36	1.16
富裕县	224040	114208	109832	103.98	4.58
克山县	255041	128384	126657	101.36	0.79
克东县	156983	78941	78042	101.15	0.84
拜泉县	282019	142440	139579	102.05	0.91
讷河市	436906	219831	217075	101.27	1.48
鸡西市	**1502060**	**757067**	**744993**	**101.62**	**3.36**
鸡冠区	402345	200503	201842	99.34	2.40
恒山区	87822	44726	43096	103.78	2.61
滴道区	65980	33540	32440	103.39	2.78
梨树区	39833	20492	19341	105.95	2.32
城子河区	69951	35582	34369	103.53	3.87
麻山区	17301	8881	8420	105.48	4.11
鸡东县	211855	107789	104066	103.58	6.17
虎林市	267870	134934	132936	101.50	1.78
密山市	339103	170620	168483	101.27	4.28
鹤岗市	**891271**	**445771**	**445500**	**100.06**	**2.58**
向阳区	72867	35698	37169	96.04	1.44
工农区	136519	66663	69856	95.43	2.25
南山区	119662	60144	59518	101.05	2.13
兴安区	99013	50661	48352	104.78	1.94
东山区	96218	48898	47320	103.33	2.30
兴山区	21125	10560	10565	99.95	2.19
萝北县	206072	102493	103579	98.95	3.18
绥滨县	139795	70654	69141	102.19	3.71
双鸭山市	**1208803**	**607440**	**601363**	**101.01**	**2.49**
尖山区	262359	128878	133481	96.55	1.96
岭东区	27498	14185	13313	106.55	1.96
四方台区	39550	20479	19071	107.38	1.70
宝山区	72475	37047	35428	104.57	1.82
集贤县	243945	123761	120184	102.98	1.80
友谊县	101080	49796	51284	97.10	2.60
宝清县	331377	167192	164185	101.83	3.67
饶河县	130519	66102	64417	102.62	2.51
大庆市	**2781562**	**1379294**	**1402268**	**98.36**	**3.37**
萨尔图区	327192	159730	167462	95.38	2.61
龙凤区	290827	143643	147184	97.59	2.19
让胡路区	592603	286729	305874	93.74	2.45
红岗区	129988	64940	65048	99.83	2.09
大同区	180266	91638	88628	103.40	1.41
肇州县	306036	155783	150253	103.68	0.58
肇源县	330340	166582	163758	101.72	3.61
林甸县	191238	96104	95134	101.02	0.69
杜尔伯特蒙古族自治县	199293	99794	99499	100.30	17.59
大庆高新技术产业开发区	233779	114351	119428	95.75	3.86
伊春市	**878881**	**437751**	**441130**	**99.23**	**2.13**
伊美区	173320	84826	88494	95.86	1.75
乌翠区	72259	35874	36385	98.60	0.84
友好区	54302	26943	27359	98.48	2.05
嘉荫县	56523	28533	27990	101.94	2.22
汤旺县	33245	16730	16515	101.30	1.82
丰林县	62214	31202	31012	100.61	1.56
大箐山县	57697	28738	28959	99.24	1.34

城乡人口		城市城区人口(人)	家庭户				家庭户类别			
城镇人口(人)	乡村人口(人)		户数(户)	人口数(人)	户规模(人/户)	其中:一人户(户)	一代户(户)	二代户(户)	三代户(户)	四代以上户(户)
47656	20168		30912	61796	2.00	11436	20361	9032	1499	20
170169	27255		95762	182356	1.90	38506	67269	24969	3485	39
46601	9952		27451	53747	1.96	10115	18675	7689	1079	8
48113	77286		53158	122193	2.30	13557	30011	18893	4176	78
125179	289106		165631	405315	2.45	37317	86977	61007	17059	588
104985	248887		142341	351721	2.47	34385	69706	56208	16037	390
92066	157087		102161	240809	2.36	24328	56128	37279	8523	231
97033	191170		127499	282553	2.22	35067	74291	46064	7012	132
102726	121314		93964	215646	2.29	24565	53611	33213	6978	162
83153	171888		112653	249907	2.22	34437	66807	36992	8602	252
60866	96117		68369	150818	2.21	20768	41343	22818	4095	113
75954	206065		119745	277164	2.31	29966	69846	42271	7485	143
193396	243510	131572	181208	427113	2.36	45736	96847	67267	16623	471
1091691	**410369**	**626019**	**633302**	**1361805**	**2.15**	**188351**	**393352**	**204296**	**35027**	**627**
401766	579		173300	348480	2.01	62678	110864	54427	7909	100
67140	20682		39585	80443	2.03	13516	26093	11516	1939	37
51214	14766		28115	60839	2.16	8350	17127	9145	1799	44
35684	4149		16199	34401	2.12	4558	10273	5116	798	12
60835	9116		28772	61785	2.15	8058	17736	9424	1586	26
9380	7921		8494	16657	1.96	3222	5790	2421	283	
95091	116764		87871	192966	2.20	25310	53705	28459	5590	117
184294	83576	83113	115926	249132	2.15	31812	74231	36717	4907	71
186287	152816	117481	135040	317102	2.35	30847	77533	47071	10216	220
736416	**154855**	**502649**	**395515**	**816036**	**2.06**	**122324**	**255270**	**123779**	**16141**	**325**
72867			33751	64900	1.92	12662	23433	9263	1039	16
136519			59154	124380	2.10	17999	35542	20876	2686	50
119662			53936	105462	1.96	19930	35856	16127	1893	60
97910	1103		44319	86656	1.96	15694	29865	12862	1562	30
66743	29475		43059	87715	2.04	14085	29040	12208	1783	28
21125			9600	19847	2.07	2731	6012	3203	377	8
145075	60997		89783	192328	2.14	23492	57287	28439	3974	83
76515	63280		61913	134748	2.18	15731	38235	20801	2827	50
826703	**382100**	**361945**	**509923**	**1120186**	**2.20**	**135327**	**314173**	**167675**	**27512**	**563**
256921	5438		108534	235502	2.17	30306	65384	37533	5539	78
26901	597		12999	23541	1.81	5755	9579	2979	434	7
35161	4389		17979	36089	2.01	5803	12570	4625	765	19
69864	2611		34526	65588	1.90	12236	25243	8323	941	19
119384	124561		97818	229156	2.34	21159	55993	34288	7362	175
74068	27012		42022	93291	2.22	9077	26189	13712	2079	42
156506	174871		143620	317379	2.21	39545	87576	48153	7722	169
87898	42621		52425	119640	2.28	11446	31639	18062	2670	54
2016139	**765423**	**1275974**	**1075962**	**2532937**	**2.35**	**238689**	**595926**	**396332**	**81870**	**1834**
327192			123085	284548	2.31	28988	67401	46778	8779	127
271067	19760		119304	269001	2.25	30576	67464	43817	7932	91
570862	21741		228618	538547	2.36	45555	122040	90549	15816	213
110219	19769		53198	116637	2.19	13778	33208	16773	3163	54
90908	89358		69650	169641	2.44	13819	38563	24640	6286	161
108439	197597		119788	292082	2.44	26229	66877	41058	11394	459
141326	189014		128851	306174	2.38	29987	74041	44811	9696	303
72283	118955		79189	184554	2.33	16988	45338	28112	5584	155
90064	109229		77401	189047	2.44	15213	42751	27565	6882	203
233779			76878	182706	2.38	17556	38243	32229	6338	68
744000	**134881**	**296258**	**428018**	**805248**	**1.88**	**169258**	**307657**	**107042**	**13108**	**211**
160233	13087		84013	151199	1.80	37530	62026	19754	2209	24
66065	6194		36810	67832	1.84	15771	26615	9240	944	11
54302			25811	46452	1.80	10266	19466	5927	410	8
34840	21683		22954	53028	2.31	5100	13288	8129	1510	27
30563	2682		16931	29799	1.76	7310	13094	3619	217	1
58652	3562		32903	58929	1.79	13475	25221	7027	647	8
46660	11037		32960	56377	1.71	15283	25915	6497	543	5

表1 续表 13

地　区	人口数 合计（人）	男（人）	女（人）	性别比（女=100）	少数民族人口比重（%）
南岔县	82895	41591	41304	100.69	1.43
金林区	60466	30487	29979	101.69	3.35
铁力市	225960	112827	113133	99.73	3.17
佳木斯市	**2156505**	**1079952**	**1076553**	**100.32**	**2.70**
向阳区	295017	142764	152253	93.77	2.69
前进区	180893	88556	92337	95.91	1.87
东风区	121305	60935	60370	100.94	1.57
郊区	265340	134317	131023	102.51	2.85
桦南县	286855	145239	141616	102.56	3.71
桦川县	145876	73431	72445	101.36	3.42
汤原县	173688	87930	85758	102.53	4.47
同江市	176112	88801	87311	101.71	2.97
富锦市	414090	208388	205702	101.31	1.51
抚远市	97329	49591	47738	103.88	2.56
七台河市	**689611**	**348664**	**340947**	**102.26**	**3.22**
新兴区	158418	80899	77519	104.36	2.92
桃山区	204111	101017	103094	97.99	3.17
茄子河区	127499	65814	61685	106.69	3.13
勃利县	199583	100934	98649	102.32	3.57
牡丹江市	**2290208**	**1140787**	**1149421**	**99.25**	**6.04**
东安区	221194	108744	112450	96.70	3.89
阳明区	190973	95883	95090	100.83	3.36
爱民区	275436	132090	143346	92.15	3.49
西安区	242412	118921	123491	96.30	9.00
林口县	238193	121733	116460	104.53	3.56
绥芬河市	114564	57514	57050	100.81	1.97
海林市	292755	146276	146479	99.86	8.02
宁安市	322127	161048	161079	99.98	12.63
穆棱市	197065	99710	97355	102.42	4.60
东宁市	195489	98868	96621	102.33	4.07
黑河市	**1286401**	**645376**	**641025**	**100.68**	**3.05**
爱辉区	223832	110653	113179	97.77	7.41
逊克县	82134	41390	40744	101.59	4.88
孙吴县	73387	37094	36293	102.21	3.47
北安市	308237	154744	153493	100.82	1.39
五大连池市	243283	123526	119757	103.15	1.40
嫩江市	355528	177969	177559	100.23	2.36
绥化市	**3756167**	**1891784**	**1864383**	**101.47**	**2.04**
北林区	698025	347842	350183	99.33	5.51
望奎县	286848	145101	141747	102.37	3.85
兰西县	308684	156752	151932	103.17	0.58
青冈县	287557	144801	142756	101.43	0.58
庆安县	260592	131351	129241	101.63	1.43
明水县	198271	100808	97463	103.43	1.69
绥棱县	211907	105766	106141	99.65	0.97
安达市	357535	179753	177782	101.11	0.96
肇东市	666532	337399	329133	102.51	0.85
海伦市	480216	242211	238005	101.77	1.13
大兴安岭地区	**331276**	**166895**	**164381**	**101.53**	**3.39**
漠河市	54036	27714	26322	105.29	3.22
呼玛县	36362	18675	17687	105.59	4.06
塔河县	51056	26002	25054	103.78	2.52
加格达奇区	137105	67506	69599	96.99	3.53
松岭区	15996	8144	7852	103.72	5.81
新林区	20362	10462	9900	105.68	3.01
呼中区	16359	8392	7967	105.33	2.10

城乡人口		城市城区人口（人）	家庭户				家庭户类别			
城镇人口（人）	乡村人口（人）		户数（户）	人口数（人）	户规模（人/户）	其中：一人户（户）	一代户（户）	二代户（户）	三代户（户）	四代以上户（户）
68285	14610		43067	74888	1.74	19194	33826	8626	609	6
51040	9426		26730	54817	2.05	7915	17568	8026	1104	32
173360	52600	136376	105839	211927	2.00	37414	70638	30197	4915	89
1405396	**751109**	**672876**	**902882**	**1941773**	**2.15**	**268566**	**561479**	**294371**	**46273**	**759**
294758	259		113365	241050	2.13	33531	68479	39259	5568	59
169636	11257		79381	160371	2.02	29354	51263	24401	3676	41
100626	20679		55775	109112	1.96	21373	38224	15278	2240	33
133537	131803		120434	247004	2.05	43832	78569	35174	6542	149
114107	172748		127871	269851	2.11	40958	82579	39028	6154	110
74379	71497		62249	138300	2.22	15621	37802	20795	3587	65
85452	88236		80270	166800	2.08	24528	52640	24151	3428	51
112222	63890	47791	68870	160304	2.33	14819	39857	25404	3559	50
240925	173165	125568	157727	362025	2.30	36201	90896	57437	9231	163
79754	17575	44276	36940	86956	2.35	8349	21170	13444	2288	38
532126	**157485**	**409432**	**282562**	**633668**	**2.24**	**72713**	**164724**	**100152**	**17313**	**373**
132388	26030		69266	144691	2.09	22353	43768	21772	3655	71
202973	1138		79003	184132	2.33	17255	40868	32623	5375	137
90704	36795		49925	116047	2.32	11280	28576	18064	3222	63
106061	93522		84368	188798	2.24	21825	51512	27693	5061	102
1507096	**783112**	**733482**	**940400**	**2082237**	**2.21**	**267591**	**558788**	**320731**	**59677**	**1204**
191739	29455		89068	193409	2.17	26031	51221	32094	5674	79
136759	54214		72744	165029	2.27	18627	42477	25164	5022	81
267827	7609		103136	214855	2.08	32255	64812	32959	5285	80
211891	30521		96845	214087	2.21	29361	58422	32270	6042	111
96140	142053		99173	228957	2.31	27462	57336	33073	8542	222
111455	3109	104941	43643	105270	2.41	9526	22233	17936	3384	90
180669	112086	119807	133298	279605	2.10	43110	83740	42329	7102	127
123311	198816	75578	137454	310934	2.26	36220	79752	47652	9829	221
91287	105778	63828	81022	182918	2.26	22743	48730	27045	5106	141
96018	99471	57225	84017	187173	2.23	22256	50065	30209	3691	52
838921	**447480**	**175427**	**559143**	**1215364**	**2.17**	**161407**	**340156**	**186996**	**31390**	**601**
189471	34361		92167	199604	2.17	27293	55472	31521	5074	100
35919	46215		37556	79797	2.12	11628	23767	11967	1791	31
40266	33121		35660	71352	2.00	12779	23899	10906	845	10
213850	94387	127819	131045	286924	2.19	36796	78650	43848	8372	175
135828	107455	52656	107244	234144	2.18	30572	65356	35184	6553	151
223587	131941	155490	155471	343543	2.21	42339	93012	53570	8755	134
1639864	**2116303**	**316174**	**1505051**	**3541939**	**2.35**	**391402**	**865207**	**505302**	**130242**	**4300**
355700	342325		284491	642898	2.26	82812	165750	95580	22535	626
97036	189812		107525	269587	2.51	22206	58616	37288	11184	437
91569	217115		122629	292871	2.39	30118	68749	42020	11415	445
103214	184343		109711	272174	2.48	24664	62477	36961	9915	358
104230	156362		103597	245304	2.37	24801	60309	34405	8618	265
71656	126615		78274	189648	2.42	16530	43529	28141	6407	197
142759	69148		87560	200341	2.29	21724	51683	29520	6145	212
196645	160890	167014	141384	329534	2.33	33919	80741	49157	11205	281
312289	354243	259922	265367	637897	2.40	73501	150865	87483	26019	1000
164766	315450	135784	204513	461685	2.26	61127	122488	64747	16799	479
309983	**21293**		**145733**	**305113**	**2.09**	**42777**	**92825**	**46626**	**6202**	**80**
53460	576	31135	23113	49011	2.12	6532	14819	7362	916	16
23199	13163		15724	34465	2.19	4250	9503	5515	700	6
47941	3115		21879	46748	2.14	5730	13626	7303	936	14
133790	3315		58591	124977	2.13	16420	36059	19573	2920	39
14872	1124		7590	15186	2.00	2369	5231	2070	288	1
20362			10342	19555	1.89	3826	7297	2771	271	3
16359			8494	15171	1.79	3650	6290	2032	171	1

表1 续表 14

地　区	人口数 合计（人）	男（人）	女（人）	性别比（女=100）	少数民族人口比重（%）
上海市	**24870895**	**12875211**	**11995684**	**107.33**	**1.61**
市辖区	**24870895**	**12875211**	**11995684**	**107.33**	**1.61**
黄浦区	662030	343122	318908	107.59	2.36
徐汇区	1113078	542439	570639	95.06	1.55
长宁区	693051	330033	363018	90.91	1.83
静安区	975707	475832	499875	95.19	1.47
普陀区	1239800	610921	628879	97.14	1.50
虹口区	757498	373314	384184	97.17	1.22
杨浦区	1242548	614720	627828	97.91	1.63
闵行区	2653489	1376024	1277465	107.72	1.75
宝山区	2235218	1168318	1066900	109.51	1.34
嘉定区	1834258	988329	845929	116.83	1.82
浦东新区	5681512	2950524	2730988	108.04	1.47
金山区	822776	437838	384938	113.74	1.50
松江区	1909713	1020220	889493	114.70	2.12
青浦区	1271424	694529	576895	120.39	1.75
奉贤区	1140872	614601	526271	116.78	1.53
崇明区	637921	334447	303474	110.21	1.00
江苏省	**84748016**	**43031586**	**41716430**	**103.15**	**0.73**
南京市	**9314685**	**4754686**	**4559999**	**104.27**	**1.40**
玄武区	537825	268349	269476	99.58	2.01
秦淮区	740809	364643	376166	96.94	2.30
建邺区	534257	268724	265533	101.20	2.13
鼓楼区	940387	456009	484378	94.14	1.52
浦口区	1171603	609367	562236	108.38	1.51
栖霞区	987835	511258	476577	107.28	1.61
雨花台区	608780	317394	291386	108.93	1.33
江宁区	1926117	1003459	922658	108.76	1.03
六合区	946563	479882	466681	102.83	1.03
溧水区	491336	256342	234994	109.08	0.64
高淳区	429173	219259	209914	104.45	0.54
无锡市	**7462135**	**3848880**	**3613255**	**106.52**	**1.23**
锡山区	882387	466374	416013	112.11	1.93
惠山区	893675	469028	424647	110.45	1.13
滨湖区	915093	469395	445698	105.32	1.06
梁溪区	985465	492411	493054	99.87	0.60
新吴区	720215	376522	343693	109.55	1.27
江阴市	1779515	920161	859354	107.08	1.41
宜兴市	1285785	654989	630796	103.84	1.13
徐州市	**9083790**	**4579072**	**4504718**	**101.65**	**0.24**
鼓楼区	425143	214039	211104	101.39	0.66
云龙区	471566	234338	237228	98.78	0.57
贾汪区	453555	232962	220593	105.61	0.25
泉山区	619784	303753	316031	96.11	0.48
铜山区	1237760	629445	608315	103.47	0.32
丰县	935200	468942	466258	100.58	0.28
沛县	1038337	521117	517220	100.75	0.15
睢宁县	1088553	547412	541141	101.16	0.08
徐州经济技术开发区	381407	196041	185366	105.76	0.36
新沂市	969922	490412	479510	102.27	0.10
邳州市	1462563	740611	721952	102.58	0.06
常州市	**5278121**	**2711786**	**2566335**	**105.67**	**1.03**
天宁区	668906	334241	334665	99.87	0.57
钟楼区	658537	334349	324188	103.13	0.71
新北区	883125	451504	431621	104.61	0.80
武进区	1697380	891392	805988	110.60	1.77
金坛区	585081	296106	288975	102.47	0.70
溧阳市	785092	404194	380898	106.12	0.60
苏州市	**12748262**	**6657110**	**6091152**	**109.29**	**1.00**
虎丘区	832499	436545	395954	110.25	1.11
吴中区	1388972	727815	661157	110.08	0.91

城乡人口		城市城区人口(人)	家庭户				家庭户类别			
城镇人口(人)	乡村人口(人)		户数(户)	人口数(人)	户规模(人/户)	其中：一人户(户)	一代户(户)	二代户(户)	三代户(户)	四代以上户(户)
22209380	**2661515**	**19873080**	**9644628**	**22347586**	**2.32**	**2736214**	**5724125**	**2922514**	**975837**	**22152**
22209380	**2661515**		**9644628**	**22347586**	**2.32**	**2736214**	**5724125**	**2922514**	**975837**	**22152**
662030			230246	531367	2.31	60065	130043	81139	18748	316
1113078			414874	977841	2.36	108453	223996	148957	41353	568
693051			268009	613787	2.29	76010	153575	89628	24341	465
975707			376054	879524	2.34	98281	202852	136526	35793	883
1239800			480390	1139300	2.37	120407	262452	168204	48839	895
757498			297219	690590	2.32	75240	166609	104550	25720	340
1242548			463292	1100073	2.37	110202	245568	170423	46395	906
2614218	39271		959015	2319401	2.42	251795	535658	305590	115220	2547
2169981	65237		877311	2084529	2.38	229562	501219	284441	89740	1911
1550388	283870		730646	1657382	2.27	228073	469167	184853	74585	2041
5112927	568585		2193221	5120736	2.33	626019	1289958	666530	232779	3954
506732	316044		325415	760558	2.34	88548	195102	93603	34744	1966
1672618	237095		732796	1698363	2.32	238364	456341	186370	87606	2479
946567	324857		519276	1141674	2.20	173565	349209	119460	48665	1942
652671	488201		480370	1042922	2.17	155936	321295	120493	37843	739
299566	338355		296494	589539	1.99	95694	221081	61747	13466	200
62242383	**22505633**		**29910849**	**77644026**	**2.60**	**6975663**	**15025242**	**10302199**	**4378053**	**205355**
8085241	**1229444**	**7914639**	**3138775**	**7795032**	**2.48**	**766561**	**1623710**	**1110112**	**395246**	**9707**
537825			173057	417281	2.41	42120	88004	66526	18299	228
740809			278725	665521	2.39	69529	148776	100587	29007	355
534257			190280	463615	2.44	50578	98512	69513	21993	262
940387			339954	825544	2.43	85487	169406	131534	38581	433
1092010	79593		383737	962056	2.51	99616	195915	133278	53497	1047
925627	62208		299891	729394	2.43	76138	161955	102967	34348	621
608780			201916	501499	2.48	49607	107158	70123	24257	378
1503459	422658		581866	1496566	2.57	138455	296836	198654	84006	2370
636660	309903		354879	887968	2.50	79523	183197	121457	47887	2338
322830	168506		173641	432700	2.49	40698	92681	59580	20776	604
242597	186576		160829	412888	2.57	34810	81270	55893	22595	1071
6178208	**1283927**	**3570882**	**2687898**	**6883610**	**2.56**	**594203**	**1402135**	**901906**	**370241**	**13616**
769067	113320		309453	807537	2.61	70914	162794	96942	47099	2618
688825	204850		302826	811886	2.68	61591	149047	107050	45233	1496
871525	43568		316948	800613	2.53	67405	162395	115233	38541	779
985465			385154	941705	2.45	92519	200901	139539	43680	1034
642103	78112		232528	611312	2.63	48584	113479	83520	34629	900
1331352	448163	836429	647571	1683124	2.60	143249	341015	203094	98716	4746
889871	395914	596961	493418	1227433	2.49	109941	272504	156528	62343	2043
5961888	**3121902**	**2055095**	**3097995**	**8637378**	**2.79**	**650968**	**1361132**	**1283371**	**436385**	**17107**
425143			161988	398595	2.46	38980	79829	66466	15457	236
471566			164397	425659	2.59	36161	73637	72825	17688	247
270167	183388		151888	432576	2.85	29559	65896	63833	21564	595
619784			233914	577907	2.47	53893	116589	94575	22409	341
731033	506727		404923	1153734	2.85	77081	173274	174347	55549	1753
504761	430439		336524	894442	2.66	79194	163935	129510	41307	1772
596272	442065		359549	1016037	2.83	69631	152260	154768	50385	2136
614577	473976		360742	1052847	2.92	74220	144273	142163	70426	3880
327859	53548		124718	349555	2.80	24537	51690	56261	16372	395
549911	420011	374405	327282	946080	2.89	70790	138514	136005	50650	2113
850815	611748	599010	472070	1389946	2.94	96922	201235	192618	74578	3639
4067856	**1210265**	**3088169**	**1942531**	**4879468**	**2.51**	**449663**	**1015943**	**669399**	**248388**	**8801**
609730	59176		250802	633254	2.52	53266	125081	94846	30020	855
615112	43425		240409	598534	2.49	53343	121807	90204	27760	638
770629	112496		309823	820477	2.65	66200	144560	113799	49487	1977
1191844	505536		602707	1538569	2.55	140269	317681	201691	79884	3451
385034	200047		238164	559209	2.35	61878	142359	69103	25958	744
495507	289585	350307	300626	729425	2.43	74707	164455	99756	35279	1136
10418373	**2329889**	**3991180**	**4273563**	**11210065**	**2.62**	**1019593**	**2205927**	**1354318**	**669608**	**43710**
763606	68893		244244	684859	2.80	50805	111860	83646	45956	2782
1070750	318222		447304	1171558	2.62	111795	239651	132183	70531	4939

表1 续表 15

地 区	人口数				少数民族人口比重
	合 计（人）	男（人）	女（人）	性别比（女=100）	（%）
相城区	891055	472592	418463	112.94	1.29
姑苏区	924083	456751	467332	97.74	0.68
吴江区	1545023	813616	731407	111.24	1.15
苏州工业园区	1133927	587651	546276	107.57	1.36
常熟市	1677050	872242	804808	108.38	0.80
张家港市	1432044	738317	693727	106.43	0.93
昆山市	2092496	1113706	978790	113.78	0.95
太仓市	831113	437875	393238	111.35	1.01
南通市	**7726635**	**3805559**	**3921076**	**97.05**	**0.78**
崇川区	780564	385333	395231	97.50	0.91
港闸区	403176	205546	197630	104.01	0.81
通州区	1258739	618337	640402	96.55	0.87
如东县	880006	429701	450305	95.42	0.54
南通经济技术开发区	332273	177658	154615	114.90	1.63
启东市	967313	467719	499594	93.62	0.40
如皋市	1238448	602131	636317	94.63	0.42
海门市	991782	484870	506912	95.65	1.39
海安市	874334	434264	440070	98.68	0.67
连云港市	**4599360**	**2335249**	**2264111**	**103.14**	**0.24**
连云区	202514	108892	93622	116.31	0.54
海州区	744773	373723	371050	100.72	0.19
赣榆区	1003844	507417	496427	102.21	0.10
东海县	1047357	529864	517493	102.39	0.17
灌云县	725047	371355	353692	104.99	0.20
灌南县	612345	312365	299980	104.13	0.10
连云港经济技术开发区	90248	46427	43821	105.95	0.66
连云港高新技术产业开发区	173232	85206	88026	96.80	1.62
淮安市	**4556230**	**2278713**	**2277517**	**100.05**	**0.33**
淮安区	785272	394371	390901	100.89	0.21
淮阴区	748791	378611	370180	102.28	0.36
清江浦区	594524	293412	301112	97.44	0.47
洪泽区	285097	141741	143356	98.87	0.18
涟水县	829699	415067	414632	100.10	0.19
盱眙县	607211	302423	304788	99.22	0.20
金湖县	289456	144333	145123	99.46	0.22
淮安经济技术开发区	416180	208755	207425	100.64	0.90
盐城市	**6709629**	**3379832**	**3329797**	**101.50**	**0.32**
亭湖区	798003	405306	392697	103.21	0.35
盐都区	832584	420296	412288	101.94	0.27
大丰区	645603	323856	321747	100.66	0.48
响水县	459156	233854	225302	103.80	0.26
滨海县	820084	416467	403617	103.18	0.21
阜宁县	794036	400486	393550	101.76	0.19
射阳县	759403	381466	377937	100.93	0.21
建湖县	609346	305799	303547	100.74	0.14
盐城经济技术开发区	103004	51964	51040	101.81	0.97
东台市	888410	440338	448072	98.27	0.63
扬州市	**4559797**	**2270783**	**2289014**	**99.20**	**0.60**
广陵区	608660	311581	297079	104.88	0.66
邗江区	861413	426580	434833	98.10	0.83
江都区	926577	453833	472744	96.00	0.42
宝应县	682219	337714	344505	98.03	0.18
扬州经济技术开发区	238785	120162	118623	101.30	0.84
仪征市	532571	269029	263542	102.08	0.51
高邮市	709572	351884	357688	98.38	0.89
镇江市	**3210418**	**1631648**	**1578770**	**103.35**	**0.91**
京口区	355757	179757	176000	102.13	1.73
润州区	299956	150716	149240	100.99	1.15
丹徒区	347264	179918	167346	107.51	0.88
镇江新区	263813	136285	127528	106.87	0.75

城乡人口		城市城区人口（人）	家庭户				家庭户类别			
城镇人口（人）	乡村人口（人）		户数（户）	人口数（人）	户规模（人/户）	其中：一人户（户）	一代户（户）	二代户（户）	三代户（户）	四代以上户（户）
839374	51681		302332	786879	2.60	77424	164013	88027	47718	2574
924083			354555	858701	2.42	90062	184465	130026	39500	564
1161152	383871		531236	1366336	2.57	143763	286762	150981	86819	6674
1133927			330953	923734	2.79	66365	149454	116484	63371	1644
1230599	446451	828661	541027	1493268	2.76	111194	267672	162579	98631	12145
1055893	376151	506354	521840	1350793	2.59	118119	276017	166315	75980	3528
1652159	440337	1414348	704966	1803175	2.56	176985	372572	230462	97729	4203
586830	244283	349042	295106	770762	2.61	73081	153461	93615	43373	4657
5442932	**2283703**	**1582373**	**2897075**	**7049533**	**2.43**	**731861**	**1607128**	**865580**	**399658**	**24709**
780564			266974	694391	2.60	57242	135229	95041	35683	1021
399543	3633		138103	358318	2.59	32435	69153	47532	20476	942
813237	445502		465583	1147824	2.47	114955	256765	135692	68805	4321
512131	367875		342614	831648	2.43	82178	189739	99948	49050	3877
332273			99752	254626	2.55	22507	52155	33268	13950	379
580157	387156	378393	436111	892913	2.05	139394	301403	105359	28861	488
761879	476569	361585	429888	1194766	2.78	90869	186479	136545	97883	8981
661983	329799	367808	384993	854199	2.22	110345	237773	109758	36351	1111
601165	273169	454639	333057	820848	2.46	81936	178432	102437	48599	3589
2829565	**1769795**	**1022210**	**1547754**	**4385031**	**2.83**	**322523**	**668439**	**623445**	**245478**	**10392**
198622	3892		72517	181774	2.51	17362	37391	26869	8077	180
627850	116923		256659	713844	2.78	51612	110367	107039	38076	1177
569229	434615		353011	975562	2.76	69891	157092	150944	43419	1556
506989	540368		339057	1013510	2.99	69297	137615	134351	63317	3774
358508	366539		245664	707056	2.88	53240	106995	93531	43378	1760
323820	288525		208108	593496	2.85	45841	88188	80523	37771	1626
71315	18933		30127	81239	2.70	6987	14222	10979	4756	170
173232			42611	118550	2.78	8293	16569	19209	6684	149
2992223	**1564007**	**1303052**	**1625374**	**4344012**	**2.67**	**379808**	**745817**	**585413**	**280062**	**14082**
427660	357612		287962	761593	2.64	71747	134792	95121	54740	3309
431384	317407		252610	712026	2.82	55002	108893	93466	47940	2311
531575	62949		209013	561593	2.69	45160	91785	82601	33264	1363
170486	114611		111305	276825	2.49	28852	58401	35064	17022	818
465057	364642		294032	801407	2.73	68335	127579	113254	50785	2414
374436	232775		224333	591681	2.64	54541	104874	79238	38127	2094
177633	111823		115882	276736	2.39	28220	66790	34302	14055	735
413992	2188		130237	362151	2.78	27951	52703	52367	24129	1038
4301656	**2407973**	**1354398**	**2609831**	**6449857**	**2.47**	**655259**	**1398922**	**851649**	**345357**	**13903**
702800	95203		281358	731847	2.60	63880	138068	102434	39318	1538
576245	256339		312570	793330	2.54	75323	155802	110859	44360	1549
399497	246106		276533	626245	2.26	69413	173600	76144	25837	952
268785	190371		162082	449006	2.77	36566	72084	60516	28396	1086
458804	361280		311931	802712	2.57	81137	155470	110281	44755	1425
465096	328940		310422	779316	2.51	85179	158246	104592	45961	1623
452678	306725		310568	739096	2.38	79993	174991	97836	36421	1320
378759	230587		245608	585149	2.38	62063	135231	80284	29065	1028
74430	28574		32020	87863	2.74	7278	15401	9532	6580	507
524562	363848	332745	366739	855293	2.33	94427	220029	99171	44664	2875
3238904	**1320893**	**1506910**	**1606252**	**4128033**	**2.57**	**369472**	**807826**	**519924**	**264125**	**14377**
514808	93852		204911	530989	2.59	50079	104465	67171	31902	1373
769385	92028		263651	730051	2.77	50990	112076	96935	51897	2743
562463	364114		348516	865500	2.48	85930	182252	107156	56211	2897
391839	290380		260245	648797	2.49	64576	134972	82651	40600	2022
220598	18187		76593	201395	2.63	16228	36110	27592	12390	501
356995	175576	301099	196979	497788	2.53	46417	103365	61858	29934	1822
422816	286756	307255	255357	653513	2.56	55252	134586	76561	41191	3019
2550827	**659591**	**797942**	**1144197**	**2870233**	**2.51**	**264578**	**611553**	**367118**	**159054**	**6472**
348892	6865		126098	307208	2.44	29301	66078	44778	14944	298
299042	914		111533	275910	2.47	25454	57186	40167	13867	313
247130	100134		109037	283104	2.60	23386	56395	34110	17683	849
228749	35064		87080	223697	2.57	18220	44739	29760	12203	378

表1 续表 16

地区	人口数 合计(人)	男(人)	女(人)	性别比(女=100)	少数民族人口比重(%)
丹阳市	988900	501587	487313	102.93	0.87
扬中市	315462	159696	155766	102.52	0.44
句容市	639266	323689	315577	102.57	0.71
泰州市	**4512762**	**2261512**	**2251250**	**100.46**	**0.42**
海陵区	577016	283991	293025	96.92	0.54
高港区	258590	129532	129058	100.37	0.76
姜堰区	668408	329347	339061	97.14	0.27
泰州医药高新技术产业开发区	222691	112048	110643	101.27	0.56
兴化市	1128204	577484	550720	104.86	0.15
靖江市	663408	333229	330179	100.92	0.65
泰兴市	994445	495881	498564	99.46	0.46
宿迁市	**4986192**	**2516756**	**2469436**	**101.92**	**0.26**
宿城区	845147	423616	421531	100.49	0.31
宿豫区	588520	300968	287552	104.67	0.28
沭阳县	1674978	852454	822524	103.64	0.13
泗阳县	829562	414975	414587	100.09	0.55
泗洪县	858740	428675	430065	99.68	0.14
宿迁经济技术开发区	189245	96068	93177	103.10	0.18
浙江省	**64567588**	**33680008**	**30887580**	**109.04**	**3.43**
杭州市	**11936010**	**6215953**	**5720057**	**108.67**	**2.32**
上城区	357657	179195	178462	100.41	1.92
下城区	485849	237311	248538	95.48	1.32
江干区	1487787	774118	713669	108.47	1.68
拱墅区	635136	318031	317105	100.29	1.28
西湖区	1112992	572932	540060	106.09	1.74
滨江区	503859	260336	243523	106.90	1.86
萧山区	2258872	1202639	1056233	113.86	3.74
余杭区	2402514	1285001	1117513	114.99	2.02
富阳区	832017	436190	395827	110.20	3.53
临安区	634555	330785	303770	108.89	2.32
桐庐县	453106	231206	221900	104.19	3.82
淳安县	328957	163856	165101	99.25	0.48
建德市	442709	224353	218356	102.75	1.40
宁波市	**9404283**	**4905769**	**4498514**	**109.05**	**3.93**
海曙区	1041285	535155	506130	105.73	2.83
江北区	488885	256286	232599	110.18	2.30
北仑区	829448	450595	378853	118.94	3.63
镇海区	531830	283021	248809	113.75	2.88
鄞州区	1588187	807665	780522	103.48	2.37
奉化区	577505	300761	276744	108.68	4.39
象山县	567665	287779	279886	102.82	1.42
宁海县	695958	361292	334666	107.96	3.49
余姚市	1254032	654380	599652	109.13	6.77
慈溪市	1829488	968835	860653	112.57	5.64
温州市	**9572903**	**5075707**	**4497196**	**112.86**	**4.01**
鹿城区	1167165	607651	559514	108.60	3.77
龙湾区	475693	265369	210324	126.17	6.48
瓯海区	963238	520541	442697	117.58	4.13
洞头区	148807	79295	69512	114.07	3.45
永嘉县	869624	464828	404796	114.83	2.82
平阳县	863088	449919	413169	108.89	4.38
苍南县	843962	438781	405181	108.29	3.59
文成县	288178	151517	136661	110.87	3.15
泰顺县	265980	138488	127492	108.62	4.56
温州经济技术开发区	249343	143416	105927	135.39	9.24
瑞安市	1520386	802213	718173	111.70	4.03
乐清市	1452707	766951	685756	111.84	3.77
龙港市	464732	246738	217994	113.19	2.36

城乡人口		城市城区人口(人)	家庭户				家庭户类别			
城镇人口(人)	乡村人口(人)		户数(户)	人口数(人)	户规模(人/户)	其中：一人户(户)	一代户(户)	二代户(户)	三代户(户)	四代以上户(户)
792584	196316	396269	361077	918491	2.54	82322	192166	113042	53703	2166
221434	94028	178440	107740	293277	2.72	22361	52836	33301	20307	1296
412996	226270	315837	241632	568546	2.35	63534	142153	71960	26347	1172
3071179	**1441583**	**976684**	**1707632**	**4238588**	**2.48**	**432115**	**920363**	**516775**	**255614**	**14880**
533182	43834		193439	514249	2.66	40200	93302	63450	34636	2051
179928	78662		90494	245535	2.71	20301	42524	27342	19080	1548
427096	241312		269546	648096	2.40	69477	147929	84180	35622	1815
208121	14570		68622	193244	2.82	14231	30030	22524	15052	1016
649849	478355	318636	454445	1060028	2.33	132343	272792	125562	53553	2538
453970	209438	331555	244175	630531	2.58	53847	125492	74997	40823	2863
619033	375412	378692	386911	946905	2.45	101716	208294	118720	56848	3049
3103531	**1882661**	**827263**	**1631972**	**4773186**	**2.92**	**339059**	**656347**	**653189**	**308837**	**13599**
550937	294210		279381	806210	2.89	59778	111962	114304	50940	2175
389984	198536		194961	548477	2.81	43983	84811	75668	32998	1484
986247	688731		522896	1613196	3.09	97939	196920	209632	110869	5475
510517	319045		274233	797181	2.91	56799	110827	107143	54028	2235
525208	333532		300263	829172	2.76	68980	129933	119536	49010	1784
140638	48607		60238	178950	2.97	11580	21894	26906	10992	446
46598465	**17969123**		**25008606**	**58830838**	**2.35**	**7713848**	**14720779**	**7524177**	**2651582**	**112068**
9942081	**1993929**	**8741724**	**4435927**	**10469588**	**2.36**	**1466354**	**2618832**	**1248556**	**540597**	**27942**
357657			130550	311890	2.39	32951	71353	46666	12341	190
485849			185118	432227	2.33	53086	105604	61786	17442	286
1487787			501905	1165016	2.32	174016	299034	146116	54910	1845
635136			243511	566174	2.33	78402	138284	80515	24198	514
1080774	32218		371991	887001	2.38	128837	209409	114315	46008	2259
503859			165654	395911	2.39	60970	98614	46768	19764	508
1781652	477220		842362	2029525	2.41	278229	500083	216903	118687	6689
1942774	459740		952450	2196558	2.31	359978	597404	222040	122104	10902
584196	247821		301415	759604	2.52	80091	163371	95038	41335	1671
376348	258207		244625	571832	2.34	73104	146235	69894	27379	1117
318780	134326		177731	419671	2.36	52967	102082	54545	20439	665
153611	175346		146646	313983	2.14	49172	93131	40201	12985	329
233658	209051	145118	171969	420196	2.44	44551	94228	53769	23005	967
7335604	**2068679**	**3608835**	**3932712**	**8696308**	**2.21**	**1235292**	**2481583**	**1156561**	**287180**	**7388**
906375	134910		429765	952998	2.22	127109	267989	135127	26395	254
405870	83015		200572	440725	2.20	62355	123723	64375	12346	128
636452	192996		356755	751737	2.11	128475	239554	92475	24294	432
480042	51788		217598	482886	2.22	67444	134435	67423	15505	235
1302464	285723		656977	1455282	2.22	205828	403579	209307	43701	390
346612	230893		243392	540706	2.22	68787	152490	74711	15894	297
348453	219212		248090	545530	2.20	80190	152750	74360	20580	400
437960	257998		304001	666020	2.19	102792	189064	93104	21320	513
1013866	240166	769271	512274	1173731	2.29	150667	316549	147213	46476	2036
1457510	371978	1061894	763288	1686693	2.21	241645	501450	198466	60669	2703
6907989	**2664914**	**2381811**	**3662213**	**8684741**	**2.37**	**1153746**	**2114041**	**1200115**	**340108**	**7949**
1055730	111435		445227	1012694	2.27	145050	271159	141188	32424	456
475693			168884	395728	2.34	55855	102668	50443	15324	449
802374	160864		353336	793394	2.25	134407	225333	97435	29717	851
78605	70202		52359	123996	2.37	15506	29431	17375	5382	171
482975	386649		324380	771954	2.38	103490	179916	114179	29654	631
532286	330802		335523	814560	2.43	95476	184712	114914	35182	715
575197	268765		312559	795492	2.55	83923	160379	115717	35763	700
125062	163116		115523	279408	2.42	39646	62089	40551	12687	196
119245	146735		111839	257753	2.30	36885	61165	39539	10781	354
248220	1123		91769	199948	2.18	35342	63096	21323	7023	327
1012731	507655	978740	583733	1417788	2.43	174585	336540	182944	62457	1792
949585	503122	879088	603363	1388095	2.30	193957	357351	200460	44577	975
450286	14446	432043	163718	433931	2.65	39624	80202	64047	19137	332

表1　续表 17

地　　区	人口数				少数民族人口比重(%)
	合　计(人)	男(人)	女(人)	性别比(女=100)	
嘉兴市	**5400868**	**2814061**	**2586807**	**108.79**	**2.81**
南湖区	839433	432591	406842	106.33	2.20
秀洲区	679221	355568	323653	109.86	5.01
嘉善县	648160	345596	302564	114.22	3.18
海盐县	456775	235649	221126	106.57	1.46
海宁市	1076199	566704	509495	111.23	2.37
平湖市	671326	348233	323093	107.78	2.19
桐乡市	1029754	529720	500034	105.94	3.10
湖州市	**3367579**	**1746438**	**1621141**	**107.73**	**2.96**
吴兴区	1015937	524436	491501	106.70	2.06
南浔区	542889	282430	260459	108.44	3.02
德清县	548568	287294	261274	109.96	2.98
长兴县	673776	344964	328812	104.91	1.55
安吉县	586409	307314	279095	110.11	6.09
绍兴市	**5270977**	**2696152**	**2574825**	**104.71**	**2.97**
越城区	1020037	511806	508231	100.70	2.24
柯桥区	1098859	581936	516923	112.58	4.03
上虞区	839747	421208	418539	100.64	3.24
新昌县	419036	215185	203851	105.56	1.10
诸暨市	1218072	619590	598482	103.53	3.82
嵊州市	675226	346427	328799	105.36	1.64
金华市	**7050683**	**3716342**	**3334341**	**111.46**	**6.12**
婺城区	957055	492226	464829	105.89	4.30
金东区	506935	271492	235443	115.31	6.04
武义县	462462	245677	216785	113.33	9.97
浦江县	460726	240373	220353	109.09	5.59
磐安县	177161	90275	86886	103.90	1.62
兰溪市	574801	292973	281828	103.95	1.94
义乌市	1859390	1002838	856552	117.08	6.22
东阳市	1087950	560471	527479	106.25	6.46
永康市	964203	520017	444186	117.07	9.08
衢州市	**2276184**	**1161813**	**1114371**	**104.26**	**1.59**
柯城区	528847	266480	262367	101.57	1.64
衢江区	373920	199782	174138	114.73	1.66
常山县	259966	133100	126866	104.91	0.89
开化县	258810	127837	130973	97.61	0.75
龙游县	360229	186734	173495	107.63	3.48
江山市	494412	247880	246532	100.55	0.93
舟山市	**1157817**	**611522**	**546295**	**111.94**	**1.29**
定海区	500030	256435	243595	105.27	1.03
普陀区	382902	197014	185888	105.99	1.40
岱山县	207982	123467	84515	146.09	1.84
嵊泗县	66903	34606	32297	107.15	0.88
台州市	**6622888**	**3443061**	**3179827**	**108.28**	**2.84**
椒江区	826074	431919	394155	109.58	2.07
黄岩区	707453	365744	341709	107.03	2.42
路桥区	628934	330938	297996	111.05	3.54
三门县	379469	195866	183603	106.68	1.28
天台县	474711	242816	231895	104.71	0.50
仙居县	431888	221407	210481	105.19	0.90
温岭市	1416199	740335	675864	109.54	4.69
临海市	1114146	572295	541851	105.62	1.86
玉环市	644014	341741	302273	113.06	5.16
丽水市	**2507396**	**1293190**	**1214206**	**106.50**	**4.34**
莲都区	562116	292498	269618	108.49	6.23
青田县	509053	263277	245776	107.12	1.11
缙云县	405318	207826	197492	105.23	1.55
遂昌县	194385	99820	94565	105.56	6.99
松阳县	204880	105192	99688	105.52	3.51
云和县	129216	67647	61569	109.87	11.16
庆元县	142551	72676	69875	104.01	1.17
景宁畲族自治县	111011	57257	53754	106.52	13.72
龙泉市	248866	126997	121869	104.21	3.90

城乡人口		城 市 城区人口 (人)	家庭户				家庭户类别			
城镇人口 (人)	乡村人口 (人)		户数 (户)	人口数 (人)	户规模 (人/户)	其中：一人户 (户)	一代户 (户)	二代户 (户)	三代户 (户)	四代以上户 (户)
3852932	**1547936**	**987564**	**2029982**	**5049734**	**2.49**	**579948**	**1141485**	**565123**	**295033**	**28341**
735436	103997		319065	759316	2.38	92562	181074	99845	36661	1485
452885	226336		253962	643366	2.53	67168	138955	76050	36287	2670
473639	174521		256527	603168	2.35	81226	153463	71029	30075	1960
297920	158855		166916	436702	2.62	38885	85214	52838	26575	2289
752775	323424	424472	402359	998497	2.48	124977	239438	91524	62371	9026
449636	221690	292661	256354	637180	2.49	70883	140278	74335	38498	3243
690641	339113	532934	374799	971505	2.59	104247	203063	99502	64566	7668
2210571	**1157008**	**745028**	**1197973**	**3031273**	**2.53**	**312084**	**643150**	**363227**	**178010**	**13586**
776749	239188		335671	848103	2.53	85211	180979	103398	48237	3057
307204	235685		209372	522995	2.50	56984	116642	58257	31361	3112
341128	207440		185013	492240	2.66	46259	92470	55525	33537	3481
430311	243465		250093	636268	2.54	59901	129473	83127	35156	2337
355179	231230		217824	531667	2.44	63729	123586	62920	29719	1599
3743366	**1527611**	**2166695**	**2005360**	**4770493**	**2.38**	**550889**	**1151156**	**630166**	**218856**	**5182**
860870	159167		373968	909619	2.43	95564	202525	130906	39834	703
903061	195798		414436	1005129	2.43	118218	245073	119134	48880	1349
569149	270598		327020	780925	2.39	87205	184993	100879	39789	1359
261282	157754		172387	389411	2.26	49220	104285	54512	13385	205
762917	455155	589056	439757	1035541	2.35	121146	254535	138645	45621	956
386087	289139	321718	277792	649868	2.34	79536	159745	86090	31347	610
4808140	**2242543**	**803612**	**2830918**	**6382068**	**2.25**	**970227**	**1781932**	**799600**	**243017**	**6369**
735705	221350		377314	847351	2.25	127439	227102	119206	30442	564
305243	201692		195230	440119	2.25	64902	125664	54092	15150	324
287898	174564		200628	440948	2.20	70939	131219	53310	15736	363
209274	251452		182596	431382	2.36	54518	107508	57144	17644	300
93187	83974		79138	169100	2.14	26302	50694	23510	4850	84
318165	256636	253055	224501	543537	2.42	61843	122867	71339	29562	733
1481384	378006	1184150	748257	1629372	2.18	282332	505254	186895	54592	1516
738721	349229	463055	435653	1004788	2.31	146814	266096	121005	46732	1820
638563	325640	547723	387601	875471	2.26	135138	245528	113099	28309	665
1310498	**965686**	**532745**	**916430**	**2131407**	**2.33**	**263789**	**527271**	**292428**	**93867**	**2864**
405758	123089		197414	484829	2.46	51218	105066	68840	22780	728
170930	202990		144671	344965	2.38	40671	81542	45982	16506	641
127705	132261		109104	245546	2.25	32030	65195	34119	9553	237
131023	127787		109504	247700	2.26	32174	63471	34687	11079	267
185813	174416		157781	336741	2.13	49307	102786	45645	9146	204
289269	205143	221269	197956	471626	2.38	58389	109211	63155	24803	787
832390	**325427**	**596041**	**489082**	**1052588**	**2.15**	**150105**	**308919**	**146784**	**32752**	**627**
379576	120454		208734	462256	2.21	61838	124394	68391	15659	290
266077	116825		166776	363387	2.18	50826	103602	50422	12462	290
142851	65131		82444	163226	1.98	27726	59183	20183	3048	30
43886	23017		31128	63719	2.05	9715	21740	7788	1583	17
4104712	**2518176**	**1338412**	**2510062**	**6217580**	**2.48**	**719045**	**1383386**	**787686**	**329598**	**9392**
626637	199437		287887	737991	2.56	78744	148758	97665	40126	1338
445708	261745		260913	662973	2.54	70208	140642	82370	36687	1214
413157	215777		231778	587506	2.53	64385	126702	70953	33060	1063
202924	176545		149711	362669	2.42	40973	81853	51603	15938	317
251383	223328		178608	449533	2.52	51840	90745	63184	24236	443
223978	207910		154647	407643	2.64	39893	74635	55349	24149	514
920913	495286	654968	575879	1337266	2.32	180775	356947	154706	62545	1681
551458	562688	417795	404502	1050638	2.60	105579	200434	136409	65656	2003
468554	175460	452972	266137	621361	2.33	86648	162670	75447	27201	819
1550182	**957214**	**408801**	**997947**	**2345058**	**2.35**	**312369**	**569024**	**333931**	**92564**	**2428**
429633	132483		207310	498343	2.40	65546	118592	65582	22487	649
270319	238734		203422	486670	2.39	71897	111185	75019	16977	241
230304	175014		171575	386483	2.25	56078	101717	56698	12925	235
106969	87416		78203	185106	2.37	21033	44633	24810	8431	329
97751	107129		81817	196822	2.41	21920	45697	27041	8809	270
94499	34717		52929	124881	2.36	15266	29857	17975	4930	167
90524	52027		58774	134584	2.29	17013	34898	19256	4515	105
64616	46395		47298	104817	2.22	16419	28233	14857	4047	161
165567	83299	150542	96619	227352	2.35	27197	54212	32693	9443	271

表1 续表 18

地　区	人口数				少数民族人口比重 (%)
	合　计 (人)	男 (人)	女 (人)	性别比 (女=100)	
安徽省	**61027171**	**31103394**	**29923777**	**103.94**	**0.71**
合肥市	**9369881**	**4821924**	**4547957**	**106.02**	**0.74**
瑶海区	862043	436843	425200	102.74	0.81
庐阳区	697293	347808	349485	99.52	0.80
蜀山区	1047150	525830	521320	100.87	1.27
包河区	1217469	627505	589964	106.36	0.80
长丰县	783982	407835	376147	108.42	0.45
肥东县	884792	464542	420250	110.54	0.77
肥西县	967508	506811	460697	110.01	0.64
庐江县	888238	457599	430639	106.26	0.24
合肥高新技术产业开发区	269922	141211	128711	109.71	1.37
合肥经济技术开发区	557858	291746	266112	109.63	1.05
合肥新站高新技术产业开发区	466464	247713	218751	113.24	0.70
巢湖市	727162	366481	360681	101.61	0.30
芜湖市	**3644420**	**1868742**	**1775678**	**105.24**	**0.54**
镜湖区	478658	234806	243852	96.29	0.82
弋江区	422620	211923	210697	100.58	0.60
鸠江区	540487	281690	258797	108.85	0.52
三山区	162255	86224	76031	113.41	0.75
芜湖县	344016	178210	165806	107.48	0.77
繁昌县	243907	125189	118718	105.45	0.50
南陵县	431148	218791	212357	103.03	0.37
芜湖经济技术开发区	181034	99369	81665	121.68	1.12
安徽芜湖长江大桥经济开发区	22298	11400	10898	104.61	0.72
无为市	817997	421140	396857	106.12	0.21
蚌埠市	**3296408**	**1669446**	**1626962**	**102.61**	**0.97**
龙子湖区	216875	108696	108179	100.48	2.66
蚌山区	171045	85261	85784	99.39	2.41
禹会区	325814	163948	161866	101.29	0.97
淮上区	283872	145753	138119	105.53	0.81
怀远县	935335	477802	457533	104.43	0.16
五河县	523531	266733	256798	103.87	1.43
固镇县	501449	254135	247314	102.76	0.36
蚌埠市高新技术开发区	61850	31387	30463	103.03	1.34
蚌埠市经济开发区	276637	135731	140906	96.33	1.76
淮南市	**3033528**	**1547407**	**1486121**	**104.12**	**1.75**
大通区	165671	84179	81492	103.30	0.46
田家庵区	730078	360177	369901	97.37	0.93
谢家集区	221589	109260	112329	97.27	2.78
八公山区	118221	57440	60781	94.50	2.46
潘集区	326077	170367	155710	109.41	1.78
凤台县	633385	331680	301705	109.94	1.37
寿县	838507	434304	404203	107.45	2.60
马鞍山市	**2159930**	**1104810**	**1055120**	**104.71**	**0.73**
花山区	450983	226021	224962	100.47	0.83
雨山区	355986	182107	173879	104.73	0.86
博望区	158483	83428	75055	111.16	0.40
当涂县	446991	229390	217601	105.42	0.74
含山县	336588	172460	164128	105.08	0.26
和县	410899	211404	199495	105.97	1.03
淮北市	**1970265**	**986388**	**983877**	**100.26**	**0.27**
杜集区	239692	120618	119074	101.30	0.26
相山区	548934	269607	279327	96.52	0.29
烈山区	249237	122221	127016	96.22	0.80
濉溪县	932402	473942	458460	103.38	0.12
铜陵市	**1311726**	**655329**	**656397**	**99.84**	**0.32**
铜官区	450949	223183	227766	97.99	0.48

城乡人口		城市城区人口(人)	家庭户				家庭户类别			
城镇人口(人)	乡村人口(人)		户数(户)	人口数(人)	户规模(人/户)	其中：一人户(户)	一代户(户)	二代户(户)	三代户(户)	四代以上户(户)
35595103	**25432068**		**21910377**	**57272157**	**2.61**	**5183087**	**10485076**	**8415966**	**2905658**	**103677**
7709277	**1660604**	**3777623**	**3216982**	**8108510**	**2.52**	**815528**	**1604246**	**1218819**	**387043**	**6874**
839135	22908		312574	797703	2.55	76103	148579	130022	33528	445
691893	5400		244436	639142	2.61	53305	109342	104459	30285	350
1032627	14523		338194	851980	2.52	84817	166526	129712	41501	455
1211298	6171		407703	1053628	2.58	97255	194985	160754	51357	607
471250	312732		286823	717197	2.50	76806	148191	108596	29388	648
601520	283272		329719	804667	2.44	89064	174764	119135	35042	778
612477	355031		328584	815205	2.48	90445	176074	111588	40199	723
475100	413138		343693	849827	2.47	91234	171546	125485	45186	1476
269721	201		75772	198147	2.62	18657	36249	27312	12101	110
549732	8126		146931	396750	2.70	33078	65501	57568	23664	198
461572	4892		127214	327132	2.57	32715	62323	49216	15474	201
492952	234210	385211	275339	657132	2.39	72049	150166	94972	29318	883
2635348	**1009072**	**1317401**	**1360209**	**3348366**	**2.46**	**341765**	**690562**	**496944**	**167798**	**4905**
459327	19331		188874	448567	2.37	46494	99469	69362	19722	321
422620			128858	328352	2.55	27479	61096	52673	14913	176
403356	137131		195130	491855	2.52	47238	98153	70437	25722	818
120978	41277		59794	146714	2.45	15700	32323	20142	7163	166
241358	102658		123180	308209	2.50	28838	61654	45831	15206	489
146003	97904		99231	234015	2.36	25922	54785	34027	10188	231
232557	198591		177645	421968	2.38	47537	90971	64863	21133	678
177857	3177		63544	151438	2.38	18978	35013	20983	7446	102
14027	8271		9191	22058	2.40	2546	5049	2968	1123	51
417265	400732	200696	314762	795190	2.53	81033	152049	115658	45182	1873
1815557	**1480851**	**689398**	**1141146**	**3125639**	**2.74**	**252397**	**511958**	**460259**	**162440**	**6489**
178337	38538		84579	206023	2.44	22112	44377	31833	8226	143
154449	16596		64012	159005	2.48	14819	31668	26671	5582	91
219460	106354		119915	306484	2.56	28327	59081	48052	12484	298
186971	96901		94266	263654	2.80	19124	41516	39545	12747	458
347234	588101		320025	915424	2.86	70580	138833	127226	51756	2210
233023	290508		184926	513142	2.77	42228	79919	72619	30845	1543
157596	343853		169446	489794	2.89	37026	71495	66078	30227	1646
61850			19485	54145	2.78	2933	6998	10304	2173	10
276637			84492	217968	2.58	15248	38071	37931	8400	90
1852729	**1180799**	**1085864**	**1137336**	**2871121**	**2.52**	**285333**	**562934**	**438041**	**132269**	**4092**
120733	44938		61734	158505	2.57	13882	30385	24147	7032	170
700257	29821		264458	647448	2.45	64123	127750	112368	23996	344
174067	47522		89952	213215	2.37	23023	48448	32294	9028	182
112614	5607		48301	114389	2.37	11656	25631	17436	5132	102
147948	178129		119288	317490	2.66	29794	55703	46633	16352	600
237410	395975		227637	607896	2.67	55301	106161	90266	29964	1246
359700	478807		325966	812178	2.49	87554	168856	114897	40765	1448
1548550	**611380**	**863074**	**799767**	**2028744**	**2.54**	**179218**	**402061**	**291970**	**101503**	**4233**
441731	9252		175246	431661	2.46	35605	89819	70285	14880	262
342877	13109		123905	296577	2.39	27804	67353	45661	10667	224
88712	69771		55259	153605	2.78	11311	24140	20886	9759	474
281650	165341		160263	421599	2.63	33117	78271	56031	24823	1138
187909	148679		129721	330627	2.55	32601	62689	46775	19425	832
205671	205228		155373	394675	2.54	38780	79789	52332	21949	1303
1264102	**706163**	**815765**	**692071**	**1855173**	**2.68**	**146723**	**314328**	**290751**	**83810**	**3182**
188493	51199		88991	227162	2.55	21147	44430	34632	9589	340
501240	47694		195436	507014	2.59	38399	86562	90382	18185	307
141158	108079		88198	217845	2.47	22760	45679	33443	8804	272
433211	499191		319446	903152	2.83	64417	137657	132294	47232	2263
867982	**443744**	**568928**	**519512**	**1242597**	**2.39**	**129053**	**271002**	**193284**	**54098**	**1128**
439881	11068		164108	405136	2.47	32608	80266	69248	14444	150

表1 续表 19

地　区	人口数				少数民族人口比重
	合　计（人）	男（人）	女（人）	性别比（女=100）	（%）
义安区	227493	115502	111991	103.14	0.35
郊区	164233	83373	80860	103.11	0.26
枞阳县	469051	233271	235780	98.94	0.17
安庆市	**4165284**	**2103208**	**2062076**	**101.99**	**0.42**
迎江区	253694	125374	128320	97.70	1.34
大观区	214112	106062	108050	98.16	2.20
宜秀区	196672	98223	98449	99.77	0.58
怀宁县	496683	252258	244425	103.20	0.24
太湖县	430465	218868	211597	103.44	0.18
宿松县	612586	317862	294724	107.85	0.18
望江县	462367	230468	231899	99.38	0.35
岳西县	323837	164811	159026	103.64	0.21
安徽安庆经济开发区	140015	73099	66916	109.24	0.79
桐城市	593629	293717	299912	97.93	0.20
潜山市	441224	222466	218758	101.70	0.16
黄山市	**1330565**	**673019**	**657546**	**102.35**	**0.44**
屯溪区	291188	141195	149993	94.13	0.48
黄山区	146942	76665	70277	109.09	0.72
徽州区	96162	48628	47534	102.30	0.37
歙县	362962	185229	177733	104.22	0.33
休宁县	211456	107076	104380	102.58	0.38
黟县	76211	39502	36709	107.61	0.43
祁门县	145644	74724	70920	105.36	0.53
滁州市	**3987054**	**2052337**	**1934717**	**106.08**	**0.95**
琅琊区	268430	135114	133316	101.35	0.83
南谯区	348762	179101	169661	105.56	1.09
来安县	416048	215051	200997	106.99	0.46
全椒县	395633	203666	191967	106.09	1.01
定远县	671361	350057	321304	108.95	1.98
凤阳县	631934	329820	302114	109.17	0.71
苏滁现代产业园	23609	14268	9341	152.75	2.79
滁州经济技术开发区	141870	75205	66665	112.81	1.43
天长市	603780	305101	298679	102.15	0.49
明光市	485627	244954	240673	101.78	0.55
阜阳市	**8200264**	**4157132**	**4043132**	**102.82**	**0.83**
颍州区	828527	409166	419361	97.57	1.23
颍东区	538187	276342	261845	105.54	1.11
颍泉区	598004	301828	296176	101.91	0.60
临泉县	1658442	836107	822335	101.67	0.29
太和县	1379982	702513	677469	103.70	0.82
阜南县	1183602	600947	582655	103.14	0.59
颍上县	1198830	618890	579940	106.72	1.60
阜阳合肥现代产业园区	40352	20776	19576	106.13	0.24
阜阳经济技术开发区	123468	62518	60950	102.57	1.62
界首市	650870	328045	322825	101.62	0.65
宿州市	**5324476**	**2695358**	**2629118**	**102.52**	**0.28**
埇桥区	1658682	840849	817833	102.81	0.19
砀山县	765564	386016	379548	101.70	1.10
萧县	1054597	533832	520765	102.51	0.08
灵璧县	974720	493895	480825	102.72	0.11
泗县	763310	386288	377022	102.46	0.14
宿州马鞍山现代产业园区	48012	24501	23511	104.21	0.26
宿州经济技术开发区	59591	29977	29614	101.23	0.34
六安市	**4393699**	**2257485**	**2136214**	**105.68**	**0.36**
金安区	829236	417207	412029	101.26	0.32
裕安区	923301	473002	450299	105.04	0.24
叶集区	216229	114305	101924	112.15	1.83
霍邱县	944985	493157	451828	109.15	0.35
舒城县	697250	353824	343426	103.03	0.27
金寨县	496501	260861	235640	110.70	0.27
霍山县	286197	145129	141068	102.88	0.21

城乡人口		城市城区人口(人)	家庭户				家庭户类别			
城镇人口(人)	乡村人口(人)		户数(户)	人口数(人)	户规模(人/户)	其中：一人户(户)	一代户(户)	二代户(户)	三代户(户)	四代以上户(户)
115538	111955		93639	222113	2.37	22366	51754	32716	8972	197
70621	93612		67910	159585	2.35	18628	37723	22777	7195	215
241942	227109		193855	455763	2.35	55451	101259	68543	23487	566
2312500	**1852784**	**643353**	**1547076**	**3968254**	**2.57**	**366882**	**718696**	**579327**	**238211**	**10842**
243948	9746		99018	242055	2.44	20922	50972	38079	9839	128
178152	35960		84395	202192	2.40	20472	43924	31567	8655	249
169997	26675		61749	160839	2.60	13697	29875	22980	8577	317
241120	255563		187079	477465	2.55	45021	86749	69422	29282	1626
176506	253959		163736	418509	2.56	42585	74882	59827	27612	1415
245326	367260		226580	593457	2.62	56382	101220	89888	34177	1295
160313	302054		164733	442125	2.68	35622	70387	61433	31075	1838
124212	199625		117882	316365	2.68	25660	49011	45955	21969	947
136404	3611		50248	123245	2.45	10889	25926	19645	4619	58
398423	195206	293473	223866	563734	2.52	56022	107612	80336	34423	1495
238099	203125	147683	167790	428268	2.55	39610	78138	60195	27983	1474
775644	**554921**	**369432**	**503976**	**1257801**	**2.50**	**123448**	**249365**	**177025**	**74415**	**3171**
269343	21845		101206	261051	2.58	21761	48016	37678	14983	529
86354	60588		57373	136973	2.39	14987	30998	19187	6926	262
63293	32869		35045	92721	2.65	7365	16462	12427	5907	249
161253	201709		143674	350871	2.44	39468	71963	49279	21594	838
88754	122702		78974	206000	2.61	17684	36383	27609	14068	914
32209	44002		30432	73135	2.40	7527	16661	9865	3786	120
74438	71206		57272	137050	2.39	14656	28882	20980	7151	259
2465704	**1521350**	**446172**	**1410309**	**3771652**	**2.67**	**308727**	**665679**	**524097**	**210843**	**9690**
257817	10613		95441	251704	2.64	17800	43497	40245	11463	236
244718	104044		119504	311556	2.61	24442	57488	46167	15455	394
238798	177250		154023	393269	2.55	35592	79783	51800	21195	1245
256177	139456		153412	376610	2.45	39371	80997	53530	18227	658
303835	367526		241056	658594	2.73	55873	110824	91068	37360	1804
315375	316559		208485	606294	2.91	43981	88008	80700	37965	1812
23609			6027	14631	2.43	1597	3439	2027	550	11
122717	19153		35083	97237	2.77	5922	14598	15541	4840	104
433085	170695	241167	213098	584972	2.75	40671	98944	74280	37571	2303
269573	216054	192423	184180	476785	2.59	43478	88101	68739	26217	1123
3441982	**4758282**	**861427**	**2778700**	**7925705**	**2.85**	**597310**	**1201176**	**1144001**	**418004**	**15519**
532552	295975		257936	745373	2.89	51071	109218	110699	36825	1194
254092	284095		174977	512025	2.93	34395	72313	70821	30533	1310
296558	301446		207695	577255	2.78	45810	93074	84859	28901	861
505006	1153436		537954	1604515	2.98	108566	215845	225338	93120	3651
614876	765106		513678	1364715	2.66	121529	242919	214145	55242	1372
346564	837038		388590	1160337	2.99	80224	157946	160307	67581	2756
475233	723597		409168	1172183	2.86	92819	179730	156692	69420	3326
6436	33916		12815	38551	3.01	2552	5274	5523	1944	74
102172	21296		39271	113700	2.90	8182	16209	17936	5002	124
308493	342377	207420	236616	637051	2.69	52162	108648	97681	29436	851
2330027	**2994449**	**638910**	**1878015**	**5150303**	**2.74**	**413373**	**839911**	**768198**	**258894**	**11012**
831929	826753		588264	1596078	2.71	134436	265318	241642	78798	2506
373965	391599		286684	749566	2.61	64168	139714	115199	30352	1419
374732	679865		394324	1018480	2.58	95689	197346	156775	38971	1232
354086	620634		325599	948342	2.91	66317	128575	136785	57105	3134
306522	456788		250586	743163	2.97	46385	96201	103157	48716	2512
29202	18810		15096	43836	2.90	3308	6370	6221	2386	119
59591			17462	50838	2.91	3070	6387	8419	2566	90
2130346	**2263353**	**818023**	**1655641**	**4184425**	**2.53**	**423884**	**826370**	**595199**	**225293**	**8779**
502599	326637		310884	765388	2.46	78832	156221	118777	34925	961
461597	461704		319267	864712	2.71	71208	141396	124157	51565	2149
105744	110485		72240	203043	2.81	16233	33105	25714	12711	710
334257	610728		377982	924087	2.44	109672	209729	126769	39918	1566
319456	377794		279711	673074	2.41	75507	143755	95115	39342	1499
208351	288150		185098	481567	2.60	45961	86463	67176	30355	1104
198342	87855		110459	272554	2.47	26471	55701	37491	16477	790

表1 续表 20

地　　区	人口数				少数民族人口比重
	合　计（人）	男（人）	女（人）	性别比（女=100）	（%）
亳州市	**4996844**	**2554536**	**2442308**	**104.60**	**1.01**
谯城区	1537231	781713	755518	103.47	2.61
涡阳县	1170719	601112	569607	105.53	0.60
蒙城县	1101640	563673	537967	104.78	0.10
利辛县	1187254	608038	579216	104.98	0.19
池州市	**1342764**	**671596**	**671168**	**100.06**	**0.41**
贵池区	615274	304592	310682	98.04	0.34
东至县	398414	199627	198787	100.42	0.50
石台县	80612	41133	39479	104.19	0.48
青阳县	248464	126244	122220	103.29	0.42
宣城市	**2500063**	**1284677**	**1215386**	**105.70**	**0.66**
宣州区	671209	339081	332128	102.09	0.55
郎溪县	311513	159119	152394	104.41	0.68
泾县	275837	143008	132829	107.66	0.39
绩溪县	138784	70295	68489	102.64	0.26
旌德县	112368	58022	54346	106.76	0.28
宣城市经济开发区	106576	56729	49847	113.81	1.02
宁国市	384644	198606	186038	106.76	0.79
广德市	499132	259817	239315	108.57	0.94
福建省	**41540086**	**21466757**	**20073329**	**106.94**	**2.70**
福州市	**8291268**	**4251512**	**4039756**	**105.24**	**1.96**
鼓楼区	669090	328155	340935	96.25	1.42
台江区	411819	204299	207520	98.45	1.21
仓山区	1142991	592944	550047	107.80	1.31
马尾区	290554	150263	140291	107.11	1.32
晋安区	789775	403170	386605	104.28	1.38
长乐区	790262	409803	380459	107.71	2.13
闽侯县	988200	513754	474446	108.29	2.00
连江县	639498	328276	311222	105.48	3.24
罗源县	255214	135496	119718	113.18	8.01
闽清县	256181	131568	124613	105.58	0.86
永泰县	281216	144590	136626	105.83	1.52
平潭县	385981	195302	190679	102.42	1.63
福清市	1390487	713892	676595	105.51	2.01
厦门市	**5163970**	**2720497**	**2443473**	**111.34**	**3.87**
思明区	1073315	523240	550075	95.12	2.26
海沧区	582519	315979	266540	118.55	4.65
湖里区	1036974	545047	491927	110.80	3.16
集美区	1036987	557038	479949	116.06	4.14
同安区	855920	462651	393269	117.64	5.12
翔安区	578255	316542	261713	120.95	4.97
莆田市	**3210714**	**1620777**	**1589937**	**101.94**	**1.74**
城厢区	547422	277887	269535	103.10	1.48
涵江区	479605	243475	236130	103.11	2.54
荔城区	673935	340180	333755	101.93	2.65
秀屿区	604684	303003	301681	100.44	0.77
仙游县	905068	456232	448836	101.65	1.43
三明市	**2486450**	**1283874**	**1202576**	**106.76**	**1.22**
梅列区	220115	109761	110354	99.46	1.26
三元区	187936	96845	91091	106.32	1.35
明溪县	98930	51447	47483	108.35	0.72
清流县	118029	61084	56945	107.27	1.63
宁化县	261579	132651	128928	102.89	1.62
大田县	299513	159135	140378	113.36	0.83
尤溪县	341638	179197	162441	110.32	0.71
沙县	250503	128361	122142	105.09	0.90
将乐县	144943	74044	70899	104.44	0.60
泰宁县	104071	52576	51495	102.10	0.59
建宁县	114400	58209	56191	103.59	0.60
永安市	344793	180564	164229	109.95	2.57

城乡人口		城 市 城区人口 (人)	家庭户				家庭户类别			
城镇人口 (人)	乡村人口 (人)		户数 (户)	人口数 (人)	户规模 (人/户)	其中：一人户 (户)	一代户 (户)	二代户 (户)	三代户 (户)	四代以上户 (户)
2123492	**2873352**	**634335**	**1762660**	**4791151**	**2.72**	**424076**	**841167**	**702539**	**211072**	**7882**
750569	786662		560361	1464433	2.61	139903	279872	223213	55640	1636
447959	722760		402914	1111139	2.76	95294	188504	159680	52813	1917
480168	621472		365795	1070091	2.93	76512	154938	149180	58915	2762
444796	742458		433590	1145488	2.64	112367	217853	170466	43704	1567
801379	**541385**	**380458**	**512929**	**1267280**	**2.47**	**123089**	**247766**	**195303**	**67579**	**2281**
417336	197938		229124	566218	2.47	53530	111220	89044	28142	718
221424	176990		156418	388885	2.49	38387	72376	60764	22376	902
34012	46600		32088	76777	2.39	8045	16603	11325	3997	163
128607	119857		95299	235400	2.47	23127	47567	34170	13064	498
1520484	**979579**	**256084**	**994048**	**2375436**	**2.39**	**252281**	**537855**	**340209**	**112386**	**3598**
358104	313105		274391	645752	2.35	69843	152451	93529	27636	775
197399	114114		121148	299581	2.47	27850	62469	43838	14427	414
145568	130269		119036	266113	2.24	35915	67333	39132	12173	398
82619	56165		58802	135479	2.30	16263	32930	19123	6546	203
64703	47665		45092	109042	2.42	11848	22787	15646	6409	250
86451	20125		35837	87552	2.44	8629	18918	13552	3321	46
270991	113653	245362	156720	372009	2.37	41049	86228	52659	17266	567
314649	184483	249405	183022	459908	2.51	40884	94739	62730	24608	945
28557247	**12982839**		**14371078**	**38462277**	**2.68**	**3925247**	**6904602**	**5193171**	**2196570**	**76735**
6010242	**2281026**	**3535823**	**2817830**	**7438133**	**2.64**	**768367**	**1331315**	**1076557**	**401575**	**8383**
669090			215133	577229	2.68	48397	93895	86991	33745	502
411819			144594	371427	2.57	39959	70305	53425	20489	375
1142991			387349	989897	2.56	117830	192684	142518	51303	844
255442	35112		97414	255055	2.62	28396	46065	38344	12825	180
769851	19924		279168	719800	2.58	77115	135110	106170	37248	640
474261	316001		274790	722075	2.63	80990	134276	102221	37526	767
593963	394237		303754	797387	2.63	88971	153985	102465	46130	1174
323972	315526		224472	603037	2.69	56905	97878	90345	35388	861
182607	72607		92975	240822	2.59	25063	44137	35796	12791	251
112260	143921		91881	247372	2.69	23989	43592	31585	16155	549
121768	159448		113152	266706	2.36	34840	59994	42046	10880	232
207444	178537		136843	367649	2.69	35977	62875	57980	15741	247
744774	645713	478966	456305	1279677	2.80	109935	196519	186671	71354	1761
4617251	**546719**	**4363835**	**1969770**	**4591047**	**2.33**	**751604**	**1183655**	**565573**	**215718**	**4824**
1073315			384659	969035	2.52	111116	195574	136531	51920	634
569149	13370		228175	523237	2.29	90940	141072	61828	24669	606
1036974			446981	937487	2.10	203819	298561	113348	34681	391
936834	100153		376842	855187	2.27	152653	234365	103381	38213	883
642877	213043		331340	798910	2.41	119602	196101	95293	38711	1235
358102	220153		201773	507191	2.51	73474	117982	55192	27524	1075
2013249	**1197465**	**1382456**	**1026345**	**2998963**	**2.92**	**245385**	**437622**	**363508**	**211688**	**13527**
393743	153679		178415	499981	2.80	49785	81033	60445	34854	2083
380595	99010		149102	436544	2.93	35785	62812	49979	34168	2143
499740	174195		202126	608420	3.01	46055	85985	70026	42940	3175
265311	339373		201375	579645	2.88	47540	87384	72574	38354	3063
473860	431208		295327	874373	2.96	66220	120408	110484	61372	3063
1571500	**914950**	**361504**	**884706**	**2376190**	**2.69**	**221974**	**413492**	**329062**	**136218**	**5934**
214000	6115		81997	207515	2.53	21864	40491	31783	9606	117
164423	23513		66791	167863	2.51	18124	33777	25598	7297	119
51851	47079		36296	95556	2.63	9833	17172	12951	5893	280
59896	58133		41771	112951	2.70	10471	19389	15272	6726	384
126219	135360		90844	255794	2.82	21643	39335	32148	18422	939
162066	137447		103785	288579	2.78	25785	48865	40443	13739	738
166631	175007		120275	332721	2.77	28768	54888	43042	21054	1291
176226	74277		90633	237937	2.63	23869	42816	34781	12666	370
85175	59768		50447	141114	2.80	11904	21842	18388	9716	501
60330	43741		37754	101431	2.69	9844	16938	13613	6921	282
56258	58142		42426	111667	2.63	10872	20401	14518	7148	359
248425	96368	226520	121687	323062	2.65	28997	57578	46525	17030	554

表1 续表 21

地　区	人口数				少数民族人口比重
	合　计（人）	男（人）	女（人）	性别比（女=100）	（%）
泉州市	**8782285**	**4586453**	**4195832**	**109.31**	**3.53**
鲤城区	428361	219944	208417	105.53	3.03
丰泽区	698557	358704	339853	105.55	2.74
洛江区	247172	127393	119779	106.36	4.00
泉港区	354296	178651	175645	101.71	5.65
惠安县	1030626	516724	513902	100.55	3.30
安溪县	1003599	530093	473506	111.95	1.61
永春县	422531	216869	205662	105.45	0.64
德化县	332148	175769	156379	112.40	0.94
金门县					
石狮市	685930	366614	319316	114.81	3.89
晋江市	2061551	1100438	961113	114.50	6.22
南安市	1517514	795254	722260	110.11	2.42
漳州市	**5054328**	**2599071**	**2455257**	**105.86**	**2.01**
芗城区	638060	318021	320039	99.37	2.27
龙文区	301883	156280	145603	107.33	2.31
云霄县	411558	214150	197408	108.48	0.56
漳浦县	847535	436642	410893	106.27	2.69
诏安县	560969	287850	273119	105.39	2.11
长泰县	228235	119651	108584	110.19	2.90
东山县	219511	111089	108422	102.46	0.57
南靖县	305259	156089	149170	104.64	0.73
平和县	455042	237722	217320	109.39	0.83
华安县	134276	70304	63972	109.90	2.34
龙海市	952000	491273	460727	106.63	2.76
南平市	**2680645**	**1366952**	**1313693**	**104.05**	**1.39**
延平区	454605	229144	225461	101.63	0.94
建阳区	340843	175674	165169	106.36	1.64
顺昌县	179064	91365	87699	104.18	3.31
浦城县	297719	150898	146821	102.78	1.11
光泽县	130294	66896	63398	105.52	3.62
松溪县	130867	66913	63954	104.63	1.06
政和县	179413	93725	85688	109.38	0.91
邵武市	273721	138836	134885	102.93	1.69
武夷山市	259668	132257	127411	103.80	0.93
建瓯市	434451	221244	213207	103.77	0.75
龙岩市	**2723637**	**1395820**	**1327817**	**105.12**	**1.66**
新罗区	841745	431890	409855	105.38	1.42
永定区	325880	168486	157394	107.05	0.50
长汀县	397470	202261	195209	103.61	0.26
上杭县	376392	191167	185225	103.21	6.75
武平县	278238	140080	138158	101.39	0.34
连城县	250518	129186	121332	106.47	0.38
漳平市	253394	132750	120644	110.03	1.29
宁德市	**3146789**	**1641801**	**1504988**	**109.09**	**5.70**
蕉城区	623840	329804	294036	112.16	4.96
霞浦县	475936	248686	227250	109.43	7.90
古田县	323771	166699	157072	106.13	2.49
屏南县	139815	72977	66838	109.18	0.68
寿宁县	177960	93356	84604	110.34	1.02
周宁县	149567	78889	70678	111.62	1.24
柘荣县	92989	47787	45202	105.72	1.87
福安市	609779	319474	290305	110.05	10.31
福鼎市	553132	284129	269003	105.62	6.05
江西省	**45188635**	**23318533**	**21870102**	**106.62**	**0.49**
南昌市	**6255007**	**3274240**	**2980767**	**109.85**	**0.78**
东湖区	421690	212400	209290	101.49	0.97

城乡人口		城市城区人口(人)	家庭户				家庭户类别			
城镇人口(人)	乡村人口(人)		户数(户)	人口数(人)	户规模(人/户)	其中：一人户(户)	一代户(户)	二代户(户)	三代户(户)	四代以上户(户)
6012651	**2769634**	**1354018**	**2959593**	**8111003**	**2.74**	**797508**	**1393986**	**1089794**	**459925**	**15888**
428361			154395	391152	2.53	49004	78647	54801	20462	485
698557			231919	589979	2.54	76171	118157	80751	32119	892
145049	102123		77640	217692	2.80	20352	35452	27693	14108	387
197190	157106		119127	338866	2.84	23075	46470	53892	18325	440
584053	446573		349397	982359	2.81	77598	147471	139713	60361	1852
498061	505538		321699	971407	3.02	66469	132035	132983	54786	1895
258934	163597		148226	410813	2.77	34798	67068	54015	26287	856
259496	72652		114613	322541	2.81	25199	51144	49253	13932	284
589902	96028	426674	242600	614670	2.53	80058	127890	84852	29147	711
1416151	645400	1012524	730998	1856653	2.54	242303	396384	237246	94354	3014
936897	580617	267048	468979	1414871	3.02	102481	193268	174595	96044	5072
3101501	**1952827**	**765072**	**1650857**	**4781597**	**2.90**	**347362**	**711163**	**612611**	**314667**	**12416**
570705	67355		214816	562687	2.62	54697	100912	83623	29548	733
274581	27302		99367	279428	2.81	24378	43453	39055	16401	458
223883	187675		126937	398277	3.14	22298	46270	49840	29844	983
466953	380582		261985	809308	3.09	45685	102406	98662	58067	2850
255173	305796		174368	551873	3.16	30606	65429	69629	38054	1256
135414	92821		76155	211928	2.78	18236	36857	23972	14439	887
141511	78000		67347	212096	3.15	10901	23115	26257	17108	867
162029	143230		106494	289495	2.72	23050	50439	36656	18687	712
215480	239562		155760	445405	2.86	33536	68198	57266	29191	1105
71401	62875		51357	127860	2.49	13904	28253	16004	6862	238
584371	367629	241955	316271	893240	2.82	70071	145831	111647	56466	2327
1599098	**1081547**	**455927**	**993561**	**2572647**	**2.59**	**250195**	**482156**	**365100**	**142208**	**4097**
327596	127009		170669	432387	2.53	44489	83065	63029	24009	566
209876	130967		127251	322886	2.54	34947	62731	46428	17654	438
92001	87063		69952	172665	2.47	18769	36130	23862	9592	368
143301	154418		115783	287590	2.48	30507	61498	39561	14331	393
65611	64683		48812	125239	2.57	12502	24575	16955	7026	256
64444	66423		47949	127775	2.66	10934	22395	18913	6478	163
93025	86388		64982	175587	2.70	16157	29719	25756	9152	355
217836	55885	192203	106126	268501	2.53	26835	53821	38163	13816	326
159308	100360	141862	80510	235651	2.93	16937	32348	32376	15326	460
226100	208351	160067	161527	424366	2.63	38118	75874	60057	24824	772
1712623	**1011014**	**733581**	**969982**	**2602188**	**2.68**	**254928**	**456374**	**354697**	**152026**	**6885**
722334	119411		292207	777901	2.66	77561	137390	111388	42220	1209
163947	161933		120469	311871	2.59	34622	60173	41369	18060	867
212617	184853		136949	388425	2.84	34314	59982	50833	24933	1201
193718	182674		132442	362639	2.74	36465	60508	43724	26235	1975
147995	130243		98528	269996	2.74	24224	45601	34526	17462	939
124550	125968		94302	245086	2.60	24642	45661	36075	12176	390
147462	105932	125484	95085	246270	2.59	23100	47059	36782	10940	304
1919132	**1227657**	**390652**	**1098434**	**2990509**	**2.72**	**287924**	**494839**	**436269**	**162545**	**4781**
425499	198341		198063	553326	2.79	49234	82311	86796	28296	660
289598	186338		165360	458892	2.78	40426	73028	65361	26160	811
160506	163265		125319	317298	2.53	36280	62052	43770	18886	611
68975	70840		53447	135039	2.53	15824	26274	20004	6968	201
88595	89365		71337	175881	2.47	22782	37238	25878	8002	219
78954	70613		54933	146726	2.67	15550	24583	21473	8564	313
58596	34393		31534	90904	2.88	7983	13395	12619	5290	230
397068	212711	260986	203613	578346	2.84	51325	87259	85184	30312	858
351341	201791	227866	194828	534097	2.74	48520	88699	75184	30067	878
27310611	**17878024**		**14072847**	**41329294**	**2.94**	**3071115**	**5807051**	**5675773**	**2495443**	**94580**
4883763	**1371244**	**3347548**	**1845165**	**5193125**	**2.81**	**443384**	**841929**	**718563**	**275986**	**8687**
398395	23295		138914	354857	2.55	37670	70461	51140	16976	337

表1 续表 22

地区	人口数 合计（人）	男（人）	女（人）	性别比（女=100）	少数民族人口比重（%）
西湖区	485161	244346	240815	101.47	0.49
青云谱区	349074	181024	168050	107.72	0.40
青山湖区	1307366	699639	607727	115.12	0.99
新建区	810614	432494	378120	114.38	0.51
红谷滩区	555755	287515	268240	107.19	1.93
南昌县	1452502	761668	690834	110.25	0.68
安义县	252591	135931	116660	116.52	0.77
进贤县	620254	319223	301031	106.04	0.18
景德镇市	**1618979**	**838933**	**780046**	**107.55**	**0.29**
昌江区	201363	104246	97117	107.34	0.55
珠山区	383453	194767	188686	103.22	0.31
浮梁县	280376	144991	135385	107.10	0.52
乐平市	753787	394929	358858	110.05	0.12
萍乡市	**1804805**	**915937**	**888868**	**103.05**	**0.30**
安源区	553293	274471	278822	98.44	0.29
湘东区	304423	157042	147381	106.56	0.28
莲花县	216938	109099	107839	101.17	0.58
上栗县	469957	241728	228229	105.91	0.18
芦溪县	260194	133597	126597	105.53	0.34
九江市	**4600276**	**2355145**	**2245131**	**104.90**	**0.41**
濂溪区	418339	212307	206032	103.05	0.59
浔阳区	433122	213338	219784	97.07	0.61
柴桑区	312807	166035	146772	113.12	0.48
武宁县	322161	162819	159342	102.18	0.76
修水县	710620	363497	347123	104.72	0.41
永修县	316365	163891	152474	107.49	0.28
德安县	167090	85812	81278	105.58	0.73
都昌县	577684	297427	280257	106.13	0.14
湖口县	227462	117498	109964	106.85	0.22
彭泽县	284757	146879	137878	106.53	0.23
瑞昌市	403655	208963	194692	107.33	0.21
共青城市	194689	96963	97726	99.22	0.80
庐山市	231525	119716	111809	107.07	0.14
新余市	**1202499**	**628460**	**574039**	**109.48**	**0.37**
渝水区	927950	485303	442647	109.64	0.41
分宜县	274549	143157	131392	108.95	0.25
鹰潭市	**1154223**	**598095**	**556128**	**107.55**	**0.43**
月湖区	287489	145411	142078	102.35	0.43
余江区	326162	170059	156103	108.94	0.34
贵溪市	540572	282625	257947	109.57	0.48
赣州市	**8970014**	**4603577**	**4366437**	**105.43**	**0.73**
章贡区	1123276	570821	552455	103.32	0.69
南康区	888474	462434	426040	108.54	1.23
赣县区	576310	299773	276537	108.40	0.51
信丰县	673763	345199	328564	105.06	1.08
大余县	264995	134234	130761	102.66	1.99
上犹县	268557	136775	131782	103.79	1.31
崇义县	177831	90849	86982	104.45	0.95
安远县	346435	177540	168895	105.12	0.38
定南县	209914	108488	101426	106.96	0.33
全南县	169503	86898	82605	105.20	0.66
宁都县	702394	365155	337239	108.28	0.28
于都县	905439	457751	447688	102.25	0.47
兴国县	715149	366311	348838	105.01	0.86
会昌县	451513	229937	221576	103.77	0.72
寻乌县	280219	145362	134857	107.79	1.07
石城县	283182	147738	135444	109.08	0.31
瑞金市	613894	314148	299746	104.80	0.24
龙南市	319166	164164	155002	105.91	0.69

城乡人口		城市城区人口(人)	家庭户				家庭户类别			
城镇人口(人)	乡村人口(人)		户数(户)	人口数(人)	户规模(人/户)	其中：一人户(户)	一代户(户)	二代户(户)	三代户(户)	四代以上户(户)
485161			170676	440027	2.58	44804	82458	66585	21318	315
349074			120945	318656	2.63	29496	58194	46614	15855	282
1249955	57411		353353	977517	2.77	88467	162870	139626	49806	1051
498360	312254		227024	690453	3.04	49242	100542	94010	31539	933
538030	17725		139657	382462	2.74	36511	66377	54504	18513	263
916463	536039		402091	1201206	2.99	84777	166242	157628	74940	3281
133067	119524		77899	222248	2.85	21371	40765	25695	10925	514
315258	304996		214606	605699	2.82	51046	94020	82761	36114	1711
1052588	**566391**	**538991**	**503707**	**1501073**	**2.98**	**99262**	**198460**	**211364**	**90848**	**3035**
159187	42176		66040	192815	2.92	13950	29041	27364	9338	297
381633	1820		133879	347389	2.59	32760	61730	56637	15274	238
175595	104781		79171	239438	3.02	15604	29552	32607	16467	545
336173	417614	235391	224617	721431	3.21	36948	78137	94756	49769	1955
1223774	**581031**	**614472**	**540508**	**1685611**	**3.12**	**90151**	**188831**	**218108**	**127685**	**5884**
541151	12142		167300	486787	2.91	30629	65666	68574	32082	978
192688	111735		94479	291566	3.09	16034	33832	35927	23487	1233
106275	110663		71015	206525	2.91	13703	26752	29616	14140	507
245922	224035		128183	450920	3.52	16635	35542	51341	38846	2454
137738	122456		79531	249813	3.14	13150	27039	32650	19130	712
2814240	**1786036**	**895579**	**1524848**	**4181960**	**2.74**	**375684**	**672629**	**610263**	**233327**	**8629**
347291	71048		138988	340059	2.45	42101	70808	53570	14357	253
430551	2571		156951	389038	2.48	40195	75322	66584	14861	184
179582	133225		99190	270007	2.72	25205	46040	38570	14107	473
163506	158655		113847	310876	2.73	28887	47844	45517	19702	784
346853	363767		228006	661434	2.90	51665	88873	92057	44670	2406
187887	128478		106646	290383	2.72	25521	50531	40643	14985	487
110922	56168		54886	153032	2.79	12173	24063	22749	7901	173
241667	336017		195587	558890	2.86	46870	84196	77546	32464	1381
124172	103290		82922	215193	2.60	22538	37979	31500	12923	520
152411	132346		102936	268651	2.61	25551	47194	40982	14270	490
246592	157063	152845	135158	384766	2.85	32632	55284	55319	23825	730
143451	51238	141963	37523	118180	3.15	6751	14665	16913	5788	157
139355	92170	88714	72208	221451	3.07	15595	29830	28313	13474	591
884941	**317558**	**681054**	**407776**	**1126447**	**2.76**	**91729**	**184528**	**171674**	**50914**	**660**
717107	210843		313589	860013	2.74	70142	142728	132300	38104	457
167834	106715		94187	266434	2.83	21587	41800	39374	12810	203
743407	**410816**	**377162**	**372422**	**1080338**	**2.90**	**83219**	**157797**	**145895**	**66023**	**2707**
276548	10941		98631	267516	2.71	23987	46220	39667	12457	287
172834	153328		104131	312204	3.00	23028	41822	39451	21764	1094
294025	246547	198398	169660	500618	2.95	36204	69755	66777	31802	1326
4961719	**4008295**	**1639373**	**2650623**	**8145853**	**3.07**	**573330**	**1035977**	**1070967**	**522777**	**20902**
977070	146206		319564	904642	2.83	77747	136870	130582	50907	1205
492358	396116		265972	771241	2.90	70200	117489	101010	45896	1577
308704	267606		175074	525550	3.00	41488	74914	65399	33357	1404
350502	323261		188257	598342	3.18	36103	66051	74367	45816	2023
142268	122727		96030	257323	2.68	25428	43566	38562	13546	356
129108	139449		91060	258802	2.84	22608	36398	36680	17447	535
83504	94327		59304	168882	2.85	12820	23136	24880	10967	321
160257	186178		93864	325074	3.46	15282	29877	38734	24296	957
132171	77743		60541	199071	3.29	11596	20730	24880	14365	566
92179	77324		55986	159846	2.86	13608	22979	22039	10697	271
344965	357429		212693	661418	3.11	42837	83660	92692	35191	1150
396118	509321		262255	834126	3.18	54097	98899	110260	50376	2720
319517	395632		201467	647359	3.21	37424	70556	83486	44953	2472
244184	207329		119862	412989	3.45	20665	41084	47382	29722	1674
141305	138914		84593	265037	3.13	15367	31480	36253	16161	699
135954	147228		84779	275741	3.25	15931	30178	34988	18777	836
306358	307536	277409	179862	589452	3.28	37776	68534	68189	41633	1506
205197	113969	185521	99460	290958	2.93	22353	39576	40584	18670	630

表1 续表 23

地区	人口数 合计（人）	男（人）	女（人）	性别比（女=100）	少数民族人口比重（%）
吉安市	**4469176**	**2303071**	**2166105**	**106.32**	**0.46**
吉州区	402669	204029	198640	102.71	0.35
青原区	240730	123936	116794	106.12	1.04
吉安县	469513	244670	224843	108.82	0.52
吉水县	421849	222124	199725	111.21	0.41
峡江县	149954	78891	71063	111.02	0.60
新干县	286077	149744	136333	109.84	0.27
永丰县	388464	202504	185960	108.90	0.51
泰和县	467807	238248	229559	103.79	0.27
遂川县	512109	264579	247530	106.89	0.44
万安县	250991	128350	122641	104.66	0.94
安福县	329053	167434	161619	103.60	0.27
永新县	393984	200267	193717	103.38	0.33
井冈山市	155976	78295	77681	100.79	0.36
宜春市	**5007702**	**2586406**	**2421296**	**106.82**	**0.27**
袁州区	1121707	573436	548271	104.59	0.30
奉新县	268617	138714	129903	106.78	0.26
万载县	486435	248182	238253	104.17	0.17
上高县	343767	178394	165373	107.87	0.36
宜丰县	252974	130553	122421	106.64	0.68
靖安县	121800	62749	59051	106.26	0.54
铜鼓县	116418	59388	57030	104.13	0.44
丰城市	1065641	555464	510177	108.88	0.16
樟树市	485649	248120	237529	104.46	0.17
高安市	744694	391406	353288	110.79	0.24
抚州市	**3614866**	**1868742**	**1746124**	**107.02**	**0.31**
临川区	1102421	565170	537251	105.20	0.30
东乡区	383846	197947	185899	106.48	0.18
南城县	286260	146653	139607	105.05	0.19
黎川县	205205	106685	98520	108.29	0.21
南丰县	271888	140193	131695	106.45	0.16
崇仁县	302181	158737	143444	110.66	0.14
乐安县	307909	161271	146638	109.98	1.04
宜黄县	201127	104350	96777	107.83	0.38
金溪县	253828	132463	121365	109.14	0.21
资溪县	95826	49336	46490	106.12	0.54
广昌县	204375	105937	98438	107.62	0.20
上饶市	**6491088**	**3345927**	**3145161**	**106.38**	**0.34**
信州区	545134	272422	272712	99.89	0.61
广丰区	775364	394839	380525	103.76	0.18
广信区	748265	388539	359726	108.01	0.64
玉山县	519357	262950	256407	102.55	0.39
铅山县	386200	199677	186523	107.05	0.77
横峰县	187326	97387	89939	108.28	0.81
弋阳县	338817	177086	161731	109.49	0.42
余干县	840498	438518	401980	109.09	0.08
鄱阳县	1184097	617585	566512	109.02	0.11
万年县	357449	185766	171683	108.20	0.12
婺源县	314985	158841	156144	101.73	0.19
德兴市	293596	152317	141279	107.81	0.46
山东省	**101527453**	**51432931**	**50094522**	**102.67**	**0.89**
济南市	**9202432**	**4612797**	**4589635**	**100.50**	**1.59**
历下区	819139	404074	415065	97.35	1.54
市中区	903714	448429	455285	98.49	3.39
槐荫区	675048	336476	338572	99.38	2.49
天桥区	770202	388997	381205	102.04	2.33
历城区	1316289	667717	648572	102.95	0.93
长清区	595549	296498	299051	99.15	1.55
章丘区	1075784	538706	537078	100.30	1.10
济阳区	515679	261927	253752	103.22	2.67

城乡人口		城市城区人口(人)	家庭户				家庭户类别			
城镇人口(人)	乡村人口(人)		户数(户)	人口数(人)	户规模(人/户)	其中:一人户(户)	一代户(户)	二代户(户)	三代户(户)	四代以上户(户)
2339591	**2129585**	**438828**	**1445417**	**4169796**	**2.88**	**305203**	**596776**	**605542**	**236016**	**7083**
336281	66388		128557	365131	2.84	27373	54725	53725	19701	406
131336	109394		72477	216224	2.98	15122	28456	31130	12580	311
249544	219969		141292	410226	2.90	29903	59937	58123	22582	650
218610	203239		143192	403446	2.82	32058	64107	59199	19337	549
74617	75337		51570	142419	2.76	11180	24032	21309	6055	174
140831	145246		105008	275428	2.62	26472	51566	42801	10445	196
189336	199128		118952	365921	3.08	20392	45466	52521	20321	644
237651	230156		153155	420515	2.75	36011	69940	60736	21858	621
203438	308671		156469	495849	3.17	27568	51431	69717	34145	1176
111770	139221		79312	233452	2.94	15650	30221	33741	14878	472
146462	182591		109967	318384	2.90	22790	44001	43979	21181	806
202566	191418		133011	372582	2.80	29581	51921	56192	24086	812
97149	58827	47107	52455	150219	2.86	11103	20973	22369	8847	266
2821642	**2186060**	**679153**	**1594228**	**4654904**	**2.92**	**337849**	**669702**	**640524**	**273521**	**10481**
737782	383925		331389	1016120	3.07	66512	127465	140667	61481	1776
161938	106679		91127	256969	2.82	20439	40087	36998	13595	447
249318	237117		147222	465109	3.16	27284	52309	65079	29025	809
200846	142921		112852	323809	2.87	22894	48265	47344	16808	435
154832	98142		89892	235713	2.62	21825	43348	35995	10378	171
67242	54558		44305	114455	2.58	11380	21701	17122	5360	122
63449	52969		40895	114429	2.80	9130	17367	16887	6407	234
501475	564166	366070	332604	1003113	3.02	67866	135057	124534	68495	4518
271341	214308	235740	165431	464332	2.81	36327	74873	63589	26150	819
413419	331275	262920	238511	660855	2.77	54192	109230	92309	35822	1150
2058897	**1555969**	**786042**	**1218966**	**3465303**	**2.84**	**292842**	**532491**	**480731**	**198721**	**7023**
663329	439092		371617	1037776	2.79	94427	164783	142857	61792	2185
236255	147591		129400	371571	2.87	30178	55452	51233	21912	803
179326	106934		92574	276770	2.99	19384	39143	34336	18354	741
122655	82550		72143	200414	2.78	17874	31505	27647	12547	444
144505	127383		88604	267414	3.02	15237	33499	37878	16773	454
157528	144653		94434	293116	3.10	20677	37487	38614	17629	704
152590	155319		100724	288502	2.86	24536	43953	41993	14261	517
106565	94562		69529	190746	2.74	18136	30949	27379	10849	352
122373	131455		83881	245274	2.92	17704	35858	34515	13048	460
57830	37996		33396	92562	2.77	8326	15793	12816	4619	168
115941	88434		82664	201158	2.43	26363	44069	31463	6937	195
3526049	**2965039**	**1196617**	**1969187**	**6124884**	**3.11**	**378462**	**727931**	**802142**	**419625**	**19489**
430755	114379		162546	470677	2.90	38478	72904	63065	25591	986
469640	305724		218955	742184	3.39	40949	72455	90117	54229	2154
441825	306440		217821	694280	3.19	40182	74415	89977	50974	2455
305770	213587		165535	485888	2.94	32742	63698	67167	33479	1191
218838	167362		118144	375065	3.17	22068	40600	46295	29700	1549
105647	81679		61723	181444	2.94	13543	24158	24754	12141	670
171504	167313		108351	327664	3.02	20828	41194	44040	22169	948
380261	460237		254431	804753	3.16	47970	96587	103790	51067	2987
482376	701721		361148	1140741	3.16	66269	127456	149346	80114	4232
171912	185537		107703	330112	3.07	20086	40407	43839	22411	1046
163900	151085		100052	300344	3.00	17746	36287	41964	21043	758
183621	109975	173178	92778	271732	2.93	17601	37770	37788	16707	513
64014254	**37513199**		**35184241**	**94868062**	**2.70**	**7056119**	**16850888**	**14276272**	**3943407**	**113674**
6760007	**2442425**	**5877987**	**3084766**	**8283070**	**2.69**	**677608**	**1459161**	**1195887**	**417521**	**12197**
819139			264400	706631	2.67	61334	117425	107548	38870	557
869291	34423		314002	814699	2.59	73980	142946	132199	38238	619
675048			241965	638564	2.64	58459	109778	99437	32207	543
709608	60594		285093	714023	2.50	83220	149580	102543	32163	807
1009066	307223		407690	1125096	2.76	89500	183391	165007	57881	1411
341264	254285		178459	488188	2.74	33729	85701	65648	26193	917
665293	410491		334309	945353	2.83	58354	150111	123260	58867	2071
195290	320389		166537	493707	2.96	29282	73331	60070	31573	1563

表1 续表 24

地　区	人口数				少数民族人口比重(%)
	合　计(人)	男(人)	女(人)	性别比(女=100)	
莱芜区	969632	485417	484215	100.25	0.46
钢城区	286966	145741	141225	103.20	0.21
平阴县	323072	161170	161902	99.55	0.23
商河县	527311	264187	263124	100.40	2.12
济南高新技术产业开发区	424047	213458	210589	101.36	1.06
青岛市	**10071722**	**5132234**	**4939488**	**103.90**	**1.18**
市南区	486643	237035	249608	94.96	1.47
市北区	1096879	535979	560900	95.56	0.93
黄岛区	1903595	1004128	899467	111.64	1.19
崂山区	502370	256159	246211	104.04	1.60
李沧区	737281	364428	372853	97.74	1.27
城阳区	1067783	555097	512686	108.27	3.05
即墨区	1336077	683069	653008	104.60	0.85
青岛高新技术产业开发区	41823	24723	17100	144.58	3.37
胶州市	987820	506086	481734	105.06	0.80
平度市	1191348	600887	590461	101.77	0.27
莱西市	720103	364643	355460	102.58	0.65
淄博市	**4704138**	**2362283**	**2341855**	**100.87**	**0.63**
淄川区	646685	324629	322056	100.80	0.32
张店区	1272967	641253	631714	101.51	0.63
博山区	410643	203834	206809	98.56	0.25
临淄区	649160	328275	320885	102.30	1.71
周村区	407016	201988	205028	98.52	0.72
桓台县	489479	245623	243856	100.72	0.17
高青县	313130	156988	156142	100.54	0.22
沂源县	515058	259693	255365	101.69	0.54
枣庄市	**3855601**	**1978529**	**1877072**	**105.41**	**0.49**
市中区	613015	307079	305936	100.37	1.32
薛城区	593590	301206	292384	103.02	0.34
峄城区	362524	186205	176319	105.61	0.18
台儿庄区	305102	157225	147877	106.32	1.12
山亭区	406722	210730	195992	107.52	0.36
滕州市	1574648	816084	758564	107.58	0.20
东营市	**2193518**	**1105555**	**1087963**	**101.62**	**0.50**
东营区	848620	423027	425593	99.40	0.64
河口区	241317	122765	118552	103.55	0.60
垦利区	258222	129378	128844	100.41	0.31
利津县	238189	119568	118621	100.80	0.27
广饶县	521742	265926	255816	103.95	0.40
东营经济技术开发区	81814	41995	39819	105.46	0.64
东营港经济开发区	3614	2896	718	403.34	1.69
烟台市	**7102116**	**3596295**	**3505821**	**102.58**	**0.63**
芝罘区	877237	435444	441793	98.56	0.68
福山区	452553	235000	217553	108.02	0.82
牟平区	462323	232613	229710	101.26	0.69
莱山区	389494	192981	196513	98.20	1.58
蓬莱区	509393	256690	252703	101.58	0.57
烟台高新技术产业开发区	83847	42216	41631	101.41	1.46
烟台经济技术开发区	416452	219652	196800	111.61	1.87
龙口市	729880	368549	361331	102.00	0.60
莱阳市	794986	405180	389806	103.94	0.28
莱州市	824708	418612	406096	103.08	0.30
招远市	543127	273981	269146	101.80	0.40
栖霞市	435405	220700	214705	102.79	0.14
海阳市	582711	294677	288034	102.31	0.29
潍坊市	**9386705**	**4772791**	**4613914**	**103.44**	**0.66**
潍城区	521368	264142	257226	102.69	0.73
寒亭区	356148	182202	173946	104.75	0.39
坊子区	521025	265106	255919	103.59	0.31
奎文区	976466	494627	481839	102.65	0.73

城乡人口		城市城区人口(人)	家庭户				家庭户类别			
城镇人口(人)	乡村人口(人)		户数(户)	人口数(人)	户规模(人/户)	其中：一人户(户)	一代户(户)	二代户(户)	三代户(户)	四代以上户(户)
561156	408476		367530	914621	2.49	80226	199806	141302	26015	407
200284	86682		110286	270502	2.45	24546	59877	45577	4749	83
173298	149774		117705	314338	2.67	22068	57231	44294	15567	613
177107	350204		169982	512821	3.02	29778	70767	61926	35214	2075
364163	59884		126808	344527	2.72	33132	59217	47076	19984	531
7688474	**2383248**	**6007745**	**3623194**	**9253364**	**2.55**	**833211**	**1840292**	**1378687**	**397487**	**6728**
486643			186997	450455	2.41	51858	96406	69480	20844	267
1096879			433277	1044173	2.41	113139	221402	169654	41769	452
1561003	342592		645294	1653982	2.56	151629	335118	240497	68401	1278
432474	69896		178701	424772	2.38	48543	99637	64865	13995	204
737281			269952	687920	2.55	63462	129508	109150	30969	325
1019908	47875		354506	933678	2.63	76944	169167	145065	39761	513
789268	546809		473065	1269905	2.68	95030	225405	188974	57579	1107
41823			11221	29115	2.59	2889	5064	4860	1288	9
613996	373824	552702	343292	914548	2.66	75889	167446	135401	39650	795
519957	671391	390084	448924	1160953	2.59	93991	233714	156452	57491	1267
389242	330861	317274	277965	683863	2.46	59837	157425	94289	25740	511
3493664	**1210474**	**2395827**	**1708174**	**4305672**	**2.52**	**353078**	**892836**	**661058**	**151610**	**2670**
482871	163814		244067	603514	2.47	54079	130799	94104	18931	233
1205102	67865		430560	1107206	2.57	87599	202817	187126	40167	450
328314	82329		170630	393807	2.31	40158	101005	59096	10418	111
447035	202125		231379	590988	2.55	46747	120711	87369	22836	463
286990	120026		137745	355131	2.58	25866	69967	53494	14022	262
347331	142148		171639	456326	2.66	34201	84954	63207	22819	659
133021	180109		119313	302464	2.54	23191	66481	40421	12033	378
263000	252058		202841	496236	2.45	41237	116102	76241	10384	114
2287321	**1568280**	**1075279**	**1258194**	**3639694**	**2.89**	**247883**	**533474**	**549914**	**169308**	**5498**
478120	134895		198673	574429	2.89	38189	79324	96239	22676	434
413426	180164		195818	560215	2.86	37343	81517	91553	22228	520
160523	202001		120241	343399	2.86	23901	52638	57032	10325	246
141188	163914		98830	288259	2.92	18188	41173	46464	10890	303
156626	250096		131211	380014	2.90	28488	60270	51023	19276	642
937438	637210	714085	513421	1493378	2.91	101774	218552	207603	83913	3353
1567251	**626267**	**930562**	**811291**	**2080638**	**2.56**	**164083**	**421433**	**316784**	**71704**	**1370**
716614	132006		318097	803541	2.53	67915	161864	132149	23806	278
189862	51455		94302	223321	2.37	19528	55682	34014	4550	56
162872	95350		95425	249350	2.61	18606	49009	37806	8423	187
95502	142687		91723	231736	2.53	18164	51340	31202	8897	284
320308	201434		185590	495775	2.67	35716	94445	68193	22421	531
81814			25634	75848	2.96	3943	8656	13356	3588	34
279	3335		520	1067	2.05	211	437	64	19	
4780207	**2321909**	**2009631**	**2718345**	**6508025**	**2.39**	**631848**	**1505304**	**989740**	**219722**	**3579**
877237			327082	809835	2.48	79954	155072	141353	30358	299
324387	128166		181337	421914	2.33	46486	100126	69576	11532	103
297882	164441		191864	437010	2.28	42953	115876	64336	11534	118
331011	58483		123166	308012	2.50	26634	61848	49614	11575	129
287148	222245		207423	476048	2.30	52726	122506	70668	14067	182
76973	6874		23131	56411	2.44	5378	12073	9199	1844	15
404395	12057		143172	358233	2.50	33324	69591	60011	13446	124
516205	213675	370733	261620	635482	2.43	57463	143063	96031	22040	486
425631	369355	334552	290148	743921	2.56	64300	146615	109083	33519	931
450375	374333	304110	323116	772061	2.39	69897	189622	105188	27671	635
316468	226659	281455	220073	520493	2.37	50221	128630	75364	15822	257
179396	256009	102430	186977	420452	2.25	45481	116911	59123	10841	102
293099	289612	234109	239236	548153	2.29	57031	143371	80194	15473	198
6046086	**3340619**	**1860989**	**3174295**	**8879183**	**2.80**	**587430**	**1437209**	**1239072**	**483280**	**14734**
423208	98160		167140	474579	2.84	32211	69476	70347	26659	658
207454	148694		126936	345507	2.72	25992	60376	48428	17600	532
290657	230368		184433	505734	2.74	34552	86075	72657	24993	708
962966	13500		322808	883987	2.74	62596	138052	141186	42990	580

表1 续表 25

地　区	人口数				少数民族人口比重(%)
	合　计(人)	男(人)	女(人)	性别比(女=100)	
临朐县	806314	415173	391141	106.14	0.24
昌乐县	583799	295847	287952	102.74	0.25
潍坊滨海经济技术开发区	136714	73902	62812	117.66	1.04
青州市	960882	484786	476096	101.83	2.69
诸城市	1078178	544967	533211	102.20	0.30
寿光市	1163364	594901	568463	104.65	0.56
安丘市	840553	429883	410670	104.68	0.20
高密市	877393	441874	435519	101.46	0.47
昌邑市	564501	285381	279120	102.24	0.33
济宁市	**8357897**	**4248546**	**4109351**	**103.39**	**0.63**
任城区	1245371	627475	617896	101.55	1.40
兖州区	540662	269107	271555	99.10	0.98
微山县	613421	319693	293728	108.84	0.19
鱼台县	420010	214949	205061	104.82	0.67
金乡县	634144	323633	310511	104.23	0.51
嘉祥县	820036	422799	397237	106.43	0.28
汶上县	687544	351708	335836	104.73	0.24
泗水县	542895	274239	268656	102.08	0.61
梁山县	730683	374099	356584	104.91	0.17
济宁高新技术产业开发区	334601	169576	165025	102.76	0.85
曲阜市	621971	306217	315754	96.98	0.55
邹城市	1166559	595051	571508	104.12	0.65
泰安市	**5472217**	**2720585**	**2751632**	**98.87**	**1.40**
泰山区	837374	414452	422922	98.00	2.63
岱岳区	1046569	520001	526568	98.75	2.05
宁阳县	668520	330920	337600	98.02	1.03
东平县	687385	342120	345265	99.09	0.52
新泰市	1338254	670728	667526	100.48	1.03
肥城市	894115	442364	451751	97.92	1.00
威海市	**2906548**	**1467079**	**1439469**	**101.92**	**1.06**
环翠区	446193	222102	224091	99.11	1.33
文登区	563529	283606	279923	101.32	0.68
威海火炬高技术产业开发区	336407	169926	166481	102.07	1.94
威海经济技术开发区	280457	141520	138937	101.86	1.92
威海临港经济技术开发区	101673	52410	49263	106.39	1.10
荣成市	714211	363265	350946	103.51	0.86
乳山市	464078	234250	229828	101.92	0.40
日照市	**2968365**	**1509556**	**1458809**	**103.48**	**0.30**
东港区	1003712	506885	496827	102.02	0.46
岚山区	379308	195909	183399	106.82	0.23
五莲县	443600	226082	217518	103.94	0.22
莒县	973252	494754	478498	103.40	0.16
日照经济技术开发区	168493	85926	82567	104.07	0.47
临沂市	**11018365**	**5634589**	**5383776**	**104.66**	**0.58**
兰山区	1837789	941456	896333	105.03	0.78
罗庄区	759226	393967	365259	107.86	1.17
河东区	908324	470595	437729	107.51	0.35
沂南县	806390	409310	397080	103.08	0.33
郯城县	885156	451546	433610	104.14	0.64
沂水县	967570	481471	486099	99.05	0.60
兰陵县	1104391	565314	539077	104.87	0.56
费县	798403	415177	383226	108.34	0.52
平邑县	892276	453455	438821	103.33	0.65
莒南县	841035	430553	410482	104.89	0.28
蒙阴县	485252	244949	240303	101.93	0.18
临沭县	586024	299572	286452	104.58	0.55
临沂高新技术产业开发区	146529	77224	69305	111.43	0.62
德州市	**5611194**	**2821403**	**2789791**	**101.13**	**1.36**
德城区	576500	285868	290632	98.36	1.47
陵城区	511860	254363	257497	98.78	4.10

城乡人口		城市城区人口（人）	家庭户				家庭户类别			
城镇人口（人）	乡村人口（人）		户数（户）	人口数（人）	户规模（人/户）	其中：一人户（户）	一代户（户）	二代户（户）	三代户（户）	四代以上户（户）
443653	362661		257609	768382	2.98	43842	108727	99884	47365	1633
335877	247922		201369	564150	2.80	36376	90983	78827	30683	876
114120	22594		40495	103643	2.56	7706	21425	16365	2672	33
534528	426354	478568	312864	906031	2.90	53520	136846	116916	57088	2014
679204	398974	572073	369279	1043569	2.83	66183	166776	137505	63092	1906
728588	434776	507851	388099	1103857	2.84	72496	174917	145994	64693	2495
458893	381660	391582	289046	799870	2.77	53368	133719	114393	39798	1136
552844	324549	475398	314186	845740	2.69	58738	150700	124054	38169	1263
314094	250407	230035	200031	534134	2.67	39850	99137	72516	27478	900
5022190	**3335707**	**1301175**	**2712670**	**7834576**	**2.89**	**482800**	**1153784**	**1128779**	**413988**	**16119**
988868	256503		414375	1160252	2.80	74692	178285	177026	57693	1371
426229	114433		183821	523313	2.85	31031	78783	69940	33930	1168
324656	288765		201612	569030	2.82	38552	90079	83829	26808	896
181059	238951		123898	386120	3.12	19259	47160	49188	25866	1684
382212	251932		217871	602705	2.77	37497	101981	94811	20317	762
351877	468159		271042	786699	2.90	48094	115215	125301	29365	1161
384532	303012		211631	666586	3.15	34680	79582	83086	46503	2460
237604	305291		187532	519798	2.77	38594	87268	75613	23999	652
308731	421952		237329	700466	2.95	37540	99717	107231	29053	1328
284957	49644		105525	305936	2.90	19974	42242	45426	17380	477
395524	226447	327793	187198	574068	3.07	30779	72150	66463	46230	2355
755941	410618	455208	370836	1039603	2.80	72108	161322	150865	56844	1805
3498112	**1974105**	**1159255**	**1848599**	**5003557**	**2.71**	**366101**	**855395**	**732245**	**252720**	**8239**
725124	112250		255014	720140	2.82	40490	107520	106427	40047	1020
691467	355102		350661	939180	2.68	71975	168523	126407	54107	1624
340612	327908		231295	632537	2.73	49176	105142	83898	40698	1557
365328	322057		220529	637844	2.89	41321	92067	87122	39439	1901
774715	563539	460835	474120	1223615	2.58	99984	237448	201271	34628	773
600866	293249	408682	316980	850241	2.68	63155	144695	127120	43801	1364
2040910	**865638**	**667730**	**1191113**	**2758900**	**2.32**	**258922**	**701272**	**421488**	**67607**	**746**
414245	31948		175540	437417	2.49	34468	86425	74703	14233	179
330915	232614		239915	538692	2.25	51891	151569	76763	11448	135
324084	12323		118186	297171	2.51	22092	55531	53628	8930	97
205138	75319		113334	273037	2.41	26828	58897	46345	8004	88
65263	36410		41038	98079	2.39	8377	23432	14652	2918	36
448370	265841	341086	293969	662421	2.25	65449	186927	94003	12909	130
252895	211183	189045	209131	452083	2.16	49817	138491	61394	9165	81
1814663	**1153702**	**854826**	**1102883**	**2815750**	**2.55**	**226213**	**575408**	**460335**	**66114**	**1026**
807507	196205		351250	919762	2.62	67139	170867	153489	26514	380
190043	189265		142317	366560	2.58	29459	75191	55464	11386	276
214732	228868		177071	430329	2.43	38039	102664	63246	10974	187
452756	520496		373943	938174	2.51	81501	202115	160174	11550	104
149625	18868		58302	160925	2.76	10075	24571	27962	5690	79
6066355	**4952010**	**2467222**	**3899717**	**10665683**	**2.73**	**756392**	**1842045**	**1762911**	**289093**	**5668**
1485939	351850		583954	1707125	2.92	104407	228248	309020	46074	612
537928	221298		239529	722465	3.02	37241	87940	129176	22121	292
632176	276148		310202	874850	2.82	53761	133367	157315	19343	177
390976	415414		309354	787701	2.55	62505	164806	134725	9758	65
326202	558954		288936	867933	3.00	50839	118463	123730	44939	1804
439908	527662		392289	951816	2.43	89092	221242	155936	14980	131
442619	661772		377415	1081441	2.87	71684	175148	165058	36336	873
387467	410936		277575	773583	2.79	52931	129621	124850	22712	392
423736	468540		320066	878813	2.75	63169	150749	135605	32844	868
345704	495331		341514	825977	2.42	75089	197919	132560	10981	54
223178	262074		185591	477442	2.57	36824	99317	74291	11813	170
342722	243302		227187	578579	2.55	51638	116822	96503	13689	173
87800	58729		46105	137958	2.99	7212	18403	24142	3503	57
2990953	**2620241**	**658512**	**1857840**	**5151661**	**2.77**	**349786**	**884620**	**739134**	**226212**	**7874**
516234	60266		175000	484154	2.77	31711	72291	80811	21545	353
240137	271723		176109	489630	2.78	31344	85737	69740	19945	687

表1 续表 26

地 区	人口数				少数民族人口比重(%)
	合 计(人)	男(人)	女(人)	性别比(女=100)	
宁津县	473314	240530	232784	103.33	1.02
庆云县	318105	162836	155269	104.87	1.23
临邑县	473421	236764	236657	100.05	2.96
齐河县	576375	292205	284170	102.83	0.67
平原县	419088	209058	210030	99.54	1.25
夏津县	458112	231000	227112	101.71	0.12
武城县	353721	178020	175701	101.32	0.59
德州经济技术开发区	284708	146249	138459	105.63	0.75
德州运河经济开发区	118810	59370	59440	99.88	1.65
乐陵市	559166	280980	278186	101.00	0.22
禹城市	488014	244160	243854	100.13	1.44
聊城市	**5952128**	**3013374**	**2938754**	**102.54**	**1.03**
东昌府区	1488905	757796	731109	103.65	0.95
茌平区	517641	261364	256277	101.98	0.32
阳谷县	700083	353874	346209	102.21	0.42
莘县	930370	471242	459128	102.64	1.15
东阿县	346053	173140	172913	100.13	0.12
冠县	719354	367271	352083	104.31	2.22
高唐县	455193	227011	228182	99.49	0.23
临清市	794529	401676	392853	102.25	1.78
滨州市	**3928568**	**1990298**	**1938270**	**102.68**	**0.81**
滨城区	853649	428574	425075	100.82	0.39
沾化区	334948	169152	165796	102.02	0.11
惠民县	569975	286135	283840	100.81	0.35
阳信县	421502	212436	209066	101.61	3.32
无棣县	465837	240092	225745	106.36	1.51
博兴县	508140	261856	246284	106.32	0.55
邹平市	774517	392053	382464	102.51	0.32
菏泽市	**8795939**	**4467017**	**4328922**	**103.19**	**0.82**
牡丹区	1098707	558255	540452	103.29	1.19
定陶区	540016	272699	267317	102.01	0.85
曹县	1384282	705429	678853	103.91	2.01
单县	1026555	517946	508609	101.84	0.22
成武县	595159	300136	295023	101.73	0.08
巨野县	923923	466262	457661	101.88	0.26
郓城县	1120854	574750	546104	105.25	0.10
鄄城县	747972	379396	368576	102.94	0.44
东明县	760956	387508	373448	103.76	0.85
菏泽经济技术开发区	412353	209586	202767	103.36	2.49
菏泽高新技术开发区	185162	95050	90112	105.48	0.30
河南省	**99365519**	**49832349**	**49533170**	**100.60**	**1.16**
郑州市	**12600574**	**6467170**	**6133404**	**105.44**	**1.53**
中原区	962642	481261	481381	99.98	2.38
二七区	1061263	533988	527275	101.27	1.81
管城回族区	965618	488163	477455	102.24	2.42
金水区	2145588	1064397	1081191	98.45	2.11
上街区	197399	99339	98060	101.30	1.30
惠济区	555002	277114	277888	99.72	1.47
中牟县	973665	507325	466340	108.79	1.46
郑州经济技术开发区	328812	183836	144976	126.80	1.36
郑州高新技术产业开发区	546226	283294	262932	107.74	1.67
郑州航空港经济综合实验区	621382	336956	284426	118.47	0.64
巩义市	785242	400350	384892	104.02	0.26
荥阳市	730135	380761	349374	108.98	2.07
新密市	826031	425509	400522	106.24	0.45
新郑市	1172237	606367	565870	107.16	0.97
登封市	729332	398510	330822	120.46	0.97
开封市	**4824016**	**2445455**	**2378561**	**102.81**	**1.37**
龙亭区	574552	285143	289409	98.53	2.53

城乡人口		城市城区人口(人)	家庭户				家庭户类别			
城镇人口(人)	乡村人口(人)		户数(户)	人口数(人)	户规模(人/户)	其中：一人户(户)	一代户(户)	二代户(户)	三代户(户)	四代以上户(户)
263589	209725		148730	409217	2.75	27574	74468	57476	16203	583
149274	168831		106212	303828	2.86	18667	49890	46710	9266	346
179097	294324		160555	451365	2.81	30547	76151	58007	25304	1093
317019	259356		191382	540678	2.83	34266	90162	69832	30105	1283
173175	245913		148416	391856	2.64	29393	77828	55857	14279	452
180955	277157		156844	437097	2.79	29577	76508	62409	17403	524
192523	161198		119529	330871	2.77	21240	57057	48916	13194	362
211198	73510		84260	226198	2.68	16767	39454	37506	7131	169
115940	2870		37919	102395	2.70	6901	15915	17607	4300	97
208689	350477	169646	192517	536524	2.79	42081	94907	70381	26170	1059
243123	244891	215656	160367	447848	2.79	29718	74252	63882	21367	866
3152954	**2799174**	**1090689**	**2013022**	**5641927**	**2.80**	**367409**	**937393**	**857655**	**209937**	**8037**
1020430	468475		484672	1366260	2.82	91291	217795	219561	46059	1257
283408	234233		185628	502627	2.71	34599	92171	76269	16581	607
318516	381567		230970	669523	2.90	40150	102431	92585	34380	1574
366773	563597		315456	893294	2.83	55239	143375	139223	31510	1348
191349	154704		120552	330022	2.74	21259	59456	45459	15027	610
294764	424590		258576	701602	2.71	50570	126331	115866	15936	443
241410	213783		160910	439307	2.73	28639	78956	64414	16913	627
436304	358225	360707	256258	739292	2.88	45662	116878	104278	33531	1571
2343282	**1585286**	**742801**	**1333262**	**3683834**	**2.76**	**235410**	**622649**	**531418**	**172814**	**6381**
646461	207188		288268	783138	2.72	50980	128575	127659	31265	769
178596	156352		129953	323916	2.49	27472	72253	48441	9030	229
192755	377220		181724	549330	3.02	28024	74047	66630	38832	2215
186938	234564		150493	400142	2.66	29097	73565	63896	12623	409
279833	186004		163453	431865	2.64	29798	82822	69704	10666	261
328842	179298		172148	473127	2.75	29962	82871	67024	21536	717
529857	244660	353923	247223	722316	2.92	40077	108516	88064	48862	1781
4461825	**4334114**	**817123**	**2846876**	**8362528**	**2.94**	**517945**	**1188613**	**1311165**	**334290**	**12808**
608103	490604		322253	1019670	3.16	50432	115140	153770	51312	2031
261845	278171		182668	528025	2.89	34053	78535	83867	19596	670
595392	788890		458545	1334411	2.91	92657	201167	206984	48328	2066
509945	516610		338811	980077	2.89	62698	145049	150419	41527	1816
282518	312641		200360	572290	2.86	36346	85865	94210	19598	687
442277	481646		318045	890636	2.80	62621	146592	143781	26878	794
536351	584503		364408	1035948	2.84	69586	160634	165226	36939	1609
374123	373849		257907	727049	2.82	49749	113072	119506	24593	736
427452	333504		222535	703006	3.16	32595	78563	105144	37474	1354
351672	60681		125056	388851	3.11	18031	44157	62537	17798	564
72147	113015		56288	182565	3.24	9177	19839	25721	10247	481
55078554	**44286965**		**31782693**	**90744073**	**2.86**	**6985186**	**13662758**	**12696589**	**5217873**	**205473**
9879029	**2721545**	**5344842**	**3636411**	**10237153**	**2.82**	**859408**	**1637189**	**1399035**	**580666**	**19521**
955242	7400		322974	864980	2.68	72368	147232	130861	44228	653
955595	105668		351488	913714	2.60	93151	173305	133575	43726	882
880580	85038		333576	842664	2.53	98481	176905	120174	35916	581
2094798	50790		647032	1693232	2.62	168191	320518	248237	77090	1187
194579	2820		68867	179556	2.61	14597	32723	27872	8043	229
394389	160613		148928	423159	2.84	36417	68081	56341	23580	926
544564	429101		234562	776295	3.31	39419	84428	97742	49955	2437
287677	41135		86215	242138	2.81	23682	42183	31148	12394	490
506779	39447		141087	390824	2.77	35193	62882	54275	23466	464
385953	235429		120016	357441	2.98	38228	59766	35152	23427	1671
511241	274001	328149	238474	720175	3.02	44944	91129	94545	50839	1961
424072	306063	371711	196548	578530	2.94	40891	84000	71302	39697	1549
529272	296759	342195	258517	768729	2.97	53071	101852	101671	52627	2367
787544	384693	358692	287111	864863	3.01	63343	119357	111420	53750	2584
426744	302588	287635	201016	620853	3.09	37432	72828	84720	41928	1540
2500493	**2323523**	**1101705**	**1476287**	**4365775**	**2.96**	**286185**	**596460**	**610861**	**257253**	**11713**
476748	97804		167380	454744	2.72	38156	72686	71383	22736	575

表1 续表 27

地区	人口数 合计(人)	男(人)	女(人)	性别比(女=100)	少数民族人口比重(%)
顺河回族区	227864	108504	119360	90.90	7.00
鼓楼区	136167	66617	69550	95.78	2.86
禹王台区	124859	61544	63315	97.20	1.60
祥符区	672139	347319	324820	106.93	1.48
杞县	932126	477646	454480	105.10	0.74
通许县	539222	275114	264108	104.17	0.76
尉氏县	839809	433129	406680	106.50	0.34
兰考县	777278	390439	386839	100.93	0.74
洛阳市	**7056699**	**3549442**	**3507257**	**101.20**	**0.98**
老城区	252165	127688	124477	102.58	1.24
西工区	369165	181248	187917	96.45	1.36
瀍河回族区	222833	110951	111882	99.17	11.33
涧西区	509962	249983	259979	96.16	1.44
吉利区	69142	34271	34871	98.28	0.56
洛龙区	918358	455424	462934	98.38	0.61
孟津县	416845	209941	206904	101.47	0.11
新安县	483375	251747	231628	108.69	0.18
栾川县	327121	167964	159157	105.53	1.76
嵩县	543417	278272	265145	104.95	0.25
汝阳县	434770	218344	216426	100.89	0.18
宜阳县	576104	290450	285654	101.68	0.16
洛宁县	386124	194044	192080	101.02	1.31
伊川县	792841	398444	394397	101.03	0.11
洛阳高新技术产业开发区	208845	104897	103948	100.91	0.69
偃师市	545632	275774	269858	102.19	0.88
平顶山市	**4987137**	**2519725**	**2467412**	**102.12**	**1.31**
新华区	336957	170543	166414	102.48	1.93
卫东区	315705	157757	157948	99.88	1.53
石龙区	42066	22367	19699	113.54	0.23
湛河区	345928	176731	169197	104.45	2.77
宝丰县	498157	251623	246534	102.06	0.99
叶县	702345	356269	346076	102.95	2.31
鲁山县	788472	398181	390291	102.02	0.83
郏县	506377	255840	250537	102.12	1.71
平顶山高新技术产业开发区	53555	27165	26390	102.94	1.01
平顶山市城乡一体化示范区	128195	64168	64027	100.22	1.93
舞钢市	294839	148492	146347	101.47	0.56
汝州市	974541	490589	483952	101.37	0.32
安阳市	**5477614**	**2688180**	**2789434**	**96.37**	**0.14**
文峰区	386084	188763	197321	95.66	0.31
北关区	327762	160268	167494	95.69	0.25
殷都区	219780	109014	110766	98.42	0.30
龙安区	272224	138851	133373	104.11	0.14
安阳县	821530	410939	410591	100.08	0.04
汤阴县	455136	223853	231283	96.79	0.11
滑县	1169072	572313	596759	95.90	0.15
内黄县	682070	338373	343697	98.45	0.07
安阳高新技术产业开发区	193017	87863	105154	83.56	0.61
林州市	950939	457943	492996	92.89	0.05
鹤壁市	**1565973**	**792316**	**773657**	**102.41**	**0.16**
鹤山区	62713	33454	29259	114.34	0.17
山城区	155449	79617	75832	104.99	0.14
淇滨区	418158	209016	209142	99.94	0.24
浚县	624728	316508	308220	102.69	0.07
淇县	262303	132303	130000	101.77	0.25
鹤壁经济技术开发区	42622	21418	21204	101.01	0.14
新乡市	**6251929**	**3140169**	**3111760**	**100.91**	**0.79**
红旗区	429328	209306	220022	95.13	1.16
卫滨区	239956	116469	123487	94.32	1.15
凤泉区	148168	78539	69629	112.80	0.33

城乡人口		城市城区人口(人)	家庭户				家庭户类别			
城镇人口(人)	乡村人口(人)		户数(户)	人口数(人)	户规模(人/户)	其中：一人户(户)	一代户(户)	二代户(户)	三代户(户)	四代以上户(户)
222722	5142		80100	204395	2.55	20906	38228	30861	10828	183
128987	7180		51943	132494	2.55	14354	25146	19526	7075	196
99151	25708		46038	118095	2.57	12122	21394	18085	6444	115
266194	405945		200000	634809	3.17	32433	69326	86368	42353	1953
362118	570008		306736	840720	2.74	64125	144809	126666	34077	1184
222665	316557		162442	511868	3.15	27799	58630	66742	35479	1591
357529	482280		227364	744170	3.27	37323	76208	89959	57518	3679
364379	412899		234284	724480	3.09	38967	90033	101271	40743	2237
4585335	**2471364**	**1992681**	**2294039**	**6533557**	**2.85**	**489828**	**948253**	**962451**	**373292**	**10043**
245293	6872		91405	234881	2.57	23918	45523	35964	9736	182
357169	11996		137057	349078	2.55	33509	65466	55305	16056	230
214303	8530		80170	203112	2.53	19475	38813	31483	9736	138
504476	5486		194462	478443	2.46	47821	96517	77387	20313	245
62017	7125		25881	66683	2.58	5669	12841	9764	3167	109
743986	174372		274109	799988	2.92	54006	106498	120376	45929	1306
240244	176601		138077	375037	2.72	30979	59889	56487	21130	571
264091	219284		162385	429399	2.64	38906	75866	66266	19900	353
195900	131221		104884	314083	2.99	22544	42191	42789	19415	489
224710	318707		170371	521435	3.06	35809	62894	73033	33609	835
200694	234076		133462	419181	3.14	26066	48293	57546	26852	771
270333	305771		176619	527867	2.99	35289	67370	74153	33862	1234
154575	231549		127223	365535	2.87	27457	50983	53683	21999	558
389489	403352		241579	737467	3.05	47888	88222	111065	41149	1143
165434	43411		72725	200283	2.75	15348	30788	31853	9875	209
352621	193011	323441	163630	511085	3.12	25144	56099	65297	40564	1670
2664125	**2323012**	**989981**	**1576692**	**4700058**	**2.98**	**327425**	**627830**	**656793**	**283271**	**8798**
323765	13192		106419	328508	3.09	20346	49706	44002	12504	207
308111	7594		117734	298798	2.54	32838	59470	45781	12290	193
33704	8362		16034	38808	2.42	5199	8084	6612	1319	19
279343	66585		107144	298101	2.78	23139	46093	45285	15424	342
231994	266163		155644	466173	3.00	31548	59463	68001	27302	878
246783	455562		220521	670241	3.04	42435	80017	88221	50280	2003
256935	531537		234400	737617	3.15	44307	80908	100519	51538	1435
197410	308967		176344	488052	2.77	39974	76022	74741	24842	739
38158	15397		17780	52867	2.97	4218	7163	6755	3717	145
108306	19889		36807	96310	2.62	9432	16664	16135	3876	132
173152	121687	147254	100751	282265	2.80	21081	43918	38793	17394	646
466464	508077	328060	287114	942318	3.28	52908	100322	121948	62785	2059
2905280	**2572334**	**991347**	**1830590**	**5175652**	**2.83**	**392437**	**777430**	**747712**	**293664**	**11784**
354282	31802		130062	375285	2.89	23528	49625	58562	21309	566
291966	35796		113288	316407	2.79	24341	47329	49040	16329	590
195756	24024		79577	213092	2.68	17026	35214	34603	9613	147
152751	119473		95496	267534	2.80	19422	39358	43443	12371	324
335818	485712		263893	795611	3.01	48183	99771	109413	52213	2496
234400	220736		142782	428484	3.00	28194	54636	56148	30609	1389
425261	743811		422842	1078846	2.55	111500	221336	159125	40681	1700
182078	499992		219734	650882	2.96	44544	92568	84520	40459	2187
193017			42807	126409	2.95	6493	14618	21897	6165	127
539951	410988	429716	320109	923102	2.88	69206	122975	130961	63915	2258
955004	**610969**	**519716**	**486619**	**1486246**	**3.05**	**95027**	**183658**	**200473**	**97781**	**4707**
52634	10079		27149	56554	2.08	11501	17147	8296	1682	24
134151	21298		54440	145378	2.67	13904	24740	22684	6854	162
342634	75524		129312	386302	2.99	23075	49019	57258	22270	765
231457	393271		180942	606624	3.35	27808	58142	73404	46530	2866
152504	109799		81497	252364	3.10	16007	30014	32314	18336	833
41624	998		13279	39024	2.94	2732	4596	6517	2109	57
3599703	**2652226**	**1093219**	**1809874**	**5654433**	**3.12**	**337512**	**674065**	**723438**	**392299**	**20072**
411196	18132		118471	326370	2.75	28174	53001	47737	17239	494
239956			75927	213913	2.82	15629	30830	32362	12381	354
82249	65919		41369	136441	3.30	6670	14113	16321	10479	456

表1 续表 28

地　　区	人口数				少数民族人口比重
	合　计（人）	男（人）	女（人）	性别比（女=100）	(%)
牧野区	378775	182680	196095	93.16	1.12
新乡县	354688	183251	171437	106.89	0.94
获嘉县	398137	201515	196622	102.49	0.74
原阳县	542849	279702	263147	106.29	1.18
延津县	443068	228290	214778	106.29	0.19
封丘县	704532	356130	348402	102.22	1.65
新乡高新技术产业开发区	136917	67995	68922	98.66	0.69
新乡经济技术开发区	41270	21514	19756	108.90	0.35
新乡市平原城乡一体化示范区	206350	103774	102576	101.17	0.30
卫辉市	476867	238393	238474	99.97	0.57
辉县市	845588	425155	420433	101.12	0.75
长垣市	905436	447456	457980	97.70	0.09
焦作市	**3521078**	**1775405**	**1745673**	**101.70**	**1.99**
解放区	347382	171147	176235	97.11	1.85
中站区	107281	54397	52884	102.86	5.97
马村区	120560	61608	58952	104.51	0.69
山阳区	303222	148226	154996	95.63	1.31
修武县	248585	127676	120909	105.60	0.60
博爱县	350140	177701	172439	103.05	5.62
武陟县	661341	339072	322269	105.21	1.58
温县	393838	196584	197254	99.66	0.08
焦作城乡一体化示范区	207029	110212	96817	113.84	0.55
沁阳市	447487	222469	225018	98.87	2.71
孟州市	334213	166313	167900	99.05	2.15
濮阳市	**3772088**	**1869006**	**1903082**	**98.21**	**0.24**
华龙区	607028	298455	308573	96.72	0.50
清丰县	592425	294746	297679	99.01	0.09
南乐县	476557	233506	243051	96.07	0.18
范县	447760	217655	230105	94.59	0.15
台前县	323113	160409	162704	98.59	0.30
濮阳县	968721	485980	482741	100.67	0.23
河南濮阳工业园区	27299	13636	13663	99.80	0.08
濮阳经济技术开发区	329185	164619	164566	100.03	0.24
许昌市	**4379998**	**2212302**	**2167696**	**102.06**	**1.34**
魏都区	554465	269357	285108	94.48	1.94
建安区	713977	365686	348291	104.99	1.11
鄢陵县	547411	275182	272229	101.08	0.25
襄城县	674832	337599	337233	100.11	1.77
许昌经济技术开发区	69498	34825	34673	100.44	0.38
禹州市	1109782	566302	543480	104.20	1.61
长葛市	710033	363351	346682	104.81	1.18
漯河市	**2367490**	**1186981**	**1180509**	**100.55**	**0.99**
源汇区	322334	158377	163957	96.60	1.67
郾城区	505302	252570	252732	99.94	1.30
召陵区	400875	201423	199452	100.99	1.29
舞阳县	447130	223400	223730	99.85	0.58
临颍县	593673	302386	291287	103.81	0.54
漯河经济技术开发区	98176	48825	49351	98.93	0.51
三门峡市	**2034872**	**1029093**	**1005779**	**102.32**	**0.47**
湖滨区	284641	140047	144594	96.86	0.43
陕州区	288538	149413	139125	107.39	0.23
渑池县	310130	155222	154908	100.20	0.45
卢氏县	317132	162526	154606	105.12	1.15
河南三门峡经济开发区	42041	21010	21031	99.90	0.85
义马市	135819	67537	68282	98.91	0.41
灵宝市	656571	333338	323233	103.13	0.26
南阳市	**9713112**	**4876561**	**4836551**	**100.83**	**1.97**
宛城区	741251	371181	370070	100.30	3.51
卧龙区	866748	429033	437715	98.02	1.71
南召县	545475	279335	266140	104.96	3.32

城乡人口		城　市城区人口(人)	家庭户				家庭户类别			
城镇人口(人)	乡村人口(人)		户数(户)	人口数(人)	户规模(人/户)	其中：一人户(户)	一代户(户)	二代户(户)	三代户(户)	四代以上户(户)
370123	8652		118986	332764	2.80	26035	49494	49342	19718	432
199093	155595		89512	324933	3.63	11336	23468	33767	30384	1893
202101	196036		121898	368421	3.02	24996	48770	45147	26388	1593
215228	327621		142874	484810	3.39	23713	48028	54997	37271	2578
173088	269980		121645	386051	3.17	21045	44722	48828	26847	1248
277599	426933		214514	663583	3.09	40590	84923	82826	44391	2374
129353	7564		45845	130621	2.85	10046	18648	19646	7295	256
38473	2797		6275	22998	3.67	959	1891	2423	1843	118
83342	123008		47395	180932	3.82	6641	12583	17850	15538	1424
227143	249724	176080	141304	426829	3.02	27238	52935	56920	30172	1277
429057	416531	374288	248954	810519	3.26	41519	85308	99752	60963	2931
521702	383734	401013	274905	845248	3.07	52921	105351	115520	51390	2644
2219389	**1301689**	**778039**	**1029311**	**3234826**	**3.14**	**169305**	**370574**	**400720**	**247566**	**10451**
345780	1602		115780	326566	2.82	22840	51995	46582	16874	329
84128	23153		34761	102512	2.95	6698	14127	13744	6751	139
75369	45191		35636	114178	3.20	5336	11581	15398	8421	236
267026	36196		95832	269551	2.81	19948	43330	38020	14204	278
133105	115480		74132	234475	3.16	13463	26491	28497	18372	772
206007	144133		99929	328064	3.28	15610	32098	37313	29556	962
319494	341847		180423	605682	3.36	25219	56740	72600	48299	2784
215276	178562		116701	361872	3.10	19683	43324	44429	27702	1246
102430	104599		47281	164607	3.48	6274	13901	18487	14293	600
279809	167678	191763	129450	413227	3.19	19749	42763	48270	36583	1834
190965	143248	141976	99386	314092	3.16	14485	34224	37380	26511	1271
1884758	**1887330**	**642521**	**1241426**	**3621957**	**2.92**	**243712**	**509491**	**535945**	**187637**	**8353**
582350	24678		214267	580214	2.71	47195	92120	99579	22121	447
196789	395636		200241	573589	2.86	39245	83748	86058	29076	1359
167445	309112		153846	460784	3.00	26530	60028	67768	24855	1195
160678	287082		158842	433601	2.73	36440	76849	63565	17744	684
117318	205795		105618	312962	2.96	20117	44250	43874	16733	761
418131	550590		303911	942685	3.10	55872	113316	127024	60418	3153
26196	1103		8466	27011	3.19	1439	2925	3744	1715	82
215851	113334		96235	291111	3.03	16874	36255	44333	14975	672
2345380	**2034618**	**826346**	**1375900**	**4128335**	**3.00**	**266684**	**533873**	**545563**	**283585**	**12879**
554465			190076	495842	2.61	47096	89880	76357	23424	415
250010	463967		225081	676810	3.01	44802	86599	88707	47682	2093
245851	301560		168915	529953	3.14	29686	60256	68363	38526	1770
287233	387599		223027	620314	2.78	50727	98175	85925	37532	1395
45928	23570		22983	68729	2.99	4621	8484	9615	4738	146
565152	544630	404047	341536	1055789	3.09	59023	125023	136514	76168	3831
396741	313292	292945	204282	680898	3.33	30729	65456	80082	55515	3229
1298358	**1069132**	**658597**	**758014**	**2217456**	**2.93**	**154930**	**295226**	**299420**	**157259**	**6109**
223696	98638		101461	285958	2.82	21665	41816	40704	18357	584
305884	199418		162327	479878	2.96	30278	59771	68903	32474	1179
190797	210078		123802	381855	3.08	23989	44612	48998	28995	1197
192930	254200		152228	432697	2.84	32863	62990	55596	32220	1422
297683	295990		185147	542462	2.93	37955	72041	72389	39144	1573
87368	10808		33049	94606	2.86	8180	13996	12830	6069	154
1165164	**869708**	**382018**	**752408**	**1943879**	**2.58**	**188273**	**344267**	**305803**	**99260**	**3078**
260761	23880		115572	273734	2.37	32564	61233	45112	9077	150
147594	140944		113340	277209	2.45	30649	57448	43204	12319	369
166528	143602		125648	301281	2.40	37903	62436	52948	10100	164
138395	178737		117403	308513	2.63	28221	50660	49613	16722	408
40973	1068		14451	33773	2.34	4130	7736	5544	1154	17
131745	4074	121467	52593	129567	2.46	13063	25559	22306	4662	66
279168	377403	209265	213401	619802	2.90	41743	79195	87076	45226	1904
4913994	**4799118**	**849688**	**3114309**	**8892066**	**2.86**	**720026**	**1340533**	**1253909**	**504165**	**15702**
480435	260816		252180	697550	2.77	56458	110713	102438	38059	970
544696	322052		265674	783614	2.95	56778	106441	110843	46964	1426
230233	315242		181406	511671	2.82	43696	76808	76735	27128	735

表1 续表 29

地　区	人口数				少数民族人口比重(%)
	合　计(人)	男(人)	女(人)	性别比(女=100)	
方城县	873731	438852	434879	100.91	1.52
西峡县	450418	233986	216432	108.11	0.99
镇平县	829780	424308	405472	104.65	4.74
内乡县	549068	276065	273003	101.12	2.55
淅川县	538569	271687	266882	101.80	1.26
社旗县	561573	279913	281660	99.38	0.96
唐河县	1078632	544508	534124	101.94	0.72
新野县	602827	299690	303137	98.86	1.44
桐柏县	375206	187471	187735	99.86	0.68
南阳高新技术产业开发区	226911	113565	113346	100.19	1.95
南阳市城乡一体化示范区	225116	113873	111243	102.36	2.07
邓州市	1247807	613094	634713	96.59	1.65
商丘市	**7816831**	**3886568**	**3930263**	**98.89**	**1.57**
梁园区	631325	317069	314256	100.90	2.85
睢阳区	912971	457171	455800	100.30	1.70
民权县	746389	369337	377052	97.95	3.83
睢县	723771	361115	362656	99.58	2.57
宁陵县	562657	279224	283433	98.51	3.24
柘城县	799213	392753	406460	96.63	1.44
虞城县	972091	485848	486243	99.92	0.12
夏邑县	896578	441750	454828	97.12	0.92
豫东综合物流产业聚集区	139093	69651	69442	100.30	0.27
河南商丘经济开发区	176334	86158	90176	95.54	0.72
永城市	1256409	626492	629917	99.46	0.08
信阳市	**6234401**	**3096479**	**3137922**	**98.68**	**0.50**
浉河区	640133	309362	330771	93.53	0.80
平桥区	852094	421949	430145	98.09	0.52
罗山县	493208	244720	248488	98.48	0.54
光山县	593486	297166	296320	100.29	0.09
新县	278620	139087	139533	99.68	0.14
商城县	459488	223931	235557	95.06	0.14
固始县	1041399	524776	516623	101.58	1.35
潢川县	636679	317030	319649	99.18	0.34
淮滨县	549603	273288	276315	98.90	0.07
息县	666168	333183	332985	100.06	0.15
信阳高新技术产业开发区	23523	11987	11536	103.91	0.17
周口市	**9026015**	**4454317**	**4571698**	**97.43**	**1.41**
川汇区	607721	298253	309468	96.38	2.65
淮阳区	1022322	500178	522144	95.79	2.35
扶沟县	553830	277254	276576	100.25	1.00
西华县	692846	347530	345316	100.64	1.18
商水县	960453	479746	480707	99.80	0.21
沈丘县	956631	466389	490242	95.13	1.95
郸城县	1057093	520794	536299	97.11	0.08
太康县	1152685	573121	579564	98.89	2.62
鹿邑县	958617	466254	492363	94.70	0.52
河南周口经济开发区	90620	46258	44362	104.27	0.88
项城市	973197	478540	494657	96.74	1.59
驻马店市	**7008427**	**3474414**	**3534013**	**98.31**	**0.74**
驿城区	756859	383483	373376	102.71	0.88
西平县	647311	322487	324824	99.28	1.95
上蔡县	1005745	489877	515868	94.96	0.16
平舆县	728672	356660	372012	95.87	0.81
正阳县	625123	309427	315696	98.01	0.59
确山县	403044	200015	203029	98.52	0.50
泌阳县	695239	355251	339988	104.49	0.45
汝南县	612551	300111	312440	96.05	0.82
遂平县	441370	220736	220634	100.05	0.67
新蔡县	823829	405629	418200	96.99	0.57
河南驻马店经济开发区	268684	130738	137946	94.77	1.26
省直辖县级行政区划	**727265**	**368766**	**358499**	**102.86**	**1.23**
济源市	727265	368766	358499	102.86	1.23

城乡人口		城市城区人口(人)	家庭户				家庭户类别			
城镇人口(人)	乡村人口(人)		户数(户)	人口数(人)	户规模(人/户)	其中：一人户(户)	一代户(户)	二代户(户)	三代户(户)	四代以上户(户)
381945	491786		286050	771178	2.70	73930	135051	114878	35244	877
243180	207238		137803	403605	2.93	30829	58438	52588	25807	970
379965	449815		263765	770492	2.92	59991	113521	101978	46657	1609
265290	283778		187522	499932	2.67	47510	85026	73347	28218	931
279603	258966		163478	469926	2.87	39469	71042	63706	27721	1009
237977	323596		187101	528102	2.82	44912	81551	74716	29941	893
479917	598715		340007	979957	2.88	80457	150437	132045	55802	1723
273782	329045		183159	534893	2.92	39089	74710	72732	34487	1230
199493	175713		139431	363113	2.60	37695	68673	57153	13399	206
220536	6375		70930	212118	2.99	12010	25084	34039	11638	169
161949	63167		61623	189111	3.07	11598	22542	27353	11371	357
534993	712814	366979	394180	1176804	2.99	85604	160496	159358	71729	2597
3610205	**4206626**	**762026**	**2744603**	**7252885**	**2.64**	**651273**	**1369481**	**1108600**	**257969**	**8553**
354888	276437		194008	574144	2.96	38769	83515	81295	28053	1145
481514	431457		290276	829280	2.86	55554	130562	125030	33315	1369
307299	439090		270637	707389	2.61	66623	131955	109421	28197	1064
281426	442345		240347	659734	2.74	49878	117321	96020	26169	837
230906	331751		202713	530725	2.62	46272	106579	80601	15024	509
320115	479098		288168	720236	2.50	77900	150294	110044	26968	862
411655	560436		358804	903187	2.52	88088	192870	145881	19604	449
382963	513615		344636	840008	2.44	93687	196873	123636	23370	757
64713	74380		47580	138243	2.91	8249	19302	22598	5483	197
130008	46326		47606	129225	2.71	11466	22654	20755	4068	129
644718	611691	505208	459828	1220714	2.65	114787	217556	193319	47718	1235
3124683	**3109718**	**886838**	**2189594**	**5817428**	**2.66**	**562679**	**1052126**	**819147**	**307898**	**10423**
445519	194614		221131	568070	2.57	57657	108362	83066	29130	573
545801	306293		272609	746883	2.74	62621	121178	111865	38676	890
219624	273584		182899	463390	2.53	50414	90118	67882	24285	614
249694	343792		205963	564534	2.74	51193	93013	77930	33748	1272
144197	134423		109323	262587	2.40	33533	54938	41604	12537	244
184718	274770		170697	438742	2.57	48096	84215	60354	24917	1211
465901	575498		379551	980670	2.58	97455	192052	138488	47387	1624
361232	275447		228292	611045	2.68	59852	111138	81751	34075	1328
234516	315087		186594	532183	2.85	46908	86686	70394	28243	1271
249958	416210		225307	628715	2.79	53284	107137	83099	33709	1362
23523			7228	20609	2.85	1666	3289	2714	1191	34
3843339	**5182676**	**759576**	**2873242**	**8277099**	**2.88**	**617403**	**1225525**	**1150300**	**473910**	**23507**
432381	175340		167126	507950	3.04	32209	63394	72747	29913	1072
339754	682568		329704	971333	2.95	65204	138028	132827	56150	2699
223014	330816		175774	523510	2.98	34959	70090	66445	37341	1898
275033	417813		224293	651741	2.91	47526	93623	86065	42522	2083
383034	577419		286030	888913	3.11	55120	105638	112103	64396	3893
390421	566210		296473	880101	2.97	60543	118142	117460	57627	3244
378669	678424		347795	957172	2.75	82673	160150	140521	45421	1703
468046	684639		385595	1103832	2.86	81282	175861	154603	52652	2479
368713	589904		333567	854523	2.56	85065	163730	135140	33218	1479
90620			23350	70313	3.01	4539	8567	10495	4148	140
493654	479543	411252	303535	867711	2.86	68283	128302	121894	50522	2817
3093633	**3914794**	**481403**	**2375728**	**6538307**	**2.75**	**587084**	**1095942**	**889290**	**372475**	**18021**
506344	250515		253546	730359	2.88	59193	109756	99279	42973	1538
270448	376863		218258	600102	2.75	51237	96934	76353	42770	2201
347593	658152		329538	909503	2.76	82671	150012	122501	54168	2857
311620	417052		243492	688832	2.83	57581	111288	91267	38468	2469
231850	393273		229717	599109	2.61	60256	114948	86290	27509	970
163130	239914		151226	386015	2.55	38984	74023	57489	19037	677
316424	378815		232595	639178	2.75	60596	113254	88615	29745	981
225114	387437		206031	569008	2.76	49159	91899	74524	37364	2244
194549	246821		144554	406823	2.81	33331	62588	53499	27043	1424
278585	545244		285965	785044	2.75	74832	137436	104968	41239	2322
247976	20708		80806	224334	2.78	19244	33804	34505	12159	338
490682	**236583**		**217646**	**666961**	**3.06**	**35995**	**80835**	**87129**	**47923**	**1759**
490682	236583	399536	217646	666961	3.06	35995	80835	87129	47923	1759

表1 续表 30

地　区	人口数				少数民族人口比重(%)
	合　计(人)	男(人)	女(人)	性别比(女=100)	
湖北省	**57752557**	**29694718**	**28057839**	**105.83**	**4.80**
武汉市	**12447718**	**6465183**	**5982535**	**108.07**	**1.48**
江岸区	965260	480279	484981	99.03	1.29
江汉区	647932	327828	320104	102.41	1.13
硚口区	666661	336771	329890	102.09	0.93
汉阳区	837263	431026	406237	106.10	1.13
武昌区	1102188	553419	548769	100.85	1.74
青山区	431818	220866	210952	104.70	1.04
洪山区	2554403	1340949	1213454	110.51	2.97
东西湖区	845782	450821	394961	114.14	0.95
汉南区	145103	78937	66166	119.30	1.27
蔡甸区	930818	496556	434262	114.34	1.07
江夏区	1308469	699851	608618	114.99	1.62
黄陂区	1151644	596126	555518	107.31	0.43
新洲区	860377	451754	408623	110.56	0.45
黄石市	**2469079**	**1281287**	**1187792**	**107.87**	**0.41**
黄石港区	241589	118300	123289	95.95	1.07
西塞山区	197217	100405	96812	103.71	0.26
下陆区	215181	110447	104734	105.45	1.07
铁山区	41907	21268	20639	103.05	0.63
阳新县	901971	469827	432144	108.72	0.18
大冶市	871214	461040	410174	112.40	0.34
十堰市	**3209004**	**1652060**	**1556944**	**106.11**	**0.50**
茅箭区	601548	299701	301847	99.29	0.83
张湾区	431859	223913	207946	107.68	0.52
郧阳区	395222	206574	188648	109.50	0.28
郧西县	371012	190991	180021	106.09	0.87
竹山县	346069	182597	163472	111.70	0.29
竹溪县	283578	147331	136247	108.14	0.27
房县	369776	192191	177585	108.22	0.42
丹江口市	409940	208762	201178	103.77	0.25
宜昌市	**3762407**	**1910379**	**1852028**	**103.15**	**11.24**
西陵区	506520	248722	257798	96.48	5.78
伍家岗区	336294	165694	170600	97.12	5.85
点军区	101649	52746	48903	107.86	4.27
猇亭区	68728	36624	32104	114.08	5.72
夷陵区	534408	273530	260878	104.85	2.15
远安县	166174	86145	80029	107.64	0.45
兴山县	133886	70835	63051	112.35	0.60
秭归县	299642	153954	145688	105.67	0.70
长阳土家族自治县	305740	159666	146074	109.30	63.61
五峰土家族自治县	156026	81865	74161	110.39	81.54
宜都市	347388	175014	172374	101.53	4.90
当阳市	397465	199920	197545	101.20	1.14
枝江市	408487	205664	202823	101.40	1.77
襄阳市	**5260951**	**2661772**	**2599179**	**102.41**	**0.46**
襄城区	475611	238203	237408	100.33	1.17
樊城区	920794	459691	461103	99.69	0.62
襄州区	923235	473191	450044	105.14	0.29
南漳县	455690	233711	221979	105.29	0.26
谷城县	483293	242648	240645	100.83	0.24
保康县	223622	117216	106406	110.16	0.31
老河口市	420495	210929	209566	100.65	0.61
枣阳市	888794	450097	438697	102.60	0.38
宜城市	469417	236086	233331	101.18	0.32
鄂州市	**1079353**	**561880**	**517473**	**108.58**	**0.40**
梁子湖区	126822	67316	59506	113.12	0.24
华容区	256834	135819	121015	112.23	0.64
鄂城区	695697	358745	336952	106.47	0.34

城乡人口		城市城区人口(人)	家庭户				家庭户类别			
城镇人口(人)	乡村人口(人)		户数(户)	人口数(人)	户规模(人/户)	其中：一人户(户)	一代户(户)	二代户(户)	三代户(户)	四代以上户(户)
36320374	**21432183**		**19931045**	**52773775**	**2.65**	**4706405**	**9140388**	**7438231**	**3225348**	**127078**
10494879	**1952839**	**9953005**	**4082533**	**10210727**	**2.50**	**1067039**	**2038182**	**1511671**	**524378**	**8302**
965260			363761	866153	2.38	98051	185206	137058	40962	535
647932			247617	572360	2.31	76867	137904	83872	25537	304
666661			251421	608505	2.42	66790	129411	92553	29082	375
837263			301555	749592	2.49	74153	147928	113997	39142	488
1102188			385991	892907	2.31	118511	213342	133765	38452	432
431818			164954	399901	2.42	39492	82421	63778	18509	246
2513363	41040		710950	1760965	2.48	196751	371316	250057	88773	804
656382	189400		271329	724218	2.67	57891	124428	108712	37767	422
105595	39508		47488	122554	2.58	10241	23006	18059	6330	93
614940	315878		301095	792703	2.63	69392	140674	111554	48027	840
876966	431503		343207	884422	2.58	92437	169886	125586	46990	745
612932	538712		408369	1054430	2.58	102978	192587	159412	55088	1282
463579	396798		284796	782017	2.75	63485	120073	113268	49719	1736
1628537	**840542**	**672423**	**822193**	**2335019**	**2.84**	**178051**	**340098**	**346969**	**131530**	**3596**
241589			84212	215245	2.56	19424	40368	33059	10643	142
197217			77341	188051	2.43	21461	40376	27584	9242	139
215181			71468	186006	2.60	14946	33327	29032	8994	115
41907			17909	40351	2.25	5478	10400	6067	1420	22
403473	498498		279642	874424	3.13	54083	98148	125966	53583	1945
529170	342044	362213	291621	830942	2.85	62659	117479	125261	47648	1233
1987585	**1221419**	**1084183**	**1169185**	**3004813**	**2.57**	**296266**	**549608**	**465634**	**150214**	**3729**
526704	74844		193817	525791	2.71	38273	80538	90420	22635	224
428210	3649		155929	392128	2.51	37828	75964	64944	14842	179
190459	204763		150401	378766	2.52	42466	74590	56036	19221	554
151455	219557		147920	359544	2.43	44198	75632	53579	18127	582
142969	203100		130198	333855	2.56	34209	60423	51058	18175	542
122558	161020		107358	276412	2.57	29534	50456	40803	15667	432
164660	205116		129754	347586	2.68	30939	57702	49383	21920	749
260570	149370	153532	153808	390731	2.54	38819	74303	59411	19627	467
2399242	**1363165**	**1222699**	**1432810**	**3547205**	**2.48**	**323670**	**723892**	**502211**	**197692**	**9015**
506520			183120	437914	2.39	45818	97088	65159	20623	250
336294			126639	321966	2.54	27368	61452	47179	17730	278
64733	36916		34192	93804	2.74	6594	15132	11445	7183	432
63988	4740		23518	61613	2.62	5325	11438	7975	3875	230
312770	221638		194358	496911	2.56	40815	94504	69475	29031	1348
89816	76358		68088	160287	2.35	17952	35594	23800	8425	269
66632	67254		55375	127023	2.29	15082	30177	19143	5848	207
123233	176409		120982	291833	2.41	29290	61804	43620	14983	575
95467	210273		126379	299028	2.37	32335	65728	44400	15528	723
63045	92981		61766	153017	2.48	14160	29141	23089	9008	528
208903	138485	169726	125921	333224	2.65	23306	57136	44806	22314	1665
224057	173408	182622	159859	384219	2.40	35475	86755	51825	20357	922
243784	164703	174866	152613	386366	2.53	30150	77943	50295	22787	1588
3221846	**2039105**	**1463654**	**1810009**	**4903729**	**2.71**	**409094**	**810533**	**668455**	**317612**	**13409**
355425	120186		141514	387672	2.74	25674	63221	52338	24932	1023
771190	149604		328264	850313	2.59	77418	155526	124983	46602	1153
559788	363447		308571	870884	2.82	65978	129209	123454	53796	2112
211310	244380		164372	438254	2.67	39307	73960	56315	32188	1909
255128	228165		158892	452590	2.85	33261	64636	57057	35538	1661
102160	121462		83257	211596	2.54	21003	39506	29104	13864	783
241431	179064	193539	156893	412176	2.63	45327	74117	53342	28460	974
481004	407790	317354	312579	838441	2.68	70999	144801	117562	48522	1694
244410	225007	170637	155667	441803	2.84	30127	65557	54300	33710	2100
715268	**364085**	**449699**	**376283**	**1002389**	**2.66**	**90538**	**171660**	**153481**	**49997**	**1145**
57968	68854		46714	121993	2.61	12658	22268	18358	5928	160
137197	119637		92311	223871	2.43	28160	49891	33495	8757	168
520103	175594		237258	656525	2.77	49720	99501	101628	35312	817

表1 续表 31

地 区	人口数				少数民族人口比重
	合 计 (人)	男 (人)	女 (人)	性别比 (女=100)	(%)
荆门市	**2596927**	**1316732**	**1280195**	**102.85**	**0.71**
东宝区	356938	178075	178863	99.56	1.04
掇刀区	430532	217015	213517	101.64	0.64
沙洋县	395717	206992	188725	109.68	1.06
钟祥市	868897	437716	431181	101.52	0.64
京山市	544843	276934	267909	103.37	0.40
孝感市	**4270371**	**2212223**	**2058148**	**107.49**	**0.27**
孝南区	988479	507291	481188	105.42	0.55
孝昌县	483367	254049	229318	110.78	0.15
大悟县	486153	252337	233816	107.92	0.15
云梦县	434124	224503	209621	107.10	0.17
应城市	476596	246337	230259	106.98	0.20
安陆市	498356	251929	246427	102.23	0.16
汉川市	903296	475777	427519	111.29	0.21
荆州市	**5231180**	**2664658**	**2566522**	**103.82**	**0.86**
沙市区	504893	252444	252449	100.00	1.69
荆州区	563398	281879	281519	100.13	2.44
公安县	747134	373983	373151	100.22	0.24
监利县	1120822	584001	536821	108.79	0.17
江陵县	278192	142224	135968	104.60	0.52
荆州经济技术开发区	190084	97973	92111	106.36	1.39
石首市	473707	237905	235802	100.89	0.30
洪湖市	698188	367074	331114	110.86	0.43
松滋市	654762	327175	327587	99.87	1.59
黄冈市	**5882719**	**3034519**	**2848200**	**106.54**	**0.23**
黄州区	456862	230805	226057	102.10	0.95
团风县	266218	138964	127254	109.20	0.15
红安县	510189	263281	246908	106.63	0.20
罗田县	473195	247244	225951	109.42	0.15
英山县	310180	157414	152766	103.04	0.24
浠水县	716273	367959	348314	105.64	0.14
蕲春县	792101	406996	385105	105.68	0.12
黄梅县	759928	392485	367443	106.82	0.15
龙感湖管理区	27855	14086	13769	102.30	0.51
麻城市	893654	461130	432524	106.61	0.26
武穴市	676264	354155	322109	109.95	0.10
咸宁市	**2658316**	**1373216**	**1285100**	**106.86**	**0.35**
咸安区	657590	340136	317454	107.14	0.63
嘉鱼县	285642	149049	136593	109.12	0.24
通城县	426288	217447	208841	104.12	0.17
崇阳县	427130	220414	206716	106.63	0.22
通山县	391311	202181	189130	106.90	0.17
赤壁市	470355	243989	226366	107.79	0.48
随州市	**2047923**	**1041946**	**1005977**	**103.58**	**0.24**
曾都区	699475	349579	349896	99.91	0.29
随县	637548	328487	309061	106.29	0.24
广水市	710900	363880	347020	104.86	0.18
恩施土家族苗族自治州	**3456136**	**1767569**	**1688567**	**104.68**	**57.56**
恩施市	836781	419451	417330	100.51	45.42
利川市	750670	386739	363931	106.27	62.98
建始县	411622	209388	202234	103.54	36.67
巴东县	395376	202547	192829	105.04	53.60
宣恩县	284955	148990	135965	109.58	68.49
咸丰县	318827	164861	153966	107.08	83.99
来凤县	283255	144850	138405	104.66	61.74
鹤峰县	174650	90743	83907	108.15	77.71
省直辖县级行政区划	**3380473**	**1751294**	**1629179**	**107.50**	**0.51**
仙桃市	1268715	666277	602438	110.60	0.48
潜江市	886547	443459	443088	100.08	0.61
天门市	1158640	606285	552355	109.76	0.17
神农架林区	66571	35273	31298	112.70	5.60

城乡人口		城市城区人口(人)	家庭户				家庭户类别			
城镇人口(人)	乡村人口(人)		户数(户)	人口数(人)	户规模(人/户)	其中：一人户(户)	一代户(户)	二代户(户)	三代户(户)	四代以上户(户)
1525278	**1071649**	**586477**	**925728**	**2423384**	**2.62**	**201257**	**434351**	**321651**	**160593**	**9133**
263822	93116		130142	317235	2.44	30057	67562	45677	16287	616
364206	66326		154028	402453	2.61	30849	68864	60879	23673	612
184893	210824		150912	374408	2.48	36286	79615	46866	23016	1415
439394	429503	226457	279671	806698	2.88	49563	111671	97891	65136	4973
272963	271880	172134	210975	522590	2.48	54502	106639	70338	32481	1517
2582246	**1688125**	**697017**	**1449755**	**3988200**	**2.75**	**316057**	**615292**	**564886**	**260065**	**9512**
742452	246027		315169	894952	2.84	59236	125849	129797	57462	2061
223866	259501		168138	469222	2.79	36055	66932	71025	29136	1045
238832	247321		177146	469432	2.65	45542	77889	72145	26539	573
243691	190433		148676	410015	2.76	32783	63283	54868	29126	1399
304741	171855	256577	177228	461916	2.61	42114	83097	64349	28768	1014
280695	217661	243003	181720	488414	2.69	40794	79348	67921	33049	1402
547969	355327	452989	281678	794249	2.82	59533	118894	104781	55985	2018
2904346	**2326834**	**826564**	**1833292**	**4935439**	**2.69**	**407415**	**831195**	**637820**	**341626**	**22651**
500929	3964		187135	466840	2.49	43182	94578	66252	25249	1056
449286	114112		173489	465299	2.68	34699	80244	59175	31770	2300
337206	409928		289820	719468	2.48	77076	144578	95281	46856	3105
491011	629811		368868	1092052	2.96	74435	147682	131793	82874	6519
122390	155802		92915	261309	2.81	18265	38608	31332	21142	1833
153320	36764		68092	167318	2.46	17832	35512	22788	9362	430
240082	233625	164491	173025	461345	2.67	39879	78091	61114	32103	1717
304073	394115	156192	245955	675971	2.75	54634	111740	87684	44323	2208
306049	348713	179256	233993	625837	2.67	47413	100162	82401	47947	3483
2797377	**3085342**	**320943**	**2007932**	**5527371**	**2.75**	**485742**	**864758**	**742487**	**385379**	**15308**
367610	89252		144302	383155	2.66	31282	65461	55639	22639	563
108531	157687		96823	249253	2.57	26707	46718	32388	17014	703
242775	267414		188628	470225	2.49	52315	90187	72003	25899	539
209804	263391		166791	454935	2.73	41310	70127	61883	33442	1339
122928	187252		122683	302327	2.46	35729	60523	42618	18902	640
256925	459348		254173	686276	2.70	60837	112346	91051	48808	1968
304208	487893		248909	750946	3.02	50494	92883	96826	56613	2587
360586	399342		241337	705025	2.92	52123	96766	90509	51531	2531
9894	17961		10130	27116	2.68	2324	4852	3512	1694	72
435076	458578	303355	317044	845130	2.67	81146	138567	115609	60964	1904
379040	297224	286493	217112	652983	3.01	51475	86328	80449	47873	2462
1508314	**1150002**	**451984**	**897754**	**2506025**	**2.79**	**215697**	**379367**	**361683**	**151800**	**4904**
480879	176711		211486	594802	2.81	47777	88637	90550	31607	692
152445	133197		107434	271492	2.53	29929	53374	37448	16113	499
199634	226654		135305	403475	2.98	28587	51543	53015	29238	1509
212269	214861		135782	401799	2.96	27827	47811	57964	29002	1005
173289	218022		134969	382003	2.83	33671	55674	58514	20259	522
289798	180557	245925	172778	452454	2.62	47906	82328	64192	25581	677
1163902	**884021**	**444387**	**732067**	**1941056**	**2.65**	**170902**	**335410**	**274490**	**118207**	**3960**
526606	172869		238851	644591	2.70	50094	104858	94196	38571	1226
250226	387322		235300	611340	2.60	59996	114273	80646	38678	1703
387070	323830	284238	257916	685125	2.66	60812	116279	99648	40958	1031
1609251	**1846885**		**1231949**	**3254821**	**2.64**	**287059**	**543954**	**478107**	**199838**	**10050**
492268	344513	460163	284776	760851	2.67	63123	125759	107752	48887	2378
337946	412724	272682	248696	714178	2.87	49342	97307	102211	46917	2261
173194	238428		143705	394352	2.74	27713	58568	55112	28153	1872
158088	237288		177069	379093	2.14	59041	100866	62854	12985	364
109931	175024		104574	276218	2.64	24540	45034	41479	17209	852
138079	180748		116591	301403	2.59	28753	51615	46499	17696	781
129303	153952		88716	261729	2.95	17518	32439	37042	18197	1038
70442	104208		67822	166997	2.46	17029	32366	25158	9794	504
1782303	**1598170**		**1159555**	**3193597**	**2.75**	**257618**	**502088**	**408686**	**236417**	**12364**
752155	516560	463632	429715	1180459	2.75	97180	184841	157905	83440	3529
494334	392213	334961	296119	833698	2.82	61880	127344	98965	65073	4737
502908	655732	257349	410343	1118135	2.72	93192	179136	142906	84354	3947
32906	33665		23378	61305	2.62	5366	10767	8910	3550	151

表1 续表 32

地区	人口数 合计 (人)	男 (人)	女 (人)	性别比 (女=100)	少数民族人口比重 (%)
湖南省	**66444864**	**33995673**	**32449191**	**104.77**	**10.06**
长沙市	**10047914**	**5085746**	**4962168**	**102.49**	**2.49**
芙蓉区	642010	321066	320944	100.04	3.08
天心区	836157	419792	416365	100.82	2.98
岳麓区	1526641	756527	770114	98.24	3.98
开福区	820790	413289	407501	101.42	2.16
雨花区	1264895	632486	632409	100.01	3.07
望城区	890214	449773	440441	102.12	3.05
长沙县	1374491	720632	653859	110.21	2.68
浏阳市	1429384	731835	697549	104.92	1.05
宁乡市	1263332	640346	622986	102.79	0.69
株洲市	**3902738**	**1978431**	**1924307**	**102.81**	**0.93**
荷塘区	348894	175909	172985	101.69	1.27
芦淞区	307012	152406	154606	98.58	1.01
石峰区	223634	117210	106424	110.13	1.62
天元区	478309	241652	236657	102.11	1.74
渌口区	260534	134734	125800	107.10	0.42
攸县	630427	315001	315426	99.87	0.25
茶陵县	491849	246524	245325	100.49	0.29
炎陵县	160274	80392	79882	100.64	2.41
云龙示范区	115818	65624	50194	130.74	5.20
醴陵市	885987	448979	437008	102.74	0.32
湘潭市	**2726181**	**1383396**	**1342785**	**103.02**	**0.98**
雨湖区	429707	213975	215732	99.19	1.58
岳塘区	390238	196890	193348	101.83	1.72
湘潭县	792829	404382	388447	104.10	0.40
湖南湘潭高新技术产业园区	62749	32418	30331	106.88	1.29
湘潭昭山示范区	30775	15764	15011	105.02	1.32
湘潭九华示范区	186423	97799	88624	110.35	3.45
湘乡市	730103	370407	359696	102.98	0.25
韶山市	103357	51761	51596	100.32	0.63
衡阳市	**6645243**	**3427248**	**3217995**	**106.50**	**0.47**
珠晖区	337337	168604	168733	99.92	1.57
雁峰区	217585	108884	108701	100.17	0.90
石鼓区	210864	103263	107601	95.97	0.96
蒸湘区	294386	151429	142957	105.93	1.26
南岳区	70370	34901	35469	98.40	0.60
衡阳县	888433	461614	426819	108.15	0.32
衡南县	796327	415417	380910	109.06	0.17
衡山县	335704	171500	164204	104.44	0.17
衡东县	565423	288589	276834	104.25	0.19
祁东县	766920	399537	367383	108.75	0.34
衡阳综合保税区	30206	15834	14372	110.17	0.82
湖南衡阳高新技术产业园区	183686	91921	91765	100.17	1.17
湖南衡阳松木经济开发区	16651	8501	8150	104.31	2.46
耒阳市	1140675	593742	546933	108.56	0.26
常宁市	790676	413512	377164	109.64	0.44
邵阳市	**6563520**	**3392314**	**3171206**	**106.97**	**6.40**
双清区	317283	159939	157344	101.65	1.61
大祥区	362289	180216	182073	98.98	2.93
北塔区	122658	62591	60067	104.20	2.47
新邵县	612943	320816	292127	109.82	0.36
邵阳县	752125	395062	357063	110.64	0.61
隆回县	1009778	525712	484066	108.60	2.12
洞口县	675495	345074	330421	104.43	2.27
绥宁县	290664	150577	140087	107.49	62.17

城乡人口		城市城区人口(人)	家庭户				家庭户类别			
城镇人口(人)	乡村人口(人)		户数(户)	人口数(人)	户规模(人/户)	其中：一人户(户)	一代户(户)	二代户(户)	三代户(户)	四代以上户(户)
39046176	**27398688**		**22878336**	**61121055**	**2.67**	**5796689**	**10404799**	**8752996**	**3563064**	**157477**
8300000	**1747914**	**5546354**	**3150280**	**8266178**	**2.62**	**829808**	**1475565**	**1160688**	**493812**	**20215**
642010			204947	490918	2.40	61218	110894	72549	21245	259
827530	8627		265255	647377	2.44	76778	135939	97860	30959	497
1436865	89776		464977	1182470	2.54	129014	226084	175738	61898	1257
792818	27972		273301	661548	2.42	82830	144063	98588	30113	537
1233287	31608		420370	1060296	2.52	115492	203357	164695	51493	825
697746	192468		247269	713988	2.89	52923	102782	92598	49457	2432
1024407	350084		395761	1048661	2.65	96463	184064	149336	60365	1996
886257	543127	314088	410222	1279222	3.12	80359	141574	145338	114373	8937
759080	504252	489836	468178	1181698	2.52	134731	226808	163986	73909	3475
2781072	**1121666**	**1315518**	**1287712**	**3581756**	**2.78**	**283797**	**541097**	**486859**	**246346**	**13410**
340021	8873		119849	310614	2.59	30830	58079	46334	15089	347
280842	26170		106232	278414	2.62	25255	50840	40868	14120	404
223634			78654	194362	2.47	21017	39731	29364	9389	170
427591	50718		155766	420782	2.70	33642	67507	64219	23436	604
136086	124448		97846	242210	2.48	25512	48024	36004	13166	652
358748	271679		222236	601485	2.71	51259	97499	78727	42876	3134
255958	235891		163004	470888	2.89	31392	59972	66988	34587	1457
89681	70593		56622	151422	2.67	13509	23943	21753	10500	426
101974	13844		19147	56121	2.93	4151	7984	7114	3871	178
566537	319450	348301	268356	855458	3.19	47230	87518	95488	79312	6038
1754969	**971212**	**716064**	**934917**	**2409140**	**2.58**	**237268**	**454225**	**329678**	**144188**	**6826**
347475	82232		146092	364366	2.49	39476	74294	50767	20294	737
390238			132601	321886	2.43	33472	68612	49114	14639	236
357475	435354		282688	731416	2.59	72528	136906	95831	47244	2707
56475	6274		22340	56042	2.51	5888	11178	8139	2937	86
15593	15182		9986	26311	2.63	2413	4856	3539	1547	44
168219	18204		41889	122212	2.92	8187	16379	16959	8141	410
361924	368179	222737	265078	688425	2.60	68679	128263	93357	41383	2075
57570	45787	52352	34243	98482	2.88	6625	13737	11972	8003	531
3606453	**3038790**	**1025729**	**2299417**	**6141625**	**2.67**	**617370**	**1051743**	**872287**	**362440**	**12947**
306153	31184		110611	270234	2.44	31542	57182	40215	12979	235
214143	3442		73808	178570	2.42	21652	37627	27869	8204	108
188365	22499		76584	188833	2.47	24015	41766	26737	7932	149
258792	35594		93461	252135	2.70	21472	41492	39679	12085	205
50927	19443		20936	64228	3.07	3880	7545	8575	4562	254
388569	499864		324011	847005	2.61	92826	149603	117610	54865	1933
365574	430753		285056	756741	2.65	83032	131698	102893	48586	1879
158223	177481		118303	325754	2.75	29209	50752	42901	23365	1285
207921	357502		196937	544432	2.76	47344	83975	72866	37759	2337
321182	445738		289046	735850	2.55	83516	144224	107577	36167	1078
30206			7941	21959	2.77	2102	3476	3128	1300	37
170820	12866		60426	155266	2.57	15112	27297	26243	6798	88
16651			3878	10454	2.70	899	1838	1565	465	10
529641	611034	475525	371033	1041370	2.81	90794	161682	148871	58923	1557
399286	391390	259488	267386	748794	2.80	69975	111586	105558	48450	1792
3423660	**3139860**	**632945**	**2288847**	**6256986**	**2.73**	**555005**	**1015971**	**911967**	**347127**	**13782**
285909	31374		106251	280745	2.64	27773	52347	41063	12619	222
319310	42979		135629	307026	2.26	50490	77480	47376	10641	132
98393	24265		46988	115393	2.46	13587	23486	19546	3880	76
271317	341626		204517	587212	2.87	46343	81641	82806	38623	1447
339664	412461		248895	732345	2.94	55753	98762	98318	49785	2030
426265	583513		357335	982611	2.75	80020	153340	154862	47543	1590
326549	348946		227677	652968	2.87	47628	95519	87084	42494	2580
117185	173479		109505	282947	2.58	27663	50959	42563	15268	715

表1 续表 33

地　　区	人口数				少数民族人口比重(%)
	合　计(人)	男(人)	女(人)	性别比(女=100)	
新宁县	513777	263674	250103	105.43	3.39
城步苗族自治县	227911	116549	111362	104.66	64.48
武冈市	640181	328753	311428	105.56	1.37
邵东市	1038416	543351	495065	109.75	0.39
岳阳市	**5051922**	**2586621**	**2465301**	**104.92**	**0.39**
岳阳楼区	980401	493423	486978	101.32	0.76
云溪区	153657	80729	72928	110.70	0.69
君山区	201634	103682	97952	105.85	0.50
岳阳县	561888	291347	270541	107.69	0.26
华容县	553800	282391	271409	104.05	0.18
湘阴县	583984	301716	282268	106.89	0.35
平江县	951112	485191	465921	104.14	0.30
岳阳市屈原管理区	71521	35770	35751	100.05	0.78
汨罗市	560725	286937	273788	104.80	0.26
临湘市	433200	225435	207765	108.50	0.20
常德市	**5279102**	**2646410**	**2632692**	**100.52**	**7.45**
武陵区	730970	354247	376723	94.03	3.53
鼎城区	688193	348798	339395	102.77	2.25
安乡县	427412	216573	210839	102.72	0.23
汉寿县	706249	356425	349824	101.89	1.79
澧县	721927	358430	363497	98.61	1.49
临澧县	373043	186157	186886	99.61	2.70
桃源县	809220	408990	400230	102.19	1.14
石门县	559457	282327	277130	101.88	54.61
常德市西洞庭管理区	49892	24331	25561	95.19	3.82
津市市	212739	110132	102607	107.33	0.49
张家界市	**1517027**	**771497**	**745530**	**103.48**	**75.09**
永定区	517595	263172	254423	103.44	80.64
武陵源区	60857	31153	29704	104.88	86.93
慈利县	562493	283904	278589	101.91	56.16
桑植县	376082	193268	182814	105.72	93.83
益阳市	**3851564**	**1954023**	**1897541**	**102.98**	**0.63**
资阳区	356405	181985	174420	104.34	0.80
赫山区	729880	365780	364100	100.46	0.60
南县	489267	248511	240756	103.22	0.27
桃江县	685596	348777	336819	103.55	1.05
安化县	780969	399177	381792	104.55	0.26
益阳市大通湖管理区	83100	41518	41582	99.85	1.54
湖南益阳高新技术产业园区	159188	79116	80072	98.81	1.26
沅江市	567159	289159	278000	104.01	0.53
郴州市	**4667134**	**2414249**	**2252885**	**107.16**	**1.89**
北湖区	568778	289472	279306	103.64	1.44
苏仙区	435836	220675	215161	102.56	1.29
桂阳县	709372	369970	339402	109.01	0.44
宜章县	567970	299780	268190	111.78	1.18
永兴县	538532	280279	258253	108.53	0.19
嘉禾县	343169	180733	162436	111.26	0.16
临武县	322987	169386	153601	110.28	0.49
汝城县	344617	177692	166925	106.45	16.19
桂东县	160956	81498	79458	102.57	0.41
安仁县	351927	180831	171096	105.69	0.14
资兴市	322990	163933	159057	103.07	1.32
永州市	**5289824**	**2753253**	**2536571**	**108.54**	**10.61**
零陵区	563556	288204	275352	104.67	1.50
冷水滩区	536025	275710	260315	105.91	0.85
祁阳县	791939	406136	385803	105.27	0.36
东安县	490385	253170	237215	106.73	0.60
双牌县	157140	81887	75253	108.82	3.37
道县	621275	333247	288028	115.70	3.26
江永县	225622	117604	108018	108.87	61.64

城乡人口		城市城区人口(人)	家庭户				家庭户类别			
城镇人口(人)	乡村人口(人)		户数(户)	人口数(人)	户规模(人/户)	其中：一人户(户)	一代户(户)	二代户(户)	三代户(户)	四代以上户(户)
235603	278174		169243	499123	2.95	33414	64363	69290	33816	1774
96140	131771		77982	223674	2.87	16876	29673	33036	14679	594
316994	323187	217401	230400	622889	2.70	54408	105733	90435	32946	1286
590331	448085	358102	374425	970053	2.59	101050	182668	145588	44833	1336
3064474	**1987448**	**1067337**	**1693071**	**4666924**	**2.76**	**378898**	**743358**	**658272**	**278111**	**13330**
924241	56160		325254	860115	2.64	77712	150607	140278	33702	667
92043	61614		49489	133570	2.70	11776	23578	17745	7816	350
109164	92470		66712	186632	2.80	15244	29813	24460	11910	529
300315	261573		203090	530621	2.61	49672	95446	80947	25750	947
291161	262639		188366	502004	2.67	44954	89107	67900	30058	1301
309110	274874		210337	551034	2.62	47821	98563	80066	30131	1577
505076	446036		298363	897556	3.01	57728	107481	116026	70356	4500
39613	31908		25464	67889	2.67	5762	12403	8682	4150	229
239947	320778	182233	179446	516610	2.88	34383	73362	66826	37130	2128
253804	179396	168932	146550	420893	2.87	33846	62998	55342	27108	1102
2968067	**2311035**	**897644**	**1911345**	**4971617**	**2.60**	**488912**	**892766**	**645933**	**350535**	**22111**
658299	72671		251479	645097	2.57	64041	123718	89315	36685	1761
397155	291038		251275	661898	2.63	65549	114935	82296	50504	3540
179923	247489		159482	401587	2.52	42555	80642	53335	24190	1315
339945	366304		247517	683745	2.76	57964	106443	85984	51509	3581
430517	291410		269458	685499	2.54	68417	130230	88680	47517	3031
167210	205833		126113	352384	2.79	24102	50613	44814	28638	2048
346040	463180		303968	779826	2.57	87161	139883	99552	60613	3920
265734	293723		211917	541502	2.56	52610	96111	73745	39699	2362
45265	4627		15173	40234	2.65	3412	6799	5770	2480	124
137979	74760	109289	74963	179845	2.40	23101	43392	22442	8700	429
783520	**733507**	**349673**	**535811**	**1422440**	**2.65**	**130068**	**230327**	**214127**	**87702**	**3655**
322395	195200		176402	475087	2.69	43073	75840	74726	24962	874
41824	19033		18550	52040	2.81	3932	7237	8059	3164	90
264339	298154		210921	535679	2.54	53676	95981	77180	36118	1642
154962	221120		129938	359634	2.77	29387	51269	54162	23458	1049
1942517	**1909047**	**511966**	**1435841**	**3642028**	**2.54**	**375334**	**696122**	**525506**	**203979**	**10234**
188465	167940		132646	335814	2.53	37743	67737	45577	18486	846
426492	303388		266266	675410	2.54	66285	129856	99466	35409	1535
232018	257249		176573	461518	2.61	44297	81800	62225	31040	1508
360520	325076		262274	664297	2.53	65734	125669	98247	36319	2039
270402	510567		280859	755172	2.69	70051	118996	106977	51744	3142
43023	40077		33371	81765	2.45	8975	17847	11293	4065	166
143451	15737		53604	134403	2.51	12095	25990	22940	4576	98
278146	289013	179825	230248	533649	2.32	70154	128227	78781	22340	900
2715350	**1951784**	**770651**	**1635898**	**4333913**	**2.65**	**427614**	**761837**	**685302**	**184548**	**4211**
498074	70704		197388	518034	2.62	52579	93229	83657	20274	228
321809	114027		149586	391217	2.62	37584	69655	63234	16428	269
382199	327173		250971	681770	2.72	64910	116291	102690	31277	713
291781	276189		190455	536487	2.82	43988	79319	88284	22314	538
290574	247958		187528	458210	2.44	58919	97375	72824	16979	350
168964	174205		120183	319885	2.66	32775	59664	50071	10187	261
164415	158572		110284	301083	2.73	27633	50299	49136	10649	200
158902	185715		118854	325317	2.74	27738	51886	50386	16159	423
60982	99974		62607	154595	2.47	17929	29197	26995	6230	185
164035	187892		123531	339164	2.75	29386	53713	49552	19562	704
213615	109375	184455	124511	308151	2.47	34173	61209	48473	14489	340
2483050	**2806774**	**583216**	**1813417**	**5058526**	**2.79**	**454610**	**789429**	**723734**	**288604**	**11650**
324088	239468		193167	515652	2.67	50106	84671	78788	28558	1150
338868	197157		201481	514693	2.55	59787	103382	76647	20771	681
301479	490460		291970	775361	2.66	78852	136799	112655	40909	1607
197806	292579		170816	468099	2.74	43337	75089	64178	30256	1293
75384	81756		54700	150787	2.76	14314	23000	21861	9418	421
298236	323039		198112	587208	2.96	49343	82716	79431	34826	1139
77236	148386		74915	218123	2.91	14443	29014	33344	12152	405

表1 续表 34

地 区	人口数				少数民族人口比重
	合 计（人）	男（人）	女（人）	性别比（女=100）	（%）
宁远县	684121	362876	321245	112.96	2.47
蓝山县	329909	172004	157905	108.93	4.75
新田县	343595	178703	164892	108.38	1.87
江华瑶族自治县	448195	232435	215760	107.73	73.80
永州经济技术开发区	47111	24876	22235	111.88	0.93
永州市金洞管理区	40874	21147	19727	107.20	6.00
永州市回龙圩管理区	10077	5254	4823	108.94	53.03
怀化市	**4587594**	**2361817**	**2225777**	**106.11**	**38.16**
鹤城区	712584	358285	354299	101.13	12.48
中方县	233378	121149	112229	107.95	3.90
沅陵县	510054	265314	244740	108.41	51.47
辰溪县	407578	211242	196336	107.59	9.30
溆浦县	757797	390170	367627	106.13	9.16
会同县	291067	150081	140986	106.45	66.05
麻阳苗族自治县	313305	161575	151730	106.49	95.68
新晃侗族自治县	220775	117717	103058	114.22	89.69
芷江侗族自治县	307661	158111	149550	105.72	63.54
靖州苗族侗族自治县	233638	120917	112721	107.27	75.08
通道侗族自治县	201047	104655	96392	108.57	88.21
怀化市洪江管理区	57004	28206	28798	97.94	6.27
洪江市	341706	174395	167311	104.23	11.91
娄底市	**3826996**	**1960551**	**1866445**	**105.04**	**0.45**
娄星区	752530	377613	374917	100.72	1.31
双峰县	685917	350437	335480	104.46	0.21
新化县	1196538	616504	580034	106.29	0.23
冷水江市	329912	166448	163464	101.83	0.46
涟源市	862099	449549	412550	108.97	0.21
湘西土家族苗族自治州	**2488105**	**1280117**	**1207988**	**105.97**	**77.47**
吉首市	408812	205931	202881	101.50	72.23
泸溪县	240937	123735	117202	105.57	62.05
凤凰县	351619	182283	169336	107.65	76.26
花垣县	249238	128458	120780	106.36	84.48
保靖县	238792	124282	114510	108.53	82.37
古丈县	108798	57114	51684	110.51	88.15
永顺县	413470	214675	198795	107.99	93.44
龙山县	476439	243639	232800	104.66	68.24
广东省	**126012510**	**66873646**	**59138864**	**113.08**	**3.77**
广州市	**18676605**	**9866005**	**8810600**	**111.98**	**3.09**
荔湾区	1238305	635252	603053	105.34	2.07
越秀区	1038643	507768	530875	95.65	1.76
海珠区	1819037	919076	899961	102.12	1.64
天河区	2241826	1178753	1063073	110.88	2.40
白云区	3742991	2015549	1727442	116.68	4.37
黄埔区	1264447	699706	564741	123.90	3.97
番禺区	2658397	1404879	1253518	112.07	3.35
花都区	1642360	883456	758904	116.41	4.27
南沙区	846584	470128	376456	124.88	4.17
从化区	717684	375921	341763	109.99	1.01
增城区	1466331	775517	690814	112.26	2.28
韶关市	**2855131**	**1452541**	**1402590**	**103.56**	**1.97**
武江区	373686	187230	186456	100.42	1.55
浈江区	364319	188359	175960	107.05	0.96
曲江区	290455	149566	140889	106.16	1.39
始兴县	198060	98281	99779	98.50	3.67
仁化县	186009	94793	91216	103.92	1.81
翁源县	322482	164279	158203	103.84	1.02
乳源瑶族自治县	187276	95771	91505	104.66	11.46
新丰县	195430	100566	94864	106.01	0.59
乐昌市	383498	195656	187842	104.16	0.67
南雄市	353916	178040	175876	101.23	1.08

城乡人口		城市城区人口(人)	家庭户				家庭户类别			
城镇人口(人)	乡村人口(人)		户数(户)	人口数(人)	户规模(人/户)	其中：一人户(户)	一代户(户)	二代户(户)	三代户(户)	四代以上户(户)
328055	356066		221114	647906	2.93	50006	88844	90854	39826	1590
171657	158252		105103	317835	3.02	22853	40864	42347	20966	926
167638	175957		120778	336144	2.78	29983	54298	49142	16700	638
160935	287260		148217	436125	2.94	33343	56140	61091	29366	1620
31436	15675		14749	40273	2.73	3550	6891	6134	1677	47
7489	33385		15295	40327	2.64	4216	6704	6033	2466	92
2743	7334		3000	9993	3.33	477	1017	1229	713	41
2164261	**2423333**	**586767**	**1689140**	**4389911**	**2.60**	**446638**	**761502**	**666241**	**251378**	**10019**
583156	129428		232701	633409	2.72	54458	99077	102467	30554	603
101655	131723		86168	216974	2.52	24268	41352	33848	10635	333
212592	297462		194125	491602	2.53	53619	88145	74387	30407	1186
164808	242770		156514	402525	2.57	43112	71215	61508	22872	919
207405	550392		273686	737345	2.69	69487	119456	106057	46209	1964
112469	178598		114685	284551	2.48	31559	54965	43716	15448	556
147618	165687		119094	308076	2.59	32431	52576	47661	18069	788
96010	124765		79893	212669	2.66	22621	34411	30242	14320	920
144538	163123		123343	301065	2.44	35235	60734	47084	14959	566
120761	112877		80721	224431	2.78	17653	31581	34824	13755	561
85745	115302		66519	189321	2.85	14972	24831	26829	14107	752
47999	9005		25680	54305	2.11	9364	15260	8288	2092	40
139505	202201	120842	136011	333638	2.45	37859	67899	49330	17951	831
1796776	**2030220**	**543950**	**1372199**	**3614851**	**2.63**	**362974**	**654398**	**534793**	**175643**	**7365**
588317	164213		256944	682984	2.66	63258	118748	105804	31220	1172
277740	408177		250373	628301	2.51	71739	128930	87573	32406	1464
359490	837048		405301	1164130	2.87	92930	167939	167476	66825	3061
260400	69512	212139	114059	313406	2.75	26380	50924	47625	15094	416
310829	551270	169700	345522	826030	2.39	108667	187857	126315	30098	1252
1262007	**1226098**		**830441**	**2365160**	**2.85**	**208393**	**336459**	**337609**	**148651**	**7722**
319566	89246	303610	135143	361192	2.67	38161	58862	55717	19794	770
106027	134910		84562	236250	2.79	22334	35744	33241	14707	870
148170	203449		113941	340982	2.99	25954	41236	48513	23168	1024
88947	160291		71105	240436	3.38	13393	21600	29228	19192	1085
108556	130236		77837	220620	2.83	20622	31822	30126	15038	851
49916	58882		39891	102191	2.56	11784	18090	16087	5495	219
199085	214385		148145	396692	2.68	40922	66956	58106	21936	1147
241740	234699		159817	466797	2.92	35223	62149	66591	29321	1756
93436072	**32576438**		**42469178**	**111671837**	**2.63**	**14109849**	**22913634**	**13585529**	**5786238**	**183777**
16096724	**2579881**	**14878353**	**7185023**	**15977731**	**2.22**	**2932399**	**4598334**	**1957049**	**614840**	**14800**
1238305			421995	949671	2.25	149056	243899	140343	37179	574
1038643			384946	942821	2.45	110446	196179	145463	42775	529
1819037			757207	1649164	2.18	290092	479543	217926	58537	1201
2241826			884692	1785317	2.02	417312	620563	212341	51009	779
3045607	697384		1564667	3202572	2.05	731026	1122644	340118	98054	3851
1166108	98339		478199	1074870	2.25	199609	305109	126087	45987	1016
2381320	277077		1103060	2300992	2.09	491902	763111	263976	74718	1255
1143934	498426		597951	1432645	2.40	235834	364249	167135	64646	1921
620406	226178		315840	748980	2.37	116486	190131	88158	36447	1104
328708	388976		191468	598002	3.12	42272	69518	79201	41823	926
1072830	393501		484998	1292697	2.67	148364	243388	176301	63665	1644
1636895	**1218236**	**738654**	**969413**	**2676613**	**2.76**	**242263**	**430031**	**365897**	**167008**	**6477**
315838	57848		127818	341457	2.67	32743	58695	49790	18816	517
311676	52643		118029	310152	2.63	30697	56244	44601	16722	462
175861	114594		98093	272500	2.78	23761	42704	37263	17507	619
81780	116280		71066	190989	2.69	18697	31803	25798	12942	523
76629	109380		64685	179859	2.78	14694	28051	24976	11243	415
114951	207531		103874	309232	2.98	23906	42361	38833	21481	1199
86827	100449		59796	180086	3.01	12594	22589	23825	12826	556
102680	92750		65819	188135	2.86	18746	30450	22327	12401	641
199438	184060	102619	135949	367487	2.70	34964	62971	51263	21039	676
171215	182701	110974	124284	336716	2.71	31461	54163	47221	22031	869

表1　续表 35

地　　区	人口数				少数民族人口比重
	合　计（人）	男（人）	女（人）	性别比（女=100）	(%)
深圳市	**17494398**	**9629111**	**7865287**	**122.43**	**6.23**
罗湖区	1143801	582817	560984	103.89	3.03
福田区	1553225	803830	749395	107.26	3.45
南山区	1795826	955912	839914	113.81	3.30
宝安区	4476554	2524557	1951997	129.33	8.35
龙岗区	4135273	2251459	1883814	119.52	4.98
盐田区	214225	116326	97899	118.82	3.66
龙华区	2528872	1433793	1095079	130.93	6.81
坪山区	551333	319139	232194	137.44	7.89
光明区	1095289	641278	454011	141.25	12.73
珠海市	**2439585**	**1304196**	**1135389**	**114.87**	**4.27**
香洲区	1384317	729794	654523	111.50	3.82
斗门区	608899	327502	281397	116.38	4.31
金湾区	446369	246900	199469	123.78	5.62
汕头市	**5502031**	**2776205**	**2725826**	**101.85**	**1.47**
龙湖区	630749	318777	311972	102.18	1.57
金平区	777024	382169	394855	96.79	1.30
濠江区	269471	136601	132870	102.81	0.99
潮阳区	1654276	833722	820554	101.60	1.29
潮南区	1231638	626540	605098	103.54	0.84
澄海区	874444	446187	428257	104.19	2.98
南澳县	64429	32209	32220	99.97	0.52
佛山市	**9498863**	**5163849**	**4335014**	**119.12**	**5.18**
禅城区	1330262	702259	628003	111.82	2.40
南海区	3667247	2006179	1661068	120.78	5.75
顺德区	3229090	1760951	1468139	119.94	5.41
三水区	803226	441222	362004	121.88	6.82
高明区	469038	253238	215800	117.35	4.28
江门市	**4798090**	**2485465**	**2312625**	**107.47**	**4.30**
蓬江区	853007	442486	410521	107.79	4.64
江海区	364694	191995	172699	111.17	7.08
新会区	909277	472177	437100	108.02	5.24
台山市	907744	463992	443752	104.56	2.01
开平市	748777	379008	369769	102.50	4.45
鹤山市	530684	281958	248726	113.36	6.27
恩平市	483907	253849	230058	110.34	1.75
湛江市	**6981236**	**3640165**	**3341071**	**108.95**	**0.65**
赤坎区	414539	205741	208798	98.54	0.93
霞山区	653403	333280	320123	104.11	0.94
坡头区	337723	177820	159903	111.20	0.72
麻章区	525790	277018	248772	111.35	0.67
遂溪县	824608	430961	393647	109.48	0.35
徐闻县	633258	329606	303652	108.55	1.05
廉江市	1363470	720765	642705	112.15	0.62
雷州市	1321091	692074	629017	110.02	0.24
吴川市	907354	472900	434454	108.85	0.90
茂名市	**6174050**	**3228813**	**2945237**	**109.63**	**0.60**
茂南区	1035411	537254	498157	107.85	0.98
电白区	1503737	792635	711102	111.47	0.43
高州市	1328657	692999	635658	109.02	0.79
化州市	1291668	680112	611556	111.21	0.47
信宜市	1014577	525813	488764	107.58	0.41
肇庆市	**4113594**	**2141295**	**1972299**	**108.57**	**1.69**
端州区	602402	304417	297985	102.16	1.29
鼎湖区	209116	110395	98721	111.83	2.38
高要区	741591	390867	350724	111.45	3.05
广宁县	408112	209075	199037	105.04	0.55
怀集县	805177	413144	392033	105.39	1.00
封开县	374848	193228	181620	106.39	0.36
德庆县	331438	171042	160396	106.64	0.38
四会市	640910	349127	291783	119.65	3.31

城乡人口		城市城区人口（人）	家庭户				家庭户类别			
城镇人口（人）	乡村人口（人）		户数（户）	人口数（人）	户规模（人/户）	其中：一人户（户）	一代户（户）	二代户（户）	三代户（户）	四代以上户（户）
17444609	**49789**	**17438289**	**6406899**	**14422407**	**2.25**	**2573200**	**4174406**	**1682664**	**541891**	**7938**
1143801			372258	971518	2.61	113324	194273	137178	40096	711
1553225			510115	1293520	2.54	165042	279903	176571	52781	860
1795826			547661	1369922	2.50	175426	299374	184950	62796	541
4476554			1747974	3656855	2.09	761115	1244589	385586	116144	1655
4085484	49789		1523036	3521066	2.31	602215	961105	415332	144307	2292
214225			60694	169466	2.79	15418	28590	23683	8267	154
2528872			986744	2094602	2.12	439534	691413	219057	75324	950
551333			209256	448507	2.14	93799	142075	50170	16609	402
1095289			449161	896951	2.00	207327	333084	90137	25567	373
2207090	**232495**	**1898013**	**836663**	**2058355**	**2.46**	**294354**	**472890**	**264043**	**97975**	**1755**
1383258	1059		487991	1165452	2.39	175074	280065	158310	48902	714
395253	213646		213094	560836	2.63	71664	115116	64408	32739	831
428579	17790		135578	332067	2.45	47616	77709	41325	16334	210
3890169	**1611862**	**2530788**	**1364282**	**4988871**	**3.66**	**217652**	**400639**	**592842**	**354659**	**16142**
530241	100508		182409	582160	3.19	35958	66761	75582	38052	2014
761608	15416		248402	745920	3.00	47691	92258	111926	43149	1069
195605	73866		62280	247525	3.97	9679	16691	25475	19460	654
979924	674352		365102	1452715	3.98	50227	89280	170061	101702	4059
733910	497728		266269	1130298	4.24	33890	58416	124800	79374	3679
637612	236832		217608	766815	3.52	35026	67034	77344	68733	4497
51269	13160		22212	63438	2.86	5181	10199	7654	4189	170
9042509	**456354**	**8538876**	**3326970**	**8021857**	**2.41**	**1192097**	**1971487**	**980339**	**368726**	**6418**
1330262			497073	1154890	2.32	180765	302637	149073	44700	663
3522413	144834		1241779	2969688	2.39	469625	751140	355669	132946	2024
3184098	44992		1154560	2812637	2.44	406372	682635	331965	136983	2977
587686	215540		265814	666745	2.51	81297	146224	86267	32834	489
418050	50988		167744	417897	2.49	54038	88851	57365	21263	265
3244934	**1553156**	**1673178**	**1606832**	**4439242**	**2.76**	**408482**	**709751**	**627492**	**263403**	**6186**
826984	26023		284897	754598	2.65	78595	135292	108390	40349	866
364694			115821	318468	2.75	31223	53762	42822	18751	486
603781	305496		308732	849402	2.75	73667	137546	122306	47914	966
433266	474478	357132	309882	859530	2.77	75838	130117	125059	53397	1309
430035	318742	337647	247434	714512	2.89	56236	99544	101167	45660	1063
334432	196252	257132	188267	484227	2.57	57936	94840	66066	26631	730
251742	232165	196122	151799	458505	3.02	34987	58650	61682	30701	766
3173464	**3807772**	**1231581**	**2004387**	**6622893**	**3.30**	**417058**	**757998**	**867341**	**368608**	**10440**
406012	8527		129682	364442	2.81	33596	56366	57727	15399	190
621492	31911		211968	603276	2.85	52464	89179	95976	26531	282
146627	191096		99778	329821	3.31	20105	35999	45624	17806	349
226578	299212		127309	438671	3.45	26143	46058	57688	23055	508
289536	535072		242600	801260	3.30	49792	90923	104847	45732	1098
238402	394856		176811	604352	3.42	31542	63488	70293	41220	1810
443812	919658	253790	385245	1319282	3.42	76455	141985	159041	81333	2886
412291	908800	247281	376259	1286341	3.42	81154	147250	157277	69672	2060
388714	518640	255358	254735	875448	3.44	45807	86750	118868	47860	1257
2689580	**3484470**	**897785**	**1763265**	**5776665**	**3.28**	**371227**	**662327**	**744260**	**343778**	**12900**
700002	335409		305435	957542	3.14	69072	119300	133577	50928	1630
607800	895937		406453	1434219	3.53	71344	132057	182933	88821	2642
490301	838356	318402	395481	1215912	3.07	92741	162966	150229	78478	3808
472746	818922	285182	360306	1219923	3.39	73489	130871	157613	69302	2520
418731	595846	319352	295590	949069	3.21	64581	117133	119908	56249	2300
2098614	**2014980**	**836895**	**1319834**	**3783555**	**2.87**	**351486**	**554694**	**520856**	**237043**	**7241**
602402			200438	522169	2.61	57470	93874	82097	23975	492
154313	54803		53193	164790	3.10	11315	20829	21274	10768	322
279095	462496		236780	692568	2.92	66400	99683	88231	47873	993
164249	243863		141084	388928	2.76	38928	59167	53051	28027	839
221882	583295		246522	767138	3.11	52479	86395	111445	46625	2057
124170	250678		123193	364791	2.96	30603	49865	48891	23526	911
99967	231471		109189	323721	2.96	28839	42828	43763	22006	592
452536	188374	417226	209435	559450	2.67	65452	102053	72104	34243	1035

表1 续表 36

地 区	人口数				少数民族人口比重
	合 计（人）	男（人）	女（人）	性别比（女=100）	(%)
惠州市	**6042852**	**3249429**	**2793423**	**116.32**	**4.66**
惠城区	2090578	1112751	977827	113.80	4.25
惠阳区	1404137	785898	618239	127.12	7.02
博罗县	1210878	646752	564126	114.65	5.10
惠东县	1018076	537768	480308	111.96	2.03
龙门县	319183	166260	152923	108.72	3.77
梅州市	**3873239**	**1952489**	**1920750**	**101.65**	**0.31**
梅江区	435616	217995	217621	100.17	0.65
梅县区	556735	279137	277598	100.55	0.35
大埔县	330948	167700	163248	102.73	0.27
丰顺县	478731	246430	232301	106.08	0.36
五华县	916961	463843	453118	102.37	0.24
平远县	190482	95004	95478	99.50	0.23
蕉岭县	184355	91753	92602	99.08	0.29
兴宁市	779411	390627	388784	100.47	0.20
汕尾市	**2738482**	**1420706**	**1317776**	**107.81**	**0.49**
城区	450959	234455	216504	108.29	0.55
海丰县	802454	420476	381978	110.08	1.03
陆河县	249242	127610	121632	104.91	0.34
陆丰市	1235827	638165	597662	106.78	0.14
河源市	**2837686**	**1448488**	**1389198**	**104.27**	**1.36**
源城区	703607	361074	342533	105.41	2.58
紫金县	551095	280948	270147	104.00	0.75
龙川县	595471	300207	295264	101.67	0.53
连平县	285224	144334	140890	102.44	0.79
和平县	353903	180083	173820	103.60	0.47
东源县	348386	181842	166544	109.19	2.68
阳江市	**2602959**	**1362137**	**1240822**	**109.78**	**1.91**
江城区	814688	420257	394431	106.55	2.00
阳东区	478299	256251	222048	115.40	4.46
阳西县	434076	230343	203733	113.06	0.77
阳春市	875896	455286	420610	108.24	0.99
清远市	**3969473**	**2061098**	**1908375**	**108.00**	**4.81**
清城区	1119901	585533	534368	109.57	2.31
清新区	618523	320816	297707	107.76	0.90
佛冈县	315502	163983	151519	108.23	0.94
阳山县	367175	188730	178445	105.76	1.00
连山壮族瑶族自治县	95136	48913	46223	105.82	63.11
连南瑶族自治县	134691	68406	66285	103.20	57.63
英德市	941325	492403	448922	109.69	0.99
连州市	377220	192314	184906	104.01	1.57
东莞市	**10466625**	**5917079**	**4549546**	**130.06**	**9.14**
市辖区	10466625	5917079	4549546	130.06	9.14
中山市	**4418060**	**2383175**	**2034885**	**117.12**	**7.63**
市辖区	4418060	2383175	2034885	117.12	7.63
潮州市	**2568387**	**1305930**	**1262457**	**103.44**	**2.17**
湘桥区	575795	285791	290004	98.55	1.86
潮安区	1175150	603584	571566	105.60	3.64
饶平县	817442	416555	400887	103.91	0.27
揭阳市	**5577814**	**2852630**	**2725184**	**104.68**	**0.73**
榕城区	931868	474294	457574	103.65	1.41
揭东区	931719	482585	449134	107.45	1.29
揭西县	674829	346159	328670	105.32	0.65
惠来县	1040779	526003	514776	102.18	0.11
普宁市	1998619	1023589	975030	104.98	0.50
云浮市	**2383350**	**1232840**	**1150510**	**107.16**	**0.72**
云城区	408537	213580	194957	109.55	1.43
云安区	235390	124074	111316	111.46	0.67
新兴县	430831	220518	210313	104.85	1.08
郁南县	371661	191880	179781	106.73	0.31
罗定市	936931	482788	454143	106.31	0.43

城乡人口		城　市 城区人口 (人)	家庭户				家庭户类别			
城镇人口 (人)	乡村人口 (人)		户数 (户)	人口数 (人)	户规模 (人/户)	其中：一人户 (户)	一代户 (户)	二代户 (户)	三代户 (户)	四代以上户 (户)
4399276	**1643576**	**2668887**	**1896645**	**5192486**	**2.74**	**610645**	**965045**	**647433**	**273491**	**10676**
1755129	335449		664590	1787054	2.69	207662	332719	239166	89959	2746
1144984	259153		491101	1140535	2.32	210326	309074	132992	47410	1625
712593	498285		357473	1021816	2.86	98935	166591	130564	57689	2629
640377	377699		283228	945993	3.34	67751	112691	108803	58926	2808
146193	172990		100253	297088	2.96	25971	43970	35908	19507	868
1997795	**1875444**	**658380**	**1198758**	**3670401**	**3.06**	**280531**	**494226**	**431622**	**261805**	**11105**
399178	36438		120948	369710	3.06	24295	46139	45480	28357	972
295317	261418		178185	535762	3.01	41538	71364	63213	41804	1804
154719	176229		117187	316079	2.70	33596	56575	40342	19483	787
254264	224467		146969	460410	3.13	35326	59256	54562	31942	1209
331583	585378		247078	871545	3.53	49592	90267	91638	61666	3507
95296	95186		63047	183258	2.91	12985	27250	21680	13321	796
101777	82578		61520	175128	2.85	13452	26685	21593	12696	546
365661	413750	294318	263824	758509	2.88	69747	116690	93114	52536	1484
1561303	**1177179**	**303634**	**764298**	**2604737**	**3.41**	**176269**	**300671**	**314254**	**143652**	**5721**
345373	105586		128206	410413	3.20	33394	54663	49365	23541	637
537278	265176		230977	753833	3.26	54278	90934	94358	44305	1380
133178	116064		67445	236839	3.51	15938	25507	23405	17337	1196
545474	690353	224355	337670	1203652	3.56	72659	129567	147126	58469	2508
1376168	**1461518**	**631400**	**874581**	**2635277**	**3.01**	**216888**	**361005**	**325493**	**178731**	**9352**
662950	40657		195238	624669	3.20	46033	73670	73562	45749	2257
207394	343701		160907	525233	3.26	35773	62067	59257	37131	2452
197714	397757		200967	564749	2.81	54281	91117	75228	33131	1491
105906	179318		89732	270154	3.01	19699	35032	33870	19808	1022
115301	238602		119884	338816	2.83	30221	50534	47053	21389	908
86903	261483		107853	311656	2.89	30881	48585	36523	21523	1222
1409820	**1193139**	**743484**	**804747**	**2454459**	**3.05**	**188356**	**320951**	**319701**	**159522**	**4573**
613319	201369		246508	754407	3.06	55890	94030	102901	48294	1283
246276	232023		147536	447016	3.03	37074	59673	57619	29448	796
189866	244210		134179	413950	3.09	31906	53396	53619	26546	618
360359	515537	261732	276524	839086	3.03	63486	113852	105562	55234	1876
2163209	**1806264**	**890808**	**1208065**	**3693494**	**3.06**	**278805**	**470672**	**457880**	**267907**	**11606**
920641	199260		309826	971286	3.13	64876	115167	120948	71537	2174
276940	341583		194335	591956	3.05	47385	76551	72058	44002	1724
136789	178713		100058	300367	3.00	25251	40017	38350	20971	720
154401	212774		119208	358631	3.01	30310	48106	43488	25880	1734
38758	56378		29938	92441	3.09	6187	11111	11741	6821	265
61042	73649		44423	131868	2.97	9641	16373	18409	9268	373
398066	543259	205285	282943	881484	3.12	63669	111670	104986	63026	3261
176572	200648	142007	127334	365461	2.87	31486	51677	47900	26402	1355
9644871	**821754**	**9557552**	**4388293**	**8571041**	**1.95**	**2131239**	**3277886**	**887503**	**218539**	**4365**
9644871	821754		4388293	8571041	1.95	2131239	3277886	887503	218539	4365
3841873	**576187**	**2742775**	**1697001**	**3961597**	**2.33**	**677845**	**1051558**	**450302**	**188709**	**6432**
3841873	576187		1697001	3961597	2.33	677845	1051558	450302	188709	6432
1648643	**919744**	**933560**	**717700**	**2456138**	**3.42**	**123004**	**241835**	**263178**	**202587**	**10100**
505747	70048		172716	534169	3.09	32292	66185	66528	38788	1215
748260	426890		309024	1131147	3.66	47672	91695	109609	102065	5655
394636	422806		235960	790822	3.35	43040	83955	87041	61734	3230
2825237	**2752577**	**947303**	**1418586**	**5410579**	**3.81**	**261459**	**423238**	**600596**	**379692**	**15060**
735524	196344		231347	900293	3.89	35720	56829	92796	78545	3177
507382	424337		241430	904757	3.75	41452	67007	93903	76782	3738
209233	465596		190026	660077	3.47	40007	64400	73281	50381	1964
437430	603349		245240	1025054	4.18	40886	74334	111775	57438	1693
935668	1062951	488603	510543	1920398	3.76	103394	160668	228841	116546	4488
1043289	**1340061**	**332445**	**716936**	**2253439**	**3.14**	**164590**	**273990**	**284784**	**153672**	**4490**
312362	96175		114466	375713	3.28	22573	39399	47630	26764	673
67682	167708		67936	221961	3.27	15303	24674	26338	16268	656
185930	244901		132774	401726	3.03	30837	51550	51102	29155	967
160255	211406		117132	360487	3.08	29045	47230	42796	26127	979
317060	619871	240502	284628	893552	3.14	66832	111137	116918	55358	1215

表1 续表 37

地 区	人口数				少数民族人口比重 (%)
	合 计 (人)	男 (人)	女 (人)	性别比 (女=100)	
广西壮族自治区	**50126804**	**25916169**	**24210635**	**107.04**	**37.52**
南宁市	**8741584**	**4512644**	**4228940**	**106.71**	**51.45**
兴宁区	615485	319208	296277	107.74	48.41
青秀区	1124334	545433	578901	94.22	37.17
江南区	989823	516365	473458	109.06	45.64
西乡塘区	1643819	841230	802589	104.81	43.57
良庆区	587618	313995	273623	114.75	62.93
邕宁区	332280	175251	157029	111.60	82.53
武鸣区	683826	360634	323192	111.59	81.63
隆安县	325140	170963	154177	110.89	95.32
马山县	382430	197095	185335	106.35	81.37
上林县	359323	185640	173683	106.88	84.02
宾阳县	801407	422564	378843	111.54	19.06
横县	896099	464266	431833	107.51	37.48
柳州市	**4157934**	**2156439**	**2001495**	**107.74**	**52.75**
城中区	243628	118547	125081	94.78	29.48
鱼峰区	668961	350453	318508	110.03	41.90
柳南区	617925	319962	297963	107.38	40.84
柳北区	484765	245787	238978	102.85	34.42
柳江区	503772	262807	240965	109.06	73.20
柳城县	314242	163985	150257	109.14	57.89
鹿寨县	337298	178756	158542	112.75	55.63
融安县	253360	134154	119206	112.54	43.64
融水苗族自治县	412445	215785	196660	109.72	72.89
三江侗族自治县	321538	166203	155335	107.00	84.69
桂林市	**4931137**	**2505946**	**2425191**	**103.33**	**16.64**
秀峰区	161066	80981	80085	101.12	11.60
叠彩区	202875	99942	102933	97.09	9.00
象山区	286872	140021	146851	95.35	10.55
七星区	387304	197963	189341	104.55	12.30
雁山区	132639	58017	74622	77.75	15.99
临桂区	555109	281516	273593	102.90	12.60
阳朔县	273124	140101	133023	105.32	13.51
灵川县	422776	218993	203783	107.46	8.48
全州县	565696	294190	271506	108.35	4.65
兴安县	307043	154837	152206	101.73	4.06
永福县	228646	119878	108768	110.21	15.44
灌阳县	208412	107079	101333	105.67	9.58
龙胜各族自治县	139483	70976	68507	103.60	79.17
资源县	139212	71268	67944	104.89	22.29
平乐县	340921	174821	166100	105.25	23.53
恭城瑶族自治县	245432	124724	120708	103.33	63.16
荔浦市	334527	170639	163888	104.12	21.31
梧州市	**2820977**	**1456638**	**1364339**	**106.77**	**2.75**
万秀区	271989	134452	137537	97.76	4.40
长洲区	299344	149021	150323	99.13	3.61
龙圩区	288482	150692	137790	109.36	1.90
苍梧县	276766	145845	130921	111.40	0.93
藤县	795612	419421	376191	111.49	0.77
蒙山县	164420	83889	80531	104.17	21.65
岑溪市	724364	373318	351046	106.34	0.70
北海市	**1853227**	**964301**	**888926**	**108.48**	**3.52**
海城区	527895	266229	261666	101.74	5.27
银海区	315196	164337	150859	108.93	7.67
铁山港区	145943	78228	67715	115.53	1.97
合浦县	864193	455507	408686	111.46	1.19

城乡人口		城市城区人口(人)	家庭户				家庭户类别			
城镇人口(人)	乡村人口(人)		户数(户)	人口数(人)	户规模(人/户)	其中：一人户(户)	一代户(户)	二代户(户)	三代户(户)	四代以上户(户)
27170956	**22955848**		**16215014**	**46498718**	**2.87**	**4075139**	**6797321**	**6575668**	**2740198**	**101827**
6023504	**2718080**	**4567493**	**2979316**	**7793767**	**2.62**	**891397**	**1419973**	**1149468**	**398174**	**11701**
540632	74853		212478	541614	2.55	67806	105490	82660	23981	347
1050910	73424		403993	943318	2.33	150800	220040	141453	41833	667
825363	164460		339086	883716	2.61	100751	162311	134271	41849	655
1490653	153166		569173	1352705	2.38	211233	316425	195091	56756	901
490923	96695		194716	518641	2.66	58165	93682	79825	20790	419
184222	148058		108765	300072	2.76	28067	46953	46692	14726	394
356820	327006		223099	601786	2.70	54363	98364	89859	33678	1198
110307	214833		107556	309023	2.87	24555	41145	44893	20485	1033
116196	266234		132947	371122	2.79	33118	52735	55213	23893	1106
122426	236897		125774	347615	2.76	30864	50685	51754	22403	932
362779	438628		266942	765182	2.87	63448	110671	111407	43416	1448
372273	523826		294787	858973	2.91	68227	121472	116350	54364	2601
2907694	**1250240**	**2058881**	**1395545**	**3837159**	**2.75**	**344203**	**599784**	**559316**	**228614**	**7831**
240519	3109		82370	218683	2.65	19104	36599	34226	11333	212
618827	50134		204654	552949	2.70	53314	93042	79790	31074	748
585370	32555		222178	582730	2.62	59164	103608	88564	29400	606
454668	30097		170474	442888	2.60	42774	79934	67638	22519	383
305457	198315		158837	477445	3.01	35163	59864	67882	30178	913
151595	162647		105779	292320	2.76	25036	44095	41203	19599	882
186714	150584		115320	315371	2.73	29927	49689	44027	20830	774
113841	139519		93837	245087	2.61	26058	42658	35327	15088	764
159467	252978		140016	399875	2.86	33823	54958	55910	27692	1456
91236	230302		102080	309811	3.03	19840	35337	44749	20901	1093
2592914	**2338223**	**1253018**	**1718580**	**4605154**	**2.68**	**455965**	**765639**	**650975**	**290019**	**11947**
161066			64132	150833	2.35	22538	34587	22450	6968	127
174646	28229		76650	196405	2.56	20259	35954	31221	9321	154
282912	3960		109535	274569	2.51	30864	53145	42749	13416	225
383629	3675		149735	335008	2.24	60969	87844	46283	15287	321
40173	92466		20235	62251	3.08	4265	7265	8126	4596	248
318818	236291		177429	505840	2.85	42358	70572	70808	34549	1500
85931	187193		89732	266385	2.97	19423	32857	33319	22348	1208
210194	212582		136049	388829	2.86	31002	53536	53158	27999	1356
214979	350717		209185	535669	2.56	60019	102504	80119	26057	505
117537	189506		105709	300364	2.84	22545	43007	41612	20238	852
88363	140283		78529	220744	2.81	19304	31949	29815	15889	876
85330	123082		83204	203203	2.44	23210	43277	31695	7944	288
48702	90781		49409	136406	2.76	11541	19636	18172	10891	710
51173	88039		52043	132596	2.55	13784	24304	20603	6881	255
101187	239734		125002	332432	2.66	33607	54712	48726	20626	938
81521	163911		80831	237723	2.94	16046	28630	31955	19344	902
146753	187774	93788	111171	325897	2.93	24231	41860	40164	27665	1482
1595326	**1225651**	**613126**	**889839**	**2644654**	**2.97**	**225002**	**361748**	**369882**	**153359**	**4850**
228133	43856		94521	245096	2.59	26364	43850	36748	13626	297
274444	24900		98147	275590	2.81	24276	39439	43904	14493	311
163333	125149		86726	262955	3.03	21788	34527	36506	15305	388
82743	194023		86706	268105	3.09	19892	32177	36452	17443	634
380903	414709		259224	759599	2.93	69819	107927	109352	40853	1092
68131	96289		55894	154725	2.77	14926	23853	20942	10545	554
397639	326725	254777	208621	678584	3.25	47937	79975	85978	41094	1574
979305	**873922**	**640164**	**561441**	**1735646**	**3.09**	**122064**	**221398**	**236274**	**101001**	**2768**
444202	83693		166156	484010	2.91	40150	70413	68424	26659	660
206889	108307		96274	274630	2.85	23106	41847	41202	12809	416
22392	123551		44989	138750	3.08	8785	17186	20274	7322	207
305822	558371		254022	838256	3.30	50023	91952	106374	54211	1485

表1 续表 38

地 区	人口数 合 计 (人)	男 (人)	女 (人)	性别比 (女=100)	少数民族人口比重 (%)
防城港市	**1046068**	**568426**	**477642**	**119.01**	**41.93**
港口区	244280	139851	104429	133.92	21.28
防城区	390961	208157	182804	113.87	35.11
上思县	194774	106208	88566	119.92	92.26
东兴市	216053	114210	101843	112.14	32.25
钦州市	**3302238**	**1734634**	**1567604**	**110.66**	**11.08**
钦南区	679692	359126	320566	112.03	14.37
钦北区	720442	383708	336734	113.95	33.79
灵山县	1218140	635695	582445	109.14	1.67
浦北县	683964	356105	327859	108.62	0.63
贵港市	**4316262**	**2243987**	**2072275**	**108.29**	**16.14**
港北区	760633	388205	372428	104.24	33.45
港南区	516598	268130	248468	107.91	4.17
覃塘区	423747	216679	207068	104.64	54.99
平南县	1104273	576878	527395	109.38	6.84
桂平市	1511011	794095	716916	110.77	7.42
玉林市	**5796766**	**3007266**	**2789500**	**107.81**	**1.23**
玉州区	908121	462181	445940	103.64	2.95
福绵区	318709	171981	146728	117.21	1.30
容县	654916	332304	322612	103.00	0.92
陆川县	804427	416142	388285	107.17	0.67
博白县	1390612	734448	656164	111.93	0.72
兴业县	508344	267299	241045	110.89	2.06
北流市	1211637	622911	588726	105.81	0.70
百色市	**3571505**	**1826662**	**1744843**	**104.69**	**83.53**
右江区	472086	233159	238927	97.59	72.18
田阳区	308785	155412	153373	101.33	88.97
田东县	352007	179869	172138	104.49	88.71
德保县	269758	140395	129363	108.53	96.74
那坡县	171781	89140	82641	107.86	93.51
凌云县	188194	96528	91666	105.30	55.92
乐业县	146397	76327	70070	108.93	49.55
田林县	224828	116020	108808	106.63	72.52
西林县	142098	74434	67664	110.01	88.79
隆林各族自治县	350765	178270	172495	103.35	79.14
靖西市	489163	254732	234431	108.66	97.61
平果市	455643	232376	223267	104.08	90.38
贺州市	**2007858**	**1031537**	**976321**	**105.66**	**17.83**
八步区	655994	330828	325166	101.74	10.55
平桂区	404161	211295	192866	109.56	10.50
昭平县	330116	171093	159023	107.59	10.54
钟山县	351057	182963	168094	108.85	16.72
富川瑶族自治县	266530	135358	131172	103.19	57.36
河池市	**3417945**	**1743933**	**1674012**	**104.18**	**83.93**
金城江区	372521	188172	184349	102.07	76.98
宜州区	549359	278048	271311	102.48	83.59
南丹县	275554	143871	131683	109.26	74.48
天峨县	143155	75183	67972	110.61	60.84
凤山县	169845	87259	82586	105.66	64.10
东兰县	219549	112740	106809	105.55	91.30
罗城仫佬族自治县	272672	138628	134044	103.42	75.84
环江毛南族自治县	276076	143170	132906	107.72	93.41
巴马瑶族自治县	236152	119639	116513	102.68	84.68
都安瑶族自治县	538061	272759	265302	102.81	95.87
大化瑶族自治县	365001	184464	180537	102.18	93.25
来宾市	**2074611**	**1074915**	**999696**	**107.52**	**76.65**
兴宾区	925377	478825	446552	107.23	74.42
忻城县	297825	153017	144808	105.67	94.59

城乡人口		城市城区人口(人)	家庭户				家庭户类别			
城镇人口(人)	乡村人口(人)		户数(户)	人口数(人)	户规模(人/户)	其中：一人户(户)	一代户(户)	二代户(户)	三代户(户)	四代以上户(户)
643635	**402433**	**327733**	**314855**	**974194**	**3.09**	**72953**	**123468**	**133468**	**56127**	**1792**
205802	38478		75083	203474	2.71	22555	37076	27949	9834	224
210950	180011		111481	373206	3.35	21935	38651	48641	23411	778
71345	123429		66925	189908	2.84	16584	27324	29026	10319	256
155538	60515	135271	61366	207606	3.38	11879	20417	27852	12563	534
1387474	**1914764**	**518653**	**999745**	**3132009**	**3.13**	**231556**	**391929**	**425618**	**177872**	**4326**
416335	263357		194067	608448	3.14	44678	75642	82367	35131	927
354717	365725		213203	691857	3.25	46385	79637	90173	42289	1104
391284	826856		378988	1176065	3.10	85188	147329	170327	59928	1404
225138	458826		213487	655639	3.07	55305	89321	82751	40524	891
2158124	**2158138**	**712012**	**1333661**	**4055186**	**3.04**	**309193**	**526801**	**566291**	**232167**	**8402**
522366	238267		227021	696730	3.07	49575	89030	98088	38475	1428
205227	311371		160225	468552	2.92	39328	67670	64453	26876	1226
193847	229900		135982	401406	2.95	30870	55105	56343	23288	1246
584474	519799		343544	1055654	3.07	80365	135386	144953	60984	2221
652210	858801	223698	466889	1432844	3.07	109055	179610	202454	82544	2281
2883897	**2912869**	**730564**	**1730592**	**5428308**	**3.14**	**387871**	**688862**	**747300**	**285662**	**8768**
744130	163991		253053	814120	3.22	50285	87346	113580	51030	1097
133431	185278		93878	302663	3.22	19120	33163	42155	18140	420
277620	377296		213301	626317	2.94	54905	94100	83879	34171	1151
364251	440176		253947	762680	3.00	63671	114019	110087	28975	866
599279	791333		400313	1316238	3.29	82577	156081	179521	62320	2391
191425	316919		169872	485315	2.86	42047	68909	69081	30874	1008
573761	637876	278655	346228	1120975	3.24	75266	135244	148997	60152	1835
1551425	**2020080**	**494461**	**1161311**	**3357545**	**2.89**	**270263**	**437041**	**466276**	**245263**	**12731**
337516	134570		146271	403033	2.76	39939	64394	52799	27906	1172
176467	132318		103250	289397	2.80	23336	38202	40330	23528	1190
155950	196057		123138	341349	2.77	29509	48885	49489	23909	855
84307	185451		98276	260721	2.65	26393	40502	38804	18216	754
41049	130732		54326	159556	2.94	12508	18418	21626	13554	728
71892	116302		54179	180849	3.34	9353	17260	22420	13425	1074
49572	96825		44347	138488	3.12	8420	14729	19940	9207	471
64766	160062		71189	212367	2.98	14669	24430	28338	17233	1188
48899	93199		42634	132964	3.12	8104	13841	17707	10461	625
93051	257714		102748	337093	3.28	17916	30315	44026	26663	1744
150456	338707	120181	161730	476069	2.94	35718	56587	66832	36462	1849
277500	178143	244529	159223	425659	2.67	44398	69478	63965	24699	1081
989187	**1018671**	**338683**	**593073**	**1870436**	**3.15**	**127601**	**215239**	**240574**	**129673**	**7587**
338823	317171		185079	592117	3.20	37744	66975	73401	42280	2423
221863	182298		111563	374294	3.36	22683	36742	46339	26958	1524
159706	170410		106615	316279	2.97	26801	41808	42191	21333	1283
155076	195981		109470	335880	3.07	24948	41266	45537	21483	1184
113719	152811		80346	251866	3.13	15425	28448	33106	17619	1173
1533999	**1883946**	**456821**	**1150062**	**3210020**	**2.79**	**293349**	**466958**	**467424**	**206918**	**8762**
268122	104399		122024	327685	2.69	32651	53005	47271	21062	686
235908	313451		181354	493023	2.72	47001	74258	70843	34807	1446
138640	136914		91285	263993	2.89	22473	36871	37935	15892	587
62858	80297		45236	127880	2.83	9903	17094	19288	8523	331
58927	110918		56632	163700	2.89	12844	21453	24479	10204	496
65804	153745		78245	211689	2.71	20327	32222	30906	14570	547
122161	150511		102830	266130	2.59	29911	44538	39173	18050	1069
111118	164958		102486	258094	2.52	30343	45804	41204	14942	536
90491	145661		73366	226320	3.08	14915	25383	31107	16098	778
245021	293040		175645	518043	2.95	43355	67545	74029	32601	1470
134949	230052		120959	353463	2.92	29626	48785	51189	20169	816
1006712	**1067899**	**400854**	**709597**	**1964837**	**2.77**	**179400**	**303560**	**288982**	**112534**	**4521**
531511	393866		311988	868209	2.78	78497	133466	135393	42035	1094
110567	187258		106457	288402	2.71	27705	44491	41871	19166	929

表1 续表 39

地　　区	人口数				少数民族人口比重
	合　计（人）	男（人）	女（人）	性别比（女=100）	（%）
象州县	281846	147429	134417	109.68	73.21
武宣县	340312	176778	163534	108.10	67.35
金秀瑶族自治县	130313	68390	61923	110.44	80.87
合山市	98938	50476	48462	104.16	79.76
崇左市	**2088692**	**1088841**	**999851**	**108.90**	**85.26**
江州区	435438	228474	206964	110.39	75.03
扶绥县	408921	218086	190835	114.28	80.37
宁明县	319386	167763	151623	110.64	81.13
龙州县	232068	119009	113059	105.26	94.62
大新县	282563	143262	139301	102.84	96.39
天等县	280473	143264	137209	104.41	98.06
凭祥市	129843	68983	60860	113.35	76.59
海南省	**10081232**	**5345081**	**4736151**	**112.86**	**15.70**
海口市	**2873358**	**1509004**	**1364354**	**110.60**	**3.99**
秀英区	567108	308226	258882	119.06	4.41
龙华区	797684	418336	379348	110.28	4.08
琼山区	655553	343395	312158	110.01	3.32
美兰区	853013	439047	413966	106.06	4.15
三亚市	**1031396**	**555441**	**475955**	**116.70**	**27.75**
海棠区	113481	63713	49768	128.02	34.32
吉阳区	447322	240267	207055	116.04	21.74
天涯区	353698	187686	166012	113.06	33.47
崖州区	116895	63775	53120	120.06	27.05
三沙市	**2333**	**1650**	**683**	**241.58**	**10.76**
西沙群岛	1549	1087	462	235.28	9.30
南沙群岛	639	448	191	234.55	13.62
中沙群岛的岛礁及其海域	145	115	30	383.33	13.79
儋州市	**954259**	**513233**	**441026**	**116.37**	**7.88**
市辖区	954259	513233	441026	116.37	7.88
省直辖县级行政区划	**5219886**	**2765753**	**2454133**	**112.70**	**21.20**
五指山市	112269	58724	53545	109.67	63.45
琼海市	528238	277477	250761	110.65	4.38
文昌市	560894	287340	273554	105.04	1.71
万宁市	545992	288309	257683	111.89	15.52
东方市	444458	237437	207021	114.69	20.12
定安县	284690	152404	132286	115.21	2.14
屯昌县	255335	135161	120174	112.47	10.40
澄迈县	497953	269329	228624	117.80	1.97
临高县	420594	220713	199881	110.42	0.36
白沙黎族自治县	164699	88684	76015	116.67	65.29
昌江黎族自治县	232124	123844	108280	114.37	39.02
乐东黎族自治县	464435	248415	216020	115.00	38.86
陵水黎族自治县	372511	198333	174178	113.87	49.75
保亭黎族苗族自治县	156108	83127	72981	113.90	66.28
琼中黎族苗族自治县	179586	96456	83130	116.03	65.20
重庆市	**32054159**	**16202133**	**15852026**	**102.21**	**6.77**
市辖区	**25379469**	**12790790**	**12588679**	**101.61**	**2.72**
万州区	1564449	781842	782607	99.90	1.98
涪陵区	1115016	564757	550259	102.63	1.72
渝中区	588717	291235	297482	97.90	1.74
大渡口区	421904	208299	213605	97.52	1.39
江北区	925800	461677	464123	99.47	1.74
沙坪坝区	1477345	734306	743039	98.82	2.58
九龙坡区	1526821	764159	762662	100.20	1.31
南岸区	1197639	590873	606766	97.38	2.08
北碚区	834887	426253	408634	104.31	2.37
綦江区	1011334	512357	498977	102.68	1.08

城乡人口		城市城区人口(人)	家庭户				家庭户类别			
城镇人口(人)	乡村人口(人)		户数(户)	人口数(人)	户规模(人/户)	其中：一人户(户)	一代户(户)	二代户(户)	三代户(户)	四代以上户(户)
115461	166385		94342	265914	2.82	22105	39537	35739	18143	923
151671	188641		114755	324528	2.83	29086	49944	45096	18921	794
48629	81684		43164	121511	2.82	10264	16894	16527	9087	656
48873	50065	38978	38891	96273	2.48	11743	19228	14356	5182	125
917760	**1170932**	**218708**	**677397**	**1889803**	**2.79**	**164322**	**274921**	**273820**	**122815**	**5841**
265077	170361		121382	339131	2.79	30550	51015	51605	18127	635
192689	216232		132337	358117	2.71	32488	58011	55241	18553	532
106750	212636		107345	311390	2.90	24446	41701	44627	20162	855
82587	149481		78412	222738	2.84	17012	28946	30347	17953	1166
101841	180722		93224	265310	2.85	21537	34920	35121	21680	1503
87043	193430		102432	272636	2.66	28181	43641	39250	18615	926
81773	48070	66932	42265	120481	2.85	10108	16687	17629	7725	224
6075981	**4005251**		**2961646**	**9060930**	**3.06**	**663799**	**1197762**	**1255462**	**490557**	**17865**
2349239	**524119**	**2089572**	**874099**	**2423976**	**2.77**	**232472**	**404316**	**357284**	**109905**	**2594**
445853	121255		166753	482812	2.90	40333	73490	71270	21508	485
722371	75313		266353	681620	2.56	85350	138696	100543	26626	488
476747	178806		191349	568031	2.97	42502	78376	83057	29054	862
704268	148745		249644	691513	2.77	64287	113754	102414	32717	759
724854	**306542**	**696578**	**289639**	**849784**	**2.93**	**73439**	**137641**	**109455**	**41478**	**1065**
59587	53894		25671	91544	3.57	3221	9156	10653	5649	213
368704	78618		131880	346914	2.63	39837	70323	47020	14295	242
242862	110836		100496	302809	3.01	24568	45900	39562	14653	381
53701	63194		31592	108517	3.43	5813	12262	12220	6881	229
2333			**19**	**38**	**2.00**	**10**	**18**	**1**		
1549			16	33	2.06	8	15	1		
639			1	1	1.00	1	1			
145			2	4	2.00	1	2			
516043	**438216**	**278672**	**274963**	**921368**	**3.35**	**58711**	**96786**	**121228**	**54339**	**2610**
516043	438216		274963	921368	3.35	58711	96786	121228	54339	2610
2483512	**2736374**		**1522926**	**4865764**	**3.20**	**299167**	**559001**	**667494**	**284835**	**11596**
67645	44624	51050	34929	98535	2.82	7348	14398	16858	3592	81
262524	265714	178091	161135	495087	3.07	35070	64555	60152	34626	1802
341862	219032	163550	176384	520842	2.95	40884	75973	64172	34590	1649
225608	320384	112075	160208	503158	3.14	31095	59656	71470	27828	1254
257936	186522	191890	110065	389457	3.54	16337	33483	53519	22270	793
115856	168834		91661	273757	2.99	21247	37642	38366	15106	547
114523	140812		77468	241246	3.11	15785	29877	33646	13433	512
300915	197038		141034	465601	3.30	29789	54818	56672	28350	1194
210779	209815		114056	385511	3.38	20257	36660	54006	22843	547
32680	132019		51159	160920	3.15	8848	17645	24113	9106	295
140954	91170		69391	214380	3.09	13860	25190	32203	11618	380
145063	319372		132448	438478	3.31	22088	41975	68330	21392	751
158159	214352		96090	356491	3.71	15928	27052	43098	24649	1291
54223	101885		49645	150468	3.03	9849	18732	23004	7652	257
54785	124801		57253	171833	3.00	10782	21345	27885	7780	243
22264028	**9790131**	**16343989**	**12040234**	**29477069**	**2.45**	**3526142**	**6294089**	**4046138**	**1637662**	**62345**
19060017	**6319452**		**9487211**	**23104798**	**2.44**	**2770060**	**4991663**	**3149238**	**1298514**	**47796**
1078149	486300		584476	1408623	2.41	167417	308171	194364	79005	2936
801151	313865		388566	949574	2.44	113266	199987	132006	54252	2321
588717			213950	500730	2.34	67211	124535	66443	22496	476
412396	9508		166127	404332	2.43	44544	83949	59059	22573	546
917946	7854		357102	850282	2.38	106313	195116	116589	44363	1034
1427349	49996		509184	1233922	2.42	146966	268068	170587	68658	1871
1428137	98684		578050	1446761	2.50	151631	295079	198659	82070	2242
1158079	39560		444873	1077088	2.42	128653	228352	153629	61267	1625
719079	115808		292985	700313	2.39	82015	160135	93104	38416	1330
687517	323817		390657	964506	2.47	110132	198697	130983	57796	3181

表1 续表 40

地区	人口数 合计（人）	男（人）	女（人）	性别比（女=100）	少数民族人口比重（%）
大足区	834592	424206	410386	103.37	0.49
渝北区	2191493	1096280	1095213	100.10	2.02
巴南区	1178856	595759	583097	102.17	1.19
黔江区	487281	248199	239082	103.81	70.73
长寿区	692960	352872	340088	103.76	0.61
江津区	1359611	705841	653770	107.96	1.01
合川区	1245294	625285	620009	100.85	0.91
永川区	1148896	580794	568102	102.23	1.62
南川区	572362	290520	281842	103.08	0.62
璧山区	756022	391716	364306	107.52	1.14
铜梁区	685729	342400	343329	99.73	0.77
潼南区	688115	353675	334440	105.75	0.33
荣昌区	668977	333382	335595	99.34	0.56
开州区	1203306	605020	598286	101.13	0.14
梁平区	645315	324426	320889	101.10	0.21
武隆区	356748	184657	172091	107.30	3.61
县	**6674690**	**3411343**	**3263347**	**104.54**	**22.18**
城口县	197497	101422	96075	105.57	0.38
丰都县	557374	282481	274893	102.76	0.47
垫江县	650694	329061	321633	102.31	0.25
忠县	720976	367034	353942	103.70	2.01
云阳县	929034	475675	453359	104.92	0.64
奉节县	744836	385019	359817	107.00	0.80
巫山县	462462	236762	225700	104.90	0.89
巫溪县	388685	197758	190927	103.58	0.20
石柱土家族自治县	389001	195461	193540	100.99	81.07
秀山土家族苗族自治县	496194	251312	244882	102.63	55.24
酉阳土家族苗族自治县	607338	312974	294364	106.32	92.70
彭水苗族土家族自治县	530599	276384	254215	108.72	54.97
四川省	**83674866**	**42289718**	**41385148**	**102.19**	**6.80**
成都市	**20937757**	**10522641**	**10415116**	**101.03**	**1.86**
锦江区	902933	440926	462007	95.44	2.12
青羊区	955954	461780	494174	93.44	2.44
金牛区	1265398	628417	636981	98.66	1.94
武侯区	1855186	916279	938907	97.59	2.79
成华区	1381894	685808	696086	98.52	1.54
龙泉驿区	1346210	683011	663199	102.99	1.63
青白江区	490091	252813	237278	106.55	1.13
新都区	1558466	790513	767953	102.94	1.16
温江区	967868	474244	493624	96.07	2.46
双流区	2659829	1365571	1294258	105.51	2.15
郫都区	1672025	872611	799414	109.16	2.49
新津区	363591	183736	179855	102.16	1.08
金堂县	800371	400699	399672	100.26	0.88
大邑县	515962	257680	258282	99.77	1.04
蒲江县	255563	127349	128214	99.33	0.73
都江堰市	710056	346077	363979	95.08	5.02
彭州市	780399	389088	391311	99.43	0.85
邛崃市	602973	302465	300508	100.65	0.75
崇州市	735723	375779	359944	104.40	1.33
简阳市	1117265	567795	549470	103.34	0.60
自贡市	**2489256**	**1238475**	**1250781**	**99.02**	**0.53**
自流井区	481981	232587	249394	93.26	0.66
贡井区	226704	113686	113018	100.59	0.49
大安区	291645	148273	143372	103.42	0.41
沿滩区	297365	149096	148269	100.56	0.79
荣县	469488	234441	235047	99.74	0.60
富顺县	722073	360392	361681	99.64	0.35

城乡人口		城市城区人口（人）	家庭户				家庭户类别			
城镇人口（人）	乡村人口（人）		户数（户）	人口数（人）	户规模（人/户）	其中：一人户（户）	一代户（户）	二代户（户）	三代户（户）	四代以上户（户）
505131	329461		297570	770485	2.59	86700	147666	99112	48405	2387
1951652	239841		803029	2009941	2.50	218242	408609	269458	121446	3516
977464	201392		446508	1077889	2.41	131673	235544	148612	60227	2125
288462	198819		170310	457711	2.69	41148	74850	67126	27056	1278
484331	208629		292832	652733	2.23	100985	180839	84448	26688	857
817888	541723		518304	1202683	2.32	168204	289005	158975	67269	3055
795780	449514		502643	1139369	2.27	169834	288796	152299	59533	2015
803458	345438		389551	989969	2.54	105959	195586	132132	59504	2329
348987	223375		208082	550093	2.64	54126	97590	71051	37518	1923
535680	220342		263771	661632	2.51	74712	143785	82692	35876	1418
423008	262721		266411	645298	2.42	75741	143000	85439	36281	1691
401323	286792		282509	665963	2.36	90023	154249	93881	33042	1337
400527	268450		261471	637245	2.44	76916	135647	87152	37124	1548
608485	594821		475409	1154906	2.43	153412	242959	167347	62497	2606
323483	321832		257048	624111	2.43	74345	131606	88391	35763	1288
175838	180910		125793	328639	2.61	29892	59843	45700	19389	861
3204011	**3470679**		**2553023**	**6372271**	**2.50**	**756082**	**1302426**	**896900**	**339148**	**14549**
81260	116237		68015	187040	2.75	15544	29043	26105	12246	621
274294	283080		229335	538418	2.35	73170	122524	78197	27672	942
320460	330234		264555	617434	2.33	86456	146220	87849	29525	961
348004	372972		294507	663450	2.25	97640	167353	96601	29562	991
491309	437725		364893	892244	2.45	111967	190894	125463	46545	1991
368869	375967		294051	706587	2.40	97042	159929	100316	32756	1050
200671	261791		177740	437828	2.46	50039	90071	66442	20424	803
156732	231953		140386	377222	2.69	34119	63210	51790	23880	1506
225190	163811		156162	371024	2.38	48828	85225	52602	17756	579
224955	271239		163512	483748	2.96	38019	64536	61538	35235	2203
256260	351078		219071	588292	2.69	59732	100399	83706	33573	1393
256007	274592		180796	508984	2.82	43526	83022	66291	29974	1509
47465912	**36208954**		**30756120**	**77093057**	**2.51**	**8836045**	**15828732**	**10186787**	**4502509**	**238092**
16492980	**4444777**	**13340304**	**7419822**	**18445326**	**2.49**	**2054502**	**3990299**	**2273458**	**1099509**	**56556**
902933			357855	781057	2.18	135803	227756	98484	31111	504
955954			364055	847088	2.33	111770	207444	114894	40903	814
1265398			481052	1119746	2.33	145409	287262	143599	49158	1033
1855186			684867	1579589	2.31	226640	410655	199508	73244	1460
1381894			502956	1209828	2.41	139945	282152	158489	60909	1406
1266954	79256		438390	1158501	2.64	106865	215941	138654	79814	3981
374800	115291		188123	452149	2.40	52060	104132	59138	23772	1081
1233274	325192		523933	1423987	2.72	116806	247624	177373	94111	4825
755015	212853		328802	827102	2.52	87784	173085	101217	52268	2232
2044765	615064		909838	2306701	2.54	256587	493143	265099	144539	7057
1277576	394449		533541	1321854	2.48	151721	292048	158301	80372	2820
254608	108983		122114	323719	2.65	26255	60164	38434	21857	1659
419000	381371		286169	704723	2.46	81331	147138	93971	43007	2053
259291	256671		190616	482231	2.53	49561	96507	58030	33180	2899
121044	134519		92126	244210	2.65	18633	45216	28681	16678	1551
436619	273437	369855	247920	650720	2.62	53600	120875	78244	44951	3850
383409	396990	324679	285192	744357	2.61	67422	142676	85114	53205	4197
322777	280196	267147	224369	576750	2.57	56349	107144	71395	42148	3682
391259	344464	313879	243889	645633	2.65	59305	121287	70262	47429	4911
591224	526041	563988	414015	1045381	2.52	110656	208050	134571	66853	4541
1379139	**1110117**	**767786**	**947274**	**2350865**	**2.48**	**262750**	**484284**	**310191**	**145015**	**7784**
445773	36208		177581	440011	2.48	43753	92013	58762	25865	941
124546	102158		88034	217171	2.47	23799	45306	28257	13753	718
155791	135854		109281	276239	2.53	30204	56428	34875	17133	845
142455	154910		107936	280619	2.60	29506	51854	35483	19523	1076
204961	264527		193656	449446	2.32	58476	106439	61010	24872	1335
305613	416460		270786	687379	2.54	77012	132244	91804	43869	2869

表1 续表 41

地　区	人口数				少数民族人口比重 (%)
	合　计 (人)	男 (人)	女 (人)	性别比 (女=100)	
攀枝花市	**1212203**	**626361**	**585842**	**106.92**	**15.22**
东区	411427	213163	198264	107.51	5.90
西区	129406	66619	62787	106.10	7.23
仁和区	265562	136449	129113	105.68	19.20
米易县	227011	117138	109873	106.61	19.38
盐边县	178797	92992	85805	108.38	31.24
泸州市	**4254149**	**2144993**	**2109156**	**101.70**	**2.13**
江阳区	761576	376470	385106	97.76	0.78
纳溪区	354846	181434	173412	104.63	0.43
龙马潭区	479697	233650	246047	94.96	0.93
泸县	764362	382820	381542	100.33	0.43
合江县	688731	346407	342324	101.19	0.89
叙永县	552979	285855	267124	107.01	8.09
古蔺县	651958	338357	313601	107.89	3.75
德阳市	**3456161**	**1736923**	**1719238**	**101.03**	**0.88**
旌阳区	828189	411810	416379	98.90	1.39
罗江区	209088	103978	105110	98.92	1.88
中江县	946019	485937	460082	105.62	0.32
广汉市	626132	316995	309137	102.54	0.87
什邡市	406775	203433	203342	100.04	0.52
绵竹市	439958	214770	225188	95.37	1.02
绵阳市	**4868243**	**2441188**	**2427055**	**100.58**	**3.42**
涪城区	1298524	636440	662084	96.13	2.58
游仙区	561379	282413	278966	101.24	1.48
安州区	372962	187209	185753	100.78	2.09
三台县	955811	490326	465485	105.34	0.33
盐亭县	370739	189633	181106	104.71	1.11
梓潼县	276996	139515	137481	101.48	0.66
北川羌族自治县	174132	88855	85277	104.20	36.48
平武县	126357	66096	60261	109.68	27.40
江油市	731343	360701	370642	97.32	1.30
广元市	**2305657**	**1153365**	**1152292**	**100.09**	**0.78**
利州区	621978	304066	317912	95.64	1.51
昭化区	134202	68520	65682	104.32	0.36
朝天区	126506	63804	62702	101.76	0.43
旺苍县	330108	167496	162612	103.00	0.23
青川县	156387	79727	76660	104.00	2.49
剑阁县	423859	215357	208502	103.29	0.30
苍溪县	512617	254395	258222	98.52	0.34
遂宁市	**2814196**	**1427876**	**1386320**	**103.00**	**0.45**
船山区	832863	412740	420123	98.24	0.70
安居区	431310	224029	207281	108.08	0.32
蓬溪县	430344	224107	206237	108.66	0.34
大英县	387299	196766	190533	103.27	0.27
射洪市	732380	370234	362146	102.23	0.40
内江市	**3140678**	**1578533**	**1562145**	**101.05**	**0.53**
市中区	337106	167904	169202	99.23	0.48
东兴区	754120	374232	379888	98.51	0.80
威远县	547059	277946	269113	103.28	0.41
资中县	845579	434512	411067	105.70	0.27
内江经济开发区	87914	43373	44541	97.38	0.61
隆昌市	568900	280566	288334	97.31	0.68
乐山市	**3160168**	**1585671**	**1574497**	**100.71**	**6.52**
市中区	814597	397312	417285	95.21	1.94
沙湾区	144931	73990	70941	104.30	1.05
五通桥区	237933	119910	118023	101.60	0.45
金口河区	38727	20230	18497	109.37	18.89
犍为县	416673	211073	205600	102.66	0.70
井研县	280641	141883	138758	102.25	0.70

城乡人口		城市城区人口(人)	家庭户				家庭户类别			
城镇人口(人)	乡村人口(人)		户数(户)	人口数(人)	户规模(人/户)	其中:一人户(户)	一代户(户)	二代户(户)	三代户(户)	四代以上户(户)
843378	**368825**	**670591**	**447849**	**1095787**	**2.45**	**131922**	**240253**	**144275**	**59766**	**3555**
407322	4105		161900	345856	2.14	59570	102428	46100	13130	242
123131	6275		52555	115481	2.20	16511	30986	17018	4439	112
155610	109952		96003	249351	2.60	22363	46796	32588	15521	1098
99881	127130		75240	216209	2.87	17457	32085	26020	15775	1360
57434	121363		62151	168890	2.72	16021	27958	22549	10901	743
2137464	**2116685**	**999809**	**1503753**	**3941233**	**2.62**	**417618**	**714267**	**516716**	**258967**	**13803**
578448	183128		274124	685912	2.50	78594	142146	89750	40470	1758
169594	185252		137475	336976	2.45	40089	68204	47363	20866	1042
380437	99260		159941	416419	2.60	42230	79714	52349	26510	1368
315076	449286		287651	724753	2.52	83215	137536	95444	51667	3004
288189	400542		261204	636710	2.44	82416	133321	86448	39319	2116
193064	359915		188254	529323	2.81	49340	80753	67594	37722	2185
212656	439302		195104	611140	3.13	41734	72593	77768	42413	2330
1934382	**1521779**	**664103**	**1348263**	**3221950**	**2.39**	**372951**	**734609**	**416938**	**186852**	**9864**
608859	219330		324544	767718	2.37	86282	179572	104126	39494	1352
107961	101127		79400	185311	2.33	22524	46173	22555	10178	494
392548	553471		395605	912095	2.31	129168	215405	127869	50036	2295
368933	257199	262511	225635	574928	2.55	55091	115366	67839	39978	2452
223320	183455	164000	151850	372786	2.45	35824	80626	46215	23378	1631
232761	207197	163870	171229	409112	2.39	44062	97467	48334	23788	1640
2515103	**2353140**	**1382004**	**1972258**	**4485534**	**2.27**	**647445**	**1120755**	**598126**	**241618**	**11759**
1042111	256413		478331	1103953	2.31	154453	273079	146108	57005	2139
342477	218902		226055	508694	2.25	77051	132413	65164	27015	1463
164911	208051		148961	353967	2.38	41249	81609	46509	19752	1091
245091	710720		410199	927109	2.26	142151	228032	127453	52265	2449
143008	227731		171696	353931	2.06	67381	110415	46514	14104	663
93249	183747		120760	262083	2.17	42511	70023	35922	13953	862
59976	114156		66779	161921	2.42	18151	34504	22016	9756	503
36388	89969		50832	119205	2.35	14708	26941	17055	6472	364
387892	343451	316176	298645	694671	2.33	89790	163739	91385	41296	2225
1084525	**1221132**	**475784**	**924277**	**2182682**	**2.36**	**269980**	**488712**	**305379**	**122901**	**7285**
472133	149845		229941	569906	2.48	62645	117027	77622	33594	1698
44851	89351		53933	126635	2.35	16113	28699	16834	7806	594
39858	86648		49446	120855	2.44	12917	24231	17114	7639	462
143920	186188		130848	317283	2.42	36973	66407	45050	18350	1041
55231	101156		64749	149435	2.31	19758	35283	20865	8188	413
159689	264170		184188	406263	2.21	60471	104759	58760	19497	1172
168843	343774		211172	492305	2.33	61103	112306	69134	27827	1905
1612641	**1201555**	**750216**	**1105592**	**2672540**	**2.42**	**343216**	**577608**	**363942**	**156373**	**7669**
690686	142177		297887	759511	2.55	79570	146480	103614	45890	1903
138670	292640		186519	417793	2.24	67676	106130	56956	22135	1298
168158	262186		185037	419282	2.27	66643	105688	57371	21025	953
172275	215024		151755	377467	2.49	45564	76037	51602	22897	1219
442852	289528	341992	284394	698487	2.46	83763	143273	94399	44426	2296
1572595	**1568083**	**553664**	**1240588**	**2965691**	**2.39**	**385148**	**647896**	**414368**	**170737**	**7587**
200056	137050		133008	320300	2.41	40134	68555	45161	18518	774
415789	338331		283558	697802	2.46	84376	144188	97832	39861	1677
278052	269007		232169	519679	2.24	78121	133354	72302	25402	1111
335392	510187		345026	810130	2.35	114788	180000	114939	48071	2016
67887	20027		33922	79836	2.35	10277	18199	11563	3986	174
275419	293481	202474	212905	537944	2.53	57452	103600	72571	34899	1835
1678367	**1481801**	**701111**	**1182406**	**2997514**	**2.54**	**297388**	**594846**	**393502**	**181769**	**12289**
607031	207566		296505	738529	2.49	76168	151937	95580	45970	3018
69336	75595		54852	137831	2.51	13098	27600	18280	8391	581
126450	111483		94758	231817	2.45	23751	50934	28942	13906	976
16221	22506		14192	37212	2.62	3951	7060	5020	1990	122
169399	247274		166674	400326	2.40	46505	87850	53555	23949	1320
114234	166407		111971	268810	2.40	31413	59449	35445	16085	992

表1 续表 42

地　区	人口数				少数民族人口比重 (%)
	合　计 (人)	男 (人)	女 (人)	性别比 (女=100)	
夹江县	305441	152731	152710	100.01	0.72
沐川县	192313	99161	93152	106.45	0.71
峨边彝族自治县	121554	63111	58443	107.99	49.78
马边彝族自治县	188251	96522	91729	105.23	56.35
峨眉山市	419107	209748	209359	100.19	1.31
南充市	**5607565**	**2841682**	**2765883**	**102.74**	**0.42**
顺庆区	834294	409243	425051	96.28	0.73
高坪区	570415	286720	283695	101.07	0.80
嘉陵区	531825	276205	255620	108.05	0.35
南部县	817235	412515	404720	101.93	0.24
营山县	620480	317655	302825	104.90	0.18
蓬安县	461485	237765	223720	106.28	0.19
仪陇县	729141	376324	352817	106.66	0.19
西充县	420023	216245	203778	106.12	0.30
阆中市	622667	309010	313657	98.52	0.76
眉山市	**2955219**	**1477604**	**1477615**	**100.00**	**0.90**
东坡区	904412	446207	458205	97.38	1.01
彭山区	328236	164808	163428	100.84	1.46
仁寿县	1110017	561906	548111	102.52	0.85
洪雅县	295744	146603	149141	98.30	0.40
丹棱县	148820	73664	75156	98.01	0.52
青神县	167990	84416	83574	101.01	0.72
宜宾市	**4588804**	**2345750**	**2243054**	**104.58**	**2.13**
翠屏区	887359	452284	435075	103.96	1.04
南溪区	332796	168136	164660	102.11	0.61
叙州区	938157	474286	463871	102.25	0.63
江安县	424470	218056	206414	105.64	0.36
长宁县	327904	168558	159346	105.78	0.72
高县	380893	195975	184918	105.98	0.94
珙县	339200	175039	164161	106.63	5.20
筠连县	332805	171767	161038	106.66	5.41
兴文县	380036	196029	184007	106.53	7.61
屏山县	245184	125620	119564	105.07	3.47
广安市	**3254883**	**1647064**	**1607819**	**102.44**	**0.37**
广安区	744115	374158	369957	101.14	0.52
前锋区	232255	118054	114201	103.37	0.66
岳池县	742747	374575	368172	101.74	0.33
武胜县	555897	281780	274117	102.80	0.32
邻水县	707537	361681	345856	104.58	0.23
华蓥市	272332	136816	135516	100.96	0.31
达州市	**5385422**	**2769844**	**2615578**	**105.90**	**0.96**
通川区	905678	454957	450721	100.94	0.67
达川区	899728	460743	438985	104.96	0.17
宣汉县	954090	491098	462992	106.07	3.93
开江县	414310	213918	200392	106.75	0.16
大竹县	841960	438514	403446	108.69	0.44
渠县	917508	477207	440301	108.38	0.12
达州经济开发区	45463	24070	21393	112.51	0.40
万源市	406685	209337	197348	106.08	0.25
雅安市	**1434603**	**725878**	**708725**	**102.42**	**5.49**
雨城区	368909	181535	187374	96.88	2.34
名山区	254632	130305	124327	104.81	1.66
荥经县	131491	66623	64868	102.71	2.81
汉源县	285558	147145	138413	106.31	6.46
石棉县	114116	57651	56465	102.10	30.26
天全县	132033	67503	64530	104.61	1.21
芦山县	99824	49999	49825	100.35	0.47
宝兴县	48040	25117	22923	109.57	14.76

城乡人口		城　市 城区人口 (人)	家庭户				家庭户类别			
城镇人口 (人)	乡村人口 (人)		户数 (户)	人口数 (人)	户规模 (人/户)	其中：一人户 (户)	一代户 (户)	二代户 (户)	三代户 (户)	四代以上户 (户)
143741	161700		120656	296522	2.46	32085	62351	37533	18846	1926
64194	128119		72945	187264	2.57	18957	33608	26464	12181	692
45876	75678		38596	116516	3.02	8076	15541	16242	6464	349
69203	119048		54128	183788	3.40	8937	16872	25952	10735	569
252682	166425	231785	157129	398899	2.54	34447	81644	50489	23252	1744
2815934	**2791631**	**1193494**	**2266278**	**5254333**	**2.32**	**764706**	**1246464**	**722037**	**285976**	**11801**
699713	134581		292923	706865	2.41	86839	155160	98721	37978	1064
294535	275880		208881	514580	2.46	62087	105389	71806	30685	1001
260207	271618		211482	503387	2.38	69151	110334	71619	28479	1050
367146	450089		350146	788709	2.25	122732	198433	109837	39979	1897
273674	346806		244219	597098	2.44	76398	122092	83274	36938	1915
174461	287024		197058	452807	2.30	70238	107170	63037	25794	1057
262911	466230		299611	697745	2.33	103941	164346	95236	38264	1765
180243	239780		197465	391953	1.98	86437	133665	49863	13550	387
303044	319623	268488	264493	601189	2.27	86883	149875	78644	34309	1665
1481605	**1473614**	**674734**	**1061239**	**2724682**	**2.57**	**260467**	**519383**	**352614**	**175698**	**13544**
543437	360975		318384	831765	2.61	67527	151550	110584	52698	3552
189320	138916		108735	285936	2.63	26537	52173	34144	20738	1680
472472	637545		416165	1027393	2.47	119334	217312	135448	59767	3638
134025	161719		104717	283492	2.71	22003	45239	35220	21822	2436
63633	85187		50700	141620	2.79	10126	21429	16670	11137	1464
78718	89272		62538	154476	2.47	14940	31680	20548	9536	774
2358244	**2230560**	**1079605**	**1552253**	**4264850**	**2.75**	**376710**	**674589**	**556419**	**301320**	**19925**
668687	218672		295401	772647	2.62	76294	140496	101433	50607	2865
189818	142978		120330	314828	2.62	31761	56076	42238	20608	1408
432050	506107		330368	879827	2.66	80420	150494	118106	58395	3373
201779	222691		150165	395408	2.63	40700	68624	52519	27379	1643
161171	166733		113387	308071	2.72	28749	48861	40749	22355	1422
160494	220399		129126	359240	2.78	30201	54073	46910	26229	1914
177778	161422		108276	319656	2.95	24199	41461	39529	25193	2093
136519	196286		103333	318810	3.09	21984	38495	38314	24424	2100
152533	227503		120916	362426	3.00	25202	44843	45261	28890	1922
77415	167769		80951	233937	2.89	17200	31166	31360	17240	1185
1434388	**1820495**	**399907**	**1284068**	**3090331**	**2.41**	**411650**	**668189**	**436487**	**172863**	**6529**
394047	350068		271668	689265	2.54	78098	129674	96122	44274	1598
91133	141122		91679	219509	2.39	30749	48111	29673	13282	613
295562	447185		297862	722508	2.43	95983	154831	97921	43319	1791
208632	347265		236503	535463	2.26	81833	132680	76107	26766	950
299055	408482		293671	682248	2.32	98933	159552	104052	29218	849
145959	126373	113458	92685	241338	2.60	26054	43341	32612	16004	728
2682166	**2703256**	**968931**	**2012786**	**4947145**	**2.46**	**632858**	**1057514**	**677555**	**267285**	**10432**
675949	229729		282543	751759	2.66	73066	165955	84703	30896	989
437047	462681		364919	857332	2.35	121204	196470	121257	45694	1498
425188	528902		357321	897365	2.51	109607	173720	128964	52278	2359
180354	233956		156608	389898	2.49	49339	79043	54189	22510	866
383959	458001		339212	780762	2.30	119702	186881	110872	39980	1479
384700	532808		345817	844888	2.44	113326	176679	116073	50962	2103
22821	22642		16249	35229	2.17	6744	9964	4238	1941	106
172148	234537	112925	150117	389912	2.60	39870	68802	57259	23024	1032
757151	**677452**	**290242**	**498236**	**1350992**	**2.71**	**115084**	**221556**	**174324**	**95104**	**7252**
233777	135132		127276	333950	2.62	31664	61588	41580	22341	1767
109285	145347		83261	240040	2.88	15714	34381	26740	20054	2086
67097	64394		51139	128686	2.52	13201	25185	18150	7477	327
122577	162981		97932	274850	2.81	21523	39278	36861	20372	1421
87277	26839		41877	109874	2.62	10786	19540	16391	5736	210
62409	69624		44297	121093	2.73	9765	18897	15597	9131	672
53851	45973		35871	97217	2.71	8371	15528	12986	6849	508
20878	27162		16583	45282	2.73	4060	7159	6019	3144	261

表1 续表 43

地 区	人口数				少数民族人口比重 (%)
	合 计 (人)	男 (人)	女 (人)	性别比 (女=100)	
巴中市	**2712894**	**1380002**	**1332892**	**103.53**	**0.32**
巴州区	651534	324627	326907	99.30	0.40
恩阳区	345728	178001	167727	106.13	0.20
通江县	521875	266283	255592	104.18	0.17
南江县	467609	238654	228955	104.24	0.22
平昌县	658644	337955	320689	105.38	0.18
巴中经济开发区	67504	34482	33022	104.42	3.28
资阳市	**2308631**	**1165412**	**1143219**	**101.94**	**0.49**
雁江区	867119	439103	428016	102.59	0.64
安岳县	950939	478209	472730	101.16	0.37
乐至县	490573	248100	242473	102.32	0.48
阿坝藏族羌族自治州	**822587**	**426330**	**396257**	**107.59**	**77.90**
马尔康市	58390	30277	28113	107.70	79.46
汶川县	82971	40918	42053	97.30	59.56
理县	36926	19336	17590	109.93	82.17
茂县	95361	49009	46352	105.73	92.35
松潘县	66937	35637	31300	113.86	65.40
九寨沟县	66055	35300	30755	114.78	34.54
金川县	58068	30986	27082	114.42	77.41
小金县	64813	34184	30629	111.61	66.75
黑水县	44564	23020	21544	106.85	90.34
壤塘县	44679	22885	21794	105.01	94.83
阿坝县	80467	42355	38112	111.13	92.47
若尔盖县	76712	38569	38143	101.12	94.95
红原县	46644	23854	22790	104.67	89.77
甘孜藏族自治州	**1107431**	**569779**	**537652**	**105.98**	**82.90**
康定市	126785	64548	62237	103.71	65.95
泸定县	84204	43018	41186	104.45	25.23
丹巴县	49872	25836	24036	107.49	80.73
九龙县	53738	27799	25939	107.17	71.39
雅江县	51162	28844	22318	129.24	84.35
道孚县	53378	27805	25573	108.73	90.51
炉霍县	47185	24161	23024	104.94	94.08
甘孜县	72698	36662	36036	101.74	92.95
新龙县	45698	23746	21952	108.17	94.36
德格县	88542	45722	42820	106.78	96.17
白玉县	59524	29882	29642	100.81	91.28
石渠县	103633	53117	50516	105.15	95.93
色达县	64681	31334	33347	93.96	95.22
理塘县	67293	34693	32600	106.42	93.97
巴塘县	49967	25353	24614	103.00	90.27
乡城县	31407	17340	14067	123.27	84.42
稻城县	32916	17048	15868	107.44	89.53
得荣县	24748	12871	11877	108.37	93.53
凉山彝族自治州	**4858359**	**2484347**	**2374012**	**104.65**	**55.38**
西昌市	955041	482009	473032	101.90	33.64
木里藏族自治县	122944	63630	59314	107.28	80.73
盐源县	340898	178339	162559	109.71	61.76
德昌县	216533	110530	106003	104.27	35.65
会理县	390531	200750	189781	105.78	17.67
会东县	346082	181064	165018	109.72	8.82
宁南县	184293	96796	87497	110.63	29.75
普格县	180052	91867	88185	104.18	85.47
布拖县	185553	94112	91441	102.92	95.89
金阳县	170063	86678	83385	103.95	84.47
昭觉县	252435	127593	124842	102.20	95.79
喜德县	158139	79986	78153	102.35	89.01
冕宁县	369166	187925	181241	103.69	47.69
越西县	301865	152570	149295	102.19	80.65
甘洛县	205991	106290	99701	106.61	81.26
美姑县	238624	120889	117735	102.68	97.93
雷波县	240149	123319	116830	105.55	62.17

城乡人口		城市城区人口(人)	家庭户				家庭户类别			
城镇人口(人)	乡村人口(人)		户数(户)	人口数(人)	户规模(人/户)	其中：一人户(户)	一代户(户)	二代户(户)	三代户(户)	四代以上户(户)
1252293	**1460601**	**472166**	**1057045**	**2589873**	**2.45**	**310059**	**537493**	**373370**	**139218**	**6964**
419854	231680		236252	620744	2.63	59361	110958	86632	36791	1871
129274	216454		144737	328998	2.27	48752	81166	45705	16914	952
203337	318538		206511	498499	2.41	61362	103238	75064	26863	1346
177443	290166		180325	449009	2.49	51288	88588	65197	25225	1315
263361	395283		268128	637967	2.38	83345	143431	93226	30205	1266
59024	8480		21092	54656	2.59	5951	10112	7546	3220	214
953225	**1355406**	**408262**	**960664**	**2201463**	**2.29**	**318152**	**540178**	**304642**	**111039**	**4805**
462287	404832		334446	803606	2.40	103654	178431	108646	45226	2143
291881	659058		402117	924931	2.30	131571	224367	130334	45401	2015
199057	291516		224101	472926	2.11	82927	137380	65662	20412	647
341329	**481258**		**251493**	**734564**	**2.92**	**68450**	**107926**	**93521**	**46825**	**3221**
31405	26985	31083	18417	46076	2.50	6217	9508	6037	2720	152
43382	39589		24386	66425	2.72	6116	10805	8783	4495	303
14396	22530		12649	33769	2.67	3558	5757	4265	2497	130
48245	47116		31959	88576	2.77	7844	13017	12505	6100	337
23954	42983		17840	57725	3.24	3451	6350	6868	4300	322
35892	30163		20877	58059	2.78	5441	8772	8612	3365	128
19802	38266		19275	52844	2.74	4983	8465	7338	3335	137
24970	39843		22655	60527	2.67	5329	9818	9228	3499	110
17591	26973		15822	39787	2.51	4429	6924	6371	2467	60
11530	33149		11780	41450	3.52	3705	5044	4761	1908	67
24763	55704		22867	74251	3.25	8411	10717	7290	4527	333
25374	51338		18851	71395	3.79	4194	6324	6206	5394	927
20025	26619		14115	43680	3.09	4772	6425	5257	2218	215
343428	**764003**		**308707**	**986818**	**3.20**	**96776**	**137250**	**112286**	**56455**	**2716**
69728	57057	46041	37523	100066	2.67	12416	18802	12375	6043	303
39777	44427		29785	74175	2.49	9205	14534	11023	4079	149
15733	34139		16639	45813	2.75	4152	6874	6333	3317	115
14619	39119		16443	47829	2.91	3593	6478	7879	2013	73
14778	36384		9902	39319	3.97	1812	2883	3725	2988	306
11883	41495		14477	49275	3.40	4431	6584	5121	2637	135
12989	34196		12452	42686	3.43	3686	5001	4236	3070	145
21485	51213		21218	66927	3.15	7570	10330	6941	3883	64
8498	37200		10902	42809	3.93	3583	4503	3514	2733	152
24512	64030		22886	82273	3.59	6138	8860	10118	3856	52
13705	45819		15773	51900	3.29	6703	8043	4799	2864	67
16042	87591		30495	101017	3.31	10621	13626	13984	2803	82
15801	48880		24413	61769	2.53	13327	15411	7219	1725	58
26686	40607		13145	56660	4.31	2345	3772	5515	3752	106
13855	36112		12360	45837	3.71	2812	4625	4131	3439	165
9317	22090		6341	26263	4.14	1321	2049	1575	2372	345
7748	25168		8105	29143	3.60	1924	3082	2159	2663	201
6272	18476		5848	23057	3.94	1137	1793	1639	2218	198
1795575	**3062784**		**1411269**	**4588884**	**3.25**	**298213**	**524661**	**646637**	**227219**	**12752**
636367	318674	544615	303086	858613	2.83	82098	143291	111507	45505	2783
28410	94534		35559	119178	3.35	7144	11885	15060	7948	666
110149	230749		91625	303572	3.31	15557	29785	42292	18753	795
92630	123903		66630	203237	3.05	13170	24871	27639	13201	919
176562	213969		127837	376730	2.95	27583	50519	45217	29199	2902
141625	204457		110594	330682	2.99	22574	41431	45857	22002	1304
71243	113050		50809	169873	3.34	8152	15408	20752	13762	887
30092	149960		49323	175705	3.56	9095	16462	27705	5025	131
38284	147269		47744	176596	3.70	10338	16632	26743	4322	47
32013	138050		43482	166613	3.83	8786	13590	23509	6276	107
45183	207252		67459	245951	3.65	13540	22629	41322	3488	20
41170	116969		45599	155484	3.41	9620	16530	25452	3517	100
144474	224692		104468	356924	3.42	17184	33801	49235	20116	1316
95515	206350		85695	279220	3.26	19945	33543	46041	6013	98
46815	159176		54144	200931	3.71	9884	17043	25818	10991	292
12210	226414		61147	235133	3.85	12172	18253	38561	4316	17
52833	187316		66068	234442	3.55	11371	18988	33927	12785	368

表1 续表 44

地 区	人口数				少数民族人口比重
	合 计（人）	男（人）	女（人）	性别比（女=100）	（%）
贵州省	**38562148**	**19705293**	**18856855**	**104.50**	**36.44**
贵阳市	**5987018**	**3061169**	**2925849**	**104.62**	**21.44**
南明区	1047792	527105	520687	101.23	19.90
云岩区	1056819	531370	525449	101.13	19.67
花溪区	966276	492318	473958	103.87	30.10
乌当区	336363	170337	166026	102.60	22.76
白云区	456250	236301	219949	107.43	22.93
观山湖区	642634	331370	311264	106.46	22.32
开阳县	343871	176777	167094	105.79	11.19
息烽县	219835	113383	106452	106.51	7.26
修文县	288090	150561	137529	109.48	10.80
清镇市	629088	331647	297441	111.50	26.37
六盘水市	**3031602**	**1556454**	**1475148**	**105.51**	**27.39**
钟山区	674249	339410	334839	101.37	23.13
六枝特区	536873	272490	264383	103.07	28.51
水城县	746407	388855	357552	108.75	41.85
盘州市	1074073	555699	518374	107.20	19.47
遵义市	**6606675**	**3341799**	**3264876**	**102.36**	**11.83**
红花岗区	971337	484861	486476	99.67	7.61
汇川区	627721	316019	311702	101.38	6.49
播州区	761491	387932	373559	103.85	3.28
桐梓县	529471	270806	258665	104.69	2.20
绥阳县	379677	192919	186758	103.30	1.44
正安县	396159	199725	196434	101.68	11.24
道真仡佬族苗族自治县	243846	120323	123523	97.41	73.21
务川仡佬族苗族自治县	308466	155324	153142	101.42	88.63
凤冈县	304156	151761	152395	99.58	17.39
湄潭县	372865	185494	187371	99.00	4.16
余庆县	223952	111792	112160	99.67	9.48
习水县	584947	299826	285121	105.16	1.82
赤水市	247287	124111	123176	100.76	2.26
仁怀市	655300	340906	314394	108.43	3.44
安顺市	**2470630**	**1262780**	**1207850**	**104.55**	**36.15**
西秀区	870441	438269	432172	101.41	22.46
平坝区	347060	179812	167248	107.51	29.10
普定县	376285	193282	183003	105.62	17.70
镇宁布依族苗族自治县	299696	154783	144913	106.81	54.72
关岭布依族苗族自治县	283497	146122	137375	106.37	62.72
紫云苗族布依族自治县	293651	150512	143139	105.15	64.08
毕节市	**6899636**	**3544009**	**3355627**	**105.61**	**26.48**
七星关区	1305066	662818	642248	103.20	11.38
大方县	857578	442011	415567	106.36	30.69
黔西县	732008	375619	356389	105.40	24.48
金沙县	544033	282915	261118	108.35	12.21
织金县	815661	420022	395639	106.16	46.52
纳雍县	716703	367424	349279	105.19	50.94
威宁彝族回族苗族自治县	1280116	661537	618579	106.94	22.63
赫章县	648471	331663	316808	104.69	20.91
铜仁市	**3298468**	**1676104**	**1622364**	**103.31**	**71.75**
碧江区	442076	219842	222234	98.92	67.00
万山区	160624	84357	76267	110.61	78.98
江口县	184764	95489	89275	106.96	63.49
玉屏侗族自治县	150457	77756	72701	106.95	81.88
石阡县	297086	151494	145592	104.05	72.28
思南县	457745	229795	227950	100.81	56.02
印江土家族苗族自治县	294490	148491	145999	101.71	84.18

城乡人口		城市城区人口(人)	家庭户				家庭户类别			
城镇人口(人)	乡村人口(人)		户数(户)	人口数(人)	户规模(人/户)	其中:一人户(户)	一代户(户)	二代户(户)	三代户(户)	四代以上户(户)
20495946	**18066202**		**12696585**	**35719520**	**2.81**	**3032510**	**5605224**	**5153180**	**1857870**	**80311**
4794071	**1192947**	**3826905**	**1921740**	**5141257**	**2.68**	**493363**	**934778**	**727414**	**252630**	**6918**
995995	51797		381212	938341	2.46	110648	210333	134896	35406	577
1056819			396147	951540	2.40	122680	216114	140406	39055	572
778813	187463		263982	743831	2.82	61628	122066	100826	39864	1226
223836	112527		105625	294191	2.79	22215	46199	43695	15297	434
418354	37896		133670	375087	2.81	31311	60338	54485	18347	500
547458	95176		189349	527523	2.79	45644	88425	71460	28830	634
186254	157617		124020	331989	2.68	30894	57521	48058	17686	755
104498	115337		75687	213305	2.82	16568	32598	29331	13180	578
131379	156711		87391	265968	3.04	16906	34259	36786	15758	588
350665	278423	276031	164657	499482	3.03	34869	66925	67471	29207	1054
1481555	**1550047**	**707389**	**994221**	**2880792**	**2.90**	**214348**	**422633**	**440516**	**126348**	**4724**
606797	67452		211592	624560	2.95	43169	82854	98966	29092	680
211956	324917		173152	513388	2.96	38588	74914	71353	26096	789
241908	504499		226233	711078	3.14	45502	86908	98109	39314	1902
420894	653179	272024	383244	1031766	2.69	87089	177957	172088	31846	1353
3745222	**2861453**	**1467408**	**2204049**	**6180770**	**2.80**	**496017**	**950696**	**872614**	**362023**	**18716**
792197	179140		309277	865711	2.80	67537	130139	125710	50987	2441
492046	135675		205822	588901	2.86	42191	86240	82047	35629	1906
391002	370489		242439	710384	2.93	47754	94159	101194	44586	2500
247297	282174		173444	501308	2.89	38407	72298	68446	31086	1614
172541	207136		128255	349686	2.73	32350	60274	46623	20219	1139
167211	228948		145580	375210	2.58	38221	69835	55728	19235	782
128274	115572		89548	236306	2.64	20496	37577	37412	14037	522
168349	140117		108580	294730	2.71	26834	50083	42730	15047	720
144414	159742		109142	292669	2.68	25349	50247	41930	16224	741
188220	184645		133596	349567	2.62	31563	63377	50314	19032	873
106030	117922		79463	212436	2.67	17577	35813	30635	12374	641
247219	337728		187792	551607	2.94	42697	79308	73478	33148	1858
138699	108588	104454	93203	237830	2.55	25815	45030	32906	14567	700
361723	293577	302376	197908	614425	3.10	39226	76316	83461	35852	2279
1146615	**1324015**	**536236**	**786839**	**2306751**	**2.93**	**173387**	**324366**	**330406**	**126457**	**5610**
513850	356591		271514	801880	2.95	57317	110274	112707	46424	2109
171804	175256		107597	317604	2.95	23777	44072	43381	19325	819
144892	231393		130485	353844	2.71	33847	62182	55038	12910	355
114644	185052		97837	284788	2.91	22099	39478	41872	15959	528
105448	178049		87599	268887	3.07	17939	34319	37325	15183	772
95977	197674		91807	279748	3.05	18408	34041	40083	16656	1027
2906332	**3993304**	**609901**	**2217051**	**6583071**	**2.97**	**508887**	**968823**	**948263**	**289470**	**10495**
695174	609892		405728	1226220	3.02	88569	177454	171716	54863	1695
323897	533681		301416	811850	2.69	79737	148801	127384	24721	510
340348	391660		242513	705808	2.91	55650	103446	101553	36160	1354
274114	269919		180255	512131	2.84	40913	77239	75767	26150	1099
347931	467730		284639	786867	2.76	72235	138188	117354	28137	960
292089	424614		234386	682404	2.91	59262	112862	94322	26508	694
463564	816552		369591	1230129	3.33	70495	130690	176277	60327	2297
169215	479256		198523	627662	3.16	42026	80143	83890	32604	1886
1518674	**1779794**	**417810**	**1154583**	**3010819**	**2.61**	**319647**	**558166**	**451847**	**139562**	**5008**
346554	95522		124893	352816	2.82	28641	50834	54569	18881	609
76524	84100		54523	142727	2.62	15755	26130	20985	7129	279
81867	102897		67726	172037	2.54	19637	32821	26098	8531	276
78588	71869		51422	141799	2.76	13795	22837	20186	8063	336
102074	195012		106691	281917	2.64	27244	48997	40833	16206	655
189270	268475		168624	420348	2.49	48775	87210	60444	20188	782
121416	173074		110448	277759	2.51	31264	54604	42810	12596	438

表1 续表 45

地区	人口数 合计（人）	男（人）	女（人）	性别比（女=100）	少数民族人口比重（%）
德江县	393596	198945	194651	102.21	86.24
沿河土家族自治县	429893	218811	211082	103.66	91.03
松桃苗族自治县	487737	251124	236613	106.13	51.90
黔西南布依族苗族自治州	**3015112**	**1538616**	**1476496**	**104.21**	**39.18**
兴义市	1004132	512392	491740	104.20	25.28
兴仁市	425770	217789	207981	104.72	24.06
普安县	242958	125141	117817	106.22	27.16
晴隆县	234162	120095	114067	105.28	55.66
贞丰县	307313	155756	151557	102.77	42.98
望谟县	235243	119707	115536	103.61	77.14
册亨县	189709	96675	93034	103.91	77.86
安龙县	375825	191061	184764	103.41	44.53
黔东南苗族侗族自治州	**3758622**	**1938627**	**1819995**	**106.52**	**79.07**
凯里市	709057	363758	345299	105.35	75.21
黄平县	244125	124428	119697	103.95	64.78
施秉县	125518	63962	61556	103.91	53.77
三穗县	162798	83318	79480	104.83	67.46
镇远县	189715	96800	92915	104.18	48.54
岑巩县	168441	86493	81948	105.55	51.26
天柱县	273588	141798	131790	107.59	96.82
锦屏县	155182	79340	75842	104.61	88.14
剑河县	188507	99079	89428	110.79	92.30
台江县	122861	63864	58997	108.25	95.49
黎平县	412813	210602	202211	104.15	86.60
榕江县	297572	155407	142165	109.31	81.62
从江县	313887	161953	151934	106.59	94.25
雷山县	124835	67030	57805	115.96	89.59
麻江县	131081	68150	62931	108.29	78.55
丹寨县	138642	72645	65997	110.07	87.01
黔南布依族苗族自治州	**3494385**	**1785735**	**1708650**	**104.51**	**54.80**
都匀市	529688	268995	260693	103.18	64.89
福泉市	297899	155155	142744	108.69	27.85
荔波县	154896	80605	74291	108.50	88.97
贵定县	250146	123373	126773	97.32	48.56
瓮安县	395536	201621	193915	103.97	6.52
独山县	264266	135826	128440	105.75	75.57
平塘县	234417	118372	116045	102.01	58.82
罗甸县	257551	130847	126704	103.27	66.06
长顺县	201540	104106	97434	106.85	57.30
龙里县	236221	124163	112058	110.80	38.17
惠水县	395878	199224	196654	101.31	57.19
三都水族自治县	276347	143448	132899	107.94	95.34
云南省	**47209277**	**24420924**	**22788353**	**107.16**	**33.12**
昆明市	**8460088**	**4327987**	**4132101**	**104.74**	**15.28**
五华区	1143085	560382	582703	96.17	14.90
盘龙区	987955	499349	488606	102.20	12.65
官渡区	1602279	854060	748219	114.15	12.36
西山区	960746	484504	476242	101.73	14.93
东川区	260744	134294	126450	106.20	7.13
呈贡区	649501	331025	318476	103.94	14.38
晋宁区	346268	175543	170725	102.82	12.87
富民县	149506	78186	71320	109.63	15.47
宜良县	384875	194955	189920	102.65	9.20
石林彝族自治县	240827	122765	118062	103.98	33.52
嵩明县	410929	208707	202222	103.21	13.91
禄劝彝族苗族自治县	378881	192099	186782	102.85	29.95
寻甸回族彝族自治县	460739	234816	225923	103.94	22.46
安宁市	483753	257302	226451	113.62	17.76

城乡人口		城市城区人口(人)	家庭户				家庭户类别			
城镇人口(人)	乡村人口(人)		户数(户)	人口数(人)	户规模(人/户)	其中：一人户(户)	一代户(户)	二代户(户)	三代户(户)	四代以上户(户)
184746	208850		139487	358915	2.57	38408	70611	54748	13615	513
171066	258827		164636	401999	2.44	50686	89783	63980	10629	244
166569	321168		166133	460502	2.77	45442	74339	67194	23724	876
1390938	**1624174**		**969274**	**2832901**	**2.92**	**209256**	**392404**	**408530**	**159608**	**8732**
649497	354635	569150	309545	915231	2.96	69934	124463	128945	52882	3255
169210	256560	123375	139631	406921	2.91	26619	57983	62079	18792	777
75258	167700		80107	231586	2.89	17610	35307	33151	11251	398
76937	157225		80262	223540	2.79	19956	38807	32108	8979	368
117914	189399		101075	294107	2.91	21173	41087	43107	16051	830
88704	146539		75804	219253	2.89	17106	28127	31223	15404	1050
61671	128038		65945	183119	2.78	15300	25350	27758	12268	569
151747	224078		116905	359144	3.07	21558	41280	50159	23981	1485
1712003	**2046619**		**1283501**	**3567371**	**2.78**	**322623**	**552937**	**510994**	**209445**	**10125**
519243	189814	487109	240281	642258	2.67	66811	109179	95633	34369	1100
93992	150133		88384	232538	2.63	23568	40866	34407	12642	469
50758	74760		43067	121679	2.83	9527	18022	17774	6980	291
78555	84243		58934	158312	2.69	16270	26599	23007	8880	448
94217	95498		69938	184390	2.64	18178	31861	27123	10510	444
74366	94075		61315	159704	2.60	16883	28647	23467	8791	410
115893	157695		110409	264899	2.40	37755	57033	38474	14292	610
69863	85319		56918	149070	2.62	15864	26600	21283	8705	330
74541	113966		65911	181989	2.76	16804	29323	27237	9062	289
45554	77307		41010	114733	2.80	10807	18462	16722	5679	147
162522	250291		134847	398240	2.95	28511	51405	54640	27080	1722
102099	195473		90385	284796	3.15	16171	33653	38984	16915	833
72219	241668		89803	303553	3.38	14338	27644	37750	22536	1873
49801	75034		41806	118136	2.83	10006	17142	17256	7157	251
51117	79964		44795	125058	2.79	10330	18150	18252	7880	513
57263	81379		45698	128016	2.80	10800	18351	18985	7967	395
1800536	**1693849**		**1165327**	**3215788**	**2.76**	**294982**	**500421**	**462596**	**192327**	**9983**
348954	180734	319239	170064	446774	2.63	44983	77681	64498	26406	1479
153763	144136	106718	101032	278948	2.76	25356	44243	41124	14994	671
66145	88751		52329	147848	2.83	12176	20768	21743	9336	482
130913	119233		83237	224021	2.69	22386	37413	31854	13291	679
241886	153650		141738	374160	2.64	36133	65255	56925	18905	653
126745	137521		92856	250133	2.69	25968	40546	33867	17321	1122
79179	155238		82827	226975	2.74	21779	34632	32109	15105	981
142544	115007		88848	244396	2.75	22333	36506	36098	15356	888
86653	114887		65354	190192	2.91	13994	24927	27651	12192	584
127891	108330		75308	212781	2.83	20276	33347	29066	12287	608
193872	202006		120488	352514	2.93	28712	47953	48005	23338	1192
101991	174356		91246	267046	2.93	20886	37150	39656	13796	644
23628564	**23580713**		**15146831**	**43695762**	**2.88**	**3456738**	**6197184**	**5886076**	**2887764**	**175807**
6740458	**1719630**	**5340881**	**3004398**	**7238800**	**2.41**	**916880**	**1638446**	**1003913**	**348289**	**13750**
1106215	36870		415556	955643	2.30	131815	230307	142855	41748	646
927069	60886		369524	840585	2.27	122318	210829	122592	35264	839
1589433	12846		640938	1412926	2.20	238304	404705	185058	49953	1222
893729	67017		385322	861405	2.24	133741	227384	121664	35435	839
160192	100552		95785	250042	2.61	24966	43465	37789	13939	592
581700	67801		176869	436899	2.47	51913	96920	58426	20815	708
174998	171270		113616	295767	2.60	25648	57978	39388	15537	713
78898	70608		48076	135857	2.83	9891	20009	18169	9347	551
210672	174203		140913	364436	2.59	36480	68032	49625	22334	922
107107	133720		77121	225823	2.93	13808	29756	31325	15196	844
220650	190279		108598	305211	2.81	25195	49668	37829	19531	1570
154828	224053		135039	350967	2.60	34395	62229	49734	21799	1277
135188	325551		146490	439799	3.00	27123	56480	55610	31857	2543
399779	83974	312715	150551	363440	2.41	41283	80684	53849	15534	484

表1 续表 46

地区	人口数 合计（人）	男（人）	女（人）	性别比（女=100）	少数民族人口比重（%）
曲靖市	**5765775**	**2988585**	**2777190**	**107.61**	**7.56**
麒麟区	996279	499764	496515	100.65	6.16
沾益区	405305	210218	195087	107.76	6.77
马龙区	193137	100900	92237	109.39	8.24
陆良县	599266	309899	289367	107.10	2.07
师宗县	376902	195986	180916	108.33	17.53
罗平县	535565	279620	255945	109.25	14.16
富源县	675229	354220	321009	110.35	9.02
会泽县	794279	416641	377638	110.33	4.73
宣威市	1189813	621337	568476	109.30	6.61
玉溪市	**2249502**	**1155211**	**1094291**	**105.57**	**32.37**
红塔区	588738	294119	294619	99.83	19.43
江川区	253295	129586	123709	104.75	7.33
通海县	289891	147550	142341	103.66	17.47
华宁县	190425	98514	91911	107.18	29.87
易门县	151671	79299	72372	109.57	30.00
峨山彝族自治县	143903	75135	68768	109.26	62.82
新平彝族傣族自治县	262771	137522	125249	109.80	69.76
元江哈尼族彝族傣族自治县	195647	102904	92743	110.96	78.01
澄江市	173161	90582	82579	109.69	9.17
保山市	**2431211**	**1247911**	**1183300**	**105.46**	**10.90**
隆阳区	903081	456832	446249	102.37	15.19
施甸县	293022	150219	142803	105.19	8.29
龙陵县	272769	143799	128970	111.50	6.22
昌宁县	319858	163890	155968	105.08	11.13
腾冲市	642481	333171	309310	107.71	7.94
昭通市	**5092611**	**2671796**	**2420815**	**110.37**	**10.55**
昭阳区	911766	466125	445641	104.60	16.63
鲁甸县	398447	209067	189380	110.40	20.65
巧家县	462173	249635	212538	117.45	4.60
盐津县	317463	167599	149864	111.83	4.11
大关县	209116	111165	97951	113.49	8.82
永善县	349157	184275	164882	111.76	8.45
绥江县	135468	70057	65411	107.10	0.98
镇雄县	1349795	711670	638125	111.53	7.91
彝良县	503376	266028	237348	112.08	13.81
威信县	352318	183463	168855	108.65	11.07
水富市	103532	52712	50820	103.72	4.29
丽江市	**1253878**	**646314**	**607564**	**106.38**	**56.44**
古城区	288787	146455	142332	102.90	57.67
玉龙纳西族自治县	224039	116411	107628	108.16	77.73
永胜县	336832	171926	164906	104.26	34.93
华坪县	159695	83940	75755	110.80	33.24
宁蒗彝族自治县	244525	127582	116943	109.10	80.27
普洱市	**2404954**	**1264767**	**1140187**	**110.93**	**61.19**
思茅区	416188	212994	203194	104.82	40.57
宁洱哈尼族彝族自治县	162711	84619	78092	108.36	53.91
墨江哈尼族自治县	281554	152022	129532	117.36	76.14
景东彝族自治县	303109	158450	144659	109.53	49.70
景谷傣族彝族自治县	277417	146365	131052	111.68	47.88
镇沅彝族哈尼族拉祜族自治县	179503	96265	83238	115.65	55.73
江城哈尼族彝族自治县	111033	58766	52267	112.43	75.68
孟连傣族拉祜族佤族自治县	144693	75575	69118	109.34	77.45
澜沧拉祜族自治县	441455	233730	207725	112.52	77.42
西盟佤族自治县	87291	45981	41310	111.31	90.82
临沧市	**2257991**	**1181240**	**1076751**	**109.70**	**38.22**
临翔区	370947	189587	181360	104.54	21.88
凤庆县	385420	197695	187725	105.31	31.18
云县	389180	204857	184323	111.14	48.48

城乡人口		城市城区人口(人)	家庭户				家庭户类别			
城镇人口(人)	乡村人口(人)		户数(户)	人口数(人)	户规模(人/户)	其中：一人户(户)	一代户(户)	二代户(户)	三代户(户)	四代以上户(户)
2827160	**2938615**	**972159**	**1949117**	**5428455**	**2.79**	**444242**	**851152**	**837467**	**250664**	**9834**
781208	215071		333958	881323	2.64	86602	158871	128378	44741	1968
194953	210352		124239	368109	2.96	22937	46900	51414	24428	1497
67504	125633		59884	179766	3.00	10114	22766	24518	11998	602
234000	365266		209130	571151	2.73	40677	94599	94356	19577	598
170829	206073		104636	355017	3.39	14758	32256	47166	23957	1257
210951	324614		177324	521748	2.94	39357	73228	75754	27226	1116
166806	508423		200807	651537	3.24	34851	68207	95196	35978	1426
308987	485292		292805	764540	2.61	76539	139111	121237	31521	936
691922	497891	389058	446334	1135264	2.54	118407	215214	199448	31238	434
1210702	**1038800**	**512719**	**724187**	**2068365**	**2.86**	**150314**	**301843**	**275858**	**137709**	**8777**
426993	161745		188712	521863	2.77	46921	85161	66905	34389	2257
122617	130678		82227	240998	2.93	13317	32710	33249	15496	772
160858	129033		88644	273792	3.09	13879	32535	35169	19556	1384
77566	112859		63687	183219	2.88	11550	25918	25429	11669	671
77752	73919		51926	138590	2.67	12502	23504	18981	8975	466
66594	77309		45061	129588	2.88	8918	17925	17264	9292	580
105747	157024		84198	245793	2.92	17386	33907	30039	18801	1451
91083	104564		63313	182240	2.88	14116	24792	25580	12137	804
81492	91669	43077	56419	152282	2.70	11725	25391	23242	7394	392
853166	**1578045**	**344187**	**694206**	**2287057**	**3.29**	**108258**	**204828**	**251272**	**218554**	**19552**
378240	524841		263563	842599	3.20	44740	83417	95911	76824	7411
63019	230003		84818	283240	3.34	13264	23835	29690	28319	2974
67423	205346		76343	261976	3.43	10721	20654	28334	25487	1868
105510	214348		91568	302668	3.31	11865	25117	34057	29824	2570
238974	403507	165193	177914	596574	3.35	27668	51805	63280	58100	4729
2012717	**3079894**	**375322**	**1587887**	**4889514**	**3.08**	**335391**	**576480**	**735625**	**263744**	**12038**
589260	322506		288334	851787	2.95	63251	111926	137071	38341	996
157168	241279		129016	386333	2.99	26513	46821	68043	13779	373
148593	313580		154250	440622	2.86	35250	62068	68174	22894	1114
102392	215071		91088	305634	3.36	16362	26793	38507	24175	1613
71713	137403		66112	202684	3.07	13607	21748	30314	13293	757
136660	212497		117480	338755	2.88	28620	45036	51113	20356	975
64723	70745		44603	130377	2.92	9702	16222	18023	9812	546
380958	968837		401693	1308217	3.26	81703	143045	194602	61634	2412
148101	355275		148876	488779	3.28	26625	46984	68091	32270	1531
144760	207558		110015	338298	3.08	23810	40199	47577	20786	1453
68389	35143	50825	36420	98028	2.69	9948	15638	14110	6404	268
597447	**656431**	**233478**	**391061**	**1170501**	**2.99**	**85149**	**147051**	**146291**	**91262**	**6457**
238828	49959		100326	246187	2.45	37529	56524	26729	15989	1084
78961	145078		68542	211526	3.09	11315	22484	26543	18352	1163
106881	229951		100581	327061	3.25	15224	29393	38169	30327	2692
75042	84653		49407	150520	3.05	9896	17458	18848	12211	890
97735	146790		72205	235207	3.26	11185	21192	36002	14383	628
974845	**1430109**	**289662**	**780086**	**2275549**	**2.92**	**165939**	**301399**	**305750**	**164121**	**8816**
327733	88455		138682	357674	2.58	39907	69146	48884	19875	777
68881	93830		54505	155579	2.85	11296	22682	19461	11637	725
89997	191557		91169	271623	2.98	18252	32992	37725	19487	965
90245	212864		96477	291547	3.02	17711	32450	38188	24494	1345
86176	191241		90016	267406	2.97	17651	33604	34920	20526	966
68445	111058		59776	171159	2.86	12629	23350	23193	12556	677
45181	65852		36542	106515	2.91	7109	13931	15035	7139	437
61764	82929		46096	141696	3.07	9343	16443	18009	10884	760
102933	338522		137675	427428	3.10	25765	46531	57014	32228	1902
33490	53801		29148	84922	2.91	6276	10270	13321	5295	262
792078	**1465913**	**197787**	**664960**	**2117630**	**3.18**	**110083**	**204058**	**277657**	**172233**	**11012**
211878	159069		102780	313809	3.05	19247	36151	41698	23735	1196
106946	278474		114639	373086	3.25	16530	30740	45242	36059	2598
129255	259925		117608	368583	3.13	19472	35617	50255	30088	1648

表1 续表 47

地　　区	人口数 合　计 (人)	男 (人)	女 (人)	性别比 (女=100)	少数民族人口比重 (%)
永德县	328864	175430	153434	114.34	20.97
镇康县	172879	92654	80225	115.49	28.87
双江拉祜族佤族布朗族傣族自治县	164756	86586	78170	110.77	43.45
耿马傣族佤族自治县	285683	150094	135589	110.70	50.10
沧源佤族自治县	160262	84337	75925	111.08	87.05
楚雄彝族自治州	**2416747**	**1235004**	**1181743**	**104.51**	**33.74**
楚雄市	631530	316365	315165	100.38	23.69
双柏县	133884	70930	62954	112.67	47.76
牟定县	149437	77056	72381	106.46	22.05
南华县	203704	102841	100863	101.96	43.03
姚安县	164165	84807	79358	106.87	27.56
大姚县	228961	116812	112149	104.16	36.68
永仁县	97985	51178	46807	109.34	61.94
元谋县	201510	103821	97689	106.28	38.07
武定县	239059	121333	117726	103.06	53.14
禄丰县	366512	189861	176651	107.48	23.90
红河哈尼族彝族自治州	**4478422**	**2320257**	**2158165**	**107.51**	**56.99**
个旧市	419314	215740	203574	105.98	44.23
开远市	323031	165840	157191	105.50	56.65
蒙自市	585976	297505	288471	103.13	52.85
弥勒市	538083	279111	258972	107.78	39.95
屏边苗族自治县	129448	68395	61053	112.03	67.50
建水县	534205	274691	259514	105.85	39.77
石屏县	271951	137825	134126	102.76	60.71
泸西县	389138	204488	184650	110.74	14.49
元阳县	359155	188560	170595	110.53	88.00
红河县	284607	146779	137828	106.49	94.81
金平苗族瑶族傣族自治县	331377	176714	154663	114.26	85.60
绿春县	210166	110184	99982	110.20	97.32
河口瑶族自治县	101971	54425	47546	114.47	62.51
文山壮族苗族自治州	**3503218**	**1824919**	**1678299**	**108.74**	**57.53**
文山市	623772	317344	306428	103.56	48.35
砚山县	476587	248160	228427	108.64	64.90
西畴县	203630	107875	95755	112.66	21.38
麻栗坡县	243587	129908	113679	114.28	43.77
马关县	318704	167822	150882	111.23	52.02
丘北县	468172	245417	222755	110.17	65.58
广南县	771948	404029	367919	109.81	63.31
富宁县	396818	204364	192454	106.19	73.76
西双版纳傣族自治州	**1301407**	**684765**	**616642**	**111.05**	**66.26**
景洪市	642737	339650	303087	112.06	56.93
勐海县	353720	183850	169870	108.23	80.34
勐腊县	304950	161265	143685	112.24	69.60
大理白族自治州	**3337559**	**1693368**	**1644191**	**102.99**	**50.05**
大理市	771128	387585	383543	101.05	63.80
漾濞彝族自治县	97610	50585	47025	107.57	69.26
祥云县	406642	205995	200647	102.67	18.67
宾川县	341319	175381	165938	105.69	22.59
弥渡县	261205	131964	129241	102.11	11.04
南涧彝族自治县	192942	97960	94982	103.14	52.43
巍山彝族回族自治县	267474	135343	132131	102.43	44.12
永平县	164613	84140	80473	104.56	43.01
云龙县	182977	94841	88136	107.61	86.23
洱源县	248147	125000	123147	101.50	69.09
剑川县	160471	81412	79059	102.98	93.85
鹤庆县	243031	123162	119869	102.75	65.55
德宏傣族景颇族自治州	**1315709**	**686236**	**629473**	**109.02**	**45.76**
瑞丽市	267638	146544	121094	121.02	32.42
芒市	439931	225093	214838	104.77	45.53

城乡人口		城　市 城区人口 (人)	家庭户				家庭户类别			
城镇人口 (人)	乡村人口 (人)		户数 (户)	人口数 (人)	户规模 (人/户)	其中：一人户 (户)	一代户 (户)	二代户 (户)	三代户 (户)	四代以上户 (户)
80176	248688		94801	318177	3.36	13816	25614	40328	27093	1766
54887	117992		50336	165709	3.29	7931	14797	21449	13108	982
56992	107764		50383	157123	3.12	9039	16373	21990	11363	657
99117	186566		83312	269800	3.24	14195	26840	34012	20785	1675
52827	107435		51101	151343	2.96	9853	17926	22683	10002	490
1083258	**1333489**		**825075**	**2263668**	**2.74**	**211007**	**351350**	**287014**	**174739**	**11972**
426823	204707	395083	212154	562461	2.65	57942	96846	71220	41467	2621
45852	88032		50165	126606	2.52	15362	24342	16948	8415	460
63626	85811		55320	143931	2.60	15839	24761	19078	10793	688
65431	138273		73058	200219	2.74	19946	31106	24542	16259	1151
57693	106472		56428	157961	2.80	13802	22470	19678	13201	1079
77222	151739		75205	212473	2.83	16633	29498	26737	17599	1371
37905	60080		33642	93955	2.79	8140	13662	11983	7425	572
82471	119039		65376	191368	2.93	15041	25931	22626	15643	1176
90360	148699		79756	231689	2.90	17170	29597	30794	18066	1299
135875	230637		123971	343005	2.77	31132	53137	43408	25871	1555
2136297	**2342125**		**1379927**	**4161737**	**3.02**	**303960**	**519670**	**549479**	**293728**	**17050**
310521	108793	259879	139585	364759	2.61	37351	65092	52785	20836	872
227231	95800	195244	109966	294848	2.68	29189	49265	42088	17719	894
430355	155621	391974	172762	484222	2.80	45480	74039	65640	31106	1977
287637	250446	182577	183991	510394	2.77	49919	79468	67447	35290	1786
41017	88431		45010	126353	2.81	12217	18097	18038	8460	415
271874	262331		158228	493196	3.12	27828	53411	62902	39846	2069
111857	160094		92076	265174	2.88	20765	35993	36430	18790	863
143256	245882		114690	371526	3.24	17693	37646	50872	24829	1343
59418	299737		101285	349975	3.46	17110	28462	43679	27236	1908
58896	225711		76450	279033	3.65	12307	22032	33788	19670	960
89341	242036		92577	318707	3.44	16179	25341	37234	27544	2458
43432	166734		55970	206062	3.68	7341	13403	24500	16793	1274
61462	40509		37337	97488	2.61	10581	17421	14076	5609	231
1303117	**2200101**		**995183**	**3343416**	**3.36**	**166115**	**292743**	**418401**	**266700**	**17339**
424760	199012	395522	181935	564751	3.10	35292	62956	78301	38761	1917
227250	249337		131991	455800	3.45	20740	37083	55635	36882	2391
49415	154215		62045	195858	3.16	11985	19736	24096	17221	992
49531	194056		75382	236176	3.13	14846	24883	29213	19755	1531
109507	209197		98634	309139	3.13	17322	31566	40647	25074	1347
123079	345093		128947	455920	3.54	18512	36132	58940	31982	1893
212334	559614		204115	748421	3.67	30125	51146	84979	63412	4578
107241	289577		112134	377351	3.37	17293	29241	46590	33613	2690
612550	**688857**		**420211**	**1222032**	**2.91**	**104125**	**186733**	**138923**	**85159**	**9396**
358517	284220	270044	225912	596616	2.64	67712	117030	68536	36514	3832
122048	231672		99798	340522	3.41	17524	32259	35276	28495	3768
131985	172965		94501	284894	3.01	18889	37444	35111	20150	1796
1431062	**1906497**		**1048985**	**3161302**	**3.01**	**206695**	**368155**	**391546**	**269093**	**20191**
549189	221939	520016	260257	695652	2.67	73556	122473	85450	48537	3797
30661	66949		30372	93613	3.08	5422	9731	11750	8285	606
185948	220694		126801	386590	3.05	23069	42305	48454	33727	2315
105589	235730		99453	326380	3.28	15251	29760	37598	29652	2443
96685	164520		85908	253493	2.95	16088	28691	34063	21734	1420
63544	129398		60065	185307	3.09	9484	17726	24760	16782	797
118687	148787		84703	259268	3.06	15390	27209	32763	23083	1648
40020	124593		50228	159883	3.18	8454	14642	18822	15393	1371
51298	131679		56879	176450	3.10	9250	17098	24546	14309	926
59051	189096		75313	239142	3.18	12259	22676	29134	21676	1827
48528	111943		44392	151916	3.42	5015	11159	17556	14495	1182
81862	161169		74614	233608	3.13	13457	24685	26650	21420	1859
643937	**671772**		**403607**	**1209416**	**3.00**	**90364**	**155198**	**151094**	**91716**	**5599**
208658	58980	184346	91912	234729	2.55	30059	47854	30397	13162	499
216426	223505	196285	128719	399682	3.11	26373	46460	47593	32254	2412

表1 续表 48

地区	人口数 合计（人）	男（人）	女（人）	性别比（女=100）	少数民族人口比重（%）
梁河县	134268	69434	64834	107.10	36.24
盈江县	292508	150957	141551	106.64	57.99
陇川县	181364	94208	87156	108.09	53.35
怒江傈僳族自治州	**552694**	**289474**	**263220**	**109.97**	**89.31**
泸水市	203977	107554	96423	111.54	83.05
福贡县	114372	59232	55140	107.42	96.50
贡山独龙族怒族自治县	38471	20585	17886	115.09	87.99
兰坪白族普米族自治县	195874	102103	93771	108.89	91.90
迪庆藏族自治州	**387511**	**203090**	**184421**	**110.12**	**83.27**
香格里拉市	186412	97802	88610	110.37	79.02
德钦县	54736	28356	26380	107.49	94.56
维西傈僳族自治县	146363	76932	69431	110.80	84.47
西藏自治区	**3648100**	**1913588**	**1734512**	**110.32**	**87.85**
拉萨市	**867891**	**470353**	**397538**	**118.32**	**73.14**
城关区	473586	253836	219750	115.51	67.48
堆龙德庆区	125647	72807	52840	137.79	62.26
达孜区	31686	17193	14493	118.63	85.81
林周县	50596	25674	24922	103.02	94.79
当雄县	47900	24886	23014	108.13	94.48
尼木县	29989	15777	14212	111.01	93.20
曲水县	41851	22698	19153	118.51	86.05
墨竹工卡县	49511	26760	22751	117.62	90.34
拉萨经济技术开发区	11804	7437	4367	170.30	40.80
西藏文化旅游创意园区	4689	2857	1832	155.95	62.00
达孜工业园区	632	428	204	209.80	28.96
日喀则市	**798153**	**416384**	**381769**	**109.07**	**94.68**
桑珠孜区	158290	82675	75615	109.34	86.53
南木林县	83531	43945	39586	111.01	97.80
江孜县	68650	35036	33614	104.23	96.53
定日县	58173	29878	28295	105.59	97.25
萨迦县	48766	25493	23273	109.54	97.93
拉孜县	56355	29405	26950	109.11	96.73
昂仁县	55108	28346	26762	105.92	98.55
谢通门县	45573	23573	22000	107.15	98.28
白朗县	44564	23678	20886	113.37	98.40
仁布县	33530	18565	14965	124.06	92.04
康马县	20864	10691	10173	105.09	96.21
定结县	20362	10611	9751	108.82	97.04
仲巴县	26897	13648	13249	103.01	97.73
亚东县	15449	8202	7247	113.18	86.72
吉隆县	17536	9338	8198	113.91	91.58
聂拉木县	17009	8987	8022	112.03	95.16
萨嘎县	16220	8425	7795	108.08	95.77
岗巴县	11276	5888	5388	109.28	95.50
昌都市	**760966**	**394266**	**366700**	**107.52**	**93.88**
卡若区	148511	78079	70432	110.86	86.05
江达县	92800	48857	43943	111.18	93.76
贡觉县	40009	20481	19528	104.88	95.01
类乌齐县	58856	30091	28765	104.61	97.26
丁青县	98677	51191	47486	107.80	96.43
察雅县	57065	28862	28203	102.34	96.54
八宿县	43538	22230	21308	104.33	95.12
左贡县	46608	23919	22689	105.42	96.87
芒康县	79001	41569	37432	111.05	94.67
洛隆县	53185	27199	25986	104.67	97.13
边坝县	42716	21788	20928	104.11	96.21

城乡人口		城市城区人口（人）	家庭户				家庭户类别			
城镇人口（人）	乡村人口（人）		户数（户）	人口数（人）	户规模（人/户）	其中：一人户（户）	一代户（户）	二代户（户）	三代户（户）	四代以上户（户）
41936	92332		42139	127755	3.03	7963	15212	15962	10268	697
105367	187141		85429	275517	3.23	15092	26767	35419	21980	1263
71550	109814		55408	171733	3.10	10877	18905	21723	14052	728
289359	**263335**		**165184**	**514105**	**3.11**	**33542**	**56429**	**72990**	**34420**	**1345**
148759	55218	73750	60346	181862	3.01	12640	21418	26416	12083	429
33912	80460		32319	112731	3.49	6224	9574	15288	7163	294
16312	22159		12655	35972	2.84	3044	5027	5519	2066	43
90376	105498		59864	183540	3.07	11634	20410	25767	13108	579
120411	**267100**		**112757**	**344215**	**3.05**	**24674**	**41649**	**42796**	**25633**	**2679**
75300	111112	63776	50958	152255	2.99	12359	20887	17877	10585	1609
8674	46062		14825	50795	3.43	2921	4676	4796	4781	572
36437	109926		46974	141165	3.01	9394	16086	20123	10267	498
1303443	**2344657**		**1014090**	**3237287**	**3.19**	**336840**	**490418**	**339413**	**174747**	**9512**
605511	**262380**	**547879**	**292976**	**683405**	**2.33**	**126644**	**189861**	**74888**	**27097**	**1130**
467925	5661		171090	341659	2.00	82228	124646	38009	8197	238
77242	48405		43053	94335	2.19	19634	29170	10614	3175	94
6635	25051		10596	29632	2.80	3254	4982	3842	1723	49
4890	45706		14667	49414	3.37	3481	5465	5421	3583	198
8495	39405		12825	46518	3.63	3599	5123	4900	2703	99
6605	23384		7840	29171	3.72	2278	3173	2242	2221	204
7692	34159		13498	36473	2.70	4755	7035	4105	2294	64
8902	40609		14663	45748	3.12	5194	6993	4673	2827	170
11804			3193	6655	2.08	1593	2290	726	171	6
4689			1358	3526	2.60	489	816	334	200	8
632			193	274	1.42	139	168	22	3	
184323	**613830**	**94464**	**193308**	**741548**	**3.84**	**53509**	**73967**	**64336**	**51255**	**3750**
94464	63826		35124	122110	3.48	13387	19563	8547	6261	753
5472	78059		17527	80592	4.60	3880	5222	5469	6425	411
16228	52422		17395	66547	3.83	4500	6391	5041	5493	470
4166	54007		14680	57143	3.89	3249	4434	6468	3657	121
6837	41929		12041	47347	3.93	3256	4198	3905	3664	274
12315	44040		12925	53218	4.12	2888	4151	4558	3962	254
1763	53345		14536	54683	3.76	3459	4717	6123	3544	152
5544	40029		11771	45034	3.83	3330	4104	4155	3278	234
6013	38551		8750	43711	5.00	1997	2632	2353	3449	316
3644	29886		7337	31047	4.23	1972	2615	1876	2620	226
2701	18163		5516	20367	3.69	1457	2001	1546	1863	106
5042	15320		5465	20037	3.67	1425	1923	1896	1484	162
3127	23770		8005	26586	3.32	2237	2950	4038	996	21
6973	8476		4619	13626	2.95	1314	2161	1427	969	62
5015	12521		4845	16155	3.33	1394	1909	2028	885	23
2134	14875		4201	16409	3.91	1191	1528	1466	1149	58
2411	13809		5066	15827	3.12	1452	1937	2312	789	28
474	10802		3505	11109	3.17	1121	1531	1128	767	79
133017	**627949**	**53012**	**165320**	**689943**	**4.17**	**45405**	**63080**	**61292**	**38659**	**2289**
50127	98384		32369	110212	3.40	10580	14778	12034	5214	343
1338	91462		19953	86042	4.31	5743	7982	7676	4151	144
7276	32733		8283	36578	4.42	2589	3501	2801	1891	90
8038	50818		13072	56678	4.34	3216	4559	5684	2717	112
13469	85208		19331	92722	4.80	4952	7070	7290	4651	320
11040	46025		12524	51187	4.09	3298	4697	4792	2873	162
7100	36438		11245	43491	3.87	3868	5024	3529	2531	161
5326	41282		10728	44194	4.12	2606	3403	4119	3076	130
8937	70064		16567	76007	4.59	4276	5872	4305	5825	565
12503	40682		11849	51425	4.34	2275	3390	5126	3200	133
7863	34853		9399	41407	4.41	2002	2804	3936	2530	129

表1 续表 49

地 区	人口数				少数民族人口比重 (%)
	合 计 (人)	男 (人)	女 (人)	性别比 (女=100)	
林芝市	**238936**	**127548**	**111388**	**114.51**	**75.31**
巴宜区	84254	45066	39188	115.00	55.45
工布江达县	32874	16855	16019	105.22	93.51
米林县	26176	14205	11971	118.66	80.85
墨脱县	14889	8528	6361	134.07	77.33
波密县	34858	18578	16280	114.12	85.20
察隅县	28237	14900	13337	111.72	87.28
朗县	17648	9416	8232	114.38	87.67
山南市	**354035**	**182938**	**171097**	**106.92**	**91.00**
乃东区	81608	42032	39576	106.21	83.35
扎囊县	36656	18641	18015	103.47	96.16
贡嘎县	53701	28653	25048	114.39	88.92
桑日县	18041	10150	7891	128.63	85.86
琼结县	15199	7333	7866	93.22	96.14
曲松县	12962	6618	6344	104.32	94.65
措美县	12132	6222	5910	105.28	96.43
洛扎县	19865	10320	9545	108.12	92.43
加查县	23534	12362	11172	110.65	90.26
隆子县	33570	17005	16565	102.66	96.51
错那县	13932	7136	6796	105.00	93.21
浪卡子县	32835	16466	16369	100.59	97.77
那曲市	**504838**	**256495**	**248343**	**103.28**	**96.89**
色尼区	104490	53852	50638	106.35	94.79
嘉黎县	38797	20175	18622	108.34	95.91
比如县	72618	36440	36178	100.72	97.44
聂荣县	35163	17586	17577	100.05	98.03
安多县	39683	20101	19582	102.65	97.19
申扎县	21768	11048	10720	103.06	97.19
索县	52923	27076	25847	104.75	96.88
班戈县	39309	19549	19760	98.93	98.64
巴青县	56200	28680	27520	104.22	97.41
尼玛县	33006	16465	16541	99.54	98.42
双湖县	10881	5523	5358	103.08	97.87
阿里地区	**123281**	**65604**	**57677**	**113.74**	**88.08**
普兰县	12242	6708	5534	121.21	84.46
札达县	8454	4536	3918	115.77	86.59
噶尔县	31052	17632	13420	131.39	72.45
日土县	11167	5975	5192	115.08	89.60
革吉县	18012	9271	8741	106.06	97.57
改则县	25327	12851	12476	103.01	96.67
措勤县	17027	8631	8396	102.80	96.12
陕西省	**39528999**	**20226490**	**19302509**	**104.79**	**0.56**
西安市	**12183280**	**6226524**	**5956756**	**104.53**	**1.04**
新城区	617986	315901	302085	104.57	1.71
碑林区	756840	376983	379857	99.24	1.29
莲湖区	1019102	506473	512629	98.80	3.49
灞桥区	1020259	534773	485486	110.15	0.95
未央区	1891363	974497	916866	106.29	0.81
雁塔区	2046737	1034188	1012549	102.14	1.00
阎良区	303284	157875	145409	108.57	0.52
临潼区	675961	344527	331434	103.95	0.35
长安区	1751296	894825	856471	104.48	0.97
高陵区	441814	226148	215666	104.86	0.34
鄠邑区	609181	318020	291161	109.22	0.31
蓝田县	491975	255116	236859	107.71	0.18
周至县	557482	287198	270284	106.26	0.13
铜川市	**698322**	**355409**	**342913**	**103.64**	**0.39**
王益区	135298	67361	67937	99.15	0.84
印台区	133940	69129	64811	106.66	0.33
耀州区	357370	180594	176776	102.16	0.29
宜君县	71714	38325	33389	114.78	0.13

城乡人口		城　市 城区人口 (人)	家庭户				家庭户类别			
城镇人口 (人)	乡村人口 (人)		户数 (户)	人口数 (人)	户规模 (人/户)	其中：一人户 (户)	一代户 (户)	二代户 (户)	三代户 (户)	四代以上户 (户)
97675	**141261**	**57603**	**73422**	**205332**	**2.80**	**23425**	**36973**	**25512**	**10398**	**539**
60696	23558		26621	62082	2.33	10522	16489	7636	2373	123
6241	26633		10527	31858	3.03	3152	4557	4040	1848	82
5915	20261		7560	23141	3.06	1896	3455	2901	1133	71
3318	11571		4336	13312	3.07	1245	2010	1688	606	32
10114	24744		10014	31910	3.19	2531	4202	4088	1639	85
6221	22016		8136	26454	3.25	2117	3323	2852	1846	115
5170	12478		6228	16575	2.66	1962	2937	2307	953	31
113048	**240987**	**52683**	**118813**	**320516**	**2.70**	**39928**	**57790**	**39496**	**20910**	**617**
54188	27420		30604	65663	2.15	14492	19644	7809	3026	125
9918	26738		10582	32756	3.10	3007	4485	3535	2472	90
14101	39600		15143	48674	3.21	4167	6310	5124	3564	145
2297	15744		5398	15279	2.83	1478	2332	2049	993	24
2728	12471		5373	15041	2.80	1724	2520	1622	1215	16
3117	9845		4850	12508	2.58	1555	2258	1819	759	14
4881	7251		4444	11978	2.70	1367	2015	1480	909	40
4923	14942		6517	18440	2.83	1958	2853	2165	1468	31
4946	18588		7658	21733	2.84	2173	3228	2944	1436	50
5527	28043		12774	32945	2.58	3697	5563	5463	1728	20
2871	11061		5764	13538	2.35	1973	3092	1910	753	9
3551	29284		9706	31961	3.29	2337	3490	3576	2587	53
116030	**388808**	**29661**	**130023**	**486112**	**3.74**	**34002**	**49025**	**57296**	**22610**	**1092**
31436	73054		28773	96517	3.35	7589	12036	12878	3733	126
11061	27736		9156	37238	4.07	2344	3204	4006	1868	78
16644	55974		16394	71441	4.36	4602	6307	6732	3167	188
5356	29807		9435	34721	3.68	2295	3534	4184	1644	73
11720	27963		12814	38723	3.02	3877	5305	5986	1473	50
4384	17384		6259	21342	3.41	1695	2346	2628	1208	77
11753	41170		10008	49540	4.95	2091	3331	4170	2359	148
7235	32074		12143	39112	3.22	3059	4147	5974	1969	53
10147	46053		12069	53975	4.47	2641	3870	5212	2797	190
4808	28198		9521	32655	3.43	2550	3419	4175	1848	79
1486	9395		3451	10848	3.14	1259	1526	1351	544	30
53839	**69442**		**40228**	**110431**	**2.75**	**13927**	**19722**	**16593**	**3818**	**95**
4542	7700		3617	10378	2.87	1136	1783	1313	499	22
3692	4762		3127	7421	2.37	1242	1741	1087	297	2
23824	7228		10971	23809	2.17	5018	7185	3389	390	7
4163	7004		3770	9985	2.65	1450	1914	1505	340	11
3291	14721		5627	17670	3.14	1557	2130	2943	546	8
8396	16931		7400	24456	3.30	1641	2402	4017	956	25
5931	11096		5716	16712	2.92	1883	2567	2339	790	20
24769730	**14759269**		**14211344**	**35975425**	**2.53**	**3863271**	**7016397**	**5293797**	**1833268**	**67882**
9723308	**2459972**	**9283714**	**4269626**	**10391686**	**2.43**	**1331874**	**2282287**	**1467775**	**505051**	**14513**
617986			231089	532595	2.30	68280	128487	82517	19916	169
756840			273126	590821	2.16	96615	162299	90579	20084	164
1019102			437828	945604	2.16	169929	266636	139565	31336	291
1000540	19719		340491	834377	2.45	108030	183812	116811	38873	995
1891363			683866	1624748	2.38	224198	381247	240070	61498	1051
2046737			799088	1720265	2.15	310613	490499	249305	58619	665
176852	126432		101506	272709	2.69	20927	46339	38389	16105	673
246814	429147		219046	613925	2.80	45606	91650	83624	42074	1698
1083321	667975		527631	1368723	2.59	154569	267662	178127	79220	2622
289933	151881		138873	390335	2.81	30714	57600	54633	25518	1122
263450	345731		181624	520182	2.86	37293	75055	65530	39183	1856
168019	323956		161290	441804	2.74	36474	70220	61117	28943	1010
162351	395131		174168	535598	3.08	28626	60781	67508	43682	2197
444612	**253710**	**323960**	**264800**	**664395**	**2.51**	**62429**	**130614**	**100339**	**32823**	**1024**
116105	19193		57041	129176	2.26	15771	32547	19534	4859	101
86378	47562		54312	126889	2.34	15500	29315	19324	5499	174
214841	142529		126805	340694	2.69	24719	56241	50799	19110	655
27288	44426		26642	67636	2.54	6439	12511	10682	3355	94

表1 续表 50

地　区	人口数				少数民族人口比重
	合　计（人）	男（人）	女（人）	性别比（女=100）	（%）
宝鸡市	**3321853**	**1684526**	**1637327**	**102.88**	**0.47**
渭滨区	535833	263115	272718	96.48	0.81
金台区	460950	232265	228685	101.57	0.91
陈仓区	479179	246349	232830	105.81	0.20
凤翔县	386156	195821	190335	102.88	0.11
岐山县	365209	185152	180057	102.83	0.16
扶风县	313231	159138	154093	103.27	0.06
眉县	281211	143965	137246	104.90	0.12
陇县	208482	104141	104341	99.81	0.95
千阳县	99510	50957	48553	104.95	1.25
麟游县	73297	40827	32470	125.74	0.17
凤县	79165	41809	37356	111.92	1.55
太白县	39630	20987	18643	112.57	0.21
咸阳市	**4983340**	**2532787**	**2450553**	**103.36**	**0.37**
秦都区	834374	413730	420644	98.36	0.53
杨陵区	253871	130305	123566	105.45	1.15
渭城区	480334	242072	238262	101.60	1.47
三原县	357250	179107	178143	100.54	0.15
泾阳县	460108	233345	226763	102.90	0.12
乾县	456680	234123	222557	105.20	0.05
礼泉县	365555	187355	178200	105.14	0.12
永寿县	160230	82490	77740	106.11	0.07
长武县	148404	78871	69533	113.43	0.22
旬邑县	211932	110258	101674	108.44	0.13
淳化县	141756	73618	68138	108.04	0.08
武功县	317733	159173	158560	100.39	0.13
兴平市	494887	252224	242663	103.94	0.14
彬州市	300226	156116	144110	108.33	0.10
渭南市	**4688744**	**2355147**	**2333597**	**100.92**	**0.13**
临渭区	920044	461926	458118	100.83	0.22
华州区	268620	135716	132904	102.12	0.09
潼关县	125317	63898	61419	104.04	0.11
大荔县	592888	295000	297888	99.03	0.12
合阳县	360683	179686	180997	99.28	0.06
澄城县	304089	151509	152580	99.30	0.07
蒲城县	662603	332252	330351	100.58	0.07
白水县	223832	113743	110089	103.32	0.22
富平县	642452	321995	320457	100.48	0.11
韩城市	383097	196883	186214	105.73	0.16
华阴市	205119	102539	102580	99.96	0.17
延安市	**2282581**	**1192560**	**1090021**	**109.41**	**0.10**
宝塔区	640951	329035	311916	105.49	0.14
安塞区	163135	85221	77914	109.38	0.05
延长县	117965	62027	55938	110.89	0.07
延川县	139713	73128	66585	109.83	0.03
志丹县	155129	81552	73577	110.84	0.08
吴起县	146167	77040	69127	111.45	0.12
甘泉县	76929	39801	37128	107.20	0.06
富县	142891	75612	67279	112.39	0.10
洛川县	201663	105584	96079	109.89	0.05
宜川县	112090	57609	54481	105.74	0.07
黄龙县	41198	21774	19424	112.10	0.70
黄陵县	127015	69414	57601	120.51	0.11
子长市	217735	114763	102972	111.45	0.04
汉中市	**3211462**	**1619717**	**1591745**	**101.76**	**0.38**
汉台区	618204	306390	311814	98.26	0.69
南郑区	466244	233558	232686	100.37	0.14

城乡人口		城市城区人口(人)	家庭户				家庭户类别			
城镇人口(人)	乡村人口(人)		户数(户)	人口数(人)	户规模(人/户)	其中：一人户(户)	一代户(户)	二代户(户)	三代户(户)	四代以上户(户)
1894757	**1427096**	**854248**	**1213467**	**3122120**	**2.57**	**294949**	**573128**	**446954**	**186713**	**6672**
468193	67640		199587	481051	2.41	52933	104892	72496	21690	509
403874	57076		186704	433864	2.32	53989	101135	67449	17833	287
235635	243544		162111	456315	2.81	31182	65051	62903	32683	1474
168795	217361		139771	369121	2.64	31807	61280	52335	25229	927
177127	188082		137092	350974	2.56	32623	66082	48625	21612	773
108297	204934		109291	299921	2.74	22325	47024	40634	20758	875
107803	173408		92384	258886	2.80	18721	38503	33959	19114	808
81707	126775		72314	200749	2.78	16669	30063	27582	14089	580
47801	51709		39421	96061	2.44	11468	19845	14217	5197	162
28398	44899		26718	63262	2.37	7510	13564	10289	2794	71
47907	31258		32193	74434	2.31	10564	17435	10941	3687	130
19220	20410		15881	37482	2.36	5158	8254	5524	2027	76
2899569	**2083771**	**1351034**	**1679839**	**4569413**	**2.72**	**377327**	**733743**	**652599**	**281765**	**11732**
774518	59856		290746	731501	2.52	72496	142647	115288	32027	784
169254	84617		69984	195254	2.79	14648	29041	29585	10938	420
418258	62076		160994	405637	2.52	41354	79202	60194	20836	762
193269	163981		120396	344344	2.86	22737	48296	44957	25712	1431
144717	315391		143044	436957	3.05	25569	50876	53544	36425	2199
209316	247364		152040	436098	2.87	31734	61450	60563	28968	1059
142284	223271		134884	343687	2.55	34549	63402	50992	19667	823
62781	97449		51588	152001	2.95	10194	19028	21300	10849	411
60924	87480		55782	139704	2.50	15602	28021	19898	7626	237
76938	134994		71594	196945	2.75	15369	30092	28529	12509	464
55466	86290		52958	132712	2.51	13624	25269	20091	7281	317
122083	195650		109140	307042	2.81	21479	44276	43505	20463	896
309463	185424	244969	162016	462368	2.85	32627	66409	61227	33070	1310
160298	139928	126171	104673	285163	2.72	25345	45734	42926	15394	619
2311932	**2376812**	**495833**	**1625880**	**4401585**	**2.71**	**379650**	**727984**	**589481**	**292364**	**16051**
508065	411979		322982	824187	2.55	87061	155820	116581	48591	1990
134529	134091		100233	257544	2.57	25896	46561	35583	17385	704
64727	60590		43622	116717	2.68	11355	20500	16435	6410	277
248343	344545		181326	554654	3.06	29300	67110	65344	45480	3392
165973	194710		134694	342927	2.55	36442	68954	44831	19633	1276
138571	165518		121477	297127	2.45	33571	63068	42729	14859	821
290039	372564		216867	630484	2.91	43446	84986	78946	49879	3056
107560	116272		82357	214328	2.60	20653	39114	30726	12042	475
276070	366382		209029	608410	2.91	37419	78969	80011	47433	2616
268583	114514	189877	141146	362923	2.57	37580	70875	49801	19454	1016
109472	95647	70926	72147	192284	2.67	16927	32027	28494	11198	428
1400750	**881831**	**457152**	**848500**	**2127866**	**2.51**	**215068**	**424166**	**374440**	**48705**	**1189**
488216	152735		221046	568911	2.57	50170	102348	107043	11458	197
89635	73500		61117	155166	2.54	14666	30654	27463	2960	40
56452	61513		52400	114984	2.19	16249	31751	19917	727	5
85912	53801		58259	137126	2.35	16957	31887	25123	1227	22
94501	60628		59149	145897	2.47	16913	31246	25585	2278	40
93005	53162		51810	136461	2.63	11492	25316	23351	3067	76
47424	29505		29777	74742	2.51	7082	14718	13848	1194	17
63763	79128		46985	131415	2.80	9507	20124	20540	6141	180
90204	111459		70689	191492	2.71	15838	31128	29586	9612	363
53173	58917		46849	106876	2.28	12941	25958	19172	1675	44
23212	17986		17150	39937	2.33	5351	9533	6121	1452	44
79779	47236		48967	116709	2.38	14422	26627	18085	4136	119
135474	82261	127882	84302	208150	2.47	23480	42876	38606	2778	42
1636715	**1574747**	**529668**	**1281337**	**3070924**	**2.40**	**377406**	**652615**	**444214**	**177495**	**7013**
459244	158960		246520	568751	2.31	75326	139258	81511	25146	605
214232	252012		180731	446671	2.47	49762	89082	62930	27647	1072

表1 续表 51

地 区	人口数				少数民族人口比重
	合 计（人）	男（人）	女（人）	性别比（女=100）	(%)
城固县	442035	220105	221930	99.18	0.19
洋县	345354	175264	170090	103.04	0.09
西乡县	321535	161986	159549	101.53	0.99
勉县	344935	174319	170616	102.17	0.14
宁强县	256373	129812	126561	102.57	0.33
略阳县	143989	74831	69158	108.20	0.79
镇巴县	210871	110897	99974	110.93	0.13
留坝县	35325	18586	16739	111.03	0.75
佛坪县	26597	13969	12628	110.62	0.09
榆林市	**3624750**	**1918899**	**1705851**	**112.49**	**0.20**
榆阳区	967639	501271	466368	107.48	0.19
横山区	283918	149095	134823	110.59	0.09
府谷县	255397	142552	112845	126.33	0.27
靖边县	389002	203790	185212	110.03	0.15
定边县	339077	179139	159938	112.01	0.53
绥德县	255294	130070	125224	103.87	0.06
米脂县	141324	72508	68816	105.37	0.04
佳县	113035	60208	52827	113.97	0.06
吴堡县	53938	27983	25955	107.81	0.06
清涧县	115645	61515	54130	113.64	0.03
子洲县	138612	72442	66170	109.48	0.03
神木市	571869	318326	253543	125.55	0.27
安康市	**2493436**	**1292620**	**1200816**	**107.65**	**0.81**
汉滨区	894853	456271	438582	104.03	1.42
汉阴县	240188	124359	115829	107.36	0.15
石泉县	153221	80393	72828	110.39	0.29
宁陕县	59905	32038	27867	114.97	3.66
紫阳县	260971	138547	122424	113.17	0.70
岚皋县	135006	72289	62717	115.26	0.47
平利县	181286	94388	86898	108.62	0.34
镇坪县	47356	24405	22951	106.34	0.18
旬阳县	357876	186232	171644	108.50	0.33
白河县	162774	83698	79076	105.85	0.16
商洛市	**2041231**	**1048301**	**992930**	**105.58**	**0.52**
商州区	472978	242300	230678	105.04	0.14
洛南县	365736	185504	180232	102.93	0.06
丹凤县	247259	126224	121035	104.29	0.07
商南县	203796	102481	101315	101.15	0.14
山阳县	359967	186334	173633	107.31	0.07
镇安县	253786	133464	120322	110.92	3.46
柞水县	137709	71994	65715	109.55	0.22
甘肃省	**25019831**	**12700948**	**12318883**	**103.10**	**10.62**
兰州市	**4359446**	**2239998**	**2119448**	**105.69**	**5.22**
城关区	1484016	753592	730424	103.17	4.95
七里河区	712271	370315	341956	108.29	8.67
西固区	407010	207508	199502	104.01	2.51
安宁区	439566	219857	219709	100.07	4.46
红古区	143795	73732	70063	105.24	9.55
永登县	285549	145490	140059	103.88	3.77
皋兰县	125157	68127	57030	119.46	1.66
榆中县	473882	243072	230810	105.31	4.24
兰州新区	288200	158305	129895	121.87	5.56
嘉峪关市	**312663**	**162360**	**150303**	**108.02**	**2.66**
市辖区	312663	162360	150303	108.02	2.66
金昌市	**438026**	**225306**	**212720**	**105.92**	**1.93**
金川区	260385	133937	126448	105.92	2.66
永昌县	177641	91369	86272	105.91	0.86

城乡人口		城市城区人口(人)	家庭户				家庭户类别			
城镇人口(人)	乡村人口(人)		户数(户)	人口数(人)	户规模(人/户)	其中：一人户(户)	一代户(户)	二代户(户)	三代户(户)	四代以上户(户)
208768	233267		177832	430462	2.42	52991	90044	60165	26555	1068
149896	195458		133812	332106	2.48	35979	62206	49366	21591	649
123977	197558		134687	306731	2.28	43460	71467	47757	15067	396
177100	167835		143480	336633	2.35	44820	73864	47665	21030	921
116593	139780		102358	246473	2.41	27968	49191	37827	14447	893
68296	75693		57547	140076	2.43	15929	27550	20827	8629	541
87735	123136		79567	204264	2.57	23649	37636	27023	14153	755
16932	18393		13688	32826	2.40	3976	6607	5086	1924	71
13942	12655		11115	25931	2.33	3546	5710	4057	1306	42
2232798	**1391952**	**827247**	**1319728**	**3311902**	**2.51**	**333026**	**687653**	**563011**	**67050**	**2014**
728791	238848		321033	867725	2.70	62154	139863	165108	15869	193
155501	128417		105262	269402	2.56	27347	55490	41925	7517	330
170867	84530		87809	221359	2.52	20751	45846	38364	3546	53
252595	136407		127602	366826	2.87	24793	55623	58538	12818	623
170084	168993		116007	321400	2.77	21699	52752	50999	11682	574
113480	141814		109656	246508	2.25	32139	63514	42445	3646	51
64118	77206		59737	137244	2.30	17665	36165	21236	2276	60
37942	75093		56700	109601	1.93	22141	40852	14818	1020	10
30779	23159		25619	52524	2.05	9633	16849	8272	492	6
49038	66607		50634	106589	2.11	17461	32112	16667	1824	31
56470	82142		65837	133720	2.03	24238	44709	19941	1168	19
403133	168736	286118	193832	479004	2.47	53005	103878	84698	5192	64
1244784	**1248652**	**316416**	**947740**	**2383273**	**2.51**	**277465**	**448935**	**356185**	**138181**	**4439**
514068	380785		323539	846102	2.62	88494	148317	124183	49481	1558
105704	134484		91528	227457	2.49	27487	43946	34187	13075	320
70980	82241		63988	143310	2.24	22582	34922	22100	6833	133
28228	31677		25606	56806	2.22	8689	14173	9124	2261	48
113893	147078		98533	253469	2.57	29383	43995	36934	16918	686
60238	74768		51170	127844	2.50	15645	23655	19300	7964	251
86238	95048		69617	174547	2.51	19330	32731	26381	10143	362
20292	27064		19928	46626	2.34	6629	10671	6889	2287	81
172313	185563		141056	350525	2.49	41447	66866	52938	20520	732
72830	89944		62775	156587	2.49	17779	29659	24149	8699	268
980505	**1060726**	**170919**	**760427**	**1932261**	**2.54**	**214077**	**355272**	**298799**	**103121**	**3235**
228426	244552		179471	440180	2.45	54127	89664	70761	18685	361
176415	189321		129496	345041	2.66	33101	56015	49575	22999	907
118704	128555		92268	241294	2.62	25403	41486	35741	14547	494
96878	106918		74038	188200	2.54	18787	34129	29865	9735	309
172999	186968		138819	348472	2.51	41671	66613	54542	17147	517
121876	131910		94802	240649	2.54	26345	43110	37654	13591	447
65207	72502		51533	128425	2.49	14643	24255	20661	6417	200
13067332	**11952499**		**8422836**	**23345176**	**2.77**	**1909342**	**3798856**	**3218727**	**1332582**	**72671**
3622550	**736896**	**2889065**	**1488899**	**3614873**	**2.43**	**419715**	**800182**	**529579**	**154992**	**4146**
1465620	18396		549816	1246388	2.27	177980	320924	186032	42229	631
624402	87869		252990	613337	2.42	72590	136820	90045	25597	528
373689	33321		164016	386711	2.36	44267	90050	61699	12131	136
439566			130623	317431	2.43	36089	67681	49555	13061	326
109300	34495		49512	131220	2.65	10170	22664	19698	6930	220
138883	146666		101951	269030	2.64	22744	47355	37171	16777	648
70757	54400		42593	105162	2.47	11076	22744	15027	4668	154
233289	240593		137331	369083	2.69	30865	65705	48703	22087	836
167044	121156		60067	176511	2.94	13934	26239	21649	11512	667
295257	**17406**	**291577**	**122353**	**294339**	**2.41**	**27501**	**64864**	**48498**	**8904**	**87**
295257	17406		122353	294339	2.41	27501	64864	48498	8904	87
339011	**99015**	**236943**	**183903**	**419489**	**2.28**	**46419**	**107143**	**67938**	**8742**	**80**
237927	22458		108077	247064	2.29	27290	61513	41828	4701	35
101084	76557		75826	172425	2.27	19129	45630	26110	4041	45

表1 续表 52

地区	人口数 合计(人)	男(人)	女(人)	性别比(女=100)	少数民族人口比重(%)
白银市	**1512110**	**770844**	**741266**	**103.99**	**1.88**
白银区	337645	172698	164947	104.70	1.80
平川区	200869	102817	98052	104.86	1.40
靖远县	373050	191208	181842	105.15	1.30
会宁县	401581	202129	199452	101.34	2.95
景泰县	198965	101992	96973	105.18	1.39
天水市	**2984659**	**1499444**	**1485215**	**100.96**	**6.63**
秦州区	656689	330113	326576	101.08	2.12
麦积区	556102	284268	271834	104.57	1.06
清水县	240597	120934	119663	101.06	1.98
秦安县	416337	210421	205916	102.19	0.55
甘谷县	506801	251264	255537	98.33	0.15
武山县	363727	181665	182062	99.78	0.11
张家川回族自治县	244406	120779	123627	97.70	69.55
武威市	**1464955**	**740306**	**724649**	**102.16**	**5.55**
凉州区	885277	446518	438759	101.77	1.66
民勤县	178470	91309	87161	104.76	0.94
古浪县	250177	125187	124990	100.16	1.47
天祝藏族自治县	151031	77292	73739	104.82	40.57
张掖市	**1131016**	**570451**	**560565**	**101.76**	**2.72**
甘州区	519096	261270	257826	101.34	1.95
肃南裕固族自治县	27762	14523	13239	109.70	56.06
民乐县	192476	98207	94269	104.18	0.61
临泽县	115946	58395	57551	101.47	0.66
高台县	125705	62732	62973	99.62	1.53
山丹县	150031	75324	74707	100.83	0.82
平凉市	**1848607**	**924766**	**923841**	**100.10**	**8.28**
崆峒区	504265	250802	253463	98.95	23.69
泾川县	222210	110175	112035	98.34	0.80
灵台县	156224	78858	77366	101.93	4.12
崇信县	82138	42525	39613	107.35	1.36
庄浪县	335684	165989	169695	97.82	0.44
静宁县	365637	183497	182140	100.75	0.47
华亭市	182449	92920	89529	103.79	11.57
酒泉市	**1055706**	**544264**	**511442**	**106.42**	**5.59**
肃州区	455611	228955	226656	101.01	2.32
金塔县	121766	66197	55569	119.13	1.57
瓜州县	129299	67266	62033	108.44	11.23
肃北蒙古族自治县	15093	9128	5965	153.03	29.69
阿克塞哈萨克族自治县	10970	6013	4957	121.30	34.71
玉门市	137736	73417	64319	114.15	13.97
敦煌市	185231	93288	91943	101.46	2.43
庆阳市	**2179716**	**1110440**	**1069276**	**103.85**	**0.50**
西峰区	513856	259132	254724	101.73	0.70
庆城县	235154	122526	112628	108.79	0.46
环县	304687	159546	145141	109.92	0.37
华池县	119346	62310	57036	109.25	0.30
合水县	135908	69796	66112	105.57	0.23
正宁县	173243	87716	85527	102.56	1.40
宁县	336316	167739	168577	99.50	0.20
镇原县	361206	181675	179531	101.19	0.35
定西市	**2524097**	**1277650**	**1246447**	**102.50**	**1.46**
安定区	422383	213707	208676	102.41	2.87
通渭县	323648	166697	156951	106.21	0.21
陇西县	427373	214643	212730	100.90	0.57
渭源县	277608	141922	135686	104.60	0.54
临洮县	480149	242136	238013	101.73	0.70
漳县	167309	84365	82944	101.71	0.47
岷县	425627	214180	211447	101.29	3.78

城乡人口		城市城区人口(人)	家庭户				家庭户类别			
城镇人口(人)	乡村人口(人)		户数(户)	人口数(人)	户规模(人/户)	其中:一人户(户)	一代户(户)	二代户(户)	三代户(户)	四代以上户(户)
855268	**656842**	**433593**	**542351**	**1453353**	**2.68**	**119682**	**260397**	**213310**	**65912**	**2732**
306599	31046		134052	320359	2.39	33110	72736	52546	8636	134
147724	53145		71620	191606	2.68	15596	34149	29782	7405	284
147185	225865		123319	360770	2.93	24221	52824	48533	20961	1001
141900	259681		140620	386115	2.75	31151	66690	53299	19738	893
111860	87105		72740	194503	2.67	15604	33998	29150	9172	420
1360186	**1624473**	**657701**	**953419**	**2826475**	**2.96**	**206014**	**382577**	**378023**	**183957**	**8862**
430886	225803		219465	598283	2.73	53702	99809	85785	32395	1476
322014	234088		173227	512920	2.96	34289	69361	69326	33240	1300
79146	161451		82348	235224	2.86	19982	33572	32212	15783	781
140593	275744		132347	392451	2.97	26054	52186	52357	26520	1284
183768	323033		159085	495566	3.12	32666	57821	64483	35223	1558
130600	233127		113765	352432	3.10	23183	40849	46619	24995	1302
73179	171227		73182	239599	3.27	16138	28979	27241	15801	1161
688697	**776258**	**393885**	**529119**	**1383397**	**2.61**	**112346**	**269342**	**192716**	**64962**	**2099**
467726	417551		314655	829773	2.64	66503	157838	116907	38913	997
71594	106876		72991	171456	2.35	16168	43905	23698	5241	147
79337	170840		88140	240721	2.73	18473	43181	31803	12564	592
70040	80991		53333	141447	2.65	11202	24418	20308	8244	363
580117	**550899**	**264779**	**428925**	**1081205**	**2.52**	**94112**	**222306**	**156083**	**49261**	**1275**
278092	241004		196155	492010	2.51	42905	102322	72314	21020	499
10920	16842		11612	26226	2.26	3365	6727	4083	788	14
89881	102595		65930	184211	2.79	12070	28694	25217	11669	350
54306	61640		43852	110217	2.51	8496	23258	15439	5003	152
64231	61474		53649	123075	2.29	13423	32568	17285	3714	82
82687	67344		57727	145466	2.52	13853	28737	21745	7067	178
827653	**1020954**	**323022**	**653320**	**1778903**	**2.72**	**148060**	**296169**	**250947**	**101454**	**4750**
332399	171866		174535	477127	2.73	37397	78481	71084	24051	919
86982	135228		87429	214660	2.46	24232	45115	30299	11367	648
53879	102345		64544	152051	2.36	19015	33728	23350	7250	216
35332	46806		27697	74238	2.68	6861	12809	10085	4534	269
95390	240294		105770	330848	3.13	19707	40079	39105	25181	1405
112976	252661		128463	356779	2.78	25362	56159	51975	19432	897
110695	71754	81918	64882	173200	2.67	15486	29798	25049	9639	396
677750	**377956**	**307539**	**392739**	**970034**	**2.47**	**92847**	**207761**	**146970**	**37044**	**964**
327492	128119		176856	423578	2.40	44639	95218	66677	14761	200
61024	60742		42597	103569	2.43	9399	23799	14473	4229	96
51674	77625		44554	121455	2.73	8872	20757	17250	6216	331
9932	5161		6312	14291	2.26	2039	4210	1861	234	7
10231	739		3525	9465	2.69	740	1502	1723	296	4
87544	50192	49384	48622	124133	2.55	11476	25209	18117	5124	172
129853	55378	89210	70273	173543	2.47	15682	37066	26869	6184	154
913075	**1266641**	**310421**	**760620**	**2040604**	**2.68**	**187384**	**353453**	**294604**	**106477**	**6086**
318298	195558		181226	459927	2.54	54834	89198	70530	20590	908
95391	139763		84115	223147	2.65	21167	40245	32362	10792	716
110333	194354		101038	283701	2.81	22854	44991	40323	14600	1124
50304	69042		39867	111391	2.79	8302	17490	16551	5486	340
53877	82031		46590	127741	2.74	9855	20615	18957	6653	365
71405	101838		60934	167721	2.75	13120	26711	24317	9481	425
108778	227538		120002	320578	2.67	28905	56415	44024	18637	926
104689	256517		126848	346398	2.73	28347	57788	47540	20238	1282
969084	**1555013**	**196987**	**846235**	**2464082**	**2.91**	**183143**	**337364**	**325624**	**172842**	**10405**
222386	199997		153187	400602	2.62	38576	74923	56585	20824	855
87686	235962		106516	318923	2.99	21448	40093	42831	22430	1162
219132	208241		145417	421649	2.90	29889	60015	57604	26702	1096
79098	198510		93029	270302	2.91	19649	35937	34693	20882	1517
188693	291456		160349	468103	2.92	32405	60659	61338	36277	2075
56594	110715		56295	163860	2.91	13501	22262	22255	10852	926
115495	310132		131442	420643	3.20	27675	43475	50318	34875	2774

表1 续表 53

地　　区	人口数 合　计 (人)	男 (人)	女 (人)	性别比 (女=100)	少数民族人口比重 (%)
陇南市	**2407272**	**1227642**	**1179630**	**104.07**	**2.43**
武都区	546616	276973	269643	102.72	3.02
成县	241587	121572	120015	101.30	2.93
文县	196906	100725	96181	104.72	3.16
宕昌县	254944	130484	124460	104.84	3.36
康县	162418	83106	79312	104.78	0.41
西和县	351069	178507	172562	103.45	0.30
礼县	424135	218935	205200	106.69	1.86
徽县	189888	96622	93266	103.60	4.94
两当县	39709	20718	18991	109.09	2.63
临夏回族自治州	**2109750**	**1056107**	**1053643**	**100.23**	**62.49**
临夏市	355968	177893	178075	99.90	51.06
临夏县	322628	162544	160084	101.54	46.20
康乐县	255955	127865	128090	99.82	63.46
永靖县	180650	90983	89667	101.47	14.87
广河县	260596	129202	131394	98.33	97.90
和政县	204529	102335	102194	100.14	60.51
东乡族自治县	290034	144428	145606	99.19	92.52
积石山保安族东乡族撒拉族自治县	239390	120857	118533	101.96	63.12
甘南藏族自治州	**691808**	**351370**	**340438**	**103.21**	**63.13**
合作市	112173	56579	55594	101.77	65.35
临潭县	127387	64212	63175	101.64	35.56
卓尼县	95387	48718	46669	104.39	72.45
舟曲县	125367	63394	61973	102.29	34.68
迭部县	52192	26598	25594	103.92	85.04
玛曲县	57076	29659	27417	108.18	92.27
碌曲县	35871	18086	17785	101.69	91.44
夏河县	86355	44124	42231	104.48	87.67
青海省	**5923957**	**3033846**	**2890111**	**104.97**	**49.47**
西宁市	**2467965**	**1256520**	**1211445**	**103.72**	**28.57**
城东区	489372	250205	239167	104.62	43.12
城中区	325813	165446	160367	103.17	15.56
城西区	326866	161823	165043	98.05	15.67
城北区	417701	212010	205691	103.07	14.26
湟中区	395043	205999	189044	108.97	29.07
大通回族土族自治县	403368	204972	198396	103.31	49.78
湟源县	109802	56065	53737	104.33	15.49
海东市	**1358471**	**691990**	**666481**	**103.83**	**47.12**
乐都区	240949	123135	117814	104.52	15.80
平安区	117883	59439	58444	101.70	25.16
民和回族土族自治县	326964	166284	160680	103.49	57.12
互助土族自治县	337941	175438	162503	107.96	27.71
化隆回族自治县	200474	100720	99754	100.97	82.67
循化撒拉族自治县	134260	66974	67286	99.54	94.00
海北藏族自治州	**265322**	**135263**	**130059**	**104.00**	**66.95**
门源回族自治县	138335	70194	68141	103.01	63.35
祁连县	48538	24992	23546	106.14	77.29
海晏县	37729	19171	18558	103.30	50.12
刚察县	40720	20906	19814	105.51	82.47
黄南藏族自治州	**276215**	**139528**	**136687**	**102.08**	**93.26**
同仁县	101519	51556	49963	103.19	90.23
尖扎县	58173	29245	28928	101.10	90.61
泽库县	75659	37996	37663	100.88	98.23
河南蒙古族自治县	40864	20731	20133	102.97	95.35
海南藏族自治州	**446996**	**225808**	**221188**	**102.09**	**77.76**
共和县	133409	67764	65645	103.23	74.24
同德县	60268	30551	29717	102.81	94.32
贵德县	105645	53169	52476	101.32	55.56
兴海县	75833	38160	37673	101.29	90.51
贵南县	71841	36164	35677	101.37	89.58

城乡人口		城市城区人口(人)	家庭户				家庭户类别			
城镇人口(人)	乡村人口(人)		户数(户)	人口数(人)	户规模(人/户)	其中:一人户(户)	一代户(户)	二代户(户)	三代户(户)	四代以上户(户)
870878	**1536394**	**185428**	**781801**	**2343037**	**3.00**	**162595**	**288534**	**312965**	**167180**	**13122**
243502	303114		183771	531216	2.89	40447	73109	75571	32586	2505
121129	120458		78990	232057	2.94	17188	28866	32276	16928	920
63996	132910		73118	190051	2.60	17739	33683	29454	9450	531
69620	185324		77191	251060	3.25	16047	25615	28440	20939	2197
49296	113122		55611	158789	2.86	11911	20375	21125	13007	1104
97876	253193		105695	346443	3.28	19484	33512	42691	27294	2198
128219	295916		126819	411162	3.24	21661	40775	51547	31681	2816
79190	110698		65516	183448	2.80	14188	25522	26259	12981	754
18050	21659		15090	38811	2.57	3930	7077	5602	2314	97
775371	**1334379**		**544803**	**2041775**	**3.75**	**70343**	**139907**	**225948**	**166256**	**12692**
315082	40886	311436	101172	330972	3.27	15134	32081	44271	23907	913
51207	271421		83946	317856	3.79	9992	20017	31063	30057	2809
58785	197170		66027	248073	3.76	8266	15465	27311	21437	1814
94847	85803		59391	174639	2.94	10709	23099	23890	11787	615
89677	170919		59205	256877	4.34	7056	11775	25952	19923	1555
56898	147631		51827	201578	3.89	5528	11434	20800	17902	1691
56506	233528		63992	282647	4.42	6174	11989	29026	21419	1558
52369	187021		59243	229133	3.87	7484	14047	23635	19824	1737
292435	**399373**		**194349**	**633610**	**3.26**	**39181**	**68857**	**75522**	**44599**	**5371**
75650	36523	72293	26476	85259	3.22	5847	10129	10153	5166	1028
47804	79583		37707	123608	3.28	6118	12294	14537	9968	908
33274	62113		26353	88531	3.36	4871	8749	9502	7094	1008
39991	85376		38948	120872	3.10	7166	13126	16991	8370	461
19872	32320		16857	50908	3.02	4701	7506	6034	3046	271
31744	25332		16895	50841	3.01	4428	6894	7769	2074	158
16296	19575		9763	33289	3.41	2174	3524	3386	2422	431
27804	58551		21350	80302	3.76	3876	6635	7150	6459	1106
3559363	**2364594**		**1965893**	**5493942**	**2.79**	**498970**	**871172**	**783279**	**301150**	**10292**
1940616	**527349**	**1618954**	**847809**	**2224710**	**2.62**	**207750**	**397215**	**322572**	**124498**	**3524**
489372			174318	428226	2.46	48553	90631	65253	18049	385
325046	767		124908	284686	2.28	39438	69715	43346	11581	266
326866			124793	289839	2.32	33584	66400	47637	10580	176
407603	10098		149028	353249	2.37	41407	81210	53311	14296	211
128290	266753		115403	375408	3.25	18187	35705	47358	31244	1096
205729	197639		121224	389694	3.21	18603	37632	50608	31798	1186
57710	52092		38135	103608	2.72	7978	15922	15059	6950	204
548858	**809613**	**190040**	**421329**	**1304894**	**3.10**	**81593**	**154085**	**171375**	**92529**	**3340**
125048	115901		83855	228628	2.73	18504	36368	31965	15072	450
79736	38147		39935	110316	2.76	8211	16978	16734	6038	185
131715	195249		96394	318311	3.30	16873	31308	39941	24243	902
122069	215872		107311	322979	3.01	19430	37869	42848	25659	935
41904	158570		56539	195263	3.45	11346	19267	23227	13470	575
48386	85874		37295	129397	3.47	7229	12295	16660	8047	293
122997	**142325**		**93114**	**255863**	**2.75**	**24442**	**39995**	**37556**	**14978**	**585**
52218	86117		46284	136158	2.94	10808	17955	18549	9402	378
26617	21921		17458	45850	2.63	4463	7728	7606	2061	63
28136	9593		15075	34506	2.29	5120	7979	5698	1364	34
16026	24694		14297	39349	2.75	4051	6333	5703	2151	110
114810	**161405**		**86864**	**260549**	**3.00**	**23800**	**35827**	**35398**	**14780**	**859**
49962	51557		30232	91921	3.04	8121	12219	11934	5701	378
23951	34222		18553	54072	2.91	5157	7867	7335	3201	150
23180	52479		24019	74160	3.09	6786	9546	10499	3779	195
17717	23147		14060	40396	2.87	3736	6195	5630	2099	136
182707	**264289**		**150393**	**427326**	**2.84**	**40676**	**62117**	**63069**	**24023**	**1184**
67463	65946		47409	124270	2.62	14237	21244	19859	6056	250
15160	45108		18994	58435	3.08	5100	7530	7712	3481	271
47976	57669		35402	101140	2.86	8384	13809	14608	6709	276
32044	43789		25729	73803	2.87	7657	10994	10959	3621	155
20064	51777		22859	69678	3.05	5298	8540	9931	4156	232

表1 续表 54

地　区	人口数				少数民族人口比重(%)
	合　计(人)	男(人)	女(人)	性别比(女=100)	
果洛藏族自治州	**215573**	**112477**	**103096**	**109.10**	**92.93**
玛沁县	58117	31144	26973	115.46	86.16
班玛县	31794	16649	15145	109.93	94.06
甘德县	41046	21216	19830	106.99	96.97
达日县	40197	20665	19532	105.80	95.72
久治县	29929	15311	14618	104.74	95.37
玛多县	14490	7492	6998	107.06	93.34
玉树藏族自治州	**425199**	**215978**	**209221**	**103.23**	**96.71**
玉树市	141308	72140	69168	104.30	94.73
杂多县	68759	34787	33972	102.40	97.76
称多县	57159	29135	28024	103.96	97.83
治多县	34496	17430	17066	102.13	96.76
囊谦县	90307	45767	44540	102.75	98.27
曲麻莱县	33170	16719	16451	101.63	96.69
海西蒙古族藏族自治州	**468216**	**256282**	**211934**	**120.93**	**40.76**
格尔木市	221863	121353	100510	120.74	36.72
德令哈市	88227	46036	42191	109.11	34.27
茫崖市	18856	12884	5972	215.74	16.64
乌兰县	31507	16888	14619	115.52	48.17
都兰县	68273	35579	32694	108.82	54.70
天峻县	23203	12077	11126	108.55	84.02
大柴旦行政委员会	16287	11465	4822	237.76	24.59
宁夏回族自治区	**7202654**	**3668938**	**3533716**	**103.83**	**35.95**
银川市	**2859074**	**1453869**	**1405205**	**103.46**	**24.95**
兴庆区	808282	405595	402687	100.72	19.07
西夏区	449559	228192	221367	103.08	25.15
金凤区	643952	319862	324090	98.70	24.31
永宁县	321618	164901	156717	105.22	26.13
贺兰县	341507	174335	167172	104.28	21.54
灵武市	294156	160984	133172	120.88	44.83
石嘴山市	**751389**	**384491**	**366898**	**104.80**	**24.37**
大武口区	298292	150339	147953	101.61	12.68
惠农区	178891	94684	84207	112.44	24.01
平罗县	274206	139468	134738	103.51	37.34
吴忠市	**1382713**	**702838**	**679875**	**103.38**	**55.26**
利通区	460790	230210	230580	99.84	61.68
红寺堡区	197604	100959	96645	104.46	64.83
盐池县	159209	84321	74888	112.60	3.85
同心县	320801	162480	158321	102.63	90.56
青铜峡市	244309	124868	119441	104.54	22.57
固原市	**1142142**	**580618**	**561524**	**103.40**	**46.95**
原州区	471329	235864	235465	100.17	44.92
西吉县	315827	162621	153206	106.15	58.84
隆德县	109451	55689	53762	103.58	15.35
泾源县	85023	43629	41394	105.40	85.97
彭阳县	160512	82815	77697	106.59	30.42
中卫市	**1067336**	**547122**	**520214**	**105.17**	**36.82**
沙坡头区	399796	205376	194420	105.64	9.23
中宁县	334022	171168	162854	105.11	29.87
海原县	333518	170578	162940	104.69	76.84
新疆维吾尔自治区	**25852345**	**13354380**	**12497965**	**106.85**	**57.76**
乌鲁木齐市	**4054369**	**2116010**	**1938359**	**109.17**	**25.73**
天山区	652792	325572	327220	99.50	44.29
沙依巴克区	799539	398454	401085	99.34	21.66
新市区	1011440	543387	468053	116.10	19.58
水磨沟区	549576	284056	265520	106.98	18.96

城乡人口		城市城区人口(人)	家庭户				家庭户类别			
城镇人口(人)	乡村人口(人)		户数(户)	人口数(人)	户规模(人/户)	其中：一人户(户)	一代户(户)	二代户(户)	三代户(户)	四代以上户(户)
75632	**139941**		**73779**	**202366**	**2.74**	**28811**	**38416**	**29655**	**5545**	**163**
33004	25113		19786	47953	2.42	8019	11163	7320	1269	34
9892	21902		10077	31123	3.09	3536	4738	4322	991	26
6089	34957		15444	40818	2.64	6971	8534	5883	1001	26
13239	26958		12880	39489	3.07	4407	6130	5892	831	27
4747	25182		9549	28944	3.03	3286	4502	3815	1183	49
8661	5829		6043	14039	2.32	2592	3349	2423	270	1
215245	**209954**		**126778**	**405862**	**3.20**	**36829**	**56059**	**62327**	**8190**	**202**
85497	55811	81984	40958	129485	3.16	11699	19587	18768	2568	35
35857	32902		18153	66959	3.69	4032	6128	10695	1288	42
21385	35774		20040	55788	2.78	6529	8848	10263	910	19
25735	8761		11447	34025	2.97	3015	5117	5804	512	14
30521	59786		23096	87866	3.80	5904	9407	11225	2384	80
16250	16920		13084	31739	2.43	5650	6972	5572	528	12
358498	**109718**		**165827**	**412372**	**2.49**	**55069**	**87458**	**61327**	**16607**	**435**
197153	24710	154472	74567	196395	2.63	22345	36996	29384	7964	223
65424	22803	63156	31699	79139	2.50	9321	15898	12569	3179	53
18856		15477	7845	12568	1.60	5069	6597	1164	84	
20116	11391		13252	28876	2.18	5657	7824	4233	1170	25
32720	35553		23960	64827	2.71	6315	10786	9705	3359	110
13938	9265		9706	21948	2.26	3735	5474	3445	763	24
10291	5996		4798	8619	1.80	2627	3883	827	88	
4678654	**2524000**		**2535074**	**6709343**	**2.65**	**537492**	**1195081**	**1125665**	**209813**	**4515**
2293656	**565418**	**1519150**	**1030103**	**2568917**	**2.49**	**237740**	**514800**	**439244**	**74870**	**1189**
726474	81808		306830	738208	2.41	78063	159264	127591	19705	270
408542	41017		137561	345665	2.51	30986	69190	57768	10436	167
527952	116000		244007	603272	2.47	56106	120423	105074	18261	249
207698	113920		116910	301927	2.58	25279	57461	50832	8486	131
222070	119437		126997	323531	2.55	26426	61102	55503	10241	151
200920	93236	137364	97798	256314	2.62	20880	47360	42476	7741	221
585502	**165887**	**365366**	**294617**	**703095**	**2.39**	**70218**	**158965**	**118856**	**16555**	**241**
272312	25980		115259	275466	2.39	27566	60213	47552	7381	113
149731	29160		73453	165839	2.26	20886	42993	27241	3173	46
163459	110747		105905	261790	2.47	21766	55759	44063	6001	82
771119	**611594**	**372737**	**470326**	**1313237**	**2.79**	**88267**	**208146**	**220479**	**40637**	**1064**
321479	139311		164635	440050	2.67	30658	72779	79087	12472	297
79198	118406		56661	187607	3.31	7796	18495	29476	8419	271
88016	71193		59179	147633	2.49	13079	31534	24437	3129	79
140077	180724		95666	308140	3.22	15241	34341	50177	10827	321
142349	101960	115868	94185	229807	2.44	21493	50997	37302	5790	96
497906	**644236**	**246800**	**376282**	**1091419**	**2.90**	**73691**	**154908**	**178275**	**42020**	**1079**
267810	203519		156014	445495	2.86	30375	63806	76672	15214	322
96776	219051		95890	303125	3.16	16783	34923	48202	12399	366
41744	67707		38776	105993	2.73	8387	17374	16376	4878	148
30003	55020		27656	82548	2.98	5388	11027	12461	4069	99
61573	98939		57946	154258	2.66	12758	27778	24564	5460	144
530471	**536865**	**231304**	**363746**	**1032675**	**2.84**	**67576**	**158262**	**168811**	**35731**	**942**
249307	150489		145876	385168	2.64	27877	68519	64849	12251	257
163702	170320		115207	325038	2.82	21693	51174	51435	12258	340
117462	216056		102663	322469	3.14	18006	38569	52527	11222	345
14613622	**11238723**		**8351642**	**23496279**	**2.81**	**1745613**	**3569824**	**3976453**	**796705**	**8660**
3882487	**171882**	**3730317**	**1443686**	**3509116**	**2.43**	**362182**	**769181**	**564161**	**109063**	**1281**
652720	72		217908	562789	2.58	45081	100258	101156	16291	203
797360	2179		291339	704638	2.42	71982	154107	114895	22084	253
1009639	1801		356877	843861	2.36	94663	200248	127923	28410	296
547016	2560		218309	492000	2.25	66939	128897	75771	13480	161

表1 续表 55

地区	人口数				少数民族人口比重(%)
	合计(人)	男(人)	女(人)	性别比(女=100)	
头屯河区	419022	226549	192473	117.70	19.92
达坂城区	35540	19781	15759	125.52	62.50
米东区	512870	274687	238183	115.33	27.53
乌鲁木齐县	73590	43524	30066	144.76	43.34
克拉玛依市	**490348**	**259472**	**230876**	**112.39**	**20.91**
独山子区	84395	43604	40791	106.90	23.84
克拉玛依区	337188	176068	161120	109.28	19.54
白碱滩区	50825	28778	22047	130.53	25.51
乌尔禾区	17940	11022	6918	159.32	19.86
吐鲁番市	**693988**	**368442**	**325546**	**113.18**	**74.70**
高昌区	317443	167840	149603	112.19	78.83
鄯善县	242310	127069	115241	110.26	70.22
托克逊县	134235	73533	60702	121.14	73.00
哈密市	**673383**	**357092**	**316291**	**112.90**	**29.04**
伊州区	569388	296842	272546	108.91	25.36
巴里坤哈萨克自治县	65531	36106	29425	122.71	54.75
伊吾县	38464	24144	14320	168.60	39.65
昌吉回族自治州	**1613585**	**860716**	**752869**	**114.32**	**25.89**
昌吉市	607441	318871	288570	110.50	24.67
阜康市	181144	96332	84812	113.58	28.27
呼图壁县	192638	100893	91745	109.97	25.11
玛纳斯县	192098	100685	91413	110.14	17.13
奇台县	219811	117236	102575	114.29	27.94
吉木萨尔县	153197	90698	62499	145.12	28.40
木垒哈萨克自治县	67256	36001	31255	115.18	45.36
博尔塔拉蒙古自治州	**433467**	**224228**	**209239**	**107.16**	**38.40**
博乐市	246706	126006	120700	104.40	36.19
阿拉山口市	11097	7060	4037	174.88	24.53
精河县	125968	65455	60513	108.17	37.58
温泉县	49696	25707	23989	107.16	54.57
巴音郭楞蒙古自治州	**1509233**	**793832**	**715401**	**110.96**	**40.90**
库尔勒市	779352	403814	375538	107.53	27.52
轮台县	137327	73692	63635	115.80	66.50
尉犁县	101866	53627	48239	111.17	33.99
若羌县	43045	25980	17065	152.24	36.93
且末县	69236	36595	32641	112.11	71.82
焉耆回族自治县	122961	68107	54854	124.16	68.87
和静县	147859	76856	71003	108.24	57.01
和硕县	59299	30337	28962	104.75	38.21
博湖县	48288	24824	23464	105.80	40.53
阿克苏地区	**2714422**	**1405059**	**1309363**	**107.31**	**73.91**
阿克苏市	715319	372806	342513	108.84	48.87
库车市	530328	273240	257088	106.28	78.34
温宿县	266002	137563	128439	107.10	75.46
沙雅县	278516	147581	130935	112.71	81.47
新和县	194473	98462	96011	102.55	89.63
拜城县	231113	119326	111787	106.74	81.55
乌什县	205571	105383	100188	105.19	94.02
阿瓦提县	242481	124716	117765	105.90	86.90
柯坪县	50619	25982	24637	105.46	92.74
克孜勒苏柯尔克孜自治州	**622222**	**320035**	**302187**	**105.91**	**89.50**
阿图什市	290936	148218	142718	103.85	88.79
阿克陶县	226005	115749	110256	104.98	93.31
阿合奇县	44369	22831	21538	106.00	87.30
乌恰县	60912	33237	27675	120.10	80.37
喀什地区	**4496377**	**2244305**	**2252072**	**99.66**	**90.22**
喀什市	782662	391809	390853	100.24	75.15
疏附县	263014	131892	131122	100.59	95.45

城乡人口		城　市 城区人口 (人)	家庭户				家庭户类别			
城镇人口 (人)	乡村人口 (人)		户数 (户)	人口数 (人)	户规模 (人/户)	其中：一人户 (户)	一代户 (户)	二代户 (户)	三代户 (户)	四代以上户 (户)
418609	413		138932	347026	2.50	32001	71218	55787	11790	137
21576	13964		12779	28989	2.27	4304	7681	4490	603	5
417216	95654		184487	465447	2.52	43430	93865	75614	14798	210
18351	55239		23055	64366	2.79	3782	12907	8525	1607	16
481249	**9099**	**453669**	**177371**	**433140**	**2.44**	**39944**	**93944**	**71054**	**12283**	**90**
84395			31913	77169	2.42	7092	16600	13173	2128	12
332474	4714		122081	300611	2.46	26725	64208	49014	8794	65
50825			17396	42307	2.43	4128	9255	7087	1042	12
13555	4385		5981	13053	2.18	1999	3881	1780	319	1
333295	**360693**	**117650**	**202136**	**623935**	**3.09**	**32328**	**70929**	**103690**	**27213**	**304**
143456	173987		88286	287484	3.26	12932	28723	45634	13769	160
98455	143855		73972	222611	3.01	12667	27040	37315	9513	104
91384	42851		39878	113840	2.85	6729	15166	20741	3931	40
481690	**191693**	**336237**	**250540**	**605816**	**2.42**	**61799**	**133019**	**102690**	**14706**	**125**
426072	143316		216104	521292	2.41	52817	114110	89171	12710	113
26928	38603		22431	57053	2.54	4947	11683	9356	1384	8
28690	9774		12005	27471	2.29	4035	7226	4163	612	4
1067075	**546510**		**595344**	**1436682**	**2.41**	**142355**	**321986**	**230904**	**41924**	**530**
451234	156207	436965	213400	528971	2.48	46233	108124	87819	17253	204
125080	56064	94092	66489	161971	2.44	15565	35345	26331	4753	60
126662	65976		74196	180284	2.43	17919	39761	29414	4965	56
125419	66679		81133	180327	2.22	23228	49453	27168	4453	59
114985	104826		82779	200512	2.42	19203	45419	31977	5302	81
91164	62033		52684	122058	2.32	14892	31196	18105	3337	46
32531	34725		24663	62559	2.54	5315	12688	10090	1861	24
284699	**148768**		**159477**	**400345**	**2.51**	**36532**	**81083**	**66682**	**11564**	**148**
177536	69170	171713	89098	227193	2.55	19128	43831	38582	6602	83
11097		11097	3442	7033	2.04	1619	2293	998	150	1
71442	54526		46706	118617	2.54	10374	23620	19323	3712	51
24624	25072		20231	47502	2.35	5411	11339	7779	1100	13
861459	**647774**		**532746**	**1354929**	**2.54**	**128570**	**258620**	**235264**	**38410**	**452**
490961	288391	486090	277794	698937	2.52	65412	137881	118234	21432	247
59904	77423		48740	124816	2.56	14520	23190	22564	2961	25
54630	47236		35100	89595	2.55	8431	17009	15369	2678	44
27631	15414		11332	30208	2.67	2542	5310	5103	903	16
31646	37590		22336	62499	2.80	4234	8577	12405	1342	12
57090	65871		41345	108475	2.62	9070	18720	19914	2683	28
84773	63086		55642	139547	2.51	14761	27228	24825	3548	41
32541	26758		22063	54803	2.48	5211	11098	9463	1487	15
22283	26005		18394	46049	2.50	4389	9607	7387	1376	24
1188225	**1526197**		**809055**	**2449073**	**3.03**	**149561**	**291242**	**412371**	**104179**	**1263**
470601	244718	439374	225990	634903	2.81	49609	99721	102827	23178	264
262771	267557	245178	153339	480401	3.13	25132	48563	80243	24262	271
83110	182892		78482	234050	2.98	14681	28175	40284	9867	156
92275	186241		85229	251607	2.95	16784	30696	45380	9043	110
78597	115876		54901	180930	3.30	8172	15941	30605	8250	105
67379	163734		71428	212577	2.98	12827	24837	36613	9875	103
40452	165119		57140	185015	3.24	9377	17519	31537	7994	90
74301	168180		69132	221653	3.21	11195	22179	37340	9472	141
18739	31880		13414	47937	3.57	1784	3611	7542	2238	23
196318	**425904**		**172518**	**592907**	**3.44**	**26473**	**49430**	**101505**	**21411**	**172**
105855	185081	90555	76476	277989	3.63	10442	20520	43912	11970	74
58133	167872		62494	217592	3.48	9061	16552	39484	6409	49
14127	30242		14407	43361	3.01	2770	4881	8118	1392	16
18203	42709		19141	53965	2.82	4200	7477	9991	1640	33
1418444	**3077933**		**1279424**	**4263350**	**3.33**	**208516**	**370768**	**749679**	**157537**	**1440**
392730	389932	378713	228116	726810	3.19	42365	79779	120795	27275	267
57912	205102		75626	249665	3.30	12182	21002	45557	9012	55

表1 续表 56

地区	人口数				少数民族人口比重 (%)
	合计 (人)	男 (人)	女 (人)	性别比 (女=100)	
疏勒县	355544	177674	177870	99.89	91.25
英吉沙县	276641	134331	142310	94.39	96.55
泽普县	214543	107071	107472	99.63	85.47
莎车县	860800	430157	430643	99.89	94.82
叶城县	525436	260709	264727	98.48	93.91
麦盖提县	224154	111046	113108	98.18	90.39
岳普湖县	162675	81076	81599	99.36	93.92
伽师县	424821	212960	211861	100.52	95.80
巴楚县	366141	184259	181882	101.31	91.33
塔什库尔干塔吉克自治县	39946	21321	18625	114.48	90.33
和田地区	**2441231**	**1228399**	**1212832**	**101.28**	**93.23**
和田市	501028	250126	250902	99.69	81.66
和田县	342603	179888	162715	110.55	96.31
墨玉县	571648	285255	286393	99.60	97.49
皮山县	281573	140215	141358	99.19	96.42
洛浦县	286900	144741	142159	101.82	95.52
策勒县	157792	80191	77601	103.34	95.65
于田县	257038	125655	131383	95.64	95.75
民丰县	42649	22328	20321	109.88	86.85
伊犁哈萨克自治州	**2778869**	**1420505**	**1358364**	**104.57**	**64.54**
伊宁市	778047	383147	394900	97.02	54.67
奎屯市	229122	115947	113175	102.45	8.36
霍尔果斯市	71466	37671	33795	111.47	36.25
伊宁县	365307	188768	176539	106.93	87.38
察布查尔锡伯自治县	157764	81525	76239	106.93	72.87
霍城县	243303	124331	118972	104.50	71.64
巩留县	175766	89987	85779	104.91	75.59
新源县	306525	167076	139449	119.81	69.69
昭苏县	146887	75409	71478	105.50	81.31
特克斯县	148945	76239	72706	104.86	83.69
尼勒克县	155737	80405	75332	106.73	79.57
塔城地区	**1108747**	**574138**	**534609**	**107.39**	**38.78**
塔城市	158098	80159	77939	102.85	36.67
乌苏市	262906	140293	122613	114.42	34.22
额敏县	188642	96057	92585	103.75	47.26
沙湾县	301046	155853	145193	107.34	24.46
托里县	85451	43495	41956	103.67	74.72
裕民县	50819	26124	24695	105.79	43.64
和布克赛尔蒙古自治县	61785	32157	29628	108.54	53.68
阿勒泰地区	**648173**	**336858**	**311315**	**108.20**	**60.90**
阿勒泰市	221454	113571	107883	105.27	44.97
布尔津县	72894	37992	34902	108.85	67.51
富蕴县	99748	51734	48014	107.75	73.90
福海县	75537	41631	33906	122.78	53.68
哈巴河县	82524	42846	39678	107.98	69.53
青河县	61680	31777	29903	106.27	80.88
吉木乃县	34336	17307	17029	101.63	71.04
自治区直辖县级行政区划	**1573931**	**845289**	**728642**	**116.01**	**22.69**
石河子市	498587	258996	239591	108.10	9.63
阿拉尔市	328241	181110	147131	123.09	16.32
图木舒克市	263245	143892	119353	120.56	58.13
五家渠市	141065	73012	68053	107.29	6.82
北屯市	20414	11019	9395	117.29	7.36
铁门关市	104746	60281	44465	135.57	16.52
双河市	54731	28661	26070	109.94	17.31
可克达拉市	69524	35875	33649	106.62	26.42
昆玉市	63487	35283	28204	125.10	67.26
胡杨河市	29891	17160	12731	134.79	11.76

城乡人口		城市城区人口（人）	家庭户				家庭户类别			
城镇人口（人）	乡村人口（人）		户数（户）	人口数（人）	户规模（人/户）	其中：一人户（户）	一代户（户）	二代户（户）	三代户（户）	四代以上户（户）
68445	287099		100834	335051	3.32	16797	28572	59248	12904	110
67579	209062		76399	265728	3.48	12130	19843	45709	10769	78
54635	159908		66646	204437	3.07	12258	22257	35943	8350	96
283622	577178		226498	813265	3.59	27532	51330	140427	34411	330
139558	385878		140890	510276	3.62	17958	31938	87803	20966	183
69806	154348		72070	215761	2.99	13821	23903	40975	7114	78
44920	117755		49696	156846	3.16	9991	16205	27737	5680	74
142535	282286		117957	408022	3.46	17224	31838	74774	11257	88
85146	280995		112386	339514	3.02	23750	39897	63812	8609	68
11556	28390		12306	37975	3.09	2508	4204	6899	1190	13
659879	**1781352**		**666348**	**2269418**	**3.41**	**108487**	**189243**	**408719**	**67967**	**419**
293056	207972	284419	130038	456009	3.51	22415	40738	74299	14857	144
27257	315346		79105	305058	3.86	8813	16937	51297	10800	71
109787	461861		152068	539536	3.55	21354	37542	99726	14737	63
47551	234022		81803	269835	3.30	13405	24281	50854	6619	49
56209	230691		77547	271996	3.51	11865	20116	47548	9836	47
36083	121709		51393	148963	2.90	10773	17703	29616	4054	20
75124	181914		78939	237666	3.01	15752	25261	46983	6671	24
14812	27837		15455	40355	2.61	4110	6665	8396	393	1
1585388	**1193481**		**881683**	**2599543**	**2.95**	**165191**	**336536**	**437749**	**106184**	**1214**
654726	123321	627730	250741	700711	2.79	50160	102367	123962	24186	226
224471	4651	224471	89792	208542	2.32	22640	49557	34294	5878	63
44701	26765	17719	26650	65256	2.45	7143	14353	10154	2105	38
87543	277764		99794	354071	3.55	12030	25216	55123	19242	213
56616	101148		47888	151803	3.17	7134	15556	24738	7473	121
102885	140418		80078	236499	2.95	15697	30564	38796	10571	147
77106	98660		53623	169822	3.17	7916	16959	29151	7419	94
164797	141728		91977	274115	2.98	16647	34194	46813	10873	97
56151	90736		48083	143749	2.99	10723	17905	24038	6058	82
58507	90438		44147	143831	3.26	6785	13481	24493	6086	87
57885	97852		48910	151144	3.09	8316	16384	26187	6293	46
655126	**453621**		**422208**	**1040377**	**2.46**	**102760**	**220352**	**170494**	**30893**	**469**
122447	35651	106967	60962	149198	2.45	14683	32337	24637	3933	55
156437	106469	117395	98717	238998	2.42	25416	52929	37911	7741	136
119464	69178		70042	180828	2.58	15791	33315	30768	5861	98
150317	150729		120100	283187	2.36	29887	68132	43966	7882	120
39732	45719		29422	81538	2.77	6354	12026	14723	2651	22
24121	26698		19436	48419	2.49	4554	9739	8411	1273	13
42608	19177		23529	58209	2.47	6075	11874	10078	1552	25
338306	**309867**		**218594**	**602234**	**2.76**	**41182**	**92447**	**108699**	**17268**	**180**
147301	74153	80352	79237	205030	2.59	16321	37909	35243	6013	72
34278	38616		24836	66541	2.68	4964	10269	12943	1615	9
44673	55075		30887	94515	3.06	4764	10937	16556	3359	35
30941	44596		24662	66994	2.72	4805	11135	11540	1964	23
31864	50660		27301	78057	2.86	4512	10321	15122	1840	18
28644	33036		19606	58190	2.97	3409	6828	11333	1432	13
20605	13731		12065	32907	2.73	2407	5048	5962	1045	10
1179982	**393949**		**540512**	**1315414**	**2.43**	**139733**	**291044**	**212792**	**36103**	**573**
461663	36924	461663	174813	400732	2.29	45434	99412	63618	11648	135
239647	88594	133632	109822	271010	2.47	28974	58837	41562	9248	175
128056	135189	56474	80721	228172	2.83	18476	34579	41804	4275	63
118893	22172	102823	50843	118148	2.32	13600	28808	18248	3740	47
13874	6540	5320	7844	18709	2.39	1856	4461	2988	393	2
77969	26777	24346	38049	86810	2.28	10975	22445	13265	2284	55
43263	11468	17419	20648	50331	2.44	4504	11241	7996	1389	22
39257	30267	5140	28397	64639	2.28	8360	17080	9528	1738	51
32591	30896	15065	18415	53884	2.93	3619	6987	10493	920	15
24769	5122	17906	10960	22979	2.10	3935	7194	3290	468	8

全部数据

表 2 分年龄、性别的人口

表2 分年龄、性别的

地区	0岁		1-4岁		5-9岁		10-14岁	
	男	女	男	女	男	女	男	女
合计	**6312409**	**5675648**	**34656922**	**31238909**	**48017458**	**42226598**	**45606790**	**39649204**
北京市	**79388**	**73342**	**447165**	**416355**	**485161**	**447792**	**335714**	**306590**
市辖区	**79388**	**73342**	**447165**	**416355**	**485161**	**447792**	**335714**	**306590**
东城区	2265	2126	13193	12455	21577	19742	13924	13008
西城区	3635	3339	20958	19709	35042	31641	22773	20815
朝阳区	12329	11304	66048	61070	76137	71025	50283	46996
丰台区	7340	6496	38452	36026	39559	36669	28822	26316
石景山区	2052	1980	10989	10161	11869	10936	8604	7918
海淀区	9717	8763	55551	51825	72804	66876	55545	50030
门头沟区	1574	1462	8174	7662	7602	7186	5742	5358
房山区	5418	5159	31732	29126	30583	28094	20351	18754
通州区	6743	6289	41291	38429	41148	37800	26606	24420
顺义区	5158	4875	29020	27320	27862	25692	18676	16715
昌平区	8214	7639	46289	43285	41765	38563	26512	23698
大兴区	7924	7372	46456	42811	42503	38760	27269	23821
怀柔区	1630	1479	8824	8207	8807	8453	7565	6967
平谷区	1981	1837	11484	10776	10148	9588	7682	7264
密云区	2099	1993	11496	10820	11096	10524	9694	9025
延庆区	1309	1229	7208	6673	6659	6243	5666	5485
天津市	**43247**	**39802**	**272661**	**253305**	**350320**	**314666**	**316570**	**277485**
市辖区	**43247**	**39802**	**272661**	**253305**	**350320**	**314666**	**316570**	**277485**
和平区	818	699	5987	5581	10952	9858	9487	8312
河东区	2251	2032	14834	13672	19241	17671	15432	13881
河西区	2143	1931	13648	12610	20947	19067	15694	14317
南开区	2303	2079	15183	14077	22423	20132	17512	15687
河北区	1608	1458	10565	9894	13838	12864	10922	9706
红桥区	1052	1092	7527	7086	9791	8859	8230	7281
东丽区	3377	2894	19859	18754	21339	19442	17588	15564
西青区	3615	3347	24655	22613	25580	22581	21029	17678
津南区	3355	3046	20057	18178	22538	20073	20013	17936
北辰区	2812	2483	17321	16333	20755	18775	17377	15473
武清区	3918	3611	24668	22405	30041	27507	31058	27967
宝坻区	2666	2492	15491	14504	18738	16634	19222	17156
滨海新区	6810	6502	44056	40816	54390	48170	46480	40114
宁河区	1236	1165	7065	7173	11386	10665	12687	10946
静海区	2478	2319	15635	14133	23858	20119	27762	22082
蓟州区	2805	2652	16110	15476	24503	22249	26077	23385
河北省	**316473**	**290961**	**1869601**	**1715582**	**2975262**	**2614026**	**2826356**	**2480707**
石家庄市	**49799**	**46465**	**290872**	**271586**	**421329**	**382323**	**370460**	**335863**
长安区	4824	4632	30820	28787	36132	32468	25827	23145
桥西区	4052	3803	24764	22896	29656	26707	23135	20656
新华区	3439	3197	20985	19457	25983	23556	20913	18964
井陉矿区	353	356	1893	1764	2095	1977	1877	1839
裕华区	3465	3174	20940	19143	25390	22991	19140	17310
藁城区	3426	3177	20426	19404	31822	28951	25009	23093
鹿泉区	3059	2829	17569	16370	21950	20214	16334	15578
栾城区	2020	1765	10715	9562	14901	12891	12496	10890
井陉县	992	887	4935	4655	7505	6716	8310	7814
正定县	2551	2325	14872	13800	21380	19634	17795	16825
行唐县	1531	1353	8094	7367	16392	14643	18183	16423
灵寿县	1286	1216	6944	6712	11796	11071	12073	11595
高邑县	778	607	4542	3886	8727	7407	8533	7211
深泽县	763	795	4661	4771	6958	7125	7603	6983
赞皇县	1196	1043	6777	6163	12950	11672	13610	12142
无极县	1701	1740	9989	9961	19357	17816	18968	16922
平山县	1956	1732	9817	9474	16707	15950	17149	16722
元氏县	1759	1574	9608	8573	16602	14320	16161	13795

人口(全部数据)

单位：人

15-19岁		20-24岁		25-29岁		30-34岁		35-39岁		40-44岁	
男	女	男	女	男	女	男	女	男	女	男	女
39053343	**33630797**	**39675995**	**35265680**	**48162270**	**43685062**	**63871808**	**60273382**	**50932037**	**48080895**	**47632694**	**45322636**
345715	**287842**	**715999**	**634503**	**995896**	**908792**	**1309189**	**1193840**	**1108136**	**1035049**	**838444**	**763689**
345715	**287842**	**715999**	**634503**	**995896**	**908792**	**1309189**	**1193840**	**1108136**	**1035049**	**838444**	**763689**
8768	7668	12350	11687	19117	20770	28394	30979	34173	38728	27966	29216
13800	12130	19199	19287	29632	31632	42457	45857	52961	60865	45809	48998
41172	37382	88221	95007	147320	158942	200028	203246	182892	183853	138380	133220
22658	19711	43235	43591	77311	82325	110443	112189	98529	97997	74278	71496
8962	6949	15558	13121	20116	20091	28458	29237	26234	27547	19958	20396
69602	65806	155066	150362	151792	140944	154663	146452	137347	142875	114163	116871
4780	3934	9228	7932	15316	13826	21112	19900	17291	16408	13432	13000
23077	19728	37674	32038	49193	43438	78750	72850	66176	59964	48139	41518
26329	21416	59446	49501	96602	84218	128020	109419	104924	90755	77408	62839
17652	13995	39565	31422	64466	52140	101440	82277	74226	58841	53972	42026
45693	33212	109997	84804	159647	123224	173853	135749	121640	98519	84801	68728
36682	24822	78257	59123	104327	86577	149107	123124	115161	91482	80780	62809
6584	5027	16831	12151	17497	13937	23262	19366	20623	17100	15959	13331
5599	4438	9533	7424	15439	13176	26581	24222	19916	17691	14533	13010
7592	6214	11841	9748	17228	14745	25367	23952	22387	20759	17466	15844
6765	5410	9998	7305	10893	8807	17254	15021	13656	11665	11400	10387
338953	**280814**	**451443**	**378753**	**501735**	**437116**	**727170**	**658138**	**622573**	**569127**	**488901**	**451945**
338953	**280814**	**451443**	**378753**	**501735**	**437116**	**727170**	**658138**	**622573**	**569127**	**488901**	**451945**
7014	5310	11778	9632	13149	10555	16931	13648	17205	17027	14615	13993
14561	11580	17193	15521	24972	24398	39129	39274	41340	40863	28639	28132
14430	15299	22206	25364	23444	23364	32270	33629	36902	38966	26869	27921
15434	13139	25997	25054	28665	28685	37847	39117	41730	43499	30072	30870
11006	8606	13343	11847	17609	17424	28449	29315	30022	29802	20154	19877
9451	6992	11095	8933	13691	13491	20851	20722	21604	21555	15092	14793
25853	15211	39719	22638	46222	35217	63681	53705	48228	39576	33593	28431
39263	33299	68032	59644	54188	44948	73498	63009	55959	46396	40033	34352
39378	29737	46199	36212	37235	32312	52146	45512	39962	34159	31267	27057
24319	21236	33760	29357	32427	27831	50780	44533	45649	39035	33404	28878
27759	25070	30358	25329	40480	35252	60596	54639	48120	43943	47131	43945
14882	14161	16329	14640	25564	21472	37771	33189	25687	22623	25990	24167
47764	40133	63499	51776	76545	63874	117512	102035	97221	85912	76758	68551
8017	6768	9041	6555	14299	12111	19855	17469	15399	12993	13836	12799
22993	19037	27295	22581	29626	25518	35279	30712	28203	24892	28491	25465
16829	15236	15599	13670	23619	20664	40575	37630	29342	27886	22957	22714
2129632	**1892869**	**1524951**	**1415980**	**2110703**	**2029345**	**3455469**	**3431636**	**2864982**	**2807312**	**2337512**	**2258378**
352620	**326932**	**278145**	**275707**	**351682**	**338868**	**589763**	**580140**	**465239**	**454066**	**336796**	**323153**
22774	19058	35194	30513	42368	42948	67621	67809	51211	50261	36586	35182
39888	41338	37332	42307	34139	34737	49975	52951	42954	45682	33217	33867
38253	36615	24446	29079	24691	26273	41557	44019	35841	37564	27772	28337
1379	1265	1236	1094	2008	1807	3718	3195	2757	2410	2175	2068
25788	29205	37524	43115	24817	27713	38121	42360	34466	37369	26553	27463
22984	17775	14819	11722	23158	22128	40361	38736	27697	25556	18105	16261
22391	19259	14315	14249	18872	17500	35705	34032	27105	25136	17597	16085
13363	13143	8680	9533	14860	13304	21950	20452	15496	14289	9696	9039
7107	6306	4577	3604	6478	5075	9135	7697	7068	6319	6751	6730
26741	22851	9366	8847	14097	13870	31520	30483	20292	19546	15729	14944
10392	9257	5500	5400	8792	8403	16894	15934	13485	12564	10909	10449
13710	14428	5361	5305	8852	8009	14117	12691	11282	10000	7086	6565
3970	3123	2036	1560	4347	3695	9213	9322	7379	7197	3771	3531
3827	3159	3336	2871	6496	5592	9951	9738	8900	8316	6061	5604
5844	4590	3395	2748	5743	5456	11251	10785	10677	10262	6697	6248
10869	10056	6587	5641	12723	11746	21469	20505	17257	16268	12896	12006
9199	8566	6482	5695	11252	10682	19575	18404	16374	15436	11894	11250
12388	8890	11604	7887	13001	11136	19506	18005	14432	13676	10316	9632

表2 续表 1

地区	45-49岁		50-54岁		55-59岁		60-64岁	
	男	女	男	女	男	女	男	女
合 计	**58191686**	**56033201**	**61105470**	**60058826**	**50816026**	**50584760**	**36871125**	**36511813**
北京市	**842337**	**776237**	**842484**	**777307**	**828013**	**799526**	**677025**	**709505**
市辖区	**842337**	**776237**	**842484**	**777307**	**828013**	**799526**	**677025**	**709505**
东城区	24285	25087	22672	23683	28767	28701	27964	30315
西城区	40438	41206	34938	36401	42720	42651	41154	45135
朝阳区	128147	124491	121902	118222	124131	121843	104303	111791
丰台区	72875	73333	75037	73939	86680	85471	77289	81677
石景山区	19791	20183	20676	20585	23967	23745	21671	23077
海淀区	112019	113598	105536	104250	102570	100095	80462	88566
门头沟区	15327	15167	17761	16924	19610	18139	15541	15284
房山区	52771	47377	55358	50220	53319	51811	42607	44105
通州区	73884	60297	72141	60849	63063	60482	50565	53555
顺义区	59559	47395	61631	49366	52859	47143	37824	37360
昌平区	83093	70696	81630	72220	74417	72428	58052	60585
大兴区	84844	69038	84395	68084	72333	66522	52524	53157
怀柔区	20622	17672	23092	20216	20906	18716	15431	14496
平谷区	18162	16964	19969	19267	20245	20518	17287	17433
密云区	21123	19803	26831	26361	25769	25800	21245	20726
延庆区	15397	13930	18915	16720	16657	15461	13106	12243
天津市	**518140**	**480648**	**531414**	**496525**	**537786**	**524084**	**474335**	**482661**
市辖区	**518140**	**480648**	**531414**	**496525**	**537786**	**524084**	**474335**	**482661**
和平区	14532	12691	13089	10678	12099	10870	11071	11630
河东区	28861	27734	27998	27071	37718	37091	39437	41170
河西区	26982	27058	26230	25838	32700	32169	33765	36235
南开区	29325	29538	28665	28613	36527	36152	37485	40231
河北区	19638	19016	20092	20079	30053	29834	32695	34232
红桥区	14500	14289	15259	15367	23108	22950	24547	25045
东丽区	35658	31463	36102	31803	35220	33992	29201	28728
西青区	41468	36991	43069	38922	40141	38178	32691	32177
津南区	35675	31877	37758	34072	33256	31514	26536	25619
北辰区	33154	29646	34935	31009	36500	35071	32470	32477
武清区	47950	43909	45272	44165	43648	45763	33699	34330
宝坻区	29697	27445	33228	31332	29662	28991	22519	21799
滨海新区	81629	72511	81287	71696	71449	66376	56080	56222
宁河区	14953	14159	17183	16569	16164	15584	14132	14356
静海区	36179	33492	36555	33780	26109	25622	20461	21706
蓟州区	27939	28829	34692	35531	33432	33927	27546	26704
河北省	**2522393**	**2538163**	**3010800**	**3037358**	**2621243**	**2720493**	**2209545**	**2214566**
石家庄市	**363493**	**362910**	**419884**	**417879**	**372771**	**381067**	**312913**	**317505**
长安区	36662	36443	36444	36474	32264	32564	24906	25535
桥西区	32529	33182	29856	31359	28193	28763	22992	23737
新华区	27179	28057	24548	25636	22224	22934	18108	18939
井陉矿区	2931	2866	4036	3902	4218	3956	3240	3101
裕华区	25590	26534	22655	23557	19485	20299	15311	16371
藁城区	23024	23284	31615	31191	25676	26921	21653	22186
鹿泉区	16706	16142	20077	19961	19126	19719	16166	16504
栾城区	10933	10234	14983	14706	11970	12677	8492	8770
井陉县	9320	9560	12043	12575	12606	11793	10428	9564
正定县	17452	17264	21975	21146	17673	18523	14754	15269
行唐县	12438	12324	15410	15177	13909	13868	12407	12376
灵寿县	9696	9577	11979	11666	11404	11205	9911	9609
高邑县	5465	5947	7666	7212	6930	7111	5484	5509
深泽县	7344	7342	8132	8237	7709	7952	7769	8087
赞皇县	6765	6614	9245	8342	9018	9074	7515	7571
无极县	16113	15845	18286	19012	15898	16920	14774	15179
平山县	12629	12027	18094	16496	18204	16908	15404	14421
元氏县	12240	11767	16023	15806	14460	14462	11358	10954

单位：人

65-69岁		70-74岁		75-79岁		80-84岁		85岁及以上	
男	女	男	女	男	女	男	女	男	女
36337923	**37667637**	**24162733**	**25427303**	**14752433**	**16486416**	**9157003**	**11225875**	**6100269**	**9317688**
568385	**626286**	**314838**	**353703**	**184665**	**230508**	**152087**	**196699**	**124749**	**160140**
568385	**626286**	**314838**	**353703**	**184665**	**230508**	**152087**	**196699**	**124749**	**160140**
24441	27308	13244	14362	7332	8981	6550	10128	6931	9972
37033	41923	20204	22432	11531	14168	10271	15502	11907	16061
89009	101817	50634	59091	32240	40815	29164	38203	23785	28017
62572	69297	34287	37621	19027	24820	16871	23503	14021	18001
18792	20171	9324	10280	5329	7084	5034	7101	4356	5549
70326	80736	39442	46537	25657	35860	27301	34148	22531	26781
12296	12529	6442	6969	3344	4740	2551	4124	1943	2996
36555	39549	20194	23477	11242	14654	7313	9319	4975	6170
46038	50630	25325	27820	13651	15313	8675	9882	6202	8320
30328	32968	16569	18654	9861	11846	6101	7196	3936	6108
46319	50045	25731	27585	14277	16705	10021	12133	7726	9992
40877	43740	21810	25460	12031	14931	8375	10447	6804	9052
11553	11839	6295	6668	4072	4183	3075	3335	2378	2891
15048	15716	9411	10216	5122	5979	3372	4115	2379	3788
16591	16756	9120	9712	5939	6401	4144	4718	2660	4094
10607	11262	6806	6819	4010	4028	3269	2845	2215	2348
417479	**443253**	**251367**	**269201**	**140779**	**160876**	**88866**	**109030**	**71210**	**93631**
417479	**443253**	**251367**	**269201**	**140779**	**160876**	**88866**	**109030**	**71210**	**93631**
10283	11484	6458	7016	3810	4317	2320	3264	2667	4170
33728	37135	19860	20746	11013	12392	6915	9696	6446	9160
30097	33488	17805	19626	11201	13272	7576	10272	7047	9792
33764	37634	20170	22206	12881	14987	8912	11910	7750	10851
27249	29898	15412	16303	8431	9880	5489	8146	5351	7595
19767	21736	11549	12176	6435	7432	4218	6084	3916	5564
22396	22643	12969	13556	6903	8288	4122	5167	3356	3864
26433	27404	15420	16259	8339	9916	4987	5899	3983	4774
20048	20249	12087	13266	6440	8255	3802	4846	2861	3533
26086	27778	15296	16122	7923	9492	4770	5915	3754	4707
34385	34284	21705	23047	11983	12379	6774	6580	4133	5432
24145	24102	14852	15714	8311	8899	4960	5341	3299	4693
47899	51446	29494	31613	15950	19896	11148	13374	7968	8796
13272	13648	7927	8171	4390	4708	2521	2481	1816	1834
21383	23697	13980	15794	8036	6945	4571	3828	3107	3383
26544	26627	16383	17586	8733	9818	5781	6227	3756	5483
2118493	**2215930**	**1369966**	**1495659**	**721592**	**825659**	**428901**	**527035**	**265129**	**419573**
287243	**308707**	**179570**	**207602**	**97042**	**122439**	**58243**	**82113**	**36287**	**65610**
19992	21406	11853	13810	7122	9628	5989	9393	4466	6461
19573	21400	11831	13546	7040	8907	5431	7372	3969	5910
15482	16979	9271	11025	5629	7245	4348	5852	3037	4623
2172	2486	1289	1512	849	1052	516	824	288	511
13861	15707	8532	10359	5243	6709	3808	5317	2519	3351
20298	21911	12678	14465	6651	9110	3563	5662	1967	4603
14213	15404	8296	9212	4693	5446	2731	3326	1542	2866
9600	11091	5858	6816	3068	3685	1534	2245	898	2084
8578	8696	5934	6039	3471	4020	2163	2555	1138	1845
13521	15155	8218	10034	4700	6145	2286	3523	1291	2924
12203	12632	7192	8161	3720	4753	1964	2990	950	2188
9446	9449	5788	6254	2726	3270	1764	2275	1024	1979
5240	5673	3182	3907	1867	2561	821	1277	503	1178
7601	8421	5562	6348	2724	3327	1442	1812	874	1613
6212	6137	3903	4290	1970	2452	1064	1379	623	1126
13011	14151	8523	10262	4076	5775	1957	3289	1070	2759
13660	13180	8818	9488	4467	4836	2733	3213	1764	2675
11045	11280	6873	8039	3578	4966	1560	2421	916	2097

表2 续表 2

地　区	0岁		1-4岁		5-9岁		10-14岁	
	男	女	男	女	男	女	男	女
赵县	2234	2093	13076	11670	22165	18797	21571	17086
石家庄高新技术产业开发区	1971	1869	10981	10141	11912	10831	7160	6457
石家庄循环化工园区	311	294	1741	1602	2164	1974	1575	1418
辛集市	2021	1969	11975	11400	17996	17015	17039	16497
晋州市	2179	2137	13876	13958	19851	18756	17305	16128
新乐市	1932	1898	10872	10070	20938	18841	22694	20370
唐山市	**28471**	**26518**	**173768**	**161890**	**247251**	**220369**	**221680**	**198426**
路南区	1136	1017	6757	6486	8974	8165	7850	7086
路北区	2550	2355	16630	15408	21555	19886	16943	15368
古冶区	744	737	4958	4555	6696	6489	6398	5943
开平区	759	790	5295	4735	7743	7379	6915	6375
丰南区	2120	2018	13171	12324	16657	15153	13810	12539
丰润区	2834	2620	17193	16291	27398	24929	23109	21401
曹妃甸区	1372	1332	7884	7498	8256	7670	5841	5152
滦南县	1766	1577	10065	9360	13264	12027	13744	12333
乐亭县	1051	954	5579	5393	6628	6384	7966	7683
迁西县	1522	1375	8889	7971	14431	11598	15703	13338
玉田县	2486	2387	16148	15242	23633	20964	21475	18856
河北唐山芦台经济开发区	128	124	832	894	1179	1147	1283	1037
唐山市汉沽管理区	176	155	982	1011	1345	1281	1300	1155
唐山高新技术产业开发区	531	463	3089	2967	4513	4150	3444	3306
河北唐山海港经济开发区	433	413	2653	2385	3282	3109	2499	2295
遵化市	2663	2507	15790	15431	26580	24559	26824	25034
迁安市	4018	3645	24743	21938	35240	28329	29213	24027
滦州市	2182	2049	13110	12001	19877	17150	17363	15498
秦皇岛市	**10673**	**10115**	**61301**	**57013**	**89642**	**79985**	**87899**	**79286**
海港区	3608	3428	21853	20013	28445	25673	24399	22032
山海关区	481	431	2799	2623	3924	3465	3246	3105
北戴河区	301	297	1857	1808	2732	2366	2494	2215
抚宁区	949	984	5406	5155	8005	7361	8048	7441
青龙满族自治县	1756	1554	9062	8170	17053	13762	19297	16183
昌黎县	1452	1369	8307	7898	12468	11838	13304	12371
卢龙县	1009	985	5618	5399	9033	8285	10760	9895
秦皇岛市经济技术开发区	851	812	4952	4614	6066	5453	4453	4246
北戴河新区	266	255	1447	1333	1916	1782	1898	1798
邯郸市	**43781**	**40784**	**264128**	**243345**	**489491**	**431037**	**481457**	**422162**
邯山区	2397	2136	16077	14299	25470	22173	23019	20450
丛台区	2166	2042	14466	13319	23245	19948	20643	18185
复兴区	1301	1148	8088	7210	11962	10571	11140	9621
峰峰矿区	1684	1505	10310	9583	15763	13966	13837	12150
肥乡区	1646	1606	9756	9158	19578	17506	20891	19337
永年区	4619	4547	26101	25086	44531	40783	43634	39240
临漳县	2786	2716	15502	15017	37484	33873	37301	31938
成安县	1660	1564	10833	10030	22880	20379	23157	20263
大名县	3101	2842	18317	15966	39197	33677	43592	38038
涉县	2716	2383	13997	12881	17549	14622	15599	12544
磁县	1943	1758	11732	10847	21436	18642	20857	18146
邱县	839	723	4827	4292	11290	10097	14136	12436
鸡泽县	1411	1404	8883	8493	18390	16141	18531	16658
广平县	1243	1195	7811	7283	15924	14378	15741	14352
馆陶县	1405	1215	7353	6692	16808	14553	20009	17436
魏县	3884	3565	23802	21400	46811	40751	45175	39166
曲周县	2427	2351	14753	13677	29342	26306	28085	24900
邯郸经济技术开发区	1340	1339	8279	7673	14797	13171	14297	12885
邯郸冀南新区	1257	1222	7724	7117	15179	12855	15227	12566
武安市	3956	3523	25517	23322	41855	36645	36586	31851
邢台市	**34438**	**30763**	**214444**	**189626**	**361663**	**303526**	**314659**	**265306**
襄都区	1948	1723	12337	11104	17078	14888	14767	13489
信都区	3751	3554	23430	21259	29887	27312	25793	23210
任泽区	1744	1675	11013	9684	18637	14833	15007	12392

单位：人

15-19岁		20-24岁		25-29岁		30-34岁		35-39岁		40-44岁	
男	女	男	女	男	女	男	女	男	女	男	女
11981	9361	8942	6156	15612	13031	23150	22034	19820	19304	16356	14906
12922	13279	9955	11525	13100	13281	23345	23206	14757	14289	8155	7601
600	437	916	735	2164	2036	3542	3178	2312	1965	1523	1322
13693	12518	7797	6955	15633	13945	28892	27301	23191	22255	18264	17552
8914	7771	6327	5827	14713	13001	27050	25576	21023	19917	13054	12248
13643	14682	12418	13339	13766	13500	22145	21727	19463	18485	15633	14263
186498	**175568**	**156326**	**148996**	**197036**	**181843**	**365658**	**343209**	**286082**	**266204**	**274128**	**260599**
6868	6803	5940	5640	10023	9389	15963	15711	14438	14353	14187	14017
15457	14341	15715	16544	21376	21095	36018	37144	34804	35719	30425	31603
4370	4137	4985	4545	7525	6933	11860	11621	12207	11440	11383	10764
4727	3975	4928	4156	7850	6809	11503	11423	11799	11165	11990	11241
15696	13560	10411	9218	15358	14209	28029	25551	18974	17471	20860	19848
23068	20498	17990	16197	18572	17516	40227	37160	28454	25790	26161	24849
17932	15797	19794	16376	15114	11167	21546	16200	14254	9977	11711	8701
11907	11355	8394	8147	12459	11910	15161	14633	15634	15272	17774	17338
7850	7597	5432	5012	9428	8498	12430	11064	13632	11813	13649	12302
8672	7993	6355	5991	7521	7199	17094	16545	13560	13039	12063	11808
14683	15130	9643	9355	14144	13153	33939	31526	25712	23359	25604	23402
553	423	967	647	1521	1125	2458	1826	1844	1308	1495	1197
693	506	934	708	1745	1319	3012	2531	2318	1824	1891	1597
4916	7328	9185	12914	4095	3702	7446	7081	6545	6099	6099	5656
1388	1321	1721	1493	3620	3343	6107	5578	5271	4383	3467	2922
17322	16876	11689	11348	14444	14134	36992	35908	22019	21188	23734	22875
18585	15657	14118	12583	21057	19523	43052	40567	28116	26521	23913	23389
11811	12271	8125	8122	11184	10819	22821	21140	16501	15483	17722	17090
81510	**75719**	**80670**	**71953**	**86532**	**81559**	**135696**	**132746**	**110534**	**110336**	**106580**	**105055**
31958	26317	39112	31097	31594	31256	50267	52165	41637	43870	36634	37855
4069	2976	2878	2455	4778	4429	7713	7336	5852	5749	5640	5679
5578	7357	6741	7701	3170	3225	4546	4609	3650	3802	3838	3630
6375	6044	4753	4334	7291	6811	12822	11483	8862	8148	9985	9459
11270	9370	5972	4887	9342	7764	18033	16854	13980	13398	12149	11714
11469	12291	8618	9223	11960	11513	15409	14828	16454	15914	17878	17054
7201	6971	5725	5424	8006	7290	11477	10773	9629	8983	10227	9694
2650	3525	5615	5637	8554	7332	12349	11756	8206	8226	7295	7213
940	868	1256	1195	1837	1939	3080	2942	2264	2246	2934	2757
310073	**261723**	**187282**	**168804**	**252190**	**255424**	**414138**	**444101**	**352546**	**374514**	**256704**	**253630**
23320	21371	19803	18997	15002	15559	28988	31079	25774	27807	19980	19754
14634	12010	11164	10406	15697	15925	27049	29653	23819	25869	18417	18897
6482	5494	6138	5475	9198	8657	16431	16601	13444	13774	10812	10899
9826	8407	7741	7002	11043	10092	22222	21059	16656	15558	11752	11106
14941	12914	7135	7013	9980	10118	13932	15156	14095	14212	9980	9594
26444	23086	23050	20490	28547	25902	37762	37724	33941	34117	22695	21784
20381	16320	7653	7328	13145	16033	24264	30082	18331	21809	13943	14266
12353	10866	5247	4742	10437	10846	18315	19664	17448	18153	10219	9840
28228	24663	14057	12778	13376	14130	29098	31451	25340	29006	18671	19165
10679	8309	5596	5021	10571	10936	17792	18669	12708	13109	9552	9834
16374	13234	5705	5635	13058	13046	18853	20162	15582	16936	11646	11433
8019	7013	2829	2784	5179	5306	7646	8265	8697	9285	5572	5631
9902	8604	5169	4562	8673	8745	12915	14044	11255	12527	8511	7934
8407	7030	2963	3091	5797	6709	11750	13492	10538	11535	6736	6926
11472	10116	4753	4270	7253	7748	12018	13157	12369	12854	8879	9059
25744	20975	15326	14491	21840	23553	31265	35872	23894	27917	20783	20057
14928	12863	7686	7287	11838	12945	19027	20997	17132	17973	11343	11466
15878	12059	14662	9855	7538	7074	12141	12553	11713	11738	8009	7778
8094	6180	4454	4193	8341	8337	12995	13403	11155	11857	8951	8442
23967	20209	16151	13384	25677	23763	39675	41018	28655	28478	20253	19765
193675	**166616**	**119790**	**109802**	**207184**	**202480**	**323785**	**333080**	**292618**	**294822**	**203446**	**198317**
12498	13589	9689	13070	11676	12192	21067	22102	19873	20091	14353	14261
32041	27170	17104	15062	20598	21034	37235	38455	33068	34113	22944	23835
8139	6546	6202	5403	10405	10130	16293	16276	16004	15720	10658	9789

表2 续表 3

地区	45-49岁		50-54岁		55-59岁		60-64岁	
	男	女	男	女	男	女	男	女
赵县	16044	16313	21783	21733	17493	18497	13668	13911
石家庄高新技术产业开发区	7516	7097	7818	8147	6702	7690	5130	5946
石家庄循环化工园区	1885	1672	2490	2344	1952	1963	1732	1762
辛集市	21259	21207	24857	23717	22214	22143	21520	21245
晋州市	16242	16833	22676	20601	19287	19454	17076	17793
新乐市	15531	14779	17193	18882	14156	15671	13115	13166
唐山市	**272106**	**268950**	**329699**	**326821**	**316767**	**322485**	**265437**	**262223**
路南区	11892	11541	12366	12543	12963	13428	12082	12094
路北区	26466	28314	28121	29833	30524	32279	27837	28669
古冶区	11825	11526	13512	13684	15856	16561	15588	15724
开平区	10656	10066	11750	11710	11887	12059	10843	10785
丰南区	20412	20228	23588	23810	21013	22239	18063	17947
丰润区	27156	27430	32654	34485	33172	34752	26885	26409
曹妃甸区	13469	10588	15674	12007	12649	10468	8370	8198
滦南县	20486	20812	24213	23913	23565	23956	20240	19431
乐亭县	15160	14727	20325	19132	19394	18754	16871	16074
迁西县	11368	11513	15564	15887	15401	15413	13419	13093
玉田县	21219	21379	27885	28467	26527	28452	19368	19786
河北唐山芦台经济开发区	1974	1723	2520	2229	2167	1895	1489	1368
唐山市汉沽管理区	2119	1929	2874	2533	2323	2012	1817	1843
唐山高新技术产业开发区	5700	5432	6310	6125	6037	5943	4685	4777
河北唐山海港经济开发区	3259	2841	3932	3623	3542	3731	3173	3196
遵化市	23840	24169	32169	32827	28207	28705	22950	21799
迁安市	25627	25188	32556	31292	28835	29307	23398	23720
滦州市	19478	19544	23686	22721	22705	22531	18359	17310
秦皇岛市	**111561**	**114092**	**130605**	**132146**	**128227**	**132806**	**111860**	**111657**
海港区	37847	39464	37353	38922	35902	37768	29639	31450
山海关区	6752	6738	6998	7147	7574	7760	6479	6550
北戴河区	4167	4334	4465	4532	5059	5240	4499	4604
抚宁区	10994	10284	13705	13373	12839	12798	11294	10941
青龙满族自治县	13067	13447	19578	18700	19219	19614	18315	16946
昌黎县	17240	17765	21689	22009	22037	23260	19361	19201
卢龙县	11351	11928	16230	16871	15776	15870	14264	13306
秦皇岛市经济技术开发区	7228	7243	7088	7203	6658	7206	5235	5743
北戴河新区	2915	2889	3499	3389	3163	3290	2774	2916
邯郸市	**294227**	**297372**	**339934**	**356557**	**273530**	**290100**	**241707**	**248336**
邯山区	22239	22041	21374	22073	17188	17264	14777	15032
丛台区	22090	23503	21813	23109	19168	19056	15757	15981
复兴区	13621	13759	13060	13437	11413	10689	8881	8939
峰峰矿区	16834	17157	19306	19449	18601	18396	14637	14584
肥乡区	10615	10138	15178	15000	9402	9764	8938	8885
永年区	26665	24473	29949	30609	21220	23150	19135	20418
临漳县	14426	16037	18869	23465	14649	18869	14370	15820
成安县	11229	11082	13446	14075	9242	10703	10069	10769
大名县	20840	20653	26406	26051	22401	23228	18632	18617
涉县	13248	14674	15436	16271	12977	13420	11561	11276
磁县	13836	14450	16607	17006	13300	13913	10731	10936
邱县	5826	6357	7297	7601	6297	6444	5957	6171
鸡泽县	8058	7652	9502	10208	6169	6933	7053	7529
广平县	7185	7210	8641	8901	6656	7363	6730	7141
馆陶县	9188	9412	10553	10925	8330	9523	6599	7172
魏县	21017	20231	27794	31106	24093	25834	20926	21173
曲周县	13014	12959	14360	14991	10555	11774	11767	11886
邯郸经济技术开发区	8175	7898	9914	9605	6692	6863	5632	5788
邯郸冀南新区	8941	8710	11419	11883	8571	8847	6915	7087
武安市	27180	28976	29010	30792	26606	28067	22640	23132
邢台市	**209002**	**214944**	**275899**	**279240**	**225638**	**236853**	**193622**	**194452**
襄都区	15075	15165	15480	15494	13075	12969	10679	10790
信都区	26054	27733	29612	30883	28661	28004	23345	22542
任泽区	10657	10762	12553	12326	9516	10084	8077	8750

单位：人

65-69岁		70-74岁		75-79岁		80-84岁		85岁及以上	
男	女	男	女	男	女	男	女	男	女
15721	17350	10005	11428	5251	5715	2585	3643	1421	3460
4598	5371	2577	3113	1303	1759	770	1074	464	863
1695	1983	985	1132	617	696	372	490	179	389
22248	23785	15003	18072	7437	9044	4243	5444	2669	4613
15610	16673	10312	12225	5136	6744	2726	3939	1741	3280
11663	12387	7087	8065	3704	4594	1873	2798	974	2212
267253	**268052**	**161984**	**169743**	**84532**	**89936**	**51939**	**57132**	**34908**	**47496**
11812	12861	7123	7222	3306	3618	2204	2569	1612	2165
28101	29920	15764	16780	8161	9332	5972	7237	4469	5952
14628	14667	7645	8806	4099	4606	2621	3357	1844	3093
10658	11331	6126	7088	2949	3199	1806	2199	1159	1604
19841	20176	12179	12489	5786	5449	3568	3395	2430	2942
27128	25913	16748	16892	8820	9841	5600	6148	3670	4780
7446	7766	4377	5288	2584	2930	1876	2139	1193	1473
20924	20073	13163	13190	6915	6998	4397	4564	3087	4491
18474	17968	12486	12993	6885	6867	3494	3180	2425	3644
11524	11204	6962	7117	3533	3686	2044	2279	1315	1626
24215	23586	15504	15643	8063	7845	4435	4523	3143	4025
1161	1217	673	759	545	722	314	407	209	198
1706	1889	1052	1254	624	791	407	404	247	243
4982	4891	2886	2999	1274	1361	816	892	523	761
2838	2885	1847	1862	988	986	491	487	341	513
22632	22638	13560	14714	7230	7877	4436	4882	2756	3739
21507	21748	13122	13868	6738	7739	3865	4701	2207	3100
17676	17319	10767	10779	6032	6089	3593	3769	2278	3147
106755	**107875**	**66035**	**67676**	**37009**	**39213**	**23720**	**25764**	**15320**	**19754**
27469	29664	15937	17032	9114	10665	6382	7571	4317	5167
5719	6229	3433	3951	2090	2451	1462	1869	959	1200
4258	4573	2582	2873	1521	1793	982	1127	715	863
11607	11669	7413	7853	4084	4222	2369	2534	1457	2059
14706	14214	9769	9780	4891	4889	3618	3811	2348	2656
20517	19379	12674	12053	7178	7141	4186	4040	2776	3865
14019	12981	9152	8781	5360	5173	3028	3107	1717	2644
5129	5713	3052	3266	1763	1825	1076	1167	660	838
3331	3453	2023	2087	1008	1054	617	538	371	462
222008	**240600**	**145978**	**172637**	**69718**	**92063**	**41933**	**63645**	**25602**	**50729**
13644	14584	8487	9376	4354	5632	3099	4445	2091	3148
13450	14325	8949	10316	5109	6398	3773	5422	2677	3725
7755	8325	5512	6318	2967	3660	1884	2518	1177	1619
11253	11336	7175	8330	3907	5336	2674	4382	1792	2834
8765	8940	6225	6816	2981	3865	1818	2808	1079	2500
18517	21114	11996	14600	5446	7007	2856	4596	1665	3728
14813	15995	9373	10139	4935	5294	2592	3700	1665	3820
10592	11067	6596	7360	3254	3780	1906	2869	1177	2940
17647	19437	12169	16481	5179	8266	3324	5583	2141	4648
9387	10122	6627	7499	3194	3392	1634	1820	787	1167
10034	10885	6268	7720	3047	4276	1598	2147	842	1724
5276	5882	3219	3615	928	1435	780	1390	494	1163
6434	6947	4181	4704	1930	2580	1067	1685	625	1416
5988	6613	4296	4929	1807	2560	1121	1882	604	1497
7144	8703	4826	6282	2000	2742	1132	1714	694	1554
18466	19558	12451	15181	5996	9310	3530	6171	2209	5489
10841	11586	7332	8699	2907	4350	2086	3335	1257	2702
5725	6192	3997	4650	1941	2341	965	1416	611	1252
7174	7732	4169	5013	2155	2592	1189	1648	599	1287
19103	21257	12130	14609	5681	7247	2905	4114	1416	2516
187904	**200181**	**122844**	**141309**	**56506**	**73193**	**32843**	**46919**	**19692**	**40025**
9292	9948	5630	6739	3092	3773	1746	2517	1166	1799
20708	21739	12664	14974	6696	8572	4285	5230	2599	3614
8554	9522	5844	6946	3014	3312	1519	2066	925	1892

表2 续表 4

地 区	0岁		1-4岁		5-9岁		10-14岁	
	男	女	男	女	男	女	男	女
南和区	1891	1709	12656	11468	17620	14886	14543	12070
临城县	791	665	4779	4488	9045	8131	8311	7506
内丘县	1147	1040	7175	6643	12807	10847	11384	9895
柏乡县	704	652	4427	3827	7253	5991	7724	6257
隆尧县	2350	2086	15999	14379	24642	19208	21002	17107
宁晋县	3698	3070	23456	19776	42278	33908	34740	28208
巨鹿县	1720	1523	10513	9402	17703	15256	15633	13263
新河县	554	549	3413	3034	4686	4125	4632	4239
广宗县	1311	1114	7851	6781	15029	12816	14221	12167
平乡县	1901	1641	9230	8498	17090	14782	16134	13695
威县	2064	1788	12780	10851	30134	25445	27989	23390
清河县	1996	1683	14170	11508	26941	20304	23134	16987
临西县	1480	1356	8411	7505	18902	15886	18384	15176
河北邢台经济开发区	1020	877	5991	5332	9865	8580	8049	7263
南宫市	1692	1461	10570	9163	19882	17134	15707	13824
沙河市	2676	2597	16243	14924	22184	19194	17505	15168
保定市	**48872**	**45218**	**285807**	**264919**	**435301**	**387668**	**432150**	**384616**
竞秀区	1985	1919	12550	11739	15248	13880	12624	11688
莲池区	3300	3099	21695	19965	27428	24991	22871	20595
满城区	1504	1422	8992	8244	14639	13716	15766	14196
清苑区	2726	2364	15916	14788	26383	22648	25857	21938
徐水区	2860	2617	17340	15918	22736	20307	19900	17843
涞水县	1486	1415	8279	7555	10442	9841	9756	9026
阜平县	674	703	4021	3877	7094	6686	8630	8654
定兴县	2471	2325	13312	12541	19119	17442	18273	16544
唐县	2061	1881	11341	10336	20634	18367	22289	20449
高阳县	1107	982	7620	6550	13107	10907	13816	11775
容城县	1580	1378	7828	7473	9787	8331	9451	7904
涞源县	893	927	4876	4550	8332	7913	10797	10245
望都县	989	827	5634	5257	8005	7264	7859	7296
安新县	2292	2149	12616	11723	20148	15762	21633	16756
易县	2131	1949	11651	10865	16698	15602	17355	16250
曲阳县	2653	2417	15056	13786	29139	25642	31858	28558
蠡县	1768	1638	10776	9907	21406	17844	23514	18794
顺平县	938	905	5425	5100	8928	8263	10171	9467
博野县	812	763	4447	4218	8675	7698	9768	8412
雄县	2324	2129	13532	12075	21404	18135	21060	17375
保定高新技术产业开发区	543	503	3663	3469	4200	3776	2818	2730
保定白沟新城	751	691	4823	4258	7322	6107	6014	4966
涿州市	3020	2813	17614	16475	23031	20618	19244	17838
定州市	4471	4110	25622	24241	39284	36794	40243	37584
安国市	1170	1119	6928	6626	11204	10189	12081	11165
高碑店市	2363	2173	14250	13383	20908	18945	18502	16568
张家口市	**14841**	**14035**	**73639**	**69964**	**106104**	**100803**	**124985**	**122522**
桥东区	945	839	5154	4834	6778	6296	6498	6484
桥西区	999	833	5363	4969	6854	6428	6257	6124
宣化区	1682	1636	9046	8640	13104	12235	15531	14878
下花园区	188	201	958	902	1120	1102	1183	1130
万全区	899	892	4200	3991	5976	6025	6372	6792
崇礼区	391	370	1779	1723	2087	1988	2228	2114
张北县	1182	1156	5638	5533	8010	7540	9669	9629
康保县	394	419	1544	1484	2141	2074	3007	3176
沽源县	621	530	2894	2772	4008	3863	4684	4798
尚义县	295	258	1280	1176	1724	1691	2573	2682
蔚县	1567	1506	7744	7231	13557	12833	19265	18435
阳原县	739	664	3382	3192	5445	5177	7478	7170
怀安县	546	570	2643	2619	4279	4250	5664	5942
怀来县	1548	1469	7720	7298	10908	10316	10742	10293
涿鹿县	1140	1060	5641	5305	8486	7959	10198	9910
赤城县	597	579	2927	2821	4833	4713	7135	6841

单位：人

15-19岁		20-24岁		25-29岁		30-34岁		35-39岁		40-44岁	
男	女	男	女	男	女	男	女	男	女	男	女
9603	7824	6075	5068	12070	11811	17355	17506	14667	14966	10434	10110
6484	5678	2357	2020	5209	4941	8155	8018	8080	8093	6056	5736
6639	5944	2801	2669	5668	5972	11244	12273	11293	12600	7692	8070
4263	3137	3129	2373	4335	3889	6470	6803	6345	6831	5017	4894
10575	7881	6725	5396	13934	13161	21085	21681	19593	20269	14056	14032
17705	14147	11137	9361	20988	19406	33443	34608	30262	29211	21645	20329
8174	7195	4776	4626	9405	9745	13839	14651	13896	14559	10346	10161
2735	2587	2031	1948	3448	3355	4850	4856	4164	4039	4010	3641
6917	6031	4920	4454	7886	7515	11248	11454	11988	12194	9765	9175
9591	8425	7258	6752	9587	9421	14008	14586	14095	14061	10427	10251
12819	11322	6525	6163	12828	13101	18032	19497	18893	19568	13469	13067
9335	7191	5999	4491	12490	12255	23269	23780	19739	18460	12170	11432
9872	8369	6310	5495	10440	10123	12999	13413	11206	11900	9763	8903
2553	2007	2880	2490	6727	5852	11497	10885	8897	8343	4922	4585
11629	10145	4739	4367	11844	11849	17775	18473	12838	12514	7242	7249
12103	11428	9133	8594	17646	16728	23921	23763	17717	17290	8477	8797
322546	**286522**	**233256**	**214118**	**326952**	**312754**	**514433**	**513686**	**466549**	**450733**	**413420**	**395771**
14017	12414	12699	11245	17708	17280	25213	26163	23348	24387	19635	20234
43164	42935	50386	54456	28386	27228	41586	42518	39441	41004	32313	32388
10525	9304	6860	5719	12674	10986	19593	16871	16751	15077	12744	11411
14174	12190	8531	7435	18689	17838	30074	29384	26010	24282	21789	20181
18151	12554	12241	8427	17021	15654	30761	29681	26535	24166	21819	20281
7014	6545	4271	4071	7889	8284	13312	14313	12687	12338	11105	10241
6915	6432	3392	2962	4420	4220	6171	6021	6124	5955	6464	6276
13016	12004	7449	6679	15992	15506	21645	22871	17863	17719	16685	16160
15405	13931	9408	8875	12981	12786	17892	18781	18842	18541	18784	18239
8397	7231	5204	4404	7615	7186	14373	13960	14102	13348	11960	11707
6038	4530	5897	4042	10426	8159	15361	13017	12503	10403	10285	8675
7702	7104	4391	3752	6216	5845	8890	8596	7117	6952	7960	7952
4559	3980	3407	2916	4717	4737	9836	10010	10972	10635	7864	7635
11295	8758	9009	7660	13336	12685	19187	19261	16628	16265	16466	16058
12029	11144	6923	6666	11747	12062	18081	18827	16871	16736	15888	15629
19072	17018	10328	9709	15139	15593	23345	24090	22442	23160	20036	19786
12090	9603	8349	6488	14029	12445	21906	22187	20430	19860	19175	17494
6525	6058	4381	4014	5691	5624	9895	9563	10221	9540	10207	9629
5237	4916	3147	2634	4943	4869	9692	9373	8779	8516	8141	7664
12926	11078	8105	6587	16410	14322	23584	21665	19526	16734	16736	14826
1141	989	1719	1425	3353	3508	6460	6737	4905	5063	3403	3332
2900	2009	3688	3112	7387	6804	10814	10126	7429	6745	5429	4972
15833	14950	10252	10362	15081	15590	29487	31375	30963	30703	23746	23261
32949	30676	19695	18857	29363	29109	46527	47430	37990	37102	41491	39925
9557	8389	5119	4449	9408	8780	14154	14451	15386	13948	14912	13917
11915	9780	8405	7172	16331	15654	26594	26415	22684	21554	18383	17898
100706	**99224**	**74093**	**73152**	**102007**	**101208**	**155928**	**153825**	**122758**	**119732**	**124589**	**124073**
5092	3988	4582	4092	7173	7314	11891	12127	10168	10767	9805	9524
8958	11231	5228	7608	7198	7767	11039	11866	10113	10360	9217	9345
12338	12778	8816	8770	13589	13489	20664	20624	17343	17690	17850	18378
1329	1226	1160	979	1873	1599	2817	2417	2304	1932	2087	1751
4070	4043	3947	3682	6278	6154	10675	9634	6650	5983	6115	5866
1739	1349	2405	1914	3657	2887	4878	3680	3412	2396	3455	2732
8719	8489	4559	4391	8003	8033	10691	10915	7868	8356	9265	9892
2433	2309	2100	1989	2893	2760	3413	3090	2657	2497	3126	3136
2674	2464	2427	2388	3907	3839	5401	5536	3921	3897	4224	4407
1872	1611	1572	1504	2242	2145	2486	2396	2308	2237	2459	2654
9476	8693	6164	5712	10049	10058	14406	14418	10974	10748	12108	12443
4119	3940	3714	3475	5322	5160	6406	6330	4701	4589	5842	5864
3647	3418	3125	2656	3919	3779	6253	5983	5249	4779	4647	4623
8508	8316	5374	4987	8364	8734	16078	15963	11512	10941	12008	11381
6439	6116	4393	4068	5883	6147	10712	10881	8765	8504	8801	8604
5013	4808	2745	2638	3198	3116	5349	5732	5524	5571	5440	5727

表2 续表 5

地区	45-49岁		50-54岁		55-59岁		60-64岁	
	男	女	男	女	男	女	男	女
南和区	9643	9602	13462	13761	9630	10568	8357	8498
临城县	6023	6198	8812	7995	7776	7762	6162	6100
内丘县	7726	8376	10036	9667	9108	9581	7957	8036
柏乡县	5087	5413	7303	7300	5762	6170	5036	5041
隆尧县	14751	15899	21189	20260	14651	15631	13239	13576
宁晋县	21548	23150	31421	31504	24651	26010	18775	18824
巨鹿县	10047	9991	13796	13548	10776	11544	10644	10351
新河县	5164	5389	6894	7037	5161	5407	4525	4540
广宗县	7438	7008	10775	10154	8673	8496	7795	7620
平乡县	8749	8257	10706	11113	8449	9106	7818	7937
威县	14043	13807	19559	19782	15392	16204	14527	14434
清河县	10044	9808	14539	15558	11726	13432	9882	10284
临西县	7931	8285	11840	14145	10826	12374	7950	8372
河北邢台经济开发区	5730	5585	7167	6830	5240	5542	4457	4586
南宫市	10750	11156	16414	16792	14290	15141	13974	13552
沙河市	12542	13360	14341	15091	12275	12828	10423	10619
保定市	**398663**	**396928**	**452578**	**474769**	**396275**	**420381**	**325538**	**328040**
竞秀区	19160	20326	19511	20091	17039	17102	14231	14849
莲池区	28605	29566	26027	27370	23309	24589	20291	20982
满城区	13907	12120	16314	15527	13808	14278	11324	11724
清苑区	19259	18452	24991	25890	21903	23339	17806	17953
徐水区	20506	19894	24170	24743	20329	22417	15323	16077
涞水县	10799	10893	13674	14211	13485	13196	10414	9707
阜平县	7338	7022	7473	7153	7290	7082	6551	5892
定兴县	17772	18169	20633	24879	18042	21814	14063	14286
唐县	17080	17598	19090	20431	18069	19110	15076	14996
高阳县	10630	10625	12212	13270	10712	11189	9118	9309
容城县	10559	8692	11604	10736	9300	9591	6768	6750
涞源县	11293	10627	11493	10633	10184	9245	8536	7301
望都县	8175	8016	9968	10059	9033	10084	7898	8714
安新县	15031	15744	18794	19928	14358	14919	11487	11682
易县	17094	18757	22241	23261	20265	19407	17375	15611
曲阳县	17891	18361	18243	20210	16835	17955	14460	14842
蠡县	16452	16200	17048	18772	14631	16718	13356	13823
顺平县	10552	10697	12045	11927	11099	11122	9548	8941
博野县	7040	7030	10118	10245	8006	8724	6982	7179
雄县	16353	14535	20849	19780	16878	16633	11945	11933
保定高新技术产业开发区	2947	2821	3057	3170	2676	2983	2231	2436
保定白沟新城	5125	4890	6038	6185	4316	4378	2619	2605
涿州市	25570	25704	27164	28693	24923	26741	20339	20006
定州市	39484	39290	41791	48229	37481	42397	32683	34323
安国市	13124	13299	15444	15654	13240	14273	11008	12266
高碑店市	16917	17600	22586	23722	19064	21095	14106	13853
张家口市	**167152**	**172469**	**203348**	**198042**	**186823**	**180883**	**158875**	**146513**
桥东区	11433	11547	11975	12108	12459	12537	11265	11565
桥西区	10684	11905	11205	11813	11024	11050	10000	10278
宣化区	24662	25656	27198	27133	24472	24100	19532	18862
下花园区	2783	2513	3459	3064	3649	3165	2936	2800
万全区	8374	8740	10845	10398	8930	9788	7457	7377
崇礼区	4556	3495	6429	5192	6046	4885	4663	3920
张北县	12281	13054	15546	14467	14495	13422	11976	10985
康保县	5486	5788	8093	7463	7822	7126	7258	6916
沽源县	6472	6548	9196	8096	8502	7670	7624	6779
尚义县	4345	4384	5730	5334	5556	5311	5067	4548
蔚县	17427	19035	20100	20059	16978	16029	13093	10635
阳原县	9141	9902	10626	11578	9138	9655	7279	6425
怀安县	6986	7497	9563	10177	7990	9007	7773	6741
怀来县	13609	13565	16071	16204	15272	14750	13164	11768
涿鹿县	11309	11370	14963	14262	14128	13766	12164	10717
赤城县	7119	7208	10486	9392	9761	8593	9740	8510

单位：人

65-69岁		70-74岁		75-79岁		80-84岁		85岁及以上	
男	女	男	女	男	女	男	女	男	女
8363	9069	5943	6672	2865	3254	1453	2012	888	2012
5671	6054	3804	4303	1891	2427	1003	1448	652	1169
7134	7758	4229	5437	1972	2960	989	1587	599	1305
5621	6031	3464	3943	1860	2253	787	1407	547	1415
12892	14232	8657	9828	4202	5935	2318	3470	1377	3179
19948	20313	13098	14165	6703	8233	3689	5351	2159	4471
9785	9690	6665	7050	2934	3538	2187	2952	1371	2752
4910	5165	3176	3144	1324	1681	847	1226	470	1139
7395	8367	5175	6167	1930	2850	1283	1956	813	1871
7749	8159	5481	6093	2538	3035	1759	2094	1117	2082
14481	15808	9297	11691	3215	4502	2176	3446	1202	2939
9738	11280	6759	7369	2845	3984	1608	2497	899	1996
8531	8579	5751	6056	2393	3340	1152	1617	567	1366
4215	4427	2456	2787	1187	1325	614	775	375	672
13666	13997	9050	11036	3367	4816	1959	3147	953	2561
9251	10043	5701	6909	2478	3403	1469	2121	1013	1791
326898	**343379**	**221033**	**243288**	**115669**	**130114**	**62373**	**73431**	**38244**	**61144**
13151	14611	8591	10492	5713	7540	4106	5070	2340	2914
17134	19618	10943	13362	6477	7875	4116	5858	3185	4485
11373	11962	7468	8609	3751	4592	2021	2508	1181	1898
18468	19545	12867	14103	6834	7545	3426	4007	2040	3621
16905	18502	11375	12828	6364	6481	3369	3462	1829	2889
10392	10898	6841	7292	3559	4016	1791	2050	1050	1615
6610	6527	4996	5013	2075	2167	1341	1403	1023	1357
16547	16160	10957	11297	6301	6153	2948	2989	1517	2622
14229	14890	10715	11863	4708	6051	2456	3468	1467	2729
9909	9753	6488	6378	3338	3552	1814	1852	1446	2040
7357	7577	4996	5186	2858	2809	1503	1525	905	1380
8029	7764	5776	5487	2774	2670	1749	1713	1132	1474
7451	8340	5154	5487	2655	3063	1454	1839	722	1279
12928	14644	8130	10047	4089	4277	2125	2341	1440	2072
16444	15821	11032	11482	5351	6033	2858	3281	1619	2500
13652	14850	9133	10828	4056	5233	2050	3014	1108	2427
14196	15184	10268	10830	5149	5540	2446	2827	1739	3270
9209	9030	6013	6707	2748	3470	1517	2100	882	1526
7427	7680	4983	5867	2562	3168	1270	1705	826	1549
12464	12630	8061	8867	4360	4746	2221	2432	1260	2073
2108	2374	1347	1481	712	777	425	454	242	323
2273	2287	1334	1503	770	819	418	479	290	456
20131	20281	13109	14274	7198	7700	3987	4138	2399	3065
31676	33726	21688	23578	11114	12861	5582	7192	3243	6185
11918	13444	8725	9833	4344	5029	2181	2568	1306	2483
14917	15281	10043	10594	5809	5947	3199	3156	2053	2912
146883	**144004**	**98524**	**91843**	**58005**	**55997**	**38483**	**41962**	**22694**	**28220**
10041	10531	6158	6129	3536	3841	2516	3269	1937	2418
8507	9053	5140	5595	3119	3504	2061	2786	1514	2038
18007	18711	11659	11171	7166	7234	5123	5761	3165	3665
2366	2278	1311	1407	875	918	690	805	427	512
7187	7199	5144	4193	3229	2731	2030	2170	1203	1556
3762	3661	2579	2335	1565	1516	1165	1181	647	720
11144	10670	7724	7889	4102	4290	2828	3318	1352	1799
7166	7244	5122	5144	2656	2664	1651	2096	768	1100
6469	6707	4035	4309	1993	2079	1562	1814	838	1047
5089	5243	3806	3901	2116	1909	1444	1651	703	945
14332	13260	11023	8925	6425	5204	3630	3502	2059	2721
7485	7035	5830	4511	3781	3404	2153	2207	1174	1740
6958	6169	5156	4122	3524	2955	2055	2076	1077	1532
11363	10594	6944	6375	4015	4198	2586	2580	1540	1688
11174	10315	7204	6532	4291	3991	2850	2587	1575	1803
8885	7996	5570	4805	3132	2798	2684	2410	1793	1730

表2 续表 6

地　区	0岁		1-4岁		5-9岁		10-14岁	
	男	女	男	女	男	女	男	女
张家口经济开发区	1021	967	5291	5065	6250	5784	5844	5522
张家口市察北管理区	65	57	289	283	388	363	504	456
张家口市塞北管理区	22	29	146	126	156	166	153	146
承德市	**13900**	**12911**	**72053**	**65654**	**109326**	**95462**	**119804**	**105047**
双桥区	1376	1298	7778	7104	10645	9748	9140	8225
双滦区	930	891	5076	4703	7011	6288	5653	5350
鹰手营子矿区	167	149	918	846	1266	1201	1321	1171
承德县	1373	1272	7129	6416	10516	9246	12046	10554
兴隆县	1024	987	5045	4977	7736	7164	9181	8572
滦平县	1304	1148	6007	5540	8933	7806	9837	9016
隆化县	1459	1343	7132	6629	12450	10816	15086	13187
丰宁满族自治县	1398	1330	6790	6276	10039	8927	12231	10934
宽城满族自治县	1112	1041	6195	5309	10386	8491	10573	8671
围场满族蒙古族自治县	1630	1454	9118	7890	15093	12440	17449	14298
承德高新技术产业开发区	580	588	3087	2790	3842	3341	2883	2715
平泉市	1547	1410	7778	7174	11409	9994	14404	12354
沧州市	**32387**	**28416**	**191762**	**169384**	**341932**	**283103**	**322022**	**260138**
新华区	1310	1151	7489	6724	9808	8283	8142	6757
运河区	2532	2241	14778	13249	19100	15843	15689	12981
沧县	2580	2208	14960	13629	29890	24967	30417	23948
青县	1992	1797	12301	11013	17894	15601	16017	13644
东光县	1556	1445	10840	9497	15365	13023	12791	10758
海兴县	898	780	4840	4270	8377	7243	8904	7352
盐山县	1981	1817	11364	10041	22508	19530	21975	18197
肃宁县	1351	1183	8901	8029	17079	14080	14255	11837
南皮县	1483	1303	8799	7752	16808	13802	16145	12882
吴桥县	726	619	4200	3913	7309	6578	7609	6852
献县	2395	2054	13909	12284	30250	25029	31196	25212
孟村回族自治县	1031	830	5523	4910	10419	8681	10703	8540
河北沧州经济开发区	123	115	810	678	1161	1026	1071	871
沧州高新技术产业开发区	88	62	481	430	680	605	505	419
沧州渤海新区	896	799	5195	4543	6120	5093	4486	3513
泊头市	2051	1962	12716	11462	26251	22705	28097	23581
任丘市	3407	2950	21857	18813	41440	33005	33476	26058
黄骅市	2388	1935	12392	10850	20019	15784	19980	15161
河间市	3599	3165	20407	17297	41454	32225	40564	31575
廊坊市	**23714**	**21617**	**143677**	**131734**	**216142**	**189873**	**190802**	**165513**
安次区	2059	1937	13546	12692	17924	16205	14429	13488
广阳区	2320	1990	13758	12845	16878	15523	13537	12272
固安县	2694	2599	17600	16030	25856	23140	21172	18252
永清县	1638	1505	10080	9442	15840	14401	14186	13137
香河县	1887	1728	12424	11234	16258	14717	12805	11784
大城县	2215	1814	12469	10792	25097	20592	24579	19859
文安县	2211	2067	12952	11756	26709	21559	26619	20974
大厂回族自治县	862	845	5386	4908	5932	5468	4151	3883
廊坊经济技术开发区	433	380	2776	2766	3205	2857	2482	2231
霸州市	3306	3021	18380	16583	30630	26485	30292	26090
三河市	4089	3731	24306	22686	31813	28926	26550	23543
衡水市	**15597**	**14119**	**98150**	**90467**	**157081**	**139877**	**160438**	**141828**
桃城区	2512	2203	17197	15997	23676	21441	22923	20025
冀州区	1078	973	6351	5932	8263	7723	8618	8048
枣强县	1268	1123	7817	6989	15104	12892	16863	14671
武邑县	941	876	5386	4816	8596	7586	10375	8984
武强县	602	579	3831	3503	6389	5857	6556	5911
饶阳县	980	886	6255	5915	9897	8750	8259	7528
安平县	1268	1077	7672	7179	11576	10199	11608	10233
故城县	1686	1535	10448	9234	18568	16265	20614	17392
景县	1676	1588	10645	9782	19025	16948	19855	18063
阜城县	1046	916	6557	6128	11592	10391	12607	11178
河北衡水高新技术产业开发区	647	579	4038	3889	6005	5447	5487	4721
衡水滨湖新区	271	220	1351	1284	2330	1899	2262	2046
深州市	1622	1564	10602	9819	16060	14479	14411	13028

单位：人

15–19岁		20–24岁		25–29岁		30–34岁		35–39岁		40–44岁	
男	女	男	女	男	女	男	女	男	女	男	女
14023	14251	11385	11927	7817	7637	11845	11358	8509	7742	7331	6964
204	158	269	276	460	427	625	578	530	532	587	567
53	36	128	96	182	163	299	297	250	211	222	215
99117	**88078**	**63257**	**60361**	**78780**	**79385**	**125680**	**126789**	**113134**	**111719**	**100589**	**100860**
9993	8286	6578	6979	9962	10452	16316	16891	14744	15061	12706	12592
3985	3234	2971	2947	5369	5715	10239	10397	7739	7561	6179	6288
894	806	783	751	1210	1203	2156	1984	1622	1667	1688	1722
8300	7535	5290	4773	7223	7061	12719	11620	10227	9927	9876	9397
6484	6156	4167	3929	5737	5794	10490	10652	8357	7969	8423	8370
7065	6611	4820	4598	6121	6379	9785	10179	8249	8321	6901	7150
9222	7820	6200	5317	7585	7637	10577	10970	11641	11849	10119	10347
9176	8602	5461	4896	7255	7253	10309	10662	9267	9632	9282	9601
5799	4729	3221	2927	6414	6278	10293	10224	10154	9367	7773	7153
13991	11902	7134	6587	9074	8944	13751	14506	15160	14922	12912	13674
11746	12022	8948	9679	3363	3413	6445	6024	4130	3692	3198	2811
12462	10375	7684	6978	9467	9256	12600	12680	11844	11751	11532	11755
198187	**167959**	**135702**	**119430**	**210391**	**199704**	**337820**	**324937**	**261094**	**247825**	**212563**	**201983**
5962	4809	5366	4951	8817	8893	13392	13834	10313	10498	9044	8924
18843	20810	15763	17463	15913	16790	26063	27415	21322	21688	17771	17210
14505	11332	10871	8853	15983	14883	29092	26087	23098	20472	17200	15544
8775	7955	7671	6917	13458	12452	21228	19565	14781	13644	10811	10094
6463	5453	4566	4497	9691	9885	14652	14396	10554	9947	9923	9529
4875	3822	3714	3058	5166	4829	7182	7177	5580	5624	4809	4708
10285	8321	6473	5538	11962	11282	17598	17703	12030	11801	10259	9754
7823	6579	3931	3348	10049	8942	17863	16881	13929	12659	10160	9210
9034	6812	6072	5090	10308	9546	13933	13044	10435	9986	9427	8961
4691	4820	2821	2734	4065	4251	6688	6687	6353	6278	6698	6900
17588	14870	8652	7996	14629	14460	22240	22971	19970	19226	15902	15739
4889	3860	4625	3568	7063	6358	8461	8389	7147	6671	5437	5037
3312	2635	790	533	1065	884	1626	1509	1163	1017	884	823
225	155	316	296	665	633	1001	995	679	628	486	459
4624	4025	6036	4096	8189	6282	9707	8160	5520	4963	3810	3367
16557	16022	9298	9214	14100	13783	24264	22848	20598	19327	17645	16952
18917	14866	11114	9698	23299	22447	44360	42498	32333	30345	25432	23749
18733	13421	16544	11968	16402	14079	22608	20236	15898	15392	13174	12509
22086	17392	11079	9612	19567	19025	35862	34542	29391	27659	23691	22514
136050	**119075**	**129771**	**109985**	**184660**	**168969**	**320344**	**309471**	**241240**	**225720**	**179740**	**166204**
11508	10770	11903	11397	15875	14741	29073	27838	21800	20571	16039	14592
14102	11515	15471	12760	15756	16413	28789	30121	24050	24544	19504	19156
12709	10971	10820	9050	19031	17625	34604	34490	26099	24106	19399	17569
7059	6192	6429	5500	13530	11880	19388	17308	14694	12666	12368	10974
8170	6938	7400	6216	13276	12921	28248	27479	20119	18293	15269	13881
12776	9665	9331	6856	16754	15241	27348	25440	17712	16096	11475	10757
14705	11883	11204	8215	21122	17934	30700	27838	19739	17495	13920	12842
3038	2659	2809	2183	5471	5293	11433	11817	8090	7398	5910	5226
7677	9020	6654	7122	6227	4191	9424	7358	6678	5318	4429	3332
17455	14962	14641	11823	28623	24593	43067	39612	31658	28809	24312	22628
26851	24500	33109	28863	28995	28137	58270	60170	50601	50424	37115	35247
148650	**125453**	**66659**	**63672**	**113289**	**107151**	**172224**	**169652**	**153188**	**151641**	**128957**	**128733**
28488	26359	12340	14257	17867	18047	28061	30749	25137	28015	21836	23729
13103	9768	3839	3605	7373	7037	12200	11388	9340	8991	8296	8352
10926	9438	5397	4901	9334	9097	13211	13331	13192	13307	12119	12254
13376	10728	4438	4251	6982	6646	8362	8072	7072	7262	7109	7451
3453	2825	2431	2254	4436	4277	6576	6505	6217	5857	5558	5528
3714	3088	2887	2608	7243	6588	11139	10391	9413	8360	6396	6155
8607	6865	4941	4072	9592	8296	16161	14965	14621	13449	9920	8878
12880	10674	7595	6383	11090	10605	17838	18010	16936	16791	13605	13089
11985	10766	7479	7222	12841	11761	17741	17267	16142	15956	13622	14041
8396	7579	5260	5022	7370	7317	10474	10616	8786	8825	9000	9145
9543	7288	2186	2010	4471	4334	7695	8058	6465	6889	4792	5101
14389	11498	2132	2200	1522	1572	2285	2344	1960	1923	1444	1457
9790	8577	5734	4887	13168	11574	20481	17956	17907	16016	15260	13553

表2 续表 7

地区	45-49岁		50-54岁		55-59岁		60-64岁	
	男	女	男	女	男	女	男	女
张家口经济开发区	9243	9123	10364	10070	9316	8996	7012	6919
张家口市察北管理区	908	809	1021	877	929	736	645	579
张家口市塞北管理区	334	330	478	355	356	297	227	189
承德市	**127533**	**129994**	**157868**	**154719**	**155114**	**149516**	**136622**	**128773**
双桥区	13698	14036	14418	14743	14750	15089	13107	13625
双滦区	7609	7453	8271	7901	7278	7270	5802	6076
鹰手营子矿区	2488	2545	3218	3237	3145	2857	2241	2315
承德县	13421	13222	16952	16681	17249	16072	16302	15120
兴隆县	10296	10309	13082	13189	13644	13248	12253	11099
滦平县	10536	11063	13272	13254	13190	12367	11622	10108
隆化县	12832	13318	17537	16636	16711	15826	14340	13317
丰宁满族自治县	12759	12903	17007	15950	16349	14972	14048	12381
宽城满族自治县	7737	7710	10419	10305	10075	9873	8993	8531
围场满族蒙古族自治县	16221	17357	20425	19669	20034	19184	17338	16242
承德高新技术产业开发区	3729	3422	4250	3923	3790	3851	3377	3372
平泉市	16207	16656	19017	19231	18899	18907	17199	16587
沧州市	**249917**	**255254**	**309887**	**314182**	**231700**	**253145**	**199985**	**208126**
新华区	10189	10712	9951	10208	7585	7602	5808	6228
运河区	18817	19720	17813	18332	14186	14774	11032	11708
沧县	22475	22651	28252	27716	20515	22720	17487	18215
青县	14579	15233	18683	18462	13618	15771	12684	13756
东光县	12660	12833	16139	16039	11327	12675	9536	9905
海兴县	7032	7176	8228	8301	6257	6611	5632	5884
盐山县	13058	12960	17625	18427	13022	14486	11567	11646
肃宁县	11023	11259	13034	13719	11137	12442	10619	10292
南皮县	11727	11468	17017	17075	11819	13407	10184	10902
吴桥县	8281	8500	11012	11131	8705	9272	7973	7866
献县	15952	16833	23931	24741	18042	19583	15597	16217
孟村回族自治县	6268	5981	8429	8599	6256	7043	5370	5930
河北沧州经济开发区	1004	943	1063	975	675	742	523	536
沧州高新技术产业开发区	599	578	647	619	428	409	313	350
沧州渤海新区	5551	5238	6317	5572	4070	4084	3176	3331
泊头市	21674	22172	24667	26132	18129	19682	15705	16156
任丘市	27109	27781	33294	34245	25602	29019	21306	21987
黄骅市	17614	17276	19997	18707	14187	15006	12176	13803
河间市	24305	25940	33788	35182	26140	27817	23297	23414
廊坊市	**183492**	**178908**	**212192**	**209462**	**186483**	**198755**	**138582**	**143580**
安次区	15966	15275	17318	17321	17034	17501	12895	12881
广阳区	20320	20654	19379	20020	18904	19543	14140	14764
固安县	17391	16170	20922	20264	20465	22174	14861	16307
永清县	13709	13578	17595	16869	15517	15614	11468	11092
香河县	15226	14688	18702	18702	17521	18942	12611	12557
大城县	13536	13699	18845	19897	14803	17345	13279	13601
文安县	18506	18903	24395	23549	17949	18547	12753	13070
大厂回族自治县	5335	5241	6415	6318	6012	6964	4662	5104
廊坊经济技术开发区	4368	3416	4495	3662	3581	3283	2163	1882
霸州市	26672	25521	31089	29698	26544	27460	17371	17820
三河市	32463	31763	33037	33162	28153	31382	22379	24502
衡水市	**145247**	**146342**	**178906**	**173541**	**147915**	**154502**	**124404**	**125361**
桃城区	21836	23198	20967	21048	15621	15916	11836	12136
冀州区	11024	11447	14381	13543	12260	12503	10902	10460
枣强县	12644	13145	15814	14828	12434	13359	10095	10379
武邑县	9920	9808	12672	12661	9492	10309	7502	7442
武强县	5917	5989	8080	8108	7641	7810	6639	6540
饶阳县	9287	8848	11783	11052	10660	10361	9471	9329
安平县	10255	9815	12784	12547	12616	12797	10981	10818
故城县	15396	15401	18619	18366	14377	16314	12406	13739
景县	15785	16373	20748	20033	17030	17955	13097	13338
阜城县	10156	9814	13519	13517	10839	11745	8582	8836
河北衡水高新技术产业开发区	4781	4848	4896	4519	3492	3423	2722	2604
衡水滨湖新区	1718	1763	2319	2193	1740	1845	1490	1588
深州市	16528	15893	22324	21126	19713	20165	18681	18152

单位：人

65-69岁		70-74岁		75-79岁		80-84岁		85岁及以上	
男	女	男	女	男	女	男	女	男	女
6277	6583	3645	3941	2214	2386	1292	1501	821	1095
509	554	374	419	199	292	117	183	66	80
162	201	100	140	67	83	46	65	35	31
102961	**104188**	**54732**	**58293**	**31512**	**35697**	**23750**	**28043**	**14943**	**18280**
10144	10990	4995	5552	3284	3898	2520	3411	1914	2383
4003	4641	2332	2766	1496	1853	1188	1391	680	825
1581	1859	924	1204	546	938	568	776	343	420
12457	11656	6540	6369	3171	3566	2565	2980	1677	2079
9973	9467	5977	6115	2256	2518	1780	2079	1375	1754
8287	7503	4421	4374	2540	2814	2124	2339	1395	1668
10916	10952	5554	5969	3643	4034	2628	3060	1408	1640
10263	10506	6045	6320	3517	4085	2837	3254	1805	2031
6959	6927	4003	4135	1849	1864	1379	1539	1010	1161
12958	13615	5871	6650	3771	4364	2483	3149	1039	1377
2345	2586	1121	1261	625	682	450	554	337	403
13075	13486	6949	7578	4814	5081	3228	3511	1960	2539
203955	**217475**	**140962**	**151318**	**79808**	**83146**	**44138**	**47496**	**26357**	**37193**
5466	6144	3672	4414	2373	2766	1567	1844	1049	1177
10015	11216	6131	7233	3767	4519	2457	2735	1478	1689
19431	21958	13497	14215	7136	6660	3643	3490	2297	3134
12419	13454	8216	8226	4884	4672	2778	2467	1567	1799
11183	12189	7616	8298	4015	3856	2025	2230	1111	1820
5866	6726	4285	4414	2347	2227	1363	1400	961	1355
11794	11495	8199	8525	4663	4855	2333	2546	1494	2242
9941	10161	6911	7285	3984	4333	2078	2533	1141	1938
10802	11242	7508	7684	3908	3988	1995	2168	1141	1816
9270	9596	5849	6822	3250	3652	1661	2160	776	1418
15911	16327	11497	12089	6463	6906	3046	3501	1928	3282
5336	5619	3813	3768	2150	2206	1149	1305	895	1248
613	719	408	479	238	165	103	88	66	88
264	302	166	152	78	73	35	49	40	43
2986	3341	1908	2414	1257	1534	847	834	591	660
15994	17053	11072	12450	6014	6727	3139	3470	1694	2479
21473	22207	16423	16949	9600	9784	6062	6122	3294	4080
12677	15060	8610	9381	5196	4530	2965	2834	2154	2667
22514	22666	15181	16520	8485	9693	4892	5720	2680	4258
132914	**138899**	**82653**	**90122**	**45379**	**51185**	**26691**	**30051**	**16750**	**23688**
11926	12306	7287	7911	3786	4429	2186	2296	1361	1760
13523	14518	8892	9905	4973	5756	3553	3769	2378	2503
13513	13809	8459	8605	4750	5225	2545	3048	1557	2463
10436	11031	6946	7702	3768	4240	1864	2227	1153	1741
13074	12815	7386	7495	4171	4517	2603	3000	1550	2431
12094	12108	8077	8334	4555	5422	2744	2944	1674	2077
13210	13943	8609	10359	4654	5450	2334	2563	1451	2089
4820	5088	2971	3009	1622	1547	957	1065	520	954
1764	1643	915	941	555	555	297	341	236	310
17062	19076	10921	13125	5759	6617	3183	3617	1885	2836
21492	22562	12190	12736	6786	7427	4425	5181	2985	4524
133719	**142570**	**95651**	**101828**	**46412**	**52676**	**24788**	**30479**	**14332**	**27434**
13255	14349	8601	9688	4333	4903	2690	3107	1616	2627
12075	12888	8046	8714	3641	4082	2110	2841	1179	2480
11628	13187	8736	9538	3911	4337	2044	2573	1067	2687
9422	9907	7083	7589	3140	3356	1614	1998	883	1855
6071	6547	4297	4614	2148	2661	1162	1481	643	1179
9006	8840	6752	7172	3641	4262	1939	2387	1267	2104
10471	10201	7725	7762	4051	4704	2268	2685	1375	2462
13563	15337	10109	11138	4544	5307	2169	2913	1119	2438
15051	17307	10813	11071	5510	6191	2490	2880	1465	2407
9863	10587	7017	7528	3559	3986	1644	1975	855	1650
2718	3038	1945	2113	977	1015	554	608	297	536
1693	1987	1252	1451	512	594	309	383	153	392
18903	18395	13275	13450	6445	7278	3795	4648	2413	4617

表2 续表 8

地区	0岁		1-4岁		5-9岁		10-14岁	
	男	女	男	女	男	女	男	女
山西省	**147446**	**140301**	**767699**	**729614**	**1009444**	**939984**	**1023296**	**952111**
太原市	**23455**	**21810**	**125633**	**117958**	**148813**	**138320**	**128517**	**120229**
小店区	5185	4709	28510	26468	34311	31800	26804	24679
迎泽区	2398	2210	13011	12072	16251	14946	14294	13222
杏花岭区	3072	2883	17455	16567	21512	20056	18523	17713
尖草坪区	2152	2067	11541	11040	13093	12311	11978	11302
万柏林区	4521	4260	24560	22872	26838	24977	22207	20856
晋源区	1614	1429	8457	7771	10109	9339	8360	7819
清徐县	1457	1438	7322	7261	8940	8473	8778	8511
阳曲县	565	541	2294	2326	2944	2826	2827	2669
娄烦县	407	318	1789	1628	2641	2488	3316	3031
山西转型综合改革示范区	1211	1146	5966	5609	6010	5642	4090	3809
古交市	873	809	4728	4344	6164	5462	7340	6618
大同市	**11100**	**10441**	**56126**	**53673**	**79219**	**75122**	**88506**	**85071**
新荣区	245	236	1034	1047	1677	1558	2343	2281
平城区	4406	4217	23448	22661	30476	28616	30148	28865
云冈区	1921	1775	11157	10363	15144	14790	17360	16902
云州区	413	405	1936	1781	3076	3003	4024	3884
阳高县	650	607	2844	2853	4692	4447	5690	5549
天镇县	566	500	2473	2423	3876	3784	5039	4819
广灵县	590	553	2639	2424	4256	3717	5125	4721
灵丘县	958	936	4788	4463	6984	6630	7739	7364
浑源县	968	856	4046	3957	6423	6131	7357	7248
左云县	328	317	1521	1469	2215	2072	3165	2937
山西大同经济开发区	55	39	240	232	400	374	516	501
阳泉市	**4823**	**4537**	**25211**	**23500**	**31950**	**29964**	**36001**	**33911**
城区	748	666	4037	3712	5149	4672	5423	5205
矿区	802	711	4362	4143	5271	4905	5692	5555
郊区	1090	1024	5603	5364	5984	5745	5840	5509
平定县	1054	1036	5441	4880	7297	6838	9913	9119
盂县	1129	1100	5768	5401	8249	7804	9133	8523
长治市	**13829**	**13454**	**70390**	**66513**	**89533**	**84993**	**93994**	**91558**
潞州区	4005	3899	21639	20535	25564	24139	24141	23507
上党区	1459	1392	6925	6513	8971	8950	9686	9899
屯留区	1243	1222	6398	5999	8279	7719	8227	7945
潞城区	842	810	4334	4111	5415	5108	6564	6406
襄垣县	1105	1060	5878	5658	6963	6553	7541	6957
平顺县	405	386	1885	1853	2634	2532	3034	2987
黎城县	517	566	2653	2550	3818	3710	4752	4694
壶关县	1139	1098	5367	5052	7297	7012	7325	7504
长子县	1346	1326	6544	6197	8616	8250	8819	8702
武乡县	585	595	2864	2645	4141	3772	5105	4815
沁县	544	483	2792	2470	3725	3508	4384	3950
沁源县	639	617	3111	2930	4110	3740	4416	4192
晋城市	**9603**	**9132**	**46704**	**44347**	**47653**	**45649**	**48864**	**49647**
城区	2795	2715	15502	14535	15471	14772	14766	14459
沁水县	679	662	3294	3162	3394	3377	3817	4045
阳城县	1396	1319	6398	6100	5919	5672	6112	6140
陵川县	858	775	3941	3820	4801	4505	5727	5689
泽州县	1742	1694	7814	7393	7935	7562	8801	8997
高平市	2133	1967	9755	9337	10133	9761	9641	10317
朔州市	**6453**	**5774**	**34389**	**30715**	**51451**	**45049**	**54087**	**46076**
朔城区	2199	1950	12791	11373	18407	16328	17363	15045
平鲁区	613	573	2951	2634	4542	4139	4534	4088
山阴县	721	604	3458	3065	5740	4855	6887	5827
应县	860	786	4420	3838	6869	5783	8031	6370

单位：人

15–19岁		20–24岁		25–29岁		30–34岁		35–39岁		40–44岁	
男	女	男	女	男	女	男	女	男	女	男	女
896160	**834978**	**991053**	**965405**	**1311592**	**1248414**	**1538222**	**1452041**	**1307943**	**1218725**	**1162056**	**1086001**
146075	**128307**	**211385**	**192528**	**228119**	**217917**	**281267**	**269530**	**223408**	**212833**	**175295**	**166587**
34345	34808	48448	59143	56049	54125	67692	62901	51956	47973	37480	34006
11213	11727	15229	17554	23090	24057	28324	29123	25852	26091	20642	20778
17005	13194	19620	17233	26025	27164	37136	38567	33239	33920	26370	26905
20415	15150	30279	19266	19258	18236	25405	24765	19873	18752	16841	16301
22537	17095	39137	31069	41091	41207	53035	52159	40348	39711	31185	30189
9402	6848	11641	9177	13935	13335	18136	17119	13953	12249	10159	8757
9864	10711	10602	10155	13437	12088	14167	11875	11598	9712	10388	8804
2328	1960	3115	2679	4474	4077	4794	4412	4078	3522	4030	3448
2045	1814	2342	2045	3304	3102	3331	3459	2898	2945	3322	3181
11730	10371	25966	19974	19418	13410	19169	16065	11319	10148	6541	6627
5191	4629	5006	4233	8038	7116	10078	9085	8294	7810	8337	7591
70365	**70639**	**79554**	**80043**	**105851**	**102593**	**129217**	**120202**	**114293**	**105818**	**102374**	**98779**
1711	1485	2700	2215	3151	2473	3391	2492	3022	2270	2753	2304
23753	25304	28200	32105	38244	39493	52926	51300	46061	44981	39783	40645
14491	15496	17229	15813	21357	20667	26540	25666	24715	23303	24201	23491
3243	2800	3763	3279	4804	4054	4861	4024	4766	3798	4313	3781
4262	4078	3871	4044	5971	5972	6666	6130	5696	5471	5300	5149
3782	3537	3755	3709	5214	4972	5257	5134	4893	4472	4365	4165
4544	4090	5376	4836	5683	5299	5435	4785	4610	4169	4520	4460
5699	5037	5329	5007	7499	7124	8414	7864	7095	6639	5549	5165
5557	5603	5597	5778	8033	7894	9132	8251	7949	6902	6774	6150
2356	2197	3269	2893	5275	4112	5836	3985	4801	3265	4194	2939
967	1012	465	364	620	533	759	571	685	548	622	530
28987	**27408**	**30666**	**26894**	**41198**	**37220**	**53389**	**49300**	**47029**	**43304**	**47505**	**43844**
5351	4573	4005	3892	6177	5862	8137	8155	7991	8313	9090	9045
4156	4048	4221	3692	6424	5811	8592	8608	8832	8810	9724	9458
5928	5396	9025	7001	8937	7936	12923	11386	10843	9245	10192	8988
7877	8351	6933	6583	9346	8162	11707	10173	10129	8843	10523	9057
5675	5040	6482	5726	10314	9449	12030	10978	9234	8093	7976	7296
76109	**70457**	**77054**	**77428**	**111505**	**106591**	**128473**	**121860**	**113845**	**108642**	**121484**	**113169**
26515	25671	22052	26613	30118	31916	39868	41989	36752	37556	34879	35449
7266	6915	6822	6708	10979	11006	12245	12357	10995	10528	12454	11893
5075	4784	5788	5468	8996	8720	10480	9731	10068	9646	9037	8355
5307	4489	5633	4980	8130	7049	8868	7544	7902	7310	8981	8363
5649	4466	6425	5394	9398	8555	11579	10435	9878	9105	10504	9326
2327	2308	3227	2958	4635	3897	4187	3247	3210	2750	3881	3403
3040	3017	3125	2913	3766	3440	3792	3615	3820	3915	4986	4987
5305	4912	7006	7237	9323	9374	8381	8563	5971	6127	7292	7433
5708	5210	6543	6330	10847	9789	12266	10440	10751	9707	10743	9312
3626	3164	3393	2912	4840	4180	4800	4371	4575	4139	6175	5074
4053	3461	3513	3047	4427	4004	4464	4078	3751	3553	5253	4726
2238	2060	3527	2868	6046	4661	7543	5490	6172	4306	7299	4848
47706	**45775**	**59662**	**58329**	**83656**	**82710**	**93034**	**87173**	**78562**	**73464**	**80443**	**76014**
14918	13542	15643	16027	23430	26049	27951	30676	24815	26097	21712	23366
3158	3190	5032	4387	8338	6014	9696	6784	8248	6003	7789	5627
6761	6745	9068	9060	13538	13034	12653	11675	10328	9722	11593	11209
4547	4405	4850	4711	6095	6329	6478	6589	5601	5484	7304	7290
9073	7845	13699	11687	16495	15236	17033	13708	15480	12779	15627	13150
9249	10048	11370	12457	15760	16048	19223	17741	14090	13379	16418	15372
52719	**43942**	**38880**	**36793**	**62049**	**59631**	**71978**	**66549**	**64808**	**56849**	**49688**	**45425**
17416	14580	13938	12734	20754	20931	24585	23512	19977	18138	14647	13878
3422	3080	4401	3766	7461	6263	6788	5791	5567	4474	4635	3432
4317	3509	4536	3846	7483	6627	8586	7119	8160	6641	6919	5978
6564	5500	5692	5038	8576	7929	8796	8268	9290	8199	6959	6713

表2 续表 9

地区	45-49岁		50-54岁		55-59岁		60-64岁	
	男	女	男	女	男	女	男	女
山西省	**1533529**	**1471144**	**1519980**	**1441816**	**1333902**	**1285735**	**1076063**	**1026288**
太原市	**210805**	**198498**	**207184**	**187601**	**191018**	**176468**	**149860**	**140161**
小店区	42915	38778	40055	35231	34792	31385	25918	24468
迎泽区	24055	23373	23226	21884	23062	21973	19229	18477
杏花岭区	30910	31275	31345	29580	31491	30049	26064	24845
尖草坪区	21319	20581	22453	19902	19906	18020	15145	14155
万柏林区	35816	35422	36289	34644	34969	33379	27125	25401
晋源区	13060	11061	12921	10935	11113	9832	8810	7982
清徐县	14866	12635	14770	12875	12480	11465	9694	9467
阳曲县	5829	5262	6283	5241	5896	4999	4536	3899
娄烦县	4635	4131	3871	3401	3594	3115	3144	2576
山西转型综合改革示范区	6686	6610	5729	4865	5026	4533	3729	3501
古交市	10714	9370	10242	9043	8689	7718	6466	5390
大同市	**141875**	**142718**	**145016**	**143797**	**126907**	**125391**	**106514**	**97304**
新荣区	4391	4051	5165	4521	4507	3987	3571	3250
平城区	49906	51916	48570	48873	42740	41429	33360	30745
云冈区	32322	33225	33360	33746	29618	30227	24567	23458
云州区	6648	6178	6862	6423	5797	5765	5467	4881
阳高县	8029	8520	9035	9687	7915	8381	7587	7334
天镇县	6985	7239	7731	8720	6521	7007	5902	5453
广灵县	6621	6901	7068	6759	6299	5897	5125	4170
灵丘县	9503	9044	9097	8541	8046	7603	7187	5954
浑源县	9920	9615	10422	10471	9380	9516	9030	8127
左云县	6702	5282	6806	5353	5387	5053	4239	3549
山西大同经济开发区	848	747	900	703	697	526	479	383
阳泉市	**69748**	**66434**	**67976**	**64115**	**56324**	**52481**	**45292**	**43460**
城区	12188	12194	11788	11474	10187	9450	7773	7383
矿区	12134	12413	11636	11403	9990	9133	7528	7913
郊区	14891	13333	15015	13194	12205	10717	9178	8514
平定县	16519	15212	16089	14678	12942	12033	10980	10407
盂县	14016	13282	13448	13366	11000	11148	9833	9243
长治市	**151038**	**142889**	**145302**	**135860**	**126376**	**119268**	**100541**	**96466**
潞州区	38496	40356	35571	36046	32126	31214	24347	23946
上党区	14916	14269	14177	13683	12076	12436	9958	10517
屯留区	12195	12093	11533	11073	10046	9514	7461	6989
潞城区	11508	10640	10606	9900	9134	8386	6862	6481
襄垣县	12958	12033	12049	11025	10194	9971	8274	7775
平顺县	5817	5052	6016	5321	5173	4545	4523	4237
黎城县	6464	6087	6470	6246	5862	5461	5053	4685
壶关县	10194	10934	10586	11008	9249	9384	7899	7736
长子县	14256	12937	14255	13330	12681	12140	9618	9536
武乡县	8075	6597	8101	6728	6792	5558	6207	5288
沁县	6921	6198	7260	5826	6462	5458	5254	4690
沁源县	9238	5693	8678	5674	6581	5201	5085	4586
晋城市	**110090**	**104720**	**102579**	**96204**	**85211**	**82218**	**70928**	**69270**
城区	26033	27498	22254	22985	18488	18298	13933	13688
沁水县	11922	9282	11048	8625	8464	7235	6897	6524
阳城县	18736	18078	18342	17573	16048	15702	13556	12938
陵川县	10108	10433	10388	9914	8842	8141	7881	7117
泽州县	20819	18041	18869	16953	15571	14987	14581	14401
高平市	22472	21388	21678	20154	17798	17855	14080	14602
朔州市	**68295**	**67836**	**65788**	**66123**	**55702**	**56143**	**47704**	**43254**
朔城区	19319	20192	17849	19200	15056	15397	12585	11233
平鲁区	7081	6060	6641	5946	5550	4979	4771	4062
山阴县	9356	8689	9062	9004	7568	7837	6772	6479
应县	9683	10287	10685	11277	9670	10311	9310	8702

单位：人

65-69岁		70-74岁		75-79岁		80-84岁		85岁及以上	
男	女	男	女	男	女	男	女	男	女
914113	**909574**	**581441**	**598387**	**339271**	**366699**	**215588**	**253613**	**136350**	**189638**
110959	**110381**	**61628**	**63646**	**40604**	**47516**	**32234**	**40765**	**25742**	**31005**
18998	18567	10690	10963	6765	7800	5477	6442	4187	4975
14331	13784	7219	7692	5049	6330	4455	6512	4527	5485
18495	18019	9673	9997	6343	7987	5476	8169	5290	6649
10997	11422	6417	6812	4385	5399	3605	4497	2521	2938
18544	18818	10531	11091	7250	8719	5928	7841	4542	5075
6512	6768	3378	3722	2001	2602	1641	2016	1135	1347
8839	9753	5053	5205	3135	3220	1796	1857	1163	1655
4116	3671	2315	2073	1839	1623	1194	968	739	826
2844	2366	2087	1704	981	929	726	659	440	599
2927	3076	1770	1639	1063	1057	655	611	482	646
4356	4137	2495	2748	1793	1850	1281	1193	716	810
88109	**85404**	**54705**	**54208**	**33237**	**35712**	**23508**	**26769**	**15361**	**20070**
3017	2711	1975	1779	1180	1300	832	854	530	655
24215	24407	13593	14009	8469	9713	6441	7962	4580	5382
19102	20141	11211	12972	7523	9678	5949	7498	3408	4367
5087	4661	3179	2683	1934	1865	1298	1336	818	1145
7434	6376	4877	3965	3070	2710	1946	2035	1274	1864
5274	4819	3883	3396	2737	2455	1688	1630	1024	1492
5045	4228	3349	3007	1926	1723	1226	1211	854	1012
6637	6359	4757	4708	2133	2036	1391	1247	979	1266
8575	7976	5600	5407	2944	2905	1873	2020	1363	1999
3372	3395	2104	2112	1215	1198	797	907	489	837
351	331	177	170	106	129	67	69	42	51
38463	**39802**	**24109**	**25045**	**14117**	**14968**	**8673**	**9390**	**4935**	**6532**
6222	6841	3837	4530	2341	2977	1607	2083	1058	1307
6712	7560	4342	4599	2524	3069	1771	1975	1040	1132
7110	7580	4324	4800	2480	2643	1474	1653	802	1222
9727	9679	6023	6175	3323	3432	1685	1804	833	1425
8692	8142	5583	4941	3449	2847	2136	1875	1202	1446
89055	**88769**	**56183**	**60636**	**27791**	**30142**	**16738**	**20237**	**9109**	**13603**
19462	20657	11622	14018	6500	7680	4245	5623	2813	3751
9806	10451	6075	6835	2493	2842	1350	1899	649	1265
6771	6650	4031	4355	1793	2009	1085	1424	579	975
5889	5872	3739	4155	1940	2113	1217	1232	569	867
7238	6864	4687	4792	2355	2397	1549	1653	784	1054
4172	4146	2903	2931	1393	1425	727	791	395	614
4176	4061	2834	3114	1632	1627	834	910	392	602
7520	7324	4953	5276	2255	2523	1265	1566	639	1080
10014	9923	5840	6170	2645	2796	1372	1885	670	1176
5731	5102	4091	3641	1991	1709	1280	1225	641	858
4305	3945	2647	2683	1526	1664	1012	1176	573	792
3971	3774	2761	2666	1268	1357	802	853	405	569
67859	**69971**	**44946**	**48907**	**18226**	**19453**	**10093**	**12826**	**5011**	**7906**
10961	11463	6894	8308	3469	3894	2182	2534	1105	1437
6889	6713	4576	4655	1797	1883	845	1179	503	795
12662	12610	8048	8626	3591	3768	1548	2187	757	1262
7404	7008	5070	4853	2004	1999	1104	1317	593	850
14628	15202	10438	11206	3610	3849	2252	2785	1141	1916
15315	16975	9920	11259	3755	4060	2162	2824	912	1646
41099	**37457**	**26420**	**23089**	**16166**	**15671**	**10789**	**11160**	**7547**	**9896**
10812	9605	6743	6193	4302	4167	2794	2885	1924	2529
4226	3592	2942	2519	1334	1441	965	1143	750	1056
5925	5602	4255	3384	2463	2282	1627	1590	1115	1617
8168	7184	4775	4242	3339	3074	2387	2356	1828	2211

表2 续表 10

地 区	0岁		1-4岁		5-9岁		10-14岁	
	男	女	男	女	男	女	男	女
右玉县	337	297	1609	1393	2250	2121	2516	2380
山西朔州经济开发区	393	333	2151	1999	2972	2707	2330	2051
怀仁市	1330	1231	7009	6413	10671	9116	12426	10315
晋中市	**13872**	**13091**	**72974**	**68358**	**95906**	**89095**	**104951**	**96503**
榆次区	3480	3335	19768	18373	22947	21698	20251	19087
太谷区	1202	1126	6281	5823	7324	7253	7882	7456
榆社县	517	471	2376	2205	3440	3116	4069	3791
左权县	596	519	3001	2920	4387	4246	5347	5054
和顺县	355	381	2109	2037	3204	2826	3641	3427
昔阳县	604	593	3018	2945	4496	4319	6082	5773
寿阳县	639	607	3458	3205	4276	4076	4734	4511
祁县	942	869	5225	4877	6947	6596	8279	7630
平遥县	2193	2177	11011	10178	15492	13776	18092	16295
灵石县	1016	921	5288	4936	8028	7047	10480	9391
介休市	2328	2092	11439	10859	15365	14142	16094	14088
运城市	**20656**	**20679**	**111123**	**110651**	**144886**	**136887**	**134493**	**123337**
盐湖区	4222	4133	23974	23490	30481	28273	26452	24333
临猗县	1718	1780	9761	10275	13216	12978	12283	11634
万荣县	1453	1514	7738	7963	10570	10218	10466	9596
闻喜县	1558	1601	7940	7942	10767	10260	10489	9449
稷山县	1393	1480	7358	7679	10769	10394	9895	9459
新绛县	1166	1292	6322	6562	8403	8180	8556	8065
绛县	921	934	4967	4946	7044	6759	6782	6359
垣曲县	874	819	4515	4384	5357	5059	5368	5007
夏县	1345	1324	6907	6989	9340	9049	8437	7476
平陆县	894	870	4461	4256	5459	5271	5027	4657
芮城县	1426	1316	7457	7025	8460	8047	7564	7138
永济市	1789	1717	9901	9603	11592	11130	10005	9700
河津市	1897	1899	9822	9537	13428	11269	13169	10464
忻州市	**10343**	**9580**	**50750**	**48405**	**74767**	**70728**	**83466**	**80385**
忻府区	2242	2049	11190	10818	15850	15224	16682	16676
定襄县	654	689	3408	3379	5416	5210	6028	6617
五台县	698	658	3433	3297	5607	5189	6923	6568
代县	640	570	3289	3182	4702	4726	5564	5526
繁峙县	1201	1095	5522	5218	8897	8112	9710	9227
宁武县	491	458	2532	2444	3878	3578	4751	4310
静乐县	466	409	2322	2218	3562	3280	3970	3557
神池县	272	270	1246	1119	1749	1661	2013	1868
五寨县	377	348	1955	1916	2660	2449	2767	2574
岢岚县	275	234	1296	1268	1745	1698	1568	1502
河曲县	459	449	2562	2378	3405	3097	3716	3232
保德县	769	707	3611	3247	5002	4407	5196	4348
偏关县	259	207	1156	1093	1821	1586	2063	1781
五台山风景名胜区	74	86	281	266	309	325	385	441
原平市	1466	1351	6947	6562	10164	10186	12130	12158
临汾市	**16896**	**16826**	**89902**	**87945**	**122439**	**114685**	**125363**	**115836**
尧都区	4174	4160	22804	22123	29256	27055	28134	25772
曲沃县	969	963	4966	5155	6416	6496	5868	5656
翼城县	988	1006	5249	5152	7272	7065	7902	7850
襄汾县	1806	1900	9429	10058	12640	12947	12175	12210
洪洞县	2947	2895	15149	14667	21203	19498	23926	21475
古县	297	291	1711	1676	2347	2331	2567	2343
安泽县	321	316	1536	1505	2254	2202	2324	2299
浮山县	356	335	1794	1792	2560	2314	2875	2714
吉县	348	345	1794	1900	2595	2502	2494	2521
乡宁县	945	949	4817	4397	7194	5955	7641	6313
大宁县	198	200	1080	1061	1460	1296	1385	1326
隰县	349	377	2089	1948	2960	2913	3136	2846
永和县	234	223	1137	1016	1700	1669	1438	1374
蒲县	396	348	1879	1825	3099	2734	3376	3095

单位：人

15-19岁		20-24岁		25-29岁		30-34岁		35-39岁		40-44岁	
男	女	男	女	男	女	男	女	男	女	男	女
1757	1557	1838	1660	3084	2647	3559	3100	3440	2894	2776	2523
1113	2686	1407	2887	2626	2794	4301	4140	3521	3270	2476	2289
18130	13030	7068	6862	12065	12440	15363	14619	14853	13233	11276	10612
105428	**106978**	**103062**	**111189**	**108730**	**103250**	**132368**	**126543**	**117822**	**110286**	**112140**	**103173**
36847	46694	44985	56983	30926	30246	38603	38294	31534	30572	27001	25665
14271	12742	15923	16688	8086	8401	10135	10444	9987	9597	10573	10069
2826	2595	2227	1875	3359	3126	4055	3748	3914	3588	3942	3631
3438	3238	2504	2117	4130	3891	5582	5360	5484	5086	5038	4488
2691	2432	1788	1672	3598	3278	5048	4482	4984	4348	4783	3990
4508	3944	2909	2595	4603	4159	5564	5335	6425	5890	6937	5856
3748	3386	3356	2884	6079	5065	8299	6813	7240	5737	8752	6990
6621	5971	5912	6018	8054	7274	9256	8447	9091	8400	9796	8758
13433	11084	9344	8050	15616	15425	16264	15900	13924	13567	12620	12877
6737	5765	4769	3988	8648	7485	10567	9331	9834	8845	8946	7574
10308	9127	9345	8319	15631	14900	18995	18389	15405	14656	13752	13275
120588	**110105**	**128475**	**120939**	**191509**	**177169**	**206336**	**194931**	**170062**	**164053**	**146803**	**138928**
34593	38673	26883	32804	37434	38450	46650	48799	37346	38186	28845	28552
10032	8905	13044	11654	19416	17271	19197	17525	15413	14960	14389	13929
8285	6740	10208	8839	15148	13393	14069	12642	12800	11506	10555	9672
8813	7191	9732	8176	13701	12750	14624	14017	12138	12323	10642	10283
7454	6278	8958	7523	13841	12349	13613	12872	10069	9785	8948	8316
8380	6755	7198	6476	10255	9575	10665	10165	9247	9330	7817	7638
4532	4062	4993	5003	7548	7529	8729	8368	8203	7854	7075	6601
4423	3791	5388	4906	7756	6948	8539	7802	6926	6434	6591	6018
5181	4106	7009	5624	10830	9274	12068	10945	9865	9258	8029	7172
4099	3462	4923	4377	7101	6679	8354	7596	6444	6352	6455	6001
7305	6180	10082	8274	15439	12981	13999	11830	11775	10621	11648	10445
7534	6617	9494	8768	15972	14828	17062	15267	13185	12250	12356	11684
9957	7345	10563	8515	17068	15142	18767	17103	16651	15194	13453	12617
61694	**62320**	**64192**	**66800**	**88884**	**84369**	**106352**	**98262**	**93547**	**82053**	**91798**	**83601**
20056	24041	15620	21973	17558	17786	22221	21576	18254	17641	17933	18406
3482	3410	3842	3770	5347	5278	7588	7185	6691	5859	6037	6033
4791	4293	4816	4259	6310	5768	7109	6200	6626	6077	7340	6553
2897	2736	3960	3558	5524	5251	7137	6214	6666	5444	6534	5153
5172	4730	5647	5394	8999	8821	10491	9815	9764	8452	8543	7684
2479	2133	3074	2849	5371	4634	6156	5330	5509	4471	5463	4140
2680	2351	3277	2778	4343	3841	4843	4390	4750	3782	4425	3568
1152	1046	1996	1658	3086	2470	2910	2581	2635	2271	2601	2348
1848	1964	2262	2236	3437	3431	3988	3823	3726	3145	3663	3303
1218	1061	1995	1743	2747	2609	2959	2519	2514	2090	2584	2272
2564	2083	2372	1994	4116	3713	5194	4737	4545	3854	4733	4050
2951	2667	4131	3794	6765	6411	7329	6555	6151	4875	5330	4386
1321	1118	1864	1629	2507	2177	2816	2616	2300	1949	2359	2289
207	178	454	458	728	722	841	730	561	564	610	599
8876	8509	8882	8707	12046	11457	14770	13991	12855	11579	13643	12817
98438	**91687**	**102797**	**104662**	**149514**	**145805**	**174255**	**169832**	**152708**	**143026**	**133374**	**125291**
29145	31746	26020	35015	35706	37332	44639	46586	39420	39191	33846	33306
3784	3276	5067	4504	8577	8186	10501	9629	8436	7189	7002	6045
7050	6339	5320	5544	7622	8148	9212	9979	8716	8877	8480	8497
9929	8893	10135	9544	16179	15770	16387	16079	13128	12861	13752	12559
16156	13821	17231	15762	24399	24132	26034	25834	23973	23074	19509	19412
1654	1505	2087	1899	3099	2743	3654	3196	3296	2720	3094	2469
1232	1103	1776	1557	2664	2329	3165	2882	2978	2531	3195	2622
1858	1712	2240	2179	3071	3016	3274	3269	3321	3132	3627	3362
1747	1509	2174	1933	3210	3147	3993	3634	3178	2541	2672	2394
5993	4729	6662	5286	9243	7916	10373	8727	8645	7726	6549	5611
1164	916	1888	1452	2416	1882	2640	1944	2100	1401	1830	1384
1915	1586	2279	1970	3521	3294	3986	3814	3800	3111	2876	2658
988	869	1355	1179	2083	1873	2376	2007	1903	1472	1503	1291
2199	2124	2827	2311	4343	3117	5345	3854	4731	3494	3981	2766

表2 续表 11

地区	45-49岁		50-54岁		55-59岁		60-64岁	
	男	女	男	女	男	女	男	女
右玉县	4348	3834	4180	3620	3808	3432	3343	3064
山西朔州经济开发区	3306	3216	2976	2688	2055	1832	1265	1097
怀仁市	15202	15558	14395	14388	11995	12355	9658	8617
晋中市	**153327**	**144104**	**151239**	**140882**	**129055**	**124329**	**102344**	**99660**
榆次区	34194	33802	33743	32586	29964	29049	24098	23616
太谷区	13870	13296	13663	13161	11787	11790	9304	9698
榆社县	5267	4584	5497	4791	4809	4327	4069	3471
左权县	6912	6278	7146	6332	6280	5756	5053	4900
和顺县	6657	5866	6630	5513	5562	4845	4295	3981
昔阳县	9287	8544	9917	8957	8790	8664	7978	7567
寿阳县	12209	9480	12030	9540	9608	8534	6961	6199
祁县	12275	11591	11341	10955	9692	9719	8124	8521
平遥县	19872	19962	19133	19543	16778	16823	14002	13318
灵石县	13161	11138	12798	10580	9820	8850	6563	6325
介休市	19623	19563	19341	18924	15965	15972	11897	12064
运城市	**191268**	**188577**	**205659**	**199272**	**182407**	**181671**	**149726**	**149214**
盐湖区	33271	33884	32850	32867	28110	28209	22066	22276
临猗县	20118	20202	23651	22740	19817	19960	16593	16491
万荣县	13531	13615	15291	15526	14147	14663	12509	12378
闻喜县	14128	14254	15222	14850	13998	13883	12027	11801
稷山县	11252	11712	13899	13706	11852	12316	10053	10398
新绛县	11279	11050	11968	11689	11909	11871	9768	9710
绛县	9110	8819	10136	9598	9928	9842	8144	8118
垣曲县	8935	8202	9162	8005	8322	7773	6885	6662
夏县	11488	11190	12166	12193	11828	11954	10140	9964
平陆县	9059	8546	9536	9286	8802	8662	7146	6925
芮城县	15410	14498	16506	15453	14600	13630	11269	11442
永济市	16780	16297	18057	17519	16310	16359	13206	13051
河津市	16907	16308	17215	15840	12784	12549	9920	9998
忻州市	**117743**	**114293**	**113902**	**108662**	**109109**	**102601**	**96606**	**85999**
忻府区	23152	24383	22470	23717	22129	21912	19402	17596
定襄县	8016	8139	7857	7907	7914	7901	8035	7833
五台县	9180	8257	9099	8415	9042	8839	8679	8749
代县	8067	7419	8247	7241	7400	7189	7192	6174
繁峙县	10526	10266	10117	9279	8714	8576	7716	7016
宁武县	7234	5873	6387	5263	6000	4692	4470	3564
静乐县	5240	4395	4976	4080	5120	4256	4312	3530
神池县	3499	3325	3501	3137	3409	3158	2892	2518
五寨县	4754	4737	4550	4018	4141	3882	3390	2858
岢岚县	3371	3020	3399	2919	3154	2365	2610	1961
河曲县	5837	5687	5327	5075	5194	4711	4163	3748
保德县	6090	5454	5582	5118	4845	4514	3770	3279
偏关县	3212	3355	3066	3252	3212	3201	2971	2425
五台山风景名胜区	897	838	830	713	753	648	619	494
原平市	18668	19145	18494	18528	18082	16757	16385	14254
临汾市	**171719**	**165073**	**170480**	**164944**	**153012**	**151046**	**116968**	**117895**
尧都区	38850	38688	36761	36510	31760	31040	24589	24875
曲沃县	9550	8532	10260	9532	9449	9289	6836	6849
翼城县	11696	11045	11861	12430	11249	12250	9195	9529
襄汾县	18121	17560	17787	17596	17778	17750	13757	14309
洪洞县	25359	26013	24694	25644	23369	24632	19688	20608
古县	4054	3580	4021	3460	3248	2928	2294	2228
安泽县	4195	3461	4059	3327	3350	2949	2339	2271
浮山县	4330	4197	4763	4509	4800	4519	3677	3547
吉县	4367	4190	4564	4187	3639	3348	2443	2472
乡宁县	9121	8278	9132	8405	7218	7032	5421	5182
大宁县	2409	2016	2655	2212	2232	1973	1587	1490
隰县	4303	3757	4256	3732	3669	3386	2688	2714
永和县	2318	2035	2417	2287	2108	2065	1492	1444
蒲县	4986	3724	4700	3543	3476	3085	2156	2170

单位：人

65－69岁		70－74岁		75－79岁		80－84岁		85岁及以上	
男	女	男	女	男	女	男	女	男	女
3126	2799	2217	1967	1108	949	762	824	479	614
917	925	625	668	466	430	248	262	154	168
7925	7750	4863	4116	3154	3328	2006	2100	1297	1701
89053	**89991**	**56990**	**56361**	**34521**	**34926**	**22153**	**22840**	**13794**	**18210**
19097	19791	11267	11746	7139	7719	5162	5841	3778	4637
8906	9461	5564	5948	3367	3441	2084	2203	1415	1878
3282	3193	2363	2233	1180	1182	801	768	481	545
4168	3969	2992	2927	1425	1449	797	783	404	522
3493	3478	2378	2423	1431	1349	824	817	485	516
7819	7059	5259	4688	2603	2370	1313	1349	847	1295
6784	6281	4179	3320	2938	2330	2204	1515	1166	1219
7768	8114	5084	4709	2846	2659	1797	1618	1144	1615
12547	12617	8319	8024	5433	5548	3299	3397	1898	2866
5305	5548	3327	3596	2164	2507	1426	1733	845	1209
9884	10480	6258	6747	3995	4372	2446	2816	1331	1908
124851	**129794**	**82751**	**92439**	**51853**	**60610**	**30422**	**39241**	**16379**	**25764**
17692	18294	11349	12661	7219	8633	4401	5554	2702	3723
14067	15029	9577	10756	5946	7019	3205	4253	1344	2411
10535	10870	7302	8007	5006	5337	2782	3566	1355	2161
9959	10339	6146	7197	3971	4885	2358	2933	1098	1824
8016	8358	5398	6145	3386	4030	2064	2739	879	1478
7999	8596	5061	5816	3006	3778	1753	2525	875	1530
6667	7093	4147	4865	2607	3242	1404	1953	732	1257
5927	5848	3825	3832	1461	1795	910	1291	832	1200
9087	9380	5935	6694	3700	4213	2105	2612	1230	1831
6638	6358	4248	4682	2799	2890	1761	2013	1175	1816
9161	9592	6651	7202	4374	4852	2511	3072	1355	2299
10276	11117	7066	7984	4519	5703	2694	3610	1572	2361
8827	8920	6046	6598	3859	4233	2474	3120	1230	1873
88909	**79672**	**60224**	**53768**	**35810**	**32077**	**22061**	**21354**	**14370**	**20212**
16989	15750	9927	9164	6532	6164	4074	4121	2485	3326
7571	7180	4498	4288	2638	2459	1628	1619	967	1624
8394	8221	6048	5726	3733	3487	2064	2117	1418	2195
6631	5511	4392	3772	2474	2142	1530	1536	1049	1631
7351	6438	5439	4277	2934	2350	1960	1721	1410	1825
3627	3355	2806	2589	1557	1473	1004	995	613	917
4035	2892	2720	2290	1644	1389	1059	1003	651	873
2895	2408	2174	1772	1068	848	584	558	420	639
3341	2940	2439	2334	1243	1068	755	698	528	672
2210	1909	1600	1422	853	758	566	482	404	424
4102	3626	3057	2654	1730	1629	1039	1020	725	928
3447	2917	2412	2216	1421	1311	914	880	657	759
2829	2498	2073	1775	1276	1000	620	621	475	610
442	444	322	339	194	209	118	146	91	134
15045	13583	10317	9150	6513	5790	4146	3837	2477	3655
95064	**100574**	**61077**	**68356**	**35360**	**43040**	**20219**	**28127**	**12332**	**19914**
19499	21102	12501	13945	6913	8574	4452	6236	2946	4527
5366	5544	3435	3956	2129	2748	1129	1714	626	966
7751	8128	5215	5739	2842	3399	1370	2034	759	1421
12034	12940	7858	8952	4567	5829	2572	3746	1399	2617
16150	17537	9045	10891	5076	6549	2758	4120	1510	3072
1963	1979	1285	1316	668	698	271	406	158	280
2104	2091	1213	1313	503	538	280	356	160	274
3141	3027	2242	2261	1184	1357	642	809	401	626
2119	2153	1512	1592	1110	1116	537	587	351	456
4132	4319	2873	3166	1688	1914	874	1147	486	833
1169	1189	832	912	591	668	316	412	206	274
2202	2332	1522	1513	857	907	544	669	374	541
1155	1135	823	822	584	556	310	327	151	227
1894	1926	1366	1357	780	937	438	559	315	423

表2 续表 12

地区	0岁		1-4岁		5-9岁		10-14岁	
	男	女	男	女	男	女	男	女
汾西县	405	415	2131	1890	3374	2974	4453	3942
侯马市	1016	1003	5739	5634	6952	6552	6204	5903
霍州市	1147	1100	6598	6146	9157	8182	9465	8197
吕梁市	**16416**	**14977**	**84497**	**77549**	**122827**	**109492**	**125054**	**109558**
离石区	2383	2152	14259	12673	20784	18096	18611	15893
文水县	1768	1717	8897	8396	12723	11773	13568	12252
交城县	984	931	5408	4846	7783	7053	8087	7068
兴县	816	700	3821	3521	6031	5131	6152	5397
临县	1745	1595	8400	7692	12870	11542	13006	11523
柳林县	1454	1217	7472	6475	11194	9665	11752	9671
石楼县	525	431	2421	2210	3911	3389	3771	3287
岚县	652	566	3440	3010	5459	4503	5681	5112
方山县	547	522	2523	2359	3851	3399	4127	3601
中阳县	731	585	3710	3215	5244	4345	5236	4483
交口县	392	368	2021	1798	3188	2969	3927	3541
孝义市	2326	2194	11902	11430	16735	15244	17918	15958
汾阳市	2093	1999	10223	9924	13054	12383	13218	11772
内蒙古自治区	**89403**	**83548**	**456610**	**426095**	**616732**	**567333**	**592970**	**544982**
呼和浩特市	**13794**	**13114**	**69133**	**64852**	**86286**	**80844**	**78188**	**73044**
新城区	2668	2596	14101	13163	19095	17726	17196	15938
回民区	1832	1744	8043	7436	9944	9410	9845	9149
玉泉区	2408	2277	11511	10922	12926	12241	12662	11984
赛罕区	3694	3438	18963	17749	22709	21255	17380	16523
土默特左旗	793	748	4036	3905	5413	5073	5617	5164
托克托县	471	528	2793	2570	4214	3970	4943	4611
和林格尔县	604	539	2585	2406	3881	3578	3958	3388
清水河县	185	182	1067	976	1686	1588	2087	1889
武川县	236	204	1159	1059	1679	1600	1917	1989
呼和浩特经济技术开发区	903	858	4875	4666	4739	4403	2583	2409
包头市	**9139**	**8545**	**48928**	**45832**	**64869**	**61767**	**59206**	**57012**
东河区	1495	1414	7957	7376	10320	9914	9691	9456
昆都仑区	2561	2456	14986	14344	20387	19468	18394	17742
青山区	1828	1601	9247	8675	12651	11848	11115	10576
石拐区	57	51	332	226	319	329	278	300
白云鄂博矿区	59	46	376	335	403	378	299	316
九原区	1005	978	5266	4796	6611	6233	6062	5885
土默特右旗	739	649	3412	3321	5385	5255	5515	5157
固阳县	313	278	1605	1468	2274	2146	2369	2326
达尔罕茂明安联合旗	138	183	960	822	1203	1147	1161	1142
包头稀土高新技术产业开发区	944	889	4787	4469	5316	5049	4322	4112
乌海市	**2142**	**1989**	**10830**	**10182**	**13377**	**12576**	**11975**	**11679**
海勃湾区	1419	1348	7212	6712	8422	8072	7181	6957
海南区	331	286	1748	1608	2500	2197	2241	2286
乌达区	392	355	1870	1862	2455	2307	2553	2436
赤峰市	**15923**	**14664**	**82689**	**75870**	**117000**	**97316**	**119258**	**96359**
红山区	2153	1998	11274	10013	14715	11880	11912	9818
元宝山区	903	878	4784	4422	6787	5562	8105	6045
松山区	3674	3253	18527	16674	22348	17831	20052	14883
阿鲁科尔沁旗	766	720	3993	3656	5701	5177	6492	5922
巴林左旗	898	841	4446	4044	6837	6193	8741	8043
巴林右旗	628	597	3050	2860	3971	3657	4417	3874
林西县	600	543	3216	3031	4178	3807	4751	4524
克什克腾旗	690	622	3579	3322	4247	3999	4147	3828
翁牛特旗	1218	1124	6124	5548	8915	7120	10158	7700
喀喇沁旗	953	808	4756	4259	7610	6347	8614	6932
宁城县	1861	1705	9715	9403	16268	13219	17098	13217
敖汉旗	1579	1575	9225	8638	15423	12524	14771	11573
通辽市	**9734**	**9029**	**50134**	**47165**	**76301**	**70680**	**80109**	**73929**
科尔沁区	1981	1777	10728	9896	16446	15344	16794	15997

单位：人

15-19岁		20-24岁		25-29岁		30-34岁		35-39岁		40-44岁	
男	女	男	女	男	女	男	女	男	女	男	女
2510	2159	2643	2408	3844	3452	4096	3847	3849	3600	3441	3136
4897	4210	6227	5834	9629	9594	11839	11971	9880	9683	8974	8802
6217	5190	6866	6285	9908	9874	12741	12580	11354	10423	9043	8977
88051	**77360**	**95326**	**89800**	**140577**	**131159**	**161553**	**147859**	**131859**	**118397**	**101152**	**91190**
13689	13388	15599	17874	20369	21397	25730	25961	20411	19131	13317	12766
9733	8398	9953	9227	14140	13001	14924	13600	13252	12198	10604	9818
5518	4912	5624	5066	9454	8630	10571	9942	9212	8476	7349	6623
4170	3878	4174	3584	7238	6544	10066	7901	8392	6590	5581	4214
10749	8977	12070	10117	16650	13769	16923	13447	12954	10336	11578	9944
7560	6175	7730	6510	13152	11705	15089	13207	11661	10261	8675	7254
2781	2326	2811	2434	4285	4064	4528	4213	3833	3407	2603	2432
3626	3241	3477	3063	5479	5542	6440	6126	6125	5644	4482	4018
2415	1978	2934	2541	4673	4137	5163	4285	4289	3455	3397	2772
3087	2574	3855	3085	6478	5573	7182	6361	5849	5243	4274	3755
2348	1892	2061	1671	3444	3194	4640	4157	3918	3352	3185	2717
13046	10574	12884	10628	19118	18048	23603	22899	19044	18254	14451	13682
9329	9047	12154	14000	16097	15555	16694	15760	12919	12050	11656	11195
523910	**481357**	**552501**	**511241**	**757769**	**692586**	**1054898**	**987557**	**1003174**	**920721**	**924262**	**856219**
99297	**94023**	**126579**	**130077**	**122911**	**120524**	**156131**	**153843**	**149089**	**140994**	**125982**	**121508**
20756	18389	27476	27626	24844	24744	32187	32614	32239	32668	27073	26438
13089	13866	16901	20980	16724	16876	19735	19373	18752	18005	16473	16368
11985	12852	17383	19706	22596	22692	27386	26257	25255	22908	21412	20297
31735	27692	43387	39582	32004	32224	40420	41528	38111	37760	29657	29692
6314	6206	5643	5752	7283	6126	8926	8118	9148	7599	8670	8026
3960	3646	2929	2067	4718	3957	5828	5551	7203	6428	6826	6021
5138	6331	5691	8569	4144	3704	5057	4885	5692	5178	5658	5069
1633	1463	1211	882	1852	1601	2372	2189	2454	2027	2588	2453
1639	1511	1460	1228	1868	1649	2404	2337	2351	2271	3202	3128
3048	2067	4498	3685	6878	6951	11816	10991	7884	6150	4423	4016
64114	**56658**	**76282**	**65739**	**83480**	**78948**	**117901**	**113607**	**107959**	**102095**	**97725**	**95054**
8553	8867	10504	11133	14837	13928	20456	19470	19192	17485	17183	16435
18607	15322	26431	20892	25142	24742	36356	36557	32911	32831	28909	29193
15622	16612	18278	18031	16760	15712	22087	21442	20776	20998	18923	19466
537	433	528	442	910	699	1131	736	834	557	849	642
297	310	514	334	760	579	1361	955	883	613	943	811
9732	5239	7530	4308	8128	7785	11921	11410	10427	9520	9207	8712
5148	4580	5960	5019	5759	4952	7947	7515	8748	7230	8232	7251
2147	2048	2171	1788	3056	2652	4057	3397	3669	3059	3909	3478
681	607	1059	872	1661	1447	2095	1868	2090	1836	2789	2469
2790	2640	3307	2920	6467	6452	10490	10257	8429	7966	6781	6597
10366	**9646**	**13254**	**11056**	**20772**	**17286**	**28548**	**24188**	**23976**	**20100**	**23390**	**20131**
7283	6934	8423	7451	12503	11351	17399	15808	14381	12938	13401	12275
1095	812	2187	1582	3982	2701	5291	3858	4603	3341	4568	3464
1988	1900	2644	2023	4287	3234	5858	4522	4992	3821	5421	4392
93529	**75178**	**76398**	**68274**	**108440**	**99806**	**171980**	**164662**	**157649**	**153346**	**135046**	**131402**
10174	8973	12823	13719	16398	16143	26367	25961	20325	20267	15889	15807
6519	4807	5040	4241	7142	6021	10784	10220	10163	10348	9928	10047
20210	13571	16233	13402	23848	22632	36610	36018	28582	28546	23052	23466
4887	4491	4158	3720	6781	6124	10329	9301	10578	9704	8055	7316
6840	6427	5079	4737	7207	6491	9620	8986	12389	11749	9708	9310
2599	2409	2430	2131	4081	3896	6843	6302	6573	6219	5828	5485
3947	3669	3479	3085	5110	4841	7105	6611	6443	6616	5698	5507
2983	2651	3196	2646	4592	4059	8075	7389	6098	5744	6193	5576
7034	5673	5739	4482	7960	6657	12149	11086	11900	11495	11480	10812
6859	5348	4491	3800	4732	4424	9516	9327	10272	9852	8627	8441
10855	8457	6962	6126	10387	9290	20321	19589	18814	17349	16138	15356
10622	8702	6768	6185	10202	9228	14261	13872	15512	15457	14450	14279
65487	**61360**	**60869**	**58349**	**95008**	**87193**	**124308**	**115026**	**126793**	**115176**	**118344**	**109030**
17732	17771	20136	21541	24475	23370	30979	29731	29323	27621	26195	25125

表2 续表 13

地 区	45-49岁		50-54岁		55-59岁		60-64岁	
	男	女	男	女	男	女	男	女
汾西县	4441	4186	4776	4426	4310	4027	3032	3097
侯马市	11690	11762	11896	11501	10687	10363	8393	7761
霍州市	11929	12049	11878	11643	10670	10410	7381	7349
吕梁市	**147621**	**136002**	**144855**	**134356**	**118781**	**114119**	**89580**	**83605**
离石区	17238	16543	15653	14769	11939	11316	7690	7221
文水县	15612	15536	16003	15758	12985	13435	10950	10786
交城县	9389	8725	9347	8953	7834	7682	6457	6537
兴县	7902	6293	7759	6536	7013	6698	5886	4963
临县	16517	14696	17501	16372	15765	15313	12276	11397
柳林县	13034	11482	13070	11304	10083	9253	7013	6228
石楼县	3843	3490	3977	3859	3462	3312	2561	2269
岚县	6744	5874	6438	5709	5650	5163	4600	3549
方山县	5645	4406	6086	5007	4561	3978	3385	2762
中阳县	6723	5766	6360	5364	4687	4404	3172	3038
交口县	4559	3942	4352	3831	3816	3415	2741	2598
孝义市	21505	20787	19762	18910	15909	15654	12076	11829
汾阳市	18910	18462	18547	17984	15077	14496	10773	10428
内蒙古自治区	**1187721**	**1132367**	**1181252**	**1116147**	**1030880**	**999687**	**811291**	**807024**
呼和浩特市	**144875**	**145892**	**133760**	**130078**	**126358**	**123629**	**107053**	**102143**
新城区	29618	29694	26289	25673	24245	24024	19511	19321
回民区	18272	18322	16699	16185	15332	14859	12409	12056
玉泉区	23779	23369	20661	19547	18110	16776	14246	13160
赛罕区	34132	35649	31454	32410	30085	31029	25470	25128
土默特左旗	11417	11779	12423	12009	13169	12323	11504	10089
托克托县	7935	7878	6906	6543	6689	6405	6070	5926
和林格尔县	6503	6321	6255	5720	6210	6102	6375	5955
清水河县	3506	3457	3508	3522	3673	3591	3731	3447
武川县	5088	5088	5475	4771	5380	4756	4864	4268
呼和浩特经济技术开发区	4625	4335	4090	3698	3465	3764	2873	2793
包头市	**128927**	**128462**	**131917**	**126315**	**118713**	**113165**	**89050**	**86677**
东河区	22267	22197	24478	23536	24320	23477	18810	18574
昆都仑区	37985	38997	37428	36512	30582	29437	21197	21019
青山区	24747	24820	24806	24476	20775	20432	14716	15141
石拐区	1378	1075	1574	1223	1572	1171	1067	965
白云鄂博矿区	1745	1507	1767	1307	1308	930	567	427
九原区	11877	11519	11717	10629	10016	9237	7477	6928
土默特右旗	10320	10410	10661	10612	11576	11764	10783	9957
固阳县	5841	5461	6455	5582	6668	5561	5702	5285
达尔罕茂明安联合旗	3849	3724	4204	3667	4111	3678	3325	3321
包头稀土高新技术产业开发区	8918	8752	8827	8771	7785	7478	5406	5060
乌海市	**32743**	**29310**	**31992**	**28375**	**23810**	**21433**	**14258**	**13362**
海勃湾区	18485	17675	17798	16710	13916	13201	8838	8360
海南区	6287	4921	6142	4686	4220	3245	2412	2134
乌达区	7971	6714	8052	6979	5674	4987	3008	2868
赤峰市	**192332**	**187999**	**198068**	**193712**	**178542**	**180945**	**154595**	**160761**
红山区	19498	20075	18511	18768	17487	17135	13895	14584
元宝山区	15509	15961	16495	16190	13570	13283	9860	10499
松山区	31045	31419	30306	30001	27675	27639	22795	24073
阿鲁科尔沁旗	12143	11298	12523	13562	11255	11527	9596	9698
巴林左旗	13664	13532	13533	12592	12820	13169	11195	11962
巴林右旗	9046	8526	8257	7987	6660	6989	5552	5928
林西县	9052	8911	9131	8513	9100	9336	8529	8997
克什克腾旗	9584	8767	10802	10035	9238	8982	8526	8695
翁牛特旗	15917	14991	17451	17076	15757	16693	14520	15625
喀喇沁旗	12457	11847	13294	12474	12780	12842	11579	11541
宁城县	23562	22330	24190	23668	21660	22184	19622	20169
敖汉旗	20855	20342	23575	22846	20540	21166	18926	18990
通辽市	**140416**	**134306**	**134837**	**133692**	**117130**	**121602**	**92786**	**99018**
科尔沁区	31405	31496	32535	33185	30653	31702	25149	26384

单位：人

65-69岁		70-74岁		75-79岁		80-84岁		85岁及以上	
男	女	男	女	男	女	男	女	男	女
2593	2648	1829	1863	1074	1247	683	811	442	573
5929	6350	3908	4460	2650	3179	1636	2372	1182	1592
5863	6174	3618	4298	2144	2824	1407	1822	866	1212
80692	**77759**	**52408**	**51932**	**31586**	**32584**	**18698**	**20904**	**11770**	**16526**
6116	5817	4016	3786	2437	2687	1357	1471	794	1022
10669	11347	6459	6453	4031	3838	2423	2538	1473	2342
6125	6308	3440	3437	2020	2100	1295	1431	872	1279
5502	4354	3862	3543	2420	2380	1176	1250	853	1193
11897	10362	8356	7967	5157	5310	2528	3116	1755	2541
5549	5628	3943	3969	2367	2474	1333	1505	840	1015
1941	1990	1460	1492	818	825	555	577	367	348
4167	3460	2743	2551	1490	1483	833	914	552	709
2916	2544	2059	1858	1158	1232	650	650	370	457
2896	2843	2056	1908	1140	1079	661	705	412	419
2377	2160	1475	1402	811	779	586	675	428	583
9910	10333	6104	6581	3773	4277	2611	3230	1592	2508
10627	10613	6435	6985	3964	4120	2690	2842	1462	2110
645995	**678268**	**376914**	**409266**	**220192**	**261066**	**154556**	**184935**	**94244**	**113482**
85856	**88595**	**49946**	**49639**	**28418**	**31727**	**21583**	**24515**	**14879**	**16941**
14318	15168	7860	8811	4593	6057	3866	4838	2909	3340
9215	9860	5386	6214	3204	3906	2513	3230	1703	2132
10372	10318	5442	5825	3215	3618	2186	2723	1548	2018
18851	20280	10511	11828	6476	7824	5100	6062	3592	3937
10750	10871	6595	5748	3381	3637	2670	2672	1763	1771
6104	6677	3951	3018	2151	1810	1424	1441	955	1075
6218	5959	3755	2846	2040	1756	1377	1254	819	956
3413	3113	2285	1721	1345	1167	853	763	593	601
4576	4288	3091	2686	1413	1391	1209	1129	740	765
2039	2061	1070	942	600	561	385	403	257	346
67464	**71414**	**41807**	**48102**	**28577**	**36345**	**23324**	**25288**	**14336**	**14635**
13236	13727	7434	8972	5093	7004	3990	5341	2741	3355
14806	16515	9976	13198	7798	10847	7243	7245	4483	4182
11008	12671	7845	10387	6410	8283	5409	5610	2733	2611
1042	967	591	499	305	400	218	209	139	160
300	381	250	426	234	361	189	217	104	89
5493	5407	3021	3060	1779	2054	1177	1364	807	873
9749	10116	5776	4999	3011	2867	2111	2125	1425	1385
5226	4993	3228	2726	1706	1721	1237	1343	811	868
2939	2843	1771	1565	984	965	716	712	467	492
3665	3794	1915	2270	1257	1843	1034	1122	626	620
11561	**12540**	**7184**	**9045**	**5295**	**6645**	**3541**	**3924**	**2030**	**2110**
6828	7289	4112	5062	2972	3594	2076	2271	1232	1266
1981	2135	1182	1248	761	969	493	601	337	335
2752	3116	1890	2735	1562	2082	972	1052	461	509
114716	**124129**	**61597**	**69893**	**35090**	**43303**	**24206**	**31425**	**12578**	**17287**
10162	11533	5215	6555	3597	4785	2702	3747	1831	2390
7264	8830	3866	5489	3199	4605	2425	2918	1012	1269
17101	18671	8616	9642	5165	6217	3640	4442	1908	2545
6572	7416	3878	4576	1977	2431	1150	1600	527	760
8317	9070	4562	5183	2113	2602	1346	1756	612	908
3840	4544	2287	2760	1064	1372	631	940	328	466
6406	6684	3615	3695	1661	1907	1164	1595	687	919
6080	6604	3422	3797	1686	1930	1230	1561	725	843
11104	11956	6277	7072	3265	3858	2238	2979	1174	1643
8735	9207	4198	4387	2650	3044	1755	2039	851	1144
14629	14571	7631	7789	4407	5376	2949	3791	1523	2216
14506	15043	8030	8948	4306	5176	2976	4057	1400	2184
75709	**85310**	**41116**	**48950**	**19988**	**26138**	**12497**	**17343**	**7615**	**10691**
19980	22452	10570	12434	5478	7605	3666	5145	2598	3266

表2 续表 14

地区	0岁		1-4岁		5-9岁		10-14岁	
	男	女	男	女	男	女	男	女
科尔沁左翼中旗	1168	1147	5993	5833	10445	9517	12237	11451
科尔沁左翼后旗	1011	925	5042	4691	8555	8090	10724	9829
开鲁县	1017	904	5222	5059	8104	7538	8796	8051
库伦旗	556	497	2672	2379	4127	3630	4678	4004
奈曼旗	1448	1375	7645	7054	12273	11132	11521	10270
扎鲁特旗	918	805	4603	4493	6574	6355	7194	6776
通辽经济技术开发区	972	958	4883	4625	5392	4999	4621	4355
霍林郭勒市	663	641	3346	3135	4385	4075	3544	3196
鄂尔多斯市	**10376**	**9677**	**54741**	**49829**	**76082**	**70026**	**61547**	**56997**
东胜区	3052	2921	15995	14613	22294	20484	17591	16412
康巴什区	644	686	3778	3396	4722	4363	3748	3300
达拉特旗	1333	1255	6967	6606	11470	10654	9784	9289
准格尔旗	1598	1420	8078	7414	11506	10986	10737	10197
鄂托克前旗	436	393	2229	2005	2847	2665	2048	1832
鄂托克旗	765	720	4181	3821	5468	4983	4092	3810
杭锦旗	493	438	2452	2102	3111	3138	2630	2550
乌审旗	792	659	4391	3725	5961	5099	4384	3672
伊金霍洛旗	1263	1185	6670	6147	8703	7654	6533	5935
呼伦贝尔市	**6839**	**6377**	**35084**	**32840**	**46086**	**42884**	**47776**	**44013**
海拉尔区	1164	1128	6125	5621	6672	6093	5892	5589
扎赉诺尔区	185	196	960	964	1125	1084	1306	1185
阿荣旗	1045	961	5348	4836	7153	6674	7513	6778
莫力达瓦达斡尔族自治旗	792	720	4075	3733	6495	5869	7062	6560
鄂伦春自治旗	497	471	2589	2504	3492	3346	3817	3522
鄂温克族自治旗	439	436	2345	2167	2889	2766	2730	2554
陈巴尔虎旗	157	112	641	644	876	771	924	783
新巴尔虎左旗	129	118	673	649	913	812	766	758
新巴尔虎右旗	158	151	698	647	828	759	711	649
满洲里市	454	431	2444	2382	3532	3212	3523	3053
牙克石市	499	432	2447	2425	3090	2859	3661	3248
扎兰屯市	1040	970	5218	4932	7354	6992	7803	7418
额尔古纳市	183	151	973	844	1051	1004	1237	1122
根河市	97	100	548	492	616	643	831	794
巴彦淖尔市	**5633**	**5203**	**28687**	**26780**	**33847**	**32634**	**31551**	**30363**
临河区	2469	2208	11973	11104	13887	13103	12697	12061
五原县	774	707	4155	3778	5210	4909	4621	4701
磴口县	235	253	1386	1315	1436	1417	1448	1437
乌拉特前旗	838	744	4447	4179	5804	5836	5481	5277
乌拉特中旗	365	339	1838	1701	2088	1998	1923	1763
乌拉特后旗	218	217	1099	992	1077	1082	973	912
杭锦后旗	734	735	3789	3711	4345	4289	4408	4212
乌兰察布市	**5057**	**4630**	**22768**	**22008**	**31706**	**31173**	**34924**	**36253**
集宁区	1586	1433	7231	6972	9349	8907	9146	9184
卓资县	206	175	915	941	1130	1073	1163	1185
化德县	269	285	1242	1254	1530	1593	1641	1844
商都县	463	424	1949	1953	2960	2998	3418	3703
兴和县	533	492	2285	2207	3806	3682	4228	4555
凉城县	305	272	1415	1338	2135	2016	2652	2687
察哈尔右翼前旗	335	315	1376	1308	1842	1854	2329	2322
察哈尔右翼中旗	173	157	845	779	1107	1090	1318	1343
察哈尔右翼后旗	244	207	1144	1079	1615	1742	1926	1935
四子王旗	373	325	1737	1627	2305	2318	2409	2608
丰镇市	570	545	2629	2550	3927	3900	4694	4887
兴安盟	**4880**	**4731**	**24775**	**23591**	**37480**	**35509**	**38196**	**36194**
乌兰浩特市	1307	1258	6392	6213	8651	8298	8083	7671
阿尔山市	93	81	459	426	459	448	429	367
科尔沁右翼前旗	1007	1032	5348	5186	7793	7345	7830	7392
科尔沁右翼中旗	683	687	3670	3474	5689	5359	6276	5763
扎赉特旗	1084	1031	5350	4961	9223	8785	9437	9296
突泉县	706	642	3556	3331	5665	5274	6141	5705

单位：人

15-19岁		20-24岁		25-29岁		30-34岁		35-39岁		40-44岁	
男	女	男	女	男	女	男	女	男	女	男	女
8077	6956	8355	7088	13972	11773	18215	15468	19364	16099	17424	15224
6147	5551	5519	4969	8880	8007	11950	10801	15263	13502	14621	13024
7198	6637	5738	5189	9496	8770	11358	11352	12078	11701	12676	12466
2871	2412	2597	2269	4211	3756	5914	5465	6780	6168	6758	6012
8394	7436	6603	5938	11263	10281	14647	13637	15446	14266	15749	14919
5543	4838	4235	3985	7921	7270	10213	8962	11533	10479	11783	10559
6969	7564	4657	5051	8650	8742	11862	11630	9066	8707	6865	6543
2556	2195	3029	2319	6140	5224	9170	7980	7940	6633	6273	5158
40032	**36164**	**48037**	**35806**	**82371**	**63257**	**119446**	**103184**	**108130**	**91418**	**93998**	**78152**
11280	11817	13698	12835	23475	20327	33165	31426	29964	28046	24816	22983
6266	5000	4847	4114	3979	3865	6315	6659	5975	6073	4077	4138
6198	5754	4842	3822	8564	7370	13366	13168	14241	13173	14304	13017
6833	5982	7529	4514	12979	9083	20036	16241	18023	13876	15569	11909
1683	1341	1638	1289	3363	2693	5169	3858	4271	3092	4576	3363
1934	1525	4778	2807	8097	5359	10533	8274	8582	6752	7708	5920
1335	1158	1876	1297	3360	2614	4582	4159	4314	3915	4545	4165
1986	1609	3503	1891	8139	4929	10792	7504	8959	6285	7362	4771
2517	1978	5326	3237	10415	7017	15488	11895	13801	10206	11041	7886
40571	**39407**	**43004**	**40554**	**67493**	**63116**	**91713**	**86225**	**87070**	**81026**	**91528**	**85001**
8289	9007	9838	10648	12583	12674	16964	16629	13971	13511	12563	12572
1002	907	1414	1353	2525	2361	3127	2878	2470	2334	2915	2774
5147	4876	3690	3646	7878	7726	11360	11114	12347	11601	11094	10233
4562	4258	4049	3838	7247	6527	8964	8559	9907	9428	11349	10112
2476	2160	2976	2567	4792	4499	6235	5819	5909	5653	7173	6640
2766	2427	2587	2172	4324	3874	6297	5777	5923	5449	5527	5255
414	369	964	707	1692	1271	2309	1709	2339	1789	2406	1926
287	246	722	576	1342	1168	1769	1520	1850	1562	1864	1647
354	271	811	551	1487	1166	2120	1681	2229	1659	2158	1651
2759	2859	3541	3444	4700	4536	7150	7065	6563	6300	6608	6134
4982	4346	4557	3887	6691	5965	8260	7387	6934	6666	8821	8837
5802	5956	5389	5229	8722	8400	12928	12333	12722	11501	13457	11975
921	954	1397	1076	2101	1755	2498	2263	2381	2190	2856	2728
810	771	1069	860	1409	1194	1732	1491	1525	1383	2737	2517
26050	**24971**	**26513**	**25150**	**44290**	**40242**	**63868**	**58903**	**62012**	**54128**	**61102**	**56234**
12258	11722	12179	13042	19746	18711	26717	25465	24532	22409	23158	21691
3461	3394	3039	2713	5078	4819	8255	8003	9312	8165	8686	8156
1061	956	1574	1298	2551	2212	3233	2736	2939	2601	3165	2839
3629	3570	3450	2967	5949	5427	9623	8887	9420	8161	10444	9894
1438	1187	2107	1497	3223	2349	4598	3527	4522	3503	5285	4348
617	526	1012	731	1970	1403	3072	2314	2760	2012	2673	1936
3586	3616	3152	2902	5773	5321	8370	7971	8527	7277	7691	7370
31608	**34432**	**28653**	**29862**	**42097**	**39640**	**53598**	**50942**	**53116**	**49806**	**55560**	**53062**
11653	14256	10166	13130	13502	13618	18105	17909	16755	16439	15144	15501
1512	1655	1098	869	1937	1489	2473	1912	2238	1782	2104	1764
1372	1473	1350	1277	2271	2089	2638	2460	2431	2251	3340	3126
2896	3132	2412	2549	3324	3237	3792	3917	4624	4775	5543	5529
2458	2568	2404	2264	3814	3745	4848	4890	4999	4753	5351	4920
1793	1603	1662	1392	2345	2032	2879	2685	2985	2721	3054	3013
2291	2260	2019	1678	3213	2659	3952	3192	3579	2908	3664	3203
1177	1004	983	866	1394	1315	1864	1750	1968	1738	2505	2330
1335	1315	1519	1306	2202	2004	2671	2560	3091	2908	3493	3221
1914	1939	1853	1633	2940	2730	3487	3464	3959	3723	5104	4746
3207	3227	3187	2898	5155	4722	6889	6203	6487	5808	6258	5709
27564	**26689**	**24877**	**23960**	**45186**	**42285**	**61162**	**57743**	**68028**	**59493**	**61151**	**53497**
9612	10344	7704	8291	12728	12460	16153	16092	16294	15472	14072	13130
273	228	753	497	1302	1018	1384	1171	1197	1045	1243	1114
4648	4171	4421	4157	9204	8541	12263	11166	13841	11533	11519	9722
3862	3535	3434	3018	6772	6043	8594	7724	11157	9373	10031	8416
5644	5148	4916	4620	9077	8493	14991	14189	16067	13524	15224	12772
3525	3263	3649	3377	6103	5730	7777	7401	9472	8546	9062	8343

表2 续表 15

地区	45-49岁		50-54岁		55-59岁		60-64岁	
	男	女	男	女	男	女	男	女
科尔沁左翼中旗	20679	19245	19021	18817	16234	17127	12627	13638
科尔沁左翼后旗	17122	16242	16180	15712	13317	13614	10265	10716
开鲁县	15897	15299	15654	14832	13536	14353	11225	12172
库伦旗	7791	7401	7658	7537	6336	6387	5187	5335
奈曼旗	19276	17686	17698	17183	14802	15349	12235	13318
扎鲁特旗	14100	13210	12568	12754	10068	10299	7452	8192
通辽经济技术开发区	7722	7692	7513	7906	7274	7756	5495	5765
霍林郭勒市	6424	6035	6010	5766	4910	5015	3151	3498
鄂尔多斯市	**112402**	**93645**	**102802**	**82566**	**79280**	**69732**	**59421**	**53461**
东胜区	27217	25441	22627	20611	17865	16813	12796	11766
康巴什区	4337	4331	3624	3682	3154	3297	2407	2236
达拉特旗	15836	14945	14611	13222	13241	12372	11686	11224
准格尔旗	19669	15744	18570	13868	14384	11721	11026	9096
鄂托克前旗	6582	4240	5999	4037	3730	3125	2572	2389
鄂托克旗	9297	7359	8357	6631	5781	4763	3750	3402
杭锦旗	5778	5476	5917	5302	5114	4597	4132	3737
乌审旗	9513	6088	9227	5771	6049	4895	3805	3502
伊金霍洛旗	14173	10021	13870	9442	9962	8149	7247	6109
呼伦贝尔市	**121434**	**116792**	**126416**	**121923**	**110710**	**106985**	**76171**	**76194**
海拉尔区	17048	17812	17436	18293	16864	17113	12396	12728
扎赉诺尔区	4687	4634	5632	5574	5085	4952	3384	3339
阿荣旗	12539	11766	11795	11620	10425	10529	8114	8232
莫力达瓦达斡尔族自治旗	11867	11215	10804	10744	9217	9051	7380	7577
鄂伦春自治旗	9904	9488	11193	10359	9218	8660	5764	5736
鄂温克族自治旗	7215	7263	7630	7598	7140	6981	5094	5335
陈巴尔虎旗	3326	2981	3440	3031	2795	2546	1646	1686
新巴尔虎左旗	2345	2129	2073	1935	1730	1535	1058	1159
新巴尔虎右旗	2555	2014	2437	1846	1787	1581	1044	1114
满洲里市	8399	7847	7989	7537	6669	6316	4724	4533
牙克石市	14314	14562	17800	17374	16156	15351	9946	9528
扎兰屯市	17198	15773	16732	15615	14765	14519	11239	11065
额尔古纳市	4321	4060	4447	4206	3730	3533	2295	2158
根河市	5716	5248	7008	6191	5129	4318	2087	2004
巴彦淖尔市	**82928**	**82304**	**84913**	**83644**	**72563**	**69122**	**52696**	**51014**
临河区	29861	30195	28659	29757	24172	23845	17054	16983
五原县	11812	12202	12742	12660	11164	10712	8309	7748
磴口县	5346	5350	5919	6049	4923	4614	3687	3178
乌拉特前旗	14642	14175	14959	13833	13021	11751	9669	9164
乌拉特中旗	6906	6358	7066	6209	5851	5160	4263	4118
乌拉特后旗	3382	2752	3359	2639	2611	2126	1623	1644
杭锦后旗	10979	11272	12209	12497	10821	10914	8091	8179
乌兰察布市	**79855**	**76447**	**87701**	**79539**	**83369**	**77541**	**79920**	**75895**
集宁区	19670	19756	20212	19012	18625	17177	14403	13759
卓资县	3571	3188	4359	3852	4751	4158	5302	4428
化德县	4855	4399	5757	4605	4814	4672	4619	5061
商都县	8381	8334	9062	8095	8547	8369	8471	8273
兴和县	7050	6565	7885	7202	7692	7389	8220	7987
凉城县	5316	5204	6046	6141	6027	5705	6644	5916
察哈尔右翼前旗	5965	5026	6670	5634	6545	5804	6420	6083
察哈尔右翼中旗	4138	3849	4788	4410	5123	4768	5485	4802
察哈尔右翼后旗	5092	4789	5518	4920	5398	4959	5377	5203
四子王旗	7039	6928	7669	6703	6715	6286	6068	5916
丰镇市	8778	8409	9735	8965	9132	8254	8911	8467
兴安盟	**73898**	**68777**	**71965**	**69488**	**59835**	**60783**	**44409**	**47435**
乌兰浩特市	16135	15898	15859	16333	14139	15022	10235	11515
阿尔山市	2095	1916	2617	2291	1984	1857	934	863
科尔沁右翼前旗	15317	13974	15187	14616	12851	12842	9608	9926
科尔沁右翼中旗	11462	10826	10293	10020	8141	8602	6106	6890
扎赉特旗	17632	15706	15850	14853	12727	12452	9282	9618
突泉县	11257	10457	12159	11375	9993	10008	8244	8623

单位：人

65-69岁		70-74岁		75-79岁		80-84岁		85岁及以上	
男	女	男	女	男	女	男	女	男	女
10745	12094	5772	6558	2533	3266	1542	2018	823	1086
9124	10308	4939	5922	2449	2977	1362	1961	904	1223
9162	10467	5112	6300	2232	2997	1267	1740	704	1065
4158	4540	2471	2677	1217	1540	810	1160	447	725
10228	11486	5597	6828	2578	3354	1651	2426	864	1456
5862	6770	3419	4226	1737	2210	1108	1408	514	870
4219	4608	2094	2563	1101	1414	701	954	545	710
2231	2585	1142	1442	663	775	390	531	216	290
44852	**43906**	**25201**	**23774**	**17129**	**16768**	**12183**	**12538**	**6914**	**7794**
8593	8658	4659	4847	3430	3552	2517	2769	1376	1511
1454	1441	676	622	368	383	257	263	127	192
9970	9765	5813	4981	3719	3363	2772	2618	1570	1708
8737	7935	5027	4414	3500	3103	2560	2142	1638	1540
1891	2058	1118	1224	677	830	445	500	212	304
2789	2861	1505	1619	1026	1133	603	833	355	553
3506	3521	2040	1932	1379	1297	841	968	479	574
2831	2901	1528	1576	945	1235	641	830	356	460
5081	4766	2835	2559	2085	1872	1547	1615	801	952
60514	**65663**	**33642**	**40588**	**20461**	**28418**	**15557**	**19526**	**10869**	**12405**
9244	10157	4894	6303	3094	4379	2368	3354	1786	2210
2615	2917	1325	1794	907	1492	849	1013	529	631
7302	7373	4219	4128	2289	2214	1277	1287	779	907
6354	6506	3587	3467	1711	1737	947	1070	684	798
4771	5099	2735	3502	1947	2944	1596	1876	1043	1051
3756	4175	1886	2354	1069	1572	881	1160	590	699
1197	1417	689	901	420	540	297	382	195	264
655	906	322	544	209	336	132	247	131	190
646	839	336	498	173	256	133	172	67	121
3336	3632	1674	2005	923	1238	696	903	598	799
7568	8287	4154	5640	3037	5260	3019	3886	2196	2324
9599	10443	5745	6376	3085	3551	1909	2341	1329	1508
1841	2061	1110	1458	720	996	518	654	345	344
1630	1851	966	1618	877	1903	935	1181	597	559
46139	**46034**	**27996**	**29450**	**17746**	**18424**	**10794**	**11621**	**6411**	**6755**
14589	14751	8583	9429	5615	6156	3452	3858	2039	2076
7614	7389	4660	4836	2824	2782	1690	1681	998	1050
2997	2887	1860	2149	1270	1298	761	882	462	472
8737	9062	5535	5600	3326	3396	2091	2136	1341	1361
3686	3596	2041	2147	1258	1281	778	865	452	525
1302	1332	758	832	464	558	299	316	168	185
7214	7017	4559	4457	2989	2953	1723	1883	951	1086
73902	**68013**	**50569**	**44081**	**26988**	**27598**	**17814**	**21527**	**10632**	**14042**
9908	10220	6022	6384	3837	4982	2805	3894	1939	2468
5378	4857	3731	2970	1909	1628	1159	1240	680	866
4198	4061	3222	2665	1451	1514	1037	1307	529	771
9053	8155	6334	5786	3188	3118	2172	2512	1019	1459
8091	7398	5556	4950	2948	2978	2067	2364	1147	1590
6801	5626	4818	3676	2498	2263	1551	1673	947	1225
6286	5827	4305	3614	2453	2573	1452	1938	933	1345
5226	4537	3463	2860	1772	1643	1075	1169	634	660
4987	4672	3524	3122	1944	2065	1243	1635	702	932
5405	5027	3525	3071	1816	1693	1303	1358	807	849
8569	7633	6069	4983	3172	3141	1950	2437	1295	1877
34871	**39363**	**19886**	**24431**	**9645**	**12598**	**5721**	**8064**	**3710**	**5059**
8027	9428	4645	6076	2498	3480	1518	2297	1131	1574
540	634	270	504	241	577	238	383	184	186
7179	8020	4113	4978	2021	2467	1091	1529	671	883
4491	5339	2759	3522	1196	1592	662	1008	359	552
7465	8390	4139	4757	1815	2356	1118	1537	693	931
7169	7552	3960	4594	1874	2126	1094	1310	672	933

表2 续表 16

地区	0岁		1-4岁		5-9岁		10-14岁	
	男	女	男	女	男	女	男	女
锡林郭勒盟	**4706**	**4377**	**22404**	**21162**	**27359**	**26136**	**25145**	**24339**
二连浩特市	310	326	1527	1411	2077	2180	2077	2074
锡林浩特市	1583	1475	7570	7358	8751	8319	8247	7841
阿巴嘎旗	144	155	701	719	790	744	678	656
苏尼特左旗	144	134	702	624	829	761	718	619
苏尼特右旗	225	167	1009	929	1299	1271	1182	1218
东乌珠穆沁旗	318	285	1511	1399	1918	1829	1744	1746
西乌珠穆沁旗	496	418	2155	1974	2434	2328	2048	1930
太仆寺旗	379	340	1518	1387	2019	1959	2261	2285
镶黄旗	121	103	533	449	621	588	538	508
正镶白旗	137	113	633	561	736	729	628	739
正蓝旗	292	275	1484	1439	1626	1596	1445	1328
多伦县	469	490	2500	2375	3529	3204	3019	2893
乌拉盖管委会	88	96	561	537	730	628	560	502
阿拉善盟	**1180**	**1212**	**6437**	**5984**	**6339**	**5788**	**5095**	**4800**
阿拉善左旗	740	744	3985	3652	4041	3633	3594	3247
阿拉善右旗	93	101	465	450	363	396	334	368
额济纳旗	220	217	1251	1125	1043	961	672	710
内蒙古阿拉善经济开发区	127	150	736	757	892	798	495	475
辽宁省	**113136**	**106944**	**627520**	**589043**	**862850**	**797515**	**858999**	**781932**
沈阳市	**27343**	**25644**	**153895**	**143635**	**188947**	**174901**	**167327**	**151946**
和平区	2285	2172	14697	13546	20381	18759	15565	14101
沈河区	1963	1725	12276	11306	17603	16312	14236	12762
大东区	1890	1798	10938	10174	13746	12835	12035	11199
皇姑区	2651	2489	15814	14493	20259	18846	16074	14733
铁西区	4252	3954	24785	23437	30509	28361	23009	20601
苏家屯区	1270	1186	7097	6698	9163	8498	9385	8829
浑南区	3542	3383	18373	17233	17279	15666	12274	11734
沈北新区	1863	1851	9856	9107	10152	9470	9147	8395
于洪区	4134	3873	22000	20748	23468	21620	18555	16575
辽中区	837	759	4291	3985	6164	5604	8994	7891
康平县	703	652	3541	3336	5419	5296	6943	6295
法库县	723	691	3849	3560	5701	5127	7600	6532
新民市	1230	1111	6378	6012	9103	8507	13510	12299
大连市	**21928**	**21188**	**125324**	**118391**	**166234**	**154466**	**135679**	**124732**
中山区	1001	964	6052	5665	9392	8494	7326	6468
西岗区	819	731	4418	4201	6603	5924	5467	4977
沙河口区	1965	1868	10269	9775	14293	13149	10988	9991
甘井子区	6259	6093	36101	34016	44910	41239	33548	30249
旅顺口区	1135	1063	6192	5985	7614	7047	6415	5826
金州区	5157	4886	30473	28899	38785	36285	30478	28004
普兰店区	1394	1464	8608	8086	11283	10807	10719	10094
长海县	119	160	767	689	971	904	1256	1090
瓦房店市	2397	2331	13326	12461	19815	18851	17296	16433
庄河市	1682	1628	9118	8614	12568	11766	12186	11600
鞍山市	**7555**	**7202**	**41991**	**40145**	**62803**	**58283**	**67437**	**62161**
铁东区	937	983	6165	5905	8776	8266	8054	7540
铁西区	735	722	4488	4405	6440	5767	6165	5813
立山区	1205	1074	6735	6322	9211	8682	7945	7355
千山区	205	209	1018	977	1732	1488	1796	1668
台安县	723	642	3587	3299	5235	4935	6731	6284
岫岩满族自治县	1121	1064	5581	5297	9170	8277	10955	9891
海城市	2629	2508	14417	13940	22239	20868	25791	23610
抚顺市	**3704**	**3356**	**21543**	**20060**	**30301**	**28339**	**31336**	**29320**
新抚区	365	300	2166	1980	3444	3317	3477	3163
东洲区	323	286	1998	1766	2732	2531	2969	2734
望花区	823	720	4708	4426	6326	5894	5718	5354
顺城区	1028	915	6228	5804	7978	7546	7700	7135
抚顺县	168	150	824	768	1357	1160	1682	1602
新宾满族自治县	506	505	2777	2655	4123	3826	4615	4287
清原满族自治县	491	480	2842	2661	4341	4065	5175	5045

单位：人

15-19岁		20-24岁		25-29岁		30-34岁		35-39岁		40-44岁	
男	女	男	女	男	女	男	女	男	女	男	女
20987	**19048**	**21675**	**17664**	**34766**	**31541**	**51739**	**46747**	**48396**	**43833**	**48735**	**43205**
1305	1201	1427	1305	2513	2312	3306	3201	3647	3518	3576	3352
9629	9084	7836	6992	12455	11969	18124	17373	14577	14258	14118	14273
445	365	776	568	1274	962	1878	1514	1885	1427	1961	1564
444	348	764	511	1248	975	1809	1379	1768	1341	1779	1446
910	857	1098	886	1674	1542	2499	2184	2460	2321	2859	2579
1189	943	1555	1240	2306	2035	3621	3142	3485	3190	3430	2814
1390	1107	2336	1468	4038	2966	6400	4524	5617	4083	5515	3746
1709	1519	1480	1256	1839	1846	2757	2629	2847	2793	3713	3521
342	324	480	289	769	598	1168	1029	1232	1037	1435	1122
573	460	731	517	1031	865	1469	1274	1703	1380	2103	1681
877	796	1136	926	2153	1945	3201	2975	2972	2707	3243	2788
1889	1810	1639	1411	2754	2812	4262	4401	5105	4742	3849	3425
285	234	417	295	712	714	1245	1122	1098	1036	1154	894
4305	**3781**	**6360**	**4750**	**10955**	**8748**	**14504**	**12487**	**10956**	**9306**	**11701**	**9943**
3227	2921	3943	3290	6834	5619	8900	7667	6857	6158	7995	7133
306	261	439	333	776	611	1022	837	896	764	1094	905
421	385	852	540	1554	1312	1871	2152	1560	1411	1401	1221
351	214	1126	587	1791	1206	2711	1831	1643	973	1211	684
887252	**798299**	**963247**	**885083**	**1149681**	**1088311**	**1736758**	**1696086**	**1499850**	**1465362**	**1581981**	**1540555**
198737	**175297**	**260582**	**238730**	**291163**	**282000**	**431537**	**426782**	**376057**	**368264**	**344927**	**333329**
13224	10587	22246	18119	23494	22271	33669	34964	33465	35596	29059	28825
12682	11457	19441	20635	24783	25377	33903	35834	33388	34544	30406	31011
15139	13683	17988	18014	21981	21592	32671	32877	30606	30935	27406	27744
13559	14156	21499	23410	25395	25268	40082	41255	38366	39956	33161	33642
24634	18264	36577	30244	43642	42835	70128	70167	63104	60687	49973	47960
10277	10849	15270	14043	15306	14230	22524	22060	18926	18363	19309	18837
23991	21085	38120	31742	32532	32469	47857	47014	33501	32198	27322	26195
35744	29712	38391	35520	24311	22733	30619	28456	21545	19670	19778	18266
17189	16072	20576	20131	40943	38791	67248	63346	53595	50010	44115	40797
9248	7778	8638	7474	9551	8734	12854	12627	13669	12663	17021	15985
5055	4531	5147	4899	8464	7755	9548	8867	7609	7292	10293	9577
6449	5278	6715	5545	8601	7858	10603	10065	9734	9038	13701	12516
11546	11845	9974	8954	12160	12087	19831	19250	18549	17312	23383	21974
141801	**130282**	**187125**	**181098**	**203325**	**198831**	**335220**	**337103**	**288320**	**294406**	**271704**	**272287**
5393	4725	8522	8721	10837	11961	15677	17623	16106	18694	13586	15380
3897	3376	5732	6067	8342	8918	12989	14047	13579	14230	11196	12112
10117	10432	18641	21479	17972	19565	25957	28501	27262	30418	23243	25775
38004	31570	57020	48655	54435	54839	91727	94573	86586	88019	73392	71551
11088	11856	13133	17162	10844	10508	18420	17645	14447	13849	13070	12663
37620	33760	43412	42667	49005	46869	88286	86964	67010	66316	61824	60671
8613	8152	9621	8753	13512	12615	21530	20609	16032	16625	19106	19655
989	812	986	750	1565	1290	2756	2219	2249	1908	2781	2536
13552	12234	16715	11951	21956	18234	35614	32340	26512	24978	30441	28903
12528	13365	13343	14893	14857	14032	22264	22582	18537	19369	23065	23041
65996	**59876**	**70095**	**60527**	**86696**	**76298**	**126327**	**120688**	**115733**	**111144**	**124054**	**120919**
6581	6871	8296	9697	11429	10460	17416	17855	18878	19741	17153	18694
7530	9346	7015	7511	10494	9207	17179	16154	16316	14799	14531	14031
10296	7879	13674	9929	11507	10921	19419	19111	19537	19403	16913	17381
1941	1651	1688	1306	2212	1928	2848	2718	2520	2576	3435	3108
5681	5016	6930	5855	8522	7602	11174	10405	8859	8071	11543	10711
9904	8608	7879	6984	10784	9342	14476	13496	12302	11638	14780	14207
24063	20505	24613	19245	31748	26838	43815	40949	37321	34916	45699	42787
31655	**28365**	**33251**	**29292**	**38752**	**36729**	**64630**	**62816**	**61390**	**58582**	**63379**	**61181**
2602	2217	3020	2680	4411	4109	7205	7174	7596	7788	7333	7612
2655	2398	2942	2744	4891	4354	7364	6400	6668	5833	7242	6588
10789	9685	14261	11447	8427	7883	14224	13974	13563	12491	12784	12054
5524	5002	5528	5445	9632	9736	17290	17491	16898	16569	16543	16732
1431	1248	1397	1168	1642	1451	2423	2164	2086	1968	2917	2621
4062	3685	2844	2753	4723	4398	8164	7854	7328	6818	7626	7199
4592	4130	3259	3055	5026	4798	7960	7759	7251	7115	8934	8375

表2 续表 17

地区	45-49岁		50-54岁		55-59岁		60-64岁	
	男	女	男	女	男	女	男	女
锡林郭勒盟	**62223**	**55192**	**60650**	**53273**	**49031**	**44963**	**34750**	**35333**
二连浩特市	4541	4534	4321	3798	3224	2686	2023	1877
锡林浩特市	17765	17146	16443	15849	13674	13206	9565	9587
阿巴嘎旗	2653	2126	2505	2102	2023	1682	1161	1126
苏尼特左旗	2193	1736	1990	1648	1585	1322	904	880
苏尼特右旗	3736	3492	3903	3383	3110	2855	2229	2165
东乌珠穆沁旗	4363	3876	4030	3764	3065	2719	1775	1843
西乌珠穆沁旗	6759	4734	6166	4388	4116	3615	2360	2447
太仆寺旗	5588	4979	6431	5454	5963	5509	5669	5802
镶黄旗	1728	1318	1810	1505	1302	1173	884	1017
正镶白旗	2724	2194	2780	2386	2278	2179	1703	1813
正蓝旗	4025	3548	3895	3558	3369	3083	2273	2471
多伦县	4801	4327	5089	4334	4366	4012	3481	3629
乌拉盖管委会	1347	1182	1287	1104	956	922	723	676
阿拉善盟	**15688**	**13241**	**16231**	**13542**	**11539**	**9787**	**6182**	**5731**
阿拉善左旗	10365	9284	10680	9502	7796	7005	4428	4197
阿拉善右旗	1610	1328	1734	1380	1145	856	510	506
额济纳旗	2040	1641	2191	1741	1604	1236	824	727
内蒙古阿拉善经济开发区	1673	988	1626	919	994	690	420	301
辽宁省	**1797709**	**1781610**	**1986758**	**1997566**	**2001325**	**2041568**	**1731601**	**1805385**
沈阳市	**337150**	**333952**	**367718**	**370390**	**390217**	**401492**	**343174**	**361711**
和平区	26109	24645	25378	25562	29284	30174	26769	28221
沈河区	28885	29246	28800	29414	34070	34205	31442	33360
大东区	26751	27671	28513	29369	36473	37151	34690	36619
皇姑区	30235	31013	31539	31915	39103	39000	35550	37905
铁西区	44324	44796	46955	48474	58276	60317	54742	58418
苏家屯区	22046	21733	25025	24421	25135	24835	20492	21358
浑南区	25996	25574	27004	28018	27676	29809	23491	25485
沈北新区	20046	18891	22762	22436	21956	22393	16896	17966
于洪区	39618	38965	41357	41217	42122	44438	36517	39236
辽中区	16744	16832	21385	21432	18403	19485	16251	16756
康平县	13482	13377	16775	16718	14109	14672	10198	10453
法库县	16958	15983	19695	19670	17069	17621	13876	14071
新民市	25956	25226	32530	31744	26541	27392	22260	21863
大连市	**321697**	**317889**	**316779**	**315198**	**312195**	**316393**	**286169**	**297828**
中山区	15554	16878	15046	15236	16251	16253	15629	16269
西岗区	12663	13055	11674	11873	13018	13190	12876	13398
沙河口区	25226	27846	23832	25635	27891	27857	27259	28488
甘井子区	74917	71678	65953	64290	65140	65940	61727	66055
旅顺口区	17094	16439	16578	15938	15577	15754	14378	15022
金州区	65777	64837	58923	58730	53100	54994	46185	49049
普兰店区	29959	30128	34032	33743	33104	33637	29567	29174
长海县	4002	3454	4442	3890	3376	3122	2624	2764
瓦房店市	41330	38894	46654	44929	46334	45207	40743	41061
庄河市	35175	34680	39645	40934	38404	40439	35181	36548
鞍山市	**137965**	**137733**	**157915**	**160109**	**168862**	**170334**	**145104**	**148559**
铁东区	20163	21570	23481	24499	28862	29336	25603	26166
铁西区	15927	16050	18915	19201	22683	22584	20376	21004
立山区	19257	20364	24840	25465	30626	30894	27019	27325
千山区	3983	3817	4767	4671	5233	5037	4642	4709
台安县	13676	13383	16282	16400	14724	14528	11655	12252
岫岩满族自治县	17104	16172	21045	20742	19825	19932	16658	16822
海城市	47855	46377	48585	49131	46909	48023	39151	40281
抚顺市	**77320**	**76023**	**93469**	**92556**	**109932**	**110867**	**94430**	**98809**
新抚区	8453	8735	10140	10708	13950	14438	12664	13577
东洲区	9131	9243	12771	12531	16699	16406	14632	15368
望花区	14938	14417	18053	18177	22357	22688	18661	20077
顺城区	19497	19813	22223	22638	27315	28312	23174	24825
抚顺县	4030	3560	4594	3986	4810	4664	4433	4073
新宾满族自治县	10006	9480	11993	11485	11501	11371	9633	9771
清原满族自治县	11265	10775	13695	13031	13300	12988	11233	11118

单位：人

65-69岁		70-74岁		75-79岁		80-84岁		85岁及以上	
男	女	男	女	男	女	男	女	男	女
25630	**28149**	**14821**	**17819**	**8826**	**10655**	**6027**	**7511**	**3501**	**4757**
1393	1350	712	826	401	485	278	339	149	212
6571	7394	3778	5044	2558	3105	1830	2176	1120	1310
737	861	389	633	292	386	168	258	123	158
575	678	304	473	213	310	127	180	69	113
1528	1643	894	1276	603	774	438	620	254	330
1107	1265	543	829	323	492	252	329	124	211
1445	1822	775	1217	488	686	324	406	215	319
5208	5337	3352	2923	1629	1689	1048	1249	611	872
649	776	365	518	216	328	139	198	63	124
1366	1444	870	909	484	593	313	420	153	278
1699	1963	943	1140	542	715	378	517	267	318
2875	3105	1638	1637	884	909	608	704	311	448
477	511	258	394	193	183	124	115	42	64
4781	**5152**	**3149**	**3494**	**2029**	**2447**	**1309**	**1653**	**769**	**1006**
3494	3837	2356	2619	1586	1874	1003	1241	564	733
471	545	349	395	219	248	136	191	85	125
602	578	338	385	176	267	139	179	93	116
214	192	106	95	48	58	31	42	27	32
1505700	**1617973**	**873679**	**979152**	**519826**	**608963**	**327298**	**419251**	**238359**	**327280**
290270	**318293**	**155346**	**180912**	**88527**	**108491**	**57904**	**83085**	**50200**	**70218**
21537	24044	10163	11852	6280	8142	4631	7940	5285	7744
26216	29229	13458	15742	8244	10263	5830	8958	5534	8088
26649	29413	13667	16075	7817	10045	5494	9628	5651	8025
28521	32313	14785	17089	8542	11211	6745	10917	6596	9200
42376	46703	20472	23807	11573	15182	8214	13759	8447	11977
17871	19628	10330	12459	5760	7083	3639	4521	2419	3461
20157	21930	10475	11930	5775	7017	3525	4547	2815	4031
15229	16111	8378	9930	4816	5873	2984	3463	2053	2606
29925	33025	15417	17944	8532	10448	5456	7652	4633	5774
15284	16640	9452	10552	5408	5954	2807	2840	1685	2340
9515	10512	6155	7108	3213	3832	1840	2252	1168	1783
14074	15055	8899	9944	4675	4824	2502	2544	1529	2058
22916	23690	13695	16480	7892	8617	4237	4064	2385	3131
247741	**259669**	**149784**	**161768**	**91763**	**101679**	**61055**	**73278**	**46318**	**64138**
13018	14048	6707	7561	4636	5828	3360	5112	3334	5257
10603	11347	5380	6057	3653	4554	2823	4237	2765	4526
22619	24721	12933	14200	8409	10225	6454	9332	6278	9445
50652	55045	26420	28776	15159	18233	10377	14208	8545	12557
13371	13842	8117	8883	4961	5517	3020	3408	1919	2799
42256	44298	25873	29078	14945	16680	8764	9978	6322	8331
26535	26984	18404	19822	11749	11570	7376	6910	4471	5221
2307	2579	1455	1608	1015	1150	612	636	395	596
34877	34919	23950	25193	14605	15616	9511	10777	6100	8042
31503	31886	20545	20590	12631	12306	8758	8680	6189	7364
123067	**131390**	**70522**	**79241**	**43675**	**50616**	**28779**	**36206**	**21297**	**28068**
19985	21459	9701	11380	6628	8682	5440	8232	4570	6120
14546	16060	7547	9083	4599	5947	3317	4930	2770	3931
18860	20836	9699	11716	6460	8699	5398	7881	3967	5470
4497	4636	2596	2903	1517	1695	823	924	540	715
11452	12668	7183	8061	4137	4145	2349	2264	1692	2108
16381	16068	10417	10317	6397	6372	3509	3690	2558	3242
37346	39663	23379	25781	13937	15076	7943	8285	5200	6482
75937	**80993**	**41203**	**46828**	**23614**	**31474**	**15469**	**24393**	**11960**	**18114**
9597	10581	4668	5271	2811	4023	2232	3790	2089	3298
10602	11271	5636	6451	3551	5005	2605	4323	1998	3090
14051	15504	7435	8841	4334	6144	3316	5578	2434	3701
18038	20194	9989	11595	5627	7827	3965	6545	3134	4691
4388	4063	2559	2728	1424	1589	563	576	344	514
9184	9418	5451	6103	2989	3357	1207	1473	815	1274
10077	9962	5465	5839	2878	3529	1581	2108	1146	1546

表2 续表 18

地区	0岁		1-4岁		5-9岁		10-14岁	
	男	女	男	女	男	女	男	女
本溪市	**2680**	**2488**	**14671**	**13890**	**21939**	**20169**	**22563**	**20800**
平山区	289	302	1964	1824	3396	3136	3930	3582
溪湖区	274	268	1637	1506	2546	2237	2286	2226
明山区	912	796	4856	4629	6849	6376	6439	5947
南芬区	56	69	380	373	593	607	710	685
本溪满族自治县	476	454	2446	2302	3714	3380	4423	3920
桓仁满族自治县	673	599	3388	3256	4841	4433	4775	4440
丹东市	**5454**	**5078**	**28812**	**27254**	**38587**	**36332**	**37368**	**35400**
元宝区	466	384	2658	2562	3224	3063	2626	2523
振兴区	1099	1023	6170	5796	8265	7733	6497	6147
振安区	479	468	2543	2560	3280	3001	2851	2630
宽甸满族自治县	812	742	4147	3908	6076	5678	6560	6207
东港市	1537	1467	7724	7369	9834	9318	9507	8957
凤城市	1061	994	5570	5059	7908	7539	9327	8936
锦州市	**5745**	**5503**	**31711**	**29906**	**45658**	**42891**	**51901**	**48717**
古塔区	469	447	2805	2774	3934	3701	4321	3989
凌河区	828	756	4958	4610	6484	6140	6537	6083
太和区	1290	1187	7232	6750	9096	8558	7835	7298
黑山县	790	738	4247	3965	6599	6347	9676	9195
义县	644	636	3252	3049	5648	5196	7066	6546
凌海市	888	900	4537	4262	6655	6193	7552	7330
北镇市	836	839	4680	4496	7242	6756	8914	8276
营口市	**6256**	**5914**	**34116**	**32634**	**50139**	**46574**	**48916**	**44588**
站前区	723	719	4333	4088	5471	5033	4415	4039
西市区	503	465	2906	2707	3380	3137	2986	2865
鲅鱼圈区	1778	1688	10055	9497	14256	13207	12411	11439
老边区	443	433	2423	2295	2942	2848	2454	2263
盖州市	1241	1161	6493	6334	11242	10500	12381	11224
大石桥市	1568	1448	7906	7713	12848	11849	14269	12758
阜新市	**3843**	**3566**	**21087**	**19415**	**31021**	**28158**	**33687**	**30800**
海州区	473	475	2920	2624	4039	3729	4106	3817
新邱区	123	106	646	603	942	876	902	880
太平区	221	236	1413	1291	1991	1857	1985	1774
清河门区	93	90	566	531	852	837	984	958
细河区	958	843	4964	4670	5754	5308	4752	4528
阜新蒙古族自治县	1194	1129	6322	5780	10395	9148	13243	11633
彰武县	781	687	4256	3916	7048	6403	7715	7210
辽阳市	**3718**	**3434**	**19538**	**18443**	**27661**	**25550**	**31026**	**28319**
白塔区	997	937	5283	5150	7388	6775	6475	5947
文圣区	506	468	2406	2238	2539	2361	2503	2405
宏伟区	255	251	1618	1497	2413	2286	2561	2357
弓长岭区	145	127	816	708	1300	1217	1497	1325
太子河区	245	247	1428	1316	1728	1646	1988	1819
辽阳县	787	720	3944	3765	6112	5616	8257	7515
灯塔市	783	684	4043	3769	6181	5649	7745	6951
盘锦市	**4373**	**4107**	**23704**	**21933**	**27899**	**26282**	**30968**	**27719**
双台子区	528	531	3315	2936	4107	3898	4478	4010
兴隆台区	1767	1664	10251	9512	11259	10504	11288	10119
大洼区	1375	1300	7051	6574	8613	8186	10378	9274
盘山县	703	612	3087	2911	3920	3694	4824	4316
铁岭市	**4548**	**4304**	**27041**	**25135**	**40435**	**37408**	**52219**	**48169**
银州区	685	635	4836	4547	6940	6507	7880	6965
清河区	146	137	905	857	1313	1206	1620	1508
铁岭县	759	709	3799	3561	4862	4459	6029	5557
西丰县	466	368	2544	2305	3841	3448	5026	4703
昌图县	1207	1198	7408	6733	12438	11532	17965	16815
调兵山市	350	340	2294	2163	3185	2972	3507	3265
开原市	935	917	5255	4969	7856	7284	10192	9356

单位：人

15-19岁		20-24岁		25-29岁		30-34岁		35-39岁		40-44岁	
男	女	男	女	男	女	男	女	男	女	男	女
24231	**22884**	**22767**	**21483**	**29075**	**27340**	**48465**	**46647**	**42475**	**40965**	**46769**	**45607**
2978	2482	3440	2667	4570	4032	7147	6877	7616	7625	8135	8205
5211	7445	7065	8072	4394	4047	6468	5854	5928	4933	5449	5106
7112	4982	5226	4522	7725	7958	14514	15110	14234	14423	13987	14093
797	709	812	641	1239	967	1659	1417	1404	1159	1718	1497
4224	3697	3399	3022	5754	5247	9466	8571	6401	5854	8462	8025
3909	3569	2825	2559	5393	5089	9211	8818	6892	6971	9018	8681
42391	**38537**	**34922**	**34649**	**49265**	**48666**	**75975**	**75471**	**67500**	**67179**	**80380**	**79027**
2700	3610	4158	5245	4363	4410	7496	7754	7033	7015	6570	6757
9781	6787	6353	5751	9190	9812	16029	16558	14484	15336	13904	14800
3662	3894	2775	3448	4387	4371	7194	7097	6060	5997	6680	6323
6611	6156	5505	4998	7177	6717	9947	9673	9298	9040	12449	12263
10061	8970	8927	8323	14253	13623	21186	20433	17169	16406	22071	20947
9576	9120	7204	6884	9895	9733	14123	13956	13456	13385	18706	17937
64121	**61215**	**62506**	**62291**	**64617**	**62217**	**91789**	**89724**	**85936**	**81760**	**100251**	**96866**
7437	5191	10445	7304	6044	5986	8158	8717	8881	8985	8944	9240
9271	11320	9661	11699	10206	10452	13988	14512	14625	14684	14059	15592
17084	17565	15468	18356	11892	11784	17920	17823	16636	15789	16428	15656
8215	7369	7131	6714	9354	8880	14904	14076	12517	11695	16573	15333
6113	5394	4987	4568	7040	6372	10150	9184	8766	7888	12165	11124
7874	7023	7522	7028	10225	9548	12618	11953	11202	10771	15579	14698
8127	7353	7292	6622	9856	9195	14051	13459	13309	11948	16503	15223
41311	**37975**	**43575**	**37371**	**59441**	**52856**	**117691**	**108770**	**84414**	**78706**	**89941**	**85840**
3470	2535	4050	3617	6878	6447	12100	11987	10061	9846	9829	9796
5738	7848	5490	4521	5593	4954	9695	8695	7713	7105	7500	7201
11232	9491	10436	9731	15949	14849	31135	31189	23067	22414	22133	21998
2226	2096	2891	2371	5214	4329	8759	7608	5315	4798	5775	5334
8822	7516	9971	8017	11779	10019	25513	22241	16374	14899	20159	18323
9823	8489	10737	9114	14028	12258	30489	27050	21884	19644	24545	23188
32932	**31068**	**31796**	**28272**	**42745**	**40678**	**56277**	**54917**	**52741**	**50406**	**61069**	**58889**
4314	6265	3055	3874	5207	5151	7842	8031	7755	8054	7590	7775
1009	871	1030	914	1727	1464	2364	2099	1925	1729	1826	1727
1913	1386	1815	1710	3511	3135	5074	4707	4546	4080	3936	4015
708	693	962	862	1438	1429	1839	1826	1306	1368	2011	1943
7386	6418	8930	6080	8631	8828	12160	12771	9931	10093	9483	10372
11219	9650	10083	9249	13826	12535	16174	14919	16389	14991	22575	20517
6383	5785	5921	5583	8405	8136	10824	10564	10889	10091	13648	12540
31955	**28779**	**32378**	**29123**	**38094**	**35231**	**57352**	**55928**	**49820**	**49037**	**62465**	**61451**
8294	7285	6862	6896	8755	8951	13890	15253	13134	13852	13149	14273
2691	2441	2847	2843	4806	4578	6935	6489	5164	4865	5596	5577
3046	2755	4035	3202	3017	2731	4511	4526	4304	4751	5744	6062
1122	1039	1235	1116	1730	1544	2628	2625	2365	2347	3057	2927
2977	3231	2829	2698	3329	2816	4555	4055	3771	3401	4875	4547
7126	6132	7282	6188	8394	7263	12515	11620	10963	10134	14542	13453
6699	5896	7288	6180	8063	7348	12318	11360	10119	9687	15502	14612
28457	**26285**	**29706**	**27736**	**41798**	**40369**	**58816**	**57371**	**47056**	**47065**	**55791**	**55879**
4013	3356	4707	4346	6819	6244	8555	8551	7344	7468	9422	9513
9541	8618	10316	10051	15588	15711	23504	23422	19299	20685	23585	25137
10710	10686	10561	9719	13673	13037	19156	18222	14377	13258	14775	13900
4193	3625	4122	3620	5718	5377	7601	7176	6036	5654	8009	7329
49850	**46504**	**44410**	**41516**	**60172**	**55756**	**78856**	**76361**	**71321**	**68584**	**90230**	**86671**
8580	7584	6710	6374	10578	10388	14864	15141	13724	13926	15780	15562
1547	1412	1568	1451	2228	2113	3116	2910	2551	2428	3051	3059
8845	10161	6576	6571	8443	7653	10152	9818	8767	8426	12107	11338
4831	4360	3719	3454	5027	4528	7163	6715	5813	5799	8292	8013
13644	12008	13666	12764	16089	14757	19560	19074	19707	18591	26079	24600
3114	2684	3137	2761	5132	4537	7259	6867	6203	5915	8065	8042
9289	8295	9034	8141	12675	11780	16742	15836	14556	13499	16856	16057

表2 续表 19

地区	45-49岁		50-54岁		55-59岁		60-64岁	
	男	女	男	女	男	女	男	女
本溪市	**55755**	**55910**	**67593**	**69274**	**76782**	**78085**	**64764**	**66553**
平山区	9863	10024	11789	12294	14201	14232	11356	12140
溪湖区	7032	7289	10064	10305	12926	13103	11408	11500
明山区	15830	16573	17590	19117	21291	22381	17502	18601
南芬区	2434	2170	3264	3181	3999	3870	3475	3396
本溪满族自治县	10465	10443	12219	12343	12425	12541	10502	10774
桓仁满族自治县	10131	9411	12667	12034	11940	11958	10521	10142
丹东市	**98273**	**97314**	**110760**	**111896**	**112335**	**114040**	**97184**	**100811**
元宝区	7633	8259	8583	9544	10221	10823	9819	10628
振兴区	16740	17733	18465	19761	21322	22398	19157	20327
振安区	8024	7986	9317	9535	9767	10000	8597	8958
宽甸满族自治县	16232	15760	18271	17874	17793	17685	15002	15035
东港市	28318	26612	31315	30743	28404	28607	23578	24563
凤城市	21326	20964	24809	24439	24828	24527	21031	21300
锦州市	**111399**	**111393**	**128361**	**130910**	**129173**	**134326**	**115096**	**120638**
古塔区	9369	10564	9818	10755	11553	12242	10721	11625
凌河区	15185	16557	15655	17315	18899	19673	17577	18710
太和区	18119	17497	19580	19424	19217	19996	16234	17199
黑山县	19028	18468	23904	23841	23316	24028	20268	21146
义县	13474	12799	15542	15670	14709	14889	13479	13879
凌海市	18322	18221	22322	22082	21128	21940	18419	18829
北镇市	17902	17287	21540	21823	20351	21558	18398	19250
营口市	**101946**	**100301**	**109603**	**110243**	**106703**	**108380**	**88871**	**92718**
站前区	10187	10894	11394	12439	13248	13566	10828	11481
西市区	8329	8559	9328	9939	10645	10314	8543	9008
鲅鱼圈区	24264	24443	23516	23634	21023	21838	16668	17620
老边区	6478	6321	6944	6823	6651	6737	5333	5558
盖州市	25319	23895	29348	28963	26842	27335	23687	24123
大石桥市	27369	26189	29073	28445	28294	28590	23812	24928
阜新市	**73475**	**74658**	**87105**	**89580**	**85934**	**89761**	**70888**	**75646**
海州区	9286	9981	11736	12793	13614	14333	10639	11700
新邱区	2659	2807	4102	4124	4653	4882	3673	3841
太平区	5763	6185	7901	8762	9621	9997	7522	8366
清河门区	2402	2619	2816	3135	2812	2902	1946	2155
细河区	11071	11870	11671	12599	11997	12862	9188	10008
阜新蒙古族自治县	27127	25856	31120	30860	26603	28005	23691	24872
彰武县	15167	15340	17759	17307	16634	16780	14229	14704
辽阳市	**76997**	**75040**	**79263**	**78531**	**78590**	**79073**	**66464**	**69058**
白塔区	15453	16767	14697	16123	16418	17824	14780	15547
文圣区	7350	7488	8013	8001	8321	8067	6836	6959
宏伟区	6959	7037	7109	7257	6330	6148	4925	5542
弓长岭区	4011	3746	4429	4268	4956	4931	3768	3921
太子河区	6588	6316	7355	6951	7303	6748	6141	6075
辽阳县	18653	17030	19014	18036	18410	18275	15872	16236
灯塔市	17983	16656	18646	17895	16852	17080	14142	14778
盘锦市	**64550**	**65027**	**69133**	**70295**	**61148**	**61216**	**46371**	**50049**
双台子区	10526	10744	10623	11214	9313	9529	7009	7392
兴隆台区	26405	27254	25251	25597	21064	20766	14330	16266
大洼区	17609	17264	20560	20508	18897	19208	15471	16269
盘山县	10010	9765	12699	12976	11874	11713	9561	10122
铁岭市	**112761**	**112395**	**131629**	**133680**	**122933**	**124724**	**98516**	**100593**
银州区	16693	17379	17013	18118	17027	17489	13805	14810
清河区	3914	4019	4863	4871	4556	4444	3323	3509
铁岭县	14725	14333	17869	17472	16690	16446	13913	13599
西丰县	9812	9759	12581	12172	12452	12155	10860	10854
昌图县	36505	35588	41661	42500	37297	39061	28673	29896
调兵山市	10493	10933	12191	13454	11842	11795	8550	8369
开原市	20619	20384	25451	25093	23069	23334	19392	19556

单位：人

65-69岁		70-74岁		75-79岁		80-84岁		85岁及以上	
男	女	男	女	男	女	男	女	男	女
51739	**54769**	**28894**	**32582**	**16944**	**22619**	**10316**	**15923**	**8109**	**11499**
8861	9815	4646	5347	2847	4267	2095	3678	1813	2594
7882	8108	3900	4457	2345	3410	1624	2890	1388	2077
13995	15246	7198	8129	4309	6148	3076	5101	2603	3556
2407	2496	1448	1551	868	1143	581	790	417	578
9547	9732	5869	6781	3690	4074	1634	1982	1063	1529
9047	9372	5833	6317	2885	3577	1306	1482	825	1165
89062	**94042**	**54234**	**58369**	**32242**	**35801**	**19186**	**22221**	**14137**	**18282**
8529	9213	4803	5135	2898	3552	1809	2516	1463	2280
16694	17872	9292	10440	5953	7591	4249	5915	3486	4628
7668	8113	4637	5155	2851	3159	1719	2023	1240	1546
13688	14071	8981	9359	5384	5846	2826	2941	1769	2155
22444	24085	13953	15044	7967	7925	4842	4666	3371	4047
20039	20688	12568	13236	7189	7728	3741	4160	2808	3626
111351	**118798**	**64697**	**71908**	**38988**	**43711**	**22801**	**27419**	**15705**	**21854**
9079	10442	4938	5839	3208	4301	2269	3433	1829	2452
14415	16268	7583	8921	5067	6492	3520	5451	3455	4830
14686	15945	7879	8951	4881	5710	2829	3483	1790	2535
21632	22965	13806	14935	7343	7612	4087	4296	2656	3557
13962	14731	8393	9224	4936	5222	2607	2843	1558	2291
18519	18985	10563	11671	6725	7418	3722	4011	2276	3002
19058	19462	11535	12367	6828	6956	3767	3902	2141	3187
81201	**86539**	**47903**	**52994**	**29907**	**34315**	**18758**	**22252**	**12742**	**16178**
8995	9780	4821	5718	3174	4328	2518	3868	2027	2736
6916	7790	4181	4721	2621	3445	1865	2701	1299	1707
14510	15448	8546	9374	5040	5720	3020	3568	2213	2713
4939	5344	2675	3057	1591	1939	1056	1142	623	720
23367	23749	14469	15275	9372	10033	5449	5704	3465	4667
22474	24428	13211	14849	8109	8850	4850	5269	3115	3635
56900	**64667**	**32068**	**39667**	**18697**	**24537**	**12477**	**18510**	**7780**	**11563**
7979	9135	3904	5088	2787	4148	2231	3715	1540	2324
2157	2565	1079	1452	763	1217	629	1276	448	679
4739	5518	2335	3164	1863	2816	1571	2760	1087	1605
1598	1934	899	1380	708	1038	432	684	260	378
7369	8734	4169	5335	2571	3662	1864	2813	1190	1692
20827	23511	12146	14497	5984	7081	3420	4415	1877	2886
12231	13270	7536	8751	4021	4575	2330	2847	1378	1999
61849	**68153**	**38416**	**44193**	**23122**	**27519**	**13398**	**15866**	**8496**	**11250**
11414	13053	6588	8207	4217	5698	2973	4367	2437	3292
5563	5957	3383	4080	2031	2684	1401	1777	1056	1241
6224	7044	3161	3723	1937	2477	1375	1590	825	906
3095	3389	1764	2046	1072	1541	774	1098	471	720
5582	6089	3528	4264	1950	2355	1062	1301	593	902
15711	16673	10655	11532	6587	6885	3129	3211	1670	2224
14260	15948	9337	10341	5328	5879	2684	2522	1444	1965
44621	**50613**	**28043**	**31209**	**14691**	**17289**	**9556**	**10373**	**5649**	**6544**
6578	7762	3893	4714	2455	2851	1522	1806	1041	1177
14808	17495	11467	12924	5446	6915	3784	3931	1891	1979
14123	15268	7561	8061	3943	4364	2418	2835	1618	1995
9112	10088	5122	5510	2847	3159	1832	1801	1099	1393
92986	**99630**	**56760**	**64214**	**30539**	**33902**	**18105**	**19311**	**11442**	**14684**
12124	14154	7568	9031	4464	5546	2975	3658	2278	2954
3286	3612	1946	2262	1173	1275	688	813	452	561
13269	13713	7896	8942	4440	4698	2415	2219	1389	1763
10561	10573	6048	6126	2552	2604	1402	1580	1187	1430
28844	30831	18109	19933	9330	9786	5433	5453	3136	3947
6663	7340	4201	5407	2807	3616	2022	2245	1050	1288
18239	19407	10992	12513	5773	6377	3170	3343	1950	2741

表2 续表 20

地 区	0岁		1-4岁		5-9岁		10-14岁	
	男	女	男	女	男	女	男	女
朝阳市	**8994**	**8501**	**47977**	**44110**	**75413**	**67054**	**83465**	**71102**
双塔区	1610	1603	9143	8441	12812	11544	11460	10187
龙城区	785	767	4325	4038	6080	5607	6256	5516
朝阳县	1114	1072	5500	4965	10609	9721	15312	13790
建平县	1359	1267	7505	6984	12125	10204	13753	10282
喀喇沁左翼蒙古族自治县	1318	1180	6497	6049	9752	8315	9629	7889
北票市	1055	976	5934	5428	9171	8275	9659	8520
凌源市	1753	1636	9073	8205	14864	13388	17396	14918
葫芦岛市	**6995**	**6659**	**36110**	**34092**	**55813**	**51108**	**65107**	**58159**
连山区	1239	1190	6858	6475	9805	9217	11295	10040
龙港区	978	872	5422	4903	7195	6422	6545	5782
南票区	295	321	1714	1723	3343	3225	4617	4268
绥中县	1580	1602	7984	7857	12524	11827	14575	13311
建昌县	1512	1396	7756	7116	13402	11645	16195	14351
兴城市	1391	1278	6376	6018	9544	8772	11880	10407
吉林省	**60272**	**56167**	**336270**	**316430**	**498408**	**461879**	**567346**	**521951**
长春市	**25859**	**24100**	**138337**	**130222**	**196089**	**180591**	**212214**	**193545**
南关区	2266	2071	11730	10929	12730	11960	11212	10171
宽城区	3080	2750	15595	14743	19584	17949	17293	15998
朝阳区	1388	1282	7721	7195	12118	10999	10912	10063
二道区	1740	1630	10003	9150	12926	11468	11366	10390
绿园区	2338	2295	12968	12322	15598	14653	14794	13276
双阳区	647	603	3539	3319	5663	5583	7949	7442
九台区	1212	1119	6407	6175	11844	11087	16054	14947
农安县	1500	1388	8020	7610	15724	14520	23245	21014
长春经济技术开发区	1935	1886	10038	9440	9720	9023	7651	7100
长春净月高新技术产业开发区	1427	1309	6768	6664	7877	7142	6692	6052
长春高新技术产业开发区	2189	2025	12319	11334	14046	12869	7782	7079
长春汽车经济技术开发区	1375	1281	6985	6524	6941	6466	5610	5261
榆树市	1570	1489	8494	7921	16946	15296	25826	22788
德惠市	1263	1176	7213	6902	14076	12866	18116	16322
公主岭市	1929	1796	10537	9994	20296	18710	27712	25642
吉林市	**7978**	**7491**	**47124**	**44234**	**71238**	**66419**	**78559**	**73140**
昌邑区	1598	1484	9077	8454	11447	10854	10789	10021
龙潭区	594	580	3646	3573	6264	5874	6942	6517
船营区	1078	1050	6663	6261	9452	8600	9165	8328
丰满区	770	737	4078	3814	4323	4074	4005	3577
永吉县	460	387	2562	2479	4413	4123	5368	4956
吉林经济开发区	80	86	475	550	756	721	824	806
吉林高新技术产业开发区	543	453	2954	2751	3930	3497	2797	2862
吉林中国新加坡食品区	92	80	559	510	910	835	880	947
蛟河市	613	613	4032	3743	6276	6036	7770	7363
桦甸市	665	612	4383	4053	7218	6936	9222	8556
舒兰市	705	657	4238	3907	7916	7307	11035	10126
磐石市	780	752	4457	4139	8333	7562	9762	9081
四平市	**3731**	**3448**	**21175**	**19999**	**37506**	**34548**	**49696**	**44665**
铁西区	798	704	4439	4101	6022	5509	6381	5861
铁东区	610	542	3461	3227	5607	5120	6835	5935
梨树县	1034	970	5801	5577	11898	10892	17998	15866
伊通满族自治县	631	593	3485	3269	6576	6113	9185	8453
双辽市	658	639	3989	3825	7403	6914	9297	8550
辽源市	**2178**	**2015**	**12430**	**11736**	**19436**	**18290**	**20946**	**19690**
龙山区	852	811	4906	4674	6997	6389	6426	5894
西安区	266	227	1451	1381	1853	1768	1892	1821
东丰县	663	588	3797	3545	6401	6121	7280	6826
东辽县	397	389	2276	2136	4185	4012	5348	5149
通化市	**4485**	**4159**	**25878**	**24184**	**36636**	**33909**	**39882**	**37681**
东昌区	1054	970	5846	5421	6793	6381	6074	5823
二道江区	118	108	755	794	1307	1227	1609	1548

单位：人

15-19岁		20-24岁		25-29岁		30-34岁		35-39岁		40-44岁	
男	女	男	女	男	女	男	女	男	女	男	女
70491	**60016**	**53263**	**47990**	**77397**	**71295**	**103398**	**96660**	**83738**	**77787**	**104272**	**97986**
10882	11935	8866	9562	13114	13964	20159	21383	15825	16207	18098	19091
7138	5354	4603	4365	7630	7205	10547	9864	6672	6045	8067	7623
10397	9156	8292	7421	10103	8731	13268	11064	9926	8545	13215	11913
11306	8474	8149	6576	11831	10429	14658	13989	13526	12841	17112	16119
7990	6371	6204	5322	9700	9031	11556	11095	9481	8596	12595	11558
8360	7583	7357	6809	10322	9575	13193	12244	11681	11123	15416	14213
14418	11143	9792	7935	14697	12360	20017	17021	16627	14430	19769	17469
63324	**51216**	**56871**	**45005**	**67141**	**60045**	**90425**	**86848**	**73349**	**71477**	**86749**	**84623**
9289	8400	8427	7741	12792	11845	20423	19133	17132	16530	18097	17893
6725	5409	5562	4760	7475	7925	12210	13461	10853	11981	11978	13207
3053	2367	2939	2594	3503	2844	5565	4756	5059	4420	6443	5734
12600	11041	11578	9389	16365	13810	19389	18498	15281	14642	20713	19802
12522	10425	9521	6996	13888	11359	16523	14794	12473	11516	14140	13197
19135	13574	18844	13525	13118	12262	16315	16206	12551	12388	15378	14790
546207	**510704**	**512979**	**504700**	**640509**	**619264**	**1007169**	**977292**	**834784**	**802981**	**920927**	**891651**
241894	**224153**	**263107**	**257589**	**286404**	**276374**	**439181**	**422712**	**337615**	**322333**	**336272**	**323921**
14617	14795	23824	25598	24297	26254	33623	34345	26159	26218	23700	24150
24057	22665	25788	22834	31947	31492	51088	49347	36824	33500	32300	30343
21920	16206	37271	29571	20757	21038	24225	24843	22350	23744	22457	23837
11721	12439	14133	17404	19910	20184	30951	31152	24776	24226	23383	22533
12852	10310	17287	16146	25697	24655	39102	38115	30979	30230	29433	28883
13474	14873	11653	11302	6901	6620	12017	11271	9614	8821	12683	12002
14601	14553	12057	12995	15430	13815	23060	21303	17000	15932	23584	22145
16361	14798	10352	9403	18100	15998	30676	28146	24537	22632	28299	27045
11801	11673	13288	14203	18671	18751	27493	27575	19266	18268	15841	15028
21429	28071	26348	36497	11681	12415	17050	17264	13615	13909	12849	12587
19235	16026	23867	22402	19006	18779	30761	29555	21496	20592	16112	14517
9376	3941	10544	5693	15797	12776	21601	19257	13326	12502	10953	10786
18522	15577	14376	12949	19213	17487	30245	28767	23909	22820	32584	31075
13835	12150	11446	10132	18245	15986	27314	24653	21353	19766	23893	22927
18093	16076	10873	10460	20752	20124	39975	37119	32411	29173	28201	26063
77309	**67371**	**69371**	**63529**	**84783**	**83701**	**132844**	**132944**	**118022**	**116393**	**140669**	**139630**
7164	6864	9212	9477	16308	16760	24643	25626	21650	21666	22898	22685
10033	6938	9900	6905	8020	7434	12374	11869	11232	10888	13642	13378
9821	7605	12951	9376	12095	12150	18207	18788	16177	16632	18868	19213
5891	6562	5783	7488	7310	7515	10159	10267	7651	7660	8812	9248
7378	4276	5262	2889	4644	4426	8603	8107	6628	6279	9631	9067
2614	2027	3264	2748	1520	1128	1894	1685	1426	1335	1828	1643
5527	6900	3973	6724	4142	4344	6566	7317	5798	6261	5828	6250
334	262	429	395	742	849	1546	1616	1166	1079	1440	1444
6107	5422	3906	3753	6706	6346	10708	10504	10940	10355	12748	12557
7472	6921	4543	4322	7673	7276	12866	12093	11693	11181	13401	13495
8248	7570	5638	5144	7790	7583	12091	11880	10856	10676	16824	16328
6720	6024	4510	4308	7833	7890	13187	13192	12805	12381	14749	14322
40970	**41189**	**33968**	**37747**	**41496**	**39895**	**66252**	**63338**	**55744**	**52830**	**65992**	**63860**
6694	11338	7844	13866	8297	8624	13474	13811	10797	11029	11138	11207
7867	7208	6313	6009	8485	7826	12717	11717	10692	9823	11925	11947
11758	9194	8561	7408	10078	9450	20314	18682	15420	13780	17780	16487
7613	6795	5461	4917	7114	6608	9798	9459	9124	8954	13306	12642
7038	6654	5789	5547	7522	7387	9949	9669	9711	9244	11843	11577
20063	**19354**	**15231**	**14588**	**24605**	**23688**	**35255**	**34098**	**29693**	**28434**	**39254**	**37937**
6599	6903	5599	5662	9152	9474	14053	14103	11198	11233	13110	13509
1780	1538	2116	1903	3802	3452	5376	4642	4070	3362	4751	4343
6797	6348	4452	4255	7210	6768	9806	9657	8831	8523	12431	11697
4887	4565	3064	2768	4441	3994	6020	5696	5594	5316	8962	8388
34467	**33617**	**28141**	**28456**	**43261**	**42110**	**65017**	**64359**	**57480**	**56115**	**75542**	**71224**
5729	7139	6278	7886	9448	9822	14202	14614	12151	12087	14110	13686
1801	1720	1204	1094	1603	1362	2338	2157	2207	2370	4216	4138

表2 续表 21

地区	45-49岁		50-54岁		55-59岁		60-64岁	
	男	女	男	女	男	女	男	女
朝阳市	**129176**	**124800**	**148468**	**144962**	**136531**	**139048**	**117392**	**123129**
双塔区	21549	23153	19651	20960	18642	19551	14581	15683
龙城区	9653	9523	10009	10023	9123	9517	7336	7941
朝阳县	17503	16020	20549	19580	18608	19222	17355	17173
建平县	20923	20123	25891	24574	21850	23674	18876	21544
喀喇沁左翼蒙古族自治县	15460	14926	17986	17583	16732	16886	14915	15252
北票市	19065	18242	24817	24903	25280	25372	21439	22160
凌源市	25023	22813	29565	27339	26296	24826	22890	23376
葫芦岛市	**99245**	**99175**	**118962**	**119942**	**109990**	**113829**	**97178**	**99283**
连山区	19568	19169	23054	23013	21806	22484	18076	19138
龙港区	14051	14792	13832	14045	11804	12594	9239	9881
南票区	7487	7193	10298	10203	9806	10183	8476	8939
绥中县	21436	21626	25970	26558	24816	25453	22377	22693
建昌县	17680	16850	21528	21011	20073	20145	19311	18993
兴城市	19023	19545	24280	25112	21685	22970	19699	19639
吉林省	**1105529**	**1093346**	**1250768**	**1239260**	**1115110**	**1130385**	**878744**	**915197**
长春市	**387466**	**382703**	**413115**	**414798**	**369002**	**377300**	**295138**	**311986**
南关区	25050	25692	24619	26474	25116	26831	21281	23393
宽城区	33742	33660	34744	35841	32795	33788	25637	27166
朝阳区	23851	24199	22215	23452	21960	22544	18514	20153
二道区	22678	22647	22325	23048	20996	21895	16845	18304
绿园区	30432	30634	30209	31433	28283	29381	22614	24681
双阳区	15438	14733	17657	17218	14380	14208	11863	11641
九台区	31712	30078	35036	33229	29644	28634	23431	23204
农安县	37370	36424	42632	41320	38602	37989	29968	30236
长春经济技术开发区	15053	15449	15042	15897	14155	15286	11309	12932
长春净月高新技术产业开发区	13002	12971	13281	13401	12607	13148	10016	10899
长春高新技术产业开发区	13757	12903	13586	13545	12520	13529	9795	11224
长春汽车经济技术开发区	11268	11364	11500	12551	10855	11879	8876	10161
榆树市	46095	44974	48333	46531	38004	38371	30687	32557
德惠市	31741	31270	33692	33161	28576	28609	22933	23219
公主岭市	36277	35705	48244	47697	40509	41208	31369	32216
吉林市	**165273**	**166099**	**195779**	**194522**	**181607**	**182594**	**145866**	**148301**
昌邑区	24041	24813	27533	28986	28157	29631	23974	25585
龙潭区	16116	16190	20330	20340	20108	19853	16335	16634
船营区	20224	20860	21386	22218	20865	22356	17952	19217
丰满区	11205	11889	13358	13835	12794	13112	10133	10441
永吉县	11744	11502	14560	14045	12870	12498	10476	9985
吉林经济开发区	2203	2195	2914	2747	2765	2634	2083	2080
吉林高新技术产业开发区	6339	6872	6702	7081	6564	7072	5002	5466
吉林中国新加坡食品区	1706	1671	2202	2176	1893	1895	1456	1487
蛟河市	16095	15649	19813	18881	17735	17063	14290	13779
桦甸市	17541	17164	20464	19573	16846	16315	12624	12576
舒兰市	20194	19934	25321	24199	22319	21651	16887	16545
磐石市	17865	17360	21196	20441	18691	18514	14654	14506
四平市	**86695**	**85280**	**102932**	**102274**	**86852**	**88344**	**67456**	**70453**
铁西区	13224	13824	14417	15218	13504	14070	10249	11117
铁东区	15180	14994	16815	16572	15014	14811	11818	12163
梨树县	26350	24828	32858	32801	26100	27230	20394	20971
伊通满族自治县	16339	15787	20319	19223	16502	15981	13713	13996
双辽市	15602	15847	18523	18460	15732	16252	11282	12206
辽源市	**47273**	**46308**	**59163**	**57248**	**52544**	**52165**	**40391**	**42009**
龙山区	14509	14839	16932	17317	15418	15736	11468	12578
西安区	5824	5796	8489	8256	8379	8303	6275	6815
东丰县	15365	14841	18788	17868	15865	15585	12459	12431
东辽县	11575	10832	14954	13807	12882	12541	10189	10185
通化市	**86058**	**83590**	**98790**	**96883**	**89840**	**90223**	**74235**	**75941**
东昌区	15862	16421	17673	18251	17136	17989	13721	14651
二道江区	5089	4874	5917	5564	4958	4845	3631	3976

单位：人

65-69岁		70-74岁		75-79岁		80-84岁		85岁及以上	
男	女	男	女	男	女	男	女	男	女
91837	**97991**	**53956**	**60179**	**35000**	**41614**	**20540**	**27829**	**11845**	**17651**
11472	13216	7207	8466	5004	6337	3088	4306	1992	2799
6176	6502	3762	4192	2345	2687	1327	1691	685	1086
15395	15214	9584	10106	6132	6470	3147	3950	1723	2615
14339	16025	8012	9465	4775	5885	2958	4208	1634	2581
11178	12204	6601	7262	4449	5472	2430	3337	1312	2020
16856	17038	9371	10211	6152	7434	3789	5367	2231	3377
16421	17792	9419	10477	6143	7329	3801	4970	2268	3173
87139	**92426**	**51853**	**55088**	**32117**	**35396**	**18954**	**22585**	**12679**	**17237**
15161	16965	8524	9729	5523	6931	3620	5105	2692	3731
8315	9697	5277	6022	3304	4048	2010	2670	1298	1706
8561	9220	4706	5511	2995	3590	1773	1877	1036	1498
21797	21938	13050	13094	7812	7629	4338	4457	2805	3746
15494	16097	9496	10107	6098	6682	3413	4288	2259	3184
17811	18509	10800	10625	6385	6516	3800	4188	2589	3372
777856	**846715**	**457389**	**526101**	**243880**	**300814**	**157719**	**197089**	**106453**	**143208**
263552	**291242**	**155154**	**177555**	**84050**	**100111**	**54872**	**66310**	**39061**	**50979**
17462	20193	9109	11178	5256	7308	3970	5813	3533	4755
20829	23262	11249	13210	6280	7785	4069	5374	3194	4375
16069	18305	8776	10719	5706	8008	4494	6353	3800	5006
14034	16129	7462	9277	4351	5799	2935	4006	2411	3339
19030	21938	10526	12582	6010	7938	4301	5784	3146	4064
10982	11760	7270	7693	3565	3870	2079	2174	1378	1838
21263	22906	13617	15438	7089	8018	4334	4638	2680	3565
27736	28945	16266	17208	9307	9860	6327	6547	3623	4255
9999	11178	4849	5922	2688	3405	1764	2377	1504	1927
8971	9803	4672	5444	2541	3286	1678	2188	1354	1832
8333	9385	4000	4772	2135	2806	1494	1978	1232	1622
7773	9263	4760	5853	2774	3604	2060	2867	1619	1956
30079	32692	19924	21891	9409	10034	5364	5788	3133	4378
20927	23075	13485	15243	7390	7871	4266	4339	2693	3352
30065	32408	19189	21125	9549	10519	5737	6084	3761	4715
125884	**135770**	**75727**	**86493**	**40843**	**52166**	**27046**	**35018**	**17901**	**24075**
19940	22422	11239	13304	6376	8581	4434	6268	3303	4588
12945	14405	8156	9574	4445	6121	3486	4987	2241	2738
15199	17304	9041	10752	5102	6473	3288	4648	2296	3232
8511	9119	4922	5794	2909	3826	2048	2655	1288	1811
9176	9627	5910	6531	2863	3296	1865	2063	1151	1369
1640	1798	960	1173	542	798	433	653	312	352
4144	4815	2519	3103	1580	1977	1005	1254	688	847
1452	1523	950	992	445	458	243	198	118	184
12175	12582	7060	8116	4030	5180	2443	3073	1845	2618
11264	11614	6487	7186	3625	4608	2344	2908	1491	2097
15380	15925	9634	10542	4748	5988	3106	3641	1784	2427
14058	14636	8849	9426	4178	4860	2351	2670	1384	1812
65029	**70927**	**39313**	**44565**	**19544**	**21797**	**11847**	**13979**	**8503**	**10894**
9008	10332	5089	6545	2972	3897	2139	2761	1716	2291
10595	11786	6098	7299	3359	4137	2139	2964	1755	2285
20991	22446	13127	14278	6405	6437	3744	3822	2419	2996
13463	14107	8609	8904	3717	3831	2014	2164	1412	1696
10972	12256	6390	7539	3091	3495	1811	2268	1201	1626
37404	**39849**	**20642**	**23355**	**10622**	**13139**	**7006**	**8088**	**4724**	**6052**
10139	11845	5572	6849	3184	4456	2206	2828	1517	2142
5381	5866	2748	3188	1523	2349	1342	1752	1009	1248
11938	12138	6853	7491	3329	3688	1998	1991	1185	1493
9946	10000	5469	5827	2586	2646	1460	1517	1013	1169
68128	**71004**	**38785**	**43393**	**19328**	**24168**	**11983**	**14637**	**7980**	**10545**
11792	12889	6055	7525	3684	5385	2594	3637	1936	2631
3549	4050	2287	2707	1177	1873	944	1182	556	716

表2 续表 22

地区	0岁		1-4岁		5-9岁		10-14岁	
	男	女	男	女	男	女	男	女
通化县	415	417	2635	2439	3511	3248	3739	3607
辉南县	491	443	2863	2576	4718	4291	6387	6032
柳河县	776	666	4137	3848	6310	5876	7147	6693
梅河口市	1219	1158	7368	6849	10988	10130	11699	10990
集安市	412	397	2274	2257	3009	2756	3227	2988
白山市	**2484**	**2287**	**13833**	**13087**	**18674**	**17699**	**19661**	**18576**
浑江区	865	768	4551	4283	6131	5919	6001	5567
江源区	247	224	1359	1317	1984	1861	2353	2180
抚松县	629	588	3736	3542	4908	4594	5220	4933
靖宇县	333	334	1828	1752	2524	2378	2724	2629
长白朝鲜族自治县	118	124	801	681	960	911	1094	1055
临江市	292	249	1558	1512	2167	2036	2269	2212
松原市	**5333**	**4925**	**29297**	**27203**	**50647**	**46192**	**70162**	**63401**
宁江区	1489	1418	8791	8101	13734	12430	17341	15562
前郭尔罗斯蒙古族自治县	927	898	5026	4783	9440	8813	13046	12086
长岭县	1103	998	5563	5124	11234	10356	16716	15370
乾安县	454	384	2338	2269	3938	3726	5409	5205
吉林松原经济开发区	393	358	2172	1876	2236	1977	2090	1824
扶余市	967	869	5407	5050	10065	8890	15560	13354
白城市	**3370**	**3302**	**18984**	**17988**	**29565**	**27945**	**36364**	**34135**
洮北区	751	755	4317	4077	6725	6313	8254	7700
镇赉县	435	481	2553	2423	3955	3831	5366	5128
通榆县	646	652	3824	3610	6296	6046	6884	6522
吉林白城经济开发区	348	367	1982	1883	2160	1899	2172	2002
洮南市	679	598	3663	3514	6347	5992	7968	7380
大安市	511	449	2645	2481	4082	3864	5720	5403
延边朝鲜族自治州	**4854**	**4440**	**29212**	**27777**	**38617**	**36286**	**39862**	**37118**
延吉市	1985	1816	11506	10858	15134	14164	14584	13327
图们市	105	116	837	776	1143	986	1248	1076
敦化市	972	890	5666	5511	7512	7052	8875	8469
珲春市	631	552	4058	3810	5355	4953	4871	4763
龙井市	178	151	1278	1219	1741	1679	1751	1626
和龙市	201	187	1265	1143	1681	1669	1854	1706
汪清县	346	333	2087	1998	2791	2629	3115	2898
安图县	436	395	2515	2462	3260	3154	3564	3253
黑龙江省	**61632**	**58061**	**366042**	**342860**	**562089**	**525799**	**708824**	**661159**
哈尔滨市	**20808**	**19320**	**125615**	**116887**	**185369**	**170632**	**212742**	**195831**
道里区	2629	2347	15901	14777	19421	18043	17360	16370
南岗区	3462	3327	21310	19838	30541	28328	25365	23051
道外区	1674	1577	10301	9381	14123	13100	14789	13546
平房区	632	581	3510	3283	4030	3652	3502	3336
松北区	1072	992	6090	5713	7030	6444	6328	5766
香坊区	2856	2531	16097	15084	19898	18396	19484	17742
呼兰区	1400	1371	8122	7775	12198	11187	15499	14471
阿城区	914	855	5385	4971	8955	8347	11009	10480
双城区	867	852	6204	5776	11257	10468	16831	15404
依兰县	505	394	2834	2500	4818	4444	7260	6749
方正县	304	287	2190	2099	3963	3554	4543	4266
宾县	745	628	4680	4394	8587	7788	13185	12066
巴彦县	813	701	4162	3829	8110	7333	12106	10684
木兰县	293	298	1884	1804	3563	3248	5276	5117
通河县	312	303	1930	1867	3412	3031	4585	4335
延寿县	324	322	2157	2038	3654	3423	4899	4492
尚志市	763	709	5260	4794	9044	8694	12017	11396
五常市	1243	1245	7598	6964	12765	11152	18704	16560
齐齐哈尔市	**7401**	**7007**	**42588**	**39813**	**70659**	**66732**	**98881**	**93254**
龙沙区	658	630	4013	3687	5337	5124	5311	5018
建华区	693	695	4001	3881	6124	5577	6186	5831
铁锋区	425	411	2599	2456	3536	3364	3850	3685

单位：人

15–19岁		20–24岁		25–29岁		30–34岁		35–39岁		40–44岁	
男	女	男	女	男	女	男	女	男	女	男	女
3252	2938	2082	2064	3574	3414	5800	5701	4539	4627	7332	6989
5477	5042	3389	3226	4609	4504	6695	6845	7279	7344	9906	9719
5402	4819	3911	3533	6914	6376	10687	10179	9093	8466	11288	10157
9917	9289	8930	8566	13646	13301	20506	20087	17793	16729	21655	19815
2889	2670	2347	2087	3467	3331	4789	4776	4418	4492	7035	6720
16088	**15292**	**12714**	**12023**	**21292**	**20070**	**33757**	**32612**	**29111**	**27807**	**36638**	**35598**
5038	5185	4367	4406	7416	7053	11406	11735	9965	10052	12491	12340
1832	1607	1628	1422	2610	2383	4043	3497	3310	2833	4295	4020
4586	4130	3092	2858	5432	4960	8297	7821	7141	6695	8324	8240
1884	1761	1358	1275	2199	2181	4570	4240	4009	3768	4623	4316
882	818	784	626	1227	1074	1661	1593	1573	1463	2601	2416
1866	1791	1485	1436	2408	2419	3780	3726	3113	2996	4304	4266
51703	**46113**	**33901**	**32518**	**54979**	**52788**	**97806**	**94050**	**81444**	**76584**	**90338**	**88610**
14346	13513	10094	10384	15709	16030	27446	28234	24656	24453	27745	28122
9807	8777	5291	5042	8428	8289	17888	17154	15474	14459	16780	16359
9344	8543	5558	5390	11136	10430	21159	19522	15428	13900	16671	15950
3995	3628	2808	2693	4033	3893	8374	7986	7581	7008	8515	7962
1325	1082	1620	1678	3403	3509	5971	5737	3767	3580	3662	3650
12886	10570	8530	7331	12270	10637	16968	15417	14538	13184	16965	16567
31803	**32568**	**25868**	**27136**	**33510**	**32542**	**56076**	**54966**	**52444**	**50728**	**62257**	**59844**
7021	6138	5892	5590	8246	7835	13371	13252	12951	12631	13739	13518
3932	3430	3521	3248	4626	4305	7399	7394	7557	7265	8820	8196
6036	5576	4785	4517	6383	6129	10423	9878	8976	8804	12321	11661
4356	7743	3575	5945	3285	3394	5119	5158	4104	4184	3958	3896
5672	5381	4322	4306	5968	5986	11724	11120	10249	9520	12596	11986
4786	4300	3773	3530	5002	4893	8040	8164	8607	8324	10823	10587
31910	**31047**	**30678**	**31114**	**50179**	**48096**	**80981**	**78213**	**73231**	**71757**	**73965**	**71027**
12253	12986	13355	15319	19001	19233	31735	31984	27659	28774	25777	26247
815	755	1040	879	1849	1597	2889	2713	2782	2620	2808	2577
6900	6308	5371	4938	9689	9156	13958	13146	13024	12737	14314	14054
3708	3750	3501	3549	6216	6128	10698	10729	9383	9240	9014	8691
1765	1616	1585	1501	2889	2462	4966	4398	4749	4209	4876	4121
1318	1107	1384	1244	2594	2313	4385	3898	3929	3476	4269	3698
2355	2063	2092	1786	3523	3360	5771	5397	5631	5372	6466	5849
2796	2462	2350	1898	4418	3847	6579	5948	6074	5329	6441	5790
720078	**668733**	**727651**	**679740**	**817187**	**767702**	**1248438**	**1196099**	**1152822**	**1107225**	**1256762**	**1206819**
263578	**242912**	**304372**	**283597**	**287255**	**272786**	**435525**	**421065**	**394694**	**380156**	**387654**	**372857**
18236	14757	22913	21474	34857	34681	52971	53107	47715	46920	41156	40532
43988	37650	74900	60235	47200	46019	61870	64802	57116	59947	50123	51405
15321	12128	19344	14505	22510	21499	36427	35843	34982	33137	32199	30400
10613	6937	9535	7112	8396	7235	12090	11103	8497	7946	7287	7585
15677	14193	22300	20267	13750	13040	20280	18646	15695	14205	13753	12853
29173	31109	40391	45681	35667	34851	53081	51611	46953	46056	42270	41380
33960	38233	33394	43103	20871	20351	35664	32980	29691	26373	27276	24829
12043	13170	9461	8908	11211	10839	20741	19689	18623	17248	20011	19018
15613	13883	13242	11182	15996	14199	25982	24181	23257	21958	27083	25363
5386	4891	4652	4025	5439	4979	9347	8880	8680	8600	11342	11000
3915	3438	3400	3014	4547	4484	7080	7928	6700	7349	7657	7854
14828	12987	10601	8389	10058	9413	16415	15185	16599	15586	18538	17413
9573	8246	7659	7034	12493	11074	16973	15506	15225	14265	16508	14949
3984	3518	2929	2594	4721	4255	6877	5939	6524	6114	7465	6925
3596	3246	3544	3084	4783	4342	6145	6054	6552	6421	7251	6834
3445	3112	2916	2659	4543	4239	7444	6921	7358	6906	7930	7389
9235	8369	8421	7441	11885	10597	17273	15826	17289	15981	19201	18218
14992	13045	14770	12890	18328	16689	28865	26864	27238	25144	30604	28910
95797	**88646**	**87836**	**80621**	**96303**	**89316**	**151769**	**142962**	**146727**	**138933**	**152988**	**145512**
7890	8435	7645	7226	9267	8708	14827	13893	13609	12516	13060	12057
9235	11203	13161	15729	7997	7828	12611	12842	11944	12582	12303	12536
7981	3662	7375	3989	6489	5831	9993	8978	8912	8002	9113	8574

表2 续表 23

地区	45-49岁		50-54岁		55-59岁		60-64岁	
	男	女	男	女	男	女	男	女
通化县	8770	8323	10531	9999	9261	8968	7584	7416
辉南县	11897	11455	13130	12804	11733	11879	9849	10142
柳河县	13054	12238	14811	14136	13207	13088	11482	11130
梅河口市	22447	21953	26647	26236	24403	24350	20117	20943
集安市	8939	8326	10081	9893	9142	9104	7851	7683
白山市	**50753**	**49505**	**61221**	**58781**	**52597**	**50996**	**37024**	**37478**
浑江区	15957	15962	17533	17351	15445	15631	11087	11977
江源区	7162	6911	10141	9500	9494	8771	6307	6182
抚松县	12624	12240	15597	14868	11847	11317	7846	7716
靖宇县	5548	5278	6345	5859	5167	5043	3815	3773
长白朝鲜族自治县	3251	2982	3781	3678	3379	3248	2489	2485
临江市	6211	6132	7824	7525	7265	6986	5480	5345
松原市	**110585**	**111173**	**119880**	**119293**	**102570**	**106998**	**78789**	**83346**
宁江区	30646	31737	29771	30288	24935	26298	18296	20506
前郭尔罗斯蒙古族自治县	19410	19714	22080	21847	19176	19961	15163	15611
长岭县	22834	21971	24934	24869	20817	21427	15571	15897
乾安县	10706	10663	11779	11499	10264	10914	8396	8521
吉林松原经济开发区	4193	4553	4654	4824	3897	4060	2850	2922
扶余市	22796	22535	26662	25966	23481	24338	18513	19889
白城市	**79811**	**79363**	**89237**	**88319**	**77729**	**79530**	**58822**	**61547**
洮北区	17495	17918	19792	20001	17555	18035	13798	14644
镇赉县	12049	11397	13114	12666	11076	11420	7980	8447
通榆县	15038	14558	16193	15980	13831	13934	10193	10514
吉林白城经济开发区	4611	5033	4996	5223	4678	4832	3427	3637
洮南市	15798	15620	18167	18145	15395	15901	11915	12139
大安市	14820	14837	16975	16304	15194	15408	11509	12166
延边朝鲜族自治州	**91615**	**89325**	**110651**	**107142**	**102369**	**102235**	**81023**	**84136**
延吉市	28820	29879	31652	33269	29982	32060	24228	26875
图们市	3920	3904	4974	4916	5329	5142	4587	4848
敦化市	18824	18654	23624	22842	20995	20700	16136	16051
珲春市	11590	10976	13427	12719	12166	11923	9108	9484
龙井市	5933	5116	7565	6784	7760	7460	6652	6843
和龙市	5764	5018	7760	6887	7376	6776	6005	5750
汪清县	8576	7954	11110	10234	9714	9353	7409	7469
安图县	8188	7824	10539	9491	9047	8821	6898	6816
黑龙江省	**1662108**	**1602458**	**1682679**	**1637819**	**1513188**	**1520424**	**1188146**	**1234676**
哈尔滨市	**474259**	**458337**	**464251**	**455571**	**428031**	**435690**	**356161**	**377790**
道里区	49070	49007	47592	48126	49758	52199	43699	47048
南岗区	54935	55677	49263	50420	50099	52652	41676	46505
道外区	37783	36564	36327	36426	38194	38659	33788	35954
平房区	9926	9931	10422	10122	10408	10966	7883	8564
松北区	17735	16922	18367	17372	17687	17228	13467	13292
香坊区	49418	48075	46967	46151	45789	46422	36493	39234
呼兰区	33495	31608	33130	31864	29008	30005	24061	25269
阿城区	25939	25142	26417	25511	23102	23068	18901	19807
双城区	33275	31190	33221	32486	27847	28795	23920	25234
依兰县	14123	13555	13950	13601	12035	11838	9941	10240
方正县	9618	9662	9779	9668	8058	8135	6278	6669
宾县	23095	21567	22978	21840	18850	18572	15561	16856
巴彦县	23412	21815	22664	21217	18420	18577	15880	17135
木兰县	9932	8985	9326	9198	7689	7762	6472	6851
通河县	10129	9594	9994	9923	8808	8584	6650	6903
延寿县	9597	9280	9403	9245	8177	8250	7098	6939
尚志市	24201	23487	24625	23788	21282	21036	17545	17677
五常市	38576	36276	39826	38613	32820	32942	26848	27613
齐齐哈尔市	**213826**	**207146**	**217340**	**210351**	**194771**	**198684**	**160572**	**163734**
龙沙区	16518	16306	16933	16828	19041	18897	15289	16009
建华区	14852	15005	14171	14607	14964	15182	11695	12041
铁锋区	12374	12597	13618	13986	15559	15495	12657	13295

单位：人

65–69岁		70–74岁		75–79岁		80–84岁		85岁及以上	
男	女	男	女	男	女	男	女	男	女
7253	7324	4316	4644	2048	2400	1098	1290	651	915
9414	9872	5649	6162	2717	3074	1645	1764	909	1182
10699	10380	5913	6327	2673	3162	1536	1911	981	1408
18515	19228	10316	11412	4928	5759	3092	3473	2201	2681
6906	7261	4249	4616	2101	2515	1074	1380	746	1012
32284	**34124**	**18976**	**22743**	**12180**	**17101**	**8398**	**11451**	**5772**	**7686**
9970	11022	5900	7017	3341	4869	2408	3274	1466	2233
5181	5260	2961	3649	2071	3146	1564	2240	1195	1532
7029	7368	4069	5367	3151	4539	2190	2858	1592	1815
3548	3557	2081	2294	1262	1403	726	917	513	663
2050	2145	1292	1432	764	932	490	684	287	435
4506	4772	2673	2984	1591	2212	1020	1478	719	1008
69818	**77149**	**41229**	**46079**	**19458**	**22565**	**12788**	**14966**	**7873**	**10441**
17373	21184	11674	13440	5096	6362	3233	3986	2088	2853
12484	12983	7062	7703	3472	3958	2296	2632	1310	1756
14156	14831	8039	8854	4130	4457	2663	3067	1605	2003
7011	7536	3745	3961	1781	2051	1250	1386	844	1036
2162	2463	1161	1425	566	757	394	517	326	432
16632	18152	9548	10696	4413	4980	2952	3378	1700	2361
51167	**56074**	**30478**	**35709**	**16239**	**19005**	**10200**	**11989**	**6353**	**8411**
11717	12958	6898	8377	3785	4745	2471	3084	1585	2120
7507	8275	4528	5269	2343	2537	1337	1541	880	1156
8778	9584	5057	6015	2639	3168	1574	1995	1100	1469
2762	3316	1623	1981	877	1180	671	777	444	624
10404	11262	6407	7362	3264	3791	1926	2177	1132	1439
9999	10679	5965	6705	3331	3584	2221	2415	1212	1603
64590	**70576**	**37085**	**46209**	**21616**	**30762**	**13579**	**20651**	**8286**	**14125**
19585	22705	11272	14513	6432	9493	4096	6605	2378	4595
3533	3910	2015	2621	1125	1588	679	1193	461	892
13123	13766	7472	8774	4777	6263	2992	4114	2063	2774
6997	7700	4133	5067	2218	3080	1299	1924	671	1277
5296	5818	3104	4039	1598	2464	924	1630	450	1090
4457	4639	2408	3114	1433	2221	991	1564	549	1054
5900	6191	3475	4416	2096	2990	1301	1890	843	1128
5699	5847	3206	3665	1937	2663	1297	1731	871	1315
996038	**1099268**	**596366**	**697325**	**321733**	**411070**	**219219**	**287117**	**151466**	**193266**
297286	**335283**	**172406**	**201367**	**91283**	**116783**	**61142**	**84908**	**44658**	**60993**
34848	39617	18467	22310	10462	14375	7389	11492	6401	9403
33175	39434	18089	22745	10961	15967	8736	13103	7137	9628
26055	30714	13895	17217	7394	10465	5171	8727	4389	6670
5475	6625	3553	4570	2212	3458	2185	3081	1228	1474
9996	11075	5331	6382	2920	3978	1919	2655	1311	1784
27641	32359	15551	20037	9642	13968	7581	11788	5598	7160
19819	22393	11630	13671	5578	6853	3364	4250	2172	3079
16398	19158	10233	12051	5080	6199	3016	3915	1906	2606
21611	23235	12736	13997	6378	7120	3630	4248	2185	3174
9150	9642	5675	6174	2816	3161	1477	1894	1103	1245
5988	6462	3518	3781	1631	1938	948	1281	822	981
14545	16120	8972	10224	4082	4648	2343	2599	1447	1930
13659	15779	8337	9843	3899	4704	2252	2691	1209	1673
5993	6453	3628	3763	1610	1761	935	1151	625	783
5873	6562	3534	3935	1646	1995	1021	1389	708	953
6362	6552	4028	4010	1826	1767	1051	1156	838	975
16235	16695	9806	10203	5495	5997	3470	4089	2377	2937
24463	26408	15423	16454	7651	8429	4654	5399	3202	4538
135145	**148901**	**81927**	**92533**	**42367**	**49767**	**28453**	**35535**	**19248**	**23444**
11516	12761	6521	7903	3691	5265	3056	4666	2544	3194
8813	10045	5049	6374	2873	4084	2292	3445	1823	2292
9772	11048	5480	6748	3317	4644	2607	3899	2216	2835

表2 续表 24

地区	0岁		1-4岁		5-9岁		10-14岁	
	男	女	男	女	男	女	男	女
昂昂溪区	94	77	568	500	881	822	1259	1152
富拉尔基区	253	259	1735	1613	2507	2333	3027	2870
碾子山区	77	72	496	389	723	675	856	888
梅里斯达斡尔族区	199	176	1119	1090	2076	1948	3183	2913
龙江县	885	799	4765	4497	8186	7887	12325	11649
依安县	539	516	3486	3286	6235	5960	9385	8932
泰来县	463	456	2598	2543	4602	4565	6782	6513
甘南县	575	558	3566	3341	6037	5750	9418	8809
富裕县	363	361	2385	2183	4165	3807	5922	5451
克山县	426	387	2239	2023	4035	3751	6338	5935
克东县	276	260	1473	1409	2520	2370	4522	4221
拜泉县	628	571	2991	2712	5545	5156	8170	7899
讷河市	847	779	4554	4203	8150	7643	12347	11488
鸡西市	**2479**	**2367**	**15723**	**14934**	**23327**	**21839**	**29511**	**27631**
鸡冠区	805	731	4917	4738	7085	6624	7265	6700
恒山区	78	86	568	567	946	792	1325	1340
滴道区	79	85	559	507	830	769	1124	1071
梨树区	44	40	255	259	483	461	660	625
城子河区	66	64	489	462	824	751	1134	1075
麻山区	24	22	141	138	237	268	351	343
鸡东县	306	271	1992	1823	3111	2869	4470	4170
虎林市	513	523	3241	3125	4418	4158	5492	5240
密山市	564	545	3561	3315	5393	5147	7690	7067
鹤岗市	**1601**	**1547**	**9162**	**8586**	**12719**	**12271**	**16370**	**15165**
向阳区	94	89	575	529	888	883	1116	1077
工农区	308	332	1722	1709	2542	2385	2907	2651
南山区	234	181	1101	995	1558	1531	1877	1759
兴安区	116	124	837	726	1263	1148	1569	1429
东山区	155	127	819	759	1201	1137	1570	1386
兴山区	35	31	166	158	248	252	301	288
萝北县	400	429	2380	2280	3025	2848	3805	3690
绥滨县	259	234	1562	1430	1994	2087	3225	2885
双鸭山市	**2257**	**2224**	**13783**	**12895**	**19920**	**18639**	**24617**	**23192**
尖山区	549	548	3240	3074	4644	4330	4716	4526
岭东区	36	37	174	135	207	187	272	285
四方台区	26	37	228	219	396	384	574	629
宝山区	88	58	455	456	636	615	989	892
集贤县	413	442	2514	2404	3916	3707	5393	4955
友谊县	192	209	1202	1068	1466	1432	1765	1659
宝清县	675	642	4192	3902	6201	5687	7932	7451
饶河县	278	251	1778	1637	2454	2297	2976	2795
大庆市	**6203**	**5923**	**35714**	**33703**	**53067**	**50047**	**65078**	**60854**
萨尔图区	825	746	4611	4374	6531	6195	7380	6830
龙凤区	847	803	4479	4293	5778	5455	5996	5626
让胡路区	1302	1373	8355	7683	11388	10721	12497	11608
红岗区	217	207	1176	1131	1702	1574	2155	2025
大同区	329	284	1783	1702	3195	2997	4528	4299
肇州县	495	470	2837	2688	5305	5099	8139	7423
肇源县	520	513	3323	3230	5991	5662	9066	8489
林甸县	407	362	2195	2033	3440	3197	4872	4820
杜尔伯特蒙古族自治县	458	418	2464	2329	4147	3914	5480	5195
大庆高新技术产业开发区	803	747	4491	4240	5590	5233	4965	4539
伊春市	**1390**	**1338**	**7723**	**7190**	**11194**	**10554**	**13153**	**12501**
伊美区	369	341	1861	1708	2639	2420	2749	2553
乌翠区	104	121	558	534	837	813	831	825
友好区	64	61	383	310	472	454	604	651
嘉荫县	121	106	754	726	993	957	1239	1171
汤旺县	28	31	216	228	337	307	420	406
丰林县	74	80	437	400	507	532	649	621
大箐山县	68	47	342	305	452	455	668	575

单位：人

15-19岁		20-24岁		25-29岁		30-34岁		35-39岁		40-44岁	
男	女	男	女	男	女	男	女	男	女	男	女
1287	1120	1266	1079	1662	1355	2404	2134	2320	2050	2826	2423
4308	2968	3144	2650	4520	3938	6854	6123	5822	5465	6356	6333
788	739	759	697	1045	981	1685	1607	1787	1725	2118	1980
2975	2697	2495	2275	2723	2563	4530	4152	4553	4037	5474	4989
9705	8932	8017	7131	9572	8998	15584	14974	14932	14251	16634	16060
8010	7649	7612	6896	8960	8094	14772	13671	13109	11909	13277	12140
5132	5118	4473	3900	6058	5356	10134	9338	9952	8825	9774	8703
6407	6135	4567	3847	5942	5786	11811	11571	12649	12195	10695	10183
5353	5037	4242	3649	5636	5001	8191	7180	8508	7831	8473	7730
6176	5711	5160	4755	6181	5660	7866	7051	8064	7817	9675	9296
4038	3756	3232	3000	3678	3396	4842	4678	5278	5397	6083	6140
6053	5695	5350	5096	7458	7044	10500	10117	8968	8741	9544	9124
10459	9789	9338	8702	9115	8777	15165	14653	16320	15590	17583	17244
27429	**24517**	**27096**	**22764**	**34151**	**30881**	**51164**	**47708**	**49578**	**45954**	**59170**	**56036**
7897	6753	9473	7273	9831	9178	14823	14396	14080	13489	15356	15296
1256	1163	1407	1302	1953	1556	2339	1893	2151	1763	2907	2567
984	898	994	881	1431	1187	2020	1722	1934	1760	2452	2093
609	481	632	485	803	666	1068	869	1034	932	1360	1177
1014	893	1075	990	1577	1277	2033	1706	1873	1700	2620	2406
278	296	223	223	309	272	477	432	526	519	726	558
3941	3609	3632	3201	4624	4220	7009	6326	7010	6244	9041	8558
4248	3842	4101	3531	6251	5610	9620	9164	8738	8174	10126	9584
7202	6582	5559	4878	7372	6915	11775	11200	12232	11373	14582	13797
14355	**13352**	**14381**	**13371**	**21209**	**19327**	**31286**	**29193**	**29294**	**27407**	**33649**	**31833**
990	855	1118	1066	1618	1489	2044	1986	2170	2139	2378	2371
2447	2204	2167	2026	3065	3142	5125	5274	5355	5590	5693	5785
1537	1412	2013	1757	3046	2775	4447	3944	3982	3501	4212	3814
1180	997	1572	1394	2439	2107	3425	2780	3092	2547	3488	3076
1339	1703	1827	1882	2273	1903	3161	2763	3002	2504	3479	2895
352	352	337	316	500	422	633	539	596	577	695	694
4140	3803	2887	2693	4763	4376	7087	6874	6284	6264	7706	7567
2370	2026	2460	2237	3505	3113	5364	5033	4813	4285	5998	5631
21677	**19122**	**19388**	**17353**	**29230**	**26894**	**43302**	**41035**	**40466**	**38148**	**48357**	**46139**
4637	4203	4286	3784	6497	6283	10142	10117	9284	9078	9696	9843
271	234	510	406	712	535	813	565	700	475	799	694
489	379	634	481	840	600	998	727	938	756	1544	1315
688	564	1097	1021	1538	1261	1817	1439	1743	1306	2373	2110
5345	4398	3987	3707	5927	5452	8436	7730	8160	7839	11454	10509
2325	2259	1388	1291	2129	1988	3027	3162	2913	3078	3864	3880
5979	5364	5525	4841	8328	7691	13050	12435	12210	11401	13587	13044
1943	1721	1961	1822	3259	3084	5019	4860	4518	4215	5040	4744
61941	**56987**	**59826**	**57254**	**70858**	**69524**	**113794**	**114545**	**101463**	**102478**	**113665**	**113040**
7623	6872	6755	6384	8420	8763	13993	15025	13049	13887	14430	14787
4622	4239	5204	4997	9179	9179	14458	14677	11805	11553	12490	12174
10872	10869	11454	13118	14081	14445	22571	24345	21657	23151	25677	27230
2897	2393	2410	2202	3361	2938	4396	4016	3762	3575	5114	5000
3613	3332	3367	2846	4695	4199	7619	6874	5838	5314	7330	6691
7454	6186	5095	4371	7526	6676	11977	10869	9474	9446	12119	11291
7523	6793	5590	4948	7766	7209	13004	12215	12027	11430	12701	11783
4099	3747	3392	3044	4649	4474	7234	6936	6656	6530	6855	6713
4285	4109	3114	2767	4434	4184	7556	7387	7760	7137	6984	6763
8953	8447	13445	12577	6747	7457	10986	12201	9435	10455	9965	10608
13990	**12780**	**13882**	**12433**	**20150**	**17977**	**27917**	**25676**	**24853**	**23496**	**31387**	**29814**
3764	3949	2661	2588	3897	3694	5994	5998	5685	5624	6212	6066
693	586	1097	960	1831	1710	2662	2378	2184	1913	2430	2213
1169	1175	771	660	1117	1004	1492	1236	1209	1165	1410	1448
1014	866	949	835	1353	1223	1996	1988	1911	1790	2558	2276
265	221	510	406	771	590	903	772	745	690	1114	1031
478	421	925	798	1438	1176	1627	1351	1292	1203	1834	1792
459	368	852	709	1176	966	1427	1138	1212	1111	1808	1763

表2 续表 25

地 区	45-49岁		50-54岁		55-59岁		60-64岁	
	男	女	男	女	男	女	男	女
昂昂溪区	3547	3313	3875	3744	3855	3733	3091	3102
富拉尔基区	9303	9200	10763	10898	12623	12854	9570	10025
碾子山区	2668	2549	3236	3117	3600	3489	2876	2922
梅里斯达斡尔族区	7070	6569	7269	6840	6085	5977	4883	4923
龙江县	23222	22044	22192	21298	18559	18503	14832	15250
依安县	20702	19858	20083	19268	15453	15747	13499	13122
泰来县	14358	13156	14491	13407	11386	11467	9202	9523
甘南县	14792	14259	15516	14762	12864	13392	10148	10327
富裕县	12475	11970	12710	12045	10304	10501	8650	8615
克山县	13815	13876	14339	13801	12314	12692	10097	10452
克东县	8854	8560	8733	8226	6988	7552	6119	6063
拜泉县	14994	14230	16112	15292	12684	13332	11349	11383
讷河市	24282	23654	23299	22232	18492	19871	16615	16682
鸡西市	**82254**	**78638**	**92809**	**88576**	**84686**	**82052**	**58988**	**59787**
鸡冠区	21215	21057	23067	23068	21474	21563	14452	15081
恒山区	4945	4529	6786	5977	6316	5750	4127	3911
滴道区	3538	3168	4463	4001	4313	4056	3001	2946
梨树区	2390	2108	3209	2742	2845	2482	1680	1699
城子河区	4196	3777	5662	4904	4653	4295	2785	2854
麻山区	964	922	1159	965	1041	957	738	693
鸡东县	12198	11325	12572	11771	11269	11067	8774	9001
虎林市	14614	14247	17066	16547	15400	14705	10439	10249
密山市	18194	17505	18825	18601	17375	17177	12992	13353
鹤岗市	**49623**	**47625**	**58397**	**57490**	**53198**	**52060**	**35008**	**35143**
向阳区	3808	3816	4720	4857	4890	4935	3087	3203
工农区	7643	7508	7857	8175	7191	7633	4429	4707
南山区	6558	6208	8792	8346	7800	7838	4720	4781
兴安区	5629	5076	7435	6920	6694	6302	4334	4413
东山区	5425	4968	6668	6273	6034	5739	4074	3906
兴山区	1257	1055	1586	1567	1370	1347	832	858
萝北县	11205	11164	13055	13202	11966	11281	8138	7969
绥滨县	8098	7830	8284	8150	7253	6985	5394	5306
双鸭山市	**67547**	**64841**	**73365**	**71366**	**66539**	**64536**	**44838**	**45754**
尖山区	14350	14330	15510	15875	14587	15121	8761	9518
岭东区	1591	1446	2226	2010	2119	1875	1301	1222
四方台区	2803	2420	3497	3123	2701	2451	1568	1592
宝山区	4685	4359	6555	5910	5437	4879	2964	2951
集贤县	14075	13281	13618	12885	12232	11764	9162	9451
友谊县	5358	5345	5712	5660	5776	5603	4013	4146
宝清县	17426	16754	18163	18074	16733	16132	11926	11913
饶河县	7259	6906	8084	7829	6954	6711	5143	4961
大庆市	**152818**	**153120**	**147145**	**145839**	**123805**	**126031**	**91022**	**97288**
萨尔图区	16972	17374	15325	15904	13718	14181	9608	10774
龙凤区	15259	15739	14850	15581	13258	13061	7914	8959
让胡路区	34595	36083	30503	31120	25411	25778	16503	18072
红岗区	8062	8120	7979	8008	6737	6586	4460	4778
大同区	10678	10267	10536	10310	8872	8928	7311	7378
肇州县	16546	15831	18340	16980	15005	15287	12563	12926
肇源县	17644	16952	18424	17271	15811	16214	13235	13889
林甸县	10836	10906	11333	10761	8653	8927	7316	7399
杜尔伯特蒙古族自治县	11526	10946	11571	11314	9366	9736	7537	7845
大庆高新技术产业开发区	10700	10902	8284	8590	6974	7333	4575	5268
伊春市	**48332**	**46156**	**58007**	**55426**	**56395**	**54071**	**39887**	**41062**
伊美区	8700	8661	9554	9743	9953	10009	7622	8031
乌翠区	3919	3633	4865	4656	4960	4858	3543	3763
友好区	2778	2701	4046	3803	4267	3912	2753	2684
嘉荫县	3353	3249	3324	3305	2799	2619	1990	1985
汤旺县	2238	2083	2738	2484	2450	2133	1375	1402
丰林县	3942	3642	5151	4668	4906	4347	2799	2770
大箐山县	3166	3028	4399	4010	4425	4134	2968	3033

单位：人

65-69岁		70-74岁		75-79岁		80-84岁		85岁及以上	
男	女	男	女	男	女	男	女	男	女
2400	2872	1361	1693	756	980	521	771	387	544
6756	7776	4200	5186	2235	3623	2277	3497	1682	1878
2347	2551	1365	1597	702	990	596	918	412	531
4358	4692	2588	2877	1271	1417	727	785	395	506
14061	15003	8336	9085	4020	4173	2239	2552	1365	1768
11159	12114	7127	7500	3355	3471	1998	2264	1214	1500
7828	8681	4680	5548	2352	2694	1408	1689	847	1151
8897	9806	5539	6331	2821	3017	1784	1843	1050	1213
7605	8447	4653	5043	2378	2470	1354	1526	841	985
9105	9952	6043	6573	3286	3504	2012	2012	1213	1409
5478	5895	3452	3593	1706	1725	1007	1073	662	728
9958	10505	6394	6702	2895	3011	1872	1865	975	1104
15092	16753	9139	9780	4709	4699	2703	2730	1622	1806
48551	**51992**	**28878**	**35406**	**17710**	**24879**	**13930**	**18205**	**9633**	**10827**
11842	13119	6547	8444	4237	6412	3600	4900	2537	3020
3041	3474	1743	2216	1107	1836	1057	1554	674	820
2417	2695	1415	1691	855	1309	677	1014	454	587
1436	1521	760	938	467	830	450	643	307	383
2286	2495	1219	1661	781	1398	792	1040	503	621
715	732	453	457	223	306	181	179	115	138
7728	8006	4786	5307	2584	3065	1629	1927	1113	1306
7867	7945	4742	6160	3278	4719	2734	3633	2046	1780
11219	12005	7213	8532	4178	5004	2810	3315	1884	2172
27611	**28886**	**14588**	**19168**	**9647**	**15211**	**8082**	**11117**	**5591**	**6748**
2506	2679	1177	1512	887	1502	910	1331	722	850
3418	3843	1764	2469	1219	1977	1123	1540	688	906
3809	3865	1644	2184	1104	2048	1023	1593	687	986
3610	3385	1624	2072	938	1736	845	1329	571	791
3321	3384	1918	2327	1163	1768	906	1126	563	770
714	709	320	445	205	458	270	317	143	180
6021	6240	3564	4923	2586	3900	2013	2581	1468	1495
4212	4781	2577	3236	1545	1822	992	1300	749	770
38155	**40509**	**23082**	**28048**	**13352**	**18728**	**10095**	**13224**	**7470**	**8716**
7359	8014	3854	4950	2595	4361	2501	3367	1670	2159
1006	986	554	679	308	640	330	500	256	402
1366	1455	825	1002	450	764	378	447	224	290
2322	2528	1363	1762	894	1519	847	1128	556	670
8363	9112	5494	6204	2647	3072	1491	1872	1134	1400
3428	3541	2287	3116	1197	1766	967	1323	787	758
10353	10916	6426	7668	3895	4781	2522	3302	2069	2187
3958	3957	2279	2667	1366	1825	1059	1285	774	850
78875	**89096**	**50886**	**58867**	**24831**	**33155**	**17964**	**21866**	**10339**	**12651**
8707	10072	5733	7007	2675	3962	2107	2733	1268	1592
7580	8542	4612	5685	2536	3218	1708	2172	1068	1231
15200	17943	11755	14037	5269	9207	5035	6300	2604	2791
4287	5085	3377	3992	1418	1779	940	1078	490	561
5649	6074	3089	3449	1596	1703	1029	1195	581	786
10428	11076	6201	6575	3177	3512	1924	2060	1178	1487
10739	11819	6571	7071	3189	3888	2121	2584	1337	1798
6423	7028	3918	4167	1975	2068	1236	1214	615	808
6005	6783	3388	4106	1905	2178	1098	1460	716	928
3857	4674	2242	2778	1091	1640	766	1070	482	669
29060	**32299**	**15689**	**21238**	**10008**	**15794**	**8372**	**13034**	**6362**	**8291**
5679	6393	3101	4118	1852	2768	1401	2247	1133	1583
2252	2665	1145	1586	716	1230	673	1168	574	773
1773	1915	881	1219	606	1151	612	1125	536	685
1768	1951	1117	1402	712	818	376	459	206	264
993	1061	586	938	396	743	405	635	240	354
1937	2171	988	1592	822	1476	797	1249	599	723
2059	2298	1063	1570	791	1368	781	1234	622	847

表2 续表 26

地区	0岁		1-4岁		5-9岁		10-14岁	
	男	女	男	女	男	女	男	女
南岔县	74	101	554	550	842	798	1050	974
金林区	81	89	482	436	731	669	773	757
铁力市	407	361	2136	1993	3384	3149	4170	3968
佳木斯市	**4188**	**3966**	**25110**	**23769**	**38387**	**35976**	**50374**	**46523**
向阳区	606	611	3633	3476	5399	5131	5411	5023
前进区	305	244	2099	1912	3623	3311	3490	3208
东风区	151	169	913	906	1370	1325	2079	1825
郊区	505	454	3189	3055	4231	3994	5265	4877
桦南县	587	501	2927	2753	4629	4451	7518	6796
桦川县	274	257	1485	1378	2514	2441	3917	3653
汤原县	289	307	1857	1785	2877	2644	3971	3717
同江市	447	462	2648	2530	3876	3516	4869	4496
富锦市	786	743	4863	4547	7689	7170	11127	10378
抚远市	238	218	1496	1427	2179	1993	2727	2550
七台河市	**1343**	**1218**	**7613**	**7214**	**12911**	**12084**	**17380**	**16148**
新兴区	237	232	1437	1384	2379	2295	3402	3335
桃山区	498	462	2794	2694	4699	4379	5313	4786
茄子河区	264	229	1512	1370	2498	2219	3376	3105
勃利县	344	295	1870	1766	3335	3191	5289	4922
牡丹江市	**4469**	**4179**	**27619**	**25732**	**41581**	**38951**	**48913**	**46760**
东安区	528	524	3245	3064	4696	4392	4481	4142
阳明区	351	358	2173	2010	2950	2767	3772	3529
爱民区	501	454	2958	2881	3877	3518	3762	3654
西安区	575	510	3196	2998	4462	4240	4815	4354
林口县	390	380	2516	2420	4098	3805	5527	5392
绥芬河市	348	301	2017	1774	2891	2638	3281	3022
海林市	426	417	2969	2800	4739	4476	6063	5729
宁安市	537	461	3576	3271	5748	5481	7599	7288
穆棱市	346	332	2184	1985	3988	3775	5238	5327
东宁市	467	442	2785	2529	4132	3859	4375	4323
黑河市	**2566**	**2381**	**14879**	**13914**	**22500**	**21135**	**28745**	**27116**
爱辉区	474	462	3051	2753	4022	3827	4279	3896
逊克县	156	162	986	980	1527	1437	1785	1727
孙吴县	146	128	935	861	1444	1409	1854	1858
北安市	570	540	3115	2927	4687	4411	6609	6399
五大连池市	468	440	2534	2499	4192	3883	5470	5032
嫩江市	752	649	4258	3894	6628	6168	8748	8204
绥化市	**6359**	**6086**	**37232**	**35197**	**66073**	**62727**	**97666**	**91058**
北林区	1208	1105	6835	6441	11818	11341	16674	15621
望奎县	446	434	2627	2573	5030	4728	7780	7451
兰西县	536	530	3162	3114	5762	5196	9114	8032
青冈县	495	487	2851	2776	5161	4920	7749	7432
庆安县	442	403	2505	2306	4107	3984	6427	6017
明水县	412	383	2106	2083	3879	3520	5240	4657
绥棱县	321	330	1977	1888	3586	3475	5505	5149
安达市	605	590	3580	3249	6003	5835	8180	7902
肇东市	1196	1107	7138	6555	12469	11709	17885	16573
海伦市	698	717	4451	4212	8258	8019	13112	12224
大兴安岭地区	**568**	**505**	**3281**	**3026**	**4382**	**4212**	**5394**	**5126**
漠河市	79	80	546	507	734	738	845	848
呼玛县	64	55	458	410	621	583	733	697
塔河县	64	77	444	422	606	547	735	672
加格达奇区	309	242	1510	1406	2029	1946	2500	2338
松岭区	14	14	88	76	101	107	187	164
新林区	18	17	126	107	150	140	225	225
呼中区	20	20	109	98	141	151	169	182

单位：人

15-19岁		20-24岁		25-29岁		30-34岁		35-39岁		40-44岁	
男	女	男	女	男	女	男	女	男	女	男	女
1760	1279	1166	969	1664	1442	2196	1995	2167	2072	2626	2447
628	507	942	865	1465	1147	2036	1690	1645	1402	2243	1997
3760	3408	4009	3643	5438	5025	7584	7130	6803	6526	9152	8781
47021	**45523**	**43699**	**42052**	**53019**	**50543**	**82810**	**79465**	**76728**	**74009**	**92185**	**88453**
7397	8362	10414	11626	8110	8359	11965	12012	10367	10471	11382	11738
5428	5740	3880	3690	4060	3828	6426	6709	6496	6756	6926	7022
1846	1630	2316	2028	3102	2710	4372	3729	3992	3543	4825	4407
5673	5345	5320	4838	7213	6607	10938	9953	9052	8078	11072	10207
6040	5386	5445	4845	6645	6167	9657	9187	9282	8836	13178	12625
3095	2699	2004	1870	3004	2880	5154	4927	4998	4857	6251	6240
2786	2738	2610	2303	3463	3147	5717	5561	5894	5685	7777	7176
2925	2764	2979	2715	4410	4371	7565	7275	6780	6470	7349	6867
10188	9460	7051	6661	10274	9869	16587	15932	16050	15655	19014	18125
1643	1399	1680	1476	2738	2605	4429	4180	3817	3658	4411	4046
13671	**12437**	**11002**	**9935**	**15434**	**14334**	**26697**	**25033**	**25908**	**24539**	**28911**	**27452**
3315	3068	2778	2353	3721	3224	5885	5027	5161	4585	6178	5500
4271	3859	3246	3043	4767	4670	8723	9052	8638	8790	9495	9659
2101	1778	1897	1715	2912	2626	5464	4780	4889	4328	5216	4729
3984	3732	3081	2824	4034	3814	6625	6174	7220	6836	8022	7564
45340	**45580**	**40990**	**41687**	**49022**	**46482**	**83556**	**79543**	**82607**	**78731**	**89747**	**87575**
3529	3106	3380	3120	5069	5218	8866	9020	8705	8723	9148	9429
3083	2843	3065	2796	4458	4158	7366	6645	6938	6376	7542	6956
7480	11826	9782	13527	6138	5983	10022	9581	9095	8434	8871	8448
5576	4833	4740	4221	5450	5322	9152	9345	8590	8841	9154	9395
4530	4164	3617	3276	5012	4327	8496	7376	8828	7887	9933	9187
2184	1850	1821	1743	2971	2917	5024	5145	4707	4819	5218	5389
4989	4420	4114	3720	5464	5112	9267	8717	9910	9532	11268	11226
6513	5825	4742	4292	6252	5904	10640	10293	11592	11231	12884	12438
3973	3691	2749	2428	3996	3531	6829	6052	7354	6494	7900	7620
3483	3022	2980	2564	4212	4010	7894	7369	6888	6394	7829	7487
27025	**26491**	**24476**	**23897**	**32179**	**30218**	**46646**	**44253**	**43706**	**42274**	**52898**	**50308**
4685	5895	5531	6253	6118	5974	9034	8900	7959	7667	8601	8219
1508	1383	1520	1435	2321	2119	3266	3134	3002	2630	3137	2895
1707	1523	1158	1068	2019	1885	2984	2807	2552	2509	2973	2852
6768	6218	5416	5050	7477	6968	10562	9846	10029	9929	12585	12001
4610	4324	4716	4288	6254	5517	8619	7629	7527	6986	10466	9597
7747	7148	6135	5803	7990	7755	12181	11937	12637	12553	15136	14744
82681	**75240**	**74203**	**69374**	**99839**	**91959**	**143229**	**135929**	**127037**	**121920**	**152695**	**145072**
14370	14051	16145	16139	19318	18152	28796	27704	25614	24796	28118	26810
6298	5680	4618	4474	6820	6171	11090	10512	10010	9567	11638	10914
7165	5786	6094	5200	7854	6692	10964	10362	9198	9109	12361	11756
6729	6191	5159	4716	8337	7649	10233	9653	8349	8461	11111	10893
5344	4851	5547	5223	6898	6355	8891	8588	8281	8416	11035	10571
3959	3511	3770	3432	6244	5578	7544	7229	6275	6052	7661	6850
4729	4382	3740	3443	5284	4983	7278	7289	6693	6881	9015	8814
7447	6736	6712	6176	9035	8555	13969	12865	12056	11273	14159	13526
15712	14070	13594	12233	18112	16663	27076	25113	24725	22283	27808	25880
10928	9982	8824	8338	11937	11161	17388	16614	15836	15082	19789	19058
5573	**5146**	**6500**	**5402**	**8538**	**7461**	**10743**	**9692**	**9761**	**9180**	**13456**	**12728**
817	703	1037	825	1475	1246	1990	1743	1782	1587	2318	2166
650	607	720	622	964	764	1335	1150	1390	1197	1486	1407
725	590	1032	862	1330	1145	1554	1302	1324	1228	2051	1816
2806	2716	2550	2192	3358	3249	4565	4485	4164	4205	5396	5345
158	133	350	295	405	318	360	272	289	288	667	603
218	211	453	318	561	388	511	367	391	358	738	706
199	186	358	288	445	351	428	373	421	317	800	685

表2 续表 27

地区	45-49岁		50-54岁		55-59岁		60-64岁	
	男	女	男	女	男	女	男	女
南岔县	4134	4018	5603	5356	6026	5628	4394	4457
金林区	3423	3311	4388	4075	4040	3823	2695	2643
铁力市	12679	11830	13939	13326	12569	12608	9748	10294
佳木斯市	**115568**	**109959**	**112629**	**110665**	**100959**	**101609**	**81321**	**83847**
向阳区	13745	14063	12723	13380	12597	13515	10331	11105
前进区	8508	8502	8315	8567	8729	9310	7272	7529
东风区	6584	6302	6981	6961	7059	6924	5711	5776
郊区	14523	13605	14366	14032	13367	13142	10249	10380
桦南县	16408	15111	15757	15154	13380	13102	10495	10808
桦川县	7986	7605	8367	7879	6797	6871	5673	5920
汤原县	9562	8888	9604	9179	9032	8630	7247	7240
同江市	9721	9255	10004	9644	8044	7951	6374	6559
富锦市	22964	21650	21010	20651	17641	17828	14558	15094
抚远市	5567	4978	5502	5218	4313	4336	3411	3436
七台河市	**39992**	**38231**	**40143**	**38770**	**33675**	**32643**	**25148**	**25230**
新兴区	9132	8483	10050	9570	8442	8260	6698	6510
桃山区	12346	12227	11075	10991	8616	8530	5598	5940
茄子河区	7249	6766	8123	7487	6914	6466	4955	4822
勃利县	11265	10755	10895	10722	9703	9387	7897	7958
牡丹江市	**118068**	**114435**	**121316**	**119256**	**115855**	**113965**	**89542**	**91279**
东安区	11432	11361	10332	10342	10596	10941	8292	8850
阳明区	9910	9624	10067	9912	9891	9658	7952	7985
爱民区	11879	11942	12942	13434	13831	13838	10771	10995
西安区	11761	11929	11022	11614	12155	12298	9524	9943
林口县	12735	12086	13236	12577	11960	11306	9616	9711
绥芬河市	6992	6733	6480	6170	4951	4804	3406	3320
海林市	15745	15142	17227	16909	16300	15889	12214	12209
宁安市	16909	16356	17518	16995	16150	15997	12552	13045
穆棱市	9874	9150	11111	10633	10201	9654	7790	7857
东宁市	10831	10112	11381	10670	9820	9580	7425	7364
黑河市	**73613**	**70030**	**73673**	**70818**	**62375**	**61663**	**47111**	**48441**
爱辉区	12054	11806	12191	11650	10417	10291	7746	7950
逊克县	4557	4353	4682	4755	4089	4081	3211	3181
孙吴县	4084	3838	4148	4032	3321	3316	2647	2775
北安市	17492	16220	18022	17216	15451	15315	12106	12558
五大连池市	14397	13615	14763	13672	12418	12194	9288	9576
嫩江市	21029	20198	19867	19493	16679	16466	12113	12401
绥化市	**203720**	**192769**	**200961**	**191955**	**174726**	**180421**	**146866**	**153887**
北林区	34563	33591	34670	33485	32562	33678	26864	28593
望奎县	15192	14374	15226	14000	13338	13574	11797	12245
兰西县	17608	15785	17226	16164	14030	14811	12355	13153
青冈县	16153	15385	15735	14878	12923	13538	11647	11979
庆安县	15223	14015	14859	13806	12084	12399	10282	10633
明水县	10409	9692	10900	10866	9129	9480	7989	8166
绥棱县	11492	11071	12000	11118	10193	10704	8553	8927
安达市	20123	19658	20542	20006	17632	18193	13881	14378
肇东市	35917	33806	33666	33195	31180	32092	24615	25943
海伦市	27040	25392	26137	24437	21655	21952	18883	19870
大兴安岭地区	**22488**	**21171**	**22643**	**21736**	**18173**	**16999**	**11682**	**11434**
漠河市	3747	3417	4189	3925	3306	2852	1807	1745
呼玛县	2145	2002	2192	2110	1935	1740	1430	1362
塔河县	3832	3593	3903	3553	2952	2686	1718	1592
加格达奇区	8108	8084	7934	8302	6941	7053	5074	5177
松岭区	1438	1332	1356	1179	919	792	519	499
新林区	1864	1529	1811	1611	1240	1106	626	562
呼中区	1354	1214	1258	1056	880	770	508	497

单位：人

65-69岁		70-74岁		75-79岁		80-84岁		85岁及以上	
男	女	男	女	男	女	男	女	男	女
3182	3301	1486	1950	1023	1617	927	1459	717	891
2003	2332	1225	1629	686	1130	567	908	434	569
7414	8212	4097	5234	2404	3493	1833	2550	1301	1602
69313	**75979**	**41760**	**48094**	**21936**	**26576**	**13277**	**17270**	**9668**	**12275**
8248	9384	4726	5880	2545	3558	1819	2685	1346	1874
5633	6262	3084	3714	1832	2662	1387	2032	1063	1339
4290	4928	2522	3027	1325	1993	850	1341	647	846
8732	9694	5319	6052	2643	3111	1510	2154	1150	1445
9886	10721	6512	7305	3444	3829	2047	2346	1402	1693
5352	5718	3397	3732	1725	1837	898	990	540	691
6901	7324	4122	4418	2183	2441	1143	1562	895	1013
4896	5262	2729	3254	1557	1887	964	1148	664	885
12724	13950	7950	9062	4025	4366	2208	2489	1679	2072
2651	2736	1399	1650	657	892	451	523	282	417
22264	**23856**	**13008**	**15435**	**6756**	**8198**	**4098**	**4727**	**2710**	**3463**
5698	5924	3060	3799	1641	2065	1045	1116	640	789
4804	5675	2844	3793	1638	2247	1018	1355	634	942
3919	3897	2100	2494	1145	1363	751	835	529	676
7843	8360	5004	5349	2332	2523	1284	1421	907	1056
76577	**82548**	**46067**	**53009**	**27208**	**35791**	**18276**	**25621**	**14034**	**18297**
7110	7837	4011	4677	2344	3316	1710	2510	1270	1878
6873	7679	4280	4858	2401	3187	1650	2185	1161	1564
8230	8808	4615	5617	2946	4496	2480	3586	1910	2324
7987	8848	4638	5573	2698	3883	1922	3131	1504	2213
9203	9419	5844	5973	3076	3413	1819	2144	1297	1617
2368	2647	1308	1643	734	973	490	692	323	470
10292	11090	6322	7251	3943	5258	2805	3911	2219	2671
11834	12750	7545	8541	4233	5229	2418	3241	1806	2441
6711	7227	3948	4541	2531	3168	1581	2195	1406	1695
5969	6243	3556	4335	2302	2868	1401	2026	1138	1424
40202	**44653**	**24405**	**29586**	**14175**	**17281**	**8966**	**10178**	**5236**	**6388**
6308	6960	3720	4869	2114	2986	1478	1730	871	1091
2598	2802	1438	1691	810	1067	502	542	295	370
2452	2501	1364	1453	713	760	382	434	211	284
9923	11130	6230	7537	3730	4432	2447	2958	1525	1838
7778	8720	4671	5606	2690	3204	1663	1846	1002	1129
11143	12540	6982	8430	4118	4832	2494	2668	1332	1676
124288	**134938**	**77216**	**85105**	**38054**	**43391**	**24083**	**28144**	**14856**	**19211**
22375	24999	13734	15797	6718	8339	4452	5482	3008	4059
9893	10522	6671	6930	3181	3542	2109	2418	1337	1638
10448	11462	6286	6994	3456	3845	1997	2431	1136	1510
9920	10319	6097	6576	3079	3183	1917	2124	1156	1596
8485	9352	5613	6029	2605	3059	1685	1909	1038	1325
6874	7147	4389	4400	2037	2076	1242	1354	749	987
6929	7660	4037	4684	2083	2458	1426	1839	925	1046
11654	12713	6903	7706	3585	4148	2289	2566	1398	1707
21118	22706	12851	14222	6282	7462	3866	4566	2189	2955
16592	18058	10635	11767	5028	5279	3100	3455	1920	2388
8711	**10328**	**6454**	**9469**	**4406**	**5516**	**2481**	**3288**	**1661**	**1962**
1301	1505	743	1076	466	659	303	445	229	255
1116	1241	710	793	374	468	225	294	127	185
1215	1455	1001	1664	819	978	414	557	283	315
3904	4526	2748	3794	1759	2252	1109	1393	742	894
369	454	380	668	320	373	128	189	96	96
361	527	431	847	441	506	188	244	109	131
445	620	441	627	227	280	114	166	75	86

表2 续表 28

地区	0岁		1-4岁		5-9岁		10-14岁	
	男	女	男	女	男	女	男	女
上海市	**64748**	**59918**	**381130**	**351703**	**480179**	**433843**	**348491**	**316284**
市辖区	**64748**	**59918**	**381130**	**351703**	**480179**	**433843**	**348491**	**316284**
黄浦区	1166	1093	7546	6929	11508	10360	10017	8803
徐汇区	2288	2218	14368	13312	22395	20178	18137	16120
长宁区	1557	1413	8339	8096	12257	11494	9490	8941
静安区	2089	1967	12711	11673	18052	16881	14223	13254
普陀区	2861	2662	16549	15423	23322	21653	17723	16231
虹口区	1406	1323	8495	7976	12341	11312	9954	9225
杨浦区	2640	2387	15570	14665	22425	20518	16463	15134
闵行区	7364	6966	44235	40968	57247	51940	41700	37837
宝山区	5785	5214	35297	33019	44355	40399	31280	28297
嘉定区	5332	4913	32079	28970	34881	30794	22775	20195
浦东新区	16368	14960	94476	86914	117259	105863	83402	76369
金山区	1963	1881	12155	10849	14451	12988	11217	10342
松江区	6206	5670	35115	32316	40509	35676	26013	23106
青浦区	3382	3211	20444	18735	21018	18876	14346	12689
奉贤区	3246	3034	17957	16304	20286	17647	14534	12864
崇明区	1095	1006	5794	5554	7873	7264	7217	6877
江苏省	**293718**	**269494**	**1702238**	**1553177**	**2518917**	**2193839**	**2360131**	**2000434**
南京市	**34583**	**31404**	**190562**	**173999**	**224849**	**201187**	**175159**	**155876**
玄武区	1457	1255	8459	7686	11653	10523	9858	9102
秦淮区	1989	1825	11171	10298	15872	14082	14464	12892
建邺区	1847	1688	10693	9615	14013	12503	11020	9772
鼓楼区	2416	2142	14851	13652	24225	21206	21386	19021
浦口区	5692	5225	30432	27823	30334	27437	20333	17833
栖霞区	3203	2897	18283	16924	20775	18893	15570	13861
雨花台区	2486	2219	12997	11829	14359	12708	10441	9311
江宁区	8228	7549	44372	40014	46942	42441	32789	29056
六合区	3650	3364	19640	18068	22714	20528	18976	17147
溧水区	1932	1812	10688	9759	12862	11132	10643	9310
高淳区	1683	1428	8976	8331	11100	9734	9679	8571
无锡市	**24063**	**22218**	**140726**	**130082**	**191206**	**168210**	**156393**	**134178**
锡山区	2982	2667	17624	16012	23657	20234	19291	16331
惠山区	3107	3022	18379	16590	24910	21463	21419	17696
滨湖区	2968	2648	17489	16453	22943	20312	18112	15463
梁溪区	3160	2893	17938	16467	24824	22071	19887	17214
新吴区	2882	2635	15586	14454	20031	17519	15105	12935
江阴市	5506	5130	32464	30528	44763	39609	37527	32196
宜兴市	3458	3223	21246	19578	30078	27002	25052	22343
徐州市	**40455**	**36036**	**239699**	**212604**	**388298**	**323716**	**434429**	**356071**
鼓楼区	1800	1694	10184	9235	13023	11318	11914	10143
云龙区	2463	2194	14093	12829	18048	15495	14319	12138
贾汪区	1978	1683	11758	10094	19529	15199	21569	16907
泉山区	2549	2340	14124	12763	18758	16358	17558	15203
铜山区	5212	4714	32034	28938	53131	44545	58416	48415
丰县	4240	3795	25186	22194	40321	34206	43558	35083
沛县	5062	4459	28440	25632	46187	39774	53428	41454
睢宁县	5037	4361	29727	26894	48945	41822	50343	41890
徐州经济技术开发区	1994	1832	12034	10657	16041	13274	15683	12611
新沂市	4109	3604	25549	22074	45539	37509	56652	47968
邳州市	6011	5360	36570	31294	68776	54216	90989	74259
常州市	**17550**	**15992**	**99157**	**91367**	**137106**	**120294**	**117214**	**101182**
天宁区	1930	1773	12463	11441	17724	15278	15337	13340
钟楼区	2023	1918	12130	11145	17612	15638	15053	12975
新北区	3354	3024	19612	18363	26435	23123	21341	18613
武进区	5473	4947	31905	29364	45142	38949	38185	31964
金坛区	2125	1819	9431	8758	12461	11211	11022	10077
溧阳市	2645	2511	13616	12296	17732	16095	16276	14213
苏州市	**43871**	**40892**	**253699**	**232877**	**349725**	**309580**	**266012**	**230533**
虎丘区	3022	2722	18574	16911	25184	22523	18279	15931
吴中区	5433	5021	28507	26117	35415	31644	26101	22408

单位：人

15-19岁		20-24岁		25-29岁		30-34岁		35-39岁		40-44岁	
男	女	男	女	男	女	男	女	男	女	男	女
391803	**318381**	**824363**	**689793**	**1179905**	**1025929**	**1462804**	**1278489**	**1207124**	**1088686**	**977109**	**880403**
391803	**318381**	**824363**	**689793**	**1179905**	**1025929**	**1462804**	**1278489**	**1207124**	**1088686**	**977109**	**880403**
11747	7968	24392	17338	30638	24761	35146	29462	27818	26326	22333	22089
15892	14180	35107	37122	45200	48206	49330	50901	46346	50049	37514	40559
9550	8662	19145	20087	29518	34721	32623	36430	28203	32834	21215	24610
12899	11192	24010	24248	35054	38413	43664	46592	40737	44124	31585	33512
16025	13295	29930	30681	46366	51211	58234	60439	54298	56598	42411	43653
10535	8200	19788	19096	27085	27854	34250	33649	30165	31423	23635	24986
21262	18456	42384	40250	44015	43441	54984	54437	50075	52091	37470	39760
42280	33690	93207	77581	132985	115942	158677	140322	137081	126407	114612	104245
33228	27052	69668	56875	99112	85871	129477	114250	113773	99135	91524	79702
28818	21520	66259	51501	100857	79671	136827	110695	106187	84475	81883	64648
89650	71711	200821	159925	303597	256698	355740	308567	284803	257657	222927	200654
15003	11411	21998	15795	32096	24947	43892	35764	36361	30149	34755	28564
32728	28195	81400	65055	113913	88429	141870	113556	103914	85511	83479	68832
19302	15310	44548	35437	72738	55982	92700	70297	69063	52018	59045	46104
24528	20453	41313	31641	51878	39589	71856	56001	57267	44109	51099	41805
8356	7086	10393	7161	14853	10193	23534	17127	21033	15780	21622	16680
1941316	**1606142**	**2156767**	**1803740**	**2996605**	**2654913**	**4114085**	**3942163**	**2917712**	**2864346**	**2764099**	**2751398**
241562	**212331**	**392639**	**351261**	**403339**	**365462**	**483574**	**465451**	**356730**	**351968**	**318292**	**305572**
15603	14707	33019	30731	23052	21445	22467	22803	19443	21816	17697	19385
12796	10980	21485	19343	27556	27881	30927	33137	27222	30955	26068	28600
10448	8528	17492	16754	24317	24056	26170	27268	23549	25470	21182	21171
17951	18537	32198	37337	30222	32234	34355	39241	36272	42999	35268	39226
32347	26484	62559	49650	58050	52298	73451	69815	49134	43317	38062	32705
39320	36018	61696	59511	47362	40361	54120	48303	37718	34826	32190	29249
11078	9951	26935	22630	37018	30467	37571	33438	25871	23569	21826	20131
68078	56961	97712	81580	94560	81077	118620	108735	80334	72965	64943	56740
16883	13386	19209	15440	30277	29349	45512	45568	32296	31905	33241	32043
10007	10829	13078	11909	17796	14596	23238	20685	14441	13414	16057	14192
7051	5950	7256	6376	13129	11698	17143	16458	10450	10732	11758	12130
153411	**122742**	**199235**	**156101**	**301710**	**257048**	**425321**	**389344**	**295626**	**276580**	**289610**	**271889**
18037	12409	26998	18541	41112	33188	58045	49695	38958	34253	36449	32513
26990	21845	25658	19215	36165	30695	51642	47359	38423	34786	37423	33226
26022	21566	35837	31192	36934	32233	48969	46597	36481	35467	33210	31235
16056	13714	23000	21125	36196	35111	49500	50742	40344	40237	36057	35442
14250	11176	23234	15332	39555	31470	56636	50229	35860	32155	27584	25202
31512	24191	40082	30450	69428	57657	102766	92277	66882	63508	75172	71312
20544	17841	24426	20246	42320	36694	57763	52445	38678	36174	43715	42959
232111	**184339**	**179712**	**155623**	**285571**	**265965**	**420775**	**425269**	**288768**	**292786**	**239418**	**256680**
8366	6498	10574	8004	14562	13824	21645	22643	16930	17512	14822	15887
12194	11384	15525	14285	15403	16162	26221	28720	19369	20546	15252	16141
12596	9252	9230	7951	13276	11556	22629	21841	16009	14912	12656	11997
17516	14220	14031	13490	18410	19351	26654	29881	21963	24703	19947	22570
33704	30279	33719	29124	40246	35804	57770	57136	41806	40040	32341	31768
22625	15880	15837	12528	33487	29311	35047	34448	24240	24546	23097	27179
22383	15163	15013	12744	38038	33643	45597	46329	30722	31370	27363	31719
21455	16703	20885	18044	36389	33764	47249	47247	28750	30031	26431	28490
13826	11538	8447	6965	14973	13127	26088	25107	15233	14254	10924	10701
24693	19395	13574	12103	25459	24645	45513	46318	29430	29432	23057	24076
42753	34027	22877	20385	35328	34778	66362	65599	44316	45440	33528	36152
122403	**96008**	**151786**	**112992**	**204435**	**174553**	**275464**	**256910**	**199121**	**190596**	**191855**	**186135**
11666	11524	14492	12902	23092	22226	32100	32779	25777	26968	25840	26518
17626	14459	21133	18188	23976	21557	33099	32408	26384	26040	24284	23742
20964	16373	25960	19096	36563	32556	53522	51537	37366	36073	32590	31427
47682	35288	60780	41794	73169	59783	97709	87233	67695	62268	65723	61529
9364	7181	11719	8940	19164	16345	26407	24101	18039	17099	17537	17675
15101	11183	17702	12072	28471	22086	32627	28852	23860	22148	25881	25244
268306	**209360**	**415474**	**311067**	**617866**	**503975**	**870071**	**763542**	**609168**	**545749**	**496017**	**442490**
26015	21854	37952	29930	46391	36107	60974	53211	42737	38699	30709	26394
33433	27426	50904	40524	71866	59535	101553	88151	67080	57892	51574	45048

表2 续表 29

地区	45-49岁		50-54岁		55-59岁		60-64岁	
	男	女	男	女	男	女	男	女
上海市	**931765**	**844508**	**940004**	**845689**	**890810**	**841572**	**876308**	**890142**
市辖区	**931765**	**844508**	**940004**	**845689**	**890810**	**841572**	**876308**	**890142**
黄浦区	24188	24562	25887	24892	25508	23426	27331	26423
徐汇区	34927	37041	34175	35327	36047	36540	43381	46830
长宁区	19840	22622	20239	22512	22947	24041	28297	30238
静安区	28021	30955	28901	30583	36279	36097	45968	47647
普陀区	38204	38622	38267	37354	44576	44353	57040	59918
虹口区	22857	24451	23494	24596	28917	28870	37069	38562
杨浦区	34894	37351	36393	37123	46888	46545	60637	62734
闵行区	104089	93491	98218	87717	86829	81417	80762	83552
宝山区	89062	78848	92086	78902	84418	77626	83119	83913
嘉定区	76774	62319	73858	61476	62451	56693	53346	52743
浦东新区	203897	184133	201027	183524	187764	183898	185186	192265
金山区	37749	32060	43848	36036	38816	33762	27936	25866
松江区	76606	64590	72232	63495	60882	58905	46082	47092
青浦区	62432	50089	62798	50091	48860	40336	33991	30616
奉贤区	53935	43974	55870	44937	45013	38868	32970	30872
崇明区	24290	19400	32711	27124	34615	30195	33193	30871
江苏省	**3195796**	**3218422**	**3926760**	**4033204**	**3207812**	**3255443**	**2412689**	**2366125**
南京市	**337678**	**316321**	**386738**	**374444**	**349847**	**346129**	**245313**	**246545**
玄武区	17668	17311	17963	17728	18172	17747	14772	15426
秦淮区	25169	26058	27558	28943	30441	30100	26771	27825
建邺区	19993	18121	20161	18735	19311	18902	15270	16724
鼓楼区	32570	32505	33115	33378	34834	34841	30136	32377
浦口区	39398	34927	46110	44637	40458	41813	26573	26611
栖霞区	32968	29512	37916	35126	34407	32371	24686	23149
雨花台区	23149	20519	24867	23723	21728	21404	15751	15391
江宁区	65540	58955	75649	73607	63278	64516	40543	41450
六合区	38330	37492	49700	48648	43126	42226	29324	27872
溧水区	22781	20517	28392	24771	23095	20903	11604	10448
高淳区	20112	20404	25307	25148	20997	21306	9883	9272
无锡市	**327288**	**311744**	**346347**	**340664**	**279097**	**277482**	**194892**	**185371**
锡山区	41084	37238	40164	38431	31439	30406	20541	18531
惠山区	42718	37983	41802	38364	29707	29580	19547	18751
滨湖区	36921	34671	38115	36945	31593	31872	23116	23241
梁溪区	38251	37704	40059	42584	36337	38299	31530	31849
新吴区	26504	25077	25168	26258	20282	22633	15107	14828
江阴市	85491	82011	89786	86364	69526	65689	46497	42337
宜兴市	56319	57060	71253	71718	60213	59003	38554	35834
徐州市	**303605**	**322689**	**380236**	**424670**	**301470**	**320359**	**220312**	**214998**
鼓楼区	16658	16788	18189	18623	17041	16414	12581	12171
云龙区	15695	15704	16492	17438	14489	15339	10792	10958
贾汪区	14719	15275	19317	20851	15457	16100	10838	10828
泉山区	22677	24514	25127	27499	24281	24281	17420	18028
铜山区	38944	39849	51244	56610	39466	42070	27934	27091
丰县	33544	36706	41239	48799	29649	32470	23632	22498
沛县	33585	36853	45472	51931	32410	36232	23858	24519
睢宁县	35321	41434	48130	56062	37995	41340	26905	24671
徐州经济技术开发区	11718	11625	13656	14898	10852	11772	7065	7131
新沂市	35058	35819	43808	46892	32780	34292	21641	21264
邳州市	45686	48122	57562	65067	47050	50049	37646	35839
常州市	**227378**	**225819**	**243616**	**248185**	**208307**	**206762**	**140455**	**129985**
天宁区	29805	30039	30106	30705	25436	25917	19176	18904
钟楼区	26966	26855	28702	29213	24572	24209	17109	16877
新北区	34836	34368	36688	38152	31201	32416	20537	19963
武进区	78170	74080	76982	74366	60441	57627	38918	34273
金坛区	23448	25945	29943	33381	29092	29604	20466	18443
溧阳市	34153	34532	41195	42368	37565	36989	24249	21525
苏州市	**494316**	**451084**	**525022**	**505388**	**414019**	**415757**	**286698**	**290003**
虎丘区	26342	23204	27015	27126	21585	23271	15806	16999
吴中区	52595	47801	58023	55484	45156	44855	30037	29829

单位：人

65-69岁		70-74岁		75-79岁		80-84岁		85岁及以上	
男	女	男	女	男	女	男	女	男	女
810242	**837318**	**504706**	**509268**	**265538**	**286039**	**167022**	**210751**	**171160**	**286968**
810242	**837318**	**504706**	**509268**	**265538**	**286039**	**167022**	**210751**	**171160**	**286968**
24276	24167	14900	14673	7462	7813	4782	6558	6477	11265
40927	44482	27319	28521	15281	16946	11023	13350	12782	18757
25777	27219	16091	17188	9347	10443	6839	8496	8759	12971
42868	44374	26607	26074	12927	13754	8805	11164	10432	17371
54316	56292	32912	32413	15942	16199	10131	12551	11814	19331
34102	35487	22117	21359	10824	11339	7327	9462	8953	15014
55241	56263	32855	31983	15568	17072	11397	14834	13559	22784
75197	79804	47191	48172	24700	26013	15261	18204	14389	23197
74182	75965	44656	42592	21373	21940	12842	15671	13081	21629
47155	47480	27943	27485	14491	15903	8151	10545	8262	13903
173792	180878	108628	110078	54668	57562	33830	42646	32689	56686
26615	26645	17213	18280	10864	12578	6014	8002	4892	9019
43794	45309	25776	26064	14649	15792	7932	9898	7120	12002
29917	29326	17610	18250	10872	12035	6156	7745	5307	9748
30800	31312	19256	20750	11064	12851	6456	8981	5273	10279
31283	32315	23632	25386	15506	17799	10076	12644	7371	13012
2537937	**2571942**	**1739491**	**1807185**	**1102639**	**1214600**	**680452**	**839548**	**462422**	**770315**
240806	**247754**	**161376**	**164558**	**95366**	**103568**	**65508**	**75252**	**50765**	**70917**
12988	14382	8910	9385	5711	6909	5038	5790	4419	5345
24067	25908	16367	17173	10085	11530	7909	9668	6726	8968
13808	14977	8822	8731	4826	5206	3190	3683	2612	3629
27917	30646	18816	19045	11474	13292	9476	11689	8527	11010
24368	24429	14516	14828	8043	9475	5353	6556	4154	6373
20281	20692	13418	13962	7874	8978	5309	6345	4162	5599
12931	13307	8308	8372	4547	5173	3101	3858	2430	3386
42052	42322	27760	28356	15684	16094	9500	10325	6875	9915
31072	30956	21393	22269	11621	12841	7555	8850	5363	8729
15477	15150	10976	11361	6821	6590	4046	4097	2408	3519
15845	14985	12090	11076	8680	7480	5031	4391	3089	4444
205206	**206478**	**148935**	**155388**	**83739**	**89662**	**50914**	**61215**	**35161**	**56859**
20512	20652	14303	15136	7784	8854	4479	5640	2915	5282
20449	20258	15155	15467	8074	8486	4757	5206	2703	4655
23218	24019	16636	17190	9948	10528	6430	7251	4453	6815
30174	32074	21265	21616	12616	13145	8472	10473	6745	10294
15534	15762	11216	11694	6081	6079	3519	4160	2388	4095
48011	47164	35621	37559	19753	22733	12185	16135	7189	12504
47308	46549	34739	36726	19483	19837	11072	12350	8768	13214
247793	**250838**	**154990**	**163039**	**109696**	**130749**	**64765**	**83589**	**46969**	**84698**
10597	11543	6459	7058	4028	4857	2614	3636	2052	3256
9999	10984	5902	6404	3753	4411	2403	3176	1926	2920
12823	13218	7653	8465	5344	6202	3266	4033	2315	4229
16339	18082	10021	11532	6942	8993	5418	6810	4018	5413
33634	33959	20995	20739	14949	17213	8221	9972	5679	10049
28495	27891	19884	21595	12564	16319	6956	9431	5341	11379
28852	29887	19723	21071	12755	15356	6975	9031	5254	10053
32469	29284	20056	18368	16122	17767	9107	11735	6096	11234
7477	7869	4476	4651	2788	3405	1661	2088	1105	1861
25878	26523	14777	16517	11387	13217	6942	8925	4566	8937
41230	41598	25044	26639	19064	23009	11202	14752	8617	15367
149383	**145987**	**106469**	**111367**	**59035**	**67754**	**35809**	**44198**	**25243**	**40249**
19113	19289	13415	14175	7844	8746	5159	6252	3766	5889
17165	17839	11981	12866	6986	7733	4358	5464	3190	5062
21130	20748	14592	15300	7734	9506	4441	5926	2638	5057
40766	39755	30167	31929	16475	18539	9651	11566	6359	10734
22417	20598	15591	15505	8646	9993	5365	6533	3869	5767
28792	27758	20723	21592	11350	13237	6835	8457	5421	7740
298125	**307752**	**201839**	**212738**	**121960**	**133679**	**73204**	**92575**	**51718**	**92111**
15312	16219	9588	10371	5351	6041	3321	4335	2388	4106
28742	29718	18744	19861	11258	12851	6734	8597	4660	8395

表2 续表 30

地区	0岁		1-4岁		5-9岁		10-14岁	
	男	女	男	女	男	女	男	女
相城区	3522	3296	19692	18076	24817	22243	18322	15658
姑苏区	2671	2406	15548	14202	22625	19848	19296	16796
吴江区	5128	4711	29688	27194	40017	35269	30374	26197
苏州工业园区	4385	4030	26460	24597	38622	34365	26907	23751
常熟市	4046	3789	26356	23829	37687	33236	29995	26225
张家港市	4235	4076	26431	24630	40095	35292	33075	28585
昆山市	9230	8629	47974	44325	64938	57079	47183	40676
太仓市	2199	2212	14469	12996	20325	18081	16480	14306
南通市	**20099**	**18782**	**114086**	**106399**	**160021**	**148298**	**141735**	**132520**
崇川区	2101	1891	13516	12460	19503	17529	15906	14763
港闸区	1456	1309	7980	7435	10366	9222	7927	6835
通州区	3330	3231	19102	17621	26497	24807	22756	21736
如东县	1954	1815	9783	9132	13186	12328	12675	12461
南通经济技术开发区	1123	1001	6703	6204	8806	8073	6313	5587
启东市	2224	2167	11339	10763	16922	16236	16000	15773
如皋市	3420	3260	20486	19053	28194	26488	27024	24199
海门市	2400	2229	13373	12736	20569	19020	19385	18472
海安市	2091	1879	11804	10995	15978	14595	13749	12694
连云港市	**20067**	**18076**	**113560**	**102035**	**190942**	**163971**	**202934**	**172527**
连云区	689	671	4199	3985	5853	5039	5134	4337
海州区	3139	2868	18075	16355	27602	23834	25941	21465
赣榆区	4646	4137	26283	23299	44717	36569	47636	39024
东海县	4929	4367	27914	25149	49481	43206	54298	47096
灌云县	3128	2739	16674	14828	28633	25397	32636	29713
灌南县	2302	2163	13629	12319	26491	23172	30902	25674
连云港经济技术开发区	342	359	2008	1888	2882	2298	2533	2141
连云港高新技术产业开发区	892	772	4778	4212	5283	4456	3854	3077
淮安市	**16729**	**15319**	**98323**	**89972**	**155689**	**136700**	**158292**	**135535**
淮安区	2544	2501	15277	13990	25664	21763	27110	21475
淮阴区	2976	2693	15861	14341	26405	23080	27975	23939
清江浦区	2368	2148	14239	12809	21387	18140	17915	14938
洪泽区	848	755	4629	4327	6993	6629	7563	6690
涟水县	3125	2775	19016	17795	31639	28412	35166	30520
盱眙县	2118	1931	12207	11359	19846	18181	23873	22101
金湖县	854	838	4962	4532	6282	5744	5310	4806
淮安经济技术开发区	1896	1678	12132	10819	17473	14751	13380	11066
盐城市	**19187**	**18053**	**116146**	**106487**	**196760**	**163929**	**216181**	**171775**
亭湖区	2342	2264	14146	12852	22946	18247	23274	17411
盐都区	2995	2791	17707	15943	27823	21477	26030	18472
大丰区	1510	1367	8412	7914	12187	10747	11708	10301
响水县	1607	1497	10321	9379	18641	15499	22217	18325
滨海县	2776	2592	16104	14708	30881	25817	40844	33250
阜宁县	2366	2199	15522	14024	29143	23991	32794	25364
射阳县	1834	1733	11708	10967	19378	17314	22953	19585
建湖县	1409	1414	9201	8711	15829	13299	18347	13664
盐城经济技术开发区	301	278	1991	1792	2663	2308	2327	1830
东台市	2047	1918	11034	10197	17269	15230	15687	13573
扬州市	**12291**	**11525**	**72692**	**67396**	**100225**	**90273**	**92409**	**80608**
广陵区	1623	1468	9316	8616	13723	12112	12239	10662
邗江区	2666	2494	16195	14881	22562	20160	18483	16204
江都区	2065	2046	12743	11871	18306	16408	17789	15779
宝应县	1804	1617	10561	9618	15429	13557	16683	13373
扬州经济技术开发区	807	694	4342	4019	5700	5146	4991	4363
仪征市	1423	1395	9111	8543	11259	10292	10209	9136
高邮市	1903	1811	10424	9848	13246	12598	12015	11091
镇江市	**9686**	**9067**	**53665**	**49447**	**72593**	**65720**	**63890**	**57601**
京口区	870	889	5413	5008	7816	7004	6712	6146
润州区	911	892	5144	4630	6626	5949	5983	5417
丹徒区	993	945	5226	4839	6983	6408	6251	5758
镇江新区	825	811	4781	4494	6606	5940	5938	5441

单位：人

15-19岁		20-24岁		25-29岁		30-34岁		35-39岁		40-44岁	
男	女	男	女	男	女	男	女	男	女	男	女
17352	12757	28212	19968	47470	38615	65328	56279	42756	36030	35096	29091
17059	15699	24850	25281	32489	33846	42268	44957	37103	38970	30609	30833
32273	22938	48049	32696	76587	60984	104034	89531	67450	58884	57336	52836
24392	19766	46458	38053	68216	55726	90636	80526	68538	63876	44055	37217
32238	26978	47598	36247	71255	57268	100034	84913	67974	59111	67399	61578
27358	21783	33614	25382	50411	44149	80741	74347	57095	52949	56915	53398
43512	29168	76077	47807	119663	90983	175440	149779	121273	107306	87453	75503
14674	10991	21760	15179	33518	26762	49063	41848	37162	32032	34871	30592
140718	**127100**	**153016**	**131794**	**220967**	**203998**	**309496**	**302632**	**213203**	**215066**	**222909**	**237526**
24218	24311	30169	30528	28126	26606	37582	38280	28662	30039	26696	27704
10251	9292	14726	11772	16937	15372	24401	22948	15351	13877	13549	12766
19368	16359	22702	18703	38239	34929	52137	50395	33831	33607	33795	35887
10184	8956	10101	8957	17563	16694	25018	25477	17070	18149	20446	23429
10009	9420	13218	8556	17827	14362	24735	20386	14537	11600	11925	10045
13320	12878	15681	14367	23947	22319	32641	31758	24637	25024	26121	28057
21754	19210	15166	13614	27301	27087	42995	45383	27988	31232	33767	38857
17647	14483	18626	14964	29241	27179	39147	38051	28665	28913	30386	32682
13967	12191	12627	10333	21786	19450	30840	29954	22462	22625	26224	28099
130417	**103175**	**104836**	**83938**	**145193**	**133165**	**214196**	**217197**	**147031**	**148567**	**123234**	**126777**
3025	2159	5670	3432	8189	5711	12350	10033	7969	6595	6875	6094
15847	12335	16182	13372	23737	23550	37035	39838	27939	29458	24621	26423
27480	19800	18957	13665	34239	28931	46386	48968	30690	31435	22461	23958
29432	22636	19773	15840	32351	31384	48730	49704	31365	32254	25771	26589
19488	15576	17003	12793	22844	20925	30730	28769	21269	20429	20461	20055
18312	13051	12355	9099	15442	14471	24523	25421	19337	20011	16576	16997
3244	2690	1895	1583	3251	2872	5581	5097	3297	3085	2564	2439
13589	14928	13001	14154	5140	5321	8861	9367	5165	5300	3905	4222
117635	**101664**	**89898**	**84422**	**136707**	**132910**	**175337**	**185155**	**125776**	**135767**	**131482**	**139890**
19939	14682	13937	11576	24593	22347	25065	26772	18957	20858	21751	24285
20562	19563	16630	17694	24542	22613	30540	29145	19370	18876	21202	21386
14130	12598	13022	13673	19778	20469	27019	30262	19980	22729	20644	22916
5744	5438	4328	4188	7111	6907	8043	8692	7147	7876	9330	10074
25205	20234	14366	12652	21907	21786	31615	33211	21474	23565	21557	22371
12717	11594	8936	8793	15057	15337	21221	22808	17103	18390	16521	17228
3614	3212	3563	3238	7179	7006	9293	9540	7209	7393	8103	8491
15724	14343	15116	12608	16540	16445	22541	24725	14536	16080	12374	13139
151936	**124774**	**111413**	**96070**	**156895**	**139155**	**246866**	**249453**	**192541**	**205344**	**191877**	**206697**
27520	20810	22882	19296	21539	19458	33979	34093	25646	27386	26629	29275
20920	19772	15387	13656	24963	21603	40151	40133	26805	28157	24687	26264
9516	8319	9270	8194	14547	13216	22349	21456	15399	15197	18933	19907
11891	9278	7711	5970	10509	9813	18592	19024	15385	15737	11827	11954
20326	16490	11137	9239	18969	17420	27700	30038	26423	28089	22230	23552
16322	13794	10417	9107	14970	13774	25181	27506	25403	28167	23184	24968
13014	11534	10239	9171	16188	14082	24129	23728	21736	22757	21765	23353
13676	9412	8576	6962	12404	10850	22143	22356	15352	17664	18718	20431
2755	3332	4104	4991	3456	2691	5293	4735	2941	2710	2457	2348
15996	12033	11690	9484	19350	16248	27349	26384	17451	19480	21447	24645
107238	**93565**	**99644**	**89046**	**129328**	**119577**	**168497**	**166965**	**124118**	**130317**	**158518**	**166887**
14836	11372	13201	11321	21265	18797	28661	25987	21394	20196	22923	22307
32893	30431	33756	32343	26621	26374	37416	39024	28136	29845	29642	31382
15813	13752	14519	12296	22663	20843	29920	30069	22627	24636	32518	35433
13922	11914	10432	8906	17265	15587	19884	20286	14446	16393	22934	25542
9240	8027	7786	6936	8911	7875	12101	11449	8571	8792	8626	8835
9156	7775	8811	7081	15652	13946	19718	18710	14505	14609	18607	18577
11378	10294	11139	10163	16951	16155	20797	21440	14439	15846	23268	24811
66753	**56446**	**81627**	**66811**	**103209**	**91980**	**138255**	**132594**	**103328**	**100480**	**110557**	**108130**
11496	8575	14486	11580	10783	9698	13315	13697	12009	12509	11978	12616
5152	4644	5936	5345	9835	9271	12792	12883	9993	10513	10569	11249
10811	8221	15319	10529	10129	8742	13103	12761	10494	9672	10768	10131
4877	3385	7311	5050	9821	8400	13219	12457	10155	9640	10231	9611

表2 续表 31

地　区	45-49岁		50-54岁		55-59岁		60-64岁	
	男	女	男	女	男	女	男	女
相城区	36067	31249	39972	38320	29758	29133	18608	18001
姑苏区	31090	31833	34591	37101	34273	35259	30860	31792
吴江区	64868	60864	71596	68766	53981	53018	34942	33289
苏州工业园区	30481	27007	29476	30407	24177	30424	19848	25293
常熟市	74673	69154	79649	74443	65393	61839	43962	42185
张家港市	65467	59702	74588	70248	54577	51763	35904	34636
昆山市	72974	65158	70486	68969	54725	58775	35307	38194
太仓市	39759	35112	39626	34524	30394	27420	21424	19785
南通市	**265116**	**291161**	**398141**	**420568**	**348378**	**364258**	**281549**	**285805**
崇川区	27662	28036	34548	34552	28233	29104	18995	20283
港闸区	14822	14468	19090	18781	14746	14947	9578	9225
通州区	43135	47816	63249	68230	56685	61372	44684	45745
如东县	27556	31731	52351	55011	47908	47661	39284	39317
南通经济技术开发区	12263	10301	15347	13340	11748	11010	7055	6783
启东市	32451	34228	46621	48026	48646	51947	44460	47460
如皋市	41720	51700	69518	77093	57147	58773	46542	44189
海门市	34372	37709	46179	50753	42003	47518	36836	39617
海安市	31135	35172	51238	54782	41262	41926	34115	33186
连云港市	**147472**	**151431**	**192177**	**200571**	**152353**	**155025**	**132689**	**133100**
连云区	9094	7590	11430	9052	8694	7124	6090	6034
海州区	27056	27378	31299	31880	26312	25502	21403	21877
赣榆区	31408	34344	40903	46357	31210	34551	27188	28662
东海县	32934	34622	44188	47114	30926	33168	25835	26792
灌云县	20899	20560	29882	30955	26340	25792	25597	24267
灌南县	18972	19835	25921	26567	21442	21522	20745	19733
连云港经济技术开发区	3010	2963	3859	3773	3449	3237	2876	2671
连云港高新技术产业开发区	4099	4139	4695	4873	3980	4129	2955	3064
淮安市	**167621**	**177599**	**224911**	**236294**	**173143**	**174941**	**149211**	**141231**
淮安区	28431	31148	37967	40179	30635	31998	27713	26769
淮阴区	25686	27124	36518	38131	28354	27809	24928	22764
清江浦区	21993	23032	27179	28769	21744	21719	16670	16848
洪泽区	13086	13588	17499	17319	12595	12323	10612	10180
涟水县	28754	30856	38311	41395	28453	30005	27216	25263
盱眙县	23310	24309	31763	33039	25915	25278	21653	19725
金湖县	13733	14031	19949	20037	13612	13064	11153	10717
淮安经济技术开发区	12628	13511	15725	17425	11835	12745	9266	8965
盐城市	**244030**	**257099**	**352428**	**359138**	**292397**	**289625**	**254295**	**245393**
亭湖区	32776	34235	41804	42530	31836	31375	23164	22532
盐都区	30371	31312	40292	42505	30158	32259	22997	24158
大丰区	25754	27007	41754	39758	37701	35016	29353	28072
响水县	14082	14454	20498	20659	16685	16167	17525	17194
滨海县	27233	27776	35724	34924	29666	28557	31656	30248
阜宁县	27704	28988	37474	39038	30786	31805	30438	28841
射阳县	29916	31075	45702	45561	37231	35315	32952	30319
建湖县	24226	25498	33527	35497	24769	26132	20216	21166
盐城经济技术开发区	3305	3504	5481	5375	4281	3824	3311	2952
东台市	28663	33250	50172	53291	49284	49175	42683	39911
扬州市	**188506**	**198890**	**253358**	**266371**	**188061**	**197293**	**137055**	**137471**
广陵区	25733	24925	31939	31419	25837	25386	19502	18968
邗江区	31032	32940	37754	40627	30623	33514	22044	22518
江都区	39712	43163	53603	59480	37317	41875	28455	29869
宝应县	27067	29434	40250	42639	28579	30282	21591	22076
扬州经济技术开发区	8904	9001	9981	10730	7993	8816	6034	6434
仪征市	23285	24167	33996	34443	25573	25169	16596	15903
高邮市	32773	35260	45835	47033	32139	32251	22833	21703
镇江市	**142414**	**139212**	**168263**	**166907**	**150355**	**145075**	**98815**	**95312**
京口区	14371	14524	16256	15961	14949	14653	11091	11316
润州区	13870	13687	15762	15928	14626	13590	10058	9706
丹徒区	14224	13490	17680	16875	16687	15704	11320	10789
镇江新区	11842	10885	12637	12309	11432	11020	7827	7708

单位：人

65-69岁		70-74岁		75-79岁		80-84岁		85岁及以上	
男	女	男	女	男	女	男	女	男	女
19369	18881	12653	13094	6893	7263	4041	5250	2664	5259
29746	30302	21078	21142	13619	14437	8949	11041	8027	11587
38436	38391	26180	26280	16020	16051	9869	11740	6788	11768
20377	23399	11855	12544	6643	6943	3693	4374	2432	3978
46608	48210	35340	38298	21038	24440	13102	17123	7895	15942
37329	38672	27568	29709	16575	19126	9846	13154	6493	12126
37336	38724	23087	24005	13910	14431	7502	9097	5636	10182
24870	25236	15746	17434	10653	12096	6147	7864	4735	8768
289898	**299037**	**220477**	**236427**	**145286**	**162021**	**95518**	**121759**	**64946**	**115925**
18036	20454	12891	14851	8295	9586	5766	7338	4428	6916
9479	10030	6359	6938	3940	4612	2745	4025	1843	3776
49757	50767	38415	40492	24263	27607	15643	20831	10749	20267
41409	43228	33889	36415	23454	25274	15455	17685	10415	16585
6524	6505	4197	4418	2585	2857	1678	2133	1065	2034
41595	46288	29942	34546	18031	21525	13591	18099	9550	18133
48163	45749	38618	40155	25794	29183	16107	21544	10427	19548
38906	40207	28320	30543	18982	20873	11624	15132	8209	15831
36029	35809	27846	28069	19942	20504	12909	14972	8260	12835
134449	**139527**	**77784**	**83796**	**51956**	**58445**	**30735**	**37171**	**23224**	**35617**
5914	6251	3425	3775	2006	2600	1246	1684	1040	1456
19405	21644	11861	13274	7562	9128	4853	5988	3854	4881
30678	31738	18772	20513	11606	13290	6885	8571	5272	8615
28859	30453	17508	18363	12827	12298	7259	7870	5484	8588
24906	24124	12473	13378	9125	10670	5213	6470	4054	6252
19970	19886	11154	11592	7304	8525	4242	5257	2746	4685
2421	2787	1410	1491	796	1025	580	765	429	657
2296	2644	1181	1410	730	909	457	566	345	483
146995	**145551**	**88879**	**88935**	**61578**	**69013**	**37692**	**47531**	**22815**	**39088**
29795	29557	20420	20487	11889	13211	8004	9836	4680	7467
23320	22124	13968	12814	9903	11070	6246	8116	3625	6898
14663	15417	8273	8675	5835	6867	4019	5316	2554	3787
10366	10443	6412	6499	5005	5489	2815	3271	1615	2668
27884	27750	17166	17617	11374	12019	6972	8740	3867	7666
21633	20637	11036	11001	9261	10993	4838	6441	3415	5643
11521	11936	7313	7575	5568	6288	3065	3545	2050	3130
7813	7687	4291	4267	2743	3076	1733	2266	1009	1829
251533	**252591**	**166000**	**175006**	**108360**	**119566**	**68927**	**84247**	**42060**	**65395**
21351	21901	13822	15010	9314	10778	6326	7670	4010	5574
26601	27471	18620	18936	12402	12553	7340	8516	4047	6310
25448	26261	16390	18352	11553	13667	7409	9744	4663	7252
16567	16583	8845	9455	5319	6311	3294	4217	2338	3786
31862	32003	19797	20555	11127	12234	7484	8686	4528	7439
31636	30084	20944	20702	13418	14271	7941	9379	4843	7548
30710	29573	19030	21043	11221	13248	7271	10116	4489	7463
25064	26330	18426	18243	12589	12087	7409	7958	3918	5873
2912	2871	1908	2104	1283	1647	759	1008	436	740
39382	39514	28218	30606	20134	22770	13694	16953	8788	13410
164711	**170127**	**127046**	**129163**	**74973**	**76857**	**44754**	**52866**	**27359**	**43817**
18396	18705	13805	14219	8283	8989	5175	6263	3730	5367
22280	23717	16126	16870	8856	9517	5747	6576	3748	5416
37980	40056	31478	32257	19090	19270	10732	12708	6503	10933
29052	30333	22351	22479	13628	13816	7759	9457	4077	7196
6220	6672	4550	4740	2628	2641	1641	1853	1136	1600
19778	19598	14980	14857	7750	7913	5341	6153	3279	5275
31005	31046	23756	23741	14738	14711	8359	9856	4886	8030
107712	**108502**	**77087**	**81722**	**42131**	**46666**	**24357**	**29264**	**16951**	**27834**
10245	11235	7558	8297	4682	5276	3222	3835	2505	3181
9230	9588	6382	6895	3777	4021	2346	2662	1724	2370
12370	12191	8849	9052	4423	5109	2527	3045	1761	3085
7699	7651	5327	5511	3004	3230	1616	2003	1137	1982

表2 续表 32

地区	0岁		1-4岁		5-9岁		10-14岁	
	男	女	男	女	男	女	男	女
丹阳市	2838	2632	16208	14901	23416	21090	21553	18912
扬中市	903	764	5373	4772	7527	6759	6156	5599
句容市	2346	2134	11520	10803	13619	12570	11297	10328
泰州市	**12679**	**11873**	**73795**	**68355**	**109075**	**91142**	**109347**	**81454**
海陵区	1620	1608	9831	9221	14645	12479	12100	9880
高港区	935	830	5047	4632	6243	5518	5547	4315
姜堰区	1639	1610	9617	8713	14382	12310	15370	11870
泰州医药高新技术产业开发区	936	813	5073	4659	6352	5489	4810	3648
兴化市	2987	2877	18455	17351	30994	23862	35822	23242
靖江市	1676	1616	9855	9215	13334	12159	12302	11046
泰兴市	2886	2519	15917	14564	23125	19325	23396	17453
宿迁市	**22458**	**20257**	**136128**	**122157**	**242428**	**210819**	**226136**	**190574**
宿城区	4254	3935	24564	22402	41095	35922	32473	27730
宿豫区	2695	2406	16348	14630	26973	23192	22509	18802
沭阳县	7682	6844	46858	41577	82714	71249	81220	67226
泗阳县	3384	3059	20083	18027	36694	31910	41118	34753
泗洪县	3479	3126	22267	20284	45122	39970	41395	35765
宿迁经济技术开发区	964	887	6008	5237	9830	8576	7421	6298
浙江省	**240618**	**218491**	**1309773**	**1182607**	**1612841**	**1412166**	**1446894**	**1258391**
杭州市	**47910**	**44480**	**257107**	**236886**	**286364**	**259580**	**222003**	**199214**
上城区	1053	871	5995	5460	8457	7746	7313	6305
下城区	1626	1442	8382	7893	10915	9823	9085	8309
江干区	5807	5324	32574	29510	36436	32641	26569	23262
拱墅区	2415	2212	14117	13199	17435	15915	12251	11150
西湖区	3881	3704	23455	21609	29934	26881	22160	19852
滨江区	2249	2056	12319	11376	13287	12099	8244	7402
萧山区	9239	8584	48380	44637	50436	45293	39444	34875
余杭区	11095	10603	57492	52961	58735	53001	42782	37485
富阳区	3447	3189	17535	15789	19349	17314	17537	16126
临安区	2138	1936	11525	10701	13569	12723	11708	10990
桐庐县	1896	1698	9625	8850	10877	9979	9394	8758
淳安县	1286	1157	6549	6183	6992	6834	6865	6528
建德市	1778	1704	9159	8718	9942	9331	8651	8172
宁波市	**32388**	**29587**	**172009**	**156337**	**221085**	**193356**	**186507**	**162103**
海曙区	3596	3348	18982	17045	23618	21310	20685	18117
江北区	1704	1650	9864	8898	12312	10960	9660	8414
北仑区	2974	2785	15502	14352	19045	16525	15058	12963
镇海区	2109	2013	11134	10364	13029	11119	10566	8877
鄞州区	6344	5724	33480	30385	40856	36269	31871	27936
奉化区	1519	1343	8533	7935	11514	10350	11212	10216
象山县	1796	1548	9253	8406	13750	12418	13954	12596
宁海县	2791	2425	14766	12798	18723	15564	19640	16352
余姚市	3880	3447	20751	18846	28933	24865	23943	20616
慈溪市	5675	5304	29744	27308	39305	33976	29918	26016
温州市	**37805**	**33118**	**204446**	**176867**	**282404**	**232023**	**273924**	**221910**
鹿城区	3700	3294	21214	18944	28505	24487	26737	23254
龙湾区	1919	1672	9821	8284	12711	10301	12255	9325
瓯海区	3041	2890	17271	15199	21925	18404	20057	17090
洞头区	509	432	2675	2389	3412	2926	3639	3197
永嘉县	3900	3292	19729	16783	26288	20903	29011	22651
平阳县	3436	3034	18318	16079	26951	22832	26315	22362
苍南县	3733	3169	19831	17183	28745	23534	30142	23386
文成县	1042	987	5931	5140	9037	8012	10360	9313
泰顺县	1343	1198	6753	6205	9297	8147	9299	8418
温州经济技术开发区	886	765	4603	3835	6188	4879	5037	3692
瑞安市	5581	4964	31626	27709	42969	35268	39984	32642
乐清市	6510	5637	34734	29565	48592	38885	44643	34755
龙港市	2205	1784	11940	9552	17784	13445	16445	11825

单位：人

15–19岁		20–24岁		25–29岁		30–34岁		35–39岁		40–44岁	
男	女	男	女	男	女	男	女	男	女	男	女
17855	16621	19565	18320	32502	28410	44819	41687	31966	30375	35181	33854
5060	4185	5512	4450	9762	8858	13103	12323	9505	9029	10747	10588
11502	10815	13498	11537	20377	18601	27904	26786	19206	18742	21083	20081
86533	**75555**	**82737**	**74913**	**130953**	**111058**	**164459**	**156925**	**110259**	**113098**	**150091**	**158589**
16166	16660	18358	20992	18723	17363	24465	24339	16928	17347	19489	20218
4629	3704	4557	3898	8701	7573	10050	9477	6583	6508	8565	8750
13053	11314	9446	8260	15408	14159	20340	20797	14996	17166	23479	26616
5730	6120	7342	6217	10231	8709	12979	12379	7617	7464	7853	8023
18053	13588	15427	12830	33195	25147	37651	34619	24198	23903	31693	32535
11092	9911	11871	10321	18080	16027	27738	25738	18854	18281	25520	25339
17810	14258	15736	12395	26615	22080	31236	29576	21083	22429	33492	37108
122293	**99083**	**94750**	**89702**	**160432**	**156067**	**221774**	**230726**	**152043**	**158028**	**140239**	**144136**
16632	15881	20649	20608	29289	28228	43947	45699	26744	27976	25428	26098
19855	15271	12405	11359	19074	17956	29342	29729	18115	17745	16947	16114
37930	29809	30349	28334	59857	56554	70457	71166	54700	55110	43006	42877
24671	18297	14350	12738	23105	22855	32332	35357	23400	26007	23514	25784
19170	16574	12655	12952	21511	23206	33907	36805	22384	24360	25409	27104
4035	3251	4342	3711	7596	7268	11789	11970	6700	6830	5935	6159
1519440	**1289710**	**2023475**	**1665551**	**2628336**	**2214095**	**3271221**	**2867368**	**2689753**	**2418649**	**2548248**	**2338080**
274722	**241513**	**487759**	**428393**	**598395**	**520079**	**694402**	**617286**	**516822**	**465420**	**444768**	**395178**
5724	4605	11612	10830	14418	13850	16916	16524	14712	15480	12597	12593
8069	6974	15668	16170	21128	23580	23009	24837	19663	21953	16890	17475
50064	45938	98202	93690	83652	78008	96740	86542	71948	63692	55258	46184
12444	10849	26449	26760	29972	30402	34555	35113	29288	29975	22718	21177
34061	30382	65961	58268	65692	56103	60216	55918	49462	49704	39908	37451
15387	14611	32771	30512	41058	34467	33228	29365	22493	21290	15812	13957
46184	38810	85671	65902	121082	96699	140678	113837	94889	77325	87891	74696
42839	35525	88013	70716	136762	113701	177286	152209	125363	101838	100461	81538
21645	19265	20759	17290	30863	26066	37318	33060	31497	28872	32804	30312
15027	13728	19431	17435	20368	16934	28030	24979	22984	20440	22425	20002
9874	8464	11442	10398	14541	12838	20314	19305	15101	14678	15227	15177
5961	5680	4400	4295	6968	6891	9446	9920	6881	7901	9835	11186
7443	6682	7380	6127	11891	10540	16666	15677	12541	12272	12942	13430
202212	**168452**	**311414**	**243525**	**393568**	**325165**	**502611**	**443606**	**412875**	**376297**	**380135**	**351733**
22405	19333	36669	33866	42556	37786	53821	49290	46141	43543	42206	39445
11847	8782	17460	14495	21226	17394	27566	24564	23253	21318	20042	17547
17322	12593	32145	20792	43808	32150	57456	45454	44295	36314	36859	31012
12677	11769	19211	14257	23548	18645	31788	27525	24836	21265	22015	19225
34779	33155	56756	52473	68111	64426	86972	84483	72102	71742	63020	60080
10947	10066	15022	11226	19543	15669	24706	21255	21071	19299	21644	20132
10353	9197	10129	8240	14302	12553	21779	21014	23017	22683	21843	21897
15534	12453	16053	11573	22384	18310	29542	26573	27950	26706	28043	28094
25739	19271	40195	28760	53430	42634	64561	56763	50061	45413	48505	45624
40609	31833	67774	47843	84660	65598	104420	86685	80149	68014	75958	68677
243845	**196075**	**271209**	**207187**	**396631**	**321269**	**474979**	**398548**	**448863**	**393294**	**438346**	**395665**
23992	21707	36435	31420	51154	43885	67887	57173	62874	56665	57471	50834
13513	9934	17331	11055	24182	17168	28215	21042	25614	20241	24228	19511
33219	30811	42919	38579	44536	35622	57315	45276	51900	40583	48138	38864
7385	5710	5117	2756	4930	3463	6334	4772	5821	4974	6044	5423
23299	17968	23577	17269	34588	27610	37508	30686	38528	33081	38400	33911
20900	17072	16224	11947	30458	25784	36104	31422	35643	32884	37287	36405
19596	15469	16317	12074	30144	26598	32008	30219	34105	34218	36838	36855
7119	6592	5676	4783	8114	6586	9389	8432	11449	9957	11945	10839
5769	5410	4699	4028	7655	6998	7824	7725	9154	9099	10556	10234
10267	6493	12453	7102	15338	9932	17845	12546	14262	10183	12778	9891
34948	27458	40524	30774	61461	50044	77196	65478	70881	61809	71290	65688
34111	24887	39045	28104	63359	50699	75551	64837	67310	59682	62077	56657
9727	6564	10892	7296	20712	16880	21803	18940	21322	19918	21294	20553

表2 续表 33

地区	45-49岁		50-54岁		55-59岁		60-64岁	
	男	女	男	女	男	女	男	女
丹阳市	45916	45194	52360	52341	45939	44875	29716	28446
扬中市	14571	14143	18137	18080	14803	14549	10629	10499
句容市	27620	27289	35431	35413	31919	30684	18174	16848
泰州市	**176399**	**192558**	**250243**	**267676**	**184391**	**193613**	**141538**	**140312**
海陵区	19690	21636	27404	30452	21564	23952	15547	16083
高港区	10984	11944	14374	15554	9925	10778	8259	8080
姜堰区	25344	29655	37842	42927	26791	29387	21364	21315
泰州医药高新技术产业开发区	7641	8019	9668	10913	6804	8346	4993	5251
兴化市	38988	40798	64297	65403	50086	51098	35667	35457
靖江市	28808	29062	38450	39312	28995	28743	21748	21298
泰兴市	44944	51444	58208	63115	40226	41309	33960	32828
宿迁市	**173973**	**182815**	**205280**	**222328**	**165994**	**169124**	**129867**	**120599**
宿城区	28903	29492	33216	37233	26567	27355	20213	18578
宿豫区	19815	19799	24120	25370	18496	18571	15016	14333
沭阳县	56315	60379	69233	72166	58179	57509	47910	43866
泗阳县	29024	31518	34004	37718	26439	28333	23087	21915
泗洪县	33499	34911	37543	41770	31274	31951	19654	18281
宿迁经济技术开发区	6417	6716	7164	8071	5039	5405	3987	3626
浙江省	**2930421**	**2738717**	**3006857**	**2802726**	**2503105**	**2357371**	**1794345**	**1711990**
杭州市	**479350**	**427229**	**486514**	**442991**	**436967**	**411381**	**315474**	**306419**
上城区	12686	12442	12814	12740	13487	13500	12262	12912
下城区	16413	16080	15625	15648	16525	17418	15346	16351
江干区	51435	42875	45303	40748	39588	39115	28699	29673
拱墅区	20735	19600	20174	19823	20996	21381	17834	18564
西湖区	37135	33406	33908	32039	31314	31220	22899	24910
滨江区	13368	11906	12701	12578	11630	13259	9172	10289
萧山区	105131	91487	104891	95264	85341	78459	58145	55691
余杭区	109621	91849	102779	88177	82101	74083	52834	49248
富阳区	39167	35336	43071	37107	37521	32748	26619	23412
临安区	27742	25226	32439	28061	32902	28978	23869	21469
桐庐县	18237	18169	22072	20532	21294	19902	15050	13908
淳安县	12103	12709	17325	16933	19268	17777	14873	13533
建德市	15577	16144	23412	23341	25000	23541	17872	16459
宁波市	**445140**	**418706**	**454249**	**421144**	**360545**	**336968**	**262170**	**256207**
海曙区	47176	44478	47255	45504	38650	36993	28095	28171
江北区	21491	19276	21458	19566	17662	16795	13136	13162
北仑区	39855	34700	38324	32375	28372	25345	18925	18779
镇海区	26625	22947	26728	22398	19456	17123	12704	12321
鄞州区	68897	65271	67250	63490	53907	53822	39109	40020
奉化区	27708	25822	32984	30409	27134	24678	19969	18651
象山县	26172	26250	29425	28322	25835	25064	21142	20532
宁海县	33165	32615	35399	33586	28026	26480	21870	20723
余姚市	61211	59129	61791	58244	50838	46807	37334	37179
慈溪市	92840	88218	93635	87250	70665	63861	49886	46669
温州市	**466589**	**431516**	**419193**	**385802**	**328620**	**313066**	**234229**	**224395**
鹿城区	55129	50159	44405	42251	38458	37291	29227	29256
龙湾区	28052	22809	24402	19643	16465	13076	9006	8239
瓯海区	50774	42350	41675	34590	30095	25335	18928	17237
洞头区	6968	6273	7394	6581	5891	5604	4236	4310
永嘉县	40567	36282	36640	32604	29094	28092	23099	22770
平阳县	40281	39816	38354	37720	33192	32331	24961	23153
苍南县	38343	38552	37004	35626	29955	29541	23426	21958
文成县	12712	12303	12569	11560	10677	10709	8215	7618
泰顺县	12411	11269	11949	11131	9859	9924	8277	7722
温州经济技术开发区	14346	11539	11536	9193	7200	5700	3878	3164
瑞安市	78783	74794	70645	64816	54169	51970	37533	36237
乐清市	66131	63240	61752	59551	47250	47458	33133	33236
龙港市	22092	22130	20868	20536	16315	16035	10310	9495

单位：人

65-69岁		70-74岁		75-79岁		80-84岁		85岁及以上	
男	女	男	女	男	女	男	女	男	女
33775	33154	24128	25546	12448	13753	6815	8519	4587	8683
10907	11271	7978	8361	4738	5207	2653	3316	1632	3013
23486	23412	16865	18060	9059	10070	5178	5884	3605	5520
172472	**171743**	**134389**	**132068**	**88201**	**89958**	**51801**	**63392**	**32150**	**56968**
17829	18559	12856	13000	8362	8569	5027	5597	3387	5070
9085	9057	7343	6975	4522	4813	2512	3385	1671	3267
27813	27610	22142	20254	15076	14694	9329	10664	5916	9740
5469	5234	3829	3499	2454	2485	1345	1718	922	1657
50392	50441	38039	38022	26856	26339	15585	18391	9099	14817
24346	24249	18838	19530	11313	12248	6441	8409	3968	7675
37538	36593	31342	30788	19618	20810	11562	15228	7187	14742
128854	**126055**	**74220**	**72978**	**60358**	**66662**	**36468**	**46489**	**23061**	**40837**
19342	18208	12204	11484	9329	10749	5538	7553	3229	6400
15584	15267	9092	8366	7189	7741	4568	5758	2825	5143
43867	42220	23713	24711	18858	22038	11884	15335	7722	13554
23560	24816	14314	14007	11217	11559	6615	8375	4064	7559
23148	22485	12593	12438	12126	12782	6885	8199	4654	7102
3353	3059	2304	1972	1639	1793	978	1269	567	1079
1615125	**1633890**	**1125829**	**1157928**	**627673**	**652850**	**435724**	**484451**	**350330**	**482549**
271466	**274351**	**175431**	**181986**	**92946**	**105945**	**67664**	**79720**	**59889**	**82006**
11057	11634	7260	7381	4070	4647	3161	3994	3601	4948
13464	15202	9611	10249	5758	6615	4584	5819	5550	6700
22527	23048	12973	13183	6684	7774	4877	6088	4782	6374
14444	15170	8985	9091	5002	5934	4043	5197	4174	5593
20139	21913	13076	14187	7425	8538	6112	6943	6194	7032
7496	7832	4447	4593	2065	2605	1381	1600	1228	1726
50174	50083	34760	36547	18421	20803	11717	12946	10165	14295
42017	41214	25612	27001	13150	15893	8845	10218	7214	10253
23766	22780	15057	15512	7745	8486	5488	5891	5002	7272
20196	20027	12519	12567	5992	6866	4557	5689	3364	5019
15076	14963	9776	10531	4940	5110	3700	4420	2770	4220
14375	14070	9387	9408	4967	5489	3968	4865	2407	3742
16735	16415	11968	11736	6727	7185	5231	6050	3438	4832
226457	**234333**	**157089**	**168358**	**85206**	**90055**	**52775**	**58124**	**47334**	**64458**
25533	26476	17318	18302	9221	9602	5850	6440	5378	7081
11346	11868	7515	7830	4006	4106	2392	2765	2346	3209
16862	16853	10663	11436	6310	6227	3632	3731	3188	4467
10752	11147	7118	7858	4081	4298	2446	2732	2198	2926
34858	37043	23133	25030	12176	12644	7389	7893	6655	8636
19112	19965	13528	13929	6780	6528	4259	4351	3576	4920
17038	17651	12192	13212	7055	7493	4807	5462	3937	5348
17958	18619	12448	12816	7608	7860	5185	5727	4207	5392
32074	34157	24001	26206	12655	13448	7444	8330	7034	9913
40924	40554	29173	31739	15314	17849	9371	10693	8815	12566
210105	**211267**	**144506**	**141351**	**86420**	**81704**	**64073**	**67514**	**49520**	**64625**
23858	25333	16101	17992	8574	10198	6497	8190	5433	7181
7641	7302	4520	4526	2475	2502	1703	1884	1316	1810
16252	15644	10298	10190	5256	5477	3919	4378	3023	4178
3388	3582	2269	2672	1501	1875	1099	1359	683	1214
21780	22011	15581	15016	9648	8930	7353	7575	6238	7362
22655	22279	15952	14509	9991	8531	7439	7655	5458	7354
21810	21045	15100	13524	9605	8065	6922	6961	5157	7204
8733	9293	7093	5449	4706	3079	3669	2836	3081	3173
7737	7523	5888	4459	4123	2808	3155	2569	2740	2625
2930	2713	1694	1855	1013	984	695	763	467	698
32890	33020	22402	22959	12788	12484	9733	10553	6810	9506
30903	32437	21444	22306	13137	13428	9519	10176	7750	10216
9528	9085	6164	5894	3603	3343	2370	2615	1364	2104

表2 续表 34

地区	0岁		1-4岁		5-9岁		10-14岁	
	男	女	男	女	男	女	男	女
嘉兴市	**19640**	**18590**	**103188**	**94862**	**122018**	**109384**	**96996**	**87767**
南湖区	3029	2917	17356	16060	20755	18551	15869	14081
秀洲区	2853	2650	14453	12918	16544	14826	13274	11798
嘉善县	2097	2018	11330	10428	14708	12874	11897	10839
海盐县	1575	1453	8499	7772	10597	9450	9224	8300
海宁市	3861	3673	19130	17920	22209	20197	17592	16029
平湖市	2296	2125	12028	10987	14132	12860	11620	10713
桐乡市	3929	3754	20392	18777	23073	20626	17520	16007
湖州市	**11490**	**10774**	**62394**	**57591**	**73740**	**68089**	**61322**	**56618**
吴兴区	3403	3085	18773	17338	22410	20973	17247	15799
南浔区	1742	1640	9259	8438	11164	10075	9249	8389
德清县	1825	1782	9892	9095	11624	10858	9635	8913
长兴县	2382	2224	12928	12097	15210	13872	13792	12792
安吉县	2138	2043	11542	10623	13332	12311	11399	10725
绍兴市	**17022**	**15323**	**95636**	**87711**	**113472**	**102992**	**101317**	**93226**
越城区	3051	2801	19087	17603	23197	21303	19966	18146
柯桥区	3960	3598	21808	19768	24101	20949	19468	17321
上虞区	2572	2258	14156	13130	16763	15600	14851	14193
新昌县	1383	1239	7540	6931	9128	8551	9353	8805
诸暨市	4163	3697	22436	20384	26865	23845	24454	22480
嵊州市	1893	1730	10609	9895	13418	12744	13225	12281
金华市	**28120**	**25180**	**162737**	**143555**	**189590**	**159048**	**164364**	**135976**
婺城区	3468	3233	21432	19538	25208	22256	21870	19605
金东区	1795	1785	11302	10059	12237	10966	9858	8558
武义县	2004	1772	11046	9907	13108	11526	10045	9358
浦江县	1628	1444	9488	8053	12356	9720	12994	9839
磐安县	631	610	3989	3612	4330	4055	4838	4238
兰溪市	2071	1830	11220	10379	12800	11386	14272	12303
义乌市	8184	7094	45233	38919	49885	39632	39156	29735
东阳市	4504	4036	25221	22416	30497	25911	26796	22732
永康市	3835	3376	23806	20672	29169	23596	24535	19608
衢州市	**8902**	**8159**	**49353**	**45432**	**57166**	**54128**	**57548**	**55085**
柯城区	2093	1969	12467	11463	13489	12827	12229	11308
衢江区	1389	1259	7455	6886	8981	8466	9184	8792
常山县	1029	980	5863	5402	7303	6856	7228	6888
开化县	1129	919	6153	5468	6797	6322	7526	7166
龙游县	1119	1065	6395	5976	7497	7296	8195	7779
江山市	2143	1967	11020	10237	13099	12361	13186	13152
舟山市	**3025**	**2740**	**15712**	**14761**	**21060**	**19225**	**19131**	**17943**
定海区	1588	1370	8225	7589	10795	9915	9650	8779
普陀区	1010	957	5130	4955	7112	6294	6303	5998
岱山县	300	311	1731	1574	2316	2200	2222	2257
嵊泗县	127	102	626	643	837	816	956	909
台州市	**24876**	**21902**	**134412**	**120002**	**177526**	**150947**	**186963**	**156221**
椒江区	3438	2940	18090	16203	23457	20249	20406	17484
黄岩区	2602	2487	13830	12647	17806	15922	17005	15661
路桥区	2270	1985	12228	11078	16489	14100	16407	13926
三门县	1509	1354	9060	8052	11704	9467	12882	10256
天台县	2014	1691	10700	9539	13068	11064	16322	13538
仙居县	1839	1627	9939	8775	12067	10208	16979	14119
温岭市	4453	3959	24965	22044	34527	29571	33498	28611
临海市	4214	3693	23192	20489	30667	25243	36931	28424
玉环市	2537	2166	12408	11175	17741	15123	16533	14202
丽水市	**9440**	**8638**	**52779**	**48603**	**68416**	**63394**	**76819**	**72328**
莲都区	2390	2236	13039	11961	15627	14295	14956	14007
青田县	1359	1257	9251	8375	15183	13765	19489	18055
缙云县	1600	1489	9335	8668	11546	10611	13083	12054
遂昌县	674	576	3490	3308	4170	3946	4808	4625
松阳县	897	806	4340	4049	5171	4853	5709	5415
云和县	526	446	2784	2524	3418	3160	3413	3295
庆元县	575	488	3082	2811	3725	3621	4492	4199
景宁畲族自治县	449	419	2197	2080	3134	2937	3921	3913
龙泉市	970	921	5261	4827	6442	6206	6948	6765

单位：人

15-19岁		20-24岁		25-29岁		30-34岁		35-39岁		40-44岁	
男	女	男	女	男	女	男	女	男	女	男	女
109103	**92234**	**173088**	**138210**	**237365**	**198036**	**307386**	**268661**	**218632**	**192519**	**195188**	**177524**
23453	20533	33590	29481	36729	31676	46815	42997	33433	30537	26792	24901
14213	10788	23588	17911	31326	26157	40148	35834	29263	25850	25352	23127
12312	9131	23423	15917	32047	23828	39090	31634	26075	22188	23472	20823
7812	6563	10927	8256	16695	14179	20883	18811	15763	14291	14906	13656
20610	17761	33219	26383	47165	39340	65668	56094	48885	40656	44881	38599
11586	9996	17892	14491	27881	23314	37682	31507	24672	21964	21591	19729
19117	17462	30449	25771	45522	39542	57100	51784	40541	37033	38194	36689
67960	**58967**	**88429**	**73631**	**130256**	**113578**	**175694**	**155431**	**126306**	**112218**	**118088**	**108680**
22618	20436	32806	29530	46485	41131	66703	58884	44544	38842	37010	33294
7082	6352	11047	8811	18753	15720	25040	21485	17666	14808	18322	16365
10700	8476	14290	10599	19777	16639	26853	23190	20149	17640	18280	16513
13659	12308	15304	12718	22932	21008	27755	26389	21468	21314	22814	22863
13901	11395	14982	11973	22309	19080	29343	25483	22479	19614	21662	19645
130793	**116103**	**143424**	**124118**	**182996**	**159273**	**231187**	**209135**	**181671**	**169942**	**192820**	**186793**
31054	29825	33029	32887	35277	32640	45815	44479	35808	35139	34636	34138
24398	20530	37257	28480	50896	41072	63801	52278	44767	37352	44362	38793
18858	16279	21326	18533	28170	25355	34383	32454	25664	25246	29223	29705
9061	7911	7065	5958	10218	8854	14427	13132	15787	14908	16320	16407
34257	29723	32232	27701	40703	35783	50552	46897	38991	38074	41793	42239
13165	11835	12515	10559	17732	15569	22209	19895	20654	19223	26486	25511
184078	**152708**	**245716**	**197885**	**311053**	**254334**	**379072**	**322500**	**313188**	**272244**	**305146**	**274625**
31097	30695	33761	33103	34744	30719	43470	39526	38735	36791	41582	38812
15605	12009	18422	14318	21784	16679	27388	22125	22516	18880	23033	19853
8749	6768	13707	10085	18415	15375	23294	19959	19242	16147	20331	17646
11684	8740	10977	8500	17973	14610	19957	17391	19425	17073	20622	19248
3979	3573	3206	2662	4089	3729	4570	4443	4883	5226	6388	6922
12554	11955	11393	10152	14043	11816	17475	16203	16165	16069	20350	20669
45790	35100	85123	67377	113022	91602	133962	110482	101469	83434	82520	70344
28560	23937	30614	24430	43934	36744	53241	47603	45143	41184	44185	41771
26060	19931	38513	27258	43049	33060	55715	44768	45610	37440	46135	39360
51699	**47716**	**43312**	**38542**	**58584**	**53048**	**69452**	**66631**	**70154**	**70040**	**77400**	**77872**
13870	13550	14068	13321	15946	15819	19066	19783	19750	20188	19370	19414
7771	6494	7758	6027	11271	8623	13083	10489	13318	11024	13064	11025
5515	4967	3572	3291	5638	4997	7376	6856	7339	7346	9008	9223
5563	4979	3577	3469	5177	5046	6214	6621	5964	7008	7799	9042
7497	6747	6674	5140	9154	7668	11189	9786	11029	10456	12711	12269
11483	10979	7663	7294	11398	10895	12524	13096	12754	14018	15448	16899
19984	**17487**	**27321**	**20128**	**34485**	**25746**	**53762**	**43000**	**49226**	**40785**	**44843**	**38196**
11968	9938	14742	11826	14093	12086	22104	21261	20413	20198	18138	17832
4977	5081	6647	5552	10905	9375	16325	14521	16107	14047	14648	13197
2381	1842	5099	2125	7967	3120	13190	5399	10358	4605	9909	5292
658	626	833	625	1520	1165	2143	1819	2348	1935	2148	1875
172808	**140357**	**174354**	**140936**	**217136**	**181960**	**296326**	**258830**	**268383**	**244067**	**253505**	**238954**
24891	20029	29273	24314	31592	27013	43169	38284	36477	33672	32676	30091
16982	14390	19465	15379	23209	19636	31892	27446	29291	25814	25843	24319
14216	11208	18286	13848	23999	19506	31534	27094	27188	24183	26403	24144
9866	7873	6912	5591	8836	7650	13219	12280	14368	14010	12915	13178
14785	12125	10816	8838	12923	11391	16470	15551	16353	16146	16708	16469
14876	12585	10110	8991	13183	11676	11692	11075	10707	11027	11838	12274
32124	25814	36741	28312	50452	40683	76608	63747	62215	53099	58485	54003
33066	26405	27169	24170	30480	26885	38189	35254	40227	38527	38290	37822
12002	9928	15582	11493	22462	17520	33553	28099	31557	27589	30347	26654
62236	**58098**	**57449**	**52996**	**67867**	**61607**	**86350**	**83740**	**83633**	**81823**	**98009**	**92860**
15451	15265	17933	17931	19539	16974	25346	22928	22103	20373	21309	19122
14508	13001	13837	11659	17295	14796	19007	18020	19243	18575	20851	20366
10028	8933	7584	6479	9093	8338	12761	12333	12653	12619	15947	15521
4004	3618	2941	2831	3824	3744	5366	5530	5400	5579	6712	6601
4305	4569	3575	3315	4533	4323	6331	6358	5417	5606	7647	7348
2380	2121	2572	2175	3264	2944	4306	4264	4593	4466	5618	5150
3182	2891	2319	2197	2864	3044	3531	3709	4232	4196	6151	5653
2678	2397	1724	1577	2030	1972	2567	2982	3117	3516	4649	4501
5700	5303	4964	4832	5425	5472	7135	7616	6875	6893	9125	8598

表2 续表 35

地区	45-49岁		50-54岁		55-59岁		60-64岁	
	男	女	男	女	男	女	男	女
嘉兴市	**240278**	**226075**	**259835**	**243200**	**223193**	**205334**	**147642**	**136336**
南湖区	32496	30625	35744	34447	32283	31236	22252	21846
秀洲区	30470	28880	31770	29437	26183	24514	16359	15436
嘉善县	28912	26791	32507	29756	27417	24697	15911	14132
海盐县	20491	19141	24702	23026	22753	20648	14802	13884
海宁市	51966	46393	49099	43712	42873	38521	29666	27550
平湖市	28878	27217	36083	33648	30595	28122	20152	18839
桐乡市	47065	47028	49930	49174	41089	37596	28500	24649
湖州市	**147122**	**140429**	**174306**	**163225**	**154395**	**138125**	**104769**	**91412**
吴兴区	39655	38394	44713	44776	39334	37747	26897	24488
南浔区	22374	21832	29283	29046	28013	24776	20111	15785
德清县	25758	24547	30135	26785	27415	23489	19018	16871
长兴县	31289	30478	37492	34181	32586	28061	21581	18740
安吉县	28046	25178	32683	28437	27047	24052	17162	15528
绍兴市	**235861**	**235296**	**256345**	**255641**	**223098**	**218851**	**172345**	**164408**
越城区	41993	42197	45746	47626	38550	41457	29267	30553
柯桥区	56021	50521	57765	55305	42437	40341	27045	25621
上虞区	37275	38981	40413	41269	36021	36105	28849	28763
新昌县	17750	17997	21085	20381	20558	19196	17814	16240
诸暨市	52268	55378	58350	59758	52212	51338	39995	36910
嵊州市	30554	30222	32986	31302	33320	30414	29375	26321
金华市	**316299**	**295649**	**312499**	**295831**	**245568**	**234480**	**160264**	**151877**
婺城区	42259	37898	41370	37458	35360	32682	24118	23211
金东区	23376	20185	23514	20380	19092	16990	12394	11471
武义县	21737	19696	23700	21151	18736	16376	12527	11323
浦江县	20301	20577	22121	21998	18106	17763	11587	11758
磐安县	8577	8762	10161	9662	8766	7742	5880	5480
兰溪市	23730	23812	31525	30943	28699	27669	20557	18737
义乌市	80887	74457	70551	67123	50079	47576	29208	26698
东阳市	48190	47946	47166	48048	36978	39406	26042	26399
永康市	47242	42316	42391	39068	29752	28276	17951	16800
衢州市	**103680**	**100052**	**117144**	**111189**	**105397**	**99347**	**82389**	**76625**
柯城区	24140	22761	24721	23604	21415	21080	16118	15415
衢江区	17247	14846	20533	17549	18148	15596	14381	12539
常山县	11783	11602	13645	13005	12482	11449	10058	9168
开化县	10414	11295	12612	13136	12455	12918	10802	10833
龙游县	17198	15838	20829	18608	18369	16685	12801	11879
江山市	22898	23710	24804	25287	22528	21619	18229	16791
舟山市	**59468**	**48883**	**67325**	**54797**	**59103**	**51588**	**45937**	**44308**
定海区	23102	21177	24484	22016	22214	20693	17726	17281
普陀区	19120	17159	22973	19742	20447	18455	15731	15315
岱山县	13673	7558	15071	9082	12119	8829	9145	8490
嵊泗县	3573	2989	4797	3957	4323	3611	3335	3222
台州市	**314054**	**302298**	**330781**	**311927**	**259596**	**247898**	**193484**	**188443**
椒江区	38299	35818	39179	35643	28851	27661	19021	18973
黄岩区	32601	31597	34280	33135	29012	27586	21031	20036
路桥区	32975	31147	33687	31002	23780	22002	14666	14584
三门县	18521	17823	19618	17885	15686	15019	12988	12694
天台县	18540	18897	20430	20672	18584	18447	16826	16498
仙居县	19116	19088	21460	20946	18047	18002	15041	14343
温岭市	66459	64042	70776	67297	54640	52204	40702	39754
临海市	51330	51060	54990	53744	44631	44172	36126	35952
玉环市	36213	32826	36361	31603	26365	22805	17083	15609
丽水市	**122580**	**112584**	**128666**	**116979**	**106623**	**100333**	**75642**	**71560**
莲都区	24893	21635	26999	23145	23070	21228	15155	14246
青田县	23963	22597	22616	20513	18053	17519	14207	13623
缙云县	18855	17790	20199	19086	16626	15807	13209	12309
遂昌县	9760	8849	11264	10346	10150	9218	7864	7267
松阳县	10844	9875	12117	10859	9634	9008	7076	6419
云和县	7123	6398	7658	6768	6182	5474	3805	3409
庆元县	8183	7755	7636	7515	6070	6056	3866	4196
景宁畲族自治县	5665	5241	5899	5284	5076	4602	3429	3215
龙泉市	13294	12444	14278	13463	11762	11421	7031	6876

单位：人

65-69岁		70-74岁		75-79岁		80-84岁		85岁及以上	
男	女	男	女	男	女	男	女	男	女
142951	**141829**	**99070**	**105907**	**59034**	**65463**	**34845**	**43445**	**24609**	**41431**
20253	20501	13619	14379	8540	9222	5330	6639	4253	6213
15859	16145	10856	11611	6583	6681	3951	4721	2523	4369
17232	16483	12205	12723	7736	7837	4160	5031	3065	5434
14407	14658	10218	11543	5785	6572	3335	4565	2275	4358
28197	27600	19712	20680	10586	12133	6506	8138	4879	8116
20196	19786	13827	14797	9087	10543	4784	6272	3251	6183
26807	26656	18633	20174	10717	12475	6779	8079	4363	6758
99063	**99404**	**68664**	**72338**	**37389**	**42707**	**25454**	**30317**	**19597**	**27607**
24556	24913	16742	17161	9068	10413	6380	7595	5092	6702
20835	19796	14985	15643	7932	8508	5644	6662	3929	6328
16440	16420	11480	12226	6133	7392	4293	5015	3597	4824
20813	21585	14806	15820	8655	10182	5411	6527	4087	5653
16419	16690	10651	11488	5601	6212	3726	4518	2892	4100
162075	**164493**	**122168**	**123646**	**62946**	**62784**	**38759**	**40912**	**32217**	**44178**
28095	29489	21835	21577	12234	11253	7058	7318	6108	7800
25086	24420	18457	18553	9790	9470	5828	6113	4689	6438
27611	29467	21448	22767	11339	12369	6732	7494	5554	8571
14749	14062	10888	9814	5487	5512	3697	4064	2875	3889
38805	39244	29388	30193	14509	14634	9434	9426	8183	10778
27729	27811	20152	20742	9587	9546	6010	6497	4808	6702
154228	**153860**	**108137**	**111666**	**60014**	**60049**	**43790**	**47249**	**32479**	**45625**
21485	22859	14477	15819	6854	7675	5987	6923	4949	6026
11997	11775	7848	8404	4187	4284	3117	3533	2027	3189
11183	11020	7730	7600	4059	4020	3356	3641	2708	3415
11839	12605	8470	9204	4941	4704	3325	3406	2579	3720
5790	5610	4177	4413	2686	2552	1954	2001	1381	1594
21875	20969	15709	15985	8763	8452	5922	6450	3850	6049
26550	24987	18452	17798	10276	9547	7168	7183	5323	7464
25470	26123	18844	19720	11344	11867	7770	8560	5972	8646
18039	17912	12430	12723	6904	6948	5191	5552	3690	5522
80188	**79907**	**58089**	**56440**	**30358**	**28213**	**23664**	**23509**	**17334**	**22436**
14151	14610	10126	10509	5494	5694	4345	4604	3622	4448
13944	12868	10182	9273	5307	5036	3935	3768	2831	3578
9769	9767	6895	6389	3870	3492	2879	2771	1848	2417
10253	10842	6796	6928	3524	3281	3093	3098	1989	2602
13912	14223	10247	10127	5063	4408	4038	3920	2817	3625
18159	17597	13843	13214	7100	6302	5374	5348	4227	5766
36420	**39249**	**24730**	**27926**	**13792**	**16675**	**8908**	**11139**	**7290**	**11719**
14405	15425	10259	11102	5661	6363	3705	4119	3163	4625
12076	12923	7724	8775	4379	5627	3017	3930	2383	3985
7195	7940	5024	6012	2812	3406	1655	2215	1300	2258
2744	2961	1723	2037	940	1279	531	875	444	851
158871	**163640**	**118012**	**121808**	**70862**	**74110**	**50921**	**58825**	**40191**	**56702**
16022	16475	11479	11731	7046	7194	4769	5291	3784	5090
18148	18837	13607	14505	7832	8186	6244	7175	5064	6951
13386	13880	10272	9689	6040	5334	3930	4421	3182	4865
9898	10257	7479	8011	4560	5023	3262	3808	2583	3372
14526	14397	10637	10855	5985	6526	4118	4831	3011	4420
12578	12910	9446	8871	5305	5020	4068	4775	3116	4169
33068	33892	24682	25702	15694	16524	11210	13063	9036	13543
29428	30961	22831	23990	13445	14180	9561	10821	7528	10059
11817	12031	7579	8454	4955	6123	3759	4640	2887	4233
73301	**71557**	**49933**	**46502**	**28706**	**25145**	**24871**	**23697**	**19870**	**21762**
13520	13284	8643	8494	4765	4417	4189	4102	3571	3975
12636	12204	8388	7820	5374	4945	4483	4466	3534	4220
12494	12062	9256	9212	5528	5361	4537	4645	3492	4175
7458	7277	4857	4454	2595	2229	2413	2372	2070	2195
6756	6569	4799	4418	2476	2143	2092	2064	1473	1691
3826	3627	2498	2175	1336	993	1262	1116	1083	1064
4811	4944	3417	2872	1926	1417	1517	1233	1097	1078
3909	3624	2665	2120	1570	1188	1412	1146	1166	1040
7891	7966	5410	4937	3136	2452	2966	2553	2384	2324

表2 续表 36

地区	0岁		1-4岁		5-9岁		10-14岁	
	男	女	男	女	男	女	男	女
安徽省	**305006**	**269876**	**1615120**	**1434212**	**2246453**	**1908376**	**2161728**	**1801911**
合肥市	**51006**	**44487**	**263417**	**232090**	**280163**	**235586**	**241737**	**199438**
瑶海区	4236	3836	24853	21556	28774	23590	24565	20251
庐阳区	4027	3439	22329	19951	24842	20798	18853	15468
蜀山区	5541	4815	30172	26787	31315	27035	22776	19408
包河区	6835	6135	37234	33188	38449	32497	30207	24598
长丰县	5362	4509	24649	21742	25376	21301	23484	19396
肥东县	4297	3794	20725	18331	23541	18909	26366	20795
肥西县	5713	5065	27967	24056	26114	21857	21609	18192
庐江县	4320	3528	21386	18413	27692	23015	30014	24581
合肥高新技术产业开发区	1917	1626	9167	8222	6884	6189	4127	3508
合肥经济技术开发区	3212	2873	17475	15382	16527	14421	10695	9238
合肥新站高新技术产业开发区	2488	2284	12925	11546	12490	10815	9582	7845
巢湖市	3058	2583	14535	12916	18159	15159	19459	16158
芜湖市	**15623**	**13943**	**80697**	**72063**	**98148**	**84044**	**89704**	**75538**
镜湖区	1644	1593	9472	8754	11757	10169	10247	8876
弋江区	1564	1416	8970	8057	10432	9204	7790	6683
鸠江区	2700	2417	14068	12437	16042	13295	12824	10451
三山区	851	754	4237	3915	4563	4087	3591	3081
芜湖县	1425	1282	7131	6425	8271	7448	7807	7288
繁昌县	901	802	4576	4283	5692	5123	5147	4796
南陵县	1808	1535	8614	7726	11064	9851	11951	10586
芜湖经济技术开发区	937	813	5024	4609	5679	4850	3163	2841
安徽芜湖长江大桥经济开发区	110	105	515	533	626	586	565	507
无为市	3683	3226	18090	15324	24022	19431	26619	20429
蚌埠市	**16337**	**14583**	**94457**	**83609**	**148915**	**127875**	**132271**	**114035**
龙子湖区	778	710	4480	4026	6727	5603	6189	5479
蚌山区	628	580	4231	3752	5914	5007	5080	4346
禹会区	1340	1149	7406	6635	11400	9551	10675	9468
淮上区	1546	1362	8642	7481	13367	11257	9946	8329
怀远县	4736	4298	27418	24222	47609	42130	48166	42348
五河县	3196	2760	16943	15060	24122	20239	21758	17953
固镇县	2708	2385	16209	14317	27938	23920	21609	18387
蚌埠市高新技术开发区	248	226	1960	1734	2912	2414	2238	1970
蚌埠市经济开发区	1157	1113	7168	6382	8926	7754	6610	5755
淮南市	**13058**	**11615**	**76783**	**67200**	**117597**	**94081**	**120168**	**96431**
大通区	692	630	4143	3752	5599	4738	4941	4484
田家庵区	2836	2532	17121	15301	23994	20910	20769	18227
谢家集区	709	644	4014	3716	5707	5117	5874	5184
八公山区	332	317	1915	1696	2565	2294	2767	2611
潘集区	1852	1686	10868	9513	14338	11162	12439	9970
凤台县	3112	2750	17959	15443	33537	26010	32160	25077
寿县	3525	3056	20763	17779	31857	23850	41218	30878
马鞍山市	**9168**	**8126**	**46971**	**41825**	**56961**	**47812**	**54759**	**44377**
花山区	1542	1386	8614	7987	11075	9717	10815	9420
雨山区	1224	1066	6234	5804	6935	6310	5985	5180
博望区	848	777	4167	3542	4554	3703	4957	3847
当涂县	1994	1801	10299	9307	11525	10325	9244	8460
含山县	1758	1485	8367	7241	10968	8428	11270	8133
和县	1802	1611	9290	7944	11904	9329	12488	9337
淮北市	**10079**	**8799**	**57564**	**51551**	**80211**	**68477**	**69848**	**56718**
杜集区	975	912	5611	4962	7938	6607	7815	6574
相山区	2387	2172	14682	13358	20653	17376	17979	15037
烈山区	1093	921	6187	5455	8299	7246	7192	6014
濉溪县	5624	4794	31084	27776	43321	37248	36862	29093
铜陵市	**5071**	**4420**	**27289**	**25055**	**32075**	**28731**	**34925**	**30866**
铜官区	1602	1413	8983	8410	10758	9575	10652	9453

单位：人

15-19岁		20-24岁		25-29岁		30-34岁		35-39岁		40-44岁	
男	女	男	女	男	女	男	女	男	女	男	女
1777277	**1466556**	**1583913**	**1394602**	**2108084**	**1987486**	**2413901**	**2460495**	**1772207**	**1779787**	**1913653**	**1875778**
309298	**249410**	**372733**	**324479**	**436105**	**398269**	**482364**	**479516**	**342718**	**324780**	**300136**	**280760**
15202	12618	26126	24489	43144	41694	45816	47940	35073	35694	33402	31590
15141	12809	19702	19173	29719	30916	39429	43609	30899	31386	25223	24717
29548	22530	54297	52874	54816	55753	57654	61635	44054	44136	33247	32102
32530	23376	53676	42718	65580	62407	72110	72503	51354	50271	42995	40104
24094	19299	23622	20275	35103	32143	40489	39908	27441	23789	25316	21456
34308	25520	24522	17796	35269	29273	31238	30174	25918	23460	30162	26899
36620	33246	42191	37045	47252	39697	54659	48927	34721	29202	27305	23906
21236	17104	16636	14240	23595	20821	33040	32365	23937	24287	25910	27507
10279	8334	17616	15273	20464	16389	21444	19259	10407	8423	6367	5646
32042	24828	43277	36089	31402	26992	36646	34622	23017	19696	14566	12514
38076	29952	31326	25941	27683	21966	26621	24377	15974	13952	12264	10572
20222	19794	19742	18566	22078	20218	23218	24197	19923	20484	23379	23747
105302	**87389**	**113681**	**95245**	**139943**	**123564**	**148177**	**145548**	**104022**	**105198**	**116166**	**114510**
7474	7309	11282	14016	17184	17085	19631	21220	16299	17706	15980	16427
19462	21641	27913	27915	16713	15912	18711	19274	13519	13611	13116	12019
16966	10857	21288	14154	23234	20890	25447	24682	15913	14792	16061	15434
5933	3851	4433	2865	8129	6913	8545	7391	4686	4142	5294	4522
11720	10980	10184	7304	12825	10660	13264	12767	9299	9501	12525	12080
6344	5381	3796	3594	8357	7293	9504	8859	5526	5683	8777	8419
10634	9134	7043	6443	12020	11268	13766	14746	11335	13296	14452	15587
4767	2379	10386	5407	12783	8942	13749	11342	8333	6278	5508	4306
233	170	386	337	920	820	809	805	451	437	623	672
21769	15687	16970	13210	27778	23781	24751	24462	18661	19752	23830	25044
90873	**76957**	**81151**	**75540**	**108497**	**108242**	**128641**	**136566**	**93999**	**94295**	**98898**	**95103**
3806	3565	4460	4440	6904	6945	8965	9229	7183	6865	7033	6675
3779	3355	3646	3464	5864	6033	7894	8376	5976	6350	5773	6021
8113	7734	8473	8691	11196	11022	13332	13763	10209	9847	10605	10471
11097	9007	6109	5601	10991	10988	13286	13625	9041	8567	8529	7585
25699	21115	20081	17488	30065	28859	33800	35291	24116	23841	27803	24935
13246	9883	10120	8678	18652	18330	16851	17793	12534	12890	14344	13952
10946	8956	8337	7947	14752	14987	20028	21629	13113	12790	14346	14311
2962	1767	1274	1216	2049	2175	3246	3815	2720	2851	2361	2393
11225	11575	18651	18015	8024	8903	11239	13045	9107	10294	8104	8760
81604	**67959**	**68266**	**59845**	**84705**	**80947**	**112032**	**119431**	**90385**	**91149**	**93020**	**90379**
3219	2546	3682	3182	5684	5416	6851	7007	5279	4692	5140	4673
25486	24754	26385	24110	21140	22128	29559	34275	24543	26875	24391	26011
4380	3810	4001	3725	6002	5713	7271	7654	5213	5417	6032	6325
2193	1843	2140	1848	2704	2592	3919	4177	2898	3144	3181	3688
5200	4071	6417	5183	11601	11130	14530	14222	10875	9720	10762	8934
15653	10720	11787	9549	19238	17769	26569	26644	19800	18831	20934	17586
25473	20215	13854	12248	18336	16199	23333	25452	21777	22470	22580	23162
55311	**45497**	**59968**	**48002**	**79655**	**68915**	**80430**	**79831**	**59047**	**59714**	**69165**	**68317**
9627	7197	9292	8233	15265	14118	18395	19541	14542	16032	16649	17659
15993	13409	18999	14972	12866	11305	14479	13898	9675	9737	10313	10452
3042	2242	3646	2753	6783	5204	6259	5905	4749	4368	5616	4956
9521	7755	11508	9072	18752	15970	18455	17616	11907	11610	14314	13388
6973	5375	7087	5406	11905	10486	10425	10913	8804	8961	9973	10013
10155	9519	9436	7566	14084	11832	12417	11958	9370	9006	12300	11849
53143	**47577**	**50910**	**50114**	**68234**	**67883**	**77423**	**81668**	**57422**	**56963**	**67318**	**66510**
5317	4231	4930	4350	8492	7723	10106	9719	7066	6874	7843	8038
16767	14442	14522	15654	17269	18909	23425	26339	18244	20161	21935	24250
8568	12290	8440	10552	7819	7279	8917	8375	5895	5609	7401	6944
22491	16614	23018	19558	34654	33972	34975	37235	26217	24319	30139	27278
34889	**30623**	**31018**	**28563**	**37301**	**34360**	**42463**	**43837**	**32401**	**36077**	**41556**	**45157**
14426	14021	15410	14921	13802	13670	17000	18458	13123	15140	16684	17986

表2 续表 37

地区	45-49岁		50-54岁		55-59岁		60-64岁	
	男	女	男	女	男	女	男	女
安徽省	**2476430**	**2437152**	**2842607**	**2940759**	**2265681**	**2318885**	**1187345**	**1122480**
合肥市	**353659**	**337242**	**383795**	**395755**	**301382**	**319696**	**156637**	**150009**
瑶海区	36735	35846	37076	38562	28894	29662	14757	13998
庐阳区	25295	24175	24991	26994	20257	23323	12947	13530
蜀山区	33788	32567	33856	36658	28522	33614	18149	19363
包河区	44907	40352	44490	45391	35489	39054	19502	20470
长丰县	30609	29682	33604	34970	24564	24935	11489	11008
肥东县	39762	37176	44420	42156	32373	31411	15747	14311
肥西县	36245	33323	41559	41447	31991	32635	14108	12485
庐江县	40208	39908	49520	49758	40340	39417	20336	17010
合肥高新技术产业开发区	7119	6595	7745	9181	6603	8423	3470	3425
合肥经济技术开发区	14232	13770	14603	17412	11631	15196	6220	6635
合肥新站高新技术产业开发区	13951	12994	14536	15422	10751	11679	5170	4670
巢湖市	30808	30854	37395	37804	29967	30347	14742	13104
芜湖市	**154841**	**151391**	**186940**	**183167**	**148822**	**151102**	**78851**	**73596**
镜湖区	17464	17974	22160	23487	21492	23011	14549	13971
弋江区	14368	13923	16517	16510	13621	14544	7896	7933
鸠江区	20887	19873	26764	26867	21148	22498	10523	10009
三山区	7266	6521	8381	8066	5881	6017	3107	2650
芜湖县	17576	16386	19682	18296	13743	12980	6120	5329
繁昌县	12664	12076	15543	14134	11414	11373	6102	5463
南陵县	21099	21164	24433	23060	18384	17480	11205	9656
芜湖经济技术开发区	5803	5329	7003	7363	5617	6410	2880	2951
安徽芜湖长江大桥经济开发区	1049	1109	1372	1333	952	895	590	480
无为市	36665	37036	45085	44051	36570	35894	15879	15154
蚌埠市	**128084**	**124348**	**139643**	**154625**	**114426**	**120247**	**59997**	**59567**
龙子湖区	8970	9051	10587	11008	9273	9430	6342	5874
蚌山区	6825	6804	7357	7777	6615	7023	4492	4378
禹会区	13481	12888	14370	15174	12370	12756	7402	7171
淮上区	11201	10328	11587	12766	8731	9309	4543	4166
怀远县	35100	32611	38098	43480	30583	32484	14221	15301
五河县	20651	21405	23990	26554	20041	20366	9506	8764
固镇县	20517	19724	22302	25434	16540	17981	7227	7259
蚌埠市高新技术开发区	2242	2172	1978	2115	1555	1687	978	1082
蚌埠市经济开发区	9097	9365	9374	10317	8718	9211	5286	5572
淮南市	**120288**	**119185**	**139146**	**149267**	**114464**	**118051**	**70511**	**69443**
大通区	6416	6409	7814	8542	6710	6989	4629	4447
田家庵区	27186	28806	29543	33040	26321	27564	17739	18197
谢家集区	8882	9776	12670	14225	11422	11426	7297	6873
八公山区	4857	5725	7251	8348	6860	6724	3905	3670
潘集区	13829	12685	15407	15095	11635	11718	6630	6927
凤台县	25601	22539	28348	30027	19951	21797	11848	11576
寿县	33517	33245	38113	39990	31565	31833	18463	17753
马鞍山市	**93641**	**92251**	**118098**	**115332**	**94374**	**93010**	**46563**	**44171**
花山区	21100	20880	24806	24413	20724	20309	11097	10628
雨山区	14041	14161	18692	18526	15566	15143	8335	7679
博望区	7134	6773	8335	7823	6318	6137	3259	3199
当涂县	19970	19531	25003	24822	19725	19647	10350	10026
含山县	14443	14593	17519	17719	13981	14013	6563	5989
和县	16953	16313	23743	22029	18060	17761	6959	6650
淮北市	**83722**	**88538**	**90642**	**99159**	**66487**	**68911**	**30394**	**29111**
杜集区	9392	10071	11313	12487	8774	8976	5436	4899
相山区	24431	27135	23019	26057	17724	18139	9345	8999
烈山区	9798	10328	11538	12361	9160	9173	4138	3820
濉溪县	40101	41004	44772	48254	30829	32623	11475	11393
铜陵市	**61167**	**63883**	**69485**	**71794**	**60424**	**60604**	**35653**	**33012**
铜官区	21569	21293	23332	23545	19245	19343	9945	9557

单位：人

65-69岁		70-74岁		75-79岁		80-84岁		85岁及以上	
男	女	男	女	男	女	男	女	男	女
1625526	**1643717**	**1203061**	**1204256**	**824152**	**856751**	**473816**	**545596**	**307434**	**475102**
202511	**208405**	**146016**	**143474**	**99060**	**101175**	**58607**	**65037**	**40580**	**58349**
14199	15635	9504	10664	6709	7556	4481	5484	3297	4535
13257	14841	8006	8763	5663	6453	3897	4763	3331	4377
19057	20884	11782	12021	7821	8490	5456	5859	3979	4789
21087	23099	12894	13322	8414	8870	5500	6237	4252	5372
18115	17794	14151	12704	10503	9704	5757	5479	4107	6053
25177	25741	20555	19673	15082	15112	9150	10171	5930	9548
22214	22514	16685	15918	10816	10112	5501	5882	3541	5188
29072	26919	23386	22105	14404	14072	8030	8867	4537	6722
3340	3536	1867	1901	1202	1279	705	776	488	726
7250	7563	4273	3884	2420	2234	1274	1365	984	1398
5643	5722	3379	3197	2275	2407	1424	1661	1155	1749
24100	24157	19534	19322	13751	14886	7432	8493	4979	7892
103128	**100436**	**80001**	**77989**	**56287**	**58300**	**30837**	**36002**	**17572**	**26653**
13949	14414	9148	9603	6752	7854	4830	5941	3492	4442
8664	8681	5444	5200	3807	3988	2084	2449	1332	1737
12717	12404	10833	10870	7739	7975	4272	5138	2264	3754
4167	3935	3057	2885	2356	2449	1167	1135	580	852
9702	9043	7584	7079	5326	5375	2656	3268	1370	2315
8119	7645	5745	5436	3833	4237	2026	2464	1123	1657
16368	15539	11390	10694	7103	6934	4038	4510	2084	3148
3208	2971	2081	1876	1346	1398	716	841	386	759
806	670	659	583	472	461	167	217	95	178
25428	25134	24060	23763	17553	17629	8881	10039	4846	7811
81853	**85952**	**57928**	**55321**	**47412**	**46083**	**26858**	**27979**	**19206**	**26035**
6390	6805	3992	4153	3156	3656	1957	2537	1504	2128
4424	4699	2594	2750	2042	2130	1195	1507	932	1432
8623	9624	5867	5913	4600	4577	2716	2931	1770	2501
6409	6842	4257	4127	3434	3445	1773	1657	1264	1677
22923	24123	18742	16483	14874	13355	8041	7810	5727	7359
14450	14048	9088	8616	8650	9039	5008	5450	3583	5018
12443	12702	9600	9095	7810	6864	4450	4213	3260	4413
987	1204	699	674	481	514	326	288	171	166
5204	5905	3089	3510	2365	2503	1392	1586	995	1341
84642	**90561**	**65419**	**60825**	**48036**	**47111**	**27374**	**27546**	**19909**	**25095**
4966	5525	3406	3152	2506	2284	1401	1483	1101	1541
16514	18257	10754	10616	7471	8101	4821	5686	3604	4511
6944	7175	4953	5042	3486	4729	2507	3335	1896	2443
3730	3916	2437	2713	1698	2568	1208	1690	880	1217
8199	9022	6446	5600	4693	4285	2745	2458	1901	2329
14895	17169	12002	10943	9299	8017	5191	4601	3796	4657
29394	29497	25421	22759	18883	17127	9501	8293	6731	8397
65073	**67440**	**49616**	**50662**	**33623**	**36352**	**20530**	**24568**	**11857**	**18918**
11649	12835	8349	9439	5945	6863	4091	4921	2444	3384
8271	8534	5469	6146	4051	5130	3082	3900	1897	2527
5271	5066	3843	3558	2582	2524	1359	1460	706	1218
13572	13693	9632	8817	7326	7464	4156	4715	2137	3582
11905	12140	9554	9685	5741	6121	3220	3951	2004	3476
14405	15172	12769	13017	7978	8250	4622	5621	2669	4731
41853	**44647**	**31251**	**35229**	**23411**	**26454**	**15610**	**18496**	**10866**	**17072**
7212	7565	4941	5572	3379	4340	2422	2796	1656	2378
10175	11126	6579	7456	4875	5864	3342	3834	2254	3019
6036	6254	4529	5172	3378	4067	2279	2698	1554	2458
18430	19702	15202	17029	11779	12183	7567	9168	5402	9217
40458	**40916**	**29080**	**30256**	**20859**	**23455**	**12248**	**14802**	**6967**	**9986**
9547	10623	6623	7751	5189	5825	3194	4086	2099	2696

表2 续表 38

地区	0岁		1-4岁		5-9岁		10-14岁	
	男	女	男	女	男	女	男	女
义安区	844	725	4443	4181	4767	4593	4994	4791
郊区	640	640	3718	3305	4187	3554	4728	4103
枞阳县	1985	1642	10145	9159	12363	11009	14551	12519
安庆市	**19899**	**17501**	**102014**	**92507**	**124482**	**108718**	**124572**	**105268**
迎江区	1099	926	5779	5395	6414	5644	5460	4748
大观区	667	624	3593	3352	4941	4369	5245	4547
宜秀区	932	897	4561	4278	4507	4050	3939	3537
怀宁县	2345	2146	12638	10987	14745	12549	15277	12506
太湖县	2328	2074	11564	10856	13924	12118	13064	10957
宿松县	3044	2391	15732	13352	25337	21117	28498	21508
望江县	2654	2235	13508	12419	14878	13132	14248	12368
岳西县	1604	1429	8351	7721	10537	9262	9591	8735
安徽安庆经济开发区	537	513	2955	2688	3378	2976	2912	2538
桐城市	2586	2383	13236	12231	14392	13262	14219	13093
潜山市	2103	1883	10097	9228	11429	10239	12119	10731
黄山市	**5895**	**5498**	**29037**	**27290**	**32528**	**30592**	**30625**	**29123**
屯溪区	1305	1208	6796	6312	7806	7169	6183	5959
黄山区	570	585	2951	2764	3161	3129	3053	2891
徽州区	506	430	2288	2297	2461	2342	2189	2031
歙县	1594	1509	7782	7281	8601	8017	8817	8378
休宁县	988	881	4589	4299	5200	5078	5163	4753
黟县	281	300	1430	1278	1456	1388	1482	1457
祁门县	651	585	3201	3059	3843	3469	3738	3654
滁州市	**19571**	**17090**	**98594**	**88185**	**117240**	**100311**	**111988**	**95200**
琅琊区	1117	976	5921	5346	7587	6612	7316	6324
南谯区	1828	1632	8955	8346	9996	8664	7676	6724
来安县	1823	1625	8656	8068	10594	9629	9889	9181
全椒县	1713	1542	8735	7687	9279	8015	8499	7108
定远县	3777	3107	18664	16034	22118	17926	23361	18200
凤阳县	3608	3039	19082	16358	23786	19117	23305	18834
苏滁现代产业园	90	81	449	424	486	467	367	330
滁州经济技术开发区	667	572	3335	3004	3527	3076	2607	2218
天长市	2736	2510	13506	12542	15157	14001	12862	11744
明光市	2212	2006	11291	10376	14710	12804	16106	14537
阜阳市	**46196**	**41115**	**242859**	**217978**	**397203**	**341435**	**391374**	**325750**
颍州区	4510	3923	26042	23642	37952	32692	31432	26689
颍东区	2865	2551	16313	14611	25866	21965	23879	19241
颍泉区	2943	2620	17909	16270	28967	25108	26568	22155
临泉县	9452	8674	48779	44990	78262	70174	77758	66361
太和县	7690	6748	38254	33225	66264	54372	69328	56156
阜南县	7382	6474	37129	33214	59570	52503	60272	52228
颍上县	6827	5951	34004	29076	61573	51444	66839	54645
阜阳合肥现代产业园区	263	240	1488	1291	2287	2072	1815	1558
阜阳经济技术开发区	565	491	4016	3653	6022	5208	4981	4116
界首市	3699	3443	18925	18006	30440	25897	28502	22601
宿州市	**29699**	**26597**	**162183**	**144825**	**255564**	**216351**	**227470**	**190265**
埇桥区	8743	8041	49376	44122	77621	65695	65399	54365
砀山县	4602	4028	25054	22495	33819	27869	30416	23544
萧县	5910	5292	30868	28185	46155	39912	43589	37140
灵璧县	5758	4916	31286	27149	54019	45674	49481	42331
泗县	4086	3793	22298	19835	38388	32671	34248	29212
宿州马鞍山现代产业园区	275	234	1600	1410	2562	2208	1950	1802
宿州经济技术开发区	325	293	1701	1629	3000	2322	2387	1871
六安市	**20151**	**17234**	**109017**	**91049**	**155612**	**120710**	**170757**	**129560**
金安区	3864	3488	21584	18781	26836	21590	27934	22352
裕安区	4647	3905	26368	21364	33567	25481	34142	25737
叶集区	1067	846	5943	4685	9904	6805	10028	6749
霍邱县	3716	3031	21983	17973	42661	32411	52629	38731
舒城县	3110	2731	15362	13562	18472	16232	18467	16304
金寨县	2569	2136	12256	9602	16981	11912	20766	13687
霍山县	1178	1097	5521	5082	7191	6279	6791	6000

单位：人

15-19岁		20-24岁		25-29岁		30-34岁		35-39岁		40-44岁	
男	女	男	女	男	女	男	女	男	女	男	女
4062	3538	3892	3672	6530	6140	7597	7530	5907	5638	6906	6646
2733	2201	3239	2689	4414	3944	4874	4854	3727	3857	4902	4609
13668	10863	8477	7281	12555	10606	12992	12995	9644	11442	13064	15916
103491	**88307**	**80780**	**73463**	**121514**	**110844**	**141843**	**144370**	**105760**	**117177**	**128237**	**139094**
4162	3641	4347	4494	8046	8406	11099	11885	7595	8489	8760	9452
5032	4620	4057	4370	5398	5091	6468	6735	5587	6389	7742	8376
8074	10007	8778	10083	7242	6758	8185	7842	4894	4594	5772	5545
11019	8296	9745	7791	14821	12754	15997	15634	11993	12977	14353	15474
9260	7833	6947	5855	12109	11174	13718	14344	10648	12386	12528	13554
20216	12870	12227	8709	19212	15409	18738	17992	14373	15439	16284	18031
10987	9505	7259	6669	13036	12338	14126	14434	11242	12632	14345	15755
6274	5458	5320	4841	7788	7628	12015	13056	9341	10196	10602	11086
4587	3589	4548	3524	5262	4471	6104	5781	4604	4354	5459	5160
13479	13806	10696	10838	16721	15869	21875	22643	15242	17288	18795	21522
10401	8682	6856	6289	11879	10946	13518	14024	10241	12433	13597	15139
25731	**25267**	**24798**	**24755**	**38562**	**38520**	**49101**	**49497**	**37126**	**36962**	**43025**	**41352**
8380	8883	9595	10549	8915	10300	12602	14722	9695	10908	9980	10797
1989	1844	2172	1906	4455	4189	5620	5302	4180	3967	4873	4364
1603	1564	1349	1367	3066	3035	4046	4223	2941	2833	3268	3034
7172	7028	5154	4915	10313	9754	12349	11314	8610	8413	10936	10121
3313	3029	3117	2959	5661	5626	7350	7392	5584	5347	6413	5882
941	847	1100	989	2199	1977	2527	2317	2183	1880	2535	2375
2333	2072	2311	2070	3953	3639	4607	4227	3933	3614	5020	4779
106909	**84607**	**105673**	**89200**	**150142**	**134577**	**158697**	**151822**	**103449**	**98184**	**126477**	**119706**
5535	4983	6694	6884	9750	9445	11890	11975	9097	9507	10030	9763
10468	10532	9379	9170	14836	13811	17574	16558	10715	9565	10726	9791
7987	7004	9147	7641	15968	13936	17438	15528	10873	9485	12580	11947
7882	5705	9501	7606	16371	13757	15825	14215	9843	9082	11364	10831
21323	14181	16560	12512	26939	23357	22380	22470	15417	14379	20347	18140
19163	14643	19445	15623	23279	20945	23759	23286	17240	15808	19925	17583
1106	399	1559	676	1860	1183	1884	1213	1153	665	831	558
9145	5723	10468	7854	8007	6240	8350	7607	4756	4424	4137	4505
12465	10672	13123	12072	19288	18247	23937	22867	12919	12992	20178	20502
11835	10765	9797	9162	13844	13656	15660	16103	11436	12277	16359	16086
282823	**238257**	**197596**	**175497**	**273471**	**266924**	**304809**	**314843**	**238453**	**239691**	**258022**	**250397**
32927	36255	22149	25588	28134	29773	34070	37424	26903	27752	26342	26867
17773	14127	11421	10124	18967	17926	20408	20856	16585	16051	17597	16462
18865	15694	12789	11603	20081	19549	23250	24376	18282	18554	17771	17802
61237	52035	47373	42059	53428	52924	57917	57229	45107	45343	53641	53573
49294	37477	32062	24973	44709	42287	49975	52302	38056	40085	46505	45549
41862	34771	29829	26190	41178	40178	43390	43485	31461	30048	33256	31901
37917	29684	25758	21249	37969	36284	40755	42125	34884	34133	35319	31457
963	768	834	718	1658	1773	2036	2082	1404	1246	1182	968
4224	3596	2818	2620	5230	5333	6496	6876	5093	5212	4792	4779
17761	13850	12563	10373	22117	20897	26512	28088	20678	21267	21617	21039
134202	**106582**	**116755**	**103508**	**186712**	**184896**	**203755**	**209414**	**144007**	**144361**	**158223**	**156863**
39904	34393	40928	37171	59236	58548	71058	71818	48121	47071	52209	51227
17488	12130	16920	13371	27642	27993	28159	29082	19677	21015	22460	23702
27637	20334	23958	20329	39227	37253	37754	37671	28664	28295	31274	30286
24833	19800	18510	16657	31059	31410	36502	39146	25821	25562	24915	24927
18692	15497	14173	13875	25343	25029	25540	26419	18538	19136	24149	23543
2383	1713	1015	898	1837	2103	1974	2124	1121	1127	1226	1063
3265	2715	1251	1207	2368	2560	2768	3154	2065	2155	1990	2115
138296	**103598**	**91068**	**78921**	**123108**	**116395**	**154549**	**162209**	**118390**	**124894**	**120024**	**127691**
33880	27238	19285	16563	24488	24346	32302	35348	24300	26876	23250	26935
29503	22305	25832	22261	28637	27803	36640	40072	26738	29483	25542	27139
8601	4517	3953	3413	6270	6002	8378	8826	6145	5977	5288	5361
28033	20756	14840	13592	22240	20773	29807	30815	26831	25956	24674	24290
15902	13408	11801	10492	20705	18529	22257	22111	16447	17477	18837	20910
15380	9744	10311	8169	12909	11628	15204	15122	11549	12192	14364	14546
6997	5630	5046	4431	7859	7314	9961	9915	6380	6933	8069	8510

表2 续表 39

地区	45-49岁		50-54岁		55-59岁		60-64岁	
	男	女	男	女	男	女	男	女
义安区	11289	10796	14260	13814	11672	11435	7319	6462
郊区	7938	8083	9230	9509	8230	7897	4830	4268
枞阳县	20371	23711	22663	24926	21277	21929	13559	12725
安庆市	**199894**	**205745**	**221516**	**224622**	**183099**	**184943**	**96599**	**88419**
迎江区	12334	12223	13262	13904	11783	12471	7027	6698
大观区	10694	10647	11512	11414	9760	9969	6178	5785
宜秀区	8938	8565	9774	9695	7494	7167	3526	3276
怀宁县	23417	24003	26491	26935	21473	23050	10657	10509
太湖县	20293	20914	22807	22891	19794	19689	9998	8802
宿松县	28413	29967	29999	30453	23517	24389	12495	11348
望江县	21957	24097	22145	23670	18922	19687	9416	8708
岳西县	16096	15807	18289	17511	16106	15020	9828	8543
安徽安庆经济开发区	7676	7302	8131	7540	5990	5532	2994	2738
桐城市	28534	30102	33723	34606	26725	26797	12265	11215
潜山市	21542	22118	25383	26003	21535	21172	12215	10797
黄山市	**59780**	**56178**	**74225**	**70422**	**64210**	**59855**	**41516**	**38176**
屯溪区	11528	11729	12540	12918	11090	11680	6767	6799
黄山区	7240	6590	9995	8914	8094	7030	4647	3938
徽州区	4358	4161	5489	5058	4474	4235	2986	2761
歙县	16146	14842	20478	19037	18278	16113	13447	12100
休宁县	8840	8284	12203	11648	10626	10254	6518	6185
黟县	3832	3425	4778	4511	4183	3677	2846	2467
祁门县	7836	7147	8742	8336	7465	6866	4305	3926
滁州市	**182646**	**179263**	**213189**	**215924**	**165594**	**161235**	**81545**	**73169**
琅琊区	12790	12302	13709	13796	10629	10714	5610	5546
南谯区	15715	14496	18709	18016	14680	13899	6769	6009
来安县	19017	18627	25603	23794	20640	18365	10827	9435
全椒县	18043	18083	24114	24211	19436	18806	8440	7071
定远县	30849	30168	33648	35499	24629	24775	10643	9908
凤阳县	26191	25231	28469	30416	22477	23061	10978	9873
苏滁现代产业园	1073	759	1305	875	850	562	323	239
滁州经济技术开发区	5241	5692	5533	5887	3825	4021	1678	1492
天长市	30999	31636	37269	37398	28535	27339	14070	12549
明光市	22728	22269	24830	26032	19893	19693	12207	11047
阜阳市	**273445**	**266410**	**325320**	**348492**	**269321**	**288723**	**127200**	**125806**
颍州区	28857	28421	31968	33802	25620	26884	11691	11450
颍东区	19395	18175	23175	23716	17147	17766	8455	8398
颍泉区	20468	19848	24801	26525	20293	21915	10197	9980
临泉县	52820	51896	66619	68613	56173	58798	24555	24174
太和县	45638	45354	55181	60635	44912	49506	21111	20273
阜南县	39530	37697	48132	51316	41531	44223	15505	15150
颍上县	38742	37721	43284	48075	37086	41416	21930	23132
阜阳合肥现代产业园区	1275	1105	1544	1534	1241	1293	581	529
阜阳经济技术开发区	4777	4719	4455	4758	3343	3386	1473	1422
界首市	21943	21474	26161	29518	21975	23536	11702	11298
宿州市	**213924**	**220284**	**232406**	**251787**	**165516**	**171763**	**90245**	**86918**
埇桥区	70194	70410	73335	79925	55465	57619	25973	24472
砀山县	29841	30069	33800	35432	20266	20894	16114	16258
萧县	39510	41797	43730	46855	30190	31964	20082	19853
灵璧县	36694	38938	41695	47081	30982	32950	14239	13502
泗县	33661	34793	35734	37874	25791	25409	12349	11523
宿州马鞍山现代产业园区	1719	1726	1947	2216	1354	1363	752	645
宿州经济技术开发区	2305	2551	2165	2404	1468	1564	736	665
六安市	**186297**	**186645**	**217259**	**226606**	**183636**	**185986**	**100879**	**92257**
金安区	33588	36120	36419	40623	30721	32003	16429	15271
裕安区	38149	38789	42077	45189	35144	36396	19264	17045
叶集区	9282	8993	10963	11451	8489	9038	3997	3399
霍邱县	38624	35880	43112	44835	36525	37457	20653	20444
舒城县	31321	32341	39766	39583	34093	33100	17597	15627
金寨县	20934	20635	27080	27123	23586	22981	14560	12868
霍山县	14399	13887	17842	17802	15078	15011	8379	7603

单位：人

65-69岁		70-74岁		75-79岁		80-84岁		85岁及以上	
男	女	男	女	男	女	男	女	男	女
8163	7836	5551	5647	4024	4314	2085	2476	1197	1757
5679	5787	4204	4356	3171	3507	1887	2154	1042	1543
17069	16670	12702	12502	8475	9809	5082	6086	2629	3990
131017	**126393**	**96900**	**95319**	**65308**	**67831**	**36597**	**42067**	**19686**	**29488**
6596	6750	4528	4832	3578	4126	2110	2495	1395	1741
6650	6969	4906	5480	3733	4367	2358	2884	1541	2062
4380	4218	3180	3286	2214	2287	1177	1384	656	980
16871	16570	13724	13042	9037	9132	4870	5648	2785	4422
15625	14397	10812	9722	7067	6640	4281	4382	2101	3009
17686	16926	14392	14541	9632	10002	5340	6046	2727	4234
15210	14777	12227	12430	8085	8608	4141	5010	2082	3425
10680	9878	5153	4743	3794	3875	2258	2673	1184	1564
3275	3217	2037	2061	1470	1462	751	858	429	612
18354	18072	15360	15370	9331	9964	5383	6318	2801	4533
15690	14619	10581	9812	7367	7368	3928	4369	1985	2906
49921	**48757**	**31644**	**31494**	**16267**	**17246**	**11952**	**14832**	**7076**	**11730**
7221	8064	4693	4931	2678	2948	2122	2286	1299	1831
5751	5035	3465	3014	2075	1945	1506	1689	868	1181
3483	3301	2017	2092	1018	1089	728	921	358	760
15402	14951	9917	10014	4927	5627	3335	4537	1971	3782
9293	9025	5907	5994	2774	2834	2197	2721	1340	2189
3392	3181	2043	1919	1089	1006	743	954	462	761
5379	5200	3602	3530	1706	1797	1321	1724	778	1226
121376	**118784**	**77827**	**76095**	**57034**	**59511**	**31517**	**36539**	**22869**	**35315**
7064	7295	4222	4325	2820	3302	1738	2161	1595	2060
8901	8645	5298	5382	3456	3927	1972	2293	1448	2201
14736	13821	8470	8841	5587	6591	3032	3771	2184	3708
13389	13427	8939	9227	5974	6666	3797	4651	2522	4277
19780	19804	15058	14323	12655	11904	7031	7502	4878	7115
17450	17263	12904	11236	9963	9329	5058	5159	3738	5310
459	378	234	228	116	142	66	76	57	86
1734	1852	948	984	605	682	358	412	284	420
20724	19833	12249	12276	7708	8417	4260	5508	3116	5574
17139	16466	9505	9273	8150	8551	4205	5006	3047	4564
184678	**195432**	**152525**	**163967**	**99786**	**109257**	**54661**	**67827**	**37390**	**65331**
14562	15895	11314	12924	7287	8437	4301	5594	3105	5349
12255	13401	10411	10730	7288	7294	3687	4124	2855	4327
14062	14917	10733	11561	6982	7662	3788	4927	3079	5110
35046	35288	31576	36115	19245	24448	10728	15850	6391	13791
33694	35193	26867	30077	16806	18966	9437	11923	6730	12368
23634	25507	20172	22247	14417	16132	8081	10571	4616	8820
32282	35446	26685	23483	19236	16275	10159	8850	7641	9494
819	774	622	659	399	430	226	267	139	269
1687	1740	1141	1240	697	831	402	470	306	500
16637	17271	13004	14931	7429	8782	3852	5251	2528	5303
133856	**137153**	**97072**	**100594**	**72434**	**76387**	**40930**	**48340**	**30405**	**52230**
36023	37034	26241	27253	20440	21513	11772	13241	8811	13915
22844	24095	16849	18950	10063	11391	5606	7933	4396	9297
29535	30312	23304	23883	16334	17327	9084	11237	7027	12840
24352	24173	16871	16254	13716	13564	7622	8153	5540	8638
19279	19831	12576	13069	10962	11576	6290	7167	4191	6770
1017	896	645	603	555	598	322	337	247	445
806	812	586	582	364	418	234	272	193	325
139816	**135182**	**102203**	**96559**	**68481**	**68295**	**36816**	**41571**	**21126**	**30852**
23658	24237	17407	16927	11328	11197	6072	6668	3862	5466
25869	24761	18780	17417	11894	11896	6525	7579	3684	5677
5748	5590	4656	4215	3168	3071	1530	1654	895	1332
30355	29783	23996	21598	17348	15900	9202	9630	5928	7973
27218	25204	19246	18634	12243	12635	7103	8310	3877	6236
16957	15795	11746	11558	8254	8958	3849	4771	1606	2213
10011	9812	6372	6210	4246	4638	2535	2959	1274	1955

表2 续表 40

地区	0岁		1-4岁		5-9岁		10-14岁	
	男	女	男	女	男	女	男	女
亳州市	**27825**	**24538**	**146006**	**126451**	**254988**	**215404**	**265237**	**219040**
谯城区	8601	7555	45344	39556	73174	59385	65704	51436
涡阳县	6214	5585	31827	27405	60984	51534	67918	55580
蒙城县	6862	6062	34976	29958	58823	50373	63316	52577
利辛县	6148	5336	33859	29532	62007	54112	68299	59447
池州市	**5529**	**5145**	**29398**	**27130**	**36029**	**33372**	**37562**	**34977**
贵池区	2652	2471	13796	12720	16464	15172	16617	15426
东至县	1554	1463	9032	8302	11618	10774	12107	11099
石台县	364	290	1538	1441	1751	1641	1889	1893
青阳县	959	921	5032	4667	6196	5785	6949	6559
宣城市	**9899**	**9185**	**48834**	**45404**	**58737**	**54877**	**58731**	**55325**
宣州区	2645	2373	13442	12223	16132	15089	16701	15558
郎溪县	1334	1165	6320	5854	7848	7163	8284	7778
泾县	1003	937	5001	4673	6251	5889	6180	6039
绩溪县	510	461	2669	2534	3067	2869	3023	2868
旌德县	444	474	2219	2089	2704	2468	2623	2502
宣城市经济开发区	465	447	2335	2251	2566	2397	2129	1921
宁国市	1452	1394	7160	6732	8900	8511	8064	7866
广德市	2046	1934	9688	9048	11269	10491	11727	10793
福建省	**206764**	**174229**	**1173993**	**994358**	**1627920**	**1365950**	**1342664**	**1139347**
福州市	**36337**	**31397**	**198778**	**172468**	**279850**	**245104**	**241210**	**210838**
鼓楼区	2544	2231	14981	13103	21507	18732	17350	15403
台江区	1824	1520	9097	7919	11997	10394	10147	8830
仓山区	5352	4665	29668	26021	37765	33132	29078	25723
马尾区	1079	881	5700	4914	7566	6658	6612	5768
晋安区	3348	3045	18869	16357	24875	21865	21551	19016
长乐区	3300	2826	17357	14478	25915	22088	23926	19755
闽侯县	4358	3782	23206	20168	29394	25419	23610	20495
连江县	2418	2071	13964	11805	23129	19648	22275	18609
罗源县	1147	1021	6476	5842	9887	8716	7454	6627
闽清县	1194	1023	6644	5685	9238	8249	8540	7611
永泰县	1366	1165	7353	6275	10576	8986	9692	8249
平潭县	2098	1712	10643	9496	14764	13357	12990	11643
福清市	6309	5455	34820	30405	53237	47860	47985	43109
厦门市	**26381**	**22949**	**147804**	**125357**	**178618**	**148032**	**129405**	**107736**
思明区	4975	4445	28781	24564	36260	30732	28618	24233
海沧区	3198	2830	17873	15749	21401	18098	14272	12203
湖里区	5055	4425	26828	22725	31278	25437	24737	20007
集美区	5467	4746	29963	25713	34504	28593	25015	20401
同安区	4479	3842	26778	21990	34031	27715	24242	19951
翔安区	3207	2661	17581	14616	21144	17457	12521	10941
莆田市	**15486**	**12815**	**87733**	**73951**	**134160**	**117097**	**120832**	**103570**
城厢区	2672	2291	16134	13447	21605	18533	18696	15717
涵江区	2025	1730	11697	10372	14996	13750	13346	11925
荔城区	3115	2520	19802	16713	29362	25499	24609	21117
秀屿区	2723	2220	15209	12266	30160	25741	29439	24862
仙游县	4951	4054	24891	21153	38037	33574	34742	29949
三明市	**12397**	**10143**	**71632**	**60107**	**106178**	**89163**	**89404**	**73863**
梅列区	1062	860	6443	5481	8198	6913	6447	5835
三元区	705	608	4338	3820	6396	5394	5536	4620
明溪县	444	377	2591	2354	3185	2914	2626	2411
清流县	568	522	3331	2799	4946	4138	4716	3788
宁化县	1410	1103	7661	6431	11208	9554	10702	8632
大田县	1795	1374	10126	8077	18911	14217	13512	9656
尤溪县	2138	1648	11759	9390	15258	13109	10719	8360
沙县	1185	990	6693	5762	10419	9072	10776	9393
将乐县	657	607	4128	3466	5957	5073	5948	5011
泰宁县	513	412	3293	2812	4325	3806	3682	3081
建宁县	484	433	2798	2491	4255	3657	4140	3471
永安市	1436	1209	8471	7224	13120	11316	10600	9605

单位：人

15-19岁		20-24岁		25-29岁		30-34岁		35-39岁		40-44岁	
男	女	男	女	男	女	男	女	男	女	男	女
174510	**137685**	**117182**	**98514**	**157580**	**152110**	**192428**	**201006**	**140889**	**139177**	**160088**	**149839**
48956	41348	41842	37928	52414	51749	67140	70721	44211	43047	48646	46999
41423	31148	24924	19784	34692	33345	44548	45891	34811	34378	39510	36341
38605	28412	23513	19502	33867	33360	39174	41457	29215	29135	34607	31530
45526	36777	26903	21300	36607	33656	41566	42937	32652	32617	37325	34969
32528	**33182**	**26141**	**26490**	**34335**	**33923**	**44499**	**47915**	**34075**	**38887**	**44212**	**46042**
16390	18755	14864	15840	17674	17602	22451	24392	16062	18540	20391	21425
9275	8180	6419	5854	9140	8700	12279	12790	9335	10676	13174	13680
1359	1257	1172	1139	1907	1892	2235	2257	1654	1866	2390	2452
5504	4990	3686	3657	5614	5729	7534	8476	7024	7805	8257	8485
48367	**43659**	**46193**	**42466**	**68220**	**67117**	**92690**	**93022**	**70064**	**72278**	**89086**	**84058**
12117	12543	12415	13021	18626	18616	23132	23905	16741	18058	22145	22031
6346	5823	5979	5782	9019	8725	11503	11720	8053	8777	12196	11759
4352	4019	3478	3089	5931	6188	8548	8943	7458	7873	9166	8481
1892	1637	1746	1695	3037	3049	4133	4335	3979	4115	4103	3999
1579	1420	1273	1211	2471	2512	3583	3648	3151	3101	3438	3235
6255	4131	5426	3238	4285	3958	5256	4996	3214	3254	3559	3475
5916	5285	6161	5705	10034	10060	16475	16352	12631	12357	14447	13233
9910	8801	9715	8725	14817	14009	20060	19123	14837	14743	20032	17845
1081131	**930965**	**1098046**	**941317**	**1528514**	**1335197**	**2049194**	**1952671**	**1704483**	**1620671**	**1544982**	**1466467**
246218	**213665**	**276560**	**246484**	**316777**	**283185**	**404118**	**387342**	**353384**	**340392**	**311363**	**297310**
18878	16724	23367	22527	23163	24000	27554	30955	28024	33031	24634	26541
7868	6748	12640	12997	17810	18106	20407	21190	17273	18041	14207	14490
42979	33485	42413	39500	48826	43120	63658	60511	55237	52398	45313	40947
10716	8676	11576	10389	11544	9545	15981	14302	13885	12694	12175	10876
17913	14920	20693	19108	32018	30208	41017	40877	35992	36073	32271	31411
20058	16995	23039	20450	31078	25965	40400	36009	36980	33163	32464	29180
40285	43399	57825	55684	39233	32000	47136	41786	40913	34627	34050	30326
16184	13806	15122	12372	17445	15496	29778	28192	27223	25755	24176	23495
4581	3808	4484	3059	9778	8253	11942	10806	10301	9062	10148	9419
6074	5182	4585	3647	6346	5616	9339	9000	8717	8421	9522	9476
7196	6196	7758	6900	8209	7196	11394	10880	9340	8829	9273	9569
11678	9451	11854	9072	18475	18250	17400	17960	11405	11501	11975	12173
41808	34275	41204	30779	52852	45430	68112	64874	58094	56797	51155	49407
149483	**117763**	**236125**	**197568**	**287180**	**240653**	**344035**	**304652**	**269274**	**243345**	**207903**	**186093**
20857	18310	36038	38019	46200	48386	52381	58927	47385	54757	40344	44314
12860	9761	22696	16164	34421	26514	45775	37921	35144	29454	26966	21484
20098	15983	51695	48820	74107	65248	74744	65241	53201	48131	42686	38511
47643	40862	68043	55067	56646	44612	71786	61318	55253	46371	39677	32651
21960	16308	27735	20072	41962	32400	59069	49100	49410	40598	38825	33037
26065	16539	29918	19426	33844	23493	40280	32145	28881	24034	19405	16096
89878	**73972**	**80160**	**64223**	**109803**	**99071**	**148755**	**154766**	**114548**	**114738**	**109317**	**110480**
16935	13433	17637	14205	20904	18927	28823	30071	21730	22483	19450	19996
13129	10636	11611	8869	15035	13601	23310	22703	19296	18345	18185	16927
18379	16445	17657	15683	23709	21928	37914	39397	28678	27347	24002	23054
15662	12335	12220	8538	19000	15580	23977	26256	18030	18248	17539	18289
25773	21123	21035	16928	31155	29035	34731	36339	26814	28315	30141	32214
59789	**50336**	**42576**	**37636**	**62979**	**56547**	**100155**	**99548**	**75137**	**76503**	**80078**	**80926**
5021	5503	4543	5301	6930	6466	10571	11097	8085	8432	7749	8598
6676	6456	6048	6327	5085	4411	7843	7212	6161	5953	6555	6350
1596	1571	1633	1403	2370	2027	4442	4092	3438	3072	3351	3075
2435	2001	1667	1507	2626	2330	4180	4262	3604	3751	3813	3735
5954	5081	3514	3280	5964	5130	9269	9719	7230	7623	7407	7870
5849	4568	3147	2340	8923	7820	12184	12147	8442	8714	9488	9405
6539	5139	4943	3905	10380	9001	15082	13984	9360	8914	8837	9013
7979	6756	4147	3824	5834	5420	8966	9105	6693	7243	8437	8650
2669	2282	2023	1850	2657	2702	5311	5731	4600	4715	4395	4447
2022	1722	1439	1337	2085	2061	3771	4173	2983	3446	3429	3574
2066	1763	1690	1662	2055	2163	4439	4466	3313	3531	3496	3421
10983	7494	7782	4900	8070	7016	14097	13560	11228	11109	13121	12788

表2 续表 41

地区	45-49岁		50-54岁		55-59岁		60-64岁	
	男	女	男	女	男	女	男	女
亳州市	**171282**	**163750**	**201854**	**218927**	**150960**	**164676**	**72695**	**72341**
谯城区	55665	53520	71790	73895	49232	52483	20529	19233
涡阳县	40172	37768	43624	47487	33854	37479	18393	18834
蒙城县	37818	37172	44201	50330	32746	35829	15475	15850
利辛县	37627	35290	42239	47215	35128	38885	18298	18424
池州市	**64642**	**64431**	**72092**	**71293**	**62699**	**60455**	**37095**	**33909**
贵池区	29617	29320	31439	31557	26581	26412	14057	13323
东至县	19260	19787	20741	21031	18531	18167	12585	11744
石台县	4055	4045	5091	5013	4690	4058	2658	2190
青阳县	11710	11279	14821	13692	12897	11818	7795	6652
宣城市	**129118**	**117608**	**156997**	**143587**	**120267**	**109628**	**60965**	**52576**
宣州区	35052	33410	41950	39806	32213	30103	12901	11205
郎溪县	17592	16385	19109	17383	13439	12219	6034	5253
泾县	13035	11599	18905	16479	14799	13284	8698	7366
绩溪县	5949	5793	8060	7722	7263	6578	5675	5159
旌德县	4990	4372	6579	5823	6323	5830	3939	3662
宣城市经济开发区	5249	4711	5434	5290	3936	3642	1449	1124
宁国市	18734	16524	25563	23296	19625	17676	10039	8328
广德市	28517	24814	31397	27788	22669	20296	12230	10479
福建省	**1818519**	**1739015**	**1711798**	**1650758**	**1363368**	**1339896**	**1021219**	**1006651**
福州市	**338544**	**330025**	**308767**	**305696**	**259119**	**266348**	**206527**	**211868**
鼓楼区	24705	25265	20949	22297	20380	22103	16641	19150
台江区	14396	15222	13269	14569	13579	14902	12219	12910
仓山区	45523	42328	39064	36647	31986	32619	24769	26047
马尾区	12723	12103	10825	10953	8557	9311	6681	7201
晋安区	35676	34166	31380	30522	26709	26258	19690	19932
长乐区	34211	33399	31546	30741	24450	25778	19803	20761
闽侯县	37586	35319	34974	33426	28591	28568	22366	20993
连江县	28395	27611	26583	26090	21912	22523	18541	18274
罗源县	12761	11198	12922	10798	10243	8434	7280	6671
闽清县	11036	11080	11794	11300	10073	9729	7823	8130
永泰县	11670	12009	11746	11257	10105	10029	8050	8068
平潭县	14497	15272	13929	14501	11787	12650	9058	8712
福清市	55365	55053	49786	52595	40747	43444	33606	35019
厦门市	**214469**	**194521**	**174363**	**163930**	**125224**	**127528**	**83751**	**91315**
思明区	42090	43473	35521	38848	30575	34705	23188	27746
海沧区	26154	21493	20021	17265	13363	13077	8569	9538
湖里区	45465	41152	35567	33534	23921	23331	13789	14718
集美区	39163	33387	30796	27993	20639	21533	13105	14010
同安区	41164	36422	33343	29021	21839	20125	14052	14257
翔安区	20433	18594	19115	17269	14887	14757	11048	11046
莆田市	**124493**	**128889**	**114704**	**122888**	**99640**	**107216**	**85349**	**86739**
城厢区	21202	21469	18074	19522	15496	16867	12767	12895
涵江区	21248	20963	18957	20146	17206	18163	13203	13068
荔城区	25360	25698	21637	23298	18981	21155	15260	16069
秀屿区	21660	23658	21175	22189	18996	20387	17438	18514
仙游县	35023	37101	34861	37733	28961	30644	26681	26193
三明市	**117543**	**113435**	**128459**	**120078**	**101851**	**93170**	**70242**	**65257**
梅列区	10236	10153	10251	10223	8705	8300	4909	4778
三元区	9020	8701	9893	9122	7898	6613	4612	3957
明溪县	5062	4779	5732	5209	4563	3784	3210	2749
清流县	5846	5520	6571	5878	4972	4347	3578	3073
宁化县	11050	11716	12583	12349	10782	10280	8036	7713
大田县	14417	12974	14876	12800	10959	9564	7251	7119
尤溪县	15847	15429	17246	16782	13989	13399	11538	10187
沙县	11998	11109	12580	11746	9617	9024	6733	6661
将乐县	6448	6353	7751	7221	6212	6134	4545	4201
泰宁县	4893	4781	5471	5014	4216	3989	2738	2862
建宁县	5763	5599	6563	6162	5081	4725	3733	3489
永安市	16963	16321	18942	17572	14857	13011	9359	8468

单位：人

65-69岁		70-74岁		75-79岁		80-84岁		85岁及以上	
男	女	男	女	男	女	男	女	男	女
111703	**118498**	**92554**	**96168**	**59085**	**62672**	**34703**	**41394**	**22967**	**40118**
32824	35013	25555	29620	16117	19178	8591	11919	5378	10933
26424	27560	23437	23330	14029	15101	8524	10607	5804	10450
25208	27218	19697	19621	12817	12800	7661	8471	5092	8310
27247	28707	23865	23597	16122	15593	9927	10397	6693	10425
45515	**42421**	**30446**	**30078**	**18222**	**19460**	**10738**	**12811**	**5839**	**9247**
18364	17744	12533	12498	7910	8507	4356	5170	2374	3808
13870	13173	9831	9988	5707	6166	3395	4124	1774	3089
3421	2819	2235	1996	1345	1388	955	1153	424	689
9860	8685	5847	5596	3260	3399	2032	2364	1267	1661
88126	**82740**	**62579**	**60226**	**38847**	**37162**	**23838**	**25785**	**13119**	**18683**
22625	22053	17675	17521	11922	11518	6891	7658	3756	5437
9760	9721	7341	7340	4749	4512	2722	2905	1491	2130
12403	10840	8038	7063	4728	4397	3330	3367	1704	2303
6301	6031	4088	4025	2254	2225	1624	1904	922	1490
5037	4556	3339	3089	2130	1928	1462	1429	738	997
2048	1838	1375	1244	859	816	561	647	328	467
13866	12353	9106	8819	5221	5131	3393	3741	1819	2675
16086	15348	11617	11125	6984	6635	3855	4134	2361	3184
887915	**931304**	**562879**	**570740**	**349835**	**369567**	**232858**	**284503**	**160675**	**259723**
188908	**200289**	**126006**	**119275**	**74736**	**71789**	**47616**	**52379**	**36694**	**53902**
15280	17728	11035	11817	6962	7712	5516	6039	4685	5577
10785	11471	7276	7284	4281	4392	2918	3386	2306	3149
21769	22799	14051	13209	7438	6911	4588	4922	3467	5063
6176	6922	3999	3907	2263	2120	1305	1492	900	1579
16682	17811	10842	10818	6365	5924	4189	4431	3090	3863
18217	20870	12507	11654	7590	6785	4228	4448	2734	5114
21129	21000	13750	11716	7740	6031	4329	4430	3279	5277
16971	17357	10807	11145	6632	7106	4001	5112	2720	4755
6119	6013	4376	3935	2707	2582	1732	1951	1158	1523
7811	9193	5641	4549	3406	2576	2161	2135	1624	2011
8052	8705	5731	4950	3427	3018	2109	2225	1543	2120
8823	8561	6120	6061	3472	4114	2298	2937	2036	3256
31094	31859	19871	18230	12453	12518	8242	8871	7152	10615
65165	**73525**	**37094**	**41086**	**21153**	**24555**	**13686**	**17020**	**9384**	**15845**
20207	23529	12858	14340	7590	8621	5695	6771	3677	5355
6384	7139	3381	3509	1791	1874	1004	1268	706	1199
10137	11367	5665	6056	3000	3161	1872	2130	1202	1950
9215	10316	4693	5231	2657	3173	1619	2045	1154	1927
10694	12207	6080	6845	3593	4179	1996	2544	1399	2656
8528	8967	4417	5105	2522	3547	1500	2262	1246	2758
80917	**86393**	**46654**	**49828**	**28533**	**33662**	**17085**	**23796**	**12730**	**25843**
11440	12380	6235	6619	3843	4380	2465	3141	1779	3159
13192	14037	8022	8314	4507	5040	2681	3551	1829	3990
14318	15647	8185	8735	4826	5511	2622	4056	1764	3883
16457	18420	9745	11680	6137	8579	4061	6235	3375	7684
25510	25909	14467	14480	9220	10152	5256	6813	3983	7127
59440	**60704**	**41488**	**43054**	**29111**	**30103**	**21699**	**25054**	**13716**	**16949**
3549	3972	2530	3176	1943	2321	1554	1823	1035	1122
3249	3332	2381	2794	1771	2306	1542	1918	1136	1197
2595	2435	1782	1843	1302	1232	937	1255	588	901
3026	3017	1965	2054	1472	1676	1110	1508	658	1039
7255	7394	5078	5560	3359	3809	2750	3437	1439	2247
6981	7259	4649	4653	3653	3324	2318	2488	1654	1879
9270	9189	6473	5992	4346	3839	3165	2917	2308	2244
5981	6236	4144	4290	2806	2829	2078	2287	1295	1745
3967	4008	2827	2854	1770	1717	1377	1565	802	962
2848	2992	2090	2146	1341	1467	961	1162	476	658
3074	3188	2287	2381	1503	1577	1047	1343	422	669
7645	7682	5282	5311	3845	4006	2860	3351	1903	2286

表2 续表 42

地区	0岁		1-4岁		5-9岁		10-14岁	
	男	女	男	女	男	女	男	女
泉州市	**47305**	**37763**	**273681**	**216596**	**387047**	**291548**	**312032**	**244859**
鲤城区	2055	1676	12604	10079	17557	13577	13620	11046
丰泽区	3393	2864	20724	16495	24038	18805	18972	15513
洛江区	1337	1048	8541	6509	10704	8260	7323	6122
泉港区	2431	1896	12495	10220	17079	14262	12648	11263
惠安县	6873	5378	39364	30625	47034	35597	32275	27915
安溪县	5480	4121	30203	23420	53327	38726	57509	40586
永春县	2096	1602	12289	9819	19121	14148	17037	13285
德化县	2036	1542	12670	9889	17159	12403	10962	8638
金门县								
石狮市	3233	2640	18877	14997	26643	20028	21937	16883
晋江市	9967	8427	56176	45563	80617	61628	64837	50657
南安市	8404	6569	49738	38980	73768	54114	54912	42951
漳州市	**25906**	**22183**	**152807**	**133687**	**196583**	**170732**	**160642**	**141562**
芗城区	2531	2250	15517	14047	20058	17839	17617	15823
龙文区	1804	1647	11148	9479	12875	11379	8999	8217
云霄县	2256	1809	12193	10566	15773	12812	14203	11432
漳浦县	5109	4213	30907	26509	36664	30374	28244	23466
诏安县	3158	2822	18260	16037	26484	23147	22625	19870
长泰县	1054	938	6831	6220	8554	7465	6210	5639
东山县	1108	981	6260	5697	7430	7031	6050	5654
南靖县	1227	1127	7679	6866	9669	8674	8421	7826
平和县	2366	1912	12893	11043	17801	15643	16335	14119
华安县	515	492	3376	3033	4869	4254	4196	4001
龙海市	4778	3992	27743	24190	36406	32114	27742	25515
南平市	**11028**	**9876**	**61580**	**56284**	**86661**	**80036**	**93294**	**85765**
延平区	1701	1536	9969	9077	13787	12667	14759	13172
建阳区	1409	1256	8115	7427	11739	11050	11395	10499
顺昌县	681	633	3731	3372	4824	4544	4931	4706
浦城县	1021	901	5209	4900	8446	8090	11597	11058
光泽县	546	456	2936	2678	4083	3625	4724	4144
松溪县	640	563	3261	3049	5096	4699	4847	4425
政和县	1056	908	5083	4642	7460	6682	7547	6605
邵武市	1100	980	6200	5836	8369	7691	8367	7597
武夷山市	1150	1096	7056	6291	8034	7547	8253	7643
建瓯市	1724	1547	10020	9012	14823	13441	16874	15916
龙岩市	**14904**	**12341**	**92339**	**77156**	**129772**	**107442**	**88816**	**72702**
新罗区	4396	3856	28829	24227	36244	30455	23422	20486
永定区	1516	1247	9772	8024	16761	13843	12201	10182
长汀县	2320	1841	14086	11530	22532	17999	16243	11598
上杭县	2168	1709	13118	10860	17919	15011	11688	9841
武平县	1705	1428	10160	8604	12538	10759	9093	7436
连城县	1637	1282	9184	7654	12135	9405	8074	6141
漳平市	1162	978	7190	6257	11643	9970	8095	7018
宁德市	**17020**	**14762**	**87639**	**78752**	**129051**	**116796**	**107029**	**98452**
蕉城区	3676	3318	17641	16244	25747	23561	19323	18540
霞浦县	2435	1965	13301	11922	21339	19515	16632	15298
古田县	1544	1384	8510	7839	11424	10564	9039	8528
屏南县	704	640	3916	3678	5367	4834	4821	4433
寿宁县	1019	935	4929	4430	6582	5939	6735	5927
周宁县	761	662	3907	3314	6311	5611	5641	5052
柘荣县	527	422	2756	2426	4028	3740	3339	3276
福安市	3373	2766	16321	14403	25464	22415	24008	20993
福鼎市	2981	2670	16358	14496	22789	20617	17491	16405
江西省	**233082**	**193740**	**1232031**	**1047370**	**1876684**	**1574331**	**2068265**	**1696861**
南昌市	**29758**	**24864**	**153762**	**131351**	**206503**	**177182**	**199576**	**167941**
东湖区	1480	1283	8560	7385	10781	9442	11070	9391

单位：人

15-19岁		20-24岁		25-29岁		30-34岁		35-39岁		40-44岁	
男	女	男	女	男	女	男	女	男	女	男	女
224091	**189004**	**205221**	**168655**	**351330**	**296917**	**486542**	**461097**	**396747**	**369957**	**355637**	**327204**
12095	11258	11674	10323	16492	15173	25690	25039	21693	21153	18722	16986
28752	27527	29631	31796	30748	27882	39546	37865	31697	30805	28242	25827
8928	9315	6916	6732	8719	7140	13572	13151	11603	10961	10114	9300
5613	5197	4909	3576	12672	11607	17258	17389	15597	15561	12444	12734
21296	18087	14918	11829	36288	33518	52555	56195	45599	46655	38228	38507
26443	19992	17744	13011	37342	30513	47695	47537	36827	35756	34393	32670
8995	8492	6025	4878	9906	8641	16664	17106	13599	14256	14956	16122
7395	6356	4846	3969	10930	9672	15308	14734	13508	13303	14120	13458
20850	16690	22089	17210	29167	24825	43282	39836	35394	31630	31708	27982
51669	39613	58456	43643	98795	80557	134634	119326	105947	91592	95414	82544
32055	26477	28013	21688	60271	47389	80338	72919	65283	58285	57296	51074
123959	**116454**	**110477**	**100058**	**150875**	**133944**	**216049**	**205020**	**189916**	**181396**	**180137**	**173104**
22512	25483	19570	24527	19158	18344	27324	27478	26508	26714	24330	23482
7566	5706	8566	7293	12624	11928	18491	18278	15224	14313	11651	10283
10669	9784	8970	7313	13133	10979	15334	14582	13623	13299	16324	16293
17781	15790	14920	13043	23034	20631	35486	34570	31090	30540	32842	31414
11912	10970	11429	9294	15409	13408	19625	18395	19354	18761	18232	18010
3874	3056	5148	3599	7264	6217	11768	10675	10050	8894	7927	7467
3842	3773	3803	3260	6807	6173	9403	8954	7269	6982	8177	7933
7813	7671	4860	4214	6644	6124	10792	10425	9951	9536	9795	10006
12678	10747	9619	7586	11466	9451	15419	14198	14289	14055	13283	13319
2614	2193	2193	1825	2860	2533	5436	4712	4313	4084	4465	4445
22698	21281	21399	18104	32476	28156	46971	42753	38245	34218	33111	30452
61866	**58033**	**49294**	**44567**	**63203**	**58290**	**93204**	**91737**	**82066**	**80572**	**90021**	**89127**
13086	11789	9446	8121	11181	10095	15136	15502	13462	14382	15082	15856
8230	8495	6259	5515	8417	7909	13707	13051	12004	10965	12696	11452
4134	3698	2392	2021	4255	3750	5688	5281	5302	5079	5673	5746
7206	6757	5176	4699	5127	4812	6878	7055	6925	7570	9207	9666
2805	2517	2342	2064	3085	2930	4480	4658	3582	3515	4220	4279
2104	2076	1838	1646	3178	3016	4928	4585	3350	3197	4228	4138
3209	2660	2923	2388	5644	4581	7584	6790	5121	4650	6071	5847
5166	4551	4609	4032	6325	5921	9953	9888	8781	9005	9392	9475
7336	7495	7969	8575	7028	6855	10319	10537	10042	9592	9360	8728
8590	7995	6340	5506	8963	8421	14531	14390	13497	12617	14092	13940
59926	**53138**	**40531**	**37931**	**69735**	**66034**	**113361**	**116471**	**99639**	**100273**	**91950**	**92287**
21626	20641	17790	18382	25707	24869	44561	44846	37653	36770	31371	30214
6503	5892	3748	3191	6058	5556	11907	11724	11354	10963	10881	10728
9850	7558	5665	4746	9118	8725	13724	15731	12018	13410	12904	13648
7471	6315	4816	4036	9261	8959	14573	15028	11381	11634	11134	11456
5407	4773	2927	2914	6203	6255	9062	9651	8343	9055	8305	9102
4489	3744	2719	2244	7174	6296	9277	9403	8750	8853	7875	8078
4580	4215	2866	2418	6214	5374	10257	10088	10140	9588	9480	9061
65921	**58600**	**57102**	**44195**	**116632**	**100556**	**142975**	**132038**	**123772**	**113495**	**118576**	**109936**
15341	13590	18293	12730	31829	25258	37460	32359	28007	25274	23775	21675
8378	7292	6442	5172	14424	12992	20382	19711	19152	17326	18430	16130
5323	5145	3709	3267	9319	8392	11586	11328	11824	10998	12451	12103
2665	2382	1867	1579	4629	3884	5399	4986	5076	4526	4705	4498
4408	3797	3543	2816	6205	5238	6575	5755	5409	4844	6081	5610
3441	2864	2352	1782	5183	4191	6179	5383	5417	4990	4811	4667
1844	1801	1335	1257	2801	2858	3542	3793	3517	3468	3796	3523
15196	13243	10967	7935	23208	19937	27429	24572	23006	20788	23220	21423
9325	8486	8594	7657	19034	17806	24423	24151	22364	21281	21307	20307
1719313	**1382865**	**1369289**	**1179512**	**1308333**	**1190816**	**1671282**	**1652638**	**1350321**	**1360137**	**1626712**	**1611438**
329781	**262302**	**356466**	**285857**	**235830**	**200731**	**273030**	**255084**	**193728**	**183043**	**211901**	**201451**
9796	9419	17118	16958	16611	15533	17593	17227	13675	13972	14991	15505

表2 续表 43

地　区	45-49岁		50-54岁		55-59岁		60-64岁	
	男	女	男	女	男	女	男	女
泉州市	**395430**	**374633**	**345457**	**340402**	**263219**	**259822**	**184997**	**184515**
鲤城区	17926	16936	13817	14367	11465	12157	8645	8852
丰泽区	28803	26720	23157	22972	18504	18647	12039	12326
洛江区	10582	10079	8825	8948	6240	6530	4792	4814
泉港区	14256	14432	13848	13886	10912	11244	9070	9760
惠安县	45964	46971	41648	42397	30039	30937	22001	24631
安溪县	38969	37791	39434	39110	30227	30419	23912	23314
永春县	19285	19718	19380	19599	16603	16050	12338	11666
德化县	16845	15548	15371	13329	11469	10062	7618	7133
金门县								
石狮市	34205	30352	26919	24517	20047	18133	12177	11402
晋江市	103595	94322	82388	78621	59110	55154	36015	34385
南安市	65000	61764	60670	62656	48603	50489	36390	36232
漳州市	**232965**	**218319**	**233392**	**214198**	**187735**	**175681**	**144510**	**138581**
芗城区	26976	26704	25387	24679	22059	20946	16337	16018
龙文区	12049	10655	10742	10249	8111	8240	5873	6217
云霄县	20429	18619	18849	16763	15012	13923	11591	11143
漳浦县	41260	37763	38470	34671	30119	28104	23194	22192
诏安县	25215	23705	24896	22822	20763	19717	16525	16333
长泰县	10638	9954	12238	10848	9274	8103	6789	6163
东山县	12232	11362	10747	10091	8631	8245	6294	6167
南靖县	15600	14881	17109	15600	13826	12155	10431	10029
平和县	20941	19723	22759	20333	19121	17478	15812	14178
华安县	7562	6517	7747	6163	6203	5298	4576	4131
龙海市	40063	38436	44448	41979	34616	33472	27088	26010
南平市	**132835**	**129247**	**146031**	**139166**	**117126**	**110936**	**82944**	**79407**
延平区	21908	22268	23504	23516	19154	18521	13807	13653
建阳区	16933	15515	17966	16196	14616	13566	10323	9782
顺昌县	9187	9099	11139	10072	8946	8005	6413	5959
浦城县	14381	14604	17426	16563	14045	13702	10006	9601
光泽县	7046	6832	8133	7427	6227	5394	3439	3113
松溪县	6696	6416	7144	6881	5887	5637	4017	4061
政和县	8942	8457	8939	8619	6805	6565	4839	4836
邵武市	14345	13855	15661	14859	12873	12143	8544	7833
武夷山市	11872	11426	12559	11817	9912	9078	6729	6075
建瓯市	21525	20775	23560	23216	18661	18325	14827	14494
龙岩市	**126333**	**120810**	**128305**	**120316**	**99676**	**94612**	**69799**	**63912**
新罗区	38682	36091	36607	33801	28569	26731	18519	17288
永定区	15470	13870	16578	14188	12660	11980	9351	8429
长汀县	16381	16996	16258	17277	13036	13351	10393	9425
上杭县	17409	17036	18436	18005	14163	13639	10362	9367
武平县	13503	13559	14224	13733	11031	10651	6798	6334
连城县	11530	11421	12013	11633	9304	9055	7426	6495
漳平市	13358	11837	14189	11679	10913	9205	6950	6574
宁德市	**135907**	**129136**	**132320**	**124084**	**109778**	**104583**	**93100**	**85057**
蕉城区	25398	23075	22679	21193	17926	17009	13555	12331
霞浦县	21161	19147	21049	18838	18283	16989	15252	13970
古田县	15128	14559	14880	14020	12477	12320	11478	11037
屏南县	6487	6513	6308	5892	5435	4955	4778	4366
寿宁县	7494	7267	7645	7376	6297	6302	5784	5324
周宁县	5733	5637	6245	6028	5271	5310	5005	4532
柘荣县	4184	3945	4017	3758	3117	3079	2531	2304
福安市	26140	25514	25105	24090	20640	19719	17956	15811
福鼎市	24182	23479	24392	22889	20332	18900	16761	15382
江西省	**1883843**	**1831936**	**1813375**	**1785801**	**1464299**	**1439580**	**1138994**	**1114766**
南昌市	**230780**	**218445**	**220553**	**215416**	**177595**	**175912**	**139158**	**137471**
东湖区	16724	16364	16341	15844	15523	15167	12917	12879

单位：人

65-69岁		70-74岁		75-79岁		80-84岁		85岁及以上	
男	女	男	女	男	女	男	女	男	女
156252	**168716**	**91261**	**101796**	**52530**	**63472**	**33965**	**50161**	**23709**	**48715**
6933	7492	3959	4730	2221	2741	1593	2411	1183	2421
9445	10001	5056	5952	2863	3198	1885	2511	1209	2147
4175	4481	2299	2544	1387	1595	835	1188	501	1062
7379	8189	4255	5002	2530	3604	1744	2598	1511	3225
19278	23706	11257	15008	5776	9152	3806	8249	2525	8545
21894	22778	12340	13383	8177	8890	4914	6142	3263	5347
11829	11848	7242	7127	4553	4814	3110	3615	1841	2876
6610	6405	3890	3941	2534	2739	1573	1872	925	1386
8999	8681	5125	5267	2861	3191	1782	2645	1319	2407
27840	29280	16375	18100	8500	10336	5732	8672	4371	8693
31870	35855	19463	20742	11128	13212	6991	10258	5061	10606
118424	**123234**	**73085**	**76264**	**49226**	**54180**	**32087**	**40293**	**20296**	**36367**
12811	13445	8073	8698	5095	5836	3565	4025	2593	3701
4684	5389	2781	2799	1515	1654	917	980	660	897
9978	10530	6310	6049	4603	4570	3138	3746	1762	3196
18632	20266	11841	12996	8509	10123	5213	7322	3327	6906
13091	13906	8311	8667	5665	6271	4060	5523	2836	5461
4952	4997	2854	2997	2160	2346	1321	1731	745	1275
5092	5390	3455	3829	2183	2565	1453	2064	853	2271
9163	9311	5531	5489	3647	3877	2427	2937	1504	2422
13611	13189	8083	7352	5711	5470	3557	4082	1978	3442
3657	3753	2260	2329	1656	1848	1147	1314	659	1047
22753	23058	13586	15059	8482	9620	5289	6569	3379	5749
74189	**74968**	**50764**	**50261**	**32093**	**31902**	**23126**	**24966**	**15627**	**18553**
11785	12395	8386	8586	5412	6013	4469	4702	3110	3610
8568	8782	5635	5545	3570	3490	2487	2657	1605	2017
5135	5399	3481	3890	2392	2698	1838	2208	1223	1539
11113	10595	7445	6769	4286	3680	3209	3155	2195	2644
3043	3059	2553	2695	1678	1691	1249	1487	725	834
3610	3633	2565	2322	1538	1502	1115	1169	871	939
4671	4903	3229	2726	2034	1493	1459	1257	1109	1079
7152	7158	4913	5401	3212	3756	2290	2887	1584	2017
5732	5561	3821	3714	2540	2418	1543	1803	1002	1160
13380	13483	8736	8613	5431	5161	3467	3641	2203	2714
64099	**63716**	**42916**	**43440**	**30311**	**32477**	**21607**	**29939**	**11801**	**22820**
15108	15224	9343	9526	6409	6744	4342	5564	2712	4140
9227	9371	5799	6258	4075	4532	2887	4038	1738	3378
9957	9696	7229	7286	5004	5357	3704	5167	1839	3868
10059	9849	6626	6714	4967	5455	3763	5818	1853	4493
7412	7472	5219	5264	3737	3843	2911	3957	1502	3368
6599	6427	4879	4620	3164	3568	2019	3133	938	1880
5737	5677	3821	3772	2955	2978	1981	2262	1219	1693
80521	**79759**	**53611**	**45736**	**32142**	**27427**	**21987**	**20895**	**16718**	**20729**
11484	11241	7698	6652	4596	3965	3139	3156	2237	2865
12624	12717	8331	7107	5081	4473	3419	3234	2571	3452
10779	10748	7576	5892	4675	3573	3011	2919	1966	2456
4092	3955	2923	2226	1676	1333	1224	1153	905	1005
5475	5286	3857	3160	2203	1669	1661	1472	1454	1457
4647	4420	3294	2450	2052	1448	1451	1156	1188	1181
2388	2403	1729	1250	1048	742	695	498	593	659
15313	15370	9541	8717	5760	5202	3772	3537	3055	3870
13719	13619	8662	8282	5051	5022	3615	3770	2749	3784
1017426	**1032980**	**704795**	**728468**	**409203**	**454900**	**267214**	**337712**	**164072**	**254251**
122220	**125249**	**86191**	**89006**	**50683**	**54109**	**32864**	**39802**	**23861**	**35551**
10784	11384	7314	7580	4667	5543	3469	4652	2986	3762

表2 续表 44

地区	0岁		1-4岁		5-9岁		10-14岁	
	男	女	男	女	男	女	男	女
西湖区	2044	1698	11455	9884	15212	13163	13484	11651
青云谱区	1275	1068	7479	6412	9731	8336	9759	8175
青山湖区	5490	4607	31257	26668	39485	33229	34454	28789
新建区	4816	3973	22312	18888	30799	26912	31072	26717
红谷滩区	2661	2228	14549	12375	17317	14938	12909	11247
南昌县	7408	6161	37105	31545	49569	42121	48078	39347
安义县	1442	1169	6359	5437	9923	8519	10572	8569
进贤县	3142	2677	14686	12757	23686	20522	28178	24055
景德镇市	**7968**	**6823**	**41338**	**34698**	**67345**	**53986**	**74912**	**58145**
昌江区	893	826	5040	4399	7439	6341	7674	5864
珠山区	1652	1393	8493	7590	11826	10086	12153	10030
浮梁县	1360	1243	6817	5802	9344	7640	9464	7906
乐平市	4063	3361	20988	16907	38736	29919	45621	34345
萍乡市	**8522**	**7700**	**45143**	**40610**	**67165**	**60841**	**69650**	**63202**
安源区	2089	2052	13126	11864	17511	15942	15539	14588
湘东区	1263	1175	6555	5901	10511	9632	10526	9777
莲花县	1287	1126	6100	5278	9579	8183	10951	9381
上栗县	2586	2295	12813	11681	19603	17980	20241	18267
芦溪县	1297	1052	6549	5886	9961	9104	12393	11189
九江市	**22338**	**18384**	**119519**	**102998**	**180491**	**153316**	**198860**	**168392**
濂溪区	1730	1399	10041	8841	13464	11408	11399	9642
浔阳区	1715	1407	10707	9109	14162	12002	13906	11802
柴桑区	1621	1260	7741	6254	11226	9058	12559	9965
武宁县	1702	1473	9409	8340	14470	13022	14794	13480
修水县	3823	3313	19745	17591	30567	27132	36508	33197
永修县	1561	1321	8023	7023	11686	10070	13752	11657
德安县	744	640	4306	3603	6920	5941	7889	6406
都昌县	3134	2447	16161	13688	24989	20804	28828	23773
湖口县	1111	957	5721	5107	8465	7067	9061	7687
彭泽县	1202	1011	6180	5503	9689	8381	13043	11352
瑞昌市	2036	1620	10823	9067	16962	13831	19360	15138
共青城市	648	521	3806	3278	6561	5309	6732	5356
庐山市	1311	1015	6856	5594	11330	9291	11029	8937
新余市	**5316**	**4168**	**33200**	**26518**	**50489**	**36521**	**53804**	**39250**
渝水区	3856	3044	24839	19723	37397	26893	40228	28967
分宜县	1460	1124	8361	6795	13092	9628	13576	10283
鹰潭市	**6060**	**4947**	**29329**	**24178**	**46407**	**38668**	**56653**	**46585**
月湖区	1318	1098	7633	6206	11462	9649	12529	10445
余江区	1839	1506	8207	7059	13283	11251	16032	13199
贵溪市	2903	2343	13489	10913	21662	17768	28092	22941
赣州市	**47360**	**39859**	**258558**	**223801**	**381684**	**329169**	**430150**	**361020**
章贡区	5529	4650	31476	27038	41583	35353	37592	32742
南康区	4487	3581	23336	19903	34039	29616	39041	31460
赣县区	2810	2416	15918	13748	23394	19955	29194	24876
信丰县	3380	2832	19597	17298	30551	26069	32966	28087
大余县	1170	1001	6589	5708	10616	9100	13435	11229
上犹县	1360	1112	7330	6145	11662	9856	14905	11856
崇义县	952	780	4918	4113	7267	6068	8662	7173
安远县	1884	1527	10128	8818	16369	14207	18978	15605
定南县	1054	917	5972	5084	9738	8556	10285	8810
全南县	960	783	4860	4280	6957	5702	9021	7445
宁都县	3514	2842	19334	16462	31808	26755	39914	32142
于都县	5260	4668	28805	25756	42348	38079	45075	39651
兴国县	4339	3593	22535	19268	33259	28404	42843	35160
会昌县	2744	2478	13814	12345	18579	16670	20106	17295
寻乌县	1628	1422	8725	7397	12501	10533	11652	9667
石城县	1555	1233	8513	7196	12160	10119	12550	9898
瑞金市	3062	2596	17418	15141	25753	22878	30563	26568
龙南市	1672	1428	9290	8101	13100	11249	13368	11356

单位：人

15-19岁		20-24岁		25-29岁		30-34岁		35-39岁		40-44岁	
男	女	男	女	男	女	男	女	男	女	男	女
10877	9264	15646	14951	17736	16830	22515	23236	16967	17112	17725	17769
12343	8276	11922	9165	12607	10848	15063	14291	10964	10836	13993	13816
99899	72406	104765	76523	53782	45038	61980	57065	41922	38287	42255	39484
42277	34990	41842	31983	32867	26600	34166	29641	25498	22111	29027	25735
36852	34951	52194	47810	22951	20714	24306	24093	18663	18339	16949	15697
82217	66942	83979	67578	56049	44914	64771	59146	40819	37443	46573	43485
11965	9026	11068	8034	7752	6130	10232	8897	7720	6763	8339	7475
23555	17028	17932	12855	15475	14124	22404	21488	17500	18180	22049	22485
56091	**45043**	**47466**	**42694**	**49131**	**46701**	**61652**	**60486**	**51936**	**51968**	**59594**	**57233**
5272	3733	4740	4134	6905	6673	8838	8712	7010	7065	7646	7501
10670	10881	10624	9952	12742	12158	16276	16261	13481	13774	14465	14688
12097	11649	12961	13463	9308	8738	10233	9745	7751	7277	9971	9033
28052	18780	19141	15145	20176	19132	26305	25768	23694	23852	27512	26011
53460	**49508**	**40656**	**38924**	**44393**	**43572**	**62775**	**63698**	**57962**	**58951**	**73583**	**70583**
21261	21408	15688	15620	12968	13983	19902	21880	18307	19818	23108	23455
7381	6445	6026	5232	7658	6905	10067	9346	9434	9102	12841	11429
5914	5017	3800	3455	4575	4575	6333	6520	5978	6504	7585	8274
12718	11219	11081	10655	13813	12727	17614	17111	15592	14907	19486	17680
6186	5419	4061	3962	5379	5382	8859	8841	8651	8620	10563	9745
163466	**138988**	**132039**	**122505**	**118347**	**114535**	**171495**	**174924**	**138792**	**145667**	**162789**	**163856**
20554	18612	22752	20483	12333	12968	18182	19799	13700	13832	13829	13957
14757	16296	12384	13483	11616	12024	15855	18505	13766	16745	15996	18327
9615	6479	8766	6465	10742	9117	14581	13123	10908	9884	11875	10490
7164	6280	4878	4706	6273	6729	13242	13803	10128	10639	9972	10267
23843	20616	12842	12309	14380	15272	25189	26525	20855	21364	25134	24613
10871	8582	7348	5951	8584	7569	10874	10511	8600	8806	11418	11187
4052	3536	2931	2785	3752	4011	7045	7195	5488	5800	6919	6667
21974	15572	15428	13460	15929	14608	18851	18324	16358	17996	20555	21632
6186	4697	4627	3768	6399	5533	8209	7739	6327	6445	8422	8598
9031	7532	5414	4627	6088	5378	9513	8627	8275	8156	10354	9930
13906	10175	7990	6436	11494	10684	15201	15672	12682	13872	15152	15007
14609	15976	20212	22666	4170	4251	5861	6387	4829	4826	5246	5019
6904	4635	6467	5366	6587	6391	8892	8714	6876	7302	7917	8162
52092	**34654**	**32588**	**26023**	**28032**	**26041**	**40215**	**41972**	**35391**	**37626**	**45442**	**46023**
44298	29048	27620	21677	22409	20682	31144	32665	27370	29537	35416	36233
7794	5606	4968	4346	5623	5359	9071	9307	8021	8089	10026	9790
42341	**35983**	**28146**	**24622**	**32228**	**27447**	**42659**	**41597**	**36669**	**35313**	**39190**	**39074**
9376	8353	6448	5951	8186	8135	11893	13001	10181	10761	10316	10892
12514	8876	8857	6656	9807	8099	12040	11033	9988	9195	9208	9664
20451	18754	12841	12015	14235	11213	18726	17563	16500	15357	19666	18518
348708	**286336**	**256212**	**230668**	**276136**	**249131**	**333111**	**324188**	**265782**	**262523**	**326342**	**324131**
55354	53935	51052	49663	39611	37068	51758	51522	38035	37012	38346	38325
35035	25549	25338	20999	32083	26628	36033	33263	27528	25029	34869	33365
23791	18923	15648	12869	17709	15385	21565	20380	16710	16117	21189	20582
23772	18063	15796	13607	21664	18488	24740	23307	17160	16238	23233	24156
8235	6334	5104	4644	6039	5639	8621	8616	6739	7026	9689	10085
9311	7234	4610	4310	6122	5644	8594	8705	7236	7733	9963	10483
4918	4075	2948	2740	3642	3556	6143	6152	4854	5123	6794	6857
11969	9544	9734	8437	10660	9719	11865	12085	10541	10332	13275	12712
5507	4552	3843	3374	6869	6220	8557	8464	7237	7325	7918	7632
4860	3982	2713	2322	4351	3891	5951	5749	4911	4957	6236	6208
29780	22035	17069	14427	18821	17005	25403	23698	19067	18957	25848	25591
39571	32911	29740	28044	27737	25258	27990	27862	24923	25004	31801	31865
28316	23214	16987	15441	18171	17052	21400	22588	20511	21659	23715	24761
18128	15677	16151	15516	14284	13452	15055	14857	12887	12569	16884	16177
8836	7048	7092	6447	8496	8194	10837	10666	9211	9456	11230	10724
10641	7716	7139	5858	10083	8624	12109	11172	8401	8187	10037	9839
22529	18689	18555	16392	18534	17105	23489	23034	19037	19324	22144	22103
8155	6855	6693	5578	11260	10203	13001	12068	10794	10475	13171	12666

表2 续表 45

地区	45-49岁		50-54岁		55-59岁		60-64岁	
	男	女	男	女	男	女	男	女
西湖区	18481	18481	17851	18711	17673	18424	15567	15020
青云谱区	15267	14711	14214	14083	12833	12249	9974	9721
青山湖区	43027	40356	39148	38549	31431	31364	22874	23020
新建区	31741	28117	29601	26532	21818	19528	16077	15261
红谷滩区	16808	14417	14469	13243	12026	12446	8982	9470
南昌县	51232	50195	51920	52806	38528	39318	31630	30618
安义县	10433	9012	10451	9385	8524	7554	6598	6314
进贤县	27067	26792	26558	26263	19239	19862	14539	15168
景德镇市	**65941**	**62941**	**66185**	**65724**	**57761**	**55997**	**43138**	**42039**
昌江区	8648	8500	9144	8958	8138	7508	5766	5255
珠山区	15682	15334	17042	16988	15973	15150	11451	10690
浮梁县	11524	10245	12196	11355	9900	9247	7297	6702
乐平市	30087	28862	27803	28423	23750	24092	18624	19392
萍乡市	**79154**	**76124**	**77424**	**74292**	**65426**	**62189**	**52629**	**51970**
安源区	23881	23486	23419	22882	20946	20410	15296	15389
湘东区	14282	12700	14571	13344	12073	11054	10467	10324
莲花县	8763	9386	8817	8561	7759	7533	6498	6413
上栗县	20721	19766	19110	18697	15081	14187	12452	12085
芦溪县	11507	10786	11507	10808	9567	9005	7916	7759
九江市	**191597**	**185812**	**191392**	**186840**	**162971**	**157047**	**118596**	**113646**
濂溪区	15386	15690	15942	15994	13237	13004	8742	8423
浔阳区	18593	19242	17694	17388	15422	14841	10694	10494
柴桑区	12853	11847	13895	13159	11590	11130	7877	7525
武宁县	13352	13180	14239	14164	12483	11887	9957	9616
修水县	30849	28205	30404	28660	25462	24247	19740	18793
永修县	13663	13061	14781	13957	12556	11650	8800	8267
德安县	7599	7114	7524	7135	6343	6015	4138	4131
都昌县	22462	22707	21305	21751	18655	18594	15716	15065
湖口县	10768	10349	9751	9355	8699	8248	6760	6140
彭泽县	13510	12466	13937	13674	12058	11401	8333	7711
瑞昌市	18044	17646	17370	16704	14216	13845	9465	9530
共青城市	5682	5383	5533	5670	4365	4442	2825	2590
庐山市	8836	8922	9017	9229	7885	7743	5549	5361
新余市	**54850**	**53636**	**52205**	**50960**	**42101**	**40722**	**32638**	**32750**
渝水区	42070	41931	39829	39024	32176	30868	24308	24470
分宜县	12780	11705	12376	11936	9925	9854	8330	8280
鹰潭市	**50031**	**48754**	**49361**	**48421**	**40091**	**37989**	**31227**	**29978**
月湖区	12327	12534	11908	12150	10480	10182	7222	7140
余江区	14234	14236	13714	13867	10535	10367	9064	8621
贵溪市	23470	21984	23739	22404	19076	17440	14941	14217
赣州市	**386872**	**376022**	**358599**	**353074**	**269583**	**267763**	**207184**	**201912**
章贡区	41245	40353	36277	35833	30186	30332	22859	22459
南康区	42398	41096	39236	38298	26469	25977	18753	18091
赣县区	25686	24111	23900	22049	18242	17125	12939	12711
信丰县	30861	30835	30127	30412	21815	21771	16828	16510
大余县	12390	13000	12780	12729	9481	9577	7377	7022
上犹县	11770	12174	11672	11737	9097	9168	6457	6323
崇义县	8831	8699	8520	8467	6674	6600	4730	4456
安远县	15401	13986	13928	13847	10236	10505	7441	7954
定南县	10373	8935	9498	8411	7215	6637	4880	4530
全南县	8049	7346	7833	7735	6306	6023	4653	4684
宁都县	30244	28847	27385	26642	21177	21400	17222	17344
于都县	35472	35824	31425	33762	21981	23838	19793	19863
兴国县	28953	29571	26160	26711	21376	21475	17469	15842
会昌县	19504	19310	17828	17583	12219	12463	9452	9194
寻乌县	12822	10903	12275	10884	9293	8583	6945	6494
石城县	12024	11708	11543	11099	8895	8605	6902	6828
瑞金市	26179	25728	24011	23834	17886	17372	14026	13702
龙南市	14670	13596	14201	13041	11035	10312	8458	7905

单位：人

65-69岁		70-74岁		75-79岁		80-84岁		85岁及以上	
男	女	男	女	男	女	男	女	男	女
12190	12359	8067	8226	4800	5579	3365	4466	2691	3991
8501	9511	6316	6655	4054	4260	2879	3420	1850	2217
18734	20055	12569	13055	7557	8421	5414	6160	3596	4651
14325	14371	10944	11279	6665	6924	3709	4269	2938	4289
7251	7375	4164	3946	2276	2200	1309	1448	879	1303
28133	28540	19973	21244	11616	12440	7312	8751	4756	8240
5713	5148	4152	4045	2330	2295	1227	1345	1131	1543
16589	16506	12692	12976	6718	6447	4180	5291	3034	5555
35856	**36180**	**25143**	**26226**	**13451**	**14530**	**8636**	**10870**	**5389**	**7762**
4507	4318	2972	3084	1694	1798	1123	1355	797	1093
9017	8684	5707	5598	3289	3756	2438	3262	1786	2411
6153	5719	4171	4354	2185	2291	1371	1680	888	1296
16179	17459	12293	13190	6283	6685	3704	4573	1918	2962
49179	**49863**	**31261**	**31693**	**17781**	**20474**	**12580**	**14840**	**7194**	**9834**
13316	14559	8056	8502	4572	5911	3374	4270	2112	2803
9919	10156	5974	6015	3399	4121	2497	2705	1598	2018
6237	6604	4109	4510	2392	2847	1710	2438	712	1234
11782	11138	7803	7701	4550	4597	2980	3317	1702	2219
7925	7406	5319	4965	2868	2998	2019	2110	1070	1560
110600	**108381**	**80207**	**80267**	**47513**	**52239**	**26047**	**31269**	**18086**	**26065**
7771	8019	6035	5957	3549	3847	2133	2219	1528	1938
9560	10122	6709	7009	4550	4994	2959	3355	2293	2639
7891	7517	5605	5675	3581	3913	1825	2120	1284	1791
8572	8138	5588	5412	3219	3616	1879	2373	1498	2217
17047	16168	12495	12078	7621	8507	4552	5421	2441	3112
8185	7984	6007	6014	3779	4227	1816	2236	1587	2401
4115	3916	2646	2574	1694	1834	957	1075	750	900
15188	14720	11331	11527	5422	5925	3068	3856	2073	3808
6882	6825	5387	5609	2921	3048	1025	1398	777	1394
8172	7733	5818	6122	3453	4041	1778	2408	1031	1825
9234	9362	6876	6652	4339	4641	2272	2688	1541	2122
2481	2314	1618	1600	944	1018	511	607	330	513
5502	5563	4092	4038	2441	2628	1272	1513	953	1405
26604	**28483**	**18920**	**19192**	**11673**	**12950**	**7775**	**9462**	**5125**	**7088**
19933	21535	14272	14436	8829	9789	5750	6972	3559	5153
6671	6948	4648	4756	2844	3161	2025	2490	1566	1935
27386	**27630**	**18670**	**19689**	**9954**	**10835**	**7351**	**8494**	**4342**	**5924**
5644	5935	3661	4036	2129	2472	1610	1829	1088	1309
8503	8440	5724	6320	3012	3302	2168	2488	1330	1924
13239	13255	9285	9333	4813	5061	3573	4177	1924	2691
182588	**190546**	**123145**	**133944**	**75241**	**90761**	**49079**	**72361**	**27243**	**49228**
20347	21482	13484	13989	7987	9140	4927	6605	3173	4954
17979	18912	11828	13334	7241	8580	4220	6997	2521	5362
12241	12648	8729	9378	5299	6212	3183	4417	1626	2635
14242	14819	8517	9836	5241	7036	3126	5472	1583	3728
6511	7063	4311	4595	2503	2978	1645	2533	999	1882
6534	6907	4259	4550	2877	3226	1958	2859	1058	1760
4291	4340	2923	2913	1845	2036	1253	1758	684	1076
6122	6932	4033	4838	2411	3334	1760	2745	805	1768
4202	4278	2324	2690	1471	2009	998	1668	547	1334
4145	4209	2192	2358	1346	1820	911	1676	643	1435
14418	15226	10680	11392	6587	7308	4574	5944	2310	3222
18149	19344	12632	14031	7525	9465	4761	7519	2763	4944
15180	14756	11401	11626	6874	8142	4397	5817	2425	3758
8870	9170	6279	6754	3678	4323	2416	3529	1059	2214
5322	5484	3338	3541	2202	2701	1910	2739	1047	1974
5654	5941	4070	4463	2573	3049	1882	2493	1007	1416
11572	12026	8205	8800	5249	5940	3685	4917	2251	3597
6809	7009	3940	4856	2332	3462	1473	2673	742	2169

表2 续表 46

地区	0岁		1-4岁		5-9岁		10-14岁	
	男	女	男	女	男	女	男	女
吉安市	**25605**	**21120**	**136249**	**112739**	**220288**	**176397**	**239668**	**183838**
吉州区	2149	1734	12460	10058	16589	13538	16572	12820
青原区	1444	1204	7720	6189	12235	9629	12718	9607
吉安县	2516	2091	13895	11322	23109	17756	24159	18394
吉水县	2552	2032	12563	9687	21999	17009	25940	18211
峡江县	901	730	4595	3646	6950	5461	8377	6037
新干县	1601	1334	8521	6972	13722	10331	15466	10723
永丰县	2638	2062	12733	10485	21826	17061	23135	17088
泰和县	2648	2196	14608	12556	24283	19587	25523	20207
遂川县	2972	2419	15541	13124	26243	21510	30520	24507
万安县	1403	1217	7719	6512	12118	10049	13005	10665
安福县	1887	1544	10382	8897	16055	13039	14764	11796
永新县	2116	1842	10905	9420	17688	15071	21215	17000
井冈山市	778	715	4607	3871	7471	6356	8274	6783
宜春市	**26535**	**21690**	**139629**	**116308**	**219391**	**182829**	**242855**	**198167**
袁州区	6253	5378	32559	28038	48924	42381	52155	45711
奉新县	1291	1072	7073	6066	11803	9886	13541	11278
万载县	2833	2464	14155	12331	23050	20952	28982	26016
上高县	1721	1381	9827	7925	15359	12327	17046	13200
宜丰县	1178	951	6285	5195	10018	8391	11506	9791
靖安县	558	492	3115	2773	4596	4132	5031	4582
铜鼓县	564	458	2955	2656	4173	3863	5053	4827
丰城市	5844	4542	29714	23887	46575	37943	49426	38915
樟树市	2359	1902	12947	10715	21867	17811	22219	17632
高安市	3934	3050	20999	16722	33026	25143	37896	26215
抚州市	**19352**	**16133**	**96943**	**82631**	**156181**	**126594**	**178394**	**138214**
临川区	6077	4997	29634	24816	46362	38183	47808	36553
东乡区	2009	1639	10200	8765	16754	13833	19968	15587
南城县	1351	1156	6561	5679	11741	9016	16349	11764
黎川县	1114	981	5480	4600	8201	6559	8928	6765
南丰县	1228	1009	7133	6213	12306	9364	13917	10702
崇仁县	2083	1779	9260	8001	14464	11836	15665	12848
乐安县	1643	1378	8954	7493	14763	12246	17541	13956
宜黄县	951	800	4724	4219	7494	6210	9441	7697
金溪县	1411	1179	6987	5896	11565	9082	14121	10669
资溪县	401	379	2125	1860	3517	2920	4229	3721
广昌县	1084	836	5885	5089	9014	7345	10427	7952
上饶市	**34268**	**28052**	**178361**	**151538**	**280740**	**238828**	**323743**	**272107**
信州区	2328	2011	13146	11610	18048	16047	18454	16716
广丰区	4262	3478	22544	19918	34776	30806	38525	34998
广信区	4083	3439	19598	17167	30201	26308	35466	31283
玉山县	2738	2359	12763	11524	19749	17965	25879	23418
铅山县	1696	1405	9506	7942	16061	13338	20425	16794
横峰县	929	728	4914	4035	8191	6448	10765	8346
弋阳县	1738	1337	8866	7184	15757	12635	20402	15728
余干县	5086	3932	26806	21491	42442	36454	46260	37809
鄱阳县	6678	5499	35021	29553	54850	45179	58846	46492
万年县	1785	1378	9744	7645	16692	12963	20754	16338
婺源县	1532	1379	8373	7445	12569	11020	14243	12487
德兴市	1413	1107	7080	6024	11404	9665	13724	11698
山东省	**458336**	**409473**	**2993437**	**2661070**	**3516229**	**2932856**	**3322812**	**2768425**
济南市	**41997**	**38211**	**259823**	**236742**	**272886**	**242346**	**221913**	**198725**
历下区	3616	3267	23025	20957	25637	23086	18941	17344
市中区	4081	3696	26124	23831	29573	26226	21993	19616
槐荫区	3590	3346	23683	21647	23187	20755	17172	15482
天桥区	3431	3176	21893	19928	23180	20238	18512	16079
历城区	7043	6602	42760	38912	38864	34793	30690	26992
长清区	2255	2058	12887	11785	13284	12190	12600	11444
章丘区	3966	3730	23532	22011	25431	22807	22527	20264
济阳区	2697	2410	15599	13752	17718	14971	16186	14300

单位：人

15-19岁		20-24岁		25-29岁		30-34岁		35-39岁		40-44岁	
男	女	男	女	男	女	男	女	男	女	男	女
139361	**102456**	**89136**	**75749**	**109694**	**103487**	**144818**	**151158**	**127232**	**134725**	**173776**	**178677**
15405	13033	8578	8002	11028	11111	15283	16770	12695	13922	15553	16889
7831	6506	9295	8900	6910	6377	8703	9198	7242	7520	8682	8770
15244	10463	11315	8336	15066	12623	18439	18227	14904	15373	18479	19343
14207	8474	8866	6468	10342	8896	12201	12218	10517	10839	16497	16771
4795	2904	2778	2234	3466	3188	4917	4967	3720	3716	5979	5896
9840	5892	5869	4257	6548	5661	9611	9796	7305	7877	12198	12350
11127	7475	8054	6347	10044	9395	12548	13008	10318	10760	14493	14559
13142	10582	7060	6533	10805	10744	14500	15558	14319	15220	18668	19022
17590	13153	9401	8151	11092	10934	16567	17034	15327	15655	20204	19783
7027	5500	4438	3939	6337	5781	7501	7546	6814	7169	9782	10160
7300	5992	4148	4084	6643	7165	10165	11323	9291	10050	12221	12535
12253	9290	7051	6164	8139	7994	9834	10420	10498	11639	14988	15981
3600	3192	2283	2334	3274	3618	4549	5093	4282	4985	6032	6618
174223	**139419**	**120454**	**102873**	**137100**	**125312**	**171805**	**170652**	**146265**	**146954**	**176435**	**174822**
44225	43732	30410	30793	32870	31662	41216	41024	32951	32941	40680	38457
8686	6567	5308	4469	6211	5922	9109	9472	8322	8647	10562	10317
18368	16282	9706	8982	9384	9876	15327	16120	14879	15375	17886	17566
9540	6655	6514	4813	8318	8037	13747	13454	10883	10648	9731	10367
6750	5362	4355	3906	4602	4592	8222	8571	8246	8297	10099	9729
3123	2414	2216	1884	2894	2793	3686	3992	3615	3734	4338	4479
3091	2970	1907	1872	2401	2386	4381	4596	3813	3993	4662	4445
40086	26678	33606	23922	35295	28581	34949	32264	25692	25810	35786	35818
16059	12360	10406	9042	13311	12672	16000	16472	13483	13804	16409	16893
24295	16399	16026	13190	21814	18791	25168	24687	24381	23705	26282	26751
126588	**96985**	**100216**	**85833**	**96379**	**86991**	**136010**	**137065**	**103794**	**108138**	**131920**	**131849**
48517	40870	41106	36133	30850	27791	39585	40746	29169	31881	37354	39554
11717	8329	9698	7876	9212	8608	14290	14586	11704	11823	14127	13805
9067	5698	5802	5361	6425	6472	10694	11121	8247	8650	10725	11266
5686	3949	5324	4145	5553	5068	7324	7208	5335	5780	7743	7792
6320	4808	4677	4202	6638	6489	10648	11323	8999	9940	11440	10899
11353	8636	10802	8223	9316	6982	11302	10724	8432	8323	10635	10254
11321	7942	6672	5619	8148	7271	11925	11519	9082	8799	11226	10418
5732	4460	4906	4176	5836	5421	8268	8014	6189	5994	7903	7628
7679	5705	5325	4751	5805	5172	9628	9460	8233	8414	9780	9509
2805	2306	2004	1951	2150	1995	3539	3585	2723	2744	3629	3361
6391	4282	3900	3396	6446	5722	8807	8779	5681	5790	7358	7363
233202	**191191**	**165910**	**143764**	**181063**	**166868**	**233712**	**231814**	**192770**	**195229**	**225740**	**223739**
16221	21400	17512	20667	17807	17339	24118	24407	19418	19051	20478	19829
28355	27100	21793	19614	24009	22326	31011	29637	20598	20713	23931	24373
31156	25219	23010	19661	22913	20779	28510	27610	24287	23376	27544	25924
19205	16590	10308	9400	11445	10988	16029	17154	12862	14472	17063	18341
13171	10700	8292	7618	8942	8474	13458	13315	11480	11432	13871	13743
5922	4435	3413	2947	4466	4118	6197	6465	5802	6052	6776	6592
12326	8522	6737	5664	7581	7000	10672	10707	9506	9869	11142	10978
30928	22247	20753	15045	26480	22894	31140	29512	25284	24560	27448	27073
42560	29263	35223	26458	35928	31940	39400	38642	35476	36661	43920	43392
15232	10475	8124	6538	9053	8407	11254	11571	10067	10534	11400	11639
8589	7481	5110	5104	6483	7137	11559	12472	8914	9505	11363	11465
9537	7759	5635	5048	5956	5466	10364	10322	9076	9004	10804	10390
2712478	**2382761**	**2381018**	**2216090**	**2339651**	**2137929**	**4650150**	**4485349**	**3500343**	**3389127**	**3213370**	**3150260**
270412	**259460**	**309942**	**312475**	**240855**	**227385**	**425239**	**419758**	**330698**	**324034**	**302115**	**295041**
15716	16722	30127	35853	25981	26114	39902	41776	37820	39877	30733	30376
23448	23259	30664	30485	23351	22656	43819	45370	38571	40828	31414	32222
12692	9672	15598	14702	20451	20691	42634	43872	31600	31802	23324	23070
17647	13381	21412	20584	24036	22568	42769	42403	33648	32231	27675	26886
46276	44547	53988	51919	43432	40225	72915	70126	54740	51792	40975	39628
26352	28249	35994	39690	12519	11394	19392	18630	14148	13337	16921	16175
45193	43600	37263	37503	27860	24583	38778	36210	26938	25445	36252	35010
12902	11781	11527	11197	9430	8933	23951	22811	15504	13686	16135	14817

表2 续表 47

地区	45-49岁		50-54岁		55-59岁		60-64岁	
	男	女	男	女	男	女	男	女
吉安市	**187947**	**188131**	**180255**	**177647**	**148152**	**145904**	**118695**	**116534**
吉州区	16201	16572	14954	14965	13006	13304	10495	10291
青原区	8912	8841	8282	8537	6869	7058	5486	5335
吉安县	19136	19598	17894	17197	14299	13883	11270	11233
吉水县	17883	17640	17281	17085	13569	13238	11771	11499
峡江县	6849	6591	6651	6378	5420	5034	4076	4031
新干县	12889	12587	11993	11591	9754	9766	7957	8117
永丰县	16152	16589	15660	15401	12464	12237	9858	9679
泰和县	18829	19024	18335	18373	15500	15495	12865	12631
遂川县	21024	20593	20674	20088	16951	16563	12734	12445
万安县	10967	11109	10418	10590	8438	8694	6742	6667
安福县	14958	14597	15451	15176	12410	11951	9599	9265
永新县	16952	17266	15649	15360	13542	13189	11872	11441
井冈山市	7195	7124	7013	6906	5930	5492	3970	3900
宜春市	**212063**	**205071**	**207639**	**206085**	**171913**	**168001**	**139795**	**137067**
袁州区	45265	42197	41760	40539	34594	33386	28663	27963
奉新县	11570	11089	11185	11214	9486	9636	7477	7085
万载县	19765	18249	19315	18389	16175	15484	12730	12483
上高县	15909	15963	15922	15805	13319	12456	10428	9961
宜丰县	12460	11721	12695	12377	10325	9879	7243	6969
靖安县	5720	5167	6124	5827	5288	4832	4255	3671
铜鼓县	5568	4985	5676	5430	4868	4428	3480	2859
丰城市	42811	42751	42600	43936	35257	35905	29092	29870
樟树市	20021	20371	20549	21222	16716	16944	14736	15114
高安市	32974	32578	31813	31346	25885	25051	21691	21092
抚州市	**160303**	**155761**	**156849**	**156660**	**118242**	**117773**	**83834**	**83221**
临川区	45939	45093	43709	45427	32999	34066	23414	23799
东乡区	16593	16559	16116	16566	12190	12167	10126	9943
南城县	13222	13797	12815	13893	9902	10063	7174	7302
黎川县	9715	9337	10760	10303	7568	7670	4733	4537
南丰县	13447	12604	13203	12449	8970	9154	6268	6272
崇仁县	12495	11973	11688	11505	9250	8869	6410	6404
乐安县	13540	12792	13352	12753	9917	9778	6621	6681
宜黄县	9847	9516	10103	9443	7578	7201	4752	4652
金溪县	11588	11060	11304	10894	8844	8327	6685	6351
资溪县	4425	4128	4678	4591	4211	3769	2795	2577
广昌县	9492	8902	9121	8836	6813	6709	4856	4703
上饶市	**264305**	**261239**	**252913**	**250682**	**210464**	**210283**	**172100**	**168178**
信州区	22319	21479	20781	20227	18036	17915	14272	13558
广丰区	29258	29659	27554	28421	22291	23532	19698	19171
广信区	31056	29641	27939	26763	21929	21776	19009	18358
玉山县	21183	22240	21720	21258	18615	18116	15685	14807
铅山县	17036	16432	16537	16297	13629	12998	11250	10803
横峰县	7997	7562	7776	7407	6375	6583	5621	5609
弋阳县	14298	13719	13733	13430	12162	12099	10030	10028
余干县	32301	32631	29826	29916	24808	25417	19082	19428
鄱阳县	47399	46846	44888	44860	37153	37258	29352	29167
万年县	14331	14907	13995	14753	11390	12069	9738	9634
婺源县	13143	13108	13708	13935	11831	11653	10049	9684
德兴市	13984	13015	14456	13415	12245	10867	8314	7931
山东省	**3917828**	**3857379**	**4570021**	**4574556**	**3813562**	**3952137**	**2906664**	**2950064**
济南市	**354836**	**341232**	**382476**	**375119**	**341824**	**339776**	**267878**	**274257**
历下区	30094	28215	27331	25776	27378	26798	22080	23873
市中区	32601	32296	31075	31541	32912	32682	26650	27866
槐荫区	22848	22450	22463	23904	23558	24574	19375	20536
天桥区	28853	28249	28993	29311	28802	28398	23290	23499
历城区	44210	41489	46927	45123	44378	43693	33931	34265
长清区	22234	21442	26481	25408	24210	23398	18668	18039
章丘区	47958	45270	50107	48016	42368	41879	30542	32012
济阳区	21568	20122	27525	26721	18094	18390	13478	12818

单位：人

65-69岁		70-74岁		75-79岁		80-84岁		85岁及以上	
男	女	男	女	男	女	男	女	男	女
103548	**106390**	**69795**	**73900**	**43841**	**51617**	**29341**	**39332**	**15670**	**26304**
8976	9291	6314	6566	3869	4107	2299	3190	1603	2477
4725	4840	3262	3432	1820	2147	1157	1624	643	1080
10040	10419	6792	7199	3965	4833	2696	3829	1452	2724
9979	10369	7098	7261	4450	5398	2871	3926	1538	2704
3539	3600	2365	2421	1619	1825	1180	1354	714	1050
6730	7282	4403	4985	2615	2933	1706	2192	1016	1687
8099	8259	5764	6024	3835	4552	2595	3245	1161	1734
11403	11465	7273	8121	4255	5353	2777	4010	1455	2882
11239	11667	6982	7662	4735	5523	3160	4119	1623	2600
5949	5902	4103	4074	2722	3154	1882	2319	985	1594
8326	8444	6048	6061	3735	4174	2651	3412	1400	2114
11169	11260	7077	7499	4648	5598	3144	4464	1527	2819
3374	3592	2314	2595	1573	2020	1223	1648	553	839
120706	**120807**	**82523**	**84195**	**46390**	**51124**	**30242**	**37514**	**20443**	**32406**
24461	24305	16042	16003	9258	10005	6898	8082	4252	5674
6961	6472	4963	4795	2682	2762	1261	1383	1223	1771
10563	10412	6808	7129	4075	4443	2837	3521	1344	2179
8009	8516	5154	5318	3255	3601	2136	2579	1576	2367
6481	6249	4448	4215	2659	2649	1796	1991	1185	1586
3231	3034	2280	2092	1166	1263	818	904	695	986
2662	2451	1841	1818	1120	1379	765	1013	408	601
26298	26999	19197	21042	10836	12820	7312	9500	5088	8994
13328	13737	8484	8409	4466	4866	2848	3989	1912	3574
18712	18632	13306	13374	6873	7336	3571	4552	2760	4674
79880	**82033**	**57779**	**59653**	**31861**	**34335**	**21710**	**26818**	**12507**	**19437**
24403	25261	17932	17853	9081	9621	6688	7558	4543	7049
9171	9694	6590	6933	3582	3914	2410	2898	1490	2374
6773	6972	5126	5359	2586	2837	1412	1946	681	1255
4961	4976	4037	3885	2172	2351	1332	1656	719	958
6032	6214	4333	4465	2519	2686	1459	1907	656	995
6121	6216	4115	4335	2477	2566	1770	2244	1099	1726
6235	6315	4285	4565	2989	3081	2077	2570	980	1462
4114	4060	2977	3130	1725	1884	1265	1523	545	749
5838	5938	3757	3978	1933	2087	1223	1597	757	1296
2338	2196	1614	1685	927	1048	730	967	496	707
3894	4191	3013	3465	1870	2260	1344	1952	541	866
158859	**157418**	**111161**	**110703**	**60815**	**61926**	**41589**	**46950**	**24212**	**34652**
12004	11611	7616	7635	4584	4676	3093	3738	2187	2796
19058	17994	12282	12370	6531	6575	5014	5186	3349	4654
16839	16915	11678	11595	6898	6512	4389	4784	2034	2616
15368	14979	10468	9990	5416	5342	4131	4253	2323	3211
9863	9868	6712	6830	3783	3980	2713	3018	1252	1536
4714	4613	3384	3400	2173	2236	1383	1659	589	704
8653	8486	6201	6235	3519	3649	2594	2913	1169	1548
19396	19706	13847	13974	7544	7725	5364	6197	3723	5969
27889	28236	21121	21061	11318	11623	6490	7568	4073	6814
8951	8606	6609	6453	3354	3474	2223	2705	1070	1594
9229	9186	6109	5963	2847	2924	2007	2385	1183	1811
6895	7218	5134	5197	2848	3210	2188	2544	1260	1399
2958267	**3106501**	**1915118**	**2117104**	**1125752**	**1310865**	**679355**	**876889**	**458540**	**815687**
249939	**270925**	**159837**	**182890**	**89479**	**110115**	**54132**	**76410**	**36516**	**64734**
19246	21679	10356	12014	6649	8509	5192	7236	4250	5593
22700	25627	12590	14534	7777	9435	5093	6986	3993	6129
15524	17168	8117	9957	5095	6365	3237	4772	2328	3807
19566	21315	10764	12903	6518	8002	4386	6354	3622	5700
28865	30838	17382	19868	9988	12707	6292	8369	4061	6684
16485	17361	11021	12092	5731	7532	3229	4868	2087	3959
34415	37517	23379	27855	11919	14630	6514	10294	3764	8442
15805	16492	11965	13256	6444	7418	3416	5235	1983	4642

表2 续表 48

地区	0岁		1-4岁		5-9岁		10-14岁	
	男	女	男	女	男	女	男	女
莱芜区	3794	3253	24068	22173	27607	24993	21902	19902
钢城区	1037	927	7284	6750	8623	7689	6336	5812
平阴县	1372	1275	7813	7130	8475	7719	8146	7621
商河县	2516	2114	16475	14359	18904	15466	19025	16469
济南高新技术产业开发区	2599	2357	14680	13507	12403	11413	7883	7400
青岛市	**41585**	**38937**	**264561**	**245003**	**268427**	**240701**	**238000**	**214883**
市南区	1482	1378	8864	8402	12616	11490	10569	9630
市北区	3664	3424	24407	22741	27911	25528	22873	20950
黄岛区	8670	8278	54177	50789	50390	45638	42273	38536
崂山区	1667	1576	10615	9956	11829	10691	9791	9064
李沧区	3871	3668	24342	22747	21215	19256	14790	13409
城阳区	5335	4984	33572	30701	32887	28627	24906	22145
即墨区	5567	5155	35402	32508	35257	30987	36017	32235
青岛高新技术产业开发区	236	228	1502	1377	1422	1230	734	706
胶州市	4034	3737	27541	25282	27843	24722	26817	23870
平度市	4517	4162	28113	25555	30284	26872	30655	27461
莱西市	2542	2347	16026	14945	16773	15660	18575	16877
淄博市	**17371**	**16269**	**116899**	**108914**	**119427**	**108161**	**111703**	**101751**
淄川区	2069	1848	14439	13298	15317	13965	15024	13618
张店区	5362	5106	37079	34249	38295	34437	32685	29145
博山区	1089	1009	7166	6861	8446	7642	8491	7990
临淄区	2354	2232	15929	15028	15840	14132	15018	13922
周村区	1373	1282	8748	8326	9423	8704	8924	8190
桓台县	1863	1690	11322	10645	12148	10914	11481	10163
高青县	1136	1031	6995	6475	7748	7122	8019	7704
沂源县	2125	2071	15221	14032	12210	11245	12061	11019
枣庄市	**18878**	**15372**	**124397**	**102800**	**169308**	**127269**	**175026**	**133587**
市中区	2814	2290	17426	14934	26637	21793	30485	25058
薛城区	3142	2513	20213	17132	24833	19261	25582	19618
峄城区	1515	1234	8849	7557	17060	13381	24113	18830
台儿庄区	1470	1218	9180	7558	14167	10477	17285	13232
山亭区	1936	1612	10992	9494	18750	14991	20763	16874
滕州市	8001	6505	57737	46125	67861	47366	56798	39975
东营市	**10396**	**9291**	**70779**	**64035**	**63274**	**57099**	**55181**	**50443**
东营区	3722	3457	27435	24708	25175	22526	22602	20533
河口区	971	858	6321	5853	5796	5284	5298	5117
垦利区	1456	1256	9198	8283	7945	7236	6573	5973
利津县	1132	1034	6157	5579	5578	5041	4925	4537
广饶县	2452	2113	17329	15560	15252	13811	13703	12558
东营经济技术开发区	661	573	4318	4038	3510	3179	2065	1714
东营港经济开发区	2		21	14	18	22	15	11
烟台市	**22038**	**20575**	**135348**	**127113**	**150743**	**140510**	**136781**	**126390**
芝罘区	2890	2735	19243	18035	23232	21457	19714	17766
福山区	1676	1516	11374	10524	12266	11553	9135	8269
牟平区	1137	1052	6906	6658	8157	7620	7324	6898
莱山区	1469	1258	8591	7937	9329	8566	6900	6481
蓬莱区	1309	1180	7648	7584	9161	8674	9185	8654
烟台高新技术产业开发区	393	357	1950	1808	1715	1628	1164	1027
烟台经济技术开发区	2047	1897	12929	11990	12606	11339	8539	7830
龙口市	2004	1955	13265	12460	15564	14000	14496	13215
莱阳市	2465	2242	14400	13360	16471	15527	17276	16150
莱州市	2314	2213	13770	12810	15136	14383	15174	13895
招远市	1833	1717	10714	10111	10345	9828	10440	9743
栖霞市	999	967	5665	5408	6821	6390	7655	7054
海阳市	1502	1486	8893	8428	9940	9545	9779	9408
潍坊市	**43813**	**39335**	**289334**	**262847**	**267476**	**238871**	**261540**	**226823**
潍城区	2547	2410	17068	15710	15741	13990	13104	11488
寒亭区	1666	1594	10384	9607	9843	8965	8229	7558
坊子区	2523	2185	16408	14916	14320	12919	16212	13507
奎文区	5559	5163	36498	34149	31847	28867	22304	19999

单位：人

15-19岁		20-24岁		25-29岁		30-34岁		35-39岁		40-44岁	
男	女	男	女	男	女	男	女	男	女	男	女
25198	24215	24997	25162	19061	16916	33513	32051	26771	26573	29749	29608
6612	6075	7886	7262	5253	4568	11026	10020	9036	8574	9070	8773
7429	7033	5884	5689	5785	5514	13344	12434	9434	9265	10766	10537
12543	11976	9348	8858	8717	9205	19547	20088	15013	13753	17416	16809
18404	18950	25254	23571	14979	14018	23649	23967	17475	16871	11685	11130
255321	**216286**	**309172**	**269749**	**294419**	**261888**	**495255**	**453528**	**397413**	**377906**	**354085**	**336588**
10070	8016	15435	15609	13595	14231	17301	18447	18691	21707	16310	18181
19331	17478	27194	27540	28988	31054	47631	51250	49851	53411	38129	40780
64657	48822	83820	62213	65780	52473	106815	89022	78102	68211	69887	61739
17465	15689	25699	24734	15508	13976	21907	20396	19265	18642	16977	16111
14438	14797	20635	22543	25611	27016	46941	47030	36957	35852	26533	25299
28082	23324	39991	33620	40572	34458	74107	64218	51907	45615	40235	35240
33565	27995	33147	28804	37714	32084	57632	52090	48789	45802	49401	46231
740	323	2280	1103	2699	1637	3844	2716	2522	1859	1843	1171
24938	22285	26836	22824	26733	22466	46039	40539	35597	32866	35238	33439
26083	23407	20785	19185	21750	19470	44121	41395	31192	30470	36850	36777
15952	14150	13350	11574	15469	13023	28917	26425	24540	23471	22682	21620
115969	**104458**	**117383**	**109446**	**115134**	**105817**	**179629**	**173658**	**155249**	**153236**	**161816**	**158701**
16357	15808	15450	15311	16173	13993	23533	21510	20274	19090	21623	20491
30044	25207	37783	33847	37086	35952	61031	61760	53261	53944	47292	47475
8059	7266	7686	7263	8566	7818	13157	12663	12011	12137	13150	13016
14437	12864	14678	13086	16223	14585	23972	22744	20981	20196	21529	21425
15125	15353	12742	13567	9392	8565	14439	14180	12675	12465	14186	13841
14054	11249	12242	10897	11129	10372	16665	15909	13929	13607	17028	15950
6918	6659	6243	5849	4225	3979	10389	10113	8644	8639	11181	11085
10975	10052	10559	9626	12340	10553	16443	14779	13474	13158	15827	15418
106630	**85535**	**84676**	**70705**	**109568**	**93262**	**181899**	**180322**	**130970**	**125499**	**105486**	**106788**
15574	14589	14514	14741	14466	14087	27913	29406	23464	23669	16613	17877
16973	15168	13077	11404	17604	15936	27862	28644	20019	20547	18061	18563
11479	8873	7258	6198	7748	6990	14836	14282	12933	11958	9985	9856
9441	7644	5621	4653	8170	7214	13493	13438	10133	9860	8447	7996
10806	8495	9335	7187	12363	9966	17403	16036	11527	10437	8735	8647
42357	30766	34871	26522	49217	39069	80392	78516	52894	49028	43645	43849
50667	**46769**	**47926**	**43254**	**52932**	**48748**	**100201**	**96818**	**78349**	**77360**	**77372**	**75609**
20985	19753	20104	19624	20541	19672	38445	39371	32694	34305	33402	34184
4143	3428	5454	4233	5843	4856	10012	9201	7379	7496	9696	9485
5443	5218	5108	4592	7074	6747	12746	12135	8040	7948	8038	7540
5497	5165	4389	3956	4486	4132	8412	7764	5539	5417	7510	7030
11846	11451	10856	9389	11413	10126	22888	21136	20372	18410	15978	14917
2701	1744	1575	1351	3136	3142	7193	7138	4111	3742	2551	2404
52	10	440	109	439	73	505	73	214	42	197	49
157147	**148162**	**166884**	**154375**	**181449**	**158852**	**316729**	**287528**	**246373**	**229152**	**238314**	**222251**
19103	18538	23283	24110	24039	22959	41827	42056	38967	39561	33839	34118
7937	5997	8607	6614	14683	12234	29233	25548	21817	19229	16249	13649
7612	8915	7989	7584	10982	9569	17734	16322	14204	13354	15208	14431
15665	17765	21438	24070	10697	10508	18746	18585	15123	14566	12180	11707
9590	10244	11682	10984	11689	10191	19483	17887	15929	14675	17486	15890
7378	7994	4370	4418	2935	2862	5137	4548	2924	2518	2138	1932
11527	7389	14479	9460	19800	15421	32146	27665	20918	18980	15430	14174
17759	15805	19675	17351	17633	15318	32650	29338	24402	22223	23635	22154
16573	16140	15783	14350	17033	14166	35446	29917	27660	25182	25899	23655
15011	13192	12892	11165	18763	16324	31551	27882	22679	20352	29457	26733
10562	9184	10190	8958	12422	10779	20565	18227	15880	13999	18305	16835
6558	6200	6374	5792	8821	7594	12646	11216	11031	9980	11618	10981
11872	10799	10122	9519	11952	10927	19565	18337	14839	14533	16870	15992
248520	**215520**	**222135**	**200461**	**214818**	**188485**	**448398**	**409040**	**313831**	**294615**	**294278**	**280138**
18386	16780	15336	16082	15012	13505	28321	26525	20733	19621	17649	16520
7127	6317	8765	7496	9343	7878	17460	15918	12104	11030	11168	10547
12223	10563	10204	8891	12402	10378	24585	22620	17355	16262	15619	14921
30891	23741	35739	30914	32603	29830	61590	59356	40866	40495	32504	32435

表2 续表 49

地区	45-49岁		50-54岁		55-59岁		60-64岁	
	男	女	男	女	男	女	男	女
莱芜区	41604	41265	48421	48075	43818	42749	36462	37090
钢城区	13996	12926	15098	13887	12302	11815	10074	10367
平阴县	14427	13838	16084	15797	14833	14519	11017	11456
商河县	22191	22291	28817	28835	17054	18084	13106	12859
济南高新技术产业开发区	12252	11379	13154	12725	12117	12797	9205	9577
青岛市	**411010**	**388027**	**443085**	**432945**	**386800**	**393499**	**300963**	**311873**
市南区	18329	18914	17026	17077	18459	18663	17112	18316
市北区	39867	40963	36137	37795	43656	44808	42474	44572
黄岛区	78041	68133	84654	78461	64393	65221	47988	49189
崂山区	20690	18838	21474	19404	20196	18836	15098	15309
李沧区	25725	25012	22920	23070	22785	25620	20777	22852
城阳区	40208	35290	39230	36364	33002	33889	23949	25848
即墨区	57370	54554	66304	66208	52710	54292	38705	40907
青岛高新技术产业开发区	1775	1009	1980	1110	1411	976	792	711
胶州市	43635	41937	48647	47741	38983	39497	27583	28644
平度市	57316	56444	65854	66392	56241	55829	40724	38858
莱西市	28054	26933	38859	39323	34964	35868	25761	26667
淄博市	**208026**	**202804**	**229126**	**222920**	**201288**	**195824**	**157879**	**159323**
淄川区	28920	27656	31960	30437	28862	27883	23624	23712
张店区	54030	52713	54121	52263	47032	45180	35157	35687
博山区	17844	17815	20247	19740	22698	21651	18272	18061
临淄区	29085	28538	34761	32302	29898	28207	20979	20790
周村区	18066	17857	18330	17699	16564	16125	12960	13458
桓台县	21621	20948	23667	25061	19093	20544	15626	16118
高青县	14793	14750	17830	17330	12896	12424	10067	9694
沂源县	23667	22527	28210	28088	24245	23810	21194	21803
枣庄市	**132514**	**138057**	**167735**	**177173**	**134960**	**141972**	**94034**	**92923**
市中区	23974	25641	25975	27724	21163	20690	13589	13507
薛城区	22238	23322	24584	26493	20000	20797	13567	12984
峄城区	12707	12752	14865	16527	11429	12268	8313	8658
台儿庄区	11016	11301	12654	14206	9547	10151	7006	6869
山亭区	12006	12536	17483	18582	15286	15539	11222	10388
滕州市	50573	52505	72174	73641	57535	62527	40337	40517
东营市	**109012**	**103760**	**106403**	**105611**	**72700**	**72307**	**53021**	**54000**
东营区	42713	41367	37629	37687	25379	25449	17630	18700
河口区	15520	14446	14014	13029	8593	7875	5352	5494
垦利区	11322	10760	12630	12780	8011	8377	6603	7227
利津县	12144	11730	14431	14537	9149	9037	7453	7153
广饶县	24193	22878	24740	24723	19434	19229	14713	14049
东营经济技术开发区	2810	2488	2595	2752	1948	2284	1191	1347
东营港经济开发区	310	91	364	103	186	56	79	30
烟台市	**299577**	**284601**	**338497**	**331469**	**327486**	**330285**	**263671**	**272680**
芝罘区	39022	38713	37524	37255	32199	32772	25919	26984
福山区	17292	14986	19159	17363	18776	18449	15006	15688
牟平区	19939	19304	23232	23222	23640	23719	20372	20863
莱山区	13511	13221	14349	13963	13399	13272	10291	11070
蓬莱区	23026	21718	25671	24294	25408	25134	20345	21031
烟台高新技术产业开发区	2458	2254	2388	2363	2238	2311	1624	1778
烟台经济技术开发区	15846	14066	14867	13468	12032	12395	8858	10027
龙口市	32469	31033	34227	33591	32316	33737	25772	27855
莱阳市	31705	29733	40496	41034	40643	40462	32245	32364
莱州市	36441	34464	41508	40346	40692	41827	31403	33266
招远市	23879	22464	29395	29533	26612	27522	21196	22146
栖霞市	19149	18806	26137	25574	27066	26682	21746	21213
海阳市	24840	23839	29544	29463	32465	32003	28894	28395
潍坊市	**379225**	**366053**	**427361**	**426492**	**391030**	**393195**	**281798**	**277671**
潍城区	20430	19929	20109	20176	19143	19133	12813	12802
寒亭区	14623	13819	15582	15713	15925	15794	10687	10319
坊子区	20397	19712	23934	24176	23196	23150	16554	16601
奎文区	34654	34225	32153	33431	30180	32182	21403	23110

单位：人

65-69岁		70-74岁		75-79岁		80-84岁		85岁及以上	
男	女	男	女	男	女	男	女	男	女
33191	34844	21301	23620	11742	13993	7518	9470	4700	8263
8558	9886	6472	6899	3544	4108	2206	2734	1328	2153
9999	10975	7765	8896	4395	5469	2683	3635	1519	3100
17423	18512	13888	15738	7180	8818	3010	4424	2014	4466
8162	8711	4837	5258	2497	3129	1356	2033	867	1796
281655	**299890**	**166661**	**179243**	**101324**	**110455**	**71402**	**84624**	**51096**	**83463**
16201	18381	9503	10881	6524	8118	4930	6273	4018	5894
36533	39934	19368	21472	12023	13788	8722	11183	7220	12229
44965	46549	25414	26061	15750	16555	10583	11663	7769	11914
12402	13865	7011	7655	4066	4850	2737	3524	1762	3095
17022	19310	8942	10284	4762	5869	3505	4660	2657	4559
21040	25188	11737	14274	6749	7790	4507	5891	3081	5220
38079	40466	25124	26025	15120	14900	10309	11100	6857	10665
544	546	205	209	102	76	42	61	50	52
27077	27812	16064	16459	10624	11349	7058	8352	4799	7913
43181	42636	27718	29851	16048	17342	11641	14139	7814	14216
24611	25203	15575	16072	9556	9818	7368	7778	5069	7706
148153	**158478**	**93556**	**106937**	**52653**	**64541**	**36746**	**49796**	**24276**	**40821**
21757	23192	13247	16329	7520	10479	4822	7273	3658	6163
30159	32833	17518	20384	10358	12975	7670	10260	5290	8297
15024	16173	9970	11960	5578	7403	3783	5863	2597	4478
20753	22262	13768	15420	8431	9753	6027	7398	3612	6001
11973	13272	7652	9127	4565	5618	2842	4038	2009	3361
18479	20051	12136	12467	6040	6501	4354	5534	2746	5236
12340	12350	8849	9444	4542	4974	2671	3606	1502	2914
17668	18345	10416	11806	5619	6838	4577	5824	2862	4371
98902	**103253**	**58660**	**65565**	**42216**	**51505**	**25188**	**34302**	**17482**	**31183**
12753	14217	7473	9071	5705	7226	3748	5217	2793	4199
13623	14496	8009	9351	5739	7081	3627	4740	2453	4334
9330	10193	5418	5837	4314	4716	2360	3000	1693	3209
8024	8050	4534	4939	3450	3954	2150	2675	1437	2442
12401	12068	7805	8016	5863	6255	3568	4455	2486	4414
42771	44229	25421	28351	17145	22273	9735	14215	6620	12585
63314	**67639**	**46844**	**52896**	**24980**	**30469**	**14146**	**18489**	**8058**	**13366**
21161	23401	16596	19845	8836	11098	5243	6281	2735	3632
6680	7725	5962	7077	3202	3876	1694	2061	835	1158
7956	8771	5714	6318	3137	3776	1474	2097	910	1810
9527	9809	6744	7312	3497	4305	1826	2691	1172	2392
17034	16859	11435	11901	6153	7200	3797	5220	2338	4286
917	1051	382	439	153	210	111	136	67	87
39	23	11	4	2	4	1	3	1	1
246562	**257499**	**160909**	**171980**	**100696**	**107450**	**65757**	**70552**	**41334**	**64397**
22261	24055	12954	15340	8966	11509	6431	7897	4031	5933
13300	14422	8326	9375	5204	5777	3159	3577	1801	2783
19288	19645	12186	12771	8333	8391	5206	5056	3164	4336
9179	9690	5217	5826	3447	3717	2144	2303	1306	2008
19955	21458	12798	14117	8366	8967	5037	5331	2922	4690
1355	1462	823	941	609	694	402	411	215	325
7524	8694	4538	5311	2859	3283	1771	1933	936	1478
27302	30338	16629	19114	9938	10258	5382	5613	3431	5973
27638	27186	18560	18916	11059	11937	8478	9486	5350	7999
34729	35973	25227	25487	15521	15027	9573	9530	6771	11227
20230	20958	14237	15074	8189	9055	5469	6590	3518	6423
19009	18923	12808	13052	7948	8226	5475	5819	3174	4828
24792	24695	16606	16656	10257	10609	7230	7006	4715	6394
293594	**302073**	**184556**	**206876**	**103752**	**123218**	**65021**	**84800**	**42311**	**77401**
12309	13319	7318	8216	4011	4912	2400	3295	1712	2813
12596	12154	7627	7942	4225	4508	2893	3329	1955	3458
17310	17933	10176	11188	5778	7124	3600	4473	2310	4400
20367	22377	11152	13218	6750	8195	4577	5791	2990	4361

表2 续表 50

地 区	0岁		1-4岁		5-9岁		10-14岁	
	男	女	男	女	男	女	男	女
临朐县	3858	3437	26520	23148	27423	23742	25702	22109
昌乐县	2657	2441	19058	17350	16584	15009	16826	14832
潍坊滨海经济技术开发区	543	474	4030	3565	3562	3199	2734	2473
青州市	4739	4161	28465	25927	27485	24906	22588	20190
诸城市	4647	4242	30488	28285	26879	24218	31299	27198
寿光市	5754	4850	37643	32987	33517	29402	29824	25403
安丘市	3895	3390	26776	23960	22711	19659	30825	24388
高密市	3481	3236	23647	21963	23795	21594	27811	25075
昌邑市	1944	1752	12349	11280	13769	12401	14082	12603
济宁市	**43211**	**36899**	**280200**	**234865**	**313799**	**243382**	**325136**	**250407**
任城区	6170	5310	42012	35251	43377	34276	41030	31051
兖州区	2326	2012	14703	12951	17370	15003	15723	13852
微山县	3351	2712	22325	17400	22745	15974	25044	17469
鱼台县	2136	1840	14674	12892	15863	12603	15595	12136
金乡县	3396	2935	24322	21140	22227	18028	27213	20352
嘉祥县	3948	3322	21318	18167	33814	26138	47636	34652
汶上县	3847	3208	24482	19612	29341	20510	27265	19489
泗水县	3024	2584	18913	16512	19475	15376	21047	17536
梁山县	4067	3630	23897	19729	36133	26420	40361	29655
济宁高新技术产业开发区	1884	1566	12940	10729	13449	10784	9952	8152
曲阜市	3133	2717	18874	16120	18386	15721	17703	15752
邹城市	5929	5063	41740	34362	41619	32549	36567	30311
泰安市	**21729**	**19652**	**152948**	**138012**	**180806**	**156871**	**149360**	**131419**
泰山区	3249	3104	24100	21835	25767	23145	20873	18813
岱岳区	4159	3887	26487	24456	28954	26133	22347	20815
宁阳县	2867	2467	18301	16702	22314	19819	19089	17538
东平县	2820	2422	19421	17034	25224	21648	20512	17948
新泰市	5579	4890	43360	37961	52986	42085	44573	35827
肥城市	3055	2882	21279	20024	25561	24041	21966	20478
威海市	**8314**	**7970**	**51668**	**48281**	**61523**	**56488**	**56602**	**52637**
环翠区	1771	1676	11321	10582	13292	12119	11468	10409
文登区	1329	1300	7946	7524	9562	9160	9559	9106
威海火炬高技术产业开发区	1159	1062	7592	6981	8939	8066	7903	7243
威海经济技术开发区	1173	1117	7643	7097	8596	7679	6561	6030
威海临港经济技术开发区	308	344	1956	1833	2510	2440	2357	2165
荣成市	1638	1572	10089	9626	12830	11628	12293	11439
乳山市	936	899	5121	4638	5794	5396	6461	6245
日照市	**14542**	**12859**	**95624**	**85077**	**96032**	**78525**	**88132**	**74164**
东港区	4676	4209	31413	28633	29337	25988	25314	22758
岚山区	1780	1489	11354	9977	10455	8472	10061	8283
五莲县	1574	1444	10872	10120	11606	10244	10924	10116
莒县	5419	4719	35188	30297	38768	28607	37268	28964
日照经济技术开发区	1093	998	6797	6050	5866	5214	4565	4043
临沂市	**62537**	**54466**	**416409**	**359184**	**487491**	**383198**	**450869**	**370419**
兰山区	10863	9452	78118	66456	92508	71083	77346	62789
罗庄区	4302	3728	33763	28442	36753	27971	33560	26041
河东区	6083	5065	39854	33307	44495	32055	37679	30266
沂南县	4497	3885	30333	26930	29091	23832	31044	27127
郯城县	4728	4144	33438	28262	44179	32209	40687	32543
沂水县	5568	4954	36603	33623	32875	30054	29831	27227
兰陵县	5321	4493	28878	24454	55649	44457	65469	53917
费县	4542	4074	30225	26046	37466	28445	33679	26816
平邑县	5903	5144	36982	32451	37976	31772	29521	24416
莒南县	4190	3783	26522	23345	29602	23253	25846	20674
蒙阴县	2416	2241	14515	12865	19532	16288	17290	14536
临沭县	3115	2724	20415	17459	20950	16765	22848	19038
临沂高新技术产业开发区	1009	779	6763	5544	6415	5014	6069	5029
德州市	**22856**	**20462**	**161794**	**146314**	**200554**	**174784**	**195808**	**169461**
德城区	2405	2150	17091	15887	21049	18301	18230	16197
陵城区	2023	1854	14190	13162	16937	16081	16701	15442

单位：人

15-19岁		20-24岁		25-29岁		30-34岁		35-39岁		40-44岁	
男	女	男	女	男	女	男	女	男	女	男	女
16476	14625	14016	12310	13473	11050	43793	36346	28117	24922	21023	19581
13821	12097	10080	9430	9989	8992	27811	25066	20378	18753	17583	16562
12604	8320	5701	3974	3422	2614	6577	5276	4683	4094	4385	4085
23457	24008	22244	22095	21125	18964	45983	42040	28069	26525	28428	26982
29274	25559	23389	21204	25180	22196	42977	40109	29211	27875	35640	33456
30436	26267	29446	27256	25394	22449	53670	48248	43347	40170	36878	35151
19339	16113	15034	12674	17216	14169	37307	33142	24902	22301	26505	24596
22107	19943	19061	16488	18457	16493	36330	34306	27891	27512	29492	29196
12379	11187	13120	11647	11202	9967	21994	20088	16175	15055	17404	16106
220974	**187127**	**171439**	**159205**	**181338**	**162852**	**417064**	**413114**	**299765**	**292258**	**253118**	**258363**
33242	28955	26740	26843	29122	27309	67563	68747	50757	50951	46146	47087
12112	11321	9552	8787	9239	8558	28038	27819	19927	20290	17738	18404
14821	10619	12879	10019	16578	13290	30313	29131	21980	19139	18017	17490
10310	7918	8315	6889	11542	9432	20218	19436	15101	13850	11175	11135
14429	12141	10478	9003	12624	11605	32250	31749	24751	23211	18986	18167
32281	24303	18289	14541	19528	16973	38365	37474	25212	23929	23209	24062
16938	13574	14391	12706	18349	15827	30263	30783	22508	21696	18847	19363
13459	12311	8856	8727	8909	8354	22849	22494	19084	19666	15859	16714
19962	15024	14812	13209	13110	12249	31395	32009	23741	23605	19299	20408
9269	7448	7602	7307	8507	8334	23037	22984	14057	13777	10620	10689
17531	19971	15984	20214	10132	9748	29095	28589	21861	21882	17464	18241
26620	23542	23541	20960	23698	21173	63678	61899	40786	40262	35758	36603
152152	**146138**	**127257**	**128431**	**82130**	**78853**	**253953**	**247899**	**177119**	**179281**	**168960**	**173696**
27667	26596	27806	26761	15538	15556	38886	39750	29985	31353	31376	32326
31352	34524	31778	35138	19843	18534	44535	42122	29774	29139	30465	30444
16269	15129	10025	10160	8229	8124	31382	31515	19735	20282	20228	21512
17530	16359	12997	12856	9341	8926	31495	30836	22028	22547	19956	20726
34882	30459	26378	25617	19647	18497	62382	60814	47469	48075	36375	37824
24452	23071	18273	17899	9532	9216	45273	42862	28128	27885	30560	30864
56741	**49291**	**60693**	**51492**	**70065**	**64230**	**123083**	**117151**	**105839**	**102260**	**103834**	**100773**
6321	5502	8321	7663	12557	13160	25604	25764	21222	21230	18309	18166
10172	8926	9545	8360	11898	10698	19977	18617	18266	17204	17891	17192
13240	11300	15502	12055	9579	9045	16726	16743	14458	14861	13660	14439
5396	4163	5271	4868	8466	8419	17148	16935	13774	13666	11447	11002
1627	1381	1685	1309	2615	2162	4798	4385	4388	3892	3563	3026
12948	11059	13888	11199	15860	13204	27481	24454	22199	20542	25508	23814
7037	6960	6481	6038	9090	7542	11349	10253	11532	10865	13456	13134
80541	**73110**	**65343**	**64477**	**63194**	**58242**	**122450**	**115422**	**97096**	**89446**	**96464**	**89293**
32011	31530	27812	29461	24357	23458	42751	40932	36641	34497	36568	34186
8957	7682	8311	6844	9132	7533	15484	12870	11855	10100	11950	10308
9982	8735	7906	7627	7828	6654	13682	12404	11696	10588	14705	13506
25856	22207	17547	17224	16340	15595	40602	39912	29854	27952	27476	25902
3735	2956	3767	3321	5537	5002	9931	9304	7050	6309	5765	5391
289589	**256711**	**218341**	**202881**	**233135**	**214703**	**539682**	**520491**	**354203**	**352764**	**308020**	**304734**
52227	47977	47733	48082	48440	46051	109550	109167	71673	73499	61440	60588
25024	21101	15944	14164	21448	18937	48059	45414	26479	26471	24049	23332
24646	19726	19773	17384	22331	20559	54427	51996	31852	30610	25987	24865
17751	16267	13833	13764	11004	10115	36175	34039	25950	25036	21935	21888
19834	17510	16442	14996	25879	23910	36969	37067	26422	27208	24479	24950
18642	18689	14058	14438	13917	13210	42870	42852	34147	34851	26682	27516
44864	38924	18347	15908	20190	19003	46618	47294	33200	34209	25442	25976
19088	17117	15681	13273	17212	14866	38163	34202	25458	23967	19888	18848
20697	17977	17841	15965	16407	15207	38829	37027	23250	23809	21702	22030
17761	15650	14129	12895	12752	11772	34987	31841	22275	19780	23341	21489
9492	8830	8727	7940	7255	6611	20435	18714	12850	12733	11532	11660
15703	13956	12337	11134	12211	11130	23212	22532	15314	15669	17336	17606
3860	2987	3496	2938	4089	3332	9388	8346	5333	4922	4207	3986
161422	**147561**	**113411**	**110901**	**108105**	**106990**	**243941**	**240006**	**186003**	**174619**	**199131**	**190813**
16266	16560	15655	17337	13060	13449	27952	29249	22319	22381	24569	24533
13765	13431	9826	9775	9636	9935	20270	20283	14953	13528	17969	16856

表2 续表 51

地区	45-49岁		50-54岁		55-59岁		60-64岁	
	男	女	男	女	男	女	男	女
临朐县	31023	28853	37493	34757	35257	33385	28502	27327
昌乐县	24271	23296	28111	27867	25631	25205	18074	17618
潍坊滨海经济技术开发区	5817	4839	6229	5217	4181	3784	2600	2601
青州市	37586	36455	46596	45703	43291	43325	30204	29811
诸城市	47433	45688	52225	54317	47254	50352	34002	33423
寿光市	48769	47212	54246	54157	45503	45338	32724	31454
安丘市	33058	31987	40272	39903	36953	36925	28338	28816
高密市	37133	36644	43178	44006	36676	36444	25849	24320
昌邑市	24031	23394	27233	27069	27840	28178	20048	19469
济宁市	**279925**	**288380**	**375138**	**387035**	**314610**	**337502**	**213036**	**212246**
任城区	44686	45204	48874	50583	45322	47091	31032	32134
兖州区	20036	20839	24550	25339	23583	23935	16046	15737
微山县	19098	19808	29125	30270	23699	24892	16274	16813
鱼台县	13282	13417	20420	20285	15265	18438	10025	10329
金乡县	19483	20337	29618	29218	23142	27186	15658	15382
嘉祥县	25531	27152	33358	37186	27416	30466	19310	18849
汶上县	23470	24176	34905	34561	26080	31179	15081	15495
泗水县	16528	17216	26758	27198	21756	22097	15673	15667
梁山县	23634	25788	33257	35368	24285	27884	16295	16240
济宁高新技术产业开发区	10344	10238	12168	12803	11316	12732	7581	7780
曲阜市	21874	22148	27100	28713	25968	26162	17407	17068
邹城市	41959	42057	55005	55511	46778	45440	32654	30752
泰安市	**215140**	**217709**	**254528**	**254321**	**227923**	**228892**	**173919**	**178201**
泰山区	36026	36296	33434	33746	28901	28814	21992	23251
岱岳区	40297	39217	49215	48658	46085	46165	36583	36039
宁阳县	26077	26577	34970	34102	29576	29744	22591	22507
东平县	24651	24855	30737	30723	29932	29934	22007	23126
新泰市	50852	53518	64134	65349	54301	55113	40665	42426
肥城市	37237	37246	42038	41743	39128	39122	30081	30852
威海市	**120972**	**119077**	**128297**	**130503**	**129990**	**135358**	**114991**	**118578**
环翠区	19518	19415	17944	17862	15520	16350	12423	13447
文登区	21769	21779	24012	25604	28202	29782	26244	26946
威海火炬高技术产业开发区	15489	15571	12687	12724	9986	10569	7492	8170
威海经济技术开发区	11635	11127	10564	10296	9635	10258	7962	8502
威海临港经济技术开发区	3561	3487	4158	4343	4816	4989	4356	4456
荣成市	30866	29644	35139	35559	35111	36225	29908	30626
乳山市	18134	18054	23793	24115	26720	27185	26606	26431
日照市	**125983**	**119823**	**133544**	**133611**	**112007**	**117449**	**93269**	**96811**
东港区	45055	42528	43400	43244	34432	35514	29037	29718
岚山区	15559	14316	17825	17727	15612	16151	13978	14507
五莲县	21093	20248	22405	22182	21755	21220	17346	16600
莒县	37168	35961	43151	43658	35019	38850	28631	30934
日照经济技术开发区	7108	6770	6763	6800	5189	5714	4277	5052
临沂市	**394313**	**386974**	**465054**	**476496**	**374046**	**378240**	**305147**	**302891**
兰山区	68774	67445	64279	65654	48225	48292	35281	35012
罗庄区	27208	26257	26169	26677	19746	19810	16015	15873
河东区	30035	29480	33442	35389	26520	27887	21495	21854
沂南县	31217	31243	33900	35304	30348	30581	26097	25868
郯城县	29344	29401	38293	39695	28687	29516	24360	24427
沂水县	34180	34352	43999	45324	35895	37382	32128	32498
兰陵县	32180	31154	43537	45101	36401	36536	31575	30153
费县	27265	24695	37642	37978	31444	30825	21956	21233
平邑县	32099	31872	42224	43422	34908	35148	27555	27451
莒南县	33165	32495	42578	42251	35637	36277	30766	30987
蒙阴县	18970	19243	25660	26053	20825	20880	15970	16554
临沭县	24210	24288	27464	27937	21372	20980	18813	17886
临沂高新技术产业开发区	5666	5049	5867	5711	4038	4126	3136	3095
德州市	**222089**	**219301**	**267374**	**267396**	**190714**	**206274**	**150318**	**152944**
德城区	23942	24000	22324	22981	17670	18044	13371	13905
陵城区	19377	19027	27151	27675	18739	21068	13960	14349

单位：人

65-69岁		70-74岁		75-79岁		80-84岁		85岁及以上	
男	女	男	女	男	女	男	女	男	女
27218	29068	17978	21500	7612	10057	5823	8326	3866	6598
18469	19349	13190	14906	7166	8722	3652	5249	2496	5208
2743	2992	1884	2196	1078	1388	715	879	414	842
30947	30841	20129	22488	11921	13757	7123	9681	4406	8237
36182	36353	22822	25249	12695	14393	8160	9828	5210	9266
36332	35855	24577	25908	13498	15338	8016	10798	5327	10220
28809	30136	17869	20239	10320	13220	5900	7927	3854	7125
28375	29304	16349	19271	10659	12195	7144	8945	4439	8584
21937	22392	13485	14555	8039	9409	5018	6279	3332	6289
237860	**244338**	**143727**	**155279**	**93832**	**109918**	**50430**	**70340**	**33944**	**65841**
30903	34070	17658	20603	11897	15455	6512	9165	4432	7811
16948	17977	9723	11567	6253	8216	3237	4888	2003	4060
17929	17846	10583	10563	7628	8855	4283	6066	3021	5372
13088	13092	7690	7666	5283	5246	2876	4077	2091	4380
19219	19343	11634	11686	7262	7483	3938	5370	3003	6175
22525	21986	14245	14303	9094	10550	4740	6864	2980	6320
19583	20604	12458	13918	7657	8481	3771	5366	2472	5288
17816	17152	10750	11814	7095	7845	3793	4833	2595	4560
19788	19997	13821	14380	8780	9440	4325	5736	3137	5813
7651	8066	4157	4647	2681	3142	1436	1973	925	1874
19133	20274	11980	13694	6888	8702	3501	5243	2203	4795
33277	33931	19028	20438	13314	16503	8018	10759	5082	9393
161804	**175924**	**105457**	**124290**	**60208**	**79839**	**33396**	**48125**	**21796**	**44079**
19877	23120	13099	16292	7824	10107	4732	6535	3320	5522
34110	34875	21639	23609	11896	15004	6242	8787	4240	9022
21715	23184	13763	16013	7381	10726	3852	6064	2556	5435
21826	23615	15065	17201	9066	11161	4412	6466	3100	6882
35113	39011	22801	27221	14542	19707	9027	12865	5662	10267
29163	32119	19090	23954	9499	13134	5131	7408	2918	6951
110265	**113929**	**70564**	**72043**	**44489**	**44060**	**29059**	**28532**	**20090**	**26816**
11067	12376	6466	7510	4233	5175	2983	3383	1762	2302
26840	27205	16814	16471	11049	10428	7116	6749	5415	6872
6533	7401	3933	4533	2442	2863	1653	1689	953	1166
7059	7651	4225	4411	2440	2595	1646	1724	879	1397
4134	3883	2294	2131	1562	1222	1006	939	716	876
30315	31367	20305	20561	12849	12415	8396	8086	5642	7926
24317	24046	16527	16426	9914	9362	6259	5962	4723	6277
90306	**95317**	**61471**	**65773**	**34947**	**38362**	**22115**	**25460**	**16496**	**25588**
25736	27682	16967	18267	9936	10581	6490	6910	4952	6731
13493	14377	9114	9420	5298	5526	3217	3755	2474	4062
17334	17221	12064	12254	6366	7003	4053	4887	2891	4465
30221	32038	21218	23439	12026	13878	7470	8974	5532	9387
3522	3999	2108	2393	1321	1374	885	934	647	943
297317	**302174**	**190861**	**203261**	**120663**	**136417**	**72056**	**89458**	**54856**	**88314**
31092	32981	19012	20852	11574	13179	7195	8677	6126	9097
15016	16217	9546	10460	5318	6358	3128	4008	2440	3998
21079	21868	13433	14478	8063	8607	5055	5694	4346	6639
25820	25533	17630	17967	10809	11666	6789	7780	5087	8255
23052	23513	15612	16618	10181	12447	5143	7896	3817	7298
31966	32815	21600	23168	12833	14502	8181	9870	5496	8774
32435	31524	19669	21406	12675	15108	7117	9564	5747	9896
22538	22699	13147	13473	9274	9973	5861	7332	4648	7364
27339	27422	16873	17542	12211	13783	6727	8823	4411	7560
30705	31024	21014	22422	11988	13461	7271	8152	6024	8931
14940	15819	9764	10927	7340	8116	4737	5913	2699	4380
18007	17354	11401	11709	7251	8096	4185	4988	3428	5201
3328	3405	2160	2239	1146	1121	667	761	587	921
169072	**180503**	**116347**	**131000**	**60410**	**68119**	**32611**	**43813**	**19443**	**38530**
12571	14073	7989	9401	4728	5539	2919	3896	1758	2749
16456	17965	11457	12944	5970	6419	3088	3973	1895	3730

表2 续表 52

地区	0岁		1-4岁		5-9岁		10-14岁	
	男	女	男	女	男	女	男	女
宁津县	1695	1620	12139	10970	17452	14594	18350	15187
庆云县	1475	1278	11448	9648	15736	12477	13749	10758
临邑县	1957	1727	14131	12831	15377	13814	15628	13994
齐河县	2658	2394	16869	15255	17629	15692	15879	14312
平原县	1420	1300	10198	9666	12502	11658	13062	11928
夏津县	1519	1385	10856	9316	17664	14323	21304	17499
武城县	1388	1148	10285	9320	12835	11338	13069	11199
德州经济技术开发区	1391	1277	9666	8871	10687	9501	8108	7186
德州运河经济开发区	514	499	3509	3239	4304	3810	3757	3225
乐陵市	2278	2082	17566	15306	23027	18997	22898	18944
禹城市	2133	1748	13846	12843	15355	14198	15073	13590
聊城市	**27517**	**23653**	**189381**	**162051**	**286429**	**221048**	**273048**	**214053**
东昌府区	7256	6078	49908	41847	72486	53803	64549	50311
茌平区	2393	2058	17340	15520	21832	18130	18854	15343
阳谷县	3291	2830	23212	20128	30032	22445	28806	22111
莘县	4807	4221	30028	25086	53288	39361	50957	38365
东阿县	1776	1496	11985	10651	12300	10519	10229	8657
冠县	3037	2623	21860	18119	40454	30347	39567	29272
高唐县	1842	1576	13727	11931	18333	15667	16802	15157
临清市	3115	2771	21321	18769	37704	30776	43284	34837
滨州市	**17513**	**15710**	**123469**	**110200**	**127642**	**111430**	**109519**	**96159**
滨城区	3931	3577	27740	25587	28865	25973	21799	20071
沾化区	1445	1283	10359	9196	10078	9074	8362	7601
惠民县	2423	2285	16955	15222	16749	15619	15494	14230
阳信县	1856	1618	13894	12197	14866	12967	13968	12439
无棣县	2111	1754	15945	13356	21041	16614	15787	12681
博兴县	2364	2088	15514	13576	13346	11297	13588	10849
邹平市	3383	3105	23062	21066	22697	19886	20521	18288
菏泽市	**44039**	**39812**	**260803**	**229632**	**450412**	**352173**	**474194**	**357104**
牡丹区	5793	5310	36372	31401	59357	45881	51171	39568
定陶区	2826	2541	16677	14877	28212	21936	28579	21980
曹县	6946	6294	39815	34708	71222	55732	81739	61292
单县	5068	4323	30185	26664	49389	39384	47200	35851
成武县	2419	2255	14942	13442	28062	22671	38485	28087
巨野县	4592	4146	27688	24300	49172	37769	56084	40692
郓城县	5254	4780	29116	25826	53318	41338	61756	45118
鄄城县	3628	3329	21507	19127	40195	31199	41225	31787
东明县	3940	3720	21297	19252	39896	32048	43871	33973
菏泽经济技术开发区	2450	2157	16742	14508	21090	15944	16236	12650
菏泽高新技术开发区	1123	957	6462	5527	10499	8271	7848	6106
河南省	**476347**	**439698**	**2759721**	**2539616**	**4444479**	**3916946**	**4569462**	**3842685**
郑州市	**61749**	**56553**	**358414**	**326291**	**453805**	**394880**	**417870**	**331225**
中原区	5177	4743	30097	27477	35235	30842	27077	22941
二七区	5253	4949	30683	27603	35882	31144	29336	24808
管城回族区	5190	4727	29482	26657	34986	30296	26841	22222
金水区	9469	8613	56304	50677	71289	61964	57605	48706
上街区	944	834	5884	5426	6354	6123	5171	4767
惠济区	2684	2525	17036	15638	20040	17620	15287	12719
中牟县	5335	4836	30944	28476	43156	37986	38167	32281
郑州经济技术开发区	1803	1657	10400	9140	12960	11024	9316	7933
郑州高新技术产业开发区	3309	3099	17713	16431	18241	16402	12256	10756
郑州航空港经济综合实验区	2346	2034	14185	12763	18358	15794	14689	12159
巩义市	3974	3661	21475	19958	26088	23238	23218	20702
荥阳市	3465	3260	20776	19123	24200	21837	21423	19247
新密市	4096	3920	22728	20915	30562	26500	31309	26706
新郑市	5507	4804	32931	29299	45170	38851	41155	33807
登封市	3197	2891	17776	16708	31284	25259	65020	31471
开封市	**23717**	**21553**	**136040**	**123305**	**226608**	**197087**	**223955**	**184668**
龙亭区	2225	2055	13892	12811	20413	17728	18233	15315

单位：人

15-19岁		20-24岁		25-29岁		30-34岁		35-39岁		40-44岁	
男	女	男	女	男	女	男	女	男	女	男	女
12690	11246	8512	8505	10399	9823	21047	19567	14342	13531	16215	15340
9337	8412	4832	4605	6267	6039	15005	15004	11603	11486	10080	9724
11845	11595	8191	8175	8781	9024	17834	17472	15117	14304	17584	17086
13803	12778	12525	11123	10748	10228	26619	24717	17233	15422	18632	17418
10511	10276	8290	8167	6885	6808	17032	16718	12932	11883	16271	15085
16263	14366	7621	7311	7028	6726	16458	16149	16474	15760	16510	16259
9852	8454	6195	5995	6427	6333	15852	14907	12602	11446	12391	11756
14311	10902	9416	8768	8052	7805	16467	15987	10660	9682	9816	8886
2663	2223	2731	2488	3002	3018	6359	6469	4454	4507	4868	4850
17129	15415	10163	9531	9893	9841	21028	21611	16654	15846	16822	16452
12987	11903	9454	9121	7927	7961	22018	21873	16660	14843	17404	16568
161361	**134784**	**99297**	**96138**	**123960**	**117252**	**266795**	**267988**	**229946**	**218970**	**183847**	**176471**
50310	42662	33112	35332	35014	33157	77628	78759	64800	61686	48279	45527
12074	10378	6324	6063	10579	9921	25062	23785	17285	16025	17324	16057
17523	13709	11967	10725	12973	11611	30852	31055	25801	24025	20354	18604
23580	18562	15023	13195	17755	17509	35240	38169	32613	31720	27189	26600
7266	6379	4648	4700	6764	6628	15882	15269	11519	10756	10689	10550
18342	14194	9425	8645	13923	12792	29126	29166	30578	29049	21571	21124
11027	9887	5741	5596	7961	7847	18423	17870	17095	16661	15575	15362
21239	19013	13057	11882	18991	17787	34582	33915	30255	29048	22866	22647
96902	**88185**	**85361**	**79413**	**84065**	**78016**	**181611**	**170225**	**126907**	**121631**	**130984**	**125949**
24087	22558	21519	21229	19750	19203	46478	45856	32108	32261	30179	29430
7058	6743	4841	4868	6241	5861	15914	14046	9368	8942	9503	8941
12984	12420	11105	10382	10052	9426	24890	23149	18070	16828	17516	16915
11666	10970	8654	8400	8008	7640	17225	16706	11846	11620	13860	13739
10385	9201	8572	7890	8580	7974	22503	20727	15469	14553	14707	13876
13403	10791	14119	11778	13144	11442	19365	16682	14764	13470	18529	17534
17319	15502	16551	14866	18290	16470	35236	33059	25282	23957	26690	25514
288130	**223664**	**181758**	**162687**	**184484**	**172354**	**354221**	**372401**	**270582**	**276096**	**235546**	**255052**
37461	33003	26132	25399	27185	24351	47721	50218	38024	38856	29928	31678
15707	12303	9487	8777	11193	10436	22142	23994	16275	16839	13415	14425
46642	35240	29865	26574	27589	26475	57490	56892	44231	44495	36731	41645
30165	25806	21469	19118	19888	18260	40219	41303	31650	31852	30181	30505
17614	13629	9703	8893	10382	10219	21813	23482	17804	17839	15279	17542
28598	22183	17677	16006	16695	17145	36368	41255	27192	28554	25299	26736
41754	29068	25744	20993	24264	22104	41727	44530	29230	28261	27292	31469
25181	19006	15013	13174	14727	13218	27338	28219	18905	20965	17371	19882
28411	20451	13982	12622	15696	14835	29691	31205	24633	25608	23320	23886
11720	9162	8263	7426	11280	10688	21610	23094	16479	16803	12222	12857
4877	3813	4423	3705	5585	4623	8102	8209	6159	6024	4508	4427
3466004	**2857730**	**2544846**	**2348883**	**2723249**	**2745715**	**4174801**	**4401405**	**2807864**	**2934795**	**2778430**	**2870004**
578716	**456499**	**566752**	**522692**	**497524**	**477839**	**746886**	**742292**	**461896**	**453101**	**368547**	**361493**
32761	23682	28310	26779	34104	35810	56715	60883	42579	43042	31969	32908
47886	34060	47683	45316	40885	44126	60797	64711	41218	42223	33725	34784
28293	25539	36677	39969	48214	48874	67893	68012	43911	42350	32979	30971
105194	95205	122746	127983	90828	97362	112825	120843	82403	88120	68924	70719
8342	4730	3684	3082	5894	5996	11118	11670	6801	7038	6017	6426
29566	31524	31232	37544	20010	19705	33690	33024	21836	20754	16868	15731
62406	51894	49915	44302	29923	27617	52438	49601	29224	25814	20698	18345
11637	6237	17018	9526	21835	15297	28524	22325	15080	12894	10982	9082
28969	25518	40576	34350	26897	24864	39438	37141	21645	19353	14803	13352
20965	10384	47585	23075	52477	37806	60392	57838	22949	26967	13664	18672
20681	20673	18581	18904	25468	23797	42265	39780	26185	22900	22359	20480
39024	27833	21065	15268	22389	20984	38466	36630	23114	21603	20078	18394
24910	19889	17725	14828	25413	23898	42707	41738	25642	24194	23649	23022
74253	61748	72103	71479	36878	35235	68537	65670	39001	35490	30175	27429
43829	17583	11852	10287	16309	16468	31081	32426	20308	20359	21657	21178
181425	**142309**	**125572**	**109738**	**127994**	**121434**	**208461**	**209782**	**146579**	**143960**	**121524**	**120838**
35758	31646	28834	30805	13751	15005	24082	26884	18520	19765	16091	16868

表2 续表 53

地　区	45-49岁		50-54岁		55-59岁		60-64岁	
	男	女	男	女	男	女	男	女
宁津县	18666	18196	21714	21050	17273	17199	14694	14689
庆云县	9989	10318	14858	14391	10855	11363	8561	8568
临邑县	20916	19832	25532	25387	15240	16782	13304	13309
齐河县	25243	23881	33836	31184	21170	23233	13630	14157
平原县	18319	18234	19788	19970	15890	17333	11157	11617
夏津县	18511	19033	19025	19855	13755	14968	13412	13290
武城县	13523	13457	15760	15867	11207	12651	10088	10631
德州经济技术开发区	9515	8864	11255	11138	8409	8939	5766	6070
德州运河经济开发区	5450	5780	5144	5077	3836	3907	2698	2690
乐陵市	18104	18921	27395	28355	18760	21433	17242	16895
禹城市	20534	19758	23592	24466	17910	19354	12435	12774
聊城市	**216804**	**211488**	**241111**	**256973**	**194786**	**228488**	**144746**	**152455**
东昌府区	51393	49998	53018	56399	43268	49586	32428	34442
茌平区	20907	20421	23910	25076	18261	21287	12562	12793
阳谷县	27266	26606	29584	32112	24589	30159	16940	18364
莘县	32955	32658	37895	42357	28591	35850	21641	23470
东阿县	13621	12685	16930	17024	13624	15549	8855	9588
冠县	25261	24474	27552	27911	24392	27811	19262	20525
高唐县	18790	18197	19702	21382	13883	16660	12082	12320
临清市	26611	26449	32520	34712	28178	31586	20976	20953
滨州市	**170889**	**162816**	**191478**	**187558**	**139356**	**140710**	**114420**	**112536**
滨城区	36459	34303	34791	34488	25192	25626	21973	21873
沾化区	15273	14052	19719	19112	13044	12995	10047	9606
惠民县	23754	22699	30692	29646	21612	21734	17362	17102
阳信县	18245	18107	21467	21173	13999	14270	12173	11279
无棣县	19434	18412	21259	20740	16757	17036	14343	14517
博兴县	23608	22500	26091	25597	17856	18118	14305	14019
邹平市	34116	32743	37459	36802	30896	30931	24217	24140
菏泽市	**277513**	**307277**	**418814**	**408934**	**274042**	**312366**	**177574**	**180675**
牡丹区	36661	37588	47932	45438	32131	36472	21040	21345
定陶区	16856	19286	25740	25687	17330	19405	11859	12012
曹县	41888	45496	62969	60762	41315	46719	28545	29195
单县	32381	35171	48568	47944	34228	39076	23548	24021
成武县	17559	21712	34837	32502	18626	21590	11900	12341
巨野县	28108	31468	41159	45679	29046	34232	17237	17430
郓城县	37023	40558	58186	53906	37253	43219	22174	22584
鄄城县	23953	26849	37401	37668	25284	27743	16414	16004
东明县	23406	28216	35532	34393	20980	23967	13225	13856
菏泽经济技术开发区	14228	15088	17920	17054	12019	13154	7720	7972
菏泽高新技术开发区	5450	5845	8570	7901	5830	6789	3912	3915
河南省	**3521070**	**3565144**	**3899778**	**4191597**	**3149276**	**3431926**	**2250693**	**2311451**
郑州市	**418306**	**400812**	**429999**	**420679**	**334348**	**344014**	**239956**	**246459**
中原区	33400	33793	31998	32631	27027	29135	20945	23336
二七区	35352	35783	33928	35244	28049	30125	20539	22113
管城回族区	32499	29802	30044	29189	24109	25313	16471	17827
金水区	67585	67301	59123	61709	49178	52518	35768	39790
上街区	7578	8323	9189	9057	7018	7201	4969	4982
惠济区	16847	15790	15464	14863	11373	11927	8476	9001
中牟县	32061	29870	33188	31549	23806	23531	17591	17320
郑州经济技术开发区	11286	9320	10717	8632	7478	6751	4970	4903
郑州高新技术产业开发区	14297	12677	13562	12928	10983	12338	7738	8510
郑州航空港经济综合实验区	15194	16270	15571	13846	11631	10526	8162	7307
巩义市	28928	27381	36080	34167	28212	28031	22640	22526
荥阳市	26605	24491	31408	29844	23782	23118	19294	18725
新密市	33303	31380	41467	39944	31645	31266	18696	17315
新郑市	36657	33671	37228	36748	26925	28619	17160	17149
登封市	26714	24960	31032	30328	23132	23615	16537	15655
开封市	**165872**	**164474**	**181320**	**196023**	**138202**	**150786**	**121334**	**124491**
龙亭区	18374	18481	17855	18365	15676	16524	12724	13688

单位：人

65-69岁		70-74岁		75-79岁		80-84岁		85岁及以上	
男	女	男	女	男	女	男	女	男	女
15917	16969	9981	11639	5367	6073	2643	3593	1434	2993
8202	8074	5343	5888	3034	3698	1503	1914	959	1624
14991	15577	10778	12233	5260	6401	2673	3823	1625	3291
18067	19981	14046	15147	6930	6427	4145	5221	2543	5600
15082	15886	10210	11526	5079	5128	2728	3477	1702	3370
15525	16191	9927	11310	4857	5914	2834	4287	1457	3170
11171	12092	8047	9092	3933	4643	2134	2917	1261	2455
5796	6157	3518	3924	1857	2185	1015	1299	544	1018
2370	2745	1664	2185	1087	1343	633	866	327	519
17875	18659	12732	14097	6536	7886	2970	4066	1908	3849
15049	16134	10655	11614	5772	6463	3326	4481	2030	4162
156935	**171219**	**109798**	**128106**	**56263**	**68772**	**32200**	**47104**	**19150**	**41741**
31047	34176	20961	24510	11181	14284	6895	10023	4263	8529
14563	15656	10650	12200	5763	6271	3540	4870	2141	4423
20621	22793	15185	18109	8382	9473	3932	5330	2564	6020
24450	26790	18113	19755	9435	11319	4628	7031	3054	7110
10242	11278	8103	9548	4680	5195	2454	3092	1573	3349
19527	22068	12705	15844	5114	7509	3588	5923	1987	4687
15392	16270	10379	11779	5266	6044	3286	4626	1705	3350
21093	22188	13702	16361	6442	8677	3877	6209	1863	4273
123514	**128970**	**82970**	**92426**	**43333**	**52148**	**25123**	**34905**	**15242**	**29283**
23652	25119	15156	17370	7450	9418	4670	6256	2775	4877
11414	12189	8143	9444	4185	5152	2509	3485	1649	3206
19819	21094	13670	15896	7294	9131	3553	5500	2141	4562
13188	13572	8813	10065	4966	5898	2350	3378	1392	3028
13811	14258	9186	9659	4936	5389	3073	3725	2193	3383
17749	17956	11919	12423	6149	6949	3789	4969	2254	4246
23881	24782	16083	17569	8353	10211	5179	7592	2838	5981
229075	**234370**	**162900**	**178539**	**96507**	**115477**	**49973**	**70179**	**36450**	**80130**
24670	25842	17518	19934	10502	12699	5087	7431	3570	8038
14699	14962	10151	10764	6076	7406	3137	4531	2338	5156
37400	39396	23743	26154	13908	17229	7716	11595	5675	12960
29519	30918	20061	21992	11721	14497	6981	9686	5525	12238
15986	16703	11362	12967	6548	7456	3728	4972	3087	6721
24261	24376	17117	18462	10556	11649	5458	7249	3955	8330
30176	30216	23981	25980	14267	15915	7241	9546	4994	10693
19491	18167	15146	16744	9514	12713	4289	6340	2814	6442
20089	20312	14956	15549	8384	9318	3587	4802	2612	5435
7915	8636	5452	6385	3207	4203	1786	2474	1247	2512
4869	4842	3413	3608	1824	2392	963	1553	633	1605
2578866	**2714657**	**1722549**	**1812528**	**1014076**	**1170592**	**571164**	**746539**	**379674**	**691259**
220172	**230995**	**137882**	**147593**	**81093**	**93072**	**54189**	**68267**	**39066**	**58648**
16845	19429	10616	12645	6831	8569	5466	7495	4109	5241
17691	19658	10238	11488	6300	7650	4760	6450	3783	5040
13794	14908	7331	8155	4241	5116	2890	4043	2318	3485
31674	36072	17657	20035	10755	13717	8180	10908	6890	8949
3936	4193	2530	3021	1654	2319	1378	1745	878	1127
7176	8017	4414	5216	2446	2757	1537	1910	1132	1623
16167	16119	10378	10978	6315	7380	3251	4222	2362	4219
4197	4240	2506	2386	1554	1663	917	1002	656	964
6223	7123	3218	3825	1654	1996	1089	1282	683	987
7777	6879	4770	4149	3009	3241	1948	2314	1284	2402
21581	21623	15121	15738	8859	9481	5377	6489	3258	5363
18539	18712	12524	13118	7218	7782	4365	4964	3026	4441
20447	19771	14582	14972	8105	8492	5141	6221	3382	5551
18204	18493	11310	11643	6231	6448	4176	4652	2766	4635
15921	15758	10687	10224	5921	6461	3714	4570	2539	4621
137532	**143345**	**85141**	**91948**	**48026**	**57574**	**25911**	**36289**	**20242**	**38957**
12068	13398	7399	8133	4375	5247	2816	3585	2057	3106

表2 续表 54

地区	0岁		1-4岁		5-9岁		10-14岁	
	男	女	男	女	男	女	男	女
顺河回族区	713	681	4325	4098	6572	5920	6420	5467
鼓楼区	431	404	2815	2498	4333	3636	4251	3448
禹王台区	420	399	2632	2469	3886	3441	3784	3204
祥符区	3294	2913	18545	16833	33301	28375	34566	27784
杞县	4569	3932	26834	23490	46493	39914	45543	37664
通许县	2697	2577	15349	14001	26425	22889	27869	22870
尉氏县	4320	3994	24903	22854	43474	38052	45688	37272
兰考县	5048	4598	26745	24251	41711	37132	37601	31644
洛阳市	**35504**	**33835**	**196834**	**185731**	**270308**	**251621**	**260062**	**237587**
老城区	1040	956	6358	5935	7889	7114	7243	6742
西工区	1548	1461	9402	8924	11255	10456	9905	9061
瀍河回族区	980	916	5714	5316	6662	6178	5429	4946
涧西区	2041	1881	11705	10967	15051	13903	13331	12132
吉利区	317	291	1875	1651	2045	1972	1857	1767
洛龙区	4997	4863	27860	26001	33328	30924	27957	25350
孟津县	1859	1711	10170	9800	13555	12914	13892	12647
新安县	2177	2022	11522	10905	16053	14919	16702	15415
栾川县	1730	1632	9398	8482	13163	11483	13544	11326
嵩县	3177	3051	16216	15044	24226	22443	25055	23606
汝阳县	2453	2401	13393	12831	22328	21262	22425	20641
宜阳县	3092	2869	16156	15035	23120	21486	23973	21733
洛宁县	1931	1790	10937	10465	16237	15239	16969	15574
伊川县	4320	4292	25001	24431	40134	37753	37903	36185
洛阳高新技术产业开发区	1397	1269	7284	6572	7652	7299	6642	6039
偃师市	2445	2430	13843	13372	17610	16276	17235	14423
平顶山市	**24130**	**22240**	**143269**	**133422**	**233250**	**208208**	**252219**	**219091**
新华区	1300	1187	8735	8186	11479	9954	11344	10096
卫东区	1351	1166	8316	7749	10825	9630	10247	9096
石龙区	195	191	1073	983	1879	1655	2284	1859
湛河区	1574	1384	9994	9103	12954	11483	12285	10509
宝丰县	2368	2210	14226	13283	25131	22030	27176	23407
叶县	3360	3239	19930	18446	34984	31150	35544	29217
鲁山县	4307	3791	23715	21928	39879	36152	47696	44470
郏县	2505	2338	13548	12988	23019	20975	29111	24899
平顶山高新技术产业开发区	263	230	1701	1581	2446	2125	1896	1668
平顶山市城乡一体化示范区	637	616	3584	3292	4660	4051	3971	3413
舞钢市	1249	1167	7907	7219	12780	11112	13703	11828
汝州市	5021	4721	30540	28664	53214	47891	56962	48629
安阳市	**23750**	**23023**	**143003**	**136318**	**259711**	**226558**	**287299**	**237567**
文峰区	1729	1583	10633	9608	16164	13568	16991	13611
北关区	1235	1221	8615	7739	14456	11744	14457	11106
殷都区	830	783	5397	4943	8167	6691	8065	6628
龙安区	1076	980	6585	5836	10792	8788	12833	10390
安阳县	3363	3397	19074	18780	36983	31491	45621	36909
汤阴县	1736	1749	10325	10226	20327	18354	24581	20553
滑县	6016	5984	35254	33864	66597	57806	72261	57696
内黄县	2949	2795	17769	17041	35018	31677	39927	33036
安阳高新技术产业开发区	849	760	4954	4578	6609	5765	5835	4680
林州市	3967	3771	24397	23703	44598	40674	46728	42958
鹤壁市	**7083**	**6997**	**37481**	**36111**	**64570**	**56693**	**70987**	**59194**
鹤山区	159	159	881	783	1438	1285	2066	1826
山城区	545	491	2990	2754	5399	4796	6272	5245
淇滨区	1974	1884	10624	10046	16543	13897	16816	13844
浚县	3035	3131	15868	15717	28264	25395	31061	26389
淇县	1197	1142	6069	5779	11104	9745	12461	10080
鹤壁经济技术开发区	173	190	1049	1032	1822	1575	2311	1810
新乡市	**28141**	**26545**	**166443**	**154575**	**281790**	**243133**	**301800**	**246042**
红旗区	1589	1475	10329	9337	13792	11970	12089	10219
卫滨区	890	813	5899	5311	8478	7247	7954	6753
凤泉区	535	538	3797	3486	6078	5263	6395	5221

单位：人

15-19岁		20-24岁		25-29岁		30-34岁		35-39岁		40-44岁	
男	女	男	女	男	女	男	女	男	女	男	女
7855	8746	6291	8856	4946	5639	8379	9206	6732	7320	6564	7155
3628	2827	2488	2378	3212	3371	5257	5884	4381	4855	4241	4677
4356	3465	2140	1896	2961	3057	5075	5545	4233	4345	3631	3809
24708	17849	14255	11137	18891	17325	31667	29581	21290	19172	17255	16027
33361	24680	22933	16666	25405	22741	40962	39201	27610	26600	23365	22877
19080	13444	12656	9352	12780	11397	21334	21494	17421	17225	12761	12501
26001	19131	17060	13093	23005	19254	38241	36633	24610	22262	19969	18672
26678	20521	18915	15555	23043	23645	33464	35354	21782	22416	17647	18252
231707	**198024**	**179798**	**169470**	**228047**	**228766**	**306954**	**315556**	**208521**	**209224**	**210865**	**209803**
5421	7272	6055	5226	8931	8340	13226	12646	9393	8884	9704	9323
7500	7500	8089	8386	11609	12804	17305	18769	12960	14040	13025	13620
9323	7128	4482	4084	6050	6647	10311	11548	7343	7707	7061	7299
13692	11584	13345	11212	14828	15850	20307	23171	15929	18452	17246	19947
1031	973	1168	1016	1833	1701	3150	3209	2292	2412	2613	2793
35480	31721	36956	41922	31257	33478	46358	50087	31114	31271	26568	26184
11842	10079	8105	7438	13706	13428	17604	17426	12539	11807	13791	12998
29522	18019	13491	11167	15273	14531	18531	17700	13735	13475	14163	13202
8559	7399	6128	5490	10921	10230	15392	15334	8789	8862	9115	8475
17327	16554	12633	11533	16174	15663	22321	22068	13330	12667	13375	12912
15535	14606	9153	8479	10925	10990	17002	18280	9694	10052	11015	11344
19889	16806	15389	13783	20076	19603	20485	20488	15054	14905	16986	16755
12644	11396	8324	8299	11104	12076	14160	15143	9640	9766	11892	11168
26517	23161	18822	17106	28350	27852	32016	32796	22643	21995	21844	21354
4194	3368	4528	3842	8059	8307	12411	12807	7962	7658	6864	6818
13231	10458	13130	10487	18951	17266	26375	24084	16104	15271	15603	15611
157229	**133007**	**91542**	**82048**	**109340**	**110829**	**203233**	**213258**	**137491**	**141258**	**147352**	**148689**
7428	6222	6345	5282	8663	8225	14426	15169	11220	11259	13281	13054
6885	7921	5515	4930	7498	7247	13344	13748	10268	10447	11768	12136
1040	719	612	471	931	822	2273	2109	1282	1110	1374	1157
17577	12165	9631	6613	8326	8349	15539	16651	11224	11642	11680	12116
15356	15243	7245	7195	8848	9341	23837	24233	13316	13063	14275	14023
19954	15358	9317	8858	13729	14414	27004	28167	18141	18544	19645	19658
23540	20781	11034	10217	17123	17400	27491	29551	21493	22681	21937	22382
15671	12642	9360	7735	12708	12063	15802	16890	11870	12362	14705	14640
860	599	984	828	1536	1426	2666	2739	1560	1566	1779	1761
7691	7217	10409	10071	2812	3135	5381	5871	3184	3478	2842	2866
6485	6563	3439	3514	4929	5277	10457	11093	8632	9075	9617	10136
34742	27577	17651	16334	22237	23130	45013	47037	25301	26031	24449	24760
166989	**148308**	**111556**	**113091**	**126720**	**131717**	**231563**	**261565**	**148960**	**167462**	**163538**	**180361**
10199	7864	7728	7153	9159	10650	16876	20624	11855	14071	14884	16818
7593	7033	6670	6437	8174	9193	15143	18152	10082	11846	11976	13670
5926	4944	4355	3683	5647	5492	9036	10270	6547	7442	8842	9605
7145	5758	5603	4593	7364	6714	12994	12804	8615	8513	10418	10508
26266	22351	16255	14056	19266	18632	36607	37164	22056	22723	26311	27604
15472	15090	7898	9377	10232	10593	21513	22005	11675	12209	13166	14133
33245	26265	21118	21152	22052	24780	42462	50250	29718	35702	30244	36196
20193	16132	12195	10427	17484	17678	26229	29851	17736	19473	19075	19752
13669	19658	14182	22549	3676	4270	7731	9230	5359	5987	5027	5532
27281	23213	15552	13664	23666	23715	42972	51215	25317	29496	23595	26543
60988	**47165**	**44497**	**37052**	**46659**	**43806**	**72187**	**71816**	**40562**	**40722**	**46769**	**48638**
2727	2525	1452	1271	1656	1314	2770	1954	1576	1093	1958	1482
4976	3671	3621	3247	4501	4130	7397	6762	4341	4066	5096	4986
19332	14686	11580	10437	12079	12469	19838	22019	12103	13184	13235	14372
21746	16580	18999	14953	19280	17725	27947	26358	14989	14440	17220	17768
10096	7781	7681	6111	7566	6721	11773	12017	6244	6499	7777	8522
2111	1922	1164	1033	1577	1447	2462	2706	1309	1440	1483	1508
213107	**178556**	**161070**	**156302**	**165572**	**162630**	**280884**	**294995**	**177276**	**184426**	**184960**	**182280**
23203	24691	29096	30799	10525	11146	18147	20541	12137	13695	12047	13103
8553	7764	4839	4657	5841	6199	10378	11936	7435	8710	7988	8901
3712	3092	3026	2184	4609	3549	9057	7476	5571	4626	5447	4537

表2 续表 55

地区	45-49岁		50-54岁		55-59岁		60-64岁	
	男	女	男	女	男	女	男	女
顺河回族区	8399	9155	9035	9380	8244	8802	6782	7339
鼓楼区	5306	5708	5631	6087	5711	5962	4678	5048
禹王台区	4646	4934	5235	5620	5248	5360	4573	4708
祥符区	24014	23660	25477	27537	17863	19994	15707	16015
杞县	31141	30043	34184	38106	25085	27363	24549	24731
通许县	19415	18892	21686	22853	14877	16773	13998	14347
尉氏县	29124	27641	35086	36298	26337	28164	21179	21096
兰考县	25453	25960	27131	31777	19161	21844	17144	17519
洛阳市	**273696**	**269127**	**286744**	**282735**	**241041**	**243206**	**189362**	**187340**
老城区	11445	10709	11348	10080	9601	8895	6789	6504
西工区	15339	15435	15339	14806	13596	13432	10513	10585
瀍河回族区	8527	8632	8822	9029	8771	9038	7411	7011
涧西区	20982	23015	23165	22089	19648	19013	13575	14120
吉利区	3180	3327	3474	3278	2570	2468	2030	2150
洛龙区	30943	30249	30775	30091	26415	27440	21636	22369
孟津县	16334	15311	18012	17964	15201	15313	12376	12707
新安县	20002	18940	20985	19885	16172	16208	13074	12480
栾川县	14776	14709	15531	14934	12663	12798	9136	8556
嵩县	21117	19451	23349	22869	20465	19351	16253	14301
汝阳县	14972	15226	16090	16695	14424	14524	12079	11009
宜阳县	22391	21803	23815	24302	19507	20195	14368	14539
洛宁县	14938	14191	16425	16074	14178	14027	11710	11354
伊川县	28729	28115	28785	29496	22897	24067	17198	17353
洛阳高新技术产业开发区	7887	7822	7815	7778	6427	6944	5041	5334
偃师市	22134	22192	23014	23365	18506	19493	16173	16968
平顶山市	**193215**	**194929**	**212190**	**218353**	**169175**	**175746**	**120433**	**117091**
新华区	17712	17394	17114	16539	12533	12268	7659	7353
卫东区	15957	16330	17268	16647	12583	12213	7551	7272
石龙区	1864	1663	2095	1751	1529	1398	986	849
湛河区	14936	14944	14378	14757	11127	11118	7553	7778
宝丰县	18975	19046	21520	21335	17136	17852	11232	10905
叶县	26489	26176	29504	31656	24250	26079	18555	17742
鲁山县	27857	28287	32460	33539	28045	28977	19219	17967
郏县	18684	18559	21806	23266	17590	18610	12637	12643
平顶山高新技术产业开发区	2632	2613	2727	2611	1741	1737	1201	1249
平顶山市城乡一体化示范区	3749	4007	4377	4517	3585	3546	2246	2235
舞钢市	11333	11938	13283	13723	11131	11123	8145	7360
汝州市	33027	33972	35658	38012	27925	30825	23449	23738
安阳市	**201401**	**217980**	**203938**	**228564**	**156224**	**177128**	**133196**	**143347**
文峰区	16575	17861	14653	15955	12685	13310	9520	10295
北关区	13910	15049	12652	13525	10530	10793	8066	8543
殷都区	10473	10643	9325	9329	7487	7422	5347	5754
龙安区	11562	11438	11376	11414	9238	9546	7877	7941
安阳县	30684	31754	31287	33389	24879	27200	23076	24722
汤阴县	16928	17537	19112	21154	13248	15154	11153	12097
滑县	38861	43157	41891	49706	30396	36507	22885	24647
内黄县	23508	24970	25698	28525	18791	21660	17620	18372
安阳高新技术产业开发区	5108	5403	4342	4791	3622	3762	2429	2719
林州市	33792	40168	33602	40776	25348	31774	25223	28257
鹤壁市	**63693**	**66605**	**67573**	**69806**	**48967**	**51895**	**34972**	**35357**
鹤山区	3169	2608	3802	2919	2983	2425	2181	1896
山城区	7399	7505	8020	7714	5945	5596	4158	3861
淇滨区	17242	18373	16989	17770	13114	13962	8605	8945
浚县	23930	25284	25956	28076	17832	19995	13268	13693
淇县	10309	11058	11323	11793	8220	8893	6149	6287
鹤壁经济技术开发区	1644	1777	1483	1534	873	1024	611	675
新乡市	**221121**	**220627**	**250150**	**268728**	**188622**	**206594**	**142380**	**148077**
红旗区	13471	14428	13384	14262	11397	12100	8570	9120
卫滨区	9276	10832	9862	10962	8633	9199	6550	6890
凤泉区	6475	5134	6728	5904	5108	4651	3885	3757

单位：人

65-69岁		70-74岁		75-79岁		80-84岁		85岁及以上	
男	女	男	女	男	女	男	女	男	女
6441	7103	4232	5319	2926	4137	2084	2937	1564	2100
4218	4656	2481	2781	1534	2071	1082	1767	939	1492
3808	4084	2061	2360	1287	1876	875	1452	693	1291
19697	19960	13259	13247	7567	7908	3437	4234	2526	5269
29711	30968	17986	19269	9612	11293	4628	6700	3675	8242
16219	16768	9863	10935	5362	6722	2901	4178	2421	4890
24310	24706	14110	15224	7735	9363	4463	6311	3514	6660
21060	21702	13750	14680	7628	8957	3625	5125	2853	5907
179086	**185108**	**113184**	**121277**	**66709**	**76656**	**42482**	**54939**	**28538**	**47252**
5333	5611	3454	3837	2048	2736	1362	2125	1048	1542
8436	9383	5878	6902	4041	5165	3106	4205	2402	2983
5632	5990	3475	3940	2200	2758	1559	2130	1199	1585
11425	12875	8102	9982	6115	8433	5764	7321	3732	4032
1842	2166	1320	1680	877	971	511	595	286	451
18694	20457	11664	13160	6887	7839	3840	4965	2695	4563
12720	13393	8523	8989	5162	5669	2741	3537	1809	3773
12669	12152	8344	8547	4777	5459	2793	3502	1762	3100
8863	8602	5175	4973	2671	2725	1501	1767	909	1380
15456	14191	8344	7853	4527	4555	2924	3523	2003	3510
11644	11234	7038	6799	3991	4085	2450	2828	1733	3140
15137	15831	9703	10324	5765	6497	3545	4799	1999	3901
11444	11673	6134	6465	2757	3336	1691	2321	929	1723
18469	18651	11710	12087	6546	7221	3839	5057	2721	5425
4375	4710	2854	2973	1657	1933	1077	1355	771	1120
16947	18189	11466	12766	6688	7274	3779	4909	2540	5024
126635	**129520**	**88810**	**85493**	**54070**	**57452**	**33482**	**39982**	**22660**	**36796**
6672	7407	5975	6168	3644	4720	2925	3569	2088	2362
6347	6903	4998	5497	3209	4170	2509	3108	1318	1738
1251	1188	846	752	431	424	267	331	155	267
6609	7430	5212	5301	2891	3553	2006	2499	1235	1802
11761	12420	8665	8305	5328	5148	3153	3850	2075	3645
22218	20954	15223	13922	9602	10017	5220	6093	3600	6386
20574	20150	13855	12261	8867	8261	5473	5848	3616	5648
15024	14749	10272	10104	5922	6244	3374	4389	2232	4441
1222	1303	911	1040	526	596	304	405	210	313
1998	2142	1425	1519	832	917	488	602	297	532
9859	10067	6535	5309	4337	4309	2641	2659	2030	2875
23100	24807	14893	15315	8481	9093	5122	6629	3804	6787
142595	**157751**	**95073**	**110245**	**48799**	**59057**	**27202**	**37580**	**16663**	**31812**
8268	9346	4735	5884	2997	4157	1896	2958	1216	2005
6871	7819	3926	5151	2803	3809	1927	2770	1182	1894
5222	6087	3727	4648	2259	3006	1507	2100	855	1296
7112	7709	4156	4894	2026	2515	1356	1810	723	1222
22856	25795	13907	17137	6861	8282	3596	4817	1991	4388
12113	13270	7301	8258	3925	4358	1993	2658	1155	2508
31016	32952	24094	26974	13063	15249	6827	9279	4313	8593
19333	21297	12558	13419	6360	7599	3529	4985	2401	5008
2132	2482	1073	1354	694	786	354	502	218	346
27672	30994	19596	22526	7811	9296	4217	5701	2609	4552
36360	**39703**	**24083**	**27558**	**12648**	**15784**	**7768**	**10447**	**4469**	**8308**
1948	1952	1204	1402	662	1019	494	802	328	544
3655	3963	2212	2596	1435	2010	1048	1473	607	966
8113	8974	4796	5924	2917	3998	2047	2662	1069	1696
15577	17056	11246	12018	5549	6089	3004	3904	1737	3649
6444	7085	4259	5202	1895	2459	1070	1478	666	1348
623	673	366	416	190	209	105	128	62	105
153278	**163639**	**104923**	**113900**	**59890**	**73767**	**34947**	**45398**	**23815**	**41546**
7949	8763	4723	5587	3051	3840	2284	2886	1523	2060
5654	6360	3220	4020	2170	2729	1594	2364	1255	1840
3488	4149	2185	2744	1249	1539	755	1058	439	721

表2 续表 56

地　区	0岁		1-4岁		5-9岁		10-14岁	
	男	女	男	女	男	女	男	女
牧野区	1448	1312	8744	8097	12467	10774	11511	9856
新乡县	1515	1386	8769	7821	15197	12545	15674	12469
获嘉县	1706	1513	9639	8610	17461	14921	19084	15649
原阳县	2984	2653	16395	15259	26110	22574	27115	22330
延津县	1844	1579	10597	9740	19284	16475	24486	19140
封丘县	3466	3367	20369	19506	36178	31872	38603	30591
新乡高新技术产业开发区	713	628	4454	4203	6304	5332	4952	3945
新乡经济技术开发区	127	120	746	665	1251	996	1448	1185
新乡市平原城乡一体化示范区	1174	1198	6286	6020	9362	8449	8979	7808
卫辉市	1698	1720	10521	9604	20981	18549	29288	24399
辉县市	3594	3464	21858	20244	41787	36119	47284	40042
长垣市	4858	4779	28040	26672	47060	40047	46938	36435
焦作市	**16512**	**15599**	**89422**	**84889**	**123924**	**112447**	**115847**	**100126**
解放区	1450	1402	8398	7881	10526	9654	9467	8405
中站区	409	410	2562	2364	3311	3016	3340	2850
马村区	551	495	3042	2745	4301	3884	4335	3706
山阳区	1167	1117	7362	6781	9251	8284	8318	7227
修武县	1119	1074	6215	5708	9104	8055	9241	7436
博爱县	1643	1536	8424	8176	13246	11855	13786	11340
武陟县	3747	3359	18640	16922	27373	23758	25342	21203
温县	1872	1871	9843	9794	14508	13632	13010	11269
焦作城乡一体化示范区	975	889	5020	4630	6672	6089	6211	5338
沁阳市	2073	2016	11349	11554	15419	14445	14144	13138
孟州市	1506	1430	8567	8334	10213	9775	8653	8214
濮阳市	**19392**	**17532**	**113251**	**101189**	**196100**	**168286**	**193502**	**160221**
华龙区	2669	2380	17551	15649	26984	22349	26581	21924
清丰县	2958	2682	16663	15462	29959	26148	31025	26623
南乐县	2412	2205	14234	12733	26420	23193	25542	21358
范县	2566	2369	14390	13170	23345	21026	22871	19422
台前县	1698	1553	9074	7913	17451	14846	19957	15460
濮阳县	5369	4799	30702	27082	54864	46601	51102	41970
河南濮阳工业园区	164	125	838	758	1636	1370	1443	1201
濮阳经济技术开发区	1556	1419	9799	8422	15441	12753	14981	12263
许昌市	**18660**	**17775**	**111603**	**106372**	**189829**	**167116**	**199646**	**165555**
魏都区	1980	1908	13815	12825	19081	16869	16919	14523
建安区	2973	2810	17402	16802	30090	26548	30623	25535
鄢陵县	2792	2496	15709	14478	28484	24799	29790	24176
襄城县	2667	2537	17161	16954	31518	28346	34385	29082
许昌经济技术开发区	307	301	2000	1955	3040	2705	3020	2447
禹州市	5159	4990	28430	27076	47995	42607	51591	42551
长葛市	2782	2733	17086	16282	29621	25242	33318	27241
漯河市	**9878**	**9567**	**58258**	**56115**	**90415**	**81272**	**94833**	**81097**
源汇区	1336	1231	7744	7403	11914	10612	11670	9839
郾城区	2019	2050	13143	12786	18753	16892	18952	16528
召陵区	1819	1789	10011	9409	15238	13940	14922	12868
舞阳县	1749	1752	10499	9970	17885	15829	20437	17334
临颍县	2577	2352	14300	14094	22729	20424	25303	21500
漯河经济技术开发区	378	393	2561	2453	3896	3575	3549	3028
三门峡市	**9275**	**8745**	**51010**	**48601**	**67097**	**62875**	**64847**	**60610**
湖滨区	1263	1096	7500	6909	8425	7980	7398	6961
陕州区	1324	1232	6542	6302	8131	7627	7473	7020
渑池县	1232	1246	7159	6902	10925	10446	12977	12538
卢氏县	1639	1512	8428	7932	12422	11324	10826	10071
河南三门峡经济开发区	135	163	1034	948	1136	1025	1013	978
义马市	656	608	3443	3396	4371	3999	4321	3956
灵宝市	3026	2888	16904	16212	21687	20474	20839	19086
南阳市	**41794**	**37412**	**248295**	**219182**	**481600**	**415876**	**596397**	**506791**
宛城区	2893	2621	18326	16061	33132	27954	39002	32460
卧龙区	3570	3190	21935	19377	39814	34186	45577	38552
南召县	2865	2595	15045	13866	27802	24839	31576	28230

单位：人

15-19岁		20-24岁		25-29岁		30-34岁		35-39岁		40-44岁	
男	女	男	女	男	女	男	女	男	女	男	女
10125	13784	11796	19338	9269	9260	16493	17124	10943	11423	12193	12682
11957	9119	9262	7543	9775	8298	18839	17858	10631	10132	11789	10698
13485	11448	8687	7118	10981	9730	18374	18699	10667	10432	12670	12184
18884	13814	13721	10886	17159	15155	23834	23546	15157	14625	14626	12783
15815	11228	9271	7685	11620	10861	17635	16958	11955	12205	15962	14834
24097	16121	13521	11239	19605	19477	25464	27811	17417	18020	20198	19707
3762	2815	2779	2455	4106	4341	8172	9358	5229	5604	4803	5016
5279	3167	4222	5060	868	945	1314	1320	831	856	868	711
8448	8082	7413	8297	7322	6742	10082	10084	6186	6029	4788	4209
13460	13241	7826	8164	10518	10590	19109	19736	12165	12978	15524	14991
19009	17679	13153	12076	18456	17996	46981	47708	26139	26121	20926	20027
33318	22511	22458	18801	24918	28341	37005	44840	24813	28970	25131	27897
112057	**91436**	**106518**	**86012**	**115755**	**107934**	**155536**	**152507**	**108746**	**106482**	**114778**	**113359**
7690	8619	8417	8846	9991	9811	15095	15287	11567	11870	12958	13756
2936	2420	2564	2028	3539	3301	4685	4510	3130	3042	3897	3802
2639	1824	3016	2497	4343	4008	5665	5351	3575	3390	4263	3998
9512	11127	9751	11957	8465	8459	12685	13231	9571	9979	10920	11649
7838	6125	7875	5868	8881	7763	10504	9978	7799	7387	8391	8020
9720	6817	8408	6440	12266	10960	14928	14591	11133	10700	11368	11129
22393	17221	24260	17304	24508	21657	29066	27955	19798	18730	19834	19173
10846	8652	8633	7015	12417	11768	18361	18074	12228	11923	11989	11440
14743	9624	16535	8969	7000	6187	7926	8050	5727	5649	5940	5594
17105	13299	10132	8635	13886	13805	20553	20488	13755	13889	13990	13854
6635	5708	6927	6453	10459	10215	16068	14992	10463	9923	11228	10944
120625	**100744**	**77969**	**70993**	**94548**	**98401**	**159597**	**180517**	**115260**	**126158**	**102464**	**110218**
20158	17036	11581	10765	15256	16561	28731	34455	22474	26355	22874	25693
16253	13454	10922	8734	14668	14535	24783	26768	18270	19412	15881	16621
13812	11519	8667	8173	10222	11610	18796	22369	15389	17872	11909	13243
14771	12387	11236	10439	11267	12474	14990	17961	11049	12903	11498	12530
9706	7440	7274	6526	8299	8508	11693	13319	9652	10664	7625	8386
28104	21736	20021	17387	24627	24666	42867	46448	26474	26803	22916	23789
469	334	468	422	697	778	1466	1520	830	793	614	599
17352	16838	7800	8547	9512	9269	16271	17677	11122	11356	9147	9357
137872	**110906**	**93234**	**79278**	**113840**	**106347**	**191104**	**194019**	**126245**	**126718**	**129295**	**128713**
19259	21999	16158	18479	13709	14856	25539	28866	19892	21863	19250	21109
24716	17184	16297	12261	18683	17151	32782	31909	22673	21442	22235	20798
16865	11805	10080	8024	12730	11986	20910	23198	14547	15434	15099	15582
22378	18304	12086	9929	13983	13405	23735	25002	16554	17176	17469	17859
1307	883	1282	1050	1840	1828	3738	3802	2479	2690	2585	2570
31643	24465	22184	17942	33616	29574	48027	46731	27873	26969	31723	30746
21704	16266	15147	11593	19279	17547	36373	34511	22227	21144	20934	20049
76120	**59694**	**49050**	**40008**	**63169**	**60589**	**98113**	**100513**	**73090**	**75387**	**71782**	**74155**
11248	10281	6344	6114	8207	8622	13541	14686	10162	11464	10883	11803
20330	14347	10354	7905	14013	14002	21317	23272	16700	17911	17060	18148
12634	10882	11989	10098	12494	11925	17722	17437	12711	12491	11644	11590
10914	9017	6383	6004	8461	8634	15506	15777	9668	10252	11383	11836
18355	13387	11771	8179	16923	14384	24851	23796	19877	19131	17130	16775
2639	1780	2209	1708	3071	3022	5176	5545	3972	4138	3682	4003
50453	**44450**	**39434**	**36572**	**60166**	**58155**	**91924**	**89714**	**57826**	**56776**	**62321**	**61546**
5678	5340	5203	5368	7502	8274	13580	14841	9013	9770	9422	10151
5379	4876	5967	4942	9699	8249	13964	12084	7557	6699	8498	7723
8200	7974	5904	5773	8058	7756	12942	12647	8345	8075	10398	10459
6989	6485	5741	5563	7776	7815	13311	13102	9530	9200	8970	8347
3147	3051	1432	1367	988	1008	1832	1953	1255	1375	1356	1381
3193	2430	2451	2208	3817	3914	5744	6260	3820	4089	4547	5029
17867	14294	12736	11351	22326	21139	30551	28827	18306	17568	19130	18456
350747	**294490**	**173534**	**175579**	**162744**	**173882**	**324114**	**355556**	**262811**	**287180**	**285885**	**306465**
28801	20332	14356	12898	13306	14668	26319	30465	22065	24635	24434	26893
34958	35679	21063	27283	17796	17635	33779	36085	26652	28432	27169	28225
20510	16509	9633	9048	8554	8678	17858	18415	14510	15005	16404	17346

表2 续表 57

地区	45-49岁		50-54岁		55-59岁		60-64岁	
	男	女	男	女	男	女	男	女
牧野区	15446	15603	15942	15977	13659	13151	9880	9813
新乡县	13723	12486	15623	14620	10930	11445	9003	9256
获嘉县	15461	14955	17220	17444	11956	13785	9987	10702
原阳县	20482	18782	22494	24671	16481	18608	10465	10481
延津县	19188	17654	18950	19810	13030	14028	9139	9846
封丘县	24612	25248	28132	31064	20146	22758	14810	15828
新乡高新技术产业开发区	5012	5316	4995	5300	3901	4392	2917	3177
新乡经济技术开发区	1006	901	1031	1035	676	727	487	502
新乡市平原城乡一体化示范区	6873	6439	7579	8209	5293	6040	3664	3391
卫辉市	17939	18571	21046	20994	16689	17534	13058	13176
辉县市	25344	24455	35578	39361	29004	31929	23261	24208
长垣市	26813	29823	31586	39115	21719	26247	16704	17930
焦作市	**137663**	**138231**	**147693**	**153209**	**121547**	**127957**	**95803**	**101616**
解放区	16061	16643	16207	16276	13627	13372	9482	9612
中站区	4703	4477	5106	4917	4222	3998	3291	3288
马村区	5314	5043	5592	5448	4707	4435	3325	3287
山阳区	13180	13483	12974	13224	10892	10782	7488	7725
修武县	9981	10070	10792	10777	8524	8449	6414	6795
博爱县	13462	13395	15344	16145	13170	13810	10189	10705
武陟县	25051	25166	25150	26664	18869	20896	15879	16862
温县	14932	15007	16339	17533	13176	14774	11305	12512
焦作城乡一体化示范区	6407	6391	7110	7287	5675	5982	4301	4747
沁阳市	15889	15997	18206	19406	16080	17521	13716	14926
孟州市	12683	12559	14873	15532	12605	13938	10413	11157
濮阳市	**133645**	**139291**	**136614**	**156826**	**99117**	**112980**	**82862**	**87930**
华龙区	26887	29132	21857	24235	15373	15736	9722	11005
清丰县	20247	19886	22117	24133	15192	17472	15775	17013
南乐县	15896	16682	16292	18543	12466	14665	12041	12468
范县	14456	16292	15094	19731	13047	15654	9407	10089
台前县	10502	11010	11500	14628	9275	11071	7287	7996
濮阳县	33193	33725	37576	42391	25703	29469	21787	22095
河南濮阳工业园区	904	815	1101	1106	701	869	646	674
濮阳经济技术开发区	11560	11749	11077	12059	7360	8044	6197	6590
许昌市	**159701**	**156637**	**183672**	**193991**	**148468**	**160746**	**102257**	**105299**
魏都区	20579	21740	22068	22430	18206	18726	12581	13384
建安区	25917	23984	29112	30458	23570	25035	17273	17374
鄢陵县	18133	18386	21013	23492	17718	19852	12077	12876
襄城县	22558	22918	26713	29165	24538	26502	18233	18289
许昌经济技术开发区	2657	2581	2782	2923	2102	2283	1512	1595
禹州市	42359	41356	51295	53619	38212	41876	24401	24292
长葛市	27498	25672	30689	31904	24122	26472	16180	17489
漯河市	**85975**	**85746**	**98834**	**105555**	**81586**	**88907**	**58787**	**60311**
源汇区	11928	12683	13003	13697	11127	12040	7730	8275
郾城区	19014	19145	20458	21840	16542	18034	11167	11739
召陵区	13823	13227	16131	16596	13605	14508	9498	9809
舞阳县	15933	15955	20332	22652	17290	19111	13546	13179
临颍县	21341	20741	25187	26755	20013	21989	14710	14992
漯河经济技术开发区	3936	3995	3723	4015	3009	3225	2136	2317
三门峡市	**98781**	**96861**	**99345**	**94834**	**81086**	**78948**	**63499**	**60721**
湖滨区	13709	14572	13694	13803	11679	11471	8589	8278
陕州区	14402	12958	15680	13999	13280	12293	10697	9820
渑池县	14523	14424	14552	14431	11323	11363	8242	8092
卢氏县	15778	14928	16429	15066	13510	12762	10421	9494
河南三门峡经济开发区	1762	1832	1687	1629	1372	1337	1039	1017
义马市	6782	7135	7021	7110	5350	4978	3407	3352
灵宝市	31825	31012	30282	28796	24572	24744	21104	20668
南阳市	**344509**	**338491**	**386770**	**423290**	**326225**	**368846**	**215209**	**228133**
宛城区	28836	28334	29456	32019	25042	28190	15733	18129
卧龙区	31660	30231	31734	34204	25489	28583	17799	19505
南召县	22172	21262	23863	24896	18818	19657	13235	12380

单位：人

65-69岁		70-74岁		75-79岁		80-84岁		85岁及以上	
男	女	男	女	男	女	男	女	男	女
8173	9011	5491	6717	3828	5080	3156	4340	2116	2753
9043	10450	5621	6651	2903	3820	1850	2631	1147	2209
10265	11505	6550	7719	3660	4578	2248	3038	1414	2592
13038	13054	9531	9450	5653	6540	3270	3856	2303	4080
11861	12891	8385	8789	4895	4826	2556	2981	1817	3248
19512	20137	14642	14873	8291	10117	4206	5117	2861	5549
2521	2910	1499	1751	897	1070	601	759	378	550
598	642	355	407	212	229	121	137	74	151
4237	4274	2838	3104	1584	1761	960	1195	706	1245
12620	13541	8120	8972	3774	5135	2491	3676	1566	2903
22915	23625	14656	15739	7017	8819	4611	5451	3582	5370
21404	22327	17107	17377	10706	13684	4244	5909	2634	6275
94804	**104896**	**56162**	**64704**	**30364**	**36682**	**19726**	**25808**	**12548**	**21779**
7982	9091	4721	5707	3355	4485	2545	3376	1608	2142
2857	3130	1665	2027	966	1375	742	1060	472	869
2917	3200	1662	2013	1036	1533	828	1208	497	887
6834	7596	4042	4736	2640	3486	2005	2533	1169	1620
6390	7205	4081	4517	2164	2536	1404	1723	959	1423
10205	11229	5043	6053	2602	3267	1624	2270	1140	2021
16698	18419	10955	12270	5536	6045	3630	4323	2343	4342
12266	13363	7671	8589	3571	4185	2170	2919	1447	2934
4423	4934	2636	2874	1412	1585	913	1019	586	979
12921	14406	6733	8146	3468	4439	1879	2809	1171	2245
11311	12323	6953	7772	3614	3746	1986	2568	1156	2317
93780	**103019**	**66339**	**74047**	**35652**	**46265**	**17728**	**25365**	**10561**	**23100**
10848	13114	9288	10815	5192	6271	3021	3248	1408	1850
17246	18941	11766	13245	5863	7473	3256	4883	1902	4194
12897	14603	8565	9871	4007	4813	2445	3683	1494	3448
11010	11316	8380	8989	4974	6957	1944	3034	1360	3362
7915	8577	5670	5891	3412	4696	1432	2074	987	2146
26298	28125	17676	19705	9794	12993	4284	6570	2623	6387
748	886	509	635	215	357	132	218	55	203
6818	7457	4485	4896	2195	2705	1214	1655	732	1510
128596	**133935**	**85132**	**90316**	**45394**	**51508**	**28179**	**36940**	**19575**	**35525**
12363	13602	7482	8418	4458	5421	3357	4507	2661	3583
22506	23421	14141	15291	6943	8021	4519	5966	3231	6301
16739	18228	10804	11829	5771	6886	3409	4342	2512	4360
22396	23469	15305	16372	7931	9069	4835	6654	3154	6201
1873	2140	1100	1380	525	610	380	430	296	500
32702	32538	23617	24065	13002	13480	7587	9673	4886	8930
20017	20537	12683	12961	6764	8021	4092	5368	2835	5650
76272	**79008**	**46995**	**49727**	**26556**	**30392**	**15066**	**19353**	**12202**	**23113**
9417	10108	5645	6026	3094	3777	1937	2524	1447	2772
14431	15179	8596	9882	4752	5499	2751	3570	2218	4003
11790	12797	7355	8298	3994	4893	2275	3263	1768	3632
18480	17616	11315	10847	6914	7805	3717	4270	2988	5890
19919	20759	12830	13105	7128	7577	3986	5137	3456	6210
2235	2549	1254	1569	674	841	400	589	325	606
55592	**55833**	**35875**	**38360**	**20934**	**24490**	**12649**	**16655**	**6979**	**11033**
6578	6670	4404	4811	2870	3500	2078	2952	1462	1847
9056	8897	5409	5897	3214	3769	2097	2872	1044	1866
8674	9168	5635	5702	2938	3563	1959	2404	1236	1945
9636	9144	5451	5317	3247	3502	1668	1914	754	1128
774	817	467	507	289	308	182	207	110	128
3288	3348	2238	2658	1454	1834	1086	1208	548	770
17586	17789	12271	13468	6922	8014	3579	5098	1825	3349
266421	**284394**	**190876**	**172064**	**118800**	**115960**	**62414**	**71738**	**37416**	**61222**
18609	21858	14164	13508	8739	8873	5028	5984	2940	4188
19556	22877	13782	13765	8623	8997	5067	6207	3010	4702
14133	13874	10297	8154	6201	5317	3669	3389	2190	2680

表2 续表 58

地区	0岁		1-4岁		5-9岁		10-14岁	
	男	女	男	女	男	女	男	女
方城县	3648	3389	23057	20585	45809	41166	57431	51435
西峡县	1818	1576	10267	9150	18098	14752	22200	17905
镇平县	3728	3287	19657	17298	39864	33462	53836	43655
内乡县	2267	2129	12882	11046	24975	21171	36305	30575
淅川县	2393	2081	13958	12015	26649	22123	30666	25258
社旗县	2338	2208	15003	13877	29971	27064	34690	30760
唐河县	4496	3881	28563	24976	57237	49417	68791	57840
新野县	2365	2019	14123	12175	31724	27255	43108	35712
桐柏县	1566	1444	8873	7856	17407	14920	25700	21663
南阳高新技术产业开发区	1119	1029	7324	6657	11617	9841	11125	9085
南阳市城乡一体化示范区	871	785	5493	4842	10288	8700	11980	10083
邓州市	5857	5178	33789	29401	67213	59026	84410	73578
商丘市	**42761**	**38154**	**253028**	**230697**	**409381**	**360590**	**355027**	**297358**
梁园区	2967	2523	18656	16573	29603	25359	24371	19943
睢阳区	4797	4146	28154	25228	45429	39478	38376	31239
民权县	4496	4146	26356	24429	41550	37209	34735	29368
睢县	4185	3972	23867	21740	36996	31916	31186	25567
宁陵县	3171	2820	18488	16994	31039	27651	26545	23065
柘城县	5130	4578	28060	25937	40047	36178	33433	27006
虞城县	5136	4436	32326	29433	52380	47232	42813	37191
夏邑县	5560	5097	30667	28471	49147	44254	40271	33884
豫东综合物流产业聚集区	698	625	4551	4082	7147	6380	5704	4922
河南商丘经济开发区	747	692	4734	4358	7286	6200	5628	4654
永城市	5874	5119	37169	33452	68757	58733	71965	60519
信阳市	**28017**	**24204**	**164284**	**141115**	**289318**	**245871**	**319853**	**262946**
浉河区	2458	2201	14666	12841	21626	18501	23442	20324
平桥区	3982	3446	23691	20754	38254	32889	40476	34526
罗山县	2016	1933	12128	10553	22490	18630	30821	24758
光山县	2923	2362	16342	13668	28540	23747	30200	23970
新县	1339	1161	7275	6285	11179	9814	12971	10563
商城县	2453	1999	13365	11420	22122	18620	24032	19073
固始县	4721	3908	26043	21436	49543	40021	60891	46710
潢川县	2827	2525	17466	14622	31269	25891	29197	23671
淮滨县	2441	2118	15661	14190	28712	26044	26898	23930
息县	2726	2457	17011	14787	34458	30776	39948	34624
信阳高新技术产业开发区	131	94	636	559	1125	938	977	797
周口市	**50208**	**46634**	**277454**	**259649**	**437870**	**396836**	**421249**	**359138**
川汇区	2698	2605	16113	15126	22931	20887	21399	18637
淮阳区	5986	5494	33520	30861	51797	47220	49733	43641
扶沟县	2728	2534	15015	14316	23989	22092	23429	19536
西华县	3601	3546	19590	19157	32168	30122	31938	27401
商水县	5417	4988	29089	27611	45389	40673	43576	36458
沈丘县	5043	4796	28574	27314	47095	42783	45984	39400
郸城县	6300	5713	34653	31250	55901	49495	54352	46560
太康县	7010	6547	38798	35927	59825	54699	56549	48928
鹿邑县	6463	5751	32694	30405	47368	42701	43433	36235
河南周口经济开发区	450	406	2557	2401	3396	3147	3102	2556
项城市	4512	4254	26851	25281	48011	43017	47754	39786
驻马店市	**31984**	**29671**	**190186**	**175957**	**343573**	**304216**	**370872**	**312747**
驿城区	2997	2741	19276	17314	31264	26450	35048	28654
西平县	2869	2783	16816	15705	26574	23611	25175	19668
上蔡县	5576	5237	30406	28923	52779	47670	54241	46579
平舆县	3543	3352	20641	19307	41144	36902	41226	35090
正阳县	2719	2365	16172	14421	32851	28540	40385	34003
确山县	1559	1622	9016	8330	17132	14386	24236	19359
泌阳县	3383	2884	20966	18429	37573	32541	41299	34581
汝南县	2747	2715	15251	14971	29183	26197	31284	26229
遂平县	1748	1654	11175	10365	20970	17944	22960	18600
新蔡县	3705	3329	22596	21198	42543	39981	44360	41062
河南驻马店经济开发区	1138	989	7871	6994	11560	9994	10658	8922
省直辖县级行政区划	**3792**	**3659**	**21446**	**20097**	**25330**	**23381**	**23197**	**20722**
济源市	3792	3659	21446	20097	25330	23381	23197	20722

单位：人

15-19岁		20-24岁		25-29岁		30-34岁		35-39岁		40-44岁	
男	女	男	女	男	女	男	女	男	女	男	女
31367	27359	12072	12569	11837	13556	27838	31446	22315	25569	23895	26307
20134	15477	8612	7871	8732	8744	16938	17064	11924	12385	13975	13877
31372	22590	17862	15971	12416	12593	30665	31244	25898	26209	24462	24805
18265	15819	8747	8773	8260	8482	17777	18604	13825	15175	15364	16782
22220	18124	10186	9874	10464	11052	17563	18788	13174	14702	14511	16241
19932	17786	8681	9065	8084	9179	16925	19374	14514	16197	15746	16838
28529	23735	16637	16144	19378	20903	34808	37861	28433	30477	31174	32061
18659	14833	7724	8120	8742	9868	17696	19870	14694	16386	17858	19779
12821	10119	5471	5807	5206	5805	11903	13569	9242	10654	10765	12296
7352	4694	4149	4322	5675	6197	11411	12921	8288	9065	8454	9016
11964	9412	9041	8142	4099	4672	8107	9216	6807	7402	7487	7836
43863	42022	19300	19692	20195	21850	34527	40634	30470	34887	34187	38163
241193	**201071**	**206526**	**185068**	**236016**	**247704**	**329328**	**359537**	**203322**	**214710**	**189220**	**198977**
20369	19280	18526	20818	20419	20250	33663	33552	18671	18601	18212	18243
32161	31973	27786	24709	26879	27723	44162	46369	26673	26793	24656	24799
20990	16772	18846	15848	23507	25387	30118	33472	18371	19761	15613	17591
22832	17158	19181	15294	21819	22757	29726	31884	18137	19401	16206	18072
14839	11275	14197	11037	16771	17515	22251	24385	15270	16432	14631	15278
23510	16844	20088	16338	24697	26099	29980	35060	19957	23069	18283	20458
27918	23315	27357	24037	32273	33278	41532	43757	24744	24806	22845	23521
23369	17991	20042	17470	25913	27977	33389	38968	20479	21787	18597	19511
2515	1598	3382	2914	4735	5006	7762	8316	3977	4162	3603	3507
12964	13915	12422	14634	4791	5274	7951	8645	4514	4760	3720	3888
39726	30950	24699	21969	34212	36438	48794	55129	32529	35138	32854	34109
222098	**187650**	**120512**	**130927**	**147887**	**158732**	**207220**	**236322**	**120021**	**140569**	**127476**	**143774**
16719	22301	16564	29911	15136	15698	24232	25963	15718	17640	16700	18540
29640	30369	19255	22988	21739	23387	37450	40968	20995	23167	20864	22033
14455	11262	6023	6130	8419	9260	14588	17090	8939	10536	9549	11163
24668	18015	10983	9908	14986	15723	18472	21242	9706	11367	10016	11513
10690	8184	4981	4480	5987	6209	7897	9477	5495	7180	6432	7714
17947	13041	7356	7558	9905	11658	11599	15632	6979	9626	6446	9389
44476	30504	16475	14769	20435	23393	28398	34274	15827	20421	18843	22810
18748	15847	12253	10900	18510	19252	23438	26494	11942	14093	12612	13871
18719	15842	13639	12124	16047	16715	19742	21223	10455	11245	10926	11235
25677	21987	12350	11660	15813	16617	19981	22429	13248	14524	14493	14847
359	298	633	499	910	820	1423	1530	717	770	595	659
314700	**259325**	**229064**	**197069**	**246980**	**262317**	**321762**	**352518**	**238839**	**263414**	**235422**	**253163**
27412	29815	22855	26075	18949	19141	26684	27691	20301	21079	18486	19182
32665	26982	23421	20698	24752	28791	34917	39652	27380	30761	24750	27345
18944	13876	12436	9213	13908	12870	21776	22007	12433	13071	15235	15853
21113	15954	17155	12804	19150	18560	25722	26701	16754	17330	19290	18766
34660	27655	30299	23588	29894	29767	32454	33210	21844	22919	24478	24753
29675	25265	22412	19316	23346	25226	32749	38334	27358	30264	24331	27107
41550	33896	24784	22069	26914	30608	34111	38821	27906	31652	25384	28803
39040	32535	25594	20451	33720	34820	40181	42601	29646	32992	30944	32251
31128	24639	25432	22533	27235	31958	32132	38704	22977	27593	25189	29167
7353	5056	3463	2898	2725	2873	4332	4562	2906	3165	2684	2812
31160	23652	21213	17424	26387	27703	36704	40235	29334	32588	24651	27124
227178	**184713**	**151245**	**142399**	**157177**	**173025**	**208190**	**234140**	**155453**	**173142**	**191703**	**204138**
23716	17577	17610	15919	20333	21091	29235	31134	21651	23627	27174	28088
17378	11870	14602	12026	15885	16615	18390	20343	12997	14657	17873	18706
35794	28985	24020	22518	24459	28343	25045	29296	19571	22455	23179	26121
20697	16087	15340	14563	17206	19698	20835	24940	15224	16376	18543	19475
18181	14383	10771	10120	12570	14258	18645	20412	10615	12807	15501	16295
14969	12223	7763	7689	6706	7771	9012	10536	7787	8803	10962	12215
22287	17465	13419	11727	15659	15933	21097	22778	19775	20980	21814	22626
18210	15126	12627	12246	11754	13397	16710	18592	10903	12515	15050	16074
11259	8959	6025	5760	8072	8909	12856	14979	10062	11288	13413	14397
27711	24549	19693	18700	17655	19183	24927	27568	18637	19895	19295	20242
16976	17489	9375	11131	6878	7827	11438	13562	8231	9739	8899	9899
22800	**19383**	**16973**	**14585**	**23111**	**21608**	**37745**	**36798**	**24966**	**24106**	**24529**	**23394**
22800	19383	16973	14585	23111	21608	37745	36798	24966	24106	24529	23394

表2 续表 59

地区	45-49岁		50-54岁		55-59岁		60-64岁	
	男	女	男	女	男	女	男	女
方城县	30247	31963	33699	35639	29367	32109	20920	19874
西峡县	19538	18246	22751	21857	17850	17983	11320	10563
镇平县	28140	25334	32440	38489	25715	31083	20606	20340
内乡县	18940	18865	24805	26049	21181	23574	14237	14423
淅川县	19932	20013	22964	24508	19381	21409	11134	11373
社旗县	18410	18188	21180	23562	18149	21407	12043	12904
唐河县	36142	33873	41228	46987	35813	41528	21524	25074
新野县	18310	18151	23454	26532	21248	25192	13278	16105
桐柏县	14893	15929	16153	17486	13645	15111	8783	9157
南阳高新技术产业开发区	9138	9269	8403	9011	6343	7268	3651	4100
南阳市城乡一体化示范区	8360	7912	8218	8791	6348	7022	3708	4284
邓州市	39791	40921	46422	53260	41836	48730	27238	29922
商丘市	**248725**	**262043**	**290240**	**338148**	**215936**	**244002**	**159983**	**162241**
梁园区	22982	21545	24814	25958	18066	19116	11744	11878
睢阳区	30547	29607	34479	39412	24269	27019	16175	16278
民权县	21723	24162	25997	30604	20072	23068	18878	19218
睢县	22961	24997	26343	29997	19169	21556	18992	19073
宁陵县	17278	18381	20123	23707	15221	16853	13139	13584
柘城县	24433	27257	28888	35837	21574	25343	15629	16167
虞城县	29937	31474	36282	41556	27619	31170	20368	20019
夏邑县	26645	29864	34169	40926	27234	31522	20327	20944
豫东综合物流产业聚集区	4668	4708	5678	6366	4027	4480	2788	2742
河南商丘经济开发区	4227	4164	4829	5143	3470	3788	2287	2268
永城市	43324	45884	48638	58642	35215	40087	19656	20070
信阳市	**236646**	**251874**	**279600**	**305698**	**255324**	**285229**	**127796**	**126065**
浉河区	27999	28336	29820	29976	27481	27785	16203	15649
平桥区	32820	32203	35684	37150	32288	35600	18162	18401
罗山县	18829	21561	22930	24594	21775	24335	12879	12901
光山县	23484	25446	26891	30805	25287	29159	10176	9557
新县	11973	12811	12615	13744	11790	13033	7513	7056
商城县	15639	20262	18876	23888	17771	21893	8435	8613
固始县	36899	42140	45417	51035	42574	48118	22265	21483
潢川县	25236	25810	30628	33538	27387	30790	13315	12868
淮滨县	18956	19154	25381	27791	21787	24414	8580	9118
息县	23797	23215	30394	32170	26269	29216	9837	10010
信阳高新技术产业开发区	1014	936	964	1007	915	886	431	409
周口市	**265242**	**282285**	**326314**	**379103**	**264978**	**301506**	**202724**	**209982**
川汇区	21134	21087	22179	22787	16488	17032	12153	13092
淮阳区	29008	31227	36457	43370	31008	35771	21549	23118
扶沟县	19033	19415	22788	24923	19031	20827	14910	15091
西华县	23852	24068	27772	30343	22479	24101	18291	18763
商水县	30743	32295	36128	42929	27461	31903	25307	25662
沈丘县	25290	27063	33403	40018	29134	35645	22273	23561
郸城县	27145	29941	35342	41173	30094	34495	21651	22797
太康县	33091	34186	41189	47012	30055	33101	24387	24066
鹿邑县	26706	31176	34378	42086	27272	31691	17958	18045
河南周口经济开发区	3088	2990	2964	3117	2025	2090	1673	1804
项城市	26152	28837	33714	41345	29931	34850	22572	23983
驻马店市	**245302**	**253158**	**290721**	**328199**	**253590**	**287826**	**139542**	**146359**
驿城区	32372	30395	33536	33987	28205	29439	14821	15391
西平县	23237	23326	29155	31822	25954	29765	17203	17823
上蔡县	30521	34418	37124	45132	32751	39661	20725	22200
平舆县	22090	24976	27580	32933	24024	28289	13046	13925
正阳县	24651	26453	28280	33929	24233	28824	10351	11226
确山县	16220	17380	18122	20458	16471	19079	9941	10202
泌阳县	22530	22683	24654	26771	23181	24361	15481	15166
汝南县	22899	22588	27594	32339	23261	28063	12492	14475
遂平县	16103	16181	20589	21665	17972	19943	8471	8718
新蔡县	25951	25893	35421	39706	30369	31955	13300	13184
河南驻马店经济开发区	8728	8865	8666	9457	7169	8447	3711	4049
省直辖县级行政区划	**27577**	**25973**	**28061**	**27856**	**24840**	**25610**	**20598**	**20632**
济源市	27577	25973	28061	27856	24840	25610	20598	20632

单位：人

65-69岁		70-74岁		75-79岁		80-84岁		85岁及以上	
男	女	男	女	男	女	男	女	男	女
24490	25011	18353	15171	11403	9274	6749	6559	4355	5898
13191	12224	7876	6904	4719	4645	2449	2769	1594	2440
23117	24142	15946	13078	10154	10394	5226	6159	3204	5339
16315	16530	10761	9735	6423	7099	2924	4182	1812	3990
15380	15307	10174	10026	6051	6682	2877	3698	2010	3608
16243	17171	13209	11014	8068	6738	4333	4360	2394	3968
33215	34531	26525	21937	17593	15236	9025	8961	5397	8702
18851	20832	13407	12687	8223	8386	3916	5037	2310	4198
9978	10532	6599	6015	4692	4789	2365	2576	1409	2007
3557	4410	2812	3033	1598	1680	1010	1129	539	619
4283	5104	3135	2974	1956	1856	1125	1233	603	977
35503	39991	23836	24063	14357	15994	6651	9495	3649	7906
206913	**212313**	**132559**	**141245**	**86225**	**102811**	**45271**	**61812**	**34914**	**71782**
14553	15906	8571	9717	5567	6533	2949	3865	2366	4596
21981	22939	13620	14708	8935	10602	4622	6088	3470	6690
21192	20981	12417	13630	7654	9634	3874	5695	2948	6077
22110	22251	12589	14340	7602	9745	4047	5893	3167	7043
15541	16300	9302	10396	5802	7338	3078	4810	2538	5612
23916	24892	16112	17691	10073	12587	5261	7437	3682	7682
25996	26765	16507	16662	10571	11851	5118	6908	4126	8832
25290	25618	17291	17238	11911	14252	6371	8455	5078	10599
3784	3793	2173	2321	1352	1502	597	806	510	1212
2751	2983	1685	1804	1102	1249	578	734	472	1023
29799	29885	22292	22738	15656	17518	8776	11121	6557	12416
179144	**184042**	**128633**	**129356**	**82282**	**94635**	**39624**	**52635**	**20744**	**36278**
17016	17915	10570	11310	6652	7897	3837	4641	2523	3342
21504	22895	12409	12722	7061	8057	3376	4687	2299	3903
16700	17516	10957	11123	6180	7071	3132	4741	1910	3331
16573	17695	13294	14048	8709	9291	4280	5487	1636	3317
8103	7835	6157	5574	4267	4740	1822	2583	601	1090
14077	14490	12703	12374	8793	8952	3950	4721	1483	2348
34860	33681	26553	25349	17434	19116	8552	10276	4570	7179
17973	18813	12293	13349	7115	8920	3311	5264	1510	3131
13054	13179	10123	10331	7126	8796	3211	4926	1830	3940
18765	19419	13245	12869	8775	11590	4080	5182	2316	4606
519	604	329	307	170	205	73	127	66	91
256357	**271986**	**174516**	**193320**	**103043**	**128246**	**53005**	**77519**	**34590**	**77688**
12294	13325	7451	8694	4489	5881	2544	3776	1693	3556
29392	31728	20199	21768	12801	15161	6661	9048	4182	9508
18923	20424	10803	12943	5905	7621	3257	4787	2711	5177
21813	23022	12058	13389	7081	8780	4505	6380	3198	6129
27288	29139	17597	19289	9882	12338	5120	7855	3120	7675
27466	29319	20300	22148	12165	15334	6003	8657	3788	8692
28928	30989	22143	23608	13675	16239	6028	8927	3933	9263
36423	37554	23832	27553	11952	14703	6466	9566	4419	10072
26533	27569	18242	19672	11899	15445	5686	8658	3529	8335
1545	1771	936	1166	544	707	319	444	196	397
25752	27146	20955	23090	12650	16037	6416	9421	3821	8884
204691	**213654**	**143352**	**146859**	**88841**	**100240**	**48418**	**61443**	**32396**	**62127**
19456	20829	12042	11956	7237	8333	4268	5237	3242	5214
24620	25840	15857	15900	8640	9334	5198	6816	4064	8214
30528	32792	20634	22819	11940	14400	6472	8939	4112	9380
20163	21476	17111	18469	9876	11820	5135	6983	3236	7351
17867	18433	11538	11531	7398	8152	4069	4866	2630	4678
12908	13389	7337	7462	4934	5618	2805	3334	2135	3173
18650	18554	14423	12517	9904	8963	6023	6276	3133	4753
20169	21859	13571	13825	8328	9208	4625	5724	3453	6297
15616	15911	10572	10247	6592	6523	3540	3893	2741	4698
20104	19445	17914	19771	12757	16538	5581	8519	3110	7482
4610	5126	2353	2362	1235	1351	702	856	540	887
20638	**21516**	**13014**	**14516**	**4750**	**6001**	**3103**	**4369**	**2296**	**4293**
20638	21516	13014	14516	4750	6001	3103	4369	2296	4293

表2 续表 60

地　区	0岁		1-4岁		5-9岁		10-14岁	
	男	女	男	女	男	女	男	女
湖北省	**254264**	**222516**	**1336323**	**1174547**	**1812285**	**1526013**	**1690411**	**1404118**
武汉市	**50152**	**44229**	**267348**	**236490**	**312676**	**267271**	**242127**	**203645**
江岸区	3412	2955	19065	17072	24327	21429	19378	16903
江汉区	2262	1922	11269	9896	14630	12569	12041	10180
硚口区	2108	1931	11226	9947	15410	13033	13542	11218
汉阳区	3777	3239	19919	17730	21297	18552	15062	12932
武昌区	3386	2960	18807	16902	25201	21976	20314	17828
青山区	1144	1055	6702	6026	9323	8096	8845	7474
洪山区	10166	9131	55831	49693	58613	50671	38282	32565
东西湖区	3743	3350	20527	17960	23416	19845	17636	14717
汉南区	536	475	2822	2686	3560	3086	2979	2607
蔡甸区	3967	3538	21678	19230	25747	22427	19925	16830
江夏区	5820	5163	30923	26618	32463	27087	23777	19374
黄陂区	5693	5016	27868	25249	33066	28337	27776	23498
新洲区	4138	3494	20711	17481	25623	20163	22570	17519
黄石市	**13903**	**11183**	**73545**	**59583**	**113078**	**87858**	**103099**	**77741**
黄石港区	860	726	5361	4456	7514	5993	6205	4917
西塞山区	598	556	3775	3218	5652	4522	5262	4226
下陆区	867	756	5223	4125	6237	4746	5181	4155
铁山区	95	90	603	493	1003	736	1018	745
阳新县	6557	5269	32143	26796	51780	42757	48014	37721
大冶市	4926	3786	26440	20495	40892	29104	37419	25977
十堰市	**15170**	**13739**	**79987**	**73784**	**109737**	**99687**	**109740**	**98088**
茅箭区	2916	2731	16501	15177	20357	18495	18289	16355
张湾区	1832	1685	10094	9130	12685	11707	12312	11144
郧阳区	2014	1752	8889	8230	13233	11544	14753	13233
郧西县	1829	1641	9456	8801	13495	12616	14537	12800
竹山县	1693	1502	9017	8204	12540	11294	12851	11188
竹溪县	1280	1236	6696	6275	9469	8832	10788	9656
房县	1659	1473	8691	8219	12601	11646	12484	11440
丹江口市	1947	1719	10643	9748	15357	13553	13726	12272
宜昌市	**11821**	**11231**	**63039**	**59058**	**78658**	**73876**	**73829**	**69266**
西陵区	1370	1337	7819	7339	10548	9883	9963	9325
伍家岗区	1487	1411	8383	7867	9572	8747	7384	6550
点军区	386	394	2105	1859	1986	1846	1694	1694
猇亭区	243	199	1257	1201	1601	1547	1337	1128
夷陵区	1932	1846	10329	9531	11577	10863	10159	9580
远安县	535	525	2844	2654	3543	3374	3364	3180
兴山县	378	364	2060	1894	2474	2374	2634	2447
秭归县	1017	974	4861	4578	5865	5535	6116	5647
长阳土家族自治县	853	711	4069	3779	5998	5575	6321	6046
五峰土家族自治县	461	382	2207	2119	3146	2943	3243	3091
宜都市	1027	1014	5792	5491	7512	7064	6750	6439
当阳市	1066	1007	5497	5231	7421	7241	8025	7652
枝江市	1066	1067	5816	5515	7415	6884	6839	6487
襄阳市	**22454**	**20518**	**122318**	**112519**	**170464**	**150287**	**169028**	**149644**
襄城区	1502	1385	9033	8242	11827	10495	11421	10615
樊城区	3564	3228	20813	19266	28607	25066	27626	24299
襄州区	4434	4021	23747	21712	33804	28708	33749	28195
南漳县	1892	1725	10180	9337	13568	12716	12492	11806
谷城县	2452	2275	11850	11208	16772	15292	15955	14673
保康县	871	814	4592	4371	5748	5363	5580	5307
老河口市	1743	1652	9459	8878	14415	12881	15828	14334
枣阳市	3990	3592	21980	19630	32097	27406	33008	28184
宜城市	2006	1826	10664	9875	13626	12360	13369	12231
鄂州市	**5546**	**4361**	**28082**	**23136**	**40402**	**31420**	**35342**	**25965**
梁子湖区	833	631	3705	2887	5765	4543	5080	3898
华容区	1395	1065	6298	5399	8756	7114	7100	5345
鄂城区	3318	2665	18079	14850	25881	19763	23162	16722

单位：人

15–19岁		20–24岁		25–29岁		30–34岁		35–39岁		40–44岁	
男	女	男	女	男	女	男	女	男	女	男	女
1399553	**1169310**	**1382378**	**1172754**	**2049815**	**1809358**	**2648622**	**2522173**	**1980079**	**1887287**	**1883293**	**1793000**
413042	**346321**	**558360**	**468980**	**584076**	**504833**	**699113**	**640787**	**515608**	**467224**	**420667**	**382956**
15680	14011	22696	21268	36675	36281	46682	47510	40507	42221	35519	36331
9989	8428	18157	17803	31353	30962	35411	34396	27750	26825	24421	23620
11737	8720	17957	16654	27947	27306	32326	31598	26966	26667	24165	23817
18634	12048	21988	16415	37046	35704	52160	49141	37257	34617	30354	28104
28751	26485	45990	43485	44892	42957	51273	51288	45218	45376	37667	38837
8079	5959	12381	7821	14676	12845	18533	17266	16191	16543	16243	16408
143728	123409	207524	182310	141851	119142	150297	134286	101818	88541	72234	63432
19323	14434	27760	20319	40725	34747	55882	48764	40413	34007	34560	28963
5918	3173	3981	2373	5446	4293	8278	6917	6136	4917	5448	4434
17831	15970	30365	22330	46579	35126	63638	52936	44686	36547	37378	30168
89607	78077	102172	83434	69184	52747	79700	66787	49312	39588	33238	27332
18785	16088	23867	18839	50140	44434	62441	60380	49021	43463	42710	36963
24980	19519	23522	15929	37562	28289	42492	39518	30333	27912	26730	24547
61302	**47711**	**54632**	**45971**	**95803**	**84585**	**110337**	**105322**	**85125**	**81435**	**79812**	**75610**
5087	5883	7497	9653	7065	7226	9407	10442	7875	8846	8359	9120
3585	2640	3676	2849	5953	5356	7552	7332	6321	6383	7356	7286
10076	8026	8646	6968	6519	6074	8697	8707	6635	6979	8025	8345
825	604	743	547	1207	1007	1254	1191	1075	1154	1564	1618
20744	14964	15559	11684	37187	33994	41155	38960	31366	29253	25806	24051
20985	15594	18511	14270	37872	30928	42272	38690	31853	28820	28702	25190
77553	**68026**	**58364**	**54021**	**100771**	**93666**	**141651**	**139526**	**107416**	**103158**	**113592**	**108283**
18673	19522	16333	20307	20955	21179	30841	32704	23544	24003	23648	24041
15578	9663	13386	8774	14388	13521	20004	19812	15021	15083	16695	16922
9629	9375	5743	4998	12095	10189	18202	15663	12613	10742	11627	10178
7537	6549	4568	4143	11223	10726	14003	14349	10636	10844	10637	10478
6850	5666	5039	3807	10704	8942	14175	13267	11157	9833	12414	11351
5677	4795	4291	3780	9500	8241	11414	10757	8078	7545	10559	9534
6005	5579	3854	3694	10371	9961	15007	14675	12479	11737	12852	11538
7604	6877	5150	4518	11535	10907	18005	18299	13888	13371	15160	14241
66639	**61943**	**66720**	**61449**	**99182**	**96290**	**156104**	**154988**	**123159**	**119896**	**136067**	**130770**
18247	19054	20683	18980	14787	14849	19904	21621	17183	18826	19936	21831
3103	2479	5427	5800	11616	13012	19698	21424	14698	14897	13828	14371
1929	1823	1616	1335	3247	3020	4202	4036	3231	2839	3796	3219
1433	922	1793	1041	2871	2209	4383	3664	2935	2429	2786	2343
12263	11645	8178	8104	15218	14845	23810	23309	16673	16356	19766	19115
2140	1844	2242	2065	4005	3875	6508	6280	5721	5134	6179	5496
1733	1480	1768	1556	2985	2539	5421	4886	4821	3964	4964	4145
4408	3983	4109	3665	6335	6136	12516	11689	8538	8262	10677	9625
4803	4131	4017	3627	6761	5982	10622	9916	9638	8990	10212	9327
1866	1635	2074	1771	3550	3152	5851	5257	5099	4413	4703	4163
4410	3708	4370	4164	8622	8437	14138	14522	10687	10670	11417	10896
5532	4835	4912	4539	8583	8290	14088	14167	11968	11983	14198	13487
4772	4404	5531	4802	10602	9944	14963	14217	11967	11133	13605	12752
116679	**100869**	**90175**	**83181**	**149980**	**147789**	**232244**	**231321**	**185401**	**177633**	**177494**	**171019**
24800	23142	15369	14856	11988	11784	17785	18097	14887	14836	15736	15943
17856	15259	16655	15330	29009	29775	44122	46326	37626	38496	37930	38275
20956	16738	16517	13772	31288	29753	46729	44400	35691	31626	31576	28407
6222	5893	4904	4686	12964	12776	19156	18720	14959	13673	15141	13545
8757	7473	7061	6806	12356	12319	20976	21450	14265	14738	14127	14542
3162	2780	2296	2203	6037	5755	8707	8508	7216	6826	7650	6965
8876	7670	7343	6574	10719	10222	15643	15568	14941	14256	13714	13178
18109	15081	13479	12672	22989	22571	37947	37223	29775	28357	26756	26398
7941	6833	6551	6282	12630	12834	21179	21029	16041	14825	14864	13766
28421	**25353**	**23933**	**18153**	**43537**	**35045**	**52571**	**48944**	**37938**	**34989**	**34962**	**32770**
2578	1744	2507	1627	5708	4367	6461	5490	4126	3608	3378	2960
7398	7162	5899	4488	11245	8624	14371	12472	10215	7964	7603	6231
18445	16447	15527	12038	26584	22054	31739	30982	23597	23417	23981	23579

表2 续表 61

地区	45-49岁		50-54岁		55-59岁		60-64岁	
	男	女	男	女	男	女	男	女
湖北省	**2334627**	**2257518**	**2724100**	**2669509**	**2456122**	**2397587**	**1703279**	**1667377**
武汉市	**436788**	**401110**	**483970**	**461157**	**451106**	**442394**	**333992**	**340802**
江岸区	36328	35236	37302	38147	40000	40831	34315	36394
江汉区	25672	24270	26820	26194	26823	26317	21244	21561
硚口区	25257	25250	28318	28346	30823	30289	25453	24829
汉阳区	29968	27517	32704	31992	34131	34745	28328	28652
武昌区	38703	37431	40842	39961	43155	41475	33849	35534
青山区	18069	16712	20515	18505	18989	17833	15281	16301
洪山区	71474	62695	76819	71837	70830	71130	49762	52368
东西湖区	37819	32051	39030	34421	32060	28925	20467	19670
汉南区	7048	5971	8255	6852	6408	5484	3991	3724
蔡甸区	36266	30529	38722	34538	33075	31252	24180	24765
江夏区	36177	32407	40947	38858	36008	36593	23263	22998
黄陂区	43362	41555	51908	50888	43719	42985	30526	30743
新洲区	30645	29486	41788	40618	35085	34535	23333	23263
黄石市	**100258**	**100108**	**104585**	**104453**	**86075**	**85848**	**54314**	**56108**
黄石港区	9492	9856	10268	10436	9579	9741	7103	7266
西塞山区	8599	8861	9723	9762	9282	8841	6348	6431
下陆区	9037	8890	9356	9176	7893	7502	4592	4988
铁山区	2098	2091	2418	2244	2079	1885	1445	1445
阳新县	34965	36237	34802	35020	27262	27387	16663	17452
大冶市	36067	34173	38018	37815	29980	30492	18163	18526
十堰市	**142559**	**137091**	**154711**	**149486**	**130235**	**118374**	**84061**	**74551**
茅箭区	27604	26500	25890	25401	20044	18659	10820	10280
张湾区	22622	21771	21669	20261	16288	14579	8498	8149
郧阳区	15142	14503	19030	17994	17038	15492	11953	10303
郧西县	15639	15751	18662	18134	16658	14651	10639	8635
竹山县	14438	13649	16953	16360	15119	13188	10032	8432
竹溪县	12600	11913	13885	13306	11666	10733	7931	7286
房县	15954	14794	18198	17677	16078	14457	12935	10785
丹江口市	18560	18210	20424	20353	17344	16615	11253	10681
宜昌市	**170456**	**159528**	**208450**	**194704**	**194676**	**181786**	**135557**	**128822**
西陵区	21667	20780	19841	19550	17102	17969	12779	13773
伍家岗区	14881	14060	14343	14910	12798	14318	9164	9507
点军区	4538	4016	5804	5403	5521	4903	3892	3476
猇亭区	3294	2875	3799	3283	2889	2683	1717	1698
夷陵区	23934	22395	29494	26699	27749	24737	19292	17517
远安县	8178	7236	10699	9311	9966	8697	6431	5918
兴山县	6734	5566	8566	7585	8209	6602	5228	4529
秭归县	13170	11771	17707	15936	16743	15383	12054	11427
长阳土家族自治县	14078	12976	18670	16721	18842	16297	12163	10286
五峰土家族自治县	6730	6116	9588	8741	9563	8200	6590	5518
宜都市	14761	14211	20476	20088	18972	18568	12414	11798
当阳市	18908	18279	23658	22504	23230	21704	16900	16626
枝江市	19583	19247	25805	23973	23092	21725	16933	16749
襄阳市	**216339**	**211482**	**248395**	**247780**	**234281**	**232628**	**153368**	**152306**
襄城区	19320	18801	20295	19805	19077	18381	12705	13298
樊城区	42261	41323	40081	38974	35177	34922	22484	23871
襄州区	37247	35037	40224	39337	38161	38627	24201	25315
南漳县	17815	17045	24134	24153	24831	23663	16847	14481
谷城县	18772	19598	23667	24224	23368	22903	14786	13739
保康县	9808	8862	13802	12379	12418	9875	7816	6423
老河口市	16745	16725	20281	20578	19569	20213	12485	12801
枣阳市	35396	35593	42762	44329	39508	41096	26266	26326
宜城市	18975	18498	23149	24001	22172	22948	15778	16052
鄂州市	**45199**	**43722**	**50384**	**48312**	**40314**	**40476**	**25918**	**27074**
梁子湖区	4722	4535	5372	5271	4870	4824	3059	2915
华容区	9274	8207	11899	10659	10037	9817	6799	6699
鄂城区	31203	30980	33113	32382	25407	25835	16060	17460

单位：人

65-69岁		70-74岁		75-79岁		80-84岁		85岁及以上	
男	女	男	女	男	女	男	女	男	女
1622862	**1644516**	**1130865**	**1164743**	**674077**	**744126**	**374137**	**467782**	**237626**	**363605**
290373	**305084**	**193687**	**202484**	**102030**	**115041**	**64351**	**83770**	**45717**	**67957**
29046	30727	17980	19803	9299	10722	6491	9214	5577	7926
17288	18134	10792	11375	5336	5834	3463	4944	3107	4874
19228	19469	11461	12511	5506	6675	3932	6257	3409	5373
21895	22897	13460	14427	6123	6932	3943	5820	2980	4773
30125	32391	19394	20968	10561	12244	8153	11295	7138	9376
14006	15170	9308	10152	5045	7243	4643	5946	2893	3597
40050	42795	23571	25143	12338	14617	9055	11268	6706	8421
16508	17632	10568	11779	5300	6568	3137	3946	1947	2863
3089	3270	2448	2694	1439	1655	784	922	371	633
20947	23381	16364	16697	8424	8391	4292	5086	2492	4521
20468	20620	13275	13267	7139	8103	3926	5194	2452	4371
32574	33585	26309	24686	14808	14225	7539	7903	4014	6681
25149	25013	18757	18982	10712	11832	4993	5975	2631	4548
57052	**60982**	**41755**	**43795**	**24464**	**27895**	**14245**	**18774**	**7903**	**12830**
6444	7055	4575	5035	2574	2872	1809	2171	1226	1595
6657	7133	4735	4835	2619	2914	1634	2058	1078	1609
5113	6019	4109	4133	2094	2588	1393	1657	754	900
1358	1444	1005	1111	655	937	500	819	323	478
17837	18225	13154	13738	8278	8877	4457	6056	2098	3703
19643	21106	14177	14943	8244	9707	4452	6013	2424	4545
92984	**88335**	**65756**	**62572**	**39918**	**40775**	**17284**	**19133**	**10571**	**14649**
9346	10833	6561	7360	4023	4334	1986	2349	1370	1617
7661	9184	6910	7503	4406	4522	2338	2688	1526	1848
14594	12961	9825	9373	6513	7105	2341	2841	1340	2172
13170	11020	9445	8591	5644	5958	2127	2502	1086	1832
12608	11041	8477	7230	4739	4314	2444	2400	1347	1804
9993	9449	6805	6077	3954	3770	1721	1703	1024	1359
13562	11728	9805	8568	5650	5233	2417	2366	1589	2015
12050	12119	7928	7870	4989	5539	1910	2284	1289	2002
132327	**133795**	**88734**	**90046**	**50737**	**55879**	**31318**	**36930**	**22906**	**31771**
12821	15161	11121	12453	6247	7250	3953	4661	2751	3156
8378	9004	5531	5504	2611	2921	1566	2024	1226	1794
3739	3493	2490	2364	1153	1322	812	953	605	908
1741	1896	1187	1206	732	821	375	479	251	480
18551	18055	11328	11258	6141	6532	3947	4391	3189	4100
6056	6056	3663	3690	1976	2138	1280	1448	815	1108
5159	4986	3550	3554	2036	2034	1253	1364	862	1182
12798	12478	7844	7798	4469	4975	2827	3268	1900	2558
12835	11774	8608	7780	5441	5584	3470	3674	2265	2898
6530	5952	4563	4214	2897	2991	1954	2022	1250	1481
13709	13059	8869	8337	4865	5541	3632	4569	2591	3798
14560	15315	9869	10615	5994	6646	2913	3624	2598	3800
15450	16566	10111	11273	6175	7124	3336	4453	2603	4508
157420	**161331**	**100968**	**106283**	**61286**	**69158**	**31921**	**40233**	**21557**	**33198**
12489	13922	9229	10303	5361	6580	3293	4058	2086	2865
22761	26230	15522	17873	9027	11145	5329	6976	3241	4469
24010	26019	14799	16190	9149	10891	4356	6164	2553	5132
17060	14687	10563	10113	5748	6191	3003	3404	2232	3365
16611	15909	10068	10359	5990	6462	2786	3425	2029	3250
8850	7715	5991	5462	3733	3662	1794	1828	1145	1308
12574	13565	7396	8277	4852	5846	2361	3235	1985	3113
27513	27575	17399	17184	11629	12002	5638	7223	3856	6255
15552	15709	10001	10522	5797	6379	3361	3920	2430	3441
27961	**30637**	**20379**	**21369**	**11120**	**11914**	**6271**	**7691**	**3600**	**6142**
3692	3901	2742	2786	1506	1574	783	1070	429	875
7217	7761	5045	5368	2655	2930	1615	1950	998	1760
17052	18975	12592	13215	6959	7410	3873	4671	2173	3507

表2 续表 62

地区	0岁		1-4岁		5-9岁		10-14岁	
	男	女	男	女	男	女	男	女
荆门市	**8897**	**7940**	**49617**	**45741**	**64087**	**58785**	**60519**	**56450**
东宝区	1053	928	5732	5256	7451	6964	7446	7036
掇刀区	1533	1324	9272	8448	12383	11273	10607	9837
沙洋县	1103	1087	5847	5372	7737	7142	8004	7788
钟祥市	3145	2825	17839	16533	22618	20809	21439	20132
京山市	2063	1776	10927	10132	13898	12597	13023	11657
孝感市	**19541**	**16585**	**100652**	**83311**	**144977**	**111498**	**136682**	**102229**
孝南区	4349	3750	24378	20154	32938	25704	28053	21488
孝昌县	2541	2092	13291	10537	19019	14258	17874	12629
大悟县	2333	2093	12142	10565	18017	15032	18762	15739
云梦县	1992	1667	9440	7834	15099	11470	13382	10054
应城市	2055	1726	9986	8779	13684	10593	12845	9899
安陆市	2309	2026	12294	10671	15346	12639	13900	11174
汉川市	3962	3231	19121	14771	30874	21802	31866	21246
荆州市	**20098**	**17795**	**110683**	**97932**	**151721**	**125345**	**149948**	**120835**
沙市区	1560	1477	9231	8642	11707	10975	10773	9643
荆州区	1751	1663	9212	8812	11030	10516	10439	9670
公安县	3024	2655	14487	13622	17889	16571	16986	16484
监利县	4616	3925	28945	23789	46911	32757	49932	33195
江陵县	1065	988	5435	5209	6995	6551	7146	6602
荆州经济技术开发区	578	569	3315	3092	4381	4070	4142	3774
石首市	2043	1837	11139	10084	13005	11806	12214	11238
洪湖市	3220	2555	17138	13362	24919	17557	23178	15754
松滋市	2241	2126	11781	11320	14884	14542	15138	14475
黄冈市	**31850**	**26808**	**158859**	**137606**	**221908**	**180742**	**209100**	**165448**
黄州区	1980	1631	10519	9304	12659	10816	10927	9260
团风县	1363	1163	5968	5236	8338	7197	7743	6383
红安县	2888	2510	13765	12325	16603	13720	15529	12445
罗田县	2717	2402	13075	11484	18292	14759	15625	12417
英山县	1316	1183	7431	6834	10346	9177	9761	8482
浠水县	3936	3275	19137	16652	26956	21925	25076	19788
蕲春县	4977	3907	23645	20383	34037	28405	31236	25836
黄梅县	4330	3627	19980	16978	29701	23009	31800	24099
龙感湖管理区	106	96	606	505	801	674	1021	774
麻城市	4759	4274	24532	21523	31652	25847	28705	22230
武穴市	3478	2740	20201	16382	32523	25213	31677	23734
咸宁市	**14604**	**12362**	**78285**	**66919**	**113075**	**94718**	**108659**	**88356**
咸安区	3403	2758	18575	15479	27040	22017	25917	20422
嘉鱼县	1442	1241	7502	6157	9417	7244	8452	6407
通城县	2436	2188	12695	11456	18842	16703	18967	16386
崇阳县	2456	2157	12995	11261	18534	15983	18063	15496
通山县	2393	2015	12983	11087	20437	17862	19787	16354
赤壁市	2474	2003	13535	11479	18805	14909	17473	13291
随州市	**9456**	**8251**	**54687**	**48035**	**68987**	**58909**	**64194**	**54408**
曾都区	3468	3023	20016	18018	22405	20002	19574	17107
随县	2585	2303	15340	13703	20009	17787	19821	17465
广水市	3403	2925	19331	16314	26573	21120	24799	19836
恩施土家族苗族自治州	**15376**	**14157**	**75454**	**68762**	**109783**	**100857**	**121919**	**112863**
恩施市	3804	3523	17829	16585	22185	20976	23814	22668
利川市	3535	3351	17962	16332	29012	25877	33007	29520
建始县	1707	1457	8231	7478	11491	10656	13101	12520
巴东县	1504	1417	7724	7023	11381	10855	12354	11614
宣恩县	1173	1077	5957	5324	9205	8442	10592	9708
咸丰县	1442	1299	7177	6390	10985	10117	13057	11890
来凤县	1502	1352	7354	6699	11349	9972	11318	10468
鹤峰县	709	681	3220	2931	4175	3962	4676	4475
省直辖县级行政区划	**15396**	**13357**	**73767**	**61671**	**112732**	**84760**	**106225**	**79180**
仙桃市	5331	4450	28129	22235	45476	31466	42404	28863
潜江市	3551	3297	17318	15935	24236	21240	22767	20537
天门市	6216	5307	26830	22115	41345	30451	39431	28253
神农架林区	298	303	1490	1386	1675	1603	1623	1527

单位：人

15-19岁		20-24岁		25-29岁		30-34岁		35-39岁		40-44岁	
男	女	男	女	男	女	男	女	男	女	男	女
45109	**42180**	**42473**	**40859**	**71812**	**67835**	**115999**	**111260**	**84002**	**79508**	**86665**	**82966**
8825	9863	9409	10805	8756	8743	14688	14983	11348	12220	13403	13620
9740	8777	7316	7108	13068	13641	26418	27167	18247	17403	17747	16946
4673	4146	5783	4672	9494	7270	16659	13432	11582	9325	12463	10546
13866	12378	12589	11787	24456	23603	36058	35305	27715	25772	25592	24928
8005	7016	7376	6487	16038	14578	22176	20373	15110	14788	17460	16926
88465	**67558**	**80973**	**60869**	**167986**	**139155**	**201087**	**189406**	**144376**	**138858**	**142051**	**135226**
25341	22192	23635	19465	40051	35510	47999	47691	34576	34459	34274	32935
10571	6875	9891	6218	22128	17965	21817	19986	15170	14947	15493	15015
10154	7757	8251	6711	18394	15680	20608	18835	15338	14482	14966	14574
8059	5657	7781	5220	16755	13008	21127	19637	13396	12780	14083	13195
7838	5981	7584	5782	17246	13296	21055	18755	15363	14348	15455	14466
9119	7619	7179	6319	16559	15521	20226	20069	14533	15171	17235	16972
17383	11477	16652	11154	36853	28175	48255	44433	36000	32671	30545	28069
109605	**89803**	**94113**	**80543**	**155640**	**138302**	**201824**	**193557**	**157536**	**154281**	**166515**	**160337**
10973	8180	10128	9700	15392	15744	22147	22717	18677	18367	19455	19409
23261	25341	20601	20909	15601	15263	19985	19281	15496	15204	17337	16917
10113	9097	10143	9313	19366	17892	25650	24805	22137	21780	23935	23176
25265	16114	18693	12697	36501	31213	45766	42344	33012	31805	32003	30429
4405	3595	4106	3544	8312	7451	10791	9817	8396	7517	8958	8063
6493	5188	3324	2977	6341	5790	9535	8952	7473	6769	7413	6765
7373	6148	6541	5941	12929	11771	16268	16302	14109	14946	16354	16041
12618	7750	12335	7736	25921	18015	30689	27555	20391	19202	19459	18428
9104	8390	8242	7726	15277	15163	20993	21784	17845	18691	21601	21109
136741	**103335**	**109305**	**81759**	**200439**	**169295**	**250526**	**242121**	**163691**	**169049**	**163157**	**168291**
21333	18909	15009	15341	16123	14162	21212	20943	13407	14029	14021	14789
4194	3177	4936	3188	9965	7241	12849	11298	7505	6994	6316	6202
9746	7280	8511	6605	19427	16730	21647	20471	14511	14748	15825	16102
9116	6660	7131	4956	16286	12902	22186	20258	12977	12837	12959	12990
6213	5223	4209	3673	7063	7074	11723	12396	7693	8524	8147	9354
14605	10479	11337	7770	23029	19259	28321	28143	18215	19108	19658	20142
17534	12798	15179	10822	27442	24884	34541	33966	21846	22760	20100	21198
20188	14336	14434	10213	25494	21627	29879	29025	20834	22742	19194	21080
324	193	601	387	811	755	953	971	607	669	743	871
17719	13510	14310	10601	29622	24753	37213	35466	25338	25759	29574	29000
15769	10770	13648	8203	25177	19908	30002	29184	20758	20879	16620	16563
68511	**54188**	**47968**	**39096**	**95957**	**84175**	**115522**	**110442**	**89122**	**86924**	**83694**	**80719**
22917	19075	17029	14792	24162	21170	31869	31181	23500	22688	21228	21017
6216	4549	4728	3345	11197	8894	11639	10660	8952	8467	9162	8325
8930	7690	5318	4623	14861	13608	16724	16045	12600	12649	13519	12892
10129	7808	6455	5276	15682	14307	17799	17087	14845	14539	13727	13241
9984	8051	6841	5436	14048	12923	15962	14900	13019	12552	10777	10630
10335	7015	7597	5624	16007	13273	21529	20569	16206	16029	15281	14614
37026	**31957**	**27610**	**25899**	**61051**	**58211**	**94698**	**92192**	**72385**	**68389**	**63364**	**62046**
14874	13475	9577	9905	20667	21651	35119	36416	26655	26116	23531	23411
8581	7007	8186	7243	17315	15303	28134	25011	20957	18456	18053	16280
13571	11475	9847	8751	23069	21257	31445	30765	24773	23817	21780	22355
88159	**81278**	**72062**	**70843**	**103638**	**98879**	**127256**	**126471**	**108554**	**105192**	**114052**	**105667**
24980	26378	24126	27325	25598	26044	31620	33004	26288	26786	29341	27744
21281	18325	14499	13145	24035	23036	29436	28622	22827	22658	23378	21866
8353	7460	6183	6171	9467	9603	14194	14482	12388	12046	13729	12721
8585	7656	5948	5506	9659	9206	13391	13903	14184	13306	12278	11741
6818	5623	6378	5423	9035	7616	9800	8856	8701	7820	10257	8657
8298	7111	5655	5156	9944	8927	11188	10879	10381	9900	10835	9966
7276	6492	6130	5381	11320	10330	11468	10921	8886	8069	8301	7595
2568	2233	3143	2736	4580	4117	6159	5804	4899	4607	5933	5377
62301	**48788**	**55690**	**41131**	**119943**	**91298**	**149690**	**135836**	**105766**	**100751**	**101201**	**96340**
23585	17609	21041	14452	48507	33706	60059	55365	43204	40454	38649	36520
14952	15557	13984	13936	26948	25256	37180	36487	24921	25912	30133	29863
22901	14855	19794	11895	42519	30396	49598	41343	35222	32146	29250	27400
863	767	871	848	1969	1940	2853	2641	2419	2239	3169	2557

表2 续表 63

地区	45-49岁		50-54岁		55-59岁		60-64岁	
	男	女	男	女	男	女	男	女
荆门市	**116911**	**113076**	**145850**	**141401**	**134500**	**129294**	**87911**	**85683**
东宝区	16909	16384	18828	17718	17013	16231	11044	10833
掇刀区	20555	19949	21115	21320	17735	17824	10025	10223
沙洋县	18703	16846	25577	22563	24681	22055	16254	14853
钟祥市	36002	35814	48156	48357	45792	45168	30313	30074
京山市	24742	24083	32174	31443	29279	28016	20275	19700
孝感市	**174336**	**172790**	**202361**	**202134**	**179751**	**178074**	**123545**	**121659**
孝南区	40557	40070	43164	42960	37693	37452	26444	26471
孝昌县	19777	19134	20603	20541	19173	19202	13316	12753
大悟县	18362	19055	22894	23211	21495	21020	14976	13367
云梦县	17753	17569	21951	22062	18671	19031	12658	13122
应城市	19898	19324	25597	25289	23265	22739	13897	14424
安陆市	22027	21705	26660	27031	23165	23089	15070	14700
汉川市	35962	35933	41492	41040	36289	35541	27184	26822
荆州市	**230689**	**225671**	**276236**	**271267**	**249895**	**241572**	**187818**	**185144**
沙市区	23310	22959	24561	24493	21672	22179	16418	16809
荆州区	24743	23904	29063	27800	25700	24123	18131	17708
公安县	32162	32490	41729	41607	40247	39139	30224	29088
监利县	44329	43302	53814	53862	49055	48214	38521	39533
江陵县	14614	13318	15671	14693	13904	12949	10184	9952
荆州经济技术开发区	9262	8602	10084	9747	8569	8052	5832	5347
石首市	22541	22427	26950	26339	23231	22030	16992	16521
洪湖市	29600	29864	36317	35739	33028	31530	25707	25243
松滋市	30128	28805	38047	36987	34489	33356	25809	24943
黄冈市	**221449**	**229806**	**277300**	**286708**	**259700**	**261163**	**174579**	**163472**
黄州区	16926	17503	20212	20263	17868	18669	11151	11451
团风县	8022	8523	13195	13312	12766	13428	8887	8363
红安县	19694	19969	24057	24404	23425	22662	17576	15872
罗田县	17935	17957	23353	22883	23094	21777	16997	15532
英山县	10611	11602	16586	17409	16680	15748	12012	10023
浠水县	25334	27123	34267	37020	33328	34751	21862	20434
蕲春县	30193	31332	37353	38887	33652	34160	18205	17357
黄梅县	28606	31243	33787	35497	29658	30061	23884	22510
龙感湖管理区	1461	1428	1660	1683	1347	1259	756	768
麻城市	38758	36871	43575	44053	42075	42278	26733	25794
武穴市	23909	26255	29255	31297	25807	26370	16516	15368
咸宁市	**111596**	**109330**	**118101**	**115591**	**102317**	**98921**	**70629**	**68322**
咸安区	25582	25366	26386	26046	23037	22385	14995	14713
嘉鱼县	13440	12985	15088	14298	12966	12244	8745	8622
通城县	17208	17034	19960	19829	16437	15650	12502	11987
崇阳县	19630	18547	18869	17715	15822	15114	11356	10891
通山县	15984	16041	15713	15683	13614	13482	9721	9428
赤壁市	19752	19357	22085	22020	20441	20046	13310	12681
随州市	**79865**	**80368**	**100808**	**103441**	**96404**	**97137**	**65559**	**62974**
曾都区	28680	28834	33661	34544	30125	31242	18792	18844
随县	24922	24635	33222	33680	34249	33928	23253	21518
广水市	26263	26899	33925	35217	32030	31967	23514	22612
恩施土家族苗族自治州	**151667**	**137901**	**178783**	**169520**	**146195**	**140568**	**85894**	**80405**
恩施市	37104	34110	41255	39970	33500	32589	19257	18269
利川市	33247	30372	35626	34487	28561	28108	16255	14765
建始县	20060	18056	23772	22139	19306	18532	11091	10798
巴东县	16532	15063	21697	19912	19126	17785	13298	12356
宣恩县	12235	10347	15581	13810	12506	11802	6496	6171
咸丰县	13101	12237	16715	15979	13280	12667	7939	7087
来凤县	11133	10297	13140	13314	11053	11352	6216	6308
鹤峰县	8255	7419	10997	9909	8863	7733	5342	4651
省直辖县级行政区划	**136515**	**135535**	**174166**	**173555**	**150673**	**149352**	**120134**	**120055**
仙桃市	50323	49884	64753	64555	53922	53652	44097	43595
潜江市	42886	42556	48982	47671	40278	38943	28699	29261
天门市	39442	39888	56739	58203	53540	54569	45389	45535
神农架林区	3864	3207	3692	3126	2933	2188	1949	1664

单位：人

65-69岁		70-74岁		75-79岁		80-84岁		85岁及以上	
男	女	男	女	男	女	男	女	男	女
83754	**84919**	**55258**	**57570**	**34097**	**36281**	**17371**	**20523**	**11900**	**17924**
10972	11142	7013	7166	4138	4118	2187	2417	1860	2436
9018	9629	5895	6076	3686	3321	1588	1728	1067	1523
15724	15804	10696	11144	6577	7132	3217	3948	2218	3600
29913	30554	19566	20247	12260	13203	6138	7171	4259	6521
18127	17790	12088	12937	7436	8507	4241	5259	2496	3844
114834	**117702**	**89741**	**93417**	**55010**	**61678**	**28888**	**37100**	**16967**	**28899**
23448	25742	18798	19456	11356	12599	6340	7398	3897	5692
12548	12732	9251	9683	6346	6953	3256	4210	1984	3588
13890	12345	10152	9677	6479	6611	3439	4228	1685	2834
12363	13109	9823	10662	5647	6282	2759	3942	1764	3320
15639	15807	12046	12399	7140	8067	3555	4724	2189	3861
14242	14696	10587	11009	6142	7305	3228	4663	2108	4048
22704	23271	19084	20531	11900	13861	6311	7935	3340	5556
155311	**159195**	**114109**	**124557**	**67313**	**80831**	**40919**	**56522**	**24685**	**43033**
14911	15954	10663	11623	5573	6587	3209	4040	2084	2951
16822	17108	10790	12018	6003	6912	3573	4598	2341	3772
26326	26576	19530	20949	10193	12155	6271	9016	3571	6736
25272	26456	22011	25130	15117	19083	9037	13215	5201	9758
8995	9310	6746	7301	3642	4277	1771	2794	1088	2037
4669	4978	3445	3552	1645	1841	905	1144	567	902
14324	14526	10547	11365	5845	7591	3595	5357	1905	3532
17464	17436	14165	15574	10439	12437	6596	8662	3890	6715
26528	26851	16212	17045	8856	9948	5962	7696	4038	6630
182091	**173742**	**125695**	**120508**	**83206**	**85487**	**41676**	**49154**	**23247**	**33706**
10783	11310	7755	7774	4564	4735	2718	3013	1638	2155
10201	9230	7950	6973	5043	4635	2385	2612	1338	2099
15857	14566	12067	11496	7419	8134	3310	4434	1424	2435
15182	14438	9197	8953	5997	6412	3403	4019	1722	2315
12073	10236	7082	5994	4712	4702	2443	3092	1313	2040
25942	24532	18468	17071	10773	10899	5270	6101	2445	3842
22605	22030	15384	15146	10446	10275	5376	6177	3245	4782
22009	21016	15817	15238	12065	11979	6602	7288	4223	5875
760	792	478	660	511	672	373	388	167	224
28512	28442	18134	18173	11925	13079	5308	6899	2686	3972
18167	17150	13363	13030	9751	9965	4488	5131	3046	3967
66467	**67004**	**43379**	**46635**	**23114**	**27283**	**13218**	**18743**	**8998**	**15372**
15345	15343	9675	10271	4890	5772	2667	3846	1919	3113
7892	7692	5605	6142	3367	4180	1976	2786	1263	2355
10982	11219	7484	8179	3937	4692	2428	3342	1617	2669
10889	11350	6723	7462	3232	3728	1745	2463	1463	2291
9034	8866	5788	6055	3342	3656	1752	2378	1002	1731
12325	12534	8104	8526	4346	5255	2650	3928	1734	3213
59834	**58233**	**39627**	**39280**	**25252**	**26984**	**12995**	**15759**	**8144**	**13504**
17703	18252	11778	12480	7191	7995	3365	4401	2398	4180
22884	21232	14231	13763	9061	9388	4717	5470	2967	4889
19247	18749	13618	13037	9000	9601	4913	5888	2779	4435
102607	**100290**	**72985**	**71240**	**49794**	**52482**	**27539**	**30858**	**15852**	**20334**
22520	22342	15847	15925	11062	11867	5744	6701	3577	4524
19753	18681	14967	13985	10588	10977	5718	6056	3052	3768
13993	14415	9923	9919	6707	7200	3593	3943	2099	2638
13948	13501	9244	9019	6169	6444	3397	3806	2128	2716
9395	9398	6321	6219	4532	4782	2582	2971	1426	1919
9491	8828	6876	6458	4465	4683	2579	2659	1453	1733
7384	7486	4997	4970	3047	3156	1957	2615	1019	1628
6123	5639	4810	4745	3224	3373	1969	2107	1098	1408
99847	**103267**	**78792**	**84987**	**46736**	**52438**	**26141**	**32592**	**15579**	**24286**
33259	33376	29047	30442	17999	19738	10368	12561	6124	9515
24445	26911	19346	21588	11543	13387	6798	8371	4492	6380
40106	41177	28785	31410	16128	18306	8424	11111	4626	7995
2037	1803	1614	1547	1066	1007	551	549	337	396

表2 续表 64

地区	0岁		1-4岁		5-9岁		10-14岁	
	男	女	男	女	男	女	男	女
湖南省	**301447**	**264070**	**1664289**	**1471282**	**2483847**	**2165043**	**2474466**	**2145078**
长沙市	**43530**	**39216**	**262691**	**237292**	**321125**	**288936**	**251994**	**227418**
芙蓉区	2180	2021	13730	12057	17025	15220	14153	12312
天心区	3644	3199	21575	19500	24396	21760	17694	15479
岳麓区	7217	6368	44002	39679	49709	44847	35308	31298
开福区	3499	3147	20728	18855	24142	21740	17798	15964
雨花区	5462	4979	33876	30422	41490	36479	33005	29124
望城区	4489	4046	25089	23158	28501	25946	19910	18000
长沙县	5671	5200	35711	32404	43859	39567	31735	28744
浏阳市	5965	5404	37344	33303	52110	47393	45915	42467
宁乡市	5403	4852	30636	27914	39893	35984	36476	34030
株洲市	**15807**	**14490**	**91976**	**84246**	**140280**	**127748**	**125167**	**113632**
荷塘区	1124	1015	7857	6981	11486	10475	9824	8429
芦淞区	1025	919	6924	6278	10027	8786	8359	7257
石峰区	745	634	4632	4273	5743	5378	4691	4239
天元区	2121	2006	13418	12269	16687	14633	12110	10860
渌口区	1233	1119	5399	5079	7972	7278	7559	6975
攸县	2523	2441	14167	12975	23944	22296	23158	21268
茶陵县	2317	1994	12842	11782	23161	20849	22908	20542
炎陵县	737	686	3861	3511	5716	5182	5778	5346
云龙示范区	258	252	1905	1719	2698	2474	1723	1596
醴陵市	3724	3424	20971	19379	32846	30397	29057	27120
湘潭市	**10160**	**9184**	**59727**	**53924**	**81972**	**72465**	**72017**	**64262**
雨湖区	1238	1105	7721	6910	10274	9049	9234	8364
岳塘区	1112	937	7174	6648	9340	8327	7904	7201
湘潭县	3101	3018	17853	16106	24939	22168	21840	19909
湖南湘潭高新技术产业园区	277	247	1694	1573	1873	1690	1368	1204
湘潭昭山示范区	103	87	671	692	1002	909	707	681
湘潭九华示范区	622	591	4058	3622	6007	5442	3901	3448
湘乡市	3196	2754	17762	15837	25429	22056	24476	21056
韶山市	511	445	2794	2536	3108	2824	2587	2399
衡阳市	**29683**	**25876**	**161864**	**141237**	**266395**	**228598**	**292166**	**249952**
珠晖区	1070	927	6621	5988	9356	8056	9001	8213
雁峰区	776	735	4749	4150	6569	5809	6488	5667
石鼓区	750	717	4370	3830	6292	5402	5983	5306
蒸湘区	1091	921	7011	5977	10065	8498	8929	7681
南岳区	295	256	2035	1668	3141	2660	2841	2602
衡阳县	4195	3644	21361	18577	34622	29664	38713	32972
衡南县	3791	3271	19892	17531	32184	27576	34570	29560
衡山县	1591	1418	8334	7283	13707	11867	13996	12406
衡东县	2513	2291	14201	12291	24652	21210	25349	22433
祁东县	3563	3031	18189	16209	31084	26844	35674	29667
衡阳综合保税区	124	124	758	655	1129	924	988	1008
湖南衡阳高新技术产业园区	830	721	5774	4966	7117	6292	5607	4668
湖南衡阳松木经济开发区	56	60	325	324	506	404	441	488
耒阳市	5295	4625	28391	24593	52459	44931	63553	54696
常宁市	3743	3135	19853	17195	33512	28461	40033	32585
邵阳市	**31533**	**27277**	**170473**	**147736**	**279253**	**237192**	**318785**	**266734**
双清区	1204	1051	7238	6106	11016	9650	11470	10007
大祥区	1350	1129	8533	7359	11731	10314	12481	10809
北塔区	542	460	3134	2816	4941	4104	4814	4262
新邵县	3045	2685	15953	13960	25844	22436	28585	24326
邵阳县	3921	3415	20162	17456	31666	26981	34162	28966
隆回县	5166	4419	27496	23846	48939	40845	60378	48760
洞口县	3528	3063	19422	16876	31120	26171	34639	28773
绥宁县	1469	1258	7585	6744	12341	10535	13609	11040

单位：人

15-19岁		20-24岁		25-29岁		30-34岁		35-39岁		40-44岁	
男	女	男	女	男	女	男	女	男	女	男	女
2085474	**1757227**	**1616275**	**1462282**	**1664755**	**1556700**	**2752660**	**2695450**	**2177206**	**2124403**	**1981518**	**1916379**
365358	**348919**	**368033**	**369157**	**308049**	**304555**	**539375**	**550802**	**412460**	**400035**	**329526**	**309040**
23672	23875	32236	34520	26155	26305	34954	34386	25809	25684	21867	21473
37390	31512	42878	42992	29357	30053	44199	46813	33725	33163	25566	25164
56681	63076	81153	97213	59092	58575	89126	91377	66564	64987	48506	45134
18514	15921	25159	27379	28926	30251	47093	49950	39286	39291	30672	28645
47859	44402	43839	43299	43199	43976	67469	72753	54700	57338	45528	45095
43126	49397	28718	30606	24575	24980	51385	51992	36178	31965	25841	21711
70872	59926	56708	43013	45549	39230	84676	81974	62658	55919	46524	39619
34834	29887	29841	25139	28433	27947	65862	67024	57873	55817	46053	44338
32410	30923	27501	24996	22763	23238	54611	54533	35667	35871	38969	37861
115448	**92901**	**88513**	**75113**	**82120**	**82073**	**174478**	**175520**	**135020**	**133064**	**120877**	**119602**
8497	6681	8579	8153	9294	9502	18001	18983	15353	15623	13119	13074
6709	7696	6292	6351	8515	8505	15506	16436	12180	12336	10281	10777
9350	5207	7954	4660	6350	5163	10589	9799	8057	7773	7110	7016
13647	11876	18243	15291	12978	13729	27166	28816	20007	19923	15459	15638
5438	4550	4252	3820	4883	4645	11899	10782	8909	7875	7573	6953
13458	12049	10279	9687	10151	9987	23299	23012	16480	17419	18682	18788
11150	9619	7526	7209	7989	8074	18701	18943	17084	16439	15003	14408
2900	2728	2410	2293	2594	2672	5611	5994	5157	5410	4986	5220
26852	16749	10179	5205	1382	1612	3424	3731	2613	2381	2003	1798
17447	15746	12799	12444	17984	18184	40282	39024	29180	27885	26661	25930
97769	**78141**	**82520**	**70283**	**61987**	**58075**	**110732**	**108770**	**88803**	**86434**	**77517**	**75932**
19148	17418	17274	16702	10045	9366	15206	15721	13148	13711	12390	12371
22767	17613	16846	12240	8250	8438	14305	15651	12915	13815	11981	12762
17464	13247	15469	13035	18242	16156	33915	31536	28752	26194	21754	20478
781	564	1293	1150	1985	1927	3680	3578	2760	2541	2345	2093
1718	1269	942	724	640	681	1213	1329	1031	938	875	861
17875	13834	14363	12388	4858	4692	9207	9465	6632	5783	4651	3992
16478	12935	14218	12186	15378	14187	29278	27393	20376	20245	20199	20209
1538	1261	2115	1858	2589	2628	3928	4097	3189	3207	3322	3166
245015	**196479**	**179511**	**145329**	**167698**	**147409**	**252051**	**239461**	**206214**	**201726**	**172663**	**173827**
16329	17382	16535	14640	7564	7313	11262	11763	9392	10135	8896	9030
8993	8193	5062	5876	5614	5207	8862	8890	7732	7926	6673	6851
5448	7353	4988	5330	5830	5939	8783	9398	7286	7820	6141	6736
15047	11243	14927	10051	7723	7879	11871	12947	10260	11055	8514	8907
2421	2026	1328	1350	1576	1802	2677	3292	2541	2889	2173	2309
31703	24181	23944	18177	23437	19169	32427	29121	24326	23385	20419	21074
31280	22613	20604	15567	22294	18197	30180	26741	24409	22448	17580	18069
9399	6861	7281	6249	8418	7382	12181	11470	9779	9525	8197	8312
15881	12948	13077	11604	12510	11721	21426	20191	14597	14304	12321	12578
28092	20240	19742	15043	18399	15564	29166	25548	21923	20310	18050	18105
2266	1847	1333	599	1107	858	1763	1632	1147	1190	760	818
4530	5026	5207	6077	5086	5225	8486	9733	8013	8731	6657	7003
1849	1909	487	323	384	378	724	800	606	579	424	446
41385	31765	23825	18277	27819	23598	41891	39465	38921	36539	33982	32189
30392	22892	21171	16166	19937	17177	30352	28470	25282	24890	21876	21400
232951	**178466**	**147442**	**122371**	**150866**	**129858**	**247781**	**231092**	**197927**	**193016**	**177619**	**175920**
13629	9716	6927	6321	7961	7796	13046	13789	10591	11260	9456	10170
21572	22966	13494	15180	7483	7192	12636	13243	11175	11909	10497	10838
3528	3346	2640	2234	3426	3185	6062	6216	5103	4777	4067	3817
22336	16010	14891	11589	16146	12616	22498	19663	17181	16247	16977	16079
24258	18266	20615	15285	21070	16252	30381	25412	22689	19901	21610	20014
34922	24060	20209	15758	20265	17418	37933	35490	29687	30135	27323	27729
21699	16251	13148	10729	14406	13003	20980	20571	18206	18610	14633	15442
8043	6046	4803	4249	6773	5805	10751	10043	8895	8341	7615	7348

表2　续表 65

地　区	45-49岁		50-54岁		55-59岁		60-64岁	
	男	女	男	女	男	女	男	女
湖南省	**2690595**	**2549623**	**3054992**	**3053521**	**2564334**	**2560667**	**1718897**	**1650317**
长沙市	**379257**	**349786**	**403804**	**407170**	**342852**	**347685**	**213035**	**210941**
芙蓉区	24365	23581	23766	23907	19870	19699	12299	13232
天心区	28584	27529	27916	29422	25282	27771	17463	18545
岳麓区	47789	43118	46436	48979	39454	44255	26096	28271
开福区	33066	29596	32617	31027	29187	29091	19971	20618
雨花区	49036	46778	45922	46326	37699	39980	24568	27022
望城区	29213	25784	35028	36346	31505	31248	18728	17067
长沙县	48849	42077	52562	50920	43256	43692	25561	24935
浏阳市	62463	58602	70705	69836	58658	55006	38671	34530
宁乡市	55892	52721	68852	70407	57941	56943	29678	26721
株洲市	**159055**	**155625**	**192900**	**193990**	**159167**	**156584**	**106288**	**103900**
荷塘区	15958	16060	16660	16151	12802	12332	7650	7776
芦淞区	13135	13920	14987	15062	12379	11793	7290	7180
石峰区	9828	9443	11542	10594	9351	8808	5570	5804
天元区	18114	17964	20985	21231	17281	17161	9662	9797
渌口区	10253	9294	14245	13604	12445	11284	7956	7179
攸县	24887	23803	33396	33890	27974	28224	20216	20112
茶陵县	21062	20072	22936	23264	19321	19255	14005	14244
炎陵县	7535	7445	8728	8551	7035	6781	5343	4921
云龙示范区	2436	2251	2800	2770	2284	2203	1357	1320
醴陵市	35847	35373	46621	48873	38295	38743	27239	25567
湘潭市	**100713**	**102438**	**131140**	**138305**	**115316**	**119723**	**69886**	**67568**
雨湖区	15527	16272	19683	20593	18753	19152	11955	11929
岳塘区	14882	15601	17650	17508	15601	15748	9745	10407
湘潭县	27353	28858	39358	43582	36914	38681	22325	20364
湖南湘潭高新技术产业园区	2983	2706	3498	3161	2867	2615	1581	1429
湘潭昭山示范区	1108	1124	1424	1416	1286	1181	783	727
湘潭九华示范区	5026	4560	6146	6272	5063	4965	2624	2586
湘乡市	29309	28974	37996	40273	29962	32477	18373	17787
韶山市	4525	4343	5385	5500	4870	4904	2500	2339
衡阳市	**250797**	**243239**	**292242**	**294161**	**249971**	**249806**	**186614**	**176078**
珠晖区	11690	12167	14539	14901	13608	13066	9714	9305
雁峰区	8179	8186	8966	9469	8828	8930	6668	6559
石鼓区	7940	8351	9297	10149	8886	8978	6816	6362
蒸湘区	10676	11305	12113	12333	10338	10517	7128	6870
南岳区	2744	2899	2995	3010	2468	2568	1614	1744
衡阳县	35985	34573	41144	41972	32044	33226	23708	21744
衡南县	29430	28043	34700	34712	30057	30042	24002	22376
衡山县	11783	12046	15255	16296	13846	14020	10243	9671
衡东县	20461	20273	27296	28081	23348	23246	17039	16263
祁东县	27588	27101	34183	35109	27292	28832	21321	19666
衡阳综合保税区	847	911	965	926	892	879	655	545
湖南衡阳高新技术产业园区	7971	7771	8101	7408	6689	6074	3866	3841
湖南衡阳松木经济开发区	637	523	699	623	562	436	293	250
耒阳市	43731	40570	47027	45341	42089	41580	32337	31523
常宁市	31135	28520	34962	33831	29024	27412	21210	19359
邵阳市	**245554**	**235477**	**282097**	**287963**	**240879**	**245549**	**173366**	**164307**
双清区	12978	13650	14175	14720	12001	12150	7726	7628
大祥区	13216	13058	13566	13922	11793	11921	7936	7649
北塔区	5184	4786	5239	5347	4318	4447	2699	2568
新邵县	23096	21587	26622	26920	22940	22625	16014	14273
邵阳县	27083	25051	30048	31187	25622	25723	19404	18218
隆回县	37423	36248	41928	42961	34701	34991	26841	24582
洞口县	22726	23476	28587	29745	25491	27305	20310	20220
绥宁县	11599	10685	14058	14125	12910	12568	8305	7817

单位：人

65-69岁		70-74岁		75-79岁		80-84岁		85岁及以上	
男	女	男	女	男	女	男	女	男	女
1830422	**1842656**	**1314119**	**1328220**	**776559**	**816064**	**526151**	**621345**	**317667**	**468864**
215814	**217945**	**151418**	**149903**	**84541**	**87453**	**57271**	**66126**	**35613**	**49789**
11468	12688	7527	7842	4186	4943	3234	4133	2570	3066
16447	17171	10719	11071	5648	6185	4383	5338	2926	3698
25238	26548	16280	16127	8238	8829	5953	6776	3685	4657
18260	18909	11180	11351	5834	6273	4210	5250	3147	4243
23526	25525	15669	16405	8399	9565	6731	7583	4509	5358
18899	17727	13591	13466	7596	7763	4709	5357	2692	3882
27165	26495	19812	19107	9855	9250	5996	6383	3613	5404
37541	36563	26422	25562	16012	16282	10856	12699	6277	9750
37270	36319	30218	28972	18773	18363	11199	12607	6194	9731
109136	**113809**	**73913**	**77677**	**40206**	**43461**	**30494**	**36296**	**17586**	**24576**
7263	8160	5245	5740	3222	3520	2559	2694	1416	1636
6711	7307	4904	5434	2971	3614	2650	3226	1561	1729
5558	5999	4035	4712	2649	3210	2298	2463	1158	1249
9496	10072	6461	6723	3558	3895	2671	2912	1588	1861
9299	9245	6816	7042	4006	3904	2835	2994	1762	2178
22438	23945	14293	15528	7031	7893	5656	7185	2969	4924
13856	15436	8300	9908	3723	4893	3007	5167	1633	3227
4992	4868	3202	3225	1898	2303	1213	1638	696	1108
1467	1636	1097	1191	556	589	378	405	212	312
28056	27141	19560	18174	10592	9640	7227	7612	4591	6352
82787	**85075**	**62973**	**65153**	**37218**	**38652**	**25457**	**27756**	**14702**	**20645**
11978	13035	8702	9826	5409	6094	3918	5030	2372	3084
9831	11047	6951	7996	4105	5129	3553	4032	1978	2248
28423	27438	21692	21069	12366	12129	8031	7946	4591	6533
1462	1542	917	1113	519	542	310	387	225	269
919	969	637	714	350	297	197	226	158	186
2774	2887	1928	1867	1067	1038	631	693	366	499
24320	24569	19485	19557	11765	11722	7901	8434	4506	7045
3080	3588	2661	3011	1637	1701	916	1008	506	781
198565	**201764**	**129039**	**131880**	**66213**	**67906**	**49707**	**58117**	**30840**	**45150**
9465	9856	5963	6900	3211	3749	2729	3134	1659	2208
6257	6619	4002	4097	1824	2087	1545	2068	1097	1382
6276	6319	3848	4024	1740	1938	1477	2062	1112	1587
6993	7160	4194	4356	1975	2059	1491	1831	1083	1367
1762	1866	1111	1154	568	595	379	434	232	345
28832	28618	21084	20573	11283	11077	7941	8698	4446	6374
26209	26006	16274	16587	7648	7779	6275	7548	4038	6244
11038	11330	7809	7897	4173	4317	2853	3291	1617	2563
18710	18891	11726	12261	6368	6812	4434	5394	2680	4042
24919	24954	17492	16705	11295	10672	7344	7786	4221	5997
556	643	308	380	75	170	84	145	77	118
3811	3986	2155	2063	949	956	646	779	426	445
266	282	133	142	36	59	42	74	31	50
32157	33514	19258	20003	7933	8171	6789	8208	4900	7345
21314	21720	13682	14738	7135	7465	5678	6665	3221	5083
187192	**185157**	**133568**	**134454**	**82295**	**88294**	**57749**	**68123**	**34984**	**52220**
7906	8327	5715	6080	3178	3777	2263	2972	1459	2174
8620	8827	6024	6175	3614	3948	2624	3076	1871	2558
2970	2957	1826	2094	1020	1203	669	815	409	633
17828	17069	13213	13603	8265	8635	5858	6749	3524	5055
23208	22408	16988	16710	10143	10408	7385	8465	4647	6945
27273	26432	19228	19679	12137	13305	8753	10083	5110	7325
20907	20826	14912	14559	9217	10268	6828	7945	4315	6588
8498	8285	5465	5501	3702	4111	2603	3243	1553	2343

表2 续表 66

地区	0岁		1-4岁		5-9岁		10-14岁	
	男	女	男	女	男	女	男	女
新宁县	2484	2197	14030	12175	23955	20369	25411	22063
城步苗族自治县	1169	1069	5958	5275	9861	8843	11529	9938
武冈市	3022	2711	16193	14182	26298	22669	31752	26601
邵东市	4633	3820	24769	20941	41541	34275	49955	41189
岳阳市	**25637**	**21579**	**130945**	**114861**	**175003**	**152020**	**167623**	**144714**
岳阳楼区	3848	3234	25100	21718	34075	29340	30267	25991
云溪区	712	561	3813	3332	4929	3858	4463	3463
君山区	913	735	4939	4395	6424	5862	5750	5194
岳阳县	3582	2841	15124	12994	21682	18479	20891	17023
华容县	2435	2060	12755	11629	17025	15272	14856	13299
湘阴县	2771	2499	14895	13228	18683	15809	16601	14029
平江县	5476	4798	26242	23941	33805	31458	35646	33863
岳阳市屈原管理区	421	421	1692	1488	1919	1583	2018	1580
汨罗市	3115	2553	14611	12698	19105	16423	19138	16522
临湘市	2364	1877	11774	9438	17356	13936	17993	13750
常德市	**19528**	**17522**	**105654**	**97751**	**143340**	**132972**	**138732**	**129574**
武陵区	2622	2330	14834	13937	18696	17404	15755	14656
鼎城区	2579	2411	13607	12581	17541	16008	15058	14047
安乡县	1437	1296	7215	6694	9424	8765	10172	9561
汉寿县	3085	2798	16333	14679	22157	20132	22730	20568
澧县	2672	2276	14475	13402	21075	19555	20427	19356
临澧县	1303	1130	7437	6874	10287	9767	10404	9957
桃源县	2899	2735	16171	14958	23381	21860	23829	22132
石门县	2114	1925	11316	10608	15203	14463	14935	14269
常德市西洞庭管理区	149	127	859	798	1083	964	1039	999
津市市	668	494	3407	3220	4493	4054	4383	4029
张家界市	**6501**	**6023**	**34625**	**31446**	**48200**	**44663**	**52606**	**48348**
永定区	2323	2099	12525	11281	16320	15058	17004	15283
武陵源区	277	279	1516	1339	1802	1683	2068	1919
慈利县	2296	2169	12131	11228	16365	15365	17311	16284
桑植县	1605	1476	8453	7598	13713	12557	16223	14862
益阳市	**16472**	**15009**	**89763**	**82241**	**130870**	**119153**	**118899**	**109580**
资阳区	1356	1235	7827	7150	11818	10417	11028	9551
赫山区	2990	2702	16514	14835	23915	21642	21038	19186
南县	2190	1870	10374	9405	15048	13889	13072	12129
桃江县	2966	2669	16618	14996	24408	21883	23681	21050
安化县	3596	3380	19266	18220	29215	27254	28934	27800
益阳市大通湖管理区	330	292	1773	1640	2263	2087	2056	1878
湖南益阳高新技术产业园区	693	672	4465	3974	5715	5214	4503	4201
沅江市	2351	2189	12926	12021	18488	16767	14587	13785
郴州市	**22188**	**18455**	**121739**	**103243**	**208678**	**174404**	**235024**	**196223**
北湖区	2397	1962	15497	13036	24476	20488	24948	20992
苏仙区	1896	1571	11139	9666	17499	14778	18064	15349
桂阳县	3611	3142	17542	15089	32302	27429	38189	31834
宜章县	2955	2407	15669	13069	27246	21826	30757	25034
永兴县	2488	1962	13638	11557	24778	20660	30105	24961
嘉禾县	1616	1301	8946	7057	16427	13285	19292	15645
临武县	1572	1271	8111	6713	15624	12913	19944	16629
汝城县	1814	1482	9898	8346	16738	14122	18369	15293
桂东县	820	716	4436	4084	6093	5601	6473	5832
安仁县	1689	1526	9394	8003	16747	13581	17450	14341
资兴市	1330	1115	7469	6623	10748	9721	11433	10313
永州市	**26118**	**21729**	**140015**	**118505**	**232455**	**192958**	**264389**	**218009**
零陵区	2487	2024	13587	11285	20734	17027	24903	20392
冷水滩区	2613	2125	15091	12676	20416	16995	21582	17757
祁阳县	3568	3131	17800	15532	31291	27027	37682	32456
东安县	2217	1885	12702	11035	21677	18576	23064	19881
双牌县	684	594	3923	3446	5929	5206	6848	5824
道县	3283	2524	16756	14047	30819	24178	36269	28525
江永县	1110	993	6173	5355	10723	8905	12327	9900

单位：人

15-19岁		20-24岁		25-29岁		30-34岁		35-39岁		40-44岁	
男	女	男	女	男	女	男	女	男	女	男	女
13936	11002	7496	7117	8860	8841	21558	21211	16926	16474	13716	13327
5496	4965	3384	3515	4320	4683	9130	9067	7960	7568	7100	6665
24952	18794	14506	12298	13107	11477	21852	20399	17293	17856	16371	17178
38580	27044	25329	18096	27049	21590	40954	35988	32221	29938	28254	27313
128264	**104559**	**106270**	**93770**	**134691**	**124840**	**196871**	**197193**	**151654**	**153610**	**155432**	**154500**
30784	28707	27704	27423	28306	28382	40087	44448	33287	36668	34598	37126
4964	2947	4390	2895	4841	4156	6797	6683	5019	4612	4619	4681
4268	3518	4033	3300	5633	4805	8129	7710	6290	5669	6656	5837
13991	9936	10855	8411	15153	13409	21122	20116	16382	15986	16390	15372
10213	8588	9546	8843	12853	11631	23066	20865	14844	14833	17352	16695
14186	10589	11725	9888	17008	15075	23842	22819	17015	16283	16625	15982
24025	22005	17453	16792	22121	21825	35143	36340	27336	28128	28718	28100
1255	869	1568	1408	2037	1897	2009	2198	1786	2048	1869	2134
12734	9216	9933	7941	14527	13529	20356	20243	16899	17011	16121	16173
11844	8184	9063	6869	12212	10131	16320	15771	12796	12372	12484	12400
103366	**100023**	**91051**	**93033**	**122566**	**120769**	**191731**	**191448**	**130474**	**136703**	**156484**	**156486**
20857	26490	17514	22542	20552	22146	33672	36377	23566	26099	23969	25545
11187	10855	13669	13487	19128	17407	30468	26881	16502	15286	16037	15704
7162	6312	6735	6130	8688	8366	15694	14688	10707	10463	13147	12588
15858	13949	12853	12145	17145	16740	27532	27777	18110	18483	21418	21168
12746	11148	10697	10207	14952	14700	20397	21654	13776	15768	20679	21458
6156	5391	5260	5213	7722	7585	10371	11270	8308	9291	12614	12041
15829	13681	11766	11226	15828	15984	26215	25964	20057	20709	22651	22561
9757	8992	7988	7962	11457	11552	16458	17346	12321	14077	17453	17473
736	671	887	961	1544	1490	2220	2186	1447	1592	1542	1625
3078	2534	3682	3160	5550	4799	8704	7305	5680	4935	6974	6323
41793	**36905**	**33485**	**32545**	**36929**	**36866**	**58875**	**57966**	**44497**	**44875**	**46508**	**44954**
18326	15155	16291	15774	14274	14409	23542	23468	17470	17668	16190	15973
1718	1576	1237	1355	1826	1886	2620	2692	1957	2145	2329	2287
11282	10638	9045	8975	13250	12963	18153	17978	14304	14888	15270	15150
10467	9536	6912	6441	7579	7608	14560	13828	10766	10174	12719	11544
86054	**78998**	**67767**	**64550**	**82794**	**80932**	**156419**	**151750**	**109017**	**109216**	**112766**	**111620**
10376	9012	7049	6042	8928	8378	14869	14461	10468	9994	10741	10479
18558	19307	12739	13606	16462	16551	28832	29320	20996	21750	21978	22127
8408	7285	8266	7773	10295	9854	19428	18307	13362	12821	14950	14306
16420	13535	11257	10237	13827	12840	26162	24868	17905	18653	16467	18012
16619	15854	12001	11449	14816	14681	31294	29743	21831	21784	24502	23448
1263	1113	1468	1372	2058	2013	2977	3058	2155	2173	2171	2142
5191	4892	6218	6005	3776	4402	7342	8517	5756	6465	5497	5680
9219	8000	8769	8066	12632	12213	25515	23476	16544	15576	16460	15426
170363	**134823**	**98082**	**83853**	**102424**	**95244**	**189544**	**186778**	**165615**	**158598**	**146447**	**137495**
18455	16320	11345	11359	13730	14221	26876	29262	23746	24612	19779	19427
17394	14741	10493	11072	8697	9016	17713	19356	16494	17097	14291	14355
27487	21195	17125	13853	15655	14197	28056	26585	24987	22661	21942	19947
23735	17012	12716	9373	13734	11816	25560	23327	20387	18169	18566	16624
18332	14649	9260	7655	11241	9802	21565	19949	18730	17417	16684	14965
14277	9986	11027	7719	9742	7983	12744	11643	10607	9713	9433	8829
15147	11732	6106	4956	6288	5927	13267	12804	11522	10507	9463	8655
11902	9539	5783	4909	6926	6543	12789	12920	10872	10614	10685	9888
4419	4036	2639	2555	3333	3396	6999	6919	5159	5041	4305	4331
12112	9282	6044	5306	6667	6179	12883	12913	12386	12069	10234	9884
7103	6331	5544	5096	6411	6164	11092	11100	10725	10698	11065	10590
184786	**143172**	**112963**	**92374**	**130473**	**112061**	**196461**	**187882**	**189204**	**177144**	**155954**	**148051**
21365	23619	14240	14633	11902	11028	21881	21036	20164	19046	17925	16529
15849	11123	11429	9204	13854	12645	21891	22813	20653	21257	17326	17298
24153	18676	16499	13766	17738	15928	27286	25147	24154	23672	21781	21761
12917	10318	7852	6781	9043	8227	18800	17588	17165	16143	13287	12983
4353	3261	3226	2708	3640	3439	6560	6379	6244	5654	5205	4742
28071	19450	15798	11039	16796	12131	23079	20007	22653	19453	19129	17055
7202	5356	3856	3215	5110	4722	8138	7843	8101	7268	7239	6582

表2 续表 67

地区	45-49岁		50-54岁		55-59岁		60-64岁	
	男	女	男	女	男	女	男	女
新宁县	18397	17492	22013	22490	21166	20612	14995	13912
城步苗族自治县	9202	7896	10792	10423	9580	9421	6803	5953
武冈市	23199	22906	28132	28871	25004	26089	16566	15975
邵东市	41451	38642	46937	47252	35353	37697	25767	25512
岳阳市	**228364**	**218217**	**265493**	**262813**	**212909**	**206050**	**138048**	**128177**
岳阳楼区	48639	47955	48468	47038	36312	34486	21176	20644
云溪区	7379	6717	7701	7115	6063	5715	3549	3546
君山区	9632	8819	11405	10920	8701	8614	5674	5531
岳阳县	24213	22608	28920	29185	22991	22406	16617	15401
华容县	26489	24624	30868	30848	26041	25964	16409	16031
湘阴县	23006	23636	31294	32803	26697	26272	17746	15147
平江县	44080	39146	50510	47598	39445	36769	26642	23201
岳阳市屈原管理区	3375	3521	4508	4830	3608	3262	1916	1882
汨罗市	22221	22597	30239	30945	25293	25142	16869	15596
临湘市	19330	18594	21580	21531	17758	17420	11450	11198
常德市	**248929**	**242749**	**291608**	**289711**	**254713**	**251128**	**159054**	**150300**
武陵区	33337	33745	33583	34192	30309	31200	18536	18428
鼎城区	30922	29931	40239	39673	35352	34648	20628	18797
安乡县	21004	20095	25088	24818	22181	21470	15310	14481
汉寿县	32801	32042	37102	38166	29915	30211	19821	18417
澧县	34630	35178	41454	41948	34525	34843	22656	21875
临澧县	19429	18661	21208	20887	17758	17566	10681	10498
桃源县	35522	33996	44762	44292	41781	41111	24995	23302
石门县	27517	25957	32566	30663	29074	26942	17723	16334
常德市西洞庭管理区	2557	2921	3163	3642	2688	2589	1298	1158
津市市	11210	10223	12443	11430	11130	10548	7406	7010
张家界市	**66220**	**61011**	**74550**	**71331**	**63535**	**61648**	**36485**	**34434**
永定区	22041	20697	23601	22828	18926	18794	10641	10155
武陵源区	3175	2925	3310	2974	2522	2082	1209	1016
慈利县	24482	23352	30328	28975	27106	26315	16504	15358
桑植县	16522	14037	17311	16554	14981	14457	8131	7905
益阳市	**167817**	**162687**	**206853**	**203710**	**172626**	**171699**	**108983**	**101728**
资阳区	15627	15513	18445	18204	14954	14771	9592	8926
赫山区	30661	31119	37586	38248	31629	32318	20894	19723
南县	22868	21772	27528	27031	23440	23765	14959	13973
桃江县	26771	27668	38984	38048	31984	32086	18919	17693
安化县	34663	31648	39965	37633	33580	31766	21619	19835
益阳市大通湖管理区	3524	3602	4972	5019	4708	4521	2941	2625
湖南益阳高新技术产业园区	6391	6330	6701	6795	5738	5688	3247	3206
沅江市	27312	25035	32672	32732	26593	26784	16812	15747
郴州市	**188266**	**173732**	**197817**	**193873**	**169602**	**166751**	**126575**	**126095**
北湖区	23769	22389	23491	23643	20532	19953	14277	13687
苏仙区	17397	16396	17716	17380	16118	15745	11876	12049
桂阳县	28588	25166	29965	28182	24913	23732	19726	19379
宜章县	22597	20475	22592	21821	18982	18837	14370	14682
永兴县	21496	19328	23242	22485	19928	19736	14499	14577
嘉禾县	12989	12393	14212	14170	11511	11339	8569	8775
临武县	11816	10138	13316	12742	10813	10372	8120	8188
汝城县	14075	13388	14460	14335	12137	12959	8924	8809
桂东县	7058	6930	7372	7731	6607	6448	4172	3835
安仁县	13884	13645	14672	15329	12945	13291	11219	11185
资兴市	14597	13484	16779	16055	15116	14339	10823	10929
永州市	**199845**	**187613**	**223170**	**219127**	**188815**	**187942**	**142098**	**135182**
零陵区	21514	19458	24171	23703	20377	19643	14550	13762
冷水滩区	22732	22193	24807	24535	20763	19847	13074	12387
祁阳县	31144	30809	35339	36846	28972	30851	21378	20005
东安县	18724	17187	22447	21519	19484	19180	15663	15022
双牌县	7012	6008	7413	6900	6056	5829	4144	3954
道县	22272	20248	23061	22429	18870	19265	15379	14890
江永县	8948	7943	10033	9527	8337	7986	6336	6180

单位：人

65-69岁		70-74岁		75-79岁		80-84岁		85岁及以上	
男	女	男	女	男	女	男	女	男	女
15339	14973	9994	9859	6349	6918	4359	5241	2690	3830
5824	5840	3852	4028	2255	2913	1500	1917	834	1383
18752	18688	13528	13407	8853	9212	5770	6584	3603	5531
30067	30525	22823	22759	13562	13596	9137	11033	4969	7855
139801	**137155**	**105593**	**106720**	**62442**	**64319**	**38691**	**45418**	**22890**	**34786**
20026	20779	13803	14534	8288	8297	5168	5864	3487	4344
3890	4767	3538	3616	2236	1932	1156	1416	670	916
5407	5592	4169	4484	2952	3271	1728	2183	979	1513
17037	16906	12728	12930	6557	6974	4334	5067	2778	4497
16184	15276	13942	13951	9023	9404	5441	6618	3049	4978
17915	16052	13901	13154	8947	8589	5546	5922	3313	4492
26315	24867	19599	19498	11959	12648	7058	8853	3618	6091
2196	2440	1634	1928	979	1179	653	651	327	432
18363	17841	13695	13479	6655	6638	4412	5024	2651	4217
12468	12635	8584	9146	4846	5387	3195	3820	2018	3306
181252	**179785**	**140637**	**143431**	**83262**	**88136**	**52603**	**63202**	**31426**	**47969**
18639	19845	12990	13505	7463	8310	4488	5649	2865	4323
23824	23745	18609	19524	11657	12562	7375	8849	4416	6999
13268	12482	12697	12881	8033	8443	5199	6215	3412	5091
20567	19898	17355	17210	10887	11034	6861	7964	3895	6443
27741	28138	22477	23636	11858	13091	7062	8853	4131	6411
14351	14562	10786	11264	6014	6552	3705	4616	2363	3761
32194	31136	22844	22024	13724	13867	9188	10720	5354	7972
21519	21022	16052	16298	9434	9723	6129	6981	3311	4543
1050	1098	718	940	495	806	520	708	336	286
8099	7859	6109	6149	3697	3748	2076	2647	1343	2140
47084	**46799**	**36056**	**35512**	**22599**	**23601**	**13249**	**15698**	**7700**	**10905**
12560	13197	9857	9886	5946	6221	3384	3815	1951	2662
1329	1306	1073	928	620	612	329	401	236	299
21478	21113	15864	15675	9836	10446	5778	7071	3121	4646
11717	11183	9262	9023	6197	6322	3758	4411	2392	3298
115031	**109920**	**90447**	**87915**	**58356**	**58855**	**38731**	**43847**	**24358**	**34131**
10617	10214	8042	7882	4987	5161	3169	3814	2092	3216
22255	21322	16958	16203	10842	10479	6675	7673	4258	5989
14402	13565	12977	13429	8862	8906	5315	6111	2767	4565
22293	21566	17195	16250	10485	10405	7493	8016	4942	6344
24296	22786	17544	16741	11303	11412	8646	9368	5487	6990
2300	2392	1753	1949	1251	1573	890	1343	665	790
3141	3051	2157	2063	1283	1341	786	905	516	671
15727	15024	13821	13398	9343	9578	5757	6617	3631	5566
113080	**118030**	**68046**	**70971**	**41441**	**46705**	**29445**	**37645**	**19873**	**29967**
11155	11425	6353	6287	3753	4349	2918	3448	1975	2446
10207	10598	5722	6078	3525	3993	2629	3355	1805	2566
16653	17537	10154	10954	6088	7383	4355	6293	2632	4844
11927	12573	7333	7414	4940	5706	3341	4277	2373	3748
14574	15447	8503	9242	5202	5655	3544	4492	2470	3714
7730	8225	4661	5158	3096	3705	2329	3022	1525	2488
7526	7473	4465	4482	2798	3316	1990	2539	1498	2244
8826	9395	5897	5909	3896	3762	2243	2608	1458	2104
4476	4339	3035	2999	1952	2149	1283	1427	867	1089
10438	10668	5756	6113	2334	2546	2283	2788	1694	2447
9568	10350	6167	6335	3857	4141	2530	3396	1576	2277
144222	**147573**	**95293**	**95553**	**61589**	**63613**	**41036**	**49881**	**24367**	**38202**
14907	15886	10159	10321	6293	6433	4608	5391	2437	4136
13121	14432	7870	8800	5833	5838	4268	4784	2538	3606
25362	25097	17729	17656	11018	10761	7983	9026	5259	7656
15565	15698	9686	9883	6382	6571	4251	5175	2244	3563
4146	4091	2800	2833	1880	1846	1150	1491	674	1048
16219	17429	11022	9921	6899	6293	4162	5018	2710	4126
5659	5943	3580	3908	2251	2583	1558	2160	923	1649

表2 续表 68

地区	0岁		1-4岁		5-9岁		10-14岁	
	男	女	男	女	男	女	男	女
宁远县	3348	2720	18790	15286	31943	24997	37717	29096
蓝山县	1866	1573	9511	7936	15563	13148	18044	15130
新田县	1890	1511	10215	8527	17312	14749	19090	16013
江华瑶族自治县	2576	2266	12898	11281	22180	18884	21781	18861
永州经济技术开发区	237	166	1302	1063	1797	1489	2407	1883
永州市金洞管理区	187	179	915	783	1655	1408	2204	1945
永州市回龙圩管理区	52	38	352	253	416	369	471	346
怀化市	**21632**	**19209**	**121428**	**106476**	**181101**	**153979**	**175414**	**149507**
鹤城区	3188	2895	21010	18383	29263	24511	25660	21386
中方县	1190	981	6054	5330	9067	7510	8081	6784
沅陵县	2356	2166	13053	11325	17467	15246	19235	16518
辰溪县	2126	1944	12125	10356	16716	14137	15446	13368
溆浦县	3612	3018	20549	17944	33874	29014	34129	29738
会同县	1398	1198	7936	6903	11846	9712	12118	9673
麻阳苗族自治县	1625	1526	8186	7281	13520	11134	12786	10474
新晃侗族自治县	1098	883	5556	4733	8815	7087	9166	7169
芷江侗族自治县	1343	1237	7083	6461	10335	9416	10650	9599
靖州苗族侗族自治县	1134	996	6090	5268	10050	8114	9058	7397
通道侗族自治县	884	844	5007	4237	8162	7249	7839	7025
怀化市洪江管理区	169	167	979	894	1165	1136	1160	1141
洪江市	1509	1354	7800	7361	10821	9713	10086	9235
娄底市	**19768**	**17176**	**106470**	**92785**	**173713**	**149008**	**163986**	**138437**
娄星区	3315	2872	20826	17831	31397	26304	28558	23895
双峰县	3347	2929	17861	15506	28025	24041	29218	24183
新化县	6896	5944	36272	32063	63505	56207	57539	50314
冷水江市	1390	1214	8533	7414	15845	13247	15587	12702
涟源市	4820	4217	22978	19971	34941	29209	33084	27343
湘西土家族苗族自治州	**12890**	**11325**	**66919**	**59539**	**101462**	**90947**	**97664**	**88688**
吉首市	1992	1761	10997	9836	14111	12852	12585	11571
泸溪县	1290	1178	6827	6163	10144	9217	9281	8648
凤凰县	1859	1751	10135	9034	15438	13838	14101	12891
花垣县	1146	996	6068	5613	10331	9539	11244	10440
保靖县	1130	1072	5454	5066	8573	7820	8939	8288
古丈县	509	453	2546	2282	3794	3454	3848	3337
永顺县	2281	1853	11400	9746	17697	15326	17599	15423
龙山县	2683	2261	13492	11799	21374	18901	20067	18090
广东省	**691738**	**599010**	**3575143**	**3126704**	**4597464**	**3964896**	**3884271**	**3310656**
广州市	**86581**	**75053**	**457549**	**399640**	**486117**	**410733**	**367286**	**307230**
荔湾区	4502	3973	27875	24579	30445	26492	25674	22067
越秀区	4040	3578	21205	18915	26841	23243	23410	20476
海珠区	6420	5656	33747	29732	38098	33052	31924	27218
天河区	8325	7232	44187	38356	48134	41354	38632	33233
白云区	16514	14241	79496	69262	82109	67840	62352	50181
黄埔区	7426	6543	38072	33549	36318	30542	23615	19208
番禺区	12121	10479	64028	56207	65366	56579	48488	41157
花都区	7920	6951	47714	40490	53788	43742	39591	32139
南沙区	5114	4321	24479	22001	23264	19987	16101	13976
从化区	4416	3849	23547	20918	28581	23848	19692	16658
增城区	9783	8230	53199	45631	53173	44054	37807	30917
韶关市	**16552**	**15038**	**87434**	**77429**	**121137**	**104210**	**104542**	**90275**
武江区	1915	1733	10554	9331	14057	12238	12219	10774
浈江区	1591	1400	8891	7905	11489	10026	10252	8971
曲江区	1560	1297	8185	7326	10842	9537	10444	9240
始兴县	1304	1167	6634	5842	8988	7349	7210	6251
仁化县	1028	1001	5574	5151	8295	7253	7240	6269
翁源县	2332	2173	12073	10664	16105	13730	12161	10501
乳源瑶族自治县	1270	1152	6376	5759	8836	7702	7045	6388
新丰县	1154	1053	6216	5190	8911	7852	7787	6641
乐昌市	2318	2128	12110	10782	18645	16070	16374	13835
南雄市	2080	1934	10821	9479	14969	12453	13810	11405

单位：人

15-19岁		20-24岁		25-29岁		30-34岁		35-39岁		40-44岁	
男	女	男	女	男	女	男	女	男	女	男	女
29144	19139	14584	10693	18365	14246	23446	22700	23390	22004	19980	19086
12243	8953	7869	6036	8025	7009	11825	11500	11910	11013	9235	8777
12325	9410	6525	5151	9410	8174	12612	12324	14879	13219	8728	8360
13329	11112	9207	7599	14222	12342	17331	16833	16465	14961	13152	12091
2278	1603	848	687	1239	1151	2041	2061	1821	1802	1524	1401
1312	986	857	710	867	759	1170	1242	1252	1286	1105	1093
245	166	173	152	262	260	401	409	353	366	338	293
122980	**103966**	**90418**	**86094**	**104660**	**99714**	**185183**	**175344**	**147029**	**138455**	**136018**	**126408**
25470	23243	20333	23163	18227	19994	33404	36375	26721	28078	23475	23559
5735	6822	4454	3916	5247	4830	10931	10014	7808	7058	6752	6036
12138	10213	8387	7688	10802	10391	18406	17258	15344	14026	16598	14489
9574	7270	6546	5703	9827	8679	16805	15232	13597	12065	12574	10975
18548	15819	12397	11669	14969	14485	28927	27185	21216	20466	23878	22222
7619	5884	5082	4437	5834	5386	10454	9662	8864	8283	8358	7542
8627	6846	6538	5892	8075	7240	12004	11210	9693	9026	8052	7845
6645	4641	4461	3431	5381	4507	9321	7469	8263	6491	6541	5428
9019	7497	6704	6021	7951	7146	11140	9830	7875	8059	7711	7747
6105	4676	4365	3929	4984	4812	11159	10358	8466	7697	7118	6340
5336	4428	3638	3357	4183	3948	8987	8156	8080	6689	5676	4868
1000	816	1003	960	1349	1185	1670	1671	1619	1564	1499	1588
7164	5811	6510	5928	7831	7111	11975	10924	9483	8953	7786	7769
116525	**93271**	**85553**	**74078**	**93008**	**84716**	**150763**	**148452**	**120807**	**119694**	**118202**	**114754**
28250	26597	21511	20560	18339	18885	30141	33953	26098	28476	24764	25336
19765	14400	12764	10649	14264	12962	25851	24410	19148	19330	19825	19573
31964	24598	20936	19133	27669	25515	47876	46607	37337	36669	38338	36250
10480	8496	5582	4906	6047	5970	12757	13399	10100	10368	9895	10543
26066	19180	24760	18830	26689	21384	34138	30083	28124	24851	25380	23052
74802	**66604**	**64667**	**59732**	**86490**	**79588**	**102396**	**92992**	**78485**	**71833**	**75505**	**67790**
14936	14191	13105	14276	13809	14113	19028	19008	14472	14532	13806	13302
6588	6045	6317	5575	9079	8185	9780	8327	6912	6143	5637	5286
10251	9068	8466	7628	13191	12209	14204	12738	12138	10533	11751	9380
7276	6515	6613	5539	9302	8312	9475	8895	8060	7405	7955	6977
6898	6213	5552	5067	7755	6769	9825	8191	6939	6205	7500	6543
2713	2386	2317	2036	3504	3152	4691	3945	3323	2825	3387	2936
13684	11375	10515	8641	12905	11327	15942	13967	12119	10652	12110	11143
12456	10811	11782	10970	16945	15521	19451	17921	14522	13538	13359	12223
3556607	**2778628**	**5260488**	**4139074**	**6549206**	**5352699**	**7173902**	**6009716**	**5950175**	**5129044**	**4785408**	**4237650**
544642	**438194**	**1018596**	**896396**	**1110255**	**942804**	**1188099**	**996187**	**941267**	**814228**	**728273**	**643693**
27565	22449	43850	37834	58661	53755	63096	57687	52396	49876	42913	41804
20363	17985	34044	32331	39685	39894	41641	43334	39110	45394	36347	41173
38771	33756	70971	71049	89283	82705	105293	98216	84994	82671	70131	70065
79083	70200	189043	172989	178263	151250	138051	112753	93678	84954	74599	70435
132815	98724	237377	222833	253992	216397	264904	206487	200026	157472	151416	126059
28482	21269	69673	50703	89794	68923	104985	80086	75170	56894	51386	39354
71053	62343	158489	142676	168532	141002	185861	155597	147774	126207	111907	96211
49447	38048	71857	58328	85501	68760	112487	94622	97924	81845	72396	59590
17888	11686	36506	21635	51345	35732	62193	47059	47943	36418	37079	27589
35139	26514	44594	34702	26801	23989	28505	26827	27474	26492	23452	22493
44036	35220	62192	51316	68398	60397	81083	73519	74778	66005	56647	48920
75175	**64846**	**64623**	**54945**	**80671**	**73219**	**96545**	**95210**	**94314**	**94220**	**93888**	**94032**
10877	10218	8484	7900	11870	11545	14815	15387	14236	15328	13961	14652
14972	12595	13575	12928	11846	9470	14169	12089	12984	11728	12854	11511
7813	6503	8044	5690	8092	7181	9893	9526	9775	9671	10426	10221
4100	3745	3377	2966	4753	4574	5737	6170	6299	6477	5651	6073
3795	3207	2889	2416	4482	4211	6189	6227	5872	5869	6104	5972
7062	6105	5841	4903	10125	9649	10499	10606	9447	9607	8515	9099
4294	3857	3713	3171	5396	5159	6375	6247	7008	6956	7417	6770
4305	3652	4614	3489	5765	4954	6712	6756	7260	7048	5913	5895
9377	7498	7048	5410	9398	8503	11710	11630	11382	11425	12245	12345
8580	7466	7038	6072	8944	7973	10446	10572	10051	10111	10802	11494

表2 续表 69

地区	45-49岁		50-54岁		55-59岁		60-64岁	
	男	女	男	女	男	女	男	女
宁远县	24590	24173	27704	27583	22824	22987	18728	16988
蓝山县	11719	11039	12949	12609	11451	11267	9095	8592
新田县	10179	9759	12081	12237	12422	12036	9916	9747
江华瑶族自治县	16721	15077	18297	17095	15502	15765	11523	11394
永州经济技术开发区	2060	1772	2233	1860	1743	1498	1012	978
永州市金洞管理区	1800	1568	2154	1790	1631	1474	1031	1002
永州市回龙圩管理区	430	379	481	494	383	314	269	281
怀化市	**200555**	**182176**	**221022**	**214906**	**179760**	**176902**	**122407**	**116332**
鹤城区	30976	30502	30789	30430	24048	23651	13516	13714
中方县	10777	8699	11534	10154	9019	8338	5877	5919
沅陵县	23825	20123	26112	24573	21602	20442	12220	11081
辰溪县	17584	15595	18873	18670	14339	14432	11369	10811
溆浦县	32176	28875	35491	35255	27095	26930	21961	20508
会同县	12909	11696	14902	14805	12393	12509	7938	7785
麻阳苗族自治县	13297	12249	13826	14113	11695	11627	8331	8214
新晃侗族自治县	8238	7641	10453	9772	9315	9224	6491	5954
芷江侗族自治县	13126	12665	15319	14959	13887	13756	9550	8469
靖州苗族侗族自治县	10491	9109	11421	11191	9420	9487	6327	6174
通道侗族自治县	9364	7980	9953	9165	8215	7832	5396	5100
怀化市洪江管理区	2636	2762	3426	3443	2862	3059	2258	2159
洪江市	15156	14280	18923	18376	15870	15615	11173	10444
娄底市	**152990**	**144617**	**167530**	**174840**	**130674**	**136223**	**87017**	**86079**
娄星区	30818	30948	31838	33200	24477	25665	14418	14632
双峰县	28379	26830	33597	35393	24125	27191	15187	15858
新化县	47780	42839	50199	51873	39409	39656	27811	26219
冷水江市	15339	15167	15338	15666	11461	11694	7316	8324
涟源市	30674	28833	36558	38708	31202	32017	22285	21046
湘西土家族苗族自治州	**102233**	**90256**	**104766**	**101621**	**83515**	**82977**	**49041**	**49196**
吉首市	17198	15925	16498	16187	13377	13157	7066	7175
泸溪县	9529	8246	9584	9512	8346	8422	5660	5614
凤凰县	14198	12005	13935	13385	10698	10574	7458	7632
花垣县	10328	8882	10804	9944	7745	7744	4259	4308
保靖县	10740	9081	11236	10077	8538	8079	4822	4284
古丈县	5102	4323	5431	5142	4239	3828	2163	1982
永顺县	17273	15354	17314	17391	14396	14441	7494	7899
龙山县	17865	16440	19964	19983	16176	16732	10119	10302
广东省	**5096764**	**4723442**	**4653924**	**4312663**	**3605405**	**3382767**	**2393321**	**2358745**
广州市	**773438**	**695790**	**652005**	**593699**	**506867**	**471385**	**330993**	**339272**
荔湾区	47688	47247	45431	45312	45946	43865	38505	37634
越秀区	40111	42934	36754	39086	38191	37477	31579	34518
海珠区	75888	75158	67052	66765	60809	59375	47313	49192
天河区	78127	71903	66193	61316	50829	46032	29533	31135
白云区	159976	140170	131567	115629	92749	80047	54062	50418
黄埔区	52441	40643	42566	33594	29711	27174	17618	18450
番禺区	117144	102798	89837	80545	60180	58763	34917	38812
花都区	72475	62106	58556	50970	40731	37550	23237	24298
南沙区	43520	34418	36556	29662	25247	22650	14474	14630
从化区	25991	24964	24917	23205	20770	19509	12944	13044
增城区	60077	53449	52576	47615	41704	38943	26811	27141
韶关市	**118433**	**118536**	**133859**	**130048**	**119318**	**111920**	**76412**	**73811**
武江区	16218	17021	16133	15619	13897	13165	8912	9060
浈江区	14680	14185	15403	14984	14341	13286	9378	9230
曲江区	13527	12511	14535	13065	12110	10906	7336	7042
始兴县	8099	9064	10168	10597	9300	9323	4687	4531
仁化县	8342	7887	10042	9185	8837	7807	4613	4577
翁源县	12291	13108	15418	15594	13681	12532	9880	8052
乳源瑶族自治县	7875	7009	8191	7171	7101	6520	4907	4941
新丰县	6958	7166	8931	8573	8095	7432	6007	5731
乐昌市	15560	15124	17122	16929	16211	15384	11336	11467
南雄市	14883	15461	17916	18331	15745	15565	9356	9180

单位：人

65-69岁		70-74岁		75-79岁		80-84岁		85岁及以上	
男	女	男	女	男	女	男	女	男	女
19119	18069	12882	11978	8541	8903	4881	6066	2900	4531
8510	8371	5256	5592	3576	4196	2171	2973	1186	2191
8615	8857	5719	5815	3289	3937	2186	2940	1310	2126
10652	11024	7069	7103	4620	5132	3082	3936	1828	3004
928	1057	508	672	397	447	319	410	182	235
1174	1341	863	932	498	573	341	411	131	245
245	278	150	139	112	100	76	100	45	86
131419	**131123**	**98088**	**98275**	**58955**	**63141**	**40262**	**48599**	**23486**	**35171**
12821	13917	9013	8901	4982	5249	3263	3763	2126	2585
6596	6883	5208	5315	3250	3209	2255	2498	1314	1933
16760	16229	13892	13121	8218	8313	5645	6658	3254	4880
12282	12639	9576	9745	5939	6416	3691	4618	2253	3681
23030	22663	16733	16706	10082	10914	7165	8202	4338	6014
8379	8564	6246	6763	3916	4445	2688	3598	1201	2141
9788	9545	6972	6978	4120	4324	2702	3371	1738	2835
6359	6237	4969	4687	3122	3346	2216	2637	1307	1721
10216	9582	7542	7044	4139	4288	2807	3262	1714	2512
5657	5813	4053	4365	2501	3019	1649	2459	869	1517
5384	5222	3787	4197	2421	2817	1584	2054	759	1224
2144	2170	1496	1510	835	1015	615	848	321	710
12003	11659	8601	8943	5430	5786	3982	4631	2292	3418
100361	**103736**	**77004**	**77669**	**46852**	**48295**	**31570**	**35951**	**17758**	**26664**
16232	16884	11922	12326	7264	7487	4712	5378	2733	3688
21967	23229	17183	17255	9917	9044	6503	7300	3511	5397
29869	29407	23165	22913	14349	14793	9937	10810	5653	8224
7437	8979	5870	6329	3572	4081	2499	2854	1400	2111
24856	25237	18864	18846	11750	12890	7919	9609	4461	7244
64678	**64785**	**52044**	**53107**	**30590**	**33633**	**19886**	**24686**	**12084**	**18689**
8418	8839	6597	6698	3865	4338	2508	2942	1563	2178
6885	6899	5264	5361	3153	3551	2201	2803	1258	2027
8723	8917	7198	7548	4367	4870	2474	2926	1698	2409
6378	6389	4995	5130	3226	3685	1920	2417	1333	2050
7279	6859	5866	6023	3541	3803	2256	2753	1439	2317
3200	3019	2787	2594	1845	1712	1107	1351	608	927
11383	11516	9406	9395	5042	5231	3835	4659	2280	3456
12412	12347	9931	10358	5551	6443	3585	4835	1905	3325
2028352	**2116493**	**1313194**	**1340246**	**803478**	**884950**	**550340**	**687928**	**404466**	**683553**
274257	**301635**	**170902**	**188114**	**98858**	**116404**	**73162**	**92107**	**56858**	**88036**
30991	31269	19792	19477	11635	11935	9072	12120	9215	13678
27340	31035	17430	19378	10460	13361	9830	13386	9387	13377
38615	42547	24902	27173	14061	16436	11584	15190	9220	14005
24237	27302	15111	16790	9125	11174	8213	8706	5390	5959
41607	44125	25113	28167	13548	16506	9113	11363	6813	11521
13641	15027	8210	9541	4821	5781	3462	4086	2315	3374
29739	34542	18071	21241	10316	12796	6828	8538	4228	7025
21233	24775	13512	15501	7646	8593	4548	5183	2893	5413
12916	13769	7125	8516	4398	5456	2431	3565	1549	3386
11725	13409	7631	8189	4676	5304	2898	3755	2168	4094
22213	23835	14005	14141	8172	9062	5183	6215	3680	6204
66703	**69877**	**42777**	**47122**	**28250**	**35308**	**19432**	**27959**	**12476**	**24585**
7523	8248	4937	5318	2903	3666	2260	2934	1459	2319
7982	8527	5434	6290	3671	4618	3057	3560	1790	2657
6187	6963	4674	5031	2902	3667	1900	2863	1321	2649
4856	5451	3100	3411	1854	2339	1333	2288	831	2161
4542	4923	2894	3244	1925	2342	1253	1908	877	1767
7984	6671	4399	4674	3325	4244	1960	3226	1181	3065
3794	4300	2512	2805	1642	2231	1197	1761	822	1606
4666	4108	2688	2848	2191	2590	1367	1948	1026	1938
9852	10900	6329	6903	4248	4954	2674	3625	1717	2930
9317	9786	5810	6598	3589	4657	2431	3846	1452	3493

表2 续表 70

地区	0岁		1-4岁		5-9岁		10-14岁	
	男	女	男	女	男	女	男	女
深圳市	**87679**	**77448**	**438879**	**384106**	**517563**	**436677**	**383582**	**312178**
罗湖区	5452	4839	28898	25048	38299	32577	31957	26887
福田区	7583	6612	38026	33459	48528	42069	38002	33265
南山区	8513	7359	41763	37025	51590	44887	40042	34120
宝安区	21672	18974	103380	89417	120616	99959	89295	70774
龙岗区	22251	19986	117371	102846	134528	113454	98044	79317
盐田区	974	913	5354	4714	6756	5746	5888	4605
龙华区	13171	11704	65369	57650	70723	59755	46392	37179
坪山区	2868	2487	14429	12647	18050	14917	13376	10361
光明区	5195	4574	24289	21300	28473	23313	20586	15670
珠海市	**11832**	**10535**	**63518**	**56340**	**72073**	**62691**	**59713**	**50767**
香洲区	6052	5461	33641	29512	39568	34702	34061	29280
斗门区	3673	3196	18402	16924	19853	17255	15991	13472
金湾区	2107	1878	11475	9904	12652	10734	9661	8015
汕头市	**33405**	**29749**	**166606**	**151323**	**231882**	**214269**	**207298**	**191497**
龙湖区	2909	2667	17009	15426	21816	20181	20151	17778
金平区	3463	3255	17135	15941	23049	21333	22517	20398
濠江区	1577	1483	7730	7170	11040	10483	9828	9319
潮阳区	12467	10763	57666	52174	81411	75252	69158	64550
潮南区	9042	7882	44918	39844	63909	58894	56186	52029
澄海区	3585	3367	20449	19129	28660	26210	27975	25896
南澳县	362	332	1699	1639	1997	1916	1483	1527
佛山市	**44078**	**38390**	**244435**	**212114**	**274604**	**228268**	**215489**	**177322**
禅城区	6729	5870	33503	29100	34996	29471	26536	21754
南海区	17000	14879	96649	83789	107908	89713	80438	67089
顺德区	13902	12166	78863	69503	92714	78302	76837	62515
三水区	4024	3462	21225	18322	23685	18940	18853	15704
高明区	2423	2013	14195	11400	15301	11842	12825	10260
江门市	**20750**	**18999**	**116368**	**105164**	**142486**	**125548**	**127708**	**111477**
蓬江区	3799	3550	22013	20005	25103	22067	21949	18827
江海区	1689	1526	9198	8439	11092	9707	9152	7970
新会区	3928	3610	22592	20188	27028	24224	23777	21064
台山市	3616	3232	19356	17377	23781	21258	22587	20358
开平市	3056	2811	17924	16402	22930	20431	20890	18739
鹤山市	2251	2092	13287	11720	17585	14732	15653	12982
恩平市	2411	2178	11998	11033	14967	13129	13700	11537
湛江市	**54293**	**45831**	**268103**	**232599**	**361721**	**313305**	**297163**	**247607**
赤坎区	2175	1950	13433	11496	17692	15065	14126	11305
霞山区	3866	3244	21712	18280	29300	24055	24336	19045
坡头区	2878	2429	14060	12179	18007	16074	11893	9841
麻章区	3583	2986	18287	15680	24407	21668	18927	16041
遂溪县	6920	6048	31354	27998	41385	36834	33799	28905
徐闻县	4757	4004	23988	21117	34073	29766	28237	23666
廉江市	11487	9511	54516	46981	76849	66047	64768	53274
雷州市	11052	9145	55511	48319	72296	62191	62036	53211
吴川市	7575	6514	35242	30549	47712	41605	39041	32319
茂名市	**47719**	**39629**	**228955**	**194078**	**332979**	**284409**	**296573**	**246761**
茂南区	6584	5407	35315	30061	47902	40242	42107	34509
电白区	12101	9957	58395	49184	81381	69606	68100	57932
高州市	10139	8252	46567	39183	68999	59406	61927	51181
化州市	11197	9566	49769	42373	76500	65667	70859	59446
信宜市	7698	6447	38909	33277	58197	49488	53580	43693
肇庆市	**25205**	**21019**	**126117**	**105562**	**180949**	**148610**	**166833**	**137138**
端州区	3482	2939	17751	14715	22284	18072	17957	14722
鼎湖区	1304	1067	6804	5365	8363	6444	6199	5176
高要区	4038	3428	21522	17954	31015	24600	28675	22158
广宁县	2252	1829	11619	9876	18281	15400	19123	16346
怀集县	6623	5451	30643	25374	44773	36583	40947	33054
封开县	2133	1909	11592	10335	17015	15304	16446	14609
德庆县	2326	1917	9323	8056	14912	13145	15352	13823
四会市	3047	2479	16863	13887	24306	19062	22134	17250

单位：人

15-19岁		20-24岁		25-29岁		30-34岁		35-39岁		40-44岁	
男	女	男	女	男	女	男	女	男	女	男	女
382938	**263855**	**950940**	**743953**	**1378550**	**1092706**	**1504510**	**1152552**	**1113921**	**875563**	**788881**	**626851**
24324	18972	46816	46231	64552	66254	66211	66454	58408	59946	49747	47371
34498	23982	75986	63319	105264	96963	95968	88741	77032	77346	63423	61394
42985	34215	100407	80782	132000	110494	120898	102317	96561	87621	77795	69320
96531	62549	263488	197790	394204	293139	441812	318973	312589	227352	209622	157775
85552	59891	204259	170642	295932	246666	332885	269873	264157	211243	189767	150269
6314	5205	8895	6361	11637	9314	12795	10845	12037	10423	10276	8794
50004	32494	161846	120958	243318	180238	268458	182548	172116	120259	104523	74436
16051	9295	27592	16685	40381	27458	49605	35936	38648	27822	27558	19371
26679	17252	61651	41185	91262	62180	115878	76865	82373	53551	56170	38121
69011	**56883**	**121226**	**100212**	**130505**	**104027**	**152206**	**125217**	**124992**	**107562**	**99859**	**88618**
38744	32676	71020	59763	74221	62150	82484	70936	67375	62186	56958	54347
12710	8797	20996	14386	32830	25603	39951	32444	33033	27270	24549	20740
17557	15410	29210	26063	23454	16274	29771	21837	24584	18106	18352	13531
167763	**152390**	**198484**	**179446**	**241064**	**226970**	**231041**	**218855**	**196676**	**195121**	**160649**	**165259**
15705	15366	19000	16856	27112	26688	28685	28034	25821	26072	22818	23725
17755	16655	21986	20319	28925	29355	30462	30510	26698	28472	23826	26625
13581	9745	10668	8663	11184	10766	10392	10546	9053	9429	7487	7838
57420	52732	69002	64430	77268	72027	65461	62469	52927	53367	41570	44388
41726	39185	50956	47108	58179	53381	49537	45490	41873	40129	30676	30767
20776	17975	25898	21084	35887	32459	43779	39332	37950	35552	32408	30034
800	732	974	986	2509	2294	2725	2474	2354	2100	1864	1882
244972	**172428**	**406382**	**280900**	**516056**	**393073**	**620735**	**501540**	**537057**	**442572**	**445961**	**372277**
28100	21185	54311	43970	73484	62308	84784	73330	70747	60959	56253	50277
93695	65023	162997	110173	205144	157679	249426	202818	214597	175215	172499	141239
87637	59176	138713	92299	178198	129718	215123	167912	185922	151856	157424	131865
24060	18359	34855	24048	39126	27868	46706	36698	41256	32884	37557	29738
11480	8685	15506	10410	20104	15500	24696	20782	24535	21658	22228	19158
119488	**97738**	**144397**	**108911**	**187791**	**158558**	**230806**	**206527**	**203292**	**184454**	**184196**	**171067**
26748	20455	36251	27368	33119	28586	41527	38503	37984	36128	35915	33859
11217	11456	14214	9990	17614	13689	21656	18211	18734	15736	15601	13532
21234	17120	24306	18285	35165	29710	43193	37750	39060	34645	34285	31080
19525	16336	20851	16735	32874	27609	39022	35499	32593	30477	31352	30316
18251	15475	19530	15873	27034	24431	34224	32372	29665	28685	25743	25105
12347	9364	14938	10341	21210	17332	27690	23923	26760	23238	24483	21369
10166	7532	14307	10319	20775	17201	23494	20269	18496	15545	16817	15806
204051	**156452**	**239508**	**187396**	**274689**	**234527**	**280052**	**262566**	**233778**	**219029**	**200357**	**194177**
12599	13458	14187	18445	14416	14327	17740	19256	15603	16891	14135	15274
20720	15516	19405	15736	23037	23540	27792	30232	24996	26968	23856	25804
6196	4521	10116	6825	15357	12531	17935	15956	13515	11402	9852	8627
26701	23091	30056	26948	22560	17584	22179	19197	18563	15805	14642	12820
20014	15661	25894	20025	32480	27230	31856	28195	26030	23489	22801	21775
13690	9940	16504	11973	22668	19567	24569	22558	21190	20320	18803	17762
38209	27380	44691	32128	51080	41361	51708	46992	43205	37921	36221	33291
39190	28496	45849	34396	52696	44705	48113	44090	41891	38986	35848	35461
26732	18389	32806	20920	40395	33682	38160	36090	28785	27247	24199	23363
231844	**171233**	**194494**	**139101**	**233455**	**199121**	**224591**	**213897**	**184343**	**176518**	**160698**	**159376**
40408	29670	38821	31225	41915	37899	43088	41641	35111	34493	31177	31558
49554	37540	50267	33639	61548	51420	59864	55870	52251	46377	43685	40376
55266	39894	36869	25630	47548	40026	43382	41375	33545	33164	28415	30012
48326	35172	40126	27375	48369	39542	46444	42942	37934	35516	32878	30840
38290	28957	28411	21232	34075	30234	31813	32069	25502	26968	24543	26590
140600	**111830**	**133304**	**103989**	**147533**	**126908**	**160022**	**147029**	**151044**	**138142**	**126533**	**120648**
34723	26574	20081	19164	17933	18255	22953	25390	21861	24185	20183	22089
8021	7469	7977	6388	8667	7527	10150	8959	8698	7179	6650	5492
21064	14582	27638	18795	29618	24734	30845	27463	28211	24369	22309	20300
9803	7746	9266	6466	11304	9521	12893	12934	14946	13993	11884	11756
27690	24859	27458	23776	29194	26502	26462	24563	24839	22910	20843	20238
11538	10357	11130	9105	12370	10163	11535	9977	10057	9355	9449	9367
8938	7897	8494	6990	10111	9052	10442	9944	10376	10044	9018	9428
18823	12346	21260	13305	28336	21154	34742	27799	32056	26107	26197	21978

表2 续表 71

地区	45-49岁		50-54岁		55-59岁		60-64岁	
	男	女	男	女	男	女	男	女
深圳市	**724232**	**600720**	**567030**	**476077**	**352784**	**328396**	**178559**	**194305**
罗湖区	49621	46114	42117	39313	30355	29045	17163	18303
福田区	63714	61221	54708	52959	39618	38584	22076	23918
南山区	78272	67176	64734	55626	41100	38444	21407	24876
宝安区	180541	145412	133564	108667	76530	70300	35548	38172
龙岗区	178420	148941	139460	114973	85337	79498	43698	48088
盐田区	11165	9446	9881	7699	6695	5225	3099	3179
龙华区	85284	66440	63877	55269	40071	41376	21715	24424
坪山区	26298	19012	20519	14254	11916	9328	5392	5327
光明区	50917	36958	38170	27317	21162	16596	8461	8018
珠海市	**110852**	**98545**	**97698**	**84289**	**72109**	**64292**	**41682**	**40443**
香洲区	65528	60128	56982	49260	41420	35970	21814	21770
斗门区	25740	23328	23493	22127	18799	18123	12499	11727
金湾区	19584	15089	17223	12902	11890	10199	7369	6946
汕头市	**186986**	**198014**	**185636**	**190103**	**165071**	**162839**	**134381**	**132202**
龙湖区	27423	28059	25292	24811	21309	19728	15351	14909
金平区	30166	33134	29946	32577	30857	32075	25758	26454
濠江区	8412	9278	8563	8497	7381	7039	6815	6645
潮阳区	48714	54978	49802	53457	40574	41839	35356	33723
潮南区	35115	36457	35860	35689	29646	28895	25105	23975
澄海区	34701	33634	33346	32330	32115	30271	23631	24034
南澳县	2455	2474	2827	2742	3189	2992	2365	2462
佛山市	**484538**	**412031**	**402722**	**332243**	**267465**	**231571**	**148195**	**153036**
禅城区	63351	57606	54210	47774	38770	35925	23751	24890
南海区	186728	157034	153689	123292	98847	83037	53410	54145
顺德区	167216	142697	137532	115548	88588	77243	47490	50261
三水区	43356	34578	36804	28786	25322	21598	14046	14190
高明区	23887	20116	20487	16843	15938	13768	9498	9550
江门市	**211026**	**207637**	**196028**	**198723**	**172425**	**170219**	**128658**	**123444**
蓬江区	39767	37490	33071	31576	27179	25668	17972	18572
江海区	16927	15981	14145	13354	10497	9823	6638	6525
新会区	42410	40386	38986	37972	34257	32589	24620	23396
台山市	36639	39798	38370	43341	37245	38160	31429	28407
开平市	30782	31500	29562	31503	26656	28564	21324	21915
鹤山市	25429	23351	21866	19805	18140	15782	12179	11395
恩平市	19072	19131	20028	21172	18451	19633	14496	13234
湛江市	**213176**	**217806**	**224497**	**233935**	**205637**	**207008**	**171218**	**168002**
赤坎区	15315	15744	13484	13823	12037	11988	9239	9423
霞山区	25908	26903	22982	23114	19531	19251	14775	14745
坡头区	8910	9354	9641	10943	9344	10327	8505	8850
麻章区	13721	13134	14388	13691	13119	12141	10692	10744
遂溪县	25490	25359	28341	29418	26246	25159	22260	20592
徐闻县	22096	21504	24199	23490	21583	20254	17330	16062
廉江市	36129	37567	42496	45438	40576	42886	35015	35176
雷州市	40515	40705	43185	43760	39281	36617	32950	30310
吴川市	25092	27536	25781	30258	23920	28385	20452	22100
茂名市	**177305**	**195865**	**200334**	**224521**	**186269**	**192698**	**150106**	**140924**
茂南区	35606	37787	35285	37473	29166	29630	20958	21305
电白区	42541	45098	46142	50202	42724	44161	35647	33372
高州市	36382	43082	47156	55650	46356	48338	36436	32576
化州市	34930	37726	37172	41360	35339	37601	30218	29959
信宜市	27846	32172	34579	39836	32684	32968	26847	23712
肇庆市	**159259**	**153883**	**169345**	**159937**	**143088**	**134098**	**94367**	**94838**
端州区	25150	26107	22131	22679	17906	18450	11911	12643
鼎湖区	8426	7138	8597	7565	6896	6272	4341	4549
高要区	30088	27979	31620	29283	25881	24337	16209	16567
广宁县	14427	15109	16875	16641	15928	15450	12527	12453
怀集县	25710	26655	29048	30074	24789	24419	16386	17387
封开县	13471	12939	16956	15332	15845	14080	10494	9653
德庆县	12168	12290	15522	13819	14238	11960	9440	8670
四会市	29819	25666	28596	24544	21605	19130	13059	12916

单位：人

65-69岁		70-74岁		75-79岁		80-84岁		85岁及以上	
男	女	男	女	男	女	男	女	男	女
129820	**148021**	**64517**	**69131**	**31004**	**37957**	**20522**	**25730**	**13200**	**19061**
13107	15282	7399	7980	3746	4629	2829	3393	1816	2346
17424	20557	9734	10728	5490	6956	4317	4725	2439	2597
17144	21246	9827	11124	5154	6482	3571	4263	2149	2537
24258	27193	11074	11933	4867	5964	2941	4139	2025	3515
31476	35191	15016	15451	6768	7830	3863	5088	2675	4567
2135	2384	1118	1262	601	807	444	560	262	417
15352	16995	6458	6583	2619	3147	1513	2049	984	1575
3477	3592	1545	1626	672	801	421	593	341	682
5447	5581	2346	2444	1087	1341	623	920	509	825
33454	**35036**	**19468**	**20928**	**10827**	**12483**	**7785**	**9115**	**5386**	**7406**
16570	18611	10054	11563	5895	7341	4524	5437	2883	3430
11054	10777	6627	6464	3383	3530	2256	2486	1663	2748
5830	5648	2787	2901	1549	1612	1005	1192	840	1228
114099	**122720**	**69200**	**77398**	**37972**	**44236**	**27398**	**36117**	**20594**	**37318**
12195	12917	7308	7935	4170	4628	2787	3376	1916	2816
20938	22055	12959	14104	6933	7865	5082	7017	3714	6711
5876	6133	3482	3999	1527	2066	1128	1717	877	2054
30880	33137	19768	21132	10822	11195	7627	9245	5829	9696
22129	23990	13059	15688	7451	9050	6198	7672	4975	8973
19922	22119	11428	13255	6432	8608	4179	6500	3066	6468
2159	2369	1196	1285	637	824	397	590	217	600
128284	**149146**	**86301**	**103254**	**47685**	**59464**	**30451**	**40056**	**18439**	**35329**
20306	22657	14373	16599	8462	10440	5854	7614	3739	6274
46614	54024	31748	37078	17950	20997	10559	12543	6281	11301
41553	50543	26402	34525	12854	18003	8862	13161	5121	10846
11951	13549	8407	9242	4913	5936	3122	3946	1954	4156
7860	8373	5371	5810	3506	4088	2054	2792	1344	2752
123217	**121375**	**85015**	**86250**	**42611**	**46412**	**28972**	**33635**	**20231**	**36487**
16230	17965	11502	13273	5623	7011	4039	5287	2695	4331
5940	6725	3826	4364	1870	2378	1211	1666	774	1627
24087	24394	16033	17740	7692	9230	5588	6475	3936	7242
31069	27808	21576	19655	9912	9833	7068	7875	5127	9678
21432	21110	14683	15209	7495	7837	4671	5395	3156	6412
10972	11255	7847	8023	4529	5120	2786	3405	2006	3497
13487	12118	9548	7986	5490	5003	3609	3532	2537	3700
137962	**134294**	**103440**	**91366**	**73031**	**72949**	**52573**	**59554**	**44916**	**62668**
6993	7276	5064	4636	3261	3233	2247	2680	1995	2528
10734	11955	8062	7719	5431	5946	3844	4449	2993	3621
7429	7203	5405	3972	3806	3447	2742	2666	2229	2756
8599	9024	6408	5429	4473	4761	2944	3578	2769	4450
18127	16638	13393	11930	9628	10111	7716	8518	7227	9762
12736	12438	8666	8917	6060	7247	4404	6327	4053	6740
30416	27973	23957	18310	17297	15155	11977	12262	10168	13052
24023	22476	17532	17402	12635	13783	9343	12063	8128	12901
18905	19311	14953	13051	10440	9266	7356	7011	5354	6858
129288	**119041**	**95654**	**82655**	**68941**	**66404**	**47572**	**49447**	**37693**	**49559**
17658	19026	14349	13572	9405	9497	7320	6751	5079	6411
29760	28256	22170	19241	15380	14896	11277	11762	9848	12213
33314	27150	23160	19632	17689	16861	11210	11865	8639	12381
25992	25079	20390	17191	14854	13130	10365	10593	8450	10478
22564	19530	15585	13019	11613	12020	7400	8476	5677	8076
85006	**92777**	**56593**	**64066**	**37304**	**46024**	**23222**	**34134**	**14971**	**31667**
9729	11525	7620	8195	5128	5456	3455	3950	2179	2875
3794	4412	2445	3031	1643	1998	870	1390	550	1300
16816	19047	11354	13965	7305	9177	4012	5915	2647	6071
11640	12043	7228	7703	4311	5379	2822	4209	1946	4183
14811	16675	9555	11447	6454	8865	4258	7025	2661	6176
8671	9025	5723	6411	4454	5662	2710	4335	1639	3702
8142	7837	5039	4962	3397	4159	2311	3419	1493	2984
11403	12213	7629	8352	4612	5328	2784	3891	1856	4376

表2 续表 72

地区	0岁		1-4岁		5-9岁		10-14岁	
	男	女	男	女	男	女	男	女
惠州市	**33949**	**29134**	**176870**	**154685**	**245473**	**213571**	**215910**	**184814**
惠城区	12155	10498	63539	55535	83019	72062	70937	60402
惠阳区	7412	6430	37502	33036	48600	42217	39945	34038
博罗县	6293	5344	33973	29512	49528	42138	47618	39806
惠东县	6202	5213	32136	27911	50045	44172	44217	38568
龙门县	1887	1649	9720	8691	14281	12982	13193	12000
梅州市	**23850**	**20367**	**122530**	**109104**	**170926**	**155518**	**161611**	**146073**
梅江区	1973	1787	11541	10521	14272	12928	12973	11931
梅县区	3030	2581	16629	15047	21726	20260	18809	16829
大埔县	1676	1507	9273	8382	13823	12693	14394	13208
丰顺县	3094	2555	14553	13063	21403	19982	21166	19777
五华县	7563	6254	36823	32023	51029	45764	48139	43635
平远县	1074	896	5127	4714	7023	6552	6724	6066
蕉岭县	937	866	5173	4602	6722	6212	5726	5592
兴宁市	4503	3921	23411	20752	34928	31127	33680	29035
汕尾市	**18909**	**15821**	**95637**	**84764**	**136888**	**124016**	**121704**	**109322**
城区	2637	2250	13363	11915	18445	16673	15712	14218
海丰县	5014	4249	26890	23273	39080	34612	33883	29513
陆河县	2001	1670	9054	8077	12506	11563	11838	10585
陆丰市	9257	7652	46330	41499	66857	61168	60271	55006
河源市	**16800**	**14507**	**88723**	**77621**	**133844**	**119154**	**140070**	**126802**
源城区	3886	3365	22134	18815	32168	27385	30096	25724
紫金县	3699	3205	18829	16488	28384	25579	29825	27283
龙川县	3592	2993	18032	15972	27893	25481	31792	29577
连平县	1661	1462	8861	7934	13419	11864	13455	12442
和平县	2171	1981	11513	10230	17441	15760	19218	17662
东源县	1791	1501	9354	8182	14539	13085	15684	14114
阳江市	**14245**	**12150**	**79506**	**69317**	**115288**	**98055**	**106711**	**89969**
江城区	4035	3434	23671	20473	32087	26968	28410	23747
阳东区	2473	2127	13820	11808	20483	17144	19015	15743
阳西县	2407	2139	13650	12055	19425	16580	17944	14510
阳春市	5330	4450	28365	24981	43293	37363	41342	35969
清远市	**26249**	**22255**	**135081**	**115716**	**188765**	**157032**	**151842**	**129203**
清城区	6925	5795	36511	30261	48893	39357	37734	30886
清新区	3979	3292	20091	16827	28745	22949	25496	21464
佛冈县	2048	1632	10161	8648	14932	12484	13645	12132
阳山县	2936	2485	15361	13262	18669	15677	13806	11969
连山壮族瑶族自治县	695	631	3302	3034	4734	4045	3659	3310
连南瑶族自治县	934	839	4743	4183	7573	5968	6315	4993
英德市	6679	5679	33251	29104	47943	40969	36995	31348
连州市	2053	1902	11661	10397	17276	15583	14192	13101
东莞市	**34544**	**30146**	**213928**	**184341**	**279822**	**228851**	**225067**	**176176**
市辖区	34544	30146	213928	184341	279822	228851	225067	176176
中山市	**21167**	**18809**	**113044**	**100140**	**132753**	**112454**	**107091**	**87651**
市辖区	21167	18809	113044	100140	132753	112454	107091	87651
潮州市	**13540**	**11988**	**70436**	**62979**	**90638**	**82907**	**85314**	**78013**
湘桥区	2562	2340	14431	13065	17304	15902	16209	15109
潮安区	6621	5818	33208	29588	42869	38461	38199	33970
饶平县	4357	3830	22797	20326	30465	28544	30906	28934
揭阳市	**44546**	**39141**	**201118**	**180460**	**263340**	**241792**	**236279**	**217470**
榕城区	5878	5192	30285	27255	36061	32406	31302	28094
揭东区	7427	6528	29430	26141	38099	34692	34309	31054
揭西县	6336	5554	21564	18982	29255	26747	28375	25989
惠来县	8820	7597	42790	38821	60498	57363	55685	52951
普宁市	16085	14270	77049	69261	99427	90584	86608	79382
云浮市	**15845**	**13001**	**80306**	**69222**	**118216**	**102826**	**106485**	**92911**
云城区	2627	2097	14637	12030	20105	17059	15547	13026
云安区	1638	1391	8131	7049	12110	10661	9520	8275
新兴县	2822	2321	12983	11154	17447	15084	16365	14109
郁南县	2364	1961	12014	10660	18519	16372	16679	14715
罗定市	6394	5231	32541	28329	50035	43650	48374	42786

单位：人

15–19岁		20–24岁		25–29岁		30–34岁		35–39岁		40–44岁	
男	女	男	女	男	女	男	女	男	女	男	女
193560	**143066**	**238782**	**169167**	**305419**	**243090**	**335807**	**284824**	**300425**	**261039**	**245874**	**211417**
81485	59653	90032	67504	106230	86863	116689	103338	102432	93750	82453	73965
39555	27612	68126	40880	91495	64024	101809	76853	81513	63822	63858	50115
39336	28409	41338	29451	50278	41056	56157	49687	57084	51149	53217	46425
26546	21185	31834	25314	46993	41608	48119	42709	45788	39963	35722	30938
6638	6207	7452	6018	10423	9539	13033	12237	13608	12355	10624	9974
105856	**94093**	**90068**	**78120**	**117425**	**110535**	**127205**	**127343**	**118969**	**125834**	**100268**	**111525**
17007	16437	13738	14326	13955	13392	17304	17026	15799	16545	13585	14421
10740	10469	11145	10773	17789	16961	22573	22515	19342	19562	14544	16451
8252	7434	6108	5003	8271	7428	9893	9439	8992	9352	9359	10048
12390	11175	12427	10390	15257	13519	15375	14534	16815	16352	12780	13273
32006	26590	25579	21183	30521	29509	27887	28011	24292	26304	19994	21942
3600	3162	3082	2540	5172	4777	4999	5169	4835	5707	5216	6103
3033	2842	2819	2625	4654	4617	5829	6015	5513	6066	5347	6365
18828	15984	15170	11280	21806	20332	23345	24634	23381	25946	19443	22922
84595	**73448**	**101943**	**83591**	**123488**	**105882**	**107777**	**97218**	**97367**	**91224**	**71337**	**70385**
14644	13158	17111	14883	21221	18187	19854	17055	18856	16796	13128	12040
20754	16937	25388	19454	36785	32212	36714	33272	35023	31717	23974	22280
8023	6933	8850	6998	9597	8981	8226	8253	7252	7909	5713	6714
41174	36420	50594	42256	55885	46502	42983	38638	36236	34802	28522	29351
85171	**77568**	**67392**	**56609**	**88545**	**81237**	**94321**	**95746**	**101996**	**105213**	**90239**	**91701**
21551	19636	21959	18620	28589	26654	32268	32549	32579	32832	26928	26696
16574	14220	12874	10620	15708	14230	15512	15833	17107	17631	15152	15677
18240	16240	12279	10262	16055	14624	16793	17704	19790	21193	17398	18550
6445	5839	5453	4703	7164	7084	8396	8911	9657	10110	8715	9155
9158	8294	5784	4835	8912	8619	9755	10144	10858	11928	10719	10987
13203	13339	9043	7569	12117	10026	11597	10605	12005	11519	11327	10636
63113	**49274**	**66149**	**48544**	**98879**	**82909**	**101090**	**95511**	**94650**	**87994**	**92782**	**88346**
19953	16976	23470	18554	33492	29187	35244	33767	31271	29283	30212	29415
11336	8277	12605	8625	20542	16000	21447	18868	20123	17172	20084	17510
10027	7111	12543	8410	18833	15055	16853	15292	16102	14267	14649	13899
21797	16910	17531	12955	26012	22667	27546	27584	27154	27272	27837	27522
106958	**88319**	**103967**	**81886**	**138846**	**124026**	**159548**	**154270**	**152460**	**143777**	**130645**	**123088**
41814	32654	37675	28458	44136	39284	52582	51809	48100	45565	41141	37245
17337	13094	16537	12641	23325	21075	25323	24764	23826	23270	21244	20581
7085	6177	7634	5916	11874	10201	13129	12468	12510	11887	9514	9194
6723	6129	8548	7305	11745	10608	12993	12402	12821	11834	9495	9263
1760	1707	2016	1738	2895	2759	3249	3309	3423	3198	2744	2695
3439	2990	2971	2596	3586	3480	4099	4315	4461	4535	4817	4784
21079	17535	22417	17958	32191	28301	35343	32942	34485	31208	30015	27988
7721	8033	6169	5274	9094	8318	12830	12261	12834	12280	11675	11338
308134	**202119**	**569886**	**376805**	**689787**	**469972**	**860139**	**628181**	**710233**	**538589**	**568028**	**443580**
308134	202119	569886	376805	689787	469972	860139	628181	710233	538589	568028	443580
113712	**81991**	**185830**	**132770**	**233174**	**178734**	**302270**	**246354**	**258191**	**215074**	**215091**	**183971**
113712	81991	185830	132770	233174	178734	302270	246354	258191	215074	215091	183971
61956	**58014**	**75306**	**67527**	**99860**	**89546**	**100512**	**92088**	**89530**	**85289**	**81372**	**80914**
14759	16548	16123	17402	20478	19763	22033	21710	20654	20838	19353	19968
26619	22630	37191	31723	51601	46008	51628	46024	43029	39018	38153	36988
20578	18836	21992	18402	27781	23775	26851	24354	25847	25433	23866	23958
183937	**168346**	**224500**	**200186**	**265678**	**239478**	**207478**	**186375**	**167497**	**155317**	**130645**	**130609**
24465	21586	34400	29478	48189	44676	38922	34930	28195	25835	24117	23788
27184	23315	34879	28716	44909	39075	38399	32725	29308	25360	24006	22699
20861	19019	24382	20758	26827	23581	21084	19201	19900	18656	15386	15932
37704	37129	41247	38744	42722	38987	32166	30518	30438	29551	22783	23900
73723	67297	89592	82490	103031	93159	76907	69001	59656	55915	44353	44290
69131	**56541**	**64711**	**48620**	**87536**	**75377**	**89148**	**82226**	**78173**	**72285**	**69832**	**66116**
10733	8034	10251	7659	16745	15290	18731	17530	16381	15221	14981	13449
7229	5370	7493	5581	9610	8180	8792	7474	7372	6142	6349	5365
11062	10671	11915	9720	16334	14563	16054	15114	15167	14767	13798	13376
8541	7142	7996	6280	12162	10466	12977	11647	11530	10087	10052	9584
31566	25324	27056	19380	32685	26878	32594	30461	27723	26068	24652	24342

表2 续表 73

地区	45-49岁		50-54岁		55-59岁		60-64岁	
	男	女	男	女	男	女	男	女
惠州市	**258860**	**230122**	**233274**	**203857**	**171699**	**150772**	**100079**	**94708**
惠城区	85417	78242	74445	67440	52819	49665	31587	31260
惠阳区	64703	53541	54851	44393	36221	30064	18340	16751
博罗县	54861	49657	49756	43363	38168	32129	23049	22142
惠东县	41211	37557	39982	36431	31467	27483	18907	17098
龙门县	12668	11125	14240	12230	13024	11431	8196	7457
梅州市	**135672**	**150315**	**151461**	**155239**	**145360**	**141696**	**113568**	**104533**
梅江区	17533	18439	16323	15712	15158	15139	11180	11202
梅县区	19418	22472	22281	23253	23609	23259	18083	15919
大埔县	11064	11890	13632	13630	14098	13133	11925	10613
丰顺县	16426	16652	18063	15837	17362	14945	15280	14118
五华县	26542	29862	30899	33373	27429	28837	21510	20402
平远县	8529	9307	10415	10309	9388	8513	5493	5064
蕉岭县	7483	8810	8649	8639	8708	7881	6371	5560
兴宁市	28677	32883	31199	34486	29608	29989	23726	21655
汕尾市	**87041**	**93156**	**92711**	**94621**	**74571**	**73392**	**59984**	**58091**
城区	16729	17017	17275	16866	13225	12917	9826	9870
海丰县	28929	29140	28792	29472	22307	22218	16043	15710
陆河县	7374	9289	8329	8984	7173	6922	6257	5684
陆丰市	34009	37710	38315	39299	31866	31335	27858	26827
河源市	**103736**	**104880**	**113838**	**106401**	**99670**	**88660**	**69909**	**64115**
源城区	28243	27859	25645	24406	18961	18898	12726	12663
紫金县	18608	19324	21090	20191	20910	18490	14056	12986
龙川县	19151	21004	23127	23030	21427	19554	16138	14612
连平县	10683	10930	12684	12099	11796	10097	8735	7806
和平县	12988	12223	15828	13652	13257	11631	9619	8936
东源县	14063	13540	15464	13023	13319	9990	8635	7112
阳江市	**102743**	**103937**	**109264**	**107312**	**94744**	**88201**	**61350**	**56154**
江城区	33721	34333	33146	34038	27656	28305	17613	17684
阳东区	19965	19343	19463	18693	15766	14114	10404	9280
阳西县	15891	17027	17391	17756	15478	14097	10882	9461
阳春市	33166	33234	39264	36825	35844	31685	22451	19729
清远市	**148388**	**140265**	**164165**	**153583**	**144291**	**136569**	**95003**	**92086**
清城区	43472	39581	42319	39430	34281	34559	20936	22387
清新区	22450	22541	24157	23937	20743	20378	13377	13497
佛冈县	11349	11116	13592	12871	11420	11221	7573	7426
阳山县	11754	11868	15535	14683	14958	14156	10335	9952
连山壮族瑶族自治县	3721	3273	4253	3828	3967	3721	2553	2437
连南瑶族自治县	5160	4804	5534	5261	4913	4852	3185	3332
英德市	36947	34307	41348	37883	37571	32954	25332	22266
连州市	13535	12775	17427	15690	16438	14728	11712	10789
东莞市	**545128**	**451460**	**409588**	**326909**	**231696**	**190891**	**102456**	**100149**
市辖区	545128	451460	409588	326909	231696	190891	102456	100149
中山市	**223425**	**200784**	**180790**	**161483**	**114739**	**104788**	**63146**	**64474**
市辖区	223425	200784	180790	161483	114739	104788	63146	64474
潮州市	**100988**	**99735**	**106196**	**101733**	**97520**	**92175**	**76469**	**75049**
湘桥区	23525	23238	22521	22005	21703	21329	17249	17716
潮安区	45889	45933	47798	46477	42631	40219	32864	31799
饶平县	31574	30564	35877	33251	33186	30627	26356	25534
揭阳市	**154849**	**170902**	**174067**	**183729**	**156160**	**155284**	**137601**	**130476**
榕城区	30133	33159	33876	37737	29954	31589	25765	24956
揭东区	27284	29680	32386	32932	29690	28590	26944	25320
揭西县	18781	21933	22255	23392	21588	20869	19974	19317
惠来县	25364	27838	28906	29062	25047	23231	22522	21213
普宁市	53287	58292	56644	60606	49881	51005	42396	39670
云浮市	**76689**	**79059**	**89416**	**94221**	**83922**	**85913**	**59185**	**58633**
云城区	15904	14860	16051	15784	13285	13143	8075	8571
云安区	7269	7244	9002	9249	8810	8481	6233	5726
新兴县	15699	16164	17350	17349	15577	14959	10156	9618
郁南县	10834	11241	15274	15774	15331	15500	11033	10913
罗定市	26983	29550	31739	36065	30919	33830	23688	23805

单位：人

65-69岁		70-74岁		75-79岁		80-84岁		85岁及以上	
男	女	男	女	男	女	男	女	男	女
76714	**78762**	**49072**	**48949**	**29582**	**33145**	**21841**	**28098**	**16239**	**30203**
24442	25774	15160	15599	8858	10092	6422	8085	4630	8100
13469	13101	8346	7840	4260	4613	3120	4010	2773	4899
17913	19220	11729	12169	7448	8503	5242	6735	3764	7231
14063	14034	9695	9192	6124	6759	5006	6643	3711	7530
6827	6633	4142	4149	2892	3178	2051	2625	1361	2443
102702	**99839**	**67278**	**63640**	**44318**	**44643**	**30731**	**38485**	**22691**	**43848**
9648	10373	6499	6625	4232	3979	3025	3333	2250	3505
15796	14360	9723	8813	6136	5885	4298	5246	3466	6943
10932	10049	6658	6521	3815	3806	2971	3911	2564	5201
12828	12856	8130	7448	5429	5420	4106	5001	3546	5404
19909	19154	13266	12813	9315	10211	6737	8411	4403	8840
5405	5537	3590	3482	2446	2663	1800	2486	1086	2431
5519	5508	3683	3463	2587	2282	1809	2257	1191	2400
22665	22002	15729	14475	10358	10397	5985	7840	4185	9124
52209	**53362**	**40050**	**31581**	**24535**	**19713**	**16718**	**18261**	**13242**	**19928**
8458	8858	6363	5109	3457	2854	2309	2648	1842	3190
14224	14615	11266	7883	6827	4918	4928	5224	3655	5279
5133	4573	3840	2561	2768	1950	2058	2057	1618	1929
24394	25316	18581	16028	11483	9991	7423	8332	6127	9530
56341	**54546**	**36975**	**37813**	**28802**	**33839**	**19342**	**26981**	**12774**	**25805**
9396	9659	5739	5937	3909	4558	2610	3326	1687	2951
11239	11108	7512	7872	6250	7120	4615	6172	3004	6118
13804	12834	9238	9194	7372	8521	4778	6874	3308	7045
6516	6118	4211	4393	3224	4013	2005	3142	1254	2788
8523	8564	5619	5839	4340	5203	2688	3912	1692	3420
6863	6263	4656	4578	3707	4424	2646	3555	1829	3483
57439	**54585**	**41644**	**35709**	**28732**	**27428**	**18603**	**21576**	**15205**	**23851**
16634	16426	12066	10601	7581	7842	5371	6363	4624	7035
10424	9680	7659	5993	4870	4026	3073	3315	2699	4330
9789	8558	7374	5453	5063	4458	3198	3458	2844	4147
20592	19921	14545	13662	11218	11102	6961	8440	5038	8339
85530	**84518**	**53934**	**54858**	**36464**	**43010**	**22861**	**32161**	**16101**	**31753**
19945	21617	12780	14182	7754	8768	4926	6192	3609	6338
13667	13167	8848	8631	5848	6130	3339	4443	2484	5026
7078	6277	4321	3793	2959	3218	1861	2317	1298	2541
9064	8324	5384	5323	4304	5504	2671	4127	1628	3574
2277	2324	1508	1358	1048	1182	673	925	436	749
2709	3259	1664	2159	1127	1687	730	1236	446	1012
19773	18324	12213	12013	8530	10657	5888	8714	4403	8772
11017	11226	7216	7399	4894	5864	2773	4207	1797	3741
78536	**84990**	**43408**	**50213**	**22545**	**28465**	**13943**	**18645**	**10211**	**19064**
78536	84990	43408	50213	22545	28465	13943	18645	10211	19064
53710	**59738**	**32218**	**38158**	**15644**	**20118**	**10375**	**14539**	**6805**	**12855**
53710	59738	32218	38158	15644	20118	10375	14539	6805	12855
67003	**72868**	**41036**	**44292**	**22473**	**25041**	**14955**	**21052**	**10826**	**21247**
15881	17571	10187	10727	5089	5588	3137	4691	2593	4494
28857	31708	17134	18578	8908	9941	6115	8464	4270	8219
22265	23589	13715	14987	8476	9512	5703	7897	3963	8534
120932	**126097**	**77704**	**71955**	**47570**	**44896**	**33441**	**39594**	**25288**	**43077**
22175	24187	13816	13091	8203	7723	5079	6234	3479	5658
23878	25211	14680	13341	9271	8408	6231	7296	4271	8051
17964	18548	12835	9746	8228	6454	5685	6431	4879	7561
19605	20176	12657	13757	7314	8472	5415	6937	4320	8529
37310	37975	23716	22020	14554	13839	11031	12696	8339	13278
55146	**53266**	**36008**	**32794**	**26330**	**27011**	**16441**	**20682**	**10320**	**19806**
7467	7714	5181	4757	3295	3419	2215	2725	1369	2589
5472	4821	3484	2897	2533	2560	1766	2420	1261	2430
10272	9851	7260	7155	5246	5892	3197	4283	1814	4163
10025	9378	6446	5748	4947	4889	3079	3918	2077	3506
21910	21502	13637	12237	10309	10251	6184	7336	3799	7118

表2 续表 74

地区	0岁		1-4岁		5-9岁		10-14岁	
	男	女	男	女	男	女	男	女
广西壮族自治区	**302822**	**264556**	**1602251**	**1414539**	**2318348**	**2017273**	**2097576**	**1825136**
南宁市	**52555**	**45121**	**267965**	**230631**	**358275**	**296410**	**289923**	**240536**
兴宁区	4133	3509	19630	16790	24475	20361	17615	14294
青秀区	6119	5504	34018	28922	41071	34966	29111	25134
江南区	6401	5618	31849	27626	40583	33206	30000	24439
西乡塘区	8595	7315	43228	36908	55315	44332	43020	34830
良庆区	4351	3653	20013	17418	25156	20422	19056	15335
邕宁区	2218	1867	10902	9504	14544	12067	11737	9904
武鸣区	3791	3290	20378	17625	23433	19063	19350	16582
隆安县	1739	1521	9584	8167	15214	12398	14634	11781
马山县	2407	2179	12578	10881	19218	16531	17898	15936
上林县	2357	1989	11651	10272	16335	13884	14146	12413
宾阳县	4972	4018	24963	21395	36271	30156	32820	25671
横县	5472	4658	29171	25123	46660	39024	40536	34217
柳州市	**21574**	**19420**	**114043**	**102581**	**148248**	**132839**	**133790**	**119896**
城中区	1234	1049	7034	6316	8690	7592	6636	6024
鱼峰区	3279	3124	17622	16113	21120	18979	16170	15068
柳南区	3199	2917	16909	14946	21332	18715	17975	15838
柳北区	2225	2004	11800	10830	14729	13219	12849	11330
柳江区	2982	2729	15737	14138	19847	18066	17204	15376
柳城县	1704	1545	8600	7926	10941	10311	9409	8891
鹿寨县	1744	1533	9240	8523	12171	11295	11325	10494
融安县	1316	1113	6581	5925	8120	7271	8132	7402
融水苗族自治县	2183	1916	11375	9853	16647	14187	17731	15015
三江侗族自治县	1708	1490	9145	8011	14651	13204	16359	14458
桂林市	**23929**	**21598**	**134443**	**121467**	**182822**	**163752**	**167646**	**152407**
秀峰区	720	691	4239	3830	5564	4828	4234	3754
叠彩区	1025	901	5770	5141	7256	6452	5536	4781
象山区	1234	1063	7079	6386	9403	8296	7952	7267
七星区	1644	1450	9781	8560	11592	10270	9026	8362
雁山区	347	372	1973	1837	2559	2285	2016	1944
临桂区	3198	2663	16908	15059	22098	18688	18195	15712
阳朔县	1398	1274	8039	7493	10382	9468	8746	8152
灵川县	2104	1865	11940	10764	15971	14914	13084	12249
全州县	2744	2364	14087	12394	23347	20605	26986	23862
兴安县	1517	1343	8809	8123	12645	11735	10573	10075
永福县	1047	983	6113	5610	8636	7905	8581	7651
灌阳县	1053	971	5606	4945	7819	6781	8633	7542
龙胜各族自治县	570	582	3145	3140	4344	4088	4342	4326
资源县	648	588	3752	3451	5718	5109	5967	5227
平乐县	1823	1718	10854	9705	15105	13527	14684	13146
恭城瑶族自治县	1313	1222	6992	6510	9711	8720	8913	8515
荔浦市	1544	1548	9356	8519	10672	10081	10178	9842
梧州市	**19338**	**16836**	**100438**	**89804**	**145808**	**130385**	**130107**	**116033**
万秀区	1067	931	5981	5371	8561	7638	7798	6911
长洲区	1724	1482	9031	8086	12000	10538	9800	8686
龙圩区	2013	1759	10245	9104	14766	13374	13109	11790
苍梧县	1945	1727	10338	9231	14804	13655	13702	12733
藤县	6145	5210	31394	28040	46307	41932	39127	35535
蒙山县	911	839	4937	4455	7696	6817	6950	6227
岑溪市	5533	4888	28512	25517	41674	36431	39621	34151
北海市	**11435**	**9638**	**55922**	**48286**	**80010**	**67243**	**70264**	**58592**
海城区	2879	2468	15061	12761	20722	17431	17447	14399
银海区	1811	1494	8997	7769	12385	10447	10603	8903
铁山港区	974	767	4404	3856	6470	5450	5604	4935
合浦县	5771	4909	27460	23900	40433	33915	36610	30355

单位：人

15-19岁		20-24岁		25-29岁		30-34岁		35-39岁		40-44岁	
男	女	男	女	男	女	男	女	男	女	男	女
1680169	**1511272**	**1287023**	**1177172**	**1432926**	**1280347**	**2011388**	**1853647**	**1936562**	**1758325**	**1784416**	**1617067**
322406	**277330**	**293487**	**288488**	**297754**	**269879**	**408223**	**385029**	**384851**	**359064**	**327139**	**301417**
26220	18373	19069	16464	21258	20316	32734	33971	32097	31063	26058	23769
35738	36288	42576	58664	42436	46447	50608	56312	47470	53235	39956	42665
39232	28176	30737	27815	38251	34018	56335	53185	51426	47330	42232	37886
82609	77250	94695	102798	66903	59625	83606	77882	75467	69330	60496	55453
17900	14998	17541	14113	25051	20740	36516	32769	33235	29245	26829	23046
13029	11959	12544	9713	10022	8673	14934	13332	13935	12016	11931	10407
27604	22580	22112	16259	18125	14592	28915	25473	29312	26128	26340	23740
9446	7985	4922	3879	8074	6508	12136	10624	11676	10516	12527	11250
11206	9887	7548	6313	9259	8379	13156	11577	13644	12128	14135	12609
9154	8055	6409	5334	9036	8386	13452	12402	12974	11925	12094	11102
24111	19916	18177	13722	24816	21093	33649	28555	30630	25991	28845	25028
26157	21863	17157	13414	24523	21102	32182	28947	32985	30157	25696	24462
135599	**115745**	**105454**	**84832**	**121247**	**109822**	**179026**	**163418**	**177498**	**160319**	**172892**	**155074**
7082	6162	8960	8723	6722	7551	9635	11232	9716	11034	9243	10817
39806	31224	31693	20386	21729	19616	32028	29475	29244	26748	26103	23460
15349	12397	14313	11376	21879	18283	30468	27631	28797	26515	27763	25571
17599	13603	12818	11399	13654	13201	20139	19651	19838	19777	20932	20324
15839	14810	10088	8338	16633	14794	25186	21529	24193	20752	21135	18776
6154	6108	5041	4396	8099	7148	12077	10083	13815	11156	12969	10945
7980	7390	4898	4174	9218	8072	13861	11760	14609	12116	15041	12192
5632	5656	4032	3722	5752	5239	9585	8398	10013	8409	10318	8359
10965	10096	8018	7158	9292	8452	15237	13817	16154	13601	17392	13989
9193	8299	5593	5160	8269	7466	10810	9842	11119	10211	11996	10641
130063	**127536**	**113226**	**115254**	**119328**	**113348**	**177793**	**171769**	**194950**	**183612**	**175498**	**165596**
5271	3911	3210	3423	4817	4603	6931	6967	7378	7398	6422	6336
3772	3427	3159	3227	5525	5891	9049	9741	9192	9642	8097	8194
6841	5193	4967	5225	7592	8117	10746	12231	11816	13144	11238	12302
15074	12080	19136	18188	14496	13308	18622	17272	18109	17282	15395	14870
10290	16769	16310	27213	2770	2817	2560	2495	2991	2587	2492	2205
16474	19485	12328	15349	17259	15905	22617	22162	23429	21396	20128	18067
5298	5510	3685	3441	6371	6224	9559	9499	11270	10419	9967	9149
11517	8869	17188	9713	9279	9050	16269	16125	18070	16962	14618	13874
14954	12577	8003	6672	11732	9298	18307	14985	19871	17389	19006	18179
5077	5354	3396	3353	5072	5296	10486	10651	12932	11834	10643	9829
5127	4566	3161	2578	4961	4392	7876	7106	8613	7542	8815	7673
4812	4418	3222	2538	5062	4055	6844	5804	7666	6573	6162	6083
2504	2778	1854	1736	2604	2728	4161	4337	4981	4800	5180	4639
3005	2902	1870	1670	2330	2512	3984	4178	5074	5033	4946	4658
7834	7532	4161	3782	7650	7229	11955	10553	11020	10188	10508	9609
5501	5503	3097	2834	5385	5309	7393	7222	9574	8874	8303	7508
6712	6662	4479	4312	6423	6614	10434	10441	12964	12549	13578	12421
101038	**93736**	**68254**	**62046**	**81269**	**76715**	**107960**	**101887**	**85323**	**79559**	**80729**	**77453**
8041	8060	8699	10591	7107	6715	10002	9756	8572	8588	9174	9354
10662	11634	6997	7006	9447	9595	13830	14741	11338	11566	10816	11200
14127	13124	7119	6019	8918	8284	11755	10881	9120	8321	8857	8036
7783	6644	6290	5521	8290	7687	10248	8781	7499	6555	7110	6318
27440	25886	18876	16503	23636	21305	32330	27829	24563	20461	21479	18936
4749	4529	2552	2387	3536	3604	5300	5345	4865	4779	4863	4748
28236	23859	17721	14019	20335	19525	24495	24554	19366	19289	18430	18861
58072	**52430**	**50279**	**42070**	**68119**	**59505**	**88501**	**77892**	**73125**	**65863**	**64558**	**60583**
17757	15698	13392	13470	19874	19693	26721	26738	22027	22059	19494	20225
11112	12606	13795	10954	12270	10743	16639	14599	13289	11776	11617	10426
3011	2307	3495	2244	6147	4801	7340	5758	5315	4248	5010	4045
26192	21819	19597	15402	29828	24268	37801	30797	32494	27780	28437	25887

表2 续表 75

地 区	45-49岁		50-54岁		55-59岁		60-64岁	
	男	女	男	女	男	女	男	女
广西壮族自治区	**1904383**	**1724495**	**1936905**	**1790927**	**1650453**	**1583047**	**1131205**	**1118457**
南宁市	**329743**	**298778**	**310807**	**286893**	**266352**	**260721**	**178501**	**181388**
兴宁区	23302	21059	19734	18615	15774	16402	11159	12048
青秀区	39477	39398	34742	35417	31365	33788	22003	25346
江南区	38524	34146	31970	30568	26199	27756	16646	18530
西乡塘区	55490	51827	47157	46872	39256	41557	26684	28780
良庆区	24402	19510	20480	17253	14702	14122	8858	8684
邕宁区	12608	10841	12876	10762	10384	9587	6413	6549
武鸣区	27991	24786	28916	25161	26632	23126	16831	15970
隆安县	13835	11765	15070	12454	12956	11347	8109	7727
马山县	15238	13497	15280	13199	13060	11622	8889	8615
上林县	14210	12652	15187	13646	13792	12294	10304	9056
宾阳县	31620	28568	33278	29531	29816	27187	19523	18360
横县	33046	30729	36117	33415	32416	31933	23082	21723
柳州市	**183116**	**162828**	**175236**	**160772**	**147379**	**140444**	**99495**	**97985**
城中区	10038	10237	8369	8867	7339	8321	5476	6296
鱼峰区	25487	23024	22817	22023	19084	20468	13943	14628
柳南区	28707	26128	25182	24640	21273	21252	14615	14877
柳北区	22087	21059	20021	20245	16863	17524	12061	12775
柳江区	20792	18653	20231	18222	16403	15066	11716	11294
柳城县	14052	12324	15647	13275	13691	11854	9675	8916
鹿寨县	15757	12565	16068	12402	14267	11545	9755	8674
融安县	11548	9274	12474	10193	11291	9270	7681	6515
融水苗族自治县	19986	16801	20153	17454	15269	14283	8706	8234
三江侗族自治县	14662	12763	14274	13451	11899	10861	5867	5776
桂林市	**198346**	**184063**	**214558**	**201205**	**191553**	**182854**	**136905**	**134912**
秀峰区	6695	6734	6463	6541	5491	5866	4097	4332
叠彩区	7933	8098	7550	8392	7169	7907	5636	6054
象山区	12073	13271	11413	12293	10012	11166	7782	8599
七星区	15380	14520	13503	13032	11089	11432	7664	8426
雁山区	2878	2631	3007	2794	2609	2272	1622	1364
临桂区	22754	20319	22384	21058	18832	18110	12715	12377
阳朔县	11775	10326	13649	11677	11791	10638	7986	7249
灵川县	16199	15286	17749	17128	16264	15496	11339	10998
全州县	21840	20206	25252	23156	24012	21386	19422	18743
兴安县	11877	11156	13376	12855	13589	13113	9571	9543
永福县	10574	8743	12084	9991	9693	8328	6650	6031
灌阳县	7268	7247	9405	9031	8463	8461	6606	6971
龙胜各族自治县	6877	6016	7989	6727	6732	5947	4657	4330
资源县	6318	5369	6743	6059	5585	5240	4020	3958
平乐县	13063	12131	15136	14094	14486	13327	9674	9507
恭城瑶族自治县	9696	8514	12145	11179	10256	10143	6816	6931
荔浦市	15146	13496	16710	15198	15480	14022	10648	9499
梧州市	**98115**	**93391**	**110338**	**101856**	**93814**	**88294**	**65129**	**57958**
万秀区	10298	10630	10493	11382	10016	10823	7991	7958
长洲区	11780	11579	11305	11392	9393	9943	6221	6434
龙圩区	9989	9068	11111	9261	9031	7782	5092	4437
苍梧县	10741	8601	12697	10266	10109	8627	6510	5225
藤县	25314	23024	30750	26779	26251	23114	17925	14780
蒙山县	6181	5756	7481	6927	6560	6135	4740	4247
岑溪市	23812	24733	26501	25849	22454	21870	16650	14877
北海市	**68815**	**65954**	**68288**	**67263**	**61204**	**61800**	**41391**	**42688**
海城区	20819	21356	19048	19772	16783	17685	10939	11699
银海区	12374	11577	11958	11234	9499	9154	6092	5947
铁山港区	5974	5060	6177	5571	5324	5171	3403	3313
合浦县	29648	27961	31105	30686	29598	29790	20957	21729

单位：人

65-69岁		70-74岁		75-79岁		80-84岁		85岁及以上	
男	女	男	女	男	女	男	女	男	女
1083074	**1114262**	**736337**	**777138**	**490366**	**588381**	**315122**	**419726**	**214843**	**374868**
166741	**172369**	**111436**	**124952**	**70749**	**89861**	**45965**	**64706**	**29772**	**55367**
10564	11103	6921	7465	4001	4629	2619	3189	1845	2857
19829	22088	11761	12909	7060	9074	5765	7121	4328	5623
14788	16752	9816	11073	5410	6723	3752	4917	2214	3694
24384	25372	14947	16586	8869	10904	6409	8400	4100	6568
8193	8516	5176	5647	3280	3580	1918	2306	1338	2266
6291	6513	4434	4912	3183	3679	1966	2480	1300	2264
15891	15826	10747	11591	7248	9338	4291	6437	2727	5625
7965	8104	5372	6113	3810	5208	2355	3640	1539	3190
8311	8537	6439	8592	4435	6461	2688	4493	1706	3899
9547	8940	6304	7129	4384	6126	2639	4271	1665	3807
19045	18938	13310	14751	8315	10708	5273	8073	3130	7182
21933	21680	16209	18184	10754	13431	6290	9379	3880	8392
95219	**99036**	**64149**	**67007**	**38993**	**46170**	**25721**	**34076**	**17760**	**29231**
4819	5742	3151	3673	1940	2340	1444	1784	1019	1321
12879	13758	8143	8507	4390	4960	3017	3862	1899	3085
13061	13951	8535	9102	4832	5737	3430	4476	2343	3611
10957	11940	7960	8172	4372	4995	2966	3917	1917	3013
10317	10343	6259	6641	3780	4707	2575	3465	1890	3266
8864	8748	5602	5595	3647	4544	2304	3222	1694	3270
9256	9541	5780	5898	3763	4251	2349	3135	1674	2982
8362	7910	5711	5189	3608	3926	2263	2797	1735	2638
9468	9753	7216	7998	4861	6174	2989	4256	2143	3623
7236	7350	5792	6232	3800	4536	2384	3162	1446	2422
137966	**144373**	**90254**	**92177**	**54988**	**61007**	**36259**	**46556**	**25419**	**41705**
3960	4207	2469	2514	1375	1572	923	1367	722	1211
5594	6064	3629	3633	1804	2141	1292	1794	954	1453
8263	8776	5236	5606	2890	3315	2092	2665	1392	1936
7079	8439	4791	5112	2610	2969	1822	2221	1150	1548
1424	1610	884	1161	557	873	398	620	330	773
13481	13786	8479	8757	5008	6127	3055	4290	2174	4283
7847	7739	5188	5182	3309	3752	2141	2856	1700	2975
11972	12029	7254	7337	3948	4592	2483	3389	1745	3143
17925	18984	10592	11322	6830	7242	5414	6702	3866	5440
10447	11141	6553	6421	3909	4268	2575	3258	1790	2858
7088	6489	4673	4958	2967	3217	1845	2512	1374	2493
6524	7633	4907	4569	3365	3238	2237	2521	1425	1952
4426	4490	3126	3367	1737	2128	1059	1350	688	998
4344	4471	2973	2866	1884	1953	1235	1435	872	1265
9831	10467	7289	7185	4766	5103	2907	3608	2075	3689
7378	7898	5419	5398	3611	3652	2020	2595	1201	2181
10383	10150	6792	6789	4418	4865	2761	3373	1961	3507
65567	**58842**	**41576**	**38513**	**28785**	**32638**	**19629**	**24954**	**13421**	**23439**
8204	8257	5380	5414	3278	3398	2097	2894	1693	2866
6132	6292	3793	3845	2128	2697	1557	2015	1067	1592
6004	5704	3745	3515	2709	3066	1834	2256	1148	2009
6748	5627	4419	4384	3189	3853	2190	2934	1233	2552
18094	14553	11621	9653	8314	9124	5823	6939	4032	6588
4755	4548	3098	2942	2296	2558	1429	1903	990	1785
15630	13861	9520	8760	6871	7942	4699	6013	3258	6047
37163	**37302**	**26204**	**24177**	**18337**	**18193**	**12698**	**14585**	**9916**	**14862**
9281	10001	6147	6198	3705	4231	2478	3199	1655	2583
4546	4581	2906	3086	2080	2343	1350	1664	1014	1556
2965	2875	2445	2198	1792	1921	1289	1570	1089	1625
20371	19845	14706	12695	10760	9698	7581	8152	6158	9098

表2 续表 76

地区	0岁		1-4岁		5-9岁		10-14岁	
	男	女	男	女	男	女	男	女
防城港市	**6483**	**5675**	**34073**	**29046**	**52048**	**43367**	**43487**	**37259**
港口区	1306	1185	7139	6153	9812	8469	7669	6610
防城区	2566	2167	13402	11435	20521	17338	17574	15533
上思县	1090	1011	5647	4632	9516	7346	8768	7095
东兴市	1521	1312	7885	6826	12199	10214	9476	8021
钦州市	**22558**	**19808**	**118367**	**105324**	**189694**	**168855**	**173863**	**153261**
钦南区	4184	3648	22006	19081	34402	29339	29811	24966
钦北区	4688	4186	25010	22019	40929	35798	39386	33791
灵山县	9049	7858	46768	41996	74794	68106	68910	62812
浦北县	4637	4116	24583	22228	39569	35612	35756	31692
贵港市	**27229**	**23851**	**145481**	**128604**	**223220**	**197107**	**212160**	**183573**
港北区	4725	4122	25856	23134	37235	33158	32657	28355
港南区	2919	2577	15570	13911	25297	22638	24131	21205
覃塘区	2839	2589	14271	12805	21840	20057	20100	18084
平南县	7463	6482	39846	34484	61209	52635	57118	47985
桂平市	9283	8081	49938	44270	77639	68619	78154	67944
玉林市	**39851**	**34188**	**217247**	**192194**	**339090**	**296842**	**303975**	**259939**
玉州区	5306	4347	29678	25871	43518	36968	35795	29704
福绵区	1844	1582	9969	8769	17153	14439	16850	13665
容县	4425	3919	23226	20882	37453	33658	34403	30669
陆川县	5620	4922	31863	28412	50048	45139	44028	39386
博白县	11350	9700	60051	52369	90648	77709	78679	65278
兴业县	2734	2318	14695	13077	24783	21652	26406	22453
北流市	8572	7400	47765	42814	75487	67277	67814	58784
百色市	**20168**	**17557**	**109455**	**94918**	**148247**	**124197**	**152428**	**131145**
右江区	2342	2047	13624	12159	16137	13974	14859	13198
田阳区	1465	1317	8581	7957	11418	10393	11787	10940
田东县	2051	1865	10813	9397	14520	11801	15788	13316
德保县	1416	1173	7624	6638	11451	9802	11338	9780
那坡县	1002	848	5578	4883	7255	6039	7720	6368
凌云县	1294	1173	6801	5740	8949	7529	8915	7392
乐业县	955	733	5037	4073	6983	5468	7212	5761
田林县	1096	964	6189	5451	8493	7248	10456	9107
西林县	914	810	4750	4029	6178	4942	6664	5523
隆林各族自治县	2334	1991	12930	11310	16121	13695	17369	15345
靖西市	2643	2291	14319	11795	20697	17115	21521	19225
平果市	2656	2345	13209	11486	20045	16191	18799	15190
贺州市	**14386**	**12422**	**73039**	**65340**	**108062**	**98288**	**92221**	**84281**
八步区	4710	4050	24441	21591	35372	32377	29423	26883
平桂区	2844	2466	14369	12814	20963	19124	17911	16548
昭平县	2274	1966	11547	10490	18142	16477	16017	14781
钟山县	2580	2293	13238	11981	19837	18120	16946	15438
富川瑶族自治县	1978	1647	9444	8464	13748	12190	11924	10631
河池市	**20203**	**17886**	**109032**	**96326**	**164545**	**142129**	**163618**	**142474**
金城江区	1981	1805	11297	9748	15696	13062	13670	11731
宜州区	2666	2363	14557	13085	22742	20064	23339	21241
南丹县	1828	1594	9208	7886	13628	11477	14164	11894
天峨县	809	689	4212	3409	6329	4729	7155	5623
凤山县	1140	910	6067	5166	9124	7242	8697	6834
东兰县	1303	1108	7174	6052	10739	8467	11167	8485
罗城仫佬族自治县	1481	1344	7865	7348	12378	11563	12300	11575
环江毛南族自治县	1614	1453	8600	7728	11915	10465	11550	9983
巴马瑶族自治县	1451	1298	8266	7066	13524	11107	13060	10812
都安瑶族自治县	3357	3054	18065	16457	28200	25698	28353	26170
大化瑶族自治县	2573	2268	13721	12381	20270	18255	20163	18126
来宾市	**12230**	**11120**	**62241**	**56966**	**92893**	**84607**	**85359**	**78295**
兴宾区	5855	5216	29213	26474	44732	39842	40560	36507
忻城县	1462	1472	8267	7648	12921	12154	12296	11631

单位：人

15-19岁		20-24岁		25-29岁		30-34岁		35-39岁		40-44岁	
男	女	男	女	男	女	男	女	男	女	男	女
29353	**24879**	**30165**	**20069**	**38583**	**28062**	**52549**	**40783**	**48641**	**39865**	**42700**	**34531**
5248	3855	10228	4943	12899	7620	16621	11398	13397	9825	11379	8302
13264	12546	9521	7742	11332	8911	17518	13925	17608	14212	14449	11739
5606	4243	4987	3159	6739	5058	8420	6036	7711	6258	7947	6322
5235	4235	5429	4225	7613	6473	9990	9424	9925	9570	8925	8168
117016	**104872**	**88041**	**75554**	**96386**	**80091**	**130838**	**111856**	**117403**	**99859**	**102123**	**89827**
25143	22860	22675	21200	22178	17896	32762	28227	29338	25108	24326	21189
25513	21531	18954	14391	21066	15714	30145	23755	27794	22247	24423	20620
43371	39873	30699	26350	34927	30247	43970	38444	39903	34321	34391	30766
22989	20608	15713	13613	18215	16234	23961	21430	20368	18183	18983	17252
163738	**143239**	**114646**	**96236**	**120254**	**99828**	**167352**	**148906**	**150318**	**130438**	**142433**	**127814**
30366	28753	19498	17613	23431	21239	34454	33982	29732	27921	28152	25928
23589	19095	12841	10109	13320	10606	20767	18047	18484	15784	15492	14438
11945	10329	9494	8241	10541	9465	17752	15380	14254	12260	13895	12544
40587	34333	28428	23572	29944	24871	41984	37220	34502	30265	34323	31058
57251	50729	44385	36701	43018	33647	52395	44277	53346	44208	50571	43846
206805	**178855**	**141358**	**122222**	**157553**	**136539**	**226031**	**207630**	**199431**	**183108**	**168258**	**163092**
38456	37754	22648	24577	26667	23163	43239	41040	37994	36861	33299	33097
9412	6874	8059	5622	9433	6630	14856	10661	14082	10612	10705	9509
22362	19879	11691	11160	13413	13804	21800	23291	18664	19658	17769	19316
27206	24003	19390	17139	21994	20371	31401	29605	28156	24653	24129	21830
48404	39533	37255	29283	42617	35278	51900	45772	44128	38477	35710	33170
16882	14281	12028	8950	12556	9568	17689	14135	16985	14345	14977	13758
44083	36531	30287	25491	30873	27725	45146	43126	39422	38502	31669	32412
119039	**116414**	**81782**	**79680**	**91009**	**83564**	**127096**	**121456**	**143620**	**131837**	**148668**	**128812**
20878	24309	14470	19836	12679	12778	18371	19133	19160	19073	19757	17998
6293	6186	4374	4221	6218	6033	10127	10205	12689	12045	14265	12975
9887	8956	5333	4688	8488	7819	11863	11622	14614	13591	15863	13872
6924	6574	4593	3979	5344	4969	8597	8305	10799	9266	10984	8978
5159	4355	3035	2813	3711	3388	5272	4965	6587	6141	8099	6738
6730	6477	5271	4606	5768	5097	6944	6501	7394	6660	7126	5820
4905	4458	4156	3620	4908	4224	6292	5483	6000	5098	6011	4949
6775	6075	5024	4316	5601	4872	8419	7513	9715	8496	9989	8207
4583	4160	3640	3024	4480	3831	5783	4909	6177	5072	6235	5033
14226	13665	8463	8170	9648	9252	12624	11822	14082	12169	12976	11002
15050	14227	10915	9122	12247	10773	16456	14679	17860	15897	19321	16611
17629	16972	12508	11285	11917	10528	16348	16319	18543	18329	18042	16629
54128	**52702**	**41459**	**40451**	**60113**	**58426**	**78366**	**73250**	**67158**	**60324**	**62674**	**56043**
17324	18708	15405	17709	18664	19668	24992	24984	22513	21530	20255	19380
11992	11264	9293	7700	14365	12249	18103	15313	16005	12910	13099	11015
9313	8672	5050	4357	8655	8373	11508	10955	9287	8763	9386	8623
9192	8288	6745	6111	10577	10220	14041	12519	11253	9403	11344	9271
6307	5770	4966	4574	7852	7916	9722	9479	8100	7718	8590	7754
108995	**103837**	**67275**	**65489**	**73236**	**70306**	**108930**	**108155**	**133942**	**124867**	**131878**	**114357**
13901	13890	6926	7609	8414	8581	13398	14404	15546	16105	16253	15163
15843	16508	11667	13698	9930	9869	16167	16380	22836	21328	20162	18401
9191	8096	5703	4907	6813	5811	9592	8765	11349	9915	11325	9550
5491	4746	3242	2679	3817	3203	4416	4380	6167	5314	6046	4855
5131	4442	3812	3469	4354	4356	5389	5493	7019	6474	6816	5622
6998	5856	4407	3429	4527	3884	6423	6468	8319	7903	8584	7208
5955	5742	3779	3901	5058	5186	8570	8450	9679	8788	9365	8092
7336	7142	4766	4284	5897	5471	8872	8359	10717	9580	12534	10160
7956	7772	4737	4463	4945	5086	7640	7922	8979	8455	9184	7708
18891	18237	11210	10424	11735	11338	16449	15990	19970	18706	18475	16290
12302	11406	7026	6626	7746	7521	12014	11544	13361	12299	13134	11308
53943	**51307**	**38478**	**36073**	**54443**	**49778**	**80909**	**74109**	**81157**	**71455**	**83040**	**71883**
27630	27116	20221	19909	26381	24277	39768	36929	37519	33262	40225	34457
6328	6075	3881	3433	5948	5834	9721	8925	10868	9718	10534	9012

表2 续表 77

地区	45-49岁		50-54岁		55-59岁		60-64岁	
	男	女	男	女	男	女	男	女
防城港市	**42994**	**33792**	**40526**	**34590**	**33996**	**30714**	**21303**	**21614**
港口区	12688	9085	11334	8061	7873	6613	3998	3860
防城区	13897	11397	13205	12452	12402	11908	8308	9211
上思县	7720	5973	8121	7079	7201	6332	5187	4881
东兴市	8689	7337	7866	6998	6520	5861	3810	3662
钦州市	**106255**	**93686**	**111685**	**102311**	**101768**	**100202**	**70786**	**71357**
钦南区	23146	19948	21959	19623	19692	19015	13114	13986
钦北区	24034	20636	24098	21863	21469	21468	15647	16436
灵山县	37427	33034	41221	37614	36858	36511	25934	24937
浦北县	21648	20068	24407	23211	23749	23208	16091	15998
贵港市	**151152**	**142336**	**157344**	**152628**	**130896**	**128216**	**91755**	**90589**
港北区	28863	26935	26645	26709	20387	21183	13471	13892
港南区	17004	17120	18908	18590	15982	15603	11405	11388
覃塘区	15062	14313	16094	16573	13356	13761	9213	9393
平南县	35912	34133	39563	37542	35201	34048	24817	24608
桂平市	54311	49835	56134	53214	45970	43621	32849	31308
玉林市	**187529**	**186619**	**198778**	**194235**	**170677**	**168824**	**123151**	**120906**
玉州区	34179	33902	30924	29757	23822	25209	16273	17512
福绵区	10860	10560	11682	10592	10013	9157	6888	7154
容县	21565	22615	25254	25321	21947	21591	16491	14130
陆川县	24117	23253	25085	23807	20854	21250	15330	15991
博白县	42230	40642	44104	42887	40297	38589	28881	29689
兴业县	17244	16573	20590	18484	18801	16825	13309	12061
北流市	37334	39074	41139	43387	34943	36203	25979	24369
百色市	**154647**	**132161**	**150506**	**135951**	**115472**	**109935**	**77722**	**81471**
右江区	19474	17279	18396	17428	14323	14721	9439	10096
田阳区	15249	13092	15966	13774	11470	10485	7013	7416
田东县	16454	14025	15160	13642	11760	11603	7971	8650
德保县	11817	9068	11876	8926	9916	8377	7247	6921
那坡县	8230	6661	8103	6994	5771	5371	3716	3969
凌云县	6973	6177	7060	7166	5541	5530	3510	3866
乐业县	5695	5236	5635	5868	3887	3937	2548	2656
田林县	11193	9923	10882	10011	8183	7858	4697	4987
西林县	6495	5836	6339	6137	4338	4234	2671	2894
隆林各族自治县	13568	12454	13324	13294	9851	10145	7160	7963
靖西市	20994	16876	20353	16508	16535	14081	12827	12623
平果市	18505	15534	17412	16203	13897	13593	8923	9430
贺州市	**71302**	**62187**	**77833**	**70469**	**67266**	**63862**	**46678**	**44227**
八步区	23603	20786	24044	21774	21004	20167	14485	14223
平桂区	14225	12012	14963	13127	12979	12168	9096	8810
昭平县	12013	10758	14654	13167	12067	10545	7911	6397
钟山县	12109	9885	13587	12069	12051	11428	8440	7942
富川瑶族自治县	9352	8746	10585	10332	9165	9554	6746	6855
河池市	**137199**	**118036**	**137551**	**125091**	**115612**	**108828**	**78692**	**78450**
金城江区	16621	14672	15109	14154	12218	11929	7816	7997
宜州区	22208	19592	23882	20994	22379	20385	15411	14718
南丹县	12404	10930	11843	10940	8731	8165	5076	4982
天峨县	6714	5606	6333	5922	4551	4149	2665	2539
凤山县	6404	5684	6185	5905	4583	4363	3082	3371
东兰县	8636	7384	7918	7585	6637	6451	5412	5633
罗城仫佬族自治县	11049	9416	12732	11263	11247	10383	7253	6741
环江毛南族自治县	12581	10049	13240	11034	10443	9065	6113	6125
巴马瑶族自治县	8575	7333	8093	7943	6698	6961	5045	5654
都安瑶族自治县	19249	16480	19753	17683	17481	16349	12879	12252
大化瑶族自治县	12758	10890	12463	11668	10644	10628	7940	8438
来宾市	**87474**	**75316**	**92204**	**79053**	**75169**	**66791**	**50160**	**46251**
兴宾区	36754	31460	35621	31117	27985	25785	19203	18353
忻城县	13206	11274	14622	12508	13158	11147	8734	7832

单位：人

65-69岁		70-74岁		75-79岁		80-84岁		85岁及以上	
男	女	男	女	男	女	男	女	男	女
19405	**19538**	**12626**	**11556**	**8843**	**8775**	**6060**	**6822**	**4591**	**6705**
3262	3217	2011	1911	1380	1345	921	965	686	1012
8119	8285	5557	4808	3931	3418	2834	2921	2149	2856
4638	4741	2957	2790	1979	2366	1164	1629	810	1615
3386	3295	2101	2047	1553	1646	1141	1307	946	1222
69231	**68004**	**48336**	**42926**	**33776**	**33193**	**21389**	**23897**	**15119**	**22721**
12745	12949	8393	7244	6055	5600	4061	4265	3136	4422
15141	15935	10763	9819	7146	7107	4445	4844	3057	4574
25075	23928	17652	16124	12124	12444	7495	8953	5127	8127
16270	15192	11528	9739	8451	8042	5388	5835	3799	5598
91123	**93060**	**63086**	**64916**	**43588**	**50408**	**28102**	**35112**	**20110**	**35414**
12225	12931	8586	8978	5673	7254	3594	5118	2655	5223
12140	12009	8432	8798	5813	6825	3451	4553	2585	5172
9471	9407	6808	7360	4804	5995	2905	4075	2035	4437
24582	26671	16420	17061	11549	12754	7804	9203	5626	8470
32705	32042	22840	22719	15749	17580	10348	12163	7209	12112
119084	**121376**	**84552**	**79793**	**59984**	**61864**	**37405**	**41990**	**26507**	**39284**
15888	17800	11140	11680	6783	7974	4016	4800	2556	3924
7489	7755	5175	4882	3827	3482	2190	2430	1494	2353
16549	14878	10093	9512	7383	7999	4577	5364	3239	4966
16009	18334	12550	11434	8937	7674	5463	5381	3962	5701
25250	26164	19755	17394	14831	14275	10477	10224	7881	9731
14373	13867	9542	9894	7091	8488	3968	5539	2646	4777
23526	22578	16297	14997	11132	11972	6714	8252	4729	7832
69876	**79061**	**50065**	**64425**	**35068**	**53060**	**20379**	**33849**	**11415**	**25350**
7835	9036	5033	6258	3196	4492	2051	3027	1135	2085
7386	8669	5166	6689	3178	5017	1830	3512	937	2447
7546	9142	5589	7133	3377	5371	1871	3268	921	2377
7299	7284	5383	6921	4055	5707	2323	3882	1409	2813
3422	3879	2640	3196	2000	2993	1140	1728	700	1312
3114	3722	2161	2817	1444	2275	905	1634	628	1484
2130	2416	1480	2037	1231	1906	835	1240	427	907
3586	4228	2467	3270	1759	2985	960	1866	536	1431
2116	2538	1317	1788	971	1436	524	915	259	553
5134	6137	3876	5365	2542	4391	1321	2519	721	1806
11084	11611	8499	10617	6975	9808	4092	5984	2344	4588
9224	10399	6454	8334	4340	6679	2527	4274	1398	3547
43558	**43796**	**29337**	**30348**	**20016**	**24199**	**13976**	**18437**	**9965**	**17269**
13616	14463	8676	9592	5891	7265	3823	5199	2587	4817
8130	8343	5028	5454	3376	4430	2554	3599	2000	3520
8436	7676	5864	5543	4160	4695	2830	3399	1979	3386
7370	7041	5396	5417	3675	4335	2669	3349	1913	2984
6006	6273	4373	4342	2914	3474	2100	2891	1486	2562
73971	**80674**	**51510**	**62684**	**33703**	**50569**	**21155**	**35185**	**12886**	**28669**
7838	8565	5620	6044	2894	3972	1847	2855	1127	2063
14588	15491	8826	9632	4996	7161	3456	5396	2393	5005
4940	5261	3542	4192	2345	3462	1384	2153	805	1703
2428	2808	1939	2438	1484	2299	939	1553	446	1031
3326	3824	2630	3495	1753	2679	1172	1884	575	1373
5006	6049	4196	5571	2824	4437	1667	2922	803	1917
7541	7648	4991	5492	3580	4697	2207	3256	1598	3159
6114	6533	4762	5561	3089	4352	1909	3174	1118	2388
4357	5222	2973	4161	2127	3503	1287	2240	742	1807
10988	11378	7173	9518	5303	8448	3202	5783	2026	5047
6845	7895	4858	6580	3308	5559	2085	3969	1253	3176
47458	**46616**	**31824**	**34865**	**21595**	**27083**	**14169**	**19690**	**10169**	**18438**
17078	17136	11853	13558	8236	10466	5595	7422	4396	7266
8370	8294	5289	6086	3538	5079	2295	3588	1579	3098

表2 续表 78

地区	0岁		1-4岁		5-9岁		10-14岁	
	男	女	男	女	男	女	男	女
象州县	1520	1337	7785	7140	10639	9688	10184	9240
武宣县	2184	1993	10839	10123	16149	14677	14482	13407
金秀瑶族自治县	689	584	3410	3159	4583	4426	4224	4194
合山市	520	518	2727	2422	3869	3820	3613	3316
崇左市	**10883**	**9436**	**60505**	**53052**	**85386**	**71252**	**78735**	**67445**
江州区	1997	1638	11548	9936	15753	12389	13635	10591
扶绥县	1958	1730	10802	9458	16287	12879	14814	12089
宁明县	1781	1539	9428	8344	14913	12941	14024	12735
龙州县	1343	1215	7097	6502	7481	7016	6369	6206
大新县	1459	1325	8633	7658	11567	10043	10388	9168
天等县	1541	1238	8663	7253	13902	11304	15177	12756
凭祥市	804	751	4334	3901	5483	4680	4328	3900
海南省	**57250**	**46780**	**284862**	**240159**	**392089**	**325884**	**366361**	**300340**
海口市	**15962**	**13015**	**81343**	**68707**	**103839**	**86457**	**88265**	**70941**
秀英区	3498	2815	18249	15130	22711	18974	17746	14449
龙华区	4256	3527	22301	18940	28592	23627	23828	19229
琼山区	3750	3006	18586	15720	24932	20648	22604	17725
美兰区	4458	3667	22207	18917	27604	23208	24087	19538
三亚市	**5695**	**4779**	**28271**	**23768**	**35453**	**29241**	**30138**	**24881**
海棠区	602	474	2956	2503	4268	3510	3552	3120
吉阳区	2259	1962	12033	10306	14346	11884	11711	9569
天涯区	2057	1704	9979	8281	12481	10344	10849	8975
崖州区	777	639	3303	2678	4358	3503	4026	3217
三沙市	**3**	**5**	**31**	**27**	**47**	**30**	**37**	**30**
西沙群岛	3	5	18	22	34	19	21	11
南沙群岛			11	4	12	11	13	18
中沙群岛的岛礁及其海域			2	1	1		3	1
儋州市	**6540**	**5122**	**32686**	**26005**	**44923**	**34054**	**43744**	**32021**
市辖区	6540	5122	32686	26005	44923	34054	43744	32021
省直辖县级行政区划	**29050**	**23859**	**142531**	**121652**	**207827**	**176102**	**204177**	**172467**
五指山市	469	428	2525	2178	3524	3206	4035	3749
琼海市	2738	2146	13490	10905	19647	15917	19437	15290
文昌市	2814	2276	13418	11505	19505	17093	18609	16003
万宁市	3096	2630	14908	12244	22193	18404	20952	17519
东方市	2809	2368	13963	11633	18701	14811	17651	13713
定安县	1670	1267	8017	6899	12221	10346	12191	10422
屯昌县	1537	1236	7553	6605	11206	10118	11145	10054
澄迈县	3124	2664	14759	12734	21373	18190	19802	16811
临高县	2397	1930	12047	10680	17692	15534	18902	16553
白沙黎族自治县	828	666	3846	3419	6669	5574	7614	6297
昌江黎族自治县	1379	1092	6664	5550	9203	7613	9179	7171
乐东黎族自治县	2475	2023	12471	10810	17097	14430	16496	13933
陵水黎族自治县	1870	1501	10659	9159	16006	13699	14682	13054
保亭黎族苗族自治县	880	778	3908	3518	5713	5064	5837	5333
琼中黎族苗族自治县	964	854	4303	3813	7077	6103	7645	6565
重庆省	**124283**	**115143**	**667693**	**618498**	**884840**	**810398**	**984260**	**893248**
市辖区	**95339**	**88798**	**517320**	**481349**	**664422**	**613178**	**705593**	**646756**
万州区	4847	4545	27654	25575	38089	35417	43090	39127
涪陵区	3482	3249	18999	17781	26816	25153	36627	34328
渝中区	1714	1548	9578	8805	12135	11162	9834	9147
大渡口区	1812	1670	9693	9035	11682	10725	9124	8545
江北区	3636	3515	19954	18571	21357	20134	16381	15559
沙坪坝区	5849	5473	31446	29539	38057	34958	29053	26712
九龙坡区	6339	5861	35184	32455	41808	38339	33711	31149
南岸区	4633	4371	26401	24539	31309	29302	24252	22673
北碚区	2751	2554	14060	13251	16401	15574	14968	14055
綦江区	3786	3603	19705	18836	25722	24503	28104	26595

单位：人

15-19岁		20-24岁		25-29岁		30-34岁		35-39岁		40-44岁	
男	女	男	女	男	女	男	女	男	女	男	女
6085	5671	4536	3958	6708	6005	9873	8903	11151	9462	11039	9626
9411	8391	6358	5680	9855	8527	12746	11447	12381	11017	11768	11085
2776	2435	2125	1847	3133	2801	5263	4634	5327	4516	5259	4289
1713	1619	1357	1246	2418	2334	3538	3271	3911	3480	4215	3414
79974	**68390**	**53119**	**48708**	**53632**	**44484**	**77814**	**67507**	**79145**	**68155**	**81826**	**70585**
29963	26071	20214	22166	11674	9333	17091	14960	17170	14651	17213	14864
18543	15045	13524	10110	10724	8016	15630	12628	16563	14015	16581	14793
9402	8085	5356	4430	8220	6566	11915	9754	12295	9927	12949	10649
4777	4511	3418	3001	6694	6277	9217	7875	9007	7584	9894	8159
6597	5761	4084	3694	5903	5559	8578	8546	9602	9035	10795	9469
7967	6535	3914	3225	5658	4609	8718	8205	8277	7785	8374	7748
2725	2382	2609	2082	4759	4124	6665	5539	6231	5158	6020	4903
306260	**244525**	**332069**	**263934**	**446327**	**378239**	**494216**	**427942**	**454656**	**396401**	**374755**	**328518**
94124	**80765**	**113815**	**101102**	**139684**	**123680**	**154027**	**138891**	**130174**	**119961**	**105000**	**96925**
15317	12497	18486	13225	29754	24453	34371	28601	28841	24014	23204	18775
24329	19706	29399	25786	42833	39000	45927	41650	36859	34430	29083	27448
22575	19891	23367	21055	29812	26358	33197	30324	29564	27575	23562	22368
31903	28671	42563	41036	37285	33869	40532	38316	34910	33942	29151	28334
30960	**23827**	**47018**	**38833**	**55547**	**48235**	**59927**	**51138**	**51092**	**43066**	**41645**	**34635**
2772	1917	4934	3317	6342	4848	6714	4805	5554	4087	4869	3572
16406	12712	25266	22267	24099	21123	26656	23512	22307	19128	17593	14744
9092	7363	13513	10910	19364	17478	20221	17814	17519	15141	14228	12437
2690	1835	3305	2339	5742	4786	6336	5007	5712	4710	4955	3882
36	**11**	**172**	**31**	**223**	**70**	**196**	**90**	**164**	**86**	**146**	**63**
19	5	92	21	134	56	134	59	111	62	91	42
14	5	65	9	59	11	52	28	42	21	46	17
3	1	15	1	30	3	10	3	11	3	9	4
32236	**22765**	**32578**	**22170**	**44945**	**37713**	**45368**	**38955**	**40050**	**34364**	**33732**	**29986**
32236	22765	32578	22170	44945	37713	45368	38955	40050	34364	33732	29986
148904	**117157**	**138486**	**101798**	**205928**	**168541**	**234698**	**198868**	**233176**	**198924**	**194232**	**166909**
4728	4992	2636	2874	3986	3337	4787	3965	5473	4127	4611	3581
16158	12110	12864	8899	18696	15252	23225	21476	22439	21114	17457	16471
14020	12172	12397	9678	17352	15332	22208	20815	20641	20768	18084	18362
14244	10785	13672	9524	22155	17451	27369	22829	25600	21774	18089	16065
14441	10617	13825	10331	20240	17014	20168	17510	20575	17907	18906	16135
8159	5869	6613	4511	10796	8422	11962	9934	11911	9997	9429	8214
7253	6052	6450	4846	9150	7685	10497	9136	11173	9489	8751	7433
15338	10398	14629	10445	20492	15846	23631	18704	22579	17179	17831	14445
14617	11973	13286	9922	17000	14477	16668	14265	17583	15063	15476	13625
4174	3384	3801	2823	6427	5011	7064	5810	8016	6342	7196	5863
5846	4481	6034	4387	9820	8058	10441	9048	10962	9386	10016	8437
13468	10536	14727	10449	20220	15979	21648	17047	21877	18173	19968	15806
8983	7311	10294	7784	16799	14216	19525	15896	18306	14885	14276	11449
3241	2825	3233	2452	6042	5047	7261	5886	7678	6018	7007	5329
4234	3652	4025	2873	6753	5414	8244	6547	8363	6702	7135	5694
939652	**827430**	**963154**	**917067**	**1088538**	**1041519**	**1231145**	**1195006**	**899256**	**873196**	**774008**	**786345**
723480	**646311**	**797659**	**773494**	**878787**	**847139**	**1029246**	**998638**	**744386**	**719421**	**620471**	**627599**
46354	43976	42597	43928	43940	42350	50953	50845	36651	37638	41406	43977
30758	32762	30961	31892	37023	32974	37639	34491	25084	24736	24796	25615
14534	11675	23441	28544	28435	30261	28422	27681	21873	20582	15338	14898
6592	5893	9433	9595	16733	17754	21861	22351	17070	16243	12142	11935
17588	16797	32135	30720	43736	43172	51118	50245	37508	36111	25886	25266
51328	54118	81135	82454	63078	61618	73904	71793	53159	50311	37295	36446
32264	27823	42135	41256	63213	64071	80985	80721	61611	58104	45269	43256
27414	25833	55051	54136	47103	50460	57027	60792	47295	47781	33742	33580
30617	28467	31410	34420	32567	29103	37061	32871	26951	23263	21836	19631
21718	23377	21653	21086	31362	28778	33723	31453	24145	23370	24372	24431

表2 续表 79

地　区	45-49岁		50-54岁		55-59岁		60-64岁	
	男	女	男	女	男	女	男	女
象州县	13232	11049	15439	12671	12024	10428	7065	6170
武宣县	13564	12390	14904	12764	12173	10664	8856	7808
金秀瑶族自治县	6507	5311	7139	5777	5830	4966	3365	2902
合山市	4211	3832	4479	4216	3999	3801	2937	3186
崇左市	**87696**	**75348**	**91251**	**78610**	**79295**	**71562**	**49537**	**48661**
江州区	16673	14498	16419	13813	13536	12011	7794	7408
扶绥县	17537	15646	18041	15219	14845	12682	9379	8614
宁明县	13825	11406	14938	12772	12466	11352	7687	7511
龙州县	11240	9495	11955	10228	10552	9475	6927	6972
大新县	12429	10635	13027	11684	12265	11334	7505	7809
天等县	9598	8526	11112	10080	10800	10624	7269	7507
凭祥市	6394	5142	5759	4814	4831	4084	2976	2840
海南省	**392037**	**346363**	**393118**	**353144**	**342351**	**316053**	**216993**	**208106**
海口市	**113840**	**104013**	**107901**	**95904**	**87095**	**81036**	**54569**	**52218**
秀英区	24653	19789	22508	18607	17170	15074	10445	9578
龙华区	31872	29749	30060	26343	23426	21842	14455	13845
琼山区	25069	23231	24135	21821	20535	18985	12822	12207
美兰区	32246	31244	31198	29133	25964	25135	16847	16588
三亚市	**45139**	**37051**	**41606**	**34150**	**31086**	**26781**	**18216**	**17557**
海棠区	5480	3907	5423	3939	4104	3091	2277	2027
吉阳区	19165	15442	17151	13988	12276	10610	6974	6803
天涯区	15048	13201	13713	11861	10639	9687	6413	6317
崖州区	5446	4501	5319	4362	4067	3393	2552	2410
三沙市	**189**	**70**	**174**	**76**	**111**	**43**	**61**	**24**
西沙群岛	134	42	123	51	80	33	45	16
南沙群岛	42	27	44	16	23	8	16	7
中沙群岛的岛礁及其海域	13	1	7	9	8	2		1
儋州市	**33590**	**30442**	**34022**	**31137**	**30729**	**28865**	**18604**	**18438**
市辖区	33590	30442	34022	31137	30729	28865	18604	18438
省直辖县级行政区划	**199279**	**174787**	**209415**	**191877**	**193330**	**179328**	**125543**	**119869**
五指山市	5173	4320	5013	4403	4372	3839	2522	2560
琼海市	18573	18012	21631	20700	21701	20579	13757	13085
文昌市	20469	20063	24011	22819	23757	23006	15393	14278
万宁市	19047	17934	19931	19756	19544	19262	14306	13884
东方市	18263	15517	16559	14735	13122	12523	8560	8360
定安县	9211	8097	11210	10043	11292	10067	8168	7232
屯昌县	8303	7138	10021	8813	10343	9229	7097	6468
澄迈县	17533	14919	18476	16570	16944	15676	11935	11328
临高县	14973	13474	14303	13478	13032	12256	9455	9403
白沙黎族自治县	7420	5970	7671	6780	7143	6111	3544	3255
昌江黎族自治县	10491	8953	10355	9097	8380	7338	4286	4144
乐东黎族自治县	20614	17256	19510	17785	16126	14826	9286	9225
陵水黎族自治县	14283	11289	14422	12763	12439	11522	8934	8972
保亭黎族苗族自治县	7341	5880	7743	6650	6615	5788	3693	3610
琼中黎族苗族自治县	7585	5965	8559	7485	8520	7306	4607	4065
重庆省	**1537647**	**1534361**	**1476616**	**1501644**	**1167368**	**1191404**	**794854**	**741981**
市辖区	**1218956**	**1216296**	**1170864**	**1193130**	**928249**	**948312**	**644367**	**607126**
万州区	82283	84206	76677	79678	61348	62855	41517	37407
涪陵区	68958	65669	63245	59539	44275	42257	18938	16096
渝中区	24276	24590	23901	25230	22129	22664	17131	16601
大渡口区	19659	20076	17734	18818	15860	17255	12574	12560
江北区	39542	38851	36811	38152	32107	34592	24916	25663
沙坪坝区	54554	54905	51718	55996	45389	49237	35017	35836
九龙坡区	70937	69786	64873	67507	54198	57970	38565	39418
南岸区	51020	50408	44171	46866	38616	42497	29743	31527
北碚区	40693	36972	39054	36808	31467	30826	22112	20694
綦江区	54544	51708	52873	51405	44091	41877	28679	25595

单位：人

65-69岁		70-74岁		75-79岁		80-84岁		85岁及以上	
男	女	男	女	男	女	男	女	男	女
7716	7207	5409	5847	3333	3907	2237	3137	1454	2971
8197	7566	5080	5145	3939	4577	2310	3227	1582	3046
3259	3286	2262	2320	1494	1771	1029	1427	716	1278
2838	3127	1931	1909	1055	1283	703	889	442	779
46712	**50215**	**31382**	**38799**	**21941**	**31361**	**12215**	**19867**	**7793**	**16414**
7057	7291	4488	5465	3320	4487	1762	2946	1167	2446
9357	9094	6004	6980	3957	5359	2202	3385	1338	3093
7087	7823	5055	6066	3388	4715	1857	2746	1177	2262
4990	5821	3496	4580	2461	3875	1323	2424	768	1843
7757	8813	5092	6382	3840	5623	2236	3642	1505	3121
8320	9000	5914	7623	4177	6161	2370	3985	1513	3045
2144	2373	1333	1703	798	1141	465	739	325	604
186885	**189566**	**124563**	**124546**	**72360**	**85565**	**59265**	**79041**	**48664**	**81045**
45667	**45969**	**29758**	**28694**	**17960**	**20420**	**14437**	**17532**	**11544**	**18124**
8554	8059	5226	4943	3057	3529	2432	3083	2004	3287
11569	11976	7658	7731	4771	5507	3945	4519	3173	4493
10866	10820	7355	6702	4325	4901	3492	4379	2847	4442
14678	15114	9519	9318	5807	6483	4568	5551	3520	5902
13707	**14409**	**8673**	**9122**	**5117**	**6272**	**3628**	**4805**	**2523**	**3405**
1623	1589	950	995	527	844	444	712	322	511
5155	5240	3137	3199	1709	2039	1192	1514	832	1013
4878	5351	3248	3566	2074	2433	1408	1807	962	1342
2051	2229	1338	1362	807	956	584	772	407	539
36	**16**	**8**	**3**	**6**	**4**	**4**	**3**	**6**	**1**
28	12	7	2	5	2	2	1	6	1
5	4	1	1	1	2	2	2		
3									
15258	**16444**	**8920**	**9854**	**6030**	**7834**	**4914**	**7213**	**4364**	**7644**
15258	16444	8920	9854	6030	7834	4914	7213	4364	7644
112217	**112728**	**77204**	**76873**	**43247**	**51035**	**36282**	**49488**	**30227**	**51871**
1986	2123	1205	1406	765	1069	542	761	372	627
13945	13332	9430	8649	4830	5358	4247	5627	3212	5839
16204	15263	11623	10847	6447	6730	5501	6949	4887	9595
12862	13342	8731	8983	3880	4348	4005	5156	3725	5793
7466	7862	5074	5481	3137	4020	2216	3241	1761	3243
7453	7016	5118	4644	2927	3290	2262	3015	1794	3001
6030	5559	3770	3682	1777	2068	1758	2367	1347	2196
11178	10984	8023	7107	4739	4876	3789	4528	3154	5220
8043	8278	5699	5631	3528	3982	2967	4052	3045	5305
2785	2874	1835	1952	1188	1620	845	1337	618	927
3602	3913	2531	3026	1789	2502	1535	2189	1331	1895
8191	8585	5814	6436	3642	4856	2776	4279	2009	3586
6568	7253	4464	4859	2467	3056	1881	2893	1475	2617
2591	2826	1744	2140	1020	1662	966	1359	614	816
3313	3518	2143	2030	1111	1598	992	1735	883	1211
1029177	**1042698**	**710033**	**705170**	**483690**	**498916**	**270922**	**310926**	**174997**	**247076**
807177	**822771**	**538872**	**538697**	**364724**	**380763**	**205419**	**240752**	**135459**	**198149**
55014	53711	39379	39789	25925	26985	14601	17566	9517	13032
31453	32377	26442	27639	20186	20594	11440	12840	7635	10267
17175	17572	8894	9176	5204	5913	3382	5038	3839	6395
11969	12751	6101	7163	4074	4604	2425	3452	1761	3180
26353	27950	14440	15543	8709	9474	5281	7056	4219	6752
37401	40023	20333	20997	12231	13811	7652	9551	5707	9261
39682	43252	23226	24706	14814	16064	8876	11294	6469	9630
32790	35579	18800	19802	11096	11635	6014	7511	4396	7474
26192	27367	16394	17124	11113	11484	6318	7490	4288	6680
35928	33782	25222	24631	19228	20870	10889	13023	6613	10054

表2 续表 80

地区	0岁		1-4岁		5-9岁		10-14岁	
	男	女	男	女	男	女	男	女
大足区	3450	3001	19300	17587	28865	26021	35874	31933
渝北区	10509	9948	54713	51230	58958	55146	45330	41985
巴南区	4333	4130	24083	22757	28277	26681	25111	23919
黔江区	2546	2310	12945	11214	18509	15364	20041	16193
长寿区	2354	2201	11624	10954	14482	13933	17458	16634
江津区	4289	4077	23484	22252	31593	29398	40212	38159
合川区	3719	3446	20815	19478	27632	25148	36285	32600
永川区	3922	3552	21211	19808	30689	28578	39200	36387
南川区	2100	1837	10397	9739	15354	14452	20489	19394
璧山区	2801	2495	14859	13841	17660	16726	19877	18498
铜梁区	2546	2359	13516	12814	18273	16764	24034	21674
潼南区	2856	2644	15721	14275	21189	18610	23485	20678
荣昌区	2498	2370	13815	13025	17653	16147	21558	20236
开州区	4959	4534	28947	26159	44225	39413	51721	44608
梁平区	2328	2255	12799	11767	18870	17166	27074	23974
武隆区	1280	1250	6417	6062	8817	8364	12700	11994
县	**28944**	**26345**	**150373**	**137149**	**220418**	**197220**	**278667**	**246492**
城口县	985	866	4569	4136	7379	6708	9211	8392
丰都县	1904	1762	9764	9011	14878	13613	21665	19959
垫江县	2478	2306	13362	12271	19707	17651	26584	23270
忠县	2361	2132	13051	11880	20595	18838	33607	29413
云阳县	3837	3511	21204	19776	29447	26456	33498	29914
奉节县	3326	3048	16848	15293	22795	20074	28002	24463
巫山县	1950	1859	10285	9421	15259	14001	18237	16556
巫溪县	1826	1637	9286	8499	13750	12933	15490	14120
石柱土家族自治县	1698	1603	8505	7833	11869	10784	14914	13202
秀山土家族苗族自治县	2860	2549	14845	12935	20597	17641	20673	18507
酉阳土家族苗族自治县	3121	2741	15931	14341	25185	21734	32902	28705
彭水苗族土家族自治县	2598	2331	12723	11753	18957	16787	23884	19991
四川省	**329691**	**304871**	**1777510**	**1651085**	**2387321**	**2217053**	**2497084**	**2306497**
成都市	**84310**	**78761**	**453296**	**423742**	**491225**	**456424**	**411182**	**381887**
锦江区	2987	2753	18392	17230	24260	22499	17208	16113
青羊区	3293	3133	19960	18694	26695	24421	19007	17634
金牛区	3928	3702	22818	21008	28375	25775	23890	21393
武侯区	7004	6484	38098	35732	44848	41712	34390	32136
成华区	5129	4737	26996	25522	30854	28785	23276	21353
龙泉驿区	7110	6667	34558	32420	30246	28091	23837	22383
青白江区	1955	1729	9820	9047	10608	9812	10168	9177
新都区	6688	6360	38182	35398	40788	37415	33981	30684
温江区	4712	4470	24813	23082	23718	21982	16587	15159
双流区	12917	12096	66616	62718	62933	58391	44988	41638
郫都区	6665	6223	36805	34339	37495	34605	27731	25703
新津区	1267	1256	7453	6910	7824	7323	6529	6178
金堂县	3127	2870	16531	15625	18980	17620	22039	20709
大邑县	1936	1743	9948	9559	10943	10361	10234	9506
蒲江县	1026	960	5364	4974	5544	5343	4883	4591
都江堰市	2340	2261	13567	12784	15643	14726	14130	13301
彭州市	2768	2589	15345	14280	17080	15870	15908	15050
邛崃市	2258	2114	12024	11168	13176	12834	11126	10523
崇州市	2440	2242	13184	12106	14756	13873	12825	12354
简阳市	4760	4372	22822	21146	26459	24986	38445	36302
自贡市	**7979**	**7418**	**44751**	**41590**	**67771**	**63663**	**81908**	**77376**
自流井区	1499	1372	8687	7980	11962	11320	11588	11098
贡井区	639	591	3471	3417	5297	5254	7015	6463
大安区	865	834	4729	4347	7452	6914	9545	9034
沿滩区	1078	996	5856	5374	8833	8192	10378	9968
荣县	1355	1282	7566	7167	10868	10448	14821	14178
富顺县	2543	2343	14442	13305	23359	21535	28561	26635

单位：人

15-19岁		20-24岁		25-29岁		30-34岁		35-39岁		40-44岁	
男	女	男	女	男	女	男	女	男	女	男	女
26310	21602	17766	14648	26143	23646	34046	30423	21041	19510	17169	17508
44571	37496	74647	75775	103327	102859	120636	120064	84698	82390	61111	60987
29201	29272	38656	37388	42075	42002	52561	51999	39323	35805	30660	28728
19838	15884	12875	12706	15456	15938	15672	16999	15326	15645	11522	11627
16154	15191	16398	14735	21015	19011	22771	21294	17257	16620	19093	18502
60982	41676	44001	31236	36028	32938	43185	40127	30910	29666	26389	27727
34285	34051	43481	50835	30980	28804	37937	35632	26568	26105	23637	25983
57767	47785	46782	41721	28983	27818	38381	37656	31268	29858	23298	23981
13307	11950	13047	11936	15922	14548	16073	15502	11679	11732	12961	13109
19878	17402	24512	19342	27351	24083	32669	28403	22465	19988	19314	18727
18461	16953	13853	13883	19920	19139	21180	20569	14131	15142	14011	15918
17131	14037	16176	13505	23341	20187	28774	25279	16842	15665	15403	15725
18604	17320	13925	13423	16174	15658	23713	22744	19053	18159	15426	16211
38935	31178	29813	25760	36760	34582	39261	40777	23288	25418	27377	31433
19469	15322	13341	11130	17226	15707	19328	17997	11277	11485	12521	14022
9420	8471	8435	7440	10896	9678	10366	9930	7913	8094	8497	8376
216172	**181119**	**165495**	**143573**	**209751**	**194380**	**201899**	**196368**	**154870**	**153775**	**153537**	**158746**
5876	4771	3848	3768	5271	5452	6951	7364	5367	5427	6389	6444
20868	18287	13289	11551	14603	13686	13206	13334	12654	12769	10467	11329
23869	20639	14813	12638	17120	16233	19599	17879	13410	13341	14570	15354
21881	18735	14791	12740	19638	17825	21060	19720	15396	14872	16091	16382
27465	23273	24402	21211	32982	29231	29396	27007	19986	20286	22409	22961
22278	18411	19201	16414	28643	24756	25140	23462	16145	15868	19818	19937
12685	10955	10255	9055	13604	12568	15953	16224	10738	10904	13940	13788
10079	8781	6875	6657	11943	11869	12614	13164	9510	9626	9982	10327
14410	11846	9790	8892	11493	11691	9886	10583	9152	10051	7066	7779
14303	12012	13891	12748	17672	17651	16858	16875	13901	13540	9360	9841
21846	18133	16380	13838	18731	17581	16503	16608	15200	15083	12596	13500
20612	15276	17960	14061	18051	15837	14733	14148	13411	12008	10849	11104
2255617	**2063785**	**2433508**	**2307878**	**2767100**	**2623789**	**3262890**	**3090398**	**2307155**	**2220977**	**2380790**	**2364598**
467103	**434023**	**812825**	**805745**	**905812**	**893024**	**1071667**	**1032235**	**725127**	**690451**	**644133**	**620398**
13984	15955	32463	37300	41046	43699	47455	49834	40046	41550	30007	29599
13809	14871	32420	38835	41125	44853	46610	50726	39432	42949	30931	31950
22869	22840	57026	62919	60964	62395	63032	61403	47156	46049	39846	39136
30269	26172	89113	96277	100442	104588	103144	103620	75370	76224	61097	59654
25048	20708	61403	64206	67818	71128	75826	76146	54850	53046	42208	40898
41780	40186	62641	62444	64016	61402	78397	70166	46071	41783	42444	38565
9459	7834	13152	10849	16847	15351	21140	19893	16092	14671	17015	15707
28534	25417	51817	49700	67121	66245	89013	84277	58506	52668	52570	49625
27449	29897	43691	52340	41224	44156	54201	53491	33691	32088	27096	26485
57956	49997	115912	109073	153196	141824	168150	152906	102954	89892	88564	78806
70026	57634	108716	78551	86881	73408	103875	90231	61533	53734	48486	46252
6585	7213	9593	9660	11924	11420	14619	14301	11034	10271	11257	10761
30318	30369	29666	31406	19526	19544	26020	26474	18854	18986	22927	22584
10368	11067	12276	12373	14029	14333	19389	19344	13164	12994	13354	13681
3696	3557	4885	4606	7001	7307	7868	8848	6821	6873	7479	7445
14112	16197	18299	23179	19045	20662	26833	28853	19218	19700	19288	20187
10995	10299	13597	13387	21886	22835	31499	32449	23038	21833	21761	21209
9379	8769	12058	11550	17030	17563	19855	20721	14321	14419	16916	17285
17035	13624	20112	15740	26651	23724	33485	31214	21865	20861	21384	21340
23432	21417	23985	21350	28040	26587	41256	37338	21111	19860	29503	29229
61113	**58905**	**50262**	**48179**	**61868**	**60226**	**80861**	**77496**	**60343**	**58895**	**61223**	**62077**
12041	12876	12502	12690	12567	13764	18389	20074	15571	16376	13455	14091
3970	3622	3575	3421	5012	4941	6955	6911	6074	5576	5764	5465
7086	6343	5776	5156	7347	6356	10027	8107	7290	6349	7231	6925
8225	8383	5895	6229	7984	7807	11151	10395	7766	7002	7166	6832
8275	7711	7054	6557	9810	9411	11143	10970	8968	9230	11519	12011
21516	19970	15460	14126	19148	17947	23196	21039	14674	14362	16088	16753

表2 续表 81

地区	45-49岁		50-54岁		55-59岁		60-64岁	
	男	女	男	女	男	女	男	女
大足区	38691	39750	38306	40250	25797	27014	20382	19523
渝北区	99186	97665	92157	95727	72124	78873	46707	47579
巴南区	53029	52113	53875	53632	46710	45198	32111	29382
黔江区	23185	23580	20249	21283	14821	15533	9368	9222
长寿区	39813	37519	37551	35540	30231	28852	17487	16193
江津区	67694	67870	70058	69415	53609	52559	39618	34822
合川区	58212	60195	63110	63734	47892	47660	39111	34621
永川区	52450	53704	51729	53899	39554	40160	29780	28307
南川区	38284	36466	31560	30521	22555	22149	12595	11779
璧山区	39564	38185	39554	38233	29447	28698	18910	16650
铜梁区	32529	36393	35095	37313	24977	25422	18787	16334
潼南区	29752	30788	28859	30990	24900	24434	20889	17824
荣昌区	31903	32161	33938	34899	24645	25949	19348	18606
开州区	52835	57864	51168	55907	39237	43119	27298	24539
梁平区	32844	33890	32624	33656	28142	28111	15137	14237
武隆区	22519	20982	19974	18132	14128	12551	7647	6111
县	**318691**	**318065**	**305752**	**308514**	**239119**	**243092**	**150487**	**134855**
城口县	9355	8618	8970	8202	6567	6106	4606	4480
丰都县	28947	29900	28000	28345	23408	23162	13233	10702
垫江县	30769	32506	28695	30990	25696	25534	14793	12621
忠县	31966	33152	32261	33838	28653	28803	19720	17273
云阳县	44133	44478	43043	42810	33244	34801	22001	18997
奉节县	37201	35807	34786	34145	26554	26609	17674	15970
巫山县	23976	23072	22316	21794	15669	15997	9952	9244
巫溪县	17545	17549	18227	18153	14122	13888	10302	9383
石柱土家族自治县	18339	19246	18198	18757	15343	15703	8262	7868
秀山土家族苗族自治县	20752	20072	21193	21958	16038	17927	8218	8622
酉阳土家族苗族自治县	27614	26683	25784	25103	17912	18398	11716	10561
彭水苗族土家族自治县	28094	26982	24279	24419	15913	16164	10010	9134
四川省	**4023685**	**3985170**	**3963543**	**3984310**	**2993893**	**3010864**	**2042844**	**1953360**
成都市	**991089**	**962919**	**948740**	**950633**	**707573**	**729364**	**449189**	**463697**
锦江区	36821	36396	32371	33907	26834	30121	21500	23484
青羊区	39658	40025	34919	36655	29097	33024	22065	24907
金牛区	57320	56408	52600	53516	42160	43331	30226	30935
武侯区	79647	78569	68893	71813	52408	57825	35864	39784
成华区	58289	57411	55013	57264	44858	49035	32929	34743
龙泉驿区	62946	58532	56970	56432	38420	40198	24081	25350
青白江区	29506	26595	28682	25500	20623	18144	12158	11708
新都区	81763	78240	76627	75833	54134	53687	29884	29590
温江区	39898	39296	38370	40554	29632	33690	18549	19923
双流区	126359	115165	113750	110629	77533	81491	45869	48969
郫都区	70079	69261	63824	65406	47011	50243	27011	27892
新津区	21430	20069	20504	18833	15276	14310	8367	8676
金堂县	37280	37931	37307	39188	28681	27818	20873	19759
大邑县	28361	28581	30155	29987	22266	21896	12202	11879
蒲江县	16096	15766	16027	15138	11691	11192	6568	6494
都江堰市	34841	35154	37532	38440	28931	30103	18319	18758
彭州市	37629	37802	45400	44927	37467	36272	22591	22634
邛崃市	36141	35405	36267	35967	27380	26440	16119	15211
崇州市	36866	36484	42203	41213	31381	31153	16997	17049
简阳市	60159	59829	61326	59431	41790	39391	27017	25952
自贡市	**114918**	**118719**	**120856**	**127350**	**95309**	**97513**	**77269**	**73343**
自流井区	21485	22705	21155	23161	18859	19985	14822	15666
贡井区	11494	11321	12104	12312	9816	9557	7115	6556
大安区	13516	13373	14175	14387	11850	11703	10793	9632
沿滩区	11987	12276	13376	14055	11358	11289	10136	9051
荣县	26594	26766	28535	29100	19479	19181	11050	10042
富顺县	29842	32278	31511	34335	23947	25798	23353	22396

单位：人

65-69岁		70-74岁		75-79岁		80-84岁		85岁及以上	
男	女	男	女	男	女	男	女	男	女
28265	30906	19070	19523	12799	12750	6580	7903	4352	6888
54876	57508	32855	33588	20884	22117	11528	13412	7463	10864
38122	37088	24994	24023	16863	18355	9678	11260	6097	9365
13684	13727	9732	9048	6712	6398	3677	3934	2041	2477
24416	23910	18519	18526	13642	15020	7746	8751	4861	6702
50449	49259	34580	31178	25208	23896	14087	14847	9465	12668
51612	49218	36163	32749	23143	23614	12662	14511	8041	11625
33581	37081	21742	21650	15525	16949	9019	10571	5913	8637
20621	20863	14752	15161	10817	10964	5016	5739	2991	4001
23967	23618	16135	14537	11401	10935	6699	7050	4653	6895
26773	26718	19636	19004	13112	12625	7136	7926	4430	6379
26789	25678	18366	17489	12159	13457	6484	7269	4559	5906
24307	25900	16155	16849	10813	12186	6034	7367	3820	6385
40068	40520	30185	29862	20436	20465	11935	13521	6572	8627
23902	25636	17326	19993	10767	11984	6208	7650	3243	4907
11788	10777	9431	8947	7863	7614	4052	4220	2514	3098
222000	**219927**	**171161**	**166473**	**118966**	**118153**	**65503**	**70174**	**39538**	**48927**
6142	5834	5000	4716	2896	2805	1416	1401	624	585
19414	18192	14508	14520	10984	11625	6470	7608	4219	5538
22392	22645	17696	18722	12901	14093	6447	7501	4160	5439
27272	26792	19766	20037	14096	14736	9045	9637	5784	7137
32279	30981	24740	23476	16745	16624	9265	10387	5599	7179
24478	24753	18617	17321	12984	12153	6685	6701	3844	4632
14744	15391	11626	10512	8401	7245	4372	4029	2800	3085
13604	12948	9979	9193	7244	6790	3329	3241	2051	2169
13468	13437	9241	9323	7248	7274	4197	4579	2382	3089
14056	15239	12178	11876	7397	7059	4078	4435	2442	3395
18556	18444	15199	14415	8980	8771	5494	5671	3324	4054
15595	15271	12611	12362	9090	8978	4705	4984	2309	2625
2611050	**2698318**	**1829916**	**1841712**	**1239306**	**1309624**	**718779**	**821176**	**468036**	**629683**
528537	**584046**	**344621**	**367310**	**232370**	**248596**	**145843**	**158985**	**107999**	**132876**
21684	23874	13156	13987	8658	8996	6017	7174	6037	7536
22758	26097	14859	16689	10062	11919	7866	8767	7214	8025
28847	31546	18516	20330	12198	13928	8925	10914	7721	9453
36409	42064	23055	25799	15612	17902	11777	12658	8839	9894
30470	34157	19653	22056	13385	14890	10344	11427	7459	8574
27598	32733	18638	20426	11090	11548	7174	7621	4994	6252
13843	15859	8792	10222	6379	7534	3883	4266	2691	3380
32845	37612	20524	23527	13695	15542	8207	9187	5634	6946
20519	23298	12907	14371	8543	9219	5112	5626	3532	4497
52292	59266	32835	34013	20969	22197	12826	13820	8952	11367
30590	34164	19835	22269	13011	14389	7700	8442	5337	6668
11322	12480	8006	8404	5457	5839	3140	3212	2149	2739
27814	27833	17449	16130	11375	11414	7033	7110	4899	6302
18927	19449	12168	12177	9498	9603	5007	5320	3455	4429
9294	9924	5509	5975	3939	4491	2296	2680	1362	2050
23099	25647	16625	17874	11717	12511	7514	7893	5024	5749
29458	32414	18449	20185	12783	13807	6810	7560	4624	5909
22792	22549	14512	13999	11411	12208	5617	6324	4083	5459
24325	25402	16595	16132	12003	12532	6835	7051	4837	5850
43651	47678	32538	32745	20585	18127	11760	11933	9156	11797
99090	**101091**	**66227**	**68236**	**41821**	**46661**	**26807**	**33663**	**18099**	**28380**
15094	17157	9361	10700	6540	7888	4141	5745	2869	4746
10171	9984	6431	6570	4333	4692	2678	3457	1772	2908
12199	11834	7917	8012	5031	5839	3165	4393	2279	3834
11098	11201	7227	7088	4426	5415	3060	3711	2096	3005
21566	21375	16199	16450	9832	10244	6102	7214	3705	5710
28962	29540	19092	19416	11659	12583	7661	9143	5378	8177

表2 续表 82

地区	0岁		1-4岁		5-9岁		10-14岁	
	男	女	男	女	男	女	男	女
攀枝花市	**4800**	**4439**	**24483**	**22999**	**28403**	**25823**	**30375**	**28347**
东区	1201	1056	6357	5889	8425	7581	10578	10362
西区	292	265	1565	1490	2219	2106	2707	2482
仁和区	1124	1043	5880	5598	6068	5522	5684	5223
米易县	1290	1236	6405	6004	6479	5940	5816	5329
盐边县	893	839	4276	4018	5212	4674	5590	4951
泸州市	**15629**	**14068**	**89478**	**83094**	**130052**	**118632**	**169353**	**155284**
江阳区	2766	2383	15598	14558	20017	18154	21457	20028
纳溪区	1090	1030	6203	5852	8962	8150	14398	13192
龙马潭区	1662	1468	10087	9388	11775	11187	13266	12248
泸县	2422	2182	13729	12725	18931	17095	32001	28585
合江县	2118	2064	11735	11055	18856	17290	30346	27816
叙永县	2215	1964	13304	12253	19979	18167	25651	23674
古蔺县	3356	2977	18822	17263	31532	28589	32234	29741
德阳市	**10799**	**10353**	**60195**	**56319**	**79121**	**74205**	**82405**	**77899**
旌阳区	2737	2632	15823	14976	19628	18328	16673	15673
罗江区	652	614	3401	3204	4645	4281	4714	4523
中江县	3120	2930	16606	15515	25648	23719	33882	31630
广汉市	1915	1958	11126	10215	12556	12145	11199	10691
什邡市	1164	1085	6515	6016	7835	7498	7818	7431
绵竹市	1211	1134	6724	6393	8809	8234	8119	7951
绵阳市	**17406**	**16381**	**93910**	**87634**	**122366**	**114782**	**121652**	**113592**
涪城区	4718	4452	28035	26121	33833	31261	29056	26906
游仙区	1981	1881	11097	10258	13952	12873	12963	11921
安州区	1479	1367	7493	6997	9267	8973	10510	10002
三台县	3363	3122	17875	16596	26569	25083	28950	26747
盐亭县	1315	1186	5319	4947	8562	8089	9987	9402
梓潼县	1002	942	4999	4671	6872	6495	6589	6304
北川羌族自治县	600	603	3046	2897	4447	4226	4661	4370
平武县	489	474	2061	2015	2651	2389	2936	2772
江油市	2459	2354	13985	13132	16213	15393	16000	15168
广元市	**9100**	**8470**	**44688**	**42316**	**60560**	**56928**	**68264**	**63974**
利州区	2869	2689	14747	13700	17767	16421	15135	14306
昭化区	649	500	2487	2353	3013	2785	3324	2950
朝天区	552	530	2254	2237	2783	2649	3556	3376
旺苍县	1196	1174	5600	5263	8346	7955	10306	9457
青川县	546	538	2615	2511	3558	3335	4162	3991
剑阁县	1672	1647	8622	8235	12140	11303	13620	13001
苍溪县	1616	1392	8363	8017	12953	12480	18161	16893
遂宁市	**9498**	**8659**	**55579**	**51367**	**81332**	**75003**	**81035**	**74303**
船山区	3140	2946	18855	17412	25351	23305	21952	19790
安居区	1571	1304	7638	7006	12168	11352	13601	12425
蓬溪县	1398	1225	7707	7122	12412	11383	13113	12094
大英县	1118	1018	8104	7459	12579	11294	12782	11662
射洪市	2271	2166	13275	12368	18822	17669	19587	18332
内江市	**10169**	**9590**	**56673**	**52546**	**82249**	**76998**	**103226**	**96785**
市中区	864	861	5554	5195	8280	7712	9997	9527
东兴区	2684	2470	14087	13005	20304	19010	24133	22854
威远县	1693	1588	9498	8675	13168	12569	16892	15848
资中县	2831	2677	15116	14116	22135	20777	28846	26766
内江经济开发区	308	308	1884	1727	2509	2350	2417	2273
隆昌市	1789	1686	10534	9828	15853	14580	20941	19517
乐山市	**11888**	**11050**	**60707**	**56721**	**78989**	**74367**	**78417**	**73917**
市中区	2652	2542	15350	14164	18849	17630	15803	14846
沙湾区	418	335	2065	1908	2846	2649	2880	2772
五通桥区	679	653	3438	3104	4461	4297	4349	4175
金口河区	175	182	945	874	1201	1128	1003	963
犍为县	1447	1317	7352	7048	10327	9656	11548	10965
井研县	705	713	3969	3750	5821	5534	8307	7904

单位：人

15-19岁		20-24岁		25-29岁		30-34岁		35-39岁		40-44岁	
男	女	男	女	男	女	男	女	男	女	男	女
36117	**29971**	**38239**	**32818**	**34787**	**32571**	**42578**	**40540**	**32762**	**32686**	**44281**	**43536**
14722	12221	16223	13971	9929	10185	13796	13859	10769	11775	15235	15192
5303	3876	2734	2346	2857	2643	3587	3628	2884	3235	5271	5169
6356	5329	6917	5845	8254	7465	10645	9725	7520	7215	9781	9905
5541	4745	6512	5761	7458	7012	8273	7859	6547	5944	7984	7459
4195	3800	5853	4895	6289	5266	6277	5469	5042	4517	6010	5811
151082	**139150**	**104782**	**98085**	**112905**	**107715**	**132105**	**126576**	**102073**	**98610**	**104788**	**106611**
25047	22746	21831	20645	21578	22867	29983	31282	22698	23089	19890	21377
11165	9612	6866	6249	8145	7450	9374	8564	7289	6956	9990	9741
15207	17811	14206	16720	14951	15549	18495	18439	13543	13614	12161	12986
29838	25190	15205	12413	15553	14632	19423	18075	15055	14951	15537	16421
29438	28031	13532	13082	16137	15228	16767	16212	11744	12368	14229	15709
18985	16324	14954	12830	15551	13382	15532	13904	13151	11528	14778	13916
21402	19436	18188	16146	20990	18607	22531	20100	18593	16104	18203	16461
78340	**68227**	**83308**	**70571**	**87955**	**86930**	**119207**	**119543**	**87889**	**88288**	**100081**	**103531**
20845	17111	22687	18807	22183	23723	33615	35797	25673	26881	26325	28052
7409	7917	5636	6091	4086	4381	5540	6154	4669	4842	5433	5776
21164	18592	19791	16905	23850	21081	30243	26511	19747	18644	28483	27811
14371	10075	19353	12731	18486	17355	22231	21704	17818	17262	18414	18543
5927	5084	7021	6252	10415	10400	15036	15179	10440	10084	10102	10803
8624	9448	8820	9785	8935	9990	12542	14198	9542	10575	11324	12546
125488	**117748**	**119593**	**121829**	**136074**	**134959**	**167550**	**171966**	**120991**	**126647**	**145134**	**151489**
53661	52954	44483	50538	44630	47041	56113	60546	40392	44886	42739	46906
15151	12367	18266	17760	15427	15246	19023	19886	15095	15498	17117	17837
7069	6153	8296	6616	9398	9828	12442	13202	7795	8578	10320	10967
17929	16160	16657	14753	25020	22572	31551	28668	21249	19713	26525	26123
6780	6097	6807	6087	8859	7966	10609	9686	7166	6965	10807	10814
4458	4398	6662	7446	6613	6349	7171	7209	5278	5389	7695	7548
5434	4014	3396	3130	4922	4634	5480	5510	3374	3422	4478	4718
2004	1710	2597	2066	3907	3315	4130	3672	3241	2826	3713	3473
13002	13895	12429	13433	17298	18008	21031	23587	17401	19370	21740	23103
50100	**46221**	**48724**	**48097**	**65070**	**64235**	**71407**	**72555**	**47194**	**49303**	**61902**	**64614**
16861	16126	15661	17847	20756	23111	24964	27924	16318	17963	19273	21151
2076	1667	2703	2468	3525	3169	3927	3417	2334	2161	3259	3014
2460	2225	3063	2831	3777	3398	3609	3380	1907	1914	2846	3224
8380	7607	8792	7841	9016	8374	8598	8520	5698	5930	9468	9569
2494	2222	3182	2908	4352	3934	4894	4768	3108	3083	4843	4772
7635	7032	7245	6812	12047	11106	12881	11674	8289	8134	11915	11510
10194	9342	8078	7390	11597	11143	12534	12872	9540	10118	10298	11374
64511	**56691**	**65580**	**59140**	**93554**	**84690**	**117284**	**104963**	**77829**	**71496**	**75095**	**74027**
21653	19986	21385	21678	29134	30039	38138	38279	27355	27422	23491	24611
10467	8791	11500	8928	14672	11099	17001	13069	11674	9065	10279	8860
8525	7089	9516	7922	14473	11479	17375	13802	11045	9219	10623	9923
8486	6957	8276	7197	13022	11673	16856	14801	10837	9190	10150	9983
15380	13868	14903	13415	22253	20400	27914	25012	16918	16600	20552	20650
85460	**86045**	**68855**	**68833**	**66446**	**62828**	**125619**	**112502**	**76577**	**71593**	**81227**	**82649**
9522	8823	7156	6801	7517	7227	12697	11823	8082	8025	8273	8864
23961	26277	20710	24827	16171	16014	32790	30860	20286	18919	18729	18917
11479	10969	10156	8524	10984	10194	21667	19168	11918	11372	15513	15303
22985	20960	18115	15042	19380	16739	33898	27416	19572	17563	22324	22661
2927	2225	1884	1970	2462	2603	4408	4369	2488	2357	2079	2386
14586	16791	10834	11669	9932	10051	20159	18866	14231	13357	14309	14518
64292	**62847**	**69644**	**68075**	**90152**	**88325**	**97017**	**97777**	**82126**	**81876**	**94767**	**94984**
20106	21678	22929	24459	24607	26502	29213	32007	23905	26030	24633	26243
2589	2355	2758	2656	3779	3443	4235	4037	3140	3208	4788	4717
2926	2787	3705	3387	5790	5359	6340	6170	5982	5631	7298	6900
672	616	1118	985	1552	1372	1456	1248	1071	925	1334	1174
7520	7123	6620	6147	10269	9838	11923	11380	9906	9373	10315	10245
4940	4628	4578	4247	6703	6128	6566	6392	5976	5579	7177	7064

表2 续表 83

地区	45-49岁		50-54岁		55-59岁		60-64岁	
	男	女	男	女	男	女	男	女
攀枝花市	**81122**	**74022**	**66173**	**59115**	**43148**	**38494**	**24150**	**22971**
东区	27712	24366	19583	17430	12836	12245	7627	8041
西区	10415	9185	8226	6596	4827	3981	2261	2086
仁和区	17968	16707	15433	14106	11051	9544	5732	5237
米易县	14423	13504	12737	11788	7934	7072	4748	4195
盐边县	10604	10260	10194	9195	6500	5652	3782	3412
泸州市	**201737**	**203568**	**198812**	**205843**	**151082**	**154817**	**117055**	**110409**
江阳区	35455	37997	33923	36568	27292	28863	21334	20507
纳溪区	20504	19484	18713	17890	13120	12997	9561	9506
龙马潭区	22420	23903	22168	24090	17569	18716	12549	12065
泸县	34041	37643	37150	40947	28905	30431	24704	22873
合江县	32873	33988	33258	34632	24809	24763	20453	18799
叙永县	28555	25998	26644	25839	19606	19518	13744	12911
古蔺县	27889	24555	26956	25877	19781	19529	14710	13748
德阳市	**174532**	**176883**	**180027**	**178517**	**155544**	**153283**	**97566**	**94760**
旌阳区	43403	43403	40313	40376	35072	35978	21442	21595
罗江区	9921	10432	10528	10405	9245	9436	6209	5817
中江县	45227	45893	43446	45215	38619	37237	29592	24847
广汉市	32770	32301	35903	34017	29232	28198	16356	17191
什邡市	21498	21636	25599	24050	21090	20093	11047	12055
绵竹市	21713	23218	24238	24454	22286	22341	12920	13255
绵阳市	**245277**	**249505**	**244122**	**246898**	**202639**	**198442**	**136405**	**123982**
涪城区	61435	64577	54259	57130	42933	45566	26537	26676
游仙区	27673	28244	27603	27936	23607	22645	14653	14096
安州区	18473	18999	19678	19902	17349	16882	11521	10328
三台县	46240	46539	48743	49564	42059	40025	30078	24901
盐亭县	19270	18792	20507	20504	16920	16184	13193	11287
梓潼县	15270	14962	15830	15447	12995	12243	8826	7841
北川羌族自治县	8886	9089	9712	9724	7971	7246	5245	4540
平武县	7763	7188	8255	7319	6162	5160	3716	3099
江油市	40267	41115	39535	39372	32643	32491	22636	21214
广元市	**126775**	**128019**	**124723**	**123776**	**97831**	**95889**	**67116**	**64004**
利州区	35750	37204	30763	31800	22642	23048	13913	13753
昭化区	7737	7583	7610	7303	6475	6086	4707	4408
朝天区	7214	7185	7187	7173	5699	5497	3777	3568
旺苍县	20971	19921	19236	17791	13656	12867	8386	8025
青川县	9722	9306	9673	9068	7433	6625	4859	4458
剑阁县	21494	20473	21626	21322	19366	18785	14444	13662
苍溪县	23887	26347	28628	29319	22560	22981	17030	16130
遂宁市	**121995**	**125951**	**122240**	**138383**	**103708**	**111408**	**82277**	**68076**
船山区	37325	39427	34682	40018	28670	31273	21176	18790
安居区	17019	17120	17302	19971	15038	15636	13335	11368
蓬溪县	17515	17409	18219	20267	16551	17302	14582	11320
大英县	16175	16738	16178	19157	13409	15104	10926	8713
射洪市	33961	35257	35859	38970	30040	32093	22258	17885
内江市	**151427**	**154834**	**156413**	**163915**	**121352**	**123307**	**87285**	**76167**
市中区	16281	17104	17209	18023	14098	14251	9704	8727
东兴区	35061	35610	34634	36717	27204	27617	18576	17106
威远县	29775	29147	31235	30878	22749	21659	14352	12765
资中县	40760	41471	42886	44237	33285	32936	23536	18383
内江经济开发区	4037	4724	4180	4640	3349	3511	2132	1919
隆昌市	25513	26778	26269	29420	20667	23333	18985	17267
乐山市	**171930**	**169190**	**178132**	**174376**	**128977**	**125446**	**85740**	**81991**
市中区	39986	41612	40050	42883	31405	32695	21947	22436
沙湾区	9070	8378	9447	8567	6454	5850	4040	3999
五通桥区	14017	13438	15159	14518	10940	10671	7941	7428
金口河区	2313	2069	2229	1905	1337	1059	779	725
犍为县	24169	23179	25629	24550	19056	18249	12206	10868
井研县	15001	15514	16848	17013	10568	10819	8607	7699

单位：人

65–69岁		70–74岁		75–79岁		80–84岁		85岁及以上	
男	女	男	女	男	女	男	女	男	女
24916	**30738**	**28050**	**30754**	**24930**	**18615**	**11214**	**11098**	**5833**	**6305**
8062	10936	12080	11668	11553	6051	4264	3523	2211	1913
2242	3828	3711	5143	3448	2662	1409	1407	661	659
5512	6686	5042	6336	4215	3916	2116	2310	1151	1401
4961	5074	3975	4213	3109	3257	1901	2171	1045	1310
4139	4214	3242	3394	2605	2729	1524	1687	765	1022
148237	**148953**	**94013**	**93243**	**61179**	**65357**	**36107**	**43491**	**24524**	**35650**
24125	24870	14538	15075	8974	10339	5639	7274	4325	6484
14478	14921	9611	9235	6164	5814	3422	3734	2379	3035
14064	14501	8512	8901	5107	6194	3318	4281	2590	3986
32909	33396	21393	21258	13261	14325	7694	9878	5069	8522
27614	26665	17887	17029	12533	12792	7394	8311	4684	6490
17223	17369	10884	10551	7903	8086	4384	5210	2812	3700
17824	17231	11188	11194	7237	7807	4256	4803	2665	3433
135851	**145492**	**86635**	**85800**	**58862**	**60113**	**34774**	**38149**	**23832**	**30375**
25604	29199	16407	17864	11128	12193	7252	8080	5000	5711
9007	9031	5654	4860	3719	3392	2160	2283	1350	1671
42423	39877	27775	25098	18451	17527	10580	11280	7290	9770
21911	26495	14072	15852	9524	10450	5719	6576	4039	5378
16897	19026	10613	10846	7294	7568	4144	4615	2978	3621
20009	21864	12114	11280	8746	8983	4919	5315	3175	4224
173772	**172665**	**117489**	**111427**	**77138**	**79745**	**45937**	**51048**	**28245**	**36316**
29164	30610	18676	18588	12287	12829	8118	8579	5371	5918
18573	18858	12204	12135	8633	9218	5949	6312	3446	3995
15253	15055	9077	8488	6175	6409	3513	4176	2101	2831
42200	39349	29933	26970	17915	17729	10482	11356	6988	9515
16464	15011	12039	10338	7700	8012	4586	5397	2743	4342
12306	12496	7720	7375	5129	5144	2624	3076	1476	2146
6484	6328	4563	4159	3395	3438	1848	2091	913	1138
4617	4592	3330	3227	2527	2750	1356	1463	641	751
28711	30366	19947	20147	13377	14216	7461	8598	4566	5680
80998	**84071**	**56436**	**58538**	**41329**	**44672**	**21346**	**24254**	**9802**	**12356**
14031	15503	9520	10621	6801	7666	4039	4592	2256	2487
5856	6108	3926	4305	2921	3122	1408	1550	583	733
5022	5091	3535	3587	2715	2656	1275	1453	573	728
10232	11238	8391	8952	6623	7250	3254	3392	1347	1486
5632	5886	3931	4028	2728	2939	1364	1491	631	797
17327	16975	11200	10718	7705	8346	4069	4842	2060	2925
22898	23270	15933	16327	11836	12693	5937	6934	2352	3200
107027	**101506**	**74936**	**71376**	**46969**	**49598**	**27215**	**31155**	**20212**	**28528**
24578	25026	15561	15862	9688	11008	5849	7016	4757	6235
19816	19364	13811	12508	8423	8778	5045	5651	3669	4986
18584	17325	14249	12044	9462	8818	5119	5453	3639	5041
14591	14029	10346	10088	6492	6954	3763	4353	2676	4163
29458	25762	20969	20874	12904	14040	7439	8682	5471	8103
114912	**110850**	**80466**	**79358**	**55174**	**60007**	**31746**	**38900**	**23257**	**34438**
11921	11948	8422	8897	6036	6777	3553	4519	2738	4098
24264	24576	17115	17177	11814	12777	6596	7944	5113	7211
20880	20408	15139	14619	10567	11777	6076	7521	4205	6129
32930	29796	23440	21930	16257	16659	9386	10966	6830	9972
2220	2298	1671	1787	1159	1421	660	914	599	759
22697	21824	14679	14948	9341	10596	5475	7036	3772	6269
107950	**111511**	**75787**	**76647**	**55860**	**59741**	**31294**	**36227**	**22002**	**29429**
25210	26904	16993	17201	11572	12624	6736	7937	5366	6892
5234	5439	3969	3878	3172	3096	1831	1988	1275	1666
10182	10593	7065	7388	5055	5406	2625	3252	1958	2866
898	971	812	756	674	740	446	472	215	333
16747	16815	10984	11228	7952	8644	4364	5078	2739	3897
13321	12573	9805	9031	6567	6303	3768	4176	2656	3691

表2 续表 84

地区	0岁		1-4岁		5-9岁		10-14岁	
	男	女	男	女	男	女	男	女
夹江县	989	917	5100	4920	6572	6151	5947	5525
沐川县	779	689	3952	3534	5886	5592	6687	6338
峨边彝族自治县	944	814	3989	3967	5319	5081	4880	4204
马边彝族自治县	1742	1573	7068	6516	9128	8497	9169	8707
峨眉山市	1358	1315	7479	6936	8579	8152	7844	7518
南充市	**20530**	**18855**	**105389**	**97498**	**154742**	**143328**	**178657**	**162656**
顺庆区	2596	2451	15095	14180	20388	18625	19128	17972
高坪区	1963	1818	10662	9889	16009	14685	17743	16107
嘉陵区	2105	1947	10917	10212	14653	13644	16034	14612
南部县	3841	3590	15617	14256	23399	21628	28556	26025
营山县	2281	1984	12037	11148	19964	18358	25597	22522
蓬安县	1378	1269	8180	7539	12706	11755	15854	14602
仪陇县	2921	2650	15298	13963	22780	21054	26214	23067
西充县	1718	1489	7159	6575	10474	9915	11558	10751
阆中市	1727	1657	10424	9736	14369	13664	17973	16998
眉山市	**11884**	**11426**	**58697**	**55337**	**73818**	**69028**	**68648**	**65219**
东坡区	3532	3471	18655	17681	22275	20906	18587	17545
彭山区	1194	1089	5815	5546	6956	6512	6136	5730
仁寿县	4696	4503	21880	20275	29590	27641	31391	29926
洪雅县	1261	1195	6495	6171	7790	7263	6474	6268
丹棱县	640	552	3081	3034	3645	3500	2934	2864
青神县	561	616	2771	2630	3562	3206	3126	2886
宜宾市	**19553**	**17989**	**101947**	**95069**	**153906**	**141425**	**171780**	**157722**
翠屏区	3680	3268	18308	17072	24059	22105	26223	24377
南溪区	1305	1206	6960	6579	10741	9935	12356	11493
叙州区	3885	3586	20344	19056	28031	25922	32130	29823
江安县	1642	1555	9527	8826	15086	13894	15977	14472
长宁县	1350	1287	7446	6918	11977	10676	13105	11754
高县	1505	1447	7895	7435	13107	12069	16043	14879
珙县	1515	1382	7737	7226	13356	12268	13861	12983
筠连县	1745	1551	8823	8202	14761	13484	15409	14175
兴文县	1626	1491	8537	7700	13979	12687	17183	14762
屏山县	1300	1216	6370	6055	8809	8385	9493	9004
广安市	**12578**	**11178**	**69017**	**63658**	**102615**	**93918**	**115531**	**102745**
广安区	2626	2341	15938	14806	21743	19715	23251	20675
前锋区	893	768	4730	4337	6890	6374	8483	7513
岳池县	2575	2296	14850	13465	23458	21597	27045	24546
武胜县	2203	1962	10734	10319	16504	15093	18905	16570
邻水县	3207	2842	16467	14978	24941	22870	27572	24337
华蓥市	1074	969	6298	5753	9079	8269	10275	9104
达州市	**17422**	**16258**	**101979**	**93450**	**164868**	**149347**	**205426**	**182274**
通川区	3138	2971	14621	13688	20687	18880	24193	21925
达川区	2500	2433	15359	14036	24794	22825	34436	30808
宣汉县	3506	3197	21167	19355	36629	33283	43588	38784
开江县	1765	1666	9039	8055	14774	13123	17477	15398
大竹县	2304	2107	16125	14773	26103	23241	35039	30237
渠县	2372	2193	16059	14664	26747	23877	32205	28386
达州经济开发区	191	165	755	710	973	957	1472	1350
万源市	1646	1526	8854	8169	14161	13161	17016	15386
雅安市	**6014**	**5671**	**31657**	**29361**	**36925**	**34642**	**39261**	**37283**
雨城区	1363	1360	7473	7056	8597	7918	8065	7678
名山区	938	830	5226	4885	6852	6466	6966	6762
荥经县	539	455	2624	2366	3063	2929	3808	3762
汉源县	1545	1400	7277	6810	7328	6893	7482	7019
石棉县	518	542	3123	2823	3754	3492	4391	4009
天全县	514	489	2692	2476	3489	3311	4495	4360
芦山县	421	397	2202	2032	2677	2515	2865	2612
宝兴县	176	198	1040	913	1165	1118	1189	1081

单位：人

15-19岁		20-24岁		25-29岁		30-34岁		35-39岁		40-44岁	
男	女	男	女	男	女	男	女	男	女	男	女
4028	3676	5076	4828	8371	8227	9133	9075	6854	7082	9906	10005
4136	3770	4246	3914	5205	4706	4637	4770	4818	4579	5922	5600
2995	2553	3883	3458	5025	4374	3967	3364	3292	2810	4006	3597
6484	6187	6604	6378	6642	6362	5870	5584	5820	5253	6736	6197
7896	7474	8127	7616	12209	12014	13677	13750	11362	11406	12652	13242
157789	**141941**	**139453**	**132713**	**165978**	**148424**	**196890**	**182173**	**134863**	**131265**	**142625**	**147382**
26875	31657	27800	34602	26453	26748	34207	35225	24394	25473	23312	25591
21379	21990	17043	20246	16705	15944	21912	20849	15709	14627	14996	14735
16607	13582	13567	11242	17203	15005	21594	18901	14666	13633	16156	15207
20747	16987	18469	15219	21884	19117	24228	22443	16170	16799	20389	22642
16084	12577	13396	10982	17287	15232	21537	19433	14039	13212	14404	14781
11252	8946	10882	8826	13704	11140	15828	13320	9862	9191	10735	11207
20901	16483	18909	15046	25448	20751	26974	22704	17679	15678	17864	17141
11730	7792	8592	6349	12156	9977	14481	12793	9659	9285	10681	11111
12214	11927	10795	10201	15138	14510	16129	16505	12685	13367	14088	14967
67769	**65840**	**67330**	**67970**	**88246**	**87189**	**97643**	**97015**	**68491**	**68227**	**81741**	**83195**
17148	18771	18819	22202	28725	30192	33772	34676	23734	23933	27853	28644
9264	9278	10985	11948	9296	8922	10948	10729	8248	7999	9288	9078
29883	26085	26010	22553	33664	30950	35329	33221	22973	22496	29574	29966
4521	4012	5056	5139	8124	8353	8246	8854	6364	6725	6767	7241
2497	3539	2510	2899	4305	4536	4748	4831	3472	3421	4126	4024
4456	4155	3950	3229	4132	4236	4600	4704	3700	3653	4133	4242
143784	**126943**	**128817**	**115565**	**145176**	**131500**	**148930**	**135672**	**123895**	**114907**	**127911**	**121824**
30708	26897	39092	37373	30117	27208	31444	28553	25195	23993	25825	24666
10450	9375	7816	6871	9874	9406	10436	10074	9229	8713	9418	9124
29862	27738	20572	19076	28037	27080	33220	32081	26390	26452	28367	27688
11582	10006	9891	8648	13520	12151	14242	12195	10168	9150	10067	9812
9579	7790	7552	6106	10170	8985	9572	8575	8634	7796	8245	8007
11448	10089	8337	7279	10705	9250	11924	10394	10311	8791	10734	9701
8334	7457	8384	7259	11481	9868	11225	9362	8975	7768	9804	8807
10927	9574	8951	7774	11721	10238	10693	8977	8510	7181	8147	7647
14076	11973	11631	9254	11218	9698	8981	8650	9689	8895	10463	9757
6818	6044	6591	5925	8333	7616	7193	6811	6794	6168	6841	6615
96081	**83572**	**90223**	**79684**	**103778**	**93043**	**112798**	**103134**	**70630**	**68999**	**73855**	**78839**
24053	21680	23939	22473	25783	24145	26183	24879	16275	16917	17847	19571
6905	7039	7466	7247	7455	6304	6561	5697	4002	3624	4685	4878
19877	17331	19334	16692	20472	18031	25501	22735	15634	14859	17216	17920
15309	12689	13334	10897	17386	15081	19424	17186	12454	11961	11581	12305
22645	18780	19311	16280	23940	21414	25668	23316	16065	15282	15846	16925
7292	6053	6839	6095	8742	8068	9461	9321	6200	6356	6680	7240
180419	**155715**	**145204**	**126493**	**171911**	**148136**	**197491**	**174177**	**119120**	**114797**	**144684**	**145131**
27819	30910	28457	33833	32215	31490	38457	36585	23699	23078	28582	28310
34066	28457	23289	18994	26212	22600	29934	27169	18307	18176	24411	24543
34544	28306	24497	19697	28743	25452	31880	29901	20913	20528	26489	25599
14306	11337	9988	7710	12347	10298	14349	12186	8090	7820	10455	10771
27100	21403	20964	15264	27817	21314	32526	26207	18202	16640	18759	19404
28499	23066	26046	20801	29222	23713	33786	27446	20649	19795	23413	24476
2426	1824	1095	796	1349	1124	1496	1266	921	778	1184	1085
11659	10412	10868	9398	14006	12145	15063	13417	8339	7982	11391	10943
34529	**35001**	**37129**	**37313**	**45768**	**44627**	**46129**	**44748**	**38550**	**36875**	**36890**	**36175**
10326	12898	12639	14360	11342	11859	11993	12419	8924	9415	8563	8951
5573	5332	5077	4861	6740	6677	7839	7622	7125	6465	6980	6275
3184	2714	2961	2867	4336	4099	3991	3773	2847	2828	2922	3193
6217	5594	6455	5963	10705	9739	10826	9622	8391	7553	7730	7296
2833	2542	2415	2266	3270	3327	3880	3877	4001	3739	3207	3180
3030	2901	3329	3048	4189	3925	3700	3517	3667	3198	3654	3393
2297	2132	2834	2666	3319	3351	2401	2563	2311	2483	2551	2682
1069	888	1419	1282	1867	1650	1499	1355	1284	1194	1283	1205

表2 续表 85

地 区	45-49岁		50-54岁		55-59岁		60-64岁	
	男	女	男	女	男	女	男	女
夹江县	17854	17522	19203	18505	14254	13547	8537	8357
沐川县	10505	9795	11476	10265	8601	7815	5111	4425
峨边彝族自治县	6125	5934	5787	5174	3259	2878	2080	2055
马边彝族自治县	8077	7189	7418	7001	4366	4149	2595	2430
峨眉山市	24813	24560	24886	23995	18737	17714	11897	11569
南充市	**253942**	**259255**	**262668**	**272045**	**197092**	**201573**	**156485**	**141109**
顺庆区	38193	40317	36779	38530	28435	28951	21698	20191
高坪区	25102	25236	25483	25616	19533	20027	16030	14081
嘉陵区	24721	24047	23875	23636	18018	17858	15324	12988
南部县	40804	40809	38266	40599	26596	28204	21964	20207
营山县	25029	25813	28635	30135	22503	23237	17081	14698
蓬安县	21593	22245	22589	23032	17533	17278	13047	11264
仪陇县	31630	31447	31407	32277	22386	23392	18354	17324
西充县	18315	18349	21152	22395	15222	15774	12098	10967
阆中市	28555	30992	34482	35825	26866	26852	20889	19389
眉山市	**153771**	**154993**	**166699**	**163210**	**117022**	**114037**	**71207**	**68067**
东坡区	49516	48659	51487	49809	37335	37071	20593	20753
彭山区	15689	15807	18664	17613	14136	13075	8010	7808
仁寿县	54783	56257	59162	59026	36960	36378	26740	24609
洪雅县	16694	17424	18157	17882	13882	13220	7385	7022
丹棱县	8022	7850	9065	8664	7019	6697	3788	3521
青神县	9067	8996	10164	10216	7690	7596	4691	4354
宜宾市	**236955**	**222842**	**218153**	**214079**	**162991**	**165279**	**113027**	**108024**
翠屏区	46957	44241	39774	38477	29214	29163	20216	19852
南溪区	16558	15954	15549	15439	11656	11818	8684	8520
叙州区	50829	48371	45057	44440	33463	34483	23297	22437
江安县	20521	20117	20006	20155	15221	15606	11749	10713
长宁县	16218	15499	16264	16425	12411	12861	8501	7931
高县	20000	18129	19228	18792	13701	13734	10569	9982
珙县	17989	16244	16691	16213	12646	12315	7686	7379
筠连县	15715	14038	15372	14919	11987	12416	7315	7078
兴文县	19694	18688	18432	18108	14040	14416	9171	8516
屏山县	12474	11561	11780	11111	8652	8467	5839	5616
广安市	**138277**	**148139**	**143818**	**151916**	**118869**	**120924**	**90822**	**79190**
广安区	32317	35015	32759	34591	28335	28808	20453	17327
前锋区	10729	11086	11310	11261	9707	9176	6402	5191
岳池县	30069	32460	31681	34799	25832	27518	22506	19834
武胜县	20816	23766	23873	26932	20918	22214	18416	15530
邻水县	31410	32227	31763	31457	24429	23209	16275	14906
华蓥市	12936	13585	12432	12876	9648	9999	6770	6402
达州市	**262853**	**255097**	**263735**	**253059**	**197871**	**194094**	**122355**	**114662**
通川区	48436	47202	46639	45163	34471	33090	21352	19734
达川区	44679	43300	45877	44242	33772	33172	22258	21314
宣汉县	44890	43004	41249	40533	30512	31679	18504	18014
开江县	18463	18792	18665	18045	14356	14267	9919	9398
大竹县	39795	38612	44588	41973	36607	33836	19267	17108
渠县	42421	41425	45566	42533	32649	33164	22353	20924
达州经济开发区	2742	2304	2764	2296	1863	1524	973	921
万源市	21427	20458	18387	18274	13641	13362	7729	7249
雅安市	**83430**	**80599**	**81881**	**78493**	**55731**	**52240**	**32956**	**30656**
雨城区	19498	19706	19184	19090	14109	13741	8387	8148
名山区	15361	14331	16007	14907	11551	10196	6320	5603
荥经县	8752	8560	8656	8247	5209	4934	2582	2483
汉源县	17078	15791	15917	15006	10669	9725	6828	6208
石棉县	6043	5897	6111	5686	4203	3950	2665	2649
天全县	8041	7449	7325	7009	4666	4620	2983	2748
芦山县	5721	6048	5678	5812	3446	3559	2104	1890
宝兴县	2936	2817	3003	2736	1878	1515	1087	927

单位：人

65-69岁		70-74岁		75-79岁		80-84岁		85岁及以上	
男	女	男	女	男	女	男	女	男	女
11216	12369	7746	8196	6249	6693	3430	3943	2266	3172
6599	6032	4300	4003	3447	3668	1787	2141	1067	1516
2418	2482	1999	2128	1709	1838	853	996	581	736
3047	3219	2322	2374	1974	2210	950	1142	510	761
13078	14114	9792	10464	7489	8519	4504	5102	3369	3899
213467	**213026**	**159799**	**148644**	**106047**	**108486**	**58577**	**65565**	**36689**	**49945**
24960	24973	16391	15092	10683	10820	6759	7422	5097	6231
19072	19225	12343	11583	7871	8401	4341	4981	2824	3655
18931	18634	14094	12297	9155	8507	5112	5167	3473	4501
32661	32842	25906	25067	18095	18993	9463	10929	5460	8364
24956	24314	18856	17596	12269	12564	7072	7982	4628	6257
19142	19165	15010	13070	9585	9689	5437	5798	3448	4384
27432	29051	22471	20937	15385	15589	7823	8517	4448	5746
18392	16835	14591	12916	9527	9458	5254	5846	3486	5201
27921	27987	20137	20086	13477	14465	7316	8923	3825	5606
102782	**107941**	**75962**	**77328**	**53621**	**56811**	**30865**	**34668**	**21408**	**30114**
27333	30090	19659	21465	14159	15502	7805	9311	5220	7524
10808	11347	7986	8242	5617	6099	3422	3526	2346	3080
42303	43462	33033	32195	21635	21732	12876	13753	9424	13083
11097	11474	7052	7190	6023	6777	3228	3943	1987	2988
5049	5393	3508	3673	2807	2941	1454	1746	994	1471
6192	6175	4724	4563	3380	3760	2080	2389	1437	1968
142978	**148323**	**89289**	**90232**	**59556**	**62886**	**34718**	**41283**	**22384**	**31490**
25565	27393	15768	16373	9609	10397	6325	7696	4205	5971
11591	12365	6886	7420	4362	4681	2593	3175	1672	2512
29623	31287	18178	18102	11612	11929	6965	8091	4424	6229
15997	15136	10106	9514	6563	6673	3713	4262	2478	3529
11524	11462	7010	6995	4640	5023	2586	2933	1774	2323
12914	13145	7652	7769	5139	5539	2834	3610	1929	2884
9309	10226	6611	6822	4908	5130	2830	3224	1697	2228
8073	8492	5641	5816	4275	4732	2353	2800	1349	1944
10983	11420	6804	6982	5023	5362	2755	3266	1744	2382
7399	7397	4633	4439	3425	3420	1764	2226	1112	1488
117748	**115848**	**85062**	**85722**	**55971**	**62972**	**31867**	**37890**	**17524**	**26448**
24568	23604	17651	17239	10527	12656	6494	8117	3416	5398
8576	8091	5967	6246	3927	4608	2275	2879	1091	1882
30813	30975	21452	21987	13988	15316	7996	9340	4276	6471
22897	20842	16182	15458	11020	12614	6211	7177	3613	5521
22299	22852	17604	18526	12130	13065	6435	7404	3674	5186
8595	9484	6206	6266	4379	4713	2456	2973	1454	1990
176284	**172831**	**136004**	**135077**	**85124**	**89147**	**50620**	**58982**	**26474**	**36851**
23843	23448	16732	16511	10753	11191	6725	7561	4138	5151
31990	31955	22644	23642	13979	15055	8105	10065	4131	6199
29812	29931	24949	24345	15688	15717	9689	10750	3849	4917
15135	15628	11113	10660	7057	7179	4188	4801	2432	3258
27678	28009	21052	22614	12889	14731	7600	9599	4099	6374
34341	30205	27528	25514	16659	17114	10366	11844	6326	9161
1513	1513	1106	1150	649	745	398	527	200	358
11972	12142	10880	10641	7450	7415	3549	3835	1299	1433
44295	**44750**	**29387**	**29846**	**23893**	**24599**	**12925**	**14725**	**8528**	**11121**
11496	11763	7438	7609	5761	6081	3582	4078	2795	3244
8714	9030	5167	5431	4277	4343	2197	2423	1395	1888
3893	4021	2805	2822	2397	2385	1263	1391	791	1039
8793	8732	5672	5716	4176	4291	2459	2931	1597	2124
2653	2808	1778	2036	1423	1763	854	1126	529	753
4285	4272	3126	3050	2587	2590	1095	1221	636	953
3047	2947	2442	2312	2212	2096	964	951	507	777
1414	1177	959	870	1060	1050	511	604	278	343

表2 续表 86

地区	0岁		1-4岁		5-9岁		10-14岁	
	男	女	男	女	男	女	男	女
巴中市	**10596**	**9896**	**57933**	**52926**	**86880**	**80119**	**90318**	**82007**
巴州区	2724	2514	15322	14093	21344	19680	19824	18862
恩阳区	1281	1201	6460	5908	9230	8415	10336	9497
通江县	1853	1771	10234	9438	16540	15536	17652	16134
南江县	1957	1761	9715	8919	13988	13161	15711	14086
平昌县	2434	2320	14471	12934	23556	21150	25000	21781
巴中经济开发区	347	329	1731	1634	2222	2177	1795	1647
资阳市	**7012**	**6459**	**40692**	**37520**	**65505**	**60830**	**87116**	**81562**
雁江区	2857	2612	16325	15281	24235	22478	27374	26168
安岳县	2821	2587	17103	15537	29842	27389	42469	39193
乐至县	1334	1260	7264	6702	11428	10963	17273	16201
阿坝藏族羌族自治州	**3933**	**3620**	**20508**	**19264**	**27915**	**26834**	**27139**	**25999**
马尔康市	226	200	1147	1138	1580	1502	1377	1300
汶川县	333	281	1624	1605	2180	2031	2124	2022
理县	172	136	715	715	870	821	875	841
茂县	407	404	2181	1993	2858	2746	2726	2641
松潘县	270	275	1529	1410	2186	2016	2107	1813
九寨沟县	348	323	1634	1456	1920	1817	1862	1823
金川县	258	199	1128	996	1508	1410	1533	1505
小金县	239	230	1260	1156	1648	1560	1688	1644
黑水县	155	157	823	746	1107	1040	1430	1351
壤塘县	282	256	1856	1773	2591	2570	2264	2132
阿坝县	504	426	2724	2595	4012	3930	3802	3532
若尔盖县	460	478	2331	2139	3115	3131	3196	3242
红原县	279	255	1556	1542	2340	2260	2155	2153
甘孜藏族自治州	**5499**	**5122**	**32840**	**31367**	**46186**	**44254**	**45504**	**43808**
康定市	496	410	2538	2387	3540	3329	3431	3277
泸定县	406	341	1865	1781	2347	2213	2540	2437
丹巴县	187	152	896	794	1230	1141	1505	1395
九龙县	276	259	1409	1285	2216	2001	2680	2368
雅江县	192	208	1363	1283	1753	1628	1808	1690
道孚县	182	189	1410	1323	2174	2161	2103	2038
炉霍县	272	262	1589	1528	2237	2000	1872	1932
甘孜县	414	390	2323	2224	3105	2954	3011	2935
新龙县	225	217	1566	1527	2427	2366	2477	2411
德格县	627	592	3185	3125	4466	4354	4578	4212
白玉县	209	205	1738	1686	2541	2463	2541	2412
石渠县	620	558	4393	4210	6595	6490	5946	5831
色达县	380	345	2451	2392	3275	3166	2979	3027
理塘县	390	374	2491	2461	3460	3361	3182	2987
巴塘县	222	229	1480	1327	2060	1994	1967	1931
乡城县	125	120	641	691	854	860	970	1042
稻城县	139	148	824	743	1033	976	1094	1127
得荣县	137	123	678	600	873	797	820	756
凉山彝族自治州	**33092**	**29208**	**173091**	**157307**	**251893**	**236503**	**239887**	**221858**
西昌市	5260	4484	27789	25009	36352	33796	33413	30671
木里藏族自治县	664	607	3422	3186	5045	4678	4920	4690
盐源县	1929	1721	9630	8533	14456	13090	15734	13868
德昌县	1341	1207	7012	6220	9223	8090	8621	7996
会理县	2066	1894	9297	8754	11944	11137	11881	10973
会东县	1586	1503	8889	7932	12727	11468	16884	15307
宁南县	1102	1021	5244	4853	7548	6728	7538	6496
普格县	1441	1185	8257	7498	14052	13486	11531	10201
布拖县	1217	986	9009	8128	15066	14851	13691	12715
金阳县	1423	1213	7877	7074	12585	12007	11830	11293
昭觉县	2352	2113	12951	11662	19394	18358	16624	16006
喜德县	1167	1010	6372	5921	10293	9836	9690	8873
冕宁县	2363	2130	12637	11279	18747	17501	17991	16638
越西县	2531	2266	13457	12224	19549	18729	18546	17418
甘洛县	1947	1689	8892	8334	11792	11191	11736	10868
美姑县	2377	2129	12052	11195	17717	17086	15462	15194
雷波县	2326	2050	10304	9505	15403	14471	13795	12651

单位：人

15-19岁		20-24岁		25-29岁		30-34岁		35-39岁		40-44岁	
男	女	男	女	男	女	男	女	男	女	男	女
82039	**72239**	**78079**	**68483**	**90351**	**81718**	**92738**	**86028**	**56887**	**54765**	**76165**	**73636**
18647	16992	17292	16983	23979	23344	25345	25319	14776	15572	19590	20268
9361	7969	9708	7658	11174	9092	11269	9228	6376	5348	8368	7299
14929	13255	14783	12761	15739	14218	16269	15696	10855	10475	15667	14694
15911	13700	15278	13047	14560	13353	14192	13182	8456	8144	12828	12871
20478	17068	18327	15250	21710	18790	22284	19783	14584	13750	17749	16825
2713	3255	2691	2784	3189	2921	3379	2820	1840	1476	1963	1679
67949	**60302**	**43947**	**37749**	**46547**	**44026**	**87098**	**78557**	**49442**	**46692**	**55195**	**56891**
29141	25577	18926	15996	19944	19749	39600	36322	19850	18796	22559	22567
27239	24486	16535	14331	16947	15514	33467	29902	21241	19774	20555	22018
11569	10239	8486	7422	9656	8763	14031	12333	8351	8122	12081	12306
23416	**22690**	**28747**	**25637**	**35018**	**31075**	**37304**	**32623**	**33091**	**28940**	**34857**	**30482**
1899	2472	1678	1392	2404	2001	2808	2469	2569	2240	2454	2131
2872	4158	3146	4795	2955	2820	3459	3259	2568	2409	2903	2635
562	451	993	794	1518	1316	1678	1414	1440	1171	1679	1416
2215	2109	3215	2949	3598	3317	4127	3645	3847	3381	4373	3826
1291	1084	2386	1794	3000	2696	3319	2801	3127	2517	3025	2707
1527	1246	2047	1731	3234	2729	3315	2808	2769	2431	3106	2639
1175	968	1720	1353	2319	1785	2456	1873	2172	1615	2395	1970
1398	1196	1931	1540	2453	2031	2868	2335	2475	1994	3122	2492
1278	1033	1612	1236	1842	1714	1909	1484	1991	1717	2440	2196
1385	1245	1763	1571	2182	1983	1965	1832	1744	1587	1533	1422
3057	2376	3399	2592	3819	3248	3754	3196	3278	2944	3155	2565
3115	2896	3108	2531	3576	3455	3288	3149	3126	3070	2985	2868
1642	1456	1749	1359	2118	1980	2358	2358	1985	1864	1687	1615
40645	**39283**	**42043**	**39019**	**44256**	**39467**	**46445**	**41129**	**43876**	**40462**	**46365**	**42233**
5133	6784	5988	7434	5206	4317	5616	4734	4956	4347	5378	4678
3493	3668	2492	2262	2651	2468	3141	2780	2319	2217	3559	3288
1271	1136	1457	1292	1458	1314	1827	1517	1979	1753	2603	2389
2022	1690	1755	1601	2079	1780	1911	1798	1988	1894	2303	2128
1735	1492	2254	1618	2503	1781	2653	1762	2365	1732	2521	1841
1832	1435	1888	1572	2074	1990	2264	1885	2315	2068	2373	2165
1632	1449	1643	1478	1756	1611	1921	1853	1967	1887	2052	1792
2947	3148	2667	2499	2609	2443	2814	2600	2947	2809	3069	2821
1842	1526	1720	1398	1860	1551	2209	1812	1951	1751	1686	1480
3623	3139	3753	3034	3673	3098	3866	3393	3529	3329	3163	2975
1809	1690	2331	2226	2703	2553	2623	2799	2391	2408	2533	2519
4471	4066	3794	3441	3896	3627	3842	3491	3937	3684	3800	3504
2339	2005	2399	2330	2708	2815	2724	3078	2560	2947	2128	2645
2552	2338	2661	2323	2828	2484	2784	2328	2666	2455	2674	2466
1933	2046	1874	1723	2010	1963	2039	1852	1992	1835	2055	1918
697	557	1330	893	1526	1226	1619	1164	1471	1017	1628	1247
825	742	1189	1081	1573	1449	1529	1318	1444	1374	1648	1351
489	372	848	814	1143	997	1063	965	1099	955	1192	1026
177591	**160431**	**170724**	**155880**	**175448**	**159081**	**174129**	**158989**	**155399**	**145203**	**147871**	**144894**
29679	29657	34683	36299	36469	34982	37967	37200	30451	30326	29379	29174
3605	3384	4333	3866	5416	4785	5740	4535	4981	4006	5171	4610
12928	11598	11894	10103	14397	12355	13585	11244	13971	11596	12362	11291
6937	6088	5920	5427	7312	6914	7740	7532	6824	6435	7042	6896
9567	9145	10922	9841	14200	12591	15067	13153	11548	10049	10521	10207
12257	10074	10562	8366	9386	8437	11643	10235	11173	9555	10464	9436
6071	5094	5776	4669	6999	5772	6581	5411	5223	4346	5692	5364
7668	6553	6077	5414	5990	5558	5335	5267	5251	5112	5330	5398
8925	7033	6598	5380	6475	5293	5586	5212	5063	5318	4588	5143
7109	6245	6587	6027	5971	5253	5797	5196	5032	4851	4692	4895
11339	10014	9550	8522	8668	7969	8598	7941	7969	7943	6350	6872
7049	6277	6077	5478	5545	5115	5000	4685	4884	5050	5121	5446
12955	11185	13886	12160	13069	12068	12568	11579	10995	10724	10880	11084
13460	12248	12030	11101	10996	10151	9575	8865	8654	8525	8577	8670
8888	7870	8594	7513	7760	6472	6683	5830	6992	6258	6788	5972
11095	10391	9836	8648	8729	7568	7912	6838	7708	7319	6427	6790
8059	7575	7399	7066	8066	7798	8752	8266	8680	7790	8487	7646

表2 续表 87

地区	45-49岁		50-54岁		55-59岁		60-64岁	
	男	女	男	女	男	女	男	女
巴中市	**124801**	**122431**	**122093**	**122461**	**86331**	**87495**	**65011**	**64764**
巴州区	28930	29594	27272	28322	18909	20049	15048	15387
恩阳区	13697	13346	15647	15297	11041	10918	9435	9670
通江县	26504	25473	25696	25727	17754	17604	12021	11020
南江县	23120	22935	21291	21743	15518	15612	11844	11473
平昌县	29783	28540	29520	28869	21256	21625	15411	16077
巴中经济开发区	2767	2543	2667	2503	1853	1687	1252	1137
资阳市	**100686**	**106538**	**104879**	**114489**	**84028**	**86167**	**65208**	**63397**
雁江区	40254	41959	42576	44948	33051	31728	21266	20383
安岳县	38573	41350	38019	43245	31795	35154	27595	27990
乐至县	21859	23229	24284	26296	19182	19285	16347	15024
阿坝藏族羌族自治州	**40530**	**35844**	**36049**	**31428**	**22432**	**19363**	**14524**	**14363**
马尔康市	3331	2699	3036	2483	1754	1396	993	1011
汶川县	4048	3763	3900	3650	2421	2127	1471	1356
理县	2178	1936	2129	1936	1317	1091	821	791
茂县	4927	4513	4214	3949	2919	2574	1941	1995
松潘县	3447	2958	3138	2509	2021	1669	1431	1217
九寨沟县	3623	3059	3351	2574	2116	1601	1274	1217
金川县	3487	2921	3182	2621	1936	1699	1294	1329
小金县	3599	3401	3335	3075	2394	2116	1599	1498
黑水县	2571	2246	2036	1793	1111	937	714	796
壤塘县	1490	1328	1209	1059	671	643	524	539
阿坝县	3068	2623	2563	2154	1527	1400	988	1024
若尔盖县	2970	2813	2490	2325	1450	1378	969	1066
红原县	1791	1584	1466	1300	795	732	505	524
甘孜藏族自治州	**49185**	**43089**	**41691**	**36561**	**26987**	**24245**	**16587**	**16745**
康定市	6213	5254	5512	4725	3694	3049	2139	2113
泸定县	4335	3952	3839	3562	2661	2496	1850	1791
丹巴县	2847	2435	2532	2200	1714	1540	1234	1277
九龙县	2468	2223	2120	1952	1422	1329	926	954
雅江县	3045	1962	2584	1609	1566	1064	750	669
道孚县	2511	2162	2030	1834	1370	1181	801	835
炉霍县	1879	1732	1611	1565	1132	1093	759	779
甘孜县	3166	3106	2577	2448	1604	1596	1116	1152
新龙县	1562	1383	1331	1210	813	770	637	619
德格县	3209	2932	2504	2287	1722	1654	1057	1144
白玉县	2631	2324	2097	1836	1158	1029	633	656
石渠县	3487	3026	2797	2422	1796	1631	972	947
色达县	2058	2307	1718	1796	1085	1164	596	672
理塘县	2755	2465	2311	1997	1302	1302	871	866
巴塘县	2213	2063	1873	1674	1140	1023	679	737
乡城县	1999	1325	1736	1191	1057	766	562	559
稻城县	1628	1393	1395	1254	1018	888	579	570
得荣县	1179	1045	1124	999	733	670	426	405
凉山彝族自治州	**198453**	**192733**	**181639**	**177763**	**117376**	**117484**	**70610**	**72983**
西昌市	44420	42555	40497	39207	27505	27197	17652	17526
木里藏族自治县	5567	5237	5138	4758	3234	3199	1990	2092
盐源县	14802	14174	13794	13192	8800	8374	5115	5168
德昌县	10818	10755	9740	9408	6414	6362	3663	3591
会理县	22340	21099	22547	20981	13373	12849	7261	7002
会东县	19026	17113	17274	16333	10379	10014	5953	5964
宁南县	10021	8943	9491	8506	6341	5886	3413	3347
普格县	5515	5704	5238	5287	3244	3367	1762	2001
布拖县	4204	4918	4070	4708	2837	3372	1647	2090
金阳县	4624	4783	4107	4273	2748	2957	1793	2014
昭觉县	6057	6515	5150	5744	3811	4233	2290	2720
喜德县	4715	4961	4261	4517	2934	2964	1614	1814
冕宁县	15310	15329	13223	13634	9116	9255	5746	5872
越西县	9101	9351	8197	8580	4913	5192	3410	3780
甘洛县	7293	6947	6402	6322	3765	3835	2623	2761
美姑县	6100	6494	5221	5542	3110	3564	1830	2205
雷波县	8540	7855	7289	6771	4852	4864	2848	3036

单位：人

65-69岁		70-74岁		75-79岁		80-84岁		85岁及以上	
男	女	男	女	男	女	男	女	男	女
90579	**95745**	**78026**	**77195**	**52542**	**55515**	**26324**	**29287**	**12309**	**16182**
19896	21818	16514	16536	10888	11891	5497	6128	2830	3555
15441	16834	13765	13305	9041	8993	4233	4906	2138	2843
16868	17348	15130	15154	10423	10892	5289	5720	2077	2676
15037	15397	13316	12664	9548	9886	4524	4775	1860	2246
21867	22688	18086	18365	11834	13009	6379	7282	3226	4583
1470	1660	1215	1171	808	844	402	476	178	279
97312	**96740**	**70237**	**64340**	**46528**	**45666**	**26282**	**28747**	**19749**	**26547**
30217	31024	21454	19769	14788	14636	8493	9439	6193	8584
43317	43394	31198	28493	19944	19419	11007	11741	8542	11213
23778	22322	17585	16078	11796	11611	6782	7567	5014	6750
14230	**15071**	**11444**	**12836**	**8473**	**10440**	**4512**	**6117**	**2208**	**3631**
988	1151	883	1021	658	798	322	465	170	244
1628	1656	1362	1371	995	1027	564	640	365	448
859	915	633	726	503	623	274	336	120	161
2055	2288	1530	1552	1072	1352	565	762	239	356
1215	1217	926	1026	679	800	389	524	151	267
1130	1066	787	845	684	737	409	433	164	220
1480	1477	1249	1324	1045	1126	454	588	195	323
1508	1461	1171	1157	908	1032	433	481	155	230
690	896	640	963	398	708	206	376	67	155
455	494	420	540	300	395	145	224	106	201
892	920	759	942	548	749	319	494	187	402
845	1041	700	929	392	734	273	524	180	374
485	489	384	440	291	359	159	270	109	250
15773	**16936**	**11499**	**13583**	**7909**	**10129**	**4117**	**6158**	**2372**	**4062**
1968	2060	1180	1293	798	976	491	665	271	405
2035	2088	1417	1423	1005	1083	665	790	398	546
1173	1204	790	929	615	805	363	487	155	276
729	801	614	664	431	528	293	398	157	286
647	644	501	576	360	425	168	215	76	119
838	885	655	666	504	562	262	342	219	280
758	765	511	528	359	394	123	233	88	143
992	1163	580	713	432	564	179	275	110	196
516	546	415	537	285	399	152	242	72	207
1040	1072	795	958	533	784	258	471	141	267
660	795	630	942	403	623	164	261	87	215
950	1038	810	1029	549	678	282	474	180	369
662	735	560	777	395	566	179	320	138	260
721	903	564	659	288	468	125	236	68	127
703	777	552	698	335	438	130	267	96	119
506	511	304	403	212	272	80	165	23	58
497	558	333	395	182	280	84	148	34	73
378	391	288	393	223	284	119	169	59	116
74312	**80184**	**58547**	**64220**	**44010**	**49868**	**25689**	**30784**	**14586**	**18639**
17287	18666	12921	14187	9397	10192	6334	7037	4554	4867
1656	2021	1208	1468	852	1099	443	665	245	428
4981	5252	4185	4329	3014	3346	1815	2108	947	1217
4049	4381	3239	3452	2404	2579	1460	1697	771	973
10210	10180	7204	7506	5802	6161	3237	3834	1763	2425
7463	7465	5912	5880	5006	4808	3050	3305	1430	1823
3220	3505	2610	2847	2005	2348	1263	1579	658	782
1689	1793	1538	1789	1075	1395	573	738	301	439
1549	1807	1562	1864	1193	1496	583	730	249	397
1541	1739	1331	1550	936	1164	469	554	226	297
2237	2706	1915	2370	1421	1805	634	886	283	463
1802	1928	1511	1812	1116	1387	525	671	310	408
6297	6967	4935	5188	3713	4184	2229	2703	1265	1761
3317	3891	2826	3368	1890	2588	1019	1470	522	878
2124	2337	1662	2145	1275	1801	692	987	382	569
1766	2268	1619	1996	1193	1593	509	641	226	274
3124	3278	2369	2469	1718	1922	854	1179	454	638

表2 续表 88

地区	0岁		1-4岁		5-9岁		10-14岁	
	男	女	男	女	男	女	男	女
贵州省	**278841**	**246539**	**1318228**	**1161954**	**1717039**	**1488437**	**1618227**	**1412773**
贵阳市	**38242**	**34210**	**183998**	**163649**	**208040**	**183054**	**158680**	**141397**
南明区	5789	5191	27037	24290	30753	26921	24912	22036
云岩区	6558	6024	30414	26854	33188	29004	25274	22448
花溪区	5639	5024	27349	24008	29998	26293	22904	20276
乌当区	2221	2042	11280	9988	12116	10916	8785	7908
白云区	2962	2625	14031	12446	16427	14204	12734	10985
观山湖区	4395	3888	21679	19329	22846	19914	16306	14171
开阳县	2436	2189	12476	11359	14229	12683	10938	10231
息烽县	1663	1434	8088	7097	9404	8234	8080	7205
修文县	2318	1969	10826	9707	13695	12179	9995	9216
清镇市	4261	3824	20818	18571	25384	22706	18752	16921
六盘水市	**27911**	**24562**	**127717**	**111374**	**150779**	**126428**	**123361**	**105022**
钟山区	5027	4262	25064	21531	30941	25719	27606	23550
六枝特区	4061	3615	19327	17270	27475	23549	30497	26584
水城县	6878	6114	29757	26467	38575	33769	32175	27333
盘州市	11945	10571	53569	46106	53788	43391	33083	27555
遵义市	**44009**	**39492**	**211735**	**189468**	**264226**	**234411**	**261011**	**230005**
红花岗区	6057	5399	29801	26724	33527	29776	30049	26289
汇川区	3934	3572	19896	17635	23682	20743	21558	19351
播州区	5709	4953	27049	23888	31029	27020	27658	24492
桐梓县	3331	2961	16142	14696	22254	20532	22941	21024
绥阳县	2490	2170	12460	11249	16467	14424	15697	13608
正安县	2431	2117	11984	10528	16399	14249	19357	16577
道真仡佬族苗族自治县	1287	1276	6157	5703	8637	7730	11184	9851
务川仡佬族苗族自治县	2240	2079	10818	9289	13702	12170	13984	12059
凤冈县	2206	1958	9454	8448	11777	10556	12777	11082
湄潭县	2404	2158	10892	10296	12852	11663	15066	13130
余庆县	1344	1222	6558	5794	8237	7182	10607	9125
习水县	3907	3724	20067	18234	29071	25925	26936	23884
赤水市	1282	1171	6280	5896	8809	7772	10247	9625
仁怀市	5387	4732	24177	21088	27783	24669	22950	19908
安顺市	**17982**	**15777**	**84859**	**73510**	**116787**	**101960**	**111226**	**98635**
西秀区	5704	5013	27948	24245	35538	31772	31898	28922
平坝区	2556	2236	11750	10195	15665	13514	13353	11918
普定县	2806	2493	13662	12053	19967	17404	19408	17246
镇宁布依族苗族自治县	2139	1886	9917	8481	14339	12349	14535	12451
关岭布依族苗族自治县	2174	1961	10240	8758	15592	13503	16007	14212
紫云苗族布依族自治县	2603	2188	11342	9778	15686	13418	16025	13886
毕节市	**54270**	**48689**	**254740**	**227646**	**356377**	**317961**	**364799**	**329908**
七星关区	10641	9352	51453	45526	68077	60838	68263	62213
大方县	6648	6028	31453	28257	46112	40848	46957	41877
黔西县	5417	4982	26247	23388	36063	32427	32583	29274
金沙县	3374	3016	15549	13882	23297	20604	28477	25719
织金县	6653	5742	30481	26584	44089	39172	43453	38970
纳雍县	5784	5087	27069	24322	40731	36452	43371	38579
威宁彝族回族苗族自治县	10436	9649	47681	43143	62826	56389	65589	59908
赫章县	5317	4833	24807	22544	35182	31231	36106	33368
铜仁市	**21583**	**18579**	**104835**	**91111**	**146227**	**124824**	**150190**	**127860**
碧江区	2451	2172	13485	11499	17800	15047	16295	14164
万山区	970	846	4962	4348	7149	6207	6587	5660
江口县	1209	995	5798	5009	8374	7158	7952	6721
玉屏侗族自治县	972	803	5028	4199	7407	6064	6232	5124
石阡县	2038	1689	9062	8042	12155	10507	11662	9754
思南县	2724	2346	13308	11868	18940	16479	20918	17577
印江土家族苗族自治县	1814	1576	8818	7660	12612	10805	13630	11480

单位：人

15-19岁		20-24岁		25-29岁		30-34岁		35-39岁		40-44岁	
男	女	男	女	男	女	男	女	男	女	男	女
1339162	**1222201**	**1267001**	**1284036**	**1260744**	**1232781**	**1410885**	**1346946**	**1193618**	**1102972**	**1292129**	**1205823**
200608	**175674**	**298351**	**300622**	**250076**	**243573**	**278210**	**262555**	**215379**	**198464**	**208909**	**193913**
26008	21455	48105	51653	48638	48236	51454	50013	39539	37362	36869	35409
25720	22186	46405	46776	50525	52149	56513	53491	40015	37263	35655	34934
42831	40366	74068	80654	38862	36689	41882	37405	31270	27989	32150	29213
11052	10365	11821	13918	12391	12733	15783	15464	12492	11731	12384	11415
20543	19099	21992	24585	19995	18047	22893	20449	17444	14938	16848	14807
23373	18652	30885	29099	32024	29646	34705	33053	27476	25491	23526	21313
6571	5934	8860	8285	10833	10514	11467	11450	11362	10921	10762	10242
4635	4333	4711	4556	6545	6574	7157	7317	6620	6565	8390	7918
8705	7111	7418	7021	9207	8998	11964	11334	9620	8819	10649	9505
31170	26173	44086	34075	21056	19987	24392	22579	19541	17385	21676	19157
96689	**86554**	**97296**	**99234**	**89411**	**90327**	**115355**	**110982**	**99757**	**90778**	**112205**	**102391**
23847	22042	24250	27940	21314	23287	28100	29315	23102	22708	26262	25832
18580	16926	13711	13704	12675	13039	16418	16565	15156	14918	17242	16269
28941	25346	27558	25688	22586	20303	26297	22259	23121	19063	27442	23780
25321	22240	31777	31902	32836	33698	44540	42843	38378	34089	41259	36510
201669	**180362**	**184900**	**187438**	**219943**	**219535**	**229977**	**228846**	**178786**	**176794**	**215444**	**214257**
30304	29951	38049	44222	36276	37025	40535	40611	30878	30224	33230	32862
16021	13554	18229	19118	23129	23617	24597	25269	19731	19876	22646	22577
22219	19712	20802	20001	26733	26469	29823	29143	23010	21802	25105	24398
16050	14812	13270	12297	17026	16205	16886	16083	13638	13150	18399	17329
11866	9851	9305	9345	11155	10962	11863	11882	9978	10107	11161	10909
13370	12032	8945	8576	10334	10439	10573	10870	9749	9738	12223	12416
8214	7385	4939	4897	5701	6081	6142	7218	5346	6264	8029	9302
11388	9874	8530	8899	9248	10006	8636	9238	7256	7458	9473	9407
10417	9051	7004	7246	9529	9805	7523	8119	6341	7121	9567	10408
10215	9123	8636	9268	10604	11373	10519	11424	8010	8981	12006	12818
6661	5845	4388	4232	4997	5172	5620	6241	4457	5536	6486	7245
17480	15734	12951	12357	20852	20096	21820	20110	14499	13118	17636	16081
6570	5742	4729	4885	6297	6461	7786	7837	5342	5335	7112	7402
20894	17696	25123	22095	28062	25824	27654	24801	20551	18084	22371	21103
80666	**74938**	**76536**	**73569**	**83071**	**79977**	**86267**	**80567**	**75513**	**68649**	**86275**	**78364**
28545	28509	28394	30445	31333	30775	32336	30942	26380	24551	29913	27395
10886	8717	12728	9947	11609	10927	12762	11932	10617	9679	13073	11745
12348	11063	11297	10567	11848	11599	12179	11363	10925	10411	13332	12627
9297	8738	8872	7934	9899	9034	10787	9536	10324	8648	11398	9851
10073	9450	7101	6753	9201	8430	9046	8355	8377	7426	9007	8057
9517	8461	8144	7923	9181	9212	9157	8439	8890	7934	9552	8689
278590	**268660**	**221361**	**219795**	**201924**	**192219**	**232116**	**213698**	**199730**	**173495**	**227712**	**209887**
53519	51869	43479	46795	35384	35993	43356	42790	37481	34455	39811	37352
33317	32086	24180	24290	24110	23591	29575	27765	26820	23044	29018	24917
22532	21648	19915	19044	20990	20065	24588	24259	24178	21653	26909	25140
19505	18057	13452	12596	12394	12284	18952	17869	15579	14033	20396	18396
29273	28457	24321	23179	21276	19796	25980	23819	24573	21816	28567	27018
30760	29572	21500	21897	19459	18567	22195	20268	19971	17226	23522	21304
61575	59328	53162	50596	48088	43055	46582	39013	35180	28331	41781	38790
28109	27643	21352	21398	20223	18868	20888	17915	15948	12937	17708	16970
132685	**121202**	**98459**	**103456**	**102057**	**102049**	**106345**	**106008**	**97005**	**94583**	**94696**	**93937**
18728	21151	17709	23234	15885	16060	18488	18626	15641	15090	13221	13095
7863	6112	5109	4776	5662	5369	5679	5218	4599	3908	4268	3845
5625	4408	4641	4310	5614	5508	6694	6350	5525	5361	5439	5272
4380	3447	3875	3540	4667	4384	5876	5783	4840	4448	4691	4488
10779	8645	8234	7712	9334	8606	8249	8110	7645	7830	9186	9022
18715	16934	12335	12539	13631	13619	11975	12268	10663	11026	12102	12575
10427	9254	7738	7361	8266	8462	8378	9017	8107	8629	7876	8430

表2 续表 89

地区	45-49岁		50-54岁		55-59岁		60-64岁	
	男	女	男	女	男	女	男	女
贵州省	**1586586**	**1475372**	**1477676**	**1444612**	**1120672**	**1125537**	**735777**	**739125**
贵阳市	**252380**	**229244**	**222592**	**212501**	**167665**	**168807**	**113474**	**115819**
南明区	44557	42696	38858	39738	32521	33917	22332	23740
云岩区	42088	40979	36508	38224	30870	34207	22658	23904
花溪区	38077	33667	32350	30211	23254	22582	14828	15673
乌当区	15140	13436	13236	12340	9664	9373	6287	6555
白云区	20012	17428	17091	15387	12066	11088	6684	6423
观山湖区	25919	23114	20855	20304	15560	17231	10560	11872
开阳县	16490	14901	16918	15291	12122	11233	8569	7528
息烽县	10988	9328	10357	9347	7115	6646	4954	4434
修文县	13497	11427	12760	10778	8728	7794	5739	5224
清镇市	25612	22268	23659	20881	15765	14736	10863	10466
六盘水市	**129043**	**119264**	**110764**	**110974**	**80867**	**82669**	**54068**	**55708**
钟山区	31206	29998	24934	25059	15950	16168	9317	9772
六枝特区	20921	19961	19868	19897	15481	15715	11360	11473
水城县	31192	28373	27572	27518	18222	18739	11271	11709
盘州市	45724	40932	38390	38500	31214	32047	22120	22754
遵义市	**294963**	**288869**	**276473**	**277251**	**212283**	**218003**	**121818**	**118225**
红花岗区	43324	42468	38600	38652	29788	30570	16874	16938
汇川区	30256	29147	26588	26140	19718	19900	10926	11229
播州区	33867	31763	32351	31564	23474	24549	13751	13573
桐梓县	24027	22380	22570	21796	17945	17289	10367	9704
绥阳县	15647	15291	15964	16158	13194	13512	8360	8159
正安县	15628	16954	15375	16193	13162	14261	8776	8263
道真仡佬族苗族自治县	11627	13165	10249	11330	7970	8251	4743	4344
务川仡佬族苗族自治县	12081	12217	11267	12207	8676	9612	5279	5234
凤冈县	13826	14481	13281	13948	10756	11232	4862	4591
湄潭县	17489	17847	17041	17984	14281	14792	7164	6764
余庆县	11128	11344	10771	10725	8509	8859	4300	4218
习水县	24931	23168	24523	24405	18193	18386	10056	9629
赤水市	12719	12426	12059	11893	9362	9276	5375	5147
仁怀市	28413	26218	25834	24256	17255	17514	10985	10432
安顺市	**98256**	**91777**	**92815**	**90232**	**69971**	**69500**	**51865**	**54124**
西秀区	36419	34617	33837	34005	25903	27258	18053	19210
平坝区	15174	13802	13815	13367	9734	9601	7125	7571
普定县	14287	13387	13626	13063	10058	9617	7261	7544
镇宁布依族苗族自治县	11595	10573	11063	10464	8231	7772	6729	7088
关岭布依族苗族自治县	10188	9731	9896	9413	7878	7419	6600	6458
紫云苗族布依族自治县	10593	9667	10578	9920	8167	7833	6097	6253
毕节市	**264575**	**242326**	**247864**	**242700**	**177659**	**176172**	**122844**	**120808**
七星关区	47274	44078	44775	45377	33465	33603	22242	22097
大方县	32049	28150	30959	29538	21760	21593	14235	14412
黔西县	31039	28446	29845	28555	21399	20307	14738	14060
金沙县	26495	22664	25833	23183	17509	16205	8640	7981
织金县	32175	28551	29843	27843	21795	21338	16170	15668
纳雍县	25459	23042	23134	23689	16558	16855	12423	12597
威宁彝族回族苗族自治县	46307	44392	40800	41441	29323	29793	22273	22271
赫章县	23777	23003	22675	23074	15850	16478	12123	11722
铜仁市	**127609**	**122986**	**119185**	**119305**	**94864**	**97682**	**61595**	**60700**
碧江区	17017	16185	15185	14791	12356	12876	7123	7250
万山区	6627	5845	6565	5888	5295	4875	3042	2827
江口县	7846	7299	7481	7162	6470	6313	4249	4112
玉屏侗族自治县	6593	6316	6135	5839	5080	5090	2857	3064
石阡县	13018	12704	12270	12932	9710	10262	6153	5959
思南县	18289	18694	18080	18852	13482	14572	8229	8380
印江土家族苗族自治县	11846	11979	10923	11292	8776	9393	5587	5400

单位：人

65-69岁		70-74岁		75-79岁		80-84岁		85岁及以上	
男	女	男	女	男	女	男	女	男	女
792295	**838922**	**567595**	**615697**	**379584**	**442739**	**227533**	**291865**	**121701**	**178524**
97620	**109836**	**71451**	**76842**	**46304**	**53003**	**30352**	**38375**	**18838**	**24311**
17304	20263	13309	14130	8747	10221	6158	8077	4215	5339
17539	19857	12840	13795	8338	9711	5937	7949	4325	5694
12617	15830	10474	11648	6686	7567	4435	5579	2644	3284
5872	6731	4252	4744	2721	3039	1873	2059	967	1269
5147	6204	3870	4438	2806	3304	1758	2239	998	1253
8669	10055	5710	6089	3322	3832	2248	2645	1312	1566
8699	8745	6540	6676	4053	4455	2220	2738	1232	1719
5822	5778	4096	4165	2556	2738	1436	1729	766	1054
6313	6273	4033	4352	2692	2907	1530	1780	872	1135
9638	10100	6327	6805	4383	5229	2757	3580	1507	1998
51101	**55783**	**37805**	**41121**	**26514**	**29380**	**17319**	**21093**	**8492**	**11504**
7445	9765	6761	8108	4549	5083	2549	3244	1186	1456
11002	12001	7526	8642	5530	6581	3714	4896	1946	2778
13585	14291	10254	10953	7004	7497	4386	5278	2039	3072
19069	19726	13264	13418	9431	10219	6670	7675	3321	4198
164578	**170249**	**117561**	**124292**	**78630**	**87096**	**41762**	**50214**	**22031**	**30069**
18828	20642	12725	14429	8680	9704	4641	6204	2695	3786
12822	15123	9775	10657	6685	7164	3794	4422	2032	2608
17360	18540	12984	13873	8399	9502	4398	5255	2211	3062
14216	14267	9445	9671	6747	7496	3567	4304	1985	2669
10832	11033	7684	7931	4906	5253	2590	3106	1300	1808
12357	11817	8961	9668	5770	6432	2992	3419	1339	1885
7426	7276	5786	5956	4003	4372	2020	2228	863	894
8037	7996	6501	6551	4578	4835	2457	2652	1173	1359
8692	8697	6611	7016	4038	4749	2098	2531	1002	1356
10998	10726	7929	8231	5180	5571	2676	3176	1532	2046
6729	6746	4977	5425	3202	3599	1825	2230	996	1420
15023	15362	9680	10186	6789	7611	3448	4280	1964	2831
8006	8497	5144	5264	3886	4427	1994	2464	1112	1656
13252	13527	9359	9434	5767	6381	3262	3943	1827	2689
48548	**54346**	**35454**	**40295**	**24343**	**29686**	**14536**	**19686**	**7810**	**12258**
16390	19007	12794	14407	8788	10162	5287	6811	2809	4126
6901	7903	5015	5645	3600	4023	2193	2751	1256	1775
7665	8128	5382	5495	3587	4061	2408	3010	1236	1872
5833	6762	4208	5163	2958	4044	1761	2519	898	1620
5798	5952	3911	4412	2708	3522	1484	2160	841	1403
5961	6594	4144	5173	2702	3874	1403	2435	770	1462
133402	**135622**	**87532**	**91828**	**59978**	**67948**	**39388**	**48871**	**19148**	**27394**
24077	25087	15961	16676	11570	12649	7983	9708	4007	5790
17865	18436	11284	11551	7676	8757	5254	6509	2739	3918
15806	15870	9697	10333	6807	7848	4511	5681	2355	3409
12594	12069	9095	8923	6028	6600	3761	4347	1985	2690
17403	18486	10468	11517	6988	8588	4446	5878	2068	3217
14089	14327	9499	10283	6095	7123	3999	5125	1806	2964
18831	18699	13451	13812	9153	9981	5835	6769	2664	3219
12737	12648	8077	8733	5661	6402	3599	4854	1524	2187
82249	**84459**	**61419**	**64217**	**40466**	**46114**	**22142**	**26057**	**12493**	**17235**
7059	7896	5138	5489	2983	3500	1840	2372	1438	1737
3435	3536	2756	2789	1810	1925	1232	1381	747	912
4683	4617	3542	3478	2246	2591	1288	1537	813	1074
3234	4013	2518	2439	1614	1599	1099	1195	658	866
8395	8415	6314	6598	4039	4588	2180	2691	1071	1526
14207	14662	10544	11279	6960	8053	3115	3860	1578	2367
8847	8847	6630	6994	4676	5026	2373	2658	1167	1736

表2 续表 90

地 区	0岁		1-4岁		5-9岁		10-14岁	
	男	女	男	女	男	女	男	女
德江县	2704	2386	13017	11387	18203	15274	19115	16151
沿河土家族自治县	3155	2662	14587	12429	20699	17423	25715	22143
松桃苗族自治县	3546	3104	16770	14670	22888	19860	22084	19086
黔西南布依族苗族自治州	**22335**	**19830**	**106964**	**94396**	**143715**	**123265**	**141397**	**123850**
兴义市	6996	6161	34592	30354	44811	37138	40352	34407
兴仁市	3188	2746	15351	13695	20980	18087	22183	19650
普安县	1957	1666	9014	7904	11986	10368	12541	11038
晴隆县	1793	1620	8118	7125	12259	10758	13802	12348
贞丰县	2376	2133	11334	9775	15021	12841	16480	14258
望谟县	1609	1560	7783	6794	10079	8706	11210	10036
册亨县	1493	1315	6950	6269	9478	8436	8462	7442
安龙县	2923	2629	13822	12480	19101	16931	16367	14671
黔东南苗族侗族自治州	**28289**	**24033**	**129285**	**111274**	**177631**	**145344**	**169006**	**136821**
凯里市	4992	4231	22445	19322	27908	22951	25748	21186
黄平县	1494	1249	6974	6338	9789	8435	10974	9659
施秉县	817	690	4212	3498	5668	4897	5885	5034
三穗县	1175	1011	5413	4580	8411	7051	8714	7282
镇远县	1262	1046	5866	5110	8788	7172	8646	7146
岑巩县	1219	1130	5797	4849	7812	6178	7668	5864
天柱县	1888	1560	9087	7847	13394	10696	12853	10311
锦屏县	1099	979	4977	4311	7242	5948	7131	5918
剑河县	1295	1130	6405	4964	10414	7897	10771	7832
台江县	831	731	4150	3526	6178	5054	6673	5286
黎平县	3585	3041	16099	14264	20662	17479	18383	15425
榕江县	2396	2064	10686	9434	15577	12918	13989	11162
从江县	3343	2836	14265	12751	17763	14632	13458	10894
雷山县	952	740	4040	3284	5398	4298	5535	4333
麻江县	1012	839	4480	3796	5867	4725	5000	4031
丹寨县	929	756	4389	3400	6760	5013	7578	5458
黔南布依族苗族自治州	**24220**	**21367**	**114095**	**99526**	**153257**	**131190**	**138557**	**119275**
都匀市	2992	2626	14085	12184	16957	14177	14767	12068
福泉市	2037	1888	9759	8569	13147	11794	11039	10185
荔波县	1219	1052	5585	4714	6899	5686	5979	4836
贵定县	1522	1480	7282	6851	9918	8897	8881	8110
瓮安县	2723	2417	13466	12189	17203	15362	16141	14301
独山县	1793	1529	8724	7379	11352	9341	10050	8342
平塘县	1681	1469	8319	7267	11030	9488	10574	8703
罗甸县	1879	1730	8802	7470	14100	11586	13175	11183
长顺县	1591	1429	7267	6346	9804	8256	8546	7395
龙里县	1752	1534	7515	6696	9804	8685	8189	7548
惠水县	2896	2534	13110	11601	17233	15097	15725	13758
三都水族自治县	2135	1679	10181	8260	15810	12821	15491	12846
云南省	**266844**	**248334**	**1326888**	**1223499**	**1616275**	**1484862**	**1609766**	**1461006**
昆明市	**42228**	**39273**	**205458**	**189584**	**220297**	**201185**	**192769**	**176919**
五华区	5254	4911	27040	24932	28042	25571	22382	20734
盘龙区	4902	4678	23464	21868	25077	22915	19081	17399
官渡区	8024	7340	41521	37635	45147	39639	33111	29422
西山区	4539	4290	22314	20685	23651	21543	19612	17794
东川区	1505	1392	7115	6410	8255	7634	8972	8218
呈贡区	3184	2939	15813	14709	15467	14172	11393	10196
晋宁区	1651	1598	8146	7806	8372	7950	7842	7505
富民县	649	574	3118	2861	3695	3555	5260	5092
宜良县	1846	1732	8499	7886	9732	9367	11475	11047
石林彝族自治县	1369	1298	6134	5726	6823	6342	7102	6572
嵩明县	2091	1908	9464	8681	10608	9786	9196	8393
禄劝彝族苗族自治县	2048	1893	9063	8290	10539	9917	12004	11217
寻甸回族彝族自治县	3010	2842	13855	12815	15159	13770	15695	14374
安宁市	2156	1878	9912	9280	9730	9024	9644	8956

单位：人

15-19岁		20-24岁		25-29岁		30-34岁		35-39岁		40-44岁	
男	女	男	女	男	女	男	女	男	女	男	女
18685	17017	12940	13765	11617	12453	11912	12165	11755	11431	12215	12309
19948	18299	12079	12394	11612	11862	12436	12252	12245	12119	11824	12134
17535	15935	13799	13825	15769	15726	16658	16219	15985	14741	13874	12767
109177	**103244**	**89327**	**93386**	**96188**	**93116**	**112440**	**106498**	**100619**	**90222**	**101578**	**91129**
39738	36489	33131	37573	37646	36908	43322	42163	36914	33924	33881	30905
14701	14402	11874	11813	12219	12006	14742	14387	13871	12512	14676	13365
8051	7739	6861	6883	7094	6675	8340	7785	7528	6499	7889	6886
8184	8063	6469	6299	6829	6237	7818	7023	7227	6335	7476	6652
12031	11177	8447	8710	8724	8577	9980	9582	8778	8025	9239	8560
9719	9596	7064	6643	6746	6227	7667	6503	7936	6596	8594	7322
5747	5310	5233	4962	5503	5311	6960	6167	6972	5804	7416	6324
11006	10468	10248	10503	11427	11175	13611	12888	11393	10527	12407	11115
127386	**105304**	**94191**	**91185**	**106857**	**104052**	**127659**	**123804**	**118399**	**110842**	**122062**	**112226**
29178	23774	24530	25242	24912	24687	30096	29141	27147	24938	25520	23361
8955	8919	6316	5844	6257	5751	6469	5873	6742	6098	6173	5794
3828	3567	2887	2858	3216	3218	3608	3658	3776	3688	3431	3380
4911	4342	3222	3408	3936	3894	5135	5278	5005	4724	4842	4617
5637	4893	3608	3666	3904	4169	5598	6158	5566	5741	5989	5794
6010	4784	3959	3949	4673	4909	5482	5608	4673	4568	4758	4560
7795	5901	4895	4238	6879	6486	8771	8906	8072	7815	8845	7698
4894	3890	2862	2610	4382	4288	4886	5014	4190	4308	4640	4294
7023	5188	4354	3843	4935	4693	6195	6072	5440	5671	6761	6196
5097	4458	3320	2976	3188	3000	3402	3403	3814	3780	5019	4372
11454	9449	8576	8552	11002	11328	13072	12792	11434	11154	12178	11744
10075	8150	7716	7069	8996	8609	10684	9807	10380	9101	9236	8527
9432	7408	7726	7752	8987	8770	10223	9327	9402	8298	10089	9211
4089	3017	3630	2923	4079	3257	4864	4112	4320	3589	4629	3990
3549	3005	3033	2788	3646	3632	4225	4131	4056	3612	5151	4280
5459	4559	3557	3467	3865	3361	4949	4524	4382	3757	4801	4408
111692	**106263**	**106580**	**115351**	**111217**	**107933**	**122516**	**113988**	**108430**	**99145**	**123248**	**109719**
21455	19981	20942	24495	18228	17169	21601	19236	16015	14499	17089	15449
7487	6760	8810	8564	10975	10360	11583	10486	10344	9366	12189	10546
4333	3660	4000	3571	4837	4853	5602	5468	5486	5081	6630	5685
7539	10936	7047	11524	7784	7457	8158	7488	7388	6473	8590	7608
10851	9578	9125	8657	12373	12580	14522	14624	13200	12831	13759	13059
7288	5952	6558	5953	8795	8348	9137	8497	7967	7008	7799	7282
7520	6744	5565	5461	6300	6802	6017	6020	5195	5466	7148	6992
8543	7799	5578	5598	6353	6515	7057	6923	7010	6665	9615	8396
6405	6057	5283	5025	5861	5853	6423	6290	6748	6052	7972	6373
6502	5728	7803	6843	9638	8781	10522	8858	8033	6982	9075	7834
13403	14298	18882	23233	12169	11467	12320	11324	11775	10245	13583	11503
10366	8770	6987	6427	7904	7748	9574	8774	9269	8477	9799	8992
1562570	**1430302**	**1606057**	**1481012**	**1682482**	**1477417**	**1997876**	**1756415**	**1745094**	**1518032**	**1902700**	**1682606**
284283	**264723**	**399361**	**402198**	**351300**	**324907**	**393225**	**363013**	**316467**	**290176**	**336015**	**308599**
31038	35580	54570	69576	48182	49138	56325	55508	44563	44351	44424	43750
25866	21723	53562	51187	40369	40970	47959	47627	39393	38683	38590	36534
40047	30956	77947	69383	92249	78843	101808	85668	77049	63342	72253	60221
25028	19627	35443	35649	40106	40613	47119	46983	38359	38097	38880	37200
8282	6918	7306	6000	7587	6899	8449	8131	8106	7772	10486	9960
31315	35148	55942	64318	31756	27356	31525	26938	23468	20007	23399	20188
13361	15918	11500	10916	12630	11064	13189	12030	10013	9081	13121	12772
6187	4028	4819	3333	4419	3839	4503	4069	3653	3544	5922	5708
10082	8545	9654	8646	10435	9741	11404	11238	11057	10701	15056	14686
6529	6156	6625	5722	7461	6866	8853	8379	7645	7368	10509	9873
28517	30645	25092	29109	13616	11268	16512	14031	12076	10196	12936	11275
13667	14845	9686	8706	11171	10051	12109	11651	12094	10833	14332	13114
12986	12088	12995	11265	15692	14688	15381	14809	13809	12918	18137	17355
31378	22546	34220	28388	15627	13571	18089	15951	15182	13283	17970	15963

表2 续表 91

地区	45-49岁		50-54岁		55-59岁		60-64岁	
	男	女	男	女	男	女	男	女
德江县	14053	13891	12966	13314	9714	10038	6623	6629
沿河土家族自治县	14509	13972	13196	13769	10707	11119	7418	7154
松桃苗族自治县	17811	16101	16384	15466	13274	13144	10314	9925
黔西南布依族苗族自治州	**113384**	**103891**	**111468**	**107747**	**86211**	**86109**	**62386**	**64311**
兴义市	38484	35610	35769	34347	27557	27855	19050	19229
兴仁市	15583	14354	15927	15273	12247	12088	8733	8993
普安县	9393	8151	9154	9075	6955	7003	5704	5783
晴隆县	8531	7669	8021	8039	6616	6517	5149	5324
贞丰县	10469	10309	11484	11250	8871	9147	6715	7035
望谟县	9191	8219	9270	8712	6711	6551	4777	5195
册亨县	7334	6737	7423	7109	5407	5512	3918	4350
安龙县	14399	12842	14420	13942	11847	11436	8340	8402
黔东南苗族侗族自治州	**157835**	**144547**	**152153**	**150772**	**122670**	**122486**	**74387**	**75833**
凯里市	30725	27797	26143	26525	19615	20208	11302	11972
黄平县	11014	10121	10835	10648	8188	7920	5092	4977
施秉县	5529	5285	5568	5489	4294	4093	2513	2485
三穗县	6422	5880	6271	6314	5464	5667	3447	3583
镇远县	8023	7225	8607	8384	7223	7020	4589	4596
岑巩县	6397	6318	6529	6723	5621	5990	3623	3723
天柱县	11074	9473	11212	10786	9694	9904	6804	7010
锦屏县	6183	5675	6588	6326	5980	6058	4091	3991
剑河县	7809	7125	7501	7687	5930	5741	3170	3269
台江县	5070	4576	4619	4582	3267	3092	2130	2295
黎平县	16745	16008	17054	17274	15354	15407	9308	9482
榕江县	12299	11427	12168	11781	9653	9304	6041	5662
从江县	13017	12689	12535	12826	9582	9584	4833	5136
雷山县	5973	5132	5313	4864	4076	3823	2103	2243
麻江县	6131	5019	5920	5304	4521	4230	2715	2600
丹寨县	5424	4797	5290	5259	4208	4445	2626	2809
黔南布依族苗族自治州	**148541**	**132468**	**144362**	**133130**	**108482**	**104109**	**73340**	**73597**
都匀市	22852	20770	21905	20457	17868	17750	12388	12528
福泉市	13850	11679	12910	11478	8840	7860	5780	5335
荔波县	7212	5960	7058	6084	4781	4603	2459	2543
贵定县	10430	9517	10650	9630	7734	7218	5839	5754
瓮安县	17565	16318	16330	15693	12329	12279	8325	8111
独山县	11851	10953	12165	11506	8976	8884	6086	5901
平塘县	9821	9014	10183	9660	7823	7439	5114	5353
罗甸县	10728	9537	10477	9984	7808	7648	4875	5190
长顺县	7825	6556	7763	6976	6174	5723	4734	4774
龙里县	11311	9656	10568	8989	7091	6343	4775	4517
惠水县	14950	13337	14237	13135	11101	10732	8296	8649
三都水族自治县	10146	9171	10116	9538	7957	7630	4669	4942
云南省	**2149986**	**1929317**	**1991175**	**1865073**	**1601019**	**1554640**	**978342**	**986429**
昆明市	**391406**	**352440**	**335514**	**318110**	**272128**	**270323**	**163345**	**167620**
五华区	48273	45167	36990	38193	31823	34852	22571	25490
盘龙区	42566	39119	34855	34968	30041	31512	20021	21788
官渡区	78157	65324	61845	53966	43703	41172	24530	24347
西山区	43503	39860	36283	36100	31543	33318	22030	23496
东川区	12765	11841	12433	11321	10180	9198	6376	6240
呈贡区	25258	21249	20465	18442	15928	15183	8021	8098
晋宁区	18860	17532	17379	16106	13752	13334	6778	6480
富民县	8642	7636	8026	7246	6569	5964	3348	3213
宜良县	19097	18541	19758	19024	17726	17144	10956	10508
石林彝族自治县	13070	12138	12193	11877	9484	9138	4973	5030
嵩明县	15600	13923	15488	14260	12695	12330	6256	6608
禄劝彝族苗族自治县	18778	17299	18418	17150	15394	14911	8363	8191
寻甸回族彝族自治县	22898	22127	21273	21315	16871	16812	9925	9504
安宁市	23939	20684	20108	18142	16419	15455	9197	8627

单位：人

65-69岁		70-74岁		75-79岁		80-84岁		85岁及以上	
男	女	男	女	男	女	男	女	男	女
8923	9280	6461	6975	4503	5668	2383	2808	1156	1710
10523	10478	7876	8503	5478	6559	3153	3560	1651	2251
12943	12715	9640	9673	6157	6605	3479	3995	2214	3056
54336	**58697**	**37588**	**44412**	**26312**	**34586**	**15315**	**22934**	**7876**	**14873**
15290	16432	10560	12027	7315	9370	4551	6441	2433	4407
8270	8366	5632	6292	3908	4791	2463	3191	1241	1970
4990	5236	3346	3591	2247	2652	1401	1838	690	1045
4700	4970	3053	3525	2196	2753	1258	1763	596	1047
6123	6780	4054	4935	2840	3851	1793	2806	997	1806
4350	5286	3154	4541	2337	3554	1036	2153	474	1342
3280	3943	2183	3058	1682	2569	817	1415	417	1001
7333	7684	5606	6443	3787	5046	1996	3327	1028	2255
85297	**89107**	**64458**	**69262**	**41123**	**48088**	**26349**	**34096**	**13590**	**20919**
12288	13891	9348	10502	5933	7190	3670	5149	2258	3232
7259	7677	5334	5815	3302	3974	2179	2883	1082	1722
3308	3282	2411	2602	1530	1813	984	1269	497	750
4044	4161	3201	3338	1858	2032	1228	1463	619	855
5027	5144	3779	3795	2358	2843	1581	1904	749	1109
4446	4529	3261	3246	2372	2380	1453	1632	740	1008
7547	7945	5865	6337	3437	3880	2468	3066	1218	1931
4109	4178	2916	3265	1634	2123	1090	1706	446	960
4021	4116	3073	3227	2003	2308	1345	1586	634	883
2672	2742	2038	2068	1227	1523	809	1018	360	515
9749	9700	6974	7433	4679	5563	2954	3984	1340	2132
5680	5623	4276	4532	2871	3334	1770	2259	914	1402
5610	5931	4841	5256	3281	3822	2149	2748	1417	2063
2868	2893	2382	2303	1512	1529	877	924	390	551
3380	3833	2508	2862	1640	2026	840	1264	476	954
3289	3462	2251	2681	1486	1748	952	1241	450	852
75164	**80823**	**54327**	**63428**	**35914**	**46838**	**20370**	**30539**	**11423**	**19961**
11330	12671	8058	9474	5082	6905	3223	4962	2158	3292
6640	6476	4560	4725	2906	3287	1484	1972	815	1414
3168	3452	2300	2619	1515	1884	993	1492	549	1048
5661	6018	4080	4779	2704	3484	1398	2163	768	1386
9615	9803	6747	7351	3989	4470	2195	2514	1163	1778
6611	6984	4657	5530	3144	4154	1866	2901	1007	1996
5723	6153	4462	5253	3204	4364	1788	2698	905	1699
5333	6297	4198	5331	3025	4433	1548	2724	743	1695
4409	4637	3148	3699	2177	2985	1251	1863	725	1145
4440	4546	3235	3483	2042	2436	1150	1577	718	1022
7373	8364	5268	6747	3740	5265	2072	3355	1091	2010
4861	5422	3614	4437	2386	3171	1402	2318	781	1476
935570	**984374**	**626130**	**675233**	**412955**	**483049**	**256159**	**321811**	**153036**	**224942**
165589	**175151**	**106489**	**111933**	**70434**	**79922**	**48542**	**54775**	**33137**	**41250**
22261	24189	14437	15855	9600	10805	7198	7897	5409	6204
20098	21492	13192	13776	8536	10017	6918	7118	4859	5232
22842	24050	14232	14658	8834	9778	6432	7206	4329	5269
21608	23311	14265	14934	9124	10211	6417	7089	4680	5442
5587	5968	4043	4237	3189	3691	2225	2784	1433	1836
8036	8393	4629	4709	2656	2919	1643	1854	1127	1658
7324	7432	4837	5125	3232	3669	2141	2488	1415	1919
3684	3989	2400	2659	1745	1911	920	1210	627	889
11834	12176	7025	7334	4686	5520	2897	3596	1736	2488
5461	5927	3576	3825	2551	2741	1460	1688	947	1396
8060	8174	4643	4756	2945	3253	1735	1928	1177	1698
9483	10206	6146	6906	4499	5581	2633	3421	1672	2600
10201	10532	6855	7048	4892	5433	3172	3573	2010	2655
9110	9312	6209	6111	3945	4393	2751	2923	1716	1964

表2 续表 92

地区	0岁		1-4岁		5-9岁		10-14岁	
	男	女	男	女	男	女	男	女
曲靖市	**35181**	**32861**	**179804**	**164909**	**224649**	**201302**	**241760**	**206594**
麒麟区	5923	5537	30824	28596	32407	29569	27939	23977
沾益区	2208	2107	10128	9568	11799	10775	12962	11760
马龙区	1130	1015	4830	4429	5150	4743	5652	5129
陆良县	3538	3291	19196	18018	23283	20679	23826	19760
师宗县	2395	2280	12776	11975	17461	15861	19550	16497
罗平县	3683	3383	19568	17466	24371	21166	25943	21388
富源县	4794	4450	24048	21738	32642	29524	32900	29207
会泽县	4969	4677	24406	21860	30764	27087	37888	31706
宣威市	6541	6121	34028	31259	46772	41898	55100	47170
玉溪市	**11022**	**10341**	**56061**	**51948**	**59989**	**56688**	**59025**	**55073**
红塔区	2768	2534	14168	13238	14545	13636	13532	12905
江川区	1413	1313	6859	6316	6887	6387	6303	6012
通海县	1460	1300	7587	6999	8340	8023	8071	7670
华宁县	945	953	4419	4147	5436	5119	5534	5169
易门县	684	677	3486	3294	3219	3101	3552	3209
峨山彝族自治县	589	570	3044	2723	3279	3218	3717	3514
新平彝族傣族自治县	1254	1156	6879	6425	7241	6911	7207	6749
元江哈尼族彝族傣族自治县	1040	982	5182	4722	6542	5777	6644	5634
澄江市	869	856	4437	4084	4500	4516	4465	4211
保山市	**12224**	**11456**	**60822**	**57044**	**79025**	**74460**	**79796**	**74012**
隆阳区	4496	4211	22674	21380	28556	27243	26610	25218
施甸县	1508	1374	7313	6742	9847	9495	9486	8995
龙陵县	1486	1428	7817	7223	10641	9394	11495	9957
昌宁县	1501	1414	7612	7148	8728	8297	8869	8436
腾冲市	3233	3029	15406	14551	21253	20031	23336	21406
昭通市	**38203**	**35144**	**180294**	**164158**	**227883**	**205429**	**235155**	**209009**
昭阳区	7085	6759	35246	32700	38066	34645	36922	32815
鲁甸县	3116	3076	15231	13994	18612	17106	19679	17864
巧家县	3180	2840	13425	12336	17718	15740	22142	18972
盐津县	2407	2245	10832	10011	12287	11431	12665	11158
大关县	1633	1577	7340	6880	8512	7549	7496	6612
永善县	2442	2243	11267	10259	14190	12702	15325	13260
绥江县	863	840	4176	3891	5062	4620	4494	4115
镇雄县	10181	8807	48386	42480	69524	61567	73467	65284
彝良县	3978	3641	17810	16420	23166	20948	24083	21883
威信县	2639	2473	13511	12384	17095	15753	15439	13761
水富市	679	643	3070	2803	3651	3368	3443	3285
丽江市	**6429**	**6077**	**32441**	**29377**	**37813**	**34693**	**35306**	**31456**
古城区	1247	1227	6492	6121	6598	6323	5540	5098
玉龙纳西族自治县	1188	1157	5777	5329	6066	5717	5535	5097
永胜县	1609	1577	7972	7325	9628	9207	9932	9265
华坪县	676	654	3743	3505	4639	4267	4397	4182
宁蒗彝族自治县	1709	1462	8457	7097	10882	9179	9902	7814
普洱市	**12785**	**11777**	**63610**	**59666**	**78775**	**73681**	**78568**	**72681**
思茅区	2066	1917	10437	9979	12413	11647	11165	10295
宁洱哈尼族彝族自治县	719	693	3667	3498	4670	4459	4717	4533
墨江哈尼族自治县	1500	1291	7259	6575	9165	8369	10362	9023
景东彝族自治县	1066	994	6000	5559	9127	8543	10555	9852
景谷傣族彝族自治县	1273	1163	6656	6318	9613	8684	10349	9206
镇沅彝族哈尼族拉祜族自治县	761	665	4084	3797	5724	5475	6066	5856
江城哈尼族彝族自治县	596	571	3183	2950	3836	3659	3755	3479
孟连傣族拉祜族佤族自治县	1034	967	4816	4572	5241	5134	5079	4669
澜沧拉祜族自治县	2958	2744	14176	13338	15428	14383	13662	12929
西盟佤族自治县	812	772	3332	3080	3558	3328	2858	2839
临沧市	**12557**	**11665**	**61928**	**57877**	**82012**	**76239**	**80063**	**74844**
临翔区	1984	1797	9558	8762	12464	11070	11913	11027
凤庆县	1934	1794	9865	9334	13006	12513	12825	12402
云县	1983	1790	9510	8985	13858	12811	14751	13547

单位：人

15-19岁		20-24岁		25-29岁		30-34岁		35-39岁		40-44岁	
男	女	男	女	男	女	男	女	男	女	男	女
235980	**200493**	**176792**	**153709**	**195687**	**168388**	**196410**	**179638**	**188854**	**174761**	**227739**	**209064**
52673	47142	33360	37966	36504	36863	37918	38857	32337	32583	37061	36124
17506	15336	12415	10805	13409	11426	14104	12172	13578	11973	16820	14636
7083	6445	6315	5244	6785	5861	6486	5694	5654	5129	9054	8136
18934	14883	18693	14273	22781	19403	19851	18167	15705	15622	24808	24858
12490	10511	10277	8842	12582	10642	13097	11989	12668	11805	15937	14371
19608	16140	15175	12159	17265	14032	18330	16315	18849	17275	21429	19399
24755	21946	23201	19480	25312	20888	22931	19875	22772	19869	27441	22974
35549	28463	23834	18336	21155	17363	27221	22862	25134	22204	26736	24582
47382	39627	33522	26604	39894	31910	36472	33707	42157	38301	48453	43984
65299	**59449**	**73462**	**67325**	**76224**	**67743**	**92298**	**82342**	**74904**	**67632**	**92508**	**85339**
21577	21151	22418	25862	20644	19590	26181	25546	19911	19199	23451	22923
6213	5629	7859	7087	8972	8141	9871	8708	6989	6400	8978	8554
6253	5461	7801	6442	10844	9726	12114	10928	10225	9317	11362	10799
5061	4636	5526	4603	5797	5221	6800	6070	6762	6041	8358	7726
3974	3335	4312	3639	4953	4202	5739	4980	4421	3885	5523	5085
4040	4135	4214	3342	4753	3810	5628	4490	4469	3827	6200	5485
5990	5445	6715	5541	7400	6182	11082	9299	10493	8827	13280	10953
5234	4630	6152	4650	7112	5657	8272	6381	6881	5778	9079	7840
6957	5027	8465	6159	5749	5214	6611	5940	4753	4358	6277	5974
75605	**71039**	**75928**	**68292**	**83125**	**71945**	**91743**	**80738**	**83658**	**75277**	**86078**	**78883**
29276	29486	33025	32509	33238	29603	33425	29751	27793	25573	29477	28135
7202	6772	7731	6942	9162	8052	10621	9076	9780	8220	10476	9229
8627	7487	7342	5696	8360	6615	10086	8356	10183	8609	9892	8498
8717	8492	8622	7774	9520	8666	11091	10304	10931	10160	11539	10388
21783	18802	19208	15371	22845	19009	26520	23251	24971	22715	24694	22633
209498	**191515**	**198239**	**176165**	**199338**	**167729**	**212938**	**175590**	**166841**	**132313**	**177591**	**147604**
35934	35039	34649	33335	35984	32848	40536	36472	28528	24726	30253	27542
16086	14701	15386	13635	17474	14752	18391	14498	13363	10120	13042	11132
20382	16811	17012	12259	14384	10087	18083	13124	16234	12656	17980	14794
12431	11574	11565	10631	12305	10596	14771	11715	10620	8020	11909	9146
8167	7385	8463	7205	8727	6835	9640	7254	7662	5710	8031	6218
14627	12921	13716	11366	11650	9306	13757	11094	10740	8611	13516	11660
4246	3694	4223	3902	5211	4648	5272	4735	3944	3391	5187	4401
61413	56476	58406	52838	56853	47389	52478	42779	45230	35062	43867	35354
20039	18286	19292	16582	18753	15232	21981	17792	18044	13459	18169	14440
12103	10591	12649	11677	14733	12866	13958	11998	8717	7134	11576	9287
4070	4037	2878	2735	3264	3170	4071	4129	3759	3424	4061	3630
33727	**32678**	**41034**	**39146**	**48461**	**42791**	**58077**	**51765**	**48592**	**42883**	**54458**	**49178**
7925	10165	12831	15022	14400	12856	16891	14945	12485	11223	12561	11628
4529	4020	5755	4743	7695	6763	10104	9145	8793	7583	9716	8581
8690	8260	9399	8384	10892	9747	13195	11731	11260	9719	15189	13441
3732	3267	4461	3537	5523	4720	7132	6088	6647	5699	6578	5936
8851	6966	8588	7460	9951	8705	10755	9856	9407	8659	10414	9592
61840	**58097**	**63423**	**57207**	**75222**	**63054**	**107581**	**89482**	**111780**	**91627**	**113792**	**92501**
16645	16700	17187	18634	16342	14726	19632	18312	17681	16496	17600	15950
3306	3118	3269	2624	4907	4069	5974	5193	6390	5841	7720	6726
6206	5436	5844	4397	8142	5937	12744	9803	14057	10519	14973	10794
8183	7563	7645	6620	6952	6170	10731	9449	13851	11650	14505	11905
6017	5167	5767	4912	7324	6419	11770	9905	12587	10743	13293	11210
3879	3549	3497	2828	4667	3806	7367	5914	8789	7123	8656	6825
2409	2303	2385	1914	3616	2944	5180	4342	5017	4199	5349	4435
3341	3027	3974	3374	5084	4179	6850	5764	6856	5742	6798	5700
9500	9061	11144	9735	14738	11962	22779	17435	22418	16192	21092	15911
2354	2173	2711	2169	3450	2842	4554	3365	4134	3122	3806	3045
67419	**63384**	**64567**	**58536**	**73148**	**63031**	**101916**	**83818**	**100152**	**80473**	**95718**	**77905**
17106	17938	12178	13591	10894	10529	16922	14912	15321	13257	14676	12965
9665	9103	9024	8406	11417	10383	15894	14101	16109	13769	14484	12400
10802	9459	10611	8885	11984	9965	15959	13217	17893	14430	18095	14697

表2 续表 93

地 区	45-49岁		50-54岁		55-59岁		60-64岁	
	男	女	男	女	男	女	男	女
曲靖市	**253790**	**238321**	**228476**	**226387**	**179994**	**183830**	**116455**	**118055**
麒麟区	42652	41591	37489	37815	29497	31386	17991	18946
沾益区	19659	18206	18802	18476	14320	14260	9585	9421
马龙区	11295	10486	9208	8692	7552	6667	4093	3809
陆良县	29744	28637	26084	26141	18470	19625	11224	11989
师宗县	16503	15533	14243	14329	11372	11265	6950	6581
罗平县	21286	19923	20067	20167	16362	16631	10938	11074
富源县	27334	24018	24268	23198	19077	19410	12328	12585
会泽县	32687	30913	32878	32053	26353	26265	19146	18919
宣威市	52630	49014	45437	45516	36991	38321	24200	24731
玉溪市	**118368**	**108550**	**110411**	**103230**	**86643**	**85119**	**41457**	**43025**
红塔区	27111	25583	24127	23116	19350	20360	10492	11910
江川区	13456	12997	12814	12322	10724	10751	4130	4334
通海县	14578	14110	14087	13972	10933	11121	5333	5936
华宁县	9898	9384	9556	8986	7863	7385	4318	3823
易门县	9648	8605	9052	7972	6969	6417	3276	3029
峨山彝族自治县	8672	7528	8341	7148	6087	5480	2700	2541
新平彝族傣族自治县	15590	12799	13996	12779	10762	10249	5044	5092
元江哈尼族彝族傣族自治县	10518	9347	9795	8995	7164	6779	3315	3497
澄江市	8897	8197	8643	7940	6791	6577	2849	2863
保山市	**112318**	**103071**	**108194**	**103311**	**91035**	**88733**	**64305**	**62922**
隆阳区	41321	38901	39219	38427	33672	33406	21936	22213
施甸县	13829	12775	13653	13427	11769	11324	8256	8047
龙陵县	12162	10620	11704	10760	9793	9264	7751	7178
昌宁县	17417	15516	16764	15207	13725	12918	9024	8461
腾冲市	27589	25259	26854	25490	22076	21821	17338	17023
昭通市	**190679**	**169133**	**176551**	**167297**	**147883**	**142527**	**87060**	**85355**
昭阳区	34877	34318	31725	32064	25686	26265	14794	15161
鲁甸县	13596	12570	13123	12231	10311	9939	6388	6602
巧家县	20220	17098	19401	16385	15662	14689	9348	8565
盐津县	11712	9569	11425	10418	10505	9635	6176	5843
大关县	7988	6641	7571	6986	6130	6081	3896	3828
永善县	14266	12493	13303	12204	11103	10298	6639	6324
绥江县	6014	5468	5917	5610	5178	4630	2901	2667
镇雄县	45195	39117	39023	38417	34561	32634	20044	19775
彝良县	18945	15794	17529	16033	14504	14378	8882	9007
威信县	13078	11862	13316	12953	10912	10687	5927	5534
水富市	4788	4203	4218	3996	3331	3291	2065	2049
丽江市	**63644**	**56346**	**57891**	**52340**	**43662**	**41314**	**24829**	**24576**
古城区	13986	12452	11668	10157	8476	7935	4527	4356
玉龙纳西族自治县	12264	10559	11500	10140	9273	8390	5193	4984
永胜县	17663	15636	16914	15572	12943	12917	8391	8661
华坪县	8753	7423	8308	7350	6438	5774	3720	3330
宁蒗彝族自治县	10978	10276	9501	9121	6532	6298	2998	3245
普洱市	**118521**	**99534**	**109781**	**94860**	**87344**	**78356**	**60283**	**58637**
思茅区	18345	16256	15758	14531	12505	11904	8222	8114
宁洱哈尼族彝族自治县	8840	7573	8600	7426	6758	5870	4352	4203
墨江哈尼族自治县	14333	10860	12289	10098	10100	8964	7527	7194
景东彝族自治县	15678	13507	14686	12103	12559	11172	8757	8501
景谷傣族彝族自治县	14486	12154	13256	11093	10796	9342	7776	7263
镇沅彝族哈尼族拉祜族自治县	9732	7771	8906	7109	7564	5926	5175	4714
江城哈尼族彝族自治县	5719	4822	5371	4593	4261	3612	2754	2557
孟连傣族拉祜族佤族自治县	6672	5760	6661	6227	5087	4945	3304	3411
澜沧拉祜族自治县	21062	17643	20455	18095	15037	14117	10689	10873
西盟佤族自治县	3654	3188	3799	3585	2677	2504	1727	1807
临沧市	**102485**	**86796**	**98358**	**86820**	**81295**	**76899**	**50187**	**50988**
临翔区	15973	13711	14695	13203	11889	11663	7110	7371
凤庆县	17858	16122	17797	16430	15521	15301	10323	10345
云县	17571	15120	17295	15190	14639	13755	8491	8348

单位：人

65-69岁		70-74岁		75-79岁		80-84岁		85岁及以上	
男	女	男	女	男	女	男	女	男	女
115584	**119853**	**80698**	**80433**	**54092**	**55387**	**36242**	**39220**	**20398**	**23985**
17889	19564	12000	12881	7318	8299	4944	5660	3038	3159
8893	8940	6247	6422	3937	4221	2409	2799	1437	1784
4514	4269	2870	2758	1686	1989	993	1113	550	629
12635	14140	8819	8349	6178	5524	3932	3780	2198	2228
6625	6448	4588	4574	3115	3349	2105	2444	1252	1620
9855	9951	7242	7558	4579	5116	3150	3888	1920	2914
11333	11686	8219	8312	5467	5624	3485	3920	1913	2305
18329	18480	11883	11761	8568	8876	6050	7116	3091	4115
25511	26375	18830	17818	13244	12389	9174	8500	4999	5231
51899	**53718**	**36172**	**37176**	**25418**	**27869**	**15416**	**18700**	**8635**	**13024**
12446	13629	8860	9125	6230	6860	3894	4276	2414	3176
6705	6581	4626	4616	3478	3450	2071	2409	1238	1702
6691	7381	5003	4901	3464	3791	2277	2653	1127	1811
4848	4670	3120	3076	2231	2260	1295	1563	747	1079
4336	3975	2551	2518	1951	2262	1033	1287	620	900
3552	3833	2556	2757	1673	1861	1009	1425	612	1081
5494	5691	3950	4396	2764	3244	1621	2224	760	1287
3633	3933	2753	3130	1908	2346	1171	1614	509	1051
4194	4025	2753	2657	1719	1795	1045	1249	608	937
56780	**59204**	**38117**	**40619**	**24719**	**27801**	**15118**	**18995**	**9321**	**15498**
20984	22829	13361	14555	8772	9937	5392	6833	3605	6039
7590	7702	5412	5922	3371	3847	2023	2659	1190	2203
6444	6173	4574	4971	2662	2858	1782	2209	998	1674
8006	8255	4846	5142	3595	4313	2134	2914	1249	2163
13756	14245	9924	10029	6319	6846	3787	4380	2279	3419
86048	**88060**	**56910**	**60690**	**40964**	**48737**	**26418**	**33971**	**13303**	**20389**
13898	14919	8849	9652	6467	7644	4377	5439	2249	3298
5800	5976	4010	4317	2652	3223	1915	2369	892	1275
8646	8395	6592	6774	4645	5111	3126	3779	1455	2123
6190	6223	3944	4059	3086	3763	1714	2224	1055	1603
4153	4186	2386	2630	1728	2112	1039	1367	603	895
7198	7157	4333	4912	3466	4020	1797	2479	940	1573
2940	3151	1859	2002	1388	1836	752	1058	430	752
19931	20212	13641	14301	9613	11506	6761	9146	3096	4981
8622	8957	5270	5660	3730	4430	2191	2765	1040	1641
6410	6545	4667	5003	3328	3928	2180	2685	1225	1734
2260	2339	1359	1380	861	1164	566	660	318	514
23511	**25755**	**15979**	**18336**	**10898**	**13972**	**6435**	**9286**	**3127**	**5595**
4278	4567	2729	3181	1870	2349	1308	1679	643	1048
5043	5351	3482	3701	2336	2879	1421	2135	741	1354
7730	8916	4750	5786	3248	4451	1700	2690	821	1621
3621	3510	2472	2551	1566	1844	1010	1315	524	803
2839	3411	2546	3117	1878	2449	996	1467	398	769
46983	**48753**	**34145**	**37968**	**20903**	**25335**	**12208**	**15806**	**7223**	**11165**
6587	6646	4627	4716	2719	2986	1793	1978	1270	1407
4136	4416	2959	3314	1904	2128	1131	1426	600	982
6411	6665	5187	5700	3116	3799	1881	2514	926	1594
7339	7838	4770	5195	3230	3963	1730	2282	1086	1793
6210	6351	4349	4654	2640	3214	1314	1761	889	1493
4272	4088	3056	3089	2161	2268	1205	1434	704	1001
1937	1856	1491	1653	954	1139	621	764	332	475
1949	2128	1381	1641	729	924	443	555	276	399
7160	7606	5494	6891	3053	4270	1874	2726	1011	1814
982	1159	831	1115	397	644	216	366	129	207
43322	**45571**	**30367**	**33297**	**18899**	**23231**	**10539**	**14570**	**6308**	**10807**
6566	6955	4645	5087	2885	3485	1603	2252	1205	1785
9048	9559	6082	6590	3754	4397	1949	2755	1140	2021
9003	9160	5659	6144	3641	4339	1915	2496	1197	1985

表2 续表 94

地区	0岁		1-4岁		5-9岁		10-14岁	
	男	女	男	女	男	女	男	女
永德县	1767	1689	8898	8384	11796	11154	12100	11000
镇康县	1031	966	5285	4989	7601	7038	7038	6418
双江拉祜族佤族布朗族傣族自治县	973	874	5206	4803	6720	6139	5229	4908
耿马傣族佤族自治县	1654	1625	8263	7592	11138	10246	11147	10742
沧源佤族自治县	1231	1130	5343	5028	5429	5268	5060	4800
楚雄彝族自治州	**11740**	**11316**	**56862**	**54011**	**63259**	**60141**	**64529**	**62093**
楚雄市	2934	2843	15461	14503	15642	14697	14490	14104
双柏县	498	511	2824	2729	3255	3106	3311	3253
牟定县	851	768	3281	3150	3307	3289	3947	3691
南华县	972	954	4888	4614	5880	5737	5959	5687
姚安县	985	870	4061	3808	4127	3992	3916	3664
大姚县	1046	1046	5289	5161	6029	5654	6349	6076
永仁县	448	459	2314	2130	2543	2434	2459	2385
元谋县	1015	1008	4930	4591	5859	5445	5812	5555
武定县	1250	1156	5912	5668	7565	7270	7797	7343
禄丰县	1741	1701	7902	7657	9052	8517	10489	10335
红河哈尼族彝族自治州	**25189**	**23056**	**127236**	**115896**	**170177**	**155672**	**171545**	**152060**
个旧市	1936	1735	8624	8066	12538	12090	13053	12359
开远市	1622	1632	7541	7123	9867	9167	10042	9371
蒙自市	3166	2998	16427	15121	18731	17963	16683	15950
弥勒市	2736	2472	14780	13187	17284	16049	17650	16008
屏边苗族自治县	858	779	4392	3868	4988	4655	4857	4513
建水县	2420	2230	12555	11620	16317	15298	17832	16670
石屏县	1328	1296	6422	6030	9227	8899	9901	9432
泸西县	2434	2203	12569	11437	16949	14351	16616	13451
元阳县	2185	1994	11305	10541	18310	16537	19993	16601
红河县	2315	2030	11314	10346	17434	16653	16116	14528
金平苗族瑶族傣族自治县	2059	1722	10719	9206	14345	11228	16413	12641
绿春县	1497	1408	7245	6498	10549	9563	9398	7808
河口瑶族自治县	633	557	3343	2853	3638	3219	2991	2728
文山壮族苗族自治州	**22668**	**20685**	**120359**	**108761**	**156506**	**142386**	**157488**	**143124**
文山市	3771	3488	21083	18789	24252	22335	21487	20413
砚山县	3186	2900	16355	15018	21756	20355	21625	19838
西畴县	1078	1005	5791	5352	7378	6948	7655	7038
麻栗坡县	1560	1438	7672	7050	9882	8826	10426	9205
马关县	2169	1967	11370	10293	14022	12286	13724	12524
丘北县	3340	3089	17486	15613	23105	21445	23085	21561
广南县	5144	4545	28532	25718	39451	34810	41206	35783
富宁县	2420	2253	12070	10928	16660	15381	18280	16762
西双版纳傣族自治州	**6676**	**6183**	**33073**	**30390**	**39853**	**37005**	**39115**	**36668**
景洪市	2870	2737	15040	13659	18383	17132	17350	16365
勐海县	2214	2006	10197	9538	10992	10357	11154	10514
勐腊县	1592	1440	7836	7193	10478	9516	10611	9789
大理白族自治州	**15843**	**15313**	**77759**	**73399**	**94766**	**89851**	**97214**	**93481**
大理市	3612	3473	17682	16900	18923	17734	16910	16318
漾濞彝族自治县	387	418	2254	2075	3105	3067	3138	3055
祥云县	2007	1895	8841	8508	10341	9704	11758	11446
宾川县	1756	1654	8624	8245	10689	10285	10547	9895
弥渡县	1117	1123	5633	5399	7021	6602	7508	7258
南涧彝族自治县	814	810	4250	3899	5965	5538	6682	6211
巍山彝族回族自治县	1363	1262	6634	6045	7834	7481	8357	7926
永平县	781	754	3940	3623	5343	4838	5169	5091
云龙县	847	801	4364	4050	5361	5192	5779	5641
洱源县	1185	1219	6190	5743	8176	7852	8382	8138
剑川县	771	797	3709	3622	4868	4653	5070	4865
鹤庆县	1203	1107	5638	5290	7140	6905	7914	7637
德宏傣族景颇族自治州	**8142**	**7533**	**41682**	**38276**	**49568**	**46011**	**46043**	**42925**
瑞丽市	1583	1478	7831	7211	8584	8155	7176	6684
芒市	2725	2492	13682	12557	15558	14376	14470	13762

单位：人

15-19岁		20-24岁		25-29岁		30-34岁		35-39岁		40-44岁	
男	女	男	女	男	女	男	女	男	女	男	女
10057	8866	9837	7963	9716	7697	13880	10844	15087	11511	14703	11030
4558	3955	5310	4262	6395	5075	8479	6146	7497	5481	7379	5608
3825	3680	4470	4053	5712	5083	9020	7150	7559	5998	6940	5389
7300	6641	8799	7515	10913	9180	13713	11110	13020	10046	12241	10137
4106	3742	4338	3861	6117	5119	8049	6338	7666	5981	7200	5679
68900	**68525**	**64223**	**63487**	**71092**	**67078**	**89231**	**82888**	**77940**	**72291**	**99261**	**90748**
24367	25646	17959	21560	20610	20664	25045	24799	20341	19641	25944	24716
3124	3037	3391	2846	3801	3257	5215	4131	4707	3977	5880	4927
3847	3656	4150	3672	3816	3488	4978	4426	4215	3869	6238	5467
5166	4987	5531	5267	5567	5367	7167	6867	6115	5878	8767	8294
3738	3432	4310	3962	5331	4843	5757	5023	4219	3829	5555	5308
5477	5642	4676	4633	5962	5845	7586	7262	7299	7070	9120	8138
2062	1978	2555	2335	2843	2634	3891	3409	3736	3096	4088	3589
4499	3999	5403	4864	5858	5551	7869	7122	7275	6738	8227	7539
6316	6325	6128	5870	7214	6744	9381	8591	8517	7396	9060	8137
10304	9823	10120	8478	10090	8685	12342	11258	11516	10797	16382	14633
150047	**131238**	**139255**	**119104**	**150473**	**126279**	**187364**	**161425**	**166849**	**141641**	**180513**	**160996**
11639	11460	10848	9036	12613	11206	17333	14932	16669	13704	18079	15032
10516	8010	8922	7919	11100	9819	14878	13264	12648	11237	12517	11547
26405	26679	22345	24898	22479	20676	27925	25863	24140	20997	23044	20392
14661	13189	15716	13526	18573	16261	24034	20961	19642	17132	23373	20542
2820	2611	3480	3122	4023	3516	6343	5143	5877	4375	5819	4537
20202	18696	15389	13300	18049	15382	20677	18520	18574	16661	21321	19872
7119	6763	7511	6454	7427	6638	9515	8751	9349	8639	11658	10875
12280	9511	11837	9142	14019	11126	15820	13543	12766	11056	14426	13190
14181	10252	12534	8468	11178	7664	12365	9554	11845	9860	13629	12727
9848	7966	9010	6915	8598	6915	9557	8131	8717	7202	9425	9067
12280	9353	11676	8580	10427	7716	14870	11593	14572	11379	14458	12084
5907	4857	6734	5078	7747	6076	8899	7099	7499	5914	8201	7411
2189	1891	3253	2666	4240	3284	5148	4071	4551	3485	4563	3720
120540	**106096**	**110680**	**96339**	**114927**	**99863**	**144267**	**125759**	**130560**	**109564**	**139902**	**115820**
23309	23568	19391	20179	21507	20923	31482	29527	24780	22201	25276	22179
15003	13362	15225	12824	17679	14922	21238	17431	18098	14651	18847	15393
6301	5461	6105	5136	5528	4659	6992	6135	7628	6086	8580	6510
7522	5980	6958	5748	7092	5693	8837	7148	8770	6923	10681	8003
7766	7075	7152	6472	7431	7011	13904	12069	12827	10350	13448	10440
17148	14374	17395	14257	18524	15027	18543	15495	15713	13260	17242	14176
28630	22882	26699	21500	26656	22053	29877	25978	27421	22778	27913	24054
14861	13394	11755	10223	10510	9575	13394	11976	15323	13315	17915	15065
29432	**27000**	**38556**	**33263**	**52984**	**44610**	**70938**	**59212**	**62586**	**51605**	**57172**	**48956**
14254	12966	20383	17137	27683	22900	36627	30524	31575	26103	28700	24623
7424	6392	9685	8440	13827	12084	18691	15429	16482	13363	14893	12754
7754	7642	8488	7686	11474	9626	15620	13259	14529	12139	13579	11579
95803	**95963**	**91177**	**86215**	**101845**	**96710**	**134211**	**125376**	**111373**	**103731**	**145344**	**135350**
24430	25246	25634	27183	29728	28213	37682	35454	28171	26783	31926	30799
2130	2019	1941	1715	2960	2908	4877	4221	3967	3268	4884	4180
13308	13228	12074	10906	10838	10368	13291	12882	10188	10247	17075	16445
8279	7985	8420	7441	10965	10190	13941	12695	11561	10510	15461	13993
7766	7734	7703	7143	6981	6751	7693	7259	6233	6626	10868	10612
5774	5717	4664	4281	4750	4387	6727	6439	6922	6396	9467	8582
7503	7653	7783	7078	7514	7182	9604	9087	8748	7872	11403	10692
4125	3957	3790	3404	5027	4851	6067	5805	6228	5651	7634	6877
4541	4488	3685	3394	4839	4520	8217	7210	7860	6541	8277	7120
6860	6873	5685	5448	6758	6742	9880	9280	8184	7513	11005	10362
4429	4413	3832	3289	5101	4603	6812	6242	5170	4843	6894	6295
6658	6650	5966	4933	6384	5995	9420	8802	8141	7481	10450	9393
37269	**34342**	**41436**	**36076**	**52210**	**41743**	**69272**	**55004**	**57970**	**46268**	**52453**	**44569**
7076	5715	12346	9090	15836	10990	18982	13029	13609	9642	11336	8810
14199	14690	13438	14063	15873	13565	21339	18085	18754	15529	17168	15141

表2 续表 95

地区	45-49岁		50-54岁		55-59岁		60-64岁	
	男	女	男	女	男	女	男	女
永德县	16128	12641	15132	12622	11913	10843	7157	7033
镇康县	7840	6255	7131	5959	5725	5253	3483	3554
双江拉祜族佤族布朗族傣族自治县	7166	5959	7228	6197	5976	5716	3617	3794
耿马傣族佤族自治县	12574	10982	12314	11096	10033	9195	6425	6488
沧源佤族自治县	7375	6006	6766	6123	5599	5173	3581	4055
楚雄彝族自治州	**126345**	**114297**	**125157**	**113898**	**109251**	**101875**	**57061**	**54268**
楚雄市	30657	28581	29266	27752	26063	25802	13545	13251
双柏县	8062	6513	8005	6487	7101	5943	3552	3188
牟定县	8026	7043	8137	6995	7399	6780	3421	3436
南华县	10921	10018	10078	9812	9310	9241	4521	4497
姚安县	8299	7701	9354	8414	8352	7420	4043	3835
大姚县	11476	10909	12595	11286	11141	10022	6094	5665
永仁县	5431	4589	5874	4873	4769	4033	2360	2182
元谋县	11437	10038	10702	9792	8915	8007	4852	4448
武定县	11908	11221	11844	11161	9604	9374	5399	5336
禄丰县	20128	17684	19302	17326	16597	15253	9274	8430
红河哈尼族彝族自治州	**194674**	**180376**	**190726**	**183353**	**153432**	**151243**	**94326**	**96598**
个旧市	19148	17294	19641	18353	17405	16615	12212	12066
开远市	14765	13844	14243	14164	12170	12090	7497	7587
蒙自市	22807	20960	21860	20601	17587	17568	11404	11532
弥勒市	26095	23521	25200	23237	20087	19487	10825	11059
屏边苗族自治县	5716	4733	5770	4944	4448	4097	2821	2698
建水县	25142	23365	23814	22774	19411	18532	11642	11894
石屏县	12675	11834	12385	12202	9993	9927	5813	5976
泸西县	17035	16570	16459	17031	13252	13661	7318	7220
元阳县	13813	13749	14213	14173	10660	11283	7091	7563
红河县	9540	9526	9876	9993	7898	8150	5369	5751
金平苗族瑶族傣族自治县	13823	12325	12961	12868	10019	9926	6209	6901
绿春县	9128	8300	9068	8584	6487	6514	4014	4336
河口瑶族自治县	4987	4355	5236	4429	4015	3393	2111	2015
文山壮族苗族自治州	**144221**	**122081**	**137598**	**126692**	**100654**	**98084**	**67411**	**69817**
文山市	24779	21709	22937	21890	17036	17009	11702	12170
砚山县	19503	17389	18955	17482	12984	12949	8833	9602
西畴县	9636	7206	9804	7952	7195	6320	5184	4619
麻栗坡县	11705	8946	11077	9352	8359	7593	5425	5231
马关县	14023	10414	13745	11968	10426	9574	7786	7544
丘北县	17408	15613	17379	16260	12360	12379	6988	7563
广南县	29154	25854	27169	26137	20176	20487	14380	15330
富宁县	18013	14950	16532	15651	12118	11773	7113	7758
西双版纳傣族自治州	**63776**	**54788**	**61373**	**54456**	**49909**	**45782**	**31040**	**29985**
景洪市	32698	27736	30443	26988	24482	21962	14633	14002
勐海县	16140	14410	16249	15098	13757	13554	9169	9338
勐腊县	14938	12642	14681	12370	11670	10266	7238	6645
大理白族自治州	**170686**	**156780**	**160144**	**149449**	**128205**	**123743**	**73940**	**75767**
大理市	35968	33279	32894	31205	26621	26484	16823	17903
漾濞彝族自治县	5514	4740	4774	4275	3924	3605	1939	1902
祥云县	22387	20810	20227	19486	16102	15752	8650	8920
宾川县	18592	17109	16985	15550	12856	11579	7852	7696
弥渡县	13412	12517	13496	12772	11236	10943	6408	6258
南涧彝族自治县	9872	8923	9488	8671	7534	7378	4471	4632
巍山彝族回族自治县	13674	12813	12902	12387	10555	10452	5935	6386
永平县	8792	7940	8388	7662	6604	6266	3206	3245
云龙县	9596	8183	8988	7636	7387	6683	4261	4049
洱源县	11893	11173	11433	10961	9254	8923	5844	6016
剑川县	8112	7375	7993	7484	6327	6058	3434	3480
鹤庆县	12874	11918	12576	11360	9805	9620	5117	5280
德宏傣族景颇族自治州	**55672**	**50622**	**52597**	**51492**	**41992**	**41335**	**29655**	**31486**
瑞丽市	12432	10476	11054	10135	7940	7195	4375	4461
芒市	18197	16702	17131	16876	14048	14292	10492	10994

单位：人

65-69岁		70-74岁		75-79岁		80-84岁		85岁及以上	
男	女	男	女	男	女	男	女	男	女
6580	6818	4960	5386	2970	3740	1811	2417	938	1796
2731	2914	2319	2529	1525	1822	881	1170	446	831
2827	3010	1904	2146	1194	1553	622	995	398	723
4129	4488	2948	3265	1762	2384	1076	1656	645	1201
2438	2667	1850	2150	1168	1511	682	829	339	465
63297	**64143**	**38445**	**40489**	**26480**	**31326**	**13721**	**17098**	**8210**	**11771**
14248	14497	8690	8775	5677	6879	3398	4011	2028	2444
3519	3463	2168	2333	1446	1734	700	902	371	617
4748	4828	2927	3143	2142	2394	1044	1295	582	991
5161	5429	3155	3460	2070	2513	1059	1359	554	882
5340	5246	3262	3333	2347	2596	1111	1281	700	801
7046	6937	4254	4439	2985	3385	1451	1742	937	1237
2425	2561	1525	1672	1050	1255	509	688	296	505
5100	5285	2719	3092	1890	2408	925	1266	534	941
5685	6308	3449	3891	2346	3120	1180	1646	778	1169
10025	9589	6296	6351	4527	5042	2344	2908	1430	2184
87930	**94323**	**58368**	**65086**	**36302**	**44769**	**22794**	**32603**	**13057**	**22447**
9879	10479	5948	6580	3593	4766	2517	4439	2065	3362
7288	7707	4494	5152	2693	3499	1947	2503	1090	1556
9929	10447	5887	6419	3375	4213	1982	2946	1329	2248
11479	12184	7536	8022	4796	5584	3023	3941	1621	2610
2421	2530	1595	1815	1079	1413	650	949	438	755
12823	13631	8702	8970	5278	5845	3091	3884	1452	2370
6932	7563	4879	5253	3021	3520	1835	2485	835	1589
7850	7792	5258	5371	3550	3449	2515	2624	1535	1922
5908	6647	4144	5072	2744	3658	1613	2569	849	1683
4574	4852	3294	3864	2120	2822	1202	1886	572	1231
4642	5563	3344	4368	2031	3120	1174	2236	692	1854
2859	3313	2384	3016	1468	1953	789	1415	311	839
1346	1615	903	1184	554	927	456	726	268	428
60022	**66626**	**43381**	**51381**	**27868**	**35157**	**15989**	**22483**	**9878**	**17581**
9865	11289	6471	7453	4014	5030	2531	3509	1671	2767
7642	8941	5252	6458	3219	4168	1776	2804	984	1940
5076	5189	3431	3840	2291	2721	1328	1872	894	1706
4934	5093	3908	4405	2684	3228	1535	2043	881	1774
6826	7202	4669	5219	3063	3735	2067	2514	1404	2225
6771	7269	5367	6067	4013	4471	2242	2893	1308	1943
11977	13297	9199	11382	5554	7455	3017	4403	1874	3473
6931	8346	5084	6557	3030	4349	1493	2445	862	1753
19272	**20143**	**13055**	**14923**	**7357**	**9494**	**5147**	**7260**	**3451**	**4919**
9433	9935	6558	7402	3735	4846	2858	3690	1945	2380
5217	5762	3672	4399	1938	2645	1255	2139	894	1648
4622	4446	2825	3122	1684	2003	1034	1431	612	891
81188	**85788**	**50243**	**55219**	**33899**	**40418**	**18201**	**24080**	**11527**	**17558**
16313	18010	10487	11498	6959	8227	4116	5204	2706	3630
2151	2271	1168	1272	791	962	438	601	243	471
11606	11661	7768	7858	5138	5490	2711	3100	1685	1941
8093	8264	4734	5158	3271	3775	1696	2170	1059	1744
8023	7939	5061	5133	3279	3822	1534	1874	992	1476
4593	5023	2789	3367	1796	2401	875	1282	527	1045
6677	7188	3902	4564	2842	3236	1293	1650	820	1177
3764	4000	2165	2412	1605	1965	881	1169	631	963
4448	4508	2846	3130	1699	2088	1095	1495	751	1407
6090	6541	3606	4090	2431	3042	1289	1849	855	1382
3637	3916	2246	2566	1633	2152	836	1442	538	964
5793	6467	3471	4171	2455	3258	1437	2244	720	1358
19509	**21254**	**13671**	**16266**	**8495**	**11581**	**5479**	**7542**	**3121**	**5148**
2849	3101	1610	2023	957	1396	596	910	372	593
6913	7539	4986	5740	2898	3935	2024	2636	1198	1864

表2 续表 96

地 区	0岁		1-4岁		5-9岁		10-14岁	
	男	女	男	女	男	女	男	女
梁河县	782	701	4142	3769	5123	4698	4792	4408
盈江县	1882	1795	9741	9036	12859	11909	12502	11325
陇川县	1170	1067	6286	5703	7444	6873	7103	6746
怒江傈僳族自治州	**3898**	**3685**	**19648**	**18852**	**20446**	**19320**	**19925**	**19038**
泸水市	1286	1258	6549	6459	7058	6750	6773	6507
福贡县	1187	1105	5982	5686	5186	4880	4325	4270
贡山独龙族怒族自治县	282	248	1205	1209	1131	1096	1133	1108
兰坪白族普米族自治县	1143	1074	5912	5498	7071	6594	7694	7153
迪庆藏族自治州	**2059**	**1969**	**9851**	**9351**	**11257**	**10799**	**11465**	**11029**
香格里拉市	942	875	4611	4298	5032	4776	5217	4861
德钦县	273	266	1324	1252	1548	1447	1485	1402
维西傈僳族自治县	844	828	3916	3801	4677	4576	4763	4766
西藏自治区	**25855**	**24533**	**129722**	**124248**	**160538**	**154815**	**140080**	**135074**
拉萨市	**3516**	**3315**	**20227**	**19148**	**26342**	**24948**	**23342**	**22231**
城关区	1185	1177	8783	8394	11678	11058	9739	9392
堆龙德庆区	432	431	2581	2374	3251	2949	2928	2722
达孜区	205	168	934	907	1172	1058	1187	1055
林周县	437	352	1815	1674	2336	2134	2109	1987
当雄县	390	367	1893	1767	2508	2506	2451	2441
尼木县	176	205	947	933	1386	1278	1321	1259
曲水县	211	190	1013	1007	1266	1242	1297	1207
墨竹工卡县	438	382	1965	1810	2375	2355	1988	1859
拉萨经济技术开发区	28	30	170	172	229	244	210	213
西藏文化旅游创意园区	14	11	117	101	136	119	108	92
达孜工业园区		2	9	9	5	5	4	4
日喀则市	**6477**	**6279**	**30494**	**29534**	**37579**	**36593**	**31924**	**31020**
桑珠孜区	911	865	4916	4748	5796	5773	5217	5005
南木林县	677	685	3405	3339	4306	4080	3665	3596
江孜县	493	445	2491	2341	3206	3119	2822	2700
定日县	553	569	2617	2560	3263	3170	2587	2578
萨迦县	430	400	1869	1900	2397	2395	1860	1845
拉孜县	515	435	2185	2068	2825	2773	2394	2263
昂仁县	598	599	2475	2354	2835	2696	2244	2306
谢通门县	415	396	1898	1888	2318	2305	1961	1856
白朗县	428	392	1824	1830	2300	2199	1947	1815
仁布县	223	230	1151	1044	1447	1378	1427	1297
康马县	135	147	693	635	854	863	875	816
定结县	185	195	794	776	1006	943	871	786
仲巴县	280	257	1281	1336	1560	1528	1155	1160
亚东县	89	100	422	419	490	465	428	424
吉隆县	149	160	724	667	867	822	687	681
聂拉木县	169	186	726	693	785	780	705	679
萨嘎县	154	159	668	591	844	800	664	764
岗巴县	73	59	355	345	480	504	415	449
昌都市	**6153**	**5760**	**31666**	**30175**	**38679**	**37459**	**35283**	**34474**
卡若区	842	823	5112	4661	6565	6144	5641	5597
江达县	659	595	3513	3271	4342	4353	4106	4093
贡觉县	274	224	1451	1479	1883	1805	1922	1958
类乌齐县	536	570	2751	2589	3331	3216	2680	2734
丁青县	1042	954	5556	5267	6225	6076	5202	4834
察雅县	438	394	2262	2213	2889	2819	2635	2469
八宿县	351	350	1773	1719	2332	2196	1891	1858
左贡县	380	358	1896	1798	2431	2287	2328	2332
芒康县	658	577	2885	2871	3510	3317	3783	3605
洛隆县	516	465	2342	2219	2716	2762	2941	2802
边坝县	457	450	2125	2088	2455	2484	2154	2192

单位：人

15-19岁		20-24岁		25-29岁		30-34岁		35-39岁		40-44岁	
男	女	男	女	男	女	男	女	男	女	男	女
3175	2747	2867	2530	4028	3441	5754	4913	5350	4600	5034	4226
8344	7132	7824	6393	10232	8779	14376	12035	12589	10320	11400	10030
4475	4058	4961	4000	6241	4968	8821	6942	7668	6177	7515	6362
16802	**16287**	**16115**	**14092**	**20648**	**17734**	**26981**	**22341**	**27203**	**22054**	**25345**	**21136**
6956	7048	6451	5534	7430	6446	9946	8126	10163	8051	9715	7898
3587	3483	3741	3449	4285	3749	5193	4282	5423	4356	4688	4084
915	852	1284	980	1755	1469	2348	1758	2229	1716	1914	1567
5344	4904	4639	4129	7178	6070	9494	8175	9388	7931	9028	7587
10126	**9473**	**11809**	**9858**	**15798**	**13812**	**21424**	**18024**	**19365**	**15736**	**18811**	**15958**
6288	6073	6273	5114	8129	7042	10647	9051	9185	7988	8979	7858
762	560	1466	1152	2099	1935	2894	2583	2737	2189	2424	2039
3076	2840	4070	3592	5570	4835	7883	6390	7443	5559	7408	6061
121834	**112668**	**137997**	**118512**	**184231**	**155888**	**202750**	**168866**	**170418**	**146903**	**139126**	**119123**
30249	**27568**	**36114**	**28766**	**46996**	**37769**	**56448**	**43672**	**45177**	**36546**	**38961**	**31505**
18585	17971	22203	18601	25903	22062	30006	24951	24119	20613	21235	17970
4104	3689	4933	3309	8325	5769	10658	6727	7805	5260	6491	4357
599	538	1162	761	1479	1109	1821	1338	1527	1259	1368	1161
927	809	1281	1095	2050	1754	2492	2139	2201	2011	2071	1953
1509	1261	1815	1480	2030	1794	2723	2318	2203	2020	1692	1500
770	600	877	667	1226	1019	1683	1319	1592	1247	1254	1021
2369	1509	1430	1006	1902	1335	2257	1715	2019	1627	1750	1491
1069	989	1422	1187	2511	1988	3112	2251	2547	1881	2148	1572
229	151	729	497	1154	675	1188	625	823	422	668	340
81	49	224	141	359	228	415	245	299	193	244	126
7	2	38	22	57	36	93	44	42	13	40	14
26412	**24499**	**26744**	**22577**	**40265**	**32880**	**42884**	**34920**	**36853**	**30997**	**29564**	**25172**
7379	7733	5061	4308	8225	6720	8742	7518	7573	6587	6352	5280
2820	2423	2825	2279	4122	3265	4432	3344	3956	3169	2844	2330
1792	1731	1927	1641	2822	2461	3327	2655	2954	2691	2632	2495
1946	1762	1948	1618	3061	2505	2955	2482	2402	2083	1856	1658
1409	1215	1702	1389	2312	1814	2667	2086	2341	1936	1796	1474
2127	1902	1890	1607	2823	2287	3015	2550	2569	2157	1958	1647
1856	1726	1966	1768	2756	2349	2679	2397	2363	1983	1874	1727
1213	936	1552	1413	2236	1857	2433	2069	2090	1796	1478	1364
1191	888	1447	1161	2180	1803	2211	1593	1998	1511	1671	1370
734	573	1072	795	1557	1167	1938	1255	1744	1319	1548	958
422	408	602	511	960	811	1113	944	1012	846	836	825
587	498	762	612	1144	922	1205	959	897	778	804	667
1056	1026	1100	1165	1472	1248	1404	1264	1187	1020	867	775
234	190	555	335	913	678	922	696	754	656	652	565
440	412	676	588	1092	865	1088	842	851	630	644	563
546	488	673	513	975	850	1031	757	735	664	617	457
416	404	614	571	1001	822	997	932	788	668	594	512
244	184	372	303	614	456	725	577	639	503	541	505
27896	**25959**	**31296**	**28307**	**35705**	**30486**	**37345**	**31999**	**32213**	**28798**	**25853**	**22746**
7573	7929	5042	4521	7123	6009	8037	6704	6596	5810	5684	4702
3201	3022	4493	3733	4671	3760	4580	3670	4315	3544	3586	2886
1583	1322	1519	1403	1634	1418	1998	1758	1891	1740	1467	1478
2054	1872	2698	2465	2767	2436	2646	2413	2372	2202	1826	1673
3326	3028	4371	3979	4636	4284	4555	3869	3638	3336	2745	2514
1863	1670	2173	2138	2736	2420	2812	2560	2168	2005	1724	1701
1365	1231	1883	1617	2086	1893	2120	1928	1831	1773	1464	1340
1388	1222	1908	1779	2241	1823	2069	1883	1897	1777	1554	1453
2595	2088	3231	2762	3475	2653	3825	2884	3526	2930	2985	2467
1733	1474	2436	2351	2219	1964	2592	2446	2182	2021	1561	1395
1215	1101	1542	1559	2117	1826	2111	1884	1797	1660	1257	1137

表2 续表 97

地　区	45-49岁		50-54岁		55-59岁		60-64岁	
	男	女	男	女	男	女	男	女
梁河县	5527	5192	5923	5851	5021	4857	3965	3818
盈江县	11682	11009	10876	11079	8955	9223	6631	7498
陇川县	7834	7243	7613	7551	6028	5768	4192	4715
怒江傈僳族自治州	**24120**	**19832**	**21354**	**18786**	**15450**	**14543**	**10218**	**10459**
泸水市	9294	7274	7817	6722	6063	5525	4067	3883
福贡县	3809	3264	3451	3291	2483	2545	1880	2006
贡山独龙族怒族自治县	1802	1319	1528	1351	1119	1004	702	733
兰坪白族普米族自治县	9215	7975	8558	7422	5785	5469	3569	3837
迪庆藏族自治州	**19281**	**16350**	**17050**	**14592**	**12142**	**10934**	**6770**	**6871**
香格里拉市	9214	7867	7722	6504	5495	4881	3005	3001
德钦县	2906	2403	2805	2554	1996	1879	1054	1130
维西傈僳族自治县	7161	6080	6523	5534	4651	4174	2711	2740
西藏自治区	**143881**	**118277**	**125030**	**104334**	**90787**	**81626**	**50689**	**53332**
拉萨市	**44765**	**33406**	**38388**	**28922**	**25168**	**20721**	**12843**	**12668**
城关区	25422	19655	21547	16289	13683	10991	7264	7033
堆龙德庆区	7452	4640	6303	3905	3791	2679	1535	1358
达孜区	1701	1267	1444	1213	1086	941	595	577
林周县	2087	1887	1900	1913	1611	1663	770	947
当雄县	1582	1205	1411	1223	1016	938	588	608
尼木县	1125	983	1129	1015	864	908	502	573
曲水县	2101	1790	1936	1545	1322	1223	671	694
墨竹工卡县	2106	1423	1722	1386	1290	1133	771	769
拉萨经济技术开发区	840	388	639	279	330	142	93	60
西藏文化旅游创意园区	303	145	302	136	152	93	49	49
达孜工业园区	46	23	55	18	23	10	5	
日喀则市	**28200**	**24344**	**25808**	**23254**	**21125**	**20340**	**12495**	**14148**
桑珠孜区	6352	5307	5802	4882	4241	3906	2505	2615
南木林县	2697	2305	2515	2366	2184	2113	1312	1496
江孜县	2529	2395	2434	2402	2228	2351	1357	1595
定日县	1896	1767	1574	1567	1314	1343	752	906
萨迦县	1755	1554	1616	1449	1341	1295	826	985
拉孜县	1673	1456	1779	1666	1453	1424	898	1026
昂仁县	1508	1410	1487	1383	1323	1281	881	931
谢通门县	1387	1146	1426	1321	1221	1203	745	914
白朗县	1609	1354	1451	1232	1347	1281	784	837
仁布县	1477	982	1323	1004	1061	880	643	693
康马县	840	795	714	716	677	658	394	449
定结县	756	709	570	566	442	486	225	294
仲巴县	725	691	571	524	364	336	203	271
亚东县	728	624	690	582	575	538	292	363
吉隆县	669	554	591	460	353	338	182	195
聂拉木县	616	480	469	433	377	332	205	222
萨嘎县	527	416	426	357	330	267	151	169
岗巴县	456	399	370	344	294	308	140	187
昌都市	**25488**	**21808**	**21585**	**18333**	**15880**	**14822**	**9145**	**9530**
卡若区	5629	4330	4842	3539	3195	2592	1910	1865
江达县	3282	2592	2575	2131	1869	1767	973	1051
贡觉县	1369	1204	1108	1002	761	716	459	484
类乌齐县	1658	1623	1497	1417	1058	1059	716	673
丁青县	2924	2440	2396	1968	1611	1472	930	997
察雅县	1895	1846	1655	1523	1291	1345	769	844
八宿县	1391	1237	1180	1084	941	924	568	641
左贡县	1533	1449	1290	1200	1169	1121	640	676
芒康县	3015	2565	2590	2308	1983	1939	1105	1182
洛隆县	1616	1525	1343	1236	1158	1114	594	593
边坝县	1176	997	1109	925	844	773	481	524

单位：人

65-69岁		70-74岁		75-79岁		80-84岁		85岁及以上	
男	女	男	女	男	女	男	女	男	女
2790	2765	2138	2349	1593	1918	926	1195	504	856
4363	4819	3077	3833	1859	2592	1143	1667	622	1077
2594	3030	1860	2321	1188	1740	790	1134	425	758
8339	**9243**	**5812**	**6517**	**3434**	**4234**	**2219**	**2792**	**1517**	**2275**
3175	3289	2093	2272	1228	1470	880	1032	610	879
1317	1560	1166	1282	739	875	442	535	348	438
447	498	365	430	188	266	139	169	99	113
3400	3896	2188	2533	1279	1623	758	1056	460	845
6297	**6789**	**4278**	**4900**	**2793**	**3816**	**1691**	**2630**	**823**	**1530**
2818	2907	1888	2025	1229	1602	738	1188	390	699
1066	1217	693	915	449	758	266	457	109	242
2413	2665	1697	1960	1115	1456	687	985	324	589
37648	**41970**	**25731**	**32017**	**15665**	**22335**	**7587**	**12192**	**4019**	**7799**
9095	**9190**	**6018**	**7157**	**3749**	**5246**	**1962**	**2936**	**993**	**1824**
5422	4948	3426	3570	1996	2741	1079	1451	561	883
957	940	612	780	359	510	178	273	112	168
347	443	259	328	180	183	81	113	46	74
556	767	444	720	329	546	176	338	82	233
399	482	312	393	218	324	105	231	41	156
381	427	254	353	167	241	87	119	36	45
432	522	305	450	221	335	136	165	60	100
511	572	363	512	262	320	111	216	49	146
66	52	23	26	12	23	3	22	3	6
23	36	18	25	5	23	5	8	3	12
1	1	2				1			1
8613	**9894**	**5441**	**6878**	**3251**	**4797**	**1565**	**2424**	**690**	**1219**
1643	1726	947	1117	571	842	310	455	132	228
896	1083	624	769	402	549	180	280	83	115
936	1017	528	750	353	478	141	249	64	98
508	665	342	481	180	342	84	153	40	86
558	657	317	412	187	261	78	143	32	63
638	720	336	445	190	301	100	146	37	77
605	673	439	478	259	372	121	208	77	121
530	613	357	435	186	286	93	136	34	66
560	642	369	470	224	311	103	132	34	65
429	509	370	384	231	271	135	138	55	88
243	324	172	185	98	139	39	73	12	28
169	233	104	160	53	109	25	36	12	22
186	224	118	183	70	139	32	73	17	29
218	234	120	158	64	116	37	56	19	48
150	153	79	126	54	80	24	42	18	20
157	174	95	133	59	94	32	51	15	36
110	127	74	104	37	71	22	36	8	25
77	120	50	88	33	36	9	17	1	4
8048	**9055**	**5737**	**7003**	**3608**	**5005**	**1621**	**2739**	**1065**	**2242**
1694	1781	1231	1401	730	886	381	588	252	550
955	1054	781	952	534	695	232	425	190	349
434	562	367	390	205	307	86	162	70	116
553	560	424	474	280	365	156	238	88	186
826	891	596	698	347	460	172	229	93	190
600	714	425	593	307	467	128	237	92	245
429	543	311	404	193	302	82	150	39	118
544	604	316	410	205	271	78	149	52	97
1047	1189	668	889	433	689	164	317	91	200
567	640	325	408	228	348	86	131	44	92
399	517	293	384	146	215	56	113	54	99

表2 续表 98

地区	0岁		1-4岁		5-9岁		10-14岁	
	男	女	男	女	男	女	男	女
林芝市	**1401**	**1247**	**6975**	**6537**	**8924**	**8608**	**8101**	**7554**
巴宜区	346	323	1952	1773	2432	2280	2255	2058
工布江达县	282	225	1229	1175	1656	1571	1400	1386
米林县	149	132	772	756	951	966	1017	960
墨脱县	117	96	454	466	651	659	513	430
波密县	233	220	1186	1052	1388	1393	1267	1124
察隅县	173	175	862	829	1158	1137	1056	1069
朗县	101	76	520	486	688	602	593	527
山南市	**1871**	**1749**	**9417**	**8946**	**12255**	**11464**	**11519**	**10839**
乃东区	325	277	1803	1762	2307	2064	2165	1886
扎囊县	212	199	1103	932	1376	1172	1193	1100
贡嘎县	367	345	1682	1585	1950	1918	1719	1671
桑日县	106	77	420	385	505	510	551	493
琼结县	79	88	399	399	552	522	502	457
曲松县	59	60	299	310	458	443	501	466
措美县	59	40	323	320	478	396	381	353
洛扎县	88	105	550	541	734	723	658	656
加查县	136	111	682	643	897	874	859	839
隆子县	143	177	842	845	1281	1199	1249	1198
错那县	70	61	277	238	386	360	367	377
浪卡子县	227	209	1037	986	1331	1283	1374	1343
那曲市	**5352**	**5200**	**25936**	**24859**	**31321**	**30355**	**25136**	**24378**
色尼区	856	803	4516	4275	5882	5669	5447	5248
嘉黎县	457	463	2177	2082	2650	2478	2188	2044
比如县	934	893	4456	4202	5506	5364	4032	3906
聂荣县	410	366	1795	1741	2087	2018	1601	1568
安多县	381	360	1793	1802	2071	2049	1715	1766
申扎县	221	192	908	883	1080	1041	904	889
索县	650	656	3057	3014	3743	3588	2830	2666
班戈县	324	365	1783	1774	2075	2002	1775	1702
巴青县	652	605	3149	2890	3866	3768	2710	2742
尼玛县	371	382	1759	1696	1732	1767	1388	1354
双湖县	96	115	543	500	629	611	546	493
阿里地区	**1085**	**983**	**5007**	**5049**	**5438**	**5388**	**4775**	**4578**
普兰县	89	97	427	425	498	470	345	362
札达县	57	55	277	258	288	311	284	258
噶尔县	170	149	889	896	1088	1066	853	791
日土县	98	85	506	504	451	446	489	422
革吉县	196	181	843	851	980	939	936	876
改则县	276	234	1180	1240	1351	1323	1238	1251
措勤县	199	182	885	875	782	833	630	618
陕西省	**183540**	**169453**	**989713**	**915592**	**1299247**	**1175209**	**1121153**	**998298**
西安市	**57006**	**53288**	**300054**	**280748**	**357040**	**327749**	**273119**	**244750**
新城区	2212	1972	12318	11727	15509	13878	13203	11684
碑林区	2449	2224	13555	12729	16904	15548	16197	14224
莲湖区	4378	4049	24323	22938	27185	25057	21320	19017
灞桥区	4867	4513	26424	24463	31188	28241	22850	20677
未央区	9679	8970	52658	49793	61084	56069	41039	36610
雁塔区	9888	9178	53559	49727	62106	56799	42287	38276
阎良区	1395	1269	7183	6937	8240	7770	6478	6221
临潼区	2861	2706	14765	14124	18646	17652	16694	15460
长安区	8255	8055	42668	39790	52033	47567	36479	32783
高陵区	2409	2332	12844	11963	15465	14543	11331	10703
鄠邑区	3026	2869	13431	12493	15476	14220	13520	11673
蓝田县	2313	2211	11086	10134	14435	13370	14607	13030
周至县	3274	2940	15240	13930	18769	17035	17114	14392
铜川市	**2929**	**2816**	**15503**	**14711**	**19017**	**17499**	**16520**	**15068**
王益区	392	408	2236	2126	2705	2594	2710	2371
印台区	426	460	2448	2351	3205	2905	3003	2891
耀州区	1838	1673	9250	8837	10952	10073	8909	8006
宜君县	273	275	1569	1397	2155	1927	1898	1800

单位：人

15–19岁		20–24岁		25–29岁		30–34岁		35–39岁		40–44岁	
男	女	男	女	男	女	男	女	男	女	男	女
8523	**7425**	**9923**	**7984**	**12371**	**10322**	**14090**	**11934**	**11353**	**9885**	**9556**	**8154**
4683	4351	4326	3563	4200	3409	4961	4373	3894	3455	3329	2947
859	705	1121	1001	1457	1405	1750	1674	1479	1453	1210	1095
568	459	954	623	1351	1116	1626	1317	1342	1147	1100	868
380	286	631	434	1029	737	975	672	765	520	658	442
1131	844	1339	1067	1847	1558	2054	1738	1657	1489	1365	1201
608	529	984	815	1574	1314	1573	1238	1251	1015	1118	981
294	251	568	481	913	783	1151	922	965	806	776	620
9458	**9143**	**10692**	**8987**	**16379**	**14465**	**18915**	**16250**	**17314**	**15836**	**15097**	**13665**
4178	4490	2531	2075	3805	3376	4277	3843	3732	3670	3385	3170
1168	1180	974	846	1422	1371	1725	1564	1563	1495	1458	1368
1032	810	1766	1435	2581	2101	2934	2308	2629	2226	2359	2032
258	204	654	407	984	712	1120	740	1031	765	937	658
197	185	352	329	538	558	655	664	649	712	671	669
207	186	407	341	606	562	666	556	633	569	563	508
151	153	390	349	593	516	639	520	615	569	530	507
303	263	535	453	1002	817	1158	968	1030	920	905	741
428	294	696	655	1203	1061	1412	1189	1323	1129	1047	797
623	526	986	859	1502	1375	1846	1670	1773	1663	1429	1386
172	133	420	321	736	587	709	562	674	566	579	588
741	719	981	917	1407	1429	1774	1666	1662	1552	1234	1241
16063	**15018**	**18182**	**17805**	**24215**	**23242**	**25026**	**23636**	**21161**	**19787**	**15630**	**14266**
3447	3223	3745	3380	4965	4572	5401	4974	4804	4517	3796	3321
1176	1115	1447	1303	2001	1862	1913	1708	1571	1350	1136	891
2595	2333	2440	2551	2920	2927	3244	3103	2615	2602	1827	1888
918	965	1208	1196	1722	1755	1719	1733	1488	1435	1086	1088
1088	1047	1611	1497	2050	1873	2091	2039	1864	1685	1375	1249
730	683	827	801	1284	1185	1193	1152	1014	911	639	627
1765	1583	1784	1712	2464	2250	2546	2340	1945	1805	1495	1238
1197	1090	1496	1610	2022	2009	1960	1969	1635	1608	1179	1159
1959	1682	2052	1957	2496	2579	2662	2430	2296	2052	1726	1536
878	1000	1197	1370	1697	1660	1711	1635	1429	1384	1032	941
310	297	375	428	594	570	586	553	500	438	339	328
3233	**3056**	**5046**	**4086**	**8300**	**6724**	**8042**	**6455**	**6347**	**5054**	**4465**	**3615**
249	202	626	368	845	598	802	598	563	448	434	368
169	120	374	266	654	480	574	474	430	340	328	261
725	647	1373	973	2642	1832	2609	1834	1936	1363	1469	968
273	272	483	367	760	594	765	569	563	443	389	328
583	599	691	655	1018	925	960	792	796	693	538	502
767	735	896	853	1397	1341	1353	1290	1211	1059	785	726
467	481	603	604	984	954	979	898	848	708	522	462
962535	**823328**	**1071427**	**960358**	**1509945**	**1402055**	**1933488**	**1857990**	**1476230**	**1387361**	**1252007**	**1188517**
333011	**279933**	**486540**	**447627**	**577435**	**541013**	**707005**	**676243**	**529235**	**495035**	**404206**	**376195**
13467	10135	22212	18341	26238	24922	32051	30487	25120	24115	21253	20844
19454	16210	38898	32783	34406	34172	33901	35118	27931	30208	24359	27151
15918	13531	27551	28956	47178	50065	62357	62641	47313	47026	35323	35077
41134	30098	34701	32242	45916	41823	63720	59064	46715	40998	35079	29343
44631	35235	74351	64310	104314	99753	136083	130892	97031	87886	66075	58454
46821	44211	83640	90663	120943	115866	136252	131546	103107	98061	72434	67978
10351	6152	13092	5921	11476	10185	14728	14283	11092	10843	9779	9591
20117	15894	26570	19658	24696	22486	29914	28709	22558	21755	20563	19634
62677	63535	97373	108686	82842	73566	101095	93172	74760	66731	56725	48328
8341	6865	12504	8706	18687	16519	28217	27540	20732	18523	14687	13134
23588	18184	29116	17707	22262	18597	26678	24164	20499	18980	16322	16077
14078	11356	14370	11034	17821	14484	19855	17373	15552	13450	14207	13281
12434	8527	12162	8620	20656	18575	22154	21254	16825	16459	17400	17303
12636	**11629**	**12072**	**10675**	**23538**	**22095**	**29835**	**28140**	**21221**	**19985**	**22797**	**22543**
2761	2305	2299	1995	3646	3443	4878	4852	3627	3657	3816	4122
2388	2282	2328	2015	4313	3525	5302	4443	3814	3399	4566	4235
6504	6224	6189	5547	13190	12953	16295	16146	11430	11040	11842	12092
983	818	1256	1118	2389	2174	3360	2699	2350	1889	2573	2094

表2 续表 99

地区	45-49岁		50-54岁		55-59岁		60-64岁	
	男	女	男	女	男	女	男	女
林芝市	**11303**	**8775**	**9586**	**7573**	**6608**	**5371**	**3423**	**3361**
巴宜区	4123	3269	3589	2874	2332	1821	1093	949
工布江达县	1304	1082	1036	967	786	670	463	510
米林县	1351	944	1095	828	845	616	413	395
墨脱县	763	473	680	373	413	287	214	177
波密县	1520	1208	1288	1020	917	767	531	534
察隅县	1394	1146	1174	933	835	753	419	451
朗县	848	653	724	578	480	457	290	345
山南市	**16002**	**14113**	**14607**	**12954**	**11246**	**10494**	**6653**	**7126**
乃东区	3867	3369	3405	2994	2530	2215	1452	1480
扎囊县	1491	1374	1440	1444	1152	1211	819	833
贡嘎县	2604	1985	2465	1859	1750	1497	922	996
桑日县	1074	667	1003	600	600	513	316	377
琼结县	614	686	577	665	521	582	340	411
曲松县	575	565	525	525	476	437	239	257
措美县	522	551	465	448	366	351	259	264
洛扎县	947	792	807	712	632	632	374	384
加查县	1086	897	956	813	676	602	359	417
隆子县	1311	1346	1221	1157	1083	1010	706	773
错那县	701	696	672	640	580	495	324	356
浪卡子县	1210	1185	1071	1097	880	949	543	578
那曲市	**13735**	**12510**	**11596**	**10634**	**8362**	**7886**	**4794**	**5096**
色尼区	3386	2939	2738	2376	1872	1695	1014	1035
嘉黎县	1031	842	869	707	553	583	344	350
比如县	1571	1431	1346	1256	938	932	621	682
聂荣县	1056	966	887	816	625	568	279	334
安多县	1232	1111	954	900	719	683	415	446
申扎县	563	521	484	499	403	366	261	300
索县	1212	1105	1080	1061	888	827	533	534
班戈县	1158	1135	1015	990	773	742	409	414
巴青县	1433	1390	1236	1155	816	772	438	467
尼玛县	801	815	752	675	605	549	385	401
双湖县	292	255	235	199	170	169	95	133
阿里地区	**4388**	**3321**	**3460**	**2664**	**2398**	**1992**	**1336**	**1403**
普兰县	554	369	551	383	310	270	160	173
札达县	347	280	265	220	204	189	112	117
噶尔县	1487	948	1087	689	624	434	296	275
日土县	354	293	273	218	244	202	136	145
革吉县	480	454	389	317	301	271	193	203
改则县	699	572	517	468	406	373	255	276
措勤县	467	405	378	369	309	253	184	214
陕西省	**1605272**	**1550719**	**1658050**	**1607636**	**1441456**	**1397218**	**1181274**	**1143331**
西安市	**449316**	**422285**	**433673**	**418978**	**380563**	**376320**	**308971**	**316056**
新城区	25262	23850	25429	24042	23439	22097	19145	18803
碑林区	26778	27635	25071	26187	25005	24904	22461	23183
莲湖区	37481	37016	35793	36423	33975	34932	29419	29982
灞桥区	40352	34952	39982	35178	33429	30008	24949	24280
未央区	67279	61186	59905	59103	51905	52827	39736	40883
雁塔区	70753	66921	61782	60400	52334	53722	39590	43084
阎良区	12752	12230	13267	12532	10598	10319	8059	8415
临潼区	27421	26347	28085	27494	24393	24279	21189	22219
长安区	58829	51473	55940	50432	46997	45661	38669	39784
高陵区	16192	14940	15228	15020	12587	13280	10934	12096
鄠邑区	23890	23555	25550	25054	23549	22777	19477	19271
蓝田县	18899	18567	21413	21289	19352	19623	17008	16688
周至县	23428	23613	26228	25824	23000	21891	18335	17368
铜川市	**34561**	**33256**	**38861**	**36097**	**32986**	**30254**	**24610**	**23211**
王益区	6400	6784	8233	7775	7506	7050	5311	5205
印台区	7369	6649	8451	7401	6823	5786	4628	4271
耀州区	16876	16417	17709	17123	15246	14557	12090	11664
宜君县	3916	3406	4468	3798	3411	2861	2581	2071

单位：人

65-69岁		70-74岁		75-79岁		80-84岁		85岁及以上	
男	女	男	女	男	女	男	女	男	女
2352	**2467**	**1450**	**1870**	**901**	**1145**	**431**	**676**	**277**	**500**
748	673	380	463	229	286	115	184	79	137
318	389	243	356	157	196	59	101	46	58
274	279	165	206	100	158	79	111	53	90
117	108	78	86	59	60	25	27	6	28
368	399	235	311	146	169	69	104	37	82
310	395	195	237	129	168	57	87	30	65
217	224	154	211	81	108	27	62	26	40
4723	**5711**	**3411**	**4381**	**1992**	**2797**	**914**	**1437**	**473**	**740**
1001	1133	664	857	363	539	169	248	73	128
559	670	469	614	306	377	144	178	67	87
766	872	572	610	325	430	144	251	86	117
252	286	170	224	92	143	41	87	36	43
241	356	217	285	138	153	67	93	24	52
172	200	117	158	57	104	40	58	18	39
184	215	133	191	84	101	37	42	13	24
245	307	156	255	125	162	43	81	28	33
251	309	157	246	110	128	52	99	32	69
452	537	297	418	152	240	65	120	44	66
179	328	134	212	92	155	36	83	28	38
421	498	325	311	148	265	76	97	24	44
3960	**4525**	**3048**	**3828**	**1713**	**2682**	**867**	**1609**	**398**	**1027**
851	960	640	719	293	493	138	296	61	143
277	267	190	241	103	172	62	98	30	66
507	615	435	607	255	427	125	247	73	212
302	367	220	309	107	161	56	127	20	64
299	371	240	308	116	216	71	110	16	70
215	224	160	172	102	137	45	84	15	53
422	454	312	394	184	293	106	188	60	139
299	392	210	344	130	252	69	135	40	68
417	500	385	388	228	297	108	174	51	136
287	283	199	268	159	187	59	111	24	63
84	92	57	78	36	47	28	39	8	13
857	**1128**	**626**	**900**	**451**	**663**	**227**	**371**	**123**	**247**
103	158	69	101	46	77	22	48	15	19
59	88	49	90	41	54	17	36	7	21
157	169	96	143	69	121	37	70	25	52
84	122	49	75	38	57	14	29	6	21
137	189	101	134	85	86	29	45	15	29
186	220	139	220	99	153	58	78	38	64
131	182	123	137	73	115	50	65	17	41
1026429	**1043688**	**671797**	**693560**	**437524**	**486511**	**259140**	**314035**	**146263**	**187650**
254442	**271609**	**161927**	**169651**	**99918**	**116880**	**66817**	**85261**	**46246**	**57135**
13850	14481	8705	9574	6211	7873	5455	7683	4822	5577
17865	18954	10731	11502	7482	9574	6733	9476	6803	8075
21382	22794	13386	14532	9010	11249	7278	10189	5903	7155
18373	19236	10813	11858	6610	7986	4475	6382	3196	4144
30123	31376	17261	17739	9898	11455	6749	8531	4696	5794
32155	34989	18904	20259	12137	13959	9220	10318	6276	6592
6804	7901	5293	5976	3631	4326	2458	3010	1199	1528
19428	21176	12331	13352	7475	8889	4444	5939	2377	3661
34826	38002	21841	22747	12273	13063	6657	7871	3886	5225
10204	12920	8785	7643	3736	4556	2043	2735	1222	1648
16571	17111	11430	12186	6987	8313	4249	5104	2399	2826
17070	16302	11055	11103	7142	7529	3198	3622	1655	2413
15791	16367	11392	11180	7326	8108	3858	4401	1812	2497
19190	**19383**	**11773**	**13542**	**8631**	**10727**	**5658**	**7266**	**3071**	**4016**
3978	4012	2342	2813	1965	2735	1507	2280	1049	1410
3671	3846	2436	3072	2023	2719	1298	1650	637	911
9512	9622	5638	6316	3690	4334	2322	2778	1112	1374
2029	1903	1357	1341	953	939	531	558	273	321

表2 续表 100

地区	0岁		1-4岁		5-9岁		10-14岁	
	男	女	男	女	男	女	男	女
宝鸡市	**14902**	**13582**	**75466**	**70422**	**96903**	**90685**	**89209**	**81791**
渭滨区	2464	2278	12518	11505	15034	14152	12701	11999
金台区	1799	1706	10667	10030	12205	11399	10568	9745
陈仓区	2269	2085	10530	10235	13428	12585	12456	11142
凤翔县	1690	1585	8561	8009	10786	10305	10113	9481
岐山县	1574	1341	7697	7259	9771	9230	9298	8790
扶风县	1366	1204	6532	5962	9506	8597	10251	8641
眉县	1424	1373	7099	6413	9098	8500	8451	7667
陇县	1123	951	5798	5333	9075	8467	7840	7218
千阳县	432	377	2236	2108	3223	3000	3066	2867
麟游县	311	259	1364	1318	1823	1661	1723	1545
凤县	285	263	1498	1430	1893	1728	1741	1736
太白县	165	160	966	820	1061	1061	1001	960
咸阳市	**22766**	**21223**	**120904**	**113185**	**162978**	**148613**	**147392**	**128965**
秦都区	3817	3485	21435	20404	24959	23075	19919	17472
杨陵区	1090	1064	6120	5722	8320	7604	7029	5940
渭城区	1986	1852	10972	10098	13034	11933	10512	9429
三原县	1611	1408	8285	7795	10814	10323	8996	8622
泾阳县	2308	2194	11781	11299	15609	14744	12369	11639
乾县	1987	1892	10884	9864	15479	13612	15519	12901
礼泉县	1528	1376	7339	6890	10308	9277	11053	9191
永寿县	703	687	4100	3740	6036	5380	5869	5213
长武县	658	601	3474	3359	4923	4518	4871	4281
旬邑县	1020	1001	5610	5064	8455	7605	7735	6614
淳化县	638	576	3022	2867	4174	3897	3483	3365
武功县	1579	1499	7979	7596	11136	10109	11361	9774
兴平市	2327	2176	11620	10789	16436	14680	16244	13592
彬州市	1514	1412	8283	7698	13295	11856	12432	10932
渭南市	**20239**	**19204**	**110134**	**105547**	**145620**	**138415**	**129017**	**120851**
临渭区	3838	3721	21102	20181	27058	25381	22873	21686
华州区	1109	1073	6075	5909	8014	7721	6737	6496
潼关县	549	502	3037	2971	3937	3623	3654	3327
大荔县	2352	2330	13887	14073	19137	19124	16948	16385
合阳县	1627	1514	8118	7791	10529	10085	9496	9037
澄城县	1125	1124	6621	6114	8699	8377	7887	7453
蒲城县	2787	2698	15415	14821	21450	20489	20605	19104
白水县	886	862	4906	4536	6788	6336	6543	6056
富平县	3252	2846	15922	14884	20616	19419	17899	16679
韩城市	1780	1642	9915	9276	12010	10946	9729	8460
华阴市	934	892	5136	4991	7382	6914	6646	6168
延安市	**9601**	**8662**	**59919**	**53695**	**97402**	**83911**	**90116**	**78043**
宝塔区	3051	2734	18813	16644	27370	23588	24579	21488
安塞区	653	601	4046	3386	7393	6197	7925	6804
延长县	431	394	2598	2420	4535	4028	4519	4051
延川县	478	436	3153	2958	5389	4744	5642	4985
志丹县	648	550	4411	3831	8049	6849	6730	5987
吴起县	708	640	4538	3949	7176	6020	6161	5282
甘泉县	346	333	1918	1688	3218	2850	3493	3193
富县	590	565	3767	3493	6396	5635	5507	4814
洛川县	676	631	5146	4385	9276	7478	8024	6161
宜川县	423	342	2548	2547	4096	3815	3653	3294
黄龙县	178	167	943	898	1281	1154	1115	951
黄陵县	593	486	3143	3078	4022	3751	3538	2996
子长市	826	783	4895	4418	9201	7802	9230	8037
汉中市	**14182**	**13621**	**75030**	**70217**	**87753**	**82001**	**89522**	**84237**
汉台区	2431	2345	13496	12736	14859	13806	13506	12831
南郑区	2104	2048	11229	10268	13372	12577	13355	12824

单位：人

15-19岁		20-24岁		25-29岁		30-34岁		35-39岁		40-44岁	
男	女	男	女	男	女	男	女	男	女	男	女
76482	**66872**	**68866**	**58974**	**106864**	**93239**	**135735**	**132709**	**107381**	**107152**	**101099**	**103921**
14023	16735	12770	14861	16224	16243	24517	25987	20226	21443	18266	19973
10730	8497	8641	7752	14457	14094	22694	22925	17958	18270	16515	17149
11925	8720	10970	8185	17241	13951	20133	18543	15225	14262	13789	13857
7806	6728	8195	6124	12849	10208	14411	13252	10218	10157	10965	11409
7373	5755	7630	5240	11782	9149	13757	13230	10854	10212	10003	10541
7708	5639	5960	4136	8689	6770	10871	10513	8828	8846	8331	8868
5922	4755	4633	3854	8801	7909	11418	11437	9251	9167	8084	7684
5125	4558	4199	3848	6347	6130	6598	7211	5564	6498	5013	5629
2406	2246	2079	1818	3257	2805	3215	3119	2591	2707	2769	2748
1409	1259	1678	1325	3253	2425	3458	2199	2754	2009	2872	2075
1372	1331	1425	1197	2567	2294	3051	2791	2578	2341	3006	2760
683	649	686	634	1397	1261	1612	1502	1334	1240	1486	1228
135775	**112914**	**136969**	**118321**	**176960**	**160166**	**222899**	**214627**	**170088**	**163054**	**153782**	**152243**
25124	28385	27143	30937	32284	32800	46428	48197	35051	34468	27980	28035
13917	10637	16793	13905	9061	8754	11479	12099	9208	9196	7412	7767
20229	16259	19644	19826	16833	16942	22442	22985	17206	17266	15212	15437
5686	5250	5763	4881	10710	10111	16334	15881	12973	12353	11347	10911
10433	7827	10432	7502	15038	14348	21241	21482	16748	15563	13821	12747
11013	8017	10937	7429	16730	13280	18465	16159	12820	12524	13899	13937
8191	5435	8158	5148	13032	10527	14108	12718	11260	9999	12348	12397
4064	3210	4087	3304	6075	5188	6100	5524	4860	4349	4587	4584
3093	2436	3264	2377	5568	4104	6595	5123	4777	4049	4361	3702
4466	3286	4595	3329	7277	5974	8018	6831	6192	5767	5911	5652
2437	1954	3444	2648	5545	4568	6112	4887	4217	3566	4229	3920
8535	6744	5831	4378	10018	8603	11931	11230	9284	9927	8935	9996
11936	8029	10574	7706	17560	15174	20221	19072	15436	15031	15215	15612
6651	5445	6304	4951	11229	9793	13425	12439	10056	8996	8525	7546
94869	**80867**	**91888**	**79513**	**154919**	**144472**	**203552**	**197885**	**146709**	**141191**	**138486**	**136529**
28242	22917	26022	22716	30194	28807	41941	42209	29211	29091	28080	28372
4268	3849	4310	3990	8367	8334	12103	11878	9635	8687	7897	7352
2199	1916	2647	2298	5628	5462	6064	5447	4000	3579	3736	3446
10176	8489	9098	7578	16332	14950	26222	26046	19930	18859	16746	15872
6863	6102	6172	5533	10634	10311	12798	12971	9870	10079	10553	10356
5474	4803	5254	4514	8518	8203	11745	11182	8557	8210	9437	9612
11498	10159	11674	10167	21790	19552	29244	27689	18688	18257	18874	19044
4276	3450	4550	3677	7700	7044	9042	7959	6405	5925	6773	7055
11127	9995	11435	9996	23354	21482	25152	24741	18752	18318	17484	17203
6966	5841	7332	5859	15267	13109	19770	18307	14342	13294	12546	12043
3780	3346	3394	3185	7135	7218	9471	9456	7319	6892	6360	6174
51263	**45831**	**45031**	**38370**	**84645**	**78309**	**127611**	**118819**	**105675**	**90955**	**75146**	**65367**
18426	17675	14906	13486	24726	24893	38316	38700	31888	28988	20238	18782
3555	3091	2823	2389	5797	5318	8617	8078	7867	6921	5454	5062
1873	1564	1868	1427	3955	3321	6214	5370	5034	3894	3399	2713
2516	2146	2950	2422	5556	4870	7946	6831	6216	5160	4385	3830
2884	2641	2963	2468	6189	5606	8947	8375	8419	7254	5776	4975
2792	2531	2385	1917	5076	4681	8712	8296	7408	6446	4871	4234
1542	1379	1205	1076	2693	2366	3899	3655	3446	3128	2584	2370
2558	2143	2293	1911	5304	4636	7449	6476	5615	4811	5018	3976
4134	2983	3653	2789	6430	6117	9556	9059	7838	7031	6790	6226
3041	2992	1762	1486	3775	3657	5841	5262	4133	3625	3259	2750
669	533	708	643	1424	1283	1732	1575	1467	1234	1491	1333
1932	1485	2383	1785	5158	4116	7954	5890	5465	3907	5266	3810
5341	4668	5132	4571	8562	7445	12428	11252	10879	8556	6615	5306
73108	**67859**	**66679**	**64160**	**84881**	**86099**	**106724**	**112573**	**90439**	**94412**	**98541**	**96832**
15096	15971	17431	18055	18722	19545	23999	25542	20560	21104	20176	19740
12192	10521	10149	9510	12820	13399	13719	14704	11604	12532	12196	12272

表2 续表 101

地区	45-49岁		50-54岁		55-59岁		60-64岁	
	男	女	男	女	男	女	男	女
宝鸡市	**145545**	**148040**	**154934**	**152787**	**140036**	**135526**	**117718**	**110060**
渭滨区	22999	23227	20944	21368	19932	19462	15277	15385
金台区	20848	21170	19548	19895	19325	18467	15866	15285
陈仓区	20963	21166	23805	22835	20898	19972	17360	16010
凤翔县	16185	17121	18072	18365	16672	16679	15468	14357
岐山县	14174	15140	17103	17527	15593	16328	14690	13809
扶风县	12286	13487	14467	14769	13419	13612	12005	11785
眉县	12236	12177	13636	13474	12268	11557	10364	8943
陇县	8931	9733	10175	10222	8344	8293	6845	6213
千阳县	4671	4781	5081	4792	4332	3906	3636	3152
麟游县	4948	3681	4766	3483	3484	2669	2301	1905
凤县	4914	4234	4951	4087	3899	3181	2646	2176
太白县	2390	2123	2386	1970	1870	1400	1260	1040
咸阳市	**203498**	**201814**	**211522**	**208910**	**183894**	**181603**	**150879**	**149797**
秦都区	32718	31827	29356	29490	25635	24930	19977	20839
杨陵区	7986	7803	7546	7421	6708	6890	5385	5351
渭城区	19221	18382	17794	17278	16170	15322	12902	13029
三原县	15264	14757	15825	15401	15674	15433	12838	13320
泾阳县	18651	17578	19767	18913	18253	17861	15030	15151
乾县	17937	19018	20004	20598	17705	18139	15551	14959
礼泉县	15616	16536	16399	16296	14633	14781	12709	12920
永寿县	7137	7449	7905	7768	6450	6093	5088	4561
长武县	7200	6287	8140	7304	5955	5966	4887	4528
旬邑县	9800	9741	10878	10318	8565	8585	6719	6440
淳化县	6432	6585	7547	7484	6514	6147	5110	4650
武功县	11442	12479	13500	14224	12471	12707	10522	10624
兴平市	21446	21442	22529	22253	18155	18072	15771	15708
彬州市	12648	11930	14332	14162	11006	10677	8390	7717
渭南市	**194578**	**194388**	**216381**	**214866**	**197489**	**197334**	**167549**	**165539**
临渭区	36682	36076	38074	38218	35063	35603	30807	30831
华州区	10344	9905	12304	11840	12268	11685	10220	10042
潼关县	5511	5280	6097	5800	5296	5085	4115	4061
大荔县	23434	23494	27055	27157	25649	26183	22649	22971
合阳县	14895	15227	18504	18403	16565	16650	14512	13761
澄城县	13356	13943	14798	14629	13845	13647	11554	11251
蒲城县	27477	27871	30875	30991	28400	28655	24160	23971
白水县	10387	10556	11010	10970	9930	9705	8069	7636
富平县	25965	26481	30802	30877	27739	27898	23490	23172
韩城市	18275	17326	18177	17268	14860	14373	11533	11164
华阴市	8252	8229	8685	8713	7874	7850	6440	6679
延安市	**93958**	**87508**	**95812**	**89005**	**78996**	**73496**	**61867**	**58402**
宝塔区	23378	23095	23515	22657	19606	18436	15080	14612
安塞区	6914	6625	6466	6122	5332	5137	4598	4071
延长县	4687	4341	5769	5505	5557	4955	4096	3945
延川县	5233	4832	5594	5278	5164	4781	4408	4314
志丹县	5778	5264	5807	5414	4629	4328	3790	3429
吴起县	5456	4859	5624	5203	4691	4264	3678	3407
甘泉县	3206	3192	3254	3154	2759	2573	2200	2179
富县	6628	5771	6613	5907	5360	5013	4204	3853
洛川县	9679	9516	9679	9139	7242	6932	5432	5203
宜川县	4861	4725	5501	5214	4533	4259	3444	3218
黄龙县	2118	1951	2285	1967	1895	1606	1361	1231
黄陵县	7735	6058	7177	5782	4978	4276	3258	3032
子长市	8285	7279	8528	7663	7250	6936	6318	5908
汉中市	**149913**	**148453**	**157193**	**156215**	**132453**	**127724**	**109265**	**102566**
汉台区	27200	27201	27937	28635	25035	24620	19648	19657
南郑区	20542	21769	22409	22973	18913	19007	16588	15727

单位：人

65-69岁		70-74岁		75-79岁		80-84岁		85岁及以上	
男	女	男	女	男	女	男	女	男	女
101853	**103393**	**69889**	**73683**	**44134**	**48788**	**24283**	**30303**	**13227**	**15400**
12798	13784	9691	10442	6254	6519	3924	4781	2553	2574
12334	12666	8272	7967	4720	4936	2826	4026	2292	2706
14219	14786	9568	10899	6403	7525	3489	4196	1678	1876
13997	13955	9558	10028	5827	6805	2964	3933	1484	1834
13709	13700	9180	9674	5897	6581	3173	4257	1894	2294
11760	12206	8056	8592	5020	5573	2878	3336	1205	1557
8958	8875	5745	5990	3620	4005	2060	2273	897	1193
5630	5580	3810	4193	2335	2707	1023	1148	366	409
3190	3033	2352	2452	1456	1543	701	785	264	314
1883	1735	1331	1271	906	980	412	514	151	157
2293	2074	1589	1526	1198	1118	575	734	328	355
1082	999	737	649	498	496	258	320	115	131
128447	**136926**	**90482**	**98249**	**59467**	**69743**	**35790**	**45060**	**18295**	**25140**
16155	17356	11016	11602	6821	7955	4784	5848	3128	3539
4769	5026	3224	3413	2000	2416	1373	1561	885	997
10386	11680	7819	8184	4557	5330	2992	4266	2161	2764
11443	12316	7294	8171	4380	5427	2554	3499	1316	2284
13251	14717	8789	10019	5574	6700	2868	3945	1382	2534
13696	14359	9585	10297	6657	7987	3730	5015	1525	2570
11546	12493	8499	8900	5895	6603	3265	4135	1468	2578
3800	3993	2668	2957	1693	2094	918	1170	350	476
4169	3889	3051	3082	2171	2315	1196	1146	518	466
5678	5521	4138	4385	2853	3109	1666	1732	682	720
4200	3973	2936	3009	1880	2099	1106	1319	592	624
9382	9950	6729	7717	4489	5469	2825	3639	1224	1895
13135	14824	9855	11325	7021	8525	4530	5740	2213	2913
6837	6829	4879	5188	3476	3714	1983	2045	851	780
141080	**149110**	**93430**	**103000**	**58547**	**71456**	**33316**	**45154**	**17344**	**28276**
25655	27963	16959	18531	10716	12501	6093	8043	3316	5271
9272	9479	6153	6544	3733	4102	1807	2289	1100	1729
3251	3370	2059	2317	1243	1607	584	828	291	500
19444	20830	12217	13961	7393	9523	4188	6235	2143	3828
11583	12113	7743	8704	4970	6092	2816	3845	1438	2423
9825	10558	6656	7468	4226	5444	2561	3647	1371	2401
20118	20873	13174	14796	8402	10435	5070	6656	2551	4123
6535	6534	4459	4701	2893	3461	1672	2219	919	1407
19802	21009	13161	14521	8658	10608	5005	6736	2380	3592
9945	10337	6971	7291	4041	4796	2225	2919	1199	1963
5650	6044	3878	4166	2272	2887	1295	1737	636	1039
46936	**46195**	**28747**	**29205**	**19197**	**21023**	**13402**	**15006**	**7236**	**8219**
10987	10889	5927	6047	3802	4359	2805	3117	1622	1726
3295	3289	1873	1900	1298	1435	914	1009	401	479
3070	2965	1714	1838	1169	1433	1032	1133	507	641
3363	3355	2072	2219	1421	1446	1022	1230	620	748
2618	2535	1638	1660	1125	1221	758	801	393	389
2942	2852	1948	1908	1504	1408	921	822	449	408
1674	1633	989	971	651	635	479	486	245	267
3281	3187	2204	2101	1453	1481	916	1039	456	467
4557	4467	3218	3195	2079	2300	1364	1573	811	894
2477	2560	1842	1951	1282	1402	738	901	400	481
1231	1024	871	756	531	564	299	342	175	212
2715	2628	1679	1794	1140	1282	809	915	469	530
4726	4811	2772	2865	1742	2057	1345	1638	688	977
110550	**111157**	**77062**	**74371**	**53102**	**51969**	**28589**	**30328**	**14731**	**16951**
18167	19532	12467	13106	7864	8646	4830	5382	2966	3360
16114	16117	11920	11607	7815	7804	4464	4674	2053	2353

表2 续表 102

地区	0岁		1-4岁		5-9岁		10-14岁	
	男	女	男	女	男	女	男	女
城固县	2058	1995	10833	10175	12721	12035	12916	12397
洋县	1618	1537	8375	7823	10225	9380	11086	10202
西乡县	1497	1439	8064	7666	9560	8754	11161	10285
勉县	1529	1458	7711	7165	8299	7690	7625	7132
宁强县	1178	1081	5924	5740	6504	6344	6570	6326
略阳县	595	614	3248	3013	3599	3367	3334	3084
镇巴县	901	841	4778	4304	7033	6457	8571	7744
留坝县	152	137	753	694	846	814	747	752
佛坪县	119	126	619	633	735	777	651	660
榆林市	**19573**	**16731**	**112064**	**94768**	**164284**	**132738**	**130839**	**104938**
榆阳区	5683	4953	34204	29247	48929	39468	36671	29503
横山区	1620	1331	8499	6984	13086	10808	11295	9188
府谷县	1357	1107	7174	5883	10653	8410	9456	7131
靖边县	2049	1768	12359	10117	20680	16609	18262	14342
定边县	1929	1656	10775	9113	15132	11952	10198	8344
绥德县	1167	1041	6480	5922	9746	8609	9029	7781
米脂县	626	515	3591	3093	5383	4511	4481	3942
佳县	424	341	1857	1585	2885	2474	2956	2579
吴堡县	251	246	1201	1208	1900	1700	1775	1539
清涧县	527	501	2781	2522	3587	3230	2896	2511
子洲县	650	543	2961	2642	4411	3756	4043	3437
神木市	3290	2729	20182	16452	27892	21211	19777	14641
安康市	**12036**	**10931**	**63313**	**59117**	**86532**	**79322**	**85366**	**75930**
汉滨区	4622	4214	24223	22689	31089	28456	29296	25736
汉阴县	1254	1152	6374	5840	9494	8607	9546	8555
石泉县	730	653	3639	3509	4584	4326	4573	4173
宁陕县	258	232	1166	1183	1873	1759	1619	1534
紫阳县	1200	1083	6331	5936	9276	8493	10381	9198
岚皋县	580	496	2912	2644	4187	3874	4450	4206
平利县	793	686	4422	4052	6098	5740	5890	5253
镇坪县	232	210	1143	1073	1535	1517	1690	1471
旬阳县	1540	1410	8502	7925	12051	10663	11425	10206
白河县	827	795	4601	4266	6345	5887	6496	5598
商洛市	**10306**	**9395**	**57326**	**53182**	**81718**	**74276**	**70053**	**63725**
商州区	2133	2043	12632	11593	18122	16146	15096	13648
洛南县	1928	1748	10402	9791	14699	13598	10875	10166
丹凤县	1270	1229	7380	6679	9803	9104	8555	7869
商南县	1197	1050	6557	6139	7942	7325	7153	6513
山阳县	1895	1737	9926	9358	15882	14268	14810	13232
镇安县	1180	973	6451	5993	9852	8818	9090	8186
柞水县	703	615	3978	3629	5418	5017	4474	4111
甘肃省	**136254**	**126757**	**699511**	**649497**	**876391**	**803261**	**819837**	**742035**
兰州市	**18992**	**18061**	**99158**	**92305**	**108836**	**98259**	**97164**	**85944**
城关区	5955	5610	32307	29896	35400	32162	31422	27483
七里河区	3301	3134	16819	15542	17322	15691	15368	13639
西固区	1593	1542	8655	8286	9952	8969	9240	8354
安宁区	1886	1801	10045	9326	10047	8902	8184	7473
红古区	629	648	3352	3206	4132	3809	4048	3657
永登县	1253	1225	6181	5854	8665	7795	9063	7998
皋兰县	611	565	3047	2776	3136	2880	3135	2671
榆中县	2197	2068	11305	10566	12427	11130	11207	9796
兰州新区	1567	1468	7447	6853	7755	6921	5497	4873
嘉峪关市	**1730**	**1589**	**8784**	**8195**	**8083**	**7296**	**7363**	**6692**
市辖区	1730	1589	8784	8195	8083	7296	7363	6692
金昌市	**1708**	**1641**	**9033**	**8343**	**10237**	**8209**	**12781**	**9977**
金川区	1094	1066	5849	5356	6376	5324	6922	5759
永昌县	614	575	3184	2987	3861	2885	5859	4218

单位：人

15-19岁		20-24岁		25-29岁		30-34岁		35-39岁		40-44岁	
男	女	男	女	男	女	男	女	男	女	男	女
9478	9119	8067	7843	10196	10733	14868	15702	11997	12959	13655	13531
8024	6587	6826	5813	7975	7638	10731	11186	9817	10191	10955	10710
7445	6820	5085	4870	6623	6842	10047	11536	9749	10882	10286	10321
6653	6110	6584	6231	10553	10140	11274	11183	8320	8680	9452	9518
5476	5140	4738	4731	6624	6996	8229	8711	6040	6465	7644	7864
2241	2127	2163	2099	3835	3849	4833	5243	4594	4506	5280	4962
5450	4456	4575	3989	5482	5033	6751	6548	5796	5330	6624	5938
606	579	663	647	1250	1117	1325	1283	1044	908	1173	1074
447	429	398	372	801	807	948	935	918	855	1100	902
78866	**61829**	**71814**	**57104**	**150792**	**136582**	**211859**	**193858**	**163517**	**139372**	**116173**	**99174**
25254	20716	21823	19602	40963	40985	61281	60504	46614	42869	31351	28411
5899	4476	5341	4404	12502	11213	16653	15057	11222	9528	7799	6678
5855	4075	4437	2714	10919	8767	15266	13024	12586	9579	10610	7475
9536	7748	6742	5652	14647	14603	22605	22322	18392	16972	13437	11662
7044	5497	6554	5697	14188	13917	19072	17025	14560	12277	11820	10651
4851	4371	3672	3174	8545	8364	11797	11777	10338	9225	6486	6385
2655	2141	2066	1740	4506	4124	6448	6082	5508	4991	4126	3756
1643	1205	2322	1813	4069	3080	4180	2959	3200	2318	2801	2122
962	729	828	726	2031	1889	2467	2334	2078	1703	1345	1262
1560	1207	1859	1419	4459	3552	5987	4626	4648	3208	2959	2311
2414	1833	2560	2065	5063	4095	5994	4819	5141	4067	3693	3098
11193	7831	13610	8098	28900	21993	40109	33329	29230	22635	19746	15363
61409	**55083**	**50770**	**48464**	**81404**	**77338**	**98912**	**98399**	**78599**	**75303**	**83985**	**78877**
24977	23198	22281	22822	32325	29930	39743	39338	29495	27707	30316	28681
6416	5547	4384	3910	6801	6667	9280	9552	7341	7097	6716	6660
3173	2828	2389	2126	4722	4730	5798	5870	5045	4961	5387	4795
1038	960	831	776	1777	1864	2413	2261	2023	1761	2589	2003
6927	6117	5436	4925	8344	7953	9685	9078	8526	7701	8589	7602
3160	2720	2349	2085	4071	3666	5058	4678	4764	4333	5195	4406
3240	3008	2726	2598	5030	5004	6586	6757	5277	5529	6684	6084
812	823	677	720	1331	1394	1540	1711	1527	1528	1829	1835
7884	6618	7211	6102	12372	10970	13287	12882	10364	9789	11120	11116
3782	3264	2486	2400	4631	5160	5522	6272	4237	4897	5560	5695
45116	**40511**	**40798**	**37150**	**68507**	**62742**	**89356**	**84737**	**63366**	**60902**	**57792**	**56836**
12060	11593	13050	12863	16414	14572	22281	19985	16398	14670	13304	12690
6806	6263	6788	5968	12287	11263	15420	14584	10464	10470	10022	10147
4817	4237	4796	4145	8827	8071	10040	9675	7473	7394	6700	6958
4179	3661	2428	2473	5533	5874	8548	9525	5984	6721	5743	6202
8545	7228	7165	6018	12914	11238	15831	14529	11302	10666	9877	9446
5864	5016	4175	3613	8090	7464	10611	10125	7457	7107	8378	7764
2845	2513	2396	2070	4442	4260	6625	6314	4288	3874	3768	3629
692101	**631311**	**663988**	**644469**	**854915**	**851656**	**1000155**	**992309**	**784233**	**758762**	**740749**	**711543**
134876	**118334**	**190297**	**181563**	**186923**	**176306**	**212872**	**193787**	**156932**	**143330**	**138861**	**127462**
34195	28423	55696	58313	71878	71202	77981	72347	59224	56539	52492	49359
20304	13603	32131	23419	32360	30992	36933	34096	26334	23719	22331	20650
11189	7799	11264	8097	13432	13030	17964	17467	14728	14570	13590	13785
19803	19231	35315	37569	17518	17656	20141	19662	14670	14426	12276	12180
2645	2260	2669	2259	4874	4485	6521	6216	5355	4907	5504	4848
6502	5598	5089	4200	8070	7260	9998	9346	7977	7414	8240	7781
3471	2704	3785	2290	5218	3810	6011	4448	4390	3275	3978	2996
17703	19821	26210	28996	15856	14223	19545	17332	14134	12174	12569	10928
19064	18895	18138	16420	17717	13648	17778	12873	10120	6306	7881	4935
7408	**5409**	**8207**	**5665**	**14322**	**12032**	**18452**	**16368**	**11388**	**11128**	**11161**	**10847**
7408	5409	8207	5665	14322	12032	18452	16368	11388	11128	11161	10847
12334	**8766**	**9504**	**7494**	**12068**	**10698**	**17790**	**17164**	**14192**	**13829**	**14326**	**14510**
6844	5331	6204	4918	8408	7396	11951	11451	9325	8773	8971	9009
5490	3435	3300	2576	3660	3302	5839	5713	4867	5056	5355	5501

表2 续表 103

地区	45-49岁		50-54岁		55-59岁		60-64岁	
	男	女	男	女	男	女	男	女
城固县	19885	20009	20603	21229	16980	17609	15137	14407
洋县	15739	15609	16773	16589	14162	13968	11639	11165
西乡县	14983	14397	14347	14380	13229	12834	11454	10852
勉县	16648	16726	18578	18525	15134	14447	13009	12446
宁强县	13109	12968	15018	14411	11677	10435	7834	6735
略阳县	8801	8042	8583	7437	6582	5343	5019	4051
镇巴县	9548	8613	9605	9063	8062	7285	6796	5730
留坝县	1973	1837	1985	1773	1567	1277	1263	1021
佛坪县	1485	1282	1355	1200	1112	899	878	775
榆林市	**138179**	**128528**	**139445**	**130847**	**121053**	**115635**	**99579**	**91343**
榆阳区	35136	35078	32176	32279	26266	25922	19527	19251
横山区	9935	9742	10530	10358	9585	9810	8452	7673
府谷县	12571	9725	11729	8668	8816	7191	6510	5947
靖边县	13842	13451	13291	12682	11326	10879	8981	8628
定边县	13886	12647	14727	13719	12171	11304	9458	8440
绥德县	8329	9032	10385	11053	10107	10296	9370	8637
米脂县	5042	4893	5381	5725	5498	6042	5360	5054
佳县	3914	3719	5228	5088	5686	5747	5644	4722
吴堡县	2052	2028	2320	2351	2207	2258	2029	1785
清涧县	3867	3721	4913	4680	5124	4827	5197	4564
子洲县	4474	4316	5284	5286	6023	6062	6153	5902
神木市	25131	20176	23481	18958	18244	15297	12898	10740
安康市	**107304**	**99643**	**113753**	**104608**	**97778**	**86188**	**79473**	**71161**
汉滨区	37464	35833	36924	36148	32489	30893	24733	24082
汉阴县	9603	9324	10106	9362	9623	8246	8506	7478
石泉县	7290	6248	7565	6592	6669	5461	5594	4798
宁陕县	3341	2669	3293	2745	2588	2080	2165	1624
紫阳县	10209	8937	11940	10424	10153	8784	8315	7027
岚皋县	5996	4985	6574	5446	5690	4403	4795	4238
平利县	8174	7322	9114	8068	7338	6154	6492	5830
镇坪县	2139	2043	2239	1911	1719	1569	1589	1347
旬阳县	16351	15804	18658	17200	15069	13255	11974	10261
白河县	6737	6478	7340	6712	6440	5343	5310	4476
商洛市	**88420**	**86804**	**96476**	**95323**	**76208**	**73138**	**61363**	**55196**
商州区	18331	18123	20369	20768	16453	16573	14148	13040
洛南县	15782	15563	18730	18617	15377	15331	12640	11669
丹凤县	10762	10724	11741	11974	9114	8912	7660	7151
商南县	9486	9684	10345	10415	8070	7438	5748	5048
山阳县	14946	14878	16001	15689	12340	12087	9779	9006
镇安县	12524	11558	12460	11366	9550	8183	7358	6116
柞水县	6589	6274	6830	6494	5304	4614	4030	3166
甘肃省	**1126475**	**1102101**	**1254882**	**1228549**	**949220**	**917879**	**574822**	**538352**
兰州市	**189406**	**172223**	**198298**	**184775**	**158299**	**154104**	**107479**	**104610**
城关区	64149	59442	63093	59607	54722	54613	37243	36751
七里河区	30060	27889	31606	30770	27022	26518	18471	18040
西固区	20145	18902	21016	19923	16755	16514	11740	11524
安宁区	15231	14179	14683	14380	12138	12616	8232	8567
红古区	7964	7119	8109	7371	5390	5539	3360	3618
永登县	13468	12766	17366	16302	12667	12297	9407	9173
皋兰县	6560	5297	7358	6048	4750	4430	3509	3281
榆中县	20203	18366	22429	20847	16521	15404	11050	9755
兰州新区	11626	8263	12638	9527	8334	6173	4467	3901
嘉峪关市	**15753**	**14716**	**15665**	**14680**	**11126**	**10969**	**6307**	**6393**
市辖区	15753	14716	15665	14680	11126	10969	6307	6393
金昌市	**25845**	**25089**	**28078**	**26894**	**19436**	**18518**	**9768**	**9860**
金川区	15090	14273	15628	14815	10758	9938	5097	5322
永昌县	10755	10816	12450	12079	8678	8580	4671	4538

单位：人

65–69岁		70–74岁		75–79岁		80–84岁		85岁及以上	
男	女	男	女	男	女	男	女	男	女
16865	18647	11088	10685	6964	6387	3713	3922	2081	2546
12664	13704	8502	8269	5851	5312	2779	2740	1523	1667
11486	10981	7352	6968	5805	5651	2512	2605	1301	1466
12590	12439	8443	8195	6164	6054	3789	4128	1964	2349
8735	8060	6351	6093	4764	4676	2414	2622	983	1163
4523	4079	3362	2998	2136	2033	1385	1538	718	773
7250	5827	6114	5298	4640	4502	2104	2098	817	918
1249	1030	812	641	621	519	363	409	194	227
907	741	651	511	478	385	236	210	131	129
82401	**77333**	**48253**	**49011**	**35332**	**37297**	**23247**	**25068**	**11629**	**13695**
15274	15603	8203	8454	5906	6467	3932	4508	2078	2548
7028	6693	3769	4193	2765	3192	2044	2281	1071	1214
5997	5392	3424	2983	2443	2180	1837	1647	912	947
7150	6905	4397	4531	3074	3190	1943	1991	1077	1160
7156	6780	4597	4821	3155	3322	1915	1945	802	831
7862	6976	4914	4868	3787	3899	2173	2510	1032	1304
4780	4599	2634	2782	2161	2255	1409	1615	853	956
5120	4595	3287	3235	2523	2615	1611	1626	858	1004
1764	1407	1215	1141	875	903	466	482	217	264
4438	4089	2873	2801	2029	2183	1284	1389	527	789
5650	5309	3000	3104	2430	2859	1736	1965	762	1012
10182	8985	5940	6098	4184	4232	2897	3109	1440	1666
82176	**73969**	**51313**	**45773**	**33136**	**31681**	**16617**	**17835**	**8744**	**11194**
25003	25528	15037	15042	9073	9480	4686	5473	2495	3332
8324	7551	4921	4398	3206	3146	1672	1796	792	941
5290	4578	3354	2799	2620	2390	1299	1242	672	749
1987	1589	1292	1196	959	825	528	510	298	296
8968	6971	6423	4929	4484	3861	2386	2310	974	1095
5212	4211	3399	2738	2004	1750	1214	1076	679	762
7028	6009	4388	3749	2965	2680	1272	1316	871	1059
1683	1496	1228	965	852	723	360	331	280	284
12819	11299	7668	7005	4754	4700	2094	2604	1089	1835
5862	4737	3603	2952	2219	2126	1106	1177	594	841
59354	**54613**	**38921**	**37075**	**26060**	**26947**	**11421**	**12754**	**5740**	**7624**
12987	12207	8427	8625	5785	6524	2777	3086	1533	1929
10441	10192	6068	6392	4035	4476	1900	2558	840	1436
7152	6739	4972	4646	3004	3107	1455	1468	703	953
5804	5578	3963	3651	2550	2607	816	894	435	517
10424	9491	7270	6784	4763	4698	1738	2105	926	1175
8419	7043	5397	4476	3830	3583	1835	1750	943	1188
4127	3363	2824	2501	2093	1952	900	893	360	426
594888	**594341**	**420476**	**443199**	**282403**	**309884**	**156335**	**182392**	**73313**	**90586**
95565	**97642**	**59800**	**64303**	**39981**	**51382**	**28788**	**35609**	**17471**	**19449**
31341	31276	17521	19155	11577	16395	9934	13489	7462	8362
15879	15502	9569	10018	6240	8695	5008	6536	3257	3503
9788	10228	6182	6967	4259	6543	3851	4793	2165	2209
7431	8014	4782	5096	3185	4233	2727	2895	1563	1503
3774	3969	2494	2644	1571	2002	926	1040	415	466
8824	9798	6068	6993	4040	4822	1905	2470	707	967
3497	3629	2610	2735	1813	1850	882	879	366	466
11529	11605	8302	8347	5798	5243	2856	2644	1231	1565
3502	3621	2272	2348	1498	1599	699	863	305	408
5984	**6811**	**4560**	**5260**	**3175**	**3420**	**1978**	**1964**	**914**	**869**
5984	6811	4560	5260	3175	3420	1978	1964	914	869
10959	**12003**	**7773**	**8720**	**4949**	**6338**	**3277**	**3363**	**1248**	**1304**
5643	6609	4201	4901	2681	3548	2084	1919	811	740
5316	5394	3572	3819	2268	2790	1193	1444	437	564

表2 续表 104

地区	0岁		1-4岁		5-9岁		10-14岁	
	男	女	男	女	男	女	男	女
白银市	**8161**	**7634**	**42111**	**38881**	**51411**	**46173**	**48761**	**42684**
白银区	1535	1482	8871	8276	9432	8108	8504	7514
平川区	1098	1014	5933	5399	7562	6733	6815	5983
靖远县	2218	1999	10738	9902	13592	12287	13628	11921
会宁县	2274	2192	11008	10311	13946	13179	13147	12133
景泰县	1036	947	5561	4993	6879	5866	6667	5133
天水市	**16364**	**15157**	**82428**	**77270**	**110690**	**103588**	**110253**	**104456**
秦州区	3077	2818	16686	15763	21253	20028	20981	20133
麦积区	2960	2698	14507	13663	18420	17168	17939	17002
清水县	1481	1348	7372	6862	10414	9733	10497	10038
秦安县	2124	1950	9700	9013	12324	11614	13475	12554
甘谷县	2807	2673	14332	13370	20296	18455	20699	19272
武山县	1992	1809	10212	9640	15083	13991	16254	15121
张家川回族自治县	1923	1861	9619	8959	12900	12599	10408	10336
武威市	**7300**	**6711**	**37185**	**33552**	**46339**	**40519**	**47440**	**39429**
凉州区	4698	4293	24130	21567	29913	25758	29931	24249
民勤县	645	615	3092	2842	2946	2545	3961	2860
古浪县	1242	1132	6315	5698	8864	8059	9191	8283
天祝藏族自治县	715	671	3648	3445	4616	4157	4357	4037
张掖市	**5336**	**4885**	**28349**	**25286**	**33456**	**26690**	**37227**	**28842**
甘州区	2544	2252	12935	11447	14524	11236	15410	11772
肃南裕固族自治县	107	123	549	506	646	627	664	560
民乐县	911	799	5305	4633	7067	5451	8878	6427
临泽县	497	434	2716	2510	3167	2702	3393	2967
高台县	606	601	2942	2728	3020	2686	3240	2811
山丹县	671	676	3902	3462	5032	3988	5642	4305
平凉市	**9686**	**9275**	**49994**	**46155**	**63835**	**58659**	**64889**	**59710**
崆峒区	2704	2648	13686	12666	16766	15510	16196	15087
泾川县	1180	1084	6150	5770	7873	7211	7468	6648
灵台县	744	690	4171	3620	5308	4792	5918	5060
崇信县	460	410	2356	2130	2943	2657	2792	2504
庄浪县	1854	1671	9470	8632	12481	11463	12731	11773
静宁县	1816	1824	9316	8739	11848	10748	12836	12077
华亭市	928	948	4845	4598	6616	6278	6948	6561
酒泉市	**4697**	**4497**	**23514**	**21723**	**25770**	**23904**	**28202**	**26150**
肃州区	2053	1975	10333	9367	10527	9717	11376	10619
金塔县	393	370	1994	1860	2311	2112	3267	2916
瓜州县	665	640	3278	3048	3977	3639	4028	3705
肃北蒙古族自治县	60	51	244	219	283	280	248	293
阿克塞哈萨克族自治县	48	63	316	281	323	329	350	283
玉门市	681	644	3349	3133	3849	3498	4163	3785
敦煌市	797	754	4000	3815	4500	4329	4770	4549
庆阳市	**12447**	**11151**	**63200**	**57052**	**89965**	**80551**	**85226**	**75091**
西峰区	2908	2638	15584	13842	21305	17818	18729	15724
庆城县	1453	1218	6762	5945	9550	8587	8477	7360
环县	1770	1614	8959	7889	11827	10575	11378	9720
华池县	804	675	3589	3278	4667	4221	4695	3981
合水县	842	763	4048	3746	5897	5443	5406	4781
正宁县	995	851	5145	4774	8040	7227	7531	6767
宁县	1816	1691	9458	8692	14073	13299	13671	12755
镇原县	1859	1701	9655	8886	14606	13381	15339	14003
定西市	**14274**	**12947**	**76960**	**71744**	**92106**	**85383**	**78957**	**72653**
安定区	2552	2293	13147	12254	13263	12317	10388	9542
通渭县	1774	1562	8872	7964	9318	8362	8174	7034
陇西县	2517	2286	13534	12654	17490	16073	14564	13191
渭源县	1449	1312	7565	7127	8908	8342	7650	7251
临洮县	2624	2420	14512	13587	17204	16148	14714	13702
漳县	1006	938	5965	5531	7662	6972	5842	5288
岷县	2352	2136	13365	12627	18261	17169	17625	16645

单位：人

15-19岁		20-24岁		25-29岁		30-34岁		35-39岁		40-44岁	
男	女	男	女	男	女	男	女	男	女	男	女
36699	**30692**	**30454**	**26823**	**49038**	**47443**	**58262**	**58101**	**48166**	**46863**	**44026**	**41873**
8155	6639	6974	5790	12053	10893	15755	15177	12220	11679	11450	10990
4752	4112	3639	3191	6329	6094	8230	8396	7559	7636	7321	6582
9083	7409	8344	7080	12409	11785	13511	12946	12313	11470	10711	9399
10247	9177	7813	7734	11612	12283	13276	14182	9443	9804	9136	9525
4462	3355	3684	3028	6635	6388	7490	7400	6631	6274	5408	5377
91599	**87383**	**77126**	**77395**	**97722**	**102307**	**103344**	**109132**	**89308**	**93317**	**84686**	**82851**
19178	19183	19304	21237	23041	23260	26226	26834	21560	22496	21177	20088
16467	14035	14227	12760	19636	19194	21780	22256	18118	18057	17572	16095
7041	6970	5851	5993	7185	7996	7755	8124	6198	6395	6402	6145
12925	12335	11197	10541	13830	13371	12591	12468	11175	10921	10856	10494
16910	15576	11954	11517	16352	18248	16500	18836	15344	17145	13160	14377
11701	11544	8400	8335	10653	12083	11003	12763	10812	11955	9639	9871
7377	7740	6193	7012	7025	8155	7489	7851	6101	6348	5880	5781
42418	**33600**	**31309**	**29028**	**42722**	**42670**	**50031**	**52066**	**42347**	**42627**	**39740**	**38369**
25910	20616	19229	18478	26922	27312	32618	34212	27146	27550	24041	22767
5378	3361	3688	2596	4242	3668	4137	3946	3588	3633	5161	5142
7698	6759	5649	5464	6778	7167	7539	8091	6634	6806	5994	6101
3432	2864	2743	2490	4780	4523	5737	5817	4979	4638	4544	4359
28090	**24115**	**25681**	**25178**	**28985**	**29566**	**42425**	**46599**	**35310**	**36315**	**33145**	**34500**
12772	11813	14618	15622	15062	15305	21275	22709	16948	17300	15891	16227
549	458	575	494	833	772	1307	1196	1047	884	1201	1023
5937	4620	3196	2808	3772	3809	6060	7204	5668	6100	5473	5924
2363	2058	2005	1809	2459	2643	3999	4317	3391	3441	3197	3456
2312	2028	2188	1942	2973	3153	4568	5027	3811	3840	3620	4040
4157	3138	3099	2503	3886	3884	5216	6146	4445	4750	3763	3830
52778	**50724**	**37813**	**39276**	**54325**	**57043**	**63529**	**68432**	**49199**	**52486**	**48736**	**52047**
14883	15761	13052	15043	16994	17489	19960	20590	15193	15809	14656	14823
6092	5439	4342	4517	5694	6150	6525	7061	4391	4871	4294	5193
4016	3387	2650	2335	4040	4329	4155	4890	3684	4188	3892	4269
1885	1750	1700	1545	3237	3049	3587	3209	2585	2208	2133	1998
10186	9580	6968	6885	8697	9662	10408	12465	8008	9372	8646	10144
11307	10580	5970	5852	9681	10271	11151	12392	8789	9727	9328	9974
4409	4227	3131	3099	5982	6093	7743	7825	6549	6311	5787	5646
27657	**25994**	**26229**	**22415**	**36010**	**31816**	**46702**	**42506**	**34341**	**33036**	**35168**	**33625**
12760	12840	11516	10965	15305	14723	20179	19760	14481	14960	14695	14627
3329	2743	3301	1891	3757	2488	4843	3480	3662	3208	4392	3961
3258	2937	2991	2684	4794	4182	5874	5208	4166	3758	3994	3940
238	158	451	249	827	498	971	598	804	435	861	474
178	157	302	237	479	363	650	510	556	451	544	429
3400	3052	3583	2796	5062	4116	6046	5144	4374	3811	4597	3972
4494	4107	4085	3593	5786	5446	8139	7806	6298	6413	6085	6222
57225	**50688**	**43456**	**41764**	**67926**	**68135**	**93806**	**93238**	**70375**	**64396**	**58369**	**56779**
15895	15241	13315	15157	18389	19861	28225	28936	20116	18809	15316	14748
4899	4195	4436	3946	8166	7808	12061	10783	8695	6893	7074	5920
7965	6897	6336	5637	11156	10523	14026	12757	11377	8741	8855	8414
2727	2414	2222	1959	3985	3987	6011	5261	4696	3798	3543	3361
2869	2351	2143	1944	4125	4095	5919	5896	4012	3575	3779	3279
3555	2803	3105	2347	4939	4683	6260	6513	4821	5020	4290	4450
8762	7665	5880	5134	8781	8312	10040	10751	8110	8338	7199	7361
10553	9122	6019	5640	8385	8866	11264	12341	8548	9222	8313	9246
60886	**58929**	**53648**	**54241**	**84076**	**85558**	**92994**	**94048**	**71703**	**69202**	**73065**	**69312**
8425	9531	7934	10026	14692	14693	17110	16852	11700	11400	12239	11310
8637	7679	9844	8980	12251	11264	11215	10309	8415	7493	8708	7921
9799	8844	7891	7565	12985	14056	14585	16300	11396	11876	12071	11779
6506	6468	5726	5581	8560	8415	9448	9352	7245	7003	8100	7903
10527	9720	8113	8119	15638	15967	19239	19526	15342	14830	14289	14020
4482	4337	3977	3994	5965	6329	6705	6908	4765	4418	4094	3766
12510	12350	10163	9976	13985	14834	14692	14801	12840	12182	13564	12613

表2 续表 105

地区	45-49岁		50-54岁		55-59岁		60-64岁	
	男	女	男	女	男	女	男	女
白银市	**71370**	**71489**	**81257**	**78803**	**60832**	**56359**	**39083**	**37564**
白银区	17237	16857	17883	16844	13011	12040	8123	8257
平川区	10372	10107	10476	9901	7161	6564	4476	4552
靖远县	18248	17727	19208	18552	13644	12895	9625	9688
会宁县	16339	17169	22474	22375	18764	17094	11150	9555
景泰县	9174	9629	11216	11131	8252	7766	5709	5512
天水市	**130846**	**130619**	**142393**	**142790**	**107798**	**106538**	**63154**	**59234**
秦州区	30186	28510	31233	30081	23279	22501	14053	13230
麦积区	26078	24422	27313	26203	20817	20370	13507	12553
清水县	10423	10312	10980	11042	9605	8985	5474	5082
秦安县	18644	19657	22667	23254	16538	16796	9676	8763
甘谷县	21152	22316	22719	23486	16581	17518	9482	9496
武山县	15240	16190	17101	17448	13080	12373	6884	6065
张家川回族自治县	9123	9212	10380	11276	7898	7995	4078	4045
武威市	**70821**	**74010**	**83149**	**87007**	**64464**	**67021**	**38398**	**35821**
凉州区	41016	42570	47392	49746	37508	40636	21759	21443
民勤县	11037	11663	12917	14142	9650	9410	4984	4442
古浪县	10713	11888	13536	14254	10513	10606	7458	6410
天祝藏族自治县	8055	7889	9304	8865	6793	6369	4197	3526
张掖市	**54643**	**57101**	**68100**	**69057**	**49945**	**49340**	**28217**	**25926**
甘州区	25245	25886	29634	29984	21622	21975	11888	11160
肃南裕固族自治县	1735	1379	1925	1723	1338	1195	670	583
民乐县	8242	9382	11708	11516	8861	8462	5533	4476
临泽县	6345	6754	7522	7892	5638	5355	3110	2770
高台县	6167	6680	8407	8790	6207	5972	3295	3057
山丹县	6909	7020	8904	9152	6279	6381	3721	3880
平凉市	**82769**	**85847**	**96672**	**95660**	**75323**	**72708**	**45191**	**40098**
崆峒区	22934	22524	23907	23104	18450	18397	10897	10277
泾川县	8709	9547	11753	12704	10347	10594	6699	5758
灵台县	7219	7561	8871	8357	7458	7291	4760	4242
崇信县	3799	3527	4722	4396	3597	3325	1810	1729
庄浪县	14460	16327	17539	17787	12637	11996	7627	6837
静宁县	16647	18166	20590	20481	15717	14519	8901	7198
华亭市	9001	8195	9290	8831	7117	6586	4497	4057
酒泉市	**56733**	**52048**	**63891**	**59342**	**46776**	**45131**	**25957**	**24579**
肃州区	22627	21805	25629	24991	19031	19976	10777	10594
金塔县	7858	6247	8854	7288	6022	5519	3175	3012
瓜州县	6620	6298	7647	7294	5992	5363	3211	2771
肃北蒙古族自治县	1339	679	1221	671	732	478	305	272
阿克塞哈萨克族自治县	673	489	600	440	361	302	219	229
玉门市	7872	6844	9363	8046	6571	5389	3323	2704
敦煌市	9744	9686	10577	10612	8067	8104	4947	4997
庆阳市	**83555**	**83226**	**105045**	**106589**	**83475**	**84021**	**56302**	**52763**
西峰区	19195	18660	21334	21642	15499	16607	9355	9770
庆城县	9936	9494	12371	11901	9604	9282	5875	5316
环县	12464	11531	15119	14445	11749	10678	8333	7463
华池县	4183	3845	5760	5795	5103	4798	3677	3106
合水县	5546	5374	7171	7229	5642	5390	3574	3334
正宁县	6623	7123	8149	8560	6800	7175	5048	4839
宁县	11731	12904	16086	17436	13931	14909	10671	10401
镇原县	13877	14295	19055	19581	15147	15182	9769	8534
定西市	**119919**	**116340**	**135057**	**132621**	**101858**	**94968**	**59036**	**52418**
安定区	20097	19205	22712	22163	18366	16453	10865	9400
通渭县	15672	15867	17970	17566	13288	12309	6691	5793
陇西县	20971	20714	23018	22733	16526	16156	9221	8333
渭源县	14450	13614	17115	16234	13010	11192	7252	5828
临洮县	21298	20298	24312	24602	19836	19077	13346	12128
漳县	6995	7096	8601	8630	5781	5588	3005	2872
岷县	20436	19546	21329	20693	15051	14193	8656	8064

单位：人

65-69岁		70-74岁		75-79岁		80-84岁		85岁及以上	
男	女	男	女	男	女	男	女	男	女
37989	**39189**	**27403**	**29262**	**19411**	**22667**	**11324**	**12765**	**5086**	**6001**
7462	8191	5534	5915	3887	5424	3168	3364	1444	1507
4466	4641	2975	2980	1915	2294	1150	1295	588	578
8969	9870	6647	7510	4681	5179	2510	2893	1129	1330
12076	11287	8648	9038	6317	6849	3155	3735	1304	1830
5016	5200	3599	3819	2611	2921	1341	1478	621	756
73873	**73005**	**53854**	**53932**	**35381**	**34150**	**18947**	**20156**	**9678**	**11935**
14690	15160	10871	10959	6987	7350	4011	4415	2320	2530
13984	13538	9318	9381	5950	6358	3643	3796	2032	2285
6096	6171	4290	4294	2411	2393	1050	1236	409	544
12478	12005	9046	8783	6268	5720	3272	3413	1635	2264
12196	12313	9187	9496	6501	5686	3402	3507	1690	2250
8965	8206	6946	6846	4410	4009	2293	2449	997	1364
5464	5612	4196	4173	2854	2634	1276	1340	595	698
40668	**40442**	**26799**	**28670**	**17158**	**18659**	**8388**	**9958**	**3630**	**4490**
23508	24016	14644	15603	9380	10102	4687	5423	2086	2418
6195	5825	4634	4745	2894	3042	1485	1767	675	917
6791	6769	4859	5280	3277	3565	1521	1831	615	827
4174	3832	2662	3042	1607	1950	695	937	254	328
31126	**33007**	**21180**	**22928**	**12583**	**13184**	**4824**	**5888**	**1829**	**2158**
13193	14285	9057	9935	5457	5394	2255	2588	940	936
598	606	368	514	263	337	104	170	44	89
5307	5262	3486	3805	1931	2304	679	985	193	302
3854	3818	2519	2401	1505	1385	531	630	184	209
3969	4195	2846	2880	1737	1647	609	628	215	268
4205	4841	2904	3393	1690	2117	646	887	253	354
50093	**49439**	**35973**	**38333**	**25603**	**26553**	**12936**	**14645**	**5422**	**6751**
11476	12329	8278	9222	6027	6660	3224	3756	1519	1768
7105	6832	5037	5674	3924	4073	1882	2161	710	748
4708	4615	3441	3717	2349	2462	1136	1160	338	401
1933	2026	1395	1480	981	994	435	484	175	192
9423	9277	7083	7355	4607	4518	2223	2614	941	1337
11152	10241	8107	8147	5874	5840	3072	3451	1395	1913
4296	4119	2632	2738	1841	2006	964	1019	344	392
27408	**26172**	**17291**	**18138**	**9892**	**11826**	**5665**	**6135**	**2361**	**2405**
11803	11920	7495	8119	4288	5468	2831	3041	1249	1189
3814	3352	2720	2579	1587	1548	689	721	229	274
3061	2698	1909	1816	1080	1215	519	583	202	254
246	253	153	180	86	72	39	65	20	40
204	185	107	104	60	50	28	45	15	10
3051	2889	2013	2212	1266	1437	628	619	226	228
5229	4875	2894	3128	1525	2036	931	1061	420	410
53495	**52586**	**37985**	**39379**	**27438**	**28467**	**15032**	**16292**	**6118**	**7108**
9576	9772	6422	6519	4371	4789	2517	2830	1081	1361
5156	5240	3603	3899	2591	2684	1296	1535	521	622
7244	7080	4916	5012	3526	3550	1812	1877	734	738
2527	2516	1759	1685	1272	1312	764	731	326	313
3422	3279	2280	2495	1803	1802	959	939	359	397
4517	4344	3324	3519	2489	2465	1506	1469	579	598
10102	9849	7625	8150	5459	5925	3067	3495	1277	1510
10951	10506	8056	8100	5927	5940	3111	3416	1241	1569
64024	**63482**	**47116**	**50447**	**30388**	**32571**	**15369**	**19733**	**6214**	**9850**
11510	11098	8336	8515	5717	5990	3255	3734	1399	1900
9278	9341	7362	7327	5379	4935	2720	3326	1129	1919
10519	10841	8044	8783	5388	5263	2848	3411	1276	1872
7772	7183	5652	5864	3360	3708	1533	2314	621	995
12745	12560	9046	9861	5659	6485	2727	3364	965	1599
3706	3711	2840	2933	1768	1919	861	1140	345	574
8494	8748	5836	7164	3117	4271	1425	2444	479	991

表2 续表 106

地区	0岁		1-4岁		5-9岁		10-14岁	
	男	女	男	女	男	女	男	女
陇南市	**13226**	**12344**	**69350**	**64884**	**94442**	**89939**	**89129**	**84912**
武都区	3156	2975	16608	15568	22405	21517	19363	18748
成县	1367	1280	7328	6614	9812	9158	9096	8471
文县	1097	1008	5224	5122	6470	6335	5846	5557
宕昌县	1161	1216	6891	6374	9418	9090	9276	8991
康县	879	783	4511	4287	6058	5754	5470	5056
西和县	2049	1908	10497	9868	15092	14506	15523	14864
礼县	2229	2004	11876	11046	17226	15979	17210	16264
徽县	1074	1011	5374	4979	6857	6520	6322	6004
两当县	214	159	1041	1026	1104	1080	1023	957
临夏回族自治州	**17857**	**16667**	**89268**	**84490**	**112835**	**107375**	**86410**	**80419**
临夏市	2375	2236	12209	11323	14486	13409	11672	10641
临夏县	2523	2385	12591	11839	16410	15584	12586	11416
康乐县	2050	1963	10599	9727	14667	14074	11859	11285
永靖县	1115	975	5790	5526	6044	5472	5182	4815
广河县	2806	2558	13467	13003	16974	16178	12230	11461
和政县	1787	1750	8856	8362	11708	11017	8407	7959
东乡族自治县	3273	2981	16393	15582	19135	18802	13774	12926
积石山保安族东乡族撒拉族自治县	1928	1819	9363	9128	13411	12839	10700	9916
甘南藏族自治州	**4476**	**4198**	**20177**	**19617**	**28386**	**26716**	**26035**	**25076**
合作市	647	582	2984	2846	3901	3674	3428	3316
临潭县	817	771	3833	3694	5443	5134	4971	4761
卓尼县	617	536	2536	2423	3998	3798	3949	3757
舟曲县	829	812	3680	3570	4876	4493	4581	4397
迭部县	274	285	1319	1326	1981	1916	1881	1795
玛曲县	456	439	2109	2057	3033	2792	2586	2557
碌曲县	257	211	1044	1043	1536	1522	1452	1418
夏河县	579	562	2672	2658	3618	3387	3187	3075
青海省	**34706**	**32548**	**167337**	**157100**	**223488**	**210951**	**209675**	**197151**
西宁市	**11847**	**10891**	**57364**	**53638**	**72004**	**67045**	**68319**	**62592**
城东区	2412	2228	11916	10948	13365	12341	12197	11167
城中区	1242	1129	6519	6200	7838	7233	7433	6920
城西区	1521	1440	7704	7214	8583	8108	8030	7233
城北区	1919	1749	9039	8424	9817	8787	8561	7535
湟中区	2041	1838	9517	8841	14348	13335	14739	13549
大通回族土族自治县	2255	2054	10412	9945	15119	14228	14465	13460
湟源县	457	453	2257	2066	2934	3013	2894	2728
海东市	**8270**	**7703**	**40020**	**37205**	**56158**	**53000**	**55377**	**51674**
乐都区	1043	966	5230	4793	6948	6561	7113	6837
平安区	568	607	3096	2802	4162	4014	3721	3583
民和回族土族自治县	2013	1841	9956	9236	14050	13454	13928	12932
互助土族自治县	1727	1618	8470	7917	12463	11166	12456	10631
化隆回族自治县	1714	1536	7626	7032	10819	10551	10873	10548
循化撒拉族自治县	1205	1135	5642	5425	7716	7254	7286	7143
海北藏族自治州	**1487**	**1350**	**6833**	**6352**	**9954**	**9571**	**9234**	**8764**
门源回族自治县	737	686	3713	3512	5580	5273	4877	4563
祁连县	323	285	1215	1120	1749	1712	1602	1573
海晏县	175	164	765	671	1041	988	1064	1003
刚察县	252	215	1140	1049	1584	1598	1691	1625
黄南藏族自治州	**2365**	**2387**	**10455**	**10098**	**13524**	**12523**	**11088**	**10876**
同仁县	797	808	3478	3368	4460	4112	3978	3791
尖扎县	499	480	2151	2043	2870	2624	2151	2177
泽库县	708	773	3225	3124	4154	3853	3562	3449
河南蒙古族自治县	361	326	1601	1563	2040	1934	1397	1459
海南藏族自治州	**3208**	**2975**	**14478**	**13550**	**19651**	**19019**	**18080**	**17415**
共和县	861	867	3803	3528	5300	5090	4957	4581
同德县	556	468	2235	2162	2915	2751	2520	2457
贵德县	628	577	2994	2783	4029	3792	3917	3779
兴海县	613	528	2830	2656	3961	3977	3502	3489
贵南县	550	535	2616	2421	3446	3409	3184	3109

单位：人

15–19岁		20–24岁		25–29岁		30–34岁		35–39岁		40–44岁	
男	女	男	女	男	女	男	女	男	女	男	女
61424	**59402**	**52999**	**53904**	**79655**	**83876**	**91941**	**92763**	**73265**	**68049**	**75370**	**66991**
14494	13985	11748	11910	20133	21458	22631	23155	16427	14803	16780	15253
6059	7087	4909	6644	7779	8440	9046	9751	7952	7861	7531	6752
4450	4037	3697	3683	6046	6268	7650	7532	5915	5503	6907	6293
7050	6627	6688	6145	9105	8825	9577	9027	7039	6155	7775	6735
3305	3212	2294	2528	4469	5064	5300	5970	4952	5050	6418	5679
10109	9375	9445	9169	11557	12403	13226	13038	10554	9959	9655	8444
11205	10549	10198	9704	13466	14110	16303	15516	13372	11411	13027	10818
4070	3870	3390	3466	5894	6117	6701	7282	5810	6189	5777	5628
682	660	630	655	1206	1191	1507	1492	1244	1118	1500	1389
57757	**56953**	**55318**	**58280**	**73724**	**76977**	**78792**	**80423**	**62351**	**61494**	**59099**	**59497**
11218	10983	9065	9795	13565	14581	15910	16204	12867	12540	11407	11312
7828	7329	7675	7750	11417	11361	10536	10505	7939	7682	8263	8243
6858	6285	6248	6558	8392	9010	9071	9716	7709	7630	6740	6857
3867	3601	3144	2814	6396	6349	7339	7603	5441	5387	5843	5771
7513	7847	8568	9404	9476	9972	9708	9635	7293	7759	7155	7367
5046	5008	4308	4510	7576	7893	7497	8146	5172	5346	5352	5260
8568	9093	9459	10164	9234	9885	9511	9561	8990	8570	8124	8528
6859	6807	6851	7285	7668	7926	9220	9053	6940	6580	6215	6159
20950	**20322**	**21947**	**21443**	**27419**	**27229**	**29215**	**27682**	**25356**	**22690**	**24997**	**22880**
5088	5553	5903	6944	4634	4600	5292	4775	4243	3799	4197	3815
2800	2676	2930	2988	4369	4750	4616	4636	3572	3223	3854	3746
2459	2300	2313	2007	3552	3465	4068	3939	3384	2806	3538	3238
3304	3215	3253	3221	4719	5059	4860	4815	4425	3897	3740	3365
1360	1276	1540	1393	2129	1953	2204	1970	2110	1934	2298	2054
2171	1842	2108	1760	2824	2617	2732	2456	2523	2397	2222	1950
1166	1138	1160	950	1600	1578	1835	1687	1542	1465	1423	1332
2602	2322	2740	2180	3592	3207	3608	3404	3557	3169	3725	3380
183962	**172720**	**188187**	**176862**	**234383**	**219731**	**256276**	**238742**	**212330**	**197584**	**237257**	**220841**
70635	**64502**	**78681**	**75574**	**96143**	**91885**	**109365**	**103249**	**84119**	**78825**	**96549**	**91711**
11709	10892	16899	15775	22494	20956	24760	22434	16982	15365	17920	16816
9266	7511	9627	9002	13408	12481	14873	14021	11404	11039	12851	12432
5915	4901	8608	9237	12787	13273	15391	15847	11927	12609	12518	13127
12616	11904	19604	19788	17796	17397	21246	19899	14838	13329	15203	14133
14545	13894	10374	8924	12937	11528	14382	12843	12460	10842	16756	14576
13402	12310	10510	10080	13297	12945	14784	14571	13088	12556	16957	16397
3182	3090	3059	2768	3424	3305	3929	3634	3420	3085	4344	4230
41973	**40200**	**32909**	**32711**	**43254**	**42312**	**47940**	**47095**	**45237**	**42962**	**54465**	**50241**
6878	6739	5485	5451	7300	6912	7907	7695	7702	7299	10031	8883
3423	3210	2492	2598	3909	3852	4236	4368	3717	3735	5088	4839
9964	9524	8790	8650	11398	11088	11404	11497	10095	9446	12388	11380
9782	8715	7013	6445	10500	9880	13556	12414	12735	11391	14950	13570
7328	7454	5422	5667	5785	5985	6250	6524	6525	6582	7173	6893
4598	4558	3707	3900	4362	4595	4587	4597	4463	4509	4835	4676
8457	**8621**	**7802**	**7787**	**10769**	**10376**	**11384**	**10762**	**9840**	**9395**	**11540**	**11390**
4493	4485	3855	3986	4985	4878	5414	5362	4403	4389	5386	5619
1371	1249	1525	1414	2127	2021	2240	2007	2083	1919	2432	2304
1480	1881	1073	1094	1699	1564	1645	1518	1513	1311	1815	1815
1113	1006	1349	1293	1958	1913	2085	1875	1841	1776	1907	1652
9242	**8876**	**10065**	**9362**	**12347**	**11685**	**11985**	**11698**	**11182**	**11085**	**10881**	**10427**
4007	3825	3501	3194	4259	3928	4504	4214	4070	3944	4174	3964
1745	1845	1841	1767	2278	2165	2086	2048	2093	2111	2362	2339
2565	2476	3187	3039	3592	3516	3388	3447	3158	3249	2670	2564
925	730	1536	1362	2218	2076	2007	1989	1861	1781	1675	1560
14923	**14532**	**15042**	**14208**	**18122**	**17682**	**19266**	**18862**	**17535**	**16922**	**18060**	**17358**
4993	5014	4467	4061	5833	5397	6218	5939	5403	5170	5636	5340
1737	1518	2400	2339	2574	2649	2778	2718	2730	2497	2577	2437
3365	3486	2803	2830	3340	3294	3679	3631	3608	3468	3944	3887
2479	2327	2931	2754	3338	3320	3483	3487	3008	2954	2909	2819
2349	2187	2441	2224	3037	3022	3108	3087	2786	2833	2994	2875

表2 续表 107

地　区	45-49岁		50-54岁		55-59岁		60-64岁	
	男	女	男	女	男	女	男	女
陇南市	**115380**	**110155**	**124905**	**119076**	**86764**	**78048**	**48686**	**43435**
武都区	25083	25089	26141	26377	18037	16775	10042	8945
成县	11843	11045	11638	11161	8515	7764	5157	4595
文县	10149	9854	11045	10308	7617	6583	4508	4136
宕昌县	12669	11983	14932	13661	9305	7973	5002	4486
康县	8938	8240	9153	8346	6325	5177	4153	3434
西和县	15205	15171	16555	16698	11702	11047	6395	5569
礼县	19770	17836	22849	20984	15545	14145	7584	7024
徽县	9566	9094	10303	9526	7845	6996	4645	4218
两当县	2157	1843	2289	2015	1873	1588	1200	1028
临夏回族自治州	**77897**	**79883**	**82715**	**84032**	**61962**	**60856**	**36950**	**35831**
临夏市	14406	14271	14603	14718	10423	11018	6666	6769
临夏县	13449	13853	14784	14669	10461	10370	6516	6407
康乐县	9036	9578	9950	10115	7973	7958	4893	4368
永靖县	8956	8856	9331	9258	6836	6575	4458	4210
广河县	7353	7990	7417	8085	5874	5926	3088	3147
和政县	7508	8059	8715	9020	7027	6228	3390	3110
东乡族自治县	8411	8635	8221	8555	6246	6230	3568	3805
积石山保安族东乡族撒拉族自治县	8778	8641	9694	9612	7122	6551	4371	4015
甘南藏族自治州	**31538**	**29355**	**29657**	**27223**	**21162**	**19298**	**10294**	**9820**
合作市	4438	3841	4055	3660	3096	2793	1364	1278
临潭县	6203	6143	6618	6161	4705	4241	2841	2605
卓尼县	4716	4216	4518	4034	3067	2968	1579	1472
舟曲县	6217	6134	5793	5452	4261	3743	1947	1872
迭部县	2547	2396	2303	2113	1559	1333	717	716
玛曲县	2266	1855	1790	1500	1121	960	448	375
碌曲县	1477	1423	1268	1123	869	841	307	379
夏河县	3674	3347	3312	3180	2484	2419	1091	1123
青海省	**278338**	**255332**	**269394**	**250501**	**195057**	**184102**	**104827**	**100482**
西宁市	**121407**	**113589**	**124817**	**120073**	**96003**	**92887**	**53229**	**51353**
城东区	22686	21543	24186	24004	19358	18633	10592	10116
城中区	15730	15061	16991	16249	13816	13394	7948	7760
城西区	15827	15488	16136	16238	13860	13743	7785	7735
城北区	19377	17832	20515	19983	15348	14827	8732	8724
湟中区	21952	18661	20898	18814	14394	13460	7069	6805
大通回族土族自治县	19904	19392	19761	18953	14594	14320	8094	7513
湟源县	5931	5612	6330	5832	4633	4510	3009	2700
海东市	**62844**	**58462**	**62365**	**59109**	**47046**	**45266**	**27980**	**26863**
乐都区	13463	11882	13283	12257	9572	9281	6381	6043
平安区	6095	5701	5926	5649	4415	4260	2417	2372
民和回族土族自治县	14411	13614	14542	14130	10981	10621	6332	6205
互助土族自治县	17103	15702	17212	15860	13450	12794	7996	7252
化隆回族自治县	7258	7048	7264	7065	5672	5321	3008	3015
循化撒拉族自治县	4514	4515	4138	4148	2956	2989	1846	1976
海北藏族自治州	**13293**	**12500**	**12194**	**10942**	**8912**	**8007**	**4398**	**4194**
门源回族自治县	6699	6325	6504	6165	5253	4726	2729	2542
祁连县	2528	2387	2154	1805	1375	1271	690	704
海晏县	2113	2048	1866	1582	1244	1040	584	541
刚察县	1953	1740	1670	1390	1040	970	395	407
黄南藏族自治州	**10825**	**10230**	**9334**	**8952**	**5960**	**5744**	**2526**	**2422**
同仁县	4249	4024	3638	3411	2193	2083	994	930
尖扎县	2436	2368	2408	2318	1572	1479	759	744
泽库县	2471	2359	1956	1885	1362	1363	457	419
河南蒙古族自治县	1669	1479	1332	1338	833	819	316	329
海南藏族自治州	**19389**	**18424**	**16994**	**16140**	**11394**	**11073**	**5906**	**5936**
共和县	5944	5712	5297	5123	3638	3372	1817	1814
同德县	2445	2280	1911	1740	1131	1094	530	577
贵德县	5101	4914	5004	4734	3580	3621	2212	2108
兴海县	2824	2683	2344	2241	1473	1412	658	703
贵南县	3075	2835	2438	2302	1572	1574	689	734

单位：人

65-69岁		70-74岁		75-79岁		80-84岁		85岁及以上	
男	女	男	女	男	女	男	女	男	女
56355	**52141**	**43735**	**43525**	**29678**	**30462**	**14974**	**17380**	**6364**	**8344**
11877	10324	9673	9569	7163	7138	3605	3991	1607	2063
5325	4919	3902	3790	2484	2568	1264	1428	565	687
4947	4596	3830	3688	2809	2851	1770	1938	748	889
5839	5762	4504	5251	2593	3394	1210	1929	450	836
4116	3640	3137	2965	2067	2260	1148	1348	413	519
7887	7377	6063	5920	4147	3940	1981	2185	865	1121
10016	9730	8202	8244	5349	5434	2470	2940	1038	1462
5133	4769	3591	3337	2533	2348	1212	1324	525	588
1215	1024	833	761	533	529	314	297	153	179
35903	**36434**	**28467**	**30271**	**21190**	**22663**	**12019**	**13826**	**5593**	**7272**
6616	6534	4511	4796	3117	3597	1879	2169	898	1179
7024	6920	5469	5803	4103	4221	2101	2523	869	1224
4100	4163	3297	3459	2444	2736	1355	1787	624	821
4171	4538	2993	3400	2337	2401	1237	1422	503	694
2893	3062	2789	3037	2122	2310	1563	1614	913	1039
3475	3413	2781	2859	2126	2283	1166	1297	438	674
3420	3729	3317	3569	2546	2551	1462	1541	776	899
4204	4075	3310	3348	2395	2564	1256	1473	572	742
11446	**11988**	**8540**	**10031**	**5576**	**7542**	**2814**	**4678**	**1385**	**2650**
1216	1275	885	1012	578	833	363	606	267	392
2865	2804	1964	2183	1116	1495	503	804	192	360
1785	1913	1270	1628	852	1159	354	640	163	370
2622	2713	1989	2160	1335	1625	700	972	263	458
844	904	682	852	497	701	234	440	119	237
440	516	380	484	253	385	122	279	75	196
383	475	348	459	233	353	131	224	55	164
1291	1388	1022	1253	712	991	407	713	251	473
95089	**100091**	**62885**	**72817**	**42377**	**54237**	**25414**	**31800**	**12864**	**16519**
45868	**48261**	**28724**	**33740**	**19921**	**27497**	**14276**	**16444**	**7249**	**7689**
8337	8330	5107	6208	4028	5796	3468	3827	1789	1788
6161	6439	3675	4549	2765	4379	2449	3057	1450	1511
5494	6015	3345	4282	2526	4202	2519	2971	1347	1380
6698	7224	3791	5040	2913	4787	2676	2936	1321	1393
8356	9018	5616	6155	3546	3612	1449	1603	620	746
8052	8431	5394	5681	3074	3469	1274	1466	536	625
2770	2804	1796	1825	1069	1252	441	584	186	246
27119	**28323**	**18457**	**20008**	**12186**	**13094**	**5659**	**6814**	**2731**	**3439**
6111	6481	4077	4429	2754	2927	1277	1621	580	757
2377	2628	1657	1847	1254	1337	584	687	302	355
6372	6619	4435	4842	2997	3033	1495	1715	733	853
7235	7345	4556	4853	2673	3048	1071	1303	490	599
3114	3300	2282	2386	1553	1629	722	792	332	426
1910	1950	1450	1651	955	1120	510	696	294	449
3992	**4055**	**2454**	**2739**	**1565**	**1801**	**789**	**964**	**366**	**489**
2463	2438	1530	1619	941	982	441	407	191	184
672	651	400	462	261	334	167	211	78	117
481	554	286	339	198	231	78	151	51	63
376	412	238	319	165	254	103	195	46	125
2579	**2962**	**2234**	**2787**	**1595**	**1992**	**843**	**1524**	**498**	**1057**
993	1251	967	1114	683	826	388	690	223	486
710	715	518	676	433	496	200	310	133	223
497	588	449	609	321	404	172	322	102	224
379	408	300	388	158	266	83	202	40	124
5717	**6123**	**3774**	**4562**	**2333**	**3174**	**1289**	**2014**	**647**	**1219**
1577	1722	896	1179	576	889	363	540	185	307
613	635	430	547	241	383	145	280	83	185
2125	2162	1405	1569	814	962	424	571	197	308
663	762	512	606	363	432	171	293	98	230
739	842	531	661	339	508	186	330	84	189

表2 续表 108

地 区	0岁		1-4岁		5-9岁		10-14岁	
	男	女	男	女	男	女	男	女
果洛藏族自治州	**1822**	**1749**	**8895**	**8375**	**12088**	**11509**	**9941**	**9614**
玛沁县	332	304	1791	1641	2550	2374	2313	2162
班玛县	276	268	1471	1373	1893	1799	1445	1362
甘德县	343	326	1700	1639	2517	2397	2116	2035
达日县	452	449	2015	1867	2739	2665	2105	2050
久治县	266	255	1263	1223	1562	1447	1394	1418
玛多县	153	147	655	632	827	827	568	587
玉树藏族自治州	**3330**	**3228**	**16841**	**16280**	**24539**	**23632**	**22956**	**22498**
玉树市	886	837	4694	4519	7354	7060	6994	6833
杂多县	815	763	3569	3450	4737	4573	4436	4382
称多县	378	383	2067	1917	3066	3007	2897	2745
治多县	228	238	1135	1209	1910	1854	1646	1698
囊谦县	773	723	4071	3855	5637	5294	5362	5204
曲麻莱县	250	284	1305	1330	1835	1844	1621	1636
海西蒙古族藏族自治州	**2377**	**2265**	**12451**	**11602**	**15570**	**14652**	**14680**	**13718**
格尔木市	1242	1160	6491	6094	7978	7388	7468	6787
德令哈市	394	411	2203	2033	2707	2656	2545	2483
茫崖市	39	44	213	229	253	233	310	261
乌兰县	172	139	806	760	1002	898	898	878
都兰县	311	325	1898	1679	2598	2516	2468	2365
天峻县	197	156	682	674	818	762	779	737
大柴旦行政委员会	22	30	158	133	214	199	212	207
宁夏回族自治区	**42661**	**40366**	**210223**	**196133**	**258040**	**237860**	**251659**	**231062**
银川市	**16356**	**15598**	**81950**	**76066**	**92014**	**84006**	**79258**	**71483**
兴庆区	3899	3737	20612	18814	26574	23631	23216	20635
西夏区	2280	2232	11181	10228	11913	11074	10328	9604
金凤区	4544	4349	22203	20786	21053	19552	15636	14461
永宁县	1917	1877	9900	9332	10959	10197	10320	9226
贺兰县	2283	2037	10336	9792	11531	10461	9891	9001
灵武市	1433	1366	7718	7114	9984	9091	9867	8556
石嘴山市	**3086**	**2812**	**15652**	**14804**	**19547**	**18184**	**21556**	**20202**
大武口区	1144	1036	6258	6022	7628	7155	7994	7520
惠农区	649	578	3151	2909	4121	3710	4604	4198
平罗县	1293	1198	6243	5873	7798	7319	8958	8484
吴忠市	**8712**	**8109**	**42757**	**39560**	**55595**	**51459**	**58333**	**52881**
利通区	2513	2342	12575	11497	16644	14599	18741	16294
红寺堡区	1566	1520	7669	7117	9787	9631	9461	8870
盐池县	833	727	4226	3798	5296	4634	5311	4249
同心县	2720	2480	12849	12177	17328	16451	16935	16163
青铜峡市	1080	1040	5438	4971	6540	6144	7885	7305
固原市	**7324**	**7135**	**35606**	**33930**	**48831**	**45561**	**50167**	**47076**
原州区	3034	3002	15204	14379	20873	19552	20323	19117
西吉县	2330	2262	10899	10440	14457	13510	15747	14710
隆德县	561	473	2514	2436	3955	3597	4181	3888
泾源县	538	490	2749	2508	3669	3432	3635	3490
彭阳县	861	908	4240	4167	5877	5470	6281	5871
中卫市	**7183**	**6712**	**34258**	**31773**	**42053**	**38650**	**42345**	**39420**
沙坡头区	2302	2197	11221	10266	12361	11108	12959	11594
中宁县	2177	2003	10556	9835	12679	11773	12718	12039
海原县	2704	2512	12481	11672	17013	15769	16668	15787
新疆维吾尔自治区	**92597**	**86127**	**596218**	**560675**	**1306278**	**1237342**	**991442**	**935477**
乌鲁木齐市	**14693**	**13766**	**82708**	**76587**	**112288**	**103395**	**98270**	**88793**
天山区	1685	1564	11868	11106	22653	21521	21386	19776
沙依巴克区	2850	2719	15566	14220	20655	19000	18578	16896
新市区	3899	3665	20651	19137	24897	22716	20198	18283
水磨沟区	1963	1850	10941	9916	13623	12535	11838	10538

单位：人

15-19岁		20-24岁		25-29岁		30-34岁		35-39岁		40-44岁	
男	女	男	女	男	女	男	女	男	女	男	女
8741	**8078**	**9523**	**8106**	**10240**	**9158**	**9632**	**8557**	**8078**	**7358**	**8349**	**7330**
2646	2740	2655	2138	3149	2646	2998	2388	2503	2103	2590	2114
1168	949	1367	1094	1447	1259	1350	1214	1126	1097	1221	1083
1747	1514	1963	1655	1856	1718	1674	1519	1457	1345	1367	1305
1489	1346	1584	1505	1769	1646	1627	1553	1333	1260	1423	1304
1246	1145	1397	1180	1308	1259	1199	1134	1071	1014	1158	1032
445	384	557	534	711	630	784	749	588	539	590	492
17776	**16641**	**16890**	**15861**	**17542**	**16427**	**17819**	**16707**	**15525**	**15046**	**15487**	**14627**
6878	6694	5848	5512	6012	5426	6208	5672	5422	5085	5353	4946
2610	2392	2704	2746	2726	2667	2490	2458	2162	2184	2170	2156
2409	2225	2186	2015	2146	1976	2526	2315	2299	2259	2321	2193
1175	1082	1487	1304	1572	1490	1581	1533	1419	1310	1289	1218
3477	3029	3243	2992	3562	3446	3597	3299	3027	3095	3099	3006
1227	1219	1422	1292	1524	1422	1417	1430	1196	1113	1255	1108
12215	**11270**	**17275**	**13253**	**25966**	**20206**	**28885**	**21812**	**20814**	**15991**	**21926**	**17757**
5904	5295	8026	5746	12749	9832	14196	11099	9536	7595	9677	8154
2584	2539	3311	3356	4351	4085	4876	4130	3573	3098	3893	3434
306	220	998	377	1582	666	2049	854	1589	587	1533	703
740	694	1128	899	1536	1236	1684	1301	1231	981	1433	1288
1876	1827	2040	1831	2820	2554	3006	2655	2658	2302	3053	2801
580	533	856	706	1231	1128	1306	1104	1054	1018	1038	902
225	162	916	338	1697	705	1768	669	1173	410	1299	475
224272	**208822**	**224475**	**220035**	**278487**	**269370**	**323478**	**311536**	**278748**	**262917**	**280284**	**266732**
86609	**77482**	**102567**	**103380**	**126219**	**123919**	**151945**	**145319**	**119294**	**110434**	**106593**	**100315**
22780	20265	23669	26582	33684	35198	39845	40233	34838	34269	32837	32080
25133	23456	32352	33529	19899	18150	20557	19094	14887	13406	12855	12282
12861	11625	16413	17614	30450	33103	39029	39862	28560	28286	22849	22565
9233	8830	10568	10258	13088	12511	16305	15163	13070	11504	11953	10568
8170	6627	8877	7939	14388	14463	19317	18504	14467	13103	12646	11901
8432	6679	10688	7458	14710	10494	16892	12463	13472	9866	13453	10919
20984	**19623**	**20346**	**17611**	**24391**	**21909**	**29786**	**28448**	**26917**	**24953**	**32002**	**29858**
9369	7757	9367	8354	9385	8885	12061	11893	10255	10350	12063	11778
4355	3781	4487	3499	5853	4585	7418	6204	6882	5509	8112	7125
7260	8085	6492	5758	9153	8439	10307	10351	9780	9094	11827	10955
43147	**41100**	**39543**	**38662**	**51733**	**49873**	**56649**	**55188**	**51444**	**49492**	**55986**	**54837**
13914	14000	12845	14227	17114	17766	20260	20267	17599	17193	19451	19749
6504	6357	6434	5884	8035	7490	8119	7971	7401	7570	7576	7634
3996	3160	4054	3201	6360	5587	6868	6202	6276	5629	6991	6046
11361	10680	9806	9917	12400	12222	12346	12110	11538	11048	11242	11417
7372	6903	6404	5433	7824	6808	9056	8638	8630	8052	10726	9991
40205	**39084**	**31576**	**32538**	**36340**	**36635**	**40786**	**41255**	**41169**	**41703**	**45201**	**43542**
15961	15587	13104	15474	14988	16031	18887	19847	18899	19388	18990	18530
12440	12361	9751	8772	11001	10126	10757	10149	10827	10574	11895	11235
3242	3125	2430	2376	3047	3127	3378	3374	3096	3338	3842	3904
3062	3002	2479	2545	2644	2795	2517	2717	2852	2990	3554	3369
5500	5009	3812	3371	4660	4556	5247	5168	5495	5413	6920	6504
33327	**31533**	**30443**	**27844**	**39804**	**37034**	**44312**	**41326**	**39924**	**36335**	**40502**	**38180**
11210	10218	10852	10047	15643	14550	17735	16196	15093	13349	15517	14347
10003	9229	8826	7689	12217	11001	14165	12983	11994	11287	12929	12018
12114	12086	10765	10108	11944	11483	12412	12147	12837	11699	12056	11815
746906	**686562**	**820427**	**725342**	**1060667**	**949903**	**1287326**	**1172979**	**1022206**	**934031**	**946806**	**884809**
105309	**90256**	**157088**	**140827**	**182486**	**158330**	**214034**	**186485**	**163390**	**146182**	**160878**	**144789**
20767	18533	26776	25071	23817	22270	24871	25188	22316	25190	23556	26455
18825	18561	33654	35636	33506	33388	37667	36412	27690	27701	28326	28388
21780	17342	36009	30618	52770	42709	62563	50732	47381	38006	44008	35028
14358	13086	19741	21207	24466	22859	30042	26735	21911	19648	21687	19573

表2 续表 109

地区	45-49岁		50-54岁		55-59岁		60-64岁	
	男	女	男	女	男	女	男	女
果洛藏族自治州	**8208**	**6832**	**6588**	**5397**	**4119**	**3414**	**1678**	**1621**
玛沁县	2648	2031	2147	1504	1243	935	463	412
班玛县	1206	1065	967	796	640	515	236	236
甘德县	1383	1171	1082	1049	755	658	304	297
达日县	1337	1166	1101	915	681	552	269	295
久治县	1095	951	863	775	544	531	285	266
玛多县	539	448	428	358	256	223	121	115
玉树藏族自治州	**14846**	**13742**	**11553**	**10562**	**6949**	**6223**	**2938**	**3043**
玉树市	5256	4784	4073	3701	2424	2156	1047	1028
杂多县	1952	1783	1660	1473	981	818	308	329
称多县	2205	1994	1595	1471	1010	931	454	526
治多县	1350	1272	940	896	562	514	242	271
囊谦县	2933	2782	2383	2194	1434	1307	600	644
曲麻莱县	1150	1127	902	827	538	497	287	245
海西蒙古族藏族自治州	**27526**	**21553**	**25549**	**19326**	**14674**	**11488**	**6172**	**5050**
格尔木市	12695	10312	11848	9035	6768	5211	2668	2106
德令哈市	4606	3998	4606	3890	2879	2376	1308	1106
茫崖市	1829	807	1350	542	546	196	133	79
乌兰县	1861	1594	1811	1405	1067	908	539	469
都兰县	3694	3301	3608	3176	2378	2009	1170	1004
天峻县	1133	980	1051	853	608	591	241	248
大柴旦行政委员会	1708	561	1275	425	428	197	113	38
宁夏回族自治区	**305580**	**289820**	**291504**	**285126**	**223885**	**215437**	**142454**	**138864**
银川市	**117270**	**110943**	**111157**	**109782**	**86277**	**87060**	**56872**	**56946**
兴庆区	35255	33681	31771	31202	24459	24547	16221	16654
西夏区	15202	14923	15315	15569	11709	11405	7756	7548
金凤区	23875	23664	23122	24853	19876	21776	14264	14427
永宁县	13844	12804	12974	12777	10163	9848	6097	6090
贺兰县	14131	13828	14106	14330	11412	11509	7648	7407
灵武市	14963	12043	13869	11051	8658	7975	4886	4820
石嘴山市	**39478**	**37345**	**39593**	**37964**	**30089**	**27096**	**18684**	**17388**
大武口区	15098	15215	15138	15370	11455	10716	7013	6541
惠农区	11017	9553	11564	9870	8160	6750	4537	3908
平罗县	13363	12577	12891	12724	10474	9630	7134	6939
吴忠市	**57669**	**55293**	**54331**	**53449**	**40646**	**38844**	**24862**	**25300**
利通区	19685	19654	17279	18104	12824	13199	7835	8582
红寺堡区	7305	7012	6855	6390	4975	4226	2676	2438
盐池县	8065	7020	7884	6813	6031	5365	3969	3767
同心县	10085	9921	10122	10304	7826	7253	4596	4535
青铜峡市	12529	11686	12191	11838	8990	8801	5786	5978
固原市	**45944**	**43204**	**43198**	**41020**	**34320**	**30891**	**21106**	**18839**
原州区	18454	17481	16526	16129	12927	12267	7688	7364
西吉县	11465	10496	10837	10298	8808	7824	5326	4779
隆德县	4926	5107	5276	5085	4475	3992	2861	2215
泾源县	3529	2998	3180	2710	2332	2074	1718	1566
彭阳县	7570	7122	7379	6798	5778	4734	3513	2915
中卫市	**45219**	**43035**	**43225**	**42911**	**32553**	**31546**	**20930**	**20391**
沙坡头区	19743	19035	18497	18105	13003	12758	9045	8785
中宁县	14452	13773	14157	14375	10971	10943	6891	6655
海原县	11024	10227	10571	10431	8579	7845	4994	4951
新疆维吾尔自治区	**1170692**	**1083045**	**1117226**	**1038389**	**774644**	**707220**	**466540**	**444584**
乌鲁木齐市	**221111**	**193888**	**204893**	**180092**	**145237**	**131429**	**85768**	**81173**
天山区	32922	32082	28963	27334	21538	20616	13955	14420
沙依巴克区	40249	39451	38357	37687	28419	27816	17286	16984
新市区	56965	45481	51495	42739	36306	32695	22344	20453
水磨沟区	31468	28201	29169	25767	20807	18233	11585	10605

单位：人

65-69岁		70-74岁		75-79岁		80-84岁		85岁及以上	
男	女	男	女	男	女	男	女	男	女
1720	**1847**	**1336**	**1580**	**824**	**1173**	**453**	**801**	**242**	**597**
423	454	313	382	217	267	107	203	56	175
297	329	254	250	160	205	85	152	40	99
340	346	269	309	163	247	111	173	69	127
283	303	233	278	131	190	59	110	35	78
267	312	192	266	111	194	67	118	23	98
110	103	75	95	42	70	24	45	19	20
3700	**4064**	**3407**	**4190**	**2207**	**3090**	**1078**	**1973**	**595**	**1387**
1322	1431	1108	1323	698	964	373	701	190	496
473	495	459	477	288	380	152	259	95	187
564	659	474	571	331	404	145	270	62	163
317	348	310	360	154	249	67	130	46	90
720	778	817	1175	587	872	272	484	173	361
304	353	239	284	149	221	69	129	29	90
4394	**4456**	**2499**	**3211**	**1746**	**2416**	**1027**	**1266**	**536**	**642**
1763	1684	954	1294	741	1024	452	477	197	217
949	999	544	680	359	490	227	285	121	142
76	56	26	47	19	31	18	21	15	19
442	456	264	312	150	231	76	108	48	62
911	953	555	664	342	418	128	215	65	99
190	246	129	158	92	142	53	111	39	77
63	62	27	56	43	80	73	49	51	26
136133	**139868**	**86579**	**93798**	**57830**	**66365**	**34623**	**39536**	**18023**	**20069**
50786	**54084**	**30230**	**32702**	**18934**	**22985**	**12461**	**14830**	**7077**	**7871**
14167	16372	9645	9944	5631	7145	4001	5005	2491	2693
6752	6822	3795	4365	2828	3830	2211	2546	1239	1304
11299	11460	5918	6417	3806	4603	2618	3064	1486	1623
6677	6935	3801	4312	2281	2410	1205	1373	546	702
6939	7310	3864	4197	2403	2536	1268	1483	658	744
4952	5185	3207	3467	1985	2461	1158	1359	657	805
16328	**17334**	**10134**	**12170**	**7732**	**10000**	**5370**	**6134**	**2816**	**3063**
5792	6198	3686	4866	3089	4393	2387	2688	1157	1216
3484	3834	2120	2775	1833	2748	1483	1668	854	1003
7052	7302	4328	4529	2810	2859	1500	1778	805	844
25495	**26427**	**16192**	**17528**	**10872**	**11600**	**5915**	**6668**	**2957**	**3605**
8959	9562	5433	5795	3465	3824	1934	2441	1140	1485
2659	2436	1830	1835	1186	1263	643	655	278	346
3406	3528	2148	2355	1496	1549	790	876	321	382
4187	4136	2996	3307	2341	2316	1234	1224	568	660
6284	6765	3785	4236	2384	2648	1314	1472	650	732
22743	**20945**	**16348**	**16561**	**10987**	**11919**	**5934**	**6545**	**2833**	**3141**
7895	7824	5384	5851	3751	4191	2029	2286	947	1165
6091	5401	4438	4453	3021	3168	1655	1760	876	888
3016	2576	2305	2213	1486	1638	771	909	327	389
2010	1759	1454	1247	963	986	509	506	235	210
3731	3385	2767	2797	1766	1936	970	1084	448	489
20781	**21078**	**13675**	**14837**	**9305**	**9861**	**4943**	**5359**	**2340**	**2389**
8659	9002	5257	5912	3452	3950	1977	2174	850	827
6880	6742	4409	4843	2964	3177	1439	1755	741	734
5242	5334	4009	4082	2889	2734	1527	1430	749	828
352686	**366298**	**242125**	**282936**	**173453**	**211851**	**123657**	**123562**	**62484**	**66833**
60208	**63976**	**35861**	**49712**	**30158**	**44684**	**27580**	**28990**	**14050**	**15005**
9959	11180	6137	8802	5249	8019	4732	5222	2422	2871
12121	13162	7365	10884	6791	10837	6882	7435	3667	3908
15801	16192	8987	11783	7291	10398	6622	6638	3420	3438
7491	7865	4269	6210	3687	5413	3344	3558	1666	1721

表2 续表 110

地区	0岁		1-4岁		5-9岁		10-14岁	
	男	女	男	女	男	女	男	女
头屯河区	1776	1645	9175	8670	11276	10362	9071	8094
达坂城区	101	72	612	552	993	912	972	880
米东区	2234	2062	12541	11750	16138	14483	14289	12530
乌鲁木齐县	185	189	1354	1236	2053	1866	1938	1796
克拉玛依市	**1789**	**1607**	**10162**	**9565**	**13308**	**12259**	**11516**	**10619**
独山子区	328	280	2062	1874	2624	2429	2046	1961
克拉玛依区	1262	1147	6909	6611	8964	8248	7848	7209
白碱滩区	154	143	889	847	1350	1241	1263	1123
乌尔禾区	45	37	302	233	370	341	359	326
吐鲁番市	**2961**	**2714**	**17021**	**16403**	**31850**	**30116**	**27611**	**26210**
高昌区	1347	1209	7993	7695	15353	14645	12812	12273
鄯善县	1040	967	6073	5748	11500	10891	10144	9410
托克逊县	574	538	2955	2960	4997	4580	4655	4527
哈密市	**2464**	**2260**	**14576**	**13650**	**19815**	**18598**	**17717**	**16425**
伊州区	2027	1923	12394	11740	16626	15704	14704	13639
巴里坤哈萨克自治县	292	225	1351	1177	2204	1947	2149	2047
伊吾县	145	112	831	733	985	947	864	739
昌吉回族自治州	**6218**	**5650**	**33681**	**31515**	**44204**	**40309**	**41437**	**38305**
昌吉市	2696	2380	13814	12922	16499	15080	14788	13868
阜康市	684	614	3977	3780	5189	4766	4663	4192
呼图壁县	616	576	3725	3384	5679	5220	5725	5241
玛纳斯县	548	537	3116	2934	4625	4152	4781	4389
奇台县	878	826	4762	4433	6593	5960	6044	5586
吉木萨尔县	537	485	2805	2664	3557	3184	3283	3097
木垒哈萨克自治县	259	232	1482	1398	2062	1947	2153	1932
博尔塔拉蒙古自治州	**1515**	**1519**	**9399**	**8710**	**14672**	**13284**	**14150**	**13038**
博乐市	917	900	5548	5179	8212	7348	7888	7206
阿拉山口市	20	31	160	145	281	242	236	201
精河县	409	424	2606	2447	4491	4169	4359	4086
温泉县	169	164	1085	939	1688	1525	1667	1545
巴音郭楞蒙古自治州	**5695**	**5286**	**34811**	**32763**	**57657**	**53785**	**51052**	**46974**
库尔勒市	3121	2863	18421	17141	26966	25000	23394	21152
轮台县	454	388	3057	2850	6965	6372	5891	5604
尉犁县	318	337	2160	2066	3891	3664	3950	3528
若羌县	171	125	800	823	1414	1317	1154	1104
且末县	309	291	1877	1815	3404	3305	2668	2485
焉耆回族自治县	371	331	2329	2279	5000	4716	4633	4210
和静县	533	538	3654	3395	6148	5838	5679	5379
和硕县	245	231	1479	1415	2096	2052	2032	1941
博湖县	173	182	1034	979	1773	1521	1651	1571
阿克苏地区	**9863**	**9249**	**63346**	**60510**	**153520**	**146543**	**118019**	**112022**
阿克苏市	2759	2486	16532	15870	35414	33477	27766	26170
库车市	1681	1605	13023	12460	28201	27145	22040	21317
温宿县	954	950	6443	6183	13663	13202	10716	10172
沙雅县	1027	975	5900	5741	14775	14167	11540	11029
新和县	661	662	4358	4121	13143	12417	9632	9277
拜城县	797	756	5760	5407	12886	12173	9807	9185
乌什县	853	757	4675	4556	14619	14207	10955	10276
阿瓦提县	923	818	5413	5043	17182	16355	12656	11902
柯坪县	208	240	1242	1129	3637	3400	2907	2694
克孜勒苏柯尔克孜自治州	**2506**	**2335**	**18884**	**17891**	**43118**	**41451**	**29906**	**28278**
阿图什市	1126	1055	9326	8778	20053	19372	14028	13292
阿克陶县	881	797	6614	6320	17414	16811	11396	10778
阿合奇县	221	194	1283	1253	2482	2408	1978	1944
乌恰县	278	289	1661	1540	3169	2860	2504	2264
喀什地区	**13449**	**12604**	**110363**	**105435**	**355369**	**342624**	**233893**	**224978**
喀什市	2560	2441	19380	18251	52246	49926	34742	33591
疏附县	859	828	6113	5965	20277	19885	12867	12279

单位：人

15-19岁		20-24岁		25-29岁		30-34岁		35-39岁		40-44岁	
男	女	男	女	男	女	男	女	男	女	男	女
12744	9877	19134	13642	19766	15516	24336	19480	17469	14482	17007	13902
1575	1370	1519	1249	1055	802	1456	1012	1384	1015	1539	1110
13603	10454	16759	11688	23227	18815	28986	24521	21921	17981	21277	17945
1657	1033	3496	1716	3879	1971	4113	2405	3318	2159	3478	2388
10699	**7965**	**17625**	**11528**	**20270**	**15217**	**24669**	**21160**	**20953**	**18047**	**18307**	**16806**
1862	1310	2640	1538	2927	2400	3881	3787	3956	3526	2764	3058
7636	5787	12225	8658	13440	10669	16438	14794	13810	12500	12565	11699
941	737	1902	987	2698	1525	3071	1944	2317	1545	2133	1613
260	131	858	345	1205	623	1279	635	870	476	845	436
18114	**17070**	**19733**	**16074**	**28986**	**22808**	**36603**	**29897**	**32064**	**26090**	**30015**	**25985**
8779	8923	8785	7969	13076	10174	16850	13395	15035	11863	13386	11422
6239	5393	6230	5124	9194	7933	12365	11220	11052	9656	10209	9387
3096	2754	4718	2981	6716	4701	7388	5282	5977	4571	6420	5176
16337	**14128**	**18866**	**13064**	**26591**	**20875**	**33308**	**27444**	**26074**	**22346**	**27007**	**24082**
14309	12449	15539	11296	21621	17978	26614	23472	20722	18680	21833	20432
1314	1164	1721	1041	2427	1581	3516	2460	3068	2468	3026	2442
714	515	1606	727	2543	1316	3178	1512	2284	1198	2148	1208
35104	**32220**	**44460**	**34004**	**64184**	**47707**	**79983**	**64126**	**61286**	**49842**	**69116**	**58034**
14861	14492	17755	15984	26924	21220	33474	27902	24596	20177	25642	21959
3647	3249	4703	3229	7008	5432	8916	7251	6752	5613	7268	6220
4414	3933	4562	3682	5734	4779	7729	6948	6394	5786	8255	7371
3463	3045	4601	3241	5789	4245	6648	5731	5503	5124	7749	7277
4666	3976	5592	3917	7440	5745	9922	8379	8041	6780	9293	7965
2710	2373	5554	2821	8998	4666	10363	5499	7559	4249	8052	4757
1343	1152	1693	1130	2291	1620	2931	2416	2441	2113	2857	2485
10136	**9487**	**11066**	**9332**	**15711**	**13356**	**19770**	**18021**	**16704**	**15455**	**18464**	**16980**
6559	6375	6483	5848	9126	8203	11764	10906	9351	8861	10247	9818
184	124	602	278	1132	540	885	520	630	383	604	304
2378	2180	2990	2316	4102	3434	5155	4700	4731	4355	5339	4772
1015	808	991	890	1351	1179	1966	1895	1992	1856	2274	2086
38351	**35730**	**41651**	**34680**	**60596**	**49968**	**79715**	**69210**	**63266**	**55566**	**60699**	**53812**
21741	21258	23510	20786	32779	28186	42304	37779	31334	28470	29758	27749
3266	2716	3923	2932	5611	4409	7386	6236	6353	5600	5701	4926
2141	1867	2558	1894	3589	3029	4603	4209	3791	3439	3827	3460
720	582	1455	676	2447	1225	3076	1841	2350	1439	2194	1414
1382	1359	1703	1324	2986	2408	3991	3440	3410	3028	2943	2666
3084	2718	2865	2260	4938	3239	6369	4584	5765	4303	5958	4255
3444	3118	3367	2862	4897	4295	7709	6819	6428	5643	6235	5476
1246	1073	1227	1007	1895	1787	2452	2601	2199	2116	2282	2183
1327	1039	1043	939	1454	1390	1825	1701	1636	1528	1801	1683
83800	**76829**	**87875**	**78921**	**113754**	**105618**	**139703**	**130561**	**113650**	**105793**	**99155**	**91325**
22651	20469	22006	18928	31719	28496	38237	34899	28573	26204	25172	22798
16212	14754	16798	14726	21020	20566	26636	25987	22955	21817	20942	19193
8776	9308	9762	10252	11295	10051	14370	12498	11032	9623	9455	8480
8356	7518	9744	8130	12461	10737	14686	12734	13079	11494	11522	10041
5817	5222	5996	5557	6763	6979	9267	9485	7932	7933	6672	6522
6274	5597	6116	5388	9491	9199	11975	11516	10340	9640	8571	7879
7450	6694	7863	7023	8143	7694	10032	9450	8262	8086	6726	6269
6786	6004	7947	7393	10589	9744	11968	11590	9412	9108	8488	8578
1478	1263	1643	1524	2273	2152	2532	2402	2065	1888	1607	1565
20956	**19812**	**17997**	**15489**	**25134**	**23805**	**32484**	**31301**	**26515**	**24663**	**22757**	**20807**
10975	10836	8312	7113	10628	10417	14056	13805	11466	11059	9875	9464
7842	7289	6567	6190	9622	9457	11671	11406	9442	8706	8118	7319
999	777	1302	952	1858	1616	2710	2661	2209	2133	1859	1792
1140	910	1816	1234	3026	2315	4047	3429	3398	2765	2905	2232
152006	**142845**	**149459**	**142703**	**194261**	**199028**	**217115**	**224613**	**169377**	**170866**	**131222**	**139555**
25996	25271	29004	29090	33943	33524	38608	38847	28767	28524	24145	24555
11007	10287	8953	8436	11641	11288	12031	12642	10302	9689	7568	8028

表2　续表 111

地　区	45-49岁		50-54岁		55-59岁		60-64岁	
	男	女	男	女	男	女	男	女
头屯河区	23821	19310	22292	18411	15420	13039	8426	7809
达坂城区	2276	1553	2243	1464	1441	968	725	654
米东区	28499	24607	27509	23476	17891	15779	9691	8880
乌鲁木齐县	4911	3203	4865	3214	3415	2283	1756	1368
克拉玛依市	**28968**	**25777**	**29858**	**26150**	**19578**	**17555**	**10361**	**10503**
独山子区	5196	4963	5237	4427	2857	2730	1692	1710
克拉玛依区	19190	17478	19929	18161	13654	12654	7246	7488
白碱滩区	3318	2499	3223	2588	2131	1646	1115	1092
乌尔禾区	1264	837	1469	974	936	525	308	213
吐鲁番市	**34323**	**28964**	**32235**	**27705**	**21798**	**18404**	**12238**	**12003**
高昌区	14668	12404	13998	12267	9882	8438	5693	5499
鄯善县	12221	10654	11518	9883	7473	6355	4135	4060
托克逊县	7434	5906	6719	5555	4443	3611	2410	2444
哈密市	**38956**	**34192**	**39257**	**33771**	**28066**	**24244**	**15710**	**14289**
伊州区	32331	29767	32781	29503	23781	21226	13462	12391
巴里坤哈萨克自治县	3834	2881	3664	2770	2662	2101	1572	1423
伊吾县	2791	1544	2812	1498	1623	917	676	475
昌吉回族自治州	**95741**	**81657**	**95163**	**82447**	**67706**	**58551**	**38322**	**35205**
昌吉市	33145	28889	30316	27812	21840	20947	13866	13245
阜康市	10742	9608	11384	9850	7879	6741	4147	3791
呼图壁县	11496	10334	12516	11031	9094	7649	4688	4115
玛纳斯县	12814	11824	14194	12609	9943	7952	5021	4250
奇台县	13129	11161	13264	11077	9529	7985	5457	5184
吉木萨尔县	10577	6679	9569	6662	6336	4741	3347	2980
木垒哈萨克自治县	3838	3162	3920	3406	3085	2536	1796	1640
博尔塔拉蒙古自治州	**24252**	**22257**	**23174**	**21820**	**16317**	**14874**	**9282**	**8661**
博乐市	13321	12573	12309	11987	8504	8230	5003	4728
阿拉山口市	798	431	765	413	509	226	132	55
精河县	7220	6626	7388	6962	5288	4581	2870	2648
温泉县	2913	2627	2712	2458	2016	1837	1277	1230
巴音郭楞蒙古自治州	**80287**	**71697**	**78980**	**69994**	**53202**	**46569**	**30278**	**27051**
库尔勒市	41150	37686	39565	36546	26319	24336	15078	13561
轮台县	7115	6035	6791	5478	4469	3600	2483	2327
尉犁县	5676	5484	6792	6073	4474	3409	2130	1667
若羌县	3087	1822	3087	1786	1894	1124	872	617
且末县	3286	3011	3128	2717	1971	1649	1231	1159
焉耆回族自治县	6883	5339	6362	4932	4629	3689	2970	2488
和静县	7392	6807	7089	6618	5075	4832	3082	2914
和硕县	3265	3080	3478	3253	2375	2104	1296	1246
博湖县	2433	2433	2688	2591	1996	1826	1136	1072
阿克苏地区	**113769**	**104639**	**106272**	**96924**	**71570**	**63900**	**44188**	**40631**
阿克苏市	33188	30307	32831	29826	21946	19040	12367	10823
库车市	23429	21142	20831	18158	13485	12102	8690	8479
温宿县	10884	10068	10573	9672	7231	6254	4244	3779
沙雅县	12362	10296	10683	9174	7139	5936	4344	3806
新和县	7473	7736	6627	6293	4398	4215	2958	2975
拜城县	9562	8740	9045	8369	6366	6187	4149	3662
乌什县	6408	6428	6277	6210	4702	4418	2921	2875
阿瓦提县	8842	8400	8074	7837	5365	4758	3669	3396
柯坪县	1621	1522	1331	1385	938	990	846	836
克孜勒苏柯尔克孜自治州	**21831**	**20030**	**18752**	**17514**	**11875**	**11620**	**8790**	**9088**
阿图什市	10152	9373	8754	8380	5650	5836	4591	4836
阿克陶县	7192	6882	6112	5832	3783	3599	2845	2866
阿合奇县	1628	1562	1450	1356	950	953	569	640
乌恰县	2859	2213	2436	1946	1492	1232	785	746
喀什地区	**132164**	**140339**	**115368**	**126724**	**81540**	**86405**	**61021**	**63929**
喀什市	27455	28263	24953	26057	17324	17554	11926	12138
疏附县	7222	7912	6317	7324	4869	4991	3815	3907

单位：人

65-69岁		70-74岁		75-79岁		80-84岁		85岁及以上	
男	女	男	女	男	女	男	女	男	女
5570	5985	3229	4358	2414	3910	2337	2639	1286	1342
587	639	462	611	448	518	294	274	99	104
7352	7682	4567	6253	3790	4990	3074	2864	1339	1423
1327	1271	845	811	488	599	295	360	151	198
8760	**8436**	**4130**	**6057**	**2866**	**6038**	**3858**	**4011**	**1795**	**1576**
1171	1381	692	1192	559	1112	789	802	321	311
6272	5950	2892	4043	1910	4185	2589	2766	1289	1073
1076	893	418	590	284	565	353	339	142	130
241	212	128	232	113	176	127	104	43	62
8979	**9630**	**6692**	**7013**	**4121**	**4809**	**2149**	**2470**	**949**	**1181**
4060	4261	2901	3218	1809	2228	977	1167	436	553
2953	3316	2285	2394	1431	1667	700	818	307	365
1966	2053	1506	1401	881	914	472	485	206	263
11667	**12489**	**7626**	**9116**	**5917**	**7600**	**4667**	**5073**	**2471**	**2645**
9999	10773	6511	7989	5199	6763	4157	4485	2232	2336
1237	1359	868	910	585	689	415	473	201	267
431	357	247	217	133	148	95	115	38	42
30525	**32925**	**20112**	**23517**	**16271**	**18924**	**11583**	**11849**	**5620**	**6082**
10825	11468	6707	7970	5260	6377	3989	3908	1874	1970
3321	3619	2181	2737	1859	2149	1380	1345	632	626
3673	4043	2376	2932	2056	2323	1403	1540	758	858
3955	4462	2684	3491	2498	3146	1815	1945	938	1059
4601	5093	3239	3444	2492	2585	1579	1648	715	831
2763	2721	1876	1937	1418	1537	919	937	475	510
1387	1519	1049	1006	688	807	498	526	228	228
6978	**7935**	**4724**	**5922**	**4021**	**4542**	**2694**	**2595**	**1199**	**1451**
3691	4267	2543	3303	2270	2610	1558	1537	712	821
62	62	32	45	12	16	7	14	9	7
2281	2538	1503	1776	1220	1362	789	724	336	413
944	1068	646	798	519	554	340	320	142	210
22270	**22603**	**14496**	**16308**	**10212**	**12310**	**7150**	**7073**	**3464**	**4022**
10250	11015	6767	8617	5190	6953	4162	4160	2005	2280
1772	1771	1264	1253	654	656	380	297	157	185
1446	1390	956	1042	653	875	433	498	239	308
590	507	351	320	190	198	92	84	36	61
1042	926	673	550	360	311	168	133	63	64
2400	2226	1583	1416	1034	957	635	572	299	340
2434	2518	1565	1652	1109	1258	662	670	354	371
1232	1154	627	716	476	533	292	296	143	174
1104	1096	710	742	546	569	326	363	168	239
32871	**31701**	**25274**	**25929**	**15509**	**15989**	**8448**	**7823**	**4473**	**4456**
8590	8060	5488	6182	3675	4472	2549	2607	1343	1399
6389	6609	5219	5497	3049	3075	1775	1595	865	861
3154	2940	2528	2497	1440	1555	685	617	358	338
3510	3271	2874	2803	2048	1758	956	752	575	573
2477	2490	1970	1897	1281	1256	654	595	383	379
3065	2883	2598	2735	1467	1481	699	660	358	330
2054	1975	1851	1829	1087	972	344	294	161	175
2971	2781	2227	2009	1190	1156	647	553	367	340
661	692	519	480	272	264	139	150	63	61
7122	**7076**	**5662**	**5575**	**3218**	**2958**	**1610**	**1540**	**918**	**954**
3662	3707	2812	2749	1538	1445	808	761	406	440
2265	2188	2008	1969	1121	1003	521	513	335	331
511	557	369	352	254	211	121	98	78	79
684	624	473	505	305	299	160	168	99	104
48579	**50034**	**39735**	**41122**	**21588**	**21558**	**11346**	**10627**	**6450**	**6083**
8135	8617	5862	6813	3343	4032	2243	2336	1177	1023
3290	3270	2841	2550	1052	1047	547	474	321	320

表2 续表 112

地区	0岁		1-4岁		5-9岁		10-14岁	
	男	女	男	女	男	女	男	女
疏勒县	967	838	9404	8794	27551	26402	17396	16512
英吉沙县	972	982	6532	6308	25520	24245	17432	16701
泽普县	652	614	5064	4952	14720	14081	10428	10083
莎车县	2467	2284	20886	19842	73272	70754	50640	48718
叶城县	1558	1471	13533	13140	43470	42286	25803	25332
麦盖提县	680	638	5313	4992	15608	15002	11126	10732
岳普湖县	553	513	4325	4083	12400	12009	7817	7641
伽师县	1172	1078	9814	9506	39516	38204	24020	23114
巴楚县	756	692	8809	8507	28926	28099	20032	18799
塔什库尔干塔吉克自治县	253	225	1190	1095	1863	1731	1590	1476
和田地区	**8618**	**8239**	**61219**	**58291**	**227753**	**218754**	**132719**	**128314**
和田市	1666	1540	11147	10518	44143	42140	26656	25881
和田县	1040	1024	8745	8196	35153	33841	18941	18391
墨玉县	2014	1913	15464	14910	57153	55450	34325	33052
皮山县	960	922	8093	7864	24294	23345	14517	14169
洛浦县	1143	1127	6377	5905	29636	28104	15467	15080
策勒县	591	578	3908	3659	11408	10831	7403	6892
于田县	1012	962	6399	6228	23529	22734	13665	13133
民丰县	192	173	1086	1011	2437	2309	1745	1716
伊犁哈萨克自治州	**10346**	**9610**	**67454**	**62217**	**124671**	**116249**	**114067**	**107486**
伊宁市	3057	2934	18786	17595	31296	29787	26152	25062
奎屯市	815	788	4598	4252	5401	4857	5336	4777
霍尔果斯市	271	254	1447	1435	2162	2116	2209	1918
伊宁县	1282	1067	8999	8161	20647	19435	18896	17696
察布查尔锡伯自治县	589	569	3560	3239	7200	6706	6804	6553
霍城县	826	812	5856	5593	11160	10617	11019	10324
巩留县	600	564	4521	4037	9046	8487	8728	8151
新源县	1159	1055	7347	6659	13971	12455	12609	11742
昭苏县	570	530	3980	3698	7942	7269	7016	6654
特克斯县	575	475	4172	3779	7969	7424	7815	7464
尼勒克县	602	562	4188	3769	7877	7096	7483	7145
塔城地区	**4134**	**3655**	**23139**	**21467**	**33527**	**31401**	**34216**	**32297**
塔城市	575	528	3287	3133	4290	3933	4504	4190
乌苏市	924	807	5178	4885	7727	7107	7652	7381
额敏县	756	657	4407	4047	6444	6087	6323	6033
沙湾县	965	824	5179	4746	7557	7070	8250	7738
托里县	406	404	2292	2077	3559	3456	3781	3495
裕民县	233	198	1286	1239	1732	1637	1696	1640
和布克赛尔蒙古自治县	275	237	1510	1340	2218	2111	2010	1820
阿勒泰地区	**3051**	**2705**	**17896**	**16171**	**25215**	**22708**	**23766**	**21930**
阿勒泰市	885	788	5345	4862	7260	6397	6954	6442
布尔津县	368	304	2041	1812	2885	2506	2734	2425
富蕴县	565	537	3341	2981	4717	4165	4034	3819
福海县	304	265	1764	1593	2684	2533	2539	2263
哈巴河县	411	339	2338	2113	3344	3173	3577	3275
青河县	326	295	2105	1881	3108	2785	2742	2551
吉木乃县	192	177	962	929	1217	1149	1186	1155
自治区直辖县级行政区划	**5295**	**4928**	**31559**	**29500**	**49311**	**45866**	**43103**	**39808**
石河子市	1741	1550	9056	8247	10487	9390	9774	9212
阿拉尔市	1196	1149	6924	6523	9972	9381	8957	8037
图木舒克市	872	787	6503	6242	14738	13853	11086	10586
五家渠市	495	456	2833	2695	3251	3164	3502	3266
北屯市	75	61	374	353	507	449	536	482
铁门关市	271	266	1648	1542	2497	2290	2561	2246
双河市	191	203	1093	1030	1450	1415	1613	1341
可克达拉市	199	197	1126	1063	1772	1702	1926	1839
昆玉市	187	201	1642	1487	4112	3755	2516	2260
胡杨河市	68	58	360	318	525	467	632	539

单位：人

15–19岁		20–24岁		25–29岁		30–34岁		35–39岁		40–44岁	
男	女	男	女	男	女	男	女	男	女	男	女
12934	11919	12873	11076	16242	16222	16505	16616	12327	12171	10789	11742
9632	9055	7789	7582	10947	12604	12720	14317	9528	10682	6417	8284
6443	5846	5549	5178	8349	8948	11173	11820	8849	8977	6699	7241
29084	27512	28461	27213	36893	37738	40271	41751	32027	33629	24002	25823
17676	17003	20120	19834	23231	24541	26251	27649	19305	20650	14636	15760
7275	6686	6453	6149	9282	9989	10930	11837	9438	9674	6916	7631
5088	4468	4549	4369	7523	7685	7700	7926	6499	6271	4993	4972
13948	12798	13965	12981	17979	18443	19793	20290	14771	14082	11899	12195
11864	11171	10138	9483	16176	16338	18639	18773	15471	14693	11387	11854
1059	829	1605	1312	2055	1708	2494	2145	2093	1824	1771	1470
80248	**77241**	**77492**	**77781**	**94511**	**96427**	**114053**	**114747**	**91387**	**90678**	**72443**	**75788**
18999	19412	19917	21339	19072	19881	23387	23407	17747	18307	14170	15212
10938	10178	11528	11237	14155	13168	15827	13759	12666	10851	10161	9335
18671	17708	20306	19849	21881	22937	23738	24681	19430	19699	15527	16895
9367	8804	8125	7761	10696	11043	14066	14754	10676	10792	7829	8634
8488	7835	6818	7001	11405	11643	14027	14125	11171	11037	8750	8804
4881	4737	3391	3310	5776	5711	8108	7901	7219	6908	5858	5838
7844	7522	6398	6465	9797	10548	12409	13788	10248	11113	8154	9282
1060	1045	1009	819	1729	1496	2491	2332	2230	1971	1994	1788
84399	**78690**	**78219**	**70946**	**101627**	**93120**	**132063**	**122807**	**111885**	**104889**	**107660**	**103772**
27529	26516	24084	25243	28987	30286	37039	37868	28412	29748	26692	29431
5897	5598	6559	5797	9207	7980	10999	9722	6932	6730	7982	7968
1397	1184	2122	1700	3248	2619	3572	2953	2562	2221	2752	2516
11726	10708	10487	8731	12694	11064	15764	14429	14907	13780	14360	13355
4137	3995	4127	3376	5807	5258	7521	6560	6526	5985	6188	5614
7364	6797	6099	5515	7416	6921	10130	9719	9598	8917	9691	9066
5170	4804	4846	4164	5748	5419	7913	7577	7419	7118	7234	7043
7997	7245	8093	6134	12443	8862	16880	12906	15421	11639	14395	11364
4088	3813	4018	3443	5581	5061	7087	6768	6446	6063	6012	5711
4559	4223	3919	3516	5238	4952	7577	7313	6726	6344	5803	5478
4535	3807	3865	3327	5258	4698	7581	6992	6936	6344	6551	6226
25835	**23698**	**26445**	**21735**	**37231**	**30794**	**46528**	**40765**	**39297**	**35272**	**45884**	**42622**
4395	4259	3686	3104	5165	4803	6219	5923	5084	4909	6524	6379
6231	5525	6402	5253	9537	6689	11805	8841	9903	7972	11280	9503
4710	4247	4619	3967	6640	5992	8671	7909	7027	6465	7942	7615
5851	5355	6585	5016	8513	6852	10388	9368	8971	8383	11281	10967
2328	2320	2575	2309	3511	3107	4095	3800	3629	3340	3642	3424
998	889	1138	975	1797	1568	2310	2126	2001	1775	2236	2031
1322	1103	1440	1111	2068	1783	3040	2798	2682	2428	2979	2703
18175	**16390**	**15553**	**12171**	**23356**	**20239**	**32736**	**29675**	**29108**	**26303**	**28241**	**26208**
6909	6201	5097	4057	7503	6611	10241	9338	8673	8028	8621	8568
1785	1629	1927	1458	2804	2409	3797	3522	3419	3176	3432	3129
2782	2524	2165	1785	3651	3420	5361	5063	4799	4522	4414	3942
1769	1529	1857	1251	3168	2009	4287	3168	3938	2810	3602	2786
2366	2076	2027	1552	2731	2463	3982	3730	3834	3512	3878	3619
1738	1610	1552	1258	2293	2121	3312	3217	2952	2886	2734	2567
826	821	928	810	1206	1206	1756	1637	1493	1369	1560	1597
47437	**44201**	**56898**	**46087**	**71969**	**52611**	**84562**	**62167**	**57250**	**42039**	**54958**	**44244**
16333	15280	19721	17164	20398	16382	24595	19663	15438	12798	16162	14735
8482	7516	14736	11265	17137	11497	20080	13492	12997	8098	10993	8170
8593	7898	9340	7643	13535	10163	15591	11366	11653	8457	10261	7531
4543	4826	3774	3281	5986	4809	7216	6165	4659	3942	4558	4024
366	277	592	395	868	658	994	777	631	509	682	650
2107	1699	2687	1718	5031	2622	5886	3156	4324	2336	4361	2640
1626	1624	1233	819	1831	1476	2290	1915	1573	1422	1680	1615
2045	1956	1730	1371	2199	1710	2329	1939	1758	1646	2145	2158
2203	1927	2289	1896	3549	2576	3986	2909	3133	2203	2833	1932
1139	1198	796	535	1435	718	1595	785	1084	628	1283	789

表2 续表 113

地区	45-49岁		50-54岁		55-59岁		60-64岁	
	男	女	男	女	男	女	男	女
疏勒县	10468	11457	8869	10487	6359	7139	4766	5464
英吉沙县	6467	7560	5520	7379	4240	5391	3617	3998
泽普县	7419	7914	6928	7261	4665	4789	3406	3455
莎车县	23254	25240	20660	21952	14416	14921	10317	10530
叶城县	13800	14710	12157	13380	8881	9269	6635	6706
麦盖提县	7187	7764	6350	6900	4271	4511	3292	3402
岳普湖县	4775	5065	4015	4320	2677	2787	2150	2465
伽师县	11310	11480	9180	10632	6575	7268	5666	6286
巴楚县	11242	11668	9184	10006	6422	7026	4814	4974
塔什库尔干塔吉克自治县	1565	1306	1235	1026	841	759	617	604
和田地区	**71431**	**72266**	**62818**	**66177**	**41560**	**41194**	**30888**	**30921**
和田市	15158	15581	13705	13885	8867	8358	5706	5769
和田县	10159	8167	10009	8582	6505	5063	5030	4056
墨玉县	14077	15431	12638	13987	8596	9154	7100	7485
皮山县	8096	8561	7241	8218	4859	5155	3392	3706
洛浦县	8666	8597	7169	7808	4592	4589	3426	3474
策勒县	5835	5764	4897	4898	3205	3222	2439	2362
于田县	7490	8418	5558	7394	3936	4750	3118	3461
民丰县	1950	1747	1601	1405	1000	903	677	608
伊犁哈萨克自治州	**124464**	**121734**	**118681**	**115859**	**84533**	**80757**	**51494**	**50854**
伊宁市	33486	36065	31272	32899	22968	23348	14223	14581
奎屯市	12813	12931	13903	13806	9039	8510	4705	4422
霍尔果斯市	4211	3841	4219	3764	2909	2298	1384	1160
伊宁县	14896	14411	14028	13639	10091	9672	6282	6303
察布查尔锡伯自治县	7079	6771	6806	6537	5050	4830	3412	3305
霍城县	11005	10366	10285	10009	7682	7485	4869	4960
巩留县	7413	7183	6786	6669	4835	4630	3061	3042
新源县	15059	12274	14315	11832	9846	8188	5883	5284
昭苏县	6415	6121	5810	5718	3937	3666	2396	2317
特克斯县	5611	5391	5181	5135	3638	3719	2429	2560
尼勒克县	6476	6380	6076	5851	4538	4411	2850	2920
塔城地区	**63663**	**59781**	**66598**	**61345**	**47050**	**40738**	**25357**	**22934**
塔城市	9141	8725	8944	8671	6425	5967	3565	3462
乌苏市	15637	13916	16781	14539	11463	9520	6315	5402
额敏县	9640	9480	9799	9478	6925	6517	3926	3886
沙湾县	19178	18242	21596	19684	15702	12582	7731	6297
托里县	3776	3706	3475	3351	2417	2350	1488	1565
裕民县	2662	2522	2566	2461	1898	1754	1105	1135
和布克赛尔蒙古自治县	3629	3190	3437	3161	2220	2048	1227	1187
阿勒泰地区	**33027**	**30534**	**30350**	**27858**	**20377**	**18662**	**12119**	**11944**
阿勒泰市	11748	11501	11766	11222	7974	7366	4703	4411
布尔津县	3605	3297	3140	2909	2251	2067	1217	1344
富蕴县	4694	4171	4104	3601	2689	2563	1671	1667
福海县	4385	3543	4055	3389	2633	2195	1625	1395
哈巴河县	4117	3856	3636	3317	2400	2097	1315	1387
青河县	2693	2482	2200	1996	1437	1359	928	1029
吉木乃县	1785	1684	1449	1424	993	1015	660	711
自治区直辖县级行政区划	**86705**	**75290**	**94827**	**84009**	**64235**	**52318**	**30724**	**25398**
石河子市	27659	25111	28692	26826	19932	18046	11084	10173
阿拉尔市	18228	16073	21171	19053	14595	11341	5883	4351
图木舒克市	12045	9245	11692	9672	7752	5967	3705	2965
五家渠市	7410	6967	8634	7894	5876	5105	3105	2692
北屯市	1373	1219	1665	1443	964	740	452	344
铁门关市	7291	5573	8597	6553	5642	3941	2338	1618
双河市	3157	3035	4195	3934	3093	2421	1250	917
可克达拉市	4207	4168	5347	4848	3379	2675	1619	1341
昆玉市	3087	2243	2338	1842	1387	1025	669	592
胡杨河市	2248	1656	2496	1944	1615	1057	619	405

单位：人

65-69岁		70-74岁		75-79岁		80-84岁		85岁及以上	
男	女	男	女	男	女	男	女	男	女
3961	4263	3084	3465	1700	1809	951	958	528	536
2683	2839	2160	2241	1167	1242	612	561	376	339
2898	2809	2041	1919	1010	924	538	438	240	223
8547	8652	7687	7780	4182	3795	1991	1552	1100	957
5380	5535	4428	4153	2320	2020	1006	832	519	456
2644	2807	2164	2224	1148	1195	597	587	372	388
1927	2090	2016	2565	1122	1288	603	632	344	450
4752	4929	4227	4360	2433	2252	1222	1220	718	743
3963	3845	2925	2764	1905	1700	937	917	669	573
399	378	300	288	206	254	99	120	86	75
24119	**23061**	**19377**	**18097**	**10414**	**8917**	**4753**	**3826**	**2596**	**2113**
3931	3946	3085	3021	1573	1542	803	764	394	399
3821	2794	2720	2236	1510	1120	624	432	356	285
5612	5521	4606	4270	2388	2045	1072	904	657	502
2820	2871	2628	2647	1512	1331	715	512	329	269
2791	2666	2505	2424	1389	1171	598	495	323	274
2021	2117	1632	1581	949	788	425	326	245	178
2620	2683	1854	1647	929	757	445	324	250	174
503	463	347	271	164	163	71	69	42	32
41032	**43642**	**26983**	**30656**	**19486**	**23729**	**14368**	**13716**	**7073**	**7631**
10738	11766	6655	8590	5320	6993	4363	4070	2088	2118
3624	3838	2529	3951	2304	3770	2320	2308	984	1170
1046	1175	678	914	667	949	564	506	251	272
5103	5620	3725	3621	2471	2530	1625	1437	785	880
2709	2758	1765	1780	1092	1235	769	732	384	436
4468	4743	2978	3051	1934	2112	1249	1250	702	715
2678	2703	1781	1852	1137	1231	702	717	369	388
4567	4498	3039	3039	2032	2230	1281	1245	739	798
1752	1978	1010	1171	691	798	466	433	192	266
2071	2149	1352	1204	849	858	475	431	280	291
2276	2414	1471	1483	989	1023	554	587	299	297
19626	**21927**	**12854**	**16991**	**10858**	**13923**	**7840**	**8393**	**4056**	**4871**
2978	3340	1846	2545	1642	2079	1216	1224	673	765
5004	5238	3353	3837	2517	3094	1671	1964	913	1140
2939	3385	1843	2581	1467	2220	1366	1300	613	719
5953	6556	4096	5803	3835	4953	2762	3002	1460	1755
957	1374	651	861	519	538	266	311	128	168
956	1038	576	693	482	554	304	287	148	173
839	996	489	671	396	485	255	305	121	151
8991	**9589**	**5326**	**6951**	**4607**	**5930**	**3370**	**3447**	**1594**	**1900**
3212	3499	1926	2976	2112	2981	1822	1740	820	895
982	1055	618	750	517	577	322	336	148	197
1158	1323	690	829	469	539	276	342	154	221
1278	1224	696	764	496	567	349	395	202	227
1183	1273	705	759	533	655	324	308	145	174
682	682	424	531	296	354	167	171	88	128
496	533	267	342	184	257	110	155	37	58
20959	**21274**	**13273**	**19970**	**14207**	**19940**	**12241**	**12129**	**5776**	**6863**
8032	8708	5256	8530	6446	9403	5793	5536	2397	2837
3912	3419	2095	2555	1554	2314	1293	1736	905	1161
2359	2456	1738	1978	1259	1337	745	743	425	464
2129	2049	1259	2235	1731	2288	1375	1345	676	850
312	267	161	272	198	287	198	142	71	70
1428	1509	993	1570	1099	1517	990	1074	530	595
726	757	407	769	504	759	560	418	189	200
1141	1170	753	1275	953	1421	913	760	334	410
534	569	377	339	210	237	138	124	93	87
386	370	234	447	253	377	236	251	156	189

全部数据

表3 各年龄组人口比重、有老年人口的户数、户口登记地在外乡镇街道人口

表3 各年龄组人口比重、有老年人口的户数、

地区	各年龄组人口占总人口比重(%)			
	0-14岁	15-64岁	65岁及以上	15-49岁育龄妇女
合计	**17.97**	**68.50**	**13.52**	**22.86**
北京市	**11.84**	**74.86**	**13.30**	**25.58**
市辖区	**11.84**	**74.86**	**13.30**	**25.58**
东城区	13.87	67.90	18.23	23.16
西城区	14.27	67.55	18.17	23.50
朝阳区	11.45	74.28	14.27	27.12
丰台区	10.88	73.28	15.84	24.79
石景山区	11.36	72.26	16.38	24.22
海淀区	11.84	75.09	13.06	27.99
门头沟区	11.40	73.84	14.76	22.97
房山区	12.89	73.90	13.21	24.14
通州区	12.10	76.39	11.51	26.00
顺义区	11.73	77.43	10.84	24.78
昌平区	10.40	79.89	9.72	27.10
大兴区	11.88	78.41	9.71	25.93
怀柔区	11.77	75.46	12.76	22.35
平谷区	13.29	70.28	16.43	21.19
密云区	12.65	72.16	15.19	21.05
延庆区	11.71	72.61	15.68	20.98
天津市	**13.47**	**71.77**	**14.75**	**23.49**
市辖区	**13.47**	**71.77**	**14.75**	**23.49**
和平区	14.56	69.72	15.72	23.34
河东区	11.53	69.01	19.46	21.83
河西区	12.21	68.31	19.48	23.30
南开区	11.93	68.33	19.74	22.89
河北区	10.94	68.41	20.65	20.98
红桥区	10.54	68.99	20.47	20.86
东丽区	12.69	76.28	11.03	24.16
西青区	11.95	77.60	10.45	26.99
津南区	13.49	76.23	10.28	25.52
北辰区	12.24	74.37	13.39	24.24
武清区	14.84	71.22	13.93	23.59
宝坻区	14.80	69.38	15.83	21.83
滨海新区	14.56	73.40	12.04	24.56
宁河区	15.76	68.86	15.37	20.96
静海区	16.31	70.38	13.30	23.08
蓟州区	16.75	67.29	15.96	20.95
河北省	**20.22**	**65.85**	**13.92**	**21.95**
石家庄市	**19.30**	**67.84**	**12.86**	**23.69**
长安区	17.61	71.99	10.39	26.63
桥西区	15.89	73.39	10.72	29.00
新华区	17.02	72.57	10.41	28.67
井陉矿区	15.78	69.29	14.93	19.09
裕华区	17.06	73.17	9.78	30.31
藁城区	20.96	65.43	13.62	20.98
鹿泉区	19.36	69.12	11.51	24.21
栾城区	19.87	67.75	12.38	23.76
井陉县	16.66	65.63	17.71	18.05
正定县	19.88	67.78	12.34	23.27
行唐县	22.30	62.63	15.07	19.74
灵寿县	20.28	65.49	14.23	21.54
高邑县	23.37	61.93	14.69	19.27
深泽县	18.38	63.22	18.41	19.75
赞皇县	27.03	60.95	12.02	19.26
无极县	21.37	64.26	14.37	20.40
平山县	21.14	63.54	15.32	19.38
元氏县	20.98	65.58	13.44	20.62

户口登记地在外乡镇街道人口(全部数据)

有65岁及以上老年人口的户数(户)				户口登记地在外乡镇街道人口(人)		
合计	有一个老人	有二个老人	有三个及以上老人	本县(市、区)	本省其他县(市、区)	省外
132865245	**82164801**	**49912336**	**788108**	**188482738**	**179442615**	**124837153**
1945261	**1087021**	**845238**	**13002**	**2645576**	**2345582**	**8418418**
1945261	**1087021**	**845238**	**13002**	**2645576**	**2345582**	**8418418**
90477	54255	35452	770	47218	73620	158101
139804	81500	56947	1357	116967	85489	244156
334530	187878	144604	2048	468471	368040	1280747
216986	118868	96834	1284	214508	383463	645322
62419	33826	28229	364	61196	97267	166387
274338	149103	123091	2144	327616	248736	1118215
39340	23046	16117	177	86818	45031	115249
115287	65072	49702	513	204124	102429	438353
136005	74965	60217	823	197032	181095	898000
95349	52130	42616	603	208283	106862	599286
141835	77703	63125	1007	152945	320337	1310382
122148	67937	53438	773	207100	250964	1017900
37162	21441	15461	260	80410	23395	155777
49715	27699	21618	398	82591	18476	78276
53845	31263	22273	309	118234	23804	111531
36021	20335	15514	172	72063	16574	80736
1288864	**697074**	**584952**	**6838**	**1394231**	**1550648**	**3534816**
1288864	**697074**	**584952**	**6838**	**1394231**	**1550648**	**3534816**
34671	20148	14216	307	17985	27169	140712
103865	55600	47713	552	99387	142500	185750
100490	54060	45805	625	89629	88886	178709
113477	59945	52889	643	95071	128473	205048
85616	46878	38241	497	77410	89011	123476
61806	33437	28023	346	69703	78450	97843
61969	33805	27868	296	86587	191186	330755
73499	39194	34019	286	52692	268928	446228
58404	31925	26302	177	55499	140397	302561
74995	40948	33763	284	87312	227475	279299
105444	59913	44826	705	118292	30352	236158
74744	38760	35492	492	96361	14556	84241
147265	77108	69638	519	260777	85647	631145
39962	21117	18621	224	33931	6132	39438
66673	36616	29786	271	66346	22624	209215
85984	47620	37750	614	87249	8862	44238
7107051	**4127099**	**2935104**	**44848**	**9890013**	**6730356**	**3155272**
981614	**562662**	**412787**	**6165**	**1342512**	**2034588**	**522392**
71651	41135	30088	428	103224	375297	130750
68262	37209	30586	467	125608	375434	80330
54385	29369	24649	367	82403	332677	71796
8085	5022	3031	32	17224	11888	3118
48736	25604	22783	349	74560	295050	68188
69244	40543	28188	513	68020	50545	12308
45803	26409	19018	376	53978	153869	29948
32248	18713	13294	241	48627	48568	18283
32322	20850	11356	116	31212	14911	3914
46123	26698	19146	279	89808	77872	19729
40412	24715	15527	170	44942	5659	2884
30831	18520	12128	183	34542	21237	5820
17808	9833	7876	99	25906	5309	2463
27389	15500	11755	134	12831	3574	1975
20766	12620	8073	73	38310	3684	1623
45680	27356	18088	236	34722	9982	3761
46087	28125	17720	242	80845	12112	5741
36694	21385	15080	229	56752	17191	5692

表3 续表 1

地　区	各年龄组人口占总人口比重(%)			
	0-14岁	15-64岁	65岁及以上	15-49岁育龄妇女
赵县	21.51	63.34	15.15	20.01
石家庄高新技术产业开发区	20.13	72.69	7.19	29.63
石家庄循环化工园区	19.73	65.06	15.21	20.21
辛集市	16.13	64.94	18.93	20.47
晋州市	20.51	64.06	15.43	19.92
新乐市	22.49	65.94	11.57	23.15
唐山市	**16.56**	**67.46**	**15.98**	**21.32**
路南区	14.20	69.49	16.31	23.18
路北区	14.11	69.11	16.78	23.55
古冶区	11.49	67.95	20.56	19.18
开平区	14.31	68.47	17.22	21.06
丰南区	15.89	68.14	15.97	21.73
丰润区	16.96	67.37	15.68	21.16
曹妃甸区	12.78	76.69	10.53	25.22
滦南县	14.58	66.19	19.23	19.56
乐亭县	10.70	66.58	22.72	18.25
迁西县	20.47	65.51	14.03	20.26
玉田县	18.23	65.08	16.69	20.65
河北唐山芦台经济开发区	15.21	70.55	14.25	18.94
唐山市汉沽管理区	14.09	69.51	16.40	19.82
唐山高新技术产业开发区	13.22	74.20	12.59	28.37
河北唐山海港经济开发区	17.38	69.14	13.48	22.28
遵化市	19.71	65.51	14.77	20.72
迁安市	22.03	65.27	12.69	21.04
滦州市	19.08	65.26	15.66	20.09
秦皇岛市	**15.17**	**68.60**	**16.23**	**22.04**
海港区	14.58	72.41	13.01	25.57
山海关区	12.17	70.04	17.80	21.43
北戴河区	10.81	72.82	16.36	26.64
抚宁区	14.89	66.14	18.98	19.42
青龙满族自治县	20.14	63.46	16.39	17.96
昌黎县	14.14	66.64	19.22	20.20
卢龙县	15.27	64.98	19.75	18.29
秦皇岛市经济技术开发区	15.89	71.73	12.37	25.74
北戴河新区	14.31	65.69	20.00	19.85
邯郸市	**25.67**	**62.38**	**11.95**	**21.84**
邯山区	20.51	68.28	11.21	25.49
丛台区	19.93	67.12	12.96	23.81
复兴区	19.08	67.88	13.04	23.33
峰峰矿区	18.36	67.89	13.75	21.06
肥乡区	26.72	60.98	12.30	21.26
永年区	26.85	62.40	10.75	22.04
临漳县	29.99	57.73	12.28	20.69
成安县	27.62	59.53	12.85	21.24
大名县	26.81	60.13	13.06	20.90
涉县	24.32	63.66	12.02	21.22
磁县	24.71	63.90	11.39	22.26
邱县	27.79	60.75	11.46	21.16
鸡泽县	30.23	59.16	10.61	21.54
广平县	29.52	58.63	11.85	21.21
馆陶县	27.76	60.29	11.95	21.63
魏县	28.18	59.47	12.34	20.47
曲周县	30.59	57.53	11.88	20.81
邯郸经济技术开发区	25.06	65.06	9.88	23.42
邯郸冀南新区	25.62	62.62	11.75	21.41
武安市	25.04	63.75	11.21	21.63
邢台市	**24.11**	**62.93**	**12.96**	**21.38**
襄都区	20.49	68.79	10.72	25.92
信都区	19.80	67.54	12.65	23.46
任泽区	24.79	62.50	12.71	21.77

有65岁及以上老年人口的户数(户)				户口登记地在外乡镇街道人口(人)		
合计	有一个老人	有二个老人	有三个及以上老人	本县(市、区)	本省其他县(市、区)	省外
52169	29548	22204	417	45870	7767	3419
14417	8016	6298	103	13702	138038	19870
5865	3358	2460	47	1536	6832	1978
74909	39715	34605	589	123408	28708	11934
52659	28512	23850	297	54620	11720	7003
39069	23907	14984	178	79862	26664	9865
828465	**452790**	**370590**	**5085**	**1261288**	**660573**	**372285**
35991	19456	16332	203	41497	74914	43113
87403	47411	39217	775	170150	121210	53314
44774	25399	19138	237	60038	18319	10071
32165	17197	14833	135	39301	41014	24517
58543	30447	27708	388	79338	41411	32550
85724	49440	35777	507	141717	48108	29831
23501	11345	12039	117	55756	108636	39832
64318	32472	31366	480	72264	11682	7212
56184	27111	28679	394	76290	12965	11655
35345	20723	14465	157	78158	8289	6509
75438	41702	33206	530	69723	15154	18334
4099	2047	2034	18	2257	1768	8158
5612	2712	2879	21	4434	2645	15957
14433	7887	6455	91	12268	53001	13816
8650	4546	4041	63	11840	30262	7733
72468	42274	29769	425	120447	18911	14689
68230	39976	28002	252	175292	36193	26947
55587	30645	24650	292	50518	16091	8047
339740	**184690**	**153258**	**1792**	**425151**	**355231**	**245836**
86642	46088	40160	394	197119	196857	140117
19374	10303	8988	83	28778	19828	28108
13668	6972	6628	68	12258	27872	18013
37266	19915	17167	184	40494	11390	9412
49641	29669	19675	297	42676	6092	4587
62742	33766	28586	390	55330	20057	10671
44761	24909	19606	246	24954	7397	3606
15889	8205	7592	92	21431	59844	26016
9757	4863	4856	38	2111	5894	5306
776016	**465950**	**304083**	**5983**	**1072728**	**476970**	**148846**
45927	26555	19036	336	81022	134636	29541
48835	28465	19933	437	101065	69918	19208
28064	16247	11690	127	53417	61995	11678
41095	25907	14844	344	46084	24795	11036
31654	18480	12766	408	21655	6724	5966
61501	36708	24419	374	79075	17921	8826
51049	32237	18271	541	69371	9201	4912
33914	19315	14292	307	44981	9795	3735
66362	39535	26197	630	72595	7739	4543
33054	21471	11496	87	93889	7584	5555
34294	20748	13334	212	41720	19277	3900
16770	9642	7017	111	26011	2768	1204
21902	13014	8747	141	18723	5039	2157
21930	13283	8435	212	21213	4041	1111
25776	15545	10086	145	23775	5996	4115
69048	41516	26783	749	74871	7288	3988
38211	22011	15851	349	33767	6403	1947
18601	10708	7726	167	9263	34877	11512
23514	14097	9276	141	7995	10358	1925
64515	40466	23884	165	152236	30615	11987
634497	**372450**	**257860**	**4187**	**832034**	**409359**	**92981**
30379	17269	12907	203	77735	114107	16551
68857	39539	29063	255	144914	126890	17123
29496	16606	12677	213	29942	6620	2933

表3 续表 2

地区	各年龄组人口占总人口比重(%)			
	0-14岁	15-64岁	65岁及以上	15-49岁育龄妇女
南和区	24.79	63.08	12.14	21.94
临城县	21.88	63.89	14.23	20.36
内丘县	23.60	63.25	13.15	21.65
柏乡县	21.83	61.98	16.19	19.76
隆尧县	24.31	61.94	13.76	20.46
宁晋县	25.37	61.46	13.16	20.15
巨鹿县	24.57	61.29	14.14	20.50
新河县	18.82	63.97	17.21	19.25
广宗县	25.41	61.12	13.47	20.61
平乡县	25.63	61.97	12.39	22.17
威县	27.09	59.05	13.86	19.45
清河县	27.69	60.70	11.62	20.74
临西县	26.64	61.33	12.04	20.33
河北邢台经济开发区	25.73	63.96	10.31	21.77
南宫市	22.54	61.19	16.27	19.09
沙河市	25.59	64.18	10.23	23.15
保定市	**19.79**	**66.22**	**13.99**	**22.27**
竞秀区	15.61	70.13	14.26	25.26
莲池区	15.76	74.06	10.19	29.57
满城区	20.05	65.80	14.15	20.82
清苑区	21.21	64.00	14.79	20.75
徐水区	19.78	66.32	13.90	21.62
涞水县	18.31	66.02	15.68	21.12
阜平县	20.79	62.45	16.76	20.04
定兴县	19.90	64.99	15.11	21.28
唐县	21.22	64.43	14.35	21.50
高阳县	20.65	64.75	14.60	21.46
容城县	19.67	67.12	13.21	21.06
涞源县	19.50	65.00	15.50	20.42
望都县	18.45	65.54	16.02	20.50
安新县	22.72	63.60	13.69	21.25
易县	19.05	65.21	15.74	20.56
曲阳县	25.98	62.46	11.56	22.25
蠡县	21.64	63.72	14.64	21.36
顺平县	18.24	65.74	16.02	20.44
博野县	19.90	63.64	16.46	20.00
雄县	22.58	65.07	12.35	20.84
保定高新技术产业开发区	22.54	66.83	10.64	24.79
保定白沟新城	22.81	70.25	6.94	25.24
涿州市	18.07	67.51	14.42	22.76
定州市	19.38	66.31	14.31	22.12
安国市	16.66	66.31	17.03	21.27
高碑店市	20.10	66.02	13.87	21.79
张家口市	**15.22**	**67.14**	**17.64**	**20.48**
桥东区	13.53	68.46	18.02	21.23
桥西区	13.56	70.92	15.52	25.12
宣化区	14.15	68.95	16.90	21.64
下花园区	10.56	71.39	18.05	19.34
万全区	16.21	66.89	16.90	20.34
崇礼区	12.02	69.85	18.13	17.49
张北县	15.66	66.50	17.84	20.44
康保县	10.30	63.93	25.77	15.61
沽源县	15.01	65.82	19.16	18.06
尚义县	11.20	63.08	25.71	16.24
蔚县	19.94	62.80	17.26	19.69
阳原县	16.16	64.73	19.11	19.08
怀安县	14.73	65.47	19.80	18.19
怀来县	17.29	67.83	14.88	21.19
涿鹿县	16.90	65.30	17.80	18.94
赤城县	15.38	63.50	21.12	17.58

有65岁及以上老年人口的户数(户)				户口登记地在外乡镇街道人口(人)		
合计	有一个老人	有二个老人	有三个及以上老人	本县(市、区)	本省其他县(市、区)	省外
29560	17460	11919	181	40078	5899	4531
19272	10601	8588	83	22096	6412	3729
23630	13962	9538	130	39633	5988	2735
18555	10241	8123	191	12826	2774	1138
45420	26401	18503	516	23768	5722	2284
68653	42019	26112	522	67632	10889	4928
33543	19620	13649	274	42571	9146	2969
16428	10284	6062	82	23469	3125	1633
25874	14532	11186	156	15119	5809	2378
26909	15366	11283	260	23075	5403	2562
47808	28275	19233	300	45965	6838	2711
33418	19917	13256	245	45052	17618	7234
27836	17757	9927	152	38358	2948	3021
12860	7457	5350	53	6075	37039	4807
44971	26523	18169	279	45101	15848	3153
31028	18621	12315	92	88625	20284	6561
1119906	**661379**	**451168**	**7359**	**1355101**	**790406**	**410889**
49078	26552	22244	282	72105	126164	33986
61329	35178	25635	516	141029	264411	72029
38349	22529	15506	314	48003	15994	7484
63444	36053	26833	558	47329	15029	8717
58362	33780	24203	379	53427	29861	17683
34881	21142	13529	210	41216	8068	6583
22938	13686	9157	95	40843	5401	3457
54728	33071	21263	394	47233	13512	8846
50770	30046	20442	282	53968	7983	5098
31546	17974	13256	316	28787	12640	11737
24678	14234	10239	205	18418	14881	18716
27957	17930	9926	101	76234	5518	3113
26191	15590	10500	101	41251	8900	2932
42406	23309	18856	241	24704	11983	13739
55176	34657	20227	292	66131	9953	6952
47863	30250	17515	98	48551	9092	5175
48792	27454	20853	485	24264	7703	4927
30038	18332	11565	141	30976	5444	2732
25416	14503	10751	162	14950	5230	2108
40336	22661	17388	287	40200	17972	26717
6435	3746	2654	35	6234	25148	4632
6765	4193	2526	46	8326	48905	43418
66338	39437	26589	312	86746	41918	52920
111789	68932	42220	637	166022	43347	17274
42691	25251	17006	434	61975	8449	5169
51610	30889	20285	436	66179	26900	24745
506207	**307532**	**196718**	**1957**	**881268**	**511178**	**168102**
34079	19858	14016	205	42786	55709	20039
29226	16945	12090	191	56862	93643	17044
62379	36820	25130	429	140038	64836	21339
7925	5061	2847	17	9169	6279	6080
25750	15656	10019	75	53878	27776	7617
13353	8057	5258	38	25760	9101	8805
37565	21477	15963	125	115654	45987	11927
25007	14595	10364	48	36077	4756	4402
19446	11043	8309	94	42456	7986	4932
18538	10680	7811	47	23141	3450	3865
52442	34845	17404	193	98352	11723	10603
28451	18612	9793	46	39089	7258	7508
25839	16617	9166	56	20804	7507	4942
36023	21451	14452	120	64257	25162	12819
37812	24252	13454	106	47663	8944	4553
30547	19576	10890	81	39222	4081	2462

表3 续表 3

地 区	各年龄组人口占总人口比重(%)			
	0-14岁	15-64岁	65岁及以上	15-49岁育龄妇女
张家口经济开发区	13.89	74.55	11.56	26.81
张家口市察北管理区	14.22	69.27	16.51	19.79
张家口市塞北管理区	14.32	71.57	14.11	20.45
承德市	**17.71**	**68.20**	**14.08**	**20.78**
双桥区	15.43	70.87	13.70	23.52
双滦区	19.16	69.54	11.30	23.27
鹰手营子矿区	12.86	70.40	16.73	19.51
承德县	17.19	67.23	15.58	18.65
兴隆县	16.45	67.61	15.94	19.58
滦平县	18.46	67.59	13.95	20.21
隆化县	19.59	66.09	14.32	19.34
丰宁满族自治县	17.75	66.73	15.52	19.47
宽城满族自治县	21.52	65.66	12.81	20.11
围场满族蒙古族自治县	18.73	68.22	13.05	20.75
承德高新技术产业开发区	14.65	77.70	7.66	30.33
平泉市	16.54	67.88	15.58	19.89
沧州市	**22.31**	**63.55**	**14.13**	**20.78**
新华区	19.61	68.35	12.03	24.73
运河区	18.86	71.11	10.03	27.61
沧县	22.78	61.97	15.25	19.14
青县	21.45	64.18	14.37	20.40
东光县	22.12	61.91	15.97	19.55
海兴县	22.54	61.11	16.35	19.23
盐山县	26.11	59.75	14.14	18.81
肃宁县	22.44	62.85	14.71	20.14
南皮县	22.73	62.23	15.04	18.68
吴桥县	17.34	62.26	20.39	18.43
献县	25.04	60.72	14.24	19.72
孟村回族自治县	24.88	61.61	13.51	19.59
河北沧州经济开发区	18.57	72.01	9.41	26.47
沧州高新技术产业开发区	21.87	70.09	8.04	25.04
沧州渤海新区	20.01	69.30	10.69	23.59
泊头市	22.45	63.59	13.96	20.97
任丘市	22.17	63.62	14.21	20.99
黄骅市	20.34	66.02	13.64	21.66
河间市	23.93	61.91	14.16	19.70
廊坊市	**19.82**	**68.50**	**11.68**	**23.40**
安次区	19.23	69.25	11.51	24.01
广阳区	16.54	70.51	12.95	25.09
固安县	22.09	66.81	11.10	22.55
永清县	20.85	65.87	13.28	20.30
香河县	18.45	68.40	13.15	22.36
大城县	24.37	63.18	12.46	20.29
文安县	22.92	65.21	11.87	21.13
大厂回族自治县	18.34	68.50	13.16	23.24
廊坊经济技术开发区	13.28	80.86	5.86	30.83
霸州市	20.83	67.86	11.31	22.60
三河市	17.16	72.44	10.39	26.85
衡水市	**19.41**	**64.69**	**15.90**	**21.19**
桃城区	20.70	68.59	10.71	27.01
冀州区	15.41	65.54	19.04	19.87
枣强县	20.98	62.69	16.33	20.64
武邑县	17.88	64.50	17.61	20.39
武强县	18.81	63.76	17.44	18.81
饶阳县	19.04	62.36	18.60	18.08
安平县	18.57	65.03	16.40	20.26
故城县	21.54	63.02	15.44	20.46
景县	21.03	62.76	16.21	20.13
阜城县	20.56	62.88	16.56	19.84
河北衡水高新技术产业开发区	21.29	69.17	9.54	26.62
衡水滨湖新区	14.62	74.44	10.94	28.53
深州市	16.92	63.76	19.33	18.34

有65岁及以上老年人口的户数(户)				户口登记地在外乡镇街道人口(人)		
合计	有一个老人	有二个老人	有三个及以上老人	本县(市、区)	本省其他县(市、区)	省外
19333	10633	8622	78	20608	120346	16799
1873	1031	835	7	4043	5240	1132
619	323	295	1	1409	1394	1234
334173	**207846**	**124843**	**1484**	**639350**	**278419**	**81693**
32851	19288	13401	162	74003	71578	18109
14733	8957	5729	47	38287	53258	7424
6647	4298	2330	19	7127	10344	1417
37974	23821	13934	219	53879	13725	7003
31161	19576	11445	140	35479	7561	5382
26525	16922	9491	112	61102	9726	5832
35570	22752	12706	112	61524	9176	4656
35517	21337	14038	142	79275	8774	7680
21613	13078	8418	117	56496	7563	4095
40261	26340	13778	143	89429	10387	6785
7079	4130	2916	33	4293	68367	7285
44242	27347	16657	238	78456	7960	6025
699785	**392035**	**303117**	**4633**	**889282**	**455671**	**237836**
19866	10629	9151	86	35331	79679	17885
33386	17258	15955	173	77151	146257	36128
64843	35433	28985	425	15444	12484	15994
41593	23729	17645	219	48162	10451	14234
37302	21138	15968	196	49602	9558	4839
21007	11500	9346	161	22578	3237	3375
39760	23160	16332	268	58434	9181	6069
34604	19649	14680	275	33807	9269	8366
36353	21151	14976	226	40381	7949	4189
30597	18026	12467	104	27840	2732	2870
54560	30550	23505	505	58721	12416	5945
19284	11370	7758	156	19297	4361	4083
1939	1043	887	9	507	11453	2827
782	445	334	3	579	1991	3373
10081	5026	4968	87	12190	37689	9298
56307	34330	21568	409	77224	16285	5651
76733	41531	34689	513	124211	25686	55780
43154	21806	21039	309	116557	34148	23286
77634	44261	32864	509	71266	20845	13644
430052	**251560**	**175598**	**2894**	**580683**	**437984**	**797359**
37739	22274	15265	200	75022	81654	49295
45432	25142	20026	264	97299	76863	79147
43611	26500	16792	319	60860	40079	84774
35517	21017	14226	274	33622	11994	24306
40272	23418	16511	343	66034	23736	89252
40405	23182	16998	225	38375	7994	12309
43684	24561	18887	236	24563	9635	37420
15336	8982	6255	99	16306	19599	33174
4860	3307	1490	63	4244	43676	38049
56953	33743	22838	372	49477	28174	94801
66243	39434	26310	499	114881	94580	254832
456596	**268205**	**185082**	**3309**	**610616**	**319977**	**77053**
42626	24065	18182	379	94414	106794	19614
39592	23614	15778	200	64174	24859	4151
40996	24046	16668	282	63660	17128	4439
32828	19602	12982	244	45462	16422	2329
22115	13600	8423	92	17688	4721	1687
32110	17726	14081	303	19634	7144	3793
36594	21157	15140	297	62029	24666	9349
48071	28929	18897	245	52219	5468	6788
50641	30588	19631	422	76445	8568	8906
32872	19313	13350	209	46022	4878	2169
9087	5223	3800	64	6985	54073	4624
6063	3516	2509	38	1225	31638	3458
63001	36826	25641	534	60659	13618	5746

表3 续表 4

地　区	各年龄组人口占总人口比重(%)			
	0-14岁	15-64岁	65岁及以上	15-49岁育龄妇女
山西省	**16.35**	**70.74**	**12.90**	**23.70**
太原市	**15.55**	**73.81**	**10.64**	**26.13**
小店区	16.01	75.67	8.32	29.10
迎泽区	14.91	72.37	12.72	25.76
杏花岭区	15.38	72.07	12.55	24.58
尖草坪区	14.23	74.65	11.12	25.08
万柏林区	15.88	73.78	10.34	25.95
晋源区	17.35	72.82	9.83	24.82
清徐县	16.03	71.17	12.80	23.34
阳曲县	14.02	70.01	15.97	20.92
娄烦县	17.12	68.26	14.62	22.67
山西转型综合改革示范区	12.94	81.68	5.38	32.15
古交市	17.24	72.61	10.14	23.65
大同市	**14.79**	**71.14**	**14.07**	**23.21**
新荣区	11.75	71.52	16.73	19.50
平城区	15.68	73.54	10.78	25.93
云冈区	13.06	72.07	14.87	23.02
云州区	13.42	69.19	17.39	20.22
阳高县	14.24	67.25	18.52	20.50
天镇县	14.61	67.72	17.67	20.68
广灵县	15.58	69.14	15.29	22.39
灵丘县	18.73	66.45	14.81	21.56
浑源县	15.56	67.34	17.10	21.11
左云县	11.89	74.18	13.93	20.92
山西大同经济开发区	14.02	77.10	8.88	25.61
阳泉市	**14.40**	**71.49**	**14.11**	**22.33**
城区	13.14	72.31	14.55	23.08
矿区	13.63	71.32	15.05	22.91
郊区	13.14	74.46	12.39	23.00
平定县	14.88	70.71	14.40	21.68
盂县	16.76	68.90	14.34	21.30
长治市	**16.48**	**70.56**	**12.96**	**23.30**
潞州区	16.47	72.77	10.76	26.76
上党区	16.83	69.51	13.66	23.05
屯留区	18.53	69.77	11.69	23.17
潞城区	15.32	72.10	12.58	22.98
襄垣县	16.04	71.13	12.83	22.81
平顺县	13.56	69.62	16.82	20.37
黎城县	17.33	67.63	15.04	20.85
壶关县	17.41	68.27	14.33	22.73
长子县	16.67	69.10	14.23	21.33
武乡县	15.78	67.31	16.91	19.59
沁县	15.77	69.56	14.67	20.98
沁源县	15.84	71.87	12.29	19.95
晋城市	**13.74**	**72.35**	**13.91**	**24.07**
城区	16.53	74.37	9.09	28.41
沁水县	11.41	73.41	15.18	21.01
阳城县	11.14	73.15	15.71	22.69
陵川县	14.70	69.58	15.72	22.09
泽州县	12.52	71.33	16.15	22.28
高平市	13.92	70.89	15.19	23.49
朔州市	**17.20**	**70.30**	**12.51**	**23.66**
朔城区	19.35	70.12	10.53	25.13
平鲁区	16.24	70.28	13.47	22.17
山阴县	15.62	69.42	14.97	21.26
应县	15.15	68.64	16.22	21.29

有65岁及以上老年人口的户数(户)				户口登记地在外乡镇街道人口(人)		
合计	有一个老人	有二个老人	有三个及以上老人	本县(市、区)	本省其他县(市、区)	省外
3136789	**1927074**	**1197545**	**12170**	**6608356**	**4662300**	**1620518**
370767	**219566**	**149682**	**1519**	**661945**	**1785774**	**556261**
57295	32370	24631	294	111225	453105	171622
49247	29458	19521	268	60818	195738	63711
64345	38809	25220	316	123204	255147	64875
39734	23471	16112	151	55235	197691	59444
64206	37079	26879	248	127996	354839	89845
20296	11429	8804	63	20532	94450	44072
28907	16856	11978	73	32727	30739	18141
14065	9301	4718	46	32429	11293	6417
9855	6677	3162	16	27800	5532	1501
7850	4420	3412	18	3854	155204	25904
14967	9696	5245	26	66125	32036	10729
307364	**193615**	**112839**	**910**	**696496**	**374798**	**211695**
10748	7094	3644	10	12843	6611	17803
77807	46081	31390	336	266153	193231	107536
70618	43284	27044	290	194358	115597	41470
17514	11402	6087	25	22524	16774	8077
26460	17729	8673	58	32436	7952	6535
20968	13750	7183	35	40527	4286	4611
17727	12028	5673	26	10305	2076	3341
22550	14067	8438	45	54207	7422	6843
30023	19670	10289	64	36454	5808	3930
12024	7930	4076	18	25512	10859	6463
925	580	342	3	1177	4182	5086
130813	**80794**	**49583**	**436**	**256021**	**179667**	**80161**
22202	12643	9474	85	38603	42971	22120
24166	14349	9757	60	29798	29629	10325
23402	13781	9534	87	31555	76872	20143
32315	21465	10738	112	80993	22076	17663
28728	18556	10080	92	75072	8119	9910
295589	**190280**	**104453**	**856**	**555807**	**281071**	**123889**
65344	38702	26378	264	169338	160006	51533
31308	19574	11664	70	57638	17194	9316
21969	14693	7213	63	26833	14111	8142
19516	12657	6798	61	33630	15857	13697
23929	15613	8247	69	49543	20923	12210
14559	9815	4704	40	11977	3086	5280
14738	9724	4972	42	27302	3199	3761
25199	16562	8598	39	55387	7879	4042
30623	19292	11237	94	41622	15061	4789
19110	12951	6104	55	28220	7351	2312
15662	11219	4411	32	19881	4718	1834
13632	9478	4127	27	34436	11686	6973
212842	**128870**	**83241**	**731**	**300217**	**239493**	**99472**
34401	19470	14770	161	79502	152665	47227
20817	12649	8090	78	26373	17889	8410
38591	23522	14945	124	50339	9302	8107
23485	15273	8147	65	26770	4409	4865
47567	29631	17834	102	36461	39084	19153
47981	28325	19455	201	80772	16144	11710
137952	**86698**	**50808**	**446**	**425715**	**277508**	**91080**
35002	22114	12808	80	153673	103735	28379
14384	9258	5083	43	51257	8971	8843
21439	13606	7738	95	52330	12490	8434
27820	17725	9997	98	53787	13440	11658

表3 续表 5

地　区	各年龄组人口占总人口比重(%)			
	0-14岁	15-64岁	65岁及以上	15-49岁育龄妇女
右玉县	14.63	68.54	16.83	20.65
山西朔州经济开发区	20.82	72.40	6.78	29.66
怀仁市	16.79	72.24	10.97	24.78
晋中市	**16.42**	**70.60**	**12.99**	**23.84**
榆次区	14.25	75.11	10.63	28.99
太谷区	13.77	72.49	13.74	25.22
榆社县	17.89	67.76	14.35	20.72
左权县	18.04	68.51	13.45	21.08
和顺县	14.78	71.08	14.14	21.43
昔阳县	14.58	67.29	18.13	19.03
寿阳县	12.73	71.33	15.94	20.14
祁县	16.25	69.07	14.68	22.18
平遥县	19.79	66.02	14.19	21.49
灵石县	19.11	69.67	11.22	21.96
介休市	20.00	68.38	11.63	22.73
运城市	**16.81**	**69.49**	**13.70**	**22.93**
盐湖区	17.81	72.25	9.93	27.94
临猗县	15.26	69.49	15.25	21.64
万荣县	16.44	67.83	15.73	21.11
闻喜县	16.89	68.84	14.27	22.23
稷山县	18.48	68.07	13.44	21.78
新绛县	17.20	68.29	14.51	21.61
绛县	17.06	67.96	14.97	21.26
垣曲县	15.87	70.52	13.61	22.30
夏县	17.67	66.09	16.25	19.99
平陆县	15.06	68.17	16.76	20.97
芮城县	14.12	70.98	14.89	21.82
永济市	16.57	69.02	14.41	21.70
河津市	18.21	69.77	12.02	23.49
忻州市	**15.93**	**68.14**	**15.93**	**22.00**
忻府区	15.72	70.67	13.61	25.27
定襄县	16.19	66.04	17.77	20.45
五台县	14.98	64.95	20.08	19.15
代县	15.77	67.09	17.15	20.00
繁峙县	19.56	66.18	14.26	22.03
宁武县	16.44	69.68	13.88	21.57
静乐县	16.59	67.86	15.56	21.05
神池县	13.46	68.90	17.64	20.72
五寨县	15.01	69.00	15.98	22.59
岢岚县	13.83	70.84	15.33	22.09
河曲县	15.63	67.77	16.61	21.15
保德县	18.92	69.34	11.74	23.67
偏关县	13.58	67.64	18.77	20.62
五台山风景名胜区	12.71	72.99	14.30	23.98
原平市	14.73	67.27	18.00	20.83
临汾市	**17.35**	**70.48**	**12.17**	**23.77**
尧都区	17.04	72.46	10.50	27.30
曲沃县	16.85	70.40	12.75	21.87
翼城县	16.08	69.29	14.63	22.12
襄汾县	17.19	68.12	14.69	21.92
洪洞县	19.09	68.88	12.03	23.21
古县	16.99	71.70	11.31	22.69
安泽县	16.88	71.43	11.69	21.81
浮山县	14.91	69.21	15.88	21.11
吉县	16.59	70.21	13.20	22.14
乡宁县	18.47	71.17	10.36	23.33
大宁县	15.35	72.06	12.59	21.08
隰县	18.18	69.28	12.54	22.09
永和县	17.60	70.21	12.19	21.48
蒲县	17.51	72.05	10.45	22.36

有65岁及以上老年人口的户数(户)				户口登记地在外乡镇街道人口(人)		
合计	有一个老人	有二个老人	有三个及以上老人	本县(市、区)	本省其他县(市、区)	省外
10486	6458	3987	41	34490	9307	5311
3035	1746	1282	7	5017	42055	6771
25786	15791	9913	82	75161	87510	21684
305787	**187476**	**117132**	**1179**	**766139**	**374712**	**123946**
62677	36259	26104	314	167134	228382	62457
30321	17582	12632	107	70808	50487	12226
11881	7824	4052	5	31896	3240	1281
14003	9356	4628	19	55246	5428	3416
12732	8500	4171	61	45141	5135	4421
25141	16130	8952	59	54084	5432	4447
23185	15113	7950	122	50976	16335	8364
26179	15616	10403	160	42856	10857	3755
45740	28652	16929	159	75015	13314	4096
19278	11918	7266	94	59760	14153	10833
34650	20526	14045	79	113223	21949	8650
445052	**256885**	**185676**	**2491**	**732782**	**323890**	**93972**
61945	34825	26720	400	201914	232702	39896
50836	30424	20179	233	50652	6411	4455
39354	23222	15932	200	33277	5279	2496
34545	20005	14328	212	50488	9139	3649
28653	16344	12194	115	39563	4946	2149
27861	16001	11711	149	34381	8400	2650
23444	13952	9391	101	23389	4988	2441
18595	11796	6743	56	49931	4873	4190
31627	18084	13335	208	16483	3308	1436
23324	13295	9858	171	41335	2991	3350
34626	19073	15337	216	60641	6767	6470
38781	22110	16388	283	55401	8700	7472
31461	17754	13560	147	75327	25386	13318
307781	**196736**	**110066**	**979**	**745502**	**195555**	**75379**
56295	35991	20134	170	128514	74731	16253
24317	14852	9393	72	31318	9797	2156
31412	19758	11533	121	40440	8178	3411
22057	14670	7321	66	32932	8712	9731
25529	16477	8963	89	85390	16129	7890
14257	10071	4159	27	42558	12365	4597
13929	9709	4167	53	39258	6036	2370
9771	6453	3292	26	17150	5015	1563
11513	7168	4314	31	28439	9577	2628
7313	4670	2618	25	20699	4251	1457
14218	8157	6021	40	48671	7056	6325
12328	7914	4400	14	75684	6915	4734
9689	5694	3963	32	21783	1916	1165
1563	1015	542	6	1138	3029	1966
53590	34137	19246	207	131528	21848	9133
338905	**205556**	**131476**	**1873**	**641565**	**282343**	**91226**
69275	41139	27676	460	185890	159302	39184
18923	11292	7508	123	19673	8028	4138
27620	16916	10556	148	47070	9280	3237
42933	24885	17700	348	42704	9028	5068
54908	33938	20688	282	59288	13567	4638
6815	4673	2124	18	10524	4320	2687
6451	4281	2150	20	12300	4232	2439
11567	7583	3918	66	17646	2351	1232
8096	4839	3232	25	19666	2421	1562
15204	9153	6018	33	33405	6969	4036
4678	2993	1671	14	8273	1819	2015
8058	5129	2904	25	22015	5180	1643
4409	2814	1584	11	14839	1289	643
7081	4545	2515	21	11624	8014	3336

表3 续表 6

地　区	各年龄组人口占总人口比重(%)			
	0-14岁	15-64岁	65岁及以上	15-49岁育龄妇女
汾西县	18.72	68.13	13.15	21.78
侯马市	15.13	71.98	12.90	23.99
霍州市	18.31	70.61	11.07	23.95
吕梁市	**19.43**	**68.95**	**11.62**	**23.30**
离石区	22.98	70.56	6.46	27.84
文水县	19.08	67.08	13.84	21.95
交城县	18.59	68.93	12.48	23.10
兴县	17.21	68.33	14.46	21.26
临县	17.32	67.73	14.94	20.59
柳林县	20.45	69.61	9.94	23.13
石楼县	20.60	68.68	10.72	23.10
岚县	19.16	68.09	12.74	22.59
方山县	18.57	69.10	12.33	20.92
中阳县	19.89	69.91	10.19	23.36
交口县	19.10	69.07	11.83	21.95
孝义市	19.63	69.70	10.67	24.07
汾阳市	18.32	68.96	12.72	23.57
内蒙古自治区	**14.04**	**72.90**	**13.05**	**23.21**
呼和浩特市	**13.91**	**74.13**	**11.96**	**26.32**
新城区	14.65	75.10	10.26	27.47
回民区	13.16	75.97	10.86	28.39
玉泉区	14.67	76.32	9.01	28.23
赛罕区	13.75	75.58	10.67	27.57
土默特左旗	11.69	69.37	18.95	20.37
托克托县	14.50	68.29	17.21	21.39
和林格尔县	12.89	70.51	16.61	24.65
清水河县	12.60	66.72	20.68	18.35
武川县	10.27	67.53	22.21	17.95
呼和浩特经济技术开发区	18.68	74.95	6.36	28.05
包头市	**13.11**	**73.18**	**13.70**	**23.64**
东河区	11.90	73.46	14.64	22.62
昆都仑区	14.01	73.77	12.22	25.20
青山区	12.62	73.74	13.64	25.62
石拐区	7.65	74.05	18.31	18.52
白云鄂博矿区	9.75	79.00	11.25	22.53
九原区	15.02	74.77	10.21	23.86
土默特右旗	12.40	69.25	18.35	19.78
固阳县	10.77	69.11	20.11	18.45
达尔罕茂明安联合旗	9.71	70.95	19.34	18.43
包头稀土高新技术产业开发区	16.23	73.91	9.86	24.76
乌海市	**13.43**	**75.10**	**11.48**	**23.66**
海勃湾区	13.95	75.23	10.82	24.89
海南区	13.93	75.48	10.60	21.82
乌达区	11.60	74.44	13.96	21.68
赤峰市	**15.34**	**71.42**	**13.24**	**21.82**
红山区	15.73	73.08	11.20	25.78
元宝山区	13.15	72.50	14.34	21.63
松山区	16.60	72.37	11.04	23.93
阿鲁科尔沁旗	13.49	73.66	12.85	21.62
巴林左旗	14.43	72.43	13.14	22.06
巴林右旗	14.87	73.37	11.76	22.56
林西县	13.21	71.62	15.18	21.02
克什克腾旗	13.13	71.90	14.98	19.79
翁牛特旗	14.34	70.21	15.44	19.52
喀喇沁旗	15.33	70.21	14.46	20.18
宁城县	17.03	69.58	13.39	20.33
敖汉旗	16.78	68.37	14.85	19.63
通辽市	**14.52**	**73.46**	**12.02**	**23.68**
科尔沁区	12.38	74.65	12.97	24.58

有65岁及以上老年人口的户数(户)				户口登记地在外乡镇街道人口(人)		
合计	有一个老人	有二个老人	有三个及以上老人	本县(市、区)	本省其他县(市、区)	省外
9829	6030	3780	19	25731	2606	1125
22370	12666	9520	184	34868	29721	9806
20688	12680	7932	76	76049	14216	4437
283937	**180598**	**102589**	**750**	**826167**	**347489**	**73437**
21530	14215	7288	27	99323	181874	12579
36758	22964	13666	128	59897	14391	6107
19761	12531	7172	58	53900	18036	7089
19148	12142	6954	52	55080	9462	6010
43877	29142	14678	57	57531	10256	4644
20969	13838	7102	29	85738	19196	4925
7167	4344	2809	14	28652	2873	834
13914	9139	4751	24	48910	6303	2175
10346	6885	3449	12	10550	6497	2679
10205	6519	3675	11	40872	12836	4537
8253	5393	2835	25	19315	8038	2592
35934	22042	13812	80	171921	37667	12356
36075	21444	14398	233	94478	20060	6910
2171406	**1320330**	**844349**	**6727**	**4777803**	**4998738**	**1686420**
275040	**160588**	**113596**	**856**	**468840**	**1431362**	**259042**
46120	26868	19087	165	93670	290127	69100
31649	18336	13238	75	38851	227373	39948
31434	18899	12471	64	50818	317773	47113
61665	34977	26456	232	112070	382141	58044
34505	20543	13869	93	32672	54386	10099
19750	11347	8330	73	44053	20227	6716
18788	11210	7513	65	35774	33951	8512
11110	6530	4542	38	22019	4414	2230
14869	8839	5996	34	35349	8179	2297
5150	3039	2094	17	3564	92791	14983
252572	**148858**	**103017**	**697**	**495280**	**824909**	**238455**
48739	29351	19264	124	122926	109642	47452
64827	38394	26209	224	154710	259622	71207
48374	26649	21597	128	87565	177262	49132
3152	1961	1181	10	7318	5736	4135
1767	1136	627	4	1432	10282	2059
17088	10266	6779	43	22652	126988	28947
30476	18004	12410	62	48807	20934	5368
16783	10376	6340	67	23955	10722	4145
9344	5720	3612	12	17453	8898	2275
12022	7001	4998	23	8462	94823	23735
43067	**25439**	**17514**	**114**	**103456**	**121244**	**97939**
24344	14007	10259	78	66364	80631	49847
6909	4264	2632	13	11033	21700	27052
11814	7168	4623	23	26059	18913	21040
375175	**230092**	**143689**	**1394**	**971445**	**516142**	**103246**
33957	19735	14081	141	109372	176738	26160
28513	16866	11573	74	73640	31295	12092
53472	31457	21795	220	186325	194997	22836
22111	13896	8152	63	70606	9435	2943
26404	16783	9533	88	87883	7194	4262
12967	8310	4625	32	47133	17797	2479
20039	12688	7289	62	52461	17884	4074
19640	12034	7532	74	57387	11804	5136
36890	22783	13942	165	66749	14844	3003
27439	17398	9930	111	50749	14606	4443
46443	29486	16771	186	82731	9993	10046
47300	28656	18466	178	86409	9555	5772
244293	**152721**	**90617**	**955**	**458818**	**321637**	**89834**
63577	37833	25447	297	204190	86485	28433

表3 续表 7

地　区	各年龄组人口占总人口比重(%)			
	0-14岁	15-64岁	65岁及以上	15-49岁育龄妇女
科尔沁左翼中旗	14.46	73.92	11.62	22.98
科尔沁左翼后旗	15.20	71.99	12.81	22.43
开鲁县	14.26	72.64	13.10	22.79
库伦旗	14.92	72.02	13.06	22.15
奈曼旗	16.71	70.91	12.38	22.42
扎鲁特旗	14.98	73.85	11.17	23.55
通辽经济技术开发区	15.16	75.53	9.31	27.53
霍林郭勒市	16.57	76.02	7.40	25.63
鄂尔多斯市	**18.08**	**72.12**	**9.80**	**23.29**
东胜区	19.74	72.96	7.30	26.62
康巴什区	20.74	74.39	4.87	28.77
达拉特旗	17.46	68.46	14.08	21.68
准格尔旗	17.24	71.45	11.30	21.53
鄂托克前旗	15.59	74.43	9.99	21.44
鄂托克旗	17.11	74.73	8.16	23.35
杭锦旗	15.26	69.82	14.92	20.56
乌审旗	18.09	73.52	8.39	20.86
伊金霍洛旗	17.78	72.50	9.72	21.07
呼伦贝尔市	**11.68**	**74.61**	**13.72**	**22.83**
海拉尔区	10.49	76.42	13.09	25.44
扎赉诺尔区	8.30	75.03	16.67	20.42
阿荣旗	15.63	72.04	12.32	23.65
莫力达瓦达斡尔族自治旗	15.43	72.83	11.74	23.57
鄂伦春自治旗	11.63	73.11	15.26	21.16
鄂温克族自治旗	11.57	75.57	12.86	22.83
陈巴尔虎旗	9.71	77.83	12.47	21.27
新巴尔虎左旗	13.02	77.06	9.92	23.91
新巴尔虎右旗	11.99	79.56	8.45	23.44
满洲里市	12.64	76.86	10.50	25.37
牙克石市	7.28	75.03	17.70	20.14
扎兰屯市	13.08	72.53	14.39	22.31
额尔古纳市	9.59	75.74	14.67	21.94
根河市	5.77	77.27	16.96	18.85
巴彦淖尔市	**12.65**	**72.96**	**14.39**	**22.22**
临河区	13.66	74.23	12.12	24.60
五原县	12.84	71.36	15.80	21.11
磴口县	9.90	73.43	16.67	19.95
乌拉特前旗	12.65	70.84	16.52	20.59
乌拉特中旗	10.71	74.46	14.83	20.30
乌拉特后旗	12.18	76.30	11.52	21.64
杭锦后旗	12.05	71.94	16.01	21.02
乌兰察布市	**11.05**	**68.14**	**20.81**	**19.59**
集宁区	12.66	75.00	12.34	26.02
卓资县	7.93	63.56	28.51	14.78
化德县	10.14	68.08	21.78	17.92
商都县	10.27	65.12	24.61	18.10
兴和县	12.98	63.74	23.28	17.69
凉城县	10.77	63.13	26.10	15.66
察哈尔右翼前旗	9.33	66.12	24.55	16.72
察哈尔右翼中旗	7.91	65.33	26.76	14.93
察哈尔右翼后旗	9.55	66.49	23.96	17.47
四子王旗	10.59	70.20	19.21	19.45
丰镇市	12.14	66.79	21.07	18.94
兴安盟	**14.49**	**73.98**	**11.53**	**23.46**
乌兰浩特市	13.45	75.13	11.42	25.75
阿尔山市	8.55	79.82	11.63	21.64
科尔沁右翼前旗	15.04	73.41	11.55	22.17
科尔沁右翼中旗	15.24	74.40	10.36	23.60
扎赉特旗	15.60	73.86	10.53	23.62
突泉县	14.06	71.77	14.18	21.35

有65岁及以上老年人口的户数(户)				户口登记地在外乡镇街道人口(人)		
合计	有一个老人	有二个老人	有三个及以上老人	本县(市、区)	本省其他县(市、区)	省外
34329	22643	11579	107	34588	12359	7657
29907	19480	10300	127	33692	15277	9044
28947	17421	11404	122	39598	13340	5939
14217	9080	5091	46	16809	6156	4607
33583	21177	12278	128	43352	10186	5095
20704	13593	7065	46	49698	13321	4285
12045	7062	4919	64	13322	108702	9997
6984	4432	2534	18	23569	55811	14777
143256	**84584**	**58241**	**431**	**530190**	**528242**	**387403**
27373	15721	11569	83	120032	224065	113789
3617	2074	1537	6	6266	68546	16975
31269	17649	13507	113	130473	42444	21728
28445	17186	11202	57	111849	58593	54077
6469	3946	2510	13	17470	5414	23593
9041	5777	3233	31	24031	43732	43330
11343	6709	4587	47	25320	15188	6867
9512	6017	3468	27	31808	11677	53916
16187	9505	6628	54	62941	58583	53128
211331	**132386**	**78096**	**849**	**419808**	**290062**	**158582**
31678	18546	12973	159	79422	85444	32861
9370	5514	3831	25	22525	9743	5595
22607	14504	8036	67	60942	14656	9454
19415	12828	6507	80	40010	10147	10701
18224	11722	6435	67	17269	20460	14737
12361	7914	4403	44	13172	34666	9045
4314	2841	1454	19	4680	10225	4042
2638	1911	723	4	7067	6789	1830
2310	1672	633	5	6649	7581	3624
10196	6108	4033	55	21917	31671	37372
31002	19512	11348	142	48821	24788	11020
31610	19507	11971	132	70885	22114	11992
6813	4060	2729	24	9292	7908	3971
8793	5747	3020	26	17157	3870	2338
152181	**88576**	**63203**	**402**	**394588**	**234851**	**76998**
48263	28182	19964	117	191386	115811	34331
24331	13698	10572	61	48263	25499	7603
10544	6340	4152	52	14460	13209	4491
28974	15984	12920	70	65857	24019	11917
11626	7100	4502	24	24866	16264	7733
4268	2667	1592	9	8745	13107	5895
24175	14605	9501	69	41011	26942	5028
251096	**153517**	**97109**	**470**	**446236**	**247152**	**69365**
35356	20528	14751	77	106033	146734	27573
17758	11378	6343	37	16535	7950	2736
14438	8536	5884	18	28234	7330	5359
29697	17137	12519	41	44021	12114	4043
27558	16462	11051	45	45137	6274	4417
22543	14582	7911	50	28359	8292	2762
21510	13052	8400	58	17573	21613	7865
16554	10183	6337	34	18353	4988	1683
17580	10449	7104	27	28430	8937	2147
17798	11140	6633	25	49811	10612	2577
30304	20070	10176	58	63750	12308	8203
116209	**75845**	**40052**	**312**	**228181**	**161115**	**54615**
27146	16606	10460	80	79704	78680	22607
2732	1903	826	3	2355	5533	1518
24166	16168	7943	55	33909	41014	8194
15727	10770	4912	45	30477	12231	4475
24348	16529	7768	51	47976	12060	11071
22090	13869	8143	78	33760	11597	6750

表3 续表 8

地区	各年龄组人口占总人口比重(%)			
	0-14岁	15-64岁	65岁及以上	15-49岁育龄妇女
锡林郭勒盟	**14.06**	**74.41**	**11.53**	**23.24**
二连浩特市	15.81	76.08	8.11	25.63
锡林浩特市	14.61	75.42	9.97	26.03
阿巴嘎旗	11.89	77.73	10.38	22.09
苏尼特左旗	13.47	77.49	9.04	22.99
苏尼特右旗	11.70	74.90	13.40	22.21
东乌珠穆沁旗	15.22	77.02	7.75	24.42
西乌珠穆沁旗	13.89	78.36	7.75	22.80
太仆寺旗	11.11	67.02	21.87	16.95
镶黄旗	12.63	75.05	12.32	20.87
正镶白旗	9.96	74.14	15.90	19.49
正蓝旗	13.57	74.30	12.13	22.44
多伦县	17.81	69.54	12.65	22.10
乌拉盖管委会	15.78	74.16	10.06	23.34
阿拉善盟	**14.04**	**76.13**	**9.83**	**23.73**
阿拉善左旗	13.37	75.70	10.92	23.80
阿拉善右旗	11.35	76.45	12.20	22.25
额济纳旗	17.34	74.63	8.04	24.23
内蒙古阿拉善经济开发区	16.28	80.62	3.11	23.82
辽宁省	**11.12**	**71.46**	**17.42**	**21.73**
沈阳市	**11.40**	**73.13**	**15.47**	**23.80**
和平区	13.89	71.38	14.73	23.95
沈河区	11.27	71.92	16.81	24.03
大东区	9.88	72.57	17.55	22.85
皇姑区	12.01	71.36	16.63	23.79
铁西区	11.89	72.95	15.16	23.58
苏家屯区	9.94	73.43	16.63	22.91
浑南区	12.45	76.00	11.54	27.08
沈北新区	9.66	78.80	11.53	27.97
于洪区	12.29	74.69	13.02	25.15
辽中区	9.75	71.78	18.47	20.78
康平县	11.56	71.42	17.02	20.22
法库县	9.91	70.70	19.39	19.44
新民市	10.28	70.78	18.94	20.62
大连市	**11.65**	**71.48**	**16.87**	**23.24**
中山区	11.67	70.60	17.72	24.19
西岗区	10.85	70.82	18.32	23.52
沙河口区	10.79	70.62	18.59	24.47
甘井子区	12.92	73.73	13.34	25.63
旅顺口区	10.36	73.13	16.52	25.12
金州区	13.13	73.50	13.36	26.02
普兰店区	9.92	68.00	22.08	18.51
长海县	8.91	72.60	18.49	19.41
瓦房店市	11.37	68.35	20.28	18.51
庄河市	9.31	69.08	21.61	19.12
鞍山市	**10.45**	**71.12**	**18.43**	**20.66**
铁东区	9.11	70.91	19.98	20.50
铁西区	8.46	73.72	17.82	21.34
立山区	9.17	72.13	18.70	19.84
千山区	9.60	68.40	22.01	18.06
台安县	10.45	70.91	18.64	20.30
岫岩满族自治县	12.43	68.45	19.12	19.48
海城市	11.80	71.06	17.14	21.69
抚顺市	**9.02**	**71.10**	**19.88**	**18.96**
新抚区	8.17	70.14	21.69	18.08
东洲区	6.48	70.49	23.04	15.87
望花区	8.57	73.42	18.00	20.68
顺城区	9.51	70.84	19.65	19.48
抚顺县	9.28	68.17	22.55	17.06
新宾满族自治县	10.72	70.28	19.00	19.42
清原满族自治县	10.51	71.02	18.47	19.26

有65岁及以上老年人口的户数(户)				户口登记地在外乡镇街道人口(人)		
合计	有一个老人	有二个老人	有三个及以上老人	本县(市、区)	本省其他县(市、区)	省外
89216	**56317**	**32695**	**204**	**205773**	**286538**	**81021**
4298	2683	1605	10	2163	38840	7831
22897	13703	9140	54	59402	143947	33088
2947	2096	849	2	7190	7720	2394
2290	1638	650	2	4973	5732	2122
5966	3836	2119	11	11918	12382	2587
4020	2958	1057	5	10914	17467	3038
5495	3920	1569	6	21208	24801	10194
16671	9732	6883	56	21047	4049	3549
2501	1680	818	3	6398	3147	2057
5073	3382	1684	7	9876	3913	1642
6110	3987	2111	12	17781	9289	2942
9285	5646	3607	32	29377	7286	8349
1663	1056	603	4	3526	7965	1228
17970	**11407**	**6520**	**43**	**55188**	**35484**	**69920**
13452	8363	5050	39	46156	20225	37493
1980	1275	703	2	4956	1090	4501
1989	1366	621	2	4066	5090	11916
549	403	146		10	9079	16010
5033822	**2922269**	**2086342**	**25211**	**6179523**	**6643290**	**2847308**
932470	**548260**	**379400**	**4810**	**1180236**	**2333585**	**826240**
71338	43822	26955	561	72110	144385	91960
86751	51851	34169	731	105887	201139	73874
88248	52692	35116	440	123098	198683	66203
97519	58560	38334	625	133792	189962	71943
134965	80485	53825	655	197057	361388	119201
57964	33210	24525	229	96693	111686	48169
57519	33230	24001	288	69883	294445	97739
46662	27461	19030	171	69249	236931	85097
89536	51550	37592	394	91605	500461	128243
50092	28852	21090	150	68470	25366	13531
32951	19204	13616	131	32354	11238	6688
45905	26389	19327	189	39089	15166	6178
73020	40954	31820	246	80949	42735	17414
832138	**461895**	**366168**	**4075**	**927225**	**1389451**	**1205521**
44996	25414	19349	233	44062	72233	66831
37182	21616	15335	231	20305	76187	50454
83697	52104	31179	414	48651	129033	79338
156167	86672	68724	771	173966	532047	375201
42804	22850	19737	217	41973	82540	111456
134952	72893	61528	531	212415	335267	375181
93419	50591	42356	472	88335	42146	43130
8280	4489	3744	47	2252	6866	13337
122677	66507	55650	520	161044	71830	55486
107964	58759	48566	639	134222	41302	35107
422464	**254600**	**165280**	**2584**	**572560**	**316626**	**123275**
68361	41588	26110	663	116808	52102	16721
50794	33305	17216	273	65247	78640	22544
68618	42291	26001	326	90808	76357	20978
13977	7865	6065	47	6471	11531	4345
38587	22289	16164	134	49703	14461	4750
55245	32496	22482	267	44136	12744	4691
126882	74766	51242	874	199387	70791	49246
259275	**159463**	**98515**	**1297**	**234770**	**189847**	**52263**
34193	21876	11988	329	18576	18103	5081
38448	24641	13617	190	30352	20139	4599
49784	30810	18745	229	59439	57731	20363
63634	38483	24878	273	77109	73517	12560
12935	7392	5488	55	3209	4193	2987
29028	17240	11677	111	15340	7947	2749
31253	19021	12122	110	30745	8217	3924

表3 续表 9

地　区	各年龄组人口占总人口比重(%)			
	0-14岁	15-64岁	65岁及以上	15-49岁育龄妇女
本溪市	**8.99**	**71.90**	**19.11**	**19.67**
平山区	8.15	71.52	20.33	18.54
溪湖区	6.34	75.05	18.61	20.89
明山区	9.71	71.98	18.30	20.49
南芬区	6.25	71.65	22.10	15.41
本溪满族自治县	9.15	70.97	19.88	19.43
桓仁满族自治县	11.48	70.34	18.18	19.61
丹东市	**9.79**	**70.21**	**19.99**	**20.14**
元宝区	8.65	70.49	20.86	21.28
振兴区	10.09	69.58	20.33	20.49
振安区	9.37	70.57	20.06	20.59
宽甸满族自治县	10.20	69.77	20.03	19.31
东港市	9.80	71.15	19.06	20.28
凤城市	9.88	69.71	20.41	19.60
锦州市	**9.69**	**70.44**	**19.87**	**20.91**
古塔区	8.90	72.15	18.95	22.20
凌河区	9.05	72.04	18.90	23.58
太和区	10.76	74.23	15.01	25.02
黑山县	9.21	67.99	22.80	18.29
义县	10.47	68.04	21.49	18.74
凌海市	9.29	69.65	21.06	19.21
北镇市	9.96	68.92	21.12	19.20
营口市	**11.56**	**71.14**	**17.30**	**21.55**
站前区	11.02	70.63	18.35	21.08
西市区	8.90	73.61	17.49	22.96
鲅鱼圈区	13.74	73.30	12.96	24.79
老边区	10.97	73.30	15.73	22.39
盖州市	10.83	68.51	20.66	18.76
大石桥市	11.59	70.49	17.92	20.74
阜新市	**10.42**	**72.17**	**17.41**	**20.57**
海州区	9.48	72.21	18.31	20.99
新邱区	7.61	74.03	18.37	17.39
太平区	7.57	73.11	19.31	17.74
清河门区	9.56	72.33	18.12	20.90
细河区	11.62	73.98	14.40	24.29
阜新蒙古族自治县	10.78	71.51	17.71	19.74
彰武县	11.39	70.94	17.66	20.39
辽阳市	**9.83**	**70.71**	**19.46**	**20.85**
白塔区	10.84	71.84	17.32	23.17
文圣区	9.61	72.21	18.18	21.36
宏伟区	9.29	70.17	20.54	21.80
弓长岭区	8.82	71.43	19.75	18.97
太子河区	7.74	71.74	20.52	20.11
辽阳县	9.87	69.10	21.03	19.30
灯塔市	10.10	70.25	19.66	20.23
盘锦市	**12.02**	**72.25**	**15.73**	**23.01**
双台子区	11.11	73.12	15.77	23.44
兴隆台区	12.54	72.23	15.23	24.72
大洼区	12.48	72.82	14.71	22.73
盘山县	10.78	70.42	18.80	19.06
铁岭市	**10.02**	**71.49**	**18.49**	**20.42**
银州区	10.39	72.36	17.25	23.01
清河区	9.08	71.95	18.97	20.54
铁岭县	9.17	72.11	18.73	21.06
西丰县	10.08	70.34	19.57	18.94
昌图县	10.58	70.48	18.94	19.30
调兵山市	8.77	73.45	17.78	20.26
开原市	10.15	71.52	18.33	20.39

有65岁及以上老年人口的户数(户)				户口登记地在外乡镇街道人口(人)		
合计	有一个老人	有二个老人	有三个及以上老人	本县(市、区)	本省其他县(市、区)	省外
174609	**104453**	**69355**	**801**	**218750**	**177130**	**34729**
31293	19053	12083	157	36068	29616	5826
26762	17240	9433	89	29689	48368	12215
46974	27209	19515	250	63543	77067	7372
8466	5185	3250	31	6078	2995	2078
31881	18390	13360	131	40177	11408	3973
29233	17376	11714	143	43195	7676	3265
298204	**170845**	**125691**	**1668**	**388798**	**204146**	**62954**
28610	17394	11017	199	29378	32837	7712
58343	34381	23694	268	83672	49821	13928
26157	15272	10778	107	23072	48385	7369
46257	26664	19332	261	51575	12729	5363
72731	39210	33071	450	126957	38270	19945
66106	37924	27799	383	74144	22104	8637
368377	**210485**	**155812**	**2080**	**379029**	**333693**	**73114**
32455	18931	13323	201	26558	65656	13116
52154	30705	21146	303	68962	88467	14790
46016	25807	19976	233	55738	116203	26982
70964	39997	30568	399	60965	15506	4200
45726	26677	18787	262	51873	10784	3297
59781	33900	25566	315	58933	22863	6098
61281	34468	26446	367	56000	14214	4631
270195	**152728**	**116144**	**1323**	**403592**	**324603**	**146152**
31801	18223	13415	163	40680	44071	12466
24495	13974	10440	81	42041	50610	14030
46693	27085	19330	278	77538	107235	74164
15119	8365	6697	57	28990	47725	10285
78377	43969	33953	455	82854	37030	13113
73710	41112	32309	289	131489	37932	22094
200494	**121556**	**78251**	**687**	**188255**	**169114**	**30965**
29257	17681	11425	151	28400	35276	4646
8923	5911	2984	28	8796	8837	1040
19352	12533	6753	66	17646	21538	2708
6631	4225	2382	24	8430	5158	766
25951	14560	11282	109	47413	72312	11662
68851	41775	26874	202	44076	14984	4689
41529	24871	16551	107	33494	11009	5454
212654	**119610**	**92250**	**794**	**256749**	**256386**	**56768**
42059	24175	17717	167	56550	82578	13111
19958	11479	8421	58	18919	49839	5630
19386	10215	9090	81	25117	24817	8010
11388	7188	4170	30	12370	11016	2083
18960	10796	8089	75	13688	34179	5570
53742	29955	23586	201	38783	26824	13440
47161	25802	21177	182	91322	27133	8924
144845	**78099**	**66153**	**593**	**208599**	**284226**	**78472**
22499	12492	9914	93	45161	55316	13364
51993	26632	25151	210	81924	120994	33123
41914	23470	18285	159	69344	80755	24903
28439	15505	12803	131	12170	27161	7082
303350	**177074**	**124315**	**1961**	**349748**	**222207**	**44220**
42754	24074	17924	756	81123	78978	9519
10887	6443	4403	41	11073	16544	1711
41657	23535	17857	265	31010	51041	7750
30711	18021	12528	162	34557	6450	4174
94216	55655	38207	354	70018	16872	10628
25554	15851	9600	103	37430	23904	4161
57571	33495	23796	280	84537	28418	6277

表3 续表 10

地　区	各年龄组人口占总人口比重(%)			
	0-14岁	15-64岁	65岁及以上	15-49岁育龄妇女
朝阳市	**14.15**	**69.89**	**15.96**	**20.07**
双塔区	14.41	71.81	13.78	24.87
龙城区	15.03	71.26	13.71	22.51
朝阳县	15.35	66.27	18.38	18.01
建平县	13.93	70.74	15.33	19.43
喀喇沁左翼蒙古族自治县	14.63	69.12	16.26	19.33
北票市	11.14	70.26	18.60	18.13
凌源市	15.02	69.86	15.12	19.08
葫芦岛市	**12.90**	**69.62**	**17.48**	**20.47**
连山区	11.99	71.35	16.66	21.51
龙港区	12.95	71.97	15.07	24.31
南票区	10.71	66.91	22.38	16.42
绥中县	13.05	68.51	18.44	19.93
建昌县	16.18	66.81	17.01	18.78
兴城市	11.35	71.39	17.25	20.86
吉林省	**11.71**	**72.68**	**15.61**	**22.43**
长春市	**12.14**	**73.71**	**14.15**	**24.37**
南关区	11.11	75.42	13.47	26.92
宽城区	12.50	75.87	11.64	26.14
朝阳区	10.04	75.75	14.21	26.62
二道区	12.26	75.28	12.45	26.89
绿园区	12.34	74.32	13.33	25.03
双阳区	10.35	73.98	15.67	23.72
九台区	11.22	71.92	16.87	21.31
农安县	12.18	70.80	17.03	20.22
长春经济技术开发区	13.23	76.15	10.62	28.17
长春净月高新技术产业开发区	10.75	79.03	10.22	32.71
长春高新技术产业开发区	15.12	76.68	8.20	29.26
长春汽车经济技术开发区	12.72	73.91	13.37	24.00
榆树市	12.00	70.93	17.07	20.77
德惠市	12.26	71.58	16.15	21.54
公主岭市	13.52	69.88	16.60	20.26
吉林市	**10.93**	**71.93**	**17.13**	**21.24**
昌邑区	10.95	71.78	17.26	21.98
龙潭区	9.15	72.26	18.59	19.81
船营区	10.88	72.48	16.64	22.50
丰满区	9.78	73.68	16.53	23.38
永吉县	10.16	71.82	18.01	19.12
吉林经济开发区	7.72	76.73	15.55	22.91
吉林高新技术产业开发区	12.18	74.32	13.50	27.50
吉林中国新加坡食品区	12.95	69.39	17.66	19.69
蛟河市	11.08	70.95	17.97	19.64
桦甸市	12.20	72.09	15.71	21.23
舒兰市	11.28	70.73	17.99	19.45
磐石市	12.12	70.54	17.35	20.39
四平市	**11.83**	**71.28**	**16.88**	**21.17**
铁西区	10.76	74.37	14.87	26.63
铁东区	9.99	73.30	16.71	22.17
梨树县	13.04	68.97	18.00	18.59
伊通满族自治县	11.54	70.40	18.05	19.63
双辽市	12.99	71.07	15.94	20.75
辽源市	**10.71**	**72.15**	**17.14**	**20.50**
龙山区	11.30	73.19	15.51	23.15
西安区	7.82	72.81	19.37	18.36
东丰县	11.46	71.58	16.96	20.20
东辽县	10.56	71.03	18.41	18.37
通化市	**11.41**	**71.48**	**17.10**	**20.94**
东昌区	10.80	72.85	16.36	22.98
二道江区	8.15	71.05	20.79	19.35

有65岁及以上老年人口的户数(户)				户口登记地在外乡镇街道人口(人)		
合计	有一个老人	有二个老人	有三个及以上老人	本县(市、区)	本省其他县(市、区)	省外
321672	**193290**	**127306**	**1076**	**460629**	**215220**	**48724**
42782	24039	18572	171	93234	96132	10363
20880	12181	8630	69	38901	54500	5089
52788	31736	20888	164	14607	13808	3730
49968	31047	18801	120	73751	10133	11387
39880	24538	15204	138	59631	11963	4553
57715	34783	22735	197	71532	13782	5709
57659	34966	22476	217	108973	14902	7893
293075	**169911**	**121702**	**1462**	**410583**	**227056**	**63911**
53875	31852	21807	216	115103	78283	18595
28926	14923	13888	115	51018	71875	12777
28104	16473	11518	113	18662	8767	2391
69202	39498	29360	344	77994	18627	10059
54442	32924	21171	347	54723	8391	2725
58526	34241	23958	327	93083	41113	17364
2531072	**1534081**	**986347**	**10644**	**4471973**	**4877239**	**1001471**
842178	**500247**	**337821**	**4110**	**1362039**	**2606819**	**555573**
54918	32319	22317	282	60109	265236	71174
64009	39866	23845	298	94889	376723	65069
55435	33453	21705	277	70147	201179	71040
43580	27414	16003	163	74665	243704	43543
60416	34910	25239	267	69722	348748	54471
35543	21382	13991	170	57603	53989	21190
72145	44479	27360	306	138428	63362	13493
89898	53162	36262	474	155508	61106	7458
26954	15182	11666	106	16124	251039	38508
24980	13985	10844	151	36422	187325	61203
21605	12203	9297	105	16705	219372	56553
26712	15404	11193	115	26591	148373	21062
99102	59683	38882	537	193995	43793	9387
70277	41064	28826	387	154328	48932	7488
96604	55741	40391	472	196803	93938	13934
432439	**268218**	**162501**	**1720**	**683991**	**644191**	**105842**
68203	41499	26388	316	96157	157589	20397
48214	30385	17665	164	79630	72487	12756
52989	32549	20189	251	83242	133071	22348
29304	17493	11657	154	32366	91018	11859
31147	19498	11519	130	31987	25958	4543
5936	3675	2232	29	3241	16634	5631
14495	8299	6134	62	13930	58281	8940
4671	2896	1761	14	3303	3838	330
42537	27147	15236	154	82242	17499	5059
38633	25291	13229	113	78405	16450	3473
51545	32194	19160	191	90685	27338	5156
44765	27292	17331	142	88803	24028	5350
205788	**121912**	**83023**	**853**	**347229**	**236846**	**59115**
28375	16203	12045	127	77836	93097	26928
34611	21387	13104	120	94051	63563	14762
66391	38612	27508	271	63399	34704	6027
41322	24409	16704	209	56128	25509	3430
35089	21301	13662	126	55815	19973	7968
113866	**69323**	**44101**	**442**	**202733**	**158960**	**21996**
31477	18804	12556	117	88101	85070	9104
17160	11082	6028	50	35393	38107	3202
35759	21181	14415	163	62123	20604	5630
29470	18256	11102	112	17116	15179	4060
210760	**126596**	**83282**	**882**	**426638**	**196324**	**45756**
36839	21613	15072	154	87144	77142	15226
13143	8101	5002	40	14351	12034	2450

表3 续表 11

地 区	各年龄组人口占总人口比重(%)			
	0-14岁	15-64岁	65岁及以上	15-49岁育龄妇女
通化县	11.43	70.33	18.24	19.45
辉南县	11.72	70.40	17.88	20.30
柳河县	12.92	70.69	16.39	20.32
梅河口市	11.86	72.12	16.02	21.55
集安市	10.24	70.94	18.83	19.15
白山市	**10.98**	**71.39**	**17.63**	**19.92**
浑江区	11.07	72.21	16.72	21.67
江源区	8.34	70.84	20.83	16.40
抚松县	12.04	70.86	17.10	20.08
靖宇县	13.37	70.99	15.64	21.04
长白朝鲜族自治县	9.86	72.10	18.04	18.83
临江市	10.11	71.01	18.88	18.72
松原市	**13.19**	**72.50**	**14.31**	**22.27**
宁江区	12.73	73.17	14.09	24.62
前郭尔罗斯蒙古族自治县	13.51	72.83	13.66	22.04
长岭县	14.72	71.16	14.13	21.19
乾安县	11.54	73.57	14.89	21.33
吉林松原经济开发区	13.74	75.41	10.85	25.29
扶余市	12.67	71.59	15.75	20.26
白城市	**11.06**	**73.10**	**15.83**	**21.73**
洮北区	10.92	72.86	16.22	21.59
镇赉县	11.12	72.61	16.27	20.81
通榆县	12.24	73.06	14.69	21.71
吉林白城经济开发区	10.84	77.10	12.06	29.90
洮南市	11.76	72.23	16.00	20.81
大安市	9.29	73.10	17.61	20.17
延边朝鲜族自治州	**10.98**	**72.53**	**16.49**	**21.17**
延吉市	12.15	73.03	14.82	23.96
图们市	7.37	71.49	21.13	17.65
敦化市	11.45	71.70	16.85	20.13
珲春市	12.11	73.53	14.36	22.17
龙井市	7.44	72.13	20.43	18.12
和龙市	8.29	72.55	19.16	17.73
汪清县	9.65	72.35	18.00	18.93
安图县	11.28	72.00	16.72	19.60
黑龙江省	**10.32**	**74.07**	**15.61**	**22.70**
哈尔滨市	**10.46**	**74.89**	**14.65**	**24.29**
道里区	9.74	74.34	15.92	23.74
南岗区	11.16	75.97	12.87	27.02
道外区	9.68	74.21	16.11	22.69
平房区	9.43	76.40	14.17	24.21
松北区	9.54	79.01	11.45	26.63
香坊区	10.01	76.48	13.51	26.67
呼兰区	9.35	78.59	12.05	28.24
阿城区	10.18	73.72	16.10	22.79
双城区	10.67	73.82	15.51	22.39
依兰县	11.42	72.19	16.39	21.65
方正县	11.54	73.58	14.88	23.79
宾县	11.72	73.22	15.06	22.63
巴彦县	11.36	73.41	15.23	22.09
木兰县	12.19	72.66	15.15	21.75
通河县	11.00	73.65	15.36	22.01
延寿县	11.66	72.71	15.63	22.17
尚志市	11.37	71.95	16.68	21.56
五常市	10.52	73.39	16.09	22.05
齐齐哈尔市	**10.48**	**73.36**	**16.16**	**21.96**
龙沙区	8.37	74.46	17.17	22.24
建华区	9.92	75.92	14.16	26.38
铁锋区	7.49	73.14	19.37	19.03

有65岁及以上老年人口的户数(户)				户口登记地在外乡镇街道人口(人)		
合计	有一个老人	有二个老人	有三个及以上老人	本县(市、区)	本省其他县(市、区)	省外
22114	13261	8755	98	28906	12650	5204
29307	17741	11433	133	54393	19220	3229
31298	19131	12056	111	55421	16954	4375
56082	33769	22082	231	143276	46223	11272
21977	12980	8882	115	43147	12101	4000
114399	**70134**	**43864**	**401**	**245595**	**132226**	**24367**
33437	20136	13180	121	119579	56894	8806
19208	12032	7100	76	30880	21439	3650
26838	16468	10285	85	33144	26573	5277
11489	7002	4444	43	19030	11944	2609
7325	4609	2695	21	8223	5137	1705
16102	9887	6160	55	34739	10239	2320
217114	**130297**	**86004**	**813**	**466112**	**421658**	**36848**
54970	31362	23380	228	173553	209563	14124
38821	23977	14723	121	83168	50331	4863
44545	27081	17326	138	68516	31391	4858
20531	12262	8193	76	46015	23335	2501
5671	3418	2232	21	4191	69357	3906
52576	32197	20150	229	90669	37681	6596
166130	**99766**	**65826**	**538**	**369084**	**191723**	**41296**
38062	22853	15062	147	109403	53406	12957
24099	14400	9615	84	35773	19790	5715
28646	17613	10935	98	61390	24920	4003
8560	4855	3667	38	20893	48944	8781
34195	20600	13518	77	72728	20114	5580
32568	19445	13029	94	68897	24549	4260
228398	**147588**	**79925**	**885**	**368552**	**288492**	**110678**
69617	45323	23985	309	118748	154058	56689
12407	8092	4255	60	10664	11291	3453
46414	28896	17383	135	97132	27866	9215
23615	15080	8442	93	51783	34030	23522
19175	12814	6275	86	14320	16354	4589
15819	10638	5133	48	18131	15363	3137
21626	14019	7568	39	34297	12330	4661
19725	12726	6884	115	23477	17200	5412
3349064	**2102660**	**1229185**	**17219**	**4984589**	**5735819**	**829176**
985469	**632964**	**345764**	**6741**	**1568798**	**2246656**	**414115**
112879	75653	35742	1484	195249	277607	40012
115805	74189	40585	1031	160412	451347	122488
85022	56373	28150	499	140929	241228	35283
22631	14130	8419	82	38561	80005	19974
30638	19368	11092	178	32925	175295	36341
95859	60891	34519	449	162319	420595	80300
60902	38447	22132	323	133731	262416	37010
53003	32463	20269	271	139579	80505	8824
69900	45094	24350	456	118278	50989	5492
29758	18837	10813	108	50659	25453	2037
19025	12012	6963	50	31213	13736	1449
46869	29211	17499	159	79611	42479	6157
45000	27571	17296	133	61796	30182	2450
19179	12706	6410	63	15497	10358	811
19748	12937	6764	47	32472	14016	1258
20322	13042	7247	33	28573	11384	1397
55559	36007	19385	167	48388	26641	3955
83370	54033	28129	1208	98606	32420	8877
456248	**288674**	**165564**	**2010**	**562791**	**408603**	**77396**
39488	26550	12584	354	32658	94979	17169
30424	19470	10684	270	45287	77952	17978
34738	22497	12016	225	25133	50266	7788

表3 续表 12

地　区	各年龄组人口占总人口比重(%)			
	0-14岁	15-64岁	65岁及以上	15-49岁育龄妇女
昂昂溪区	7.89	73.99	18.11	19.87
富拉尔基区	7.39	72.80	19.81	18.58
碾子山区	7.38	71.38	21.23	18.17
梅里斯达斡尔族区	10.13	74.23	15.64	21.76
龙江县	12.31	72.58	15.11	22.30
依安县	10.83	74.56	14.61	22.67
泰来县	11.45	73.75	14.80	21.83
甘南县	13.20	72.12	14.68	22.20
富裕县	11.00	73.25	15.76	21.60
克山县	9.85	72.46	17.69	21.24
克东县	10.86	73.01	16.13	22.25
拜泉县	11.94	72.00	16.06	21.29
讷河市	11.45	72.75	15.80	22.52
鸡西市	**9.17**	**73.51**	**17.31**	**20.41**
鸡冠区	9.66	74.27	16.07	21.73
恒山区	6.49	73.56	19.95	16.82
滴道区	7.61	72.51	19.88	17.75
梨树区	7.10	73.48	19.42	16.87
城子河区	6.95	74.75	18.29	18.23
麻山区	8.81	70.97	20.22	18.62
鸡东县	8.97	73.35	17.68	20.52
虎林市	9.97	73.27	16.76	20.22
密山市	9.81	72.98	17.20	21.31
鹤岗市	**8.69**	**74.86**	**16.45**	**20.43**
向阳区	7.21	73.48	19.32	18.83
工农区	10.66	75.46	13.88	23.09
南山区	7.72	76.45	15.83	19.56
兴安区	7.28	75.65	17.07	18.16
东山区	7.44	74.64	17.92	19.35
兴山区	7.00	75.20	17.80	18.72
萝北县	9.15	73.97	16.88	20.74
绥滨县	9.78	74.49	15.73	21.57
双鸭山市	**9.72**	**73.62**	**16.66**	**20.97**
尖山区	9.77	74.67	15.56	21.97
岭东区	4.85	74.57	20.59	15.84
四方台区	6.30	75.49	18.21	16.88
宝山区	5.78	75.47	18.75	16.64
集贤县	9.73	73.55	16.72	21.69
友谊县	8.90	72.14	18.97	20.78
宝清县	11.07	72.60	16.33	21.59
饶河县	11.08	73.58	15.34	20.96
大庆市	**11.17**	**74.51**	**14.33**	**23.98**
萨尔图区	11.46	74.53	14.02	25.40
龙凤区	11.44	75.37	13.19	24.95
让胡路区	10.96	73.83	15.21	25.18
红岗区	7.84	74.46	17.70	21.73
大同区	10.60	75.44	13.95	21.92
肇州县	10.61	73.84	15.56	21.13
肇源县	11.14	73.39	15.47	21.59
林甸县	11.15	73.45	15.40	22.15
杜尔伯特蒙古族自治县	12.25	73.42	14.33	21.72
大庆高新技术产业开发区	13.09	78.66	8.24	31.08
伊春市	**7.40**	**74.38**	**18.22**	**19.15**
伊美区	8.45	74.09	17.47	21.11
乌翠区	6.40	75.91	17.69	18.53
友好区	5.52	75.14	19.34	17.29
嘉荫县	10.73	73.21	16.05	21.63
汤旺县	5.93	74.96	19.10	17.43
丰林县	5.30	74.84	19.86	16.69
大箐山县	5.05	73.06	21.90	15.74

有65岁及以上老年人口的户数(户)				户口登记地在外乡镇街道人口(人)		
合计	有一个老人	有二个老人	有三个及以上老人	本县(市、区)	本省其他县(市、区)	省外
8612	5665	2926	21	8102	10950	1365
27818	18593	9117	108	24801	22718	3028
8504	5519	2938	47	3111	3900	701
13874	8649	5184	41	13941	12280	2159
44236	27359	16738	139	40348	23301	4705
37305	23464	13734	107	43325	13618	1775
26426	16942	9406	78	21249	12102	4960
30110	18854	11191	65	37738	15051	4627
24592	15009	9479	104	29752	12463	2544
31880	19724	12051	105	41297	12072	1466
17487	10878	6501	108	45470	9671	928
32038	19674	12309	55	48725	15952	1688
48716	29827	18706	183	101854	21328	4515
172976	**109618**	**62596**	**762**	**211875**	**239138**	**33355**
42026	27433	14391	202	49918	71990	10038
12239	8209	3990	40	12219	12655	2538
8976	5791	3145	40	15186	8496	1126
5001	3189	1784	28	6048	6615	1194
8463	5622	2795	46	8398	13126	1832
2535	1681	850	4	1154	1919	404
24807	15761	8943	103	20296	18846	3609
29978	18405	11458	115	38837	52608	7576
38951	23527	15240	184	59819	52883	5038
98534	**63423**	**34801**	**310**	**112566**	**180814**	**23160**
9482	6438	2998	46	4918	10881	1765
12288	7959	4292	37	12333	29193	2880
12633	8886	3717	30	11951	33816	3595
11175	7590	3560	25	13489	28544	4151
11936	7819	4078	39	8588	23344	3948
2634	1729	901	4	2249	4225	825
23297	13940	9269	88	32390	39175	4458
15089	9062	5986	41	26648	11636	1538
133471	**81299**	**51508**	**664**	**225396**	**201183**	**20555**
26305	16701	9383	221	40382	50309	4118
3918	2791	1120	7	3577	4989	881
4906	3225	1672	9	4735	7666	1167
9166	5931	3215	20	5217	12289	1811
27253	16097	11039	117	53992	38089	3733
12023	6394	5564	65	29942	22609	1540
36931	22271	14502	158	70404	35925	4375
12969	7889	5013	67	17147	29307	2930
260159	**154009**	**105059**	**1091**	**312607**	**657407**	**80499**
28177	16383	11656	138	26590	117602	14551
24849	14772	10005	72	27365	113692	10447
57400	32052	25072	276	68072	144219	18740
15049	8747	6255	47	9434	47160	5555
17319	10830	6435	54	29778	28274	4505
32207	19203	12865	139	37437	35007	1799
34007	21032	12800	175	40828	45083	3455
20212	12118	8041	53	37869	15287	1552
19805	12542	7186	77	25900	21967	2354
11134	6330	4744	60	9334	89116	17541
110779	**72896**	**37523**	**360**	**83854**	**107925**	**7787**
20785	14043	6680	62	15456	27853	1732
9098	6200	2846	52	3396	7898	377
6974	4610	2349	15	9321	8947	418
6117	3717	2377	23	9613	8005	737
4311	2906	1395	10	639	4549	277
8848	5917	2903	28	1019	4543	475
9357	6356	2973	28	921	2402	312

表3 续表 13

地 区	各年龄组人口占总人口比重(%)			
	0-14岁	15-64岁	65岁及以上	15-49岁育龄妇女
南岔县	5.96	74.07	19.97	17.16
金林区	6.65	74.36	18.99	18.06
铁力市	8.66	74.46	16.88	20.51
佳木斯市	**10.59**	**73.83**	**15.59**	**22.72**
向阳区	9.93	75.81	14.26	25.98
前进区	10.06	73.91	16.04	23.35
东风区	7.20	74.85	17.95	20.07
郊区	9.64	74.61	15.76	22.10
桦南县	10.51	72.34	17.15	21.67
桦川县	10.91	72.03	17.06	21.30
汤原县	10.05	71.53	18.42	20.44
同江市	12.97	73.83	13.20	22.55
富锦市	11.42	73.96	14.62	23.51
抚远市	13.18	74.84	11.98	22.96
七台河市	**11.01**	**73.84**	**15.16**	**22.04**
新兴区	9.28	74.45	16.27	20.35
桃山区	12.55	75.22	12.22	25.13
茄子河区	11.43	74.68	13.89	20.96
勃利县	10.53	71.39	18.08	20.89
牡丹江市	**10.40**	**72.25**	**17.35**	**21.57**
东安区	11.33	72.09	16.58	22.59
阳明区	9.38	71.86	18.77	20.63
爱民区	7.84	75.81	16.34	25.32
西安区	10.37	72.14	17.49	22.23
林口县	10.30	71.31	18.39	20.28
绥芬河市	14.20	75.63	10.17	24.96
海林市	9.43	71.52	19.05	19.77
宁安市	10.54	70.82	18.64	20.59
穆棱市	11.76	70.48	17.76	19.77
东宁市	11.72	72.29	15.99	20.95
黑河市	**10.36**	**74.01**	**15.63**	**22.35**
爱辉区	10.17	75.48	14.35	24.44
逊克县	10.67	74.58	14.75	21.85
孙吴县	11.77	73.85	14.38	22.46
北安市	9.49	73.72	16.79	21.49
五大连池市	10.08	74.18	15.75	21.36
嫩江市	11.05	73.13	15.81	22.54
绥化市	**10.71**	**73.60**	**15.69**	**22.16**
北林区	10.18	74.21	15.61	23.10
望奎县	10.83	72.35	16.82	21.51
兰西县	11.48	72.46	16.06	20.96
青冈县	11.08	72.93	15.99	21.89
庆安县	10.05	74.18	15.77	22.26
明水县	11.24	73.00	15.76	21.36
绥棱县	10.49	73.90	15.61	22.11
安达市	10.05	74.66	15.29	22.04
肇东市	11.20	74.07	14.74	22.51
海伦市	10.76	72.95	16.29	22.00
大兴安岭地区	**8.00**	**75.62**	**16.38**	**21.37**
漠河市	8.10	78.98	12.92	21.63
呼玛县	9.96	74.83	15.22	21.31
塔河县	6.99	75.97	17.04	20.64
加格达奇区	8.96	74.18	16.86	22.08
松岭区	4.69	76.09	19.21	20.26
新林区	4.95	76.46	18.59	19.04
呼中区	5.44	75.73	18.83	20.87

有65岁及以上老年人口的户数(户)				户口登记地在外乡镇街道人口(人)		
合计	有一个老人	有二个老人	有三个及以上老人	本县(市、区)	本省其他县(市、区)	省外
11523	7671	3829	23	6636	10943	513
7625	4747	2838	40	1143	7716	842
26141	16729	9333	79	35710	25069	2104
222178	**137082**	**84258**	**838**	**454739**	**476097**	**41574**
25720	15593	10021	106	38974	127749	14340
19545	12434	7001	110	20601	52640	4153
14648	9622	4960	66	21819	28777	2143
28850	18418	10326	106	32576	66961	4767
33617	21031	12486	100	66535	30935	1677
17011	10150	6808	53	40121	13073	1388
22115	13314	8731	70	32954	17441	2007
14964	9118	5795	51	36218	43826	3350
38349	22797	15405	147	148245	60497	5499
7359	4605	2725	29	16696	34198	2250
69854	**44069**	**25553**	**232**	**120469**	**172756**	**16268**
17681	11736	5898	47	28241	45687	4780
15911	9956	5901	54	22807	63647	4722
11662	7428	4197	37	22781	40589	4866
24600	14949	9557	94	46640	22833	1900
265217	**163620**	**100257**	**1340**	**253137**	**408073**	**48559**
23171	14107	8966	98	20708	58894	5415
22177	13060	8989	128	19628	42230	3743
28489	17687	10675	127	34732	89262	12957
27539	17273	9940	326	21853	52434	4935
30628	19296	11199	133	22944	17284	2305
7400	4591	2787	22	6242	52778	6520
38966	24469	14325	172	25212	24793	3518
41528	24926	16443	159	57023	20584	2987
23816	14927	8793	96	16717	23891	1905
21503	13284	8140	79	28078	25923	4274
137424	**84779**	**52142**	**503**	**313563**	**160081**	**26602**
21350	13175	8101	74	41609	48723	8539
8690	5609	3059	22	20127	9562	1077
7511	4880	2620	11	16930	11866	1074
34144	20717	13259	168	84401	40242	3263
26881	16768	10012	101	50795	18700	2190
38848	23630	15091	127	99701	30988	10459
400349	**247265**	**150838**	**2246**	**725466**	**416681**	**23825**
72813	44774	27687	352	116404	96900	8139
31984	18971	12802	211	50445	38977	1398
33997	20929	12922	146	61427	27236	1399
31123	18781	12008	334	62333	24776	1699
27228	16504	10605	119	74200	35317	1343
21209	12723	8404	82	54300	21617	1102
22218	13559	8575	84	67516	27628	1549
36432	22969	13326	137	71134	57610	2993
68764	43806	24399	559	75984	53780	2545
54581	34249	20110	222	91723	32840	1658
36406	**22962**	**13322**	**122**	**39328**	**60405**	**15481**
4571	2998	1559	14	2731	8771	2627
3789	2383	1389	17	4391	6149	1071
5782	3595	2173	14	4204	8455	1350
15258	9421	5774	63	23202	31860	9022
2163	1383	770	10	1487	1771	601
2721	1797	922	2	1456	1527	428
2122	1385	735	2	1857	1872	382

表3 续表 14

地　区	各年龄组人口占总人口比重(%)			
	0-14岁	15-64岁	65岁及以上	15-49岁育龄妇女
上海市	**9.80**	**73.92**	**16.28**	**24.63**
市辖区	**9.80**	**73.92**	**16.28**	**24.63**
黄浦区	8.67	72.84	18.48	23.04
徐汇区	9.79	69.60	20.61	24.98
长宁区	8.89	70.46	20.65	25.97
静安区	9.31	68.72	21.97	23.47
普陀区	9.39	69.48	21.12	23.75
虹口区	8.19	68.58	23.23	22.40
杨浦区	8.84	69.31	21.85	23.00
闵行区	10.86	75.11	14.02	26.07
宝山区	10.01	74.61	15.39	24.24
嘉定区	9.81	78.12	12.07	25.89
浦东新区	10.48	74.53	14.99	25.33
金山区	9.22	73.75	17.03	21.72
松江区	10.71	78.38	10.91	26.92
青浦区	8.86	79.58	11.56	25.58
奉贤区	9.28	76.96	13.76	24.33
崇明区	6.69	63.68	29.63	14.65
江苏省	**15.21**	**68.59**	**16.20**	**22.23**
南京市	**12.75**	**73.55**	**13.70**	**25.43**
玄武区	11.15	74.18	14.67	27.56
秦淮区	11.15	70.17	18.68	23.89
建邺区	13.32	73.68	13.01	26.46
鼓楼区	12.64	70.14	17.22	25.74
浦口区	14.09	75.83	10.08	26.39
栖霞区	11.18	78.03	10.79	28.12
雨花台区	12.54	76.71	10.74	26.40
江宁区	13.05	76.10	10.84	26.84
六合区	13.11	69.92	16.97	21.68
溧水区	13.87	69.76	16.37	21.60
高淳区	13.86	65.84	20.30	19.51
无锡市	**12.96**	**72.39**	**14.65**	**23.93**
锡山区	13.46	74.57	11.96	24.69
惠山区	14.16	74.06	11.77	25.19
滨湖区	12.72	73.46	13.82	25.46
梁溪区	12.63	70.44	16.93	23.75
新吴区	14.04	74.77	11.18	26.47
江阴市	12.80	72.66	14.55	23.68
宜兴市	11.82	68.73	19.45	20.49
徐州市	**22.36**	**62.92**	**14.72**	**20.95**
鼓楼区	16.30	70.50	13.20	23.79
云龙区	19.42	69.58	11.00	26.07
贾汪区	21.77	63.34	14.89	20.46
泉山区	16.08	68.82	15.10	24.00
铜山区	22.25	63.58	14.17	21.33
丰县	22.30	60.60	17.09	19.31
沛县	23.54	61.15	15.31	20.01
睢宁县	22.88	61.30	15.82	19.82
徐州经济技术开发区	22.06	68.14	9.80	24.47
新沂市	25.05	60.75	14.19	19.77
邳州市	25.13	59.39	15.49	19.45
常州市	**13.26**	**71.86**	**14.88**	**23.55**
天宁区	13.35	71.16	15.50	24.36
钟楼区	13.44	72.49	14.07	24.79
新北区	15.16	72.72	12.12	25.07
武进区	13.31	73.97	12.72	24.86
金坛区	11.43	69.03	19.53	20.05
溧阳市	12.15	68.50	19.35	19.89
苏州市	**13.55**	**74.01**	**12.44**	**25.32**
虎丘区	14.79	75.95	9.25	27.56
吴中区	13.01	76.23	10.77	26.38

有65岁及以上老年人口的户数(户)				户口登记地在外乡镇街道人口(人)		
合计	有一个老人	有二个老人	有三个及以上老人	本县(市、区)	本省其他县(市、区)	省外
2618473	**1364339**	**1223613**	**30521**	**2407413**	**2247193**	**10479652**
2618473	**1364339**	**1223613**	**30521**	**2407413**	**2247193**	**10479652**
79997	44927	33680	1390	55168	52290	285329
148868	77858	69046	1964	116379	117981	344376
92324	48772	42345	1207	62872	81152	221304
139112	73931	63175	2006	77683	131035	256445
169775	87881	79722	2172	121445	169946	366405
114431	60722	52015	1694	76238	101174	204788
175489	92992	80410	2087	151342	131005	311249
236884	121702	112514	2668	209667	289387	1242924
223556	117670	103370	2516	136910	363868	905776
141724	72868	67121	1735	137192	150513	1036925
549065	280822	262884	5359	621051	361891	2419995
90151	45919	43060	1172	95612	29545	309579
135559	71129	62741	1689	176510	144394	1114610
95675	50729	43730	1216	151790	65431	724106
101940	52283	48640	1017	170011	40893	589305
123923	64134	59160	629	47543	16688	146536
9214389	**5209943**	**3920320**	**84126**	**9497224**	**10174114**	**10308610**
821466	**462770**	**353051**	**5645**	**985510**	**2075056**	**1348465**
49719	26481	22905	333	29229	132762	95480
89745	49352	39741	652	90466	161856	90820
43012	22913	19823	276	51387	160943	73571
103422	55898	46755	769	97249	186895	101876
74054	42611	30922	521	116687	287344	188006
66486	37565	28515	406	78331	322874	187885
41149	23420	17484	245	63972	194753	130627
129906	74123	54899	884	167373	474168	340874
108230	62259	45096	875	143494	92808	71023
54772	31837	22604	331	92278	47964	49918
60971	36311	24307	353	55044	12689	18385
725625	**392357**	**327974**	**5294**	**580211**	**1190806**	**1670683**
70100	37776	31577	747	34172	156264	284066
69965	38057	31370	538	36962	172577	245442
81683	42918	38187	578	66134	196601	202481
110900	60719	49494	687	112605	193105	148655
51568	27283	23903	382	27814	187889	176003
173607	94353	78129	1125	106623	201292	395832
167802	91251	75314	1237	195901	83078	218204
915510	**535929**	**370544**	**9037**	**1091511**	**657261**	**248367**
37141	21033	15882	226	73088	101546	32220
34292	19363	14758	171	55261	121591	35508
46270	27013	18907	350	49185	19848	10837
62127	33810	27938	379	91871	117019	39290
121274	71032	49382	860	77567	102192	54441
108110	61958	44790	1362	113658	17887	10957
109168	63276	44763	1129	143322	22007	15851
120560	74075	45371	1114	169241	25029	12575
25440	14728	10562	150	34159	88042	19983
97331	59276	37179	876	116406	17677	8928
153797	90365	61012	2420	167753	24423	7777
526496	**292187**	**230390**	**3919**	**511963**	**883558**	**1033912**
67838	36493	30865	480	54810	145808	124951
61031	32916	27727	388	47684	164699	132551
72477	41588	30376	513	54640	179204	157033
142817	77085	64437	1295	115673	328537	467189
78708	45530	32621	557	121332	34509	80296
103625	58575	44364	686	117824	30801	71892
1033534	**543094**	**477125**	**13315**	**826289**	**1948916**	**3929860**
50290	26580	23211	499	43338	183739	242442
95545	51164	43505	876	57244	287088	424342

表3 续表 15

地 区	各年龄组人口占总人口比重(%)			
	0-14岁	15-64岁	65岁及以上	15-49岁育龄妇女
相城区	14.10	75.20	10.70	25.14
姑苏区	12.27	69.34	18.39	23.96
吴江区	12.85	74.10	13.04	24.51
苏州工业园区	16.15	75.36	8.49	28.41
常熟市	11.04	72.98	15.98	23.57
张家港市	13.72	71.58	14.71	23.16
昆山市	15.29	75.92	8.79	27.03
太仓市	12.16	71.77	16.07	23.16
南通市	**10.90**	**66.44**	**22.67**	**19.53**
崇川区	12.51	73.58	13.91	26.33
港闸区	13.03	73.64	13.33	24.93
通州区	11.05	65.21	23.74	18.88
如东县	8.33	61.69	29.98	15.16
南通经济技术开发区	13.18	76.58	10.23	25.48
启东市	9.45	64.57	25.98	17.43
如皋市	12.28	63.87	23.84	18.34
海门市	10.91	66.04	23.05	19.56
海安市	9.58	65.58	24.84	18.05
连云港市	**21.40**	**63.98**	**14.63**	**20.96**
连云区	14.77	70.72	14.52	20.55
海州区	18.70	67.54	13.76	23.14
赣榆区	22.54	61.92	15.53	20.03
东海县	24.48	61.24	14.27	20.34
灌云县	21.21	62.70	16.09	19.19
灌南县	22.32	62.11	15.57	19.41
连云港经济技术开发区	16.01	70.29	13.70	22.97
连云港高新技术产业开发区	15.77	77.86	6.36	33.15
淮安市	**17.70**	**65.88**	**16.42**	**21.01**
淮安区	16.60	63.62	19.78	19.31
淮阴区	18.33	65.90	15.77	20.89
清江浦区	17.48	69.83	12.68	24.50
洪泽区	13.48	67.37	19.15	19.91
涟水县	20.30	62.70	17.00	19.85
盱眙县	18.38	64.34	17.28	19.51
金湖县	11.51	67.07	21.42	18.28
淮安经济技术开发区	19.99	71.19	8.82	26.64
盐城市	**15.03**	**65.09**	**19.88**	**19.06**
亭湖区	14.22	71.27	14.51	23.13
盐都区	16.00	66.85	17.15	21.73
大丰区	9.94	68.26	21.80	17.55
响水县	21.23	62.06	16.71	18.78
滨海县	20.36	60.65	18.99	18.61
阜宁县	18.31	61.44	20.25	18.43
射阳县	13.89	65.81	20.30	17.87
建湖县	13.44	63.93	22.63	18.57
盐城经济技术开发区	13.10	71.69	15.21	23.60
东台市	9.79	63.93	26.28	15.93
扬州市	**11.57**	**68.44**	**19.99**	**21.17**
广陵区	11.46	71.63	16.91	22.16
邗江区	13.19	73.01	13.80	25.81
江都区	10.47	65.68	23.85	19.45
宝应县	12.11	64.41	23.47	18.77
扬州经济技术开发区	12.59	73.31	14.11	25.51
仪征市	11.52	68.78	19.70	19.69
高邮市	10.28	65.74	23.98	18.88
镇江市	**11.89**	**70.60**	**17.51**	**21.67**
京口区	11.20	71.92	16.88	23.39
润州区	11.85	71.81	16.33	22.53
丹徒区	10.77	71.26	17.97	21.18
镇江新区	13.20	71.95	14.84	22.53

有65岁及以上老年人口的户数(户)				户口登记地在外乡镇街道人口(人)		
合计	有一个老人	有二个老人	有三个及以上老人	本县(市、区)	本省其他县(市、区)	省外
62517	33919	28049	549	55592	159138	287822
112951	62036	50215	700	98970	156408	161929
135347	76480	57154	1713	62925	154096	552386
62512	33252	28756	504	58064	247026	343483
172287	85260	84142	2885	160335	187489	478230
137972	70759	66038	1175	131544	165901	389276
120635	64630	54426	1579	112271	324079	782626
83478	39014	41629	2835	46006	83952	267324
1167225	**639075**	**513755**	**14395**	**688901**	**681155**	**790498**
70403	37275	32205	923	124902	181364	104618
35404	19181	15661	562	35268	132425	76715
199696	108426	88612	2658	85359	73146	172415
174561	92007	79552	3002	63379	30999	37065
21476	11218	10040	218	16596	105308	82768
166247	88732	76692	823	100283	38557	65841
204223	120089	81045	3089	78398	32555	39238
148297	80428	66832	1037	108723	45945	151882
146918	81719	63116	2083	75993	40856	59956
456281	**257249**	**195802**	**3230**	**446313**	**293899**	**87072**
18916	9750	9035	131	25494	35009	19381
67233	36206	30560	467	109482	76820	13338
107240	60685	46026	529	68572	18096	10802
102945	60313	41771	861	94140	30527	8421
79346	44439	34312	595	68479	21241	4171
65449	37627	27278	544	62082	17886	6180
8061	4332	3663	66	6140	24280	5007
7091	3897	3157	37	11924	70040	19772
519233	**314130**	**201260**	**3843**	**713949**	**343325**	**76083**
110643	68663	41283	697	120923	29366	8316
83442	52135	30616	691	89344	44494	10178
51007	30106	20568	333	105704	89758	13762
37765	22570	14936	259	62092	11938	3210
97402	58256	38342	804	111976	24276	5121
72676	43343	28819	514	117909	21153	8141
41457	23350	17703	404	73296	13361	6593
24841	15707	8993	141	32705	108979	20762
914509	**523050**	**384578**	**6881**	**999172**	**431195**	**120284**
77513	44278	32390	845	126396	117231	17902
98338	57244	40485	609	132467	130055	16056
94971	51431	42847	693	104960	25110	17865
52881	30132	22424	325	81007	22368	5755
108218	62821	44737	660	108695	20358	8177
113753	69083	43903	767	111327	22119	5244
105531	59570	45231	730	122446	23307	9539
93492	53541	39356	595	138192	26592	6835
10622	6116	4398	108	4848	18788	5644
159190	88834	68807	1549	68834	25267	27267
610901	**354810**	**250131**	**5960**	**618909**	**553613**	**261228**
67929	39729	27517	683	75666	126639	56543
77935	44697	32513	725	100225	208870	71514
150233	87466	61394	1373	114524	57451	43968
109457	64858	43617	982	118870	23875	11218
22040	12483	9360	197	16069	72450	27894
72075	43510	27777	788	72135	31704	28362
111232	62067	47953	1212	121420	32624	21729
373624	**212645**	**158069**	**2910**	**475191**	**458461**	**418530**
38783	20866	17605	312	67899	78301	35796
31844	17756	13844	244	65844	71654	23806
41017	23548	17120	349	38768	62771	40501
24741	14332	10257	152	43974	58830	40495

表3 续表 16

地 区	各年龄组人口占总人口比重(%)			
	0-14岁	15-64岁	65岁及以上	15-49岁育龄妇女
丹阳市	12.29	70.38	17.33	21.69
扬中市	12.00	69.27	18.73	20.15
句容市	11.67	69.38	18.95	20.94
泰州市	**12.36**	**65.63**	**22.01**	**19.56**
海陵区	12.37	70.60	17.03	24.01
高港区	12.79	66.86	20.35	20.05
姜堰区	11.30	64.28	24.42	19.15
泰州医药高新技术产业开发区	14.27	72.88	12.85	25.57
兴化市	13.79	60.68	25.53	16.26
靖江市	10.73	68.61	20.65	20.30
泰兴市	11.99	65.35	22.67	19.03
宿迁市	**23.48**	**62.96**	**13.56**	**21.27**
宿城区	22.76	64.93	12.31	22.95
宿豫区	21.67	64.47	13.85	21.74
沭阳县	24.20	62.43	13.37	20.55
泗阳县	22.79	62.01	15.20	20.80
泗洪县	24.62	61.13	14.25	20.48
宿迁经济技术开发区	23.90	66.59	9.52	24.26
浙江省	**13.45**	**73.29**	**13.27**	**24.06**
杭州市	**13.02**	**75.33**	**11.66**	**25.93**
上城区	12.08	70.66	17.27	24.14
下城区	11.83	70.97	17.20	26.15
江干区	12.91	79.81	7.28	30.71
拱墅区	13.96	73.81	12.22	27.38
西湖区	13.61	76.37	10.02	28.86
滨江区	13.70	79.36	6.94	30.98
萧山区	12.43	76.06	11.51	24.74
余杭区	13.49	78.12	8.38	26.95
富阳区	13.26	72.68	14.06	22.86
临安区	11.87	72.88	15.25	21.86
桐庐县	13.48	69.86	16.66	21.86
淳安县	12.89	65.02	22.09	17.81
建德市	12.98	66.62	20.40	18.27
宁波市	**12.26**	**75.14**	**12.59**	**24.75**
海曙区	12.17	75.23	12.60	25.71
江北区	12.98	75.28	11.74	25.24
北仑区	11.96	77.99	10.05	25.68
镇海区	13.01	76.54	10.45	25.50
鄞州区	13.40	75.55	11.05	27.18
奉化区	10.84	72.37	16.79	21.38
象山县	12.99	70.42	16.59	21.46
宁海县	14.81	71.14	14.06	22.46
余姚市	11.59	74.44	13.98	23.73
慈溪市	10.78	77.36	11.86	24.97
温州市	**15.28**	**73.01**	**11.71**	**24.48**
鹿城区	12.86	76.05	11.08	26.72
龙湾区	13.94	78.56	7.50	25.60
瓯海区	12.03	79.81	8.16	28.25
洞头区	12.89	73.91	13.20	22.43
永嘉县	16.39	69.64	13.97	22.63
平阳县	16.14	69.74	14.11	22.63
苍南县	17.74	68.59	13.67	22.99
文成县	17.29	64.98	17.74	20.64
泰顺县	19.05	64.55	16.40	20.59
温州经济技术开发区	11.99	82.48	5.54	27.15
瑞安市	14.52	74.09	11.39	24.73
乐清市	16.75	71.46	11.79	23.96
龙港市	18.29	71.80	9.91	24.16

有65岁及以上老年人口的户数(户)				户口登记地在外乡镇街道人口(人)		
合计	有一个老人	有二个老人	有三个及以上老人	本县(市、区)	本省其他县(市、区)	省外
116475	66736	48868	871	121954	85716	186197
39774	23087	16352	335	38844	24108	31805
80990	46320	34023	647	97908	77081	59930
681948	**403206**	**272404**	**6338**	**693117**	**377487**	**234322**
65575	36186	28749	640	91514	120311	45127
37530	23737	13449	344	20314	36616	17321
114068	68814	44211	1043	123619	45058	20014
19600	11944	7428	228	21686	58577	27205
193836	110994	81191	1651	153141	36870	22062
93053	52818	39274	961	159915	39220	55523
158286	98713	58102	1471	122928	40835	47070
468037	**279441**	**185237**	**3359**	**866188**	**279382**	**89306**
73599	45695	27479	425	100337	73769	21004
57449	35596	21453	400	105414	39131	18543
153039	88792	63039	1208	259646	56300	18889
86765	51210	34824	731	153501	35535	9172
84598	50144	33923	531	228050	33720	15361
12587	8004	4519	64	19240	40927	6337
5965869	**3574288**	**2358799**	**32782**	**8144363**	**5776998**	**16186454**
947202	**551112**	**389485**	**6605**	**1143626**	**1872366**	**3204981**
41095	22601	18186	308	24088	65232	88368
53254	27783	25053	418	40963	105803	88616
71133	39661	30879	593	71391	435001	466246
51167	28938	21912	317	44677	167294	127399
72418	39572	32197	649	74051	231813	269931
22885	12972	9767	146	20674	136584	128644
177515	102304	73881	1330	229420	214276	781809
141003	85906	53894	1203	150506	358129	880633
81106	47717	32867	522	170686	54903	155315
67075	40050	26657	368	111834	47071	108610
52700	31595	20832	273	74943	29675	71511
51704	31970	19571	163	72457	9053	10287
64147	40043	23789	315	57936	17532	27612
809706	**460599**	**345582**	**3525**	**1051081**	**854748**	**3132730**
88416	48612	39494	310	107916	186946	318145
39153	22639	16346	168	37227	92488	167704
57291	32865	24197	229	66250	61892	372845
37346	21043	16149	154	43907	69336	209231
117544	63840	53283	421	185605	261217	461204
66380	38154	28033	193	88437	24767	135980
66218	40314	25683	221	116492	16646	100155
69876	43397	26312	167	144900	24089	139234
120273	68992	50569	712	125871	43191	449945
147209	80743	65516	950	134476	74176	778287
799151	**502066**	**293642**	**3443**	**1302176**	**821255**	**2294320**
88820	51658	36706	456	187962	163771	349126
24427	14937	9380	110	51602	68286	206517
54229	32388	21589	252	84362	211628	337953
14397	9638	4698	61	9568	14857	30152
85653	52988	32290	375	132535	28338	130479
88324	56737	31258	329	142000	46067	110096
84411	55968	28062	381	139685	40905	71160
38096	25740	12198	158	21111	5329	6738
33633	24060	9475	98	39623	5909	5632
9555	5870	3635	50	2519	29197	146117
123227	76622	46012	593	210646	64922	420268
121829	74860	46517	452	147739	57274	405430
32550	20600	11822	128	132824	84772	74652

表3 续表 17

地　区	各年龄组人口占总人口比重(%)			
	0-14岁	15-64岁	65岁及以上	15-49岁育龄妇女
嘉兴市	**12.08**	**73.87**	**14.05**	**23.95**
南湖区	12.94	74.08	12.98	25.11
秀洲区	13.15	74.59	12.26	24.81
嘉善县	11.75	74.07	14.18	23.19
海盐县	12.45	70.54	17.01	20.78
海宁市	11.21	75.18	13.62	24.64
平湖市	11.43	72.37	16.20	22.08
桐乡市	12.05	74.22	13.74	24.79
湖州市	**11.94**	**72.55**	**15.52**	**22.66**
吴兴区	11.72	75.62	12.66	25.64
南浔区	11.04	68.65	20.31	19.41
德清县	11.60	72.39	16.01	21.44
长兴县	12.66	70.49	16.85	21.83
安吉县	12.64	73.33	14.03	22.57
绍兴市	**11.89**	**71.91**	**16.21**	**22.78**
越城区	12.27	72.75	14.98	24.64
柯桥区	11.92	76.36	11.73	24.48
上虞区	11.14	70.60	18.26	22.22
新昌县	12.63	69.46	17.91	20.32
诸暨市	12.18	71.03	16.80	22.64
嵊州市	11.23	68.10	20.67	19.67
金华市	**14.30**	**74.11**	**11.59**	**25.10**
婺城区	14.27	73.91	11.81	25.87
金东区	13.13	74.96	11.91	24.47
武义县	14.87	72.43	12.70	22.85
浦江县	14.22	71.72	14.06	23.04
磐安县	14.85	67.00	18.15	19.93
兰溪市	13.27	66.90	19.84	19.25
义乌市	13.87	78.89	7.25	28.65
东阳市	14.90	71.83	13.26	24.23
永康市	15.41	74.75	9.84	25.32
衢州市	**14.75**	**66.79**	**18.46**	**19.94**
柯城区	14.72	70.61	14.67	23.61
衢江区	14.02	67.07	18.91	18.33
常山县	15.98	64.75	19.27	18.57
开化县	16.03	63.72	20.25	18.34
龙游县	12.58	67.33	20.09	18.85
江山市	15.61	64.79	19.61	19.60
舟山市	**9.81**	**73.10**	**17.09**	**20.23**
定海区	11.58	72.65	15.76	22.86
普陀区	9.86	73.21	16.93	20.61
岱山县	6.21	74.65	19.14	14.40
嵊泗县	7.50	71.00	21.50	16.49
台州市	**14.69**	**71.51**	**13.80**	**22.76**
椒江区	14.80	74.44	10.76	25.33
黄岩区	13.85	71.09	15.06	22.42
路桥区	14.07	74.01	11.92	24.03
三门县	16.94	67.71	15.35	20.66
天台县	16.42	66.88	16.71	20.94
仙居县	17.49	66.24	16.27	20.08
温岭市	12.83	73.31	13.87	23.28
临海市	15.51	68.98	15.51	21.55
玉环市	14.27	75.41	10.32	23.93
丽水市	**15.97**	**68.66**	**15.37**	**21.68**
莲都区	15.75	71.99	12.27	23.88
青田县	17.04	69.59	13.37	23.38
缙云县	16.87	65.67	17.46	20.23
遂昌县	13.17	67.32	19.51	18.91
松阳县	15.25	67.92	16.83	20.20
云和县	15.14	70.17	14.69	21.30
庆元县	16.13	66.82	17.05	20.66
景宁畲族自治县	17.16	64.97	17.87	19.99
龙泉市	15.41	67.71	16.88	20.56

有65岁及以上老年人口的户数(户)				户口登记地在外乡镇街道人口(人)		
合计	有一个老人	有二个老人	有三个及以上老人	本县(市、区)	本省其他县(市、区)	省外
522035	**299977**	**216587**	**5471**	**519982**	**330831**	**1724340**
74141	41424	32224	493	100476	102410	254392
58140	34312	23304	524	41180	58602	255756
62112	34515	26910	687	67577	21801	257344
52577	28564	23446	567	42281	11382	102896
100170	56780	42077	1313	97547	65250	354478
75260	43753	30732	775	79861	20824	182344
99635	60629	37894	1112	91060	50562	317130
360522	**212051**	**144866**	**3605**	**435970**	**188600**	**762285**
87934	51575	35571	788	153693	103867	306330
77283	46180	30051	1052	23831	18287	131101
60295	35337	24226	732	69875	26825	115409
78144	45126	32355	663	112663	16795	79916
56866	33833	22663	370	75908	22826	129529
597461	**361358**	**233655**	**2448**	**833137**	**318057**	**1058739**
105728	62038	43251	439	172781	111726	208359
92123	57513	34242	368	86678	91493	406183
106939	63059	43334	546	102526	35402	142128
53351	34424	18834	93	123234	17992	23967
141212	85178	55483	551	231986	45631	225098
98108	59146	38511	451	115932	15813	53004
577648	**358073**	**217404**	**2171**	**839351**	**574588**	**2185670**
79790	48846	30632	312	160431	149748	180671
42621	26192	16285	144	33653	61810	157412
41517	25623	15745	149	78056	17984	145020
45706	28341	17247	118	70916	14420	100555
23124	14500	8577	47	23511	7188	12031
83457	55010	28161	286	60087	20435	38623
93285	57258	35603	424	171927	190740	880224
101034	60542	40025	467	136011	74578	308296
67114	41761	25129	224	104759	37685	362838
299973	**188928**	**109958**	**1087**	**403659**	**179825**	**104464**
53450	31877	21325	248	102931	105192	34701
51034	32636	18185	213	54580	34737	19555
36323	23401	12823	99	39714	8570	8144
37405	23230	14078	97	46258	5177	5293
51638	32141	19325	172	60653	16666	21507
70123	45643	24222	258	99523	9483	15264
137104	**80119**	**56388**	**597**	**203563**	**92492**	**231976**
54241	31370	22624	247	93499	52017	87807
45057	26423	18420	214	80208	27558	75171
27724	16291	11335	98	22508	8937	61235
10082	6035	4009	38	7348	3980	7763
639543	**384375**	**252501**	**2667**	**806764**	**344657**	**1317302**
60238	34524	25397	317	80621	130020	197108
73411	42852	30179	380	93104	32432	149336
51872	30537	21097	238	55998	53268	184313
41056	24657	16282	117	58868	11860	28228
58049	38299	19582	168	84494	12599	19818
50159	31303	18698	158	104309	10655	18246
137119	81651	54849	619	132047	41003	378613
120512	71523	48568	421	145884	36346	112068
47127	29029	17849	249	51439	16474	229572
275524	**175630**	**98731**	**1163**	**605054**	**199579**	**169647**
47513	28809	18453	251	134668	118176	72804
50346	33949	16211	186	80752	16842	30288
50709	31593	18973	143	65125	10022	24827
27003	17152	9695	156	40782	6670	4683
24990	15921	8976	93	40253	7716	11128
13740	8988	4671	81	39582	20665	11143
17395	11082	6270	43	57706	3770	3458
14321	9357	4880	84	45014	5687	3032
29507	18779	10602	126	101172	10031	8284

表3 续表 18

地 区	各年龄组人口占总人口比重(%)			
	0-14岁	15-64岁	65岁及以上	15-49岁育龄妇女
安徽省	**19.24**	**65.75**	**15.01**	**21.96**
合肥市	**16.52**	**71.49**	**11.99**	**25.55**
瑶海区	17.59	72.89	9.52	26.67
庐阳区	18.60	70.88	10.52	26.79
蜀山区	16.03	74.41	9.56	28.80
包河区	17.18	73.86	8.96	27.25
长丰县	18.60	68.09	13.31	23.80
肥东县	15.46	66.90	17.65	21.51
肥西县	15.56	72.20	12.23	25.36
庐江县	17.22	64.98	17.80	19.84
合肥高新技术产业开发区	15.43	78.71	5.86	29.61
合肥经济技术开发区	16.10	78.05	5.85	30.21
合肥新站高新技术产业开发区	15.00	78.87	6.13	29.96
巢湖市	14.03	66.09	19.88	21.71
芜湖市	**14.54**	**69.35**	**16.11**	**22.58**
镜湖区	13.06	70.14	16.80	23.34
弋江区	12.80	76.93	10.27	29.41
鸠江区	15.58	69.99	14.43	22.33
三山区	15.46	70.63	13.92	22.31
芜湖县	13.68	70.70	15.61	23.16
繁昌县	12.84	69.82	17.34	21.03
南陵县	14.64	66.38	18.97	21.25
芜湖经济技术开发区	15.42	75.97	8.61	24.30
安徽芜湖长江大桥经济开发区	15.91	64.77	19.32	19.51
无为市	15.99	63.82	20.19	19.43
蚌埠市	**22.21**	**63.39**	**14.40**	**21.57**
龙子湖区	15.67	67.60	16.73	21.57
蚌山区	17.27	68.87	13.86	23.62
禹会区	17.69	67.24	15.08	22.84
淮上区	21.82	65.89	12.29	23.14
怀远县	25.76	59.33	14.91	19.69
五河县	23.31	60.85	15.84	19.66
固镇县	25.42	59.65	14.93	20.01
蚌埠市高新技术开发区	22.15	68.94	8.91	26.50
蚌埠市经济开发区	16.22	73.70	10.08	28.90
淮南市	**19.68**	**63.95**	**16.37**	**20.73**
大通区	17.49	65.99	16.52	20.48
田家庵区	16.67	70.96	12.37	25.61
谢家集区	13.97	66.84	19.18	19.14
八公山区	12.26	69.08	18.66	19.47
潘集区	22.03	63.35	14.62	20.22
凤台县	24.64	61.06	14.30	19.52
寿县	20.62	58.39	20.99	18.25
马鞍山市	**14.35**	**68.12**	**17.53**	**21.41**
花山区	13.43	71.07	15.50	22.99
雨山区	10.88	75.35	13.77	24.70
博望区	16.65	65.94	17.41	20.32
当涂县	14.08	69.12	16.80	21.24
含山县	17.13	62.73	20.14	19.53
和县	15.50	62.78	21.72	18.99
淮北市	**20.47**	**66.09**	**13.44**	**23.31**
杜集区	17.27	65.10	17.63	21.28
相山区	18.88	70.46	10.66	26.76
烈山区	17.01	67.57	15.42	24.63
濉溪县	23.14	63.38	13.48	21.45
铜陵市	**14.37**	**68.17**	**17.46**	**21.54**
铜官区	13.49	73.73	12.78	25.61

有65岁及以上老年人口的户数(户)				户口登记地在外乡镇街道人口(人)		
合计	有一个老人	有二个老人	有三个及以上老人	本县(市、区)	本省其他县(市、区)	省外
6355102	**3807395**	**2509631**	**38076**	**8752125**	**7797284**	**1550509**
760625	**455460**	**300763**	**4402**	**1409713**	**3216012**	**449677**
54234	32767	21246	221	100590	416750	57365
48552	28205	20088	259	76336	294968	31388
63655	35394	27894	367	107327	437823	59892
71203	40897	29898	408	134082	550684	81773
72555	44297	27777	481	157075	198183	29131
107276	63269	43153	854	266745	127389	28324
80671	47943	32262	466	201926	317630	42326
115535	76552	38591	392	144955	26526	11127
9921	5859	4004	58	10120	157962	18771
21155	12630	8403	122	19558	317977	46496
17738	10741	6886	111	26338	285996	27358
98130	56906	40561	663	164661	84124	15726
413822	**255390**	**156730**	**1702**	**478648**	**628351**	**158569**
55154	32287	22605	262	89522	104782	21785
29440	17534	11796	110	56003	173733	23963
54520	33126	21167	227	36482	135280	30613
16148	10063	6022	63	18889	31317	13293
38048	23886	14004	158	60238	41451	20054
30182	19007	11064	111	40219	19696	6298
58684	36733	21722	229	73115	18710	7385
10990	7101	3867	22	7872	78951	26799
3146	2032	1106	8	113	667	372
117510	73621	43377	512	96195	23764	8007
327911	**193412**	**132389**	**2110**	**370967**	**467572**	**62650**
25039	15103	9822	114	26054	60710	6224
15968	9465	6415	88	20084	61473	8249
33789	20037	13607	145	42278	64064	6814
23905	13764	9987	154	22408	58682	6597
97666	58318	38663	685	99957	20165	7263
57783	33988	23373	422	75057	10494	5924
52606	31485	20723	398	59598	16721	4852
3348	1793	1545	10	4098	39114	2127
17807	9459	8254	94	21433	136149	14600
342786	**203971**	**136928**	**1887**	**398994**	**369533**	**48874**
18733	11123	7525	85	14697	35606	4938
60764	35594	24925	245	123797	201016	20122
30033	18863	11040	130	33194	26295	3056
15405	9472	5853	80	21597	15704	2184
33461	20398	12874	189	34755	22602	4350
63900	38831	24682	387	97044	42811	7393
120490	69690	50029	771	73910	25499	6831
259580	**151293**	**106797**	**1490**	**263167**	**318730**	**85354**
46625	25964	20394	267	83141	117587	23073
32657	18536	13971	150	43332	128192	21389
19529	11890	7526	113	3911	6016	6003
52426	31718	20470	238	50652	33867	15147
47339	28235	18827	277	38577	12852	5057
61004	34950	25609	445	43554	20216	14685
179166	**102278**	**75454**	**1434**	**224900**	**266252**	**42185**
28641	16438	11989	214	14101	29551	6019
38419	21422	16767	230	97450	154865	16493
26082	15067	10854	161	11640	35065	8265
86024	49351	35844	829	101709	46771	11408
163400	**103602**	**59299**	**499**	**184019**	**186719**	**22631**
38991	23092	15768	131	90286	132616	12447

表3 续表 19

地　区	各年龄组人口占总人口比重(%)			
	0-14岁	15-64岁	65岁及以上	15-49岁育龄妇女
义安区	12.90	68.18	18.92	19.32
郊区	15.15	64.56	20.29	18.41
枞阳县	15.64	64.10	20.26	19.79
安庆市	**16.68**	**66.26**	**17.06**	**21.10**
迎江区	13.98	70.98	15.04	23.09
大观区	12.77	68.11	19.13	21.59
宜秀区	13.58	74.34	12.08	27.15
怀宁县	16.75	63.90	19.35	19.52
太湖县	17.86	64.01	18.13	19.99
宿松县	21.38	62.05	16.57	19.33
望江县	18.48	62.92	18.60	20.64
岳西县	17.67	68.18	14.14	21.02
安徽安庆经济开发区	13.21	75.24	11.55	24.41
桐城市	14.39	67.84	17.77	22.25
潜山市	15.37	66.81	17.82	20.31
黄山市	**14.32**	**67.57**	**18.11**	**20.48**
屯溪区	14.68	72.25	13.08	26.75
黄山区	13.00	68.94	18.05	19.17
徽州区	15.12	68.48	16.40	21.02
歙县	14.32	65.16	20.52	18.29
休宁县	14.64	64.43	20.94	18.22
黟县	11.90	67.69	20.40	18.12
祁门县	15.24	66.73	18.03	18.91
滁州市	**16.26**	**67.77**	**15.97**	**21.50**
琅琊区	15.35	71.02	13.63	24.16
南谯区	15.43	72.09	12.48	24.06
来安县	14.29	68.70	17.00	20.23
全椒县	13.29	68.29	18.42	20.04
定远县	18.35	63.77	17.88	20.14
凤阳县	20.12	64.47	15.41	21.07
苏滁现代产业园	11.41	80.79	7.80	23.10
滁州经济技术开发区	13.40	80.77	5.84	29.64
天长市	14.09	69.41	16.51	21.36
明光市	17.31	65.00	17.69	20.66
阜阳市	**24.44**	**61.77**	**13.79**	**21.37**
颍州区	22.56	66.73	10.71	25.60
颍东区	23.65	62.16	14.19	21.13
颍泉区	23.84	62.31	13.85	21.31
临泉县	24.39	61.84	13.78	21.41
太和县	24.06	61.30	14.64	20.87
阜南县	26.09	60.88	13.03	20.64
颍上县	25.89	58.30	15.81	19.41
阜阳合肥现代产业园区	27.29	61.30	11.41	21.46
阜阳经济技术开发区	23.53	69.17	7.30	26.84
界首市	23.28	62.13	14.59	21.05
宿州市	**23.53**	**61.64**	**14.83**	**21.15**
埇桥区	22.51	64.45	13.04	22.35
砀山县	22.44	60.39	17.17	20.56
萧县	22.48	60.37	17.15	20.48
灵璧县	26.74	59.01	14.25	20.15
泗县	24.18	61.19	14.64	20.74
宿州马鞍山现代产业园区	25.08	63.12	11.80	22.40
宿州经济技术开发区	22.70	69.59	7.71	27.62
六安市	**18.53**	**64.61**	**16.86**	**20.49**
金安区	17.66	67.05	15.29	23.33
裕安区	18.98	66.50	14.52	22.51
叶集区	21.29	63.98	14.73	19.93
霍邱县	22.55	59.27	18.17	18.21
舒城县	14.95	64.87	20.18	19.40
金寨县	18.11	64.63	17.26	18.54
霍山县	13.68	68.85	17.47	19.78

有65岁及以上老年人口的户数(户)				户口登记地在外乡镇街道人口(人)		
合计	有一个老　人	有二个老　人	有三个及以上老人	本　县(市、区)	本省其他县(市、区)	省　外
30550	18794	11653	103	34337	20292	4007
23747	14978	8713	56	8055	18699	2257
70112	46738	23165	209	51341	15112	3920
515349	**336109**	**177331**	**1909**	**612908**	**362815**	**71165**
26338	15920	10319	99	55293	86668	7354
28288	16984	11217	87	25298	44184	6047
17101	11273	5766	62	22633	71852	8796
70011	46144	23591	276	71842	19912	7962
57724	38855	18667	202	57752	8481	4826
73155	46271	26663	221	90341	10150	8128
60876	37317	23282	277	49752	8768	4856
34951	25388	9419	144	39166	5575	2911
10888	6469	4379	40	7532	70239	5873
77873	52737	24865	271	124823	25737	9425
58144	38751	19163	230	68476	11249	4987
172198	**107524**	**63832**	**842**	**225817**	**150872**	**48231**
25812	14653	11006	153	48036	88218	14558
19237	12566	6591	80	26115	10858	7445
11229	6924	4239	66	17652	17594	3103
54100	34509	19364	227	65548	15113	8329
31726	19719	11819	188	34954	10940	4777
11147	7039	4066	42	7868	3594	2929
18947	12114	6747	86	25644	4555	7090
436234	**252168**	**180399**	**3667**	**680092**	**420379**	**145213**
24450	13696	10536	218	49412	79437	13060
29054	16657	12218	179	59245	123297	21089
48653	28179	20096	378	60618	21044	26986
49621	28842	20388	391	103007	22137	10681
83012	47912	34355	745	92155	16205	5722
67293	39228	27460	605	70700	26152	7863
1114	623	482	9	34	9574	7036
5361	3084	2235	42	2673	84275	22551
68328	39639	28025	664	151805	19554	22491
59348	34308	24604	436	90443	18704	7734
774352	**442153**	**326738**	**5461**	**868871**	**397099**	**83356**
59433	34383	24648	402	129628	154069	15236
51793	28908	22487	398	55784	47884	8263
56922	32912	23652	358	47320	49605	7476
154958	86696	66874	1388	169650	20613	12091
138770	78376	59548	846	133411	24372	8949
107482	63345	43519	618	115902	18057	8411
130940	75776	54141	1023	87089	26984	8073
3183	1828	1336	19	1847	3786	774
5843	3502	2310	31	29348	35259	2926
65028	36427	28223	378	98892	16470	11157
540434	**309021**	**226342**	**5071**	**653614**	**198740**	**72072**
150042	88725	60236	1081	273046	106959	26151
86875	45126	40556	1193	53848	8557	10123
122735	68279	53106	1350	109156	18628	13291
96654	57536	38303	815	115870	14878	9759
77428	45400	31439	589	95265	11887	8730
3900	2319	1554	27	3006	6623	1262
2800	1636	1148	16	3423	31208	2756
523087	**324456**	**196247**	**2384**	**704262**	**421611**	**63712**
87039	52872	33786	381	185008	180048	14264
93498	57185	35832	481	187189	153991	10127
22086	13341	8625	120	18177	16308	5528
120765	72370	47833	562	76437	18383	10432
101629	65159	36037	433	107614	22963	11528
61830	39786	21815	229	71574	16316	8682
36240	23743	12319	178	58263	13602	3151

表3 续表 20

地　区	各年龄组人口占总人口比重(%)			
	0-14岁	15-64岁	65岁及以上	15-49岁育龄妇女
亳州市	**25.61**	**60.79**	**13.61**	**20.85**
谯城区	22.82	64.49	12.69	22.46
涡阳县	26.23	59.66	14.12	20.39
蒙城县	27.50	59.17	13.33	20.02
利辛县	26.85	58.62	14.54	20.01
池州市	**15.58**	**67.68**	**16.74**	**21.66**
贵池区	15.49	69.35	15.16	23.71
东至县	16.55	65.60	17.85	20.00
石台县	13.41	66.22	20.38	18.49
青阳县	14.92	67.38	17.70	20.29
宣城市	**13.64**	**68.32**	**18.04**	**20.81**
宣州区	14.03	67.04	18.93	21.09
郎溪县	14.69	68.41	16.91	22.14
泾县	13.04	65.87	21.09	18.20
绩溪县	12.97	64.79	22.24	17.74
旌德县	13.81	64.20	21.99	17.35
宣城市经济开发区	13.62	76.83	9.55	26.05
宁国市	13.02	69.79	17.19	20.67
广德市	13.42	70.28	16.29	21.65
福建省	**19.32**	**69.58**	**11.10**	**24.04**
福州市	**17.08**	**71.20**	**11.72**	**25.31**
鼓楼区	15.82	70.38	13.80	26.76
台江区	14.99	71.11	13.90	25.93
仓山区	16.75	74.14	9.12	27.32
马尾区	13.48	75.96	10.55	27.05
晋安区	16.32	73.04	10.64	26.18
长乐区	16.41	71.68	11.91	24.70
闽侯县	15.22	74.79	9.99	27.64
连江县	17.81	68.64	13.54	22.94
罗源县	18.48	68.94	12.58	21.79
闽清县	18.81	65.15	16.05	20.46
永泰县	19.08	66.03	14.89	21.90
平潭县	19.87	67.78	12.35	24.27
福清市	19.36	69.07	11.57	24.21
厦门市	**17.16**	**76.67**	**6.17**	**28.75**
思明区	17.01	72.86	10.12	28.53
海沧区	18.13	77.02	4.85	27.95
湖里区	15.48	80.03	4.49	31.16
集美区	16.82	79.13	4.05	30.31
同安区	19.05	74.86	6.10	26.63
翔安区	17.32	75.62	7.06	26.00
莆田市	**20.73**	**66.64**	**12.63**	**23.24**
城厢区	19.93	69.94	10.13	25.68
涵江区	16.65	69.77	13.59	23.36
荔城区	21.18	68.50	10.32	25.16
秀屿区	23.59	61.14	15.28	20.33
仙游县	21.14	65.28	13.58	22.21
三明市	**20.63**	**65.65**	**13.73**	**20.71**
梅列区	18.74	70.80	10.46	25.24
三元区	16.72	71.78	11.51	24.16
明溪县	17.08	67.88	15.03	20.24
清流县	21.02	64.13	14.85	19.58
宁化县	21.68	62.14	16.18	19.27
大田县	25.93	61.09	12.97	19.35
尤溪县	21.19	64.25	14.56	19.14
沙县	21.67	64.88	13.45	20.80
将乐县	21.28	63.64	15.07	19.37
泰宁县	21.07	63.42	15.51	20.27
建宁县	18.99	65.72	15.29	19.76
永安市	18.27	68.92	12.81	21.23

有65岁及以上老年人口的户数(户)				户口登记地在外乡镇街道人口(人)		
合计	有一个老人	有二个老人	有三个及以上老人	本县(市、区)	本省其他县(市、区)	省外
468084	**272423**	**192404**	**3257**	**841044**	**133810**	**53898**
134910	77920	56276	714	351363	71038	29863
112312	65240	45992	1080	165641	22315	8226
102148	60389	40963	796	169270	23614	7958
118714	68874	49173	667	154770	16843	7851
161548	**104648**	**56294**	**606**	**259087**	**99225**	**32669**
66696	42521	23960	215	156830	72293	18945
51572	33856	17509	207	46244	9229	4855
11879	8014	3816	49	9845	3678	1948
31401	20257	11009	135	46168	14025	6921
316526	**193487**	**121684**	**1355**	**576022**	**159564**	**110253**
88644	52686	35587	371	173818	38820	19922
36329	21190	14983	156	50224	13174	15562
42460	28201	14101	158	53184	11149	7756
21868	13391	8373	104	31781	5684	3545
17878	11602	6184	92	16744	4588	2625
6672	4114	2533	25	29869	31798	10391
46529	29183	17155	191	131550	31244	16361
56146	33120	22768	258	88852	23107	34091
3368771	**2225049**	**1128191**	**15531**	**5470570**	**6104165**	**4889876**
691336	**440520**	**247427**	**3389**	**1031800**	**1635334**	**968297**
61706	34682	26524	500	76309	189319	72752
39259	23758	15259	242	37361	157640	42090
70788	43606	26767	415	106682	411605	175509
21988	14374	7523	91	11393	76737	51844
58007	35570	22134	303	72299	301615	124332
69293	46496	22513	284	88116	58307	127851
71457	47880	23150	427	77631	254271	133055
64660	44034	20437	189	75183	41611	43286
23886	16124	7677	85	68635	22655	23699
29714	18978	10600	136	39567	11299	10082
30994	20586	10306	102	54711	13651	8274
34163	21439	12616	108	136304	20352	14734
115421	72993	41921	507	187609	76272	140789
226429	**144592**	**80706**	**1131**	**341615**	**1635156**	**1391822**
75644	46085	29171	388	131868	288140	172572
19930	12740	7081	109	27714	177435	199131
32897	21619	11147	131	45269	486572	261595
30429	20289	10006	134	50270	368444	331480
37773	24378	13222	173	61328	197115	280932
29756	19481	10079	196	25166	117450	146112
298836	**200272**	**96361**	**2203**	**333134**	**330090**	**233924**
40533	26968	13203	362	57575	140941	53188
47807	31885	15566	356	71576	44776	58056
51233	35039	15791	403	64721	101995	80429
69277	47379	21319	579	26684	19097	21153
89986	59001	30482	503	112578	23281	21098
250780	**165292**	**84445**	**1043**	**508547**	**253955**	**95913**
16477	10335	6088	54	22958	67471	15650
15739	10327	5356	56	24721	57742	17500
10957	7347	3548	62	17709	7179	3197
12939	8655	4217	67	21917	6124	3469
31403	20985	10279	139	62385	7163	4335
28348	18495	9738	115	59330	9222	7884
36396	23520	12711	165	61045	8599	5791
24744	16379	8256	109	66859	30106	11637
16213	10863	5282	68	42957	6828	5212
12094	8223	3835	36	26537	4435	1886
13211	9048	4124	39	25779	3749	2251
32259	21115	11011	133	76350	45337	17101

表3 续表 21

地 区	各年龄组人口占总人口比重(%)			
	0-14岁	15-64岁	65岁及以上	15-49岁育龄妇女
泉州市	**20.62**	**70.38**	**9.00**	**24.91**
鲤城区	19.19	72.48	8.33	27.28
丰泽区	17.29	76.37	6.34	29.84
洛江区	20.17	71.72	8.12	26.98
泉港区	23.23	65.47	11.30	22.72
惠安县	21.84	67.75	10.41	24.43
安溪县	25.25	64.08	10.67	21.65
永春县	21.16	64.91	13.93	21.11
德化县	22.67	67.73	9.60	23.19
金门县				
石狮市	18.26	75.58	6.16	27.48
晋江市	18.33	74.98	6.69	26.76
南安市	21.71	67.41	10.89	22.38
漳州市	**19.87**	**67.80**	**12.34**	**22.32**
芗城区	16.56	72.80	10.63	27.07
龙文区	21.71	70.91	7.38	25.99
云霄县	19.69	67.22	13.09	22.08
漳浦县	21.89	65.71	12.40	21.68
诏安县	23.60	63.24	13.15	20.06
长泰县	18.80	70.08	11.12	21.85
东山县	18.32	68.40	13.28	22.07
南靖县	16.87	67.96	15.17	20.59
平和县	20.24	65.15	14.61	19.58
华安县	18.42	66.93	14.65	19.59
龙海市	19.17	68.91	11.93	22.42
南平市	**18.07**	**67.14**	**14.79**	**20.58**
延平区	16.86	68.07	15.06	21.56
建阳区	18.45	68.54	13.01	21.39
顺昌县	15.31	68.04	16.64	19.36
浦城县	17.20	64.29	18.50	18.53
光泽县	17.80	67.61	14.59	20.57
松溪县	20.31	64.97	14.72	19.16
政和县	22.29	64.36	13.35	19.72
邵武市	16.86	68.39	14.75	20.72
武夷山市	18.13	70.59	11.28	24.34
建瓯市	19.19	65.43	15.38	19.25
龙岩市	**21.86**	**64.80**	**13.33**	**21.55**
新罗区	20.42	70.18	9.40	25.16
永定区	22.57	61.69	15.74	19.00
长汀县	24.69	60.44	14.87	20.33
上杭县	21.87	62.30	15.83	19.78
武平县	22.18	61.76	16.06	19.88
连城县	22.16	62.98	14.86	19.97
漳平市	20.64	66.69	12.67	20.75
宁德市	**20.64**	**66.66**	**12.70**	**21.86**
蕉城区	20.53	70.33	9.14	24.68
霞浦县	21.52	65.24	13.24	20.54
古田县	18.17	65.28	16.55	20.32
屏南县	20.31	65.04	14.66	20.29
寿宁县	20.51	63.93	15.56	19.85
周宁县	20.90	63.53	15.57	19.73
柘荣县	22.06	65.03	12.91	22.20
福安市	21.28	66.56	12.16	21.88
福鼎市	20.58	67.08	12.34	22.27
江西省	**21.96**	**66.16**	**11.89**	**22.59**
南昌市	**17.44**	**72.01**	**10.54**	**25.69**
东湖区	14.08	71.18	14.74	24.89

有65岁及以上老年人口的户数(户)				户口登记地在外乡镇街道人口(人)		
合计	有一个老人	有二个老人	有三个及以上老人	本县(市、区)	本省其他县(市、区)	省外
583000	**391653**	**188905**	**2442**	**888065**	**1152658**	**1552074**
25918	17164	8613	141	35363	130562	107138
31105	19759	11193	153	37819	283341	144166
14787	9883	4856	48	15181	52819	38238
29288	19248	9888	152	36726	14981	19114
79657	53241	26130	286	73435	58157	92430
78518	51659	26542	317	222909	37793	37174
43714	29287	14261	166	66493	11852	8149
23322	15338	7919	65	143083	23561	11814
31952	23039	8827	86	55505	148372	207129
103560	72901	30291	368	110684	297507	702530
121179	80134	40385	660	90867	93713	184192
452497	**290503**	**160117**	**1877**	**459635**	**448716**	**309383**
47953	30296	17485	172	96324	153943	61925
15412	9451	5896	65	19437	101950	35626
39382	25383	13865	134	72915	11433	10083
75303	46459	28454	390	84759	23934	33120
54028	34864	18946	218	32374	5729	7263
18641	12255	6322	64	20228	15994	30741
21393	13976	7283	134	22310	10245	9269
33892	22154	11576	162	27243	16070	7417
49720	33880	15669	171	23311	9811	8375
14388	9280	5060	48	8433	7285	8009
82385	52505	29561	319	52301	92322	97555
292286	**194443**	**96790**	**1053**	**630698**	**180086**	**89963**
50462	33540	16717	205	105294	46481	15611
32967	22214	10658	95	71533	35883	14485
22130	14871	7182	77	25155	10294	5652
40097	26161	13754	182	63280	7712	7917
14119	9401	4674	44	37972	4190	7082
13931	9010	4877	44	32574	4773	2898
18213	12676	5488	49	40857	7914	5843
29737	19538	10087	112	112213	18445	10523
21430	14583	6780	67	59210	29179	13028
49200	32449	16573	178	82610	15215	6924
271050	**184898**	**85018**	**1134**	**497141**	**293650**	**94155**
57473	37772	19469	232	165874	235492	51146
38514	26565	11800	149	42445	11369	9533
44878	31402	13262	214	98406	9691	5672
45657	32519	12913	225	69359	12276	9459
33120	22222	10735	163	45499	5440	5523
28232	19557	8608	67	25992	7335	4131
23176	14861	8231	84	49566	12047	8691
302557	**212876**	**88422**	**1259**	**779935**	**174520**	**154345**
43235	30788	12262	185	155944	85807	65549
47180	32352	14610	218	102860	15549	15716
40086	27149	12785	152	66859	12955	7476
16024	11775	4182	67	27837	4283	2550
21227	14969	6177	81	30439	2946	3154
18078	13054	4962	62	28251	6106	3545
9273	6667	2564	42	29807	5786	3093
56774	41244	15302	228	183199	26981	21357
50680	34878	15578	224	154739	14107	31905
3846916	**2530227**	**1296246**	**20443**	**8146687**	**4095233**	**1279014**
460629	**291618**	**166201**	**2810**	**979819**	**1760861**	**448964**
42039	25399	16345	295	47174	107381	39919

表3 续表 22

地　区	各年龄组人口占总人口比重(%)			
	0-14岁	15-64岁	65岁及以上	15-49岁育龄妇女
西湖区	16.20	70.25	13.55	24.25
青云谱区	14.96	70.81	14.23	23.47
青山湖区	15.60	76.73	7.67	28.24
新建区	20.42	69.75	9.83	24.57
红谷滩区	15.87	78.34	5.79	31.67
南昌县	17.99	71.61	10.40	25.45
安义县	20.58	67.96	11.45	21.91
进贤县	20.91	64.58	14.51	21.44
景德镇市	**21.32**	**67.31**	**11.37**	**22.67**
昌江区	19.11	69.60	11.29	23.00
珠山区	16.49	71.53	11.98	24.27
浮梁县	17.68	71.58	10.74	25.02
乐平市	25.73	62.96	11.31	20.90
萍乡市	**20.10**	**66.34**	**13.56**	**22.24**
安源区	16.76	71.05	12.20	25.24
湘东区	18.18	65.92	15.90	20.09
莲花县	23.92	60.97	15.12	20.16
上栗县	22.44	65.26	12.30	22.14
芦溪县	22.07	63.23	14.70	20.28
九江市	**20.96**	**66.42**	**12.62**	**22.74**
濂溪区	16.24	73.49	10.28	27.57
浔阳区	17.27	70.22	12.51	26.46
柴桑区	19.08	67.75	13.17	21.55
武宁县	23.80	63.00	13.20	20.36
修水县	24.19	63.23	12.59	20.95
永修县	20.58	65.44	13.98	20.76
德安县	21.81	65.94	12.25	22.21
都昌县	23.17	63.52	13.31	21.52
湖口县	19.86	64.63	15.50	20.72
彭泽县	19.79	65.32	14.88	19.92
瑞昌市	22.01	65.67	12.32	22.17
共青城市	16.54	77.32	6.13	33.13
庐山市	23.91	63.39	12.70	21.38
新余市	**20.73**	**67.02**	**12.25**	**22.12**
渝水区	19.93	68.19	11.88	22.82
分宜县	23.43	63.08	13.49	19.74
鹰潭市	**21.90**	**65.94**	**12.15**	**21.90**
月湖区	20.99	68.68	10.34	24.22
余江区	22.19	64.56	13.25	20.77
贵溪市	22.22	65.32	12.46	21.35
赣州市	**23.09**	**65.82**	**11.08**	**22.89**
章贡区	19.23	71.33	9.44	27.41
南康区	20.87	68.21	10.91	23.18
赣县区	22.96	65.53	11.52	22.27
信丰县	23.86	65.21	10.92	21.48
大余县	22.21	64.58	13.22	20.88
上犹县	23.92	62.68	13.40	20.96
崇义县	22.46	64.54	13.00	20.92
安远县	25.26	64.71	10.03	22.17
定南县	24.02	65.73	10.25	22.15
全南县	23.60	64.16	12.23	20.33
宁都县	24.60	63.78	11.63	21.44
于都县	25.36	63.47	11.17	22.84
兴国县	26.48	61.72	11.80	21.57
会昌县	23.04	66.26	10.70	23.82
寻乌县	22.67	66.53	10.80	22.64
石城县	22.33	66.18	11.49	22.28
瑞金市	23.45	65.76	10.79	23.19
龙南市	21.80	67.09	11.11	22.38

有65岁及以上老年人口的户数(户)				户口登记地在外乡镇街道人口(人)		
合计	有一个老人	有二个老人	有三个及以上老人	本县(市、区)	本省其他县(市、区)	省外
45115	28558	16297	260	75300	132416	31338
33735	19839	13739	157	42298	139612	18920
68268	42025	25904	339	121095	591377	129111
55726	35632	19799	295	245314	140201	36444
21055	12652	8269	134	36564	241326	77330
107886	70539	36606	741	249019	365634	90904
20951	13721	7056	174	24816	24645	18243
65854	43253	22186	415	138239	18269	6755
129062	**83852**	**44487**	**723**	**252229**	**189727**	**50225**
15881	10375	5352	154	26647	56180	9670
31308	20260	10948	100	98584	90621	16592
21841	14651	7090	100	41174	33181	16606
60032	38566	21097	369	85824	9745	7357
173268	**109565**	**62801**	**902**	**211759**	**169987**	**43898**
45436	27717	17470	249	101348	128725	20534
34563	21512	12881	170	26635	9533	5961
23372	14435	8852	85	22439	3524	5277
42571	28400	13939	232	34616	19684	7608
27326	17501	9659	166	26721	8521	4518
413025	**272205**	**138569**	**2251**	**916924**	**398584**	**157666**
29128	18416	10596	116	52432	143860	27087
35829	21082	14580	167	78077	84653	26811
27834	17742	9947	145	63044	23239	17930
31943	22394	9389	160	70798	8056	7382
65753	45793	19685	275	160670	7308	6109
30503	18807	11526	170	58955	15992	9998
14328	9177	5086	65	58362	14349	7788
57087	39598	16961	528	60757	5821	4641
25528	16952	8485	91	45599	12513	5534
30405	19288	10946	171	42962	4534	11757
36026	24306	11588	132	154980	11167	8863
7618	4804	2745	69	36740	62058	21197
21043	13846	7035	162	33548	5034	2569
103225	**63841**	**38956**	**428**	**390546**	**99418**	**29193**
76940	47052	29610	278	299768	92430	25583
26285	16789	9346	150	90778	6988	3610
98506	**61693**	**36279**	**534**	**201306**	**106094**	**27516**
20356	12478	7774	104	61768	75911	11004
30703	19359	11209	135	40785	9583	6246
47447	29856	17296	295	98753	20600	10266
725469	**498790**	**223008**	**3671**	**1831327**	**546006**	**194169**
73356	47834	25112	410	169586	321207	66475
71232	50128	20742	362	291669	78160	24591
49195	34582	14342	271	131368	30440	16194
52552	35676	16663	213	128994	14250	13674
26351	18298	7946	107	26249	6748	5365
28053	20738	7245	70	64543	8740	2908
16988	11807	5129	52	30923	4734	1919
25731	17714	7926	91	47287	3587	3081
16487	12072	4320	95	74143	7004	7864
15920	11552	4322	46	37665	5500	5405
55945	35362	20221	362	115062	7397	6238
76246	55189	20605	452	170677	14177	7055
61603	42156	19125	322	135137	10428	6714
34217	22788	11253	176	76311	6459	3253
21922	14558	7220	144	72242	3362	3564
23550	15342	8063	145	52032	4597	2219
49670	34420	14998	252	125530	10184	5487
26451	18574	7776	101	81909	9032	12163

表3 续表 23

地区	各年龄组人口占总人口比重(%)			
	0-14岁	15-64岁	65岁及以上	15-49岁育龄妇女
吉安市	**24.97**	**62.51**	**12.52**	**20.91**
吉州区	21.34	66.57	12.09	23.92
青原区	25.23	64.49	10.27	23.31
吉安县	24.12	64.39	11.49	22.14
吉水县	26.07	60.75	13.18	19.27
峡江县	24.47	62.41	13.12	19.67
新干县	24.00	63.57	12.43	20.42
永丰县	27.55	60.80	11.65	20.11
泰和县	26.00	61.39	12.61	20.67
遂川县	26.72	61.70	11.58	20.56
万安县	24.98	62.00	13.02	20.40
安福县	23.82	62.09	14.09	19.98
永新县	24.18	60.79	15.03	19.99
井冈山市	24.91	62.44	12.65	21.13
宜春市	**22.91**	**64.58**	**12.51**	**21.27**
袁州区	23.30	65.55	11.14	23.25
奉新县	23.08	64.16	12.76	21.03
万载县	26.89	62.15	10.96	21.06
上高县	22.92	64.72	12.37	20.34
宜丰县	21.08	65.78	13.15	20.63
靖安县	20.75	65.72	13.52	20.08
铜鼓县	21.09	66.84	12.08	21.69
丰城市	22.23	63.88	13.90	20.25
樟树市	22.13	64.36	13.51	20.92
高安市	22.42	64.98	12.59	20.96
抚州市	**22.53**	**65.68**	**11.79**	**22.20**
临川区	21.27	66.94	11.79	23.77
东乡区	23.12	64.10	12.78	21.25
南城县	22.22	65.57	12.21	21.79
黎川县	20.77	66.05	13.18	21.09
南丰县	22.76	65.74	11.50	22.17
崇仁县	25.13	64.06	10.81	21.55
乐安县	25.32	63.45	11.22	20.90
宜黄县	20.65	68.42	10.92	22.48
金溪县	24.00	64.81	11.19	21.30
资溪县	19.99	66.75	13.26	20.94
广昌县	23.31	65.25	11.45	21.64
上饶市	**23.23**	**64.32**	**12.45**	**21.78**
信州区	18.04	70.96	11.00	26.45
广丰区	24.42	63.59	12.00	22.37
广信区	22.39	66.35	11.26	23.01
玉山县	22.41	63.06	14.53	21.02
铅山县	22.57	64.60	12.83	21.16
横峰县	23.68	63.05	13.27	20.38
弋阳县	24.69	62.04	13.27	19.62
余干县	26.21	61.48	12.31	20.70
鄱阳县	23.83	63.83	12.35	21.38
万年县	24.42	62.98	12.60	20.72
婺源县	21.92	64.22	13.86	21.04
德兴市	21.16	65.94	12.91	20.78
山东省	**18.78**	**66.09**	**15.13**	**21.29**
济南市	**16.44**	**69.49**	**14.07**	**23.68**
历下区	16.59	71.12	12.30	26.73
市中区	17.17	70.12	12.71	25.13
槐荫区	19.09	69.60	11.31	24.63
天桥区	16.42	70.71	12.87	24.19
历城区	17.22	71.76	11.02	25.81
长清区	13.18	72.65	14.17	25.00
章丘区	13.41	69.98	16.61	23.02
济阳区	18.93	64.26	16.80	20.04

有65岁及以上老年人口的户数(户)				户口登记地在外乡镇街道人口(人)		
合计	有一个老人	有二个老人	有三个及以上老人	本县(市、区)	本省其他县(市、区)	省外
401329	**262494**	**137229**	**1606**	**657852**	**240734**	**69971**
33167	20411	12587	169	71742	74434	9633
17345	11232	6071	42	24206	49622	10082
38487	25024	13315	148	81589	44067	14128
39617	25095	14324	198	63605	9964	4535
13855	8437	5369	49	19440	2886	1837
25222	15772	9358	92	53163	6969	3505
31659	20279	11244	136	53432	5198	2927
41558	27789	13574	195	72204	10548	4240
44726	31411	13145	170	46290	6321	4032
23544	15724	7715	105	28961	4321	2771
34044	22383	11549	112	40384	7299	4062
43701	29415	14132	154	69087	10012	4974
14404	9522	4846	36	33749	9093	3245
449024	**295586**	**151198**	**2240**	**1070332**	**206593**	**94542**
87282	56210	30648	424	353371	81793	31481
24856	16402	8339	115	62307	8848	5512
39844	27481	12270	93	59696	11470	5462
30113	19631	10355	127	89452	14620	5440
23819	15646	8100	73	59836	7861	7840
12004	8220	3742	42	19618	5170	3469
10685	7604	3042	39	18573	3320	2047
107541	72029	34803	709	155764	27143	11126
47644	31065	16303	276	107686	21188	6454
65236	41298	23596	342	144029	25180	15711
312920	**210853**	**100604**	**1463**	**873462**	**125310**	**58115**
96145	64964	30813	368	251930	74824	24426
35168	22910	12111	147	115860	11564	5501
25397	16879	8375	143	73187	5878	3328
19948	13484	6380	84	66050	3426	3425
23143	15438	7593	112	59103	5250	2980
24077	16444	7499	134	54477	5615	2536
25068	16886	8037	145	75007	3498	2114
16567	11684	4824	59	49457	4483	5531
20436	13531	6786	119	55281	4621	2533
9177	6202	2844	131	16678	2709	3450
17794	12431	5342	21	56432	3442	2291
580459	**379730**	**196914**	**3815**	**761131**	**251919**	**104755**
40878	26355	14196	327	101119	103082	23841
69963	48605	20909	449	67992	15106	9818
61646	41077	20356	213	120269	54952	16715
54691	35920	18513	258	75915	13415	11213
36373	23996	12201	176	25130	6870	3448
18014	11801	6114	99	33254	5737	3688
32007	19995	11849	163	49022	6854	4479
72557	45868	25732	957	68341	7781	5342
105228	68700	35774	754	86601	12822	9341
30958	19998	10798	162	42627	8175	4147
31473	20544	10781	148	53145	5504	4431
26671	16871	9691	109	37716	11621	8292
10367212	**5880754**	**4423344**	**63114**	**13924684**	**9973071**	**4129007**
873959	**499825**	**368278**	**5856**	**1184509**	**1596363**	**516466**
65713	36096	29081	536	76082	202424	79999
77183	44012	32748	423	105555	228717	69573
51498	30260	20979	259	87759	207833	50999
67286	40825	25921	540	83236	205124	70448
98052	57053	40348	651	128117	348363	97778
58883	35527	23014	342	73648	91371	34574
119913	66146	52957	810	209296	86895	34388
59764	33953	25276	535	110062	18154	13905

表3 续表 24

地区	各年龄组人口占总人口比重(%)			
	0-14岁	15-64岁	65岁及以上	15-49岁育龄妇女
莱芜区	15.23	67.38	17.39	20.19
钢城区	15.49	67.82	16.69	20.28
平阴县	15.34	66.57	18.09	19.91
商河县	19.97	61.92	18.11	19.53
济南高新技术产业开发区	17.04	73.85	9.11	28.27
青岛市	**15.41**	**70.39**	**14.20**	**22.88**
市南区	13.24	68.12	18.64	23.65
市北区	13.81	69.55	16.64	23.93
黄岛区	15.69	72.89	11.41	23.67
崂山区	12.98	74.89	12.14	25.56
李沧区	16.72	72.21	11.06	26.79
城阳区	17.15	72.97	9.88	25.45
即墨区	15.95	69.18	14.87	21.52
青岛高新技术产业开发区	17.78	77.71	4.51	23.48
胶州市	16.59	69.49	13.92	21.90
平度市	14.91	66.24	18.85	19.07
莱西市	14.41	67.71	17.88	19.05
淄博市	**14.89**	**68.61**	**16.50**	**21.43**
淄川区	13.85	68.45	17.70	20.70
张店区	17.00	70.77	12.23	24.42
博山区	11.86	67.97	20.17	18.99
临淄区	14.55	67.98	17.47	20.56
周村区	13.51	70.66	15.84	23.54
桓台县	14.35	66.54	19.11	20.21
高青县	14.76	65.06	20.18	19.50
沂源县	15.53	67.32	17.15	18.66
枣庄市	**22.48**	**63.82**	**13.70**	**20.75**
市中区	23.07	65.12	11.81	22.84
薛城区	22.29	65.34	12.37	22.50
峄城区	25.53	60.66	13.81	19.56
台儿庄区	24.45	61.90	13.65	20.36
山亭区	23.46	59.99	16.55	18.02
滕州市	20.98	64.84	14.18	20.34
东营市	**17.35**	**67.14**	**15.51**	**22.44**
东营区	17.69	68.30	14.00	24.54
河口区	14.71	68.60	16.69	22.02
垦利区	18.56	65.19	16.25	21.28
利津县	14.27	65.05	20.69	18.97
广饶县	17.78	65.69	16.53	20.76
东营经济技术开发区	24.52	71.14	4.34	26.90
东营港经济开发区	2.85	94.69	2.46	12.37
烟台市	**12.10**	**69.77**	**18.12**	**20.91**
芝罘区	14.26	72.13	13.61	25.09
福山区	14.65	70.38	14.96	21.71
牟平区	9.90	68.83	21.28	19.35
莱山区	12.97	75.51	11.51	28.35
蓬莱区	10.48	69.17	20.35	19.94
烟台高新技术产业开发区	11.98	79.39	8.63	31.64
烟台经济技术开发区	16.61	74.19	9.20	25.73
龙口市	11.91	69.73	18.36	20.99
莱阳市	12.31	69.24	18.44	19.26
莱州市	10.88	66.20	22.93	18.20
招远市	11.92	67.88	20.21	18.49
栖霞市	9.41	67.80	22.80	16.21
海阳市	10.12	67.75	22.13	17.84
潍坊市	**17.37**	**66.83**	**15.81**	**20.82**
潍城区	17.66	70.78	11.57	24.74
寒亭区	16.24	66.72	17.04	20.50
坊子区	17.85	65.97	16.18	19.84
奎文区	18.88	70.90	10.22	25.70

有65岁及以上老年人口的户数(户)				户口登记地在外乡镇街道人口(人)		
合计	有一个老人	有二个老人	有三个及以上老人	本县(市、区)	本省其他县(市、区)	省外
113359	63733	49175	451	165765	35236	13220
32015	18120	13800	95	20334	15230	4670
40125	23348	16454	323	62575	12875	4625
64816	36448	27634	734	42115	6709	4791
25352	14304	10891	157	19965	137432	37496
979234	**562302**	**411766**	**5166**	**1445911**	**1607773**	**1118852**
60687	32548	27654	485	57988	83722	57268
124922	71710	52417	795	218568	207876	90464
149300	87059	61447	794	306991	340252	306374
40684	21636	18856	192	25177	146353	82474
55056	31160	23621	275	82422	235239	95927
70284	38606	31428	250	69342	322797	196561
137342	79399	57298	645	201546	123249	123012
1122	625	494	3	2889	14144	13368
95401	57515	37262	624	189758	85060	95315
155885	90259	64856	770	145174	19021	23274
88551	51785	36433	333	146056	30060	34815
505406	**273005**	**230251**	**2150**	**791097**	**706038**	**150282**
75798	41147	34455	196	124042	65321	17167
94567	49921	44148	498	152579	375333	69688
55786	30692	24989	105	60698	30815	6472
72859	38047	34509	303	129619	74732	22171
42051	22882	18953	216	63028	85606	21539
61689	33681	27536	472	102876	45667	7893
42216	22532	19448	236	60183	11918	2039
60440	34103	26213	124	98072	16646	3313
360214	**213722**	**144019**	**2473**	**551703**	**174709**	**48675**
48387	28023	20035	329	93542	53624	11342
49614	28843	20354	417	74693	43154	7481
34002	20066	13734	202	42381	10287	3006
27942	16300	11496	146	37718	6724	9953
46298	27828	18163	307	30225	10795	3669
153971	92662	60237	1072	273144	50125	13224
225137	**115626**	**108533**	**978**	**319016**	**387944**	**120734**
77629	38086	39283	260	129141	197101	62090
25714	12638	12984	92	31946	45046	15445
28221	14988	13086	147	43636	46478	9369
33399	18104	15112	183	31721	6844	3691
57754	30456	27008	290	77464	36719	22680
2373	1328	1040	5	5015	53480	6335
47	26	20	1	93	2276	1124
857715	**470271**	**383104**	**4340**	**787488**	**771966**	**496583**
78786	43197	34987	602	96762	141340	67177
45824	25561	20118	145	50575	80861	46797
65961	35160	30573	228	59118	41328	30664
28977	15141	13722	114	26486	120529	54617
69766	38020	31416	330	58573	33667	36121
4507	2283	2192	32	147	40896	11352
24659	13058	11473	128	15941	126026	74588
86024	45613	39974	437	83431	68904	65226
100405	58668	41144	593	76448	31267	22959
124333	65051	58490	792	119188	29201	41466
74772	41886	32618	268	107639	21820	22051
67088	37872	28915	301	32496	13564	5518
86613	48761	37482	370	60684	22563	18047
1010747	**568965**	**436013**	**5769**	**1451250**	**883403**	**384957**
41038	23416	17431	191	55644	144004	47057
41406	23086	18086	234	32141	33486	17203
58226	33601	24318	307	40356	65831	15007
66379	35237	30799	343	111163	311363	76250

表3 续表 25

地　区	各年龄组人口占总人口比重(%)			
	0-14岁	15-64岁	65岁及以上	15-49岁育龄妇女
临朐县	19.34	63.54	17.12	18.32
昌乐县	17.94	65.20	16.86	19.56
潍坊滨海经济技术开发区	15.05	73.88	11.07	24.29
青州市	16.49	66.91	16.60	20.51
诸城市	16.44	66.85	16.71	20.04
寿光市	17.14	66.88	15.98	21.21
安丘市	18.51	64.19	17.30	18.44
高密市	17.16	66.28	16.56	20.58
昌邑市	14.20	66.18	19.62	19.03
济宁市	**20.67**	**64.90**	**14.42**	**21.07**
任城区	19.15	68.12	12.73	23.70
兖州区	17.37	66.93	15.70	21.46
微山县	20.71	64.27	15.02	19.48
鱼台县	20.89	63.52	15.59	19.54
金乡县	22.02	62.99	15.00	19.90
嘉祥县	23.05	63.10	13.85	20.54
汶上县	21.49	64.02	14.49	20.09
泗水县	21.08	62.66	16.26	19.43
梁山县	25.17	60.43	14.40	19.47
济宁高新技术产业开发区	20.76	68.32	10.92	24.14
曲阜市	17.43	67.07	15.50	22.64
邹城市	19.56	65.89	14.55	21.13
泰安市	**17.37**	**67.00**	**15.62**	**21.42**
泰山区	16.82	69.99	13.19	24.92
岱岳区	15.02	68.79	16.19	21.89
宁阳县	17.82	65.63	16.56	19.94
东平县	18.48	64.24	17.28	19.95
新泰市	19.97	65.37	14.66	20.53
肥城市	15.58	67.72	16.71	21.14
威海市	**11.82**	**68.92**	**19.26**	**20.79**
环翠区	16.28	70.89	12.83	24.85
文登区	9.85	66.20	23.95	18.24
威海火炬高技术产业开发区	14.55	75.59	9.86	27.95
威海经济技术开发区	16.36	71.50	12.13	25.02
威海临港经济技术开发区	13.68	67.86	18.45	19.32
荣成市	9.96	67.94	22.10	18.75
乳山市	7.65	65.67	26.68	15.70
日照市	**18.36**	**65.61**	**16.03**	**20.54**
东港区	17.17	69.46	13.38	23.57
岚山区	16.31	65.04	18.65	18.36
五莲县	15.08	64.96	19.96	17.98
莒县	21.50	61.63	16.87	18.98
日照经济技术开发区	20.55	68.69	10.76	23.18
临沂市	**23.46**	**62.43**	**14.12**	**20.32**
兰山区	25.50	65.81	8.69	24.64
罗庄区	25.63	64.30	10.07	23.14
河东区	25.19	62.78	12.03	21.43
沂南县	21.92	61.05	17.03	18.89
郯城县	24.88	60.94	14.19	19.78
沂水县	20.75	61.77	17.49	19.21
兰陵县	25.59	59.45	14.95	19.24
费县	23.96	61.47	14.57	18.41
平邑县	22.88	61.13	15.99	18.37
莒南县	18.69	62.16	19.14	17.35
蒙阴县	20.54	62.02	17.44	17.67
临沭县	21.04	63.32	15.63	19.85
临沂高新技术产业开发区	24.99	63.86	11.15	21.54
德州市	**19.46**	**65.21**	**15.32**	**21.21**
德城区	19.31	69.31	11.38	25.59
陵城区	18.83	64.78	16.39	20.09

有65岁及以上老年人口的户数(户)				户口登记地在外乡镇街道人口(人)		
合计	有一个老人	有二个老人	有三个及以上老人	本县(市、区)	本省其他县(市、区)	省外
92666	51029	41154	483	106138	10802	15574
68313	40250	27728	335	112277	25735	9407
9904	5137	4731	36	4663	43163	16447
107641	59827	47240	574	162970	49089	26849
125414	72981	51686	747	241769	41980	29997
125782	68374	56710	698	167753	72894	65318
100350	59485	40397	468	162997	20610	13821
99443	55771	42899	773	181510	40576	33455
74185	40771	32834	580	71869	23870	18572
814928	**477563**	**331314**	**6051**	**1416965**	**580447**	**113490**
105371	58973	45632	766	256547	184532	31086
58295	33876	24096	323	141951	36880	7788
62276	37129	24730	417	69115	29881	6432
43477	25114	17879	484	57475	20030	5430
63402	35487	27350	565	100357	26586	6943
77720	45265	31879	576	90392	20098	6154
68690	41164	26880	646	136203	11333	6712
61015	37201	23349	465	80876	8494	3624
70612	39760	30301	551	92357	14750	8331
24267	14338	9764	165	25803	103273	7565
66909	39994	26437	478	127050	46320	10863
112894	69262	43017	615	238839	78270	12562
581587	**347351**	**230661**	**3575**	**759866**	**624530**	**76462**
70356	37791	32160	405	191873	221752	26278
117271	70221	46333	717	98237	205255	25180
78484	50366	27642	476	104488	27428	5491
79443	46910	31641	892	81549	26580	5072
132651	79482	52717	452	116033	105373	6593
103382	62581	40168	633	167686	38142	7848
367579	**188429**	**177950**	**1200**	**328320**	**364770**	**357843**
37956	19240	18573	143	39787	112484	74790
86648	43259	43124	265	109802	29793	47753
21970	11177	10680	113	26796	92232	54556
22930	12162	10694	74	24648	65522	44676
12668	6911	5726	31	4172	19845	20347
102310	51830	50150	330	78725	32880	96765
83097	43850	39003	244	44390	12014	18956
325116	**185058**	**139162**	**896**	**394482**	**221175**	**102955**
89335	49237	39786	312	182857	128394	53348
48821	28252	20397	172	18158	20676	18497
61302	35387	25718	197	61758	12546	11250
113496	65268	48060	168	108693	15568	10136
12162	6914	5201	47	23016	43991	9724
1066786	**602977**	**460671**	**3138**	**1209959**	**845940**	**243569**
105343	58457	46508	378	209590	453946	104044
50997	28603	22228	166	89765	144477	21069
74388	41829	32389	170	70077	120466	25386
94421	52696	41585	140	90740	10328	8521
86665	50294	35859	512	64591	9157	8767
118067	68067	49848	152	142986	18895	9695
112841	61984	50375	482	114945	8981	7849
80064	44964	34824	276	60651	24644	15363
100039	59033	40600	406	115191	9508	8443
111115	62110	48908	97	66979	7787	10957
57990	32280	25558	152	60358	5779	4140
63814	36402	27252	160	119891	8637	12153
11042	6258	4737	47	4195	23335	7182
568920	**331028**	**231957**	**5935**	**783506**	**398189**	**130641**
40088	22797	17080	211	85396	120742	40593
56820	33095	23063	662	45539	12989	3142

表3 续表 26

地 区	各年龄组人口占总人口比重(%)			
	0-14岁	15-64岁	65岁及以上	15-49岁育龄妇女
宁津县	19.44	64.38	16.19	20.33
庆云县	24.07	63.28	12.65	20.62
临邑县	18.90	64.91	16.19	20.59
齐河县	17.47	65.51	17.02	20.05
平原县	17.12	65.18	17.70	20.80
夏津县	20.49	63.04	16.47	20.87
武城县	19.95	63.72	16.33	20.45
德州经济技术开发区	19.91	70.50	9.59	24.90
德州运河经济开发区	19.24	69.20	11.56	24.69
乐陵市	21.66	62.14	16.20	19.25
禹城市	18.19	65.48	16.33	20.91
聊城市	**23.47**	**62.56**	**13.97**	**20.55**
东昌府区	23.25	65.61	11.14	23.31
茌平区	21.53	63.00	15.47	19.83
阳谷县	21.83	62.11	16.06	19.47
莘县	26.45	59.39	14.15	19.18
东阿县	19.54	63.26	17.20	19.35
冠县	25.76	60.49	13.76	19.38
高唐县	20.88	61.97	17.16	20.08
临清市	24.24	62.59	13.18	20.23
滨州市	**18.11**	**65.90**	**15.98**	**21.03**
滨城区	18.46	67.87	13.68	24.00
沾化区	17.14	64.54	18.32	18.94
惠民县	17.37	64.62	18.01	19.62
阳信县	19.88	64.31	15.81	20.68
无棣县	21.31	63.74	14.94	19.89
博兴县	16.26	66.34	17.40	20.51
邹平市	17.04	67.14	15.81	20.93
菏泽市	**25.10**	**60.64**	**14.25**	**20.12**
牡丹区	25.02	62.67	12.31	21.94
定陶区	25.49	59.84	14.67	19.64
曹县	25.84	60.01	14.14	20.00
单县	23.19	60.92	15.89	19.68
成武县	25.26	59.69	15.04	19.04
巨野县	26.46	59.32	14.22	19.84
郓城县	23.78	60.79	15.44	19.36
鄄城县	25.67	59.40	14.93	18.89
东明县	26.02	60.18	13.80	20.61
菏泽经济技术开发区	24.68	64.69	10.63	23.07
菏泽高新技术开发区	25.27	60.85	13.88	19.79
河南省	**23.14**	**63.38**	**13.49**	**21.86**
郑州市	**19.05**	**71.97**	**8.98**	**27.10**
中原区	19.07	70.83	10.10	26.69
二七区	17.87	73.36	8.77	28.36
管城回族区	18.68	74.45	6.86	29.57
金水区	16.99	75.32	7.68	31.11
上街区	17.99	70.47	11.54	23.94
惠济区	18.66	74.82	6.53	31.36
中牟县	22.72	68.92	8.36	25.41
郑州经济技术开发区	19.53	74.36	6.11	25.75
郑州高新技术产业开发区	17.98	76.88	5.14	30.62
郑州航空港经济综合实验区	14.86	79.06	6.08	30.74
巩义市	18.12	67.50	14.38	22.15
荥阳市	18.26	68.77	12.97	22.63
新密市	20.19	66.90	12.91	21.66
新郑市	19.75	72.69	7.55	28.21
登封市	26.55	62.43	11.03	19.64
开封市	**23.57**	**62.23**	**14.20**	**20.99**
龙亭区	17.87	71.31	10.82	27.75

有65岁及以上老年人口的户数(户)				户口登记地在外乡镇街道人口(人)		
合计	有一个老人	有二个老人	有三个及以上老人	本县(市、区)	本省其他县(市、区)	省外
48078	27553	19857	668	72597	33879	6453
27621	16451	10804	366	33983	10256	7712
52166	30399	21335	432	49747	16800	6195
66734	38898	27145	691	88917	30823	10348
47973	27001	20330	642	55968	12537	3399
51291	29755	21135	401	74423	12412	4687
38285	21886	16076	323	75154	13466	5668
16946	9835	7032	79	30396	76518	20879
8190	4616	3543	31	17661	26353	12581
62783	38269	23737	777	68408	12636	4367
51945	30473	20820	652	85317	18778	4617
572224	**339050**	**228932**	**4242**	**912748**	**251839**	**92161**
114243	68750	44673	820	263917	181636	38666
55236	32428	22345	463	96644	15814	6317
76452	44440	31332	680	103976	7607	8740
91578	54955	36021	602	87842	10302	13897
40005	22914	16760	331	81356	9366	2955
69417	41989	27021	407	70563	6223	4873
53473	30710	22249	514	99880	10010	4156
71820	42864	28531	425	108570	10881	12557
418032	**231486**	**183809**	**2737**	**547892**	**342755**	**83445**
76490	41426	34588	476	141036	147415	26743
41615	22890	18487	238	27655	10874	3781
68661	38104	29879	678	36936	15825	4671
45374	26512	18627	235	39337	16074	3001
46019	25873	19888	258	63668	27921	9033
58101	30398	27369	334	80632	34853	17671
81772	46283	34971	518	158628	89793	18545
839628	**474096**	**356924**	**8608**	**1039972**	**215230**	**91892**
89549	50055	38655	839	149737	82991	18872
54109	30936	22579	594	36238	5113	3662
133718	77902	54220	1596	136493	7705	14000
108648	60444	46682	1522	143809	12388	9760
60331	34329	25378	624	56292	4638	4526
89123	50768	37547	808	133342	16741	8356
113476	63465	48877	1134	128718	12764	8863
75699	42707	32374	618	61937	4002	4088
68792	38149	30138	505	120199	6504	10839
28446	15196	13039	211	67713	58401	8064
17737	10145	7435	157	5494	3983	862
9184677	**5544839**	**3559932**	**79906**	**13947671**	**10418288**	**1273646**
755691	**445422**	**305206**	**5063**	**1526717**	**4620594**	**548333**
65038	37451	27226	361	130995	409718	34173
62120	36362	25368	390	112490	493027	48615
43736	26781	16724	231	90108	470295	52425
107504	61537	45231	736	239646	955533	113800
15392	8758	6550	84	22418	92322	6294
23944	13972	9828	144	33898	291676	25873
54561	31031	23091	439	126014	302655	31867
12560	7344	5127	89	8698	157746	19350
18084	10634	7354	96	38730	301059	51616
26721	16758	9739	224	11105	315707	28104
76880	44372	31965	543	138319	60563	10505
61254	36611	24272	371	147258	146062	14001
73784	44910	28371	503	170366	66144	9092
58774	35096	23224	454	127329	513108	55212
55339	33805	21136	398	129343	44979	47406
457351	**265593**	**187188**	**4570**	**551895**	**308937**	**37081**
41069	23587	17223	259	84308	153995	16372

表3 续表 27

地 区	各年龄组人口占总人口比重(%)			
	0-14岁	15-64岁	65岁及以上	15-49岁育龄妇女
顺河回族区	15.01	67.95	17.05	24.61
鼓楼区	16.02	67.07	16.91	21.81
禹王台区	16.21	67.95	15.85	21.67
祥符区	24.64	60.91	14.45	20.05
杞县	24.51	60.25	15.24	19.61
通许县	24.98	60.14	14.88	19.34
尉氏县	26.26	59.88	13.86	18.66
兰考县	26.85	59.60	13.55	20.80
洛阳市	**20.85**	**66.18**	**12.97**	**22.67**
老城区	17.16	71.30	11.54	24.75
西工区	16.80	68.98	14.22	24.53
瀍河回族区	16.22	70.11	13.67	23.80
涧西区	15.89	68.86	15.25	24.16
吉利区	17.03	67.50	15.47	22.32
洛龙区	19.74	69.94	10.32	26.67
孟津县	18.36	65.73	15.91	21.23
新安县	18.56	68.38	13.06	22.14
栾川县	21.63	66.58	11.79	21.55
嵩县	24.44	63.25	12.31	20.40
汝阳县	27.08	60.28	12.64	20.47
宜阳县	22.13	64.42	13.45	21.55
洛宁县	23.09	64.36	12.55	21.25
伊川县	26.49	61.94	11.57	21.74
洛阳高新技术产业开发区	21.14	67.93	10.93	24.24
偃师市	17.89	65.69	16.42	21.14
平顶山市	**24.78**	**61.69**	**13.53**	**20.53**
新华区	18.48	68.00	13.51	22.73
卫东区	18.49	68.90	12.61	23.05
石龙区	24.06	61.89	14.05	19.14
湛河区	20.03	68.83	11.14	23.84
宝丰县	26.06	61.02	12.92	20.50
叶县	25.04	58.84	16.12	18.68
鲁山县	28.15	58.59	13.26	19.19
郏县	25.55	59.29	15.16	18.74
平顶山高新技术产业开发区	22.24	65.01	12.75	21.53
平顶山市城乡一体化示范区	18.90	72.72	8.39	28.59
舞钢市	22.71	60.12	17.17	19.53
汝州市	28.28	59.60	12.11	20.40
安阳市	**24.41**	**62.32**	**13.27**	**22.28**
文峰区	21.73	67.02	11.26	24.62
北关区	21.53	66.83	11.64	24.83
殷都区	18.88	67.14	13.97	23.70
龙安区	21.04	66.64	12.31	22.16
安阳县	23.81	62.84	13.34	21.21
汤阴县	23.70	63.66	12.64	22.18
滑县	28.70	56.56	14.74	20.32
内黄县	26.42	59.43	14.15	20.27
安阳高新技术产业开发区	17.63	77.22	5.15	37.63
林州市	24.27	61.54	14.19	21.87
鹤壁市	**21.66**	**66.40**	**11.95**	**22.72**
鹤山区	13.71	69.78	16.51	19.53
山城区	18.33	68.83	12.84	22.11
淇滨区	20.48	69.43	10.09	25.24
浚县	23.83	63.39	12.78	21.31
淇县	21.95	65.89	12.16	22.38
鹤壁经济技术开发区	23.37	69.88	6.75	27.76
新乡市	**23.17**	**63.79**	**13.04**	**22.07**
红旗区	16.49	73.57	9.94	29.91
卫滨区	18.06	68.93	13.00	24.59
凤泉区	21.13	66.50	12.37	20.65

有65岁及以上老年人口的户数(户)				户口登记地在外乡镇街道人口(人)		
合计	有一个老人	有二个老人	有三个及以上老人	本县(市、区)	本省其他县(市、区)	省外
26880	16392	10355	133	22170	38347	5312
15989	9706	6176	107	9138	27514	1588
14022	8974	4992	56	13975	21010	1208
65526	38381	26389	756	58227	12990	1369
93976	54048	38854	1074	76061	9044	1224
53590	30576	22338	676	53536	8846	1007
77042	45919	30347	776	135734	15705	3197
69257	38010	30514	733	98746	21486	5804
631081	**380915**	**246556**	**3610**	**1025490**	**884867**	**115680**
20229	12545	7583	101	30104	103136	9669
35361	19972	15193	196	40515	126876	14679
20756	12251	8407	98	26448	73911	6447
52667	29649	22800	218	82908	137090	17809
7151	3820	3298	33	11128	12146	2061
63841	36548	26956	337	77950	215415	35076
43835	26414	17086	335	74030	22990	3512
44633	27684	16768	181	92754	45677	3339
27917	18196	9504	217	98070	10126	3098
48513	31578	16645	290	70408	7538	1787
39128	24371	14500	257	67424	8272	2370
53014	32443	20250	321	97784	14248	2923
34905	23043	11716	146	64333	7283	2093
63958	40059	23608	291	109639	17124	1939
15532	8971	6488	73	13240	63678	5170
59641	33371	25754	516	68755	19357	3708
472869	**295532**	**172919**	**4418**	**605372**	**341509**	**34494**
30371	17911	11226	1234	37175	55858	4180
27524	17465	9821	238	31916	48818	2422
3980	2647	1324	9	4149	3772	357
25442	15338	9918	186	39725	82106	3605
45143	28311	16478	354	82135	24337	1954
79436	48634	30196	606	67503	13387	2683
74466	49283	24863	320	74668	16859	3647
54499	33681	20539	279	70602	12200	2442
4827	2934	1875	18	1868	6567	329
7554	4667	2857	30	3708	43418	7308
35124	20999	13859	266	38035	14969	3048
84503	53662	29963	878	153888	19218	2519
506013	**304157**	**198835**	**3021**	**729797**	**417913**	**49784**
29614	17219	12230	165	65672	86447	8470
26145	15777	10180	188	34623	68968	8297
21025	12246	8714	65	29747	34075	3658
23567	14190	9306	71	21865	37226	2106
77278	46877	30018	383	33685	15115	3263
40807	25426	15135	246	69461	16976	3340
119142	71184	47014	944	184933	31703	3438
65655	38396	26679	580	78442	11381	2954
6440	3608	2798	34	13967	96844	9759
96340	59234	36761	345	197402	19178	4499
130699	**80643**	**49153**	**903**	**179052**	**113328**	**10454**
7572	5143	2400	29	6399	4371	681
13610	8814	4698	98	26890	16272	1170
29109	17476	11414	219	52543	58544	4067
55633	33680	21518	435	36620	9512	2200
22820	14324	8389	107	51326	12597	1988
1955	1206	734	15	5274	12032	348
549724	**323366**	**221332**	**5026**	**846916**	**501406**	**53720**
28385	16618	11459	308	45468	142563	13586
20541	12229	8147	165	28272	44813	3373
12604	7400	5114	90	14426	12322	1044

表3 续表 28

地区	各年龄组人口占总人口比重(%)			
	0-14岁	15-64岁	65岁及以上	15-49岁育龄妇女
牧野区	16.95	69.67	13.38	26.19
新乡县	21.25	65.69	13.06	21.47
获嘉县	22.25	64.30	13.45	21.24
原阳县	24.95	62.02	13.04	20.19
延津县	23.28	62.67	14.05	20.63
封丘县	26.11	58.94	14.95	19.53
新乡高新技术产业开发区	22.30	68.25	9.45	25.49
新乡经济技术开发区	15.84	77.07	7.09	31.40
新乡市平原城乡一体化示范区	23.88	65.51	10.61	24.17
卫辉市	24.48	62.35	13.17	20.61
辉县市	25.35	61.43	13.22	19.64
长垣市	25.94	60.63	13.44	22.22
焦作市	**18.71**	**68.01**	**13.28**	**22.61**
解放区	16.46	70.58	12.96	24.42
中站区	17.02	68.84	14.13	21.98
马村区	19.13	67.78	13.09	21.66
山阳区	16.33	71.58	12.09	26.35
修武县	19.29	67.68	13.03	22.21
博爱县	19.99	67.02	12.98	21.14
武陟县	21.22	65.99	12.79	22.26
温县	19.25	65.74	15.01	21.30
焦作城乡一体化示范区	17.30	72.38	10.32	24.38
沁阳市	18.80	68.19	13.01	22.34
孟州市	16.96	66.96	16.08	21.18
濮阳市	**25.70**	**61.15**	**13.15**	**21.91**
华龙区	22.42	66.86	10.72	26.36
清丰县	25.58	59.44	14.98	20.16
南乐县	26.88	59.31	13.81	21.29
范县	26.61	59.69	13.70	21.21
台前县	27.22	59.53	13.25	20.38
濮阳县	27.10	59.02	13.88	20.08
河南濮阳工业园区	27.60	57.90	14.50	19.27
濮阳经济技术开发区	23.28	66.49	10.23	25.76
许昌市	**22.30**	**62.75**	**14.96**	**20.61**
魏都区	17.66	70.46	11.88	26.86
建安区	21.40	63.15	15.45	20.27
鄢陵县	26.07	58.42	15.51	19.07
襄城县	24.10	58.80	17.10	18.46
许昌经济技术开发区	22.70	64.01	13.29	22.16
禹州市	22.56	62.08	15.36	19.62
长葛市	21.73	64.34	13.93	20.67
漯河市	**20.34**	**63.67**	**16.00**	**20.95**
源汇区	19.16	66.34	14.50	23.47
郾城区	20.01	65.96	14.03	22.71
召陵区	19.96	65.06	14.98	21.86
舞阳县	21.35	58.56	20.09	17.33
临颍县	20.77	62.37	16.86	19.61
漯河经济技术开发区	20.20	68.55	11.25	24.64
三门峡市	**18.33**	**67.99**	**13.68**	**21.82**
湖滨区	16.70	70.24	13.06	24.00
陕州区	15.82	68.89	15.29	19.94
渑池县	20.45	65.61	13.94	21.64
卢氏县	20.23	66.60	13.17	20.63
河南三门峡经济开发区	15.30	75.69	9.01	28.47
义马市	18.22	68.21	13.57	22.87
灵宝市	18.45	67.86	13.69	21.73
南阳市	**26.23**	**59.55**	**14.22**	**19.89**
宛城区	23.26	62.72	14.02	21.35
卧龙区	23.79	63.91	12.30	23.49
南召县	26.92	60.27	12.82	19.48

有65岁及以上老年人口的户数(户)				户口登记地在外乡镇街道人口(人)		
合计	有一个老人	有二个老人	有三个及以上老人	本县(市、区)	本省其他县(市、区)	省外
34210	20147	13774	289	33403	72611	6956
31197	18114	12821	262	25638	23288	4296
36960	22254	14409	297	93104	12169	2040
48333	29219	18646	468	89880	18707	3715
40031	23723	15770	538	42785	12230	2002
71983	41969	29331	683	57650	7459	1135
8715	5066	3573	76	13217	41758	2787
1899	1129	753	17	670	18050	511
14689	8446	6087	156	4703	33706	2317
42346	25931	16171	244	59589	12224	1484
76298	45951	29670	677	169251	20629	3643
81533	45170	35607	756	168860	28877	4831
318331	**187114**	**128745**	**2472**	**492472**	**277135**	**42932**
30547	17741	12442	364	54657	65957	7971
10540	6265	4176	99	19687	10806	1404
10547	6247	4243	57	6829	8596	1268
24136	13726	10077	333	44329	61070	7385
22471	13607	8709	155	22583	12309	1696
31010	18810	12045	155	46632	5669	1602
57702	33411	23860	431	79277	29918	3716
40048	23054	16712	282	75067	9227	2761
14731	8877	5736	118	8051	40505	7803
40379	24453	15714	212	77802	22427	4234
36220	20923	15031	266	57558	10651	3092
341965	**199981**	**139640**	**2344**	**466973**	**345676**	**47558**
42727	22573	20009	145	109598	181865	20313
61279	36087	24771	421	75340	10709	4511
45157	26215	18580	362	56230	5450	2727
43534	26712	16461	361	60935	6785	6983
29971	18164	11607	200	32677	4122	3246
93720	55630	37388	702	109997	26504	5100
2764	1631	1118	15	175	436	42
22813	12969	9706	138	22021	109805	4636
445732	**262312**	**178932**	**4488**	**687234**	**267051**	**26230**
44244	26174	17579	491	131529	133489	9177
75238	44833	29689	716	79343	41243	3451
57968	33548	23887	533	57256	7026	1560
77737	45397	31364	976	87113	12271	1906
6493	3933	2524	36	4125	18966	582
115570	67449	47097	1024	204446	24512	5193
68482	40978	26792	712	123422	29544	4361
254653	**149587**	**102574**	**2492**	**254395**	**197263**	**12440**
30745	18353	12109	283	23521	50459	3190
48538	28307	19826	405	71507	62658	3502
41186	24245	16502	439	31740	35650	1723
62005	36750	24670	585	39685	9813	1230
64730	37473	26552	705	76139	8542	1938
7449	4459	2915	75	11803	30141	857
197865	**124142**	**72927**	**796**	**323642**	**135655**	**30579**
25685	15603	9950	132	61229	40212	6198
31421	19478	11792	151	52347	20156	4964
31660	20510	11067	83	68991	13463	2331
31134	21020	10032	82	56550	4221	2221
2502	1415	1080	7	2367	16173	2486
12465	7472	4943	50	3025	18181	1855
62998	38644	24063	291	79133	23249	10524
969646	**636154**	**323324**	**10168**	**1585678**	**673424**	**69373**
73588	46496	26692	400	126360	151012	7341
76277	49803	25920	554	135295	136412	12955
51828	35766	15815	247	90951	17547	2616

表3 续表 29

地　区	各年龄组人口占总人口比重(%)			
	0-14岁	15-64岁	65岁及以上	15-49岁育龄妇女
方城县	28.21	57.22	14.57	19.32
西峡县	21.26	65.68	13.06	20.79
镇平县	25.88	60.04	14.07	19.13
内乡县	25.74	59.73	14.53	18.67
淅川县	25.09	60.83	14.08	20.20
社旗县	27.76	56.66	15.58	18.99
唐河县	27.37	55.84	16.79	18.08
新野县	27.95	55.82	16.23	17.75
桐柏县	26.50	59.92	13.58	19.77
南阳高新技术产业开发区	25.47	65.54	8.98	24.45
南阳市城乡一体化示范区	23.56	66.11	10.33	24.25
邓州市	28.73	56.73	14.54	19.09
商丘市	**25.42**	**60.56**	**14.02**	**21.35**
梁园区	22.17	66.01	11.82	24.12
睢阳区	23.75	63.80	12.45	23.22
民权县	27.10	58.95	13.95	20.50
睢县	24.79	60.18	15.03	20.66
宁陵县	26.62	59.04	14.35	20.31
柘城县	25.07	58.75	16.18	20.66
虞城县	25.82	60.47	13.72	21.01
夏邑县	26.47	57.68	15.85	19.36
豫东综合物流产业聚集区	24.52	62.50	12.98	21.72
河南商丘经济开发区	19.45	72.39	8.16	31.35
永城市	27.19	58.74	14.07	20.66
信阳市	**23.67**	**61.14**	**15.20**	**20.05**
浉河区	18.13	68.48	13.39	24.74
平桥区	23.24	65.15	11.61	22.90
罗山县	25.01	58.23	16.76	17.64
光山县	23.88	60.22	15.89	19.08
新县	21.75	62.90	15.35	20.12
商城县	24.61	57.13	18.26	18.97
固始县	24.32	57.67	18.01	18.08
潢川县	23.16	62.44	14.40	19.83
淮滨县	25.47	60.61	13.92	19.57
息县	26.54	58.32	15.14	18.81
信阳高新技术产业开发区	22.35	67.06	10.59	23.43
周口市	**24.92**	**59.90**	**15.18**	**20.72**
川汇区	19.81	69.71	10.48	27.00
淮阳区	26.24	58.07	15.69	20.10
扶沟县	22.32	60.96	16.71	19.19
西华县	24.18	60.47	15.35	19.37
商水县	24.28	61.22	14.50	20.22
沈丘县	25.19	58.72	16.08	20.13
郸城县	26.89	57.62	15.49	20.41
太康县	26.74	57.42	15.84	19.94
鹿邑县	25.56	59.25	15.19	21.47
河南周口经济开发区	19.88	71.26	8.86	26.88
项城市	24.61	59.55	15.84	20.30
驻马店市	**25.10**	**59.17**	**15.72**	**19.47**
驿城区	21.63	65.44	12.92	22.17
西平县	20.58	60.19	19.23	18.16
上蔡县	26.99	56.90	16.11	19.10
平舆县	27.61	55.70	16.69	18.68
正阳县	27.43	57.99	14.58	18.35
确山县	23.73	60.62	15.65	19.01
泌阳县	27.57	57.59	14.84	19.30
汝南县	24.26	58.27	17.48	18.05
遂平县	23.88	57.92	18.20	18.23
新蔡县	26.56	57.52	15.93	18.94
河南驻马店经济开发区	21.63	70.91	7.45	29.22
省直辖县级行政区划	**19.47**	**67.53**	**12.99**	**22.80**
济源市	19.47	67.53	12.99	22.80

有65岁及以上老年人口的户数(户)				户口登记地在外乡镇街道人口(人)		
合计	有一个老人	有二个老人	有三个及以上老人	本县(市、区)	本省其他县(市、区)	省外
88855	59691	28364	800	157988	14562	3490
41272	27971	12680	621	102085	26567	4152
84533	57670	26206	657	143521	18663	6597
58063	39888	17813	362	85255	11482	3620
51462	34481	16286	695	105378	21130	2523
62643	41284	20801	558	57327	6937	1037
121694	77105	42061	2528	143968	16087	4356
65131	40699	23776	656	97970	7465	2129
36722	23540	12943	239	91746	12702	3396
13468	8136	5284	48	21595	132963	3122
15962	10375	5453	134	19849	73970	7194
128148	83249	43230	1669	206390	25925	4845
747329	**438868**	**300837**	**7624**	**1104749**	**284066**	**58143**
50731	29923	20093	715	107831	58907	13341
76565	43942	31677	946	130169	83993	7214
72792	44000	28201	591	84778	9594	3277
71886	41397	29693	796	94834	14682	3098
55837	33220	21769	848	70746	6183	2263
86732	50700	35307	725	95318	8442	2272
91024	53758	36466	800	141392	8481	3470
97314	57034	39279	1001	96675	6828	3132
12574	7436	4976	162	5111	4032	326
9895	6049	3745	101	10175	62034	5606
121979	71409	49631	939	267720	20890	14144
667524	**415065**	**249252**	**3207**	**1307608**	**369130**	**49122**
59445	36516	22698	231	121913	121796	10754
68014	42143	25645	226	228301	140021	11234
58753	36932	21616	205	102238	12031	2974
67753	43510	23909	334	94132	13141	2261
31350	20951	10303	96	76455	9975	1684
60488	38590	21638	260	68611	7477	2065
130408	78078	51781	549	234069	23327	9217
65689	41742	23644	303	193940	16305	3461
53965	33429	20007	529	49709	6071	3065
69948	42129	27348	471	136667	14511	1796
1711	1045	663	3	1573	4475	611
911491	**533384**	**366676**	**11431**	**960313**	**261347**	**44996**
42416	25503	16444	469	82549	125908	12840
108467	63164	43929	1374	68785	16691	2562
62952	36785	25549	618	51825	6674	1302
71558	41986	28884	688	67233	10033	2341
95289	58113	36258	918	89357	12374	2261
102635	60507	40965	1163	62584	9222	7125
106763	62421	42963	1379	131350	13153	4811
120851	66610	52324	1917	113036	10451	3157
96329	58026	37330	973	96016	8433	3269
5081	3082	1945	54	4645	29017	1586
99150	57187	40085	1878	192933	19391	3742
763010	**466912**	**288318**	**7780**	**1069266**	**373035**	**29083**
68690	42671	25452	567	146542	118843	5477
85064	50566	33659	839	104621	13497	2174
111494	68717	41634	1143	131648	13229	1776
82654	48522	32885	1247	107463	13229	1408
65081	41207	23444	430	116262	12855	1157
44675	27509	16975	191	57889	13100	1908
72531	46723	24858	950	143452	12694	3049
73592	45499	27442	651	69942	18085	1524
55048	33289	20972	787	82092	14191	1223
90515	53855	35783	877	81950	7660	3138
13666	8354	5214	98	27405	135652	6249
63703	**35692**	**27518**	**493**	**230102**	**45952**	**13644**
63703	35692	27518	493	230102	45952	13644

表3 续表 30

地 区	各年龄组人口占总人口比重(%)			
	0-14岁	15-64岁	65岁及以上	15-49岁育龄妇女
湖北省	**16.31**	**69.10**	**14.59**	**21.84**
武汉市	**13.05**	**75.14**	**11.81**	**25.81**
江岸区	12.90	71.89	15.21	24.12
江汉区	11.54	75.32	13.14	25.67
硚口区	11.76	74.16	14.07	24.00
汉阳区	13.44	74.23	12.33	24.31
武昌区	11.56	73.78	14.67	25.94
青山区	11.27	70.67	18.06	21.67
洪山区	11.94	80.47	7.59	30.29
东西湖区	14.33	76.18	9.49	25.22
汉南区	12.92	75.15	11.93	22.11
蔡甸区	14.33	73.79	11.88	24.02
江夏区	13.09	79.36	7.55	29.07
黄陂区	15.33	69.71	14.96	22.73
新洲区	15.31	69.75	14.95	21.53
黄石市	**21.87**	**65.59**	**12.54**	**21.90**
黄石港区	14.91	70.45	14.63	25.26
西塞山区	14.10	68.01	17.88	20.64
下陆区	14.54	72.09	13.37	25.09
铁山区	11.41	67.99	20.59	19.60
阳新县	27.83	61.48	10.69	20.97
大冶市	21.70	66.22	12.08	21.54
十堰市	**18.70**	**67.22**	**14.08**	**21.93**
茅箭区	18.42	73.30	8.28	27.97
张湾区	16.35	72.40	11.25	24.44
郧阳区	18.63	63.89	17.47	19.14
郧西县	20.26	63.20	16.54	19.63
竹山县	19.73	63.97	16.30	19.22
竹溪县	19.12	64.71	16.17	19.95
房县	18.45	64.53	17.02	19.47
丹江口市	19.26	66.59	14.14	21.08
宜昌市	**11.72**	**70.36**	**17.93**	**20.86**
西陵区	11.37	72.92	15.71	26.84
伍家岗区	15.28	72.65	12.06	25.59
点军区	11.77	70.68	17.55	19.96
猇亭区	12.39	74.27	13.34	22.53
夷陵区	12.32	71.31	16.37	21.66
远安县	12.05	70.96	16.99	19.21
兴山县	10.92	69.67	19.40	18.03
秭归县	11.54	68.13	20.33	18.40
长阳土家族自治县	10.91	68.05	21.04	17.97
五峰土家族自治县	11.28	67.03	21.70	16.99
宜都市	11.83	68.32	19.85	19.17
当阳市	10.85	70.04	19.10	19.02
枝江市	10.06	69.97	19.98	18.73
襄阳市	**17.43**	**67.68**	**14.89**	**21.35**
襄城区	13.57	71.68	14.76	24.70
樊城区	16.56	70.13	13.31	24.41
襄州区	19.32	67.76	12.92	21.63
南漳县	16.18	67.06	16.76	18.95
谷城县	18.72	65.37	15.91	20.06
保康县	14.60	66.85	18.55	18.74
老河口市	18.83	66.14	15.03	20.02
枣阳市	19.11	65.55	15.33	20.02
宜城市	16.18	67.39	16.43	20.04
鄂州市	**18.00**	**68.38**	**13.63**	**22.14**
梁子湖区	21.56	63.18	15.26	19.19
华容区	16.54	68.94	14.52	21.47
鄂城区	17.89	69.11	13.00	22.93

有65岁及以上老年人口的户数(户)				户口登记地在外乡镇街道人口(人)		
合计	有一个老人	有二个老人	有三个及以上老人	本县(市、区)	本省其他县(市、区)	省外
5852791	**3627771**	**2194903**	**30117**	**8353749**	**7873198**	**2249614**
989902	**593463**	**391489**	**4950**	**1707214**	**4061373**	**1250940**
98745	58524	39706	515	200225	275241	81719
56858	33857	22697	304	69586	273005	76265
64096	39098	24672	326	123697	248634	57395
68971	40834	27841	296	139380	322640	64991
104889	61130	43070	689	144660	224109	117594
53399	30995	22139	265	81667	117711	30499
123870	70881	52353	636	241377	1111103	385585
52379	29747	22351	281	88833	423687	101783
11693	6880	4780	33	26252	38943	12280
74181	43135	30725	321	102318	302123	75952
66947	41557	25133	257	197529	469927	161071
121162	76864	43780	518	163228	184576	56365
92712	59961	32242	509	128462	69674	29441
222032	**143603**	**77556**	**873**	**463056**	**240135**	**61949**
23996	14194	9670	132	34795	59556	16504
24835	15615	9095	125	24788	36221	4715
19596	11478	8028	90	25369	59517	12315
6255	4078	2152	25	1580	6816	1330
70889	47803	22825	261	161419	20008	9918
76461	50435	25786	240	215105	58017	17167
323804	**211829**	**110681**	**1294**	**482902**	**539320**	**100844**
32758	19644	13005	109	64281	287106	42597
32885	19682	13098	105	58403	178761	26065
50407	33439	16771	197	54853	13386	5568
46344	32167	14041	136	60688	6312	4496
41698	28300	13201	197	41312	8389	5008
33646	22545	10978	123	44775	4032	3324
44108	28436	15411	261	60030	9364	3811
41958	27616	14176	166	98560	31970	9975
466316	**275747**	**187398**	**3171**	**527960**	**527238**	**150440**
53440	29424	23712	304	76314	153779	49615
27224	15727	11330	167	31818	145248	29075
12377	7695	4589	93	4776	20210	3052
6262	3646	2552	64	12176	25124	4730
60570	36280	23855	435	89316	78507	17632
20031	12296	7640	95	28263	8722	3364
18715	12062	6537	116	18024	6956	3672
43564	27102	16242	220	47172	13234	3554
45725	28090	17371	264	27932	6875	2471
23946	14547	9225	174	11344	3475	1357
47588	28167	18975	446	50674	23838	6693
51639	28954	22367	318	74910	19025	16246
55235	31757	23003	475	55241	22245	8979
535178	**329017**	**203227**	**2934**	**807754**	**502552**	**114234**
45040	24724	20072	244	74168	93766	25484
79449	45671	33473	305	188341	230471	33558
81711	51249	30023	439	147951	106173	18243
54510	34891	19276	343	48670	10487	5175
53172	34074	18788	310	49703	12284	5122
30054	19744	10118	192	21370	7152	3872
46926	31552	15186	188	50925	8850	7683
93208	57862	34762	584	167186	19930	10663
51108	29250	21529	329	59440	13439	4434
102890	**64855**	**37659**	**376**	**164298**	**160327**	**31142**
14207	9355	4802	50	5198	6446	1723
25917	16343	9471	103	18410	43294	11395
62766	39157	23386	223	140690	110587	18024

表3 续表 31

地区	各年龄组人口占总人口比重(%)			
	0-14岁	15-64岁	65岁及以上	15-49岁育龄妇女
荆门市	**13.56**	**70.29**	**16.16**	**20.70**
东宝区	11.73	73.30	14.97	24.27
掇刀区	15.02	74.87	10.11	25.78
沙洋县	11.14	68.63	20.23	16.74
钟祥市	14.43	68.33	17.24	19.52
京山市	13.96	69.02	17.02	19.13
孝感市	**16.75**	**68.16**	**15.09**	**21.17**
孝南区	16.27	70.10	13.63	23.50
孝昌县	19.08	66.32	14.60	20.72
大悟县	19.48	65.85	14.67	19.97
云梦县	16.34	67.61	16.05	20.06
应城市	14.60	67.48	17.92	19.29
安陆市	16.12	68.22	15.66	20.74
汉川市	16.26	68.85	14.89	21.25
荆州市	**15.19**	**68.25**	**16.56**	**19.93**
沙市区	12.68	71.95	15.37	23.19
荆州区	11.20	73.90	14.90	24.28
公安县	13.61	67.47	18.92	18.54
监利县	19.99	64.82	15.19	18.55
江陵县	14.38	68.38	17.24	19.16
荆州经济技术开发区	12.58	74.97	12.44	23.70
石首市	15.49	67.92	16.59	19.75
洪湖市	16.86	66.91	16.24	18.41
松滋市	13.21	66.97	19.82	18.58
黄冈市	**19.25**	**65.14**	**15.61**	**19.78**
黄州区	14.69	72.96	12.35	25.32
团风县	16.30	63.99	19.71	17.51
红安县	17.60	66.50	15.90	19.97
罗田县	19.18	65.68	15.14	18.72
英山县	17.58	65.11	17.31	18.65
浠水县	19.09	63.41	17.50	18.43
蕲春县	21.77	63.65	14.58	19.92
黄梅县	20.20	63.73	16.07	19.77
龙感湖管理区	16.45	65.51	18.04	18.93
麻城市	18.30	66.36	15.34	19.69
武穴市	23.06	62.44	14.50	19.48
咸宁市	**21.70**	**65.87**	**12.42**	**21.25**
咸安区	20.62	68.30	11.08	23.61
嘉鱼县	16.76	68.10	15.14	20.03
通城县	23.38	63.35	13.27	19.83
崇阳县	22.70	65.28	12.02	21.26
通山县	26.30	62.56	11.14	20.58
赤壁市	19.98	66.71	13.31	20.51
随州市	**17.92**	**67.45**	**14.63**	**20.46**
曾都区	17.67	69.50	12.83	22.85
随县	17.10	65.87	17.03	17.87
广水市	18.89	66.86	14.24	20.44
恩施土家族苗族自治州	**17.92**	**66.35**	**15.74**	**21.01**
恩施市	15.70	69.95	14.35	24.07
利川市	21.13	64.55	14.33	21.05
建始县	16.19	65.73	18.08	19.57
巴东县	16.15	66.05	17.80	19.32
宣恩县	18.07	64.55	17.39	19.07
咸丰县	19.56	65.00	15.44	20.13
来凤县	21.19	65.31	13.51	20.86
鹤峰县	14.22	66.03	19.75	18.49
省直辖县级行政区划	**16.18**	**67.11**	**16.70**	**19.22**
仙桃市	16.42	67.62	15.96	19.55
潜江市	14.54	69.30	16.16	21.38
天门市	17.26	64.78	17.96	17.08
神农架林区	14.88	68.74	16.38	21.33

有65岁及以上老年人口的户数(户)				户口登记地在外乡镇街道人口(人)		
合计	有一个老人	有二个老人	有三个及以上老人	本县(市、区)	本省其他县(市、区)	省外
284174	**165780**	**116650**	**1744**	**317239**	**361606**	**69703**
35791	20306	15247	238	54353	91316	21777
29518	17026	12352	140	42286	220248	18490
55399	32940	22123	336	34774	16883	9675
99275	56966	41628	681	98266	16622	10720
64191	38542	25300	349	87560	16537	9041
446742	**275681**	**168829**	**2232**	**784181**	**295454**	**68211**
90663	53779	36453	431	188146	151257	30902
50032	31321	18476	235	88520	13668	5218
53067	36931	15925	211	75498	11227	4946
48260	30268	17668	324	61751	17423	3227
59179	35622	23230	327	114721	16300	5034
55572	34598	20625	349	115426	14774	4915
89969	53162	36452	355	140119	70805	13969
601103	**362772**	**234587**	**3744**	**537264**	**398206**	**118141**
52198	29691	22242	265	85402	128534	33613
56345	33113	22860	372	87230	105142	38678
100713	63200	36991	522	76184	17772	8302
119345	72038	46479	828	66729	13330	5573
33112	19828	13081	203	27268	12377	3423
15991	9733	6187	71	14320	76635	8659
55983	35207	20461	315	51117	10741	5953
77856	45619	31694	543	62363	13237	5263
89560	54343	34592	625	66651	20438	8677
662178	**444718**	**214602**	**2858**	**656248**	**229200**	**92931**
38547	23521	14842	184	72875	127814	26960
37500	25089	12260	151	24590	9179	2733
58128	40167	17768	193	99002	16894	8130
53097	37514	15432	151	51990	7070	3811
40902	29232	11504	166	35055	5265	2775
91260	60724	30203	333	67330	15473	7747
83244	56107	26694	443	71318	13504	6805
84025	53604	29857	564	59096	7630	7836
3549	2138	1396	15	2446	1695	563
100098	68445	31283	370	112066	14750	19967
71828	48177	23363	288	60480	9926	5604
236983	**156252**	**79732**	**999**	**563596**	**166209**	**52702**
50723	31985	18565	173	163686	98223	25348
30676	19378	11191	107	52078	15174	7314
40813	27365	13175	273	60329	8083	3927
36217	24429	11627	161	86545	10301	3327
33176	23419	9661	96	66531	7976	3568
45378	29676	15513	189	134427	26452	9218
208734	**131693**	**75936**	**1105**	**355928**	**120212**	**32883**
59497	36007	23186	304	173803	93660	12254
76421	48755	27178	488	22625	10281	12383
72816	46931	25572	313	159500	16271	8246
390056	**249263**	**139043**	**1750**	**581495**	**176476**	**73834**
85282	54165	30706	411	171473	107995	28148
76171	47136	28712	323	165403	17237	15470
52744	33142	19250	352	37690	8992	5077
52079	34551	17343	185	50850	11724	6927
35841	22587	13114	140	32052	7221	3211
36062	23934	12025	103	51962	7868	5593
27181	18183	8881	117	51450	10454	6170
24696	15565	9012	119	20615	4985	3238
382699	**223098**	**157514**	**2087**	**404614**	**94890**	**31660**
134656	77839	56144	673	234389	41641	11827
96708	56257	39935	516	95966	30649	12322
143592	83919	58842	831	68017	17895	5698
7743	5083	2593	67	6242	4705	1813

表3 续表 32

地　区	各年龄组人口占总人口比重(%)			
	0-14岁	15-64岁	65岁及以上	15-49岁育龄妇女
湖南省	**19.52**	**65.67**	**14.81**	**21.16**
长沙市	**16.64**	**72.25**	**11.11**	**26.20**
芙蓉区	13.82	76.58	9.60	29.57
天心区	15.22	74.79	10.00	28.37
岳麓区	16.93	75.06	8.01	30.36
开福区	15.34	73.86	10.80	26.93
雨花区	16.98	73.27	9.75	27.96
望城区	16.75	72.50	10.75	26.56
长沙县	16.22	74.10	9.68	26.32
浏阳市	18.88	67.27	13.85	21.60
宁乡市	17.03	66.37	16.59	20.59
株洲市	**18.28**	**67.19**	**14.53**	**21.37**
荷塘区	16.39	71.73	11.88	25.24
芦淞区	16.15	70.79	13.06	24.76
石峰区	13.56	71.53	14.90	21.94
天元区	17.58	72.12	10.29	25.77
渌口区	16.36	64.42	19.22	18.39
攸县	19.47	62.78	17.74	18.20
茶陵县	23.66	62.28	14.06	19.27
炎陵县	19.23	65.08	15.69	19.82
云龙示范区	10.90	82.33	6.77	29.12
醴陵市	18.84	65.48	15.68	19.71
湘潭市	**15.54**	**67.57**	**16.89**	**21.28**
雨湖区	12.54	71.30	16.16	23.63
岳塘区	12.46	72.96	14.57	24.63
湘潭县	16.26	64.79	18.95	18.86
湖南湘潭高新技术产业园区	15.82	72.57	11.61	23.20
湘潭昭山示范区	15.77	69.11	15.12	22.51
湘潭九华示范区	14.85	77.77	7.38	29.35
湘乡市	18.16	62.76	19.08	18.65
韶山市	16.65	65.08	18.28	19.89
衡阳市	**21.00**	**64.26**	**14.74**	**20.28**
珠晖区	14.59	70.92	14.49	24.44
雁峰区	16.06	69.70	14.24	23.50
石鼓区	15.48	70.11	14.41	24.15
蒸湘区	17.04	71.91	11.04	24.93
南岳区	22.02	65.97	12.00	23.54
衡阳县	20.68	62.55	16.76	19.10
衡南县	21.14	63.21	15.65	19.05
衡山县	21.03	62.02	16.95	18.42
衡东县	22.10	61.75	16.15	18.33
祁东县	21.42	61.45	17.13	18.50
衡阳综合保税区	18.90	72.63	8.46	26.00
湖南衡阳高新技术产业园区	19.59	71.59	8.83	26.98
湖南衡阳松木经济开发区	15.64	77.67	6.70	29.78
耒阳市	24.42	62.58	13.00	19.50
常宁市	22.58	63.93	13.49	20.17
邵阳市	**22.53**	**61.86**	**15.60**	**19.29**
双清区	18.20	67.98	13.82	22.91
大祥区	17.58	69.35	13.07	26.05
北塔区	20.44	67.66	11.90	23.12
新邵县	22.32	61.39	16.28	18.56
邵阳县	22.17	60.91	16.93	18.64
隆回县	25.73	59.48	14.79	18.50
洞口县	24.22	58.56	17.23	17.48
绥宁县	22.22	62.20	15.59	18.07

有65岁及以上老年人口的户数(户)				户口登记地在外乡镇街道人口(人)		
合计	有一个老 人	有二个老 人	有三个及以上老人	本 县(市、区)	本省其他县(市、区)	省 外
7045763	**4615934**	**2391403**	**38426**	**8710949**	**7287335**	**1577563**
776548	**512014**	**260351**	**4183**	**1169149**	**3086381**	**702766**
40263	24315	15714	234	50009	299865	87709
54345	33751	20305	289	81174	350339	83567
81555	51281	29889	385	137546	647348	143085
58416	37264	20760	392	104076	308153	65768
80032	49818	29841	373	117543	531090	101405
66772	43512	22807	453	99357	284115	43212
92069	60775	30847	447	165087	519033	112444
147506	104433	42138	935	202984	70141	46650
155590	106865	48050	675	211373	76297	18926
406391	**263797**	**140406**	**2188**	**486626**	**607652**	**140560**
28248	17620	10439	189	36412	137216	28866
27676	17185	10334	157	32577	100389	28884
23037	14391	8544	102	22820	71221	13989
33441	19952	13275	214	61537	170195	36639
35651	22815	12654	182	19986	20473	2508
80725	51666	28628	431	76131	11825	4374
50297	33374	16769	154	84610	7695	4977
18789	12921	5804	64	24848	5619	3227
5446	3433	1983	30	4824	64517	6559
103081	70440	31976	665	122881	18502	10537
328053	**214296**	**111682**	**2075**	**442292**	**372381**	**84179**
49048	31426	17346	276	76322	80507	25465
38562	23376	14980	206	69127	130736	15479
108299	71704	35914	681	134915	32916	10847
4904	3066	1821	17	12624	20691	2928
3331	2145	1170	16	848	7500	1140
9379	6001	3313	65	22087	73447	20499
101248	68309	32206	733	118885	19170	6089
13282	8269	4932	81	7484	7414	1732
715183	**483404**	**228557**	**3222**	**939403**	**550837**	**96465**
33852	21738	11945	169	36316	101835	17118
20632	13472	7042	118	33976	66390	5813
21387	14183	6965	239	26251	55411	6724
22532	14318	8065	149	29303	109483	14735
5926	3788	2104	34	7492	17345	2077
112359	77777	34216	366	79945	13845	9800
94065	65451	28293	321	74368	20281	3446
41923	27848	13929	146	26397	9034	2221
66931	44416	22183	332	64619	9014	3581
96166	63499	32184	483	122856	18818	5684
1813	1162	646	5	1003	9953	1479
10516	6253	4220	43	14673	76716	9322
758	485	271	2	730	6687	634
107449	73268	33719	462	263516	24875	8011
78874	55746	22775	353	157958	11150	5820
740240	**481956**	**254909**	**3375**	**773327**	**264919**	**56026**
30423	19928	10225	270	67294	60723	6893
34341	23022	11129	190	75355	55623	5353
10505	6804	3680	21	12677	30117	1945
72352	48313	23758	281	40561	9946	3491
91540	58305	32705	530	42690	10096	7234
108376	69785	38225	366	99870	13896	5127
83611	52974	30224	413	62388	16884	4361
33277	21934	11234	109	33330	4714	1611

表3 续表 33

地　区	各年龄组人口占总人口比重(%)			
	0-14岁	15-64岁	65岁及以上	15-49岁育龄妇女
新宁县	23.88	60.64	15.48	18.58
城步苗族自治县	23.54	63.15	13.31	19.46
武冈市	22.40	61.36	16.23	18.89
邵东市	21.29	62.69	16.02	19.13
岳阳市	**18.46**	**66.54**	**15.00**	**20.72**
岳阳楼区	17.70	71.63	10.67	25.57
云溪区	16.36	67.94	15.71	21.28
君山区	16.97	67.02	16.01	19.67
岳阳县	20.04	63.97	15.98	18.84
华容县	16.13	66.20	17.67	19.15
湘阴县	16.87	66.38	16.75	19.57
平江县	20.53	64.70	14.77	20.22
岳阳市屈原管理区	15.55	67.09	17.36	19.68
汨罗市	18.58	64.84	16.58	19.03
临湘市	20.43	64.48	15.10	19.46
常德市	**14.87**	**65.96**	**19.16**	**19.72**
武陵区	13.71	72.87	13.42	26.40
鼎城区	13.63	66.38	19.99	18.82
安乡县	12.77	66.71	20.52	18.40
汉寿县	17.34	65.37	17.29	20.15
澧县	15.69	63.07	21.25	18.02
临澧县	15.32	63.78	20.90	18.62
桃源县	15.81	63.30	20.89	17.81
石门县	15.16	64.28	20.56	18.47
常德市西洞庭管理区	12.06	73.99	13.94	22.94
津市市	11.63	67.75	20.62	18.46
张家界市	**17.96**	**64.96**	**17.09**	**20.77**
永定区	17.75	68.82	13.42	23.79
武陵源区	17.88	70.40	11.72	24.43
慈利县	16.56	62.99	20.45	18.48
桑植县	20.34	61.70	17.96	19.46
益阳市	**17.71**	**65.12**	**17.18**	**19.73**
资阳区	16.94	66.45	16.61	20.73
赫山区	16.83	66.37	16.80	21.07
南县	15.94	65.48	18.58	18.83
桃江县	18.71	63.06	18.23	18.35
安化县	20.19	62.58	17.23	19.03
益阳市大通湖管理区	14.82	67.24	17.94	18.62
湖南益阳高新技术产业园区	18.49	71.51	10.00	26.57
沅江市	16.42	66.22	17.36	19.01
郴州市	**23.14**	**64.54**	**12.32**	**20.79**
北湖区	21.77	68.72	9.51	24.19
苏仙区	20.64	67.78	11.58	23.41
桂阳县	23.84	63.91	12.25	20.24
宜章县	24.47	64.33	11.20	20.56
永兴县	24.17	62.31	13.53	19.27
嘉禾县	24.35	63.43	12.22	19.89
临武县	25.63	62.50	11.87	20.04
汝城县	24.97	61.65	13.38	19.67
桂东县	21.16	64.17	14.67	20.63
安仁县	23.51	63.12	13.37	19.69
资兴市	18.19	66.27	15.54	19.65
永州市	**22.95**	**62.65**	**14.39**	**19.82**
零陵区	19.95	65.75	14.30	22.24
冷水滩区	20.38	66.36	13.26	21.74
祁阳县	21.28	61.36	17.37	18.91
东安县	22.64	61.24	16.11	18.20
双牌县	20.65	65.37	13.97	20.49
道县	25.17	61.34	13.49	19.22
江永县	24.59	62.02	13.39	19.03

有65岁及以上老年人口的户数(户)				户口登记地在外乡镇街道人口(人)		
合计	有一个老人	有二个老人	有三个及以上老人	本县(市、区)	本省其他县(市、区)	省外
57584	37170	20138	276	49208	6628	3583
22645	15433	7148	64	20649	2981	2034
75521	48807	26347	367	89155	13583	3792
120065	79481	40096	488	180150	39728	10602
520809	**330164**	**186680**	**3965**	**564051**	**380108**	**102923**
66505	40211	25558	736	225401	268916	50630
16231	9240	6863	128	14012	21963	6249
22064	13293	8607	164	11650	10248	6631
62642	39694	22678	270	28578	13779	8401
63918	39331	23800	787	57314	8575	5916
69690	45194	24040	456	54664	19801	5131
101920	68588	32750	582	94973	15856	9173
8276	4721	3502	53	4607	2936	2324
63134	40688	22020	426	27341	10005	4276
46429	29204	16862	363	45511	8029	4192
709428	**439917**	**263594**	**5917**	**589438**	**350228**	**75828**
66997	40632	25819	546	125450	186120	25722
98506	61639	36225	642	71611	48406	8748
59662	36208	22561	893	24600	7536	6209
87419	54693	32192	534	66173	17773	4962
106238	63786	41688	764	97105	20452	6734
52953	31339	21160	454	34165	11442	4204
122140	79042	42054	1044	70437	14630	6608
82590	52013	30186	391	63903	15440	7156
4711	2920	1729	62	4845	16180	2657
28212	17645	9980	587	31149	12249	2828
183535	**115078**	**67561**	**896**	**246413**	**84144**	**24191**
48827	30499	18092	236	122988	56255	13533
4953	3126	1796	31	6935	12916	2345
81429	50697	30405	327	55257	8875	4677
48326	30756	17268	302	61233	6098	3636
472574	**305592**	**164476**	**2506**	**437096**	**191721**	**40083**
42485	27014	15132	339	73072	26124	4505
86250	55259	30548	443	101725	60866	7766
63026	39345	23328	353	44841	10404	2624
90417	59398	30549	470	40995	10435	3801
99661	67113	32108	440	59199	15284	6902
10526	6369	4105	52	2735	5262	3390
10785	6586	4159	40	37612	44785	7056
69424	44508	24547	369	76917	18561	4039
415865	**282258**	**132219**	**1388**	**821950**	**341310**	**61422**
37218	25204	11847	167	115492	161244	15402
36901	24607	12170	124	68534	109653	12932
64158	43663	20271	224	184669	14484	4567
46457	31379	14944	134	83131	9711	9150
50472	34804	15542	126	97296	8035	3183
29492	19565	9789	138	18113	6229	2767
27889	19096	8731	62	70587	6208	2361
33997	23148	10763	86	45095	4130	3186
17731	12544	5140	47	18104	1715	2568
34516	22937	11432	147	40969	4212	1944
37034	25311	11590	133	79960	15689	3362
558993	**376529**	**178951**	**3513**	**750630**	**187649**	**51222**
59283	39819	19208	256	109558	41324	10318
51715	35029	16219	467	91455	51843	6544
100868	67424	32415	1029	52912	10164	4775
57216	37514	19419	283	65250	11002	4682
16357	11547	4702	108	20228	6400	1501
60851	40953	19396	502	127628	11459	4239
22029	14390	7577	62	19729	6114	3130

表3 续表 34

地　区	各年龄组人口占总人口比重(%)			
	0–14岁	15–64岁	65岁及以上	15–49岁育龄妇女
宁远县	23.96	61.74	14.31	19.30
蓝山县	25.09	61.57	13.34	19.50
新田县	25.99	60.97	13.04	19.32
江华瑶族自治县	24.71	62.48	12.82	20.08
永州经济技术开发区	21.96	67.10	10.94	22.24
永州市金洞管理区	22.69	61.38	15.92	18.70
永州市回龙圩管理区	22.79	64.00	13.21	20.10
怀化市	**20.24**	**63.88**	**15.88**	**19.88**
鹤城区	20.53	70.12	9.35	25.95
中方县	19.28	64.24	16.48	20.30
沅陵县	19.09	61.90	19.01	18.47
辰溪县	21.15	61.47	17.38	18.53
溆浦县	22.68	60.71	16.61	18.57
会同县	20.88	62.65	16.47	18.17
麻阳苗族自治县	21.24	62.05	16.72	19.25
新晃侗族自治县	20.16	63.26	16.58	17.94
芷江侗族自治县	18.24	64.50	17.26	19.17
靖州苗族侗族自治县	20.59	65.76	13.65	20.08
通道侗族自治县	20.52	64.84	14.65	19.61
怀化市洪江管理区	11.95	67.59	20.46	18.50
洪江市	16.94	63.53	19.53	17.79
娄底市	**22.51**	**62.71**	**14.79**	**20.37**
娄星区	20.60	67.63	11.78	24.55
双峰县	21.16	61.16	17.69	18.68
新化县	25.80	60.06	14.13	19.36
冷水江市	23.02	63.30	13.68	20.87
涟源市	20.48	63.09	16.43	19.28
湘西土家族苗族自治州	**21.28**	**63.68**	**15.04**	**21.25**
吉首市	18.52	69.75	11.73	25.77
泸溪县	21.89	61.75	16.35	19.84
凤凰县	22.48	62.98	14.54	20.92
花垣县	22.22	62.73	15.06	21.07
保靖县	19.41	62.95	17.65	20.13
古丈县	18.59	63.81	17.60	19.86
永顺县	22.09	61.90	16.01	19.94
龙山县	22.81	62.35	14.84	20.45
广东省	**18.85**	**72.57**	**8.58**	**25.69**
广州市	**13.87**	**78.31**	**7.82**	**29.06**
荔湾区	13.37	72.96	13.66	25.09
越秀区	13.64	70.47	15.88	25.33
海珠区	11.32	76.93	11.75	28.24
天河区	11.57	82.54	5.89	32.76
白云区	11.81	82.64	5.55	31.21
黄埔区	15.44	79.00	5.56	28.30
番禺区	13.33	80.90	5.77	31.10
花都区	16.58	76.76	6.65	28.21
南沙区	15.27	77.28	7.45	25.34
从化区	19.72	71.39	8.90	25.91
增城区	19.29	73.03	7.69	26.52
韶关市	**21.60**	**65.29**	**13.12**	**20.84**
武江区	19.49	69.39	11.12	24.63
浈江区	16.61	70.33	13.06	23.20
曲江区	20.12	66.75	13.14	21.11
始兴县	22.59	63.46	13.95	19.73
仁化县	22.48	63.72	13.80	19.24
翁源县	24.73	62.64	12.63	19.56
乳源瑶族自治县	23.78	64.12	12.11	20.92
新丰县	22.93	64.09	12.98	19.94
乐昌市	24.06	61.83	14.12	18.76
南雄市	21.74	63.85	14.40	19.54

有65岁及以上老年人口的户数(户)				户口登记地在外乡镇街道人口(人)		
合计	有一个老人	有二个老人	有三个及以上老人	本县(市、区)	本省其他县(市、区)	省外
71178	47613	23261	304	106920	14301	4552
32492	21684	10656	152	41875	5951	3210
33632	22934	10594	104	68785	8776	2257
43799	31044	12554	201	36918	7909	4175
3625	2417	1178	30	6998	11651	1428
4992	3568	1412	12	2062	391	191
956	593	360	3	312	364	220
530747	**347837**	**180766**	**2144**	**595123**	**386215**	**76283**
45348	29115	16044	189	119414	280828	32420
27810	17697	10034	79	20118	23324	3907
70495	45343	24819	333	73794	13644	5472
52066	33802	17993	271	64611	7399	2554
90778	57521	32847	410	67833	10999	6673
35813	23984	11754	75	33235	4800	3026
39027	26257	12649	121	47565	6921	3518
27771	20003	7639	129	15683	3436	5567
39412	26285	13019	108	42718	7725	3242
23116	15497	7541	78	31226	6930	3000
22342	15618	6665	59	31833	3848	2269
8657	5951	2675	31	10814	6238	1577
48112	30764	17087	261	36279	10123	3058
415113	**279804**	**133724**	**1585**	**576463**	**309073**	**37822**
62348	40079	21981	288	151116	204583	18602
88601	60076	28152	373	100843	11488	4429
127139	87049	39649	441	162762	28398	6550
32080	21063	10873	144	70553	44471	2583
104945	71537	33069	339	91189	20133	5658
272284	**183288**	**87527**	**1469**	**318988**	**174717**	**27793**
34011	23380	10530	101	68040	118529	12766
29230	19511	9552	167	30461	6214	778
37489	24965	12375	149	37229	10890	3800
27271	18207	8910	154	8559	12482	1890
29818	20150	9380	288	23618	4958	1263
14012	9680	4274	58	13530	4475	946
48394	32396	15727	271	66149	7341	2202
52059	34999	16779	281	71402	9828	4148
7872427	**5343882**	**2489400**	**39145**	**9842695**	**21170281**	**29622110**
1012519	**654715**	**352794**	**5010**	**1064867**	**5523042**	**4934998**
102250	67909	33578	763	91635	479467	197894
116052	73547	41546	959	67070	211422	139185
150598	94955	54797	846	122678	486512	451308
89395	54654	34311	430	111575	899782	562466
147016	97458	48983	575	103921	1418946	1238623
48180	31110	16919	151	58585	364362	403374
108022	70333	37329	360	140903	796880	837815
77550	50558	26661	331	143539	330174	513749
44876	28499	16206	171	27219	159196	258409
48009	33431	14438	140	55864	118294	45227
80571	52261	28026	284	141878	258007	286948
280529	**195804**	**83631**	**1094**	**441850**	**307073**	**147318**
30078	20156	9802	120	41144	98585	41091
34129	22601	11389	139	41732	94549	28375
28702	20022	8579	101	38458	39007	18105
21757	16177	5496	84	36036	6976	5666
19448	13493	5879	76	21316	13748	9587
31265	22737	8413	115	45495	12412	7946
17367	12454	4839	74	38346	9702	6180
19771	14530	5125	116	36857	8040	6587
40317	27157	13029	131	73509	15423	14976
37695	26477	11080	138	68957	8631	8805

表3 续表 35

地　区	各年龄组人口占总人口比重(%)			
	0-14岁	15-64岁	65岁及以上	15-49岁育龄妇女
深圳市	**15.08**	**81.73**	**3.20**	**30.62**
罗湖区	16.96	77.58	5.47	30.72
福田区	15.94	78.59	5.47	30.45
南山区	14.77	80.58	4.65	30.73
宝安区	13.72	84.09	2.19	31.34
龙岗区	16.63	80.27	3.09	30.41
盐田区	16.31	79.02	4.66	28.19
龙华区	14.31	83.42	2.26	30.74
坪山区	16.17	81.34	2.49	28.22
光明区	13.09	84.98	1.93	29.77
珠海市	**15.88**	**77.48**	**6.64**	**27.92**
香洲区	15.33	78.43	6.23	29.05
斗门区	17.86	73.76	8.37	25.06
金湾区	14.88	79.61	5.51	28.30
汕头市	**22.28**	**67.05**	**10.67**	**24.28**
龙湖区	18.70	71.78	9.52	26.13
金平区	16.36	69.82	13.82	23.82
濠江区	21.76	67.53	10.71	24.59
潮阳区	25.60	64.77	9.63	24.45
潮南区	27.01	63.31	9.68	23.75
澄海区	17.76	70.58	11.66	24.02
南澳县	17.00	67.05	15.95	20.09
佛山市	**15.10**	**77.54**	**7.35**	**27.11**
禅城区	14.13	77.13	8.74	27.79
南海区	15.20	78.01	6.79	27.52
顺德区	15.01	78.12	6.87	27.11
三水区	15.46	76.17	8.36	25.42
高明区	17.11	73.52	9.37	24.80
江门市	**16.02**	**70.97**	**13.01**	**23.65**
蓬江区	16.10	73.59	10.31	26.07
江海区	16.12	75.55	8.33	27.03
新会区	16.10	70.43	13.46	22.98
台山市	14.49	69.03	16.48	21.68
开平市	16.45	69.21	14.34	23.16
鹤山市	17.02	71.78	11.20	24.29
恩平市	16.73	69.42	13.85	21.86
湛江市	**26.08**	**61.99**	**11.93**	**21.08**
赤坎区	21.05	69.33	9.63	27.35
霞山区	22.01	68.08	9.91	25.21
坡头区	25.87	61.80	12.33	20.49
麻章区	23.12	66.90	9.97	24.45
遂溪县	25.86	60.43	13.71	19.61
徐闻县	26.78	60.96	12.25	19.52
廉江市	28.12	58.63	13.24	18.82
雷州市	28.29	60.33	11.38	20.20
吴川市	26.51	61.09	12.40	20.63
茂名市	**27.07**	**60.85**	**12.09**	**20.33**
茂南区	23.38	66.08	10.53	23.59
电白区	27.04	61.33	11.62	20.64
高州市	26.02	60.29	13.69	19.06
化州市	29.84	58.05	12.12	19.29
信宜市	28.71	59.07	12.22	19.54
肇庆市	**22.16**	**66.03**	**11.81**	**21.94**
端州区	18.58	71.44	9.98	26.85
鼎湖区	19.47	70.28	10.25	23.98
高要区	20.68	66.33	12.99	21.34
广宁县	23.21	61.73	15.06	19.00
怀集县	27.75	61.33	10.92	21.05
封开县	23.83	62.20	13.96	19.01
德庆县	23.79	63.01	13.20	19.81
四会市	18.57	71.69	9.74	23.15

有65岁及以上老年人口的户数(户)				户口登记地在外乡镇街道人口(人)		
合计	有一个老人	有二个老人	有三个及以上老人	本县(市、区)	本省其他县(市、区)	省外
403484	**275791**	**126089**	**1604**	**759311**	**5109168**	**8221206**
44382	28701	15485	196	75992	371138	345541
58329	35287	22745	297	129108	433378	463150
57606	35990	21270	346	183232	375743	632584
72899	53311	19422	166	125177	1262063	2520020
94196	67277	26586	333	138276	1401577	1827080
7112	4711	2354	47	9791	74723	71582
42693	30884	11664	145	66749	752774	1353644
10183	7587	2561	35	12862	151488	302393
16084	12043	4002	39	18124	286284	705212
113172	**72705**	**40010**	**457**	**190237**	**549996**	**736301**
59407	37536	21608	263	123906	325128	412174
36673	23919	12621	133	52131	104240	158682
17092	11250	5781	61	14200	120628	165445
422788	**288887**	**131224**	**2677**	**276739**	**284246**	**415360**
42740	27777	14708	255	29665	102801	76654
78458	51368	26701	389	88173	84912	53283
21357	14311	6923	123	7293	16759	10012
111616	78104	32918	594	64142	28856	86996
85399	59903	24770	726	10155	24254	52836
75708	52562	22593	553	74802	25170	133648
7510	4862	2611	37	2509	1494	1931
484132	**306645**	**175330**	**2157**	**426743**	**2031591**	**3106767**
77804	46756	30701	347	64700	377202	319960
169520	105428	63412	680	108722	933841	1198839
157297	102692	53779	826	104641	522070	1238947
47449	30256	17007	186	76403	141330	243090
32062	21513	10431	118	72277	57148	105931
459212	**309237**	**148098**	**1877**	**612917**	**528732**	**782556**
62027	38700	23040	287	62025	176812	190917
21086	13176	7807	103	8849	94212	109811
87179	55551	31329	299	133892	65908	162058
114404	81599	32341	464	116996	39843	66188
80441	55440	24705	296	158833	65013	90514
43798	29458	14112	228	57576	50893	135345
50277	35313	14764	200	74746	36051	27723
599186	**389221**	**206857**	**3108**	**745703**	**703059**	**136071**
27480	17871	9444	165	57139	149687	19712
45096	29182	15768	146	98465	242367	29449
30827	20557	10164	106	15607	19366	8342
37404	24522	12603	279	18499	95407	17295
81725	52613	28788	324	57956	46431	6813
55043	35647	19133	263	74205	28739	10163
131525	85386	45370	769	182245	54437	20613
109424	72089	36668	667	157419	35980	6462
80662	51354	28919	389	84168	30645	17222
543996	**366416**	**174621**	**2959**	**648733**	**273609**	**92388**
79207	52945	25939	323	133492	105380	31303
126546	82212	43523	811	114699	54327	17216
133662	92531	40371	760	137615	44037	19277
113072	75227	37273	572	149376	46651	13838
91509	63501	27515	493	113551	23214	10754
366492	**262180**	**102636**	**1676**	**407124**	**349859**	**286607**
42943	28350	14249	344	60662	152935	38264
15294	10285	4927	82	22855	44039	25855
71795	48892	22667	236	55012	35203	62818
48539	36883	11498	158	38852	12122	8132
66614	50071	16225	318	57079	7925	7476
39800	28357	11224	219	23364	5633	6132
34259	25350	8812	97	24266	9296	3998
47248	33992	13034	222	125034	82706	133932

表3 续表 36

地　区	各年龄组人口占总人口比重(%)			
	0-14岁	15-64岁	65岁及以上	15-49岁育龄妇女
惠州市	**20.76**	**72.41**	**6.83**	**25.53**
惠城区	20.48	73.44	6.08	26.95
惠阳区	17.75	77.52	4.73	26.84
博罗县	20.99	70.75	8.25	24.43
惠东县	24.41	67.47	8.13	23.50
龙门县	23.31	65.32	11.37	21.13
梅州市	**23.49**	**62.09**	**14.41**	**20.60**
梅江区	17.89	69.84	12.27	25.39
梅县区	20.64	64.87	14.49	21.41
大埔县	22.65	60.30	17.05	18.31
丰顺县	24.15	61.20	14.66	20.03
五华县	29.58	58.09	12.33	20.00
平远县	20.04	63.72	16.24	19.30
蕉岭县	19.44	63.91	16.65	20.25
兴宁市	23.27	60.98	15.75	19.76
汕尾市	**25.82**	**63.61**	**10.58**	**22.45**
城区	21.11	68.89	10.00	24.20
海丰县	24.49	65.69	9.82	23.06
陆河县	27.00	61.57	11.43	22.10
陆丰市	28.16	60.74	11.10	21.50
河源市	**25.29**	**62.97**	**11.74**	**21.60**
源城区	23.25	69.68	7.07	26.27
紫金县	27.82	59.30	12.89	19.51
龙川县	26.09	59.98	13.93	20.08
连平县	24.93	61.87	13.21	19.89
和平县	27.12	58.81	14.07	18.94
东源县	22.46	65.48	12.06	22.17
阳江市	**22.48**	**65.04**	**12.48**	**21.38**
江城区	19.99	68.41	11.60	23.51
阳东区	21.45	66.82	11.72	22.12
阳西县	22.74	64.74	12.52	20.98
阳春市	25.24	61.08	13.68	19.20
清远市	**23.33**	**65.05**	**11.62**	**21.56**
清城区	21.11	69.42	9.48	24.52
清新区	23.09	65.33	11.57	22.31
佛冈县	23.99	64.71	11.30	21.22
阳山县	25.65	60.76	13.59	18.90
连山壮族瑶族自治县	24.61	62.28	13.12	19.63
连南瑶族自治县	26.39	61.71	11.90	20.42
英德市	24.64	63.75	11.61	20.21
连州市	22.84	61.22	15.94	18.63
东莞市	**13.12**	**83.35**	**3.54**	**29.72**
市辖区	13.12	83.35	3.54	29.72
中山市	**15.69**	**78.33**	**5.98**	**28.06**
市辖区	15.69	78.33	5.98	28.06
潮州市	**19.30**	**67.43**	**13.27**	**22.31**
湘桥区	16.83	69.28	13.89	24.22
潮安区	19.46	68.44	12.10	22.83
饶平县	20.82	64.67	14.51	20.22
揭阳市	**25.53**	**63.16**	**11.30**	**22.43**
榕城区	21.08	67.15	11.77	22.91
揭东区	22.29	64.76	12.95	21.63
揭西县	24.12	61.30	14.57	20.61
惠来县	31.18	58.52	10.30	21.78
普宁市	26.65	63.60	9.74	23.54
云浮市	**25.12**	**62.38**	**12.50**	**20.15**
云城区	23.77	66.26	9.97	22.53
云安区	24.97	62.44	12.59	19.27
新兴县	21.42	64.85	13.73	21.91
郁南县	25.10	60.37	14.53	17.88
罗定市	27.47	60.34	12.20	19.43

有65岁及以上老年人口的户数(户)				户口登记地在外乡镇街道人口(人)		
合计	有一个老人	有二个老人	有三个及以上老人	本县(市、区)	本省其他县(市、区)	省外
300350	**210465**	**88402**	**1483**	**591539**	**1126667**	**1614182**
90154	61837	27892	425	178227	514308	551978
46290	33193	12885	212	76875	326851	602752
72759	49553	22798	408	77345	147865	297011
63430	45820	17260	350	224849	117824	140631
27717	20062	7567	88	34243	19819	21810
419142	**296494**	**120586**	**2062**	**619255**	**327113**	**88806**
37253	24666	12381	206	80893	138671	23719
61526	44309	16914	303	125987	83267	22289
43160	31330	11631	199	64012	17995	5876
52166	35864	16028	274	45757	15058	8546
85150	60607	23988	555	56656	29276	9250
23185	15936	7140	109	31066	7130	4428
22742	15963	6688	91	47930	7724	5390
93960	67819	25816	325	166954	27992	9308
215749	**151992**	**62007**	**1750**	**464390**	**149927**	**97758**
33244	23487	9586	171	103594	48807	25518
60076	43719	16014	343	236410	70715	55576
22187	16361	5688	138	36276	8917	5543
100242	68425	30719	1098	88110	21488	11121
255169	**185339**	**68710**	**1120**	**427703**	**431017**	**151161**
36417	26034	10238	145	68864	309387	87728
55091	40325	14431	335	53752	27936	16755
63570	45342	17953	275	145925	25547	13767
29297	21848	7344	105	41571	15823	5849
37951	27115	10705	131	66118	10122	4947
32843	24675	8039	129	51473	42202	22115
237828	**160329**	**76397**	**1102**	**494718**	**232132**	**110274**
68030	45834	21819	377	199890	136531	42857
41812	28774	12852	186	97134	55863	43390
40526	28066	12280	180	69224	18262	9569
87460	57655	29446	359	128470	21476	14458
352473	**255027**	**95907**	**1539**	**637804**	**463780**	**227423**
76100	50804	24903	393	154733	291636	125756
56338	42321	13771	246	164128	75789	29424
28000	20967	6949	84	46736	15305	16016
40254	31048	9046	160	55547	12233	5893
9541	6759	2737	45	9982	3447	2222
12491	9099	3344	48	13098	4535	1216
83406	60561	22477	368	140655	48169	40252
46343	33468	12680	195	52925	12666	6644
265558	**174686**	**89837**	**1035**	**356353**	**1758711**	**6193503**
265558	174686	89837	1035	356353	1758711	6193503
194032	**129300**	**63818**	**914**	**181158**	**654445**	**1930002**
194032	129300	63818	914	181158	654445	1930002
250353	**168888**	**79791**	**1674**	**167259**	**110523**	**175141**
57605	36752	20505	348	107620	70119	42343
106863	74369	31837	657	34461	33141	125973
85885	57767	27449	669	25178	7263	6825
468783	**326311**	**139518**	**2954**	**86933**	**86720**	**106067**
80574	55329	24880	365	5026	16285	29521
90418	62710	27236	472	10086	12750	30483
74222	52973	20778	471	7201	12698	7738
78042	52059	25346	637	16582	14913	4815
145527	103240	41278	1009	48038	30074	33510
227480	**163450**	**63137**	**893**	**241359**	**168871**	**68221**
29947	20763	9104	80	48451	83571	24994
22809	16508	6226	75	4441	13481	6081
45141	32160	12807	174	67624	23717	19396
41973	30847	10909	217	26495	12276	5110
87610	63172	24091	347	94348	35826	12640

表3 续表 37

地　区	各年龄组人口占总人口比重(%)			
	0-14岁	15-64岁	65岁及以上	15-49岁育龄妇女
广西壮族自治区	**23.63**	**64.18**	**12.20**	**21.79**
南宁市	**20.38**	**68.96**	**10.66**	**24.94**
兴宁区	19.63	71.40	8.97	26.81
青秀区	18.22	72.39	9.39	29.62
江南区	20.18	71.83	8.00	26.53
西乡塘区	16.64	75.66	7.70	30.06
良庆区	21.34	71.47	7.18	26.28
邕宁区	21.89	66.97	11.14	23.16
武鸣区	18.06	68.82	13.12	22.46
隆安县	23.08	62.37	14.55	19.23
马山县	25.53	59.94	14.53	19.45
上林县	23.11	61.63	15.25	19.44
宾阳县	22.49	63.94	13.57	20.32
横县	25.09	60.38	14.52	19.05
柳州市	**19.06**	**68.50**	**12.44**	**22.90**
城中区	18.30	70.53	11.18	26.99
鱼峰区	16.66	73.69	9.64	26.00
柳南区	18.10	70.72	11.18	23.94
柳北区	16.29	71.29	12.42	24.55
柳江区	21.06	68.37	10.57	23.35
柳城县	18.88	66.01	15.11	19.78
鹿寨县	19.66	65.92	14.42	20.24
融安县	18.10	64.48	17.42	19.36
融水苗族自治县	21.56	64.26	14.18	20.35
三江侗族自治县	24.58	61.63	13.80	20.02
桂林市	**19.63**	**65.55**	**14.82**	**21.52**
秀峰区	17.30	70.09	12.62	24.44
叠彩区	18.17	67.85	13.98	23.77
象山区	16.97	68.33	14.70	24.22
七星区	15.67	74.59	9.74	27.76
雁山区	10.05	83.44	6.51	42.76
临桂区	20.27	67.22	12.51	23.90
阳朔县	20.12	64.25	15.63	19.98
灵川县	19.61	66.70	13.69	21.26
全州县	22.34	60.99	16.67	17.55
兴安县	21.11	61.56	17.33	18.72
永福县	20.35	63.20	16.45	18.63
灌阳县	20.80	60.79	18.41	17.62
龙胜各族自治县	17.59	65.65	16.75	19.38
资源县	21.88	61.38	16.74	18.91
平乐县	23.63	59.67	16.70	17.90
恭城瑶族自治县	21.14	62.01	16.85	18.65
荔浦市	18.46	65.10	16.44	19.88
梧州市	**26.54**	**61.14**	**12.31**	**20.73**
万秀区	16.27	67.74	15.99	23.42
长洲区	20.49	69.11	10.40	25.83
龙圩区	26.40	62.51	11.09	22.09
苍梧县	28.23	58.35	13.42	18.10
藤县	29.37	58.72	11.91	19.35
蒙山县	23.62	60.38	16.00	18.94
岑溪市	29.86	58.73	11.40	20.00
北海市	**21.66**	**66.82**	**11.52**	**22.90**
海城区	19.54	71.08	9.37	26.38
银海区	19.80	72.23	7.97	26.23
铁山港区	22.24	64.21	13.55	19.50
合浦县	23.53	62.69	13.78	20.12

有65岁及以上老年人口的户数(户)				户口登记地在外乡镇街道人口(人)		
合计	有一个老人	有二个老人	有三个及以上老人	本县(市、区)	本省其他县(市、区)	省外
4551930	**3139410**	**1393647**	**18873**	**5746470**	**6132927**	**1359384**
676599	**456819**	**217013**	**2767**	**844924**	**2278609**	**370543**
38418	26232	12020	166	51495	254732	36006
73198	47301	25495	402	127572	380349	77486
56642	38918	17565	159	81484	428474	54832
90399	61216	28871	312	147784	770078	106376
29411	19972	9316	123	66197	237140	46777
27801	19412	8278	111	19245	52773	10969
66063	43995	21866	202	102661	81916	15411
36043	25428	10481	134	30329	12303	3122
43198	31213	11874	111	27985	8738	2987
41613	28897	12603	113	38117	8800	3288
78617	50918	27267	432	87538	23787	5972
95196	63317	31377	502	64517	19519	7317
380600	**256187**	**122889**	**1524**	**480453**	**933557**	**155781**
18885	11713	7063	109	20625	84607	16012
46739	31124	15411	204	65012	270390	37102
49882	32953	16685	244	56180	236563	46517
43384	28312	14908	164	62109	170555	22161
39312	26423	12743	146	76817	101794	11537
34798	23564	11082	152	23757	19569	4794
36182	24633	11443	106	43319	22536	6328
33066	22304	10629	133	37537	11675	4004
45198	32542	12507	149	57898	10421	2970
33154	22619	10418	117	37199	5447	4356
541223	**365709**	**172859**	**2655**	**489115**	**632053**	**193098**
14575	9678	4820	77	11570	64424	11572
20302	13064	7134	104	15085	58397	13644
29945	19169	10606	170	29248	74806	17143
26651	17090	9429	132	37217	147579	33795
6496	4578	1871	47	2063	53036	21972
52731	37346	15119	266	68125	89460	40117
33002	23699	9152	151	19887	10109	4055
44015	30844	12991	180	38605	73510	26538
67993	44238	23573	182	80609	8214	4347
38386	24366	13742	278	37340	10566	2730
28720	20266	8310	144	20196	9556	2891
27837	17664	10079	94	22238	3350	1411
18002	12791	5134	77	19526	3995	1951
17101	11238	5805	58	18922	2433	1944
42614	29153	13213	248	14591	5547	2404
31238	21780	9277	181	14684	4963	2535
41615	28745	12604	266	39209	12108	4049
264442	**190218**	**73172**	**1052**	**283198**	**227908**	**41593**
32360	22490	9762	108	31687	51852	10039
22429	15249	7079	101	30766	101597	10736
24659	17976	6592	91	30624	35223	5243
28859	21279	7495	85	6024	4353	1678
74176	54937	19040	199	82304	16303	6698
19971	14168	5712	91	17646	5565	2117
61988	44119	17492	377	84147	13015	5082
153233	**97750**	**54676**	**807**	**213450**	**287085**	**140470**
34598	22148	12238	212	91025	159404	68519
17896	11510	6325	61	21065	89613	60013
14190	8808	5309	73	6984	9055	3425
86549	55284	30804	461	94376	29013	8513

表3 续表 38

地 区	各年龄组人口占总人口比重(%)			
	0-14岁	15-64岁	65岁及以上	15-49岁育龄妇女
防城港市	**24.04**	**65.93**	**10.03**	**21.22**
港口区	19.79	73.37	6.84	22.53
防城区	25.72	62.81	11.48	20.58
上思县	23.16	64.17	12.68	19.02
东兴市	26.59	64.78	8.63	22.88
钦州市	**28.82**	**59.71**	**11.46**	**19.86**
钦南区	24.63	65.23	10.13	23.01
钦北区	28.57	59.94	11.50	19.28
灵山县	31.22	57.53	11.25	19.13
浦北县	28.98	57.89	13.14	18.62
贵港市	**26.44**	**61.40**	**12.16**	**20.59**
港北区	24.88	65.62	9.50	23.98
港南区	24.83	61.67	13.51	20.36
覃塘区	26.57	59.91	13.52	19.48
平南县	27.82	59.49	12.69	19.51
桂平市	26.73	60.99	12.27	20.07
玉林市	**29.04**	**59.37**	**11.59**	**20.32**
玉州区	23.26	67.21	9.53	25.37
福绵区	26.44	60.67	12.89	18.97
容县	28.80	58.29	12.91	19.81
陆川县	31.01	57.13	11.86	20.00
博白县	32.06	56.73	11.22	18.85
兴业县	25.20	59.02	15.77	18.02
北流市	31.03	58.41	10.57	20.04
百色市	**22.35**	**65.26**	**12.39**	**22.23**
右江区	18.71	71.94	9.35	27.62
田阳区	20.68	64.80	14.52	20.97
田东县	22.60	64.16	13.24	21.19
德保县	21.95	60.60	17.45	18.96
那坡县	23.11	63.50	13.39	20.41
凌云县	25.40	63.88	10.73	21.97
乐业县	24.74	65.28	9.98	22.59
田林县	21.80	67.93	10.27	21.97
西林县	23.79	67.47	8.74	22.42
隆林各族自治县	25.97	64.39	9.64	22.39
靖西市	22.41	62.14	15.46	20.07
平果市	21.93	65.52	12.55	23.18
贺州市	**27.29**	**60.21**	**12.50**	**20.09**
八步区	27.26	61.16	11.57	21.76
平桂区	26.48	62.03	11.49	20.40
昭平县	27.78	57.69	14.53	18.33
钟山县	28.61	58.82	12.58	18.71
富川瑶族自治县	26.27	60.06	13.66	19.49
河池市	**25.05**	**61.75**	**13.20**	**20.63**
金城江区	21.20	67.30	11.50	24.27
宜州区	21.85	64.14	14.01	21.07
南丹县	26.01	63.18	10.81	21.04
天峨县	23.02	64.85	12.13	21.50
凤山县	26.60	60.03	13.37	20.92
东兰县	24.82	59.06	16.12	19.19
罗城仫佬族自治县	24.15	59.65	16.20	18.18
环江毛南族自治县	22.93	62.94	14.13	19.94
巴马瑶族自治县	28.20	59.77	12.03	20.64
都安瑶族自治县	27.76	59.44	12.80	19.97
大化瑶族自治县	29.52	58.00	12.47	19.61
来宾市	**23.32**	**63.58**	**13.11**	**20.72**
兴宾区	24.68	64.19	11.13	22.41
忻城县	22.78	61.36	15.85	18.22

有65岁及以上老年人口的户数(户)				户口登记地在外乡镇街道人口(人)		
合计	有一个老人	有二个老人	有三个及以上老人	本县(市、区)	本省其他县(市、区)	省外
77220	**51624**	**25258**	**338**	**145297**	**160832**	**75808**
11741	7771	3928	42	30953	67836	49705
33132	21889	11095	148	63304	35079	8273
18939	13395	5479	65	29724	6903	1744
13408	8569	4756	83	21316	51014	16086
283093	**193122**	**89056**	**915**	**360272**	**233300**	**53628**
50524	33780	16509	235	121729	115922	26523
61345	40911	20213	221	89877	78781	13261
103457	71777	31436	244	95238	21970	9101
67767	46654	20898	215	53428	16627	4743
385207	**258182**	**125116**	**1909**	**399602**	**236466**	**42591**
52791	35252	17220	319	94846	141834	13250
50367	33081	16999	287	61262	37972	5583
41792	27284	14257	251	15383	14628	7897
102478	68232	33768	478	113515	21842	7834
137779	94333	42872	574	114596	20190	8027
491953	**329425**	**160024**	**2504**	**650585**	**280803**	**70244**
61977	40524	21196	257	143084	189525	31029
29638	18837	10700	101	9709	13538	4974
64079	44647	19113	319	85436	15787	6068
70322	47645	22271	406	107157	10848	5150
111659	72155	38749	755	105958	19837	11462
59518	40362	18939	217	20587	8114	3190
94760	65255	29056	449	178654	23154	8371
345452	**258409**	**86042**	**1001**	**531500**	**233126**	**56809**
33700	25917	7672	111	73143	105140	13710
35184	26846	8251	87	63858	16313	4485
36418	26814	9517	87	64354	16200	4217
35956	25675	10180	101	35717	10817	4547
17787	13633	4104	50	5287	2510	1089
15641	11366	4203	72	23713	5333	1538
11553	8912	2604	37	16550	3540	976
19342	15998	3291	53	31007	8902	3599
10194	8206	1963	25	16167	4947	5397
27026	20923	6006	97	40374	6319	3129
58454	42326	15961	167	48231	9487	5876
44197	31793	12290	114	113099	43618	8246
187582	**131042**	**55642**	**898**	**199211**	**110119**	**34687**
56342	39010	17055	277	76251	54826	17611
34700	24543	10005	152	34671	31187	6574
37128	27264	9676	188	34398	8236	3176
33346	23357	9847	142	29918	11135	4212
26066	16868	9059	139	23973	4735	3114
352552	**264137**	**87463**	**952**	**484215**	**207424**	**45864**
32534	24169	8279	86	49435	79114	9871
57665	42420	15060	185	63629	41000	7167
23529	17602	5873	54	39926	19006	5767
13614	10450	3140	24	35443	5415	3410
17683	12980	4643	60	30560	3666	1263
28295	21662	6568	65	26528	4379	1578
35083	26278	8706	99	28402	5257	1904
30777	23218	7497	62	50135	9359	3720
22497	16924	5500	73	32969	11197	4268
55154	42034	12963	157	74200	12942	4857
35721	26400	9234	87	52988	16089	2059
202739	**138395**	**63584**	**760**	**388767**	**109122**	**33229**
75703	50790	24671	242	245667	53453	16015
36369	25984	10261	124	28621	9374	3442

表3 续表 39

地 区	各年龄组人口占总人口比重(%)			
	0-14岁	15-64岁	65岁及以上	15-49岁育龄妇女
象州县	20.41	64.25	15.33	19.40
武宣县	24.64	62.23	13.13	20.14
金秀瑶族自治县	19.39	66.15	14.46	19.82
合山市	21.03	63.86	15.12	19.40
崇左市	**20.91**	**65.84**	**13.25**	**21.22**
江州区	17.80	72.92	9.28	26.76
扶绥县	19.57	68.02	12.42	22.07
宁明县	23.70	63.09	13.21	19.04
龙州县	18.63	67.76	13.61	20.21
大新县	21.32	61.69	16.99	18.65
天等县	25.61	55.81	18.58	16.63
凭祥市	21.70	69.34	8.95	22.59
海南省	**19.97**	**69.59**	**10.43**	**23.67**
海口市	**18.39**	**72.90**	**8.70**	**26.64**
秀英区	20.03	72.18	7.79	24.93
龙华区	18.09	73.72	8.19	27.30
琼山区	19.37	71.46	9.17	26.05
美兰区	16.84	73.72	9.43	27.60
三亚市	**17.67**	**75.38**	**6.95**	**26.84**
海棠区	18.49	74.00	7.51	23.31
吉阳区	16.56	77.85	5.60	28.82
天涯区	18.28	74.06	7.65	26.67
崖州区	19.25	71.30	9.45	23.15
三沙市	**9.00**	**87.27**	**3.73**	**18.05**
西沙群岛	8.59	87.15	4.26	18.53
南沙群岛	10.80	86.38	2.82	18.47
中沙群岛的岛礁及其海域	5.52	92.41	2.07	11.03
儋州市	**23.59**	**67.14**	**9.27**	**22.68**
市辖区	23.59	67.14	9.27	22.68
省直辖县级行政区划	**20.65**	**67.07**	**12.28**	**21.59**
五指山市	17.92	72.41	9.67	24.22
琼海市	18.85	67.05	14.10	21.46
文昌市	18.05	65.19	16.77	20.89
万宁市	20.50	66.52	12.97	21.31
东方市	21.52	68.69	9.79	23.63
定安县	22.14	63.63	14.23	19.33
屯昌县	23.28	64.75	11.97	20.28
澄迈县	21.98	65.25	12.77	20.47
临高县	22.76	65.22	12.01	22.06
白沙黎族自治县	21.20	69.10	9.70	21.37
昌江黎族自治县	20.61	68.91	10.47	22.72
乐东黎族自治县	19.32	69.88	10.80	22.66
陵水黎族自治县	21.64	68.28	10.08	22.24
保亭黎族苗族自治县	19.88	70.04	10.08	21.42
琼中黎族苗族自治县	20.78	68.90	10.32	20.52
重庆市	**15.91**	**67.02**	**17.08**	**22.38**
市辖区	**15.02**	**68.30**	**16.68**	**22.97**
万州区	13.96	67.15	18.89	22.18
涪陵区	14.93	67.06	18.02	22.25
渝中区	10.86	75.11	14.03	26.88
大渡口区	14.76	71.61	13.62	24.61
江北区	12.87	73.55	13.59	26.05
沙坪坝区	13.61	74.41	11.98	27.86
九龙坡区	14.73	72.30	12.97	25.22
南岸区	13.98	73.07	12.95	26.97
北碚区	11.21	72.68	16.10	24.52
綦江区	14.92	65.28	19.80	20.19

有65岁及以上老年人口的户数(户)				户口登记地在外乡镇街道人口(人)		
合计	有一个老 人	有二个老 人	有三个及以上老人	本 县(市、区)	本省其他县(市、区)	省 外
31631	20941	10517	173	33871	16278	4583
33651	23070	10452	129	58441	12283	5077
14232	10092	4067	73	12962	9684	2826
11153	7518	3616	19	9205	8050	1286
210035	**148391**	**60853**	**791**	**275881**	**202523**	**45039**
29915	20793	8950	172	64673	93779	10403
37448	25101	12226	121	52709	49157	13352
31439	20955	10372	112	37668	10630	3182
24975	18773	6130	72	34239	10384	3998
36969	27274	9532	163	38834	9811	2609
40435	29112	11191	132	35854	5489	1924
8854	6383	2452	19	11904	23273	9571
726707	**475525**	**246495**	**4687**	**1006606**	**1403412**	**1088143**
163284	**104996**	**57190**	**1098**	**327479**	**872350**	**527361**
28476	18532	9756	188	39431	140324	125822
41980	26847	14803	330	82149	269531	152570
39587	25486	13849	252	101172	222291	82107
53241	34131	18782	328	104727	240204	166862
48661	**32549**	**15919**	**193**	**35879**	**224917**	**262087**
5984	4235	1735	14	1450	12778	32059
16498	11061	5369	68	23168	128058	140103
18310	12166	6078	66	9377	73900	68322
7869	5087	2737	45	1884	10181	21603
2	**1**	**1**		**2**	**607**	**896**
2	1	1		2	584	660
					5	119
					18	117
64269	**42139**	**21675**	**455**	**175851**	**19128**	**47330**
64269	42139	21675	455	175851	19128	47330
450491	**295840**	**151710**	**2941**	**467395**	**286410**	**250469**
7804	5241	2538	25	6235	16218	13170
52890	34074	18416	400	62386	38633	35484
66765	43972	22152	641	66423	43309	30966
47484	29447	17599	438	43380	16589	16118
28536	18047	10341	148	52572	20032	30395
29579	19968	9430	181	15377	16834	5767
21838	14540	7183	115	24939	14645	8114
44988	28962	15690	336	44162	34638	30376
33310	21762	11462	86	56112	12553	4739
12168	8578	3557	33	8234	9002	7983
17601	11995	5547	59	38317	13514	11542
35174	23295	11660	219	15159	14964	17582
26827	18188	8434	205	12622	13271	15398
11860	8252	3578	30	12277	11331	13703
13667	9519	4123	25	9200	10877	9132
3859977	**2437610**	**1394716**	**27651**	**6309328**	**4593532**	**2193575**
2972749	**1873556**	**1077048**	**22145**	**4949652**	**4411849**	**2066686**
204579	128091	75232	1256	392598	124763	66380
132589	82667	49157	765	298022	148259	56757
56120	36258	19292	570	62934	210176	113266
40205	25147	14777	281	51419	150007	55590
85959	51750	33512	697	95187	312879	127196
121097	73986	46112	999	195058	483871	249743
138085	84882	52141	1062	165502	526819	219533
106633	63786	41948	899	161459	380355	136495
93233	55569	36906	758	128433	198026	119631
144694	94029	49615	1050	265127	61827	46082

表3 续表 40

地　区	各年龄组人口占总人口比重(%)			
	0-14岁	15-64岁	65岁及以上	15-49岁育龄妇女
大足区	19.89	62.25	17.86	20.02
渝北区	14.96	72.94	12.10	26.34
巴南区	13.51	69.87	16.61	23.52
黔江区	20.34	65.00	14.66	23.06
长寿区	12.94	66.56	20.51	20.62
江津区	14.23	66.23	19.54	19.95
合川区	13.58	65.27	21.15	21.01
永川区	15.96	68.32	15.73	22.85
南川区	16.38	64.24	19.38	20.13
璧山区	14.12	69.23	16.65	21.97
铜梁区	16.33	62.71	20.96	20.12
潼南区	17.36	62.56	20.08	19.65
荣昌区	16.04	64.56	19.41	20.28
开州区	20.32	61.21	18.47	20.53
梁平区	18.01	61.59	20.40	18.53
武隆区	15.95	64.35	19.71	20.45
县	**19.26**	**62.15**	**18.59**	**20.17**
城口县	21.39	62.70	15.91	21.19
丰都县	16.61	63.11	20.29	19.89
垫江县	18.08	61.64	20.29	19.76
忠县	18.29	60.31	21.40	18.51
云阳县	18.04	62.87	19.08	20.28
奉节县	17.97	64.29	17.74	20.76
巫山县	18.94	63.29	17.78	20.88
巫溪县	19.95	61.90	18.15	20.06
石柱土家族自治县	18.10	62.82	19.08	20.59
秀山土家族苗族自治县	22.29	61.15	16.56	20.71
酉阳土家族苗族自治县	23.82	59.24	16.94	19.99
彭水苗族土家族自治县	20.55	62.77	16.68	20.62
四川省	**16.10**	**66.97**	**16.93**	**22.30**
成都市	**13.28**	**73.10**	**13.62**	**25.98**
锦江区	13.45	73.58	12.97	28.17
青羊区	13.90	72.06	14.04	27.64
金牛区	11.92	75.24	12.83	27.75
武侯区	12.96	76.04	11.00	29.38
成华区	12.06	75.46	12.48	27.75
龙泉驿区	13.77	75.24	11.00	27.71
青白江区	12.72	71.60	15.68	22.63
新都区	14.73	74.13	11.15	26.06
温江区	13.90	74.98	11.12	28.70
双流区	13.62	76.28	10.10	27.73
郫都区	12.53	77.75	9.71	28.05
新津区	12.31	70.44	17.26	23.02
金堂县	14.68	68.16	17.16	23.40
大邑县	12.45	68.16	19.39	21.78
蒲江县	12.79	68.62	18.59	21.29
都江堰市	12.50	68.68	18.82	23.09
彭州市	12.67	67.85	19.48	20.48
邛崃市	12.48	67.80	19.73	20.85
崇州市	11.39	70.73	17.88	22.15
简阳市	16.05	62.47	21.48	19.30
自贡市	**15.77**	**62.94**	**21.29**	**19.46**
自流井区	13.59	68.93	17.48	23.36
贡井区	14.18	62.44	23.38	18.20
大安区	14.99	62.89	22.12	18.04
沿滩区	17.04	63.34	19.61	19.82
荣县	14.42	60.36	25.22	17.61
富顺县	18.38	60.62	21.00	18.90

有65岁及以上老年人口的户数(户)				户口登记地在外乡镇街道人口(人)		
合计	有一个老人	有二个老人	有三个及以上老人	本县(市、区)	本省其他县(市、区)	省外
106470	68665	37120	685	171845	30559	24458
181634	107331	72892	1411	353488	738318	277824
138201	87237	49799	1165	212401	313408	99620
52958	35832	16884	242	142875	46125	17559
99829	61937	37017	875	210549	47578	25000
190448	124893	64092	1463	264810	131004	95307
189113	122982	64466	1665	254126	93429	54336
128441	82535	44894	1012	267845	111952	88959
77949	48569	28729	651	131071	27127	11163
87303	57661	28963	679	204183	114519	69046
102133	63470	37796	867	184935	51076	24467
99216	62711	35762	743	142972	17988	18129
93288	59618	32946	724	145556	23647	30358
160272	105617	53793	862	265553	20392	17129
93609	57306	35837	466	108970	15156	10888
48691	31027	17366	298	72734	32589	11770
887228	**564054**	**317668**	**5506**	**1359676**	**181683**	**126889**
22654	14813	7683	158	39620	4114	5375
81309	51098	29832	379	95603	18056	7560
93015	57186	35348	481	132336	18228	7800
105246	64130	40280	836	133576	40991	38615
128596	83423	44447	726	197731	29526	18488
95690	63609	31270	811	187728	15757	8451
58649	37564	20676	409	108470	12437	7860
50417	31725	18332	360	64899	7210	4111
51894	30961	20641	292	103017	10000	5284
59926	38856	20748	322	75768	8051	8629
75775	49394	26105	276	89372	7614	7217
64057	41295	22306	456	131556	9699	7499
9972689	**6394256**	**3507031**	**71402**	**11693450**	**13539713**	**2590041**
1916791	**1158280**	**743728**	**14783**	**2074816**	**7154035**	**1493581**
74728	47451	26270	1007	93023	291434	91703
87233	51044	35566	623	77380	370352	76959
106039	64229	41093	717	126719	548958	128122
129557	75417	53125	1015	152503	801437	201654
112679	67679	44310	690	122702	609224	105052
99339	57370	41255	714	165514	581994	90343
53365	33032	20011	322	47059	108309	25279
116471	70177	45473	821	80147	699493	119879
71938	41555	29867	516	65129	422478	84310
176016	105825	68752	1439	195840	1135915	223400
107630	64397	42536	697	95208	800819	181081
41895	24164	17383	348	51689	77222	13777
97219	61831	34838	550	100105	103149	27262
69899	43193	26033	673	86282	80088	12515
33284	19949	13097	238	21746	21826	4198
91806	54842	36285	679	102592	146480	27180
105291	63177	41295	819	97097	95312	18999
84361	53726	29969	666	82619	50349	8509
89235	53900	34428	907	88027	130368	31691
168806	105322	62142	1342	223435	78828	21668
372777	**238835**	**130930**	**3012**	**390842**	**286344**	**34073**
56677	33276	22911	490	97455	135219	11524
36673	23047	13372	254	33746	25901	3700
45501	29520	15622	359	39871	37320	4168
41820	27477	14060	283	23934	36387	3905
82965	52675	29578	712	89639	24280	4813
109141	72840	35387	914	106197	27237	5963

表3 续表 41

地 区	各年龄组人口占总人口比重(%)			
	0-14岁	15-64岁	65岁及以上	15-49岁育龄妇女
攀枝花市	**14.00**	**70.13**	**15.88**	**23.61**
东区	12.51	69.93	17.56	24.69
西区	10.14	70.41	19.45	23.25
仁和区	13.61	71.82	14.57	23.42
米易县	16.96	69.38	13.66	23.03
盐边县	17.03	68.81	14.16	22.38
泸州市	**18.23**	**64.12**	**17.65**	**20.69**
江阳区	15.10	68.93	15.97	23.64
纳溪区	16.59	62.89	20.51	19.18
龙马潭区	14.82	70.29	14.90	24.81
泸县	16.70	61.36	21.94	18.23
合江县	17.61	61.86	20.53	19.55
叙永县	21.20	62.87	15.94	19.51
古蔺县	25.23	61.32	13.44	20.16
德阳市	**13.06**	**66.69**	**20.25**	**20.66**
旌阳区	12.86	70.43	16.72	23.40
罗江区	12.45	66.92	20.63	21.81
中江县	16.18	61.62	22.21	18.54
广汉市	11.47	69.36	19.17	20.76
什邡市	11.15	67.31	21.54	19.53
绵竹市	11.04	66.09	22.87	20.40
绵阳市	**14.13**	**67.51**	**18.36**	**22.06**
涪城区	14.20	74.24	11.56	28.30
游仙区	13.70	68.60	17.69	22.59
安州区	15.04	65.37	19.59	19.93
三台县	15.52	62.26	22.23	18.26
盐亭县	13.16	63.47	23.37	17.91
梓潼县	13.67	64.85	21.48	19.24
北川羌族自治县	14.27	66.00	19.73	19.82
平武县	12.49	67.52	19.99	19.19
江油市	12.95	66.12	20.93	20.85
广元市	**15.37**	**65.82**	**18.81**	**20.52**
利州区	15.70	71.84	12.46	25.94
昭化区	13.46	63.81	22.74	17.50
朝天区	14.18	64.77	21.05	19.10
旺苍县	14.93	66.23	18.83	20.53
青川县	13.59	67.59	18.82	19.82
剑阁县	16.57	63.10	20.33	18.11
苍溪县	15.58	60.74	23.68	17.28
遂宁市	**15.52**	**64.63**	**19.85**	**20.50**
船山区	15.94	68.98	15.08	24.19
安居区	15.55	60.79	23.66	17.84
蓬溪县	15.44	61.38	23.18	17.86
大英县	17.05	62.96	20.00	19.76
射洪市	14.27	64.75	20.99	19.83
内江市	**15.55**	**64.42**	**20.03**	**20.35**
市中区	14.24	65.32	20.44	20.37
东兴区	15.72	66.43	17.85	22.73
威远县	14.61	63.94	21.45	19.13
资中县	15.76	63.17	21.07	19.14
内江经济开发区	15.67	68.99	15.34	23.47
隆昌市	16.65	62.85	20.50	19.69
乐山市	**14.11**	**66.69**	**19.19**	**20.98**
市中区	12.50	70.63	16.87	24.37
沙湾区	10.95	67.28	21.77	19.87
五通桥区	10.57	65.73	23.70	18.35
金口河区	16.71	66.98	16.31	21.66
犍为县	14.32	64.45	21.23	18.55
井研县	13.08	61.31	25.62	17.66

有65岁及以上老年人口的户数(户)				户口登记地在外乡镇街道人口(人)		
合计	有一个老人	有二个老人	有三个及以上老人	本县(市、区)	本省其他县(市、区)	省外
129768	**82945**	**45288**	**1535**	**134589**	**288807**	**48650**
42696	25171	16505	1020	48225	153039	23929
17067	9821	7157	89	19074	31833	6095
27658	17881	9627	150	23946	63992	11580
23179	16522	6481	176	23544	27171	3720
19168	13550	5518	100	19800	12772	3326
536963	**360998**	**171814**	**4151**	**500128**	**399346**	**77830**
83695	54345	28464	886	122471	155985	18169
52188	34951	16895	342	51880	20613	3589
48719	31733	16524	462	71427	142602	12526
122185	82665	38426	1094	60983	23765	11040
102460	69052	32768	640	90753	28229	16614
65562	46328	18807	427	50990	15566	6844
62154	41924	19930	300	51624	12586	9048
490837	**304608**	**183109**	**3120**	**460309**	**390359**	**80239**
95337	56714	38092	531	136014	167987	26449
30573	19136	11272	165	21840	30712	5330
152708	100524	51254	930	98434	28124	8336
83100	50386	32083	631	88411	86661	27406
59032	35039	23596	397	58746	37327	6965
70087	42809	26812	466	56864	39548	5753
638494	**412824**	**221964**	**3706**	**611079**	**836822**	**135951**
102076	63847	37646	583	156807	531132	73774
69710	43561	25740	409	69282	132325	15497
51918	32646	18996	276	41782	36531	7413
157013	106016	50129	868	99922	27259	8056
62701	41698	20477	526	55044	18472	5202
43584	29206	14111	267	27965	13418	7484
24893	16139	8655	99	20644	12996	3880
18375	12006	6268	101	11808	6974	3042
108224	67705	39942	577	127825	57715	11603
312591	**202203**	**108792**	**1596**	**273064**	**238494**	**41439**
54262	34775	19261	226	102633	176444	22055
21973	14364	7494	115	6265	6864	1679
19343	12460	6752	131	8211	3544	2295
44365	27748	16390	227	45723	10607	2738
21548	14191	7239	118	12152	6983	3830
63455	42077	21080	298	37036	14867	3739
87645	56588	30576	481	61044	19185	5103
399509	**261089**	**135509**	**2911**	**570038**	**238479**	**43765**
85373	53295	31476	602	231372	171090	22133
74682	49179	25007	496	38517	11052	3703
72303	47943	23785	575	53356	12655	4879
55665	36181	19007	477	89517	12432	3489
111486	74491	36234	761	157276	31250	9561
454669	**302807**	**148849**	**3013**	**481686**	**263811**	**48829**
49142	31874	16973	295	57847	37644	7631
96378	62608	33011	759	149842	99558	12629
85176	57481	27204	491	82181	36966	7515
130768	89878	40178	712	90775	24860	8156
9490	6162	3291	37	6378	35395	2549
83715	54804	28192	719	94663	29388	10349
425117	**266170**	**156040**	**2907**	**504905**	**364112**	**48697**
92735	55134	36899	702	133351	203131	19608
21528	13383	7996	149	21963	11871	1935
39594	24295	14942	357	22580	17844	2870
4483	2939	1523	21	5530	3764	678
64311	41995	22013	303	65408	20360	4012
49145	31086	17657	402	44730	16199	2796

表3 续表 42

地　区	各年龄组人口占总人口比重(%)			
	0-14岁	15-64岁	65岁及以上	15-49岁育龄妇女
夹江县	11.83	66.80	21.37	19.78
沐川县	17.40	64.63	17.97	19.31
峨边彝族自治县	24.02	63.03	12.95	21.46
马边彝族自治县	27.84	62.33	9.83	22.92
峨眉山市	11.73	69.10	19.17	21.49
南充市	**15.72**	**63.59**	**20.69**	**20.39**
顺庆区	13.24	71.37	15.39	26.32
高坪区	15.58	67.89	16.53	23.43
嘉陵区	15.82	65.40	18.78	20.99
南部县	16.75	60.27	22.98	18.85
营山县	18.36	59.65	22.00	18.06
蓬安县	15.88	61.43	22.69	18.39
仪陇县	17.55	60.87	21.59	19.10
西充县	14.20	61.63	24.17	18.01
阆中市	13.90	62.05	24.05	18.06
眉山市	**14.01**	**65.97**	**20.02**	**21.13**
东坡区	13.56	68.96	17.48	22.90
彭山区	11.87	69.09	19.03	22.47
仁寿县	15.31	62.76	21.94	19.96
洪雅县	14.51	64.61	20.88	19.53
丹棱县	13.61	66.88	19.51	20.90
青神县	11.52	66.65	21.83	19.77
宜宾市	**18.73**	**65.51**	**15.76**	**21.12**
翠屏区	15.67	69.75	14.57	24.00
南溪区	18.20	64.59	17.20	20.89
叙州区	17.35	67.04	15.61	22.22
江安县	19.08	62.55	18.37	19.34
长宁县	19.67	63.17	17.16	19.14
高县	19.53	63.82	16.65	19.33
珙县	20.73	63.65	15.62	19.68
筠连县	23.48	62.85	13.66	19.66
兴文县	20.52	64.56	14.93	20.24
屏山县	20.65	64.14	15.21	20.69
广安市	**17.55**	**62.88**	**19.57**	**20.14**
广安区	16.27	66.30	17.43	22.13
前锋区	17.22	63.17	19.61	19.75
岳池县	17.48	60.63	21.89	18.85
武胜县	16.60	61.54	21.86	18.69
邻水县	19.39	62.35	18.26	20.38
华蓥市	18.66	63.52	17.82	20.83
达州市	**17.29**	**64.75**	**17.96**	**20.79**
通川区	13.26	72.82	13.92	25.55
达川区	16.36	64.99	18.65	20.37
宣汉县	20.91	61.31	17.78	20.17
开江县	19.62	60.72	19.66	19.05
大竹县	17.81	63.83	18.37	18.87
渠县	15.97	63.43	20.61	19.70
达州经济开发区	14.46	67.60	17.95	20.19
万源市	19.65	62.98	17.36	20.84
雅安市	**15.39**	**67.60**	**17.01**	**21.98**
雨城区	13.42	69.27	17.31	24.29
名山区	15.29	67.09	17.62	20.25
荥经县	14.86	67.79	17.34	21.32
汉源县	16.02	67.70	16.28	21.56
石棉县	19.85	66.37	13.78	21.76
天全县	16.53	65.43	18.04	20.78
芦山县	15.75	65.96	18.29	21.96
宝兴县	14.32	68.47	17.21	21.63

有65岁及以上老年人口的户数(户)				户口登记地在外乡镇街道人口(人)		
合计	有一个老人	有二个老人	有三个及以上老人	本县(市、区)	本省其他县(市、区)	省外
46565	29419	16850	296	42803	21243	4038
25765	17564	8076	125	22256	9274	2370
11438	7588	3772	78	16624	8108	1233
13980	9726	4193	61	31036	7852	1701
55573	33041	22119	413	98624	44466	7456
830866	**538091**	**287021**	**5754**	**1072119**	**480418**	**83697**
87767	55216	31740	811	179914	219051	27620
68128	44614	23114	400	106258	96140	11008
72668	47930	24320	418	130522	53494	9213
136628	89593	46133	902	168708	32245	9681
97272	61743	34910	619	143552	14260	6859
76438	50120	25899	419	62306	9197	2873
112776	72301	39750	725	76867	17808	6413
71839	48060	22963	816	84710	14599	3646
107350	68514	38192	644	119282	23624	6384
407910	**252669**	**151381**	**3860**	**587601**	**304212**	**44020**
106654	63670	42077	907	237572	123281	17779
42898	26434	16031	433	65252	55468	9303
168220	105253	61152	1815	208334	83246	11072
43685	28048	15300	337	36364	13131	2497
20724	13095	7466	163	14064	12064	1587
25729	16169	9355	205	26015	17022	1782
526550	**354597**	**168984**	**2969**	**547002**	**538320**	**92239**
93074	60960	31610	504	128423	216416	26484
41729	27753	13737	239	64255	30176	5422
105942	69400	35935	607	120553	178873	19398
55920	37718	17885	317	52160	19547	6581
40885	28105	12509	271	38486	17307	3911
46406	31547	14618	241	35299	18323	6127
38928	27038	11662	228	27782	18374	6128
34335	23898	10287	150	26287	10818	7745
42111	29950	11878	283	33850	12807	5378
27220	18228	8863	129	19907	15679	5065
451804	**288776**	**160325**	**2703**	**556620**	**155376**	**48552**
91897	59662	31760	475	136114	78308	14018
33175	21737	11292	146	40044	16723	4360
116269	74006	41436	827	109177	20616	7789
86389	55576	30336	477	79547	11942	6752
91402	56819	33978	605	140884	11469	10958
32672	20976	11523	173	50854	16318	4675
669996	**432463**	**230621**	**6912**	**929731**	**472234**	**92739**
77891	48264	27053	2574	218492	312318	23116
120423	76948	42748	727	182187	90913	12753
120314	77395	42270	649	116697	9453	8238
56222	37164	18215	843	50229	5003	5068
109751	71117	37832	802	156567	21943	25905
130173	86702	42406	1065	129280	12787	7744
5520	3595	1886	39	3502	8163	1390
49702	31278	18211	213	72777	11654	8525
173702	**110155**	**62528**	**1019**	**200095**	**139494**	**21482**
44048	26755	16969	324	52920	63061	10146
32160	20338	11610	212	25037	19438	2794
16413	10359	5989	65	25298	8449	1483
33354	21325	11830	199	36224	15248	2067
11538	7806	3701	31	23962	14961	1278
16962	11016	5863	83	22388	9617	2275
13220	8521	4617	82	8892	5867	898
6007	4035	1949	23	5374	2853	541

表3 续表 43

地 区	各年龄组人口占总人口比重(%)			
	0-14岁	15-64岁	65岁及以上	15-49岁育龄妇女
巴中市	**17.35**	**62.98**	**19.67**	**20.62**
巴州区	17.55	64.71	17.74	22.73
恩阳区	15.14	58.40	26.47	17.34
通江县	17.08	63.45	19.46	20.42
南江县	16.96	63.95	19.09	20.79
平昌县	18.77	61.90	19.33	19.74
巴中经济开发区	17.60	69.80	12.60	25.89
资阳市	**16.75**	**60.63**	**22.62**	**18.66**
雁江区	15.84	65.18	18.98	20.87
安岳县	18.61	57.39	24.00	17.60
乐至县	14.76	58.88	26.35	16.80
阿坝藏族羌族自治州	**18.87**	**70.32**	**10.81**	**25.20**
马尔康市	14.51	74.02	11.47	26.38
汶川县	14.70	73.18	12.12	28.73
理县	13.93	72.12	13.95	23.01
茂县	16.73	70.92	12.34	24.89
松潘县	17.34	71.91	10.75	24.74
九寨沟县	16.93	73.27	9.80	25.20
金川县	14.70	69.35	15.95	21.50
小金县	14.54	72.29	13.17	23.13
黑水县	15.28	73.28	11.44	26.09
壤塘县	30.72	61.94	7.34	24.55
阿坝县	26.75	65.53	7.72	24.29
若尔盖县	23.58	68.60	7.81	27.09
红原县	26.88	66.18	6.94	26.19
甘孜藏族自治州	**22.99**	**68.66**	**8.36**	**25.71**
康定市	15.31	76.72	7.97	29.62
泸定县	16.54	69.86	13.60	24.51
丹巴县	14.64	71.73	13.63	23.73
九龙县	23.25	67.63	9.12	24.40
雅江县	19.40	73.31	7.29	23.82
道孚县	21.69	68.54	9.77	24.87
炉霍县	24.78	66.95	8.27	25.01
甘孜县	23.87	68.97	7.16	26.72
新龙县	28.92	63.70	7.38	23.85
德格县	28.39	64.47	7.14	24.73
白玉县	23.18	68.79	8.03	27.75
石渠县	33.43	60.44	6.14	23.97
色达县	27.85	65.05	7.10	28.03
理塘县	27.80	66.02	6.18	25.05
巴塘县	22.43	69.33	8.24	26.82
乡城县	16.88	75.05	8.07	23.65
稻城县	18.48	73.67	7.85	26.46
得荣县	19.33	70.89	9.78	24.95
凉山彝族自治州	**27.64**	**62.87**	**9.49**	**23.00**
西昌市	20.60	68.36	11.04	25.15
木里藏族自治县	22.13	69.66	8.20	24.75
盐源县	23.16	67.69	9.15	24.16
德昌县	22.96	65.49	11.55	23.11
会理县	17.40	67.67	14.93	22.04
会东县	22.05	64.62	13.33	21.16
宁南县	21.99	66.71	11.30	21.49
普格县	37.57	56.13	6.29	21.66
布拖县	40.78	53.06	6.16	20.64
金阳县	38.40	55.83	5.77	21.90
昭觉县	39.40	54.77	5.83	22.10
喜德县	33.62	59.13	7.25	23.40
冕宁县	26.89	62.48	10.63	22.79
越西县	34.69	58.10	7.21	22.83
甘洛县	32.26	60.96	6.78	22.75
美姑县	39.06	55.87	5.06	22.65
雷波县	33.52	58.98	7.50	22.48

有65岁及以上老年人口的户数(户)				户口登记地在外乡镇街道人口(人)		
合计	有一个老人	有二个老人	有三个及以上老人	本县(市、区)	本省其他县(市、区)	省外
376273	**228933**	**145080**	**2260**	**490554**	**175053**	**28096**
80184	47971	31611	602	175233	103457	8888
64524	38560	25519	445	37803	12252	3536
72102	44783	26941	378	90689	12224	5011
64091	40317	23488	286	85190	14977	4089
89607	53880	35226	501	91868	15425	4678
5765	3422	2295	48	9771	16718	1894
376365	**245505**	**128371**	**2489**	**391410**	**126706**	**26342**
117117	76793	39445	879	201009	79324	11536
165148	106072	57979	1097	115584	24438	10297
94100	62640	30947	513	74817	22944	4509
66787	**48974**	**17421**	**392**	**75901**	**85631**	**17337**
4836	3572	1226	38	5030	14012	1359
7022	4731	2257	34	7194	18903	1550
3924	2848	1061	15	4091	4331	886
8954	6369	2563	22	11180	7711	1278
5232	3814	1347	71	4276	6066	1431
4827	3468	1344	15	9249	6385	3023
6872	4702	2118	52	5716	4663	1798
6347	4419	1909	19	10193	4009	705
3969	3181	786	2	1900	3795	729
2471	2034	421	16	1808	2321	231
4953	3981	924	48	7573	6148	2326
4786	3772	971	43	5386	3446	1289
2594	2083	494	17	2305	3841	732
71126	**56105**	**14355**	**666**	**100354**	**131980**	**27167**
7442	5832	1555	55	10587	35072	3917
8581	6086	2468	27	7943	14862	1365
5342	4063	1248	31	4828	3846	966
3677	2699	965	13	8960	3404	484
2713	2082	602	29	4439	6008	3698
3863	3027	747	89	325	5281	447
3114	2554	531	29	5345	3699	548
4351	3678	648	25	5650	10233	1717
2527	2004	480	43	1372	2999	426
5013	4094	874	45	6597	4902	1975
3393	2788	539	66	3370	6872	2542
5292	4388	877	27	3547	4657	1702
3870	3379	480	11	6844	8986	1731
3032	2485	514	33	16679	5314	797
3183	2554	587	42	8521	6353	2025
1877	1406	441	30	1804	4125	1661
1979	1531	411	37	2118	3815	678
1877	1455	388	34	1425	1552	488
343794	**247229**	**94921**	**1644**	**740607**	**469680**	**55316**
74054	50463	23056	535	158922	263484	24042
8250	6560	1638	52	13243	5815	859
22987	17170	5703	114	60598	15381	2008
18745	13310	5315	120	36495	30357	2101
44287	31087	12995	205	53204	19959	4190
34334	23948	10222	164	70486	13355	3314
15680	11484	4107	89	22105	11271	6657
8957	6806	2139	12	38791	10483	1011
8456	6643	1764	49	16606	5917	655
7941	6315	1620	6	25728	5716	1159
11805	9255	2549	1	34270	12982	717
8724	6295	2373	56	28587	11731	586
28712	19344	9225	143	49218	30193	1754
15564	11389	4133	42	57853	8996	1232
10943	8197	2732	14	28774	9741	1587
10107	8222	1871	14	17826	5569	548
14248	10741	3479	28	27901	8730	2896

表3 续表 44

地 区	各年龄组人口占总人口比重(%)			
	0-14岁	15-64岁	65岁及以上	15-49岁育龄妇女
贵州省	**23.97**	**64.48**	**11.56**	**23.00**
贵阳市	**18.56**	**71.97**	**9.47**	**26.79**
南明区	15.93	73.78	10.28	27.37
云岩区	17.01	72.96	10.03	27.23
花溪区	16.71	74.93	8.36	29.60
乌当区	19.40	70.63	9.97	26.48
白云区	18.94	74.04	7.02	28.35
观山湖区	19.07	73.86	7.07	28.07
开阳县	22.26	64.05	13.69	21.01
息烽县	23.29	63.00	13.71	21.19
修文县	24.26	64.67	11.07	22.29
清镇市	20.86	70.82	8.32	25.69
六盘水市	**26.29**	**63.81**	**9.90**	**23.07**
钟山区	24.28	68.28	7.44	26.86
六枝特区	28.38	59.58	12.04	20.75
水城县	26.94	62.56	10.50	22.08
盘州市	26.07	63.97	9.96	22.55
遵义市	**22.32**	**64.27**	**13.42**	**22.65**
红花岗区	19.32	70.15	10.54	26.50
汇川区	20.77	67.27	11.96	24.40
播州区	22.56	64.89	12.55	22.76
桐梓县	23.40	62.56	14.05	21.20
绥阳县	23.33	61.81	14.87	20.64
正安县	23.64	60.05	16.32	20.45
道真仡佬族苗族自治县	21.25	62.01	16.74	22.27
务川仡佬族苗族自治县	24.75	60.29	14.96	21.75
凤冈县	22.44	62.17	15.38	21.78
湄潭县	21.04	63.38	15.57	21.68
余庆县	22.36	61.06	16.59	20.37
习水县	25.94	60.86	13.19	20.63
赤水市	20.66	62.18	17.17	20.26
仁怀市	23.00	66.41	10.60	23.78
安顺市	**25.12**	**63.26**	**11.61**	**22.17**
西秀区	21.95	66.50	11.56	23.81
平坝区	23.39	64.78	11.83	22.11
普定县	27.91	60.70	11.39	21.53
镇宁布依族苗族自治县	25.39	62.67	11.93	21.46
关岭布依族苗族自治县	29.08	59.56	11.35	20.53
紫云苗族布依族自治县	28.92	59.32	11.75	20.54
毕节市	**28.33**	**61.37**	**10.31**	**22.03**
七星关区	28.84	60.93	10.23	22.48
大方县	28.94	60.10	10.96	21.44
黔西县	26.01	62.75	11.25	21.89
金沙县	24.62	62.87	12.52	21.30
织金县	28.83	60.25	10.92	21.17
纳雍县	30.89	58.60	10.51	21.19
威宁彝族回族苗族自治县	27.78	64.22	8.00	23.71
赫章县	29.82	59.93	10.24	21.39
铜仁市	**23.81**	**62.34**	**13.85**	**22.56**
碧江区	21.02	70.06	8.92	27.92
万山区	22.87	64.36	12.78	21.84
江口县	23.39	62.61	14.00	20.84
玉屏侗族自治县	23.81	63.40	12.78	21.54
石阡县	21.85	62.73	15.42	21.08
思南县	22.76	60.51	16.74	21.33
印江土家族苗族自治县	23.22	60.15	16.62	21.44

有65岁及以上老年人口的户数(户)				户口登记地在外乡镇街道人口(人)		
合计	有一个老人	有二个老人	有三个及以上老人	本县(市、区)	本省其他县(市、区)	省外
3259047	**2154650**	**1094049**	**10348**	**5672166**	**4876051**	**1146546**
402170	**261311**	**139176**	**1683**	**719762**	**2165227**	**441159**
76514	50311	25781	422	136511	442544	109637
74834	49398	25128	308	135407	464929	84950
56020	35139	20648	233	79092	396892	78794
23643	15045	8503	95	41339	118677	19775
22690	14968	7654	68	44529	212137	35911
30876	19434	11281	161	36309	279877	68991
34501	22617	11753	131	91482	18970	6598
21988	14087	7824	77	34429	20014	5296
22949	14748	8125	76	35454	41769	8076
38155	25564	12479	112	85210	169418	23131
219807	**143944**	**75186**	**677**	**457352**	**346458**	**81208**
36752	24952	11731	69	125806	228481	32421
47141	30647	16316	178	79140	24145	9362
57343	37281	19893	169	85190	61677	11564
78571	51064	27246	261	167216	32155	27861
635204	**402706**	**230112**	**2386**	**1265555**	**761260**	**178723**
72782	46536	25996	250	169601	299565	45507
52846	32825	19802	219	71201	187884	19506
67912	42573	25074	265	146454	101174	19326
53696	34331	19142	223	98040	22903	11299
40402	26155	14081	166	64323	13559	4591
47277	31110	16034	133	73682	10776	4647
29391	18437	10878	76	57002	5648	4090
33311	21113	12092	106	61952	7749	3961
33277	20175	12990	112	57396	12727	4272
40642	24514	15994	134	63443	19853	5245
26236	15644	10483	109	36469	11586	4109
56189	36413	19546	230	121609	19975	12689
31447	21100	10194	153	55938	5547	17171
49796	31780	17806	210	188445	42314	22310
209233	**137864**	**70759**	**610**	**326296**	**198149**	**59217**
72496	46671	25615	210	146300	104316	31705
29506	18850	10577	79	41434	43722	10437
30975	19916	10986	73	40859	15125	4807
26235	17729	8425	81	36186	15004	4460
23767	16002	7674	91	32090	10815	3840
26254	18696	7482	76	29427	9167	3968
520245	**339567**	**179548**	**1130**	**885901**	**293061**	**91699**
96229	61960	34047	222	225339	87474	22722
69083	45060	23947	76	90559	45443	9364
60201	39230	20753	218	122114	38976	11631
49028	31184	17702	142	79078	30716	11167
64935	41827	22964	144	102625	27760	10721
54592	34928	19581	83	83060	21064	7703
77161	53136	23892	133	130938	26161	12042
49016	32242	16662	112	52188	15467	6349
330899	**215814**	**113846**	**1239**	**458996**	**260294**	**65304**
27584	18808	8677	99	54976	148260	19737
15090	10188	4846	56	16405	20146	4664
19095	12949	6099	47	32203	6635	3186
14055	9423	4584	48	20703	8633	4774
33722	22126	11505	91	34941	9196	4238
55073	34927	19815	331	63108	18965	6658
35273	22649	12521	103	52489	8108	3643

表3 续表 45

地　区	各年龄组人口占总人口比重(%)			
	0-14岁	15-64岁	65岁及以上	15-49岁育龄妇女
德江县	24.96	62.37	12.67	23.64
沿河土家族自治县	27.64	58.40	13.96	21.64
松桃苗族自治县	25.02	60.54	14.45	21.59
黔西南布依族苗族自治州	**25.73**	**63.76**	**10.51**	**22.60**
兴义市	23.38	67.77	8.85	25.25
兴仁市	27.22	61.95	10.83	21.80
普安县	27.36	61.51	11.13	20.83
晴隆县	28.96	59.99	11.04	20.62
贞丰县	27.40	60.89	11.71	21.13
望谟县	24.56	63.44	12.00	21.72
册亨县	26.27	62.99	10.73	21.41
安龙县	26.32	61.84	11.84	21.16
黔东南苗族侗族自治州	**24.52**	**62.38**	**13.10**	**21.07**
凯里市	20.98	68.66	10.36	25.24
黄平县	22.49	60.62	16.89	19.83
施秉县	24.46	60.84	14.70	20.44
三穗县	26.80	59.19	14.00	19.74
镇远县	23.74	61.35	14.91	19.84
岑巩县	24.05	61.06	14.88	20.60
天柱县	24.72	59.31	15.97	18.46
锦屏县	24.23	61.32	14.45	19.38
剑河县	26.90	60.80	12.31	20.58
台江县	26.39	61.42	12.19	21.62
黎平县	26.39	60.41	13.20	19.63
榕江县	26.29	62.74	10.98	21.07
从江县	28.65	59.52	11.83	20.22
雷山县	22.89	64.11	13.00	20.84
麻江县	22.70	62.21	15.09	20.19
丹寨县	24.73	61.99	13.28	20.83
黔南布依族苗族自治州	**22.94**	**64.51**	**12.56**	**22.46**
都匀市	16.96	70.36	12.68	24.84
福泉市	22.97	65.53	11.51	22.75
荔波县	23.22	64.50	12.28	22.13
贵定县	21.16	65.87	12.97	24.39
瓮安县	23.72	63.74	12.55	22.16
独山县	22.14	63.16	14.70	20.43
平塘县	24.97	59.57	15.46	19.84
罗甸县	27.15	59.13	13.72	19.97
长顺县	25.12	61.96	12.92	20.94
龙里县	21.90	67.67	10.43	23.15
惠水县	23.23	65.33	11.44	24.10
三都水族自治县	28.67	60.52	10.81	21.12
云南省	**19.57**	**69.69**	**10.75**	**23.88**
昆明市	**14.98**	**74.53**	**10.49**	**27.26**
五华区	13.90	75.27	10.84	30.01
盘龙区	14.11	74.63	11.26	27.92
官渡区	15.09	77.57	7.34	28.32
西山区	13.99	73.82	12.19	26.86
东川区	18.98	67.60	13.42	22.06
呈贡区	13.53	80.68	5.79	33.13
晋宁区	14.69	73.88	11.43	25.79
富民县	16.59	70.01	13.40	21.51
宜良县	16.00	68.59	15.41	21.33
石林彝族自治县	17.18	70.54	12.28	23.46
嵩明县	14.63	76.03	9.34	29.31
禄劝彝族苗族自治县	17.15	68.82	14.03	22.83
寻甸回族彝族自治县	19.86	67.90	12.23	22.84
安宁市	12.52	77.46	10.01	26.95

有65岁及以上老年人口的户数(户)				户口登记地在外乡镇街道人口(人)		
合计	有一个老人	有二个老人	有三个及以上老人	本县(市、区)	本省其他县(市、区)	省外
36020	22685	13239	96	68906	22601	4372
43234	27607	15551	76	54523	7500	5087
51753	34452	17009	292	60742	10250	8945
236053	**160241**	**75015**	**797**	**402904**	**244162**	**61538**
64805	43258	21312	235	179293	167011	33189
33061	20639	12288	134	44918	17282	7028
19814	12900	6870	44	16612	8671	3849
19141	12777	6307	57	29308	8432	2751
26956	18263	8601	92	36692	10211	4467
22900	17793	5047	60	29875	9005	2437
16527	12968	3515	44	34377	6902	2296
32849	21643	11075	131	31829	16648	5521
371065	**255983**	**114167**	**915**	**638432**	**310907**	**77671**
54430	37298	16979	153	130752	192692	29828
30594	20249	10283	62	23080	9469	2733
13559	8834	4689	36	19473	5200	1463
17256	11903	5311	42	32133	8182	3278
20978	13837	7083	58	23808	10513	3524
18545	12351	6142	52	38929	8230	3556
33706	24197	9446	63	48395	5325	3960
16992	11748	5207	37	35625	5394	2558
17799	12523	5240	36	43011	6811	2682
11465	8128	3305	32	19297	6722	1626
41860	29639	12135	86	81304	13413	6678
24687	17028	7596	63	41599	10576	4276
28072	19444	8553	75	36904	7030	4661
12499	8963	3510	26	26840	5611	2478
14873	10187	4629	57	12161	8806	2465
13750	9654	4059	37	25121	6933	1905
334371	**237220**	**96240**	**911**	**516968**	**296533**	**90027**
49522	34507	14841	174	89076	84770	21324
25333	16769	8489	75	46347	26295	7399
14821	10858	3922	41	29449	6571	6358
24793	17553	7182	58	29046	27213	6562
36013	23100	12816	97	103277	19654	7760
29981	21610	8282	89	28085	11221	7018
28078	20241	7739	98	24358	7665	3828
28656	22279	6313	64	44548	8406	4910
19690	13707	5924	59	14182	11225	3112
18553	13196	5323	34	33752	38228	9400
35517	26245	9206	66	39317	48425	9108
23414	17155	6203	56	35531	6860	3248
3755714	**2556220**	**1185119**	**14375**	**4466572**	**5512348**	**2230394**
624762	**402711**	**219318**	**2733**	**749972**	**2613912**	**1057775**
85872	54166	31317	389	113546	432255	162306
76131	47752	28026	353	100760	367584	113977
79459	51162	28008	289	107214	669571	397064
80901	50801	29718	382	96126	341439	131098
26251	18113	8062	76	40744	12699	6806
25525	15912	9493	120	28453	315395	120919
27686	17087	10494	105	22712	72057	25099
14582	9568	4925	89	12762	18483	5429
43159	28231	14732	196	50065	27679	11310
21292	13685	7495	112	27175	13310	5932
27515	17527	9820	168	21430	121559	25581
39894	27664	12063	167	52129	19922	6764
41762	27975	13611	176	33045	19515	5389
34733	23068	11554	111	43811	182444	40101

表3 续表 46

地区	各年龄组人口占总人口比重(%)			
	0-14岁	15-64岁	65岁及以上	15-49岁育龄妇女
曲靖市	**22.32**	**66.82**	**10.86**	**22.97**
麒麟区	18.55	71.94	9.51	27.21
沾益区	17.59	70.79	11.62	23.33
马龙区	16.61	72.33	11.07	24.33
陆良县	21.96	66.73	11.31	22.67
师宗县	26.21	64.20	9.58	22.21
罗平县	25.57	63.94	10.49	21.52
富源县	26.55	64.22	9.22	22.07
会泽县	23.08	64.54	12.37	20.74
宣威市	22.60	65.46	11.94	22.12
玉溪市	**16.01**	**71.19**	**12.80**	**23.93**
红塔区	14.83	73.12	12.04	27.15
江川区	16.38	69.06	14.56	22.71
通海县	17.06	69.45	13.49	23.04
华宁县	16.66	70.27	13.07	22.94
易门县	13.99	71.88	14.13	22.24
峨山彝族自治县	14.35	71.50	14.15	22.67
新平彝族傣族自治县	16.68	71.36	11.96	22.47
元江哈尼族彝族傣族自治县	18.67	70.06	11.27	22.63
澄江市	16.13	71.75	12.12	23.60
保山市	**18.46**	**68.95**	**12.59**	**22.59**
隆阳区	17.76	69.80	12.44	23.69
施甸县	18.69	67.01	14.31	20.84
龙陵县	21.79	65.62	12.59	20.49
昌宁县	16.26	70.42	13.32	22.29
腾冲市	19.03	69.30	11.67	22.89
昭通市	**25.43**	**65.23**	**9.34**	**22.78**
昭阳区	24.59	66.98	8.42	24.60
鲁甸县	27.28	64.59	8.14	22.94
巧家县	23.01	66.03	10.96	20.95
盐津县	23.01	66.33	10.67	22.44
大关县	22.76	67.15	10.09	22.59
永善县	23.40	65.76	10.85	22.18
绥江县	20.71	67.35	11.93	22.32
镇雄县	28.13	63.48	8.39	22.89
彝良县	26.21	64.99	8.80	22.17
威信县	26.41	62.89	10.70	21.41
水富市	20.23	68.74	11.03	24.46
丽江市	**17.03**	**72.37**	**10.60**	**25.11**
古城区	13.38	78.43	8.19	30.57
玉龙纳西族自治县	16.01	71.30	12.70	22.94
永胜县	16.78	70.84	12.38	22.84
华坪县	16.32	71.65	12.03	22.96
宁蒗彝族自治县	23.11	68.77	8.13	25.16
普洱市	**18.78**	**70.39**	**10.83**	**22.93**
思茅区	16.80	74.86	8.34	28.13
宁洱哈尼族彝族自治县	16.57	69.30	14.13	21.60
墨江哈尼族自治县	19.02	67.56	13.42	20.51
景东彝族自治县	17.06	70.00	12.94	22.06
景谷傣族彝族自治县	19.20	68.95	11.85	21.81
镇沅彝族哈尼族拉祜族自治县	18.07	68.97	12.97	21.07
江城哈尼族彝族自治县	19.84	70.05	10.11	22.48
孟连傣族拉祜族佤族自治县	21.78	71.02	7.20	23.18
澜沧拉祜族自治县	20.30	70.21	9.49	22.19
西盟佤族自治县	23.58	69.50	6.93	22.80
临沧市	**20.25**	**69.26**	**10.49**	**22.76**
临翔区	18.49	71.68	9.83	26.12
凤庆县	19.11	68.61	12.27	21.87
云县	19.85	68.45	11.70	22.04

有65岁及以上老年人口的户数(户)				户口登记地在外乡镇街道人口(人)		
合计	有一个老人	有二个老人	有三个及以上老人	本县(市、区)	本省其他县(市、区)	省外
453863	**293655**	**159069**	**1139**	**687804**	**386871**	**129098**
67113	41497	25406	210	175462	252928	60835
34101	22605	11349	147	34729	33977	8318
15485	10192	5245	48	19062	10890	6319
47264	28465	18704	95	64868	21730	8845
25758	16576	9085	97	39716	9917	4836
41189	26502	14548	139	72361	12633	9762
45971	30468	15393	110	40847	12243	12197
73179	49129	23901	149	103043	16464	4888
103803	68221	35438	144	137716	16089	13098
206279	**130864**	**74399**	**1016**	**282107**	**227594**	**78149**
49196	29274	19601	321	89067	121910	30388
25448	14580	10770	98	21669	8265	4726
28114	17984	9973	157	25534	20933	10357
18030	11538	6403	89	10232	7345	3368
16032	11121	4857	54	20729	8068	5963
14644	9428	5138	78	12487	11763	5758
23263	15762	7412	89	43721	16578	6393
16536	11716	4753	67	36139	11977	5183
15016	9461	5492	63	22529	20755	6013
230715	**158382**	**71161**	**1172**	**222950**	**98185**	**56142**
84327	57547	26353	427	102591	54986	21362
31823	22171	9464	188	17268	7518	4431
25219	16377	8713	129	19793	7546	4651
32054	21859	10031	164	22099	7418	5781
57292	40428	16600	264	61199	20717	19917
358962	**249032**	**108985**	**945**	**452689**	**180205**	**104733**
57312	39697	17518	97	123513	79924	23714
24402	16594	7768	40	41214	28664	5521
38335	26564	11672	99	31314	13102	11488
25754	18245	7407	102	28361	5835	6327
16362	11970	4355	37	11336	5650	2762
29251	21000	8187	64	35477	7340	7377
12290	8599	3653	38	8322	2531	3391
84145	56566	27320	259	92872	12860	17493
34131	24364	9696	71	36710	10071	8776
28318	19376	8843	99	34796	5656	7066
8662	6057	2566	39	8774	8572	10818
101464	**72588**	**28437**	**439**	**130885**	**130449**	**68959**
17184	11745	5355	84	37287	87074	44845
21906	15723	6098	85	25824	26110	8061
32045	22751	9148	146	16594	4937	4497
14707	10726	3887	94	14632	6792	6768
15622	11643	3949	30	36548	5536	4788
199140	**141575**	**56789**	**776**	**217152**	**254242**	**75621**
25248	16936	8207	105	50109	149847	29029
17261	11851	5333	77	13976	14162	5106
28631	19812	8703	116	24423	9985	7122
30212	21692	8386	134	23303	6783	3033
25243	18123	7019	101	25299	10562	4702
18058	13118	4848	92	16515	8503	3750
8497	5907	2553	37	14007	12819	3257
8286	6241	2015	30	7725	20524	7154
32795	24048	8666	81	38132	16961	10700
4909	3847	1059	3	3663	4096	1768
178536	**125200**	**52661**	**675**	**158243**	**128852**	**59386**
26811	18634	8080	97	40063	55402	13734
36296	25661	10495	140	19702	7391	5316
34302	24169	10000	133	28101	9246	5991

表3 续表 47

地 区	各年龄组人口占总人口比重(%)			
	0-14岁	15-64岁	65岁及以上	15-49岁育龄妇女
永德县	20.31	68.31	11.38	21.45
镇康县	23.35	66.72	9.93	21.28
双江拉祜族佤族布朗族傣族自治县	21.15	69.52	9.33	22.65
耿马傣族佤族自治县	21.84	69.91	8.24	22.97
沧源佤族自治县	20.77	70.43	8.80	22.92
楚雄彝族自治州	**15.89**	**71.08**	**13.03**	**23.14**
楚雄市	14.99	73.82	11.19	26.22
双柏县	14.56	72.56	12.89	21.43
牟定县	14.91	68.96	16.12	21.16
南华县	17.03	70.38	12.59	22.91
姚安县	15.49	68.67	15.85	20.77
大姚县	16.01	68.96	15.03	21.62
永仁县	15.48	71.77	12.74	22.07
元谋县	16.98	71.03	11.99	22.75
武定县	18.39	69.24	12.37	22.71
禄丰县	15.66	70.51	13.83	22.20
红河哈尼族彝族自治州	**21.01**	**68.33**	**10.67**	**22.80**
个旧市	16.79	70.42	12.79	22.10
开远市	17.45	70.81	11.74	23.42
蒙自市	18.27	73.41	8.32	27.38
弥勒市	18.62	70.09	11.30	23.26
屏边苗族自治县	22.33	67.13	10.54	21.66
建水县	17.77	69.86	12.36	23.55
石屏县	19.32	66.74	13.94	22.05
泸西县	23.13	66.11	10.76	21.62
元阳县	27.14	63.15	9.71	20.12
红河县	31.88	58.84	9.28	19.58
金平苗族瑶族傣族自治县	23.64	67.60	8.76	22.04
绿春县	25.68	65.59	8.73	21.29
河口瑶族自治县	19.58	72.18	8.24	23.02
文山壮族苗族自治州	**24.89**	**65.11**	**10.00**	**22.14**
文山市	21.74	69.51	8.75	25.70
砚山县	25.40	65.54	9.06	22.24
西畴县	20.75	65.33	13.92	20.23
麻栗坡县	23.01	64.47	12.52	19.89
马关县	24.59	63.20	12.21	20.03
丘北县	27.50	63.46	9.04	21.83
广南县	27.88	62.84	9.28	21.39
富宁县	23.88	65.83	10.29	22.30
西双版纳傣族自治州	**17.59**	**74.34**	**8.07**	**24.55**
景洪市	16.11	75.68	8.21	25.20
勐海县	18.93	72.71	8.36	23.43
勐腊县	19.17	73.40	7.43	24.45
大理白族自治州	**16.71**	**70.76**	**12.53**	**23.97**
大理市	14.47	74.23	11.30	26.84
漾濞彝族自治县	17.93	71.45	10.62	23.62
祥云县	15.86	69.64	14.50	23.33
宾川县	18.08	70.22	11.71	23.42
弥渡县	15.95	69.07	14.98	22.45
南涧彝族自治县	17.71	70.01	12.28	23.18
巍山彝族回族自治县	17.54	70.00	12.47	23.32
永平县	17.94	70.18	11.88	23.38
云龙县	17.51	69.67	12.83	22.66
洱源县	18.89	68.54	12.56	23.13
剑川县	17.67	69.91	12.42	23.09
鹤庆县	17.62	69.47	12.91	22.70
德宏傣族景颇族自治州	**21.29**	**70.19**	**8.52**	**23.46**
瑞丽市	18.20	76.42	5.38	25.31
芒市	20.37	70.60	9.03	24.50

有65岁及以上老年人口的户数(户)				户口登记地在外乡镇街道人口(人)		
合计	有一个老　人	有二个老　人	有三个及以上老人	本　县(市、区)	本省其他县(市、区)	省　外
27707	18425	9153	129	16822	8830	7172
12744	8543	4147	54	12588	9029	4721
11754	8456	3264	34	18254	7115	4040
17820	12983	4775	62	13174	22650	11735
11102	8329	2747	26	9539	9189	6677
238964	**170403**	**67671**	**890**	**242884**	**179497**	**59243**
53395	38250	14946	199	87113	115132	23591
13781	10479	3262	40	12329	6053	3755
18224	12631	5511	82	13749	4694	1951
20320	15272	4980	68	15193	4120	2172
19322	13126	6123	73	8069	4525	3290
25173	17645	7462	66	17431	6135	2045
9714	7150	2526	38	10780	3753	3684
18515	13407	5039	69	29269	9371	7023
22579	16088	6427	64	21159	7663	3051
37941	26355	11395	191	27792	18051	8681
354645	**244939**	**108382**	**1324**	**347679**	**411606**	**119347**
38227	26456	11599	172	37335	76878	15535
27721	19073	8539	109	30601	46752	14312
35401	24570	10663	168	48951	149429	32129
45035	31038	13844	153	47112	31842	15517
10457	7442	2988	27	7930	6292	2040
48785	32635	15968	182	47190	41231	11706
28676	19762	8821	93	23191	8215	2322
29784	18702	10953	129	35611	11030	5570
27045	19685	7285	75	18866	7218	2776
20392	14504	5838	50	16372	4957	3460
22287	15975	6203	109	18036	8372	5001
14199	10158	4007	34	5917	3669	2114
6636	4939	1674	23	10567	15721	6865
263502	**182434**	**80109**	**959**	**358196**	**191216**	**84832**
39699	26886	12635	178	97731	109644	34706
32278	21954	10220	104	32824	26178	10431
21075	14065	6915	95	8522	6345	3100
22881	15500	7284	97	14949	6623	3720
28842	19127	9607	108	38997	11063	6232
30990	20097	10801	92	51239	9686	6225
54889	39348	15364	177	66253	14065	10420
32848	25457	7283	108	47681	7612	9998
79604	**56000**	**23312**	**292**	**109458**	**257822**	**117739**
39515	27369	11992	154	66908	153049	78296
22667	16177	6399	91	20775	35603	17194
17422	12454	4921	47	21775	69170	22249
318883	**225164**	**92318**	**1401**	**232812**	**201196**	**94376**
64958	44500	20169	289	80785	128603	57754
8400	6532	1838	30	3778	4060	2354
43595	28834	14563	198	32389	12640	7123
30190	21119	8908	163	22268	12739	6325
29885	21355	8391	139	14799	5108	1850
18230	12961	5216	53	13485	4738	2265
26144	19228	6840	76	9699	5051	3359
15710	12001	3648	61	9141	4408	2584
17941	12597	5233	111	10368	5000	2143
24222	17667	6449	106	8889	5268	1993
15181	10673	4434	74	6164	5549	2363
24427	17697	6629	101	21047	8032	4263
83151	**57111**	**25735**	**305**	**144381**	**169624**	**92136**
10945	8055	2850	40	15334	73439	62997
28811	19020	9675	116	68156	58145	15257

表3 续表 48

地 区	各年龄组人口占总人口比重(%)			
	0–14岁	15–64岁	65岁及以上	15–49岁育龄妇女
梁河县	21.16	66.15	12.69	20.59
盈江县	24.29	67.15	8.56	22.46
陇川县	23.37	67.89	8.73	21.92
怒江傈僳族自治州	**22.58**	**69.03**	**8.39**	**24.15**
泸水市	20.90	70.80	8.30	24.70
福贡县	28.52	63.87	7.61	23.32
贡山独龙族怒族自治县	19.27	73.68	7.05	25.11
兰坪白族普米族自治县	21.51	69.28	9.21	23.88
迪庆藏族自治州	**17.49**	**73.34**	**9.17**	**25.60**
香格里拉市	16.42	75.27	8.31	27.35
德钦县	16.44	72.29	11.28	23.50
维西傈僳族自治县	19.25	71.26	9.49	24.16
西藏自治区	**24.53**	**69.80**	**5.67**	**25.77**
拉萨市	**16.48**	**77.97**	**5.55**	**27.56**
城关区	12.97	81.53	5.51	29.95
堆龙德庆区	14.06	82.05	3.89	26.86
达孜区	21.10	72.42	6.48	23.46
林周县	25.39	66.33	8.28	23.02
当雄县	29.90	64.54	5.56	24.17
尼木县	25.03	67.94	7.04	22.86
曲水县	17.76	75.73	6.51	25.02
墨竹工卡县	26.60	67.21	6.18	22.81
拉萨经济技术开发区	10.98	87.02	2.00	26.25
西藏文化旅游创意园区	14.89	81.74	3.37	24.03
达孜工业园区	6.01	93.04	0.95	24.37
日喀则市	**26.30**	**68.09**	**5.61**	**24.48**
桑珠孜区	20.99	73.97	5.04	27.45
南木林县	28.44	65.60	5.96	22.88
江孜县	25.66	67.62	6.72	23.41
定日县	30.77	64.28	4.95	23.85
萨迦县	26.85	67.59	5.55	23.52
拉孜县	27.43	67.26	5.31	24.14
昂仁县	29.23	64.69	6.08	24.24
谢通门县	28.61	65.39	6.00	23.22
白朗县	28.58	64.89	6.53	21.72
仁布县	24.45	67.77	7.78	21.02
康马县	24.05	69.66	6.29	24.64
定结县	27.29	68.18	4.53	25.27
仲巴县	31.81	64.20	3.98	26.73
亚东县	18.36	74.71	6.93	24.23
吉隆县	27.13	68.62	4.25	25.40
聂拉木县	27.77	67.26	4.97	24.75
萨嘎县	28.63	67.58	3.79	26.66
岗巴县	23.77	72.37	3.86	25.96
昌都市	**28.86**	**65.07**	**6.06**	**24.98**
卡若区	23.83	69.78	6.39	26.94
江达县	26.87	66.49	6.65	25.01
贡觉县	27.48	65.77	6.75	25.80
类乌齐县	31.27	63.08	5.65	24.95
丁青县	35.63	59.81	4.56	23.76
察雅县	28.25	65.08	6.67	25.13
八宿县	28.64	65.45	5.91	25.31
左贡县	29.63	64.52	5.85	24.43
芒康县	26.84	65.96	7.20	23.23
洛隆县	31.52	63.09	5.39	24.77
边坝县	33.72	60.95	5.33	23.79

有65岁及以上老年人口的户数(户)				户口登记地在外乡镇街道人口(人)		
合计	有一个老人	有二个老人	有三个及以上老人	本县(市、区)	本省其他县(市、区)	省外
12409	8042	4311	56	14406	4848	1995
18795	13241	5493	61	29536	18489	7765
12191	8753	3406	32	16949	14703	4122
35643	**25711**	**9804**	**128**	**88605**	**40043**	**14671**
12848	9121	3680	47	30090	23973	7067
6686	4713	1955	18	13904	3770	1600
2188	1714	472	2	2992	4662	1755
13921	10163	3697	61	41619	7638	4249
27601	**20451**	**6969**	**181**	**40755**	**41034**	**18187**
11706	8502	3115	89	23783	32463	12199
4887	3717	1107	63	3014	3423	1519
11008	8232	2747	29	13958	5148	4469
161896	**130495**	**29407**	**1994**	**253054**	**370957**	**407121**
36328	**29572**	**6501**	**255**	**90396**	**187235**	**223458**
18637	15228	3305	104	74671	136353	143581
3621	2964	643	14	5726	30282	47090
1681	1397	274	10	1079	2535	4762
3472	2800	641	31	1649	1674	2863
2167	1717	428	22	1209	2140	2831
1698	1343	319	36	629	839	2177
2225	1820	390	15	1501	6429	5682
2551	2077	452	22	3844	1734	4918
151	123	27	1	78	3420	7226
124	102	22		6	1734	1867
1	1			4	95	461
35612	**28330**	**6728**	**554**	**35090**	**49125**	**36494**
5643	4425	1049	169	11120	25709	15074
4005	3179	760	66	2230	2702	1705
3762	2972	752	38	4669	2924	2694
2458	2056	394	8	1543	1389	1710
2211	1802	371	38	1117	1740	1133
2416	1929	467	20	4123	2659	2055
2746	2171	550	25	1600	1411	801
2299	1892	388	19	1292	1084	665
2301	1791	439	71	1003	1338	645
1991	1454	489	48	1213	1242	2725
1066	827	233	6	626	748	734
765	629	130	6	952	608	565
915	763	149	3	1338	1106	582
839	644	183	12	600	1576	1997
615	499	113	3	361	883	1491
682	535	133	14	367	659	740
515	426	84	5	471	789	681
383	336	44	3	465	558	497
35250	**27752**	**6691**	**807**	**43857**	**26748**	**39160**
6773	5172	1395	206	7737	14672	14446
4718	3664	968	86	3643	1987	5485
2019	1600	347	72	1100	1453	1835
2572	2025	483	64	4414	1107	1668
3422	2731	610	81	2618	1636	3026
2823	2287	466	70	4232	938	1850
2146	1748	374	24	922	921	1843
2169	1765	363	41	1054	964	1350
4495	3492	895	108	13248	1267	4561
2281	1817	426	38	1695	827	1496
1832	1451	364	17	3194	976	1600

表3 续表 49

地 区	各年龄组人口占总人口比重(%)			
	0-14岁	15-64岁	65岁及以上	15-49岁育龄妇女
林芝市	**20.65**	**74.30**	**5.05**	**26.99**
巴宜区	15.93	80.16	3.91	30.11
工布江达县	27.15	67.00	5.85	25.60
米林县	21.79	72.43	5.79	24.73
墨脱县	22.74	73.27	3.99	23.94
波密县	22.56	71.93	5.51	26.12
察隅县	22.87	71.20	5.92	24.92
朗县	20.36	73.12	6.52	25.59
山南市	**19.22**	**73.27**	**7.51**	**26.12**
乃东区	15.43	78.23	6.34	29.40
扎囊县	19.88	70.65	9.47	25.09
贡嘎县	20.93	71.30	7.77	24.02
桑日县	16.89	75.49	7.62	23.02
琼结县	19.72	69.58	10.70	25.02
曲松县	20.03	72.54	7.43	25.36
措美县	19.37	72.19	8.44	26.09
洛扎县	20.41	72.36	7.22	24.94
加查县	21.42	72.41	6.17	25.59
隆子县	20.66	72.22	7.12	26.29
错那县	15.33	75.45	9.22	24.78
浪卡子县	23.72	69.55	6.73	26.52
那曲市	**34.18**	**61.14**	**4.69**	**25.01**
色尼区	31.29	64.31	4.40	25.77
嘉黎县	37.47	58.64	3.88	23.38
比如县	40.34	54.84	4.82	23.18
聂荣县	32.95	62.12	4.93	25.99
安多县	30.08	65.34	4.58	26.46
申扎县	28.11	66.35	5.54	27.01
索县	38.18	57.00	4.82	22.74
班戈县	30.02	65.05	4.93	26.91
巴青县	36.27	58.96	4.78	24.25
尼玛县	31.66	63.37	4.97	26.68
双湖县	32.47	63.10	4.43	26.37
阿里地区	**26.20**	**69.26**	**4.54**	**26.21**
普兰县	22.16	72.46	5.37	24.11
札达县	21.15	73.39	5.46	26.27
噶尔县	19.01	77.97	3.02	27.58
日土县	26.87	68.69	4.43	25.66
革吉县	32.21	63.07	4.72	25.65
改则县	31.95	63.09	4.96	25.96
措勤县	29.39	65.13	5.49	26.50
陕西省	**17.33**	**69.34**	**13.32**	**23.20**
西安市	**15.54**	**73.54**	**10.92**	**26.58**
新城区	13.35	73.02	13.63	24.71
碑林区	12.40	73.44	14.16	26.86
莲湖区	14.55	73.39	12.06	26.92
灞桥区	16.00	74.88	9.12	26.32
未央区	16.70	75.70	7.59	28.43
雁塔区	15.72	76.22	8.05	30.06
阎良区	15.00	71.11	13.89	22.82
临潼区	15.22	70.12	14.66	22.85
长安区	15.28	75.22	9.50	28.86
高陵区	18.47	68.97	12.56	24.04
鄠邑区	14.23	71.46	14.31	22.53
蓝田县	16.50	67.02	16.48	20.23
周至县	18.42	66.74	14.84	20.51
铜川市	**14.90**	**70.31**	**14.79**	**21.24**
王益区	11.49	70.71	17.81	20.07
印台区	13.21	70.17	16.62	19.82
耀州区	16.66	70.27	13.07	22.50
宜君县	15.75	70.02	14.23	19.80

有65岁及以上老年人口的户数(户)				户口登记地在外乡镇街道人口(人)		
合计	有一个老人	有二个老人	有三个及以上老人	本县(市、区)	本省其他县(市、区)	省外
9451	**7765**	**1619**	**67**	**12859**	**27697**	**48653**
2362	1903	440	19	4820	19167	28721
1585	1307	272	6	2478	1667	2030
1194	992	196	6	901	1906	4900
472	389	81	2	657	774	3129
1555	1312	229	14	1852	2485	4548
1383	1153	214	16	1277	846	3378
900	709	187	4	874	852	1947
21404	**17315**	**3946**	**143**	**15956**	**35186**	**29211**
3919	3232	667	20	5186	16242	11096
2739	2166	524	49	1903	3191	1450
3342	2579	738	25	2034	7127	6097
1145	943	196	6	429	976	2820
1322	1026	289	7	678	795	465
831	718	110	3	545	590	580
843	667	173	3	396	643	336
1202	986	208	8	690	1094	1488
1185	1011	172	2	1501	1271	2502
2014	1676	331	7	916	1223	998
1049	843	201	5	719	666	842
1813	1468	337	8	959	1368	537
19279	**15965**	**3160**	**154**	**46892**	**27970**	**16240**
3639	3091	537	11	15159	13426	5450
1222	1035	170	17	6746	1527	1591
2896	2348	522	26	5723	2530	1908
1440	1209	221	10	3471	1380	732
1595	1405	188	2	4186	1452	1432
1000	817	176	7	1452	903	514
1942	1525	380	37	3795	2056	1902
1648	1372	270	6	1445	1119	453
2104	1667	406	31	2509	1869	1562
1378	1147	224	7	2185	1116	511
415	349	66		221	592	185
4572	**3796**	**762**	**14**	**8004**	**16996**	**13905**
542	451	86	5	107	1553	1997
395	344	51		486	1218	973
666	565	98	3	1313	9406	7884
410	342	66	2	1150	1125	1024
723	599	124		410	974	386
1035	819	213	3	2336	1609	980
801	676	124	1	2202	1111	661
3689147	**2345696**	**1325884**	**17567**	**5970286**	**5363097**	**1933712**
889861	**543175**	**341651**	**5035**	**1366703**	**2942743**	**1305520**
57063	35606	21045	412	59066	139206	131295
69925	43488	26025	412	92833	174606	82320
84566	53847	30166	553	152715	292503	100349
60548	36870	23441	237	118803	286935	142075
92744	56247	35912	585	164519	685976	286461
104998	60835	43561	602	251331	669823	259353
28210	15281	12808	121	41475	45686	13205
68072	40429	27291	352	88799	45637	21619
111899	69289	41950	660	201465	430541	202313
35402	19500	15727	175	35927	84165	35000
60100	36590	23144	366	65648	62251	19250
57399	37801	19301	297	51125	15472	7405
58935	37392	21280	263	42997	9942	4875
73521	**46693**	**26585**	**243**	**102246**	**75505**	**16437**
17251	11069	6109	73	21350	14842	4291
16313	10728	5543	42	17969	12964	2727
32405	19652	12645	108	54101	43945	7934
7552	5244	2288	20	8826	3754	1485

表3 续表 50

地　区	各年龄组人口占总人口比重(%)			
	0-14岁	15-64岁	65岁及以上	15-49岁育龄妇女
宝鸡市	**16.04**	**68.15**	**15.80**	**21.40**
渭滨区	15.42	70.89	13.68	25.84
金台区	14.78	71.61	13.61	23.83
陈仓区	15.60	68.83	15.58	20.59
凤翔县	15.68	66.10	18.23	19.42
岐山县	15.05	65.69	19.27	18.97
扶风县	16.62	64.17	19.21	18.60
眉县	17.79	66.70	15.51	20.26
陇县	21.97	64.98	13.05	20.92
千阳县	17.39	66.44	16.17	20.32
麟游县	13.65	73.61	12.74	20.43
凤县	13.36	71.75	14.89	21.41
太白县	15.63	71.03	13.34	21.79
咸阳市	**17.38**	**68.42**	**14.20**	**22.54**
秦都区	16.13	73.30	10.57	28.12
杨陵区	16.89	73.00	10.11	27.64
渭城区	14.53	72.94	12.52	26.46
三原县	16.19	67.38	16.43	20.75
泾阳县	17.81	67.02	15.17	21.09
乾县	17.99	65.50	16.52	19.79
礼泉县	15.58	66.53	17.89	19.90
永寿县	19.80	67.64	12.56	20.97
长武县	17.98	67.19	14.83	18.92
旬邑县	20.34	65.28	14.38	19.15
淳化县	15.54	69.13	15.33	19.84
武功县	19.21	64.01	16.78	19.94
兴平市	17.75	66.06	16.18	20.62
彬州市	22.46	65.36	12.18	20.35
渭南市	**16.83**	**67.37**	**15.80**	**20.79**
临渭区	15.85	69.47	14.68	22.85
华州区	16.06	66.74	17.20	20.10
潼关县	17.24	69.96	12.81	21.89
大荔县	17.58	65.59	16.83	19.45
合阳县	16.14	66.75	17.11	19.57
澄城县	15.59	66.60	17.81	19.88
蒲城县	17.71	66.26	16.03	20.03
白水县	16.49	67.96	15.55	20.40
富平县	17.36	66.22	16.42	19.96
韩城市	16.64	69.87	13.49	22.39
华阴市	19.04	66.52	14.43	21.69
延安市	**21.09**	**68.61**	**10.30**	**23.01**
宝塔区	21.57	70.43	8.00	25.84
安塞区	22.68	67.57	9.74	22.98
延长县	19.48	67.38	13.14	19.18
延川县	19.89	67.59	12.52	21.54
志丹县	23.89	67.64	8.47	23.58
吴起县	23.59	66.04	10.37	22.55
甘泉县	22.15	67.41	10.44	22.31
富县	21.53	66.86	11.61	20.80
洛川县	20.72	67.16	12.13	21.68
宜川县	18.48	69.00	12.52	21.85
黄龙县	16.23	69.19	14.58	20.76
黄陵县	17.01	72.00	10.99	21.30
子长市	20.76	68.40	10.85	22.54
汉中市	**16.08**	**66.20**	**17.71**	**20.87**
汉台区	13.91	70.51	15.58	23.80
南郑区	16.68	65.10	18.21	20.31

有65岁及以上老年人口的户数(户)				户口登记地在外乡镇街道人口(人)		
合计	有一个老人	有二个老人	有三个及以上老人	本县(市、区)	本省其他县(市、区)	省外
370943	**234031**	**135680**	**1232**	**469076**	**340210**	**79559**
49078	28150	20740	188	80048	125743	29368
43566	27154	16275	137	79189	125324	18882
53626	34880	18622	124	53739	23318	7435
50323	32724	17424	175	60314	7036	3704
49787	30847	18721	219	47114	19186	4204
41978	25213	16615	150	30736	7988	1961
30385	18831	11422	132	37665	12780	3916
20377	14047	6283	47	28477	4434	1444
11890	7958	3917	15	22113	2283	1014
6872	4736	2125	11	14444	4175	4554
8993	6510	2457	26	10807	5057	2219
4068	2981	1079	8	4430	2886	858
488428	**298309**	**187568**	**2551**	**560157**	**572456**	**167593**
58679	33989	24398	292	111979	259367	57507
16887	9853	6961	73	19187	61355	27713
40519	23405	16934	180	71938	120730	36101
40479	24005	16237	237	35922	19037	6026
48354	28525	19508	321	33584	21849	8022
51902	32646	18711	545	33731	8970	1850
45028	27697	17114	217	41788	10585	3260
14524	9984	4467	73	10055	3969	894
16223	10794	5396	33	22333	9382	7176
21993	14460	7468	65	17647	4969	3712
15496	10281	5166	49	9970	3733	949
37380	22669	14559	152	20215	9696	2622
54916	33224	21431	261	58370	22241	4546
26048	16777	9218	53	73438	16573	7215
517092	**325167**	**188372**	**3553**	**681855**	**172635**	**48726**
93998	58885	34560	553	160560	62514	17029
32738	20770	11778	190	31329	9675	1641
11556	7874	3569	113	17986	5582	2477
67019	40448	25892	679	63262	9987	3004
43369	28688	14374	307	67984	6769	3115
38723	24514	13975	234	55989	8452	1555
74503	46634	27240	629	81197	17632	4040
25196	16487	8574	135	28951	6551	1415
72499	44136	27969	394	53060	17400	5364
36611	23028	13369	214	97489	19160	6479
20880	13703	7072	105	24048	8913	2607
165085	**103908**	**60509**	**668**	**568859**	**289246**	**48281**
33987	21024	12867	96	183249	169203	17352
11132	6912	4190	30	51341	11058	1768
11245	7135	4092	18	20617	4678	1305
12448	7696	4664	88	35998	8912	911
9326	5988	3306	32	47565	11953	3297
10562	6251	4257	54	53405	10474	6818
5671	3513	2137	21	19345	6071	680
11757	7592	4073	92	15635	8092	2998
17416	11240	6069	107	30737	11965	1803
9877	6049	3793	35	20904	6001	1063
4528	3153	1358	17	5465	2946	1305
10191	6609	3549	33	17415	23393	4641
16945	10746	6154	45	67183	14500	4340
418188	**279802**	**136687**	**1699**	**442668**	**174132**	**49024**
68237	42469	25478	290	120319	92698	24531
61908	40640	21053	215	53579	22456	5893

表3 续表 51

地　区	各年龄组人口占总人口比重(%)			
	0-14岁	15-64岁	65岁及以上	15-49岁育龄妇女
城固县	17.00	64.25	18.75	20.34
洋县	17.44	64.31	18.25	19.61
西乡县	18.17	64.37	17.46	20.42
勉县	14.09	66.74	19.17	19.88
宁强县	15.47	66.64	17.89	20.62
略阳县	14.48	69.17	16.35	21.41
镇巴县	19.27	61.97	18.76	18.92
留坝县	13.86	68.97	17.17	21.08
佛坪县	16.24	67.29	16.46	20.99
榆林市	**21.41**	**67.47**	**11.13**	**22.52**
榆阳区	23.63	68.83	7.54	25.65
横山区	22.12	65.81	12.06	21.52
府谷县	20.04	69.09	10.87	21.68
靖边县	24.73	66.17	9.10	23.76
定边县	20.38	69.20	10.42	22.92
绥德县	19.50	65.10	15.40	20.50
米脂县	18.50	64.49	17.01	19.62
佳县	13.36	63.22	23.42	15.23
吴堡县	18.21	65.60	16.19	19.78
清涧县	16.04	64.58	19.37	17.33
子洲县	16.19	63.73	20.08	17.53
神木市	22.06	69.41	8.52	22.63
安康市	**18.95**	**66.11**	**14.94**	**21.38**
汉滨区	19.03	68.10	12.87	23.19
汉阴县	21.16	63.54	15.30	20.30
石泉县	17.09	66.60	16.31	20.60
宁陕县	16.07	68.11	15.83	20.52
紫阳县	19.89	63.87	16.25	20.05
岚皋县	17.29	65.64	17.07	19.91
平利县	18.17	64.55	17.29	20.02
镇坪县	18.73	63.95	17.32	21.23
旬阳县	17.81	66.58	15.61	20.48
白河县	21.39	63.12	15.49	20.99
商洛市	**20.57**	**65.68**	**13.74**	**21.05**
商州区	19.33	67.17	13.51	22.09
洛南县	20.02	66.77	13.22	20.30
丹凤县	20.99	65.18	13.83	20.71
商南县	21.53	65.31	13.16	21.66
山阳县	22.53	63.75	13.72	20.56
镇安县	19.92	64.93	15.16	20.74
柞水县	20.29	65.59	14.12	21.01
甘肃省	**19.40**	**68.02**	**12.58**	**22.75**
兰州市	**14.19**	**74.11**	**11.70**	**25.53**
城关区	13.49	75.29	11.22	26.66
七里河区	14.15	74.02	11.82	24.48
西固区	13.90	72.10	14.00	23.01
安宁区	13.12	77.46	9.42	30.69
红古区	16.33	70.25	13.42	22.32
永登县	16.82	66.86	16.32	19.04
皋兰县	15.04	70.00	14.96	19.83
榆中县	14.92	72.61	12.48	25.71
兰州新区	14.71	79.36	5.94	28.22
嘉峪关市	**15.91**	**72.92**	**11.17**	**24.36**
市辖区	15.91	72.92	11.17	24.36
金昌市	**14.14**	**72.18**	**13.68**	**22.27**
金川区	14.50	72.78	12.73	23.48
永昌县	13.61	71.30	15.08	20.49

有65岁及以上老年人口的户数(户)				户口登记地在外乡镇街道人口(人)		
合计	有一个老人	有二个老人	有三个及以上老人	本县(市、区)	本省其他县(市、区)	省外
60302	39587	20418	297	58170	14844	3304
45970	30636	15145	189	53370	7049	2408
41891	28998	12786	107	51388	10778	3115
49684	34064	15474	146	36021	10983	2414
34455	23681	10629	145	27794	4147	2792
18113	13359	4638	116	15101	5454	2563
29631	20437	9032	162	20699	2837	1134
4545	3351	1178	16	3350	1512	406
3452	2580	856	16	2877	1374	464
277582	**166728**	**109948**	**906**	**1098958**	**652731**	**163813**
47866	28385	19316	165	169761	377753	38058
23757	13906	9730	121	110526	29999	5999
19390	11578	7760	52	105359	19910	27542
23669	13380	10153	136	138487	64901	11579
24236	13660	10475	101	139393	22168	16999
28059	17539	10490	30	79597	18487	1609
17129	10668	6389	72	35991	8245	596
19004	11729	7252	23	9183	3737	855
6488	4304	2180	4	16296	2316	599
15275	9303	5919	53	26306	3101	387
19972	12454	7482	36	26911	4778	530
32737	19822	12802	113	241148	97336	59060
278661	**198595**	**79039**	**1027**	**380521**	**87462**	**38781**
86323	61304	24709	310	178590	55608	19551
27275	18996	8211	68	34288	5875	2308
18239	12823	5366	50	28436	5323	3056
6908	4977	1904	27	7430	2823	1592
32470	23660	8698	112	23514	4082	2470
17002	12444	4465	93	25525	2758	1690
22646	15638	6905	103	13880	2410	1643
6149	4261	1845	43	5395	939	1185
42874	31045	11680	149	44437	5071	2827
18775	13447	5256	72	19026	2573	2459
209786	**149288**	**59845**	**653**	**299243**	**55977**	**15978**
46865	33204	13461	200	68706	25395	5734
36154	25966	10050	138	36309	8204	2156
25862	18370	7417	75	31435	3901	913
19307	13328	5916	63	44592	3259	2218
37387	26401	10915	71	54052	5718	1553
29438	21314	8050	74	35120	5326	2375
14773	10705	4036	32	29029	4174	1029
2284082	**1501327**	**775756**	**6999**	**3864201**	**2722616**	**765648**
350814	**220339**	**129375**	**1100**	**689344**	**1358351**	**379324**
111401	69539	41443	419	277239	493758	161954
58146	37317	20620	209	107207	259957	52244
40490	25247	15136	107	89776	106070	28779
27448	16528	10835	85	36400	196430	41332
13400	8537	4841	22	17745	25370	8302
33504	21630	11801	73	54646	15010	5955
13068	7936	5107	25	16513	23941	8593
41752	26210	15408	134	74304	89859	46808
11605	7395	4184	26	15514	147956	25357
24172	**14497**	**9644**	**31**	**29716**	**101736**	**25593**
24172	14497	9644	31	29716	101736	25593
42735	**26693**	**15977**	**65**	**112670**	**68018**	**16679**
23061	13785	9233	43	57093	61862	12434
19674	12908	6744	22	55577	6156	4245

表3 续表 52

地 区	各年龄组人口占总人口比重(%)			
	0-14岁	15-64岁	65岁及以上	15-49岁育龄妇女
白银市	**18.90**	**67.14**	**13.96**	**21.38**
白银区	15.91	70.50	13.59	23.11
平川区	20.18	68.43	11.39	22.96
靖远县	20.45	65.96	13.60	20.86
会宁县	19.47	64.53	16.00	19.89
景泰县	18.64	67.61	13.75	20.83
天水市	**20.78**	**66.32**	**12.90**	**22.88**
秦州区	18.39	69.54	12.07	24.61
麦积区	18.77	68.60	12.64	22.80
清水县	24.00	63.99	12.01	21.59
秦安县	17.47	66.94	15.58	21.57
甘谷县	22.08	64.85	13.07	23.29
武山县	23.12	64.10	12.78	22.75
张家川回族自治县	28.07	60.13	11.80	21.32
武威市	**17.64**	**68.78**	**13.57**	**21.32**
凉州区	18.59	68.78	12.64	21.86
民勤县	10.93	71.04	18.03	19.06
古浪县	19.50	66.38	14.12	20.90
天祝藏族自治县	16.98	70.12	12.90	21.57
张掖市	**16.81**	**70.05**	**13.15**	**22.40**
甘州区	15.82	71.84	12.34	24.05
肃南裕固族自治县	13.62	75.24	11.14	22.35
民乐县	20.51	66.89	12.60	20.70
临泽县	15.86	69.45	14.69	21.11
高台县	14.82	70.07	15.11	21.25
山丹县	18.45	67.36	14.19	20.84
平凉市	**19.59**	**66.03**	**14.38**	**21.95**
崆峒区	18.89	68.37	12.74	24.20
泾川县	19.52	63.31	17.17	19.25
灵台县	19.40	65.03	15.57	19.82
崇信县	19.79	67.92	12.29	21.05
庄浪县	20.88	64.42	14.71	22.17
静宁县	18.93	64.88	16.19	21.05
华亭市	20.68	68.17	11.15	22.69
酒泉市	**15.01**	**72.93**	**12.06**	**22.87**
肃州区	14.48	72.92	12.60	24.07
金塔县	12.50	73.12	14.38	19.72
瓜州县	17.77	71.91	10.31	22.43
肃北蒙古族自治县	11.12	81.24	7.65	20.48
阿克塞哈萨克族自治县	18.17	74.47	7.37	24.03
玉门市	16.77	72.65	10.58	21.59
敦煌市	14.85	72.99	12.15	23.36
庆阳市	**21.78**	**65.20**	**13.02**	**21.02**
西峰区	21.12	69.29	9.58	25.57
庆城县	20.99	67.47	11.54	20.85
环县	20.92	67.11	11.98	21.17
华池县	21.71	67.23	11.06	20.63
合水县	22.76	64.20	13.05	19.51
正宁县	23.86	61.82	14.32	19.01
宁县	22.44	60.78	16.79	17.98
镇原县	21.99	61.73	16.28	19.03
定西市	**20.01**	**66.55**	**13.44**	**21.70**
安定区	17.94	67.52	14.55	22.02
通渭县	16.39	67.32	16.29	21.48
陇西县	21.60	64.77	13.63	21.32
渭源县	17.87	68.08	14.05	21.01
临洮县	19.77	66.69	13.54	21.34
漳县	23.43	64.74	11.83	22.02
岷县	23.54	66.37	10.10	22.63

有65岁及以上老年人口的户数(户)				户口登记地在外乡镇街道人口(人)		
合计	有一个老人	有二个老人	有三个及以上老人	本县(市、区)	本省其他县(市、区)	省外
146735	**86568**	**59579**	**588**	**299510**	**144810**	**26933**
31825	18825	12919	81	67792	74261	12101
15896	9580	6257	59	42330	34983	5055
35188	20427	14624	137	54327	13333	3943
44843	26660	17927	256	83937	8931	2645
18983	11076	7852	55	51124	13302	3189
280527	**186909**	**92635**	**983**	**359671**	**121657**	**33633**
57110	37812	19082	216	147145	55620	12214
49742	32705	16855	182	55022	44578	10387
22305	16021	6246	38	35749	4224	2893
46924	30830	15922	172	40639	6097	2766
48760	32340	16254	166	33102	5346	2053
34536	23228	11224	84	22988	3367	1410
21150	13973	7052	125	25026	2425	1910
145346	**96086**	**48919**	**341**	**301295**	**71641**	**22261**
82390	55229	26993	168	200815	52749	15639
23411	15098	8235	78	34656	5756	2268
25440	16248	9118	74	37322	5474	2169
14105	9511	4573	21	28502	7662	2185
110386	**74479**	**35679**	**228**	**292592**	**71739**	**18239**
48040	32851	15091	98	142611	51979	11692
2315	1616	693	6	4711	2639	516
18127	12325	5753	49	41007	5604	1756
12604	8509	4078	17	15458	3436	1073
14032	9261	4743	28	34085	4441	1362
15268	9917	5321	30	54720	3640	1840
194450	**126687**	**67220**	**543**	**346535**	**101588**	**30482**
45582	28527	16906	149	119559	52622	13858
28239	18657	9516	66	30630	5321	2424
18489	12870	5589	30	28834	4252	2862
7427	5063	2345	19	13855	5410	1591
36550	24142	12309	99	39419	7929	1994
42851	26857	15862	132	78608	7746	3160
15312	10571	4693	48	35630	18308	4593
92751	**62131**	**30437**	**183**	**227032**	**136175**	**86378**
41799	28146	13557	96	114924	62162	17174
12988	8815	4144	29	19960	12945	9253
10089	7023	3055	11	22924	17909	6917
874	639	233	2	1096	3255	1970
580	400	180		1610	2509	758
10668	7161	3497	10	25164	22454	8476
15753	9947	5771	35	41354	14941	41830
205128	**133150**	**71325**	**653**	**323562**	**198542**	**42667**
35727	24141	11478	108	105507	137998	16431
19835	13059	6719	57	38229	16291	7890
26277	16927	9229	121	63740	10860	5119
9297	5801	3454	42	27233	5977	3242
12682	8049	4591	42	19342	5667	2351
18018	11544	6431	43	16188	4224	1930
40559	25982	14477	100	20714	6407	2777
42733	27647	14946	140	32609	11118	2927
251934	**168343**	**82912**	**679**	**328641**	**90694**	**23645**
43786	27028	16617	141	111701	34565	5484
38405	24720	13545	140	18556	3422	1464
42538	27354	15062	122	55398	16165	5700
29463	20596	8778	89	19043	5287	1713
49145	33704	15333	108	70623	20587	4072
14932	10318	4574	40	22375	3303	1602
33665	24623	9003	39	30945	7365	3610

表3 续表 53

地 区	各年龄组人口占总人口比重(%)			
	0-14岁	15-64岁	65岁及以上	15-49岁育龄妇女
陇南市	**21.53**	**65.89**	**12.59**	**22.23**
武都区	22.02	65.73	12.26	22.99
成县	21.99	66.86	11.15	23.83
文县	18.62	67.13	14.25	21.92
宕昌县	20.56	66.98	12.46	21.77
康县	20.19	66.50	13.31	22.01
西和县	24.01	64.17	11.82	22.09
礼县	22.12	64.94	12.94	21.21
徽县	20.09	66.56	13.36	21.93
两当县	16.63	68.67	14.70	21.02
临夏回族自治州	**28.22**	**61.66**	**10.13**	**22.44**
临夏市	22.01	68.07	9.92	25.19
临夏县	26.45	61.07	12.48	20.68
康乐县	29.78	60.54	9.68	21.74
永靖县	19.33	67.55	13.12	22.35
广河县	34.03	57.78	8.19	23.01
和政县	29.26	60.71	10.03	21.62
东乡族自治县	35.47	56.32	8.21	22.22
积石山保安族东乡族撒拉族自治县	28.87	61.13	10.00	21.91
甘南藏族自治州	**22.36**	**68.01**	**9.63**	**24.80**
合作市	19.06	74.32	6.62	29.71
临潭县	23.10	65.69	11.21	22.11
卓尼县	22.66	66.72	10.62	23.03
舟曲县	21.73	66.44	11.83	23.70
迭部县	20.65	68.79	10.56	24.86
玛曲县	28.08	66.43	5.48	26.07
碌曲县	23.65	68.48	7.88	26.69
夏河县	22.86	67.30	9.84	24.33
青海省	**20.81**	**70.51**	**8.68**	**25.01**
西宁市	**16.36**	**73.53**	**10.12**	**25.09**
城东区	15.65	74.41	9.95	25.29
城中区	13.66	75.15	11.18	25.03
城西区	15.25	74.33	10.43	25.85
城北区	13.37	77.35	9.28	27.36
湟中区	19.80	69.89	10.31	23.10
大通回族土族自治县	20.31	70.27	9.42	24.36
湟源县	15.30	72.88	11.81	23.43
海东市	**22.78**	**67.08**	**10.15**	**23.11**
乐都区	16.39	70.74	12.87	22.77
平安区	19.13	69.82	11.05	24.01
民和回族土族自治县	23.68	66.20	10.12	23.00
互助土族自治县	19.66	70.52	9.82	23.12
化隆回族自治县	30.28	61.47	8.25	23.02
循化撒拉族自治县	31.88	59.94	8.18	23.35
海北藏族自治州	**20.18**	**72.58**	**7.24**	**26.70**
门源回族自治县	20.92	70.99	8.09	25.33
祁连县	19.74	73.36	6.91	27.40
海晏县	15.56	77.99	6.45	29.77
刚察县	22.48	72.04	5.48	27.64
黄南藏族自治州	**26.54**	**66.91**	**6.54**	**26.56**
同仁县	24.42	68.07	7.51	26.69
尖扎县	25.78	66.64	7.59	25.17
泽库县	30.20	64.93	4.87	27.29
河南蒙古族自治县	26.14	68.12	5.75	26.86
海南藏族自治州	**24.25**	**68.85**	**6.90**	**26.40**
共和县	21.73	72.10	6.17	27.46
同德县	26.65	67.47	5.88	27.27
贵德县	21.30	68.73	9.97	24.15
兴海县	28.43	66.13	5.45	26.83
贵南县	26.82	67.04	6.14	26.53

有65岁及以上老年人口的户数(户)				户口登记地在外乡镇街道人口(人)		
合计	有一个老人	有二个老人	有三个及以上老人	本县(市、区)	本省其他县(市、区)	省外
231611	**164106**	**66656**	**849**	**256000**	**68447**	**29039**
50989	35632	15164	193	110047	19141	6574
21087	15533	5498	56	23237	15606	3039
21170	14520	6575	75	18579	3607	5508
24376	17402	6919	55	12896	5859	2488
17362	13252	4049	61	11944	3023	2531
31525	22154	9267	104	20813	7800	2237
41054	28414	12429	211	21659	6220	2692
19523	13947	5499	77	31269	5886	2866
4525	3252	1256	17	5556	1305	1104
156854	**104062**	**52340**	**452**	**236611**	**130363**	**20597**
25517	17281	8153	83	79270	87132	8273
30012	20062	9879	71	21215	6787	2626
18687	12940	5690	57	23212	5335	931
17365	11368	5962	35	32898	10309	2742
15188	9272	5848	68	21520	5472	1222
15291	10331	4917	43	15504	4471	944
17082	10854	6185	43	15382	5486	790
17712	11954	5706	52	27610	5371	3069
50639	**37277**	**13058**	**304**	**61022**	**58855**	**10178**
5170	3803	1315	52	10695	31444	3503
10996	7956	2998	42	8863	4234	1194
7744	5775	1927	42	4292	3781	780
11224	7815	3370	39	14932	2868	1031
4413	3497	866	50	4897	3959	902
2395	1918	462	15	7577	5382	1077
2238	1719	511	8	3599	2906	536
6459	4794	1609	56	6167	4281	1155
383311	**270649**	**111909**	**753**	**831098**	**822258**	**417304**
179360	**120587**	**58496**	**277**	**284990**	**507002**	**259356**
33509	22159	11307	43	70989	172398	78061
25800	17336	8405	59	26514	94910	42593
23102	14551	8510	41	40694	77530	40423
27435	18193	9195	47	42752	125099	75698
30897	21369	9480	48	32293	16602	10365
28790	20148	8610	32	46958	12729	9334
9827	6831	2989	7	24790	7734	2882
103534	**70969**	**32391**	**174**	**203224**	**58931**	**33370**
22976	15223	7714	39	57591	12164	8829
9386	6198	3169	19	21762	20150	6364
24672	16651	7977	44	50079	6130	6088
25457	18067	7358	32	43615	9744	6321
12626	8826	3779	21	17617	6511	2745
8417	6004	2394	19	12560	4232	3023
14928	**10932**	**3978**	**18**	**47785**	**23255**	**7275**
8550	5960	2578	12	26243	4557	2404
2552	1886	664	2	8181	4581	2452
1936	1479	456	1	9832	10074	1279
1890	1607	280	3	3529	4043	1140
14598	**11830**	**2739**	**29**	**33267**	**21355**	**8922**
5967	4790	1168	9	10933	11426	4100
3499	2718	773	8	8832	5907	2022
3165	2689	473	3	6255	2256	814
1967	1633	325	9	7247	1766	1986
25080	**19947**	**5108**	**25**	**64381**	**41307**	**10262**
6580	5289	1285	6	17444	18614	4392
3031	2544	484	3	6679	4079	1193
8371	6346	2013	12	16355	9870	2213
3423	2785	636	2	17989	4563	1193
3675	2983	690	2	5914	4181	1271

表3 续表 54

地 区	各年龄组人口占总人口比重(%)			
	0-14岁	15-64岁	65岁及以上	15-49岁育龄妇女
果洛藏族自治州	**29.69**	**65.41**	**4.90**	**25.71**
玛沁县	23.17	72.36	4.47	27.81
班玛县	31.10	63.02	5.88	24.41
甘德县	31.85	62.90	5.25	24.92
达日县	35.68	60.09	4.23	24.33
久治县	29.50	65.00	5.51	25.78
玛多县	30.34	65.50	4.16	26.06
玉树藏族自治州	**31.35**	**62.61**	**6.04**	**25.65**
玉树市	27.72	66.19	6.09	26.98
杂多县	38.87	56.38	4.75	23.83
称多县	28.80	64.83	6.37	26.20
治多县	28.75	65.25	6.00	26.70
囊谦县	34.24	58.85	6.91	23.97
曲麻莱县	30.46	63.91	5.63	26.26
海西蒙古族藏族自治州	**18.65**	**76.61**	**4.74**	**26.02**
格尔木市	20.11	75.93	3.97	26.16
德令哈市	17.49	77.07	5.44	27.93
茫崖市	8.39	89.87	1.74	22.35
乌兰县	17.62	75.55	6.82	25.37
都兰县	20.74	72.89	6.37	25.30
天峻县	20.71	73.96	5.33	27.46
大柴旦行政委员会	7.21	89.53	3.25	20.38
宁夏回族自治区	**20.38**	**70.00**	**9.62**	**25.40**
银川市	**18.07**	**73.11**	**8.81**	**26.99**
兴庆区	17.46	73.00	9.54	27.50
西夏区	15.31	76.75	7.94	29.99
金凤区	19.04	72.84	8.12	27.44
永宁县	19.81	70.78	9.40	25.38
贺兰县	19.13	71.67	9.20	25.29
灵武市	18.74	72.68	8.58	23.77
石嘴山市	**15.42**	**72.46**	**12.12**	**23.92**
大武口区	15.00	73.10	11.89	24.89
惠农区	13.37	74.44	12.19	22.50
平罗县	17.20	70.47	12.33	23.80
吴忠市	**22.96**	**67.84**	**9.20**	**24.91**
利通区	20.66	69.78	9.56	26.66
红寺堡区	28.15	65.21	6.65	25.26
盐池县	18.26	71.15	10.58	23.14
同心县	30.27	62.57	7.16	24.10
青铜峡市	16.54	71.07	12.39	23.54
固原市	**24.13**	**65.54**	**10.33**	**24.34**
原州区	24.50	66.73	8.77	25.96
西吉县	26.71	63.24	10.05	23.34
隆德县	19.74	65.98	14.28	22.25
泾源县	24.12	64.26	11.62	24.01
彭阳县	20.98	66.95	12.07	23.14
中卫市	**22.71**	**67.49**	**9.80**	**23.92**
沙坡头区	18.51	70.97	10.52	24.45
中宁县	22.09	67.83	10.08	23.35
海原县	28.37	62.99	8.64	23.86
新疆维吾尔自治区	**22.46**	**69.78**	**7.76**	**24.90**
乌鲁木齐市	**14.56**	**76.30**	**9.13**	**26.16**
天山区	17.09	73.02	9.89	26.78
沙依巴克区	13.82	75.79	10.39	27.46
新市区	13.19	77.85	8.95	25.70
水磨沟区	13.32	78.45	8.23	27.53

有65岁及以上老年人口的户数(户)				户口登记地在外乡镇街道人口(人)		
合计	有一个老人	有二个老人	有三个及以上老人	本县(市、区)	本省其他县(市、区)	省外
8915	**7459**	**1436**	**20**	**30383**	**18392**	**10815**
2084	1672	409	3	10785	10030	3895
1585	1310	269	6	4669	1957	1422
1870	1614	253	3	1890	1680	935
1462	1248	212	2	8657	2217	2055
1387	1154	229	4	1646	1381	2109
527	461	64	2	2736	1127	399
20639	**16415**	**4029**	**195**	**98454**	**21360**	**11376**
6890	5430	1404	56	24702	13871	8104
2607	2093	493	21	31878	2399	967
3002	2409	577	16	3953	1356	815
1566	1204	332	30	19728	1085	471
5018	3969	981	68	7393	1285	417
1556	1310	242	4	10800	1364	602
16257	**12510**	**3732**	**15**	**68614**	**130656**	**75928**
6145	4601	1534	10	26387	73624	46748
3571	2695	876		17650	24229	9106
110	92	18		1097	6175	6996
1698	1345	351	2	4964	5586	2322
3457	2664	792	1	10678	11083	4506
1071	929	141	1	7731	2227	1288
205	184	20	1	107	7732	4962
486507	**293887**	**191505**	**1115**	**1484809**	**1202742**	**675119**
174059	**103559**	**70056**	**444**	**410342**	**735357**	**474773**
52895	31336	21423	136	99147	174942	177261
24828	15057	9701	70	43041	157677	90895
35437	20782	14553	102	54372	185231	77028
21209	12579	8599	31	57878	76445	47722
22078	13349	8680	49	69148	83998	52164
17612	10456	7100	56	86756	57064	29703
64514	**39868**	**24499**	**147**	**193758**	**96284**	**74984**
24975	15373	9531	71	50561	49861	36812
15924	10393	5498	33	43532	25195	24158
23615	14102	9470	43	99665	21228	14014
89324	**52957**	**36197**	**170**	**355342**	**178150**	**65125**
30874	18351	12459	64	147949	64064	18844
9401	5792	3589	20	21586	54590	8360
11603	6574	5004	25	56813	11817	16106
16262	9802	6434	26	53197	25699	4740
21184	12438	8711	35	75797	21980	17075
84841	**53566**	**31062**	**213**	**235109**	**98906**	**23950**
29791	18751	10982	58	131869	74240	12985
22644	13940	8644	60	48728	10259	4046
11294	7404	3865	25	16850	4273	2288
7280	4845	2414	21	8294	3261	1135
13832	8626	5157	49	29368	6873	3496
73769	**43937**	**29691**	**141**	**290258**	**94045**	**36287**
29514	17377	12092	45	144445	29381	18275
23945	14502	9394	49	86409	51102	14968
20310	12058	8205	47	59404	13562	3044
1478519	**1023047**	**451974**	**3498**	**3034504**	**2441830**	**3390712**
257062	**160305**	**95920**	**837**	**363230**	**930541**	**1210286**
45242	28720	16363	159	73288	162618	132600
58076	36366	21530	180	71147	200839	217080
60875	36459	24208	208	79255	216775	298755
31714	19962	11640	112	39763	153448	186955

表3 续表 55

地 区	各年龄组人口占总人口比重(%)			
	0-14岁	15-64岁	65岁及以上	15-49岁育龄妇女
头屯河区	14.34	77.77	7.89	25.35
达坂城区	14.33	74.31	11.36	22.82
米东区	16.77	74.78	8.45	24.57
乌鲁木齐县	14.43	76.95	8.62	20.21
克拉玛依市	**14.44**	**75.86**	**9.69**	**23.76**
独山子区	16.12	74.01	9.87	24.39
克拉玛依区	14.29	75.93	9.78	24.20
白碱滩区	13.79	76.78	9.42	21.35
乌尔禾区	11.22	80.76	8.02	19.41
吐鲁番市	**22.32**	**70.77**	**6.92**	**24.05**
高昌区	23.10	70.09	6.81	23.99
鄯善县	23.02	70.28	6.70	24.50
托克逊县	19.21	73.23	7.56	23.37
哈密市	**15.67**	**74.05**	**10.29**	**23.19**
伊州区	15.59	73.80	10.62	23.55
巴里坤哈萨克自治县	17.38	71.93	10.69	21.42
伊吾县	13.92	81.34	4.74	20.85
昌吉回族自治州	**14.96**	**74.05**	**10.99**	**22.78**
昌吉市	15.15	74.91	9.93	24.80
阜康市	15.38	73.66	10.96	22.41
呼图壁县	15.66	72.94	11.40	22.23
玛纳斯县	13.06	73.41	13.53	21.08
奇台县	15.96	72.11	11.93	21.80
吉木萨尔县	12.80	77.35	9.85	20.26
木垒哈萨克自治县	17.05	71.15	11.80	20.93
博尔塔拉蒙古自治州	**17.60**	**72.70**	**9.70**	**24.20**
博乐市	17.51	73.04	9.45	25.37
阿拉山口市	11.86	85.74	2.40	23.25
精河县	18.25	71.47	10.27	22.53
温泉县	17.67	71.18	11.15	22.82
巴音郭楞蒙古自治州	**19.08**	**72.97**	**7.94**	**24.56**
库尔勒市	17.71	74.41	7.88	25.91
轮台县	23.00	70.89	6.11	23.92
尉犁县	19.55	72.75	7.70	22.95
若羌县	16.05	78.31	5.64	20.91
且末县	23.33	70.47	6.20	24.89
焉耆回族自治县	19.41	71.27	9.32	21.71
和静县	21.08	70.41	8.52	23.68
和硕县	19.38	71.11	9.52	23.35
博湖县	18.40	69.46	12.14	22.19
阿克苏地区	**24.80**	**68.85**	**6.35**	**25.56**
阿克苏市	22.43	71.36	6.20	25.46
库车市	24.04	69.38	6.59	26.06
温宿县	23.41	70.53	6.06	26.42
沙雅县	23.39	69.74	6.86	25.47
新和县	27.91	65.21	6.88	25.42
拜城县	24.56	68.39	7.04	25.08
乌什县	29.62	65.15	5.23	25.12
阿瓦提县	28.99	65.14	5.87	25.08
柯坪县	30.54	62.94	6.52	24.33
克孜勒苏柯尔克孜自治州	**29.63**	**64.48**	**5.89**	**25.06**
阿图什市	29.91	63.79	6.30	24.77
阿克陶县	31.42	63.16	5.42	25.33
阿合奇县	26.51	67.56	5.93	25.90
乌恰县	23.91	70.47	5.62	24.79
喀什地区	**31.11**	**63.17**	**5.72**	**25.80**
喀什市	27.23	67.20	5.57	26.59
疏附县	30.06	63.96	5.97	25.96

有65岁及以上老年人口的户数(户)				户口登记地在外乡镇街道人口(人)		
合计	有一个老人	有二个老人	有三个及以上老人	本县(市、区)	本省其他县(市、区)	省外
23079	14613	8397	69	29167	100155	140859
2869	1830	1035	4	2722	8587	6360
30761	19427	11245	89	64634	82159	193197
4446	2928	1502	16	3254	5960	34480
33129	**20746**	**12296**	**87**	**46683**	**66293**	**124461**
5961	3794	2154	13	5634	12673	17945
22902	14219	8622	61	39404	40316	83566
3275	2079	1188	8	734	8884	16723
991	654	332	5	911	4420	6227
36527	**26257**	**10217**	**53**	**88889**	**35493**	**80362**
16528	12041	4458	29	42676	16220	28191
12463	9003	3446	14	22286	10745	31843
7536	5213	2313	10	23927	8528	20328
49164	**30778**	**18244**	**142**	**131667**	**54380**	**145596**
42980	26952	15897	131	110670	46810	119584
4908	2931	1968	9	16629	3917	8331
1276	895	379	2	4368	3653	17681
124475	**76840**	**47254**	**381**	**313141**	**196211**	**281102**
41284	24769	16358	157	102533	115792	125468
14054	8753	5272	29	35705	18644	40384
15658	9857	5758	43	33968	13755	27902
18915	12292	6570	53	27026	13088	20893
18389	11172	7159	58	63097	15255	23437
10510	6499	3982	29	34028	16129	38208
5665	3498	2155	12	16784	3548	4810
30060	**19291**	**10674**	**95**	**107398**	**53626**	**52308**
16422	10366	5993	63	73039	36881	32273
149	115	34		6	5409	4595
9408	6120	3267	21	25495	7524	13614
4081	2690	1380	11	8858	3812	1826
87414	**59786**	**27426**	**202**	**242934**	**153895**	**290993**
43799	28827	14856	116	144414	103966	191568
6661	5209	1436	16	12769	8441	23757
5840	4259	1572	9	13060	5376	17594
1723	1247	473	3	4638	4269	14388
3353	2575	773	5	8603	3286	7888
8193	5478	2699	16	17260	8511	8173
9554	6790	2747	17	27530	10185	13439
3974	2563	1398	13	8527	6131	10978
4317	2838	1472	7	6133	3730	3208
132976	**100255**	**32441**	**280**	**268211**	**157660**	**299109**
32124	23109	8926	89	93848	80459	144484
27348	20747	6550	51	48670	20450	61433
12773	9787	2956	30	14244	21709	23686
14812	11132	3654	26	25995	8747	21437
10451	7837	2592	22	18824	5881	10302
13030	10085	2916	29	19524	5901	18674
8759	7112	1639	8	19799	4573	6864
11160	8614	2527	19	22277	8001	9948
2519	1832	681	6	5030	1939	2281
28886	**21893**	**6978**	**15**	**69067**	**23371**	**29974**
14163	10408	3751	4	29826	11329	13230
9934	7869	2057	8	21441	6284	7513
2084	1565	516	3	6139	1565	1963
2705	2051	654		11661	4193	7268
208967	**166213**	**42498**	**256**	**369953**	**146198**	**183060**
34974	27424	7504	46	76693	61981	84302
13133	10672	2452	9	13516	10598	6342

表3 续表 56

地 区	各年龄组人口占总人口比重(%)			
	0-14岁	15-64岁	65岁及以上	15-49岁育龄妇女
疏勒县	30.34	63.68	5.98	25.65
英吉沙县	35.68	59.18	5.14	25.33
泽普县	28.24	65.68	6.08	26.07
莎车县	33.56	61.07	5.37	25.43
叶城县	31.71	63.22	5.07	26.67
麦盖提县	28.59	65.11	6.30	26.65
岳普湖县	30.33	61.65	8.01	25.05
伽师县	34.47	59.21	6.32	24.07
巴楚县	31.30	63.18	5.52	25.67
塔什库尔干塔吉克自治县	23.59	70.89	5.52	26.52
和田地区	**34.57**	**60.63**	**4.80**	**24.78**
和田市	32.67	63.45	3.88	26.57
和田县	36.58	58.78	4.64	22.39
墨玉县	37.48	57.69	4.82	24.00
皮山县	33.44	61.01	5.55	24.98
洛浦县	35.84	59.05	5.10	24.06
策勒县	28.69	64.81	6.50	25.46
于田县	34.10	61.35	4.55	26.12
民丰县	25.02	70.00	4.98	26.26
伊犁哈萨克自治州	**22.03**	**69.76**	**8.22**	**25.04**
伊宁市	19.88	72.06	8.06	27.65
奎屯市	13.45	74.85	11.70	24.76
霍尔果斯市	16.53	73.65	9.83	23.84
伊宁县	26.33	66.06	7.61	23.67
察布查尔锡伯自治县	22.32	69.02	8.66	23.81
霍城县	23.10	67.36	9.54	23.55
巩留县	25.11	67.18	7.71	24.64
新源县	21.86	70.49	7.66	22.97
昭苏县	25.64	68.40	5.96	25.18
特克斯县	26.64	66.68	6.69	24.99
尼勒克县	24.86	67.82	7.32	24.25
塔城地区	**16.58**	**72.48**	**10.94**	**22.97**
塔城市	15.46	72.96	11.58	24.10
乌苏市	15.85	73.23	10.93	21.95
额敏县	18.42	71.81	9.77	24.21
沙湾县	14.06	72.59	13.35	21.32
托里县	22.78	70.46	6.76	25.75
裕民县	19.01	70.74	10.25	23.39
和布克赛尔蒙古自治县	18.65	73.73	7.62	24.47
阿勒泰地区	**20.59**	**71.44**	**7.98**	**24.92**
阿勒泰市	17.58	72.49	9.93	24.52
布尔津县	20.68	71.77	7.55	25.54
富蕴县	24.22	69.76	6.02	25.49
福海县	18.46	73.33	8.21	22.63
哈巴河县	22.50	70.16	7.34	25.21
青河县	25.60	68.68	5.71	26.17
吉木乃县	20.29	72.61	7.10	26.57
自治区直辖县级行政区划	**15.84**	**74.84**	**9.32**	**23.29**
石河子市	11.93	75.45	12.62	24.30
阿拉尔市	15.88	77.73	6.38	23.19
图木舒克市	24.57	70.30	5.13	23.67
五家渠市	13.94	74.76	11.30	24.11
北屯市	13.90	76.41	9.69	21.97
铁门关市	12.72	76.49	10.79	18.85
双河市	15.23	75.11	9.66	21.75
可克达拉市	14.13	72.74	13.13	21.50
昆玉市	25.45	70.28	4.27	24.71
胡杨河市	9.93	80.38	9.70	21.11

有65岁及以上老年人口的户数(户)				户口登记地在外乡镇街道人口(人)		
合计	有一个老人	有二个老人	有三个及以上老人	本县(市、区)	本省其他县(市、区)	省外
17645	14389	3238	18	19922	10954	10585
11775	9781	1985	9	16099	3981	4593
10601	8495	2082	24	17507	5248	6517
37084	29480	7555	49	51168	17673	19377
21799	17378	4402	19	63003	8598	11653
11257	8761	2470	26	23217	5535	6539
10397	7852	2533	12	11277	3730	4339
21707	16866	4822	19	30984	7304	11373
16800	13705	3073	22	41887	8737	14926
1795	1410	382	3	4680	1859	2514
94418	**77278**	**17067**	**73**	**147832**	**87650**	**99159**
15877	13007	2852	18	41954	55120	50892
12196	10210	1977	9	8091	5706	10648
22631	18584	4036	11	29265	9947	8962
12681	10044	2630	7	16901	4056	6788
11837	9683	2137	17	13836	4526	8482
8249	6620	1627	2	9475	2695	4085
9206	7731	1467	8	24465	4247	6316
1741	1399	341	1	3845	1353	2986
166810	**113003**	**53348**	**459**	**344564**	**257758**	**183502**
44226	29103	14977	146	118361	132699	71615
18241	11022	7140	79	37912	40215	52551
5043	3295	1732	16	3898	13988	9517
21077	14743	6296	38	28928	13164	8111
10076	6750	3293	33	18564	9293	7146
17250	11661	5549	40	23590	10974	8212
10241	7085	3136	20	19826	6901	5816
17255	12133	5078	44	35720	11729	10976
6893	5139	1748	6	19309	6873	3056
7675	5629	2023	23	18402	5271	2844
8833	6443	2376	14	20054	6651	3658
87913	**57951**	**29690**	**272**	**232422**	**64707**	**83371**
13120	8372	4691	57	43950	11525	12168
21008	14047	6902	59	52054	15520	22557
13376	8823	4514	39	43982	9030	12268
28624	18378	10154	92	46425	15112	23469
4430	3243	1178	9	19427	5308	3571
3807	2521	1280	6	12043	2857	2896
3548	2567	971	10	14541	5355	6442
38224	**26222**	**11947**	**55**	**124850**	**48911**	**53237**
15633	10178	5429	26	47841	24921	24093
4177	2954	1222	1	12924	4855	5682
4586	3296	1282	8	20244	5785	8215
4525	3071	1444	10	10327	5175	5380
4603	3234	1364	5	14277	3620	5154
2783	2074	704	5	11545	2289	3194
1917	1415	502		7692	2266	1519
102494	**66229**	**35974**	**291**	**183663**	**165136**	**274192**
41632	24848	16624	160	74810	64992	119160
15771	11515	4227	29	50476	29361	50489
10304	7555	2734	15	29961	17678	23201
10668	6434	4203	31	14162	21736	41877
1355	877	475	3	1525	2495	3358
8253	5495	2739	19	2408	9232	13019
3713	2316	1390	7	2780	5599	7303
6584	4169	2398	17	3041	6952	5333
2073	1501	569	3	1853	4266	6614
2141	1519	615	7	2647	2825	3838

全部数据

表 4 人口受教育状况

表4　人口受教育

地　区	6岁及以上各种受教育程度人口(人)									
	未上过学		学前教育		小学		初中		高中	
	男	女	男	女	男	女	男	女	男	女
合　计	**10730917**	**30813068**	**4947969**	**4915525**	**163696640**	**183713863**	**263448804**	**223646206**	**116996970**	**95212952**
北京市	**49104**	**155261**	**38662**	**36873**	**1074810**	**1207490**	**2835520**	**2263269**	**1998990**	**1852760**
市辖区	**49104**	**155261**	**38662**	**36873**	**1074810**	**1207490**	**2835520**	**2263269**	**1998990**	**1852760**
东城区	916	3569	1540	1470	33363	38566	58091	54147	76609	80576
西城区	1390	5851	2670	2473	52456	61396	88476	84786	102798	109819
朝阳区	4594	15713	5913	5653	138040	159469	344929	295377	301887	301910
丰台区	3018	13356	2995	2995	78837	96079	211925	191717	206153	210933
石景山区	1051	4352	955	914	22753	26577	51840	47858	55364	58066
海淀区	3687	13197	5227	4927	123577	140030	250536	218814	226774	227183
门头沟区	1207	4506	570	577	20876	25918	58274	48760	42610	39930
房山区	4021	13127	2346	2186	75663	91079	225469	184680	120914	106482
通州区	3668	10087	3359	3325	104838	113504	308300	229348	166952	142375
顺义区	3425	10308	2383	2107	80770	83492	265742	187699	121708	96871
昌平区	4509	12536	3748	3439	95170	103075	304121	226358	212718	174988
大兴区	4820	12710	3882	3598	111232	117094	337433	232972	192771	157397
怀柔区	2897	7822	710	762	30863	32713	83957	61836	45578	36955
平谷区	2770	10330	904	947	35030	41701	82299	66346	45426	38537
密云区	3812	10538	847	915	40584	45643	98897	83157	49950	43763
延庆区	3319	7259	613	585	30758	31154	65231	49414	30778	26975
天津市	**50162**	**142640**	**32259**	**29368**	**1064610**	**1158277**	**2441338**	**2036533**	**1283238**	**1173634**
市辖区	**50162**	**142640**	**32259**	**29368**	**1064610**	**1158277**	**2441338**	**2036533**	**1283238**	**1173634**
和平区	792	2025	970	884	25539	24697	58811	42347	33727	33089
河东区	1636	5478	1481	1422	43184	48345	116943	108089	101895	104712
河西区	1467	4477	1771	1715	41316	46120	97593	88399	87149	95194
南开区	1675	5565	1609	1423	44702	49814	107195	99530	97796	104338
河北区	1257	4358	1206	1041	30694	35456	89941	84963	83650	87008
红桥区	945	3342	822	757	23037	26316	67329	63418	64397	65494
东丽区	3161	6691	2038	1883	66283	68294	173657	140580	89837	69595
西青区	3825	8430	2370	2063	83766	84486	201792	157641	104057	90508
津南区	4063	11014	2130	1783	75823	75918	172070	140470	70402	58076
北辰区	3398	7783	1960	1714	66365	68857	169965	139231	88635	80616
武清区	3741	10115	3494	3186	114167	126887	251547	213679	90023	77425
宝坻区	3027	13575	1528	1467	75142	94651	170274	133455	47074	33777
滨海新区	8036	21019	5012	4442	144242	150288	316009	256222	194074	169598
宁河区	2761	8158	992	964	50195	57890	88226	70464	26829	20432
静海区	5050	12800	2586	2250	93496	102027	176680	141252	52459	39611
蓟州区	5328	17810	2290	2374	86659	98231	183306	156793	51234	44161
河北省	**314487**	**960955**	**323613**	**297723**	**8507807**	**9755807**	**15793154**	**14013839**	**5555492**	**4785971**
石家庄市	**39499**	**134065**	**43458**	**41918**	**1035578**	**1186428**	**2036014**	**1812473**	**986811**	**872592**
长安区	1634	5769	3306	3067	69290	76197	139416	123402	106817	102874
桥西区	1292	4275	2614	2348	50291	56863	97949	96233	97310	95815
新华区	1075	4639	2041	1973	45342	50803	89202	86248	90750	86963
井陉矿区	258	1019	239	235	5026	6203	15665	14545	9937	8458
裕华区	866	3909	2110	1929	40583	45570	69944	68055	62734	64187
藁城区	2294	6928	3643	3450	93989	111380	158286	137990	52581	43352
鹿泉区	1351	5305	2221	2092	44840	54078	97996	84850	67168	55227
栾城区	1354	5809	1682	1484	33028	39421	73323	62764	41177	32267
井陉县	1013	3064	781	693	24250	30061	60261	53982	24218	18180
正定县	2109	7829	2666	2562	52176	58619	104539	93639	59226	51399
行唐县	2331	7839	1273	1162	45225	50167	88024	76056	28692	25324
灵寿县	2285	6309	1339	1329	32180	37230	67401	55791	25938	22851
高邑县	728	3201	807	772	21478	25732	41015	36581	13118	9442
深泽县	966	2246	1091	1172	27475	31650	54213	49828	12285	10857
赞皇县	1512	5378	1322	1321	31231	35532	58839	49187	13710	9817
无极县	3021	9191	2723	2727	66528	73857	102137	90087	25490	22847
平山县	3273	10555	1805	1743	40377	45941	98716	83375	37666	29979
元氏县	1328	5352	1973	1959	41017	47967	94759	80976	30549	23435

状况(全部数据)

				平均受教育年限(年)			15岁及以上文盲人口(人)			文盲人口占15岁及以上人口比重(%)		
大学专科		大学本科及以上										
男	女	男	女	合计	男	女	合计	男	女	合计	男	女
58727560	**53575442**	**53132355**	**51789294**	**9.50**	**9.75**	**9.23**	**37704017**	**9499681**	**28204336**	**3.26**	**1.62**	**4.95**
1473704	**1454703**	**3107918**	**3154458**	**12.21**	**12.22**	**12.21**	**172141**	**38227**	**133914**	**0.89**	**0.39**	**1.42**
1473704	**1454703**	**3107918**	**3154458**	**12.21**	**12.22**	**12.21**	**172141**	**38227**	**133914**	**0.89**	**0.39**	**1.42**
46632	49959	107882	118936	12.65	12.66	12.64	2874	426	2448	0.47	0.15	0.77
67792	74535	190824	203048	12.76	12.80	12.72	5095	740	4355	0.54	0.16	0.88
226764	240466	590920	641703	12.83	12.79	12.86	15008	2890	12118	0.49	0.19	0.78
145189	147998	297648	307808	12.56	12.62	12.49	13261	2176	11085	0.74	0.25	1.21
42723	42689	91680	91390	12.73	12.83	12.63	4430	757	3673	0.88	0.30	1.44
172069	189355	702160	705298	13.26	13.28	13.24	14351	2613	11738	0.52	0.19	0.84
29494	27457	34894	35922	11.53	11.66	11.40	4933	985	3948	1.42	0.56	2.30
89326	82968	114901	117380	11.29	11.38	11.19	15172	3343	11829	1.33	0.57	2.13
137505	131827	187471	189876	11.66	11.63	11.70	11154	2657	8497	0.69	0.31	1.11
81891	77310	115470	118523	11.21	11.16	11.25	11609	2674	8935	0.99	0.42	1.66
180755	158800	355429	311632	12.44	12.49	12.40	14828	3646	11182	0.73	0.33	1.19
146327	135694	213220	203835	11.69	11.66	11.72	14508	3562	10946	0.83	0.38	1.35
26588	23001	32356	31712	10.78	10.90	10.63	9645	2589	7056	2.48	1.24	3.90
28446	25866	23776	25348	10.43	10.66	10.18	12495	2670	9825	3.15	1.32	5.07
31432	28505	28557	30757	10.43	10.60	10.26	13297	3542	9755	2.88	1.51	4.32
20771	18273	20730	21290	10.37	10.48	10.25	9481	2957	6524	3.11	1.84	4.52
799341	**722574**	**1101132**	**1112496**	**10.87**	**10.95**	**10.78**	**169807**	**41581**	**128226**	**1.42**	**0.67**	**2.20**
799341	**722574**	**1101132**	**1112496**	**10.87**	**10.95**	**10.78**	**169807**	**41581**	**128226**	**1.42**	**0.67**	**2.20**
19558	19491	36522	40461	11.42	11.28	11.57	2190	536	1654	0.72	0.34	1.13
59752	57287	84345	85167	11.76	11.83	11.69	5437	1134	4303	0.72	0.30	1.13
53908	57202	99695	109583	12.11	12.09	12.13	4534	931	3603	0.63	0.27	0.97
60816	62477	117899	121916	12.16	12.20	12.13	5854	1189	4665	0.72	0.30	1.13
47839	43577	52963	55873	11.65	11.74	11.57	4529	882	3647	0.79	0.31	1.25
30580	29103	44391	43369	11.64	11.73	11.54	3222	654	2568	0.75	0.30	1.18
63889	51533	79372	66962	11.02	11.15	10.86	7614	2068	5546	0.93	0.47	1.48
67375	57078	126119	127941	11.31	11.31	11.31	10658	3177	7481	1.03	0.58	1.52
65161	56965	73589	68339	10.84	10.94	10.72	14349	3808	10541	1.79	0.90	2.79
56591	50391	62823	65471	10.87	10.90	10.84	9140	2503	6637	1.14	0.60	1.73
47494	44464	49804	53388	9.88	9.97	9.79	12818	3289	9529	1.31	0.65	1.99
25673	21350	29270	31418	9.46	9.74	9.16	15863	2853	13010	2.58	0.90	4.36
135962	115238	170433	167249	11.14	11.24	11.04	24348	6213	18135	1.44	0.70	2.26
13240	10441	13060	11897	9.11	9.41	8.79	10118	2467	7651	3.04	1.43	4.78
24838	20685	35539	37131	9.42	9.59	9.23	17563	4810	12753	2.67	1.41	4.03
26665	25292	25308	26331	9.27	9.50	9.05	21570	5067	16503	3.26	1.52	5.02
2649100	**2621523**	**1903068**	**2091218**	**9.35**	**9.49**	**9.20**	**1127792**	**260624**	**867168**	**1.89**	**0.88**	**2.91**
612968	**627636**	**472649**	**547000**	**10.19**	**10.28**	**10.09**	**159155**	**34434**	**124721**	**1.76**	**0.76**	**2.73**
88984	91830	81731	84358	11.55	11.57	11.53	6525	1299	5226	0.75	0.30	1.19
107727	109829	89700	102636	12.31	12.33	12.30	4036	789	3247	0.49	0.20	0.76
74885	75718	61722	75500	11.91	11.92	11.90	5042	860	4182	0.76	0.27	1.22
3485	3073	1809	1994	10.09	10.30	9.87	1145	215	930	1.77	0.66	2.90
71385	77563	96898	110571	12.54	12.53	12.55	4064	646	3418	0.64	0.21	1.02
26160	23988	9008	11904	9.03	9.20	8.86	8812	2083	6729	1.50	0.71	2.31
40429	42802	20051	22803	10.58	10.67	10.48	6595	1249	5346	1.39	0.52	2.28
15052	16238	10682	15770	9.90	10.01	9.79	6703	1210	5493	2.21	0.80	3.61
7302	6022	3646	3855	9.25	9.50	9.00	3685	868	2817	1.76	0.81	2.75
23809	25963	10739	13752	9.75	9.86	9.64	9314	1898	7416	2.12	0.86	3.36
9108	10155	3763	4743	8.88	9.05	8.71	9828	2232	7596	3.36	1.53	5.19
13789	15645	3226	4004	9.32	9.46	9.18	8261	2159	6102	3.35	1.74	4.99
4718	4419	2162	2346	8.83	9.11	8.55	3801	657	3144	2.78	0.97	4.57
3854	4047	1357	1645	8.60	8.73	8.47	2908	819	2089	1.65	0.93	2.36
5741	5346	2230	2558	8.53	8.81	8.25	6458	1357	5101	3.65	1.51	5.86
7383	7857	3770	4888	8.37	8.54	8.19	9832	2291	7541	2.77	1.31	4.20
13987	14164	6000	7669	9.20	9.43	8.97	13534	3244	10290	4.05	1.90	6.30
11203	10570	8728	6670	9.16	9.41	8.89	6071	1117	4954	1.96	0.70	3.28

表4 续表 1

地区	6岁及以上各种受教育程度人口(人)									
	未上过学		学前教育		小学		初中		高中	
	男	女	男	女	男	女	男	女	男	女
赵县	3490	12360	2429	2307	59252	65996	122401	105816	34227	25837
石家庄高新技术产业开发区	470	2072	927	915	20219	22119	35859	31753	27848	26641
石家庄循环化工园区	275	858	265	275	6550	7574	11670	9564	4561	3744
辛集市	1740	4544	1788	1828	60676	72584	136715	127514	54102	47060
晋州市	2079	6893	2482	2686	62647	73011	119910	108291	32221	25411
新乐市	2755	8721	1931	1889	61908	67873	97774	85946	34486	30625
唐山市	**25275**	**76744**	**23671**	**21997**	**819427**	**926495**	**1614200**	**1426811**	**646885**	**562162**
路南区	493	1445	819	779	23539	26484	62248	56701	37134	36645
路北区	947	2752	2450	2269	44237	50589	116463	116313	89974	92719
古冶区	1036	3829	651	724	24979	30264	79281	74281	29357	26386
开平区	541	1697	694	635	24617	28989	66830	59524	24889	22776
丰南区	1982	6965	1658	1499	67878	78547	110530	94544	49188	38483
丰润区	2185	6123	2660	2516	93666	105723	172194	152216	65175	56998
曹妃甸区	1143	4061	882	770	26138	29494	57681	42734	31035	21280
滦南县	1971	6821	1257	1212	65578	77386	112782	97376	38767	31180
乐亭县	1178	2762	640	683	45771	49666	85814	75249	37457	32981
迁西县	1881	4443	1100	936	42644	48082	77021	68757	30964	24957
玉田县	2728	9086	2677	2448	83014	96529	165187	140810	39414	32277
河北唐山芦台经济开发区	167	568	98	132	4733	5865	12698	9291	3131	2052
唐山市汉沽管理区	264	948	121	120	5654	6711	13364	10394	3961	2963
唐山高新技术产业开发区	140	395	400	373	11985	13525	27944	24209	12623	12044
河北唐山海港经济开发区	304	784	329	308	9852	10348	17047	15160	9475	8009
遵化市	2976	6570	2506	2544	82983	90948	169994	157072	47499	42398
迁安市	2736	9295	2900	2400	87839	96720	152450	135001	65202	51750
滦州市	2603	8200	1829	1649	74320	80625	114672	97179	31640	26264
秦皇岛市	**9624**	**24483**	**8242**	**7261**	**316863**	**364249**	**626760**	**568849**	**256141**	**230820**
海港区	1833	4420	2409	2034	70182	78460	146413	145637	102532	101295
山海关区	346	895	410	377	12303	14647	34133	32481	18313	16866
北戴河区	239	732	271	227	9827	10722	21937	20972	10632	10806
抚宁区	1537	3647	800	709	37829	42403	68490	59262	19776	16178
青龙满族自治县	1866	4624	1677	1418	63056	80048	104178	81330	25473	16639
昌黎县	1594	3925	1126	1108	56239	61772	120408	111133	34071	30762
卢龙县	1646	4829	829	761	43380	49941	81956	70945	21910	16964
秦皇岛市经济技术开发区	368	954	537	490	14801	16465	31828	30525	18201	16520
北戴河新区	195	457	183	137	9246	9791	17417	16564	5233	4790
邯郸市	**35953**	**133047**	**54793**	**51994**	**1148454**	**1379334**	**2037936**	**1860047**	**670136**	**571207**
邯山区	1434	4656	2830	2591	49436	56472	93225	90763	68001	64175
丛台区	1358	3604	2591	2398	50815	57298	85777	84308	64151	63062
复兴区	657	2478	1157	1128	26195	30466	58476	55594	37708	34690
峰峰矿区	1463	5172	1675	1593	35889	40643	97300	93052	46746	40381
肥乡区	1784	6313	2292	2330	47194	56332	88959	78580	23841	20006
永年区	2095	8655	5157	4969	104774	129836	216168	187713	43447	36327
临漳县	1167	3780	4438	4418	84837	105163	123050	121960	36509	31958
成安县	2587	9551	2507	2358	55648	63726	89524	80683	24287	20149
大名县	4540	17544	4103	3927	100901	123547	173986	150537	37042	31015
涉县	1350	4851	1515	1350	41944	51573	76957	70868	33829	26205
磁县	1225	4112	2503	2286	47716	58025	94611	91490	35274	27131
邱县	1172	3432	1391	1416	30596	35946	47589	43190	11698	10261
鸡泽县	1685	7069	2509	2350	47921	56233	62246	52265	13805	11252
广平县	1463	5762	2174	2085	34243	41818	60701	56394	13852	11756
馆陶县	798	3312	1820	1823	41354	52870	72867	65132	16400	13447
魏县	3892	16285	5646	5251	110446	135724	186616	169069	40887	32101
曲周县	2571	10518	2560	2622	66817	81348	103881	89267	23169	18485
邯郸经济技术开发区	1427	4379	1542	1429	37650	43208	58012	48686	18583	16111
邯郸冀南新区	1209	4201	1696	1454	37643	44352	71615	64722	16356	11512
武安市	2076	7373	4687	4216	96435	114754	176376	165774	64551	51183
邢台市	**36051**	**126076**	**43490**	**39240**	**854950**	**985659**	**1586415**	**1423453**	**473334**	**388051**
襄都区	776	2805	1832	1566	33058	38729	70481	68398	47876	43926
信都区	1781	5163	2883	2800	60211	74556	127058	125522	89469	79399
任泽区	1900	8119	2587	2332	42755	48746	84819	72673	17481	12986

大学专科		大学本科及以上		平均受教育年限(年)			15岁及以上文盲人口(人)			文盲人口占15岁及以上人口比重(%)		
男	女	男	女	合计	男	女	合计	男	女	合计	男	女
13293	12084	5055	5460	8.72	9.00	8.44	14121	2965	11156	3.56	1.48	5.67
26377	25806	24452	30297	11.70	11.69	11.72	2361	386	1975	0.97	0.32	1.59
2062	2115	943	1032	9.20	9.39	9.01	1256	280	976	2.79	1.22	4.42
18042	17694	8276	9556	9.34	9.47	9.20	5533	1425	4108	1.11	0.57	1.64
11816	11576	4818	5997	8.74	8.93	8.55	8495	1813	6682	2.10	0.90	3.31
12377	13132	11883	16992	9.11	9.20	9.02	10775	2572	8203	2.90	1.41	4.35
327392	**318055**	**224696**	**241574**	**9.67**	**9.79**	**9.54**	**92806**	**22000**	**70806**	**1.44**	**0.68**	**2.22**
19240	20172	14666	15664	10.67	10.68	10.66	1688	412	1276	0.59	0.29	0.89
60569	61136	49805	51148	11.36	11.41	11.30	2932	624	2308	0.44	0.19	0.67
11327	11653	5351	5726	9.60	9.75	9.45	4240	856	3384	1.51	0.61	2.39
10827	11444	5658	6257	9.71	9.78	9.64	2035	481	1554	0.85	0.40	1.31
22383	22030	10284	11605	9.35	9.53	9.15	8692	1851	6841	1.87	0.78	2.99
26421	25993	20468	21797	9.41	9.52	9.30	7442	1859	5583	1.12	0.55	1.70
34520	25876	29249	26425	11.24	11.45	10.98	4768	957	3811	1.55	0.57	2.74
15629	15431	7228	9059	9.02	9.21	8.83	7706	1666	6040	1.77	0.76	2.80
14193	13706	6515	7692	9.46	9.54	9.38	3527	1043	2484	1.01	0.59	1.46
13438	12123	7313	8253	9.32	9.48	9.15	6004	1723	4281	2.06	1.18	2.96
14288	15664	8438	9539	8.77	8.94	8.61	10413	2217	8196	1.92	0.81	3.04
837	678	485	442	8.81	9.09	8.48	615	130	485	1.67	0.65	2.85
1882	1541	938	929	9.15	9.43	8.85	1040	215	825	2.30	0.90	3.86
9707	10455	15985	21755	11.42	11.25	11.59	408	87	321	0.28	0.12	0.42
6584	5904	3715	3615	10.26	10.38	10.13	934	245	689	1.15	0.58	1.76
17843	19011	9969	11360	9.04	9.12	8.95	9637	2959	6678	1.70	1.04	2.35
33329	29741	21288	21803	9.54	9.72	9.35	11240	2434	8806	1.86	0.79	2.95
14375	15497	7341	8505	8.79	8.94	8.65	9485	2241	7244	2.25	1.05	3.48
146728	**144606**	**133028**	**135795**	**9.97**	**10.08**	**9.87**	**30945**	**8130**	**22815**	**1.16**	**0.61**	**1.72**
75104	73632	85357	78479	11.33	11.44	11.22	4845	1262	3583	0.55	0.29	0.81
8549	7987	4926	5334	10.23	10.34	10.13	959	258	701	0.66	0.36	0.97
10713	13630	6951	7394	11.08	11.01	11.15	800	186	614	0.69	0.33	1.02
7742	7387	4599	6177	8.96	9.08	8.83	4737	1359	3378	1.91	1.08	2.77
8726	6928	5184	5054	8.49	8.78	8.18	6716	1681	5035	1.95	0.95	3.00
11809	11911	8304	11621	9.16	9.21	9.11	4793	1310	3483	1.14	0.63	1.66
7789	7649	4298	5839	8.82	8.99	8.65	6031	1490	4541	2.13	1.04	3.25
14112	13216	12298	14546	10.99	11.03	10.96	1330	362	968	0.80	0.44	1.15
2184	2266	1111	1351	9.18	9.21	9.14	734	222	512	1.15	0.69	1.60
230235	**216448**	**146808**	**145408**	**8.87**	**9.09**	**8.64**	**141376**	**27118**	**114258**	**2.02**	**0.79**	**3.20**
40092	37726	29810	31099	10.65	10.78	10.53	4573	862	3711	0.94	0.36	1.50
36888	36312	22350	22724	10.49	10.59	10.40	3397	729	2668	0.74	0.33	1.14
17237	16190	8642	8202	10.17	10.33	10.01	2533	454	2079	0.98	0.35	1.60
14386	12883	5163	5231	9.51	9.70	9.33	5759	1213	4546	1.64	0.69	2.60
5650	5460	2695	2904	8.49	8.72	8.25	7259	1509	5750	2.66	1.12	4.18
12712	12216	6459	6428	8.50	8.71	8.29	8276	1438	6838	1.33	0.46	2.19
8872	8383	3867	4098	8.42	8.60	8.26	2435	463	1972	0.59	0.24	0.90
6429	6329	3001	3456	8.34	8.60	8.09	11191	2295	8896	3.86	1.62	5.98
8621	8589	5705	6093	8.21	8.50	7.92	18677	3491	15186	3.51	1.36	5.54
10721	9615	5691	5739	9.12	9.38	8.86	5990	1277	4713	2.09	0.90	3.24
9681	8660	5315	5596	8.96	9.17	8.74	4511	938	3573	1.41	0.60	2.19
3527	3209	1943	2096	8.37	8.58	8.16	3966	944	3022	2.60	1.28	3.86
4572	4107	2702	2996	8.05	8.34	7.75	7560	1361	6199	3.64	1.34	5.84
4328	3863	1784	1735	8.29	8.57	8.01	6115	1150	4965	3.29	1.29	5.12
5145	4717	3401	3861	8.50	8.73	8.28	3611	626	2985	1.62	0.58	2.59
8112	7396	4491	4738	8.14	8.43	7.87	17066	3002	14064	2.98	1.09	4.74
6516	6720	3541	3855	8.20	8.49	7.91	10941	1762	9179	3.40	1.13	5.54
5366	5398	17839	11802	9.24	9.56	8.90	4752	1019	3733	2.15	0.90	3.49
3471	3118	1259	1303	8.34	8.57	8.09	4681	986	3695	2.20	0.94	3.45
17909	15557	11150	11452	8.92	9.13	8.71	8083	1599	6484	1.33	0.53	2.11
182504	**172343**	**108198**	**118203**	**8.84**	**9.05**	**8.62**	**141810**	**28607**	**113203**	**2.63**	**1.07**	**4.14**
22196	22698	17468	22423	10.50	10.54	10.46	2995	596	2399	0.88	0.36	1.37
56538	51037	30628	30673	10.59	10.78	10.39	5678	1234	4444	0.89	0.39	1.38
6032	5913	3317	3552	8.41	8.68	8.12	8890	1568	7322	3.45	1.22	5.65

表4 续表 2

地区	6岁及以上各种受教育程度人口(人)									
	未上过学		学前教育		小学		初中		高中	
	男	女	男	女	男	女	男	女	男	女
南和区	2215	7725	2194	2030	48431	53667	79208	69101	19477	15457
临城县	700	2541	913	920	23738	29959	47510	40342	14111	11428
内丘县	1551	5699	1477	1376	32047	39374	54030	50386	18840	15039
柏乡县	1577	6239	947	982	19847	23226	39052	34422	11081	7597
隆尧县	3208	11262	3218	2754	62565	70956	116565	102664	23315	18240
宁晋县	4320	13287	5518	4668	95996	103750	177963	161875	46814	35063
巨鹿县	1858	7509	2058	1895	42569	50215	86787	75686	17307	13739
新河县	480	1086	683	657	12078	15110	34491	32944	10001	8399
广宗县	1726	6022	1932	1819	41990	47922	64854	54578	13364	10557
平乡县	2673	9029	2570	2541	44692	49849	70269	60754	20256	15829
威县	3009	9332	3415	3096	79941	91641	114737	100621	18951	15880
清河县	2057	8054	3370	2752	56397	60695	98845	85375	24187	18531
临西县	1886	6766	2332	1999	49277	59421	79676	67258	12504	9478
河北邢台经济开发区	758	3434	1090	972	21793	24285	42824	36492	11806	8982
南宫市	1399	3336	2324	2073	39342	47392	107139	103882	24063	19939
沙河市	2177	8668	2147	2008	48223	56166	90107	80480	32431	27582
保定市	**48106**	**130086**	**43561**	**39785**	**1369777**	**1552946**	**2558762**	**2293568**	**795975**	**695525**
竞秀区	731	2273	1262	1122	32670	38627	74722	73453	58038	59358
莲池区	1467	3900	2490	2290	56691	63516	109526	107002	92148	87655
满城区	1626	3905	1609	1608	47082	51737	100555	86659	23861	19822
清苑区	3183	8783	2819	2559	85568	91429	154441	136417	32911	27890
徐水区	2224	7148	2104	1869	77377	90976	131297	112362	48857	35468
涞水县	1333	3114	1029	1021	34765	41830	70597	64558	24660	20831
阜平县	898	2475	592	550	24176	29484	49013	41351	12528	10141
定兴县	1210	3156	1845	1758	68613	81917	122334	113778	27616	23750
唐县	2704	9349	2506	2363	63962	77720	123322	107467	28108	23489
高阳县	1071	2285	1414	1128	39353	41190	81920	74974	19421	16426
容城县	1332	3563	1157	1015	36844	40337	62128	49717	19473	12595
涞源县	4108	8366	915	875	40266	39447	47086	39089	18305	15944
望都县	624	1858	453	422	23286	29816	59751	55014	15434	12919
安新县	3255	9300	2424	1943	65175	73899	111611	94309	20895	15612
易县	3602	9171	1101	1038	57493	69890	109722	95784	36477	30301
曲阳县	3098	9039	1960	1787	87725	96314	131427	118842	26301	24136
蠡县	1564	2833	1978	1735	65464	67657	129496	120044	23865	20790
顺平县	1188	2913	1217	1162	35668	41308	66874	59261	15450	13024
博野县	1192	2877	739	685	33659	36304	55561	49963	9878	9567
雄县	1474	4455	2085	1844	67596	76659	116701	93637	29998	21648
保定高新技术产业开发区	254	578	333	306	7955	8747	14887	14091	7421	7473
保定白沟新城	384	858	856	754	17010	17594	42638	37877	8398	6522
涿州市	1871	5526	2597	2454	72484	82009	127104	116718	56976	53758
定州市	4668	14340	4414	4145	125962	146852	253751	236569	74607	68250
安国市	965	1980	1170	1108	41145	47095	90136	84435	27117	25540
高碑店市	2080	6041	2492	2244	61788	70592	122162	110197	37232	32616
张家口市	**30537**	**71783**	**12935**	**12581**	**540562**	**607553**	**815222**	**713480**	**324248**	**284009**
桥东区	1123	2718	875	860	22864	25922	45333	43540	32798	31704
桥西区	713	2021	716	666	20743	25340	42903	42555	34414	36799
宣化区	3400	8143	1450	1424	52676	59948	108746	101181	52918	49185
下花园区	389	828	160	135	6303	7125	13661	10881	6624	5836
万全区	1256	3211	581	506	28599	33966	49456	43017	13004	10653
崇礼区	1913	3607	222	208	14315	15456	22640	14865	8981	5504
张北县	1928	4911	1062	1099	48007	59685	60779	49417	21344	17421
康保县	1762	4864	296	337	24740	30854	25149	18272	9225	6267
沽源县	2287	5641	568	589	27191	30281	30661	24695	9820	7742
尚义县	1558	4710	265	271	17240	21715	19160	14067	7045	4401
蔚县	2245	4779	2039	1880	66690	71767	90724	81091	22942	17928
阳原县	1568	4439	676	723	27980	33457	48734	42987	11784	8748
怀安县	1165	3223	615	680	23364	29152	41025	35737	13343	9605
怀来县	2148	4535	1285	1280	51163	50979	73057	65910	22305	21088
涿鹿县	2298	4361	747	670	45829	47474	59924	53250	21433	18711
赤城县	3597	6629	638	579	38763	38391	35460	29471	11972	9827

大学专科		大学本科及以上		平均受教育年限(年)			15岁及以上文盲人口(人)			文盲人口占15岁及以上人口比重(%)		
男	女	男	女	合计	男	女	合计	男	女	合计	男	女
5315	5305	3204	3722	8.35	8.58	8.11	8896	1820	7076	3.38	1.39	5.33
4393	4080	2822	3123	8.84	9.08	8.61	2412	499	1913	1.55	0.64	2.45
6116	5664	3236	3729	8.70	8.99	8.42	6783	1375	5408	3.44	1.45	5.29
4380	3553	2013	2139	8.51	8.95	8.08	6633	1236	5397	5.03	1.90	8.07
7836	7389	4046	4137	8.32	8.58	8.06	12057	2354	9703	3.32	1.31	5.26
10991	10315	6232	6967	8.47	8.67	8.27	15624	3590	12034	2.81	1.30	4.31
5600	5808	3110	3615	8.44	8.69	8.19	8701	1630	7071	3.33	1.27	5.34
3032	3044	1556	1639	9.10	9.25	8.95	1060	244	816	0.97	0.45	1.48
4364	4332	2692	3053	8.23	8.47	7.98	7491	1600	5891	3.58	1.54	5.59
6286	5976	3308	3690	8.36	8.64	8.06	10037	2076	7961	4.17	1.74	6.56
6060	5658	4105	4264	8.05	8.26	7.83	10862	2459	8403	3.00	1.39	4.53
6934	6845	5375	5676	8.49	8.70	8.28	9422	1679	7743	3.09	1.11	5.03
3846	3473	2616	2632	8.05	8.32	7.77	7659	1516	6143	3.19	1.29	5.02
4672	4398	2374	2607	8.80	9.03	8.55	3797	678	3119	2.80	0.98	4.68
4822	4556	3935	3973	8.76	8.90	8.61	3434	785	2649	1.12	0.52	1.69
13091	12299	6161	6589	9.00	9.25	8.74	9379	1668	7711	2.92	1.05	4.74
340637	**346690**	**259841**	**299997**	**9.19**	**9.31**	**9.08**	**164047**	**42020**	**122027**	**1.77**	**0.91**	**2.63**
44932	42529	29606	30790	11.29	11.40	11.20	2394	550	1844	0.54	0.25	0.82
64579	62853	94509	108716	11.80	11.81	11.79	4176	991	3185	0.54	0.26	0.81
8871	8743	5013	6092	8.88	8.99	8.77	5347	1484	3863	1.71	0.93	2.53
10120	11045	6234	8934	8.57	8.67	8.47	10790	2775	8015	2.19	1.12	3.26
15519	15361	8390	9738	8.95	9.15	8.74	8639	1914	6725	1.78	0.78	2.82
9659	10155	4760	5426	9.20	9.34	9.06	4302	1235	3067	1.67	0.96	2.37
3860	3751	1792	2144	8.71	8.91	8.51	3167	817	2350	2.06	1.04	3.11
8757	9675	5538	6536	8.67	8.79	8.56	3677	975	2702	0.90	0.48	1.29
9859	9992	5687	8047	8.60	8.81	8.41	11706	2595	9111	2.94	1.32	4.50
5872	6340	3356	4590	8.85	8.88	8.81	2591	762	1829	1.02	0.60	1.45
7308	5699	5882	5065	8.88	9.13	8.58	4282	1024	3258	1.95	0.88	3.16
6958	6548	3464	3879	8.49	8.69	8.29	11677	3827	7850	5.83	3.71	8.08
5887	6159	3113	4110	9.14	9.27	9.01	2517	617	1900	1.32	0.66	1.96
6079	6642	3823	4777	8.26	8.46	8.05	11636	2820	8816	3.32	1.62	5.00
12850	12928	6151	7619	8.91	9.12	8.71	12969	3575	9394	3.30	1.83	4.76
8283	9227	5744	8097	8.39	8.50	8.28	11386	2818	8568	2.68	1.36	3.95
7130	7676	3786	4754	8.62	8.66	8.58	3407	1031	2376	0.89	0.54	1.24
5335	5569	2620	3229	8.66	8.79	8.53	4185	1168	3017	1.90	1.06	2.74
3574	4116	1920	2737	8.46	8.53	8.39	3769	1080	2689	2.09	1.21	2.95
8337	7753	4783	5575	8.59	8.77	8.39	5107	1141	3966	1.38	0.60	2.22
6320	6338	5867	6217	10.78	10.82	10.74	680	181	499	0.91	0.49	1.32
2428	2376	1315	1493	8.78	8.85	8.69	998	260	738	0.84	0.43	1.29
28115	32166	19482	19258	9.72	9.80	9.65	6225	1407	4818	1.14	0.52	1.74
27261	30141	15443	19132	9.01	9.12	8.89	18635	4442	14193	2.11	1.03	3.15
6823	7441	4086	5086	9.03	9.09	8.97	2246	631	1615	0.74	0.42	1.06
15921	15467	7477	7956	9.05	9.20	8.90	7539	1900	5639	1.77	0.89	2.65
153520	**142787**	**100128**	**108355**	**9.19**	**9.37**	**9.01**	**87243**	**25404**	**61839**	**2.50**	**1.44**	**3.57**
17094	16318	12265	12588	10.52	10.64	10.40	3144	857	2287	1.30	0.71	1.88
15770	15631	11869	14816	10.68	10.74	10.62	1526	301	1225	0.63	0.26	0.97
25329	24932	13965	14726	9.76	9.90	9.61	9626	2675	6951	2.07	1.16	2.97
3173	2645	1883	1983	9.83	9.98	9.67	1049	321	728	1.83	1.07	2.66
7184	6454	3650	3714	8.90	9.12	8.68	3424	907	2517	1.88	0.98	2.81
4565	3747	2307	2277	8.91	9.23	8.52	5767	1992	3775	6.21	3.91	9.02
9152	8178	4788	5351	8.67	8.94	8.41	5082	1351	3731	1.95	1.03	2.87
4064	3336	2216	2326	8.24	8.69	7.78	4313	1040	3273	3.48	1.66	5.34
4370	4120	2421	2621	8.30	8.61	7.99	7270	2091	5179	5.31	3.02	7.66
3654	2832	1936	1918	8.29	8.85	7.73	6326	1658	4668	6.83	3.54	10.20
10119	8567	4533	4960	8.50	8.66	8.34	6048	1867	4181	1.83	1.11	2.59
5551	4454	2573	2626	8.58	8.88	8.27	5213	1345	3868	3.02	1.55	4.51
5167	4155	2622	2600	8.78	9.10	8.45	3956	1035	2921	2.58	1.33	3.87
10787	10801	5760	6642	8.93	8.99	8.88	5721	1800	3921	1.98	1.23	2.76
8346	7949	3637	4088	8.77	8.88	8.65	6234	2159	4075	2.55	1.73	3.41
5197	4739	2104	2352	8.11	8.31	7.90	8706	2984	5722	5.20	3.45	7.06

表4 续表 3

地　区	6岁及以上各种受教育程度人口(人)									
	未上过学		学前教育		小学		初中		高中	
	男	女	男	女	男	女	男	女	男	女
张家口经济开发区	797	1981	686	627	20768	22402	43059	38913	22880	21661
张家口市察北管理区	280	890	46	39	2563	2818	3349	2507	981	628
张家口市塞北管理区	110	292	8	8	764	821	1402	1124	435	301
承德市	**25287**	**78086**	**10706**	**9495**	**426554**	**501378**	**686369**	**567199**	**234054**	**190552**
双桥区	980	2703	1162	1025	28691	31241	58360	55902	31567	31382
双滦区	641	2035	664	569	18076	21015	35793	33381	15518	13686
鹰手营子矿区	206	618	129	124	4734	6195	12165	11628	4500	4062
承德县	3637	11221	959	857	45412	52247	76700	60199	22936	17404
兴隆县	2348	7043	666	613	35714	42418	60717	50183	18596	14804
滦平县	2895	8530	809	768	35376	39969	57880	46684	18031	14980
隆化县	3211	10291	1103	999	55229	62423	70272	56806	22281	16777
丰宁满族自治县	3056	9513	873	806	46707	55187	65260	51571	24058	18655
宽城满族自治县	2026	6215	1128	837	32354	38741	51215	39779	16273	11755
围场满族蒙古族自治县	2314	7723	1390	1270	66158	81891	88250	70248	26074	19190
承德高新技术产业开发区	534	1720	360	307	10678	11096	17051	14099	7630	7063
平泉市	3439	10474	1463	1320	47425	58955	92706	76719	26590	20794
沧州市	**34816**	**105412**	**39868**	**34608**	**920796**	**1035119**	**1699050**	**1463033**	**441541**	**360965**
新华区	391	1011	1073	859	20339	22907	40477	39904	29553	26929
运河区	950	2378	1794	1439	37607	38944	65688	64235	50274	48741
沧县	2444	7375	3194	2923	103193	114373	159549	133339	26124	17761
青县	1829	5257	2269	2035	56731	65945	101227	85614	23067	18509
东光县	2916	8428	1811	1586	46047	52899	80644	68989	16109	12711
海兴县	1440	5432	879	839	25857	30922	45312	36850	9184	6481
盐山县	2199	6455	2348	2245	58831	69222	100007	82676	20911	16077
肃宁县	974	2622	1639	1575	39811	44561	89337	79441	18108	15157
南皮县	2825	8492	1924	1570	50442	58818	80799	65744	20416	13829
吴桥县	805	2896	882	825	25597	32726	54390	49985	12802	10442
献县	2915	8088	4074	3682	74762	83153	146283	130950	28273	22539
孟村回族自治县	1140	3213	1178	1010	28012	31753	52123	43124	8900	6679
河北沧州经济开发区	87	291	136	129	3320	3590	5469	4680	4957	3781
沧州高新技术产业开发区	43	126	61	60	1809	1901	3348	2947	1040	886
沧州渤海新区	1004	2711	629	579	14520	15973	25852	21806	15474	10125
泊头市	1949	4699	3116	2728	68437	77799	148948	136350	35353	29049
任丘市	4701	14067	5853	4831	98985	104172	192879	163377	45058	42069
黄骅市	1678	5259	2123	1791	56576	63973	107041	88454	35903	26798
河间市	4526	16612	4885	3902	109920	121488	199677	164568	40035	32402
廊坊市	**17187**	**46042**	**26345**	**23753**	**610613**	**681149**	**1136497**	**977321**	**392635**	**345923**
安次区	1289	2514	2100	1933	49229	53180	95816	84602	35092	31842
广阳区	867	1934	1762	1684	36771	40787	69677	67651	57397	56481
固安县	1670	5985	2937	2699	65647	73478	118882	102894	46383	39177
永清县	1733	3937	2112	2001	50217	56105	95504	82391	22287	17508
香河县	950	2911	1504	1396	48740	55792	99385	84878	34908	31234
大城县	2190	6808	3259	2849	64887	73573	124798	102454	24309	18733
文安县	2935	8257	3530	3132	80538	92100	138024	109070	28272	20408
大厂回族自治县	277	772	787	755	14880	17598	32765	29601	14538	12980
廊坊经济技术开发区	627	936	1004	795	9240	9138	21384	15774	13830	9869
霸州市	2405	4874	4123	3563	111471	120221	179652	154316	38242	33464
三河市	2244	7114	3227	2946	78993	89177	160610	143690	77377	74227
衡水市	**12152**	**35131**	**16544**	**15091**	**464233**	**535497**	**995929**	**907605**	**333732**	**284165**
桃城区	1513	3137	2196	1918	49325	53790	95973	94517	75107	72081
冀州区	842	2713	905	850	29922	36237	68548	63827	32502	25634
枣强县	1003	3333	1372	1205	43985	52275	93798	86071	21799	17816
武邑县	1295	4210	852	815	29986	36717	63683	56618	22422	17469
武强县	520	1207	615	549	20392	24371	46613	43178	9369	7372
饶阳县	702	1691	1145	1062	32956	34578	67253	60738	12699	10777
安平县	543	940	1232	1051	37139	39420	83606	73668	26393	23133
故城县	1458	6433	2066	1940	54867	67607	112091	98416	25204	20199
景县	1691	5052	2331	2124	54462	65176	119149	108673	27885	22673
阜城县	1029	2732	1330	1215	33412	39464	80032	74608	16562	14326
河北衡水高新技术产业开发区	290	865	615	585	12407	13164	25308	23013	19553	17031
衡水滨湖新区	193	857	223	195	6682	7379	12187	11204	15538	11578
深州市	1073	1961	1662	1582	58698	65319	127688	113074	28699	24076

大学专科		大学本科及以上		平均受教育年限(年)			15岁及以上文盲人口(人)			文盲人口占15岁及以上人口比重(%)		
男	女	男	女	合计	男	女	合计	男	女	合计	男	女
12964	13016	21076	22284	10.86	10.89	10.83	2507	702	1805	1.13	0.63	1.63
703	600	350	343	8.46	8.96	7.94	936	212	724	6.45	2.85	10.24
331	313	173	140	9.06	9.46	8.64	395	107	288	6.99	3.64	10.63
127555	**115205**	**87752**	**98751**	**9.12**	**9.38**	**8.86**	**89159**	**20976**	**68183**	**3.23**	**1.51**	**4.96**
24962	24205	21542	23957	10.83	10.88	10.78	2767	656	2111	0.91	0.44	1.37
9349	9446	6625	6839	9.93	10.07	9.79	2198	509	1689	1.45	0.68	2.21
2652	2207	1415	1630	9.74	9.96	9.52	610	154	456	1.28	0.66	1.88
8977	7812	6329	6715	8.65	8.99	8.29	12698	2982	9716	4.50	2.07	7.04
7280	7095	4793	5140	8.77	9.05	8.48	8210	2027	6183	3.62	1.77	5.49
7191	6996	5645	6476	8.76	9.04	8.48	10230	2536	7694	4.67	2.30	7.08
8461	7232	6120	6567	8.46	8.79	8.12	10819	2409	8410	3.87	1.71	6.06
10373	9557	5751	6249	8.73	9.06	8.39	11200	2631	8569	4.17	1.94	6.44
7363	6340	5116	5017	8.76	9.09	8.40	7756	1851	5905	4.11	1.93	6.37
10422	8776	7825	7859	8.55	8.87	8.23	8209	1775	6434	2.38	1.03	3.74
18280	14251	9428	14669	11.74	11.76	11.72	1925	433	1492	1.67	0.75	2.59
12245	11288	7163	7633	8.84	9.15	8.53	12537	3013	9524	3.76	1.80	5.72
195912	**197371**	**126264**	**134714**	**8.88**	**9.04**	**8.71**	**130200**	**30496**	**99704**	**2.30**	**1.07**	**3.52**
16428	15790	8739	9331	10.55	10.63	10.47	1070	265	805	0.53	0.26	0.78
39241	43596	37647	40263	11.40	11.37	11.43	2661	702	1959	0.64	0.35	0.92
5021	5028	2321	2475	8.04	8.24	7.84	8660	2028	6632	1.79	0.83	2.79
8566	9804	3790	4208	8.59	8.74	8.43	6430	1586	4844	1.94	0.95	2.95
6541	6895	2978	3527	8.35	8.58	8.11	11195	2807	8388	4.22	2.14	6.28
4399	3873	2337	2466	8.38	8.73	8.02	7144	1458	5686	4.87	1.99	7.76
6598	6622	2816	3182	8.32	8.54	8.09	8508	2099	6409	2.80	1.38	4.23
8723	7664	3880	4408	8.87	9.00	8.73	3132	735	2397	1.18	0.55	1.82
6329	6028	3090	3300	8.30	8.60	7.98	11380	2720	8660	4.24	2.01	6.50
5031	4948	2407	2705	8.77	8.99	8.55	3443	719	2724	1.91	0.82	2.96
8320	8571	4038	4554	8.41	8.57	8.25	10298	2585	7713	2.42	1.22	3.59
3620	3565	1996	2211	8.41	8.60	8.20	4069	1000	3069	2.66	1.29	4.06
1098	890	540	520	9.71	9.92	9.48	344	75	269	1.34	0.55	2.22
454	461	273	275	9.17	9.26	9.07	141	33	108	1.21	0.56	1.88
10571	7677	6196	6829	10.14	10.42	9.83	3505	894	2611	2.86	1.38	4.51
9596	12753	3998	4300	8.73	8.82	8.65	5410	1447	3963	1.22	0.66	1.77
22662	22902	18685	18681	8.96	9.08	8.82	17424	4045	13379	2.74	1.27	4.24
18638	15394	14255	13989	9.36	9.57	9.14	6147	1390	4757	1.59	0.70	2.55
14076	14910	6278	7490	8.40	8.60	8.18	19239	3908	15331	3.18	1.29	5.08
230422	**233022**	**178363**	**184019**	**9.61**	**9.70**	**9.52**	**50416**	**11954**	**38462**	**1.15**	**0.54**	**1.78**
23490	23372	18722	21423	9.97	9.99	9.96	2722	764	1958	0.70	0.39	1.02
41285	41515	43673	41219	11.44	11.52	11.36	1759	454	1305	0.39	0.20	0.58
23686	23318	11017	12175	9.40	9.53	9.26	6169	1197	4972	1.37	0.53	2.24
8065	7795	3767	4293	8.66	8.81	8.51	4748	1321	3427	1.56	0.85	2.31
17773	19174	8463	9680	9.50	9.57	9.44	3365	795	2570	0.92	0.43	1.42
8011	8312	3890	4407	8.44	8.62	8.25	7550	1614	5936	2.07	0.87	3.31
8494	7983	3201	3203	8.27	8.50	8.02	9351	2217	7134	2.23	1.03	3.49
10074	10430	5819	6179	10.20	10.27	10.13	793	184	609	0.57	0.26	0.87
10717	10415	7814	10031	11.13	10.99	11.28	965	318	647	0.86	0.53	1.24
14322	13783	6671	6925	8.53	8.63	8.43	5231	1461	3770	0.89	0.49	1.31
64505	66925	65326	64484	10.82	10.89	10.75	7763	1629	6134	0.97	0.41	1.53
101227	**107360**	**65341**	**77402**	**9.15**	**9.26**	**9.04**	**40635**	**9485**	**31150**	**1.20**	**0.56**	**1.83**
28782	30999	24554	29871	10.51	10.50	10.52	3165	852	2313	0.66	0.36	0.93
8103	8008	4621	5467	9.39	9.56	9.21	3140	711	2429	1.22	0.55	1.90
6218	6468	4133	4856	8.77	8.91	8.62	3913	841	3072	1.35	0.59	2.10
4968	4984	3618	3966	8.91	9.14	8.68	5148	1168	3980	2.36	1.07	3.64
3963	4112	1895	2306	8.85	8.97	8.74	1628	475	1153	1.13	0.67	1.60
4333	4657	2327	3111	8.70	8.75	8.64	2041	579	1462	0.99	0.55	1.44
6335	7339	2760	3828	9.09	9.10	9.08	1061	357	704	0.40	0.26	0.54
8515	8274	4470	4852	8.63	8.86	8.39	6931	1155	5776	1.99	0.67	3.27
7579	7889	4966	5577	8.71	8.87	8.55	5927	1304	4623	1.62	0.72	2.50
3724	3983	1749	1909	8.63	8.76	8.50	3311	864	2447	1.42	0.75	2.07
5754	6282	4211	4787	10.19	10.22	10.16	1017	234	783	0.89	0.41	1.39
3526	4553	827	1118	10.26	10.36	10.16	930	162	768	1.37	0.46	2.31
9427	9812	5210	5754	8.87	8.95	8.79	2423	783	1640	0.60	0.38	0.84

表4 续表 4

地　区	6岁及以上各种受教育程度人口(人)									
	未上过学		学前教育		小学		初中		高中	
	男	女	男	女	男	女	男	女	男	女
山西省	**133992**	**310994**	**94288**	**92901**	**3113078**	**3654364**	**7211213**	**6388295**	**3138030**	**2617922**
太原市	**14280**	**33256**	**11645**	**11071**	**366014**	**378030**	**839887**	**700605**	**507744**	**469178**
小店区	1987	4367	2694	2498	75519	74204	160784	123739	102203	93266
迎泽区	989	2597	1112	1060	33492	34684	78008	68750	57306	58744
杏花岭区	1161	3689	1566	1475	44691	49416	111170	100993	80125	79795
尖草坪区	1279	3290	1100	1146	34246	37154	90927	77543	50353	47509
万柏林区	2249	5551	2045	1862	59258	62733	134431	118820	84793	82519
晋源区	1020	2535	817	764	28808	27675	58683	45040	26498	24853
清徐县	1110	2534	689	756	31280	31583	80040	65575	26160	23897
阳曲县	989	1958	273	249	12995	14220	30053	22553	9309	7088
娄烦县	1814	3265	225	222	13655	13585	17538	14022	6197	4432
山西转型综合改革示范区	493	887	570	492	13950	13648	32710	24408	45129	31548
古交市	1189	2583	554	547	18120	19128	45543	39162	19671	15527
大同市	**16004**	**41516**	**9349**	**9313**	**300805**	**364956**	**626705**	**559928**	**286718**	**246645**
新荣区	955	2735	258	285	12306	14055	22517	16049	5357	3295
平城区	2232	6205	3476	3337	73355	84536	178985	173079	126157	121872
云冈区	2571	7383	1818	1836	53875	71109	147636	144556	71836	61333
云州区	1067	2697	458	435	17521	21174	33561	26722	9376	6357
阳高县	1276	3263	793	769	22438	30354	46081	39420	13059	9501
天镇县	1763	5106	438	471	19559	24976	38929	32698	8878	6373
广灵县	1167	2221	641	601	23515	24646	30833	25682	10477	8221
灵丘县	2541	5841	519	548	29053	33330	45434	36715	14198	10441
浑源县	1732	3889	598	672	34425	42309	53657	43831	14233	11175
左云县	671	2107	308	332	12872	16410	24837	18032	11529	6637
山西大同经济开发区	29	69	42	27	1886	2057	4235	3144	1618	1440
阳泉市	**5047**	**12442**	**2656**	**2587**	**107875**	**125632**	**292392**	**260024**	**117056**	**100053**
城区	407	1239	379	356	13347	16428	40453	38601	26523	24902
矿区	579	1528	526	470	16076	19609	45683	45640	22951	21052
郊区	1122	2561	430	451	20411	21703	55026	46292	24926	22002
平定县	1333	3943	636	607	31080	36719	75783	63902	24701	18099
盂县	1606	3171	685	703	26961	31173	75447	65589	17955	13998
长治市	**10629**	**25036**	**8166**	**8116**	**287600**	**356012**	**685345**	**606359**	**285245**	**232569**
潞州区	1496	4504	2558	2445	57337	71642	142518	141249	100521	94227
上党区	896	3411	763	831	32270	44583	72155	65144	26394	20295
屯留区	777	1813	659	590	23090	28741	60797	54733	19221	14804
潞城区	925	1820	552	560	20894	25494	49313	42466	21816	16820
襄垣县	559	1021	523	597	22317	25844	58620	52529	23357	17946
平顺县	451	1110	240	247	13849	18263	26840	20532	9606	6404
黎城县	541	1194	315	367	13889	17535	33293	29227	9576	7793
壶关县	546	1558	706	712	23823	33156	58808	54945	16441	12462
长子县	1375	4467	815	839	29722	37975	73963	64028	22329	14876
武乡县	1146	1488	381	341	19217	20350	37807	29941	11238	7737
沁县	1080	1402	294	286	15987	16546	33299	27315	10850	9053
沁源县	837	1248	360	301	15205	15883	37932	24250	13896	10152
晋城市	**4390**	**13708**	**3988**	**4186**	**166243**	**232971**	**451418**	**422848**	**221478**	**167971**
城区	583	1703	1197	1206	31639	40585	86476	92077	63461	58100
沁水县	533	1165	204	233	14605	20183	46225	38322	21249	12287
阳城县	693	2003	596	602	24949	38321	75999	72536	35606	25928
陵川县	510	1278	352	353	19781	25650	52291	47579	16164	12113
泽州县	782	2159	798	849	36721	51807	100989	85603	37953	25816
高平市	1289	5400	841	943	38548	56425	89438	86731	47045	33727
朔州市	**7913**	**21142**	**6207**	**5836**	**165803**	**199838**	**323577**	**278604**	**146441**	**108148**
朔城区	1897	4819	2487	2262	46436	54800	92987	83772	45329	37360
平鲁区	1225	2924	721	705	17341	21594	29973	21983	13233	8321
山阴县	615	1803	550	517	19266	25385	48310	40977	16054	10010
应县	1611	4221	572	585	30980	38778	55812	46144	17123	11956

大学专科		大学本科及以上		平均受教育年限(年)			15岁及以上文盲人口(人)			文盲人口占15岁及以上人口比重(%)		
男	女	男	女	合计	男	女	合计	男	女	合计	男	女
1692381	**1570648**	**1343937**	**1453514**	**10.03**	**10.15**	**9.90**	**422024**	**123585**	**298439**	**1.45**	**0.83**	**2.08**
368038	**369723**	**441244**	**457895**	**11.32**	**11.30**	**11.34**	**41925**	**12112**	**29813**	**0.94**	**0.53**	**1.37**
86382	90191	111834	134635	11.81	11.63	12.00	5325	1545	3780	0.56	0.32	0.80
46079	48992	60524	65801	11.94	11.88	12.00	2912	764	2148	0.58	0.31	0.84
59696	58356	62726	64457	11.56	11.60	11.52	4066	873	3193	0.63	0.27	0.99
33814	32278	49991	38838	11.21	11.34	11.06	3833	992	2841	0.84	0.42	1.31
71970	73334	98182	88709	11.66	11.71	11.60	6689	1821	4868	0.84	0.45	1.24
20893	19509	17858	18911	10.63	10.60	10.66	3392	992	2400	1.30	0.72	1.94
11269	13734	7480	8968	9.68	9.63	9.72	3578	1105	2473	1.31	0.78	1.88
4569	4373	2667	3220	9.35	9.46	9.22	2749	891	1858	2.64	1.60	3.82
3604	3195	2103	2444	8.77	8.98	8.53	4802	1744	3058	6.35	4.41	8.49
17217	15667	21190	24960	11.79	11.69	11.92	1062	350	712	0.47	0.29	0.69
12545	10094	6689	6952	10.03	10.18	9.85	3517	1035	2482	2.02	1.13	3.00
150155	**131362**	**102933**	**104896**	**9.79**	**10.01**	**9.58**	**52887**	**14403**	**38484**	**2.00**	**1.08**	**2.94**
2752	2186	1515	1346	8.57	8.96	8.13	3805	1020	2785	4.86	2.43	7.66
70665	64430	61825	68041	10.91	11.00	10.83	6956	1674	5282	0.75	0.36	1.13
30453	27724	17655	15310	9.82	10.08	9.57	8875	2204	6671	1.49	0.75	2.23
5154	3605	2353	2110	8.86	9.21	8.48	3550	996	2554	2.97	1.58	4.51
6257	5192	2760	2561	8.85	9.18	8.51	4173	1147	3026	2.53	1.38	3.70
5419	4416	2398	2279	8.63	9.04	8.23	6636	1719	4917	4.84	2.49	7.21
6621	5748	3188	3261	9.01	9.17	8.84	2969	998	1971	2.28	1.47	3.15
7605	6430	3641	3332	8.74	9.06	8.40	7886	2354	5532	4.56	2.64	6.62
6948	6029	3368	3253	8.65	8.92	8.37	5200	1600	3600	2.59	1.57	3.65
7721	5080	3959	3185	9.66	10.11	9.13	2750	670	2080	2.65	1.18	4.42
560	522	271	218	9.42	9.51	9.33	87	21	66	0.60	0.27	0.99
68442	**61474**	**47801**	**47015**	**10.06**	**10.20**	**9.90**	**16322**	**4514**	**11808**	**1.45**	**0.78**	**2.15**
15076	13534	11349	12211	10.90	11.02	10.78	1407	321	1086	0.72	0.33	1.11
14745	12224	9162	8717	10.42	10.62	10.22	1897	479	1418	0.95	0.48	1.42
17118	15490	17061	15353	10.65	10.75	10.53	3303	948	2355	1.38	0.76	2.07
11900	12031	5338	5605	9.38	9.56	9.19	5097	1249	3848	1.96	0.93	3.05
9603	8195	4891	5129	9.23	9.39	9.05	4618	1517	3101	1.97	1.25	2.75
147490	**130655**	**96110**	**110726**	**9.85**	**10.01**	**9.69**	**36680**	**10521**	**26159**	**1.38**	**0.78**	**2.00**
57570	53649	49269	58580	10.95	11.04	10.86	6058	1345	4713	0.81	0.37	1.23
10897	9743	6183	7118	9.31	9.58	9.05	4628	896	3732	1.74	0.68	2.79
10267	9449	5363	6157	9.55	9.71	9.39	2662	769	1893	1.29	0.73	1.86
8990	7617	4905	5330	9.63	9.81	9.43	2841	908	1933	1.53	0.94	2.16
13786	11143	7722	8179	9.99	10.13	9.83	1457	493	964	0.67	0.43	0.92
4393	3503	2504	2686	9.22	9.51	8.92	1546	419	1127	1.54	0.80	2.37
4349	3858	2344	2632	9.22	9.41	9.03	1978	628	1350	1.78	1.12	2.47
7405	6878	3634	4239	9.17	9.39	8.96	2049	494	1555	1.03	0.50	1.55
10241	8181	5842	6029	9.19	9.49	8.87	6035	1398	4637	2.42	1.09	3.84
6200	5196	2971	3526	9.23	9.34	9.10	2834	1242	1592	2.17	1.77	2.63
5232	4972	2229	2576	9.30	9.35	9.24	2426	1049	1377	2.08	1.71	2.49
8160	6466	3144	3674	9.74	9.81	9.64	2166	880	1286	1.72	1.23	2.36
119288	**98517**	**78735**	**81739**	**10.15**	**10.41**	**9.89**	**18026**	**4066**	**13960**	**0.95**	**0.42**	**1.49**
41916	40030	35939	38808	11.25	11.39	11.12	2159	501	1658	0.45	0.21	0.67
12194	7460	6777	6049	10.09	10.44	9.68	1619	467	1152	0.93	0.49	1.46
19479	14523	10693	10926	10.05	10.38	9.71	3165	794	2371	1.02	0.50	1.54
5867	5236	3013	3698	9.26	9.44	9.08	1898	486	1412	1.09	0.55	1.63
16549	12743	10706	9972	9.60	9.88	9.29	2463	603	1860	0.68	0.32	1.07
23283	18525	11607	12286	9.80	10.18	9.42	6722	1215	5507	1.72	0.63	2.81
76741	**66627**	**50429**	**43659**	**9.64**	**9.91**	**9.35**	**28415**	**7645**	**20770**	**2.15**	**1.12**	**3.25**
25478	22901	20849	17944	9.98	10.20	9.76	6784	1871	4913	1.71	0.92	2.52
7830	5889	4593	3830	9.38	9.76	8.93	4155	1199	2956	3.35	1.80	5.13
10586	7465	4518	3916	9.52	9.86	9.14	2378	582	1796	1.41	0.66	2.24
8562	6660	4834	4147	8.93	9.27	8.57	5126	1350	3776	2.48	1.28	3.73

表4 续表 5

地区	6岁及以上各种受教育程度人口(人)									
	未上过学		学前教育		小学		初中		高中	
	男	女	男	女	男	女	男	女	男	女
右玉县	929	2767	364	340	11448	14310	17154	12483	7609	4480
山西朔州经济开发区	171	382	452	450	5110	5577	8254	8467	7428	6289
怀仁市	1465	4226	1061	977	35222	39394	71087	64778	39665	29732
晋中市	**13469**	**26174**	**9203**	**8769**	**302917**	**325620**	**740009**	**659481**	**273917**	**237327**
榆次区	2747	5713	2327	2267	64248	68109	145108	130803	79620	75649
太谷区	1212	2648	852	824	23783	26334	75009	67673	22904	20982
榆社县	1292	1889	344	326	12997	12578	25778	21787	7864	6536
左权县	1048	2061	495	494	15787	18440	34352	29362	11017	8358
和顺县	479	735	291	260	14175	15858	26266	22939	11308	8029
昔阳县	880	1565	312	335	18986	21640	47754	43311	17035	12101
寿阳县	1290	2029	385	406	22950	23860	49938	38768	15938	10788
祁县	1072	1885	663	652	24747	25048	66796	59745	16887	15489
平遥县	1365	2827	1515	1399	41334	45485	117851	109923	31942	27151
灵石县	577	1237	681	597	22602	24095	60395	51534	22033	17768
介休市	1507	3585	1338	1209	41308	44173	90762	83636	37369	34476
运城市	**9690**	**26250**	**12598**	**12808**	**372709**	**494520**	**1050237**	**973124**	**489726**	**383540**
盐湖区	1310	3280	2332	2319	60608	71172	149370	144396	108395	100071
临猗县	764	1420	1413	1464	39668	53769	117783	110959	44512	34324
万荣县	536	1692	865	925	32919	46834	83482	75611	34455	23503
闻喜县	577	1594	858	882	26639	36881	84399	79741	37912	28768
稷山县	656	2364	966	1064	27545	39582	72018	67114	29992	20968
新绛县	663	1597	787	836	24363	33930	65848	62724	27814	19598
绛县	799	1862	671	698	20539	25664	52026	48395	21358	18047
垣曲县	401	820	363	343	12341	14596	46093	43380	21175	16585
夏县	585	1907	820	804	24264	33096	76784	69331	24508	17144
平陆县	573	1483	489	480	14732	19753	51580	47573	18824	14115
芮城县	818	1941	889	870	23869	34367	79152	72651	39787	27398
永济市	975	2782	1136	1190	34411	46231	90410	81518	36179	28669
河津市	1033	3508	1009	933	30811	38645	81292	69731	44815	34350
忻州市	**19079**	**46692**	**7948**	**8347**	**303426**	**350746**	**571794**	**476133**	**218681**	**172463**
忻府区	2096	6153	1481	1521	45154	55494	115299	103303	54151	50274
定襄县	700	2321	417	491	18344	23137	50403	44998	13286	10937
五台县	882	2147	455	487	25067	30829	51964	43465	15611	12011
代县	1161	2761	538	550	19519	22924	45389	35866	12715	9374
繁峙县	1955	3874	1111	954	40612	43813	49482	39664	15836	12396
宁武县	1777	3399	405	442	17146	17915	27913	21695	11745	7950
静乐县	1730	3609	383	439	19629	19558	23609	16917	8722	5456
神池县	945	1794	260	260	10499	11573	13493	10696	6540	4560
五寨县	757	1629	343	307	12197	14108	20103	16388	8686	7009
岢岚县	710	1428	208	199	9628	10091	13134	9621	6036	4184
河曲县	1319	3542	290	323	14827	17849	23189	18338	10152	6300
保德县	1630	4379	720	712	18918	20882	26490	20479	11700	7803
偏关县	885	2430	230	309	9530	12160	13657	10173	5906	3675
五台山风景名胜区	77	207	41	59	1681	2233	3683	2879	1502	1076
原平市	2455	7019	1066	1294	40675	48180	93986	81651	36093	29458
临汾市	**11101**	**24845**	**11786**	**11643**	**334893**	**406757**	**899510**	**829686**	**347786**	**297342**
尧都区	1751	3578	3023	2907	59898	70297	179585	172439	99301	96289
曲沃县	734	1989	741	843	19257	23012	54584	49275	16602	13317
翼城县	779	1946	639	639	20540	26514	61754	61150	23858	20899
襄汾县	840	2284	1237	1466	40960	55794	102196	94820	33942	26609
洪洞县	1730	3549	2056	1878	66711	79878	160005	151926	41292	35346
古县	416	840	176	181	7415	9659	18363	15006	6873	4598
安泽县	367	950	164	164	7810	9509	18130	14061	5504	3990
浮山县	337	480	256	212	7773	9355	26570	24308	7900	6671
吉县	362	702	193	219	9438	11977	19958	16539	7313	5702
乡宁县	644	2007	648	554	19133	25012	45366	36963	20381	13706
大宁县	235	462	134	122	4791	5321	13245	10356	4908	3588
隰县	664	1210	274	287	10328	10786	21773	18277	6647	5898
永和县	356	726	139	155	6864	7988	10763	8167	3653	2677
蒲县	428	774	297	250	9128	10404	21971	16960	10775	6634

大学专科		大学本科及以上		平均受教育年限(年)			15岁及以上文盲人口(人)			文盲人口占15岁及以上人口比重(%)		
男	女	男	女	合计	男	女	合计	男	女	合计	男	女
4302	3233	2469	2052	9.05	9.55	8.48	3515	880	2635	4.67	2.21	7.43
5834	8249	5030	4282	11.42	11.40	11.44	425	129	296	0.75	0.47	1.01
14149	12230	8136	7488	9.63	9.86	9.39	6032	1634	4398	2.08	1.09	3.13
143711	**137251**	**134585**	**169536**	**10.01**	**10.02**	**10.00**	**37030**	**12447**	**24583**	**1.31**	**0.87**	**1.77**
55723	58162	68023	93730	11.21	11.07	11.33	7340	2304	5036	0.95	0.61	1.27
8738	9730	20438	24186	10.22	10.20	10.25	3646	1132	2514	1.31	0.81	1.81
4250	3932	2525	3029	9.27	9.31	9.21	3192	1298	1894	3.48	2.70	4.34
4951	4283	2826	2769	9.16	9.37	8.94	3462	1181	2281	2.92	1.92	4.00
5934	4132	2573	2851	9.52	9.72	9.30	995	375	620	0.96	0.69	1.27
6405	5036	3368	3756	9.37	9.55	9.18	2082	729	1353	1.28	0.86	1.73
8634	6512	4662	4864	9.40	9.55	9.21	3403	1331	2072	1.95	1.39	2.61
7646	7872	5173	6883	9.43	9.41	9.44	3131	1133	1998	1.47	1.04	1.91
11450	10808	8188	9332	9.31	9.39	9.23	3756	1187	2569	1.04	0.65	1.44
9932	8337	6048	6309	9.71	9.81	9.61	1504	453	1051	0.75	0.43	1.11
20048	18447	10761	11827	9.79	9.88	9.71	4519	1324	3195	1.31	0.76	1.86
195810	**189395**	**122867**	**129671**	**9.88**	**10.06**	**9.70**	**33704**	**8366**	**25338**	**0.85**	**0.42**	**1.28**
57052	67424	44267	50973	10.95	10.94	10.97	4160	1078	3082	0.55	0.29	0.79
16189	14419	8626	9080	9.55	9.74	9.36	1788	579	1209	0.44	0.28	0.60
13281	11296	7064	6977	9.50	9.78	9.21	2124	482	1642	0.70	0.31	1.10
11805	10656	5987	6265	9.65	9.86	9.44	2095	489	1606	0.71	0.33	1.09
11190	9306	6117	5601	9.45	9.77	9.12	2733	528	2205	1.06	0.41	1.72
8474	7609	4749	5020	9.43	9.68	9.18	1904	496	1408	0.81	0.42	1.21
7191	7000	4065	4548	9.48	9.64	9.33	2319	655	1664	1.23	0.70	1.77
9500	8085	5969	5979	10.20	10.33	10.05	1214	370	844	0.73	0.43	1.05
6363	5501	3515	3591	9.18	9.42	8.93	2568	614	1954	1.08	0.51	1.68
7853	6973	3990	4266	9.67	9.87	9.47	1888	519	1369	1.08	0.59	1.60
13907	11265	7979	7451	9.84	10.12	9.54	2453	659	1794	0.83	0.43	1.26
13814	12976	8730	8971	9.57	9.78	9.36	3423	828	2595	1.04	0.50	1.59
19191	16885	11809	10949	10.05	10.27	9.81	5035	1069	3966	1.57	0.65	2.55
119927	**103820**	**71495**	**78567**	**9.43**	**9.64**	**9.20**	**64194**	**18539**	**45655**	**2.84**	**1.59**	**4.17**
26662	27928	24124	32511	10.26	10.30	10.22	7470	1818	5652	1.54	0.76	2.28
6083	5891	3532	3822	9.26	9.45	9.07	2993	682	2311	1.84	0.83	2.87
8033	6739	4371	4483	9.22	9.44	8.98	3050	849	2201	1.66	0.90	2.47
6923	6006	3016	3022	9.16	9.38	8.91	3899	1136	2763	2.59	1.43	3.89
8780	7709	4396	4464	8.74	8.92	8.53	5509	1796	3713	2.73	1.71	3.84
7478	5243	3369	3078	9.26	9.57	8.90	6287	2265	4022	5.51	3.67	7.69
4425	3332	2601	2467	8.64	8.96	8.26	5136	1646	3490	5.16	3.04	7.68
4428	3163	2149	1966	9.27	9.61	8.89	2730	956	1774	4.16	2.75	5.77
4976	4373	1988	1943	9.36	9.58	9.12	2524	822	1702	2.96	1.87	4.14
3577	3032	1913	1930	9.33	9.55	9.08	1872	604	1268	3.13	1.88	4.60
7336	5590	4187	3390	9.39	9.85	8.88	4785	1312	3473	4.59	2.40	7.01
8159	5936	3572	2969	9.12	9.55	8.64	5746	1523	4223	4.91	2.46	7.66
3773	2787	2554	2125	9.11	9.64	8.53	2989	783	2206	4.71	2.38	7.23
897	764	417	694	9.74	9.92	9.55	318	87	231	2.14	1.13	3.20
18397	15327	9306	9703	9.49	9.74	9.23	8886	2260	6626	2.52	1.25	3.86
164052	**155642**	**105067**	**124100**	**9.81**	**9.92**	**9.70**	**33938**	**10050**	**23888**	**1.03**	**0.61**	**1.46**
52890	53724	42936	57557	10.72	10.70	10.75	4628	1409	3219	0.58	0.36	0.79
7536	6557	3910	4045	9.39	9.57	9.20	2651	686	1965	1.47	0.74	2.23
9337	9448	5370	6473	9.69	9.82	9.56	2593	718	1875	1.17	0.66	1.65
12250	11929	6388	6927	9.26	9.46	9.05	2530	626	1904	0.72	0.36	1.08
15417	15696	9226	10372	9.10	9.21	9.00	5511	1706	3805	1.07	0.67	1.46
3985	2951	2125	2439	9.66	9.91	9.37	1220	377	843	1.84	1.08	2.68
3287	2694	2163	2347	9.49	9.71	9.26	1286	347	939	2.05	1.04	3.17
3109	3139	1608	1976	9.53	9.59	9.47	864	338	526	1.03	0.79	1.27
3031	2450	1962	2234	9.36	9.56	9.14	1126	379	747	1.55	1.01	2.12
10887	8038	5031	5293	9.72	10.01	9.40	2498	600	1898	1.48	0.68	2.36
2129	1625	1173	1049	9.58	9.76	9.37	711	235	476	1.61	0.98	2.37
3008	2905	1735	1891	9.22	9.31	9.13	1637	568	1069	2.19	1.46	2.97
1605	1536	1019	1112	8.98	9.18	8.76	963	313	650	2.34	1.45	3.32
4778	3719	2116	2026	9.74	9.94	9.48	1115	377	738	1.41	0.87	2.09

表4 续表 6

地区	6岁及以上各种受教育程度人口(人)									
	未上过学		学前教育		小学		初中		高中	
	男	女	男	女	男	女	男	女	男	女
汾西县	305	467	322	279	8572	9422	28261	25639	8151	6500
侯马市	575	1437	732	758	18766	22148	49917	47939	28557	26083
霍州市	578	1444	755	729	17509	19681	67069	65861	22129	18835
吕梁市	**22390**	**39933**	**10742**	**10225**	**404793**	**419282**	**730339**	**621503**	**243238**	**202686**
离石区	1715	2835	1748	1637	46077	45043	78685	70883	36621	33963
文水县	1665	3604	760	736	39167	41786	98316	86550	21850	19721
交城县	1006	2125	591	530	19645	20892	58483	51256	15729	13932
兴县	2791	5022	932	848	28616	29113	36219	26684	12510	8842
临县	4721	7923	1286	1167	63564	65567	85778	65702	22746	17119
柳林县	1867	2829	772	759	40003	41623	52859	43173	25502	19508
石楼县	1153	1833	735	688	15583	16274	18740	14773	6029	4929
岚县	1699	3524	540	483	20630	21334	32637	26631	9625	6991
方山县	1507	2297	339	332	18459	17706	23503	17208	6769	5051
中阳县	714	1340	361	363	17962	18921	27087	21671	12219	8682
交口县	492	943	260	254	10012	10806	23423	18926	7303	5691
孝义市	1522	3033	1339	1276	41360	45626	98820	91387	40884	35425
汾阳市	1538	2625	1079	1152	43715	44591	95789	86659	25451	22832
内蒙古自治区	**209770**	**577041**	**77122**	**69083**	**2649402**	**3011916**	**4453870**	**3689382**	**1932094**	**1630651**
呼和浩特市	**25371**	**74371**	**13189**	**11607**	**285683**	**321621**	**512842**	**424426**	**284695**	**255469**
新城区	2482	7293	2386	2023	48185	53501	87981	78694	60966	58736
回民区	1614	5348	1534	1320	28849	34013	65893	57574	44119	41591
玉泉区	2198	6517	2158	1945	41035	46720	91273	76447	47437	43359
赛罕区	4065	10869	3337	2692	55737	64331	93989	84706	65567	64741
土默特左旗	4520	12159	765	811	36239	39450	55943	41750	17967	13067
托克托县	3206	9568	757	749	19851	21977	35231	27179	12684	8715
和林格尔县	3492	9753	727	724	20152	21361	28128	19438	11525	7710
清水河县	1513	6299	272	238	11466	12959	14337	8403	5906	3511
武川县	1621	4480	320	307	14138	16161	19166	14039	7216	4878
呼和浩特经济技术开发区	660	2085	933	798	10031	11148	20901	16196	11308	9161
包头市	**17751**	**50239**	**8775**	**7595**	**234539**	**270812**	**474548**	**405592**	**246062**	**229521**
东河区	2416	6658	1431	1302	36991	43414	99159	87432	48618	47705
昆都仑区	2566	6387	2385	2124	58848	69728	120967	112935	77626	75922
青山区	1422	4720	1636	1262	33590	41596	76131	70092	51308	51825
石拐区	554	1176	69	53	2898	2852	6024	3877	2240	1534
白云鄂博矿区	128	490	46	33	1647	2024	3280	2546	3756	2559
九原区	1871	5875	1003	830	23872	26638	49336	38984	20908	16351
土默特右旗	4282	13249	891	846	31585	34995	51906	38042	13669	10242
固阳县	1902	4603	434	412	18628	20270	24771	17433	8483	6134
达尔罕茂明安联合旗	1220	2870	229	194	10382	11477	13683	10093	4415	3244
包头稀土高新技术产业开发区	1390	4211	651	539	16098	17818	29291	24158	15039	14005
乌海市	**3994**	**11378**	**1555**	**1415**	**46144**	**51484**	**107217**	**82344**	**54470**	**45684**
海勃湾区	2023	5713	892	807	24932	28272	56238	46298	34004	30296
海南区	1113	3052	292	248	10446	10870	23897	15544	8300	5555
乌达区	858	2613	371	360	10766	12342	27082	20502	12166	9833
赤峰市	**28453**	**90495**	**11510**	**10253**	**536315**	**634672**	**750335**	**630272**	**311054**	**247705**
红山区	1576	4765	1491	1285	39054	44913	69490	65679	54124	49924
元宝山区	1259	3924	671	592	27187	34613	58258	55479	26938	21976
松山区	3684	13055	2150	1766	75127	89063	115984	97474	59965	49652
阿鲁科尔沁旗	1431	4084	591	557	35750	42154	48949	42165	15154	11770
巴林左旗	1816	5586	775	701	38446	46748	54433	46242	20945	16879
巴林右旗	947	2720	382	367	22127	25643	28826	25741	10427	8629
林西县	1654	4100	519	505	29239	34896	32249	27578	14752	11608
克什克腾旗	2647	8408	440	473	28283	32772	29344	22913	15514	10593
翁牛特旗	3829	12059	896	782	56650	66158	63495	49179	19690	13996
喀喇沁旗	3074	10054	710	639	38316	43381	53260	42637	18985	13320
宁城县	3526	11724	1388	1178	66586	78210	108960	88527	29505	21529
敖汉旗	3010	10016	1497	1408	79550	96121	87087	66658	25055	17829
通辽市	**19008**	**44103**	**8116**	**7425**	**333086**	**390193**	**614158**	**544270**	**214093**	**183313**
科尔沁区	2901	6271	1701	1583	59973	70286	144804	137220	70854	68330

大学专科		大学本科及以上		平均受教育年限(年)			15岁及以上文盲人口(人)			文盲人口占15岁及以上人口比重(%)		
男	女	男	女	合计	男	女	合计	男	女	合计	男	女
3513	3475	1762	2154	9.55	9.59	9.50	794	302	492	0.93	0.69	1.19
14446	14037	8470	8425	10.35	10.47	10.24	1788	490	1298	0.82	0.45	1.19
12844	11719	8073	7780	10.03	10.15	9.91	2023	579	1444	0.91	0.52	1.30
138727	**126182**	**92671**	**105710**	**9.43**	**9.51**	**9.34**	**58903**	**20922**	**37981**	**2.15**	**1.48**	**2.87**
24594	24181	22909	27737	10.34	10.29	10.41	4438	1706	2732	1.26	0.97	1.56
9959	10311	5814	7700	9.17	9.21	9.12	5116	1595	3521	1.70	1.04	2.37
8365	8049	5387	6347	9.59	9.64	9.54	3151	998	2153	1.71	1.06	2.39
8253	5706	3924	3483	8.73	9.04	8.38	7369	2629	4740	4.85	3.21	6.78
12069	10598	6388	6825	8.59	8.76	8.40	11994	4465	7529	3.68	2.59	4.90
14772	11339	6487	6661	9.41	9.57	9.22	4261	1655	2606	1.86	1.37	2.41
2630	2461	2040	2258	8.59	8.72	8.45	2521	952	1569	3.28	2.39	4.24
5236	4364	2811	2655	8.81	9.04	8.55	5299	1715	3584	4.42	2.73	6.28
4242	3693	2251	2238	8.75	8.89	8.59	3494	1340	2154	3.81	2.70	5.12
6618	5605	3553	3722	9.49	9.65	9.32	1818	611	1207	1.64	1.04	2.32
3716	3347	2166	2474	9.46	9.55	9.34	1445	491	954	1.87	1.21	2.62
25158	21793	18212	18515	10.10	10.22	9.98	4112	1354	2758	1.07	0.69	1.47
13115	14735	10729	15095	9.52	9.46	9.58	3885	1411	2474	1.17	0.84	1.49
1288416	**1110599**	**1015632**	**1079661**	**9.74**	**9.98**	**9.48**	**792204**	**216205**	**575999**	**3.83**	**2.06**	**5.67**
256293	**235183**	**264728**	**291925**	**10.85**	**11.01**	**10.68**	**94654**	**23901**	**70753**	**3.19**	**1.60**	**4.80**
57302	54604	71838	75387	11.63	11.71	11.55	8842	2149	6693	1.48	0.72	2.24
35813	32647	26747	36813	11.19	11.23	11.14	6432	1456	4976	1.70	0.78	2.59
34456	33735	30377	35461	10.69	10.74	10.63	8706	2163	6543	1.94	0.96	2.95
88108	80663	106474	108849	12.03	12.18	11.89	14101	3711	10390	1.85	0.97	2.72
8734	7288	5578	7572	8.63	8.98	8.25	15804	4315	11489	6.80	3.61	10.19
6710	5130	3702	3087	8.63	9.19	8.02	12078	3058	9020	8.50	4.15	13.18
6600	5106	7501	12899	9.17	9.45	8.88	12636	3336	9300	8.93	4.70	13.17
3096	2149	1951	1670	8.22	9.07	7.28	7494	1498	5996	11.18	4.28	18.74
3879	3038	1723	1687	8.54	9.02	8.02	5697	1500	4197	6.62	3.35	10.17
11595	10823	8837	8500	10.92	11.06	10.76	2864	715	2149	2.59	1.23	4.07
173910	**152157**	**149919**	**155779**	**10.39**	**10.58**	**10.19**	**62741**	**16193**	**46548**	**2.67**	**1.36**	**4.00**
24288	22412	18561	22415	10.20	10.30	10.10	8116	2101	6015	1.90	0.99	2.82
55159	50790	58018	53872	10.98	11.14	10.81	8063	2166	5897	1.19	0.64	1.75
49161	43188	39427	44666	11.43	11.56	11.30	5654	1247	4407	1.21	0.54	1.86
946	702	493	554	8.84	9.19	8.42	1604	526	1078	7.02	4.15	10.59
1687	1141	1315	1091	10.76	11.17	10.27	578	125	453	2.82	1.11	4.90
15971	10939	8918	9547	9.83	10.14	9.48	7577	1860	5717	3.64	1.69	5.83
8089	6561	6913	6468	8.54	9.04	8.00	16047	3945	12102	7.72	3.68	12.01
3654	2783	2294	2435	8.47	8.84	8.06	5897	1717	4180	5.57	3.07	8.37
2890	2156	2084	2148	8.73	9.11	8.31	3921	1211	2710	6.24	3.70	9.01
12065	11485	11896	12583	10.52	10.69	10.35	5284	1295	3989	3.43	1.67	5.21
40001	**35434**	**22588**	**23663**	**10.32**	**10.50**	**10.12**	**14082**	**3561**	**10521**	**2.92**	**1.41**	**4.59**
28073	25851	17761	18668	10.82	10.96	10.66	6851	1702	5149	2.35	1.14	3.62
4164	3260	1671	1652	9.12	9.44	8.72	4085	1087	2998	5.01	2.39	8.32
7764	6323	3156	3343	9.88	10.12	9.60	3146	772	2374	2.90	1.34	4.66
170975	**139126**	**122265**	**125694**	**9.21**	**9.53**	**8.89**	**113604**	**26769**	**86835**	**3.32**	**1.56**	**5.10**
29902	26818	23240	26619	10.65	10.78	10.52	5465	1297	4168	1.38	0.67	2.08
13075	9927	9160	8885	9.70	10.01	9.39	4950	1174	3776	2.00	0.96	3.03
45465	37853	32801	32859	10.06	10.34	9.76	15572	3310	12262	2.64	1.12	4.20
7304	5872	6445	7089	8.89	9.14	8.63	6219	1748	4471	2.99	1.67	4.32
9858	8215	7182	7288	9.02	9.33	8.71	6470	1489	4981	2.72	1.25	4.20
6467	4980	4524	4732	9.13	9.41	8.85	4123	1156	2967	3.12	1.75	4.50
7008	5746	3926	4114	8.84	9.15	8.52	5572	1581	3991	3.44	1.95	4.93
8599	6268	5231	4958	8.79	9.34	8.21	10642	2551	8091	6.58	3.09	10.21
9881	6889	6996	6528	8.33	8.78	7.86	15834	3754	12080	5.54	2.61	8.50
7871	6344	5578	5560	8.60	9.02	8.15	11663	2667	8996	5.24	2.36	8.20
14102	10869	10424	10356	8.73	9.07	8.38	14670	3328	11342	3.65	1.63	5.72
11443	9345	6758	6706	8.29	8.64	7.92	12424	2714	9710	3.33	1.45	5.21
103970	**91745**	**83388**	**93929**	**9.34**	**9.52**	**9.16**	**81771**	**26201**	**55570**	**3.33**	**2.13**	**4.54**
32177	29573	29139	34437	10.15	10.23	10.07	9716	3023	6693	1.54	0.97	2.10

表4 续表 7

地　区	6岁及以上各种受教育程度人口(人)									
	未上过学		学前教育		小学		初中		高中	
	男	女	男	女	男	女	男	女	男	女
科尔沁左翼中旗	4769	9808	1095	1012	54633	59480	98661	83725	21117	15940
科尔沁左翼后旗	2532	5317	904	844	45691	52477	72701	62605	20483	16930
开鲁县	1456	3610	851	704	39418	49354	75486	68480	17719	14286
库伦旗	953	2395	471	437	20010	24134	32401	27135	10937	8305
奈曼旗	2664	6951	1126	1110	54196	64317	82029	69031	21309	16838
扎鲁特旗	2815	7153	852	783	33739	39810	50872	42093	17464	13431
通辽经济技术开发区	563	1431	512	458	14161	16519	32710	30978	19327	18382
霍林郭勒市	355	1167	604	494	11265	13816	24494	23003	14883	10871
鄂尔多斯市	**24990**	**74602**	**10377**	**8762**	**256224**	**270515**	**359828**	**244234**	**176947**	**122524**
东胜区	3413	10845	2904	2434	54786	60068	92172	72658	48662	39588
康巴什区	475	1882	532	429	9215	9855	10813	9174	9534	8690
达拉特旗	4419	14484	1282	1061	43456	47237	62485	45064	24833	19387
准格尔旗	4481	13141	1802	1616	50000	52441	63448	38825	27626	17323
鄂托克前旗	1623	3998	406	366	12211	13144	16402	9453	8177	4382
鄂托克旗	2183	6073	890	753	18764	19629	29916	19040	14992	9567
杭锦旗	2284	7154	467	428	16561	17378	17596	11725	7226	4928
乌审旗	2063	5328	964	713	20965	21636	25420	14864	14539	7519
伊金霍洛旗	4049	11697	1130	962	30266	29127	41576	23431	21358	11140
呼伦贝尔市	**11924**	**25509**	**5770**	**5328**	**210132**	**242986**	**492705**	**447045**	**173847**	**158971**
海拉尔区	1124	2706	974	849	19908	24181	62368	61438	36356	36618
扎赉诺尔区	235	538	187	175	5811	7514	20618	19962	6452	6038
阿荣旗	1425	3025	908	848	32991	38811	62583	54705	13976	11286
莫力达瓦达斡尔族自治旗	1996	3503	671	623	34170	35978	51606	44941	12385	11043
鄂伦春自治旗	1419	3271	457	416	18227	20978	41145	36570	12018	10693
鄂温克族自治旗	627	1273	324	284	10599	12707	24403	22984	13515	12058
陈巴尔虎旗	233	412	118	105	5223	6104	12087	9379	3975	3312
新巴尔虎左旗	304	410	104	88	4817	5233	6827	6060	2792	2371
新巴尔虎右旗	255	381	83	77	5194	4973	7436	5348	3124	2456
满洲里市	221	453	472	429	7389	7867	37152	35059	13317	12382
牙克石市	948	2428	379	401	16040	20611	63078	60071	22384	20980
扎兰屯市	2202	4289	896	830	40898	46905	69611	60467	22320	19531
额尔古纳市	469	1231	123	112	5543	6478	15050	13418	5525	4965
根河市	466	1589	74	91	3322	4646	18741	16643	5708	5238
巴彦淖尔市	**21927**	**63538**	**5286**	**4719**	**159305**	**169417**	**310422**	**247567**	**131965**	**110449**
临河区	6454	19037	2192	1833	49253	53010	105826	88545	55183	49081
五原县	3747	10331	657	598	29087	30439	47163	37753	16126	13120
磴口县	1757	5140	260	256	8898	9391	19150	15530	7783	5897
乌拉特前旗	4320	13382	949	857	31051	32659	54860	41645	19855	15773
乌拉特中旗	1812	4498	350	302	13369	13802	23427	17127	9732	6899
乌拉特后旗	716	1963	169	145	5466	5092	11244	7890	5259	3684
杭锦后旗	3121	9187	709	728	22181	25024	48752	39077	18027	15995
乌兰察布市	**29975**	**86518**	**4764**	**4871**	**233407**	**266503**	**317238**	**235164**	**123717**	**96834**
集宁区	1883	6733	977	924	31528	39837	69833	63458	41101	37993
卓资县	2088	5180	199	219	13091	13770	17157	11227	6437	4456
化德县	1662	4713	172	194	15179	17838	17858	13038	6006	4374
商都县	3704	11012	602	720	28577	34279	32260	22100	10922	8132
兴和县	4574	14641	675	660	28752	30015	31613	21689	9286	6543
凉城县	3841	9978	306	317	19274	20749	21460	13830	7756	4953
察哈尔右翼前旗	2605	7862	303	329	19328	21181	25561	16379	8450	5845
察哈尔右翼中旗	1929	5365	203	209	14429	16044	16360	10576	5697	3626
察哈尔右翼后旗	1981	6412	285	292	16256	18875	19744	13670	6839	4917
四子王旗	1785	4530	409	413	17943	21718	27100	20589	8598	6386
丰镇市	3923	10092	633	594	29050	32197	38292	28608	12625	9609
兴安盟	**12928**	**24998**	**3954**	**3660**	**201986**	**223688**	**275554**	**237349**	**97075**	**84749**
乌兰浩特市	1714	3726	848	863	31435	35650	60339	57891	35998	35178
阿尔山市	142	423	54	59	2038	2634	7236	6305	2734	2352
科尔沁右翼前旗	2917	6069	842	743	48283	51597	54854	45028	15377	12491
科尔沁右翼中旗	2556	5232	679	586	31095	34882	41185	34158	13707	10803
扎赉特旗	4576	7437	817	770	56588	59880	62122	52050	15902	12829
突泉县	1023	2111	714	639	32547	39045	49818	41917	13357	11096

				平均受教育年限(年)			15岁及以上文盲人口(人)			文盲人口占15岁及以上人口比重(%)		
大学专科		大学本科及以上												
男	女	男	女	合计	男	女	合计	男	女	合计	男	女		
9506	8015	6417	7758	8.58	8.79	8.37	20742	7278	13464	6.07	4.15	8.09		
7708	6342	5792	6498	8.73	8.92	8.52	12315	4309	8006	4.52	3.12	5.95		
8142	6798	5812	6348	8.87	9.08	8.65	4764	1233	3531	1.77	0.92	2.61		
4579	3575	3844	4356	9.01	9.26	8.75	4303	1353	2950	3.35	2.07	4.65		
10734	8907	6474	7572	8.68	8.93	8.43	12564	3706	8858	4.02	2.36	5.69		
8549	7399	6248	7264	8.89	9.18	8.59	13596	4361	9235	6.35	4.04	8.71		
13477	14315	12984	13933	10.99	11.04	10.94	2070	552	1518	1.20	0.65	1.73		
9098	6821	6678	5763	10.37	10.67	10.04	1701	386	1315	1.47	0.64	2.37		
139489	**106314**	**110454**	**101755**	**9.73**	**10.11**	**9.28**	**94522**	**23569**	**70953**	**5.36**	**2.48**	**8.74**		
39027	37532	33094	34173	10.41	10.57	10.25	12422	2831	9591	2.70	1.19	4.29		
10150	9276	14918	14037	11.81	12.01	11.60	2290	460	1830	2.43	0.96	3.95		
14870	11704	9092	10075	8.97	9.38	8.52	17744	4059	13685	6.54	2.88	10.49		
22172	14332	17131	13075	9.31	9.81	8.69	16756	4403	12353	5.64	2.65	9.42		
5662	3794	3788	3184	9.22	9.74	8.56	5328	1524	3804	6.81	3.47	11.08		
11508	7656	5508	5080	9.51	9.96	8.96	7976	2139	5837	5.91	2.85	9.76		
6221	4133	4126	4205	8.74	9.36	8.05	9172	2175	6997	9.77	4.42	15.65		
12881	6650	8051	5329	9.59	10.18	8.79	6729	1789	4940	5.18	2.37	9.11		
16998	11237	14746	12597	9.64	10.14	8.99	16105	4189	11916	7.90	3.61	13.59		
114046	**100521**	**74802**	**83038**	**9.84**	**9.97**	**9.71**	**37305**	**11959**	**25346**	**1.88**	**1.20**	**2.58**		
26241	24917	23780	27322	11.15	11.23	11.08	3272	893	2379	1.00	0.56	1.42		
5048	4242	2342	2554	10.06	10.23	9.90	732	207	525	0.95	0.54	1.35		
7643	6506	4147	4378	8.85	9.04	8.66	4528	1409	3119	2.08	1.28	2.91		
6547	5852	3815	4398	8.74	8.85	8.62	5505	1945	3560	2.84	1.97	3.75		
7565	6376	3648	4078	9.31	9.51	9.11	4706	1460	3246	3.06	1.88	4.27		
10827	9645	7509	7981	10.75	10.90	10.60	2147	729	1418	1.72	1.16	2.28		
2681	2001	1431	1606	9.70	9.85	9.53	1038	403	635	2.27	1.67	2.95		
2008	1655	1149	1262	9.56	9.69	9.43	1214	512	702	3.77	3.11	4.47		
2053	1636	1548	1824	9.78	9.81	9.75	1133	497	636	3.36	2.71	4.12		
8197	7713	6091	7012	10.53	10.53	10.53	674	214	460	0.51	0.32	0.71		
13923	11860	7903	8528	10.12	10.28	9.95	2921	822	2099	1.23	0.69	1.76		
12241	10866	6391	6970	9.14	9.30	8.98	5842	1947	3895	2.11	1.38	2.85		
4499	3670	2359	2493	10.05	10.27	9.82	1804	523	1281	2.91	1.66	4.21		
4573	3582	2689	2632	10.19	10.49	9.88	1789	398	1391	2.66	1.16	4.20		
73251	**68325**	**43606**	**51347**	**9.37**	**9.66**	**9.06**	**79527**	**20484**	**59043**	**5.92**	**2.99**	**8.97**		
34847	33675	23219	27878	10.05	10.25	9.85	23440	5909	17531	4.66	2.34	7.01		
7785	7613	4019	5225	8.74	9.04	8.42	12666	3335	9331	6.46	3.35	9.69		
4334	3561	2151	2377	9.07	9.54	8.59	6666	1707	4959	8.20	4.09	12.55		
10165	9444	4964	5704	8.81	9.20	8.39	16636	4097	12539	7.39	3.54	11.46		
5074	3997	3341	3403	9.15	9.50	8.76	6435	1929	4506	6.43	3.61	9.66		
3037	2283	2050	2044	9.67	9.97	9.31	2740	775	1965	5.78	2.97	9.22		
8009	7752	3862	4716	9.03	9.35	8.72	10944	2732	8212	5.72	2.83	8.67		
81068	**66597**	**46921**	**48520**	**8.83**	**9.30**	**8.35**	**115063**	**30340**	**84723**	**7.58**	**3.91**	**11.41**		
31274	29219	23207	27072	10.74	10.92	10.56	9095	2054	7041	2.45	1.12	3.74		
3656	2487	1696	1416	8.37	8.93	7.73	7024	2063	4961	8.91	4.89	13.53		
4125	3052	1796	1704	8.41	8.94	7.86	6736	1817	4919	7.87	4.14	11.79		
6159	4676	2573	2563	8.03	8.64	7.40	14585	3778	10807	9.35	4.79	13.99		
5077	3793	2013	1889	7.61	8.32	6.88	17888	4303	13585	12.24	5.77	18.98		
4529	3164	2665	2290	7.93	8.64	7.16	13112	3669	9443	12.34	6.63	18.56		
4876	3871	2496	2151	8.30	8.89	7.65	10378	2708	7670	9.14	4.53	14.27		
3392	2396	1829	1744	8.20	8.80	7.54	7154	1959	5195	9.02	4.71	13.78		
4360	3189	1913	1660	8.27	8.91	7.61	8760	2164	6596	9.35	4.50	14.46		
5481	4482	2572	2461	8.73	9.13	8.31	6498	1834	4664	5.62	3.08	8.32		
8139	6268	4161	3570	8.47	8.96	7.95	13833	3991	9842	8.06	4.49	11.90		
51828	**47615**	**37505**	**42832**	**9.09**	**9.23**	**8.94**	**51853**	**18947**	**32906**	**4.28**	**3.10**	**5.49**		
19751	20421	15870	18165	10.38	10.45	10.32	5894	1938	3956	1.91	1.29	2.51		
2321	1715	1515	1516	10.44	10.69	10.16	543	147	396	1.84	0.96	2.77		
8641	7631	7190	8335	8.67	8.84	8.49	10603	3704	6899	4.37	2.99	5.82		
6614	5590	4297	5220	8.73	8.95	8.49	14010	5022	8988	7.97	5.62	10.40		
8507	7205	5257	5794	8.34	8.52	8.15	17303	7019	10284	6.51	5.14	7.95		
5994	5053	3376	3802	8.74	8.93	8.55	3500	1117	2383	1.85	1.16	2.54		

表4 续表 8

地区	6岁及以上各种受教育程度人口(人)									
	未上过学		学前教育		小学		初中		高中	
	男	女	男	女	男	女	男	女	男	女
锡林郭勒盟	**11275**	**25606**	**3170**	**2921**	**130005**	**144843**	**195972**	**159439**	**91647**	**76151**
二连浩特市	387	1044	245	242	8005	9739	13799	11631	6959	5469
锡林浩特市	1534	3769	991	864	29238	34730	57732	52389	31625	29848
阿巴嘎旗	494	956	55	73	5819	5786	6732	4804	3146	2358
苏尼特左旗	347	653	72	80	4915	4965	5656	4097	2844	1851
苏尼特右旗	577	1540	123	153	7262	8680	11763	9480	5451	4590
东乌珠穆沁旗	613	1345	192	194	10268	10759	12599	10318	5255	4108
西乌珠穆沁旗	820	1645	299	290	12933	13856	18963	13101	9320	5473
太仆寺旗	3336	7334	317	278	16932	17834	20306	14784	6875	5709
镶黄旗	187	497	89	79	2977	3760	4773	3508	2389	1918
正镶白旗	842	1754	132	99	6053	6602	7764	5822	3144	2526
正蓝旗	789	1906	165	167	8473	9591	12061	9886	5960	4906
多伦县	1089	2613	369	316	14355	15359	19437	16155	6952	6109
乌拉盖管委会	260	550	121	86	2775	3182	4387	3464	1727	1286
阿拉善盟	**2174**	**5684**	**656**	**527**	**22576**	**25182**	**43051**	**31680**	**26522**	**19281**
阿拉善左旗	1509	3959	403	330	14992	17081	29591	22352	16980	13505
阿拉善右旗	278	750	30	32	2360	2585	3410	2593	2133	1369
额济纳旗	209	480	92	70	3068	3417	5475	4167	3953	2711
内蒙古阿拉善经济开发区	178	495	131	95	2156	2099	4575	2568	3456	1696
辽宁省	**132120**	**317884**	**95833**	**88488**	**3697748**	**4311415**	**9332828**	**8895701**	**3216122**	**3032202**
沈阳市	**16184**	**36845**	**16224**	**15274**	**548111**	**639403**	**1700154**	**1676871**	**770783**	**745838**
和平区	954	2604	1379	1323	38322	42648	95097	94368	63422	65353
沈河区	892	2266	1120	1166	34255	40480	118997	123876	83326	84794
大东区	1121	3521	961	892	32356	39663	128379	133966	78284	78656
皇姑区	870	2110	1652	1525	38980	46892	132040	137458	84195	85990
铁西区	1993	5077	2443	2311	69302	81788	226918	231033	123804	120183
苏家屯区	770	1908	743	770	32829	39176	129267	126741	45292	42626
浑南区	1717	3153	1771	1615	44925	50538	115780	113287	55838	55882
沈北新区	1014	2304	966	889	33282	38428	114065	108067	53399	44287
于洪区	1618	3345	1937	1775	58584	64637	188822	185537	94381	91057
辽中区	1294	2581	782	647	43211	50713	108950	103051	23593	19567
康平县	1179	2474	585	599	28961	37406	76784	70709	14526	12250
法库县	1250	2428	820	726	36969	42385	98824	91499	18610	15449
新民市	1512	3074	1065	1036	56135	64649	166231	157279	32113	29744
大连市	**25529**	**62175**	**16933**	**15857**	**649030**	**749765**	**1358288**	**1273526**	**616372**	**582864**
中山区	746	2092	664	534	18439	21516	49215	48462	35872	39069
西岗区	466	1718	410	339	14243	17399	43547	42878	30927	32720
沙河口区	4235	6034	1963	1956	44778	51608	80423	84779	69771	73671
甘井子区	3163	9041	3600	3140	107785	121865	267135	252866	160589	156590
旅顺口区	849	2222	611	592	32105	37468	72979	66144	33658	31267
金州区	3264	7020	4058	3898	126297	142658	285788	279223	144824	128950
普兰店区	3249	7473	1507	1390	86241	99281	146829	134522	39243	34287
长海县	192	615	87	80	8527	9428	17277	14388	3970	3209
瓦房店市	3214	7197	2542	2368	109524	126130	224906	202656	57173	50433
庄河市	6151	18763	1491	1560	101091	122412	170189	147608	40345	32668
鞍山市	**7823**	**16275**	**9379**	**8680**	**241638**	**282617**	**870313**	**836581**	**255188**	**242235**
铁东区	497	1489	849	815	19114	23914	84246	89954	55185	58136
铁西区	703	1658	890	907	20744	25159	112470	112687	37028	36846
立山区	669	1998	988	984	22552	29063	122461	127059	48526	45556
千山区	233	403	232	189	7788	9039	30074	27674	5862	5447
台安县	1183	2575	728	611	28447	34878	91124	83460	14836	12500
岫岩满族自治县	2109	4611	1654	1489	56114	64390	113221	98263	15112	12298
海城市	2429	3541	4038	3685	86879	96174	316717	297484	78639	71452
抚顺市	**6446**	**18544**	**3946**	**4666**	**132237**	**158491**	**435889**	**426613**	**162981**	**157437**
新抚区	345	1213	294	370	9064	11815	46608	50041	25639	26147
东洲区	832	2562	327	381	13431	17711	69558	68271	20456	18320
望花区	780	2895	650	700	19265	23918	86049	86637	40171	38495
顺城区	753	2982	755	816	21346	26616	90946	95613	49537	51013
抚顺县	804	1351	184	145	11877	13003	24228	20452	3059	2286
新宾满族自治县	1161	2835	763	872	25962	30198	59721	53402	10579	9318
清原满族自治县	1771	4706	973	1382	31292	35230	58779	52197	13540	11858

大学专科		大学本科及以上		平均受教育年限（年）			15岁及以上文盲人口（人）			文盲人口占15岁及以上人口比重(%)		
男	女	男	女	合计	男	女	合计	男	女	合计	男	女
63119	**51407**	**44168**	**45175**	**9.69**	**9.94**	**9.42**	**38664**	**11895**	**26769**	**4.06**	**2.42**	**5.82**
3803	3248	3455	3539	9.91	10.15	9.66	1651	423	1228	2.59	1.29	3.96
25528	22711	18914	19193	10.62	10.79	10.45	5714	1671	4043	1.91	1.11	2.72
1927	1490	1381	1520	9.32	9.52	9.09	1721	614	1107	5.06	3.36	7.04
2023	1502	1305	1422	9.56	9.78	9.31	1121	394	727	3.85	2.50	5.45
3351	2650	1897	2080	9.51	9.82	9.19	2205	638	1567	4.00	2.26	5.82
3190	2509	2347	2703	9.29	9.48	9.08	2271	740	1531	3.79	2.37	5.34
5765	3508	3855	3408	9.56	9.89	9.14	2925	984	1941	3.42	2.05	5.17
3824	2952	2217	2420	8.16	8.61	7.69	10333	3267	7066	10.63	6.55	14.91
1839	1267	1360	1303	9.98	10.33	9.59	763	192	571	3.19	1.53	5.03
2230	1545	1337	1387	8.98	9.35	8.58	2713	881	1832	7.02	4.34	9.96
3597	2981	2664	2619	9.52	9.82	9.20	2868	817	2051	4.75	2.64	6.96
4679	3985	2599	2750	9.09	9.32	8.85	3418	956	2462	4.01	2.20	5.90
1363	1059	837	831	9.49	9.77	9.17	961	318	643	4.86	3.08	6.81
20466	**16175**	**15288**	**16004**	**10.58**	**10.81**	**10.32**	**8418**	**2386**	**6032**	**3.73**	**1.98**	**5.74**
12636	10688	10815	11347	10.55	10.76	10.32	5829	1653	4176	3.81	2.07	5.71
1811	1242	1405	1405	10.26	10.67	9.79	1146	319	827	5.71	2.96	8.91
2747	2360	1640	2157	10.70	10.78	10.60	763	235	528	2.58	1.50	3.80
3272	1885	1428	1095	10.92	11.24	10.44	680	179	501	2.98	1.28	5.69
1922438	**1847375**	**1983533**	**2004990**	**10.06**	**10.17**	**9.95**	**381928**	**105570**	**276358**	**1.01**	**0.56**	**1.45**
571615	**551148**	**684692**	**684195**	**11.04**	**11.13**	**10.95**	**41224**	**11782**	**29442**	**0.51**	**0.30**	**0.73**
50322	52897	93797	89290	12.02	12.10	11.95	2312	536	1776	0.37	0.17	0.56
57937	58553	69593	72627	11.72	11.79	11.66	2110	526	1584	0.30	0.16	0.44
59186	55248	54700	58722	11.47	11.58	11.36	3384	760	2624	0.50	0.23	0.75
64311	65816	84518	88741	11.78	11.84	11.72	1706	423	1283	0.22	0.11	0.32
101313	94343	105898	102729	11.37	11.49	11.24	5138	1326	3812	0.44	0.23	0.64
21756	21319	20658	21208	10.20	10.28	10.12	2368	663	1705	0.50	0.28	0.72
48721	49965	107794	99131	11.82	11.91	11.72	3622	1214	2408	0.52	0.35	0.69
50765	43033	49477	53120	11.37	11.46	11.28	2669	711	1958	0.48	0.25	0.71
83021	78903	76773	76938	11.30	11.36	11.24	3715	1047	2668	0.40	0.22	0.57
8662	8074	6192	6111	9.01	9.14	8.88	3587	1171	2416	1.01	0.66	1.36
7314	6297	4637	4582	8.99	9.18	8.80	3419	1090	2329	1.39	0.89	1.88
6926	6181	4060	4179	8.90	9.02	8.77	3240	1063	2177	1.05	0.69	1.43
11381	10519	6595	6817	9.02	9.11	8.93	3954	1252	2702	0.78	0.49	1.07
362027	**351266**	**506081**	**538460**	**10.49**	**10.58**	**10.41**	**68004**	**17771**	**50233**	**1.03**	**0.54**	**1.51**
26350	29710	47598	51656	12.11	12.12	12.10	2070	469	1601	0.60	0.29	0.89
21877	22576	30736	33234	11.83	11.89	11.77	1641	305	1336	0.60	0.23	0.95
38081	40476	67789	76308	11.45	11.48	11.42	4288	1506	2782	0.72	0.53	0.89
113786	113349	194530	193245	11.59	11.65	11.52	9461	2098	7363	0.60	0.27	0.94
18851	17123	29600	38061	10.76	10.75	10.78	2490	627	1863	0.70	0.36	1.03
82971	76621	84551	92825	10.51	10.59	10.43	8179	2356	5823	0.61	0.35	0.86
15434	13984	11184	11643	8.85	9.01	8.68	9274	2678	6596	1.64	0.94	2.33
2092	1900	1465	1528	9.12	9.26	8.97	641	161	480	1.05	0.51	1.64
25336	20227	19992	16306	9.06	9.24	8.86	8081	2315	5766	1.01	0.57	1.47
17249	15300	18636	23654	8.75	9.00	8.50	21879	5256	16623	3.25	1.58	4.88
112734	**109693**	**109986**	**107221**	**9.82**	**9.90**	**9.73**	**19892**	**6071**	**13821**	**0.67**	**0.41**	**0.93**
35384	35056	44421	45948	11.63	11.73	11.54	1526	369	1157	0.33	0.16	0.48
14146	13415	9390	9825	9.94	10.02	9.87	2103	582	1521	0.56	0.32	0.80
23000	23150	35032	30160	10.69	10.85	10.53	2338	565	1773	0.49	0.24	0.73
1531	1580	805	1010	9.09	9.14	9.04	606	197	409	0.71	0.46	0.96
6829	6253	3876	3649	8.97	9.11	8.82	3277	996	2281	1.22	0.73	1.71
9546	8534	4991	4963	8.57	8.73	8.40	5618	1687	3931	1.55	0.92	2.21
22298	21705	11471	11666	9.24	9.29	9.19	4424	1675	2749	0.47	0.35	0.59
76432	**75514**	**75158**	**68727**	**10.03**	**10.19**	**9.88**	**23590**	**6081**	**17509**	**1.39**	**0.73**	**2.04**
12864	12493	10315	9899	10.80	10.96	10.66	1299	291	1008	0.63	0.29	0.95
6307	5982	3720	3604	9.53	9.71	9.36	3134	759	2375	1.42	0.69	2.12
18356	19771	25387	20554	10.69	10.87	10.52	3335	699	2636	0.92	0.39	1.44
27784	27038	27621	26770	10.95	11.10	10.80	3247	646	2601	0.77	0.32	1.20
1179	1150	543	561	8.30	8.44	8.14	2080	778	1302	2.76	1.99	3.58
4028	3861	3369	3397	8.73	8.89	8.56	3746	1074	2672	1.93	1.10	2.77
5914	5219	4203	3942	8.71	8.94	8.47	6749	1834	4915	3.16	1.70	4.63

表4 续表 9

地区	6岁及以上各种受教育程度人口(人)									
	未上过学		学前教育		小学		初中		高中	
	男	女	男	女	男	女	男	女	男	女
本溪市	**4926**	**11411**	**3497**	**3094**	**94542**	**115664**	**309484**	**307749**	**110460**	**104797**
平山区	539	1541	462	417	9687	13123	54804	57834	23101	21884
溪湖区	776	2004	409	303	9905	12863	53153	53265	17181	15444
明山区	475	1073	855	671	15617	20908	68076	74380	38957	40385
南芬区	281	732	93	113	4338	5522	16305	15300	4566	3324
本溪满族自治县	1406	2790	762	729	23736	28128	62478	58100	13569	11994
桓仁满族自治县	1449	3271	916	861	31259	35120	54668	48870	13086	11766
丹东市	**8288**	**22469**	**4677**	**4290**	**232621**	**280744**	**509516**	**480195**	**147980**	**134855**
元宝区	635	1309	372	353	11335	14441	43074	45971	18064	18034
振兴区	764	2383	791	704	25114	32261	82849	88568	40346	39960
振安区	663	1862	379	328	18482	22121	43207	41487	14362	12972
宽甸满族自治县	1990	5867	751	691	48010	58478	79558	67734	18400	15245
东港市	2264	6394	1341	1289	69013	83166	144000	128227	31363	25826
凤城市	1972	4654	1043	925	60667	70277	116828	108208	25445	22818
锦州市	**7929**	**16781**	**4491**	**4367**	**256739**	**295716**	**648983**	**627423**	**174436**	**168639**
古塔区	353	858	251	234	10782	13929	46121	51096	26451	27277
凌河区	577	1630	654	576	15119	20434	68937	76233	44516	45982
太和区	980	1874	787	782	33615	37023	92482	89130	31628	30999
黑山县	1758	3690	824	803	48290	58170	133623	124807	20445	17880
义县	1138	2114	564	546	38853	44599	84609	76878	13864	12619
凌海市	1578	3166	643	665	49870	56527	112085	104541	20238	18608
北镇市	1545	3449	768	761	60210	65034	111126	104738	17294	15274
营口市	**5840**	**11719**	**5597**	**5051**	**243265**	**274191**	**584696**	**549792**	**132459**	**120310**
站前区	425	1080	442	389	14306	17734	51226	53659	23178	22609
西市区	345	750	325	267	10935	13537	44921	44711	18431	17975
鲅鱼圈区	1006	1930	1889	1688	45648	52176	127277	126175	38979	34388
老边区	347	847	278	265	13491	15533	35029	32484	10348	8729
盖州市	1926	3442	1270	1214	84822	93301	151830	134609	18129	15450
大石桥市	1791	3670	1393	1228	74063	81910	174413	158154	23394	21159
阜新市	**5655**	**15003**	**4213**	**3483**	**125884**	**159515**	**389354**	**375626**	**148627**	**143144**
海州区	494	1741	431	375	10152	13865	40443	42736	32764	34552
新邱区	244	852	120	121	4173	5850	17676	17742	7290	6454
太平区	525	1691	305	244	7958	10722	32333	33283	19177	18736
清河门区	158	393	112	124	4202	5601	13199	14054	4259	3868
细河区	372	938	580	462	11918	15096	36830	39981	33766	35302
阜新蒙古族自治县	2527	6130	1492	1181	57165	70833	154586	140293	29825	24776
彰武县	1335	3258	1173	976	30316	37548	94287	87537	21546	19456
辽阳市	**3506**	**5895**	**3127**	**2630**	**149995**	**176619**	**389768**	**374255**	**111859**	**104833**
白塔区	404	941	638	566	15770	20969	63251	70311	34072	35958
文圣区	277	491	270	200	12240	15088	37807	36202	13167	12206
宏伟区	238	448	186	158	9241	11594	27747	28446	13710	13495
弓长岭区	144	220	167	145	6205	7924	22261	22237	6783	5623
太子河区	556	692	221	227	14726	16533	37804	34632	7223	6043
辽阳县	1133	1996	745	619	47399	55220	102433	90350	19553	16320
灯塔市	754	1107	900	715	44414	49291	98465	92077	17351	15188
盘锦市	**4094**	**8999**	**3166**	**2861**	**105937**	**129874**	**295153**	**285357**	**117562**	**110752**
双台子区	374	821	486	447	12219	15257	51545	52790	19931	18601
兴隆台区	835	1685	1403	1254	28931	36665	77364	82371	59775	59225
大洼区	1648	3709	886	793	40163	47853	103079	93448	27777	24686
盘山县	1237	2784	391	367	24624	30099	63165	56748	10079	8240
铁岭市	**9301**	**17441**	**5128**	**4704**	**287669**	**320849**	**604327**	**577329**	**134498**	**124024**
银州区	529	908	782	719	22181	26117	80266	84831	41169	40767
清河区	400	764	148	155	10378	11568	20277	19483	5167	4984
铁岭县	1019	1658	633	556	43107	46238	82567	75831	12737	11754
西丰县	1463	3049	628	563	39194	43641	48273	42046	12105	10295
昌图县	3574	6679	1215	1170	102015	114737	191941	178585	27653	24886
调兵山市	351	661	406	369	11626	14089	57058	60579	15350	12818
开原市	1965	3722	1316	1172	59168	64459	123945	115974	20317	18520

大学专科		大学本科及以上		平均受教育年限（年）			15岁及以上文盲人口（人）			文盲人口占15岁及以上人口比重(%)		
男	女	男	女	合计	男	女	合计	男	女	合计	男	女
62174	**55624**	**50489**	**51398**	**10.05**	**10.20**	**9.90**	**14114**	**4166**	**9948**	**1.17**	**0.70**	**1.63**
12141	10698	7466	7023	10.36	10.56	10.18	1608	366	1242	0.77	0.36	1.17
6610	7168	9436	11581	10.21	10.27	10.15	2349	647	1702	1.23	0.70	1.73
30056	26157	24360	23642	11.27	11.46	11.09	904	240	664	0.26	0.14	0.38
1425	1174	712	603	9.19	9.44	8.93	908	264	644	1.74	1.00	2.52
6132	5210	4564	4387	9.05	9.22	8.88	4032	1325	2707	1.92	1.26	2.59
5810	5217	3951	4162	8.78	8.93	8.62	4313	1324	2989	2.12	1.29	2.96
81206	**73837**	**62836**	**65325**	**9.44**	**9.61**	**9.28**	**26356**	**6729**	**19627**	**1.34**	**0.69**	**1.97**
10811	11398	9077	10254	10.53	10.61	10.45	1453	452	1001	0.79	0.51	1.03
27448	23666	21222	20778	10.67	10.88	10.47	2392	519	1873	0.63	0.28	0.96
6897	7023	6144	6893	9.66	9.77	9.54	2132	533	1599	1.24	0.63	1.83
8542	7077	5290	5335	8.63	8.90	8.37	7084	1733	5351	2.36	1.15	3.58
14859	13325	12498	13377	8.99	9.17	8.80	7561	1889	5672	1.47	0.73	2.22
12649	11348	8605	8688	8.92	9.07	8.77	5734	1603	4131	1.36	0.76	1.95
112662	**107259**	**91849**	**99771**	**9.75**	**9.83**	**9.66**	**21299**	**6560**	**14739**	**0.87**	**0.54**	**1.19**
17589	15064	18779	15724	11.22	11.46	10.98	906	249	657	0.39	0.22	0.56
31427	31973	23894	26892	11.40	11.51	11.30	1672	392	1280	0.46	0.23	0.67
26022	24272	30590	38101	10.75	10.73	10.78	2650	892	1758	0.65	0.44	0.85
9762	8932	5254	5197	8.85	8.99	8.72	4711	1464	3247	1.15	0.72	1.58
7387	6775	3279	3502	8.79	8.90	8.67	3014	1042	1972	1.10	0.76	1.45
11054	11238	4698	4968	8.92	9.01	8.83	4085	1309	2776	1.09	0.70	1.48
9421	9005	5355	5387	8.68	8.78	8.58	4261	1212	3049	1.12	0.64	1.61
91365	**88174**	**62143**	**60063**	**9.48**	**9.57**	**9.38**	**14083**	**4376**	**9707**	**0.68**	**0.42**	**0.95**
17543	16916	15495	14832	10.90	11.04	10.76	1176	296	880	0.51	0.26	0.74
13535	15347	12739	11364	10.91	10.98	10.84	803	229	574	0.41	0.24	0.58
25790	24119	16582	16162	9.87	9.97	9.76	2052	597	1455	0.44	0.26	0.62
7103	6083	4782	4850	9.82	9.95	9.67	966	267	699	0.74	0.40	1.09
12653	11593	5228	5320	8.52	8.62	8.41	4618	1599	3019	0.93	0.63	1.23
14741	14116	7317	7535	8.83	8.91	8.74	4468	1388	3080	0.83	0.51	1.16
58155	**62045**	**50345**	**47896**	**9.81**	**9.94**	**9.69**	**19543**	**5238**	**14305**	**1.32**	**0.72**	**1.90**
12301	15471	10376	10545	10.96	11.04	10.89	1844	353	1491	0.87	0.35	1.33
1451	1429	761	812	9.47	9.68	9.26	1039	228	811	1.68	0.76	2.56
4113	4219	2406	2626	9.91	10.07	9.76	1867	396	1471	1.42	0.63	2.16
1333	1347	554	593	9.29	9.46	9.14	422	125	297	0.91	0.56	1.22
17636	19328	25940	21843	11.69	11.85	11.53	1023	260	763	0.42	0.22	0.61
13443	12913	5887	6816	8.91	9.06	8.75	8543	2489	6054	1.75	1.02	2.48
7878	7338	4421	4661	9.09	9.23	8.95	4805	1387	3418	1.63	0.94	2.31
64349	**62467**	**50462**	**51495**	**9.73**	**9.81**	**9.65**	**8144**	**2899**	**5245**	**0.56**	**0.40**	**0.72**
27813	26077	23801	24257	11.29	11.45	11.14	1051	273	778	0.33	0.18	0.46
7012	6976	5861	6228	10.07	10.15	10.00	673	215	458	0.46	0.30	0.63
7955	7566	9011	8335	10.74	10.89	10.59	601	195	406	0.46	0.31	0.62
2313	2255	1201	1196	9.48	9.60	9.35	289	106	183	0.39	0.29	0.49
3884	5086	1456	1741	9.12	9.12	9.12	1282	570	712	1.03	0.91	1.15
7966	7678	4749	5000	8.83	8.94	8.71	2740	960	1780	0.82	0.56	1.08
7406	6829	4383	4738	8.85	8.92	8.78	1508	580	928	0.47	0.36	0.59
66635	**66228**	**67059**	**62845**	**10.24**	**10.37**	**10.11**	**11349**	**3193**	**8156**	**0.93**	**0.53**	**1.32**
9885	9151	7298	6866	10.20	10.33	10.07	1287	374	913	0.68	0.40	0.94
34441	33855	44162	40581	11.36	11.52	11.20	1748	453	1295	0.38	0.20	0.55
16933	18027	12503	12133	9.61	9.72	9.50	4376	1191	3185	1.18	0.64	1.73
5376	5195	3096	3265	8.84	9.01	8.67	3938	1175	2763	1.98	1.18	2.78
71827	**69769**	**44033**	**43791**	**9.10**	**9.19**	**9.00**	**24604**	**8312**	**16292**	**1.14**	**0.78**	**1.51**
19952	18793	13013	12387	10.44	10.55	10.34	985	349	636	0.29	0.21	0.37
2683	2573	1928	1743	9.17	9.29	9.05	1054	359	695	1.37	0.94	1.79
10763	13690	6747	6688	9.11	9.11	9.12	2770	1041	1729	0.94	0.71	1.17
5514	4636	3399	3465	8.48	8.66	8.30	4589	1464	3125	2.27	1.43	3.12
14146	13059	5753	6167	8.52	8.63	8.40	9552	3227	6325	1.50	1.02	1.98
7617	6525	6479	5925	9.89	10.04	9.73	805	239	566	0.43	0.26	0.59
11152	10493	6714	7416	8.83	8.91	8.75	4849	1633	3216	1.17	0.79	1.56

表4 续表 10

地 区	6岁及以上各种受教育程度人口(人)									
	未上过学		学前教育		小学		初中		高中	
	男	女	男	女	男	女	男	女	男	女
朝阳市	**15699**	**48730**	**9033**	**7801**	**362055**	**423851**	**643467**	**560481**	**184265**	**155885**
双塔区	884	2701	1217	1024	30504	37393	78262	81800	42296	43212
龙城区	864	2403	710	616	23056	26594	56290	51006	15704	13303
朝阳县	2986	8658	1104	1081	69601	79215	99946	79287	16081	12073
建平县	2494	9378	1868	1565	72564	85049	95610	80629	24554	19333
喀喇沁左翼蒙古族自治县	2091	6688	1291	1062	45881	51958	78808	68874	20909	16441
北票市	2599	9199	1312	1156	46178	57374	116927	102879	26292	21913
凌源市	3781	9703	1531	1297	74271	86268	117624	96006	38429	29610
葫芦岛市	**10900**	**25597**	**6422**	**5730**	**268025**	**304116**	**593436**	**543903**	**148652**	**136589**
连山区	1247	3202	886	776	33917	41342	117463	112658	41330	38458
龙港区	369	906	586	501	14564	17425	49539	53531	28636	29603
南票区	819	1693	388	332	21842	25690	56801	52227	5741	4647
绥中县	2612	5226	1620	1540	69778	76434	148650	134236	22477	20409
建昌县	3736	10008	1738	1552	67142	77994	107499	86427	24706	18960
兴城市	2117	4562	1204	1029	60782	65231	113484	104824	25762	24512
吉林省	**108457**	**243040**	**50632**	**47825**	**2508440**	**2845431**	**4746766**	**4457595**	**2114922**	**1996865**
长春市	**30979**	**66759**	**18529**	**16998**	**872642**	**972152**	**1675750**	**1565599**	**743530**	**710972**
南关区	1045	2972	976	847	30690	36498	81022	82616	62729	66614
宽城区	1759	3512	1858	1709	65856	71988	161499	155311	83315	81797
朝阳区	1165	2506	971	837	30687	35664	69770	71370	60601	64078
二道区	1210	2805	1447	1295	36174	40816	89726	88162	62714	62180
绿园区	1271	3199	1176	1154	43230	50535	112954	110354	77758	76923
双阳区	1961	4472	499	481	39416	44361	75732	67233	19654	17050
九台区	2792	5606	1246	1179	80099	89408	151844	135803	39795	34955
农安县	4415	9093	1468	1437	127698	138065	174748	153187	42932	37360
长春经济技术开发区	586	1215	1003	872	21759	25118	63418	63430	41078	38774
长春净月高新技术产业开发区	680	1308	924	761	20838	22927	44851	42600	25855	26524
长春高新技术产业开发区	877	1435	1244	1100	26695	27736	50582	46974	32683	31732
长春汽车经济技术开发区	504	1306	658	611	17393	20697	48002	49366	34503	32624
榆树市	5721	13271	1603	1463	147367	165894	178871	155005	47785	39598
德惠市	2844	5613	1539	1412	95533	103564	158871	143754	33636	29536
公主岭市	4149	8446	1917	1840	89207	98881	213860	200434	78492	71227
吉林市	**18708**	**42110**	**7546**	**7469**	**376918**	**428185**	**693560**	**661356**	**349133**	**336579**
昌邑区	1224	2988	1294	1257	36135	44632	95544	98403	75551	77251
龙潭区	1304	2832	663	701	31267	37143	74631	73034	44716	42052
船营区	1294	2561	975	919	30390	35445	75807	77503	55285	57278
丰满区	947	2186	400	403	18647	20809	39452	38628	25080	27584
永吉县	1688	3197	491	476	32061	35857	57170	51660	16817	14787
吉林经济开发区	134	306	85	82	3874	4926	11653	11181	5310	4406
吉林高新技术产业开发区	290	671	432	410	8784	10347	19665	20602	16728	18190
吉林中国新加坡食品区	278	465	196	183	4400	5065	10359	9997	1661	1303
蛟河市	2939	6977	656	645	47475	51212	69879	63408	24263	21671
桦甸市	3121	7242	734	834	48419	53677	68836	61843	28009	24361
舒兰市	2837	6398	757	791	60214	67684	92911	84242	28306	24566
磐石市	2652	6287	863	768	55252	61388	77653	70855	27407	23130
四平市	**11501**	**24693**	**3564**	**3527**	**213384**	**237450**	**389509**	**360892**	**148171**	**138963**
铁西区	863	1766	562	531	18335	21413	47926	49386	34328	36393
铁东区	1350	2612	467	458	29177	31057	63960	61686	34112	32854
梨树县	4679	10578	1003	1028	83227	91722	129288	113158	28741	23856
伊通满族自治县	3021	5981	643	626	52524	57002	70802	61936	23303	20696
双辽市	1588	3756	889	884	30121	36256	77533	74726	27687	25164
辽源市	**4505**	**9315**	**2215**	**2093**	**114363**	**128739**	**232044**	**218388**	**73956**	**69175**
龙山区	776	1586	877	824	22104	25715	65176	67865	33825	33669
西安区	512	997	240	287	9913	11644	38482	37487	11094	9948
东丰县	1667	3458	618	586	45431	50832	69826	62420	20173	17894
东辽县	1550	3274	480	396	36915	40548	58560	50616	8864	7664
通化市	**7856**	**18071**	**4009**	**3744**	**204128**	**233637**	**365855**	**340166**	**169603**	**156863**
东昌区	658	1621	654	600	22207	27985	54546	55342	46751	47331
二道江区	473	1294	127	112	7357	9268	17038	16633	12465	11399

大学专科		大学本科及以上		平均受教育年限(年)			15岁及以上文盲人口(人)			文盲人口占15岁及以上人口比重(%)		
男	女	男	女	合计	男	女	合计	男	女	合计	男	女
105239	**96799**	**63767**	**62242**	**9.08**	**9.31**	**8.85**	**57220**	**13066**	**44154**	**2.32**	**1.06**	**3.59**
31558	33347	27498	26877	10.90	11.03	10.79	2881	604	2277	0.73	0.32	1.10
7121	6880	2630	2926	9.16	9.30	9.02	2833	686	2147	1.50	0.72	2.29
7318	6657	2409	2288	8.08	8.35	7.80	10758	2610	8148	3.14	1.49	4.87
14682	11657	7861	7586	8.57	8.88	8.25	10704	2069	8635	2.73	1.06	4.39
11260	10427	5979	6116	8.86	9.09	8.63	7463	1699	5764	2.53	1.14	3.92
12768	11717	6445	6739	8.93	9.19	8.67	10848	2251	8597	2.77	1.15	4.39
20532	16114	10945	9710	8.96	9.24	8.65	11733	3147	8586	2.55	1.33	3.86
86018	**77552**	**64633**	**61561**	**9.31**	**9.46**	**9.16**	**32506**	**9326**	**23180**	**1.53**	**0.87**	**2.20**
17629	17587	11250	11505	9.81	9.92	9.71	3915	1040	2875	0.95	0.51	1.38
20902	20543	21922	20830	11.31	11.44	11.19	1018	260	758	0.40	0.21	0.57
2585	2331	980	1022	8.48	8.62	8.34	2286	715	1571	1.41	0.88	1.94
12965	12254	7358	7493	8.75	8.86	8.65	6914	2232	4682	1.46	0.93	2.00
11549	9478	5499	5287	8.46	8.74	8.15	12597	3293	9304	3.31	1.69	5.01
20388	15359	17624	15424	9.37	9.54	9.19	5776	1786	3990	1.33	0.81	1.87
936634	**876967**	**1076055**	**1139831**	**9.88**	**9.99**	**9.77**	**320865**	**95838**	**225027**	**1.51**	**0.91**	**2.10**
409716	**389492**	**591997**	**623210**	**10.35**	**10.42**	**10.28**	**91047**	**27821**	**63226**	**1.14**	**0.70**	**1.58**
41097	45080	85759	88460	12.12	12.18	12.07	3554	877	2677	0.61	0.31	0.88
47618	47610	46193	43558	10.59	10.66	10.53	4566	1472	3094	0.61	0.39	0.83
39540	40322	92894	82543	12.23	12.37	12.08	3197	969	2228	0.58	0.35	0.80
31165	31364	38674	45733	11.08	11.09	11.08	3504	1017	2487	0.71	0.43	0.99
49072	46639	52144	53363	11.25	11.34	11.16	4060	1100	2960	0.65	0.35	0.93
9301	8808	17118	19774	9.54	9.63	9.45	6627	2000	4627	2.20	1.32	3.08
13528	12805	11485	15089	8.98	9.06	8.90	7798	2497	5301	1.43	0.91	1.96
15191	13862	10326	11196	8.53	8.66	8.39	12561	3898	8663	1.87	1.15	2.62
27725	28337	42670	46507	11.69	11.71	11.67	1725	555	1170	0.46	0.30	0.62
20998	20970	70186	90541	12.62	12.47	12.76	1718	559	1159	0.47	0.33	0.60
36292	31866	68426	70648	12.36	12.38	12.34	1843	633	1210	0.47	0.32	0.62
31314	19959	22025	20435	11.39	11.68	11.08	1514	368	1146	0.55	0.26	0.85
16514	14139	12429	12368	8.40	8.61	8.19	17975	5321	12654	2.44	1.44	3.46
11390	10378	8162	8880	8.61	8.72	8.50	8620	2839	5781	1.55	1.01	2.10
18971	17353	13506	14115	9.22	9.33	9.11	11785	3716	8069	1.58	0.99	2.18
143731	**129799**	**147754**	**152059**	**9.85**	**9.99**	**9.71**	**55329**	**16742**	**38587**	**1.71**	**1.05**	**2.37**
31895	30730	29601	31106	10.83	10.94	10.72	3436	949	2487	0.66	0.38	0.93
13894	11380	15093	12616	10.04	10.24	9.84	3829	1191	2638	1.13	0.70	1.57
23432	23103	33333	29504	10.91	11.05	10.78	3453	1211	2242	0.83	0.60	1.06
15667	14533	20144	24016	11.11	11.14	11.08	3010	896	2114	1.29	0.79	1.74
10508	5169	3109	3269	8.97	9.25	8.67	4660	1582	3078	2.13	1.40	2.90
2804	1743	3976	3760	10.54	10.79	10.27	364	106	258	0.71	0.40	1.03
9549	11147	17019	20704	11.85	11.81	11.88	769	200	569	0.54	0.30	0.75
576	526	310	342	8.51	8.65	8.38	652	225	427	2.02	1.40	2.63
8937	8164	5484	6184	8.82	8.99	8.64	9160	2683	6477	3.13	1.83	4.44
9297	8240	7181	7452	8.90	9.12	8.69	9529	2856	6673	3.18	1.90	4.47
7871	6685	5796	6071	8.65	8.84	8.47	8788	2670	6118	2.44	1.48	3.40
9301	8379	6708	7035	8.79	8.98	8.60	7679	2173	5506	2.36	1.33	3.39
60633	**56703**	**47540**	**59093**	**9.39**	**9.49**	**9.30**	**34985**	**10817**	**24168**	**2.19**	**1.36**	**2.99**
18265	18969	21829	31992	11.30	11.22	11.37	2189	676	1513	0.78	0.52	1.01
14753	13957	8520	9180	9.99	10.06	9.92	3477	1178	2299	1.23	0.84	1.62
11461	9472	6204	6188	8.44	8.66	8.22	14194	4233	9961	3.04	1.79	4.32
7216	6347	5744	6075	8.65	8.82	8.49	8529	2755	5774	2.91	1.86	3.98
8938	7958	5243	5658	9.29	9.46	9.13	6596	1975	4621	2.39	1.45	3.30
29303	**28427**	**24620**	**25140**	**9.30**	**9.41**	**9.19**	**12096**	**3806**	**8290**	**1.36**	**0.86**	**1.86**
15984	16683	14092	14351	10.44	10.51	10.37	1824	529	1295	0.63	0.38	0.87
3463	3153	2592	2570	9.47	9.59	9.35	1182	373	809	0.94	0.59	1.29
6743	5841	5489	5685	8.78	8.93	8.63	4607	1469	3138	1.69	1.07	2.33
3113	2750	2447	2534	8.28	8.43	8.12	4483	1435	3048	2.22	1.39	3.07
63406	**59774**	**54437**	**59757**	**9.59**	**9.71**	**9.47**	**21735**	**6341**	**15394**	**1.35**	**0.79**	**1.91**
18930	18426	20295	24399	10.98	11.05	10.92	1247	359	888	0.39	0.24	0.54
3804	3536	2913	2940	10.07	10.29	9.86	1680	433	1247	2.00	1.04	2.93

表4 续表 11

地区	6岁及以上各种受教育程度人口(人)									
	未上过学		学前教育		小学		初中		高中	
	男	女	男	女	男	女	男	女	男	女
通化县	1318	3454	354	313	24384	28583	37829	32159	12074	9921
辉南县	1658	3712	530	497	33027	36731	51618	47957	16749	14994
柳河县	1238	2607	712	640	43182	46452	61183	54483	16955	14549
梅河口市	1666	3355	1314	1274	53854	60812	107827	101303	50416	45865
集安市	845	2028	318	308	20117	23806	35814	32289	14193	12804
白山市	**7742**	**21454**	**1922**	**1893**	**84304**	**98987**	**187753**	**173607**	**106817**	**97457**
浑江区	1437	4101	701	656	21083	25849	52505	51093	38238	37234
江源区	1148	3107	220	228	13300	15571	31778	28976	14027	12090
抚松县	2387	6829	442	413	21561	25085	47308	42663	23980	21231
靖宇县	1085	2833	197	187	12073	13502	21956	19414	9782	8233
长白朝鲜族自治县	541	1373	140	129	5141	6283	10042	9103	7110	6347
临江市	1144	3211	222	280	11146	12697	24164	22358	13680	12322
松原市	**12564**	**28050**	**4734**	**4380**	**321185**	**364490**	**473501**	**436785**	**158509**	**138906**
宁江区	1959	4100	1413	1278	57736	67982	115003	119501	64510	58825
前郭尔罗斯蒙古族自治县	3192	7052	784	690	65516	73277	86482	76667	24170	21167
长岭县	2393	5775	956	882	72497	82540	105899	92494	23632	19876
乾安县	980	2025	338	379	25120	30309	49123	45267	14810	12523
吉林松原经济开发区	379	894	223	192	10043	11045	16696	16456	8130	7456
扶余市	3661	8204	1020	959	90273	99337	100298	86400	23257	19059
白城市	**7807**	**15816**	**3623**	**3309**	**183661**	**216380**	**335601**	**316314**	**127631**	**115737**
洮北区	1392	2841	921	768	32164	37538	75037	74615	38403	36523
镇赉县	900	1694	381	347	26162	32114	51995	48101	14535	12213
通榆县	1527	3052	800	777	41466	47688	63176	58310	18511	15961
吉林白城经济开发区	319	720	269	254	7386	8515	16900	17514	11555	11958
洮南市	2220	4426	737	688	43907	50356	70683	64243	18499	16366
大安市	1449	3083	515	475	32576	40169	57810	53531	26128	22716
延边朝鲜族自治州	**6795**	**16772**	**4490**	**4412**	**137855**	**165411**	**393193**	**384488**	**237572**	**232213**
延吉市	1608	3395	1539	1521	34731	42145	107436	115441	93333	97157
图们市	214	519	145	133	4450	5826	16231	16724	13200	13059
敦化市	1408	3136	977	973	34732	41088	83522	79185	43235	40734
珲春市	718	1867	617	552	17434	20798	50391	49095	26327	25203
龙井市	355	840	280	302	7494	8910	30585	29794	16539	15589
和龙市	437	1449	239	261	8693	10810	29939	26596	11644	10677
汪清县	892	2412	357	339	13350	16209	39325	36171	17671	16127
安图县	1163	3154	336	331	16971	19625	35764	31482	15623	13667
黑龙江省	**153668**	**333662**	**73267**	**73105**	**3243373**	**3694327**	**7042829**	**6586808**	**2544418**	**2400196**
哈尔滨市	**38899**	**78768**	**22693**	**22237**	**974001**	**1074014**	**1975163**	**1867304**	**796598**	**775756**
道里区	2508	4838	2115	2098	63818	73220	171544	171397	124422	128000
南岗区	2351	5504	2518	2398	68733	79631	166547	169271	128949	137844
道外区	2387	5187	1763	1675	55719	63424	171076	167948	87003	86333
平房区	525	1390	409	430	13353	16688	36171	36329	25632	25434
松北区	1264	2617	849	881	28867	32395	69882	60788	29847	27957
香坊区	2253	5411	2109	1972	61826	70734	182087	176081	110372	112740
呼兰区	3045	5723	1782	1816	78842	86638	156377	143255	52460	48712
阿城区	2097	4354	1026	1054	51999	57490	126294	120464	33122	31857
双城区	3449	5898	1770	1743	99423	107077	156393	144527	32973	28505
依兰县	1977	3532	609	589	35912	39124	63186	58385	15721	14088
方正县	1132	2323	543	522	20483	23129	45973	46570	12375	10800
宾县	2623	5684	1269	1272	72595	79829	100956	90208	22657	18858
巴彦县	2716	6032	871	916	66842	73461	104196	92073	19253	16213
木兰县	1213	2218	508	475	25868	28117	45949	41283	8751	7529
通河县	1002	2061	613	556	19330	21543	49228	46444	11137	10199
延寿县	1192	2386	547	564	27450	29130	44932	40637	9848	8559
尚志市	3743	7545	1540	1526	60922	65646	108592	98685	33328	28657
五常市	3422	6065	1852	1750	122019	126738	175780	162959	38748	33471
齐齐哈尔市	**18332**	**36204**	**10390**	**10346**	**452689**	**529875**	**949462**	**876314**	**323159**	**293262**
龙沙区	884	1452	971	928	20822	24072	62112	61231	49242	48509
建华区	755	1172	1020	953	17678	20661	51792	52139	38554	41147
铁锋区	864	1684	609	623	16345	19877	53326	53277	36645	35747

大学专科		大学本科及以上		平均受教育年限（年）			15岁及以上文盲人口（人）			文盲人口占15岁及以上人口比重(%)		
男	女	男	女	合计	男	女	合计	男	女	合计	男	女
4649	4371	4078	4450	8.89	9.11	8.66	4461	1204	3257	2.88	1.54	4.23
6202	5628	4848	5133	8.92	9.08	8.76	4954	1471	3483	2.37	1.41	3.32
6742	5912	4061	4249	8.72	8.85	8.58	2731	829	1902	1.14	0.68	1.62
17273	16663	13610	13969	9.63	9.73	9.53	4140	1312	2828	0.92	0.58	1.26
5806	5238	4632	4617	9.37	9.55	9.18	2522	733	1789	1.66	0.96	2.36
42350	**38481**	**32957**	**34468**	**9.86**	**10.09**	**9.63**	**25828**	**6651**	**19177**	**3.00**	**1.55**	**4.43**
16240	16278	14653	15313	10.56	10.72	10.41	4994	1237	3757	1.82	0.92	2.68
4748	4038	2566	2690	9.35	9.61	9.10	3560	911	2649	2.81	1.43	4.21
9369	7964	6968	7300	9.56	9.86	9.27	8080	2028	6052	3.93	1.97	5.89
4356	3730	3016	3012	9.36	9.63	9.08	3633	992	2641	3.87	2.08	5.70
2964	2219	2465	2338	10.00	10.33	9.67	1802	509	1293	3.43	1.92	4.97
4673	4252	3289	3815	9.64	9.88	9.41	3759	974	2785	3.44	1.80	5.06
63258	**58303**	**52438**	**54133**	**8.99**	**9.15**	**8.83**	**37537**	**11154**	**26383**	**1.92**	**1.15**	**2.68**
24517	24546	26870	27273	10.07	10.20	9.95	5958	1831	4127	1.10	0.70	1.49
9943	8952	7188	8007	8.63	8.80	8.45	9888	3015	6873	2.81	1.71	3.90
9403	7926	5549	5688	8.48	8.67	8.29	7205	1994	5211	1.87	1.03	2.73
5999	5122	3434	3433	9.04	9.23	8.85	2998	905	2093	1.65	0.99	2.31
4296	4322	4081	4239	9.98	10.08	9.88	1179	353	826	1.45	0.88	2.01
9100	7435	5316	5493	8.18	8.39	7.97	10309	3056	7253	2.48	1.46	3.52
46000	**44244**	**38855**	**43487**	**9.31**	**9.43**	**9.19**	**22148**	**7003**	**15145**	**1.61**	**1.03**	**2.17**
12419	11201	9961	10395	9.79	9.91	9.67	3942	1236	2706	1.24	0.79	1.68
6626	5580	4710	4793	9.13	9.31	8.95	2382	794	1588	1.23	0.82	1.64
5571	4793	4470	4799	8.70	8.86	8.54	4391	1352	3039	1.78	1.10	2.46
7035	9813	8968	11706	11.40	11.27	11.52	934	264	670	0.89	0.54	1.18
7140	6608	5054	5881	8.74	8.88	8.59	6269	2047	4222	2.31	1.52	3.10
7209	6249	5692	5913	9.21	9.41	9.01	4230	1310	2920	1.72	1.07	2.36
78237	**71744**	**85457**	**88484**	**10.30**	**10.42**	**10.17**	**20160**	**5503**	**14657**	**1.14**	**0.63**	**1.64**
31204	30570	45531	49315	11.08	11.17	11.00	4372	1296	3076	0.73	0.45	0.98
3525	2875	3239	2918	10.53	10.72	10.34	766	237	529	0.97	0.61	1.32
13875	12690	10659	10842	9.80	9.93	9.67	3256	971	2285	0.94	0.56	1.31
9022	8404	8884	9194	10.11	10.23	10.00	2186	580	1606	1.04	0.56	1.51
4547	4001	3465	3069	10.09	10.23	9.95	1282	341	941	1.07	0.57	1.58
3639	2961	3251	3089	9.68	9.88	9.48	1567	335	1232	1.46	0.61	2.34
5701	4810	4396	4457	9.69	9.89	9.50	3125	843	2282	2.06	1.11	3.02
6724	5433	6032	5600	9.62	9.87	9.35	3606	900	2706	2.41	1.18	3.68
1217073	**1117434**	**1165701**	**1211235**	**9.69**	**9.81**	**9.57**	**436127**	**131375**	**304752**	**1.53**	**0.92**	**2.13**
458584	**440134**	**566698**	**582071**	**10.18**	**10.26**	**10.11**	**104954**	**33180**	**71774**	**1.17**	**0.74**	**1.59**
74590	74713	80136	82186	11.30	11.36	11.24	5171	1496	3675	0.52	0.31	0.73
94649	99176	196833	179318	12.17	12.30	12.05	6368	1708	4660	0.52	0.28	0.74
36202	35978	36349	32880	10.34	10.45	10.24	6210	1784	4426	0.85	0.49	1.20
24785	16736	15681	16062	11.40	11.67	11.12	1575	393	1182	0.73	0.36	1.11
22173	21798	49469	48605	11.35	11.40	11.30	3262	984	2278	0.87	0.52	1.24
73005	72861	96752	109210	11.44	11.45	11.43	5138	1488	3650	0.51	0.30	0.71
39871	34907	36648	57832	10.18	10.12	10.23	7313	2324	4989	1.05	0.68	1.41
16586	17468	10629	11280	9.37	9.44	9.31	6279	1987	4292	1.40	0.89	1.90
11929	10354	6445	6456	8.51	8.62	8.39	11965	4298	7667	2.11	1.50	2.74
6189	5357	2940	3184	8.71	8.84	8.58	5200	1802	3398	2.27	1.57	2.99
5018	4185	2351	2427	8.98	9.14	8.82	3453	1140	2313	2.12	1.43	2.80
9978	8225	9391	8034	8.58	8.78	8.38	7465	2276	5189	1.90	1.14	2.68
8423	7462	4968	5330	8.45	8.61	8.28	8426	2519	5907	2.26	1.34	3.20
3155	2717	1602	1620	8.48	8.61	8.34	3150	1092	2058	2.04	1.39	2.71
4191	3596	2248	2377	8.94	9.07	8.82	2727	859	1868	1.70	1.07	2.34
3948	3362	2121	2166	8.57	8.71	8.43	3252	1029	2223	2.01	1.25	2.80
13432	11966	6507	7167	8.89	9.04	8.73	9752	3144	6608	2.37	1.51	3.27
10460	9273	5628	5937	8.39	8.48	8.30	8248	2857	5391	1.27	0.87	1.68
133820	**116477**	**96442**	**103789**	**9.35**	**9.49**	**9.21**	**48676**	**15604**	**33072**	**1.34**	**0.85**	**1.82**
21820	22430	15395	15372	10.87	10.92	10.82	1534	515	1019	0.47	0.32	0.62
18630	18405	26776	31882	11.36	11.35	11.37	1565	626	939	0.52	0.44	0.60
19302	11905	7228	7000	10.48	10.74	10.22	1699	506	1193	0.68	0.40	0.97

表4 续表 12

地区	6岁及以上各种受教育程度人口(人)									
	未上过学		学前教育		小学		初中		高中	
	男	女	男	女	男	女	男	女	男	女
昂昂溪区	186	400	160	142	6160	7367	18112	17252	6237	5023
富拉尔基区	592	1146	381	396	13272	16275	43860	44317	24650	23148
碾子山区	193	447	126	110	5106	6566	13485	12976	5633	5014
梅里斯达斡尔族区	442	918	320	302	14850	17346	36224	31854	6300	5195
龙江县	3026	6187	1168	1200	59050	67823	103734	92818	20959	16735
依安县	2453	4923	918	840	51517	59660	87301	75676	20367	16220
泰来县	1174	1842	772	855	33880	37204	64816	59360	13178	11367
甘南县	1484	3252	852	840	39052	46193	69346	62422	19262	16397
富裕县	1014	2085	609	575	28375	33244	55163	48952	15279	12553
克山县	1018	2073	508	571	30174	35683	64718	59258	18457	16596
克东县	1067	2014	300	284	19683	23495	39487	35927	9507	7991
拜泉县	1041	2301	510	545	41620	48929	72292	64691	13778	10821
讷河市	2139	4308	1166	1182	55105	65480	113694	104164	25111	20799
鸡西市	**7337**	**16131**	**3677**	**3648**	**137754**	**159614**	**382165**	**355138**	**112699**	**105368**
鸡冠区	1346	2568	1142	1086	26649	31083	87156	86464	36950	37111
恒山区	553	1248	173	143	9024	10065	26772	23709	4888	4628
滴道区	432	876	125	112	6511	7404	19523	17793	4042	3468
梨树区	348	859	55	62	3778	4189	11269	9812	2973	2564
城子河区	323	660	141	126	6364	7362	20828	19179	4759	4200
麻山区	140	255	76	84	2522	2663	4575	3965	867	740
鸡东县	959	2102	564	649	23033	26275	56147	50383	14402	12977
虎林市	1400	3311	576	641	27392	32397	63515	58147	21459	19686
密山市	1836	4252	825	745	32481	38176	92380	85686	22359	19994
鹤岗市	**5805**	**15077**	**1709**	**1769**	**81716**	**94025**	**202352**	**187086**	**76698**	**73185**
向阳区	260	714	109	114	4099	5076	14914	15307	7651	7710
工农区	505	1340	277	226	8460	9901	23640	24399	14309	14913
南山区	613	1541	164	191	10653	12117	31562	29083	8716	8706
兴安区	897	2144	155	158	11241	12017	28147	24812	5585	4928
东山区	822	1847	248	275	11880	12849	24471	21185	6045	5433
兴山区	259	640	30	39	1892	2005	5380	4923	1574	1590
萝北县	1493	4385	380	384	17377	21423	41999	38544	22197	20493
绥滨县	956	2466	346	382	16114	18637	32239	28833	10621	9412
双鸭山市	**7781**	**18525**	**2785**	**2997**	**120222**	**138437**	**284989**	**265367**	**96474**	**88595**
尖山区	1125	2879	656	680	16899	20361	52874	54019	25170	25429
岭东区	394	934	38	64	3331	3312	7652	6748	1542	1266
四方台区	514	1095	61	66	4378	4749	12460	10628	1668	1312
宝山区	715	1878	99	106	5691	6859	22031	19286	4653	4002
集贤县	1639	3414	490	588	30458	33473	58586	53485	18650	16114
友谊县	519	1675	253	259	7337	9542	21202	20118	10714	10679
宝清县	2043	4453	833	857	38378	44066	79575	73598	23755	20747
饶河县	832	2197	355	377	13750	16075	30609	27485	10322	9046
大庆市	**14095**	**35106**	**6968**	**6611**	**262927**	**312152**	**534295**	**506543**	**257551**	**245801**
萨尔图区	911	2745	808	705	20235	26046	55270	55602	38292	38208
龙凤区	913	2836	714	582	19360	24608	53431	52500	32579	31564
让胡路区	1539	4866	1333	1263	33107	43527	82054	85767	76851	78691
红岗区	571	1787	259	237	10050	13239	26929	25838	16919	14804
大同区	1733	4050	499	547	24064	27879	42980	37186	11673	9453
肇州县	2480	4757	868	867	44898	49153	78261	69632	16329	13705
肇源县	2609	5622	872	861	49357	55367	79079	70934	19389	16202
林甸县	1840	4726	418	425	27081	31634	45425	39941	11322	9044
杜尔伯特蒙古族自治县	1016	2435	539	539	24298	28273	48698	45287	12683	11351
大庆高新技术产业开发区	483	1282	658	585	10477	12426	22168	23856	21514	22779
伊春市	**5084**	**12808**	**1559**	**1599**	**60280**	**72579**	**218835**	**208057**	**83932**	**79585**
伊美区	644	1428	397	394	9767	11699	33786	34257	19944	19976
乌翠区	267	649	159	162	3479	4616	20005	19234	6907	6770
友好区	306	890	74	91	2675	3534	15236	14446	5422	5374
嘉荫县	523	1309	113	119	6590	7491	12304	10869	4077	3531
汤旺县	206	685	63	57	1791	2281	8624	7907	3443	3220
丰林县	436	1171	91	103	2891	3776	18938	17637	4919	4597
大箐山县	290	798	64	70	3088	4271	16400	15670	5530	5139

大学专科		大学本科及以上		平均受教育年限(年)			15岁及以上文盲人口(人)			文盲人口占15岁及以上人口比重(%)		
男	女	男	女	合计	男	女	合计	男	女	合计	男	女
1719	1461	988	1102	9.33	9.48	9.18	706	291	415	1.13	0.92	1.34
7838	7207	4938	4768	10.07	10.20	9.93	1539	460	1079	0.84	0.51	1.17
1816	1624	1092	1118	9.52	9.69	9.34	520	144	376	0.99	0.55	1.42
2552	2410	1660	1816	8.83	8.95	8.70	1167	354	813	1.04	0.62	1.47
8938	7238	5659	6319	8.56	8.75	8.37	8583	2726	5857	2.36	1.49	3.25
7357	6381	5190	5579	8.61	8.79	8.42	6962	2230	4732	2.21	1.39	3.05
5664	4808	3311	3523	8.75	8.86	8.63	2875	1080	1795	1.30	0.96	1.65
6300	5391	3779	3943	8.75	8.93	8.56	4046	1170	2876	1.62	0.93	2.31
6086	5205	4317	4131	8.99	9.17	8.81	2700	819	1881	1.35	0.81	1.92
6394	5577	3876	3995	9.04	9.18	8.89	2563	787	1776	1.11	0.68	1.55
4274	3642	2536	2674	8.88	9.06	8.70	3134	1060	2074	2.24	1.51	2.97
5268	4649	3476	3650	8.57	8.74	8.40	2886	854	2032	1.16	0.68	1.65
9862	8144	6221	6917	8.80	8.97	8.63	6197	1982	4215	1.60	1.02	2.18
53646	**46909**	**38017**	**37424**	**9.49**	**9.64**	**9.34**	**19839**	**5817**	**14022**	**1.45**	**0.85**	**2.07**
21492	19392	18886	17572	10.38	10.50	10.25	2727	848	1879	0.75	0.47	1.03
1718	1527	791	992	8.85	8.97	8.74	1626	484	1142	1.98	1.16	2.83
1453	1251	700	828	8.95	9.08	8.81	1156	360	796	1.90	1.16	2.65
1155	920	547	569	9.08	9.29	8.86	1087	310	777	2.94	1.63	4.33
1744	1405	751	796	9.11	9.24	8.97	802	247	555	1.23	0.75	1.73
314	312	178	205	8.49	8.60	8.37	384	134	250	2.43	1.65	3.27
6492	5572	3444	3597	9.14	9.29	9.00	2490	722	1768	1.29	0.74	1.86
10083	8364	6055	6057	9.40	9.59	9.21	4186	1171	3015	1.74	0.97	2.51
9195	8166	6665	6808	9.19	9.34	9.03	5381	1541	3840	1.76	1.00	2.52
38313	**34397**	**26468**	**27897**	**9.68**	**9.86**	**9.51**	**18558**	**5004**	**13554**	**2.28**	**1.23**	**3.32**
4508	4070	3348	3435	10.62	10.79	10.45	756	179	577	1.12	0.54	1.67
9001	8168	8077	8491	10.88	11.02	10.74	1616	427	1189	1.32	0.72	1.89
4390	3829	2474	2627	9.47	9.60	9.33	1987	544	1443	1.80	0.98	2.62
2450	2105	1071	1140	8.78	8.96	8.59	2873	858	2015	3.13	1.83	4.49
3005	3342	1243	1326	8.94	9.05	8.81	1971	574	1397	2.21	1.27	3.18
782	684	407	448	9.26	9.46	9.05	835	229	606	4.25	2.33	6.16
9147	8064	6639	7133	9.85	10.09	9.60	5441	1360	4081	2.91	1.46	4.33
5030	4135	3209	3297	9.21	9.43	8.98	3079	833	2246	2.44	1.31	3.59
46452	**39321**	**29477**	**30056**	**9.43**	**9.62**	**9.24**	**24125**	**6937**	**17188**	**2.21**	**1.27**	**3.16**
16399	14449	11229	11360	10.44	10.63	10.27	3375	890	2485	1.43	0.77	2.05
631	475	347	310	8.56	8.83	8.27	1327	396	931	5.07	2.93	7.35
750	590	319	317	8.48	8.71	8.23	1491	458	1033	4.02	2.38	5.80
2129	1578	1081	1084	9.06	9.33	8.78	2439	669	1770	3.57	1.92	5.30
6956	5952	3447	3716	8.99	9.15	8.83	5094	1601	3493	2.31	1.44	3.21
4659	3903	3463	3582	10.01	10.25	9.77	1762	408	1354	1.91	0.90	2.89
10377	8555	6333	6496	9.11	9.29	8.92	5666	1702	3964	1.92	1.15	2.71
4551	3819	3258	3191	9.31	9.53	9.08	2971	813	2158	2.56	1.39	3.76
111654	**106224**	**141780**	**142285**	**10.02**	**10.18**	**9.86**	**45627**	**12532**	**33095**	**1.85**	**1.03**	**2.64**
18857	18914	18925	19152	10.83	10.98	10.68	3116	697	2419	1.08	0.50	1.62
15127	14175	15246	14886	10.55	10.73	10.37	3138	694	2444	1.22	0.55	1.87
32869	32184	47572	48879	11.25	11.43	11.09	5952	1360	4592	1.13	0.54	1.67
4439	3857	4086	3683	9.88	10.15	9.62	2147	481	1666	1.79	0.81	2.77
4484	3668	3599	3362	8.73	8.99	8.45	5622	1631	3991	3.49	1.99	5.03
5297	4722	3536	3493	8.49	8.64	8.32	6721	2223	4498	2.46	1.60	3.34
6403	5542	4157	4592	8.53	8.71	8.34	7697	2390	5307	2.62	1.62	3.64
4289	3510	2615	2984	8.53	8.79	8.26	6154	1677	4477	3.62	1.97	5.28
5558	4631	3472	3591	8.97	9.15	8.79	3526	997	2529	2.02	1.14	2.89
14331	15021	38572	37663	12.50	12.63	12.37	1554	382	1172	0.76	0.39	1.12
35698	**33098**	**21530**	**23260**	**9.81**	**9.96**	**9.66**	**15771**	**4319**	**11452**	**1.94**	**1.07**	**2.80**
10253	10459	7433	7845	10.67	10.76	10.59	1601	449	1152	1.01	0.58	1.41
2751	2616	1509	1573	9.92	10.03	9.80	677	179	498	1.00	0.53	1.46
1745	1553	965	1024	9.72	9.90	9.55	981	221	760	1.91	0.87	2.94
2322	1943	1544	1733	9.27	9.50	9.04	1890	547	1343	3.75	2.15	5.37
1633	1335	668	726	9.89	10.13	9.65	767	179	588	2.45	1.14	3.78
2283	2028	1057	1146	9.62	9.81	9.43	1450	388	1062	2.46	1.31	3.61
2007	1641	876	951	9.66	9.86	9.45	973	256	717	1.78	0.94	2.60

表4 续表 13

地区	6岁及以上各种受教育程度人口(人)									
	未上过学		学前教育		小学		初中		高中	
	男	女	男	女	男	女	男	女	男	女
南岔县	434	1085	127	119	5130	6357	22904	21428	8137	7642
金林区	281	857	72	81	3199	3944	15321	14395	6727	6175
铁力市	1697	3936	399	403	21670	24610	55317	52214	18826	17161
佳木斯市	**9864**	**19630**	**4858**	**4731**	**200090**	**226587**	**504822**	**479980**	**184035**	**172217**
向阳区	446	860	748	777	15101	18291	53622	56511	32589	33454
前进区	574	652	442	472	8800	10536	29522	31822	24737	25368
东风区	299	587	186	167	9202	10905	34285	32869	10741	9890
郊区	1159	2225	437	403	26425	29287	65322	59471	18392	16922
桦南县	1863	3781	643	685	37162	40852	71115	64747	18690	16427
桦川县	992	2071	272	248	15671	17944	35703	33617	12578	10797
汤原县	1144	2265	377	347	18900	21210	45455	41814	11819	10316
同江市	965	2228	448	435	19028	21580	42370	39127	11930	10424
富锦市	1909	3789	1079	976	38108	43075	104922	99785	36033	32998
抚远市	513	1172	226	221	11693	12907	22506	20217	6526	5621
七台河市	**3820**	**8881**	**1851**	**1784**	**68369**	**79059**	**174675**	**162303**	**43911**	**38246**
新兴区	1083	2422	367	384	17633	20196	46477	41397	8508	6963
桃山区	634	1731	668	574	13401	16369	39158	41254	16738	15806
茄子河区	1032	2358	374	316	14374	15953	35266	30533	6606	5307
勃利县	1071	2370	442	510	22961	26541	53774	49119	12059	10170
牡丹江市	**11510**	**25757**	**5211**	**5512**	**212893**	**242307**	**503182**	**475001**	**212533**	**211564**
东安区	673	1404	414	505	14693	16386	36870	36382	24752	26222
阳明区	1201	2644	411	481	20679	22755	40628	37858	18487	17317
爱民区	948	2177	517	564	17014	20384	47952	47302	36272	43858
西安区	790	1667	599	582	14951	18162	41083	41761	29885	30895
林口县	1438	3148	578	571	34436	38026	57740	50382	14240	12016
绥芬河市	330	820	330	310	9107	10306	26284	25363	10047	9317
海林市	1619	3621	608	728	27754	32378	74082	70526	23574	21439
宁安市	1814	3932	778	823	34298	38790	80600	76400	25067	23432
穆棱市	1441	3211	417	422	20148	23101	50942	46559	14671	12845
东宁市	1256	3133	559	526	19813	22019	47001	42468	15538	14223
黑河市	**7676**	**18446**	**2626**	**2641**	**127198**	**147385**	**293817**	**271220**	**109275**	**99624**
爱辉区	900	2315	404	418	17665	20233	42448	39492	19688	19775
逊克县	494	1163	268	326	8218	9650	19698	17961	6422	5538
孙吴县	513	1160	232	227	7751	8840	18821	17359	4426	3741
北安市	2079	4765	542	567	32844	37095	68112	63432	29858	27341
五大连池市	1544	3843	452	426	25659	30530	57472	50992	19556	16861
嫩江市	2146	5200	728	677	35061	41037	87266	81984	29325	26368
绥化市	**21722**	**44361**	**8363**	**8634**	**521325**	**588218**	**944206**	**863193**	**219076**	**191413**
北林区	2229	4781	1320	1289	73078	85969	175287	167833	52120	46584
望奎县	2539	5009	729	810	53312	57886	61323	54079	15187	12735
兰西县	2581	5801	636	639	47235	53691	77133	66865	15183	12232
青冈县	1882	4134	497	549	44967	51094	69785	62737	15275	12624
庆安县	1478	2485	405	442	36318	40835	64067	59623	16161	14015
明水县	1662	3664	485	497	30851	34472	47586	41652	11148	8848
绥棱县	1377	2757	405	424	22957	27091	58545	55316	11875	10600
安达市	1807	4426	751	787	44567	51739	95001	86011	19483	17446
肇东市	4090	7214	2110	2099	97889	106070	171632	156240	36353	33636
海伦市	2077	4090	1025	1098	70151	79371	123847	112837	26291	22693
大兴安岭地区	**1743**	**3968**	**577**	**596**	**23909**	**30075**	**74866**	**69302**	**28477**	**25580**
漠河市	169	366	88	103	3686	4601	13045	11682	4597	4127
呼玛县	179	402	71	84	3696	4206	8525	7255	2633	2365
塔河县	369	881	89	55	3715	4765	11905	10608	4691	3967
加格达奇区	791	1644	279	291	9489	11638	28076	28293	12048	11586
松岭区	76	215	11	14	1103	1555	3959	3380	1311	1088
新林区	70	219	18	24	1263	1875	5366	4608	1627	1265
呼中区	89	241	21	25	957	1435	3990	3476	1570	1182

大学专科		大学本科及以上		平均受教育年限(年)			15岁及以上文盲人口(人)			文盲人口占15岁及以上人口比重(%)		
男	女	男	女	合计	男	女	合计	男	女	合计	男	女
2704	2424	1407	1471	9.65	9.80	9.50	1304	359	945	1.67	0.92	2.43
2702	2321	1510	1578	10.06	10.24	9.87	1122	279	843	1.99	0.98	3.01
7298	6778	4561	5213	9.36	9.51	9.20	5006	1462	3544	2.43	1.42	3.42
78302	**71055**	**62974**	**69172**	**9.67**	**9.77**	**9.57**	**28033**	**9016**	**19017**	**1.45**	**0.94**	**1.97**
15425	14772	19809	22717	11.04	11.09	10.99	1301	409	892	0.49	0.32	0.65
12278	10722	9221	10113	11.11	11.21	11.01	1314	627	687	0.81	0.79	0.82
3328	3042	1595	1630	9.49	9.58	9.39	775	245	530	0.69	0.43	0.94
10503	10323	7706	8217	9.62	9.68	9.54	3236	1043	2193	1.35	0.86	1.85
7572	6822	4041	4422	8.89	9.02	8.75	5120	1627	3493	1.99	1.26	2.75
3670	3231	2425	2553	9.14	9.31	8.97	2879	920	1959	2.22	1.41	3.03
4904	4240	2783	3071	9.08	9.22	8.94	3308	1045	2263	2.12	1.32	2.93
5858	5087	4535	4900	9.30	9.46	9.15	3028	874	2154	1.98	1.14	2.82
11360	9874	8209	8849	9.40	9.52	9.29	5556	1788	3768	1.51	0.97	2.06
3404	2942	2650	2700	9.27	9.43	9.11	1516	438	1078	1.79	1.02	2.59
28524	**23357**	**16588**	**17091**	**9.38**	**9.57**	**9.20**	**11906**	**3538**	**8368**	**1.94**	**1.14**	**2.75**
3425	2749	1336	1449	8.72	8.91	8.53	3267	989	2278	2.27	1.35	3.24
15804	12863	10576	10706	10.66	10.89	10.44	2181	554	1627	1.22	0.63	1.79
3851	3124	2185	2176	8.90	9.10	8.68	3221	969	2252	2.85	1.67	4.11
5444	4621	2491	2760	8.93	9.09	8.76	3237	1026	2211	1.81	1.14	2.50
93634	**85809**	**63430**	**67571**	**9.74**	**9.86**	**9.63**	**31118**	**8995**	**22123**	**1.52**	**0.88**	**2.14**
14027	13778	12818	13527	10.94	11.00	10.88	1466	394	1072	0.75	0.41	1.07
7409	6640	4139	4594	9.51	9.64	9.37	3563	1062	2501	2.06	1.23	2.89
15604	14441	9712	10716	10.66	10.73	10.59	2473	662	1811	0.97	0.55	1.36
16655	15237	10508	11026	10.81	10.94	10.69	1780	473	1307	0.82	0.45	1.17
6237	5138	3528	3781	8.74	8.91	8.57	4072	1260	2812	1.91	1.15	2.69
4063	3938	4508	4527	9.94	10.04	9.84	1223	330	893	1.24	0.67	1.81
9047	8155	5495	5712	9.33	9.49	9.18	4162	1236	2926	1.57	0.94	2.20
8182	7483	5344	5683	9.15	9.28	9.02	4136	1227	2909	1.44	0.85	2.01
5822	4900	3193	3433	9.13	9.31	8.95	4306	1277	3029	2.48	1.45	3.52
6588	6099	4185	4572	9.34	9.49	9.20	3937	1074	2863	2.28	1.23	3.35
46359	**40538**	**37563**	**41649**	**9.55**	**9.71**	**9.39**	**24379**	**6973**	**17406**	**2.11**	**1.21**	**3.02**
11035	10178	14329	16954	10.56	10.61	10.50	2906	762	2144	1.45	0.77	2.10
2976	2582	1932	2150	9.37	9.55	9.19	1568	460	1108	2.14	1.25	3.04
2533	2107	1499	1644	9.14	9.32	8.96	1557	447	1110	2.40	1.37	3.46
10267	9254	6623	6865	9.40	9.57	9.24	6321	1908	4413	2.27	1.37	3.17
9070	7360	6158	6274	9.37	9.59	9.14	5019	1381	3638	2.29	1.25	3.37
10478	9057	7022	7762	9.29	9.46	9.12	7008	2015	4993	2.22	1.28	3.15
73681	**64299**	**50404**	**54154**	**8.69**	**8.83**	**8.54**	**58361**	**18064**	**40297**	**1.74**	**1.07**	**2.41**
17613	15600	16441	19015	9.31	9.42	9.20	6062	1780	4282	0.97	0.57	1.36
5618	4829	2658	2734	8.21	8.39	8.02	6214	1922	4292	2.43	1.49	3.39
5690	4755	3761	3550	8.39	8.61	8.16	7810	2292	5518	2.86	1.66	4.09
5015	4322	3283	3330	8.44	8.63	8.25	5590	1668	3922	2.19	1.30	3.08
6109	5165	3302	3452	8.77	8.91	8.63	3343	1133	2210	1.43	0.96	1.90
3930	3317	2057	2028	8.41	8.63	8.19	4815	1422	3393	2.74	1.59	3.91
4684	3935	3158	3337	8.90	9.05	8.74	3983	1294	2689	2.10	1.37	2.82
7725	6727	5405	5962	8.81	8.96	8.65	5928	1662	4266	1.84	1.03	2.66
9347	8577	5746	5952	8.48	8.59	8.38	9809	3354	6455	1.66	1.12	2.20
7950	7072	4593	4794	8.56	8.70	8.42	4807	1537	3270	1.12	0.71	1.54
18406	**15816**	**14330**	**14816**	**10.18**	**10.37**	**10.00**	**4780**	**1396**	**3384**	**1.57**	**0.91**	**2.23**
3066	2481	2303	2251	10.25	10.41	10.07	348	94	254	0.70	0.37	1.05
1494	1362	1458	1465	9.71	9.84	9.58	522	153	369	1.59	0.91	2.31
2915	2301	1705	1877	9.99	10.23	9.75	1155	324	831	2.43	1.34	3.56
7861	7265	6806	6914	10.37	10.54	10.21	2008	631	1377	1.61	1.03	2.16
980	763	589	727	10.13	10.35	9.90	243	57	186	1.59	0.74	2.48
1115	902	830	863	10.11	10.35	9.85	207	54	153	1.07	0.54	1.63
975	742	639	719	10.20	10.47	9.90	297	83	214	1.92	1.04	2.85

表4 续表 14

地区	6岁及以上各种受教育程度人口(人)									
	未上过学		学前教育		小学		初中		高中	
	男	女	男	女	男	女	男	女	男	女
上海市	**90445**	**344118**	**45161**	**45269**	**1363711**	**1591942**	**3940356**	**3256066**	**2543192**	**2187167**
市辖区	**90445**	**344118**	**45161**	**45269**	**1363711**	**1591942**	**3940356**	**3256066**	**2543192**	**2187167**
黄浦区	1091	4621	1096	1116	29080	36004	115706	89869	78104	71103
徐汇区	1396	7383	1889	1824	39878	52952	115938	112342	112196	116296
长宁区	895	4659	1061	1066	22661	31308	72610	72900	71389	77082
静安区	1488	7064	1394	1535	32377	44083	110428	112765	115557	118593
普陀区	1984	10263	1703	1828	44208	58526	141351	138920	144331	143659
虹口区	955	5067	1264	1232	24412	33462	87419	86633	89459	93268
杨浦区	1769	9398	1643	1754	40100	56406	138967	140422	142889	143753
闵行区	7962	30745	5378	5275	135684	159149	376729	314676	260381	224480
宝山区	4869	20099	4233	4129	106969	128464	368372	308923	251305	215161
嘉定区	5555	21209	3541	3375	103026	119555	370844	280991	187204	141605
浦东新区	16254	69768	10336	10553	304568	362532	895849	746318	528074	444362
金山区	8646	29948	1489	1578	76470	79881	169203	127482	76430	55009
松江区	10964	38455	4063	3512	123897	134492	319334	246759	204020	143932
青浦区	10724	31481	2886	2828	106201	104919	266654	186735	126067	88239
奉贤区	9232	28929	2129	2175	105159	109777	240298	177946	103014	70943
崇明区	6661	25029	1056	1489	69021	80432	150654	112385	52772	39682
江苏省	**566110**	**2008125**	**255982**	**288035**	**8643044**	**10518602**	**15058047**	**13169935**	**7673049**	**6048813**
南京市	**58273**	**183807**	**22493**	**24435**	**673658**	**803439**	**1152285**	**995183**	**857847**	**744338**
玄武区	559	1661	914	972	22849	29708	44452	44084	44906	48043
秦淮区	1880	7890	1640	1546	34213	43764	80580	83669	87431	90249
建邺区	1745	5691	1213	1211	28730	31397	53301	48561	48042	48344
鼓楼区	2483	9573	1952	1981	45906	54757	83594	89255	90209	96551
浦口区	5088	15922	3069	3104	82645	102256	141747	118837	97547	83054
栖霞区	3319	13325	1879	1864	53334	63052	125968	101769	99263	80404
雨花台区	3256	12242	1260	1228	36432	41364	77948	64881	56073	48375
江宁区	16240	44094	5015	5327	151081	167629	245388	203609	163111	129043
六合区	8617	38124	2468	3274	95421	129286	155838	124536	90124	66450
溧水区	5596	13794	1545	2011	60797	68952	77338	61441	45586	30452
高淳区	9490	21491	1538	1917	62250	71274	66131	54541	35555	23373
无锡市	**20742**	**78582**	**16385**	**15970**	**626185**	**763983**	**1423334**	**1239119**	**698189**	**561996**
锡山区	2170	8581	1740	1756	84352	100357	193786	154491	75929	55598
惠山区	3351	11681	2145	1926	80103	90252	184087	152961	75963	56827
滨湖区	2761	9796	2108	2024	58573	69036	138330	122533	80687	70704
梁溪区	2187	9325	2080	1911	57548	73495	145736	143107	104882	98543
新吴区	1290	5211	1812	1650	50497	63900	133948	116896	71292	55333
江阴市	4316	18964	3822	3739	156991	194149	363329	316341	183904	143081
宜兴市	4667	15024	2678	2964	138121	172794	264118	232790	105532	81910
徐州市	**69632**	**215510**	**33228**	**34940**	**1109469**	**1297417**	**1698844**	**1531043**	**694871**	**566571**
鼓楼区	1202	3863	994	939	26621	30633	60164	60767	48235	46905
云龙区	1593	5063	1231	1163	33021	35880	57615	59473	42882	42272
贾汪区	6510	18033	1723	1557	58918	63319	92630	79431	34251	24696
泉山区	1906	7004	1449	1381	36330	43217	73073	80549	69328	69524
铜山区	9689	29547	4244	4313	158919	178456	250220	220413	80143	62308
丰县	5644	22250	3892	3873	118915	150487	195522	175170	66260	48680
沛县	7040	24079	3448	3936	126991	151622	223973	209188	67080	50687
睢宁县	11085	36316	4526	5786	151177	189205	215044	179758	75759	53674
徐州经济技术开发区	2315	7374	1245	1193	35545	39337	63227	57943	35423	28399
新沂市	10931	31729	3544	3708	134901	157759	188967	160281	69632	54191
邳州市	11717	30252	6932	7091	228131	257502	278409	248070	105878	85235
常州市	**22152**	**79029**	**11534**	**11202**	**451211**	**540677**	**1022685**	**912072**	**476043**	**384591**
天宁区	1580	6536	1360	1212	46761	57100	115349	109716	62958	59056
钟楼区	2253	7864	1257	1215	45016	54022	111095	101712	64018	57692
新北区	2225	11308	1818	1764	69280	87922	157842	142914	74640	58528
武进区	5566	18702	3992	3803	151684	174013	368547	314061	134729	104616
金坛区	4207	14798	1151	1223	59289	74108	116061	107721	54808	40115
溧阳市	6321	19821	1956	1985	79181	93512	153791	135948	84890	64584
苏州市	**69829**	**229752**	**37405**	**40017**	**1163048**	**1321998**	**2296468**	**1878971**	**1220970**	**922351**
虎丘区	4884	18820	2369	2451	66769	73996	125945	97297	84097	60344
吴中区	10046	29003	5871	6138	126484	140888	239703	191030	138546	104592

大学专科		大学本科及以上		平均受教育年限(年)			15岁及以上文盲人口(人)			文盲人口占15岁及以上人口比重(%)		
男	女	男	女	合计	男	女	合计	男	女	合计	男	女
1630768	**1441055**	**2720762**	**2631629**	**11.50**	**11.66**	**11.33**	**401232**	**80974**	**320258**	**1.79**	**0.70**	**2.96**
1630768	**1441055**	**2720762**	**2631629**	**11.50**	**11.66**	**11.33**	**401232**	**80974**	**320258**	**1.79**	**0.70**	**2.96**
39013	35750	68266	70636	11.61	11.64	11.58	4298	781	3517	0.71	0.25	1.21
73735	73713	176772	187088	12.61	12.72	12.50	7571	1125	6446	0.75	0.23	1.24
45053	47346	104181	116972	12.60	12.69	12.52	4636	728	3908	0.73	0.24	1.17
71433	67269	124987	131870	12.34	12.49	12.19	7877	1316	6561	0.89	0.31	1.44
91847	86623	161661	166799	12.32	12.48	12.17	10800	1568	9232	0.96	0.28	1.61
55396	51228	102255	101868	12.37	12.54	12.20	4995	693	4302	0.72	0.20	1.21
85631	78827	181216	176302	12.41	12.62	12.21	9637	1370	8267	0.85	0.25	1.44
182060	165244	344844	319715	11.85	12.00	11.68	34578	6622	27956	1.46	0.54	2.45
168876	141946	213787	201559	11.56	11.71	11.40	23075	4316	18759	1.15	0.41	1.95
117556	97704	156016	140976	11.06	11.21	10.88	25092	4805	20287	1.52	0.54	2.67
377093	330298	684398	644122	11.62	11.79	11.43	77994	13990	64004	1.53	0.53	2.62
44526	35702	43986	39915	9.88	10.26	9.46	37546	8440	29106	5.03	2.12	8.34
122294	104042	185923	172800	11.12	11.33	10.88	46718	10094	36624	2.74	1.11	4.62
71750	59797	81688	76690	10.32	10.52	10.08	39385	9683	29702	3.40	1.52	5.67
60183	48036	69114	65305	10.09	10.35	9.79	36513	8878	27635	3.53	1.59	5.80
24322	17530	21668	19012	9.16	9.62	8.64	30517	6565	23952	5.13	2.10	8.47
4412757	**3774725**	**3958189**	**3671094**	**9.83**	**10.19**	**9.46**	**2210138**	**460255**	**1749883**	**3.08**	**1.27**	**4.90**
674750	**597729**	**1044618**	**964377**	**11.36**	**11.65**	**11.06**	**198742**	**45514**	**153228**	**2.45**	**1.10**	**3.83**
36537	37186	105983	96953	12.93	13.10	12.75	1241	271	970	0.26	0.11	0.40
59507	58161	83316	76069	11.99	12.24	11.75	7962	1412	6550	1.21	0.44	1.94
42610	41127	77866	75464	12.32	12.45	12.20	6235	1376	4859	1.35	0.60	2.09
69544	71566	140879	141170	12.42	12.60	12.25	9221	1728	7493	1.12	0.44	1.75
85759	74448	150789	125588	11.57	11.87	11.24	15865	3881	11984	1.58	0.74	2.48
76649	63133	125070	129196	11.95	12.10	11.79	15045	2803	12242	1.71	0.62	2.89
47985	40477	75820	65975	11.67	11.96	11.35	14003	2827	11176	2.63	1.02	4.38
147617	126828	212265	189258	11.22	11.51	10.91	54500	14043	40457	3.25	1.61	5.03
61183	46963	38300	32418	9.64	10.28	8.99	37430	6601	30829	4.55	1.59	7.56
28411	22825	21841	21679	9.64	10.00	9.24	13193	3586	9607	3.12	1.63	4.73
18948	15015	12489	10607	8.67	9.20	8.12	24047	6986	17061	6.50	3.72	9.38
468284	**400336**	**394401**	**368719**	**10.39**	**10.62**	**10.15**	**79228**	**15728**	**63500**	**1.22**	**0.47**	**2.01**
46416	38961	36952	33960	9.97	10.19	9.72	7085	1290	5795	0.93	0.32	1.61
61672	53912	35745	33488	10.20	10.40	9.97	13879	3005	10874	1.81	0.75	2.97
71620	61470	90484	87070	11.42	11.60	11.22	10456	2168	8288	1.31	0.53	2.12
78412	69985	75815	73249	11.31	11.54	11.08	10782	1964	8818	1.25	0.46	2.03
55962	46406	39406	33835	10.74	10.98	10.47	5478	1006	4472	0.88	0.31	1.51
91720	75965	69105	63397	10.04	10.30	9.76	22679	4182	18497	1.46	0.52	2.46
62482	53637	46894	43720	9.69	9.96	9.41	8869	2113	6756	0.78	0.37	1.21
377239	**321750**	**247396**	**231715**	**9.19**	**9.52**	**8.86**	**237391**	**54357**	**183034**	**3.37**	**1.56**	**5.12**
39468	32808	22799	22017	11.19	11.41	10.97	3885	819	3066	1.09	0.46	1.72
34960	32925	42992	42453	11.40	11.57	11.24	6011	1339	4672	1.58	0.72	2.40
14527	10766	7279	8237	8.63	9.02	8.23	22595	5862	16733	6.37	3.29	9.47
53212	50529	48203	45613	11.50	11.75	11.27	7597	1460	6137	1.46	0.58	2.28
40553	35244	39187	36781	9.04	9.34	8.74	33854	7918	25936	3.52	1.65	5.38
30834	24067	11360	9909	8.71	9.12	8.30	25258	4946	20312	3.48	1.39	5.48
35156	27473	15784	13037	8.80	9.17	8.43	26984	5723	21261	3.40	1.48	5.24
31724	24886	14673	12832	8.44	8.92	7.96	35777	7691	28086	4.26	1.86	6.59
27102	24073	14028	11945	10.14	10.43	9.84	8955	2047	6908	3.01	1.36	4.70
31368	26428	13589	13211	8.60	8.97	8.21	33012	7952	25060	4.54	2.22	6.80
38335	32551	17502	15680	8.52	8.79	8.24	33463	8600	24863	3.06	1.60	4.47
313645	**257740**	**270844**	**249811**	**10.23**	**10.50**	**9.93**	**84407**	**17209**	**67198**	**1.84**	**0.74**	**3.00**
42879	40370	45543	44375	10.84	11.03	10.66	6971	1297	5674	1.20	0.45	1.94
43221	36962	49868	48581	10.93	11.14	10.71	7868	1533	6335	1.38	0.53	2.24
58311	50691	59160	52546	10.59	10.89	10.27	11351	1725	9626	1.51	0.45	2.61
110007	83181	70712	65637	10.09	10.33	9.83	19541	4110	15431	1.33	0.53	2.20
28267	21754	18187	16434	9.51	9.93	9.08	16131	3445	12686	3.11	1.32	4.93
30960	24782	27374	22238	9.53	9.91	9.13	22545	5099	17446	3.27	1.44	5.20
801260	**698032**	**704478**	**666415**	**10.30**	**10.55**	**10.03**	**226694**	**47076**	**179618**	**2.06**	**0.82**	**3.40**
61686	57427	64681	61863	10.88	11.12	10.62	20862	4140	16722	2.94	1.11	4.95
93650	82465	72587	69567	10.29	10.54	10.02	25809	5643	20166	2.14	0.89	3.50

表4 续表 15

地 区	6岁及以上各种受教育程度人口(人)									
	未上过学		学前教育		小学		初中		高中	
	男	女	男	女	男	女	男	女	男	女
相城区	5685	17364	3481	3795	94444	102242	172294	131630	73949	53268
姑苏区	3301	12104	1979	2170	56262	70857	122455	120503	98987	94008
吴江区	12532	36154	5314	6104	172526	186556	317546	254513	134462	96169
苏州工业园区	5239	18158	3278	3388	81786	92435	126557	106548	111831	84009
常熟市	6718	27963	2349	2249	156480	187696	378892	316777	136713	100751
张家港市	6170	24921	3546	3934	146587	173394	281657	237438	120596	93931
昆山市	9690	26480	7036	6992	174897	197832	352688	282935	252968	184285
太仓市	5564	18785	2182	2796	86813	96102	178731	140300	68821	50994
南通市	**48065**	**181181**	**20822**	**25478**	**860690**	**1101811**	**1477185**	**1370953**	**637620**	**531748**
崇川区	2919	11706	2054	2036	45499	54686	90066	90762	77943	75206
港闸区	2348	9005	1119	1210	33226	38156	67347	58968	35929	29542
通州区	8191	30578	3403	4340	158350	201629	254975	235201	96606	77349
如东县	9664	32393	2245	3293	125692	149778	162801	154950	71327	57840
南通经济技术开发区	1437	4020	948	899	29157	32773	59602	45603	32916	26056
启东市	5581	22154	2457	3049	112592	146352	212949	201186	65922	58969
如皋市	6664	26113	3909	4759	162489	229232	235162	213386	97690	74652
海门市	4731	18504	2483	2759	94203	125326	223948	215142	80480	70413
海安市	6530	26708	2204	3133	99482	123879	170335	155755	78807	61721
连云港市	**39476**	**122419**	**19067**	**19823**	**501874**	**601354**	**773911**	**674919**	**470949**	**384192**
连云区	1820	6041	637	656	17006	19171	33318	26852	24264	17535
海州区	6004	19469	2603	2494	64677	74702	111602	105689	75854	66876
赣榆区	9212	26823	4325	4114	108794	121007	137331	128604	118535	106390
东海县	6555	16896	3743	3859	117642	136934	171272	161629	126886	107528
灌云县	7763	27420	3614	3630	95786	126671	161623	122775	52933	32853
灌南县	5840	18893	3297	4316	81644	104873	133332	105566	47134	31871
连云港经济技术开发区	1272	3966	335	273	7417	8190	12572	11198	12244	9534
连云港高新技术产业开发区	1010	2911	513	481	8908	9806	12861	12606	13099	11605
淮安市	**37640**	**137422**	**15465**	**16947**	**512034**	**674825**	**854949**	**743343**	**402270**	**302022**
淮安区	10292	37956	2623	3055	109286	134348	152183	123928	58168	40325
淮阴区	5409	19265	2869	2876	78701	105194	157824	134513	66961	46370
清江浦区	2128	9004	1618	1579	47818	60604	84848	86390	60264	54669
洪泽区	3277	10909	1008	1779	35126	48387	54116	44788	26869	19035
涟水县	4487	17897	2443	2357	85918	116027	176244	161630	78946	60581
盱眙县	6942	23765	2314	2461	81845	113757	121111	93948	46677	32273
金湖县	2206	9078	854	1184	34607	50461	48714	41611	31275	20362
淮安经济技术开发区	2899	9548	1736	1656	38733	46047	59909	56535	33110	28407
盐城市	**62399**	**264496**	**22626**	**27534**	**787118**	**978762**	**1311256**	**1137979**	**632131**	**442479**
亭湖区	4972	18272	2589	2468	71890	87955	122359	116349	94471	77029
盐都区	6166	27962	3088	3556	91467	107863	135234	123000	86468	62936
大丰区	7355	32146	1725	2744	70120	86276	123723	107503	65406	45297
响水县	7834	28103	1979	1896	60027	69703	98976	78712	32182	19974
滨海县	10463	38910	2526	2608	108317	127570	183517	149964	59021	41052
阜宁县	6922	27928	3603	3360	103907	125880	171411	148755	63090	44087
射阳县	5448	27077	2330	3345	93828	127061	157885	131172	72069	47654
建湖县	3211	14748	1769	2771	72596	96231	125198	114940	58558	38869
盐城经济技术开发区	817	3933	329	320	10234	13244	18334	14811	10281	6034
东台市	9211	45417	2688	4466	104732	136979	174619	152773	90585	59547
扬州市	**43521**	**162673**	**15433**	**21752**	**507116**	**621073**	**782613**	**703817**	**395595**	**308639**
广陵区	3154	10276	2043	2273	56479	67723	105855	94444	67225	53630
邗江区	6128	18935	2477	2647	71626	86159	107400	105345	73654	67207
江都区	7714	32566	3168	4812	117807	147518	177703	164614	69998	53933
宝应县	9631	37079	2590	3483	90192	112445	128765	110430	55419	38686
扬州经济技术开发区	1518	5880	630	712	18595	22419	33756	31048	22133	18849
仪征市	5729	21362	1749	2909	59941	71962	93080	81207	51346	38345
高邮市	9647	36575	2776	4916	92476	112847	136054	116729	55820	37989
镇江市	**14796**	**59778**	**7885**	**8973**	**288277**	**382334**	**595772**	**533302**	**316388**	**239273**
京口区	1134	4032	863	861	20649	26344	45438	45643	35140	34156
润州区	1300	4250	1067	991	20788	26391	47601	46495	32893	30097
丹徒区	2063	8682	836	1090	34347	44471	67014	54745	29545	21151
镇江新区	1272	4014	749	771	22645	28141	47714	43969	28717	21763

大学专科		大学本科及以上		平均受教育年限(年)			15岁及以上文盲人口(人)			文盲人口占15岁及以上人口比重(%)		
男	女	男	女	合计	男	女	合计	男	女	合计	男	女
52176	46273	42786	38055	9.92	10.17	9.64	19098	4391	14707	2.50	1.08	4.09
71470	67801	79792	79542	11.40	11.62	11.18	11904	2257	9647	1.47	0.57	2.33
75026	63970	53696	49328	9.52	9.81	9.20	35426	8223	27203	2.63	1.16	4.26
88051	77184	132952	129556	11.63	11.84	11.40	20899	4315	16584	2.20	0.88	3.61
87082	70666	66592	64647	9.84	10.12	9.54	27849	4827	23022	1.87	0.62	3.21
78033	65450	63482	58935	9.88	10.18	9.57	25531	4639	20892	2.07	0.73	3.48
149800	130257	96986	85794	10.52	10.73	10.28	21153	4900	16253	1.19	0.52	1.96
44286	36539	30924	29128	9.67	9.97	9.35	18163	3741	14422	2.49	0.97	4.17
335379	**300636**	**260437**	**255117**	**9.43**	**9.79**	**9.08**	**205090**	**41366**	**163724**	**2.98**	**1.23**	**4.66**
72072	65987	75381	77066	11.72	11.96	11.49	13454	2586	10868	1.97	0.77	3.12
29468	27953	24535	22050	10.54	10.83	10.24	9936	1915	8021	2.83	1.08	4.64
42881	38814	26287	26741	8.97	9.33	8.63	34231	7013	27218	3.06	1.28	4.75
24710	20872	18983	17845	8.66	9.09	8.25	34276	7531	26745	4.25	1.92	6.45
29319	23577	14635	12864	10.56	10.77	10.31	5311	1339	3972	1.84	0.87	2.97
28399	27759	23085	24253	9.02	9.33	8.74	25725	4985	20740	2.94	1.18	4.56
38230	34102	28696	26580	8.88	9.31	8.48	30841	6122	24719	2.84	1.17	4.39
34900	31624	24438	24588	9.36	9.66	9.08	20969	4088	16881	2.37	0.95	3.71
35400	29948	24397	23130	9.23	9.67	8.80	30347	5787	24560	3.84	1.48	6.14
222230	**190958**	**140080**	**121056**	**9.51**	**9.88**	**9.12**	**149859**	**35419**	**114440**	**4.15**	**1.96**	**6.33**
14743	10131	11009	7553	10.25	10.75	9.67	7219	1683	5536	4.18	1.81	6.96
49656	44933	36866	33081	10.28	10.62	9.94	23685	5381	18304	3.91	1.80	5.97
61329	51435	29021	24173	9.80	10.15	9.45	33442	8259	25183	4.30	2.15	6.40
42433	35716	19983	17940	9.49	9.76	9.21	19991	5384	14607	2.53	1.37	3.67
15792	11344	8969	6998	8.28	8.83	7.70	34390	7621	26769	6.02	2.63	9.53
13243	9892	7541	6195	8.38	8.86	7.88	22199	4934	17265	4.67	2.06	7.30
5900	4622	3737	3313	10.05	10.55	9.52	5288	1264	4024	6.98	3.27	10.84
19134	22885	22954	21803	12.62	12.74	12.50	3645	893	2752	2.50	1.27	3.64
182765	**150782**	**129776**	**121016**	**9.18**	**9.65**	**8.72**	**153885**	**31890**	**121995**	**4.10**	**1.72**	**6.42**
24272	18029	15142	12701	8.42	9.02	7.82	43258	9052	34206	6.60	2.80	10.33
23710	18354	19662	22420	9.15	9.55	8.74	24359	5236	19123	3.98	1.71	6.25
38644	33508	37414	36862	10.65	10.97	10.34	9959	1829	8130	2.03	0.77	3.21
9159	7516	5357	4580	8.71	9.28	8.14	12320	2740	9580	4.99	2.25	7.67
28129	21356	10916	8873	9.07	9.49	8.65	20829	3963	16866	3.15	1.22	5.03
14816	12585	10878	9399	8.41	8.97	7.87	21051	4495	16556	4.25	1.84	6.59
12784	9880	6721	5922	9.10	9.72	8.48	10135	1871	8264	3.96	1.47	6.40
31251	29554	23686	20259	10.36	10.70	10.02	11974	2704	9270	3.60	1.65	5.48
238482	**192642**	**155342**	**130860**	**8.93**	**9.48**	**8.38**	**303826**	**57164**	**246662**	**5.33**	**2.02**	**8.60**
48521	39000	39878	32937	10.19	10.61	9.76	20926	4168	16758	3.06	1.22	4.90
43913	40808	28272	23307	9.56	10.03	9.08	30263	5207	25056	4.33	1.51	7.09
27154	22110	16111	14312	9.04	9.66	8.41	37830	7030	30800	6.51	2.42	10.57
10817	7772	6781	5405	8.13	8.78	7.45	34517	7532	26985	9.54	4.16	14.94
16785	12706	11594	9011	8.29	8.83	7.74	48290	10311	37979	7.39	3.16	11.61
18655	14869	10053	8126	8.49	8.96	8.02	32199	6274	25925	4.96	1.96	7.90
21981	16975	10917	8785	8.67	9.26	8.08	31003	5181	25822	4.74	1.59	7.86
19516	14362	11479	8906	8.94	9.44	8.43	14316	2413	11903	2.71	0.92	4.47
4362	3054	4790	7132	9.67	10.10	9.23	4755	822	3933	5.31	1.84	8.77
26778	20986	15467	12939	8.65	9.34	7.98	49727	8226	41501	6.20	2.09	10.19
235920	**198925**	**186151**	**175385**	**9.48**	**9.96**	**9.01**	**181479**	**36941**	**144538**	**4.50**	**1.85**	**7.09**
37570	32468	25704	23875	10.15	10.44	9.84	11047	2405	8642	2.05	0.88	3.27
68586	60395	73539	72800	10.96	11.29	10.65	20369	4812	15557	2.72	1.31	4.08
36242	30834	22855	21302	8.91	9.40	8.45	34529	6462	28067	4.16	1.60	6.58
21985	17210	13809	11288	8.46	9.11	7.83	42423	8563	33860	7.08	2.92	11.05
20006	16968	17305	17029	10.85	11.22	10.49	6392	1234	5158	3.06	1.18	4.94
26456	20547	17850	15197	9.29	9.85	8.73	24557	4950	19607	5.21	2.09	8.37
25075	20503	15089	13894	8.56	9.18	7.96	42162	8515	33647	6.62	2.71	10.44
176384	**146352**	**154300**	**137261**	**10.02**	**10.41**	**9.62**	**64852**	**11843**	**53009**	**2.29**	**0.83**	**3.79**
26419	22564	42395	35209	11.61	11.95	11.27	4223	765	3458	1.34	0.48	2.20
20262	16808	19411	17499	10.74	11.04	10.43	4616	1002	3614	1.75	0.76	2.73
17016	14784	21495	15421	9.85	10.33	9.33	9624	1666	7958	3.11	1.04	5.33
18377	13575	9913	8816	10.17	10.53	9.78	4493	944	3549	1.96	0.80	3.20

表4 续表 16

地区	6岁及以上各种受教育程度人口(人)									
	未上过学		学前教育		小学		初中		高中	
	男	女	男	女	男	女	男	女	男	女
丹阳市	3095	15768	2144	2448	91036	125764	218189	193150	96277	66365
扬中市	1340	6790	802	988	33815	44349	53700	48578	30256	20753
句容市	4592	16242	1424	1824	64997	86874	116116	100722	63560	44988
泰州市	**32430**	**140735**	**13251**	**19334**	**530920**	**678219**	**810753**	**708887**	**399865**	**291945**
海陵区	3932	16691	1572	2066	52184	63661	82495	78115	53076	43974
高港区	893	4886	541	722	27233	39570	47841	42160	22941	15814
姜堰区	6238	22697	2445	3609	83272	103984	117536	109498	55732	43896
泰州医药高新技术产业开发区	1072	5109	660	595	19372	24536	35699	31606	16821	12743
兴化市	14383	61157	4497	7608	175116	203078	214804	161967	94667	58060
靖江市	1293	7234	924	1011	62092	87096	122733	112745	65736	51983
泰兴市	4619	22961	2612	3723	111651	156294	189645	172796	90892	65475
宿迁市	**47155**	**152741**	**20388**	**21630**	**631444**	**752710**	**857992**	**740347**	**470311**	**368668**
宿城区	7595	28488	3012	2977	104075	125838	144232	121171	66632	50968
宿豫区	6591	22414	2132	1956	74349	89803	102148	81042	54217	37151
沭阳县	14183	40230	7656	7791	232725	265866	282013	246999	163187	131603
泗阳县	6027	25598	3141	3902	84269	110401	159586	140665	90985	72748
泗洪县	11048	29653	3548	4163	112945	135176	138587	122486	77710	62288
宿迁经济技术开发区	1711	6358	899	841	23081	25626	31426	27984	17580	13910
浙江省	**561873**	**1604137**	**183874**	**202427**	**8205712**	**8786312**	**11865837**	**9251458**	**5366119**	**4031518**
杭州市	**61004**	**202164**	**27910**	**29329**	**1175904**	**1280891**	**1763259**	**1367178**	**1033600**	**800477**
上城区	805	3338	722	803	21379	25949	54017	46433	32076	30995
下城区	1297	5415	900	1014	25932	32318	52538	51369	42505	42537
江干区	4489	13270	3338	3372	98481	102182	177136	139869	133286	107065
拱墅区	1919	6939	1451	1590	41665	47478	66494	60122	55383	50126
西湖区	2881	8804	2681	2652	73698	82166	102203	85711	88657	76627
滨江区	1505	5876	1096	1130	33436	35531	39790	31889	30619	27156
萧山区	13942	49362	3980	4151	277440	299153	388326	274450	189518	128419
余杭区	15216	42924	6793	6270	259319	263277	409535	300386	206394	148574
富阳区	4568	13330	2069	1906	105842	115061	145878	113137	79774	59045
临安区	2621	7534	1545	1967	78529	89082	118704	93299	55918	42002
桐庐县	4341	14681	1361	1425	56542	61463	82597	69265	42764	31999
淳安县	4025	20323	733	1430	43071	53942	52485	38933	32550	22928
建德市	3395	10368	1241	1619	60570	73289	73556	62315	44156	33004
宁波市	**47916**	**135853**	**23182**	**25125**	**1155682**	**1283093**	**1829544**	**1454424**	**743494**	**554046**
海曙区	3607	10636	2339	2459	107720	124684	187330	156222	88004	70764
江北区	2396	5780	1195	1117	49228	52799	87651	68439	38818	30779
北仑区	3504	9362	1855	1864	87079	91296	180111	137744	74440	50485
镇海区	1928	5436	1263	1273	59955	62167	100743	76816	41262	30370
鄞州区	6054	16978	3857	3968	157803	178393	242379	203891	122512	102288
奉化区	2311	7251	1276	1643	86519	97263	114437	91498	47900	33364
象山县	6746	17562	1866	2583	88352	97772	101944	83910	41467	33291
宁海县	4159	13172	1687	1873	99500	114786	131219	105343	58580	40838
余姚市	8226	21670	3816	4139	171161	191083	269171	214161	96548	70562
慈溪市	8985	28006	4028	4206	248365	272850	414559	316400	133963	91305
温州市	**151617**	**373232**	**33851**	**34417**	**1413793**	**1383960**	**1753136**	**1291319**	**799269**	**582221**
鹿城区	6115	18489	2759	2801	111605	120204	232786	181669	104758	87836
龙湾区	5012	12702	1245	1144	64544	58723	100417	64965	43652	29423
瓯海区	11126	29199	2348	2476	118395	110499	196906	135570	84107	57644
洞头区	2161	8314	284	311	19878	20397	26229	17852	13058	9027
永嘉县	14180	37872	3033	3143	139812	131323	155679	112915	79442	56639
平阳县	19462	45919	3632	3480	150261	145975	139044	104344	63209	46814
苍南县	22750	48861	3758	3677	151313	151010	124683	95782	62756	44984
文成县	5811	10270	1333	1349	54096	49200	52748	43541	19141	15382
泰顺县	7374	13041	1111	1188	55651	51360	34632	28649	17523	13376
温州经济技术开发区	3324	7018	946	782	32962	30172	59582	38357	24085	13534
瑞安市	34066	82364	5056	5061	233032	220181	288037	211862	114390	82657
乐清市	13102	38822	6340	6925	204210	215419	269620	203436	134362	98973
龙港市	7134	20361	2006	2080	78034	79497	72773	52377	38786	25932

大学专科		大学本科及以上		平均受教育年限(年)			15岁及以上文盲人口(人)			文盲人口占15岁及以上人口比重(%)		
男	女	男	女	合计	男	女	合计	男	女	合计	男	女
38862	32674	28389	29542	9.56	9.92	9.20	15807	2369	13438	1.82	0.54	3.13
20045	16266	11897	11096	9.81	10.28	9.34	7472	1172	6300	2.69	0.84	4.57
35403	29681	20800	19678	9.65	10.09	9.19	18617	3925	14692	3.30	1.38	5.25
212829	**169512**	**154977**	**144955**	**9.32**	**9.82**	**8.82**	**149116**	**26317**	**122799**	**3.77**	**1.35**	**6.14**
39781	34148	36775	41201	10.43	10.81	10.07	18431	3326	15105	3.65	1.35	5.81
14095	10977	8652	8241	9.60	10.09	9.10	4863	680	4183	2.16	0.61	3.68
28939	23653	21380	19064	9.11	9.61	8.64	24662	5081	19581	4.16	1.76	6.43
16536	14847	14611	14607	10.50	10.86	10.15	5781	926	4855	3.03	0.98	5.06
29878	21276	17643	13136	8.17	8.86	7.46	65114	11727	53387	6.69	2.40	11.04
38069	30467	28185	26414	10.06	10.43	9.69	7039	1035	6004	1.19	0.35	2.03
45531	34144	27731	22292	9.28	9.82	8.75	23226	3542	19684	2.65	0.82	4.43
173590	**149331**	**115389**	**104407**	**9.00**	**9.40**	**8.59**	**175569**	**39431**	**136138**	**4.60**	**2.09**	**7.07**
30722	27330	31111	31905	9.17	9.58	8.76	33319	6837	26482	5.10	2.13	7.99
26472	23830	11083	9880	8.97	9.45	8.47	27648	6030	21618	6.00	2.59	9.46
48335	40396	35486	28685	8.89	9.23	8.54	41385	10151	31234	3.26	1.60	4.91
24647	20244	16636	14379	9.12	9.59	8.65	28686	5235	23451	4.48	1.67	7.18
34884	30433	16938	15875	8.91	9.32	8.50	37007	9624	27383	5.72	3.04	8.27
8530	7098	4135	3683	9.14	9.56	8.71	7524	1554	5970	5.22	2.16	8.27
2877746	**2597582**	**2757655**	**2737329**	**9.51**	**9.76**	**9.23**	**1753644**	**437643**	**1316001**	**3.14**	**1.51**	**4.91**
755456	**693860**	**1036980**	**1012939**	**10.76**	**10.93**	**10.56**	**215816**	**46733**	**169083**	**2.08**	**0.87**	**3.40**
23206	22203	38388	40983	11.55	11.63	11.46	2920	519	2401	0.93	0.33	1.52
36457	36948	65677	67767	12.14	12.31	11.97	5469	960	4509	1.28	0.46	2.04
125323	117890	186406	188590	12.02	12.04	11.99	13992	3213	10779	1.08	0.48	1.73
49333	48672	81978	83684	12.00	12.12	11.87	7649	1562	6087	1.40	0.57	2.22
86825	81728	182733	171946	12.37	12.49	12.25	8015	1730	6285	0.83	0.35	1.34
47323	44597	89234	81431	12.65	12.80	12.49	6435	1233	5202	1.48	0.55	2.47
130815	113614	130440	124534	9.98	10.24	9.68	53561	11103	42458	2.71	1.05	4.60
145418	128305	162053	153117	10.33	10.49	10.13	48654	11918	36736	2.34	1.07	3.81
39258	35771	33951	35086	9.72	9.91	9.51	15989	3924	12065	2.22	1.04	3.51
26160	23934	31105	30992	9.75	9.94	9.55	7046	1701	5345	1.26	0.58	2.00
16741	15338	13271	15251	9.23	9.54	8.91	16051	3439	12612	4.09	1.72	6.55
12097	10466	9644	8445	8.75	9.50	8.00	21577	3474	18103	7.53	2.44	12.54
16500	14394	12100	11113	9.14	9.52	8.76	8458	1957	6501	2.20	1.00	3.41
432263	**399822**	**424910**	**420500**	**9.70**	**9.89**	**9.49**	**145728**	**35723**	**110005**	**1.77**	**0.83**	**2.78**
57264	54660	61476	61855	10.27	10.42	10.11	11399	2705	8694	1.25	0.58	1.95
29459	26886	33460	33960	10.46	10.56	10.36	6494	1802	4692	1.53	0.81	2.32
46959	37300	34267	30218	9.93	10.13	9.70	10961	2831	8130	1.50	0.71	2.45
29954	27893	31965	30012	10.19	10.31	10.07	6075	1547	4528	1.31	0.63	2.09
94643	97810	132284	133449	10.73	10.83	10.63	20041	5046	14995	1.46	0.73	2.20
20604	18573	15453	15833	9.13	9.36	8.88	8495	1911	6584	1.65	0.71	2.67
19668	17678	14132	14857	8.76	9.07	8.45	12604	3293	9311	2.55	1.32	3.80
26739	23029	18496	17555	9.10	9.42	8.77	13061	2920	10141	2.20	0.96	3.53
44532	39060	30319	31665	9.08	9.31	8.83	23375	6030	17345	2.11	1.05	3.26
62441	56933	53058	51096	9.15	9.38	8.90	33223	7638	25585	2.04	0.88	3.33
377918	**329954**	**252985**	**248839**	**8.88**	**9.19**	**8.52**	**445227**	**127252**	**317975**	**5.49**	**2.98**	**8.30**
60684	61519	58891	60269	10.17	10.28	10.06	22405	5456	16949	2.20	1.03	3.46
22010	18194	14371	13192	9.32	9.54	9.04	17510	5103	12407	4.28	2.23	6.86
41525	37314	41593	48345	9.56	9.72	9.37	35816	9757	26059	4.23	2.13	6.70
8969	5560	4839	4657	9.10	9.72	8.39	9265	1880	7385	7.15	2.72	12.19
29002	24797	15486	14149	8.58	8.94	8.16	46294	12432	33862	6.37	3.22	9.93
29999	26638	17868	16797	8.30	8.68	7.88	56417	16488	39929	7.79	4.40	11.45
30725	24111	14082	11934	8.08	8.54	7.58	63632	20056	43576	9.17	5.63	12.90
5925	5449	3996	4037	8.12	8.30	7.92	13767	4958	8809	5.78	3.96	7.78
7659	6550	4668	4407	7.91	8.19	7.61	16339	5736	10603	7.59	5.13	10.24
11915	7821	3941	2625	9.00	9.34	8.53	10124	3236	6888	4.61	2.55	7.43
49908	44626	32546	32058	8.45	8.83	8.02	105105	30528	74577	8.09	4.48	12.08
58956	51179	30500	28569	9.03	9.34	8.68	30700	7190	23510	2.54	1.14	4.08
20641	16196	10204	7800	8.59	9.07	8.05	17853	4432	13421	4.70	2.23	7.40

表4 续表 17

地区	6岁及以上各种受教育程度人口(人)									
	未上过学		学前教育		小学		初中		高中	
	男	女	男	女	男	女	男	女	男	女
嘉兴市	**36978**	**119246**	**12276**	**15272**	**706866**	**796527**	**1067785**	**830105**	**416494**	**293012**
南湖区	4018	13689	1801	2090	85781	98100	141027	112868	68359	54473
秀洲区	5834	18427	1605	1711	88766	97280	137368	105866	47192	32280
嘉善县	5621	16280	1696	1968	85459	91040	138563	104178	53717	35305
海盐县	4415	14563	1265	1650	61084	71445	87019	67046	34177	23282
海宁市	5896	23346	2314	3522	139235	155366	229224	172451	88398	59785
平湖市	5305	17561	1220	1298	93910	108182	131589	100902	48628	32970
桐乡市	5889	15380	2375	3033	152631	175114	202995	166794	76023	54917
湖州市	**21027**	**57976**	**9309**	**11025**	**483002**	**536883**	**643117**	**504894**	**269302**	**203265**
吴兴区	4882	13871	2621	3073	114863	130081	198179	160773	82128	65552
南浔区	5175	14221	1315	1568	97058	105850	108116	81418	34719	23829
德清县	2483	6656	1666	1935	87680	96533	98654	74858	45800	33232
长兴县	4901	12927	2077	2589	99064	112136	120643	98404	57651	44717
安吉县	3586	10301	1630	1860	84337	92283	117525	89441	49004	35935
绍兴市	**24962**	**77339**	**14268**	**17373**	**617628**	**737019**	**1040197**	**876762**	**455087**	**348215**
越城区	3583	10820	3263	4304	112888	138494	161762	139473	83844	69425
柯桥区	6298	19604	3092	3743	138036	161366	245025	175445	85924	58422
上虞区	6394	21075	1946	2427	110650	131425	148890	132723	65231	49678
新昌县	2066	6351	1323	1699	46879	56709	76482	65689	45722	35015
诸暨市	4457	12953	2850	2847	128316	152317	264536	238867	109894	86473
嵊州市	2164	6536	1794	2353	80859	96708	143502	124565	64472	49202
金华市	**52700**	**177069**	**23956**	**23691**	**800475**	**832198**	**1488818**	**1173959**	**634022**	**468502**
婺城区	8740	24036	2976	3057	100293	102244	146268	117236	94772	79668
金东区	3444	10028	1607	1632	61799	63120	113935	84718	43348	32201
武义县	4785	14864	1444	1493	60543	61379	103476	77185	37973	27117
浦江县	4138	16489	1515	1572	55586	60741	99760	82660	38939	25207
磐安县	1698	6396	655	741	24129	28611	32593	26488	15948	10916
兰溪市	8875	29084	1693	1979	78787	85858	106808	85881	48522	35310
义乌市	8348	28337	5924	5430	172885	184378	424380	328770	182121	126457
东阳市	5946	27654	2978	3160	121635	131838	234476	198671	90440	68983
永康市	6726	20181	5164	4627	124818	114029	227122	172350	81959	62643
衢州市	**34228**	**106532**	**7754**	**10685**	**309738**	**333736**	**398878**	**318510**	**192974**	**148470**
柯城区	3585	14860	1461	1932	49099	57020	81540	69782	50537	44726
衢江区	8078	23373	1316	1592	58810	54183	75876	52470	30057	20072
常山县	6966	19200	1191	1636	39200	40820	44878	33331	20255	14067
开化县	4567	15577	1048	1919	39230	47575	42206	33973	19181	13489
龙游县	6775	18142	1241	1521	51789	52047	68393	54668	29464	21366
江山市	4257	15380	1497	2085	71610	82091	85985	74286	43480	34750
舟山市	**7444**	**22152**	**3228**	**4221**	**167853**	**172870**	**219329**	**159775**	**78975**	**68318**
定海区	2668	7131	1428	1773	64030	70072	79754	64298	35992	32928
普陀区	2311	7932	957	1142	53862	58274	75476	59667	26273	23572
岱山县	1842	5182	732	1124	37532	32653	52017	25898	13283	8544
嵊泗县	623	1907	111	182	12429	11871	12082	9912	3427	3274
台州市	**94059**	**259381**	**18620**	**19933**	**994667**	**1041513**	**1208229**	**907796**	**544112**	**404471**
椒江区	10006	27920	1795	1734	106063	108848	133849	98398	66612	51408
黄岩区	5490	17377	1620	1574	105087	118449	133862	99771	61035	45604
路桥区	9159	23665	1399	1327	98780	100281	120872	87944	51293	37324
三门县	11708	31301	1453	1385	55013	55715	63273	45916	31014	20478
天台县	3628	10966	1331	1194	64782	73886	88035	73510	41269	32131
仙居县	6454	15529	1973	2463	54385	55623	77155	66925	43592	34448
温岭市	15004	45750	4474	5892	238680	252866	275262	199658	106548	79249
临海市	15982	43817	2941	2885	172283	186894	188256	146530	96158	70255
玉环市	16628	43056	1634	1479	99594	88951	127665	89144	46591	33574
丽水市	**29938**	**73193**	**9520**	**11356**	**380104**	**387622**	**453545**	**366736**	**198790**	**160521**
莲都区	7009	16461	1789	1847	67160	64175	93039	72024	53027	44016
青田县	4735	11465	2228	2657	83714	89511	101806	82796	41122	31866
缙云县	3027	8847	1610	1840	54874	57836	84421	72483	31143	24929
遂昌县	2966	8964	722	1002	31636	31488	33708	26203	14839	12027
松阳县	2400	6456	705	975	32796	33255	36898	29730	15307	12752
云和县	2061	4134	416	406	21757	21024	22699	17948	9712	7426
庆元县	1690	4528	599	836	24397	27126	23921	18505	8927	6624
景宁畲族自治县	2066	4069	421	523	21370	21456	16153	12983	7294	5648
龙泉市	3984	8269	1030	1270	42400	41751	40900	34064	17419	15233

大学专科		大学本科及以上		平均受教育年限(年)			15岁及以上文盲人口(人)			文盲人口占15岁及以上人口比重(%)		
男	女	男	女	合计	男	女	合计	男	女	合计	男	女
232141	**197330**	**194418**	**199731**	**9.34**	**9.63**	**9.02**	**112008**	**25230**	**86778**	**2.36**	**1.02**	**3.81**
49198	43990	57817	58897	10.38	10.58	10.16	13888	2964	10924	1.90	0.79	3.08
31428	26530	22876	22982	9.25	9.56	8.90	21576	5143	16433	3.66	1.67	5.84
26516	20967	17790	17961	9.15	9.45	8.80	18865	4802	14063	3.30	1.57	5.28
18904	16484	16551	15601	9.12	9.52	8.69	14540	3256	11284	3.64	1.58	5.81
41411	34521	32869	34800	9.24	9.54	8.91	21102	3959	17143	2.21	0.79	3.80
30493	25675	20037	20760	9.14	9.48	8.77	14389	3135	11254	2.42	1.02	3.93
34191	29163	26478	28730	9.00	9.24	8.74	7648	1971	5677	0.84	0.42	1.29
126694	**114248**	**106988**	**112390**	**9.21**	**9.43**	**8.98**	**65124**	**16980**	**48144**	**2.20**	**1.10**	**3.37**
48202	42192	47418	51792	9.84	10.01	9.67	13464	3496	9968	1.50	0.76	2.30
14263	12204	8829	9561	8.38	8.69	8.05	17835	4755	13080	3.69	1.89	5.64
20245	18035	16926	17114	9.15	9.36	8.91	8066	2160	5906	1.66	0.85	2.56
24719	23201	17915	18159	9.09	9.34	8.83	14774	3846	10928	2.51	1.28	3.80
19265	18616	15900	15764	9.10	9.32	8.86	10985	2723	8262	2.14	1.01	3.39
211616	**190019**	**197251**	**204844**	**9.55**	**9.79**	**9.30**	**68394**	**15720**	**52674**	**1.47**	**0.66**	**2.31**
56715	51537	62906	69509	10.23	10.42	10.04	3841	993	2848	0.43	0.22	0.64
35740	33239	37034	37419	9.23	9.49	8.95	14596	3226	11370	1.51	0.63	2.50
37809	32387	30128	30167	9.31	9.66	8.95	23665	5429	18236	3.17	1.46	4.88
17714	15024	14282	13546	9.63	9.93	9.32	5159	1174	3985	1.41	0.63	2.23
40379	37450	37554	39100	9.54	9.72	9.34	14424	3348	11076	1.35	0.62	2.10
23259	20382	15347	15103	9.33	9.56	9.08	6709	1550	5159	1.12	0.50	1.77
295700	**268745**	**191535**	**188549**	**9.38**	**9.64**	**9.10**	**206354**	**44988**	**161366**	**3.42**	**1.42**	**5.62**
60578	59215	48702	52209	10.23	10.39	10.07	29814	7894	21920	3.63	1.88	5.48
19675	16591	11999	13027	9.27	9.47	9.04	11790	2822	8968	2.68	1.19	4.39
13780	12538	7926	8034	8.82	9.12	8.48	18408	4400	14008	4.68	2.10	7.60
16305	12835	10884	9539	8.95	9.39	8.46	18950	3549	15401	4.79	1.74	8.05
5686	4771	4105	3930	8.80	9.27	8.31	7203	1398	5805	4.77	1.83	7.81
18280	15149	14163	14147	8.66	9.15	8.15	33823	7731	26092	6.78	3.06	10.61
94366	83506	50904	44918	9.77	9.98	9.53	33953	7315	26638	2.12	0.85	3.59
41328	38485	27852	27027	9.30	9.59	8.99	29842	4884	24958	3.22	1.03	5.52
25702	25655	15000	15718	8.96	9.10	8.79	22571	4995	17576	2.77	1.14	4.66
78815	**69542**	**69966**	**63164**	**8.83**	**9.29**	**8.35**	**122725**	**29188**	**93537**	**6.32**	**2.95**	**9.83**
31386	29176	31482	28901	10.25	10.60	9.89	16490	3164	13326	3.66	1.40	5.93
9009	7510	6037	5181	8.14	8.65	7.55	28448	7163	21285	8.85	4.15	14.31
6410	5168	5787	4929	8.01	8.64	7.35	20097	5077	15020	9.20	4.55	14.07
7031	5740	6014	5110	8.16	8.84	7.51	17455	3898	13557	8.03	3.67	12.20
10816	9272	9270	8087	8.57	9.01	8.11	22885	6198	16687	7.27	3.79	11.02
14163	12676	11376	10956	8.80	9.18	8.42	17350	3688	13662	4.16	1.77	6.54
56800	**44772**	**55204**	**52928**	**9.50**	**9.72**	**9.25**	**20854**	**4901**	**15953**	**2.00**	**0.89**	**3.24**
27231	22962	33535	33565	10.07	10.24	9.88	5879	1461	4418	1.33	0.65	2.05
18090	15461	12516	12674	9.31	9.54	9.06	7274	1480	5794	2.11	0.83	3.46
9032	4503	6566	4306	8.73	9.11	8.18	5666	1459	4207	2.90	1.25	5.38
2447	1846	2587	2383	8.79	9.05	8.52	2035	501	1534	3.29	1.56	5.14
229979	**212261**	**160304**	**163382**	**8.77**	**9.11**	**8.40**	**291836**	**74748**	**217088**	**5.17**	**2.56**	**7.95**
45772	41032	41699	41598	9.68	9.96	9.38	30385	7639	22746	4.32	2.08	6.74
24462	25025	14368	15592	8.96	9.22	8.68	18498	4133	14365	3.03	1.31	4.87
19074	18156	12659	13542	8.65	8.95	8.32	27025	7252	19773	5.00	2.56	7.70
12479	10047	8131	7567	8.09	8.75	7.40	40044	10744	29300	12.70	6.69	18.97
16434	15110	12163	11767	9.09	9.37	8.79	9486	2199	7287	2.39	1.10	3.72
14452	13959	9285	9177	8.99	9.28	8.68	19573	5621	13952	5.49	3.11	7.94
39903	36011	24437	24764	8.49	8.83	8.13	51406	12286	39120	4.16	1.91	6.61
37896	34644	25695	27802	8.73	9.09	8.35	46984	11946	35038	4.99	2.50	7.55
19507	18277	11867	11573	8.24	8.68	7.75	48435	12928	35507	8.77	4.42	13.68
80364	**77029**	**67114**	**70063**	**8.88**	**9.11**	**8.64**	**59578**	**16180**	**43398**	**2.83**	**1.49**	**4.25**
26591	26600	25770	28041	9.76	9.89	9.62	18799	5523	13276	3.97	2.24	5.85
8895	8066	7799	7609	8.46	8.71	8.19	2532	580	1952	0.60	0.27	0.96
11857	11261	7946	8258	8.91	9.13	8.69	7053	1631	5422	2.09	0.95	3.29
6281	5780	4707	4525	8.55	8.93	8.16	10220	2494	7726	6.05	2.88	9.41
6127	6013	4832	4806	8.71	8.96	8.44	4599	1126	3473	2.65	1.26	4.11
4155	4042	3005	3158	8.68	8.87	8.46	5410	1681	3729	4.93	2.92	7.15
4834	4337	3971	4011	8.58	8.92	8.22	3681	907	2774	3.08	1.49	4.72
3550	2963	3249	3182	8.40	8.69	8.10	3893	1238	2655	4.23	2.60	5.98
8074	7967	5835	6473	8.63	8.81	8.44	3391	1000	2391	1.61	0.93	2.32

表4 续表 18

地区	6岁及以上各种受教育程度人口(人)									
	未上过学		学前教育		小学		初中		高中	
	男	女	男	女	男	女	男	女	男	女
安徽省	**797713**	**2397121**	**169529**	**185817**	**7581262**	**8688432**	**11211154**	**9369901**	**4622745**	**3490502**
合肥市	**93228**	**297511**	**20791**	**22555**	**848601**	**993547**	**1374981**	**1148398**	**785670**	**613618**
瑶海区	3818	16850	2072	1852	63760	79807	135279	126979	87666	73186
庐阳区	3218	12177	1603	1493	47901	56943	82153	81542	63526	59472
蜀山区	4774	16251	2298	1914	60228	72436	95656	94099	77908	73369
包河区	6463	23434	2169	1946	82041	93882	142533	127817	99442	87418
长丰县	18451	44277	1894	1741	91782	96365	145384	113003	59791	42791
肥东县	12080	48991	2009	3367	104844	126087	177301	120667	78941	51312
肥西县	14305	37856	2068	2082	95645	105642	155645	124897	81034	57308
庐江县	13133	36116	2577	3396	135263	159716	171694	133601	60416	40118
合肥高新技术产业开发区	1276	4936	446	397	14033	18152	25330	22218	20710	15665
合肥经济技术开发区	2919	10750	1066	1049	33129	40891	58014	51608	46764	33129
合肥新站高新技术产业开发区	3018	9597	1001	889	28916	34667	61442	49960	51512	38301
巢湖市	9773	36276	1588	2429	91059	108959	124550	102007	57960	41549
芜湖市	**56551**	**159188**	**9201**	**10507**	**460726**	**523090**	**599301**	**481992**	**284228**	**210553**
镜湖区	3320	11234	900	923	32923	42771	62477	62757	51751	47150
弋江区	4046	10636	977	951	32661	38353	48019	42376	35615	29386
鸠江区	9613	30691	1502	1359	65547	72285	85880	65567	38668	26783
三山区	3860	9668	443	471	20256	22287	29429	21122	11415	7300
芜湖县	4010	11485	1035	1588	47528	58427	66802	49691	25125	18712
繁昌县	2473	7469	669	944	33828	41655	47571	38021	19637	13263
南陵县	5371	14747	1191	1473	71888	79154	81076	68385	27515	21073
芜湖经济技术开发区	2161	6905	388	377	15909	18349	26913	20654	18985	10335
安徽芜湖长江大桥经济开发区	865	2146	81	136	3509	3532	4367	3119	1072	605
无为市	20832	54207	2015	2285	136677	146277	146767	110300	54445	35946
蚌埠市	**54923**	**134858**	**10499**	**10503**	**424169**	**462753**	**619201**	**535490**	**219990**	**181032**
龙子湖区	1699	4536	525	577	20813	24274	39743	37845	22021	19764
蚌山区	951	2811	301	314	14919	17973	27910	27342	18946	17194
禹会区	4475	9910	854	755	36286	39501	59695	55689	29116	25075
淮上区	4680	12560	864	836	37866	39880	57821	47732	21758	17050
怀远县	20495	47446	3353	3326	144818	153822	195884	160678	44280	32969
五河县	13416	32837	2218	2416	75712	83070	102809	81389	28341	19506
固镇县	8093	21265	1768	1710	72992	80014	103213	88847	28527	21480
蚌埠市高新技术开发区	211	611	149	135	5067	5666	7993	8796	6296	5634
蚌埠市经济开发区	903	2882	467	434	15696	18553	24133	27172	20705	22360
淮南市	**43897**	**95044**	**10307**	**10234**	**397924**	**431414**	**583906**	**526851**	**210486**	**167302**
大通区	3533	7405	435	429	19120	20729	33763	29842	12199	10059
田家庵区	3553	9023	1701	1754	59897	69602	103430	108723	66508	66289
谢家集区	3830	10249	546	576	24276	27750	45793	43808	18934	15897
八公山区	1028	2934	310	477	10759	13938	25225	26755	11319	9180
潘集区	6782	14109	1263	1119	44074	46504	76632	64862	16324	9442
凤台县	12578	26170	2472	2157	88091	91447	135692	117200	38910	23698
寿县	12593	25154	3580	3722	151707	161444	163371	135661	46292	32737
马鞍山市	**32270**	**105021**	**6363**	**8482**	**261971**	**307068**	**391800**	**307744**	**163984**	**121720**
花山区	3080	11822	784	843	36218	45368	68958	66789	46815	40730
雨山区	3049	10426	610	765	26515	32456	49747	45563	35381	28039
博望区	3058	8354	591	883	25689	27882	34675	23734	8764	5253
当涂县	8783	25078	1607	1964	56943	69693	91146	68487	29340	19173
含山县	5443	18802	1543	2385	53367	62115	65642	48276	20012	12358
和县	8857	30539	1228	1642	63239	69554	81632	54895	23672	16167
淮北市	**29201**	**84870**	**5081**	**4888**	**210223**	**228524**	**392310**	**360706**	**138196**	**110462**
杜集区	5136	13492	471	473	25353	26954	50031	47183	20583	15077
相山区	3931	12188	1166	979	40443	42997	80117	87968	53122	50109
烈山区	4141	11021	724	788	28556	31769	50695	44992	14438	10784
濉溪县	15993	48169	2720	2648	115871	126804	211467	180563	50053	34492
铜陵市	**29215**	**94749**	**3252**	**4464**	**155012**	**183395**	**208157**	**169013**	**108727**	**79610**
铜官区	3648	13276	590	669	31731	41840	59450	61097	48431	42278

大学专科		大学本科及以上		平均受教育年限(年)			15岁及以上文盲人口(人)			文盲人口占15岁及以上人口比重(%)		
男	女	男	女	合计	男	女	合计	男	女	合计	男	女
2353427	**2057879**	**2027547**	**1665775**	**9.01**	**9.45**	**8.54**	**2731931**	**665356**	**2066575**	**5.54**	**2.69**	**8.43**
652535	**591962**	**673807**	**554419**	**10.39**	**10.81**	**9.95**	**347551**	**80478**	**267073**	**4.44**	**2.02**	**6.96**
65377	59613	43757	36554	10.59	10.95	10.23	18589	3190	15399	2.62	0.90	4.33
60688	60751	57187	49410	11.33	11.62	11.04	13573	2675	10898	2.39	0.96	3.76
96165	97219	146369	128349	12.21	12.49	11.93	18231	3859	14372	2.07	0.89	3.24
107569	103444	135306	105944	11.58	11.91	11.24	26424	5446	20978	2.62	1.06	4.25
38521	34973	16936	12382	8.81	9.29	8.30	57682	16789	40893	9.04	5.10	13.23
36704	27159	23040	16784	8.79	9.49	8.02	54594	10450	44144	7.30	2.68	12.32
69133	56055	49510	42923	9.93	10.37	9.44	48324	13024	35300	5.92	3.06	9.02
24513	18336	19370	13262	8.34	8.86	7.78	41001	10632	30369	5.58	2.84	8.41
26211	23332	40424	32546	12.28	12.67	11.86	5509	1044	4465	2.41	0.88	4.09
46592	44473	78885	62689	11.94	12.30	11.54	12638	2632	10006	2.70	1.08	4.46
52338	42311	31266	26800	11.35	11.69	10.98	11659	2672	8987	2.94	1.27	4.82
28724	24296	31757	26776	9.04	9.64	8.44	39327	8065	31262	6.29	2.59	9.96
176817	**146024**	**166910**	**142053**	**9.24**	**9.73**	**8.73**	**178865**	**44774**	**134091**	**5.74**	**2.83**	**8.76**
33582	30850	36575	35899	10.94	11.30	10.60	13822	3132	10690	3.32	1.55	4.98
41627	39918	36476	37835	11.32	11.56	11.07	13368	3569	9799	3.63	1.95	5.29
27026	20594	33423	23835	9.26	9.93	8.53	35950	8305	27645	7.88	3.52	12.55
10147	6344	4606	3306	8.80	9.47	8.03	11680	3217	8463	8.51	4.41	13.18
10491	7823	13051	8934	8.79	9.31	8.24	9729	2299	7430	3.28	1.50	5.18
8504	6413	5933	4861	8.78	9.25	8.27	7413	1667	5746	3.49	1.53	5.54
11155	9225	8189	7296	8.36	8.72	7.98	14896	3709	11187	4.05	2.00	6.12
15098	10274	12746	8336	10.33	10.97	9.54	8238	1893	6345	5.38	2.24	9.26
500	406	250	201	7.29	8.01	6.53	2479	645	1834	13.22	6.73	20.01
18687	14177	15661	11550	7.87	8.46	7.24	61290	16338	44952	8.92	4.69	13.28
104401	**91384**	**97701**	**88622**	**8.78**	**9.14**	**8.41**	**174384**	**49658**	**124726**	**6.80**	**3.89**	**9.69**
10236	8924	7099	6421	9.75	10.03	9.47	5729	1547	4182	3.13	1.71	4.53
9493	8828	6754	6028	10.18	10.44	9.91	3303	824	2479	2.33	1.19	3.44
13130	11300	9448	9975	9.32	9.58	9.06	12746	3871	8875	4.75	2.91	6.57
6580	6081	3399	2964	8.41	8.79	8.01	15689	4179	11510	7.07	3.72	10.49
17407	14865	10970	8490	7.87	8.27	7.44	63750	18946	44804	9.18	5.42	13.00
12423	10048	6794	5480	7.85	8.39	7.30	42116	12092	30024	10.49	6.02	14.95
10422	8797	5264	4137	8.11	8.51	7.71	26976	7256	19720	7.21	3.91	10.47
5334	4227	3601	2981	10.88	11.20	10.56	810	214	596	1.68	0.89	2.47
19376	18314	44372	42146	12.32	12.57	12.07	3265	729	2536	1.41	0.65	2.12
103263	**90517**	**86216**	**68584**	**8.88**	**9.19**	**8.55**	**114857**	**35430**	**79427**	**4.71**	**2.90**	**6.53**
6057	5149	3127	2532	8.73	9.10	8.36	9354	2935	6419	6.84	4.27	9.46
45845	46644	54666	46126	10.78	11.01	10.56	9356	2608	6748	1.54	0.88	2.16
6918	5978	3108	2684	8.73	9.14	8.32	12606	3460	9146	6.61	3.72	9.36
4259	3503	1810	1571	9.20	9.59	8.84	3410	860	2550	3.29	1.72	4.73
6556	4265	3132	1996	8.02	8.43	7.56	18674	5997	12677	7.34	4.58	10.27
16904	11528	10179	6615	8.27	8.69	7.81	34932	11192	23740	7.32	4.57	10.21
16724	13450	10194	7060	8.01	8.32	7.68	26525	8378	18147	3.99	2.49	5.52
86414	**75608**	**94971**	**70392**	**9.04**	**9.61**	**8.44**	**117108**	**26398**	**90710**	**6.33**	**2.82**	**9.94**
29012	25455	28955	22806	10.43	10.88	9.98	12963	2655	10308	3.32	1.37	5.25
23250	23876	34769	24661	10.84	11.31	10.36	11997	2696	9301	3.78	1.67	5.98
2745	2387	1965	1526	7.82	8.35	7.23	9360	2354	7006	7.09	3.42	11.09
13413	10164	13622	9886	8.42	9.06	7.75	30101	7476	22625	7.84	3.81	12.05
7649	5451	6612	4429	7.94	8.61	7.24	19799	4222	15577	7.10	3.01	11.22
10345	8275	9048	7084	7.92	8.63	7.18	32888	6995	25893	9.47	3.98	15.12
69438	**64373**	**58753**	**55617**	**9.03**	**9.41**	**8.65**	**109229**	**27910**	**81319**	**6.97**	**3.63**	**10.19**
7127	5850	3883	2943	8.61	9.11	8.11	17727	4862	12865	8.94	4.95	12.86
34666	33178	35227	32909	10.66	10.94	10.40	15418	3775	11643	3.46	1.76	5.03
7474	9327	7222	10462	8.94	9.15	8.74	14531	3995	10536	7.03	4.02	9.81
20171	16018	12421	9303	8.18	8.68	7.67	61553	15278	46275	8.59	4.28	12.87
56866	**45594**	**55475**	**44424**	**8.82**	**9.58**	**8.08**	**107624**	**24695**	**82929**	**9.58**	**4.44**	**14.62**
31288	26641	35459	30251	10.77	11.28	10.27	14978	3080	11898	3.84	1.61	5.98

表4 续表 19

地区	6岁及以上各种受教育程度人口(人)									
	未上过学		学前教育		小学		初中		高中	
	男	女	男	女	男	女	男	女	男	女
义安区	4092	12658	893	1429	31173	38076	45125	33755	16120	10832
郊区	5950	17181	457	634	24162	25933	28415	20168	11168	6430
枞阳县	15525	51634	1312	1732	67946	77546	75167	53993	33008	20070
安庆市	**36127**	**143019**	**8022**	**11891**	**557625**	**736828**	**721232**	**584703**	**336655**	**222364**
迎江区	1093	4680	372	475	18907	26539	34765	35146	27773	24451
大观区	1132	5286	337	541	18510	26276	33156	31274	24113	20028
宜秀区	1942	7149	249	306	22772	27537	30568	23197	15019	10089
怀宁县	1866	9913	929	1502	64346	91174	87800	75473	50405	30580
太湖县	3995	14507	1509	2686	71781	94001	70030	48912	26945	16708
宿松县	3061	14569	892	1129	76575	109708	117557	96403	56447	29017
望江县	7361	29449	1007	1435	77688	98055	76266	52540	26077	16400
岳西县	3838	13368	564	725	50925	62677	58001	43777	22148	14533
安徽安庆经济开发区	771	2708	269	319	12152	15411	21929	18986	15334	11911
桐城市	6605	22229	1093	1411	75856	97093	109992	98404	45463	32204
潜山市	4463	19161	801	1362	68113	88357	81168	60591	26931	16443
黄山市	**12313**	**53599**	**3419**	**4789**	**170574**	**198828**	**261466**	**211451**	**93261**	**70096**
屯溪区	1238	5133	627	652	22540	28461	41485	43480	25619	24124
黄山区	2625	6553	363	416	21854	21495	27957	22299	10501	8083
徽州区	738	3615	269	340	11461	13498	20884	17917	6732	4628
歙县	2427	15956	1102	1915	48867	59789	82279	60718	23766	16325
休宁县	2453	10410	586	841	34607	40028	40989	30787	12927	8622
黟县	1052	3676	195	281	10318	11342	16248	12734	5194	3252
祁门县	1780	8256	277	344	20927	24215	31624	23516	8522	5062
滁州市	**29345**	**99836**	**9337**	**11864**	**417969**	**535792**	**726261**	**611653**	**439265**	**323359**
琅琊区	1302	4510	567	750	23596	29997	45263	42317	27473	22993
南谯区	4288	14780	772	836	34761	40911	62319	47558	28594	21826
来安县	3010	11701	855	1134	42112	56588	78139	63883	52679	37318
全椒县	1728	7298	1252	2259	45903	65034	74332	60149	38416	24934
定远县	6190	20014	1513	1773	74461	91923	128210	105893	74420	51706
凤阳县	5300	12674	1457	1325	69295	77593	114523	101507	74753	57581
苏滁现代产业园	146	490	32	48	2101	2075	5462	3530	3595	1494
滁州经济技术开发区	356	1556	338	321	8713	11855	21716	19654	16878	11027
天长市	2628	13315	1477	2253	64544	90446	102626	86078	70240	53793
明光市	4397	13498	1074	1165	52483	69370	93671	81084	52217	40687
阜阳市	**128680**	**408063**	**28930**	**28830**	**1123943**	**1250184**	**1766195**	**1431281**	**451426**	**338741**
颍州区	9972	33194	2091	1993	87237	94716	145102	128866	58448	51346
颍东区	10163	30421	1676	1453	67521	72217	116286	93729	34933	25112
颍泉区	7464	26044	1845	1832	78259	90115	126083	104824	38036	29860
临泉县	24725	87278	7023	7487	255231	285734	346343	272496	86414	64873
太和县	12741	56679	4528	4741	183863	225465	331711	257209	71589	50724
阜南县	28077	83868	4195	4111	170548	178868	253826	198523	57451	42151
颍上县	26004	53072	5021	4709	183075	188463	264401	223487	55818	39399
阜阳合肥现代产业园区	642	1920	168	192	5184	5362	9972	8098	1522	1085
阜阳经济技术开发区	828	2487	330	348	12821	14028	23074	21920	10758	9427
界首市	8064	33100	2053	1964	80204	95216	149397	122129	36457	24764
宿州市	**37518**	**114320**	**15656**	**15770**	**618369**	**732579**	**1032564**	**928103**	**493696**	**394953**
埇桥区	12145	36627	4885	4628	186379	213564	353791	313730	114374	92077
砀山县	1981	7603	2098	2080	73614	91362	121408	117017	113119	97463
萧县	10354	31088	2972	3106	116751	132310	235808	216520	80609	61114
灵璧县	8120	24524	3166	2934	129286	153329	164585	144785	98497	76748
泗县	3772	11147	2221	2779	99907	128787	135436	115762	77303	59928
宿州马鞍山现代产业园区	678	1999	181	151	6382	6794	10454	9120	3469	2504
宿州经济技术开发区	468	1332	133	92	6050	6433	11082	11169	6325	5119
六安市	**47372**	**122930**	**11600**	**12801**	**659837**	**744882**	**794559**	**687477**	**347839**	**251352**
金安区	7450	20183	2111	2403	107746	128670	136084	128860	72527	56115
裕安区	11648	31777	2653	2876	130272	144403	154965	134321	73201	55846
叶集区	2181	5320	655	586	33903	34995	46820	39959	15267	9243
霍邱县	15633	33634	3109	3160	176029	182116	188348	150756	48439	33212
舒城县	6419	19442	1481	1822	97715	118806	124133	110879	66231	46726
金寨县	2104	6275	945	878	72951	83662	98491	83505	43351	29568
霍山县	1937	6299	646	1076	41221	52230	45718	39197	28823	20642

大学专科		大学本科及以上		平均受教育年限(年)			15岁及以上文盲人口(人)			文盲人口占15岁及以上人口比重(%)		
男	女	男	女	合计	男	女	合计	男	女	合计	男	女
6965	5374	4873	4080	8.31	8.93	7.66	12792	3037	9755	6.46	3.02	9.98
4841	3518	3203	2327	7.59	8.48	6.66	20182	5006	15176	14.48	7.14	21.91
13772	10061	11940	7766	7.63	8.65	6.63	59672	13572	46100	15.08	6.99	22.88
166404	**133289**	**131424**	**98686**	**8.93**	**9.52**	**8.32**	**112607**	**21379**	**91228**	**3.24**	**1.23**	**5.25**
17925	16411	16337	13113	10.71	11.16	10.27	4245	778	3467	1.95	0.73	3.11
13131	10652	10555	9200	10.16	10.68	9.66	4773	783	3990	2.56	0.85	4.19
8771	9939	12462	14199	9.84	10.15	9.54	6581	1306	5275	3.87	1.55	6.16
16948	12047	12304	8252	8.99	9.59	8.38	9169	1317	7852	2.22	0.64	3.81
16689	12023	11230	7434	8.40	9.06	7.72	13419	2757	10662	3.80	1.55	6.07
22348	14120	17726	10057	8.95	9.63	8.22	14221	2341	11880	2.95	0.95	5.03
13159	9576	9849	7190	7.89	8.67	7.11	5694	838	4856	1.51	0.45	2.53
9965	7554	7338	5452	8.38	8.97	7.78	14346	3170	11176	5.38	2.35	8.47
12231	9384	6216	4365	10.42	10.88	9.93	2946	612	2334	2.42	0.97	4.01
20981	20640	15088	10644	8.83	9.33	8.33	22482	4908	17574	4.42	1.97	6.79
14256	10943	12319	8780	8.40	9.07	7.72	14731	2569	12162	3.95	1.38	6.51
48276	**43251**	**42913**	**37094**	**8.93**	**9.42**	**8.44**	**58794**	**10610**	**48184**	**5.16**	**1.85**	**8.53**
17227	17889	22968	21450	10.77	11.08	10.49	5952	1123	4829	2.40	0.94	3.73
5654	4711	3612	2724	8.66	9.05	8.23	7609	2071	5538	5.95	3.09	9.09
3222	2718	2072	1672	8.80	9.30	8.29	4339	724	3615	5.32	1.76	8.94
9249	7616	6639	5114	8.42	9.02	7.79	15715	2004	13711	5.05	1.26	8.99
5587	4794	3448	2849	8.14	8.71	7.56	10414	1872	8542	5.77	2.05	9.56
2821	2230	1683	1351	8.59	9.13	8.00	4571	997	3574	6.81	2.86	11.07
4516	3293	2491	1934	8.23	8.90	7.52	10194	1819	8375	8.26	2.87	13.92
174666	**138090**	**114358**	**88783**	**9.45**	**9.91**	**8.97**	**105612**	**23202**	**82410**	**3.16**	**1.36**	**5.04**
15629	13301	12855	11864	10.20	10.53	9.86	3198	686	2512	1.41	0.61	2.20
22188	21125	13344	10872	9.65	10.11	9.17	16609	3664	12945	5.63	2.43	8.97
16493	12161	9240	6626	9.35	9.87	8.78	12902	2560	10342	3.62	1.39	6.00
19166	14038	10495	7375	9.27	9.83	8.69	4458	789	3669	1.30	0.45	2.19
24490	17878	14033	9403	9.12	9.62	8.58	19915	4503	15412	3.63	1.60	5.79
22518	17051	14518	10971	9.39	9.71	9.04	15206	4307	10899	3.01	1.66	4.45
1580	771	728	345	9.90	10.40	9.14	459	92	367	2.19	0.71	4.57
9162	7069	13354	10973	11.13	11.49	10.71	1443	246	1197	1.17	0.38	2.07
27083	21597	17187	13325	9.50	10.01	8.98	14598	2298	12300	2.81	0.88	4.77
16357	13099	8604	7029	9.10	9.54	8.66	16824	4057	12767	4.19	2.02	6.35
178270	**161000**	**119417**	**103294**	**8.18**	**8.64**	**7.71**	**467247**	**109417**	**357830**	**7.54**	**3.55**	**11.48**
34808	40232	33620	34978	9.48	9.77	9.21	39137	8953	30184	6.10	2.90	9.08
13330	10785	8428	6755	8.27	8.79	7.73	34884	8447	26437	8.49	4.07	12.99
14328	12450	9569	7409	8.40	8.87	7.93	29497	6442	23055	6.48	2.86	10.02
27622	23960	16560	13833	7.86	8.37	7.34	94383	20116	74267	7.53	3.23	11.75
25875	21521	14948	11801	8.18	8.68	7.66	58531	10193	48338	5.59	1.96	9.17
19624	16520	11858	9240	7.67	8.25	7.08	101428	25080	76348	11.59	5.74	17.42
20776	17310	12401	9621	7.91	8.24	7.55	67618	21863	45755	7.61	4.86	10.43
641	573	455	406	8.02	8.43	7.58	2396	609	1787	8.17	4.08	12.40
5491	4762	3459	2798	9.53	9.81	9.24	2800	654	2146	2.97	1.39	4.52
15775	12887	8119	6453	8.25	8.82	7.68	36573	7060	29513	7.32	2.86	11.67
161983	**147861**	**96727**	**82942**	**9.08**	**9.39**	**8.76**	**138908**	**33746**	**105162**	**3.41**	**1.67**	**5.13**
53268	54144	43518	38361	9.14	9.40	8.88	44586	10951	33635	3.47	1.71	5.21
26476	22546	11153	9313	9.72	9.99	9.44	8589	1697	6892	1.45	0.58	2.29
27168	23220	14665	12039	8.78	9.13	8.43	38642	9501	29141	4.73	2.33	7.10
29599	26209	14020	11927	8.89	9.25	8.52	31231	7626	23605	4.37	2.16	6.54
22668	19125	11783	9926	8.99	9.34	8.63	11758	2926	8832	2.03	1.02	3.03
693	600	339	283	8.19	8.58	7.79	2460	623	1837	6.84	3.44	10.29
2111	2017	1249	1093	9.44	9.69	9.18	1642	422	1220	3.56	1.87	5.19
129326	**105423**	**109898**	**80796**	**8.71**	**9.10**	**8.30**	**124264**	**32742**	**91522**	**3.47**	**1.82**	**5.15**
34081	29806	26924	19773	9.21	9.61	8.81	17178	4224	12954	2.52	1.25	3.75
28019	23616	34873	27257	8.91	9.32	8.47	30940	7802	23138	4.14	2.08	6.19
3635	2895	3007	2093	8.35	8.67	8.00	5123	1388	3735	3.01	1.59	4.51
16598	13543	12455	8962	7.91	8.24	7.54	34935	10647	24288	4.77	2.86	6.75
21089	16269	14782	10061	8.79	9.26	8.31	22761	5583	17178	3.84	1.87	5.83
15100	10945	9932	6809	8.91	9.24	8.54	7166	1746	5420	1.76	0.84	2.73
10804	8349	7925	5841	9.03	9.52	8.54	6161	1352	4809	2.49	1.09	3.92

表4 续表 20

地 区	6岁及以上各种受教育程度人口(人)									
	未上过学		学前教育		小学		初中		高中	
	男	女	男	女	男	女	男	女	男	女
亳州市	**96652**	**282503**	**17517**	**15996**	**723584**	**760087**	**1040412**	**825682**	**279630**	**211714**
谯城区	24796	78779	5109	4346	200525	207461	327682	266268	87522	71241
涡阳县	23857	68647	4230	3792	184376	190757	240966	187661	63105	47543
蒙城县	20455	58118	3592	3452	162644	178593	223103	176613	63088	44309
利辛县	27544	76959	4586	4406	176039	183276	248661	195140	65915	48621
池州市	**27220**	**88197**	**2539**	**3530**	**185842**	**213137**	**224730**	**177953**	**94363**	**65438**
贵池区	13046	44724	1152	1578	71358	83768	97145	77378	46710	32711
东至县	6256	23078	832	1220	63333	76788	69577	52676	25304	16437
石台县	2477	6816	96	121	12423	13035	13653	10084	5119	3364
青阳县	5441	13579	459	611	38728	39546	44355	37815	17230	12926
宣城市	**43201**	**113413**	**7015**	**8713**	**364893**	**386324**	**474079**	**381404**	**175329**	**128188**
宣州区	15485	41525	2027	2583	98448	105432	119513	94064	43332	32619
郎溪县	6052	15581	1046	1202	47184	51111	62575	50122	18605	13221
泾县	3842	9275	605	786	48149	48073	49816	40466	19276	14964
绩溪县	902	3927	388	520	18349	22455	29526	25257	9130	6143
旌德县	1550	3721	568	842	19447	19563	20811	16864	6798	5305
宣城市经济开发区	1271	3112	275	224	10523	11833	15741	13628	10247	7707
宁国市	6679	17524	875	1126	51398	52202	71993	59035	31314	22730
广德市	7420	18748	1231	1430	71395	75655	104104	81968	36627	25499
福建省	**254781**	**1030498**	**168201**	**175438**	**5303876**	**6283710**	**7585075**	**5798147**	**3372383**	**2531460**
福州市	**31198**	**109482**	**26598**	**29713**	**922530**	**1094776**	**1393348**	**1136470**	**795679**	**667259**
鼓楼区	1045	4010	1590	1606	40002	48620	59719	60788	63853	70451
台江区	408	1205	930	882	28165	35798	53754	52329	49251	47506
仓山区	2585	7019	3708	3566	93337	105348	163848	137646	122329	103452
马尾区	878	3553	796	1054	30786	37444	53363	42056	28999	22504
晋安区	1076	3564	2423	2294	58661	70834	121060	109725	93974	85433
长乐区	3631	10292	2387	2542	116740	130315	158763	125732	67235	54812
闽侯县	4701	14178	3160	3238	108420	118701	177300	137869	76879	61808
连江县	1991	8858	2272	2946	97377	120931	128213	98182	47707	36152
罗源县	1556	3365	926	957	44811	45876	48206	35928	18326	14596
闽清县	1164	3940	919	999	33184	39660	57246	47204	18993	14932
永泰县	1224	4726	1074	1201	39765	50203	54897	43201	21684	14560
平潭县	3747	14240	1519	1818	49079	59605	66765	54738	33838	25103
福清市	7192	30532	4894	6610	182203	231441	250214	191072	152611	115950
厦门市	**22478**	**99827**	**14903**	**13150**	**450127**	**507085**	**824742**	**611775**	**476007**	**358914**
思明区	2274	11213	2266	2069	72648	95611	112144	105222	87943	88729
海沧区	3474	12785	1624	1366	55088	56872	104639	71734	58952	41322
湖里区	3898	16348	2765	2423	75753	84622	153838	118594	108612	82769
集美区	3280	14840	2894	2554	85209	93680	162037	119476	96123	67342
同安区	5706	25423	3456	3125	99432	107806	185785	128053	71056	46101
翔安区	3846	19218	1898	1613	61997	68494	106299	68696	53321	32651
莆田市	**22927**	**130675**	**11743**	**12881**	**405434**	**501783**	**612742**	**495242**	**271214**	**193830**
城厢区	2285	15104	1217	1075	52297	69033	92391	78151	56144	42970
涵江区	2390	13134	1584	1654	47729	65746	104571	87185	45961	32954
荔城区	2644	14947	2906	3170	75454	97598	134731	112816	55920	42971
秀屿区	7702	52771	2315	2923	95755	107875	117079	83912	39139	23488
仙游县	7906	34719	3721	4059	134199	161531	163970	133178	74050	51447
三明市	**20718**	**79435**	**10573**	**11827**	**365039**	**422679**	**423471**	**322332**	**198209**	**146040**
梅列区	849	4201	643	596	18860	22225	27891	26625	23252	21255
三元区	1024	3810	696	677	21706	24839	30907	24915	19470	15442
明溪县	824	2776	289	343	14297	16948	19910	14434	6977	5047
清流县	1334	5656	450	553	17986	21907	20468	14170	8945	5407
宁化县	2380	12971	1313	1487	42241	52291	43917	32006	19369	12054
大田县	2283	9030	1687	2191	53537	63048	52806	33723	19412	10941
尤溪县	3013	9910	1862	2078	53087	60870	63408	47618	24300	15718
沙县	2845	8379	869	981	38210	40901	42851	34344	20745	16955
将乐县	1528	5600	610	600	24338	27149	25273	19406	8805	6784
泰宁县	986	3749	431	448	15791	19288	18183	14075	7052	5115
建宁县	1335	4912	361	408	20263	23396	19844	14607	6785	4778
永安市	2317	8441	1362	1465	44723	49817	58013	46409	33097	26544

大学专科		大学本科及以上		平均受教育年限(年)			15岁及以上文盲人口(人)			文盲人口占15岁及以上人口比重(%)		
男	女	男	女	合计	男	女	合计	男	女	合计	男	女
108212	**97961**	**70048**	**59066**	**8.05**	**8.52**	**7.57**	**345483**	**87742**	**257741**	**9.29**	**4.72**	**13.88**
39540	41291	29310	27860	8.43	8.82	8.04	95188	22738	72450	8.02	3.86	12.12
23189	19566	13040	9943	7.85	8.34	7.34	84904	22100	62804	9.83	5.09	14.62
23880	19857	14804	11949	8.03	8.52	7.51	70584	18120	52464	8.84	4.53	13.15
21603	17247	12894	9314	7.78	8.32	7.22	94807	24784	70023	10.92	5.66	16.25
51606	**47211**	**43503**	**36976**	**8.56**	**9.20**	**7.93**	**99593**	**22758**	**76835**	**8.79**	**4.04**	**13.47**
28192	28129	27369	24244	8.97	9.66	8.31	50470	11024	39446	9.71	4.32	14.89
13224	10447	8368	6350	8.17	8.86	7.49	24217	4911	19306	7.28	2.97	11.55
2996	2389	2098	1627	8.05	8.76	7.31	8066	2095	5971	11.56	5.89	17.45
7194	6246	5668	4755	8.33	8.77	7.87	16840	4728	12112	7.97	4.41	11.61
84950	**78331**	**65426**	**54027**	**8.61**	**9.03**	**8.18**	**129805**	**34417**	**95388**	**6.01**	**3.10**	**9.08**
23267	23362	17837	15075	8.40	8.89	7.90	47057	12152	34905	8.15	4.19	12.17
8251	7521	6351	5354	8.25	8.68	7.79	18033	4880	13153	6.79	3.61	10.08
8678	7713	5479	4838	8.51	8.80	8.19	9440	2683	6757	3.94	2.15	5.86
4841	3911	3374	2724	8.82	9.27	8.35	4153	731	3422	3.44	1.20	5.73
3536	3128	2105	1859	8.37	8.68	8.05	4331	1221	3110	4.47	2.44	6.64
5422	4710	9907	5453	10.21	10.73	9.62	3781	1091	2690	4.11	2.22	6.28
15969	14441	10124	9186	8.90	9.29	8.48	19759	5280	14479	5.91	3.05	8.96
14986	13545	10249	9538	8.63	8.98	8.25	23251	6379	16872	5.38	2.83	8.15
1520534	**1380054**	**1548781**	**1427704**	**9.25**	**9.60**	**8.87**	**969613**	**174329**	**795284**	**2.89**	**1.02**	**4.85**
350541	**329755**	**440785**	**420193**	**9.95**	**10.17**	**9.72**	**97557**	**20156**	**77401**	**1.42**	**0.58**	**2.29**
51056	54780	89302	81857	12.18	12.36	12.02	3781	642	3139	0.67	0.24	1.08
26782	27137	31665	31216	11.29	11.41	11.17	1167	237	930	0.33	0.14	0.52
75975	71032	88199	84505	11.04	11.14	10.93	8592	2132	6460	0.90	0.43	1.40
11451	11068	15674	15444	9.98	10.19	9.75	3318	581	2737	1.32	0.45	2.24
48216	45993	50367	44761	10.88	11.03	10.73	3260	589	2671	0.49	0.18	0.82
17693	14991	17711	20264	8.93	9.12	8.73	8862	2095	6767	1.34	0.62	2.11
36405	34942	73102	74286	10.12	10.25	9.98	15121	3330	11791	1.80	0.77	2.91
14631	12716	15347	13853	8.75	9.07	8.41	5989	970	5019	1.14	0.36	1.94
6798	5855	5363	4620	8.68	8.87	8.47	3890	1147	2743	1.87	1.04	2.81
6264	5611	4128	3898	8.83	9.09	8.55	4344	942	3402	2.09	0.89	3.33
8035	6230	7108	7305	8.87	9.23	8.49	4952	954	3998	2.18	0.83	3.57
13990	12454	10819	8963	8.95	9.45	8.45	15980	3255	12725	5.17	2.10	8.24
33245	26946	32000	29221	8.98	9.39	8.54	18301	3282	15019	1.63	0.57	2.73
316223	**295805**	**402986**	**376153**	**10.68**	**10.90**	**10.43**	**103271**	**17532**	**85739**	**2.41**	**0.78**	**4.20**
72312	79848	132330	131892	11.79	11.98	11.61	9849	1420	8429	1.11	0.33	1.81
32557	29594	33808	30159	10.26	10.48	10.00	14421	2929	11492	3.02	1.13	5.28
78364	75315	83006	78994	11.15	11.31	10.97	16610	2907	13703	1.90	0.64	3.27
61989	54155	102383	91000	10.99	11.19	10.76	13795	2257	11538	1.60	0.49	2.88
33592	28651	24984	22308	9.20	9.57	8.76	27637	4689	22948	3.99	1.26	7.18
37409	28242	26475	21800	9.80	10.27	9.23	20959	3330	17629	4.38	1.27	8.16
90343	**79648**	**77679**	**67207**	**8.76**	**9.31**	**8.20**	**127889**	**17010**	**110879**	**5.02**	**1.35**	**8.65**
23916	21440	26427	22392	9.82	10.31	9.33	16175	1977	14198	3.69	0.90	6.47
15173	12395	9269	8149	9.09	9.57	8.60	14194	1974	12220	3.55	0.98	6.16
19434	18552	20519	19625	9.18	9.55	8.81	13311	1773	11538	2.51	0.67	4.31
9718	6290	8365	5826	7.57	8.52	6.63	52762	6319	46443	11.42	2.80	19.63
22102	20971	13099	11215	8.41	8.91	7.91	31447	4967	26480	4.41	1.40	7.35
89026	**72415**	**72343**	**60297**	**8.84**	**9.29**	**8.35**	**76603**	**14625**	**61978**	**3.88**	**1.46**	**6.39**
13601	14897	15548	12773	10.73	11.02	10.44	4428	682	3746	2.48	0.78	4.10
7373	6349	9353	9574	9.78	10.05	9.50	3410	679	2731	2.18	0.85	3.56
2991	2616	2472	1976	8.72	9.13	8.28	2736	565	2171	3.34	1.33	5.51
3665	2835	3381	2316	8.42	9.11	7.69	3225	540	2685	3.46	1.14	5.88
7094	5075	5160	3689	8.15	8.87	7.42	12322	1729	10593	6.01	1.70	10.26
8183	5561	5985	3875	8.15	8.73	7.51	8059	1450	6609	3.63	1.26	6.17
9813	7433	6514	5001	8.45	8.90	7.95	10667	2242	8425	3.96	1.61	6.48
7318	6741	5744	5518	8.72	9.05	8.38	10840	2669	8171	5.52	2.69	8.43
4065	3349	3542	2973	8.36	8.82	7.90	5721	1146	4575	5.01	2.00	8.06
2807	2549	2658	2253	8.50	8.99	8.02	1868	355	1513	2.27	0.87	3.66
3248	2472	2306	1997	8.16	8.69	7.62	4778	900	3878	5.16	1.93	8.41
18868	12538	9680	8352	9.37	9.78	8.92	8549	1668	6881	3.03	1.14	5.10

表4 续表 21

地区	6岁及以上各种受教育程度人口(人)									
	未上过学		学前教育		小学		初中		高中	
	男	女	男	女	男	女	男	女	男	女
泉州市	**38834**	**193363**	**42489**	**38302**	**1167259**	**1412575**	**1803331**	**1364891**	**648118**	**435662**
鲤城区	794	4192	1310	1041	39932	51164	80649	68263	40976	32157
丰泽区	1495	8537	1917	1601	54861	68707	101092	79721	66832	53834
洛江区	1438	9285	1235	1170	29279	36010	45355	32341	19048	11256
泉港区	1504	10230	1384	1500	47285	67915	62795	48529	26088	16778
惠安县	4799	41238	4460	4061	149964	194410	190090	148124	60960	39474
安溪县	5804	26148	5810	6352	160988	189081	222830	160651	57070	33116
永春县	1420	6627	1741	1799	63179	83343	88035	68700	26984	16796
德化县	1832	9599	1807	1544	45218	55862	66048	48711	23819	14479
金门县										
石狮市	3036	8894	2633	2041	91551	99612	149600	115157	54134	38217
晋江市	11601	43410	9536	7848	280457	308787	455838	335017	162885	110663
南安市	5111	25203	10656	9345	204545	257684	340999	259677	109322	68892
漳州市	**31332**	**159693**	**26562**	**31396**	**697122**	**901717**	**1027506**	**691167**	**336559**	**235062**
芗城区	2129	10653	2051	2105	57676	74762	108321	84608	57809	50033
龙文区	975	4492	1492	1397	32918	41940	54989	40186	22959	17669
云霄县	3632	17999	2252	2381	59577	78095	89183	55639	26867	16455
漳浦县	5999	37258	5050	6960	123795	162423	171633	106581	51126	32253
诏安县	4995	23399	4524	4876	95934	120437	114307	72331	26222	16664
长泰县	1435	5973	1043	1035	30546	41380	53746	35015	12923	7409
东山县	984	6266	1145	1541	32182	45736	42823	28669	14661	10021
南靖县	2127	11182	1688	2274	40668	55674	64071	42585	24017	16430
平和县	2490	13054	2266	2778	64935	87273	109288	71604	26656	16077
华安县	849	4147	602	843	20675	27827	30398	17881	7419	4445
龙海市	5717	25270	4449	5206	138216	166170	188747	136068	65900	47606
南平市	**29420**	**76575**	**8680**	**9557**	**406135**	**439277**	**499065**	**411566**	**188535**	**160206**
延平区	3708	11054	1387	1675	59843	68881	76337	65419	37675	32397
建阳区	4152	10046	969	999	52082	52422	64390	51753	23815	21917
顺昌县	1585	4953	595	739	26313	30143	36696	29458	12907	10487
浦城县	3476	7526	943	1047	49770	53177	58449	50308	19855	17533
光泽县	899	2801	369	338	20380	22944	26801	21788	7784	6139
松溪县	1668	3696	650	669	21086	22745	25183	20638	7574	6273
政和县	3538	9221	798	851	30935	31986	33835	24185	9675	6754
邵武市	1595	5239	435	430	34925	42727	50882	43881	24763	19433
武夷山市	1827	4309	779	859	34132	36341	46419	39146	19518	17485
建瓯市	6972	17730	1755	1950	76669	77911	80073	64990	24969	21788
龙岩市	**13822**	**90092**	**11727**	**13591**	**322512**	**439042**	**508311**	**372856**	**230498**	**153250**
新罗区	3197	19140	2834	2818	74500	90949	145257	117171	84229	67714
永定区	1692	12263	1326	1568	40892	53543	70143	51870	24774	15152
长汀县	1908	12719	2694	3199	57748	84964	69700	47967	30800	16685
上杭县	1983	16938	1498	1980	48610	71521	69972	46687	28693	16278
武平县	1495	11269	1122	1394	30788	47700	55798	41895	22668	12952
连城县	1026	6451	1339	1636	33161	47049	47968	34862	19590	11122
漳平市	2521	11312	914	996	36813	43316	49473	32404	19744	13347
宁德市	**44052**	**91356**	**14926**	**15021**	**567718**	**564776**	**492559**	**391848**	**227564**	**181237**
蕉城区	6845	14182	2871	2783	94052	92463	94952	72065	51130	41337
霞浦县	7361	13278	2131	2155	96530	93336	74611	60466	31224	25967
古田县	2007	3921	1334	1472	59026	59761	61913	52637	19004	16964
屏南县	1412	3222	556	515	27808	27569	20864	15895	10067	8233
寿宁县	3147	7740	1204	1269	31390	32745	30885	22785	11468	7442
周宁县	3270	5874	658	624	29560	28861	22779	16932	10821	8271
柘荣县	1913	3608	280	340	16751	16578	13577	11555	6297	5184
福安市	7059	15524	3536	3460	106867	108476	94818	75645	50843	38426
福鼎市	11038	24007	2356	2403	105734	104987	78160	63868	36710	29413
江西省	**210407**	**769795**	**140698**	**143954**	**5617170**	**6717540**	**8695411**	**7347033**	**3930875**	**2912757**
南昌市	**29111**	**101716**	**13125**	**12595**	**575505**	**668743**	**1011993**	**838702**	**574089**	**450589**
东湖区	1183	3759	602	531	25660	30783	52386	51565	51666	48933

大学专科		大学本科及以上		平均受教育年限(年)			15岁及以上文盲人口(人)			文盲人口占15岁及以上人口比重(%)		
男	女	男	女	合计	男	女	合计	男	女	合计	男	女
258798	**233150**	**226469**	**203290**	**8.89**	**9.26**	**8.49**	**170120**	**25366**	**144754**	**2.44**	**0.71**	**4.25**
20518	20918	17497	16183	10.03	10.24	9.80	3950	504	3446	1.14	0.29	2.00
47426	48027	55742	56064	11.04	11.21	10.87	7999	996	7003	1.38	0.34	2.45
9412	11019	9161	9266	9.22	9.65	8.76	8258	953	7305	4.18	0.96	7.47
13339	10104	7784	5686	8.72	9.36	8.08	7318	898	6420	2.69	0.67	4.65
31146	27305	18060	15335	8.38	8.99	7.78	33264	3128	30136	4.13	0.80	7.27
17972	13312	14620	10187	8.15	8.61	7.64	19364	3076	16288	2.58	0.80	4.44
9388	8265	8218	6149	8.52	8.93	8.09	4398	708	3690	1.32	0.43	2.21
10722	6711	7658	5052	8.63	9.20	8.00	9858	1434	8424	3.84	1.08	6.80
17102	14632	21084	19094	9.09	9.31	8.84	8583	1951	6632	1.53	0.66	2.50
54232	49305	43636	39797	8.85	9.14	8.52	46553	8918	37635	2.76	1.00	4.73
27541	23552	23009	20477	8.54	8.90	8.14	20575	2800	17775	1.73	0.46	3.07
151409	**137825**	**106444**	**105284**	**8.61**	**9.09**	**8.11**	**137832**	**20656**	**117176**	**3.40**	**1.00**	**5.90**
35437	39151	32173	38633	10.33	10.48	10.19	10436	1625	8811	1.96	0.62	3.26
15171	15150	11955	11200	9.72	9.98	9.44	3453	529	2924	1.46	0.44	2.55
9369	7159	5446	4370	8.11	8.76	7.42	18250	2905	15345	5.52	1.71	9.54
22430	18351	11714	9040	8.12	8.80	7.40	25874	3281	22593	3.91	0.98	6.92
10254	7820	4736	3948	7.68	8.27	7.06	21989	3318	18671	5.13	1.53	8.84
6118	5309	4060	3657	8.49	8.96	7.98	4905	873	4032	2.65	0.90	4.57
7089	5557	3205	2464	8.40	9.00	7.79	4742	589	4153	2.64	0.65	4.66
7894	7003	4659	4228	8.45	9.02	7.85	10533	1620	8913	4.15	1.25	7.15
8393	6607	4728	3826	8.17	8.70	7.59	11987	1690	10297	3.30	0.90	5.90
3170	2350	2290	2056	8.21	8.78	7.59	3644	576	3068	3.33	1.00	5.88
26084	23368	21478	21862	8.67	9.05	8.26	22019	3650	18369	2.86	0.92	4.90
80718	**73427**	**65101**	**61701**	**8.74**	**9.02**	**8.46**	**90216**	**23978**	**66238**	**4.11**	**2.15**	**6.12**
21164	19015	14693	14066	9.34	9.65	9.04	10781	2434	8347	2.85	1.29	4.42
9206	8862	9320	8345	8.77	8.99	8.54	12261	3403	8858	4.41	2.38	6.56
4604	4080	3317	2945	8.61	8.95	8.26	5288	1194	4094	3.49	1.55	5.50
6367	6013	4277	3977	8.40	8.62	8.18	9826	3022	6804	3.99	2.42	5.58
3790	3348	2584	2194	8.64	8.93	8.33	2993	690	2303	2.79	1.26	4.39
3594	3294	2340	2157	8.42	8.68	8.15	4599	1337	3262	4.41	2.52	6.37
4377	3565	3112	2382	7.94	8.42	7.42	11937	3210	8727	8.56	4.42	13.05
10405	8766	6869	6075	9.22	9.56	8.87	5352	1210	4142	2.35	1.05	3.67
7851	7393	11809	12877	9.45	9.57	9.33	5741	1700	4041	2.70	1.58	3.85
9360	9091	6780	6683	8.13	8.42	7.83	21438	5778	15660	6.11	3.25	9.04
94596	**80638**	**80805**	**66579**	**8.98**	**9.57**	**8.38**	**82000**	**10020**	**71980**	**3.85**	**0.94**	**6.80**
39900	39893	40979	37637	10.07	10.38	9.73	20668	2807	17861	3.09	0.83	5.40
8876	6543	6530	4659	8.57	9.21	7.89	12531	1400	11131	4.97	1.09	8.97
10622	7370	7903	5096	8.29	9.04	7.53	9116	1054	8062	3.05	0.72	5.30
11850	8800	9542	7308	8.52	9.34	7.68	13799	1223	12576	4.69	0.84	8.51
7661	6111	5992	4378	8.61	9.38	7.85	11193	1197	9996	5.17	1.12	9.09
7615	5515	5155	3707	8.61	9.24	7.95	3531	448	3083	1.81	0.46	3.18
8072	6406	4704	3794	8.48	9.06	7.84	11162	1891	9271	5.55	1.81	9.62
88880	**77391**	**76169**	**67000**	**8.49**	**8.74**	**8.21**	**84125**	**24986**	**59139**	**3.37**	**1.92**	**4.94**
24035	20575	29553	26430	9.32	9.52	9.09	16432	5048	11384	3.31	1.92	4.90
9960	8808	7032	5634	8.08	8.29	7.86	16016	5505	10511	4.29	2.82	5.89
6176	6013	4827	4898	8.42	8.53	8.31	3287	994	2293	1.24	0.73	1.78
3565	3429	2978	2658	8.42	8.63	8.20	2654	702	1952	2.38	1.21	3.67
4730	3555	3259	2511	8.04	8.50	7.53	5875	1432	4443	4.15	1.93	6.59
3334	2788	2796	2420	8.05	8.34	7.73	4012	1343	2669	3.39	2.16	4.76
2755	2402	2210	1998	8.35	8.63	8.07	3678	1146	2532	5.07	3.09	7.17
19632	16811	12092	10553	8.59	8.86	8.30	15692	4407	11285	3.27	1.76	4.91
14693	13010	11422	9898	8.12	8.44	7.77	16479	4409	12070	3.75	1.96	5.62
1652911	**1385198**	**1271229**	**1066557**	**9.23**	**9.57**	**8.88**	**875063**	**178545**	**696518**	**2.48**	**1.00**	**4.01**
412773	**337823**	**434522**	**380123**	**10.52**	**10.82**	**10.20**	**120398**	**25706**	**94692**	**2.33**	**0.96**	**3.82**
32290	30771	36450	32424	11.51	11.71	11.31	4540	1031	3509	1.25	0.57	1.93

表4 续表 22

地区	6岁及以上各种受教育程度人口(人)									
	未上过学		学前教育		小学		初中		高中	
	男	女	男	女	男	女	男	女	男	女
西湖区	1168	4296	964	916	32907	39806	63578	63662	62821	57105
青云谱区	889	3054	724	616	24818	30361	52322	49673	46007	39615
青山湖区	4174	14630	2506	2203	95718	107939	171423	145683	122232	98500
新建区	5254	18432	1842	1893	93813	108171	161664	118691	65656	45499
红谷滩区	1730	4979	886	843	33247	34433	47239	40032	38894	33928
南昌县	8971	32196	3070	3028	156731	183306	269477	212080	114570	80088
安义县	1391	3382	927	922	27585	29700	62669	48612	18795	12922
进贤县	4351	16988	1604	1643	85026	104244	131235	108704	53448	33999
景德镇市	**12009**	**32915**	**5827**	**6435**	**229361**	**249534**	**300191**	**249726**	**126851**	**99907**
昌江区	1037	2937	624	616	23486	26406	37602	33642	19557	15067
珠山区	1524	3428	910	946	34604	37876	58022	56713	46749	43461
浮梁县	2435	6381	986	1067	36560	39952	53272	42689	16476	11177
乐平市	7013	20169	3307	3806	134711	145300	151295	116682	44069	30202
萍乡市	**3557**	**9913**	**4298**	**4313**	**203568**	**235715**	**376703**	**345427**	**150163**	**128406**
安源区	555	1148	1232	1062	38447	43954	90795	94343	60608	59886
湘东区	604	1161	602	536	35442	39661	74595	67743	24336	18823
莲花县	656	3956	604	906	31098	39941	44723	37182	13728	9960
上栗县	1137	2413	1314	1291	63879	73298	108106	93596	32053	24811
芦溪县	605	1235	546	518	34702	38861	58484	52563	19438	14926
九江市	**28569**	**108582**	**12075**	**13586**	**579219**	**673993**	**801963**	**691458**	**431563**	**324035**
濂溪区	1305	5216	1029	957	33045	39995	57804	54971	43530	38230
浔阳区	1011	3303	1072	1043	30503	36148	53703	56441	50950	49161
柴桑区	2742	10282	841	939	39205	44293	59015	46755	31547	20537
武宁县	2082	5616	919	907	41521	49169	71701	65148	22539	17133
修水县	3514	9874	1700	1628	118595	130088	137892	118915	47264	38147
永修县	1999	6372	573	621	39421	46877	66196	56311	27727	19408
德安县	855	2822	427	478	21784	24456	33650	29891	14438	11163
都昌县	4497	22701	1710	2128	85786	102971	100691	78978	52892	33979
湖口县	1429	8386	540	734	29425	39222	39987	30031	22905	14138
彭泽县	2922	13196	939	1588	38081	48891	50173	37476	29595	17343
瑞昌市	2608	8624	1168	1294	47204	54155	66670	61363	53554	39546
共青城市	1493	4451	375	447	18312	18142	24792	22602	13355	9791
庐山市	2112	7739	782	822	36337	39586	39689	32576	21267	15459
新余市	**8857**	**25173**	**3176**	**2807**	**139905**	**156243**	**225059**	**201512**	**113537**	**81083**
渝水区	5552	18184	2394	2049	100625	114538	165218	149504	95187	68220
分宜县	3305	6989	782	758	39280	41705	59841	52008	18350	12863
鹰潭市	**3206**	**9503**	**3919**	**3842**	**144404**	**165120**	**216952**	**189674**	**125043**	**97606**
月湖区	1005	3110	859	829	28304	32853	46866	46394	31672	27516
余江区	971	3314	1075	1021	33835	39286	55042	50578	53798	41673
贵溪市	1230	3079	1985	1992	82265	92981	115044	92702	39573	28417
赣州市	**25684**	**142925**	**30956**	**33308**	**1019944**	**1368742**	**1878000**	**1549675**	**802435**	**580140**
章贡区	1120	5060	2249	2143	83275	102273	158734	150132	141495	134248
南康区	2925	15832	3497	3616	99240	128753	203404	163366	74001	51763
赣县区	1859	9511	1748	1852	77994	100029	120284	89677	50841	36883
信丰县	2114	12854	2157	2713	78801	105784	165149	135273	47312	31166
大余县	954	5072	710	782	29926	41615	59701	49850	21040	15038
上犹县	763	4047	913	1012	37880	55062	55861	42063	19844	12490
崇义县	757	4603	637	594	23678	33709	35997	26322	13869	8811
安远县	2411	16412	1425	1823	48107	63122	72343	48878	26202	16256
定南县	420	1555	690	692	22457	29196	47513	41204	18666	13104
全南县	169	970	428	456	16970	24828	39865	34115	15501	10605
宁都县	2490	12450	2507	2502	83924	111283	158100	130341	60911	36705
于都县	4062	22689	4555	4949	115780	151575	183819	155176	72804	50383
兴国县	919	4576	2276	2337	82123	115440	155919	134542	63308	43393
会昌县	1124	8437	1511	1789	55947	81451	81728	64368	45871	30807
寻乌县	432	2078	988	1062	32060	45672	63154	48630	23851	17145
石城县	1053	5656	1291	1312	34854	44082	61677	50555	23130	14232
瑞金市	1537	7449	2567	2834	66893	92936	136788	118288	55599	37823
龙南市	575	3674	807	840	30035	41932	77964	66895	28190	19288

				平均受教育年限(年)			15岁及以上文盲人口(人)			文盲人口占15岁及以上人口比重(%)		
大学专科		大学本科及以上										
男	女	男	女	合计	男	女	合计	男	女	合计	男	女
35523	33765	30947	27105	11.13	11.35	10.90	5152	1032	4120	1.27	0.51	2.02
26750	20602	18840	14993	10.86	11.16	10.53	3721	810	2911	1.25	0.53	2.02
117703	85979	141323	114826	11.50	11.80	11.15	17410	3681	13729	1.58	0.63	2.67
36862	27538	34484	29909	9.51	9.88	9.09	22497	4811	17686	3.49	1.40	5.86
46558	46371	98162	90092	12.69	12.77	12.60	6224	1461	4763	1.33	0.61	2.09
93072	73664	61814	60527	9.86	10.20	9.48	36541	7721	28820	3.07	1.25	5.04
9708	8142	5351	4916	9.26	9.46	9.02	4232	1144	3088	2.11	1.06	3.32
14307	10991	7151	5331	8.55	9.01	8.06	20081	4015	16066	4.09	1.61	6.67
56784	**47364**	**46711**	**42964**	**9.06**	**9.33**	**8.77**	**38719**	**9723**	**28996**	**3.04**	**1.50**	**4.63**
8097	6734	6550	5230	9.50	9.78	9.20	3645	929	2716	2.24	1.12	3.41
21449	18662	19116	16633	10.45	10.64	10.26	3994	1104	2890	1.25	0.69	1.81
12794	11036	12555	14641	9.43	9.64	9.21	8243	2149	6094	3.57	1.82	5.40
14444	10932	8490	6460	8.08	8.44	7.68	22837	5541	17296	4.08	1.94	6.30
68205	**63883**	**43542**	**41688**	**9.50**	**9.65**	**9.35**	**10863**	**2801**	**8062**	**0.75**	**0.39**	**1.13**
38351	35982	25832	25375	10.85	10.95	10.75	1425	422	1003	0.31	0.19	0.43
8047	6913	3760	3693	9.12	9.26	8.97	1391	456	935	0.56	0.36	0.77
5421	4913	3950	3161	8.63	9.02	8.23	3076	394	2682	1.86	0.49	3.20
10227	9969	5945	5552	8.83	8.98	8.67	3159	941	2218	0.87	0.50	1.25
6159	6106	4055	3907	8.99	9.12	8.85	1812	588	1224	0.89	0.57	1.23
196781	**166038**	**130890**	**117923**	**9.31**	**9.68**	**8.92**	**115220**	**22266**	**92954**	**3.17**	**1.21**	**5.16**
38681	33310	22624	20876	10.94	11.22	10.65	5346	962	4384	1.53	0.55	2.51
35431	38627	25577	22283	11.21	11.37	11.06	3260	646	2614	0.91	0.37	1.41
14797	10344	6458	4394	9.08	9.61	8.50	10570	2048	8522	4.18	1.54	7.09
6222	5674	4118	3501	8.66	8.92	8.38	6922	1794	5128	2.82	1.47	4.17
15976	14498	9582	8117	8.54	8.75	8.31	11661	2936	8725	2.16	1.08	3.28
10113	7981	6181	4742	9.00	9.37	8.60	7412	1654	5758	2.95	1.28	4.70
5325	4603	3150	2602	9.04	9.32	8.75	3152	713	2439	2.41	1.08	3.77
20168	14367	7933	5159	8.53	9.15	7.87	22812	3461	19351	5.14	1.54	8.81
10125	6912	4716	3158	8.90	9.61	8.15	8738	1221	7517	4.79	1.31	8.43
10329	7487	5741	3963	8.64	9.38	7.86	13394	2211	11183	5.86	1.89	10.02
13459	10158	8496	6325	9.32	9.72	8.90	9130	1922	7208	2.90	1.20	4.65
9540	6890	23528	30680	11.13	11.19	11.08	5016	1155	3861	3.09	1.46	4.64
6615	5187	2786	2123	8.51	8.95	8.05	7807	1543	6264	4.43	1.73	7.20
52463	**39058**	**38200**	**30504**	**9.41**	**9.77**	**9.02**	**32703**	**8255**	**24448**	**3.43**	**1.70**	**5.23**
46275	34218	34863	28030	9.69	10.07	9.28	22745	5096	17649	3.06	1.34	4.85
6188	4840	3337	2474	8.45	8.75	8.14	9958	3159	6799	4.74	2.96	6.57
37287	**36107**	**24038**	**18425**	**9.34**	**9.55**	**9.11**	**9504**	**2137**	**7367**	**1.05**	**0.46**	**1.67**
14490	13311	11287	9098	10.04	10.29	9.79	3052	643	2409	1.34	0.57	2.10
7958	6048	5107	3641	9.56	9.84	9.25	3319	689	2630	1.31	0.53	2.14
14839	16748	7644	5686	8.84	9.00	8.66	3133	805	2328	0.75	0.37	1.14
283185	**224171**	**187904**	**143084**	**9.09**	**9.51**	**8.66**	**149898**	**21101**	**128797**	**2.17**	**0.61**	**3.77**
72407	65114	66392	54867	10.91	11.12	10.70	4760	772	3988	0.52	0.17	0.88
27926	21071	17435	12731	9.02	9.43	8.57	17172	2505	14667	2.44	0.69	4.30
14466	11250	9630	7481	8.80	9.20	8.37	10509	1573	8936	2.37	0.69	4.15
13642	10189	7602	5694	8.62	9.05	8.17	14759	1963	12796	2.88	0.76	5.03
7679	6419	4518	3729	8.93	9.35	8.50	5495	798	4697	2.67	0.78	4.53
6643	4996	4173	3155	8.56	9.05	8.05	4140	612	3528	2.03	0.60	3.43
5291	4134	3443	2765	8.67	9.23	8.10	4970	692	4278	3.60	1.00	6.21
7355	5745	4852	3916	8.21	8.91	7.48	17352	2140	15212	6.70	1.64	11.82
6277	5333	3797	2928	9.20	9.49	8.89	1721	341	1380	1.08	0.42	1.77
4358	3455	2508	1989	9.13	9.48	8.77	1246	176	1070	0.96	0.27	1.66
18056	12882	10659	6918	8.80	9.26	8.30	14038	2304	11734	2.65	0.85	4.53
21494	16352	13306	9195	8.59	9.09	8.09	21996	2875	19121	3.25	0.85	5.63
19156	13835	9734	6499	8.97	9.35	8.58	4125	588	3537	0.78	0.22	1.35
16158	11463	7673	5202	8.97	9.54	8.37	8196	915	7281	2.36	0.52	4.21
9169	7178	3020	2282	9.00	9.36	8.62	2132	336	1796	0.98	0.30	1.70
8606	6077	4785	3192	8.81	9.28	8.30	6131	936	5195	2.79	0.83	4.86
16307	12155	9411	6359	8.97	9.38	8.54	7147	1058	6089	1.52	0.45	2.62
8195	6523	4966	4182	9.14	9.49	8.77	4009	517	3492	1.61	0.41	2.84

表4 续表 23

地区	6岁及以上各种受教育程度人口(人)									
	未上过学		学前教育		小学		初中		高中	
	男	女	男	女	男	女	男	女	男	女
吉安市	**18234**	**78810**	**15687**	**15704**	**631848**	**784655**	**897086**	**741361**	**336791**	**223028**
吉州区	1238	4019	1152	1080	44548	50955	63407	60497	40911	36133
青原区	671	3328	750	768	30705	38028	45156	38039	16675	11143
吉安县	1807	7822	1670	1542	66935	81116	97039	80171	37733	24318
吉水县	1612	6362	1591	1587	62876	77214	94733	75508	27590	14774
峡江县	1243	4379	441	500	21506	25198	31245	24545	11292	6687
新干县	2138	7797	998	940	43361	50190	55220	43759	22208	13665
永丰县	3115	12664	1823	1891	63844	76161	73852	55047	25439	14707
泰和县	987	5116	1602	1649	59180	76395	101118	89431	38195	27034
遂川县	803	4065	2175	2148	77013	103643	110267	85361	33405	19479
万安县	725	3153	769	694	34315	45092	48829	41994	20325	13216
安福县	1303	4870	1288	1241	47803	60521	68060	57727	21977	14619
永新县	1581	9895	989	1182	58175	74280	79331	64202	29731	18960
井冈山市	1011	5340	439	482	21587	25862	28829	25080	11310	8293
宜春市	**18389**	**53720**	**15310**	**14741**	**625211**	**728226**	**1070970**	**941874**	**422109**	**309562**
袁州区	3719	8784	3285	3031	143730	159479	227059	201092	83221	67668
奉新县	607	1574	696	626	27378	30598	61569	57174	26591	20913
万载县	1269	3393	1559	1537	64893	77029	104094	94350	39517	30211
上高县	2981	7290	1107	1141	43894	48590	71041	62900	31249	22535
宜丰县	1036	2550	511	458	30392	34062	56574	50811	22196	17541
靖安县	672	1674	283	326	14507	15705	26087	23241	10678	9052
铜鼓县	329	714	302	297	17043	18941	23538	20933	8387	7412
丰城市	4696	17891	3724	3634	131811	166015	237193	197821	93738	59828
樟树市	759	2328	1432	1212	52001	62180	107650	101316	41482	32986
高安市	2321	7522	2411	2479	99562	115627	156165	132236	65050	41416
抚州市	**23300**	**72126**	**13695**	**13120**	**538760**	**626309**	**719398**	**593941**	**254908**	**174139**
临川区	5276	15450	3741	3385	145851	172098	207472	179928	85496	60306
东乡区	2587	9481	1449	1416	58074	68291	77959	64032	27256	18401
南城县	2196	6625	1191	1164	48345	55872	56626	46921	16809	11254
黎川县	1447	4533	694	626	36636	39691	36859	30215	14271	10123
南丰县	3984	11114	986	968	49032	49736	51982	42132	14086	10581
崇仁县	1788	4731	1166	1174	44233	52914	64376	51442	21206	13157
乐安县	1797	5819	1288	1271	45458	55583	63874	50056	22455	14233
宜黄县	696	2292	903	837	26776	33623	44548	36299	15494	10662
金溪县	1502	4575	1118	1116	40897	46494	52334	42474	16124	10610
资溪县	816	2322	385	400	14328	15781	19098	15891	7648	6129
广昌县	1211	5184	774	763	29130	36226	44270	34551	14063	8683
上饶市	**39491**	**134412**	**22630**	**23503**	**929445**	**1060260**	**1197096**	**1003683**	**593386**	**444262**
信州区	629	2310	1241	1325	45100	51449	73539	69750	69450	62144
广丰区	2328	7120	2689	2792	97344	112947	129320	119555	90450	76867
广信区	5728	19542	3040	3009	125028	134204	141456	112653	50798	37439
玉山县	2337	7606	1688	1830	73037	88156	102391	89399	43257	33878
铅山县	1131	3102	1352	1466	71516	77337	74535	62640	25731	20460
横峰县	1382	4436	656	576	28517	31076	39684	32842	12760	9270
弋阳县	2539	6824	1522	1445	58868	64269	66883	53322	23823	17000
余干县	5574	21882	3749	3876	117209	139959	171426	138275	75894	48507
鄱阳县	13587	48324	3888	3843	176255	195386	224892	176081	103852	68255
万年县	1934	5144	1208	1133	47995	54629	63190	58004	41896	29983
婺源县	980	4316	664	1051	45343	60363	54077	44829	28968	20724
德兴市	1342	3806	933	1157	43233	50485	55703	46333	26507	19735
山东省	**867753**	**2882339**	**338725**	**319901**	**10940932**	**12941819**	**19499036**	**16825177**	**8064406**	**6488353**
济南市	**51918**	**211611**	**27696**	**27115**	**755140**	**947231**	**1429256**	**1231078**	**779506**	**675407**
历下区	1242	5020	1936	1752	43850	50381	66058	60639	67491	70030
市中区	2198	8981	2295	2015	53195	63474	93360	90734	85298	85744
槐荫区	1786	6984	2133	1980	42252	51854	77865	77040	73474	69957
天桥区	2822	9571	2483	2223	52080	61768	109390	100292	90930	82895
历城区	6134	20644	3740	3685	95584	114466	183302	161478	119646	104449
长清区	4043	16970	1478	1550	52238	67144	108063	89479	40107	31112
章丘区	5014	20389	3362	3467	99346	134864	220571	191246	77048	58535
济阳区	6151	27103	1907	1814	68351	79791	106129	79637	30781	21630

大学专科		大学本科及以上		平均受教育年限(年)			15岁及以上文盲人口(人)			文盲人口占15岁及以上人口比重(%)		
男	女	男	女	合计	男	女	合计	男	女	合计	男	女
123252	**95313**	**80241**	**62216**	**8.71**	**9.11**	**8.28**	**85546**	**15002**	**70544**	**2.55**	**0.89**	**4.22**
20638	19969	14347	11672	9.93	10.14	9.71	4364	912	3452	1.38	0.58	2.15
7224	5603	11367	10716	9.33	9.67	8.97	3551	556	2995	1.97	0.62	3.32
11712	8063	7416	5309	8.66	9.07	8.23	8739	1497	7242	2.45	0.83	4.13
8896	5898	6019	3775	8.43	8.85	7.97	7073	1339	5734	2.27	0.84	3.75
3938	2763	2519	1656	8.50	8.99	7.96	4810	1016	3794	4.25	1.75	6.87
8128	6009	5273	3801	8.55	9.02	8.05	8955	1869	7086	4.12	1.69	6.62
9889	6456	5508	3521	8.16	8.72	7.56	14139	2689	11450	5.02	1.89	8.22
10222	7640	5455	4081	8.76	9.11	8.40	5594	794	4800	1.62	0.46	2.74
11270	8501	6640	5053	8.48	8.87	8.06	3788	535	3253	1.01	0.28	1.75
8423	6152	3811	2805	8.84	9.26	8.40	3566	632	2934	1.89	0.67	3.11
7628	6272	4162	3561	8.53	8.88	8.17	4763	936	3827	1.90	0.75	3.03
9749	7601	4738	3713	8.47	8.96	7.96	10187	1298	8889	3.41	0.87	5.91
5535	4386	2986	2553	8.72	9.22	8.21	6017	929	5088	5.14	1.63	8.49
132232	**121451**	**97581**	**81153**	**9.05**	**9.29**	**8.80**	**64045**	**15525**	**48520**	**1.66**	**0.79**	**2.55**
31774	35920	33073	31112	9.29	9.40	9.17	11249	3202	8047	1.31	0.74	1.89
6848	6125	4641	4057	9.36	9.52	9.19	1758	453	1305	0.85	0.43	1.28
10295	8654	5728	4760	8.82	9.05	8.59	4654	1183	3471	1.31	0.66	1.97
8001	6597	5939	4825	8.84	9.14	8.52	9060	2568	6492	3.42	1.91	4.97
6386	5739	4306	3688	9.11	9.30	8.91	2951	857	2094	1.48	0.84	2.13
3818	3345	2229	1705	9.17	9.38	8.95	2038	537	1501	2.11	1.09	3.19
3414	3030	2063	1906	8.98	9.12	8.83	873	255	618	0.95	0.55	1.37
23302	17470	17134	12248	8.79	9.18	8.36	21018	4135	16883	2.54	0.98	4.17
16832	14536	8892	7184	9.36	9.56	9.15	2672	615	2057	0.71	0.33	1.09
21562	20035	13576	9668	8.99	9.28	8.68	7772	1720	6052	1.35	0.58	2.14
107629	**94609**	**67767**	**50763**	**8.68**	**9.03**	**8.32**	**89533**	**21286**	**68247**	**3.20**	**1.50**	**4.94**
41484	43726	31939	25669	9.23	9.48	8.96	19566	4811	14755	2.25	1.11	3.41
10491	7942	5097	3483	8.47	8.89	8.03	11132	2336	8796	3.77	1.57	6.02
7328	6144	4291	3290	8.32	8.68	7.95	7964	1937	6027	3.58	1.75	5.38
5782	4460	2933	2089	8.40	8.74	8.03	5315	1273	4042	3.27	1.53	5.08
6569	5612	3147	2597	8.01	8.37	7.63	14982	3954	11028	7.13	3.74	10.56
7799	5582	4262	2590	8.54	8.92	8.12	6046	1599	4447	2.67	1.36	4.08
8753	5919	4498	2787	8.54	8.97	8.06	7073	1613	5460	3.08	1.36	4.89
5990	4879	2946	2086	8.82	9.15	8.47	2540	540	2000	1.59	0.66	2.57
6258	4783	3936	2696	8.43	8.78	8.06	5569	1322	4247	2.89	1.34	4.49
2322	1942	1618	1279	8.62	8.93	8.29	2861	706	2155	3.73	1.81	5.73
4853	3620	3100	2197	8.45	8.92	7.95	6485	1195	5290	4.14	1.50	6.85
182320	**159381**	**119833**	**97714**	**8.85**	**9.18**	**8.50**	**158634**	**34743**	**123891**	**3.18**	**1.37**	**5.05**
32518	37399	31075	31594	10.93	10.98	10.88	3031	670	2361	0.68	0.30	1.04
26989	22481	12659	9918	9.34	9.59	9.08	8230	1837	6393	1.40	0.62	2.19
19845	16940	13542	10627	8.47	8.81	8.10	24223	5464	18759	4.17	1.83	6.66
12504	11358	8877	7252	8.81	9.10	8.51	9330	2124	7206	2.32	1.05	3.58
6988	6318	4502	3559	8.38	8.57	8.18	2844	653	2191	0.95	0.43	1.49
4552	3791	2632	2059	8.51	8.83	8.17	5581	1343	4238	3.90	1.85	6.02
6380	5153	3946	3110	8.28	8.58	7.95	8368	2145	6223	3.28	1.65	4.98
15407	11292	9936	6288	8.46	8.92	7.96	24899	4779	20120	4.01	1.50	6.66
28626	21187	15071	10121	8.36	8.88	7.79	57388	12333	45055	6.36	2.67	10.24
9462	7599	5791	3975	9.03	9.35	8.69	5847	1491	4356	2.16	1.09	3.27
10935	9315	5707	4774	8.95	9.36	8.53	4332	775	3557	1.76	0.63	2.87
8114	6548	6095	4437	8.89	9.20	8.55	4561	1129	3432	1.97	0.95	3.04
4151742	**3696259**	**3449969**	**3305500**	**9.37**	**9.71**	**9.02**	**3306469**	**734437**	**2572032**	**4.01**	**1.79**	**6.22**
586507	**550964**	**626287**	**622549**	**10.54**	**10.84**	**10.23**	**230272**	**42607**	**187665**	**2.99**	**1.12**	**4.84**
70496	72391	121600	126445	12.66	12.72	12.59	4985	863	4122	0.73	0.26	1.18
71558	71735	104898	100284	11.95	12.13	11.77	8838	1577	7261	1.18	0.43	1.90
57654	55253	49546	46567	11.43	11.65	11.22	6746	1124	5622	1.24	0.42	2.03
61519	58838	40139	38690	10.99	11.17	10.81	10292	2028	8264	1.60	0.63	2.57
99955	94534	101619	96657	11.06	11.29	10.83	21756	4559	17197	2.00	0.83	3.18
28808	25111	43857	51330	10.22	10.52	9.92	18199	3419	14780	3.52	1.34	5.65
57557	51387	42962	46541	9.79	10.11	9.48	20274	3680	16594	2.18	0.79	3.54
14602	13022	12375	11895	8.46	9.02	7.89	31037	5644	25393	7.42	2.69	12.19

表4 续表 24

地区	6岁及以上各种受教育程度人口(人)									
	未上过学		学前教育		小学		初中		高中	
	男	女	男	女	男	女	男	女	男	女
莱芜区	5799	31819	2826	3181	83549	124473	188246	154021	91931	68928
钢城区	3557	13993	910	1049	29121	37377	50049	38227	25885	19835
平阴县	2541	11988	763	820	30748	39245	68786	61398	25059	19511
商河县	9420	32325	2498	2240	79231	90220	110884	85960	22624	17087
济南高新技术产业开发区	1211	5824	1365	1339	25595	32174	46553	40927	29232	25694
青岛市	**43793**	**146624**	**27113**	**27167**	**861953**	**1001363**	**1718586**	**1519273**	**955870**	**811055**
市南区	729	2888	806	830	22444	27051	46348	45622	44922	48766
市北区	2287	8048	2255	2280	55442	67510	123792	128713	126519	127993
黄岛区	10969	33643	4822	4734	162090	184397	300515	242299	186656	140591
崂山区	1897	6477	994	1002	39657	42655	67234	53012	37053	33159
李沧区	1094	3860	1704	1639	42614	54501	87282	84042	66097	63516
城阳区	3478	12892	3228	3174	88518	98910	181993	150675	100149	82142
即墨区	6286	21556	4255	4222	132534	153960	293912	263199	123836	98585
青岛高新技术产业开发区	108	316	108	100	3190	2463	6845	3527	4118	2312
胶州市	5258	16035	3035	2948	107655	123099	192986	170134	96192	78086
平度市	7743	27165	3623	3648	146345	173026	248563	220772	103771	83217
莱西市	3944	13744	2283	2590	61464	73791	169116	157278	66557	52688
淄博市	**24665**	**105364**	**11248**	**11892**	**395524**	**527562**	**818528**	**723793**	**492821**	**403525**
淄川区	2747	13214	1611	1757	53236	72240	132068	117727	70948	56301
张店区	3199	13690	3205	3160	77714	97801	170999	161377	143935	132044
博山区	2054	11082	841	882	33605	46275	84259	76527	42777	34526
临淄区	2968	14864	1664	1773	48863	65012	107976	96508	84852	69038
周村区	1255	5676	873	890	29199	39084	75888	72345	41363	34008
桓台县	3539	14976	1127	1246	49425	65002	90862	78681	44486	33792
高青县	4131	13555	834	879	40254	50234	63639	51590	22145	16409
沂源县	4772	18307	1093	1305	63228	91914	92837	69038	42315	27407
枣庄市	**44883**	**136769**	**14201**	**12642**	**491716**	**537951**	**726816**	**635489**	**300851**	**228485**
市中区	4809	14206	1780	1609	60719	66610	107456	104374	52427	46284
薛城区	5805	19210	2017	1775	64290	70043	99949	93065	50388	42357
峄城区	5618	15887	1411	1194	49745	53678	82030	69454	20006	13574
台儿庄区	4890	13962	1253	1179	40908	42905	63139	53481	20576	15023
山亭区	10325	25172	1627	1602	71577	76240	78341	58555	22727	13592
滕州市	13436	48332	6113	5283	204477	228475	295901	256560	134727	97655
东营市	**13923**	**62467**	**4943**	**5093**	**181168**	**244541**	**350464**	**293456**	**202545**	**172091**
东营区	3138	15958	1586	1503	55117	72596	107278	100478	86834	83731
河口区	1316	6022	476	485	19108	27068	36180	31475	26646	22833
垦利区	2131	8121	651	699	24222	33818	44675	37054	22860	17578
利津县	3819	12652	520	501	25342	34364	51672	39510	14303	10305
广饶县	3359	18855	1413	1672	52773	70902	101583	77070	42709	30808
东营经济技术开发区	146	827	296	231	4390	5643	8039	7637	8558	6736
东营港经济开发区	14	32	1	2	216	150	1037	232	635	100
烟台市	**29176**	**76720**	**22139**	**21379**	**600587**	**707467**	**1477109**	**1363395**	**681349**	**588840**
芝罘区	2614	4969	2330	2193	52779	61644	122977	121769	105822	103256
福山区	1353	3071	1632	1605	40477	46069	89230	79662	45950	37952
牟平区	2484	5639	1446	1361	42538	49446	101790	95665	43575	36328
莱山区	854	2293	1095	994	25630	29389	53541	48830	29790	29097
蓬莱区	2356	4957	1745	1646	49996	58290	114809	105580	43129	37692
烟台高新技术产业开发区	130	357	213	203	4867	5302	9232	8075	5096	4744
烟台经济技术开发区	696	1580	1230	1144	24634	27780	64508	55360	47725	41160
龙口市	2263	6645	2485	2257	63430	75767	163718	151321	64604	56899
莱阳市	3818	11064	2828	2748	68172	83775	196730	179161	72075	57852
莱州市	3621	11523	2798	2798	77952	89379	195648	178323	79905	68146
招远市	2503	10172	1273	1326	42639	54148	116746	108327	60371	49650
栖霞市	2729	6160	1227	1293	49251	58467	104630	96282	36043	27826
海阳市	3755	8290	1837	1811	58222	68011	143550	135040	47264	38238
潍坊市	**34981**	**151248**	**27138**	**27322**	**910070**	**1207415**	**1890871**	**1641587**	**797821**	**599703**
潍城区	1210	5249	1438	1406	42836	52504	88794	79428	50540	42985
寒亭区	879	4009	1049	1024	37579	45867	77172	66824	27216	22177
坊子区	2134	9288	2135	2023	50114	65317	119621	104441	37798	28096
奎文区	2227	8288	2774	2421	58173	72562	115242	110824	87603	81359

大学专科		大学本科及以上		平均受教育年限(年)			15岁及以上文盲人口(人)			文盲人口占15岁及以上人口比重(%)		
男	女	男	女	合计	男	女	合计	男	女	合计	男	女
46992	40037	31711	30193	9.56	10.11	9.02	33727	4878	28849	4.10	1.20	6.97
15249	12481	10623	8862	9.35	9.97	8.71	16214	3137	13077	6.69	2.56	10.89
13424	10695	9147	8543	9.24	9.74	8.74	13053	2252	10801	4.77	1.66	7.82
9760	8771	7210	7015	7.81	8.34	7.28	38796	8449	30347	9.19	4.08	14.13
38933	36709	50600	49527	11.94	12.18	11.70	6355	997	5358	1.81	0.57	3.05
565244	**529061**	**602223**	**574710**	**10.43**	**10.64**	**10.21**	**149296**	**30543**	**118753**	**1.75**	**0.71**	**2.83**
42971	45014	66276	67634	12.54	12.65	12.45	2658	482	2176	0.63	0.24	0.99
92286	93194	100198	102314	11.88	12.02	11.75	6951	1247	5704	0.74	0.27	1.17
127908	109998	138105	115405	10.64	10.93	10.32	35367	8030	27337	2.20	0.95	3.61
27599	29022	67146	67342	11.55	11.61	11.49	6821	1360	5461	1.56	0.61	2.54
62725	66023	70402	68897	11.82	11.94	11.69	3487	616	2871	0.57	0.21	0.91
67921	61377	64543	62344	10.60	10.77	10.42	12916	2475	10441	1.46	0.54	2.45
44216	37852	30608	30209	9.39	9.63	9.13	22502	4450	18052	2.00	0.78	3.27
3902	2773	4443	3777	11.66	11.61	11.73	357	85	272	1.04	0.41	2.01
37366	33356	26525	24141	9.47	9.72	9.22	14455	3119	11336	1.75	0.74	2.81
33083	28880	19466	18964	8.93	9.24	8.62	28045	5372	22673	2.77	1.06	4.48
25267	21572	14511	13683	9.40	9.69	9.11	15737	3307	12430	2.55	1.06	4.07
265338	**237309**	**194342**	**184052**	**10.07**	**10.45**	**9.69**	**111623**	**20266**	**91357**	**2.79**	**1.01**	**4.55**
27833	26196	16390	16466	9.72	10.06	9.38	13015	2093	10922	2.34	0.75	3.91
98104	91916	93969	85486	11.28	11.51	11.04	14498	2511	11987	1.37	0.48	2.27
17606	15432	12625	12654	9.68	10.10	9.27	11788	1928	9860	3.26	1.08	5.38
37599	32735	22747	20671	10.19	10.59	9.79	15779	2542	13237	2.84	0.91	4.80
26656	25420	14716	16247	10.37	10.62	10.12	6077	1050	5027	1.73	0.61	2.82
25659	20644	14676	14729	9.51	9.98	9.03	15076	2774	12302	3.60	1.33	5.85
9699	8304	6592	6249	8.61	9.10	8.12	14516	3132	11384	5.44	2.35	8.51
22182	16662	12627	11550	8.91	9.54	8.27	20874	4236	16638	4.80	1.94	7.67
135642	**108441**	**89693**	**75708**	**8.86**	**9.26**	**8.43**	**161710**	**38271**	**123439**	**5.41**	**2.57**	**8.24**
30178	27117	24678	24577	9.81	10.06	9.56	16439	3901	12538	3.49	1.70	5.18
29471	24484	21210	17986	9.49	9.89	9.09	22118	4903	17215	4.79	2.16	7.36
8895	6879	5410	4675	8.27	8.70	7.83	19217	4884	14333	7.12	3.63	10.59
8531	6636	4722	4029	8.40	8.84	7.94	17034	4316	12718	7.39	3.75	11.02
6220	4367	3786	2702	7.50	8.05	6.92	32874	9366	23508	10.56	5.92	15.36
52347	38958	29887	21739	8.82	9.26	8.35	54028	10901	43127	4.34	1.74	6.97
134805	**117030**	**122908**	**107695**	**10.22**	**10.68**	**9.75**	**67078**	**11889**	**55189**	**3.70**	**1.31**	**6.08**
60108	56305	72722	62406	11.17	11.54	10.80	18165	3007	15158	2.60	0.87	4.28
17773	12793	12845	10099	10.38	10.93	9.80	6192	993	5199	3.01	0.95	5.13
14392	12413	7975	7950	9.60	10.09	9.12	7748	1472	6276	3.68	1.41	5.92
9509	7931	5896	5628	8.73	9.32	8.14	15530	3544	11986	7.61	3.48	11.70
25255	21051	15458	14543	9.33	9.87	8.76	18403	2713	15690	4.29	1.25	7.41
7216	6415	7599	7010	11.83	12.10	11.54	998	146	852	1.62	0.46	2.81
552	122	413	59	11.44	11.75	10.16	42	14	28	1.20	0.49	4.17
334473	**307486**	**267570**	**267399**	**10.01**	**10.17**	**9.84**	**87810**	**21944**	**65866**	**1.41**	**0.70**	**2.13**
64322	62451	58758	61182	11.30	11.38	11.22	4684	1306	3378	0.62	0.35	0.88
27222	22453	13982	12599	10.08	10.26	9.88	3507	913	2594	0.91	0.46	1.40
17902	18332	13341	13812	9.70	9.84	9.56	7090	2108	4982	1.70	1.01	2.40
21027	21119	49348	53983	11.68	11.69	11.67	2410	597	1813	0.71	0.36	1.05
18977	18238	15042	15982	9.61	9.73	9.49	5369	1451	3918	1.18	0.63	1.73
13295	14117	6694	6371	12.48	12.48	12.49	376	90	286	0.51	0.24	0.78
37078	30968	26502	22751	11.32	11.46	11.17	1989	548	1441	0.57	0.30	0.88
32949	30846	21081	20606	9.81	9.97	9.65	7498	1686	5812	1.17	0.52	1.82
24408	21157	17437	15710	9.40	9.64	9.15	12696	2974	9722	1.82	0.84	2.84
24796	22770	14898	15364	9.38	9.57	9.19	12969	2863	10106	1.76	0.77	2.79
23443	19931	12617	11985	9.73	10.05	9.42	11476	2196	9280	2.40	0.91	3.90
11618	9884	7389	7301	9.05	9.27	8.81	7363	2114	5249	1.87	1.06	2.69
17436	15220	10481	9753	9.19	9.40	8.98	10383	3098	7285	1.98	1.17	2.81
416537	**348791**	**305955**	**285173**	**9.60**	**9.95**	**9.24**	**152177**	**25893**	**126284**	**1.96**	**0.66**	**3.28**
36309	33172	20062	21334	10.44	10.63	10.24	4910	825	4085	1.14	0.38	1.91
15071	12732	9098	8244	9.46	9.72	9.19	4223	748	3475	1.42	0.49	2.38
18565	15439	12727	11465	9.25	9.59	8.89	9630	1700	7930	2.25	0.79	3.73
91330	80319	88595	80612	11.67	11.92	11.42	8454	1556	6898	1.07	0.39	1.75

表4 续表 25

地区	6岁及以上各种受教育程度人口(人)									
	未上过学		学前教育		小学		初中		高中	
	男	女	男	女	男	女	男	女	男	女
临朐县	3196	16225	2922	2781	84307	114979	183720	150157	64299	43112
昌乐县	2570	9701	1823	1873	61346	85006	125848	108015	44908	31412
潍坊滨海经济技术开发区	646	3846	295	279	10011	12384	21350	16792	14489	9905
青州市	3095	15317	2668	2876	96293	129919	185349	159283	89191	67108
诸城市	6784	24331	2899	3175	113951	155771	220381	191180	98658	68717
寿光市	4350	23061	2869	2695	120764	154997	225511	191796	101582	73357
安丘市	2999	11204	2229	2428	83637	121570	196768	165910	67170	45581
高密市	2874	12402	2527	2719	95250	124936	200876	179446	62579	46196
昌邑市	2017	8327	1510	1622	55809	71603	130239	117491	51788	39698
济宁市	**90863**	**336802**	**25359**	**21613**	**886289**	**1043539**	**1730675**	**1477524**	**633776**	**483488**
任城区	7803	34062	3119	2664	94101	115766	213766	192816	117249	103153
兖州区	2863	16238	1083	1086	45234	61531	101453	95922	59282	46772
微山县	10255	29759	1724	1398	80433	89882	126702	101574	42663	28253
鱼台县	8597	26894	1275	1085	47024	52954	91499	74253	28206	18447
金乡县	10109	32132	1750	1532	71020	78683	148428	122611	35920	26582
嘉祥县	11286	42814	2609	2366	105382	119519	183546	142328	57511	38468
汶上县	5698	22992	2996	2370	70740	85410	160137	141818	50762	35329
泗水县	3076	8933	1588	1577	74384	93826	117152	102779	33035	24130
梁山县	9917	39644	3248	2477	89453	98893	172241	137862	40491	28937
济宁高新技术产业开发区	1981	7457	1094	875	26936	31570	54412	51484	32994	27754
曲阜市	5410	22973	1637	1603	59337	72076	120742	110910	48893	39371
邹城市	13868	52904	3236	2580	122245	143429	240597	203167	86770	66292
泰安市	**38514**	**168991**	**16246**	**15887**	**530939**	**711267**	**1132342**	**1003017**	**415913**	**326078**
泰山区	2276	11008	2577	2384	53852	72343	122185	123204	83410	77221
岱岳区	6715	31410	2653	2853	106431	139646	211568	177962	76850	60388
宁阳县	5880	26265	1707	1677	71370	96206	147778	131580	48443	34166
东平县	7277	30172	2287	2152	68112	89632	157016	138823	51698	36437
新泰市	12323	51698	4899	4574	160409	209435	292307	240647	79116	58230
肥城市	4043	18438	2123	2247	70765	104005	201488	190801	76396	59636
威海市	**10951**	**27543**	**6864**	**6756**	**236751**	**277021**	**603245**	**569725**	**290202**	**252719**
环翠区	1078	3183	1260	1168	28850	34797	74416	72706	50302	46723
文登区	2996	6779	1129	1190	52275	59929	121063	115805	58654	50316
威海火炬高技术产业开发区	536	1403	766	690	17235	20489	44973	45425	36400	33960
威海经济技术开发区	520	1441	839	772	18884	21412	48778	47061	31945	28191
威海临港经济技术开发区	739	1642	255	251	9805	11075	26090	23283	9258	7046
荣成市	2159	5360	1666	1692	62731	73098	175092	162406	65014	55113
乳山市	2923	7735	949	993	46971	56221	112833	103039	38629	31370
日照市	**34666**	**103150**	**10125**	**9946**	**350381**	**423159**	**554151**	**458311**	**215680**	**159912**
东港区	7641	20842	2939	2995	94250	113027	158220	140566	81455	68682
岚山区	4194	10302	1254	1203	51800	62733	79221	64516	26938	17874
五莲县	9436	25904	1264	1473	53848	66659	87955	68315	35462	22911
莒县	12240	42345	3865	3493	135743	162753	200132	158354	57021	38890
日照经济技术开发区	1155	3757	803	782	14740	17987	28623	26560	14804	11555
临沂市	**183083**	**481452**	**41265**	**36483**	**1574567**	**1703885**	**2117894**	**1744843**	**632500**	**468219**
兰山区	11513	35959	7133	5975	194579	204930	324802	287824	140041	121130
罗庄区	8790	23606	3331	2686	96982	96965	153230	133371	51732	39081
河东区	11303	33350	3414	2647	114041	120929	184932	155035	57449	41114
沂南县	17052	42208	2957	2715	118746	131573	166592	135661	35801	25093
郯城县	16951	49304	3438	3015	151867	155129	163783	134178	42678	30571
沂水县	10884	33084	3099	3199	147656	181323	190842	158419	42992	30909
兰陵县	29541	70537	3852	3597	201187	203135	204362	161356	54262	39218
费县	17354	42866	3743	2986	116281	121798	164189	126576	38488	25907
平邑县	15874	43709	3137	2986	140711	164204	154101	119572	53749	35869
莒南县	14009	31784	2836	2686	121418	139133	172137	142271	47292	31926
蒙阴县	10291	28192	1822	1675	73223	83779	93447	73235	24471	16924
临沭县	17465	41381	1983	1874	78154	79912	109555	89471	36649	26159
临沂高新技术产业开发区	2056	5472	520	442	19722	21075	35922	27874	6896	4318
德州市	**43551**	**127460**	**24623**	**22451**	**633063**	**751068**	**1219791**	**1091017**	**412352**	**347537**
德城区	2360	7023	1976	1813	46828	53964	97563	94266	57242	55003
陵城区	4137	11222	2510	2509	63330	77779	124941	112837	27226	22553

					平均受教育年限(年)			15岁及以上文盲人口(人)			文盲人口占15岁及以上人口比重(%)			
大学专科		大学本科及以上												
男	女	男	女		合计	男	女	合计	男	女	合计	男	女	
23821	18042	16827	14251		9.01	9.45	8.55	17113	2575	14538	2.63	0.78	4.56	
19932	15939	14304	13016		9.17	9.56	8.77	9790	1730	8060	2.04	0.72	3.38	
16327	10459	5472	4444		10.72	11.30	10.03	4028	553	3475	3.47	0.88	6.54	
41819	38021	27387	28408		9.59	9.92	9.26	14695	2228	12467	1.83	0.55	3.11	
35948	29320	25093	22606		9.15	9.58	8.71	24483	4888	19595	2.72	1.08	4.36	
51936	42827	37671	35976		9.54	9.93	9.14	24105	3607	20498	2.50	0.74	4.31	
23120	17347	17971	14784		9.08	9.49	8.67	10023	1870	8153	1.46	0.54	2.40	
26350	21448	19842	18992		9.11	9.43	8.78	12434	2189	10245	1.71	0.60	2.82	
16009	13726	10906	11041		9.25	9.54	8.95	8289	1424	6865	1.71	0.59	2.85	
301987	**250517**	**194224**	**177766**		**8.97**	**9.43**	**8.50**	**386166**	**79984**	**306182**	**5.82**	**2.43**	**9.16**	
80675	71759	54032	50733		10.23	10.60	9.86	36904	6579	30325	3.67	1.33	5.92	
23878	19315	15110	13143		9.61	10.12	9.11	17555	2624	14931	3.93	1.20	6.56	
17719	12599	9799	7052		8.36	8.90	7.79	35401	8710	26691	7.28	3.54	11.11	
12379	9310	5908	4804		8.28	8.91	7.63	33122	7879	25243	9.97	4.73	15.24	
15403	13124	8424	7996		8.38	8.84	7.90	39524	9296	30228	7.99	3.77	12.19	
19701	15605	11883	10115		8.32	8.88	7.73	50017	10318	39699	7.93	3.26	12.60	
17404	12927	9353	7911		8.71	9.15	8.25	24138	4442	19696	4.47	1.67	7.21	
13721	10668	5431	4703		8.54	8.87	8.20	10360	2581	7779	2.42	1.22	3.59	
16058	13227	7975	7046		8.18	8.71	7.64	46062	9114	36948	8.42	3.38	13.33	
19278	17633	15494	13901		10.22	10.54	9.89	8125	1577	6548	3.06	1.20	4.89	
23420	20896	21204	26298		9.40	9.78	9.04	25419	4797	20622	4.95	1.93	7.77	
42351	33454	29611	24064		8.92	9.45	8.38	59539	12067	47472	6.34	2.57	10.12	
209807	**181306**	**168015**	**158106**		**9.27**	**9.72**	**8.83**	**176455**	**30775**	**145680**	**3.90**	**1.39**	**6.32**	
58280	52130	59681	55361		10.96	11.28	10.64	10684	1555	9129	1.53	0.46	2.56	
41382	39169	38128	41575		9.41	9.79	9.04	34079	5760	28319	3.83	1.31	6.28	
18910	15025	11725	10238		8.70	9.25	8.17	29053	5197	23856	5.29	1.94	8.49	
18436	15216	10534	9463		8.67	9.21	8.14	30733	5543	25190	5.48	2.02	8.80	
36996	30276	24636	21091		8.54	9.05	8.03	51028	9120	41908	4.76	1.74	7.66	
35803	29490	23311	20378		9.48	9.91	9.07	20878	3600	17278	2.77	0.97	4.50	
133128	**122944**	**115247**	**116374**		**10.09**	**10.25**	**9.94**	**34802**	**9654**	**25148**	**1.36**	**0.75**	**1.97**	
27012	26320	23765	24737		10.81	10.93	10.69	3979	987	2992	1.07	0.54	1.58	
20545	17952	16022	17479		9.71	9.87	9.55	8850	2623	6227	1.74	1.03	2.46	
27463	25784	32302	29225		11.75	11.91	11.59	1542	404	1138	0.54	0.28	0.80	
17208	17011	12999	13451		10.74	10.82	10.65	1710	424	1286	0.73	0.36	1.10	
2487	2158	1089	1199		9.09	9.29	8.88	2232	683	1549	2.54	1.51	3.65	
24305	21162	18347	18814		9.63	9.78	9.48	6874	1943	4931	1.07	0.60	1.56	
14108	12557	10723	11469		9.29	9.50	9.07	9615	2590	7025	2.24	1.20	3.30	
120856	**100459**	**92261**	**88290**		**9.07**	**9.50**	**8.64**	**123962**	**30198**	**93764**	**5.12**	**2.48**	**7.76**	
65500	57380	54385	54747		10.24	10.52	9.95	24605	6291	18314	2.96	1.51	4.41	
10663	7905	6413	5588		8.58	8.98	8.16	12096	3403	8693	3.81	2.10	5.60	
12765	9443	10009	8662		8.41	9.04	7.77	32773	8560	24213	8.70	4.48	13.05	
21340	17293	15426	13995		8.22	8.72	7.71	50023	10949	39074	6.55	2.90	10.13	
10588	8438	6028	5298		9.89	10.29	9.48	4465	995	3470	3.34	1.47	5.24	
291947	**256412**	**213678**	**198879**		**8.35**	**8.74**	**7.94**	**614051**	**166115**	**447936**	**7.28**	**3.94**	**10.62**	
79488	75769	75794	73999		9.72	9.91	9.52	43271	9892	33379	3.16	1.45	4.86	
21282	19748	12634	11495		8.71	8.98	8.41	28972	7677	21295	5.13	2.69	7.63	
25745	22359	18056	16858		8.65	9.01	8.26	41197	10259	30938	6.06	3.00	9.18	
15961	13628	11097	10359		7.91	8.35	7.46	54830	15509	39321	8.71	4.93	12.47	
16066	13601	10152	9203		7.73	8.19	7.27	61701	15486	46215	9.28	4.71	13.74	
21529	19664	15237	14573		8.17	8.58	7.78	40102	9701	30401	5.23	2.58	7.79	
17662	14975	11535	10084		7.52	7.97	7.04	93585	27358	66227	11.39	6.67	16.08	
18363	15247	14080	11479		8.01	8.47	7.52	55501	15652	39849	9.14	5.06	13.38	
21262	16971	12810	10366		7.98	8.52	7.44	54414	14189	40225	7.91	4.14	11.66	
22520	18170	12908	12246		8.29	8.68	7.89	42026	12718	29308	6.15	3.69	8.63	
12785	10377	7942	7684		7.98	8.51	7.45	36239	9499	26740	9.40	4.97	13.76	
17407	14329	10449	9503		8.09	8.62	7.54	55112	16247	38865	11.91	7.00	16.86	
1877	1574	984	1030		8.02	8.39	7.62	7101	1928	5173	6.46	3.38	9.77	
158607	**143942**	**108119**	**107392**		**8.96**	**9.23**	**8.69**	**146647**	**35054**	**111593**	**3.25**	**1.56**	**4.90**	
29694	28297	26962	28875		10.34	10.48	10.20	7191	1535	5656	1.55	0.68	2.38	
8056	7540	4781	5100		8.41	8.67	8.16	12220	3069	9151	2.94	1.50	4.34	

表4 续表 26

地　区	6岁及以上各种受教育程度人口(人)									
	未上过学		学前教育		小学		初中		高中	
	男	女	男	女	男	女	男	女	男	女
宁津县	3395	8786	2246	1981	59466	66806	117278	104347	26499	21048
庆云县	3088	8074	2221	1769	43459	47519	71666	61771	17016	13876
临邑县	4714	14572	1881	1722	61634	73382	98790	85245	32583	27623
齐河县	3667	11061	1883	1770	57418	71922	123234	111139	51532	40667
平原县	2393	6358	1670	1565	45331	53801	94416	88179	33213	29183
夏津县	3642	12918	2017	1784	57821	70923	111140	94505	26188	20318
武城县	2398	8614	1503	1434	38818	48194	83495	73649	25353	19623
德州经济技术开发区	1580	4620	1167	1120	26269	29242	50861	45093	22449	18790
德州运河经济开发区	439	1448	323	284	9277	10978	22900	22656	12847	11572
乐陵市	6710	17728	3412	3020	74504	88085	118510	102177	39208	32732
禹城市	5028	15036	1814	1680	48908	58473	104997	95153	40996	34549
聊城市	**47903**	**165316**	**27516**	**26015**	**763627**	**878820**	**1153477**	**989279**	**472987**	**382328**
东昌府区	7255	26062	6041	5303	155222	172708	246920	218310	153859	129869
茌平区	3824	14223	1830	1866	60024	73019	97435	83291	48622	39665
阳谷县	8106	31257	3093	2893	90296	102732	144608	121132	47972	36643
莘县	11901	38068	5267	4962	147425	164340	178883	146975	56908	43727
东阿县	1679	5797	1223	1354	34308	45528	71179	64541	29914	24392
冠县	5606	19737	4284	3939	111217	127861	148197	120996	47476	35930
高唐县	4504	13473	1784	1726	54164	65540	90631	81727	37018	30315
临清市	5028	16699	3994	3972	110971	127092	175624	152307	51218	41787
滨州市	**33756**	**120425**	**14240**	**13882**	**474746**	**590130**	**799244**	**645695**	**266659**	**206667**
滨城区	5354	19138	2525	2474	76220	93701	145193	128060	74280	64781
沾化区	3801	12461	1380	1367	44090	57746	75287	58241	17335	12488
惠民县	6073	22244	2389	2492	81047	100123	124027	98325	30752	22538
阳信县	5045	17140	2103	2065	59791	71028	91965	73538	20498	15649
无棣县	3889	13456	2182	1824	67977	84170	95696	71168	27542	19428
博兴县	5311	19126	1275	1231	62208	75215	103390	76663	36559	26747
邹平市	4283	16860	2386	2429	83413	108147	163686	139700	59693	45036
菏泽市	**141127**	**460397**	**38009**	**34258**	**1294411**	**1389400**	**1776587**	**1437695**	**513574**	**382299**
牡丹区	17046	55628	4335	3849	148833	150363	214350	176966	65068	53237
定陶区	9049	29497	2148	1858	87064	91267	108601	89867	25981	20042
曹县	25127	76888	5761	5327	214432	229899	276258	219209	89431	65122
单县	16470	50413	4593	4208	144990	162138	210920	174474	61637	45449
成武县	11939	37016	2301	2057	82529	88406	123266	100386	39495	30250
巨野县	13114	46417	4915	4569	149364	162302	182853	150422	45168	33058
郓城县	15918	53542	5566	4904	168673	188075	242788	187512	63654	43459
鄄城县	14983	46316	3407	3137	123247	130504	145631	115570	40218	27740
东明县	10581	39340	2690	2510	103170	113134	161938	129814	45171	31799
菏泽经济技术开发区	3495	13007	1488	1167	45816	46442	65795	59599	30492	26972
菏泽高新技术开发区	3405	12333	805	672	26293	26870	44187	33876	7259	5171
河南省	**689263**	**1970662**	**397814**	**393650**	**11269371**	**12849421**	**19423408**	**17856461**	**8189929**	**6952321**
郑州市	**36382**	**108141**	**47105**	**42796**	**939260**	**1009016**	**1849506**	**1618139**	**1260267**	**1062805**
中原区	1244	4341	4131	3655	55836	62927	99002	99646	102049	95399
二七区	2027	7185	4225	3679	59425	66630	119251	113378	106410	104435
管城回族区	1646	4629	4110	3713	58852	62147	113500	99963	105283	95718
金水区	4202	14115	8287	7124	113306	120837	174674	164067	186470	181020
上街区	192	750	485	439	11206	13920	29167	29589	25414	23974
惠济区	1219	4245	2066	1705	36827	38359	65910	56510	63992	63647
中牟县	5676	15768	4655	4096	98196	105342	164913	132601	65892	52077
郑州经济技术开发区	1493	3701	1500	1411	28184	27932	55538	40324	38006	23492
郑州高新技术产业开发区	799	3207	2222	1984	28788	30553	52357	44892	42715	36698
郑州航空港经济综合实验区	2576	6190	1748	1658	45158	48283	152970	137893	79149	47987
巩义市	2630	7557	3707	3533	72674	81199	156154	135583	82903	70970
荥阳市	2473	5017	2004	2087	61019	67563	142209	127325	92919	70685
新密市	3646	10611	2323	2502	81388	89375	175430	155017	79413	64886
新郑市	2882	9301	3650	3171	97015	102858	195343	169239	105933	78277
登封市	3677	11524	1992	2039	91386	91091	153088	112112	83719	53540
开封市	**46863**	**141345**	**20946**	**21001**	**567374**	**628641**	**1006890**	**853660**	**365643**	**309963**
龙亭区	2219	4774	2125	1861	42698	44265	67645	65688	53535	52308

大学专科		大学本科及以上		平均受教育年限(年)			15岁及以上文盲人口(人)			文盲人口占15岁及以上人口比重(%)		
男	女	男	女	合计	男	女	合计	男	女	合计	男	女
9227	8540	5617	6103	8.60	8.80	8.39	10243	2621	7622	2.69	1.37	4.00
5679	5249	3862	3803	8.35	8.59	8.11	9928	2580	7348	4.11	2.14	6.07
10861	10039	7280	6887	8.58	8.91	8.25	17474	4064	13410	4.55	2.14	6.90
19315	16090	12307	10900	9.25	9.57	8.92	12451	2992	9459	2.62	1.25	4.00
11415	10712	6678	7060	9.08	9.28	8.89	6465	1644	4821	1.86	0.96	2.75
8948	7728	5917	5684	8.46	8.81	8.11	14562	3103	11459	4.00	1.73	6.21
7280	6508	4982	4983	8.74	9.06	8.41	9197	1803	7394	3.25	1.28	5.18
17849	15877	12921	11744	10.12	10.35	9.87	5348	1264	4084	2.35	1.09	3.66
5821	5064	3009	3059	9.99	10.20	9.78	1672	357	1315	1.74	0.75	2.70
9381	8769	5231	4935	8.32	8.63	8.00	21301	5457	15844	4.86	2.54	7.11
15081	13529	8572	8259	9.02	9.36	8.69	18595	4565	14030	4.66	2.31	6.96
155222	**140070**	**128332**	**132898**	**8.84**	**9.16**	**8.52**	**191056**	**40637**	**150419**	**4.19**	**1.82**	**6.49**
57797	54461	61612	67402	9.85	10.03	9.66	28916	5627	23289	2.53	1.00	4.02
16323	13423	9770	10045	9.04	9.41	8.66	16482	3394	13088	4.06	1.69	6.38
17096	14656	11070	10109	8.43	8.91	7.96	36420	7341	29079	6.66	2.73	10.43
15722	13287	12141	11717	8.05	8.46	7.64	45822	10434	35388	6.70	3.14	10.05
11627	10238	7114	6950	9.27	9.59	8.95	5985	1283	4702	2.15	0.94	3.32
11105	9691	7794	7795	8.22	8.56	7.88	22356	4573	17783	4.19	1.74	6.54
12523	11369	7543	7630	8.82	9.16	8.48	16429	3978	12451	4.56	2.26	6.77
13029	12945	11288	11250	8.51	8.76	8.26	18646	4007	14639	3.10	1.35	4.79
135355	**117439**	**100271**	**96327**	**8.93**	**9.33**	**8.52**	**133264**	**27583**	**105681**	**4.14**	**1.71**	**6.59**
46442	42256	41411	40651	10.07	10.38	9.76	22128	4634	17494	3.18	1.34	5.00
8145	6728	5245	4538	8.31	8.79	7.82	14218	3234	10984	5.12	2.33	7.92
11715	10097	7559	7553	8.20	8.65	7.74	23176	4329	18847	4.92	1.85	7.97
8521	7573	6029	5786	8.16	8.59	7.73	20478	4471	16007	6.06	2.66	9.42
12580	10092	8292	7535	8.44	8.86	8.00	16031	3407	12624	4.37	1.84	6.96
18211	15702	13984	13207	8.92	9.37	8.45	21840	4748	17092	5.13	2.19	8.20
29741	24991	17751	17057	9.19	9.56	8.81	15393	2760	12633	2.40	0.86	3.95
206287	**184088**	**120844**	**112182**	**8.13**	**8.59**	**7.65**	**540100**	**123024**	**417076**	**8.20**	**3.80**	**12.45**
33047	31307	23850	24537	8.52	8.91	8.12	65197	14831	50366	7.91	3.66	12.04
11125	9562	4991	4350	7.85	8.31	7.38	36137	8619	27518	8.98	4.39	13.36
25503	22712	10719	9412	7.90	8.38	7.39	89656	21234	68422	8.73	4.20	13.14
23909	23075	11860	10698	8.16	8.60	7.71	58391	13764	44627	7.41	3.56	11.09
12365	11106	6710	6440	8.05	8.56	7.54	45357	10931	34426	10.20	5.06	15.06
18588	15399	12148	10738	7.91	8.39	7.43	53017	11275	41742	7.80	3.43	11.90
22776	19480	13108	11908	8.04	8.52	7.55	61602	13392	48210	7.21	3.15	11.24
13558	11349	7246	6521	7.70	8.23	7.16	56165	13516	42649	10.10	4.95	15.06
21429	18287	10888	10163	8.30	8.81	7.78	45735	9419	36316	8.12	3.38	12.77
21276	19561	18339	16506	9.68	10.00	9.36	14589	2995	11594	4.70	1.96	7.36
2711	2250	985	909	7.63	8.19	7.05	14254	3048	11206	10.30	4.41	16.18
3474543	**3328797**	**2368559**	**2497975**	**9.26**	**9.48**	**9.04**	**2225359**	**542902**	**1682457**	**2.91**	**1.44**	**4.34**
969424	**933102**	**854232**	**896442**	**11.11**	**11.18**	**11.05**	**110270**	**24205**	**86065**	**1.08**	**0.47**	**1.71**
92797	93352	83868	83537	11.94	12.02	11.85	3777	672	3105	0.48	0.18	0.79
106746	97354	92620	95706	11.91	12.02	11.80	6961	1281	5680	0.80	0.30	1.29
93481	98117	69640	75591	11.79	11.75	11.82	3409	703	2706	0.43	0.18	0.69
224950	238874	272750	283658	12.63	12.65	12.61	13496	2554	10942	0.76	0.29	1.20
17630	14220	7044	7565	11.10	11.30	10.90	668	124	544	0.41	0.15	0.67
45359	49230	37809	42291	11.55	11.50	11.59	5143	1054	4089	1.14	0.47	1.78
84886	68467	38394	47375	10.29	10.45	10.11	17408	4263	13145	2.31	1.09	3.62
26314	18641	17976	16410	10.66	10.85	10.41	3825	972	2853	1.45	0.65	2.48
44863	45324	86653	77324	12.54	12.62	12.46	3142	497	2645	0.70	0.21	1.22
22784	14386	11909	9654	9.69	9.97	9.36	7563	1972	5591	1.43	0.69	2.31
30788	30694	20845	26952	9.84	9.91	9.77	7087	1591	5496	1.10	0.49	1.73
37934	35837	12878	13972	10.05	10.17	9.91	5093	1461	3632	0.85	0.47	1.27
37010	33804	13245	14105	9.57	9.74	9.39	11276	2642	8634	1.71	0.78	2.68
77673	71813	76400	89208	10.84	10.87	10.80	9995	2024	7971	1.06	0.42	1.74
26209	22989	12201	13094	9.31	9.52	9.06	11427	2395	9032	2.13	0.85	3.55
150841	**141691**	**88631**	**102618**	**8.94**	**9.21**	**8.68**	**160033**	**37544**	**122489**	**4.34**	**2.05**	**6.61**
52900	50356	44438	52261	11.53	11.54	11.51	5215	1531	3684	1.11	0.66	1.53

表4 续表 27

地　区	6岁及以上各种受教育程度人口(人)									
	未上过学		学前教育		小学		初中		高中	
	男	女	男	女	男	女	男	女	男	女
顺河回族区	596	1866	677	606	15888	19008	35903	36888	26816	27975
鼓楼区	726	1751	644	557	9990	11569	20644	21210	17800	18031
禹王台区	588	1965	394	385	9687	10929	22432	22098	16942	16380
祥符区	9271	23821	2574	2572	94459	99916	155052	124056	42672	33800
杞县	11083	35941	5006	4983	120883	135353	219343	179407	62602	47578
通许县	6205	18746	2875	3045	70614	76770	121266	101714	38382	30090
尉氏县	9449	30022	3874	3999	107128	116412	197238	159579	56488	42932
兰考县	6726	22459	2777	2993	96027	114419	167367	143020	50406	40869
洛阳市	**24291**	**68155**	**26208**	**26350**	**626416**	**751772**	**1454348**	**1359274**	**658833**	**571562**
老城区	697	1585	723	656	15863	17433	40291	38402	34937	33840
西工区	721	2161	908	801	20868	24516	47403	49725	45475	46277
瀍河回族区	499	1717	647	540	12867	15332	31384	32398	30317	28950
涧西区	696	2651	1152	1048	26361	33113	59586	64605	67474	69446
吉利区	127	505	164	142	4144	5301	10992	10927	8931	8625
洛龙区	1634	5016	3288	3093	65047	76283	164591	158135	77802	69959
孟津县	1053	2748	1714	1782	34115	41965	99490	95129	41415	33565
新安县	1401	4131	1701	1775	45307	55892	100005	91447	59301	41845
栾川县	2282	4564	950	959	38804	43902	65200	57482	31271	25471
嵩县	3862	8932	2022	2085	68873	82072	124391	104187	40392	32129
汝阳县	2773	8457	2214	2840	50651	59935	102355	92005	27500	22401
宜阳县	2604	8843	2258	2223	58060	73037	145790	131260	41021	32130
洛宁县	1307	2455	1917	1870	37224	46256	95548	91737	31957	25344
伊川县	2678	7856	3870	3923	85311	100704	196058	182881	54404	44601
洛阳高新技术产业开发区	575	1807	860	821	15273	18309	35874	34237	19693	18493
偃师市	1382	4727	1820	1792	47648	57722	135390	124717	46943	38486
平顶山市	**32454**	**80845**	**18133**	**17564**	**570592**	**634717**	**1071429**	**997307**	**367757**	**311584**
新华区	1577	3652	847	739	24389	26728	52424	53919	40886	36314
卫东区	1357	3149	833	732	21475	23808	51683	53037	38081	36283
石龙区	207	516	126	122	5001	5519	10102	8259	3831	2591
湛河区	1121	3342	927	940	25948	28183	55210	54881	36751	33780
宝丰县	2555	6947	1700	1718	58180	65777	120064	108587	31241	25106
叶县	5160	12966	2824	2596	95570	104751	168114	152223	37815	29905
鲁山县	7045	14379	2757	2649	101737	113237	188869	175520	43050	34536
郏县	4575	12673	1665	1742	70338	78208	116462	101855	30060	24506
平顶山高新技术产业开发区	189	550	168	155	5871	6347	11527	11475	4067	3188
平顶山市城乡一体化示范区	432	1269	347	260	8734	9729	17532	17384	8724	6816
舞钢市	2251	4333	1240	1132	31268	33472	59930	58706	26972	23690
汝州市	5985	17069	4699	4779	122081	138958	219512	201461	66279	54869
安阳市	**30075**	**102153**	**21920**	**22569**	**655754**	**769452**	**1144341**	**1098202**	**386174**	**334617**
文峰区	810	3015	960	910	31994	37299	56002	58950	38730	38076
北关区	603	1968	922	852	29682	33298	54781	56744	34481	34253
殷都区	476	1411	476	467	17682	21254	41802	41739	25846	23751
龙安区	1018	3586	1247	1305	29618	35296	61736	53481	23703	19503
安阳县	3780	14186	3326	3434	118520	141216	202185	178209	43227	33823
汤阴县	2670	12292	1810	1889	53897	64965	106180	93392	30362	25485
滑县	10663	34377	4590	4579	164401	181710	241132	234669	69148	58825
内黄县	6812	20331	3280	3589	88320	98799	168493	155050	31398	26703
安阳高新技术产业开发区	216	739	444	420	10939	11815	16679	17998	13321	12723
林州市	3027	10248	4865	5124	110701	143800	195351	207970	75958	61475
鹤壁市	**8040**	**27029**	**6083**	**6015**	**168535**	**198060**	**338963**	**296994**	**129733**	**108013**
鹤山区	380	1372	141	162	6357	7741	16036	11960	7335	5188
山城区	781	2545	453	480	15581	18266	36350	31874	16084	13005
淇滨区	1056	3124	1496	1332	33218	37608	60110	59455	46916	42311
浚县	4607	15547	2673	2754	81966	96226	157224	130763	31653	25045
淇县	1073	3977	1151	1125	27426	33935	60504	54643	23284	18387
鹤壁经济技术开发区	143	464	169	162	3987	4284	8739	8299	4461	4077
新乡市	**20225**	**60326**	**21792**	**21018**	**610863**	**686762**	**1214053**	**1154498**	**676122**	**584469**
红旗区	881	2220	1158	984	24613	27092	40161	42022	45307	44186
卫滨区	365	1059	676	630	16480	19694	31327	33568	33099	34561
凤泉区	296	949	450	440	14830	15425	31231	25830	19024	15552

大学专科		大学本科及以上		平均受教育年限(年)			15岁及以上文盲人口(人)			文盲人口占15岁及以上人口比重(%)		
男	女	男	女	合计	男	女	合计	男	女	合计	男	女
11250	10978	11206	16192	10.73	10.74	10.72	1660	358	1302	0.86	0.40	1.26
8362	8257	4498	4680	10.48	10.61	10.35	1872	497	1375	1.64	0.91	2.31
5594	5604	2183	2477	10.01	10.17	9.87	2135	466	1669	2.04	0.92	3.10
12310	11774	3760	4239	8.24	8.53	7.92	29757	7971	21786	5.87	3.09	8.75
14745	12541	4910	4558	8.19	8.58	7.78	41491	9200	32291	5.90	2.60	9.24
9720	9579	3432	3557	8.33	8.66	8.00	20776	4784	15992	5.14	2.36	7.93
16051	14027	6298	6055	8.35	8.71	7.97	33681	7600	26081	5.44	2.41	8.56
19909	18575	7906	8599	8.59	8.92	8.26	23446	5137	18309	4.12	1.84	6.33
276240	**260681**	**200922**	**203440**	**9.74**	**9.91**	**9.57**	**72097**	**16958**	**55139**	**1.29**	**0.61**	**1.97**
17971	16335	8353	8027	10.82	10.92	10.72	1544	449	1095	0.74	0.43	1.06
30598	30794	22265	21304	11.42	11.55	11.30	2147	458	1689	0.70	0.31	1.07
17786	15980	9464	9538	11.08	11.26	10.91	1650	290	1360	0.88	0.31	1.44
40977	41379	37276	32425	11.61	11.80	11.42	2393	372	2021	0.56	0.18	0.91
4059	4002	3298	3026	10.81	10.99	10.64	479	88	391	0.83	0.31	1.34
42973	45144	61101	68599	10.69	10.73	10.65	4602	955	3647	0.62	0.26	0.97
11254	11027	6531	6939	9.47	9.62	9.31	2380	551	1829	0.70	0.32	1.08
20687	14053	6921	7054	9.58	9.88	9.24	4128	908	3220	1.05	0.44	1.71
9745	8444	6107	6059	9.19	9.38	8.98	5300	1690	3610	2.07	1.30	2.86
10394	9133	4386	4286	8.62	8.86	8.36	10616	3093	7523	2.59	1.48	3.74
8274	7189	4691	4595	8.61	8.88	8.33	9857	2295	7562	3.11	1.45	4.75
11781	10472	5485	5753	8.84	9.10	8.59	9571	1955	7616	2.13	0.87	3.39
7160	6585	3171	2935	8.98	9.15	8.80	2227	683	1544	0.75	0.46	1.04
13396	12377	5767	6218	8.78	8.95	8.60	8802	1870	6932	1.51	0.64	2.38
13288	12258	9049	8783	10.48	10.66	10.31	1747	352	1395	1.06	0.43	1.69
15897	15509	7057	7899	9.35	9.51	9.19	4654	949	3705	1.04	0.42	1.66
156472	**143399**	**93404**	**88290**	**9.10**	**9.30**	**8.90**	**100555**	**27478**	**73077**	**2.68**	**1.47**	**3.88**
23508	20549	14661	13208	10.66	10.86	10.45	4374	1228	3146	1.59	0.89	2.30
20415	18958	12127	11149	10.61	10.77	10.45	3240	809	2431	1.26	0.64	1.87
1042	804	482	418	8.95	9.20	8.67	410	91	319	1.28	0.54	2.13
29657	23789	12970	11366	10.68	10.92	10.44	3710	846	2864	1.34	0.60	2.09
11704	13808	5117	5105	8.85	8.99	8.70	9004	2218	6786	2.44	1.21	3.66
11660	10535	5724	5877	8.42	8.62	8.22	17528	4892	12636	3.33	1.86	4.79
12666	11620	6835	6209	8.46	8.65	8.26	19635	6329	13306	3.47	2.24	4.69
8875	8603	3859	3834	8.38	8.63	8.12	15672	4116	11556	4.16	2.19	6.10
2034	1686	874	784	9.27	9.47	9.06	731	177	554	1.76	0.85	2.67
5139	5541	18112	18307	11.54	11.64	11.44	1537	367	1170	1.48	0.72	2.22
10735	10044	4535	4484	9.31	9.46	9.17	5796	1950	3846	2.54	1.73	3.34
19037	17462	8108	7549	8.61	8.83	8.38	18918	4455	14463	2.71	1.29	4.09
145073	**150952**	**97992**	**115470**	**8.97**	**9.17**	**8.78**	**109773**	**23225**	**86548**	**2.65**	**1.18**	**4.00**
25002	24397	20520	21385	10.70	10.86	10.56	2831	479	2352	0.94	0.33	1.48
16852	17536	11046	12125	10.25	10.32	10.18	1949	405	1544	0.76	0.33	1.14
9819	9783	5408	5574	10.07	10.21	9.94	1231	274	957	0.69	0.32	1.04
8064	7721	4135	4317	9.16	9.36	8.94	3776	708	3068	1.76	0.66	2.86
8222	8256	3606	4231	8.22	8.46	7.97	14683	2846	11837	2.35	0.93	3.70
9137	13171	4571	5090	8.69	8.93	8.45	12188	2003	10185	3.51	1.20	5.65
20553	21084	10058	11888	8.35	8.60	8.11	38651	8588	30063	4.64	2.19	6.81
8928	8622	5089	5570	8.21	8.48	7.96	24578	5941	18637	4.90	2.45	7.19
17127	21257	22285	33943	12.65	12.42	12.83	793	137	656	0.50	0.20	0.73
21369	19125	11274	11347	8.87	9.13	8.63	9093	1844	7249	1.26	0.55	1.90
55210	**54191**	**30708**	**30705**	**9.26**	**9.49**	**9.04**	**29213**	**6311**	**22902**	**2.38**	**1.03**	**3.73**
1514	1244	416	409	9.03	9.37	8.65	1568	328	1240	2.90	1.13	4.92
4584	4185	1302	1400	9.19	9.42	8.95	2995	669	2326	2.36	1.04	3.72
30228	31275	20660	19784	10.82	10.93	10.70	2783	596	2187	0.84	0.37	1.29
10295	9807	4611	4906	8.33	8.62	8.03	17117	3784	13333	3.60	1.59	5.61
6892	6043	2986	3411	9.04	9.30	8.78	4272	834	3438	2.09	0.82	3.33
1697	1637	733	795	9.67	9.78	9.55	478	100	378	1.46	0.62	2.28
210752	**204808**	**143149**	**175439**	**9.68**	**9.79**	**9.56**	**60662**	**13443**	**47219**	**1.26**	**0.57**	**1.93**
31544	32985	51232	57537	12.18	12.20	12.17	2075	498	1577	0.58	0.29	0.84
18145	17736	8068	8805	10.96	11.07	10.85	612	95	517	0.31	0.10	0.50
4814	4209	2467	2217	9.65	9.78	9.51	977	198	779	0.84	0.32	1.41

表4 续表 28

地区	6岁及以上各种受教育程度人口(人)									
	未上过学		学前教育		小学		初中		高中	
	男	女	男	女	男	女	男	女	男	女
牧野区	637	1497	1062	982	28179	31076	52256	50709	45011	43842
新乡县	560	1911	1253	1290	31659	37153	66487	60278	53688	42865
获嘉县	905	2864	1354	1326	36874	42885	100386	94497	35424	30033
原阳县	2428	6237	2161	2027	62715	70416	110617	99930	58448	44925
延津县	1338	3939	1290	1198	43037	48996	90837	84714	59249	46287
封丘县	3542	11293	2571	2444	82933	93455	155965	144255	65891	53134
新乡高新技术产业开发区	276	1042	500	470	9858	10699	16738	16473	15652	15382
新乡经济技术开发区	55	132	94	86	3119	3232	5198	4866	4147	2217
新乡市平原城乡一体化示范区	449	1298	838	897	18479	20975	37823	35703	24104	19365
卫辉市	1264	4017	1571	1554	49332	56764	112079	105222	43931	40402
辉县市	2676	7341	3656	3553	89861	101454	173058	168753	93632	80882
长垣市	4553	14527	3158	3137	98894	107446	189890	187678	79515	70836
焦作市	**8534**	**26071**	**11841**	**11354**	**261534**	**316847**	**714482**	**681349**	**420601**	**368507**
解放区	778	2051	962	863	20770	23940	48623	48768	47542	47235
中站区	373	1275	234	218	7869	9234	24260	22076	11812	10503
马村区	456	1419	472	465	10231	11922	28521	26117	12697	10419
山阳区	676	1835	1033	890	18050	20172	37774	38441	40122	39757
修武县	882	2590	890	845	20930	23982	60023	53905	22826	18703
博爱县	916	2999	1440	1345	28684	34767	82766	79005	38095	29722
武陟县	1379	4348	2506	2409	56516	68859	147583	136477	71030	57164
温县	836	3040	1278	1202	32920	42217	97963	92754	36697	31047
焦作城乡一体化示范区	712	1857	685	705	14623	17269	37244	34686	21778	17849
沁阳市	821	2831	1311	1401	28808	35556	74480	75629	77506	70991
孟州市	705	1826	1030	1011	22133	28929	75245	73491	40496	35117
濮阳市	**31929**	**109737**	**15500**	**15961**	**460383**	**544992**	**756609**	**671316**	**251818**	**224399**
华龙区	1607	6178	1671	1458	42670	48314	77791	81129	70579	72718
清丰县	5363	18689	2210	2450	78535	93755	141443	121168	29776	25180
南乐县	3435	13285	2145	2208	61083	78170	104945	93565	26400	21126
范县	4127	12630	2114	2533	66270	83158	87589	79642	24542	21148
台前县	2453	10273	1528	1528	45111	55048	72229	62220	15724	12584
濮阳县	12789	42390	4435	4450	131597	148728	209327	176780	56227	45166
河南濮阳工业园区	250	955	168	144	3496	4251	6327	5566	1547	1025
濮阳经济技术开发区	1905	5337	1229	1190	31621	33568	56958	51246	27023	25452
许昌市	**14509**	**46430**	**13813**	**13794**	**454816**	**532334**	**1009915**	**934488**	**353279**	**288395**
魏都区	832	1795	1219	1090	34027	38579	72122	78439	68418	68489
建安区	2926	9632	2530	2314	81009	92643	179175	161112	50354	37790
鄢陵县	2256	8216	2414	2521	65522	82960	127731	114262	38140	28372
襄城县	1681	4190	1957	1921	73079	82761	175843	171211	41850	35112
许昌经济技术开发区	304	857	174	173	7152	7643	15731	15475	5231	4505
禹州市	3692	11763	3054	3239	121469	144052	271270	242723	84212	63662
长葛市	2818	9977	2465	2536	72558	83696	168043	151266	65074	50465
漯河市	**16137**	**47067**	**8529**	**8432**	**234057**	**261692**	**506045**	**477673**	**207671**	**181150**
源汇区	1194	3608	1184	1060	26160	29305	57754	59043	34013	32275
郾城区	2444	6971	2012	2033	42377	47880	96150	95237	46375	42191
召陵区	4506	13176	1642	1787	44768	49949	84516	74075	32546	27100
舞阳县	2680	7734	1619	1514	43831	49116	107506	104072	40014	35170
临颍县	4697	14105	1728	1699	68892	76474	141421	126470	43272	33719
漯河经济技术开发区	616	1473	344	339	8029	8968	18698	18776	11451	10695
三门峡市	**6523**	**14858**	**6612**	**6674**	**188101**	**237994**	**420049**	**386492**	**210703**	**175459**
湖滨区	626	1405	643	639	18625	23099	43005	44635	36469	35361
陕州区	940	1973	740	768	25850	32770	65356	56919	30823	23217
渑池县	811	2446	870	889	27677	36420	71059	67304	30577	24666
卢氏县	1545	2650	963	922	41281	50687	68432	58242	26708	20436
河南三门峡经济开发区	59	117	91	103	2376	2666	4137	4251	5313	5223
义马市	367	1080	482	450	9438	12169	22262	23629	16230	14352
灵宝市	2175	5187	2823	2903	62854	80183	145798	131512	64583	52204
南阳市	**88746**	**166936**	**43036**	**41955**	**1416863**	**1506948**	**1936826**	**1857201**	**664946**	**590304**
宛城区	3689	8157	2349	2194	83920	89778	128660	129317	62423	60760
卧龙区	4942	10059	3306	3183	102960	109747	158945	154045	66288	62468
南召县	6661	9852	2396	2408	83918	89756	113481	102848	35722	28197

大学专科		大学本科及以上		平均受教育年限(年)			15岁及以上文盲人口(人)			文盲人口占15岁及以上人口比重(%)		
男	女	男	女	合计	男	女	合计	男	女	合计	男	女
21166	20776	21929	35758	11.11	10.98	11.23	998	277	721	0.32	0.19	0.43
11926	11087	4632	5305	9.81	9.97	9.64	1614	303	1311	0.58	0.21	0.96
8623	8258	3669	4022	9.19	9.33	9.05	3089	687	2402	1.00	0.45	1.54
14240	12359	4963	5156	9.10	9.31	8.88	6578	1689	4889	1.61	0.82	2.44
12449	11204	4520	4248	9.48	9.68	9.27	4027	903	3124	1.18	0.52	1.86
11197	11079	3991	4198	8.79	9.00	8.57	11076	2352	8724	2.13	0.91	3.32
10533	10737	8087	8301	11.20	11.28	11.12	948	162	786	0.89	0.31	1.43
6150	3238	1666	5026	11.79	11.76	11.81	107	27	80	0.31	0.15	0.48
7794	6753	5063	8746	9.95	10.01	9.90	1197	276	921	0.76	0.35	1.16
9521	10382	5197	5790	9.17	9.28	9.06	4102	891	3211	1.14	0.51	1.74
21399	20039	8396	8685	9.26	9.41	9.11	7154	1641	5513	1.13	0.53	1.72
21251	23966	9269	11645	9.08	9.21	8.95	16108	3444	12664	2.40	1.07	3.62
137454	**134769**	**91949**	**84815**	**10.00**	**10.15**	**9.83**	**27511**	**6144**	**21367**	**0.96**	**0.43**	**1.49**
24279	25224	16299	17033	11.12	11.19	11.06	1894	430	1464	0.65	0.30	0.98
4492	4080	1764	2115	9.84	9.99	9.68	1116	206	910	1.25	0.46	2.06
3308	3127	1559	1503	9.39	9.58	9.20	1463	300	1163	1.50	0.61	2.42
26152	30328	14154	14030	11.39	11.41	11.37	1716	412	1304	0.68	0.34	0.99
9345	8652	3727	3877	9.53	9.68	9.36	3338	763	2575	1.66	0.75	2.61
9570	8466	3821	4214	9.42	9.61	9.22	3346	735	2611	1.19	0.52	1.87
17298	15237	15252	13026	9.56	9.76	9.34	5032	1097	3935	0.97	0.42	1.53
8638	8336	3943	4384	9.27	9.44	9.09	2488	516	1972	0.78	0.33	1.23
6578	5528	21327	12300	10.59	10.98	10.15	2178	559	1619	1.27	0.61	2.03
17335	14988	5936	7256	10.24	10.41	10.07	2833	545	2288	0.78	0.30	1.24
10459	10803	4167	5077	9.79	9.92	9.67	2107	581	1526	0.76	0.42	1.09
112300	**113500**	**75750**	**76379**	**8.86**	**9.15**	**8.57**	**125658**	**27294**	**98364**	**4.48**	**2.03**	**6.76**
42105	41330	37569	35859	11.06	11.23	10.90	5744	1049	4695	1.22	0.47	1.91
8810	9049	4076	4797	8.22	8.54	7.91	22631	4894	17737	5.13	2.29	7.82
9384	9682	5405	6327	8.43	8.76	8.12	14651	2857	11794	4.20	1.73	6.43
8003	7440	4096	4526	8.18	8.51	7.87	11966	2774	9192	3.64	1.80	5.28
6316	5927	3635	3374	8.25	8.63	7.88	11264	2032	9232	4.79	1.81	7.51
17914	16573	8169	8673	8.15	8.55	7.75	51293	11689	39604	7.26	3.40	10.93
431	420	157	182	8.16	8.56	7.78	1245	260	985	6.30	2.72	9.65
19337	23079	12643	12641	10.15	10.21	10.09	6864	1739	5125	2.72	1.42	3.95
131695	**125501**	**70244**	**71951**	**9.24**	**9.42**	**9.05**	**49643**	**10803**	**38840**	**1.46**	**0.64**	**2.27**
43034	47196	30189	31394	11.34	11.39	11.30	1758	466	1292	0.39	0.21	0.54
17180	13435	6780	6881	8.84	9.08	8.60	10573	2317	8256	1.88	0.81	2.98
11398	10417	4187	4053	8.65	8.94	8.37	7818	1534	6284	1.93	0.77	3.05
10692	10164	7355	7406	8.88	9.00	8.76	5457	1427	4030	1.07	0.57	1.55
2306	2160	1079	1117	9.28	9.43	9.13	905	198	707	1.68	0.75	2.59
27341	24803	12966	13242	9.00	9.21	8.78	12197	2657	9540	1.42	0.61	2.24
19744	17326	7688	7858	9.13	9.36	8.89	10935	2204	8731	1.97	0.79	3.17
91961	**86096**	**38195**	**37447**	**9.33**	**9.55**	**9.11**	**55410**	**13213**	**42197**	**2.94**	**1.42**	**4.43**
18535	19676	8223	8353	10.17	10.29	10.06	4003	917	3086	1.54	0.73	2.29
29797	25807	14836	14415	10.00	10.22	9.78	8218	1898	6320	2.03	0.95	3.09
14420	15140	4428	4286	8.93	9.21	8.64	15619	3754	11865	4.87	2.35	7.35
8911	8127	3465	3475	8.98	9.18	8.79	9447	2394	7053	2.69	1.39	3.94
15790	13186	5762	5505	8.78	9.06	8.48	16453	3829	12624	3.50	1.61	5.42
4508	4160	1481	1413	9.79	9.97	9.61	1670	421	1249	2.13	1.10	3.13
85154	**76309**	**39488**	**39194**	**9.66**	**9.86**	**9.46**	**15422**	**4423**	**10999**	**0.93**	**0.53**	**1.33**
18666	17951	11720	12046	10.82	10.96	10.69	993	278	715	0.42	0.24	0.59
11529	9672	4813	4819	9.60	9.82	9.37	2262	667	1595	0.93	0.53	1.36
9732	8810	4259	4475	9.41	9.63	9.19	2697	629	2068	1.09	0.51	1.67
7710	6644	3407	3372	8.86	9.08	8.63	2852	1034	1818	1.13	0.80	1.47
5330	5084	2308	2282	12.00	12.11	11.90	67	23	44	0.19	0.13	0.25
9469	8011	4389	3864	10.47	10.75	10.19	1069	255	814	0.96	0.47	1.45
22718	20137	8592	8336	9.36	9.58	9.14	5482	1537	3945	1.02	0.57	1.49
226044	**212734**	**131989**	**135471**	**8.65**	**8.79**	**8.51**	**202852**	**67358**	**135494**	**2.83**	**1.92**	**3.70**
39142	33821	24434	22673	9.78	9.95	9.62	8233	2357	5876	1.45	0.85	2.02
34472	36288	25887	33497	9.58	9.60	9.56	11143	3429	7714	1.69	1.08	2.25
10037	8262	4658	4161	8.34	8.52	8.15	13202	5212	7990	3.31	2.58	4.06

表4 续表 29

地 区	6岁及以上各种受教育程度人口(人)									
	未上过学		学前教育		小学		初中		高中	
	男	女	男	女	男	女	男	女	男	女
方城县	9658	16855	4768	4747	131480	142247	178543	169177	58300	49882
西峡县	3205	4850	1876	1762	62469	63148	85128	76629	42304	35144
镇平县	4457	8927	3798	3365	122906	131060	198850	183116	49601	39562
内乡县	5296	11054	1710	1714	81314	88278	112771	105607	39256	33984
淅川县	5967	12385	2145	1988	79677	85599	108882	101874	39692	33614
社旗县	7154	12205	2963	2770	91525	97188	110646	106952	34069	30986
唐河县	15597	24365	6396	6316	185591	187528	210536	201922	62221	55985
新野县	4529	10673	2400	2574	88949	96891	131784	128665	37348	33522
桐柏县	4605	8530	1859	1805	55548	59565	72936	71211	26224	21970
南阳高新技术产业开发区	516	1244	663	624	20897	21430	37364	39688	23191	21125
南阳市城乡一体化示范区	1485	2918	754	728	25858	26695	40112	39128	17732	16817
邓州市	10985	24862	5653	5777	199851	218038	248188	247022	70575	66288
商丘市	**74102**	**235036**	**40712**	**39660**	**981172**	**1163073**	**1596575**	**1435364**	**520392**	**419293**
梁园区	4804	12825	3448	3181	63023	68885	128741	116691	55717	46443
睢阳区	9196	28177	4423	4393	105501	119721	170485	148389	69441	58227
民权县	5811	18800	4356	4164	93783	112587	151678	140454	52550	45028
睢县	7697	25209	3778	3615	98941	113484	155564	137334	38321	30995
宁陵县	1866	5046	2580	2444	62580	78896	104115	99283	48178	41865
柘城县	8400	33549	4006	4104	101409	126802	168058	148888	49210	37135
虞城县	11208	34606	4922	4929	134108	155430	208918	183684	57750	45534
夏邑县	12154	38950	5178	5533	127573	153819	180967	159121	52493	39217
豫东综合物流产业聚集区	1892	4772	771	791	17638	19718	33219	30137	6826	5431
河南商丘经济开发区	843	2494	719	647	15748	17149	26180	24285	9081	7895
永城市	10231	30608	6531	5859	160868	196582	268650	247098	80825	61523
信阳市	**85970**	**210932**	**25289**	**26160**	**952762**	**1054761**	**1048183**	**974724**	**482330**	**395607**
浉河区	2731	5921	1810	1814	67433	71862	97554	96890	62724	59924
平桥区	7382	17862	3162	3153	107702	116387	144352	139090	69228	60825
罗山县	7025	18106	1745	1835	80138	86312	87481	83831	33982	27466
光山县	8968	25947	2682	2656	88323	98839	100710	92638	50483	37990
新县	2923	8407	902	993	39929	46279	44025	40313	26282	22055
商城县	6247	15615	1871	2121	71716	83369	73430	75071	34495	27909
固始县	18625	43536	4765	4646	172114	189710	176430	159415	82600	59614
潢川县	5700	12992	2498	2736	111235	126570	108067	100255	43988	38012
淮滨县	10777	26716	2708	2872	89909	102643	99022	85836	33809	25949
息县	15437	35481	3068	3239	120503	128881	112452	96736	43226	34737
信阳高新技术产业开发区	155	349	78	95	3760	3909	4660	4649	1513	1126
周口市	**105059**	**378965**	**41444**	**42646**	**1161780**	**1375295**	**1870942**	**1638621**	**590039**	**484262**
川汇区	4495	13371	2211	2225	53161	59539	99239	93717	59479	53536
淮阳区	14689	55238	5639	5497	132520	160736	212893	182751	58903	46457
扶沟县	3546	12091	1892	1992	62583	77703	131857	117733	39092	31443
西华县	5428	17546	3174	3341	83394	100684	158556	139040	46269	36789
商水县	9961	34986	4047	4432	130352	156917	211970	176548	54879	43643
沈丘县	12699	46440	4003	4395	130043	153151	196645	177080	59789	50217
郸城县	20369	74137	5249	4975	162556	173713	186719	157277	69247	56957
太康县	14695	56146	5140	5212	146613	172579	266341	221037	58906	48637
鹿邑县	8470	34007	4337	4938	120313	154041	195460	179843	67468	54350
河南周口经济开发区	591	1545	456	492	8255	8894	14463	13539	9299	7180
项城市	10116	33458	5296	5147	131990	157338	196799	180056	66708	55053
驻马店市	**57536**	**140914**	**26896**	**27794**	**965485**	**1108922**	**1370362**	**1312920**	**546676**	**460782**
驿城区	4433	7965	2212	2107	82605	88005	146134	139060	76049	67735
西平县	4782	11724	2567	2585	72506	84059	147971	146234	51697	40056
上蔡县	8492	25143	4361	4781	143776	180311	211701	197424	57033	46966
平舆县	6023	16002	3383	3303	107915	127766	136210	135072	58120	48104
正阳县	4952	11770	1938	2096	97666	116239	123103	115964	41220	33441
确山县	3556	8398	1119	1108	57841	65551	82771	79353	29689	24191
泌阳县	5851	9435	3359	3130	94746	95930	117034	112843	79103	69042
汝南县	4306	10524	2098	2214	86689	103986	127455	124310	41879	34196
遂平县	3659	7573	1843	1600	55811	60374	95511	93526	35265	30502
新蔡县	10842	30967	3280	3794	146714	166565	148254	131501	47409	39544
河南驻马店经济开发区	640	1413	736	1076	19216	20136	34218	37633	29212	27005
省直辖县级行政区划	**1888**	**5722**	**1955**	**1907**	**53624**	**68143**	**113890**	**108239**	**96945**	**81150**
济源市	1888	5722	1955	1907	53624	68143	113890	108239	96945	81150

大学专科		大学本科及以上		平均受教育年限(年)			15岁及以上文盲人口(人)			文盲人口占15岁及以上人口比重(%)		
男	女	男	女	合计	男	女	合计	男	女	合计	男	女
15118	14353	6811	6827	8.36	8.52	8.20	21159	7271	13888	3.37	2.35	4.36
16873	14415	6764	7017	9.16	9.27	9.03	5507	2131	3376	1.55	1.17	1.95
9635	8441	5366	5103	8.38	8.52	8.24	12008	3776	8232	1.95	1.23	2.67
10623	9707	6071	6000	8.53	8.72	8.35	13922	4438	9484	3.41	2.22	4.56
9675	9094	4822	4444	8.44	8.64	8.23	16473	5171	11302	4.08	2.61	5.50
8429	7901	3021	3219	8.15	8.29	8.02	14729	5212	9517	3.63	2.63	4.58
15720	14790	6432	6565	8.07	8.18	7.95	32218	12247	19971	4.11	3.18	5.02
9600	8699	3680	3769	8.39	8.55	8.22	11789	3364	8425	2.71	1.61	3.73
9126	8951	3873	3946	8.51	8.68	8.34	10487	3554	6933	3.80	2.65	4.89
12315	11889	8114	7823	10.25	10.35	10.16	1287	342	945	0.76	0.42	1.09
6914	6569	12957	11344	9.75	9.89	9.60	3413	1051	2362	1.98	1.23	2.72
18365	19554	9099	9083	8.24	8.39	8.10	27282	7803	19479	3.07	1.85	4.17
199645	**189803**	**103163**	**111316**	**8.59**	**8.92**	**8.28**	**267377**	**61239**	**206138**	**4.59**	**2.17**	**6.86**
19760	19852	14362	22531	9.39	9.49	9.29	15206	3905	11301	3.09	1.62	4.52
38785	40078	18133	20048	9.13	9.40	8.86	33439	7835	25604	4.80	2.30	7.20
16308	14435	6217	5701	8.51	8.83	8.21	20831	4714	16117	3.83	1.80	5.72
14783	13319	7159	6962	8.24	8.60	7.90	28209	6320	21889	5.18	2.39	7.83
24940	23586	7878	7396	9.36	9.58	9.15	5491	1285	4206	1.33	0.64	1.98
15231	13528	5481	4748	8.16	8.65	7.70	37937	7357	30580	6.34	2.57	9.78
15366	13551	6378	5735	8.12	8.49	7.76	41318	9899	31419	5.73	2.80	8.54
12198	10935	5741	5183	7.90	8.35	7.47	41849	9358	32491	6.35	2.96	9.47
1924	1920	819	827	8.12	8.41	7.84	6042	1664	4378	5.76	3.23	8.19
12752	14479	14017	17000	10.95	10.93	10.96	2760	639	2121	1.94	0.94	2.86
27598	24120	16978	15185	8.53	8.86	8.21	34295	8263	26032	3.75	1.87	5.51
149265	**140475**	**110692**	**127349**	**8.51**	**8.79**	**8.24**	**252699**	**70765**	**181934**	**5.31**	**3.08**	**7.38**
26890	26775	29189	48958	10.27	10.17	10.36	6151	1772	4379	1.17	0.72	1.58
32935	37208	22681	25534	9.33	9.46	9.21	22009	6243	15766	3.36	1.98	4.66
10341	9348	6164	6036	8.24	8.55	7.93	22150	5997	16153	5.99	3.38	8.39
13350	10882	8397	7064	8.31	8.76	7.86	31282	7846	23436	6.92	3.58	10.08
9535	7760	4839	4458	8.82	9.20	8.45	9682	2402	7280	4.44	2.26	6.52
8761	7743	7666	6931	8.31	8.66	7.98	18365	5078	13287	5.30	3.14	7.20
18245	15836	12850	11684	8.08	8.46	7.70	47301	13411	33890	6.00	3.50	8.38
11957	10469	7914	7033	8.29	8.53	8.04	15498	4531	10967	3.17	1.92	4.34
8828	7166	5236	4524	7.80	8.24	7.38	34004	9598	24406	8.30	4.81	11.62
7870	6921	5475	4911	7.62	8.01	7.24	45836	13758	32078	9.37	5.76	12.81
553	367	281	216	8.48	8.73	8.23	421	129	292	2.30	1.41	3.19
181175	**169906**	**95776**	**102367**	**8.31**	**8.73**	**7.91**	**423305**	**87968**	**335337**	**6.25**	**2.69**	**9.56**
30415	30181	26023	35067	10.16	10.29	10.04	15620	3733	11887	3.21	1.59	4.71
17310	16903	9006	9504	8.00	8.51	7.52	63149	12910	50239	8.37	3.59	12.72
11834	10342	4461	4310	8.67	8.98	8.36	14601	3182	11419	3.39	1.50	5.24
15484	13593	6255	6124	8.56	8.89	8.24	19373	4333	15040	3.69	1.67	5.67
16736	15336	9197	8700	8.21	8.61	7.81	36519	7660	28859	5.02	2.15	7.78
14988	13546	6072	5520	8.03	8.50	7.59	49752	10182	39570	6.95	3.00	10.53
16632	15350	8739	7937	7.72	8.29	7.17	86637	18072	68565	11.21	4.89	17.00
17471	16610	7007	6784	8.01	8.48	7.56	63045	12605	50440	7.47	3.07	11.64
14608	13723	7236	6925	8.28	8.71	7.87	36514	6955	29559	5.12	2.07	7.83
7361	7130	2147	2146	10.22	10.42	10.01	1813	445	1368	2.50	1.21	3.82
18336	17192	9633	9350	8.32	8.68	7.98	36282	7891	28391	4.94	2.25	7.43
147710	**146379**	**80239**	**78882**	**8.64**	**8.87**	**8.42**	**156469**	**43009**	**113460**	**2.98**	**1.69**	**4.18**
29078	28951	15110	14638	9.54	9.65	9.44	9681	3258	6423	1.63	1.10	2.15
13178	12028	5357	5309	8.77	9.00	8.54	13390	3628	9762	2.60	1.45	3.71
13126	12478	6414	6507	8.16	8.46	7.87	26955	6536	20419	3.67	1.88	5.27
9461	8764	4882	4451	8.32	8.59	8.07	17224	4397	12827	3.27	1.76	4.62
10914	9685	5543	5062	8.33	8.59	8.08	10414	2847	7567	2.30	1.31	3.20
7353	7505	4312	4560	8.55	8.76	8.34	9412	2645	6767	3.06	1.79	4.25
16016	14765	8529	8044	9.01	9.13	8.89	11757	4306	7451	2.33	1.71	2.96
10181	10114	4770	4924	8.46	8.68	8.25	11333	3075	8258	2.44	1.39	3.41
8731	8460	3521	3456	8.72	8.88	8.57	9646	3046	6600	2.87	1.86	3.84
10981	10248	4944	4533	7.81	8.16	7.47	35230	8877	26353	5.82	3.04	8.43
18691	23381	16857	17398	11.22	11.23	11.22	1427	394	1033	0.68	0.40	0.93
48128	**44501**	**22036**	**20400**	**10.51**	**10.73**	**10.29**	**6410**	**1522**	**4888**	**1.09**	**0.52**	**1.68**
48128	44501	22036	20400	10.51	10.73	10.29	6410	1522	4888	1.09	0.52	1.68

表4 续表 30

地区	6岁及以上各种受教育程度人口(人)									
	未上过学		学前教育		小学		初中		高中	
	男	女	男	女	男	女	男	女	男	女
湖北省	**356507**	**1184578**	**139735**	**148316**	**6248390**	**7233459**	**10615140**	**9182383**	**5597853**	**4467095**
武汉市	**41011**	**139221**	**21570**	**20910**	**793399**	**891584**	**1680280**	**1474195**	**1315817**	**1135093**
江岸区	1585	5825	1420	1322	48290	56085	112956	111773	118217	119727
江汉区	1142	4079	934	814	32013	37407	87163	79828	81778	77978
硚口区	1282	5361	1181	1053	33799	40511	96114	90196	91452	85286
汉阳区	1443	5614	1437	1292	44067	50129	111398	103047	102202	95419
武昌区	1533	5179	1505	1431	46429	53545	101332	101404	118007	119116
青山区	926	4287	534	478	23695	29417	58943	55134	58774	55822
洪山区	4350	14463	4199	3839	112723	124104	229886	194879	209417	181417
东西湖区	2945	8556	1615	1653	59143	61702	132272	108445	103021	83858
汉南区	523	1939	328	335	11596	13938	28531	23156	16583	11365
蔡甸区	2713	10614	1742	1774	73860	85669	158228	131297	107949	75721
江夏区	4182	15445	2163	2218	86607	99340	162769	133247	120403	84361
黄陂区	8943	25526	2517	2473	127392	137347	234693	203498	109412	89429
新洲区	9444	32333	1995	2228	93785	102390	165995	138291	78602	55594
黄石市	**17894**	**76641**	**7456**	**7006**	**292964**	**326443**	**466773**	**393624**	**221125**	**160837**
黄石港区	590	2468	534	456	15900	18898	29689	31917	28594	27531
西塞山区	1100	4580	328	368	16616	20014	33396	31836	25430	21086
下陆区	775	4029	371	389	14300	16520	27049	27014	26603	22888
铁山区	161	1216	54	72	3427	4300	7513	7122	6163	4784
阳新县	8938	31559	3847	3783	137579	152337	180963	144905	58849	38572
大冶市	6330	32789	2322	1938	105142	114374	188163	150830	75486	45976
十堰市	**27936**	**59080**	**9415**	**9896**	**442260**	**487144**	**566736**	**484201**	**282354**	**228480**
茅箭区	1688	4660	1265	1117	45151	52981	79603	76944	68687	62554
张湾区	2293	6439	798	741	34400	40281	66536	62955	56625	46773
郧阳区	3527	9653	1091	1268	62528	70304	82512	62738	30238	22231
郧西县	3943	7220	1517	1614	62701	67980	68551	59427	28292	21533
竹山县	4658	8876	1223	1425	69408	74661	63227	46211	20422	13051
竹溪县	3777	7412	806	906	52468	55691	55552	44322	15995	11419
房县	4150	6096	1702	1782	63803	68180	69508	57821	27299	21200
丹江口市	3900	8724	1013	1043	51801	57066	81247	73783	34796	29719
宜昌市	**13231**	**35767**	**5843**	**6652**	**384251**	**463140**	**656833**	**593690**	**463969**	**395961**
西陵区	759	3416	604	641	26783	34099	53556	57054	60760	63497
伍家岗区	571	1513	568	515	20494	24710	41311	42780	43864	43943
点军区	373	878	142	146	10557	12123	19786	16659	13176	11031
猇亭区	222	779	97	89	5317	6673	10831	9712	11659	8259
夷陵区	2323	5440	897	1011	55642	66492	91559	80409	73305	60469
远安县	637	1422	210	311	19821	23489	35328	29427	18257	14705
兴山县	1179	2480	163	237	17224	19899	28185	21755	14416	10365
秭归县	1037	2486	386	504	45610	52739	54236	45839	33141	26629
长阳土家族自治县	1324	3027	573	625	44763	49540	61235	51067	33267	25230
五峰土家族自治县	915	2311	202	197	27747	30085	29419	22674	13572	9735
宜都市	998	2774	699	738	37806	47021	67245	62844	39985	33633
当阳市	1161	4043	544	721	34476	46611	80509	76228	56255	45549
枝江市	1732	5198	758	917	38011	49659	83633	77242	52312	42916
襄阳市	**37548**	**88135**	**15030**	**15068**	**619518**	**682025**	**1046422**	**965851**	**470563**	**416853**
襄城区	2895	7914	826	739	37839	42719	72698	69226	49886	46363
樊城区	2890	8845	2111	1857	73696	83897	151302	151808	109143	104913
襄州区	7415	19523	3093	3411	111363	122132	198713	171678	76149	64112
南漳县	4650	9479	1198	1400	70759	75694	92804	80083	34082	28180
谷城县	2972	5240	1894	1976	68646	75302	99608	95453	35783	31456
保康县	2773	4022	541	566	42361	43749	35429	28165	19417	15489
老河口市	3589	8957	1380	1351	49977	55406	91359	85053	35567	32046
枣阳市	6326	14248	2778	2488	111028	121309	196473	183805	74052	63902
宜城市	4038	9907	1209	1280	53849	61817	108036	100580	36484	30392
鄂州市	**5495**	**22465**	**2477**	**2446**	**118734**	**137348**	**197614**	**170209**	**114374**	**83964**
梁子湖区	982	4424	373	384	17548	19961	26515	20574	11827	7081
华容区	1163	4245	568	504	27830	32151	51994	43355	28666	19256
鄂城区	3350	13796	1536	1558	73356	85236	119105	106280	73881	57627

大学专科		大学本科及以上		平均受教育年限（年）			15岁及以上文盲人口（人）			文盲人口占15岁及以上人口比重(%)		
男	女	男	女	合计	男	女	合计	男	女	合计	男	女
2551279	**2146438**	**2251884**	**2002943**	**9.66**	**9.98**	**9.33**	**1339445**	**293761**	**1045684**	**2.77**	**1.19**	**4.41**
992479	**851844**	**1238770**	**1132556**	**11.54**	**11.73**	**11.33**	**157601**	**33461**	**124140**	**1.46**	**0.60**	**2.37**
79234	77079	91273	88882	11.92	12.04	11.80	5984	1157	4827	0.71	0.28	1.13
50916	49293	57472	56397	11.77	11.86	11.67	4261	844	3417	0.74	0.29	1.20
45932	43167	50661	49888	11.45	11.58	11.31	5642	1037	4605	0.96	0.35	1.57
76556	64698	65669	60988	11.68	11.84	11.50	5417	978	4439	0.75	0.26	1.25
88956	87541	168499	156280	12.65	12.78	12.52	5094	976	4118	0.52	0.20	0.84
33134	29109	35261	28012	11.44	11.70	11.16	4438	711	3727	1.16	0.36	1.98
249680	220824	451969	403645	12.95	13.06	12.83	13964	2740	11224	0.62	0.23	1.05
66582	57299	55997	47940	11.10	11.25	10.93	10819	2579	8240	1.49	0.67	2.43
13265	8273	4075	3347	10.32	10.72	9.85	2530	498	2032	2.00	0.72	3.55
56204	45169	64830	56422	10.70	10.95	10.40	11735	2221	9514	1.47	0.52	2.56
140107	100205	139920	136136	11.82	12.05	11.54	17344	3394	13950	1.53	0.56	2.63
48119	39095	24996	22028	9.36	9.64	9.06	30698	7508	23190	3.15	1.50	4.90
43794	30092	28148	22591	9.34	9.84	8.78	39675	8818	30857	5.44	2.33	8.82
95891	**73831**	**70688**	**61841**	**9.19**	**9.62**	**8.73**	**83998**	**14791**	**69207**	**4.35**	**1.51**	**7.27**
17672	15385	17641	20256	11.30	11.49	11.13	2441	434	2007	1.19	0.44	1.87
11757	9365	6299	4907	10.06	10.47	9.64	4630	815	3815	2.73	0.96	4.53
15723	12850	18279	15183	11.18	11.57	10.78	4177	613	3564	2.27	0.66	3.92
2217	1735	852	680	9.86	10.36	9.34	1204	133	1071	3.24	0.72	5.77
21407	14598	10122	6426	8.21	8.69	7.69	35454	7214	28240	5.45	2.18	8.84
27115	19898	17495	14389	8.84	9.34	8.27	36092	5582	30510	5.29	1.59	9.22
119840	**102555**	**88430**	**79841**	**9.17**	**9.42**	**8.92**	**69997**	**21886**	**48111**	**2.68**	**1.64**	**3.78**
44837	41835	35219	40329	11.08	11.19	10.97	4317	1042	3275	0.88	0.43	1.31
23381	20042	25523	17696	10.48	10.82	10.12	7275	1828	5447	2.01	0.98	3.13
8641	6563	4822	3819	8.42	8.77	8.04	10443	2698	7745	3.25	1.61	5.03
8049	6188	4211	3306	8.36	8.62	8.09	8740	2955	5785	2.95	1.95	4.01
6990	4876	3759	2701	7.91	8.27	7.52	10058	3374	6684	3.62	2.30	5.09
5908	4910	3117	2456	8.08	8.36	7.77	9520	3135	6385	4.15	2.63	5.79
8362	6837	4749	3856	8.40	8.61	8.17	8954	3623	5331	2.97	2.31	3.68
13672	11304	7030	5678	9.00	9.26	8.73	10690	3231	7459	3.23	1.93	4.55
164355	**153924**	**131197**	**117768**	**9.96**	**10.17**	**9.75**	**42646**	**11071**	**31575**	**1.28**	**0.66**	**1.93**
42591	42516	52454	46088	11.94	12.18	11.72	3512	542	2970	0.78	0.25	1.29
25942	25869	21059	20156	11.40	11.53	11.27	1896	494	1402	0.67	0.36	0.96
3188	3064	2556	2353	9.72	9.87	9.55	1088	329	759	1.21	0.71	1.76
4597	3222	2052	1639	10.44	10.80	10.02	1036	219	817	1.72	0.68	2.91
21157	20946	13846	12340	9.84	10.04	9.63	6379	1841	4538	1.36	0.77	1.98
4980	4299	2892	2505	9.31	9.52	9.07	1903	566	1337	1.30	0.75	1.90
4172	3460	2618	2176	9.10	9.40	8.77	3364	1053	2311	2.82	1.66	4.13
8058	6857	4436	4065	9.03	9.25	8.79	2832	790	2042	1.07	0.58	1.58
7539	6520	4915	4443	9.02	9.23	8.79	3745	1115	2630	1.37	0.78	2.02
4281	3751	2450	2327	8.69	8.93	8.42	2905	789	2116	2.10	1.08	3.22
12322	10767	7565	6646	9.55	9.78	9.30	3038	783	2255	0.99	0.51	1.48
12045	10439	6995	6351	9.67	9.95	9.38	4857	1090	3767	1.37	0.61	2.14
13483	12214	7359	6679	9.57	9.84	9.29	6091	1460	4631	1.66	0.79	2.53
184126	**165547**	**112470**	**104405**	**9.27**	**9.47**	**9.07**	**111334**	**31992**	**79342**	**2.56**	**1.47**	**3.66**
33529	31137	27686	27567	10.72	10.91	10.52	9872	2550	7322	2.40	1.25	3.54
53011	48384	37715	34082	10.44	10.62	10.25	10100	2284	7816	1.31	0.60	2.01
27690	24914	14389	13187	8.98	9.21	8.73	23796	6215	17581	3.19	1.65	4.79
10524	9145	5120	4513	8.54	8.76	8.31	12611	3998	8613	3.30	2.04	4.62
11278	10460	5009	4448	8.73	8.87	8.59	6643	2340	4303	1.69	1.20	2.18
6841	5397	3311	2775	8.54	8.75	8.31	5939	2400	3539	3.11	2.39	3.91
10371	9302	5005	4614	8.88	9.10	8.67	10895	2992	7903	3.19	1.77	4.60
19243	16754	8567	7997	8.82	9.00	8.64	19006	5701	13305	2.64	1.59	3.70
11639	10054	5668	5222	8.85	9.10	8.60	12472	3512	8960	3.17	1.79	4.55
55206	**47538**	**26620**	**19746**	**9.57**	**9.94**	**9.18**	**21331**	**3758**	**17573**	**2.41**	**0.83**	**4.06**
2964	1821	1450	883	8.47	9.02	7.86	4322	688	3634	4.34	1.32	7.64
12236	11050	3960	2604	9.48	9.79	9.13	4417	881	3536	2.06	0.78	3.46
40006	34667	21210	16259	9.81	10.16	9.43	12592	2189	10403	2.20	0.76	3.68

表4 续表 31

地区	6岁及以上各种受教育程度人口(人)									
	未上过学		学前教育		小学		初中		高中	
	男	女	男	女	男	女	男	女	男	女
荆门市	**5050**	**14747**	**4608**	**5570**	**230101**	**297918**	**480790**	**450517**	**348769**	**287274**
东宝区	584	1931	488	528	26864	33966	52159	49985	47386	42931
掇刀区	537	1576	788	731	30772	37963	68107	69873	66237	58239
沙洋县	692	1771	462	702	40970	52692	78221	69113	54749	38675
钟祥市	1626	4425	1737	2184	79439	104399	167309	156621	115967	96717
京山市	1611	5044	1133	1425	52056	68898	114994	104925	64430	50712
孝感市	**33809**	**125398**	**12861**	**12794**	**525772**	**602094**	**942147**	**799284**	**347653**	**247260**
孝南区	6599	25345	2813	2439	102307	116775	191437	171241	87300	69189
孝昌县	4715	22193	1495	1431	61668	69487	118496	91891	31543	18241
大悟县	5561	15271	1705	1935	70303	74280	98863	83182	40595	30253
云梦县	3956	14228	1470	1666	61399	71634	96700	79129	31949	21760
应城市	5102	18976	1353	1283	59409	65970	109033	91814	37511	26365
安陆市	3438	13361	1482	1672	61744	75863	101137	91276	46198	34896
汉川市	4438	16024	2543	2368	108942	128085	226481	190751	72557	46556
荆州市	**27675**	**134896**	**13091**	**16934**	**623367**	**788895**	**1097790**	**904576**	**452029**	**337783**
沙市区	959	4742	1109	1202	36780	48323	83571	81182	59577	54679
荆州区	2187	7891	676	739	47558	59489	103044	93007	50124	43357
公安县	4030	14358	1373	2054	95388	122652	158270	139674	62004	48148
监利县	7451	44853	4338	5561	160962	199186	261344	187100	74418	44597
江陵县	1726	13129	674	1471	36122	46531	64155	46288	20732	12631
荆州经济技术开发区	791	2857	300	334	16575	19903	40407	35542	24118	19645
石首市	3558	15752	1155	1573	59367	75408	94215	80448	40971	29873
洪湖市	4691	23839	2196	2456	88442	112846	151868	115114	63425	38176
松滋市	2282	7475	1270	1544	82173	104557	140916	126221	56660	46677
黄冈市	**68903**	**220277**	**18882**	**21060**	**789695**	**912668**	**1144655**	**947118**	**489846**	**333823**
黄州区	3133	10388	807	843	35846	40352	66806	64392	49895	42168
团风县	4242	11508	972	1316	39245	42519	57551	46094	18806	11729
红安县	5255	19642	1448	1469	63151	75473	106849	85626	42306	28389
罗田县	4465	11263	1595	2074	64296	77238	88312	72173	46647	30789
英山县	4812	12289	961	1049	44083	49893	57357	49273	25084	18552
浠水县	13488	38999	2217	2255	111360	118478	129163	106963	53860	36428
蕲春县	8682	25534	3414	3298	116120	134069	151109	129153	61122	42010
黄梅县	5746	22825	2522	2861	108558	132497	153028	124306	61751	39452
龙感湖管理区	308	1122	90	137	3302	3869	6204	5666	2170	1429
麻城市	11290	38066	2403	2961	111199	134398	191130	153171	75951	49739
武穴市	7482	28641	2453	2797	92535	103882	137146	110301	52254	33138
咸宁市	**18579**	**58863**	**7519**	**7239**	**320466**	**347938**	**532042**	**466002**	**246885**	**198742**
咸安区	2588	8311	1974	1750	65248	71991	116844	105042	69610	58564
嘉鱼县	2997	11789	783	779	31705	35022	59392	49102	28843	20810
通城县	5321	15563	1232	1256	64401	66884	84107	73438	30801	24726
崇阳县	2041	5472	1208	1288	58451	64496	86822	75933	38178	30894
通山县	3182	8682	1038	984	53339	59138	87834	74030	25579	19865
赤壁市	2450	9046	1284	1182	47322	50407	97043	88457	53874	43883
随州市	**17644**	**50771**	**5162**	**5164**	**225475**	**246055**	**412805**	**377066**	**213000**	**181695**
曾都区	3808	11497	1540	1487	57988	66503	114565	113139	95282	88348
随县	7031	16356	1737	1718	79436	86758	147912	129813	56316	42892
广水市	6805	22918	1885	1959	88051	92794	150328	134114	61402	50455
恩施土家族苗族自治州	**19137**	**59858**	**6980**	**7048**	**478480**	**555053**	**678853**	**569441**	**309539**	**240211**
恩施市	3770	11176	1364	1410	92238	109624	145114	128481	88099	75622
利川市	2857	9395	1853	1823	91199	107106	158317	139911	76047	56059
建始县	2772	8398	727	765	68858	79328	78445	64110	31438	24474
巴东县	1241	3260	574	598	59137	75260	82097	66415	32600	23842
宣恩县	2761	9894	622	571	50274	52871	55763	41120	20918	14703
咸丰县	1684	5839	913	897	46299	53241	67075	54528	26449	19168
来凤县	2711	8110	631	635	44849	47974	56880	47091	18956	15746
鹤峰县	1341	3786	296	349	25626	29649	35162	27785	15032	10597
省直辖县级行政区划	**22595**	**98459**	**8841**	**10529**	**403908**	**495154**	**711400**	**586609**	**321930**	**219119**
仙桃市	8795	40784	3643	4271	156077	182692	264171	215255	125059	82412
潜江市	3732	19637	1664	2336	85211	116140	175090	156171	96327	75509
天门市	8335	35146	3376	3753	150771	185462	262500	207540	95529	57322
神农架林区	1733	2892	158	169	11849	10860	9639	7643	5015	3876

大学专科		大学本科及以上		平均受教育年限(年)			15岁及以上文盲人口(人)			文盲人口占15岁及以上人口比重(%)		
男	女	男	女	合计	男	女	合计	男	女	合计	男	女
111852	**99881**	**64856**	**59313**	**9.98**	**10.21**	**9.74**	**12739**	**3003**	**9736**	**0.57**	**0.26**	**0.88**
20897	21092	21447	20901	10.90	11.05	10.74	1824	414	1410	0.58	0.26	0.89
24757	22067	12728	11160	10.55	10.75	10.35	1539	357	1182	0.42	0.19	0.65
16223	12275	7315	5745	9.68	9.99	9.34	1778	440	1338	0.51	0.24	0.80
31368	28950	14921	14480	9.76	9.98	9.54	2870	685	2185	0.39	0.18	0.59
18607	15497	8445	7027	9.48	9.77	9.18	4728	1107	3621	1.01	0.47	1.56
126358	**92628**	**76557**	**57255**	**8.80**	**9.23**	**8.35**	**136677**	**27159**	**109518**	**3.84**	**1.50**	**6.28**
43422	35428	38211	31601	9.56	9.94	9.17	28500	5461	23039	3.44	1.31	5.62
11026	6967	5813	3729	8.29	8.88	7.64	24614	4175	20439	6.29	2.07	10.77
13059	10184	4556	3322	8.51	8.87	8.12	16435	4227	12208	4.20	2.10	6.41
10907	7039	4036	2551	8.37	8.85	7.86	15214	3156	12058	4.19	1.71	6.75
13287	9244	6036	4022	8.56	9.05	8.04	20194	4049	16145	4.96	1.95	8.10
13985	9813	6283	4323	8.77	9.22	8.31	14940	2806	12134	3.57	1.35	5.78
20672	13953	11622	7707	8.76	9.12	8.36	16780	3285	13495	2.22	0.84	3.68
174131	**142379**	**117011**	**101393**	**9.03**	**9.46**	**8.58**	**145699**	**23161**	**122538**	**3.28**	**1.04**	**5.56**
34012	28459	23243	21503	10.60	10.88	10.31	4697	717	3980	1.07	0.33	1.80
28781	29647	36287	34766	10.42	10.63	10.21	8655	1763	6892	1.73	0.71	2.75
20197	16691	11613	10067	8.84	9.21	8.48	16096	3360	12736	2.49	1.04	3.93
21666	14259	12241	7915	8.15	8.76	7.49	47281	5927	41354	5.27	1.31	9.33
6783	5131	4154	3277	8.37	9.07	7.64	12958	1451	11507	5.44	1.19	9.87
7330	6245	3721	3155	9.70	9.97	9.41	2937	584	2353	1.77	0.68	2.92
15375	12227	7404	6181	8.77	9.28	8.26	18270	3269	15001	4.56	1.64	7.47
22219	13633	9171	5737	8.63	9.24	7.96	25778	3979	21799	4.44	1.33	7.73
17768	16087	9177	8792	9.00	9.26	8.74	9027	2111	6916	1.59	0.75	2.43
187324	**134478**	**103564**	**79642**	**8.62**	**9.12**	**8.09**	**249032**	**56636**	**192396**	**5.24**	**2.35**	**8.23**
35653	28981	23621	25758	10.65	10.95	10.35	11493	2595	8898	2.95	1.33	4.56
6211	4243	3007	2080	8.17	8.66	7.63	11165	2839	8326	5.01	2.46	7.76
16956	12954	7539	5738	8.68	9.20	8.13	22731	4688	18043	5.41	2.19	8.76
15256	10610	7439	5075	8.78	9.23	8.29	13034	3591	9443	3.41	1.82	5.11
9616	7864	4789	4022	8.52	8.94	8.08	15584	4346	11238	6.10	3.38	8.84
19676	13905	10027	7161	8.13	8.69	7.55	46863	11675	35188	8.09	3.99	12.27
20624	13985	11182	7296	8.40	8.86	7.91	27812	6608	21204	4.49	2.11	6.92
18498	12809	12822	7819	8.49	9.01	7.93	23944	4335	19609	3.95	1.41	6.54
821	583	351	242	8.56	9.09	8.01	1163	226	937	5.00	1.96	7.99
22317	15421	11443	7923	8.45	9.02	7.86	47019	10519	36500	6.44	2.83	10.18
21696	13123	11344	6528	8.46	9.06	7.80	28224	5214	23010	5.42	1.96	9.06
81282	**66406**	**52579**	**42846**	**9.08**	**9.38**	**8.77**	**69665**	**16015**	**53650**	**3.35**	**1.51**	**5.25**
30975	26931	25860	22413	9.96	10.18	9.73	9803	2187	7616	1.88	0.82	2.97
8614	6084	5910	4094	8.90	9.43	8.34	14320	2808	11512	6.02	2.30	9.96
8928	7150	4107	3148	8.30	8.66	7.93	18198	4466	13732	5.57	2.71	8.47
9472	7680	5377	4638	8.84	9.07	8.60	5452	1394	4058	1.65	0.83	2.51
7579	6603	4590	3517	8.52	8.80	8.22	10796	2793	8003	3.74	1.91	5.64
15714	11958	6735	5036	9.35	9.64	9.03	11096	2367	8729	2.95	1.23	4.73
55733	**47576**	**34578**	**29727**	**9.12**	**9.40**	**8.83**	**62621**	**15870**	**46751**	**3.73**	**1.88**	**5.59**
28150	25786	20189	18010	10.02	10.25	9.79	13745	3272	10473	2.39	1.15	3.59
8934	7308	5376	4749	8.57	8.84	8.28	21682	6431	15251	4.10	2.38	5.92
18649	14482	9013	6968	8.75	9.11	8.38	27194	6167	21027	4.72	2.13	7.33
89081	**81514**	**74678**	**74098**	**8.98**	**9.24**	**8.71**	**72372**	**17197**	**55175**	**2.55**	**1.19**	**3.96**
29377	29872	33458	36931	9.81	9.97	9.64	14130	3557	10573	2.00	1.01	2.99
17092	14204	12927	11296	9.07	9.34	8.78	11598	2648	8950	1.96	0.87	3.10
9604	8915	5535	5323	8.52	8.81	8.23	9833	2367	7466	2.85	1.35	4.39
8145	6679	7401	6348	8.77	9.07	8.46	4080	1096	2984	1.23	0.65	1.84
6087	5281	3775	3616	8.27	8.65	7.86	11427	2467	8960	4.89	2.02	8.04
7152	6445	4769	4384	8.71	9.00	8.40	6759	1497	5262	2.64	1.13	4.23
6366	5739	3483	3149	8.42	8.71	8.12	10193	2467	7726	4.57	2.18	7.03
5258	4379	3330	3051	8.83	9.16	8.47	4352	1098	3254	2.90	1.41	4.53
113621	**86337**	**59886**	**42512**	**8.93**	**9.42**	**8.41**	**103733**	**17761**	**85972**	**3.66**	**1.23**	**6.18**
44735	30209	22383	14474	8.89	9.42	8.31	43240	7095	36145	4.08	1.30	7.01
34769	33048	21417	17195	9.49	9.90	9.08	19380	2794	16586	2.56	0.74	4.34
30792	20407	14652	9686	8.56	9.08	7.99	36773	6263	30510	3.84	1.27	6.54
3325	2673	1434	1157	8.59	8.87	8.26	4340	1609	2731	7.66	5.33	10.31

表4 续表 32

地区	6岁及以上各种受教育程度人口(人)									
	未上过学		学前教育		小学		初中		高中	
	男	女	男	女	男	女	男	女	男	女
湖南省	**327406**	**896970**	**211258**	**222549**	**7847679**	**8757344**	**12491345**	**11186816**	**6513011**	**5297946**
长沙市	**20540**	**41535**	**23656**	**22273**	**864257**	**927759**	**1406866**	**1305582**	**1037101**	**932452**
芙蓉区	913	1613	1375	1205	33797	36905	70079	67520	73315	70840
天心区	1128	2449	1939	1764	46947	51252	82739	83650	86275	80571
岳麓区	1895	4504	3323	2810	96890	102766	149315	143982	141659	131562
开福区	1087	2034	1925	1685	49235	51374	94196	86525	97494	91820
雨花区	1569	3220	2489	2140	74346	79135	134651	135033	144962	142415
望城区	2099	3979	1790	1728	83160	89097	132161	120114	90020	75274
长沙县	2194	3800	3132	2821	119499	125573	222332	195121	149068	121271
浏阳市	5749	11486	4703	4857	204225	219607	283349	249972	124434	105657
宁乡市	3906	8450	2980	3263	156158	172050	238044	223665	129874	113042
株洲市	**10825**	**29502**	**9994**	**10350**	**445266**	**517276**	**687511**	**646845**	**374757**	**326571**
荷塘区	510	1149	929	820	25452	28157	58352	59729	43675	40885
芦淞区	462	862	638	629	23638	26854	50891	52726	37677	36457
石峰区	277	622	429	398	14513	17086	30697	30783	29242	27036
天元区	647	1281	896	849	38570	40831	55887	55598	42885	43394
渌口区	1066	2096	625	692	36940	39320	54423	48041	21503	17270
攸县	3651	9229	2367	2590	99148	118104	115687	106376	51291	39649
茶陵县	2074	9194	1293	1660	67704	88234	94073	80014	41218	29949
炎陵县	489	1994	308	310	20223	27142	31969	28567	13141	9550
云龙示范区	108	182	234	201	6600	7230	10238	9724	7315	8376
醴陵市	1541	2893	2275	2201	112478	124318	185294	175287	86810	74005
湘潭市	**6097**	**13144**	**6007**	**6297**	**272066**	**309921**	**489079**	**470664**	**279981**	**244007**
雨湖区	628	1371	826	852	31974	36818	66132	66805	50064	47386
岳塘区	498	896	582	582	21899	25557	50201	53610	42638	43548
湘潭县	2427	5067	1696	1707	103563	115466	161019	149273	76597	62572
湖南湘潭高新技术产业园区	147	256	117	132	4988	5075	10416	9075	7133	6640
湘潭昭山示范区	57	114	74	58	3114	3587	5739	5054	3363	2949
湘潭九华示范区	263	475	477	444	14739	15499	24144	21606	13170	11494
湘乡市	1917	4478	1975	2246	82171	96275	151243	145638	75634	59345
韶山市	160	487	260	276	9618	11644	20185	19603	11382	10073
衡阳市	**39311**	**107375**	**23580**	**25634**	**828132**	**917968**	**1374395**	**1216026**	**607351**	**467990**
珠晖区	918	2288	666	667	27791	32124	51615	53667	36032	32181
雁峰区	509	1108	535	490	16023	18117	35202	35008	28983	26812
石鼓区	449	1032	461	422	15923	18497	35566	37555	27177	25060
蒸湘区	882	1751	763	740	22897	25033	39491	41437	33795	31453
南岳区	241	556	158	166	8247	9154	11035	11363	8211	7803
衡阳县	6080	17010	3103	3358	125056	138404	189623	164792	78261	54201
衡南县	5857	17741	2999	3395	108325	123450	180127	152083	68136	43089
衡山县	1495	3633	1117	1194	45285	50422	71270	66006	29273	22516
衡东县	4059	10627	2532	3102	84414	92485	122897	106955	36881	29935
祁东县	5349	15904	2494	2833	98123	107048	168425	144855	72015	51789
衡阳综合保税区	75	239	64	76	2575	2907	5104	4740	5273	4343
湖南衡阳高新技术产业园区	580	880	490	481	12651	13203	18434	18242	22024	21547
湖南衡阳松木经济开发区	28	117	30	43	1073	1173	3309	3222	1532	1226
耒阳市	7326	19235	5535	5884	156424	171891	260767	221059	91624	68279
常宁市	5463	15254	2633	2783	103325	114060	181530	155042	68134	47756
邵阳市	**31953**	**111182**	**22083**	**24196**	**777622**	**899972**	**1366827**	**1210224**	**676258**	**479168**
双清区	656	1908	1149	1190	27485	31702	63254	64554	40722	34384
大祥区	1835	3126	1237	1249	31144	33630	51440	50007	43767	40596
北塔区	376	1028	474	434	10738	11213	21777	20736	16517	15439
新邵县	3166	11901	2538	2846	83446	96507	132900	108737	54881	34844
邵阳县	5519	19370	2479	2819	95936	108383	170468	140938	69423	43178
隆回县	2867	11302	3294	3703	126622	149002	218170	193503	101026	66135
洞口县	3713	13331	2076	2399	79338	92125	138157	129754	66794	46379
绥宁县	1691	6342	1068	1133	33835	39938	63103	54730	27883	18655

大学专科		大学本科及以上		平均受教育年限(年)			15岁及以上文盲人口(人)			文盲人口占15岁及以上人口比重(%)		
男	女	男	女	合计	男	女	合计	男	女	合计	男	女
2447913	**2269914**	**1734508**	**1679910**	**9.45**	**9.65**	**9.24**	**1134692**	**286274**	**848418**	**2.12**	**1.06**	**3.21**
695027	**701680**	**666591**	**695168**	**11.02**	**11.05**	**10.99**	**47512**	**13896**	**33616**	**0.57**	**0.33**	**0.81**
59539	60817	62665	64829	12.15	12.16	12.15	1457	413	1044	0.26	0.15	0.37
72066	72320	98402	97098	12.24	12.30	12.18	2148	557	1591	0.30	0.16	0.45
119367	125271	182486	203784	12.21	12.17	12.25	5167	1273	3894	0.41	0.21	0.60
67398	72001	72608	75519	11.90	11.86	11.94	1864	577	1287	0.27	0.17	0.37
123846	127160	102827	100450	11.98	12.01	11.94	2707	717	1990	0.26	0.14	0.37
63052	69281	42088	48254	10.77	10.74	10.79	4806	1455	3351	0.65	0.39	0.91
114731	100321	59491	59410	10.80	10.88	10.72	4336	1430	2906	0.38	0.24	0.53
33820	35317	21745	22271	8.98	9.08	8.87	14650	4504	10146	1.26	0.76	1.78
41208	39192	24279	23553	9.40	9.53	9.27	10377	2970	7407	0.99	0.56	1.42
192810	**161037**	**123450**	**110201**	**9.76**	**9.98**	**9.54**	**35640**	**8885**	**26755**	**1.12**	**0.55**	**1.69**
20077	18269	15799	13921	10.64	10.78	10.51	1029	273	756	0.35	0.19	0.52
17410	17867	11772	10246	10.56	10.66	10.46	914	275	639	0.36	0.22	0.49
23438	15534	12064	8926	11.27	11.59	10.91	628	172	456	0.32	0.17	0.50
34546	33819	49233	43621	11.52	11.63	11.42	1263	348	915	0.32	0.18	0.46
7695	6483	4275	4300	9.03	9.18	8.87	3563	1171	2392	1.64	1.04	2.27
14544	13402	7423	6853	8.59	8.85	8.32	11972	3255	8717	2.36	1.30	3.40
13983	12189	7182	6766	8.78	9.17	8.39	10386	1837	8549	2.77	0.99	4.50
5995	4882	2720	2386	9.07	9.44	8.70	2130	396	1734	1.65	0.62	2.66
35760	19885	2672	2119	12.82	13.26	12.23	282	80	202	0.27	0.14	0.46
19362	18707	10310	11063	9.13	9.23	9.03	3473	1078	2395	0.48	0.30	0.67
132499	**114910**	**111885**	**106439**	**10.09**	**10.25**	**9.93**	**14616**	**4098**	**10518**	**0.63**	**0.35**	**0.92**
23724	22016	29675	30729	10.95	11.04	10.85	1577	468	1109	0.42	0.25	0.58
40106	34563	30734	25323	11.72	11.94	11.50	892	268	624	0.26	0.16	0.37
22074	20146	11376	10808	9.15	9.31	8.99	6105	1823	4282	0.92	0.54	1.31
4515	4356	2713	2588	10.80	10.82	10.77	308	96	212	0.58	0.35	0.83
2111	1929	308	362	10.01	10.12	9.89	83	21	62	0.32	0.16	0.49
15559	9444	23712	24458	11.74	11.86	11.60	605	192	413	0.38	0.23	0.55
20504	18728	11124	10019	9.29	9.48	9.09	4474	1087	3387	0.75	0.36	1.14
3906	3728	2243	2152	9.77	9.93	9.62	572	143	429	0.66	0.33	0.99
193322	**165704**	**123539**	**110142**	**9.06**	**9.31**	**8.80**	**136311**	**34615**	**101696**	**2.60**	**1.29**	**3.95**
23298	19038	18744	20299	10.73	10.92	10.55	2628	647	1981	0.91	0.45	1.36
12711	11228	8135	9944	10.64	10.72	10.56	1252	375	877	0.69	0.42	0.95
12047	14702	5332	4774	10.46	10.52	10.40	1361	376	985	0.76	0.44	1.07
18358	16075	25285	18041	11.03	11.29	10.75	2065	590	1475	0.85	0.47	1.23
2512	2494	1586	1524	9.65	9.78	9.53	686	201	485	1.25	0.76	1.71
18850	14792	9079	6927	8.62	8.94	8.29	19900	5014	14886	2.82	1.38	4.35
14037	10281	6606	5144	8.49	8.86	8.09	22806	5518	17288	3.63	1.70	5.71
7191	6391	3588	3213	8.82	9.02	8.61	4535	1235	3300	1.71	0.92	2.51
10964	10196	5948	5295	8.46	8.69	8.22	14625	3977	10648	3.32	1.79	4.87
17882	14211	8122	6779	8.78	9.09	8.45	19143	4534	14609	3.18	1.46	5.01
1241	781	414	353	9.99	10.25	9.70	408	108	300	1.67	0.84	2.57
14594	14214	15036	16239	11.68	11.70	11.66	709	230	479	0.48	0.32	0.64
1871	1819	173	97	10.74	10.89	10.58	148	27	121	1.05	0.38	1.76
21271	17351	8722	6567	8.56	8.82	8.28	27250	7137	20113	3.16	1.61	4.81
16495	12131	6769	4946	8.65	8.96	8.31	18795	4646	14149	3.07	1.47	4.78
175999	**149933**	**90760**	**79505**	**9.03**	**9.34**	**8.70**	**135027**	**28494**	**106533**	**2.66**	**1.10**	**4.27**
11156	10058	5019	4562	9.74	9.91	9.56	2044	445	1599	0.79	0.34	1.23
19584	22261	19115	20684	10.66	10.67	10.64	3499	1094	2405	1.17	0.75	1.58
5121	4624	2971	2537	10.02	10.14	9.89	1272	297	975	1.30	0.60	2.01
13763	11242	6453	5365	8.65	9.02	8.26	14220	2887	11333	2.99	1.17	4.95
15490	12134	6021	4637	8.60	9.00	8.16	25656	5680	19976	4.38	1.86	7.13
22145	17059	10685	8047	8.88	9.20	8.54	12797	2309	10488	1.71	0.60	2.86
18156	14790	8457	6898	8.95	9.30	8.58	16931	3638	13293	3.31	1.42	5.20
8690	6861	3129	2545	8.91	9.29	8.50	7971	1698	6273	3.53	1.47	5.68

表4 续表 33

地　区	6岁及以上各种受教育程度人口(人)									
	未上过学		学前教育		小学		初中		高中	
	男	女	男	女	男	女	男	女	男	女
新宁县	3576	13947	1882	2075	64883	76298	107841	92564	45981	31480
城步苗族自治县	1006	3209	789	912	26719	32507	52555	46089	18593	13591
武冈市	2737	10840	1949	2204	70188	87075	128839	119456	73485	48951
邵东市	4811	14878	3148	3232	127288	141592	218323	189156	117186	85536
岳阳市	**20853**	**49774**	**15556**	**15947**	**533877**	**589531**	**865111**	**819547**	**702033**	**593358**
岳阳楼区	2626	4615	2263	2072	69905	75413	123066	124324	150675	143731
云溪区	388	1219	244	190	13502	15193	21445	20775	25115	20660
君山区	1543	4052	591	723	20819	23725	37165	33571	29093	23285
岳阳县	2276	5470	2078	2017	65390	73990	115139	105682	67431	51314
华容县	3157	10278	1515	1576	60944	71893	96016	90706	80307	62221
湘阴县	3373	6347	1524	1583	63837	67590	108345	101822	81118	66624
平江县	4218	10032	3920	4531	121169	130002	175341	162203	117141	100584
岳阳市屈原管理区	326	806	285	251	7267	8347	14404	14472	7917	7019
汨罗市	1519	3297	1475	1488	64329	71658	102773	98759	73344	61373
临湘市	1427	3658	1661	1516	46715	51720	71417	67233	69892	56547
常德市	**27434**	**66576**	**15042**	**18273**	**706623**	**800090**	**944744**	**879921**	**525205**	**444068**
武陵区	1698	3602	1543	1597	51432	58423	96173	100153	92427	91157
鼎城区	3448	8953	1766	2102	77328	89934	131770	121954	85409	67136
安乡县	3618	9087	1735	2246	57663	64466	82688	74403	44563	35851
汉寿县	3604	8488	2046	2300	98149	110695	150552	140318	54498	43492
澧县	4493	12937	1961	2619	111748	131110	125362	116837	63368	51464
临澧县	2289	6422	1025	1485	51983	63567	70670	64483	33038	25664
桃源县	4017	7568	3002	3403	134545	142902	143640	132730	72150	63210
石门县	3785	8783	1441	1801	94243	104118	93788	83236	48025	39753
常德市西洞庭管理区	148	414	114	146	4678	6147	9735	10057	5456	4927
津市市	334	322	409	574	24854	28728	40366	35750	26271	21414
张家界市	**11497**	**30840**	**5980**	**6194**	**210790**	**237189**	**292381**	**248846**	**122885**	**100852**
永定区	3769	9947	1905	1876	55413	60589	97439	85146	48878	41909
武陵源区	525	1205	135	116	7194	7956	10983	9589	6021	4979
慈利县	3000	6705	1610	1784	89063	103489	108708	95515	42271	34732
桑植县	4203	12983	2330	2418	59120	65155	75251	58596	25715	19232
益阳市	**21580**	**48707**	**12020**	**13182**	**542406**	**586357**	**733691**	**676423**	**345437**	**289443**
资阳区	2208	4188	1119	1146	44864	48596	68226	62812	37994	33108
赫山区	2794	6512	2332	2399	85629	95983	133781	127998	75336	64373
南县	3010	6816	1537	1719	65976	73100	107555	98615	41578	33516
桃江县	2436	4806	2011	2157	96173	107482	146747	135854	56675	45732
安化县	7756	18497	2601	3031	154635	156558	125902	106884	55824	46447
益阳市大通湖管理区	397	1225	238	274	9617	11853	17967	17211	7771	6057
湖南益阳高新技术产业园区	255	594	271	281	12081	13129	19151	19876	14574	14848
沅江市	2724	6069	1911	2175	73431	79656	114362	107173	55685	45362
郴州市	**21169**	**69832**	**16365**	**16371**	**553759**	**640079**	**999733**	**864443**	**425133**	**319932**
北湖区	1463	4002	1575	1386	52123	56891	97893	92514	66502	60311
苏仙区	1319	4083	1176	1082	40534	46509	77585	73681	44853	37513
桂阳县	2739	10676	2391	2476	78736	93695	169710	145801	67155	46809
宜章县	1346	4289	1764	1682	64648	75711	129199	111076	58835	39976
永兴县	2760	8666	2398	2302	75241	86883	124232	103189	39504	27671
嘉禾县	2874	9922	1960	1960	44030	48189	84226	67954	23674	15647
临武县	2669	8270	1238	1286	45130	49152	75359	60580	21865	15353
汝城县	2106	8374	1418	1450	50917	59809	69839	55959	26566	18442
桂东县	603	1900	475	574	21239	26314	32983	28752	12184	9305
安仁县	2305	6769	1231	1346	50059	57148	69329	60041	30316	22377
资兴市	985	2881	739	827	31102	39778	69378	64896	33679	26528
永州市	**35759**	**102614**	**19456**	**20042**	**669407**	**737441**	**1134410**	**968226**	**491327**	**366389**
零陵区	2248	7974	1323	1492	59132	70741	109296	96086	64291	48756
冷水滩区	2949	6278	1643	1568	55521	61774	98003	92445	66448	55446
祁阳县	5022	12336	2879	3469	102034	113969	174915	157829	67632	51719
东安县	2402	6727	1433	1349	53456	61119	115463	105008	46544	34393
双牌县	1048	3119	510	548	19381	22622	32544	27352	15275	10841
道县	6535	16803	2507	2394	85736	86322	129295	99861	62745	46663
江永县	2686	9836	895	1051	29953	33747	50206	37561	17513	11908

大学专科		大学本科及以上		平均受教育年限(年)			15岁及以上文盲人口(人)			文盲人口占15岁及以上人口比重(%)		
男	女	男	女	合计	男	女	合计	男	女	合计	男	女
13017	11100	5906	4818	8.70	9.11	8.28	16635	3275	13360	4.25	1.66	6.91
6004	5203	2101	1964	8.87	9.15	8.58	4233	967	3266	2.43	1.10	3.79
19825	15626	8120	6465	9.14	9.54	8.73	12818	2472	10346	2.58	0.98	4.22
23048	18975	12783	10983	9.03	9.29	8.74	16951	3732	13219	2.07	0.88	3.35
155458	**142445**	**103171**	**88518**	**9.64**	**9.83**	**9.45**	**64074**	**17549**	**46525**	**1.56**	**0.84**	**2.29**
58449	61665	50881	44351	11.02	11.10	10.94	6357	1999	4358	0.79	0.50	1.07
10403	7236	4134	2995	10.44	10.74	10.10	1536	351	1185	1.20	0.53	1.92
5051	4438	2265	1921	9.30	9.59	9.00	5299	1428	3871	3.17	1.67	4.73
10182	7714	6099	4994	9.07	9.30	8.82	6822	1862	4960	1.52	0.81	2.26
14846	12220	7095	5859	9.31	9.64	8.96	12672	2895	9777	2.73	1.23	4.27
14032	12154	8155	7194	9.41	9.58	9.23	8323	2720	5603	1.71	1.09	2.37
15231	14348	9737	9420	9.04	9.20	8.88	12520	3426	9094	1.66	0.89	2.45
2213	1932	824	699	9.34	9.53	9.15	1097	309	788	1.82	1.04	2.57
13632	11755	8436	7057	9.41	9.58	9.23	3970	1102	2868	0.87	0.48	1.27
11419	8983	5545	4028	9.55	9.77	9.30	5478	1457	4021	1.59	0.83	2.38
166306	**169857**	**107936**	**112438**	**9.23**	**9.40**	**9.06**	**84536**	**23476**	**61060**	**1.88**	**1.05**	**2.71**
46350	54864	43484	47123	11.16	11.17	11.14	4292	1239	3053	0.68	0.41	0.93
17692	17066	11656	13993	9.36	9.56	9.15	10935	2925	8010	1.84	0.97	2.72
11746	11185	4049	3911	8.85	9.11	8.59	11446	3095	8351	3.07	1.64	4.53
15813	15224	8170	7976	8.77	8.96	8.59	12131	3494	8637	2.08	1.20	2.96
19629	18730	10577	10346	8.75	9.02	8.49	15485	3777	11708	2.54	1.26	3.79
10422	9752	5984	5629	8.86	9.16	8.56	7807	1963	5844	2.47	1.25	3.67
18649	18821	9536	9759	8.75	8.86	8.64	9749	3172	6577	1.43	0.93	1.94
15161	14616	9479	9295	8.75	8.95	8.54	11717	3444	8273	2.47	1.44	3.51
1827	1698	1138	1050	9.66	9.90	9.43	528	132	396	1.20	0.62	1.75
9017	7901	3863	3356	9.67	9.83	9.50	446	235	211	0.24	0.24	0.23
47880	**44350**	**30078**	**31473**	**8.94**	**9.17**	**8.70**	**40701**	**10842**	**29859**	**3.27**	**1.72**	**4.85**
21437	20441	16382	18221	9.63	9.79	9.45	13508	3723	9785	3.17	1.73	4.64
2449	2336	1710	1571	9.46	9.68	9.24	1857	562	1295	3.72	2.20	5.29
14598	13199	7141	6911	8.68	8.89	8.46	9074	2669	6405	1.93	1.13	2.74
9396	8374	4845	4770	8.31	8.67	7.93	16262	3888	12374	5.43	2.54	8.46
103839	**103911**	**63868**	**59489**	**8.99**	**9.15**	**8.83**	**66564**	**19751**	**46813**	**2.10**	**1.24**	**2.98**
11600	10089	4547	4129	9.20	9.37	9.03	5867	1934	3933	1.98	1.29	2.69
27535	31996	14322	13174	9.52	9.63	9.41	8582	2459	6123	1.41	0.82	2.00
8748	8417	4603	4634	8.73	8.91	8.54	9376	2794	6582	2.28	1.34	3.23
13214	12381	7340	6626	8.80	8.95	8.64	7048	2275	4773	1.26	0.81	1.73
15737	15210	8360	8473	8.20	8.40	7.99	25466	7362	18104	4.09	2.31	5.93
2130	1856	831	742	8.96	9.24	8.68	1992	489	1503	2.81	1.39	4.21
9688	10261	16849	15366	11.48	11.59	11.38	1123	377	746	0.87	0.59	1.13
15187	13701	7016	6345	9.04	9.22	8.86	7110	2061	5049	1.50	0.86	2.16
142133	**121784**	**76626**	**68791**	**9.09**	**9.36**	**8.81**	**88265**	**19334**	**68931**	**2.46**	**1.06**	**3.92**
30273	30342	17350	15213	10.19	10.31	10.08	5089	1234	3855	1.14	0.56	1.73
20315	18606	18672	19818	10.13	10.29	9.97	5119	1147	3972	1.48	0.67	2.29
15507	11732	7325	5559	8.91	9.23	8.56	13597	2585	11012	2.52	0.93	4.20
14856	11470	5967	4721	9.10	9.36	8.81	4202	821	3381	0.98	0.37	1.64
11404	8909	4478	3587	8.54	8.84	8.22	12000	2771	9229	2.94	1.32	4.64
7883	5958	2920	2215	8.45	8.83	8.03	12565	2752	9813	4.84	2.05	7.84
7010	5763	4010	3268	8.49	8.82	8.14	10798	2573	8225	4.50	2.07	7.09
8015	6781	4195	3789	8.50	8.88	8.10	10035	1969	8066	3.88	1.50	6.32
5194	4525	2429	2229	8.94	9.22	8.65	2244	481	1763	1.77	0.76	2.79
10073	8412	3575	3104	8.72	9.03	8.39	9161	2226	6935	3.40	1.64	5.19
11603	9286	5705	5288	9.47	9.74	9.19	3455	775	2680	1.31	0.58	2.04
131320	**112618**	**65161**	**55238**	**8.86**	**9.14**	**8.56**	**134447**	**32806**	**101641**	**3.30**	**1.57**	**5.12**
18416	19933	13729	13970	9.56	9.78	9.33	9564	1898	7666	2.12	0.84	3.41
21019	17618	8686	7251	9.57	9.78	9.35	8350	2277	6073	1.96	1.05	2.88
18534	16212	8626	7111	8.80	9.04	8.54	14667	3780	10887	2.35	1.20	3.54
10405	8547	4790	3889	8.97	9.22	8.70	10673	2830	7843	2.81	1.46	4.22
5290	4129	2221	1712	8.99	9.34	8.61	4367	1062	3305	3.50	1.65	5.49
14794	10916	6341	4321	8.67	8.99	8.31	22156	6087	16069	4.77	2.47	7.35
4670	3954	2482	2032	8.32	8.82	7.79	13075	2809	10266	7.69	3.22	12.39

表4 续表 34

地区	6岁及以上各种受教育程度人口(人)									
	未上过学		学前教育		小学		初中		高中	
	男	女	男	女	男	女	男	女	男	女
宁远县	4194	11664	2589	2667	97813	102970	153943	129084	56173	36978
蓝山县	2737	7764	1536	1551	45012	47965	76682	63807	22599	16879
新田县	2243	5537	1494	1351	44289	48066	75109	66196	29571	22250
江华瑶族自治县	3249	12826	2259	2262	65282	74110	98029	75531	32552	23750
永州经济技术开发区	133	473	195	108	3951	4526	10132	8964	6267	4693
永州市金洞管理区	268	1042	151	199	6727	8081	8559	6673	2742	1502
永州市回龙圩管理区	45	235	42	33	1120	1429	2234	1829	975	611
怀化市	**33153**	**96181**	**16565**	**16545**	**607764**	**676389**	**983993**	**827720**	**353529**	**278253**
鹤城区	2972	7007	2840	2440	65376	68989	114564	111212	79469	74971
中方县	3237	7703	728	788	33435	34397	50594	41978	17596	13747
沅陵县	3021	10776	1483	1423	68175	79979	115519	89835	41952	31522
辰溪县	4214	13102	1342	1421	57346	62896	90238	72689	27711	20090
溆浦县	6066	15281	3024	3149	115114	127516	161960	137004	53641	39708
会同县	1055	4398	1083	1100	36396	44714	71131	60603	19437	12535
麻阳苗族自治县	3526	11064	1238	1120	41950	45910	71135	59547	19535	13568
新晃侗族自治县	2127	6508	848	886	30786	34085	54230	38387	13787	9775
芷江侗族自治县	2125	5304	1153	1247	46643	51469	67311	55887	20246	16532
靖州苗族侗族自治县	487	1615	856	770	24786	28407	58884	52214	17443	13392
通道侗族自治县	1531	6089	770	885	33990	37281	42177	30489	11432	8343
怀化市洪江管理区	191	599	124	157	4773	6242	12252	12336	5919	5076
洪江市	2601	6735	1076	1159	48994	54504	73998	65539	25361	18994
娄底市	**15628**	**50672**	**11992**	**13813**	**465597**	**525538**	**722373**	**655744**	**405679**	**319863**
娄星区	1223	2927	2135	2162	61930	67479	105109	109053	103943	96629
双峰县	2805	8468	2415	2621	83698	96269	139968	131241	70078	52513
新化县	7285	24079	4016	4911	186611	206911	236586	200377	95596	68201
冷水江市	1124	4141	780	838	33553	39053	54910	55326	43184	35553
涟源市	3191	11057	2646	3281	99805	115826	185800	159747	92878	66967
湘西土家族苗族自治州	**31607**	**79036**	**12962**	**13432**	**370113**	**391834**	**490231**	**396605**	**166335**	**135600**
吉首市	3381	8559	1941	1851	44369	48289	66430	58572	33555	30479
泸溪县	1681	6245	1437	1555	41157	46977	46861	35403	14199	10742
凤凰县	7321	15598	2016	2038	59068	58160	65882	52444	20777	17253
花垣县	4468	8190	1355	1545	36421	37077	55269	46478	14448	12205
保靖县	3042	7547	896	954	39292	39883	49132	37934	16311	13502
古丈县	2342	4962	388	475	18117	17745	20359	14839	7095	5591
永顺县	3217	9722	2675	2557	59442	66533	90262	72153	29107	21877
龙山县	6155	18213	2254	2457	72247	77170	96036	78782	30843	23951
广东省	**455830**	**1484238**	**572845**	**541251**	**12191322**	**13671808**	**24895602**	**19818646**	**13224360**	**9740736**
广州市	**30350**	**91157**	**43807**	**39748**	**1204317**	**1352041**	**3061743**	**2444148**	**2296698**	**1813052**
荔湾区	2644	6480	3079	2957	84092	96788	183757	156982	168576	152111
越秀区	1204	3776	2661	2449	51882	65308	105988	102653	129299	129179
海珠区	1640	5944	3285	2837	95504	115917	295534	257048	219219	203574
天河区	2613	6010	4255	3739	93781	101656	210721	176802	312925	250553
白云区	4845	15496	7629	6802	225770	250987	726354	548510	492642	369449
黄埔区	2030	6462	2502	2262	77516	84424	190689	140156	170062	110307
番禺区	5203	14679	6073	5776	170952	187731	425342	337938	333195	261387
花都区	3232	8343	4976	4204	126677	135364	371139	289322	156874	117309
南沙区	2449	10484	2148	2172	73908	86950	165176	113202	108575	65140
从化区	1457	5350	2800	2510	59904	68403	128094	111994	67230	51194
增城区	3033	8133	4399	4040	144331	158513	258949	209541	138101	102849
韶关市	**12751**	**74742**	**12301**	**12284**	**326423**	**413356**	**540957**	**437508**	**257084**	**199310**
武江区	986	5033	1311	1251	31859	37699	60307	55852	40196	38354
浈江区	1155	4776	1327	1321	32005	36322	60232	50304	43594	37186
曲江区	1196	6382	1237	1162	29914	37357	55865	47068	28773	22532
始兴县	845	6074	871	965	23024	32679	38349	32457	16527	11577
仁化县	1019	6858	1024	1034	24172	30389	36763	27312	14262	10131
翁源县	1235	6997	1628	1466	37949	47906	71541	60399	22802	15896
乳源瑶族自治县	1000	5445	798	767	27723	33262	34295	25181	13639	10453
新丰县	643	2966	849	763	20941	26855	43002	36733	17571	12720
乐昌市	2976	16517	1789	1852	53964	62609	73874	56956	29268	20768
南雄市	1696	13694	1467	1703	44872	68278	66729	45246	30452	19693

大学专科		大学本科及以上		平均受教育年限(年)			15岁及以上文盲人口(人)			文盲人口占15岁及以上人口比重(%)		
男	女	男	女	合计	男	女	合计	男	女	合计	男	女
13658	10407	6797	5087	8.59	8.87	8.27	14996	3686	11310	2.88	1.36	4.54
6670	5862	2748	2371	8.48	8.75	8.18	10291	2565	7726	4.16	2.02	6.43
7223	5962	3672	2911	8.75	8.99	8.49	7760	2136	5624	3.05	1.64	4.53
7875	6871	3773	3504	8.32	8.69	7.92	16478	3279	13199	4.88	1.90	8.03
1506	1247	846	702	9.67	9.89	9.43	668	150	518	1.82	0.78	2.94
990	723	358	290	8.21	8.68	7.71	1122	203	919	3.55	1.25	5.96
270	237	92	87	8.86	9.28	8.42	280	44	236	3.60	1.11	6.18
122931	**109828**	**67210**	**66106**	**8.80**	**9.06**	**8.53**	**123311**	**31026**	**92285**	**3.37**	**1.67**	**5.14**
34989	33159	28182	30357	10.23	10.32	10.15	7881	2064	5817	1.39	0.74	2.03
4617	4325	2033	1615	8.38	8.67	8.07	10186	3019	7167	5.41	3.12	7.82
11328	9965	5157	4888	8.67	8.98	8.34	13076	2749	10327	3.17	1.29	5.18
9396	8047	3427	2831	8.38	8.75	7.99	15985	3805	12180	4.97	2.31	7.78
14181	13018	5985	5770	8.40	8.65	8.13	21064	6029	15035	3.60	2.02	5.22
6525	5144	2998	2525	8.64	8.98	8.30	5810	1165	4645	2.52	1.00	4.09
8640	6874	3268	2806	8.43	8.82	8.01	14639	3663	10976	5.93	2.92	9.05
5344	4448	2351	2053	8.43	8.78	8.02	8246	1999	6247	4.68	2.15	7.51
6605	5992	3697	3687	8.54	8.75	8.31	7307	2040	5267	2.90	1.59	4.29
6545	5835	2895	2760	9.12	9.29	8.94	2041	431	1610	1.10	0.46	1.77
4934	4388	2534	2579	8.27	8.63	7.88	7529	1426	6103	4.71	1.72	7.92
2435	2133	1119	954	9.68	9.95	9.41	564	129	435	1.12	0.52	1.71
7392	6500	3564	3281	8.57	8.83	8.30	8983	2507	6476	3.16	1.74	4.64
116108	**105582**	**65878**	**58524**	**9.23**	**9.47**	**8.97**	**60146**	**13156**	**46990**	**2.03**	**0.88**	**3.20**
43173	42851	30103	28059	10.65	10.75	10.54	3163	777	2386	0.53	0.26	0.78
17301	14444	7973	7170	9.01	9.27	8.74	9804	2268	7536	1.81	0.83	2.80
20902	18505	11345	9486	8.42	8.73	8.10	29798	6626	23172	3.36	1.46	5.32
13405	12110	6901	5493	9.72	10.00	9.45	4645	885	3760	1.83	0.71	2.92
21327	17672	9556	8316	9.06	9.34	8.76	12736	2600	10136	1.86	0.74	3.05
72281	**66275**	**38355**	**37878**	**8.52**	**8.80**	**8.22**	**103542**	**28346**	**75196**	**5.29**	**2.83**	**7.85**
22183	22182	18354	18832	9.91	10.07	9.74	10786	2887	7899	3.24	1.74	4.73
5776	4718	2625	2506	8.20	8.56	7.81	7447	1523	5924	3.96	1.58	6.44
8925	7627	3512	3065	8.02	8.33	7.68	21609	6722	14887	7.93	4.78	11.29
5516	5147	1913	1832	8.22	8.44	7.99	10326	3306	7020	5.33	3.32	7.45
5095	4761	2321	2371	8.29	8.55	8.01	9965	2820	7145	5.18	2.81	7.74
3500	3202	1534	1492	8.26	8.58	7.91	7026	2169	4857	7.93	4.67	11.52
9806	8193	3385	3401	8.44	8.74	8.11	12101	2821	9280	3.76	1.70	5.93
11480	10445	4711	4379	8.25	8.61	7.88	24282	6098	18184	6.60	3.28	10.01
5690177	**5134705**	**4697285**	**4260742**	**9.88**	**10.08**	**9.65**	**1825257**	**393622**	**1431635**	**1.78**	**0.73**	**2.97**
1292574	**1234502**	**1292115**	**1275276**	**11.20**	**11.25**	**11.15**	**107528**	**22261**	**85267**	**0.67**	**0.26**	**1.12**
81105	78540	73403	75046	11.09	11.15	11.03	8089	2136	5953	0.75	0.39	1.13
70943	76671	115407	123905	12.10	12.15	12.06	3723	688	3035	0.42	0.16	0.65
110482	117315	145498	154992	11.43	11.43	11.44	6644	1113	5531	0.41	0.14	0.69
234648	223563	257589	246598	12.62	12.62	12.62	7033	1509	5524	0.35	0.15	0.59
264833	251414	179869	186784	10.99	11.00	10.98	21693	4886	16807	0.66	0.28	1.10
94650	80023	108721	94220	11.47	11.57	11.35	8613	1779	6834	0.81	0.30	1.44
170918	175130	203357	192183	11.25	11.29	11.22	13638	2574	11064	0.59	0.21	1.02
82562	73486	71758	74576	10.29	10.34	10.24	9260	1939	7321	0.68	0.26	1.15
48409	39307	34985	28786	10.21	10.48	9.86	13238	2278	10960	1.85	0.57	3.47
50694	40905	32229	31945	10.45	10.65	10.24	6185	1212	4973	1.07	0.40	1.80
83330	78148	69299	66241	10.29	10.40	10.17	9412	2147	7265	0.80	0.35	1.29
107389	**90477**	**69985**	**63708**	**9.18**	**9.61**	**8.73**	**83400**	**11502**	**71898**	**3.73**	**1.02**	**6.44**
20139	18907	17415	16036	10.32	10.55	10.10	5398	779	4619	1.79	0.52	3.03
19462	17231	18029	17624	10.37	10.56	10.16	5494	1006	4488	1.81	0.64	3.04
15391	11301	5569	4748	9.45	9.88	9.00	7288	1065	6223	3.14	0.90	5.48
5840	4862	3237	2827	8.75	9.32	8.20	6847	787	6060	4.47	1.06	7.65
5744	4837	3817	3289	8.67	9.22	8.11	7680	942	6738	5.33	1.30	9.42
7378	6007	4223	4076	8.68	9.07	8.29	8502	1260	7242	3.50	1.04	5.98
5658	5105	3424	2999	8.63	9.06	8.19	6358	1027	5331	4.45	1.42	7.56
5889	4900	2722	2352	9.06	9.40	8.71	3070	480	2590	2.04	0.63	3.49
10451	8362	5676	5014	8.42	8.98	7.85	18876	2778	16098	6.48	1.90	11.10
11437	8965	5873	4743	8.57	9.30	7.84	13887	1378	12509	5.01	1.01	8.90

表4 续表 35

地　区	6岁及以上各种受教育程度人口(人)									
	未上过学		学前教育		小学		初中		高中	
	男	女	男	女	男	女	男	女	男	女
深圳市	**17613**	**74793**	**43102**	**36979**	**959073**	**1032311**	**3146965**	**2310581**	**2145882**	**1482061**
罗湖区	1048	5221	2636	2285	66520	73966	150556	129135	140922	125733
福田区	1219	5954	3479	3045	80644	87147	181083	145182	171955	140760
南山区	1768	6519	4135	3488	85796	90615	185764	140846	185296	148609
宝安区	4134	17616	10940	9189	230192	249901	978813	719560	547535	345739
龙岗区	4922	20217	11542	9892	255510	274900	756121	565886	500799	361564
盐田区	211	953	507	423	12222	13109	32785	23278	30733	22259
龙华区	2089	9448	6019	5425	119058	131241	461268	315877	347229	212079
坪山区	800	3101	1311	1082	41430	40836	121687	82743	70598	40569
光明区	1422	5764	2533	2150	67701	70596	278888	188074	150815	84749
珠海市	**6128**	**20516**	**6384**	**6010**	**180112**	**192063**	**399299**	**305740**	**298946**	**227391**
香洲区	2872	8828	3379	3083	87247	92405	193214	154493	172597	141121
斗门区	2144	8299	1900	1851	58652	65443	119914	90644	75095	52827
金湾区	1112	3389	1105	1076	34213	34215	86171	60603	51254	33443
汕头市	**48728**	**135570**	**32730**	**33529**	**715354**	**836191**	**969862**	**869274**	**526618**	**415753**
龙湖区	4192	11369	2695	2814	66552	75889	95981	83341	69526	62974
金平区	3188	10772	3320	3495	75703	97712	110058	107214	94659	86108
濠江区	3500	16035	1822	2183	38518	40735	41902	34441	25999	19231
潮阳区	15871	41033	12420	12200	218271	253535	300614	288339	153610	111882
潮南区	16493	36970	8527	8667	187929	210502	237478	207918	94097	68944
澄海区	4389	15257	3667	3852	119232	147638	174125	140072	83048	62477
南澳县	1095	4134	279	318	9149	10180	9704	7949	5679	4137
佛山市	**23048**	**67032**	**35704**	**32497**	**859736**	**904698**	**1991203**	**1458583**	**1112008**	**840538**
禅城区	2655	7539	3682	3572	92803	101980	247429	202080	160725	133152
南海区	8053	22158	14904	13379	347257	353521	788053	565811	411259	311255
顺德区	9252	26179	12550	11608	301003	320451	675146	484875	398876	294406
三水区	1907	7785	3055	2655	75202	81921	184304	129894	86721	61073
高明区	1181	3371	1513	1283	43471	46825	96271	75923	54427	40652
江门市	**11635**	**37637**	**17056**	**16308**	**497304**	**592954**	**938516**	**815351**	**558961**	**431966**
蓬江区	1688	5070	2484	2566	70546	83873	136860	117653	103381	83738
江海区	846	3699	1289	1292	34527	41143	70636	57681	43521	31499
新会区	2961	9661	3722	3551	107299	128993	154996	128605	112560	84904
台山市	2378	6980	3103	3120	103878	125710	185989	169471	108222	85786
开平市	1716	6037	2652	2469	81206	99838	150538	137774	86249	70482
鹤山市	829	2509	1963	1654	54412	60295	118743	97573	56441	41102
恩平市	1217	3681	1843	1656	45436	53102	120754	106594	48587	34455
湛江市	**49136**	**144971**	**52455**	**50210**	**854456**	**934329**	**1396236**	**1179131**	**565738**	**410660**
赤坎区	1009	2580	1735	1441	31157	32203	52847	54602	50271	47951
霞山区	1612	4506	2935	2519	55134	58620	91086	93860	81668	73865
坡头区	2610	7657	2907	2844	43867	47813	67724	55750	25476	16692
麻章区	4812	10476	3771	3723	62004	64998	97270	81522	48962	31877
遂溪县	6538	17696	7537	7367	102788	109802	181168	153145	62386	43686
徐闻县	4603	14910	4164	4137	90137	102166	126100	103087	44024	29895
廉江市	9691	26231	10997	10233	179000	190623	313028	253714	87423	61233
雷州市	13023	43140	11745	11675	179266	201355	270891	216862	96927	59670
吴川市	5238	17775	6664	6271	111103	126749	196122	166589	68601	45791
茂名市	**33382**	**101890**	**46047**	**42458**	**795768**	**863177**	**1197571**	**1038018**	**545707**	**387027**
茂南区	2542	8067	6551	5529	107075	115402	173388	161041	112869	89421
电白区	15770	46148	11505	11328	225806	230829	284052	226056	114469	80584
高州市	7548	24178	12028	11766	176533	201558	254268	216456	123047	83251
化州市	3834	10039	9179	7820	150409	160808	291129	262672	105605	70653
信宜市	3688	13458	6784	6015	135945	154580	194734	171793	89717	63118
肇庆市	**14815**	**61903**	**28787**	**28097**	**466091**	**562977**	**902815**	**738415**	**350329**	**261076**
端州区	1109	3847	2813	2469	43999	48951	75004	77803	83711	74592
鼎湖区	749	3402	934	950	23350	26288	41987	32412	19680	14900
高要区	3144	11827	5756	5431	97166	112840	177346	140886	51459	35066
广宁县	1408	5573	3375	3090	50501	64747	100662	84722	25972	18046
怀集县	3505	17089	6910	7398	103201	132317	190607	150872	44808	32123
封开县	1896	8762	3087	3126	46662	61328	84857	66058	28358	18847
德庆县	1319	4915	2659	2754	35999	44829	78499	68079	27523	18624
四会市	1685	6488	3253	2879	65213	71677	153853	117583	68818	48878

大学专科		大学本科及以上		平均受教育年限(年)			15岁及以上文盲人口(人)			文盲人口占15岁及以上人口比重(%)		
男	女	男	女	合计	男	女	合计	男	女	合计	男	女
1289515	**1189928**	**1394379**	**1186991**	**11.38**	**11.42**	**11.32**	**100189**	**17977**	**82212**	**0.67**	**0.22**	**1.24**
87385	97924	91924	90531	11.68	11.67	11.68	7015	1226	5789	0.74	0.26	1.23
116086	130080	194067	188928	12.25	12.21	12.30	7635	1129	6506	0.58	0.17	1.03
141109	145774	291605	250730	12.65	12.66	12.64	6990	1439	5551	0.46	0.18	0.77
317796	263278	285179	217196	11.01	11.12	10.87	24500	4338	20162	0.63	0.20	1.21
295134	282346	259929	222604	11.09	11.15	11.03	26875	4773	22102	0.78	0.25	1.41
15508	15362	16723	15807	11.54	11.53	11.56	1245	203	1042	0.69	0.21	1.27
221021	187242	183311	151413	11.52	11.57	11.45	12722	2056	10666	0.59	0.17	1.15
32010	24355	30555	21491	10.54	10.70	10.32	4444	939	3505	0.96	0.35	1.83
63466	43567	41086	28291	10.38	10.56	10.12	8763	1874	6889	0.92	0.33	1.77
152467	**142556**	**171315**	**161910**	**10.99**	**11.07**	**10.89**	**25136**	**5331**	**19805**	**1.22**	**0.49**	**2.07**
94205	91354	128904	121538	11.54	11.58	11.50	10185	2186	7999	0.87	0.35	1.44
26428	23834	17248	14924	9.82	10.06	9.55	10830	2187	8643	2.17	0.81	3.75
31834	27368	25163	25448	10.82	10.86	10.76	4121	958	3163	1.08	0.45	1.87
159173	**140815**	**80493**	**73695**	**8.82**	**9.15**	**8.49**	**173186**	**44355**	**128831**	**4.05**	**2.08**	**6.02**
34055	33589	21751	20135	9.94	10.15	9.72	14292	3685	10607	2.79	1.43	4.14
43411	41599	27003	24820	10.09	10.37	9.81	13027	2889	10138	2.00	0.91	3.04
11120	7721	2406	1966	8.39	9.07	7.69	19025	3406	15619	9.02	3.20	14.96
35251	26475	12295	10043	8.49	8.85	8.13	52674	13858	38816	4.28	2.26	6.28
10817	8907	5398	4522	7.98	8.30	7.64	52090	16009	36081	5.79	3.54	8.08
21521	20154	10796	11417	8.80	9.11	8.48	16982	3464	13518	2.36	0.95	3.82
2998	2370	844	792	8.46	9.14	7.79	5096	1044	4052	9.53	3.91	15.12
481873	**443141**	**316625**	**291766**	**10.11**	**10.21**	**10.00**	**77884**	**17206**	**60678**	**0.97**	**0.39**	**1.65**
81266	77374	65997	61070	10.72	10.80	10.64	7716	1528	6188	0.68	0.25	1.14
187327	170421	113824	107546	10.05	10.12	9.97	24523	5504	19019	0.79	0.32	1.35
154219	144773	98903	88611	10.02	10.13	9.89	32840	7765	25075	1.20	0.52	2.01
33847	28343	26350	24815	9.84	10.00	9.64	8857	1532	7325	1.30	0.41	2.40
25214	22230	11551	9724	9.99	10.14	9.82	3948	877	3071	1.02	0.42	1.70
181968	**166123**	**115825**	**104143**	**9.65**	**9.87**	**9.43**	**46056**	**10243**	**35813**	**1.14**	**0.49**	**1.84**
52754	51034	44043	38619	10.63	10.79	10.46	5194	1081	4113	0.73	0.29	1.19
19308	17420	8822	8044	9.91	10.14	9.65	4431	766	3665	1.45	0.48	2.53
36814	32104	22138	20821	9.57	9.84	9.29	11696	2632	9064	1.53	0.67	2.46
22127	19266	10937	8972	9.21	9.45	8.97	8978	2150	6828	1.16	0.54	1.79
20839	19943	10506	10122	9.34	9.55	9.13	7358	1617	5741	1.18	0.51	1.84
17287	16231	13450	12729	9.61	9.75	9.46	3519	841	2678	0.80	0.36	1.29
12839	10125	5929	4836	9.25	9.48	9.00	4880	1156	3724	1.21	0.55	1.94
196967	**160463**	**134361**	**123760**	**8.87**	**9.17**	**8.55**	**195516**	**48168**	**147348**	**3.79**	**1.81**	**5.89**
26002	24446	23876	29320	11.03	11.04	11.01	2856	727	2129	0.87	0.46	1.26
38018	33885	31751	26905	10.57	10.74	10.39	5181	1224	3957	1.02	0.48	1.55
8753	6663	6091	4752	8.64	8.99	8.24	9264	2264	7000	3.70	1.73	5.86
11317	11444	22408	22163	9.27	9.48	9.04	15519	4698	10821	3.84	2.22	5.62
16955	14599	7377	6233	8.52	8.80	8.21	24784	6447	18337	4.05	2.03	6.24
18051	12898	7541	5776	8.48	8.87	8.06	23239	5522	17717	5.01	2.31	7.87
27230	21041	12911	11023	8.45	8.72	8.14	34737	8991	25746	3.54	1.75	5.51
28361	18555	11186	8095	8.21	8.68	7.69	58068	13637	44431	6.13	2.78	9.74
22280	16932	11220	9493	8.66	9.00	8.30	21868	4658	17210	3.28	1.36	5.32
173079	**144119**	**98746**	**82543**	**8.87**	**9.15**	**8.57**	**124720**	**28756**	**95964**	**2.77**	**1.24**	**4.40**
48265	45761	35684	30013	9.91	10.08	9.73	10669	2372	8297	1.34	0.59	2.14
39797	30503	15326	13534	8.37	8.73	7.97	56479	13864	42615	5.15	2.42	8.13
31201	26015	18537	13818	8.68	9.02	8.31	28402	5995	22407	2.89	1.19	4.69
28819	21921	16548	14177	8.90	9.11	8.67	12953	3269	9684	1.43	0.69	2.23
24997	19919	12651	11001	8.78	9.07	8.47	16217	3256	12961	2.24	0.89	3.64
119603	**97338**	**74910**	**69559**	**9.02**	**9.32**	**8.70**	**66870**	**10634**	**56236**	**2.09**	**0.65**	**3.60**
39487	35317	32821	33898	10.97	11.12	10.82	4667	925	3742	0.95	0.38	1.51
8716	7465	5335	5712	9.47	9.72	9.21	3743	580	3163	2.22	0.66	3.92
14923	10417	9958	8312	8.56	8.88	8.21	12136	2164	9972	2.06	0.71	3.53
6782	5742	3282	2801	8.46	8.76	8.14	6351	1075	5276	2.03	0.68	3.39
12696	10074	6100	5111	8.24	8.63	7.83	17969	2288	15681	3.09	0.79	5.38
7946	5820	3642	2763	8.44	8.89	7.95	9960	1559	8401	3.49	1.07	6.02
7255	6013	3503	3004	8.77	9.09	8.43	5275	878	4397	2.09	0.68	3.56
21798	16490	10269	7958	9.35	9.59	9.07	6769	1165	5604	1.30	0.41	2.34

表4 续表 36

地　区	6岁及以上各种受教育程度人口(人)									
	未上过学		学前教育		小学		初中		高中	
	男	女	男	女	男	女	男	女	男	女
惠州市	**18008**	**52621**	**25742**	**24198**	**627350**	**661693**	**1363900**	**1065566**	**560882**	**419292**
惠城区	5130	14152	7850	7545	177901	189004	400630	323539	223939	177733
惠阳区	3524	8330	5244	4881	129823	128178	363076	259441	142515	98824
博罗县	3490	10499	5006	4517	134853	147421	297287	237511	102274	73895
惠东县	4748	15672	6196	5894	145087	152211	233565	187619	65907	49172
龙门县	1116	3968	1446	1361	39686	44879	69342	57456	26247	19668
梅州市	**12717**	**50079**	**22966**	**22465**	**398885**	**508872**	**809751**	**760896**	**361513**	**269640**
梅江区	860	1824	1517	1388	28807	33118	67889	69727	58231	52620
梅县区	1317	5222	2371	2335	45674	60209	120259	117955	61118	46757
大埔县	1066	5087	1559	1640	37607	50928	74278	64541	28757	19502
丰顺县	1951	6500	2375	2491	66091	78354	101908	85011	37475	27254
五华县	3867	13380	7982	7848	113589	143436	197012	179299	63665	43368
平远县	723	5654	1044	1116	18903	28769	39431	34565	17753	10927
蕉岭县	488	2602	684	624	15515	21554	35695	35452	22207	16957
兴宁市	2445	9810	5434	5023	72699	92504	173279	174346	72307	52255
汕尾市	**36180**	**105601**	**21434**	**20511**	**431652**	**473083**	**530603**	**415628**	**177657**	**118890**
城区	5583	14423	2795	2701	62162	66989	77076	64831	40904	29348
海丰县	6093	17204	6532	6023	122019	136263	164868	133924	57586	38137
陆河县	1895	4782	1527	1485	35918	40342	50907	43449	15696	12497
陆丰市	22609	69192	10580	10302	211553	229489	237752	173424	63471	38908
河源市	**10765**	**42526**	**17074**	**16537**	**326241**	**389381**	**603496**	**531095**	**234753**	**182701**
源城区	1282	4395	4984	4377	60760	67312	131167	125546	75201	62770
紫金县	2486	10940	3583	3288	66727	81500	126062	108004	37501	27840
龙川县	2175	8179	3110	3302	72214	90333	125655	115701	47952	36126
连平县	1506	7285	1494	1550	36751	45528	60356	50187	20970	15555
和平县	1717	6572	2197	2251	48795	58077	75763	63235	24197	18600
东源县	1599	5155	1706	1769	40994	46631	84493	68422	28932	21810
阳江市	**15668**	**49462**	**15942**	**15200**	**352729**	**385455**	**500354**	**416493**	**232111**	**168836**
江城区	4324	11377	4472	4034	93413	100835	138547	126537	87185	71309
阳东区	2448	6802	2584	2386	66126	68183	97615	80200	44762	30730
阳西县	4276	12828	2595	2561	67815	69497	85797	66572	33288	22409
阳春市	4620	18455	6291	6219	125375	146940	178395	143184	66876	44388
清远市	**19562**	**85573**	**20851**	**18794**	**548384**	**605196**	**809717**	**647365**	**275114**	**208441**
清城区	2955	11805	6352	5458	123318	140958	220164	178547	87491	68078
清新区	3072	13756	4254	3716	87777	100249	135783	108316	42206	30431
佛冈县	1038	3664	1245	1097	40475	44899	67963	58786	25169	18679
阳山县	3089	14212	2069	1826	56584	61066	74160	56773	19861	15765
连山壮族瑶族自治县	373	1371	373	384	12444	14325	19451	16529	7099	5196
连南瑶族自治县	1203	3422	767	663	21669	23360	25391	21726	7342	6128
英德市	5431	28722	4391	4188	145382	156004	190581	142448	62541	43893
连州市	2401	8621	1400	1462	60735	64335	76224	64240	23405	20271
东莞市	**18879**	**48768**	**37416**	**32888**	**809074**	**823330**	**2593541**	**1825355**	**1400298**	**931544**
市辖区	18879	48768	37416	32888	809074	823330	2593541	1825355	1400298	931544
中山市	**11004**	**31903**	**17228**	**15730**	**420937**	**458856**	**974180**	**729758**	**495033**	**370962**
市辖区	11004	31903	17228	15730	420937	458856	974180	729758	495033	370962
潮州市	**17342**	**70077**	**14570**	**16294**	**346537**	**435758**	**505302**	**396350**	**219310**	**157738**
湘桥区	1904	7257	2270	2249	57494	78427	100126	89843	61371	50767
潮安区	7771	25064	7950	8069	173322	212099	240018	186122	91206	63540
饶平县	7667	37756	4350	5976	115721	145232	165158	120385	66733	43431
揭阳市	**39837**	**105321**	**43207**	**43944**	**783235**	**904448**	**1120288**	**973278**	**435716**	**319652**
榕城区	6331	12162	6906	6965	120574	142947	156825	144329	98591	74513
揭东区	5457	10394	6716	6568	131064	146935	179925	157139	92048	69106
揭西县	3701	8881	4565	4526	91934	103837	153999	134778	45667	35057
惠来县	12414	49119	7952	9128	166758	202506	200722	154453	56392	30872
普宁市	11934	24765	17068	16757	272905	308223	428817	382579	143018	110104
云浮市	**8282**	**32096**	**18042**	**16570**	**287664**	**341639**	**539303**	**460113**	**174002**	**124206**
云城区	1023	3924	2326	2028	45561	52547	82224	69852	35569	26835
云安区	1287	6078	1696	1666	32395	37957	56231	41517	13706	8161
新兴县	1046	4279	2180	2049	48230	59118	97021	84586	35446	27693
郁南县	1951	6901	2864	2731	45833	54135	85947	73728	27190	18345
罗定市	2975	10914	8976	8096	115645	137882	217880	190430	62091	43172

大学专科		大学本科及以上		平均受教育年限(年)			15岁及以上文盲人口(人)			文盲人口占15岁及以上人口比重(%)		
男	女	男	女	合计	男	女	合计	男	女	合计	男	女
235633	**209698**	**162013**	**137275**	**9.58**	**9.73**	**9.39**	**62996**	**14140**	**48856**	**1.32**	**0.55**	**2.21**
114765	108326	91024	77839	10.32	10.43	10.20	13712	2824	10888	0.82	0.32	1.40
54303	44765	33457	26327	9.66	9.78	9.51	9949	2436	7513	0.86	0.37	1.50
35065	30616	19685	17308	9.17	9.35	8.96	14211	3395	10816	1.49	0.67	2.42
22138	17776	12891	10993	8.58	8.81	8.31	19557	4243	15314	2.54	1.05	4.20
9362	8215	4956	4808	9.02	9.24	8.77	5567	1242	4325	2.27	0.98	3.68
99237	**86586**	**69888**	**64460**	**9.12**	**9.42**	**8.82**	**59137**	**11026**	**48111**	**2.00**	**0.75**	**3.23**
19967	18922	24509	25344	10.77	10.87	10.67	2149	625	1524	0.60	0.35	0.84
15999	15629	8825	8070	9.48	9.73	9.22	5979	1092	4887	1.35	0.50	2.19
6995	5840	4070	3547	8.80	9.18	8.41	5872	918	4954	2.29	0.71	3.89
9974	8431	5272	5092	8.64	8.92	8.35	7450	1566	5884	2.05	0.84	3.33
15042	12129	8632	6973	8.45	8.78	8.12	16261	3393	12868	2.52	1.06	3.95
6155	4814	3604	2877	8.93	9.56	8.32	6500	727	5773	4.27	0.97	7.47
6000	5351	3851	3548	9.57	9.93	9.23	3335	572	2763	2.25	0.78	3.67
19105	15470	11125	9009	9.08	9.39	8.77	11591	2133	9458	1.94	0.73	3.11
56126	**41135**	**27225**	**19589**	**8.00**	**8.46**	**7.52**	**141136**	**34288**	**106848**	**6.95**	**3.27**	**10.86**
17245	14467	9217	6502	8.82	9.21	8.40	18997	5085	13912	5.34	2.76	8.11
16181	10860	8031	5642	8.28	8.64	7.89	22688	5465	17223	3.74	1.73	5.93
5928	4909	2467	2239	8.45	8.71	8.18	6196	1540	4656	3.41	1.67	5.19
16772	10899	7510	5206	7.42	8.00	6.81	93255	22198	71057	10.50	4.87	16.44
83502	**74376**	**43382**	**39378**	**9.00**	**9.28**	**8.72**	**53216**	**10242**	**42974**	**2.51**	**0.96**	**4.09**
34696	32287	21153	18809	10.00	10.15	9.84	5850	1201	4649	1.08	0.44	1.74
11677	9737	5316	4486	8.57	8.91	8.23	13114	2399	10715	3.30	1.20	5.42
15487	12075	7154	6210	8.82	9.14	8.49	10454	1983	8471	2.38	0.91	3.83
7312	6426	2956	2789	8.59	8.98	8.19	8362	1379	6983	3.91	1.29	6.51
7594	7013	3168	3117	8.50	8.79	8.20	8594	1662	6932	3.33	1.28	5.41
6736	6838	3635	3967	8.83	9.04	8.60	6842	1618	5224	2.53	1.15	4.03
91091	**74069**	**39713**	**31866**	**8.91**	**9.22**	**8.57**	**58392**	**13217**	**45175**	**2.89**	**1.26**	**4.65**
40656	35878	17993	15379	9.59	9.81	9.36	12430	3186	9244	1.91	0.96	2.89
16017	12055	6758	4693	8.94	9.21	8.62	8304	2080	6224	2.21	1.04	3.55
11911	8769	5100	3794	8.40	8.78	7.97	15001	3542	11459	4.47	2.00	7.23
22507	17367	9862	8000	8.50	8.89	8.08	22657	4409	18248	3.46	1.31	5.74
125182	**114551**	**66144**	**61489**	**8.79**	**9.08**	**8.48**	**98403**	**17268**	**81135**	**3.23**	**1.11**	**5.47**
61453	57388	31379	28858	9.67	9.86	9.47	13416	2379	11037	1.52	0.52	2.58
11827	10766	6599	6157	8.43	8.75	8.09	15093	2552	12541	3.17	1.05	5.38
9019	7953	4227	4014	8.96	9.18	8.73	4487	906	3581	1.87	0.74	3.07
7628	6997	3351	2898	8.11	8.52	7.68	15933	2646	13287	5.84	1.92	9.84
2649	2370	1666	1631	8.91	9.17	8.64	1817	385	1432	2.53	1.05	4.07
3208	3065	1803	1847	8.34	8.58	8.10	5248	1367	3881	5.29	2.80	7.72
21997	18864	13263	12336	8.41	8.80	7.98	32117	4853	27264	4.53	1.32	7.98
7401	7148	3856	3748	8.38	8.62	8.14	10292	2180	8112	3.54	1.48	5.64
443214	**368341**	**313433**	**260897**	**10.07**	**10.17**	**9.93**	**60062**	**13981**	**46081**	**0.66**	**0.27**	**1.17**
443214	368341	313433	260897	10.07	10.17	9.93	60062	13981	46081	0.66	0.27	1.17
179428	**167322**	**124804**	**118521**	**9.83**	**9.94**	**9.69**	**40156**	**8831**	**31325**	**1.08**	**0.44**	**1.83**
179428	167322	124804	118521	9.83	9.94	9.69	40156	8831	31325	1.08	0.44	1.83
65607	**57763**	**35919**	**37672**	**8.62**	**9.03**	**8.19**	**85719**	**16262**	**69457**	**4.14**	**1.55**	**6.77**
23870	22317	18244	20607	9.75	10.01	9.49	8228	1606	6622	1.72	0.68	2.72
23633	21942	11466	11656	8.40	8.74	8.04	32756	7415	25341	3.46	1.54	5.46
18104	13504	6209	5409	8.14	8.78	7.48	44735	7241	37494	6.91	2.21	11.74
98289	**82543**	**35807**	**29807**	**8.37**	**8.67**	**8.06**	**127599**	**30712**	**96887**	**3.07**	**1.46**	**4.73**
29683	27376	11944	10242	8.99	9.25	8.73	15099	4527	10572	2.05	1.22	2.90
17792	14974	5293	4581	8.63	8.85	8.39	12791	3964	8827	1.77	1.06	2.52
9956	9068	3162	3166	8.41	8.61	8.19	10897	2806	8091	2.13	1.08	3.22
13693	8234	5206	3350	7.54	8.17	6.91	56234	10454	45780	7.85	2.92	12.79
27165	22891	10202	8468	8.36	8.57	8.14	32578	8961	23617	2.22	1.20	3.27
58260	**48859**	**30203**	**26437**	**8.76**	**9.04**	**8.46**	**37956**	**7222**	**30734**	**2.13**	**0.79**	**3.52**
15721	13685	10270	8824	9.40	9.63	9.15	4546	828	3718	1.46	0.52	2.47
4193	3152	2570	2388	8.27	8.68	7.81	7504	1291	6213	4.25	1.39	7.40
11388	10499	6119	5814	9.05	9.27	8.81	4873	875	3998	1.44	0.51	2.38
7465	6054	3089	2543	8.53	8.85	8.19	8092	1677	6415	2.91	1.18	4.71
19493	15469	8155	6868	8.56	8.83	8.28	12941	2551	10390	1.90	0.74	3.11

表4 续表 37

地区	6岁及以上各种受教育程度人口(人)									
	未上过学		学前教育		小学		初中		高中	
	男	女	男	女	男	女	男	女	男	女
广西壮族自治区	**246010**	**898741**	**295489**	**264897**	**6613030**	**7255201**	**10106028**	**8134324**	**3593806**	**2903728**
南宁市	**22900**	**90989**	**44854**	**37827**	**845504**	**945083**	**1647731**	**1363201**	**747935**	**624332**
兴宁区	1008	2928	2748	2104	45706	50386	99092	86323	65516	56552
青秀区	1530	5675	4734	3781	69338	76621	112297	107059	94413	95038
江南区	1780	6098	5154	4001	79847	88334	182920	152450	109790	94426
西乡塘区	2362	7270	6418	5053	108389	118390	254780	222099	165561	145385
良庆区	1125	3700	3148	2460	53649	56027	116368	92836	65158	51728
邕宁区	931	3744	1632	1439	38312	43252	71980	55526	25096	19848
武鸣区	2049	8672	3900	3508	72104	82538	151296	123207	56504	41713
隆安县	1713	7460	2381	2034	48591	54364	77075	57954	18254	12507
马山县	3051	15636	2727	2490	62534	71039	78868	55607	20580	14721
上林县	1311	6104	1945	1604	39222	46964	91444	75939	22644	16601
宾阳县	2892	12026	3688	3450	103923	116237	198447	158144	51429	36115
横县	3148	11676	6379	5903	123889	140931	213164	176057	52990	39698
柳州市	**18779**	**69497**	**19830**	**17228**	**495910**	**533641**	**808521**	**659159**	**349063**	**297546**
城中区	222	869	885	702	14105	16563	24624	27057	22299	24785
鱼峰区	1111	3445	2531	2082	49566	55399	112863	99612	76007	64943
柳南区	1091	3577	2504	1932	49627	55193	117545	106506	72821	61955
柳北区	805	2827	1801	1396	36173	42027	83276	79854	55858	49649
柳江区	1830	7338	2540	2247	65623	70301	116285	92579	36075	30073
柳城县	1701	6417	1726	1568	42819	45806	79710	61492	16259	13417
鹿寨县	1222	4109	1854	1725	51835	54290	78215	58372	21195	16665
融安县	1764	5943	1232	1103	40932	43345	57316	40682	14698	11336
融水苗族自治县	4657	19052	2315	2132	79560	82925	79778	52398	21370	15828
三江侗族自治县	4376	15920	2442	2341	65670	67792	58909	40607	12481	8895
桂林市	**26900**	**93477**	**21074**	**20003**	**613932**	**692811**	**957966**	**792152**	**378747**	**319815**
秀峰区	490	1327	425	403	12128	14092	24608	22851	19263	17384
叠彩区	343	1426	605	565	14245	17406	30662	31089	23919	23464
象山区	559	2297	783	738	20061	24822	41665	43706	34760	34181
七星区	772	2749	998	870	25949	27011	54280	48376	43092	40907
雁山区	560	2660	241	247	9397	10390	13494	10146	6125	5928
临桂区	4072	18235	2362	2414	71292	76078	102780	77033	41047	32912
阳朔县	2357	9029	1488	1443	40463	43200	59552	45961	16539	13694
灵川县	1637	5727	1485	1503	46057	55021	86515	74410	32688	26335
全州县	3999	12278	2094	2053	79480	91382	127932	101712	41564	29313
兴安县	1916	4988	1690	1611	45291	50348	64650	56267	19071	17150
永福县	2041	7025	1160	1035	41741	42848	45556	33013	13391	9814
灌阳县	2200	5873	1057	1008	31650	36840	43992	34726	12186	8651
龙胜各族自治县	996	3223	407	435	22430	25220	28589	22180	8423	6954
资源县	664	2289	440	403	21056	26020	28754	22583	9282	6705
平乐县	2149	7551	2856	2506	49851	57156	75008	59406	20901	16389
恭城瑶族自治县	1107	3598	1461	1327	39368	46237	50395	39851	14380	11520
荔浦市	1038	3202	1522	1442	43473	48740	79534	68842	22116	18514
梧州市	**9250**	**29943**	**17437**	**16079**	**384694**	**425607**	**595897**	**495965**	**193054**	**157727**
万秀区	533	1508	948	864	23199	29017	49514	47564	28994	25728
长洲区	708	1688	1152	1124	27236	31334	48647	47490	32024	30577
龙圩区	903	2565	1760	1586	41459	44315	61523	49984	20368	17137
苍梧县	1124	3848	2046	2006	49640	58642	60874	41280	11713	6759
藤县	3070	9902	6265	5724	119911	126820	182370	141734	42506	32722
蒙山县	740	2845	1004	838	22747	25262	35562	30088	10130	8338
岑溪市	2172	7587	4262	3937	100502	110217	157407	137825	47319	36466
北海市	**7973**	**25896**	**11383**	**9392**	**204996**	**216381**	**377494**	**314399**	**170968**	**142844**
海城区	1130	4327	2358	1769	41193	44727	88942	84880	62498	56820
银海区	1582	3995	1675	1409	33224	33804	60235	48193	27173	24390
铁山港区	539	1608	749	594	17686	20393	36180	28151	10666	6780
合浦县	4722	15966	6601	5620	112893	117457	192137	153175	70631	54854

大学专科		大学本科及以上		平均受教育年限(年)			15岁及以上文盲人口(人)			文盲人口占15岁及以上人口比重(%)		
男	女	男	女	合计	男	女	合计	男	女	合计	男	女
1574358	**1463375**	**1147792**	**1231033**	**9.01**	**9.22**	**8.79**	**1186492**	**248225**	**938267**	**3.10**	**1.27**	**5.02**
457797	**428793**	**355905**	**404862**	**10.06**	**10.16**	**9.95**	**119254**	**22911**	**96343**	**1.71**	**0.65**	**2.82**
50093	46107	26433	27560	10.87	10.93	10.80	3308	716	2592	0.67	0.28	1.07
88550	102584	126265	146621	12.13	12.06	12.19	6758	1255	5503	0.73	0.29	1.14
56184	53406	34154	34661	10.33	10.40	10.25	7785	1637	6148	0.99	0.40	1.61
139940	127770	101030	123510	11.30	11.29	11.31	9234	1954	7280	0.67	0.28	1.07
29260	25777	15786	15792	10.00	10.09	9.90	5166	1150	4016	1.12	0.47	1.85
9955	8792	11521	10780	9.36	9.55	9.14	5841	1161	4680	2.25	0.85	3.78
31652	19944	14129	18847	9.41	9.66	9.13	11186	2087	9099	2.00	0.71	3.41
5831	4704	3074	3055	8.26	8.58	7.90	10477	2011	8466	4.19	1.55	7.04
7275	6358	3624	3358	7.95	8.43	7.44	19717	3392	16325	6.92	2.34	11.68
7981	7226	4044	4458	8.78	9.03	8.50	8414	1450	6964	3.05	1.03	5.15
17155	13958	8403	7797	8.64	8.90	8.35	16169	3097	13072	2.60	0.96	4.39
13921	12167	7442	8423	8.43	8.65	8.20	15199	3001	12198	2.26	0.88	3.71
177564	**160070**	**121841**	**116303**	**9.46**	**9.66**	**9.24**	**87735**	**17919**	**69816**	**2.61**	**1.03**	**4.29**
17198	18745	29183	27515	12.00	12.13	11.88	1010	161	849	0.51	0.17	0.82
50628	41297	32488	28642	10.77	10.93	10.59	4680	1001	3679	0.84	0.34	1.39
31458	28004	20568	19225	10.23	10.36	10.09	4751	1084	3667	0.94	0.42	1.49
33119	30254	17759	17450	10.57	10.71	10.43	3427	678	2749	0.84	0.33	1.36
12408	11848	5448	6118	8.82	8.99	8.63	9082	1772	7310	2.28	0.86	3.83
5871	6131	3371	3956	8.50	8.70	8.29	8619	1854	6765	3.38	1.39	5.56
6988	6580	4087	4498	8.58	8.75	8.40	5489	1209	4280	2.03	0.84	3.38
5910	5389	2722	2962	8.38	8.64	8.09	7189	1592	5597	3.46	1.45	5.74
7794	6469	3513	3308	7.74	8.21	7.22	22826	4297	18529	7.06	2.56	11.90
6190	5353	2702	2629	7.50	7.96	7.01	20662	4271	16391	8.52	3.43	13.87
148141	**156621**	**164500**	**174984**	**9.27**	**9.45**	**9.08**	**121659**	**26629**	**95030**	**3.07**	**1.33**	**4.83**
8476	8827	9496	9701	10.76	10.86	10.66	1646	430	1216	1.24	0.65	1.82
12209	12234	9675	9418	10.74	10.89	10.59	1731	315	1416	1.04	0.39	1.65
16563	16913	15427	15118	10.80	10.97	10.63	2622	468	2154	1.10	0.41	1.74
20996	22228	38088	35050	11.38	11.44	11.31	3095	589	2506	0.95	0.35	1.56
2042	3848	23308	38719	12.30	11.91	12.59	2912	480	2432	2.44	0.94	3.57
20120	27695	15113	17706	9.20	9.38	9.01	23140	4266	18874	5.23	1.93	8.52
4813	4976	3280	3914	8.32	8.61	8.01	10740	2107	8633	4.92	1.89	8.10
11613	11359	21689	13875	9.49	9.82	9.14	7855	1731	6124	2.31	0.98	3.73
12271	10566	5928	5849	8.54	8.85	8.21	16123	3896	12227	3.67	1.72	5.76
6226	6613	3132	3518	8.53	8.68	8.37	6926	1910	5016	2.86	1.57	4.15
4642	4162	2501	2725	8.12	8.42	7.77	8710	1964	6746	4.78	2.06	7.79
5106	4243	2808	2799	8.33	8.67	7.97	7502	1955	5547	4.54	2.33	6.84
3509	3496	2033	2473	8.53	8.76	8.28	5231	1246	3985	4.55	2.13	7.07
3590	2972	2031	1986	8.59	8.91	8.25	3772	818	2954	3.47	1.48	5.51
5148	5033	3269	3936	8.28	8.54	8.01	10700	2417	8283	4.11	1.83	6.47
4635	4788	3108	3820	8.41	8.62	8.21	4506	992	3514	2.33	1.01	3.67
6182	6668	3614	4377	8.76	8.88	8.64	4448	1045	3403	1.63	0.75	2.54
61532	**57290**	**47903**	**50432**	**8.80**	**8.96**	**8.62**	**39263**	**8683**	**30580**	**1.89**	**0.82**	**3.02**
10706	9951	11922	15119	10.20	10.29	10.11	1882	477	1405	0.83	0.43	1.20
14483	15628	11624	10890	10.23	10.33	10.14	1616	379	1237	0.68	0.33	1.02
5585	4784	4081	4106	8.71	8.86	8.54	3712	930	2782	1.75	0.84	2.73
3178	2504	2176	2333	7.87	8.20	7.51	4266	805	3461	2.15	0.77	3.70
11764	10458	7376	7586	8.32	8.51	8.11	13395	3011	10384	2.38	1.02	3.91
3600	3470	2841	3092	8.69	8.89	8.49	3975	821	3154	3.17	1.30	5.07
12216	10495	7883	7306	8.57	8.77	8.36	10417	2260	8157	2.05	0.88	3.26
62999	**62117**	**46206**	**47296**	**9.42**	**9.55**	**9.28**	**32935**	**7519**	**25416**	**2.27**	**1.01**	**3.60**
28319	30309	19938	20212	10.45	10.52	10.38	4784	909	3875	1.13	0.43	1.81
13143	12850	14231	14974	9.90	9.95	9.84	4720	1229	3491	1.87	0.94	2.86
3841	2756	1986	1793	8.85	9.11	8.54	2659	639	2020	2.34	1.05	3.83
17696	16202	10051	10317	8.71	8.92	8.47	20772	4742	16030	3.14	1.37	5.08

表4 续表 38

地区	6岁及以上各种受教育程度人口(人)									
	未上过学		学前教育		小学		初中		高中	
	男	女	男	女	男	女	男	女	男	女
防城港市	**4755**	**16022**	**7870**	**6504**	**128631**	**137337**	**229190**	**170762**	**85545**	**58081**
港口区	1103	2841	1112	908	22313	23474	48461	33564	27332	16617
防城区	1973	6412	3669	3052	52810	57021	84923	64480	28126	20433
上思县	946	3649	1301	1115	26787	28520	47394	33253	14291	9596
东兴市	733	3120	1788	1429	26721	28322	48412	39465	15796	11435
钦州市	**15713**	**47122**	**26012**	**24211**	**545799**	**545601**	**642886**	**510113**	**207669**	**163567**
钦南区	3506	11466	3390	3009	89948	91358	122264	94923	60567	45293
钦北区	4260	12990	4012	3792	114866	113571	145151	107763	47426	36691
灵山县	4979	14257	12403	11594	228086	223384	236456	194851	57329	47213
浦北县	2968	8409	6207	5816	112899	117288	139015	112576	42347	34370
贵港市	**15852**	**54046**	**29809**	**28456**	**606039**	**668086**	**936283**	**769163**	**298341**	**227822**
港北区	2567	10043	3956	3682	90836	101240	137664	118699	69363	61099
港南区	1837	7057	3878	3663	71471	83810	111510	90805	41340	28729
覃塘区	1671	6915	3635	3467	65137	76303	91558	75751	23151	15106
平南县	3607	10483	8503	7426	157148	167538	248337	208391	69081	52068
桂平市	6170	19548	9837	10218	221447	239195	347214	275517	95406	70820
玉林市	**20622**	**55098**	**40053**	**36082**	**822943**	**851495**	**1236786**	**1068025**	**381078**	**314595**
玉州区	1716	4156	4147	3333	95749	96091	158202	146908	95486	88661
福绵区	1464	3864	1801	1595	51591	50252	81686	62579	15676	10948
容县	1288	4380	3643	3340	87980	97110	144236	135664	42684	33527
陆川县	2795	6099	4907	4363	116558	120609	176667	155576	49602	42456
博白县	7497	17677	12979	11612	220622	218262	296576	240860	72769	57756
兴业县	1951	7505	3090	3105	72207	77381	126831	102105	30062	21451
北流市	3911	11417	9486	8734	178236	191790	252588	224333	74799	59796
百色市	**38025**	**143978**	**20807**	**18510**	**558095**	**627302**	**689993**	**505023**	**204877**	**159771**
右江区	2129	8210	1852	1663	50417	59558	79014	66237	37963	36883
田阳区	2094	9286	1168	980	46835	55706	65472	52044	17014	13580
田东县	2305	10096	2077	1698	47364	57434	77019	60054	22543	17240
德保县	2119	7196	1501	1274	45849	50251	56070	41967	14375	10175
那坡县	3032	10632	1485	1472	34121	35226	28820	17963	8194	5779
凌云县	2505	11046	834	744	36459	40539	30101	17971	9971	7501
乐业县	2826	9711	998	926	23571	25974	27551	17154	8087	5657
田林县	3327	14170	1072	1029	37586	43175	45461	27503	11195	7848
西林县	3634	13127	577	432	26201	24937	23905	13781	7265	4828
隆林各族自治县	8395	26194	2714	2673	67657	70846	56112	36542	14797	11693
靖西市	3636	14515	3504	3005	80744	89602	109737	82306	24588	17136
平果市	2023	9795	3025	2614	61291	74054	90731	71501	28885	21451
贺州市	**12254**	**49801**	**10830**	**10386**	**318499**	**353630**	**400262**	**303128**	**111227**	**88848**
八步区	2950	13381	3704	3592	97884	111712	120996	96533	37895	32382
平桂区	1893	6318	1547	1518	64999	68672	90396	69517	22070	18114
昭平县	1540	5522	1888	1736	52124	60542	70770	54261	17586	12788
钟山县	3056	13173	1974	1971	64259	66042	65634	44621	17999	13810
富川瑶族自治县	2815	11407	1717	1569	39233	46662	52466	38196	15677	11754
河池市	**32195**	**134969**	**22149**	**19334**	**546748**	**619674**	**638237**	**469512**	**201733**	**155268**
金城江区	1317	5873	2189	1786	38715	46959	66868	57332	33526	29111
宜州区	4009	13440	3395	2991	84077	93591	108270	85559	32950	28485
南丹县	4128	11986	2249	1849	45315	50075	54028	37140	14948	10879
天峨县	2309	8542	843	656	22801	26111	26152	15605	9135	6222
凤山县	1914	9568	1212	1002	26787	32680	32380	20378	8898	5914
东兰县	3427	19085	1707	1622	33371	36949	41074	25440	12921	7660
罗城仫佬族自治县	2890	10477	1643	1577	51903	56789	49635	35968	12851	9957
环江毛南族自治县	1841	7788	1466	1315	42958	49518	60141	43712	15039	11070
巴马瑶族自治县	3188	17460	1618	1368	41019	43888	38906	25455	12842	9766
都安瑶族自治县	3281	13375	3188	2774	93087	107958	100600	78855	29324	22555
大化瑶族自治县	3891	17375	2639	2394	66715	75156	60183	44068	19299	13649
来宾市	**9139**	**36470**	**12609**	**11192**	**276086**	**320063**	**482652**	**374435**	**124810**	**94830**
兴宾区	4128	17499	5629	4748	119873	139090	206061	157728	58838	46270
忻城县	1765	7192	1558	1493	45086	53833	70400	52126	14285	10794

大学专科		大学本科及以上		平均受教育年限(年)			15岁及以上文盲人口(人)			文盲人口占15岁及以上人口比重(%)		
男	女	男	女	合计	男	女	合计	男	女	合计	男	女
39134	**28642**	**23405**	**17711**	**9.08**	**9.38**	**8.73**	**20993**	**4539**	**16454**	**2.64**	**1.05**	**4.54**
17778	10440	11571	7656	10.21	10.55	9.76	3776	1015	2761	1.93	0.89	3.37
10932	9700	5973	4844	8.72	8.97	8.44	8371	1822	6549	2.88	1.18	4.80
4893	3633	2182	1941	8.62	8.92	8.26	4988	1025	3963	3.33	1.26	5.79
5531	4869	3679	3270	8.87	9.09	8.62	3858	677	3181	2.43	0.81	4.21
69387	**66753**	**52522**	**55078**	**8.50**	**8.66**	**8.34**	**62223**	**15548**	**46675**	**2.65**	**1.26**	**4.17**
24045	22760	23105	23797	9.38	9.55	9.20	14329	3253	11076	2.80	1.21	4.55
17752	16295	13402	13232	8.64	8.83	8.43	16617	3946	12671	3.23	1.44	5.26
16708	17226	10546	11882	8.05	8.16	7.93	19517	5304	14213	2.33	1.22	3.54
10882	10472	5469	6167	8.28	8.44	8.12	11760	3045	8715	2.42	1.21	3.72
92561	**83135**	**51776**	**53038**	**8.63**	**8.84**	**8.41**	**69831**	**14669**	**55162**	**2.20**	**0.90**	**3.58**
27474	26058	18823	18176	9.39	9.57	9.19	11942	2239	9703	2.09	0.78	3.42
10162	8546	5050	5349	8.58	8.86	8.28	8310	1545	6765	2.14	0.77	3.60
7160	6128	3270	4260	8.20	8.49	7.91	10295	2030	8265	3.31	1.29	5.38
20025	18450	11592	12306	8.55	8.71	8.39	14872	3579	11293	1.87	0.87	2.93
27740	23953	13041	12947	8.45	8.67	8.21	24412	5276	19136	2.21	0.91	3.62
112817	**104651**	**74503**	**79312**	**8.67**	**8.79**	**8.54**	**71736**	**18585**	**53151**	**1.74**	**0.88**	**2.65**
34387	34148	29576	35560	9.96	9.94	9.97	5260	1467	3793	0.75	0.42	1.09
3441	3008	1543	1599	8.19	8.35	7.99	5171	1437	3734	2.21	1.14	3.45
10606	9767	7512	8003	8.68	8.82	8.53	5838	1309	4529	1.25	0.56	1.94
12529	11581	6454	6086	8.52	8.63	8.41	8084	2321	5763	1.46	0.82	2.13
22740	20785	13203	12857	8.28	8.42	8.12	23343	6609	16734	2.47	1.34	3.71
7442	6329	4019	4051	8.40	8.63	8.14	9372	1912	7460	2.46	0.96	4.11
21672	19033	12196	11156	8.48	8.65	8.30	14668	3530	11138	1.76	0.83	2.70
100251	**92710**	**56560**	**60672**	**8.30**	**8.71**	**7.89**	**198738**	**41712**	**157026**	**7.17**	**2.99**	**11.40**
20758	21757	21825	27601	9.95	10.05	9.85	11943	2412	9531	3.11	1.30	4.82
6997	6533	3608	3999	8.34	8.69	7.98	12179	2292	9887	4.97	1.88	8.05
8817	7793	4203	4247	8.49	8.86	8.10	15666	2952	12714	5.75	2.16	9.37
6240	5598	3092	3290	8.21	8.52	7.88	12047	2875	9172	5.72	2.65	8.99
3951	3322	1526	1273	7.44	8.01	6.82	14766	3261	11505	11.18	4.83	17.84
4473	3518	2365	1941	7.65	8.29	6.99	14149	2615	11534	10.08	3.71	16.52
4276	3247	1693	1508	7.78	8.43	7.08	12589	2840	9749	11.43	5.06	18.04
5889	4856	2528	2314	7.79	8.44	7.09	17886	3415	14471	10.17	3.80	16.82
4096	3156	1847	1530	7.43	8.21	6.58	17335	3798	13537	16.01	6.79	25.85
6804	5708	3209	2677	7.21	7.82	6.58	34539	8320	26219	13.30	6.42	20.14
8198	7055	3577	3504	8.00	8.36	7.61	22524	4698	17826	5.93	2.40	9.69
19752	20167	7087	6788	8.92	9.21	8.61	13115	2234	10881	3.69	1.26	6.11
39591	**38051**	**31366**	**36143**	**8.36**	**8.64**	**8.07**	**64336**	**12488**	**51848**	**4.41**	**1.68**	**7.24**
15066	15272	16568	20437	8.73	8.94	8.52	16642	3012	13630	3.49	1.27	5.67
5556	5654	3677	4170	8.32	8.50	8.12	7830	1650	6180	2.64	1.06	4.35
6651	5506	3450	3226	8.29	8.59	7.97	7406	1555	5851	3.11	1.26	5.07
6364	6162	4182	4633	7.96	8.33	7.55	16517	3090	13427	6.59	2.37	11.16
5954	5457	3489	3677	8.15	8.63	7.67	15941	3181	12760	8.11	3.24	12.99
89099	**78615**	**54331**	**56200**	**8.24**	**8.67**	**7.80**	**177928**	**34653**	**143275**	**6.95**	**2.69**	**11.24**
17051	17621	12242	11670	9.70	9.92	9.48	7231	1354	5877	2.46	0.93	3.97
12124	12307	11830	15896	8.61	8.80	8.42	18149	4096	14053	4.23	1.91	6.55
6366	5198	3290	2951	7.94	8.38	7.46	16748	4254	12494	8.21	4.05	12.64
4973	3524	2820	2304	8.12	8.79	7.39	10904	2281	8623	9.89	4.02	16.11
5317	4067	1852	1534	7.91	8.60	7.19	11297	1910	9387	9.06	3.07	15.04
6620	4480	3181	2746	7.69	8.62	6.72	24107	3857	20250	14.61	4.68	24.49
5258	5308	2844	3179	7.84	8.20	7.46	14781	3339	11442	7.15	3.19	11.19
5943	4947	3334	3389	8.26	8.63	7.86	10218	1984	8234	4.80	1.81	7.97
6716	5348	3192	2914	7.73	8.46	6.99	22040	3434	18606	13.00	4.12	21.58
11110	9700	5787	5959	8.13	8.47	7.79	18609	3684	14925	4.79	1.89	7.70
7621	6115	3959	3658	7.73	8.27	7.19	23844	4460	19384	9.27	3.49	14.97
48075	**44183**	**29781**	**34841**	**8.65**	**8.89**	**8.40**	**45397**	**8604**	**36793**	**2.85**	**1.05**	**4.79**
24075	21933	16992	20360	8.80	9.04	8.55	21257	3732	17525	3.05	1.04	5.18
5153	4945	2635	3076	8.20	8.52	7.87	8869	1714	7155	3.86	1.45	6.39

表4　续表 39

地　区	6岁及以上各种受教育程度人口(人)									
	未上过学		学前教育		小学		初中		高中	
	男	女	男	女	男	女	男	女	男	女
象州县	917	3897	1700	1558	40383	46931	66935	50626	17017	12114
武宣县	967	3520	2513	2208	38434	44643	86560	71567	21131	15933
金秀瑶族自治县	938	2986	718	687	21140	21850	27749	21254	7774	5513
合山市	424	1376	491	498	11170	13716	24947	21134	5765	4206
崇左市	**11653**	**51433**	**10772**	**9693**	**265154**	**318490**	**462130**	**339287**	**138759**	**98682**
江州区	1911	6625	2283	1936	45608	52398	83417	61006	33283	25278
扶绥县	1553	6194	2049	1566	45854	53314	97449	73356	28331	19513
宁明县	1635	9128	1999	1945	44098	54278	78321	53371	18756	12870
龙州县	1092	5381	1128	1065	31018	40806	53556	38683	14758	10381
大新县	2037	9914	1170	1217	38855	48625	63005	47732	17502	12698
天等县	2954	11898	1285	1224	44972	51855	56533	43409	16095	10621
凭祥市	471	2293	858	740	14749	17214	29849	21730	10034	7321
海南省	**55250**	**198149**	**38328**	**33811**	**934286**	**1034372**	**2227745**	**1822255**	**911574**	**657187**
海口市	**7340**	**24675**	**9875**	**8551**	**209656**	**229568**	**482465**	**407797**	**309410**	**253824**
秀英区	2024	6261	2282	2123	49303	52316	114777	83310	55458	41821
龙华区	1777	6194	2746	2307	54444	58239	121912	105054	91856	78802
琼山区	1425	5035	2174	1796	49403	55611	119576	106136	72252	56083
美兰区	2114	7185	2673	2325	56506	63402	126200	113297	89844	77118
三亚市	**2902**	**8809**	**2963**	**2595**	**82285**	**81560**	**216994**	**174105**	**105082**	**79224**
海棠区	242	807	385	350	10871	10757	30473	22552	10881	6310
吉阳区	917	2373	1129	991	30402	28842	83503	65537	48314	37915
天涯区	1274	4269	1080	939	29518	30054	71898	60928	36232	29201
崖州区	469	1360	369	315	11494	11907	31120	25088	9655	5798
三沙市	**6**	**2**		**1**	**42**	**25**	**921**	**361**	**541**	**211**
西沙群岛	4	2			28	18	778	308	166	62
南沙群岛	2				14	7	30	25	375	149
中沙群岛的岛礁及其海域				1			113	28		
儋州市	**10837**	**48802**	**5356**	**4777**	**119850**	**125791**	**205552**	**145351**	**73193**	**45261**
市辖区	10837	48802	5356	4777	119850	125791	205552	145351	73193	45261
省直辖县级行政区划	**34165**	**115861**	**20134**	**17887**	**522453**	**597428**	**1321813**	**1094641**	**423348**	**278667**
五指山市	627	2337	316	292	9982	9936	23505	19368	12712	11179
琼海市	1302	5435	2111	1714	41973	50324	136747	123956	47835	32763
文昌市	1796	8446	1546	1602	47622	62142	138688	127887	54508	35742
万宁市	2543	8767	2406	2120	47640	58349	140396	124213	50928	30921
东方市	7226	21558	1273	1095	58879	59860	89664	66827	33432	21985
定安县	1054	3333	1063	977	25727	31854	81175	66572	21338	12753
屯昌县	1654	5129	1272	1127	27456	32766	70260	55088	14261	9805
澄迈县	2422	8691	2123	1917	48314	57566	136715	105766	36690	21692
临高县	3931	14572	2089	1797	42106	50904	114864	91948	25869	15889
白沙黎族自治县	1421	4362	619	475	21677	21430	39825	30836	11916	8221
昌江黎族自治县	2868	8836	675	628	28733	29805	50354	39099	19188	13404
乐东黎族自治县	4115	12337	1600	1358	53452	58097	111237	89756	37105	23397
陵水黎族自治县	1438	5224	1829	1679	32950	37566	104237	85904	29977	21149
保亭黎族苗族自治县	761	3083	577	549	15454	15406	38393	31632	13792	10230
琼中黎族苗族自治县	1007	3751	635	557	20488	21423	45753	35789	13797	9537
重庆市	**167979**	**443528**	**91909**	**92861**	**4524714**	**5018829**	**5201319**	**4601563**	**2756774**	**2357906**
市辖区	**120669**	**321273**	**68070**	**69099**	**3313874**	**3692103**	**4036230**	**3626585**	**2266961**	**1972950**
万州区	6656	16040	3454	3751	237842	268594	263948	240941	130521	113501
涪陵区	5438	13103	2937	3150	149860	166010	205927	182956	101348	87879
渝中区	1040	2797	1156	1138	37654	45317	72211	69504	76914	71089
大渡口区	1189	4031	975	1024	35539	42413	63245	60783	48314	46628
江北区	2558	6483	1969	1943	64306	75418	117574	112519	102387	98167
沙坪坝区	3797	10518	3786	3608	115060	133683	184829	175549	148355	136744
九龙坡区	3965	10476	4013	3885	127570	150304	221607	211179	174998	161755
南岸区	2629	7314	2696	2585	86442	99815	151064	151653	116617	116957
北碚区	3787	9750	2076	1991	85957	92494	134634	115220	92945	76596
綦江区	6874	21701	3157	3383	155647	176925	193712	160571	80310	64082

大学专科		大学本科及以上		平均受教育年限(年)			15岁及以上文盲人口(人)			文盲人口占15岁及以上人口比重(%)		
男	女	男	女	合计	男	女	合计	男	女	合计	男	女
5757	5140	3367	3812	8.54	8.78	8.27	4581	833	3748	2.04	0.71	3.50
7354	6762	3750	4138	8.78	8.97	8.59	4844	997	3847	1.89	0.75	3.12
3196	2910	1905	2122	8.45	8.70	8.18	3748	861	2887	3.57	1.55	5.83
2540	2493	1132	1333	8.81	9.03	8.58	2098	467	1631	2.69	1.17	4.25
75410	**61744**	**37193**	**44161**	**8.86**	**9.21**	**8.49**	**74464**	**13766**	**60698**	**4.51**	**1.61**	**7.60**
29619	21643	15754	23985	10.00	10.15	9.83	8609	1772	6837	2.41	0.96	3.97
19278	16539	7718	6631	9.25	9.51	8.95	8664	1727	6937	2.63	0.99	4.48
6261	5207	2808	2557	8.27	8.71	7.78	11467	1638	9829	4.71	1.28	8.47
4962	4864	2489	2736	8.47	8.85	8.08	7730	1296	6434	4.09	1.34	6.98
5449	5126	2853	2965	8.28	8.73	7.82	16879	3128	13751	7.59	2.81	12.38
5650	4754	2972	2924	8.02	8.51	7.52	18071	3655	14416	8.66	3.52	13.77
4191	3611	2599	2363	9.05	9.34	8.73	3044	550	2494	2.99	1.02	5.24
409354	**327291**	**352322**	**314227**	**9.61**	**9.90**	**9.29**	**326988**	**77798**	**249190**	**4.05**	**1.83**	**6.52**
175991	**156418**	**196644**	**184837**	**10.85**	**10.98**	**10.71**	**43228**	**9924**	**33304**	**1.84**	**0.81**	**2.96**
27059	23694	30982	27789	10.23	10.37	10.07	11980	2932	9048	2.64	1.19	4.36
55517	49728	57828	51845	11.11	11.24	10.98	10321	2336	7985	1.58	0.69	2.54
38962	33008	32553	31712	10.53	10.70	10.36	8871	1958	6913	1.68	0.72	2.71
54453	49988	75281	73491	11.25	11.37	11.12	12056	2698	9358	1.70	0.75	2.68
53422	**46160**	**50859**	**49255**	**10.36**	**10.45**	**10.26**	**17101**	**4506**	**12595**	**2.01**	**0.99**	**3.20**
4339	3391	2202	1972	9.51	9.68	9.30	1326	313	1013	1.43	0.60	2.52
25261	23127	33617	33640	11.03	11.01	11.05	4516	1241	3275	1.21	0.62	1.89
20325	16901	12831	11729	10.17	10.33	9.98	8327	2142	6185	2.88	1.41	4.52
3497	2741	2209	1914	9.24	9.46	8.98	2932	810	2122	3.11	1.58	4.93
75	**35**	**24**	**7**	**10.32**	**10.33**	**10.29**	**1**	**1**		**0.05**	**0.07**	
65	34	21	7	9.92	9.92	9.93	1	1		0.07	0.10	
10	1	3		11.58	11.66	11.38						
				8.94	9.00	8.69						
28933	**17482**	**21738**	**15962**	**8.52**	**9.15**	**7.79**	**63385**	**12308**	**51077**	**8.69**	**3.19**	**14.86**
28933	17482	21738	15962	8.52	9.15	7.79	63385	12308	51077	8.69	3.19	14.86
150933	**107196**	**83057**	**64166**	**8.98**	**9.33**	**8.58**	**203273**	**51059**	**152214**	**4.91**	**2.34**	**7.77**
4744	4657	3186	2575	9.81	10.00	9.61	3340	783	2557	3.62	1.63	5.81
17241	12273	10413	8288	9.42	9.70	9.11	9729	2024	7705	2.27	0.91	3.73
14557	13039	8777	7750	9.25	9.58	8.91	13906	2748	11158	3.03	1.18	4.92
14885	9857	7426	5114	9.09	9.46	8.68	14988	3442	11546	3.45	1.52	5.58
16414	11021	10221	7719	8.62	9.15	8.02	37304	10203	27101	10.69	5.54	16.48
6841	4386	3328	2425	8.96	9.28	8.60	7413	1763	5650	3.34	1.49	5.47
6039	4114	3181	2476	8.66	8.99	8.28	11494	3145	8349	5.87	3.03	9.06
12672	7952	8564	6279	8.93	9.29	8.51	17857	4414	13443	4.60	2.10	7.54
8944	5766	5181	3454	8.50	8.98	7.98	23353	5365	17988	7.19	3.16	11.59
4985	3554	2437	2105	8.74	9.05	8.39	7607	2228	5379	5.86	3.20	8.96
8011	5278	4230	3113	8.76	9.22	8.24	13361	3530	9831	7.25	3.62	11.32
16763	11082	5945	4414	8.86	9.25	8.41	20475	5917	14558	5.46	2.96	8.33
7993	5966	4328	3434	9.01	9.26	8.72	10869	2596	8273	3.72	1.67	6.05
5349	4237	3001	2647	9.29	9.54	9.00	5094	1219	3875	4.07	1.83	6.65
5495	4014	2839	2373	8.96	9.26	8.62	6483	1682	4801	4.56	2.20	7.30
1337036	**1277694**	**1158429**	**1167058**	**9.47**	**9.64**	**9.29**	**520698**	**138679**	**382019**	**1.93**	**1.02**	**2.85**
1184464	**1142748**	**1055913**	**1071161**	**9.74**	**9.90**	**9.57**	**378172**	**100278**	**277894**	**1.75**	**0.93**	**2.58**
58326	61920	41446	40934	9.24	9.38	9.10	17742	4907	12835	1.32	0.73	1.89
40255	37005	31550	34468	9.38	9.52	9.23	15928	4607	11321	1.68	0.96	2.41
46263	49072	42200	45982	11.53	11.59	11.48	2948	697	2251	0.56	0.27	0.84
26520	27803	18507	17899	10.57	10.72	10.43	4117	920	3197	1.14	0.52	1.74
72962	73486	71615	69522	11.39	11.50	11.27	6837	1708	5129	0.85	0.43	1.26
107075	109575	126266	131002	11.32	11.42	11.24	12945	3331	9614	1.01	0.53	1.49
108911	108122	72584	70327	10.75	10.88	10.61	11566	2923	8643	0.89	0.45	1.32
83757	86646	110007	106854	11.41	11.53	11.30	8086	2141	5945	0.78	0.42	1.13
38558	35304	48107	58157	10.35	10.42	10.29	12176	3372	8804	1.64	0.89	2.42
26493	24581	17311	20371	8.73	8.98	8.47	25840	6194	19646	3.00	1.42	4.62

表4 续表 40

地区	6岁及以上各种受教育程度人口(人)									
	未上过学		学前教育		小学		初中		高中	
	男	女	男	女	男	女	男	女	男	女
大足区	6741	17382	3579	3840	150355	165222	136700	117872	61909	49431
渝北区	6478	17854	5310	5143	205653	232536	271352	256548	209063	187150
巴南区	3845	8146	3038	3114	133127	148341	194763	175851	116777	107146
黔江区	3221	10309	1851	1435	70715	84729	83677	69179	40306	29663
长寿区	3539	9636	1619	1728	90031	102837	142602	126285	59335	48189
江津区	6120	12568	4315	4393	241351	248579	219887	196821	108706	90483
合川区	6194	13924	2782	3142	230362	245962	189989	165177	89244	76229
永川区	4688	11458	2651	2549	154000	173631	186916	174256	96738	81083
南川区	4168	10184	2106	2118	88912	96875	109940	95967	45770	38530
璧山区	3972	9566	2233	2332	103232	110170	147575	127351	65174	52377
铜梁区	5514	15420	1821	1815	122891	136322	116639	103134	45516	35184
潼南区	4947	14545	2221	2204	124719	137476	125499	101178	46132	35082
荣昌区	4583	14230	1330	1416	114480	124848	116323	105627	45555	39779
开州区	8615	24065	3528	3528	212265	238224	208842	185658	90692	73568
梁平区	5032	16642	2292	2573	109797	126886	119213	100684	46076	35459
武隆区	5079	13131	1175	1311	66107	68492	57562	44122	27259	20199
县	**47310**	**122255**	**23839**	**23762**	**1210840**	**1326726**	**1165089**	**974978**	**489813**	**384956**
城口县	3718	7612	560	559	43271	43947	26880	21586	11767	8553
丰都县	3258	10002	1586	1604	97768	110744	103890	86900	41375	32939
垫江县	4099	12038	2771	3121	102609	120724	121208	103143	55161	43861
忠县	4664	13945	2421	2418	124849	140381	140363	117917	49233	38432
云阳县	5297	14288	3199	3317	186073	198636	154309	128954	65422	51991
奉节县	743	1541	1741	1730	110619	121415	128986	115721	79759	63705
巫山县	4683	9850	1298	1369	99627	101949	67998	57637	29461	23912
巫溪县	6484	15143	1123	1133	89735	88825	50536	42350	23107	18693
石柱土家族自治县	4945	12487	1614	1941	71110	79571	59949	48941	28716	22804
秀山土家族苗族自治县	3150	8494	2731	2372	85828	97013	90443	76952	31365	25042
酉阳土家族苗族自治县	3151	8457	2659	2152	108945	120303	116484	95399	37608	28551
彭水苗族土家族自治县	3118	8398	2136	2046	90406	103218	104043	79478	36839	26473
四川省	**1014791**	**2504127**	**271996**	**305281**	**12584059**	**13515084**	**14188760**	**12120751**	**6035213**	**5094533**
成都市	**107812**	**275736**	**43878**	**45231**	**2153317**	**2394682**	**3093385**	**2837032**	**1790105**	**1598881**
锦江区	4216	8587	2435	2417	65862	74521	93312	92729	87298	89002
青羊区	2590	7308	1984	1873	63145	74603	92961	96987	82393	87794
金牛区	4385	11858	2321	2331	92140	104202	161310	152511	126063	121391
武侯区	5659	14842	3534	3589	125238	142668	197660	186638	152375	147333
成华区	5110	13206	2690	2820	97139	114420	159209	156581	140982	135431
龙泉驿区	8199	22341	2248	2251	122163	136642	184517	166479	117446	100328
青白江区	4323	11201	1164	1159	67409	70370	86197	74044	43576	35561
新都区	5969	16729	3567	3646	169038	192592	274903	249244	140730	118373
温江区	3262	9423	1890	1765	80116	92907	116926	114089	77683	72385
双流区	12179	30710	5533	5444	256960	281021	380670	331304	224669	187989
郫都区	6193	15760	3640	3685	144210	163594	240151	220658	173333	137599
新津区	2694	5827	661	652	48232	51597	64241	58550	30611	25724
金堂县	10113	24513	2040	2313	117670	127484	142850	122791	48711	41146
大邑县	5466	11966	1419	1494	81976	86382	91643	83763	35332	31284
蒲江县	1093	3277	525	565	31580	37383	53129	49387	21012	18063
都江堰市	4044	11125	1373	1303	88361	98228	116245	112458	56993	54487
彭州市	6234	14707	1649	1828	124646	135268	140840	131940	57317	50021
邛崃市	2041	4868	1176	1485	82903	92586	121918	113062	48400	42250
崇州市	5202	9867	1500	1583	106598	112130	145153	132545	60652	50620
简阳市	8840	27621	2529	3028	187931	206084	229550	191272	64529	52100
自贡市	**25713**	**71900**	**6674**	**7306**	**397899**	**435140**	**458234**	**405381**	**168320**	**151196**
自流井区	2448	7913	1404	1377	41947	49822	72627	76318	47226	47710
贡井区	3479	8262	462	533	34841	37102	45744	40106	16237	13805
大安区	4433	11349	765	750	47436	47928	59838	50901	20185	17506
沿滩区	3046	9290	832	836	49914	53857	57540	47312	18202	15494
荣县	4614	13108	834	1126	87415	98313	88526	75358	27509	22614
富顺县	7693	21978	2377	2684	136346	148118	133959	115386	38961	34067

大学专科		大学本科及以上		平均受教育年限(年)			15岁及以上文盲人口(人)			文盲人口占15岁及以上人口比重(%)		
男	女	男	女	合计	男	女	合计	男	女	合计	男	女
24400	19950	12425	11259	8.46	8.75	8.17	21291	5888	15403	3.18	1.75	4.64
149072	149220	171431	173745	10.99	11.11	10.88	22677	5917	16760	1.22	0.64	1.79
58011	59325	51954	48788	10.07	10.17	9.97	9724	2954	6770	0.95	0.57	1.34
16848	16267	12853	11158	8.98	9.31	8.65	12209	2823	9386	3.15	1.45	4.84
24646	22281	14190	13157	9.17	9.40	8.94	11183	2980	8203	1.85	0.97	2.77
62645	44555	28764	24129	9.00	9.22	8.76	15244	4812	10432	1.31	0.79	1.86
36456	36718	40253	50927	8.99	9.06	8.92	13150	3895	9255	1.22	0.73	1.72
59949	49731	45047	46782	9.71	9.90	9.50	12447	3442	9005	1.29	0.71	1.88
15232	14808	9130	9162	8.75	8.94	8.56	12858	3633	9225	2.69	1.50	3.90
29794	25428	18353	17153	9.26	9.45	9.05	12637	3713	8924	1.95	1.10	2.85
18110	20118	12347	12870	8.52	8.74	8.30	18219	4809	13410	3.18	1.69	4.63
17156	14247	10510	9188	8.38	8.68	8.06	16587	4200	12387	2.92	1.45	4.45
17800	16715	13695	14493	8.66	8.87	8.44	17031	4080	12951	3.03	1.47	4.56
21183	18914	17734	16315	8.38	8.64	8.12	28818	7460	21358	3.01	1.57	4.42
13426	11832	10042	9605	8.36	8.70	8.02	19637	4469	15168	3.71	1.70	5.71
10616	9125	7592	6914	8.39	8.74	8.00	16275	4403	11872	5.43	2.83	8.22
152572	**134946**	**102516**	**95897**	**8.43**	**8.68**	**8.18**	**142526**	**38401**	**104125**	**2.64**	**1.41**	**3.92**
5067	4412	3264	3209	7.91	8.21	7.59	10111	3279	6832	6.51	4.14	8.99
11886	11018	8481	8451	8.49	8.74	8.23	12039	2850	9189	2.59	1.22	3.99
14742	12922	8979	7950	8.58	8.88	8.27	12248	2909	9339	2.30	1.09	3.51
15446	13137	10992	10293	8.42	8.70	8.14	15876	3867	12009	2.69	1.30	4.12
17468	15363	13287	12481	8.28	8.50	8.05	15383	3970	11413	2.02	1.02	3.05
25079	21394	13694	12198	9.27	9.43	9.10	354	112	242	0.06	0.04	0.08
10919	10046	7727	7083	8.20	8.40	7.98	12488	3861	8627	3.33	2.02	4.69
8071	7247	5258	5112	7.77	8.05	7.49	18875	5512	13363	6.07	3.50	8.69
9374	8977	7395	7370	8.30	8.62	7.98	12196	3420	8776	3.83	2.16	5.48
9427	9340	6663	6746	8.33	8.55	8.11	10209	2610	7599	2.65	1.36	3.93
11998	10498	8663	8080	8.36	8.58	8.12	11881	3163	8718	2.57	1.34	3.84
13095	10592	8113	6924	8.47	8.77	8.15	10866	2848	8018	2.58	1.31	3.94
3067955	**2978147**	**2566191**	**2488554**	**8.95**	**9.21**	**8.69**	**3326403**	**952948**	**2373455**	**4.74**	**2.70**	**6.80**
1289317	**1299884**	**1403159**	**1363927**	**10.51**	**10.66**	**10.36**	**356415**	**98504**	**257911**	**1.96**	**1.08**	**2.84**
71341	75239	90271	94943	11.67	11.74	11.60	8748	2544	6204	1.12	0.67	1.54
81397	92768	108777	106142	11.99	12.11	11.89	9519	2458	7061	1.16	0.63	1.64
98340	105859	111468	108791	11.44	11.53	11.35	13027	3320	9707	1.17	0.60	1.72
142022	158888	235332	234044	11.99	12.06	11.93	17855	4662	13193	1.11	0.59	1.60
113235	118630	128740	118586	11.55	11.71	11.39	15987	4257	11730	1.32	0.71	1.91
111753	97380	88008	91901	10.83	11.03	10.61	30015	8062	21953	2.59	1.37	3.83
23359	20241	12841	11885	9.31	9.55	9.04	14597	4118	10479	3.41	1.87	5.05
75837	75779	66815	61736	9.95	10.12	9.78	22589	5987	16602	1.70	0.89	2.52
79761	77484	79560	92962	11.32	11.42	11.24	11766	2921	8845	1.41	0.72	2.06
180650	179118	211050	190669	10.80	10.95	10.64	40900	11596	29304	1.78	0.98	2.62
111776	99956	141222	109700	10.90	11.16	10.62	20443	5602	14841	1.40	0.73	2.12
16956	18086	9931	9642	9.48	9.61	9.34	8685	2805	5880	2.72	1.75	3.72
31652	28801	24194	30623	8.99	9.20	8.78	32702	9467	23235	4.79	2.78	6.78
18940	20342	8675	9586	8.82	8.96	8.69	16441	5109	11332	3.64	2.27	4.99
7845	7501	4607	4977	9.15	9.34	8.96	4564	1146	3418	2.05	1.04	3.04
32957	34680	27151	33806	9.76	9.85	9.68	15498	4141	11357	2.49	1.38	3.54
22692	23356	14124	14093	8.79	8.96	8.62	18809	5543	13266	2.76	1.64	3.86
18407	19389	10621	10905	9.13	9.25	9.01	6189	1792	4397	1.17	0.68	1.67
27101	25036	10936	11001	9.05	9.19	8.90	13984	4757	9227	2.14	1.43	2.89
23296	21351	18836	17935	8.39	8.67	8.11	34097	8217	25880	3.64	1.73	5.59
67223	**69687**	**49468**	**49703**	**8.62**	**8.86**	**8.39**	**92125**	**24469**	**67656**	**4.39**	**2.36**	**6.38**
27047	27599	27432	27171	10.43	10.65	10.23	9162	2051	7111	2.20	1.03	3.27
5216	5374	2695	2906	8.41	8.67	8.16	11830	3562	8268	6.08	3.66	8.50
6052	5964	2659	2611	8.25	8.52	7.98	15564	4569	10995	6.28	3.64	8.99
7102	9598	3994	4020	8.42	8.63	8.21	10865	2647	8218	4.40	2.15	6.64
9342	8934	5262	5295	8.15	8.43	7.86	17334	4612	12722	4.31	2.31	6.30
12464	12218	7426	7700	8.02	8.28	7.76	27370	7028	20342	4.64	2.41	6.83

表4 续表 41

地区	6岁及以上各种受教育程度人口(人)									
	未上过学		学前教育		小学		初中		高中	
	男	女	男	女	男	女	男	女	男	女
攀枝花市	**19261**	**42331**	**3528**	**3148**	**165247**	**168339**	**203110**	**169941**	**99822**	**82953**
东区	2384	7131	998	800	42029	39895	59913	54699	42463	38231
西区	1479	3940	236	229	14149	15627	23717	21672	15772	11613
仁和区	3884	8934	774	683	38751	40702	48317	39574	19548	17035
米易县	6864	12666	838	804	36265	36885	40790	32194	12912	9626
盐边县	4650	9660	682	632	34053	35230	30373	21802	9127	6448
泸州市	**43772**	**108848**	**17296**	**19281**	**773477**	**819683**	**726487**	**621670**	**276370**	**242054**
江阳区	4068	9147	1803	1852	102845	114732	114969	112377	67790	65668
纳溪区	3954	8282	1340	1510	69789	73307	64324	54250	23003	18218
龙马潭区	3205	7409	1084	1153	63834	71783	71742	70097	41297	40162
泸县	10984	28719	3627	4739	153176	164457	127257	108553	49637	39228
合江县	10394	21916	3235	3688	132516	136031	123496	108107	41285	36142
叙永县	5860	15981	2319	2369	114926	118954	102908	77915	25793	20807
古蔺县	5307	17394	3888	3970	136391	140419	121791	90371	27565	21829
德阳市	**43446**	**115481**	**10040**	**12296**	**536951**	**577548**	**597395**	**532529**	**244790**	**208458**
旌阳区	6957	18505	1661	2125	92215	104653	122163	120317	72433	68478
罗江区	3072	7772	640	740	36242	39132	34866	30284	11982	9011
中江县	14454	41679	3124	3736	187312	191310	182700	141844	52261	39658
广汉市	6272	17245	1283	1471	83187	90163	119015	112734	45479	38681
什邡市	5744	14019	2066	2516	62608	68026	73244	67070	29853	24329
绵竹市	6947	16261	1266	1708	75387	84264	65407	60280	32782	28301
绵阳市	**57510**	**158411**	**14183**	**15899**	**714845**	**783692**	**838402**	**723752**	**362353**	**307492**
涪城区	5945	18143	2961	2576	112536	135633	181574	180969	140407	128576
游仙区	6280	16096	1683	2022	72024	79697	89058	78032	39698	36756
安州区	5141	13741	1268	1595	69794	77208	63827	52950	20532	16457
三台县	12659	34821	3224	3424	179029	189975	195666	155768	49256	35887
盐亭县	3293	11468	1106	1700	59608	67193	79058	65017	26202	18253
梓潼县	4182	12391	956	1221	50104	52779	50449	40600	15914	12182
北川羌族自治县	4545	11104	409	369	34139	34624	27303	20382	11813	8382
平武县	2683	6515	316	272	26035	26059	22728	15945	6033	4239
江油市	12782	34132	2260	2720	111576	120524	128739	114089	52498	46760
广元市	**26422**	**100693**	**6783**	**9725**	**370580**	**427473**	**387413**	**300520**	**173751**	**139917**
利州区	3355	12749	1360	1426	70486	87117	89447	83737	61415	57443
昭化区	515	2170	474	966	25381	33207	24060	15895	9600	6081
朝天区	3141	10457	317	533	24808	26905	20486	12410	6915	4664
旺苍县	2859	12769	959	1283	53401	63208	64688	47570	23378	17583
青川县	1520	4639	497	620	29052	34292	27488	19770	10065	7266
剑阁县	5575	20720	1491	2208	71654	78999	80278	59682	28715	21943
苍溪县	9457	37189	1685	2689	95798	103745	80966	61456	33663	24937
遂宁市	**32991**	**103637**	**9356**	**10771**	**445356**	**475062**	**546818**	**461782**	**202418**	**161548**
船山区	5467	16401	2069	2120	108466	124477	144579	138507	71653	62952
安居区	6679	22556	1472	1972	86310	87718	86132	61191	24685	17340
蓬溪县	5961	17685	1561	1652	75861	77406	97755	76127	21755	14761
大英县	5477	15563	1790	2311	62148	66781	76639	63795	27963	22426
射洪市	9407	31432	2464	2716	112571	118680	141713	122162	56362	44069
内江市	**36016**	**88392**	**7821**	**8471**	**509691**	**534664**	**618148**	**541054**	**203474**	**182506**
市中区	3926	10134	714	739	47807	50595	65645	61047	27445	25180
东兴区	8166	19549	2218	2647	111137	115164	133820	118821	53144	50391
威远县	7167	18006	1383	1518	87290	91280	116604	101252	33093	27402
资中县	8491	19284	2010	1992	153678	160286	178887	147774	47632	40343
内江经济开发区	816	1917	169	192	11043	12423	16789	16557	8231	7263
隆昌市	7450	19502	1327	1383	98736	104916	106403	95603	33929	31927
乐山市	**31683**	**77714**	**7065**	**7556**	**525349**	**569078**	**549960**	**481584**	**214808**	**190780**
市中区	3549	9030	1594	1565	91800	105083	124519	124662	74717	75591
沙湾区	1211	3526	393	492	24658	26882	28730	24284	10720	7979
五通桥区	1306	3337	506	542	44032	47371	45328	41730	16210	13412
金口河区	552	1514	85	126	7997	8305	6249	4091	1729	1230
犍为县	3395	8888	1120	1342	81582	87679	76243	64077	24095	20205
井研县	2740	7144	517	687	53837	59187	57191	47712	14270	11009

大学专科		大学本科及以上		平均受教育年限(年)			15岁及以上文盲人口(人)			文盲人口占15岁及以上人口比重(%)		
男	女	男	女	合计	男	女	合计	男	女	合计	男	女
57374	**48483**	**43503**	**38241**	**9.22**	**9.51**	**8.89**	**57625**	**17743**	**39882**	**5.53**	**3.30**	**7.91**
28538	24936	27875	24273	10.61	10.79	10.41	8578	2045	6533	2.38	1.10	3.77
5916	4900	3113	2670	9.45	9.82	9.06	4870	1279	3591	4.19	2.14	6.36
11334	9306	5707	5143	8.85	9.15	8.54	12714	3885	8829	5.54	3.30	7.90
6343	5403	4082	3801	8.02	8.39	7.63	18364	6361	12003	9.74	6.55	13.14
5243	3938	2726	2354	7.79	8.23	7.31	13099	4173	8926	8.83	5.42	12.51
107423	**105212**	**71382**	**73776**	**8.40**	**8.61**	**8.18**	**146106**	**41337**	**104769**	**4.20**	**2.38**	**6.03**
35042	33841	27843	27153	9.64	9.80	9.50	12807	3908	8899	1.98	1.23	2.70
6678	6295	3504	3336	8.10	8.32	7.87	11460	3674	7786	3.87	2.44	5.36
22918	24433	15368	17906	9.63	9.74	9.53	10070	2985	7085	2.46	1.52	3.35
11807	10816	6795	7063	7.81	8.14	7.48	38034	10508	27526	5.97	3.33	8.58
11975	13186	6424	7145	8.00	8.19	7.81	31388	10123	21265	5.53	3.57	7.49
9301	8044	5573	5447	7.83	8.11	7.54	20881	5402	15479	4.79	2.40	7.33
9702	8597	5875	5726	7.75	8.03	7.45	21466	4737	16729	4.40	1.88	7.12
131316	**118834**	**87130**	**73389**	**8.77**	**9.10**	**8.44**	**147941**	**40188**	**107753**	**4.92**	**2.67**	**7.18**
56268	48288	37589	32668	10.01	10.34	9.69	23903	6400	17503	3.31	1.79	4.80
6314	6657	5949	6909	8.54	8.79	8.28	9878	2702	7176	5.40	2.98	7.76
13728	11590	8362	7851	7.74	8.12	7.34	50620	12796	37824	6.38	3.15	9.79
24975	21631	21118	12528	9.10	9.47	8.72	23939	6800	17139	4.32	2.43	6.25
13493	12239	7277	6619	8.56	8.88	8.24	18444	5325	13119	5.10	2.96	7.24
16538	18429	6835	6814	8.55	8.81	8.29	21157	6165	14992	5.41	3.25	7.44
167352	**168300**	**151879**	**143360**	**8.94**	**9.23**	**8.65**	**195203**	**51215**	**143988**	**4.67**	**2.46**	**6.87**
72637	82107	80792	77068	10.62	10.81	10.45	22890	5534	17356	2.05	1.02	3.03
33360	27443	24606	24217	9.58	9.89	9.26	20484	5662	14822	4.23	2.34	6.12
7843	7518	7988	6232	8.09	8.46	7.72	17300	4620	12680	5.46	2.92	8.00
13966	12058	10535	9330	7.88	8.22	7.51	42658	11183	31475	5.28	2.70	7.99
7941	6268	4245	3662	8.29	8.70	7.87	12369	2672	9697	3.84	1.62	6.16
5479	5283	5185	6194	8.09	8.44	7.75	14211	3500	10711	5.94	2.92	9.00
3331	3160	2896	3020	7.75	8.19	7.29	14017	4037	9980	9.39	5.30	13.64
2993	2312	2292	2014	7.79	8.21	7.32	8744	2561	6183	7.91	4.42	11.75
19802	22151	13340	11623	8.43	8.76	8.10	42530	11446	31084	6.68	3.67	9.58
81841	**75912**	**41605**	**36776**	**8.50**	**8.98**	**8.02**	**110129**	**21889**	**88240**	**5.64**	**2.25**	**9.00**
37076	37940	19716	17854	9.86	10.16	9.58	14741	2956	11785	2.81	1.17	4.35
3416	2791	1393	1212	8.18	8.65	7.69	1799	352	1447	1.55	0.60	2.53
3344	3051	1514	1418	7.46	8.16	6.74	9603	2127	7476	8.85	3.89	13.87
9604	8622	4273	3759	8.35	8.83	7.86	14169	2518	11651	5.05	1.77	8.40
4944	4206	2412	2244	8.28	8.69	7.86	4911	1133	3778	3.63	1.65	5.70
9702	8154	5509	4880	8.07	8.58	7.54	23885	4954	18931	6.75	2.76	10.86
13755	11148	6788	5409	7.73	8.41	7.06	41021	7849	33172	9.48	3.68	15.12
67154	**61835**	**43578**	**37807**	**8.40**	**8.75**	**8.03**	**126314**	**30158**	**96156**	**5.31**	**2.51**	**8.17**
31917	31671	21602	19072	9.26	9.51	9.01	20374	5044	15330	2.91	1.47	4.30
4526	3730	2830	2420	7.55	8.03	7.03	26608	5921	20687	7.30	3.13	11.81
6333	5309	3645	2971	7.86	8.25	7.45	20597	5012	15585	5.66	2.65	8.94
7216	6112	3963	3029	8.12	8.52	7.72	19125	4929	14196	5.95	3.04	8.92
17162	15013	11538	10315	8.38	8.79	7.97	39610	9252	30358	6.31	2.93	9.74
76436	**79112**	**45534**	**51971**	**8.51**	**8.69**	**8.32**	**120335**	**35007**	**85328**	**4.54**	**2.64**	**6.43**
9595	9128	4836	4898	8.76	8.99	8.53	13779	3937	9842	4.77	2.75	6.75
25984	28592	19224	25707	9.05	9.14	8.96	26792	7793	18999	4.22	2.49	5.89
12605	11439	6397	5783	8.32	8.60	8.04	24304	6894	17410	5.20	2.91	7.56
14177	13041	7759	7817	8.17	8.37	7.96	26526	8134	18392	3.72	2.22	5.30
2637	2577	990	1093	8.99	9.20	8.79	2979	915	2064	4.02	2.52	5.45
11438	14335	6328	6673	8.24	8.44	8.05	25955	7334	18621	5.47	3.17	7.67
99200	**98531**	**69712**	**67031**	**8.72**	**8.93**	**8.50**	**108599**	**31386**	**77213**	**4.00**	**2.32**	**5.68**
41778	44736	37479	36296	10.09	10.22	9.97	12157	3392	8765	1.71	0.98	2.38
3532	3275	1749	1754	8.45	8.73	8.15	5098	1331	3767	3.95	2.02	5.95
5404	4778	2146	2258	8.41	8.59	8.23	4715	1407	3308	2.22	1.32	3.13
1509	1232	747	716	8.14	8.54	7.70	2111	562	1549	6.54	3.32	10.09
8389	7781	5566	5507	8.20	8.42	7.97	11562	3122	8440	3.24	1.73	4.78
4985	4877	2609	2638	8.05	8.30	7.78	9813	2794	7019	4.02	2.27	5.81

表4 续表 42

地区	6岁及以上各种受教育程度人口(人)									
	未上过学		学前教育		小学		初中		高中	
	男	女	男	女	男	女	男	女	男	女
夹江县	2029	5920	588	572	51512	57470	59400	53069	20127	16679
沐川县	3026	7559	474	523	40813	42204	34767	25718	8976	6980
峨边彝族自治县	4658	10046	540	491	23720	22798	19939	13021	4283	2954
马边彝族自治县	6957	13695	494	518	41040	40397	26075	17903	6062	4764
峨眉山市	2260	7055	754	698	64358	71702	71519	65317	33619	29977
南充市	**79875**	**252189**	**19942**	**24760**	**883503**	**935274**	**1026924**	**845177**	**425047**	**323452**
顺庆区	6287	14638	2162	2300	90922	101009	124317	120059	82121	76647
高坪区	4864	12133	1792	1945	88557	95281	102747	89114	45233	35265
嘉陵区	6192	18636	1377	1476	82531	85480	106629	84981	42249	31906
南部县	21287	67074	3047	3495	140592	137801	136699	108944	59071	43051
营山县	8732	30315	2215	2844	107623	112769	124437	99249	38024	25881
蓬安县	7219	22739	1848	2315	77878	81853	94299	74042	30292	20148
仪陇县	12257	42768	3241	4397	128544	134712	136872	99908	49495	32545
西充县	5804	16568	1348	1944	65030	66389	85404	74193	35449	25000
阆中市	7233	27318	2912	4044	101826	119980	115520	94687	43113	33009
眉山市	**32346**	**84758**	**8423**	**10036**	**484584**	**519650**	**537685**	**475274**	**190806**	**162536**
东坡区	6664	18250	2613	3086	129627	144714	158553	146657	64796	58243
彭山区	2443	5610	598	769	49247	52262	62013	56122	21782	17993
仁寿县	17496	44209	3482	4136	203363	209336	201457	170423	67125	55161
洪雅县	2906	9630	868	955	50666	56668	54507	47401	18283	15545
丹棱县	1100	2879	403	519	22874	26502	30427	26407	8986	7354
青神县	1737	4180	459	571	28807	30168	30728	28264	9834	8240
宜宾市	**31082**	**82939**	**14823**	**15179**	**813625**	**880177**	**801268**	**655630**	**311916**	**253654**
翠屏区	4945	13173	2206	2213	128239	140866	143866	124002	73006	58962
南溪区	2342	6241	1001	1080	57119	63086	58828	50724	25372	20879
叙州区	3692	10451	2233	2371	147417	164607	155722	132797	74963	66373
江安县	3204	6770	1439	1473	76602	81521	80627	67660	28863	22870
长宁县	3064	7082	1555	1629	63772	66802	58077	47329	19971	15891
高县	3144	8530	1266	1273	81431	86530	66630	51233	21295	16319
珙县	2279	6939	1502	1346	63579	69340	65835	51536	19347	14467
筠连县	2680	7937	1319	1387	69065	74885	57931	42078	17526	13246
兴文县	2978	7636	1596	1680	74784	79075	71406	56454	19982	15463
屏山县	2754	8180	706	727	51617	53465	42346	31817	11591	9184
广安市	**32511**	**96608**	**12613**	**15206**	**567719**	**619881**	**604303**	**505942**	**220856**	**175882**
广安区	4255	13714	2215	2205	115712	136840	130978	111085	57043	45793
前锋区	2883	9356	765	729	44811	48789	45210	33386	11945	8238
岳池县	10534	31477	3292	4211	141452	148470	136635	112668	43452	35550
武胜县	7106	21153	2760	3627	105266	109860	98994	83310	37440	28709
邻水县	4243	10419	2678	3399	115721	127223	141673	122035	51569	41785
华蓥市	3490	10489	903	1035	44757	48699	50813	43458	19407	15807
达州市	**47964**	**122503**	**20288**	**22761**	**825004**	**889727**	**1122578**	**936347**	**410916**	**331234**
通川区	5310	11331	2581	2649	98986	112303	158901	144057	101680	91590
达川区	5518	15825	3067	3632	126227	145185	191308	163256	78680	62748
宣汉县	7219	18150	3958	4373	171084	186065	199789	165248	57848	44525
开江县	5326	12878	2024	2357	73562	75532	83790	69048	25081	19009
大竹县	7573	20334	3506	3977	126533	133042	189175	153384	62440	49369
渠县	13510	32940	3428	3887	152687	153597	207588	169600	54846	40820
达州经济开发区	316	797	151	195	6804	7309	9732	7804	4702	3343
万源市	3192	10248	1573	1691	69121	76694	82295	63950	25639	19830
雅安市	**12592**	**33729**	**4186**	**4512**	**219330**	**234592**	**276354**	**235142**	**93755**	**80278**
雨城区	2092	6730	1002	1130	43956	48471	61121	55787	32270	30302
名山区	2060	4642	697	758	36563	39557	57085	49394	15756	12623
荥经县	1537	3875	300	326	19675	20531	27627	24464	7657	6172
汉源县	3738	9242	895	908	54987	54905	52178	41333	15400	12646
石棉县	414	942	452	500	21294	24878	19077	15409	6323	5214
天全县	760	2891	312	377	19977	21928	29212	23881	8192	6670
芦山县	1321	3593	370	350	15024	16234	20567	17846	5517	4811
宝兴县	670	1814	158	163	7854	8088	9487	7028	2640	1840

大学专科		大学本科及以上		平均受教育年限(年)			15岁及以上文盲人口(人)			文盲人口占15岁及以上人口比重(%)		
男	女	男	女	合计	男	女	合计	男	女	合计	男	女
7553	7781	4079	4129	8.54	8.75	8.33	8165	2167	5998	3.03	1.62	4.44
3239	2948	2130	2058	7.72	8.04	7.37	10286	2909	7377	6.48	3.55	9.58
2643	2257	1363	1101	7.11	7.65	6.52	14673	4620	10053	15.89	9.63	22.65
3386	3024	1940	1731	7.00	7.43	6.54	20611	6871	13740	15.17	9.90	20.68
16782	15842	9904	8843	9.11	9.34	8.89	9408	2211	7197	2.54	1.20	3.88
154862	**142826**	**97555**	**99617**	**8.41**	**8.81**	**8.00**	**313658**	**74272**	**239386**	**6.64**	**3.12**	**10.21**
41035	41189	40626	49020	10.10	10.21	10.00	19854	5926	13928	2.74	1.68	3.75
18155	23869	9892	11818	8.91	9.02	8.79	15665	4407	11258	3.25	1.83	4.67
14007	11989	7439	6467	8.50	8.85	8.12	23814	5885	17929	5.32	2.53	8.33
18301	14659	9879	7862	7.67	8.32	7.01	81588	19029	62559	11.99	5.58	18.44
12675	10166	6305	5337	7.93	8.42	7.43	38218	8578	29640	7.54	3.33	11.91
9778	7875	4712	3812	7.97	8.46	7.45	27966	6666	21300	7.20	3.34	11.30
15504	11692	8139	6382	7.81	8.40	7.18	53225	11875	41350	8.85	3.84	14.16
9331	7174	3128	2578	8.28	8.68	7.85	19802	4848	14954	5.49	2.62	8.54
16076	14213	7435	6341	8.15	8.65	7.67	33526	7058	26468	6.25	2.67	9.75
83093	**86184**	**55594**	**58823**	**8.57**	**8.80**	**8.35**	**111353**	**30606**	**80747**	**4.38**	**2.42**	**6.33**
31851	34962	25302	26883	9.12	9.29	8.96	23908	6446	17462	3.06	1.68	4.38
9874	10051	10471	12683	9.10	9.21	8.99	8075	2508	5567	2.79	1.73	3.85
25703	24041	11264	10963	8.05	8.36	7.74	57922	16178	41744	6.16	3.41	8.96
6406	6507	3618	3506	8.24	8.56	7.94	12039	2758	9281	4.76	2.21	7.24
3726	5245	1690	1913	8.61	8.75	8.46	3721	1009	2712	2.89	1.59	4.16
5533	5378	3249	2875	8.59	8.81	8.36	5688	1707	3981	3.83	2.29	5.36
123016	**114498**	**101193**	**102799**	**8.63**	**8.84**	**8.41**	**110526**	**29880**	**80646**	**2.96**	**1.57**	**4.40**
35315	32154	38199	39288	9.48	9.67	9.28	16902	4582	12320	2.26	1.21	3.35
7803	7451	5500	5669	8.58	8.80	8.35	8388	2238	6150	3.08	1.64	4.54
32741	31904	28151	27956	9.19	9.35	9.02	12348	3090	9258	1.59	0.79	2.40
8626	8315	4835	4953	8.38	8.56	8.19	10009	3241	6768	2.91	1.84	4.04
6798	6326	4405	4194	8.18	8.40	7.94	9806	2956	6850	3.72	2.19	5.32
6511	5950	4027	4064	7.95	8.21	7.68	11379	3047	8332	3.71	1.94	5.59
7104	6130	3979	3791	8.18	8.46	7.89	9079	2225	6854	3.38	1.61	5.26
6410	5522	3776	3941	7.95	8.25	7.64	10558	2611	7947	4.15	1.99	6.43
7414	6620	5329	5641	8.14	8.37	7.91	10837	3015	7822	3.59	1.95	5.31
4294	4126	2992	3302	7.85	8.14	7.55	11220	2875	8345	5.77	2.89	8.79
70851	**67686**	**38481**	**34822**	**8.25**	**8.56**	**7.93**	**116572**	**28750**	**87822**	**4.34**	**2.13**	**6.57**
26302	25621	15064	13784	8.88	9.16	8.60	16621	4006	12615	2.67	1.29	4.04
3961	5928	1612	1480	7.85	8.17	7.51	10695	2419	8276	5.56	2.49	8.69
12155	11030	5700	5230	7.80	8.17	7.43	38276	9348	28928	6.24	3.05	9.45
9541	8254	4799	4199	7.91	8.28	7.54	26358	6499	19859	5.69	2.78	8.63
13550	11962	8241	7226	8.47	8.70	8.24	13087	3686	9401	2.29	1.27	3.35
5342	4891	3065	2903	8.20	8.56	7.84	11535	2792	8743	5.21	2.54	7.85
125518	**112748**	**69861**	**64547**	**8.56**	**8.81**	**8.30**	**155070**	**42338**	**112732**	**3.48**	**1.86**	**5.18**
41170	42649	24864	25961	9.80	9.92	9.68	13244	3914	9330	1.69	1.00	2.37
21296	17874	12483	10158	8.76	9.04	8.46	20394	5213	15181	2.71	1.36	4.12
12960	10380	7514	6116	8.10	8.35	7.82	22451	6124	16327	2.98	1.59	4.43
7089	6062	3637	3444	8.03	8.32	7.72	16750	4741	12009	5.03	2.77	7.41
17784	14673	8573	7687	8.47	8.74	8.18	26113	6952	19161	3.77	1.94	5.75
14422	11803	7757	6644	8.05	8.36	7.71	42144	12057	30087	5.47	3.02	8.11
900	661	325	250	8.62	8.92	8.29	1011	288	723	2.60	1.39	3.97
9897	8646	4708	4287	8.32	8.64	7.99	12963	3049	9914	3.97	1.82	6.23
44489	**47660**	**29873**	**30742**	**8.80**	**8.99**	**8.61**	**41506**	**11094**	**30412**	**3.42**	**1.81**	**5.05**
16146	20454	14207	14372	9.77	9.88	9.67	8707	2064	6643	2.73	1.32	4.07
7184	6897	3440	3524	8.71	8.90	8.52	6564	1991	4573	3.04	1.80	4.34
3884	3794	2104	2290	8.61	8.83	8.38	5000	1388	3612	4.47	2.45	6.53
6187	6019	3420	3756	8.09	8.32	7.84	10793	3087	7706	4.50	2.50	6.63
3506	3288	2245	2187	8.56	8.77	8.36	1032	285	747	1.13	0.62	1.64
3151	3103	1957	2048	8.61	8.85	8.36	3318	687	2631	3.01	1.22	4.88
2539	2478	1507	1558	8.39	8.67	8.11	4128	1065	3063	4.91	2.55	7.25
1892	1627	993	1007	8.54	8.88	8.16	1964	527	1437	4.77	2.45	7.33

表4 续表 43

地区	6岁及以上各种受教育程度人口(人)									
	未上过学		学前教育		小学		初中		高中	
	男	女	男	女	男	女	男	女	男	女
巴中市	**14528**	**66642**	**9836**	**14303**	**398040**	**490452**	**495513**	**396745**	**249842**	**180627**
巴州区	2135	9488	2343	3456	79531	102198	103563	96408	72462	58278
恩阳区	1283	5419	1334	2483	53854	71725	68470	50479	30040	18768
通江县	4101	18807	1780	2312	83735	100256	100597	74422	40063	28644
南江县	3465	15337	1711	2308	77792	91867	79162	58251	40616	29283
平昌县	3270	16599	2465	3463	96265	116148	131856	106959	57552	39595
巴中经济开发区	274	992	203	281	6863	8258	11865	10226	9109	6059
资阳市	**29815**	**86350**	**10512**	**13642**	**394102**	**427218**	**467138**	**388980**	**129106**	**106257**
雁江区	10219	23715	4194	4362	129483	138058	177309	156024	54538	48286
安岳县	12478	40098	4377	6535	177070	194593	186305	150039	50410	39721
乐至县	7118	22537	1941	2745	87549	94567	103524	82917	24158	18250
阿坝藏族羌族自治州	**38103**	**69180**	**3747**	**3664**	**156749**	**138766**	**106375**	**71420**	**38637**	**29318**
马尔康市	1965	3359	206	160	9545	8589	6049	4159	3748	3422
汶川县	1424	3692	293	260	11752	11411	13524	9915	4968	4918
理县	808	2425	90	76	5885	5625	6598	4224	2169	1410
茂县	1580	5163	372	446	17547	18045	16301	10155	4292	3378
松潘县	2137	4037	196	163	15278	12814	8870	5825	3179	2266
九寨沟县	3329	5322	200	199	10429	8530	9440	6341	4300	3014
金川县	2380	4715	122	154	11098	9918	8366	5255	2999	1738
小金县	1710	4179	145	133	14064	12625	9342	5924	3056	2025
黑水县	1383	3397	93	89	6348	6871	8947	6353	2338	1237
壤塘县	3047	4366	485	505	12213	10335	1928	1629	659	540
阿坝县	7415	11450	626	620	18677	13475	6144	4027	2162	1755
若尔盖县	5701	9831	437	415	15973	14065	7258	5092	2850	2158
红原县	5224	7244	482	444	7940	6463	3608	2521	1917	1457
甘孜藏族自治州	**90588**	**123858**	**7331**	**7272**	**225765**	**201284**	**94575**	**67141**	**44796**	**35483**
康定市	7658	10124	377	364	17207	14389	13123	9723	8708	8065
泸定县	805	1952	179	223	11265	11889	14189	11729	8126	7147
丹巴县	1259	3393	144	155	8583	9609	7880	4597	2800	1649
九龙县	2855	5804	256	237	10419	9186	5604	3778	2473	1743
雅江县	6514	8163	235	187	8944	5960	5590	2388	2362	1299
道孚县	3790	4571	126	103	9621	8669	5963	5047	3138	2289
炉霍县	4225	5973	452	460	9893	8135	3525	2686	1536	1273
甘孜县	8464	11298	489	469	16072	13250	3904	2985	1999	2305
新龙县	3685	4949	473	426	11701	9994	2846	2174	850	526
德格县	10755	13336	676	643	22222	18261	4096	2986	1334	1160
白玉县	3366	4774	832	861	17625	18277	2594	1466	1249	635
石渠县	10516	12603	1432	1470	26756	23748	4519	3521	1620	1402
色达县	6406	9234	440	412	14734	15307	3546	2638	932	668
理塘县	7821	9839	578	629	14008	11539	3774	2989	1831	1341
巴塘县	5824	8167	206	222	8701	6933	3830	2864	2217	2070
乡城县	2275	3403	176	176	6482	5136	3797	1766	1594	736
稻城县	1547	1968	119	114	7443	7757	3596	2529	1105	693
得荣县	2823	4307	141	121	4089	3245	2199	1275	922	482
凉山彝族自治州	**180761**	**342228**	**33671**	**34262**	**1022926**	**992702**	**636695**	**467708**	**183325**	**150027**
西昌市	16133	33400	2926	3047	144459	148269	146404	124349	60794	55753
木里藏族自治县	12792	20900	775	643	24463	18843	11774	7753	3795	2584
盐源县	15928	28277	1596	1500	76835	71617	44243	28183	14200	11014
德昌县	4281	8940	951	903	41000	42088	34017	27418	12710	10290
会理县	10418	21895	1075	1063	84418	84778	59882	42576	18891	15314
会东县	9291	18484	954	911	84200	83270	51300	33739	13128	9747
宁南县	4710	11409	1166	1135	37053	35785	31348	21295	7853	5388
普格县	9577	19511	2366	2495	41725	36898	17753	11831	4173	3119
布拖县	13725	24707	2639	2791	41426	36963	17917	11948	2411	1357
金阳县	9980	17807	2079	2208	38084	36014	17782	12119	3012	2012
昭觉县	12842	23938	2896	3082	66255	61883	18250	12555	3738	2824
喜德县	9610	18787	1413	1445	32822	30359	18473	12418	4213	3151
冕宁县	5890	14049	2230	2203	77190	82764	60206	45118	14351	11587
越西县	7804	15312	3035	3329	74771	76132	35350	26627	6150	4931
甘洛县	10557	19692	1848	1817	44818	40871	26549	17607	5052	3864
美姑县	18214	28602	3340	3378	56586	51530	18154	12841	3066	2520
雷波县	9009	16518	2382	2312	56821	54638	27293	19331	5788	4572

大学专科		大学本科及以上		平均受教育年限(年)			15岁及以上文盲人口(人)			文盲人口占15岁及以上人口比重(%)		
男	女	男	女	合计	男	女	合计	男	女	合计	男	女
86422	**72950**	**40942**	**33413**	**8.73**	**9.18**	**8.27**	**71874**	**12137**	**59737**	**3.21**	**1.07**	**5.39**
26274	23328	16113	13394	9.40	9.78	9.03	10443	1777	8666	1.94	0.67	3.19
9674	7112	3831	3044	8.51	9.00	8.00	5114	918	4196	1.74	0.61	2.94
14774	12079	6196	5082	8.35	8.85	7.82	20570	3493	17077	4.75	1.59	8.03
15259	13252	6350	5567	8.50	8.97	8.00	15868	2829	13039	4.09	1.43	6.83
18071	13327	7144	5368	8.56	9.03	8.07	18706	2881	15825	3.50	1.06	6.03
2370	3852	1308	958	9.70	9.88	9.51	1173	239	934	2.11	0.84	3.43
46658	**39739**	**29246**	**26966**	**8.08**	**8.43**	**7.72**	**110642**	**28116**	**82526**	**5.76**	**2.91**	**8.62**
24798	21525	15102	14362	8.58	8.82	8.33	32561	9801	22760	4.46	2.66	6.30
14012	11571	8723	7597	7.76	8.18	7.33	48870	11298	37572	6.31	2.93	9.68
7848	6643	5421	5007	7.82	8.25	7.39	29211	7017	22194	6.99	3.33	10.70
34683	**33644**	**18112**	**22071**	**7.75**	**8.09**	**7.39**	**109240**	**38902**	**70338**	**16.37**	**11.22**	**21.94**
3712	3400	3339	3364	9.23	9.44	9.01	5182	1872	3310	10.38	7.21	13.81
3065	3495	3522	6083	9.28	9.27	9.30	4952	1386	3566	7.00	4.00	9.87
1773	1725	935	1098	8.55	8.98	8.07	3219	803	2416	10.13	4.81	16.02
4239	4408	1546	1837	8.24	8.63	7.83	6808	1644	5164	8.57	4.03	13.39
2782	2971	974	1133	7.85	8.07	7.61	6414	2253	4161	11.59	7.63	16.14
3763	3813	1508	1380	8.30	8.60	7.95	8305	3184	5121	15.14	10.78	20.21
3203	2669	1106	1157	7.94	8.43	7.38	6724	2191	4533	13.58	8.25	19.73
2843	2622	1209	1454	7.97	8.34	7.55	5666	1662	4004	10.23	5.66	15.38
1893	1611	842	912	8.13	8.72	7.50	4887	1409	3478	12.94	7.22	19.06
1142	1102	667	707	6.09	6.33	5.84	8979	3750	5229	29.01	23.60	34.71
2588	2164	773	810	5.95	6.44	5.41	19437	7713	11724	32.98	24.63	42.43
2034	2103	942	1265	6.46	6.90	6.01	16360	5901	10459	27.91	20.03	35.88
1646	1561	749	871	6.16	6.56	5.73	12307	5134	7173	36.09	29.30	43.26
39210	**34555**	**19773**	**22589**	**6.74**	**7.06**	**6.40**	**201762**	**83228**	**118534**	**23.66**	**18.93**	**28.69**
6315	5744	7403	10328	8.98	8.97	8.99	16810	7173	9637	15.66	13.15	18.24
4171	3954	1549	1730	9.35	9.54	9.16	2654	777	1877	3.78	2.17	5.45
3081	2676	782	826	8.28	8.88	7.63	4534	1188	3346	10.65	5.40	16.28
3201	2455	881	844	7.45	8.09	6.77	8229	2729	5500	19.95	12.86	27.46
2382	1823	922	646	6.27	6.87	5.49	13946	6122	7824	33.82	25.80	44.69
2629	2344	500	591	7.51	7.73	7.28	7805	3547	4258	18.67	16.17	21.44
1656	1610	546	655	6.32	6.63	5.99	10563	4319	6244	29.76	23.74	36.09
1626	1644	727	863	5.56	5.81	5.31	19799	8227	11572	35.78	29.58	42.03
1359	1152	561	509	6.05	6.37	5.70	10277	4473	5804	31.64	26.23	37.61
1332	1193	626	656	5.01	5.30	4.71	20111	8557	11554	31.72	26.04	37.84
1118	889	570	363	5.89	6.25	5.52	9288	3913	5375	20.31	17.12	23.50
1296	1175	725	630	5.17	5.40	4.94	14777	6178	8599	21.42	17.37	25.72
1157	1085	569	559	5.36	5.73	5.01	13938	5453	8485	29.87	24.51	34.75
2208	1940	832	809	5.73	6.07	5.37	19479	8506	10973	40.09	33.79	46.86
1768	1597	662	767	6.16	6.56	5.75	13318	5495	7823	34.36	28.00	40.89
1409	1207	672	657	7.15	7.65	6.53	4701	1823	2878	18.01	12.36	25.35
1390	1120	668	568	7.44	7.76	7.09	4366	1889	2477	16.27	13.53	19.24
1112	947	578	588	6.30	6.95	5.59	7167	2859	4308	35.90	27.59	44.87
114517	**99867**	**58611**	**56184**	**7.16**	**7.55**	**6.75**	**523408**	**181729**	**341679**	**14.89**	**10.17**	**19.76**
42227	41924	29102	30340	8.97	9.17	8.77	45939	14919	31020	6.06	3.93	8.18
3708	2869	1325	1009	5.78	6.46	5.05	33024	12536	20488	34.50	25.28	44.39
8360	6731	2820	2464	6.92	7.37	6.43	43591	15957	27634	16.64	11.68	22.05
5245	4966	2256	2435	7.93	8.21	7.64	11853	3793	8060	7.11	4.50	9.77
8884	7845	3608	3620	7.50	7.86	7.11	30631	9830	20801	9.50	5.94	13.25
6572	4825	2922	2546	7.19	7.58	6.76	26480	8848	17632	9.82	6.28	13.69
4243	3129	2703	2209	7.47	7.97	6.93	15702	4524	11178	10.92	6.00	16.34
2992	2286	1100	978	6.02	6.60	5.41	29257	9632	19625	26.03	17.02	35.16
2085	1276	820	489	5.35	5.99	4.70	38797	13870	24927	35.31	25.16	45.52
2869	2035	1247	894	5.99	6.54	5.42	27850	10051	17799	26.58	18.98	34.36
3065	2033	1291	968	5.76	6.24	5.28	38577	13559	25018	25.22	17.78	32.62
2838	2199	1175	1018	6.15	6.78	5.52	28109	9522	18587	26.78	18.15	35.40
7042	6463	2426	2341	7.52	7.85	7.19	18689	5461	13228	6.92	4.01	9.89
4043	3433	1536	1358	6.68	7.01	6.35	26743	9068	17675	13.57	9.21	17.92
2913	2458	1348	1213	6.34	6.84	5.81	29912	10516	19396	21.44	14.62	28.68
3044	2100	949	606	5.38	5.84	4.91	49671	19505	30166	34.16	26.62	41.82
4387	3295	1983	1696	6.64	7.04	6.22	28583	10138	18445	17.90	12.44	23.60

表4 续表 44

地区	6岁及以上各种受教育程度人口(人)									
	未上过学		学前教育		小学		初中		高中	
	男	女	男	女	男	女	男	女	男	女
贵州省	**598446**	**1993130**	**169701**	**157199**	**6089266**	**6161243**	**6680427**	**5067178**	**2091886**	**1745529**
贵阳市	**35429**	**104997**	**15688**	**15095**	**635196**	**663201**	**942714**	**794223**	**461079**	**420708**
南明区	3735	11184	2466	2427	80703	91249	157730	143892	102486	95183
云岩区	4490	12676	2672	2637	85535	93593	148014	136290	93202	89668
花溪区	6182	17406	2391	2152	87424	91423	153489	125883	68647	60888
乌当区	2592	7167	946	917	34693	35309	53710	45686	27419	25102
白云区	2511	6960	1125	1085	48266	47929	80673	65014	43890	37780
观山湖区	2699	8023	1545	1493	56379	58630	82930	69792	50074	45592
开阳县	3771	12299	947	963	61598	64065	60871	46491	17588	14143
息烽县	1627	6581	549	575	38847	40139	40850	31683	10753	8691
修文县	2593	7588	1020	967	51697	49705	57315	45546	13838	11264
清镇市	5229	15113	2027	1879	90054	91159	107132	83946	33182	32397
六盘水市	**55281**	**172951**	**11831**	**10733**	**496739**	**502835**	**520700**	**379214**	**152644**	**121858**
钟山区	7040	22192	2596	2294	82588	86368	103664	90050	50794	44458
六枝特区	11815	42779	2227	1982	97031	90547	92288	69326	22996	18812
水城县	22184	56781	3215	3017	148232	141182	127737	80760	26878	21490
盘州市	14242	51199	3793	3440	168888	184738	197011	139078	51976	37098
遵义市	**62694**	**260112**	**28836**	**26378**	**981347**	**1084677**	**1280020**	**1022364**	**367425**	**298682**
红花岗区	4665	18441	4202	3629	99841	114789	185518	165606	68653	58480
汇川区	4286	20539	3162	2753	74433	80656	116280	97587	40451	35947
播州区	5422	22361	3596	3265	102978	114876	162191	135367	46159	37312
桐梓县	6421	29229	1949	1885	88703	91810	113159	83408	22352	18470
绥阳县	5247	18935	2110	1932	60798	65333	75528	59843	20022	15401
正安县	3626	19339	2176	1848	71990	84522	72962	50046	17197	13773
道真仡佬族苗族自治县	2272	10745	814	771	40242	47938	43541	35627	14007	11168
务川仡佬族苗族自治县	5385	20330	1129	1038	55273	58595	50507	37860	14532	11207
凤冈县	4436	17782	729	745	48812	55951	55617	41905	15298	12169
湄潭县	3235	12215	1456	1391	55621	63209	75911	65962	18700	15648
余庆县	3070	10767	1114	1046	36923	40501	38976	33906	11908	8915
习水县	5645	23931	3050	2889	102006	112481	113500	82003	28254	21657
赤水市	3291	8875	1062	1059	42598	44834	43288	38665	14181	11477
仁怀市	5693	26623	2287	2127	101129	109182	133042	94579	35711	27058
安顺市	**42251**	**162989**	**10743**	**9654**	**409220**	**399493**	**457744**	**330848**	**111808**	**96526**
西秀区	10762	43978	3114	2934	113986	121743	162997	124110	50906	45829
平坝区	3818	15169	1300	1086	52174	55623	70480	52993	16681	13921
普定县	6203	20706	1690	1514	69539	68155	72548	54405	14095	12108
镇宁布依族苗族自治县	6540	24026	1509	1384	57803	54183	55895	37055	10260	8662
关岭布依族苗族自治县	4384	22239	1609	1343	57115	53092	48820	32010	10835	8650
紫云苗族布依族自治县	10544	36871	1521	1393	58603	46697	47004	30275	9031	7356
毕节市	**195607**	**513463**	**36890**	**34880**	**1290958**	**1188172**	**1123570**	**825177**	**288343**	**249386**
七星关区	21746	69454	8162	7568	216643	211966	216892	169429	62978	55309
大方县	17782	51456	5106	4819	160554	149440	146637	109597	38378	32885
黔西县	14958	43896	5042	4638	151097	139488	116447	89302	27981	24956
金沙县	7208	24137	2409	2312	98308	97193	107119	79632	26613	21802
织金县	26624	80578	4009	3728	166529	140334	123718	85574	29977	25468
纳雍县	24763	70478	3778	3636	130948	114940	118006	83256	27711	23186
威宁彝族回族苗族自治县	64847	125288	4891	5023	238839	211183	194441	138199	50242	44778
赫章县	17679	48176	3493	3156	128040	123628	100310	70188	24463	21002
铜仁市	**47787**	**168180**	**14267**	**13862**	**519998**	**557993**	**578623**	**442322**	**196745**	**155520**
碧江区	3764	9578	1822	1602	52840	56499	67761	59930	32909	29934
万山区	2277	5569	712	716	26428	26820	29462	21644	11490	8634
江口县	3290	9802	730	664	32646	32929	32300	25429	9568	6688
玉屏侗族自治县	1177	4066	587	563	22050	24430	30278	24390	9191	6986
石阡县	4458	16767	875	973	49179	55904	50774	36675	17873	12028
思南县	7744	30893	1640	1713	75021	81414	78733	58383	26642	20733
印江土家族苗族自治县	5089	16395	857	1049	47226	52531	52871	40981	16531	13018

大学专科		大学本科及以上		平均受教育年限(年)			15岁及以上文盲人口(人)			文盲人口占15岁及以上人口比重(%)		
男	女	男	女	合计	男	女	合计	男	女	合计	男	女
1119230	**1031419**	**1048878**	**1023743**	**8.37**	**8.79**	**7.94**	**2570789**	**602982**	**1967807**	**8.77**	**4.08**	**13.53**
333813	**312079**	**374932**	**382514**	**10.28**	**10.42**	**10.13**	**140479**	**35769**	**104710**	**2.88**	**1.45**	**4.36**
69081	68602	72124	73374	10.93	11.04	10.82	14142	3508	10634	1.61	0.80	2.40
64838	67520	89190	84557	11.00	11.12	10.88	15464	3881	11583	1.76	0.89	2.63
45182	40652	90147	101352	10.72	10.79	10.65	24074	6471	17603	2.99	1.59	4.42
16328	16081	18667	21484	10.15	10.24	10.05	9880	2686	7194	3.64	1.98	5.32
19357	18497	20340	24953	10.04	10.07	10.00	8965	2323	6642	2.42	1.22	3.70
46997	47934	60305	52833	11.18	11.31	11.04	10821	2753	8068	2.08	1.03	3.18
8653	7627	5778	5473	8.19	8.54	7.83	16274	3773	12501	6.09	2.76	9.57
5229	4741	4090	4051	8.32	8.62	7.99	7515	1457	6058	4.46	1.69	7.34
4524	4462	3899	4125	8.15	8.35	7.93	11081	2939	8142	5.08	2.58	7.79
53624	35963	10392	10312	9.36	9.70	8.98	22263	5978	16285	4.47	2.28	6.92
74189	**68050**	**61717**	**60371**	**8.04**	**8.50**	**7.56**	**217719**	**53239**	**164480**	**9.74**	**4.73**	**14.85**
29114	28867	28121	30296	9.47	9.72	9.22	27613	6677	20936	5.41	2.66	8.06
9913	8274	8145	7733	7.50	8.09	6.89	52223	11365	40858	13.58	5.95	21.13
9855	9251	7024	6423	7.10	7.63	6.53	77406	21959	55447	14.19	7.80	21.01
25307	21658	18427	15919	8.06	8.57	7.52	60477	13238	47239	7.62	3.28	12.09
164796	**151769**	**152080**	**148616**	**8.46**	**8.85**	**8.05**	**311392**	**60594**	**250798**	**6.07**	**2.37**	**9.75**
41977	43852	37736	43773	9.71	9.87	9.55	22789	4434	18355	2.91	1.15	4.61
22639	22346	26370	26689	9.30	9.61	9.00	25131	4567	20564	5.05	1.85	8.21
16541	14675	12646	11928	8.53	8.86	8.18	27348	5362	21986	4.64	1.81	7.50
7679	6254	7175	6398	7.80	8.31	7.27	34707	6458	28249	8.56	3.13	14.16
6380	5122	4816	4087	7.89	8.37	7.40	23489	5116	18373	8.07	3.51	12.64
7302	5889	7086	5766	7.80	8.36	7.23	19400	2896	16504	6.41	1.94	10.79
5709	4725	4840	4205	8.19	8.71	7.69	11928	2117	9811	6.21	2.27	9.91
6482	5164	6459	5352	7.74	8.35	7.13	24770	5245	19525	10.67	4.58	16.61
7061	6283	6033	5271	8.02	8.60	7.45	22466	4556	17910	9.52	3.94	14.88
8491	8086	6344	6287	8.38	8.71	8.05	14447	2927	11520	4.91	2.03	7.67
6269	5302	4214	3453	8.13	8.62	7.65	12570	2680	9890	7.23	3.15	11.13
9548	7772	8446	7759	7.91	8.36	7.43	29467	5653	23814	6.80	2.57	11.16
6324	5713	4262	4090	8.25	8.56	7.95	10834	2944	7890	5.52	3.02	7.99
12394	10586	15653	13558	8.31	8.77	7.82	32046	5639	26407	6.35	2.16	10.82
60262	**52433**	**47498**	**48803**	**7.94**	**8.46**	**7.41**	**201898**	**42460**	**159438**	**10.91**	**4.56**	**17.37**
28785	28538	27749	30126	8.80	9.20	8.40	52590	10286	42304	7.74	3.05	12.36
12589	8248	5605	5243	8.36	8.85	7.84	18931	3874	15057	7.12	2.84	11.64
5393	4605	3892	3911	7.58	8.01	7.13	25405	5971	19434	9.37	4.34	14.52
4995	4137	3250	3062	7.27	7.88	6.62	30839	6793	24046	13.79	5.97	21.91
4418	3536	3972	3511	7.32	7.98	6.62	26825	4593	22232	13.34	4.50	22.47
4082	3369	3030	2950	6.62	7.45	5.76	47308	10943	36365	22.67	10.44	35.01
126029	**113172**	**109556**	**97881**	**7.43**	**7.91**	**6.92**	**700033**	**197194**	**502839**	**14.16**	**7.84**	**20.68**
27521	29869	34205	32592	8.12	8.49	7.74	90600	22278	68322	9.76	4.80	14.71
15977	15424	11421	10454	7.63	8.04	7.20	65612	16977	48635	10.77	5.46	16.29
12263	10767	9691	9109	7.43	7.83	7.01	59200	15594	43606	10.93	5.66	16.37
10659	8399	7817	7262	7.95	8.34	7.53	32550	7816	24734	7.94	3.68	12.50
13363	11409	10883	9442	6.99	7.63	6.31	106198	27742	78456	18.29	9.39	27.51
12199	9775	9791	8089	7.08	7.74	6.39	93704	24717	68987	18.92	9.87	28.18
22220	17828	16486	13175	6.93	7.44	6.38	188497	64868	123629	20.39	13.66	27.50
11827	9701	9262	7758	7.27	7.80	6.72	63672	17202	46470	13.99	7.47	20.67
95469	**92027**	**71031**	**60775**	**8.29**	**8.76**	**7.81**	**223287**	**50302**	**172985**	**8.88**	**4.01**	**13.73**
22862	29682	18739	18601	9.83	9.90	9.77	14316	4039	10277	4.10	2.38	5.73
3726	3583	3070	2995	8.39	8.69	8.07	8574	2505	6069	6.92	3.87	10.25
4900	3807	3589	2737	7.98	8.47	7.45	13946	3780	10166	9.85	5.24	14.65
4299	3646	2861	2549	8.60	8.94	8.24	5612	1287	4325	4.90	2.21	7.65
8577	6534	6531	5107	8.10	8.74	7.43	23972	5273	18699	10.32	4.52	16.18
11535	10198	9190	7588	7.97	8.60	7.34	39528	7999	31529	11.18	4.60	17.55
7556	6235	5591	4732	8.07	8.61	7.53	21499	5049	16450	9.51	4.52	14.37

表4 续表 45

地区	6岁及以上各种受教育程度人口(人)									
	未上过学		学前教育		小学		初中		高中	
	男	女	男	女	男	女	男	女	男	女
德江县	5371	24019	2021	1846	57732	63423	71331	52243	24452	19639
沿河土家族自治县	7289	29655	2290	2146	72376	75123	77321	55883	20990	16563
松桃苗族自治县	7328	21436	2733	2590	84500	88920	87792	66764	27099	21297
黔西南布依族苗族自治州	**42706**	**154103**	**12354**	**11848**	**529396**	**559148**	**520563**	**372755**	**140676**	**115376**
兴义市	9078	28912	5043	4295	152944	163537	166131	130000	65826	55148
兴仁市	5017	21695	1515	1616	75655	82644	80470	55821	16721	13494
普安县	4252	17424	877	837	43282	43454	43631	28947	9998	7489
晴隆县	4611	17729	757	763	46921	46818	38271	24679	8200	6705
贞丰县	2662	13225	1184	1163	56750	66272	58923	40630	9585	7696
望谟县	8486	25502	725	783	45114	40664	35729	23240	8879	7611
册亨县	5018	15080	864	1005	39308	38182	28025	18623	6768	5693
安龙县	3582	14536	1389	1386	69422	77577	69383	50815	14699	11540
黔东南苗族侗族自治州	**64481**	**259833**	**21175**	**18653**	**638629**	**629744**	**642633**	**453137**	**201755**	**146239**
凯里市	5453	27537	3024	2508	85529	92212	120420	93725	57637	44856
黄平县	3565	14723	932	886	45079	46345	44835	32258	11318	9457
施秉县	2118	7855	738	684	21384	22020	22207	16795	6163	4784
三穗县	1520	7390	455	433	29827	32210	28637	21396	7809	5523
镇远县	2214	10449	612	633	34989	36229	32812	24320	9806	7427
岑巩县	3070	12613	656	594	28423	27691	29215	21115	8827	6418
天柱县	1916	9134	1152	969	43780	51296	56273	41601	15008	10062
锦屏县	1477	9659	899	727	24738	27106	28455	20626	8576	5676
剑河县	4734	20617	1340	1071	35406	30187	30649	18306	8850	5634
台江县	3120	11799	766	663	19796	18483	21601	14121	6909	5053
黎平县	7483	33493	2826	2533	75146	75163	70485	47401	16633	11399
榕江县	7220	26275	2384	2043	56241	49241	49334	32918	13615	9786
从江县	13572	39889	2915	2637	63629	51986	41522	26305	10248	6150
雷山县	2916	12199	672	696	21547	18275	22845	13392	6762	4115
麻江县	2220	7545	670	554	27034	25384	19921	14245	6261	4792
丹寨县	1883	8656	1134	1022	26081	25916	23422	14613	7333	5107
黔南布依族苗族自治州	**52210**	**196502**	**17917**	**16096**	**587783**	**575980**	**613860**	**447138**	**171411**	**141234**
都匀市	5003	17215	2179	1912	64091	66732	89604	70153	38226	32589
福泉市	3451	9745	1436	1278	50400	50649	56433	43153	13584	10761
荔波县	1775	6644	1072	817	26557	28912	26891	17767	8039	5922
贵定县	4154	13979	1071	1099	42993	40629	43076	31809	10649	10747
瓮安县	3619	11769	1238	1201	64667	67194	74664	63497	21442	17631
独山县	3751	14508	1376	1182	43914	45247	52656	38490	12768	9669
平塘县	4206	16422	1609	1531	44927	44831	39086	28197	8455	6927
罗甸县	6484	28740	1557	1305	50857	43593	38059	24505	10566	8406
长顺县	4610	19390	1249	1152	36257	31903	35853	22715	9029	7334
龙里县	3330	9795	1122	909	41811	39608	45346	33063	12169	9862
惠水县	7808	32147	2014	1906	64627	60102	68169	44392	14905	12730
三都水族自治县	4019	16148	1994	1804	56682	56580	44023	29397	11579	8656
云南省	**675460**	**1633825**	**174042**	**173851**	**8314082**	**8454010**	**7979378**	**5824993**	**2662907**	**2217509**
昆明市	**63906**	**167887**	**23436**	**22997**	**961204**	**1004602**	**1332680**	**1046946**	**652679**	**579792**
五华区	3962	12915	3096	2985	81353	91006	132279	114975	99247	100835
盘龙区	4771	12215	2625	2576	80762	87718	124043	106910	89823	83493
官渡区	7806	19617	3790	3464	169594	168514	297441	222525	148073	120821
西山区	3671	11041	3020	2934	79577	89216	128565	109862	89150	82514
东川区	6439	13063	691	736	48778	48335	46494	35335	13411	11816
呈贡区	3200	8797	1539	1484	60996	61310	90526	66082	44043	36495
晋宁区	3186	10648	887	967	46920	49190	73754	56391	20424	16801
富民县	1522	4028	411	363	23114	24558	29073	22724	10287	8726
宜良县	4426	10300	1171	1260	68263	69639	72719	62474	22061	20554
石林彝族自治县	2663	6637	883	914	39933	41751	44460	35700	15547	14175
嵩明县	3588	8825	1379	1308	50348	50310	72536	55384	22146	17543
禄劝彝族苗族自治县	5125	15347	1152	1299	71733	80631	67355	45603	18555	15192
寻甸回族彝族自治县	9440	24476	1587	1611	89048	91611	80577	57002	20434	18688
安宁市	4107	9978	1205	1096	50785	50813	72858	55979	39478	32139

大学专科		大学本科及以上		平均受教育年限(年)			15岁及以上文盲人口(人)			文盲人口占15岁及以上人口比重(%)		
男	女	男	女	合计	男	女	合计	男	女	合计	男	女
12632	12063	6483	4898	8.22	8.82	7.62	29028	5326	23702	9.83	3.65	15.86
9369	7846	7838	5735	7.75	8.39	7.10	37486	7506	29980	12.05	4.85	19.17
10013	8433	7139	5833	7.95	8.37	7.52	29326	7538	21788	8.02	4.06	12.11
74214	**67796**	**64174**	**59711**	**8.04**	**8.50**	**7.56**	**204743**	**45859**	**158884**	**9.14**	**4.08**	**14.25**
32137	33970	31741	32787	8.89	9.13	8.65	39332	9523	29809	5.11	2.47	7.77
8840	7143	7397	6042	7.84	8.38	7.28	26961	5367	21594	8.70	3.44	14.04
5329	4502	4549	3734	7.66	8.31	6.98	21579	4367	17212	12.23	4.87	19.82
5114	3667	4279	3111	7.40	8.09	6.69	24281	5317	18964	14.60	6.32	23.07
5981	4854	4367	3530	7.73	8.26	7.21	15675	2754	12921	7.03	2.49	11.48
5976	4623	3712	3251	7.11	7.86	6.34	35921	9093	26828	20.24	10.21	30.33
3768	2992	2894	2441	7.19	7.80	6.57	20561	5154	15407	14.70	7.33	22.15
7069	6045	5235	4815	7.85	8.28	7.41	20433	4284	16149	7.38	3.09	11.70
99388	**80874**	**82504**	**71344**	**7.92**	**8.54**	**7.26**	**331460**	**66629**	**264831**	**11.68**	**4.65**	**18.88**
31207	29712	28095	27183	9.37	9.77	8.96	33287	5674	27613	5.94	2.01	9.95
4665	3670	3978	3355	7.74	8.29	7.18	19510	3920	15590	10.31	4.12	16.58
3058	2508	2285	1942	7.85	8.41	7.28	10394	2288	8106	10.96	4.83	17.09
3746	2947	3387	2829	8.03	8.55	7.49	9388	1786	7602	7.88	3.00	12.76
4265	3518	3573	3055	7.93	8.48	7.36	13040	2391	10649	9.01	3.31	14.70
3837	3112	4162	3379	7.87	8.54	7.17	15203	3106	12097	11.88	4.85	18.92
5868	4098	4696	3428	8.19	8.69	7.66	11455	2026	9429	5.56	1.94	9.30
4022	2649	3916	3181	8.07	8.80	7.32	11545	1601	9944	9.82	2.72	16.94
4603	2989	4132	3225	7.26	8.18	6.25	25685	4896	20789	18.64	6.97	30.75
3313	2126	2320	1658	7.57	8.41	6.66	15051	3056	11995	16.64	6.64	27.02
8010	6153	6695	5728	7.38	8.12	6.62	42821	7912	34909	14.09	5.21	22.97
6855	5108	3984	3173	7.31	8.01	6.55	36004	7752	28252	16.41	6.87	26.51
5896	4009	3039	2429	6.37	7.25	5.44	51241	12668	38573	22.88	11.20	34.81
3580	2367	2819	2048	7.60	8.48	6.60	16105	3348	12757	16.73	6.55	28.25
2833	2423	2706	2511	7.74	8.20	7.26	9637	2233	7404	9.51	4.31	14.95
3630	3485	2717	2220	7.83	8.41	7.20	11094	1972	9122	10.63	3.72	17.76
91070	**93219**	**85386**	**93728**	**8.20**	**8.60**	**7.78**	**239778**	**50936**	**188842**	**8.90**	**3.76**	**14.12**
25877	27604	23729	27044	9.64	9.82	9.44	22667	5068	17599	5.15	2.30	8.01
9644	8994	6231	5797	8.42	8.69	8.12	13460	3521	9939	5.87	2.95	9.01
4255	3378	3972	4077	8.23	8.67	7.76	5092	997	4095	4.28	1.64	7.06
6701	14218	4098	4257	8.28	8.39	8.18	17955	4061	13894	9.10	4.24	13.70
9536	8773	7010	6262	8.39	8.68	8.09	14856	3465	11391	4.92	2.28	7.61
5024	4608	3754	4149	7.90	8.37	7.42	18981	4048	14933	9.23	3.90	14.66
4249	3661	3783	3937	7.45	8.01	6.89	20858	4273	16585	11.86	4.92	18.61
5349	4520	4843	4396	7.13	7.96	6.28	32315	6152	26163	17.22	6.62	27.62
3162	2584	3373	3123	7.31	8.05	6.52	23347	4517	18830	15.47	5.87	25.44
5260	4576	4115	4360	8.13	8.44	7.80	14053	3763	10290	7.62	3.88	11.75
6908	6396	15524	22029	8.08	8.55	7.61	39999	7930	32069	13.16	5.28	20.87
5105	3907	4954	4297	7.53	8.07	6.95	16195	3141	13054	8.22	3.15	13.42
1473842	**1400568**	**1256813**	**1345507**	**8.51**	**8.76**	**8.25**	**2191341**	**641120**	**1550221**	**5.77**	**3.27**	**8.44**
496402	**489352**	**509724**	**554816**	**10.22**	**10.32**	**10.12**	**210822**	**56451**	**154371**	**2.93**	**1.54**	**4.38**
85039	94428	118000	130964	11.68	11.70	11.67	14731	3296	11435	1.50	0.69	2.26
74921	74938	89376	89953	11.29	11.38	11.20	14172	3697	10475	1.67	0.87	2.48
90246	83019	78774	77560	10.20	10.27	10.11	24371	6480	17891	1.79	0.89	2.82
69753	69525	79499	82235	11.14	11.24	11.05	12367	2894	9473	1.50	0.70	2.30
5275	5169	3085	2923	7.80	8.10	7.49	15929	5116	10813	7.54	4.72	10.52
36502	34913	72248	88945	11.25	11.16	11.35	11440	2980	8460	2.04	1.04	3.06
13430	19467	5625	6402	8.99	9.10	8.87	13356	3015	10341	4.52	2.02	7.09
6892	4011	2574	2915	8.80	9.14	8.43	5735	1620	4115	4.60	2.47	6.95
9088	8958	5305	5644	8.34	8.52	8.17	13756	4042	9714	4.25	2.47	6.08
6263	5903	4365	4848	8.53	8.73	8.31	9344	2709	6635	4.68	2.67	6.76
26115	28377	19247	28281	10.03	9.96	10.09	11924	3442	8482	3.40	1.94	4.89
10282	12503	5047	4332	8.05	8.39	7.69	19297	4849	14448	6.15	3.06	9.29
7285	7014	6799	7280	7.68	8.04	7.30	30998	8458	22540	8.40	4.52	12.38
55311	41127	19780	22534	10.61	10.82	10.36	13402	3853	9549	3.17	1.71	4.84

表4 续表 46

地　区	6岁及以上各种受教育程度人口(人)									
	未上过学		学前教育		小学		初中		高中	
	男	女	男	女	男	女	男	女	男	女
曲靖市	**99399**	**256729**	**24108**	**24963**	**1010610**	**1061907**	**971911**	**667185**	**342341**	**267842**
麒麟区	7665	26330	3592	3738	108567	126135	152923	121202	89139	75654
沾益区	6069	13654	1795	1809	69733	75974	72868	50109	27556	22411
马龙区	3630	10760	754	959	30392	33254	35971	22626	13002	9745
陆良县	13797	36076	2896	3008	95289	98960	109027	78052	35070	25388
师宗县	4550	13998	1433	1608	81990	88822	52629	32299	21004	14761
罗平县	10001	30370	1542	1486	107423	109461	82084	49267	28020	21214
富源县	11094	30120	3024	3177	122465	130210	125697	81132	30993	23436
会泽县	16262	40084	3943	3773	178068	174817	127941	82337	32824	25931
宣威市	26331	55337	5129	5405	216683	224274	212771	150161	64733	49302
玉溪市	**35843**	**92552**	**6919**	**6942**	**352239**	**343470**	**394366**	**305013**	**153986**	**135321**
红塔区	5726	14063	1633	1545	67576	66313	91301	78830	52457	50045
江川区	5728	12841	713	760	36076	35018	52981	42852	14409	12856
通海县	4963	11919	828	815	52122	49374	52841	43712	15667	14644
华宁县	3600	7824	787	754	39689	36645	31420	24598	9613	8752
易门县	977	3041	378	382	23767	26974	28842	20971	12012	8808
峨山彝族自治县	1252	4179	321	384	21414	23266	28731	20289	12143	10051
新平彝族傣族自治县	7205	20997	893	868	51084	46449	42362	27741	15129	11168
元江哈尼族彝族傣族自治县	4438	13333	705	731	34844	33293	35917	22815	11681	8871
澄江市	1954	4355	661	703	25667	26138	29971	23205	10875	10126
保山市	**26389**	**77911**	**10049**	**9623**	**445244**	**468433**	**455894**	**337073**	**121297**	**99727**
隆阳区	12306	32271	3212	3188	166529	169205	160289	122757	39360	37566
施甸县	3701	13102	1037	1019	60550	62405	52656	36708	12330	9848
龙陵县	3517	9961	1568	1359	55208	55059	47499	32580	15231	10468
昌宁县	3031	8116	825	837	64436	70495	60468	44132	13518	11097
腾冲市	3834	14461	3407	3220	98521	111269	134982	100896	40858	30748
昭通市	**72009**	**189903**	**20269**	**20146**	**1086222**	**1051831**	**848772**	**592219**	**210449**	**173151**
昭阳区	23157	54530	5380	5301	156779	147021	145894	108662	41337	37504
鲁甸县	5738	14286	1389	1446	94245	89933	59362	40427	14294	12136
巧家县	6896	19152	1873	1887	108908	101659	80723	49147	17391	12684
盐津县	3287	8495	1054	1146	76162	71455	49309	34195	12845	11263
大关县	2702	7422	619	567	50976	46800	31240	19557	8112	7030
永善县	5073	15290	974	1050	77736	74271	56079	36592	15162	11860
绥江县	1062	3645	273	227	29582	29829	21186	15406	6639	5406
镇雄县	13821	37815	5736	5740	268495	271247	260464	188216	56326	44056
彝良县	4664	11867	1423	1317	130657	125423	72936	49410	16411	13078
威信县	4496	14187	1226	1156	74887	75951	55026	37254	15334	11993
水富市	1113	3214	322	309	17795	18242	16553	13353	6598	6141
丽江市	**26415**	**63404**	**5126**	**5232**	**179259**	**187505**	**232805**	**172224**	**80927**	**60707**
古城区	1303	3523	794	865	25559	29304	51605	40404	27350	22701
玉龙纳西族自治县	3811	9413	885	1030	31444	34169	43905	32256	15587	11166
永胜县	6392	19074	1165	1242	53057	57537	68772	50843	17837	13032
华坪县	2326	4812	703	646	25402	25794	32170	25153	9756	7005
宁蒗彝族自治县	12583	26582	1579	1449	43797	40701	36353	23568	10397	6803
普洱市	**51763**	**100145**	**7585**	**7252**	**513345**	**487478**	**380567**	**264598**	**115197**	**91199**
思茅区	3983	9213	1477	1404	54732	54591	61977	48112	34768	30308
宁洱哈尼族彝族自治县	1438	4207	467	432	29822	31228	32280	23241	8926	7251
墨江哈尼族自治县	5061	16209	659	645	65507	59046	48047	27324	12429	8458
景东彝族自治县	2652	6712	869	842	66413	69551	57152	40191	13614	10289
景谷傣族彝族自治县	2066	5065	669	656	68201	68824	44145	29437	12639	9792
镇沅彝族哈尼族拉祜族自治县	969	2369	292	288	45660	45483	28417	18301	7820	5520
江城哈尼族彝族自治县	2353	5617	312	282	23451	21824	18745	12549	4935	3890
孟连傣族拉祜族佤族自治县	5754	8713	602	580	30306	27927	21823	16842	5778	4292
澜沧拉祜族自治县	24270	36813	1698	1606	109255	91422	56657	40285	11456	9201
西盟佤族自治县	3217	5227	540	517	19998	17582	11324	8316	2832	2198
临沧市	**45021**	**89181**	**8551**	**8498**	**526600**	**498680**	**343733**	**241147**	**87583**	**73168**
临翔区	7005	14543	1431	1278	64564	59959	56998	43455	22090	22140
凤庆县	4239	11018	1875	1848	89260	95164	63101	44597	13514	10245
云县	5583	12106	1426	1443	96077	92305	64068	44356	12911	10503

大学专科		大学本科及以上		平均受教育年限(年)			15岁及以上文盲人口(人)			文盲人口占15岁及以上人口比重(%)		
男	女	男	女	合计	男	女	合计	男	女	合计	男	女
161511	**145763**	**124556**	**119269**	**8.21**	**8.59**	**7.80**	**335723**	**94962**	**240761**	**7.50**	**4.12**	**11.09**
52948	57163	42265	46632	9.89	10.11	9.67	31688	7037	24651	3.90	1.75	6.03
10821	10423	6975	7127	8.34	8.63	8.02	17819	5436	12383	5.34	3.14	7.70
6076	4695	4217	3913	8.25	8.79	7.65	13865	3502	10363	8.61	4.16	13.47
16188	13149	10856	9715	7.99	8.50	7.44	47843	13133	34710	10.23	5.47	15.25
10066	7653	6273	4915	7.84	8.31	7.33	15941	3796	12145	5.73	2.64	9.04
13241	10921	9861	8512	7.77	8.28	7.20	36183	8891	27292	9.08	4.31	14.17
14883	11754	11448	9748	7.87	8.32	7.38	38636	10309	28327	7.79	3.97	12.00
10605	8723	12230	10631	7.40	7.80	6.96	50107	14326	35781	8.20	4.50	12.24
26683	21282	20431	18076	7.90	8.29	7.48	83641	28532	55109	9.08	5.96	12.47
72797	**68618**	**61641**	**70295**	**8.72**	**8.96**	**8.46**	**126456**	**35751**	**90705**	**6.69**	**3.69**	**9.86**
25431	27682	30568	38034	10.00	10.02	9.98	19214	5540	13674	3.83	2.22	5.42
5730	5884	4468	4748	8.29	8.57	8.00	18274	5677	12597	8.63	5.25	12.15
6315	6775	4408	5549	8.19	8.37	8.00	16193	4802	11391	6.73	3.93	9.62
3991	3780	3165	3581	7.94	8.14	7.73	11600	3762	7838	7.31	4.58	10.24
4930	4126	3659	3538	8.87	9.17	8.53	3261	755	2506	2.50	1.10	4.04
4114	3592	2924	3145	8.81	9.10	8.48	5201	1189	4012	4.22	1.84	6.83
6304	4810	5070	4360	7.61	8.21	6.95	28265	7371	20894	12.91	6.41	20.09
4564	3719	3378	3262	7.84	8.37	7.24	18044	4666	13378	11.34	5.59	17.69
11418	8250	4001	4078	9.20	9.47	8.91	6404	1989	4415	4.41	2.61	6.41
53727	**53996**	**48647**	**55187**	**8.24**	**8.50**	**7.97**	**106083**	**27250**	**78833**	**5.35**	**2.68**	**8.16**
21135	24456	21894	26517	8.31	8.48	8.14	44492	12449	32043	5.99	3.32	8.70
5383	5366	4027	4588	7.77	8.13	7.38	18307	4278	14029	7.68	3.50	12.07
5019	4422	4723	5003	7.94	8.27	7.57	13645	3552	10093	6.40	3.16	10.00
6537	6024	4396	5215	8.03	8.28	7.77	10725	2857	7868	4.00	2.08	6.02
15653	13728	13607	13864	8.60	8.89	8.28	18914	4114	14800	3.64	1.52	5.91
97867	**86801**	**73964**	**68425**	**7.76**	**8.06**	**7.42**	**222373**	**59639**	**162734**	**5.86**	**3.00**	**9.01**
23460	24845	20047	21286	7.97	8.28	7.64	75292	22762	52530	10.95	6.53	15.51
7565	6674	4431	4111	7.54	7.82	7.23	15590	4331	11259	5.38	2.84	8.20
8296	5801	5799	4260	7.49	7.89	7.02	23593	6066	17527	6.63	3.14	10.78
5061	4703	4265	4179	7.72	7.92	7.49	6857	1746	5111	2.81	1.35	4.44
4256	3964	2638	2658	7.65	7.90	7.35	7956	2013	5943	4.93	2.34	7.89
7855	6458	5095	4491	7.71	8.10	7.28	18603	4579	14024	6.96	3.25	11.09
3230	3082	2182	2255	8.08	8.33	7.82	3916	824	3092	3.65	1.49	5.95
18381	14776	16429	13342	7.81	8.11	7.48	39917	9838	30079	4.11	1.93	6.54
8625	7545	5274	4919	7.53	7.75	7.27	11659	2976	8683	3.14	1.51	4.98
7951	6022	5126	4344	7.74	8.16	7.29	15280	3583	11697	5.89	2.66	9.40
3187	2931	2678	2580	8.63	8.89	8.37	3710	921	2789	4.49	2.20	6.85
45358	**42206**	**30636**	**34619**	**8.57**	**8.92**	**8.19**	**94134**	**27613**	**66521**	**9.05**	**5.17**	**13.15**
16687	18413	14246	18639	10.49	10.48	10.49	5208	1246	3962	2.08	0.98	3.21
7734	6965	4881	5102	8.62	8.99	8.22	15032	4469	10563	7.99	4.57	11.69
8914	7690	4530	4996	8.03	8.50	7.53	27458	7094	20364	9.80	4.97	14.81
5555	4687	2789	2771	8.54	8.80	8.25	6845	2185	4660	5.12	3.10	7.38
6468	4451	4190	3111	6.95	7.67	6.18	39591	12619	26972	21.06	13.06	29.51
59215	**53902**	**46770**	**51316**	**7.92**	**8.16**	**7.66**	**143379**	**48580**	**94799**	**7.34**	**4.71**	**10.28**
20195	20842	21281	24860	9.86	9.91	9.80	11695	3454	8241	3.38	1.95	4.87
3983	3729	2600	3116	8.35	8.58	8.10	5407	1391	4016	3.98	1.96	6.19
5979	4758	4097	3813	7.54	8.01	6.98	19984	4695	15289	8.76	3.79	14.66
5408	5047	3765	4157	7.93	8.16	7.67	8596	2465	6131	3.42	1.87	5.12
6018	5043	3082	3329	7.85	8.07	7.61	6635	1895	4740	2.96	1.60	4.49
4032	2765	3253	3116	7.95	8.18	7.68	2719	773	1946	1.85	0.97	2.89
2670	2162	1831	1804	7.76	8.12	7.36	7316	2084	5232	8.22	4.40	12.57
2783	2487	1675	1736	7.29	7.55	7.00	13585	5310	8275	12.00	8.94	15.39
6178	5366	3936	4094	6.56	6.86	6.21	59965	23722	36243	17.04	12.65	22.05
1969	1703	1250	1291	7.21	7.47	6.91	7477	2791	4686	11.21	7.88	14.98
45393	**42780**	**35214**	**40024**	**7.65**	**7.87**	**7.41**	**132836**	**44517**	**88319**	**7.38**	**4.71**	**10.32**
11544	12301	12228	15156	8.71	8.79	8.62	21704	7086	14618	7.18	4.61	9.83
6295	5632	5234	5801	7.62	7.90	7.33	14214	3902	10312	4.56	2.44	6.80
6549	6015	4377	4674	7.54	7.76	7.29	19758	6463	13295	6.33	3.92	9.03

表4 续表 47

地区	6岁及以上各种受教育程度人口(人)									
	未上过学		学前教育		小学		初中		高中	
	男	女	男	女	男	女	男	女	男	女
永德县	5765	12131	940	1017	85728	79106	51492	32646	10251	8065
镇康县	4999	9307	509	560	44389	38283	22517	14532	6239	4563
双江拉祜族佤族布朗族傣族自治县	5368	9256	877	846	41821	36205	20502	14975	5247	4450
耿马傣族佤族自治县	7165	11604	1015	972	68006	64217	43091	31259	10695	8363
沧源佤族自治县	4897	9216	478	534	36755	33441	21964	15327	6636	4839
楚雄彝族自治州	**15968**	**46453**	**8660**	**8965**	**413898**	**472010**	**465866**	**355786**	**133386**	**108936**
楚雄市	4070	11179	2661	2651	83539	94895	107083	90271	47613	42247
双柏县	1019	2784	289	307	31256	32254	22358	14625	6506	4671
牟定县	780	2838	360	451	24788	30400	32844	23337	7869	5782
南华县	762	2677	500	547	37880	48103	40925	29659	8901	6938
姚安县	925	2643	589	629	29283	34036	35730	26276	6489	5023
大姚县	797	1735	1017	1045	44249	50254	45050	36313	10527	8668
永仁县	723	1816	350	385	19350	20693	18197	13190	4565	3448
元谋县	1108	3115	887	917	35712	40683	43253	32520	8639	6994
武定县	1566	5064	819	793	44522	52147	47120	35126	10440	8701
禄丰县	4218	12602	1188	1240	63319	68545	73306	54469	21837	16464
红河哈尼族彝族自治州	**59875**	**144158**	**17958**	**18115**	**889488**	**895360**	**753852**	**551960**	**231974**	**192880**
个旧市	2570	7474	1465	1500	63917	64136	80993	64621	30174	30080
开远市	3094	8426	1169	1228	55252	54398	54224	45529	23794	19820
蒙自市	4382	10606	2315	2268	91995	91809	90070	74815	40977	33111
弥勒市	3585	9256	1979	2122	93441	100860	109706	83906	29706	24725
屏边苗族自治县	1333	3509	305	304	33169	32418	18098	12090	4955	3401
建水县	3126	7046	2164	2021	108479	109105	94481	76508	29676	27650
石屏县	2579	7786	1253	1141	56336	58068	48726	38393	11368	10428
泸西县	4427	12342	1684	1766	76078	82426	68399	44378	21775	15314
元阳县	8763	19702	1782	1777	92299	91539	52950	29788	9199	6426
红河县	7907	17594	1251	1508	71314	70107	36133	21602	7080	5778
金平苗族瑶族傣族自治县	10963	22546	1310	1155	83099	75738	47953	28808	10320	7169
绿春县	5254	13208	847	879	46368	48133	33591	18455	7120	4841
河口瑶族自治县	1892	4663	434	446	17741	16623	18528	13067	5830	4137
文山壮族苗族自治州	**41325**	**118960**	**13377**	**13260**	**726204**	**740890**	**584548**	**401098**	**162828**	**128825**
文山市	6202	18056	2918	2879	97312	98701	97250	76578	43666	41350
砚山县	5968	16704	1831	1987	104377	103474	80020	55266	18489	15589
西畴县	3297	8043	569	578	48043	44989	32673	21838	8880	6554
麻栗坡县	1428	3831	703	721	60506	61857	37369	23629	10887	6879
马关县	4716	13216	944	902	64975	63093	58141	40551	13788	10187
丘北县	6427	18607	1756	1683	88712	90455	90623	62833	19350	14216
广南县	5682	17131	2584	2495	178409	190990	125110	81940	30407	20710
富宁县	7605	23372	2072	2015	83870	87331	63362	38463	17361	13340
西双版纳傣族自治州	**40221**	**64732**	**6326**	**5954**	**249605**	**225349**	**213599**	**159104**	**68961**	**57659**
景洪市	18267	28381	3219	3007	102853	92034	115762	87179	41276	35007
勐海县	13098	20706	1899	1816	84775	78231	48810	37114	11780	9284
勐腊县	8856	15645	1208	1131	61977	55084	49027	34811	15905	13368
大理白族自治州	**28261**	**92254**	**11447**	**12026**	**547498**	**625181**	**652426**	**484416**	**183356**	**157054**
大理市	4155	17383	2369	2335	78745	94834	149725	117788	61016	55078
漾濞彝族自治县	870	2283	213	275	18460	20801	19145	13182	4212	3287
祥云县	5094	17519	1579	1756	84887	88162	67724	47328	18400	16822
宾川县	3488	8923	1701	1677	49675	51886	79103	64384	16981	14408
弥渡县	2841	8151	767	851	51957	55675	49004	36771	10925	10290
南涧彝族自治县	1020	3870	476	504	37841	45546	36361	25082	8536	7145
巍山彝族回族自治县	2765	6671	1109	1039	51818	58350	50283	38103	11877	10754
永平县	1944	4545	699	634	33878	35798	28969	22069	7248	6059
云龙县	1704	4464	426	403	33944	39861	36047	23802	9867	7358
洱源县	2546	10084	1013	1095	36673	44488	53636	39634	14212	10875
剑川县	943	4813	380	494	20429	28328	37840	27029	9215	6410
鹤庆县	891	3548	715	963	49191	61452	44589	29244	10867	8568
德宏傣族景颇族自治州	**32567**	**65515**	**5067**	**4733**	**227494**	**213768**	**219132**	**161577**	**75896**	**60046**
瑞丽市	4545	9133	892	833	32582	30029	57894	39617	23089	16465
芒市	12501	22650	1379	1280	78025	71865	60658	46790	25090	21650

大学专科		大学本科及以上		平均受教育年限(年)			15岁及以上文盲人口(人)			文盲人口占15岁及以上人口比重(%)		
男	女	男	女	合计	男	女	合计	男	女	合计	男	女
5222	4800	3247	3447	7.35	7.60	7.06	17831	5730	12101	6.80	4.07	9.98
3845	3101	2542	2686	7.30	7.60	6.95	14467	5066	9401	10.92	7.07	15.46
3048	2927	2205	2626	7.16	7.37	6.93	13175	4720	8455	10.14	6.89	13.76
5183	4804	3096	3414	7.44	7.64	7.21	17970	6842	11128	8.05	5.80	10.56
3707	3200	2285	2220	7.40	7.74	7.03	13717	4708	9009	10.80	7.00	15.09
64915	**59913**	**52546**	**53742**	**8.54**	**8.79**	**8.28**	**59664**	**14846**	**44818**	**2.94**	**1.43**	**4.51**
24623	25514	25468	28379	9.47	9.62	9.32	13969	3633	10336	2.60	1.36	3.84
3101	2356	2504	2194	8.01	8.30	7.67	3766	999	2767	3.29	1.64	5.19
3606	3094	2122	2009	8.37	8.71	8.00	3898	832	3066	3.07	1.27	4.99
4345	3834	2630	2512	8.17	8.48	7.85	3000	593	2407	1.78	0.70	2.87
3565	3139	2376	2151	8.22	8.49	7.92	3702	935	2767	2.67	1.30	4.13
4546	3860	3226	3085	8.23	8.42	8.04	2449	712	1737	1.27	0.73	1.84
2816	2376	1931	1836	8.31	8.57	8.04	2630	746	1884	3.18	1.72	4.78
4511	4015	2781	2883	8.27	8.50	8.02	3765	959	2806	2.25	1.11	3.46
4951	4479	3479	3343	8.13	8.43	7.83	6301	1425	4876	3.23	1.44	5.06
8851	7246	6029	5350	8.24	8.61	7.84	16184	4012	12172	5.24	2.50	8.20
108305	**105741**	**76523**	**83432**	**8.12**	**8.35**	**7.87**	**155401**	**43167**	**112234**	**4.39**	**2.36**	**6.56**
15422	13842	8506	10078	9.04	9.15	8.92	8608	2132	6476	2.47	1.19	3.82
9907	9582	7516	7859	8.74	8.93	8.53	9563	2457	7106	3.59	1.80	5.47
23256	30003	21628	24560	9.35	9.37	9.34	10441	2768	7673	2.18	1.14	3.25
11874	10830	8217	8635	8.41	8.61	8.19	11474	3017	8457	2.62	1.33	4.00
2482	1851	1873	1967	7.61	7.89	7.30	4064	1071	2993	4.04	2.01	6.34
11256	11385	7770	9329	8.34	8.41	8.26	8809	2708	6101	2.01	1.20	2.85
4835	5248	3414	4222	7.94	8.13	7.75	9778	2423	7355	4.46	2.18	6.78
8599	7048	5652	5286	7.99	8.37	7.56	12876	3163	9713	4.30	2.03	6.78
4467	3406	2583	2615	6.86	7.29	6.38	21712	6367	15345	8.30	4.66	12.28
3775	3049	2538	2727	6.80	7.22	6.35	15945	4908	11037	8.22	4.93	11.71
4845	3620	2772	2637	6.85	7.29	6.35	23859	7278	16581	9.43	5.46	13.83
4234	3149	2068	1658	7.15	7.71	6.53	13651	3672	9979	8.74	4.51	13.36
3353	2728	1986	1859	8.24	8.61	7.82	4621	1203	3418	5.63	2.75	8.95
73039	**64288**	**51877**	**56139**	**7.90**	**8.21**	**7.57**	**165081**	**42741**	**122340**	**6.27**	**3.12**	**9.68**
21930	21225	18712	21467	8.96	9.14	8.78	25300	6573	18727	5.18	2.66	7.76
8687	7859	5088	5942	7.69	7.97	7.38	23997	6445	17552	6.75	3.48	10.31
3616	3228	2575	2900	7.62	7.91	7.30	11637	3462	8175	7.21	4.03	10.84
4262	3075	3745	3618	7.78	8.06	7.46	4433	1132	3301	2.36	1.13	3.79
5571	4766	3531	3738	7.73	8.07	7.34	19655	5365	14290	8.18	4.24	12.56
8689	7348	4915	5157	7.79	8.15	7.38	24399	6136	18263	7.19	3.44	11.34
12496	9888	8574	8209	7.66	7.98	7.31	24486	6029	18457	4.40	2.08	6.91
7788	6899	4737	5108	7.44	7.93	6.92	31174	7599	23575	10.32	4.90	16.02
36885	**37008**	**22118**	**23591**	**7.96**	**8.14**	**7.75**	**109742**	**42498**	**67244**	**10.23**	**7.51**	**13.28**
22364	22408	14646	15595	8.49	8.63	8.34	49876	19840	30036	9.25	6.94	11.86
5684	5565	3252	3661	7.05	7.28	6.79	38762	15226	23536	13.52	10.20	17.12
8837	9035	4220	4335	7.87	8.08	7.63	21104	7432	13672	8.56	5.68	11.81
88839	**86003**	**71897**	**83399**	**8.53**	**8.80**	**8.25**	**113555**	**26376**	**87179**	**4.08**	**1.87**	**6.35**
33347	33419	33607	39197	9.79	9.98	9.59	21008	3861	17147	3.19	1.17	5.21
2835	2331	1708	1898	8.27	8.56	7.96	2452	694	1758	3.06	1.66	4.58
8367	8159	7428	8918	7.91	8.23	7.58	19957	4378	15579	5.83	2.53	9.21
7583	7584	4673	5488	8.45	8.64	8.25	12108	3454	8654	4.33	2.40	6.37
5111	5495	3426	4387	8.01	8.23	7.78	10323	2632	7691	4.70	2.38	7.07
4331	3708	3331	3504	8.16	8.48	7.84	4680	972	3708	2.95	1.21	4.72
4679	4618	3395	3937	8.00	8.22	7.77	9171	2689	6482	4.16	2.42	5.92
3626	3666	2200	2550	7.99	8.20	7.77	6390	1901	4489	4.73	2.76	6.78
4068	3650	2683	2904	8.18	8.50	7.84	6659	1872	4787	4.41	2.39	6.61
5302	5174	2904	3486	8.21	8.64	7.77	12585	2488	10097	6.25	2.46	10.08
4529	3849	2691	2904	8.59	9.07	8.10	5527	900	4627	4.18	1.34	7.11
5061	4350	3851	4226	8.09	8.42	7.76	2695	535	2160	1.35	0.53	2.18
39300	**40830**	**27961**	**28928**	**8.23**	**8.49**	**7.95**	**108555**	**37210**	**71345**	**10.48**	**6.88**	**14.42**
10100	8733	6390	6105	9.05	9.28	8.76	15064	5279	9785	6.88	4.35	10.03
15945	20150	12280	12837	8.45	8.58	8.31	39333	14467	24866	11.23	8.10	14.49

表4 续表 48

地区	6岁及以上各种受教育程度人口(人)									
	未上过学		学前教育		小学		初中		高中	
	男	女	男	女	男	女	男	女	男	女
梁河县	2048	6214	567	525	25110	25001	24348	17859	6235	4880
盈江县	7216	15569	1420	1342	57653	56022	46735	35039	13368	10329
陇川县	6257	11949	809	753	34124	30851	29497	22272	8114	6722
怒江傈僳族自治州	**18146**	**31760**	**2796**	**2828**	**110917**	**110774**	**78636**	**51370**	**24143**	**17659**
泸水市	8160	12706	738	716	39636	36914	26771	17688	10770	8611
福贡县	5089	7652	1100	1027	24378	23679	14845	10988	2297	1402
贡山独龙族怒族自治县	2024	3196	127	138	6773	6042	5728	4006	1673	982
兰坪白族普米族自治县	2873	8206	831	947	40130	44139	31292	18688	9403	6664
迪庆藏族自治州	**18352**	**32281**	**2368**	**2317**	**74255**	**66772**	**50591**	**33277**	**17904**	**13543**
香格里拉市	5953	11357	960	937	31408	29482	25183	16836	11849	9569
德钦县	5899	8243	373	342	9442	8398	5684	3656	1522	784
维西傈僳族自治县	6500	12681	1035	1038	33405	28892	19724	12785	4533	3190
西藏自治区	**331372**	**491547**	**27991**	**26828**	**645530**	**519026**	**355820**	**219011**	**147301**	**109925**
拉萨市	**45517**	**71208**	**4520**	**4271**	**139317**	**115724**	**110083**	**64606**	**62028**	**45812**
城关区	20184	29458	1544	1447	64483	56003	60085	39677	41627	33583
堆龙德庆区	5000	7736	677	638	22493	17063	18198	8310	9956	6518
达孜区	1530	2534	366	354	7419	6257	3540	1857	1293	699
林周县	3863	8441	354	323	10779	8345	4686	2594	1168	715
当雄县	5942	7726	481	482	8377	7215	4376	2707	1110	675
尼木县	1742	3182	267	259	6610	5655	4013	2223	526	345
曲水县	3389	5175	296	174	7065	5840	5459	2880	3113	1755
墨竹工卡县	3082	5857	453	545	9951	7859	6091	2953	1753	846
拉萨经济技术开发区	533	718	41	32	1267	881	2605	1023	1092	493
西藏文化旅游创意园区	241	374	38	16	796	555	879	326	328	160
达孜工业园区	11	7	3	1	77	51	151	56	62	23
日喀则市	**70109**	**123644**	**7454**	**7093**	**149656**	**107887**	**85830**	**49386**	**23367**	**18929**
桑珠孜区	6921	11584	548	509	29420	26141	15650	9981	11129	10420
南木林县	7802	12696	1073	958	17459	12237	8849	4691	1547	1428
江孜县	5683	11590	582	601	14452	10067	6529	3836	1540	1354
定日县	7012	11349	612	577	9074	6534	6930	4210	771	437
萨迦县	4526	9016	611	618	9878	5903	5333	2907	744	559
拉孜县	4906	10344	702	644	10641	6498	6531	3315	1488	1254
昂仁县	6892	11730	594	510	9029	5710	5837	3557	784	497
谢通门县	4985	8695	509	517	7944	5129	5245	2925	664	421
白朗县	3318	7170	479	490	9854	6079	5374	2375	687	507
仁布县	1588	2982	266	263	8651	6597	4478	2031	742	355
康马县	1596	3220	271	276	4224	3356	1994	1089	463	278
定结县	2115	3963	228	212	3335	2148	2314	1352	410	211
仲巴县	4628	5916	239	245	3169	2463	2435	2000	387	201
亚东县	1029	2179	35	34	3179	2331	1401	810	693	310
吉隆县	1895	2953	178	175	2639	1895	1925	1209	451	223
聂拉木县	1987	3195	183	153	2378	1622	2259	1307	316	169
萨嘎县	2316	3229	252	214	2193	1685	1588	1086	272	141
岗巴县	910	1833	92	97	2137	1492	1158	705	279	164
昌都市	**77201**	**105433**	**5608**	**5180**	**161607**	**134752**	**57358**	**38075**	**19299**	**15088**
卡若区	12414	15990	838	777	28902	23598	10590	7394	9086	8172
江达县	15903	18686	438	447	18281	14226	4784	3124	1999	774
贡觉县	5732	7485	271	276	7859	6137	2569	1865	683	502
类乌齐县	1521	2312	297	289	16565	16343	5161	3368	913	766
丁青县	7377	10693	1139	1066	23291	19821	8343	5459	1212	1031
察雅县	6374	9494	282	315	12885	10395	2997	2163	957	709
八宿县	3198	5666	596	368	10456	8621	2615	1804	828	654
左贡县	6044	8363	423	382	9399	7378	2790	1897	869	601
芒康县	10152	13129	455	416	16288	12835	6668	4012	1168	705
洛隆县	4259	7090	448	407	9989	8905	6489	4054	932	725
边坝县	4227	6525	421	437	7692	6493	4352	2935	652	449

大学专科		大学本科及以上		平均受教育年限(年)			15岁及以上文盲人口(人)			文盲人口占15岁及以上人口比重(%)		
男	女	男	女	合计	男	女	合计	男	女	合计	男	女
2890	2507	2329	2489	7.95	8.31	7.55	9432	2427	7005	8.91	4.45	13.67
6494	5819	4156	4483	7.67	8.01	7.31	24772	7923	16849	11.19	6.95	15.68
3871	3621	2806	3014	7.57	7.89	7.23	19954	7114	12840	14.36	9.85	19.23
15806	**11803**	**11589**	**10899**	**7.62**	**8.02**	**7.18**	**53278**	**19644**	**33634**	**12.45**	**8.71**	**16.62**
6439	5156	5858	5658	7.87	8.18	7.51	20838	8157	12681	12.92	9.50	16.81
1985	1347	1300	1207	6.70	7.06	6.31	15458	6245	9213	18.91	14.68	23.50
1437	922	1092	935	7.60	8.10	7.02	6191	2473	3718	19.93	14.69	26.14
5945	4378	3339	3099	7.87	8.35	7.35	10791	2769	8022	7.02	3.45	10.92
14483	**11564**	**11150**	**11426**	**7.65**	**8.07**	**7.19**	**54259**	**19875**	**34384**	**16.97**	**11.80**	**22.73**
8674	6918	7230	7484	8.54	8.90	8.16	18281	6401	11880	11.73	7.81	16.10
2051	1552	1507	1596	6.39	6.91	5.82	14617	6097	8520	31.96	25.70	38.70
3758	3094	2413	2346	6.98	7.44	6.46	21361	7377	13984	18.07	11.76	25.21
104041	**84948**	**111621**	**101370**	**6.62**	**7.13**	**6.04**	**773184**	**297847**	**475337**	**28.08**	**20.44**	**36.68**
37749	**30817**	**41879**	**37355**	**8.34**	**8.72**	**7.89**	**115932**	**44741**	**71191**	**15.99**	**11.27**	**21.71**
25032	21887	28433	25685	9.22	9.46	8.94	50731	20617	30114	12.31	9.27	15.87
6372	4124	6360	5002	8.64	9.01	8.13	11662	4495	7167	10.80	7.07	16.15
813	638	840	859	7.07	7.49	6.56	4225	1595	2630	16.90	11.65	23.26
948	821	1124	1227	5.92	6.72	5.11	11862	3660	8202	31.42	19.29	43.69
820	645	993	913	5.48	5.97	4.94	12805	5424	7381	38.14	30.74	46.33
419	351	821	816	6.56	7.08	5.98	5485	1920	3565	24.40	16.07	33.83
886	737	1021	1123	6.97	7.51	6.32	8034	3064	4970	23.34	16.20	32.05
1169	860	1372	1201	6.66	7.38	5.81	9198	3162	6036	25.31	15.81	36.93
993	573	671	393	9.42	9.83	8.72	1137	475	662	10.82	6.99	17.85
245	149	181	113	8.14	8.66	7.31	771	316	455	19.32	12.73	30.15
52	32	63	23	10.41	10.51	10.19	22	13	9	3.70	3.17	4.89
14596	**12249**	**20204**	**18916**	**6.10**	**6.76**	**5.38**	**192650**	**67914**	**124736**	**32.75**	**21.91**	**44.81**
5504	4447	6324	5629	8.13	8.48	7.76	22245	8692	13553	17.79	13.20	22.88
757	957	1446	1684	5.62	6.12	5.05	19855	7284	12571	33.21	22.84	45.08
1017	1039	1558	1703	5.85	6.54	5.14	17342	5615	11727	33.98	21.58	46.89
631	508	1013	843	5.08	5.85	4.25	17321	6283	11038	43.01	30.12	56.84
601	588	963	863	5.40	6.23	4.47	13657	4629	9028	38.29	24.44	53.95
657	591	1187	1217	5.66	6.51	4.73	14478	4492	9986	35.40	20.91	51.45
636	475	904	757	4.86	5.70	3.96	17259	6036	11223	44.25	29.89	59.67
538	568	868	975	5.31	6.04	4.52	13155	4348	8807	40.43	25.61	56.62
452	646	762	934	5.73	6.46	4.90	10628	3439	7189	33.39	20.02	49.07
449	386	708	782	6.62	7.09	6.03	5093	1744	3349	20.10	12.18	30.40
468	401	650	610	6.15	6.90	5.36	4967	1589	3378	31.35	19.54	43.80
392	239	609	451	5.58	6.57	4.50	5906	2006	3900	39.89	25.87	55.31
419	184	475	340	4.48	5.10	3.84	9716	4071	5645	52.98	43.44	62.95
580	364	662	579	7.05	7.90	6.07	3714	1284	2430	29.45	18.96	41.62
529	344	646	421	6.11	6.94	5.15	4516	1678	2838	35.34	24.28	48.36
314	163	479	355	5.57	6.45	4.57	4958	1848	3110	40.35	27.99	54.71
321	166	493	375	5.16	5.88	4.38	4964	1898	3066	42.88	31.14	55.94
331	183	457	398	6.42	7.31	5.45	2876	978	1898	33.46	21.42	47.09
15237	**13056**	**11868**	**11127**	**5.77**	**6.18**	**5.33**	**170514**	**69099**	**101415**	**31.50**	**24.46**	**39.18**
4881	3925	4018	3764	7.07	7.35	6.75	27005	11501	15504	23.87	19.19	29.14
1307	1002	1089	829	4.43	4.91	3.89	29613	12893	16720	43.63	35.58	52.86
673	580	608	601	4.95	5.38	4.50	13133	5487	7646	45.27	36.70	54.37
913	1033	724	826	6.86	7.01	6.71	3166	1142	2024	7.83	5.49	10.30
1049	1007	825	873	5.65	6.00	5.27	13402	4615	8787	21.10	13.91	28.95
1215	1101	824	867	5.34	5.81	4.86	14491	5348	9143	35.39	25.91	45.02
1138	950	773	718	5.97	6.47	5.46	8604	2986	5618	27.69	18.80	37.00
887	746	726	679	5.08	5.57	4.56	14192	5898	8294	43.27	34.93	52.12
1367	1115	1123	1028	5.22	5.68	4.69	24299	10684	13615	42.04	34.76	50.31
1052	977	581	533	6.00	6.55	5.41	12180	4610	7570	33.44	24.67	42.68
755	620	577	409	5.52	6.13	4.88	10429	3935	6494	36.84	26.96	47.35

表4 续表 49

地区	6岁及以上各种受教育程度人口(人)									
	未上过学		学前教育		小学		初中		高中	
	男	女	男	女	男	女	男	女	男	女
林芝市	**16162**	**23797**	**1121**	**1106**	**41766**	**34592**	**25183**	**15633**	**12991**	**8984**
巴宜区	2660	4181	245	246	10600	9463	9807	6764	8179	6182
工布江达县	2439	3694	146	169	7444	6624	2913	1939	644	474
米林县	1976	2725	68	73	5575	4709	2553	1413	1023	430
墨脱县	1516	1852	126	106	2476	1581	1677	796	715	411
波密县	2545	4035	207	174	7102	5714	3925	2267	1110	726
察隅县	3404	5048	165	175	5253	3743	2475	1452	863	492
朗县	1622	2262	164	163	3316	2758	1833	1002	457	269
山南市	**27928**	**47895**	**2669**	**2821**	**64493**	**53998**	**34568**	**20925**	**14659**	**11250**
乃东区	2985	5022	345	391	12749	12354	7335	4956	7182	6687
扎囊县	3802	6436	431	371	6622	5298	2697	1445	1565	1253
贡嘎县	5089	8336	314	357	11036	8190	5010	2450	1495	795
桑日县	1821	2621	134	121	3016	2351	2532	944	767	330
琼结县	1155	2526	239	340	2849	2520	1233	765	325	210
曲松县	834	1497	128	149	2861	2531	1108	633	345	193
措美县	1297	2236	80	58	2104	1533	1242	827	210	142
洛扎县	1094	1970	71	78	4009	3815	2673	1808	571	251
加查县	2660	3586	217	215	3926	3387	2462	1457	636	408
隆子县	3403	5805	393	405	6404	5204	3160	1933	743	489
错那县	1024	2332	28	22	2777	2248	1509	931	341	135
浪卡子县	2764	5528	289	314	6140	4567	3607	2776	479	357
那曲市	**78734**	**99514**	**5670**	**5491**	**73642**	**59806**	**31992**	**23153**	**9702**	**6803**
色尼区	15825	19024	1188	1178	15865	12950	6955	5115	2918	2144
嘉黎县	3974	5702	734	727	6717	5364	3248	1966	721	411
比如县	10439	13808	891	877	11018	9494	3815	2600	1280	848
聂荣县	6517	8395	274	261	4233	3153	1833	1378	729	580
安多县	7506	8691	285	307	5449	4610	2088	1534	685	496
申扎县	1247	1886	194	181	4543	4333	2266	1871	466	348
索县	8726	11188	972	869	7526	5322	2826	1972	800	457
班戈县	6696	8477	380	378	5754	4792	2188	1711	699	528
巴青县	10726	13394	303	271	7495	5441	2935	1935	750	484
尼玛县	5606	7064	357	347	3455	2966	3019	2421	454	347
双湖县	1472	1885	92	95	1587	1381	819	650	200	160
阿里地区	**15721**	**20056**	**949**	**866**	**15049**	**12267**	**10806**	**7233**	**5255**	**3059**
普兰县	808	1325	73	57	2055	1809	1229	656	660	314
札达县	800	1337	34	37	1139	893	730	381	423	194
噶尔县	2164	3025	107	107	3767	2841	3541	2001	2148	1248
日土县	1479	1955	123	100	1427	1026	802	519	525	270
革吉县	3174	3568	243	204	2462	2141	952	783	414	269
改则县	4574	5356	240	240	2534	2217	1919	1536	688	509
措勤县	2722	3490	129	121	1665	1340	1633	1357	397	255
陕西省	**354944**	**851799**	**124938**	**127607**	**3983070**	**4513245**	**7214803**	**6216885**	**3365801**	**2793403**
西安市	**34308**	**91048**	**33794**	**33704**	**754136**	**859425**	**1826675**	**1621142**	**1202300**	**1076203**
新城区	1368	3870	1400	1458	32857	36274	77247	69975	85188	79751
碑林区	1225	3541	1754	1776	29732	34858	60018	63573	89338	91786
莲湖区	1825	5019	2401	2367	49285	56800	100467	101906	126963	124174
灞桥区	2255	5179	3697	3437	62251	64222	196768	165405	96815	85482
未央区	4936	10629	5701	5501	103515	111210	256808	221684	190864	176543
雁塔区	3632	8364	4673	4538	102582	108329	202211	178359	175333	167849
阎良区	608	2628	1024	1061	21639	26946	49191	46356	27351	23982
临潼区	2003	6719	1811	1819	56578	69602	147708	132215	56831	49233
长安区	5084	9799	4618	4450	112604	125554	300044	258529	147585	121119
高陵区	1018	3036	1476	1460	32414	37112	82716	77857	44638	38802
鄠邑区	2698	8508	1900	2074	44926	55979	116003	105564	62267	47838
蓝田县	3987	9536	1437	1617	47289	56690	120327	101884	43413	32697
周至县	3669	14220	1902	2146	58464	75849	117167	97835	55714	36947
铜川市	**5253**	**15348**	**1602**	**1728**	**59813**	**73303**	**147976**	**126040**	**67725**	**57468**
王益区	926	3552	233	261	8797	11028	25500	23634	18974	17288
印台区	1643	5003	285	325	12403	14560	31006	24960	13377	10415
耀州区	1646	4779	898	965	29285	37974	75268	65278	30044	26192
宜君县	1038	2014	186	177	9328	9741	16202	12168	5330	3573

大学专科		大学本科及以上		平均受教育年限(年)			15岁及以上文盲人口(人)			文盲人口占15岁及以上人口比重(%)		
男	女	男	女	合计	男	女	合计	男	女	合计	男	女
7971	**6239**	**12081**	**11496**	**7.73**	**8.13**	**7.26**	**42101**	**16970**	**25131**	**22.21**	**16.61**	**28.74**
3747	2971	7024	6780	9.77	9.99	9.51	7199	2834	4365	10.16	7.44	13.33
635	535	782	898	6.38	6.75	5.99	6535	2522	4013	27.29	20.52	34.41
855	525	1033	999	7.07	7.56	6.48	5106	2136	2970	24.94	18.88	32.43
617	420	693	510	7.11	7.61	6.42	3081	1362	1719	26.78	20.05	36.50
907	787	1053	1012	6.81	7.28	6.26	7332	2825	4507	27.16	19.48	36.08
668	586	798	631	5.77	6.43	5.02	8901	3627	5274	40.87	31.13	52.08
542	415	698	666	6.67	7.15	6.12	3947	1664	2283	28.08	22.15	34.90
12076	**9742**	**12614**	**11331**	**6.89**	**7.51**	**6.23**	**75149**	**27163**	**47986**	**26.28**	**18.37**	**34.75**
4186	3532	4612	4150	9.04	9.38	8.68	8148	2974	5174	11.81	8.39	15.40
1002	888	894	953	6.01	6.65	5.36	9951	3665	6286	33.88	24.84	43.02
1685	1222	1538	1352	6.19	6.91	5.37	13033	4861	8172	30.69	21.19	41.85
604	447	644	507	6.64	7.36	5.71	4312	1768	2544	28.76	20.63	39.59
435	377	495	521	6.14	6.98	5.36	3851	1191	2660	31.56	20.53	41.56
424	383	463	484	6.86	7.38	6.32	2285	815	1470	22.04	15.37	29.02
366	302	441	372	6.10	6.84	5.33	3517	1246	2271	35.95	25.02	47.30
524	338	585	474	7.00	7.63	6.32	2884	1006	1878	18.24	12.14	24.97
756	608	704	591	6.21	6.75	5.61	6168	2563	3605	33.35	26.19	41.41
814	673	837	784	5.80	6.49	5.09	9442	3444	5998	35.45	25.53	45.63
493	357	537	394	6.58	7.57	5.53	3280	999	2281	27.81	16.55	39.60
787	615	864	749	6.03	6.80	5.27	8278	2631	5647	33.05	21.05	45.00
10665	**9175**	**8144**	**7806**	**4.81**	**5.25**	**4.35**	**148902**	**60894**	**88008**	**44.81**	**36.09**	**53.81**
2674	2349	1879	1596	5.22	5.62	4.79	29579	12772	16807	41.20	34.38	48.51
822	632	744	744	5.54	6.09	4.94	8341	3140	5201	34.38	24.72	45.01
1413	1174	1001	1097	4.71	5.17	4.24	18671	7247	11424	43.10	33.69	52.37
832	728	498	512	4.35	4.82	3.87	12016	4728	7288	50.96	40.43	61.33
841	696	638	646	4.42	4.77	4.06	12170	5129	7041	43.86	36.27	51.75
506	370	474	437	6.74	7.11	6.36	3186	1160	2026	20.36	14.62	26.26
923	786	804	844	4.30	4.78	3.79	17440	7221	10219	53.30	42.99	64.18
760	766	558	562	4.54	4.91	4.17	13503	5551	7952	49.09	40.84	57.14
1023	913	804	771	4.07	4.56	3.57	21237	8722	12515	59.29	47.65	71.45
570	519	468	395	4.59	5.02	4.15	10456	4351	6105	46.35	38.80	53.83
301	242	276	202	5.52	6.01	5.02	2303	873	1430	31.34	23.54	39.30
5747	**3670**	**4831**	**3339**	**6.50**	**7.19**	**5.70**	**27936**	**11066**	**16870**	**30.71**	**22.45**	**40.48**
787	394	467	365	7.64	8.45	6.64	1710	484	1226	17.95	9.05	29.33
530	384	477	302	7.40	8.37	6.26	1821	607	1214	27.32	16.72	39.99
2265	1380	2378	1548	8.82	9.44	7.97	4442	1731	2711	17.66	11.83	25.77
556	367	368	262	6.24	6.98	5.36	2258	856	1402	27.65	19.32	37.54
462	297	322	259	4.69	5.09	4.26	3863	1575	2288	31.64	24.94	38.82
667	503	484	368	4.87	5.33	4.40	8399	3580	4819	48.74	40.65	57.18
480	345	335	235	5.18	5.77	4.56	5443	2233	3210	45.27	36.40	54.52
2009046	**1796258**	**1764480**	**1702246**	**9.84**	**10.08**	**9.58**	**1087779**	**312607**	**775172**	**3.33**	**1.88**	**4.83**
903889	**862299**	**1049404**	**1019048**	**11.38**	**11.48**	**11.28**	**96351**	**23193**	**73158**	**0.94**	**0.44**	**1.45**
53117	50358	47325	44116	11.70	11.80	11.60	3519	757	2762	0.66	0.28	1.05
63615	66774	112345	99849	12.71	12.86	12.56	2999	611	2388	0.45	0.19	0.71
101186	102708	90450	87939	12.15	12.25	12.06	4574	1011	3563	0.53	0.24	0.81
79979	69909	56092	57865	10.98	11.01	10.95	5429	1381	4048	0.63	0.31	0.99
155983	152164	183090	169996	11.77	11.82	11.72	9315	2281	7034	0.59	0.28	0.92
182898	187090	288257	288964	12.59	12.59	12.60	7266	1717	5549	0.42	0.20	0.65
26713	19199	21328	15574	10.90	11.29	10.48	2872	480	2392	1.11	0.36	1.94
28815	26865	29845	25017	9.95	10.17	9.72	7758	1690	6068	1.35	0.58	2.16
106659	102467	157852	178056	11.26	11.24	11.28	11817	3691	8126	0.80	0.49	1.12
26824	24287	19068	16167	10.43	10.61	10.25	3664	829	2835	1.02	0.45	1.61
42995	31648	27963	21604	10.33	10.70	9.93	9800	2230	7570	1.88	0.82	3.03
15368	12945	7241	6652	9.14	9.41	8.84	12328	3539	8789	3.00	1.66	4.44
19737	15885	8548	7249	9.07	9.53	8.59	15010	2976	12034	3.30	1.28	5.42
32433	**29461**	**18589**	**18729**	**9.69**	**9.96**	**9.42**	**17938**	**4500**	**13438**	**3.02**	**1.49**	**4.59**
6515	5964	3265	3191	10.06	10.38	9.75	4060	856	3204	3.39	1.44	5.30
4644	3890	2289	2292	9.13	9.52	8.72	6274	1541	4733	5.40	2.57	8.42
18623	17420	11685	11732	9.93	10.14	9.71	4563	1074	3489	1.53	0.72	2.35
2651	2187	1350	1514	8.89	9.14	8.61	3041	1029	2012	5.03	3.17	7.19

表4 续表 50

地区	6岁及以上各种受教育程度人口(人)									
	未上过学		学前教育		小学		初中		高中	
	男	女	男	女	男	女	男	女	男	女
宝鸡市	**20794**	**76862**	**9351**	**10933**	**314782**	**417590**	**676475**	**580075**	**306548**	**241932**
渭滨区	1471	4992	1143	1201	33481	42699	72379	72352	63714	63712
金台区	1215	4511	874	878	27618	36508	75342	72990	57918	53035
陈仓区	4068	13829	1601	1847	53677	70030	106878	87134	40043	27145
凤翔县	2170	10899	1207	1378	39045	57403	88408	72324	31591	20799
岐山县	2224	10700	946	1355	31768	45242	82099	71692	35141	24487
扶风县	1962	11075	913	1243	28876	40085	79256	66049	24124	16461
眉县	2625	7318	949	1138	29412	35628	65299	55732	21585	15851
陇县	1441	4344	983	1072	34245	45202	41955	34384	9587	6182
千阳县	808	2811	316	352	12859	17444	22199	16992	6761	4500
麟游县	555	1871	150	217	9079	12176	16652	9950	6991	3032
凤县	1511	2932	181	161	9883	9991	17636	13928	6137	4617
太白县	744	1580	88	91	4839	5182	8372	6548	2956	2111
咸阳市	**27130**	**100570**	**15422**	**17058**	**439164**	**546033**	**1026396**	**895171**	**444778**	**354920**
秦都区	1576	4636	2018	2072	47548	54561	109803	107205	92132	87472
杨陵区	690	3108	778	845	17475	22068	36828	33568	21182	17493
渭城区	1048	3410	1050	1039	28102	32829	72789	70448	56265	52471
三原县	1103	3184	1011	1007	30694	37185	90369	83304	26721	24483
泾阳县	1543	3701	1388	1417	43644	50417	115431	105773	31996	28274
乾县	3407	16480	1751	2060	49270	63921	106228	85841	38621	25235
礼泉县	1816	7048	1171	1205	33557	46240	86102	74659	37159	25334
永寿县	1499	6538	525	622	18774	23677	38652	29381	10794	7049
长武县	2042	6585	429	480	16762	20129	34138	26072	11493	5803
旬邑县	4099	11801	990	1158	27991	32104	45045	33045	14073	8364
淳化县	1122	3221	355	381	14649	18520	37646	29753	9635	6752
武功县	1482	9396	1222	1384	28351	41628	73214	63707	26461	17671
兴平市	2035	9152	1589	2089	42588	55886	115378	102385	47720	36002
彬州市	3668	12310	1145	1299	39759	46868	64773	50030	20526	12517
渭南市	**23622**	**71440**	**16354**	**17531**	**447709**	**558721**	**1069055**	**971148**	**388007**	**325313**
临渭区	3387	8015	3050	2978	78665	92845	181001	171615	88588	81147
华州区	1146	2079	924	927	24854	29280	64895	60328	24371	20851
潼关县	480	1111	395	424	12470	14653	30186	27111	11426	9464
大荔县	5795	16730	2728	3201	69561	83424	137196	121405	42517	35717
合阳县	1887	7253	1592	1643	39538	54042	80099	68917	27723	21773
澄城县	1728	6040	877	1018	28656	38687	70363	63110	24921	20119
蒲城县	3050	10954	2149	2354	66201	83460	160691	145122	49863	40332
白水县	1534	4586	701	787	20394	25458	52412	46936	18801	14316
富平县	2227	7917	2073	2256	58207	77549	165471	152135	42285	32290
韩城市	1465	4232	1154	1223	30721	36731	78191	69448	41845	35338
华阴市	923	2523	711	720	18442	22592	48550	45021	15667	13966
延安市	**23052**	**47348**	**8566**	**8195**	**326579**	**343554**	**403384**	**330042**	**174575**	**133466**
宝塔区	7039	13803	2446	2256	77210	76600	106531	94019	46073	41052
安塞区	2593	5594	518	484	30525	33036	25128	18277	10145	6872
延长县	814	1647	396	424	19666	21477	23752	18643	8065	5593
延川县	1042	2025	509	516	22835	23577	25458	20974	11145	8674
志丹县	2375	4154	808	774	29712	30674	19333	15062	11869	8655
吴起县	557	1289	646	552	25739	28993	18516	14012	12386	8540
甘泉县	679	1200	184	201	13327	14347	13008	10661	4983	3786
富县	1466	3294	519	514	19502	20700	28516	22626	10947	7811
洛川县	1838	3983	927	840	25022	25810	41769	36057	17240	12798
宜川县	420	979	335	353	13841	16330	25558	21146	8189	6916
黄龙县	315	683	124	124	5896	6613	7331	5464	3224	2290
黄陵县	491	1170	357	305	11051	11842	26671	21192	13871	9188
子长市	3423	7527	797	852	32253	33555	41813	31909	16438	11291
汉中市	**55606**	**121949**	**7987**	**8542**	**409846**	**450218**	**618380**	**549327**	**247766**	**207651**
汉台区	3054	9174	1147	1176	45745	54043	103199	102864	68226	63988
南郑区	6963	18800	1408	1451	62382	70281	94373	83431	32388	27586

大学专科		大学本科及以上		平均受教育年限(年)			15岁及以上文盲人口(人)			文盲人口占15岁及以上人口比重(%)		
男	女	男	女	合计	男	女	合计	男	女	合计	男	女
151268	**122562**	**97505**	**87042**	**9.51**	**9.92**	**9.10**	**87341**	**17833**	**69508**	**3.13**	**1.27**	**5.03**
37042	36502	36292	35020	11.17	11.36	10.98	5195	1043	4152	1.15	0.47	1.78
33836	28165	20780	18824	10.81	11.09	10.54	4759	943	3816	1.21	0.48	1.95
16436	11256	8414	6994	8.87	9.35	8.35	16013	3502	12511	3.96	1.69	6.36
14323	10255	6848	5723	8.96	9.52	8.39	11881	1912	9969	3.65	1.16	6.19
15198	11055	6662	5227	9.23	9.77	8.67	11654	1915	9739	3.76	1.22	6.35
10063	7010	4379	3413	8.84	9.41	8.25	11622	1572	10050	4.45	1.20	7.75
9137	7860	4814	4410	8.97	9.31	8.61	8966	2262	6704	3.88	1.92	5.92
4712	3356	2740	2102	8.11	8.54	7.68	5200	1265	3935	3.20	1.58	4.78
2872	1984	1890	1470	8.59	9.10	8.05	3388	750	2638	4.12	1.79	6.56
3447	1994	1934	1326	9.03	9.65	8.25	2328	523	1805	3.68	1.47	6.52
2677	2132	1630	1574	8.81	9.09	8.49	4099	1408	2691	5.98	3.87	8.36
1525	993	1122	959	8.86	9.27	8.39	2236	738	1498	6.69	4.15	9.58
249112	**216892**	**157052**	**157814**	**9.75**	**10.05**	**9.43**	**115043**	**23429**	**91614**	**2.79**	**1.13**	**4.49**
73512	75979	57247	60446	11.59	11.65	11.53	4926	1079	3847	0.70	0.31	1.08
22415	17156	22252	21143	11.23	11.55	10.90	2968	449	2519	1.41	0.42	2.44
40811	32545	26625	31277	11.23	11.37	11.08	3655	754	2901	0.89	0.37	1.42
11542	11567	5759	6276	9.42	9.54	9.29	3813	941	2872	1.27	0.63	1.91
13752	13412	8529	7564	9.30	9.44	9.16	4477	1255	3222	1.18	0.66	1.72
14881	11085	4277	3695	8.71	9.26	8.14	18364	3059	15305	4.90	1.61	8.30
13353	10685	3407	2995	9.17	9.57	8.75	7869	1510	6359	2.55	0.96	4.20
4055	2978	2253	2050	8.48	9.03	7.91	7457	1360	6097	5.80	2.07	9.72
5720	3472	3271	2219	8.70	9.34	7.97	8178	1958	6220	6.72	3.01	10.96
6085	4466	3749	3246	8.22	8.82	7.58	14140	3612	10528	8.38	4.13	12.94
4031	3520	1720	1810	8.86	9.17	8.52	3989	1031	2958	3.33	1.65	5.15
11575	9088	5241	4629	9.05	9.59	8.51	10408	1344	9064	4.05	1.06	6.99
17910	14791	8200	6827	9.34	9.70	8.96	10432	1845	8587	2.56	0.90	4.26
9470	6148	4522	3637	8.42	8.98	7.82	14367	3232	11135	6.17	2.68	9.92
175694	**157463**	**78066**	**82177**	**9.32**	**9.56**	**9.08**	**87572**	**20808**	**66764**	**2.25**	**1.07**	**3.42**
51050	43503	26405	29533	10.03	10.19	9.88	9080	2501	6579	1.17	0.65	1.70
7943	7871	3051	3167	9.33	9.45	9.20	2775	894	1881	1.23	0.79	1.68
3205	2998	1478	1540	9.21	9.37	9.04	1662	489	1173	1.60	0.93	2.30
12391	12071	4976	5373	8.57	8.87	8.28	21079	5294	15785	4.31	2.18	6.42
12578	11635	4569	4583	8.97	9.32	8.63	8619	1738	6881	2.85	1.16	4.51
10799	9805	4772	5010	9.21	9.52	8.89	7018	1470	5548	2.73	1.16	4.28
20402	18997	7867	7924	9.07	9.33	8.80	13032	2755	10277	2.39	1.01	3.76
9657	8221	3145	3260	9.30	9.61	8.99	5753	1457	4296	3.08	1.54	4.65
19639	17565	9206	9522	9.13	9.39	8.87	9696	2016	7680	1.83	0.76	2.88
20512	17615	9171	8682	9.98	10.19	9.75	4887	1186	3701	1.53	0.73	2.37
7518	7182	3426	3583	9.39	9.56	9.21	3971	1008	2963	2.39	1.22	3.54
101572	**84694**	**68257**	**65355**	**9.17**	**9.41**	**8.92**	**57999**	**18510**	**39489**	**3.22**	**1.98**	**4.56**
33255	29703	29605	30792	9.73	9.86	9.60	18283	6087	12196	3.64	2.38	4.93
6026	4670	4406	3972	8.42	8.80	8.00	5812	1791	4021	4.61	2.75	6.60
3350	2772	2176	1900	8.63	8.88	8.36	1806	563	1243	1.90	1.13	2.76
4400	3743	3191	2803	8.87	9.06	8.65	2264	717	1547	2.02	1.23	2.89
7227	5590	3827	3145	8.62	8.94	8.28	5646	2040	3606	4.78	3.31	6.40
8377	6572	4300	3489	9.23	9.54	8.88	1017	264	753	0.91	0.45	1.41
3037	2657	1781	1770	8.83	9.03	8.62	803	287	516	1.34	0.93	1.78
6056	4724	3096	2560	8.99	9.29	8.65	4045	1141	2904	3.61	1.92	5.50
7969	6806	3445	3414	9.11	9.32	8.88	5697	1773	3924	3.56	2.15	5.07
3321	2866	2206	2276	9.10	9.28	8.92	1025	278	747	1.12	0.59	1.68
2251	1805	1256	1158	9.34	9.62	9.03	821	257	564	2.38	1.41	3.47
8738	6562	3747	3035	10.13	10.36	9.86	1377	408	969	1.31	0.70	2.05
7565	6224	5221	5041	8.71	9.04	8.34	9403	2904	6499	5.45	3.20	7.93
99752	**86333**	**74419**	**67916**	**8.78**	**9.11**	**8.45**	**166672**	**52043**	**114629**	**6.18**	**3.85**	**8.54**
33564	32603	32521	30047	10.49	10.71	10.28	11279	2714	8565	2.12	1.04	3.17
12533	9553	7478	6737	8.49	8.88	8.10	24185	6591	17594	6.23	3.41	9.02

表4 续表 51

地 区	6岁及以上各种受教育程度人口(人)									
	未上过学		学前教育		小学		初中		高中	
	男	女	男	女	男	女	男	女	男	女
城固县	5941	13329	1342	1495	49791	58710	97245	90917	31414	26464
洋县	3280	7929	907	1004	37182	46028	77130	70784	29120	21469
西乡县	7929	14745	753	820	49942	52926	62193	54686	19071	16180
勉县	6981	16605	824	770	39081	44574	74832	64974	27120	20811
宁强县	9446	21247	655	729	44906	44915	42663	31638	14585	11567
略阳县	5923	9703	314	298	24003	22239	22302	17553	10335	8238
镇巴县	3856	7103	499	655	46630	47175	34795	24802	11148	7962
留坝县	1254	1912	73	86	5911	5227	5591	4504	2602	2034
佛坪县	979	1402	65	58	4273	4100	4057	3174	1757	1352
榆林市	**71972**	**166860**	**17163**	**15256**	**527398**	**517257**	**589623**	**440574**	**252140**	**179962**
榆阳区	8638	22522	4162	3943	121768	125166	151913	126437	65933	55049
横山区	7441	20237	1446	1230	46674	46521	42171	28016	18246	12010
府谷县	4900	15342	1592	1289	36176	32391	45458	26063	18750	10395
靖边县	10264	21999	2712	2158	60458	57911	57903	44944	28266	21420
定边县	6480	16362	1325	1186	55095	54262	58147	42168	22681	15524
绥德县	5259	9649	791	771	38441	39186	50698	44300	13189	10790
米脂县	2226	4413	427	473	23740	24515	25256	21983	8234	6354
佳县	4513	8264	364	421	21609	21035	18571	11779	6470	3959
吴堡县	829	1664	177	197	7947	8343	10293	8202	3363	2492
清涧县	3710	6857	582	551	18568	17604	20517	14826	7976	5524
子洲县	4850	10908	664	637	22845	22758	25452	17302	7743	5072
神木市	12862	28643	2921	2400	74077	67565	83244	54554	51289	31373
安康市	**65155**	**104632**	**7475**	**7391**	**417654**	**420502**	**433947**	**352906**	**157838**	**123205**
汉滨区	16014	30826	2817	2773	109496	118425	166651	142769	68633	56867
汉阴县	7560	12923	827	822	43486	41879	42062	34221	13295	10671
石泉县	4061	5945	374	397	25887	24919	27681	22562	10233	8196
宁陕县	2264	2971	141	139	11166	9892	9887	7470	3548	2742
紫阳县	7119	9901	808	788	56799	52991	44135	33962	13081	9770
岚皋县	5880	7544	391	381	28023	24919	20867	15823	7535	5650
平利县	8183	11690	498	465	34472	33119	29048	22970	9712	7455
镇坪县	2241	3552	124	120	9007	8249	6266	5078	2520	2020
旬阳县	7173	12332	1008	992	65524	71841	63642	48533	21084	13469
白河县	4660	6948	487	514	33794	34268	23708	19518	8197	6365
商洛市	**28052**	**55742**	**7224**	**7269**	**285989**	**326642**	**422892**	**350460**	**124124**	**93283**
商州区	4640	11198	1752	1776	49422	58262	102737	86642	31168	24395
洛南县	2801	7574	1540	1556	48491	60407	82590	69312	20708	16193
丹凤县	2880	6021	892	896	33102	39567	56388	48145	13559	9746
商南县	2959	5491	658	643	25483	29492	40117	37297	13901	10786
山阳县	2762	5806	1149	1175	60551	69838	76546	60578	19798	14210
镇安县	8356	13356	786	747	46626	45762	40862	30774	15327	10673
柞水县	3654	6296	447	476	22314	23314	23652	17712	9663	7280
甘肃省	**510158**	**1279023**	**85227**	**85776**	**3519617**	**3897212**	**3839670**	**3021554**	**1824369**	**1412549**
兰州市	**24867**	**87060**	**9260**	**9041**	**341503**	**378620**	**655733**	**526232**	**431255**	**384743**
城关区	4361	14619	2966	2829	87253	96081	195157	168263	163347	155818
七里河区	4820	13762	1502	1376	55576	59250	102654	85606	73746	68400
西固区	1425	5445	864	828	27056	32990	65054	58640	48503	44889
安宁区	1213	4436	839	741	22225	24685	41482	36821	38795	40050
红古区	1852	6573	306	323	15262	16273	26855	22203	13625	10448
永登县	4566	19045	803	905	39881	46887	57843	40322	21887	14294
皋兰县	1036	3281	260	275	15275	16394	26878	18350	10684	6821
榆中县	3887	13885	1025	1127	52450	59023	90428	65740	33696	26792
兰州新区	1707	6014	695	637	26525	27037	49382	30287	26972	17231
嘉峪关市	**460**	**1363**	**734**	**680**	**21503**	**29296**	**42063**	**41820**	**34685**	**30505**
市辖区	460	1363	734	680	21503	29296	42063	41820	34685	30505
金昌市	**4242**	**14261**	**1910**	**2138**	**45892**	**56893**	**71358**	**59258**	**41814**	**31479**
金川区	2055	7387	1320	1180	21159	24691	39580	35285	27414	22726
永昌县	2187	6874	590	958	24733	32202	31778	23973	14400	8753

大学专科		大学本科及以上		平均受教育年限(年)			15岁及以上文盲人口(人)			文盲人口占15岁及以上人口比重(%)		
男	女	男	女	合计	男	女	合计	男	女	合计	男	女
11281	9674	7761	6900	8.75	9.06	8.45	18289	5560	12729	4.98	3.06	6.87
10671	7938	5114	3931	8.93	9.30	8.55	9926	2839	7087	3.48	1.97	5.02
6231	5322	4632	4177	8.07	8.37	7.77	21883	7669	14214	8.32	5.82	10.82
9187	7708	5366	4875	8.56	8.97	8.13	22041	6522	15519	7.44	4.37	10.54
5072	4310	4119	4094	7.51	8.03	6.98	28809	8853	19956	13.29	8.07	18.64
4854	4107	2591	2723	8.04	8.36	7.7	14647	5563	9084	11.9	8.68	15.38
3980	3180	3138	2759	7.78	8.08	7.44	10346	3617	6729	6.08	4.04	8.35
1234	1060	869	922	8.37	8.59	8.13	2985	1174	1811	9.81	7.3	12.63
1145	878	830	751	8.47	8.76	8.15	2282	941	1341	10.24	7.94	12.85
174849	**137339**	**124477**	**112618**	**8.87**	**9.27**	**8.43**	**226440**	**67555**	**158885**	**7.95**	**4.53**	**11.71**
53695	46731	46005	44769	9.69	9.92	9.45	27872	7578	20294	3.77	2.02	5.59
12803	9585	7780	6915	8.22	8.84	7.54	26201	6926	19275	11.85	6.04	18.1
14136	9501	11290	9466	8.93	9.51	8.21	19217	4602	14615	9.41	4.04	16.18
15479	12505	10691	9475	8.43	8.84	7.98	31569	9905	21664	10.78	6.58	15.22
11299	9297	8593	8055	8.42	8.83	7.96	21536	6012	15524	7.98	4.26	12.05
6697	6332	5658	5702	8.42	8.64	8.19	14488	5117	9371	7.05	4.94	9.2
4784	3994	2682	2699	8.47	8.73	8.2	6687	2261	4426	5.81	3.87	7.8
3348	2572	2537	2388	7.68	8.16	7.12	12183	4259	7924	12.44	8.18	17.28
2150	1740	1444	1523	8.82	9.09	8.53	2548	835	1713	5.78	3.65	8.06
3829	2884	2378	2218	8.13	8.53	7.67	10131	3580	6551	10.43	6.92	14.44
3929	3147	2552	2496	7.72	8.27	7.12	15192	4668	10524	13.08	7.73	18.86
42700	29051	22867	16912	9.35	9.86	8.71	38816	11812	27004	8.71	4.78	13.6
66107	**55705**	**52895**	**51287**	**8.24**	**8.5**	**7.97**	**155120**	**59277**	**95843**	**7.68**	**5.67**	**9.82**
31696	27354	26287	27153	9.01	9.27	8.74	43889	14939	28950	6.06	4.07	8.1
4518	3931	3248	2786	7.73	8.03	7.41	18821	7018	11803	9.94	7.18	12.87
3915	3239	2996	2568	8.26	8.49	8.02	9305	3806	5499	7.32	5.69	9.14
2005	1646	1272	1299	8.11	8.29	7.9	5046	2186	2860	10.04	8.06	12.35
4144	3324	3237	3120	7.64	7.83	7.41	15218	6362	8856	7.28	5.71	9.06
3130	2514	2178	1986	7.59	7.81	7.34	12486	5495	6991	11.18	9.13	13.58
3641	3047	2490	2278	7.47	7.76	7.16	17887	7312	10575	12.06	9.47	14.86
1446	1196	1134	1153	7.69	8	7.35	5377	2067	3310	13.97	10.44	17.72
9012	7424	6474	5719	8.1	8.43	7.73	17480	6393	11087	5.94	4.19	7.84
2600	2030	3579	3225	7.71	7.96	7.43	9611	3699	5912	7.51	5.65	9.45
54370	**43510**	**43816**	**40260**	**8.58**	**8.88**	**8.26**	**77303**	**25459**	**51844**	**4.77**	**3.07**	**6.54**
17164	14459	17639	17554	9.31	9.58	9.03	14867	4272	10595	3.9	2.2	5.66
9403	7198	4955	3973	8.53	8.87	8.18	9264	2417	6847	3.17	1.64	4.72
5098	3689	3984	3421	8.42	8.75	8.09	8617	2734	5883	4.41	2.76	6.12
5521	4740	4500	4239	8.75	9.03	8.48	7999	2770	5229	5	3.48	6.51
6369	4784	4657	3707	8.25	8.53	7.94	7524	2316	5208	2.7	1.61	3.86
6835	5550	5453	4943	7.95	8.27	7.58	19998	7671	12327	9.84	7.18	12.79
3980	3090	2628	2423	8.22	8.57	7.84	9034	3279	5755	8.23	5.71	10.99
1037137	**894105**	**891353**	**806754**	**8.79**	**9.26**	**8.31**	**1677613**	**473738**	**1203875**	**8.32**	**4.66**	**12.04**
288351	**267615**	**351817**	**338312**	**10.91**	**11.11**	**10.7**	**100029**	**21576**	**78453**	**2.67**	**1.13**	**4.3**
116429	112283	139648	139234	11.67	11.76	11.59	15952	3388	12564	1.24	0.52	1.98
47939	43963	60786	48010	10.94	11.19	10.67	17132	4392	12740	2.8	1.38	4.33
31198	25106	21499	20288	10.85	11.11	10.58	6025	1212	4813	1.72	0.68	2.79
32116	28869	69522	71386	12.49	12.6	12.39	5357	1035	4322	1.4	0.55	2.25
7333	6316	3891	3454	9.32	9.78	8.83	7842	1705	6137	6.52	2.77	10.45
6809	5601	4874	4657	8.16	8.85	7.44	20069	3787	16282	8.45	3.15	13.89
6660	5012	3118	3010	9.33	9.67	8.91	3969	943	3026	3.73	1.62	6.29
14227	12807	31546	36860	9.76	9.97	9.54	16314	3526	12788	4.05	1.71	6.48
25640	27658	16933	11413	10.72	10.88	10.53	7369	1588	5781	3	1.17	5.27
32174	**21388**	**18665**	**14082**	**11.14**	**11.56**	**10.68**	**1284**	**300**	**984**	**0.49**	**0.22**	**0.78**
32174	21388	18665	14082	11.14	11.56	10.68	1284	300	984	0.49	0.22	0.78
26696	**21040**	**20992**	**16284**	**9.73**	**10.25**	**9.19**	**16365**	**3545**	**12820**	**4.35**	**1.85**	**6.95**
18731	15483	15658	12381	10.39	10.82	9.94	8914	1840	7074	4	1.62	6.49
7965	5557	5334	3903	8.78	9.43	8.09	7451	1705	5746	4.86	2.19	7.6

表4 续表 52

地区	6岁及以上各种受教育程度人口(人)									
	未上过学		学前教育		小学		初中		高中	
	男	女	男	女	男	女	男	女	男	女
白银市	**13637**	**45597**	**3936**	**4124**	**192077**	**239468**	**251326**	**197453**	**130604**	**96260**
白银区	1403	4737	702	709	24194	30027	49537	46901	41515	33892
平川区	1875	6368	486	592	21573	26102	35195	28725	18993	14207
靖远县	3696	13711	1022	1008	53359	67072	70115	50192	25888	17407
会宁县	5081	15599	1191	1351	67880	84411	61289	43452	26621	19212
景泰县	1582	5182	535	464	25071	31856	35190	28183	17587	11542
天水市	**66464**	**167908**	**9673**	**9940**	**455310**	**498792**	**486944**	**397585**	**195376**	**155552**
秦州区	9672	24638	2092	2082	89871	95284	100498	86349	49625	44115
麦积区	5698	15584	1533	1527	73268	85643	102995	85708	44004	34415
清水县	6563	17326	942	866	42228	46019	36922	26973	14163	10852
秦安县	10512	29122	995	1014	58394	67304	78407	58932	28331	19858
甘谷县	13746	35541	1774	1989	83048	90892	80376	67136	29655	22883
武山县	9738	20769	1220	1265	63920	69031	57098	48648	19055	15335
张家川回族自治县	10535	24928	1117	1197	44581	44619	30648	23839	10543	8094
武威市	**20070**	**70706**	**4484**	**4341**	**178616**	**237546**	**255538**	**201241**	**126364**	**81576**
凉州区	8929	31245	3035	2813	94904	133410	161784	134376	78825	54076
民勤县	2211	8525	232	304	18204	26947	32050	26348	19821	10320
古浪县	4836	17728	818	845	38032	49277	40865	27143	18207	11254
天祝藏族自治县	4094	13208	399	379	27476	27912	20839	13374	9511	5926
张掖市	**11992**	**36639**	**3705**	**3768**	**145195**	**186629**	**191815**	**159381**	**89122**	**64564**
甘州区	5477	15338	1707	1616	52104	63807	87297	78208	46466	38061
肃南裕固族自治县	325	961	70	65	4524	5237	4113	2938	1985	1223
民乐县	2244	7910	562	560	35545	45388	29876	19490	11900	7075
临泽县	1319	3426	530	648	17098	22739	19235	16136	9063	5547
高台县	1047	2498	314	312	17561	26121	22974	18520	8294	5277
山丹县	1580	6506	522	567	18363	23337	28320	24089	11414	7381
平凉市	**46937**	**129405**	**5722**	**5698**	**271741**	**304647**	**280535**	**222189**	**130452**	**92941**
崆峒区	9100	24516	1611	1593	57876	63243	83402	73392	40931	34540
泾川县	2609	9448	712	781	32521	42243	39193	32879	15195	9295
灵台县	2872	10821	510	508	22073	27263	26919	20241	11608	6716
崇信县	1583	4150	206	221	11627	13683	12560	9899	6852	3959
庄浪县	7304	19652	968	1010	65246	77816	41047	30180	19574	13731
静宁县	19119	49919	994	871	55327	50576	50449	34586	23419	15668
华亭市	4350	10899	721	714	27071	29823	26965	21012	12873	9032
酒泉市	**12430**	**33464**	**3488**	**3824**	**115738**	**136232**	**185596**	**152364**	**93760**	**71194**
肃州区	4973	13630	1470	1733	40765	51127	71170	64476	45890	37998
金塔县	1722	4745	364	424	17614	19888	26478	18094	8264	4431
瓜州县	3054	7787	541	574	19537	21144	21052	15082	9383	6142
肃北蒙古族自治县	129	311	32	39	1473	1535	2907	1298	1713	717
阿克塞哈萨克族自治县	69	156	34	31	1176	1184	1481	1068	792	495
玉门市	1204	3188	429	456	20163	22891	26809	19673	10694	6549
敦煌市	1279	3647	618	567	15010	18463	35699	32673	17024	14862
庆阳市	**31864**	**85091**	**9836**	**9390**	**328144**	**378046**	**374602**	**304149**	**152185**	**106823**
西峰区	2497	7543	2411	2167	51527	60481	83635	77772	48624	40984
庆城县	3050	7630	1145	1049	39682	44093	43048	33542	15190	9412
环县	7813	19639	1231	1304	58091	58898	45683	29709	18461	12131
华池县	3325	7748	403	386	20864	21722	17499	12024	7890	4893
合水县	2344	5710	707	629	22483	25756	23405	18452	8533	5327
正宁县	4008	11066	950	823	25256	29334	31135	24970	10796	6304
宁县	4727	13863	1515	1598	51304	64870	65338	54373	19249	12335
镇原县	4100	11892	1474	1434	58937	72892	64859	53307	23442	15437
定西市	**54884**	**144102**	**8749**	**9039**	**423822**	**477448**	**393328**	**285344**	**155045**	**111019**
安定区	6965	22772	1013	1005	59124	65581	64665	47121	30533	22493
通渭县	4021	12713	871	1080	52346	69446	52415	32670	23986	14116
陇西县	7150	19870	1149	1169	69424	80792	66321	51947	26887	19940
渭源县	5805	14990	883	998	48562	55356	47054	33059	16124	10677
临洮县	4292	13556	1685	1709	78550	95263	83884	64899	33006	24375
漳县	5125	12551	814	737	31104	31873	24187	17928	7865	6132
岷县	21526	47650	2334	2341	84712	79137	54802	37720	16644	13286

				平均受教育年限(年)			15岁及以上文盲人口(人)			文盲人口占15岁及以上人口比重(%)		
大学专科		大学本科及以上										
男	女	男	女	合计	男	女	合计	男	女	合计	男	女
70331	**59071**	**49486**	**44428**	**9.25**	**9.7**	**8.78**	**49754**	**10806**	**38948**	**4.06**	**1.74**	**6.43**
24913	21777	18376	15686	10.78	11.09	10.46	5252	1096	4156	1.85	0.76	2.98
9984	8556	6269	5877	9.47	9.9	9.03	7155	1526	5629	4.46	1.87	7.13
13142	10113	8562	8211	8.63	9.15	8.09	14488	2883	11605	4.88	1.91	7.96
14256	11949	10110	8650	8.42	8.95	7.9	16909	3995	12914	5.23	2.47	7.99
8036	6676	6169	6004	9.19	9.62	8.74	5950	1306	4644	3.68	1.6	5.8
97495	**80953**	**70006**	**63807**	**8.31**	**8.79**	**7.82**	**216939**	**60488**	**156451**	**9.18**	**5.13**	**13.21**
28684	24785	26101	27163	9.21	9.51	8.9	31536	8713	22823	5.88	3.25	8.52
23681	19015	12464	10545	9	9.38	8.6	20041	5142	14899	4.44	2.23	6.73
5235	4180	4254	3592	7.64	8.23	7.04	21681	5851	15830	11.86	6.42	17.27
11419	9320	8374	7356	8.1	8.72	7.46	37595	10006	27589	10.94	5.79	16.15
13725	11123	8317	6761	7.8	8.37	7.24	44421	12116	32305	11.25	6.27	16.01
9725	8425	6271	4839	7.84	8.27	7.42	28387	8900	19487	10.15	6.44	13.77
5026	4105	4225	3551	7	7.67	6.36	33278	9760	23518	18.93	11.36	26.17
61675	**49762**	**41294**	**32263**	**8.83**	**9.5**	**8.16**	**83715**	**18085**	**65630**	**6.94**	**3**	**10.86**
39257	32895	25984	19622	9.15	9.73	8.57	38523	8375	30148	5.34	2.34	8.31
9155	6324	5396	4509	9.18	9.97	8.36	9873	2016	7857	6.21	2.5	10.03
7866	6294	5516	4299	8.04	8.86	7.23	19537	4017	15520	9.7	4.03	15.24
5397	4249	4398	3833	7.88	8.64	7.09	15782	3677	12105	12.59	5.75	19.71
47706	**37673**	**41738**	**37309**	**9.11**	**9.6**	**8.61**	**42655**	**10099**	**32556**	**4.53**	**2.17**	**6.86**
25648	21777	24679	23421	9.74	10.11	9.36	18646	4766	13880	4.27	2.21	6.28
1457	937	1280	1126	9.04	9.58	8.45	1056	248	808	4.4	1.97	7.07
6154	4285	4636	3302	8.11	8.77	7.43	8900	1899	7001	5.82	2.5	9.1
4197	2883	3217	2766	8.65	9.2	8.1	4341	1194	3147	4.45	2.46	6.43
4537	3208	3920	3270	8.8	9.33	8.28	2723	664	2059	2.54	1.25	3.8
5713	4583	4006	3424	8.81	9.4	8.21	6989	1328	5661	5.71	2.21	9.09
67413	**57908**	**51139**	**45332**	**8.3**	**8.92**	**7.69**	**159319**	**41580**	**117739**	**10.72**	**5.65**	**15.7**
22203	21883	16243	16152	9.14	9.53	8.77	31057	8205	22852	7.59	4.07	11.01
6130	4834	5027	4398	8.37	8.96	7.78	10759	2347	8412	6.02	2.68	9.21
4864	3486	4154	3126	8.2	9.02	7.37	12330	2596	9734	9.79	4.14	15.4
3706	2574	2706	2131	8.72	9.37	8.03	5364	1452	3912	8.14	4.27	12.26
10421	8641	8025	6468	7.86	8.46	7.27	20264	5284	14980	7.63	4.08	11
11774	9732	9251	8358	7.34	8.24	6.44	65242	17637	47605	22.01	11.94	32
8315	6758	5733	4699	8.55	9.12	7.95	14303	4059	10244	9.88	5.52	14.4
60113	**49206**	**40408**	**34665**	**9.56**	**9.97**	**9.12**	**41040**	**10919**	**30121**	**4.57**	**2.36**	**6.92**
30541	27268	19943	17379	10.04	10.45	9.63	16479	4355	12124	4.23	2.24	6.22
6062	3368	2919	2031	8.66	9.25	7.96	5837	1551	4286	5.48	2.66	8.87
5452	3876	3628	3056	8.41	9.01	7.76	9765	2693	7072	9.18	4.87	13.87
1396	778	1123	962	10.63	10.93	10.17	426	119	307	3.18	1.43	5.99
1120	705	919	905	10.95	11.18	10.65	267	87	180	2.97	1.75	4.5
5568	4058	3827	3066	8.93	9.33	8.47	3821	989	2832	3.33	1.61	5.32
9974	9153	8049	7266	10.04	10.31	9.76	4445	1125	3320	2.82	1.42	4.23
67481	**55378**	**54757**	**47723**	**8.51**	**8.95**	**8.04**	**106832**	**28219**	**78613**	**6.27**	**3.28**	**9.3**
24565	23215	23680	22974	9.98	10.2	9.75	8456	1885	6571	2.09	0.94	3.21
6022	4589	4467	3642	8.25	8.66	7.8	10022	2766	7256	5.39	2.87	8.11
8533	6487	6873	5529	7.8	8.37	7.17	24942	6904	18038	10.35	5.5	15.64
3914	2859	3187	2709	8.02	8.6	7.38	10470	3072	7398	11.21	6.33	16.48
3924	2801	2446	1963	8.12	8.61	7.6	7847	2218	5629	7.47	4.14	10.96
4904	3688	3097	2378	7.96	8.6	7.3	14003	3646	10357	10.62	5.52	15.71
7130	5109	4703	3589	8.01	8.55	7.49	16725	4175	12550	6.41	3.24	9.5
8489	6630	6304	4939	8.21	8.68	7.73	14367	3553	10814	5.1	2.53	7.64
73701	**66165**	**59819**	**52624**	**8.1**	**8.62**	**7.56**	**181689**	**49744**	**131945**	**9**	**4.9**	**13.15**
17736	19155	15361	13652	8.9	9.38	8.41	27324	6141	21183	7.88	3.52	12.3
12263	9197	8464	6644	8.46	9.1	7.77	11376	2576	8800	4.2	1.86	6.67
12771	11098	11737	10013	8.35	8.84	7.85	23637	6103	17534	7.05	3.66	10.4
7164	5663	5714	4940	7.95	8.49	7.38	19750	5427	14323	8.66	4.66	12.83
10966	9893	9390	9315	8.4	8.78	8.02	14993	3470	11523	3.89	1.8	6
3911	3241	2958	2603	7.47	8.01	6.92	16979	4902	12077	13.25	7.67	18.81
8890	7918	6195	5457	6.77	7.39	6.14	67630	21125	46505	20.78	12.99	28.55

表4 续表 53

地 区	6岁及以上各种受教育程度人口(人)									
	未上过学		学前教育		小学		初中		高中	
	男	女	男	女	男	女	男	女	男	女
陇南市	**112829**	**233447**	**8922**	**9122**	**416932**	**379102**	**356912**	**269687**	**125402**	**99705**
武都区	30051	59581	2352	2429	91525	79020	76647	59731	27387	23731
成县	4860	9962	1148	1073	34779	35890	42895	36600	14019	11962
文县	10061	23308	441	450	32067	27675	29972	21017	10803	7896
宕昌县	17917	30845	1126	1125	54325	47087	29390	20521	9519	7793
康县	7964	15815	437	447	32154	28788	20668	15455	8300	6485
西和县	14615	36614	1202	1291	57705	54049	57199	41655	18051	13176
礼县	21592	46240	1521	1638	78699	69935	62038	42851	21924	16535
徽县	4505	8786	633	608	29172	30527	32070	27185	12730	10031
两当县	1264	2296	62	61	6506	6131	6033	4672	2669	2096
临夏回族自治州	**83789**	**176183**	**12658**	**12651**	**430433**	**446867**	**234481**	**166797**	**89853**	**63485**
临夏市	4156	10336	1761	1590	52126	61675	44971	37189	28127	23020
临夏县	11398	24402	1583	1584	76700	80032	38970	26052	10916	6867
康乐县	11776	27543	1396	1429	49684	49271	31075	22412	9726	6707
永靖县	1381	4382	485	484	33392	38898	23722	17880	12611	9878
广河县	12624	28062	2047	1981	56350	58116	24571	16114	7787	4219
和政县	13955	27628	1443	1438	38966	36307	22185	14831	7057	4691
东乡族自治县	19004	34521	2490	2691	67702	65593	24342	15875	4470	2472
积石山保安族东乡族撒拉族自治县	9495	19309	1453	1454	55513	56975	24645	16444	9159	5631
甘南藏族自治州	**25693**	**53797**	**2150**	**2020**	**152711**	**147626**	**59439**	**38054**	**28452**	**22703**
合作市	2736	5493	332	308	18329	17080	9041	6692	6574	6061
临潭县	2788	8261	405	364	31718	33085	12345	7460	4739	3103
卓尼县	2342	5402	282	266	24590	24555	7650	4702	3434	2678
舟曲县	6852	14859	251	248	23259	22288	12881	7756	5634	4137
迭部县	2103	4556	155	131	10590	10290	4119	2585	2517	1879
玛曲县	3430	5168	311	288	12867	11446	4468	2964	1851	1619
碌曲县	1517	2901	89	73	8055	8009	2714	1571	1349	1221
夏河县	3925	7157	325	342	23303	20873	6221	4324	2354	2005
青海省	**164235**	**340697**	**34608**	**33312**	**954451**	**973153**	**838949**	**603200**	**338930**	**287108**
西宁市	**29303**	**78960**	**11442**	**10814**	**280537**	**306069**	**408460**	**315902**	**176829**	**162449**
城东区	5141	13839	1926	1904	53054	57870	75650	61261	40369	35986
城中区	2058	5895	1213	1043	25262	28956	49577	42081	30476	28445
城西区	1729	5250	1451	1262	20611	23223	36529	32988	26067	27340
城北区	2362	7921	1759	1604	29754	31953	65619	54226	36323	34518
湟中区	8330	20840	2449	2481	66055	69413	84197	56263	17694	14503
大通回族土族自治县	7627	19631	2221	2084	68079	77276	76396	53860	19900	16034
湟源县	2056	5584	423	436	17722	17378	20492	15223	6000	5623
海东市	**44461**	**114001**	**7864**	**7595**	**245676**	**253815**	**211677**	**133252**	**62355**	**47476**
乐都区	3270	12662	608	643	33280	41206	46470	29959	16467	11882
平安区	2200	6618	341	370	16716	18594	19313	14366	7537	6335
民和回族土族自治县	14195	33470	1776	1746	58508	57383	48455	30220	14715	11733
互助土族自治县	6227	18687	2868	2705	63461	69209	62458	36968	13756	10514
化隆回族自治县	12694	27362	1425	1308	44759	39743	21450	12988	5075	3738
循化撒拉族自治县	5875	15202	846	823	28952	27680	13531	8751	4805	3274
海北藏族自治州	**11072**	**21175**	**1751**	**1808**	**54152**	**53063**	**32028**	**20706**	**11042**	**9571**
门源回族自治县	3547	8197	989	1048	30263	31721	18594	11392	5260	4572
祁连县	1754	3547	276	283	10333	9946	5603	3712	2159	1674
海晏县	1867	3416	156	143	5548	4573	4323	3277	2348	2474
刚察县	3904	6015	330	334	8008	6823	3508	2325	1275	851
黄南藏族自治州	**11934**	**23394**	**2155**	**1905**	**64340**	**61640**	**19286**	**12650**	**10875**	**8944**
同仁县	2509	5487	394	375	23930	23193	7609	5079	5365	4771
尖扎县	3640	8477	369	334	10935	9058	4855	2850	2568	1905
泽库县	2522	4650	882	713	20452	21118	4569	3060	1939	1579
河南蒙古族自治县	3263	4780	510	483	9023	8271	2253	1661	1003	689
海南藏族自治州	**12398**	**27005**	**3558**	**3536**	**85986**	**85615**	**56072**	**44352**	**22215**	**19236**
共和县	3032	6350	760	706	19696	19665	22592	19252	7751	6955
同德县	1829	4268	722	756	14984	14268	4970	3366	1852	1624
贵德县	4311	9674	792	792	19178	18164	14109	10170	5323	4681
兴海县	550	1135	553	588	14141	15653	8742	8101	4840	4121
贵南县	2676	5578	731	694	17987	17865	5659	3463	2449	1855

大学专科		大学本科及以上		平均受教育年限(年)			15岁及以上文盲人口(人)			文盲人口占15岁及以上人口比重(%)		
男	女	男	女	合计	男	女	合计	男	女	合计	男	女
71200	**63527**	**36167**	**32007**	**7.39**	**7.92**	**6.83**	**329024**	**106716**	**222308**	**17.42**	**11.1**	**23.97**
14975	13771	10094	9015	7.26	7.78	6.72	85569	28552	57017	20.07	13.25	27.04
8695	10568	4616	4408	8.6	8.79	8.4	13906	4552	9354	7.38	4.84	9.9
6704	5635	3189	2919	7.34	8.04	6.6	32060	9652	22408	20.01	11.76	28.67
5910	5486	2492	2353	6.47	6.95	5.96	47587	17486	30101	23.5	16.86	30.47
4654	3967	2449	2207	7.21	7.73	6.68	22312	7436	14876	17.21	11.23	23.45
10215	8072	4491	3546	7.32	8.03	6.59	47595	13410	34185	17.84	9.91	26.01
12062	9176	4217	3045	7.03	7.69	6.33	64296	20240	44056	19.47	11.88	27.55
6247	5533	3635	3474	8.38	8.7	8.04	12452	4240	8212	8.21	5.51	10.99
1738	1319	984	1040	8.43	8.77	8.05	3247	1148	2099	9.81	6.62	13.31
42985	**38753**	**31945**	**26088**	**6.97**	**7.53**	**6.43**	**257037**	**81502**	**175535**	**16.97**	**10.87**	**22.95**
15985	16367	13408	11640	9.17	9.5	8.83	14244	3840	10404	5.13	2.8	7.41
3154	2631	1482	1203	6.53	7.05	6.01	37541	11879	25662	15.82	10.03	21.59
5279	4022	3399	2298	6.69	7.42	5.97	38005	11343	26662	21.15	12.79	29.29
6339	5975	4992	4673	8.66	9	8.31	5531	1348	4183	3.8	1.85	5.74
3091	2111	2886	1800	6.11	6.84	5.4	39955	12034	27921	23.24	14.37	31.66
3425	2999	2309	2003	6.12	6.83	5.42	39457	12996	26461	27.27	18.16	36.2
1617	1237	928	611	5.4	5.97	4.84	52959	18406	34553	28.29	20.04	36.25
4095	3411	2541	1860	6.66	7.21	6.11	29345	9656	19689	17.23	11.3	23.21
29816	**25666**	**23120**	**21830**	**7.74**	**8.21**	**7.25**	**91931**	**30159**	**61772**	**17.12**	**11.08**	**23.33**
5033	4688	10103	11123	9.66	9.83	9.49	10265	3417	6848	11.31	7.49	15.16
4158	3546	2470	1987	7.35	7.92	6.77	11234	2862	8372	11.47	5.82	17.15
4243	3558	2323	1925	7.64	8.08	7.18	9021	2701	6320	12.23	7.18	17.48
6389	5409	2744	2118	7.34	8.09	6.58	22726	7203	15523	23.16	14.57	31.87
3490	2813	1623	1375	8.03	8.64	7.39	7986	2585	5401	19.28	12.23	26.64
2367	1886	1229	981	7.03	7.43	6.6	8087	3183	4904	19.7	14.82	25.06
1435	1268	1338	1192	7.62	8.08	7.16	4766	1653	3113	17.4	11.98	22.9
2701	2498	1290	1129	6.81	7.18	6.42	17846	6555	11291	26.79	19.24	34.69
247576	**214759**	**210674**	**208485**	**8.47**	**8.85**	**8.07**	**469499**	**147262**	**322237**	**10.01**	**6.14**	**14.06**
132224	**121879**	**135531**	**138659**	**9.77**	**10.02**	**9.52**	**105868**	**28799**	**77069**	**5.13**	**2.75**	**7.58**
28849	24464	28218	28295	10.01	10.28	9.72	17941	4817	13124	4.35	2.29	6.48
26171	23860	21574	21495	10.86	11.05	10.67	7628	1954	5674	2.71	1.37	4.09
26150	26954	38612	37923	11.77	11.92	11.63	6333	1546	4787	2.29	1.14	3.39
29920	27833	33499	35748	11.02	11.14	10.89	8930	1970	6960	2.47	1.08	3.88
7802	6923	5420	5670	7.82	8.22	7.37	29296	8446	20850	9.25	5.11	13.76
9171	8035	6241	6892	7.93	8.34	7.51	27538	7713	19825	8.57	4.74	12.49
4161	3810	1967	2636	8.43	8.72	8.13	8202	2353	5849	8.82	4.95	12.86
36377	**31179**	**25046**	**24718**	**7.46**	**8.07**	**6.84**	**155390**	**43861**	**111529**	**14.81**	**8.24**	**21.58**
9578	8659	6014	5998	8.64	9.21	8.05	15177	3128	12049	7.53	3.04	12.21
5189	4220	3728	3822	8.71	9.22	8.2	9025	2287	6738	9.47	4.78	14.2
8031	6816	6008	5838	7.19	7.83	6.52	44687	13197	31490	17.91	10.45	25.56
8565	7341	5752	5645	7.7	8.2	7.16	24591	6194	18397	9.06	4.41	14.03
2336	2160	1690	1854	5.89	6.56	5.21	39349	12553	26796	28.15	18.01	38.23
2678	1983	1854	1561	6.51	7.27	5.75	22561	6502	16059	24.67	14.41	34.66
8098	**6890**	**6932**	**7261**	**7.46**	**7.88**	**7.02**	**30876**	**10456**	**20420**	**14.58**	**9.7**	**19.63**
3368	2933	2669	3014	7.46	7.86	7.04	11108	3333	7775	10.15	6.03	14.37
1718	1358	1279	1301	7.61	8.06	7.14	4972	1593	3379	12.76	7.92	17.92
1695	1569	2099	2087	8.61	8.93	8.27	5014	1730	3284	15.74	10.73	20.87
1317	1030	885	859	6.2	6.77	5.61	9782	3800	5982	30.99	23.4	39.03
9546	**7573**	**5712**	**5465**	**7.06**	**7.54**	**6.58**	**34030**	**11263**	**22767**	**16.77**	**11.03**	**22.59**
3791	3262	2708	2778	7.88	8.22	7.54	7415	2224	5191	9.66	5.73	13.7
2026	1746	1623	1496	6.81	7.63	5.98	12447	3785	8662	28.83	17.54	40.09
2119	1276	711	572	6.58	7	6.15	6409	2157	4252	12.14	8.19	16.07
1610	1289	670	619	6.26	6.71	5.81	7759	3097	4662	25.71	20.2	31.39
14029	**11681**	**9913**	**9434**	**7.78**	**8.18**	**7.38**	**39073**	**12077**	**26996**	**11.54**	**7.09**	**16.05**
4356	3588	3842	3756	8.49	8.8	8.17	9156	2859	6297	8.77	5.41	12.21
1815	1410	986	844	6.95	7.43	6.46	6125	1800	4325	13.86	8.06	19.77
3147	2757	1910	2089	7.43	7.93	6.92	13797	4231	9566	16.59	10.17	23.03
3056	2510	2070	1593	8.66	8.94	8.37	1486	477	1009	2.74	1.75	3.73
1655	1416	1105	1152	6.75	7.2	6.3	8509	2710	5799	16.19	10.28	22.13

表4 续表 54

地区	6岁及以上各种受教育程度人口(人)									
	未上过学		学前教育		小学		初中		高中	
	男	女	男	女	男	女	男	女	男	女
果洛藏族自治州	**8158**	**11872**	**1549**	**1467**	**56852**	**53260**	**15634**	**10493**	**6527**	**5273**
玛沁县	847	1512	365	367	14358	13544	5030	3080	3320	2725
班玛县	1273	1780	243	201	8501	7960	2430	1581	652	404
甘德县	947	1477	398	361	12682	12202	2464	1755	876	664
达日县	3772	4824	285	271	8850	7905	2968	1989	643	620
久治县	950	1841	145	163	8528	7721	1937	1470	682	608
玛多县	369	438	113	104	3933	3928	805	618	354	252
玉树藏族自治州	**37085**	**44926**	**4266**	**4296**	**98512**	**93417**	**23459**	**18642**	**11939**	**10596**
玉树市	9565	11624	1203	1163	33100	31069	8425	6821	6250	5957
杂多县	8587	10378	659	653	13492	12596	3698	2922	1018	790
称多县	6755	7939	563	483	13874	12562	2352	1844	1061	934
治多县	6114	7209	288	285	4987	4394	1843	1401	866	631
囊谦县	3032	4009	1327	1472	25471	25361	5098	4109	2030	1696
曲麻莱县	3032	3767	226	240	7588	7435	2043	1545	714	588
海西蒙古族藏族自治州	**9824**	**19364**	**2023**	**1891**	**68396**	**66274**	**72333**	**47203**	**37148**	**23563**
格尔木市	3380	7106	838	814	30918	29838	34192	23479	17966	12505
德令哈市	1438	3279	416	382	11272	11483	13085	9390	6499	4776
茫崖市	128	211	25	25	1467	1129	4054	1679	3189	911
乌兰县	665	1379	144	142	5437	5408	4969	3322	2063	1296
都兰县	2701	5047	465	401	13354	12982	10448	6768	2819	2201
天峻县	1362	2113	94	98	4652	4477	1812	1209	1411	894
大柴旦行政委员会	150	229	41	29	1296	957	3773	1356	3201	980
宁夏回族自治区	**97257**	**255352**	**21983**	**20672**	**883783**	**986161**	**1208827**	**931576**	**528316**	**439113**
银川市	**24784**	**67342**	**7795**	**7220**	**258705**	**283326**	**437248**	**355623**	**238581**	**207864**
兴庆区	5077	14745	2057	1938	68234	72094	124338	104506	73138	68932
西夏区	2893	8608	888	878	34846	40562	57154	48216	43366	36767
金凤区	4024	10451	1747	1617	45705	50652	71626	63359	47433	47464
永宁县	4311	10827	1036	1000	39882	43840	65473	49667	20610	16733
贺兰县	3964	10873	1007	927	35781	39145	63205	49551	27159	22663
灵武市	4515	11838	1060	860	34257	37033	55452	40324	26875	15305
石嘴山市	**7263**	**19869**	**1908**	**1882**	**76836**	**91593**	**153804**	**123696**	**63908**	**53170**
大武口区	1987	5965	534	511	26337	32185	50642	44522	29315	25090
惠农区	1275	3728	384	349	17062	20826	40980	30565	17573	13284
平罗县	4001	10176	990	1022	33437	38582	62182	48609	17020	14796
吴忠市	**22541**	**61870**	**4422**	**4144**	**198747**	**224087**	**255747**	**191632**	**84299**	**67257**
利通区	6534	18518	1371	1237	49858	55452	92296	77732	30976	27413
红寺堡区	5659	14515	602	586	36857	37933	29856	19472	8868	6761
盐池县	1676	4680	539	441	23414	26749	30913	21280	11063	7161
同心县	3711	11428	1287	1290	61383	74316	50345	32046	14896	10930
青铜峡市	4961	12729	623	590	27235	29637	52337	41102	18496	14992
固原市	**24381**	**57915**	**4039**	**3856**	**198653**	**219229**	**164220**	**113779**	**71699**	**55835**
原州区	8865	22912	1575	1421	70998	78049	68960	52946	30916	25853
西吉县	5922	13411	1024	925	66260	71788	42695	26076	17775	14453
隆德县	1863	4759	435	506	18139	21954	16354	11544	7626	5313
泾源县	4522	8008	507	437	15929	14969	11275	7941	3952	3204
彭阳县	3209	8825	498	567	27327	32469	24936	15272	11430	7012
中卫市	**18288**	**48356**	**3819**	**3570**	**150842**	**167926**	**197808**	**146846**	**69829**	**54987**
沙坡头区	5288	15115	1029	929	40700	45918	82541	65509	32287	26159
中宁县	4666	13153	1414	1263	45101	51594	66978	51203	21300	16459
海原县	8334	20088	1376	1378	65041	70414	48289	30134	16242	12369
新疆维吾尔自治区	**185167**	**309092**	**202259**	**191457**	**3579015**	**3706911**	**4469149**	**3689471**	**1858865**	**1555593**
乌鲁木齐市	**18878**	**40620**	**17500**	**15285**	**347321**	**348126**	**626523**	**459673**	**385991**	**330985**
天山区	2012	4929	3303	2901	52728	55535	81373	66733	58572	55075
沙依巴克区	1959	5506	3364	2969	56548	65435	104082	88867	80321	74770
新市区	6465	9877	4176	3664	91509	79620	155910	104994	95121	80479
水磨沟区	1574	4187	2042	1692	40223	42659	86479	63308	56463	47873

大学专科		大学本科及以上		平均受教育年限(年)			15岁及以上文盲人口(人)			文盲人口占15岁及以上人口比重(%)		
男	女	男	女	合计	男	女	合计	男	女	合计	男	女
6747	**5145**	**3799**	**3183**	**7.05**	**7.34**	**6.73**	**14164**	**5069**	**9095**	**9.34**	**6.36**	**12.66**
2900	2033	1694	1311	8.29	8.58	7.94	2217	749	1468	4.97	3.1	7.16
842	722	536	514	6.85	7.1	6.58	1751	555	1196	7.99	4.8	11.56
935	691	366	266	6.7	6.94	6.45	2081	774	1307	7.44	5.32	9.73
678	588	437	445	5.68	5.98	5.37	5161	2007	3154	19.96	15.03	25.23
766	674	457	381	6.84	7.16	6.51	2343	716	1627	11.1	6.61	15.83
626	437	309	266	7.45	7.69	7.18	611	268	343	6.05	5.07	7.14
11578	**9907**	**3961**	**3284**	**6.01**	**6.26**	**5.76**	**58803**	**24942**	**33861**	**20.15**	**16.82**	**23.58**
4680	4140	1857	1617	6.79	6.98	6.59	16937	7270	9667	16.58	13.92	19.37
1486	1137	464	345	5.03	5.36	4.69	8548	3346	5202	20.34	15.76	25
1212	1142	339	312	5.22	5.43	5.01	11973	5240	6733	29.42	25.28	33.71
1135	987	427	360	4.85	5.23	4.46	11765	5188	6577	47.87	41.47	54.5
2076	1744	696	506	6.52	6.73	6.31	4356	1747	2609	7.33	5.84	8.85
989	757	178	144	5.85	6.17	5.53	5224	2151	3073	22.65	18.37	27.06
28977	**20505**	**19780**	**16481**	**9.19**	**9.59**	**8.69**	**31295**	**10795**	**20500**	**8.22**	**5.11**	**12.08**
14913	10250	9915	7866	9.49	9.86	9.04	10526	3417	7109	5.94	3.48	8.99
5649	5510	4573	4419	9.69	9.94	9.42	4839	1451	3388	6.65	3.8	9.79
2139	823	1581	881	11.14	11.37	10.62	329	125	204	1.9	1.04	3.92
1487	1007	948	1009	8.58	8.98	8.12	2027	659	1368	7.81	4.7	11.45
1778	1469	1286	1322	7.41	7.82	6.95	7925	2759	5166	14.65	9.75	20.02
1081	785	624	575	7.49	8.01	6.92	5283	2245	3038	28.72	23.38	34.53
1930	661	853	409	10.81	11.09	10.13	366	139	227	2.42	1.28	5.34
331865	**313658**	**296819**	**306596**	**9.37**	**9.67**	**9.07**	**290889**	**76950**	**213939**	**5.07**	**2.65**	**7.56**
186441	**183191**	**185174**	**193447**	**10.51**	**10.68**	**10.34**	**78338**	**20037**	**58301**	**3.34**	**1.69**	**5.03**
53013	59924	50837	53994	10.75	10.8	10.7	18249	4463	13786	2.74	1.35	4.1
37221	30796	36067	40894	11.17	11.38	10.96	10128	2390	7738	2.66	1.24	4.11
50045	52173	68506	69530	11.6	11.71	11.49	12427	3328	9099	2.38	1.3	3.43
12248	12780	7374	8673	8.98	9.21	8.74	12407	3326	9081	4.81	2.52	7.2
16554	17226	11865	13010	9.59	9.8	9.37	12196	3151	9045	4.42	2.25	6.66
17360	10292	10525	7346	9.24	9.82	8.54	12931	3379	9552	5.41	2.56	8.92
33074	**29944**	**25571**	**25991**	**9.52**	**9.8**	**9.23**	**21496**	**5527**	**15969**	**3.38**	**1.7**	**5.14**
16779	15656	16010	15713	10.27	10.52	10	6880	1725	5155	2.71	1.35	4.08
8199	6606	4698	4705	9.57	9.85	9.25	4441	1145	3296	2.87	1.39	4.53
8096	7682	4863	5573	8.68	8.97	8.37	10175	2657	7518	4.48	2.31	6.72
43395	**41488**	**31895**	**32038**	**8.52**	**8.91**	**8.12**	**71252**	**18365**	**52887**	**6.69**	**3.42**	**10.02**
17523	19416	13639	14409	9.15	9.43	8.88	22011	5640	16371	6.02	3.14	8.81
4327	3414	3630	3378	7.48	8.06	6.89	16720	4439	12281	11.78	6.12	17.67
6200	5005	4503	4216	8.85	9.23	8.42	5541	1368	4173	4.26	1.99	6.79
6546	5241	5313	5173	7.83	8.29	7.35	11002	2557	8445	4.92	2.27	7.6
8799	8412	4810	4862	8.77	9.16	8.37	15978	4361	11617	7.84	4.2	11.62
36285	**30928**	**29549**	**30577**	**8.24**	**8.67**	**7.8**	**65693**	**18805**	**46888**	**7.58**	**4.29**	**10.96**
16814	15166	15859	18248	8.7	9.07	8.34	25792	7030	18762	7.25	3.98	10.46
7830	6689	5162	4586	7.81	8.2	7.39	14795	4343	10452	6.39	3.64	9.31
4668	3596	2842	2601	8.48	9.01	7.93	5099	1334	3765	5.8	3	8.68
1901	1653	1526	1494	7.11	7.56	6.63	10917	3842	7075	16.92	11.63	22.48
5072	3824	4160	3648	8.16	8.79	7.48	9090	2256	6834	7.17	3.44	11.15
32670	**28107**	**24630**	**24543**	**8.51**	**8.92**	**8.08**	**54110**	**14216**	**39894**	**6.56**	**3.37**	**9.88**
15376	13531	12421	12714	9.25	9.59	8.89	17326	4306	13020	5.32	2.59	8.18
10230	8824	6500	6418	8.55	8.94	8.14	14056	3495	10561	5.4	2.63	8.3
7064	5752	5709	5411	7.54	8.05	7.01	22728	6415	16313	9.51	5.27	13.92
1273236	**1258791**	**843639**	**899160**	**9.43**	**9.5**	**9.36**	**686611**	**268422**	**418189**	**3.43**	**2.59**	**4.32**
320907	**333375**	**279923**	**299892**	**11.06**	**11**	**11.12**	**65158**	**22601**	**42557**	**1.88**	**1.25**	**2.57**
50067	56760	59968	68677	11.5	11.4	11.6	7830	2283	5547	1.45	0.85	2.03
64457	70908	65326	72043	11.49	11.48	11.5	7406	1951	5455	1.07	0.57	1.57
88166	89507	72564	72604	11.15	11.02	11.3	18188	8747	9441	2.07	1.85	2.34
43813	47666	37911	43864	11.29	11.19	11.4	6408	1794	4614	1.35	0.73	2

表4 续表 55

地　区	6岁及以上各种受教育程度人口(人)									
	未上过学		学前教育		小学		初中		高中	
	男	女	男	女	男	女	男	女	男	女
头屯河区	1913	4943	1658	1440	35245	35473	66587	45603	43292	33477
达坂城区	412	762	153	151	5186	4811	7093	4344	2246	1418
米东区	3863	9260	2625	2281	54306	54473	105785	75417	44604	34785
乌鲁木齐县	680	1156	179	187	11576	10120	19214	10407	5372	3108
克拉玛依市	**1478**	**4956**	**1713**	**1544**	**36195**	**42815**	**75046**	**57297**	**47487**	**39297**
独山子区	239	900	325	235	5850	7444	11290	9277	8031	7402
克拉玛依区	910	3122	1133	1079	24539	28847	48998	38777	31151	27335
白碱滩区	156	554	206	188	3982	4747	9962	6655	6474	3849
乌尔禾区	173	380	49	42	1824	1777	4796	2588	1831	711
吐鲁番市	**4573**	**7121**	**5536**	**5202**	**105830**	**104458**	**130003**	**96013**	**46148**	**36985**
高昌区	2312	3219	2870	2720	50444	48417	61174	44600	18737	16751
鄯善县	1474	2718	1945	1820	37074	38540	44503	35350	15724	11638
托克逊县	787	1184	721	662	18312	17501	24326	16063	11687	8596
哈密市	**3273**	**7802**	**2598**	**2558**	**71979**	**78688**	**112430**	**84327**	**70757**	**55155**
伊州区	2640	6598	2328	2272	56736	63479	91938	72667	61497	50477
巴里坤哈萨克自治县	494	925	165	164	10502	11022	11762	8009	5107	2833
伊吾县	139	279	105	122	4741	4187	8730	3651	4153	1845
昌吉回族自治州	**14902**	**32012**	**6432**	**5768**	**188919**	**192222**	**302429**	**220732**	**134835**	**102647**
昌吉市	4041	8470	2363	2101	62414	60450	98079	72280	52553	45261
阜康市	1555	3668	626	572	20430	22448	32956	24713	17294	12337
呼图壁县	2766	6065	858	816	24959	25873	37611	29153	15821	12166
玛纳斯县	2276	5529	663	659	22933	25531	40665	31700	15061	11513
奇台县	2521	5028	955	776	28183	27958	46189	34681	15156	11222
吉木萨尔县	1152	2222	652	575	19570	18925	34699	19151	14536	7298
木垒哈萨克自治县	591	1030	315	269	10430	11037	12230	9054	4414	2850
博尔塔拉蒙古自治州	**1831**	**3982**	**1923**	**1853**	**54756**	**59800**	**75026**	**58995**	**35375**	**29641**
博乐市	614	1293	1119	1034	27848	30099	38856	31748	22412	20068
阿拉山口市	53	92	43	38	1080	973	2193	1230	1248	473
精河县	769	1730	483	518	17942	20299	25161	19047	8512	6595
温泉县	395	867	278	263	7886	8429	8816	6970	3203	2505
巴音郭楞蒙古自治州	**8507**	**13240**	**6916**	**6271**	**201130**	**201043**	**263305**	**207330**	**121530**	**98798**
库尔勒市	2770	4581	3555	3120	80992	83967	127244	103799	72016	64124
轮台县	1217	1548	579	563	22781	22532	25301	21352	9416	5687
尉犁县	734	1401	561	498	16099	16914	19314	15026	7086	4929
若羌县	278	426	135	113	5915	5041	10006	5361	4273	2096
且末县	416	532	406	384	11066	11564	12474	9771	3832	2614
焉耆回族自治县	1305	1456	540	552	23575	19021	25213	16384	7256	5784
和静县	704	1156	734	634	25442	25698	24638	20166	10233	7991
和硕县	656	1358	188	203	8053	8414	10938	8687	4075	3221
博湖县	427	782	218	204	7207	7892	8177	6784	3343	2352
阿克苏地区	**19222**	**23550**	**19619**	**18325**	**444904**	**449906**	**512632**	**441268**	**159254**	**126879**
阿克苏市	4107	5304	5596	5161	96439	95724	140358	117565	50148	43472
库车市	3522	4734	2283	2110	91151	93335	95844	84522	33412	25227
温宿县	2000	2424	1213	1115	39428	38952	55217	46226	14126	11467
沙雅县	1794	1714	1221	1130	53839	53852	51611	41303	15909	10748
新和县	2102	2489	1068	1004	36896	37260	34415	31733	8654	7577
拜城县	1883	2452	934	873	40314	42302	40713	35523	13855	10007
乌什县	1550	2005	3169	3156	34810	35256	39975	35801	9652	7788
阿瓦提县	1925	2004	3881	3530	43582	44536	46523	41261	10448	8253
柯坪县	339	424	254	246	8445	8689	7976	7334	3050	2340
克孜勒苏柯尔克孜自治州	**4223**	**5852**	**8636**	**8536**	**109622**	**110373**	**85418**	**70658**	**37794**	**31314**
阿图什市	1454	2023	3928	4033	47964	47746	40720	33484	18410	17183
阿克陶县	2206	2953	3655	3505	44235	44518	30395	26421	11730	9083
阿合奇县	198	274	452	459	7497	8077	6005	5043	2824	2106
乌恰县	365	602	601	539	9926	10032	8298	5710	4830	2942
喀什地区	**34481**	**47932**	**47431**	**46264**	**742240**	**799825**	**804725**	**757532**	**236353**	**207728**
喀什市	5178	7724	8201	8009	112768	117894	126594	111735	49380	47682
疏附县	1959	2472	4406	4309	46619	48837	44556	40080	14248	13095

大学专科		大学本科及以上		平均受教育年限(年)			15岁及以上文盲人口(人)			文盲人口占15岁及以上人口比重(%)		
男	女	男	女	合计	男	女	合计	男	女	合计	男	女
38063	35047	26651	24151	11.02	11.09	10.95	8046	2387	5659	2.24	1.22	3.46
3079	2795	723	681	9.55	9.67	9.4	1369	505	864	4.5	2.95	6.48
30333	28681	15169	16587	9.81	9.9	9.7	13741	4111	9630	3.22	1.79	4.88
2929	2011	1611	1285	8.93	9.13	8.64	2170	823	1347	3.45	2.17	5.39
42291	**35802**	**40682**	**35586**	**11.2**	**11.39**	**10.98**	**7931**	**2002**	**5929**	**1.89**	**0.9**	**3.01**
8383	7293	6592	5643	11.36	11.61	11.1	1589	384	1205	2.24	1.05	3.52
28531	25245	30855	27287	11.34	11.51	11.14	4952	1259	3693	1.71	0.83	2.68
4217	2718	2479	2109	10.56	10.86	10.17	780	168	612	1.78	0.67	3.27
1160	546	756	547	9.7	10.08	9.1	610	191	419	3.83	1.92	7.01
31516	**30126**	**18960**	**20970**	**9.2**	**9.24**	**9.15**	**15820**	**5912**	**9908**	**2.93**	**2.05**	**3.96**
11659	12784	8420	9459	9.02	8.99	9.05	7235	2713	4522	2.96	2.08	3.97
10883	10191	6302	6356	9.09	9.22	8.95	5997	2168	3829	3.21	2.21	4.34
8974	7151	4238	5155	9.81	9.86	9.76	2588	1031	1557	2.39	1.71	3.24
47788	**40784**	**27316**	**27414**	**10.24**	**10.4**	**10.06**	**13158**	**4159**	**8999**	**2.32**	**1.37**	**3.39**
40436	36055	23597	24256	10.35	10.5	10.19	10873	3346	7527	2.26	1.33	3.28
3720	2671	2264	2018	9.3	9.58	8.94	1830	652	1178	3.38	2.17	4.9
3632	2058	1455	1140	10.2	10.38	9.88	455	161	294	1.37	0.76	2.49
105860	**91849**	**58888**	**62752**	**9.84**	**9.98**	**9.67**	**57584**	**20043**	**37541**	**4.2**	**2.73**	**5.89**
49514	48719	30308	33112	10.59	10.58	10.6	16269	5976	10293	3.16	2.2	4.21
11276	9031	6444	6705	9.8	10.05	9.52	6269	2046	4223	4.09	2.5	5.91
8883	7660	4555	4985	9.11	9.36	8.83	10383	3437	6946	6.39	4.04	8.98
9877	7308	4616	4936	9.21	9.53	8.86	8026	2446	5580	4.81	2.79	7.03
11358	9646	6038	6908	9.31	9.47	9.14	10392	3830	6562	5.63	3.87	7.65
11123	6680	4910	3890	9.65	9.93	9.24	3825	1461	2364	2.86	1.81	4.45
3829	2805	2017	2216	9.22	9.44	8.96	2420	847	1573	4.34	2.82	6.11
27202	**25884**	**14349**	**16414**	**9.86**	**9.95**	**9.78**	**4719**	**1508**	**3211**	**1.32**	**0.82**	**1.86**
17377	17783	9760	11232	10.34	10.34	10.34	1219	358	861	0.6	0.35	0.86
1352	493	852	526	10.83	11.21	10.17	48	17	31	0.49	0.27	0.91
6116	5492	2550	3202	9.17	9.34	8.99	1887	556	1331	1.83	1.04	2.7
2357	2116	1187	1454	9.04	9.19	8.87	1565	577	988	3.83	2.73	4.99
89221	**85672**	**51522**	**54171**	**9.78**	**9.82**	**9.75**	**31038**	**12378**	**18660**	**2.54**	**1.92**	**3.24**
55760	55081	34537	35721	10.45	10.45	10.45	11341	4273	7068	1.77	1.29	2.28
6352	5038	3194	2442	8.95	9.15	8.71	4602	2071	2531	4.35	3.61	5.23
4130	3671	2476	2618	8.98	9.15	8.8	2768	982	1786	3.38	2.27	4.62
2779	1743	1382	1087	9.65	9.83	9.39	857	334	523	2.37	1.49	3.82
3788	3238	1785	1779	9.16	9.29	9	736	305	431	1.39	1.08	1.74
4539	5085	2104	3072	8.83	8.7	8.99	3715	1787	1928	3.75	3.2	4.45
6565	6445	3165	3823	9.09	9.13	9.04	2615	1016	1599	2.24	1.67	2.86
2698	2858	1594	2164	9.29	9.37	9.21	2764	980	1784	5.78	4	7.65
2610	2513	1285	1465	9.27	9.42	9.11	1640	630	1010	4.16	3.12	5.26
90961	**95191**	**54424**	**55096**	**8.81**	**8.85**	**8.76**	**38534**	**16997**	**21537**	**1.89**	**1.6**	**2.2**
30968	31386	18847	18908	9.34	9.35	9.32	8175	3391	4784	1.47	1.17	1.81
15977	16511	10509	10965	8.77	8.84	8.69	7070	2929	4141	1.75	1.41	2.13
8646	11201	6731	7162	9.07	9.02	9.12	6614	3332	3282	3.25	3.15	3.35
8846	8426	4545	4307	8.56	8.66	8.46	1706	817	889	0.8	0.71	0.9
4927	5772	2786	2948	8.34	8.35	8.33	3930	1757	2173	2.8	2.49	3.13
8226	7867	4075	3959	8.71	8.83	8.57	4327	1853	2474	2.48	2.06	2.94
5078	5558	2694	2534	8.28	8.34	8.22	3694	1588	2106	2.55	2.14	2.99
5762	5924	2955	3199	8.17	8.21	8.13	1960	856	1104	1.14	0.97	1.32
2531	2546	1282	1114	9.12	9.22	9.02	1058	474	584	3.01	2.64	3.4
27919	**29139**	**15481**	**17222**	**8.88**	**8.91**	**8.85**	**21144**	**8971**	**12173**	**4.83**	**3.98**	**5.74**
12646	14696	7980	9395	9.11	9.05	9.17	6677	2754	3923	3.27	2.66	3.91
8496	8651	3983	4600	8.34	8.4	8.28	10636	4618	6018	6.86	5.81	7.97
2515	2375	1221	1208	9.17	9.3	9.03	1708	733	975	5.24	4.35	6.19
4262	3417	2297	2019	9.51	9.72	9.26	2123	866	1257	4.58	3.38	6.07
116681	**131646**	**68351**	**75919**	**8.48**	**8.53**	**8.43**	**142530**	**58847**	**83683**	**4.6**	**3.84**	**5.34**
31873	36978	25596	30148	9.29	9.26	9.33	21153	8596	12557	3.71	3.04	4.38
6091	7769	3200	3925	8.27	8.26	8.28	8092	3515	4577	4.4	3.83	4.97

表4 续表 56

地区	6岁及以上各种受教育程度人口(人)									
	未上过学		学前教育		小学		初中		高中	
	男	女	男	女	男	女	男	女	男	女
疏勒县	2423	3524	2722	2719	55225	62195	66169	59865	23541	19732
英吉沙县	2089	3138	5520	5183	46884	52705	47491	50031	12176	10555
泽普县	1697	2257	1245	1224	32722	35330	39136	38709	12731	10362
莎车县	5913	7610	6651	6435	148139	157105	164317	159859	41455	35981
叶城县	4138	5333	4045	4053	78567	85068	104932	105144	27041	23174
麦盖提县	1203	1636	1417	1450	40004	43799	40240	39072	10263	8920
岳普湖县	1492	2175	2872	2863	27180	29846	27919	25358	7434	6413
伽师县	3490	4990	4094	3984	81874	88454	74216	65561	17604	15813
巴楚县	4746	6752	6111	5892	64699	69457	64318	58975	16880	14049
塔什库尔干塔吉克自治县	153	321	147	143	7559	9135	4837	3143	3600	1952
和田地区	**27465**	**31698**	**51859**	**50042**	**448825**	**478172**	**372231**	**349096**	**119138**	**98335**
和田市	2942	4086	9306	9003	80903	85424	70457	66838	32344	28858
和田县	5244	4919	9396	8746	69813	67573	57372	48695	15742	12255
墨玉县	10327	11138	12214	11921	111492	120631	82625	79512	23816	19567
皮山县	2371	2940	5281	5178	50872	56138	42725	42609	14691	11867
洛浦县	2573	3260	7240	6964	50201	54258	49952	46890	12112	9221
策勒县	1258	1457	2430	2358	27458	27963	28960	26907	7080	5982
于田县	2519	3644	5447	5305	51781	60069	33060	31536	10521	8358
民丰县	231	254	545	567	6305	6116	7080	6109	2832	2227
伊犁哈萨克自治州	**18369**	**34550**	**17709**	**16399**	**430674**	**429580**	**458086**	**386484**	**199393**	**182341**
伊宁市	3080	6410	5220	5137	93392	95445	105512	99730	67011	67406
奎屯市	1193	3571	638	618	18478	22687	36188	31241	25237	22156
霍尔果斯市	721	1648	270	288	8679	8974	14233	11178	5663	4186
伊宁县	2026	3519	2089	2016	79127	76403	60073	48442	18275	17213
察布查尔锡伯自治县	1041	1946	1121	1047	26207	26152	28660	23205	10715	9546
霍城县	3420	6046	1610	1584	48451	47599	38463	31556	13732	11951
巩留县	2010	3596	1326	1243	30672	30979	30485	25418	9693	8350
新源县	2332	3041	1817	1248	53092	45746	61143	45201	21809	18279
昭苏县	733	1270	1213	1165	21299	22199	28902	25211	9131	7761
特克斯县	835	1643	1319	1124	27357	28156	23579	20052	8892	7823
尼勒克县	978	1860	1086	929	23920	25240	30848	25250	9235	7670
塔城地区	**8735**	**19060**	**3910**	**3735**	**135082**	**145679**	**228155**	**179990**	**82757**	**69287**
塔城市	894	1985	487	462	16124	17486	29480	24156	12220	11842
乌苏市	3229	6593	1025	913	34751	35024	55069	39416	20398	15579
额敏县	1123	2645	677	645	23270	24457	37580	30918	13689	12797
沙湾县	2699	6265	746	782	37142	42385	66542	53326	22616	17391
托里县	237	376	456	482	11493	12618	16873	14359	5328	4651
裕民县	327	637	171	152	5992	6657	10309	8474	3574	2912
和布克赛尔蒙古自治县	226	559	348	299	6310	7052	12302	9341	4932	4115
阿勒泰地区	**2726**	**5127**	**3507**	**3078**	**75376**	**78349**	**127781**	**102352**	**44409**	**37890**
阿勒泰市	870	1885	978	890	20656	22437	41483	34298	18898	16812
布尔津县	236	475	309	256	8042	8363	15996	12891	4211	3544
富蕴县	309	548	710	614	14851	15582	17921	14447	6043	5021
福海县	519	800	405	355	10236	8989	17251	11601	4945	3810
哈巴河县	477	873	490	431	10396	10903	16805	13578	4793	3904
青河县	205	374	444	398	8228	8722	11420	9452	3358	2824
吉木乃县	110	172	171	134	2967	3353	6905	6085	2161	1975
自治区直辖县级行政区划	**16504**	**31590**	**6970**	**6597**	**186162**	**187875**	**295359**	**217724**	**137644**	**108311**
石河子市	3011	7617	1281	1168	40508	45127	77193	64064	54927	47405
阿拉尔市	2408	4798	1375	1280	41070	40368	71700	50388	23959	16436
图木舒克市	6444	9268	2356	2232	45516	41663	45878	31535	15970	11592
五家渠市	646	1979	409	419	11964	15100	26645	21113	13791	11539
北屯市	202	473	69	55	2296	2513	5009	3701	1554	966
铁门关市	1034	1675	294	332	15439	13504	25080	15428	8704	5599
双河市	571	1645	147	111	6307	7097	11106	8369	4818	3748
可克达拉市	833	2165	293	285	8810	9266	14026	11268	5784	5079
昆玉市	854	1044	654	625	10600	10057	12096	7821	4691	3508
胡杨河市	501	926	92	90	3652	3180	6626	4037	3446	2439

大学专科		大学本科及以上		平均受教育年限(年)			15岁及以上文盲人口(人)			文盲人口占15岁及以上人口比重(%)		
男	女	男	女	合计	男	女	合计	男	女	合计	男	女
7279	9604	3820	4791	8.55	8.61	8.49	15133	6058	9075	6.11	4.95	7.24
5692	6429	2703	2965	8.02	8.07	7.97	8863	3415	5448	4.98	4.07	5.79
6301	6331	4472	4887	8.8	8.89	8.72	5957	2488	3469	3.87	3.26	4.46
16918	18633	9637	9819	8.32	8.37	8.27	21849	9144	12705	3.82	3.23	4.4
12112	12881	5298	5176	8.48	8.55	8.4	21972	9394	12578	6.12	5.33	6.89
5787	6504	3119	3198	8.44	8.51	8.38	2786	1154	1632	1.74	1.47	2
4507	5399	1936	2264	8.22	8.27	8.17	4881	1943	2938	4.31	3.47	5.12
8837	10677	4074	4506	8.06	8.12	8.01	7874	3205	4669	2.83	2.32	3.34
8628	8549	3979	3872	7.97	8.1	7.85	22320	9395	12925	8.87	7.47	10.28
2656	1892	517	368	8.94	9.39	8.42	1650	540	1110	5.41	3.29	7.87
69531	**72986**	**27130**	**25139**	**8**	**8.08**	**7.93**	**89165**	**40633**	**48532**	**5.58**	**5.09**	**6.07**
24159	27956	9738	9501	8.9	8.92	8.89	11774	4762	7012	3.49	2.86	4.1
4543	3853	1814	1434	7.39	7.48	7.29	16006	8887	7119	7.37	7.66	7.03
11925	12273	4187	3722	7.54	7.62	7.46	26574	12177	14397	7.44	6.91	7.95
6960	6502	3089	2267	8.01	8.15	7.87	12133	5214	6919	6.47	5.65	7.28
6801	6828	2974	2763	7.88	7.98	7.77	8238	3625	4613	4.48	3.94	5.02
4874	5078	1583	1618	8.29	8.33	8.25	4464	1999	2465	3.97	3.51	4.43
7634	7908	2863	3036	7.8	7.93	7.67	9229	3636	5593	5.45	4.49	6.33
2635	2588	882	798	9.3	9.35	9.25	747	333	414	2.34	1.97	2.74
125935	**129588**	**69301**	**85591**	**9.25**	**9.26**	**9.24**	**87937**	**34344**	**53593**	**4.06**	**3.11**	**5.04**
47357	51681	33645	42653	10.22	10.16	10.28	13644	4997	8647	2.19	1.64	2.71
18352	17273	9411	9615	10.6	10.81	10.39	4692	1179	3513	2.37	1.18	3.57
3937	3311	2015	2069	9.44	9.67	9.19	3052	1043	2009	5.12	3.3	7.16
9544	10734	3580	5361	8.28	8.27	8.3	8616	3269	5347	3.2	2.35	4.11
5822	5829	2564	3513	8.87	8.91	8.84	8846	3731	5115	7.22	5.89	8.64
6926	8059	2969	3791	8.24	8.31	8.16	13009	5077	7932	6.95	5.32	8.66
6298	6384	2715	3578	8.56	8.64	8.48	10300	4068	6232	7.82	6.06	9.66
10482	9867	5340	6072	8.9	8.87	8.93	10855	5326	5529	4.53	4.04	5.14
5635	5263	2549	3125	8.98	9.05	8.9	5239	2071	3168	4.8	3.7	5.94
5854	5648	2170	2625	8.66	8.73	8.58	4216	1536	2680	3.86	2.76	5
5728	5539	2343	3189	8.84	8.92	8.76	5468	2047	3421	4.67	3.4	6.03
55030	**52943**	**26681**	**32789**	**9.45**	**9.56**	**9.33**	**34856**	**11652**	**23204**	**3.77**	**2.43**	**5.21**
10023	10006	6237	7577	10.17	10.19	10.14	3347	1127	2220	2.5	1.67	3.36
12286	11325	5861	6678	9.18	9.34	9	10870	3622	7248	4.91	3.05	7.08
9044	9613	4330	5662	9.52	9.54	9.49	4942	1657	3285	3.21	2.12	4.34
12820	11001	5709	7122	9.15	9.37	8.92	9413	2781	6632	3.64	2.08	5.31
4241	4386	1490	1980	9.36	9.38	9.33	3301	1434	1867	5	4.29	5.74
2713	2647	1167	1463	9.55	9.64	9.45	1451	530	921	3.53	2.5	4.61
3903	3965	1887	2307	10.02	10.04	9.99	1532	501	1031	3.05	1.92	4.27
33834	**33157**	**23076**	**27805**	**9.8**	**9.8**	**9.8**	**13799**	**5264**	**8535**	**2.68**	**1.97**	**3.44**
12595	12865	10367	11783	10.3	10.31	10.29	3354	1118	2236	1.84	1.2	2.5
3899	3736	2267	2968	9.78	9.77	9.8	1461	532	929	2.53	1.78	3.34
4266	4175	2754	3258	9.26	9.29	9.23	1732	635	1097	2.29	1.62	3
3615	3347	2048	2630	9.44	9.4	9.5	2963	1376	1587	4.81	4.01	5.82
3976	3759	2479	3110	9.46	9.5	9.42	2631	987	1644	4.11	2.98	5.34
3209	3036	1864	2351	9.5	9.52	9.48	1357	498	859	2.96	2.12	3.84
2274	2239	1297	1705	10.29	10.26	10.32	301	118	183	1.1	0.86	1.34
88560	**70649**	**67555**	**62400**	**9.73**	**9.92**	**9.51**	**63238**	**23111**	**40127**	**4.77**	**3.23**	**6.59**
39115	33111	30172	29425	10.8	10.99	10.6	8990	2504	6486	2.05	1.1	3.07
13826	10174	16650	14201	9.56	9.75	9.32	6916	2082	4834	2.5	1.35	3.96
11013	8278	6429	4957	8.4	8.66	8.08	27440	11902	15538	13.82	10.75	17.68
10342	8540	5253	5597	10.29	10.52	10.04	2162	492	1670	1.78	0.78	2.86
863	707	483	480	9.19	9.45	8.88	725	210	515	4.12	2.2	6.4
4270	2993	3081	2724	9.18	9.33	8.96	2743	891	1852	3	1.67	4.86
2730	2123	1426	1475	9.34	9.67	8.97	2280	600	1680	4.91	2.47	7.61
3011	2482	1447	1521	9.08	9.35	8.79	4170	1367	2803	6.98	4.43	9.72
2019	1424	1661	1236	8.63	8.83	8.38	6378	2617	3761	13.48	9.76	18.35
1371	817	953	784	9.35	9.62	8.99	1434	446	988	5.33	2.86	8.71

长表数据

表 5 各职业大类人口

表5　各职业大类人口(长表数据)

单位：人

地　　区	16岁及以上人口	各种职业人口总计	党的机关、国家机关、群众团体和社会组织、企事业单位负责人	专业技术人员	办事人员和有关人员	社会生产服务和生活服务人员	农、林、牧、渔业生产及辅助人员	生产制造及有关人员	不便分类的其他从业人员
合　计	**112675113**	**65631786**	**1447913**	**6840341**	**4558980**	**22229031**	**13471418**	**16926484**	**157619**
北京市	**1843342**	**1015007**	**41802**	**260724**	**154552**	**436524**	**14568**	**105932**	**905**
市辖区	**1843342**	**1015007**	**41802**	**260724**	**154552**	**436524**	**14568**	**105932**	**905**
东城区	64114	31286	1815	8940	6917	12343	11	1218	42
西城区	100543	50865	2642	16466	10403	19532	33	1754	35
朝阳区	289694	158963	5638	45165	27855	71032	120	9053	100
丰台区	182605	98285	3751	28193	16895	42354	109	6983	
石景山区	49515	24288	1105	7753	4520	9023	40	1796	51
海淀区	279014	146051	9130	47612	22917	56786	442	8819	345
门头沟区	32126	15297	436	3410	2421	7119	302	1584	25
房山区	104583	53526	2296	12193	7389	22641	1236	7771	
通州区	142440	79387	4033	17699	10385	35565	937	10618	150
顺义区	111796	71523	1226	11657	9045	33154	1349	15092	
昌平区	193190	118911	3012	30019	12925	59204	1151	12600	
大兴区	150092	89988	4563	20031	11574	37372	1586	14745	117
怀柔区	34618	18923	605	2899	2683	7361	814	4561	
平谷区	37976	21138	634	3378	2646	7803	3257	3391	29
密云区	43713	23003	513	3224	3786	9567	2036	3876	1
延庆区	27323	13573	403	2085	2191	5668	1145	2071	10
天津市	**1051338**	**504665**	**22089**	**82704**	**76265**	**169916**	**41637**	**108077**	**3977**
市辖区	**1051338**	**504665**	**22089**	**82704**	**76265**	**169916**	**41637**	**108077**	**3977**
和平区	18126	8231	618	2046	2183	2774	18	461	131
河东区	65667	26323	1129	6400	6298	9438	18	2994	46
河西区	59918	24328	1510	6181	6623	7883	40	1951	140
南开区	70826	30507	1897	8610	6775	10811	30	2266	118
河北区	49644	17948	926	3844	4217	6956	8	1869	128
红桥区	36744	13573	636	3100	3433	4941	11	1438	14
东丽区	71542	36362	1055	5778	5072	14240	198	9797	222
西青区	88805	43470	2196	6492	7138	15648	1246	9523	1227
津南区	70732	34171	1912	4969	4207	13369	201	9464	49
北辰区	67836	30443	1587	4478	4334	11410	790	7191	653
武清区	91298	50932	1939	5659	4208	14525	11190	13263	148
宝坻区	56077	30081	1096	2882	2280	7470	6653	9615	85
滨海新区	150209	82945	3855	15103	13566	28867	1656	19327	571
宁河区	31885	16138	264	1439	1442	4252	4710	3968	63
静海区	59880	27589	956	2793	2248	7649	4978	8665	300
蓟州区	62149	31624	513	2930	2241	9683	9890	6285	82
河北省	**5811806**	**3332630**	**69063**	**319643**	**210140**	**1084767**	**805953**	**835378**	**7686**
石家庄市	**857027**	**480962**	**13854**	**63317**	**38187**	**182381**	**75611**	**107228**	**384**
长安区	77444	44226	2412	9164	5554	21182	467	5423	24
桥西区	76031	41504	2160	9498	7191	18946	57	3534	118
新华区	60102	32317	1015	7169	4396	15764	134	3800	39
井陉矿区	6222	2929	75	352	338	1147	41	976	
裕华区	58959	30291	2043	7865	4613	12565	102	3075	28
藁城区	55996	36748	530	2686	1368	10990	11637	9519	18
鹿泉区	45045	24480	285	3626	1189	11961	1820	5599	
栾城区	30391	16117	359	1791	975	6442	2007	4540	3
井陉县	20028	12423	191	811	628	3474	5138	2180	1
正定县	41388	21827	679	2736	1398	9175	1541	6295	3
行唐县	28140	18803	239	1087	701	6086	6682	3999	9
灵寿县	23011	11932	104	914	605	3409	4479	2420	1
高邑县	13050	6731	113	631	439	2757	610	2176	5
深泽县	18003	9257	129	481	369	2766	2378	3112	22
赞皇县	17266	9066	147	656	544	2647	2901	2169	2
无极县	34998	21729	361	1418	702	6513	4988	7737	10
平山县	30786	14830	259	1413	1078	4983	3116	3973	8
元氏县	29613	16648	266	1346	704	6602	3699	4030	1

表5　续表 1

单位：人

地　区	16岁及以上人口	各种职业人口总计	党的机关、国家机关、群众团体和社会组织、企事业单位负责人	专业技术人员	办事人员和有关人员	社会生产服务和生活服务人员	农、林、牧、渔业生产及辅助人员	生产制造及有关人员	不便分类的其他从业人员
赵县	39505	23836	326	1593	875	6777	7504	6740	21
石家庄高新技术产业开发区	22360	13139	557	2777	1619	5391	104	2688	3
石家庄循环化工园区	4665	2688	52	281	109	1003	118	1125	
辛集市	48227	27250	753	2008	1136	7364	8677	7282	30
晋州市	39431	23458	420	1432	787	8190	3163	9437	29
新乐市	36366	18733	379	1582	869	6247	4248	5399	9
唐山市	**646833**	**362302**	**6017**	**38573**	**25823**	**122100**	**83904**	**85845**	**40**
路南区	27640	15077	480	2575	1805	7334	615	2266	2
路北区	69345	32400	1151	7137	5288	12862	1012	4946	4
古冶区	27440	10375	159	1425	1059	3477	548	3707	
开平区	23082	12245	232	1352	889	4833	2060	2878	1
丰南区	46128	25370	370	2529	1629	8148	5864	6830	
丰润区	67356	36042	724	3918	1994	13225	7731	8450	
曹妃甸区	29775	15649	175	1866	1750	4980	1321	5553	4
滦南县	43769	27687	151	1916	925	7411	11958	5326	
乐亭县	34754	24476	158	1511	982	8690	7897	5238	
迁西县	29263	18792	254	1567	1124	5356	5952	4538	1
玉田县	54184	30971	506	2178	1256	8621	11764	6645	1
河北唐山芦台经济开发区	3726	2122	65	118	110	431	178	1220	
唐山市汉沽管理区	4482	2534	38	160	201	861	413	860	1
唐山高新技术产业开发区	16702	7162	152	1213	971	2609	344	1872	1
河北唐山海港经济开发区	8295	5510	66	542	559	1690	1482	1169	2
遵化市	57584	33509	432	2947	1468	11969	8790	7901	2
迁安市	61825	38224	687	3942	2702	11936	8436	10502	19
滦州市	41483	24157	217	1677	1111	7667	7539	5944	2
秦皇岛市	**253905**	**133764**	**2920**	**13509**	**10510**	**38521**	**41842**	**26069**	**393**
海港区	83065	38370	1539	6373	5131	17102	1116	6925	184
山海关区	13371	6028	177	708	614	2148	835	1545	1
北戴河区	10055	4190	139	552	564	1502	618	778	37
抚宁区	23395	14590	220	954	648	3064	6947	2727	30
青龙满族自治县	32937	17840	211	1165	670	3108	9433	3138	115
昌黎县	40203	23050	113	1256	944	4877	11393	4467	
卢龙县	27834	17813	148	942	648	2855	10499	2718	3
秦皇岛市经济技术开发区	16869	8656	304	1338	1172	2923	218	2690	11
北戴河新区	6176	3227	69	221	119	942	783	1081	12
邯郸市	**688783**	**440819**	**5187**	**34118**	**22306**	**154127**	**92074**	**132898**	**109**
邯山区	46233	23580	598	3959	2868	10528	1218	4406	3
丛台区	45606	25330	590	3621	3848	11728	862	4671	10
复兴区	25783	13923	180	1938	1208	6970	432	3179	16
峰峰矿区	36293	22372	142	2084	1870	9702	2655	5912	7
肥乡区	26735	18257	153	1146	611	6783	4184	5342	38
永年区	60998	43618	513	2376	1137	16181	8249	15162	
临漳县	41156	28773	246	1706	628	8800	7297	10072	24
成安县	28174	21431	146	1320	714	6105	5968	7178	
大名县	51689	33666	339	1876	657	9482	11306	10006	
涉县	28511	18495	185	1501	1008	6261	4475	5065	
磁县	30978	20923	133	1709	1204	6615	4592	6670	
邱县	15627	11082	81	680	471	3589	3555	2706	
鸡泽县	19413	11410	257	836	479	3239	1425	5174	
广平县	17426	13120	128	662	309	3714	3330	4977	
馆陶县	21549	13457	139	940	533	4356	3197	4292	
魏县	58604	42770	429	1823	675	15397	12864	11582	
曲周县	33299	21509	197	1494	841	5660	6380	6929	8
邯郸经济技术开发区	21757	11266	189	699	616	4215	1985	3562	
邯郸冀南新区	20762	13284	169	709	368	3891	2270	5874	3
武安市	58190	32553	373	3039	2261	10911	5830	10139	
邢台市	**533315**	**304866**	**5702**	**23765**	**16207**	**86374**	**87287**	**84195**	**1336**
襄都区	32600	16508	604	2506	2077	7872	381	3009	59
信都区	62004	33076	975	4799	4364	10458	6926	5428	126
任泽区	25662	15469	214	936	593	4217	2821	6635	53

表5 续表 2

单位：人

地　区	16岁及以上人口	各种职业人口总计	党的机关、国家机关、群众团体和社会组织、企事业单位负责人	专业技术人员	办事人员和有关人员	社会生产服务和生活服务人员	农、林、牧、渔业生产及辅助人员	生产制造及有关人员	不便分类的其他从业人员
南和区	26827	15119	122	1013	503	5255	3987	4197	42
临城县	15495	8866	115	672	435	2195	3650	1771	28
内丘县	20709	10740	242	907	538	2489	3894	2618	52
柏乡县	12973	6928	107	546	287	1860	2164	1956	8
隆尧县	37117	18657	312	1266	653	5218	5784	5305	119
宁晋县	55231	32672	659	2061	1259	7978	8026	12510	179
巨鹿县	26771	14370	215	749	351	2866	7740	2346	103
新河县	10602	5354	60	330	296	1130	2224	1276	38
广宗县	21109	13655	201	732	405	2786	5366	4074	91
平乡县	24613	16592	471	876	773	4702	2446	7287	37
威县	34999	22878	216	1213	598	5515	11024	4299	13
清河县	30118	17533	253	1052	696	5061	3421	7010	40
临西县	23201	12861	136	786	333	3127	4375	4041	63
河北邢台经济开发区	13111	7464	210	650	393	3097	513	2575	26
南宫市	29323	18367	145	832	548	4043	9283	3282	234
沙河市	30850	17757	445	1839	1105	6505	3262	4576	25
保定市	**905892**	**523463**	**10231**	**46051**	**28588**	**158486**	**134587**	**143346**	**2174**
竞秀区	41329	22306	635	3854	3413	10080	257	3971	96
莲池区	70213	32375	1179	6340	4704	14479	1278	4212	183
满城区	29766	18416	278	1322	837	4609	7047	4239	84
清苑区	50258	29123	358	1916	1089	6731	11939	6918	172
徐水区	47925	29138	577	2296	1201	9882	4315	10769	98
涞水县	26321	15324	256	1299	789	4790	4561	3553	76
阜平县	15426	7194	129	682	709	2430	953	2220	71
定兴县	39993	22691	459	1528	832	5399	7787	6641	45
唐县	39272	20272	192	1684	813	5379	5447	6745	12
高阳县	24654	15535	452	1047	710	4440	3658	5210	18
容城县	20914	12080	299	1090	882	4269	488	5050	2
涞源县	18932	10261	158	786	675	2691	4279	1658	14
望都县	18474	12908	234	925	604	2870	5002	3231	42
安新县	35425	18969	416	1225	758	6600	3103	6775	92
易县	41216	19292	552	1921	1037	6093	4672	5004	13
曲阳县	40933	25809	288	1710	814	6600	7019	9193	185
蠡县	37576	26334	236	1136	608	5392	12909	5984	69
顺平县	22234	12076	117	748	554	2550	4866	3057	184
博野县	17952	10509	133	620	322	2322	4290	2792	30
雄县	35136	19432	491	1524	708	7379	1917	7340	73
保定高新技术产业开发区	6879	4473	109	669	504	1815	339	1020	17
保定白沟新城	10522	7374	253	372	172	3077	44	3454	2
涿州市	52883	33231	919	3883	2044	11622	8285	6355	123
定州市	90526	52688	880	4320	1918	13774	17021	14586	189
安国市	29880	19879	173	995	543	4604	9413	4072	79
高碑店市	41253	25774	458	2159	1348	8609	3698	9297	205
张家口市	**327897**	**147687**	**2870**	**15213**	**13198**	**49879**	**38217**	**27310**	**1000**
桥东区	23154	10073	351	1589	1742	4219	621	1511	40
桥西区	23168	9836	222	1714	1316	4913	112	1556	3
宣化区	43522	17959	297	2058	1645	6515	2860	4308	276
下花园区	6423	2739	57	323	365	939	249	800	6
万全区	17364	7652	221	757	586	2561	1639	1881	7
崇礼区	8450	3903	65	361	405	1398	381	1287	6
张北县	23308	8726	175	971	591	3470	1937	1570	12
康保县	10364	5122	52	321	388	1618	2063	648	32
沽源县	11912	5283	49	295	365	1699	2244	492	139
尚义县	8179	3707	53	283	340	963	1480	551	37
蔚县	30753	17959	186	1310	847	5100	7808	2671	37
阳原县	16263	6891	102	577	518	1635	2327	1731	1
怀安县	14207	7860	100	479	611	1805	3546	1310	9
怀来县	28076	12661	286	1382	959	4773	2891	2333	37
涿鹿县	24449	11035	173	927	712	2973	4286	1876	88
赤城县	15046	6452	91	377	553	1421	2952	815	243

表5　续表 3

单位：人

地　　区	16岁及以上人口	各种职业人口总计	党的机关、国家机关、群众团体和社会组织、企事业单位负责人	专业技术人员	办事人员和有关人员	社会生产服务和生活服务人员	农、林、牧、渔业生产及辅助人员	生产制造及有关人员	不便分类的其他从业人员
张家口经济开发区	21326	8819	367	1380	1152	3618	523	1765	14
张家口市察北管理区	1373	711	15	78	75	163	222	145	13
张家口市塞北管理区	560	299	8	31	28	96	76	60	
承德市	**265086**	**123419**	**2999**	**13798**	**9804**	**39290**	**32748**	**24534**	**246**
双桥区	28109	12832	694	2604	2176	5640	133	1522	63
双滦区	14378	6781	222	989	735	2560	483	1776	16
鹰手营子矿区	4505	1707	47	207	239	683	24	503	4
承德县	27163	14381	222	1314	757	3841	5187	3032	28
兴隆县	22382	10381	185	939	631	3359	3082	2170	15
滦平县	21338	11676	313	1176	833	3468	3246	2636	4
隆化县	26910	14753	254	1266	697	3800	6137	2582	17
丰宁满族自治县	25470	12379	244	1061	754	3559	4765	1989	7
宽城满族自治县	17795	7316	194	844	640	2134	1214	2250	40
围场满族蒙古族自治县	32936	13121	312	1271	951	4766	3289	2527	5
承德高新技术产业开发区	11268	3661	131	713	589	1313	291	620	4
平泉市	32832	14431	181	1414	802	4167	4897	2927	43
沧州市	**557191**	**362056**	**7651**	**29537**	**18091**	**105549**	**106903**	**93722**	**603**
新华区	19339	10974	384	2024	1294	5714	148	1398	12
运河区	39716	21976	881	4822	3280	10132	358	2473	30
沧县	47716	34745	525	1485	539	8559	12109	11508	20
青县	31998	21272	455	1442	756	5297	7380	5896	46
东光县	26325	19692	280	1153	698	4073	9838	3617	33
海兴县	14319	8863	96	679	533	2315	2971	2225	44
盐山县	29283	22623	299	1162	759	5920	10403	4077	3
肃宁县	26702	18844	234	1156	733	4678	7417	4593	33
南皮县	26257	17394	365	1077	482	3165	8005	4278	22
吴桥县	17798	9857	102	793	508	2284	4274	1857	39
献县	41169	27849	420	1591	785	6569	11616	6831	37
孟村回族自治县	15389	8412	244	688	454	2668	1853	2483	22
河北沧州经济开发区	2241	1187	44	113	79	524	28	399	
沧州高新技术产业开发区	1065	816	14	60	32	426	82	202	
沧州渤海新区	11390	5763	105	1184	947	1683	347	1438	59
泊头市	46778	28818	591	1636	969	9493	7739	8317	73
任丘市	62393	35268	1310	4103	2410	11257	3568	12572	48
黄骅市	36466	25598	486	1953	1642	8888	6829	5791	9
河间市	60847	42105	816	2416	1191	11904	11938	13767	73
廊坊市	**422469**	**244421**	**8575**	**26825**	**17242**	**97165**	**33340**	**60242**	**1032**
安次区	33963	18909	673	2777	1327	8194	1206	4732	
广阳区	45164	23856	916	4320	4188	10143	1024	3016	249
固安县	44977	24563	921	2641	1412	8767	5773	5031	18
永清县	28885	19234	238	1105	609	6271	7110	3861	40
香河县	35152	20493	691	1783	1144	9077	2975	4804	19
大城县	35292	22118	589	1432	599	5960	6309	7148	81
文安县	41161	24478	656	1404	829	7801	5018	8754	16
大厂回族自治县	13031	6935	261	947	745	2899	423	1638	22
廊坊经济技术开发区	9777	6525	101	630	325	3607	292	1566	4
霸州市	55285	33737	1501	2420	1468	14033	1148	12963	204
三河市	79782	43573	2028	7366	4596	20413	2062	6729	379
衡水市	**353408**	**208871**	**3057**	**14937**	**10184**	**50895**	**79440**	**49989**	**369**
桃城区	45863	25634	628	3741	3082	11056	2724	4348	55
冀州区	24981	15044	181	1097	800	2841	7583	2541	1
枣强县	29815	18551	199	1133	755	3942	4439	8055	28
武邑县	21607	11402	72	765	425	2044	5972	2096	28
武强县	15339	9128	62	575	405	1991	3673	2413	9
饶阳县	20724	14254	129	675	574	2054	8574	2232	16
安平县	27256	17252	598	1026	845	5383	2977	6393	30
故城县	37058	21622	244	1315	741	4088	9423	5698	113
景县	41396	22527	262	1189	765	5790	8481	6005	35
阜城县	26592	16265	182	826	463	3450	7243	4099	2
河北衡水高新技术产业开发区	11296	6193	180	896	333	2651	407	1717	9
衡水滨湖新区	6779	2161	57	177	60	816	353	676	22
深州市	44702	28838	263	1522	936	4789	17591	3716	21

表5 续表 4　　单位：人

地　　区	16岁及以上人口	各种职业人口总计	党的机关、国家机关、群众团体和社会组织、企事业单位负责人	专业技术人员	办事人员和有关人员	社会生产服务和生活服务人员	农、林、牧、渔业生产及辅助人员	生产制造及有关人员	不便分类的其他从业人员
山西省	**2849425**	**1452063**	**29507**	**167414**	**129757**	**465387**	**353211**	**303820**	**2967**
太原市	**412432**	**204938**	**7934**	**40678**	**30339**	**78689**	**8403**	**38180**	**715**
小店区	83079	43339	2343	9954	6957	16996	624	6182	283
迎泽区	47245	25218	1087	6051	4971	10860	76	2154	19
杏花岭区	61523	30148	1396	6642	5148	12563	70	4219	110
尖草坪区	42780	17896	628	3268	2184	7199	508	3976	133
万柏林区	75179	36605	1155	8253	6375	14208	117	6416	81
晋源区	23405	11263	599	1935	1526	4941	253	1985	24
清徐县	27871	15120	220	1465	930	4676	4291	3507	31
阳曲县	9453	4734	81	487	413	1551	1407	793	2
娄烦县	6619	2562	48	318	301	874	524	481	16
山西转型综合改革示范区	19644	11613	263	1386	792	2787	282	6088	15
古交市	15634	6440	114	919	742	2034	251	2379	1
大同市	**266894**	**117267**	**1932**	**13469**	**11181**	**40049**	**24434**	**26098**	**104**
新荣区	7698	3407	46	239	142	1238	968	760	14
平城区	93629	42298	1276	7063	6390	19192	592	7741	44
云冈区	58497	19752	191	2617	2127	6153	766	7890	8
云州区	10856	4746	42	369	275	1842	1342	874	2
阳高县	14909	9136	75	518	291	1654	5740	858	
天镇县	12657	4179	20	298	184	896	1775	1001	5
广灵县	14682	7167	32	536	357	1902	2892	1437	11
灵丘县	15836	6924	78	564	372	1793	2777	1322	18
浑源县	24052	12022	67	630	404	2727	6602	1592	
左云县	12983	7106	93	594	606	2385	977	2449	2
山西大同经济开发区	1095	530	12	41	33	267	3	174	
阳泉市	**111586**	**53216**	**897**	**6973**	**6470**	**19503**	**5379**	**13979**	**15**
城区	19361	9649	102	1711	1718	4183	48	1882	5
矿区	20856	9896	177	1594	1279	2923	29	3893	1
郊区	23115	11372	248	1624	1608	4682	432	2775	3
平定县	25290	11239	155	1102	885	4203	2035	2859	
盂县	22964	11060	215	942	980	3512	2835	2570	6
长治市	**260695**	**148949**	**2922**	**14752**	**12535**	**43262**	**42771**	**32602**	**105**
潞州区	72177	39272	1298	6612	5901	16516	815	8103	27
上党区	27355	14273	225	1125	949	5081	3023	3868	2
屯留区	19850	14713	110	852	587	2709	7730	2718	7
潞城区	16929	8693	173	827	693	2472	1970	2552	6
襄垣县	21021	11339	213	1132	1109	2831	3108	2946	
平顺县	11282	6327	55	456	346	1528	2822	1120	
黎城县	10290	5823	81	484	347	1332	2389	1171	19
壶关县	20169	13782	224	805	397	2756	7093	2507	
长子县	25267	13115	161	856	802	3433	4841	2988	34
武乡县	12366	7003	171	506	485	1254	3506	1081	
沁县	11724	7523	61	427	298	1691	4149	891	6
沁源县	12265	7086	150	670	621	1659	1325	2657	4
晋城市	**199484**	**107865**	**2529**	**11214**	**11399**	**31683**	**18283**	**32641**	**116**
城区	47129	25544	1021	4030	4783	9198	111	6380	21
沁水县	19053	10897	180	1227	1061	2483	2552	3391	3
阳城县	32374	16131	392	1676	1679	4629	2776	4962	17
陵川县	17652	9966	115	675	590	2155	4514	1914	3
泽州县	41095	21017	353	1634	1214	6705	3383	7703	25
高平市	42181	24310	468	1972	2072	6513	4947	8291	47
朔州市	**122739**	**55389**	**947**	**6715**	**4703**	**17642**	**11859**	**13258**	**265**
朔城区	33232	15725	352	2305	1625	5784	2765	2807	87
平鲁区	12529	5805	68	622	559	1861	1094	1588	13
山阴县	16557	7466	111	778	512	2322	1983	1744	16
应县	20754	8489	86	635	377	1754	3830	1767	40

表5 续表 5 单位：人

地 区	16岁及以上人口	各种职业人口总计	党的机关、国家机关、群众团体和社会组织、企事业单位负责人	专业技术人员	办事人员和有关人员	社会生产服务和生活服务人员	农、林、牧、渔业生产及辅助人员	生产制造及有关人员	不便分类的其他从业人员
右玉县	7343	3919	115	376	398	1135	931	963	1
山西朔州经济开发区	5735	3040	97	578	445	917	44	931	28
怀仁市	26589	10945	118	1421	787	3869	1212	3458	80
晋中市	**269307**	**131036**	**2211**	**14453**	**11450**	**44741**	**29882**	**28097**	**202**
榆次区	70834	31196	805	4781	3962	13320	3443	4775	110
太谷区	25924	12155	181	1411	759	3644	3339	2818	3
榆社县	8485	5180	70	486	369	1115	2294	841	5
左权县	11688	5915	104	578	470	1687	1957	1116	3
和顺县	9672	4404	97	408	475	1351	1054	1014	5
昔阳县	15225	7439	82	574	545	1948	2920	1366	4
寿阳县	17262	8928	131	713	645	2326	2780	2297	36
祁县	20939	10629	105	805	677	3458	3321	2252	11
平遥县	36360	14860	163	1607	893	4931	4013	3248	5
灵石县	19206	9212	144	925	911	3624	834	2761	13
介休市	33712	21118	329	2165	1744	7337	3927	5609	7
运城市	**400917**	**242233**	**3389**	**19464**	**11883**	**67446**	**102803**	**36677**	**571**
盐湖区	69744	38490	1123	5409	3838	14853	8327	4913	27
临猗县	46857	34171	349	1941	920	7113	20873	2925	50
万荣县	33279	20642	187	1146	548	5061	10854	2790	56
闻喜县	30451	15758	193	1194	686	4348	5612	3715	10
稷山县	26218	16857	193	1185	445	4213	7896	2905	20
新绛县	23717	14641	169	937	429	3375	7685	2027	19
绛县	17341	10344	79	715	495	2819	4562	1674	
垣曲县	17528	7520	138	826	671	2293	1536	2043	13
夏县	23178	14661	163	743	438	2487	8981	1832	17
平陆县	16602	8721	75	611	395	2444	4053	1119	24
芮城县	32086	21931	214	1421	807	5584	9850	3943	112
永济市	32749	22160	227	1529	891	7020	10169	2273	51
河津市	31167	16337	279	1807	1320	5836	2405	4518	172
忻州市	**217639**	**98011**	**1811**	**10073**	**8190**	**28995**	**29590**	**19132**	**220**
忻府区	45463	20307	544	2877	2245	6834	4502	3230	75
定襄县	15924	6643	81	517	432	1620	2256	1716	21
五台县	18213	6589	62	646	502	1572	2462	1331	14
代县	14325	6017	60	502	402	1546	2085	1404	18
繁峙县	18023	9212	144	765	682	2775	2850	1992	4
宁武县	9929	4403	90	496	435	1535	594	1233	20
静乐县	10774	4987	99	448	355	1479	1428	1172	6
神池县	7568	4070	46	303	217	1050	2125	329	
五寨县	8323	4205	36	299	270	1119	2147	329	5
岢岚县	6240	3491	54	287	302	997	1087	758	6
河曲县	9832	5120	128	559	440	1508	1385	1099	1
保德县	10621	5115	108	561	612	1836	643	1353	2
偏关县	6768	3128	58	326	226	871	1145	498	4
五台山风景名胜区	1468	687	42	46	115	399	53	32	
原平市	34168	14037	259	1441	955	3854	4828	2656	44
临汾市	**328969**	**171787**	**2805**	**16412**	**11788**	**53535**	**56352**	**30844**	**51**
尧都区	77094	35506	1112	5173	3832	15061	4695	5625	8
曲沃县	18092	9966	95	928	414	2827	3271	2431	
翼城县	21224	12052	120	1001	556	2835	5850	1685	5
襄汾县	37593	22359	160	1228	595	4594	13061	2720	1
洪洞县	49167	23671	272	2106	1009	7675	8105	4500	4
古县	7094	4206	96	416	329	1027	1342	996	
安泽县	6378	4170	70	386	397	784	1856	677	
浮山县	8476	4290	68	361	299	981	1926	653	2
吉县	7043	4102	36	236	271	639	2420	500	
乡宁县	17266	10756	164	886	726	3064	3625	2291	
大宁县	5251	2322	50	199	184	786	645	458	
隰县	7043	3862	43	231	298	902	2007	381	
永和县	4627	2719	38	184	210	570	1365	351	1
蒲县	9032	5843	86	412	462	1624	1812	1447	

表5 续表 6

单位：人

地区	16岁及以上人口	各种职业人口总计	党的机关、国家机关、群众团体和社会组织、企事业单位负责人	专业技术人员	办事人员和有关人员	社会生产服务和生活服务人员	农、林、牧、渔业生产及辅助人员	生产制造及有关人员	不便分类的其他从业人员
汾西县	7964	3791	66	366	198	1110	1393	657	1
侯马市	22799	11585	138	1225	863	5537	998	2821	3
霍州市	22826	10587	191	1074	1145	3519	1981	2651	26
吕梁市	**258763**	**121372**	**2130**	**13211**	**9819**	**39842**	**23455**	**32312**	**603**
离石区	31801	13812	350	2480	2003	5157	543	3174	105
文水县	27933	13408	285	993	713	4524	3765	2988	140
交城县	16730	6685	155	781	556	2308	562	2203	120
兴县	13879	7921	152	691	573	2458	2181	1809	57
临县	37238	19329	117	1329	718	5801	6594	4755	15
柳林县	20099	9761	162	1232	753	3071	1113	3401	29
石楼县	7542	3957	43	251	240	1050	1633	731	9
岚县	10769	6105	92	455	317	1532	2541	1154	14
方山县	9647	4393	72	408	381	1113	1155	1262	2
中阳县	10144	4884	106	507	415	1407	572	1864	13
交口县	7204	2986	58	359	296	1043	443	785	2
孝义市	35390	15088	303	2202	1818	5363	655	4656	91
汾阳市	30387	13043	235	1523	1036	5015	1698	3530	6
内蒙古自治区	**1984299**	**1049550**	**22768**	**125454**	**96191**	**342155**	**292631**	**167110**	**3241**
呼和浩特市	**273042**	**133341**	**3690**	**22601**	**17880**	**55984**	**12572**	**20282**	**332**
新城区	53666	26954	1243	5375	4555	11728	203	3627	223
回民区	36202	17693	368	2957	1945	9537	97	2782	7
玉泉区	41820	21798	510	3423	2245	10934	370	4245	71
赛罕区	69250	33552	1079	7693	6685	13079	1508	3489	19
土默特左旗	21234	9000	125	693	544	2554	3647	1435	2
托克托县	13777	7009	86	565	500	2108	2072	1678	
和林格尔县	12935	5904	61	521	456	1779	2128	953	6
清水河县	6009	2680	33	249	262	792	853	490	1
武川县	8136	3220	24	283	317	988	1374	234	
呼和浩特经济技术开发区	10013	5531	161	842	371	2485	320	1349	3
包头市	**239456**	**122003**	**3372**	**17168**	**11362**	**48983**	**14713**	**26015**	**390**
东河区	41989	19873	502	2662	1731	9560	1652	3755	11
昆都仑区	68216	34088	1214	5869	3572	14293	281	8668	191
青山区	45806	22831	704	4299	2666	9981	190	4952	39
石拐区	1951	1009	8	69	95	323	117	394	3
白云鄂博矿区	2013	1227	24	119	161	305	16	601	1
九原区	20025	10114	239	1235	719	4413	950	2520	38
土默特右旗	23219	13351	101	866	557	3449	6895	1466	17
固阳县	14727	7709	40	356	397	2548	3291	1076	1
达尔罕茂明安联合旗	5788	2810	60	276	307	618	1102	367	80
包头稀土高新技术产业开发区	15722	8991	480	1417	1157	3493	219	2216	9
乌海市	**46009**	**25277**	**443**	**3013**	**2804**	**10101**	**390**	**8514**	**12**
海勃湾区	27838	15604	298	2153	2187	6634	217	4112	3
海南区	7871	4529	87	352	207	1604	125	2150	4
乌达区	10300	5144	58	508	410	1863	48	2252	5
赤峰市	**336743**	**193336**	**3165**	**18552**	**10176**	**48520**	**85003**	**27081**	**839**
红山区	36884	18262	584	2904	1705	8755	673	3533	108
元宝山区	24127	9583	267	1329	868	3101	1168	2849	1
松山区	54882	31632	890	4593	2317	9526	9336	4889	81
阿鲁科尔沁旗	20150	11204	112	894	558	2399	5903	1259	79
巴林左旗	25623	18772	132	1285	580	5617	8557	2572	29
巴林右旗	12657	8220	74	614	458	1778	4380	912	4
林西县	16834	9543	91	768	459	2407	3841	1905	72
克什克腾旗	15518	8338	210	1130	565	1755	3424	1243	11
翁牛特旗	30835	15689	198	1108	608	2437	9523	1642	173
喀喇沁旗	21663	13327	119	875	533	2312	7811	1676	1
宁城县	40067	24990	292	1667	857	4997	14202	2914	61
敖汉旗	37503	23776	196	1385	668	3436	16185	1687	219
通辽市	**234980**	**126498**	**1957**	**11471**	**7075**	**31114**	**61992**	**12724**	**165**
科尔沁区	60456	28662	553	3447	2370	11119	7376	3740	57

表5 续表 7

单位：人

地　区	16岁及以上人口	各种职业人口总计	党的机关、国家机关、群众团体和社会组织、企事业单位负责人	专业技术人员	办事人员和有关人员	社会生产服务和生活服务人员	农、林、牧、渔业生产及辅助人员	生产制造及有关人员	不便分类的其他从业人员
科尔沁左翼中旗	35684	16936	180	1211	571	3707	9590	1671	6
科尔沁左翼后旗	25089	15955	133	737	478	2101	11921	583	2
开鲁县	25649	15178	131	1014	573	2508	9909	1038	5
库伦旗	11977	8272	81	492	360	1018	5979	339	3
奈曼旗	29339	14945	178	1211	508	2620	9278	1102	48
扎鲁特旗	20148	12051	145	1014	557	2514	6897	919	5
通辽经济技术开发区	15976	8268	344	1556	1070	3143	954	1178	23
霍林郭勒市	10662	6231	212	789	588	2384	88	2154	16
鄂尔多斯市	**174786**	**112957**	**3147**	**15007**	**11658**	**38904**	**17897**	**26028**	**316**
东胜区	44826	28220	1216	4917	3032	12849	699	5504	3
康巴什区	8772	5197	211	1216	1254	1665	38	779	34
达拉特旗	26004	16219	291	1593	1017	5088	5454	2760	16
准格尔旗	30192	17822	497	2355	1727	6426	1677	5084	56
鄂托克前旗	7894	5381	106	566	598	1166	1779	1126	40
鄂托克旗	13242	9744	150	967	709	2997	1867	3002	52
杭锦旗	9008	5703	109	571	519	1427	2225	755	97
乌审旗	13803	10420	198	1179	947	2763	2601	2728	4
伊金霍洛旗	21045	14251	369	1643	1855	4523	1557	4290	14
呼伦贝尔市	**188089**	**84913**	**1935**	**10457**	**10479**	**28165**	**22957**	**10601**	**319**
海拉尔区	30370	14223	476	2415	2192	6683	440	2007	10
扎赉诺尔区	7304	2631	27	366	377	973	101	764	23
阿荣旗	20698	9318	107	828	547	2428	4375	984	49
莫力达瓦达斡尔族自治旗	18084	7713	97	651	517	1645	4391	406	6
鄂伦春自治旗	14233	5597	64	660	948	1775	1755	315	80
鄂温克族自治旗	11591	5651	175	879	1003	1716	1037	823	18
陈巴尔虎旗	4620	2391	39	235	248	751	806	303	9
新巴尔虎左旗	3196	1934	32	203	220	440	901	88	50
新巴尔虎右旗	3316	2140	65	220	246	478	769	350	12
满洲里市	12509	6329	218	755	945	3090	80	1231	10
牙克石市	24365	8223	225	1337	1407	3157	794	1272	31
扎兰屯市	25355	13598	253	1146	743	3613	6365	1469	9
额尔古纳市	5961	2701	83	345	456	775	750	282	10
根河市	6487	2464	74	417	630	641	393	307	2
巴彦淖尔市	**127896**	**71492**	**1280**	**7538**	**5690**	**23136**	**23642**	**9972**	**234**
临河区	47395	26750	649	3578	2714	10484	4974	4297	54
五原县	18606	10202	99	803	495	3136	4754	853	62
磴口县	7773	4509	66	373	382	1195	1878	607	8
乌拉特前旗	21739	12270	147	1066	713	3311	5549	1475	9
乌拉特中旗	9589	6093	98	567	497	1457	2791	631	52
乌拉特后旗	4775	3148	60	368	341	766	735	870	8
杭锦后旗	18019	8520	161	783	548	2787	2961	1239	41
乌兰察布市	**141421**	**60391**	**1194**	**6721**	**6921**	**21238**	**13665**	**10583**	**69**
集宁区	35094	17790	326	2831	3122	8258	273	2973	7
卓资县	7329	2733	71	297	243	880	536	701	5
化德县	8057	3104	96	317	358	913	597	818	5
商都县	14922	6121	118	430	453	2000	2524	596	
兴和县	13250	3488	77	371	345	1338	729	623	5
凉城县	9417	3694	49	270	385	930	1563	488	9
察哈尔右翼前旗	10732	5125	103	443	381	1649	1268	1275	6
察哈尔右翼中旗	7572	3164	47	329	311	636	1499	342	
察哈尔右翼后旗	8946	3436	70	371	313	1179	771	724	8
四子王旗	10807	5135	131	424	435	1413	2272	446	14
丰镇市	15295	6601	106	638	575	2042	1633	1597	10
兴安盟	**111446**	**55656**	**861**	**5706**	**4874**	**14184**	**24709**	**5164**	**158**
乌兰浩特市	27683	13517	269	2074	1924	5864	1233	2152	1
阿尔山市	2874	1433	47	152	389	506	185	152	2
科尔沁右翼前旗	22759	12696	215	1160	779	2112	7451	852	127
科尔沁右翼中旗	16076	8227	125	756	533	1719	4587	499	8
扎赉特旗	24613	11265	130	929	777	2035	6621	762	11
突泉县	17441	8518	75	635	472	1948	4632	747	9

表5 续表 8

单位：人

地　　区	16岁及以上人口	各种职业人口总计	党的机关、国家机关、群众团体和社会组织、企事业单位负责人	专业技术人员	办事人员和有关人员	社会生产服务和生活服务人员	农、林、牧、渔业生产及辅助人员	生产制造及有关人员	不便分类的其他从业人员
锡林郭勒盟	**88730**	**49719**	**1331**	**5399**	**5379**	**16732**	**13307**	**7175**	**396**
二连浩特市	6197	3709	107	355	427	2203	152	463	2
锡林浩特市	27631	15423	639	2214	2198	6458	1263	2546	105
阿巴嘎旗	3399	2197	42	170	164	490	1118	213	
苏尼特左旗	2766	1904	28	216	162	369	939	190	
苏尼特右旗	5228	2720	58	295	256	860	890	359	2
东乌珠穆沁旗	5433	3420	40	251	295	751	1538	412	133
西乌珠穆沁旗	8064	5383	52	488	452	1456	1808	1124	3
太仆寺旗	8813	3222	92	367	276	837	1214	431	5
镶黄旗	2207	1316	53	139	147	299	527	147	4
正镶白旗	3569	1841	58	152	213	407	865	129	17
正蓝旗	5557	3207	46	242	232	753	1538	340	56
多伦县	8010	4231	76	387	363	1441	1190	708	66
乌拉盖管委会	1856	1146	40	123	194	408	265	113	3
阿拉善盟	**21701**	**13967**	**393**	**1821**	**1893**	**5094**	**1784**	**2971**	**11**
阿拉善左旗	15040	9394	240	1272	1347	3638	1357	1531	9
阿拉善右旗	1957	1163	54	154	176	353	226	200	
额济纳旗	2450	1611	49	202	228	701	195	235	1
内蒙古阿拉善经济开发区	2254	1799	50	193	142	402	6	1005	1
辽宁省	**3599645**	**1799414**	**43358**	**203350**	**143261**	**602151**	**489644**	**310578**	**7072**
沈阳市	**759256**	**379598**	**12278**	**59557**	**37120**	**152265**	**62459**	**53038**	**2881**
和平区	59596	28647	1448	7356	4526	12286	65	2778	188
沈河区	70202	34893	948	7117	1731	21666	145	3259	27
大东区	64570	26810	1087	4944	3832	12845	67	3873	162
皇姑区	79079	35677	1532	8381	5289	15529	137	4598	211
铁西区	112338	51589	1753	9346	5966	23590	1151	9164	619
苏家屯区	41508	18913	360	2050	1260	7529	3013	4639	62
浑南区	64124	31525	1347	6068	4033	13574	2165	4027	311
沈北新区	50582	23092	601	2872	2141	9294	2669	5269	246
于洪区	86053	45704	2319	7356	5328	20689	1450	7712	850
辽中区	33420	16338	273	1034	692	4387	7351	2538	63
康平县	23151	13110	212	709	663	2133	8181	1199	13
法库县	28736	18737	143	965	638	2692	12925	1297	77
新民市	45897	34563	255	1359	1021	6051	23140	2685	52
大连市	**612213**	**299391**	**11637**	**43237**	**26166**	**104829**	**45812**	**66029**	**1681**
中山区	30256	14516	1379	3432	1777	6744	49	1111	24
西岗区	25225	11822	643	2334	1905	5454	25	1397	64
沙河口区	49269	19324	1198	4535	4010	7668	90	1622	201
甘井子区	150156	75643	4051	15357	7651	33153	841	14382	208
旅顺口区	32651	15613	439	1905	1271	5544	1645	4719	90
金州区	129009	69391	2413	8202	5023	24209	5571	23821	152
普兰店区	52632	24396	359	1951	1014	5842	9365	5730	135
长海县	5872	3026	75	248	217	762	1408	303	13
瓦房店市	73723	36856	692	3024	1832	8496	15161	7349	302
庄河市	63420	28804	388	2249	1466	6957	11657	5595	492
鞍山市	**295212**	**153512**	**2795**	**13827**	**10835**	**59086**	**36622**	**29854**	**493**
铁东区	52231	23756	1083	4720	4178	9401	191	4098	85
铁西区	33965	15334	278	1364	1109	8039	1057	3413	74
立山区	45022	15657	460	2833	2116	6024	210	3937	77
千山区	8679	5114	42	242	137	1729	1886	1066	12
台安县	24744	18186	182	820	571	3491	11089	2018	15
岫岩满族自治县	34711	17421	251	991	953	4628	7837	2737	24
海城市	95860	58044	499	2857	1771	25774	14352	12585	206
抚顺市	**157666**	**63445**	**1227**	**7053**	**6518**	**20505**	**16376**	**11535**	**231**
新抚区	19807	7122	124	1047	1133	3147	285	1386	
东洲区	20262	6520	35	540	478	2522	1212	1733	
望花区	33081	11113	205	1507	1248	4347	866	2934	6
顺城区	40117	14800	565	2708	2700	5327	521	2801	178
抚顺县	6976	4361	25	96	58	580	3099	501	2
新宾满族自治县	17978	9500	148	488	380	2192	5201	1048	43
清原满族自治县	19445	10029	125	667	521	2390	5192	1132	2

表5 续表 9

单位：人

地区	16岁及以上人口	各种职业人口总计	党的机关、国家机关、群众团体和社会组织、企事业单位负责人	专业技术人员	办事人员和有关人员	社会生产服务和生活服务人员	农、林、牧、渔业生产及辅助人员	生产制造及有关人员	不便分类的其他从业人员
本溪市	**117360**	**51803**	**1168**	**6100**	**4874**	**19541**	**8819**	**11165**	**136**
平山区	20003	7866	171	1085	808	2973	189	2580	60
溪湖区	18223	5673	69	510	425	2795	225	1636	13
明山区	34115	16554	593	2953	2390	6561	718	3291	48
南芬区	4801	1686	55	108	121	649	237	514	2
本溪满族自治县	20317	11228	199	912	616	3602	4029	1865	5
桓仁满族自治县	19901	8796	81	532	514	2961	3421	1279	8
丹东市	**188472**	**91319**	**2145**	**8269**	**6294**	**29827**	**28642**	**15796**	**346**
元宝区	18991	6355	276	925	804	3247	94	979	30
振兴区	36061	14638	590	2382	2069	6087	481	2804	225
振安区	16046	7522	198	682	610	2789	1438	1752	53
宽甸满族自治县	28413	15951	262	1066	633	3907	8192	1859	32
东港市	49191	26703	471	1746	1286	8219	9763	5212	6
凤城市	39770	20150	348	1468	892	5578	8674	3190	
锦州市	**245466**	**127254**	**1842**	**10824**	**8147**	**35250**	**54813**	**16378**	
古塔区	22453	8787	274	1574	1013	3980	112	1834	
凌河区	35627	14294	444	2772	1872	6640	152	2414	
太和区	39975	19162	496	2398	2331	6600	3685	3652	
黑山县	40563	22995	136	1063	606	5222	14299	1669	
义县	29670	17381	92	862	588	3381	10181	2277	
凌海市	38314	18696	148	963	878	4665	9551	2491	
北镇市	38864	25939	252	1192	859	4762	16833	2041	
营口市	**191547**	**100203**	**2318**	**7979**	**7289**	**37711**	**23410**	**21481**	**15**
站前区	22349	10770	492	1468	2105	4844	108	1750	3
西市区	17931	7415	163	1027	955	3359	77	1834	
鲅鱼圈区	43612	23245	866	2259	1723	11286	2192	4912	7
老边区	11813	6319	153	512	506	2596	538	2014	
盖州市	45978	24950	311	1008	812	5893	13105	3816	5
大石桥市	49864	27504	333	1705	1188	9733	7390	7155	
阜新市	**139307**	**70294**	**1121**	**5854**	**4417**	**17464**	**34047**	**7289**	**102**
海州区	19895	6767	306	1152	1016	2937	231	1124	1
新邱区	6075	2077	30	143	178	1013	206	504	3
太平区	12031	3534	44	340	281	2013	133	717	6
清河门区	4647	1606	7	114	103	660	301	419	2
细河区	22792	10817	473	2074	1686	4547	439	1573	25
阜新蒙古族自治县	45708	27539	120	1072	597	3406	20288	2017	39
彰武县	28159	17954	141	959	556	2888	12449	935	26
辽阳市	**136230**	**67023**	**1829**	**6619**	**5052**	**21996**	**16741**	**14563**	**223**
白塔区	31242	13833	835	2834	2234	5667	107	2094	62
文圣区	13708	6301	198	783	594	2106	1181	1434	5
宏伟区	12299	6547	200	810	566	2321	707	1941	2
弓长岭区	6665	2620	54	239	247	1071	283	707	19
太子河区	11527	4378	43	257	167	1690	925	1262	34
辽阳县	31132	17934	276	828	538	4420	7991	3844	37
灯塔市	29657	15410	223	868	706	4721	5547	3281	64
盘锦市	**120656**	**63489**	**1386**	**8312**	**6634**	**23136**	**11213**	**12753**	**55**
双台子区	18708	9551	164	1199	1063	4857	572	1687	9
兴隆台区	46278	24695	790	4888	3640	8855	319	6203	
大洼区	36202	17814	378	1664	1465	6439	4549	3274	45
盘山县	19468	11429	54	561	466	2985	5773	1589	1
铁岭市	**194365**	**100768**	**1225**	**7262**	**5893**	**22715**	**51966**	**11389**	**318**
银州区	29199	12377	355	2078	1897	5747	365	1841	94
清河区	7936	3480	45	312	231	867	1289	712	24
铁岭县	26642	12455	196	709	816	2615	6214	1867	38
西丰县	17828	9833	92	521	385	1617	6684	506	28
昌图县	57894	35360	245	1529	900	4798	26131	1654	103
调兵山市	16975	6195	79	886	769	1969	470	2021	1
开原市	37891	21068	213	1227	895	5102	10813	2788	30

表5 续表 10 单位：人

地　区	16岁及以上人口	各种职业人口总计	党的机关、国家机关、群众团体和社会组织、企事业单位负责人	专业技术人员	办事人员和有关人员	社会生产服务和生活服务人员	农、林、牧、渔业生产及辅助人员	生产制造及有关人员	不便分类的其他从业人员
朝阳市	**243111**	**136014**	**1704**	**10716**	**7041**	**31554**	**63325**	**21355**	**319**
双塔区	37672	18624	633	3210	2724	7456	1225	3267	109
龙城区	18376	9285	126	734	445	3279	2081	2480	140
朝阳县	35565	21093	101	724	282	2757	14193	2993	43
建平县	39963	24973	223	1668	807	5195	13932	3145	3
喀喇沁左翼蒙古族自治县	28401	19385	161	1160	755	3051	11620	2638	
北票市	39788	19202	242	1487	780	4370	9550	2758	15
凌源市	43346	23452	218	1733	1248	5446	10724	4074	9
葫芦岛市	**198784**	**95301**	**683**	**7741**	**6981**	**26272**	**35399**	**17953**	**272**
连山区	38834	16045	115	1745	1785	6670	2645	3035	50
龙港区	25033	12467	225	2183	2243	4298	164	3158	196
南票区	15055	5642	20	251	223	1841	2360	947	
绥中县	44235	22870	92	1193	992	5080	12568	2931	14
建昌县	36406	19388	91	1162	744	3687	10305	3390	9
兴城市	39221	18889	140	1207	994	4696	7357	4492	3
吉林省	**1915686**	**1008886**	**15241**	**110045**	**81778**	**306500**	**375855**	**118879**	**588**
长春市	**734170**	**383085**	**6298**	**50954**	**33874**	**124546**	**120217**	**47013**	**183**
南关区	51673	25447	790	6007	5186	11268	32	2111	53
宽城区	67638	35877	105	4417	2532	18380	4203	6227	13
朝阳区	54266	25019	166	6036	4113	10862	1140	2694	8
二道区	44486	22968	876	3863	2532	11657	1191	2844	5
绿园区	58338	31042	851	5517	3362	14311	794	6201	6
双阳区	27014	12477	79	1118	647	3366	5866	1400	1
九台区	48925	28141	117	1769	1006	5528	16799	2902	20
农安县	60164	26328	92	1872	980	4609	16697	2040	38
长春经济技术开发区	35459	18634	966	3794	2593	8502	73	2693	13
长春净月高新技术产业开发区	35601	14735	440	3233	3143	5191	1213	1509	6
长春高新技术产业开发区	38037	19472	1040	4913	3255	6812	171	3265	16
长春汽车经济技术开发区	26077	14857	392	2441	1164	6075	271	4513	1
榆树市	68916	38803	151	2028	1070	5714	27297	2542	1
德惠市	50818	28937	22	1643	911	4627	19013	2719	2
公主岭市	66758	40348	211	2303	1380	7644	25457	3353	
吉林市	**288092**	**151968**	**2266**	**15608**	**10961**	**45157**	**59198**	**18718**	**60**
昌邑区	48901	22472	689	3449	2402	9818	2564	3534	16
龙潭区	27964	12976	104	1174	625	4314	3948	2804	7
船营区	36877	17444	287	2679	2379	7911	1901	2284	3
丰满区	21633	10093	330	1764	1166	3659	1870	1303	1
永吉县	18917	10313	97	597	358	2097	6167	991	6
吉林经济开发区	4679	1852	21	120	92	565	219	835	
吉林高新技术产业开发区	13880	6531	149	1445	1040	2500	515	874	8
吉林中国新加坡食品区	2475	1152	16	70	30	338	558	140	
蛟河市	25447	15102	142	945	696	3242	8612	1465	
桦甸市	26774	15789	95	1046	705	3295	8968	1677	3
舒兰市	31895	18719	115	1030	783	3315	12400	1061	15
磐石市	28650	19525	221	1289	685	4103	11476	1750	1
四平市	**142339**	**72638**	**962**	**6332**	**4873**	**17308**	**37319**	**5743**	**101**
铁西区	24657	10226	321	1997	1663	4123	840	1256	26
铁东区	21972	9698	199	1112	924	3911	2045	1501	6
梨树县	42801	23694	156	1259	772	3619	16605	1269	14
伊通满族自治县	26886	15053	148	937	614	2446	10167	719	22
双辽市	26023	13967	138	1027	900	3209	7662	998	33
辽源市	**81192**	**44595**	**730**	**3539**	**2860**	**10126**	**21971**	**5325**	**44**
龙山区	26450	12820	524	1930	1694	4659	1466	2514	33
西安区	10936	3828	54	304	317	1577	662	914	
东丰县	25820	16415	124	971	638	2623	10969	1080	10
东辽县	17986	11532	28	334	211	1267	8874	817	1
通化市	**150754**	**84916**	**1456**	**7525**	**6451**	**27086**	**31185**	**11179**	**34**
东昌区	29818	14710	529	2272	2203	6860	742	2104	
二道江区	7881	3010	66	387	352	967	167	1071	

表5 续表 11 单位：人

地　区	16岁及以上人口	各种职业人口总计	党的机关、国家机关、群众团体和社会组织、企事业单位负责人	专业技术人员	办事人员和有关人员	社会生产服务和生活服务人员	农、林、牧、渔业生产及辅助人员	生产制造及有关人员	不便分类的其他从业人员
通化县	14130	8173	177	675	518	1864	3835	1103	1
辉南县	19083	11202	116	749	719	2730	5844	1044	
柳河县	23000	13401	44	763	683	3357	6980	1560	14
梅河口市	42659	26862	414	2085	1420	9400	10133	3396	14
集安市	14183	7558	110	594	556	1908	3484	901	5
白山市	**79271**	**38152**	**574**	**4412**	**5536**	**12774**	**8920**	**5926**	**10**
浑江区	25416	11978	252	1773	2027	4954	1040	1931	1
江源区	11336	4774	18	411	581	1600	1161	995	8
抚松县	18430	9067	95	1021	1301	2637	2591	1421	1
靖宇县	8865	5236	92	441	536	1344	2199	624	
长白朝鲜族自治县	4674	2228	47	251	375	695	630	230	
临江市	10550	4869	70	515	716	1544	1299	725	
松原市	**174379**	**99448**	**856**	**7946**	**5664**	**24191**	**51058**	**9732**	**1**
宁江区	48443	24692	376	3638	2618	9206	4002	4852	
前郭尔罗斯蒙古族自治县	32011	16677	89	1133	790	3716	9630	1319	
长岭县	34163	23817	152	1102	785	3700	17178	900	
乾安县	16179	6645	48	633	484	2035	2882	563	
吉林松原经济开发区	7134	3765	81	460	450	1755	353	666	
扶余市	36449	23852	110	980	537	3779	17013	1432	1
白城市	**122777**	**62757**	**1006**	**5560**	**4636**	**16653**	**29197**	**5554**	**151**
洮北区	28483	14043	322	1400	1197	4927	4491	1641	65
镇赉县	17318	9380	88	754	605	2153	5016	746	18
通榆县	21201	12042	97	866	620	2397	7288	764	10
吉林白城经济开发区	9483	4395	172	808	744	1586	495	585	5
洮南市	24414	10788	183	874	690	2764	5462	792	23
大安市	21878	12109	144	858	780	2826	6445	1026	30
延边朝鲜族自治州	**142712**	**71327**	**1093**	**8169**	**6923**	**28659**	**16790**	**9689**	**4**
延吉市	47800	22254	401	3354	2154	12531	732	3082	
图们市	5775	2538	29	281	261	1230	324	413	
敦化市	31278	18179	145	1533	1231	5073	8245	1952	
珲春市	17979	9049	158	1000	982	3713	1251	1945	
龙井市	7699	3038	81	278	318	1152	666	543	
和龙市	7489	3240	105	329	469	1038	857	441	1
汪清县	12276	6493	60	665	674	1949	2643	500	2
安图县	12416	6536	114	729	834	1973	2072	813	1
黑龙江省	**2609735**	**1283401**	**30591**	**118813**	**93425**	**438448**	**447379**	**151855**	**2890**
哈尔滨市	**844757**	**411671**	**13408**	**45454**	**31719**	**159326**	**112891**	**47578**	**1295**
道里区	97079	41821	2816	5936	6214	21374	1330	3919	232
南岗区	126483	56305	3335	11758	7232	28125	682	4954	219
道外区	70597	32119	1304	3640	2899	17410	3334	3334	198
平房区	19691	9032	289	1452	734	3542	240	2772	3
松北区	35647	18086	783	2323	1915	7391	2761	2732	181
香坊区	87853	43685	2168	8676	5284	19460	1116	6969	12
呼兰区	66580	32256	656	2582	1278	12738	9439	5431	132
阿城区	42942	23591	180	1620	828	9001	8766	3194	2
双城区	51234	25049	306	924	549	6870	13158	3110	132
依兰县	19041	8330	144	621	410	1970	4565	596	24
方正县	13526	6986	137	449	525	1994	3293	583	5
宾县	39837	22782	260	1016	684	4669	13706	2391	56
巴彦县	38267	25887	219	1092	682	5312	15609	2970	3
木兰县	14001	9723	46	354	335	2137	6260	576	15
通河县	15141	6473	115	382	327	1580	3761	308	
延寿县	13835	9568	115	389	360	2134	6014	545	11
尚志市	37233	19716	376	1136	879	6110	9180	1980	55
五常市	55770	20262	159	1104	584	7509	9677	1214	15
齐齐哈尔市	**347345**	**169077**	**2650**	**12266**	**8735**	**53134**	**73926**	**18160**	**206**
龙沙区	30252	12994	465	1544	1238	7845	541	1356	5
建华区	28916	11907	504	2028	1573	6317	330	1137	18
铁锋区	23253	8318	195	1031	626	4271	596	1593	6

表5 续表 12 单位：人

地区	16岁及以上人口	各种职业人口总计	党的机关、国家机关、群众团体和社会组织、企事业单位负责人	专业技术人员	办事人员和有关人员	社会生产服务和生活服务人员	农、林、牧、渔业生产及辅助人员	生产制造及有关人员	不便分类的其他从业人员
昂昂溪区	5887	2909	13	173	98	851	1228	529	17
富拉尔基区	16064	4967	102	735	384	1745	528	1462	11
碾子山区	4545	1711	33	128	136	414	562	434	4
梅里斯达斡尔族区	10662	5638	63	280	163	976	3714	429	13
龙江县	32877	16980	122	857	605	3297	10760	1336	3
依安县	35969	20087	190	776	490	5610	10705	2288	28
泰来县	21009	9340	159	507	474	1895	5620	656	29
甘南县	22763	12270	83	648	432	2929	7224	939	15
富裕县	20520	10261	163	637	519	2983	4485	1470	4
克山县	21488	10218	132	560	520	3025	5217	757	7
克东县	11698	6210	64	400	400	1774	2770	757	45
拜泉县	25420	16655	106	834	453	3711	10324	1227	
讷河市	36022	18612	256	1128	624	5491	9322	1790	1
鸡西市	**118571**	**55046**	**1330**	**4661**	**4301**	**17603**	**20226**	**6798**	**127**
鸡冠区	33551	14967	798	1985	2063	7239	519	2277	86
恒山区	7053	2280	31	121	98	660	740	619	11
滴道区	5366	2000	25	121	116	703	591	443	1
梨树区	3320	853	14	81	80	228	138	310	2
城子河区	5652	1929	20	132	103	822	238	600	14
麻山区	1429	657	8	32	34	85	396	100	2
鸡东县	15101	7770	81	497	428	1834	4042	882	6
虎林市	21629	11557	202	828	788	2874	6104	759	2
密山市	25470	13033	151	864	591	3158	7458	808	3
鹤岗市	**74376**	**28404**	**572**	**3307**	**2862**	**9840**	**6704**	**5099**	**20**
向阳区	5974	1983	50	429	343	767	23	370	1
工农区	11040	4890	173	968	925	2022	70	726	6
南山区	10544	3190	44	311	217	1414	28	1173	3
兴安区	8028	2330	25	140	101	926	108	1030	
东山区	8489	2794	41	172	146	1020	788	624	3
兴山区	1881	512	5	59	61	170	4	212	1
萝北县	16574	7280	160	831	672	2119	2740	755	3
绥滨县	11846	5425	74	397	397	1402	2943	209	3
双鸭山市	**94926**	**38726**	**568**	**3648**	**3967**	**12962**	**12692**	**4855**	**34**
尖山区	21294	8730	129	1297	1617	3995	249	1436	7
岭东区	2171	502	10	29	37	177	66	177	6
四方台区	3230	988	8	29	51	280	216	404	
宝山区	5621	1513	11	136	86	403	201	660	16
集贤县	19257	8772	124	626	540	2859	3664	957	2
友谊县	8395	2945	73	351	470	1016	809	225	1
宝清县	24567	10051	149	749	720	2913	4805	714	1
饶河县	10391	5225	64	431	446	1319	2682	282	1
大庆市	**225533**	**122666**	**3422**	**13972**	**10007**	**38120**	**35295**	**21530**	**320**
萨尔图区	26357	14275	669	2161	1592	6759	144	2935	15
龙凤区	24346	12817	410	1834	1159	5674	245	3432	63
让胡路区	50429	26911	992	4293	3357	9853	845	7516	55
红岗区	11287	5288	171	594	425	1982	488	1627	1
大同区	14527	8603	87	495	358	1741	4828	1088	6
肇州县	24437	14363	88	735	380	2132	10132	864	32
肇源县	24859	13882	100	642	438	2787	8856	964	95
林甸县	14820	8086	151	430	331	1749	4740	670	15
杜尔伯特蒙古族自治县	15024	8155	115	510	414	1678	4949	476	13
大庆高新技术产业开发区	19447	10286	639	2278	1553	3765	68	1958	25
伊春市	**73477**	**30870**	**889**	**2918**	**4004**	**12861**	**6306**	**3864**	**28**
伊美区	13493	6119	165	740	1163	3116	248	682	5
乌翠区	7997	4098	101	341	564	2430	214	448	
友好区	4395	1378	90	151	204	583	138	212	
嘉荫县	4410	2632	39	180	263	672	1347	131	
汤旺县	2629	869	31	90	210	267	192	73	6
丰林县	4909	1552	67	184	255	568	319	155	4
大箐山县	4627	1649	75	153	213	622	293	293	

表5　续表 13　　　　单位：人

地　　区	16岁及以上人口	各种职业人口总计	党的机关、国家机关、群众团体和社会组织、企事业单位负责人	专业技术人员	办事人员和有关人员	社会生产服务和生活服务人员	农、林、牧、渔业生产及辅助人员	生产制造及有关人员	不便分类的其他从业人员
南岔县	7451	2402	69	260	243	984	561	285	
金林区	5194	2248	44	194	281	854	215	660	
铁力市	18372	7923	208	625	608	2765	2779	925	13
佳木斯市	**169541**	**81874**	**1781**	**7716**	**6161**	**28267**	**30092**	**7578**	**279**
向阳区	22612	8907	291	1605	1028	4655	271	1046	11
前进区	14756	6040	244	1040	690	3033	123	883	27
东风区	9665	4393	48	311	181	2353	702	791	7
郊区	20873	10936	216	854	812	4106	3639	1290	19
桦南县	23353	11108	171	722	758	3088	5334	910	125
桦川县	11361	5143	115	388	333	1246	2680	370	11
汤原县	13808	6280	196	492	538	1607	2863	575	9
同江市	13650	7187	186	609	575	1914	3444	435	24
富锦市	32080	17614	239	1380	823	5075	9117	935	45
抚远市	7383	4266	75	315	423	1190	1919	343	1
七台河市	**52477**	**22103**	**591**	**2196**	**2114**	**7643**	**4385**	**5138**	**36**
新兴区	12722	4632	38	242	206	1943	534	1666	3
桃山区	15984	7251	389	1303	1275	2695	205	1375	9
茄子河区	10066	4263	63	275	251	1333	958	1373	10
勃利县	13705	5957	101	376	382	1672	2688	724	14
牡丹江市	**177074**	**86319**	**1781**	**8178**	**6229**	**31637**	**27987**	**10358**	**149**
东安区	16623	7968	213	1183	1103	4228	415	820	6
阳明区	15362	6742	161	631	369	2704	1429	1431	17
爱民区	21777	8338	210	1263	653	4422	400	1383	7
西安区	18376	8256	243	1322	816	3999	860	999	17
林口县	18415	9876	118	547	489	2166	5841	698	17
绥芬河市	8791	4598	203	528	453	2225	104	1075	10
海林市	22462	11826	221	895	783	4048	4348	1510	21
宁安市	24728	13297	153	810	561	3259	7665	803	46
穆棱市	15073	7047	115	377	429	2056	3354	715	1
东宁市	15467	8371	144	622	573	2530	3571	924	7
黑河市	**106625**	**46317**	**1120**	**4459**	**4187**	**15884**	**15485**	**5082**	**100**
爱辉区	17991	8754	326	1043	1194	2887	2191	1043	70
逊克县	7207	3279	73	294	323	744	1685	158	2
孙吴县	6246	3098	98	249	254	1120	1223	151	3
北安市	25638	10343	122	963	801	4127	2873	1453	4
五大连池市	20365	9515	270	867	740	3109	3316	1213	
嫩江市	29178	11328	231	1043	875	3897	4197	1064	21
绥化市	**297099**	**177898**	**1869**	**8595**	**6565**	**46760**	**99338**	**14499**	**272**
北林区	58488	30123	348	2036	1784	10908	11867	3144	36
望奎县	20810	12920	54	586	327	2595	8682	673	3
兰西县	22808	12639	141	540	459	2372	8291	809	27
青冈县	21661	15459	157	743	551	3952	8955	1073	28
庆安县	21311	13067	83	603	457	1915	9455	527	27
明水县	15944	9178	93	442	358	1679	6035	543	28
绥棱县	17161	8461	153	563	385	2427	4211	715	7
安达市	28255	15747	131	873	650	4439	7828	1805	21
肇东市	53972	38718	367	1280	787	11331	21494	3422	37
海伦市	36689	21586	342	929	807	5142	12520	1788	58
大兴安岭地区	**27934**	**12430**	**610**	**1443**	**2574**	**4411**	**2052**	**1316**	**24**
漠河市	4574	2193	152	225	467	872	320	157	
呼玛县	3131	1681	56	158	305	416	596	150	
塔河县	4482	1881	84	224	439	593	292	246	3
加格达奇区	11424	4857	225	608	845	2059	539	567	14
松岭区	1356	617	25	61	171	177	93	90	
新林区	1729	658	39	88	169	153	133	75	1
呼中区	1238	543	29	79	178	141	79	31	6

表5 续表 14

单位：人

地　　区	16岁及以上人口	各种职业人口总计	党的机关、国家机关、群众团体和社会组织、企事业单位负责人	专业技术人员	办事人员和有关人员	社会生产服务和生活服务人员	农、林、牧、渔业生产及辅助人员	生产制造及有关人员	不便分类的其他从业人员
上海市	**2173399**	**1264922**	**50250**	**262407**	**151097**	**546594**	**8174**	**245403**	**997**
市辖区	**2173399**	**1264922**	**50250**	**262407**	**151097**	**546594**	**8174**	**245403**	**997**
黄浦区	46663	24177	1032	5007	2901	13701	3	1513	20
徐汇区	95186	47562	1859	14570	6944	20947	20	3176	46
长宁区	57508	30357	1698	8372	4575	14447	7	1223	35
静安区	81653	39815	2143	9796	6440	18818	17	2502	99
普陀区	108278	55251	3070	15339	7248	25311	18	4214	51
虹口区	65837	31512	1377	8751	3605	15568	12	2171	28
杨浦区	108130	49190	1689	14218	7526	21977	6	3773	1
闵行区	233024	143127	6491	32593	15261	66006	192	22473	111
宝山区	195012	112071	5291	22007	14486	52324	259	17516	188
嘉定区	160875	105761	3028	17878	12534	43311	724	28033	253
浦东新区	498788	298063	10550	68100	34746	130215	1993	52400	59
金山区	74948	45147	945	5753	4586	15007	721	18131	4
松江区	169401	111849	6127	18752	11536	44288	460	30684	2
青浦区	116785	80533	2233	10422	9110	34349	1210	23135	74
奉贤区	102076	64627	2223	7968	6508	21426	1019	25471	12
崇明区	59235	25880	494	2881	3091	8899	1513	8988	14
江苏省	**6903044**	**4062749**	**134342**	**467324**	**292786**	**1376645**	**429316**	**1351377**	**10959**
南京市	**787303**	**430849**	**20932**	**83856**	**55927**	**171102**	**7522**	**90424**	**1086**
玄武区	46454	22304	1410	6336	3769	9071	32	1663	23
秦淮区	65274	33227	1704	8120	4900	15365	22	3006	110
建邺区	44678	26395	1768	6770	4481	10579	6	2741	50
鼓楼区	81374	40102	2353	10711	8964	15041	9	2996	28
浦口区	95357	54680	2354	10825	7023	22804	1068	10464	142
栖霞区	82416	43123	2258	7992	5351	17116	326	9910	170
雨花台区	50850	31211	1864	6316	3416	14355	54	5163	43
江宁区	155654	89411	4023	15387	10181	36636	1332	21510	342
六合区	83572	45776	1673	6036	4405	16753	945	15851	113
溧水区	41453	23188	728	2894	1844	7307	1357	9036	22
高淳区	40221	21432	797	2469	1593	6075	2371	8084	43
无锡市	**618398**	**380278**	**15062**	**50649**	**28474**	**134702**	**6517**	**144836**	**38**
锡山区	74250	50118	1542	5270	3350	17682	408	21866	
惠山区	72905	45600	2116	5982	788	16020	671	20013	10
滨湖区	79172	45560	1985	8275	5806	16798	139	12552	5
梁溪区	81813	44955	1772	8291	5385	21783	22	7695	7
新吴区	55080	35540	1718	5338	3314	12103	76	12990	1
江阴市	146671	94039	3612	10541	5771	29752	1410	42947	6
宜兴市	108507	64466	2317	6952	4060	20564	3791	26773	9
徐州市	**667846**	**375554**	**7928**	**34742**	**19561**	**133950**	**81640**	**96989**	**744**
鼓楼区	34870	17427	860	2801	2051	8640	105	2791	179
云龙区	37130	19358	1039	3794	2586	8916	355	2648	20
贾汪区	34268	16465	274	1316	677	5332	3274	5546	46
泉山区	52135	25021	1586	5591	3639	11016	108	2998	83
铜山区	91366	61639	852	4384	2009	28079	8709	17528	78
丰县	67907	39567	491	2475	1146	14514	9603	11282	56
沛县	76401	41117	364	3208	1489	11115	12121	12795	25
睢宁县	74052	42955	731	2890	1716	12396	11219	13908	95
徐州经济技术开发区	28765	16112	506	2057	1017	6196	1056	5260	20
新沂市	69611	41223	448	2783	1455	12460	13336	10674	67
邳州市	101341	54670	777	3443	1776	15286	21754	11559	75
常州市	**446920**	**276950**	**11268**	**33698**	**16314**	**99654**	**8246**	**107079**	**691**
天宁区	56837	32287	1336	5623	2702	13605	220	8732	69
钟楼区	55398	31863	1832	4859	1903	14842	275	8118	34
新北区	71109	47072	2535	6511	2764	17877	296	17078	11
武进区	142876	94236	3704	9780	5301	30006	3018	42123	304
金坛区	50346	30577	715	2654	1130	10002	1978	13987	111
溧阳市	70354	40915	1146	4271	2514	13322	2459	17041	162
苏州市	**1065409**	**711439**	**24641**	**93277**	**55592**	**255820**	**10145**	**270541**	**1423**
虎丘区	69817	47328	935	8048	4533	17533	259	16012	8
吴中区	112815	78744	3103	10105	3691	31095	2540	27870	340

表5 续表 15　　　　单位：人

地　区	16岁及以上人口	各种职业人口总计	党的机关、国家机关、群众团体和社会组织、企事业单位负责人	专业技术人员	办事人员和有关人员	社会生产服务和生活服务人员	农、林、牧、渔业生产及辅助人员	生产制造及有关人员	不便分类的其他从业人员
相城区	72639	49087	2659	6160	3480	18667	347	17669	105
姑苏区	78742	41297	1054	8227	6369	19842	63	5580	162
吴江区	124668	83016	1677	8530	4586	27767	1404	39039	13
苏州工业园区	97669	64396	3393	13255	7122	22361	178	17840	247
常熟市	147698	101707	3195	8504	5771	34056	2668	47427	86
张家港市	122655	78626	2471	8571	5280	26596	774	34800	134
昆山市	164893	114314	3850	17027	10577	39973	420	42436	31
太仓市	73813	52924	2304	4850	4183	17930	1492	21868	297
南通市	**667237**	**393050**	**11791**	**35520**	**22598**	**102717**	**69880**	**149587**	**957**
崇川区	63731	32276	2088	6743	5010	12729	74	5489	143
港闸区	33336	18752	895	2645	1696	7565	130	5782	39
通州区	109019	64087	1530	4807	2980	16137	7430	31033	170
如东县	80000	49995	965	3045	1831	9754	17512	16866	22
南通经济技术开发区	26760	17226	677	1924	1271	5722	56	7455	121
启东市	85676	48352	934	3487	2187	11885	12047	17797	15
如皋市	108942	60556	1650	5163	2679	14992	10886	24932	254
海门市	80262	47989	1461	3407	2562	11329	9236	19902	92
海安市	79511	53817	1591	4299	2382	12604	12509	20331	101
连云港市	**332890**	**198153**	**3932**	**17284**	**9859**	**63352**	**50104**	**52987**	**635**
连云区	16204	8830	265	1302	919	3301	463	2550	30
海州区	58386	31065	1131	4673	3157	13654	2681	5701	68
赣榆区	75036	50070	628	3433	1480	12533	14505	17325	166
东海县	68251	46682	691	2766	1394	17079	11782	12827	143
灌云县	48589	24376	427	1445	771	6392	9396	5826	119
灌南县	44907	27521	400	1715	910	6889	11104	6429	74
连云港经济技术开发区	6991	3618	108	508	333	1316	87	1245	21
连云港高新技术产业开发区	14526	5991	282	1442	895	2188	86	1084	14
淮安市	**338327**	**176604**	**5251**	**16659**	**11744**	**58071**	**31444**	**52703**	**732**
淮安区	56931	27294	650	2317	1507	9106	4991	8486	237
淮阴区	55746	26927	853	2174	1262	8534	4677	9310	117
清江浦区	46128	24188	1032	4070	3044	10010	1208	4745	79
洪泽区	22747	10803	358	870	730	3504	1498	3817	26
涟水县	58127	37980	713	2042	1423	11368	12729	9633	72
盱眙县	43096	20091	606	1924	1115	6185	3876	6338	47
金湖县	25179	12928	445	1108	1079	3850	1720	4715	11
淮安经济技术开发区	30373	16393	594	2154	1584	5514	745	5659	143
盐城市	**566282**	**322864**	**7560**	**24208**	**17367**	**91308**	**91917**	**88724**	**1780**
亭湖区	68967	35922	1186	4099	3204	14756	3489	8880	308
盐都区	72435	40889	1471	4465	3521	14188	4476	12489	279
大丰区	59622	40511	982	2824	2307	10199	13062	10890	247
响水县	33839	18174	452	1195	872	4695	6375	4485	100
滨海县	57992	28053	502	1900	1381	7320	9938	6970	42
阜宁县	63714	32590	821	2154	1348	8609	10160	9318	180
射阳县	69896	40630	660	2428	1475	12413	13490	9897	267
建湖县	50151	26990	740	2007	1317	7452	6123	9312	39
盐城经济技术开发区	8603	4751	140	336	272	1030	671	2055	247
东台市	81063	54354	606	2800	1670	10646	24133	14428	71
扬州市	**414979**	**228942**	**7756**	**23511**	**17156**	**72792**	**17570**	**88990**	**1167**
广陵区	52882	30711	1117	3219	2750	12463	421	10609	132
邗江区	74020	38697	2100	6063	4362	14213	488	11279	192
江都区	84089	44507	1469	4279	2860	12816	3145	19674	264
宝应县	68262	38419	726	2715	2014	11661	6150	15041	112
扬州经济技术开发区	20089	10567	373	1589	1150	3745	92	3396	222
仪征市	46298	25842	821	2269	2011	7594	694	12361	92
高邮市	69339	40199	1150	3377	2009	10300	6580	16630	153
镇江市	**268975**	**154274**	**5695**	**16096**	**14023**	**52867**	**6706**	**58779**	**108**
京口区	30169	13872	655	2649	2509	5355	34	2670	
润州区	25396	12881	458	2019	2090	5667	64	2580	3
丹徒区	28880	14778	510	1055	1230	4686	1340	5956	1
镇江新区	20612	11464	579	1353	1059	4018	143	4228	84

表5 续表 16 单位：人

地 区	16岁及以上人口	各种职业人口总计	党的机关、国家机关、群众团体和社会组织、企事业单位负责人	专业技术人员	办事人员和有关人员	社会生产服务和生活服务人员	农、林、牧、渔业生产及辅助人员	生产制造及有关人员	不便分类的其他从业人员
丹阳市	83806	55100	2198	4692	3544	16454	2433	25771	8
扬中市	27534	16957	692	1545	1545	5462	398	7313	2
句容市	52578	29222	603	2783	2046	11225	2294	10261	10
泰州市	**384860**	**220070**	**7894**	**21545**	**15808**	**70888**	**20335**	**82983**	**617**
海陵区	50582	27846	1397	3772	3130	10664	862	7950	71
高港区	22585	13456	473	1509	1138	4292	696	5341	7
姜堰区	59124	30835	1261	3257	2085	9475	1259	13410	88
泰州医药高新技术产业开发区	19098	11768	516	1642	1444	3930	101	4126	9
兴化市	91261	52810	1283	3145	2270	18005	10816	17024	267
靖江市	58607	33571	1588	3700	2891	10270	532	14577	13
泰兴市	83603	49784	1376	4520	2850	14252	6069	20555	162
宿迁市	**343618**	**193722**	**4632**	**16279**	**8363**	**69422**	**27290**	**66755**	**981**
宿城区	61511	36493	908	4240	2445	12351	4238	12300	11
宿豫区	42430	22689	581	1837	899	8282	2862	8168	60
沭阳县	112949	65226	1591	4338	2107	24218	9774	23021	177
泗阳县	56501	28315	710	2303	1176	9843	3694	9966	623
泗洪县	56310	32592	596	2693	1206	11346	6434	10279	38
宿迁经济技术开发区	13917	8407	246	868	530	3382	288	3021	72
浙江省	**5580772**	**3642236**	**105757**	**376548**	**209416**	**1278473**	**194879**	**1474992**	**2171**
杭州市	**1055461**	**683289**	**22308**	**115500**	**21616**	**307895**	**22797**	**193059**	**114**
上城区	27178	14358	619	3802	530	8193	7	1207	
下城区	40940	22898	1125	6218	1088	12531	20	1915	1
江干区	134662	85689	2833	18217	2164	46236	202	16017	20
拱墅区	54313	32246	1201	9007	1075	17260	10	3681	12
西湖区	96610	58130	2453	15318	2652	30766	500	6438	3
滨江区	42679	28823	1248	7477	1129	15115	47	3805	2
萧山区	204326	141699	4497	19816	2846	56493	4871	53175	1
余杭区	224118	158794	4652	21023	3955	70978	1671	56446	69
富阳区	73774	45761	1597	5712	2283	17434	1940	16792	3
临安区	55645	34048	906	3262	1094	12326	3693	12767	
桐庐县	38546	24067	434	2240	972	9261	921	10237	2
淳安县	26819	16444	255	1627	635	4932	5675	3319	1
建德市	35851	20332	488	1781	1193	6370	3240	7260	
宁波市	**846577**	**573896**	**18451**	**59758**	**42317**	**177221**	**19052**	**256434**	**663**
海曙区	92764	59049	1162	7381	5178	23292	698	21335	3
江北区	42440	26891	1050	3664	3294	10447	211	8225	
北仑区	77963	56047	1026	5694	3844	17724	1136	26545	78
镇海区	49027	33830	1394	4054	3299	10524	516	14034	9
鄞州区	141756	94622	4015	14586	10275	35548	884	29259	55
奉化区	51013	34028	1375	2865	2486	9317	2775	15112	98
象山县	47688	29532	979	2775	2077	8410	3360	11931	
宁海县	56731	37933	1663	3415	2334	10375	3264	16846	36
余姚市	113162	76375	2386	5987	4883	20063	2161	40876	19
慈溪市	174033	125589	3401	9337	4647	31521	4047	72271	365
温州市	**775507**	**495699**	**16052**	**41579**	**28602**	**170869**	**20061**	**218243**	**293**
鹿城区	100923	64297	2317	7348	7028	22677	230	24695	2
龙湾区	39151	27838	1011	2477	1842	9404	210	12884	10
瓯海区	82676	54350	1527	4705	2898	18905	573	25716	26
洞头区	11904	7085	204	625	718	2320	509	2666	43
永嘉县	64645	36394	818	2982	1840	13735	2477	14538	4
平阳县	70266	41922	1108	3745	2190	14658	2155	18042	24
苍南县	65157	40241	1491	2678	1668	15804	4926	13657	17
文成县	17220	8242	163	665	602	3099	1189	2524	
泰顺县	17480	7114	107	650	645	2775	727	2171	39
温州经济技术开发区	23178	17859	524	1212	803	4354	94	10819	53
瑞安市	123412	79508	2382	5671	3522	24959	2410	40542	22
乐清市	123017	86951	3101	7084	3906	29835	3717	39286	22
龙港市	36478	23898	1299	1737	940	8344	844	10703	31

表5 续表 17 单位：人

地　区	16岁及以上人口	各种职业人口总计	党的机关、国家机关、群众团体和社会组织、企事业单位负责人	专业技术人员	办事人员和有关人员	社会生产服务和生活服务人员	农、林、牧、渔业生产及辅助人员	生产制造及有关人员	不便分类的其他从业人员
嘉兴市	**497540**	**350358**	**8733**	**29732**	**20270**	**113674**	**9685**	**168178**	**86**
南湖区	75693	49051	1172	7032	3906	19455	1400	16072	14
秀洲区	61803	44855	1035	3724	2596	14751	880	21862	7
嘉善县	59931	41647	1040	3239	2874	13261	1495	19737	1
海盐县	41628	28379	742	2628	2036	7970	1176	13822	5
海宁市	103148	75570	2431	5264	3526	22826	1449	40056	18
平湖市	63073	44401	974	3454	2142	13593	1122	23113	3
桐乡市	92264	66455	1339	4391	3190	21818	2163	33516	38
湖州市	**303107**	**196479**	**8480**	**17642**	**14399**	**62365**	**9463**	**83723**	**407**
吴兴区	94977	64484	2776	6241	5202	20500	1228	28419	118
南浔区	48436	30338	1675	2162	1680	9353	1546	13882	40
德清县	50386	33002	1287	3205	2547	9553	1854	14517	39
长兴县	60022	37568	1197	3920	2872	13004	3396	13145	34
安吉县	49286	31087	1545	2114	2098	9955	1439	13760	176
绍兴市	**460812**	**294152**	**6953**	**26478**	**18365**	**98075**	**20246**	**123978**	**57**
越城区	87454	52403	1732	7142	6265	19659	629	16969	7
柯桥区	103710	75959	2346	5205	3581	28938	1926	33959	4
上虞区	74384	47455	726	4575	3442	13675	3085	21948	4
新昌县	33962	21853	665	2004	919	5997	4240	8028	
诸暨市	102759	64203	677	5067	2452	20042	5113	30852	
嵊州市	58543	32279	807	2485	1706	9764	5253	12222	42
金华市	**603630**	**404678**	**11274**	**30830**	**20988**	**144811**	**21373**	**175273**	**129**
婺城区	78938	47404	940	6438	4952	18118	3602	13344	10
金东区	44712	30560	687	2160	1965	10426	2645	12666	11
武义县	39645	27990	1225	1917	1311	6873	1805	14847	12
浦江县	39566	25396	950	1578	1095	6538	1427	13795	13
磐安县	14511	8918	326	705	520	2297	1385	3676	9
兰溪市	47984	29430	685	2073	1599	8220	5238	11610	5
义乌市	169317	123564	3833	7380	5051	57369	1355	48571	5
东阳市	91811	58322	219	5200	2369	18381	2434	29716	3
永康市	77146	53094	2409	3379	2126	16589	1482	27048	61
衢州市	**183851**	**108797**	**1681**	**10443**	**8274**	**35189**	**18636**	**34495**	**79**
柯城区	44047	25957	530	4422	3069	10456	1483	5975	22
衢江区	29658	17734	115	972	841	5680	3969	6153	4
常山县	20535	12799	102	952	913	3533	3317	3973	9
开化县	19959	10143	171	880	762	3446	1417	3464	3
龙游县	30494	18002	287	1402	1275	5324	3399	6296	19
江山市	39158	24162	476	1815	1414	6750	5051	8634	22
舟山市	**107444**	**64854**	**1036**	**7800**	**6207**	**22451**	**4801**	**22556**	**3**
定海区	44152	25409	519	3740	2796	9708	580	8066	
普陀区	35108	21057	349	2539	2002	8603	1391	6172	1
岱山县	21985	14867	81	1146	1027	2630	2106	7877	
嵊泗县	6199	3521	87	375	382	1510	724	441	2
台州市	**560196**	**362610**	**7709**	**27183**	**20840**	**112007**	**29223**	**165590**	**58**
椒江区	70776	49741	1258	5276	4222	18130	1453	19401	1
黄岩区	60434	35704	602	3009	2249	10904	1686	17235	19
路桥区	54564	38213	373	2560	1681	14848	1575	17174	2
三门县	30188	16522	507	1293	997	4415	2963	6347	
天台县	37003	18015	437	1589	1263	6782	1458	6476	10
仙居县	32855	16345	685	1533	1026	4735	2552	5794	20
温岭市	125393	89179	1619	4781	3886	25636	6381	46874	2
临海市	91827	56448	963	4343	3013	15686	9839	22601	3
玉环市	57156	42443	1265	2799	2503	10871	1316	23688	1
丽水市	**186647**	**107424**	**3080**	**9603**	**7538**	**33916**	**19542**	**33463**	**282**
莲都区	44737	28401	1406	3361	2742	9717	3038	8061	76
青田县	28985	14566	187	921	794	6325	1884	4443	12
缙云县	31701	17478	279	1468	846	5122	3359	6404	
遂昌县	15858	8498	147	750	569	2276	2498	2257	1
松阳县	16838	11047	309	770	621	2423	4472	2448	4
云和县	10468	6575	153	404	443	1682	511	3369	13
庆元县	10929	6074	195	566	470	1662	1067	1989	125
景宁畲族自治县	7980	4977	109	499	435	1501	1337	1049	47
龙泉市	19151	9808	295	864	618	3208	1376	3443	4

表5 续表 18

单位：人

地区	16岁及以上人口	各种职业人口总计	党的机关、国家机关、群众团体和社会组织、企事业单位负责人	专业技术人员	办事人员和有关人员	社会生产服务和生活服务人员	农、林、牧、渔业生产及辅助人员	生产制造及有关人员	不便分类的其他从业人员
安徽省	**4802163**	**2766699**	**64109**	**256665**	**163538**	**936231**	**526904**	**814659**	**4593**
合肥市	**759405**	**440573**	**15650**	**65502**	**42784**	**171902**	**29847**	**114029**	**859**
瑶海区	65631	38238	1558	5591	4406	19377	135	7082	89
庐阳区	54560	31551	2025	6205	4719	14352	102	4088	60
蜀山区	79641	46637	2860	11835	7041	19438	384	4904	175
包河区	94981	58850	3355	11755	8941	24778	377	9291	353
长丰县	62826	36976	888	2926	1955	13123	5597	12482	5
肥东县	87498	49681	997	4409	2560	16809	4294	20535	77
肥西县	80425	46789	659	5313	3401	17232	3717	16448	19
庐江县	76637	44158	656	3283	1763	13442	9749	15261	4
合肥高新技术产业开发区	21833	13860	832	3182	1569	5505	37	2732	3
合肥经济技术开发区	44465	25723	692	5277	2543	9705	461	7023	22
合肥新站高新技术产业开发区	35344	19357	499	2732	1540	8399	112	6043	32
巢湖市	55564	28753	629	2994	2346	9742	4882	8140	20
芜湖市	**326721**	**179108**	**3453**	**19464**	**12365**	**71269**	**17960**	**54456**	**141**
镜湖区	41174	20017	318	4049	3448	8771	109	3321	1
弋江区	35022	15962	436	2916	1965	6912	191	3523	19
鸠江区	43484	24290	610	2839	1386	9261	3695	6481	18
三山区	12675	7359	201	640	450	2381	715	2967	5
芜湖县	30155	18951	256	1551	763	6494	1934	7936	17
繁昌县	22792	13241	346	1126	673	4770	795	5527	4
南陵县	38959	23193	441	1669	1018	7846	4409	7803	7
芜湖经济技术开发区	14650	9928	53	1479	691	3140	127	4428	10
安徽芜湖长江大桥经济开发区	1737	957	16	45	51	280	123	442	
无为市	86073	45210	776	3150	1920	21414	5862	12028	60
蚌埠市	**221681**	**120754**	**2242**	**11157**	**6558**	**37526**	**39420**	**23708**	**143**
龙子湖区	16318	7961	157	1079	627	3549	522	2003	24
蚌山区	12578	6122	215	890	576	2944	182	1303	12
禹会区	24367	11427	263	1156	675	5054	1218	3048	13
淮上区	19337	11021	113	702	371	3880	2796	3145	14
怀远县	54912	35966	264	1938	1063	7378	21067	4245	11
五河县	35869	18877	279	1302	706	5562	6734	4271	23
固镇县	32115	17337	182	1211	531	4644	6822	3925	22
蚌埠市高新技术开发区	4521	2460	103	431	301	958	32	624	11
蚌埠市经济开发区	21664	9583	666	2448	1708	3557	47	1144	13
淮南市	**238550**	**125890**	**2654**	**11129**	**7508**	**40468**	**33855**	**30145**	**131**
大通区	12512	6232	143	534	325	2308	1123	1795	4
田家庵区	56950	25844	867	4765	3241	10264	1178	5484	45
谢家集区	17572	7120	105	637	593	2607	1023	2154	1
八公山区	10338	4001	58	360	299	1548	454	1265	17
潘集区	22387	11433	214	514	324	2780	4118	3468	15
凤台县	41969	25129	402	1724	1159	6106	9727	6003	8
寿县	76822	46131	865	2595	1567	14855	16232	9976	41
马鞍山市	**174288**	**92416**	**2252**	**9372**	**6342**	**32834**	**10175**	**31177**	**264**
花山区	36571	18074	701	3150	2025	7430	110	4622	36
雨山区	29240	13331	459	2074	1404	5240	140	3996	18
博望区	12672	6897	163	401	284	2453	620	2949	27
当涂县	36359	21523	309	1384	1076	5748	3720	9175	111
含山县	30150	16525	370	1127	769	6280	1302	6612	65
和县	29296	16066	250	1236	784	5683	4283	3823	7
淮北市	**147978**	**72994**	**1502**	**7852**	**4580**	**22871**	**13937**	**22080**	**172**
杜集区	19259	8856	94	735	452	3081	1284	3199	11
相山区	42005	20441	947	4146	2471	7717	415	4678	67
烈山区	19274	9361	99	601	319	2364	2760	3203	15
濉溪县	67440	34336	362	2370	1338	9709	9478	11000	79
铜陵市	**99999**	**48289**	**1783**	**5810**	**4281**	**15080**	**5655**	**15580**	**100**
铜官区	36526	18131	1074	3386	2572	6544	129	4383	43

表5　续表 19　　　　单位：人

地　区	16岁及以上人口	各种职业人口总计	党的机关、国家机关、群众团体和社会组织、企事业单位负责人	专业技术人员	办事人员和有关人员	社会生产服务和生活服务人员	农、林、牧、渔业生产及辅助人员	生产制造及有关人员	不便分类的其他从业人员
义安区	18312	9815	194	753	648	2963	1631	3589	37
郊区	11870	5365	117	433	310	1609	973	1919	4
枞阳县	33291	14978	398	1238	751	3964	2922	5689	16
安庆市	**388847**	**229577**	**6851**	**20170**	**11569**	**77017**	**27217**	**86116**	**637**
迎江区	21082	11419	655	2194	1459	4585	172	2313	41
大观区	18455	9140	397	1359	1012	3725	650	1983	14
宜秀区	15325	8432	341	692	511	3226	731	2892	39
怀宁县	49423	28391	640	2023	1034	12199	2557	9815	123
太湖县	41154	22623	555	2218	1078	6376	3316	8996	84
宿松县	57423	32183	905	2874	1345	10518	2991	13536	14
望江县	44868	36642	680	1857	928	9964	9108	14064	41
岳西县	28563	15805	432	1401	849	4564	2663	5861	35
安徽安庆经济开发区	11730	6870	394	911	651	2811	70	1968	65
桐城市	57860	30816	1059	2622	1573	10167	1503	13799	93
潜山市	42964	27256	793	2019	1129	8882	3456	10889	88
黄山市	**115375**	**72130**	**2003**	**6181**	**5225**	**22163**	**13092**	**23376**	**90**
屯溪区	23703	13435	912	2159	1842	5651	329	2529	13
黄山区	12119	7807	287	623	653	2884	1032	2328	
徽州区	8318	5575	124	395	344	1477	996	2239	
歙县	35256	24023	308	1496	1059	5799	6739	8612	10
休宁县	18252	11212	187	695	587	3273	2383	4073	14
黟县	6458	3995	118	290	343	1299	712	1181	52
祁门县	11269	6083	67	523	397	1780	901	2414	1
滁州市	**345242**	**230617**	**4685**	**15920**	**10774**	**70918**	**53314**	**74713**	**293**
琅琊区	21511	12275	402	1609	1370	4790	555	3477	72
南谯区	27808	16316	572	1979	1178	5781	1369	5397	40
来安县	35365	24749	335	1517	1199	8419	5269	8000	10
全椒县	35824	27640	442	1785	1253	8963	5300	9863	34
定远县	63568	44140	391	2176	1407	12932	15691	11521	22
凤阳县	53156	36192	548	1757	1279	11148	12674	8726	60
苏滁现代产业园	2109	1699	30	133	79	257	7	1193	
滁州经济技术开发区	11933	7807	273	924	553	2028	47	3967	15
天长市	53144	35219	1348	2571	1539	9105	4415	16220	21
明光市	40824	24580	344	1469	917	7495	7987	6349	19
阜阳市	**615370**	**369105**	**5223**	**23984**	**13352**	**130269**	**91599**	**103917**	**761**
颍州区	57695	29447	824	3882	2676	11905	3282	6828	50
颍东区	42239	24773	413	1960	1090	9926	3276	8091	17
颍泉区	44287	28577	528	1988	1191	9282	7003	8542	43
临泉县	124731	74316	882	4338	2032	24795	19789	22257	223
太和县	106312	69346	519	3522	1709	24048	21245	18214	89
阜南县	82967	50652	596	2709	1362	15286	16686	13809	204
颍上县	98854	62802	820	3243	1850	23297	16239	17245	108
阜阳合肥现代产业园区	2529	1341	45	91	67	539	38	555	6
阜阳经济技术开发区	8504	4499	170	554	367	2158	39	1207	4
界首市	47252	23352	426	1697	1008	9033	4002	7169	17
宿州市	**380677**	**240264**	**3265**	**15473**	**8961**	**61849**	**93635**	**56952**	**129**
埇桥区	124311	72026	1433	5895	3700	22870	17916	20197	15
砀山县	55574	37467	352	1986	1151	7931	20733	5297	17
萧县	77398	53687	468	2599	1550	11737	25808	11511	14
灵璧县	63128	40770	553	2684	1261	10597	15485	10165	25
泗县	53123	32378	364	1944	1058	7179	13345	8432	56
宿州马鞍山现代产业园区	2971	1478	21	100	62	438	283	574	
宿州经济技术开发区	4172	2458	74	265	179	1097	65	776	2
六安市	**347281**	**201387**	**4992**	**16017**	**9601**	**65857**	**34935**	**69484**	**501**
金安区	62692	35709	1006	3513	2319	12508	4619	11490	254
裕安区	69509	39066	1018	3383	1804	13242	5141	14412	66
叶集区	14084	7915	371	512	328	2425	1250	2979	50
霍邱县	65729	35691	657	2193	1381	10623	11225	9567	45
舒城县	66329	40278	981	2872	1662	13280	4896	16569	18
金寨县	42158	26084	638	1986	1109	8172	5395	8738	46
霍山县	26780	16644	321	1558	998	5607	2409	5729	22

表5 续表 20　　　　单位：人

地　区	16岁及以上人口	各种职业人口总计	党的机关、国家机关、群众团体和社会组织、企事业单位负责人	专业技术人员	办事人员和有关人员	社会生产服务和生活服务人员	农、林、牧、渔业生产及辅助人员	生产制造及有关人员	不便分类的其他从业人员
亳州市	**331091**	**170942**	**2555**	**13444**	**7796**	**60206**	**40528**	**46203**	**210**
谯城区	108498	57882	1052	4717	2596	20048	14089	15307	73
涡阳县	75878	36254	492	2856	1920	13841	6844	10236	65
蒙城县	69557	35966	648	3137	1759	11862	8842	9673	45
利辛县	77158	40840	363	2734	1521	14455	10753	10987	27
池州市	**111537**	**61413**	**1658**	**5571**	**4047**	**20249**	**8303**	**21556**	**29**
贵池区	46670	25078	577	2779	2046	8562	2873	8236	5
东至县	39855	23289	504	1685	981	6981	3773	9353	12
石台县	6115	3132	151	296	304	905	684	792	
青阳县	18897	9914	426	811	716	3801	973	3175	12
宣城市	**198121**	**111240**	**3341**	**9619**	**7795**	**35753**	**13432**	**41167**	**133**
宣州区	50990	27831	719	2580	2008	9464	4559	8459	42
郎溪县	25804	14914	349	1120	860	4201	1621	6761	2
泾县	21387	10674	354	892	742	3578	1590	3508	10
绩溪县	10837	6074	166	496	468	1686	1307	1951	
旌德县	9021	4538	102	358	421	1559	803	1295	
宣城市经济开发区	8521	4883	221	608	532	1714	199	1609	
宁国市	31499	18466	835	1813	1348	5977	1327	7160	6
广德市	40062	23860	595	1752	1416	7574	2026	10424	73
福建省	**3149552**	**2052886**	**36015**	**211378**	**151076**	**774454**	**284040**	**593686**	**2237**
福州市	**631425**	**375287**	**6577**	**48073**	**37378**	**158570**	**37035**	**87428**	**226**
鼓楼区	52610	28536	1266	8440	5546	11686	39	1543	16
台江区	32928	17352	179	3468	3083	9277	43	1268	34
仓山区	91720	53957	1673	9419	7671	23154	431	11604	5
马尾区	21235	13001	203	1356	1154	6644	351	3293	
晋安区	65240	39576	1060	6382	5033	19812	431	6854	4
长乐区	56542	33420	470	2590	1845	14373	2257	11883	2
闽侯县	76260	41022	349	4512	3538	17323	3084	12167	49
连江县	48331	31806	280	2208	1710	13945	6415	7243	5
罗源县	19269	11291	207	1083	801	4111	1601	3485	3
闽清县	18833	9967	144	863	631	3353	1592	3383	1
永泰县	20293	13260	144	920	691	3353	4046	4101	5
平潭县	29286	15356	137	1691	1441	5933	2445	3607	102
福清市	98878	66743	465	5141	4234	25606	14300	16997	
厦门市	**432048**	**306307**	**7880**	**44880**	**31456**	**129257**	**5404**	**87195**	**235**
思明区	88289	55967	2525	12120	10571	27066	76	3571	38
海沧区	48383	36592	936	4836	2705	13680	234	14159	42
湖里区	89033	68802	1792	11213	6206	36543	60	12983	5
集美区	88178	59507	1172	7782	6037	24245	331	19940	
同安区	70319	51776	600	5304	3785	16651	1991	23442	3
翔安区	47846	33663	855	3625	2152	11072	2712	13100	147
莆田市	**230983**	**135642**	**1590**	**11905**	**7722**	**53467**	**14715**	**46125**	**118**
城厢区	41058	25800	277	2926	2133	12111	1565	6761	27
涵江区	36851	22403	210	2017	1183	8840	1130	9004	19
荔城区	49027	29563	381	2679	1895	11371	1779	11427	31
秀屿区	39596	24008	241	1392	788	7179	7106	7295	7
仙游县	64451	33868	481	2891	1723	13966	3135	11638	34
三明市	**184745**	**112282**	**1539**	**11199**	**7912**	**39472**	**26791**	**25293**	**76**
梅列区	17374	10492	190	1911	1345	4489	274	2283	
三元区	14669	7854	167	919	628	3276	919	1922	23
明溪县	8216	4987	51	385	375	1706	1190	1267	13
清流县	8762	7066	107	482	412	1764	2813	1485	3
宁化县	21037	13169	129	1101	649	3993	4459	2837	1
大田县	19981	14387	133	1164	664	3956	4972	3490	8
尤溪县	24255	12446	243	1197	652	4221	2717	3411	5
沙县	18676	10113	92	1012	743	5255	992	2016	3
将乐县	10229	5850	74	583	443	2164	1402	1179	5
泰宁县	6944	4352	50	400	388	1680	1065	767	2
建宁县	8184	5553	73	412	352	1371	2422	911	12
永安市	26418	16013	230	1633	1261	5597	3566	3725	1

表5　续表 21　　　　单位：人

地　　区	16岁及以上人口	各种职业人口总计	党的机关、国家机关、群众团体和社会组织、企事业单位负责人	专业技术人员	办事人员和有关人员	社会生产服务和生活服务人员	农、林、牧、渔业生产及辅助人员	生产制造及有关人员	不便分类的其他从业人员
泉州市	**668889**	**474949**	**10502**	**39484**	**25255**	**175772**	**36239**	**186674**	**1023**
鲤城区	33488	23164	878	2774	1829	9749	93	7783	58
丰泽区	54981	36538	751	6232	4409	17606	247	7291	2
洛江区	18751	12647	325	1212	875	4187	629	5404	15
泉港区	24724	16615	295	1650	1044	6209	1138	6256	23
惠安县	78581	52533	828	4240	2296	15435	2565	27120	49
安溪县	70241	50816	290	2806	1361	18799	12755	14723	82
永春县	30047	19938	239	1518	807	6166	4793	6390	25
德化县	24603	18149	306	1396	943	5475	1576	8451	2
金门县									
石狮市	54440	38531	1016	3031	2222	16010	977	15247	28
晋江市	164215	121082	4098	8942	5874	42897	1584	57073	614
南安市	114818	84936	1476	5683	3595	33239	9882	30936	125
漳州市	**387099**	**269859**	**3166**	**20587**	**14842**	**86073**	**75627**	**69206**	**358**
芗城区	49628	30428	854	4501	3233	12965	2118	6744	13
龙文区	22054	17475	167	2127	1695	7841	1187	4398	60
云霄县	31963	23173	368	1523	905	7725	7036	5571	45
漳浦县	63914	44225	649	2887	1872	12170	16257	10342	48
诏安县	39649	29617	207	1522	966	7616	11239	8067	
长泰县	18617	14016	153	975	888	3697	2772	5480	51
东山县	17722	12537	145	881	807	4158	3517	3015	14
南靖县	24001	17967	192	923	735	5526	7051	3501	39
平和县	32891	22139	149	937	546	4953	12469	3044	41
华安县	10203	7380	22	450	451	1482	2449	2526	
龙海市	76457	50902	260	3861	2744	17940	9532	16518	47
南平市	**191266**	**109240**	**1888**	**9883**	**8434**	**36589**	**28605**	**23719**	**122**
延平区	33091	18618	305	2198	1864	7316	2629	4296	10
建阳区	23993	13560	216	1316	1365	4700	2853	3107	3
顺昌县	13068	7241	135	608	505	2146	2401	1441	5
浦城县	20438	10812	100	801	768	2885	4039	2203	16
光泽县	9683	5802	130	517	367	1774	1382	1630	2
松溪县	8836	4834	79	407	336	1325	1641	1045	1
政和县	11618	6317	140	575	438	1996	1684	1479	5
邵武市	20773	12220	183	1150	981	4411	2115	3373	7
武夷山市	19053	11393	308	960	885	4805	2240	2171	24
建瓯市	30713	18443	292	1351	925	5231	7621	2974	49
龙岩市	**201028**	**122685**	**1369**	**13017**	**9193**	**44604**	**22701**	**31782**	**19**
新罗区	63802	39680	648	5490	4256	18555	2388	8342	1
永定区	22652	13224	91	1115	814	4568	2808	3819	9
长汀县	28634	16900	136	1583	957	5238	3751	5233	2
上杭县	28441	16984	130	1830	1260	5262	2983	5519	
武平县	20637	12067	162	1178	729	3637	3249	3109	3
连城县	18024	10593	111	883	616	3182	2703	3094	4
漳平市	18838	13237	91	938	561	4162	4819	2666	
宁德市	**222069**	**146635**	**1504**	**12350**	**8884**	**50650**	**36923**	**36264**	**60**
蕉城区	45982	31886	362	3681	2849	12002	3479	9509	4
霞浦县	33380	24613	205	1626	768	9290	7996	4728	
古田县	23016	13270	122	851	671	4075	5379	2169	3
屏南县	9225	5095	37	433	419	1772	1464	968	2
寿宁县	10427	6137	140	508	359	1484	2383	1242	21
周宁县	11165	6107	62	507	329	2387	1344	1477	1
柘荣县	6832	4297	85	359	323	1371	1003	1152	4
福安市	41673	26886	257	2232	1573	9106	6237	7458	23
福鼎市	40369	28344	234	2153	1593	9163	7638	7561	2
江西省	**3707001**	**2260971**	**52642**	**188977**	**128846**	**709207**	**422827**	**748445**	**10027**
南昌市	**531529**	**277877**	**9752**	**38261**	**27461**	**107423**	**22471**	**71699**	**810**
东湖区	36193	18935	732	4272	3533	8067	437	1793	101

表5 续表 22 单位：人

地　区	16岁及以上人口	各种职业人口总计	党的机关、国家机关、群众团体和社会组织、企事业单位负责人	专业技术人员	办事人员和有关人员	社会生产服务和生活服务人员	农、林、牧、渔业生产及辅助人员	生产制造及有关人员	不便分类的其他从业人员
西湖区	40137	20710	1449	3871	3323	10094	51	1884	38
青云谱区	28510	14382	633	2447	1645	6696	70	2882	9
青山湖区	110202	51771	1820	9872	5926	20746	850	12438	119
新建区	65881	36779	872	3328	2652	14010	5003	10705	209
红谷滩区	48567	24103	1759	5697	4194	9059	342	2977	75
南昌县	122608	66343	1712	6391	4439	25709	10060	17993	39
安义县	21813	12645	297	742	526	3005	1024	7002	49
进贤县	57618	32209	478	1641	1223	10037	4634	14025	171
景德镇市	**134141**	**84555**	**1517**	**6688**	**4792**	**27630**	**12179**	**31132**	**617**
昌江区	15210	8264	180	761	812	3052	373	2809	277
珠山区	30710	16631	471	2414	1911	6739	162	4854	80
浮梁县	25313	13883	208	1032	827	4289	2349	5122	56
乐平市	62908	45777	658	2481	1242	13550	9295	18347	204
萍乡市	**145703**	**104520**	**2159**	**8915**	**6530**	**39196**	**19332**	**28096**	**292**
安源区	46631	28857	1009	3826	3514	14863	1021	4548	76
湘东区	25767	19009	274	1245	606	5416	5556	5864	48
莲花县	16300	13091	204	896	653	3682	4820	2820	16
上栗县	36272	27766	429	1780	1073	9093	4646	10652	93
芦溪县	20733	15797	243	1168	684	6142	3289	4212	59
九江市	**387455**	**240182**	**6192**	**20114**	**13859**	**78681**	**36040**	**83691**	**1605**
濂溪区	33367	16507	756	2263	1508	7082	401	4279	218
浔阳区	35212	18524	1116	3458	2562	8072	79	3077	160
柴桑区	27709	18203	378	1392	880	6240	1591	7633	89
武宁县	27012	13819	302	1073	788	4480	2380	4639	157
修水县	57745	36372	1104	2510	1589	11806	8978	10326	59
永修县	25052	16344	234	1227	810	5473	4067	4506	27
德安县	12486	9170	114	654	594	3377	991	3417	23
都昌县	52167	34391	609	2427	1042	9346	6056	14637	274
湖口县	18566	12143	232	904	704	2984	2149	5148	22
彭泽县	25438	18155	523	1287	826	5061	3792	6338	328
瑞昌市	38429	27064	489	1720	1345	8830	3476	11112	92
共青城市	15369	6966	204	582	597	1595	440	3496	52
庐山市	18903	12524	131	617	614	4335	1640	5083	104
新余市	**90499**	**48954**	**1517**	**4810**	**3415**	**16734**	**7035**	**15249**	**194**
渝水区	70432	37196	1266	3890	2859	13125	4525	11345	186
分宜县	20067	11758	251	920	556	3609	2510	3904	8
鹰潭市	**100131**	**66583**	**1386**	**4888**	**3791**	**24023**	**13943**	**18500**	**52**
月湖区	22425	14039	555	1874	1734	6550	590	2710	26
余江区	30389	20144	440	1256	771	6979	4025	6652	21
贵溪市	47317	32400	391	1758	1286	10494	9328	9138	5
赣州市	**741378**	**459700**	**9265**	**35030**	**21955**	**128360**	**83516**	**179435**	**2139**
章贡区	91730	48568	1545	7449	4827	21592	1074	11930	151
南康区	68417	43163	1458	3250	2343	12813	2761	20399	139
赣县区	44709	28059	389	2229	1215	7666	5204	11243	113
信丰县	54517	37586	623	2133	1264	8093	8936	16430	107
大余县	21870	13919	330	1078	791	3719	2972	4454	575
上犹县	22945	14351	334	1001	753	3489	2435	6278	61
崇义县	15340	9163	200	806	687	2439	1985	3010	36
安远县	26044	16811	203	941	714	3819	5776	5320	38
定南县	16261	9511	172	678	484	2780	1573	3785	39
全南县	14283	9156	141	793	481	2661	1469	3603	8
宁都县	69212	43804	629	2420	1260	11388	12983	14853	271
于都县	80132	48534	525	3045	1541	12390	4931	26018	84
兴国县	57093	37040	756	2699	1330	8341	8853	14874	187
会昌县	37358	23870	330	1525	1075	6287	4597	10046	10
寻乌县	22696	14884	194	1048	646	3473	5872	3604	47
石城县	22601	13784	404	937	695	3760	3011	4885	92
瑞金市	50746	31801	669	1794	1052	9248	7119	11740	179
龙南市	25424	15696	363	1204	797	4402	1965	6963	2

表5 续表 23

单位：人

地 区	16岁及以上人口	各种职业人口总计	党的机关、国家机关、群众团体和社会组织、企事业单位负责人	专业技术人员	办事人员和有关人员	社会生产服务和生活服务人员	农、林、牧、渔业生产及辅助人员	生产制造及有关人员	不便分类的其他从业人员
吉安市	**331616**	**215642**	**4385**	**16184**	**10011**	**52923**	**64388**	**66967**	**784**
吉州区	29179	15840	633	2302	1823	5977	1626	3421	58
青原区	16983	10204	329	1019	559	3080	2195	2903	119
吉安县	32938	23071	250	1475	753	4689	6556	9301	47
吉水县	31564	20761	343	1466	836	4399	6736	6890	91
峡江县	11118	7122	122	393	254	1479	3498	1365	11
新干县	22656	15061	420	1026	684	3856	4831	4181	63
永丰县	25750	17295	247	1117	594	4321	6398	4577	41
泰和县	33582	21669	544	1521	1041	5121	7492	5851	99
遂川县	38058	26470	378	1705	769	5417	8995	9184	22
万安县	20548	13520	216	1023	555	3232	3968	4490	36
安福县	23974	15430	281	1033	529	3336	6211	3908	132
永新县	34875	22645	449	1506	1093	5820	4492	9224	61
井冈山市	10391	6554	173	598	521	2196	1390	1672	4
宜春市	**383742**	**243442**	**5655**	**19052**	**12480**	**74199**	**53393**	**77883**	**780**
袁州区	82705	44734	1621	4623	3090	15378	5534	14375	113
奉新县	20173	12679	178	911	682	3778	3403	3640	87
万载县	33381	22283	548	1720	872	6257	5072	7767	47
上高县	24428	15440	409	1076	910	4402	3571	4977	95
宜丰县	19004	13974	176	919	658	4526	3588	4090	17
靖安县	9445	5963	134	455	427	1939	1074	1919	15
铜鼓县	8930	5324	130	446	459	1777	1162	1336	14
丰城市	84337	52163	1098	3706	2304	15486	10659	18632	278
樟树市	39575	27035	575	2146	1330	8106	8032	6798	48
高安市	61764	43847	786	3050	1748	12550	11298	14349	66
抚州市	**304651**	**186709**	**3698**	**11971**	**8734**	**54463**	**48481**	**58422**	**940**
临川区	86706	43935	849	3947	2729	13840	6205	16146	219
东乡区	29935	16846	308	1231	810	5366	3444	5544	143
南城县	23104	14691	319	777	587	4399	3618	4979	12
黎川县	19230	13493	317	785	614	4644	2556	4424	153
南丰县	20716	14169	184	733	586	3095	7587	1924	60
崇仁县	29052	19038	242	884	554	4255	8750	4238	115
乐安县	26923	16862	205	1178	725	4801	3491	6385	77
宜黄县	19937	15178	187	722	504	4749	3142	5833	41
金溪县	22899	14790	263	767	620	3819	4758	4522	41
资溪县	9055	5382	167	244	300	1444	1830	1374	23
广昌县	17094	12325	657	703	705	4051	3100	3053	56
上饶市	**556156**	**332807**	**7116**	**23064**	**15818**	**105575**	**62049**	**117371**	**1814**
信州区	49879	28440	1196	3788	3060	13221	940	6074	161
广丰区	69943	40365	812	2733	1705	13498	5478	15640	499
广信区	61299	37858	747	3049	1700	12258	3900	16034	170
玉山县	41200	21562	648	1691	1218	5916	4278	7667	144
铅山县	32701	20799	466	998	914	6550	5401	6403	67
横峰县	14291	8338	112	470	422	2862	1293	3145	34
弋阳县	27911	17276	444	1119	655	5081	4294	5596	87
余干县	72806	43049	569	2190	1217	13488	11183	14150	252
鄱阳县	103787	63060	794	3445	2481	17539	14505	24201	95
万年县	30698	17302	368	1135	698	5069	2626	7213	193
婺源县	28012	19399	622	1237	797	5363	4966	6356	58
德兴市	23629	15359	338	1209	951	4730	3185	4892	54
山东省	**8107214**	**4764872**	**109494**	**470783**	**292955**	**1388623**	**1308492**	**1179850**	**14675**
济南市	**775663**	**425061**	**14652**	**63610**	**42206**	**145656**	**73869**	**83467**	**1601**
历下区	68593	38451	2329	10860	7224	13972	5	3938	123
市中区	72337	36891	1967	8474	6751	14885	432	4278	104
槐荫区	55040	31375	1904	6415	4177	15060	142	3480	197
天桥区	63144	33278	1544	5025	4391	17558	367	4303	90
历城区	110787	59765	2497	9953	6093	24528	4427	11907	360
长清区	51015	23359	456	2441	1627	7318	3823	7639	55
章丘区	96405	48744	1075	4883	3005	13884	11200	14413	284
济阳区	41470	26269	345	2041	1139	6103	10823	5752	66

表5 续表 24 单位：人

地 区	16岁及以上人口	各种职业人口总计	党的机关、国家机关、群众团体和社会组织、企事业单位负责人	专业技术人员	办事人员和有关人员	社会生产服务和生活服务人员	农、林、牧、渔业生产及辅助人员	生产制造及有关人员	不便分类的其他从业人员
莱芜区	90751	55769	1210	5381	2922	14070	20842	11235	109
钢城区	24229	12715	236	1011	767	2992	2845	4843	21
平阴县	26878	14913	359	1416	1050	3853	4026	4180	29
商河县	39358	25155	257	1415	842	3975	13954	4563	149
济南高新技术产业开发区	35656	18377	473	4295	2218	7458	983	2936	14
青岛市	**848283**	**490826**	**19026**	**66101**	**40780**	**166493**	**77403**	**120028**	**995**
市南区	40188	18868	1544	4709	3994	7488	31	1093	9
市北区	95849	44552	2556	9228	7413	21111	100	3938	206
黄岛区	159718	96428	3698	13662	8454	31851	10680	27763	320
崂山区	44948	22324	1476	3795	3322	8087	646	4972	26
李沧区	63362	35544	2296	7812	3528	16740	134	4958	76
城阳区	90628	55834	2150	8491	3468	23144	944	17592	45
即墨区	113630	68324	1729	6257	3712	22426	9402	24653	145
青岛高新技术产业开发区	3273	2643	175	538	166	579	5	1178	2
胶州市	82275	47927	1651	4706	2592	15393	6520	17040	25
平度市	98517	64070	1033	4093	2169	11942	34211	10552	70
莱西市	55895	34312	718	2810	1962	7732	14730	6289	71
淄博市	**382719**	**211892**	**7184**	**25292**	**17567**	**73064**	**34101**	**53598**	**1086**
淄川区	57221	30522	849	3219	1872	12104	2649	9632	197
张店区	99255	55019	3449	9658	7147	23487	452	10189	637
博山区	34099	16369	475	1872	1377	5511	1881	5160	93
临淄区	54831	30848	551	3085	2832	10709	5068	8593	10
周村区	30463	16654	736	1865	1191	6578	638	5604	42
桓台县	40328	19736	619	2771	1296	6613	1409	6969	59
高青县	25277	14631	173	989	782	3484	6070	3122	11
沂源县	41245	28113	332	1833	1070	4578	15934	4329	37
枣庄市	**291142**	**165682**	**2997**	**15371**	**9960**	**49153**	**47519**	**40283**	**399**
市中区	44455	22590	522	2982	2476	9482	2016	5015	97
薛城区	44895	22646	508	3178	2261	7259	2860	6483	97
峄城区	25393	15626	98	1012	528	3778	5634	4552	24
台儿庄区	22459	13382	186	978	743	3569	5021	2883	2
山亭区	29404	14549	114	498	311	3179	6649	3787	11
滕州市	124536	76889	1569	6723	3641	21886	25339	17563	168
东营市	**182060**	**107388**	**3626**	**14957**	**10961**	**34148**	**17433**	**26115**	**148**
东营区	69318	38746	2023	7530	5433	13953	1970	7777	60
河口区	20776	12758	349	1618	1253	3738	1674	4104	22
垦利区	20771	12076	392	1362	986	4195	2318	2806	17
利津县	19945	12249	160	919	675	3019	5444	2018	14
广饶县	44110	26623	342	2603	1920	7616	5982	8126	34
东营经济技术开发区	6464	4286	337	880	641	1500	41	886	1
东营港经济开发区	676	650	23	45	53	127	4	398	
烟台市	**619449**	**365099**	**8074**	**32018**	**21654**	**100522**	**120095**	**81449**	**1287**
芝罘区	76354	37566	1521	6101	4969	18069	594	6107	205
福山区	37289	23201	553	2028	1115	6447	5792	7163	103
牟平区	40571	24499	468	1842	1523	6069	9482	4951	164
莱山区	34650	15715	833	2850	2040	5916	942	3082	52
蓬莱区	44274	25527	531	2014	1558	6131	11269	3825	199
烟台高新技术产业开发区	7509	3170	154	765	441	1030	132	643	5
烟台经济技术开发区	35752	23589	784	3265	2118	7538	428	9422	34
龙口市	59025	31395	810	2835	1870	9155	8144	8490	91
莱阳市	76994	49004	625	2434	1136	11320	21248	12176	65
莱州市	71080	42083	786	2923	1726	11285	15870	9483	10
招远市	45302	27685	566	2151	1452	7131	9279	7034	72
栖霞市	39624	26475	206	1216	716	3935	18293	1964	145
海阳市	51025	35190	237	1594	990	6496	18622	7109	142
潍坊市	**773684**	**482845**	**10157**	**45914**	**24642**	**132711**	**147642**	**120788**	**991**
潍城区	42243	23545	739	2952	1863	11048	1694	5210	39
寒亭区	29724	18507	364	1620	938	4666	6560	4200	159
坊子区	42270	24172	567	2152	1409	6298	7911	5694	141
奎文区	82225	48655	2141	9534	5099	19375	572	11836	98

表5 续表 25

单位：人

地区	16岁及以上人口	各种职业人口总计	党的机关、国家机关、群众团体和社会组织、企事业单位负责人	专业技术人员	办事人员和有关人员	社会生产服务和生活服务人员	农、林、牧、渔业生产及辅助人员	生产制造及有关人员	不便分类的其他从业人员
临朐县	66341	46409	626	2856	1624	9809	19233	12166	95
昌乐县	46324	28654	429	2256	1180	6078	13332	5262	117
潍坊滨海经济技术开发区	12891	6301	182	833	536	1541	316	2855	38
青州市	78677	49764	787	4050	2031	15381	16263	11231	21
诸城市	89402	54852	1205	5007	2620	14252	15302	16368	98
寿光市	99305	64397	984	6031	2665	18367	22548	13798	4
安丘市	65705	45235	678	2829	1682	8862	20928	10116	140
高密市	70470	43588	951	3801	1779	10899	10946	15207	5
昌邑市	48107	28766	504	1993	1216	6135	12037	6845	36
济宁市	**639636**	**389161**	**6703**	**35285**	**21669**	**114253**	**110215**	**100638**	**398**
任城区	103684	60795	1942	9447	6605	23322	6876	12504	99
兖州区	44013	23988	368	2661	1444	8253	3667	7590	5
微山县	45236	28621	371	1731	1180	8654	9397	7271	17
鱼台县	30905	24258	263	1219	589	7089	10603	4489	6
金乡县	45732	32046	352	1702	1105	6991	18146	3747	3
嘉祥县	62047	35273	520	2735	1285	9000	11295	10404	34
汶上县	51233	30337	285	2003	927	7547	7045	12527	3
泗水县	42134	27839	333	1619	1112	5878	12361	6431	105
梁山县	52543	34133	520	2497	1378	10777	9378	9569	14
济宁高新技术产业开发区	24079	13248	390	2017	1209	4788	826	4012	6
曲阜市	48028	26123	622	2671	1735	7282	6205	7556	52
邹城市	90002	52500	737	4983	3100	14672	14416	14538	54
泰安市	**431991**	**245524**	**4938**	**23358**	**12032**	**65010**	**77271**	**62733**	**182**
泰山区	64650	34777	1654	6566	3686	14166	1809	6895	1
岱岳区	85847	50327	997	4495	2362	13231	17070	12103	69
宁阳县	51066	26782	568	2317	1265	5971	9344	7295	22
东平县	53995	31662	355	1731	993	7349	14389	6823	22
新泰市	98212	56830	640	4185	1882	12657	21386	16017	63
肥城市	78221	45146	724	4064	1844	11636	13273	13600	5
威海市	**261211**	**145113**	**3781**	**14606**	**11411**	**47637**	**28092**	**39207**	**379**
环翠区	37620	22946	1045	3009	2061	9230	439	7137	25
文登区	50532	25833	565	2385	1662	7469	7200	6528	24
威海火炬高技术产业开发区	29774	16653	549	2554	2369	5889	329	4824	139
威海经济技术开发区	24419	14970	641	1816	1505	5794	1062	4129	23
威海临港经济技术开发区	8987	5646	62	244	216	1340	1193	2578	13
荣成市	63839	33349	569	2794	2220	10550	8223	8936	57
乳山市	46040	25716	350	1804	1378	7365	9646	5075	98
日照市	**234113**	**136550**	**2385**	**13228**	**8611**	**36013**	**44084**	**31368**	**861**
东港区	80973	43326	1316	6237	4556	15483	5723	9714	297
岚山区	30887	19486	205	1376	780	4699	7837	4374	215
五莲县	36570	20929	296	1619	988	4334	8274	5321	97
莒县	72687	45289	465	3075	1560	8569	21890	9600	130
日照经济技术开发区	12996	7520	103	921	727	2928	360	2359	122
临沂市	**835870**	**509860**	**10246**	**40333**	**22048**	**142425**	**168758**	**124476**	**1574**
兰山区	135009	82156	4596	10965	6897	34826	4273	20182	417
罗庄区	55644	37679	684	3264	1692	17045	5506	9393	95
河东区	65546	38378	847	3539	1599	13704	7021	11546	122
沂南县	63120	41683	375	2373	1271	7896	19442	10108	218
郯城县	63230	44022	263	2155	822	10894	17799	12028	61
沂水县	78275	49253	686	3125	1795	10445	21897	11155	150
兰陵县	79236	45984	642	2989	1412	10493	22687	7692	69
费县	61418	35179	549	2426	1346	7051	11959	11755	93
平邑县	68575	39737	418	3012	1473	8431	18156	8234	13
莒南县	70071	39649	407	2600	1783	8491	17442	8733	193
蒙阴县	37989	22167	280	1574	790	4179	11928	3324	92
临沭县	46689	27571	328	1927	984	6727	10120	7447	38
临沂高新技术产业开发区	11068	6402	171	384	184	2243	528	2879	13
德州市	**435975**	**267492**	**3635**	**18393**	**12381**	**72450**	**90561**	**69179**	**893**
德城区	41617	22954	824	3725	2582	9598	1759	4454	12
陵城区	39114	26470	246	1074	586	5661	10634	8048	221

表5 续表 26

单位：人

地　　区	16岁及以上人口	各种职业人口总计	党的机关、国家机关、群众团体和社会组织、企事业单位负责人	专业技术人员	办事人员和有关人员	社会生产服务和生活服务人员	农、林、牧、渔业生产及辅助人员	生产制造及有关人员	不便分类的其他从业人员
宁津县	33638	18971	201	969	581	4210	6783	6191	36
庆云县	23444	13917	277	913	523	4188	4227	3765	24
临邑县	36010	20618	186	1400	794	4539	8790	4700	209
齐河县	47507	30411	332	1989	1265	7455	12470	6791	109
平原县	33072	21935	175	1187	769	6499	6677	6577	51
夏津县	35915	20990	169	1208	739	5188	8975	4697	14
武城县	27491	18627	202	979	767	4301	5587	6783	8
德州经济技术开发区	21587	12548	405	1665	1287	3864	2452	2823	52
德州运河经济开发区	8787	4792	133	578	436	2371	45	1228	1
乐陵市	48251	28213	177	1128	858	7755	12092	6059	144
禹城市	39542	27046	308	1578	1194	6821	10070	7063	12
聊城市	**446542**	**275507**	**4328**	**22642**	**13116**	**70074**	**99837**	**63774**	**1736**
东昌府区	111158	60578	1667	7713	4702	20712	12487	12707	590
茌平区	40378	22076	249	2013	1246	5965	4647	7888	68
阳谷县	57297	36264	420	2488	1367	8671	15145	7863	310
莘县	66098	41538	402	2721	1357	8564	21358	6944	192
东阿县	26747	16584	193	1320	994	3617	6695	3574	191
冠县	53268	36485	434	2240	1011	7829	16891	7968	112
高唐县	35606	20450	287	1656	970	4776	7315	5264	182
临清市	55990	41532	676	2491	1469	9940	15299	11566	91
滨州市	**309424**	**187827**	**3860**	**16271**	**10451**	**54778**	**45558**	**56397**	**512**
滨城区	66563	40263	1206	5395	3612	14008	5072	10894	76
沾化区	25983	17394	108	913	568	5531	7380	2841	53
惠民县	45873	28680	442	1797	988	6578	10719	8050	106
阳信县	33640	18997	204	1225	775	5889	5565	5280	59
无棣县	34731	22201	494	1724	1157	5203	7162	6420	41
博兴县	42306	24294	878	2317	1587	7334	3118	8929	131
邹平市	60328	35998	528	2900	1764	10235	6542	13983	46
菏泽市	**639452**	**359045**	**3902**	**23404**	**13466**	**84236**	**126054**	**106350**	**1633**
牡丹区	78694	37545	630	3845	2133	10610	8725	11356	246
定陶区	39100	20999	169	1292	853	4158	9054	5401	72
曹县	99630	57835	780	3071	1233	13241	20131	19157	222
单县	82421	50952	337	2473	1211	12780	21854	12211	86
成武县	44092	27309	163	1358	875	5528	11413	7837	135
巨野县	65178	42522	422	2529	1325	10694	15285	12157	110
郓城县	80007	38838	431	2391	1249	7947	13970	12814	36
鄄城县	53246	28111	226	1662	979	5828	9260	10031	125
东明县	52839	32874	230	2270	1281	6613	13233	9194	53
菏泽经济技术开发区	30978	15571	475	2204	2182	5522	955	3783	450
菏泽高新技术开发区	13267	6489	39	309	145	1315	2174	2409	98
河南省	**7383605**	**4225042**	**74256**	**366023**	**231330**	**1494678**	**965672**	**1078808**	**14275**
郑州市	**977543**	**556875**	**21208**	**85197**	**53029**	**233915**	**46137**	**115939**	**1450**
中原区	72553	40157	2055	9629	5605	17717	268	4846	37
二七区	79738	42567	1878	8883	6118	20619	167	4579	323
管城回族区	76864	50792	2838	9257	4826	27413	484	5859	115
金水区	168045	91449	5783	21416	14393	42943	353	6415	146
上街区	15022	8203	433	1143	902	3541	112	2054	18
惠济区	42534	19929	945	3334	1921	10164	471	2974	120
中牟县	68966	43418	689	4173	2838	17241	10950	7452	75
郑州经济技术开发区	25884	17927	703	2485	1425	6683	604	5978	49
郑州高新技术产业开发区	46077	24440	1204	5504	2519	10238	101	4864	10
郑州航空港经济综合实验区	48568	36507	425	1825	1194	5950	3342	23763	8
巩义市	68891	35114	908	3623	2348	13341	4799	10007	88
荥阳市	53567	24862	591	2198	1323	8549	5354	6837	10
新密市	65732	37194	655	3719	2469	16217	3352	10648	134
新郑市	90807	54285	1673	5185	3100	23587	8171	12342	227
登封市	54295	30031	428	2823	2048	9712	7609	7321	90
开封市	**357761**	**204787**	**3027**	**15453**	**8976**	**63504**	**62625**	**50633**	**569**
龙亭区	41691	18518	786	3366	2639	6513	2147	2968	99

表5 续表 27

单位：人

地 区	16岁及以上人口	各种职业人口总计	党的机关、国家机关、群众团体和社会组织、企事业单位负责人	专业技术人员	办事人员和有关人员	社会生产服务和生活服务人员	农、林、牧、渔业生产及辅助人员	生产制造及有关人员	不便分类的其他从业人员
顺河回族区	17944	9453	142	1221	767	4548	784	1962	29
鼓楼区	10737	5042	163	729	612	2216	661	640	21
禹王台区	10233	4504	67	454	295	1711	1291	670	16
祥符区	49235	28614	248	1366	693	6148	13234	6871	54
杞县	74988	42474	542	1820	920	12360	17659	9033	140
通许县	39315	23267	154	1011	531	5280	11549	4657	85
尉氏县	58221	32619	440	1773	1119	11831	7816	9599	41
兰考县	55397	40296	485	3713	1400	12897	7484	14233	84
洛阳市	**541266**	**293943**	**5607**	**30072**	**19019**	**105595**	**56537**	**75966**	**1147**
老城区	18222	8894	323	1293	1108	4834	129	1189	18
西工区	30498	15397	653	3047	1996	6906	372	2389	34
瀍河回族区	18260	8367	218	1442	975	4051	216	1422	43
涧西区	42947	20642	558	4188	2484	9146	102	4141	23
吉利区	5607	2915	76	434	363	969	136	935	2
洛龙区	71789	39046	1189	5317	3289	17120	2839	9102	190
孟津县	33915	20838	223	1521	1123	8731	2805	6414	21
新安县	36033	17413	180	1273	942	5042	4958	4921	97
栾川县	25536	14755	278	1450	975	5001	3308	3646	97
嵩县	40976	24217	264	1495	791	5733	9671	6169	94
汝阳县	30512	17237	154	1279	790	5642	4187	5000	185
宜阳县	44577	25651	260	1515	932	7640	9303	5903	98
洛宁县	27144	16749	91	801	553	4647	6988	3545	124
伊川县	54619	29496	372	1780	914	9034	8538	8805	53
洛阳高新技术产业开发区	16381	9010	283	1290	626	3630	363	2811	7
偃师市	44250	23316	485	1947	1158	7469	2622	9574	61
平顶山市	**354525**	**173495**	**1569**	**14423**	**11171**	**57802**	**43930**	**44030**	**570**
新华区	23517	10086	58	1594	1729	3233	160	3293	19
卫东区	24692	11281	31	1634	1493	4086	302	3728	7
石龙区	2725	2105	30	133	134	539	717	552	
湛河区	25605	11734	134	1650	956	5308	995	2691	
宝丰县	35361	17421	54	1267	1053	7263	3406	4362	16
叶县	49655	21839	195	1706	1158	5813	7030	5880	57
鲁山县	50663	23366	283	1221	936	7667	8065	5015	179
郏县	36482	21204	132	1426	1064	6439	7152	4929	62
平顶山高新技术产业开发区	3974	1858	11	185	83	706	200	673	
平顶山市城乡一体化示范区	8922	4090	117	645	543	1659	170	950	6
舞钢市	21672	10438	100	1007	951	2908	2525	2917	30
汝州市	71257	38073	424	1955	1071	12181	13208	9040	194
安阳市	**390400**	**216740**	**3156**	**20441**	**12246**	**70459**	**45648**	**64256**	**534**
文峰区	30142	15642	658	3126	2435	5949	449	3004	21
北关区	25479	12934	265	1896	1357	5731	407	3260	18
殷都区	17215	8380	86	1077	766	3325	98	3025	3
龙安区	22200	10724	156	1072	567	3995	1244	3675	15
安阳县	61812	36024	222	1890	886	8767	10611	13532	116
汤阴县	34751	21468	230	1462	1043	5687	6358	6611	77
滑县	71356	43387	712	3950	1689	16301	7605	12989	141
内黄县	45386	27074	109	1327	805	9551	8027	7232	23
安阳高新技术产业开发区	15082	5859	190	1359	962	2290	27	1028	3
林州市	66977	35248	528	3282	1736	8863	10822	9900	117
鹤壁市	**123646**	**80107**	**1075**	**6789**	**4848**	**28729**	**12744**	**25415**	**507**
鹤山区	5621	3844	36	165	181	2161	273	907	121
山城区	12385	8766	93	502	520	3811	756	3073	11
淇滨区	31555	20087	550	3002	2550	8263	1643	3948	131
浚县	50035	33999	210	2049	784	10618	7486	12705	147
淇县	20779	11315	141	919	687	3209	2230	4038	91
鹤壁经济技术开发区	3271	2096	45	152	126	667	356	744	6
新乡市	**461746**	**288923**	**4650**	**24425**	**15032**	**103829**	**58962**	**80826**	**1199**
红旗区	34219	15140	527	2620	1793	7698	389	2051	62
卫滨区	17653	10618	276	1479	992	5982	282	1586	21
凤泉区	10657	6130	126	474	363	2256	346	2535	30

表5 续表 28

单位：人

地区	16岁及以上人口	各种职业人口总计	党的机关、国家机关、群众团体和社会组织、企事业单位负责人	专业技术人员	办事人员和有关人员	社会生产服务和生活服务人员	农、林、牧、渔业生产及辅助人员	生产制造及有关人员	不便分类的其他从业人员
牧野区	29742	13656	347	2404	1530	6485	418	2413	59
新乡县	28423	20205	360	1527	785	7752	2239	7466	76
获嘉县	31277	19372	257	1294	989	6514	4747	5498	73
原阳县	34590	23970	243	1614	998	7578	6938	6502	97
延津县	35933	23415	287	1078	647	4272	12717	4131	283
封丘县	47318	32627	287	1813	904	10809	7563	11201	50
新乡高新技术产业开发区	10839	6646	257	1132	765	2823	285	1377	7
新乡经济技术开发区	3176	892	23	80	49	307	44	389	
新乡市平原城乡一体化示范区	16387	10466	190	867	384	4485	1427	3085	28
卫辉市	32505	21412	287	1547	1064	6294	7255	4916	49
辉县市	60737	43642	573	3071	2064	16869	9202	11661	202
长垣市	68290	40732	610	3425	1705	13705	5110	16015	162
焦作市	**288514**	**162934**	**2846**	**13796**	**10425**	**65033**	**21010**	**49039**	**785**
解放区	27955	13046	297	1959	1718	6583	75	2406	8
中站区	8960	4252	58	432	301	1687	206	1533	35
马村区	9609	4174	43	372	261	1560	583	1347	8
山阳区	24879	10411	360	1658	1696	4380	162	2120	35
修武县	21327	10778	202	867	763	3469	2473	2953	51
博爱县	29156	16440	186	1185	776	6716	2646	4835	96
武陟县	53853	38390	710	2464	1647	15745	5730	11994	100
温县	30617	17577	339	1280	828	6398	2386	6061	285
焦作城乡一体化示范区	17022	8470	97	770	408	3186	1139	2820	50
沁阳市	36932	22629	338	1657	1193	8710	2925	7719	87
孟州市	28204	16767	216	1152	834	6599	2685	5251	30
濮阳市	**279409**	**175451**	**3150**	**15641**	**9584**	**53693**	**38462**	**54571**	**350**
华龙区	47147	26010	1029	5323	3817	10370	423	4960	88
清丰县	45357	30223	308	1799	881	8613	6920	11656	46
南乐县	35117	23676	359	1653	833	6061	7365	7318	87
范县	30452	21058	174	1243	834	6578	5394	6827	8
台前县	23513	14764	292	1075	558	5123	1992	5694	30
濮阳县	70138	44890	477	2608	1226	11838	13863	14818	60
河南濮阳工业园区	2297	1156	9	83	23	386	254	401	
濮阳经济技术开发区	25388	13674	502	1857	1412	4724	2251	2897	31
许昌市	**342001**	**204537**	**3703**	**15632**	**10426**	**69791**	**51747**	**52530**	**708**
魏都区	45264	21478	876	3773	3270	10076	252	3103	128
建安区	54503	34443	357	1757	1113	11414	8209	11551	42
鄢陵县	41963	28617	297	1864	948	8496	10779	6197	36
襄城县	52200	36698	501	1783	966	10134	17440	5788	86
许昌经济技术开发区	5433	3251	46	261	172	1233	438	1053	48
禹州市	86741	48831	848	3636	2327	16889	11479	13584	68
长葛市	55897	31219	778	2558	1630	11549	3150	11254	300
漯河市	**199490**	**106675**	**1477**	**7973**	**5700**	**37913**	**23915**	**29117**	**580**
源汇区	24941	12500	279	1157	1007	5238	2335	2390	94
郾城区	40085	20590	384	2345	1957	7559	3294	4968	83
召陵区	34389	16229	281	953	475	6327	3119	4940	134
舞阳县	35399	16483	155	1071	708	4337	6900	3210	102
临颍县	56431	36777	244	2122	1296	12758	8107	12098	152
漯河经济技术开发区	8245	4096	134	325	257	1694	160	1511	15
三门峡市	**175898**	**99483**	**1555**	**8096**	**6517**	**35349**	**28396**	**19177**	**393**
湖滨区	24136	11186	308	1770	1442	5157	530	1774	205
陕州区	27066	15205	305	1131	849	5108	4720	3082	10
渑池县	26001	15203	200	1029	942	4698	5153	3156	25
卢氏县	27000	14762	250	1220	773	4421	4590	3421	87
河南三门峡经济开发区	3670	1623	65	278	274	776	37	192	1
义马市	11836	5795	177	736	727	2020	232	1902	1
灵宝市	56189	35709	250	1932	1510	13169	13134	5650	64
南阳市	**667185**	**376248**	**4620**	**27611**	**15960**	**125210**	**123423**	**78346**	**1078**
宛城区	52581	28496	610	3414	2157	9372	8465	4475	3
卧龙区	61690	36351	570	3439	1817	14042	8638	7824	21
南召县	35758	17166	218	1107	600	5184	5732	4249	76

表5 续表 29

单位：人

地区	16岁及以上人口	各种职业人口总计	党的机关、国家机关、群众团体和社会组织、企事业单位负责人	专业技术人员	办事人员和有关人员	社会生产服务和生活服务人员	农、林、牧、渔业生产及辅助人员	生产制造及有关人员	不便分类的其他从业人员
方城县	61551	42534	505	3176	1585	16912	11484	8736	136
西峡县	33814	21239	181	1426	997	7644	6517	4390	84
镇平县	58008	34789	172	1464	765	14020	10499	7855	14
内乡县	39562	23128	301	1667	911	6776	8254	5112	107
淅川县	32472	18463	186	1195	770	4816	7650	3781	65
社旗县	37244	18650	149	1060	689	5186	7906	3539	121
唐河县	77348	44003	421	2362	1382	12800	18349	8540	149
新野县	39438	23563	206	1248	635	6470	8823	6142	39
桐柏县	24484	13649	197	1018	808	3963	5009	2653	1
南阳高新技术产业开发区	16474	8833	316	1370	772	4076	188	2057	54
南阳市城乡一体化示范区	16535	7123	140	898	501	2851	927	1721	85
邓州市	80226	38261	448	2767	1571	11098	14982	7272	123
商丘市	**589815**	**374095**	**4396**	**21364**	**12186**	**136090**	**93606**	**105544**	**909**
梁园区	47638	28903	620	2249	1465	13555	5081	5848	85
睢阳区	65453	39215	496	3319	2601	13696	7578	11347	178
民权县	57582	32686	354	1941	862	9701	10536	9063	229
睢县	51912	32898	142	1383	687	8256	12893	9469	68
宁陵县	41701	30151	307	1577	787	13827	2813	10813	27
柘城县	60828	35248	300	1721	801	12701	9088	10453	184
虞城县	77633	45267	418	1677	899	17500	14250	10483	40
夏邑县	65330	40510	805	1700	745	14194	11617	11392	57
豫东综合物流产业聚集区	10180	5813	21	228	84	2367	1102	2006	5
河南商丘经济开发区	10677	5651	76	394	397	2573	332	1871	8
永城市	100881	77753	857	5175	2858	27720	18316	22799	28
信阳市	**441134**	**235228**	**3456**	**17621**	**11435**	**76998**	**72877**	**51403**	**1438**
浉河区	48253	23635	519	3027	2210	9889	3136	4737	117
平桥区	57326	27557	481	2998	2092	10553	4662	6744	27
罗山县	32309	17220	192	1240	709	4538	7417	2893	231
光山县	39833	19309	369	1487	875	5938	5758	4672	210
新县	19226	9426	198	869	758	2811	2003	2736	51
商城县	30243	13453	166	1112	689	3943	3666	3771	106
固始县	72026	45403	510	2902	1640	14774	16603	8644	330
潢川县	51434	29558	474	1862	1197	12373	6549	6998	105
淮滨县	40611	26332	285	958	620	5705	13559	5092	113
息县	48025	22221	253	1064	597	6147	9430	4586	144
信阳高新技术产业开发区	1848	1114	9	102	48	327	94	530	4
周口市	**638585**	**344351**	**4011**	**19673**	**10531**	**110436**	**99006**	**99804**	**890**
川汇区	42963	19398	657	2615	1934	8107	2002	4047	36
淮阳区	68543	38183	289	1803	817	9342	16701	9151	80
扶沟县	40719	24208	283	1117	626	7262	10574	4344	2
西华县	48516	29634	241	1472	1005	7487	9528	9823	78
商水县	67550	41956	172	1743	817	15232	6929	16882	181
沈丘县	68299	36151	279	2193	1100	10647	11298	10558	76
郸城县	78719	40899	592	2102	747	11904	15433	10047	74
太康县	78897	35014	470	2116	843	14054	7524	9907	100
鹿邑县	68143	38909	361	2118	1054	11174	11778	12306	118
河南周口经济开发区	6534	2926	243	246	292	1816	12	298	19
项城市	69702	37073	424	2148	1296	13411	7227	12441	126
驻马店市	**497219**	**298688**	**4100**	**18181**	**11440**	**109150**	**82772**	**71999**	**1046**
驿城区	57862	30689	926	3180	1987	12996	5509	5949	142
西平县	48498	28481	268	1653	1002	7354	11214	6825	165
上蔡县	67139	37419	348	2137	1214	15326	6512	11669	213
平舆县	51519	36868	325	1874	871	13824	10422	9466	86
正阳县	44243	25429	350	912	392	10914	6780	6076	5
确山县	29260	23234	240	1211	805	7165	9810	3943	60
泌阳县	48405	26469	459	1923	1051	10152	6433	6354	97
汝南县	40785	24856	216	1248	1022	9889	7022	5417	42
遂平县	29756	19404	226	1010	843	5405	6510	5325	85
新蔡县	58518	36100	231	1379	888	11863	12249	9366	124
河南驻马店经济开发区	21234	9739	511	1654	1365	4262	311	1609	27
省直辖县级行政区划	**57468**	**32482**	**650**	**3635**	**2805**	**11182**	**3875**	**10213**	**122**
济源市	57468	32482	650	3635	2805	11182	3875	10213	122

表5 续表 30

单位：人

地区	16岁及以上人口	各种职业人口总计	党的机关、国家机关、群众团体和社会组织、企事业单位负责人	专业技术人员	办事人员和有关人员	社会生产服务和生活服务人员	农、林、牧、渔业生产及辅助人员	生产制造及有关人员	不便分类的其他从业人员
湖北省	**5053253**	**3046668**	**54477**	**298013**	**181194**	**1039215**	**666093**	**798564**	**9112**
武汉市	**1088811**	**577921**	**16214**	**103855**	**57098**	**259109**	**20202**	**119534**	**1909**
江岸区	85612	42783	1168	8990	6923	21218	106	4261	117
江汉区	57762	34449	1163	6135	4463	18275	44	4333	36
硚口区	59438	31543	692	5788	2681	18611	35	3711	25
汉阳区	69629	37918	1669	7764	4954	17469	115	5900	47
武昌区	97531	45638	2124	11640	4758	21132	153	4930	901
青山区	38444	17537	201	3538	1615	7311	49	4788	35
洪山区	216829	105812	3360	27814	11423	47455	582	15112	66
东西湖区	73280	46815	1589	6786	4601	22566	1288	9890	95
汉南区	11223	6886	164	751	650	2343	511	2451	16
蔡甸区	77179	46007	1290	6500	4222	16813	1814	15214	154
江夏区	112447	55040	1591	8783	5014	21908	3476	14195	73
黄陂区	106061	58703	757	4939	3414	26752	4137	18494	210
新洲区	83376	48790	446	4427	2380	17256	7892	16255	134
黄石市	**195633**	**104694**	**2250**	**12161**	**7663**	**38419**	**6697**	**37432**	**72**
黄石港区	18985	9388	299	1805	1413	4391	47	1422	11
西塞山区	17926	8761	307	1180	806	4065	83	2319	1
下陆区	18460	8100	297	1444	1175	2971	43	2147	23
铁山区	3813	1618	16	200	146	753	14	489	
阳新县	62941	34570	580	3189	1585	11160	4713	13342	1
大冶市	73508	42257	751	4343	2538	15079	1797	17713	36
十堰市	**269603**	**155073**	**2683**	**15382**	**9137**	**49639**	**32980**	**44555**	**697**
茅箭区	48562	27066	689	4625	2690	12233	176	6271	382
张湾区	35669	19823	740	2870	1463	7785	348	6558	59
郧阳区	38168	20648	224	1487	807	5633	6091	6355	51
郧西县	25528	16587	165	1044	669	3794	7421	3431	63
竹山县	27447	19270	218	1158	728	4740	7127	5277	22
竹溪县	25809	14168	146	1103	739	3864	3313	4977	26
房县	33726	18329	246	1368	815	5077	4844	5911	68
丹江口市	34694	19182	255	1727	1226	6513	3660	5775	26
宜昌市	**352472**	**221371**	**3562**	**21798**	**14647**	**68938**	**66134**	**45695**	**597**
西陵区	46304	22365	496	4770	3502	9906	132	3493	66
伍家岗区	29397	17267	869	3249	2147	7970	148	2829	55
点军区	8954	5357	39	488	398	1822	1400	1190	20
猇亭区	5806	3821	46	360	290	1345	100	1673	7
夷陵区	49669	34985	307	2955	1770	11736	11565	6617	35
远安县	15979	10092	132	770	707	2944	2576	2961	2
兴山县	14023	8623	74	704	520	2426	3167	1726	6
秭归县	27974	17528	316	1333	680	3878	8557	2728	36
长阳土家族自治县	29949	19362	323	1404	797	4412	8406	3970	50
五峰土家族自治县	16376	11761	182	848	565	2771	5338	2043	14
宜都市	32868	20917	134	1699	1211	6372	5482	6011	8
当阳市	36800	24005	265	1662	845	6733	9610	4884	6
枝江市	38373	25288	379	1556	1215	6623	9653	5570	292
襄阳市	**451339**	**308690**	**3852**	**23812**	**15406**	**105442**	**97708**	**61500**	**970**
襄城区	42167	25111	265	3391	2243	10131	3925	5047	109
樊城区	79821	55319	1188	6160	5026	26792	4807	11137	209
襄州区	71492	44928	468	2951	1894	14158	16656	8553	248
南漳县	42473	32423	428	1835	1279	8552	13447	6738	144
谷城县	41487	30773	351	2119	1087	10129	8574	8489	24
保康县	18721	13794	273	1008	588	3098	6583	2237	7
老河口市	39619	27567	221	1863	891	10690	7788	6086	28
枣阳市	72247	47002	480	2780	1505	12918	19623	9549	147
宜城市	43312	31773	178	1705	893	8974	16305	3664	54
鄂州市	**92197**	**50407**	**1017**	**4939**	**2843**	**19273**	**3463**	**18767**	**105**
梁子湖区	11308	6356	74	312	164	2123	738	2939	6
华容区	22266	12927	109	907	670	4653	1246	5303	39
鄂城区	58623	31124	834	3720	2009	12497	1479	10525	60

表5 续表 31

单位：人

地区	16岁及以上人口	各种职业人口总计	党的机关、国家机关、群众团体和社会组织、企事业单位负责人	专业技术人员	办事人员和有关人员	社会生产服务和生活服务人员	农、林、牧、渔业生产及辅助人员	生产制造及有关人员	不便分类的其他从业人员
荆门市	**266200**	**182953**	**1744**	**13649**	**9862**	**60041**	**56929**	**40660**	**68**
东宝区	34747	21045	620	2787	2110	7252	3557	4718	1
掇刀区	38250	26295	302	2779	1809	11620	3186	6592	7
沙洋县	48307	36358	322	1923	1571	9819	15070	7644	9
钟祥市	91735	65298	156	3899	2440	19771	25611	13417	4
京山市	53161	33957	344	2261	1932	11579	9505	8289	47
孝感市	**409737**	**284464**	**4102**	**18663**	**11999**	**95280**	**59515**	**93654**	**1251**
孝南区	85597	52147	1291	5418	3705	18697	6189	16471	376
孝昌县	48316	29732	335	2079	1143	9853	4738	11436	148
大悟县	48058	36987	376	2055	1318	13971	8073	11093	101
云梦县	42556	30114	323	1493	1004	9301	7082	10818	93
应城市	47190	29765	411	1980	1330	11905	5244	8730	165
安陆市	49573	36817	540	2450	1455	11888	10019	10273	192
汉川市	88447	68902	826	3188	2044	19665	18170	24833	176
荆州市	**463770**	**285957**	**4348**	**19165**	**12338**	**89142**	**96618**	**63686**	**660**
沙市区	43708	23416	846	3227	2036	10566	1684	5003	54
荆州区	51692	29357	514	3057	2109	10901	6385	6333	58
公安县	67167	38919	254	2570	1621	11137	16420	6804	113
监利县	81288	53878	419	1994	1236	14650	27095	8393	91
江陵县	26624	20015	253	1008	759	5169	8160	4632	34
荆州经济技术开发区	16076	9315	240	784	519	3679	622	3458	13
石首市	46229	26684	738	1824	1337	8903	6759	7073	50
洪湖市	63425	39614	453	1847	1078	11794	14227	10052	163
松滋市	67561	44759	631	2854	1643	12343	15266	11938	84
黄冈市	**498667**	**285585**	**4924**	**23027**	**12853**	**82096**	**59400**	**102491**	**794**
黄州区	36591	18932	788	2858	2066	7420	1162	4628	10
团风县	27933	15778	259	1059	696	4533	2427	6706	98
红安县	47454	27570	513	2204	1482	8293	5537	9457	84
罗田县	46523	34738	439	2173	989	9676	10706	10717	38
英山县	25718	13191	230	1015	704	3807	2906	4443	86
浠水县	61929	32848	508	2890	1377	9310	6249	12439	75
蕲春县	64342	38748	650	2845	1465	11582	8439	13617	150
黄梅县	61569	33419	583	2394	1153	8484	7281	13437	87
龙感湖管理区	2146	1036	19	84	70	293	290	276	4
麻城市	73394	39546	392	3281	1531	11653	8118	14536	35
武穴市	51068	29779	543	2224	1320	7045	6285	12235	127
咸宁市	**202659**	**106571**	**2324**	**9712**	**7363**	**37169**	**18561**	**30862**	**580**
咸安区	46439	24873	794	3440	2332	9237	2230	6670	170
嘉鱼县	25852	14824	219	997	881	5855	2865	3994	13
通城县	33426	17432	291	1148	980	5715	3611	5633	54
崇阳县	29419	15748	215	1194	781	4764	4700	4001	93
通山县	28095	14910	335	1231	925	4430	2813	5161	15
赤壁市	39428	18784	470	1702	1464	7168	2342	5403	235
随州市	**178525**	**102193**	**1513**	**8348**	**4785**	**34629**	**23528**	**28962**	**428**
曾都区	55845	35504	908	3552	2408	14135	6300	8039	162
随县	54706	30657	305	1727	664	7647	12202	7924	188
广水市	67974	36032	300	3069	1713	12847	5026	12999	78
恩施土家族苗族自治州	**272874**	**176272**	**2610**	**13255**	**8119**	**46634**	**62488**	**42721**	**445**
恩施市	66552	41644	1087	4110	2648	13641	11136	9014	8
利川市	56135	35132	418	2633	1083	8271	12949	9657	121
建始县	33691	22281	163	1380	958	5171	9128	5273	208
巴东县	33309	22814	195	1449	951	5209	11145	3844	21
宣恩县	23911	16290	204	1005	644	4207	5145	5039	46
咸丰县	24478	16081	220	1080	621	4180	5586	4381	13
来凤县	19853	11917	145	930	633	3708	2778	3705	18
鹤峰县	14945	10113	178	668	581	2247	4621	1808	10
省直辖县级行政区划	**310766**	**204517**	**3334**	**10247**	**7081**	**53404**	**61870**	**68045**	**536**
仙桃市	111068	78493	1635	3954	2510	20722	20236	29245	191
潜江市	90339	54595	909	3519	2557	14572	16164	16693	181
天门市	103748	68134	657	2443	1644	17002	24833	21402	153
神农架林区	5611	3295	133	331	370	1108	637	705	11

表5 续表 32

单位：人

地　　区	16岁及以上人口	各种职业人口总计	党的机关、国家机关、群众团体和社会组织、企事业单位负责人	专业技术人员	办事人员和有关人员	社会生产服务和生活服务人员	农、林、牧、渔业生产及辅助人员	生产制造及有关人员	不便分类的其他从业人员
湖南省	**5574791**	**3041080**	**64305**	**267499**	**181175**	**1029054**	**676445**	**804184**	**18418**
长沙市	**823041**	**454794**	**12162**	**71469**	**42344**	**196025**	**34418**	**95219**	**3157**
芙蓉区	52560	28869	812	5276	4161	16241	47	2325	7
天心区	68408	34259	862	7937	5273	16715	176	2975	321
岳麓区	119774	61847	2644	15351	6764	28127	519	8255	187
开福区	74002	43208	1960	8362	6086	19922	311	5555	1012
雨花区	99837	62732	1041	11921	7904	33273	1861	6515	217
望城区	69082	32270	1090	4622	2533	12998	1435	8879	713
长沙县	117842	60905	1648	7675	4183	25543	3444	18150	262
浏阳市	115951	62969	1412	4931	2741	19065	7004	27589	227
宁乡市	105585	67735	693	5394	2699	24141	19621	14976	211
株洲市	**345767**	**208272**	**5890**	**20492**	**13778**	**78194**	**32204**	**57684**	**30**
荷塘区	28839	17202	908	2111	1509	7284	456	4933	1
芦淞区	25543	15005	430	1658	1244	7564	541	3567	1
石峰区	20838	10262	209	1806	1075	4216	165	2791	
天元区	40505	23440	1208	4036	3023	9706	821	4642	4
渌口区	28585	19923	416	1632	1001	8783	3664	4424	3
攸县	51078	27424	822	2131	1388	10700	6039	6338	6
茶陵县	47366	36246	489	2428	1573	11254	9885	10615	2
炎陵县	15814	10596	227	825	598	2801	3046	3095	4
云龙示范区	11163	2984	133	392	252	1179	276	752	
醴陵市	76036	45190	1048	3473	2115	14707	7311	16527	9
湘潭市	**241922**	**124027**	**3326**	**11982**	**9374**	**44144**	**22679**	**32414**	**108**
雨湖区	38770	16408	633	2401	1711	7180	1312	3170	1
岳塘区	34521	14461	390	2360	2226	6177	107	3198	3
湘潭县	70439	40529	714	3055	1730	12732	9630	12648	20
湖南湘潭高新技术产业园区	5598	3168	151	461	477	1152	24	899	4
湘潭昭山示范区	2577	1101	117	60	97	538	72	217	
湘潭九华示范区	16503	6160	129	807	569	2378	152	2122	3
湘乡市	64840	37732	937	2414	2175	12221	10998	8927	60
韶山市	8674	4468	255	424	389	1766	384	1233	17
衡阳市	**536727**	**278345**	**5015**	**22052**	**15900**	**93152**	**61927**	**78460**	**1839**
珠晖区	27999	11864	342	1577	1087	5493	1116	2239	10
雁峰区	16789	7460	367	1201	848	3299	261	1472	12
石鼓区	17304	8475	317	1051	808	4576	434	1225	64
蒸湘区	23543	11235	364	1833	1219	5223	528	1793	275
南岳区	5078	2829	69	299	214	1514	143	524	66
衡阳县	77570	43726	527	2596	1487	13364	11944	13641	167
衡南县	69840	40518	530	2190	1382	11218	10612	14501	85
衡山县	26274	12361	283	1022	678	4338	2115	3855	70
衡东县	43465	22895	313	1631	1068	7036	7214	5562	71
祁东县	57537	28770	194	1728	1057	7872	10265	7645	9
衡阳综合保税区	2529	1467	17	110	63	323	197	738	19
湖南衡阳高新技术产业园区	15790	9575	429	2065	1892	3732	83	1230	144
湖南衡阳松木经济开发区	1398	693	22	28	53	213		365	12
耒阳市	75920	36956	761	2429	2049	12527	8920	9999	271
常宁市	75691	39521	480	2292	1995	12424	8095	13671	564
邵阳市	**560333**	**309191**	**5525**	**19482**	**12969**	**90697**	**81461**	**97634**	**1423**
双清区	25596	11327	405	877	750	5860	318	3037	80
大祥区	32977	12239	449	1718	1422	5397	822	2346	85
北塔区	9888	4907	215	439	444	2325	363	1039	82
新邵县	55621	28361	471	1676	1143	9100	4545	11247	179
邵阳县	68975	38456	550	1758	1291	10695	11336	12577	249
隆回县	85973	56885	591	2882	1623	13834	18083	19599	273
洞口县	50313	25682	391	1786	1111	6321	8809	7235	29
绥宁县	27231	16822	211	958	740	4376	5766	4743	28

表5 续表 33

单位：人

地　　区	16岁及以上人口	各种职业人口总计	党的机关、国家机关、群众团体和社会组织、企事业单位负责人	专业技术人员	办事人员和有关人员	社会生产服务和生活服务人员	农、林、牧、渔业生产及辅助人员	生产制造及有关人员	不便分类的其他从业人员
新宁县	46234	27110	562	1754	1172	6456	9612	7487	67
城步苗族自治县	21279	13630	200	887	662	3094	4924	3861	2
武冈市	56968	34443	629	2282	1215	8404	9714	12107	92
邵东市	79278	39329	851	2465	1396	14835	7169	12356	257
岳阳市	**465454**	**237527**	**5110**	**18027**	**13294**	**89442**	**50881**	**60097**	**676**
岳阳楼区	86475	43271	1742	5505	4852	22638	1018	7458	58
云溪区	15944	9203	151	985	650	2809	1033	3555	20
君山区	19655	9715	153	604	309	3903	2771	1965	10
岳阳县	55092	33821	78	1621	1273	11686	10149	8967	47
华容县	57381	32449	661	1292	996	10622	14760	3982	136
湘阴县	59667	27474	594	2062	1406	9772	3893	9699	48
平江县	76208	34477	711	2645	1916	10835	6863	11377	130
岳阳市屈原管理区	5941	2714	56	232	185	935	840	462	4
汨罗市	49457	24218	579	1825	906	8737	5020	7044	107
临湘市	39634	20185	385	1256	801	7505	4534	5588	116
常德市	**511145**	**294718**	**4861**	**19912**	**13331**	**90489**	**101678**	**63232**	**1215**
武陵区	64916	32973	1197	5247	4120	14842	1329	6016	222
鼎城区	70415	38434	506	1876	1139	13412	12541	8682	278
安乡县	48980	30764	437	1300	900	10129	14008	3945	45
汉寿县	64959	35394	506	2124	1219	9926	12938	8407	274
澧县	66144	37301	659	2337	1212	11015	13138	8866	74
临澧县	36805	20347	359	1309	906	6070	6140	5495	68
桃源县	77366	50376	586	2414	1515	12767	21792	11136	166
石门县	53171	34136	324	2164	1273	7636	16639	6038	62
常德市西洞庭管理区	5439	3394	48	259	148	911	747	1277	4
津市市	22950	11599	239	882	899	3781	2406	3370	22
张家界市	**139932**	**79314**	**1879**	**6279**	**4573**	**25238**	**18967**	**21787**	**591**
永定区	45386	23748	769	2178	1852	9317	4385	4955	292
武陵源区	5765	3460	80	279	436	1763	216	683	3
慈利县	53265	31763	687	2404	1303	8778	9580	8845	166
桑植县	35516	20343	343	1418	982	5380	4786	7304	130
益阳市	**315580**	**151245**	**4082**	**11199**	**7603**	**49223**	**43793**	**34924**	**421**
资阳区	27147	11503	396	621	504	4159	2580	3225	18
赫山区	55422	23335	598	2315	1651	8365	3962	6435	9
南县	44435	21444	347	1008	592	5753	10857	2859	28
桃江县	58567	27211	897	2031	1109	9818	5034	8198	124
安化县	59920	26760	718	2235	1449	8937	4860	8485	76
益阳市大通湖管理区	7904	3748	89	238	189	1085	1727	414	6
湖南益阳高新技术产业园区	11915	5954	342	1214	916	2132	214	1120	16
沅江市	50270	31290	695	1537	1193	8974	14559	4188	144
郴州市	**379686**	**228109**	**3851**	**18000**	**12321**	**75660**	**53234**	**61276**	**3767**
北湖区	44122	24301	772	3028	2496	11401	2208	4054	342
苏仙区	34915	18454	1055	2594	1490	7347	1863	3497	608
桂阳县	57153	37951	403	2307	1397	12297	12127	9278	142
宜章县	48680	32493	132	2280	1300	10144	8960	9254	423
永兴县	40245	25921	330	1769	1236	9877	5673	5459	1577
嘉禾县	28051	17250	175	947	730	5619	3357	6400	22
临武县	25150	12520	164	928	654	3811	2769	3828	366
汝城县	27000	16038	229	1193	759	3928	4995	4903	31
桂东县	16160	9513	80	594	480	2167	3244	2850	98
安仁县	30372	17905	248	1106	875	4480	3678	7391	127
资兴市	27838	15763	263	1254	904	4589	4360	4362	31
永州市	**392996**	**210254**	**3536**	**13003**	**9970**	**55901**	**58436**	**66127**	**3281**
零陵区	49214	26704	394	1946	1487	7160	5625	9016	1076
冷水滩区	39692	18923	488	1187	1320	8178	3072	4098	580
祁阳县	62559	31497	420	1901	1181	8595	8662	10322	416
东安县	32959	17076	111	933	640	3823	6985	4431	153
双牌县	16393	9807	219	490	613	2573	3520	2169	223
道县	41825	22842	552	1103	900	5925	7897	6167	298
江永县	14677	8595	105	494	429	1255	5135	1119	58

表5 续表 34　　　　单位：人

地　区	16岁及以上人口	各种职业人口总计	党的机关、国家机关、群众团体和社会组织、企事业单位负责人	专业技术人员	办事人员和有关人员	社会生产服务和生活服务人员	农、林、牧、渔业生产及辅助人员	生产制造及有关人员	不便分类的其他从业人员
宁远县	45387	22570	369	1534	868	5189	5377	9200	33
蓝山县	24720	13471	300	843	784	3401	2512	5518	113
新田县	24437	14701	241	1001	632	4161	3424	5001	241
江华瑶族自治县	33747	20019	226	1267	881	4690	5270	7623	62
永州经济技术开发区	3109	1563	67	150	97	523	106	618	2
永州市金洞管理区	3469	1923	33	125	117	378	411	836	23
永州市回龙圩管理区	808	563	11	29	21	50	440	9	3
怀化市	**400498**	**231370**	**4197**	**16329**	**11921**	**65476**	**65259**	**67564**	**624**
鹤城区	53204	26835	1480	3607	3213	12138	1025	5327	45
中方县	21721	13997	107	528	566	3895	5490	3406	5
沅陵县	50936	31842	480	2087	1476	8351	7368	11998	82
辰溪县	36281	20657	221	1090	827	4723	6879	6820	97
溆浦县	64513	33549	547	2291	1143	8321	12233	8880	134
会同县	26433	16568	170	1009	625	4476	4774	5508	6
麻阳苗族自治县	25634	17421	148	952	599	3864	6958	4880	20
新晃侗族自治县	19549	12031	162	700	489	2784	3730	4094	72
芷江侗族自治县	27300	16145	179	1115	708	4139	6036	3923	45
靖州苗族侗族自治县	21025	12102	180	940	620	4120	1947	4252	43
通道侗族自治县	16472	9236	257	792	556	2238	2687	2687	19
怀化市洪江管理区	5451	2362	37	199	311	1061	95	651	8
洪江市	31979	18625	229	1019	788	5366	6037	5138	48
娄底市	**295469**	**151443**	**3809**	**13434**	**8151**	**50370**	**30319**	**44642**	**718**
娄星区	54804	25886	1196	3984	2519	10257	2166	5561	203
双峰县	58551	31890	898	2355	1452	11027	7246	8751	161
新化县	82668	42284	658	2819	1645	10065	13270	13651	176
冷水江市	22780	9678	338	1238	818	3840	628	2747	69
涟源市	76666	41705	719	3038	1717	15181	7009	13932	109
湘西土家族苗族自治州	**166241**	**82471**	**1062**	**5839**	**5646**	**25043**	**21189**	**23124**	**568**
吉首市	29637	15219	345	1631	2004	6364	1519	3102	254
泸溪县	17199	8370	110	454	379	2086	1986	3321	34
凤凰县	24279	12240	141	710	645	3505	3714	3518	7
花垣县	16521	7268	37	346	369	2699	1715	2065	37
保靖县	17796	9442	52	483	402	2338	3016	3118	33
古丈县	7616	3648	54	285	283	884	1095	948	99
永顺县	25650	12530	159	966	639	3211	3816	3684	55
龙山县	27543	13754	164	964	925	3956	4328	3368	49
广东省	**9710593**	**6203762**	**192090**	**684578**	**477921**	**2356452**	**409701**	**2074815**	**8205**
广州市	**1500877**	**962020**	**34797**	**137638**	**100954**	**439148**	**15114**	**233097**	**1272**
荔湾区	82192	44328	1784	7704	6249	24395	313	3834	49
越秀区	84446	44507	1475	11307	7983	21898	32	1771	41
海珠区	157265	97472	2557	13713	10204	41034	105	29715	144
天河区	192464	126953	5103	24561	18082	69911	242	9006	48
白云区	311396	210440	6464	21795	15383	111831	2029	52773	165
黄埔区	103725	71955	2662	12168	8431	26735	422	21012	525
番禺区	219382	145872	7545	20718	13936	61930	1511	40172	60
花都区	130768	83006	3422	8973	7689	30710	1542	30527	143
南沙区	69529	49811	634	5363	4452	16052	2804	20497	9
从化区	44117	23508	572	2699	2279	8930	2341	6613	74
增城区	105593	64168	2579	8637	6266	25722	3773	17177	14
韶关市	**202420**	**108124**	**2581**	**12062**	**9218**	**35020**	**24195**	**24988**	**60**
武江区	27333	15221	360	2635	1913	5940	603	3765	5
浈江区	27750	13174	536	1966	1641	5796	797	2437	1
曲江区	21416	11461	343	1273	834	4024	2019	2967	1
始兴县	13661	7743	181	721	493	1767	2480	2088	13
仁化县	13038	7676	128	802	646	2091	2356	1653	
翁源县	21271	11905	221	965	708	3528	4076	2407	
乳源瑶族自治县	12833	7451	154	710	641	2016	1901	2015	14
新丰县	12302	6390	141	600	454	2313	1197	1681	4
乐昌市	24872	12591	158	1117	984	3558	3867	2904	3
南雄市	27944	14512	359	1273	904	3987	4899	3071	19

表5 续表 35 单位：人

地区	16岁及以上人口	各种职业人口总计	党的机关、国家机关、群众团体和社会组织、企事业单位负责人	专业技术人员	办事人员和有关人员	社会生产服务和生活服务人员	农、林、牧、渔业生产及辅助人员	生产制造及有关人员	不便分类的其他从业人员
深圳市	**1564081**	**1195627**	**46017**	**180460**	**86694**	**519464**	**1617**	**360393**	**982**
罗湖区	95020	63024	2630	10085	6009	38586	53	5638	23
福田区	131404	92863	4285	17385	6868	57573	35	6620	97
南山区	157250	111359	3641	24746	12807	55374	128	14606	57
宝安区	411584	335183	12718	48960	16937	127525	402	128513	128
龙岗区	365468	271031	11765	36041	23844	118241	378	80202	560
盐田区	18274	12989	509	2095	1064	6761	25	2529	6
龙华区	234338	187045	7973	26427	11519	77840	153	63090	43
坪山区	48924	37928	942	5468	3275	11090	211	16874	68
光明区	101819	84205	1554	9253	4371	26474	232	42321	
珠海市	**197612**	**130931**	**5184**	**19252**	**13560**	**48859**	**2891**	**40947**	**238**
香洲区	114203	77234	4268	12909	9762	31244	497	18395	159
斗门区	47055	31049	364	3580	1760	11019	1684	12639	3
金湾区	36354	22648	552	2763	2038	6596	710	9913	76
汕头市	**407795**	**220693**	**5730**	**16451**	**15580**	**82753**	**14807**	**85077**	**295**
龙湖区	47564	27778	1227	3172	3362	10710	835	8466	6
金平区	60036	29934	892	4502	3935	14574	448	5573	10
濠江区	20105	9419	187	1149	719	3079	405	3852	28
潮阳区	115428	59077	1117	3176	2966	21747	3611	26454	6
潮南区	94824	51376	1097	1784	1651	20251	3443	22965	185
澄海区	65217	40667	1147	2480	2704	11392	5337	17549	58
南澳县	4621	2442	63	188	243	1000	728	218	2
佛山市	**788764**	**556874**	**22838**	**54231**	**43739**	**220723**	**10025**	**204331**	**987**
禅城区	111137	74209	2979	9476	7393	36106	200	17900	155
南海区	310856	223797	10489	20714	17535	91481	3192	79667	719
顺德区	269340	193013	8158	18011	12904	70761	3202	79891	86
三水区	64067	43253	847	4075	3595	14986	2322	17426	2
高明区	33364	22602	365	1955	2312	7389	1109	9447	25
江门市	**350590**	**204759**	**5606**	**20222**	**17296**	**69755**	**19951**	**71834**	**95**
蓬江区	63423	38267	1561	5395	4747	13625	956	11971	12
江海区	28052	18874	685	1793	1374	6487	575	7960	
新会区	65445	39803	1225	4217	3601	12395	4149	14209	7
台山市	67783	35440	884	2611	2364	12226	8085	9237	33
开平市	52609	28807	657	2543	1995	9959	2940	10688	25
鹤山市	39819	25997	357	2321	1999	8484	1445	11377	14
恩平市	33459	17571	237	1342	1216	6579	1801	6392	4
湛江市	**442254**	**228355**	**2731**	**20161**	**11223**	**75050**	**70572**	**48549**	**69**
赤坎区	27833	13852	550	2625	2052	6570	304	1739	12
霞山区	46164	23707	555	4054	2507	12392	682	3503	14
坡头区	23873	13135	126	1107	586	3987	2185	5143	1
麻章区	36261	16700	148	1090	521	5580	5252	4089	20
遂溪县	52679	30157	192	1693	810	8527	14223	4703	9
徐闻县	40232	22459	179	1363	823	5459	12681	1952	2
廉江市	78443	39452	339	3031	1602	11470	12380	10625	5
雷州市	78783	39644	384	2692	963	11077	17373	7150	5
吴川市	57986	29249	258	2506	1359	9988	5492	9645	1
茂名市	**400690**	**215185**	**1856**	**18829**	**9921**	**74584**	**50810**	**58955**	**230**
茂南区	75480	39190	294	4739	3404	17796	3314	9617	26
电白区	95172	48411	400	3840	1730	16458	10945	14985	53
高州市	89160	50431	497	4074	1840	15971	16573	11376	100
化州市	79042	43074	344	3390	1550	14419	9918	13423	30
信宜市	61836	34079	321	2786	1397	9940	10060	9554	21
肇庆市	**281441**	**162344**	**3278**	**13391**	**10075**	**56016**	**30928**	**48163**	**493**
端州区	41077	21908	938	4012	3210	10059	151	3531	7
鼎湖区	14133	8529	187	739	665	3131	764	3041	2
高要区	51290	32252	479	1499	1376	9510	6672	12671	45
广宁县	25562	13516	278	962	741	4711	2539	4284	1
怀集县	51042	27383	648	1752	1058	7753	8425	7432	315
封开县	25574	13618	114	941	640	3747	5140	2984	52
德庆县	25761	13534	175	812	630	3946	5297	2650	24
四会市	47002	31604	459	2674	1755	13159	1940	11570	47

表5 续表 36

单位：人

地　　区	16岁及以上人口	各种职业人口总计	党的机关、国家机关、群众团体和社会组织、企事业单位负责人	专业技术人员	办事人员和有关人员	社会生产服务和生活服务人员	农、林、牧、渔业生产及辅助人员	生产制造及有关人员	不便分类的其他从业人员
惠州市	**457038**	**302599**	**7122**	**30710**	**24902**	**99323**	**16121**	**123372**	**1049**
惠城区	155030	98758	4539	14042	8894	35175	1933	33456	719
惠阳区	116092	85114	1194	7409	6232	24163	1567	44522	27
博罗县	88650	55104	368	4693	5126	16931	3838	23977	171
惠东县	76573	52339	938	3527	3619	18488	7154	18482	131
龙门县	20693	11284	83	1039	1031	4566	1629	2935	1
梅州市	**252535**	**110628**	**2333**	**11724**	**9327**	**40554**	**15282**	**31207**	**201**
梅江区	31439	15167	551	2360	2467	6039	426	3322	2
梅县区	39813	20077	458	1823	1366	7421	3705	5191	113
大埔县	22037	9154	178	896	600	3155	1857	2449	19
丰顺县	29800	13232	120	1043	949	4597	2316	4193	14
五华县	53205	20165	328	2319	1395	7351	2062	6678	32
平远县	14277	7059	158	673	628	2166	1485	1949	
蕉岭县	14193	7249	144	684	466	2647	1316	1991	1
兴宁市	47771	18525	396	1926	1456	7178	2115	5434	20
汕尾市	**177602**	**76093**	**1796**	**6321**	**5351**	**30561**	**8399**	**23643**	**22**
城区	30197	14531	477	1405	1509	5592	1186	4358	4
海丰县	54138	28067	632	2167	2100	9833	2215	11109	11
陆河县	16123	6256	128	691	553	2133	407	2344	
陆丰市	77144	27239	559	2058	1189	13003	4591	5832	7
河源市	**186643**	**92956**	**1267**	**11167**	**7605**	**34670**	**9347**	**28795**	**105**
源城区	49166	30160	612	4646	3221	12202	389	9066	24
紫金县	35902	15798	181	1549	1028	6244	1960	4800	36
龙川县	38541	17545	157	2101	1118	6205	2084	5856	24
连平县	18273	8231	68	859	577	2689	1710	2327	1
和平县	21945	9625	87	1008	841	3314	1532	2826	17
东源县	22816	11597	162	1004	820	4016	1672	3920	3
阳江市	**169717**	**98065**	**2085**	**8274**	**6324**	**29992**	**17528**	**33066**	**796**
江城区	56171	33063	1073	3243	2851	12531	2140	11056	169
阳东区	31705	20821	435	1396	1056	5039	3544	9291	60
阳西县	28552	15933	224	1171	867	4364	3410	5444	453
阳春市	53289	28248	353	2464	1550	8058	8434	7275	114
清远市	**265506**	**146188**	**2165**	**14431**	**12109**	**50533**	**23585**	**43198**	**167**
清城区	82835	48193	875	5866	5631	18945	2602	14266	8
清新区	41235	23700	344	1911	1423	8396	2760	8737	129
佛冈县	21889	11920	95	1160	953	4149	1070	4487	6
阳山县	21440	9296	128	940	731	3192	1580	2722	3
连山壮族瑶族自治县	6473	3155	56	354	349	804	890	702	
连南瑶族自治县	9004	4251	100	405	298	970	1282	1195	1
英德市	59057	34036	404	2855	2111	10518	9662	8468	18
连州市	23573	11637	163	940	613	3559	3739	2621	2
东莞市	**955235**	**745400**	**27301**	**63937**	**58827**	**220120**	**3146**	**371793**	**276**
市辖区	955235	745400	27301	63937	58827	220120	3146	371793	276
中山市	**346462**	**246816**	**10100**	**23003**	**17622**	**79571**	**3972**	**112497**	**51**
市辖区	346462	246816	10100	23003	17622	79571	3972	112497	51
潮州市	**192227**	**104340**	**2835**	**6901**	**5387**	**33659**	**15880**	**39552**	**126**
湘桥区	42876	22923	859	2463	2174	8259	2298	6776	94
潮安区	87459	49835	1560	2732	2057	14898	4142	24427	19
饶平县	61892	31582	416	1706	1156	10502	9440	8349	13
揭阳市	**420670**	**219488**	**3246**	**9022**	**7367**	**92168**	**39600**	**67406**	**679**
榕城区	73988	37890	1371	2387	2570	15273	3760	12518	11
揭东区	75197	40950	446	1670	1179	18142	7558	11631	324
揭西县	46402	22112	337	985	812	9557	3931	6476	14
惠来县	67766	32556	117	1094	789	11914	9719	8907	16
普宁市	157317	85980	975	2886	2017	37282	14632	27874	314
云浮市	**150434**	**76277**	**1222**	**6391**	**4840**	**23929**	**15931**	**23952**	**12**
云城区	28138	16135	603	1852	1618	6426	861	4771	4
云安区	14713	6915	57	379	319	1912	913	3335	
新兴县	30549	18172	220	1331	1124	5031	4532	5933	1
郁南县	22418	11315	131	829	626	3310	3894	2525	
罗定市	54616	23740	211	2000	1153	7250	5731	7388	7

表5 续表 37

单位：人

地　　区	16岁及以上人口	各种职业人口总计	党的机关、国家机关、群众团体和社会组织、企事业单位负责人	专业技术人员	办事人员和有关人员	社会生产服务和生活服务人员	农、林、牧、渔业生产及辅助人员	生产制造及有关人员	不便分类的其他从业人员
广西壮族自治区	**3454585**	**2013956**	**33561**	**170901**	**112326**	**583519**	**668015**	**438791**	**6843**
南宁市	**630718**	**383329**	**9329**	**40980**	**27655**	**139066**	**97938**	**67346**	**1015**
兴宁区	44824	26718	656	3524	2482	13891	2410	3755	
青秀区	80586	46016	2900	10339	8022	17518	3428	3633	176
江南区	73212	46040	1522	5350	3644	20201	6727	8474	122
西乡塘区	123586	70743	1830	9681	5833	35178	7004	11205	12
良庆区	44657	30258	870	2561	2034	14192	4036	6413	152
邕宁区	23428	14572	309	1045	511	4253	6082	2372	
武鸣区	52917	32272	341	1908	1452	7953	13515	7024	79
隆安县	23462	14350	116	788	489	3289	6573	3052	43
马山县	24559	15843	137	807	517	3190	6656	4454	82
上林县	25348	15010	96	1100	656	3673	5911	3525	49
宾阳县	54876	33271	232	1742	996	8462	14672	7093	74
横县	59263	38236	320	2135	1019	7266	20924	6346	226
柳州市	**310082**	**180657**	**3314**	**18268**	**12879**	**61643**	**44881**	**39270**	**402**
城中区	19330	10338	625	2442	1997	3886	120	1265	3
鱼峰区	50636	26719	721	3899	2473	11036	1862	6667	61
柳南区	48190	28204	443	3488	2090	13852	1411	6863	57
柳北区	38294	20059	546	2724	2101	8156	1034	5460	38
柳江区	38237	23549	149	1466	999	8423	6814	5669	29
柳城县	22205	15430	115	754	638	2824	9288	1786	25
鹿寨县	24089	15495	109	937	802	3582	7216	2749	100
融安县	18889	12483	158	767	510	3442	4986	2613	7
融水苗族自治县	27313	14503	219	893	604	3632	5483	3625	47
三江侗族自治县	22899	13877	229	898	665	2810	6667	2573	35
桂林市	**361990**	**203122**	**3870**	**17662**	**11510**	**58129**	**75463**	**36006**	**482**
秀峰区	12277	6779	292	1009	810	3185	123	1324	36
叠彩区	16207	8236	350	1149	913	4032	409	1259	124
象山区	22161	10798	480	1956	1330	5171	210	1630	21
七星区	29848	15600	672	3209	1781	6940	354	2606	38
雁山区	10354	3409	22	229	175	997	1367	613	6
临桂区	39883	20808	407	1939	1303	6588	5382	5162	27
阳朔县	19929	13233	196	681	472	3704	6716	1457	7
灵川县	32467	17670	352	1289	881	5495	5911	3653	89
全州县	37420	21377	195	1191	697	4188	11537	3561	8
兴安县	22632	13584	134	803	436	3313	6673	2156	69
永福县	16473	10214	79	563	337	1718	6459	1056	2
灌阳县	14494	8652	83	532	305	1829	4102	1801	
龙胜各族自治县	10506	6468	133	430	337	1477	2922	1169	
资源县	9643	5414	138	387	306	1179	2408	989	7
平乐县	23983	14246	81	818	421	2786	6920	3178	42
恭城瑶族自治县	18186	10930	99	648	367	2117	6019	1678	2
荔浦市	25527	15704	157	829	639	3410	7951	2714	4
梧州市	**183611**	**97924**	**1285**	**8707**	**5550**	**28916**	**30160**	**23052**	**254**
万秀区	21005	9895	114	1234	851	4327	885	2484	
长洲区	22531	13280	374	1522	1442	5755	1698	2482	7
龙圩区	18376	9161	127	919	465	3099	1861	2650	40
苍梧县	18006	10435	56	642	276	1976	5518	1966	1
藤县	49242	26912	234	2075	1093	6181	11343	5856	130
蒙山县	11058	5859	100	551	334	1569	1788	1472	45
岑溪市	43393	22382	280	1764	1089	6009	7067	6142	31
北海市	**130305**	**76145**	**1591**	**6636**	**4564**	**26283**	**22274**	**14491**	**306**
海城区	39033	21893	797	2752	2233	10516	1232	4248	115
银海区	23122	14531	341	1172	942	5590	3898	2524	64
铁山港区	10390	7168	49	376	197	1564	3455	1510	17
合浦县	57760	32553	404	2336	1192	8613	13689	6209	110

表5 续表 38

单位：人

地区	16岁及以上人口	各种职业人口总计	党的机关、国家机关、群众团体和社会组织、企事业单位负责人	专业技术人员	办事人员和有关人员	社会生产服务和生活服务人员	农、林、牧、渔业生产及辅助人员	生产制造及有关人员	不便分类的其他从业人员
防城港市	**72357**	**43336**	**1045**	**4099**	**3423**	**15457**	**9099**	**9917**	**296**
港口区	18015	12775	441	1496	1305	4307	645	4459	122
防城区	25923	14216	244	1296	994	5509	3165	2861	147
上思县	13108	7931	75	500	399	1790	4039	1111	17
东兴市	15311	8414	285	807	725	3851	1250	1486	10
钦州市	**209060**	**119679**	**1608**	**10012**	**5579**	**30797**	**39404**	**31802**	**477**
钦南区	46368	28521	614	2897	1879	9357	7499	6153	122
钦北区	45155	26775	461	2328	1637	7043	9763	5452	91
灵山县	76569	42667	319	3087	1292	9876	15146	12712	235
浦北县	40968	21716	214	1700	771	4521	6996	7485	29
贵港市	**283152**	**165457**	**1712**	**11602**	**6510**	**41797**	**54499**	**47982**	**1355**
港北区	51318	29828	643	3094	2496	10202	5719	7641	33
港南区	35477	20194	137	1259	655	5210	6487	6334	112
覃塘区	28397	18962	123	869	404	3394	9811	4297	64
平南县	69876	37663	408	2988	1621	10279	11635	10560	172
桂平市	98084	58810	401	3392	1334	12712	20847	19150	974
玉林市	**359786**	**194567**	**2472**	**14994**	**7852**	**55361**	**52035**	**61481**	**372**
玉州区	64138	35010	1310	4663	2777	15167	2355	8601	137
福绵区	20367	13029	86	475	280	2783	3216	6155	34
容县	41808	21527	111	1903	949	5751	5942	6863	8
陆川县	43538	20641	216	1445	605	6366	4633	7290	86
博白县	82290	41567	336	2901	1325	10629	13424	12929	23
兴业县	33664	19746	95	984	570	4093	8875	5083	46
北流市	73981	43047	318	2623	1346	10572	13590	14560	38
百色市	**253838**	**153747**	**2056**	**10501**	**7245**	**35037**	**66999**	**31682**	**227**
右江区	34119	19769	415	2072	1629	7084	4873	3687	9
田阳区	23901	16040	166	794	625	3505	8045	2896	9
田东县	26078	17656	267	1174	716	3489	9068	2907	35
德保县	19977	11304	141	742	672	2697	4427	2625	
那坡县	12207	7285	81	431	351	1123	3853	1428	18
凌云县	12765	8058	81	574	302	1418	3488	2179	16
乐业县	10140	6047	31	337	285	1416	2768	1182	28
田林县	15990	11378	129	681	466	1838	7008	1249	7
西林县	10107	6541	110	498	317	1098	3588	925	5
隆林各族自治县	23485	12095	115	707	383	2222	5363	3223	82
靖西市	34929	18628	254	1103	706	4425	8274	3848	18
平果市	30140	18946	266	1388	793	4722	6244	5533	
贺州市	**134010**	**77801**	**1203**	**5656**	**4018**	**19365**	**28780**	**18611**	**168**
八步区	43039	24609	424	2340	1670	7163	8349	4621	42
平桂区	28515	16946	196	887	687	4371	5312	5451	42
昭平县	21254	13063	242	918	649	2893	5995	2338	28
钟山县	22245	11746	172	843	578	2713	3700	3707	33
富川瑶族自治县	18957	11437	169	668	434	2225	5424	2494	23
河池市	**229012**	**128477**	**1831**	**10114**	**6522**	**30891**	**49433**	**28733**	**953**
金城江区	25469	14575	356	1714	1433	5358	2880	2683	151
宜州区	37939	22519	274	1553	791	4704	10987	3974	236
南丹县	18708	10405	187	803	524	2744	3393	2752	2
天峨县	9975	5259	107	467	384	1507	1856	938	
凤山县	11433	6364	74	497	348	1302	2933	1197	13
东兰县	15324	7551	102	607	414	1633	2770	1938	87
罗城仫佬族自治县	19279	10485	110	690	551	2262	4510	2172	190
环江毛南族自治县	18840	11867	111	724	522	2215	5768	2464	63
巴马瑶族自治县	15638	8188	98	783	498	2176	2616	1880	137
都安瑶族自治县	33958	17416	232	1311	618	3937	5575	5690	53
大化瑶族自治县	22449	13848	180	965	439	3053	6145	3045	21
来宾市	**144114**	**91558**	**1143**	**6092**	**4509**	**20020**	**43726**	**15953**	**115**
兴宾区	62106	38474	588	3068	2221	9770	15543	7218	66
忻城县	21192	13744	113	695	481	2399	7206	2830	20

表5 续表 39

单位：人

地 区	16岁及以上人口	各种职业人口总计	党的机关、国家机关、群众团体和社会组织、企事业单位负责人	专业技术人员	办事人员和有关人员	社会生产服务和生活服务人员	农、林、牧、渔业生产及辅助人员	生产制造及有关人员	不便分类的其他从业人员
象州县	20471	13618	173	682	564	2342	8119	1725	13
武宣县	23321	15137	151	961	612	3253	7743	2405	12
金秀瑶族自治县	9931	6447	87	411	338	1127	3552	928	4
合山市	7093	4138	31	275	293	1129	1563	847	
崇左市	**152550**	**98157**	**1102**	**5578**	**4510**	**20757**	**53324**	**12465**	**421**
江州区	33977	19880	151	1166	1007	4616	10747	1821	372
扶绥县	29999	18032	182	1052	711	3260	9990	2836	1
宁明县	22129	15203	108	818	624	2916	9030	1707	
龙州县	18222	12597	129	620	544	2429	7590	1268	17
大新县	21200	15280	197	842	592	2673	9133	1831	12
天等县	17514	11068	194	656	468	2080	5636	2026	8
凭祥市	9509	6097	141	424	564	2783	1198	976	11
海南省	**727937**	**422630**	**8641**	**37142**	**29225**	**155742**	**129640**	**58838**	**3402**
海口市	**207960**	**121531**	**4685**	**16812**	**14002**	**55708**	**10898**	**18092**	**1334**
秀英区	39533	26430	904	3230	2919	11226	3316	4601	234
龙华区	57007	34805	1665	5312	3805	16961	1565	5322	175
琼山区	46627	27445	749	3553	2486	12497	4124	3897	139
美兰区	64793	32851	1367	4717	4792	15024	1893	4272	786
三亚市	**74007**	**44666**	**1277**	**4565**	**3725**	**22264**	**6905**	**5844**	**86**
海棠区	6959	3742	54	257	229	1714	869	618	1
吉阳区	32813	19914	717	2447	1858	10956	906	2976	54
天涯区	25678	15816	432	1495	1290	8114	2935	1519	31
崖州区	8557	5194	74	366	348	1480	2195	731	
三沙市									
西沙群岛									
南沙群岛									
中沙群岛的岛礁及其海域									
儋州市	**64842**	**39713**	**461**	**2452**	**1420**	**12991**	**13405**	**8371**	**613**
市辖区	64842	39713	461	2452	1420	12991	13405	8371	613
省直辖县级行政区划	**381128**	**216720**	**2218**	**13313**	**10078**	**64779**	**98432**	**26531**	**1369**
五指山市	8389	4755	91	458	416	1177	1944	556	113
琼海市	39943	23150	322	1810	1085	7981	9366	2579	7
文昌市	42765	24057	268	1429	1002	7959	9987	3276	136
万宁市	41108	21961	192	1113	985	7427	8990	3023	231
东方市	31514	18944	334	1389	880	5504	7936	2878	23
定安县	21523	12374	82	597	533	3859	5924	1372	7
屯昌县	17260	9079	64	713	395	2920	3614	1370	3
澄迈县	35365	19007	255	1284	794	6060	7475	3135	4
临高县	29848	17943	100	742	620	5187	9007	2092	195
白沙黎族自治县	11316	6886	32	423	463	1547	3686	731	4
昌江黎族自治县	16311	10025	86	744	625	2781	4310	1465	14
乐东黎族自治县	33782	19545	128	967	686	4598	11015	1874	277
陵水黎族自治县	28137	13861	111	598	763	4477	6246	1312	354
保亭黎族苗族自治县	11469	7346	83	523	401	1737	4196	406	
琼中黎族苗族自治县	12398	7787	70	523	430	1565	4736	462	1
重庆市	**2746114**	**1526217**	**21875**	**157004**	**112665**	**574556**	**240492**	**417131**	**2494**
市辖区	**2199056**	**1216364**	**18978**	**135149**	**98783**	**481114**	**156271**	**324601**	**1468**
万州区	145209	84144	1536	7621	5068	30499	14689	24695	36
涪陵区	93289	51324	495	4487	3471	17242	10302	15321	6
渝中区	54482	31961	817	6361	4328	17225	11	3219	
大渡口区	36853	20552	190	2880	2377	10270	171	4664	
江北区	81635	46963	1276	7971	6520	23294	200	7599	103
沙坪坝区	121136	64699	1176	11129	7359	29139	499	15054	343
九龙坡区	133311	77399	1333	10843	8058	39410	1211	16520	24
南岸区	103576	53431	1213	8844	8589	26456	333	7984	12
北碚区	74078	39129	423	5096	3487	14154	1555	14412	2
綦江区	91310	45399	473	4034	3486	16867	5517	14992	30

表5 续表 40

单位：人

地 区	16岁及以上人口	各种职业人口总计	党的机关、国家机关、群众团体和社会组织、企事业单位负责人	专业技术人员	办事人员和有关人员	社会生产服务和生活服务人员	农、林、牧、渔业生产及辅助人员	生产制造及有关人员	不便分类的其他从业人员
大足区	62841	33368	357	2150	1532	11465	7396	10421	47
渝北区	187794	111852	4699	19233	13989	49320	2162	22085	364
巴南区	102826	52008	380	6117	3815	24047	4138	13505	6
黔江区	35116	19072	392	2135	1394	5895	4419	4823	14
长寿区	64145	42362	431	2683	2354	13781	9643	13452	18
江津区	113074	61405	841	4828	3535	18464	16496	17138	103
合川区	134233	74478	619	5207	2850	27104	16175	22489	34
永川区	96706	54167	328	4646	2728	19399	11110	15927	29
南川区	45652	24938	254	1857	1306	9328	4905	7266	22
璧山区	62252	36228	359	2821	2520	12441	4205	13805	77
铜梁区	55946	31012	249	2500	2346	9990	6251	9662	14
潼南区	63126	36832	219	2118	1639	13521	7814	11439	82
荣昌区	57222	30256	216	2239	1737	10268	6747	9035	14
开州区	98202	43936	303	3668	1579	16514	7452	14380	40
梁平区	56666	33011	276	2398	1581	10222	8333	10161	40
武隆区	28376	16438	123	1283	1135	4799	4537	4553	8
县	**547058**	**309853**	**2897**	**21855**	**13882**	**93442**	**84221**	**92530**	**1026**
城口县	14485	7915	144	736	620	2308	2087	2008	12
丰都县	49980	27813	308	1939	1321	8231	7714	8260	40
垫江县	57053	36829	467	2372	1305	11419	10955	10234	77
忠县	67576	44362	316	2818	1565	12189	11630	15803	41
云阳县	86648	50687	291	3663	1716	16371	10055	18486	105
奉节县	60727	32713	493	2366	1490	10761	9386	7828	389
巫山县	32886	15502	173	1360	984	4701	4773	3479	32
巫溪县	27621	11882	172	905	726	3370	3734	2798	177
石柱土家族自治县	30113	16107	112	1289	942	4824	4420	4519	1
秀山土家族苗族自治县	34211	16689	52	1192	969	5741	3187	5535	13
酉阳土家族苗族自治县	40324	21355	119	1577	1116	5209	8521	4810	3
彭水苗族土家族自治县	45434	27999	250	1638	1128	8318	7759	8770	136
四川省	**7364394**	**4552395**	**47437**	**391026**	**262015**	**1616027**	**1122531**	**1107391**	**5968**
成都市	**1767878**	**1021153**	**18471**	**146540**	**98175**	**453961**	**89932**	**213452**	**622**
锦江区	73378	41780	1089	9149	4469	23182	113	3704	74
青羊区	78985	47732	1198	11278	8576	21969	57	4653	1
金牛区	108960	61557	1342	11665	7959	33439	122	7012	18
武侯区	153355	91154	3253	20721	11807	44724	107	10494	48
成华区	120080	64285	1130	12220	7985	35751	163	6943	93
龙泉驿区	113333	65776	1062	9671	6749	29844	2492	15956	2
青白江区	42473	23997	193	2378	1044	10305	2105	7972	
新都区	129084	80775	1263	8530	6364	39816	4608	20189	5
温江区	81323	44455	689	6499	5253	20157	2602	9248	7
双流区	222581	135079	2588	20864	13058	65525	3657	29311	76
郫都区	141096	78757	1606	11384	6891	30820	3566	24358	132
新津区	31653	16657	327	1694	1515	6925	1275	4918	3
金堂县	68975	35497	301	2388	1792	10565	12876	7531	44
大邑县	44733	24636	210	1960	1811	9957	2390	8306	2
蒲江县	22367	14491	128	945	707	3282	7553	1868	8
都江堰市	62904	34937	637	3781	3557	15946	3526	7449	41
彭州市	68502	40679	401	3211	2523	13021	12287	9236	
邛崃市	52905	30947	338	2230	1641	10432	8770	7523	13
崇州市	63373	36997	319	2357	1580	12747	4804	15135	55
简阳市	87818	50965	397	3615	2894	15554	16859	11646	
自贡市	**211864**	**120944**	**951**	**9043**	**7005**	**40734**	**36102**	**27070**	**39**
自流井区	42882	21832	313	3369	3012	10049	1008	4079	2
贡井区	22318	13493	94	832	568	4766	3879	3337	17
大安区	26130	16719	94	905	559	6329	4526	4303	3
沿滩区	25522	15274	163	864	635	4605	3913	5087	7
荣县	35228	19606	175	1117	868	5080	9323	3041	2
富顺县	59784	34020	112	1956	1363	9905	13453	7223	8

表5 续表 41 单位：人

地区	16岁及以上人口	各种职业人口总计	党的机关、国家机关、群众团体和社会组织、企事业单位负责人	专业技术人员	办事人员和有关人员	社会生产服务和生活服务人员	农、林、牧、渔业生产及辅助人员	生产制造及有关人员	不便分类的其他从业人员
攀枝花市	**115654**	**71385**	**655**	**6585**	**5404**	**22333**	**23144**	**13219**	**45**
东区	41935	20660	269	3208	2736	9354	286	4788	19
西区	12570	6451	102	694	616	2535	345	2157	2
仁和区	23326	14340	137	984	1045	4282	5288	2604	
米易县	20602	15768	58	923	546	3102	8964	2153	22
盐边县	17221	14166	89	776	461	3060	8261	1517	2
泸州市	**329374**	**204447**	**1129**	**14714**	**9771**	**68280**	**59593**	**50403**	**557**
江阳区	68730	49684	317	4856	3917	22795	7425	10369	5
纳溪区	31961	19521	28	1092	614	6401	5263	6078	45
龙马潭区	36710	21805	173	2158	1526	10315	1987	5292	354
泸县	59045	35614	193	1973	925	7858	14100	10554	11
合江县	50521	29536	137	1837	966	8291	11417	6886	2
叙永县	38043	22238	166	1227	779	5694	10071	4243	58
古蔺县	44364	26049	115	1571	1044	6926	9330	6981	82
德阳市	**304463**	**196112**	**1677**	**14278**	**10709**	**67127**	**53959**	**48298**	**64**
旌阳区	70117	39562	538	4901	4313	17570	3136	9101	3
罗江区	17264	9831	83	606	317	2915	3619	2282	9
中江县	86436	60780	270	2828	1368	17255	24103	14946	10
广汉市	54136	32147	460	2758	1865	12389	5146	9503	26
什邡市	37981	27028	123	1577	1657	8996	8136	6534	5
绵竹市	38529	26764	203	1608	1189	8002	9819	5932	11
绵阳市	**450377**	**296373**	**3554**	**24562**	**15584**	**106364**	**75716**	**70255**	**338**
涪城区	111502	66232	1367	9409	6545	31971	3039	13856	45
游仙区	48678	29830	535	3626	2133	11673	5584	6205	74
安州区	35560	26190	146	1415	1073	7841	8529	7180	6
三台县	89484	64166	290	2962	1719	19285	24623	15254	33
盐亭县	49833	40379	365	2069	1152	13853	11719	11174	47
梓潼县	27502	19407	91	1090	519	5513	7772	4415	7
北川羌族自治县	15030	9618	176	754	347	3380	2515	2440	6
平武县	10498	6662	96	408	308	1540	3069	1240	1
江油市	62290	33889	488	2829	1788	11308	8866	8491	119
广元市	**198586**	**125882**	**1659**	**9962**	**6448**	**34836**	**38129**	**34805**	**43**
利州区	49872	27391	915	3601	2992	11684	1678	6501	20
昭化区	11013	8338	73	431	315	1865	4065	1588	1
朝天区	9902	5435	81	397	201	1105	2160	1491	
旺苍县	32626	21894	132	1645	633	6333	5110	8039	2
青川县	12459	7029	55	687	451	1711	2396	1726	3
剑阁县	33834	21762	94	1177	796	4977	10295	4418	5
苍溪县	48880	34033	309	2024	1060	7161	12425	11042	12
遂宁市	**301697**	**177864**	**1754**	**12172**	**7719**	**63583**	**27764**	**64588**	**284**
船山区	71678	39197	603	4330	3426	17197	2424	11131	86
安居区	52888	36433	319	1450	859	11793	8354	13543	115
蓬溪县	47623	29623	134	1422	860	9646	6001	11544	16
大英县	44333	24452	199	1399	789	7693	4301	10057	14
射洪市	85175	48159	499	3571	1785	17254	6684	18313	53
内江市	**311918**	**200261**	**1386**	**11480**	**7929**	**70487**	**51152**	**57205**	**622**
市中区	32475	19556	133	1280	1030	8410	3037	5623	43
东兴区	69791	41791	252	2897	2271	14690	10213	11353	115
威远县	52668	34113	92	1951	1497	14002	8026	8493	52
资中县	93805	64570	505	2940	1613	18682	20328	20119	383
内江经济开发区	7795	3628	59	347	227	1446	138	1409	2
隆昌市	55384	36603	345	2065	1291	13257	9410	10208	27
乐山市	**263327**	**146462**	**1358**	**11403**	**8773**	**47258**	**45970**	**31670**	**30**
市中区	67615	33234	497	4485	3452	14155	4266	6377	2
沙湾区	13025	6834	22	347	312	2760	1620	1772	1
五通桥区	21478	12557	91	600	397	3869	4049	3550	1
金口河区	3340	2215	26	173	144	652	802	418	
犍为县	33662	18139	178	1122	794	4856	7326	3860	3
井研县	25063	12996	122	742	462	3582	4615	3471	2

表5 续表 42　　单位：人

地　区	16岁及以上人口	各种职业人口总计	党的机关、国家机关、群众团体和社会组织、企事业单位负责人	专业技术人员	办事人员和有关人员	社会生产服务和生活服务人员	农、林、牧、渔业生产及辅助人员	生产制造及有关人员	不便分类的其他从业人员
夹江县	26495	15755	74	913	619	4772	5717	3659	1
沐川县	14929	10266	103	526	479	2228	4993	1929	8
峨边彝族自治县	8941	6139	39	367	343	1188	3009	1193	
马边彝族自治县	13847	8310	64	509	376	1588	4161	1602	10
峨眉山市	34932	20017	142	1619	1395	7608	5412	3839	2
南充市	**590057**	**413191**	**3396**	**24079**	**13784**	**166948**	**86083**	**118192**	**709**
顺庆区	83513	49096	1004	5647	3573	26720	2933	9049	170
高坪区	53351	36379	132	2118	1383	15556	7971	9183	36
嘉陵区	53700	38880	357	2265	1473	15588	8616	10471	110
南部县	85505	59015	359	3106	1814	20411	14102	19180	43
营山县	65736	50161	407	2559	1114	18393	12420	15168	100
蓬安县	52431	38125	129	1681	1126	16357	7075	11641	116
仪陇县	76237	54375	426	2781	1267	17732	12614	19509	46
西充县	56942	44366	146	1611	499	22324	8786	11000	
阆中市	62642	42794	436	2311	1535	13867	11566	12991	88
眉山市	**245451**	**142533**	**1549**	**10745**	**7615**	**48214**	**40456**	**33618**	**336**
东坡区	77693	45376	882	4273	3351	15096	11992	9620	162
彭山区	28324	16133	147	1242	978	6905	2610	4211	40
仁寿县	87132	51072	308	3489	1819	18247	13758	13329	122
洪雅县	23904	13035	64	806	727	3953	4563	2921	1
丹棱县	13077	8371	22	407	368	1694	4613	1258	9
青神县	15321	8546	126	528	372	2319	2920	2279	2
宜宾市	**359827**	**238019**	**1580**	**17135**	**11360**	**75787**	**76316**	**55717**	**124**
翠屏区	73372	43862	263	3827	2443	16375	8918	12014	22
南溪区	26809	17077	58	1046	895	6094	4412	4572	
叙州区	75417	49696	481	4778	3308	14907	16565	9643	14
江安县	32156	21786	197	1196	976	6905	7074	5415	23
长宁县	24215	15182	95	1039	709	4726	4601	3981	31
高县	30279	21970	69	1097	810	5760	9196	5034	4
珙县	28935	22431	79	1175	704	9063	6075	5335	
筠连县	22831	16002	138	965	550	4175	7075	3097	2
兴文县	28254	18203	113	1234	568	5088	6975	4207	18
屏山县	17559	11810	87	778	397	2694	5425	2419	10
广安市	**254952**	**172065**	**790**	**9799**	**6221**	**58869**	**54811**	**41308**	**267**
广安区	59741	49021	194	3577	2636	22268	10440	9800	106
前锋区	16817	10242	76	455	298	2798	2943	3657	15
岳池县	56607	29953	139	1530	964	7689	12397	7234	
武胜县	42031	28146	163	1266	732	8893	10275	6788	29
邻水县	60712	43561	177	2302	1223	13439	16563	9779	78
华蓥市	19044	11142	41	669	368	3782	2193	4050	39
达州市	**601891**	**368016**	**2727**	**21624**	**14479**	**130171**	**83303**	**114555**	**1157**
通川区	106869	58816	604	5139	4087	32305	3158	13510	13
达川区	106014	63652	413	3798	3005	20363	18224	17779	70
宣汉县	99812	55057	370	2812	1413	14764	15642	19705	351
开江县	44386	32964	111	1457	790	11268	7931	11080	327
大竹县	92839	68442	482	3554	2482	23205	17728	20663	328
渠县	106053	61014	460	2970	1656	20136	13101	22630	61
达州经济开发区	6153	3196	46	213	250	1180	471	1034	2
万源市	39765	24875	241	1681	796	6950	7048	8154	5
雅安市	**123253**	**77789**	**408**	**5065**	**4373**	**25755**	**26948**	**15172**	**68**
雨城区	31485	17494	113	1787	1717	7490	2784	3597	6
名山区	21458	15305	41	677	522	3327	8499	2220	19
荥经县	11913	7467	45	451	548	3086	1354	1965	18
汉源县	23933	15723	53	718	354	4315	8263	2017	3
石棉县	9530	6457	54	440	361	2258	2085	1255	4
天全县	11276	6596	25	441	363	2128	1875	1748	16
芦山县	8923	5868	40	368	284	2215	1170	1790	1
宝兴县	4735	2879	37	183	224	936	918	580	1

表5 续表 43

单位：人

地 区	16岁及以上人口	各种职业人口总计	党的机关、国家机关、群众团体和社会组织、企事业单位负责人	专业技术人员	办事人员和有关人员	社会生产服务和生活服务人员	农、林、牧、渔业生产及辅助人员	生产制造及有关人员	不便分类的其他从业人员
巴中市	**262147**	**158498**	**1269**	**11735**	**7039**	**44500**	**41029**	**52679**	**247**
巴州区	57810	34255	333	3302	2580	12642	6252	9123	23
恩阳区	39178	24281	175	1435	610	6441	6438	9170	12
通江县	52032	30048	252	2132	1097	7165	9665	9590	147
南江县	45139	27841	206	2029	1152	6463	7382	10604	5
平昌县	62060	38580	257	2442	1326	10505	11063	12928	59
巴中经济开发区	5928	3493	46	395	274	1284	229	1264	1
资阳市	**182165**	**103456**	**543**	**6483**	**4135**	**30018**	**39186**	**22990**	**101**
雁江区	69571	38458	247	3021	2013	11899	12570	8654	54
安岳县	72856	45331	197	2323	1277	12197	19555	9735	47
乐至县	39738	19667	99	1139	845	5922	7061	4601	
阿坝藏族羌族自治州	**68209**	**40732**	**543**	**4380**	**3133**	**10183**	**16994**	**5475**	**24**
马尔康市	5160	2869	68	545	466	852	622	311	5
汶川县	7136	4089	46	450	370	1121	1338	764	
理县	3196	2310	24	139	160	624	990	373	
茂县	8756	5214	30	435	281	1057	2733	676	2
松潘县	5415	3985	36	393	258	1247	1457	590	4
九寨沟县	5678	2974	53	314	361	1053	512	679	2
金川县	5115	2816	54	360	197	727	1023	450	5
小金县	5554	3784	79	302	269	823	1772	539	
黑水县	4451	2705	46	221	209	1003	704	521	1
壤塘县	2871	1641	42	219	148	186	834	212	
阿坝县	5239	2772	15	507	126	556	1408	159	1
若尔盖县	5822	3555	38	304	190	608	2340	75	
红原县	3816	2018	12	191	98	326	1261	126	4
甘孜藏族自治州	**83900**	**56051**	**569**	**6208**	**3979**	**11442**	**27091**	**6759**	**3**
康定市	9912	5696	55	704	699	1700	1904	634	
泸定县	6849	4018	24	364	320	1130	1555	623	2
丹巴县	4538	2968	38	293	219	630	1523	265	
九龙县	4246	2722	47	252	244	457	1372	350	
雅江县	4073	2940	20	263	162	442	1377	676	
道孚县	4945	3810	1	359	265	1365	1353	467	
炉霍县	3347	2008	22	312	156	386	869	263	
甘孜县	5317	3786	36	458	219	876	1777	420	
新龙县	3229	2035	19	216	187	245	1144	224	
德格县	5889	4457	35	418	169	900	2136	799	
白玉县	4808	3627	45	842	157	516	1670	397	
石渠县	6615	5128	45	453	168	513	3760	189	
色达县	4645	2923	45	373	187	440	1720	157	1
理塘县	4757	2727	20	230	182	584	1301	410	
巴塘县	3193	1816	29	174	142	289	1112	70	
乡城县	2806	2199	31	202	174	394	937	461	
稻城县	2579	1787	44	181	148	441	769	204	
得荣县	2152	1404	13	114	181	134	812	150	
凉山彝族自治州	**337404**	**221162**	**1469**	**13034**	**8380**	**39177**	**128853**	**29961**	**288**
西昌市	71420	48899	448	4463	3261	14747	19563	6394	23
木里藏族自治县	8950	6873	41	381	260	691	4948	550	2
盐源县	24611	19460	61	616	398	3046	14236	1100	3
德昌县	16437	12192	78	707	353	2723	6537	1789	5
会理县	30871	20317	124	1107	649	3365	12734	2331	7
会东县	24294	16658	75	905	528	2048	11177	1923	2
宁南县	14270	9108	27	435	305	1138	5356	1842	5
普格县	11211	6711	62	379	255	882	3675	1429	29
布拖县	11107	6287	33	230	226	410	4822	565	1
金阳县	9952	5858	59	310	185	740	3985	579	
昭觉县	14926	9561	67	415	187	608	7504	771	9
喜德县	10195	4663	27	295	169	506	2748	916	2
冕宁县	26653	20041	86	954	560	3086	12047	3298	10
越西县	18899	10485	68	496	268	1889	4625	2975	164
甘洛县	14189	6454	59	379	230	1250	3025	1490	21
美姑县	14419	8466	38	280	201	505	6842	598	2
雷波县	15000	9129	116	682	345	1543	5029	1411	3

表5 续表 44

单位：人

地　　区	16岁及以上人口	各种职业人口总计	党的机关、国家机关、群众团体和社会组织、企事业单位负责人	专业技术人员	办事人员和有关人员	社会生产服务和生活服务人员	农、林、牧、渔业生产及辅助人员	生产制造及有关人员	不便分类的其他从业人员
贵州省	**2720053**	**1480345**	**28905**	**139257**	**108713**	**446907**	**400387**	**353057**	**3119**
贵阳市	**462431**	**248613**	**9388**	**36228**	**30626**	**102982**	**23419**	**45108**	**862**
南明区	82880	46460	2273	7798	6445	23192	585	6159	8
云岩区	86027	45041	1846	8920	7208	21055	117	5684	211
花溪区	75673	35245	1137	4924	3917	15575	2058	7517	117
乌当区	25909	14266	567	2032	1829	5654	1401	2679	104
白云区	35178	18058	693	2298	1968	7569	602	4926	2
观山湖区	47015	28059	1897	5623	5010	10849	576	3901	203
开阳县	26589	16317	328	1205	972	4379	6043	3390	
息烽县	16856	10927	120	797	804	2902	3942	2359	3
修文县	20959	12953	156	827	750	4033	3976	3099	112
清镇市	45345	21287	371	1804	1723	7774	4119	5394	102
六盘水市	**213785**	**120594**	**2055**	**10405**	**8070**	**36205**	**29983**	**33735**	**141**
钟山区	48332	26414	830	3810	3131	11683	1594	5355	11
六枝特区	34956	17808	252	1449	1023	5005	5139	4909	31
水城县	52251	30658	274	1578	1335	7715	10046	9695	15
盘州市	78246	45714	699	3568	2581	11802	13204	13776	84
遵义市	**475663**	**258443**	**4355**	**22594**	**17282**	**80721**	**71952**	**61161**	**378**
红花岗区	71815	36260	759	4316	3515	16577	3589	7340	164
汇川区	46184	25450	737	3530	2677	9210	3806	5418	72
播州区	54919	32763	563	2500	1934	11005	9308	7412	41
桐梓县	36964	19571	333	1285	920	5379	6754	4888	12
绥阳县	25239	13658	176	928	418	3521	5639	2975	1
正安县	28162	16207	177	1221	953	3583	6342	3922	9
道真仡佬族苗族自治县	17557	8145	84	740	570	1986	2757	2004	4
务川仡佬族苗族自治县	21349	10288	156	877	636	2329	3402	2883	5
凤冈县	21412	12304	197	908	706	2744	5134	2608	7
湄潭县	27631	15399	212	1136	932	4101	6316	2694	8
余庆县	16303	10146	84	704	465	2471	4592	1830	
习水县	41565	20641	322	1626	1228	5709	5328	6399	29
赤水市	19195	11105	183	917	748	3318	3546	2382	11
仁怀市	47368	26506	372	1906	1580	8788	5439	8406	15
安顺市	**172845**	**95780**	**1564**	**7640**	**6774**	**28767**	**27973**	**22815**	**247**
西秀区	63465	34325	788	3575	3405	11987	7541	6894	135
平坝区	24821	13133	221	1104	913	3903	3585	3384	23
普定县	25986	15595	87	903	597	4244	5370	4359	35
镇宁布依族苗族自治县	20591	12717	140	708	633	2860	5129	3215	32
关岭布依族苗族自治县	18757	10566	223	722	669	2834	3440	2676	2
紫云苗族布依族自治县	19225	9444	105	628	557	2939	2908	2287	20
毕节市	**445062**	**238788**	**2998**	**17390**	**11692**	**57504**	**94727**	**54396**	**81**
七星关区	80889	37652	718	3968	2813	11684	10160	8306	3
大方县	54225	27038	335	1713	1351	6523	10216	6896	4
黔西县	48606	25898	381	1987	1410	7059	9135	5891	35
金沙县	38047	20190	190	1584	1298	5826	6017	5259	16
织金县	51012	28357	481	1779	1347	7696	9956	7097	1
纳雍县	44538	23693	320	1704	1039	5976	9004	5649	1
威宁彝族回族苗族自治县	86006	53126	336	3103	1456	7633	30475	10107	16
赫章县	41739	22834	237	1552	978	5107	9764	5191	5
铜仁市	**223710**	**112481**	**1616**	**10422**	**7605**	**29643**	**29402**	**33098**	**695**
碧江区	27899	12976	340	1771	1445	4710	1097	3380	233
万山区	11025	5579	83	516	387	1623	1206	1726	38
江口县	12823	6895	132	628	470	1898	1921	1823	23
玉屏侗族自治县	10563	5726	72	453	554	1799	925	1897	26
石阡县	21821	12541	100	887	787	2557	4366	3771	73
思南县	31265	16157	209	1380	964	3522	5612	4438	32
印江土家族苗族自治县	20165	9435	178	853	557	2712	2177	2877	81

表5 续表 45

单位：人

地区	16岁及以上人口	各种职业人口总计	党的机关、国家机关、群众团体和社会组织、企事业单位负责人	专业技术人员	办事人员和有关人员	社会生产服务和生活服务人员	农、林、牧、渔业生产及辅助人员	生产制造及有关人员	不便分类的其他从业人员
德江县	26041	13750	138	1216	725	3630	4345	3642	54
沿河土家族自治县	27785	14303	180	1257	874	3440	4010	4476	66
松桃苗族自治县	34323	15119	184	1461	842	3752	3743	5068	69
黔西南布依族苗族自治州	**211496**	**125573**	**2283**	**10977**	**7334**	**32231**	**42586**	**29942**	**220**
兴义市	72625	42075	1346	4854	3362	13838	8794	9832	49
兴仁市	28854	18131	187	1333	768	3865	7945	4009	24
普安县	16734	10118	112	711	494	1825	4432	2527	17
晴隆县	15536	8968	112	627	498	2114	2823	2738	56
贞丰县	21075	13216	166	1032	560	3022	5493	2931	12
望谟县	17057	9086	109	821	549	2201	2891	2492	23
册亨县	13810	8072	87	535	441	1708	3474	1813	14
安龙县	25805	15907	164	1064	662	3658	6734	3600	25
黔东南苗族侗族自治州	**265090**	**140229**	**2263**	**12121**	**10118**	**39525**	**38873**	**37133**	**196**
凯里市	50220	28042	608	3349	3380	10850	3247	6483	125
黄平县	16966	9289	104	619	562	2008	3761	2227	8
施秉县	8893	5714	95	401	258	1085	2858	1017	
三穗县	11379	6208	173	481	395	1918	1528	1711	2
镇远县	13923	6875	112	522	497	2105	1776	1859	4
岑巩县	12011	6093	112	586	392	1622	1311	2045	25
天柱县	18211	9119	19	709	437	2592	2914	2439	9
锦屏县	11551	5421	116	563	412	1591	1078	1658	3
剑河县	12972	6525	120	605	486	1778	1842	1683	11
台江县	8969	4369	59	306	337	899	1137	1625	6
黎平县	28916	14352	213	1288	768	3812	4449	3822	
榕江县	19828	10262	137	632	540	2778	2913	3260	2
从江县	21393	10399	148	708	519	2460	3598	2966	
雷山县	9266	4822	70	459	416	1121	1498	1257	1
麻江县	9748	5974	110	429	388	1259	2448	1340	
丹寨县	10844	6765	67	464	331	1647	2515	1741	
黔南布依族苗族自治州	**249971**	**139844**	**2383**	**11480**	**9212**	**39329**	**41472**	**35669**	**299**
都匀市	39157	22494	499	2498	2340	7836	4960	4268	93
福泉市	21394	12755	275	1049	779	3458	3716	3468	10
荔波县	11769	7186	211	679	490	2194	1882	1721	9
贵定县	18500	10573	180	758	660	2585	3592	2758	40
瓮安县	28594	14223	226	1143	854	4383	3493	4118	6
独山县	19075	10924	112	805	503	3006	3396	3069	33
平塘县	16013	9622	171	722	475	2062	3872	2315	5
罗甸县	17776	9776	145	839	559	2531	3152	2534	16
长顺县	13695	6902	83	469	443	1963	1754	2186	4
龙里县	16972	9498	137	765	785	3117	1455	3221	18
惠水县	27919	14148	203	1057	818	3898	4336	3786	50
三都水族自治县	19107	11743	141	696	506	2296	5864	2225	15
云南省	**3840873**	**2519755**	**25651**	**192533**	**120474**	**639000**	**1044546**	**495112**	**2439**
昆明市	**666057**	**394335**	**9186**	**50879**	**36676**	**158007**	**73758**	**65158**	**671**
五华区	92506	49259	1962	11291	7235	21442	1062	6168	99
盘龙区	79949	43255	1877	7663	5979	19610	2611	5284	231
官渡区	124804	81037	2460	8380	6869	44830	1632	16585	281
西山区	78327	44918	1154	8885	6094	21256	1533	5991	5
东川区	19413	11027	98	854	817	3191	3871	2195	1
呈贡区	50347	27890	504	3736	2570	11942	3236	5885	17
晋宁区	27617	18954	199	1137	1003	4874	7764	3976	1
富民县	11714	7941	87	601	465	1935	3631	1214	8
宜良县	30240	19019	72	1101	738	5336	9155	2604	13
石林彝族自治县	19793	13437	109	763	472	2721	8169	1201	2
嵩明县	33078	17241	128	1479	901	6069	4448	4209	7
禄劝彝族苗族自治县	26400	18261	201	1047	666	3241	11126	1977	3
寻甸回族彝族自治县	32501	22183	149	1332	702	4170	13028	2799	3
安宁市	39368	19913	186	2610	2165	7390	2492	5070	

表5 续表 46

单位：人

地　　区	16岁及以上人口	各种职业人口总计	党的机关、国家机关、群众团体和社会组织、企事业单位负责人	专业技术人员	办事人员和有关人员	社会生产服务和生活服务人员	农、林、牧、渔业生产及辅助人员	生产制造及有关人员	不便分类的其他从业人员
曲靖市	**461868**	**299986**	**2093**	**21699**	**10832**	**71651**	**132435**	**61252**	**24**
麒麟区	77979	43223	801	5537	3919	17065	6659	9242	
沾益区	36461	23668	87	1446	853	4762	12404	4115	1
马龙区	17794	12494	74	787	496	2121	6824	2192	
陆良县	49358	30629	173	2240	904	7252	13857	6203	
师宗县	28371	20961	80	1074	496	3467	12542	3302	
罗平县	43258	32034	163	2151	796	6168	15433	7323	
富源县	52857	35930	114	2427	1013	7115	16291	8960	10
会泽县	59551	38085	296	2241	832	9772	17942	7000	2
宣威市	96239	62962	305	3796	1523	13929	30483	12915	11
玉溪市	**193427**	**129082**	**1547**	**10823**	**7489**	**33581**	**52167**	**23268**	**207**
红塔区	49410	28674	654	3926	3118	11003	3196	6724	53
江川区	21839	14922	124	1052	586	3818	6622	2715	5
通海县	23537	17444	152	1034	540	3528	9994	2182	14
华宁县	15677	11312	89	643	369	1820	7343	1038	10
易门县	14297	10095	80	778	498	2351	4090	2271	27
峨山彝族自治县	13731	9894	91	708	447	2334	4572	1719	23
新平彝族傣族自治县	22067	15031	125	1065	756	3109	7232	2718	26
元江哈尼族彝族傣族自治县	18485	12990	116	875	624	2441	6899	1999	36
澄江市	14384	8720	116	742	551	3177	2219	1902	13
保山市	**208099**	**134941**	**904**	**9435**	**5163**	**31825**	**56405**	**31129**	**80**
隆阳区	79327	49443	263	3966	2267	13409	16187	13331	20
施甸县	24015	15250	123	960	527	2760	7665	3212	3
龙陵县	23032	15799	119	981	503	3083	7466	3630	17
昌宁县	28136	21756	134	1079	542	3334	13155	3509	3
腾冲市	53589	32693	265	2449	1324	9239	11932	7447	37
昭通市	**398524**	**249952**	**1423**	**14717**	**8376**	**55047**	**84807**	**85195**	**387**
昭阳区	62986	35929	373	3189	2146	10077	10009	10028	107
鲁甸县	31454	23478	119	1164	560	5165	9090	7372	8
巧家县	35859	23709	135	1309	737	4215	10731	6573	9
盐津县	28436	18784	104	1054	500	3599	7248	6257	22
大关县	18753	13804	103	628	392	2656	5573	4414	38
永善县	30535	19071	109	1198	733	4149	6673	6193	16
绥江县	11973	7177	53	455	436	1871	2176	2184	2
镇雄县	102593	58697	208	2788	1216	12736	17156	24525	68
彝良县	40166	27584	87	1333	700	4685	11169	9550	60
威信县	27043	16899	76	1079	633	4281	4264	6509	57
水富市	8726	4820	56	520	323	1613	718	1590	
丽江市	**106055**	**67195**	**703**	**4361**	**3332**	**18366**	**32373**	**8045**	**15**
古城区	22965	14556	384	1406	1243	7384	2249	1887	3
玉龙纳西族自治县	18495	12021	147	755	620	2871	6413	1212	3
永胜县	30898	21027	85	1064	652	4252	12313	2657	4
华坪县	14078	8543	41	532	401	1568	4918	1079	4
宁蒗彝族自治县	19619	11048	46	604	416	2291	6480	1210	1
普洱市	**189804**	**139678**	**760**	**8039**	**5423**	**27236**	**80983**	**17227**	**10**
思茅区	31753	19561	200	2108	1753	6978	5941	2579	2
宁洱哈尼族彝族自治县	12862	9262	62	570	415	2159	4717	1339	
墨江哈尼族自治县	22704	17112	80	792	540	3131	10184	2384	1
景东彝族自治县	28304	21302	72	1034	462	4022	12683	3027	2
景谷傣族彝族自治县	21588	16951	82	795	459	2767	11282	1566	
镇沅彝族哈尼族拉祜族自治县	13928	10753	81	605	269	1607	7072	1117	2
江城哈尼族彝族自治县	8698	6282	32	368	366	1014	3428	1074	
孟连傣族拉祜族佤族自治县	10596	8183	62	351	301	1449	5407	610	3
澜沧拉祜族自治县	32339	24905	61	1044	615	3433	17313	2439	
西盟佤族自治县	7032	5367	28	372	243	676	2956	1092	
临沧市	**180233**	**129305**	**854**	**7736**	**4265**	**21082**	**77112**	**18216**	**40**
临翔区	28273	18396	189	1738	1184	5353	6915	3014	3
凤庆县	34821	24827	173	1483	550	3811	13981	4818	11
云县	30768	20709	91	1215	515	3149	12628	3109	2

表5 续表 47 单位：人

地　区	16岁及以上人口	各种职业人口总计	党的机关、国家机关、群众团体和社会组织、企事业单位负责人	专业技术人员	办事人员和有关人员	社会生产服务和生活服务人员	农、林、牧、渔业生产及辅助人员	生产制造及有关人员	不便分类的其他从业人员
永德县	27367	21779	71	885	413	2556	15043	2811	
镇康县	13003	9810	53	549	405	1324	6641	826	12
双江拉祜族佤族布朗族傣族自治县	12443	9366	104	572	280	1446	6063	893	8
耿马傣族佤族自治县	21374	15893	78	712	516	2231	10524	1832	
沧源佤族自治县	12184	8525	95	582	402	1212	5317	913	4
楚雄彝族自治州	**221214**	**152373**	**1307**	**10455**	**5754**	**36554**	**74187**	**24091**	**25**
楚雄市	52071	31923	515	3626	2009	10164	11037	4567	5
双柏县	12727	9878	68	550	342	1855	5474	1589	
牟定县	18535	13964	78	872	578	3471	6121	2844	
南华县	19978	13564	116	757	347	2839	7013	2491	1
姚安县	16615	10892	99	637	314	2654	4731	2454	3
大姚县	19147	13562	54	697	367	2311	8250	1878	5
永仁县	9148	6526	47	418	325	1463	3191	1079	3
元谋县	16617	12339	65	606	378	2120	8018	1151	1
武定县	21734	15535	90	837	405	3934	8286	1982	1
禄丰县	34642	24190	175	1455	689	5743	12066	4056	6
红河哈尼族彝族自治州	**378803**	**253493**	**1960**	**16190**	**10008**	**53454**	**124273**	**46933**	**675**
个旧市	36958	22037	186	1934	1340	6171	6609	5797	
开远市	27131	17733	196	1636	1190	4607	7636	2456	12
蒙自市	48957	32049	486	2873	2053	8722	12606	5230	79
弥勒市	48358	36194	187	1942	988	7496	20269	5311	1
屏边苗族自治县	11764	8539	63	500	322	1260	5253	1111	30
建水县	45457	31067	228	2056	1096	6810	16322	4275	280
石屏县	23422	15711	102	880	460	3191	9049	2006	23
泸西县	31709	20588	201	1474	632	3774	11298	3137	72
元阳县	31145	20548	83	865	365	3621	8903	6657	54
红河县	20308	13916	52	527	330	1975	6910	4107	15
金平苗族瑶族傣族自治县	27155	17484	66	696	342	2565	9308	4419	88
绿春县	17639	12093	37	477	360	1720	7586	1892	21
河口瑶族自治县	8800	5534	73	330	530	1542	2524	535	
文山壮族苗族自治州	**276527**	**183467**	**825**	**11385**	**5354**	**36354**	**72093**	**57383**	**73**
文山市	45539	27249	178	2866	1538	8771	8677	5219	
砚山县	37778	27395	117	1418	610	5135	12983	7127	5
西畴县	18706	12192	54	611	372	2646	4097	4400	12
麻栗坡县	19948	12519	100	892	478	2529	4548	3970	2
马关县	22335	15491	89	842	503	3065	8497	2495	
丘北县	37356	26671	80	1318	562	4480	11124	9107	
广南县	62330	40693	82	2170	748	5612	14558	17486	37
富宁县	32535	21257	125	1268	543	4116	7609	7579	17
西双版纳傣族自治州	**101932**	**72917**	**1083**	**4311**	**2693**	**17371**	**39764**	**7657**	**38**
景洪市	50538	34795	735	2475	1535	10662	15088	4271	29
勐海县	27566	21110	186	869	524	3513	13961	2049	8
勐腊县	23828	17012	162	967	634	3196	10715	1337	1
大理白族自治州	**288393**	**202092**	**1519**	**13614**	**8245**	**49194**	**95279**	**34109**	**132**
大理市	63056	37620	447	4187	3253	16751	5602	7345	35
漾濞彝族自治县	8329	6861	50	419	312	1128	4068	883	1
祥云县	36303	26048	183	1685	808	6385	11430	5546	11
宾川县	29110	22461	76	1263	470	3481	15680	1486	5
弥渡县	25353	16727	79	1000	562	4532	7231	3317	6
南涧彝族自治县	17493	12955	95	716	444	2677	6681	2332	10
巍山彝族回族自治县	23170	17059	74	981	452	3480	8499	3560	13
永平县	14364	11433	96	622	320	1918	6935	1539	3
云龙县	15475	11453	131	640	289	1727	7274	1376	16
洱源县	22036	16030	90	805	475	2853	9405	2399	3
剑川县	13141	9380	93	463	323	1567	5319	1615	
鹤庆县	20563	14065	105	833	537	2695	7155	2711	29
德宏傣族景颇族自治州	**99893**	**65248**	**948**	**5165**	**3835**	**19335**	**27248**	**8702**	**15**
瑞丽市	21528	14617	257	1005	976	7944	2327	2106	2
芒市	33701	22188	395	2033	1501	5669	9503	3081	6

表5 续表 48

单位：人

地　区	16岁及以上人口	各种职业人口总计	党的机关、国家机关、群众团体和社会组织、企事业单位负责人	专业技术人员	办事人员和有关人员	社会生产服务和生活服务人员	农、林、牧、渔业生产及辅助人员	生产制造及有关人员	不便分类的其他从业人员
梁河县	10164	6561	54	451	333	1308	3458	953	4
盈江县	21297	13926	159	1025	573	2697	7986	1483	3
陇川县	13203	7956	83	651	452	1717	3974	1079	
怒江傈僳族自治州	**40185**	**27723**	**318**	**2015**	**1704**	**5536**	**13876**	**4245**	**29**
泸水市	15599	11136	112	951	794	2579	4717	1981	2
福贡县	7728	5902	59	246	229	787	4033	548	
贡山独龙族怒族自治县	2804	1830	47	154	206	395	795	233	
兰坪白族普米族自治县	14054	8855	100	664	475	1775	4331	1483	27
迪庆藏族自治州	**29859**	**17968**	**221**	**1709**	**1325**	**4407**	**7786**	**2502**	**18**
香格里拉市	14219	8730	128	1021	812	2546	2968	1241	14
德钦县	4253	2105	39	265	189	515	821	272	4
维西傈僳族自治县	11387	7133	54	423	324	1346	3997	989	
西藏自治区	**245567**	**117903**	**3559**	**13772**	**15213**	**32251**	**35387**	**17126**	**595**
拉萨市	**58812**	**32461**	**1081**	**4434**	**4502**	**13160**	**3682**	**5269**	**333**
城关区	31990	16520	587	2613	2441	7920	152	2551	256
堆龙德庆区	9086	5866	295	674	903	2601	154	1218	21
达孜区	2143	1033	15	139	164	342	174	195	4
林周县	3290	2206	44	173	160	312	1339	175	3
当雄县	3009	1354	9	156	179	401	501	106	2
尼木县	1847	1225	28	115	91	254	549	187	1
曲水县	3014	1576	17	152	270	409	445	241	42
墨竹工卡县	3371	1780	48	276	188	493	362	411	2
拉萨经济技术开发区	707	616	21	69	71	327	4	122	2
西藏文化旅游创意园区	329	260	16	63	26	96	2	57	
达孜工业园区	26	25	1	4	9	5		6	
日喀则市	**54291**	**22093**	**1044**	**2686**	**2585**	**5595**	**5421**	**4729**	**33**
桑珠孜区	11026	4989	125	724	716	1518	943	948	15
南木林县	5452	1421	66	225	143	401	267	316	3
江孜县	4659	1931	79	246	223	449	435	498	1
定日县	3722	1519	67	128	149	293	421	460	1
萨迦县	3528	1339	83	123	96	255	466	316	
拉孜县	3741	1298	58	168	151	416	127	378	
昂仁县	3653	1253	82	137	106	316	337	275	
谢通门县	3031	1234	79	116	161	299	336	239	4
白朗县	3122	1038	60	141	92	302	252	187	4
仁布县	2354	1209	60	82	116	246	286	419	
康马县	1446	471	47	114	64	86	85	75	
定结县	1396	690	27	71	85	198	148	161	
仲巴县	1786	842	36	65	80	178	445	38	
亚东县	1091	573	25	85	94	188	78	103	
吉隆县	1109	680	56	72	117	171	234	30	
聂拉木县	1161	492	13	49	64	84	166	113	3
萨嘎县	1121	592	46	68	65	95	262	56	
岗巴县	893	522	35	72	63	100	133	117	2
昌都市	**49956**	**26701**	**311**	**2178**	**2663**	**4536**	**15285**	**1671**	**57**
卡若区	9188	4228	75	651	452	1274	1537	209	30
江达县	6382	2547	28	155	128	221	1492	523	
贡觉县	2747	1874	5	45	121	212	1421	70	
类乌齐县	4050	2316	15	179	287	315	1384	130	6
丁青县	6296	4310	19	198	179	556	3189	165	4
察雅县	3530	1397	2	121	619	318	299	38	
八宿县	2789	1095	4	104	126	151	679	31	
左贡县	3139	1504	35	192	171	280	764	61	1
芒康县	5444	3600	58	287	249	569	2211	218	8
洛隆县	3464	2531	32	136	171	311	1739	136	6
边坝县	2927	1299	38	110	160	329	570	90	2

表5 续表 49

单位：人

地区	16岁及以上人口	各种职业人口总计	党的机关、国家机关、群众团体和社会组织、企事业单位负责人	专业技术人员	办事人员和有关人员	社会生产服务和生活服务人员	农、林、牧、渔业生产及辅助人员	生产制造及有关人员	不便分类的其他从业人员
林芝市	**17286**	**10198**	**386**	**1114**	**1354**	**2763**	**3031**	**1515**	**35**
巴宜区	5984	3314	179	522	520	1179	257	626	31
工布江达县	2404	1733	17	115	162	325	1001	113	
米林县	1814	926	49	91	122	232	268	163	1
墨脱县	1054	748	23	92	135	195	160	141	2
波密县	2585	1513	53	138	162	425	608	127	
察隅县	2142	1121	48	90	126	258	406	193	
朗县	1303	843	17	66	127	149	331	152	1
山南市	**25247**	**13730**	**374**	**1632**	**1653**	**3105**	**3904**	**2986**	**76**
乃东区	5451	2841	105	447	464	996	337	480	12
扎囊县	2708	1874	19	176	131	225	1066	247	10
贡嘎县	3688	2065	50	190	249	515	310	734	17
桑日县	1480	813	31	106	78	203	110	272	13
琼结县	1034	649	20	66	83	111	267	97	5
曲松县	965	402	14	60	73	101	75	78	1
措美县	915	443	10	67	64	101	126	74	1
洛扎县	1317	720	27	63	80	166	194	190	
加查县	1841	1425	19	131	97	214	873	88	3
隆子县	2412	907	34	133	95	199	158	275	13
错那县	1089	424	23	45	99	68	48	140	1
浪卡子县	2347	1167	22	148	140	206	340	311	
那曲市	**31111**	**8359**	**230**	**1171**	**1451**	**1901**	**3067**	**496**	**43**
色尼区	5948	1429	19	189	315	372	419	100	15
嘉黎县	2379	828	49	127	131	183	249	89	
比如县	4305	632	25	134	141	233	61	35	3
聂荣县	2187	419	18	80	122	86	85	28	
安多县	2775	1021	9	125	130	325	366	64	2
申扎县	1534	636	16	85	104	107	294	26	4
索县	2938	788	32	175	180	187	134	79	1
班戈县	2707	711	10	70	86	89	430	17	9
巴青县	3459	804	26	86	117	162	386	24	3
尼玛县	2093	609	12	60	76	125	327	3	6
双湖县	786	482	14	40	49	32	316	31	
阿里地区	**8864**	**4361**	**133**	**557**	**1005**	**1191**	**997**	**460**	**18**
普兰县	869	480	10	37	97	125	151	60	
札达县	609	437	11	46	104	104	141	29	2
噶尔县	2350	1652	77	202	490	534	128	216	5
日土县	776	324	5	70	96	84	36	29	4
革吉县	1225	293	9	44	45	70	77	47	1
改则县	1827	624	14	101	101	190	163	50	5
措勤县	1208	551	7	57	72	84	301	29	1
陕西省	**3025750**	**1606941**	**25538**	**189292**	**120259**	**549639**	**397012**	**321617**	**3584**
西安市	**907869**	**474482**	**9735**	**85795**	**44371**	**211777**	**39322**	**83132**	**350**
新城区	43997	21365	626	4366	2668	11539	18	2143	5
碑林区	57495	26601	363	7571	4193	12735	14	1717	8
莲湖区	77030	40644	1577	8886	4985	21364	79	3732	21
灞桥区	73101	37026	834	5275	2885	17332	1745	8908	47
未央区	130410	69686	1395	13226	5354	37989	462	11201	59
雁塔区	149672	86439	2425	22640	11152	39662	97	10385	78
阎良区	25046	15196	156	2636	1102	4874	3097	3329	2
临潼区	52153	27056	256	2609	1625	9685	6993	5874	14
长安区	138644	64564	1076	10743	5622	27294	3392	16403	34
高陵区	34092	18723	471	2010	1324	7294	1733	5872	19
鄠邑区	48468	25015	272	2654	1532	8930	5774	5818	35
蓝田县	35734	17528	99	1366	861	7116	3880	4191	15
周至县	42027	24639	185	1813	1068	5963	12038	3559	13
铜川市	**56608**	**27699**	**444**	**3144**	**3085**	**8625**	**7595**	**4791**	**15**
王益区	11394	4273	95	678	660	1891	144	805	
印台区	10568	4576	67	408	446	1390	1382	883	
耀州区	28531	15628	247	1802	1726	4793	4304	2749	7
宜君县	6115	3222	35	256	253	551	1765	354	8

表5 续表 50

单位：人

地区	16岁及以上人口	各种职业人口总计	党的机关、国家机关、群众团体和社会组织、企事业单位负责人	专业技术人员	办事人员和有关人员	社会生产服务和生活服务人员	农、林、牧、渔业生产及辅助人员	生产制造及有关人员	不便分类的其他从业人员
宝鸡市	**280559**	**149802**	**2758**	**16185**	**9998**	**50166**	**34483**	**35585**	**627**
渭滨区	44870	21661	655	3988	2447	8683	763	5107	18
金台区	39058	20103	555	2755	2393	9192	571	4496	141
陈仓区	39810	22323	272	2004	850	7010	5721	6319	147
凤翔县	39790	21640	381	2039	1112	8658	3444	5911	95
岐山县	28855	13488	307	1429	663	4244	2705	4089	51
扶风县	25017	13317	112	1014	541	3134	5723	2708	85
眉县	23484	14324	170	1107	767	3438	6798	2027	17
陇县	14644	8342	100	678	330	1684	4028	1501	21
千阳县	8977	4962	48	354	252	1644	1424	1209	31
麟游县	6282	3904	60	281	182	1048	1234	1084	15
凤县	6495	4033	57	388	300	929	1521	835	3
太白县	3277	1705	41	148	161	502	551	299	3
咸阳市	**376862**	**202575**	**3069**	**20557**	**13006**	**62442**	**65755**	**36952**	**794**
秦都区	66458	33008	895	5949	3489	14553	1982	6117	23
杨陵区	19226	9012	202	1519	980	3262	1041	1934	74
渭城区	39866	18024	417	3088	2022	8175	565	3746	11
三原县	29571	15517	207	1228	908	4347	5616	3137	74
泾阳县	34148	20302	220	1467	791	6449	7959	3358	58
乾县	32980	17411	116	854	605	3487	9440	2749	160
礼泉县	26592	16534	112	607	463	2603	11708	970	71
永寿县	11852	5600	52	465	386	1673	1633	1379	12
长武县	10778	5828	88	518	426	1482	1736	1564	14
旬邑县	14848	10409	95	806	544	1858	5866	1180	60
淳化县	11769	6629	94	516	390	1661	3292	661	15
武功县	23121	9834	178	885	538	3106	2274	2815	38
兴平市	36773	22278	285	1795	911	6712	7325	5118	132
彬州市	18880	12189	108	860	553	3074	5318	2224	52
渭南市	**377713**	**203293**	**1807**	**13190**	**9547**	**50930**	**100617**	**26847**	**355**
临渭区	73777	36754	481	3191	2533	11247	14248	5008	46
华州区	21329	12863	66	625	654	2732	6698	2067	21
潼关县	9764	5304	29	215	233	1513	2481	829	4
大荔县	45273	27595	153	925	501	4666	19975	1367	8
合阳县	30495	15336	112	839	465	4016	8139	1745	20
澄城县	24956	13415	116	829	608	2637	7668	1480	77
蒲城县	55387	28247	243	1816	889	8885	12708	3640	66
白水县	17340	9641	79	636	601	1764	5567	950	44
富平县	52693	31511	235	2019	1112	6297	17111	4704	33
韩城市	30667	15291	198	1433	1348	4636	3855	3787	34
华阴市	16032	7336	95	662	603	2537	2167	1270	2
延安市	**160805**	**95736**	**493**	**8382**	**8044**	**26557**	**33658**	**18536**	**66**
宝塔区	44483	24255	97	3225	2924	9400	3078	5513	18
安塞区	10099	6536	31	515	530	1979	2009	1469	3
延长县	7864	4952	19	290	277	1111	2633	619	3
延川县	9960	6158	45	446	343	2310	1764	1247	3
志丹县	9597	5879	25	409	454	1523	1716	1751	1
吴起县	9666	6485	37	514	427	2027	1831	1645	4
甘泉县	5356	2830	21	306	278	806	805	613	1
富县	10876	6662	26	508	493	984	3779	856	16
洛川县	15768	9216	30	490	427	1022	6679	562	6
宜川县	8581	5325	29	260	300	618	3907	208	3
黄龙县	3299	2207	22	176	229	365	1273	140	2
黄陵县	9955	6904	37	526	781	1681	2252	1626	1
子长市	15301	8327	74	717	581	2731	1932	2287	5
汉中市	**249603**	**135864**	**1844**	**10678**	**7508**	**39124**	**43809**	**32463**	**438**
汉台区	48503	24415	605	3254	2459	10175	2890	4971	61
南郑区	34936	20144	244	1301	823	5546	7031	5048	151

表5 续表 51 单位：人

地　　区	16岁及以上人口	各种职业人口总计	党的机关、国家机关、群众团体和社会组织、企事业单位负责人	专业技术人员	办事人员和有关人员	社会生产服务和生活服务人员	农、林、牧、渔业生产及辅助人员	生产制造及有关人员	不便分类的其他从业人员
城固县	36567	21668	218	1325	772	5422	8703	5148	80
洋县	25631	14209	116	875	513	3097	6229	3322	57
西乡县	22581	12011	121	713	544	3016	4394	3210	13
勉县	31500	17191	211	1285	721	5748	4328	4846	52
宁强县	18628	10504	96	698	487	2205	4991	2009	18
略阳县	11696	6244	122	535	459	1757	1947	1421	3
镇巴县	14124	6431	59	433	351	1266	2526	1795	1
留坝县	3305	1897	32	176	223	564	475	426	1
佛坪县	2132	1150	20	83	156	328	295	267	1
榆林市	**263581**	**135191**	**2751**	**15567**	**13476**	**41636**	**28192**	**32950**	**619**
榆阳区	71160	36698	821	5359	4637	13187	4740	7848	106
横山区	19791	9200	99	990	738	2224	2564	2576	9
府谷县	20715	12253	201	1229	1362	3862	1035	4382	182
靖边县	26239	14401	307	1494	1236	4303	4369	2662	30
定边县	24607	15132	325	1330	1106	4150	5602	2617	2
绥德县	17197	6944	123	765	662	2289	1654	1448	3
米脂县	9641	4408	29	339	442	923	2064	605	6
佳县	9506	4483	74	442	335	870	2031	722	9
吴堡县	3686	1202	32	154	225	405	171	215	
清涧县	7638	2834	37	226	337	760	769	704	1
子洲县	9391	3845	66	370	366	837	1564	608	34
神木市	44010	23791	637	2869	2030	7826	1629	8563	237
安康市	**194751**	**102735**	**1658**	**9016**	**6091**	**32568**	**24746**	**28623**	**33**
汉滨区	64538	31125	541	3885	2539	12072	3238	8844	6
汉阴县	18378	10393	163	694	402	3123	3024	2986	1
石泉县	12412	6985	122	431	345	2324	1829	1934	
宁陕县	4771	2886	70	245	239	850	819	663	
紫阳县	20708	10506	167	720	409	3860	2953	2397	
岚皋县	10709	5135	78	314	250	1797	1332	1364	
平利县	14997	7334	70	612	494	1992	2042	2117	7
镇坪县	3555	1799	28	150	230	560	348	483	
旬阳县	33250	21003	324	1509	819	4472	7704	6156	19
白河县	11433	5569	95	456	364	1518	1457	1679	
商洛市	**157399**	**79564**	**979**	**6778**	**5133**	**25814**	**18835**	**21738**	**287**
商州区	42021	21435	186	1976	1750	8609	2808	5959	147
洛南县	27398	15615	151	1066	686	4560	5712	3379	61
丹凤县	17293	7718	109	628	429	2310	2121	2111	10
商南县	14769	6253	109	666	508	1748	1444	1773	5
山阳县	25580	13202	152	921	739	3966	3180	4194	50
镇安县	19478	10872	160	1025	554	3131	3188	2803	11
柞水县	10860	4469	112	496	467	1490	382	1519	3
甘肃省	**1883473**	**959370**	**11042**	**108645**	**67796**	**281118**	**318590**	**170240**	**1939**
兰州市	**342863**	**170707**	**2722**	**30676**	**15896**	**74328**	**14838**	**31929**	**318**
城关区	114986	62090	1357	13211	8084	30542	411	8284	201
七里河区	56257	27056	468	5342	2166	13479	983	4610	8
西固区	33179	15892	210	2660	1035	7249	517	4217	4
安宁区	33452	13905	200	3970	1818	5622	105	2111	79
红古区	11253	5790	45	667	432	1854	1343	1444	5
永登县	23284	11148	92	963	586	3817	2950	2740	
皋兰县	9596	5771	83	649	352	1757	1610	1316	4
榆中县	36408	17363	169	1624	574	5632	6603	2745	16
兰州新区	24448	11692	98	1590	849	4376	316	4462	1
嘉峪关市	**24914**	**14249**	**105**	**2186**	**1373**	**5634**	**449**	**4371**	**131**
市辖区	24914	14249	105	2186	1373	5634	449	4371	131
金昌市	**35336**	**18352**	**179**	**2222**	**1751**	**6204**	**3077**	**4915**	**4**
金川区	20700	11344	113	1501	1243	4041	856	3589	1
永昌县	14636	7008	66	721	508	2163	2221	1326	3

表5 续表 52 单位：人

地　　区	16岁及以上人口	各种职业人口总计	党的机关、国家机关、群众团体和社会组织、企事业单位负责人	专业技术人员	办事人员和有关人员	社会生产服务和生活服务人员	农、林、牧、渔业生产及辅助人员	生产制造及有关人员	不便分类的其他从业人员
白银市	**112029**	**58097**	**573**	**6292**	**3384**	**14562**	**24382**	**8868**	**36**
白银区	26343	13440	215	1995	1411	5321	1537	2946	15
平川区	15135	6769	86	1058	503	1939	1223	1959	1
靖远县	27069	13698	103	1129	489	2724	7742	1509	2
会宁县	28297	17360	91	1264	554	2666	11368	1405	12
景泰县	15185	6830	78	846	427	1912	2512	1049	6
天水市	**216311**	**96913**	**1030**	**9432**	**5856**	**26757**	**33721**	**19653**	**464**
秦州区	45159	20211	311	2744	2110	6655	3474	4877	40
麦积区	40726	17276	260	1846	1254	6082	3392	4324	118
清水县	16443	7893	85	631	425	1791	3372	1564	25
秦安县	34156	17349	92	1360	604	4164	8902	2129	98
甘谷县	37936	15947	94	1270	566	3057	7943	2956	61
武山县	26405	12305	106	988	537	2824	4822	2939	89
张家川回族自治县	15486	5932	82	593	360	2184	1816	864	33
武威市	**113845**	**63287**	**408**	**5964**	**3804**	**16581**	**28121**	**8300**	**109**
凉州区	68479	40525	216	3974	2382	11904	16684	5324	41
民勤县	14861	9286	85	704	430	1397	6176	485	9
古浪县	18688	7945	52	664	492	1701	3561	1442	33
天祝藏族自治县	11817	5531	55	622	500	1579	1700	1049	26
张掖市	**90937**	**51652**	**612**	**5535**	**2966**	**14622**	**19932**	**7938**	**47**
甘州区	41497	23403	257	2877	1383	7746	8320	2784	36
肃南裕固族自治县	2587	1721	21	171	170	335	840	181	3
民乐县	14526	7526	103	754	318	1839	2554	1952	6
临泽县	9319	5938	40	520	279	1033	3658	408	
高台县	10478	6608	63	606	403	1545	3187	803	1
山丹县	12530	6456	128	607	413	2124	1373	1810	1
平凉市	**139460**	**72291**	**1062**	**7295**	**5329**	**18408**	**28185**	**11915**	**97**
崆峒区	39389	17514	370	2409	1968	6909	2556	3256	46
泾川县	16125	8132	110	845	550	1872	3629	1108	18
灵台县	11673	5632	91	590	455	1409	2134	947	6
崇信县	6472	3768	68	330	429	962	848	1120	11
庄浪县	24357	14763	125	1127	581	2470	8547	1903	10
静宁县	27664	15612	159	1227	629	2561	9470	1562	4
华亭市	13780	6870	139	767	717	2225	1001	2019	2
酒泉市	**82347**	**47711**	**877**	**5355**	**3701**	**15304**	**15132**	**7279**	**63**
肃州区	36128	20843	379	2632	1602	7428	5761	3019	22
金塔县	8661	5151	51	389	304	1174	2535	679	19
瓜州县	10323	5935	106	595	367	1558	2447	857	5
肃北蒙古族自治县	1329	1027	43	103	170	224	171	314	2
阿克塞哈萨克族自治县	833	572	29	63	166	165	63	85	1
玉门市	10010	5951	50	486	414	1651	2281	1066	3
敦煌市	15063	8232	219	1087	678	3104	1874	1259	11
庆阳市	**149109**	**76811**	**791**	**7529**	**5421**	**18959**	**32835**	**11192**	**84**
西峰区	35432	18219	251	2958	1903	7436	2705	2948	18
庆城县	16303	7822	83	775	510	2074	3005	1342	33
环县	20646	11080	139	994	726	2234	5179	1807	1
华池县	8799	5133	76	547	536	1191	2100	680	3
合水县	9438	5332	28	345	368	1054	2745	786	6
正宁县	11413	6648	67	428	342	1069	4007	734	1
宁县	22223	9527	76	730	466	1944	4939	1359	13
镇原县	24855	13050	71	752	570	1957	8155	1536	9
定西市	**202102**	**122131**	**896**	**9930**	**5211**	**23181**	**63622**	**18952**	**339**
安定区	32618	18814	255	2123	1369	4547	7973	2517	30
通渭县	33679	19666	126	1530	763	4102	9073	3871	201
陇西县	31828	18907	109	1879	880	4048	8652	3325	14
渭源县	22690	14391	53	844	473	1850	9605	1557	9
临洮县	38031	23524	180	1942	777	4946	12120	3521	38
漳县	11953	6314	55	439	362	1037	3521	880	20
岷县	31303	20515	118	1173	587	2651	12678	3281	27

表5　续表 53　　　　单位：人

地　区	16岁及以上人口	各种职业人口总计	党的机关、国家机关、群众团体和社会组织、企事业单位负责人	专业技术人员	办事人员和有关人员	社会生产服务和生活服务人员	农、林、牧、渔业生产及辅助人员	生产制造及有关人员	不便分类的其他从业人员
陇南市	**174027**	**70880**	**928**	**7007**	**5272**	**18519**	**22306**	**16691**	**157**
武都区	40325	17193	254	1888	1294	4593	4838	4255	71
成县	17660	8367	138	830	642	2326	2497	1920	14
文县	14878	6767	65	693	484	1387	2273	1857	8
宕昌县	18384	8208	53	482	429	1789	4208	1238	9
康县	12160	4750	106	520	406	1106	1150	1440	22
西和县	24526	8519	102	866	669	2502	2088	2280	12
礼县	28675	8751	91	815	535	2510	2930	1852	18
徽县	14164	6716	63	714	606	1909	1799	1623	2
两当县	3255	1609	56	199	207	397	523	226	1
临夏回族自治州	**148920**	**74519**	**523**	**6409**	**4855**	**22629**	**25601**	**14434**	**68**
临夏市	27181	13240	146	2245	2288	6148	456	1957	
临夏县	23641	10275	42	553	251	3659	2745	3023	2
康乐县	17581	10024	47	667	395	2134	4770	2001	10
永靖县	14596	7381	67	878	562	2079	2296	1499	
广河县	16695	9048	61	484	338	2583	4746	802	34
和政县	14289	9380	59	664	399	1923	4467	1858	10
东乡族自治县	18030	8219	45	231	211	2132	4375	1214	11
积石山保安族东乡族撒拉族自治县	16907	6952	56	687	411	1971	1746	2080	1
甘南藏族自治州	**51273**	**21770**	**336**	**2813**	**2977**	**5430**	**6389**	**3803**	**22**
合作市	7970	3565	63	650	852	1193	205	599	3
临潭县	9195	4761	58	412	321	922	2055	993	
卓尼县	7304	2558	15	349	387	556	722	518	11
舟曲县	9973	4273	75	499	507	1021	1069	1096	6
迭部县	4145	2122	16	311	319	502	776	198	
玛曲县	3787	1801	37	217	179	364	923	81	
碌曲县	2521	952	19	158	169	247	299	59	1
夏河县	6378	1738	53	217	243	625	340	259	1
青海省	**446579**	**226183**	**5185**	**30759**	**18835**	**79596**	**52756**	**38430**	**622**
西宁市	**196063**	**99072**	**3133**	**16486**	**10365**	**43683**	**6523**	**18503**	**379**
城东区	37003	18394	331	3036	1896	10509	135	2446	41
城中区	26278	13749	546	2688	1973	5828	119	2574	21
城西区	26503	14951	834	4299	2856	5729	56	1168	9
城北区	34327	17633	858	3165	2008	8022	179	3136	265
湟中区	30774	14888	324	1312	509	6483	2013	4235	12
大通回族土族自治县	31907	14846	147	1492	856	5367	3025	3937	22
湟源县	9271	4611	93	494	267	1745	996	1007	9
海东市	**97392**	**45700**	**648**	**4683**	**2410**	**15940**	**12487**	**9418**	**114**
乐都区	18885	8645	185	1033	492	2994	1418	2502	21
平安区	8595	4232	100	516	466	2055	329	760	6
民和回族土族自治县	23494	9824	125	1045	458	3219	2827	2148	2
互助土族自治县	25669	15319	103	1289	569	3880	6653	2743	82
化隆回族自治县	11531	4316	74	486	191	2017	759	786	3
循化撒拉族自治县	9218	3364	61	314	234	1775	501	479	
海北藏族自治州	**21429**	**10280**	**190**	**1298**	**848**	**2917**	**3432**	**1585**	**10**
门源回族自治县	11149	4285	87	562	244	1350	1063	977	2
祁连县	3556	2093	43	245	176	581	881	165	2
海晏县	3481	2224	41	320	281	642	640	294	6
刚察县	3243	1678	19	171	147	344	848	149	
黄南藏族自治州	**20754**	**10740**	**149**	**1214**	**725**	**2195**	**5482**	**971**	**4**
同仁县	7953	4644	72	558	388	1081	2036	507	2
尖扎县	4342	2113	37	293	146	567	678	390	2
泽库县	5293	2217	12	225	117	322	1502	39	
河南蒙古族自治县	3166	1766	28	138	74	225	1266	35	
海南藏族自治州	**33826**	**20781**	**256**	**2233**	**1164**	**4535**	**11146**	**1422**	**25**
共和县	10366	6435	90	719	497	1679	3057	389	4
同德县	4577	3220	24	505	158	392	2011	127	3
贵德县	8487	4610	93	490	285	1466	1641	620	15
兴海县	4962	3235	13	191	76	445	2325	185	
贵南县	5434	3281	36	328	148	553	2112	101	3

表5 续表 54

单位：人

地 区	16岁及以上人口	各种职业人口总计	党的机关、国家机关、群众团体和社会组织、企事业单位负责人	专业技术人员	办事人员和有关人员	社会生产服务和生活服务人员	农、林、牧、渔业生产及辅助人员	生产制造及有关人员	不便分类的其他从业人员
果洛藏族自治州	**13229**	**4845**	**117**	**736**	**535**	**1114**	**2120**	**215**	**8**
玛沁县	2757	996	28	118	158	347	233	108	4
班玛县	2098	1326	18	227	87	197	755	42	
甘德县	2981	123	1	36	49	33		4	
达日县	2239	841	27	159	102	163	360	29	1
久治县	2036	1129	28	128	58	141	747	24	3
玛多县	1118	430	15	68	81	233	25	8	
玉树藏族自治州	**27229**	**11732**	**99**	**1218**	**579**	**1289**	**8304**	**237**	**6**
玉树市	9527	4197	43	667	315	549	2460	160	3
杂多县	3579	2106	17	96	52	384	1550	6	1
称多县	3979	1617	14	188	81	126	1185	23	
治多县	1991	561	3	32	40	32	451	3	
囊谦县	5816	2529	13	165	29	118	2174	30	
曲麻莱县	2337	722	9	70	62	80	484	15	2
海西蒙古族藏族自治州	**36657**	**23033**	**593**	**2891**	**2209**	**7923**	**3262**	**6079**	**76**
格尔木市	16373	10618	259	1374	943	4172	748	3059	63
德令哈市	6786	4242	144	588	573	1450	503	982	2
茫崖市	2034	1874	54	319	171	519	18	784	9
乌兰县	2787	1553	38	201	137	556	342	279	
都兰县	5301	2922	59	258	165	667	1541	231	1
天峻县	1675	391	16	67	105	110	77	16	
大柴旦行政委员会	1701	1433	23	84	115	449	33	728	1
宁夏回族自治区	**555962**	**314750**	**6208**	**37754**	**22211**	**114961**	**62466**	**70745**	**405**
银川市	**221211**	**126592**	**3438**	**20410**	**11453**	**54689**	**8670**	**27780**	**152**
兴庆区	61028	34981	698	5904	3980	17446	1096	5824	33
西夏区	34680	16278	421	2501	1009	7176	819	4344	8
金凤区	49624	29469	1420	7652	4311	11530	606	3878	72
永宁县	24562	14204	265	1148	566	6235	2130	3850	10
贺兰县	26561	15697	448	1792	847	6909	2148	3538	15
灵武市	24756	15963	186	1413	740	5393	1871	6346	14
石嘴山市	**64234**	**34993**	**643**	**3329**	**2484**	**13041**	**4652**	**10691**	**153**
大武口区	24744	12570	317	1645	1326	5223	292	3620	147
惠农区	16985	9096	152	763	516	3424	654	3586	1
平罗县	22505	13327	174	921	642	4394	3706	3485	5
吴忠市	**103381**	**59930**	**1028**	**5471**	**3421**	**20137**	**16053**	**13767**	**53**
利通区	35373	19395	485	2214	1542	8389	1902	4860	3
红寺堡区	13995	9407	115	614	351	2149	4237	1941	
盐池县	12547	8127	163	716	513	2713	2289	1726	7
同心县	21438	11610	55	904	463	3040	4707	2441	
青铜峡市	20028	11391	210	1023	552	3846	2918	2799	43
固原市	**86163**	**47614**	**589**	**4682**	**2602**	**12410**	**18970**	**8345**	**16**
原州区	35145	19469	230	2243	1299	6392	5621	3684	
西吉县	23615	12097	142	1067	437	2399	6296	1746	10
隆德县	8825	4968	57	502	277	1313	1843	973	3
泾源县	6254	3731	77	297	254	987	1462	652	2
彭阳县	12324	7349	83	573	335	1319	3748	1290	1
中卫市	**80973**	**45621**	**510**	**3862**	**2251**	**14684**	**14121**	**10162**	**31**
沙坡头区	30984	17925	221	1619	1214	6556	3751	4561	3
中宁县	25047	14665	160	1125	590	4344	5043	3403	
海原县	24942	13031	129	1118	447	3784	5327	2198	28
新疆维吾尔自治区	**1853163**	**1113838**	**18155**	**133914**	**122545**	**380241**	**286175**	**171594**	**1214**
乌鲁木齐市	**317609**	**187888**	**5030**	**32266**	**24246**	**92912**	**2731**	**30514**	**189**
天山区	46828	26034	834	5677	4851	12621	79	1952	20
沙依巴克区	66904	37418	685	6514	4865	21417	327	3575	35
新市区	76930	46399	1122	9032	5866	21998	409	7948	24
水磨沟区	45259	28006	930	4621	3751	13402	81	5173	48

表5 续表 55

单位：人

地区	16岁及以上人口	各种职业人口总计	党的机关、国家机关、群众团体和社会组织、企事业单位负责人	专业技术人员	办事人员和有关人员	社会生产服务和生活服务人员	农、林、牧、渔业生产及辅助人员	生产制造及有关人员	不便分类的其他从业人员
头屯河区	34884	22005	812	3291	2070	10259	486	5037	50
达坂城区	2758	1474	28	187	207	534	195	317	6
米东区	40541	24576	600	2787	2354	11885	672	6274	4
乌鲁木齐县	3505	1976	19	157	282	796	482	238	2
克拉玛依市	**39223**	**24787**	**567**	**4351**	**2884**	**9945**	**738**	**6301**	**1**
独山子区	6519	4169	80	645	506	1627	21	1289	1
克拉玛依区	27213	16870	437	3249	1995	6807	569	3813	
白碱滩区	4081	2687	25	358	261	1126	26	891	
乌尔禾区	1410	1061	25	99	122	385	122	308	
吐鲁番市	**49928**	**32811**	**391**	**3264**	**2983**	**8439**	**13175**	**4547**	**12**
高昌区	21420	13409	213	1319	1173	3483	6030	1190	1
鄯善县	17827	12180	127	1165	942	2928	5534	1482	2
托克逊县	10681	7222	51	780	868	2028	1611	1875	9
哈密市	**53789**	**32182**	**897**	**4474**	**4117**	**11532**	**4804**	**6268**	**90**
伊州区	45616	26604	696	3792	3310	9996	3713	5037	60
巴里坤哈萨克自治县	5089	3219	126	398	418	834	970	473	
伊吾县	3084	2359	75	284	389	702	121	758	30
昌吉回族自治州	**128774**	**72629**	**1455**	**8998**	**7797**	**27208**	**12163**	**14950**	**58**
昌吉市	46084	26146	660	4267	3137	11992	1650	4417	23
阜康市	14785	8718	135	1012	959	3006	1001	2594	11
呼图壁县	15958	8137	150	872	858	2834	2126	1291	6
玛纳斯县	15529	7984	107	731	677	2218	2992	1256	3
奇台县	17662	9342	193	977	925	3515	2017	1714	1
吉木萨尔县	13341	9231	145	746	794	2782	1496	3256	12
木垒哈萨克自治县	5415	3071	65	393	447	861	881	422	2
博尔塔拉蒙古自治州	**34201**	**19664**	**271**	**2506**	**3122**	**6742**	**4126**	**2854**	**43**
博乐市	19364	11394	144	1654	1774	4536	1457	1802	27
阿拉山口市	903	759	27	87	179	293	12	161	
精河县	9889	5400	62	531	548	1406	2117	731	5
温泉县	4045	2111	38	234	621	507	540	160	11
巴音郭楞蒙古自治州	**113921**	**72202**	**825**	**8528**	**8501**	**25501**	**17306**	**11209**	**332**
库尔勒市	58771	35899	358	5110	4329	15809	3754	6263	276
轮台县	10233	6827	103	622	818	1902	2388	994	
尉犁县	8079	5547	71	411	544	1348	2410	720	43
若羌县	3423	2824	72	314	348	610	848	632	
且末县	5187	3906	36	388	470	1071	1425	509	7
焉耆回族自治县	8550	4702	65	520	582	1715	1286	531	3
和静县	11419	7179	63	721	674	1775	2860	1083	3
和硕县	4341	2779	31	254	431	709	1036	318	
博湖县	3918	2539	26	188	305	562	1299	159	
阿克苏地区	**186098**	**136719**	**1438**	**10780**	**11245**	**35580**	**60788**	**16886**	**2**
阿克苏市	49595	35054	538	3272	2452	12873	10385	5534	
库车市	38158	28803	285	2386	2690	7893	11416	4133	
温宿县	18215	12951	96	890	942	2092	8147	784	
沙雅县	18912	14310	122	911	1007	3043	7274	1953	
新和县	13268	10758	152	794	732	2515	5705	860	
拜城县	16419	11764	64	902	1172	2505	5651	1470	
乌什县	13253	9157	95	669	1057	1803	4689	844	
阿瓦提县	15048	11468	62	735	787	2334	6443	1105	2
柯坪县	3230	2454	24	221	406	522	1078	203	
克孜勒苏柯尔克孜自治州	**42143**	**27714**	**480**	**3287**	**5117**	**6544**	**9312**	**2969**	**5**
阿图什市	19453	12312	191	1598	1961	3306	4018	1233	5
阿克陶县	14853	10090	184	1072	1543	2192	3964	1135	
阿合奇县	3293	2064	44	252	619	337	710	102	
乌恰县	4544	3248	61	365	994	709	620	499	
喀什地区	**289696**	**172346**	**2156**	**16778**	**15854**	**48648**	**64642**	**24042**	**226**
喀什市	53197	30000	534	4428	3179	13551	3201	5087	20
疏附县	16165	9153	101	945	923	2395	3068	1700	21

表5 续表 56

单位：人

地　区	16岁及以上人口	各种职业人口总计	党的机关、国家机关、群众团体和社会组织、企事业单位负责人	专业技术人员	办事人员和有关人员	社会生产服务和生活服务人员	农、林、牧、渔业生产及辅助人员	生产制造及有关人员	不便分类的其他从业人员
疏勒县	23374	9955	96	995	993	2286	4010	1489	86
英吉沙县	16407	8743	93	960	976	2659	2565	1485	5
泽普县	15041	9969	108	830	841	2210	4607	1370	3
莎车县	53869	32460	339	2814	2060	8486	14319	4440	2
叶城县	34251	18274	199	1570	2028	5036	6959	2445	37
麦盖提县	14954	11748	147	959	977	2687	5827	1141	10
岳普湖县	10391	6148	50	707	615	1434	2525	798	19
伽师县	25821	17215	146	1325	1181	3800	9286	1463	14
巴楚县	23318	16754	305	1071	1181	3783	7946	2459	9
塔什库尔干塔吉克自治县	2908	1927	38	174	900	321	329	165	
和田地区	**140871**	**94568**	**1137**	**10787**	**10991**	**30178**	**25800**	**15675**	
和田市	29556	19547	365	3524	2559	8193	1755	3151	
和田县	17204	11963	114	953	1080	3118	4059	2639	
墨玉县	31018	21806	211	2111	2320	6636	7367	3161	
皮山县	17286	9894	94	992	1456	2768	3198	1386	
洛浦县	16902	11854	152	1266	1122	3874	3300	2140	
策勒县	10765	7551	73	707	809	1984	3032	946	
于田县	15097	9760	104	972	1263	3084	2411	1926	
民丰县	3043	2193	24	262	382	521	678	326	
伊犁哈萨克自治州	**198425**	**100308**	**1279**	**11807**	**10687**	**38123**	**23435**	**14822**	**155**
伊宁市	58944	31392	509	4754	3574	16153	1469	4810	123
奎屯市	18604	10639	167	1448	1235	5097	877	1814	1
霍尔果斯市	5522	3119	63	276	505	998	955	322	
伊宁县	23427	11939	52	813	898	3232	5116	1826	2
察布查尔锡伯自治县	11622	5797	73	533	665	1682	1961	881	2
霍城县	17045	8227	48	851	702	2750	2684	1184	8
巩留县	12500	5369	72	637	483	1756	1536	879	6
新源县	20635	9451	97	1026	863	2750	2990	1714	11
昭苏县	9858	3843	86	525	772	1055	1054	351	
特克斯县	9961	4654	47	454	565	1170	1974	442	2
尼勒克县	10307	5878	65	490	425	1480	2819	599	
塔城地区	**86295**	**42208**	**773**	**4739**	**5263**	**12314**	**14727**	**4353**	**39**
塔城市	12388	6573	155	1062	1059	1929	1693	651	24
乌苏市	20401	9960	174	981	1018	2934	3674	1172	7
额敏县	14280	6883	157	831	927	2567	1868	532	1
沙湾县	24987	12018	143	1026	941	2853	5818	1234	3
托里县	5734	2167	38	286	419	690	439	293	2
裕民县	3899	2008	60	217	421	512	589	207	2
和布克赛尔蒙古自治县	4606	2599	46	336	478	829	646	264	
阿勒泰地区	**47180**	**26953**	**533**	**3756**	**4051**	**8011**	**7798**	**2785**	**19**
阿勒泰市	16776	10237	241	1512	1498	3201	2808	958	19
布尔津县	5449	3184	63	413	412	945	1111	240	
富蕴县	6948	3998	74	482	459	1155	1288	540	
福海县	5182	2692	69	361	411	820	764	267	
哈巴河县	5964	3410	61	422	509	801	1146	471	
青河县	4340	2043	14	347	403	649	389	241	
吉木乃县	2521	1389	11	219	359	440	292	68	
自治区直辖县级行政区划	**125010**	**70859**	**923**	**7593**	**5687**	**18564**	**24630**	**13419**	**43**
石河子市	39038	19261	270	3060	1402	8506	1297	4726	
阿拉尔市	27654	18204	133	1439	1257	3190	9442	2742	1
图木舒克市	18353	11277	118	997	969	1847	5816	1522	8
五家渠市	12075	6321	191	725	659	2078	607	2052	9
北屯市	1782	939	12	64	78	277	386	118	4
铁门关市	8411	5127	65	486	398	863	2597	697	21
双河市	4593	2445	28	197	229	470	1166	355	
可克达拉市	6126	3029	43	274	300	707	1216	489	
昆玉市	4324	2741	48	252	294	417	1336	394	
胡杨河市	2654	1515	15	99	101	209	767	324	

长表数据

表6 各行业门类人口

表6 各行业门类

地区	16岁及以上人口	各种行业人口总计	农、林、牧、渔业	采矿业	制造业	电力、热力、燃气及水生产和供应业	建筑业	批发和零售业	交通运输、仓储和邮政业	住宿和餐饮业
合计	**112675113**	**65631786**	**13496012**	**568658**	**11853428**	**573235**	**7400010**	**9262396**	**3277208**	**3217357**
北京市	**1843342**	**1015007**	**13406**	**1387**	**83130**	**9567**	**75347**	**138321**	**60377**	**45354**
市辖区	**1843342**	**1015007**	**13406**	**1387**	**83130**	**9567**	**75347**	**138321**	**60377**	**45354**
东城区	64114	31286	6	55	1179	283	1096	4186	1287	2233
西城区	100543	50865	16	108	2093	705	1716	5467	1811	3387
朝阳区	289694	158963	140	389	6941	1241	9124	24522	7544	7305
丰台区	182605	98285	213	85	6162	1048	6271	16683	5503	3754
石景山区	49515	24288	30	41	1433	370	1763	2918	1196	802
海淀区	279014	146051	381	145	7484	894	7066	15311	4107	7742
门头沟区	32126	15297	131	70	917	294	1270	1935	1354	583
房山区	104583	53526	1108	69	5985	813	4884	7447	4288	1876
通州区	142440	79387	1067	38	8668	693	6618	12763	5852	2779
顺义区	111796	71523	1414	23	10361	575	9053	8495	9733	3154
昌平区	193190	118911	940	100	9797	844	8756	16537	5200	5184
大兴区	150092	89988	1576	42	12659	787	9964	14024	6123	2980
怀柔区	34618	18923	324	2	3390	225	2355	1936	1262	1045
平谷区	37976	21138	3287	12	2626	296	1557	2139	2052	744
密云区	43713	23003	1928	206	2731	324	2165	2650	2040	1045
延庆区	27323	13573	845	2	704	175	1689	1308	1025	741
天津市	**1051338**	**504665**	**42177**	**5953**	**104515**	**6978**	**41070**	**66394**	**37569**	**19307**
市辖区	**1051338**	**504665**	**42177**	**5953**	**104515**	**6978**	**41070**	**66394**	**37569**	**19307**
和平区	18126	8231	73	20	567	157	407	1179	413	558
河东区	65667	26323	40	68	4580	650	1640	3953	1979	1052
河西区	59918	24328	46	59	2696	453	1469	3606	1372	1077
南开区	70826	30507	39	44	3501	537	1479	4414	1498	1736
河北区	49644	17948	40	24	2620	417	875	3181	1605	712
红桥区	36744	13573	9	14	2235	246	608	2225	883	583
东丽区	71542	36362	204	46	10068	397	3375	4896	4086	1356
西青区	88805	43470	1430	55	8955	354	3422	6764	2449	1766
津南区	70732	34171	228	65	7907	293	5002	5118	2523	1530
北辰区	67836	30443	849	19	7629	277	2436	4679	2598	1107
武清区	91298	50932	11167	74	14220	442	2674	5436	2848	1392
宝坻区	56077	30081	6446	23	8160	243	3136	2630	1551	779
滨海新区	150209	82945	1771	5348	15598	1587	7533	11018	9231	3160
宁河区	31885	16138	4845	31	3109	197	1504	1346	889	378
静海区	59880	27589	5066	32	9306	278	1935	2943	1147	871
蓟州区	62149	31624	9924	31	3364	450	3575	3006	2497	1250
河北省	**5811806**	**3332630**	**807285**	**29655**	**624493**	**33721**	**321806**	**457967**	**195522**	**121777**
石家庄市	**857027**	**480962**	**75794**	**1081**	**85911**	**5482**	**44318**	**74543**	**35678**	**19450**
长安区	77444	44226	434	37	4514	522	3595	11194	2485	1895
桥西区	76031	41504	38	28	3017	603	2420	9383	2552	2445
新华区	60102	32317	132	30	2826	556	2397	8017	2289	1572
井陉矿区	6222	2929	41	62	829	54	338	342	207	186
裕华区	58959	30291	106	48	2914	641	2382	6162	1440	1363
藁城区	55996	36748	11648	22	7209	267	3415	3694	3068	1189
鹿泉区	45045	24480	1826	34	4332	268	2898	3813	2326	1180
栾城区	30391	16117	2016	12	3346	224	1898	2260	1577	557
井陉县	20028	12423	5124	115	1542	216	814	876	1072	435
正定县	41388	21827	1597	20	5008	195	2724	3415	1963	998
行唐县	28140	18803	6724	21	2120	142	2286	2023	1402	801
灵寿县	23011	11932	4490	96	1635	88	1078	1114	805	414
高邑县	13050	6731	613	5	1868	89	632	948	735	264
深泽县	18003	9257	2384	41	2538	61	940	1175	575	227
赞皇县	17266	9066	2905	76	1451	94	957	636	891	295
无极县	34998	21729	5011	10	6656	148	2354	2570	1117	819
平山县	30786	14830	3142	107	2831	234	1536	1520	1169	743
元氏县	29613	16648	3736	40	2809	151	1715	1967	2227	682

人口(长表数据)

单位：人

信息传输、软件和信息技术服务业	金融业	房地产业	租赁和商务服务业	科学研究和技术服务业	水利、环境和公共设施管理业	居民服务、修理和其他服务业	教育	卫生和社会工作	文化、体育和娱乐业	公共管理、社会保障和社会组织	国际组织
1129543	**962580**	**1251428**	**1799653**	**844905**	**517888**	**2289351**	**2715648**	**1341482**	**472194**	**2658248**	**562**
95576	**45681**	**43099**	**82484**	**68240**	**17452**	**35795**	**67257**	**36249**	**31303**	**64785**	**197**
95576	**45681**	**43099**	**82484**	**68240**	**17452**	**35795**	**67257**	**36249**	**31303**	**64785**	**197**
2354	2677	1758	3277	1927	405	930	1672	1571	1584	2793	13
4027	5489	2702	4629	3929	599	1479	3012	2485	2513	4685	13
17013	9250	7873	17600	11240	1759	6672	9400	4770	7996	8089	95
8226	5819	4599	9122	6527	1447	3224	5443	4434	3327	6368	30
2498	1566	1036	1950	1932	376	710	1711	1193	955	1806	2
19749	6658	6839	13188	16978	1831	5071	14645	5570	4441	7939	12
899	553	775	908	776	311	498	1113	777	300	1831	2
2971	1489	1906	3515	2961	1179	1867	3685	2227	930	4322	4
5553	2806	3270	6824	4044	1953	2551	4578	2378	2919	4025	8
3498	1598	2533	4365	2590	1230	3039	3409	1686	1150	3609	8
21895	3336	4283	7672	8392	1653	4383	9425	3474	2595	4440	5
5179	2708	3530	5970	5186	1715	3021	4702	2686	1798	5334	4
392	337	501	941	539	448	640	1197	620	277	2492	
512	506	460	793	517	598	594	1231	931	160	2123	
582	610	680	940	416	998	732	1177	938	243	2598	
228	279	354	790	286	950	384	857	509	115	2331	1
13261	**14033**	**17128**	**19522**	**16477**	**6293**	**18620**	**27881**	**14001**	**4541**	**28943**	**2**
13261	**14033**	**17128**	**19522**	**16477**	**6293**	**18620**	**27881**	**14001**	**4541**	**28943**	**2**
339	511	393	611	478	117	352	712	480	153	711	
1063	1376	1063	1236	1251	314	790	1806	1091	381	1990	
988	1658	1147	1349	1457	372	720	1920	1228	492	2219	
1777	1738	1411	1429	1802	393	1235	2989	1808	504	2173	
820	808	748	958	800	223	603	1202	835	251	1226	
684	659	575	731	655	133	385	1110	623	178	1037	
1031	748	1308	1179	1585	413	1515	1606	700	289	1559	1
1532	1104	1644	2696	1849	394	2688	2360	965	513	2530	
713	731	1537	1230	963	429	1211	1948	851	267	1625	
725	702	1060	1109	916	304	1708	1574	883	210	1658	
876	664	1556	1594	817	523	1357	2129	897	226	2039	1
223	364	612	450	255	423	821	1441	487	126	1911	
1896	1912	3098	3636	3025	1115	2846	3744	1765	673	3989	
131	216	160	332	104	403	396	742	310	41	1004	
184	376	354	532	268	283	929	1202	506	113	1264	
279	466	462	450	252	454	1064	1396	572	124	2008	
37615	**42831**	**49594**	**74288**	**34149**	**28644**	**110035**	**140305**	**66186**	**16773**	**139973**	**11**
10949	**9983**	**10504**	**13592**	**9065**	**4639**	**16445**	**25832**	**11962**	**4054**	**21680**	
1908	1623	1973	2686	1577	324	1872	3276	1690	776	1845	
2108	2296	1593	2049	2005	404	1318	3329	1690	658	3568	
1319	1159	1217	1506	1235	314	1126	2554	1568	484	2016	
33	39	39	49	22	40	111	143	67	14	313	
1486	1301	1432	1649	1457	288	983	2743	1222	750	1924	
318	319	323	747	239	345	1080	1295	504	116	950	
610	447	740	592	483	451	980	1466	553	196	1285	
266	216	339	345	177	249	715	920	281	88	631	
121	130	103	119	43	84	447	424	197	59	502	
312	257	430	646	258	309	841	1255	501	160	938	
131	120	76	275	76	178	924	598	253	55	598	
69	127	83	129	49	99	351	517	216	22	550	
75	80	70	88	36	70	269	309	163	28	389	
113	91	69	62	28	20	225	236	123	22	327	
68	103	46	71	40	90	251	358	185	28	521	
124	199	97	243	71	156	612	653	284	52	553	
129	171	181	245	113	179	506	723	322	82	897	
159	191	222	278	131	108	677	675	301	49	530	

表6 续表 1

地　　区	16岁及以上人口	各种行业人口总计	农、林、牧、渔业	采矿业	制造业	电力、热力、燃气及水生产和供应业	建筑业	批发和零售业	交通运输、仓储和邮政业	住宿和餐饮业
赵县	39505	23836	7478	19	4817	153	2659	2270	1758	851
石家庄高新技术产业开发区	22360	13139	108	17	2666	153	1436	2319	675	527
石家庄循环化工园区	4665	2688	117	2	774	45	565	272	226	96
辛集市	48227	27250	8679	190	7453	243	1456	2831	1301	686
晋州市	39431	23458	3175	34	9197	186	1366	3554	2121	597
新乐市	36366	18733	4270	15	3559	149	2457	2188	1697	628
唐山市	**646833**	**362302**	**84368**	**9359**	**76006**	**4714**	**22630**	**50903**	**25092**	**10660**
路南区	27640	15077	619	568	1983	283	856	3963	1020	731
路北区	69345	32400	1025	1146	4973	1230	1699	5965	2040	1228
古冶区	27440	10375	578	1802	2958	201	201	1280	761	289
开平区	23082	12245	2078	329	2929	209	528	2117	894	499
丰南区	46128	25370	5920	132	7100	286	1415	2770	1646	679
丰润区	67356	36042	7810	159	7825	362	3380	5081	2918	1257
曹妃甸区	29775	15649	1335	510	5497	354	919	1483	1290	554
滦南县	43769	27687	12003	159	4467	158	1502	3206	1498	487
乐亭县	34754	24476	7875	59	4874	178	831	6096	1079	347
迁西县	29263	18792	5966	1291	2813	162	1155	2101	948	528
玉田县	54184	30971	11793	101	6496	290	1603	3374	2009	747
河北唐山芦台经济开发区	3726	2122	166		1410	13	70	93	55	50
唐山市汉沽管理区	4482	2534	423	3	763	38	244	248	210	90
唐山高新技术产业开发区	16702	7162	360	67	1473	106	932	1175	398	253
河北唐山海港经济开发区	8295	5510	1484	202	1141	110	190	348	994	134
遵化市	57584	33509	8880	724	5453	287	2631	4732	2863	1124
迁安市	61825	38224	8465	1442	9959	321	2100	4129	2689	1070
滦州市	41483	24157	7588	665	3892	126	2374	2742	1780	593
秦皇岛市	**253905**	**133764**	**42362**	**457**	**17209**	**1659**	**11985**	**15337**	**8367**	**4942**
海港区	83065	38370	1217	69	4850	870	3505	7571	3992	2138
山海关区	13371	6028	864	9	1583	85	259	704	565	329
北戴河区	10055	4190	623	3	235	80	544	538	254	248
抚宁区	23395	14590	7017	13	1599	135	1280	1084	637	384
青龙满族自治县	32937	17840	9694	272	648	120	2217	1061	584	528
昌黎县	40203	23050	11406	15	3235	102	1741	1911	1068	429
卢龙县	27834	17813	10495	63	1719	111	1269	974	662	283
秦皇岛市经济技术开发区	16869	8656	246	11	2661	143	731	1255	480	370
北戴河新区	6176	3227	800	2	679	13	439	239	125	233
邯郸市	**688783**	**440819**	**93118**	**6205**	**75070**	**3547**	**62664**	**70635**	**24367**	**20664**
邯山区	46233	23580	1092	244	2396	321	2450	5206	1816	1016
丛台区	45606	25330	790	209	2199	604	2612	6211	1415	1442
复兴区	25783	13923	379	404	2542	121	1061	3205	1236	738
峰峰矿区	36293	22372	2202	2615	3193	317	1630	4277	1394	1623
肥乡区	26735	18257	4638	17	1662	84	3355	2472	1265	986
永年区	60998	43618	8488	32	13115	200	4430	7968	2307	1602
临漳县	41156	28773	8015	25	4128	116	5758	4077	1131	1288
成安县	28174	21431	6062	14	3665	97	3538	2984	1033	762
大名县	51689	33666	11379	24	4600	139	5933	4194	1582	1787
涉县	28511	18495	4475	374	2388	287	2709	2061	1207	812
磁县	30978	20923	4639	661	3595	150	2848	2227	1225	964
邱县	15627	11082	3696	3	1700	84	1177	1262	634	473
鸡泽县	19413	11410	1275	17	3489	75	2219	1410	519	468
广平县	17426	13120	3358	4	2205	26	2343	1988	462	500
馆陶县	21549	13457	3244	8	2488	84	2047	1627	779	694
魏县	58604	42770	12851	18	4005	118	7820	9098	2119	2145
曲周县	33299	21509	6509	10	4373	128	3155	2270	960	842
邯郸经济技术开发区	21757	11266	1815	61	862	70	2894	2896	442	476
邯郸冀南新区	20762	13284	2301	313	3617	117	2432	1429	705	484
武安市	58190	32553	5910	1152	8848	409	2253	3773	2136	1562
邢台市	**533315**	**304866**	**87067**	**3305**	**61897**	**2683**	**28690**	**37511**	**16799**	**9546**
襄都区	32600	16508	472	195	1464	342	1991	3574	1201	982
信都区	62004	33076	6807	1663	3044	507	2468	4296	1538	1284
任泽区	25662	15469	3127	16	4504	72	2282	1940	709	534

单位：人

信息传输、软件和信息技术服务业	金融业	房地产业	租赁和商务服务业	科学研究和技术服务业	水利、环境和公共设施管理业	居民服务、修理和其他服务业	教育	卫生和社会工作	文化、体育和娱乐业	公共管理、社会保障和社会组织	国际组织
299	160	213	241	128	169	705	837	377	49	653	
674	306	618	626	532	139	399	947	367	171	459	
44	16	83	43	41	50	58	102	39	10	105	
176	250	289	286	108	233	717	992	447	93	820	
159	173	110	296	99	215	628	643	273	22	610	
248	209	158	321	117	125	650	837	339	70	696	
3118	**5034**	**4968**	**6704**	**3375**	**3332**	**11507**	**14791**	**8226**	**1533**	**15982**	
269	458	508	431	230	119	514	798	720	125	882	
793	1427	981	1117	848	292	981	2101	1708	344	2502	
87	142	101	197	74	50	261	465	304	38	586	
115	157	261	168	93	116	456	485	236	40	535	
175	277	416	437	222	471	701	1042	423	107	1151	
252	370	484	741	297	394	1233	1368	652	124	1335	
157	154	248	561	258	105	420	549	203	58	994	
110	212	201	264	120	297	740	866	470	51	876	
75	208	102	172	94	127	529	718	281	35	796	
104	199	149	341	143	192	613	744	385	51	907	
145	255	181	295	104	90	921	1005	553	77	932	
2	8	18	26	10	18	36	35	9	1	102	
11	21	53	47	10	89	70	58	22	4	130	
141	144	222	358	203	69	251	417	189	49	355	
29	32	104	94	65	83	106	163	31	17	183	
214	374	299	580	230	229	1533	1399	715	158	1084	
298	376	403	571	262	309	1213	1710	927	217	1763	
141	220	237	304	112	282	929	868	398	37	869	
1448	**1852**	**2370**	**3172**	**1413**	**1212**	**4033**	**5799**	**2803**	**947**	**6397**	
744	1023	1331	1731	839	425	1620	2475	1225	496	2249	
75	72	159	137	39	64	212	271	149	57	395	
57	65	111	143	51	86	181	260	213	44	454	
88	136	100	180	78	131	359	473	224	39	633	
107	86	59	332	67	81	447	599	269	47	622	
86	180	201	176	66	98	530	604	288	84	830	
84	120	60	86	58	120	296	510	238	40	625	
195	148	275	291	193	108	322	509	159	85	474	
12	22	74	96	22	99	66	98	38	55	115	
3050	**3872**	**4506**	**9121**	**2698**	**3795**	**16452**	**17476**	**7400**	**1446**	**14732**	**1**
352	503	604	1419	452	317	1107	1803	864	181	1437	
375	733	646	1730	579	357	977	1515	875	221	1840	
170	189	448	488	206	285	511	772	301	74	793	
207	266	418	584	116	180	1110	907	494	93	746	
117	83	309	430	62	125	1208	704	210	42	487	1
190	258	223	462	69	187	1413	1211	494	78	891	
166	118	145	456	221	202	1022	1071	309	58	467	
91	90	71	338	85	205	777	820	276	33	490	
129	141	156	225	106	280	869	1004	404	47	667	
131	198	128	270	70	242	1068	745	424	113	793	
182	141	237	282	66	158	829	1088	420	95	1116	
67	73	82	178	34	182	497	387	144	22	387	
68	87	138	207	44	53	279	437	185	17	423	
77	76	66	344	224	78	501	457	110	32	269	
87	112	121	353	42	109	515	471	215	35	426	
144	171	147	389	52	229	1233	1033	498	93	607	
123	122	89	252	66	111	654	774	344	36	691	
81	136	106	154	45	50	386	323	137	36	296	
84	51	157	124	44	123	460	400	158	33	252	
209	324	215	436	115	322	1036	1554	538	107	1654	
2342	**2707**	**3398**	**5711**	**1862**	**2145**	**9202**	**11941**	**5335**	**936**	**11787**	**2**
306	395	582	688	248	267	939	1067	630	130	1035	
465	787	1043	705	510	362	1495	2084	1177	249	2592	
106	52	93	292	73	84	441	519	153	21	451	

表6 续表 2

地　　区	16岁及以上人口	各种行业人口总计	农、林、牧、渔业	采矿业	制造业	电力、热力、燃气及水生产和供应业	建筑业	批发和零售业	交通运输、仓储和邮政业	住宿和餐饮业
南和区	26827	15119	4054	20	2522	138	2047	1953	1503	474
临城县	15495	8866	3660	84	1007	70	753	621	719	275
内丘县	20709	10740	3885	504	1141	135	1221	980	502	399
柏乡县	12973	6928	2200	6	1273	78	824	618	515	185
隆尧县	37117	18657	6225	54	3438	131	1928	1868	1168	774
宁晋县	55231	32672	8541	45	11448	271	2426	3756	1320	629
巨鹿县	26771	14370	7695	1	1762	64	892	1225	522	323
新河县	10602	5354	2252	1	1176	37	285	478	140	108
广宗县	21109	13655	5413	3	2844	70	1595	1060	700	303
平乡县	24613	16592	2269	6	7073	68	1411	2218	663	418
威县	34999	22878	10431	8	2413	123	1951	2675	1487	734
清河县	30118	17533	3332	2	6084	96	1560	3175	458	362
临西县	23201	12861	4329	6	3116	44	1334	1180	671	414
河北邢台经济开发区	13111	7464	419	31	1278	185	1322	1276	725	301
南宫市	29323	18367	8654	6	2920	67	771	2485	703	282
沙河市	30850	17757	3302	654	3390	185	1629	2133	1555	765
保定市	**905892**	**523463**	**136898**	**1014**	**99783**	**4643**	**61449**	**67212**	**25715**	**18615**
竞秀区	41329	22306	332	19	4068	467	1748	4831	1171	1231
莲池区	70213	32375	2253	45	4212	500	1682	7525	1858	1519
满城区	29766	18416	7102	18	3319	175	1519	1609	1123	543
清苑区	50258	29123	11927	20	3619	221	3310	3359	1129	709
徐水区	47925	29138	4489	40	8314	214	3778	3691	2025	1112
涞水县	26321	15324	4466	55	1166	113	2733	1813	690	756
阜平县	15426	7194	855	51	595	67	1650	622	601	307
定兴县	39993	22691	7877	16	4001	143	3176	2178	910	811
唐县	39272	20272	5469	23	3250	152	4188	1969	1051	645
高阳县	24654	15535	3721	4	5654	145	512	2230	630	408
容城县	20914	12080	417	24	4118	114	1616	1531	689	521
涞源县	18932	10261	4325	101	378	126	1288	867	559	539
望都县	18474	12908	4327	6	2022	103	1514	1257	497	377
安新县	35425	18969	3262	8	6618	160	1166	2767	1032	730
易县	41216	19292	4924	221	1816	190	3362	2205	1019	897
曲阳县	40933	25809	7340	54	5545	139	3976	2292	1499	830
蠡县	37576	26334	13187	5	5671	143	996	2294	975	473
顺平县	22234	12076	5011	18	2054	73	1085	923	418	305
博野县	17952	10509	4321	10	2443	83	811	831	387	255
雄县	35136	19432	2146	29	7015	124	1585	2665	1221	773
保定高新技术产业开发区	6879	4473	340	4	539	171	626	757	258	199
保定白沟新城	10522	7374	34		3704	19	374	1749	301	292
涿州市	52883	33231	8165	193	3284	195	3719	5091	1845	1339
定州市	90526	52688	17238	28	7000	499	9332	5807	2177	1626
安国市	29880	19879	9591	6	2488	63	2024	2376	520	433
高碑店市	41253	25774	3779	16	6890	244	3679	3973	1130	985
张家口市	**327897**	**147687**	**38069**	**1200**	**11240**	**2478**	**16743**	**17360**	**10689**	**6435**
桥东区	23154	10073	605	21	841	318	918	1795	846	522
桥西区	23168	9836	107	13	721	222	1118	2256	878	631
宣化区	43522	17959	2924	227	2552	354	1589	2662	1411	790
下花园区	6423	2739	245	96	151	131	590	237	236	128
万全区	17364	7652	1547	5	907	82	1262	884	675	299
崇礼区	8450	3903	328	38	144	58	1240	337	158	244
张北县	23308	8726	1966	92	637	224	998	1103	882	380
康保县	10364	5122	1978	10	212	69	463	436	312	203
沽源县	11912	5283	2575	40	94	25	316	475	243	184
尚义县	8179	3707	1366	5	136	53	381	343	151	116
蔚县	30753	17959	7818	347	973	206	1548	1701	1168	659
阳原县	16263	6891	2313	18	817	56	957	478	448	187
怀安县	14207	7860	3389	23	414	111	885	441	384	165
怀来县	28076	12661	2850	45	705	132	1707	1527	1228	701
涿鹿县	24449	11035	4278	85	664	106	1131	906	509	550
赤城县	15046	6452	2889	121	135	66	413	405	313	203

单位：人

信息传输、软件和信息技术服务业	金融业	房地产业	租赁和商务服务业	科学研究和技术服务业	水利、环境和公共设施管理业	居民服务、修理和其他服务业	教育	卫生和社会工作	文化、体育和娱乐业	公共管理、社会保障和社会组织	国际组织
98	76	122	231	47	124	492	581	205	36	396	
55	58	84	152	36	69	259	400	179	21	364	
95	100	78	151	54	71	278	484	161	34	466	1
72	72	51	89	41	42	179	277	123	10	273	
122	136	144	432	113	91	481	658	267	61	566	
176	171	163	560	126	88	623	924	495	55	855	
55	79	41	155	38	71	428	425	227	24	342	1
28	32	46	40	10	18	190	158	99	5	251	
54	53	58	130	36	85	287	406	170	28	360	
105	92	88	307	119	67	441	423	154	19	651	
94	107	120	340	66	118	638	698	259	35	581	
62	106	120	196	47	59	390	569	283	27	605	
41	65	101	251	31	27	286	433	188	21	323	
74	68	162	252	83	188	344	314	91	35	316	
123	95	87	358	83	70	387	537	168	23	548	
211	163	215	382	101	244	624	984	306	102	812	
5253	**5271**	**6274**	**11069**	**5181**	**4224**	**17943**	**20910**	**9616**	**2374**	**20014**	**5**
586	697	686	855	713	165	1003	1338	749	259	1388	
694	784	806	1578	864	267	1310	2707	1566	317	1888	
82	128	138	224	98	125	534	643	325	43	668	
152	184	223	592	185	156	938	999	426	80	894	
225	242	281	542	269	214	1254	1054	445	181	768	
241	118	229	472	126	153	562	551	271	61	747	1
68	76	70	304	80	163	405	373	150	35	721	1
168	162	186	370	139	124	698	782	283	73	594	
166	146	150	162	96	187	534	853	371	50	810	
51	93	104	106	20	95	331	586	239	33	573	
159	129	140	491	179	195	418	381	190	57	711	
61	74	87	121	25	90	372	436	204	30	577	1
101	94	114	161	69	85	289	443	230	40	1179	
118	137	42	252	58	265	593	698	265	73	725	
229	185	228	464	207	191	765	847	433	117	992	
175	129	119	376	109	169	872	979	449	61	696	
132	127	70	160	60	77	504	604	257	35	564	
59	85	59	228	60	44	610	393	160	30	461	
71	78	51	61	24	43	283	299	164	25	269	
155	166	123	385	118	328	845	741	259	73	681	
137	136	132	256	153	41	171	207	93	29	224	
52	53	119	100	35	29	175	210	46	15	67	
603	444	814	1397	938	443	1287	1435	647	337	1054	1
481	424	591	772	325	366	1636	1922	829	188	1447	
94	129	158	196	85	70	444	529	213	27	432	1
193	251	554	444	146	139	1110	900	352	105	884	
1804	**2344**	**2633**	**4175**	**1469**	**1847**	**5757**	**6729**	**3466**	**1115**	**12132**	**2**
254	420	294	352	158	121	361	571	388	117	1170	1
157	329	314	286	184	101	390	616	514	102	897	
183	353	432	849	251	170	732	864	395	117	1104	
39	45	154	107	30	38	87	142	59	17	207	
70	103	106	104	73	100	293	342	137	38	625	
33	42	64	52	32	56	80	128	78	306	485	
169	107	142	126	40	110	276	524	180	60	710	
36	44	22	104	72	63	273	144	159	15	507	
25	26	41	123	15	229	218	168	89	16	381	
23	24	35	136	48	77	132	137	62	12	470	
129	157	127	209	56	116	804	589	314	62	976	
67	67	35	142	35	89	215	325	151	19	472	
49	59	35	106	21	40	149	257	116	21	1195	
196	155	365	480	152	246	542	609	246	78	697	
156	120	141	359	88	108	494	474	198	47	621	
33	41	91	286	44	98	372	198	110	17	616	1

表6 续表 3

地 区	16岁及以上人口	各种行业人口总计	农、林、牧、渔业	采矿业	制造业	电力、热力、燃气及水生产和供应业	建筑业	批发和零售业	交通运输、仓储和邮政业	住宿和餐饮业
张家口经济开发区	21326	8819	499	14	936	238	1195	1321	806	424
张家口市察北管理区	1373	711	267		144	21	30	43	23	27
张家口市塞北管理区	560	299	125		57	6	2	10	18	22
承德市	**265086**	**123419**	**32603**	**3868**	**8990**	**1703**	**15401**	**13832**	**8073**	**5752**
双桥区	28109	12832	125	84	816	386	966	2311	1099	798
双滦区	14378	6781	510	192	1184	205	682	996	588	320
鹰手营子矿区	4505	1707	28	165	402	38	121	191	125	93
承德县	27163	14381	5178	296	934	119	2124	1289	692	666
兴隆县	22382	10381	3088	160	1046	143	1217	894	832	518
滦平县	21338	11676	3190	626	731	89	1747	1135	816	586
隆化县	26910	14753	6121	241	558	112	2015	1361	782	553
丰宁满族自治县	25470	12379	4791	266	560	138	1455	1050	636	595
宽城满族自治县	17795	7316	1082	1305	705	73	771	715	433	243
围场满族蒙古族自治县	32936	13121	3326	82	746	150	1865	1971	1153	605
承德高新技术产业开发区	11268	3661	289	23	281	118	521	478	183	190
平泉市	32832	14431	4875	428	1027	132	1917	1441	734	585
沧州市	**557191**	**362056**	**106337**	**2274**	**85160**	**2798**	**26095**	**45572**	**19440**	**11111**
新华区	19339	10974	146	53	1283	132	697	2976	1066	508
运河区	39716	21976	352	63	1920	438	1545	4845	1260	1132
沧县	47716	34745	12074	63	8007	115	5049	3199	1976	882
青县	31998	21272	7438	30	5653	122	1094	2184	1343	511
东光县	26325	19692	9772	3	3395	106	954	1882	752	437
海兴县	14319	8863	2650	101	1787	100	907	793	499	266
盐山县	29283	22623	10381	9	4253	127	1245	2497	762	530
肃宁县	26702	18844	7511	5	3575	80	1243	2106	1333	422
南皮县	26257	17394	8021	10	4212	93	938	1263	600	345
吴桥县	17798	9857	4252	8	1213	87	830	764	600	268
献县	41169	27849	11628	9	6195	117	1657	3070	1026	513
孟村回族自治县	15389	8412	1708	6	2928	53	493	1126	473	197
河北沧州经济开发区	2241	1187	34	5	361	11	139	221	85	39
沧州高新技术产业开发区	1065	816	84		163	8	67	251	50	19
沧州渤海新区	11390	5763	370	83	1985	134	243	699	493	184
泊头市	46778	28818	7706	7	8017	125	1481	4270	1796	1254
任丘市	62393	35268	3564	1260	12289	502	2687	4817	1540	1180
黄骅市	36466	25598	6794	173	5535	252	1406	3475	1949	844
河间市	60847	42105	11852	386	12389	196	3420	5134	1837	1580
廊坊市	**422469**	**244421**	**32840**	**823**	**56402**	**2445**	**19319**	**42249**	**14030**	**9555**
安次区	33963	18909	1240	38	4502	323	1762	3117	1252	725
广阳区	45164	23856	972	413	1842	534	2077	4311	1430	1075
固安县	44977	24563	5739	12	3869	179	2389	3557	1511	952
永清县	28885	19234	7056	5	2894	145	1454	2929	1011	704
香河县	35152	20493	2961	1	4677	156	1233	4369	1324	638
大城县	35292	22118	6291		6250	134	2429	2609	962	511
文安县	41161	24478	5038		10043	135	995	3259	1152	860
大厂回族自治县	13031	6935	417	5	1704	86	428	1035	486	275
廊坊经济技术开发区	9777	6525	291	1	1505	116	461	1224	449	528
霸州市	55285	33737	791	245	14199	232	2027	6906	1589	1546
三河市	79782	43573	2044	103	4917	405	4064	8933	2864	1741
衡水市	**353408**	**208871**	**77829**	**69**	**46825**	**1569**	**12512**	**22813**	**7272**	**5047**
桃城区	45863	25634	2795	5	3600	461	2101	5242	1556	1111
冀州区	24981	15044	7545	6	2829	133	459	1351	434	231
枣强县	29815	18551	4491	7	7668	119	1040	1678	532	422
武邑县	21607	11402	5928	4	1632	73	647	844	411	241
武强县	15339	9128	3675	2	1815	120	823	655	284	242
饶阳县	20724	14254	8467	2	1650	64	832	1013	274	253
安平县	27256	17252	2855	2	8798	91	514	1638	555	269
故城县	37058	21622	9560	8	4178	129	1913	1794	532	508
景县	41396	22527	7696	11	5293	126	1614	3028	802	518
阜城县	26592	16265	7100	7	3903	55	789	1676	573	360
河北衡水高新技术产业开发区	11296	6193	405	2	1807	79	496	1004	329	285
衡水滨湖新区	6779	2161	328		539	6	178	422	115	55
深州市	44702	28838	16984	13	3113	113	1106	2468	875	552

单位：人

信息传输、软件和信息技术服务业	金融业	房地产业	租赁和商务服务业	科学研究和技术服务业	水利、环境和公共设施管理业	居民服务、修理和其他服务业	教育	卫生和社会工作	文化、体育和娱乐业	公共管理、社会保障和社会组织	国际组织
182	249	225	331	164	81	317	619	263	69	886	
3	2	7	13	5	2	19	15	6	1	83	
	1	3	10	1	2	3	7	1	1	30	
1416	**1746**	**1726**	**2629**	**1187**	**1654**	**4137**	**6304**	**3320**	**669**	**8408**	**1**
290	493	299	721	295	204	538	900	712	235	1560	
79	88	219	222	159	54	270	333	194	63	423	
21	30	27	22	14	11	81	109	57	7	165	
136	124	158	296	105	121	473	660	258	49	703	
92	138	129	213	93	167	407	430	227	54	533	
111	121	144	144	48	137	318	588	275	40	830	
101	125	128	186	75	153	485	658	341	52	706	
139	102	127	136	51	426	328	504	268	36	771	
43	100	81	161	55	66	275	417	180	17	594	
98	159	121	117	95	177	406	663	345	33	1009	
100	104	133	105	83	42	98	359	134	32	388	
206	162	160	306	114	96	458	683	329	51	726	1
2148	**3858**	**3355**	**5638**	**2457**	**2368**	**10098**	**13076**	**6195**	**1056**	**13020**	
189	328	307	395	239	132	435	656	458	73	901	
516	1042	818	596	512	212	964	1686	1437	264	2374	
91	153	179	281	119	270	904	709	281	57	336	
96	184	118	248	80	76	494	663	293	46	599	
66	130	103	214	90	88	435	556	217	19	473	
48	78	64	175	61	140	312	283	136	11	452	
61	150	123	188	40	96	536	623	291	24	687	
84	127	94	273	55	67	394	741	198	43	493	
69	111	88	102	39	44	345	465	205	24	420	
53	96	69	174	72	78	294	384	172	85	358	
92	170	126	479	60	89	658	878	356	35	691	
38	93	26	138	31	21	187	370	104	19	401	
12	10	44	22	12	37	39	58	11	1	46	
9	16	9	22	2	24	52	19	8	1	12	
37	41	105	356	105	56	145	223	58	11	435	
176	184	190	569	215	126	962	875	296	50	519	
246	347	361	734	482	241	1038	1619	756	143	1462	
105	306	289	290	121	332	864	975	437	85	1366	
160	292	242	382	122	239	1040	1293	481	65	995	
4618	**3822**	**7514**	**9092**	**4164**	**2284**	**9387**	**10106**	**4677**	**2124**	**8970**	
357	366	670	514	331	316	872	1125	410	128	861	
656	1007	1182	1670	1057	330	1154	1293	849	262	1742	
510	298	1074	581	227	246	819	1110	377	251	862	
107	150	312	251	108	141	610	559	181	48	569	
330	240	664	644	224	144	840	731	339	145	833	
82	164	100	197	62	120	608	724	282	35	558	
115	216	105	165	31	98	582	693	276	50	665	
173	155	305	303	141	87	319	323	158	76	459	
264	70	420	299	156	91	222	189	42	60	137	
216	237	754	1056	170	215	1475	880	467	96	636	
1808	919	1928	3412	1657	496	1886	2479	1296	973	1648	
1469	**2342**	**2346**	**3385**	**1278**	**1144**	**5074**	**7341**	**3186**	**519**	**6851**	
506	960	840	641	281	269	1011	1639	872	190	1554	
81	126	62	78	54	45	253	625	189	36	507	
94	113	131	265	57	86	385	614	205	35	609	
66	89	53	127	48	45	260	490	127	33	284	
70	92	83	94	26	52	240	311	133	27	384	
44	96	72	81	33	67	233	345	172	27	529	
68	116	116	422	109	103	297	509	194	20	576	
109	130	130	323	88	50	646	632	321	20	551	
92	152	173	609	317	85	524	633	197	29	628	
48	75	126	244	59	28	391	348	215	20	248	
126	193	242	115	62	93	228	372	160	40	155	
26	17	42	98	23	21	79	115	19	10	68	
139	183	276	288	121	200	527	708	382	32	758	

表6　续表 4

地　区	16岁及以上人口	各种行业人口总计	农、林、牧、渔业	采矿业	制造业	电力、热力、燃气及水生产和供应业	建筑业	批发和零售业	交通运输、仓储和邮政业	住宿和餐饮业
山西省	**2849425**	**1452063**	**355334**	**114373**	**147524**	**26311**	**115778**	**161700**	**100201**	**69488**
太原市	**412432**	**204938**	**8936**	**7041**	**25341**	**4278**	**20861**	**34258**	**14634**	**9770**
小店区	83079	43339	821	341	4036	817	5189	7260	2730	2521
迎泽区	47245	25218	96	161	1145	664	2081	5589	1783	1429
杏花岭区	61523	30148	326	412	3165	804	2419	5917	2802	1598
尖草坪区	42780	17896	573	182	3236	364	1694	3540	1379	752
万柏林区	75179	36605	143	2337	3373	811	4528	6519	1981	1709
晋源区	23405	11263	275	109	986	211	1648	2020	866	507
清徐县	27871	15120	4263	545	2436	148	1363	1403	1463	471
阳曲县	9453	4734	1406	50	524	72	369	372	450	183
娄烦县	6619	2562	499	411	100	37	196	194	202	96
山西转型综合改革示范区	19644	11613	295	35	6058	141	1060	964	553	304
古交市	15634	6440	239	2458	282	209	314	480	425	200
大同市	**266894**	**117267**	**24580**	**13881**	**7546**	**2710**	**10676**	**13551**	**11259**	**6037**
新荣区	7698	3407	999	288	322	22	299	238	449	215
平城区	93629	42298	650	2899	3017	1542	3731	7668	5447	2783
云冈区	58497	19752	770	7726	1723	535	1256	1691	1833	684
云州区	10856	4746	1365	38	486	72	515	416	709	234
阳高县	14909	9136	5750	46	260	105	569	612	376	259
天镇县	12657	4179	1781	18	259	41	693	245	273	155
广灵县	14682	7167	2901	68	464	53	1006	635	400	332
灵丘县	15836	6924	2786	294	367	109	808	503	475	291
浑源县	24052	12022	6590	88	320	103	1272	819	646	646
左云县	12983	7106	985	2411	258	125	411	626	596	381
山西大同经济开发区	1095	530	3	5	70	3	116	98	55	57
阳泉市	**111586**	**53216**	**5398**	**9155**	**4740**	**1935**	**4371**	**6029**	**4538**	**2325**
城区	19361	9649	45	990	914	466	714	1605	802	517
矿区	20856	9896	33	3581	964	429	881	821	385	328
郊区	23115	11372	426	1669	1076	386	994	1467	1078	611
平定县	25290	11239	2061	1347	969	333	991	1167	1198	475
盂县	22964	11060	2833	1568	817	321	791	969	1075	394
长治市	**260695**	**148949**	**42952**	**17247**	**13725**	**2966**	**10257**	**15610**	**7613**	**6031**
潞州区	72177	39272	838	3151	5115	1307	2941	7450	2739	2120
上党区	27355	14273	3043	2462	1155	171	1387	1604	1021	695
屯留区	19850	14713	7717	1788	983	137	571	878	355	333
潞城区	16929	8693	1976	337	2027	305	781	748	508	255
襄垣县	21021	11339	3111	2287	1132	373	519	784	532	346
平顺县	11282	6327	2802	248	361	72	617	410	252	306
黎城县	10290	5823	2398	294	548	67	469	405	295	166
壶关县	20169	13782	7078	847	973	96	1002	931	433	593
长子县	25267	13115	4994	2463	551	191	707	993	631	502
武乡县	12366	7003	3504	746	211	99	300	423	274	187
沁县	11724	7523	4164	70	295	52	563	614	328	267
沁源县	12265	7086	1327	2554	374	96	400	370	245	261
晋城市	**199484**	**107865**	**18455**	**19689**	**14287**	**2228**	**7883**	**10697**	**5997**	**4275**
城区	47129	25544	121	3495	3417	958	1809	4049	1588	1121
沁水县	19053	10897	2579	3089	479	258	708	642	563	405
阳城县	32374	16131	2788	3200	1944	467	1372	1382	905	641
陵川县	17652	9966	4541	697	812	100	613	739	341	388
泽州县	41095	21017	3416	2696	5146	208	1644	1808	1599	812
高平市	42181	24310	5010	6512	2489	237	1737	2077	1001	908
朔州市	**122739**	**55389**	**11846**	**6374**	**5232**	**1739**	**4156**	**5020**	**4674**	**2011**
朔城区	33232	15725	2765	1011	934	671	1213	1891	1428	602
平鲁区	12529	5805	1087	1315	239	185	452	371	570	301
山阴县	16557	7466	1958	863	660	148	498	661	799	223
应县	20754	8489	3833	62	1280	87	696	486	418	219

单位：人

信息传输、软件和信息技术服务业	金融业	房地产业	租赁和商务服务业	科学研究和技术服务业	水利、环境和公共设施管理业	居民服务、修理和其他服务业	教育	卫生和社会工作	文化、体育和娱乐业	公共管理、社会保障和社会组织	国际组织
16336	**23845**	**20322**	**30532**	**14590**	**11867**	**46733**	**74881**	**34037**	**9707**	**78496**	**8**
5291	**6212**	**6509**	**8949**	**5935**	**2749**	**7221**	**14664**	**7401**	**2964**	**11919**	**5**
1722	1502	1689	2569	1794	487	1642	3766	1485	703	2264	1
783	1347	775	1246	864	316	900	1938	1489	629	1983	
772	1007	1106	1406	806	410	1060	2080	1680	456	1921	1
301	341	571	690	529	255	601	1390	487	189	822	
941	1209	1451	1818	1199	454	1254	2844	1294	617	2122	1
267	270	484	537	268	375	499	709	241	168	823	
123	173	117	180	174	191	500	692	217	72	589	
41	78	41	59	39	62	214	256	133	30	355	
24	43	27	34	12	39	74	152	56	8	358	
249	151	169	222	195	104	207	471	157	63	215	
68	91	79	188	55	56	270	366	162	29	467	2
1095	**1714**	**2133**	**1837**	**730**	**887**	**3901**	**5586**	**2837**	**741**	**5566**	
19	15	22	35	11	17	168	87	52	10	139	
614	1191	1444	1145	422	471	1610	2716	1629	502	2817	
104	122	403	303	139	125	406	855	501	73	503	
25	30	39	58	15	42	198	172	68	16	248	
48	63	28	38	26	26	187	300	103	34	306	
36	33	15	33	12	28	122	170	75	7	183	
40	61	26	41	14	17	425	273	91	11	309	
97	61	49	49	18	18	209	332	117	30	311	
59	54	52	64	40	92	299	377	118	32	351	
49	83	49	58	27	34	245	276	81	23	388	
4	1	6	13	6	17	32	28	2	3	11	
611	**1089**	**785**	**1324**	**524**	**518**	**1535**	**2616**	**1502**	**401**	**3820**	
148	337	155	237	110	137	332	550	511	135	944	
109	121	150	500	136	87	214	430	294	57	376	
154	275	201	264	163	124	388	598	281	124	1093	
127	179	163	161	62	130	330	584	220	44	698	
73	177	116	162	53	40	271	454	196	41	709	
1136	**2238**	**1711**	**2328**	**1233**	**1180**	**3994**	**6710**	**3245**	**879**	**7894**	
569	1129	932	1167	731	410	1314	2494	1533	411	2921	
85	174	131	198	61	141	377	611	253	71	633	
43	107	81	102	61	64	416	449	149	47	432	
58	111	101	120	75	78	204	373	152	47	437	
59	141	77	219	147	135	239	449	232	60	497	
54	61	70	54	23	63	136	247	124	33	394	
29	65	40	37	9	78	163	262	99	20	379	
68	91	76	111	26	73	198	496	174	56	460	
63	136	82	104	29	44	414	471	194	44	502	
23	81	55	68	32	40	117	322	109	31	381	
42	77	33	81	16	16	278	231	89	36	271	
43	65	33	67	23	38	138	305	137	23	587	
896	**1753**	**1488**	**1836**	**864**	**824**	**2920**	**4557**	**2411**	**748**	**6057**	
326	844	761	662	330	193	714	1621	954	276	2305	
58	104	36	161	146	54	235	386	195	49	750	
160	226	123	251	91	135	434	606	385	133	888	
60	102	76	89	36	59	195	435	162	58	463	
136	189	252	317	130	208	710	657	349	89	651	
156	288	240	356	131	175	632	852	366	143	1000	
518	**865**	**572**	**1263**	**418**	**460**	**2293**	**3522**	**1021**	**227**	**3177**	**1**
247	414	242	500	179	173	808	1078	384	80	1105	
39	54	58	89	31	48	189	285	87	15	390	
61	62	34	208	52	83	236	379	130	28	383	
46	78	52	91	42	44	246	399	111	33	265	1

表6 续表 5

地区	16岁及以上人口	各种行业人口总计	农、林、牧、渔业	采矿业	制造业	电力、热力、燃气及水生产和供应业	建筑业	批发和零售业	交通运输、仓储和邮政业	住宿和餐饮业
右玉县	7343	3919	916	901	168	117	218	237	277	165
山西朔州经济开发区	5735	3040	30	727	166	364	198	243	160	89
怀仁市	26589	10945	1257	1495	1785	167	881	1131	1022	412
晋中市	**269307**	**131036**	**29884**	**11273**	**13954**	**2214**	**9297**	**14549**	**10927**	**6271**
榆次区	70834	31196	3450	350	3439	658	2667	5120	2876	1933
太谷区	25924	12155	3353	15	2424	97	688	1190	977	499
榆社县	8485	5180	2297	14	569	123	337	348	245	167
左权县	11688	5915	1981	703	263	157	377	482	413	206
和顺县	9672	4404	986	984	145	72	205	388	278	145
昔阳县	15225	7439	2931	997	286	104	329	474	522	338
寿阳县	17262	8928	2780	2256	381	209	311	659	676	263
祁县	20939	10629	3330	11	1773	91	779	973	1106	379
平遥县	36360	14860	3972	268	1802	158	1529	1603	1332	797
灵石县	19206	9212	851	2610	620	222	363	914	856	520
介休市	33712	21118	3953	3065	2252	323	1712	2398	1646	1024
运城市	**400917**	**242233**	**103272**	**2055**	**27756**	**2093**	**13972**	**24010**	**11202**	**13662**
盐湖区	69744	38490	8341	77	3501	514	2811	6524	2203	2047
临猗县	46857	34171	20989	40	3048	118	786	2800	931	1467
万荣县	33279	20642	11026	28	1650	76	1334	1843	990	799
闻喜县	30451	15758	5619	57	3754	101	759	1400	813	721
稷山县	26218	16857	7884	61	2680	123	737	1285	896	675
新绛县	23717	14641	7711	11	2051	63	430	1464	522	493
绛县	17341	10344	4581	25	1147	115	527	929	415	717
垣曲县	17528	7520	1537	723	876	67	802	717	459	390
夏县	23178	14661	9001	17	949	67	874	1011	412	431
平陆县	16602	8721	4068	94	670	75	543	744	719	342
芮城县	32086	21931	9913	55	2400	193	2022	1840	1001	1161
永济市	32749	22160	10182	17	1991	236	762	1521	552	3699
河津市	31167	16337	2420	850	3039	345	1585	1932	1289	720
忻州市	**217639**	**98011**	**29671**	**6443**	**6144**	**2070**	**9303**	**8814**	**7639**	**4722**
忻府区	45463	20307	4581	202	1008	505	2404	2507	1436	1072
定襄县	15924	6643	2270	30	1440	61	494	556	349	250
五台县	18213	6589	2337	215	323	104	978	459	293	312
代县	14325	6017	2085	1080	224	63	401	501	306	221
繁峙县	18023	9212	2799	694	661	101	949	813	800	365
宁武县	9929	4403	589	1188	77	80	325	433	434	216
静乐县	10774	4987	1414	341	191	130	771	347	369	325
神池县	7568	4070	2126	29	90	41	136	234	506	172
五寨县	8323	4205	2142	18	109	53	150	346	493	185
岢岚县	6240	3491	1064	77	182	63	487	271	316	187
河曲县	9832	5120	1391	700	349	264	301	373	409	171
保德县	10621	5115	658	724	352	198	541	405	657	301
偏关县	6768	3128	1134	76	93	65	372	200	264	150
五台山风景名胜区	1468	687	43	2	11	6	11	64	46	316
原平市	34168	14037	5038	1067	1034	336	983	1305	961	479
临汾市	**328969**	**171787**	**56498**	**9230**	**14881**	**2315**	**12485**	**17458**	**11593**	**8832**
尧都区	77094	35506	4713	1013	2286	728	3162	5816	3349	2491
曲沃县	18092	9966	3277	176	1956	78	887	879	536	366
翼城县	21224	12052	5854	497	1050	93	448	951	688	282
襄汾县	37593	22359	13113	148	2140	144	802	1331	1038	912
洪洞县	49167	23671	8159	992	2718	192	1564	2072	1605	1248
古县	7094	4206	1333	729	338	51	235	261	171	187
安泽县	6378	4170	1849	253	384	53	276	200	140	137
浮山县	8476	4290	1924	167	247	44	324	259	146	226
吉县	7043	4102	2422	102	54	28	355	179	181	142
乡宁县	17266	10756	3631	1815	438	146	811	655	615	459
大宁县	5251	2322	647	125	135	22	268	131	156	252
隰县	7043	3862	1987	10	116	13	294	254	141	312
永和县	4627	2719	1361	43	44	55	292	105	117	166
蒲县	9032	5843	1813	1115	135	74	253	622	487	226

单位：人

信息传输、软件和信息技术服务业	金融业	房地产业	租赁和商务服务业	科学研究和技术服务业	水利、环境和公共设施管理业	居民服务、修理和其他服务业	教育	卫生和社会工作	文化、体育和娱乐业	公共管理、社会保障和社会组织	国际组织
18	58	59	29	16	27	113	183	64	14	339	
51	78	50	176	54	17	118	260	60	16	183	
56	121	77	170	44	68	583	938	185	41	512	
1191	**2230**	**1611**	**2703**	**1023**	**1228**	**4461**	**7229**	**2890**	**772**	**7329**	
595	969	761	1129	594	277	1292	2134	754	267	1931	
67	145	95	182	124	120	389	860	365	43	522	
34	60	24	60	19	31	109	270	95	28	350	
39	99	104	91	11	64	119	312	85	30	379	
31	58	35	94	20	42	210	181	86	27	417	
43	90	48	78	20	48	176	349	131	31	444	
38	88	49	75	23	33	181	290	165	27	424	
67	130	70	163	40	161	287	482	173	45	569	
96	158	126	261	59	156	470	962	297	100	714	
51	169	80	255	25	106	315	443	202	39	571	
130	264	219	315	88	190	913	946	537	135	1008	
2196	**2540**	**2101**	**3305**	**1402**	**1135**	**7048**	**9881**	**4426**	**1171**	**9005**	**1**
633	965	812	830	453	394	1375	2645	1199	438	2728	
221	216	206	263	149	94	612	1024	395	103	709	
140	155	132	223	105	43	601	671	282	81	463	
127	145	87	125	61	44	506	583	309	57	490	
175	96	70	210	71	52	472	552	338	62	417	1
70	99	46	103	17	36	315	571	198	38	403	
128	97	80	121	43	25	342	390	174	24	464	
76	85	80	123	52	55	265	419	181	34	579	
84	72	61	117	54	53	354	454	183	60	407	
58	88	50	124	27	23	241	344	138	29	344	
230	152	159	315	139	105	595	685	335	82	549	
128	176	173	222	79	119	469	752	322	72	688	
126	194	145	529	152	92	901	791	372	91	764	
843	**1393**	**674**	**1457**	**573**	**891**	**2999**	**5109**	**1973**	**446**	**6846**	**1**
340	546	251	460	229	245	702	1427	618	159	1615	
47	68	31	63	13	44	169	267	90	36	365	
52	93	30	106	55	67	187	378	108	24	467	1
36	67	28	68	22	33	180	244	80	18	360	
41	109	53	87	25	80	262	455	185	44	689	
20	45	33	78	8	35	149	219	110	16	348	
29	39	13	79	40	63	199	208	75	15	339	
28	38	13	36	13	30	127	150	66	5	230	
19	36	9	32	8	15	90	173	47	7	273	
27	31	18	68	17	37	124	145	72	10	295	
27	70	44	28	22	35	127	271	97	21	420	
33	53	21	55	20	62	175	297	119	24	420	
17	40	10	33	11	35	112	164	57	8	287	
3	1	3	45	1	5	10	16	2	3	99	
124	157	117	219	89	105	386	695	247	56	639	
1556	**2433**	**1776**	**2883**	**1065**	**945**	**5636**	**8094**	**3800**	**723**	**9584**	
518	1015	762	908	467	277	1362	2573	1319	272	2475	
66	94	48	148	42	45	346	375	167	43	437	
84	123	56	128	40	57	337	543	252	41	528	
92	145	83	314	76	34	471	609	269	49	589	
192	258	203	394	109	140	1059	1220	461	84	1001	
24	56	15	47	21	20	88	189	72	15	354	
19	41	15	34	14	10	67	162	68	16	432	
30	46	19	40	14	17	128	205	87	11	356	
11	35	14	19	11	13	60	140	66	9	261	
75	88	77	135	52	126	363	474	211	40	545	
12	19	17	32	18	16	119	85	42	5	221	
19	50	23	47	12	8	67	125	60	8	316	
7	31	7	15	6	10	101	83	53	10	213	
34	46	34	25	23	15	195	173	96	15	462	

表6 续表 6

地区	16岁及以上人口	各种行业人口总计	农、林、牧、渔业	采矿业	制造业	电力、热力、燃气及水生产和供应业	建筑业	批发和零售业	交通运输、仓储和邮政业	住宿和餐饮业
汾西县	7964	3791	1411	104	265	36	367	246	250	220
侯马市	22799	11585	1000	23	1869	175	1236	2407	1304	675
霍州市	22826	10587	2004	1918	706	383	911	1090	669	531
吕梁市	**258763**	**121372**	**23842**	**11985**	**13918**	**1763**	**12517**	**11704**	**10125**	**5552**
离石区	31801	13812	574	1280	745	264	1614	1543	1314	697
文水县	27933	13408	4098	281	2456	168	729	1643	1102	468
交城县	16730	6685	720	244	1931	114	431	690	555	202
兴县	13879	7921	2027	810	427	70	1016	699	676	376
临县	37238	19329	6658	1088	680	173	3432	1738	1309	1076
柳林县	20099	9761	1138	2949	477	205	887	650	900	355
石楼县	7542	3957	1650	65	150	29	549	253	242	228
岚县	10769	6105	2517	390	311	46	593	393	494	244
方山县	9647	4393	1144	548	191	56	736	238	289	190
中阳县	10144	4884	590	1130	861	53	350	288	342	138
交口县	7204	2986	427	204	507	61	173	249	263	145
孝义市	35390	15088	655	2828	2323	327	987	1739	1179	707
汾阳市	30387	13043	1644	168	2859	197	1020	1581	1460	726
内蒙古自治区	**1984299**	**1049550**	**295346**	**33374**	**84303**	**24820**	**79750**	**121307**	**67344**	**49248**
呼和浩特市	**273042**	**133341**	**12915**	**466**	**10306**	**4046**	**13994**	**19946**	**10089**	**8627**
新城区	53666	26954	267	76	1251	691	3071	4250	2580	1707
回民区	36202	17693	106	31	951	555	2187	3874	1806	1435
玉泉区	41820	21798	421	89	1740	703	3172	4278	1525	1863
赛罕区	69250	33552	1594	106	2295	1413	2559	4500	1741	2012
土默特左旗	21234	9000	3714	21	767	122	840	739	582	404
托克托县	13777	7009	2108	9	1057	235	706	653	487	301
和林格尔县	12935	5904	2155	2	721	102	441	430	346	298
清水河县	6009	2680	835	91	255	53	224	148	288	112
武川县	8136	3220	1373	20	157	75	103	274	250	155
呼和浩特经济技术开发区	10013	5531	342	21	1112	97	691	800	484	340
包头市	**239456**	**122003**	**14948**	**2994**	**16772**	**3152**	**11302**	**18789**	**10497**	**6778**
东河区	41989	19873	1649	154	2516	441	1693	3939	2732	1230
昆都仑区	68216	34088	558	600	5736	738	3523	6393	2671	1942
青山区	45806	22831	196	158	4333	1083	2132	3604	1393	1521
石拐区	1951	1009	109	27	403	13	28	88	67	30
白云鄂博矿区	2013	1227	16	699	47	27	21	77	26	42
九原区	20025	10114	1007	242	1256	163	1479	1386	1031	564
土默特右旗	23219	13351	6843	213	494	327	647	1138	856	480
固阳县	14727	7709	3300	412	490	101	409	545	989	316
达尔罕茂明安联合旗	5788	2810	1035	200	158	50	104	258	83	122
包头稀土高新技术产业开发区	15722	8991	235	289	1339	209	1266	1361	649	531
乌海市	**46009**	**25277**	**399**	**2886**	**5501**	**897**	**1978**	**3133**	**2218**	**1139**
海勃湾区	27838	15604	235	1158	2405	637	1526	2262	1491	740
海南区	7871	4529	122	1013	1427	99	222	312	388	177
乌达区	10300	5144	42	715	1669	161	230	559	339	222
赤峰市	**336743**	**193336**	**85305**	**3828**	**9848**	**3078**	**17308**	**18545**	**8135**	**6296**
红山区	36884	18262	765	118	2022	515	1933	3740	1484	1070
元宝山区	24127	9583	1232	1299	1254	356	952	928	640	303
松山区	54882	31632	9387	339	1434	697	4174	3812	1391	1206
阿鲁科尔沁旗	20150	11204	5887	69	396	82	883	910	434	346
巴林左旗	25623	18772	8491	450	601	140	1718	2197	858	797
巴林右旗	12657	8220	4361	64	205	135	473	628	568	284
林西县	16834	9543	3835	365	483	104	1365	808	422	289
克什克腾旗	15518	8338	3410	539	410	518	471	551	294	309
翁牛特旗	30835	15689	9636	84	483	137	1251	1007	335	348
喀喇沁旗	21663	13327	7812	118	643	92	1123	871	360	328
宁城县	40067	24990	14268	156	1419	160	1775	1820	855	541
敖汉旗	37503	23776	16221	227	498	142	1190	1273	494	475
通辽市	**234980**	**126498**	**62144**	**1136**	**7399**	**2082**	**5576**	**11111**	**6286**	**4714**
科尔沁区	60456	28662	7469	84	2057	686	1759	4146	2418	1562

单位：人

信息传输、软件和信息技术服务业	金融业	房地产业	租赁和商务服务业	科学研究和技术服务业	水利、环境和公共设施管理业	居民服务、修理和其他服务业	教育	卫生和社会工作	文化、体育和娱乐业	公共管理、社会保障和社会组织	国际组织
43	30	29	58	17	19	111	211	83	11	280	
237	222	167	208	111	90	396	491	256	54	664	
93	134	207	331	32	48	366	436	238	40	450	
1003	**1378**	**962**	**2647**	**823**	**1050**	**4725**	**6913**	**2531**	**635**	**7299**	
261	356	193	609	224	214	554	1333	393	154	1490	
62	113	78	115	42	85	397	605	368	41	557	
54	67	78	208	46	42	344	380	140	37	402	
39	78	40	146	44	101	378	347	111	29	507	
155	86	70	196	68	66	879	658	303	133	561	
57	82	49	205	72	74	242	600	181	40	598	
26	22	13	66	10	39	171	142	50	11	241	
26	43	41	111	18	40	174	266	64	11	323	
23	37	15	132	23	39	134	204	76	11	307	
36	49	38	51	16	54	140	285	79	18	366	
24	53	33	121	27	24	111	229	73	12	250	
117	242	222	391	117	171	608	1049	333	72	1021	
123	150	92	296	116	101	593	815	360	66	676	
11692	**20112**	**17786**	**20506**	**11145**	**10098**	**42441**	**52399**	**26836**	**7581**	**73460**	**2**
3240	**4564**	**4287**	**4381**	**3144**	**2054**	**5865**	**8915**	**4181**	**1907**	**10414**	
890	1280	1075	1236	795	438	1338	2170	879	484	2476	
386	480	688	545	276	312	947	1150	648	284	1032	
498	516	806	811	493	366	1157	1206	666	318	1170	
1121	1727	1241	1333	1378	584	1357	2934	1368	648	3641	
77	106	105	96	43	97	279	349	168	33	458	
39	98	69	68	19	71	203	270	156	33	427	
83	74	74	120	28	73	172	269	79	23	414	
19	43	12	25	9	39	67	107	57	10	286	
28	59	14	24	12	22	103	163	80	20	288	
99	181	203	123	91	52	242	297	80	54	222	
1503	**2743**	**2850**	**3547**	**1867**	**1190**	**5796**	**6531**	**3432**	**983**	**6329**	
189	340	510	441	198	174	986	997	696	147	841	
510	822	865	1698	912	369	1752	2069	1160	345	1425	
419	800	668	581	391	208	1123	1639	807	268	1507	
8	4	22	31	12	20	29	23	8	2	85	
8	13	5	12	14	20	45	29	25	4	97	
118	192	291	275	121	122	575	513	229	44	506	
74	156	146	123	60	107	453	432	163	62	577	
37	81	35	65	10	23	278	183	90	22	323	
17	48	8	18	8	17	172	104	69	19	320	
123	287	300	303	141	130	383	542	185	70	648	
312	**524**	**406**	**386**	**252**	**416**	**1272**	**1127**	**633**	**165**	**1633**	
266	438	303	302	191	296	700	819	500	133	1202	
20	38	57	40	24	33	188	136	50	13	170	
26	48	46	44	37	87	384	172	83	19	261	
1488	**2631**	**2219**	**2524**	**1340**	**1219**	**7527**	**8328**	**4453**	**800**	**8464**	
295	503	538	542	274	282	1163	1057	828	191	942	
83	143	103	130	68	118	508	614	280	40	532	
429	766	784	632	539	243	1185	1819	982	196	1617	
53	95	71	113	23	60	483	412	228	21	638	
101	186	225	225	78	95	984	695	301	62	568	
32	80	24	40	11	44	213	337	165	37	519	
50	94	52	105	42	51	465	358	200	13	442	
55	96	52	123	63	85	224	331	184	41	582	
78	138	87	153	50	44	365	637	236	51	569	
74	121	77	63	41	46	325	415	219	52	547	
154	246	106	187	93	69	898	853	517	64	809	
84	163	100	211	58	82	714	800	313	32	699	
875	**1531**	**1311**	**1344**	**670**	**716**	**4138**	**5775**	**2842**	**583**	**6264**	**1**
328	596	560	475	201	291	1572	1559	1039	219	1640	1

表6　续表 7

地　　区	16岁及以上人口	各种行业人口总计	农、林、牧、渔业	采矿业	制造业	电力、热力、燃气及水生产和供应业	建筑业	批发和零售业	交通运输、仓储和邮政业	住宿和餐饮业
科尔沁左翼中旗	35684	16936	9617	56	978	127	768	1098	676	852
科尔沁左翼后旗	25089	15955	11891	101	325	100	202	755	459	351
开鲁县	25649	15178	9929	11	690	116	460	1011	383	343
库伦旗	11977	8272	5988	42	138	50	177	368	129	187
奈曼旗	29339	14945	9257	27	472	132	702	1038	501	376
扎鲁特旗	20148	12051	6908	151	396	128	452	911	522	362
通辽经济技术开发区	15976	8268	979	21	769	310	693	1143	602	376
霍林郭勒市	10662	6231	106	643	1574	433	363	641	596	305
鄂尔多斯市	**174786**	**112957**	**17891**	**14518**	**10432**	**3707**	**8263**	**12697**	**7938**	**5291**
东胜区	44826	28220	643	2603	2089	690	2680	5203	2099	1704
康巴什区	8772	5197	41	517	289	304	351	464	186	310
达拉特旗	26004	16219	5438	689	1697	478	947	1654	1376	659
准格尔旗	30192	17822	1725	3462	1506	779	1633	1711	1572	808
鄂托克前旗	7894	5381	1781	857	241	220	253	359	232	189
鄂托克旗	13242	9744	1880	1082	2172	482	327	887	648	409
杭锦旗	9008	5703	2198	110	544	122	191	443	327	216
乌审旗	13803	10420	2594	1879	1055	278	698	719	549	395
伊金霍洛旗	21045	14251	1591	3319	839	354	1183	1257	949	601
呼伦贝尔市	**188089**	**84913**	**24398**	**2382**	**4822**	**2041**	**4388**	**9241**	**5915**	**4288**
海拉尔区	30370	14223	524	329	831	431	1014	2429	1609	950
扎赉诺尔区	7304	2631	117	587	253	134	94	291	218	147
阿荣旗	20698	9318	4377	20	441	93	638	855	398	360
莫力达瓦达斡尔族自治旗	18084	7713	4429	6	135	86	263	581	258	249
鄂伦春自治旗	14233	5597	2244	57	130	156	116	467	328	253
鄂温克族自治旗	11591	5651	1148	446	134	354	274	560	268	297
陈巴尔虎旗	4620	2391	841	139	94	44	183	124	135	89
新巴尔虎左旗	3196	1934	911	43	34	28	36	102	101	93
新巴尔虎右旗	3316	2140	768	81	169	25	214	146	82	101
满洲里市	12509	6329	86	162	976	158	333	1152	908	407
牙克石市	24365	8223	1067	252	376	241	409	947	691	486
扎兰屯市	25355	13598	6313	71	1041	146	661	1193	678	633
额尔古纳市	5961	2701	792	37	145	72	87	245	133	124
根河市	6487	2464	781	152	63	73	66	149	108	99
巴彦淖尔市	**127896**	**71492**	**23910**	**1378**	**5888**	**1317**	**4333**	**8992**	**4362**	**3309**
临河区	47395	26750	5063	100	2527	590	2326	4229	2012	1450
五原县	18606	10202	4560	44	552	119	385	1377	576	365
磴口县	7773	4509	1890	9	545	140	219	379	172	183
乌拉特前旗	21739	12270	5616	441	772	198	529	1297	498	549
乌拉特中旗	9589	6093	2790	315	239	126	166	464	446	215
乌拉特后旗	4775	3148	735	414	517	55	232	213	124	113
杭锦后旗	18019	8520	3256	55	736	89	476	1033	534	434
乌兰察布市	**141421**	**60391**	**13784**	**345**	**5604**	**1553**	**5600**	**6562**	**5261**	**3115**
集宁区	35094	17790	311	33	863	579	2179	2845	2431	1174
卓资县	7329	2733	545	25	405	118	296	219	180	160
化德县	8057	3104	587	7	623	51	334	330	152	157
商都县	14922	6121	2512	27	358	55	275	563	385	223
兴和县	13250	3488	736	12	305	87	388	356	424	154
凉城县	9417	3694	1574	12	107	92	339	264	178	150
察哈尔右翼前旗	10732	5125	1315	44	841	48	660	430	307	255
察哈尔右翼中旗	7572	3164	1518	73	158	59	148	198	111	87
察哈尔右翼后旗	8946	3436	781	15	591	65	262	317	242	191
四子王旗	10807	5135	2280	76	204	84	225	493	339	247
丰镇市	15295	6601	1625	21	1149	315	494	547	512	317
兴安盟	**111446**	**55656**	**24492**	**388**	**2302**	**826**	**3280**	**5155**	**2052**	**2330**
乌兰浩特市	27683	13517	1238	23	1231	358	1241	2177	910	800
阿尔山市	2874	1433	52	4	31	29	91	80	110	114
科尔沁右翼前旗	22759	12696	7441	57	393	103	635	818	258	389
科尔沁右翼中旗	16076	8227	4524	37	181	140	312	591	253	352
扎赉特旗	24613	11265	6587	42	266	87	461	738	287	391
突泉县	17441	8518	4650	225	200	109	540	751	234	284

单位：人

信息传输、软件和信息技术服务业	金融业	房地产业	租赁和商务服务业	科学研究和技术服务业	水利、环境和公共设施管理业	居民服务、修理和其他服务业	教育	卫生和社会工作	文化、体育和娱乐业	公共管理、社会保障和社会组织	国际组织
137	107	93	187	53	78	465	620	315	61	648	
42	78	72	70	28	30	282	478	142	33	516	
36	139	60	101	48	42	345	579	247	38	600	
27	61	16	40	19	16	149	296	144	31	394	
64	119	78	124	49	81	332	707	287	44	555	
56	101	74	55	68	40	340	568	191	36	692	
139	250	283	184	140	62	377	688	342	84	826	
46	80	75	108	64	76	276	280	135	37	393	
997	**1980**	**2377**	**3034**	**1244**	**1480**	**4252**	**5504**	**2226**	**767**	**8359**	
428	910	1130	993	476	548	1331	1737	836	281	1839	
78	135	318	176	80	138	134	480	207	95	894	
73	211	182	237	85	120	505	682	259	74	853	
106	205	189	612	203	165	714	879	294	85	1174	
21	74	77	43	15	33	145	244	88	25	484	
35	77	52	133	67	82	359	330	112	46	564	
25	75	50	75	50	53	364	259	96	13	492	
149	99	55	241	136	78	268	357	117	28	725	
82	194	324	524	132	263	432	536	217	120	1334	
935	**1637**	**1309**	**1676**	**785**	**691**	**3772**	**4452**	**2741**	**761**	**8678**	**1**
348	528	463	485	282	130	637	856	662	207	1508	
22	50	28	49	23	31	105	133	92	26	231	
37	122	67	135	47	49	402	423	205	51	598	
44	95	65	65	10	1	186	434	170	20	616	
46	75	21	47	19	29	430	344	157	46	632	
82	90	164	138	70	52	207	378	167	94	728	
14	24	15	26	13	10	218	90	61	19	252	
14	20	3	6	5	16	91	94	49	18	269	1
9	17	8	26	17	24	60	82	29	18	264	
66	198	145	172	36	67	265	322	159	53	664	
105	143	118	267	160	75	616	504	455	87	1224	
79	179	105	105	67	82	431	491	374	79	870	
23	48	16	136	27	73	80	130	69	26	438	
46	48	91	19	9	52	44	171	92	17	384	
620	**1366**	**967**	**1225**	**572**	**663**	**2791**	**2915**	**1858**	**401**	**4625**	
365	704	628	561	319	286	1066	1353	923	221	2027	
54	160	89	129	86	103	539	353	221	38	452	
30	55	21	75	17	61	125	125	108	19	336	
64	180	97	132	33	80	436	456	275	53	564	
24	99	26	73	42	53	197	179	105	25	509	
24	41	24	23	8	23	90	100	51	7	354	
59	127	82	232	67	57	338	349	175	38	383	
676	**1122**	**744**	**681**	**328**	**569**	**2607**	**3091**	**1485**	**352**	**6912**	
441	545	481	360	177	221	680	1188	643	165	2474	
14	78	19	25	7	29	104	151	56	19	283	
20	51	21	29	13	12	110	146	76	11	374	
26	68	15	36	14	26	637	227	120	32	522	
26	50	26	22	21	22	136	163	78	11	471	
18	41	8	17	10	34	156	163	77	17	437	
30	50	88	49	25	91	141	204	58	15	474	
14	44	7	19	16	12	67	166	56	7	404	
28	46	19	14	6	29	230	157	55	19	369	
21	76	22	53	19	18	115	222	119	23	499	
38	73	38	57	20	75	231	304	147	33	605	
367	**824**	**546**	**476**	**322**	**475**	**1772**	**2881**	**1553**	**340**	**5275**	
176	413	306	233	197	200	732	886	609	168	1619	
14	25	6	24	6	78	35	59	24	16	635	
47	123	111	54	55	41	318	667	265	49	872	
46	80	42	54	24	74	231	421	211	31	623	
42	95	57	92	26	47	251	512	265	35	984	
42	88	24	19	14	35	205	336	179	41	542	

表6 续表 8

地 区	16岁及以上人口	各种行业人口总计	农、林、牧、渔业	采矿业	制造业	电力、热力、燃气及水生产和供应业	建筑业	批发和零售业	交通运输、仓储和邮政业	住宿和餐饮业
锡林郭勒盟	**88730**	**49719**	**13400**	**2385**	**3272**	**1690**	**2808**	**5695**	**3739**	**2457**
二连浩特市	6197	3709	150	45	243	77	268	1001	551	242
锡林浩特市	27631	15423	1255	665	1028	658	1196	2230	1638	903
阿巴嘎旗	3399	2197	1112	110	69	90	90	129	92	62
苏尼特左旗	2766	1904	940	98	105	36	116	93	77	58
苏尼特右旗	5228	2720	888	92	295	66	108	262	204	161
东乌珠穆沁旗	5433	3420	1548	215	141	59	106	257	131	114
西乌珠穆沁旗	8064	5383	1797	837	359	226	215	379	371	161
太仆寺旗	8813	3222	1235	29	257	72	152	272	173	129
镶黄旗	2207	1316	533	72	58	30	65	99	33	70
正镶白旗	3569	1841	867	11	77	65	48	147	70	76
正蓝旗	5557	3207	1550	13	149	196	52	237	126	126
多伦县	8010	4231	1220	71	471	93	316	509	203	286
乌拉盖管委会	1856	1146	305	127	20	22	76	80	70	69
阿拉善盟	**21701**	**13967**	**1760**	**668**	**2157**	**431**	**920**	**1441**	**852**	**904**
阿拉善左旗	15040	9394	1335	459	940	270	629	1064	581	613
阿拉善右旗	1957	1163	229	75	127	38	60	100	62	65
额济纳旗	2450	1611	189	92	36	44	158	189	150	147
内蒙古阿拉善经济开发区	2254	1799	7	42	1054	79	73	88	59	79
辽宁省	**3599645**	**1799414**	**488325**	**22202**	**244089**	**24369**	**114880**	**247689**	**112000**	**74479**
沈阳市	**759256**	**379598**	**62859**	**1445**	**49806**	**4933**	**23558**	**67752**	**24414**	**18671**
和平区	59596	28647	61	61	2297	648	2384	5421	1658	1933
沈河区	70202	34893	119	27	3218	625	1761	10619	2048	2707
大东区	64570	26810	82	41	4609	468	1425	6171	2224	1390
皇姑区	79079	35677	106	64	4838	438	2636	6907	2023	2383
铁西区	112338	51589	1190	63	10445	751	3411	10674	3878	2622
苏家屯区	41508	18913	2913	743	3379	257	1539	2430	2114	885
浑南区	64124	31525	2038	44	3124	440	2608	5405	2708	1446
沈北新区	50582	23092	2351	188	4308	274	2072	3824	1623	1226
于洪区	86053	45704	2155	38	7134	459	3510	10470	3233	2243
辽中区	33420	16338	7413	14	1977	118	725	1699	967	480
康平县	23151	13110	8254	90	750	192	378	834	358	305
法库县	28736	18737	12927	37	1331	128	361	1014	401	335
新民市	45897	34563	23250	35	2396	135	748	2284	1179	716
大连市	**612213**	**299391**	**43284**	**507**	**62061**	**3641**	**18904**	**47628**	**19136**	**11278**
中山区	30256	14516	88	16	1071	224	867	2445	1270	1096
西岗区	25225	11822	28	10	1438	176	589	2362	1128	749
沙河口区	49269	19324	355	29	1705	351	848	3481	1412	876
甘井子区	150156	75643	839	112	13045	942	6285	13907	6229	3075
旅顺口区	32651	15613	1229	28	4429	125	1071	2360	628	573
金州区	129009	69391	5589	116	24739	655	4480	10961	4561	2630
普兰店区	52632	24396	9495	35	4941	230	1326	2248	991	625
长海县	5872	3026	1598	1	169	32	103	239	199	104
瓦房店市	73723	36856	14022	89	6496	695	1693	4844	1530	857
庄河市	63420	28804	10041	71	4028	211	1642	4781	1188	693
鞍山市	**295212**	**153512**	**35816**	**1956**	**24780**	**1699**	**7931**	**26894**	**10395**	**7830**
铁东区	52231	23756	224	549	3033	628	1695	4564	1246	1290
铁西区	33965	15334	924	69	2810	209	898	3750	1293	1166
立山区	45022	15657	191	469	3640	296	995	2941	1057	689
千山区	8679	5114	1941	163	731	27	314	476	449	236
台安县	24744	18186	11102	19	1436	137	810	1037	796	357
岫岩满族自治县	34711	17421	7729	131	2180	118	933	1834	762	694
海城市	95860	58044	13705	556	10950	284	2286	12292	4792	3398
抚顺市	**157666**	**63445**	**16335**	**1557**	**9436**	**1374**	**3191**	**7488**	**3607**	**2999**
新抚区	19807	7122	264	314	902	279	287	1540	496	388
东洲区	20262	6520	1208	354	1433	161	405	766	411	382
望花区	33081	11113	872	242	3072	175	514	1408	792	597
顺城区	40117	14800	495	224	2532	592	842	2033	892	741
抚顺县	6976	4361	3106	117	219	13	207	159	150	88
新宾满族自治县	17978	9500	5230	29	701	60	441	772	396	407
清原满族自治县	19445	10029	5160	277	577	94	495	810	470	396

单位：人

信息传输、软件和信息技术服务业	金融业	房地产业	租赁和商务服务业	科学研究和技术服务业	水利、环境和公共设施管理业	居民服务、修理和其他服务业	教育	卫生和社会工作	文化、体育和娱乐业	公共管理、社会保障和社会组织	国际组织
488	**868**	**602**	**852**	**423**	**474**	**2204**	**2309**	**1128**	**368**	**4557**	
46	90	46	73	24	71	151	163	43	37	388	
226	421	349	492	244	164	885	955	525	162	1427	
7	26	9	8	6	7	46	59	47	23	205	
13	23	8	9	15	8	35	63	27	9	171	
23	41	15	9	11	11	79	114	51	11	279	
25	26	15	18	10	23	223	121	45	17	326	
42	36	39	63	44	55	155	153	73	32	346	
32	45	31	25	20	22	106	201	89	16	316	
4	19	1	17	1	6	36	55	43	13	161	
18	25	6	5	9	14	57	68	31	6	241	
21	53	23	26	12	19	192	107	56	14	235	
20	51	48	84	23	55	200	194	70	15	302	
11	12	12	23	4	19	39	56	28	13	160	
191	**322**	**168**	**380**	**198**	**151**	**445**	**571**	**304**	**154**	**1950**	
148	274	122	262	142	93	305	447	231	125	1354	
10	19	6	21	11	10	16	40	24	6	244	
21	24	22	39	29	21	69	42	36	14	289	
12	5	18	58	16	27	55	42	13	9	63	
31935	**35273**	**33988**	**48133**	**22969**	**13060**	**69527**	**77494**	**42567**	**12356**	**84053**	**26**
10061	**10009**	**12207**	**14066**	**8002**	**3385**	**15809**	**20275**	**11067**	**3930**	**17342**	**7**
1398	1381	1168	1621	1022	275	1085	2172	1650	534	1877	1
1348	1243	1482	1120	1111	411	1433	2088	1287	477	1768	1
775	876	1014	1099	536	259	1355	1549	1052	369	1516	
1148	1810	1391	1869	1098	319	1467	2628	1485	475	2592	
1608	1446	1928	2576	1146	406	2289	2765	1726	609	2054	2
290	238	553	305	143	197	816	738	490	123	759	1
1572	959	1519	1634	1188	490	1429	2123	848	519	1429	2
375	362	910	828	456	316	1121	1445	413	196	804	
1182	1051	1817	2076	1021	334	2743	2743	1114	471	1910	
98	165	120	480	90	81	541	497	247	39	587	
64	123	47	98	30	93	270	383	182	23	636	
99	132	104	124	48	38	358	475	209	34	582	
104	223	154	236	113	166	902	669	364	61	828	
11348	**7358**	**8034**	**12089**	**5527**	**2033**	**11191**	**14795**	**7136**	**2452**	**10981**	**8**
734	1165	702	784	337	165	746	886	609	289	1022	
551	606	470	704	308	107	595	617	518	191	675	
1373	914	766	1621	662	132	886	1660	772	302	1179	
6160	2338	2880	4162	1939	529	2986	4759	2088	821	2546	1
927	237	579	653	266	148	511	767	277	108	696	1
1036	1006	1727	1912	991	499	2559	2870	1032	419	1608	1
175	324	231	527	181	127	896	809	505	82	648	
23	31	10	55	7	28	38	114	58	23	194	
206	393	343	858	453	158	1024	1197	683	127	1184	4
163	344	326	813	383	140	950	1116	594	90	1229	1
1588	**2688**	**2378**	**4381**	**1732**	**858**	**7348**	**5222**	**2960**	**924**	**6129**	**3**
577	1065	686	1199	681	198	989	1545	1037	314	2234	2
197	244	282	858	217	95	972	512	214	108	516	
248	391	327	777	410	137	683	878	501	156	870	1
35	21	29	82	29	38	272	96	61	34	80	
73	104	68	103	38	46	798	445	260	30	527	
109	198	96	297	80	81	570	525	285	54	745	
349	665	890	1065	277	263	3064	1221	602	228	1157	
708	**1418**	**742**	**1719**	**674**	**462**	**2550**	**2927**	**1698**	**429**	**4131**	
111	233	110	413	98	39	362	339	306	48	593	
41	66	71	195	42	68	269	213	128	39	268	
155	216	239	322	141	90	508	702	273	122	673	
263	621	231	646	325	159	746	1011	638	169	1640	
13	14	1	22	8	25	67	55	24	4	69	
68	115	31	84	25	32	318	262	132	22	375	
57	153	59	37	35	49	280	345	197	25	513	

表6 续表 9

地 区	16岁及以上人口	各种行业人口总计	农、林、牧、渔业	采矿业	制造业	电力、热力、燃气及水生产和供应业	建筑业	批发和零售业	交通运输、仓储和邮政业	住宿和餐饮业
本溪市	**117360**	**51803**	**8817**	**1897**	**8619**	**1159**	**3066**	**6667**	**4256**	**2545**
平山区	20003	7866	179	193	2260	219	407	1088	757	345
溪湖区	18223	5673	222	326	1473	99	357	838	554	305
明山区	34115	16554	768	407	2985	487	835	2471	1416	739
南芬区	4801	1686	232	534	195	34	56	128	112	57
本溪满族自治县	20317	11228	4040	261	1159	161	768	1047	767	557
桓仁满族自治县	19901	8796	3376	176	547	159	643	1095	650	542
丹东市	**188472**	**91319**	**28669**	**830**	**11748**	**1230**	**6184**	**12175**	**6119**	**3828**
元宝区	18991	6355	94	7	738	129	441	1405	542	460
振兴区	36061	14638	507	36	2317	416	1074	2590	1285	759
振安区	16046	7522	1484	66	1136	127	850	1110	524	350
宽甸满族自治县	28413	15951	8252	170	914	163	946	1413	739	636
东港市	49191	26703	9631	32	4285	228	1895	3606	1962	829
凤城市	39770	20150	8701	519	2358	167	978	2051	1067	794
锦州市	**245466**	**127254**	**54973**	**362**	**10157**	**1843**	**8194**	**12985**	**8455**	**4253**
古塔区	22453	8787	114	12	1508	265	804	1668	695	487
凌河区	35627	14294	160	25	1634	559	1054	2533	1637	809
太和区	39975	19162	3694	33	2611	473	1675	2435	1702	703
黑山县	40563	22995	14330	81	970	146	812	1896	1325	631
义县	29670	17381	10245	105	983	100	1349	1077	717	508
凌海市	38314	18696	9581	80	1010	114	1637	1589	1209	555
北镇市	38864	25939	16849	26	1441	186	863	1787	1170	560
营口市	**191547**	**100203**	**23559**	**627**	**18956**	**1170**	**5967**	**14046**	**10179**	**3942**
站前区	22349	10770	132	18	1673	296	522	2395	861	506
西市区	17931	7415	68	7	1832	129	424	1308	564	413
鲅鱼圈区	43612	23245	2231	32	3903	335	1739	3947	4165	1244
老边区	11813	6319	539	6	1985	65	479	971	632	228
盖州市	45978	24950	13343	99	2790	149	1238	2096	1515	661
大石桥市	49864	27504	7246	465	6773	196	1565	3329	2442	890
阜新市	**139307**	**70294**	**34344**	**1110**	**4066**	**1275**	**2791**	**6364**	**3278**	**2398**
海州区	19895	6767	247	317	609	344	392	1062	594	363
新邱区	6075	2077	208	102	347	82	133	314	212	133
太平区	12031	3534	136	122	397	149	214	681	490	226
清河门区	4647	1606	303	170	188	44	80	190	126	82
细河区	22792	10817	439	203	912	438	670	1665	770	614
阜新蒙古族自治县	45708	27539	20480	146	1023	103	908	1346	527	548
彰武县	28159	17954	12531	50	590	115	394	1106	559	432
辽阳市	**136230**	**67023**	**17391**	**1298**	**11571**	**967**	**4269**	**8178**	**4110**	**2782**
白塔区	31242	13833	248	68	2080	394	929	2306	859	817
文圣区	13708	6301	1209	64	1291	94	505	741	415	242
宏伟区	12299	6547	711	16	1842	192	416	744	403	328
弓长岭区	6665	2620	299	486	237	48	114	274	250	146
太子河区	11527	4378	987	5	768	42	493	686	307	229
辽阳县	31132	17934	8202	115	3190	78	913	1522	809	550
灯塔市	29657	15410	5735	544	2163	119	899	1905	1067	470
盘锦市	**120656**	**63489**	**11270**	**6140**	**6808**	**1187**	**3988**	**8269**	**3961**	**2658**
双台子区	18708	9551	573	83	1373	205	637	1916	1022	491
兴隆台区	46278	24695	342	5724	2200	721	1360	3075	1157	1003
大洼区	36202	17814	4583	235	1800	174	1576	2387	1137	864
盘山县	19468	11429	5772	98	1435	87	415	891	645	300
铁岭市	**194365**	**100768**	**51831**	**1855**	**5775**	**1475**	**5361**	**8294**	**3952**	**3541**
银州区	29199	12377	375	36	1339	541	896	1948	918	882
清河区	7936	3480	1075	2	248	193	315	492	118	126
铁岭县	26642	12455	6218	76	991	109	1044	791	400	479
西丰县	17828	9833	6651	10	308	61	274	603	237	279
昌图县	57894	35360	26131	28	782	146	978	1973	832	787
调兵山市	16975	6195	485	1673	522	228	357	576	509	192
开原市	37891	21068	10896	30	1585	197	1497	1911	938	796

单位：人

信息传输、软件和信息技术服务业	金融业	房地产业	租赁和商务服务业	科学研究和技术服务业	水利、环境和公共设施管理业	居民服务、修理和其他服务业	教育	卫生和社会工作	文化、体育和娱乐业	公共管理、社会保障和社会组织	国际组织
657	**1081**	**750**	**1112**	**506**	**571**	**2524**	**2178**	**1502**	**435**	**3460**	**1**
97	147	98	306	126	62	492	319	234	69	468	
50	61	104	73	57	65	421	223	135	43	267	
333	611	365	444	261	159	775	995	711	177	1615	
16	7	4	91	5	11	41	29	21	19	94	
109	156	105	123	40	148	460	388	232	100	606	1
52	99	74	75	17	126	335	224	169	27	410	
942	**1545**	**1298**	**1441**	**670**	**535**	**3427**	**3491**	**2268**	**570**	**4346**	**3**
156	259	241	229	92	66	285	384	238	69	520	
300	459	446	537	257	119	785	797	557	182	1212	3
87	124	134	178	54	62	372	298	161	52	353	
110	145	97	139	67	85	572	516	333	90	564	
129	320	235	217	87	122	813	767	540	104	901	
160	238	145	141	113	81	600	729	439	73	796	
1285	**2012**	**1319**	**1874**	**1070**	**785**	**3993**	**4786**	**2667**	**722**	**5519**	
184	273	194	213	137	100	414	578	457	116	568	
360	499	395	456	322	179	655	1026	665	213	1113	
263	565	308	424	285	236	596	1123	474	163	1399	
109	153	128	222	87	63	579	566	297	47	553	
72	122	61	148	79	52	538	422	223	49	531	
151	183	94	283	74	60	605	478	243	61	689	
146	217	139	128	86	95	606	593	308	73	666	
824	**1744**	**1376**	**1818**	**655**	**681**	**4202**	**3354**	**1916**	**666**	**4521**	
223	486	202	505	136	95	589	575	351	131	1074	
135	270	189	235	100	66	293	378	221	88	695	
190	386	594	474	191	182	1222	951	419	189	851	
46	104	87	135	49	75	244	170	111	45	348	
107	216	128	234	76	86	701	490	312	68	641	
123	282	176	235	103	177	1153	790	502	145	912	
608	**904**	**541**	**1110**	**425**	**447**	**2335**	**2697**	**1592**	**313**	**3696**	
133	254	101	172	92	60	381	452	365	63	766	
17	18	38	41	8	54	123	68	50	17	112	
76	30	71	112	16	49	282	136	95	29	223	
23	18	8	32	7	29	109	60	34	5	98	
199	363	190	407	184	134	630	942	514	121	1422	
75	105	68	218	68	56	443	593	258	42	532	
85	116	65	128	50	65	367	446	276	36	543	
599	**1086**	**636**	**2040**	**539**	**520**	**2863**	**2620**	**1634**	**377**	**3541**	**2**
309	583	229	480	239	171	692	995	749	189	1496	
69	133	102	129	40	37	279	251	224	43	432	1
60	97	97	193	126	87	376	311	154	34	360	
16	37	9	175	17	21	141	99	62	23	166	
21	24	56	186	16	29	255	100	65	15	93	1
66	79	76	537	53	59	611	426	198	46	404	
58	133	67	340	48	116	509	438	182	27	590	
717	**1139**	**1768**	**1825**	**1210**	**1031**	**2769**	**2638**	**1537**	**352**	**4222**	
115	156	139	345	124	256	637	353	332	42	752	
414	689	1099	749	815	231	1026	1247	757	196	1890	
149	251	441	624	236	277	816	744	287	93	1140	
39	43	89	107	35	267	290	294	161	21	440	
736	**1206**	**890**	**1549**	**580**	**468**	**3206**	**3249**	**1802**	**376**	**4621**	**1**
276	452	243	433	174	113	967	798	521	119	1345	1
31	32	35	115	39	44	166	141	61	11	236	
66	152	179	203	74	85	370	388	145	45	640	
56	103	36	125	28	33	177	267	140	26	419	
120	207	142	174	89	89	750	813	393	56	870	
59	82	54	244	91	39	185	298	207	37	357	
128	178	201	255	85	65	591	544	335	82	754	

表6 续表 10

地　　区	16岁及以上人口	各种行业人口总计	农、林、牧、渔业	采矿业	制造业	电力、热力、燃气及水生产和供应业	建筑业	批发和零售业	交通运输、仓储和邮政业	住宿和餐饮业
朝阳市	**243111**	**136014**	**63692**	**2024**	**9021**	**1290**	**12440**	**11143**	**5307**	**4427**
双塔区	37672	18624	1368	92	1457	436	1921	2806	1122	947
龙城区	18376	9285	2122	51	1005	100	1554	1261	570	383
朝阳县	35565	21093	14248	233	760	74	2017	1142	398	432
建平县	39963	24973	13982	566	1276	154	1617	1616	1128	806
喀喇沁左翼蒙古族自治县	28401	19385	11630	254	1055	97	1752	995	466	418
北票市	39788	19202	9562	502	1363	215	1289	1325	722	754
凌源市	43346	23452	10780	326	2105	214	2290	1998	901	687
葫芦岛市	**198784**	**95301**	**35485**	**594**	**11285**	**1126**	**9036**	**9806**	**4831**	**3327**
连山区	38834	16045	2647	96	2320	224	1460	2686	1324	779
龙港区	25033	12467	172	25	3320	287	731	1505	548	428
南票区	15055	5642	2360	41	689	59	398	573	400	236
绥中县	44235	22870	12619	46	988	275	1959	1905	1207	684
建昌县	36406	19388	10314	340	741	104	2695	1273	510	617
兴城市	39221	18889	7373	46	3227	177	1793	1864	842	583
吉林省	**1915686**	**1008886**	**378244**	**9232**	**82993**	**13545**	**56781**	**115873**	**52925**	**45449**
长春市	**734170**	**383085**	**120672**	**883**	**40188**	**4368**	**23187**	**50608**	**20666**	**16403**
南关区	51673	25447	39	19	2031	574	1495	4773	1339	1526
宽城区	67638	35877	4246	19	4634	375	3055	8738	3171	2006
朝阳区	54266	25019	1166	30	2817	343	1228	4049	1266	2059
二道区	44486	22968	1229	35	2777	440	1790	5314	1999	1201
绿园区	58338	31042	819	116	6904	423	2167	5698	2516	1548
双阳区	27014	12477	5909	131	778	131	780	1153	606	464
九台区	48925	28141	16853	347	1595	185	1476	1631	1023	797
农安县	60164	26328	16766	15	1009	217	1365	1689	764	668
长春经济技术开发区	35459	18634	75	39	2601	391	1360	3501	1380	1086
长春净月高新技术产业开发区	35601	14735	1282	26	1120	295	1159	2009	649	1026
长春高新技术产业开发区	38037	19472	188	30	4662	290	1333	2620	1019	896
长春汽车经济技术开发区	26077	14857	260	11	4983	164	716	2906	1193	634
榆树市	68916	38803	27297	12	986	178	1784	2172	1138	869
德惠市	50818	28937	19055	15	902	150	1973	1752	864	672
公主岭市	66758	40348	25488	38	2389	212	1506	2603	1739	951
吉林市	**288092**	**151968**	**59531**	**1228**	**13573**	**2320**	**8239**	**17073**	**7586**	**6800**
昌邑区	48901	22472	2575	35	3011	516	1690	4026	1864	1443
龙潭区	27964	12976	3968	15	2259	257	1024	1430	763	690
船营区	36877	17444	1890	16	1676	382	1222	3238	1255	1177
丰满区	21633	10093	1883	9	1023	208	698	1364	491	517
永吉县	18917	10313	6168	94	389	64	752	642	341	395
吉林经济开发区	4679	1852	214	2	918	12	94	138	101	84
吉林高新技术产业开发区	13880	6531	519	7	791	304	382	814	290	388
吉林中国新加坡食品区	2475	1152	564	2	84	3	74	100	62	69
蛟河市	25447	15102	8735	149	798	131	550	1334	589	500
桦甸市	26774	15789	9044	611	669	172	593	1210	617	404
舒兰市	31895	18719	12489	116	501	136	588	1270	569	487
磐石市	28650	19525	11482	172	1454	135	572	1507	644	646
四平市	**142339**	**72638**	**37353**	**119**	**3650**	**843**	**2821**	**6236**	**3786**	**2443**
铁西区	24657	10226	849	10	1137	266	526	1494	837	511
铁东区	21972	9698	2039	39	1124	176	661	1380	833	605
梨树县	42801	23694	16589	35	702	80	630	1251	836	496
伊通满族自治县	26886	15053	10159	15	317	74	437	887	516	391
双辽市	26023	13967	7717	20	370	247	567	1224	764	440
辽源市	**81192**	**44595**	**22174**	**381**	**4289**	**578**	**1757**	**3467**	**1673**	**1509**
龙山区	26450	12820	1627	114	2272	393	725	1626	748	654
西安区	10936	3828	662	230	653	51	209	538	326	225
东丰县	25820	16415	10989	9	799	99	533	924	378	456
东辽县	17986	11532	8896	28	565	35	290	379	221	174
通化市	**150754**	**84916**	**31226**	**450**	**7338**	**1245**	**5523**	**9836**	**4827**	**4704**
东昌区	29818	14710	755	31	1730	502	996	2640	1426	884
二道江区	7881	3010	161	63	856	75	334	352	166	154

单位：人

信息传输、软件和信息技术服务业	金融业	房地产业	租赁和商务服务业	科学研究和技术服务业	水利、环境和公共设施管理业	居民服务、修理和其他服务业	教育	卫生和社会工作	文化、体育和娱乐业	公共管理、社会保障和社会组织	国际组织
1092	**1474**	**992**	**2242**	**927**	**762**	**4172**	**5446**	**2667**	**464**	**6431**	**1**
337	591	339	1065	342	266	975	1621	706	150	2083	
96	74	97	262	144	93	571	335	172	31	364	
90	58	56	259	97	54	347	355	144	26	303	
185	207	140	217	90	86	776	821	423	72	811	
78	131	107	101	50	74	371	691	302	58	755	
146	195	126	171	104	110	557	711	428	62	859	1
160	218	127	167	100	79	575	912	492	65	1256	
770	**1609**	**1057**	**867**	**452**	**522**	**3138**	**3816**	**2121**	**346**	**5113**	
197	325	294	195	94	114	809	754	573	77	1077	
239	600	235	301	171	154	672	873	527	111	1568	
23	29	28	36	16	33	250	128	80	21	242	
103	259	238	142	61	87	521	663	293	49	771	
95	179	92	57	42	67	445	708	303	28	778	
113	217	170	136	68	67	441	690	345	60	677	
12850	**19064**	**16074**	**14619**	**10949**	**8168**	**33158**	**50453**	**28699**	**7499**	**52307**	**4**
6851	**8381**	**8544**	**6979**	**6813**	**3205**	**12684**	**22434**	**11511**	**3631**	**15076**	**1**
867	1409	1052	1055	1074	332	1356	2641	1209	592	2064	
822	657	1165	768	406	292	1438	1803	880	335	1067	
887	1031	722	652	905	287	1241	2536	1660	590	1549	1
653	735	949	630	473	242	866	1479	909	308	939	
677	840	884	763	807	385	1315	2115	1311	358	1396	
110	133	148	90	64	155	377	604	314	50	480	
140	227	171	162	115	179	897	942	540	71	790	
106	244	143	94	71	97	476	1193	522	62	827	
589	706	735	850	606	235	982	1326	828	315	1029	
491	721	651	495	644	190	491	1744	436	312	994	
778	622	810	614	889	250	561	1944	761	300	905	
296	287	441	307	399	115	600	793	358	101	293	
135	232	184	140	93	107	722	1187	549	80	938	
132	205	142	166	102	151	520	855	483	67	731	
168	332	347	193	165	188	842	1272	751	90	1074	
1522	**2732**	**2333**	**2087**	**1315**	**1232**	**4899**	**7263**	**4525**	**1038**	**6672**	
418	584	591	676	357	213	971	1301	983	223	995	
114	122	217	200	139	143	497	482	291	61	304	
284	572	478	405	256	233	934	1216	832	226	1152	
185	321	304	213	192	135	364	756	513	144	773	
36	106	75	64	34	41	234	314	187	85	292	
12	11	21	19	10	25	64	59	29	2	37	
133	269	202	166	166	68	250	677	317	104	684	
5	10	6	10	2	26	46	24	42		23	
70	164	82	68	36	84	324	544	322	58	564	
120	183	84	110	53	60	373	563	285	57	581	
80	164	102	49	26	122	354	623	349	34	660	
65	226	171	107	44	82	488	704	375	44	607	
567	**1016**	**698**	**600**	**443**	**531**	**2255**	**3136**	**1960**	**359**	**3820**	**2**
238	410	233	155	197	126	429	821	674	137	1175	1
116	173	191	139	86	121	592	501	314	84	524	
76	162	107	145	63	105	481	715	384	56	781	
69	107	106	95	46	80	365	514	274	38	562	1
68	164	61	66	51	99	388	585	314	44	778	
391	**751**	**336**	**406**	**157**	**251**	**1191**	**1671**	**1154**	**196**	**2263**	
233	506	185	224	97	104	493	798	640	106	1275	
45	61	56	83	13	42	191	105	117	32	189	
85	147	79	79	27	70	250	545	321	45	580	
28	37	16	20	20	35	257	223	76	13	219	
772	**1448**	**1007**	**956**	**432**	**652**	**3030**	**3454**	**2155**	**503**	**5358**	
273	592	276	314	155	138	592	867	657	166	1716	
26	51	49	63	33	31	102	157	91	28	218	

表6 续表 11

地区	16岁及以上人口	各种行业人口总计	农、林、牧、渔业	采矿业	制造业	电力、热力、燃气及水生产和供应业	建筑业	批发和零售业	交通运输、仓储和邮政业	住宿和餐饮业
通化县	14130	8173	3834	122	702	89	516	646	276	341
辉南县	19083	11202	5852	17	569	76	621	964	473	536
柳河县	23000	13401	7019	7	765	104	929	1049	558	782
梅河口市	42659	26862	10099	166	2183	268	1708	3535	1699	1673
集安市	14183	7558	3506	44	533	131	419	650	229	334
白山市	**79271**	**38152**	**9439**	**1331**	**3061**	**878**	**2302**	**4420**	**2388**	**2045**
浑江区	25416	11978	1108	655	783	377	811	1825	853	664
江源区	11336	4774	1251	438	400	61	328	500	331	248
抚松县	18430	9067	2807	9	1048	195	425	888	467	585
靖宇县	8865	5236	2232	42	334	77	354	499	263	185
长白朝鲜族自治县	4674	2228	658	19	86	53	119	251	128	120
临江市	10550	4869	1383	168	410	115	265	457	346	243
松原市	**174379**	**99448**	**51224**	**3833**	**3278**	**1215**	**4355**	**8369**	**4642**	**2970**
宁江区	48443	24692	4048	3215	950	576	1819	3082	1677	1099
前郭尔罗斯蒙古族自治县	32011	16677	9648	164	625	254	662	1289	670	469
长岭县	34163	23817	17244	11	467	112	512	1308	806	491
乾安县	16179	6645	2887	94	168	98	377	635	454	220
吉林松原经济开发区	7134	3765	358	323	261	82	274	670	270	170
扶余市	36449	23852	17039	26	807	93	711	1385	765	521
白城市	**122777**	**62757**	**29710**	**212**	**2580**	**906**	**3392**	**6212**	**3181**	**2325**
洮北区	28483	14043	4501	22	982	253	923	1883	1066	685
镇赉县	17318	9380	5083	14	298	115	446	793	342	322
通榆县	21201	12042	7328	1	258	115	589	905	393	331
吉林白城经济开发区	9483	4395	501	5	274	159	376	511	323	224
洮南市	24414	10788	5787	10	412	127	388	1001	395	393
大安市	21878	12109	6510	160	356	137	670	1119	662	370
延边朝鲜族自治州	**142712**	**71327**	**16915**	**795**	**5036**	**1192**	**5205**	**9652**	**4176**	**6250**
延吉市	47800	22254	762	22	1467	361	2093	4567	1565	2612
图们市	5775	2538	323	30	209	40	143	278	340	365
敦化市	31278	18179	8299	45	1584	243	727	1819	791	822
珲春市	17979	9049	1246	545	804	193	792	1263	606	824
龙井市	7699	3038	676	43	258	56	275	344	148	359
和龙市	7489	3240	928	18	187	59	268	263	181	321
汪清县	12276	6493	2608	11	265	116	267	604	292	471
安图县	12416	6536	2073	81	262	124	640	514	253	476
黑龙江省	**2609735**	**1283401**	**456497**	**22308**	**76488**	**17267**	**71851**	**180460**	**80906**	**66400**
哈尔滨市	**844757**	**411671**	**115348**	**647**	**28863**	**4527**	**28514**	**70658**	**25450**	**23665**
道里区	97079	41821	1763	67	2380	869	2388	10936	2756	2779
南岗区	126483	56305	1482	77	3465	730	3315	12928	4162	3764
道外区	70597	32119	3756	31	2442	381	1864	9844	2862	1701
平房区	19691	9032	235	2	3757	105	387	1072	832	440
松北区	35647	18086	2713	22	916	218	2254	3347	811	1058
香坊区	87853	43685	1187	69	5517	737	4131	9158	3526	2392
呼兰区	66580	32256	9537	15	1819	261	4115	5064	1796	2224
阿城区	42942	23591	8591	142	1797	268	1919	3088	1807	1427
双城区	51234	25049	13697	13	1386	94	1657	2519	1321	1241
依兰县	19041	8330	4105	71	257	88	289	1198	395	300
方正县	13526	6986	3261	5	298	77	334	716	332	391
宾县	39837	22782	14084	38	1037	106	1356	1563	786	900
巴彦县	38267	25887	15613	54	906	209	2141	1830	1039	967
木兰县	14001	9723	6414	15	234	39	382	720	355	415
通河县	15141	6473	3872		200	62	172	461	273	351
延寿县	13835	9568	6028	5	368	37	265	783	327	443
尚志市	37233	19716	9326	13	1048	127	920	2419	1110	1283
五常市	55770	20262	9684	8	1036	119	625	3012	960	1589
齐齐哈尔市	**347345**	**169077**	**75108**	**178**	**10863**	**1652**	**9408**	**21814**	**9774**	**8304**
龙沙区	30252	12994	1120	6	869	240	597	4009	842	1075
建华区	28916	11907	327	18	988	223	546	2988	884	994
铁锋区	23253	8318	653	3	1535	136	485	1917	1105	455

单位：人

信息传输、软件和信息技术服务业	金融业	房地产业	租赁和商务服务业	科学研究和技术服务业	水利、环境和公共设施管理业	居民服务、修理和其他服务业	教育	卫生和社会工作	文化、体育和娱乐业	公共管理、社会保障和社会组织	国际组织
53	100	55	40	30	121	216	352	161	41	478	
60	149	90	73	36	78	302	405	241	37	623	
87	109	107	127	26	67	403	405	236	35	586	
228	342	372	285	114	154	1131	982	622	140	1161	
45	105	58	54	38	63	284	286	147	56	576	
535	**876**	**463**	**624**	**243**	**476**	**1257**	**2071**	**1304**	**277**	**4162**	
277	448	245	253	141	123	526	700	558	133	1498	
37	65	51	56	17	46	184	197	131	17	416	
97	139	95	192	33	153	207	544	269	65	849	
50	76	32	33	15	28	136	243	127	20	490	
26	51	10	44	9	54	50	123	59	11	357	
48	97	30	46	28	72	154	264	160	31	552	
759	**1422**	**1174**	**918**	**700**	**432**	**2830**	**3825**	**2237**	**413**	**4852**	
324	694	609	431	453	165	1011	1375	943	219	2002	
117	164	156	173	51	81	378	641	291	50	794	
101	193	97	101	57	42	476	713	362	29	695	
63	125	43	43	25	48	246	350	237	31	501	
67	116	135	83	72	48	193	165	110	38	330	
87	130	134	87	42	48	526	581	294	46	530	
458	**882**	**484**	**652**	**304**	**531**	**2275**	**2852**	**1592**	**296**	**3913**	
145	279	163	240	94	151	674	612	400	88	882	
51	98	66	48	28	98	330	363	213	41	631	
45	115	38	66	46	64	303	558	199	36	652	
97	159	76	134	65	54	176	401	254	48	558	
40	106	55	126	49	92	445	468	286	47	561	
80	125	86	38	22	72	347	450	240	36	629	
995	**1556**	**1035**	**1397**	**542**	**858**	**2737**	**3747**	**2261**	**786**	**6191**	**1**
550	803	519	562	230	214	1211	1437	993	480	1806	
31	51	20	22	6	44	90	135	84	19	308	
151	207	155	293	136	212	505	716	385	102	987	
84	176	179	224	59	125	363	471	240	82	772	1
38	51	41	36	19	33	123	145	91	26	276	
30	52	18	34	17	30	89	159	108	15	463	
53	95	49	107	26	46	203	337	177	24	742	
58	121	54	119	49	154	153	347	183	38	837	
15547	**21226**	**20903**	**31719**	**13309**	**8477**	**48658**	**52040**	**29161**	**7478**	**62695**	**11**
7630	**8774**	**9932**	**13486**	**6343**	**2614**	**16658**	**19047**	**9793**	**3286**	**16430**	**6**
1199	1952	2052	2981	982	334	1900	2106	1134	656	2585	2
2173	1808	1952	3393	1865	268	2716	5080	2906	757	3463	1
678	825	886	1249	447	236	1393	1325	837	303	1059	
219	128	172	162	122	139	305	420	225	47	263	
370	569	797	944	498	198	935	966	345	182	942	1
1462	1350	1277	1727	1549	457	1955	2976	1606	578	2030	1
409	519	1118	903	270	185	1229	1285	512	160	834	1
227	287	409	332	153	158	1055	785	346	147	653	
113	156	340	422	85	81	796	491	199	61	377	
50	88	55	173	62	72	252	306	163	45	361	
51	114	56	95	21	37	223	240	140	35	560	
85	153	142	240	77	79	719	691	223	33	470	
202	183	156	164	57	80	704	618	292	50	622	
38	73	17	26	11	32	323	207	98	14	310	
36	63	36	39	6	51	211	214	114	25	287	
50	78	53	89	17	28	307	177	128	12	373	
150	219	218	378	79	94	709	588	275	124	636	
118	209	196	169	42	85	926	572	250	57	605	
1379	**2092**	**1784**	**2873**	**889**	**947**	**5696**	**5533**	**3515**	**634**	**6634**	
341	384	353	442	87	48	725	541	455	146	714	
216	371	310	643	326	96	451	856	657	147	866	
133	150	142	180	75	58	335	271	325	27	333	

表6 续表 12

地　区	16岁及以上人口	各种行业人口总计	农、林、牧、渔业	采矿业	制造业	电力、热力、燃气及水生产和供应业	建筑业	批发和零售业	交通运输、仓储和邮政业	住宿和餐饮业
昂昂溪区	5887	2909	1252	3	457	17	109	323	200	89
富拉尔基区	16064	4967	511	14	1455	344	183	619	319	266
碾子山区	4545	1711	565	5	468	10	76	129	71	83
梅里斯达斡尔族区	10662	5638	3739	8	163	28	277	397	155	199
龙江县	32877	16980	10813	20	517	61	883	1350	539	504
依安县	35969	20087	10659	29	825	67	1402	2131	1171	992
泰来县	21009	9340	5694	6	251	83	355	735	445	339
甘南县	22763	12270	7292	5	477	73	521	946	585	519
富裕县	20520	10261	4564	13	656	81	984	1062	600	535
克山县	21488	10218	5283	7	306	72	598	1308	602	468
克东县	11698	6210	2778	3	541	52	371	610	321	272
拜泉县	25420	16655	10307	5	399	63	915	1393	749	668
讷河市	36022	18612	9551	33	956	102	1106	1897	1186	846
鸡西市	**118571**	**55046**	**20761**	**2549**	**2417**	**917**	**1981**	**6369**	**3818**	**2864**
鸡冠区	33551	14967	466	613	843	400	732	2818	1434	1277
恒山区	7053	2280	752	453	200	22	59	193	156	118
滴道区	5366	2000	595	287	72	61	120	225	149	155
梨树区	3320	853	154	237	37	13	61	67	53	40
城子河区	5652	1929	198	416	136	9	69	325	224	127
麻山区	1429	657	395	41	60	3	13	24	18	7
鸡东县	15101	7770	4034	471	236	76	183	562	377	396
虎林市	21629	11557	6589	11	424	182	323	933	779	327
密山市	25470	13033	7578	20	409	151	421	1222	628	417
鹤岗市	**74376**	**28404**	**6781**	**3164**	**1231**	**711**	**1230**	**3267**	**2330**	**1558**
向阳区	5974	1983	20	279	94	111	77	247	213	73
工农区	11040	4890	73	417	173	214	263	753	505	279
南山区	10544	3190	33	935	139	70	193	432	309	326
兴安区	8028	2330	107	885	129	41	117	291	210	174
东山区	8489	2794	772	362	127	64	179	366	192	161
兴山区	1881	512	3	171	32	20	41	50	32	40
萝北县	16574	7280	2795	114	447	131	234	597	578	297
绥滨县	11846	5425	2978	1	90	60	126	531	291	208
双鸭山市	**94926**	**38726**	**12949**	**1905**	**1706**	**827**	**1607**	**5006**	**2734**	**1831**
尖山区	21294	8730	292	624	699	254	492	1439	745	563
岭东区	2171	502	56	41	63	9	46	94	29	35
四方台区	3230	988	219	348	29	11	56	94	33	45
宝山区	5621	1513	219	469	78	132	28	117	71	70
集贤县	19257	8772	3673	290	422	80	363	1158	735	383
友谊县	8395	2945	838	5	123	95	91	320	217	150
宝清县	24567	10051	4833	126	199	168	394	1288	594	401
饶河县	10391	5225	2819	2	93	78	137	496	310	184
大庆市	**225533**	**122666**	**35602**	**9492**	**7983**	**2794**	**6285**	**16496**	**6714**	**4833**
萨尔图区	26357	14275	191	2217	1029	414	732	3055	935	668
龙凤区	24346	12817	406	437	1930	439	1468	2438	1254	610
让胡路区	50429	26911	659	3982	2267	982	1348	4716	1450	1444
红岗区	11287	5288	621	1072	527	114	280	585	466	198
大同区	14527	8603	4866	395	368	205	395	571	357	236
肇州县	24437	14363	10060	312	257	57	445	842	404	292
肇源县	24859	13882	8826	33	294	79	648	1259	586	363
林甸县	14820	8086	4816	20	317	61	365	599	485	231
杜尔伯特蒙古族自治县	15024	8155	4989	19	391	65	184	605	315	340
大庆高新技术产业开发区	19447	10286	168	1005	603	378	420	1826	462	451
伊春市	**73477**	**30870**	**7289**	**111**	**2252**	**760**	**1800**	**4086**	**2881**	**2436**
伊美区	13493	6119	309	11	327	193	382	1089	590	654
乌翠区	7997	4098	356	2	279	134	211	794	358	539
友好区	4395	1378	224		150	46	67	162	173	114
嘉荫县	4410	2632	1373	20	36	26	74	205	211	95
汤旺县	2629	869	289		14	37	44	74	45	44
丰林县	4909	1552	431	6	91	82	35	150	75	145
大箐山县	4627	1649	398	4	89	52	203	136	201	128

单位：人

信息传输、软件和信息技术服务业	金融业	房地产业	租赁和商务服务业	科学研究和技术服务业	水利、环境和公共设施管理业	居民服务、修理和其他服务业	教育	卫生和社会工作	文化、体育和娱乐业	公共管理、社会保障和社会组织	国际组织
17	16	31	84	22	15	82	78	39	11	64	
46	67	44	96	45	33	200	261	172	38	254	
11	14	11	14	4	25	41	49	36	10	89	
18	35	29	31	16	22	97	157	77	14	176	
63	150	78	156	29	57	458	480	241	22	559	
88	121	174	469	45	111	690	420	226	37	430	
41	108	28	91	28	47	191	279	145	18	456	
65	77	64	118	26	83	430	357	192	35	405	
89	102	118	72	40	104	330	289	186	26	410	
36	138	79	76	23	41	288	308	168	14	403	
27	98	56	50	30	59	268	197	100	14	363	
99	102	77	162	36	36	484	429	215	32	484	
89	159	190	189	57	112	626	561	281	43	628	
487	**924**	**591**	**1606**	**345**	**324**	**1961**	**2187**	**1286**	**259**	**3400**	
246	470	352	1005	218	143	791	978	508	137	1536	
16	12	13	49	11	8	61	41	27	9	80	
19	17	11	16	1	11	57	43	40	6	115	
2	6	2	21	2	15	13	38	21	1	70	
13	21	11	115	29	13	72	54	20	3	74	
2	2	2	4		7	17	17	9	1	35	
53	95	30	145	38	30	265	275	140	21	343	
66	155	73	84	12	57	346	366	230	40	560	
70	146	97	167	34	40	339	375	291	41	587	
349	**665**	**244**	**802**	**139**	**273**	**988**	**1237**	**1026**	**190**	**2219**	
44	72	21	97	21	32	69	138	128	23	224	
109	223	45	144	31	38	174	336	332	53	728	
42	58	43	37	21	34	129	114	87	19	169	
19	18	28	24	6	27	92	51	48	11	52	
23	42	30	107	6	35	106	51	57	21	93	
5	12	6	4	3	14	9	20	17	5	28	
71	161	42	334	29	69	245	329	236	34	537	
36	79	29	55	22	24	164	198	121	24	388	
395	**747**	**342**	**578**	**213**	**371**	**1416**	**1635**	**1066**	**221**	**3177**	
180	290	140	147	98	91	481	554	387	81	1173	
4	5	3	46	4	4	20	14	4	1	24	
4	3	23	11	1	24	29	13	15	2	28	
4	4	10	53	14	46	54	46	33	2	63	
64	121	51	84	31	57	274	301	151	48	486	
37	96	18	20	14	39	96	149	152	29	456	
70	139	71	169	41	81	290	386	215	39	547	
32	89	26	48	10	29	172	172	109	19	400	
1310	**1671**	**2838**	**3908**	**2933**	**588**	**4448**	**5738**	**2814**	**669**	**5549**	**1**
235	354	500	459	222	106	807	816	540	173	821	1
217	250	441	414	296	145	596	559	275	103	539	
343	353	1077	1482	1625	124	1168	1503	790	143	1455	
50	38	105	252	159	39	244	214	110	22	192	
39	54	108	82	56	27	184	220	124	13	303	
44	61	88	258	44	21	269	386	173	23	327	
55	75	87	205	29	27	418	426	130	18	324	
40	64	46	79	20	24	267	225	123	21	283	
40	81	45	29	16	10	183	299	122	29	393	
247	341	341	648	466	65	312	1090	427	124	912	
380	**579**	**369**	**440**	**140**	**582**	**1542**	**1286**	**910**	**213**	**2814**	
136	241	69	75	48	88	425	304	238	57	883	
36	81	86	125	13	91	378	156	127	32	300	
14	23	21	29	9	25	50	66	39	9	157	
14	40	14	15	13	39	78	95	55	14	215	
10	10	23	5	2	49	21	47	33	6	116	
15	16	15	13	2	54	50	89	51	12	220	
27	20	29	10	2	40	62	60	38	8	142	

表6 续表 13

地　　区	16岁及以上人口	各种行业人口总计	农、林、牧、渔业	采矿业	制造业	电力、热力、燃气及水生产和供应业	建筑业	批发和零售业	交通运输、仓储和邮政业	住宿和餐饮业
南岔县	7451	2402	632		190	60	106	246	444	115
金林区	5194	2248	279	13	626	31	175	254	151	166
铁力市	18372	7923	2998	55	450	99	503	976	633	436
佳木斯市	**169541**	**81874**	**31138**	**122**	**3671**	**1175**	**3878**	**10900**	**6039**	**4253**
向阳区	22612	8907	367	14	488	185	629	2008	858	684
前进区	14756	6040	152	15	481	187	360	1120	1007	402
东风区	9665	4393	698	10	454	119	341	983	574	315
郊区	20873	10936	4023	18	582	93	759	1549	723	727
桦南县	23353	11108	5447	26	415	86	534	1193	495	523
桦川县	11361	5143	2727	2	178	51	177	418	240	213
汤原县	13808	6280	2910	12	269	100	291	566	316	304
同江市	13650	7187	3514	7	180	106	241	725	398	297
富锦市	32080	17614	9363	12	502	163	391	1914	1180	594
抚远市	7383	4266	1937	6	122	85	155	424	248	194
七台河市	**52477**	**22103**	**4335**	**2833**	**1624**	**592**	**1241**	**2930**	**1494**	**1126**
新兴区	12722	4632	523	960	689	84	292	681	367	276
桃山区	15984	7251	217	950	398	337	300	1115	492	363
茄子河区	10066	4263	930	867	312	110	277	470	293	204
勃利县	13705	5957	2665	56	225	61	372	664	342	283
牡丹江市	**177074**	**86319**	**28415**	**346**	**6555**	**1190**	**4512**	**12735**	**6595**	**5055**
东安区	16623	7968	425	13	536	264	428	1926	620	549
阳明区	15362	6742	1313	6	984	113	569	1297	556	391
爱民区	21777	8338	426	10	735	138	803	1652	1249	709
西安区	18376	8256	928	8	821	149	444	1700	870	704
林口县	18415	9876	5946	45	276	65	403	743	467	375
绥芬河市	8791	4598	96	2	1100	51	169	1007	671	194
海林市	22462	11826	4661	10	759	107	695	1433	662	797
宁安市	24728	13297	7744	7	444	100	362	1170	631	610
穆棱市	15073	7047	3413	19	410	82	294	793	379	391
东宁市	15467	8371	3463	226	490	121	345	1014	490	335
黑河市	**106625**	**46317**	**15938**	**737**	**2198**	**784**	**2256**	**5311**	**3825**	**2398**
爱辉区	17991	8754	2128	288	254	177	445	1129	554	482
逊克县	7207	3279	1737	22	64	65	60	220	173	123
孙吴县	6246	3098	1207	5	59	20	89	284	483	159
北安市	25638	10343	3022	8	698	228	758	1401	933	592
五大连池市	20365	9515	3479	16	751	133	510	929	733	527
嫩江市	29178	11328	4365	398	372	161	394	1348	949	515
绥化市	**297099**	**177898**	**99901**	**111**	**6784**	**979**	**8463**	**19699**	**8029**	**7389**
北林区	58488	30123	11760	16	1419	253	1747	4871	2113	1468
望奎县	20810	12920	8641	5	268	62	395	1030	466	545
兰西县	22808	12639	8351	9	314	61	531	985	469	360
青冈县	21661	15459	9083	5	701	64	542	1734	498	627
庆安县	21311	13067	9542	4	335	101	252	891	296	251
明水县	15944	9178	6036	10	217	36	325	645	356	204
绥棱县	17161	8461	4204		321	50	382	904	454	347
安达市	28255	15747	7908	23	993	87	981	1663	861	759
肇东市	53972	38718	21533	28	1710	133	2174	4996	1500	1865
海伦市	36689	21586	12843	11	506	132	1134	1980	1016	963
大兴安岭地区	**27934**	**12430**	**2932**	**113**	**341**	**359**	**676**	**1189**	**1223**	**688**
漠河市	4574	2193	561	79	68	51	72	187	227	133
呼玛县	3131	1681	707	7	22	45	76	134	95	58
塔河县	4482	1881	538	12	71	77	100	146	193	97
加格达奇区	11424	4857	575	13	131	129	336	621	633	342
松岭区	1356	617	200		21	17	50	38	24	26
新林区	1729	658	167	1	20	17	26	30	35	22
呼中区	1238	543	184	1	8	23	16	33	16	10

单位：人

信息传输、软件和信息技术服务业	金融业	房地产业	租赁和商务服务业	科学研究和技术服务业	水利、环境和公共设施管理业	居民服务、修理和其他服务业	教育	卫生和社会工作	文化、体育和娱乐业	公共管理、社会保障和社会组织	国际组织
27	28	24	17	19	59	67	102	104	10	152	
48	16	20	31	13	50	74	77	53	20	151	
53	104	68	120	19	87	337	290	172	45	478	
777	**1428**	**867**	**1794**	**549**	**608**	**3460**	**3511**	**2166**	**479**	**5059**	
163	328	172	228	99	68	443	767	550	121	735	
125	184	109	243	113	36	299	378	321	52	456	
41	69	104	98	27	11	231	126	67	22	103	
85	164	117	317	57	44	423	347	234	57	617	
83	117	80	153	37	66	579	385	200	53	636	
36	72	47	57	29	45	211	178	129	22	311	
54	79	75	82	21	64	222	213	146	28	528	
54	94	51	109	34	92	262	286	114	40	583	
111	261	91	288	110	138	640	685	330	65	776	
25	60	21	219	22	44	150	146	75	19	314	
249	**423**	**212**	**653**	**190**	**147**	**769**	**872**	**596**	**129**	**1688**	
58	37	60	83	18	18	160	84	68	25	149	
122	287	86	260	96	72	266	475	361	58	996	
32	36	23	131	32	30	138	127	58	18	175	
37	63	43	179	44	27	205	186	109	28	368	
973	**1512**	**1090**	**1605**	**582**	**626**	**3311**	**3548**	**2267**	**578**	**4823**	**1**
201	320	236	168	104	47	398	487	356	129	761	
88	120	80	160	50	38	317	253	183	41	183	
129	131	193	147	87	60	424	527	462	87	369	
120	235	170	271	111	52	350	447	247	77	551	1
76	99	52	59	23	25	274	257	175	21	495	
40	113	60	115	24	35	179	196	113	41	392	
136	121	106	325	91	63	428	439	240	59	694	
79	149	88	171	51	85	413	415	247	57	474	
59	79	62	75	11	50	195	201	113	26	395	
45	145	43	114	30	171	333	326	131	40	509	
536	**772**	**480**	**902**	**326**	**464**	**1847**	**2100**	**1199**	**252**	**3991**	**1**
147	225	95	351	108	90	420	498	204	98	1061	
26	36	13	43	18	11	103	126	79	16	344	
21	62	9	36	5	21	114	125	50	9	340	
147	140	133	116	62	99	449	469	361	36	691	
88	139	120	146	88	173	351	390	213	49	680	
107	170	110	210	45	70	410	492	292	44	875	1
900	**1344**	**2006**	**2667**	**533**	**544**	**6215**	**4772**	**2149**	**468**	**4943**	**2**
239	470	637	771	134	80	1184	1117	459	91	1294	
66	71	65	93	46	45	295	334	163	15	315	
61	81	55	140	33	28	308	318	134	23	378	
69	81	159	129	18	42	606	436	175	58	432	
40	87	81	76	25	36	159	326	166	14	385	
45	50	47	188	25	33	249	263	147	21	279	2
57	95	60	198	29	59	366	318	147	29	441	
106	133	121	334	56	58	520	441	203	56	444	
130	145	660	405	91	86	1773	719	268	91	411	
87	131	121	333	76	77	755	500	287	70	564	
182	**295**	**148**	**405**	**127**	**389**	**347**	**574**	**374**	**100**	**1968**	
18	36	33	112	6	108	45	96	44	19	298	
19	31	18	11	7	33	33	73	44	10	258	
20	41	12	30	23	45	47	79	64	19	267	
100	155	61	203	73	132	178	217	174	37	747	
12	7	12	10		25	12	29	5	8	121	
7	11	9	33	12	18	21	41	26	6	156	
6	14	3	6	6	28	11	39	17	1	121	

表6 续表 14

地区	16岁及以上人口	各种行业人口总计	农、林、牧、渔业	采矿业	制造业	电力、热力、燃气及水生产和供应业	建筑业	批发和零售业	交通运输、仓储和邮政业	住宿和餐饮业
上海市	**2173399**	**1264922**	**9186**	**366**	**268283**	**7594**	**98616**	**193786**	**95067**	**65575**
市辖区	**2173399**	**1264922**	**9186**	**366**	**268283**	**7594**	**98616**	**193786**	**95067**	**65575**
黄浦区	46663	24177	4	2	939	119	1430	4589	1080	3397
徐汇区	95186	47562	12	18	4554	314	2755	7587	1992	3006
长宁区	57508	30357	28	9	1842	152	1201	5227	1669	2467
静安区	81653	39815	27	17	3146	283	2117	7743	2413	3002
普陀区	108278	55251	47	23	4886	273	3568	10462	3493	3008
虹口区	65837	31512	34	9	2023	242	1879	5290	2168	2182
杨浦区	108130	49190	38	12	4582	381	2535	7333	3476	2855
闵行区	233024	143127	283	49	26220	777	11972	23511	10148	8051
宝山区	195012	112071	422	47	16589	729	9576	21258	11504	5160
嘉定区	160875	105761	840	21	32023	386	8390	17084	8362	4276
浦东新区	498788	298063	2220	109	58753	1857	21024	40343	25041	14431
金山区	74948	45147	759	11	19315	496	4581	4758	2287	1752
松江区	169401	111849	466	18	36099	441	9130	18177	6454	4984
青浦区	116785	80533	1306	15	21479	437	8789	11309	9630	3625
奉贤区	102076	64627	1100	4	27829	391	6878	6803	3941	2447
崇明区	59235	25880	1600	2	8004	316	2791	2312	1409	932
江苏省	**6903044**	**4062749**	**423990**	**6084**	**1177647**	**31899**	**469542**	**618133**	**186279**	**166317**
南京市	**787303**	**430849**	**7904**	**559**	**71871**	**4504**	**52202**	**67483**	**24328**	**22610**
玄武区	46454	22304	2	15	1362	212	1231	4168	1003	1684
秦淮区	65274	33227	3	29	3196	291	2220	5992	1582	2766
建邺区	44678	26395	1	9	1335	296	3147	4154	956	1520
鼓楼区	81374	40102		1	2936	625	2538	6653	2439	2430
浦口区	95357	54680	1068	65	8454	477	6957	8621	2879	2531
栖霞区	82416	43123	406	123	8695	379	4746	6553	3210	2012
雨花台区	50850	31211	31	105	3921	243	3490	5817	1861	1748
江宁区	155654	89411	1576	65	20546	932	10051	13724	5614	3931
六合区	83572	45776	1023	122	11147	592	7434	6837	2855	2329
溧水区	41453	23188	1374	14	6197	304	4946	2520	1101	888
高淳区	40221	21432	2420	11	4082	153	5442	2444	828	771
无锡市	**618398**	**380278**	**6665**	**151**	**161520**	**3055**	**30364**	**55046**	**17784**	**16168**
锡山区	74250	50118	386	12	25284	223	3900	6864	2889	1620
惠山区	72905	45600	692	11	23080	233	3172	5630	2584	1688
滨湖区	79172	45560	131	12	13397	342	4673	6002	1632	2629
梁溪区	81813	44955	27	2	8351	373	3577	10015	2552	3134
新吴区	55080	35540	71	1	15795	187	1919	5294	1879	1677
江阴市	146671	94039	1500	41	48543	1003	6411	12639	3933	3070
宜兴市	108507	64466	3858	72	27070	694	6712	8602	2315	2350
徐州市	**667846**	**375554**	**79320**	**2758**	**60982**	**3095**	**46248**	**68271**	**21429**	**15163**
鼓楼区	34870	17427	336	134	1873	369	1594	3951	1547	1176
云龙区	37130	19358	381	54	2135	282	1578	4541	1658	1060
贾汪区	34268	16465	3226	198	3928	142	1931	2059	1027	588
泉山区	52135	25021	135	246	2366	484	1894	5131	1634	1490
铜山区	91366	61639	8745	397	10334	411	8584	15506	3769	2479
丰县	67907	39567	9487	27	8977	229	4252	8143	1665	1404
沛县	76401	41117	12104	1494	5483	398	7458	4441	2082	1361
睢宁县	74052	42955	9740	28	8482	166	6181	7106	2339	1456
徐州经济技术开发区	28765	16112	1046	75	4723	112	2055	2479	1135	657
新沂市	69611	41223	12827	51	5823	193	5296	6400	2262	1667
邳州市	101341	54670	21293	54	6858	309	5425	8514	2311	1825
常州市	**446920**	**276950**	**7257**	**165**	**107669**	**1864**	**31242**	**43117**	**10900**	**11683**
天宁区	56837	32287	219	8	9141	346	3008	6130	1594	1564
钟楼区	55398	31863	376	5	8462	223	3024	6610	2160	1701
新北区	71109	47072	405	21	21783	289	3051	6737	1771	1912
武进区	142876	94236	2581	11	46477	451	7722	12365	3153	3376
金坛区	50346	30577	1499	53	11111	215	4949	4777	927	1203
溧阳市	70354	40915	2177	67	10695	340	9488	6498	1295	1927
苏州市	**1065409**	**711439**	**10709**	**175**	**303653**	**4315**	**52830**	**107981**	**30976**	**28132**
虎丘区	69817	47328	271	71	19175	222	3473	6155	2570	2040
吴中区	112815	78744	2438	37	26797	411	7793	12854	2593	4468

单位：人

信息传输、软件和信息技术服务业	金融业	房地产业	租赁和商务服务业	科学研究和技术服务业	水利、环境和公共设施管理业	居民服务、修理和其他服务业	教育	卫生和社会工作	文化、体育和娱乐业	公共管理、社会保障和社会组织	国际组织
76811	**48467**	**46679**	**91379**	**46120**	**16645**	**49509**	**54042**	**36451**	**18915**	**41359**	**72**
76811	**48467**	**46679**	**91379**	**46120**	**16645**	**49509**	**54042**	**36451**	**18915**	**41359**	**72**
1341	1471	1195	2597	821	361	1668	807	967	555	827	7
4061	2633	2186	4764	2373	526	2266	3085	2341	1197	1888	4
2970	1832	1566	3615	1234	244	1610	1466	1223	856	1140	6
2781	2355	1829	4220	1534	444	1802	1862	1676	885	1671	8
4122	2727	2987	5581	2557	563	2642	2794	2233	1278	1993	14
2180	2146	1427	2950	1631	389	1608	1820	1489	622	1419	4
3651	2683	2307	4576	2979	496	1899	3607	2886	834	2053	7
10186	3837	5820	10496	6452	1726	6316	6982	3776	2425	4093	7
6685	3189	4313	8842	3748	1449	4689	5089	3313	1679	3787	3
5112	1712	3367	6383	3645	1157	3730	3367	2004	1109	2792	1
23393	19429	10739	21790	12174	3747	10674	11944	7682	4260	8449	4
607	527	933	1792	770	704	1125	1439	1309	336	1646	
5420	1783	3627	5729	3125	1665	3910	4380	1964	1429	3045	3
2945	1151	2450	4469	1593	1085	2991	2306	1400	759	2792	2
1045	673	1405	2462	1100	840	1756	2060	1213	497	2182	1
312	319	528	1113	384	1249	823	1034	975	194	1582	1
80856	**60995**	**90585**	**126090**	**64839**	**34899**	**136695**	**151804**	**73884**	**26963**	**135228**	**20**
25264	**11820**	**16508**	**24256**	**16798**	**5199**	**15374**	**26113**	**12393**	**6000**	**19662**	**1**
1656	959	860	1583	1439	291	756	2198	957	543	1385	
2251	1603	1443	2481	1439	344	1469	2233	1478	781	1626	
2119	1758	1372	1939	1399	333	909	1926	999	631	1591	1
2755	1768	1585	3112	1847	410	1472	3537	2301	838	2855	
3491	1281	2426	3249	2523	723	2093	3374	1287	648	2533	
2070	957	1807	2533	1591	449	1437	2966	964	670	1555	
3790	801	1396	1773	1157	296	1160	1444	691	405	1082	
5520	1515	3303	4519	3590	977	2877	4766	1776	951	3178	
960	588	1246	1913	1166	736	1925	1943	985	303	1672	
303	303	684	680	345	354	633	934	444	132	1032	
349	287	386	474	302	286	643	792	511	98	1153	
7769	**6069**	**8961**	**11036**	**6555**	**3352**	**11369**	**13225**	**7038**	**2771**	**11380**	
711	492	1035	1030	624	354	1405	1415	490	191	1193	
715	480	993	886	688	286	1186	1518	684	181	893	
1956	1189	1771	1937	1589	753	1461	2342	1224	605	1915	
1665	1420	1774	2544	1173	437	1905	2008	1576	633	1789	
1197	402	1042	1601	809	247	809	1108	472	240	790	
895	1164	1391	1959	1001	600	2679	2824	1404	531	2451	
630	922	955	1079	671	675	1924	2010	1188	390	2349	
4255	**4121**	**6106**	**9271**	**3673**	**3020**	**12100**	**15035**	**7332**	**1591**	**11782**	**2**
413	401	555	1276	337	156	791	1026	522	157	813	
467	532	607	1068	452	149	677	1461	756	168	1331	1
152	143	345	398	114	140	596	623	306	67	482	
678	859	913	1279	748	255	1047	2131	1510	346	1874	1
547	406	894	1382	590	774	2493	2224	762	197	1145	
187	224	444	464	155	365	1188	1013	443	55	845	
355	316	378	497	225	213	1129	1301	611	129	1142	
372	344	476	928	332	265	1227	1418	598	130	1367	
356	189	470	442	231	90	471	706	379	57	439	
364	308	441	793	235	336	1078	1360	603	148	1038	
364	399	583	744	254	277	1403	1772	842	137	1306	
4019	**4213**	**5786**	**7469**	**4325**	**2572**	**10673**	**9646**	**4599**	**2144**	**7606**	**1**
702	957	1051	1071	659	246	1324	1534	1077	378	1277	1
616	738	930	1231	660	244	1301	1398	769	350	1065	
894	667	1142	1346	784	439	1770	1731	623	423	1284	
1056	1001	1591	2248	1278	989	3736	2914	1023	556	1708	
266	389	486	552	293	233	1034	878	516	220	976	
485	461	586	1021	651	421	1508	1191	591	217	1296	
16662	**11139**	**19814**	**25527**	**13504**	**6060**	**22200**	**22328**	**10717**	**5043**	**19670**	**4**
1747	737	1803	1952	1255	641	1205	1670	718	339	1284	
2500	1103	2442	3090	1864	972	3209	2558	877	618	2118	2

表6 续表 15

地　区	16岁及以上人口	各种行业人口总计	农、林、牧、渔业	采矿业	制造业	电力、热力、燃气及水生产和供应业	建筑业	批发和零售业	交通运输、仓储和邮政业	住宿和餐饮业
相城区	72639	49087	414	5	19121	293	4265	8634	2683	2051
姑苏区	78742	41297	54	7	5862	384	3472	8530	2464	2596
吴江区	124668	83016	1585	8	46083	532	4858	10414	2491	2553
苏州工业园区	97669	64396	230	17	23254	281	3487	9313	2248	2796
常熟市	147698	101707	2680		50252	696	7260	17011	4001	3010
张家港市	122655	78626	780	1	36423	588	7058	11693	3817	2829
昆山市	164893	114314	561	14	55146	494	6857	15579	5129	3904
太仓市	73813	52924	1696	15	21540	414	4307	7798	2980	1885
南通市	**667237**	**393050**	**68169**	**112**	**116107**	**2765**	**56969**	**52382**	**12933**	**10658**
崇川区	63731	32276	49	11	5847	532	2417	6372	1753	1761
港闸区	33336	18752	111	7	5222	143	2231	3611	1493	741
通州区	109019	64087	7174	14	24811	323	10484	7993	1961	1312
如东县	80000	49995	17482	7	13529	404	5850	4233	1278	1089
南通经济技术开发区	26760	17226	65	6	7068	90	1933	2712	691	585
启东市	85676	48352	11939	7	11002	408	9136	6108	1286	1185
如皋市	108942	60556	10357	12	18467	348	9373	7934	2025	1476
海门市	80262	47989	8760	10	15402	194	7033	7171	1090	1031
海安市	79511	53817	12232	38	14759	323	8512	6248	1356	1478
连云港市	**332890**	**198153**	**49866**	**299**	**30369**	**1813**	**25404**	**30250**	**11560**	**7234**
连云区	16204	8830	485	19	1320	390	1296	1238	1552	436
海州区	58386	31065	2722	41	3917	546	3300	6305	2173	1929
赣榆区	75036	50070	14459	64	9507	236	8717	5660	2766	1134
东海县	68251	46682	11942	103	6795	170	5133	10082	2010	1566
灌云县	48589	24376	9045	32	3091	126	2768	2760	1136	922
灌南县	44907	27521	11040	13	3821	128	3171	2935	1150	854
连云港经济技术开发区	6991	3618	67	19	1029	93	414	501	423	139
连云港高新技术产业开发区	14526	5991	106	8	889	124	605	769	350	254
淮安市	**338327**	**176604**	**32378**	**421**	**32622**	**1479**	**25122**	**26398**	**8639**	**8758**
淮安区	56931	27294	5072	53	4801	150	4693	3688	1465	1474
淮阴区	55746	26927	5134	59	3894	174	5761	3807	1423	1202
清江浦区	46128	24188	1250	56	3394	429	2447	4644	1309	1456
洪泽区	22747	10803	1524	51	2217	134	1520	1722	480	598
涟水县	58127	37980	12819	11	6409	168	4159	5417	1482	1860
盱眙县	43096	20091	3847	31	3848	141	2824	2738	1154	941
金湖县	25179	12928	1780	119	3796	129	1822	1503	531	575
淮安经济技术开发区	30373	16393	952	41	4263	154	1896	2879	795	652
盐城市	**566282**	**322864**	**89451**	**286**	**56211**	**2575**	**40457**	**44598**	**13471**	**12116**
亭湖区	68967	35922	2769	15	5292	294	4581	7673	1824	2081
盐都区	72435	40889	4461	17	7562	243	6396	6299	1633	1959
大丰区	59622	40511	12323	22	8827	442	3756	5293	1459	1208
响水县	33839	18174	6141	66	2655	148	1948	2334	847	696
滨海县	57992	28053	9976	90	3825	271	3839	2891	1570	1086
阜宁县	63714	32590	8922	27	4974	242	4557	4857	1337	1298
射阳县	69896	40630	14177	17	5164	310	4938	6421	1730	1383
建湖县	50151	26990	6103	18	6568	228	3944	3080	1119	1129
盐城经济技术开发区	8603	4751	466	1	1065	124	813	802	122	154
东台市	81063	54354	24113	13	10279	273	5685	4948	1830	1122
扬州市	**414979**	**228942**	**18162**	**722**	**66362**	**1887**	**35436**	**33716**	**8414**	**10049**
广陵区	52882	30711	341	41	9404	236	3390	6095	1340	1862
邗江区	74020	38697	450	274	9044	402	4964	6627	1322	2054
江都区	84089	44507	3621	277	14170	365	7456	6198	1618	1630
宝应县	68262	38419	5942	13	9299	234	7574	5491	1295	1581
扬州经济技术开发区	20089	10567	161	65	3457	154	773	1451	505	578
仪征市	46298	25842	1301	29	8299	212	4880	3331	1047	1002
高邮市	69339	40199	6346	23	12689	284	6399	4523	1287	1342
镇江市	**268975**	**154274**	**6665**	**218**	**55426**	**1566**	**16662**	**22523**	**6848**	**7021**
京口区	30169	13872	10	14	2495	316	1208	2349	774	869
润州区	25396	12881	132	63	1922	191	1347	2378	793	937
丹徒区	28880	14778	1347	38	4960	149	1842	1810	632	722
镇江新区	20612	11464	123	15	4194	109	957	2018	748	545

单位：人

信息传输、软件和信息技术服务业	金融业	房地产业	租赁和商务服务业	科学研究和技术服务业	水利、环境和公共设施管理业	居民服务、修理和其他服务业	教育	卫生和社会工作	文化、体育和娱乐业	公共管理、社会保障和社会组织	国际组织
921	680	1559	1613	956	517	1441	1528	691	344	1371	
1764	1485	1948	2880	1294	438	1940	2118	1466	698	1897	
880	992	1334	1650	939	671	2509	2144	1004	364	2005	
3471	1657	2892	4202	2669	370	1652	2685	934	624	1614	
779	1091	1559	2475	845	750	2521	2423	1446	495	2413	
1035	1087	1472	1393	940	424	2324	2455	1341	547	2418	1
2953	1641	3559	4134	1900	829	2667	3563	1565	734	3085	
612	666	1246	2138	842	448	2732	1184	675	280	1465	1
4931	**4984**	**6568**	**9357**	**4221**	**2439**	**10584**	**11224**	**6067**	**1612**	**10968**	
965	1310	1195	1952	817	300	1170	2111	1300	396	2018	
404	326	698	843	369	183	639	674	413	134	510	
647	672	838	1355	630	350	1560	1613	761	169	1420	
329	435	329	492	304	273	1014	1012	625	110	1200	
607	189	553	684	286	121	488	521	212	108	307	
401	497	874	658	326	329	1116	1074	657	142	1207	
705	641	716	1396	635	380	1770	1723	837	219	1542	
365	369	707	945	386	252	1174	1129	521	138	1312	
508	545	658	1032	468	251	1653	1367	741	196	1452	
2175	**2108**	**3211**	**5490**	**2218**	**1726**	**6437**	**7463**	**3199**	**874**	**6457**	
78	116	219	277	174	149	245	261	158	65	352	
607	829	856	1159	698	372	1284	1655	845	233	1594	
373	359	443	809	303	338	1360	1743	599	100	1100	
616	217	556	1765	396	385	1551	1539	523	263	1070	
180	176	273	736	165	126	751	754	355	61	919	
145	148	473	339	168	171	960	824	419	68	694	
39	54	92	159	89	48	98	154	48	23	129	
137	209	299	246	225	137	188	533	252	61	599	
2217	**2044**	**3452**	**4395**	**1435**	**1386**	**6997**	**7594**	**3564**	**943**	**6755**	**5**
229	217	386	446	146	195	1362	1200	557	160	995	5
305	228	503	668	196	254	994	935	599	95	696	
630	663	864	1073	373	268	1009	1729	863	239	1492	
130	85	118	438	90	90	392	417	192	48	557	
292	181	593	541	133	141	1479	995	403	117	780	
184	227	300	489	169	185	732	961	425	89	806	
145	170	153	206	93	114	466	402	218	73	633	
302	273	535	534	235	139	563	955	307	122	796	
2728	**3511**	**5213**	**8151**	**3095**	**2396**	**10811**	**10200**	**5044**	**1365**	**11182**	**3**
494	797	1278	2043	568	262	1505	1714	753	239	1739	1
592	826	1365	1695	568	463	1737	1907	754	262	2150	
262	404	529	785	446	348	1280	966	566	209	1386	
98	101	188	415	83	130	673	606	308	61	676	
160	182	150	369	109	240	937	931	439	79	909	
222	245	500	886	446	195	1205	963	488	128	1097	1
354	305	470	804	327	253	1207	1081	568	122	998	1
203	287	282	412	213	205	871	873	438	134	883	
31	45	119	236	108	29	266	166	44	13	147	
312	319	332	506	227	271	1130	993	686	118	1197	
3236	**3450**	**4860**	**7342**	**2894**	**1657**	**9708**	**8088**	**3565**	**1466**	**7927**	**1**
811	600	974	1314	433	217	1041	1021	457	259	875	
699	1044	1544	2105	850	336	1506	2274	765	392	2044	1
567	542	520	999	469	351	2081	1303	696	224	1420	
339	351	517	733	185	213	1781	1091	477	117	1186	
186	224	348	514	288	73	537	613	208	85	347	
277	287	450	906	274	210	1059	789	398	198	893	
357	402	507	771	395	257	1703	997	564	191	1162	
2040	**2420**	**3789**	**4144**	**1801**	**1422**	**5521**	**5996**	**2592**	**1176**	**6441**	**3**
338	524	505	698	275	83	482	1246	519	149	1017	1
335	392	481	767	302	132	504	687	356	180	982	
164	180	309	358	149	108	704	444	147	107	607	1
178	159	315	446	215	64	426	411	134	81	326	

表6 续表 16

地区	16岁及以上人口	各种行业人口总计	农、林、牧、渔业	采矿业	制造业	电力、热力、燃气及水生产和供应业	建筑业	批发和零售业	交通运输、仓储和邮政业	住宿和餐饮业
丹阳市	83806	55100	2532	3	28203	301	4144	6989	1738	1997
扬中市	27534	16957	297	20	7741	204	1551	2449	519	641
句容市	52578	29222	2224	65	5911	296	5613	4530	1644	1310
泰州市	**384860**	**220070**	**19094**	**129**	**68063**	**1730**	**30933**	**34076**	**9625**	**8631**
海陵区	50582	27846	819	47	6698	208	3017	5374	1274	1464
高港区	22585	13456	678	4	4703	132	2346	1613	678	587
姜堰区	59124	30835	1339	33	9362	274	6226	4126	1433	1112
泰州医药高新技术产业开发区	19098	11768	99	5	3811	128	1472	1545	383	605
兴化市	91261	52810	10323	22	12511	272	6561	9657	2650	2143
靖江市	58607	33571	529	2	15299	340	3328	4379	1599	1072
泰兴市	83603	49784	5307	16	15679	376	7983	7382	1608	1648
宿迁市	**343618**	**193722**	**28350**	**89**	**46792**	**1251**	**25673**	**32292**	**9372**	**8094**
宿城区	61511	36493	4291	16	9542	355	4691	4714	1674	1515
宿豫区	42430	22689	2855	6	5024	144	3837	2889	1168	1077
沭阳县	112949	65226	11044	35	16044	343	8177	12520	3531	2271
泗阳县	56501	28315	3861	14	6654	184	3999	4548	1188	1369
泗洪县	56310	32592	5963	12	7330	165	3987	5963	1353	1493
宿迁经济技术开发区	13917	8407	336	6	2198	60	982	1658	458	369
浙江省	**5580772**	**3642236**	**196953**	**3621**	**1389931**	**25224**	**370329**	**541459**	**157670**	**156151**
杭州市	**1055461**	**683289**	**22499**	**409**	**152896**	**3814**	**84000**	**111780**	**33939**	**34923**
上城区	27178	14358	1	3	627	134	920	3195	692	1201
下城区	40940	22898	10	3	1449	125	1552	4366	1024	1658
江干区	134662	85689	154	24	12703	278	8086	19695	4651	4822
拱墅区	54313	32246	14	10	1911	210	3268	6657	1525	1664
西湖区	96610	58130	383	12	3534	217	5428	8588	1988	4195
滨江区	42679	28823	45	12	3810	129	2447	4317	604	1468
萧山区	204326	141699	4801	35	46678	784	19911	20474	8481	5521
余杭区	224118	158794	1923	52	45208	586	21458	26361	8237	7033
富阳区	73774	45761	1695	118	12261	349	7379	6906	2415	2192
临安区	55645	34048	3756	42	9502	326	5533	4214	1533	1736
桐庐县	38546	24067	891	19	8593	263	3129	3126	1223	1373
淳安县	26819	16444	5654	7	1449	166	2097	1513	543	1122
建德市	35851	20332	3172	72	5171	247	2792	2368	1023	938
宁波市	**846577**	**573896**	**20032**	**294**	**260932**	**3659**	**50799**	**71056**	**27872**	**21441**
海曙区	92764	59049	692	32	19167	321	6596	10007	3565	2692
江北区	42440	26891	226	14	8118	231	2846	4415	2032	1102
北仑区	77963	56047	1203	10	28285	437	3953	5301	5505	1912
镇海区	49027	33830	557	21	12758	334	4437	4268	2378	1260
鄞州区	141756	94622	946	23	29228	653	8739	16203	4801	4099
奉化区	51013	34028	2932	30	13471	185	3758	4820	1077	1195
象山县	47688	29532	3527	32	10734	249	3429	3247	1167	1146
宁海县	56731	37933	3393	51	16845	336	3488	4218	1083	1407
余姚市	113162	76375	2365	58	45619	412	5030	7534	2401	2610
慈溪市	174033	125589	4191	23	76707	501	8523	11043	3863	4018
温州市	**775507**	**495699**	**20502**	**894**	**221029**	**3192**	**41121**	**79313**	**17684**	**22499**
鹿城区	100923	64297	253	8	25513	527	4478	10190	1960	3363
龙湾区	39151	27838	196	14	12944	176	3198	3606	1246	1191
瓯海区	82676	54350	596	18	24317	222	6233	8342	2477	2503
洞头区	11904	7085	560	11	1743	73	1420	825	438	366
永嘉县	64645	36394	2450	33	15384	199	3298	6313	1147	1988
平阳县	70266	41922	2219	167	17768	312	3626	6443	1531	1677
苍南县	65157	40241	4944	439	13034	286	2508	8821	1721	2136
文成县	17220	8242	1177	11	1367	134	1308	1277	275	683
泰顺县	17480	7114	785	69	792	90	1132	1168	294	391
温州经济技术开发区	23178	17859	52	5	11593	62	1035	2653	476	474
瑞安市	123412	79508	2545	38	42516	367	4683	12002	2163	3101
乐清市	123017	86951	3882	77	42748	552	6518	13939	2725	3649
龙港市	36478	23898	843	4	11310	192	1684	3734	1231	977

单位：人

信息传输、软件和信息技术服务业	金融业	房地产业	租赁和商务服务业	科学研究和技术服务业	水利、环境和公共设施管理业	居民服务、修理和其他服务业	教育	卫生和社会工作	文化、体育和娱乐业	公共管理、社会保障和社会组织	国际组织
484	541	822	813	378	378	1781	1533	718	349	1396	
142	271	366	368	136	102	459	512	273	83	822	1
399	353	991	694	346	555	1165	1163	445	227	1291	
2161	**3081**	**3385**	**4790**	**2742**	**1883**	**8109**	**7104**	**4177**	**1184**	**9173**	
497	792	781	1108	457	243	1258	1269	751	309	1480	
114	161	164	267	197	139	448	426	199	44	556	
273	412	536	722	342	235	1208	1105	603	127	1367	
259	305	380	386	265	66	384	534	322	102	717	
326	404	377	604	535	414	2099	1263	752	211	1686	
292	448	508	740	351	242	1078	1110	727	170	1357	
400	559	639	963	595	544	1634	1397	823	221	2010	
3399	**2035**	**2932**	**4862**	**1578**	**1787**	**6812**	**7788**	**3597**	**794**	**6225**	
687	683	763	805	381	412	1042	1794	912	224	1992	
1234	272	439	584	182	262	772	899	302	117	626	
813	468	663	1609	393	473	1890	2272	1098	191	1391	
241	220	364	864	195	185	1869	1164	490	96	810	
260	264	504	561	279	334	960	1323	633	121	1087	
164	128	199	439	148	121	279	336	162	45	319	
70556	**53303**	**67700**	**100249**	**51306**	**26559**	**105412**	**118123**	**64347**	**32833**	**110506**	**4**
40822	**14687**	**21421**	**38657**	**22377**	**5815**	**20402**	**28545**	**16185**	**9570**	**20546**	**2**
796	876	580	1456	597	146	448	658	905	357	766	
1597	1277	960	2167	1159	192	795	1243	1583	665	1073	
4385	2420	3471	7312	3508	526	2789	4489	2327	1462	2587	
3258	1221	1429	2834	1710	245	1113	1898	1269	771	1239	
7954	1862	2453	5058	3835	594	1929	4511	1740	1434	2415	
5385	938	1086	2087	1839	170	760	1373	812	609	931	1
5097	2082	3432	5810	2924	1182	3543	4033	2383	1320	3208	
10471	1971	5150	7510	4759	1218	4487	5306	2188	1644	3232	
744	718	1027	1750	863	516	1738	1906	958	607	1619	
435	434	846	887	480	323	1041	1128	633	241	958	
287	371	387	710	293	276	757	774	513	220	862	
157	203	382	481	158	210	304	613	432	140	813	
256	314	218	595	252	217	698	613	442	100	843	1
6784	**8197**	**12102**	**15334**	**8038**	**3594**	**16479**	**16565**	**9476**	**4919**	**16323**	
1195	1244	1651	2372	1168	409	2140	1990	1430	562	1816	
506	697	1073	1221	438	198	749	1012	742	231	1040	
471	545	881	1587	651	366	1378	1215	607	455	1285	
531	426	844	1120	701	288	952	1125	567	321	942	
2419	2590	3427	4388	2579	649	3135	3755	2261	1208	3519	
275	350	752	842	269	283	936	849	509	364	1131	
161	381	433	577	188	338	907	1009	578	291	1138	
298	412	473	770	285	278	1369	1070	577	422	1158	
414	657	856	970	461	262	1733	1869	844	457	1823	
514	895	1712	1487	1298	523	3180	2671	1361	608	2471	
4803	**5675**	**6890**	**7607**	**3481**	**2636**	**15321**	**17297**	**8043**	**3265**	**14446**	**1**
1189	1674	1745	1354	780	344	2301	2816	2154	815	2833	
364	399	656	465	267	223	772	829	323	167	802	
625	555	925	881	474	349	1405	1939	1051	322	1116	
81	79	83	167	42	69	254	275	96	52	451	
249	305	357	476	222	145	1132	1106	468	146	976	
407	423	484	653	288	294	1320	1837	741	245	1487	
354	305	438	555	219	154	1189	1358	523	222	1035	
61	116	71	123	33	36	402	335	142	45	646	
67	79	187	150	52	72	646	412	144	62	522	
88	54	125	242	101	92	255	232	80	48	192	
578	737	810	970	431	307	2357	2468	1110	470	1854	1
591	733	748	1116	415	457	2643	2743	963	534	1918	
149	216	261	455	157	94	645	947	248	137	614	

表6 续表 17

地区	16岁及以上人口	各种行业人口总计	农、林、牧、渔业	采矿业	制造业	电力、热力、燃气及水生产和供应业	建筑业	批发和零售业	交通运输、仓储和邮政业	住宿和餐饮业
嘉兴市	**497540**	**350358**	**10057**	**18**	**167364**	**2313**	**34809**	**46928**	**13487**	**12455**
南湖区	75693	49051	1421	1	15227	440	5246	7759	2387	2407
秀洲区	61803	44855	958	1	21479	239	3967	6999	1864	1380
嘉善县	59931	41647	1645		20840	244	4465	4479	1607	1527
海盐县	41628	28379	1205	6	13158	427	3533	2615	957	905
海宁市	103148	75570	1476	5	40537	355	7204	9741	2948	2504
平湖市	63073	44401	1142	1	22533	300	4708	4984	1732	1393
桐乡市	92264	66455	2210	4	33590	308	5686	10351	1992	2339
湖州市	**303107**	**196479**	**9538**	**379**	**81400**	**1742**	**20877**	**25273**	**7725**	**9435**
吴兴区	94977	64484	1288	142	26849	518	6876	9359	2212	2815
南浔区	48436	30338	1600	27	14697	203	3326	3550	1177	1200
德清县	50386	33002	1894	81	14010	276	3802	3405	1325	1638
长兴县	60022	37568	3178	78	12303	468	3968	5322	1911	2102
安吉县	49286	31087	1578	51	13541	277	2905	3637	1100	1680
绍兴市	**460812**	**294152**	**20517**	**198**	**113762**	**2013**	**33742**	**46743**	**10416**	**10695**
越城区	87454	52403	672	34	14580	578	7204	9606	2191	2120
柯桥区	103710	75959	1975	21	32792	394	6708	17397	2974	2439
上虞区	74384	47455	3026	24	19518	343	7096	5095	1676	1498
新昌县	33962	21853	4293	20	7695	146	2167	2480	549	788
诸暨市	102759	64203	5167	79	28246	326	6987	8229	1968	2249
嵊州市	58543	32279	5384	20	10931	226	3580	3936	1058	1601
金华市	**603630**	**404678**	**21632**	**313**	**165671**	**2312**	**35331**	**75908**	**20422**	**15883**
婺城区	78938	47404	3618	20	10758	472	5624	7741	2448	2495
金东区	44712	30560	2785	33	11088	135	2897	4721	2381	1037
武义县	39645	27990	1818	81	16117	204	1724	2904	658	942
浦江县	39566	25396	1494	20	13437	171	1795	3288	766	735
磐安县	14511	8918	1396	12	2640	81	1439	973	235	430
兰溪市	47984	29430	5252	47	10213	221	3430	3617	972	1009
义乌市	169317	123564	1306	29	44486	496	8678	36929	9275	5212
东阳市	91811	58322	2447	58	25711	306	7054	8597	1589	2300
永康市	77146	53094	1516	13	31221	226	2690	7138	2098	1723
衢州市	**183851**	**108797**	**18749**	**221**	**25663**	**1075**	**14198**	**13621**	**4430**	**4775**
柯城区	44047	25957	1502	26	4116	385	3278	4342	1189	1412
衢江区	29658	17734	3969	44	4770	148	2205	1951	733	722
常山县	20535	12799	3349	32	2625	95	1714	1308	457	494
开化县	19959	10143	1403	14	1867	86	2075	1227	396	562
龙游县	30494	18002	3475	50	5062	168	2097	2096	665	748
江山市	39158	24162	5051	55	7223	193	2829	2697	990	837
舟山市	**107444**	**64854**	**5416**	**230**	**13349**	**893**	**11793**	**7068**	**5607**	**3659**
定海区	44152	25409	631	58	5450	447	3974	3121	2266	1264
普陀区	35108	21057	1727	57	4112	206	2518	2758	2236	1784
岱山县	21985	14867	2236	102	3642	156	5063	833	731	329
嵊泗县	6199	3521	822	13	145	84	238	356	374	282
台州市	**560196**	**362610**	**28493**	**202**	**163152**	**2880**	**30974**	**49064**	**12828**	**14085**
椒江区	70776	49741	1509	18	18308	652	5154	7348	1795	2286
黄岩区	60434	35704	1709	12	17700	252	2971	4327	1456	1365
路桥区	54564	38213	1331	39	18686	193	2412	6649	1724	1396
三门县	30188	16522	2973	10	5588	353	1807	1836	490	546
天台县	37003	18015	1522	15	5247	205	2116	3436	637	808
仙居县	32855	16345	2493	19	5103	162	1529	1960	443	1104
温岭市	125393	89179	6412	24	46372	339	6104	12112	3017	3167
临海市	91827	56448	9222	51	20271	423	6227	7347	2178	1913
玉环市	57156	42443	1322	14	25877	301	2654	4049	1088	1500
丽水市	**186647**	**107424**	**19518**	**463**	**24713**	**1331**	**12685**	**14705**	**3260**	**6301**
莲都区	44737	28401	3037	36	4647	370	4090	4934	862	1600
青田县	28985	14566	1861	94	3181	121	1764	2906	422	1816
缙云县	31701	17478	3370	41	5591	170	2021	1845	527	724
遂昌县	15858	8498	2495	132	1670	99	803	836	249	449
松阳县	16838	11047	4496	21	1748	144	978	943	290	380
云和县	10468	6575	508	17	3082	88	580	650	186	281
庆元县	10929	6074	1011	32	1667	64	642	676	208	238
景宁畲族自治县	7980	4977	1337	4	401	116	793	549	134	276
龙泉市	19151	9808	1403	86	2726	159	1014	1366	382	537

单位：人

信息传输、软件和信息技术服务业	金融业	房地产业	租赁和商务服务业	科学研究和技术服务业	水利、环境和公共设施管理业	居民服务、修理和其他服务业	教育	卫生和社会工作	文化、体育和娱乐业	公共管理、社会保障和社会组织	国际组织
3570	**3815**	**7001**	**7855**	**4549**	**3081**	**8075**	**8500**	**4903**	**2733**	**8845**	
1131	1058	1630	1899	1338	393	1494	1823	1271	570	1556	
536	482	894	1254	644	320	948	941	583	263	1103	
319	348	805	762	315	391	966	910	488	381	1155	
257	321	514	613	778	323	575	762	368	181	881	
445	653	1316	1312	606	483	1573	1626	894	515	1377	
278	380	813	944	441	505	1047	1023	555	360	1262	
604	573	1029	1071	427	666	1472	1415	744	463	1511	
1960	**2648**	**3761**	**4696**	**2174**	**1963**	**5200**	**5705**	**3403**	**1632**	**6968**	
863	1128	1584	1758	863	580	1530	1934	1363	576	2246	
200	226	350	530	144	331	841	667	322	136	811	
316	484	566	691	362	367	779	978	505	356	1167	
345	459	680	893	482	378	1139	1293	784	285	1500	
236	351	581	824	323	307	911	833	429	279	1244	
2868	**4190**	**4837**	**6282**	**3079**	**2077**	**9062**	**8718**	**4562**	**2074**	**8317**	
893	1539	1335	1836	1154	500	1830	2195	1288	600	2248	
495	724	1312	1502	656	373	2023	1592	692	476	1414	
541	540	739	920	430	482	1575	1373	682	301	1596	
170	289	274	316	106	127	584	612	396	107	734	
537	695	827	1099	505	366	1939	2075	1005	378	1526	
232	403	350	609	228	229	1111	871	499	212	799	
3997	**4508**	**3882**	**8229**	**2641**	**2755**	**11280**	**11466**	**5955**	**3442**	**9050**	**1**
1161	1101	1017	1569	866	439	1717	2598	1311	459	1990	
402	329	414	948	228	265	962	808	345	134	648	
163	238	142	334	111	174	623	671	322	156	608	
145	239	150	323	90	146	592	715	391	127	772	
91	100	67	196	55	95	209	278	147	51	423	
207	326	245	444	150	238	826	793	520	141	778	1
951	1100	1033	2902	653	637	3239	2604	1388	760	1886	
489	609	555	876	246	515	1758	1813	961	1332	1106	
388	466	259	637	242	246	1354	1186	570	282	839	
1312	**1752**	**1291**	**2596**	**1054**	**935**	**4292**	**3899**	**2462**	**800**	**5672**	
619	774	557	1100	476	235	1266	1394	998	371	1917	
161	166	229	363	149	266	603	378	200	90	587	
100	162	80	238	94	76	591	429	234	69	652	
98	136	85	198	49	95	387	386	256	60	763	
137	215	149	342	125	139	638	556	336	84	920	
197	299	191	355	161	124	807	756	438	126	833	
750	**1140**	**1298**	**1694**	**840**	**795**	**1913**	**2016**	**1374**	**853**	**4166**	
409	635	686	832	415	258	855	1149	700	403	1856	
242	331	503	604	226	376	675	598	438	325	1341	
62	118	71	178	175	62	185	153	167	60	544	
37	56	38	80	24	99	198	116	69	65	425	
2584	**4992**	**3896**	**5142**	**2286**	**2150**	**9777**	**11118**	**5668**	**2722**	**10597**	
798	1317	1135	1384	621	405	1550	2013	914	539	1995	
226	474	496	446	232	142	1050	1039	611	215	981	
246	549	448	553	185	259	1052	908	533	220	830	
109	217	120	178	95	97	369	590	295	134	715	
143	275	226	319	140	126	639	800	357	174	830	
130	232	156	275	105	155	582	713	357	101	726	
432	888	606	905	352	510	2166	2094	1144	621	1914	
326	648	471	670	368	261	1389	1838	992	465	1388	
174	392	238	412	188	195	980	1123	465	253	1218	
1106	**1699**	**1321**	**2157**	**787**	**758**	**3611**	**4294**	**2316**	**823**	**5576**	
503	709	612	1037	414	187	1137	1350	918	312	1646	
85	179	120	157	27	65	438	520	178	66	566	
131	205	111	189	84	110	553	700	342	123	641	
99	111	78	150	60	53	197	313	179	56	469	
80	127	172	147	63	78	307	362	180	62	469	
39	67	41	114	24	61	141	177	107	23	389	
47	85	53	114	38	50	319	225	140	39	426	
41	71	55	72	25	72	193	245	96	66	431	
81	145	79	177	52	82	326	402	176	76	539	

表6 续表 18

地区	16岁及以上人口	各种行业人口总计	农、林、牧、渔业	采矿业	制造业	电力、热力、燃气及水生产和供应业	建筑业	批发和零售业	交通运输、仓储和邮政业	住宿和餐饮业
安徽省	**4802163**	**2766699**	**528871**	**25553**	**476959**	**21733**	**424788**	**373382**	**141079**	**151389**
合肥市	**759405**	**440573**	**29770**	**733**	**70772**	**3634**	**73109**	**67006**	**23538**	**24890**
瑶海区	65631	38238	365	22	3489	259	5484	9675	3111	2368
庐阳区	54560	31551	162	23	2989	428	3471	6048	1727	2004
蜀山区	79641	46637	450	31	4366	470	3969	7496	2331	2860
包河区	94981	58850	522	67	5054	595	8519	10348	2683	3583
长丰县	62826	36976	5672	32	7704	213	6889	4228	2001	1954
肥东县	87498	49681	4381	38	6920	356	15431	5890	3278	2636
肥西县	80425	46789	3747	19	12669	307	8116	5267	2537	2456
庐江县	76637	44158	9816	393	6622	343	9996	5437	1467	2173
合肥高新技术产业开发区	21833	13860	93	7	2603	122	1394	1822	488	721
合肥经济技术开发区	44465	25723	464	12	7682	178	2543	3407	1143	1443
合肥新站高新技术产业开发区	35344	19357	282	12	4966	69	2486	3657	1345	1097
巢湖市	55564	28753	3816	77	5708	294	4811	3731	1427	1595
芜湖市	**326721**	**179108**	**18390**	**444**	**41304**	**1354**	**25445**	**27611**	**10105**	**11060**
镜湖区	41174	20017	119	7	3312	366	1790	3532	1426	1436
弋江区	35022	15962	232	6	3216	186	1690	2909	945	901
鸠江区	43484	24290	3683	65	5149	144	3189	3547	1610	1571
三山区	12675	7359	774	10	2711	76	822	848	320	342
芜湖县	30155	18951	2038	5	6089	135	2996	1988	1246	793
繁昌县	22792	13241	823	255	4674	102	1732	1642	760	639
南陵县	38959	23193	4470	60	3534	101	5284	2633	1097	1201
芜湖经济技术开发区	14650	9928	129	1	5810	34	571	831	688	439
安徽芜湖长江大桥经济开发区	1737	957	125		355	13	188	72	41	22
无为市	86073	45210	5997	35	6454	197	7183	9609	1972	3716
蚌埠市	**221681**	**120754**	**39768**	**117**	**13806**	**928**	**12630**	**14933**	**7554**	**5846**
龙子湖区	16318	7961	529	4	1334	56	919	1355	727	667
蚌山区	12578	6122	177	4	680	48	891	1336	550	468
禹会区	24367	11427	1267	25	2219	143	1367	1824	1121	799
淮上区	19337	11021	2824	7	1475	55	1885	1633	736	613
怀远县	54912	35966	21071	19	2368	132	2278	2967	1454	1117
五河县	35869	18877	6942	36	2190	104	2206	2111	1164	823
固镇县	32115	17337	6866	8	2083	141	2108	1808	775	710
蚌埠市高新技术开发区	4521	2460	38	2	494	36	240	426	191	116
蚌埠市经济开发区	21664	9583	54	12	963	213	736	1473	836	533
淮南市	**238550**	**125890**	**34106**	**9389**	**14095**	**1920**	**12066**	**14645**	**7629**	**6994**
大通区	12512	6232	1129	141	958	183	903	829	406	323
田家庵区	56950	25844	1165	2195	1836	928	2912	4069	1768	1746
谢家集区	17572	7120	1011	1145	735	72	626	1007	451	520
八公山区	10338	4001	453	856	523	63	183	471	223	286
潘集区	22387	11433	4134	1488	887	213	1438	938	544	483
凤台县	41969	25129	9777	3413	1731	251	1760	2319	916	1139
寿县	76822	46131	16437	151	7425	210	4244	5012	3321	2497
马鞍山市	**174288**	**92416**	**10251**	**742**	**21031**	**1121**	**13003**	**12566**	**4586**	**6580**
花山区	36571	18074	116	236	3951	458	1521	3003	1340	1033
雨山区	29240	13331	160	253	3164	208	1414	2110	742	729
博望区	12672	6897	694	7	2768	30	665	1241	275	264
当涂县	36359	21523	3750	175	5662	153	3814	2372	935	788
含山县	30150	16525	1218	35	3029	123	3780	2126	685	1834
和县	29296	16066	4313	36	2457	149	1809	1714	609	1932
淮北市	**147978**	**72994**	**14088**	**5498**	**9634**	**975**	**10115**	**8589**	**4110**	**3519**
杜集区	19259	8856	1285	1066	1380	82	1099	1120	501	499
相山区	42005	20441	456	1892	2055	509	2199	3115	1208	1164
烈山区	19274	9361	2788	961	1411	159	1141	723	477	394
濉溪县	67440	34336	9559	1579	4788	225	5676	3631	1924	1462
铜陵市	**99999**	**48289**	**5636**	**1106**	**9819**	**661**	**7161**	**6171**	**2510**	**2305**
铜官区	36526	18131	129	641	3632	375	1615	2948	1035	952

单位：人

信息传输、软件和信息技术服务业	金融业	房地产业	租赁和商务服务业	科学研究和技术服务业	水利、环境和公共设施管理业	居民服务、修理和其他服务业	教育	卫生和社会工作	文化、体育和娱乐业	公共管理、社会保障和社会组织	国际组织
39041	**34480**	**52468**	**64158**	**27734**	**25911**	**101214**	**110463**	**54460**	**16449**	**96562**	**5**
15178	**10866**	**15160**	**19576**	**11651**	**4507**	**15950**	**23814**	**10325**	**4553**	**15539**	**2**
1185	911	1539	2436	913	214	1714	2046	885	477	1145	
1359	1378	1559	2196	1075	321	1474	2093	1128	454	1662	
3693	2038	2062	3173	2550	384	1537	3738	2287	838	2364	
2510	3064	2750	3917	2705	474	2555	4278	1621	960	2644	1
618	354	992	1100	318	605	1219	1416	437	197	1027	
637	462	1064	1335	473	564	1921	2026	675	259	1335	
1176	608	1409	1271	799	572	1382	2164	637	348	1305	
372	448	789	605	249	495	1407	1300	730	191	1325	
1733	313	620	850	1041	159	365	738	266	173	352	
1127	686	976	1268	860	231	700	1655	511	321	515	1
436	233	788	879	402	142	652	971	452	141	347	
332	371	612	546	266	346	1024	1389	696	194	1518	
2619	**2159**	**4313**	**4632**	**1701**	**1311**	**8661**	**7208**	**3639**	**1496**	**5656**	
577	607	799	859	311	82	857	1325	1077	297	1238	
380	303	678	883	302	130	601	1186	521	203	690	
325	270	711	546	262	167	869	920	404	220	638	
81	43	208	208	68	42	253	276	69	47	161	
186	141	358	287	116	152	927	604	220	145	525	
145	152	186	197	71	82	489	467	221	90	514	
208	183	402	320	106	158	1432	733	424	158	689	
94	63	209	214	92	36	183	259	69	75	131	
9	5	16	21	1	16	23	16	8	6	20	
614	392	746	1097	372	446	3027	1422	626	255	1050	
1243	**1442**	**2161**	**1786**	**1001**	**863**	**3680**	**5286**	**2871**	**603**	**4236**	
120	120	209	210	139	111	317	396	408	64	276	
103	123	210	176	82	64	246	372	190	66	336	
168	147	288	202	154	135	475	427	293	70	303	
107	87	211	148	69	66	380	337	161	37	190	
159	215	282	236	58	141	812	1128	545	89	895	
149	128	262	268	96	107	601	660	333	81	616	
115	114	218	164	51	92	501	707	289	64	523	
67	69	68	99	119	19	72	191	74	17	122	
255	439	413	283	233	128	276	1068	578	115	975	
1355	**1399**	**2196**	**2103**	**817**	**1039**	**3761**	**4977**	**2760**	**635**	**4004**	
76	65	164	112	36	108	226	212	135	31	195	
513	706	779	808	317	286	988	1903	1168	229	1528	
79	58	175	173	96	39	225	259	223	42	184	
46	54	106	92	60	24	152	131	96	35	147	
29	32	110	147	29	70	269	244	149	40	189	
112	172	273	271	89	204	603	854	374	72	799	
500	312	589	500	190	308	1298	1374	615	186	962	
1175	**1208**	**1620**	**2703**	**1245**	**852**	**3933**	**3677**	**1728**	**548**	**3847**	
391	388	546	758	496	182	799	1139	529	160	1028	
279	309	382	580	370	119	603	741	307	143	718	
41	33	47	121	26	39	263	168	59	23	133	
181	183	244	555	112	168	781	569	304	81	696	
167	157	217	442	165	135	967	529	252	90	574	
116	138	184	247	76	209	520	531	277	51	698	
720	**896**	**1104**	**1332**	**591**	**644**	**2349**	**3581**	**1761**	**400**	**3088**	
88	66	173	152	106	135	286	343	179	40	256	
351	597	567	581	295	134	774	1777	891	208	1668	
58	36	115	126	42	79	225	285	120	32	189	
223	197	249	473	148	296	1064	1176	571	120	975	
649	**775**	**1065**	**1162**	**527**	**546**	**1473**	**2368**	**1346**	**348**	**2661**	
356	504	639	652	360	190	608	1216	733	208	1338	

表6 续表 19

地　区	16岁及以上人口	各种行业人口总计	农、林、牧、渔业	采矿业	制造业	电力、热力、燃气及水生产和供应业	建筑业	批发和零售业	交通运输、仓储和邮政业	住宿和餐饮业
义安区	18312	9815	1693	337	2217	120	1552	904	477	543
郊区	11870	5365	994	106	1332	66	689	582	340	233
枞阳县	33291	14978	2820	22	2638	100	3305	1737	658	577
安庆市	**388847**	**229577**	**28111**	**329**	**53105**	**1573**	**42146**	**31290**	**8013**	**14839**
迎江区	21082	11419	223	43	1529	219	1339	2106	613	758
大观区	18455	9140	696	38	1540	145	938	1444	484	918
宜秀区	15325	8432	849	13	1574	46	1570	1250	477	636
怀宁县	49423	28391	2888	50	5246	131	4882	4757	730	4487
太湖县	41154	22623	3325	21	4837	140	4851	2431	774	892
宿松县	57423	32183	3112	40	8785	212	6445	4127	1317	1174
望江县	44868	36642	9266	11	8239	98	6648	3482	694	2022
岳西县	28563	15805	2436	19	3042	131	3001	2049	625	734
安徽安庆经济开发区	11730	6870	113	21	1424	82	903	1472	440	428
桐城市	57860	30816	1615	50	8661	214	7408	4263	1110	1482
潜山市	42964	27256	3588	23	8228	155	4161	3909	749	1308
黄山市	**115375**	**72130**	**13062**	**92**	**12966**	**491**	**12706**	**8084**	**2571**	**4935**
屯溪区	23703	13435	331	5	1560	125	1475	2333	669	1266
黄山区	12119	7807	912	4	967	66	1603	873	305	892
徽州区	8318	5575	983	8	1649	29	892	529	139	254
歙县	35256	24023	6842	18	5308	104	3942	2136	658	1087
休宁县	18252	11212	2410	44	2063	86	2228	1232	372	711
黟县	6458	3995	706		506	29	828	370	143	454
祁门县	11269	6083	878	13	913	52	1738	611	285	271
滁州市	**345242**	**230617**	**54201**	**588**	**53650**	**1629**	**28885**	**27342**	**12160**	**10976**
琅琊区	21511	12275	601	99	2516	119	1470	1921	813	646
南谯区	27808	16316	1225	23	3089	125	2945	2255	924	861
来安县	35365	24749	5439	39	5544	197	3686	2832	1204	1368
全椒县	35824	27640	5455	20	7418	113	3599	3026	1328	1459
定远县	63568	44140	15980	156	7482	214	4597	4674	2656	2009
凤阳县	53156	36192	12833	58	5730	133	3996	4375	2551	1643
苏滁现代产业园	2109	1699	6		1038	5	256	60	33	28
滁州经济技术开发区	11933	7807	47	9	2411	383	846	1907	266	281
天长市	53144	35219	4550	153	13790	197	5106	3564	1169	1355
明光市	40824	24580	8065	31	4632	143	2384	2728	1216	1326
阜阳市	**615370**	**369105**	**90190**	**1482**	**50901**	**1724**	**58892**	**56753**	**19837**	**21440**
颍州区	57695	29447	3427	12	2368	282	5235	5175	1591	1986
颍东区	42239	24773	3219	213	3562	130	5041	3952	1926	1457
颍泉区	44287	28577	7164	18	2915	177	6091	4107	1285	1522
临泉县	124731	74316	18697	54	11023	231	12267	10892	3363	3943
太和县	106312	69346	20764	42	9930	272	9823	11749	3167	4373
阜南县	82967	50652	16924	42	6392	190	7696	6636	2371	2714
颍上县	98854	62802	16191	1076	9025	257	8321	8680	4458	3773
阜阳合肥现代产业园区	2529	1341	45	4	283	1	330	207	81	109
阜阳经济技术开发区	8504	4499	50	5	544	59	781	1031	287	324
界首市	47252	23352	3709	16	4859	125	3307	4324	1308	1239
宿州市	**380677**	**240264**	**93484**	**2087**	**26824**	**1475**	**32622**	**25485**	**10545**	**9516**
埇桥区	124311	72026	17945	1757	8908	596	11743	8526	3848	3769
砀山县	55574	37467	20784	33	3157	157	2732	3454	1348	1135
萧县	77398	53687	25865	221	5006	392	7083	4745	2017	1875
灵璧县	63128	40770	15504	16	5434	180	5346	4430	1979	1443
泗县	53123	32378	13046	14	3589	125	4979	3720	1129	1054
宿州马鞍山现代产业园区	2971	1478	284		292	3	284	129	51	86
宿州经济技术开发区	4172	2458	56	46	438	22	455	481	173	154
六安市	**347281**	**201387**	**34938**	**1117**	**35124**	**1538**	**40942**	**24900**	**9673**	**10467**
金安区	62692	35709	4699	54	6780	260	6223	4377	1700	1865
裕安区	69509	39066	5107	60	6143	264	9546	5453	1796	1997
叶集区	14084	7915	1276	12	2248	89	1101	958	433	362
霍邱县	65729	35691	11341	836	4304	195	5396	4126	2027	1730
舒城县	66329	40278	4963	68	8474	247	9882	4786	2040	1968
金寨县	42158	26084	5304	48	3569	300	5887	3178	1021	1526
霍山县	26780	16644	2248	39	3606	183	2907	2022	656	1019

单位：人

信息传输、软件和信息技术服务业	金融业	房地产业	租赁和商务服务业	科学研究和技术服务业	水利、环境和公共设施管理业	居民服务、修理和其他服务业	教育	卫生和社会工作	文化、体育和娱乐业	公共管理、社会保障和社会组织	国际组织
82	95	186	169	42	98	350	324	159	66	401	
49	49	80	100	39	60	133	162	102	23	226	
162	127	160	241	86	198	382	666	352	51	696	
3638	**2815**	**3862**	**5652**	**2452**	**2023**	**8528**	**8318**	**4044**	**1303**	**7534**	**2**
246	376	473	368	239	151	445	692	610	131	858	
189	246	194	234	152	93	348	550	302	127	502	
147	100	289	241	72	146	295	258	166	54	249	
380	277	306	918	279	174	775	918	369	137	687	
395	266	314	761	310	222	958	879	352	107	788	
661	322	553	593	307	257	1018	1298	582	155	1225	
443	275	518	577	228	180	2055	818	338	133	616	1
206	162	228	487	179	201	587	602	306	74	736	
119	137	187	262	130	92	272	288	168	54	278	
452	379	456	714	318	267	928	1062	455	152	829	1
400	275	344	497	238	240	847	953	396	179	766	
779	**1012**	**1302**	**1935**	**457**	**726**	**2539**	**2562**	**1517**	**556**	**3838**	
290	432	489	771	218	165	634	789	532	255	1096	
73	68	201	412	52	156	301	222	121	62	517	
33	43	112	109	21	39	155	191	91	36	262	
217	219	249	331	87	179	757	728	418	107	636	
90	119	162	204	44	63	409	293	166	35	481	
33	42	40	55	11	81	120	104	44	47	382	
43	89	49	53	24	43	163	235	145	14	464	
1969	**1758**	**4443**	**3918**	**1336**	**2177**	**8551**	**6351**	**3395**	**961**	**6327**	
215	256	617	366	174	140	560	589	376	107	690	
252	250	830	516	245	349	592	681	346	116	692	
210	128	518	360	110	309	1147	555	324	118	661	
267	213	689	499	135	261	1295	697	395	107	664	
338	217	447	699	244	371	1466	978	524	132	956	
192	173	244	518	123	235	1200	930	372	101	785	
6	3	168	23	8	10	29	8	9	3	6	
99	96	204	246	104	50	180	275	114	38	251	
219	263	379	409	149	210	1167	962	520	133	924	
171	159	347	282	44	242	915	676	415	106	698	
2570	**2602**	**4016**	**6712**	**1732**	**3882**	**14829**	**12802**	**6436**	**1431**	**10873**	**1**
410	673	616	828	196	286	1265	1881	1118	160	1938	
189	185	474	371	104	419	1058	1038	439	98	898	
265	215	312	508	141	241	1097	1064	444	128	883	
421	374	752	1440	389	723	3776	2574	1149	369	1878	1
384	303	468	950	322	561	1959	1712	1059	215	1293	
333	258	388	810	205	305	1913	1543	763	128	1041	
339	315	653	1298	255	1103	2596	1783	799	246	1634	
3	2	24	39	13	19	74	34	39	4	30	
63	87	139	191	43	48	196	271	132	16	232	
163	190	190	277	64	177	895	902	494	67	1046	
1968	**1698**	**2818**	**2638**	**1142**	**1555**	**6502**	**8053**	**3967**	**828**	**7057**	
968	840	1234	963	544	632	2318	2785	1536	368	2746	
202	184	359	317	119	121	746	1072	555	76	916	
284	243	413	447	169	220	1278	1428	662	107	1232	
249	224	358	435	167	308	1179	1543	666	148	1161	
229	162	241	426	106	215	833	1041	492	111	866	
3	8	125	18	3	27	27	68	12	9	49	
33	37	88	32	34	32	121	116	44	9	87	
2176	**2147**	**3679**	**4498**	**1291**	**1982**	**8174**	**7479**	**3582**	**928**	**6752**	
440	514	939	1258	269	332	1791	1660	955	230	1363	
501	551	935	815	264	428	1396	1582	684	208	1336	
45	51	94	114	28	118	256	283	121	23	303	
243	216	280	549	127	322	1174	1183	541	110	991	
466	359	698	802	264	350	1759	1213	610	167	1162	
268	262	447	587	199	269	933	896	355	107	928	
213	194	286	373	140	163	865	662	316	83	669	

表6 续表 20

地　区	16岁及以上人口	各种行业人口总计	农、林、牧、渔业	采矿业	制造业	电力、热力、燃气及水生产和供应业	建筑业	批发和零售业	交通运输、仓储和邮政业	住宿和餐饮业
亳州市	**331091**	**170942**	**40477**	**660**	**19035**	**986**	**29053**	**26937**	**9923**	**9049**
谯城区	108498	57882	14060	4	7786	309	9484	9137	2640	2793
涡阳县	75878	36254	6733	321	3412	212	6522	6470	2411	2176
蒙城县	69557	35966	8852	261	3703	227	6153	4853	2431	1735
利辛县	77158	40840	10832	74	4134	238	6894	6477	2441	2345
池州市	**111537**	**61413**	**8573**	**611**	**13506**	**603**	**10361**	**7299**	**2855**	**3666**
贵池区	46670	25078	2941	372	5457	340	3813	3077	1152	1332
东至县	39855	23289	3970	90	5637	143	4552	2649	1005	1263
石台县	6115	3132	683	19	368	48	521	333	144	175
青阳县	18897	9914	979	130	2044	72	1475	1240	554	896
宣城市	**198121**	**111240**	**13826**	**558**	**31387**	**1121**	**15652**	**13771**	**5470**	**5307**
宣州区	50990	27831	4721	188	5820	280	3719	3886	1545	1255
郎溪县	25804	14914	1583	28	4599	158	2886	1610	663	640
泾县	21387	10674	1590	68	2453	139	1642	1191	489	615
绩溪县	10837	6074	1291	15	1332	90	936	619	218	311
旌德县	9021	4538	837	63	647	45	728	493	245	230
宣城市经济开发区	8521	4883	227	10	1320	99	645	660	259	232
宁国市	31499	18466	1369	53	7053	172	1855	2325	761	952
广德市	40062	23860	2208	133	8163	138	3241	2987	1290	1072
福建省	**3149552**	**2052886**	**287461**	**5725**	**486898**	**16962**	**214780**	**349719**	**97492**	**113776**
福州市	**631425**	**375287**	**37341**	**488**	**54044**	**3844**	**51619**	**68553**	**19926**	**28707**
鼓楼区	52610	28536	50	10	1205	351	1687	4815	1082	1871
台江区	32928	17352	32	9	487	223	1250	5058	972	1178
仓山区	91720	53957	282	17	6238	536	8362	11750	3204	2719
马尾区	21235	13001	366	7	2949	63	1452	2226	973	1815
晋安区	65240	39576	405	14	3200	439	5648	8403	3056	2707
长乐区	56542	33420	2225	29	10077	235	4388	5048	1569	3930
闽侯县	76260	41022	2969	48	8600	201	5958	7497	2883	2557
连江县	48331	31806	6710	22	3331	227	4753	5110	1323	3532
罗源县	19269	11291	1621	53	2447	155	1547	1813	546	533
闽清县	18833	9967	1575	21	2062	142	1672	1407	527	445
永泰县	20293	13260	4046	30	1238	83	3118	1550	338	490
平潭县	29286	15356	2449	17	411	130	3476	2250	1271	838
福清市	98878	66743	14611	211	11799	1059	8308	11626	2182	6092
厦门市	**432048**	**306307**	**5605**	**112**	**85008**	**1409**	**28664**	**50536**	**19195**	**18965**
思明区	88289	55967	85	26	3676	445	3077	10964	3866	5024
海沧区	48383	36592	253	19	14105	128	3761	4905	2415	1749
湖里区	89033	68802	74	19	11065	235	6772	14493	5083	5251
集美区	88178	59507	372	9	20708	236	5965	9083	3559	3285
同安区	70319	51776	1959	19	23154	209	4912	7121	2712	2034
翔安区	47846	33663	2862	20	12300	156	4177	3970	1560	1622
莆田市	**230983**	**135642**	**14999**	**130**	**38956**	**1063**	**13274**	**30435**	**4878**	**6606**
城厢区	41058	25800	1601	9	5488	230	2292	6862	987	1479
涵江区	36851	22403	1168	4	8072	120	2268	4679	884	1184
荔城区	49027	29563	1807	15	10826	249	2113	7329	861	963
秀屿区	39596	24008	7166	69	5030	230	2936	3953	883	679
仙游县	64451	33868	3257	33	9540	234	3665	7612	1263	2301
三明市	**184745**	**112282**	**26969**	**1147**	**16623**	**1655**	**11320**	**14668**	**5330**	**9033**
梅列区	17374	10492	288	17	1785	226	1024	1736	513	792
三元区	14669	7854	926	43	1287	82	948	1369	574	511
明溪县	8216	4987	1155	36	949	59	403	637	168	516
清流县	8762	7066	2857	74	738	84	751	714	222	274
宁化县	21037	13169	4441	88	1563	119	1590	1660	527	676
大田县	19981	14387	5015	523	1716	128	1715	1635	540	635
尤溪县	24255	12446	2752	66	2565	201	1245	1485	600	790
沙县	18676	10113	1010	12	1553	161	764	1073	494	2811
将乐县	10229	5850	1426	69	773	102	514	779	255	525
泰宁县	6944	4352	1084	7	272	103	511	668	160	475
建宁县	8184	5553	2417	7	528	58	469	595	196	239
永安市	26418	16013	3598	205	2894	332	1386	2317	1081	789

单位：人

信息传输、软件和信息技术服务业	金融业	房地产业	租赁和商务服务业	科学研究和技术服务业	水利、环境和公共设施管理业	居民服务、修理和其他服务业	教育	卫生和社会工作	文化、体育和娱乐业	公共管理、社会保障和社会组织	国际组织
1174	**1423**	**2023**	**2422**	**574**	**2139**	**6260**	**7678**	**3599**	**759**	**6771**	
505	550	935	705	161	616	1833	2608	1174	305	2277	
203	283	348	715	146	599	1566	1757	741	162	1477	
246	330	413	555	143	519	1292	1749	860	146	1498	
220	260	327	447	124	405	1569	1564	824	146	1519	
835	**878**	**1016**	**1311**	**443**	**598**	**1975**	**2331**	**1254**	**382**	**2916**	
384	504	559	516	224	276	778	1160	612	172	1409	
345	206	281	445	177	147	643	684	347	101	604	
29	49	23	66	12	34	85	138	84	16	305	
77	119	153	284	30	141	469	349	211	93	598	
993	**1402**	**1690**	**1778**	**774**	**1067**	**4049**	**3978**	**2236**	**718**	**5463**	
273	456	457	531	140	215	937	1120	611	216	1461	
103	115	201	162	82	119	469	460	273	82	681	
126	116	135	160	62	122	463	359	245	66	633	
68	73	54	84	33	69	176	206	107	24	368	
49	78	45	63	20	46	239	167	93	27	423	
79	106	138	91	86	87	155	280	106	41	262	
134	243	308	286	130	176	681	649	416	146	757	
161	215	352	401	221	233	929	737	385	116	878	
39667	**30118**	**37343**	**44474**	**22127**	**14443**	**78291**	**86076**	**36798**	**18175**	**72558**	**3**
11737	**8684**	**9462**	**10263**	**6313**	**2927**	**15856**	**17963**	**8625**	**4110**	**14825**	
2229	1985	1285	1570	1475	298	1088	2322	1847	789	2577	
1131	997	781	823	524	169	695	979	906	306	832	
3011	1470	1792	2498	1369	606	2262	3741	1425	647	2028	
351	266	344	274	125	97	541	455	165	107	425	
1899	1452	1538	1755	1141	398	1890	1828	1115	679	2009	
289	310	413	383	97	163	1538	1032	485	243	966	
1268	517	931	771	748	277	1833	2034	565	258	1107	
503	319	558	455	160	235	1936	1010	350	323	949	
133	98	222	250	105	92	457	436	192	87	504	
102	129	67	98	53	78	410	450	210	38	481	
115	104	164	205	87	115	433	437	181	36	490	
222	299	376	561	147	138	626	765	348	170	862	
484	738	991	620	282	261	2147	2474	836	427	1595	
13081	**5688**	**9674**	**13069**	**6593**	**3875**	**12994**	**13732**	**5569**	**4366**	**8172**	
3983	2529	2673	3636	1782	699	3218	3803	1964	1383	3134	
869	526	1120	1406	712	447	1275	1306	518	404	674	
4471	1398	2651	3937	2024	838	3817	2735	1274	1173	1492	
2313	636	1634	2137	1065	844	2162	2973	739	749	1038	
632	372	860	1187	530	536	1417	1907	629	445	1141	
813	227	736	766	480	511	1105	1008	445	212	693	
1334	**1486**	**1518**	**1663**	**609**	**723**	**3907**	**5876**	**2387**	**947**	**4851**	
311	559	446	472	150	137	1007	1507	603	210	1450	
335	192	291	241	98	112	667	869	367	187	665	
313	364	367	348	153	143	661	1198	618	189	1046	
149	96	111	231	58	173	521	747	289	89	598	
226	275	303	371	150	158	1051	1555	510	272	1092	
1430	**1679**	**1272**	**1470**	**929**	**759**	**3450**	**5292**	**2274**	**748**	**6234**	
362	477	260	281	214	95	335	669	345	168	905	
123	146	164	182	87	56	322	380	181	80	393	
41	61	26	56	41	35	160	179	92	15	358	
62	81	27	58	28	42	231	251	105	27	440	
149	134	122	137	79	79	416	507	218	83	581	
130	105	79	95	98	53	419	650	212	65	574	
133	125	123	175	86	98	347	645	281	55	674	
96	128	131	138	97	72	228	620	164	57	504	
53	89	51	61	29	65	166	295	118	41	439	
36	68	40	69	23	35	124	185	106	25	361	
67	66	26	37	21	33	155	205	91	24	319	
178	199	223	181	126	96	547	706	361	108	686	

表6 续表 21

地　　区	16岁及以上人口	各种行业人口总计	农、林、牧、渔业	采矿业	制造业	电力、热力、燃气及水生产和供应业	建筑业	批发和零售业	交通运输、仓储和邮政业	住宿和餐饮业
泉州市	**668889**	**474949**	**36939**	**829**	**176582**	**2741**	**42733**	**89111**	**19708**	**20373**
鲤城区	33488	23164	98	7	8435	159	1368	5140	891	1247
丰泽区	54981	36538	227	8	5942	356	3535	8048	1686	2767
洛江区	18751	12647	640	4	5567	66	1020	2099	385	437
泉港区	24724	16615	1177	76	3689	162	3217	2928	1205	641
惠安县	78581	52533	2714	62	19661	172	10899	6632	1553	1685
安溪县	70241	50816	12936	69	11723	324	3739	10855	1661	2014
永春县	30047	19938	4863	229	4757	193	2019	2683	934	669
德化县	24603	18149	1584	125	7498	158	1775	2900	564	694
金门县										
石狮市	54440	38531	1062	12	16239	331	1750	8889	1855	2047
晋江市	164215	121082	1684	83	62267	441	6830	21684	5542	4765
南安市	114818	84936	9954	154	30804	379	6581	17253	3432	3407
漳州市	**387099**	**269859**	**77458**	**272**	**53939**	**1710**	**25443**	**38308**	**11230**	**10861**
芗城区	49628	30428	2199	17	5829	253	2931	5721	1654	1789
龙文区	22054	17475	1192	8	3807	74	2105	3424	876	808
云霄县	31963	23173	7127	22	3567	182	2528	3754	792	954
漳浦县	63914	44225	16590	92	7527	213	4040	5729	1780	1603
诏安县	39649	29617	11858	18	4852	98	3187	3576	643	1007
长泰县	18617	14016	2789	19	5444	88	959	1384	469	418
东山县	17722	12537	3459	26	2317	111	1206	1844	520	594
南靖县	24001	17967	7300	10	2628	136	1231	2245	1011	769
平和县	32891	22139	12668	11	1560	93	1047	3175	500	648
华安县	10203	7380	2475	18	2004	113	734	452	217	203
龙海市	76457	50902	9801	31	14404	349	5475	7004	2768	2068
南平市	**191266**	**109240**	**28560**	**285**	**17018**	**1348**	**10450**	**15318**	**5348**	**5407**
延平区	33091	18618	2737	27	3029	312	2133	2823	1232	1101
建阳区	23993	13560	2856	25	1862	141	1658	2108	551	693
顺昌县	13068	7241	2417	18	1023	97	577	792	350	316
浦城县	20438	10812	4028	14	1718	126	867	1212	395	362
光泽县	9683	5802	1444	5	1424	92	470	628	295	245
松溪县	8836	4834	1662	16	668	49	445	585	189	183
政和县	11618	6317	1506	90	1318	73	581	896	205	256
邵武市	20773	12220	2151	67	2597	179	1175	1852	836	623
武夷山市	19053	11393	2213	12	1175	107	1411	2113	432	860
建瓯市	30713	18443	7546	11	2204	172	1133	2309	863	768
龙岩市	**201028**	**122685**	**22816**	**2058**	**17374**	**1407**	**17591**	**18808**	**5899**	**6342**
新罗区	63802	39680	2439	914	5071	505	4896	8063	2296	2498
永定区	22652	13224	2810	392	1519	132	2321	1680	760	734
长汀县	28634	16900	3750	29	3394	137	2369	2398	574	808
上杭县	28441	16984	2990	145	2580	172	3482	2224	540	761
武平县	20637	12067	3280	159	1691	122	1660	1429	513	486
连城县	18024	10593	2713	97	1776	121	1516	1259	475	536
漳平市	18838	13237	4834	322	1343	218	1347	1755	741	519
宁德市	**222069**	**146635**	**36774**	**404**	**27354**	**1785**	**13686**	**23982**	**5978**	**7482**
蕉城区	45982	31886	3406	68	8347	443	3122	5095	1371	1635
霞浦县	33380	24613	7876	46	2877	223	2329	4860	978	1350
古田县	23016	13270	5413	59	1403	134	898	1797	602	695
屏南县	9225	5095	1471	33	371	91	664	815	222	268
寿宁县	10427	6137	2399	11	672	78	670	679	147	227
周宁县	11165	6107	1355	4	484	69	998	1414	261	263
柘荣县	6832	4297	1008	20	704	46	532	614	142	263
福安市	41673	26886	6374	7	6515	250	1912	4641	1240	1191
福鼎市	40369	28344	7472	156	5981	451	2561	4067	1015	1590
江西省	**3707001**	**2260971**	**444805**	**9133**	**472739**	**14114**	**303228**	**325270**	**93728**	**100980**
南昌市	**531529**	**277877**	**24924**	**226**	**45328**	**2094**	**37004**	**46471**	**15909**	**15961**
东湖区	36193	18935	439	6	975	394	1456	3824	1009	1291

单位：人

信息传输、软件和信息技术服务业	金融业	房地产业	租赁和商务服务业	科学研究和技术服务业	水利、环境和公共设施管理业	居民服务、修理和其他服务业	教育	卫生和社会工作	文化、体育和娱乐业	公共管理、社会保障和社会组织	国际组织
5447	**5301**	**6341**	**7720**	**3386**	**2217**	**17138**	**17137**	**6121**	**3586**	**11537**	**2**
426	459	442	574	231	118	898	1058	595	270	747	1
1046	1351	1190	1382	779	244	1777	2308	1277	681	1934	
123	111	215	235	135	71	400	550	181	94	314	
221	159	252	402	143	115	606	660	236	126	600	
589	444	784	790	518	280	1564	1841	631	303	1411	
579	302	393	674	185	200	1724	1709	528	234	967	
209	195	161	238	93	139	655	833	235	101	732	
120	150	203	148	76	77	483	737	205	74	578	
247	383	420	532	294	193	1584	1343	343	253	754	
1326	1083	1445	1827	607	390	3819	3443	996	889	1960	1
561	664	836	918	325	390	3628	2655	894	561	1540	
2568	**2415**	**3839**	**4314**	**1736**	**1628**	**10460**	**9514**	**4140**	**1787**	**8237**	
528	757	859	870	458	297	1356	1835	1155	362	1558	
402	333	560	465	303	168	1165	688	419	188	490	
175	147	184	295	77	120	1236	804	306	138	765	
250	261	439	544	203	210	1254	1465	562	206	1257	
137	97	140	565	114	117	1154	902	310	137	705	
95	101	249	219	74	140	482	423	128	102	433	
90	77	231	215	55	73	524	398	158	137	502	
120	96	116	196	54	102	716	472	197	79	489	
145	106	73	189	64	50	488	573	193	58	498	
39	50	40	71	26	27	232	248	89	15	327	
587	390	948	685	308	324	1853	1706	623	365	1213	
1122	**1449**	**1560**	**1983**	**668**	**855**	**3938**	**4667**	**2359**	**779**	**6126**	
353	478	331	382	211	164	740	772	558	231	1004	
120	144	285	179	98	92	550	664	325	101	1108	
68	85	89	89	27	52	329	285	138	31	458	
80	109	105	113	37	80	348	444	189	59	526	
45	53	51	66	27	53	180	219	110	37	358	
32	57	27	57	32	36	132	241	105	15	303	
67	68	43	91	30	25	213	287	161	16	391	
119	176	177	191	82	98	388	482	289	87	651	
91	127	132	547	67	157	478	533	168	127	643	
147	152	320	268	57	98	580	740	316	75	684	
1398	**1739**	**1909**	**2179**	**1027**	**800**	**4977**	**6397**	**2760**	**922**	**6281**	**1**
752	915	1202	1077	562	348	2085	2218	1204	525	2109	1
118	126	89	204	37	63	497	704	232	58	748	
122	156	135	214	76	80	582	925	319	114	718	
149	173	178	319	180	129	658	945	378	97	884	
88	143	136	139	60	77	408	656	286	47	687	
71	105	71	101	52	65	336	470	182	36	611	
98	121	98	125	60	38	411	479	159	45	524	
1550	**1677**	**1768**	**1813**	**866**	**659**	**5571**	**5498**	**2563**	**930**	**6295**	
583	634	641	566	297	177	1684	1226	641	238	1712	
189	185	298	186	75	71	1041	782	334	160	753	
106	145	95	136	24	47	413	489	213	53	548	
49	52	62	46	16	28	170	245	86	38	368	
57	56	27	87	23	23	170	273	132	35	371	
66	58	35	44	75	32	202	243	115	33	356	
52	67	27	46	29	23	146	171	88	17	302	
234	225	286	413	181	75	755	1035	452	171	929	
214	255	297	289	146	183	990	1034	502	185	956	
26580	**23210**	**33978**	**64159**	**21495**	**14523**	**88670**	**91557**	**38408**	**11887**	**82496**	**11**
6292	**5658**	**8331**	**12280**	**5274**	**2589**	**10394**	**16492**	**6527**	**2934**	**13188**	**1**
552	788	617	967	519	192	880	1458	1585	452	1531	

表6 续表 22

地　　区	16岁及以上人口	各种行业人口总计	农、林、牧、渔业	采矿业	制造业	电力、热力、燃气及水生产和供应业	建筑业	批发和零售业	交通运输、仓储和邮政业	住宿和餐饮业
西湖区	40137	20710	108	18	1281	158	1713	5166	1592	1349
青云谱区	28510	14382	72	13	2630	115	1621	3543	1217	701
青山湖区	110202	51771	1349	62	9568	459	5365	8097	2761	2792
新建区	65881	36779	5171	30	3871	142	6803	4953	2048	2995
红谷滩区	48567	24103	491	27	1096	275	3163	3162	1026	1818
南昌县	122608	66343	11423	47	11674	387	9312	10366	4736	3447
安义县	21813	12645	1157	5	6948	57	656	1545	244	344
进贤县	57618	32209	4714	18	7285	107	6915	5815	1276	1224
景德镇市	**134141**	**84555**	**12693**	**388**	**19320**	**534**	**12959**	**11351**	**3921**	**4596**
昌江区	15210	8264	974	13	1748	81	856	1198	391	504
珠山区	30710	16631	87	106	5105	196	1170	2556	891	933
浮梁县	25313	13883	2161	45	3106	65	2215	1616	867	743
乐平市	62908	45777	9471	224	9361	192	8718	5981	1772	2416
萍乡市	**145703**	**104520**	**19921**	**992**	**20257**	**785**	**10563**	**14871**	**4406**	**4548**
安源区	46631	28857	1042	504	3069	428	2158	6163	1561	1711
湘东区	25767	19009	5596	169	4219	115	2206	1954	746	705
莲花县	16300	13091	4827	77	2520	55	805	1037	356	318
上栗县	36272	27766	4834	160	7603	99	3832	4018	1206	1144
芦溪县	20733	15797	3622	82	2846	88	1562	1699	537	670
九江市	**387455**	**240182**	**39997**	**782**	**48112**	**1699**	**36134**	**36081**	**9295**	**11446**
濂溪区	33367	16507	1385	28	1865	159	2454	2925	901	1119
浔阳区	35212	18524	253	80	1741	516	1867	3853	1131	1108
柴桑区	27709	18203	1734	60	4673	88	3476	2500	909	981
武宁县	27012	13819	2406	20	2134	104	3549	1493	471	684
修水县	57745	36372	10690	61	6060	186	3274	6698	1275	1452
永修县	25052	16344	4125	20	2802	85	2143	2135	656	890
德安县	12486	9170	971	68	2453	69	1307	1250	408	508
都昌县	52167	34391	6961	39	7017	84	5844	5063	901	1000
湖口县	18566	12143	2152	11	3427	104	2344	1248	386	361
彭泽县	25438	18155	3912	76	4117	112	2907	2042	683	833
瑞昌市	38429	27064	3184	298	6370	67	3371	4730	908	1106
共青城市	15369	6966	563	6	2656	59	1029	701	223	258
庐山市	18903	12524	1661	15	2797	66	2569	1443	443	1146
新余市	**90499**	**48954**	**7679**	**322**	**8113**	**531**	**6353**	**8211**	**2324**	**2289**
渝水区	70432	37196	5173	227	5970	388	4671	6525	1711	1836
分宜县	20067	11758	2506	95	2143	143	1682	1686	613	453
鹰潭市	**100131**	**66583**	**14263**	**177**	**11088**	**588**	**7114**	**12666**	**2840**	**3465**
月湖区	22425	14039	639	22	1620	225	1444	2974	1149	961
余江区	30389	20144	4023	24	3722	74	1994	4616	508	786
贵溪市	47317	32400	9601	131	5746	289	3676	5076	1183	1718
赣州市	**741378**	**459700**	**85069**	**2458**	**128729**	**2258**	**57882**	**62310**	**15790**	**17849**
章贡区	91730	48568	1204	137	7856	493	6415	9524	2474	3271
南康区	68417	43163	3478	75	18280	117	5658	5456	1501	1207
赣县区	44709	28059	5080	73	6513	129	5286	3479	956	1044
信丰县	54517	37586	9447	53	12243	163	3864	4877	1079	1019
大余县	21870	13919	3012	405	2908	69	1432	1835	445	415
上犹县	22945	14351	2374	157	5060	67	1468	1557	457	510
崇义县	15340	9163	1915	456	1843	85	1041	1067	336	424
安远县	26044	16811	5839	46	4018	95	1291	2046	354	669
定南县	16261	9511	1513	56	2417	96	1389	1242	540	443
全南县	14283	9156	1515	195	2336	79	1445	996	334	388
宁都县	69212	43804	12314	70	8346	107	5706	6716	1763	1588
于都县	80132	48534	5193	227	20655	162	5638	6012	1216	1754
兴国县	57093	37040	9157	155	10062	151	5511	4017	894	1096
会昌县	37358	23870	4657	150	7587	94	2463	3060	749	959
寻乌县	22696	14884	5873	16	2123	59	1595	1497	546	458
石城县	22601	13784	3032	15	3484	90	1601	1896	554	632
瑞金市	50746	31801	7471	72	7712	70	3841	4995	992	1366
龙南市	25424	15696	1995	100	5286	132	2238	2038	600	606

单位：人

信息传输、软件和信息技术服务业	金融业	房地产业	租赁和商务服务业	科学研究和技术服务业	水利、环境和公共设施管理业	居民服务、修理和其他服务业	教育	卫生和社会工作	文化、体育和娱乐业	公共管理、社会保障和社会组织	国际组织
745	852	858	1178	608	187	855	1421	738	409	1474	
389	307	420	529	280	83	639	731	417	148	527	
1683	1216	1815	3636	1618	444	1775	4760	1170	647	2554	
478	445	1360	1642	395	527	1791	1704	474	214	1736	
1030	1220	1188	1565	711	372	929	2345	779	579	2327	
1145	556	1637	1864	944	582	2417	2745	886	391	1784	
61	113	107	152	39	53	225	356	142	19	422	
209	161	329	747	160	149	883	972	336	75	833	1
862	**734**	**966**	**2601**	**723**	**571**	**4090**	**3262**	**1314**	**479**	**3189**	**2**
134	125	103	413	106	64	528	338	139	64	485	
239	278	398	842	290	123	715	970	472	192	1067	1
114	94	148	438	100	144	596	523	196	39	673	
375	237	317	908	227	240	2251	1431	507	184	964	1
1191	**1033**	**1302**	**2759**	**831**	**733**	**9515**	**4220**	**1938**	**716**	**3939**	
514	579	703	1471	411	229	3489	1655	932	338	1900	
212	92	128	341	136	113	1050	556	223	142	306	
106	85	57	161	64	63	1349	455	172	40	544	
209	181	284	490	103	188	1262	1002	389	137	625	
150	96	130	296	117	140	2365	552	222	59	564	
2748	**2465**	**4051**	**7998**	**2528**	**1688**	**10795**	**9594**	**4493**	**1399**	**8876**	**1**
284	268	588	989	303	165	668	1036	394	147	829	
403	596	630	671	420	156	890	1340	886	257	1726	
242	151	429	450	243	213	651	593	246	79	485	
111	121	223	280	56	89	659	514	257	61	586	1
432	178	357	1028	252	166	1272	1299	558	191	943	
123	134	249	335	70	106	943	530	292	115	591	
84	98	155	216	46	61	543	281	136	69	447	
375	326	366	1742	367	129	1288	1333	704	117	735	
103	97	160	160	60	104	321	443	197	46	419	
176	123	190	438	183	172	780	578	259	94	480	
200	267	407	1175	423	158	2002	1034	325	110	929	
57	44	129	189	42	47	211	315	69	43	325	
158	62	168	325	63	122	567	298	170	70	381	
569	**756**	**956**	**2145**	**563**	**355**	**1752**	**2351**	**967**	**241**	**2477**	
511	672	853	1659	501	271	1395	1973	724	211	1925	
58	84	103	486	62	84	357	378	243	30	552	
601	**634**	**923**	**2033**	**865**	**409**	**2593**	**2406**	**1015**	**341**	**2561**	**1**
258	351	417	502	234	159	737	747	404	154	1041	1
137	95	203	1076	537	53	598	756	210	63	669	
206	188	303	455	94	197	1258	903	401	124	851	
5324	**3824**	**5864**	**10526**	**3492**	**2684**	**15212**	**17498**	**6973**	**1678**	**14278**	**2**
1155	1269	1658	1868	835	479	2384	2893	1669	459	2525	
486	282	514	832	277	244	1239	1551	673	147	1146	
270	298	303	553	241	370	867	1191	372	167	867	
290	157	233	611	287	140	873	1161	319	84	686	
126	78	154	377	102	87	1226	533	183	34	498	
152	90	130	346	85	82	414	540	233	39	590	
91	81	62	153	56	59	340	404	168	24	558	
85	75	105	269	68	93	354	624	163	23	594	
76	72	162	338	37	31	328	294	128	16	333	
103	78	77	178	33	123	318	363	195	31	369	
416	242	341	1291	337	128	1282	1569	394	109	1083	2
690	240	840	820	299	180	1286	1599	580	159	984	
321	198	298	604	198	145	1206	1382	582	80	983	
189	127	365	577	161	79	782	807	324	64	676	
187	86	101	285	77	89	421	635	201	33	602	
119	147	118	256	104	74	389	473	238	52	510	
432	204	293	838	206	151	996	980	334	116	732	
136	100	110	330	89	130	507	499	217	41	542	

表6 续表 23

地区	16岁及以上人口	各种行业人口总计	农、林、牧、渔业	采矿业	制造业	电力、热力、燃气及水生产和供应业	建筑业	批发和零售业	交通运输、仓储和邮政业	住宿和餐饮业
吉安市	**331616**	**215642**	**65849**	**582**	**45891**	**1229**	**23980**	**24694**	**7585**	**7118**
吉州区	29179	15840	1642	16	2135	152	1852	2504	789	858
青原区	16983	10204	2353	11	1390	140	1608	1574	454	423
吉安县	32938	23071	6712	74	7900	75	2086	1903	633	684
吉水县	31564	20761	6854	20	4164	100	2650	2116	652	618
峡江县	11118	7122	3527	7	779	34	701	657	324	177
新干县	22656	15061	5035	52	2928	97	1496	1697	742	519
永丰县	25750	17295	6482	104	2986	85	1913	1916	676	457
泰和县	33582	21669	7985	25	3736	67	1630	3229	584	613
遂川县	38058	26470	9086	61	6531	115	3111	2477	807	750
万安县	20548	13520	4002	22	3198	118	1622	1343	483	398
安福县	23974	15430	6273	145	2787	99	1415	1382	497	416
永新县	34875	22645	4468	34	6242	67	3205	3116	685	681
井冈山市	10391	6554	1430	11	1115	80	691	780	259	524
宜春市	**383742**	**243442**	**53629**	**1361**	**49599**	**1872**	**34126**	**32383**	**11654**	**9855**
袁州区	82705	44734	5628	338	8246	314	7754	6346	2057	2557
奉新县	20173	12679	3359	18	2240	132	1268	1821	762	405
万载县	33381	22283	4991	48	5654	118	2640	2927	938	794
上高县	24428	15440	3456	66	3741	67	1389	1932	797	518
宜丰县	19004	13974	3573	85	3442	117	1066	1497	625	500
靖安县	9445	5963	1118	32	1084	97	914	832	261	272
铜鼓县	8930	5324	977	9	763	66	739	772	265	274
丰城市	84337	52163	11200	444	7933	540	10039	7631	2035	2358
樟树市	39575	27035	8090	190	4408	134	3933	3682	1109	974
高安市	61764	43847	11237	131	12088	287	4384	4943	2805	1203
抚州市	**304651**	**186709**	**49955**	**280**	**32743**	**1021**	**27421**	**25413**	**8393**	**8316**
临川区	86706	43935	7331	40	4560	383	11630	6493	1576	1967
东乡区	29935	16846	3526	61	3349	80	2466	2345	889	666
南城县	23104	14691	3703	37	3080	74	2208	1866	976	599
黎川县	19230	13493	2149	18	3382	89	1137	2618	499	735
南丰县	20716	14169	7626	6	1157	60	813	1553	633	392
崇仁县	29052	19038	9265	20	1873	72	2411	1835	507	572
乐安县	26923	16862	3187	36	3611	63	2699	2862	571	634
宜黄县	19937	15178	3132	8	4983	79	1519	2154	509	855
金溪县	22899	14790	4876	5	3450	42	1024	1883	440	850
资溪县	9055	5382	1864	24	1028	28	382	489	114	535
广昌县	17094	12325	3296	25	2270	51	1132	1315	1679	511
上饶市	**556156**	**332807**	**70826**	**1565**	**63559**	**1503**	**49692**	**50819**	**11611**	**15537**
信州区	49879	28440	2373	53	2870	232	3644	5394	1306	2248
广丰区	69943	40365	9180	103	6381	116	6856	6229	1135	1418
广信区	61299	37858	4155	81	9528	205	6351	5753	1405	1636
玉山县	41200	21562	4639	77	3984	124	3762	2978	693	967
铅山县	32701	20799	6172	106	4105	85	1943	2971	785	1155
横峰县	14291	8338	1154	33	1736	37	1043	1499	487	468
弋阳县	27911	17276	4908	77	2842	94	2068	2488	790	770
余干县	72806	43049	11955	37	7709	172	6490	7472	1053	1703
鄱阳县	103787	63060	15984	93	13155	170	10944	8647	2001	2741
万年县	30698	17302	2780	47	4560	74	2975	2079	711	807
婺源县	28012	19399	3838	22	4376	89	1816	3440	660	960
德兴市	23629	15359	3688	836	2313	105	1800	1869	585	664
山东省	**8107214**	**4764872**	**1298712**	**45076**	**869929**	**43037**	**458555**	**623533**	**232136**	**159106**
济南市	**775663**	**425061**	**72275**	**2076**	**52302**	**4730**	**47520**	**65507**	**20687**	**17468**
历下区	68593	38451	28	81	2323	555	4085	5866	1338	2193
市中区	72337	36891	420	28	3028	657	3453	6119	2167	2033
槐荫区	55040	31375	139	20	3023	332	2712	8729	1838	1632
天桥区	63144	33278	354	20	3426	374	2781	9531	2877	2047
历城区	110787	59765	3731	51	5874	564	8621	10724	3170	2570
长清区	51015	23359	3735	15	2407	207	6205	2656	1140	1228
章丘区	96405	48744	10113	184	10034	398	5540	6069	2283	1550
济阳区	41470	26269	10800	47	3054	203	3263	2365	1221	638

单位：人

信息传输、软件和信息技术服务业	金融业	房地产业	租赁和商务服务业	科学研究和技术服务业	水利、环境和公共设施管理业	居民服务、修理和其他服务业	教育	卫生和社会工作	文化、体育和娱乐业	公共管理、社会保障和社会组织	国际组织
1823	**1970**	**2022**	**4418**	**1557**	**1184**	**5924**	**8296**	**3185**	**783**	**7550**	**2**
272	512	388	627	218	132	599	1030	554	139	1421	
117	107	182	255	125	58	327	475	180	49	376	
120	143	185	260	111	103	600	637	235	67	543	
154	137	128	526	176	119	583	783	279	57	645	
30	50	27	92	19	34	168	201	80	8	207	
133	106	168	286	105	99	405	481	205	43	464	
126	122	90	172	56	69	548	637	242	56	558	
217	165	162	560	265	59	481	927	292	57	615	
141	123	142	290	105	128	570	910	340	57	724	2
145	95	68	275	121	56	441	459	192	61	421	
91	124	124	174	59	115	408	548	237	50	486	
218	208	311	768	175	92	593	797	253	77	655	
59	78	47	133	22	120	201	411	96	62	435	
2104	**2186**	**3342**	**4978**	**1633**	**1543**	**9329**	**9553**	**4246**	**1049**	**9000**	
635	721	918	838	339	493	1788	2277	1108	296	2081	
94	121	131	275	147	50	536	444	229	47	600	
187	139	158	500	132	160	792	921	412	101	671	
130	149	251	622	153	70	527	624	190	43	715	
90	121	98	170	38	57	1225	458	212	46	554	
47	60	109	107	17	61	254	206	113	23	356	
60	62	35	93	10	28	247	237	101	25	561	
310	295	872	1422	412	233	1818	1997	844	200	1580	
172	219	407	269	144	141	789	964	438	142	830	
379	299	363	682	241	250	1353	1425	599	126	1052	
1810	**1387**	**2058**	**3843**	**1099**	**970**	**6022**	**6003**	**2596**	**691**	**6688**	
589	528	733	1233	380	295	1578	1815	883	265	1656	
149	120	283	415	99	145	630	650	298	46	629	
130	82	162	191	57	50	404	384	160	28	500	
218	95	91	357	141	59	666	377	127	63	672	
72	96	112	139	29	51	318	419	181	30	482	
148	80	238	233	59	68	460	524	183	45	445	
118	88	130	544	151	92	546	557	246	53	674	
121	103	88	117	27	69	460	368	179	35	372	
108	59	102	289	79	42	441	383	175	51	491	
29	49	26	115	34	37	76	133	47	20	352	
128	87	93	210	43	62	443	393	117	55	415	
3256	**2563**	**4163**	**10578**	**2930**	**1797**	**13044**	**11882**	**5154**	**1576**	**10750**	**2**
628	683	713	1738	425	210	1454	1484	1017	346	1622	
457	323	615	1964	549	206	1581	1600	448	145	1059	
321	329	763	1261	384	254	1794	1564	609	172	1291	2
245	106	175	606	151	138	779	818	410	94	816	
165	72	423	329	66	120	811	511	311	48	621	
86	63	88	387	61	44	337	317	102	25	371	
130	139	136	565	131	75	580	659	220	58	546	
304	232	379	1061	222	126	1363	1107	507	258	899	
471	220	483	1030	434	302	2000	2043	726	238	1378	
164	123	125	476	84	89	772	548	272	62	554	
152	174	158	707	251	171	677	648	267	81	912	
133	99	105	454	172	62	896	583	265	49	681	
50188	**64939**	**76568**	**128076**	**50772**	**35623**	**139541**	**195464**	**95016**	**22134**	**176444**	**23**
11902	**10211**	**11908**	**19389**	**10152**	**4377**	**13029**	**23653**	**12013**	**4757**	**21098**	**7**
2210	1998	1761	2542	2192	507	1021	3703	2110	878	3057	3
1489	1746	1454	2369	1226	392	1375	3077	1655	921	3282	
1158	933	1181	1744	838	323	1272	1841	1570	496	1594	
1035	917	1093	1879	754	310	1291	1635	1146	410	1397	1
2607	1373	2333	4015	2358	657	2320	3833	1254	1217	2493	
209	264	478	605	278	412	710	1245	446	127	992	
433	578	1080	2254	621	602	1369	2278	1013	144	2199	2
233	229	295	522	147	200	667	978	409	65	933	

表6 续表 24

地　区	16岁及以上人口	各种行业人口总计	农、林、牧、渔业	采矿业	制造业	电力、热力、燃气及水生产和供应业	建筑业	批发和零售业	交通运输、仓储和邮政业	住宿和餐饮业
莱芜区	90751	55769	20811	1262	7682	798	3750	6443	2071	1539
钢城区	24229	12715	3129	165	3388	134	1186	1509	540	320
平阴县	26878	14913	4063	121	3395	212	1363	1304	606	492
商河县	39358	25155	13963	35	2255	108	2552	1612	590	511
济南高新技术产业开发区	35656	18377	989	47	2413	188	2009	2580	846	715
青岛市	**848283**	**490826**	**77280**	**959**	**109180**	**4022**	**42435**	**75540**	**29731**	**18604**
市南区	40188	18868	25	18	1251	238	912	3297	1687	1463
市北区	95849	44552	205	19	3760	523	2502	10391	4460	2337
黄岛区	159718	96428	10990	498	23351	930	10358	13413	6917	4014
崂山区	44948	22324	601	1	2474	135	4025	3491	1095	1163
李沧区	63362	35544	152	20	4757	336	3360	8105	2630	1532
城阳区	90628	55834	932	16	17615	356	6307	9280	4173	2588
即墨区	113630	68324	9301	37	23615	444	5473	11275	2986	1809
青岛高新技术产业开发区	3273	2643	2	4	782	16	859	235	80	47
胶州市	82275	47927	6140	42	15094	408	4666	7244	2529	1639
平度市	98517	64070	34225	205	10584	348	2311	5365	1845	1266
莱西市	55895	34312	14707	99	5897	288	1662	3444	1329	746
淄博市	**382719**	**211892**	**34072**	**1376**	**50848**	**2888**	**16490**	**30475**	**11574**	**8076**
淄川区	57221	30522	2795	337	10164	264	1828	4888	1926	1194
张店区	99255	55019	464	297	9996	980	4106	11182	3371	2542
博山区	34099	16369	1833	38	5951	263	663	1986	705	817
临淄区	54831	30848	5087	307	7900	523	2653	3930	2462	1107
周村区	30463	16654	623	28	5835	193	1325	2759	782	823
桓台县	40328	19736	1387	79	5395	309	3151	2548	985	677
高青县	25277	14631	6105	74	1923	206	1289	1257	715	421
沂源县	41245	28113	15778	216	3684	150	1475	1925	628	495
枣庄市	**291142**	**165682**	**47773**	**4690**	**23242**	**1553**	**17323**	**21190**	**8950**	**6564**
市中区	44455	22590	2192	564	3177	433	1899	4279	1710	1120
薛城区	44895	22646	2868	1771	2750	318	3192	2810	1293	933
峄城区	25393	15626	5642	258	3050	95	1592	1352	1071	387
台儿庄区	22459	13382	5003	111	1878	119	1261	1343	673	552
山亭区	29404	14549	6632	87	2409	43	1479	1288	675	496
滕州市	124536	76889	25436	1899	9978	545	7900	10118	3528	3076
东营市	**182060**	**107388**	**17531**	**7265**	**19207**	**2078**	**7235**	**14137**	**5584**	**3587**
东营区	69318	38746	1930	3947	3763	992	2766	6697	1854	1638
河口区	20776	12758	1739	2644	1902	383	779	1297	680	401
垦利区	20771	12076	2390	406	2233	200	801	1427	1019	399
利津县	19945	12249	5340	86	1467	118	758	1188	751	290
广饶县	44110	26623	6081	94	8666	275	1673	2689	1073	683
东营经济技术开发区	6464	4286	46	83	831	75	331	809	153	165
东营港经济开发区	676	650	5	5	345	35	127	30	54	11
烟台市	**619449**	**365099**	**117336**	**6042**	**69026**	**3331**	**22595**	**51232**	**14903**	**10878**
芝罘区	76354	37566	723	39	5627	519	2703	9286	3065	1944
福山区	37289	23201	5525	51	5599	170	2382	3506	1132	632
牟平区	40571	24499	9462	239	4351	189	1397	2730	724	696
莱山区	34650	15715	953	38	2284	227	1656	2553	734	769
蓬莱区	44274	25527	11227	404	2773	223	1220	2507	978	1046
烟台高新技术产业开发区	7509	3170	128	13	697	45	294	409	102	143
烟台经济技术开发区	35752	23589	598	45	10349	226	2039	3284	810	941
龙口市	59025	31395	8002	830	7650	621	1669	4546	1587	921
莱阳市	76994	49004	20686	31	10451	197	3641	6232	2031	1109
莱州市	71080	42083	15852	1651	8133	346	1890	5838	1548	1004
招远市	45302	27685	9157	2604	4249	215	1697	3526	855	691
栖霞市	39624	26475	18279	73	1553	118	405	2088	629	400
海阳市	51025	35190	16744	24	5310	235	1602	4727	708	582
潍坊市	**773684**	**482845**	**149195**	**1449**	**110822**	**3715**	**33346**	**58991**	**19527**	**13808**
潍城区	42243	23545	1691	14	4025	157	2395	5514	1801	1140
寒亭区	29724	18507	6685	44	3040	120	1536	2096	751	497
坊子区	42270	24172	7991	39	5455	133	1530	2607	943	669
奎文区	82225	48655	754	23	11787	641	3849	8523	2010	2260

单位：人

信息传输、软件和信息技术服务业	金融业	房地产业	租赁和商务服务业	科学研究和技术服务业	水利、环境和公共设施管理业	居民服务、修理和其他服务业	教育	卫生和社会工作	文化、体育和娱乐业	公共管理、社会保障和社会组织	国际组织
577	894	752	1349	506	393	1406	2143	1125	195	2072	1
115	110	196	375	162	75	258	403	204	26	420	
114	179	170	303	75	239	404	620	359	50	844	
103	176	176	443	103	119	497	791	354	34	733	
1619	814	939	989	892	148	439	1106	368	194	1082	
8424	**8692**	**12955**	**18640**	**9530**	**4671**	**14813**	**22582**	**9877**	**3491**	**19397**	**3**
881	1155	681	1249	751	208	734	1371	929	421	1597	
1682	1680	1744	3805	1635	305	1828	2814	1852	688	2321	1
1282	1233	3020	4055	1819	1040	2804	4847	1630	627	3599	1
488	821	812	1239	817	456	929	1450	566	268	1493	
1427	986	1535	2036	1746	412	1177	2313	1009	425	1586	
985	732	1734	2047	1096	517	1866	2549	827	397	1816	1
659	749	1194	1566	612	760	1874	2580	964	217	2209	
73	35	85	77	108	14	21	96	34	14	61	
404	521	1267	1285	451	435	1518	1578	681	184	1841	
326	456	453	741	297	281	1195	1854	816	142	1360	
217	324	430	540	198	243	867	1130	569	108	1514	
2566	**4287**	**3906**	**6898**	**2583**	**2078**	**7592**	**9751**	**5555**	**1324**	**9553**	
244	497	405	897	196	302	1220	1257	724	162	1222	
1320	2011	1814	3070	1404	584	2588	3487	1859	680	3264	
166	242	179	527	84	132	599	725	635	70	754	
242	478	544	751	351	374	912	1176	699	141	1211	
146	301	309	436	90	164	576	805	427	91	941	
191	364	375	681	262	226	768	941	571	90	736	
116	159	121	289	81	120	442	493	235	36	549	
141	235	159	247	115	176	487	867	405	54	876	
1499	**1917**	**1967**	**3597**	**1019**	**938**	**5128**	**7298**	**3435**	**625**	**6974**	
320	588	429	685	201	130	960	1349	813	166	1575	
285	424	437	603	193	145	828	1435	668	107	1586	
98	81	76	220	75	69	409	531	201	26	393	
111	89	90	235	45	179	349	502	232	43	567	
68	64	63	114	31	63	292	265	146	22	312	
617	671	872	1740	474	352	2290	3216	1375	261	2541	
1216	**2040**	**2066**	**4465**	**2427**	**1384**	**3412**	**5115**	**2487**	**533**	**5619**	
729	990	1039	2475	1605	474	1549	2392	1218	316	2372	
103	156	150	474	189	179	352	434	254	34	608	
98	191	201	390	160	235	433	477	218	45	753	
61	146	76	191	70	148	298	441	190	25	605	
129	379	420	637	232	275	666	1096	491	80	984	
96	178	175	285	163	69	108	275	116	33	295	
		5	13	8	4	6				2	
3098	**5171**	**6290**	**9079**	**3996**	**1781**	**9832**	**11492**	**5949**	**1630**	**11435**	**3**
842	1260	1248	2313	853	213	1538	1923	1305	425	1740	
195	260	540	707	245	101	627	626	263	66	574	
244	282	499	600	208	135	658	742	413	94	836	
423	629	750	685	452	188	547	1243	389	167	1028	
107	333	356	720	261	238	689	742	365	141	1197	
89	110	183	101	142	7	72	311	79	24	221	
309	350	735	682	447	132	733	792	313	150	654	
193	404	450	603	185	230	888	916	581	136	981	2
170	356	266	487	166	101	896	893	550	110	631	
160	408	363	377	201	182	1148	1085	658	100	1139	
111	320	265	571	190	116	886	789	417	105	920	1
104	206	111	292	119	63	451	673	288	45	578	
151	253	524	941	527	75	699	757	328	67	936	
4161	**6059**	**7305**	**10187**	**3762**	**3432**	**12525**	**19188**	**9159**	**1962**	**14249**	**3**
411	407	707	923	291	216	1024	1227	624	191	787	
214	233	324	497	188	198	577	606	280	57	564	
184	315	335	604	210	171	757	1008	426	74	721	
1408	1831	1921	2161	1095	328	1671	3227	1839	588	2739	

表6 续表 25

地区	16岁及以上人口	各种行业人口总计	农、林、牧、渔业	采矿业	制造业	电力、热力、燃气及水生产和供应业	建筑业	批发和零售业	交通运输、仓储和邮政业	住宿和餐饮业
临朐县	66341	46409	19241	48	8869	187	5299	4622	1470	1065
昌乐县	46324	28654	13628	38	4813	189	1281	2457	998	620
潍坊滨海经济技术开发区	12891	6301	334	265	2403	202	496	644	322	231
青州市	78677	49764	16699	99	10188	319	3586	6697	2259	1547
诸城市	89402	54852	15274	21	17368	429	3032	6404	2098	1369
寿光市	99305	64397	22788	551	12651	580	3582	8223	2873	1686
安丘市	65705	45235	20957	51	7985	267	3322	3706	1597	926
高密市	70470	43588	10981	15	15399	302	2453	4729	1555	1151
昌邑市	48107	28766	12172	241	6839	189	985	2769	850	647
济宁市	**639636**	**389161**	**109253**	**10231**	**59574**	**3765**	**45498**	**47517**	**20915**	**15397**
任城区	103684	60795	6784	2113	7069	942	7052	10780	2849	3529
兖州区	44013	23988	3620	1067	5761	267	2400	3009	1508	1143
微山县	45236	28621	9391	1169	3356	217	3376	2997	2485	1241
鱼台县	30905	24258	10590	226	2454	113	2293	2847	1834	989
金乡县	45732	32046	17962	247	2629	150	1311	3707	1671	673
嘉祥县	62047	35273	11257	400	6010	224	4954	3583	2169	1021
汶上县	51233	30337	7000	362	7270	187	5716	2725	1631	925
泗水县	42134	27839	11998	64	4257	139	2608	2649	977	863
梁山县	52543	34133	9368	23	6721	178	4275	4538	1715	1180
济宁高新技术产业开发区	24079	13248	822	397	3528	208	1350	1789	493	701
曲阜市	48028	26123	6152	528	4254	229	3801	2930	1069	1188
邹城市	90002	52500	14309	3635	6265	911	6362	5963	2514	1944
泰安市	**431991**	**245524**	**76867**	**5097**	**35146**	**2230**	**29504**	**27115**	**9708**	**7978**
泰山区	64650	34777	1976	135	5663	507	3591	5936	1690	2076
岱岳区	85847	50327	17045	217	6703	345	6749	5407	1777	1826
宁阳县	51066	26782	9436	822	4357	235	2535	2743	923	710
东平县	53995	31662	14278	154	3097	160	3577	2635	1870	815
新泰市	98212	56830	20810	2591	8994	387	5637	5685	2106	1420
肥城市	78221	45146	13322	1178	6332	596	7415	4709	1342	1131
威海市	**261211**	**145113**	**28266**	**247**	**33885**	**1882**	**12976**	**21300**	**7142**	**5850**
环翠区	37620	22946	390	14	6801	327	2096	4258	1288	1138
文登区	50532	25833	7190	24	5036	359	2578	3221	1133	994
威海火炬高技术产业开发区	29774	16653	396	19	4787	198	1425	2965	724	749
威海经济技术开发区	24419	14970	1097	7	3354	272	1793	2906	921	830
威海临港经济技术开发区	8987	5646	1160	1	2187	24	660	617	173	140
荣成市	63839	33349	8581	21	8032	509	2712	3977	2119	1213
乳山市	46040	25716	9452	161	3688	193	1712	3356	784	786
日照市	**234113**	**136550**	**44986**	**616**	**22060**	**1094**	**12551**	**14211**	**7697**	**3693**
东港区	80973	43326	6116	113	5604	457	5494	6174	3205	1689
岚山区	30887	19486	7911	32	3580	83	1425	1733	1284	406
五莲县	36570	20929	8375	331	4540	153	1149	1691	786	413
莒县	72687	45289	22262	123	6494	330	3462	3535	1727	922
日照经济技术开发区	12996	7520	322	17	1842	71	1021	1078	695	263
临沂市	**835870**	**509860**	**168457**	**1661**	**93499**	**2902**	**43394**	**66647**	**27407**	**14314**
兰山区	135009	82156	4501	94	19081	725	6202	19106	5282	3235
罗庄区	55644	37679	5348	142	7130	228	3802	8100	3288	1545
河东区	65546	38378	7070	34	8806	193	4057	6725	2571	1136
沂南县	63120	41683	19435	188	7283	205	3252	3241	1421	938
郯城县	63230	44022	17924	50	7759	163	4889	4573	2605	1073
沂水县	78275	49253	21744	358	7655	209	3344	5401	1669	1245
兰陵县	79236	45984	22778	412	4115	209	3567	4358	2817	1100
费县	61418	35179	12497	39	9738	209	2881	2597	1440	874
平邑县	68575	39737	18358	185	5847	191	2995	3619	1574	1065
莒南县	70071	39649	16537	90	5996	271	3208	3514	1797	865
蒙阴县	37989	22167	11926	31	2134	117	1493	1676	945	490
临沭县	46689	27571	9816	27	5424	150	3000	2766	1461	575
临沂高新技术产业开发区	11068	6402	523	11	2531	32	704	971	537	173
德州市	**435975**	**267492**	**88720**	**797**	**43006**	**1940**	**32660**	**32368**	**13186**	**9015**
德城区	41617	22954	1765	42	3844	330	2234	4565	1456	1045
陵城区	39114	26470	9356	10	4027	98	3531	3398	1102	721

单位：人

信息传输、软件和信息技术服务业	金融业	房地产业	租赁和商务服务业	科学研究和技术服务业	水利、环境和公共设施管理业	居民服务、修理和其他服务业	教育	卫生和社会工作	文化、体育和娱乐业	公共管理、社会保障和社会组织	国际组织
177	330	297	686	211	236	982	1099	635	116	838	1
130	237	273	526	117	186	694	1175	470	56	766	
42	51	84	304	45	86	128	327	81	24	232	
268	461	543	508	203	510	1407	1916	971	163	1420	
279	470	804	789	295	312	1194	2103	940	159	1512	
327	694	913	1168	584	566	1487	2680	1134	225	1685	
241	336	453	948	212	224	888	1324	644	115	1037	2
317	428	430	666	184	196	1118	1630	720	120	1194	
163	266	221	407	127	203	598	866	395	74	754	
2983	**4633**	**5234**	**7037**	**2616**	**3034**	**11221**	**15852**	**8348**	**1558**	**14495**	
928	1676	1824	1800	825	604	2007	3476	2589	490	3458	
197	270	388	317	141	148	641	1151	619	104	1237	
116	228	214	347	77	269	753	885	440	57	1003	
106	149	138	163	72	133	708	605	284	28	526	
78	213	199	160	84	107	587	885	421	50	912	
173	250	284	559	210	243	999	1327	599	73	938	
250	285	280	320	71	147	683	1036	502	58	889	
134	194	180	464	149	180	739	880	416	37	911	
179	263	317	362	122	373	1350	1246	570	204	1149	
259	402	371	377	212	108	389	766	310	74	692	
176	263	394	782	150	276	737	1449	508	163	1074	
387	440	645	1386	503	446	1628	2146	1090	220	1706	
2253	**2997**	**3512**	**6247**	**2288**	**2129**	**7465**	**10210**	**5345**	**801**	**8632**	
711	1087	980	1254	579	503	1275	2613	1604	335	2262	
614	519	978	1411	525	630	1192	1920	858	153	1458	
165	245	271	625	137	178	546	1229	598	58	969	
120	233	285	926	168	177	1013	806	424	51	873	
329	465	462	1164	574	379	1272	1914	1051	107	1483	
314	448	536	867	305	262	2167	1728	810	97	1587	
1614	**2289**	**3506**	**3665**	**1415**	**1370**	**4865**	**5191**	**3187**	**946**	**5517**	
383	664	690	710	325	253	850	898	633	214	1014	
192	309	560	374	147	167	688	905	731	129	1096	
361	360	459	797	338	165	490	1095	406	187	732	
182	269	560	496	202	154	507	551	306	103	460	
20	21	114	79	21	92	124	96	28	19	70	
261	383	540	442	154	403	947	930	681	210	1234	
215	283	583	767	228	136	1259	716	402	84	911	
985	**1618**	**1981**	**4135**	**1334**	**1289**	**4082**	**5728**	**2459**	**551**	**5479**	**1**
521	895	1224	2129	686	606	1697	2455	1011	348	2901	1
89	126	138	492	209	162	568	550	169	25	504	
112	176	173	336	110	144	516	809	354	66	695	
168	279	221	766	198	279	974	1566	804	78	1101	
95	142	225	412	131	98	327	348	121	34	278	
3379	**4991**	**5671**	**10720**	**2897**	**3179**	**13933**	**19755**	**8753**	**1412**	**16887**	**2**
1274	1834	2110	2955	863	565	2688	4884	2307	581	3869	
252	389	773	1204	248	383	1746	1682	469	117	833	
402	421	674	1111	311	365	1259	1632	621	129	860	1
137	232	191	690	168	205	1153	1293	580	78	993	
160	215	171	354	93	228	1120	1233	469	55	888	
200	306	369	1008	275	247	1065	1626	840	93	1599	
150	277	287	630	184	301	963	1660	858	93	1225	
186	256	188	543	146	170	670	1162	504	56	1022	1
215	269	248	713	134	176	946	1278	678	60	1186	
158	304	299	670	216	252	1097	1265	609	56	2445	
91	187	134	356	136	84	429	872	368	35	663	
129	268	199	274	100	141	622	986	398	53	1182	
25	33	28	212	23	62	175	182	52	6	122	
1442	**2804**	**2816**	**5477**	**1693**	**1442**	**8340**	**8706**	**3569**	**606**	**8903**	**2**
365	612	590	902	448	246	800	1373	703	163	1470	1
95	180	215	1044	171	106	576	715	225	31	868	1

表6 续表 26

地区	16岁及以上人口	各种行业人口总计	农、林、牧、渔业	采矿业	制造业	电力、热力、燃气及水生产和供应业	建筑业	批发和零售业	交通运输、仓储和邮政业	住宿和餐饮业
宁津县	33638	18971	6716	4	5472	87	1397	1967	685	478
庆云县	23444	13917	4190	5	1756	99	2167	2407	541	444
临邑县	36010	20618	8861	574	2376	153	1985	1656	1083	582
齐河县	47507	30411	12192	118	2974	146	4473	2785	1741	907
平原县	33072	21935	6583	6	4430	112	2953	2590	1540	814
夏津县	35915	20990	8948	2	3160	161	1921	2201	1270	574
武城县	27491	18627	5539	2	4749	92	2804	1868	604	457
德州经济技术开发区	21587	12548	2424	6	2193	162	1658	1562	523	488
德州运河经济开发区	8787	4792	48	3	1014	189	386	1278	422	237
乐陵市	48251	28213	12074	13	3400	88	3007	3269	1102	1199
禹城市	39542	27046	10024	12	3611	223	4144	2822	1117	1069
聊城市	**446542**	**275507**	**96312**	**185**	**47951**	**2100**	**23160**	**31197**	**12446**	**7952**
东昌府区	111158	60578	11602	38	8675	540	5728	9937	3095	2412
茌平区	40378	22076	4534	6	5599	310	3099	1994	1547	609
阳谷县	57297	36264	14897	36	5043	200	3264	3889	1530	970
莘县	66098	41538	21112	61	4194	212	3348	3647	1480	1077
东阿县	26747	16584	5995	14	2302	113	1319	1835	723	396
冠县	53268	36485	15938	12	6435	200	2549	3645	1703	886
高唐县	35606	20450	7238	11	4235	221	1677	1812	1006	523
临清市	55990	41532	14996	7	11468	304	2176	4438	1362	1079
滨州市	**309424**	**187827**	**44519**	**1244**	**46138**	**2939**	**16974**	**24840**	**9118**	**5295**
滨城区	66563	40263	4444	558	7437	684	4638	6541	2158	1620
沾化区	25983	17394	7428	50	1946	191	1172	3836	562	281
惠民县	45873	28680	10835	28	5526	247	3172	2597	1396	713
阳信县	33640	18997	5107	13	2868	183	2759	3008	990	600
无棣县	34731	22201	7103	263	5207	392	1778	2199	1061	525
博兴县	42306	24294	3161	236	9537	215	1777	2755	1484	579
邹平市	60328	35998	6441	96	13617	1027	1678	3904	1467	977
菏泽市	**639452**	**359045**	**125870**	**1141**	**54043**	**1868**	**54894**	**41266**	**13561**	**10627**
牡丹区	78694	37545	8542	39	5090	206	6511	5098	1583	1316
定陶区	39100	20999	9011	11	1953	105	3705	1847	663	494
曹县	99630	57835	19879	36	12602	155	6568	7688	1652	1564
单县	82421	50952	21675	205	4550	251	7984	7619	1290	1556
成武县	44092	27309	11502	10	3737	150	4121	2575	1117	947
巨野县	65178	42522	14935	525	6608	169	6087	4313	2662	1264
郓城县	80007	38838	14453	207	7818	240	5390	3496	1469	915
鄄城县	53246	28111	9527	11	5319	149	4436	2942	855	726
东明县	52839	32874	12951	72	3950	141	5871	2824	1218	900
菏泽经济技术开发区	30978	15571	1309	22	1788	270	2437	2215	773	739
菏泽高新技术开发区	13267	6489	2086	3	628	32	1784	649	279	206
河南省	**7383605**	**4225042**	**943704**	**38463**	**589361**	**28336**	**558518**	**711114**	**202447**	**217562**
郑州市	**977543**	**556875**	**47953**	**6301**	**85100**	**4641**	**51907**	**103722**	**32338**	**30009**
中原区	72553	40157	372	303	3212	996	3882	8101	1984	2069
二七区	79738	42567	278	90	2817	453	3597	10961	3558	2510
管城回族区	76864	50792	548	73	3710	219	4562	14757	2980	3078
金水区	168045	91449	1210	137	3624	594	6885	19306	3467	6392
上街区	15022	8203	137	60	1820	97	701	1568	410	470
惠济区	42534	19929	514	18	1870	95	2106	4848	1404	1013
中牟县	68966	43418	12047	19	3530	240	4812	6670	2777	1828
郑州经济技术开发区	25884	17927	611	19	5454	47	2092	2467	1918	721
郑州高新技术产业开发区	46077	24440	187	40	3990	178	3193	3815	825	1233
郑州航空港经济综合实验区	48568	36507	3318	24	23105	54	2725	1397	1358	766
巩义市	68891	35114	5045	604	8879	400	2966	5080	1905	1911
荥阳市	53567	24862	5079	35	4987	172	3218	3428	1377	1198
新密市	65732	37194	3251	2217	6402	461	3882	5893	3237	2229
新郑市	90807	54285	7834	304	8407	239	4802	11579	3685	3057
登封市	54295	30031	7522	2358	3293	396	2484	3852	1453	1534
开封市	**357761**	**204787**	**61419**	**234**	**24002**	**974**	**30515**	**32977**	**7626**	**9130**
龙亭区	41691	18518	2106	17	1413	277	2106	2734	804	1073

单位：人

信息传输、软件和信息技术服务业	金融业	房地产业	租赁和商务服务业	科学研究和技术服务业	水利、环境和公共设施管理业	居民服务、修理和其他服务业	教育	卫生和社会工作	文化、体育和娱乐业	公共管理、社会保障和社会组织	国际组织
58	118	98	149	45	69	425	466	234	22	481	
51	144	94	314	89	40	421	470	175	16	494	
78	145	116	477	135	61	676	775	275	21	589	
136	289	293	385	138	208	1237	994	388	98	909	
50	164	153	240	65	134	745	514	224	21	597	
72	141	86	273	45	43	551	618	283	33	608	
70	138	129	233	65	181	489	437	176	28	566	
207	284	264	415	207	133	380	639	215	60	728	
57	66	109	170	63	48	193	197	114	30	168	
85	289	328	503	106	85	1120	679	221	49	596	
118	234	341	372	116	88	727	829	336	34	829	
1693	**2854**	**2615**	**7327**	**1934**	**1571**	**8373**	**11739**	**5257**	**659**	**10182**	
785	1260	1140	2995	850	509	2102	3681	1901	274	3054	
108	233	140	454	129	187	634	987	398	53	1055	
198	286	258	917	266	167	1187	1339	581	79	1157	
143	251	234	609	180	197	1352	1628	591	64	1158	
110	139	209	747	138	74	468	736	243	29	994	
110	203	164	623	143	185	971	1280	487	53	898	
118	199	117	523	89	89	541	798	349	38	866	
121	283	353	459	139	163	1118	1290	707	69	1000	
1164	**2180**	**2058**	**4772**	**1269**	**1262**	**5319**	**7285**	**3606**	**506**	**7339**	
452	942	971	1292	507	388	1434	2195	1354	236	2412	
41	124	56	99	25	100	291	429	209	19	535	
143	189	191	354	117	138	758	889	488	49	850	
98	168	162	580	156	74	781	639	217	29	565	
124	216	131	360	122	184	495	812	295	45	889	
120	238	225	709	186	138	664	952	360	54	904	
186	303	322	1378	156	240	896	1369	683	74	1184	
1809	**2196**	**2778**	**6441**	**1857**	**1686**	**9612**	**11919**	**6017**	**773**	**10685**	**2**
347	396	585	1106	393	264	1245	1929	1084	160	1650	1
94	123	216	283	58	67	517	705	349	44	754	
313	228	489	1160	320	188	1274	1643	759	98	1218	1
160	173	227	695	192	179	1362	1187	736	59	852	
105	106	131	338	95	60	499	830	334	28	624	
140	223	216	674	190	320	1206	1296	641	109	944	
136	188	147	462	177	143	736	1208	598	65	990	
108	117	186	537	111	144	733	937	457	37	779	
85	173	180	380	83	130	1024	1078	516	65	1233	
286	439	345	692	204	156	831	935	481	97	1552	
35	30	56	114	34	35	185	171	62	11	89	
42911	**46779**	**64835**	**107106**	**41428**	**36462**	**161382**	**181239**	**81035**	**20558**	**151801**	**1**
14503	**12543**	**20194**	**24714**	**12833**	**6545**	**21204**	**34756**	**16522**	**6431**	**24659**	
1759	1137	2067	2006	1752	472	1554	3393	2117	636	2345	
1360	988	1718	2367	1141	447	1546	3285	2433	548	2470	
1706	1528	2731	3481	1674	508	2230	2818	1409	768	2012	
4535	4815	4729	6459	3656	966	3848	8250	4642	2280	5654	
148	222	357	298	158	117	351	509	175	88	517	
547	507	826	1276	606	294	998	1490	451	281	785	
297	419	1413	1238	529	927	1571	2012	758	348	1983	
285	244	607	549	352	434	413	784	285	114	531	
1681	464	1245	1206	1301	285	768	2612	459	271	687	
185	123	591	488	194	310	403	691	228	75	472	
466	454	549	814	266	356	1257	1629	817	233	1483	
261	290	656	629	218	239	915	970	393	115	682	
379	462	796	982	263	427	1702	1788	854	243	1726	
637	556	1581	2063	561	493	2508	2859	886	291	1943	
257	334	328	858	162	270	1140	1666	615	140	1369	
1819	**1706**	**2410**	**3404**	**2124**	**1469**	**6312**	**7351**	**3723**	**699**	**6893**	
309	483	614	858	289	229	603	1650	840	190	1923	

表6 续表 27

地　　区	16岁及以上人口	各种行业人口总计	农、林、牧、渔业	采矿业	制造业	电力、热力、燃气及水生产和供应业	建筑业	批发和零售业	交通运输、仓储和邮政业	住宿和餐饮业
顺河回族区	17944	9453	849	47	881	133	1474	2093	472	789
鼓楼区	10737	5042	668	6	403	51	303	1202	228	429
禹王台区	10233	4504	1242	1	520	37	291	808	288	250
祥符区	49235	28614	13138	11	2545	104	4696	2910	903	849
杞县	74988	42474	16296	7	3530	60	6034	7729	1550	2000
通许县	39315	23267	11861	13	1352	56	3360	2841	627	703
尉氏县	58221	32619	7608	23	5844	84	4801	7034	1218	1389
兰考县	55397	40296	7651	109	7514	172	7450	5626	1536	1648
洛阳市	**541266**	**293943**	**55410**	**4190**	**45172**	**2907**	**36503**	**45253**	**15210**	**16733**
老城区	18222	8894	119	23	825	67	675	2211	1061	597
西工区	30498	15397	402	33	1685	231	1497	3021	1031	1013
瀍河回族区	18260	8367	232	23	715	77	840	1569	1454	481
涧西区	42947	20642	103	49	5135	427	1273	3883	832	1360
吉利区	5607	2915	145	5	620	92	426	307	227	130
洛龙区	71789	39046	3093	240	7021	375	4183	7500	1714	2072
孟津县	33915	20838	2769	284	3086	228	3525	3906	1189	1398
新安县	36033	17413	4876	971	2315	398	1973	1850	960	927
栾川县	25536	14755	3305	1230	1050	111	1635	1939	837	1007
嵩县	40976	24217	9129	472	1997	97	3871	2783	685	1359
汝阳县	30512	17237	3889	127	2601	57	2549	2539	648	751
宜阳县	44577	25651	9309	179	2849	132	3146	2987	1089	1445
洛宁县	27144	16749	6567	326	1247	87	2009	2290	682	924
伊川县	54619	29496	8476	74	2562	144	5889	4377	1270	1657
洛阳高新技术产业开发区	16381	9010	369	15	2527	77	1121	1356	399	482
偃师市	44250	23316	2627	139	8937	307	1891	2735	1132	1130
平顶山市	**354525**	**173495**	**44081**	**8859**	**19213**	**1732**	**20496**	**25683**	**8217**	**8127**
新华区	23517	10086	158	3067	574	231	575	1594	406	415
卫东区	24692	11281	298	2706	1417	254	570	1661	668	440
石龙区	2725	2105	716	113	408	11	165	161	90	88
湛河区	25605	11734	995	486	1752	457	1061	2122	675	830
宝丰县	35361	17421	3427	397	1698	150	2679	3379	1058	935
叶县	49655	21839	6797	102	2595	121	3183	2527	923	846
鲁山县	50663	23366	8588	86	2158	103	2783	3422	837	1101
郏县	36482	21204	7074	222	2457	109	2685	2732	1052	901
平顶山高新技术产业开发区	3974	1858	199	177	322	20	265	269	185	75
平顶山市城乡一体化示范区	8922	4090	270	315	274	78	495	570	204	214
舞钢市	21672	10438	2503	307	2213	70	963	1087	444	442
汝州市	71257	38073	13056	881	3345	128	5072	6159	1675	1840
安阳市	**390400**	**216740**	**45591**	**757**	**30854**	**1900**	**38917**	**32018**	**10075**	**8814**
文峰区	30142	15642	447	54	1686	350	1911	2630	737	843
北关区	25479	12934	360	34	1930	125	1764	2877	668	646
殷都区	17215	8380	101	45	2407	181	843	1353	651	351
龙安区	22200	10724	1222	99	2341	104	1743	1545	854	477
安阳县	61812	36024	10553	278	5089	138	8745	3414	1797	1164
汤阴县	34751	21468	6370	36	2876	172	4335	2125	941	707
滑县	71356	43387	8512	44	6921	332	7106	7868	1481	2023
内黄县	45386	27074	7386	22	3473	94	4174	5429	1126	1300
安阳高新技术产业开发区	15082	5859	30	49	893	118	519	968	269	294
林州市	66977	35248	10610	96	3238	286	7777	3809	1551	1009
鹤壁市	**123646**	**80107**	**12341**	**1922**	**11834**	**742**	**12723**	**12949**	**4174**	**4528**
鹤山区	5621	3844	315	340	373	9	308	723	365	609
山城区	12385	8766	794	708	2123	134	927	1840	442	617
淇滨区	31555	20087	2168	691	1497	361	1707	3885	748	1052
浚县	50035	33999	6522	60	4928	139	7841	5001	1975	1730
淇县	20779	11315	2147	60	2481	94	1743	1153	523	427
鹤壁经济技术开发区	3271	2096	395	63	432	5	197	347	121	93
新乡市	**461746**	**288923**	**56941**	**670**	**49584**	**1737**	**41254**	**49091**	**12680**	**12994**
红旗区	34219	15140	400	87	1580	187	956	3665	669	1266
卫滨区	17653	10618	338	10	1049	100	664	3050	958	614
凤泉区	10657	6130	331	7	2570	59	557	978	280	194

单位：人

信息传输、软件和信息技术服务业	金融业	房地产业	租赁和商务服务业	科学研究和技术服务业	水利、环境和公共设施管理业	居民服务、修理和其他服务业	教育	卫生和社会工作	文化、体育和娱乐业	公共管理、社会保障和社会组织	国际组织
120	175	171	267	77	145	469	563	308	72	348	
75	142	114	165	58	66	157	325	237	42	371	
43	52	78	103	57	34	156	175	139	31	199	
140	144	166	402	89	149	700	717	298	57	596	
254	213	394	576	244	156	1248	1086	348	88	661	
85	85	223	165	39	46	448	579	298	35	451	
131	174	305	254	67	90	988	863	501	62	1183	
662	238	345	614	1204	554	1543	1393	754	122	1161	
3743	**4081**	**5308**	**7855**	**3880**	**2956**	**11418**	**13339**	**6552**	**1839**	**11593**	**1**
202	207	324	432	170	133	433	477	288	118	532	
436	560	540	726	655	144	614	884	691	213	1021	
223	165	274	301	194	86	343	528	365	87	410	
519	614	745	674	600	192	787	1399	878	214	958	
39	53	77	99	84	42	81	146	77	15	250	
844	807	1302	1326	758	661	1659	2471	925	413	1682	
214	196	224	395	129	247	975	811	400	178	684	
161	137	106	363	144	181	572	584	252	60	583	
104	151	110	515	129	210	643	719	315	62	683	
120	105	112	430	202	159	763	818	362	58	694	1
87	142	145	541	137	107	1000	788	335	51	743	
183	184	406	448	110	226	886	885	368	59	760	
89	105	170	320	85	95	486	507	245	37	478	
158	192	231	744	163	188	1061	945	395	102	868	
174	209	325	208	195	134	343	440	247	55	334	
190	254	217	333	125	151	772	937	409	117	913	
1209	**1720**	**2025**	**4178**	**918**	**1405**	**6095**	**7343**	**3622**	**703**	**7869**	
129	212	201	301	131	77	184	590	401	58	782	
134	215	236	414	154	71	258	598	402	109	676	
9	17	14	8	1	21	45	64	21	3	150	
141	269	275	219	87	171	468	695	334	48	649	
79	139	194	278	48	175	796	665	373	48	903	
112	172	182	682	123	177	747	1088	403	75	984	
128	112	269	726	104	178	751	817	293	92	818	
132	182	175	299	63	111	812	792	455	75	876	
14	20	20	28	12	27	69	62	35	7	52	
49	95	121	125	50	63	220	396	77	28	446	
70	125	117	105	43	124	290	505	232	47	751	
212	162	221	993	102	210	1455	1071	596	113	782	
1769	**2209**	**2812**	**4728**	**1492**	**2233**	**8302**	**10255**	**4585**	**995**	**8434**	
298	467	434	559	190	208	550	1444	692	187	1955	
180	238	379	449	122	160	496	949	588	151	818	
123	95	151	319	144	112	374	471	252	68	339	
92	117	176	251	92	171	413	487	171	39	330	
179	111	210	651	161	250	1214	1035	372	107	556	
149	166	189	238	52	177	808	886	346	69	826	
286	323	644	866	215	295	2093	2048	966	153	1211	
99	141	141	391	171	364	1070	672	365	38	618	
119	194	200	185	120	80	224	778	224	52	543	
244	357	288	819	225	416	1060	1485	609	131	1238	
760	**751**	**1049**	**2528**	**681**	**932**	**3435**	**3503**	**1482**	**348**	**3425**	
13	17	43	126	11	69	329	80	29	5	80	
71	41	106	107	40	77	239	203	109	37	151	
363	403	534	1277	367	205	871	1463	634	144	1717	
193	190	195	703	199	395	1495	1197	387	103	746	
96	85	137	258	51	173	430	493	245	48	671	
24	15	34	57	13	13	71	67	78	11	60	
2362	**2856**	**3789**	**7436**	**2876**	**2371**	**13617**	**12617**	**5204**	**1143**	**9701**	
342	488	469	797	314	150	727	1420	508	136	979	
227	206	278	472	146	82	781	597	421	90	535	
53	64	61	121	38	33	215	236	75	23	235	

表6 续表 28

地区	16岁及以上人口	各种行业人口总计	农、林、牧、渔业	采矿业	制造业	电力、热力、燃气及水生产和供应业	建筑业	批发和零售业	交通运输、仓储和邮政业	住宿和餐饮业
牧野区	29742	13656	433	12	2154	183	898	3284	869	795
新乡县	28423	20205	1466	11	5433	100	3257	4008	1001	891
获嘉县	31277	19372	4476	3	2058	118	3492	3351	988	899
原阳县	34590	23970	6597	13	2771	67	3974	3416	874	1039
延津县	35933	23415	12845	13	2784	62	1857	2125	491	649
封丘县	47318	32627	7498	13	4685	102	7355	4627	1120	1513
新乡高新技术产业开发区	10839	6646	242	3	1166	128	676	1316	360	370
新乡经济技术开发区	3176	892	38	2	257	1	183	113	49	49
新乡市平原城乡一体化示范区	16387	10466	1500	8	1643	33	1738	1270	629	545
卫辉市	32505	21412	6869	60	2884	94	2403	3087	913	742
辉县市	60737	43642	9202	415	6770	344	5350	7926	2614	2022
长垣市	68290	40732	4706	13	11780	159	7894	6875	865	1406
焦作市	**288514**	**162934**	**21490**	**1504**	**32944**	**1735**	**19349**	**26755**	**13238**	**8454**
解放区	27955	13046	72	364	1643	491	918	2892	1005	887
中站区	8960	4252	232	85	1149	61	327	684	286	221
马村区	9609	4174	711	460	622	60	403	600	273	175
山阳区	24879	10411	542	79	832	175	922	1963	496	718
修武县	21327	10778	2204	109	1385	78	1589	1593	804	476
博爱县	29156	16440	2736	52	2281	134	2205	2940	1566	967
武陟县	53853	38390	6368	51	9321	202	4868	6047	3164	1707
温县	30617	17577	2664	10	4674	130	2360	2243	1561	727
焦作城乡一体化示范区	17022	8470	380	21	1074	77	1835	1889	617	431
沁阳市	36932	22629	3192	262	5276	185	2476	3407	2058	1264
孟州市	28204	16767	2389	11	4687	142	1446	2497	1408	881
濮阳市	**279409**	**175451**	**38978**	**3297**	**23972**	**1969**	**32062**	**21556**	**8317**	**7445**
华龙区	47147	26010	387	2660	1768	892	2462	4375	1336	1358
清丰县	45357	30223	7143	101	5098	168	6764	3446	1307	1271
南乐县	35117	23676	7554	13	3710	134	4062	2201	1424	748
范县	30452	21058	5393	93	4214	144	3155	2656	979	821
台前县	23513	14764	2096	19	3123	89	2844	1957	1023	537
濮阳县	70138	44890	13907	291	4899	303	10640	4811	1476	2051
河南濮阳工业园区	2297	1156	264	5	179	17	244	124	90	49
濮阳经济技术开发区	25388	13674	2234	115	981	222	1891	1986	682	610
许昌市	**342001**	**204537**	**48753**	**1573**	**34815**	**1106**	**20771**	**33113**	**9283**	**10894**
魏都区	45264	21478	311	43	2109	268	1471	4503	1024	1499
建安区	54503	34443	7964	126	6077	157	5999	4374	1608	1832
鄢陵县	41963	28617	11226	17	3007	117	3365	3810	965	1251
襄城县	52200	36698	14272	143	4243	81	1886	7283	945	2437
许昌经济技术开发区	5433	3251	421	6	423	21	544	667	145	185
禹州市	86741	48831	11470	1205	9123	289	4576	6870	3073	2374
长葛市	55897	31219	3089	33	9833	173	2930	5606	1523	1316
漯河市	**199490**	**106675**	**24998**	**92**	**18804**	**622**	**12037**	**17255**	**5826**	**5518**
源汇区	24941	12500	2528	12	1343	98	1190	2482	752	787
郾城区	40085	20590	3361	8	2424	188	3104	3254	941	1196
召陵区	34389	16229	3270	14	3047	43	1847	2779	1470	818
舞阳县	35399	16483	6860	26	2117	51	1372	2225	579	625
临颍县	56431	36777	8760	31	8549	204	4184	5770	1728	1808
漯河经济技术开发区	8245	4096	219	1	1324	38	340	745	356	284
三门峡市	**175898**	**99483**	**28372**	**2941**	**9236**	**1060**	**9605**	**14511**	**5683**	**6219**
湖滨区	24136	11186	616	64	827	192	1067	1946	879	714
陕州区	27066	15205	4762	361	1237	268	1928	1579	1193	996
渑池县	26001	15203	4892	521	1541	100	1392	2048	996	741
卢氏县	27000	14762	4751	269	1342	115	1977	1990	514	794
河南三门峡经济开发区	3670	1623	57	2	108	26	149	367	74	90
义马市	11836	5795	287	1424	761	171	433	682	261	339
灵宝市	56189	35709	13007	300	3420	188	2659	5899	1766	2545
南阳市	**667185**	**376248**	**111948**	**1800**	**43064**	**1881**	**39423**	**68975**	**15840**	**18416**
宛城区	52581	28496	7483	614	2554	289	2251	5009	1175	1442
卧龙区	61690	36351	8652	34	3758	341	4947	7360	1780	1905
南召县	35758	17166	4382	72	1688	111	2871	2979	816	769

单位：人

信息传输、软件和信息技术服务业	金融业	房地产业	租赁和商务服务业	科学研究和技术服务业	水利、环境和公共设施管理业	居民服务、修理和其他服务业	教育	卫生和社会工作	文化、体育和娱乐业	公共管理、社会保障和社会组织	国际组织
255	318	376	630	261	145	573	1215	429	90	736	
116	159	237	580	149	122	1180	774	241	80	400	
152	148	259	556	194	85	783	780	291	94	645	
127	165	207	584	286	429	1235	851	420	66	849	
67	111	122	297	110	40	410	795	210	42	385	
102	182	333	478	105	116	2141	961	454	89	753	
204	207	193	216	143	31	268	479	156	60	428	
4	6	21	29	4	31	24	29	25	1	26	
73	59	352	310	126	353	987	438	139	62	201	
155	146	153	634	130	123	786	699	605	64	865	
347	346	352	990	240	419	2265	1759	618	183	1480	
138	251	376	742	630	212	1242	1584	612	63	1184	
1617	**2231**	**1920**	**4261**	**993**	**1757**	**6089**	**7440**	**3194**	**822**	**7141**	
217	387	333	487	138	162	517	780	569	134	1050	
31	68	38	215	29	74	218	217	70	23	224	
46	49	51	80	15	32	115	194	91	24	173	
122	401	260	778	152	79	334	938	405	102	1113	
83	127	119	286	61	155	387	456	205	44	617	
153	113	197	516	115	115	693	716	258	75	608	
397	359	380	400	99	626	1251	1448	507	136	1059	
155	158	91	271	74	121	712	643	333	61	589	
80	106	125	314	87	75	416	555	99	55	234	
183	259	195	624	144	205	717	916	365	118	783	
150	204	131	290	79	113	729	577	292	50	691	
1382	**1823**	**2332**	**3681**	**1410**	**1992**	**6271**	**7651**	**3486**	**711**	**7116**	
377	686	860	1114	728	362	932	2090	1062	234	2327	
197	167	297	497	158	288	1128	975	428	87	703	
121	160	177	368	55	164	673	992	365	58	697	
114	128	148	347	73	245	838	636	312	42	720	
88	128	86	220	56	334	616	591	263	34	660	
242	231	456	426	123	315	1512	1443	677	130	957	
6	6	16	23	9	7	37	44	15	3	18	
237	317	292	686	208	277	535	880	364	123	1034	
1572	**2132**	**3078**	**5465**	**1790**	**1715**	**8343**	**8100**	**3451**	**978**	**7605**	
422	820	848	1376	500	218	996	1823	836	219	2192	
253	238	608	765	207	358	1562	958	385	123	849	
149	171	237	409	97	273	1195	826	456	219	827	
114	196	271	750	493	99	1396	1028	373	41	647	
37	44	42	163	52	24	148	168	38	8	115	
363	366	635	985	262	449	1949	1944	844	244	1810	
234	297	437	1017	179	294	1097	1353	519	124	1165	
1143	**1158**	**1591**	**2946**	**636**	**679**	**3406**	**3887**	**1811**	**463**	**3803**	
217	145	231	550	88	141	398	564	275	75	624	
274	516	392	492	132	161	667	1079	600	146	1655	
131	105	259	563	141	110	584	509	168	47	324	
150	111	143	346	48	67	409	572	258	52	472	
325	238	514	865	190	167	1224	1035	434	121	630	
46	43	52	130	37	33	124	128	76	22	98	
881	**1133**	**1104**	**2357**	**635**	**733**	**3981**	**3975**	**2048**	**395**	**4614**	
175	338	241	688	153	139	739	698	478	89	1143	
151	138	218	227	102	124	501	567	241	51	561	
122	113	100	362	92	105	549	516	255	51	707	
86	111	68	362	99	105	473	668	294	61	683	
43	63	59	119	31	29	56	107	26	30	187	
58	82	60	86	52	49	216	317	177	27	313	
246	288	358	513	106	182	1447	1102	577	86	1020	
2314	**3320**	**3552**	**8441**	**3691**	**2598**	**15262**	**15172**	**6433**	**1150**	**12968**	
328	544	553	886	397	200	954	1361	877	162	1417	
337	513	604	503	180	252	1275	1602	910	195	1203	
103	91	134	321	359	120	928	581	262	31	548	

表6 续表 29

地　　区	16岁及以上人口	各种行业人口总计	农、林、牧、渔业	采矿业	制造业	电力、热力、燃气及水生产和供应业	建筑业	批发和零售业	交通运输、仓储和邮政业	住宿和餐饮业
方城县	61551	42534	10756	130	4425	109	4755	8322	2125	2792
西峡县	33814	21239	4981	48	4086	78	1269	5395	733	720
镇平县	58008	34789	10477	29	5042	64	3001	9355	905	1908
内乡县	39562	23128	7555	61	2822	72	2586	3257	1051	1036
淅川县	32472	18463	7740	19	1714	127	2166	2047	674	856
社旗县	37244	18650	7656	19	1684	55	2117	2471	714	889
唐河县	77348	44003	12961	155	4502	97	3605	9893	1577	1656
新野县	39438	23563	8580	7	3337	69	3102	2702	1141	1070
桐柏县	24484	13649	5043	557	1009	78	1387	1780	593	638
南阳高新技术产业开发区	16474	8833	187	21	1495	168	853	1934	647	544
南阳市城乡一体化示范区	16535	7123	960	10	797	40	1056	1324	397	429
邓州市	80226	38261	14535	24	4151	183	3457	5147	1512	1762
商丘市	**589815**	**374095**	**92214**	**3314**	**59449**	**1323**	**50928**	**73257**	**15726**	**19625**
梁园区	47638	28903	4328	15	2150	76	4238	6988	2004	2362
睢阳区	65453	39215	7924	22	6235	269	5072	6265	1850	1930
民权县	57582	32686	9961	7	4741	108	4169	5879	972	1479
睢县	51912	32898	13078	7	4317	47	5270	4322	1250	1113
宁陵县	41701	30151	2641	9	8247	93	4844	7691	1222	1862
柘城县	60828	35248	9220	15	5885	95	5461	6130	1406	2135
虞城县	77633	45267	13519	9	6375	100	5132	10759	1633	2168
夏邑县	65330	40510	10741	12	7481	97	4838	9538	1178	1885
豫东综合物流产业聚集区	10180	5813	1175	3	456	5	1546	1041	518	287
河南商丘经济开发区	10677	5651	575	7	680	29	1250	1024	217	400
永城市	100881	77753	19052	3208	12882	404	9108	13620	3476	4004
信阳市	**441134**	**235228**	**72097**	**243**	**20467**	**1205**	**32764**	**37895**	**9735**	**12312**
浉河区	48253	23635	3005	29	2142	254	3115	4416	1307	1694
平桥区	57326	27557	4629	52	2736	248	4528	4270	1699	1708
罗山县	32309	17220	7485	32	1305	84	1806	1917	602	790
光山县	39833	19309	6120	19	2000	100	2824	2789	777	814
新县	19226	9426	2020	10	806	72	2060	1163	326	566
商城县	30243	13453	3894	28	1116	57	2423	1516	459	633
固始县	72026	45403	15963	29	4399	162	4958	8098	1636	1945
潢川县	51434	29558	6026	12	2384	133	5089	7529	1344	1831
淮滨县	40611	26332	14070	23	1881	45	2979	2714	706	1106
息县	48025	22221	8793	5	1256	44	2798	3370	837	1166
信阳高新技术产业开发区	1848	1114	92	4	442	6	184	113	42	59
周口市	**638585**	**344351**	**98448**	**133**	**42029**	**1140**	**62463**	**52966**	**15212**	**19391**
川汇区	42963	19398	1995	10	1051	181	3307	4034	1153	1301
淮阳区	68543	38183	16065	14	2974	68	6284	4932	1402	1611
扶沟县	40719	24208	10191	11	1627	83	2561	4128	1211	1014
西华县	48516	29634	8904	13	6081	170	4343	3010	1048	1399
商水县	67550	41956	6887	14	7910	84	9508	7330	1611	2907
沈丘县	68299	36151	11494	8	4792	115	6405	4360	2230	1854
郸城县	78719	40899	15690	20	4014	58	6421	5875	1400	2151
太康县	78897	35014	8050	5	3414	75	7124	6975	1966	2101
鹿邑县	68143	38909	12087	21	4635	140	8282	4753	1458	2110
河南周口经济开发区	6534	2926	19	1	275	14	111	1035	140	529
项城市	69702	37073	7066	16	5256	152	8117	6534	1593	2414
驻马店市	**497219**	**298688**	**78703**	**210**	**29766**	**1158**	**43789**	**59386**	**11417**	**17391**
驿城区	57862	30689	5581	46	2697	295	3871	6279	1618	2030
西平县	48498	28481	9581	13	3212	121	3866	4583	919	1153
上蔡县	67139	37419	6843	5	4037	177	7930	7912	1264	2626
平舆县	51519	36868	10184	8	3731	79	5797	7924	1366	2254
正阳县	44243	25429	6703	6	1444	60	4633	7262	821	1488
确山县	29260	23234	9150	51	1556	61	2555	3300	947	1083
泌阳县	48405	26469	5886	42	3325	43	2681	5448	1160	1789
汝南县	40785	24856	6801	14	2338	61	3391	5401	1068	1517
遂平县	29756	19404	5768	4	3596	94	1879	2832	613	789
新蔡县	58518	36100	11953	17	3249	81	6046	6595	1078	2018
河南驻马店经济开发区	21234	9739	253	4	581	86	1140	1850	563	644
省直辖县级行政区划	**57468**	**32482**	**3967**	**423**	**9056**	**504**	**3012**	**3752**	**1850**	**1562**
济源市	57468	32482	3967	423	9056	504	3012	3752	1850	1562

单位：人

信息传输、软件和信息技术服务业	金融业	房地产业	租赁和商务服务业	科学研究和技术服务业	水利、环境和公共设施管理业	居民服务、修理和其他服务业	教育	卫生和社会工作	文化、体育和娱乐业	公共管理、社会保障和社会组织	国际组织
181	360	338	882	330	375	2858	1921	545	88	1242	
76	143	140	518	138	105	905	747	308	40	809	
189	119	127	346	107	105	1108	853	336	63	655	
117	139	120	821	232	132	1069	1062	323	62	611	
118	106	82	409	63	120	557	702	283	63	617	
80	144	141	279	106	134	634	627	305	40	555	
186	238	386	1506	1135	207	1690	1645	519	95	1950	
102	163	147	417	165	312	753	722	271	53	450	
49	101	50	138	33	93	477	621	223	21	758	
166	254	233	332	133	93	391	542	334	49	457	
65	134	177	269	86	80	266	521	161	48	303	
217	271	320	814	227	270	1397	1665	776	140	1393	
2136	**2422**	**3897**	**6149**	**1898**	**2464**	**13604**	**11752**	**4581**	**1046**	**8310**	
251	486	634	866	304	232	1347	1224	385	170	843	
338	505	624	1390	373	278	1303	2043	664	165	1965	
177	173	261	829	290	166	1346	1080	390	56	602	
116	123	111	366	88	66	797	857	411	49	510	
154	146	333	256	105	104	954	690	303	86	411	
325	178	429	512	92	217	1350	911	412	73	402	
205	160	342	518	130	180	1852	1038	323	112	712	
207	164	185	431	198	406	1077	1034	387	76	575	
25	17	63	128	26	105	180	121	44	7	66	
46	75	126	166	31	135	262	222	75	13	318	
292	395	789	687	261	575	3136	2532	1187	239	1906	
1740	**2048**	**2568**	**5852**	**1592**	**1604**	**8693**	**10418**	**3717**	**745**	**9533**	
276	508	472	900	370	233	869	1497	648	181	1719	
298	458	551	710	217	222	1351	1500	637	115	1628	
107	100	93	223	53	113	657	769	287	41	756	
209	129	129	572	101	121	603	887	280	53	782	
91	86	84	165	21	83	402	556	170	35	710	
94	116	114	805	64	129	407	710	202	56	630	
211	269	383	775	373	290	1735	1936	769	106	1366	
232	189	355	495	94	215	1287	1101	329	78	835	
110	74	145	439	93	56	565	696	175	39	416	
101	114	223	749	199	116	780	745	211	39	675	
11	5	19	19	7	26	37	21	9	2	16	
1947	**1943**	**2742**	**4958**	**1322**	**1664**	**11968**	**11848**	**5164**	**964**	**8049**	
271	463	505	603	179	177	716	1160	792	159	1341	
131	158	219	464	176	189	1053	1219	470	67	687	
100	92	120	447	79	64	930	606	421	38	485	
162	138	170	327	61	147	1380	863	419	81	918	
135	144	453	473	130	172	1953	1115	466	110	554	
187	166	263	473	63	126	898	1318	433	86	880	
326	152	219	446	95	140	1203	1375	599	77	638	
159	174	169	672	180	201	1160	1292	514	110	673	
177	161	289	558	111	198	1101	1435	478	73	842	
92	84	51	75	17	20	132	120	41	56	114	
207	211	284	420	231	230	1442	1345	531	107	917	
1634	**2178**	**4091**	**7452**	**2399**	**2968**	**12080**	**10078**	**4728**	**907**	**8353**	
288	553	1019	947	207	292	1270	1306	970	173	1247	
160	201	256	729	662	131	736	984	404	61	709	
161	206	393	456	121	376	1773	1380	638	168	953	
139	179	426	647	197	480	1347	943	501	100	566	
125	93	282	346	147	193	759	526	204	51	286	
72	129	140	582	173	461	1222	695	289	26	742	
217	175	359	1221	307	158	1095	1155	406	72	930	
67	122	205	449	84	273	1262	674	377	60	692	
92	117	235	644	169	202	825	559	275	44	667	
139	102	356	860	187	253	1277	930	361	76	522	
174	301	420	571	145	149	514	926	303	76	1039	
380	**525**	**373**	**701**	**258**	**377**	**1302**	**1754**	**732**	**219**	**1735**	
380	525	373	701	258	377	1302	1754	732	219	1735	

表6 续表 30

地区	16岁及以上人口	各种行业人口总计	农、林、牧、渔业	采矿业	制造业	电力、热力、燃气及水生产和供应业	建筑业	批发和零售业	交通运输、仓储和邮政业	住宿和餐饮业
湖北省	**5053253**	**3046668**	**662658**	**10836**	**481672**	**22562**	**411482**	**442660**	**144912**	**155727**
武汉市	**1088811**	**577921**	**19630**	**488**	**79672**	**4930**	**73091**	**105848**	**38729**	**33017**
江岸区	85612	42783	12	24	2387	582	3732	9354	3087	2523
江汉区	57762	34449	19	17	2093	280	3528	8522	2170	2920
硚口区	59438	31543	32	15	2084	301	2617	9790	2273	1966
汉阳区	69629	37918	91	11	4285	344	4656	8570	2522	1838
武昌区	97531	45638	43	32	3032	455	3668	7178	2510	2925
青山区	38444	17537	44	10	3902	292	2041	2713	1257	842
洪山区	216829	105812	640	154	11552	987	12626	17135	4466	5981
东西湖区	73280	46815	1474	44	8360	397	4970	9619	5611	1868
汉南区	11223	6886	490	2	1668	41	804	1203	430	374
蔡甸区	77179	46007	1761	24	14514	263	4964	6303	3226	2090
江夏区	112447	55040	3207	90	10807	338	6351	7481	3578	2991
黄陂区	106061	58703	3960	31	8681	312	11396	12055	4256	4035
新洲区	83376	48790	7857	34	6307	338	11738	5925	3343	2664
黄石市	**195633**	**104694**	**6557**	**1439**	**22313**	**899**	**19825**	**14703**	**5506**	**5940**
黄石港区	18985	9388	49	38	1228	294	640	2015	563	576
西塞山区	17926	8761	77	35	2080	83	748	1855	591	540
下陆区	18460	8100	44	174	2258	151	568	1021	359	387
铁山区	3813	1618	17	149	408	7	90	259	108	99
阳新县	62941	34570	4545	216	6385	168	7912	4119	1763	1978
大冶市	73508	42257	1825	827	9954	196	9867	5434	2122	2360
十堰市	**269603**	**155073**	**33251**	**1109**	**23316**	**1474**	**25405**	**20263**	**6519**	**7520**
茅箭区	48562	27066	185	61	5166	304	2972	5623	1570	1491
张湾区	35669	19823	410	31	5275	230	2813	3441	1012	1080
郧阳区	38168	20648	6107	79	2807	138	4020	2015	904	1129
郧西县	25528	16587	7518	120	1012	81	2139	1570	426	495
竹山县	27447	19270	7137	224	1610	156	3786	1893	492	741
竹溪县	25809	14168	3297	244	1811	122	3248	1302	441	548
房县	33726	18329	4950	237	2228	145	3725	2227	660	764
丹江口市	34694	19182	3647	113	3407	298	2702	2192	1014	1272
宜昌市	**352472**	**221371**	**66408**	**2260**	**29362**	**2684**	**23341**	**26921**	**9970**	**10407**
西陵区	46304	22365	151	22	2310	622	3288	4255	886	1570
伍家岗区	29397	17267	155	32	1696	270	2218	3758	1152	1068
点军区	8954	5357	1424	7	544	104	797	549	188	345
猇亭区	5806	3821	93	6	1612	70	356	413	290	216
夷陵区	49669	34985	11556	718	3163	322	3964	4676	1732	1584
远安县	15979	10092	2630	524	1628	100	1269	1097	405	467
兴山县	14023	8623	3160	292	879	135	803	711	510	479
秭归县	27974	17528	8523	32	1350	144	1577	1573	742	570
长阳土家族自治县	29949	19362	8412	188	1673	178	2274	1623	667	857
五峰土家族自治县	16376	11761	5239	55	1223	115	1125	1012	400	477
宜都市	32868	20917	5654	154	4835	268	2041	2292	905	797
当阳市	36800	24005	9693	206	3859	198	1794	2338	963	977
枝江市	38373	25288	9718	24	4590	158	1835	2624	1130	1000
襄阳市	**451339**	**308690**	**97708**	**1172**	**36526**	**1978**	**30442**	**46229**	**15554**	**15759**
襄城区	42167	25111	4990	27	3011	313	2738	3583	978	1420
樊城区	79821	55319	4949	40	7999	614	4822	12394	3537	3848
襄州区	71492	44928	15382	70	4222	154	4877	7521	2615	1983
南漳县	42473	32423	13386	104	2914	153	3968	3942	1115	1280
谷城县	41487	30773	8390	431	4909	193	4295	4187	1236	1608
保康县	18721	13794	6592	320	611	110	1521	1192	459	533
老河口市	39619	27567	7822	42	4387	128	2438	4490	1463	1858
枣阳市	72247	47002	19731	94	6141	178	4180	5295	2480	1894
宜城市	43312	31773	16466	44	2332	135	1603	3625	1671	1335
鄂州市	**92197**	**50407**	**3525**	**332**	**8817**	**511**	**11964**	**6863**	**2854**	**2840**
梁子湖区	11308	6356	761	1	870	33	2260	734	216	334
华容区	22266	12927	1264	10	3078	127	2918	1148	766	758
鄂城区	58623	31124	1500	321	4869	351	6786	4981	1872	1748

单位：人

信息传输、软件和信息技术服务业	金融业	房地产业	租赁和商务服务业	科学研究和技术服务业	水利、环境和公共设施管理业	居民服务、修理和其他服务业	教育	卫生和社会工作	文化、体育和娱乐业	公共管理、社会保障和社会组织	国际组织
52114	**42763**	**57388**	**84298**	**40886**	**21087**	**111352**	**114843**	**61994**	**20524**	**106889**	**21**
23833	**15935**	**23955**	**29023**	**19996**	**5926**	**21365**	**34731**	**16194**	**7323**	**24226**	**9**
1658	2121	2475	2950	1565	544	1824	2455	1690	827	2972	1
1401	1601	1693	1858	925	313	1770	1296	1667	616	1760	
1129	806	1447	1336	820	288	1217	1616	1834	473	1499	
1415	1262	2276	2215	1315	488	1278	1898	1296	485	1671	2
2034	2303	2196	3809	2968	446	2326	3734	1985	1040	2952	2
541	397	678	748	676	218	651	956	631	192	746	2
8949	3357	5166	5939	5886	925	3051	11222	2521	1670	3584	1
1289	938	1835	2020	1013	575	1526	1990	901	485	1900	
69	55	229	317	115	110	233	287	90	33	336	
803	606	1704	1808	1068	670	1486	1927	849	330	1611	
2909	1189	1640	2700	2461	525	1827	3649	935	481	1880	1
887	763	1618	2129	703	497	2450	1835	998	345	1752	
749	537	998	1194	481	327	1726	1866	797	346	1563	
1400	**1640**	**1976**	**2488**	**1305**	**946**	**4181**	**4914**	**2779**	**770**	**5113**	
213	365	283	458	177	74	387	692	506	150	680	
202	196	271	307	101	65	346	387	365	75	437	
169	274	225	222	217	101	289	537	355	93	656	
27	28	28	37	36	36	67	83	48	14	77	
377	320	351	604	219	255	1384	1571	776	195	1432	
412	457	818	860	555	415	1708	1644	729	243	1831	
1723	**2023**	**1998**	**3452**	**1110**	**971**	**6558**	**6108**	**4407**	**817**	**7049**	
501	770	674	817	346	190	1662	1585	1296	247	1606	
272	326	498	631	261	127	852	972	630	169	793	
141	160	204	239	75	135	694	610	448	75	668	
94	80	78	452	104	106	768	516	318	59	651	
188	124	140	261	81	76	711	535	402	46	667	
120	150	88	206	72	74	657	548	347	45	848	
192	178	107	382	62	83	534	590	463	63	739	
215	235	209	464	109	180	680	752	503	113	1077	
2443	**3185**	**3724**	**5907**	**2516**	**1652**	**7780**	**7398**	**5119**	**1586**	**8706**	**2**
548	822	738	1132	627	249	994	1480	909	375	1387	
370	490	770	943	412	175	789	921	860	215	972	1
48	82	137	180	70	76	229	183	146	31	217	
20	37	59	85	34	48	144	117	62	26	133	
297	393	764	895	410	379	1288	1018	549	205	1072	
72	111	104	168	49	90	316	285	198	63	515	1
83	89	50	178	52	44	253	234	184	59	428	
142	146	132	362	160	88	417	499	343	74	654	
152	174	152	475	187	104	584	578	309	107	668	
139	118	76	231	68	74	339	307	239	81	443	
201	232	292	478	107	100	699	612	396	123	731	
191	260	217	261	122	111	805	628	498	106	778	
180	231	233	519	218	114	923	536	426	121	708	
3404	**3490**	**4755**	**7295**	**2568**	**1903**	**12955**	**10167**	**5420**	**1597**	**9767**	**1**
339	443	615	839	299	291	1081	1609	706	222	1607	
839	1298	1771	2422	871	441	3200	2261	1261	453	2299	
404	355	718	1035	383	222	1491	1414	560	185	1337	
248	227	284	663	204	132	1548	778	458	133	885	1
425	220	294	367	154	184	1692	837	526	130	695	
125	108	52	228	111	74	420	355	263	45	675	
232	312	347	493	144	176	1096	843	474	170	652	
370	332	435	708	233	248	1413	1301	767	160	1042	
422	195	239	540	169	135	1014	769	405	99	575	
1336	**721**	**1128**	**1328**	**516**	**763**	**1646**	**1995**	**971**	**302**	**1995**	
63	43	179	136	28	80	171	167	48	18	214	
667	85	309	207	106	352	257	406	108	71	290	
606	593	640	985	382	331	1218	1422	815	213	1491	

表6 续表 31

地　　区	16岁及以上人口	各种行业人口总计	农、林、牧、渔业	采矿业	制造业	电力、热力、燃气及水生产和供应业	建筑业	批发和零售业	交通运输、仓储和邮政业	住宿和餐饮业
荆门市	**266200**	**182953**	**58003**	**590**	**29155**	**1285**	**16264**	**25035**	**8496**	**9119**
东宝区	34747	21045	3822	153	3269	373	2148	2813	1101	1189
掇刀区	38250	26295	3365	73	4778	317	3085	4714	1685	1564
沙洋县	48307	36358	15089	34	5382	200	2612	4047	1427	1437
钟祥市	91735	65298	26123	216	9223	189	5217	8506	2681	3047
京山市	53161	33957	9604	114	6503	206	3202	4955	1602	1882
孝感市	**409737**	**284464**	**57727**	**294**	**51402**	**1837**	**49992**	**43131**	**11518**	**14829**
孝南区	85597	52147	6187	40	6981	404	11765	8387	2345	2734
孝昌县	48316	29732	4258	21	3441	162	8697	4633	1085	1458
大悟县	48058	36987	7830	29	4478	201	7505	5895	1685	1943
云梦县	42556	30114	6795	35	3561	93	7783	4407	1086	1465
应城市	47190	29765	5234	122	5558	549	3690	4964	1577	2115
安陆市	49573	36817	9337	26	4821	111	6149	5878	1432	2077
汉川市	88447	68902	18086	21	22562	317	4403	8967	2308	3037
荆州市	**463770**	**285957**	**96641**	**317**	**43150**	**1490**	**27607**	**39352**	**11368**	**16446**
沙市区	43708	23416	1741	24	3943	354	2200	5060	1403	1489
荆州区	51692	29357	6375	55	3508	161	3611	4381	1473	1931
公安县	67167	38919	15208	34	4360	159	3243	5843	1608	1875
监利县	81288	53878	27256	3	6407	125	2656	6217	1508	4072
江陵县	26624	20015	8465	14	3241	111	1511	2172	560	864
荆州经济技术开发区	16076	9315	673	9	2863	84	1125	1540	668	510
石首市	46229	26684	6953	21	4034	128	4203	3759	1037	1534
洪湖市	63425	39614	14322	15	6774	145	3440	5476	1712	2081
松滋市	67561	44759	15648	142	8020	223	5618	4904	1399	2090
黄冈市	**498667**	**285585**	**59921**	**525**	**49218**	**1805**	**61515**	**34532**	**11003**	**11976**
黄州区	36591	18932	1235	22	2586	325	2702	3197	907	1086
团风县	27933	15778	2411	21	2963	62	4242	1924	627	673
红安县	47454	27570	5789	31	4154	168	6074	3122	966	1268
罗田县	46523	34738	10692	64	5915	173	5845	4057	1182	1419
英山县	25718	13191	2874	24	1633	68	3120	1773	477	542
浠水县	61929	32848	6342	34	4687	203	8559	3784	1386	1251
蕲春县	64342	38748	8526	106	8120	170	6986	5086	1529	1580
黄梅县	61569	33419	7290	23	4848	129	9409	3781	1092	1289
龙感湖管理区	2146	1036	304		221	15	71	121	66	42
麻城市	73394	39546	8085	120	8029	358	7695	4622	1594	1802
武穴市	51068	29779	6373	80	6062	134	6812	3065	1177	1024
咸宁市	**202659**	**106571**	**18833**	**211**	**18794**	**858**	**14927**	**15702**	**5263**	**5998**
咸安区	46439	24873	2333	52	3767	268	3701	3857	1312	1557
嘉鱼县	25852	14824	2883	50	3145	102	1521	2070	878	1107
通城县	33426	17432	3623	24	3897	89	2182	2710	631	703
崇阳县	29419	15748	4668	19	1567	78	2666	1989	681	935
通山县	28095	14910	2955	27	2826	115	2513	1944	637	636
赤壁市	39428	18784	2371	39	3592	206	2344	3132	1124	1060
随州市	**178525**	**102193**	**23333**	**248**	**17771**	**622**	**14632**	**15805**	**4871**	**5026**
曾都区	55845	35504	6286	60	6013	271	3915	6242	1807	1993
随县	54706	30657	12154	153	5023	102	3018	3484	1359	1199
广水市	67974	36032	4893	35	6735	249	7699	6079	1705	1834
恩施土家族苗族自治州	**272874**	**176272**	**62667**	**510**	**17231**	**1319**	**27381**	**18153**	**7063**	**7929**
恩施市	66552	41644	11207	99	3011	453	6565	5607	1808	2439
利川市	56135	35132	12939	110	3958	199	6207	3161	1154	1406
建始县	33691	22281	9276	106	2025	169	3200	2041	796	862
巴东县	33309	22814	11045	47	1346	140	2836	1884	753	742
宣恩县	23911	16290	5243	62	2938	84	2224	1302	828	691
咸丰县	24478	16081	5490	29	1553	74	2942	1812	725	728
来凤县	19853	11917	2788	37	1598	67	2247	1570	627	610
鹤峰县	14945	10113	4679	20	802	133	1160	776	372	451
省直辖县级行政区划	**310766**	**204517**	**58454**	**1341**	**54945**	**870**	**15096**	**30123**	**6198**	**8921**
仙桃市	111068	78493	20311	21	27008	271	4966	10649	2391	2805
潜江市	90339	54595	16524	1223	13039	364	3921	6263	1938	2651
天门市	103748	68134	21025	24	14736	152	5674	12956	1666	3095
神农架林区	5611	3295	594	73	162	83	535	255	203	370

单位：人

信息传输、软件和信息技术服务业	金融业	房地产业	租赁和商务服务业	科学研究和技术服务业	水利、环境和公共设施管理业	居民服务、修理和其他服务业	教育	卫生和社会工作	文化、体育和娱乐业	公共管理、社会保障和社会组织	国际组织
1894	**1997**	**2493**	**4081**	**1873**	**1202**	**6631**	**5166**	**3237**	**868**	**5562**	**2**
321	439	397	651	355	229	779	920	690	224	1172	
349	479	619	585	338	375	1233	960	587	186	1002	1
318	334	306	1056	539	145	1036	824	407	101	1064	
551	433	676	1369	451	255	2283	1593	965	224	1296	
355	312	495	420	190	198	1300	869	588	133	1028	1
3470	**2609**	**3764**	**7691**	**2531**	**1541**	**11609**	**7562**	**4131**	**1400**	**7422**	**4**
851	829	1010	1323	592	387	2412	2071	1194	427	2208	
347	262	359	839	274	162	1233	910	504	116	971	
521	307	505	1266	285	173	2107	848	424	131	854	
316	242	347	808	178	122	1009	679	330	176	682	
366	288	413	1015	221	187	1329	745	455	211	726	
535	330	474	1091	624	194	1293	994	443	132	873	3
534	351	656	1349	357	316	2226	1315	781	207	1108	1
3056	**2796**	**3669**	**5281**	**1923**	**1600**	**9482**	**7989**	**4758**	**1585**	**7445**	**2**
501	700	661	605	289	263	945	1056	827	281	1074	
390	453	578	780	312	303	1251	1439	763	323	1270	
379	347	496	880	314	188	1203	1062	639	157	923	1
244	226	247	474	69	141	1257	1259	542	199	976	
196	110	208	334	125	91	661	437	238	105	572	
96	88	193	311	68	62	354	268	165	64	174	
324	242	379	513	190	128	1088	689	478	154	830	
392	234	414	727	304	237	1245	770	451	176	698	1
534	396	493	657	252	187	1478	1009	655	126	928	
3592	**2958**	**3329**	**5398**	**2180**	**1388**	**9985**	**10107**	**4975**	**1236**	**9942**	
375	588	435	677	302	159	721	1161	665	220	1569	
176	129	175	423	120	86	536	418	271	58	463	
368	324	469	629	217	187	1069	910	480	106	1239	
358	265	353	418	203	113	1288	956	504	124	809	
130	145	129	255	86	57	462	459	266	65	626	
468	327	297	610	290	129	1245	1376	608	140	1112	
503	351	403	540	236	126	1488	1197	468	147	1186	
369	279	347	650	264	142	952	1153	491	121	790	
10	10	11	28	4	2	23	41	12	4	51	
499	333	456	722	256	282	1198	1470	727	156	1142	
336	207	254	446	202	105	1003	966	483	95	955	
1246	**1403**	**1652**	**2849**	**898**	**816**	**4422**	**4435**	**2345**	**694**	**5225**	
435	554	625	754	367	339	965	1443	760	217	1567	
203	160	236	307	92	128	606	408	274	84	570	
145	149	189	647	131	53	686	603	264	64	642	
105	169	170	300	65	56	593	672	317	111	587	
134	150	119	310	115	116	543	618	293	80	779	
224	221	313	531	128	124	1029	691	437	138	1080	
1310	**1154**	**1458**	**2176**	**884**	**630**	**3645**	**3414**	**1799**	**575**	**2840**	
543	664	724	967	329	251	1425	1450	824	277	1463	
266	171	267	522	179	141	924	759	370	103	463	
501	319	467	687	376	238	1296	1205	605	195	914	
1548	**1436**	**1583**	**3048**	**1071**	**991**	**6509**	**6259**	**3619**	**1058**	**6897**	
508	570	661	991	360	251	1612	1834	1297	379	1992	
267	237	378	321	100	155	1156	1242	652	209	1281	
187	134	135	443	114	101	645	854	373	93	727	
149	146	104	290	162	135	1152	663	374	115	731	
162	107	93	281	109	145	681	453	247	90	550	
83	100	107	323	103	84	589	448	295	59	537	
102	63	75	239	73	76	446	462	215	67	555	
90	79	30	160	50	44	228	303	166	46	524	
1859	**1416**	**1904**	**4281**	**1515**	**758**	**4584**	**4598**	**2240**	**713**	**4700**	**1**
751	507	624	1347	368	285	1747	1797	865	298	1481	1
571	483	702	1079	463	188	1423	1371	747	256	1389	
508	380	545	1728	636	189	1302	1321	573	133	1491	
29	46	33	127	48	96	112	109	55	26	339	

表6 续表 32

地区	16岁及以上人口	各种行业人口总计	农、林、牧、渔业	采矿业	制造业	电力、热力、燃气及水生产和供应业	建筑业	批发和零售业	交通运输、仓储和邮政业	住宿和餐饮业
湖南省	**5574791**	**3041080**	**680331**	**11602**	**429451**	**19203**	**441940**	**462957**	**137154**	**160186**
长沙市	**823041**	**454794**	**34291**	**625**	**64740**	**3081**	**51713**	**83556**	**22228**	**30257**
芙蓉区	52560	28869	39	7	1304	126	2012	7155	1764	3206
天心区	68408	34259	211	25	1806	730	3638	6849	1656	2682
岳麓区	119774	61847	530	64	5687	394	6877	10661	2303	4576
开福区	74002	43208	326	33	3032	273	4884	8485	2306	3572
雨花区	99837	62732	1760	54	3739	448	5765	15532	3751	4068
望城区	69082	32270	1941	29	4630	300	5424	5324	1454	2086
长沙县	117842	60905	3594	58	14845	257	6413	10938	4192	3336
浏阳市	115951	62969	6461	261	22327	289	7217	9029	2424	3024
宁乡市	105585	67735	19429	94	7370	264	9483	9583	2378	3707
株洲市	**345767**	**208272**	**33833**	**714**	**45480**	**1586**	**23942**	**34850**	**10467**	**10955**
荷塘区	28839	17202	483	23	4888	165	1340	3974	1071	862
芦淞区	25543	15005	566	15	3749	121	1101	4448	652	865
石峰区	20838	10262	154	5	3268	111	883	1781	631	502
天元区	40505	23440	853	14	4078	311	2632	4096	1143	1505
渌口区	28585	19923	4840	30	1951	114	2809	3575	886	1223
攸县	51078	27424	6175	288	3315	247	3434	4958	2068	1807
茶陵县	47366	36246	9990	91	7794	166	4775	3897	1835	1417
炎陵县	15814	10596	3074	42	2714	148	821	1018	345	452
云龙示范区	11163	2984	265	1	800	13	284	410	114	211
醴陵市	76036	45190	7433	205	12923	190	5863	6693	1722	2111
湘潭市	**241922**	**124027**	**21773**	**176**	**17590**	**782**	**18663**	**19462**	**5135**	**8143**
雨湖区	38770	16408	1299	45	2360	121	1675	3345	982	1322
岳塘区	34521	14461	115	15	3334	295	974	2682	788	962
湘潭县	70439	40529	9289	43	5787	117	7629	5578	1381	2318
湖南湘潭高新技术产业园区	5598	3168	51	2	838	52	407	371	216	195
湘潭昭山示范区	2577	1101	72	1	62	8	121	280	119	128
湘潭九华示范区	16503	6160	157	17	1601	38	1018	873	184	596
湘乡市	64840	37732	10433	23	3016	117	6056	5777	1268	2174
韶山市	8674	4468	357	30	592	34	783	556	197	448
衡阳市	**536727**	**278345**	**60557**	**1426**	**35739**	**1605**	**45295**	**44201**	**14117**	**14737**
珠晖区	27999	11864	1184	169	1096	152	1175	2406	1293	855
雁峰区	16789	7460	406	21	1075	89	653	1488	550	484
石鼓区	17304	8475	473	7	714	80	672	2054	550	828
蒸湘区	23543	11235	460	32	1000	132	1119	2255	624	894
南岳区	5078	2829	157	1	184	13	408	610	112	400
衡阳县	77570	43726	10667	68	5292	153	8448	6961	2067	2218
衡南县	69840	40518	10462	166	4751	133	10016	5231	2002	1764
衡山县	26274	12361	2393	32	1452	59	2379	1960	616	799
衡东县	43465	22895	7242	44	2761	105	3375	3103	1100	1310
祁东县	57537	28770	10278	90	3206	87	4940	3855	1281	962
衡阳综合保税区	2529	1467	196	2	731	12	96	106	41	58
湖南衡阳高新技术产业园区	15790	9575	70	62	625	157	1037	1724	331	672
湖南衡阳松木经济开发区	1398	693	2	2	391	14	43	67	32	40
耒阳市	75920	36956	7910	520	5285	268	4439	6525	1740	1807
常宁市	75691	39521	8657	210	7176	151	6495	5856	1778	1646
邵阳市	**560333**	**309191**	**82481**	**560**	**51109**	**1467**	**51560**	**44306**	**11997**	**10951**
双清区	25596	11327	296	11	2026	82	1450	3159	743	806
大祥区	32977	12239	747	11	956	142	1524	2516	625	874
北塔区	9888	4907	380	5	467	22	720	1250	238	366
新邵县	55621	28361	4529	139	4675	107	7134	4144	1081	1173
邵阳县	68975	38456	11491	54	7401	120	6067	5621	1250	1161
隆回县	85973	56885	18866	86	7727	182	11464	6712	1859	1514
洞口县	50313	25682	8902	26	3693	141	4332	2300	1224	714
绥宁县	27231	16822	5823	36	2953	99	2154	1848	714	550

单位：人

信息传输、软件和信息技术服务业	金融业	房地产业	租赁和商务服务业	科学研究和技术服务业	水利、环境和公共设施管理业	居民服务、修理和其他服务业	教育	卫生和社会工作	文化、体育和娱乐业	公共管理、社会保障和社会组织	国际组织
40331	**35866**	**48191**	**87371**	**30351**	**17863**	**119753**	**121966**	**59979**	**22672**	**113905**	**8**
14206	**10451**	**14309**	**22633**	**11731**	**3676**	**22279**	**27001**	**12458**	**7772**	**17786**	**1**
1489	1020	1097	1824	785	194	1448	1864	1033	790	1712	
1483	1454	1542	2184	1441	345	1976	2513	1153	724	1847	
4275	2237	2641	3730	2363	537	2239	6158	2215	1309	3051	
1634	1564	1992	3173	1178	326	2060	2707	2320	1521	1821	1
2172	1808	2575	3744	2763	635	4407	3687	1814	1328	2682	
820	453	1056	1511	687	385	1352	2290	619	465	1444	
1147	691	1591	3150	1383	388	2629	2923	922	723	1725	
519	585	635	1714	483	387	1963	2318	1228	387	1718	
667	639	1180	1603	648	479	4205	2541	1154	525	1786	
2435	**2682**	**3911**	**4189**	**1900**	**1168**	**8744**	**8187**	**4424**	**1793**	**7012**	
239	253	525	511	243	95	580	869	363	151	567	
209	184	381	337	228	52	498	578	387	131	503	
116	140	363	257	304	84	398	543	316	97	309	
502	762	992	811	430	161	996	1435	725	390	1604	
184	218	236	674	94	81	1100	594	385	167	762	
227	259	281	365	131	152	978	965	680	189	905	
303	323	350	510	140	226	1630	1173	613	165	848	
113	116	93	156	61	107	312	359	187	59	419	
38	16	139	55	23	20	141	215	42	93	104	
504	411	551	513	246	190	2111	1456	726	351	991	
1245	**1897**	**3049**	**4493**	**1053**	**580**	**4859**	**5942**	**2813**	**1113**	**5259**	
269	387	375	469	162	119	835	1069	575	227	772	
226	479	489	527	256	55	473	913	553	235	1090	
253	320	826	1189	266	173	1661	1534	778	270	1117	
38	84	97	112	42	33	111	157	81	48	233	
18	15	74	30	10	27	53	30	9	11	33	
64	88	253	114	67	45	170	486	94	47	248	
333	447	867	1802	204	58	1370	1534	625	182	1446	
44	77	68	250	46	70	186	219	98	93	320	
3220	**3009**	**4614**	**7941**	**2637**	**1363**	**9842**	**10949**	**5022**	**1515**	**10552**	**4**
210	170	332	452	133	50	524	685	403	108	467	
166	138	272	334	111	62	237	581	236	101	456	
168	192	277	503	88	50	458	395	304	161	501	
245	366	384	685	191	51	668	896	414	116	703	
34	32	32	129	24	67	137	134	84	29	242	
533	328	634	870	740	198	1609	1352	489	158	941	
330	221	423	684	212	130	1189	1172	420	112	1100	
158	124	137	322	105	78	459	499	260	55	474	
193	175	226	299	63	106	708	821	422	94	748	
165	165	184	266	97	148	672	1134	412	99	729	
21	3	28	18	5	7	44	63	12	7	17	
223	407	270	423	229	42	611	781	541	127	1243	
8	3	14	7	3	1	27	10	6	4	19	
360	378	769	1396	352	213	1307	1267	523	243	1652	2
406	307	632	1553	284	160	1192	1159	496	101	1260	2
2660	**2200**	**2967**	**7357**	**1802**	**1815**	**9927**	**10146**	**5162**	**1125**	**9598**	**1**
167	169	297	433	58	39	497	403	219	90	382	
177	369	328	816	187	83	547	792	468	88	988	1
94	85	115	136	54	34	263	208	83	34	353	
223	214	297	625	172	160	1588	804	408	77	811	
363	144	264	628	157	176	916	1013	596	108	926	
393	244	365	1491	359	270	1729	1506	706	139	1273	
216	202	158	411	104	162	763	956	519	61	798	
87	103	107	213	52	89	590	498	254	45	607	

表6 续表 33

地区	16岁及以上人口	各种行业人口总计	农、林、牧、渔业	采矿业	制造业	电力、热力、燃气及水生产和供应业	建筑业	批发和零售业	交通运输、仓储和邮政业	住宿和餐饮业
新宁县	46234	27110	9727	47	5030	154	3289	2842	1010	831
城步苗族自治县	21279	13630	4935	16	2514	129	1639	1281	447	477
武冈市	56968	34443	9643	44	7330	146	5793	3549	1167	1005
邵东市	79278	39329	7142	85	6337	143	5994	9084	1639	1480
岳阳市	**465454**	**237527**	**50680**	**812**	**29979**	**1302**	**35570**	**41694**	**10655**	**16464**
岳阳楼区	86475	43271	1261	49	3926	415	4863	11273	2338	4311
云溪区	15944	9203	1067	18	2872	187	1050	936	576	447
君山区	19655	9715	2754	2	1470	45	842	1593	481	920
岳阳县	55092	33821	10207	48	5265	91	4724	4668	1556	2104
华容县	57381	32449	14809	26	2582	96	1777	5468	979	2628
湘阴县	59667	27474	3673	30	2381	132	7700	4880	720	1778
平江县	76208	34477	6701	489	4752	182	6951	4662	1614	1745
岳阳市屈原管理区	5941	2714	838	2	341	28	287	350	120	152
汨罗市	49457	24218	5016	29	2559	62	5156	4139	1209	1205
临湘市	39634	20185	4354	119	3831	64	2220	3725	1062	1174
常德市	**511145**	**294718**	**103221**	**432**	**34730**	**1619**	**34040**	**41445**	**11121**	**15866**
武陵区	64916	32973	1355	20	3846	443	3931	6557	1515	2528
鼎城区	70415	38434	12710	30	3311	90	5747	7022	1595	1939
安乡县	48980	30764	14031	3	1789	48	2503	4922	1123	2368
汉寿县	64959	35394	13042	19	3698	118	4750	4481	1415	1911
澧县	66144	37301	13440	123	4373	178	5147	5027	1343	2085
临澧县	36805	20347	6275	38	3097	107	2496	2670	936	1005
桃源县	77366	50376	22336	95	7152	179	4750	5736	1635	2012
石门县	53171	34136	16801	65	3667	282	3140	3059	1097	1096
常德市西洞庭管理区	5439	3394	748		1335	39	178	333	131	154
津市市	22950	11599	2483	39	2462	135	1398	1638	331	768
张家界市	**139932**	**79314**	**18860**	**209**	**8378**	**466**	**12817**	**9462**	**3641**	**5042**
永定区	45386	23748	4517	34	1274	174	3773	3118	1379	1960
武陵源区	5765	3460	210	3	155	42	445	459	238	620
慈利县	53265	31763	9574	95	3494	138	4684	3522	1257	1585
桑植县	35516	20343	4559	77	3455	112	3915	2363	767	877
益阳市	**315580**	**151245**	**43957**	**291**	**18523**	**934**	**20443**	**22331**	**6658**	**8625**
资阳区	27147	11503	2588	5	2087	38	1630	1884	569	786
赫山区	55422	23335	3847	17	3023	216	3754	3978	1150	1254
南县	44435	21444	11065	5	1484	77	1635	2769	558	1180
桃江县	58567	27211	5394	93	4810	148	4285	4496	1534	1485
安化县	59920	26760	5098	146	3235	178	5926	3499	1396	1362
益阳市大通湖管理区	7904	3748	1742	5	259	26	228	480	139	211
湖南益阳高新技术产业园区	11915	5954	226	2	935	160	556	771	279	363
沅江市	50270	31290	13997	18	2690	91	2429	4454	1033	1984
郴州市	**379686**	**228109**	**55137**	**3574**	**30796**	**1809**	**30808**	**33715**	**11304**	**10937**
北湖区	44122	24301	2164	400	1916	219	2488	5765	1444	1698
苏仙区	34915	18454	2252	349	2012	307	1922	2941	1030	1208
桂阳县	57153	37951	12343	420	4177	174	4926	6369	1740	1790
宜章县	48680	32493	9354	365	4987	187	4225	3968	2011	1278
永兴县	40245	25921	6104	911	2620	156	2656	4250	1186	1423
嘉禾县	28051	17250	3536	156	3798	85	2783	2691	1053	726
临武县	25150	12520	2980	389	1943	138	1296	1310	803	485
汝城县	27000	16038	4988	119	2244	126	2486	1929	519	655
桂东县	16160	9513	3232	99	1777	89	1171	807	271	331
安仁县	30372	17905	3757	13	3086	54	4902	1971	627	586
资兴市	27838	15763	4427	353	2236	274	1953	1714	620	757
永州市	**392996**	**210254**	**58133**	**343**	**32110**	**939**	**36619**	**28013**	**7772**	**8066**
零陵区	49214	26704	5638	65	3076	125	6196	3620	849	1066
冷水滩区	39692	18923	3092	22	1740	68	2640	4296	798	1526
祁阳县	62559	31497	8253	51	4592	119	5996	4805	1214	1036
东安县	32959	17076	7007	26	2303	100	2388	1753	556	451
双牌县	16393	9807	3665	15	901	40	1150	1436	268	437
道县	41825	22842	7921	20	3552	52	3029	3319	845	812
江永县	14677	8595	5137	23	477	38	703	603	172	180

单位：人

信息传输、软件和信息技术服务业	金融业	房地产业	租赁和商务服务业	科学研究和技术服务业	水利、环境和公共设施管理业	居民服务、修理和其他服务业	教育	卫生和社会工作	文化、体育和娱乐业	公共管理、社会保障和社会组织	国际组织
186	136	201	350	94	175	658	883	546	86	865	
112	77	62	230	40	106	294	440	247	39	545	
275	179	305	606	214	401	947	1332	563	132	812	
367	278	468	1418	311	120	1135	1311	553	226	1238	
2939	**2925**	**3330**	**6717**	**1979**	**1268**	**8789**	**8398**	**3915**	**1397**	**8714**	
870	1182	1260	2178	672	362	1746	2359	1149	446	2611	
104	104	115	288	145	49	240	320	213	55	417	
125	82	142	127	37	48	363	262	104	50	268	
313	195	275	483	102	94	1479	850	319	117	931	
405	158	240	644	169	92	720	600	330	115	611	
339	492	358	672	259	144	1118	994	438	160	1206	
257	262	347	1060	155	212	1503	1509	617	173	1286	
33	43	41	59	15	6	73	101	42	20	163	
307	202	227	682	262	157	863	828	415	179	721	
186	205	325	524	163	104	684	575	288	82	500	
2887	**2765**	**3478**	**6538**	**1476**	**1287**	**9784**	**8459**	**4862**	**1885**	**8823**	
718	947	938	1249	435	346	1557	2015	1325	592	2656	
253	221	235	1606	169	149	1304	807	386	178	682	
236	214	437	255	98	51	966	545	326	152	697	
293	279	302	898	173	170	1267	1044	531	175	828	
346	253	381	612	185	166	1085	1066	531	198	762	
200	173	264	647	138	92	690	549	302	123	545	
419	279	356	624	94	134	1528	1134	583	219	1111	
290	244	258	425	121	115	884	942	564	135	951	
25	9	47	31	14	5	66	78	54	33	114	
107	146	260	191	49	59	437	279	260	80	477	
772	**776**	**903**	**4004**	**711**	**748**	**3144**	**3433**	**1582**	**641**	**3725**	
284	327	432	1680	136	232	1102	1035	592	262	1437	
11	27	33	258	5	172	160	129	64	68	361	
295	270	281	1563	482	232	1044	1407	518	188	1134	
182	152	157	503	88	112	838	862	408	123	793	
1505	**1521**	**1604**	**3270**	**1282**	**788**	**5039**	**5290**	**3037**	**1114**	**5033**	
75	86	115	274	51	36	438	296	175	79	291	
351	379	365	810	332	110	861	1056	641	183	1008	
158	129	144	219	77	125	518	546	230	95	430	
278	212	276	365	199	151	1174	880	534	199	698	
241	224	226	754	262	209	863	1194	656	171	1120	
26	22	37	48	9	11	91	108	79	48	179	
124	280	154	225	113	49	197	485	342	77	616	
252	189	287	575	239	97	897	725	380	262	691	
2678	**2420**	**3134**	**4337**	**1842**	**1439**	**11317**	**8921**	**4184**	**1022**	**8735**	
477	508	829	904	368	197	1120	1169	828	261	1546	
226	395	466	434	210	203	1182	1203	767	172	1175	
227	306	396	413	92	347	1429	1237	519	114	932	
680	253	213	293	547	130	1561	988	427	95	931	
302	265	379	463	109	127	2637	979	361	106	887	
117	136	150	227	49	66	472	528	207	33	437	
95	129	74	339	70	50	1013	547	195	47	617	
110	116	122	373	104	95	377	711	253	35	676	
136	69	43	133	30	31	357	372	127	23	415	
163	121	177	217	122	97	665	561	237	60	489	
145	122	285	541	141	96	504	626	263	76	630	
1451	**1451**	**1995**	**4296**	**1141**	**1099**	**8206**	**7315**	**3199**	**765**	**7341**	
192	210	272	734	145	92	1727	1090	486	102	1019	
218	254	482	643	120	68	1275	494	299	117	771	
232	168	238	858	314	121	1157	1058	407	92	786	
92	83	146	128	22	58	468	573	280	50	592	
99	98	67	282	63	42	352	304	89	30	469	
142	122	125	241	29	95	793	755	229	103	658	
40	42	26	57	27	34	175	297	136	20	408	

表6 续表 34

地区	16岁及以上人口	各种行业人口总计	农、林、牧、渔业	采矿业	制造业	电力、热力、燃气及水生产和供应业	建筑业	批发和零售业	交通运输、仓储和邮政业	住宿和餐饮业
宁远县	45387	22570	5420	12	4531	119	4955	2259	877	719
蓝山县	24720	13471	2529	7	3311	119	2447	1562	641	416
新田县	24437	14701	3573	25	2024	53	3055	2030	664	495
江华瑶族自治县	33747	20019	4946	73	4781	83	3318	1981	735	761
永州经济技术开发区	3109	1563	107	4	324	10	366	184	77	99
永州市金洞管理区	3469	1923	404		491	13	375	141	74	63
永州市回龙圩管理区	808	563	441		7		1	24	2	5
怀化市	**400498**	**231370**	**66201**	**902**	**35196**	**1791**	**36054**	**26966**	**11139**	**9743**
鹤城区	53204	26835	1036	27	1879	367	3859	6074	2583	1618
中方县	21721	13997	5501	15	1533	38	2212	1746	681	539
沅陵县	50936	31842	7365	467	7541	267	5135	2865	1363	1423
辰溪县	36281	20657	7293	26	2992	99	3698	2067	723	703
溆浦县	64513	33549	12599	112	4644	261	4966	3138	1216	1100
会同县	26433	16568	4753	69	3398	117	2496	1618	822	588
麻阳苗族自治县	25634	17421	7043	29	2339	95	2811	1606	500	491
新晃侗族自治县	19549	12031	3729	49	2034	71	2286	1120	452	433
芷江侗族自治县	27300	16145	5980	15	2100	142	2081	1517	655	808
靖州苗族侗族自治县	21025	12102	2075	29	2329	82	1978	1776	754	567
通道侗族自治县	16472	9236	2671	17	1315	77	1555	932	334	394
怀化市洪江管理区	5451	2362	92	6	485	37	255	347	163	193
洪江市	31979	18625	6064	41	2607	138	2722	2160	893	886
娄底市	**295469**	**151443**	**30422**	**1363**	**16948**	**1173**	**29890**	**23015**	**7507**	**6169**
娄星区	54804	25886	2121	117	2956	334	3682	4614	1628	1230
双峰县	58551	31890	7258	99	4347	151	5384	5191	1532	1419
新化县	82668	42284	13357	431	3762	228	9174	4145	1503	1371
冷水江市	22780	9678	609	413	1437	218	1184	1806	668	490
涟源市	76666	41705	7077	303	4446	242	10466	7259	2176	1659
湘西土家族苗族自治州	**166241**	**82471**	**20785**	**175**	**8133**	**649**	**14526**	**9941**	**3413**	**4231**
吉首市	29637	15219	1132	24	887	171	1988	2912	764	917
泸溪县	17199	8370	1948	7	1544	54	1841	783	363	383
凤凰县	24279	12240	3701	9	830	90	2727	1391	353	942
花垣县	16521	7268	1628	28	1450	49	525	611	301	280
保靖县	17796	9442	3001	30	814	40	2212	1060	297	401
古丈县	7616	3648	1041	30	357	27	568	279	146	145
永顺县	25650	12530	3824	12	1124	79	2440	1298	527	557
龙山县	27543	13754	4510	35	1127	139	2225	1607	662	606
广东省	**9710593**	**6203762**	**426925**	**6306**	**2109631**	**35575**	**486205**	**1046589**	**295424**	**331329**
广州市	**1500877**	**962020**	**16149**	**425**	**240998**	**5519**	**56420**	**199061**	**67201**	**58713**
荔湾区	82192	44328	428	8	3611	355	2094	13587	3340	2926
越秀区	84446	44507	36	18	1987	466	1392	10135	2879	3503
海珠区	157265	97472	89	36	29546	478	3797	20942	4261	5281
天河区	192464	126953	320	72	7621	603	6533	29914	6405	11251
白云区	311396	210440	2275	55	54961	785	10018	55368	20580	13288
黄埔区	103725	71955	574	37	21911	689	5723	9771	6714	3104
番禺区	219382	145872	1453	46	43942	729	10353	26949	7548	8797
花都区	130768	83006	1849	52	33510	376	4189	12721	6881	3752
南沙区	69529	49811	2764	25	20355	350	5554	5003	3307	2023
从化区	44117	23508	2403	24	5915	232	1892	3031	1537	1582
增城区	105593	64168	3958	52	17639	456	4875	11640	3749	3206
韶关市	**202420**	**108124**	**24521**	**757**	**16757**	**2068**	**10878**	**13911**	**5378**	**5666**
武江区	27333	15221	674	53	2530	299	2048	2358	742	850
浈江区	27750	13174	906	64	1820	281	1228	2412	937	833
曲江区	21416	11461	2077	141	2273	255	973	1422	833	674
始兴县	13661	7743	2429	35	1636	117	642	730	236	239
仁化县	13038	7676	2368	328	866	197	716	747	266	382
翁源县	21271	11905	4150	49	1521	146	1061	1493	512	567
乳源瑶族自治县	12833	7451	1926	13	1479	225	663	737	327	422
新丰县	12302	6390	1259	11	1024	140	803	793	353	523
乐昌市	24872	12591	3879	44	1540	246	1460	1413	589	544
南雄市	27944	14512	4853	19	2068	162	1284	1806	583	632

单位：人

信息传输、软件和信息技术服务业	金融业	房地产业	租赁和商务服务业	科学研究和技术服务业	水利、环境和公共设施管理业	居民服务、修理和其他服务业	教育	卫生和社会工作	文化、体育和娱乐业	公共管理、社会保障和社会组织	国际组织
96	170	147	332	90	101	591	850	410	59	832	
55	96	67	150	36	99	467	490	274	59	646	
111	96	130	265	88	80	656	594	256	56	450	
148	96	183	514	178	286	402	680	275	67	512	
13	9	96	39	20	14	61	47	27	4	62	
13	5	15	48	7	9	69	68	26	5	97	
	2	1	5	2		13	15	5	1	39	
2087	**1658**	**2175**	**4171**	**1173**	**1297**	**7435**	**8204**	**4470**	**1154**	**9552**	**2**
471	578	771	923	331	258	1049	1632	987	293	2099	
47	43	75	74	16	37	421	302	147	39	531	
244	155	270	629	174	181	1033	1037	526	146	1021	
90	69	137	419	49	61	544	541	320	70	755	1
291	176	219	558	187	223	960	1237	626	125	910	1
191	95	101	156	63	91	551	497	283	75	604	
101	74	93	216	48	70	433	528	256	65	623	
109	60	35	203	31	46	344	395	180	33	421	
122	92	109	232	75	74	560	571	303	80	629	
140	93	83	276	65	64	535	402	278	74	502	
72	62	57	115	21	67	276	428	206	55	582	
48	28	37	94	20	29	129	94	66	25	214	
161	133	188	276	93	96	600	540	292	74	661	
1715	**1434**	**1810**	**4672**	**1171**	**817**	**6493**	**6236**	**3345**	**956**	**6307**	
476	532	628	1076	416	194	1249	1678	908	269	1778	
330	252	324	577	151	150	1650	1120	631	230	1094	
293	239	265	2058	206	208	1329	1497	729	154	1335	
114	103	131	243	61	88	439	565	356	72	681	
502	308	462	718	337	177	1826	1376	721	231	1419	
531	**677**	**912**	**2753**	**453**	**518**	**3895**	**3485**	**1506**	**420**	**5468**	
183	312	533	1427	172	89	748	905	442	122	1491	
69	41	60	84	34	46	207	303	98	17	488	
55	62	63	214	56	113	330	415	164	102	623	
25	24	22	231	46	36	1374	187	85	21	345	
46	33	70	96	54	15	153	262	152	17	689	
23	32	18	136	16	24	242	175	66	21	302	
61	84	75	364	46	101	346	652	225	53	662	
69	89	71	201	29	94	495	586	274	67	868	
163688	**96810**	**151286**	**184146**	**87581**	**37071**	**203562**	**221962**	**94057**	**45818**	**179739**	**58**
45396	**21401**	**31774**	**44744**	**25518**	**7359**	**34730**	**42307**	**20679**	**10689**	**32896**	**41**
2235	1775	2106	2613	1274	426	1469	1964	1575	571	1964	7
2419	2221	2378	2847	1884	476	1651	2610	2804	1129	3658	14
4315	2660	3286	5655	2736	606	3042	4012	2357	1236	3130	7
14630	4583	5866	9592	5960	876	5948	8005	2607	2061	4103	3
6600	3184	5127	7631	3005	1101	7797	6903	4310	2022	5427	3
3698	1136	2241	3518	3296	777	2114	2686	1291	567	2108	
7126	2967	4845	6097	4026	1220	5524	6363	2287	1792	3803	5
1569	1072	1864	2962	1042	577	2527	3615	1198	500	2748	2
714	456	1480	1424	944	417	1255	1440	581	220	1499	
303	288	601	676	221	309	876	1489	551	152	1426	
1787	1059	1980	1729	1130	574	2527	3220	1118	439	3030	
1678	**1353**	**1855**	**2072**	**1013**	**906**	**3884**	**5534**	**2718**	**628**	**6547**	
474	401	474	407	334	129	644	941	660	130	1073	
345	271	334	415	151	126	758	877	327	137	952	
169	131	202	288	151	123	447	486	208	60	548	
56	87	82	117	44	37	224	404	140	29	459	
51	58	89	143	65	106	191	365	139	44	555	
106	108	105	130	54	52	377	570	293	46	565	
60	40	88	124	45	109	229	306	137	44	477	
78	69	73	75	35	43	230	310	148	37	386	
128	80	197	138	62	84	343	635	338	44	827	
211	108	211	235	72	97	441	640	328	57	705	

表6 续表 35

地区	16岁及以上人口	各种行业人口总计	农、林、牧、渔业	采矿业	制造业	电力、热力、燃气及水生产和供应业	建筑业	批发和零售业	交通运输、仓储和邮政业	住宿和餐饮业
深圳市	**1564081**	**1195627**	**1568**	**451**	**427166**	**4591**	**74938**	**202869**	**61376**	**66078**
罗湖区	95020	63024	52	15	3605	397	4522	17455	3821	5348
福田区	131404	92863	19	14	4016	514	5902	23397	4346	8624
南山区	157250	111359	138	258	17324	555	8267	17683	6733	8198
宝安区	411584	335183	414	65	161287	975	16068	44360	17696	15763
龙岗区	365468	271031	394	56	92048	1182	17772	55854	14525	13302
盐田区	18274	12989	4	3	2154	68	1057	1700	2323	912
龙华区	234338	187045	151	25	76504	497	10747	30805	8051	9104
坪山区	48924	37928	144	8	20440	168	3422	4100	1279	1409
光明区	101819	84205	252	7	49788	235	7181	7515	2602	3418
珠海市	**197612**	**130931**	**2993**	**74**	**38793**	**1040**	**15216**	**17185**	**5473**	**9521**
香洲区	114203	77234	548	32	15689	683	9856	11041	3116	6805
斗门区	47055	31049	1699	16	12969	162	2911	3739	1295	1648
金湾区	36354	22648	746	26	10135	195	2449	2405	1062	1068
汕头市	**407795**	**220693**	**15612**	**80**	**79821**	**1089**	**22641**	**48886**	**7793**	**9266**
龙湖区	47564	27778	812	9	7274	208	3091	6056	1231	1241
金平区	60036	29934	470	12	6202	340	1936	7529	1918	1546
濠江区	20105	9419	435	20	2389	40	2563	1598	267	482
潮阳区	115428	59077	3897	26	21051	142	11237	12710	1552	2470
潮南区	94824	51376	3806	10	22402	158	2142	14500	1630	2157
澄海区	65217	40667	5459	2	20390	157	1521	6049	1116	1172
南澳县	4621	2442	733	1	113	44	151	444	79	198
佛山市	**788764**	**556874**	**10774**	**156**	**243021**	**2588**	**32876**	**100623**	**24897**	**27444**
禅城区	111137	74209	262	19	21161	449	5293	17271	3566	4280
南海区	310856	223797	3691	81	97134	901	10352	46301	9466	11083
顺德区	269340	193013	3350	7	94256	720	12728	29619	8572	9436
三水区	64067	43253	2323	33	20010	346	2750	5028	2313	1685
高明区	33364	22602	1148	16	10460	172	1753	2404	980	960
江门市	**350590**	**204759**	**20308**	**282**	**71616**	**1634**	**17537**	**29517**	**7566**	**12802**
蓬江区	63423	38267	947	21	13646	314	2695	6165	1426	1842
江海区	28052	18874	612	5	9424	87	1724	2220	735	847
新会区	65445	39803	4494	148	14578	315	3010	5608	1617	1661
台山市	67783	35440	8145	27	7286	454	2794	4972	1145	3905
开平市	52609	28807	2739	41	8514	181	3461	5234	986	1805
鹤山市	39819	25997	1508	31	12668	126	1873	2678	987	1334
恩平市	33459	17571	1863	9	5500	157	1980	2640	670	1408
湛江市	**442254**	**228355**	**71312**	**667**	**22216**	**1350**	**30476**	**32642**	**11161**	**13042**
赤坎区	27833	13852	335	50	1235	241	1072	2967	783	1045
霞山区	46164	23707	734	109	2214	305	1880	5037	2325	1845
坡头区	23873	13135	2245	335	1087	60	4106	1762	508	653
麻章区	36261	16700	5308	19	2360	56	2068	2298	997	1014
遂溪县	52679	30157	14309	21	2156	97	2799	3412	1386	1936
徐闻县	40232	22459	12915	32	983	92	883	2529	929	1037
廉江市	78443	39452	12473	31	5819	191	5900	4824	1343	2180
雷州市	78783	39644	17479	45	3271	150	4248	4840	1751	1920
吴川市	57986	29249	5514	25	3091	158	7520	4973	1139	1412
茂名市	**400690**	**215185**	**51984**	**356**	**24617**	**1419**	**37564**	**34227**	**10701**	**10842**
茂南区	75480	39190	3508	89	4343	461	6404	7842	2813	2477
电白区	95172	48411	11032	86	4611	284	11097	7759	2034	2534
高州市	89160	50431	17143	77	6333	269	5580	7775	2147	2065
化州市	79042	43074	10151	54	4645	133	9311	6558	2021	2366
信宜市	61836	34079	10150	50	4685	272	5172	4293	1686	1400
肇庆市	**281441**	**162344**	**32180**	**332**	**39017**	**1118**	**15794**	**25147**	**6620**	**9842**
端州区	41077	21908	192	14	3304	289	1535	4192	1184	1404
鼎湖区	14133	8529	820	9	2401	84	1297	1027	356	506
高要区	51290	32252	6719	52	11550	118	3415	3803	1285	1713
广宁县	25562	13516	2550	27	2485	138	2148	1920	587	1042
怀集县	51042	27383	9013	51	4371	136	2873	3785	814	1806
封开县	25574	13618	5171	42	2239	87	909	1775	525	841
德庆县	25761	13534	5615	59	1764	62	827	1615	453	871
四会市	47002	31604	2100	78	10903	204	2790	7030	1416	1659

单位：人

信息传输、软件和信息技术服务业	金融业	房地产业	租赁和商务服务业	科学研究和技术服务业	水利、环境和公共设施管理业	居民服务、修理和其他服务业	教育	卫生和社会工作	文化、体育和娱乐业	公共管理、社会保障和社会组织	国际组织
61817	**28152**	**44683**	**51904**	**25783**	**8810**	**43776**	**37978**	**15352**	**12813**	**25521**	**1**
3056	3157	4180	3517	1466	585	4251	2612	1745	1118	2122	
5494	6451	6016	7380	3003	750	5827	3969	2155	1503	3483	
12277	4624	6672	6657	4418	1047	5287	5287	1696	1804	2434	
17796	4031	9182	10783	5530	2024	9987	8043	3088	2728	5363	
11873	5266	8875	11487	5906	1788	9460	9451	3502	2579	5711	
311	257	793	676	402	170	485	491	255	206	722	
9114	3752	6204	8867	3935	1091	5722	5403	1829	2229	3015	
657	254	960	986	464	314	748	1061	385	193	935	1
1239	360	1801	1551	659	1041	2009	1661	697	453	1736	
3837	**2406**	**5426**	**5503**	**2613**	**1364**	**4978**	**5406**	**2353**	**1945**	**4804**	**1**
3123	1960	3928	3995	2022	863	3377	3636	1673	1567	3320	
390	273	958	820	318	283	943	989	420	231	985	
324	173	540	688	273	218	658	781	260	147	499	1
3711	**2235**	**2463**	**4271**	**2189**	**566**	**5166**	**6465**	**2255**	**996**	**5188**	
645	756	716	983	470	106	893	1272	438	293	1284	
1277	786	840	885	496	186	1189	1725	981	319	1297	
161	61	230	194	114	48	196	271	65	46	239	
420	242	282	854	447	55	1195	1304	242	124	827	
849	97	171	910	262	47	894	668	157	83	433	
333	255	166	419	390	90	689	1123	340	116	880	
26	38	58	26	10	34	110	102	32	15	228	
9341	**9708**	**13354**	**13144**	**6778**	**3388**	**17972**	**16214**	**7240**	**3481**	**13873**	**2**
2346	2424	2222	2743	1318	465	2853	2481	1749	714	2593	
3685	3945	4756	5580	2555	1403	7525	6305	2301	1361	5372	
2510	2580	4477	3487	2319	948	6030	5228	2225	1076	3443	2
492	497	1156	1013	431	382	976	1452	668	192	1506	
308	262	743	321	155	190	588	748	297	138	959	
2703	**3090**	**3820**	**4539**	**1822**	**1309**	**6299**	**7569**	**3645**	**1174**	**7526**	**1**
895	1049	972	1203	580	274	1295	1668	1093	356	1825	1
191	208	416	275	151	93	547	602	212	135	390	
401	602	567	954	322	323	1225	1594	711	227	1446	
307	368	566	659	207	161	1127	1115	633	142	1427	
517	320	386	856	288	153	827	1123	370	119	887	
201	371	650	320	177	174	722	878	342	123	834	
191	172	263	272	97	131	556	589	284	72	717	
2681	**2261**	**3088**	**3844**	**1764**	**1310**	**7840**	**10599**	**4331**	**1096**	**6674**	**1**
363	466	635	591	254	91	737	1245	559	208	974	1
708	629	786	833	344	326	1278	1671	1075	213	1395	
135	79	209	226	191	118	399	515	148	45	314	
113	89	124	304	201	114	529	648	142	52	264	
220	187	252	372	154	125	846	872	375	99	539	
102	127	145	256	72	82	519	801	341	38	576	
419	251	352	381	114	194	1217	1973	627	158	1005	
357	227	223	485	169	142	1218	1556	550	134	879	
264	206	362	396	265	118	1097	1318	514	149	728	
2522	**2117**	**2433**	**4135**	**1454**	**911**	**8401**	**10883**	**3759**	**883**	**5977**	
862	815	870	872	457	262	1811	2318	987	322	1677	
655	317	444	731	274	212	1656	2457	697	201	1330	
416	427	503	1027	284	200	1805	2245	996	126	1013	
326	304	329	986	296	116	1729	2054	520	145	1030	
263	254	287	519	143	121	1400	1809	559	89	927	
2214	**1855**	**2985**	**3083**	**1099**	**810**	**5059**	**6148**	**2571**	**746**	**5721**	**3**
1001	917	876	848	397	268	982	1627	867	323	1688	
201	82	235	254	63	101	266	330	114	51	332	
174	217	356	405	106	81	862	605	241	60	490	
131	105	231	217	63	57	496	485	268	52	512	2
216	122	341	466	114	84	824	1138	384	61	783	1
77	55	134	188	64	58	352	494	175	49	383	
133	102	91	366	101	32	379	431	158	43	432	
281	255	721	339	191	129	898	1038	364	107	1101	

表6 续表 36

地区	16岁及以上人口	各种行业人口总计	农、林、牧、渔业	采矿业	制造业	电力、热力、燃气及水生产和供应业	建筑业	批发和零售业	交通运输、仓储和邮政业	住宿和餐饮业
惠州市	**457038**	**302599**	**16640**	**497**	**126197**	**2042**	**25067**	**41730**	**10307**	**16833**
惠城区	155030	98758	2285	83	35204	743	9297	15334	3438	5234
惠阳区	116092	85114	1612	211	46809	424	6864	9251	2742	3687
博罗县	88650	55104	3874	60	25171	345	3856	7417	1769	2740
惠东县	76573	52339	7209	86	16855	347	3879	8393	1766	4032
龙门县	20693	11284	1660	57	2158	183	1171	1335	592	1140
梅州市	**252535**	**110628**	**15665**	**400**	**16524**	**1321**	**17570**	**17463**	**5997**	**5376**
梅江区	31439	15167	445	30	2241	266	1688	2641	796	750
梅县区	39813	20077	3893	58	2493	208	3292	2938	1092	1137
大埔县	22037	9154	1914	17	978	157	1565	1290	399	503
丰顺县	29800	13232	2434	25	2711	109	1815	2054	546	739
五华县	53205	20165	2114	119	2541	185	4593	3331	1140	876
平远县	14277	7059	1428	45	1146	95	916	1000	318	314
蕉岭县	14193	7249	1354	62	1294	124	895	972	491	265
兴宁市	47771	18525	2083	44	3120	177	2806	3237	1215	792
汕尾市	**177602**	**76093**	**9240**	**82**	**15024**	**645**	**10016**	**15920**	**3312**	**4751**
城区	30197	14531	1200	19	2885	205	1972	2763	665	971
海丰县	54138	28067	2593	31	9263	180	2573	4790	1112	1613
陆河县	16123	6256	492	7	463	68	1921	1023	217	324
陆丰市	77144	27239	4955	25	2413	192	3550	7344	1318	1843
河源市	**186643**	**92956**	**9600**	**437**	**20113**	**1056**	**12243**	**13847**	**4445**	**5735**
源城区	49166	30160	498	58	7327	372	3523	4692	1286	2061
紫金县	35902	15798	1973	92	2948	210	2262	2443	849	1139
龙川县	38541	17545	2113	42	3843	190	2520	2642	998	900
连平县	18273	8231	1772	83	1377	95	1154	1037	348	422
和平县	21945	9625	1506	60	1478	90	1459	1459	488	491
东源县	22816	11597	1738	102	3140	99	1325	1574	476	722
阳江市	**169717**	**98065**	**17896**	**144**	**21337**	**1081**	**14283**	**13944**	**4130**	**4936**
江城区	56171	33063	2370	26	7572	332	4582	6198	1504	2141
阳东区	31705	20821	3601	41	7245	358	2754	2252	700	797
阳西县	28552	15933	3346	30	2144	138	3501	2103	587	790
阳春市	53289	28248	8579	47	4376	253	3446	3391	1339	1208
清远市	**265506**	**146188**	**23540**	**442**	**32957**	**1689**	**17914**	**18433**	**7371**	**8276**
清城区	82835	48193	2724	111	12387	474	5709	6858	2271	2879
清新区	41235	23700	2773	39	7135	164	3019	3079	1337	1311
佛冈县	21889	11920	1040	49	3574	117	1642	1296	735	713
阳山县	21440	9296	1621	37	1276	204	1651	1256	483	547
连山壮族瑶族自治县	6473	3155	885	18	316	75	409	275	126	144
连南瑶族自治县	9004	4251	1280	14	625	156	539	348	138	178
英德市	59057	34036	9443	96	6232	356	3530	3984	1805	1911
连州市	23573	11637	3774	78	1412	143	1415	1337	476	593
东莞市	**955235**	**745400**	**4388**	**130**	**432941**	**2381**	**26704**	**108342**	**27261**	**30626**
市辖区	955235	745400	4388	130	432941	2381	26704	108342	27261	30626
中山市	**346462**	**246816**	**4477**	**78**	**134028**	**1131**	**14706**	**29122**	**8610**	**10964**
市辖区	346462	246816	4477	78	134028	1131	14706	29122	8610	10964
潮州市	**192227**	**104340**	**16966**	**91**	**39153**	**666**	**7237**	**16865**	**3567**	**4330**
湘桥区	42876	22923	2497	19	6218	244	1870	4113	913	1203
潮安区	87459	49835	4362	40	26335	236	2397	7335	1726	1777
饶平县	61892	31582	10107	32	6600	186	2970	5417	928	1350
揭阳市	**420670**	**219488**	**44856**	**92**	**50378**	**568**	**16601**	**56673**	**8836**	**12151**
榕城区	73988	37890	6036	25	9485	159	3137	8739	1642	1131
揭东区	75197	40950	7755	25	8669	111	3213	10592	2596	2181
揭西县	46402	22112	4134	11	4268	85	2620	5963	962	1198
惠来县	67766	32556	9778	18	5772	65	3364	7449	861	2214
普宁市	157317	85980	17153	13	22184	148	4267	23930	2775	5427
云浮市	**150434**	**76277**	**16256**	**333**	**16957**	**579**	**9524**	**10182**	**3422**	**4135**
云城区	28138	16135	894	162	4082	195	1638	2860	861	875
云安区	14713	6915	906	96	2050	26	1378	831	277	322
新兴县	30549	18172	4711	13	4398	129	2123	2181	643	1013
郁南县	22418	11315	3916	24	1696	55	1107	1222	570	627
罗定市	54616	23740	5829	38	4731	174	3278	3088	1071	1298

单位：人

信息传输、软件和信息技术服务业	金融业	房地产业	租赁和商务服务业	科学研究和技术服务业	水利、环境和公共设施管理业	居民服务、修理和其他服务业	教育	卫生和社会工作	文化、体育和娱乐业	公共管理、社会保障和社会组织	国际组织
4098	**3318**	**8518**	**6136**	**2712**	**1763**	**9953**	**11185**	**4441**	**1944**	**9215**	**3**
2072	1843	3424	2913	1355	706	3569	4797	2224	827	3408	2
1171	516	2796	1361	685	377	2073	2028	667	450	1389	1
359	425	1050	977	409	380	1622	1978	648	324	1700	
375	425	1007	739	221	199	2113	1846	688	256	1903	
121	109	241	146	42	101	576	536	214	87	815	
1425	**1343**	**1653**	**2468**	**675**	**788**	**5181**	**6136**	**3073**	**619**	**6951**	
387	453	396	481	189	139	959	987	739	164	1416	
288	240	375	419	116	180	899	873	488	112	976	
81	83	142	170	33	43	330	513	237	35	664	
120	87	111	248	72	63	538	609	278	58	615	
185	141	183	467	110	161	946	1268	608	100	1097	
100	78	58	109	39	63	285	339	135	33	558	
70	84	109	94	37	32	325	334	143	36	528	
194	177	279	480	79	107	899	1213	445	81	1097	
974	**664**	**917**	**1847**	**506**	**337**	**3398**	**3500**	**1130**	**419**	**3411**	
313	266	291	337	114	73	562	662	272	103	858	
366	196	359	692	220	105	1123	1167	369	148	1167	
78	50	53	246	57	39	221	446	133	20	398	
217	152	214	572	115	120	1492	1225	356	148	988	
1178	**1211**	**1928**	**1735**	**653**	**653**	**3740**	**5775**	**2357**	**647**	**5603**	
664	658	1046	802	345	251	1334	1943	841	389	2070	
140	133	251	290	87	112	645	955	359	57	853	
118	178	207	249	97	107	684	1246	483	83	845	
109	67	78	100	38	46	234	484	210	26	551	
74	90	93	110	36	50	447	644	223	43	784	
73	85	253	184	50	87	396	503	241	49	500	
956	**954**	**1503**	**2138**	**695**	**536**	**3402**	**3897**	**1700**	**445**	**4088**	
552	472	710	1052	277	197	1053	1395	595	212	1823	
136	101	249	334	93	118	458	699	240	55	590	
93	117	216	288	184	80	863	559	242	57	595	
175	264	328	464	141	141	1028	1244	623	121	1080	
1985	**1775**	**3700**	**2508**	**937**	**1070**	**5270**	**7606**	**3057**	**928**	**6730**	
1028	953	1955	1293	577	462	1927	2631	1127	420	2407	
277	187	632	260	79	169	853	1221	313	103	749	
149	130	291	156	56	69	476	585	233	42	567	
109	91	112	116	35	51	331	579	245	37	515	
37	27	14	32	6	32	109	194	85	17	354	
29	38	20	54	19	34	103	249	106	26	295	
232	256	520	488	136	176	1088	1616	664	209	1294	
124	93	156	109	29	77	383	531	284	74	549	
9960	**7401**	**12125**	**15805**	**7026**	**2819**	**17022**	**16265**	**6513**	**3618**	**14069**	**4**
9960	7401	12125	15805	7026	2819	17022	16265	6513	3618	14069	4
2949	**2938**	**5301**	**5565**	**2448**	**1223**	**7166**	**6808**	**2688**	**1444**	**5169**	**1**
2949	2938	5301	5565	2448	1223	7166	6808	2688	1444	5169	1
1098	**925**	**578**	**1440**	**609**	**343**	**2683**	**3216**	**1334**	**461**	**2778**	
393	458	300	502	222	114	843	1187	526	179	1122	
442	307	136	540	266	117	1086	1172	491	162	908	
263	160	142	398	121	112	754	857	317	120	748	
2526	**1008**	**2071**	**6302**	**865**	**451**	**5189**	**5002**	**1485**	**518**	**3916**	
474	330	920	1622	275	98	999	1130	371	109	1208	
682	226	268	1346	171	73	1136	812	310	80	704	
234	112	107	516	77	49	542	532	198	68	436	
122	97	221	338	67	53	792	620	174	96	455	
1014	243	555	2480	275	178	1720	1908	432	165	1113	
639	**695**	**1111**	**963**	**422**	**355**	**2453**	**3469**	**1376**	**324**	**3082**	
266	365	341	226	169	70	718	867	366	114	1066	
33	31	72	66	29	40	192	256	84	24	202	
74	123	279	198	90	85	478	655	291	76	612	
93	66	162	142	40	53	373	476	181	28	484	
173	110	257	331	94	107	692	1215	454	82	718	

表6 续表 37

地区	16岁及以上人口	各种行业人口总计	农、林、牧、渔业	采矿业	制造业	电力、热力、燃气及水生产和供应业	建筑业	批发和零售业	交通运输、仓储和邮政业	住宿和餐饮业
广西壮族自治区	**3454585**	**2013956**	**670025**	**6251**	**218492**	**13516**	**253506**	**259133**	**94806**	**83658**
南宁市	**630718**	**383329**	**95896**	**718**	**28441**	**2062**	**47628**	**67700**	**20111**	**19820**
兴宁区	44824	26718	2489	26	1180	141	3414	7069	1622	1651
青秀区	80586	46016	3538	58	1517	454	4477	7644	1832	3097
江南区	73212	46040	6716	40	4302	370	5819	9980	3148	2623
西乡塘区	123586	70743	7213	78	4414	325	8730	16717	5429	5042
良庆区	44657	30258	3737	17	1566	107	5167	7095	1861	2198
邕宁区	23428	14572	6122	6	708	50	2117	1648	589	563
武鸣区	52917	32272	13601	56	3951	145	3831	3305	1459	963
隆安县	23462	14350	6655	27	1530	78	1496	1491	643	562
马山县	24559	15843	6708	26	1261	69	3208	1351	479	528
上林县	25348	15010	5938	335	1167	95	2222	1497	531	475
宾阳县	54876	33271	14480	19	3964	112	3366	4375	1283	1143
横县	59263	38236	18699	30	2881	116	3781	5528	1235	975
柳州市	**310082**	**180657**	**45361**	**315**	**25955**	**1312**	**20744**	**26283**	**10032**	**8169**
城中区	19330	10338	151	16	1000	193	1096	1735	436	600
鱼峰区	50636	26719	1878	38	5277	176	3380	4728	1533	1407
柳南区	48190	28204	1456	17	5349	137	3382	6416	2670	1536
柳北区	38294	20059	1056	51	4058	178	2495	3367	1290	1096
柳江区	38237	23549	6827	43	3714	105	2781	3630	1597	945
柳城县	22205	15430	9363	51	1172	66	817	1076	467	403
鹿寨县	24089	15495	7215	13	1618	169	1331	1374	612	563
融安县	18889	12483	5051	28	1328	76	1477	1260	471	509
融水苗族自治县	27313	14503	5717	37	1301	117	2363	1468	540	607
三江侗族自治县	22899	13877	6647	21	1138	95	1622	1229	416	503
桂林市	**361990**	**203122**	**75873**	**634**	**16358**	**1452**	**22581**	**24687**	**8129**	**9497**
秀峰区	12277	6779	134	2	591	40	1018	1337	431	528
叠彩区	16207	8236	390	9	597	38	828	2113	548	456
象山区	22161	10798	207	16	1376	133	942	2186	609	787
七星区	29848	15600	361	26	1497	113	1875	2870	646	1377
雁山区	10354	3409	1364	2	265	6	393	337	79	233
临桂区	39883	20808	5485	71	1726	134	3911	2602	861	1081
阳朔县	19929	13233	6708	6	565	64	1005	1304	415	1059
灵川县	32467	17670	5933	41	1602	145	2409	2321	956	814
全州县	37420	21377	11583	46	1098	145	2512	1932	736	523
兴安县	22632	13584	6603	42	938	84	1291	1399	530	418
永福县	16473	10214	6467	35	617	79	485	764	244	274
灌阳县	14494	8652	4094	40	764	80	1106	798	238	194
龙胜各族自治县	10506	6468	2933	190	317	100	744	511	210	362
资源县	9643	5414	2415	30	320	98	675	489	208	156
平乐县	23983	14246	7233	8	1701	40	1223	1144	491	459
恭城瑶族自治县	18186	10930	6054	55	588	78	1043	979	333	313
荔浦市	25527	15704	7909	15	1796	75	1121	1601	594	463
梧州市	**183611**	**97924**	**30035**	**380**	**13822**	**815**	**10927**	**11879**	**5137**	**4542**
万秀区	21005	9895	885	46	1786	142	895	1752	682	637
长洲区	22531	13280	1696	20	1572	138	1302	2482	833	876
龙圩区	18376	9161	1913	95	1519	100	1156	1104	547	535
苍梧县	18006	10435	5547	23	1197	40	963	782	377	375
藤县	49242	26912	11324	56	3744	159	2613	2496	1358	989
蒙山县	11058	5859	1552	41	590	41	985	720	223	267
岑溪市	43393	22382	7118	99	3414	195	3013	2543	1117	863
北海市	**130305**	**76145**	**22792**	**192**	**7707**	**556**	**8199**	**11264**	**3736**	**4069**
海城区	39033	21893	1301	34	2323	295	2489	4362	1308	1847
银海区	23122	14531	4037	18	953	66	1873	2012	673	1074
铁山港区	10390	7168	3481	59	1074	49	672	640	266	164
合浦县	57760	32553	13973	81	3357	146	3165	4250	1489	984

单位：人

信息传输、软件和信息技术服务业	金融业	房地产业	租赁和商务服务业	科学研究和技术服务业	水利、环境和公共设施管理业	居民服务、修理和其他服务业	教育	卫生和社会工作	文化、体育和娱乐业	公共管理、社会保障和社会组织	国际组织
17539	**19327**	**29061**	**42412**	**14544**	**12175**	**66833**	**87350**	**40578**	**9525**	**75224**	**1**
6204	**5888**	**10222**	**13688**	**5829**	**2819**	**14751**	**17459**	**8393**	**2689**	**13010**	**1**
584	551	1177	1290	665	216	1445	1190	644	280	1084	
1712	2211	2262	3127	1757	491	1988	3097	2253	891	3610	
811	674	1730	1857	853	468	2227	1898	886	389	1249	
1856	1124	2405	2850	1544	719	3378	4455	1759	645	2059	1
463	457	1285	1878	371	169	1271	1291	431	124	770	
142	89	335	295	82	154	504	576	195	47	350	
145	178	377	644	127	172	790	1090	497	79	862	
41	62	59	176	33	52	368	464	183	32	398	
71	56	75	182	44	98	463	465	245	18	496	
69	101	141	185	55	66	557	609	334	62	571	
174	148	203	535	127	123	864	1063	450	74	768	
136	237	173	669	171	91	896	1261	516	48	793	
1875	**2186**	**3062**	**4173**	**1582**	**1543**	**7373**	**7634**	**4207**	**1268**	**7583**	
237	446	355	502	283	139	503	928	494	185	1039	
373	444	786	865	464	337	1401	1414	929	335	954	
393	347	640	675	300	297	1424	1234	697	209	1025	
332	405	653	940	259	279	976	948	579	184	913	
125	146	240	335	105	124	891	849	312	93	687	
77	59	56	175	19	59	395	388	220	38	529	
84	77	123	175	50	89	532	502	265	63	640	
82	89	95	155	49	49	609	382	210	52	511	
84	93	67	207	24	99	384	467	269	51	608	
88	80	47	144	29	71	258	522	232	58	677	
1706	**2215**	**3059**	**4893**	**1471**	**1792**	**5988**	**9003**	**4327**	**1374**	**8083**	
118	167	224	360	125	95	330	388	311	107	473	
142	188	231	536	122	123	504	481	320	105	505	
237	262	390	620	202	212	495	695	548	162	719	
394	454	441	912	391	131	722	1745	455	343	847	
24	10	38	73	38	45	66	327	34	21	54	
177	180	887	501	154	171	652	894	370	186	765	
62	70	40	376	30	253	299	365	162	103	347	
113	156	312	337	134	97	627	698	285	92	598	
73	135	94	206	44	91	388	695	391	44	641	
67	111	102	256	34	73	363	388	286	47	552	
42	50	33	79	26	44	171	281	154	29	340	
40	78	23	54	16	146	187	290	156	16	332	
22	63	31	48	11	68	133	235	107	23	360	
42	44	26	51	9	51	123	207	105	17	348	
51	75	60	279	33	41	315	497	223	22	351	
41	88	41	70	22	31	225	367	193	20	389	
61	84	86	135	80	120	388	450	227	37	462	
765	**943**	**1301**	**1393**	**573**	**516**	**3064**	**4984**	**2284**	**431**	**4133**	
164	172	309	246	120	75	397	507	479	86	515	
183	340	387	318	164	118	599	685	496	116	955	
52	63	180	177	44	58	387	590	175	24	442	
27	14	17	59	13	30	164	425	129	13	240	
128	137	186	287	132	98	687	1196	454	104	764	
36	41	48	106	38	48	191	331	116	21	464	
175	176	174	200	62	89	639	1250	435	67	753	
750	**739**	**2246**	**1660**	**500**	**667**	**2959**	**3417**	**1425**	**467**	**2800**	
353	438	1107	813	252	309	1275	1253	598	241	1295	
181	116	874	296	112	187	639	643	167	113	497	
39	12	17	63	9	28	144	185	72	6	188	
177	173	248	488	127	143	901	1336	588	107	820	

表6 续表 38

地区	16岁及以上人口	各种行业人口总计	农、林、牧、渔业	采矿业	制造业	电力、热力、燃气及水生产和供应业	建筑业	批发和零售业	交通运输、仓储和邮政业	住宿和餐饮业
防城港市	**72357**	**43336**	**9114**	**103**	**4732**	**621**	**6461**	**5871**	**3235**	**2250**
港口区	18015	12775	631	36	2472	383	2911	1259	1252	536
防城区	25923	14216	3150	48	978	134	1997	2134	945	803
上思县	13108	7931	4044	12	682	30	505	705	348	258
东兴市	15311	8414	1289	7	600	74	1048	1773	690	653
钦州市	**209060**	**119679**	**39310**	**184**	**13675**	**721**	**18998**	**14137**	**5659**	**4083**
钦南区	46368	28521	7374	60	2512	294	4086	4120	2174	1212
钦北区	45155	26775	9693	54	2612	139	3138	3527	1438	870
灵山县	76569	42667	15169	47	5841	173	6735	4428	1376	1364
浦北县	40968	21716	7074	23	2710	115	5039	2062	671	637
贵港市	**283152**	**165457**	**54889**	**266**	**27773**	**567**	**22588**	**18238**	**7292**	**6052**
港北区	51318	29828	5743	68	3227	212	5001	4892	1471	1224
港南区	35477	20194	6544	10	4267	55	2371	2192	1031	667
覃塘区	28397	18962	9819	41	3096	40	1398	1540	675	390
平南县	69876	37663	11806	85	6648	131	4661	3765	1879	1729
桂平市	98084	58810	20977	62	10535	129	9157	5849	2236	2042
玉林市	**359786**	**194567**	**52768**	**268**	**32875**	**977**	**31564**	**25896**	**9520**	**6800**
玉州区	64138	35010	2484	45	6387	310	3434	7848	2190	1832
福绵区	20367	13029	3277	13	4802	54	1594	1149	637	293
容县	41808	21527	6010	17	4075	180	3144	2527	906	731
陆川县	43538	20641	4897	85	2880	84	4577	2657	1400	768
博白县	82290	41567	13475	43	5429	159	7647	5073	1840	1438
兴业县	33664	19746	8927	34	3066	40	2252	1655	840	526
北流市	73981	43047	13698	31	6236	150	8916	4987	1707	1212
百色市	**253838**	**153747**	**67363**	**1148**	**13504**	**1386**	**18239**	**14463**	**6781**	**4991**
右江区	34119	19769	4870	197	1112	275	2659	2811	1014	1226
田阳区	23901	16040	8289	65	1427	187	1370	1479	752	408
田东县	26078	17656	9169	204	1422	156	1388	1678	705	415
德保县	19977	11304	4426	100	1452	159	1357	1105	491	361
那坡县	12207	7285	3741	34	508	35	894	467	217	178
凌云县	12765	8058	3613	15	422	119	1676	489	363	222
乐业县	10140	6047	2692	12	285	19	834	417	471	181
田林县	15990	11378	7002	18	407	52	888	682	515	241
西林县	10107	6541	3564	5	288	53	730	459	232	179
隆林各族自治县	23485	12095	5414	25	1243	80	1854	1040	413	294
靖西市	34929	18628	8319	355	1489	121	2186	1983	758	656
平果市	30140	18946	6264	118	3449	130	2403	1853	850	630
贺州市	**134010**	**77801**	**28943**	**322**	**8530**	**567**	**11143**	**8313**	**3051**	**3186**
八步区	43039	24609	8411	101	2705	266	2402	3052	1097	1058
平桂区	28515	16946	5329	80	2193	64	3722	1928	790	744
昭平县	21254	13063	6007	25	1090	98	1382	1193	484	576
钟山县	22245	11746	3725	101	1703	78	2031	1144	341	414
富川瑶族自治县	18957	11437	5471	15	839	61	1606	996	339	394
河池市	**229012**	**128477**	**49962**	**1048**	**10657**	**1231**	**18955**	**12781**	**5291**	**4445**
金城江区	25469	14575	2909	169	1170	249	1737	2295	928	861
宜州区	37939	22519	11112	53	1925	139	2209	2222	721	712
南丹县	18708	10405	3417	453	1232	170	1363	1015	514	394
天峨县	9975	5259	2007	11	314	69	703	481	309	195
凤山县	11433	6364	2933	42	263	39	977	447	316	190
东兰县	15324	7551	2828	37	626	92	1306	618	330	231
罗城仫佬族自治县	19279	10485	4535	69	923	60	1287	918	348	327
环江毛南族自治县	18840	11867	5829	84	907	62	1528	954	401	303
巴马瑶族自治县	15638	8188	2641	26	555	77	1509	901	346	285
都安瑶族自治县	33958	17416	5587	61	1617	128	4297	1679	624	522
大化瑶族自治县	22449	13848	6164	43	1125	146	2039	1251	454	425
来宾市	**144114**	**91558**	**44002**	**418**	**7405**	**659**	**9472**	**8672**	**3181**	**2809**
兴宾区	62106	38474	15704	48	3664	327	4226	4403	1460	1357
忻城县	21192	13744	7220	37	1032	65	1958	1076	356	294

单位：人

信息传输、软件和信息技术服务业	金融业	房地产业	租赁和商务服务业	科学研究和技术服务业	水利、环境和公共设施管理业	居民服务、修理和其他服务业	教育	卫生和社会工作	文化、体育和娱乐业	公共管理、社会保障和社会组织	国际组织
326	**406**	**937**	**1481**	**385**	**369**	**1966**	**1796**	**765**	**304**	**2214**	
118	119	536	542	203	108	443	386	132	77	631	
124	154	211	595	122	132	923	672	381	87	626	
35	40	28	136	36	37	221	262	120	26	406	
49	93	162	208	24	92	379	476	132	114	551	
673	**782**	**1254**	**2934**	**685**	**545**	**3627**	**5831**	**2633**	**349**	**3599**	
218	282	489	793	287	233	971	1423	776	110	1107	
162	248	378	580	147	108	742	1279	540	103	1017	
197	141	276	1344	207	127	1397	2066	840	99	840	
96	111	111	217	44	77	517	1063	477	37	635	
1127	**1057**	**1447**	**2316**	**687**	**519**	**6174**	**6809**	**2713**	**439**	**4504**	
357	461	635	735	278	197	1140	1504	796	146	1741	
138	95	154	286	76	56	663	852	247	30	460	
54	44	42	175	73	43	451	563	207	30	281	
236	207	260	502	103	103	1692	1919	727	99	1111	
342	250	356	618	157	120	2228	1971	736	134	911	
1063	**1481**	**1904**	**2642**	**781**	**738**	**5979**	**9187**	**3680**	**593**	**5851**	
416	669	918	870	361	256	1400	2207	1275	253	1855	
41	30	35	129	33	44	277	320	97	19	185	
130	170	177	135	71	81	664	1245	447	67	750	
94	119	111	466	63	67	600	891	362	44	476	
126	183	315	550	123	98	1054	2094	664	88	1168	
75	91	49	169	39	53	563	615	258	27	467	
181	219	299	323	91	139	1421	1815	577	95	950	
727	**1072**	**1013**	**2397**	**652**	**854**	**3803**	**5636**	**2778**	**462**	**6478**	
202	380	219	629	201	224	894	1071	637	160	988	
63	111	117	131	44	52	284	447	197	31	586	
84	92	128	181	84	61	402	560	345	44	538	
50	67	43	72	17	63	240	417	234	32	618	
35	26	26	124	54	36	136	217	125	12	420	
19	31	28	147	22	64	153	241	115	18	301	
15	29	22	261	27	31	129	256	60	7	299	
29	37	28	133	36	23	194	387	147	17	542	
14	40	17	82	19	40	111	253	110	15	330	
44	53	47	220	30	55	238	393	165	26	461	
64	71	156	200	53	90	528	638	241	50	670	
108	135	182	217	65	115	494	756	402	50	725	
468	**480**	**509**	**1093**	**303**	**314**	**2193**	**3370**	**1423**	**294**	**3299**	
207	241	246	476	143	106	804	1291	582	154	1267	
71	51	74	201	62	73	395	490	214	31	434	
69	53	63	145	36	41	354	556	236	54	601	
53	65	84	87	20	37	419	623	222	27	572	
68	70	42	184	42	57	221	410	169	28	425	
840	**906**	**600**	**1484**	**425**	**659**	**3891**	**5739**	**2849**	**349**	**6365**	
240	278	177	321	147	87	676	782	566	77	906	
115	132	105	251	56	83	594	860	534	61	635	
44	62	27	147	42	74	247	432	188	31	553	
40	44	13	46	21	22	140	273	115	15	441	
51	38	16	79	10	17	126	288	139	26	367	
58	50	43	66	15	24	256	352	155	20	444	
51	56	30	101	19	96	522	401	194	14	534	
53	63	27	189	24	28	293	414	159	23	526	
49	53	36	71	14	105	246	493	196	16	569	
79	75	77	94	43	46	460	824	366	31	806	
60	55	49	119	34	77	331	620	237	35	584	
588	**583**	**775**	**974**	**373**	**411**	**2475**	**3316**	**1642**	**290**	**3513**	
341	324	461	524	251	180	1257	1575	772	151	1449	
62	50	34	63	30	81	261	420	204	26	475	

表6 续表 39

地区	16岁及以上人口	各种行业人口总计	农、林、牧、渔业	采矿业	制造业	电力、热力、燃气及水生产和供应业	建筑业	批发和零售业	交通运输、仓储和邮政业	住宿和餐饮业
象州县	20471	13618	8152	66	926	68	802	1003	336	419
武宣县	23321	15137	7791	164	1014	60	1459	1360	656	394
金秀瑶族自治县	9931	6447	3556	5	342	51	650	461	154	211
合山市	7093	4138	1579	98	427	88	377	369	219	134
崇左市	**152550**	**98157**	**53717**	**255**	**7058**	**590**	**6007**	**8949**	**3651**	**2945**
江州区	33977	19880	10933	31	1128	94	805	2032	476	699
扶绥县	29999	18032	10044	40	1733	128	1327	1302	578	436
宁明县	22129	15203	9135	14	832	93	911	1378	447	385
龙州县	18222	12597	7626	14	619	57	664	1023	382	386
大新县	21200	15280	9166	120	1175	100	740	1135	412	448
天等县	17514	11068	5630	32	1039	77	1097	832	468	278
凭祥市	9509	6097	1183	4	532	41	463	1247	888	313
海南省	**727937**	**422630**	**135118**	**790**	**19326**	**2749**	**40258**	**54373**	**19730**	**35177**
海口市	**207960**	**121531**	**11705**	**136**	**6909**	**1038**	**13894**	**21167**	**8411**	**10519**
秀英区	39533	26430	3537	26	2024	158	3607	4403	2156	1876
龙华区	57007	34805	1952	66	2049	355	4308	6804	2279	3438
琼山区	46627	27445	4071	23	1340	183	2664	4234	1910	2286
美兰区	64793	32851	2145	21	1496	342	3315	5726	2066	2919
三亚市	**74007**	**44666**	**7173**	**30**	**998**	**253**	**4431**	**6839**	**2462**	**7204**
海棠区	6959	3742	888		129	14	365	413	75	892
吉阳区	32813	19914	983	24	479	107	2455	3338	1184	3586
天涯区	25678	15816	3071	6	294	100	1164	2417	1081	2416
崖州区	8557	5194	2231		96	32	447	671	122	310
三沙市										
西沙群岛										
南沙群岛										
中沙群岛的岛礁及其海域										
儋州市	**64842**	**39713**	**13008**	**30**	**2673**	**147**	**6346**	**3800**	**1386**	**1957**
市辖区	64842	39713	13008	30	2673	147	6346	3800	1386	1957
省直辖县级行政区划	**381128**	**216720**	**103232**	**594**	**8746**	**1311**	**15587**	**22567**	**7471**	**15497**
五指山市	8389	4755	2095	6	111	39	405	282	118	278
琼海市	39943	23150	9664	23	918	145	1755	2976	914	2048
文昌市	42765	24057	10150	91	1140	116	1992	3041	922	2348
万宁市	41108	21961	9995	11	854	98	1766	2849	810	1785
东方市	31514	18944	8319	49	837	118	1582	1874	821	1134
定安县	21523	12374	5875	1	572	62	882	1176	367	1025
屯昌县	17260	9079	3750	9	392	46	859	1049	387	757
澄迈县	35365	19007	7673	51	1342	162	1737	2084	910	1576
临高县	29848	17943	10022	12	458	29	1066	1276	496	1019
白沙黎族自治县	11316	6886	3728	5	262	48	505	492	125	364
昌江黎族自治县	16311	10025	4303	267	698	141	746	946	412	584
乐东黎族自治县	33782	19545	11937	60	469	125	913	1679	600	945
陵水黎族自治县	28137	13861	6928	2	230	45	837	1795	265	930
保亭黎族苗族自治县	11469	7346	4114	2	222	79	277	516	189	357
琼中黎族苗族自治县	12398	7787	4679	5	241	58	265	532	135	347
重庆市	**2746114**	**1526217**	**241541**	**7036**	**214163**	**12476**	**258065**	**213185**	**81936**	**98887**
市辖区	**2199056**	**1216364**	**156762**	**5857**	**184200**	**10095**	**192445**	**178447**	**68755**	**81491**
万州区	145209	84144	14404	186	9338	602	16486	11707	4715	5648
涪陵区	93289	51324	10287	361	7627	568	9067	5765	2854	3332
渝中区	54482	31961	2	11	732	223	3342	7564	2205	3583
大渡口区	36853	20552	171	18	3969	136	2486	4195	1595	1231
江北区	81635	46963	224	230	5937	537	4588	9013	2974	3758
沙坪坝区	121136	64699	522	69	12270	475	7404	10652	4744	4310
九龙坡区	133311	77399	1216	104	13443	566	8738	17051	6082	4894
南岸区	103576	53431	335	69	5676	561	5679	11454	3420	3735
北碚区	74078	39129	1594	114	10861	352	6266	4335	2034	2093
綦江区	91310	45399	5511	1685	6332	538	8885	5372	2158	3459

单位：人

信息传输、软件和信息技术服务业	金融业	房地产业	租赁和商务服务业	科学研究和技术服务业	水利、环境和公共设施管理业	居民服务、修理和其他服务业	教育	卫生和社会工作	文化、体育和娱乐业	公共管理、社会保障和社会组织	国际组织
65	78	104	116	29	30	283	401	224	38	478	
66	62	112	176	34	75	351	565	250	43	505	
33	39	54	46	21	21	125	208	116	18	336	
21	30	10	49	8	24	198	147	76	14	270	
427	**589**	**732**	**1284**	**298**	**429**	**2590**	**3169**	**1459**	**216**	**3792**	
133	219	146	426	65	42	1010	649	241	35	716	
71	82	243	146	51	84	289	665	238	46	529	
43	60	50	173	30	52	296	480	232	32	560	
42	69	65	173	58	48	301	345	163	31	531	
53	62	73	123	32	121	285	413	264	31	527	
53	43	68	62	21	46	176	425	231	4	486	
32	54	87	181	41	36	233	192	90	37	443	
4899	**4977**	**10729**	**13683**	**3738**	**6450**	**21889**	**18021**	**8090**	**3793**	**18833**	**7**
2875	**2989**	**5322**	**6242**	**2309**	**2029**	**7873**	**6822**	**3400**	**1731**	**6158**	**2**
518	459	1136	1002	342	513	1206	1098	904	270	1195	
1083	1115	1585	1745	823	467	1706	1858	1043	591	1537	1
455	527	916	1535	483	490	2240	1751	610	362	1365	
819	888	1685	1960	661	559	2721	2115	843	508	2061	1
521	**455**	**2122**	**1941**	**360**	**1312**	**1921**	**2021**	**944**	**828**	**2850**	**1**
16	8	129	125	17	124	103	103	48	88	205	
300	278	1115	1090	194	471	949	1172	375	414	1399	1
177	147	767	579	117	507	765	548	464	299	897	
28	22	111	147	32	210	104	198	57	27	349	
496	**285**	**612**	**865**	**321**	**603**	**3878**	**1399**	**536**	**200**	**1168**	**3**
496	285	612	865	321	603	3878	1399	536	200	1168	3
1007	**1248**	**2673**	**4635**	**748**	**2506**	**8217**	**7779**	**3210**	**1034**	**8657**	**1**
30	39	86	139	35	112	111	308	141	39	381	
218	189	434	305	104	264	779	997	561	162	694	
93	177	337	420	89	179	902	847	303	103	807	
85	107	217	516	59	159	858	622	259	131	780	
72	105	127	1059	86	273	636	683	262	97	810	
61	82	115	228	36	91	884	391	152	36	338	
49	64	85	123	33	81	350	453	177	53	362	
111	102	457	233	67	197	447	736	270	103	748	1
45	40	154	379	34	53	1657	476	161	48	518	
37	44	69	67	19	108	137	250	107	32	487	
34	74	107	141	35	101	274	386	173	47	556	
64	83	116	463	70	206	441	582	230	49	513	
37	38	207	414	35	365	528	419	152	64	570	
36	43	128	65	20	255	97	290	114	41	501	
35	61	34	83	26	62	116	339	148	29	592	
27063	**22962**	**41866**	**46688**	**16934**	**12663**	**65026**	**64506**	**33976**	**13789**	**53451**	**4**
24627	**20327**	**38046**	**41576**	**15644**	**10799**	**52830**	**52238**	**28285**	**12055**	**41881**	**4**
872	1203	1384	3107	707	459	4260	3492	2077	699	2798	
516	668	1263	925	329	407	1721	2149	1113	409	1963	
1507	1172	1642	2286	816	303	1932	1355	1632	549	1105	
703	428	1008	877	316	219	837	902	555	248	658	
1949	1665	2463	3653	1384	429	2288	1959	1357	831	1723	1
2025	1180	3002	3083	1238	525	3154	4921	2237	847	2041	
2672	1534	3158	3440	1404	582	3872	3409	2230	866	2137	1
1874	1790	2953	3482	1428	612	2626	3262	1402	880	2193	
748	551	1488	1585	644	331	1378	2211	882	389	1273	
447	446	1238	1035	258	412	2037	1795	1204	377	2210	

表6 续表 40

地区	16岁及以上人口	各种行业人口总计	农、林、牧、渔业	采矿业	制造业	电力、热力、燃气及水生产和供应业	建筑业	批发和零售业	交通运输、仓储和邮政业	住宿和餐饮业
大足区	62841	33368	7534	86	6089	176	5238	4718	1451	2147
渝北区	187794	111852	2324	396	15558	1189	14496	16305	8621	7284
巴南区	102826	52008	4119	91	9026	358	7699	7965	3637	3430
黔江区	35116	19072	4396	61	1418	179	3804	2192	934	967
长寿区	64145	42362	9626	67	5675	410	8735	5004	1886	2474
江津区	113074	61405	16560	79	10528	475	9418	7097	2753	2822
合川区	134233	74478	16153	323	10832	564	13625	9874	3691	5532
永川区	96706	54167	11147	775	7894	363	9574	7138	2149	3031
南川区	45652	24938	4911	290	2605	230	5100	3034	1272	1886
璧山区	62252	36228	4279	36	10882	207	5407	4289	1625	2209
铜梁区	55946	31012	6290	97	5409	225	5767	3680	1052	1636
潼南区	63126	36832	8094	109	4484	201	7677	5587	1366	2796
荣昌区	57222	30256	6747	252	5692	174	4381	3743	1309	2076
开州区	98202	43936	7385	139	5466	319	9279	5738	2069	4316
梁平区	56666	33011	8413	149	5407	217	5550	3489	1496	1887
武隆区	28376	16438	4518	60	1050	250	3754	1486	663	955
县	**547058**	**309853**	**84779**	**1179**	**29963**	**2381**	**65620**	**34738**	**13181**	**17396**
城口县	14485	7915	2021	191	362	152	1568	794	332	401
丰都县	49980	27813	7735	68	2383	267	6257	2601	1444	1777
垫江县	57053	36829	11036	65	3076	259	7620	4470	1431	2187
忠县	67576	44362	11625	37	5002	242	11853	4081	1697	2175
云阳县	86648	50687	10060	101	8422	280	10729	6168	1940	3285
奉节县	60727	32713	9901	69	3055	249	4695	4387	1533	1972
巫山县	32886	15502	4767	99	880	136	2729	1485	928	894
巫溪县	27621	11882	3738	62	751	139	2060	1395	404	565
石柱土家族自治县	30113	16107	4423	52	1527	244	3147	1523	731	890
秀山土家族苗族自治县	34211	16689	3191	284	1611	125	3888	2370	753	1002
酉阳土家族苗族自治县	40324	21355	8509	71	1435	146	3622	2126	821	918
彭水苗族土家族自治县	45434	27999	7773	80	1459	142	7452	3338	1167	1330
四川省	**7364394**	**4552395**	**1125467**	**23800**	**508142**	**33391**	**714460**	**615577**	**192542**	**292419**
成都市	**1767878**	**1021153**	**90132**	**2126**	**146175**	**7314**	**127016**	**173327**	**53625**	**69605**
锦江区	73378	41780	76	47	1798	327	3699	8064	1915	4755
青羊区	78985	47732	76	62	3918	429	4542	8504	1861	3627
金牛区	108960	61557	125	68	3618	286	7155	15776	3923	4176
武侯区	153355	91154	141	157	5727	816	10106	15827	4201	7458
成华区	120080	64285	162	401	3803	582	6704	15007	4084	4431
龙泉驿区	113333	65776	2526	63	12254	386	9225	9927	4069	3943
青白江区	42473	23997	2102	32	4898	171	3958	3711	1772	1354
新都区	129084	80775	4508	129	15605	408	8935	19530	6753	4507
温江区	81323	44455	2675	56	7262	291	5545	6654	1831	2921
双流区	222581	135079	3791	479	16200	940	20151	21872	9276	8807
郫都区	141096	78757	3649	54	23103	361	8972	11867	3324	4780
新津区	31653	16657	1349	109	3732	141	2333	2328	970	1107
金堂县	68975	35497	12944	36	4287	206	4153	4101	1171	2108
大邑县	44733	24636	2423	40	5191	199	4499	3526	889	2211
蒲江县	22367	14491	7577	15	1163	101	911	1373	342	578
都江堰市	62904	34937	3194	54	3898	592	4948	5333	1545	3862
彭州市	68502	40679	12294	114	7195	356	3819	5445	1607	2179
邛崃市	52905	30947	8792	70	4510	211	4512	3723	1013	1956
崇州市	63373	36997	4867	47	13357	201	4149	4728	1252	2142
简阳市	87818	50965	16861	93	4656	310	8700	6031	1827	2703
自贡市	**211864**	**120944**	**34952**	**614**	**12727**	**815**	**16488**	**17285**	**4941**	**6980**
自流井区	42882	21832	1026	207	2209	316	2762	4062	1205	1454
贡井区	22318	13493	3865	54	1941	94	1701	1820	640	841
大安区	26130	16719	3982	52	2399	90	2089	2973	720	1061
沿滩区	25522	15274	3900	37	1951	95	3426	1717	533	892
荣县	35228	19606	8872	209	1130	108	1984	2019	737	926
富顺县	59784	34020	13307	55	3097	112	4526	4694	1106	1806

单位：人

信息传输、软件和信息技术服务业	金融业	房地产业	租赁和商务服务业	科学研究和技术服务业	水利、环境和公共设施管理业	居民服务、修理和其他服务业	教育	卫生和社会工作	文化、体育和娱乐业	公共管理、社会保障和社会组织	国际组织
231	251	491	633	154	291	1085	1076	526	235	956	
4498	3379	6007	6392	3405	1884	5277	5290	2553	1645	5349	
1166	992	2280	1857	651	583	2406	2293	1163	572	1719	1
213	295	308	425	149	179	737	1122	481	143	1069	
355	415	805	1016	304	279	2147	1032	663	310	1159	
449	568	1139	981	423	479	2253	2256	1018	409	1698	
776	704	1422	1223	364	450	3144	2394	1299	452	1656	
988	546	1288	940	310	349	2090	2423	1116	465	1581	
205	295	546	547	156	187	1088	928	498	213	947	
294	308	1047	883	212	410	1294	948	595	201	1102	
519	299	701	458	137	248	1077	1212	648	264	1293	
441	296	598	635	133	168	1510	995	482	221	1039	
310	289	549	440	172	182	1044	1154	596	228	918	
434	551	541	870	348	285	1878	1791	998	255	1273	1
314	334	468	536	122	254	1186	1225	654	234	1076	
121	168	257	267	80	292	509	644	306	113	945	
2436	**2635**	**3820**	**5112**	**1290**	**1864**	**12196**	**12268**	**5691**	**1734**	**11570**	
65	94	76	158	47	85	290	371	181	42	685	
241	245	276	341	92	253	947	1054	565	180	1087	
238	295	535	575	145	221	1588	1182	689	190	1027	
348	346	582	492	310	287	1708	1303	753	259	1262	
457	401	565	756	264	261	2302	2011	958	346	1381	
293	212	547	989	183	179	1308	1264	552	207	1118	
100	183	250	197	40	79	600	770	390	71	904	
78	114	106	230	23	69	648	539	225	61	675	
122	162	195	179	41	130	573	757	376	99	936	
125	192	230	212	34	105	562	851	313	60	781	
138	133	114	170	18	89	502	1176	356	86	925	
231	258	344	813	93	106	1168	990	333	133	789	
76304	**56005**	**97068**	**109533**	**46392**	**28772**	**185798**	**163979**	**90350**	**40922**	**151452**	**22**
44006	**23683**	**38982**	**46617**	**26205**	**8285**	**40743**	**49218**	**26459**	**13596**	**34025**	**14**
3276	1849	2512	3190	1792	324	2046	2546	1255	994	1315	
3101	2241	2524	3269	2274	305	2249	3062	2293	997	2394	4
3114	1991	2746	4341	2360	493	2641	3382	2097	1192	2072	1
7738	4221	4230	6454	4574	739	4173	5424	3689	1898	3577	4
4391	2562	3576	4429	2254	478	2786	3653	1902	1201	1876	3
2616	1363	2832	2926	1755	633	2984	3681	1424	919	2250	
425	261	920	783	250	208	758	854	472	215	853	
1911	1028	2722	2296	1201	554	3015	3389	1701	754	1828	1
1501	1188	2059	2180	1417	376	1700	2989	1636	630	1544	
10417	3073	6970	7484	4476	1244	5458	6464	2433	1778	3765	1
2531	1192	2484	3287	1815	511	2569	4106	1505	735	1912	
270	226	500	475	189	196	780	641	406	164	741	
482	289	672	634	127	168	943	1267	595	230	1084	
232	245	497	388	148	208	1130	901	588	169	1152	
86	136	180	269	80	60	358	369	278	63	552	
399	448	1200	1204	465	643	2176	1583	1056	527	1810	
422	334	618	1067	344	210	1023	1276	802	249	1325	
319	316	466	533	176	246	1341	960	549	230	1024	
286	342	518	593	171	342	1197	917	688	195	1005	
489	378	756	815	337	347	1416	1754	1090	456	1946	
1164	**1418**	**2147**	**2601**	**1084**	**814**	**5045**	**3998**	**2720**	**1068**	**4083**	
484	616	820	793	309	204	1218	1383	1044	355	1365	
147	91	218	232	79	68	582	324	307	111	378	
142	158	317	390	148	199	849	321	264	182	383	
116	127	227	368	89	120	585	358	228	147	358	
106	180	169	320	320	109	750	519	381	95	672	
169	246	396	498	139	114	1061	1093	496	178	927	

表6 续表 41

地区	16岁及以上人口	各种行业人口总计	农、林、牧、渔业	采矿业	制造业	电力、热力、燃气及水生产和供应业	建筑业	批发和零售业	交通运输、仓储和邮政业	住宿和餐饮业
攀枝花市	**115654**	**71385**	**23163**	**3471**	**6510**	**910**	**5609**	**8191**	**3923**	**3671**
东区	41935	20660	275	927	3149	352	1939	3553	1559	1456
西区	12570	6451	350	1174	877	151	535	964	456	385
仁和区	23326	14340	5316	230	1418	220	1246	1682	911	613
米易县	20602	15768	8960	619	668	96	1085	1082	499	538
盐边县	17221	14166	8262	521	398	91	804	910	498	679
泸州市	**329374**	**204447**	**59198**	**994**	**21204**	**1349**	**32483**	**27174**	**7512**	**11759**
江阳区	68730	49684	7452	183	5763	449	5935	8473	1851	4261
纳溪区	31961	19521	4994	26	2803	135	3708	2435	839	1123
龙马潭区	36710	21805	1980	89	2532	209	3386	4608	1347	1424
泸县	59045	35614	14053	294	3954	149	7017	3234	864	1403
合江县	50521	29536	11569	43	2058	141	5224	3154	847	1289
叙永县	38043	22238	9688	159	1398	138	2787	2504	907	929
古蔺县	44364	26049	9462	200	2696	128	4426	2766	857	1330
德阳市	**304463**	**196112**	**54102**	**874**	**31284**	**1252**	**24643**	**24895**	**8288**	**11011**
旌阳区	70117	39562	3172	309	6656	429	4467	6634	1978	2915
罗江区	17264	9831	3632	26	1623	67	1042	947	466	360
中江县	86436	60780	24138	87	6594	222	9421	6517	2336	3084
广汉市	54136	32147	5150	105	7645	187	4258	4739	1582	2000
什邡市	37981	27028	8136	178	4883	162	2650	3364	985	1384
绵竹市	38529	26764	9874	169	3883	185	2805	2694	941	1268
绵阳市	**450377**	**296373**	**76006**	**1028**	**33865**	**2154**	**44965**	**40655**	**11358**	**20749**
涪城区	111502	66232	3178	138	10653	499	7737	12511	3405	5958
游仙区	48678	29830	5535	40	3002	171	4235	4289	1151	2170
安州区	35560	26190	8603	113	4098	146	3824	2612	908	1509
三台县	89484	64166	24640	183	6185	325	10063	8696	1938	3438
盐亭县	49833	40379	11905	63	3880	183	7784	4964	1284	3210
梓潼县	27502	19407	7797	54	1979	121	2589	1677	546	1282
北川羌族自治县	15030	9618	2496	142	822	81	1695	1047	405	642
平武县	10498	6662	3075	45	145	87	1225	421	271	341
江油市	62290	33889	8777	250	3101	541	5813	4438	1450	2199
广元市	**198586**	**125882**	**38340**	**1284**	**8252**	**1066**	**27425**	**12025**	**4878**	**6950**
利州区	49872	27391	1788	172	1912	431	5106	4275	1671	2262
昭化区	11013	8338	4087	19	412	39	1270	607	255	344
朝天区	9902	5435	2162	16	295	64	1257	377	157	244
旺苍县	32626	21894	5117	787	1882	160	5823	2087	877	1240
青川县	12459	7029	2439	79	405	49	1387	507	294	366
剑阁县	33834	21762	10311	51	1580	97	2960	1627	643	1109
苍溪县	48880	34033	12436	160	1766	226	9622	2545	981	1385
遂宁市	**301697**	**177864**	**28271**	**809**	**22748**	**1186**	**45185**	**23466**	**7995**	**13550**
船山区	71678	39197	2607	426	4345	448	7702	6403	2113	3316
安居区	52888	36433	8319	51	4343	122	9820	4723	1467	2590
蓬溪县	47623	29623	6113	89	4539	130	7369	3574	1187	2038
大英县	44333	24452	4311	88	3521	147	7104	2548	1299	1725
射洪市	85175	48159	6921	155	6000	339	13190	6218	1929	3881
内江市	**311918**	**200261**	**50846**	**1145**	**21048**	**1154**	**39206**	**27695**	**8543**	**12815**
市中区	32475	19556	3039	15	1446	211	4499	3421	1003	1466
东兴区	69791	41791	10302	29	3020	360	8827	6040	1861	2666
威远县	52668	34113	8204	689	4528	179	4762	4759	1885	2616
资中县	93805	64570	19665	219	5096	182	15260	7258	2025	3714
内江经济开发区	7795	3628	145	2	703	35	830	552	296	199
隆昌市	55384	36603	9491	191	6255	187	5028	5665	1473	2154
乐山市	**263327**	**146462**	**46104**	**1462**	**14203**	**1834**	**20116**	**15905**	**7043**	**8624**
市中区	67615	33234	4378	65	2710	592	4627	5213	1740	2249
沙湾区	13025	6834	1623	151	953	127	924	783	450	492
五通桥区	21478	12557	4045	198	2196	100	1654	1162	633	697
金口河区	3340	2215	827	35	163	93	295	136	70	112
犍为县	33662	18139	7279	505	1159	185	2621	1923	593	911
井研县	25063	12996	4651	44	1042	84	2577	1277	535	770

单位：人

信息传输、软件和信息技术服务业	金融业	房地产业	租赁和商务服务业	科学研究和技术服务业	水利、环境和公共设施管理业	居民服务、修理和其他服务业	教育	卫生和社会工作	文化、体育和娱乐业	公共管理、社会保障和社会组织	国际组织
628	**853**	**1223**	**1472**	**598**	**357**	**2621**	**2736**	**1905**	**495**	**3049**	
326	512	558	764	339	168	1008	1193	983	279	1320	
63	54	197	80	34	36	280	256	185	59	315	
120	126	256	211	154	56	397	472	311	92	509	
58	83	138	135	53	48	485	463	245	37	476	
61	78	74	282	18	49	451	352	181	28	429	
1579	**1925**	**3728**	**4187**	**1114**	**1206**	**9815**	**7188**	**4327**	**1314**	**6391**	
589	861	1945	1351	332	382	3484	1978	1564	522	2309	
126	107	210	431	135	144	862	511	348	95	489	
272	329	600	830	205	194	1496	801	640	215	648	
205	242	257	341	145	142	807	1033	527	167	780	
150	161	313	345	62	158	1591	1086	462	170	713	
93	138	190	447	161	84	724	800	353	41	697	
144	87	213	442	74	102	851	979	433	104	755	
1812	**2178**	**3604**	**3957**	**1441**	**1217**	**7892**	**6263**	**3590**	**2282**	**5527**	
690	883	1346	1595	659	361	1894	1884	1065	624	2001	
65	90	85	114	48	32	290	359	161	131	293	
380	360	551	672	197	391	2055	1584	786	377	1028	
302	309	676	605	287	197	1422	1029	547	394	713	
190	281	618	604	129	144	1007	674	463	403	773	
185	255	328	367	121	92	1224	733	568	353	719	
3758	**3456**	**5514**	**5853**	**3588**	**1793**	**13661**	**10720**	**5685**	**3084**	**8480**	**1**
1517	1519	2244	2269	1173	518	3599	4049	1603	1045	2616	1
516	450	771	796	1415	274	1517	1253	807	378	1060	
274	188	266	264	110	144	1024	831	397	223	656	
490	392	665	656	175	225	2366	1524	758	389	1058	
315	272	671	564	172	166	2313	856	661	272	844	
216	156	264	237	69	114	948	471	327	187	373	
71	78	73	161	50	122	418	425	214	131	545	
45	51	16	49	18	32	127	188	136	28	362	
314	350	544	857	406	198	1349	1123	782	431	966	
1390	**1374**	**1430**	**2116**	**795**	**921**	**4131**	**4383**	**2885**	**828**	**5408**	**1**
573	596	706	919	475	374	1189	1430	1074	377	2060	1
60	62	41	112	20	46	244	175	142	50	353	
30	36	66	32	9	33	74	196	106	21	260	
240	191	228	300	75	97	694	772	441	132	751	
51	54	35	141	28	85	194	322	143	50	400	
150	170	127	218	56	119	732	622	423	85	682	
286	265	227	394	132	167	1004	866	556	113	902	
2013	**1662**	**3027**	**3532**	**949**	**990**	**7771**	**5461**	**3011**	**1526**	**4711**	**1**
662	684	1157	1164	280	316	1888	2028	1092	543	2023	
233	151	383	623	154	181	1640	646	338	207	442	
226	222	362	488	130	129	1148	675	389	212	603	
261	198	342	193	42	76	871	604	347	129	646	
631	407	783	1064	343	288	2224	1508	845	435	997	1
2832	**1851**	**3224**	**3748**	**931**	**880**	**8771**	**5168**	**3479**	**1476**	**5449**	
193	275	509	433	85	124	1124	521	445	224	523	
450	638	684	659	159	160	1704	1391	1029	288	1524	
254	277	742	691	187	194	1805	755	561	326	699	
1664	302	670	1454	354	177	2431	1329	789	312	1669	
47	60	119	73	23	20	130	121	112	41	120	
224	299	500	438	123	205	1577	1051	543	285	914	
1507	**1586**	**2221**	**2120**	**816**	**1005**	**5851**	**5178**	**3173**	**1070**	**6644**	
741	790	1002	984	362	365	1784	1774	1287	385	2186	
64	40	90	107	23	39	391	181	107	23	266	
94	74	123	108	35	91	571	250	180	63	283	
25	16	15	23	3	21	61	81	33	23	183	
115	130	184	151	63	97	570	570	340	105	638	
87	104	126	102	31	66	443	345	231	77	404	

表6 续表 42

地区	16岁及以上人口	各种行业人口总计	农、林、牧、渔业	采矿业	制造业	电力、热力、燃气及水生产和供应业	建筑业	批发和零售业	交通运输、仓储和邮政业	住宿和餐饮业
夹江县	26495	15755	5707	16	2687	88	1688	1694	707	690
沐川县	14929	10266	5014	103	577	80	1468	732	350	487
峨边彝族自治县	8941	6139	3021	91	368	173	768	328	228	250
马边彝族自治县	13847	8310	4141	170	262	95	1256	514	307	313
峨眉山市	34932	20017	5418	84	2086	217	2238	2143	1430	1653
南充市	**590057**	**413191**	**87644**	**855**	**40951**	**1958**	**85120**	**65880**	**16206**	**32869**
顺庆区	83513	49096	3032	277	3024	427	7432	9633	2281	5849
高坪区	53351	36379	7998	79	4026	254	5800	6227	1803	3195
嘉陵区	53700	38880	8684	86	3080	179	8256	6097	1759	3053
南部县	85505	59015	14346	116	4602	267	16001	8114	1956	3374
营山县	65736	50161	12390	31	6781	155	9522	6830	1823	3873
蓬安县	52431	38125	7770	50	4874	117	7280	8504	1375	2610
仪陇县	76237	54375	12775	56	5310	151	15183	7686	1902	3064
西充县	56942	44366	8802	39	5483	161	6002	7265	1970	4698
阆中市	62642	42794	11847	121	3771	247	9644	5524	1337	3153
眉山市	**245451**	**142533**	**40760**	**307**	**14491**	**1198**	**22919**	**19070**	**5151**	**8329**
东坡区	77693	45376	12408	81	5372	365	5884	5908	1634	2455
彭山区	28324	16133	2737	66	1884	144	2922	2350	877	1322
仁寿县	87132	51072	13438	85	3812	282	10467	8025	1735	3056
洪雅县	23904	13035	4579	59	1288	277	1791	1304	498	758
丹棱县	13077	8371	4661	5	789	70	615	698	181	292
青神县	15321	8546	2937	11	1346	60	1240	785	226	446
宜宾市	**359827**	**238019**	**76701**	**1876**	**27659**	**2041**	**33648**	**28362**	**9425**	**12322**
翠屏区	73372	43862	9504	48	7784	347	6238	6432	2073	2058
南溪区	26809	17077	4483	24	2531	108	2548	2203	613	1113
叙州区	75417	49696	16338	117	4999	646	6422	5484	1939	2382
江安县	32156	21786	7063	111	2369	91	3546	2778	688	1283
长宁县	24215	15182	4568	91	1646	120	2707	1588	533	854
高县	30279	21970	9164	81	1830	146	3490	2067	914	1030
珙县	28935	22431	6034	561	2473	220	2958	3509	1106	1649
筠连县	22831	16002	7096	530	1184	113	1736	1528	534	685
兴文县	28254	18203	7034	285	1980	95	2323	1932	685	758
屏山县	17559	11810	5417	28	863	155	1680	841	340	510
广安市	**254952**	**172065**	**54855**	**651**	**16135**	**1175**	**27252**	**23033**	**5603**	**10785**
广安区	59741	49021	10633	53	3445	418	6953	7893	1642	4144
前锋区	16817	10242	2917	112	2154	64	1692	1120	300	476
岳池县	56607	29953	12383	28	2088	195	5647	3196	989	1362
武胜县	42031	28146	10286	26	2167	224	4931	3563	981	1551
邻水县	60712	43561	16469	182	4973	189	5221	5862	1288	2427
华蓥市	19044	11142	2167	250	1308	85	2808	1399	403	825
达州市	**601891**	**368016**	**83771**	**3089**	**53580**	**2264**	**61759**	**51082**	**15761**	**28170**
通川区	106869	58816	2899	471	5366	632	8697	12757	3553	7048
达川区	106014	63652	18236	698	8368	307	10125	7691	3169	3903
宣汉县	99812	55057	16436	555	5571	342	12726	6027	1790	3621
开江县	44386	32964	7924	91	6545	87	5107	4803	1110	1968
大竹县	92839	68442	17633	706	13211	337	7494	9610	2376	5057
渠县	106053	61014	13088	203	11581	381	11211	7634	2446	4959
达州经济开发区	6153	3196	491	104	604	27	502	347	325	222
万源市	39765	24875	7064	261	2334	151	5897	2213	992	1392
雅安市	**123253**	**77789**	**27120**	**684**	**6133**	**1336**	**9271**	**9656**	**3216**	**4771**
雨城区	31485	17494	2783	55	1403	300	2526	2457	870	1563
名山区	21458	15305	8711	28	1112	68	1329	1132	382	578
荥经县	11913	7467	1321	178	759	172	1239	906	450	735
汉源县	23933	15723	8269	186	530	164	1302	2196	578	606
石棉县	9530	6457	2071	16	581	293	586	935	269	398
天全县	11276	6596	1843	135	551	162	1103	591	335	425
芦山县	8923	5868	1211	15	831	67	979	1204	167	309
宝兴县	4735	2879	911	71	366	110	207	235	165	157

单位：人

信息传输、软件和信息技术服务业	金融业	房地产业	租赁和商务服务业	科学研究和技术服务业	水利、环境和公共设施管理业	居民服务、修理和其他服务业	教育	卫生和社会工作	文化、体育和娱乐业	公共管理、社会保障和社会组织	国际组织
89	149	167	155	114	81	531	394	238	111	449	
51	47	59	98	18	45	278	282	124	53	400	
45	28	20	52	8	8	127	203	78	17	326	
34	27	16	37	26	36	182	321	122	38	413	
162	181	419	303	133	156	913	777	433	175	1096	
4255	**3953**	**9629**	**7322**	**1824**	**2388**	**21707**	**11343**	**6113**	**3903**	**9270**	**1**
916	1189	2440	1536	451	309	3149	2499	1558	925	2169	
301	346	964	584	144	263	1636	1107	436	411	805	
322	243	969	768	110	249	2096	1139	505	283	1002	
554	430	837	968	210	246	2748	1539	854	662	1191	
433	336	1041	749	193	349	2320	1120	692	401	1122	
288	251	484	687	176	243	1244	808	434	211	719	
473	399	695	763	214	318	2195	1312	613	322	943	1
631	448	1537	403	106	136	4537	780	438	462	468	
337	311	662	864	220	275	1782	1039	583	226	851	
1207	**1466**	**2957**	**2905**	**1029**	**959**	**6060**	**4577**	**2479**	**1243**	**5426**	
586	599	1261	1190	490	310	1749	1581	907	513	2083	
113	146	462	337	104	121	1034	498	287	120	609	
329	418	876	1045	342	349	2391	1664	823	418	1517	
94	139	179	180	58	100	465	369	201	87	609	
40	66	49	67	17	40	173	191	103	41	273	
45	98	130	86	18	39	248	274	158	64	335	
1714	**1716**	**3706**	**3473**	**987**	**1650**	**9775**	**8435**	**4531**	**1710**	**8287**	**1**
379	372	969	962	256	395	1688	1699	1062	423	1173	
153	107	403	257	59	102	749	609	295	118	602	
539	652	1017	874	296	358	1604	2135	1220	379	2294	1
126	117	303	317	62	130	1015	629	330	155	673	
87	75	178	215	58	133	906	539	270	93	521	
118	80	155	227	90	142	718	618	256	91	753	
112	97	367	212	58	134	1138	588	326	216	673	
68	72	72	123	32	79	724	570	258	73	525	
82	90	143	187	46	109	803	662	328	87	574	
50	54	99	99	30	68	430	386	186	75	499	
1106	**1413**	**2975**	**2520**	**575**	**1116**	**9227**	**5223**	**2543**	**1100**	**4778**	
453	617	1472	1198	203	539	4587	1796	813	464	1698	
58	42	90	124	66	69	268	226	144	74	246	
141	163	261	271	83	142	738	824	496	131	815	
153	200	364	268	67	138	1413	692	363	155	604	
230	303	699	488	127	180	1683	1330	580	223	1107	
71	88	89	171	29	48	538	355	147	53	308	
3125	**2726**	**6972**	**8889**	**2180**	**1945**	**15210**	**11060**	**5525**	**3077**	**7829**	**2**
905	799	2560	2480	537	495	2909	2337	1438	1003	1928	2
536	571	1341	1134	331	345	2135	1935	857	506	1464	
320	236	425	1186	321	254	1818	1540	689	301	899	
243	173	328	743	195	216	1687	778	257	196	513	
427	430	1048	1750	447	273	3090	1933	917	552	1151	
491	307	865	1210	238	232	2370	1548	920	320	1010	
19	22	37	90	16	33	137	70	32	10	108	
184	188	368	296	95	97	1064	919	415	189	756	
629	**847**	**895**	**1268**	**266**	**536**	**2702**	**2467**	**1863**	**476**	**3652**	**1**
265	392	460	509	102	193	862	769	701	197	1087	
73	110	157	179	42	91	371	310	184	73	374	1
43	62	112	83	18	77	386	275	157	46	448	
79	92	48	105	30	21	349	377	298	35	458	
46	68	44	94	26	53	204	225	159	39	350	
41	52	38	156	25	53	287	204	183	36	376	
46	43	24	68	13	39	178	213	121	40	300	
36	28	12	74	10	9	65	94	60	10	259	

表6 续表 43

地　　区	16岁及以上人口	各种行业人口总计	农、林、牧、渔业	采矿业	制造业	电力、热力、燃气及水生产和供应业	建筑业	批发和零售业	交通运输、仓储和邮政业	住宿和餐饮业
巴中市	**262147**	**158498**	**41222**	**441**	**11787**	**1021**	**42693**	**16050**	**5911**	**8865**
巴州区	57810	34255	6314	42	1862	319	7707	4675	1655	2549
恩阳区	39178	24281	6456	19	2083	93	7531	2308	784	1215
通江县	52032	30048	9722	63	1623	150	8156	2818	964	1334
南江县	45139	27841	7380	261	1519	278	9263	2259	903	1204
平昌县	62060	38580	11119	51	4296	165	9028	3544	1471	2333
巴中经济开发区	5928	3493	231	5	404	16	1008	446	134	230
资阳市	**182165**	**103456**	**39394**	**130**	**8194**	**547**	**16654**	**11609**	**3759**	**5347**
雁江区	69571	38458	12576	62	2924	243	6648	4622	1467	2170
安岳县	72856	45331	19699	45	3697	196	6700	4865	1490	1974
乐至县	39738	19667	7119	23	1573	108	3306	2122	802	1203
阿坝藏族羌族自治州	**68209**	**40732**	**16812**	**230**	**1257**	**613**	**4549**	**2772**	**1478**	**3024**
马尔康市	5160	2869	598	57	72	73	231	182	154	215
汶川县	7136	4089	1336	28	328	155	424	235	164	342
理县	3196	2310	945	8	31	73	268	130	95	220
茂县	8756	5214	2729	27	250	86	528	291	194	211
松潘县	5415	3985	1432	14	67	19	607	456	167	358
九寨沟县	5678	2974	512	32	40	18	690	126	144	439
金川县	5115	2816	1039	28	90	32	448	172	104	190
小金县	5554	3784	1754	23	88	65	474	195	125	234
黑水县	4451	2705	646	7	111	52	477	472	74	262
壤塘县	2871	1641	827	1	6	4	214	50	31	38
阿坝县	5239	2772	1394	2	73	7	79	180	58	186
若尔盖县	5822	3555	2339	3	47	13	25	141	138	254
红原县	3816	2018	1261		54	16	84	142	30	75
甘孜藏族自治州	**83900**	**56051**	**26886**	**275**	**1130**	**553**	**6189**	**2977**	**1510**	**3938**
康定市	9912	5696	1909	66	130	128	484	513	265	425
泸定县	6849	4018	1538	7	75	60	600	277	194	336
丹巴县	4538	2968	1510	20	30	95	230	127	93	200
九龙县	4246	2722	1363	127	24	67	220	122	73	96
雅江县	4073	2940	1354		75	50	727	96	65	127
道孚县	4945	3810	1370		19	16	497	317	132	608
炉霍县	3347	2008	797		67	10	190	72	41	173
甘孜县	5317	3786	1773		147	3	275	234	116	422
新龙县	3229	2035	1132	7	23	11	233	75	35	47
德格县	5889	4457	2099		241	10	842	242	89	303
白玉县	4808	3627	1672	45	103	9	348	121	84	148
石渠县	6615	5128	3757		45	6	160	169	116	149
色达县	4645	2923	1700		45	3	89	133	34	164
理塘县	4757	2727	1296	2	24	2	392	186	38	265
巴塘县	3193	1816	1104	1	22	25	50	93	44	81
乡城县	2806	2199	936		26	23	512	92	34	122
稻城县	2579	1787	770		25	16	174	62	52	234
得荣县	2152	1404	806		9	19	166	46	5	38
凉山彝族自治州	**337404**	**221162**	**129188**	**1455**	**8809**	**1651**	**21270**	**14468**	**6416**	**8285**
西昌市	71420	48899	19716	250	2564	517	4401	5532	2004	2913
木里藏族自治县	8950	6873	4939	35	97	71	472	183	122	136
盐源县	24611	19460	14266	83	234	86	740	1515	601	555
德昌县	16437	12192	6518	47	576	150	1272	1127	475	566
会理县	30871	20317	12777	569	688	98	1387	1281	596	574
会东县	24294	16658	11187	160	391	106	1574	799	339	378
宁南县	14270	9108	5358	5	350	40	1566	368	153	302
普格县	11211	6711	3690	9	712	61	710	326	167	171
布拖县	11107	6287	4826	2	235	14	323	147	59	116
金阳县	9952	5858	3984	10	147	12	419	248	121	164
昭觉县	14926	9561	7496		283	30	514	225	117	148
喜德县	10195	4663	2732	33	233	31	655	156	111	130
冕宁县	26653	20041	12127	144	666	88	2536	1030	595	813
越西县	18899	10485	4728	19	691	40	2293	650	289	451
甘洛县	14189	6454	2998	39	301	39	1140	294	229	402
美姑县	14419	8466	6849	2	218	186	258	105	86	121
雷波县	15000	9129	4997	48	423	82	1010	482	352	345

单位：人

信息传输、软件和信息技术服务业	金融业	房地产业	租赁和商务服务业	科学研究和技术服务业	水利、环境和公共设施管理业	居民服务、修理和其他服务业	教育	卫生和社会工作	文化、体育和娱乐业	公共管理、社会保障和社会组织	国际组织
1511	**1427**	**2124**	**2775**	**800**	**794**	**5542**	**6050**	**2917**	**895**	**5673**	
478	559	553	901	181	118	1419	1662	904	400	1957	
226	141	286	313	131	171	775	686	344	60	659	
204	181	247	571	178	168	979	1234	444	91	921	
219	237	358	368	122	140	757	1027	496	130	920	
349	276	484	544	165	178	1495	1224	664	185	1009	
35	33	196	78	23	19	117	217	65	29	207	
734	**915**	**1495**	**1145**	**299**	**505**	**3706**	**3337**	**2167**	**477**	**3042**	
383	482	831	693	171	206	1235	1364	878	174	1329	
211	276	388	262	82	165	1880	1281	857	219	1044	
140	157	276	190	46	134	591	692	432	84	669	
216	**287**	**152**	**486**	**115**	**588**	**628**	**1751**	**899**	**264**	**4611**	
57	67	21	24	17	25	38	163	149	53	673	
34	50	22	39	8	48	54	335	84	22	381	
15	16	15	13	4	73	31	57	48	7	261	
17	25	19	38	10	37	92	202	127	19	312	
9	29	11	72	3	103	79	150	54	31	324	
16	21	23	123	13	111	37	126	79	40	384	
22	22	11	58	32	14	56	133	64	22	279	
21	18	11	59	4	13	93	152	70	28	357	
7	10	6	23	17	87	39	84	56	8	267	
5	7	1	3	1	17	15	59	27		335	
	11	10	1	2	37	35	89	37	16	555	
9	8	1	22		10	33	117	71	4	320	
4	3	1	11	4	13	26	84	33	14	163	
308	**253**	**141**	**272**	**164**	**116**	**637**	**2165**	**826**	**322**	**7389**	
101	91	48	47	51	34	84	293	184	72	771	
27	26	34	37	8	22	106	233	70	16	352	
21	23	23	14	14	13	49	134	50	20	302	
17	6	5	18	9	3	19	171	41	10	331	
7	1	1	28	8		26	46	40	2	287	
35	20	7	16	4	5	96	164	69	73	362	
8	13	1	5	1	2	31	83	30	7	477	
10	6	10	3	4	7	65	132	30	37	512	
7	6	1	8	12	3	8	77	37	2	311	
3	4		4			23	85	32	24	456	
11	9	1	12	24	13	17	75	22	1	912	
8	21	6	10	1	1	26	94	40	6	513	
13	6		9		5	16	93	43	6	564	
1	1	1	21	6		21	145	26	5	295	
4	3	1	4	10	1	12	118	34	2	207	
14	6	1	19	3	1	14	95	23	23	255	
15	4		10	4	6	15	72	34	11	283	
6	7	1	7	5		9	55	21	5	199	
810	**1016**	**922**	**2275**	**632**	**707**	**4303**	**7258**	**3253**	**716**	**7728**	
383	532	635	955	351	269	1784	2311	1072	376	2334	
21	15	3	26	2	22	54	217	83	8	367	
32	28	13	77	12	16	264	355	160	27	396	
49	55	58	89	20	18	245	398	181	40	308	
74	91	48	179	69	37	373	558	327	85	506	
46	45	38	95	16	37	188	542	227	23	467	
27	37	14	79	22	12	117	229	139	25	265	
16	32	10	27	9	14	98	237	87	15	320	
5	12		29	4	11	35	133	69	11	256	
19	11	1	25	1	61	36	223	85	6	285	
10	10		38	14	28	59	217	100	7	265	
13	15	10	28	4	25	47	155	83	7	195	
46	61	34	258	48	67	271	529	231	29	468	
22	19	18	156	13	34	292	336	117	16	301	
12	21	22	59	11	27	237	258	66	18	281	
9	10	3	26	2	5	39	200	75	6	266	
26	22	15	129	34	24	164	360	151	17	448	

表6 续表 44

地区	16岁及以上人口	各种行业人口总计	农、林、牧、渔业	采矿业	制造业	电力、热力、燃气及水生产和供应业	建筑业	批发和零售业	交通运输、仓储和邮政业	住宿和餐饮业
贵州省	**2720053**	**1480345**	**396329**	**22405**	**136961**	**13391**	**230061**	**170482**	**71871**	**72616**
贵阳市	**462431**	**248613**	**24144**	**1557**	**22239**	**2933**	**33689**	**41425**	**17302**	**16155**
南明区	82880	46460	667	112	2441	726	5897	10299	4295	3590
云岩区	86027	45041	192	68	2216	577	5745	8747	3311	3248
花溪区	75673	35245	2102	73	4487	263	4776	6406	2879	2528
乌当区	25909	14266	1518	52	1916	114	1507	2070	945	843
白云区	35178	18058	638	84	2620	133	3578	2707	1157	1231
观山湖区	47015	28059	850	140	1936	363	3733	4655	1467	1666
开阳县	26589	16317	6044	435	1342	106	2229	1681	803	616
息烽县	16856	10927	3881	100	1384	89	1271	932	529	498
修文县	20959	12953	3987	137	1655	90	1762	1458	680	640
清镇市	45345	21287	4265	356	2242	472	3191	2470	1236	1295
六盘水市	**213785**	**120594**	**29746**	**9279**	**10050**	**1483**	**18355**	**12743**	**6407**	**6048**
钟山区	48332	26414	1645	1150	1943	425	3233	4461	2051	1957
六枝特区	34956	17808	5111	372	1741	210	3142	1913	923	871
水城县	52251	30658	9938	1557	3197	194	5679	2306	1285	1213
盘州市	78246	45714	13052	6200	3169	654	6301	4063	2148	2007
遵义市	**475663**	**258443**	**71545**	**1682**	**26192**	**2364**	**40068**	**32006**	**12099**	**12624**
红花岗区	71815	36260	3749	148	3213	463	5144	6942	2465	2484
汇川区	46184	25450	3743	87	2520	295	3821	3519	1409	1516
播州区	54919	32763	9166	300	3226	241	4845	4341	1775	1495
桐梓县	36964	19571	6705	210	1333	184	3774	2005	864	926
绥阳县	25239	13658	5655	74	1192	89	1948	1231	468	522
正安县	28162	16207	6344	95	1169	97	2825	1460	472	590
道真仡佬族苗族自治县	17557	8145	2803	16	471	81	1608	755	279	309
务川仡佬族苗族自治县	21349	10288	3372	149	603	66	2262	945	322	391
凤冈县	21412	12304	5125	21	1018	57	1807	1183	400	425
湄潭县	27631	15399	6263	20	1300	83	1713	1705	687	711
余庆县	16303	10146	4580	46	656	99	1229	980	352	346
习水县	41565	20641	5204	331	2346	268	4139	2175	878	952
赤水市	19195	11105	3485	132	1040	167	1411	1083	454	678
仁怀市	47368	26506	5351	53	6105	174	3542	3682	1274	1279
安顺市	**172845**	**95780**	**27865**	**867**	**11137**	**798**	**12744**	**10621**	**4337**	**5305**
西秀区	63465	34325	7532	355	3762	367	3837	4745	1646	2231
平坝区	24821	13133	3579	186	1796	78	1731	1323	576	777
普定县	25986	15595	5399	204	1741	73	2671	1552	759	764
镇宁布依族苗族自治县	20591	12717	5094	20	1683	77	1583	1064	468	577
关岭布依族苗族自治县	18757	10566	3378	75	1260	155	1467	1109	348	545
紫云苗族布依族自治县	19225	9444	2883	27	895	48	1455	828	540	411
毕节市	**445062**	**238788**	**94231**	**5584**	**18758**	**1407**	**32895**	**20560**	**9833**	**9069**
七星关区	80889	37652	10005	140	3319	259	5535	4481	1808	1724
大方县	54225	27038	10187	684	2127	149	4146	2272	1042	1034
黔西县	48606	25898	9118	944	2100	165	3202	2621	1200	1084
金沙县	38047	20190	5812	1730	1796	249	2435	1962	892	890
织金县	51012	28357	9912	1087	2243	121	4341	2626	1545	1163
纳雍县	44538	23693	8831	530	2155	157	3275	2116	1005	873
威宁彝族回族苗族自治县	86006	53126	30634	251	3211	179	6576	2885	1460	1527
赫章县	41739	22834	9732	218	1807	128	3385	1597	881	774
铜仁市	**223710**	**112481**	**28139**	**457**	**9207**	**690**	**23973**	**11727**	**4184**	**5091**
碧江区	27899	12976	933	22	951	93	2154	1825	560	694
万山区	11025	5579	1178	59	564	25	1142	541	216	341
江口县	12823	6895	1490	9	607	53	1164	917	260	403
玉屏侗族自治县	10563	5726	944	62	884	88	1072	599	354	265
石阡县	21821	12541	4354	17	742	59	3171	1020	292	434
思南县	31265	16157	5347	34	1096	75	3502	1473	498	629
印江土家族苗族自治县	20165	9435	2240	26	685	48	2228	1070	329	485

单位：人

信息传输、软件和信息技术服务业	金融业	房地产业	租赁和商务服务业	科学研究和技术服务业	水利、环境和公共设施管理业	居民服务、修理和其他服务业	教育	卫生和社会工作	文化、体育和娱乐业	公共管理、社会保障和社会组织	国际组织
12446	**15783**	**21497**	**31049**	**10936**	**13953**	**53968**	**74582**	**35168**	**8885**	**87958**	**4**
5216	**5533**	**8355**	**10437**	**5332**	**2405**	**12653**	**14520**	**7491**	**3019**	**14208**	
1279	1344	1957	2186	1090	422	2443	2462	1769	872	2609	
1553	1665	1886	2548	1307	434	2569	3070	2172	902	2831	
496	573	1177	1251	578	431	1773	2539	843	288	1782	
248	269	520	469	323	158	968	871	483	148	844	
307	268	734	763	353	232	770	1051	388	154	890	
977	883	1150	2217	1352	290	1234	1814	738	326	2268	
88	152	196	201	83	123	526	606	286	64	736	
62	89	161	120	52	60	342	419	209	66	663	
62	101	105	197	51	103	466	626	210	79	544	
144	189	469	485	143	152	1562	1062	393	120	1041	
742	**1025**	**1197**	**1594**	**543**	**1068**	**3892**	**5753**	**2770**	**542**	**7357**	
356	528	517	646	253	172	1260	1886	1075	255	2601	
109	107	120	223	70	126	516	873	407	61	913	
94	73	162	358	92	532	979	1034	343	66	1556	
183	317	398	367	128	238	1137	1960	945	160	2287	
1775	**2722**	**4398**	**4682**	**1485**	**1816**	**9379**	**12367**	**6618**	**1630**	**12989**	**2**
484	626	1230	1069	415	406	1858	2186	1147	350	1881	
341	652	576	767	298	259	1128	1518	1172	347	1482	
207	258	559	612	215	165	1476	1499	659	170	1554	
100	125	281	254	48	121	594	767	309	106	864	1
44	90	221	151	19	34	388	582	268	62	620	
69	89	177	166	44	98	388	697	406	57	964	
42	88	90	101	28	40	245	423	224	39	503	
31	75	126	90	34	31	200	617	258	38	678	
65	86	128	136	33	47	321	563	283	30	576	
93	100	132	220	65	68	463	695	343	79	659	
47	83	66	115	39	23	239	453	217	28	548	
79	146	368	373	70	161	668	865	495	128	995	
73	119	231	175	67	140	425	415	285	61	663	1
100	185	213	453	110	223	986	1087	552	135	1002	
655	**880**	**967**	**2043**	**530**	**1091**	**3585**	**4079**	**1963**	**431**	**5882**	
367	511	536	916	303	328	1552	1702	913	248	2474	
98	115	168	335	89	144	548	597	250	53	690	
53	75	91	270	54	123	491	505	242	35	493	
36	61	68	239	39	141	365	397	204	33	568	
54	61	57	110	22	100	315	489	183	26	812	
47	57	47	173	23	255	314	389	171	36	845	
966	**1242**	**1739**	**3326**	**715**	**2264**	**7148**	**11124**	**4490**	**744**	**12693**	
371	413	538	635	221	409	1197	2456	983	212	2946	
79	133	235	381	82	429	654	1259	468	79	1598	
101	104	250	485	89	336	1050	1155	630	96	1168	
84	134	165	342	53	106	695	933	489	50	1373	
81	161	164	334	38	183	1294	1182	537	96	1249	
77	99	120	253	66	280	714	1044	483	64	1551	
99	117	148	581	113	264	846	2082	552	108	1493	
74	81	119	315	53	257	698	1013	348	39	1315	
567	**884**	**945**	**3374**	**640**	**1202**	**3936**	**6508**	**2676**	**449**	**7831**	**1**
139	208	264	1227	211	215	588	1047	470	94	1281	
43	33	92	184	27	88	201	307	116	28	394	
33	55	76	294	60	87	252	372	166	32	565	
37	47	48	170	37	86	257	200	106	27	443	
48	84	51	124	29	83	403	588	265	30	747	
63	102	130	267	85	100	459	842	367	61	1026	1
43	87	86	166	22	49	397	517	235	36	686	

表6 续表 45

地区	16岁及以上人口	各种行业人口总计	农、林、牧、渔业	采矿业	制造业	电力、热力、燃气及水生产和供应业	建筑业	批发和零售业	交通运输、仓储和邮政业	住宿和餐饮业
德江县	26041	13750	4389	28	1094	94	2690	1407	640	503
沿河土家族自治县	27785	14303	3842	27	1063	64	3547	1321	481	613
松桃苗族自治县	34323	15119	3422	173	1521	91	3303	1554	554	724
黔西南布依族苗族自治州	**211496**	**125573**	**41518**	**1563**	**11364**	**1324**	**18701**	**12602**	**5035**	**5358**
兴义市	72625	42075	8707	227	3463	782	6886	5442	2299	2435
兴仁市	28854	18131	7762	379	1687	88	2269	1567	606	697
普安县	16734	10118	4437	432	735	135	1488	690	237	309
晴隆县	15536	8968	2715	165	934	46	1738	710	296	286
贞丰县	21075	13216	5308	161	1347	108	1604	1297	446	452
望谟县	17057	9086	2680	28	1008	24	1469	712	362	286
册亨县	13810	8072	3285	30	859	37	862	661	233	263
安龙县	25805	15907	6624	141	1331	104	2385	1523	556	630
黔东南苗族侗族自治州	**265090**	**140229**	**37948**	**418**	**13416**	**1372**	**25298**	**15039**	**5899**	**6629**
凯里市	50220	28042	3357	108	2188	366	4863	4299	1764	1772
黄平县	16966	9289	3648	18	683	55	1701	869	326	316
施秉县	8893	5714	2863	13	310	27	740	420	170	194
三穗县	11379	6208	1522	9	886	60	980	785	246	314
镇远县	13923	6875	1681	36	649	167	1250	748	329	419
岑巩县	12011	6093	1395	6	602	64	1420	653	217	259
天柱县	18211	9119	2785	88	874	54	1475	966	359	355
锦屏县	11551	5421	1021	17	809	85	909	562	269	282
剑河县	12972	6525	1764	15	579	53	1149	655	291	323
台江县	8969	4369	1141	2	538	32	1157	357	116	138
黎平县	28916	14352	4359	19	1575	74	2548	1609	550	609
榕江县	19828	10262	2553	26	1097	72	2117	1000	411	459
从江县	21393	10399	3413	13	1055	122	1967	874	293	324
雷山县	9266	4822	1489	7	304	46	1029	321	134	366
麻江县	9748	5974	2451	24	484	52	961	448	196	203
丹寨县	10844	6765	2506	17	783	43	1032	473	228	296
黔南布依族苗族自治州	**249971**	**139844**	**41193**	**998**	**14598**	**1020**	**24338**	**13759**	**6775**	**6337**
都匀市	39157	22494	5007	71	1540	281	3498	2669	1373	1203
福泉市	21394	12755	3735	279	1456	89	2419	1059	723	535
荔波县	11769	7186	1887	62	561	57	1288	730	268	486
贵定县	18500	10573	3635	107	1083	56	1953	839	458	494
瓮安县	28594	14223	3457	247	1414	90	2845	1626	835	615
独山县	19075	10924	3328	40	1620	61	1689	1145	519	411
平塘县	16013	9622	3747	38	802	58	1609	880	284	341
罗甸县	17776	9776	3099	31	1048	72	1640	865	333	415
长顺县	13695	6902	1737	24	842	53	1484	695	255	334
龙里县	16972	9498	1427	26	1293	67	2350	836	799	465
惠水县	27919	14148	4347	49	1859	89	2270	1543	555	693
三都水族自治县	19107	11743	5787	24	1080	47	1293	872	373	345
云南省	**3840873**	**2519755**	**1045917**	**18850**	**212794**	**17168**	**310024**	**252714**	**92993**	**119838**
昆明市	**666057**	**394335**	**74446**	**2162**	**34255**	**3503**	**43107**	**69408**	**23875**	**24739**
五华区	92506	49259	1090	66	3845	556	4987	9455	2481	3479
盘龙区	79949	43255	2534	57	2366	553	4688	8200	2335	3249
官渡区	124804	81037	1912	81	7530	672	11520	23085	8009	5884
西山区	78327	44918	1536	135	3414	340	4911	8575	2573	3762
东川区	19413	11027	3851	859	501	118	1219	936	709	485
呈贡区	50347	27890	3132	17	4113	135	3312	5204	2228	1661
晋宁区	27617	18954	8038	261	2318	82	1271	2394	782	722
富民县	11714	7941	3676	115	782	86	662	662	212	276
宜良县	30240	19019	9165	82	1473	163	1546	1893	757	1021
石林彝族自治县	19793	13437	8199	22	693	50	630	1073	328	516
嵩明县	33078	17241	4403	16	2078	90	2740	2352	1052	999
禄劝彝族苗族自治县	26400	18261	11332	12	465	232	1442	1258	404	673
寻甸回族彝族自治县	32501	22183	12998	98	1056	128	1885	1694	735	765
安宁市	39368	19913	2580	341	3621	298	2294	2627	1270	1247

单位：人

信息传输、软件和信息技术服务业	金融业	房地产业	租赁和商务服务业	科学研究和技术服务业	水利、环境和公共设施管理业	居民服务、修理和其他服务业	教育	卫生和社会工作	文化、体育和娱乐业	公共管理、社会保障和社会组织	国际组织
53	92	69	150	27	57	338	849	339	49	882	
43	87	48	230	27	282	535	873	274	38	908	
65	89	81	562	115	155	506	913	338	54	899	
712	**957**	**1064**	**2194**	**643**	**1231**	**4238**	**6682**	**2667**	**592**	**7128**	
443	607	747	715	307	366	1670	2693	1282	363	2641	
54	71	82	241	46	70	550	881	291	45	745	
27	39	21	78	21	48	228	494	186	13	500	
24	36	27	146	46	197	421	415	127	17	622	
47	56	75	240	70	108	329	620	242	56	650	
27	37	15	235	33	239	424	604	157	36	710	
27	31	32	323	17	103	226	312	140	23	608	
63	80	65	216	103	100	390	663	242	39	652	
938	**1227**	**1117**	**1866**	**540**	**1531**	**4350**	**7239**	**3500**	**755**	**11147**	
333	466	576	732	257	268	1329	1776	989	300	2299	
35	44	39	102	32	66	238	400	162	26	529	
24	32	27	50	20	38	135	239	103	10	299	
40	45	50	50	16	115	200	281	172	28	409	
44	72	50	49	19	66	216	334	172	39	535	
23	47	29	100	23	62	237	344	176	22	414	
72	64	70	204	18	50	248	473	223	29	712	
38	60	46	56	11	56	140	307	164	17	572	
40	57	32	92	16	167	218	378	167	20	509	
25	25	18	39	9	62	97	195	81	17	320	
56	96	65	62	32	120	337	757	394	79	1011	
37	59	23	76	19	146	231	464	175	56	1241	
52	41	54	68	16	42	270	478	174	46	1097	
32	38	9	76	16	59	103	256	127	35	375	
32	44	17	55	13	36	168	289	113	10	378	
55	37	12	55	23	178	183	268	108	21	447	
875	**1313**	**1715**	**1533**	**508**	**1345**	**4787**	**6310**	**2993**	**723**	**8723**	**1**
291	448	427	354	157	180	1061	1199	726	210	1799	
58	100	144	112	62	110	545	484	244	61	540	
43	65	113	119	13	161	211	385	145	41	551	
39	58	81	92	14	59	341	436	193	33	602	
81	125	194	216	61	74	536	603	326	77	801	
67	87	85	138	41	59	309	459	189	40	637	
39	68	46	58	16	115	225	457	193	28	618	
55	83	124	75	16	176	334	435	272	48	655	
38	56	64	48	22	32	231	305	118	21	542	1
52	69	248	133	42	123	320	389	169	81	609	
72	79	135	142	46	69	463	725	268	45	699	
40	75	54	46	18	187	211	433	150	38	670	
16430	**19981**	**27491**	**43183**	**18762**	**14723**	**64791**	**91142**	**46499**	**12335**	**94108**	**12**
6899	**6987**	**11557**	**17593**	**8275**	**3895**	**14495**	**18830**	**10050**	**4104**	**16149**	**6**
1706	1639	2196	2968	2108	491	2176	4193	2264	816	2742	1
1403	1500	1955	3313	1781	770	2155	2515	1295	611	1972	3
1379	1102	2411	4621	1514	710	3776	2585	1300	875	2069	2
1397	1527	2086	2870	1478	541	1958	2282	2239	856	2438	
48	80	117	178	65	87	309	488	264	63	650	
364	240	794	1283	468	314	801	1736	427	231	1430	
80	91	388	309	76	105	401	606	253	145	632	
37	62	129	150	36	51	214	253	125	37	376	
63	151	184	208	91	91	605	550	284	122	570	
51	71	99	281	43	141	260	388	177	60	355	
77	115	401	367	114	93	515	874	297	69	589	
56	64	88	275	76	66	345	573	244	44	612	
76	98	79	210	96	98	379	748	336	47	657	
162	247	630	560	329	337	601	1039	545	128	1057	

表6 续表 46

地区	16岁及以上人口	各种行业人口总计	农、林、牧、渔业	采矿业	制造业	电力、热力、燃气及水生产和供应业	建筑业	批发和零售业	交通运输、仓储和邮政业	住宿和餐饮业
曲靖市	**461868**	**299986**	**132564**	**4827**	**28154**	**2331**	**34656**	**28020**	**10519**	**12989**
麒麟区	77979	43223	6733	811	4623	660	5607	7082	2193	2778
沾益区	36461	23668	12418	113	2245	126	2193	1971	626	901
马龙区	17794	12494	6839	56	1223	67	1254	678	281	415
陆良县	49358	30629	13901	88	3419	255	3109	2827	1341	1158
师宗县	28371	20961	12529	173	1942	115	1482	1322	603	542
罗平县	43258	32034	15440	229	4090	239	3663	2503	899	975
富源县	52857	35930	16294	2082	4487	223	3223	2476	1089	1432
会泽县	59551	38085	18007	232	2264	228	5127	3317	1399	2257
宣威市	96239	62962	30403	1043	3861	418	8998	5844	2088	2531
玉溪市	**193427**	**129082**	**52058**	**1084**	**12892**	**896**	**12884**	**13279**	**4946**	**6064**
红塔区	49410	28674	3226	99	4395	316	3755	4455	1518	1646
江川区	21839	14922	6630	36	1501	76	1521	1435	589	768
通海县	23537	17444	9963	9	1469	49	877	1882	651	487
华宁县	15677	11312	7375	22	422	75	682	747	344	303
易门县	14297	10095	4091	169	1696	66	902	760	349	380
峨山彝族自治县	13731	9894	4594	84	718	57	1234	827	388	454
新平彝族傣族自治县	22067	15031	7179	620	1370	93	1133	1248	426	589
元江哈尼族彝族傣族自治县	18485	12990	6802	33	835	92	1188	957	301	596
澄江市	14384	8720	2198	12	486	72	1592	968	380	841
保山市	**208099**	**134941**	**56764**	**517**	**11971**	**691**	**20055**	**12813**	**4284**	**5990**
隆阳区	79327	49443	16223	142	5095	310	8952	5609	1813	2344
施甸县	24015	15250	7684	24	914	58	2468	1109	422	482
龙陵县	23032	15799	7500	94	1732	122	1910	1135	424	601
昌宁县	28136	21756	13253	31	1699	79	1971	1328	421	587
腾冲市	53589	32693	12104	226	2531	122	4754	3632	1204	1976
昭通市	**398524**	**249952**	**84736**	**1833**	**29157**	**1375**	**57427**	**19463**	**8906**	**10109**
昭阳区	62986	35929	10344	120	2211	223	7836	3812	1373	1848
鲁甸县	31454	23478	9090	236	2628	100	4984	1750	787	1108
巧家县	35859	23709	10700	101	956	108	5689	1505	843	931
盐津县	28436	18784	7113	123	2226	109	4045	1303	647	753
大关县	18753	13804	5483	39	1523	78	3009	882	430	520
永善县	30535	19071	6637	94	2189	174	4241	1341	644	867
绥江县	11973	7177	2175	117	905	73	1317	532	245	412
镇雄县	102593	58697	17079	518	9790	207	15151	4668	2088	1877
彝良县	40166	27584	11134	232	2974	122	6788	1604	783	791
威信县	27043	16899	4270	248	3214	113	3249	1570	812	664
水富市	8726	4820	711	5	541	68	1118	496	254	338
丽江市	**106055**	**67195**	**32401**	**185**	**2340**	**468**	**5852**	**5316**	**2536**	**5179**
古城区	22965	14556	2295	17	440	155	1489	2094	750	2497
玉龙纳西族自治县	18495	12021	6371	17	273	105	956	735	441	685
永胜县	30898	21027	12353	33	720	89	2048	1336	625	1159
华坪县	14078	8543	4923	94	691	77	373	600	234	327
宁蒗彝族自治县	19619	11048	6459	24	216	42	986	551	486	511
普洱市	**189804**	**139678**	**81450**	**673**	**5897**	**765**	**11668**	**10535**	**3782**	**6051**
思茅区	31753	19561	6113	121	831	182	1860	2818	848	1447
宁洱哈尼族彝族自治县	12862	9262	4654	57	609	68	761	910	344	431
墨江哈尼族自治县	22704	17112	10260	34	692	94	1829	1101	460	699
景东彝族自治县	28304	21302	12710	71	1071	113	2007	1402	651	950
景谷傣族彝族自治县	21588	16951	11385	37	793	93	802	1069	401	588
镇沅彝族哈尼族拉祜族自治县	13928	10753	7084	90	186	42	948	608	213	328
江城哈尼族彝族自治县	8698	6282	3407	10	319	41	797	453	155	250
孟连傣族拉祜族佤族自治县	10596	8183	5421	33	365	42	307	571	194	314
澜沧拉祜族自治县	32339	24905	17459	197	569	69	1727	1378	431	865
西盟佤族自治县	7032	5367	2957	23	462	21	630	225	85	179
临沧市	**180233**	**129305**	**77783**	**313**	**7931**	**734**	**11292**	**7975**	**2951**	**4047**
临翔区	28273	18396	6873	62	719	211	2640	1907	761	1203
凤庆县	34821	24827	14717	35	2827	96	1995	1330	525	572
云县	30768	20709	12614	20	1087	90	2204	1203	506	651

单位：人

信息传输、软件和信息技术服务业	金融业	房地产业	租赁和商务服务业	科学研究和技术服务业	水利、环境和公共设施管理业	居民服务、修理和其他服务业	教育	卫生和社会工作	文化、体育和娱乐业	公共管理、社会保障和社会组织	国际组织
1476	**2035**	**2758**	**2948**	**1266**	**1472**	**6824**	**12231**	**5065**	**1008**	**8841**	**2**
526	870	980	973	445	307	1639	2654	1429	391	2522	
104	107	184	192	94	88	466	926	322	44	548	
47	48	58	146	42	94	266	388	150	50	392	
133	165	216	362	166	105	803	1151	498	94	838	
85	99	88	134	49	77	337	578	263	47	496	
97	178	208	212	69	75	649	1209	505	68	726	
122	143	185	222	86	83	755	1621	494	78	835	
103	142	464	192	85	271	721	1559	554	98	1063	2
259	283	375	515	230	372	1188	2145	850	138	1421	
769	**1352**	**1280**	**2258**	**972**	**900**	**3733**	**4812**	**2609**	**654**	**5640**	
379	652	667	978	381	251	1309	1487	983	306	1871	
60	131	98	189	68	125	400	539	216	59	481	
49	105	48	121	51	38	331	504	252	18	540	
35	66	22	84	37	39	211	319	154	26	349	
50	85	66	89	55	41	224	369	228	34	441	
47	66	50	119	70	44	247	317	171	33	374	
39	91	59	197	88	88	393	506	244	40	628	
56	60	76	283	161	65	295	444	193	73	480	
54	96	194	198	61	209	323	327	168	65	476	
638	**793**	**1188**	**1746**	**709**	**668**	**3474**	**4617**	**2736**	**484**	**4802**	**1**
317	385	486	692	295	245	1501	1875	1116	177	1866	
59	68	53	117	101	75	297	445	309	32	533	
62	74	71	200	60	58	419	485	263	66	522	1
68	100	40	110	81	65	362	604	333	62	562	
132	166	538	627	172	225	895	1208	715	147	1319	
871	**974**	**1419**	**3157**	**819**	**1217**	**6317**	**8850**	**3486**	**614**	**9221**	**1**
222	294	342	1036	201	298	1100	1855	869	160	1785	
75	63	95	230	54	144	556	699	267	45	567	
47	69	48	206	96	88	463	766	284	50	759	
94	58	133	169	63	73	513	554	219	33	556	
27	60	63	143	31	34	313	365	177	29	598	
67	71	72	207	83	107	479	624	291	50	832	1
36	48	33	75	24	35	280	271	140	36	423	
153	140	383	528	113	140	1287	1995	588	95	1897	
59	61	111	171	49	105	597	783	342	36	842	
64	50	82	225	69	127	523	684	207	43	685	
27	60	57	167	36	66	206	254	102	37	277	
367	**494**	**491**	**2103**	**447**	**425**	**1984**	**2345**	**884**	**500**	**2878**	
178	216	282	1004	107	176	716	665	239	281	955	
61	83	108	607	96	139	209	424	103	98	510	
77	93	72	321	152	54	391	580	232	46	646	
28	64	18	104	31	27	161	269	143	22	357	
23	38	11	67	61	29	507	407	167	53	410	
651	**724**	**660**	**1093**	**739**	**648**	**2948**	**3755**	**2371**	**613**	**4655**	
237	274	368	436	234	196	736	882	714	198	1066	
51	58	93	74	75	60	190	254	173	31	369	
57	68	55	74	65	62	349	401	264	60	488	
76	85	49	138	66	163	452	493	314	43	448	
46	63	26	76	81	41	333	394	205	62	456	
64	40	17	34	82	65	198	248	144	26	336	
18	20	14	35	5	8	95	161	110	12	372	
31	30	10	54	21	7	161	177	87	38	320	
45	71	22	123	86	25	361	573	292	81	531	
26	15	6	49	24	21	73	172	68	62	269	
476	**520**	**360**	**927**	**411**	**385**	**2398**	**3857**	**2026**	**316**	**4603**	
186	188	139	184	92	107	512	858	561	92	1101	
76	68	53	171	71	77	428	735	368	39	644	
40	59	56	156	74	35	414	648	251	38	563	

表6 续表 47

地区	16岁及以上人口	各种行业人口总计	农、林、牧、渔业	采矿业	制造业	电力、热力、燃气及水生产和供应业	建筑业	批发和零售业	交通运输、仓储和邮政业	住宿和餐饮业
永德县	27367	21779	15022	18	1125	104	1873	1049	355	425
镇康县	13003	9810	6696	57	401	52	411	450	252	236
双江拉祜族佤族布朗族傣族自治县	12443	9366	6096	30	354	61	643	580	154	308
耿马傣族佤族自治县	21374	15893	10447	19	910	68	1072	1007	248	389
沧源佤族自治县	12184	8525	5318	72	508	52	454	449	150	263
楚雄彝族自治州	**221214**	**152373**	**74205**	**992**	**9750**	**1037**	**16237**	**12710**	**4987**	**7619**
楚雄市	52071	31923	11046	201	1856	381	3467	3791	1327	1756
双柏县	12727	9878	5467	63	638	52	1196	595	245	403
牟定县	18535	13964	6116	129	657	82	2177	1189	381	889
南华县	19978	13564	6994	60	1182	77	1504	963	422	551
姚安县	16615	10892	4761	71	929	66	1642	897	240	675
大姚县	19147	13562	8252	255	452	47	1269	917	258	509
永仁县	9148	6526	3182	19	403	66	756	524	214	253
元谋县	16617	12339	8027	19	406	42	738	868	246	371
武定县	21734	15535	8283	50	939	101	1249	1125	552	882
禄丰县	34642	24190	12077	125	2288	123	2239	1841	1102	1330
红河哈尼族彝族自治州	**378803**	**253493**	**124062**	**3818**	**18235**	**1518**	**27957**	**21372**	**8374**	**11022**
个旧市	36958	22037	6623	2550	2174	199	2020	2562	1132	1045
开远市	27131	17733	7641	77	1294	261	1325	1833	795	757
蒙自市	48957	32049	12729	225	2139	293	3542	3618	935	1784
弥勒市	48358	36194	20414	123	1759	164	3786	2994	960	1585
屏边苗族自治县	11764	8539	5232	14	472	49	775	489	193	245
建水县	45457	31067	16397	177	2082	94	2444	2586	1048	1309
石屏县	23422	15711	9147	59	856	81	1209	1161	526	712
泸西县	31709	20588	11348	104	959	99	2174	1672	546	614
元阳县	31145	20548	8148	362	2544	52	3846	1665	792	978
红河县	20308	13916	6973	26	829	40	3251	601	247	681
金平苗族瑶族傣族自治县	27155	17484	9179	78	2132	85	2149	1070	604	544
绿春县	17639	12093	7653	17	815	56	1088	553	265	456
河口瑶族自治县	8800	5534	2578	6	180	45	348	568	331	312
文山壮族苗族自治州	**276527**	**183467**	**72238**	**1147**	**28304**	**958**	**29916**	**14714**	**5202**	**6145**
文山市	45539	27249	8658	92	1897	317	3675	3602	1123	1396
砚山县	37778	27395	12961	61	4764	62	2582	2158	770	732
西畴县	18706	12192	4239	102	1904	41	2438	1039	364	562
麻栗坡县	19948	12519	4544	214	1886	90	2046	914	422	421
马关县	22335	15491	8561	351	751	114	1612	1255	370	494
丘北县	37356	26671	11089	14	4881	80	4310	1808	828	869
广南县	62330	40693	14567	109	8272	141	9459	2351	746	1017
富宁县	32535	21257	7619	204	3949	113	3794	1587	579	654
西双版纳傣族自治州	**101932**	**72917**	**40343**	**223**	**3105**	**383**	**5332**	**6776**	**1789**	**3922**
景洪市	50538	34795	15438	123	1282	249	3612	3932	1018	2500
勐海县	27566	21110	14060	38	1297	65	844	1567	344	831
勐腊县	23828	17012	10845	62	526	69	876	1277	427	591
大理白族自治州	**288393**	**202092**	**95225**	**498**	**14774**	**1405**	**22860**	**17532**	**7410**	**10586**
大理市	63056	37620	5606	26	2719	433	5617	5923	2520	3798
漾濞彝族自治县	8329	6861	4003	25	405	51	641	336	205	222
祥云县	36303	26048	11454	139	2828	120	3239	2409	1000	1193
宾川县	29110	22461	15693	6	631	161	952	1496	444	689
弥渡县	25353	16727	7384	34	1884	78	1625	1505	725	1161
南涧彝族自治县	17493	12955	6677	28	710	70	1739	825	466	556
巍山彝族回族自治县	23170	17059	8543	20	1072	51	2725	1191	470	751
永平县	14364	11433	6682	42	899	60	1081	651	345	337
云龙县	15475	11453	7259	36	569	90	919	568	280	343
洱源县	22036	16030	9428	20	1062	80	1544	1018	439	690
剑川县	13141	9380	5330	19	546	95	1200	515	203	401
鹤庆县	20563	14065	7166	103	1449	116	1578	1095	313	445
德宏傣族景颇族自治州	**99893**	**65248**	**27241**	**200**	**4186**	**495**	**5370**	**10007**	**1981**	**3118**
瑞丽市	21528	14617	2378	43	1150	73	1231	5359	605	926
芒市	33701	22188	9474	69	1115	175	2227	2203	672	1222

单位：人

信息传输、软件和信息技术服务业	金融业	房地产业	租赁和商务服务业	科学研究和技术服务业	水利、环境和公共设施管理业	居民服务、修理和其他服务业	教育	卫生和社会工作	文化、体育和娱乐业	公共管理、社会保障和社会组织	国际组织
38	46	38	69	33	39	321	433	255	23	513	
34	29	24	82	47	30	162	265	152	22	408	
23	29	16	71	20	23	189	244	126	24	375	
39	66	21	151	60	34	240	346	197	25	554	
40	35	13	43	14	40	132	328	116	53	445	
764	**1151**	**1702**	**1745**	**943**	**781**	**3765**	**4858**	**2859**	**622**	**5646**	
337	495	789	503	432	208	936	1552	1015	238	1593	
39	51	79	59	18	39	209	219	117	20	369	
50	83	105	372	121	61	462	352	213	42	483	
37	75	79	87	58	115	308	395	186	40	431	
48	72	96	92	53	49	330	306	184	24	357	
42	42	120	39	45	55	239	378	190	25	428	
28	37	58	49	39	29	184	181	112	14	378	
42	81	84	90	27	48	216	313	202	39	480	
70	75	124	227	77	84	382	455	305	75	480	
71	140	168	227	73	93	499	707	335	105	647	
1037	**1413**	**1719**	**3144**	**1207**	**1053**	**5947**	**7979**	**4247**	**993**	**8394**	**2**
101	141	247	388	139	109	490	669	675	102	671	
104	128	157	377	82	123	510	684	540	84	961	
287	462	471	399	151	170	853	1400	611	219	1760	1
120	182	314	419	89	89	838	999	457	218	684	
22	26	34	101	36	27	136	220	116	21	330	1
96	148	192	419	197	115	1058	1245	513	105	842	
45	84	45	122	49	63	293	479	257	40	483	
71	85	97	194	161	82	502	813	344	64	659	
51	30	48	279	142	67	494	436	201	37	376	
27	22	9	85	21	41	217	315	133	20	378	
39	30	57	216	66	100	241	341	173	32	348	
41	30	15	76	36	52	163	210	130	29	408	
33	45	33	69	38	15	152	168	97	22	494	
595	**844**	**1005**	**1568**	**789**	**929**	**3530**	**6786**	**2970**	**505**	**5322**	
207	354	447	417	277	190	796	1454	815	180	1352	
45	87	100	353	96	62	578	856	406	60	662	
34	49	41	120	39	58	281	368	134	33	346	
64	49	125	94	47	42	255	555	176	31	544	
39	59	49	74	45	76	275	518	240	43	565	
62	65	86	214	65	71	432	902	310	42	543	
67	96	96	187	123	270	483	1393	555	52	709	
77	85	61	109	97	160	430	740	334	64	601	
332	**412**	**1068**	**996**	**384**	**375**	**1529**	**1683**	**1262**	**498**	**2505**	
213	246	831	749	199	246	948	861	675	373	1300	
70	71	122	89	56	80	254	384	320	64	554	
49	95	115	158	129	49	327	438	267	61	651	
888	**1401**	**1613**	**2548**	**1218**	**1119**	**5225**	**6196**	**3673**	**707**	**7214**	
374	619	819	1366	564	552	1597	1588	1144	352	2003	
24	41	26	56	35	53	108	181	115	30	304	
94	154	111	285	127	59	734	797	498	42	765	
65	116	74	92	88	49	375	625	292	31	582	
48	78	166	167	100	72	400	458	309	68	465	
54	62	84	124	43	89	410	356	152	29	481	
56	75	72	131	76	52	458	484	267	44	521	
28	38	39	65	17	17	219	313	191	12	397	
29	47	25	61	46	39	250	319	144	22	407	
41	55	104	89	46	54	230	409	213	28	480	
30	48	47	29	17	27	163	219	120	20	351	
45	68	46	83	59	56	281	447	228	29	458	
424	**519**	**499**	**837**	**385**	**248**	**1711**	**2580**	**1410**	**425**	**3612**	
111	130	197	256	92	54	436	417	246	109	804	
202	224	191	329	184	117	642	970	637	185	1350	

表6 续表 48

地区	16岁及以上人口	各种行业人口总计	农、林、牧、渔业	采矿业	制造业	电力、热力、燃气及水生产和供应业	建筑业	批发和零售业	交通运输、仓储和邮政业	住宿和餐饮业
梁河县	10164	6561	3461	19	445	25	620	500	195	203
盈江县	21297	13926	7970	51	853	183	730	1279	296	455
陇川县	13203	7956	3958	18	623	39	562	666	213	312
怒江傈僳族自治州	**40185**	**27723**	**12940**	**72**	**1355**	**308**	**3308**	**1589**	**856**	**1138**
泸水市	15599	11136	4521	47	491	135	1670	776	378	572
福贡县	7728	5902	3674		133	82	408	232	137	117
贡山独龙族怒族自治县	2804	1830	621	5	23	46	230	88	34	98
兰坪白族普米族自治县	14054	8855	4124	20	708	45	1000	493	307	351
迪庆藏族自治州	**29859**	**17968**	**7461**	**306**	**488**	**301**	**2103**	**1205**	**595**	**1120**
香格里拉市	14219	8730	2951	203	299	173	975	674	362	608
德钦县	4253	2105	797	84	30	52	205	116	76	164
维西傈僳族自治县	11387	7133	3713	19	159	76	923	415	157	348
西藏自治区	**245567**	**117903**	**33265**	**1028**	**4599**	**924**	**12358**	**9733**	**4896**	**7158**
拉萨市	**58812**	**32461**	**3888**	**452**	**1930**	**393**	**3495**	**4174**	**1881**	**2833**
城关区	31990	16520	168	25	931	283	1905	2652	875	1845
堆龙德庆区	9086	5866	160	48	494	56	830	880	520	381
达孜区	2143	1033	175	13	116	7	51	59	68	61
林周县	3290	2206	1349	8	45	6	130	66	56	81
当雄县	3009	1354	517	7	18	5	86	104	118	114
尼木县	1847	1225	551	9	54	7	154	57	30	60
曲水县	3014	1576	592	3	72	12	124	91	82	76
墨竹工卡县	3371	1780	365	332	67	8	107	98	102	126
拉萨经济技术开发区	707	616	6	7	122	5	37	142	21	52
西藏文化旅游创意园区	329	260	5		1	4	70	21	9	37
达孜工业园区	26	25			10		1	4		
日喀则市	**54291**	**22093**	**5102**	**75**	**1009**	**136**	**3887**	**1508**	**1033**	**1264**
桑珠孜区	11026	4989	931	5	210	42	777	629	315	293
南木林县	5452	1421	141		48	8	288	59	128	83
江孜县	4659	1931	447	3	188	15	309	139	76	121
定日县	3722	1519	489		39	5	359	72	88	68
萨迦县	3528	1339	465	3	82	5	250	43	76	83
拉孜县	3741	1298	62	2	100	9	267	83	53	125
昂仁县	3653	1253	309		28	1	253	49	22	121
谢通门县	3031	1234	324	16	72	9	161	56	28	63
白朗县	3122	1038	233	7	108	1	91	43	74	54
仁布县	2354	1209	284		35	1	472	60	44	26
康马县	1446	471	85		26	2	63	16	11	18
定结县	1396	690	52		12		156	102	18	26
仲巴县	1786	842	439	29	7	4	29	24	14	46
亚东县	1091	573	82	4	13	14	113	55	30	27
吉隆县	1109	680	189	5	12	6	39	23	12	23
聂拉木县	1161	492	165	1	12	1	102	16	9	29
萨嘎县	1121	592	262		3	5	57	19	10	41
岗巴县	893	522	143		14	8	101	20	25	17
昌都市	**49956**	**26701**	**13551**	**332**	**458**	**85**	**909**	**1631**	**445**	**823**
卡若区	9188	4228	1476	1	154	34	76	196	105	76
江达县	6382	2547	1489	309	21	2	198	49	50	82
贡觉县	2747	1874	1418		3		31	32	49	31
类乌齐县	4050	2316	1202	10	23	1	87	175	31	34
丁青县	6296	4310	3235	7	26	10	109	215	15	226
察雅县	3530	1397	178	1	4	1	14	49	26	57
八宿县	2789	1095	680		34	4	16	23	37	57
左贡县	3139	1504	348	1	14	4	43	70	45	71
芒康县	5444	3600	1223	1	155	19	130	719	31	99
洛隆县	3464	2531	1734	2	19	3	121	52	26	58
边坝县	2927	1299	568		5	7	84	51	30	32

单位：人

信息传输、软件和信息技术服务业	金融业	房地产业	租赁和商务服务业	科学研究和技术服务业	水利、环境和公共设施管理业	居民服务、修理和其他服务业	教育	卫生和社会工作	文化、体育和娱乐业	公共管理、社会保障和社会组织	国际组织
34	36	20	62	16	13	149	268	114	15	366	
50	80	40	102	42	25	276	605	231	59	599	
27	49	51	88	51	39	208	320	182	57	493	
109	**174**	**115**	**201**	**89**	**122**	**557**	**998**	**489**	**148**	**3155**	
56	108	70	102	40	35	257	402	238	67	1171	
15	17	6	11	3	2	59	135	64	17	790	
12	13		12	13	6	34	70	31	12	482	
26	36	39	76	33	79	207	391	156	52	712	
134	**188**	**57**	**319**	**109**	**486**	**354**	**765**	**362**	**144**	**1471**	
93	129	44	251	75	124	210	438	220	79	822	
13	14	3	24	14	22	33	109	52	22	275	
28	45	10	44	20	340	111	218	90	43	374	
955	**1031**	**866**	**3745**	**1211**	**2473**	**2452**	**6777**	**2625**	**1528**	**20272**	**7**
471	**481**	**620**	**1207**	**506**	**391**	**1070**	**2027**	**769**	**952**	**4918**	**3**
283	324	307	614	262	174	714	1122	486	765	2783	2
112	113	166	306	164	110	192	285	98	115	836	
6	6	12	65	21	13	26	84	40	12	198	
8	4	12	17	5	3	22	92	22	11	269	
9	4	1	28	4	6	20	99	24	8	182	
7	4	1	7	6	5	8	55	31	6	173	
6	11	8	63	8	12	33	190	18	10	165	
10	7	8	72	10	38	44	92	47	11	235	1
10	4	94	22	20	12	9	2	1	6	44	
20	4	11	13	4	18	2	6	2	8	25	
				2						8	
149	**160**	**42**	**233**	**190**	**536**	**344**	**1421**	**506**	**148**	**4350**	
34	58	18	92	51	17	103	451	104	50	809	
6	5	2	12	15	157	40	134	46	2	247	
17	12	3	22	18	11	23	119	46	22	340	
4	4	2	20	7	6	22	79	26	6	223	
7	8	2	2	8	2	15	56	26	8	198	
8	9	2	4	5	7	28	82	25	14	413	
10	12		1	2	3	25	60	35	8	314	
6	5	2	11	10	98	15	62	31	4	261	
3	9	6	17	11	62	11	72	27	3	206	
6	4		5	18	4	2	52	10	5	181	
12	3	1	7	6		2	53	16	6	144	
1	8		3	18	108	4	32	15	3	132	
8	3		1		41	15	23	17	1	141	
5	5	2	5	6	8	10	33	21	4	136	
11	5	2	14	2	6	6	25	19		281	
6	2		5	2	4	5	22	11	4	96	
4	4		8	2	1	10	29	14	3	120	
1	4		4	9	1	8	37	17	5	108	
65	**59**	**40**	**1056**	**194**	**1112**	**260**	**1207**	**373**	**104**	**3993**	**4**
18	23	27	756	36	37	43	397	138	21	611	3
3	6	2	16	3	16	4	58	19	9	211	
2	1		1		136	3	31	6		130	
6	2		10	5	58	13	98	38	8	515	
5	5	4	10	5	1	45	121	34	2	235	
4	1		15			10	74	9	3	951	
3	5	2	6	1	3	6	68	19	4	127	
8	2	2	12	25	447	28	72	34	17	261	
4	4	2	196	12	239	42	156	28	28	511	1
10	6		20	89	55	22	71	19	9	215	
2	4	1	14	18	120	44	61	29	3	226	

表6 续表 49

地区	16岁及以上人口	各种行业人口总计	农、林、牧、渔业	采矿业	制造业	电力、热力、燃气及水生产和供应业	建筑业	批发和零售业	交通运输、仓储和邮政业	住宿和餐饮业
林芝市	**17286**	**10198**	**3116**	**10**	**272**	**159**	**1211**	**746**	**500**	**731**
巴宜区	5984	3314	280	5	108	76	488	363	151	292
工布江达县	2404	1733	1083	1	28	10	70	73	36	76
米林县	1814	926	253		23	35	139	59	51	67
墨脱县	1054	748	170	4	38	3	124	33	55	48
波密县	2585	1513	593		42	22	89	102	111	140
察隅县	2142	1121	407		16	9	159	76	66	71
朗县	1303	843	330		17	4	142	40	30	37
山南市	**25247**	**13730**	**3796**	**90**	**637**	**87**	**2414**	**747**	**715**	**859**
乃东区	5451	2841	325	7	144	16	340	287	143	262
扎囊县	2708	1874	1078		76	4	198	57	32	88
贡嘎县	3688	2065	307	14	143	12	599	109	197	128
桑日县	1480	813	108		37	7	303	25	43	44
琼结县	1034	649	231	5	15	3	78	16	31	24
曲松县	965	402	44	31	10	6	49	33	19	12
措美县	915	443	116	2	9	3	64	18	15	35
洛扎县	1317	720	194	2	22	3	171	28	47	51
加查县	1841	1425	874	7	34	23	77	62	37	55
隆子县	2412	907	139	19	82	6	182	54	64	73
错那县	1089	424	44		11	3	127	5	10	32
浪卡子县	2347	1167	336	3	54	1	226	53	77	55
那曲市	**31111**	**8359**	**2792**	**51**	**230**	**26**	**162**	**628**	**248**	**395**
色尼区	5948	1429	403	5	107	10	51	67	76	70
嘉黎县	2379	828	246	44	9	5	35	48	26	57
比如县	4305	632	26		19	3	12	64	7	57
聂荣县	2187	419	49		12	2	8	71	8	9
安多县	2775	1021	311		23		10	98	71	38
申扎县	1534	636	279		7	3	6	63	8	19
索县	2938	788	59	2	14	1	32	61	22	43
班戈县	2707	711	394		7	2	1	45	7	25
巴青县	3459	804	389		5		5	56	14	49
尼玛县	2093	609	320				2	48	7	23
双湖县	786	482	316		27			7	2	5
阿里地区	**8864**	**4361**	**1020**	**18**	**63**	**38**	**280**	**299**	**74**	**253**
普兰县	869	480	151	6	15	1	35	52	4	33
札达县	609	437	130			4	27	14	18	23
噶尔县	2350	1652	160	3	15	24	169	126	24	106
日土县	776	324	34	8	6	2	19	17	7	18
革吉县	1225	293	79	1	6	2	8	27	4	20
改则县	1827	624	167		18	1	13	38	13	33
措勤县	1208	551	299		3	4	9	25	4	20
陕西省	**3025750**	**1606941**	**394458**	**41075**	**139954**	**17057**	**199987**	**202137**	**87960**	**95262**
西安市	**907869**	**474482**	**39734**	**4803**	**49161**	**4465**	**55640**	**82547**	**29008**	**32537**
新城区	43997	21365	18	27	2079	392	1660	6528	1444	1400
碑林区	57495	26601	21	96	940	381	1630	5845	1549	1944
莲湖区	77030	40644	102	142	3816	485	2663	9109	2981	3190
灞桥区	73101	37026	1767	80	4435	318	6536	6576	3502	2244
未央区	130410	69686	530	1835	7109	640	7295	16641	5326	5222
雁塔区	149672	86439	90	315	7665	867	9280	14028	3043	6130
阎良区	25046	15196	3101	18	3368	136	1351	1577	601	785
临潼区	52153	27056	7186	67	2820	197	3993	2913	1890	1714
长安区	138644	64564	3388	276	7721	382	10157	9699	3486	4295
高陵区	34092	18723	1829	1841	2869	159	2150	2653	1298	1072
鄠邑区	48468	25015	5984	29	3657	253	3365	2690	1472	1805
蓝田县	35734	17528	3874	39	1539	129	3072	1791	1296	1798
周至县	42027	24639	11844	38	1143	126	2488	2497	1120	938
铜川市	**56608**	**27699**	**7608**	**1675**	**1956**	**436**	**2471**	**2576**	**1773**	**1521**
王益区	11394	4273	149	235	434	68	430	615	430	355
印台区	10568	4576	1369	546	250	69	283	350	332	258
耀州区	28531	15628	4321	756	1188	255	1620	1445	876	783
宜君县	6115	3222	1769	138	84	44	138	166	135	125

单位：人

信息传输、软件和信息技术服务业	金融业	房地产业	租赁和商务服务业	科学研究和技术服务业	水利、环境和公共设施管理业	居民服务、修理和其他服务业	教育	卫生和社会工作	文化、体育和娱乐业	公共管理、社会保障和社会组织	国际组织
75	**108**	**51**	**274**	**86**	**70**	**246**	**544**	**254**	**106**	**1639**	
38	80	39	158	31	26	107	264	129	65	614	
8	6	7	21	3	13	20	59	23	8	188	
6	5		20	3	1	20	40	11	4	189	
4	2	1	25	21	10	12	35	14	10	139	
4	5	4	28	18	9	52	72	39	4	179	
9	4		13	4	7	22	43	18	11	186	
6	6		9	6	4	13	31	20	4	144	
89	**105**	**46**	**370**	**107**	**97**	**284**	**631**	**336**	**108**	**2212**	
32	51	9	121	47	24	117	206	118	39	553	
4	5	5	20	1	2	19	56	16	10	203	
17	11	2	98	13	2	28	79	29	14	263	
2	7	19	18	8	4	17	31	14	5	121	
2	4	1	10	7	5	19	27	11	6	154	
2	3	6	24	3	5	14	32	11	3	95	
	4		2	4	2	17	25	13	1	113	
4	4		26	2	1	16	23	18	3	105	
7	5		22	12	6	21	24	21	7	131	
9	4	2	16	6	30	10	48	38	5	120	
3	4		3	3	14	1	26	8	2	128	
7	3	2	10	1	2	5	54	39	13	226	
41	**68**	**31**	**317**	**83**	**238**	**131**	**735**	**262**	**83**	**1838**	
13	18	3	50	1	37	21	121	41	9	326	
5	4	4	14	12	5	5	56	30	4	219	
2	5	8	65	4	6	15	126	27	14	172	
3	2	4	31	19	7	5	50	11	8	120	
1	8	7	65	23	10	15	125	25	12	179	
3	5		24	10	2	12	49	17	3	126	
1	7	4	11	5	124	22	59	32	16	273	
5	6	1	27	2	1	5	47	26	4	106	
4	7		11	6	5	21	52	21	7	152	
2	4		9	1	36	8	38	17	3	91	
2	2		10		5	2	12	15	3	74	
65	**50**	**36**	**288**	**45**	**29**	**117**	**212**	**125**	**27**	**1322**	
2	3		14	1	2	4	13	3		141	
16	2		15	3	2	7	15	23	4	134	
27	19	5	171	31	3	54	56	38	15	606	
6	9		8	1	3	10	22	23	3	128	
3	4	25	8			6	23	10	1	66	
9	6	6	57	4	6	29	57	19	3	145	
2	7		15	5	13	7	26	9	1	102	
28701	**24291**	**31144**	**43024**	**23784**	**14033**	**54136**	**80016**	**38680**	**11240**	**79994**	**8**
19039	**11273**	**17262**	**20892**	**15298**	**5292**	**17960**	**31944**	**13218**	**5972**	**18432**	**5**
708	597	820	730	667	148	681	1380	911	308	867	
1176	1127	1104	1228	1685	176	1033	3171	1309	683	1502	1
2210	1435	1925	2698	1336	428	1622	2673	1380	717	1731	1
781	668	1316	1235	651	573	1404	2138	1175	349	1278	
2355	1571	3436	3715	2193	779	2642	3848	1551	806	2192	
7891	3657	3937	4883	4958	888	3220	7609	2616	1667	3692	3
183	191	366	285	747	93	528	792	378	78	618	
315	269	385	614	325	393	938	1261	616	276	884	
2496	1053	2864	3660	1915	888	2857	5095	1517	580	2235	
222	164	439	713	299	199	888	797	311	114	706	
331	208	308	436	246	188	986	1213	583	225	1036	
146	160	170	341	112	372	529	975	371	60	754	
225	173	192	354	164	167	632	992	500	109	937	
293	**427**	**522**	**317**	**188**	**327**	**742**	**1284**	**963**	**144**	**2476**	
68	90	99	66	49	49	155	247	286	35	413	
30	45	66	45	33	49	116	184	112	8	431	
169	269	346	194	89	220	430	744	486	94	1343	
26	23	11	12	17	9	41	109	79	7	289	

表6 续表 50

地区	16岁及以上人口	各种行业人口总计	农、林、牧、渔业	采矿业	制造业	电力、热力、燃气及水生产和供应业	建筑业	批发和零售业	交通运输、仓储和邮政业	住宿和餐饮业
宝鸡市	**280559**	**149802**	**32936**	**1701**	**20498**	**1558**	**20015**	**19873**	**7362**	**9605**
渭滨区	44870	21661	744	93	5103	420	2444	3382	1217	1481
金台区	39058	20103	393	88	2304	475	3029	4067	1573	1415
陈仓区	39810	22323	5626	31	3098	96	3871	2362	1044	1501
凤翔县	39790	21640	3503	60	3105	144	3524	3012	1026	1946
岐山县	28855	13488	2531	23	2986	89	1628	1768	573	808
扶风县	25017	13317	4548	21	1031	68	1819	2128	496	504
眉县	23484	14324	6813	28	1231	71	1028	1476	483	585
陇县	14644	8342	4059	31	536	61	1050	609	205	382
千阳县	8977	4962	1437	8	557	13	754	396	286	446
麟游县	6282	3904	1231	858	110	59	360	231	186	238
凤县	6495	4033	1500	372	389	33	358	292	196	168
太白县	3277	1705	551	88	48	29	150	150	77	131
咸阳市	**376862**	**202575**	**65092**	**3663**	**16961**	**2005**	**22370**	**22226**	**10290**	**11256**
秦都区	66458	33008	2023	149	3571	531	4301	5146	2114	2340
杨陵区	19226	9012	979	19	920	101	1379	1238	340	524
渭城区	39866	18024	563	275	1782	449	2866	2328	1824	1256
三原县	29571	15517	5441	16	1707	98	1609	1820	676	642
泾阳县	34148	20302	7959	64	1342	124	2247	2141	1363	1087
乾县	32980	17411	9395	17	855	54	1942	1414	562	690
礼泉县	26592	16534	11748	40	567	38	554	915	430	623
永寿县	11852	5600	1625	33	355	72	1017	488	292	537
长武县	10778	5828	1735	966	291	99	474	413	239	339
旬邑县	14848	10409	5882	507	296	36	507	607	284	418
淳化县	11769	6629	3332	16	298	30	420	458	226	496
武功县	23121	9834	2310	22	1350	96	1749	1188	468	582
兴平市	36773	22278	6797	29	3191	115	2590	3263	856	1190
彬州市	18880	12189	5303	1510	436	162	715	807	616	532
渭南市	**377713**	**203293**	**100452**	**2555**	**12579**	**1606**	**15318**	**19072**	**8462**	**10374**
临渭区	73777	36754	13967	60	2244	368	3439	4649	1591	2141
华州区	21329	12863	6677	268	898	57	1117	929	459	642
潼关县	9764	5304	2498	107	262	17	557	614	176	373
大荔县	45273	27595	19971	23	813	65	774	1930	735	995
合阳县	30495	15336	8186	211	372	51	1306	1805	628	626
澄城县	24956	13415	7615	267	379	109	961	956	643	523
蒲城县	55387	28247	12776	284	1995	284	1950	2938	1744	1873
白水县	17340	9641	5582	133	284	74	585	646	317	388
富平县	52693	31511	17135	75	2275	114	2967	2176	1005	1345
韩城市	30667	15291	3872	1113	2579	258	861	1681	818	683
华阴市	16032	7336	2173	14	478	209	801	748	346	785
延安市	**160805**	**95736**	**33568**	**8522**	**2924**	**1158**	**10179**	**7748**	**6211**	**5175**
宝塔区	44483	24255	3075	1847	699	393	4146	3155	1843	2008
安塞区	10099	6536	2011	674	109	49	910	509	441	399
延长县	7864	4952	2627	228	37	20	438	279	319	217
延川县	9960	6158	1765	186	397	28	792	471	781	484
志丹县	9597	5879	1701	1044	48	107	697	455	400	307
吴起县	9666	6485	1833	1184	137	109	442	544	664	287
甘泉县	5356	2830	784	148	84	28	451	243	230	169
富县	10876	6662	3770	362	222	80	386	301	203	189
洛川县	15768	9216	6676	11	575	54	67	425	143	206
宜川县	8581	5325	3902	23	63	23	144	178	137	129
黄龙县	3299	2207	1239	7	27	20	127	108	52	75
黄陵县	9955	6904	2258	1412	321	134	268	395	398	272
子长市	15301	8327	1927	1396	205	113	1311	685	600	433
汉中市	**249603**	**135864**	**43769**	**1092**	**13322**	**905**	**20939**	**15413**	**5301**	**7880**
汉台区	48503	24415	2867	56	2206	297	3521	4655	1330	1750
南郑区	34936	20144	6965	21	1757	97	3678	1966	676	1448

单位：人

信息传输、软件和信息技术服务业	金融业	房地产业	租赁和商务服务业	科学研究和技术服务业	水利、环境和公共设施管理业	居民服务、修理和其他服务业	教育	卫生和社会工作	文化、体育和娱乐业	公共管理、社会保障和社会组织	国际组织
1529	**2122**	**2476**	**5104**	**1722**	**994**	**5017**	**6645**	**3955**	**781**	**5909**	
304	676	610	525	262	161	695	1386	861	168	1129	
288	428	560	1212	419	127	757	1162	670	128	1008	
173	210	370	816	236	163	799	781	411	78	657	
326	247	326	894	270	118	995	878	487	128	651	
99	155	160	602	124	115	449	538	388	53	399	
87	110	113	474	237	54	369	624	238	54	342	
127	111	192	294	91	82	283	511	326	80	512	
29	59	48	59	11	67	173	333	248	32	350	
35	42	40	76	14	35	280	165	134	26	218	
21	30	23	28	22	24	85	111	72	9	206	
26	35	25	35	22	22	91	96	91	12	270	
14	19	9	89	14	26	41	60	29	13	167	
2154	**2437**	**3740**	**4820**	**2155**	**1790**	**6527**	**9938**	**4524**	**1034**	**9590**	**3**
892	946	1392	1033	738	457	1242	2287	1211	287	2348	
123	95	279	338	149	142	434	988	211	68	685	
278	352	550	681	404	306	797	1372	640	146	1155	
98	156	273	514	155	77	478	725	306	70	656	
144	158	316	298	137	211	832	710	381	126	660	2
102	108	136	442	128	71	301	448	202	46	498	
56	57	66	108	32	68	266	360	154	30	422	
40	67	41	79	34	44	112	251	120	18	375	
28	41	34	132	28	54	192	216	161	17	369	
56	55	55	108	39	46	228	540	179	38	528	
46	53	75	98	21	45	197	331	132	19	336	
118	90	115	185	69	65	291	423	239	49	424	1
133	190	301	580	174	125	783	843	355	93	670	
40	69	107	224	47	79	374	444	233	27	464	
1349	**1926**	**1900**	**2647**	**1018**	**1067**	**5165**	**6282**	**3310**	**606**	**7605**	
409	705	590	748	307	206	1034	1572	706	176	1842	
64	84	80	115	41	77	316	313	190	20	516	
30	34	50	60	9	15	119	104	55	9	215	
96	140	99	175	65	56	465	395	338	37	423	
93	144	135	172	63	58	468	363	203	34	418	
72	92	99	123	60	24	257	413	234	30	558	
175	190	281	444	134	111	910	926	439	73	720	
33	62	47	106	37	28	228	359	182	26	524	
202	178	239	421	187	157	704	939	490	86	816	
97	210	208	218	87	140	453	625	319	70	999	
78	87	72	65	28	195	211	273	154	45	574	
642	**1002**	**875**	**1054**	**492**	**698**	**2415**	**3874**	**1977**	**493**	**6729**	
289	442	536	469	179	270	720	1356	788	234	1806	
39	59	53	64	35	61	202	252	103	37	529	
30	37	18	24	19	20	145	112	80	7	295	
33	35	40	103	33	67	213	206	104	29	391	
20	49	31	44	8	11	142	198	103	20	494	
33	57	53	67	20	61	194	235	117	32	416	
13	26	13	14	16	16	54	161	60	9	311	
39	59	16	33	25	15	102	260	94	21	485	
33	45	24	33	20	14	71	291	102	8	418	
16	35	15	26	2	25	73	157	58	11	308	
15	25	17	17	20	12	34	78	45	21	268	
33	68	37	85	57	60	165	250	138	25	528	
49	65	22	75	58	66	300	318	185	39	480	
1018	**1510**	**1465**	**2157**	**821**	**904**	**4144**	**4779**	**3183**	**571**	**6691**	
382	567	590	694	363	180	889	1269	900	220	1679	
95	184	225	350	56	107	658	668	315	86	792	

表6 续表 51

地区	16岁及以上人口	各种行业人口总计	农、林、牧、渔业	采矿业	制造业	电力、热力、燃气及水生产和供应业	建筑业	批发和零售业	交通运输、仓储和邮政业	住宿和餐饮业
城固县	36567	21668	8808	71	3006	65	2709	1979	577	1188
洋县	25631	14209	6309	70	1211	72	2109	1101	457	539
西乡县	22581	12011	4376	126	1106	47	2195	1212	340	597
勉县	31500	17191	4327	118	2605	88	2567	2416	864	1250
宁强县	18628	10504	5010	116	503	59	1487	817	359	375
略阳县	11696	6244	1879	333	451	125	740	571	362	297
镇巴县	14124	6431	2484	136	305	26	1413	428	200	256
留坝县	3305	1897	450	41	134	16	290	173	91	113
佛坪县	2132	1150	294	4	38	13	230	95	45	67
榆林市	**263581**	**135191**	**28017**	**13772**	**10172**	**3507**	**15194**	**12879**	**10490**	**5937**
榆阳区	71160	36698	4564	2412	1834	957	5023	4752	2951	1930
横山区	19791	9200	2567	753	440	178	1757	685	515	333
府谷县	20715	12253	1053	1958	2366	503	763	859	1240	420
靖边县	26239	14401	4396	1118	1031	181	1292	1236	1138	583
定边县	24607	15132	5600	2299	394	209	864	1159	1132	614
绥德县	17197	6944	1659	96	303	74	1148	734	626	296
米脂县	9641	4408	2059	42	191	42	406	259	304	140
佳县	9506	4483	2027	87	278	52	461	245	177	125
吴堡县	3686	1202	168	17	52	15	152	59	168	59
清涧县	7638	2834	752	20	95	22	636	173	150	211
子洲县	9391	3845	1551	54	148	34	449	210	179	137
神木市	44010	23791	1621	4916	3040	1240	2243	2508	1910	1089
安康市	**194751**	**102735**	**24378**	**1795**	**7787**	**949**	**20821**	**11396**	**4760**	**5615**
汉滨区	64538	31125	3175	150	2239	394	6761	4766	2076	2161
汉阴县	18378	10393	3030	85	1170	57	1965	1101	389	619
石泉县	12412	6985	1824	136	575	80	1384	733	346	441
宁陕县	4771	2886	778	28	104	44	612	252	127	168
紫阳县	20708	10506	2887	309	830	59	1521	821	402	421
岚皋县	10709	5135	1289	164	460	42	787	538	194	412
平利县	14997	7334	1949	186	796	41	1135	722	304	308
镇坪县	3555	1799	333	82	102	41	332	193	90	107
旬阳县	33250	21003	7654	436	1072	154	5191	1748	648	767
白河县	11433	5569	1459	219	439	37	1133	522	184	211
商洛市	**157399**	**79564**	**18904**	**1497**	**4594**	**468**	**17040**	**8407**	**4303**	**5362**
商州区	42021	21435	2779	86	1277	177	5053	2673	1671	1905
洛南县	27398	15615	5999	251	833	61	2335	1461	712	841
丹凤县	17293	7718	2052	132	493	35	1628	775	373	517
商南县	14769	6253	1404	197	498	42	1259	638	245	271
山阳县	25580	13202	3117	259	704	55	3372	1452	601	789
镇安县	19478	10872	3192	296	543	62	2311	941	444	680
柞水县	10860	4469	361	276	246	36	1082	467	257	359
甘肃	**1883473**	**959370**	**316118**	**14855**	**65281**	**12407**	**112005**	**98034**	**47822**	**52484**
兰州市	**342863**	**170707**	**14912**	**1154**	**17737**	**2678**	**21067**	**27495**	**12853**	**10503**
城关区	114986	62090	347	70	3859	649	6647	12590	4547	4456
七里河区	56257	27056	981	89	2490	643	3533	5067	2485	1706
西固区	33179	15892	498	20	3827	401	1698	2635	1222	799
安宁区	33452	13905	107	44	1570	402	1381	2156	822	705
红古区	11253	5790	1349	762	693	120	419	552	262	298
永登县	23284	11148	2959	102	1418	104	1625	1027	834	718
皋兰县	9596	5771	1614	27	712	64	915	447	522	197
榆中县	36408	17363	6606	25	1483	112	1737	1895	1174	944
兰州新区	24448	11692	451	15	1685	183	3112	1126	985	680
嘉峪关市	**24914**	**14249**	**470**	**235**	**3381**	**646**	**1185**	**1720**	**1729**	**838**
市辖区	24914	14249	470	235	3381	646	1185	1720	1729	838
金昌市	**35336**	**18352**	**3049**	**1018**	**2773**	**601**	**1774**	**2172**	**1163**	**833**
金川区	20700	11344	868	934	1939	369	1163	1321	728	542
永昌县	14636	7008	2181	84	834	232	611	851	435	291

单位：人

信息传输、软件和信息技术服务业	金融业	房地产业	租赁和商务服务业	科学研究和技术服务业	水利、环境和公共设施管理业	居民服务、修理和其他服务业	教育	卫生和社会工作	文化、体育和娱乐业	公共管理、社会保障和社会组织	国际组织
117	161	175	230	95	64	621	609	387	57	749	
61	107	89	270	61	93	399	442	298	33	488	
71	112	112	121	43	91	334	342	243	31	512	
155	186	178	190	80	137	591	477	392	73	497	
46	75	29	80	24	82	270	383	252	18	519	
36	59	27	119	58	72	146	223	165	21	560	
28	27	22	65	29	42	150	235	147	22	416	
12	22	16	17	9	8	44	91	58	6	306	
15	10	2	21	3	28	42	40	26	4	173	
1089	**1650**	**1115**	**2329**	**1142**	**1562**	**4012**	**7026**	**3116**	**816**	**11366**	
539	745	538	839	543	640	1134	2267	1142	355	3533	
52	84	98	94	43	49	239	463	167	38	645	
70	152	77	137	122	96	283	815	242	62	1035	
78	93	42	218	109	156	509	719	264	55	1183	
88	123	75	103	64	184	406	586	251	45	936	
57	69	31	83	30	83	226	380	255	52	742	
15	26	16	49	9	15	87	195	56	18	479	
16	31	8	34	16	46	110	207	100	28	435	
12	16	5	16	4	17	43	74	42	8	275	
22	22	10	49	9	16	91	92	66	16	382	
27	48	12	51	25	21	153	204	78	18	446	
113	241	203	656	168	239	731	1024	453	121	1275	
984	**1134**	**1086**	**1940**	**549**	**729**	**5133**	**4399**	**2507**	**480**	**6293**	
431	518	606	937	282	252	1084	1811	1095	222	2165	
67	102	88	88	27	77	439	367	188	48	486	
55	69	41	61	16	28	294	227	146	38	491	
22	18	14	28	7	67	111	122	78	12	294	
92	63	38	77	31	95	1809	381	137	30	503	
47	56	64	52	26	26	325	160	108	25	360	
67	66	48	417	55	55	235	300	160	24	466	
15	14	5	9	7	18	71	66	51	5	258	
148	177	149	210	78	71	493	692	396	61	858	
40	51	33	61	20	40	272	273	148	15	412	
604	**810**	**703**	**1764**	**399**	**670**	**3021**	**3845**	**1927**	**343**	**4903**	
214	283	314	571	147	241	946	1110	540	103	1345	
84	139	91	487	79	137	513	661	304	61	566	
53	71	68	76	19	42	216	347	197	40	584	
56	95	37	80	24	36	188	345	220	18	600	
70	92	92	290	50	89	555	585	255	54	721	
81	82	66	173	58	74	469	537	275	26	562	
46	48	35	87	22	51	134	260	136	41	525	
8945	**13340**	**12717**	**19559**	**10821**	**8909**	**24867**	**47775**	**24430**	**5747**	**63251**	**3**
3504	**4512**	**5875**	**6990**	**4870**	**2468**	**5285**	**10643**	**5704**	**1986**	**10469**	**2**
1900	2547	2465	3612	2773	905	2169	4069	2542	1191	4751	1
683	674	1064	1086	798	375	945	1632	1212	313	1280	
193	316	479	519	283	165	473	830	465	94	975	
328	428	578	655	616	244	387	1798	459	124	1100	1
55	82	100	51	16	28	131	259	157	14	442	
76	112	108	157	56	240	310	478	208	50	566	
35	72	109	91	23	96	121	261	114	24	327	
136	167	342	197	130	201	448	765	375	82	544	
98	114	630	622	175	214	301	551	172	94	484	
187	**252**	**277**	**534**	**284**	**147**	**471**	**557**	**425**	**194**	**717**	
187	252	277	534	284	147	471	557	425	194	717	
181	**369**	**177**	**497**	**241**	**358**	**456**	**765**	**491**	**138**	**1296**	
145	279	122	429	202	234	320	486	318	105	840	
36	90	55	68	39	124	136	279	173	33	456	

表6 续表 52

地区	16岁及以上人口	各种行业人口总计	农、林、牧、渔业	采矿业	制造业	电力、热力、燃气及水生产和供应业	建筑业	批发和零售业	交通运输、仓储和邮政业	住宿和餐饮业
白银市	**112029**	**58097**	**24467**	**1854**	**4134**	**959**	**4371**	**4803**	**3052**	**2025**
白银区	26343	13440	1540	213	2401	393	1060	1617	1144	704
平川区	15135	6769	1230	1313	372	242	588	590	436	244
靖远县	27069	13698	7750	144	530	99	1107	940	591	387
会宁县	28297	17360	11382	67	448	76	1028	1040	376	483
景泰县	15185	6830	2565	117	383	149	588	616	505	207
天水市	**216311**	**96913**	**32005**	**323**	**6251**	**770**	**14475**	**10014**	**3707**	**6122**
秦州区	45159	20211	3449	107	2241	248	3320	2387	948	1230
麦积区	40726	17276	3297	108	1482	158	3196	2506	1091	1058
清水县	16443	7893	3361	4	297	60	1313	533	183	515
秦安县	34156	17349	8902	28	632	94	1600	1690	563	931
甘谷县	37936	15947	6362	29	724	122	2257	1363	326	500
武山县	26405	12305	4836	15	625	57	2165	1202	369	536
张家川回族自治县	15486	5932	1798	32	250	31	624	333	227	1352
武威市	**113845**	**63287**	**28176**	**555**	**3104**	**834**	**5763**	**5691**	**2894**	**2666**
凉州区	68479	40525	16765	235	2186	537	3629	4278	2131	1808
民勤县	14861	9286	6185	83	261	121	260	503	214	194
古浪县	18688	7945	3543	51	358	86	1130	504	254	320
天祝藏族自治县	11817	5531	1683	186	299	90	744	406	295	344
张掖市	**90937**	**51652**	**20127**	**509**	**2349**	**769**	**5970**	**5271**	**2371**	**2257**
甘州区	41497	23403	8384	60	1145	391	2024	2981	1178	1192
肃南裕固族自治县	2587	1721	814	134	28	40	49	85	41	58
民乐县	14526	7526	2621	41	500	122	1583	627	268	240
临泽县	9319	5938	3699	37	152	47	272	370	134	153
高台县	10478	6608	3175	60	226	74	576	579	227	266
山丹县	12530	6456	1434	177	298	95	1466	629	523	348
平凉市	**139460**	**72291**	**28107**	**2644**	**3135**	**869**	**7907**	**6253**	**2979**	**3260**
崆峒区	39389	17514	2543	181	992	412	2520	2135	1289	1320
泾川县	16125	8132	3644	71	343	54	726	676	256	388
灵台县	11673	5632	2130	99	226	50	738	478	189	288
崇信县	6472	3768	840	774	141	100	467	268	109	162
庄浪县	24357	14763	8509	59	455	57	1596	945	382	395
静宁县	27664	15612	9460	57	581	93	1105	1055	404	347
华亭市	13780	6870	981	1403	397	103	755	696	350	360
酒泉市	**82347**	**47711**	**15259**	**1915**	**2975**	**1155**	**3626**	**5539**	**2339**	**2817**
肃州区	36128	20843	5859	600	1335	425	1759	3151	949	1165
金塔县	8661	5151	2551	51	261	69	489	374	219	166
瓜州县	10323	5935	2456	104	320	250	369	528	330	318
肃北蒙古族自治县	1329	1027	159	236	131	23	69	25	37	30
阿克塞哈萨克族自治县	833	572	52	20	41	15	39	42	14	42
玉门市	10010	5951	2308	67	566	169	445	540	290	355
敦煌市	15063	8232	1874	837	321	204	456	879	500	741
庆阳市	**149109**	**76811**	**32734**	**3117**	**2884**	**742**	**7039**	**6239**	**3512**	**3254**
西峰区	35432	18219	2737	696	934	282	2048	2559	1261	1170
庆城县	16303	7822	3029	843	253	62	603	584	476	360
环县	20646	11080	5167	468	340	164	1173	687	545	348
华池县	8799	5133	2083	593	107	28	357	273	239	231
合水县	9438	5332	2771	262	152	45	471	322	192	196
正宁县	11413	6648	3973	40	160	49	559	412	155	204
宁县	22223	9527	4901	124	418	62	887	739	319	421
镇原县	24855	13050	8073	91	520	50	941	663	325	324
定西市	**202102**	**122131**	**63383**	**313**	**6714**	**799**	**13200**	**8303**	**3932**	**4632**
安定区	32618	18814	7929	43	720	244	1984	1535	959	660
通渭县	33679	19666	9094	80	1028	91	2918	1420	579	1019
陇西县	31828	18907	8463	44	1785	136	2016	1481	739	729
渭源县	22690	14391	9570	30	499	45	1029	658	292	409
临洮县	38031	23524	12102	61	1125	155	2576	1750	777	1019
漳县	11953	6314	3523	26	248	33	652	361	185	217
岷县	31303	20515	12702	29	1309	95	2025	1098	401	579

单位：人

信息传输、软件和信息技术服务业	金融业	房地产业	租赁和商务服务业	科学研究和技术服务业	水利、环境和公共设施管理业	居民服务、修理和其他服务业	教育	卫生和社会工作	文化、体育和娱乐业	公共管理、社会保障和社会组织	国际组织
514	**720**	**592**	**673**	**460**	**592**	**1261**	**2908**	**1273**	**245**	**3194**	
220	368	245	324	229	202	395	689	373	95	1228	
48	86	148	100	52	63	128	415	261	39	414	
79	101	74	56	51	97	260	615	185	38	594	
100	84	84	140	87	81	305	739	299	41	500	
67	81	41	53	41	149	173	450	155	32	458	
662	**865**	**1003**	**1593**	**860**	**665**	**2657**	**5048**	**2157**	**451**	**7284**	**1**
270	386	413	434	249	218	643	1162	659	198	1648	1
96	141	238	429	262	162	666	778	422	94	1092	
32	48	36	72	12	78	216	418	157	19	539	
96	112	127	139	95	72	443	833	292	59	641	
104	72	103	151	61	35	317	760	290	48	2323	
44	81	75	289	166	61	241	720	191	30	602	
20	25	11	79	15	39	131	377	146	3	439	
495	**745**	**623**	**789**	**415**	**792**	**1472**	**2724**	**1739**	**251**	**3559**	
369	550	533	575	321	516	955	1723	1221	196	1997	
48	81	24	86	43	132	153	325	161	18	394	
41	53	33	70	29	96	245	375	184	16	557	
37	61	33	58	22	48	119	301	173	21	611	
369	**843**	**524**	**847**	**440**	**573**	**1261**	**2293**	**1435**	**312**	**3132**	
210	477	319	539	305	229	624	1111	708	168	1358	
6	21	4	12	20	56	12	44	52	14	231	
48	79	53	68	25	106	146	379	203	17	400	
30	83	28	63	14	70	91	218	134	33	310	
35	101	34	90	35	40	171	274	160	49	436	
40	82	86	75	41	72	217	267	178	31	397	
481	**787**	**841**	**1135**	**422**	**414**	**1717**	**3739**	**1920**	**332**	**5349**	
221	372	443	698	170	146	566	1089	615	147	1655	
44	73	53	69	26	59	187	532	245	51	635	
27	54	38	69	46	49	138	290	164	27	532	
28	36	35	45	26	13	73	161	81	19	390	
48	75	81	81	43	35	372	592	289	25	724	
83	107	99	98	71	64	197	703	314	30	744	
30	70	92	75	40	48	184	372	212	33	669	
376	**870**	**524**	**1261**	**519**	**516**	**1363**	**1842**	**1196**	**484**	**3135**	
222	497	349	625	293	174	675	849	587	155	1174	
29	63	17	45	16	59	103	191	124	23	301	
28	75	36	80	52	50	156	231	104	40	408	
1	9	5	7	1	8	16	24	25	8	213	
6	9	1	21	6	8	15	21	15	12	193	
27	60	26	72	47	77	174	193	123	30	382	
63	157	90	411	104	140	224	333	218	216	464	
493	**927**	**532**	**1101**	**608**	**501**	**2012**	**3800**	**1918**	**365**	**5033**	
231	484	310	546	308	159	767	1377	779	184	1387	
51	76	28	130	62	42	212	337	165	37	472	
47	69	30	132	88	59	244	549	209	29	732	
26	59	37	34	34	36	102	229	105	15	545	
40	48	11	43	12	30	91	181	76	12	377	
20	46	24	22	11	79	119	264	121	17	373	
31	66	28	97	36	50	202	405	216	32	493	
47	79	64	97	57	46	275	458	247	39	654	
694	**911**	**821**	**1492**	**793**	**730**	**2532**	**4883**	**2389**	**360**	**5250**	
203	284	240	311	195	213	468	891	536	101	1298	
134	83	133	340	177	83	460	833	343	66	785	
111	165	158	200	126	149	369	897	444	70	825	
39	70	40	150	69	58	243	483	208	24	475	
122	187	176	329	153	138	631	865	456	55	847	
30	37	24	38	28	17	134	271	105	10	375	
55	85	50	124	45	72	227	643	297	34	645	

表6 续表 53

地　区	16岁及以上人口	各种行业人口总计	农、林、牧、渔业	采矿业	制造业	电力、热力、燃气及水生产和供应业	建筑业	批发和零售业	交通运输、仓储和邮政业	住宿和餐饮业
陇南市	**174027**	**70880**	**22034**	**943**	**3991**	**669**	**12830**	**5822**	**3392**	**4092**
武都区	40325	17193	4781	52	654	138	3904	1528	828	878
成县	17660	8367	2549	260	623	131	1182	702	398	459
文县	14878	6767	2131	23	314	152	1587	552	295	251
宕昌县	18384	8208	4191	16	248	35	973	415	653	435
康县	12160	4750	1126	24	254	30	1126	420	211	208
西和县	24526	8519	2091	177	647	67	1580	792	311	700
礼县	28675	8751	2813	27	486	36	1433	778	338	705
徽县	14164	6716	1818	325	689	59	902	533	277	373
两当县	3255	1609	534	39	76	21	143	102	81	83
临夏回族自治州	**148920**	**74519**	**25147**	**146**	**5182**	**593**	**9644**	**7033**	**3091**	**7737**
临夏市	27181	13240	497	15	675	223	1428	2116	838	1390
临夏县	23641	10275	2680	27	848	39	2335	1086	390	1509
康乐县	17581	10024	4715	20	632	44	1456	648	255	768
永靖县	14596	7381	2262	33	434	168	1153	643	328	500
广河县	16695	9048	4699	10	537	16	301	625	499	1036
和政县	14289	9380	4429	12	885	54	893	579	251	766
东乡族自治县	18030	8219	4274	9	403	16	798	575	224	1157
积石山保安族东乡族撒拉族自治县	16907	6952	1591	20	768	33	1280	761	306	611
甘南藏族自治州	**51273**	**21770**	**6248**	**129**	**671**	**323**	**3154**	**1679**	**808**	**1448**
合作市	7970	3565	194	73	115	58	491	359	168	303
临潭县	9195	4761	2030	1	200	36	830	344	168	224
卓尼县	7304	2558	690	7	49	33	497	164	70	163
舟曲县	9973	4273	1062	4	89	64	1004	311	141	264
迭部县	4145	2122	740	3	29	51	109	89	124	132
玛曲县	3787	1801	921	33	37	20	39	150	26	88
碌曲县	2521	952	295	1	27	21	35	59	24	76
夏河县	6378	1738	316	7	125	40	149	203	87	198
青海省	**446579**	**226183**	**52762**	**3249**	**16406**	**4436**	**24286**	**26452**	**13654**	**16142**
西宁市	**196063**	**99072**	**6811**	**640**	**9087**	**2243**	**12083**	**16474**	**7804**	**7002**
城东区	37003	18394	185	62	961	228	1349	4393	2610	1624
城中区	26278	13749	142	51	1288	219	1805	2278	811	846
城西区	26503	14951	47	78	468	675	1284	2327	683	1049
城北区	34327	17633	233	107	1809	468	2183	3834	1080	1001
湟中区	30774	14888	2105	81	1958	309	2674	1704	1141	1087
大通回族土族自治县	31907	14846	3100	211	2174	256	2222	1434	1111	1038
湟源县	9271	4611	999	50	429	88	566	504	368	357
海东市	**97392**	**45700**	**12477**	**213**	**2592**	**625**	**7435**	**3887**	**2236**	**5351**
乐都区	18885	8645	1398	61	638	163	1982	818	464	596
平安区	8595	4232	301	24	220	66	598	517	354	449
民和回族土族自治县	23494	9824	2827	65	568	150	1564	947	478	952
互助土族自治县	25669	15319	6701	49	818	167	2277	998	648	921
化隆回族自治县	11531	4316	746	6	258	47	635	331	107	1249
循化撒拉族自治县	9218	3364	504	8	90	32	379	276	185	1184
海北藏族自治州	**21429**	**10280**	**3478**	**242**	**453**	**261**	**963**	**743**	**439**	**594**
门源回族自治县	11149	4285	1099	109	318	118	559	362	199	270
祁连县	3556	2093	878	18	34	37	169	185	85	156
海晏县	3481	2224	636	8	84	86	191	117	118	115
刚察县	3243	1678	865	107	17	20	44	79	37	53
黄南藏族自治州	**20754**	**10740**	**5437**	**11**	**298**	**160**	**671**	**758**	**224**	**493**
同仁县	7953	4644	2037	2	148	44	370	410	151	206
尖扎县	4342	2113	665	9	106	98	270	140	54	197
泽库县	5293	2217	1497		25	2	14	113	7	55
河南蒙古族自治县	3166	1766	1238		19	16	17	95	12	35
海南藏族自治州	**33826**	**20781**	**11135**	**23**	**335**	**468**	**1203**	**1462**	**613**	**975**
共和县	10366	6435	3049	5	107	309	271	485	286	373
同德县	4577	3220	2009	9	44	31	58	168	31	61
贵德县	8487	4610	1626	8	117	83	674	422	190	332
兴海县	4962	3235	2329	1	25	33	138	173	37	109
贵南县	5434	3281	2122		42	12	62	214	69	100

单位：人

信息传输、软件和信息技术服务业	金融业	房地产业	租赁和商务服务业	科学研究和技术服务业	水利、环境和公共设施管理业	居民服务、修理和其他服务业	教育	卫生和社会工作	文化、体育和娱乐业	公共管理、社会保障和社会组织	国际组织
458	**676**	**363**	**1202**	**429**	**516**	**1959**	**3681**	**1729**	**266**	**5828**	
149	271	135	283	140	132	436	919	463	96	1406	
58	89	46	198	51	79	230	456	190	31	635	
37	51	10	79	33	94	160	362	130	17	489	
22	35	21	67	16	26	106	260	178	11	500	
21	24	22	132	51	37	130	236	140	30	528	
60	70	33	114	36	50	250	514	195	28	804	
50	49	36	200	46	47	389	517	171	21	609	
48	65	56	100	44	31	208	351	216	21	600	
13	22	4	29	12	20	50	66	46	11	257	
384	**611**	**501**	**1214**	**362**	**462**	**2021**	**3302**	**1513**	**228**	**5348**	
187	297	261	374	146	159	541	1148	571	114	2260	
34	36	37	147	27	89	337	212	136	12	294	
20	53	22	79	21	32	198	376	157	18	510	
41	82	81	141	63	53	204	444	148	34	569	
30	50	21	101	11	20	208	338	103	10	433	
19	38	36	112	26	39	214	321	189	27	490	
13	15	16	124	38	34	94	121	38	5	265	
40	40	27	136	30	36	225	342	171	8	527	
147	**252**	**64**	**231**	**118**	**175**	**400**	**1590**	**541**	**135**	**3657**	
40	100	25	47	14	24	90	387	126	38	913	
22	33	7	31	26	20	67	255	59	9	399	
17	22	9	25	17	39	42	210	73	3	428	
20	33	11	34	9	35	91	305	117	21	658	
14	16	4	70	29	16	30	150	59	26	431	
11	13	3	4	5	9	32	75	38	17	280	
14	15	2	7	1	20	14	97	27	11	206	
9	20	3	13	17	12	34	111	42	10	342	
2670	**3835**	**4445**	**5548**	**3492**	**2609**	**5609**	**11627**	**7092**	**1854**	**20014**	**1**
1818	**2565**	**3230**	**3489**	**2630**	**1085**	**3091**	**5531**	**4159**	**1207**	**8122**	**1**
423	462	669	674	399	165	542	955	970	212	1510	1
293	446	565	557	438	97	462	794	807	253	1597	
493	832	534	682	920	142	379	1117	904	308	2029	
350	465	767	855	576	168	664	1140	557	204	1172	
107	130	403	361	135	255	539	616	335	133	815	
98	169	250	300	120	156	396	684	407	70	650	
54	61	42	60	42	102	109	225	179	27	349	
308	**466**	**809**	**747**	**336**	**432**	**1140**	**2282**	**1112**	**195**	**3057**	
77	98	372	185	95	114	234	485	221	41	603	
86	113	92	166	62	93	159	230	125	50	527	
48	96	176	119	58	46	182	531	269	25	723	
70	104	139	237	93	148	445	600	304	61	539	
19	20	24	20	20	26	69	257	113	7	362	
8	35	6	20	8	5	51	179	80	11	303	
90	**158**	**70**	**115**	**88**	**76**	**208**	**670**	**316**	**74**	**1242**	
27	48	45	59	38	26	92	366	141	16	393	
15	28	6	15	15	11	30	122	42	13	234	
43	61	14	30	22	29	53	117	78	40	382	
5	21	5	11	13	10	33	65	55	5	233	
53	**97**	**21**	**92**	**33**	**56**	**116**	**627**	**282**	**89**	**1222**	
36	47	19	77	18	42	56	287	134	57	503	
7	18	2	7	9	8	37	149	55	15	267	
7	20		5	6		14	118	49	5	280	
3	12		3		6	9	73	44	12	172	
112	**173**	**72**	**166**	**87**	**164**	**296**	**1007**	**508**	**82**	**1900**	
55	80	34	76	30	53	102	289	176	40	615	
9	13	7	20	20	11	35	166	68	11	449	
25	48	27	37	29	74	84	274	143	23	394	
9	12	2	15	5	3	45	75	39	2	183	
14	20	2	18	3	23	30	203	82	6	259	

表6 续表 54

地区	16岁及以上人口	各种行业人口总计	农、林、牧、渔业	采矿业	制造业	电力、热力、燃气及水生产和供应业	建筑业	批发和零售业	交通运输、仓储和邮政业	住宿和餐饮业
果洛藏族自治州	**13229**	**4845**	**2101**	**43**	**60**	**72**	**99**	**404**	**53**	**233**
玛沁县	2757	996	232	43	30	26	38	132	27	80
班玛县	2098	1326	750		16	20	28	66	10	54
甘德县	2981	123				6	2	17		8
达日县	2239	841	303		6	6	11	99	6	30
久治县	2036	1129	748		8	6	17	64	7	32
玛多县	1118	430	68			8	3	26	3	29
玉树藏族自治州	**27229**	**11732**	**8105**		**123**	**41**	**71**	**390**	**146**	**183**
玉树市	9527	4197	2409		95	24	35	217	89	101
杂多县	3579	2106	1542		3		7	40	15	13
称多县	3979	1617	1185		16	12	9	42	11	27
治多县	1991	561	449			2		14	3	2
囊谦县	5816	2529	2147		7	1	14	43	23	28
曲麻莱县	2337	722	373		2	2	6	34	5	12
海西蒙古族藏族自治州	**36657**	**23033**	**3218**	**2077**	**3458**	**566**	**1761**	**2334**	**2139**	**1311**
格尔木市	16373	10618	697	347	2113	232	1017	1402	1314	616
德令哈市	6786	4242	487	30	634	136	485	428	305	250
茫崖市	2034	1874	19	935	172	45	57	89	141	77
乌兰县	2787	1553	300	46	169	49	88	118	124	156
都兰县	5301	2922	1587	104	72	55	82	214	92	148
天峻县	1675	391	78	12	6	9	7	47	7	8
大柴旦行政委员会	1701	1433	50	603	292	40	25	36	156	56
宁夏回族自治区	**555962**	**314750**	**63101**	**9095**	**34243**	**7010**	**38606**	**39390**	**21155**	**16204**
银川市	**221211**	**126592**	**8896**	**5006**	**13870**	**3181**	**15541**	**20488**	**8213**	**7457**
兴庆区	61028	34981	1150	1900	1964	897	3998	7796	2119	2310
西夏区	34680	16278	886	117	3036	268	2073	2256	1500	1189
金凤区	49624	29469	642	415	1945	1000	3156	4209	1405	1595
永宁县	24562	14204	2148	159	1901	193	2303	2239	1062	877
贺兰县	26561	15697	2216	339	1860	232	2027	2525	1227	780
灵武市	24756	15963	1854	2076	3164	591	1984	1463	900	706
石嘴山市	**64234**	**34993**	**4768**	**1371**	**7805**	**1130**	**3172**	**4156**	**2327**	**1755**
大武口区	24744	12570	302	801	2255	412	1399	1716	791	763
惠农区	16985	9096	682	309	2868	473	696	1123	683	439
平罗县	22505	13327	3784	261	2682	245	1077	1317	853	553
吴忠市	**103381**	**59930**	**16410**	**1681**	**5824**	**1214**	**7697**	**6490**	**4351**	**2936**
利通区	35373	19395	2190	344	2552	476	2683	2916	1440	1312
红寺堡区	13995	9407	4221	140	776	176	1065	675	455	352
盐池县	12547	8127	2290	916	500	144	697	784	707	361
同心县	21438	11610	4703	157	428	93	2025	1032	847	363
青铜峡市	20028	11391	3006	124	1568	325	1227	1083	902	548
固原市	**86163**	**47614**	**18791**	**821**	**1648**	**667**	**6463**	**3900**	**2359**	**2195**
原州区	35145	19469	5613	225	803	362	2946	2041	1365	948
西吉县	23615	12097	6252	45	353	117	1448	707	466	577
隆德县	8825	4968	1842	26	188	85	813	463	187	184
泾源县	6254	3731	1361	2	105	39	569	267	112	290
彭阳县	12324	7349	3723	523	199	64	687	422	229	196
中卫市	**80973**	**45621**	**14236**	**216**	**5096**	**818**	**5733**	**4356**	**3905**	**1861**
沙坡头区	30984	17925	3815	64	2556	369	2353	2001	1549	893
中宁县	25047	14665	5086	74	1987	300	1637	1478	870	525
海原县	24942	13031	5335	78	553	149	1743	877	1486	443
新疆维吾尔自治区	**1853163**	**1113838**	**281701**	**18975**	**83031**	**15893**	**91148**	**142873**	**57611**	**57912**
乌鲁木齐市	**317609**	**187888**	**2814**	**1412**	**12912**	**3194**	**22208**	**39288**	**14960**	**12311**
天山区	46828	26034	89	109	860	440	1343	5286	1389	2066
沙依巴克区	66904	37418	427	165	1558	545	2683	10526	2813	2505
新市区	76930	46399	462	411	2622	926	7088	9026	4259	2957
水磨沟区	45259	28006	81	158	824	438	4613	5454	1527	1984

单位：人

信息传输、软件和信息技术服务业	金融业	房地产业	租赁和商务服务业	科学研究和技术服务业	水利、环境和公共设施管理业	居民服务、修理和其他服务业	教育	卫生和社会工作	文化、体育和娱乐业	公共管理、社会保障和社会组织	国际组织
44	**25**	**1**	**16**	**3**	**103**	**88**	**281**	**89**	**17**	**1113**	
28	10		7	1	5	41	66	26	3	201	
3	5		6		1	15	59	17	3	273	
	4		1				24	4	1	56	
6	2					15	48	18	2	289	
1	1		2	1		10	49	11	8	164	
6	3	1		1	97	7	35	13		130	
43	**51**	**12**	**65**	**15**	**411**	**101**	**422**	**174**	**41**	**1338**	
31	37	4	30	3	60	66	215	83	16	682	
2	3	2	6		313	9	38	16	3	94	
3	4	2	8	1	8	12	81	26	4	166	
1	1		2	4	2	6	13	9	2	51	
4	4	3	16	2	17	5	43	23	8	141	
2	2	1	3	5	11	3	32	17	8	204	
202	**300**	**230**	**858**	**300**	**282**	**569**	**807**	**452**	**149**	**2020**	
93	140	152	626	185	126	360	371	185	54	588	
52	87	39	92	45	46	87	185	133	64	657	
15	6	10	84	20	14	36	21	22	5	106	
16	22	12	11	17	61	32	58	37	8	229	
13	29	6	18	6	30	35	126	55	12	238	
7	12	3	2	5	1	11	31	12	4	129	
6	4	8	25	22	4	8	15	8	2	73	
4419	**5716**	**7090**	**6885**	**3735**	**4444**	**9487**	**15758**	**7931**	**2673**	**17808**	
2823	**3329**	**4973**	**4263**	**2680**	**2149**	**4566**	**7002**	**3772**	**1615**	**6768**	
841	1180	1439	1180	745	560	1431	1882	1320	491	1778	
310	201	543	446	353	241	542	1130	418	213	556	
1180	1333	1544	1538	1150	523	922	2371	1297	604	2640	
170	143	415	265	121	372	560	486	236	79	475	
219	319	650	462	227	298	673	660	266	153	564	
103	153	382	372	84	155	438	473	235	75	755	
443	**540**	**551**	**461**	**240**	**509**	**1071**	**1574**	**889**	**246**	**1985**	
296	263	271	250	133	238	457	791	375	138	919	
68	106	116	88	48	104	262	323	254	54	400	
79	171	164	123	59	167	352	460	260	54	666	
405	**790**	**686**	**1053**	**316**	**688**	**1585**	**2733**	**1216**	**280**	**3575**	
197	377	421	430	131	159	640	1060	466	134	1467	
34	51	52	93	29	49	148	390	146	21	534	
46	122	49	110	20	118	242	294	158	37	532	
55	106	47	98	40	108	175	562	200	22	549	
73	134	117	322	96	254	380	427	246	66	493	
330	**517**	**413**	**522**	**258**	**539**	**1169**	**2563**	**1131**	**177**	**3151**	
196	295	269	216	145	205	589	1234	586	111	1320	
55	85	83	117	42	109	236	585	221	24	575	
38	43	22	77	23	90	114	245	122	22	384	
18	30	14	44	9	62	78	154	91	9	477	
23	64	25	68	39	73	152	345	111	11	395	
418	**540**	**467**	**586**	**241**	**559**	**1096**	**1886**	**923**	**355**	**2329**	
247	259	268	288	122	259	489	766	381	258	988	
84	205	133	199	61	229	337	543	237	64	616	
87	76	66	99	58	71	270	577	305	33	725	
11617	**15537**	**21539**	**31035**	**14089**	**11539**	**34147**	**63866**	**31898**	**5737**	**123684**	**6**
4633	**5102**	**7899**	**9670**	**5289**	**2003**	**7309**	**9562**	**6676**	**2083**	**18563**	
790	1255	1015	1130	666	179	890	1948	1584	558	4437	
1014	1046	1655	2052	1116	334	1522	2003	1405	472	3577	
1400	1118	2059	2333	1712	528	1733	2283	1784	405	3293	
727	915	1409	1428	795	250	1297	1346	942	362	3456	

表6 续表 55

地区	16岁及以上人口	各种行业人口总计	农、林、牧、渔业	采矿业	制造业	电力、热力、燃气及水生产和供应业	建筑业	批发和零售业	交通运输、仓储和邮政业	住宿和餐饮业
头屯河区	34884	22005	444	77	2747	292	3232	3702	2832	1175
达坂城区	2758	1474	192	216	118	90	62	95	115	112
米东区	40541	24576	635	271	4134	447	3018	5048	1901	1328
乌鲁木齐县	3505	1976	484	5	49	16	169	151	124	184
克拉玛依市	**39223**	**24787**	**713**	**3566**	**2148**	**726**	**2539**	**2816**	**1468**	**1388**
独山子区	6519	4169	28	5	901	222	498	414	259	233
克拉玛依区	27213	16870	538	2776	971	446	1571	2076	920	974
白碱滩区	4081	2687	18	645	200	49	328	217	230	98
乌尔禾区	1410	1061	129	140	76	9	142	109	59	83
吐鲁番市	**49928**	**32811**	**13073**	**1142**	**2731**	**537**	**1748**	**3067**	**1357**	**1258**
高昌区	21420	13409	5925	83	596	229	647	1505	496	541
鄯善县	17827	12180	5530	585	970	168	430	967	532	441
托克逊县	10681	7222	1618	474	1165	140	671	595	329	276
哈密市	**53789**	**32182**	**4693**	**2405**	**2273**	**1149**	**2712**	**3958**	**2521**	**1401**
伊州区	45616	26604	3658	2020	1618	1001	2070	3620	2262	1235
巴里坤哈萨克自治县	5089	3219	935	280	112	71	200	236	150	81
伊吾县	3084	2359	100	105	543	77	442	102	109	85
昌吉回族自治州	**128774**	**72629**	**12404**	**2330**	**10297**	**1849**	**5883**	**8368**	**4530**	**3822**
昌吉市	46084	26146	1699	337	3113	526	2684	4047	1801	1589
阜康市	14785	8718	1002	473	2170	257	575	770	462	450
呼图壁县	15958	8137	2209	375	796	153	375	933	537	423
玛纳斯县	15529	7984	3121	82	1042	162	313	602	426	304
奇台县	17662	9342	2058	433	840	266	724	1084	685	543
吉木萨尔县	13341	9231	1486	625	2178	366	894	668	464	393
木垒哈萨克自治县	5415	3071	829	5	158	119	318	264	155	120
博尔塔拉蒙古自治州	**34201**	**19664**	**4082**	**82**	**1228**	**383**	**1853**	**2262**	**1167**	**904**
博乐市	19364	11394	1467	35	763	266	1257	1583	682	570
阿拉山口市	903	759	4	1	81	7	56	83	162	49
精河县	9889	5400	2064	44	317	65	462	460	263	204
温泉县	4045	2111	547	2	67	45	78	136	60	81
巴音郭楞蒙古自治州	**113921**	**72202**	**17177**	**2215**	**4942**	**1019**	**6124**	**9811**	**4521**	**3590**
库尔勒市	58771	35899	3726	1306	3047	595	3289	6570	2876	2035
轮台县	10233	6827	2369	450	315	68	294	694	372	364
尉犁县	8079	5547	2343	3	251	31	646	398	192	181
若羌县	3423	2824	844	113	85	62	644	189	65	76
且末县	5187	3906	1416	108	65	52	384	321	162	152
焉耆回族自治县	8550	4702	1284	23	318	46	314	648	330	255
和静县	11419	7179	2885	151	615	85	318	579	346	322
和硕县	4341	2779	1012	45	182	54	138	254	96	102
博湖县	3918	2539	1298	16	64	26	97	158	82	103
阿克苏地区	**186098**	**136719**	**60593**	**2475**	**7910**	**1104**	**8448**	**13337**	**4816**	**6084**
阿克苏市	49595	35054	10417	15	3088	441	3104	5404	1723	1800
库车市	38158	28803	11393	1320	1545	231	2028	2743	1247	1465
温宿县	18215	12951	8152	39	396	61	394	794	253	340
沙雅县	18912	14310	7245	454	866	70	748	1056	308	654
新和县	13268	10758	5686	64	448	60	480	986	310	459
拜城县	16419	11764	5652	559	702	95	534	697	337	460
乌什县	13253	9157	4583	4	257	61	515	501	270	411
阿瓦提县	15048	11468	6428	3	525	59	564	972	302	403
柯坪县	3230	2454	1037	17	83	26	81	184	66	92
克孜勒苏柯尔克孜自治州	**42143**	**27714**	**8739**	**361**	**1020**	**261**	**1978**	**2198**	**926**	**916**
阿图什市	19453	12312	3845	74	479	121	878	1271	567	528
阿克陶县	14853	10090	3823	147	405	73	587	714	241	297
阿合奇县	3293	2064	555	1	33	19	91	59	44	29
乌恰县	4544	3248	516	139	103	48	422	154	74	62
喀什地区	**289696**	**172346**	**61949**	**372**	**11003**	**896**	**10307**	**18632**	**6528**	**8624**
喀什市	53197	30000	2981	23	2188	256	2442	5183	1798	2235
疏附县	16165	9153	2975	10	935	63	645	846	295	471

单位：人

信息传输、软件和信息技术服务业	金融业	房地产业	租赁和商务服务业	科学研究和技术服务业	水利、环境和公共设施管理业	居民服务、修理和其他服务业	教育	卫生和社会工作	文化、体育和娱乐业	公共管理、社会保障和社会组织	国际组织
423	365	953	1252	516	248	686	867	426	131	1637	
15	4	16	70	5	37	82	53	18	1	173	
253	384	733	1330	447	330	1039	937	486	110	1745	
11	15	59	75	32	97	60	125	31	44	245	
420	**346**	**1320**	**1334**	**883**	**284**	**773**	**1035**	**752**	**178**	**2098**	
75	37	186	206	160	32	132	201	167	45	368	
322	291	911	880	642	204	555	757	492	119	1425	
16	11	189	206	50	39	78	46	80	10	177	
7	7	34	42	31	9	8	31	13	4	128	
260	**338**	**258**	**438**	**250**	**171**	**746**	**1657**	**675**	**117**	**2988**	
163	188	132	172	79	82	266	697	320	80	1208	
63	97	64	114	125	32	294	555	202	29	982	
34	53	62	152	46	57	186	405	153	8	798	
370	**512**	**541**	**1145**	**631**	**508**	**1037**	**1678**	**881**	**192**	**3574**	**1**
343	483	502	1048	514	406	907	1413	750	174	2579	1
16	24	13	63	89	81	61	187	86	15	519	
11	5	26	34	28	21	69	78	45	3	476	
728	**1397**	**1678**	**1990**	**1073**	**856**	**2715**	**3323**	**1933**	**425**	**7028**	
444	764	1022	891	697	366	1221	1453	814	272	2406	
51	124	163	286	75	103	358	362	203	40	794	
42	111	94	175	65	85	263	371	199	28	903	
55	98	104	131	62	62	227	320	201	18	654	
51	155	159	235	43	55	329	422	281	26	953	
63	102	122	236	74	142	231	231	169	28	759	
22	43	14	36	57	43	86	164	66	13	559	
221	**315**	**369**	**437**	**176**	**260**	**605**	**1089**	**624**	**105**	**3502**	
162	237	248	238	124	151	426	685	412	81	2007	
11	10	26	12	3	8	15	8	14	1	208	
29	39	82	163	32	64	121	264	125	15	587	
19	29	13	24	17	37	43	132	73	8	700	
614	**1057**	**1287**	**2411**	**955**	**813**	**2099**	**3628**	**2007**	**346**	**7586**	
434	687	891	1775	706	422	1179	1870	1120	256	3115	
25	67	74	164	75	66	129	252	161	21	867	
31	53	79	252	19	53	132	274	87	5	517	
15	24	5	45	19	13	52	86	58	7	422	
13	22	91	32	34	80	123	203	87	7	554	
30	68	56	32	28	56	170	300	159	12	573	
41	57	44	71	49	76	199	425	200	24	692	
11	46	22	14	17	31	76	120	75	9	475	
14	33	25	26	8	16	39	98	60	5	371	
749	**1258**	**1632**	**1293**	**806**	**856**	**3626**	**6457**	**2931**	**412**	**11932**	
331	556	665	557	384	202	1049	1650	1063	176	2429	
118	233	420	313	131	137	943	1413	527	88	2508	
67	96	119	75	56	81	195	593	181	26	1033	
52	111	121	50	80	132	347	626	199	28	1163	
48	66	66	23	25	66	316	480	261	13	901	
42	83	68	69	59	66	242	611	233	41	1214	
37	45	96	97	24	114	210	395	201	24	1312	
36	57	69	98	34	47	249	497	222	13	890	
18	11	8	11	13	11	75	192	44	3	482	
190	**241**	**204**	**278**	**152**	**455**	**492**	**2212**	**776**	**108**	**6207**	
93	142	113	49	92	192	287	1046	432	62	2041	
57	53	65	116	41	233	158	783	210	12	2075	
22	20	10	63	6	20	23	156	49	16	848	
18	26	16	50	13	10	24	227	85	18	1243	
823	**1046**	**1994**	**7291**	**1167**	**2143**	**5125**	**11394**	**4211**	**375**	**18463**	**3**
291	364	599	2739	432	489	1188	2578	1182	144	2887	1
38	40	94	180	45	49	226	716	238	12	1275	

表6 续表 56

地　区	16岁及以上人口	各种行业人口总计	农、林、牧、渔业	采矿业	制造业	电力、热力、燃气及水生产和供应业	建筑业	批发和零售业	交通运输、仓储和邮政业	住宿和餐饮业
疏勒县	23374	9955	3709	10	571	34	553	873	297	447
英吉沙县	16407	8743	1856	20	1081	56	502	1048	360	404
泽普县	15041	9969	4516	151	729	82	483	696	295	328
莎车县	53869	32460	14160	33	1477	132	2153	3110	1195	1544
叶城县	34251	18274	6855	18	945	57	1290	2061	690	929
麦盖提县	14954	11748	5148	5	652	48	483	1364	326	425
岳普湖县	10391	6148	2482	11	307	27	222	722	151	262
伽师县	25821	17215	9154	70	527	44	795	1120	431	859
巴楚县	23318	16754	7832	7	1560	69	592	1534	641	674
塔什库尔干塔吉克自治县	2908	1927	281	14	31	28	147	75	49	46
和田地区	**140871**	**94568**	**24998**	**411**	**9518**	**620**	**6928**	**10766**	**3183**	**5606**
和田市	29556	19547	1689	156	1467	244	2087	3766	730	1219
和田县	17204	11963	3983	32	2080	59	660	1005	410	544
墨玉县	31018	21806	7196	5	2043	70	1300	2229	712	1704
皮山县	17286	9894	3117	5	593	56	711	899	300	490
洛浦县	16902	11854	3146	165	1396	71	881	1202	372	586
策勒县	10765	7551	2930	10	454	53	525	571	199	383
于田县	15097	9760	2291	32	1403	47	527	952	344	579
民丰县	3043	2193	646	6	82	20	237	142	116	101
伊犁哈萨克自治州	**198425**	**100308**	**23370**	**617**	**6224**	**1624**	**9557**	**14919**	**5561**	**6072**
伊宁市	58944	31392	1490	181	1846	722	3648	6699	1974	2266
奎屯市	18604	10639	900	55	1231	326	921	2245	786	613
霍尔果斯市	5522	3119	952	1	153	65	207	363	247	149
伊宁县	23427	11939	5107	62	672	65	1132	1100	515	719
察布查尔锡伯自治县	11622	5797	1926	64	340	60	598	523	194	304
霍城县	17045	8227	2638	115	369	56	693	1009	462	582
巩留县	12500	5369	1538	36	279	77	544	569	307	302
新源县	20635	9451	2986	34	989	87	779	1071	448	541
昭苏县	9858	3843	1049	1	98	54	259	369	169	186
特克斯县	9961	4654	1972	18	99	38	349	463	202	196
尼勒克县	10307	5878	2812	50	148	74	427	508	257	214
塔城地区	**86295**	**42208**	**14711**	**656**	**1932**	**617**	**2177**	**4217**	**2277**	**1914**
塔城市	12388	6573	1712	8	150	106	501	656	309	319
乌苏市	20401	9960	3749	223	582	187	470	973	610	413
额敏县	14280	6883	1837	5	277	80	310	859	558	422
沙湾县	24987	12018	5890	87	705	132	537	1077	473	467
托里县	5734	2167	430	153	73	43	82	282	113	103
裕民县	3899	2008	551	1	47	30	184	171	65	90
和布克赛尔蒙古自治县	4606	2599	542	179	98	39	93	199	149	100
阿勒泰地区	**47180**	**26953**	**7691**	**538**	**774**	**466**	**1789**	**2516**	**1328**	**1328**
阿勒泰市	16776	10237	2795	32	299	265	742	1163	538	465
布尔津县	5449	3184	1102	1	72	42	200	266	150	214
富蕴县	6948	3998	1272	196	108	43	282	329	227	176
福海县	5182	2692	740	5	104	32	205	238	112	147
哈巴河县	5964	3410	1141	247	75	31	210	211	109	154
青河县	4340	2043	362	57	84	29	124	191	128	91
吉木乃县	2521	1389	279		32	24	26	118	64	81
自治区直辖县级行政区划	**125010**	**70859**	**24694**	**393**	**8119**	**1448**	**6897**	**6718**	**2468**	**2694**
石河子市	39038	19261	1355	65	3508	639	2076	3189	1216	1107
阿拉尔市	27654	18204	9504	21	1545	184	1512	1063	343	556
图木舒克市	18353	11277	5659	3	668	143	1046	713	229	312
五家渠市	12075	6321	665	23	1380	305	763	842	280	266
北屯市	1782	939	389		65	27	63	112	28	48
铁门关市	8411	5127	2611	67	314	60	487	316	143	127
双河市	4593	2445	1187	20	81	22	283	128	49	85
可克达拉市	6126	3029	1217	10	282	29	289	178	110	115
昆玉市	4324	2741	1329		140	20	337	106	55	53
胡杨河市	2654	1515	778	184	136	19	41	71	15	25

单位：人

信息传输、软件和信息技术服务业	金融业	房地产业	租赁和商务服务业	科学研究和技术服务业	水利、环境和公共设施管理业	居民服务、修理和其他服务业	教育	卫生和社会工作	文化、体育和娱乐业	公共管理、社会保障和社会组织	国际组织
23	40	201	521	194	52	287	823	250	8	1062	
40	61	43	305	31	116	237	794	206	24	1559	
66	62	208	212	37	114	262	559	189	23	957	
105	137	205	1144	98	405	918	2025	722	55	2842	
73	86	193	583	127	140	559	958	432	34	2244	
61	94	153	346	79	180	367	629	253	20	1115	
22	30	37	118	22	55	132	588	149	6	805	
46	75	98	594	52	239	560	938	247	22	1343	1
48	53	147	524	44	243	373	737	285	18	1373	
10	4	16	25	6	61	16	49	58	9	1001	1
590	**590**	**746**	**987**	**460**	**695**	**2494**	**7836**	**3148**	**299**	**14693**	
238	266	240	319	163	173	689	1947	934	156	3064	
27	19	84	102	44	35	221	848	283	16	1511	
93	70	141	137	86	89	518	1624	681	41	3067	
60	58	36	123	55	90	248	905	311	15	1822	
66	67	98	120	40	119	357	983	393	33	1759	
34	43	54	59	32	71	144	483	209	14	1283	
56	51	86	87	34	104	251	884	275	17	1740	
16	16	7	40	6	14	66	162	62	7	447	
860	**1363**	**1769**	**1451**	**782**	**1070**	**3636**	**6336**	**3342**	**504**	**11250**	**1**
374	735	1046	498	390	427	1439	2281	1411	242	3723	
137	213	213	264	160	206	466	552	294	80	977	
33	23	81	82	15	33	53	108	44	13	497	
63	43	72	128	30	62	424	550	270	23	902	
38	40	62	57	18	88	167	305	174	22	817	
53	55	89	213	39	60	286	535	223	21	728	1
33	52	43	44	21	77	197	380	218	23	629	
55	91	46	78	49	43	264	617	299	38	936	
28	31	39	28	22	31	97	347	140	18	877	
24	43	45	24	23	17	101	314	128	14	584	
22	37	33	35	15	26	142	347	141	10	580	
398	**666**	**503**	**489**	**322**	**333**	**1099**	**2402**	**1275**	**156**	**6064**	
124	199	89	102	85	47	179	435	267	46	1239	
69	142	105	124	78	73	225	480	282	22	1153	
74	122	80	69	65	44	270	455	221	32	1103	
74	129	168	113	63	56	247	577	262	27	934	
22	20	16	16	1	38	51	159	83	2	480	
14	33	16	40	15	39	44	110	60	17	481	
21	21	29	25	15	36	83	186	100	10	674	
255	**447**	**346**	**602**	**300**	**407**	**763**	**1835**	**937**	**173**	**4457**	**1**
141	272	117	238	165	98	325	606	441	97	1438	
8	29	27	42	19	83	91	233	84	19	502	
25	37	68	138	43	53	117	294	80	15	495	
30	42	33	109	27	67	77	177	79	13	455	
18	31	68	25	22	36	64	239	111	12	605	1
25	15	26	32	18	40	57	171	75	12	506	
8	21	7	18	6	30	32	115	67	5	456	
506	**859**	**993**	**1219**	**843**	**685**	**1628**	**3422**	**1730**	**264**	**5279**	
269	458	385	523	418	192	663	1145	800	138	1115	
68	125	167	181	158	150	311	803	288	61	1164	
44	64	69	165	87	124	164	521	211	19	1036	
48	105	204	162	77	89	195	278	151	27	461	
7	11	11	21	8	7	40	17	7	3	75	
22	39	35	64	32	35	78	186	119	6	386	
16	17	29	36	20	40	43	114	31	2	242	
14	22	51	39	19	29	64	161	56	5	339	
12	4	29	24	20	16	45	150	49	2	350	
6	14	13	4	4	3	25	47	18	1	111	

长表数据

表 7 人口婚姻状况和妇女生育状况

表7 人口婚姻状况和

地区	15岁及以上人口			未婚		
	合计	男	女	小计	男	女
合计	**114261590**	**57861957**	**56399633**	**21947434**	**13067496**	**8879938**
北京市	**1852002**	**936729**	**915273**	**385045**	**207421**	**177624**
市辖区	**1852002**	**936729**	**915273**	**385045**	**207421**	**177624**
东城区	64459	30790	33669	10980	5493	5487
西城区	101101	48730	52371	17107	8734	8373
朝阳区	290948	142199	148749	62436	30352	32084
丰台区	183449	90350	93099	33435	16977	16458
石景山区	49726	24485	25241	8988	4805	4183
海淀区	280541	139304	141237	79807	41805	38002
门头沟区	32297	16053	16244	4901	2753	2148
房山区	105088	53230	51858	17099	9572	7527
通州区	143057	73792	69265	28678	15673	13005
顺义区	112255	60207	52048	19262	11210	8052
昌平区	193802	103862	89940	53038	31353	21685
大兴区	150740	79796	70944	29965	16968	12997
怀柔区	34785	18237	16548	5558	3370	2188
平谷区	38195	19366	18829	4618	2837	1781
密云区	44024	22100	21924	5275	3149	2126
延庆区	27535	14228	13307	3898	2370	1528
天津市	**1060933**	**536096**	**524837**	**192845**	**108913**	**83932**
市辖区	**1060933**	**536096**	**524837**	**192845**	**108913**	**83932**
和平区	18289	8610	9679	2788	1449	1339
河东区	66069	32098	33971	9964	5302	4662
河西区	60293	28590	31703	11035	5336	5699
南开区	71223	34148	37075	12875	6581	6294
河北区	49921	24274	25647	7719	4166	3553
红桥区	36967	18032	18935	5627	3053	2574
东丽区	72061	38689	33372	15432	9978	5454
西青区	89478	46071	43407	22833	12697	10136
津南区	71316	37078	34238	16862	9620	7242
北辰区	68316	34785	33531	13052	7340	5712
武清区	92631	46751	45880	15523	8818	6705
宝坻区	56810	29218	27592	6664	4042	2622
滨海新区	151552	78186	73366	27891	15923	11968
宁河区	32311	16561	15750	4569	2758	1811
静海区	60759	31303	29456	11614	6750	4864
蓟州区	62937	31702	31235	8397	5100	3297
河北省	**5912499**	**2953612**	**2958887**	**938692**	**543376**	**395316**
石家庄市	**868961**	**430857**	**438104**	**146898**	**81420**	**65478**
长安区	78141	37992	40149	13939	7373	6566
桥西区	76918	37257	39661	17654	8811	8843
新华区	60933	29405	31528	12900	6413	6487
井陉矿区	6295	3171	3124	681	414	267
裕华区	59477	28227	31250	15196	7185	8011
藁城区	56677	28330	28347	7788	4721	3067
鹿泉区	45603	23035	22568	8222	4830	3392
栾城区	30798	15384	15414	5900	3203	2697
井陉县	20330	10273	10057	3030	1923	1107
正定县	42265	20995	21270	7528	4231	3297
行唐县	28609	14383	14226	3935	2423	1512
灵寿县	23430	11882	11548	4417	2538	1879
高邑县	13268	6555	6713	1282	843	439
深泽县	18225	9216	9009	2055	1261	794
赞皇县	17607	8940	8667	2445	1574	871
无极县	35523	17728	17795	4225	2460	1765
平山县	31234	15888	15346	4130	2663	1467
元氏县	30065	15521	14544	4759	3112	1647

妇女生育状况(长表数据)

单位：人

有配偶			离婚			丧偶			15—64岁妇女	
小计	男	女	小计	男	女	小计	男	女	平均活产子女数	平均存活子女数
83036998	**41585937**	**41451061**	**2716772**	**1464446**	**1252326**	**6560386**	**1744078**	**4816308**	**1.33**	**1.29**
1338026	**689321**	**648705**	**52412**	**22303**	**30109**	**76519**	**17684**	**58835**	**0.89**	**0.87**
1338026	**689321**	**648705**	**52412**	**22303**	**30109**	**76519**	**17684**	**58835**	**0.89**	**0.87**
47304	23492	23812	2631	1065	1566	3544	740	2804	0.84	0.82
75150	37386	37764	3536	1442	2094	5308	1168	4140	0.87	0.85
207426	105579	101847	9126	3602	5524	11960	2666	9294	0.78	0.76
134988	68919	66069	6416	2629	3787	8610	1825	6785	0.84	0.82
36732	18423	18309	1597	685	912	2409	572	1837	0.83	0.81
183551	92442	91109	7220	2839	4381	9963	2218	7745	0.76	0.75
24540	12469	12071	1031	442	589	1825	389	1436	0.96	0.93
79788	40919	38869	3089	1449	1640	5112	1290	3822	1.04	1.03
105921	55424	50497	3252	1437	1815	5206	1258	3948	0.91	0.89
86417	46745	39672	2491	1221	1270	4085	1031	3054	1.06	1.02
130604	69246	61358	4588	2011	2577	5572	1252	4320	0.83	0.81
112295	60056	52239	3618	1592	2026	4862	1180	3682	0.99	0.96
26594	13973	12621	964	447	517	1669	447	1222	1.09	1.07
30358	15454	14904	914	465	449	2305	610	1695	1.25	1.23
35041	17764	17277	1105	539	566	2603	648	1955	1.14	1.11
21317	11030	10287	834	438	396	1486	390	1096	1.16	1.12
779817	**396812**	**383005**	**33759**	**15712**	**18047**	**54512**	**14659**	**39853**	**1.02**	**1.01**
779817	**396812**	**383005**	**33759**	**15712**	**18047**	**54512**	**14659**	**39853**	**1.02**	**1.01**
13552	6594	6958	738	314	424	1211	253	958	0.94	0.92
49071	24483	24588	2682	1232	1450	4352	1081	3271	0.85	0.84
43177	21428	21749	2119	885	1234	3962	941	3021	0.80	0.79
50996	25341	25655	2682	1132	1550	4670	1094	3576	0.83	0.82
36635	18295	18340	2118	964	1154	3449	849	2600	0.83	0.82
27343	13695	13648	1402	627	775	2595	657	1938	0.84	0.82
51633	26963	24670	2329	1031	1298	2667	717	1950	0.97	0.96
61023	31493	29530	2473	1071	1402	3149	810	2339	0.90	0.89
49423	25631	23792	2242	1041	1201	2789	786	2003	0.96	0.95
49314	25428	23886	2504	1175	1329	3446	842	2604	0.93	0.92
70442	35521	34921	1986	1065	921	4680	1347	3333	1.13	1.12
45717	23361	22356	1358	786	572	3071	1029	2042	1.39	1.37
112717	58575	54142	5023	2146	2877	5921	1542	4379	1.01	0.99
25142	12736	12406	991	540	451	1609	527	1082	1.36	1.34
44848	22935	21913	1369	719	650	2928	899	2029	1.25	1.23
48784	24333	24451	1743	984	759	4013	1285	2728	1.47	1.44
4520551	**2248863**	**2271688**	**109209**	**63192**	**46017**	**344047**	**98181**	**245866**	**1.43**	**1.40**
656775	**327805**	**328970**	**15530**	**8410**	**7120**	**49758**	**13222**	**36536**	**1.39**	**1.36**
58599	29067	29532	2051	801	1250	3552	751	2801	1.08	1.05
54711	27163	27548	1583	606	977	2970	677	2293	0.96	0.93
43910	21800	22110	1534	596	938	2589	596	1993	1.03	1.01
4989	2526	2463	134	88	46	491	143	348	1.38	1.37
40998	20198	20800	1232	412	820	2051	432	1619	0.93	0.92
44207	22078	22129	830	532	298	3852	999	2853	1.63	1.59
34206	17124	17082	744	421	323	2431	660	1771	1.36	1.33
22848	11506	11342	377	248	129	1673	427	1246	1.43	1.41
15176	7565	7611	375	278	97	1749	507	1242	1.58	1.55
31500	15746	15754	670	387	283	2567	631	1936	1.44	1.41
22083	10975	11108	510	351	159	2081	634	1447	1.73	1.71
17134	8654	8480	335	235	100	1544	455	1089	1.66	1.62
10853	5369	5484	147	102	45	986	241	745	1.86	1.82
14612	7317	7295	309	225	84	1249	413	836	1.56	1.53
13731	6831	6900	244	162	82	1187	373	814	1.98	1.95
28290	14241	14049	487	361	126	2521	666	1855	1.66	1.62
24364	12126	12238	538	367	171	2202	732	1470	1.73	1.70
22999	11623	11376	342	247	95	1965	539	1426	1.79	1.74

表7 续表 1

地区	15岁及以上人口			未婚		
	合计	男	女	小计	男	女
赵县	40214	20369	19845	5370	3459	1911
石家庄高新技术产业开发区	22621	10994	11627	4981	2434	2547
石家庄循环化工园区	4695	2384	2311	493	319	174
辛集市	49135	24563	24572	5747	3411	2336
晋州市	39913	20174	19739	3883	2459	1424
新乐市	36985	18191	18794	6338	3360	2978
唐山市	**656786**	**332967**	**323819**	**98564**	**57101**	**41463**
路南区	27914	13769	14145	4048	2187	1861
路北区	70024	34266	35758	10297	5423	4874
古冶区	27658	13820	13838	3031	1768	1263
开平区	23288	11705	11583	2781	1672	1109
丰南区	46758	23812	22946	6828	4103	2725
丰润区	68650	34928	33722	11840	6939	4901
曹妃甸区	30090	16531	13559	7475	4338	3137
滦南县	44651	22577	22074	6055	3655	2400
乐亭县	35291	18277	17014	4341	2745	1596
迁西县	29842	15202	14640	4335	2610	1725
玉田县	55123	27902	27221	7631	4430	3201
河北唐山芦台经济开发区	3757	2062	1695	321	243	78
唐山市汉沽管理区	4521	2337	2184	420	258	162
唐山高新技术产业开发区	16844	8278	8566	4946	2331	2615
河北唐山海港经济开发区	8401	4407	3994	980	599	381
遵化市	58576	29560	29016	8960	5222	3738
迁安市	63262	32025	31237	8661	5206	3455
滦州市	42136	21509	20627	5614	3372	2242
秦皇岛市	**257394**	**129095**	**128299**	**41642**	**24558**	**17084**
海港区	83874	41599	42275	16595	9464	7131
山海关区	13549	6807	6742	1819	1128	691
北戴河区	10131	4888	5243	2475	1225	1250
抚宁区	23703	12034	11669	2835	1818	1017
青龙满族自治县	33697	17388	16309	5027	3325	1702
昌黎县	40954	20482	20472	5604	3223	2381
卢龙县	28262	14335	13927	3789	2346	1443
秦皇岛市经济技术开发区	16993	8453	8540	2865	1657	1208
北戴河新区	6231	3109	3122	633	372	261
邯郸市	**703499**	**345076**	**358423**	**122752**	**69620**	**53132**
邯山区	46928	23242	23686	9691	5144	4547
丛台区	46251	22514	23737	7737	3998	3739
复兴区	26086	12913	13173	3610	1989	1621
峰峰矿区	36746	18525	18221	5336	3098	2238
肥乡区	27517	13620	13897	5271	2927	2344
永年区	62178	30992	31186	11907	6799	5108
临漳县	42391	19644	22747	7268	4117	3151
成安县	28889	13850	15039	4594	2556	2038
大名县	53033	25757	27276	9486	5263	4223
涉县	28924	14240	14684	4387	2755	1632
磁县	31700	15823	15877	5376	3251	2125
邱县	16082	7828	8254	2803	1526	1277
鸡泽县	19879	9690	10189	3358	1988	1370
广平县	17932	8550	9382	3017	1691	1326
馆陶县	22177	10823	11354	3830	2179	1651
魏县	60109	29009	31100	10667	5951	4716
曲周县	34105	16694	17411	6141	3437	2704
邯郸经济技术开发区	22188	11404	10784	6402	3697	2705
邯郸冀南新区	21141	10561	10580	2936	1811	1125
武安市	59243	29397	29846	8935	5443	3492
邢台市	**543196**	**269173**	**274023**	**80664**	**47532**	**33132**
襄都区	33221	16067	17154	5896	2925	2971
信都区	62926	31111	31815	11167	6387	4780
任泽区	26042	12990	13052	3606	2191	1415

单位：人

有配偶			离婚			丧偶			15—64岁妇女	
小计	男	女	小计	男	女	小计	男	女	平均活产子女数	平均存活子女数
31521	15796	15725	555	415	140	2768	699	2069	1.74	1.72
16611	8269	8342	341	131	210	688	160	528	1.14	1.12
3814	1949	1865	85	50	35	303	66	237	1.60	1.58
39155	19636	19519	833	521	312	3400	995	2405	1.42	1.39
32706	16462	16244	697	484	213	2627	769	1858	1.69	1.66
27758	13784	13974	577	390	187	2312	657	1655	1.62	1.59
505194	**255660**	**249534**	**15733**	**8639**	**7094**	**37295**	**11567**	**25728**	**1.25**	**1.23**
21400	10719	10681	962	433	529	1504	430	1074	1.00	0.98
53840	26885	26955	2488	989	1499	3399	969	2430	0.94	0.93
21329	10816	10513	1082	593	489	2216	643	1573	1.04	1.02
18111	9146	8965	936	481	455	1460	406	1054	1.14	1.12
36244	18264	17980	1057	611	446	2629	834	1795	1.27	1.25
51141	25832	25309	1575	886	689	4094	1271	2823	1.26	1.24
21078	11620	9458	545	300	245	992	273	719	0.95	0.94
34932	17484	17448	775	475	300	2889	963	1926	1.29	1.27
28195	14462	13733	664	401	263	2091	669	1422	1.16	1.15
23072	11610	11462	585	377	208	1850	605	1245	1.53	1.50
43057	21609	21448	1205	776	429	3230	1087	2143	1.37	1.34
3142	1697	1445	85	57	28	209	65	144	1.49	1.48
3701	1929	1772	154	88	66	246	62	184	1.31	1.29
10996	5657	5339	294	120	174	608	170	438	0.83	0.82
6939	3630	3309	150	78	72	332	100	232	1.13	1.10
44978	22539	22439	1281	775	506	3357	1024	2333	1.44	1.42
50000	25118	24882	1064	629	435	3537	1072	2465	1.52	1.49
33039	16643	16396	831	570	261	2652	924	1728	1.47	1.44
193893	**96403**	**97490**	**6983**	**3646**	**3337**	**14876**	**4488**	**10388**	**1.19**	**1.17**
60871	30065	30806	2877	1194	1683	3531	876	2655	0.96	0.94
10418	5225	5193	495	247	248	817	207	610	1.03	1.02
6790	3381	3409	309	141	168	557	141	416	0.89	0.87
18687	9337	9350	567	361	206	1614	518	1096	1.38	1.36
25528	12714	12814	697	494	203	2445	855	1590	1.67	1.63
31678	15825	15853	927	583	344	2745	851	1894	1.24	1.22
21775	10835	10940	537	390	147	2161	764	1397	1.46	1.43
13042	6445	6597	437	172	265	649	179	470	1.03	1.02
5104	2576	2528	137	64	73	357	97	260	1.25	1.24
530145	**258106**	**272039**	**9206**	**5777**	**3429**	**41396**	**11573**	**29823**	**1.64**	**1.60**
34435	17215	17220	895	420	475	1907	463	1444	1.25	1.22
35883	17718	18165	726	332	394	1905	466	1439	1.21	1.18
20525	10300	10225	623	286	337	1328	338	990	1.30	1.27
28294	14351	13943	684	424	260	2432	652	1780	1.36	1.33
20414	9973	10441	299	224	75	1533	496	1037	1.74	1.71
45947	22767	23180	584	418	166	3740	1008	2732	1.78	1.76
31972	14396	17576	423	309	114	2728	822	1906	1.72	1.67
22227	10550	11677	338	245	93	1730	499	1231	1.74	1.70
39770	19216	20554	583	403	180	3194	875	2319	1.68	1.64
21791	10526	11265	534	333	201	2212	626	1586	1.73	1.69
23896	11669	12227	454	321	133	1974	582	1392	1.72	1.69
12180	5928	6252	171	113	58	928	261	667	1.76	1.72
15216	7241	7975	179	123	56	1126	338	788	2.00	1.97
13520	6346	7174	206	144	62	1189	369	820	1.72	1.70
16659	8096	8563	234	163	71	1454	385	1069	1.80	1.75
45229	21572	23657	675	455	220	3538	1031	2507	1.70	1.67
25690	12472	13218	314	221	93	1960	564	1396	1.90	1.86
14600	7288	7312	224	133	91	962	286	676	1.46	1.45
16515	8152	8363	302	202	100	1388	396	992	1.76	1.74
45382	22330	23052	758	508	250	4168	1116	3052	1.71	1.68
421677	**208084**	**213593**	**7620**	**4745**	**2875**	**33235**	**8812**	**24423**	**1.66**	**1.62**
25150	12484	12666	617	270	347	1558	388	1170	1.27	1.24
47283	23281	24002	1138	552	586	3338	891	2447	1.35	1.32
20623	10201	10422	320	199	121	1493	399	1094	1.75	1.71

表7 续表 2

地　区	15岁及以上人口			未婚		
	合　计	男	女	小　计	男	女
南和区	27302	13676	13626	4367	2654	1713
临城县	15954	8018	7936	2580	1542	1038
内丘县	21110	10237	10873	3068	1821	1247
柏乡县	13200	6469	6731	1741	1090	651
隆尧县	37752	18770	18982	5170	3227	1943
宁晋县	56178	28282	27896	7391	4632	2759
巨鹿县	27289	13636	13653	3788	2264	1524
新河县	10803	5260	5543	1506	847	659
广宗县	21537	10751	10786	3073	1832	1241
平乡县	25119	12444	12675	4640	2603	2037
威县	35775	17377	18398	5042	2838	2204
清河县	30656	15309	15347	3677	2296	1381
临西县	23644	11678	11966	3467	2069	1398
河北邢台经济开发区	13282	6696	6586	1405	884	521
南宫市	29976	14679	15297	3949	2340	1609
沙河市	31430	15723	15707	5131	3090	2041
保定市	**921275**	**459957**	**461318**	**142284**	**83393**	**58891**
竞秀区	41810	20337	21473	6917	3750	3167
莲池区	71210	34211	36999	19677	9825	9852
满城区	30296	15288	15008	4222	2534	1688
清苑区	51034	25773	25261	6257	3870	2387
徐水区	48587	24785	23802	6899	4519	2380
涞水县	26825	13535	13290	4062	2421	1641
阜平县	15822	7994	7828	3076	1790	1286
定兴县	40632	20024	20608	5538	3382	2156
唐县	40036	19790	20246	6383	3667	2716
高阳县	25128	12750	12378	3624	2187	1437
容城县	21240	10898	10342	2949	1864	1085
涞源县	19280	9974	9306	3645	2316	1329
望都县	18720	9239	9481	2143	1285	858
安新县	35987	17898	18089	4541	2760	1781
易县	41901	21226	20675	6208	3933	2275
曲阳县	41923	20516	21407	7230	4199	3031
蠡县	38238	19498	18740	4895	3100	1795
顺平县	22619	11379	11240	3024	1850	1174
博野县	18277	9122	9155	2274	1345	929
雄县	35776	18029	17747	4353	2706	1647
保定高新技术产业开发区	6953	3433	3520	769	431	338
保定白沟新城	10660	5481	5179	1416	882	534
涿州市	53672	26657	27015	7673	4489	3184
定州市	92085	45500	46585	14283	8131	6152
安国市	30474	15369	15105	4288	2533	1755
高碑店市	42090	21251	20839	5938	3624	2314
张家口市	**332393**	**167009**	**165384**	**50116**	**30136**	**19980**
桥东区	23338	11564	11774	3056	1794	1262
桥西区	23507	11108	12399	4391	2078	2313
宣化区	44033	21741	22292	6134	3480	2654
下花园区	6500	3446	3054	1069	662	407
万全区	17628	8873	8755	2221	1350	871
崇礼区	8517	4775	3742	1099	793	306
张北县	23759	11903	11856	3340	2088	1252
康保县	10456	5273	5183	1127	776	351
沽源县	12042	6077	5965	1537	957	580
尚义县	8281	4219	4062	957	638	319
蔚县	31272	15885	15387	4627	3131	1496
阳原县	16507	8252	8255	2244	1420	824
怀安县	14399	7259	7140	1829	1198	631
怀来县	28513	14506	14007	4257	2566	1691
涿鹿县	24755	12495	12260	3682	2425	1257
赤城县	15293	7855	7438	2557	1650	907

单位：人

有配偶			离婚			丧偶			15—64岁妇女	
小计	男	女	小计	男	女	小计	男	女	平均活产子女数	平均存活子女数
21031	10378	10653	345	236	109	1559	408	1151	1.74	1.71
12136	6054	6082	287	185	102	951	237	714	1.64	1.60
16349	7851	8498	336	209	127	1357	356	1001	1.62	1.56
10337	5022	5315	178	122	56	944	235	709	1.74	1.67
29822	14656	15166	494	336	158	2266	551	1715	1.66	1.62
44246	22186	22060	733	516	217	3808	948	2860	1.73	1.70
21502	10631	10871	342	240	102	1657	501	1156	1.69	1.64
8333	4110	4223	145	103	42	819	200	619	1.45	1.43
16908	8304	8604	296	214	82	1260	401	859	1.83	1.79
18853	9278	9575	296	189	107	1330	374	956	1.79	1.75
27770	13535	14235	357	243	114	2606	761	1845	1.76	1.73
24783	12339	12444	384	235	149	1812	439	1373	1.78	1.74
18155	8924	9231	334	239	95	1688	446	1242	1.78	1.74
10935	5476	5459	237	154	83	705	182	523	1.83	1.79
23433	11473	11960	318	221	97	2276	645	1631	1.58	1.54
24028	11901	12127	463	282	181	1808	450	1358	1.89	1.84
707615	**350440**	**357175**	**16796**	**10174**	**6622**	**54580**	**15950**	**38630**	**1.43**	**1.40**
31731	15666	16065	958	404	554	2204	517	1687	1.02	1.00
47500	23278	24222	1350	537	813	2683	571	2112	0.89	0.87
23734	11890	11844	509	296	213	1831	568	1263	1.54	1.51
40687	20321	20366	911	629	282	3179	953	2226	1.57	1.52
37896	18935	18961	894	542	352	2898	789	2109	1.47	1.45
20613	10188	10425	478	333	145	1672	593	1079	1.35	1.33
11281	5624	5657	343	226	117	1122	354	768	1.58	1.55
31879	15459	16420	601	424	177	2614	759	1855	1.50	1.46
30392	14886	15506	641	403	238	2620	834	1786	1.62	1.57
19496	9789	9707	554	353	201	1454	421	1033	1.51	1.48
16734	8472	8262	338	194	144	1219	368	851	1.50	1.44
13942	6958	6984	515	334	181	1178	366	812	1.50	1.45
14895	7312	7583	358	242	116	1324	400	924	1.49	1.45
28832	14197	14635	573	337	236	2041	604	1437	1.57	1.53
31980	15802	16178	883	578	305	2830	913	1917	1.48	1.45
31423	15091	16332	656	459	197	2614	767	1847	1.74	1.70
30517	15334	15183	550	382	168	2276	682	1594	1.63	1.60
17633	8765	8868	396	262	134	1566	502	1064	1.45	1.43
14446	7193	7253	304	210	94	1253	374	879	1.58	1.53
28850	14414	14436	600	364	236	1973	545	1428	1.68	1.64
5810	2884	2926	108	41	67	266	77	189	1.23	1.19
8712	4433	4279	213	88	125	319	78	241	1.53	1.47
41839	20662	21177	1158	623	535	3002	883	2119	1.26	1.22
70083	34527	35556	1702	1133	569	6017	1709	4308	1.47	1.44
23585	11824	11761	507	361	146	2094	651	1443	1.37	1.34
33125	16536	16589	696	419	277	2331	672	1659	1.43	1.40
253653	**126811**	**126842**	**7775**	**4584**	**3191**	**20849**	**5478**	**15371**	**1.31**	**1.28**
18296	9129	9167	643	311	332	1343	330	1013	1.05	1.03
17229	8459	8770	718	349	369	1169	222	947	0.92	0.90
34186	17039	17147	1103	563	540	2610	659	1951	1.15	1.13
4822	2549	2273	206	111	95	403	124	279	1.08	1.05
13978	7036	6942	391	231	160	1038	256	782	1.42	1.40
6793	3754	3039	152	99	53	473	129	344	1.41	1.37
18533	9207	9326	405	232	173	1481	376	1105	1.37	1.32
8205	4098	4107	208	142	66	916	257	659	1.44	1.41
9421	4698	4723	304	195	109	780	227	553	1.37	1.34
6537	3332	3205	148	93	55	639	156	483	1.48	1.44
23582	11643	11939	725	527	198	2338	584	1754	1.68	1.65
12557	6239	6318	340	232	108	1366	361	1005	1.61	1.55
11170	5583	5587	288	183	105	1112	295	817	1.55	1.53
22050	11032	11018	665	429	236	1541	479	1062	1.37	1.34
18803	9185	9618	598	388	210	1672	497	1175	1.38	1.35
11269	5602	5667	429	269	160	1038	334	704	1.44	1.40

表7　续表 3

地　区	15岁及以上人口			未婚		
	合　计	男	女	小　计	男	女
张家口经济开发区	21646	10771	10875	5810	3008	2802
张家口市察北管理区	1386	706	680	130	87	43
张家口市塞北管理区	561	301	260	49	35	14
承德市	**269552**	**134945**	**134607**	**42605**	**25536**	**17069**
双桥区	28455	13791	14664	4319	2383	1936
双滦区	14536	7200	7336	1684	968	716
鹰手营子矿区	4542	2200	2342	425	248	177
承德县	27615	14138	13477	4122	2670	1452
兴隆县	22707	11462	11245	3106	1961	1145
滦平县	21664	10924	10740	3114	1929	1185
隆化县	27485	13766	13719	4206	2608	1598
丰宁满族自治县	25919	13038	12881	3740	2313	1427
宽城满族自治县	18105	9147	8958	2218	1390	828
围场满族蒙古族自治县	33618	16786	16832	5118	3127	1991
承德高新技术产业开发区	11360	5704	5656	4817	2506	2311
平泉市	33546	16789	16757	5736	3433	2303
沧州市	**567756**	**285381**	**282375**	**78677**	**46571**	**32106**
新华区	19611	9592	10019	2720	1488	1232
运河区	40205	19406	20799	7986	4065	3921
沧县	48572	24844	23728	5802	3654	2148
青县	32595	16513	16082	4250	2518	1732
东光县	26746	13376	13370	2821	1667	1154
海兴县	14575	7332	7243	1765	1083	682
盐山县	29836	14969	14867	3678	2269	1409
肃宁县	27231	13835	13396	3499	2181	1318
南皮县	26750	13530	13220	3363	2069	1294
吴桥县	18146	8825	9321	2226	1182	1044
献县	42297	20969	21328	6555	3792	2763
孟村回族自治县	15646	7939	7707	2097	1261	836
河北沧州经济开发区	2439	1284	1155	736	425	311
沧州高新技术产业开发区	1075	534	541	144	74	70
沧州渤海新区	11554	6243	5311	1982	1387	595
泊头市	48007	24074	23933	7715	4281	3434
任丘市	63450	31840	31610	7618	4574	3044
黄骅市	37065	19047	18018	6141	3866	2275
河间市	61956	31229	30727	7579	4735	2844
廊坊市	**428850**	**216802**	**212048**	**73134**	**42074**	**31060**
安次区	34378	17414	16964	4803	2836	1967
广阳区	45694	22574	23120	8389	4517	3872
固安县	45780	23154	22626	7150	4186	2964
永清县	29311	14946	14365	4128	2524	1604
香河县	35608	17976	17632	4394	2564	1830
大城县	35955	18450	17505	5088	3249	1839
文安县	42022	21502	20520	6679	4018	2661
大厂回族自治县	13169	6589	6580	1806	1042	764
廊坊经济技术开发区	9869	5181	4688	4082	2121	1961
霸州市	56369	28531	27838	9315	5320	3995
三河市	80695	40485	40210	17300	9697	7603
衡水市	**362837**	**182350**	**180487**	**61356**	**35435**	**25921**
桃城区	47347	22992	24355	10112	5320	4792
冀州区	25843	12931	12912	4088	2465	1623
枣强县	30534	15169	15365	4222	2480	1742
武邑县	22492	11361	11131	4581	2667	1914
武强县	15555	7865	7690	1925	1231	694
饶阳县	21002	10694	10308	2260	1448	812
安平县	27963	14498	13465	3992	2477	1515
故城县	37949	18898	19051	5842	3384	2458
景县	42331	21308	21023	6882	3929	2953
阜城县	27205	13535	13670	5064	2749	2315
河北衡水高新技术产业开发区	11759	6008	5751	2818	1653	1165
衡水滨湖新区	7398	3708	3690	3473	1821	1652
深州市	45459	23383	22076	6097	3811	2286

单位：人

有配偶			离婚			丧偶			15—64岁妇女	
小计	男	女	小计	男	女	小计	男	女	平均活产子女数	平均存活子女数
14627	7402	7225	386	185	201	823	176	647	0.96	0.95
1133	577	556	46	30	16	77	12	65	1.43	1.41
462	247	215	20	15	5	30	4	26	1.31	1.29
203348	**100856**	**102492**	**6220**	**3690**	**2530**	**17379**	**4863**	**12516**	**1.41**	**1.38**
21654	10648	11006	957	422	535	1525	338	1187	1.08	1.05
11604	5786	5818	435	234	201	813	212	601	1.29	1.24
3532	1767	1765	196	104	92	389	81	308	1.21	1.19
20905	10456	10449	678	451	227	1910	561	1349	1.46	1.43
17378	8660	8718	662	406	256	1561	435	1126	1.46	1.44
16618	8255	8363	488	311	177	1444	429	1015	1.52	1.47
20703	10158	10545	623	408	215	1953	592	1361	1.58	1.53
19935	9884	10051	553	351	202	1691	490	1201	1.54	1.51
14477	7267	7210	325	195	130	1085	295	790	1.65	1.61
25529	12637	12892	593	382	211	2378	640	1738	1.53	1.50
6041	3006	3035	168	91	77	334	101	233	0.83	0.82
24972	12332	12640	542	335	207	2296	689	1607	1.39	1.35
446318	**222848**	**223470**	**10306**	**6032**	**4274**	**32455**	**9930**	**22525**	**1.54**	**1.51**
15519	7672	7847	497	189	308	875	243	632	1.20	1.17
29809	14628	15181	1001	356	645	1409	357	1052	1.10	1.07
39085	19720	19365	733	546	187	2952	924	2028	1.69	1.67
25805	12990	12815	595	367	228	1945	638	1307	1.51	1.48
21737	10821	10916	461	288	173	1727	600	1127	1.58	1.55
11672	5781	5891	242	168	74	896	300	596	1.75	1.72
23698	11676	12022	534	336	198	1926	688	1238	1.81	1.77
21651	10872	10779	460	320	140	1621	462	1159	1.57	1.55
21319	10633	10686	419	283	136	1649	545	1104	1.59	1.56
14191	7016	7175	281	173	108	1448	454	994	1.38	1.35
32651	16051	16600	571	378	193	2520	748	1772	1.67	1.64
12465	6249	6216	246	154	92	838	275	563	1.80	1.77
1577	815	762	56	27	29	70	17	53	1.19	1.17
894	449	445	7	2	5	30	9	21	1.47	1.45
8933	4644	4289	180	100	80	459	112	347	1.36	1.33
36544	18319	18225	808	505	303	2940	969	1971	1.42	1.38
50909	25557	25352	1483	779	704	3440	930	2510	1.56	1.52
28443	14299	14144	586	324	262	1895	558	1337	1.56	1.53
49416	24656	24760	1146	737	409	3815	1101	2714	1.67	1.64
327434	**164585**	**162849**	**8064**	**4415**	**3649**	**20218**	**5728**	**14490**	**1.32**	**1.29**
27166	13648	13518	670	406	264	1739	524	1215	1.31	1.29
34593	17178	17415	913	366	547	1799	513	1286	1.01	1.00
35767	17966	17801	709	377	332	2154	625	1529	1.39	1.35
22849	11549	11300	504	339	165	1830	534	1296	1.47	1.44
28629	14490	14139	773	430	343	1812	492	1320	1.31	1.29
28223	14143	14080	672	461	211	1972	597	1375	1.84	1.82
32429	16441	15988	663	419	244	2251	624	1627	1.62	1.59
10485	5273	5212	237	121	116	641	153	488	1.22	1.19
5536	2964	2572	74	42	32	177	54	123	0.76	0.75
43090	21822	21268	1041	566	475	2923	823	2100	1.38	1.36
58667	29111	29556	1808	888	920	2920	789	2131	1.07	1.05
274499	**137265**	**137234**	**4976**	**3080**	**1896**	**22006**	**6570**	**15436**	**1.40**	**1.37**
34890	16894	17996	630	258	372	1715	520	1195	1.10	1.09
19519	9723	9796	306	190	116	1930	553	1377	1.33	1.31
23901	11907	11994	415	258	157	1996	524	1472	1.55	1.52
16089	8042	8047	263	189	74	1559	463	1096	1.42	1.39
12230	6108	6122	269	186	83	1131	340	791	1.57	1.54
16969	8582	8387	321	207	114	1452	457	995	1.57	1.54
21896	11235	10661	408	265	143	1667	521	1146	1.47	1.44
29275	14536	14739	499	309	190	2333	669	1664	1.56	1.51
32228	16175	16053	560	359	201	2661	845	1816	1.46	1.44
20024	9966	10058	413	285	128	1704	535	1169	1.42	1.39
8369	4141	4228	167	85	82	405	129	276	1.15	1.12
3566	1778	1788	62	32	30	297	77	220	0.85	0.83
35543	18178	17365	663	457	206	3156	937	2219	1.47	1.45

表7 续表 4

地区	15岁及以上人口			未婚		
	合计	男	女	小计	男	女
山西省	**2887300**	**1466370**	**1420930**	**516636**	**299198**	**217438**
太原市	**416471**	**210029**	**206442**	**88855**	**48836**	**40019**
小店区	83966	41430	42536	21991	10856	11135
迎泽区	47663	23069	24594	8330	4220	4110
杏花岭区	62070	30837	31233	9986	5541	4445
尖草坪区	43240	22316	20924	10221	6071	4150
万柏林区	75758	38127	37631	14726	8292	6434
晋源区	23638	12227	11411	4590	2709	1881
清徐县	28217	14599	13618	5678	3097	2581
阳曲县	9532	5005	4527	1483	977	506
娄烦县	6710	3547	3163	1142	752	390
山西转型综合改革示范区	19784	10552	9232	8054	4758	3296
古交市	15893	8320	7573	2654	1563	1091
大同市	**270434**	**137200**	**133234**	**49611**	**28520**	**21091**
新荣区	7799	4162	3637	1414	876	538
平城区	94850	46914	47936	17504	9144	8360
云冈区	59197	29560	29637	9777	5621	4156
云州区	10964	5692	5272	1700	1078	622
阳高县	15086	7608	7478	2253	1442	811
天镇县	12808	6454	6354	2113	1230	883
广灵县	14914	7825	7089	3837	2393	1444
灵丘县	16118	8419	7699	3168	2000	1168
浑源县	24404	12509	11895	5045	3107	1938
左云县	13149	7484	5665	2447	1462	985
山西大同经济开发区	1145	573	572	353	167	186
阳泉市	**112910**	**57687**	**55223**	**16984**	**10403**	**6581**
城区	19624	9745	9879	2764	1637	1127
矿区	21064	10591	10473	2670	1593	1077
郊区	23342	12106	11236	3811	2329	1482
平定县	25648	13126	12522	4416	2686	1730
盂县	23232	12119	11113	3323	2158	1165
长治市	**264574**	**133622**	**130952**	**44097**	**26098**	**17999**
潞州区	73240	35532	37708	12775	6619	6156
上党区	27846	13767	14079	4185	2490	1695
屯留区	20106	10219	9887	3020	1854	1166
潞城区	17203	8724	8479	2829	1740	1089
襄垣县	21287	10982	10305	3112	1960	1152
平顺县	11456	5947	5509	2339	1482	857
黎城县	10452	5217	5235	1604	984	620
壶关县	20459	10059	10400	3668	2131	1537
长子县	25596	13237	12359	3615	2269	1346
武乡县	12543	6662	5881	2315	1498	817
沁县	11965	6246	5719	2560	1646	914
沁源县	12421	7030	5391	2075	1425	650
晋城市	**201837**	**102817**	**99020**	**32804**	**19049**	**13755**
城区	47766	23296	24470	8408	4492	3916
沁水县	19254	10642	8612	2785	1713	1072
阳城县	32729	16546	16183	5039	2885	2154
陵川县	17888	9000	8888	2909	1878	1031
泽州县	41559	21450	20109	7290	4414	2876
高平市	42641	21883	20758	6373	3667	2706
朔州市	**124735**	**64908**	**59827**	**23475**	**13868**	**9607**
朔城区	33837	17185	16652	6968	3983	2985
平鲁区	12675	6887	5788	2638	1586	1052
山阴县	16764	9082	7682	2572	1645	927
应县	21091	10830	10261	3599	2190	1409

单位：人

有配偶			离婚			丧偶			15—64岁妇女	
小计	男	女	小计	男	女	小计	男	女	平均活产子女数	平均存活子女数
2158753	**1093887**	**1064866**	**52178**	**30647**	**21531**	**159733**	**42638**	**117095**	**1.39**	**1.36**
301923	**152954**	**148969**	**8786**	**4234**	**4552**	**16907**	**4005**	**12902**	**1.09**	**1.07**
58220	29401	28819	1404	607	797	2351	566	1785	0.97	0.96
36003	17881	18122	1267	539	728	2063	429	1634	1.01	0.99
47454	23843	23611	1602	755	847	3028	698	2330	1.03	1.01
29992	15218	14774	1059	553	506	1968	474	1494	1.04	1.02
56287	28393	27894	1736	785	951	3009	657	2352	1.07	1.05
17637	9092	8545	438	208	230	973	218	755	1.26	1.24
20702	10868	9834	423	265	158	1414	369	1045	1.40	1.37
7149	3669	3480	243	162	81	657	197	460	1.53	1.51
4929	2530	2399	212	138	74	427	127	300	1.86	1.82
11184	5600	5584	194	105	89	352	89	263	0.94	0.93
12366	6459	5907	208	117	91	665	181	484	1.46	1.42
200892	**102057**	**98835**	**5686**	**3185**	**2501**	**14245**	**3438**	**10807**	**1.29**	**1.26**
5726	3036	2690	172	125	47	487	125	362	1.55	1.52
72235	36190	36045	1895	797	1098	3216	783	2433	1.04	1.02
44399	22490	21909	1452	711	741	3569	738	2831	1.19	1.17
8354	4312	4042	195	153	42	715	149	566	1.69	1.65
11237	5573	5664	336	244	92	1260	349	911	1.65	1.63
9596	4844	4752	187	142	45	912	238	674	1.65	1.55
9820	4902	4918	375	279	96	882	251	631	1.44	1.42
11703	5938	5765	336	236	100	911	245	666	1.62	1.59
17249	8654	8595	522	366	156	1588	382	1206	1.56	1.54
9844	5739	4105	197	120	77	661	163	498	1.43	1.41
729	379	350	19	12	7	44	15	29	1.18	1.17
85912	**43720**	**42192**	**2834**	**1582**	**1252**	**7180**	**1982**	**5198**	**1.27**	**1.25**
14950	7494	7456	731	336	395	1179	278	901	1.07	1.06
16409	8306	8103	684	370	314	1301	322	979	1.14	1.12
17683	9112	8571	565	314	251	1283	351	932	1.17	1.15
18890	9577	9313	402	274	128	1940	589	1351	1.36	1.33
17980	9231	8749	452	288	164	1477	442	1035	1.56	1.54
198859	**100086**	**98773**	**4377**	**2636**	**1741**	**17241**	**4802**	**12439**	**1.43**	**1.40**
55719	27542	28177	1396	605	791	3350	766	2584	1.18	1.14
21362	10535	10827	359	235	124	1940	507	1433	1.42	1.39
15425	7785	7640	305	214	91	1356	366	990	1.61	1.57
12857	6446	6411	309	196	113	1208	342	866	1.44	1.41
16389	8367	8022	372	235	137	1414	420	994	1.50	1.48
7963	4020	3943	212	150	62	942	295	647	1.52	1.47
7654	3777	3877	251	175	76	943	281	662	1.60	1.56
14952	7269	7683	273	187	86	1566	472	1094	1.58	1.55
19828	10199	9629	374	251	123	1779	518	1261	1.58	1.55
9037	4704	4333	184	133	51	1007	327	680	1.72	1.68
8338	4202	4136	186	140	46	881	258	623	1.52	1.44
9335	5240	4095	156	115	41	855	250	605	1.62	1.59
153213	**78338**	**74875**	**3295**	**1979**	**1316**	**12525**	**3451**	**9074**	**1.32**	**1.29**
36903	18118	18785	765	331	434	1690	355	1335	1.17	1.16
14854	8310	6544	329	227	102	1286	392	894	1.37	1.33
24732	12528	12204	613	399	214	2345	734	1611	1.28	1.25
13262	6489	6773	301	193	108	1416	440	976	1.51	1.48
30559	15809	14750	697	451	246	3013	776	2237	1.41	1.39
32903	17084	15819	590	378	212	2775	754	2021	1.35	1.31
94037	**48551**	**45486**	**1672**	**1058**	**614**	**5551**	**1431**	**4120**	**1.56**	**1.54**
25143	12663	12480	393	232	161	1333	307	1026	1.55	1.52
9360	5054	4306	155	112	43	522	135	387	1.75	1.73
13078	7034	6044	247	169	78	867	234	633	1.67	1.64
15971	8069	7902	345	225	120	1176	346	830	1.61	1.59

表7 续表 5

地 区	15岁及以上人口			未婚		
	合 计	男	女	小 计	男	女
右玉县	7447	4045	3402	1063	653	410
山西朔州经济开发区	5805	2867	2938	1220	513	707
怀仁市	27116	14012	13104	5415	3298	2117
晋中市	**273178**	**138207**	**134971**	**52020**	**29381**	**22639**
榆次区	71545	34693	36852	20026	9522	10504
太谷区	26252	13164	13088	5916	3332	2584
榆社县	8611	4459	4152	1409	935	474
左权县	11850	6093	5757	1765	1130	635
和顺县	9819	5168	4651	1287	826	461
昔阳县	15463	8020	7443	2142	1474	668
寿阳县	17481	9627	7854	2526	1749	777
祁县	21269	10706	10563	3299	1929	1370
平遥县	37056	18596	18460	5948	3731	2217
灵石县	19509	10281	9228	2890	1783	1107
介休市	34323	17400	16923	4812	2970	1842
运城市	**406602**	**203923**	**202679**	**67876**	**39517**	**28359**
盐湖区	70795	34071	36724	14751	7223	7528
临猗县	47481	24083	23398	7936	4744	3192
万荣县	33776	17114	16662	5817	3544	2273
闻喜县	30888	15539	15349	4834	2922	1912
稷山县	26530	13300	13230	4183	2548	1635
新绛县	24151	12019	12132	3855	2260	1595
绛县	17580	8634	8946	2312	1331	981
垣曲县	17783	9184	8599	3359	2047	1312
夏县	23447	11816	11631	3326	2121	1205
平陆县	16781	8466	8315	2427	1495	932
芮城县	32515	16862	15653	5912	3649	2263
永济市	33209	16509	16700	4691	2765	1926
河津市	31666	16326	15340	4473	2868	1605
忻州市	**220572**	**114443**	**106129**	**39494**	**24098**	**15396**
忻府区	46417	22853	23564	10324	5328	4996
定襄县	16147	8196	7951	2349	1500	849
五台县	18429	9646	8783	3363	2227	1136
代县	14496	7593	6903	2255	1405	850
繁峙县	18287	9553	8734	2941	1889	1052
宁武县	10029	5492	4537	1704	1156	548
静乐县	10910	5958	4952	2308	1539	769
神池县	7637	4115	3522	1432	952	480
五寨县	8421	4384	4037	1407	822	585
岢岚县	6295	3447	2848	1257	844	413
河曲县	9930	5307	4623	1205	826	379
保德县	10735	5778	4957	1938	1219	719
偏关县	6824	3511	3313	1077	657	420
五台山风景名胜区	1479	769	710	322	177	145
原平市	34536	17841	16695	5612	3557	2055
临汾市	**333617**	**167555**	**166062**	**57626**	**32751**	**24875**
尧都区	78135	37996	40139	15644	7850	7794
曲沃县	18340	9413	8927	2608	1576	1032
翼城县	21487	10454	11033	3007	1702	1305
襄汾县	38120	19042	19078	6209	3696	2513
洪洞县	49961	24539	25422	8225	4747	3478
古县	7174	3816	3358	1182	732	450
安泽县	6454	3452	3002	919	589	330
浮山县	8594	4333	4261	1292	776	516
吉县	7120	3630	3490	1141	673	468
乡宁县	17515	9342	8173	3213	2017	1196
大宁县	5322	2884	2438	1246	776	470
隰县	7161	3753	3408	1178	717	461
永和县	4676	2478	2198	832	515	317
蒲县	9222	5180	4042	1803	1089	714

单位：人

有配偶			离婚			丧偶			15—64岁妇女	
小计	男	女	小计	男	女	小计	男	女	平均活产子女数	平均存活子女数
5894	3215	2679	93	55	38	397	122	275	1.69	1.64
4398	2299	2099	69	25	44	118	30	88	1.18	1.17
20193	10217	9976	370	240	130	1138	257	881	1.46	1.43
201209	**101955**	**99254**	**4724**	**2812**	**1912**	**15225**	**4059**	**11166**	**1.33**	**1.31**
47381	23808	23573	1280	646	634	2858	717	2141	0.93	0.91
18501	9223	9278	468	262	206	1367	347	1020	1.18	1.17
6434	3208	3226	137	101	36	631	215	416	1.76	1.72
8952	4546	4406	242	138	104	891	279	612	1.49	1.47
7687	4022	3665	182	125	57	663	195	468	1.44	1.42
11904	6062	5842	238	155	83	1179	329	850	1.46	1.43
13603	7335	6268	321	224	97	1031	319	712	1.34	1.32
16303	8170	8133	389	258	131	1278	349	929	1.43	1.41
28300	13928	14372	511	341	170	2297	596	1701	1.68	1.65
15107	7990	7117	383	234	149	1129	274	855	1.62	1.59
27037	13663	13374	573	328	245	1901	439	1462	1.54	1.52
307733	**153516**	**154217**	**7213**	**4372**	**2841**	**23780**	**6518**	**17262**	**1.44**	**1.42**
51991	25568	26423	1236	564	672	2817	716	2101	1.21	1.19
35715	18010	17705	844	523	321	2986	806	2180	1.41	1.38
25208	12578	12630	604	415	189	2147	577	1570	1.57	1.54
23591	11703	11888	512	340	172	1951	574	1377	1.46	1.43
20367	10092	10275	355	241	114	1625	419	1206	1.62	1.60
18328	9109	9219	360	216	144	1608	434	1174	1.47	1.46
13489	6666	6823	435	266	169	1344	371	973	1.49	1.46
12838	6500	6338	418	259	159	1168	378	790	1.39	1.34
18111	8935	9176	414	295	119	1596	465	1131	1.58	1.56
12933	6422	6511	319	195	124	1102	354	748	1.50	1.46
24285	12387	11898	573	350	223	1745	476	1269	1.43	1.41
25840	12814	13026	670	411	259	2008	519	1489	1.44	1.41
25037	12732	12305	473	297	176	1683	429	1254	1.65	1.63
163290	**83618**	**79672**	**4351**	**3032**	**1319**	**13437**	**3695**	**9742**	**1.49**	**1.46**
32906	16430	16476	755	465	290	2432	630	1802	1.24	1.20
12417	6203	6214	219	165	54	1162	328	834	1.51	1.47
13287	6795	6492	329	240	89	1450	384	1066	1.58	1.56
10853	5663	5190	410	296	114	978	229	749	1.50	1.47
13853	7029	6824	499	341	158	994	294	700	1.72	1.70
7452	4034	3418	207	145	62	666	157	509	1.59	1.56
7807	4088	3719	168	128	40	627	203	424	1.61	1.56
5622	2895	2727	182	140	42	401	128	273	1.48	1.45
6454	3324	3130	157	114	43	403	124	279	1.45	1.41
4546	2396	2150	157	107	50	335	100	235	1.54	1.51
7969	4190	3779	171	128	43	585	163	422	1.70	1.67
8106	4250	3856	187	132	55	504	177	327	1.75	1.71
5202	2646	2556	130	99	31	415	109	306	1.71	1.66
1026	556	470	55	23	32	76	13	63	1.28	1.27
25790	13119	12671	725	509	216	2409	656	1753	1.45	1.43
250945	**126174**	**124771**	**5488**	**3225**	**2263**	**19558**	**5405**	**14153**	**1.46**	**1.43**
57359	28509	28850	1384	682	702	3748	955	2793	1.23	1.20
14236	7266	6970	375	236	139	1121	335	786	1.45	1.43
16548	8037	8511	380	247	133	1552	468	1084	1.43	1.40
28808	14321	14487	620	406	214	2483	619	1864	1.47	1.45
37702	18453	19249	625	385	240	3409	954	2455	1.60	1.57
5423	2900	2523	97	60	37	472	124	348	1.61	1.56
5072	2691	2381	95	67	28	368	105	263	1.55	1.53
6441	3201	3240	158	122	36	703	234	469	1.45	1.41
5501	2788	2713	93	63	30	385	106	279	1.69	1.67
13198	6936	6262	218	124	94	886	265	621	1.83	1.79
3687	1963	1724	87	60	27	302	85	217	1.60	1.55
5479	2849	2630	124	76	48	380	111	269	1.59	1.57
3517	1818	1699	80	62	18	247	83	164	1.73	1.66
6794	3869	2925	135	82	53	490	140	350	1.66	1.64

表7 续表 6

地 区	15岁及以上人口			未婚		
	合 计	男	女	小 计	男	女
汾西县	8095	4130	3965	1499	912	587
侯马市	23120	11502	11618	3654	2060	1594
霍州市	23121	11611	11510	3974	2324	1650
吕梁市	**262370**	**135979**	**126391**	**43794**	**26677**	**17117**
离石区	32355	16377	15978	6804	3709	3095
文水县	28271	14346	13925	3944	2520	1424
交城县	16957	8603	8354	2948	1805	1143
兴县	14049	7637	6412	2107	1292	815
临县	37773	19980	17793	7017	4466	2551
柳林县	20375	10923	9452	2969	1857	1112
石楼县	7658	3987	3671	1377	838	539
岚县	10945	5754	5191	1835	1155	680
方山县	9768	5314	4454	1580	1035	545
中阳县	10297	5517	4780	1537	997	540
交口县	7276	3901	3375	1021	658	363
孝义市	35826	18359	17467	5749	3517	2232
汾阳市	30820	15281	15539	4906	2828	2078
内蒙古自治区	**2005584**	**1019523**	**986061**	**302498**	**179972**	**122526**
呼和浩特市	**275716**	**137607**	**138109**	**57628**	**31349**	**26279**
新城区	54278	26600	27678	11879	6364	5515
回民区	36568	17839	18729	8998	4558	4440
玉泉区	42242	20961	21281	8948	4738	4210
赛罕区	69821	34746	35075	16956	9290	7666
土默特左旗	21415	11031	10384	3067	1893	1174
托克托县	13929	7316	6613	1594	1014	580
和林格尔县	13106	6451	6655	2983	1402	1581
清水河县	6069	3182	2887	661	442	219
武川县	8206	4243	3963	870	592	278
呼和浩特经济技术开发区	10082	5238	4844	1672	1056	616
包头市	**241792**	**122041**	**119751**	**42050**	**24447**	**17603**
东河区	42360	20919	21441	6620	3692	2928
昆都仑区	68878	34377	34501	12873	7501	5372
青山区	46262	22737	23525	9755	5236	4519
石拐区	1986	1089	897	311	197	114
白云鄂博矿区	2025	1103	922	250	169	81
九原区	20263	10797	9466	3666	2452	1214
土默特右旗	23456	12108	11348	3608	2161	1447
固阳县	14885	7905	6980	2351	1469	882
达尔罕茂明安联合旗	5821	3007	2814	512	335	177
包头稀土高新技术产业开发区	15856	7999	7857	2104	1235	869
乌海市	**46463**	**24358**	**22105**	**6937**	**4225**	**2712**
海勃湾区	28138	14413	13725	4489	2598	1891
海南区	7933	4488	3445	1006	702	304
乌达区	10392	5457	4935	1442	925	517
赤峰市	**341385**	**170863**	**170522**	**45845**	**27719**	**18126**
红山区	37287	18280	19007	6327	3418	2909
元宝山区	24451	12140	12311	2849	1763	1086
松山区	55663	27672	27991	7640	4569	3071
阿鲁科尔沁旗	20384	10216	10168	2514	1568	946
巴林左旗	26132	13007	13125	4283	2425	1858
巴林右旗	12790	6400	6390	1497	939	558
林西县	17059	8546	8513	2351	1391	960
克什克腾旗	15688	8142	7546	1707	1132	575
翁牛特旗	31218	15735	15483	3964	2406	1558
喀喇沁旗	21972	11103	10869	2911	1881	1030
宁城县	40628	20629	19999	5244	3428	1816
敖汉旗	38113	18993	19120	4558	2799	1759
通辽市	**237941**	**118911**	**119030**	**34743**	**20575**	**14168**
科尔沁区	61114	30165	30949	10588	5923	4665

单位：人

有配偶			离婚			丧偶			15—64岁妇女	
小计	男	女	小计	男	女	小计	男	女	平均活产子女数	平均存活子女数
5962	2972	2990	120	91	29	514	155	359	1.90	1.88
17710	8846	8864	573	287	286	1183	309	874	1.20	1.18
17508	8755	8753	324	175	149	1315	357	958	1.54	1.49
200740	**102918**	**97822**	**3752**	**2532**	**1220**	**14084**	**3852**	**10232**	**1.75**	**1.71**
24111	12154	11957	424	223	201	1016	291	725	1.54	1.51
22077	11081	10996	411	282	129	1839	463	1376	1.77	1.74
12903	6450	6453	183	128	55	923	220	703	1.59	1.54
11012	5969	5043	154	118	36	776	258	518	1.90	1.85
27703	14305	13398	689	524	165	2364	685	1679	1.89	1.85
15939	8511	7428	245	164	81	1222	391	831	2.03	1.98
5782	2933	2849	97	72	25	402	144	258	1.86	1.82
8298	4297	4001	164	135	29	648	167	481	1.81	1.78
7427	3934	3493	227	167	60	534	178	356	1.92	1.89
8098	4283	3815	134	91	43	528	146	382	1.91	1.88
5718	3040	2678	138	82	56	399	121	278	1.89	1.85
27805	14114	13691	551	326	225	1721	402	1319	1.65	1.62
23867	11847	12020	335	220	115	1712	386	1326	1.57	1.53
1528435	**778630**	**749805**	**59159**	**32463**	**26696**	**115492**	**28458**	**87034**	**1.24**	**1.20**
199909	**100180**	**99729**	**6252**	**3140**	**3112**	**11927**	**2938**	**8989**	**1.06**	**1.04**
39079	19263	19816	1314	544	770	2006	429	1577	0.94	0.93
25007	12473	12534	1029	474	555	1534	334	1200	0.92	0.90
30561	15308	15253	1167	576	591	1566	339	1227	1.03	1.01
49038	24327	24711	1335	562	773	2492	567	1925	0.94	0.93
16415	8367	8048	451	327	124	1482	444	1038	1.41	1.39
11245	5873	5372	278	196	82	812	233	579	1.56	1.54
9168	4685	4483	217	154	63	738	210	528	1.26	1.24
4868	2520	2348	107	83	24	433	137	296	1.89	1.82
6541	3335	3206	181	127	54	614	189	425	1.43	1.39
7987	4029	3958	173	97	76	250	56	194	1.11	1.07
179874	**90976**	**88898**	**7138**	**3657**	**3481**	**12730**	**2961**	**9769**	**1.08**	**1.05**
31642	15902	15740	1418	734	684	2680	591	2089	1.05	1.01
50453	25134	25319	2226	1001	1225	3326	741	2585	0.99	0.96
32651	16352	16299	1468	644	824	2388	505	1883	0.91	0.89
1466	803	663	78	54	24	131	35	96	1.26	1.23
1604	879	725	64	34	30	107	21	86	1.06	1.02
15366	7883	7483	430	258	172	801	204	597	1.21	1.17
17910	9185	8725	512	385	127	1426	377	1049	1.37	1.32
11272	5907	5365	376	260	116	886	269	617	1.26	1.24
4786	2485	2301	157	104	53	366	83	283	1.38	1.33
12724	6446	6278	409	183	226	619	135	484	1.16	1.14
35445	**18629**	**16816**	**1769**	**1004**	**765**	**2312**	**500**	**1812**	**1.15**	**1.12**
21342	11016	10326	1038	521	517	1269	278	991	1.09	1.06
6331	3529	2802	244	168	76	352	89	263	1.35	1.30
7772	4084	3688	487	315	172	691	133	558	1.16	1.13
265903	**133130**	**132773**	**8062**	**4439**	**3623**	**21575**	**5575**	**16000**	**1.35**	**1.32**
27802	13892	13910	1195	510	685	1963	460	1503	1.08	1.05
19178	9623	9555	747	361	386	1677	393	1284	1.29	1.26
43871	21837	22034	1253	584	669	2899	682	2217	1.32	1.29
16006	8022	7984	515	301	214	1349	325	1024	1.32	1.28
19550	9766	9784	680	378	302	1619	438	1181	1.26	1.21
10103	5091	5012	315	179	136	875	191	684	1.33	1.31
13057	6577	6480	454	272	182	1197	306	891	1.22	1.20
12615	6530	6085	377	230	147	989	250	739	1.38	1.34
24560	12387	12173	597	401	196	2097	541	1556	1.41	1.38
17074	8521	8553	468	294	174	1519	407	1112	1.56	1.52
31785	15837	15948	816	517	299	2783	847	1936	1.50	1.47
30302	15047	15255	645	412	233	2608	735	1873	1.50	1.47
180532	**90419**	**90113**	**7370**	**4138**	**3232**	**15296**	**3779**	**11517**	**1.29**	**1.25**
44501	22243	22258	2254	1119	1135	3771	880	2891	1.08	1.06

表7 续表 7

地区	15岁及以上人口			未婚		
	合计	男	女	小计	男	女
科尔沁左翼中旗	36186	18539	17647	6091	3804	2287
科尔沁左翼后旗	25392	12792	12600	3082	1982	1100
开鲁县	26001	12814	13187	2984	1731	1253
库伦旗	12120	6113	6007	1459	940	519
奈曼旗	29725	14719	15006	3562	2128	1434
扎鲁特旗	20384	10228	10156	2521	1566	955
通辽经济技术开发区	16229	7933	8296	3000	1563	1437
霍林郭勒市	10790	5608	5182	1456	938	518
鄂尔多斯市	**176452**	**96936**	**79516**	**24054**	**15191**	**8863**
东胜区	45331	23392	21939	7404	4150	3254
康巴什区	8854	4482	4372	2092	1173	919
达拉特旗	26293	13772	12521	2901	1783	1118
准格尔旗	30486	17722	12764	3936	2754	1182
鄂托克前旗	7974	4535	3439	939	601	338
鄂托克旗	13339	7556	5783	1805	1298	507
杭锦旗	9086	4778	4308	905	591	314
乌审旗	13896	8266	5630	1741	1216	525
伊金霍洛旗	21193	12433	8760	2331	1625	706
呼伦贝尔市	**189811**	**95255**	**94556**	**26629**	**16121**	**10508**
海拉尔区	30596	14800	15796	5779	3070	2709
扎赉诺尔区	7351	3623	3728	885	521	364
阿荣旗	20948	10551	10397	2408	1505	903
莫力达瓦达斡尔族自治旗	18351	9304	9047	2311	1411	900
鄂伦春自治旗	14340	7257	7083	1543	995	548
鄂温克族自治旗	11713	5927	5786	1730	1187	543
陈巴尔虎旗	4645	2458	2187	652	444	208
新巴尔虎左旗	3219	1660	1559	498	341	157
新巴尔虎右旗	3335	1864	1471	505	342	163
满洲里市	12605	6309	6296	2101	1166	935
牙克石市	24580	12263	12317	3867	2355	1512
扎兰屯市	25612	12908	12704	3003	1909	1094
额尔古纳市	6005	3031	2974	718	451	267
根河市	6511	3300	3211	629	424	205
巴彦淖尔市	**128988**	**66056**	**62932**	**14266**	**8812**	**5454**
临河区	47831	24101	23730	6595	3879	2716
五原县	18775	9534	9241	1668	1054	614
磴口县	7817	3980	3837	737	462	275
乌拉特前旗	21918	11384	10534	1874	1181	693
乌拉特中旗	9646	5220	4426	1023	720	303
乌拉特后旗	4800	2697	2103	524	363	161
杭锦后旗	18201	9140	9061	1845	1153	692
乌兰察布市	**142656**	**72896**	**69760**	**19161**	**12133**	**7028**
集宁区	35447	17412	18035	6328	3254	3074
卓资县	7375	3986	3389	1114	841	273
化德县	8133	4209	3924	856	590	266
商都县	15085	7630	7455	1747	1098	649
兴和县	13386	6776	6610	1575	1038	537
凉城县	9505	4995	4510	1166	892	274
察哈尔右翼前旗	10807	5685	5122	1373	975	398
察哈尔右翼中旗	7606	3992	3614	844	631	213
察哈尔右翼后旗	9013	4623	4390	1010	682	328
四子王旗	10891	5594	5297	1072	712	360
丰镇市	15408	7994	7414	2076	1420	656
兴安盟	**112811**	**56681**	**56130**	**14821**	**9243**	**5578**
乌兰浩特市	28085	13611	14474	4702	2622	2080
阿尔山市	2891	1500	1391	371	249	122
科尔沁右翼前旗	23010	11787	11223	2901	1953	948
科尔沁右翼中旗	16269	8221	8048	2130	1396	734
扎赉特旗	24916	12661	12255	2837	1858	979
突泉县	17640	8901	8739	1880	1165	715

单位：人

有配偶			离婚			丧偶			15—64岁妇女	
小计	男	女	小计	男	女	小计	男	女	平均活产子女数	平均存活子女数
26441	13332	13109	1203	759	444	2451	644	1807	1.40	1.35
19763	9904	9859	623	397	226	1924	509	1415	1.41	1.38
20602	10248	10354	704	406	298	1711	429	1282	1.34	1.31
9550	4800	4750	252	164	88	859	209	650	1.43	1.38
23471	11675	11796	627	383	244	2065	533	1532	1.48	1.44
15907	7976	7931	651	391	260	1305	295	1010	1.42	1.39
11883	5925	5958	616	271	345	730	174	556	1.01	0.99
8414	4316	4098	440	248	192	480	106	374	1.19	1.17
141498	**77709**	**63789**	**4114**	**2287**	**1827**	**6786**	**1749**	**5037**	**1.41**	**1.36**
35320	18372	16948	1182	566	616	1425	304	1121	1.26	1.23
6387	3196	3191	195	79	116	180	34	146	1.16	1.14
21584	11291	10293	521	320	201	1287	378	909	1.54	1.50
24743	14190	10553	686	443	243	1121	335	786	1.52	1.47
6448	3729	2719	210	117	93	377	88	289	1.45	1.39
10677	5951	4726	342	197	145	515	110	405	1.40	1.35
7376	3890	3486	248	159	89	557	138	419	1.47	1.44
11266	6719	4547	306	171	135	583	160	423	1.51	1.46
17697	10371	7326	424	235	189	741	202	539	1.46	1.40
141234	**71108**	**70126**	**8813**	**4770**	**4043**	**13135**	**3256**	**9879**	**1.14**	**1.10**
21656	10737	10919	1364	618	746	1797	375	1422	0.87	0.84
5586	2799	2787	338	186	152	542	117	425	0.96	0.95
16518	8241	8277	757	437	320	1265	368	897	1.43	1.38
13912	7040	6872	880	489	391	1248	364	884	1.44	1.40
10972	5547	5425	749	447	302	1076	268	808	1.25	1.20
8529	4282	4247	562	276	286	892	182	710	1.12	1.08
3472	1829	1643	193	113	80	328	72	256	1.16	1.09
2319	1182	1137	154	88	66	248	49	199	1.22	1.18
2411	1361	1050	182	108	74	237	53	184	1.25	1.20
9389	4746	4643	512	253	259	603	144	459	0.95	0.94
17439	8732	8707	1303	698	605	1971	478	1493	0.94	0.92
19713	9856	9857	1017	593	424	1879	550	1329	1.30	1.25
4597	2333	2264	288	157	131	402	90	312	1.11	1.08
4721	2423	2298	514	307	207	647	146	501	1.01	0.97
103874	**53154**	**50720**	**3780**	**2249**	**1531**	**7068**	**1841**	**5227**	**1.32**	**1.28**
37393	18839	18554	1497	787	710	2346	596	1750	1.20	1.16
15540	7862	7678	496	328	168	1071	290	781	1.43	1.40
6260	3200	3060	291	189	102	529	129	400	1.32	1.29
18216	9482	8734	593	372	221	1235	349	886	1.43	1.38
7816	4185	3631	291	187	104	516	128	388	1.39	1.34
3854	2149	1705	183	120	63	239	65	174	1.27	1.23
14795	7437	7358	429	266	163	1132	284	848	1.41	1.35
109552	**55907**	**53645**	**3613**	**2225**	**1388**	**10330**	**2631**	**7699**	**1.34**	**1.30**
26291	13264	13027	1069	539	530	1759	355	1404	1.03	1.01
5400	2839	2561	172	124	48	689	182	507	1.43	1.39
6416	3304	3112	301	181	120	560	134	426	1.38	1.32
11956	6029	5927	276	186	90	1106	317	789	1.40	1.34
10473	5286	5187	243	154	89	1095	298	797	1.58	1.52
7171	3647	3524	269	189	80	899	267	632	1.60	1.55
8360	4373	3987	191	126	65	883	211	672	1.44	1.41
5968	3073	2895	164	122	42	630	166	464	1.49	1.43
7095	3615	3480	191	134	57	717	192	525	1.39	1.34
8729	4463	4266	315	205	110	775	214	561	1.41	1.37
11693	6014	5679	422	265	157	1217	295	922	1.48	1.45
85683	**43098**	**42585**	**4381**	**2401**	**1980**	**7926**	**1939**	**5987**	**1.32**	**1.26**
19964	9954	10010	1562	690	872	1857	345	1512	1.06	1.03
2150	1115	1035	166	93	73	204	43	161	1.04	1.01
17815	8970	8845	663	444	219	1631	420	1211	1.42	1.36
12545	6293	6252	421	235	186	1173	297	876	1.42	1.33
19477	9818	9659	889	527	362	1713	458	1255	1.43	1.37
13732	6948	6784	680	412	268	1348	376	972	1.41	1.37

表7 续表 8

地区	15岁及以上人口			未婚		
	合计	男	女	小计	男	女
锡林郭勒盟	**89708**	**46077**	**43631**	**13166**	**8141**	**5025**
二连浩特市	6279	3223	3056	914	550	364
锡林浩特市	28022	13981	14041	4840	2798	2042
阿巴嘎旗	3421	1892	1529	489	360	129
苏尼特左旗	2785	1533	1252	428	294	134
苏尼特右旗	5283	2645	2638	685	394	291
东乌珠穆沁旗	5503	2818	2685	892	546	346
西乌珠穆沁旗	8120	4635	3485	1187	807	380
太仆寺旗	8899	4502	4397	954	652	302
镶黄旗	2228	1122	1106	308	196	112
正镶白旗	3599	1857	1742	517	351	166
正蓝旗	5597	2816	2781	761	476	285
多伦县	8103	4070	4033	987	588	399
乌拉盖管委会	1869	983	886	204	129	75
阿拉善盟	**21861**	**11842**	**10019**	**3198**	**2016**	**1182**
阿拉善左旗	15154	7995	7159	2156	1313	843
阿拉善右旗	1969	1064	905	225	144	81
额济纳旗	2468	1395	1073	399	253	146
内蒙古阿拉善经济开发区	2270	1388	882	418	306	112
辽宁省	**3633278**	**1809089**	**1824189**	**576058**	**335948**	**240110**
沈阳市	**765782**	**380094**	**385688**	**145320**	**81761**	**63559**
和平区	59992	29057	30935	11874	6315	5559
沈河区	70669	34722	35947	15376	8318	7058
大东区	65010	31590	33420	12035	6567	5468
皇姑区	79644	38592	41052	14993	7962	7031
铁西区	113176	56248	56928	20829	12154	8675
苏家屯区	41805	20900	20905	6948	4011	2937
浑南区	64728	32487	32241	16164	9127	7037
沈北新区	51194	26118	25076	16488	9042	7446
于洪区	86799	43247	43552	14481	8348	6133
辽中区	33820	17081	16739	4851	2946	1905
康平县	23394	11679	11715	2483	1551	932
法库县	29062	14819	14243	3299	2075	1224
新民市	46489	23554	22935	5499	3345	2154
大连市	**616586**	**305140**	**311446**	**105380**	**59010**	**46370**
中山区	30432	14251	16181	5489	2699	2790
西岗区	25388	12192	13196	4543	2405	2138
沙河口区	49533	23583	25950	10615	5244	5371
甘井子区	151116	75151	75965	29878	16766	13112
旅顺口区	32870	16059	16811	6786	3394	3392
金州区	130050	64798	65252	24696	14078	10618
普兰店区	53066	26527	26539	5746	3572	2174
长海县	5921	3087	2834	566	375	191
瓦房店市	74314	38012	36302	9055	5943	3112
庄河市	63896	31480	32416	8006	4534	3472
鞍山市	**297967**	**149819**	**148148**	**46741**	**28031**	**18710**
铁东区	52544	25704	26840	8246	4625	3621
铁西区	34174	17258	16916	5818	3522	2296
立山区	45292	22269	23023	6085	3606	2479
千山区	8770	4474	4296	1363	853	510
台安县	25037	12675	12362	3138	1938	1200
岫岩满族自治县	35183	18201	16982	5837	3714	2123
海城市	96967	49238	47729	16254	9773	6481
抚顺市	**158860**	**78682**	**80178**	**22531**	**13825**	**8706**
新抚区	19930	9702	10228	3149	1860	1289
东洲区	20373	10135	10238	2639	1741	898
望花区	33294	16485	16809	6342	3760	2582
顺城区	40353	19478	20875	4901	2888	2013
抚顺县	7044	3656	3388	787	543	244
新宾满族自治县	18179	9219	8960	2467	1530	937
清原满族自治县	19687	10007	9680	2246	1503	743

单位：人

有配偶			离婚			丧偶			15—64岁妇女	
小计	男	女	小计	男	女	小计	男	女	平均活产子女数	平均存活子女数
68213	**35225**	**32988**	**3006**	**1675**	**1331**	**5323**	**1036**	**4287**	**1.25**	**1.21**
4967	2541	2426	168	89	79	230	43	187	1.20	1.19
20856	10483	10373	980	450	530	1346	250	1096	1.09	1.07
2539	1389	1150	140	90	50	253	53	200	1.30	1.24
2054	1137	917	108	67	41	195	35	160	1.38	1.30
4063	2076	1987	189	117	72	346	58	288	1.21	1.17
4071	2100	1971	180	105	75	360	67	293	1.35	1.28
6196	3564	2632	274	182	92	463	82	381	1.31	1.24
7004	3534	3470	254	162	92	687	154	533	1.39	1.35
1656	854	802	83	50	33	181	22	159	1.33	1.28
2664	1363	1301	132	83	49	286	60	226	1.31	1.26
4275	2168	2107	171	100	71	390	72	318	1.33	1.26
6344	3212	3132	278	149	129	494	121	373	1.42	1.36
1524	804	720	49	31	18	92	19	73	1.36	1.33
16718	**9095**	**7623**	**861**	**478**	**383**	**1084**	**253**	**831**	**1.22**	**1.18**
11596	6174	5422	620	326	294	782	182	600	1.20	1.16
1541	845	696	68	47	21	135	28	107	1.26	1.20
1845	1053	792	101	58	43	123	31	92	1.22	1.18
1736	1023	713	72	47	25	44	12	32	1.31	1.27
2648437	**1326910**	**1321527**	**161824**	**80072**	**81752**	**246959**	**66159**	**180800**	**1.01**	**1.00**
537430	**269758**	**267672**	**37884**	**17607**	**20277**	**45148**	**10968**	**34180**	**0.88**	**0.87**
41429	20575	20854	3428	1454	1974	3261	713	2548	0.84	0.82
47501	23839	23662	3712	1623	2089	4080	942	3138	0.80	0.78
44393	22244	22149	4068	1792	2276	4514	987	3527	0.81	0.80
55494	27655	27839	4352	1919	2433	4805	1056	3749	0.81	0.80
79166	39605	39561	6460	2935	3525	6721	1554	5167	0.85	0.84
29888	15095	14793	2202	1104	1098	2767	690	2077	0.95	0.94
43290	21614	21676	2559	1132	1427	2715	614	2101	0.81	0.81
30470	15533	14937	1980	986	994	2256	557	1699	0.73	0.71
63981	32168	31813	4251	1777	2474	4086	954	3132	0.88	0.87
25206	12696	12510	1329	742	587	2434	697	1737	1.10	1.08
18503	9274	9229	635	387	248	1773	467	1306	1.23	1.21
22436	11403	11033	1029	639	390	2298	702	1596	1.16	1.14
35673	18057	17616	1879	1117	762	3438	1035	2403	1.15	1.13
451680	**225759**	**225921**	**22526**	**10356**	**12170**	**37000**	**10015**	**26985**	**0.94**	**0.93**
21470	10552	10918	1522	631	891	1951	369	1582	0.82	0.81
17777	8853	8924	1320	598	722	1748	336	1412	0.83	0.82
33464	16643	16821	2397	1015	1382	3057	681	2376	0.74	0.74
107954	54112	53842	6121	2631	3490	7163	1642	5521	0.85	0.84
23011	11615	11396	1192	588	604	1881	462	1419	0.86	0.85
95038	47329	47709	4170	1826	2344	6146	1565	4581	0.91	0.90
41599	20717	20882	1504	816	688	4217	1422	2795	1.12	1.11
4681	2447	2234	255	158	97	419	107	312	1.26	1.23
57212	28997	28215	2583	1334	1249	5464	1738	3726	1.15	1.14
49474	24494	24980	1462	759	703	4954	1693	3261	1.10	1.09
213149	**107271**	**105878**	**16660**	**8367**	**8293**	**21417**	**6150**	**15267**	**1.02**	**1.00**
36901	18602	18299	3542	1510	2032	3855	967	2888	0.83	0.82
22800	11573	11227	2914	1445	1469	2642	718	1924	0.86	0.85
31887	15952	15935	3691	1762	1929	3629	949	2680	0.87	0.85
6279	3189	3090	365	216	149	763	216	547	1.08	1.07
19458	9768	9690	723	432	291	1718	537	1181	1.18	1.17
25671	12978	12693	1145	695	450	2530	814	1716	1.33	1.29
70153	35209	34944	4280	2307	1973	6280	1949	4331	1.09	1.07
110885	**55538**	**55347**	**11734**	**6024**	**5710**	**13710**	**3295**	**10415**	**0.99**	**0.97**
13335	6635	6700	1728	823	905	1718	384	1334	0.85	0.83
13540	6810	6730	2013	1077	936	2181	507	1674	0.94	0.93
21538	10757	10781	2721	1354	1367	2693	614	2079	0.85	0.83
28745	14325	14420	3301	1521	1780	3406	744	2662	0.91	0.88
5329	2716	2613	279	206	73	649	191	458	1.22	1.19
13514	6820	6694	726	458	268	1472	411	1061	1.25	1.23
14884	7475	7409	966	585	381	1591	444	1147	1.27	1.24

表7 续表 9

地　区	15岁及以上人口			未婚		
	合　计	男	女	小　计	男	女
本溪市	**118219**	**58209**	**60010**	**16542**	**9898**	**6644**
平山区	20134	9824	10310	2393	1474	919
溪湖区	18325	8841	9484	3844	2054	1790
明山区	34346	16706	17640	4409	2622	1787
南芬区	4837	2460	2377	531	360	171
本溪满族自治县	20498	10219	10279	2666	1696	970
桓仁满族自治县	20079	10159	9920	2699	1692	1007
丹东市	**190086**	**94110**	**95976**	**25316**	**15215**	**10101**
元宝区	19100	9066	10034	3357	1752	1605
振兴区	36273	17539	18734	4884	2828	2056
振安区	16189	8014	8175	2147	1318	829
宽甸满族自治县	28715	14350	14365	3702	2343	1359
东港市	49657	25135	24522	5966	3735	2231
凤城市	40152	20006	20146	5260	3239	2021
锦州市	**248068**	**123435**	**124633**	**40058**	**22842**	**17216**
古塔区	22612	11174	11438	4529	2691	1838
凌河区	35929	16917	19012	6499	3160	3339
太和区	40507	19796	20711	9386	4787	4599
黑山县	40963	20686	20277	4791	2979	1812
义县	30007	15324	14683	4217	2710	1507
凌海市	38690	19513	19177	5392	3223	2169
北镇市	39360	20025	19335	5244	3292	1952
营口市	**193270**	**97177**	**96093**	**27127**	**16615**	**10512**
站前区	22489	10763	11726	2904	1666	1238
西市区	18163	8909	9254	3674	2002	1672
鲅鱼圈区	44061	21974	22087	7015	4049	2966
老边区	11889	6070	5819	1752	1112	640
盖州市	46359	23866	22493	5509	3691	1818
大石桥市	50309	25595	24714	6273	4095	2178
阜新市	**140731**	**69386**	**71345**	**17966**	**10784**	**7182**
海州区	20116	9454	10662	2853	1439	1414
新邱区	6120	3025	3095	796	507	289
太平区	12115	5892	6223	1461	945	516
清河门区	4678	2271	2407	617	357	260
细河区	23029	11203	11826	3702	2154	1548
阜新蒙古族自治县	46200	23252	22948	5510	3490	2020
彰武县	28473	14289	14184	3027	1892	1135
辽阳市	**137420**	**68473**	**68947**	**18865**	**11322**	**7543**
白塔区	31525	15005	16520	4846	2611	2235
文圣区	13824	6866	6958	1860	1097	763
宏伟区	12404	6061	6343	1740	988	752
弓长岭区	6707	3364	3343	752	496	256
太子河区	11609	5857	5752	1862	1112	750
辽阳县	31430	16125	15305	4132	2687	1445
灯塔市	29921	15195	14726	3673	2331	1342
盘锦市	**121986**	**60628**	**61358**	**18160**	**10491**	**7669**
双台子区	18857	9275	9582	2758	1606	1152
兴隆台区	46757	22963	23794	6785	3775	3010
大洼区	36719	18480	18239	6309	3654	2655
盘山县	19653	9910	9743	2308	1456	852
铁岭市	**196559**	**98498**	**98061**	**25901**	**15607**	**10294**
银州区	29530	14453	15077	4320	2488	1832
清河区	8026	4017	4009	1189	722	467
铁岭县	27033	13572	13461	4661	2551	2110
西丰县	18015	9222	8793	2149	1407	742
昌图县	58526	29384	29142	6289	3973	2316
调兵山市	17122	8482	8640	1899	1159	740
开原市	38307	19368	18939	5394	3307	2087

单位：人

有配偶			离婚			丧偶			15—64岁妇女	
小计	男	女	小计	男	女	小计	男	女	平均活产子女数	平均存活子女数
85171	**42636**	**42535**	**7117**	**3426**	**3691**	**9389**	**2249**	**7140**	**0.99**	**0.98**
14442	7258	7184	1497	703	794	1802	389	1413	0.92	0.90
11383	5683	5700	1538	753	785	1560	351	1209	0.82	0.81
25390	12642	12748	2068	902	1166	2479	540	1939	0.90	0.88
3536	1816	1720	310	163	147	460	121	339	1.07	1.06
15383	7692	7691	836	428	408	1613	403	1210	1.18	1.16
15037	7545	7492	868	477	391	1475	445	1030	1.20	1.18
141876	**70776**	**71100**	**8643**	**4237**	**4406**	**14251**	**3882**	**10369**	**1.05**	**1.04**
12999	6417	6582	1329	566	763	1415	331	1084	0.82	0.81
26408	13050	13358	2164	967	1197	2817	694	2123	0.91	0.89
11893	5927	5966	875	437	438	1274	332	942	0.98	0.97
21677	10782	10895	1058	599	459	2278	626	1652	1.22	1.20
38768	19562	19206	1586	796	790	3337	1042	2295	1.11	1.09
30131	15038	15093	1631	872	759	3130	857	2273	1.15	1.13
180400	**90634**	**89766**	**9989**	**5157**	**4832**	**17621**	**4802**	**12819**	**1.00**	**0.98**
15079	7498	7581	1453	653	800	1551	332	1219	0.82	0.80
24744	12277	12467	2191	906	1285	2495	574	1921	0.79	0.78
27542	13809	13733	1396	649	747	2183	551	1632	0.84	0.83
31696	15943	15753	1249	798	451	3227	966	2261	1.11	1.09
22363	11305	11058	1013	629	384	2414	680	1734	1.21	1.20
29199	14746	14453	1267	689	578	2832	855	1977	1.08	1.06
29777	15056	14721	1420	833	587	2919	844	2075	1.13	1.11
144779	**72650**	**72129**	**8517**	**4318**	**4199**	**12847**	**3594**	**9253**	**1.11**	**1.09**
16535	8138	8397	1409	594	815	1641	365	1276	0.92	0.90
12096	6088	6008	1188	529	659	1205	290	915	0.81	0.80
33283	16610	16673	1705	747	958	2058	568	1490	1.04	1.01
8925	4509	4416	514	263	251	698	186	512	1.00	0.98
35614	18013	17601	1569	984	585	3667	1178	2489	1.29	1.27
38326	19292	19034	2132	1201	931	3578	1007	2571	1.24	1.22
104461	**52255**	**52206**	**6456**	**3424**	**3032**	**11848**	**2923**	**8925**	**1.05**	**1.04**
14069	6961	7108	1414	676	738	1780	378	1402	0.87	0.85
4138	2091	2047	507	267	240	679	160	519	0.95	0.93
8084	4045	4039	1225	587	638	1345	315	1030	0.92	0.89
3356	1676	1680	278	152	126	427	86	341	1.00	0.98
16770	8264	8506	1085	465	620	1472	320	1152	0.87	0.86
35682	17971	17711	1080	747	333	3928	1044	2884	1.22	1.20
22362	11247	11115	867	530	337	2217	620	1597	1.17	1.16
101046	**50657**	**50389**	**7056**	**3755**	**3301**	**10453**	**2739**	**7714**	**1.05**	**1.03**
22631	11167	11464	1889	758	1131	2159	469	1690	0.89	0.87
10212	5115	5097	736	385	351	1016	269	747	0.97	0.96
9132	4533	4599	706	332	374	826	208	618	0.95	0.94
4893	2471	2422	471	260	211	591	137	454	1.03	1.00
8003	4033	3970	781	482	299	963	230	733	1.00	0.98
23421	11850	11571	1282	816	466	2595	772	1823	1.21	1.19
22754	11488	11266	1191	722	469	2303	654	1649	1.16	1.15
92234	**46202**	**46032**	**4694**	**2171**	**2523**	**6898**	**1764**	**5134**	**1.02**	**1.01**
13964	6946	7018	981	449	532	1154	274	880	0.99	0.98
35616	17867	17749	2025	800	1225	2331	521	1810	0.94	0.93
27219	13658	13561	1160	595	565	2031	573	1458	1.05	1.03
15435	7731	7704	528	327	201	1382	396	986	1.22	1.20
148091	**74339**	**73752**	**7992**	**4310**	**3682**	**14575**	**4242**	**10333**	**1.10**	**1.08**
21635	10761	10874	1729	763	966	1846	441	1405	0.90	0.89
5792	2893	2899	465	245	220	580	157	423	1.03	1.01
19620	9915	9705	890	526	364	1862	580	1282	1.02	1.01
13661	6860	6801	746	466	280	1459	489	970	1.29	1.26
45926	23018	22908	1571	974	597	4740	1419	3321	1.21	1.19
12918	6508	6410	1004	478	526	1301	337	964	1.01	1.00
28539	14384	14155	1587	858	729	2787	819	1968	1.12	1.10

表7 续表 10

地区	15岁及以上人口			未婚		
	合计	男	女	小计	男	女
朝阳市	**246528**	**124045**	**122483**	**36276**	**21890**	**14386**
双塔区	38099	18220	19879	5647	2903	2744
龙城区	18766	9456	9310	3115	1842	1273
朝阳县	36242	18693	17549	6512	3919	2593
建平县	40487	20566	19921	5479	3477	2002
喀喇沁左翼蒙古族自治县	28747	14485	14262	3765	2431	1334
北票市	40191	20198	19993	5541	3321	2220
凌源市	43996	22427	21569	6217	3997	2220
葫芦岛市	**201216**	**101393**	**99823**	**29875**	**18657**	**11218**
连山区	39252	19250	20002	5305	3207	2098
龙港区	25380	12256	13124	3618	2008	1610
南票区	15218	7631	7587	1688	1115	573
绥中县	44767	22789	21978	6211	3951	2260
建昌县	36949	19133	17816	6206	4009	2197
兴城市	39650	20334	19316	6847	4367	2480
吉林省	**1937575**	**958960**	**978615**	**291931**	**166749**	**125182**
长春市	**742641**	**368543**	**374098**	**139859**	**77210**	**62649**
南关区	52015	24795	27220	11958	6043	5915
宽城区	68275	33931	34344	13259	7479	5780
朝阳区	54699	27107	27592	15825	8828	6997
二道区	44828	21892	22936	8729	4659	4070
绿园区	58809	29072	29737	9744	5593	4151
双阳区	27482	13755	13727	5958	3178	2780
九台区	49546	25006	24540	6735	3909	2826
农安县	61181	30901	30280	6966	4183	2783
长春经济技术开发区	35820	17510	18310	8201	4362	3839
长春净月高新技术产业开发区	35878	16715	19163	13926	6218	7708
长春高新技术产业开发区	38333	18905	19428	11166	5934	5232
长春汽车经济技术开发区	26257	13436	12821	4684	3178	1506
榆树市	69936	35205	34731	8553	5132	3421
德惠市	51553	26142	25411	6410	3882	2528
公主岭市	68029	34171	33858	7745	4632	3113
吉林市	**290963**	**143252**	**147711**	**38589**	**22827**	**15762**
昌邑区	49218	23839	25379	6322	3692	2630
龙潭区	28189	13932	14257	3772	2372	1400
船营区	37176	17968	19208	5182	3123	2059
丰满区	21806	10353	11453	3772	1871	1901
永吉县	19107	9842	9265	2507	1733	774
吉林经济开发区	4704	2399	2305	1233	719	514
吉林高新技术产业开发区	14068	6511	7557	3065	1370	1695
吉林中国新加坡食品区	2489	1252	1237	169	112	57
蛟河市	25777	12916	12861	2700	1759	941
桦甸市	27166	13668	13498	3545	2135	1410
舒兰市	32314	16088	16226	3471	2119	1352
磐石市	28949	14484	14465	2851	1822	1029
四平市	**144351**	**71146**	**73205**	**18989**	**10548**	**8441**
铁西区	24930	11457	13473	4899	2047	2852
铁东区	22188	10863	11325	3169	1809	1360
梨树县	43450	22037	21413	4477	2847	1630
伊通满族自治县	27341	13817	13524	3136	1905	1231
双辽市	26442	12972	13470	3308	1940	1368
辽源市	**82040**	**40796**	**41244**	**10302**	**6171**	**4131**
龙山区	26704	12784	13920	3671	2009	1662
西安区	10991	5502	5489	1415	956	459
东丰县	26143	13171	12972	3134	1858	1276
东辽县	18202	9339	8863	2082	1348	734
通化市	**152354**	**75707**	**76647**	**20794**	**12336**	**8458**
东昌区	30053	14400	15653	4484	2380	2104
二道江区	7952	3911	4041	952	587	365

单位：人

有配偶			离婚			丧偶			15—64岁妇女	
小计	男	女	小计	男	女	小计	男	女	平均活产子女数	平均存活子女数
186687	**93391**	**93296**	**6011**	**3402**	**2609**	**17554**	**5362**	**12192**	**1.26**	**1.24**
28890	14260	14630	1345	505	840	2217	552	1665	1.02	1.01
13963	6968	6995	518	288	230	1170	358	812	1.14	1.12
26335	13308	13027	621	441	180	2774	1025	1749	1.42	1.41
31271	15773	15498	849	525	324	2888	791	2097	1.33	1.31
22318	10985	11333	549	358	191	2115	711	1404	1.32	1.31
30185	15239	14946	1162	682	480	3303	956	2347	1.16	1.14
33725	16858	16867	967	603	364	3087	969	2118	1.37	1.35
150548	**75044**	**75504**	**6545**	**3518**	**3027**	**14248**	**4174**	**10074**	**1.21**	**1.19**
28997	14385	14612	2014	943	1071	2936	715	2221	1.04	1.02
19413	9538	9875	1034	409	625	1315	301	1014	0.96	0.94
11465	5750	5715	502	332	170	1563	434	1129	1.27	1.25
34339	17209	17130	1137	679	458	3080	950	2130	1.30	1.28
27138	13570	13568	787	546	241	2818	1008	1810	1.53	1.50
29196	14592	14604	1071	609	462	2536	766	1770	1.16	1.15
1422648	**710613**	**712035**	**87828**	**45115**	**42713**	**135168**	**36483**	**98685**	**1.09**	**1.05**
529362	**264589**	**264773**	**28675**	**13952**	**14723**	**44745**	**12792**	**31953**	**1.01**	**0.98**
34353	17027	17326	2713	1086	1627	2991	639	2352	0.79	0.76
48253	24077	24176	3093	1419	1674	3670	956	2714	0.92	0.89
33367	16496	16871	2458	1060	1398	3049	723	2326	0.76	0.74
31145	15518	15627	2446	1121	1325	2508	594	1914	0.88	0.85
42581	21235	21346	3048	1443	1605	3436	801	2635	0.93	0.91
18600	9419	9181	1098	591	507	1826	567	1259	1.03	1.00
37038	18708	18330	1992	1142	850	3781	1247	2534	1.21	1.17
47965	24053	23912	1712	1010	702	4538	1655	2883	1.36	1.33
24807	12350	12457	1278	484	794	1534	314	1220	0.82	0.80
19737	9875	9862	929	347	582	1286	275	1011	0.61	0.60
24999	12354	12645	1014	388	626	1154	229	925	0.78	0.77
18899	9425	9474	1150	504	646	1524	329	1195	0.91	0.89
54288	27209	27079	1965	1154	811	5130	1710	3420	1.25	1.22
40151	20111	20040	1485	922	563	3507	1227	2280	1.31	1.27
53179	26732	26447	2294	1281	1013	4811	1526	3285	1.29	1.25
213940	**106532**	**107408**	**16075**	**8163**	**7912**	**22359**	**5730**	**16629**	**1.09**	**1.06**
35831	17780	18051	3427	1539	1888	3638	828	2810	0.93	0.91
19789	9862	9927	2113	1097	1016	2515	601	1914	1.03	1.00
26459	12997	13462	2664	1239	1425	2871	609	2262	0.97	0.95
15399	7597	7802	1168	502	666	1467	383	1084	0.89	0.86
14189	7127	7062	835	489	346	1576	493	1083	1.21	1.18
2907	1468	1439	216	127	89	348	85	263	0.86	0.85
9766	4794	4972	560	199	361	677	148	529	0.81	0.79
2037	1016	1021	74	49	25	209	75	134	1.35	1.27
19747	9918	9829	1238	719	519	2092	520	1572	1.26	1.23
20477	10340	10137	1163	670	493	1981	523	1458	1.29	1.26
24709	12284	12425	1408	858	550	2726	827	1899	1.21	1.18
22630	11349	11281	1209	675	534	2259	638	1621	1.34	1.28
109160	**54511**	**54649**	**5783**	**3103**	**2680**	**10419**	**2984**	**7435**	**1.14**	**1.10**
17302	8556	8746	1223	518	705	1506	336	1170	0.84	0.80
15988	7965	8023	1364	673	691	1667	416	1251	0.98	0.95
34429	17273	17156	1446	892	554	3098	1025	2073	1.34	1.29
21196	10674	10522	966	602	364	2043	636	1407	1.24	1.21
20245	10043	10202	784	418	366	2105	571	1534	1.17	1.15
60531	**30277**	**30254**	**4817**	**2613**	**2204**	**6390**	**1735**	**4655**	**1.11**	**1.07**
19349	9570	9779	1801	804	997	1883	401	1482	0.97	0.93
7266	3646	3620	1242	651	591	1068	249	819	0.98	0.93
19971	10034	9937	1078	645	433	1960	634	1326	1.21	1.17
13945	7027	6918	696	513	183	1479	451	1028	1.27	1.23
112732	**56359**	**56373**	**7780**	**4144**	**3636**	**11048**	**2868**	**8180**	**1.12**	**1.08**
21589	10723	10866	1916	850	1066	2064	447	1617	0.91	0.89
5568	2774	2794	657	363	294	775	187	588	0.99	0.98

表7 续表 11

地区	15岁及以上人口			未婚		
	合计	男	女	小计	男	女
通化县	14275	7125	7150	1735	1102	633
辉南县	19328	9665	9663	2418	1466	952
柳河县	23298	11904	11394	3320	2093	1227
梅河口市	43131	21560	21571	6269	3678	2591
集安市	14317	7142	7175	1616	1030	586
白山市	**80052**	**39665**	**40387**	**9421**	**5945**	**3476**
浑江区	25633	12431	13202	3194	1925	1269
江源区	11415	5706	5709	1193	812	381
抚松县	18664	9300	9364	2198	1391	807
靖宇县	8964	4561	4403	1067	676	391
长白朝鲜族自治县	4723	2368	2355	529	346	183
临江市	10653	5299	5354	1240	795	445
松原市	**177012**	**87948**	**89064**	**20402**	**11962**	**8440**
宁江区	49075	23779	25296	6346	3509	2837
前郭尔罗斯蒙古族自治县	32504	16175	16329	3456	2057	1399
长岭县	34747	17516	17231	3683	2205	1478
乾安县	16386	8171	8215	1641	965	676
吉林松原经济开发区	7185	3501	3684	862	487	375
扶余市	37115	18806	18309	4414	2739	1675
白城市	**124191**	**61044**	**63147**	**13886**	**7953**	**5933**
洮北区	28804	14040	14764	3200	1892	1308
镇赉县	17503	8678	8825	1717	1048	669
通榆县	21480	10750	10730	2205	1360	845
吉林白城经济开发区	9635	4428	5207	2338	992	1346
洮南市	24663	12248	12415	2349	1427	922
大安市	22106	10900	11206	2077	1234	843
延边朝鲜族自治州	**143971**	**70859**	**73112**	**19689**	**11797**	**7892**
延吉市	48200	22967	25233	8241	4443	3798
图们市	5811	2869	2942	702	461	241
敦化市	31652	15832	15820	3530	2261	1269
珲春市	18131	8956	9175	2422	1507	915
龙井市	7745	3835	3910	1152	733	419
和龙市	7529	3811	3718	895	603	292
汪清县	12361	6191	6170	1272	825	447
安图县	12542	6398	6144	1475	964	511
黑龙江省	**2637902**	**1311679**	**1326223**	**430665**	**242623**	**188042**
哈尔滨市	**853180**	**424159**	**429021**	**174899**	**96223**	**78676**
道里区	97717	47636	50081	21168	11397	9771
南岗区	127488	62514	64974	36179	19777	16402
道外区	71107	35055	36052	14079	8054	6025
平房区	19820	9978	9842	4419	2746	1673
松北区	35926	18244	17682	9807	5245	4562
香坊区	88517	43304	45213	17544	9434	8110
呼兰区	67464	32914	34550	19335	9364	9971
阿城区	43389	21498	21891	7075	3971	3104
双城区	51855	26254	25601	8198	4671	3527
依兰县	19312	9670	9642	2121	1282	839
方正县	13676	6786	6890	1744	1019	725
宾县	40500	20660	19840	7266	4141	3125
巴彦县	38822	19754	19068	5707	3378	2329
木兰县	14214	7284	6930	2044	1194	850
通河县	15326	7701	7625	2049	1157	892
延寿县	14007	7203	6804	1750	1096	654
尚志市	37641	19047	18594	5745	3415	2330
五常市	56399	28657	27742	8669	4882	3787
齐齐哈尔市	**351849**	**175712**	**176137**	**56613**	**31990**	**24623**
龙沙区	30469	15138	15331	6390	3499	2891
建华区	29154	13873	15281	6824	3329	3495
铁锋区	23380	11934	11446	4410	2838	1572

单位：人

有配偶			离婚			丧偶			15—64岁妇女	
小计	男	女	小计	男	女	小计	男	女	平均活产子女数	平均存活子女数
10758	5356	5402	649	383	266	1133	284	849	1.25	1.20
14608	7326	7282	851	484	367	1451	389	1062	1.19	1.16
17179	8660	8519	1145	680	465	1654	471	1183	1.30	1.24
32035	16036	15999	1962	1032	930	2865	814	2051	1.12	1.08
10995	5484	5511	600	352	248	1106	276	830	1.15	1.10
58903	**29477**	**29426**	**5162**	**2729**	**2433**	**6566**	**1514**	**5052**	**1.15**	**1.11**
18463	9182	9281	1960	928	1032	2016	396	1620	1.04	1.01
8392	4209	4183	720	422	298	1110	263	847	1.15	1.11
13950	6992	6958	1002	546	456	1514	371	1143	1.25	1.20
6755	3410	3345	523	304	219	619	171	448	1.35	1.28
3571	1797	1774	231	130	101	392	95	297	1.14	1.05
7772	3887	3885	726	399	327	915	218	697	1.13	1.10
138552	**69203**	**69349**	**5657**	**3033**	**2624**	**12401**	**3750**	**8651**	**1.29**	**1.25**
37493	18614	18879	1972	863	1109	3264	793	2471	1.08	1.05
25760	12858	12902	938	539	399	2350	721	1629	1.37	1.32
27680	13870	13810	997	607	390	2387	834	1553	1.51	1.47
13092	6523	6569	542	303	239	1111	380	731	1.24	1.20
5604	2770	2834	335	155	180	384	89	295	1.09	1.02
28923	14568	14355	873	566	307	2905	933	1972	1.36	1.31
95963	**47863**	**48100**	**4896**	**2600**	**2296**	**9446**	**2628**	**6818**	**1.14**	**1.10**
21864	10910	10954	1386	666	720	2354	572	1782	1.10	1.04
13771	6872	6899	680	375	305	1335	383	952	1.13	1.11
16987	8475	8512	801	464	337	1487	451	1036	1.25	1.21
6371	3141	3230	371	158	213	555	137	418	0.79	0.77
19473	9755	9718	858	503	355	1983	563	1420	1.23	1.20
17497	8710	8787	800	434	366	1732	522	1210	1.16	1.11
103505	**51802**	**51703**	**8983**	**4778**	**4205**	**11794**	**2482**	**9312**	**1.08**	**1.04**
33447	16464	16983	2967	1425	1542	3545	635	2910	0.95	0.93
4039	2027	2012	464	251	213	606	130	476	0.99	0.95
23791	11967	11824	1766	970	796	2565	634	1931	1.18	1.13
13110	6523	6587	1234	637	597	1365	289	1076	1.09	1.03
5170	2615	2555	555	319	236	868	168	700	1.06	1.00
5298	2722	2576	504	293	211	832	193	639	1.12	1.10
9263	4693	4570	760	453	307	1066	220	846	1.18	1.16
9387	4791	4596	733	430	303	947	213	734	1.28	1.23
1902857	**953029**	**949828**	**127842**	**66601**	**61241**	**176538**	**49426**	**127112**	**1.01**	**0.98**
585545	**293090**	**292455**	**40952**	**20521**	**20431**	**51784**	**14325**	**37459**	**0.90**	**0.88**
64752	32101	32651	5964	2580	3384	5833	1558	4275	0.73	0.71
79125	38730	40395	5996	2591	3405	6188	1416	4772	0.71	0.69
47698	23794	23904	4494	2124	2370	4836	1083	3753	0.81	0.80
12874	6414	6460	1127	520	607	1400	298	1102	0.81	0.80
23384	11997	11387	1195	594	601	1540	408	1132	0.78	0.76
60850	30422	30428	4875	2177	2698	5248	1271	3977	0.80	0.78
42482	21302	21180	2494	1325	1169	3153	923	2230	0.80	0.78
30771	15430	15341	2353	1218	1135	3190	879	2311	1.00	0.98
38017	19172	18845	2180	1275	905	3460	1136	2324	1.09	1.05
14815	7431	7384	887	530	357	1489	427	1062	1.27	1.24
10168	5040	5128	763	474	289	1001	253	748	1.23	1.20
29383	14882	14501	1348	819	529	2503	818	1685	1.10	1.06
29122	14724	14398	1313	801	512	2680	851	1829	1.26	1.24
10561	5371	5190	647	390	257	962	329	633	1.19	1.16
11269	5696	5573	890	514	376	1118	334	784	1.13	1.12
10631	5382	5249	668	417	251	958	308	650	1.28	1.26
27806	13952	13854	1553	889	664	2537	791	1746	1.14	1.11
41837	21250	20587	2205	1283	922	3688	1242	2446	1.04	1.02
254063	**127228**	**126835**	**16227**	**8849**	**7378**	**24946**	**7645**	**17301**	**1.05**	**1.03**
19220	9634	9586	2709	1350	1359	2150	655	1495	0.73	0.72
18872	9314	9558	1772	815	957	1686	415	1271	0.72	0.71
15456	7690	7766	1643	836	807	1871	570	1301	0.83	0.79

表7 续表 12

地　区	15岁及以上人口			未婚		
	合　计	男	女	小　计	男	女
昂昂溪区	5943	3018	2925	933	575	358
富拉尔基区	16219	8033	8186	2157	1323	834
碾子山区	4581	2274	2307	533	318	215
梅里斯达斡尔族区	10822	5522	5300	1618	931	687
龙江县	33434	16767	16667	4380	2559	1821
依安县	36518	18442	18076	6205	3499	2706
泰来县	21297	10687	10610	3069	1779	1290
甘南县	23122	11539	11583	2769	1595	1174
富裕县	20828	10487	10341	3248	1835	1413
克山县	21812	10884	10928	3298	1804	1494
克东县	11894	5991	5903	1659	941	718
拜泉县	25799	12937	12862	4015	2260	1755
讷河市	36577	18186	18391	5105	2905	2200
鸡西市	**119630**	**59687**	**59943**	**16106**	**9669**	**6437**
鸡冠区	33792	16632	17160	5708	3323	2385
恒山区	7097	3567	3530	1027	637	390
滴道区	5404	2689	2715	761	485	276
梨树区	3341	1706	1635	410	255	155
城子河区	5693	2852	2841	772	485	287
麻山区	1444	750	694	147	100	47
鸡东县	15257	7705	7552	1780	1107	673
虎林市	21821	10924	10897	2302	1410	892
密山市	25781	12862	12919	3199	1867	1332
鹤岗市	**74987**	**37425**	**37562**	**9561**	**5809**	**3752**
向阳区	6010	2939	3071	718	419	299
工农区	11144	5396	5748	1438	795	643
南山区	10601	5294	5307	1679	1042	637
兴安区	8074	4134	3940	1204	789	415
东山区	8536	4346	4190	1173	715	458
兴山区	1893	951	942	266	169	97
萝北县	16766	8319	8447	1807	1107	700
绥滨县	11963	6046	5917	1276	773	503
双鸭山市	**95877**	**47857**	**48020**	**11402**	**6869**	**4533**
尖山区	21539	10432	11107	3126	1790	1336
岭东区	2179	1117	1062	384	245	139
四方台区	3253	1657	1596	368	241	127
宝山区	5640	2903	2737	498	353	145
集贤县	19473	9768	9705	2281	1340	941
友谊县	8475	4114	4361	936	546	390
宝清县	24830	12564	12266	2708	1679	1029
饶河县	10488	5302	5186	1101	675	426
大庆市	**227973**	**111660**	**116313**	**32875**	**18059**	**14816**
萨尔图区	26605	12670	13935	3957	2043	1914
龙凤区	24563	12122	12441	3228	1834	1394
让胡路区	50884	24232	26652	7260	3721	3539
红岗区	11387	5636	5751	1591	950	641
大同区	14706	7424	7282	1839	1065	774
肇州县	24763	12531	12232	3204	1912	1292
肇源县	25244	12659	12585	3437	2004	1433
林甸县	15024	7408	7616	1536	882	654
杜尔伯特蒙古族自治县	15209	7537	7672	1610	961	649
大庆高新技术产业开发区	19588	9441	10147	5213	2687	2526
伊春市	**74054**	**36677**	**37377**	**9390**	**5592**	**3798**
伊美区	13604	6671	6933	1975	1132	843
乌翠区	8037	4003	4034	1298	761	537
友好区	4480	2200	2280	619	370	249
嘉荫县	4448	2227	2221	474	288	186
汤旺县	2642	1299	1343	255	169	86
丰林县	4922	2450	2472	505	310	195
大箐山县	4642	2289	2353	476	288	188

单位：人

有配偶			离婚			丧偶			15—64岁妇女	
小计	男	女	小计	男	女	小计	男	女	平均活产子女数	平均存活子女数
4130	2112	2018	366	199	167	514	132	382	0.96	0.93
11547	5767	5780	1103	567	536	1412	376	1036	0.90	0.87
3327	1671	1656	261	134	127	460	151	309	0.93	0.92
8024	4098	3926	439	278	161	741	215	526	1.09	1.07
25620	12837	12783	1072	647	425	2362	724	1638	1.21	1.19
26603	13420	13183	1190	715	475	2520	808	1712	1.13	1.10
16085	8070	8015	653	407	246	1490	431	1059	1.09	1.07
17764	8865	8899	1003	575	428	1586	504	1082	1.25	1.21
15463	7826	7637	700	431	269	1417	395	1022	1.16	1.14
15992	8009	7983	861	492	369	1661	579	1082	1.14	1.12
8902	4448	4454	478	306	172	855	296	559	1.21	1.16
19225	9587	9638	827	475	352	1732	615	1117	1.25	1.23
27833	13880	13953	1150	622	528	2489	779	1710	1.16	1.13
87483	**43919**	**43564**	**6883**	**3713**	**3170**	**9158**	**2386**	**6772**	**1.03**	**0.99**
23503	11658	11845	2299	1085	1214	2282	566	1716	0.88	0.84
4853	2450	2403	528	317	211	689	163	526	1.03	0.98
3679	1834	1845	440	249	191	524	121	403	0.97	0.93
2405	1226	1179	210	136	74	316	89	227	1.06	1.00
3937	1992	1945	421	255	166	563	120	443	0.97	0.96
1082	555	527	89	57	32	126	38	88	1.33	1.29
11523	5797	5726	791	459	332	1163	342	821	1.17	1.14
16995	8577	8418	972	533	439	1552	404	1148	1.10	1.08
19506	9830	9676	1133	622	511	1943	543	1400	1.08	1.06
54617	**27482**	**27135**	**4880**	**2631**	**2249**	**5929**	**1503**	**4426**	**0.99**	**0.96**
4229	2137	2092	490	224	266	573	159	414	0.90	0.87
8317	4152	4165	634	284	350	755	165	590	0.90	0.87
6803	3399	3404	1095	597	498	1024	256	768	0.89	0.86
5351	2710	2641	800	459	341	719	176	543	1.00	0.97
6137	3112	3025	570	349	221	656	170	486	1.01	0.98
1323	667	656	124	68	56	180	47	133	0.94	0.93
13000	6531	6469	732	383	349	1227	298	929	1.04	1.01
9457	4774	4683	435	267	168	795	232	563	1.12	1.11
72607	**36512**	**36095**	**5101**	**2718**	**2383**	**6767**	**1758**	**5009**	**1.07**	**1.05**
15383	7631	7752	1445	651	794	1585	360	1225	0.90	0.88
1380	708	672	206	115	91	209	49	160	0.95	0.93
2368	1210	1158	213	129	84	304	77	227	1.12	1.09
4236	2182	2054	421	254	167	485	114	371	1.09	1.05
15063	7563	7500	847	504	343	1282	361	921	1.12	1.09
6419	3174	3245	501	242	259	619	152	467	0.96	0.94
19526	9870	9656	1000	551	449	1596	464	1132	1.21	1.18
8232	4174	4058	468	272	196	687	181	506	1.13	1.11
171803	**85574**	**86229**	**9269**	**4348**	**4921**	**14026**	**3679**	**10347**	**1.02**	**1.00**
19795	9795	10000	1361	535	826	1492	297	1195	0.89	0.88
18680	9385	9295	1257	550	707	1398	353	1045	0.94	0.92
38431	19017	19414	2257	931	1326	2936	563	2373	0.87	0.86
8329	4211	4118	589	279	310	878	196	682	1.03	1.01
11333	5719	5614	582	339	243	952	301	651	1.21	1.20
19173	9601	9572	772	453	319	1614	565	1049	1.22	1.19
19053	9530	9523	845	495	350	1909	630	1279	1.21	1.18
11971	5937	6034	449	252	197	1068	337	731	1.25	1.22
11891	5955	5936	498	291	207	1210	330	880	1.22	1.19
13147	6424	6723	659	223	436	569	107	462	0.75	0.73
52806	**26497**	**26309**	**5707**	**3034**	**2673**	**6151**	**1554**	**4597**	**0.95**	**0.92**
9587	4801	4786	1031	483	548	1011	255	756	0.86	0.83
5206	2630	2576	771	405	366	762	207	555	0.85	0.84
3103	1547	1556	343	188	155	415	95	320	0.91	0.88
3417	1728	1689	218	120	98	339	91	248	1.19	1.16
1888	940	948	270	151	119	229	39	190	0.95	0.93
3590	1802	1788	379	229	150	448	109	339	0.93	0.90
3303	1654	1649	423	238	185	440	109	331	0.95	0.93

表7 续表 13

地　区	15岁及以上人口			未婚		
	合　计	男	女	小　计	男	女
南岔县	7545	3776	3769	1055	662	393
金林区	5226	2581	2645	638	407	231
铁力市	18508	9181	9327	2095	1205	890
佳木斯市	**171517**	**85072**	**86445**	**24452**	**13845**	**10607**
向阳区	22824	10917	11907	4805	2461	2344
前进区	15001	7166	7835	2749	1409	1340
东风区	9737	4833	4904	1497	877	620
郊区	21076	10579	10497	3332	1965	1367
桦南县	23652	11804	11848	3070	1782	1288
桦川县	11492	5781	5711	1160	737	423
汤原县	13949	6933	7016	1407	869	538
同江市	13811	6954	6857	1497	904	593
富锦市	32507	16341	16166	4056	2331	1725
抚远市	7468	3764	3704	879	510	369
七台河市	**53147**	**26628**	**26519**	**7121**	**4330**	**2791**
新兴区	12921	6552	6369	2134	1327	807
桃山区	16169	7799	8370	2134	1199	935
茄子河区	10190	5263	4927	1240	804	436
勃利县	13867	7014	6853	1613	1000	613
牡丹江市	**178904**	**88356**	**90548**	**26143**	**14865**	**11278**
东安区	16765	8053	8712	2292	1288	1004
阳明区	15493	7741	7752	2233	1333	900
爱民区	21931	10414	11517	5048	2407	2641
西安区	18532	8969	9563	3128	1751	1377
林口县	18625	9481	9144	2466	1512	954
绥芬河市	8908	4464	4444	1176	700	476
海林市	22680	11167	11513	2703	1570	1133
宁安市	25096	12465	12631	3111	1856	1255
穆棱市	15265	7709	7556	2053	1226	827
东宁市	15609	7893	7716	1933	1222	711
黑河市	**107898**	**53635**	**54263**	**14719**	**8572**	**6147**
爱辉区	18151	8882	9269	3082	1656	1426
逊克县	7295	3665	3630	913	540	373
孙吴县	6326	3215	3111	894	541	353
北安市	25970	12819	13151	3481	2042	1439
五大连池市	20590	10303	10287	2636	1578	1058
嫩江市	29566	14751	14815	3713	2215	1498
绥化市	**300689**	**150759**	**149930**	**43369**	**24371**	**18998**
北林区	59036	29331	29705	9612	5210	4402
望奎县	21060	10631	10429	2493	1418	1075
兰西县	23121	11558	11563	3007	1757	1250
青冈县	22003	11037	10966	3242	1834	1408
庆安县	21545	10707	10838	2954	1587	1367
明水县	16119	8147	7972	2037	1150	887
绥棱县	17371	8667	8704	2133	1222	911
安达市	28567	14255	14312	3866	2252	1614
肇东市	54639	27706	26933	8709	4955	3754
海伦市	37228	18720	18508	5316	2986	2330
大兴安岭地区	**28197**	**14052**	**14145**	**4015**	**2429**	**1586**
漠河市	4610	2337	2273	717	440	277
呼玛县	3171	1616	1555	432	270	162
塔河县	4515	2251	2264	666	404	262
加格达奇区	11558	5633	5925	1683	970	713
松岭区	1362	681	681	158	93	65
新林区	1739	894	845	205	140	65
呼中区	1242	640	602	154	112	42

单位：人

有配偶			离婚			丧偶			15—64岁妇女	
小计	男	女	小计	男	女	小计	男	女	平均活产子女数	平均存活子女数
5205	2594	2611	656	355	301	629	165	464	0.91	0.87
3603	1799	1804	468	249	219	517	126	391	0.95	0.90
13904	7002	6902	1148	616	532	1361	358	1003	1.04	1.00
127192	**63784**	**63408**	**8415**	**4329**	**4086**	**11458**	**3114**	**8344**	**1.07**	**1.04**
15499	7651	7848	1202	526	676	1318	279	1039	0.81	0.78
10449	5169	5280	821	343	478	982	245	737	0.83	0.80
6550	3282	3268	832	433	399	858	241	617	0.90	0.88
15308	7684	7624	1024	535	489	1412	395	1017	1.02	0.98
17913	8991	8922	897	515	382	1772	516	1256	1.19	1.17
9043	4544	4499	481	277	204	808	223	585	1.24	1.21
10696	5355	5341	735	420	315	1111	289	822	1.21	1.18
10910	5529	5381	628	323	305	776	198	578	1.20	1.18
24971	12622	12349	1445	763	682	2035	625	1410	1.16	1.13
5853	2957	2896	350	194	156	386	103	283	1.21	1.18
39178	**19698**	**19480**	**3033**	**1614**	**1419**	**3815**	**986**	**2829**	**1.13**	**1.08**
8681	4376	4305	1005	566	439	1101	283	818	1.12	1.09
12132	6033	6099	895	361	534	1008	206	802	1.02	0.97
7769	3958	3811	535	324	211	646	177	469	1.24	1.17
10596	5331	5265	598	363	235	1060	320	740	1.19	1.15
131275	**65561**	**65714**	**8625**	**4591**	**4034**	**12861**	**3339**	**9522**	**1.04**	**1.01**
12408	6099	6309	907	391	516	1158	275	883	0.92	0.90
11335	5651	5684	813	457	356	1112	300	812	1.01	0.99
14083	6997	7086	1270	634	636	1530	376	1154	0.74	0.72
13027	6424	6603	1023	475	548	1354	319	1035	0.86	0.84
13895	7054	6841	810	487	323	1454	428	1026	1.24	1.20
6896	3448	3448	394	198	196	442	118	324	1.08	1.06
17109	8533	8576	1160	624	536	1708	440	1268	1.08	1.06
19131	9553	9578	993	599	394	1861	457	1404	1.18	1.16
11529	5819	5710	542	331	211	1141	333	808	1.21	1.17
11862	5983	5879	713	395	318	1101	293	808	1.18	1.14
80785	**40520**	**40265**	**4886**	**2623**	**2263**	**7508**	**1920**	**5588**	**1.07**	**1.05**
13063	6546	6517	892	430	462	1114	250	864	0.94	0.91
5562	2840	2722	306	168	138	514	117	397	1.19	1.16
4689	2375	2314	373	194	179	370	105	265	1.16	1.13
19397	9617	9780	1131	620	511	1961	540	1421	1.04	1.02
15578	7835	7743	896	493	403	1480	397	1083	1.12	1.10
22496	11307	11189	1288	718	570	2069	511	1558	1.11	1.08
225161	**112998**	**112163**	**12208**	**6691**	**5517**	**19951**	**6699**	**13252**	**1.12**	**1.09**
42968	21526	21442	2668	1374	1294	3788	1221	2567	1.00	0.97
16350	8218	8132	736	448	288	1481	547	934	1.21	1.17
17560	8815	8745	882	468	414	1672	518	1154	1.28	1.26
16249	8139	8110	996	527	469	1516	537	979	1.20	1.18
16442	8249	8193	799	436	363	1350	435	915	1.05	1.02
12476	6277	6199	595	353	242	1011	367	644	1.31	1.28
13278	6652	6626	755	412	343	1205	381	824	1.10	1.07
21691	10798	10893	1036	575	461	1974	630	1344	1.08	1.05
40162	20275	19887	2270	1263	1007	3498	1213	2285	1.12	1.08
27985	14049	13936	1471	835	636	2456	850	1606	1.12	1.09
20342	**10166**	**10176**	**1656**	**939**	**717**	**2184**	**518**	**1666**	**1.00**	**0.96**
3336	1669	1667	262	156	106	295	72	223	0.99	0.94
2370	1202	1168	162	92	70	207	52	155	1.11	1.11
3187	1601	1586	302	170	132	360	76	284	0.98	0.93
8379	4128	4251	624	329	295	872	206	666	0.98	0.94
998	511	487	66	40	26	140	37	103	0.97	0.96
1207	608	599	141	100	41	186	46	140	0.98	0.96
865	447	418	99	52	47	124	29	95	1.00	0.99

表7 续表 14

地 区	15岁及以上人口			未婚		
	合 计	男	女	小 计	男	女
上海市	**2183950**	**1124762**	**1059188**	**440417**	**252069**	**188348**
市辖区	**2183950**	**1124762**	**1059188**	**440417**	**252069**	**188348**
黄浦区	46882	23084	23798	9904	5454	4450
徐汇区	95709	45771	49938	22482	11184	11298
长宁区	57750	26798	30952	14393	6729	7664
静安区	82028	39496	42532	17220	8731	8489
普陀区	108819	53125	55694	22457	11470	10987
虹口区	66137	32155	33982	13632	7245	6387
杨浦区	108604	53310	55294	24234	13195	11039
闵行区	234243	121058	113185	50224	28629	21595
宝山区	195959	102008	93951	36918	21680	15238
嘉定区	161589	87277	74312	30620	18720	11900
浦东新区	501240	258848	242392	106737	61873	44864
金山区	75401	40150	35251	10649	6879	3770
松江区	170223	91020	79203	37299	22803	14496
青浦区	117293	64372	52921	21018	13111	7907
奉贤区	102565	55157	47408	17201	10684	6517
崇明区	59508	31133	28375	5429	3682	1747
江苏省	**6979672**	**3512398**	**3467274**	**1088192**	**647154**	**441038**
南京市	**793473**	**403291**	**390182**	**179031**	**99576**	**79455**
玄武区	46810	22996	23814	14245	7465	6780
秦淮区	65755	31968	33787	13231	7026	6205
建邺区	45113	22625	22488	9996	5296	4700
鼓楼区	82047	39242	42805	18126	8931	9195
浦口区	95946	49505	46441	23187	13264	9923
栖霞区	82936	42961	39975	25841	14094	11747
雨花台区	51179	26843	24336	12005	6963	5042
江宁区	156991	81798	75193	39398	22535	16863
六合区	84261	42683	41578	10660	6512	4148
溧水区	41775	21821	19954	6671	3909	2762
高淳区	40660	20849	19811	5671	3581	2090
无锡市	**623084**	**320052**	**303032**	**92542**	**56751**	**35791**
锡山区	74757	39326	35431	10696	7010	3686
惠山区	73479	38712	34767	12607	7737	4870
滨湖区	79809	40860	38949	16549	9441	7108
梁溪区	82516	40899	41617	13633	7731	5902
新吴区	55499	28700	26799	9414	5978	3436
江阴市	147730	76138	71592	17016	11035	5981
宜兴市	109294	55417	53877	12627	7819	4808
徐州市	**680811**	**336836**	**343975**	**105623**	**62878**	**42745**
鼓楼区	35167	17531	17636	5439	3168	2271
云龙区	37517	18226	19291	7169	3834	3335
贾汪区	34852	17666	17186	5434	3285	2149
泉山区	52798	25574	27224	9127	4967	4160
铜山区	93056	46473	46583	16608	9685	6923
丰县	69070	33770	35300	8875	5636	3239
沛县	77736	38150	39586	9661	6088	3573
睢宁县	75238	36701	38537	10040	6274	3766
徐州经济技术开发区	29410	15212	14198	5832	3611	2221
新沂市	71809	35696	36113	10959	6664	4295
邳州市	104158	51837	52321	16479	9666	6813
常州市	**450599**	**231313**	**219286**	**70699**	**43737**	**26962**
天宁区	57324	28348	28976	8492	4775	3717
钟楼区	55900	28242	27658	10002	5783	4219
新北区	71737	36389	35348	11230	6897	4333
武进区	144024	75745	68279	24738	15831	8907
金坛区	50752	25777	24975	6155	3993	2162
溧阳市	70862	36812	34050	10082	6458	3624
苏州市	**1073699**	**559138**	**514561**	**186699**	**113642**	**73057**
虎丘区	70371	36766	33605	16698	9899	6799
吴中区	113672	59416	54256	22775	13454	9321

单位：人

有配偶			离婚			丧偶			15—64岁妇女	
小计	男	女	小计	男	女	小计	男	女	平均活产子女数	平均存活子女数
1577333	**819527**	**757806**	**67360**	**30968**	**36392**	**98840**	**22198**	**76642**	**0.94**	**0.92**
1577333	**819527**	**757806**	**67360**	**30968**	**36392**	**98840**	**22198**	**76642**	**0.94**	**0.92**
32152	16165	15987	1999	898	1101	2827	567	2260	0.88	0.85
64684	32133	32551	3249	1341	1908	5294	1113	4181	0.77	0.76
37716	18440	19276	2138	843	1295	3503	786	2717	0.73	0.72
56667	28329	28338	3161	1363	1798	4980	1073	3907	0.79	0.78
76072	38550	37522	4191	1789	2402	6099	1316	4783	0.80	0.79
45743	22897	22846	2655	1136	1519	4107	877	3230	0.81	0.79
73375	36805	36570	4164	1890	2274	6831	1420	5411	0.78	0.77
168390	87547	80843	6745	2957	3788	8884	1925	6959	0.93	0.92
144477	75588	68889	6289	2912	3377	8275	1828	6447	0.94	0.92
121589	65267	56322	4002	1978	2024	5378	1312	4066	1.06	1.04
359464	185945	173519	14208	6396	7812	20831	4634	16197	0.92	0.91
58447	31001	27446	2465	1296	1169	3840	974	2866	1.09	1.07
123449	64914	58535	4342	2094	2248	5133	1209	3924	1.04	1.01
89689	48740	40949	3054	1613	1441	3532	908	2624	1.10	1.07
77967	41824	36143	3216	1611	1605	4181	1038	3143	1.13	1.11
47452	25382	22070	1482	851	631	5145	1218	3927	1.10	1.08
5361483	**2688112**	**2673371**	**133349**	**70903**	**62446**	**396648**	**106229**	**290419**	**1.16**	**1.14**
558422	**285127**	**273295**	**22365**	**10634**	**11731**	**33655**	**7954**	**25701**	**0.91**	**0.89**
29171	14466	14705	1520	645	875	1874	420	1454	0.72	0.70
45970	22916	23054	3031	1322	1709	3523	704	2819	0.84	0.82
31872	16302	15570	1653	704	949	1592	323	1269	0.85	0.83
57036	28206	28830	2953	1310	1643	3932	795	3137	0.81	0.79
67371	34414	32957	2319	1104	1215	3069	723	2346	0.93	0.90
51868	27125	24743	2401	1098	1303	2826	644	2182	0.78	0.76
35885	18742	17143	1657	769	888	1632	369	1263	0.92	0.90
109561	56555	53006	2939	1457	1482	5093	1251	3842	0.91	0.90
66546	33755	32791	2018	1068	950	5037	1348	3689	1.12	1.10
31762	16669	15093	998	627	371	2344	616	1728	1.13	1.10
31380	15977	15403	876	530	346	2733	761	1972	1.13	1.10
485081	**248239**	**236842**	**15891**	**8133**	**7758**	**29570**	**6929**	**22641**	**1.10**	**1.08**
59541	30709	28832	1591	867	724	2929	740	2189	1.18	1.16
56491	29476	27015	1616	877	739	2765	622	2143	1.12	1.10
57954	29755	28199	2021	910	1111	3285	754	2531	0.96	0.95
61474	30778	30696	3152	1435	1717	4257	955	3302	0.96	0.94
42960	21702	21258	1133	538	595	1992	482	1510	1.05	1.04
119482	61377	58105	3608	1938	1670	7624	1788	5836	1.21	1.20
87179	44442	42737	2770	1568	1202	6718	1588	5130	1.10	1.08
522170	**255861**	**266309**	**11115**	**6309**	**4806**	**41903**	**11788**	**30115**	**1.49**	**1.47**
27053	13504	13549	1013	461	552	1662	398	1264	1.06	1.04
28059	13675	14384	852	357	495	1437	360	1077	1.09	1.08
26661	13436	13225	552	362	190	2205	583	1622	1.53	1.51
39497	19397	20100	1543	639	904	2631	571	2060	1.04	1.03
69017	34178	34839	1508	993	515	5923	1617	4306	1.50	1.48
54491	26227	28264	736	494	242	4968	1413	3555	1.68	1.65
61743	29853	31890	1197	741	456	5135	1468	3667	1.69	1.66
58861	28174	30687	947	612	335	5390	1641	3749	1.63	1.61
21918	11028	10890	476	251	225	1184	322	862	1.34	1.32
55105	27060	28045	1173	699	474	4572	1273	3299	1.62	1.59
79765	39329	40436	1118	700	418	6796	2142	4654	1.61	1.58
346997	**176765**	**170232**	**11076**	**5653**	**5423**	**21827**	**5158**	**16669**	**1.09**	**1.07**
44073	22080	21993	1961	876	1085	2798	617	2181	1.04	1.02
41632	21112	20520	1766	812	954	2500	535	1965	1.03	1.02
55690	28017	27673	1554	744	810	3263	731	2532	1.11	1.08
110477	56826	53651	2984	1654	1330	5825	1434	4391	1.13	1.11
40246	20353	19893	1150	619	531	3201	812	2389	1.06	1.04
54879	28377	26502	1661	948	713	4240	1029	3211	1.09	1.07
829686	**426853**	**402833**	**19152**	**9176**	**9976**	**38162**	**9467**	**28695**	**1.09**	**1.07**
50628	25892	24736	1103	520	583	1942	455	1487	1.01	0.99
86080	44415	41665	1512	731	781	3305	816	2489	1.04	1.03

表7 续表 15

地　区	15岁及以上人口			未婚		
	合　计	男	女	小　计	男	女
相城区	73179	38874	34305	12370	7725	4645
姑苏区	79362	38858	40504	15191	8050	7141
吴江区	125633	65781	59852	20088	12717	7371
苏州工业园区	98370	50923	47447	24170	14138	10032
常熟市	148796	77235	71561	20634	12814	7820
张家港市	123795	63762	60033	15699	9658	6041
昆山市	166168	88066	78102	29242	19019	10223
太仓市	74353	39457	34896	9832	6168	3664
南通市	**672752**	**326392**	**346360**	**80690**	**47492**	**33198**
崇川区	64366	31112	33254	14358	7307	7051
港闸区	33647	17008	16639	6116	3470	2646
通州区	109828	52829	56999	11878	7166	4712
如东县	80517	38848	41669	6492	4124	2368
南通经济技术开发区	26979	14483	12496	4393	2748	1645
启东市	86294	41359	44935	8423	4964	3459
如皋市	110011	53152	56859	12158	7365	4793
海门市	80930	38274	42656	8648	5255	3393
海安市	80180	39327	40853	8224	5093	3131
连云港市	**338984**	**168902**	**170082**	**57604**	**34590**	**23014**
连云区	16322	8799	7523	2226	1454	772
海州区	59187	29329	29858	9365	5346	4019
赣榆区	76368	38017	38351	11825	7683	4142
东海县	69792	34140	35652	11705	7031	4674
灌云县	49511	24949	24562	7848	4737	3111
灌南县	45944	22795	23149	7065	4406	2659
连云港经济技术开发区	7149	3672	3477	1383	839	544
连云港高新技术产业开发区	14711	7201	7510	6187	3094	3093
淮安市	**343601**	**169025**	**174576**	**48266**	**28049**	**20217**
淮安区	57813	28106	29707	7120	4464	2656
淮阴区	56740	28420	28320	9514	5429	4085
清江浦区	46681	22631	24050	7038	3761	3277
洪泽区	22981	11296	11685	2509	1449	1060
涟水县	59520	29238	30282	8684	5292	3392
盱眙县	43711	21468	22243	4833	2801	2032
金湖县	25364	12644	12720	2197	1344	853
淮安经济技术开发区	30791	15222	15569	6371	3509	2862
盐城市	**573548**	**286972**	**286576**	**71354**	**44015**	**27339**
亭湖区	69885	35368	34517	12230	7167	5063
盐都区	73215	36715	36500	10314	6184	4130
大丰区	60086	30081	30005	5549	3391	2158
响水县	34576	17205	17371	4553	2831	1722
滨海县	59326	29414	29912	7319	4595	2724
阜宁县	64598	32373	32225	8103	5054	3049
射阳县	70758	35773	34985	7978	4942	3036
建湖县	50739	25206	25533	5347	3547	1800
盐城经济技术开发区	8659	4371	4288	1919	1013	906
东台市	81706	40466	41240	8042	5291	2751
扬州市	**419140**	**207695**	**211445**	**60540**	**34788**	**25752**
广陵区	53381	27194	26187	8568	4892	3676
邗江区	74920	36851	38069	17143	9111	8032
江都区	84810	41015	43795	9239	5517	3722
宝应县	69054	34281	34773	8556	5151	3405
扬州经济技术开发区	20342	10186	10156	4304	2400	1904
仪征市	46753	23697	23056	5230	3259	1971
高邮市	69880	34471	35409	7500	4458	3042
镇江市	**271223**	**136879**	**134344**	**38048**	**22787**	**15261**
京口区	30494	15187	15307	6269	3591	2678
润州区	25584	12817	12767	3588	2044	1544
丹徒区	29092	15054	14038	5536	3391	2145
镇江新区	20759	10655	10104	2872	1848	1024

单位：人

有配偶			离婚			丧偶			15—64岁妇女	
小计	男	女	小计	男	女	小计	男	女	平均活产子女数	平均存活子女数
57279	29919	27360	1236	623	613	2294	607	1687	1.14	1.11
57529	28718	28811	2681	1207	1474	3961	883	3078	0.92	0.91
98693	50810	47883	1997	1009	988	4855	1245	3610	1.14	1.11
70701	35649	35052	1420	608	812	2079	528	1551	0.97	0.95
118377	61318	57059	2685	1332	1353	7100	1771	5329	1.14	1.13
100149	51628	48521	2416	1183	1233	5531	1293	4238	1.18	1.15
130323	66812	63511	2591	1202	1389	4012	1033	2979	1.13	1.10
59927	31692	28235	1511	761	750	3083	836	2247	1.14	1.12
529211	**259690**	**269521**	**9652**	**5261**	**4391**	**53199**	**13949**	**39250**	**1.02**	**1.00**
45999	22711	23288	1279	469	810	2730	625	2105	0.83	0.82
25513	12938	12575	498	248	250	1520	352	1168	0.97	0.96
87461	42589	44872	1324	755	569	9165	2319	6846	1.07	1.05
65025	31898	33127	1149	683	466	7851	2143	5708	1.01	0.98
21223	11289	9934	368	185	183	995	261	734	1.02	1.00
68903	33697	35206	1381	791	590	7587	1907	5680	1.00	0.98
86042	42017	44025	1559	921	638	10252	2849	7403	1.11	1.09
64955	30863	34092	987	576	411	6340	1580	4760	1.07	1.04
64090	31688	32402	1107	633	474	6759	1913	4846	1.04	1.03
255505	**124842**	**130663**	**5954**	**3501**	**2453**	**19921**	**5969**	**13952**	**1.51**	**1.47**
12855	6954	5901	457	215	242	784	176	608	1.22	1.16
45664	22571	23093	1458	709	749	2700	703	1997	1.25	1.21
58323	28040	30283	1118	746	372	5102	1548	3554	1.73	1.69
52528	25039	27489	1073	619	454	4486	1451	3035	1.63	1.59
37525	18567	18958	738	523	215	3400	1122	2278	1.61	1.57
35359	17080	18279	710	494	216	2810	815	1995	1.59	1.57
5205	2629	2576	189	105	84	372	99	273	1.18	1.16
8046	3962	4084	211	90	121	267	55	212	0.79	0.75
267648	**131057**	**136591**	**5515**	**3305**	**2210**	**22172**	**6614**	**15558**	**1.29**	**1.25**
44929	21589	23340	775	501	274	4989	1552	3437	1.33	1.29
42644	21324	21320	894	604	290	3688	1063	2625	1.35	1.29
36239	17746	18493	1194	557	637	2210	567	1643	1.12	1.10
18567	9149	9418	351	213	138	1554	485	1069	1.17	1.13
45907	22133	23774	774	545	229	4155	1268	2887	1.50	1.46
35371	17410	17961	717	431	286	2790	826	1964	1.38	1.33
21080	10566	10514	370	215	155	1717	519	1198	1.11	1.09
22911	11140	11771	440	239	201	1069	334	735	1.11	1.09
452268	**225010**	**227258**	**8266**	**5128**	**3138**	**41660**	**12819**	**28841**	**1.21**	**1.18**
53350	26673	26677	1002	507	495	3303	1021	2282	1.02	0.99
57556	28657	28899	785	474	311	4560	1400	3160	1.15	1.11
48863	24728	24135	972	562	410	4702	1400	3302	1.05	1.03
27255	13378	13877	540	361	179	2228	635	1593	1.57	1.53
46597	22841	23756	893	591	302	4517	1387	3130	1.54	1.47
50462	25025	25437	1061	733	328	4972	1561	3411	1.34	1.32
56423	28480	27943	1175	719	456	5182	1632	3550	1.20	1.17
40887	19970	20917	659	428	231	3846	1261	2585	1.25	1.23
6064	3108	2956	115	73	42	561	177	384	0.98	0.97
64811	32150	32661	1064	680	384	7789	2345	5444	1.08	1.05
325117	**162055**	**163062**	**6033**	**3309**	**2724**	**27450**	**7543**	**19907**	**1.00**	**0.99**
41210	21201	20009	854	412	442	2749	689	2060	0.95	0.93
53520	26494	27026	922	418	504	3335	828	2507	0.88	0.87
67466	32990	34476	1348	786	562	6757	1722	5035	1.05	1.03
54194	26798	27396	905	588	317	5399	1744	3655	1.10	1.07
14942	7451	7491	254	119	135	842	216	626	0.87	0.86
37526	19143	18383	849	480	369	3148	815	2333	1.08	1.06
56259	27978	28281	901	506	395	5220	1529	3691	1.04	1.03
210398	**106450**	**103948**	**6280**	**3481**	**2799**	**16497**	**4161**	**12336**	**1.03**	**1.02**
21855	10843	11012	866	418	448	1504	335	1169	0.86	0.84
19850	10027	9823	856	416	440	1290	330	960	0.97	0.95
21013	10706	10307	648	405	243	1895	552	1343	0.96	0.94
16319	8288	8031	401	205	196	1167	314	853	1.03	1.00

表7 续表 16

地区	15岁及以上人口			未婚		
	合计	男	女	小计	男	女
丹阳市	84563	42547	42016	10439	6289	4150
扬中市	27753	14096	13657	2767	1755	1012
句容市	52978	26523	26455	6577	3869	2708
泰州市	**388612**	**191884**	**196728**	**45720**	**28170**	**17550**
海陵区	51085	24697	26388	9112	4761	4351
高港区	22763	11399	11364	2585	1697	888
姜堰区	59771	28995	30776	6447	4036	2411
泰州医药高新技术产业开发区	19261	9557	9704	3227	1853	1374
兴化市	92142	46413	45729	9344	6277	3067
靖江市	59146	29594	29552	6256	3814	2442
泰兴市	84444	41229	43215	8749	5732	3017
宿迁市	**350146**	**174019**	**176127**	**51376**	**30679**	**20697**
宿城区	62284	30834	31450	9334	5322	4012
宿豫区	43204	21852	21352	7128	4302	2826
沭阳县	115472	58000	57472	16846	10253	6593
泗阳县	57814	28399	29415	8682	5317	3365
泗洪县	57290	27795	29495	7190	4157	3033
宿迁经济技术开发区	14082	7139	6943	2196	1328	868
浙江省	**5632551**	**2945227**	**2687324**	**1013698**	**628317**	**385381**
杭州市	**1063040**	**557108**	**505932**	**241019**	**139853**	**101166**
上城区	27357	13252	14105	5786	2989	2797
下城区	41251	20055	21196	9609	4930	4679
江干区	135400	70518	64882	44333	24152	20181
拱墅区	54707	27288	27419	14413	7506	6907
西湖区	97334	50265	47069	31620	17539	14081
滨江区	42926	22216	20710	15654	8617	7037
萧山区	205717	110881	94836	39044	24256	14788
余杭区	225574	122063	103511	44656	27492	17164
富阳区	74449	39480	34969	12426	7726	4700
临安区	56101	29476	26625	9613	5800	3813
桐庐县	38888	19926	18962	6093	3904	2189
淳安县	27133	13319	13814	3073	1887	1186
建德市	36203	18369	17834	4699	3055	1644
宁波市	**853032**	**446274**	**406758**	**144923**	**91010**	**53913**
海曙区	93495	47842	45653	17681	10247	7434
江北区	42803	22552	20251	8037	4956	3081
北仑区	78415	43106	35309	13958	9590	4368
镇海区	49366	26658	22708	8993	5686	3307
鄞州区	142949	72867	70082	29173	16533	12640
奉化区	51364	26996	24368	7219	4695	2524
象山县	48128	24201	23927	5822	3750	2072
宁海县	57304	29348	27956	8399	5547	2852
余姚市	114075	59327	54748	17419	11282	6137
慈溪市	175133	93377	81756	28222	18724	9498
温州市	**784661**	**416651**	**368010**	**141426**	**91644**	**49782**
鹿城区	101754	53084	48670	20639	12644	7995
龙湾区	39615	22208	17407	7442	5063	2379
瓯海区	83272	45851	37421	19528	12055	7473
洞头区	12087	6547	5540	2476	1646	830
永嘉县	65715	35176	30539	12562	7885	4677
平阳县	71376	37208	34168	11678	7672	4006
苍南县	66235	34122	32113	10949	7003	3946
文成县	17460	9202	8258	2668	1734	934
泰顺县	17712	9187	8525	2896	1764	1132
温州经济技术开发区	23339	13684	9655	5323	3907	1416
瑞安市	124638	65553	59085	18531	12203	6328
乐清市	124537	65530	59007	20994	14190	6804
龙港市	36921	19299	17622	5740	3878	1862

单位：人

有配偶			离婚			丧偶			15—64岁妇女	
小计	男	女	小计	男	女	小计	男	女	平均活产子女数	平均存活子女数
66854	33843	33011	2008	1137	871	5262	1278	3984	1.11	1.09
22604	11627	10977	433	233	200	1949	481	1468	1.09	1.07
41903	21116	20787	1068	667	401	3430	871	2559	1.06	1.05
305606	**152032**	**153574**	**6441**	**3605**	**2836**	**30845**	**8077**	**22768**	**1.11**	**1.09**
38147	18742	19405	1079	500	579	2747	694	2053	0.93	0.91
17886	9048	8838	385	214	171	1907	440	1467	1.14	1.12
47187	22991	24196	975	555	420	5162	1413	3749	1.07	1.05
14645	7266	7379	336	178	158	1053	260	793	1.05	1.02
73562	36981	36581	1312	855	457	7924	2300	5624	1.22	1.20
47321	24048	23273	1183	605	578	4386	1127	3259	1.09	1.07
66858	32956	33902	1171	698	473	7666	1843	5823	1.17	1.15
273374	**134131**	**139243**	**5609**	**3408**	**2201**	**19787**	**5801**	**13986**	**1.56**	**1.52**
48540	24011	24529	1099	611	488	3311	890	2421	1.51	1.47
32773	16363	16410	681	437	244	2622	750	1872	1.53	1.49
90359	44583	45776	1757	1146	611	6510	2018	4492	1.65	1.61
44705	21550	23155	786	514	272	3641	1018	2623	1.52	1.48
45936	22106	23830	1044	574	470	3120	958	2162	1.53	1.49
11061	5518	5543	242	126	116	583	167	416	1.46	1.43
4228430	**2186950**	**2041480**	**129742**	**70555**	**59187**	**260681**	**59405**	**201276**	**1.24**	**1.21**
758975	**396886**	**362089**	**24629**	**12229**	**12400**	**38417**	**8140**	**30277**	**1.05**	**1.03**
19281	9641	9640	929	389	540	1361	233	1128	0.88	0.86
28400	14200	14200	1332	525	807	1910	400	1510	0.85	0.84
85312	44467	40845	3126	1379	1747	2629	520	2109	0.87	0.85
37071	18795	18276	1448	639	809	1775	348	1427	0.84	0.82
61070	31289	29781	2195	921	1274	2449	516	1933	0.82	0.80
25805	13226	12579	621	249	372	846	124	722	0.79	0.77
155523	83115	72408	3656	1966	1690	7494	1544	5950	1.20	1.18
170746	91017	79729	4429	2254	2175	5743	1300	4443	1.15	1.12
56422	29821	26601	2100	1174	926	3501	759	2742	1.23	1.20
41797	22038	19759	1733	960	773	2958	678	2280	1.14	1.10
29189	14878	14311	1176	642	534	2430	502	1928	1.26	1.23
20885	10404	10481	756	455	301	2419	573	1846	1.28	1.24
27474	13995	13479	1128	676	452	2902	643	2259	1.28	1.25
651365	**336282**	**315083**	**21004**	**10937**	**10067**	**35740**	**8045**	**27695**	**1.21**	**1.17**
69675	35663	34012	2494	1152	1342	3645	780	2865	1.10	1.07
31959	16670	15289	1228	614	614	1579	312	1267	1.11	1.08
60253	31971	28282	1824	991	833	2380	554	1826	1.24	1.20
37426	19899	17527	1375	713	662	1572	360	1212	1.16	1.13
105333	53663	51670	3632	1619	2013	4811	1052	3759	1.07	1.05
39809	20742	19067	1518	877	641	2818	682	2136	1.22	1.18
37688	18948	18740	1477	785	692	3141	718	2423	1.35	1.31
44003	22244	21759	1656	892	764	3246	665	2581	1.38	1.33
88579	45367	43212	2392	1346	1046	5685	1332	4353	1.26	1.23
136640	71115	65525	3408	1948	1460	6863	1590	5273	1.30	1.25
592071	**308318**	**283753**	**15423**	**8736**	**6687**	**35741**	**7953**	**27788**	**1.45**	**1.39**
74802	38533	36269	2629	1268	1361	3684	639	3045	1.25	1.21
30385	16498	13887	643	390	253	1145	257	888	1.43	1.38
60229	32596	27633	1225	694	531	2290	506	1784	1.30	1.24
8500	4599	3901	255	160	95	856	142	714	1.32	1.28
48638	25729	22909	958	617	341	3557	945	2612	1.48	1.44
53975	27713	26262	1707	975	732	4016	848	3168	1.48	1.40
50303	25448	24855	1111	705	406	3872	966	2906	1.51	1.47
12963	6792	6171	476	321	155	1353	355	998	1.58	1.54
12829	6636	6193	618	405	213	1369	382	987	1.51	1.47
17124	9394	7730	403	264	139	489	119	370	1.47	1.40
98084	50825	47259	2354	1289	1065	5669	1236	4433	1.49	1.43
95356	48822	46534	2343	1285	1058	5844	1233	4611	1.55	1.49
28883	14733	14150	701	363	338	1597	325	1272	1.61	1.56

表7 续表 17

地 区	15岁及以上人口			未婚		
	合 计	男	女	小 计	男	女
嘉兴市	**501005**	**262648**	**238357**	**77749**	**49207**	**28542**
南湖区	76348	39481	36867	15451	9108	6343
秀洲区	62132	32654	29478	9835	6429	3406
嘉善县	60384	32599	27785	10309	6963	3346
海盐县	42002	21669	20333	5037	3153	1884
海宁市	103777	55147	48630	14937	9516	5421
平湖市	63499	33314	30185	8901	5756	3145
桐乡市	92863	47784	45079	13279	8282	4997
湖州市	**305566**	**158834**	**146732**	**44805**	**27892**	**16913**
吴兴区	95705	49601	46104	16037	9801	6236
南浔区	48788	25380	23408	5233	3408	1825
德清县	50795	26850	23945	7261	4586	2675
长兴县	60616	31184	29432	8713	5386	3327
安吉县	49662	25819	23843	7561	4711	2850
绍兴市	**465288**	**239268**	**226020**	**75240**	**46067**	**29173**
越城区	88251	44593	43658	16062	9097	6965
柯桥区	104465	56089	48376	17453	11168	6285
上虞区	75060	37878	37182	11380	6934	4446
新昌县	34310	17627	16683	4938	3175	1763
诸暨市	104014	52674	51340	16488	10087	6401
嵊州市	59188	30407	28781	8919	5606	3313
金华市	**609602**	**320595**	**289007**	**120297**	**76702**	**43595**
婺城区	79852	40800	39052	18676	10711	7965
金东区	45125	24403	20722	9215	6074	3141
武义县	40061	21394	18667	6238	4327	1911
浦江县	40012	20708	19304	6845	4470	2375
磐安县	14718	7526	7192	1976	1277	699
兰溪市	48678	24656	24022	7789	4808	2981
义乌市	170395	91568	78827	38040	24286	13754
东阳市	92730	47328	45402	15768	10138	5630
永康市	78031	42212	35819	15750	10611	5139
衢州市	**186002**	**93754**	**92248**	**27123**	**16849**	**10274**
柯城区	44571	22377	22194	8239	4751	3488
衢江区	30016	15714	14302	4402	2959	1443
常山县	20774	10499	10275	2563	1652	911
开化县	20178	9713	10465	2245	1361	884
龙游县	30867	15777	15090	4338	2764	1574
江山市	39596	19674	19922	5336	3362	1974
舟山市	**108156**	**58669**	**49487**	**14949**	**9711**	**5238**
定海区	44534	22884	21650	7253	4386	2867
普陀区	35333	18354	16979	4419	2828	1591
岱山县	22054	14209	7845	2680	2101	579
嵊泗县	6235	3222	3013	597	396	201
台州市	**567063**	**293900**	**273163**	**95033**	**60184**	**34849**
椒江区	71433	37519	33914	14394	8831	5563
黄岩区	60919	31391	29528	9911	6242	3669
路桥区	55091	29099	25992	8711	5724	2987
三门县	30620	15589	15031	4363	2793	1570
天台县	37879	19070	18809	7378	4458	2920
仙居县	33841	17034	16807	6632	3897	2735
温岭市	126505	66303	60202	19862	13113	6749
临海市	93124	47119	46005	15686	9550	6136
玉环市	57651	30776	26875	8096	5576	2520
丽水市	**189136**	**97526**	**91610**	**31134**	**19198**	**11936**
莲都区	45348	23859	21489	9243	5499	3744
青田县	29382	15035	14347	5338	3255	2083
缙云县	32155	16366	15789	5265	3379	1886
遂昌县	16025	8296	7729	2078	1396	682
松阳县	17024	8696	8328	2314	1445	869
云和县	10597	5585	5012	1522	984	538
庆元县	11073	5620	5453	1389	843	546
景宁畲族自治县	8136	4147	3989	1135	699	436
龙泉市	19396	9922	9474	2850	1698	1152

单位：人

有配偶			离婚			丧偶			15—64岁妇女	
小计	男	女	小计	男	女	小计	男	女	平均活产子女数	平均存活子女数
389769	**201700**	**188069**	**12134**	**6398**	**5736**	**21353**	**5343**	**16010**	**1.23**	**1.20**
55654	28606	27048	2310	1067	1243	2933	700	2233	1.08	1.06
48513	24863	23650	1349	711	638	2435	651	1784	1.30	1.27
46279	24283	21996	1449	788	661	2347	565	1782	1.21	1.17
33768	17446	16322	979	522	457	2218	548	1670	1.21	1.17
82469	43323	39146	2292	1253	1039	4079	1055	3024	1.28	1.25
49847	25918	23929	1528	803	725	3223	837	2386	1.21	1.18
73239	37261	35978	2227	1254	973	4118	987	3131	1.30	1.27
237463	**122914**	**114549**	**7954**	**4389**	**3565**	**15344**	**3639**	**11705**	**1.20**	**1.16**
73760	37780	35980	2430	1218	1212	3478	802	2676	1.17	1.14
39200	20551	18649	1080	635	445	3275	786	2489	1.27	1.22
39685	20933	18752	1239	688	551	2610	643	1967	1.21	1.17
46669	23923	22746	1748	1038	710	3486	837	2649	1.18	1.15
38149	19727	18422	1457	810	647	2495	571	1924	1.20	1.15
356564	**182689**	**173875**	**8706**	**4881**	**3825**	**24778**	**5631**	**19147**	**1.18**	**1.16**
66894	34012	32882	1422	664	758	3873	820	3053	1.08	1.06
81464	43210	38254	1522	866	656	4026	845	3181	1.29	1.26
57452	29006	28446	1498	859	639	4730	1079	3651	1.16	1.14
26346	13412	12934	712	441	271	2314	599	1715	1.18	1.16
79451	40075	39376	2264	1259	1005	5811	1253	4558	1.21	1.18
44957	22974	21983	1288	792	496	4024	1035	2989	1.10	1.08
450427	**230810**	**219617**	**12637**	**7232**	**5405**	**26241**	**5851**	**20390**	**1.32**	**1.28**
55635	28299	27336	2125	1087	1038	3416	703	2713	1.10	1.06
32797	17266	15531	1069	652	417	2044	411	1633	1.30	1.29
30909	15985	14924	968	601	367	1946	481	1465	1.46	1.41
30083	15256	14827	861	479	382	2223	503	1720	1.41	1.34
11369	5748	5621	287	190	97	1086	311	775	1.41	1.34
35937	18261	17676	1079	744	335	3873	843	3030	1.26	1.22
125209	64703	60506	3179	1693	1486	3967	886	3081	1.32	1.28
70549	35186	35363	1688	966	722	4725	1038	3687	1.37	1.31
57939	30106	27833	1381	820	561	2961	675	2286	1.44	1.40
140785	**70903**	**69882**	**5072**	**3082**	**1990**	**13022**	**2920**	**10102**	**1.26**	**1.22**
32585	16458	16127	1435	705	730	2312	463	1849	1.09	1.06
22812	11721	11091	708	505	203	2094	529	1565	1.31	1.26
16003	8088	7915	609	394	215	1599	365	1234	1.37	1.33
15809	7677	8132	458	293	165	1666	382	1284	1.37	1.31
23298	11916	11382	913	574	339	2318	523	1795	1.24	1.21
30278	15043	15235	949	611	338	3033	658	2375	1.35	1.30
82850	**45561**	**37289**	**3854**	**2070**	**1784**	**6503**	**1327**	**5176**	**1.11**	**1.09**
33359	17231	16128	1548	751	797	2374	516	1858	1.06	1.05
27214	14282	12932	1469	802	667	2231	442	1789	1.15	1.13
17489	11498	5991	551	355	196	1334	255	1079	1.18	1.16
4788	2550	2238	286	162	124	564	114	450	1.11	1.08
427191	**218849**	**208342**	**13347**	**7622**	**5725**	**31492**	**7245**	**24247**	**1.34**	**1.29**
52658	27271	25387	1613	822	791	2768	595	2173	1.23	1.19
46172	23621	22551	1323	734	589	3513	794	2719	1.27	1.23
42717	22145	20572	1252	686	566	2411	544	1867	1.36	1.32
23504	11910	11594	653	415	238	2100	471	1629	1.42	1.38
26691	13440	13251	918	529	389	2892	643	2249	1.33	1.28
24069	12085	11984	760	442	318	2380	610	1770	1.35	1.30
96903	49943	46960	2763	1643	1120	6977	1604	5373	1.36	1.32
69543	34919	34624	2056	1212	844	5839	1438	4401	1.30	1.27
44934	23515	21419	2009	1139	870	2612	546	2066	1.47	1.42
140970	**72038**	**68932**	**4982**	**2979**	**2003**	**12050**	**3311**	**8739**	**1.36**	**1.30**
32796	17169	15627	1379	700	679	1930	491	1439	1.22	1.16
21280	10801	10479	678	446	232	2086	533	1553	1.55	1.49
23787	11918	11869	770	480	290	2333	589	1744	1.40	1.33
12270	6268	6002	459	296	163	1218	336	882	1.29	1.24
12994	6616	6378	436	281	155	1280	354	926	1.36	1.32
8145	4204	3941	320	199	121	610	198	412	1.32	1.26
8739	4413	4326	220	133	87	725	231	494	1.49	1.43
6216	3131	3085	238	146	92	547	171	376	1.41	1.37
14743	7518	7225	482	298	184	1321	408	913	1.31	1.26

表7 续表 18

地区	15岁及以上人口			未婚		
	合计	男	女	小计	男	女
安徽省	**4877094**	**2437492**	**2439602**	**833007**	**499382**	**333625**
合肥市	**768724**	**389445**	**379279**	**169104**	**98131**	**70973**
瑶海区	66299	32736	33563	11976	6636	5340
庐阳区	55061	26826	28235	9869	5346	4523
蜀山区	80237	39255	40982	21361	11203	10158
包河区	95792	48490	47302	21101	12133	8968
长丰县	63836	33021	30815	11889	7386	4503
肥东县	89274	46900	42374	17946	11224	6722
肥西县	81204	42173	39031	18763	11043	7720
庐江县	77794	38697	39097	11693	7238	4455
合肥高新技术产业开发区	22008	11374	10634	7068	4015	3053
合肥经济技术开发区	44938	23364	21574	15783	9136	6647
合肥新站高新技术产业开发区	36075	19266	16809	12680	7631	5049
巢湖市	56206	27343	28863	8975	5140	3835
芜湖市	**330740**	**168879**	**161861**	**62863**	**38178**	**24685**
镜湖区	41512	20008	21504	6829	3607	3222
弋江区	35245	17457	17788	11024	5721	5303
鸠江区	43881	22545	21336	8152	5265	2887
三山区	12784	6798	5986	2190	1500	690
芜湖县	30790	15950	14840	5963	3709	2254
繁昌县	23207	11903	11304	3652	2249	1403
南陵县	39487	19879	19608	5955	3669	2286
芜湖经济技术开发区	14697	8108	6589	3163	2303	860
安徽芜湖长江大桥经济开发区	1746	904	842	216	150	66
无为市	87391	45327	42064	15719	10005	5714
蚌埠市	**225264**	**109989**	**115275**	**34948**	**20409**	**14539**
龙子湖区	16504	8044	8460	2331	1321	1010
蚌山区	12747	6147	6600	1851	1010	841
禹会区	24725	12156	12569	4156	2292	1864
淮上区	19711	9944	9767	3253	1973	1280
怀远县	56122	27499	28623	7622	4748	2874
五河县	36440	17761	18679	4928	3024	1904
固镇县	32615	15692	16923	3851	2383	1468
蚌埠市高新技术开发区	4590	2276	2314	873	541	332
蚌埠市经济开发区	21810	10470	11340	6083	3117	2966
淮南市	**242271**	**122421**	**119850**	**37971**	**23111**	**14860**
大通区	12652	6348	6304	1738	1082	656
田家庵区	57666	28183	29483	11707	6435	5272
谢家集区	17747	8743	9004	2350	1413	937
八公山区	10433	5123	5310	1377	842	535
潘集区	22652	11668	10984	2747	1837	910
凤台县	42750	22037	20713	5283	3471	1812
寿县	78371	40319	38052	12769	8031	4738
马鞍山市	**176186**	**88594**	**87592**	**26134**	**16058**	**10076**
花山区	36918	18186	18732	4787	2791	1996
雨山区	29538	14865	14673	6899	3990	2909
博望区	12823	6699	6124	1743	1195	548
当涂县	36711	18619	18092	4889	3199	1690
含山县	30535	15469	15066	4242	2739	1503
和县	29661	14756	14905	3574	2144	1430
淮北市	**150433**	**73295**	**77138**	**23182**	**12964**	**10218**
杜集区	19534	9697	9837	2622	1553	1069
相山区	42692	20565	22127	6983	3758	3225
烈山区	19598	9371	10227	4358	2099	2259
濉溪县	68609	33662	34947	9219	5554	3665
铜陵市	**101292**	**48981**	**52311**	**15317**	**9097**	**6220**
铜官区	36938	17960	18978	6918	3735	3183

单位：人

有配偶			离婚			丧偶			15—64岁妇女	
小计	男	女	小计	男	女	小计	男	女	平均活产子女数	平均存活子女数
3638419	**1791788**	**1846631**	**104775**	**60772**	**44003**	**300893**	**85550**	**215343**	**1.41**	**1.38**
551641	**274960**	**276681**	**15180**	**7810**	**7370**	**32799**	**8544**	**24255**	**1.17**	**1.14**
50025	24646	25379	1949	932	1017	2349	522	1827	1.14	1.11
41711	20418	21293	1504	636	868	1977	426	1551	1.10	1.08
55011	26863	28148	1700	719	981	2165	470	1695	0.94	0.92
69562	34762	34800	2313	985	1328	2816	610	2206	1.07	1.04
47819	24028	23791	1118	701	417	3010	906	2104	1.44	1.41
64792	33253	31539	1490	1003	487	5046	1420	3626	1.35	1.32
57891	29454	28437	1125	673	452	3425	1003	2422	1.18	1.16
59116	29118	29998	1179	724	455	5806	1617	4189	1.43	1.39
14054	7082	6972	450	188	262	436	89	347	0.94	0.91
27669	13724	13945	642	304	338	844	200	644	0.96	0.95
21941	11112	10829	607	306	301	847	217	630	0.98	0.97
42050	20500	21550	1103	639	464	4078	1064	3014	1.23	1.20
238465	**119972**	**118493**	**9272**	**5396**	**3876**	**20140**	**5333**	**14807**	**1.19**	**1.16**
30422	14973	15449	1830	908	922	2431	520	1911	0.96	0.94
21900	10957	10943	1043	502	541	1278	277	1001	0.84	0.82
32034	15979	16055	1063	595	468	2632	706	1926	1.20	1.18
9558	4897	4661	287	186	101	749	215	534	1.31	1.28
22145	11183	10962	849	550	299	1833	508	1325	1.21	1.17
17307	8801	8506	706	413	293	1542	440	1102	1.21	1.18
29489	14640	14849	1260	807	453	2783	763	2020	1.28	1.26
10668	5481	5187	366	205	161	500	119	381	1.17	1.14
1363	677	686	36	30	6	131	47	84	1.44	1.43
63579	32384	31195	1832	1200	632	6261	1738	4523	1.38	1.36
169685	**81911**	**87774**	**6244**	**3488**	**2756**	**14387**	**4181**	**10206**	**1.51**	**1.48**
12190	6029	6161	815	407	408	1168	287	881	1.18	1.17
9622	4731	4891	596	272	324	678	134	544	1.17	1.14
17973	8869	9104	1069	573	496	1527	422	1105	1.25	1.23
15007	7362	7645	428	264	164	1023	345	678	1.52	1.50
42935	20545	22390	1218	823	395	4347	1383	2964	1.84	1.80
28217	13525	14692	738	450	288	2557	762	1795	1.65	1.62
25942	12262	13680	599	397	202	2223	650	1573	1.78	1.75
3415	1636	1779	131	47	84	171	52	119	1.19	1.17
14384	6952	7432	650	255	395	693	146	547	0.91	0.90
182425	**91169**	**91256**	**6453**	**3731**	**2722**	**15422**	**4410**	**11012**	**1.42**	**1.38**
9778	4868	4910	370	210	160	766	188	578	1.42	1.38
41340	20223	21117	1965	892	1073	2654	633	2021	1.08	1.06
13177	6558	6619	664	368	296	1556	404	1152	1.24	1.20
7700	3796	3904	491	282	209	865	203	662	1.14	1.12
17787	8980	8807	524	361	163	1594	490	1104	1.73	1.68
33611	17026	16585	959	632	327	2897	908	1989	1.71	1.68
59032	29718	29314	1480	986	494	5090	1584	3506	1.52	1.48
132862	**66687**	**66175**	**5588**	**3037**	**2551**	**11602**	**2812**	**8790**	**1.22**	**1.20**
28109	14015	14094	1910	899	1011	2112	481	1631	1.05	1.04
19819	9917	9902	1297	625	672	1523	333	1190	0.94	0.92
9857	5050	4807	308	220	88	915	234	681	1.52	1.47
28510	14265	14245	954	586	368	2358	569	1789	1.33	1.31
23601	11844	11757	599	385	214	2093	501	1592	1.39	1.36
22966	11596	11370	520	322	198	2601	694	1907	1.34	1.30
114982	**56148**	**58834**	**3456**	**1795**	**1661**	**8813**	**2388**	**6425**	**1.47**	**1.43**
15068	7509	7559	477	268	209	1367	367	1000	1.52	1.50
32701	15916	16785	1322	502	820	1686	389	1297	1.21	1.18
13430	6622	6808	486	285	201	1324	365	959	1.28	1.21
53783	26101	27682	1171	740	431	4436	1267	3169	1.69	1.65
75389	**36567**	**38822**	**2538**	**1363**	**1175**	**8048**	**1954**	**6094**	**1.28**	**1.26**
26692	13194	13498	1449	664	785	1879	367	1512	1.00	0.98

表7 续表 19

地区	15岁及以上人口			未婚		
	合计	男	女	小计	男	女
义安区	18495	9309	9186	2182	1446	736
郊区	12009	5856	6153	1397	933	464
枞阳县	33850	15856	17994	4820	2983	1837
安庆市	**393995**	**197769**	**196226**	**63453**	**39267**	**24186**
迎江区	21271	10409	10862	2686	1566	1120
大观区	18686	9081	9605	2727	1576	1151
宜秀区	15540	7595	7945	4062	2034	2028
怀宁县	50011	25053	24958	7202	4459	2743
太湖县	41732	21182	20550	6652	4333	2319
宿松县	58508	30244	28264	10739	7145	3594
望江县	45443	22495	22948	6650	4086	2564
岳西县	28888	14813	14075	4642	3082	1560
安徽安庆经济开发区	11849	5996	5853	2183	1274	909
桐城市	58662	28963	29699	9530	5614	3916
潜山市	43405	21938	21467	6380	4098	2282
黄山市	**116575**	**58439**	**58136**	**16801**	**10604**	**6197**
屯溪区	23962	11480	12482	4459	2363	2096
黄山区	12268	6435	5833	1582	1078	504
徽州区	8375	4216	4159	950	629	321
歙县	35668	18113	17555	5489	3632	1857
休宁县	18433	9163	9270	2296	1547	749
黟县	6497	3330	3167	762	525	237
祁门县	11372	5702	5670	1263	830	433
滁州市	**349705**	**179299**	**170406**	**56218**	**34833**	**21385**
琅琊区	21740	10779	10961	3188	1828	1360
南谯区	28066	14278	13788	4561	2581	1980
来安县	35717	18427	17290	4590	2910	1680
全椒县	36191	18648	17543	5304	3375	1929
定远县	64632	33911	30721	11589	7570	4019
凤阳县	54146	28016	26130	10095	6228	3867
苏滁现代产业园	2124	1323	801	541	407	134
滁州经济技术开发区	12010	6325	5685	3881	2429	1452
天长市	53670	26995	26675	6424	3945	2479
明光市	41409	20597	20812	6045	3560	2485
阜阳市	**628980**	**310541**	**318439**	**116349**	**67841**	**48508**
颍州区	58788	27891	30897	12320	6110	6210
颍东区	43027	21717	21310	7406	4496	2910
颍泉区	45389	22531	22858	7726	4587	3139
临泉县	127739	62693	65046	27368	15685	11683
太和县	108715	54150	54565	18969	11608	7361
阜南县	84899	41370	43529	15886	9170	6716
颍上县	101062	51637	49425	17993	10979	7014
阜阳合肥现代产业园区	2577	1310	1267	346	205	141
阜阳经济技术开发区	8675	4287	4388	1550	847	703
界首市	48109	22955	25154	6785	4154	2631
宿州市	**387346**	**189569**	**197777**	**56565**	**34109**	**22456**
埇桥区	126202	62595	63607	19155	11242	7913
砀山县	56438	27343	29095	7262	4462	2800
萧县	78724	38737	39987	11861	7417	4444
灵璧县	64420	30903	33517	9105	5570	3535
泗县	54169	26330	27839	7743	4579	3164
宿州马鞍山现代产业园区	3135	1580	1555	641	394	247
宿州经济技术开发区	4258	2081	2177	798	445	353
六安市	**353301**	**176707**	**176594**	**55463**	**34864**	**20599**
金安区	63851	31116	32735	11099	6563	4536
裕安区	70815	35200	35615	12363	7594	4769
叶集区	14465	7341	7124	2229	1515	714
霍邱县	67067	33825	33242	9043	5803	3240
舒城县	67152	33649	33503	10072	6428	3644
金寨县	42782	21886	20896	6598	4368	2230
霍山县	27169	13690	13479	4059	2593	1466

单位：人

有配偶			离婚			丧偶			15—64岁妇女	
小计	男	女	小计	男	女	小计	男	女	平均活产子女数	平均存活子女数
14434	7217	7217	400	264	136	1479	382	1097	1.34	1.32
9121	4439	4682	286	177	109	1205	307	898	1.46	1.42
25142	11717	13425	403	258	145	3485	898	2587	1.54	1.52
295572	**146668**	**148904**	**7047**	**4125**	**2922**	**27923**	**7709**	**20214**	**1.41**	**1.37**
16617	8289	8328	638	292	346	1330	262	1068	1.10	1.07
13929	6914	7015	607	287	320	1423	304	1119	1.11	1.09
10360	5248	5112	208	124	84	910	189	721	1.09	1.05
38334	19099	19235	782	499	283	3693	996	2697	1.46	1.43
31362	15437	15925	675	431	244	3043	981	2062	1.50	1.47
42814	21292	21522	962	599	363	3993	1208	2785	1.69	1.65
34919	17063	17856	759	476	283	3115	870	2245	1.47	1.44
21565	10687	10878	461	296	165	2220	748	1472	1.49	1.43
8903	4486	4417	244	105	139	519	131	388	1.13	1.10
43624	21650	21974	1027	615	412	4481	1084	3397	1.29	1.26
33145	16503	16642	684	401	283	3196	936	2260	1.41	1.36
88071	**43903**	**44168**	**3200**	**1859**	**1341**	**8503**	**2073**	**6430**	**1.25**	**1.22**
17535	8489	9046	846	385	461	1122	243	879	1.01	0.98
9387	4862	4525	431	263	168	868	232	636	1.26	1.23
6630	3311	3319	243	143	100	552	133	419	1.31	1.29
26261	13147	13114	886	575	311	3032	759	2273	1.33	1.30
14265	7023	7242	397	254	143	1475	339	1136	1.30	1.27
5066	2586	2480	146	95	51	523	124	399	1.29	1.26
8927	4485	4442	251	144	107	931	243	688	1.40	1.36
265972	**133930**	**132042**	**7527**	**4574**	**2953**	**19988**	**5962**	**14026**	**1.36**	**1.34**
16714	8329	8385	748	351	397	1090	271	819	1.17	1.14
21526	10967	10559	696	358	338	1283	372	911	1.23	1.20
28026	14381	13645	781	499	282	2320	637	1683	1.39	1.36
28020	14234	13786	664	414	250	2203	625	1578	1.29	1.26
47971	24340	23631	1312	908	404	3760	1093	2667	1.55	1.52
39910	20036	19874	1132	741	391	3009	1011	1998	1.48	1.45
1483	872	611	46	26	20	54	18	36	1.28	1.26
7713	3760	3953	184	80	104	232	56	176	1.07	1.05
42851	21408	21443	895	556	339	3500	1086	2414	1.28	1.26
31758	15603	16155	1069	641	428	2537	793	1744	1.38	1.36
462353	**223609**	**238744**	**11071**	**6942**	**4129**	**39207**	**12149**	**27058**	**1.63**	**1.60**
42358	20416	21942	1156	549	607	2954	816	2138	1.35	1.32
32309	15975	16334	833	526	307	2479	720	1759	1.60	1.57
33882	16537	17345	916	547	369	2865	860	2005	1.59	1.56
89862	43037	46825	2175	1427	748	8334	2544	5790	1.64	1.61
81128	39104	42024	1702	1147	555	6916	2291	4625	1.66	1.62
61890	29613	32277	1287	821	466	5836	1766	4070	1.79	1.74
74915	37221	37694	2036	1405	631	6118	2032	4086	1.67	1.65
2034	1025	1009	43	31	12	154	49	105	1.91	1.88
6723	3294	3429	148	67	81	254	79	175	1.46	1.44
37252	17387	19865	775	422	353	3297	992	2305	1.65	1.63
298346	**143569**	**154777**	**6799**	**4191**	**2608**	**25636**	**7700**	**17936**	**1.67**	**1.64**
97274	47745	49529	2679	1579	1100	7094	2029	5065	1.54	1.51
44488	21334	23154	736	427	309	3952	1120	2832	1.75	1.71
59896	28782	31114	1205	842	363	5762	1696	4066	1.75	1.72
49472	23112	26360	1107	671	436	4736	1550	3186	1.82	1.78
41743	19955	21788	925	596	329	3758	1200	2558	1.66	1.64
2267	1093	1174	43	28	15	184	65	119	1.61	1.59
3206	1548	1658	104	48	56	150	40	110	1.40	1.39
268067	**130850**	**137217**	**5459**	**3410**	**2049**	**24312**	**7583**	**16729**	**1.43**	**1.40**
48026	22873	25153	1050	570	480	3676	1110	2566	1.34	1.31
53345	25736	27609	991	610	381	4116	1260	2856	1.36	1.33
11120	5406	5714	173	110	63	943	310	633	1.60	1.57
52070	25717	26353	1031	677	354	4923	1628	3295	1.71	1.65
50522	24887	25635	1195	789	406	5363	1545	3818	1.35	1.32
32515	16114	16401	530	345	185	3139	1059	2080	1.43	1.41
20469	10117	10352	489	309	180	2152	671	1481	1.26	1.23

表7 续表 20

地 区	15岁及以上人口			未婚		
	合 计	男	女	小 计	男	女
亳州市	**339202**	**166141**	**173061**	**56204**	**32976**	**23228**
谯城区	110626	54314	56312	18092	10311	7781
涡阳县	77661	38216	39445	12556	7479	5077
蒙城县	71427	34627	36800	10893	6589	4304
利辛县	79488	38984	40504	14663	8597	6066
池州市	**112979**	**55781**	**57198**	**17109**	**10273**	**6836**
贵池区	47223	22740	24483	7595	4175	3420
东至县	40406	20463	19943	6445	4087	2358
石台县	6193	3035	3158	718	470	248
青阳县	19157	9543	9614	2351	1541	810
宣城市	**200101**	**101642**	**98459**	**25326**	**16667**	**8659**
宣州区	51534	25424	26110	6129	3690	2439
郎溪县	26107	13204	12903	3325	2088	1237
泾县	21573	11056	10517	2757	1993	764
绩溪县	10923	5393	5530	1006	712	294
旌德县	9102	4687	4415	1122	779	343
宣城市经济开发区	8645	4680	3965	2142	1441	701
宁国市	31740	16343	15397	3902	2719	1183
广德市	40477	20855	19622	4943	3245	1698
福建省	**3188888**	**1624272**	**1564616**	**592284**	**360464**	**231820**
福州市	**638988**	**324937**	**314051**	**135987**	**79229**	**56758**
鼓楼区	53145	25430	27715	12063	6269	5794
台江区	33231	16028	17203	7241	3831	3410
仓山区	92757	47614	45143	22192	12726	9466
马尾区	21504	11196	10308	5228	3146	2082
晋安区	65993	33352	32641	12976	7283	5693
长乐区	57208	29548	27660	10759	6791	3968
闽侯县	76943	40168	36775	23221	12799	10422
连江县	48898	24993	23905	8338	5246	3092
罗源县	19502	10462	9040	3021	2026	995
闽清县	19121	9672	9449	2558	1576	982
永泰县	20548	10380	10168	3706	2212	1494
平潭县	29736	14903	14833	6236	3727	2509
福清市	100402	51191	49211	18448	11597	6851
厦门市	**435735**	**228492**	**207243**	**115536**	**69378**	**46158**
思明区	88984	42202	46782	21275	10765	10510
海沧区	48838	26509	22329	10636	7029	3607
湖里区	89638	46987	42651	27533	15735	11798
集美区	88981	48003	40978	29271	17696	11575
同安区	71038	38201	32837	13861	9391	4470
翔安区	48256	26590	21666	12960	8762	4198
莆田市	**234713**	**114851**	**119862**	**39454**	**23416**	**16038**
城厢区	41700	20634	21066	8320	4903	3417
涵江区	37331	18664	18667	5855	3639	2216
荔城区	49760	24431	25329	8683	4981	3702
秀屿区	40361	19151	21210	5159	3104	2055
仙游县	65561	31971	33590	11437	6789	4648
三明市	**187289**	**94616**	**92673**	**26068**	**16343**	**9725**
梅列区	17601	8647	8954	2865	1668	1197
三元区	14900	7641	7259	3186	1850	1336
明溪县	8315	4283	4032	1172	716	456
清流县	8878	4413	4465	1074	666	408
宁化县	21324	10524	10800	2729	1733	996
大田县	20352	10500	9852	2308	1541	767
尤溪县	24567	12509	12058	2849	1863	986
沙县	18949	9575	9374	3031	1881	1150
将乐县	10354	5170	5184	1143	713	430
泰宁县	7047	3441	3606	800	485	315
建宁县	8264	4079	4185	811	491	320
永安市	26738	13834	12904	4100	2736	1364

单位：人

有配偶			离婚			丧偶			15—64岁妇女	
小计	男	女	小计	男	女	小计	男	女	平均活产子女数	平均存活子女数
254620	**122722**	**131898**	**6122**	**3667**	**2455**	**22256**	**6776**	**15480**	**1.69**	**1.65**
83996	40886	43110	2032	1124	908	6506	1993	4513	1.54	1.50
58124	28181	29943	1453	902	551	5528	1654	3874	1.72	1.67
54373	25817	28556	1242	733	509	4919	1488	3431	1.77	1.73
58127	27838	30289	1395	908	487	5303	1641	3662	1.80	1.77
85553	**41989**	**43564**	**2340**	**1416**	**924**	**7977**	**2103**	**5874**	**1.32**	**1.28**
35770	17356	18414	828	450	378	3030	759	2271	1.27	1.23
30182	15003	15179	897	576	321	2882	797	2085	1.39	1.36
4797	2343	2454	91	66	25	587	156	431	1.36	1.29
14804	7287	7517	524	324	200	1478	391	1087	1.30	1.26
154416	**77134**	**77282**	**6479**	**3968**	**2511**	**13880**	**3873**	**10007**	**1.28**	**1.25**
39993	19699	20294	1571	953	618	3841	1082	2759	1.28	1.25
20511	10229	10282	713	468	245	1558	419	1139	1.33	1.30
16163	8059	8104	830	523	307	1823	481	1342	1.29	1.25
8598	4230	4368	317	198	119	1002	253	749	1.36	1.34
6883	3480	3403	326	201	125	771	227	544	1.30	1.25
5989	3051	2938	196	102	94	318	86	232	1.07	1.05
24435	12312	12123	1297	723	574	2106	589	1517	1.25	1.21
31844	16074	15770	1229	800	429	2461	736	1725	1.29	1.25
2351646	**1188072**	**1163574**	**71112**	**38007**	**33105**	**173846**	**37729**	**136117**	**1.47**	**1.43**
456953	**231030**	**225923**	**15114**	**7936**	**7178**	**30934**	**6742**	**24192**	**1.32**	**1.29**
37269	18166	19103	1511	565	946	2302	430	1872	0.97	0.95
23425	11506	11919	886	363	523	1679	328	1351	1.02	1.00
65493	33308	32185	2084	963	1121	2988	617	2371	1.12	1.10
14864	7567	7297	449	265	184	963	218	745	1.27	1.23
48726	24695	24031	1980	873	1107	2311	501	1810	1.12	1.10
41838	21339	20499	1243	745	498	3368	673	2695	1.57	1.55
49289	25724	23565	1403	895	508	3030	750	2280	1.10	1.08
36199	18377	17822	1099	679	420	3262	691	2571	1.52	1.49
14729	7764	6965	606	382	224	1146	290	856	1.56	1.54
14827	7469	7358	389	260	129	1347	367	980	1.58	1.55
15078	7522	7556	363	241	122	1401	405	996	1.59	1.56
21368	10601	10767	506	277	229	1626	298	1328	1.66	1.63
73848	36992	36856	2595	1428	1167	5511	1174	4337	1.64	1.61
296570	**151700**	**144870**	**11365**	**5283**	**6082**	**12264**	**2131**	**10133**	**1.20**	**1.17**
60808	29689	31119	3196	1198	1998	3705	550	3155	1.04	1.02
35885	18658	17227	1299	655	644	1018	167	851	1.35	1.33
57811	29791	28020	2543	1165	1378	1751	296	1455	1.09	1.06
56164	29070	27094	1922	952	970	1624	285	1339	1.15	1.12
53398	27489	25909	1558	854	704	2221	467	1754	1.46	1.43
32504	17003	15501	847	459	388	1945	366	1579	1.30	1.27
175623	**85728**	**89895**	**4142**	**2091**	**2051**	**15494**	**3616**	**11878**	**1.58**	**1.54**
30714	14910	15804	770	333	437	1896	488	1408	1.40	1.38
28236	14051	14185	800	413	387	2440	561	1879	1.43	1.41
37636	18423	19213	772	378	394	2669	649	2020	1.49	1.46
30979	15023	15956	500	274	226	3723	750	2973	1.98	1.94
48058	23321	24737	1300	693	607	4766	1168	3598	1.63	1.57
143792	**72512**	**71280**	**4730**	**2603**	**2127**	**12699**	**3158**	**9541**	**1.58**	**1.54**
13251	6563	6688	655	272	383	830	144	686	1.22	1.21
10353	5297	5056	557	297	260	804	197	607	1.27	1.22
6303	3258	3045	276	161	115	564	148	416	1.51	1.46
6911	3483	3428	173	99	74	720	165	555	1.67	1.60
16517	8162	8355	387	228	159	1691	401	1290	1.66	1.63
16273	8365	7908	293	184	109	1478	410	1068	2.07	1.99
19594	9842	9752	456	290	166	1668	514	1154	1.78	1.75
14181	7123	7058	506	268	238	1231	303	928	1.49	1.46
8213	4124	4089	230	146	84	768	187	581	1.58	1.55
5534	2737	2797	154	90	64	559	129	430	1.54	1.51
6604	3342	3262	136	72	64	713	174	539	1.60	1.56
20058	10216	9842	907	496	411	1673	386	1287	1.43	1.40

表7 续表 21

地区	15岁及以上人口			未婚		
	合计	男	女	小计	男	女
泉州市	**677706**	**346110**	**331596**	**121807**	**76058**	**45749**
鲤城区	33892	17046	16846	6726	4043	2683
丰泽区	55815	28069	27746	15818	8566	7252
洛江区	18965	9600	9365	3947	2282	1665
泉港区	24989	12047	12942	3271	2052	1219
惠安县	79471	38583	40888	11133	7013	4120
安溪县	71556	36176	35380	10757	6742	4015
永春县	30430	15062	15368	3467	2234	1233
德化县	24908	12837	12071	3447	2257	1190
金门县						
石狮市	55167	29193	25974	12401	7861	4540
晋江市	166225	87786	78439	32818	21395	11423
南安市	116288	59711	56577	18022	11613	6409
漳州市	**392359**	**199326**	**193033**	**61891**	**38010**	**23881**
芗城区	50245	24547	25698	11338	5883	5455
龙文区	22333	11359	10974	3900	2363	1537
云霄县	32498	16641	15857	5734	3658	2076
漳浦县	64721	32694	32027	8098	5118	2980
诏安县	40280	20182	20098	6102	3864	2238
长泰县	18784	9853	8931	2498	1722	776
东山县	17909	9078	8831	2618	1666	952
南靖县	24319	12327	11992	3432	2092	1340
平和县	33491	17281	16210	4837	3220	1617
华安县	10344	5409	4935	1102	758	344
龙海市	77435	39955	37480	12232	7666	4566
南平市	**193724**	**97165**	**96559**	**25433**	**15523**	**9910**
延平区	33539	16701	16838	5048	3087	1961
建阳区	24334	12265	12069	3329	1992	1337
顺昌县	13201	6632	6569	1508	950	558
浦城县	20746	10406	10340	2408	1493	915
光泽县	9773	4925	4848	1093	694	399
松溪县	8950	4434	4516	1030	625	405
政和县	11766	6046	5720	1483	967	516
邵武市	20999	10550	10449	2390	1521	869
武夷山市	19315	9646	9669	3878	2150	1728
建瓯市	31101	15560	15541	3266	2044	1222
龙岩市	**203390**	**101361**	**102029**	**26780**	**16729**	**10051**
新罗区	64453	32423	32030	10882	6411	4471
永定区	22982	11539	11443	2440	1609	831
长汀县	29033	14101	14932	3874	2394	1480
上杭县	28755	14182	14573	3190	2069	1121
武平县	20902	10233	10669	2178	1371	807
连城县	18205	9063	9142	2098	1435	663
漳平市	19060	9820	9240	2118	1440	678
宁德市	**224984**	**117414**	**107570**	**39328**	**25778**	**13550**
蕉城区	46474	24745	21729	11301	7311	3990
霞浦县	33791	17668	16123	4870	3290	1580
古田县	23235	11898	11337	2881	1935	946
屏南县	9375	4860	4515	1414	900	514
寿宁县	10594	5461	5133	1571	969	602
周宁县	11333	5925	5408	2140	1407	733
柘荣县	6912	3556	3356	1083	687	396
福安市	42435	22313	20122	8481	5591	2890
福鼎市	40835	20988	19847	5587	3688	1899
江西省	**3786171**	**1925679**	**1860492**	**828360**	**495878**	**332482**
南昌市	**540297**	**278938**	**261359**	**160622**	**93984**	**66638**
东湖区	36580	17741	18839	8463	4492	3971

单位: 人

有配偶			离婚			丧偶			15—64岁妇女	
小计	男	女	小计	男	女	小计	男	女	平均活产子女数	平均存活子女数
506237	**255888**	**250349**	**12588**	**6924**	**5664**	**37074**	**7240**	**29834**	**1.59**	**1.56**
24773	12354	12419	865	404	461	1528	245	1283	1.32	1.29
37201	18728	18473	1195	522	673	1601	253	1348	1.12	1.10
13724	6892	6832	359	218	141	935	208	727	1.43	1.41
19072	9327	9745	555	297	258	2091	371	1720	1.82	1.77
60723	29686	31037	1712	911	801	5903	973	4930	1.64	1.61
55246	27684	27562	833	508	325	4720	1242	3478	1.87	1.84
23865	11845	12020	506	301	205	2592	682	1910	1.71	1.67
19531	9914	9617	508	294	214	1422	372	1050	1.73	1.67
39835	20486	19349	1014	554	460	1917	292	1625	1.48	1.45
123892	63651	60241	2835	1601	1234	6680	1139	5541	1.55	1.53
88375	45321	43054	2206	1314	892	7685	1463	6222	1.72	1.69
299084	**151806**	**147278**	**7237**	**4098**	**3139**	**24147**	**5412**	**18735**	**1.50**	**1.46**
35144	17572	17572	1427	662	765	2336	430	1906	1.12	1.10
17185	8624	8561	454	204	250	794	168	626	1.39	1.35
24225	12190	12035	531	329	202	2008	464	1544	1.58	1.53
51433	26061	25372	949	562	387	4241	953	3288	1.63	1.59
30593	15273	15320	531	316	215	3054	729	2325	1.69	1.64
14895	7657	7238	338	199	139	1053	275	778	1.54	1.50
13564	6946	6618	437	227	210	1290	239	1051	1.42	1.39
18768	9560	9208	459	297	162	1660	378	1282	1.44	1.41
25639	13081	12558	596	393	203	2419	587	1832	1.75	1.70
8284	4320	3964	205	141	64	753	190	563	1.58	1.54
59354	30522	28832	1310	768	542	4539	999	3540	1.49	1.45
150062	**75477**	**74585**	**5060**	**2910**	**2150**	**13169**	**3255**	**9914**	**1.47**	**1.43**
25212	12532	12680	1092	580	512	2187	502	1685	1.33	1.30
18728	9516	9212	685	373	312	1592	384	1208	1.44	1.39
10261	5206	5055	351	217	134	1081	259	822	1.47	1.42
16253	8173	8080	458	318	140	1627	422	1205	1.45	1.40
7772	3924	3848	219	135	84	689	172	517	1.63	1.57
7118	3540	3578	158	100	58	644	169	475	1.63	1.59
9296	4715	4581	242	159	83	745	205	540	1.89	1.85
16528	8321	8207	695	378	317	1386	330	1056	1.40	1.38
13978	7033	6945	430	225	205	1029	238	791	1.30	1.27
24916	12517	12399	730	425	305	2189	574	1615	1.53	1.50
157544	**79175**	**78369**	**4982**	**2592**	**2390**	**14084**	**2865**	**11219**	**1.64**	**1.60**
48519	24494	24025	2199	997	1202	2853	521	2332	1.39	1.36
18074	9236	8838	430	281	149	2038	413	1625	1.80	1.76
22274	10920	11354	621	314	307	2264	473	1791	1.76	1.70
22636	11362	11274	512	284	228	2417	467	1950	1.75	1.72
16679	8291	8388	384	225	159	1661	346	1315	1.78	1.72
14126	7062	7064	362	229	133	1619	337	1282	1.81	1.77
15236	7810	7426	474	262	212	1232	308	924	1.72	1.66
165781	**84756**	**81025**	**5894**	**3570**	**2324**	**13981**	**3310**	**10671**	**1.64**	**1.59**
31988	16373	15615	1228	646	582	1957	415	1542	1.44	1.39
25746	13225	12521	855	554	301	2320	599	1721	1.68	1.62
18043	9127	8916	674	398	276	1637	438	1199	1.63	1.59
7098	3626	3472	203	139	64	660	195	465	1.69	1.64
8001	4105	3896	242	179	63	780	208	572	1.81	1.77
8111	4130	3981	272	168	104	810	220	590	1.74	1.69
5144	2626	2518	221	135	86	464	108	356	1.76	1.68
30395	15589	14806	971	578	393	2588	555	2033	1.66	1.63
31255	15955	15300	1228	773	455	2765	572	2193	1.70	1.65
2682475	**1340454**	**1342021**	**69012**	**39845**	**29167**	**206324**	**49502**	**156822**	**1.51**	**1.47**
346858	**174903**	**171955**	**10629**	**5401**	**5228**	**22188**	**4650**	**17538**	**1.26**	**1.22**
24888	12268	12620	1301	624	677	1928	357	1571	1.04	0.99

表7 续表 22

地区	15岁及以上人口			未婚		
	合计	男	女	小计	男	女
西湖区	40567	19956	20611	8237	4586	3651
青云谱区	28911	14608	14303	5849	3528	2321
青山湖区	111858	59495	52363	43405	26043	17362
新建区	67480	35417	32063	18876	11325	7551
红谷滩区	49173	25328	23845	21656	11604	10052
南昌县	124596	64709	59887	37476	22133	15343
安义县	22252	11856	10396	5237	3206	2031
进贤县	58880	29828	29052	11423	7067	4356
景德镇市	**136815**	**69918**	**66897**	**27747**	**16796**	**10951**
昌江区	15458	7835	7623	2606	1606	1000
珠山区	31156	15498	15658	5612	3306	2306
浮梁县	25639	13157	12482	7258	4030	3228
乐平市	64562	33428	31134	12271	7854	4417
萍乡市	**148352**	**74952**	**73400**	**28425**	**17459**	**10966**
安源区	47425	23507	23918	10579	6018	4561
湘东区	26248	13600	12648	4634	3046	1588
莲花县	16642	8171	8471	2750	1733	1017
上栗县	36912	18924	17988	6839	4319	2520
芦溪县	21125	10750	10375	3623	2343	1280
九江市	**395114**	**200032**	**195082**	**83040**	**48747**	**34293**
濂溪区	33802	16868	16934	9770	5297	4473
浔阳区	35729	17173	18556	7607	3864	3743
柴桑区	28183	14970	13213	5419	3575	1844
武宁县	27507	13776	13731	4569	2788	1781
修水县	58993	30045	28948	11129	6654	4475
永修县	25658	13085	12573	4819	2957	1862
德安县	12698	6398	6300	1851	1156	695
都昌县	53323	27118	26205	12095	7377	4718
湖口县	18912	9590	9322	2904	1862	1042
彭泽县	25977	13238	12739	4691	2857	1834
瑞昌市	39430	20166	19264	7715	4754	2961
共青城市	15582	7562	8020	6747	3276	3471
庐山市	19320	10043	9277	3724	2330	1394
新余市	**92609**	**46947**	**45662**	**18483**	**11422**	**7061**
渝水区	72130	36671	35459	15223	9402	5821
分宜县	20479	10276	10203	3260	2020	1240
鹰潭市	**102524**	**52239**	**50285**	**19746**	**11612**	**8134**
月湖区	22869	11322	11547	3927	2241	1686
余江区	31199	16101	15098	6069	3795	2274
贵溪市	48456	24816	23640	9750	5576	4174
赣州市	**758142**	**385344**	**372798**	**172456**	**102168**	**70288**
章贡区	93502	46385	47117	27594	14774	12820
南康区	69873	35699	34174	13768	8285	5483
赣县区	45654	23478	22176	9469	5667	3802
信丰县	55627	28043	27584	11181	6740	4441
大余县	22285	11270	11015	4222	2558	1664
上犹县	23470	11729	11741	4457	2745	1712
崇义县	15611	7885	7726	2587	1587	1000
安远县	26695	13473	13222	5915	3487	2428
定南县	16586	8430	8156	2950	1767	1183
全南县	14638	7425	7213	2626	1614	1012
宁都县	71106	37021	34085	17457	10693	6764
于都县	82016	41226	40790	19888	11574	8314
兴国县	58698	29743	28955	12396	7611	4785
会昌县	38092	19445	18647	9288	5494	3794
寻乌县	23190	12049	11141	4976	3086	1890
石城县	23100	12118	10982	5373	3426	1947
瑞金市	52124	26872	25252	13433	8063	5370
龙南市	25875	13053	12822	4876	2997	1879

单位：人

有配偶			离婚			丧偶			15—64岁妇女	
小计	男	女	小计	男	女	小计	男	女	平均活产子女数	平均存活子女数
28570	14228	14342	1667	760	907	2093	382	1711	1.14	1.10
20543	10315	10228	1010	483	527	1509	282	1227	1.17	1.12
63380	31874	31506	1942	948	994	3131	630	2501	1.05	1.01
44872	22862	22010	970	551	419	2762	679	2083	1.61	1.56
25823	13252	12571	798	306	492	896	166	730	0.90	0.88
79962	40454	39508	1713	954	759	5445	1168	4277	1.30	1.27
15607	8149	7458	440	253	187	968	248	720	1.60	1.57
43213	21501	21712	788	522	266	3456	738	2718	1.63	1.59
98019	**49226**	**48793**	**3959**	**2215**	**1744**	**7090**	**1681**	**5409**	**1.44**	**1.39**
11621	5800	5821	478	261	217	753	168	585	1.39	1.31
22578	11214	11364	1500	700	800	1466	278	1188	1.15	1.12
16695	8538	8157	470	269	201	1216	320	896	1.30	1.26
47125	23674	23451	1511	985	526	3655	915	2740	1.65	1.60
107656	**53431**	**54225**	**3062**	**1702**	**1360**	**9209**	**2360**	**6849**	**1.48**	**1.44**
33264	16401	16863	1256	584	672	2326	504	1822	1.13	1.10
19246	9711	9535	574	357	217	1794	486	1308	1.56	1.52
12348	5970	6378	273	153	120	1271	315	956	1.71	1.65
27160	13576	13584	547	355	192	2366	674	1692	1.71	1.66
15638	7773	7865	412	253	159	1452	381	1071	1.63	1.57
281902	**140680**	**141222**	**9126**	**5185**	**3941**	**21046**	**5420**	**15626**	**1.49**	**1.45**
21984	10900	11084	923	413	510	1125	258	867	1.08	1.04
25474	12485	12989	1310	547	763	1338	277	1061	1.07	1.05
20886	10727	10159	508	311	197	1370	357	1013	1.62	1.59
20322	10048	10274	884	516	368	1732	424	1308	1.65	1.59
42964	21466	21498	1237	832	405	3663	1093	2570	1.64	1.61
18608	9365	9243	725	431	294	1506	332	1174	1.61	1.56
9755	4872	4883	406	204	202	686	166	520	1.62	1.60
37151	18330	18821	882	604	278	3195	807	2388	1.66	1.62
14421	7162	7259	299	181	118	1288	385	903	1.63	1.59
19086	9624	9462	569	333	236	1631	424	1207	1.54	1.47
28895	14429	14466	756	431	325	2064	552	1512	1.53	1.50
8155	4041	4114	281	153	128	399	92	307	1.02	1.01
14201	7231	6970	346	229	117	1049	253	796	1.64	1.60
67706	**33623**	**34083**	**1596**	**827**	**769**	**4824**	**1075**	**3749**	**1.40**	**1.37**
52227	25914	26313	1206	610	596	3474	745	2729	1.34	1.31
15479	7709	7770	390	217	173	1350	330	1020	1.59	1.55
75273	**38005**	**37268**	**2246**	**1337**	**909**	**5259**	**1285**	**3974**	**1.50**	**1.46**
17222	8527	8695	688	336	352	1032	218	814	1.37	1.33
22949	11552	11397	570	371	199	1611	383	1228	1.61	1.58
35102	17926	17176	988	630	358	2616	684	1932	1.48	1.45
531317	**266415**	**264902**	**11310**	**6589**	**4721**	**43059**	**10172**	**32887**	**1.54**	**1.51**
59947	29872	30075	2236	1022	1214	3725	717	3008	1.11	1.10
51332	26124	25208	753	426	327	4020	864	3156	1.58	1.54
32984	16736	16248	598	361	237	2603	714	1889	1.58	1.54
40278	19978	20300	852	531	321	3316	794	2522	1.56	1.52
16293	8180	8113	361	207	154	1409	325	1084	1.50	1.47
17095	8462	8633	283	182	101	1635	340	1295	1.56	1.52
11834	5947	5887	194	126	68	996	225	771	1.59	1.56
18698	9344	9354	339	214	125	1743	428	1315	1.64	1.60
12428	6287	6141	256	154	102	952	222	730	1.57	1.55
10758	5441	5317	285	147	138	969	223	746	1.57	1.52
49020	24754	24266	896	560	336	3733	1014	2719	1.63	1.60
56233	27875	28358	957	625	332	4938	1152	3786	1.63	1.60
41676	20652	21024	857	515	342	3769	965	2804	1.69	1.65
26102	13082	13020	490	321	169	2212	548	1664	1.60	1.57
16571	8424	8147	347	227	120	1296	312	984	1.72	1.68
16075	8137	7938	415	251	164	1237	304	933	1.62	1.59
35143	17674	17469	698	442	256	2850	693	2157	1.56	1.53
18850	9446	9404	493	278	215	1656	332	1324	1.54	1.50

表7 续表 23

地区	15岁及以上人口			未婚		
	合计	男	女	小计	男	女
吉安市	**338899**	**168994**	**169905**	**59922**	**37631**	**22291**
吉州区	29773	14553	15220	5596	3268	2328
青原区	17331	8495	8836	3698	2083	1615
吉安县	33762	16825	16937	6003	3897	2106
吉水县	32309	16213	16096	5594	3638	1956
峡江县	11344	5812	5532	1822	1171	651
新干县	23223	11862	11361	4044	2672	1372
永丰县	26261	13202	13059	4284	2816	1468
泰和县	34255	16491	17764	5399	3212	2187
遂川县	39015	19882	19133	7765	5032	2733
万安县	20990	10548	10442	3912	2456	1456
安福县	24378	12069	12309	3365	2089	1276
永新县	35645	17974	17671	7056	4464	2592
井冈山市	10613	5068	5545	1384	833	551
宜春市	**392230**	**198690**	**193540**	**75493**	**46625**	**28868**
袁州区	84806	42457	42349	20024	11327	8697
奉新县	20620	10477	10143	3578	2253	1325
万载县	34271	17097	17174	7279	4478	2801
上高县	24888	12450	12438	3825	2418	1407
宜丰县	19317	9754	9563	2669	1675	994
靖安县	9623	4920	4703	1544	1030	514
铜鼓县	9091	4580	4511	1599	989	610
丰城市	86215	44173	42042	17145	11064	6081
樟树市	40242	20104	20138	6980	4270	2710
高安市	63157	32678	30479	10850	7121	3729
抚州市	**310973**	**158243**	**152730**	**58750**	**36028**	**22722**
临川区	88419	44113	44306	19011	11068	7943
东乡区	30639	15172	15467	4768	2920	1848
南城县	23560	11895	11665	3883	2406	1477
黎川县	19536	10167	9369	3291	2179	1112
南丰县	21088	10711	10377	3002	1904	1098
崇仁县	29760	15526	14234	6624	4166	2458
乐安县	27583	14325	13258	5576	3506	2070
宜黄县	20289	10516	9773	3786	2303	1483
金溪县	23409	12119	11290	3970	2534	1436
资溪县	9250	4705	4545	1695	1012	683
广昌县	17440	8994	8446	3144	2030	1114
上饶市	**570216**	**291382**	**278834**	**123676**	**73406**	**50270**
信州区	50716	25035	25681	12374	6228	6146
广丰区	71944	36893	35051	18916	10740	8176
广信区	62846	32341	30505	14408	8566	5842
玉山县	42689	21241	21448	9146	5331	3815
铅山县	33549	17226	16323	6555	3971	2584
横峰县	14662	7454	7208	2427	1503	924
弋阳县	28650	14606	14044	5260	3224	2036
余干县	74781	38867	35914	16342	10029	6313
鄱阳县	105852	54493	51359	22198	13901	8297
万年县	31669	16264	15405	6479	4014	2465
婺源县	28559	14502	14057	5086	3145	1941
德兴市	24299	12460	11839	4485	2754	1731
山东省	**8231972**	**4106966**	**4125006**	**1328788**	**763478**	**565310**
济南市	**786198**	**389832**	**396366**	**163447**	**86748**	**76699**
历下区	69078	33570	35508	16068	7654	8414
市中区	73087	35478	37609	15117	7692	7425
槐荫区	55578	27389	28189	8492	4627	3865
天桥区	63786	32024	31762	11222	6214	5008
历城区	112787	56831	55956	29179	15489	13690
长清区	51579	25534	26045	15422	7912	7510
章丘区	98106	48631	49475	23087	12185	10902
济阳区	42023	20941	21082	5789	3305	2484

单位：人

有配偶			离婚			丧偶			15—64岁妇女	
小计	男	女	小计	男	女	小计	男	女	平均活产子女数	平均存活子女数
253061	**123342**	**129719**	**4870**	**2898**	**1972**	**21046**	**5123**	**15923**	**1.67**	**1.63**
21893	10602	11291	808	388	420	1476	295	1181	1.38	1.33
12605	6111	6494	180	109	71	848	192	656	1.57	1.51
25448	12242	13206	435	272	163	1876	414	1462	1.71	1.68
24289	11862	12427	354	218	136	2072	495	1577	1.78	1.73
8723	4363	4360	126	94	32	673	184	489	1.80	1.76
17478	8641	8837	315	217	98	1386	332	1054	1.75	1.72
19943	9733	10210	303	194	109	1731	459	1272	1.85	1.82
26254	12547	13707	432	259	173	2170	473	1697	1.69	1.66
28091	13836	14255	447	294	153	2712	720	1992	1.71	1.67
15422	7560	7862	280	178	102	1376	354	1022	1.63	1.59
18887	9255	9632	435	246	189	1691	479	1212	1.66	1.62
25671	12576	13095	573	346	227	2345	588	1757	1.59	1.55
8357	4014	4343	182	83	99	690	138	552	1.74	1.69
285580	**142177**	**143403**	**6794**	**4046**	**2748**	**24363**	**5842**	**18521**	**1.64**	**1.59**
58655	29120	29535	1581	858	723	4546	1152	3394	1.53	1.48
15481	7706	7775	394	237	157	1167	281	886	1.67	1.62
24079	11660	12419	630	379	251	2283	580	1703	1.84	1.77
19009	9396	9613	470	281	189	1584	355	1229	1.62	1.60
14962	7480	7482	412	254	158	1274	345	929	1.67	1.63
7157	3582	3575	260	149	111	662	159	503	1.60	1.55
6598	3245	3353	299	182	117	595	164	431	1.59	1.53
61842	30983	30859	1273	813	460	5955	1313	4642	1.66	1.61
29882	14790	15092	706	420	286	2674	624	2050	1.56	1.53
47915	24215	23700	769	473	296	3623	869	2754	1.69	1.65
229592	**114903**	**114689**	**5105**	**3085**	**2020**	**17526**	**4227**	**13299**	**1.60**	**1.57**
63048	30994	32054	1525	864	661	4835	1187	3648	1.51	1.48
23526	11522	12004	519	313	206	1826	417	1409	1.68	1.64
17968	9028	8940	282	160	122	1427	301	1126	1.51	1.48
14801	7513	7288	288	185	103	1156	290	866	1.52	1.48
16319	8233	8086	436	257	179	1331	317	1014	1.66	1.62
21126	10689	10437	436	289	147	1574	382	1192	1.76	1.73
20103	10119	9984	407	284	123	1497	416	1081	1.74	1.71
15093	7759	7334	322	194	128	1088	260	828	1.54	1.50
17808	9021	8787	403	260	143	1228	304	924	1.64	1.60
6791	3436	3355	227	141	86	537	116	421	1.48	1.45
13009	6589	6420	260	138	122	1027	237	790	1.73	1.70
405511	**203749**	**201762**	**10315**	**6560**	**3755**	**30714**	**7667**	**23047**	**1.54**	**1.50**
35108	17792	17316	1221	566	655	2013	449	1564	1.18	1.16
48380	24620	23760	921	655	266	3727	878	2849	1.54	1.52
43995	22227	21768	1117	765	352	3326	783	2543	1.59	1.54
30179	14840	15339	714	454	260	2650	616	2034	1.52	1.49
24390	12302	12088	679	439	240	1925	514	1411	1.50	1.47
10970	5483	5487	344	223	121	921	245	676	1.59	1.52
21280	10644	10636	576	340	236	1534	398	1136	1.59	1.56
53565	27080	26485	976	671	305	3898	1087	2811	1.65	1.60
75845	37742	38103	1992	1354	638	5817	1496	4321	1.62	1.58
22958	11474	11484	461	308	153	1771	468	1303	1.60	1.53
21044	10529	10515	667	393	274	1762	435	1327	1.52	1.47
17797	9016	8781	647	392	255	1370	298	1072	1.46	1.40
6273095	**3134041**	**3139054**	**124189**	**69209**	**54980**	**505900**	**140238**	**365662**	**1.32**	**1.29**
569674	**286702**	**282972**	**12034**	**5856**	**6178**	**41043**	**10526**	**30517**	**1.07**	**1.05**
48972	24803	24169	1429	567	862	2609	546	2063	0.87	0.86
52855	26306	26549	1753	726	1027	3362	754	2608	0.99	0.96
43223	21666	21557	1356	579	777	2507	517	1990	1.09	1.07
47841	24330	23511	1596	750	846	3127	730	2397	1.04	1.03
77536	39466	38070	1647	787	860	4425	1089	3336	0.97	0.95
32647	16476	16171	512	323	189	2998	823	2175	0.98	0.95
68032	34371	33661	983	540	443	6004	1535	4469	1.03	1.01
32738	16469	16269	506	329	177	2990	838	2152	1.45	1.41

表7 续表 24

地区	15岁及以上人口			未婚		
	合计	男	女	小计	男	女
莱芜区	91805	45780	46025	14662	8288	6374
钢城区	24584	12419	12165	3692	2130	1562
平阴县	27295	13400	13895	3497	2064	1433
商河县	40176	19582	20594	5082	2957	2125
济南高新技术产业开发区	36314	18253	18061	12138	6231	5907
青岛市	**857931**	**435556**	**422375**	**162108**	**92579**	**69529**
市南区	40581	19182	21399	8565	4216	4349
市北区	96719	46940	49779	19140	9895	9245
黄岛区	161298	85147	76151	35626	21412	14214
崂山区	45289	23116	22173	12278	6480	5798
李沧区	63887	31227	32660	13165	6668	6497
城阳区	91618	47626	43992	19325	11277	8048
即墨区	115248	59107	56141	18905	11403	7502
青岛高新技术产业开发区	3279	2048	1231	660	466	194
胶州市	83409	42629	40780	14163	8249	5914
平度市	99942	50239	49703	13138	8168	4970
莱西市	56661	28295	28366	7143	4345	2798
淄博市	**387213**	**193770**	**193443**	**54783**	**31797**	**22986**
淄川区	57988	28949	29039	8953	5145	3808
张店区	100332	50197	50135	16827	9432	7395
博山区	34525	17034	17491	4194	2469	1725
临淄区	55440	28178	27262	7329	4245	3084
周村区	30845	15259	15586	4036	2303	1733
桓台县	40829	20410	20419	5879	3514	2365
高青县	25557	12812	12745	2616	1620	996
沂源县	41697	20931	20766	4949	3069	1880
枣庄市	**296513**	**148710**	**147803**	**48449**	**29267**	**19182**
市中区	45191	21942	23249	7588	4110	3478
薛城区	45759	22754	23005	8140	4675	3465
峄城区	26041	12980	13061	4045	2469	1576
台儿庄区	22934	11434	11500	3747	2222	1525
山亭区	30003	15396	14607	4971	3182	1789
滕州市	126585	64204	62381	19958	12609	7349
东营市	**184192**	**92236**	**91956**	**24386**	**14080**	**10306**
东营区	70129	34419	35710	10298	5534	4764
河口区	20964	10806	10158	2321	1467	854
垦利区	20944	10387	10557	2180	1315	865
利津县	20329	10082	10247	2480	1448	1032
广饶县	44612	22671	21941	5943	3566	2377
东营经济技术开发区	6538	3297	3241	1008	609	399
东营港经济开发区	676	574	102	156	141	15
烟台市	**625355**	**316071**	**309284**	**105173**	**60366**	**44807**
芝罘区	77235	37913	39322	15750	8373	7377
福山区	37598	19638	17960	5158	3311	1847
牟平区	40893	20587	20306	5376	3022	2354
莱山区	34858	16969	17889	11272	5478	5794
蓬莱区	44633	22334	22299	6575	3601	2974
烟台高新技术产业开发区	7609	3806	3803	3208	1653	1555
烟台经济技术开发区	36032	19246	16786	7973	5195	2778
龙口市	59671	29813	29858	9859	5663	4196
莱阳市	77870	39880	37990	13541	7881	5660
莱州市	71699	36406	35293	8447	5337	3110
招远市	45721	23070	22651	5502	3464	2038
栖霞市	40020	20386	19634	5048	3015	2033
海阳市	51516	26023	25493	7464	4373	3091
潍坊市	**785930**	**397455**	**388475**	**127450**	**75456**	**51994**
潍城区	42788	21335	21453	9322	5010	4312
寒亭区	30050	15185	14865	4300	2585	1715
坊子区	42838	21546	21292	5675	3523	2152
奎文区	82863	41829	41034	18583	10887	7696

单位：人

有配偶			离婚			丧偶			15—64岁妇女	
小计	男	女	小计	男	女	小计	男	女	平均活产子女数	平均存活子女数
70842	35482	35360	774	407	367	5527	1603	3924	1.19	1.17
19044	9646	9398	315	189	126	1533	454	1079	1.23	1.21
21468	10587	10881	356	225	131	1974	524	1450	1.34	1.31
31804	15494	16310	368	256	112	2922	875	2047	1.48	1.45
22672	11606	11066	439	178	261	1065	238	827	0.82	0.81
631143	**322205**	**308938**	**16858**	**8391**	**8467**	**47822**	**12381**	**35441**	**1.08**	**1.06**
28307	13935	14372	1286	543	743	2423	488	1935	0.83	0.81
68607	34292	34315	3467	1510	1957	5505	1243	4262	0.84	0.83
115816	60347	55469	2567	1317	1250	7289	2071	5218	1.09	1.06
30297	15895	14402	819	347	472	1895	394	1501	0.89	0.87
46621	23413	23208	1393	568	825	2708	578	2130	0.92	0.89
67084	34757	32327	1525	735	790	3684	857	2827	1.08	1.05
87615	44735	42880	1718	967	751	7010	2002	5008	1.20	1.17
2520	1549	971	68	30	38	31	3	28	1.10	1.08
62988	32354	30634	1249	706	543	5009	1320	3689	1.19	1.15
77244	38891	38353	1665	1028	637	7895	2152	5743	1.32	1.29
44044	22037	22007	1101	640	461	4373	1273	3100	1.27	1.26
300320	**151512**	**148808**	**7574**	**3866**	**3708**	**24536**	**6595**	**17941**	**1.19**	**1.16**
44015	22225	21790	1040	568	472	3980	1011	2969	1.17	1.15
76453	38564	37889	2619	1125	1494	4433	1076	3357	1.06	1.04
26902	13473	13429	639	336	303	2790	756	2034	1.12	1.10
43617	22400	21217	1021	531	490	3473	1002	2471	1.20	1.18
24189	12222	11967	615	294	321	2005	440	1565	1.17	1.15
31337	15690	15647	726	431	295	2887	775	2112	1.25	1.24
20611	10357	10254	379	265	114	1951	570	1381	1.40	1.37
33196	16581	16615	535	316	219	3017	965	2052	1.38	1.36
225636	**112291**	**113345**	**4219**	**2526**	**1693**	**18209**	**4626**	**13583**	**1.50**	**1.47**
34384	16906	17478	841	382	459	2378	544	1834	1.39	1.37
34646	17207	17439	626	345	281	2347	527	1820	1.41	1.37
19872	9822	10050	347	229	118	1777	460	1317	1.76	1.73
17348	8582	8766	323	219	104	1516	411	1105	1.67	1.64
22388	11235	11153	382	297	85	2262	682	1580	1.67	1.64
96998	48539	48459	1700	1054	646	7929	2002	5927	1.45	1.41
146479	**74062**	**72417**	**3386**	**1636**	**1750**	**9941**	**2458**	**7483**	**1.27**	**1.24**
55002	27544	27458	1621	631	990	3208	710	2498	1.15	1.12
16955	8793	8162	542	277	265	1146	269	877	1.20	1.18
17114	8576	8538	331	184	147	1319	312	1007	1.40	1.37
16137	8116	8021	232	153	79	1480	365	1115	1.38	1.35
35427	17974	17453	557	347	210	2685	784	1901	1.39	1.37
5335	2635	2700	94	35	59	101	18	83	1.21	1.19
509	424	85	9	9		2		2	1.22	1.21
467645	**237202**	**230443**	**12382**	**6520**	**5862**	**40155**	**11983**	**28172**	**1.01**	**0.99**
56322	28008	28314	1765	722	1043	3398	810	2588	0.84	0.83
29820	15417	14403	645	341	304	1975	569	1406	1.03	1.01
31744	16146	15598	895	513	382	2878	906	1972	0.99	0.97
21757	10909	10848	553	234	319	1276	348	928	0.72	0.71
33812	17228	16584	1056	565	491	3190	940	2250	0.99	0.97
4084	2062	2022	93	39	54	224	52	172	0.62	0.61
26294	13558	12736	658	264	394	1107	229	878	0.96	0.95
44542	22443	22099	1276	695	581	3994	1012	2982	1.02	1.00
57722	29475	28247	1242	704	538	5365	1820	3545	1.12	1.10
56234	28668	27566	1618	934	684	5400	1467	3933	1.14	1.12
35348	17961	17387	1005	555	450	3866	1090	2776	1.18	1.17
30848	15647	15201	664	411	253	3460	1313	2147	1.13	1.11
39118	19680	19438	912	543	369	4022	1427	2595	1.04	1.01
598916	**302374**	**296542**	**10110**	**5902**	**4208**	**49454**	**13723**	**35731**	**1.29**	**1.27**
30763	15417	15346	773	412	361	1930	496	1434	1.08	1.05
23374	11767	11607	451	270	181	1925	563	1362	1.27	1.24
33730	16881	16849	527	359	168	2906	783	2123	1.41	1.38
59850	29698	30152	1276	554	722	3154	690	2464	1.05	1.03

表7 续表 25

地 区	15岁及以上人口			未婚		
	合 计	男	女	小 计	男	女
临朐县	67361	34695	32666	9072	5527	3545
昌乐县	46930	23565	23365	6387	3958	2429
潍坊滨海经济技术开发区	13381	7485	5896	4823	3022	1801
青州市	79798	39813	39985	12533	7003	5530
诸城市	91145	45941	45204	13959	8444	5515
寿光市	100813	51293	49520	16112	9445	6667
安丘市	67122	33924	33198	9307	5760	3547
高密市	71900	35982	35918	10582	6157	4425
昌邑市	48941	24862	24079	6795	4135	2660
济宁市	**649855**	**321024**	**328831**	**90328**	**53556**	**36772**
任城区	105002	51650	53352	15711	8524	7187
兖州区	44664	21889	22775	5213	3121	2092
微山县	46029	23139	22890	6197	3980	2217
鱼台县	31414	15703	15711	4226	2697	1529
金乡县	46358	23053	23305	5002	3069	1933
嘉祥县	63306	31669	31637	9970	6130	3840
汶上县	52067	25401	26666	6362	3948	2414
泗水县	42945	21110	21835	5958	3641	2317
梁山县	53537	26320	27217	6482	3971	2511
济宁高新技术产业开发区	24502	12186	12316	3994	2300	1694
曲阜市	48740	23450	25290	8513	4428	4085
邹城市	91291	45454	45837	12700	7747	4953
泰安市	**438289**	**212846**	**225443**	**67729**	**37965**	**29764**
泰山区	65545	31751	33794	12183	6475	5708
岱岳区	86946	42264	44682	17407	9065	8342
宁阳县	51783	24864	26919	6696	4133	2563
东平县	54850	26399	28451	7298	4164	3134
新泰市	99800	48617	51183	12931	7659	5272
肥城市	79365	38951	40414	11214	6469	4745
威海市	**263295**	**132649**	**130646**	**38998**	**23450**	**15548**
环翠区	37919	18745	19174	5353	3091	2262
文登区	50913	25508	25405	6423	3886	2537
威海火炬高技术产业开发区	30045	15170	14875	7493	4363	3130
威海经济技术开发区	24637	12394	12243	3816	2243	1573
威海临港经济技术开发区	9066	4705	4361	1165	785	380
荣成市	64354	32787	31567	8766	5550	3216
乳山市	46361	23340	23021	5982	3532	2450
日照市	**237098**	**118354**	**118744**	**34735**	**19826**	**14909**
东港区	81895	40699	41196	14999	8002	6997
岚山区	31249	16114	15135	4358	2757	1601
五莲县	37043	18696	18347	4497	2706	1791
莒县	73753	36186	37567	8904	5158	3746
日照经济技术开发区	13158	6659	6499	1977	1203	774
临沂市	**851309**	**425482**	**425827**	**129416**	**75417**	**53999**
兰山区	137256	68342	68914	25973	13875	12098
罗庄区	57271	28942	28329	10863	6294	4569
河东区	67041	33994	33047	10576	6394	4182
沂南县	64119	31910	32209	8409	4922	3487
郯城县	64225	31595	32630	8726	5150	3576
沂水县	79397	39007	40390	9990	5814	4176
兰陵县	81875	40807	41068	14073	8247	5826
费县	62400	31762	30638	9310	5632	3678
平邑县	69606	34627	34979	9491	5924	3567
莒南县	70879	35802	35077	8748	5305	3443
蒙阴县	38424	19000	19424	4406	2646	1760
临沭县	47538	23811	23727	7072	4099	2973
临沂高新技术产业开发区	11278	5883	5395	1779	1115	664
德州市	**443745**	**219035**	**224710**	**67120**	**37170**	**29950**
德城区	42266	20299	21967	7218	3552	3666
陵城区	39832	19308	20524	5706	3062	2644

单位：人

有配偶			离婚			丧偶			15—64岁妇女	
小计	男	女	小计	男	女	小计	男	女	平均活产子女数	平均存活子女数
53013	27388	25625	627	386	241	4649	1394	3255	1.53	1.49
36724	18420	18304	543	340	203	3276	847	2429	1.41	1.38
7968	4263	3705	144	80	64	446	120	326	0.98	0.96
61097	30761	30336	901	533	368	5267	1516	3751	1.27	1.24
69591	35009	34582	1129	667	462	6466	1821	4645	1.30	1.29
77668	39406	38262	1146	705	441	5887	1737	4150	1.29	1.27
52070	26310	25760	770	512	258	4975	1342	3633	1.48	1.44
55208	27745	27463	1116	669	447	4994	1411	3583	1.32	1.28
37860	19309	18551	707	415	292	3579	1003	2576	1.24	1.22
509065	**251364**	**257701**	**9371**	**5479**	**3892**	**41091**	**10625**	**30466**	**1.47**	**1.44**
82364	41131	41233	1902	842	1060	5025	1153	3872	1.23	1.22
35683	17651	18032	782	433	349	2986	684	2302	1.30	1.28
35992	17859	18133	640	452	188	3200	848	2352	1.63	1.60
24802	12215	12587	380	264	116	2006	527	1479	1.64	1.61
37967	18852	19115	602	383	219	2787	749	2038	1.65	1.63
48657	23943	24714	751	500	251	3928	1096	2832	1.70	1.66
41533	20125	21408	552	356	196	3620	972	2648	1.55	1.52
33253	16181	17072	626	404	222	3108	884	2224	1.49	1.48
42893	20930	21963	679	423	256	3483	996	2487	1.73	1.70
19186	9479	9707	301	155	146	1021	252	769	1.25	1.23
36075	17813	18262	614	339	275	3538	870	2668	1.23	1.21
70660	35185	35475	1542	928	614	6389	1594	4795	1.41	1.38
333770	**163882**	**169888**	**5347**	**3105**	**2242**	**31443**	**7894**	**23549**	**1.30**	**1.27**
49019	24187	24832	903	379	524	3440	710	2730	1.08	1.05
62555	31055	31500	1001	589	412	5983	1555	4428	1.13	1.11
39869	19232	20637	617	392	225	4601	1107	3494	1.45	1.42
43049	20848	22201	478	316	162	4025	1071	2954	1.39	1.37
77866	38055	39811	1374	859	515	7629	2044	5585	1.49	1.45
61412	30505	30907	974	570	404	5765	1407	4358	1.28	1.26
202607	**101712**	**100895**	**5770**	**2876**	**2894**	**15920**	**4611**	**11309**	**1.03**	**1.01**
29956	14890	15066	968	407	561	1642	357	1285	1.03	1.02
39728	19935	19793	1068	563	505	3694	1124	2570	1.05	1.03
20966	10307	10659	626	255	371	960	245	715	0.88	0.87
19229	9632	9597	554	247	307	1038	272	766	1.03	1.01
7082	3597	3485	231	132	99	588	191	397	1.19	1.18
49820	25287	24533	1276	673	603	4492	1277	3215	1.07	1.05
35826	18064	17762	1047	599	448	3506	1145	2361	1.01	0.99
184098	**92077**	**92021**	**2852**	**1678**	**1174**	**15413**	**4773**	**10640**	**1.36**	**1.34**
61939	31107	30832	992	482	510	3965	1108	2857	1.16	1.14
24166	12372	11794	378	254	124	2347	731	1616	1.41	1.38
28986	14687	14299	513	332	181	3047	971	2076	1.36	1.33
58545	28684	29861	791	515	276	5513	1829	3684	1.61	1.58
10462	5227	5235	178	95	83	541	134	407	1.24	1.22
656043	**325967**	**330076**	**12727**	**7657**	**5070**	**53123**	**16441**	**36682**	**1.57**	**1.53**
103939	52004	51935	2403	1110	1293	4941	1353	3588	1.43	1.40
42925	21424	21501	866	456	410	2617	768	1849	1.51	1.47
51871	25902	25969	899	541	358	3695	1157	2538	1.58	1.55
50367	24976	25391	853	585	268	4490	1427	3063	1.60	1.57
49781	24449	25332	1121	693	428	4597	1303	3294	1.66	1.62
62211	30460	31751	1096	694	402	6100	2039	4061	1.53	1.48
61159	30231	30928	1165	748	417	5478	1581	3897	1.78	1.73
48123	24257	23866	922	636	286	4045	1237	2808	1.69	1.65
53851	26477	27374	1019	670	349	5245	1556	3689	1.60	1.55
55936	28008	27928	983	661	322	5212	1828	3384	1.52	1.48
30631	15153	15478	455	269	186	2932	932	2000	1.57	1.52
36482	18117	18365	783	491	292	3201	1104	2097	1.48	1.44
8767	4509	4258	162	103	59	570	156	414	1.66	1.63
343784	**170388**	**173396**	**5275**	**3242**	**2033**	**27566**	**8235**	**19331**	**1.36**	**1.33**
32502	15991	16511	749	319	430	1797	437	1360	1.11	1.09
31143	15160	15983	371	261	110	2612	825	1787	1.36	1.35

表7 续表 26

地 区	15岁及以上人口			未婚		
	合 计	男	女	小 计	男	女
宁津县	34177	16874	17303	4586	2599	1987
庆云县	24041	12140	11901	4049	2354	1695
临邑县	36491	17906	18585	4455	2519	1936
齐河县	48286	24193	24093	7146	4147	2999
平原县	33485	16408	17077	4369	2346	2023
夏津县	36822	18214	18608	5559	3152	2407
武城县	28005	13878	14127	3736	2100	1636
德州经济技术开发区	22184	11222	10962	5488	3000	2488
德州运河经济开发区	8856	4379	4477	1127	646	481
乐陵市	49193	24470	24723	7997	4531	3466
禹城市	40107	19744	20363	5684	3162	2522
聊城市	**455953**	**224264**	**231689**	**63472**	**36587**	**26885**
东昌府区	114089	56402	57687	22090	12078	10012
茌平区	41127	20252	20875	4805	2880	1925
阳谷县	58205	28778	29427	7824	4657	3167
莘县	67599	32806	34793	8305	4960	3345
东阿县	27111	13250	13861	2832	1694	1138
冠县	54390	26815	27575	6801	4042	2759
高唐县	36086	17698	18388	3914	2345	1569
临清市	57346	28263	29083	6901	3931	2970
滨州市	**314234**	**157351**	**156883**	**42142**	**24564**	**17578**
滨城区	67596	33446	34150	10796	5946	4850
沾化区	26390	13155	13235	2872	1625	1247
惠民县	46517	22940	23577	5619	3293	2326
阳信县	34241	16943	17298	5108	2948	2160
无棣县	35230	18011	17219	4185	2554	1631
博兴县	42930	22089	20841	6009	3680	2329
邹平市	61330	30767	30563	7553	4518	3035
菏泽市	**654862**	**322331**	**332531**	**109052**	**64650**	**44402**
牡丹区	80501	39462	41039	14736	8392	6344
定陶区	40129	19604	20525	6280	3748	2532
曹县	102309	50663	51646	18423	10906	7517
单县	84104	41495	42609	15406	8731	6675
成武县	45081	22002	23079	6570	3841	2729
巨野县	66717	32170	34547	9177	5481	3696
郓城县	82239	41066	41173	13266	8169	5097
鄄城县	54667	26774	27893	9025	5608	3417
东明县	54021	26697	27324	8835	5483	3352
菏泽经济技术开发区	31637	15656	15981	5282	3005	2277
菏泽高新技术开发区	13457	6742	6715	2052	1286	766
河南省	**7532705**	**3691317**	**3841388**	**1507912**	**860245**	**647667**
郑州市	**992635**	**501711**	**490924**	**260629**	**143204**	**117425**
中原区	73507	36231	37276	14293	7839	6454
二七区	80563	39573	40990	18511	9891	8620
管城回族区	77845	38799	39046	19853	10074	9779
金水区	170002	82429	87573	56769	28001	28768
上街区	15158	7361	7797	1947	1078	869
惠济区	43380	21212	22168	14684	7076	7608
中牟县	70311	35981	34330	17796	9819	7977
郑州经济技术开发区	26301	15052	11249	6581	4323	2258
郑州高新技术产业开发区	46742	24364	22378	17693	9691	8002
郑州航空港经济综合实验区	49049	26276	22773	13678	9154	4524
巩义市	69725	35318	34407	13351	7818	5533
荥阳市	54971	28746	26225	12867	7991	4876
新密市	66822	34125	32697	11279	6926	4353
新郑市	92566	47537	45029	30542	16706	13836
登封市	55693	28707	26986	10785	6817	3968
开封市	**365551**	**181316**	**184235**	**72487**	**41997**	**30490**
龙亭区	42438	20208	22230	10600	5261	5339

单位：人

有配偶			离婚			丧偶			15—64岁妇女	
小计	男	女	小计	男	女	小计	男	女	平均活产子女数	平均存活子女数
26985	13305	13680	360	244	116	2246	726	1520	1.37	1.35
18277	9080	9197	296	202	94	1419	504	915	1.54	1.51
29092	14342	14750	483	331	152	2461	714	1747	1.43	1.38
37359	18835	18524	545	365	180	3236	846	2390	1.38	1.34
26485	13118	13367	407	250	157	2224	694	1530	1.32	1.31
28298	14026	14272	378	261	117	2587	775	1812	1.53	1.50
22149	11039	11110	284	196	88	1836	543	1293	1.49	1.48
15640	7878	7762	278	123	155	778	221	557	1.13	1.10
7136	3556	3580	169	84	85	424	93	331	1.17	1.15
37346	18519	18827	481	315	166	3369	1105	2264	1.43	1.40
31372	15539	15833	474	291	183	2577	752	1825	1.35	1.32
358138	**176768**	**181370**	**5027**	**3220**	**1807**	**29316**	**7689**	**21627**	**1.58**	**1.55**
85341	42299	43042	1212	659	553	5446	1366	4080	1.38	1.35
33005	16342	16663	488	308	180	2829	722	2107	1.61	1.58
45604	22569	23035	681	478	203	4096	1074	3022	1.58	1.55
53900	26144	27756	673	459	214	4721	1243	3478	1.77	1.74
22031	10860	11171	288	189	99	1960	507	1453	1.51	1.48
43201	21361	21840	551	398	153	3837	1014	2823	1.75	1.72
29192	14389	14803	425	268	157	2555	696	1859	1.55	1.51
45864	22804	23060	709	461	248	3872	1067	2805	1.64	1.60
247071	**124017**	**123054**	**4249**	**2632**	**1617**	**20772**	**6138**	**14634**	**1.36**	**1.33**
52079	25967	26112	1086	537	549	3635	996	2639	1.19	1.17
21143	10643	10500	328	247	81	2047	640	1407	1.47	1.44
36522	18166	18356	671	415	256	3705	1066	2639	1.39	1.36
26299	12950	13349	424	290	134	2410	755	1655	1.44	1.40
28342	14416	13926	453	298	155	2250	743	1507	1.58	1.53
33802	17297	16505	470	306	164	2649	806	1843	1.33	1.31
48884	24578	24306	817	539	278	4076	1132	2944	1.33	1.32
498706	**241518**	**257188**	**7008**	**4623**	**2385**	**40096**	**11540**	**28556**	**1.62**	**1.59**
60594	29349	31245	930	546	384	4241	1175	3066	1.56	1.52
30755	14829	15926	444	299	145	2650	728	1922	1.62	1.58
76421	37248	39173	1031	703	328	6434	1806	4628	1.63	1.59
62465	30548	31917	979	667	312	5254	1549	3705	1.48	1.45
35274	17139	18135	393	276	117	2844	746	2098	1.70	1.67
52685	24989	27696	682	476	206	4173	1224	2949	1.73	1.68
62875	30725	32150	819	569	250	5279	1603	3676	1.62	1.58
41342	19634	21708	597	424	173	3703	1108	2595	1.67	1.64
41408	19855	21553	503	334	169	3275	1025	2250	1.75	1.73
24601	12149	12452	450	203	247	1304	299	1005	1.45	1.43
10286	5053	5233	180	126	54	939	277	662	1.77	1.73
5469220	**2637100**	**2832120**	**111929**	**62663**	**49266**	**443644**	**131309**	**312335**	**1.46**	**1.43**
680297	**341547**	**338750**	**17981**	**8002**	**9979**	**33728**	**8958**	**24770**	**1.19**	**1.17**
54262	26944	27318	2199	884	1315	2753	564	2189	1.13	1.10
57491	28404	29087	2025	771	1254	2536	507	2029	1.11	1.09
54527	27662	26865	1699	666	1033	1766	397	1369	1.06	1.04
105578	52245	53333	3752	1358	2394	3903	825	3078	0.91	0.89
11985	5895	6090	452	189	263	774	199	575	1.28	1.26
26920	13619	13301	701	277	424	1075	240	835	1.01	0.99
49227	25097	24130	750	373	377	2538	692	1846	1.45	1.43
18778	10421	8357	391	164	227	551	144	407	1.41	1.37
27722	14290	13432	564	217	347	763	166	597	0.94	0.93
33639	16482	17157	401	211	190	1331	429	902	1.46	1.44
51066	25558	25508	1242	718	524	4066	1224	2842	1.41	1.39
38811	19523	19288	696	411	285	2597	821	1776	1.28	1.27
50887	25471	25416	1047	644	403	3609	1084	2525	1.56	1.54
58272	29528	28744	1105	548	557	2647	755	1892	1.18	1.15
41132	20408	20724	957	571	386	2819	911	1908	1.57	1.53
266623	**130345**	**136278**	**4951**	**2890**	**2061**	**21490**	**6084**	**15406**	**1.51**	**1.48**
29236	14249	14987	840	295	545	1762	403	1359	1.04	1.02

表7 续表 27

地区	15岁及以上人口			未婚		
	合计	男	女	小计	男	女
顺河回族区	18236	8733	9503	3208	1728	1480
鼓楼区	10876	5194	5682	1714	934	780
禹王台区	10437	5101	5336	1899	1090	809
祥符区	50194	25626	24568	8935	5572	3363
杞县	76675	38623	38052	17424	10243	7181
通许县	40206	20055	20151	7900	4701	3199
尉氏县	59679	29875	29804	10363	6306	4057
兰考县	56810	27901	28909	10444	6162	4282
洛阳市	**551049**	**271847**	**279202**	**112175**	**64031**	**48144**
老城区	18539	8850	9689	3314	1660	1654
西工区	30870	14719	16151	5525	2815	2710
瀍河回族区	18585	9112	9473	3463	1933	1530
涧西区	43578	21082	22496	8069	4403	3666
吉利区	5653	2772	2881	666	398	268
洛龙区	72819	35686	37133	17729	9445	8284
孟津县	34433	17096	17337	5968	3405	2563
新安县	36669	19287	17382	9401	5915	3486
栾川县	25988	13244	12744	4565	2836	1729
嵩县	41899	21223	20676	9578	5795	3783
汝阳县	31223	15394	15829	6259	3651	2608
宜阳县	45549	22457	23092	9902	5663	4239
洛宁县	27690	13671	14019	5558	3317	2241
伊川县	55993	26620	29373	11830	6534	5296
洛阳高新技术产业开发区	16625	8184	8441	2671	1503	1168
偃师市	44936	22450	22486	7677	4758	2919
平顶山市	**362825**	**180440**	**182385**	**64921**	**38576**	**26345**
新华区	23814	11643	12171	3854	2083	1771
卫东区	24996	12279	12717	4137	2215	1922
石龙区	2791	1443	1348	412	279	133
湛河区	26154	13099	13055	5734	3366	2368
宝丰县	36366	18229	18137	5950	3617	2333
叶县	50699	25260	25439	7537	4820	2717
鲁山县	52120	26055	26065	9174	5729	3445
郏县	37483	18779	18704	6867	4301	2566
平顶山高新技术产业开发区	4011	2001	2010	550	347	203
平顶山市城乡一体化示范区	9084	4353	4731	2665	1245	1420
舞钢市	22094	10958	11136	3181	1904	1277
汝州市	73213	36341	36872	14860	8670	6190
安阳市	**399044**	**188544**	**210500**	**65433**	**36388**	**29045**
文峰区	30601	14525	16076	4464	2435	2029
北关区	25873	12226	13647	4065	2216	1849
殷都区	17517	8521	8996	2692	1499	1193
龙安区	22685	11378	11307	3940	2281	1659
安阳县	63301	31131	32170	9873	5810	4063
汤阴县	35619	17268	18351	5926	3178	2748
滑县	73311	33178	40133	11223	6480	4743
内黄县	46587	22087	24500	7047	4119	2928
安阳高新技术产业开发区	15242	6786	8456	6529	2726	3803
林州市	68308	31444	36864	9674	5644	4030
鹤壁市	**126274**	**63462**	**62812**	**23797**	**14093**	**9704**
鹤山区	5791	3076	2715	1322	775	547
山城区	12590	6422	6168	2296	1404	892
淇滨区	32313	15914	16399	6303	3565	2738
浚县	51001	25822	25179	9300	5623	3677
淇县	21233	10599	10634	3879	2334	1545
鹤壁经济技术开发区	3346	1629	1717	697	392	305
新乡市	**471514**	**229756**	**241758**	**91788**	**51187**	**40601**
红旗区	34794	16582	18212	11953	5851	6102
卫滨区	17858	8577	9281	2924	1550	1374
凤泉区	10797	5433	5364	1657	1007	650

单位：人

有配偶			离婚			丧偶			15—64岁妇女	
小计	男	女	小计	男	女	小计	男	女	平均活产子女数	平均存活子女数
13262	6471	6791	501	235	266	1265	299	966	1.09	1.07
7999	3900	4099	388	181	207	775	179	596	1.11	1.07
7519	3684	3835	325	167	158	694	160	534	1.14	1.12
37557	18668	18889	630	473	157	3072	913	2159	1.70	1.67
54187	26522	27665	661	460	201	4403	1398	3005	1.52	1.49
29390	14344	15046	428	297	131	2488	713	1775	1.64	1.59
44931	22023	22908	640	433	207	3745	1113	2632	1.66	1.61
42542	20484	22058	538	349	189	3286	906	2380	1.75	1.72
398328	**193763**	**204565**	**9079**	**4814**	**4265**	**31467**	**9239**	**22228**	**1.41**	**1.39**
13695	6765	6930	527	221	306	1003	204	799	1.10	1.07
22900	11165	11735	877	339	538	1568	400	1168	1.05	1.03
13610	6704	6906	480	212	268	1032	263	769	1.06	1.04
31795	15508	16287	1381	620	761	2333	551	1782	1.01	1.00
4498	2222	2276	149	64	85	340	88	252	1.33	1.32
51110	24981	26129	1010	477	533	2970	783	2187	1.23	1.21
25761	12745	13016	455	290	165	2249	656	1593	1.43	1.39
24738	12355	12383	447	307	140	2083	710	1373	1.48	1.45
19411	9658	9753	364	234	130	1648	516	1132	1.53	1.50
29184	14198	14986	500	346	154	2637	884	1753	1.63	1.60
22568	10877	11691	374	226	148	2022	640	1382	1.79	1.75
32349	15634	16715	505	319	186	2793	841	1952	1.57	1.53
19952	9494	10458	370	243	127	1810	617	1193	1.57	1.54
40120	18614	21506	705	413	292	3338	1059	2279	1.71	1.68
12929	6353	6576	301	127	174	724	201	523	1.32	1.30
33708	16490	17218	634	376	258	2917	826	2091	1.49	1.46
269285	**131519**	**137766**	**6407**	**3718**	**2689**	**22212**	**6627**	**15585**	**1.52**	**1.48**
18280	9056	9224	558	228	330	1122	276	846	1.11	1.07
18910	9419	9491	749	331	418	1200	314	886	1.12	1.09
2148	1081	1067	54	34	20	177	49	128	1.74	1.72
18661	9187	9474	612	249	363	1147	297	850	1.20	1.16
27631	13551	14080	572	384	188	2213	677	1536	1.62	1.58
38690	18770	19920	799	551	248	3673	1119	2554	1.65	1.61
38430	18550	19880	835	571	264	3681	1205	2476	1.72	1.69
27376	13327	14049	578	363	215	2662	788	1874	1.62	1.58
3170	1557	1613	74	42	32	217	55	162	1.48	1.40
5862	2922	2940	233	101	132	324	85	239	1.11	1.09
17017	8339	8678	475	291	184	1421	424	997	1.40	1.35
53110	25760	27350	868	573	295	4375	1338	3037	1.65	1.61
301421	**141223**	**160198**	**6506**	**3620**	**2886**	**25684**	**7313**	**18371**	**1.55**	**1.52**
23791	11457	12334	794	321	473	1552	312	1240	1.32	1.27
19708	9448	10260	665	252	413	1435	310	1125	1.29	1.25
13197	6503	6694	531	245	286	1097	274	823	1.30	1.27
16942	8466	8476	482	255	227	1321	376	945	1.45	1.41
48047	23351	24696	962	690	272	4419	1280	3139	1.66	1.64
26838	13055	13783	568	368	200	2287	667	1620	1.56	1.51
55895	24656	31239	875	513	362	5318	1529	3789	1.74	1.70
36222	16824	19398	455	320	135	2863	824	2039	1.75	1.70
8183	3941	4242	207	63	144	323	56	267	0.81	0.79
52598	23522	29076	967	593	374	5069	1685	3384	1.63	1.60
93107	**46120**	**46987**	**2206**	**1308**	**898**	**7164**	**1941**	**5223**	**1.52**	**1.48**
3873	2080	1793	140	88	52	456	133	323	1.33	1.31
9191	4591	4600	370	213	157	733	214	519	1.39	1.35
23892	11696	12196	675	317	358	1443	336	1107	1.30	1.26
37956	18901	19055	627	453	174	3118	845	2273	1.68	1.64
15731	7680	8051	337	212	125	1286	373	913	1.63	1.59
2464	1172	1292	57	25	32	128	40	88	1.35	1.34
345827	**166773**	**179054**	**6895**	**3914**	**2981**	**27004**	**7882**	**19122**	**1.52**	**1.49**
20870	10123	10747	638	251	387	1333	357	976	0.87	0.86
13545	6607	6938	415	167	248	974	253	721	1.16	1.12
8268	4132	4136	201	105	96	671	189	482	1.52	1.49

表7 续表 28

地区	15岁及以上人口			未婚		
	合计	男	女	小计	男	女
牧野区	30066	13983	16083	6780	2977	3803
新乡县	29090	14843	14247	5545	3231	2314
获嘉县	31913	15991	15922	6063	3560	2503
原阳县	35620	17342	18278	6954	4120	2834
延津县	36914	18594	18320	7265	4320	2945
封丘县	48531	23301	25230	7995	4823	3172
新乡高新技术产业开发区	11001	5281	5720	1972	1020	952
新乡经济技术开发区	3263	1676	1587	1729	930	799
新乡市平原城乡一体化示范区	16701	8188	8513	4317	2212	2105
卫辉市	33415	16158	17257	5496	3101	2395
辉县市	61837	30228	31609	8815	5037	3778
长垣市	69714	33579	36135	12323	7448	4875
焦作市	**292655**	**145842**	**146813**	**56302**	**32991**	**23311**
解放区	28239	13456	14783	4942	2516	2426
中站区	9125	4610	4515	1617	983	634
马村区	9753	4927	4826	1772	1063	709
山阳区	25176	11967	13209	5713	2729	2984
修武县	21659	11179	10480	4677	2846	1831
博爱县	29574	14968	14606	4838	3030	1808
武陟县	54646	27660	26986	11394	6841	4553
温县	31124	15498	15626	5001	3058	1943
焦作城乡一体化示范区	17303	9045	8258	5429	3368	2061
沁阳市	37593	18552	19041	6645	4005	2640
孟州市	28463	13980	14483	4274	2552	1722
濮阳市	**285340**	**137087**	**148253**	**48837**	**27720**	**21117**
华龙区	48103	23013	25090	8196	4260	3936
清丰县	46445	22558	23887	7375	4387	2988
南乐县	35853	17160	18693	5832	3371	2461
范县	31108	14435	16673	5517	3155	2362
台前县	24046	11572	12474	3633	2089	1544
濮阳县	71557	34544	37013	11589	6924	4665
河南濮阳工业园区	2338	1115	1223	288	159	129
濮阳经济技术开发区	25890	12690	13200	6407	3375	3032
许昌市	**348913**	**173226**	**175687**	**62199**	**36969**	**25230**
魏都区	45868	21654	24214	9683	4663	5020
建安区	55377	27995	27382	9827	6191	3636
鄢陵县	43092	21360	21732	7574	4612	2962
襄城县	53613	26094	27519	10157	5846	4311
许昌经济技术开发区	5523	2733	2790	796	488	308
禹州市	88450	44557	43893	14595	9262	5333
长葛市	56990	28833	28157	9567	5907	3660
漯河市	**203389**	**101794**	**101595**	**39654**	**23965**	**15689**
源汇区	25387	12396	12991	4585	2644	1941
郾城区	40904	20336	20568	7910	4879	3031
召陵区	35024	17524	17500	7833	4481	3352
舞阳县	36131	17767	18364	5967	3602	2365
临颍县	57577	29628	27949	11824	7419	4405
漯河经济技术开发区	8366	4143	4223	1535	940	595
三门峡市	**178309**	**90030**	**88279**	**32099**	**19219**	**12880**
湖滨区	24428	11949	12479	3858	2099	1759
陕州区	27384	14136	13248	4414	2695	1719
渑池县	26373	13191	13182	5038	2922	2116
卢氏县	27341	14060	13281	4703	3121	1582
河南三门峡经济开发区	3708	1838	1870	939	490	449
义马市	11993	5987	6006	1840	1070	770
灵宝市	57082	28869	28213	11307	6822	4485
南阳市	**684941**	**334344**	**350597**	**132712**	**76727**	**55985**
宛城区	53744	26179	27565	9250	5466	3784
卧龙区	62915	30219	32696	13585	6916	6669
南召县	36960	18720	18240	7806	4782	3024

单位：人

有配偶			离婚			丧偶			15—64岁妇女	
小计	男	女	小计	男	女	小计	男	女	平均活产子女数	平均存活子女数
21048	10277	10771	651	310	341	1587	419	1168	1.00	0.98
21529	10921	10608	322	220	102	1694	471	1223	1.55	1.53
23438	11529	11909	438	285	153	1974	617	1357	1.57	1.54
25969	12276	13693	411	263	148	2286	683	1603	1.71	1.68
27091	13301	13790	519	331	188	2039	642	1397	1.66	1.64
36804	17200	19604	547	361	186	3185	917	2268	1.75	1.72
8548	4110	4438	130	50	80	351	101	250	1.23	1.21
1416	701	715	26	14	12	92	31	61	0.90	0.89
11453	5624	5829	189	121	68	742	231	511	1.50	1.48
25083	12009	13074	552	326	226	2284	722	1562	1.57	1.54
47846	23272	24574	1072	655	417	4104	1264	2840	1.65	1.63
52919	24691	28228	784	455	329	3688	985	2703	1.77	1.73
214504	**105509**	**108995**	**5122**	**2781**	**2341**	**16727**	**4561**	**12166**	**1.41**	**1.38**
20986	10235	10751	888	365	523	1423	340	1083	1.06	1.04
6712	3371	3341	210	109	101	586	147	439	1.24	1.20
7173	3577	3596	216	138	78	592	149	443	1.50	1.48
17880	8749	9131	555	230	325	1028	259	769	1.02	0.99
15473	7728	7745	331	240	91	1178	365	813	1.50	1.47
22370	11104	11266	506	295	211	1860	539	1321	1.54	1.50
39554	19538	20016	627	394	233	3071	887	2184	1.59	1.55
23834	11709	12125	460	269	191	1829	462	1367	1.60	1.57
10890	5328	5562	216	130	86	768	219	549	1.29	1.27
27876	13532	14344	630	338	292	2442	677	1765	1.46	1.43
21756	10638	11118	483	273	210	1950	517	1433	1.43	1.40
216899	**103044**	**113855**	**3405**	**1965**	**1440**	**16199**	**4358**	**11841**	**1.65**	**1.61**
37239	18014	19225	895	327	568	1773	412	1361	1.30	1.27
35576	17017	18559	461	318	143	3033	836	2197	1.74	1.72
27596	12954	14642	358	239	119	2067	596	1471	1.77	1.74
23222	10546	12676	297	201	96	2072	533	1539	1.78	1.76
18602	8860	9742	246	181	65	1565	442	1123	1.81	1.77
54566	25806	28760	817	550	267	4585	1264	3321	1.76	1.71
1891	906	985	24	14	10	135	36	99	1.78	1.74
18207	8941	9266	307	135	172	969	239	730	1.37	1.33
259958	**126902**	**133056**	**5565**	**3192**	**2373**	**21191**	**6163**	**15028**	**1.45**	**1.42**
32993	16072	16921	1282	504	778	1910	415	1495	1.02	0.99
41074	20173	20901	842	559	283	3634	1072	2562	1.49	1.45
32092	15500	16592	532	350	182	2894	898	1996	1.64	1.60
39548	18842	20706	541	351	190	3367	1055	2312	1.37	1.35
4364	2124	2240	107	62	45	256	59	197	1.42	1.40
66687	32723	33964	1331	807	524	5837	1765	4072	1.60	1.57
43200	21468	21732	930	559	371	3293	899	2394	1.52	1.48
148748	**72561**	**76187**	**3075**	**1849**	**1226**	**11912**	**3419**	**8493**	**1.35**	**1.33**
18871	9115	9756	521	245	276	1410	392	1018	1.20	1.18
30288	14585	15703	579	300	279	2127	572	1555	1.33	1.30
24595	12135	12460	508	323	185	2088	585	1503	1.33	1.30
26827	12951	13876	581	402	179	2756	812	1944	1.41	1.37
41812	20728	21084	757	507	250	3184	974	2210	1.44	1.42
6355	3047	3308	129	72	57	347	84	263	1.27	1.25
132541	**65769**	**66772**	**3196**	**1790**	**1406**	**10473**	**3252**	**7221**	**1.32**	**1.29**
18889	9283	9606	706	300	406	975	267	708	1.07	1.02
20733	10596	10137	513	303	210	1724	542	1182	1.31	1.27
19354	9541	9813	420	256	164	1561	472	1089	1.43	1.39
20368	10012	10356	419	287	132	1851	640	1211	1.50	1.46
2668	1317	1351	12	3	9	89	28	61	0.95	0.93
9241	4641	4600	230	112	118	682	164	518	1.35	1.32
41288	20379	20909	896	529	367	3591	1139	2452	1.33	1.31
494168	**236753**	**257415**	**9154**	**5716**	**3438**	**48907**	**15148**	**33759**	**1.50**	**1.47**
40089	19349	20740	871	420	451	3534	944	2590	1.37	1.34
44929	21849	23080	784	453	331	3617	1001	2616	1.34	1.31
26084	12678	13406	618	439	179	2452	821	1631	1.61	1.58

表7 续表 29

地区	15岁及以上人口			未婚		
	合计	男	女	小计	男	女
方城县	63739	31184	32555	13071	7549	5522
西峡县	34549	17594	16955	7605	4542	3063
镇平县	59558	29739	29819	12204	7410	4794
内乡县	40635	19826	20809	7301	4260	3041
淅川县	33136	16199	16937	6022	3616	2406
社旗县	38423	18807	19616	7679	4477	3202
唐河县	79148	38843	40305	14195	8432	5763
新野县	40713	19322	21391	6933	4021	2912
桐柏县	25146	12226	12920	4078	2388	1690
南阳高新技术产业开发区	16775	8102	8673	2823	1589	1234
南阳市城乡一体化示范区	17000	8495	8505	4606	2614	1992
邓州市	82500	38889	43611	15554	8665	6889
商丘市	**600824**	**291491**	**309333**	**119812**	**68234**	**51578**
梁园区	48452	23433	25019	10786	5455	5331
睢阳区	66539	32657	33882	13258	7491	5767
民权县	58712	28071	30641	12172	6976	5196
睢县	52749	25474	27275	10241	6014	4227
宁陵县	42504	20574	21930	8086	4666	3420
柘城县	61992	29892	32100	12531	7505	5026
虞城县	79010	39007	40003	16440	9273	7167
夏邑县	66550	31960	34590	12275	7045	5230
豫东综合物流产业聚集区	10313	5088	5225	1776	1027	749
河南商丘经济开发区	10808	5382	5426	3137	1739	1398
永城市	103195	49953	53242	19110	11043	8067
信阳市	**450565**	**216003**	**234562**	**83784**	**46928**	**36856**
浉河区	48927	23113	25814	10320	4753	5567
平桥区	58201	27856	30345	10451	5401	5050
罗山县	33012	15587	17425	4573	2734	1839
光山县	40769	19675	21094	7867	4764	3103
新县	19667	9420	10247	3613	2218	1395
商城县	31031	14236	16795	5469	3322	2147
固始县	74077	35882	38195	13202	8001	5201
潢川县	52430	25242	27188	9033	5152	3881
淮滨县	41394	20071	21323	9443	5126	4317
息县	49195	23991	25204	9539	5286	4253
信阳高新技术产业开发区	1862	930	932	274	171	103
周口市	**652037**	**311862**	**340175**	**135247**	**77483**	**57764**
川汇区	43689	21060	22629	11532	5804	5728
淮阳区	70074	32808	37266	13029	7402	5627
扶沟县	41491	20381	21110	8062	4875	3187
西华县	49515	23945	25570	8930	5270	3660
商水县	68936	33298	35638	15106	8868	6238
沈丘县	69731	32800	36931	13982	7806	6176
郸城县	80699	38713	41986	18612	10775	7837
太康县	80541	38674	41867	15923	9060	6863
鹿邑县	69548	32528	37020	14298	8399	5899
河南周口经济开发区	6643	3337	3306	2157	1189	968
项城市	71170	34318	36852	13616	8035	5581
驻马店市	**508770**	**243330**	**265440**	**96034**	**54413**	**41621**
驿城区	59061	29042	30019	10587	6023	4564
西平县	49126	23689	25437	7669	4746	2923
上蔡县	68930	31967	36963	13914	7780	6134
平舆县	52675	24921	27754	9916	5556	4360
正阳县	45377	21541	23836	7930	4497	3433
确山县	30023	14344	15679	5230	2978	2252
泌阳县	49591	24711	24880	10736	6243	4493
汝南县	41738	19319	22419	6795	3911	2884
遂平县	30470	14662	15808	4644	2759	1885
新蔡县	59887	28822	31065	11875	6616	5259
河南驻马店经济开发区	21892	10312	11580	6738	3304	3434
省直辖县级行政区划	**58070**	**29232**	**28838**	**10002**	**6120**	**3882**
济源市	58070	29232	28838	10002	6120	3882

单位：人

有配偶			离婚			丧偶			15—64岁妇女	
小计	男	女	小计	男	女	小计	男	女	平均活产子女数	平均存活子女数
45597	21704	23893	847	554	293	4224	1377	2847	1.57	1.54
24349	12063	12286	403	243	160	2192	746	1446	1.40	1.36
41709	20190	21519	986	629	357	4659	1510	3149	1.44	1.41
29223	14018	15205	600	399	201	3511	1149	2362	1.51	1.48
24161	11430	12731	423	286	137	2530	867	1663	1.61	1.58
27603	13166	14437	454	332	122	2687	832	1855	1.61	1.57
58151	27818	30333	980	662	318	5822	1931	3891	1.53	1.50
29784	13975	15809	485	336	149	3511	990	2521	1.55	1.53
18929	9042	9887	393	227	166	1746	569	1177	1.60	1.58
13057	6262	6795	230	87	143	665	164	501	1.38	1.36
11329	5543	5786	214	108	106	851	230	621	1.32	1.30
59174	27666	31508	866	541	325	6906	2017	4889	1.55	1.50
437747	**207469**	**230278**	**7638**	**4660**	**2978**	**35627**	**11128**	**24499**	**1.57**	**1.54**
34375	16844	17531	934	442	492	2357	692	1665	1.31	1.28
49028	23628	25400	841	480	361	3412	1058	2354	1.50	1.47
42346	19616	22730	674	423	251	3520	1056	2464	1.60	1.57
38699	18071	20628	488	318	170	3321	1071	2250	1.69	1.66
31566	14831	16735	362	227	135	2490	850	1640	1.60	1.58
44685	20745	23940	640	402	238	4136	1240	2896	1.60	1.56
56866	27547	29319	1089	703	386	4615	1484	3131	1.57	1.54
48528	22788	25740	981	641	340	4766	1486	3280	1.65	1.63
7894	3833	4061	144	89	55	499	139	360	1.61	1.59
7223	3502	3721	95	48	47	353	93	260	1.28	1.25
76537	36064	40473	1390	887	503	6158	1959	4199	1.61	1.58
329403	**155869**	**173534**	**5849**	**3411**	**2438**	**31529**	**9795**	**21734**	**1.49**	**1.46**
34728	16999	17729	1078	552	526	2801	809	1992	1.14	1.12
43764	21082	22682	852	419	433	3134	954	2180	1.38	1.35
25340	11771	13569	377	241	136	2722	841	1881	1.59	1.55
29211	13652	15559	343	221	122	3348	1038	2310	1.62	1.59
14291	6529	7762	204	130	74	1559	543	1016	1.55	1.51
22361	9743	12618	244	162	82	2957	1009	1948	1.64	1.61
54567	25647	28920	754	464	290	5554	1770	3784	1.60	1.57
39314	18706	20608	667	370	297	3416	1014	2402	1.51	1.48
28658	13758	14900	587	381	206	2706	806	1900	1.48	1.45
35723	17268	18455	712	451	261	3221	986	2235	1.56	1.53
1446	714	732	31	20	11	111	25	86	1.57	1.54
465657	**216254**	**249403**	**6591**	**4163**	**2428**	**44542**	**13962**	**30580**	**1.60**	**1.57**
29519	14416	15103	689	296	393	1949	544	1405	1.21	1.18
51322	23493	27829	622	417	205	5101	1496	3605	1.75	1.70
30014	14254	15760	397	287	110	3018	965	2053	1.59	1.56
36463	17275	19188	575	361	214	3547	1039	2508	1.67	1.63
48098	22331	25767	722	504	218	5010	1595	3415	1.61	1.58
49648	22782	26866	736	471	265	5365	1741	3624	1.61	1.58
55869	25685	30184	733	481	252	5485	1772	3713	1.62	1.60
58557	27426	31131	721	475	246	5340	1713	3627	1.66	1.62
49634	22171	27463	622	391	231	4994	1567	3427	1.68	1.64
4259	2065	2194	74	43	31	153	40	113	1.08	1.08
52274	24356	27918	700	437	263	4580	1490	3090	1.56	1.53
370839	**173971**	**196868**	**7489**	**4439**	**3050**	**34408**	**10507**	**23901**	**1.46**	**1.43**
44301	21561	22740	1186	556	630	2987	902	2085	1.32	1.29
36886	17347	19539	768	498	270	3803	1098	2705	1.43	1.39
48756	22007	26749	799	534	265	5461	1646	3815	1.57	1.54
38332	17821	20511	764	453	311	3663	1091	2572	1.51	1.49
33784	15656	18128	606	391	215	3057	997	2060	1.50	1.48
22107	10386	11721	539	308	231	2147	672	1475	1.47	1.45
35172	17045	18127	594	363	231	3089	1060	2029	1.46	1.44
31098	14084	17014	557	357	200	3288	967	2321	1.48	1.46
23208	10986	12222	430	273	157	2188	644	1544	1.42	1.38
42822	20296	22526	920	598	322	4270	1312	2958	1.58	1.55
14373	6782	7591	326	108	218	455	118	337	1.03	1.01
43868	**21709**	**22159**	**820**	**431**	**389**	**3380**	**972**	**2408**	**1.48**	**1.46**
43868	21709	22159	820	431	389	3380	972	2408	1.48	1.46

表7 续表 30

地　区	15岁及以上人口			未婚		
	合　计	男	女	小　计	男	女
湖北省	**5118036**	**2608102**	**2509934**	**967284**	**597529**	**369755**
武汉市	**1098105**	**564189**	**533916**	**294897**	**170320**	**124577**
江岸区	86234	41933	44301	16747	9079	7668
江汉区	58199	28856	29343	12484	6767	5717
硚口区	59879	30067	29812	12433	7216	5217
汉阳区	70172	35402	34770	13213	7799	5414
武昌区	98207	48478	49729	27369	14495	12874
青山区	38785	19616	19169	6978	4268	2710
洪山区	218381	113488	104893	87798	48793	39005
东西湖区	73957	39063	34894	15106	9227	5879
汉南区	11313	6016	5297	1673	1120	553
蔡甸区	77761	40974	36787	15758	9926	5832
江夏区	113283	60348	52935	46761	26822	19939
黄陂区	107256	55366	51890	19975	12645	7330
新洲区	84678	44582	40096	18602	12163	6439
黄石市	**198790**	**101368**	**97422**	**35011**	**22918**	**12093**
黄石港区	19148	9272	9876	2797	1669	1128
西塞山区	18154	9092	9062	2858	1745	1113
下陆区	18807	9415	9392	4476	2586	1890
铁山区	3838	1839	1999	549	313	236
阳新县	64138	32325	31813	11007	7400	3607
大冶市	74705	39425	35280	13324	9205	4119
十堰市	**273508**	**140293**	**133215**	**51631**	**33155**	**18476**
茅箭区	49107	24214	24893	10785	5808	4977
张湾区	36306	18623	17683	6970	4328	2642
郧阳区	38740	20443	18297	7893	5201	2692
郧西县	25909	12825	13084	4096	2815	1281
竹山县	27831	14695	13136	5172	3758	1414
竹溪县	26193	13810	12383	5051	3479	1572
房县	34242	17792	16450	6410	4242	2168
丹江口市	35180	17891	17289	5254	3524	1730
宜昌市	**355798**	**180447**	**175351**	**54238**	**34161**	**20077**
西陵区	46726	22937	23789	11562	6308	5254
伍家岗区	29589	14485	15104	4162	2393	1769
点军区	9015	4505	4510	1226	797	429
猇亭区	5843	3084	2759	774	574	200
夷陵区	50483	25798	24685	8223	5079	3144
远安县	16091	8367	7724	2321	1620	701
兴山县	14152	7436	6716	2224	1546	678
秭归县	28267	14517	13750	4079	2696	1383
长阳土家族自治县	30240	15934	14306	4909	3425	1484
五峰土家族自治县	16509	8664	7845	2647	1818	829
宜都市	33120	16661	16459	3900	2593	1307
当阳市	37147	18733	18414	4087	2687	1400
枝江市	38616	19326	19290	4124	2625	1499
襄阳市	**458417**	**229180**	**229237**	**76050**	**45432**	**30618**
襄城区	43106	21087	22019	11078	5928	5150
樊城区	80993	39675	41318	12877	7322	5555
襄州区	72652	36515	36137	11265	6754	4511
南漳县	43022	21966	21056	6884	4513	2371
谷城县	42202	21173	21029	6953	4419	2534
保康县	19004	9981	9023	3008	2136	872
老河口市	40247	20200	20047	6871	4061	2810
枣阳市	73282	36798	36484	11008	6733	4275
宜城市	43909	21785	22124	6106	3566	2540
鄂州市	**93459**	**48336**	**45123**	**17456**	**11260**	**6196**
梁子湖区	11495	6095	5400	1982	1376	606
华容区	22527	12088	10439	4577	2969	1608
鄂城区	59437	30153	29284	10897	6915	3982

单位：人

有配偶			离婚			丧偶			15—64岁妇女	
小计	男	女	小计	男	女	小计	男	女	平均活产子女数	平均存活子女数
3721726	**1856044**	**1865682**	**120804**	**66098**	**54706**	**308222**	**88431**	**219791**	**1.26**	**1.24**
727704	**369226**	**358478**	**29341**	**13775**	**15566**	**46163**	**10868**	**35295**	**0.95**	**0.93**
61168	30326	30842	3874	1625	2249	4445	903	3542	0.90	0.88
40626	20465	20161	2423	1076	1347	2666	548	2118	0.93	0.91
41510	20929	20581	2744	1317	1427	3192	605	2587	0.95	0.94
51258	25817	25441	2567	1151	1416	3134	635	2499	0.96	0.95
63650	31704	31946	3095	1361	1734	4093	918	3175	0.78	0.77
27173	13859	13314	2021	941	1080	2613	548	2065	0.95	0.93
121558	61915	59643	4042	1714	2328	4983	1066	3917	0.73	0.71
54796	28528	26268	1699	787	912	2356	521	1835	1.06	1.04
8769	4590	4179	303	162	141	568	144	424	1.20	1.19
57014	29411	27603	1629	868	761	3360	769	2591	1.12	1.10
61493	31771	29722	1697	873	824	3332	882	2450	0.86	0.84
79350	39922	39428	1859	1069	790	6072	1730	4342	1.24	1.21
59339	29989	29350	1388	831	557	5349	1599	3750	1.34	1.32
146096	**72437**	**73659**	**5651**	**3196**	**2455**	**12032**	**2817**	**9215**	**1.59**	**1.56**
14453	7014	7439	912	398	514	986	191	795	1.12	1.10
13167	6590	6577	906	480	426	1223	277	946	1.16	1.14
12883	6390	6493	575	261	314	873	178	695	1.03	1.01
2737	1351	1386	202	110	92	350	65	285	1.16	1.13
47688	23054	24634	1344	860	484	4099	1011	3088	1.94	1.90
55168	28038	27130	1712	1087	625	4501	1095	3406	1.68	1.65
199103	**98485**	**100618**	**5685**	**3298**	**2387**	**17089**	**5355**	**11734**	**1.38**	**1.35**
35796	17600	18196	1043	452	591	1483	354	1129	1.11	1.09
26809	13419	13390	977	455	522	1550	421	1129	1.18	1.15
27177	13769	13408	663	440	223	3007	1033	1974	1.52	1.49
19039	8995	10044	370	242	128	2404	773	1631	1.61	1.58
19992	9841	10151	515	383	132	2152	713	1439	1.57	1.53
18668	9300	9368	609	421	188	1865	610	1255	1.47	1.45
24890	12327	12563	635	406	229	2307	817	1490	1.42	1.39
26732	13234	13498	873	499	374	2321	634	1687	1.47	1.45
266112	**132978**	**133134**	**11296**	**6274**	**5022**	**24152**	**7034**	**17118**	**1.08**	**1.06**
30771	15252	15519	2027	921	1106	2366	456	1910	0.81	0.80
22951	11283	11668	1240	547	693	1236	262	974	1.00	0.99
6863	3383	3480	229	127	102	697	198	499	1.06	1.05
4526	2318	2208	204	109	95	339	83	256	1.10	1.08
37723	18953	18770	1413	798	615	3124	968	2156	1.07	1.05
12136	6091	6045	555	329	226	1079	327	752	1.17	1.14
10479	5289	5190	333	217	116	1116	384	732	1.21	1.19
21043	10565	10478	768	481	287	2377	775	1602	1.18	1.15
22080	11076	11004	767	511	256	2484	922	1562	1.24	1.21
12064	6055	6009	508	325	183	1290	466	824	1.23	1.20
25891	12830	13061	937	535	402	2392	703	1689	1.08	1.06
29315	14670	14645	1168	676	492	2577	700	1877	1.18	1.15
30270	15213	15057	1147	698	449	3075	790	2285	1.13	1.11
343549	**169619**	**173930**	**9907**	**5374**	**4533**	**28911**	**8755**	**20156**	**1.30**	**1.28**
28799	14124	14675	954	448	506	2275	587	1688	0.99	0.98
61523	30261	31262	2495	1090	1405	4098	1002	3096	1.13	1.11
55645	27655	27990	1221	734	487	4521	1372	3149	1.44	1.42
32156	15847	16309	951	580	371	3031	1026	2005	1.34	1.31
31406	15387	16019	838	499	339	3005	868	2137	1.38	1.36
14111	7041	7070	341	223	118	1544	581	963	1.35	1.33
29520	14686	14834	843	506	337	3013	947	2066	1.33	1.29
56211	27780	28431	1361	798	563	4702	1487	3215	1.45	1.42
34178	16838	17340	903	496	407	2722	885	1837	1.32	1.29
68775	**34756**	**34019**	**1905**	**1005**	**900**	**5323**	**1315**	**4008**	**1.42**	**1.40**
8536	4399	4137	192	124	68	785	196	589	1.74	1.71
16382	8575	7807	341	202	139	1227	342	885	1.40	1.38
43857	21782	22075	1372	679	693	3311	777	2534	1.37	1.35

表7 续表 31

地区	15岁及以上人口			未婚		
	合计	男	女	小计	男	女
荆门市	**269486**	**135699**	**133787**	**39982**	**24410**	**15572**
东宝区	35205	17411	17794	6377	3541	2836
掇刀区	38761	19374	19387	5488	3322	2166
沙洋县	48780	24676	24104	6276	3956	2320
钟祥市	92911	46779	46132	14126	8587	5539
京山市	53829	27459	26370	7715	5004	2711
孝感市	**414587**	**215400**	**199187**	**72814**	**48093**	**24721**
孝南区	86541	43739	42802	16075	9865	6210
孝昌县	48934	25839	23095	8865	6095	2770
大悟县	48706	25970	22736	10892	7193	3699
云梦县	43096	22498	20598	7357	4906	2451
应城市	47617	24904	22713	7496	5196	2300
安陆市	50103	25395	24708	7375	4731	2644
汉川市	89590	47055	42535	14754	10107	4647
荆州市	**469741**	**236359**	**233382**	**72159**	**44807**	**27352**
沙市区	44180	21897	22283	6678	4004	2674
荆州区	52311	25950	26361	12041	6472	5569
公安县	68045	33361	34684	9011	5564	3447
监利县	82642	41549	41093	11979	7745	4234
江陵县	27028	13810	13218	3793	2475	1318
荆州经济技术开发区	16439	8542	7897	2829	1833	996
石首市	46796	23767	23029	7018	4444	2574
洪湖市	64055	33266	30789	9500	6570	2930
松滋市	68245	34217	34028	9310	5700	3610
黄冈市	**506736**	**258204**	**248532**	**91895**	**61125**	**30770**
黄州区	37216	18349	18867	9282	5182	4100
团风县	28269	15020	13249	5117	3668	1449
红安县	48096	24498	23598	8381	5524	2857
罗田县	47066	24591	22475	8307	5794	2513
英山县	26048	13006	13042	4385	2984	1401
浠水县	62996	31792	31204	10112	6954	3158
蕲春县	65562	33514	32048	12694	8441	4253
黄梅县	62956	31936	31020	12014	7824	4190
龙感湖管理区	2164	1077	1087	270	190	80
麻城市	74305	37761	36544	12052	8253	3799
武穴市	52058	26660	25398	9281	6311	2970
咸宁市	**206270**	**104675**	**101595**	**36116**	**22915**	**13201**
咸安区	47233	23710	23523	9302	5643	3659
嘉鱼县	26166	13744	12422	4172	2854	1318
通城县	34165	17242	16923	6014	3747	2267
崇阳县	30006	15143	14863	5238	3297	1941
通山县	28660	14471	14189	5108	3279	1829
赤壁市	40040	20365	19675	6282	4095	2187
随州市	**181088**	**92491**	**88597**	**28658**	**18191**	**10467**
曾都区	56708	28089	28619	8389	5040	3349
随县	55311	28695	26616	8286	5462	2824
广水市	69069	35707	33362	11983	7689	4294
恩施土家族苗族自治州	**277528**	**139975**	**137553**	**48936**	**29799**	**19137**
恩施市	67539	33281	34258	13255	7383	5872
利川市	57273	28983	28290	9829	6036	3793
建始县	34182	17188	16994	5135	3212	1923
巴东县	33872	17150	16722	5540	3512	2028
宣恩县	24358	12694	11664	4529	2925	1604
咸丰县	24959	12671	12288	4559	2912	1647
来凤县	20187	10139	10048	3569	2201	1368
鹤峰县	15158	7869	7289	2520	1618	902
省直辖县级行政区划	**314523**	**161486**	**153037**	**47441**	**30943**	**16498**
仙桃市	112221	57721	54500	15859	10688	5171
潜江市	91353	45826	45527	14125	8379	5746
天门市	105263	54903	50360	16563	11252	5311
神农架林区	5686	3036	2650	894	624	270

单位：人

有配偶			离婚			丧偶			15—64岁妇女	
小计	男	女	小计	男	女	小计	男	女	平均活产子女数	平均存活子女数
208037	**103433**	**104604**	**6531**	**3596**	**2935**	**14936**	**4260**	**10676**	**1.21**	**1.19**
26046	12915	13131	1097	540	557	1685	415	1270	1.06	1.03
30675	15118	15557	1178	570	608	1420	364	1056	1.13	1.11
38372	19184	19188	1116	693	423	3016	843	2173	1.27	1.23
71518	35487	36031	1915	1100	815	5352	1605	3747	1.25	1.23
41426	20729	20697	1225	693	532	3463	1033	2430	1.26	1.25
309171	**155119**	**154052**	**7602**	**4542**	**3060**	**25000**	**7646**	**17354**	**1.39**	**1.36**
64107	31761	32346	1646	848	798	4713	1265	3448	1.29	1.26
36372	18245	18127	798	527	271	2899	972	1927	1.59	1.56
33920	17227	16693	728	489	239	3166	1061	2105	1.42	1.40
32103	16198	15905	747	496	251	2889	898	1991	1.35	1.32
35925	18157	17768	1035	626	409	3161	925	2236	1.37	1.34
38648	19216	19432	934	525	409	3146	923	2223	1.34	1.31
68096	34315	33781	1714	1031	683	5026	1602	3424	1.42	1.40
351751	**175177**	**176574**	**13480**	**7454**	**6026**	**32351**	**8921**	**23430**	**1.25**	**1.23**
33243	16491	16752	1912	880	1032	2347	522	1825	1.06	1.04
35915	17959	17956	1520	808	712	2835	711	2124	0.96	0.94
51495	25234	26261	2071	1120	951	5468	1443	4025	1.25	1.23
62504	30899	31605	1726	1019	707	6433	1886	4547	1.52	1.48
20424	10286	10138	916	522	394	1895	527	1368	1.29	1.27
12172	6183	5989	640	327	313	798	199	599	1.08	1.05
34952	17536	17416	1525	892	633	3301	895	2406	1.30	1.26
49197	24748	24449	1254	767	487	4104	1181	2923	1.44	1.41
51849	25841	26008	1916	1119	797	5170	1557	3613	1.11	1.10
369376	**180663**	**188713**	**8311**	**5154**	**3157**	**37154**	**11262**	**25892**	**1.49**	**1.47**
25167	12250	12917	887	429	458	1880	488	1392	1.09	1.07
20423	10339	10084	593	385	208	2136	628	1508	1.49	1.46
35633	17430	18203	621	383	238	3461	1161	2300	1.46	1.44
34649	17196	17453	775	515	260	3335	1086	2249	1.46	1.44
19124	9076	10048	394	262	132	2145	684	1461	1.39	1.36
46771	22701	24070	1038	630	408	5075	1507	3568	1.55	1.52
47055	22986	24069	1143	740	403	4670	1347	3323	1.59	1.56
45584	22254	23330	907	563	344	4451	1295	3156	1.57	1.55
1674	825	849	41	24	17	179	38	141	1.49	1.47
55036	26844	28192	937	604	333	6280	2060	4220	1.45	1.42
38260	18762	19498	975	619	356	3542	968	2574	1.70	1.68
151953	**75393**	**76560**	**5259**	**2951**	**2308**	**12942**	**3416**	**9526**	**1.57**	**1.53**
34412	16923	17489	1097	565	532	2422	579	1843	1.50	1.46
19736	10053	9683	679	401	278	1579	436	1143	1.45	1.43
24873	12331	12542	735	449	286	2543	715	1828	1.58	1.52
21777	10766	11011	953	551	402	2038	529	1509	1.65	1.61
20924	10288	10636	639	382	257	1989	522	1467	1.85	1.82
30231	15032	15199	1156	603	553	2371	635	1736	1.48	1.44
138219	**68904**	**69315**	**2971**	**1727**	**1244**	**11240**	**3669**	**7571**	**1.40**	**1.37**
44122	21602	22520	1036	493	543	3161	954	2207	1.27	1.25
42279	21332	20947	789	521	268	3957	1380	2577	1.47	1.44
51818	25970	25848	1146	713	433	4122	1335	2787	1.46	1.43
200446	**98927**	**101519**	**7400**	**4673**	**2727**	**20746**	**6576**	**14170**	**1.39**	**1.35**
47945	23591	24354	1890	1041	849	4449	1266	3183	1.18	1.16
42202	20710	21492	1365	910	455	3877	1327	2550	1.55	1.52
25121	12386	12735	869	586	283	3057	1004	2053	1.36	1.32
24699	12164	12535	760	487	273	2873	987	1886	1.38	1.35
17236	8660	8576	745	522	223	1848	587	1261	1.46	1.40
17788	8671	9117	726	497	229	1886	591	1295	1.48	1.43
14570	7200	7370	514	309	205	1534	429	1105	1.54	1.51
10885	5545	5340	531	321	210	1222	385	837	1.32	1.29
241434	**120927**	**120507**	**5465**	**3079**	**2386**	**20183**	**6537**	**13646**	**1.31**	**1.29**
87734	43734	44000	1862	1026	836	6766	2273	4493	1.35	1.32
69696	34722	34974	2037	1067	970	5495	1658	3837	1.19	1.17
79765	40290	39475	1424	894	530	7511	2467	5044	1.37	1.35
4239	2181	2058	142	92	50	411	139	272	1.35	1.31

表7 续表 32

地区	15岁及以上人口			未婚		
	合计	男	女	小计	男	女
湖南省	**5674153**	**2867782**	**2806371**	**1156295**	**696057**	**460238**
长沙市	**834961**	**418174**	**416787**	**208916**	**115390**	**93526**
芙蓉区	53006	26191	26815	16710	8704	8006
天心区	69342	34420	34922	21645	11772	9873
岳麓区	121006	59045	61961	38052	19280	18772
开福区	74814	37115	37699	17682	9291	8391
雨花区	101463	49962	51501	26079	13872	12207
望城区	70231	35367	34864	17426	9524	7902
长沙县	120040	62932	57108	33700	19996	13704
浏阳市	117725	59656	58069	19772	12283	7489
宁乡市	107334	53486	53848	17850	10668	7182
株洲市	**351240**	**176056**	**175184**	**65511**	**39945**	**25566**
荷塘区	29207	14475	14732	5210	3076	2134
芦淞区	25935	12612	13323	4485	2542	1943
石峰区	21113	11015	10098	4490	2982	1508
天元区	40981	20535	20446	8914	5181	3733
渌口区	28961	14886	14075	4462	2915	1547
攸县	51972	25152	26820	7687	4334	3353
茶陵县	48169	23932	24237	7952	4952	3000
炎陵县	15999	8001	7998	2390	1559	831
云龙示范区	11586	6587	4999	7201	4484	2717
醴陵市	77317	38861	38456	12720	7920	4800
湘潭市	**245709**	**123125**	**122584**	**50688**	**30466**	**20222**
雨湖区	39320	19371	19949	9862	5573	4289
岳塘区	34894	17441	17453	9070	5358	3712
湘潭县	71740	36205	35535	11380	7305	4075
湖南湘潭高新技术产业园区	5639	2948	2691	746	462	284
湘潭昭山示范区	2634	1354	1280	628	362	266
湘潭九华示范区	16644	8753	7891	7043	4000	3043
湘乡市	66072	32733	33339	10771	6660	4111
韶山市	8766	4320	4446	1188	746	442
衡阳市	**548635**	**279158**	**269477**	**121525**	**74342**	**47183**
珠晖区	28464	14136	14328	8075	4439	3636
雁峰区	17151	8379	8772	3762	2043	1719
石鼓区	17528	8606	8922	3235	1907	1328
蒸湘区	23930	12183	11747	6595	3951	2644
南岳区	5171	2540	2631	882	531	351
衡阳县	79666	41225	38441	17984	11229	6755
衡南县	71533	37322	34211	16416	10535	5881
衡山县	26704	13275	13429	4558	2865	1693
衡东县	44332	21765	22567	8082	4800	3282
祁东县	58901	30178	28723	12910	8128	4782
衡阳综合保税区	2675	1396	1279	883	558	325
湖南衡阳高新技术产业园区	15969	7822	8147	2714	1514	1200
湖南衡阳松木经济开发区	1450	729	721	470	268	202
耒阳市	77542	39308	38234	16325	9868	6457
常宁市	77619	40294	37325	18634	11706	6928
邵阳市	**572852**	**293511**	**279341**	**120628**	**76000**	**44628**
双清区	26265	13032	13233	5350	3195	2155
大祥区	33768	16428	17340	10752	5481	5271
北塔区	10105	4948	5157	2003	1160	843
新邵县	56595	29902	26693	12477	8211	4266
邵阳县	70368	37237	33131	16148	10438	5710
隆回县	87893	45071	42822	17049	11220	5829
洞口县	51623	25693	25930	9291	5943	3348
绥宁县	27832	14389	13443	5672	3752	1920

单位：人

有配偶			离婚			丧偶			15—64岁妇女	
小计	男	女	小计	男	女	小计	男	女	平均活产子女数	平均存活子女数
4016261	1996828	2019433	136288	76933	59355	365309	97964	267345	1.34	1.31
569122	284451	284671	19911	9542	10369	37012	8791	28221	1.07	1.05
33029	16481	16548	1577	685	892	1690	321	1369	0.88	0.86
43478	21383	22095	1921	824	1097	2298	441	1857	0.89	0.87
76262	37760	38502	3078	1336	1742	3614	669	2945	0.91	0.89
52025	26224	25801	2440	1054	1386	2667	546	2121	0.94	0.92
68992	34092	34900	3189	1354	1835	3203	644	2559	0.98	0.96
48386	24460	23926	1189	607	582	3230	776	2454	1.09	1.07
79808	40800	39008	1934	979	955	4598	1157	3441	1.08	1.05
87974	43837	44137	2355	1409	946	7624	2127	5497	1.41	1.38
79168	39414	39754	2228	1294	934	8088	2110	5978	1.30	1.26
255126	126170	128956	8703	4517	4186	21900	5424	16476	1.30	1.27
21750	10642	11108	1030	490	540	1217	267	950	1.16	1.14
19146	9347	9799	937	409	528	1367	314	1053	1.20	1.18
14542	7350	7192	954	460	494	1127	223	904	1.05	1.04
29531	14547	14984	1102	475	627	1434	332	1102	1.09	1.07
21649	10914	10735	821	516	305	2029	541	1488	1.36	1.33
38825	19161	19664	927	505	422	4533	1152	3381	1.38	1.34
35870	17707	18163	873	488	385	3474	785	2689	1.57	1.53
12195	6013	6182	332	180	152	1082	249	833	1.48	1.45
4023	1988	2035	106	57	49	256	58	198	0.62	0.61
57595	28501	29094	1621	937	684	5381	1503	3878	1.39	1.36
171360	84880	86480	6492	3534	2958	17169	4245	12924	1.18	1.16
25339	12464	12875	1589	788	801	2530	546	1984	0.96	0.94
22598	11094	11504	1372	630	742	1854	359	1495	0.89	0.87
53231	26420	26811	1525	982	543	5604	1498	4106	1.35	1.31
4355	2304	2051	276	132	144	262	50	212	1.15	1.14
1790	919	871	61	39	22	155	34	121	1.17	1.14
8796	4494	4302	279	133	146	526	126	400	0.85	0.84
48595	23905	24690	1159	704	455	5547	1464	4083	1.39	1.37
6656	3280	3376	231	126	105	691	168	523	1.30	1.27
379891	189130	190761	9956	5784	4172	37263	9902	27361	1.41	1.38
18005	8932	9073	835	420	415	1549	345	1204	1.02	1.01
11812	5826	5986	675	329	346	902	181	721	1.05	1.05
12437	6097	6340	851	386	465	1005	216	789	1.15	1.13
15957	7793	8164	517	235	282	861	204	657	1.09	1.07
3863	1872	1991	120	55	65	306	82	224	1.47	1.43
54282	27507	26775	1286	831	455	6114	1658	4456	1.45	1.42
49210	24907	24303	879	581	298	5028	1299	3729	1.52	1.48
19469	9495	9974	449	288	161	2228	627	1601	1.57	1.54
31980	15544	16436	690	432	258	3580	989	2591	1.48	1.45
40638	20149	20489	994	625	369	4359	1276	3083	1.52	1.49
1632	790	842	57	25	32	103	23	80	1.28	1.26
12573	6143	6430	291	101	190	391	64	327	1.21	1.16
889	436	453	28	16	12	63	9	54	1.23	1.21
54365	27219	27146	1194	735	459	5658	1486	4172	1.49	1.46
52779	26420	26359	1090	725	365	5116	1443	3673	1.46	1.43
402602	200371	202231	11008	6864	4144	38614	10276	28338	1.55	1.53
18726	9096	9630	721	356	365	1468	385	1083	1.30	1.28
20903	10240	10663	764	352	412	1349	355	994	1.03	1.01
7326	3558	3768	287	128	159	489	102	387	1.37	1.34
39116	19932	19184	985	682	303	4017	1077	2940	1.61	1.57
48244	24558	23686	1292	908	384	4684	1333	3351	1.65	1.62
63142	31151	31991	1611	1059	552	6091	1641	4450	1.67	1.65
37188	18119	19069	902	577	325	4242	1054	3188	1.62	1.59
19842	9788	10054	560	352	208	1758	497	1261	1.58	1.55

表7 续表 33

地区	15岁及以上人口			未婚		
	合计	男	女	小计	男	女
新宁县	47127	24109	23018	8925	5734	3191
城步苗族自治县	21711	11036	10675	4207	2723	1484
武冈市	58315	29781	28534	12546	7785	4761
邵东市	81250	41885	39365	16208	10358	5850
岳阳市	**472415**	**239867**	**232548**	**86431**	**52212**	**34219**
岳阳楼区	87668	43601	44067	18560	10280	8280
云溪区	16142	8375	7767	2963	1914	1049
君山区	19942	10024	9918	3525	2078	1447
岳阳县	55859	28943	26916	9857	6357	3500
华容县	58165	29474	28691	10430	5979	4451
湘阴县	60454	31057	29397	11003	6872	4131
平江县	77537	39120	38417	13855	8505	5350
岳阳市屈原管理区	5997	2928	3069	805	486	319
汨罗市	50331	25608	24723	8381	5349	3032
临湘市	40320	20737	19583	7052	4392	2660
常德市	**517668**	**257502**	**260166**	**83572**	**49066**	**34506**
武陵区	65941	31261	34680	13519	6604	6915
鼎城区	71061	35653	35408	11516	6865	4651
安乡县	49616	25193	24423	8671	5153	3518
汉寿县	65920	33258	32662	11057	6694	4363
澧县	67066	32968	34098	9058	5396	3662
临澧县	37240	18493	18747	5178	3171	2007
桃源县	78346	39328	39018	12229	7553	4676
石门县	53835	26897	26938	7798	4939	2859
常德市西洞庭管理区	5493	2705	2788	863	507	356
津市市	23150	11746	11404	3683	2184	1499
张家界市	**142323**	**72042**	**70281**	**28824**	**17416**	**11408**
永定区	46123	23268	22855	10902	6375	4527
武陵源区	5891	2995	2896	1084	630	454
慈利县	54031	27260	26771	8989	5612	3377
桑植县	36278	18519	17759	7849	4799	3050
益阳市	**319820**	**160925**	**158895**	**50103**	**30805**	**19298**
资阳区	27664	13878	13786	5005	2989	2016
赫山区	56118	27824	28294	8044	4885	3159
南县	44945	22560	22385	6948	4154	2794
桃江县	59443	30153	29290	9445	5970	3475
安化县	60824	30904	29920	9965	6321	3644
益阳市大通湖管理区	7986	4006	3980	1186	769	417
湖南益阳高新技术产业园区	12068	5853	6215	1700	946	754
沅江市	50772	25747	25025	7810	4771	3039
郴州市	**388324**	**197511**	**190813**	**83560**	**51131**	**32429**
北湖区	45105	22539	22566	9166	5313	3853
苏仙区	35631	17744	17887	7684	4467	3217
桂阳县	58459	29990	28469	12873	7933	4940
宜章县	49868	26029	23839	12167	7715	4452
永兴县	41296	21064	20232	8532	5168	3364
嘉禾县	28644	14906	13738	6682	4142	2540
临武县	25842	13277	12565	6083	3711	2372
汝城县	27762	13899	13863	5677	3502	2175
桂东县	16458	8251	8207	3730	2283	1447
安仁县	31023	15674	15349	6196	3874	2322
资兴市	28236	14138	14098	4770	3023	1747
永州市	**402387**	**204724**	**197663**	**84762**	**52390**	**32372**
零陵区	50353	25483	24870	10796	6240	4556
冷水滩区	40240	20513	19727	8021	4829	3192
祁阳县	63768	32121	31647	13134	8100	5034
东安县	33671	16784	16887	5659	3575	2084
双牌县	16682	8600	8082	3569	2184	1385
道县	43225	22538	20687	10755	6651	4104
江永县	15065	7512	7553	2630	1664	966

单位：人

有配偶			离婚			丧偶			15—64岁妇女	
小计	男	女	小计	男	女	小计	男	女	平均活产子女数	平均存活子女数
34050	16923	17127	950	564	386	3202	888	2314	1.61	1.58
15700	7723	7977	402	239	163	1402	351	1051	1.56	1.54
40563	20204	20359	1088	713	375	4118	1079	3039	1.52	1.50
57802	29079	28723	1446	934	512	5794	1514	4280	1.60	1.58
346959	**173488**	**173471**	**10953**	**6026**	**4927**	**28072**	**8141**	**19931**	**1.33**	**1.30**
63345	31329	32016	2780	1187	1593	2983	805	2178	1.11	1.09
11839	6009	5830	517	248	269	823	204	619	1.29	1.26
14726	7346	7380	484	266	218	1207	334	873	1.28	1.26
41184	20758	20426	1222	773	449	3596	1055	2541	1.49	1.46
43108	21764	21344	1047	598	449	3580	1133	2447	1.25	1.24
44190	22253	21937	1257	708	549	4004	1224	2780	1.35	1.32
56244	27825	28419	1705	1126	579	5733	1664	4069	1.46	1.43
4646	2250	2396	184	95	89	362	97	265	1.25	1.20
37719	18748	18971	902	554	348	3329	957	2372	1.37	1.34
29958	15206	14752	855	471	384	2455	668	1787	1.44	1.41
381617	**188656**	**192961**	**15896**	**9096**	**6800**	**36583**	**10684**	**25899**	**1.12**	**1.09**
47022	22924	24098	2524	1102	1422	2876	631	2245	0.93	0.92
52320	26129	26191	1946	1156	790	5279	1503	3776	1.12	1.09
35818	17973	17845	1603	943	660	3524	1124	2400	1.08	1.06
48492	24047	24445	1956	1196	760	4415	1321	3094	1.29	1.26
51453	25223	26230	1509	876	633	5046	1473	3573	1.15	1.12
28208	13916	14292	1056	625	431	2798	781	2017	1.15	1.13
57344	28367	28977	2369	1463	906	6404	1945	4459	1.12	1.10
40271	19644	20627	1583	1029	554	4183	1285	2898	1.14	1.12
4078	1994	2084	254	137	117	298	67	231	1.14	1.12
16611	8439	8172	1096	569	527	1760	554	1206	1.05	1.03
99434	**49094**	**50340**	**4439**	**2628**	**1811**	**9626**	**2904**	**6722**	**1.28**	**1.25**
31569	15500	16069	1361	741	620	2291	652	1639	1.22	1.20
4323	2177	2146	191	108	83	293	80	213	1.31	1.27
38918	19223	19695	1792	1105	687	4332	1320	3012	1.24	1.21
24624	12194	12430	1095	674	421	2710	852	1858	1.42	1.39
238157	**118340**	**119817**	**8156**	**4877**	**3279**	**23404**	**6903**	**16501**	**1.33**	**1.31**
20112	9969	10143	657	375	282	1890	545	1345	1.28	1.25
42597	20957	21640	1448	817	631	4029	1165	2864	1.32	1.30
33612	16745	16867	1060	620	440	3325	1041	2284	1.21	1.18
44159	22070	22089	1342	866	476	4497	1247	3250	1.39	1.36
44400	22079	22321	1509	1017	492	4950	1487	3463	1.49	1.45
5981	2937	3044	262	165	97	557	135	422	1.25	1.23
9507	4636	4871	320	137	183	541	134	407	1.23	1.21
37789	18947	18842	1558	880	678	3615	1149	2466	1.28	1.26
271031	**135042**	**135989**	**8793**	**5027**	**3766**	**24940**	**6311**	**18629**	**1.54**	**1.51**
32464	16032	16432	1569	744	825	1906	450	1456	1.33	1.29
24809	12309	12500	1110	524	586	2028	444	1584	1.35	1.32
40565	20283	20282	1162	753	409	3859	1021	2838	1.60	1.57
33736	16888	16848	990	617	373	2975	809	2166	1.70	1.68
29196	14699	14497	636	414	222	2932	783	2149	1.54	1.50
19477	9936	9541	608	352	256	1877	476	1401	1.64	1.61
17312	8688	8624	698	425	273	1749	453	1296	1.74	1.71
19438	9524	9914	547	362	185	2100	511	1589	1.62	1.57
11254	5491	5763	265	167	98	1209	310	899	1.40	1.37
22365	11016	11349	395	249	146	2067	535	1532	1.60	1.57
20415	10176	10239	813	420	393	2238	519	1719	1.35	1.32
279860	**138998**	**140862**	**8606**	**5212**	**3394**	**29159**	**8124**	**21035**	**1.47**	**1.43**
35125	17701	17424	1103	620	483	3329	922	2407	1.34	1.31
28904	14453	14451	1093	543	550	2222	688	1534	1.24	1.20
44513	21995	22518	1175	743	432	4946	1283	3663	1.40	1.36
24631	12085	12546	674	405	269	2707	719	1988	1.50	1.46
11603	5857	5746	431	253	178	1079	306	773	1.38	1.34
28752	14494	14258	705	483	222	3013	910	2103	1.48	1.45
10980	5361	5619	270	158	112	1185	329	856	1.67	1.62

表7 续表 34

地 区	15岁及以上人口			未婚		
	合 计	男	女	小 计	男	女
宁远县	46847	24096	22751	10970	6946	4024
蓝山县	25411	12935	12476	5630	3522	2108
新田县	25033	12634	12399	4775	2971	1804
江华瑶族自治县	34447	17582	16865	7321	4779	2542
永州经济技术开发区	3282	1670	1612	630	353	277
永州市金洞管理区	3545	1842	1703	730	480	250
永州市回龙圩管理区	818	414	404	142	96	46
怀化市	**407415**	**208232**	**199183**	**78177**	**49108**	**29069**
鹤城区	54240	26515	27725	12351	6674	5677
中方县	22066	11294	10772	4117	2462	1655
沅陵县	51800	27358	24442	10322	6762	3560
辰溪县	36841	18759	18082	6487	4165	2322
溆浦县	65820	33460	32360	11838	7410	4428
会同县	26995	13889	13106	5053	3348	1705
麻阳苗族自治县	26046	13269	12777	4890	3132	1758
新晃侗族自治县	19929	10580	9349	4252	2898	1354
芷江侗族自治县	27688	14183	13505	5086	3284	1802
靖州苗族侗族自治县	21319	10926	10393	3992	2599	1393
通道侗族自治县	16775	8545	8230	3277	2155	1122
怀化市洪江管理区	5499	2680	2819	912	565	347
洪江市	32397	16774	15623	5600	3654	1946
娄底市	**301497**	**151627**	**149870**	**56890**	**35752**	**21138**
娄星区	55753	27140	28613	11073	6317	4756
双峰县	59891	30153	29738	10886	6860	4026
新化县	84454	42635	41819	14724	9575	5149
冷水江市	23219	11204	12015	3622	2179	1443
涟源市	78180	40495	37685	16585	10821	5764
湘西土家族苗族自治州	**168907**	**85328**	**83579**	**36708**	**22034**	**14674**
吉首市	30041	14839	15202	7749	4289	3460
泸溪县	17470	8815	8655	3907	2344	1563
凤凰县	24682	12586	12096	5502	3317	2185
花垣县	16833	8668	8165	3889	2401	1488
保靖县	18039	9388	8651	4017	2563	1454
古丈县	7723	4056	3667	1650	1102	548
永顺县	26160	13141	13019	5096	3105	1991
龙山县	27959	13835	14124	4898	2913	1985
广东省	**9826600**	**5207531**	**4619069**	**2654005**	**1651474**	**1002531**
广州市	**1512962**	**796644**	**716318**	**474076**	**277699**	**196377**
荔湾区	83017	41243	41774	21431	11718	9713
越秀区	85166	40998	44168	20836	10965	9871
海珠区	158226	79606	78620	42227	23049	19178
天河区	193865	102084	91781	87224	48975	38249
白云区	313759	167881	145878	108351	63341	45010
黄埔区	104510	58534	45976	32145	20755	11390
番禺区	220853	117072	103781	75757	44266	31491
花都区	132179	70532	61647	34672	21537	13135
南沙区	70083	39531	30552	16328	11263	5065
从化区	44562	22899	21663	9253	5820	3433
增城区	106742	56264	50478	25852	16010	9842
韶关市	**205602**	**101872**	**103730**	**35000**	**21640**	**13360**
武江区	27828	13679	14149	5306	3110	2196
浈江区	28106	13948	14158	6779	3847	2932
曲江区	21761	11135	10626	3967	2587	1380
始兴县	13840	6585	7255	1793	1104	689
仁化县	13216	6651	6565	1709	1162	547
翁源县	21584	10679	10905	2942	1948	994
乳源瑶族自治县	13031	6538	6493	2226	1414	812
新丰县	12459	6317	6142	1907	1248	659
乐昌市	25352	12410	12942	3533	2321	1212
南雄市	28425	13930	14495	4838	2899	1939

单位：人

有配偶			离婚			丧偶			15—64岁妇女	
小计	男	女	小计	男	女	小计	男	女	平均活产子女数	平均存活子女数
31147	15352	15795	953	645	308	3777	1153	2624	1.54	1.49
17270	8495	8775	671	441	230	1840	477	1363	1.63	1.58
17652	8717	8935	574	360	214	2032	586	1446	1.74	1.71
23876	11710	12166	803	477	326	2447	616	1831	1.61	1.57
2367	1236	1131	76	35	41	209	46	163	1.36	1.31
2439	1244	1195	63	40	23	313	78	235	1.53	1.50
601	298	303	15	9	6	60	11	49	1.69	1.59
289548	**144326**	**145222**	**12624**	**7439**	**5185**	**27066**	**7359**	**19707**	**1.39**	**1.36**
38150	18651	19499	1883	782	1101	1856	408	1448	1.18	1.15
16001	8137	7864	504	337	167	1444	358	1086	1.42	1.37
36480	18540	17940	1442	960	482	3556	1096	2460	1.34	1.31
26571	13234	13337	1137	683	454	2646	677	1969	1.49	1.45
47346	23434	23912	2078	1279	799	4558	1337	3221	1.49	1.46
19204	9571	9633	786	503	283	1952	467	1485	1.45	1.42
18501	9184	9317	746	468	278	1909	485	1424	1.50	1.47
13336	6763	6573	651	425	226	1690	494	1196	1.39	1.34
19653	9784	9869	925	565	360	2024	550	1474	1.39	1.36
15330	7628	7702	624	347	277	1373	352	1021	1.46	1.43
11880	5800	6080	372	215	157	1246	375	871	1.53	1.50
3719	1823	1896	433	216	217	435	76	359	1.06	1.03
23377	11777	11600	1043	659	384	2377	684	1693	1.31	1.29
216338	**106816**	**109522**	**6529**	**3832**	**2697**	**21740**	**5227**	**16513**	**1.59**	**1.57**
40390	19583	20807	1407	613	794	2883	627	2256	1.36	1.34
43098	21440	21658	1025	670	355	4882	1183	3699	1.56	1.54
61442	30165	31277	1711	1123	588	6577	1772	4805	1.75	1.72
17353	8414	8939	609	310	299	1635	301	1334	1.56	1.53
54055	27214	26841	1777	1116	661	5763	1344	4419	1.63	1.61
115216	**57066**	**58150**	**4222**	**2555**	**1667**	**12761**	**3673**	**9088**	**1.46**	**1.41**
19851	9717	10134	956	461	495	1485	372	1113	1.19	1.14
11873	5853	6020	311	189	122	1379	429	950	1.48	1.46
16643	8299	8344	625	392	233	1912	578	1334	1.46	1.41
11214	5661	5553	454	289	165	1276	317	959	1.55	1.50
12094	6083	6011	482	329	153	1446	413	1033	1.43	1.39
5262	2647	2615	209	129	80	602	178	424	1.54	1.46
18141	8912	9229	590	403	187	2333	721	1612	1.57	1.51
20138	9894	10244	595	363	232	2328	665	1663	1.60	1.56
6632968	**3391551**	**3241417**	**174396**	**86221**	**88175**	**365231**	**78285**	**286946**	**1.42**	**1.39**
959589	**494882**	**464707**	**36581**	**16232**	**20349**	**42716**	**7831**	**34885**	**1.09**	**1.07**
54062	27485	26577	3126	1303	1823	4398	737	3661	0.94	0.93
56134	27797	28337	3582	1460	2122	4614	776	3838	0.94	0.92
105346	53666	51680	4844	1871	2973	5809	1020	4789	0.99	0.97
99457	50950	48507	3981	1579	2402	3203	580	2623	0.79	0.77
191814	99881	91933	7308	3477	3831	6286	1182	5104	1.10	1.07
68123	36401	31722	2051	979	1072	2191	399	1792	1.16	1.14
136287	70071	66216	4524	1981	2543	4285	754	3531	1.06	1.04
91235	46976	44259	2701	1327	1374	3571	692	2879	1.30	1.26
50150	27126	23024	1394	692	702	2211	450	1761	1.33	1.30
31621	15970	15651	1111	567	544	2577	542	2035	1.62	1.58
75360	38559	36801	1959	996	963	3571	699	2872	1.42	1.38
149992	**74033**	**75959**	**5838**	**2954**	**2884**	**14772**	**3245**	**11527**	**1.57**	**1.54**
20006	9843	10163	1083	447	636	1433	279	1154	1.31	1.28
18742	9347	9395	985	458	527	1600	296	1304	1.18	1.17
15499	7836	7663	713	394	319	1582	318	1264	1.53	1.50
10481	5025	5456	379	185	194	1187	271	916	1.68	1.63
10104	5068	5036	304	177	127	1099	244	855	1.74	1.70
16364	8048	8316	550	310	240	1728	373	1355	1.87	1.84
9470	4710	4760	364	208	156	971	206	765	1.70	1.66
9186	4650	4536	324	182	142	1042	237	805	1.84	1.80
19160	9265	9895	644	335	309	2015	489	1526	1.78	1.74
20980	10241	10739	492	258	234	2115	532	1583	1.54	1.50

表7 续表 35

地 区	15岁及以上人口			未婚		
	合 计	男	女	小 计	男	女
深圳市	**1575231**	**873451**	**701780**	**515092**	**325961**	**189131**
罗湖区	95940	48008	47932	28832	14909	13923
福田区	132584	68256	64328	44633	24980	19653
南山区	158397	84598	73799	55269	31852	23417
宝安区	413946	235889	178057	138516	92153	46363
龙岗区	368434	201520	166914	111197	69327	41870
盐田区	18448	10050	8398	5149	3104	2045
龙华区	235657	135122	100535	88001	58131	29870
坪山区	49383	28940	20443	13681	9780	3901
光明区	102442	61068	41374	29814	21725	8089
珠海市	**199677**	**107472**	**92205**	**58336**	**35398**	**22938**
香洲区	115397	61267	54130	35110	20486	14624
斗门区	47580	25737	21843	11039	7511	3528
金湾区	36700	20468	16232	12187	7401	4786
汕头市	**414196**	**205441**	**208755**	**116692**	**64482**	**52210**
龙湖区	48294	24053	24241	11530	6308	5222
金平区	60764	29365	31399	13819	7459	6360
濠江区	20426	10298	10128	6745	3936	2809
潮阳区	117442	57889	59553	37474	20535	16939
潮南区	96606	48491	48115	32381	17660	14721
澄海区	66004	32999	33005	14021	8129	5892
南澳县	4660	2346	2314	722	455	267
佛山市	**795991**	**434538**	**361453**	**203740**	**132245**	**71495**
禅城区	112026	59037	52989	28530	17189	11341
南海区	313476	172177	141299	82826	53420	29406
顺德区	272105	149348	122757	71565	47747	23818
三水区	64658	35606	29052	14351	9473	4878
高明区	33726	18370	15356	6468	4416	2052
江门市	**355058**	**182515**	**172543**	**75892**	**47599**	**28293**
蓬江区	64132	32404	31728	15463	9140	6323
江海区	28420	14874	13546	7040	4382	2658
新会区	66282	34044	32238	12778	8039	4739
台山市	68738	35263	33475	14505	9253	5252
开平市	53361	26954	26407	11385	6991	4394
鹤山市	40290	21197	19093	7591	4968	2623
恩平市	33835	17779	16056	7130	4826	2304
湛江市	**449346**	**229974**	**219372**	**101864**	**64319**	**37545**
赤坎区	28280	13623	14657	7450	3768	3682
霞山区	46906	23323	23583	10853	6342	4511
坡头区	24120	12602	11518	5019	3404	1615
麻章区	36888	19385	17503	13306	7867	5439
遂溪县	53381	27657	25724	11960	7688	4272
徐闻县	40859	20889	19970	6984	4682	2302
廉江市	79845	41498	38347	15840	10584	5256
雷州市	80182	41310	38872	17740	11393	6347
吴川市	58885	29687	29198	12712	8591	4121
茂名市	**409157**	**209046**	**200111**	**97103**	**62084**	**35019**
茂南区	76742	39512	37230	20362	12560	7802
电白区	97084	50232	46852	23048	15310	7738
高州市	91163	46237	44926	21193	13261	7932
化州市	80826	41581	39245	19040	12428	6612
信宜市	63342	31484	31858	13460	8525	4935
肇庆市	**286196**	**146124**	**140072**	**64852**	**40133**	**24719**
端州区	42015	20952	21063	10384	5987	4397
鼎湖区	14305	7495	6810	3093	1915	1178
高要区	52039	27009	25030	11842	7559	4283
广宁县	26034	13054	12980	4564	3089	1475
怀集县	51877	25138	26739	12563	7327	5236
封开县	26085	13251	12834	5744	3567	2177
德庆县	26266	13411	12855	6594	3998	2596
四会市	47575	25814	21761	10068	6691	3377

单位：人

有配偶			离婚			丧偶			15—64岁妇女	
小计	男	女	小计	男	女	小计	男	女	平均活产子女数	平均存活子女数
1010075	**529197**	**480878**	**32958**	**15227**	**17731**	**17106**	**3066**	**14040**	**1.19**	**1.15**
62576	31840	30736	2818	960	1858	1714	299	1415	1.09	1.05
82318	41625	40693	3685	1332	2353	1948	319	1629	1.01	0.98
97697	51119	46578	3296	1256	2040	2135	371	1764	0.96	0.93
264254	139098	125156	7779	4028	3751	3397	610	2787	1.27	1.23
245934	128088	117846	7232	3375	3857	4071	730	3341	1.25	1.21
12512	6694	5818	470	197	273	317	55	262	1.18	1.16
141080	74399	66681	4550	2251	2299	2026	341	1685	1.14	1.12
34095	18439	15656	1024	591	433	583	130	453	1.40	1.37
69609	37895	31714	2104	1237	867	915	211	704	1.42	1.37
131499	**68805**	**62694**	**5192**	**2321**	**2871**	**4650**	**948**	**3702**	**1.16**	**1.13**
74599	38977	35622	3406	1399	2007	2282	405	1877	1.07	1.05
33803	17263	16540	1117	579	538	1621	384	1237	1.41	1.38
23097	12565	10532	669	343	326	747	159	588	1.13	1.08
271929	**134398**	**137531**	**3758**	**1751**	**2007**	**21817**	**4810**	**17007**	**1.57**	**1.56**
34289	17154	17135	604	205	399	1871	386	1485	1.29	1.27
41815	20676	21139	1454	590	864	3676	640	3036	1.22	1.21
12442	6085	6357	131	81	50	1108	196	912	1.70	1.68
73674	35651	38023	447	261	186	5847	1442	4405	1.75	1.74
58960	29381	29579	422	257	165	4843	1193	3650	1.73	1.71
47247	23672	23575	638	323	315	4098	875	3223	1.50	1.47
3502	1779	1723	62	34	28	374	78	296	1.64	1.60
554900	**291444**	**263456**	**15788**	**6975**	**8813**	**21563**	**3874**	**17689**	**1.30**	**1.27**
77264	40108	37156	2941	1178	1763	3291	562	2729	1.18	1.16
218522	115181	103341	5091	2266	2825	7037	1310	5727	1.29	1.27
187121	97713	89408	5712	2601	3111	7707	1287	6420	1.33	1.31
46709	25099	21610	1302	587	715	2296	447	1849	1.35	1.33
25284	13343	11941	742	343	399	1232	268	964	1.39	1.35
251909	**127161**	**124748**	**7506**	**3757**	**3749**	**19751**	**3998**	**15753**	**1.32**	**1.29**
44149	22019	22130	1799	746	1053	2721	499	2222	1.17	1.15
19650	9939	9711	691	327	364	1039	226	813	1.26	1.24
48369	24492	23877	1362	692	670	3773	821	2952	1.35	1.32
48016	24259	23757	1377	776	601	4840	975	3865	1.31	1.26
37884	18890	18994	874	457	417	3218	616	2602	1.36	1.33
29813	15357	14456	884	458	426	2002	414	1588	1.37	1.34
24028	12205	11823	519	301	218	2158	447	1711	1.53	1.50
316022	**155885**	**160137**	**5760**	**3290**	**2470**	**25700**	**6480**	**19220**	**1.98**	**1.92**
19036	9335	9701	783	332	451	1011	188	823	1.23	1.19
32891	16061	16830	1327	566	761	1835	354	1481	1.39	1.34
17551	8720	8831	252	156	96	1298	322	976	2.02	1.95
21599	10962	10637	310	203	107	1673	353	1320	1.62	1.58
37449	18702	18747	539	383	156	3433	884	2549	2.09	2.05
30517	15165	15352	538	346	192	2820	696	2124	2.06	1.99
58036	28885	29151	964	629	335	5005	1400	3605	2.22	2.15
56864	28219	28645	545	383	162	5033	1315	3718	2.31	2.25
42079	19836	22243	502	292	210	3592	968	2624	2.22	2.16
283142	**137881**	**145261**	**4247**	**2584**	**1663**	**24665**	**6497**	**18168**	**1.93**	**1.90**
51555	25503	26052	1296	603	693	3529	846	2683	1.64	1.60
67724	32950	34774	887	565	322	5425	1407	4018	2.07	2.02
62966	30741	32225	784	524	260	6220	1711	4509	1.79	1.75
56112	27331	28781	665	454	211	5009	1368	3641	2.12	2.09
44785	21356	23429	615	438	177	4482	1165	3317	2.06	2.04
198193	**99442**	**98751**	**4500**	**2350**	**2150**	**18651**	**4199**	**14452**	**1.54**	**1.51**
28807	14168	14639	1309	493	816	1515	304	1211	1.08	1.07
10215	5314	4901	206	109	97	791	157	634	1.50	1.47
36178	18359	17819	561	317	244	3458	774	2684	1.56	1.52
18539	9078	9461	417	262	155	2514	625	1889	1.66	1.64
34877	16625	18252	447	297	150	3990	889	3101	1.86	1.83
17725	8960	8765	297	192	105	2319	532	1787	1.71	1.67
17319	8701	8618	378	224	154	1975	488	1487	1.54	1.49
34533	18237	16296	885	456	429	2089	430	1659	1.43	1.41

表7 续表 36

地区	15岁及以上人口			未婚		
	合计	男	女	小计	男	女
惠州市	**463923**	**251334**	**212589**	**122238**	**79265**	**42973**
惠城区	157590	83449	74141	44000	27391	16609
惠阳区	117242	67406	49836	34226	23596	10630
博罗县	90099	48377	41722	20721	13525	7196
惠东县	77949	41330	36619	19764	12492	7272
龙门县	21043	10772	10271	3527	2261	1266
梅州市	**256993**	**125813**	**131180**	**43930**	**26557**	**17373**
梅江区	31873	15468	16405	7313	3951	3362
梅县区	40376	19822	20554	6194	3702	2492
大埔县	22560	11248	11312	3685	2256	1429
丰顺县	30317	15414	14903	5892	3671	2221
五华县	54498	26178	28320	10585	6336	4249
平远县	14468	7064	7404	1740	1072	668
蕉岭县	14361	7126	7235	1708	1088	620
兴宁市	48540	23493	25047	6813	4481	2332
汕尾市	**181009**	**93015**	**87994**	**47645**	**28911**	**18734**
城区	30652	15858	14794	8568	5107	3461
海丰县	55211	28916	26295	13665	8633	5032
陆河县	16473	8282	8191	3902	2349	1553
陆丰市	78673	39959	38714	21510	12822	8688
河源市	**190388**	**95136**	**95252**	**35498**	**21733**	**13765**
源城区	50014	25037	24977	10292	6211	4081
紫金县	36758	18457	18301	7001	4360	2641
龙川县	39346	19375	19971	6769	4183	2586
连平县	18617	9188	9429	3111	1955	1156
和平县	22437	10957	11480	3585	2164	1421
东源县	23216	12122	11094	4740	2860	1880
阳江市	**172663**	**89840**	**82823**	**34983**	**23255**	**11728**
江城区	57072	29360	27712	13342	8430	4912
阳东区	32197	17337	14860	6882	4682	2200
阳西县	29036	15478	13558	6298	4435	1863
阳春市	54358	27665	26693	8461	5708	2753
清远市	**269259**	**136651**	**132608**	**49160**	**31390**	**17770**
清城区	83963	43063	40900	18464	11253	7211
清新区	41883	21299	20584	7707	5098	2609
佛冈县	22245	11451	10794	4191	2757	1434
阳山县	21733	10821	10912	3389	2215	1174
连山壮族瑶族自治县	6558	3289	3269	1068	725	343
连南瑶族自治县	9147	4438	4709	1609	1024	585
英德市	59795	30437	29358	9108	5994	3114
连州市	23935	11853	12082	3624	2324	1300
东莞市	**962444**	**547685**	**414759**	**281578**	**190451**	**91127**
市辖区	962444	547685	414759	281578	190451	91127
中山市	**350043**	**188697**	**161346**	**88186**	**56992**	**31194**
市辖区	350043	188697	161346	88186	56992	31194
潮州市	**194924**	**97711**	**97213**	**42453**	**24617**	**17836**
湘桥区	43347	21291	22056	9744	5225	4519
潮安区	88654	44850	43804	19172	11362	7810
饶平县	62923	31570	31353	13537	8030	5507
揭阳市	**428163**	**216703**	**211460**	**133838**	**76271**	**57567**
榕城区	74989	37865	37124	20574	11914	8660
揭东区	76318	38894	37424	21516	12690	8826
揭西县	47185	23828	23357	12962	7561	5401
惠来县	69375	34466	34909	23283	12908	10375
普宁市	160296	81650	78646	55503	31198	24305
云浮市	**153375**	**77869**	**75506**	**31849**	**20472**	**11377**
云城区	28561	14775	13786	5502	3565	1937
云安区	14981	7762	7219	3222	2133	1089
新兴县	31147	15673	15474	6543	4079	2464
郁南县	22756	11609	11147	4084	2726	1358
罗定市	55930	28050	27880	12498	7969	4529

单位：人

有配偶			离婚			丧偶			15—64岁妇女	
小计	男	女	小计	男	女	小计	男	女	平均活产子女数	平均存活子女数
320475	**165775**	**154700**	**6761**	**3420**	**3341**	**14449**	**2874**	**11575**	**1.49**	**1.44**
107010	54180	52830	2452	1094	1358	4128	784	3344	1.34	1.30
79239	42553	36686	1569	803	766	2208	454	1754	1.37	1.33
64561	33426	31135	1276	709	567	3541	717	2824	1.60	1.55
54045	27655	26390	1032	562	470	3108	621	2487	1.72	1.66
15620	7961	7659	432	252	180	1464	298	1166	1.89	1.82
188508	**92776**	**95732**	**4347**	**2592**	**1755**	**20208**	**3888**	**16320**	**1.82**	**1.78**
22182	10885	11297	759	363	396	1619	269	1350	1.24	1.22
30507	15205	15302	744	406	338	2931	509	2422	1.63	1.60
16405	8296	8109	440	315	125	2030	381	1649	1.77	1.72
21578	10877	10701	463	290	173	2384	576	1808	1.94	1.92
38783	18507	20276	712	451	261	4418	884	3534	2.21	2.16
11307	5651	5656	211	116	95	1210	225	985	1.72	1.68
11086	5583	5503	362	222	140	1205	233	972	1.65	1.60
36660	17772	18888	656	429	227	4411	811	3600	1.95	1.93
122397	**61032**	**61365**	**2004**	**1176**	**828**	**8963**	**1896**	**7067**	**2.02**	**1.96**
20402	10278	10124	383	219	164	1299	254	1045	1.61	1.58
38282	19311	18971	841	460	381	2423	512	1911	1.76	1.70
11391	5573	5818	193	126	67	987	234	753	2.17	2.11
52322	25870	26452	587	371	216	4254	896	3358	2.33	2.25
138443	**68675**	**69768**	**3503**	**1969**	**1534**	**12944**	**2759**	**10185**	**1.84**	**1.79**
36611	17965	18646	1206	530	676	1905	331	1574	1.61	1.56
26258	13167	13091	630	399	231	2869	531	2338	2.02	1.98
28982	14167	14815	525	320	205	3070	705	2365	1.96	1.93
13591	6699	6892	328	202	126	1587	332	1255	1.88	1.85
16566	8104	8462	394	245	149	1892	444	1448	1.95	1.88
16435	8573	7862	420	273	147	1621	416	1205	1.79	1.71
125098	**62579**	**62519**	**2665**	**1521**	**1144**	**9917**	**2485**	**7432**	**1.65**	**1.61**
40232	19941	20291	940	462	478	2558	527	2031	1.39	1.37
23399	12026	11373	358	216	142	1558	413	1145	1.64	1.61
20640	10385	10255	312	201	111	1786	457	1329	1.83	1.78
40827	20227	20600	1055	642	413	4015	1088	2927	1.84	1.77
195728	**98037**	**97691**	**6039**	**3283**	**2756**	**18332**	**3941**	**14391**	**1.71**	**1.66**
59663	30251	29412	1989	875	1114	3847	684	3163	1.46	1.41
30539	15148	15391	824	483	341	2813	570	2243	1.78	1.73
16016	8063	7953	543	315	228	1495	316	1179	1.81	1.77
15689	7804	7885	421	263	158	2234	539	1695	2.00	1.95
4797	2356	2441	146	92	54	547	116	431	1.88	1.84
6436	3068	3368	266	168	98	836	178	658	1.77	1.73
45122	22694	22428	1322	774	548	4243	975	3268	1.85	1.81
17466	8653	8813	528	313	215	2317	563	1754	1.70	1.67
656403	**347621**	**308782**	**13100**	**7208**	**5892**	**11363**	**2405**	**8958**	**1.30**	**1.26**
656403	347621	308782	13100	7208	5892	11363	2405	8958	1.30	1.26
245658	**126528**	**119130**	**6801**	**3394**	**3407**	**9398**	**1783**	**7615**	**1.35**	**1.30**
245658	126528	119130	6801	3394	3407	9398	1783	7615	1.35	1.30
137290	**69197**	**68093**	**1744**	**1012**	**732**	**13437**	**2885**	**10552**	**1.54**	**1.51**
30496	15266	15230	420	214	206	2687	586	2101	1.26	1.23
62853	31845	31008	713	438	275	5916	1205	4711	1.59	1.56
43941	22086	21855	611	360	251	4834	1094	3740	1.67	1.62
267949	**133044**	**134905**	**2997**	**1807**	**1190**	**23379**	**5581**	**17798**	**1.70**	**1.68**
49456	24615	24841	496	275	221	4463	1061	3402	1.51	1.48
49304	24615	24689	658	382	276	4840	1207	3633	1.61	1.59
30530	15176	15354	465	314	151	3228	777	2451	1.75	1.73
42059	20524	21535	365	238	127	3668	796	2872	2.01	1.99
96600	48114	48486	1013	598	415	7180	1740	5440	1.67	1.65
107769	**53159**	**54610**	**2307**	**1398**	**909**	**11450**	**2840**	**8610**	**1.80**	**1.76**
20959	10587	10372	586	278	308	1514	345	1169	1.61	1.59
10386	5207	5179	190	134	56	1183	288	895	1.96	1.92
22129	10882	11247	361	212	149	2114	500	1614	1.62	1.59
16205	8091	8114	380	257	123	2087	535	1552	1.86	1.81
38090	18392	19698	790	517	273	4552	1172	3380	1.93	1.89

表7 续表 37

地　区	15岁及以上人口			未婚		
	合　计	男	女	小　计	男	女
广西壮族自治区	**3517749**	**1788061**	**1729688**	**776520**	**481059**	**295461**
南宁市	**639464**	**324761**	**314703**	**164132**	**96854**	**67278**
兴宁区	45398	23021	22377	12110	6995	5115
青秀区	81576	38342	43234	24356	11761	12595
江南区	74097	38112	35985	18628	11375	7253
西乡塘区	124932	62957	61975	43630	24037	19593
良庆区	45262	23861	21401	11466	7045	4421
邕宁区	23776	12428	11348	6096	3813	2283
武鸣区	53537	28084	25453	12206	7937	4269
隆安县	23936	12501	11435	4416	3069	1347
马山县	24997	12418	12579	4421	2875	1546
上林县	25801	13054	12747	4716	3175	1541
宾阳县	55835	29291	26544	11635	7822	3813
横县	60317	30692	29625	10452	6950	3502
柳州市	**314735**	**160891**	**153844**	**66074**	**41783**	**24291**
城中区	19542	9338	10204	4573	2443	2130
鱼峰区	51485	26535	24950	14877	9021	5856
柳南区	48783	24818	23965	9818	6162	3656
柳北区	38744	19388	19356	7972	4871	3101
柳江区	38845	20094	18751	8392	5323	3069
柳城县	22513	11547	10966	3323	2351	972
鹿寨县	24474	12788	11686	4266	2939	1327
融安县	19168	10136	9032	3442	2386	1056
融水苗族自治县	27773	14346	13427	5199	3470	1729
三江侗族自治县	23408	11901	11507	4212	2817	1395
桂林市	**367243**	**183810**	**183433**	**72332**	**43967**	**28365**
秀峰区	12475	6150	6325	2538	1522	1016
叠彩区	16377	7947	8430	3072	1791	1281
象山区	22429	10729	11700	3930	2240	1690
七星区	30168	14949	15219	9032	5113	3919
雁山区	10482	4355	6127	6393	2413	3980
临桂区	40498	20199	20299	8984	5034	3950
阳朔县	20183	10280	9903	3072	2060	1012
灵川县	32849	16840	16009	7041	4628	2413
全州县	38132	19442	18690	5985	4146	1839
兴安县	22906	11540	11366	3185	2097	1088
永福县	16716	8779	7937	2735	1946	789
灌阳县	14763	7380	7383	2228	1515	713
龙胜各族自治县	10644	5439	5205	1578	1095	483
资源县	9814	4919	4895	1438	940	498
平乐县	24396	12289	12107	4148	2708	1440
恭城瑶族自治县	18468	9372	9096	2878	1981	897
荔浦市	25943	13201	12742	4095	2738	1357
梧州市	**187673**	**95640**	**92033**	**44157**	**27293**	**16864**
万秀区	21289	10254	11035	5257	2756	2501
长洲区	22815	11037	11778	5281	2859	2422
龙圩区	18939	9799	9140	5068	3178	1890
苍梧县	18378	9635	8743	4050	2741	1309
藤县	50403	26531	23872	12256	8015	4241
蒙山县	11285	5772	5513	2028	1330	698
岑溪市	44564	22612	21952	10217	6414	3803
北海市	**132324**	**67408**	**64916**	**28665**	**17623**	**11042**
海城区	39521	19423	20098	8983	5096	3887
银海区	23412	11846	11566	6220	3513	2707
铁山港区	10529	5630	4899	1777	1309	468
合浦县	58862	30509	28353	11685	7705	3980

单位：人

有配偶			离婚			丧偶			15—64岁妇女	
小计	男	女	小计	男	女	小计	男	女	平均活产子女数	平均存活子女数
2422055	**1205352**	**1216703**	**72579**	**41598**	**30981**	**246595**	**60052**	**186543**	**1.57**	**1.53**
426676	**213364**	**213312**	**12821**	**6544**	**6277**	**35835**	**7999**	**27836**	**1.28**	**1.25**
30526	15245	15281	1020	446	574	1742	335	1407	1.13	1.11
52276	25284	26992	2083	780	1303	2861	517	2344	0.94	0.92
51027	25504	25523	1640	707	933	2802	526	2276	1.23	1.21
74044	36860	37184	2819	1191	1628	4439	869	3570	0.98	0.96
31571	16086	15485	772	365	407	1453	365	1088	1.30	1.27
15795	7982	7813	354	230	124	1531	403	1128	1.49	1.45
36679	18707	17972	937	606	331	3715	834	2881	1.35	1.32
17053	8681	8372	273	202	71	2194	549	1645	1.65	1.60
17365	8565	8800	494	343	151	2717	635	2082	1.76	1.71
18055	8936	9119	545	348	197	2485	595	1890	1.71	1.66
38965	19778	19187	910	617	293	4325	1074	3251	1.69	1.65
43320	21736	21584	974	709	265	5571	1297	4274	1.71	1.67
217623	**108642**	**108981**	**11603**	**5888**	**5715**	**19435**	**4578**	**14857**	**1.33**	**1.30**
13373	6467	6906	802	289	513	794	139	655	1.01	1.00
32281	16104	16177	2134	979	1155	2193	431	1762	1.07	1.05
33986	17005	16981	2506	1152	1354	2473	499	1974	1.23	1.21
26435	13181	13254	2144	925	1219	2193	411	1782	1.11	1.10
27247	13642	13605	1000	580	420	2206	549	1657	1.50	1.46
16642	8330	8312	591	385	206	1957	481	1476	1.66	1.61
17520	8848	8672	869	533	336	1819	468	1351	1.53	1.50
13659	6966	6693	561	389	172	1506	395	1111	1.52	1.45
19669	9849	9820	561	365	196	2344	662	1682	1.54	1.48
16811	8250	8561	435	291	144	1950	543	1407	1.70	1.65
258874	**128071**	**130803**	**9539**	**5092**	**4447**	**26498**	**6680**	**19818**	**1.33**	**1.30**
8704	4265	4439	539	238	301	694	125	569	1.12	1.10
11719	5711	6008	661	280	381	925	165	760	1.09	1.05
16206	7845	8361	1045	418	627	1248	226	1022	1.10	1.08
18792	9186	9606	1187	451	736	1157	199	958	0.96	0.94
3650	1812	1838	95	63	32	344	67	277	0.52	0.51
28230	14153	14077	761	411	350	2523	601	1922	1.35	1.32
15032	7516	7516	490	288	202	1589	416	1173	1.48	1.46
22936	11348	11588	713	371	342	2159	493	1666	1.34	1.32
28102	13906	14196	636	423	213	3409	967	2442	1.65	1.61
17278	8566	8712	510	320	190	1933	557	1376	1.48	1.44
12239	6215	6024	385	262	123	1357	356	1001	1.57	1.53
10998	5351	5647	255	174	81	1282	340	942	1.65	1.60
7726	3868	3858	323	194	129	1017	282	735	1.44	1.40
7319	3620	3699	180	112	68	877	247	630	1.58	1.53
17520	8624	8896	518	327	191	2210	630	1580	1.51	1.48
13651	6730	6921	376	238	138	1563	423	1140	1.48	1.46
18772	9355	9417	865	522	343	2211	586	1625	1.34	1.31
125792	**62471**	**63321**	**4069**	**2437**	**1632**	**13655**	**3439**	**10216**	**1.76**	**1.72**
13756	6820	6936	821	387	434	1455	291	1164	1.10	1.09
15593	7696	7897	745	257	488	1196	225	971	1.19	1.18
12422	6166	6256	274	169	105	1175	286	889	1.75	1.72
12629	6334	6295	221	183	38	1478	377	1101	2.12	2.08
33375	16761	16614	910	688	222	3862	1067	2795	2.07	2.02
7935	3986	3949	294	202	92	1028	254	774	1.64	1.60
30082	14708	15374	804	551	253	3461	939	2522	1.95	1.90
93826	**46808**	**47018**	**2672**	**1369**	**1303**	**7161**	**1608**	**5553**	**1.59**	**1.55**
27812	13592	14220	1122	458	664	1604	277	1327	1.25	1.22
15645	7859	7786	600	274	326	947	200	747	1.39	1.34
7960	4089	3871	119	81	38	673	151	522	2.01	1.96
42409	21268	21141	831	556	275	3937	980	2957	1.88	1.83

表7 续表 38

地区	15岁及以上人口			未婚		
	合计	男	女	小计	男	女
防城港市	**73502**	**40146**	**33356**	**15233**	**10517**	**4716**
港口区	18222	10718	7504	3982	2888	1094
防城区	26402	14011	12391	5555	3715	1840
上思县	13336	7284	6052	2668	1933	735
东兴市	15542	8133	7409	3028	1981	1047
钦州市	**213687**	**110877**	**102810**	**49190**	**31945**	**17245**
钦南区	47082	24888	22194	10967	7064	3903
钦北区	46160	24032	22128	10373	6728	3645
灵山县	78514	40539	37975	19203	12473	6730
浦北县	41931	21418	20513	8647	5680	2967
贵港市	**289839**	**147604**	**142235**	**69004**	**42364**	**26640**
港北区	52336	25990	26346	12842	7417	5425
港南区	36354	18539	17815	8519	5260	3259
覃塘区	28945	14578	14367	5380	3464	1916
平南县	71490	36420	35070	16007	10088	5919
桂平市	100714	52077	48637	26256	16135	10121
玉林市	**368658**	**187226**	**181432**	**82662**	**51950**	**30712**
玉州区	65319	32526	32793	16379	9290	7089
福绵区	20752	11080	9672	4059	2926	1133
容县	42728	21128	21600	8143	5207	2936
陆川县	44899	23110	21789	10586	6735	3851
博白县	84519	43551	40968	18762	12261	6501
兴业县	34533	17782	16751	7643	4936	2707
北流市	75908	38049	37859	17090	10595	6495
百色市	**258803**	**129746**	**129057**	**52013**	**31996**	**20017**
右江区	34609	17000	17609	8908	4758	4150
田阳区	24308	12053	12255	3790	2407	1383
田东县	26572	13296	13276	4529	2891	1638
德保县	20340	10461	9879	3827	2652	1175
那坡县	12459	6328	6131	2494	1594	900
凌云县	13053	6470	6583	2459	1530	929
乐业县	10346	5254	5092	2263	1374	889
田林县	16392	8305	8087	2897	1944	953
西林县	10368	5278	5090	1928	1217	711
隆林各族自治县	24094	11804	12290	5324	3158	2166
靖西市	35610	18362	17248	7388	4766	2622
平果市	30652	15135	15517	6206	3705	2501
贺州市	**136388**	**68902**	**67486**	**27073**	**17050**	**10023**
八步区	43737	21528	22209	8730	5000	3730
平桂区	28954	15091	13863	6134	4011	2123
昭平县	21665	11057	10608	3936	2692	1244
钟山县	22724	11618	11106	4591	3028	1563
富川瑶族自治县	19308	9608	9700	3682	2319	1363
河池市	**233929**	**116112**	**117817**	**44877**	**28464**	**16413**
金城江区	25923	12680	13243	5251	3107	2144
宜州区	38639	19067	19572	7766	4719	3047
南丹县	19123	9866	9257	3467	2294	1173
天峨县	10242	5235	5007	1934	1249	685
凤山县	11661	5713	5948	2033	1321	712
东兰县	15663	7723	7940	2827	1826	1001
罗城仫佬族自治县	19630	9868	9762	3364	2207	1157
环江毛南族自治县	19238	9802	9436	3558	2402	1156
巴马瑶族自治县	16029	7794	8235	2936	1762	1174
都安瑶族自治县	34712	17109	17603	7370	4746	2624
大化瑶族自治县	23069	11255	11814	4371	2831	1540
来宾市	**146432**	**75238**	**71194**	**25593**	**17094**	**8499**
兴宾区	63039	32216	30823	12037	7535	4502
忻城县	21547	10934	10613	3547	2545	1002

单位：人

有配偶			离婚			丧偶			15—64岁妇女	
小计	男	女	小计	男	女	小计	男	女	平均活产子女数	平均存活子女数
52758	**27748**	**25010**	**1520**	**900**	**620**	**3991**	**981**	**3010**	**1.71**	**1.67**
13381	7538	5843	349	184	165	510	108	402	1.46	1.42
18632	9549	9083	490	309	181	1725	438	1287	1.80	1.76
9306	4866	4440	301	212	89	1061	273	788	1.88	1.84
11439	5795	5644	380	195	185	695	162	533	1.70	1.68
146812	**73103**	**73709**	**3087**	**2045**	**1042**	**14598**	**3784**	**10814**	**1.94**	**1.90**
32954	16778	16176	837	488	349	2324	558	1766	1.68	1.65
32070	16112	15958	648	398	250	3069	794	2275	1.85	1.81
52320	25755	26565	1101	800	301	5890	1511	4379	2.09	2.05
29468	14458	15010	501	359	142	3315	921	2394	2.01	1.97
196496	**97371**	**99125**	**3906**	**2602**	**1304**	**20433**	**5267**	**15166**	**1.77**	**1.73**
35943	17593	18350	818	407	411	2733	573	2160	1.54	1.50
24614	12227	12387	491	342	149	2730	710	2020	1.70	1.65
20822	10241	10581	312	249	63	2431	624	1807	1.93	1.90
48896	24091	24805	1084	782	302	5503	1459	4044	1.92	1.87
66221	33219	33002	1201	822	379	7036	1901	5135	1.78	1.75
255885	**125540**	**130345**	**5152**	**3369**	**1783**	**24959**	**6367**	**18592**	**1.94**	**1.89**
44601	22039	22562	1168	554	614	3171	643	2528	1.41	1.37
14905	7564	7341	267	203	64	1521	387	1134	2.02	1.99
30246	14483	15763	856	549	307	3483	889	2594	1.93	1.89
30527	15027	15500	694	536	158	3092	812	2280	2.19	2.14
59474	29082	30392	886	632	254	5397	1576	3821	2.30	2.26
23343	11752	11591	398	307	91	3149	787	2362	1.69	1.60
52789	25593	27196	883	588	295	5146	1273	3873	1.97	1.93
179335	**89325**	**90010**	**4632**	**2932**	**1700**	**22823**	**5493**	**17330**	**1.47**	**1.42**
22867	11395	11472	803	418	385	2031	429	1602	1.11	1.07
17739	8867	8872	455	271	184	2324	508	1816	1.35	1.32
19175	9535	9640	459	283	176	2409	587	1822	1.53	1.49
13793	6889	6904	386	270	116	2334	650	1684	1.47	1.44
8533	4301	4232	185	127	58	1247	306	941	1.45	1.40
9308	4554	4754	213	135	78	1073	251	822	1.81	1.77
7122	3570	3552	173	131	42	788	179	609	1.69	1.62
11770	5836	5934	303	193	110	1422	332	1090	1.61	1.57
7466	3728	3738	203	133	70	771	200	571	1.67	1.58
16089	7865	8224	416	276	140	2265	505	1760	1.54	1.50
24129	12237	11892	535	387	148	3558	972	2586	1.50	1.46
21344	10548	10796	501	308	193	2601	574	2027	1.49	1.44
96025	**47385**	**48640**	**2643**	**1697**	**946**	**10647**	**2770**	**7877**	**1.81**	**1.76**
30823	15167	15656	980	550	430	3204	811	2393	1.70	1.64
20156	10167	9989	569	394	175	2095	519	1576	1.84	1.81
15352	7544	7808	425	320	105	1952	501	1451	1.93	1.87
15826	7787	8039	400	271	129	1907	532	1375	1.94	1.90
13868	6720	7148	269	162	107	1489	407	1082	1.73	1.69
161983	**79572**	**82411**	**4891**	**3041**	**1850**	**22178**	**5035**	**17143**	**1.66**	**1.61**
17985	8797	9188	810	398	412	1877	378	1499	1.35	1.30
26476	12948	13528	1000	591	409	3397	809	2588	1.47	1.42
13481	6863	6618	492	313	179	1683	396	1287	1.70	1.66
7289	3670	3619	170	107	63	849	209	640	1.69	1.64
8369	4008	4361	167	112	55	1092	272	820	1.82	1.74
10824	5347	5477	208	144	64	1804	406	1398	1.65	1.61
13800	6834	6966	506	312	194	1960	515	1445	1.61	1.57
13498	6673	6825	397	297	100	1785	430	1355	1.67	1.61
11410	5551	5859	245	153	92	1438	328	1110	1.72	1.67
23075	11205	11870	512	360	152	3755	798	2957	1.88	1.83
15776	7676	8100	384	254	130	2538	494	2044	1.90	1.84
105411	**52857**	**52554**	**3735**	**2278**	**1457**	**11693**	**3009**	**8684**	**1.75**	**1.69**
45104	22588	22516	1603	929	674	4295	1164	3131	1.80	1.74
15225	7552	7673	431	272	159	2344	565	1779	1.70	1.64

表7 续表 39

地区	15岁及以上人口			未婚		
	合计	男	女	小计	男	女
象州县	20759	10864	9895	3049	2181	868
武宣县	23836	12339	11497	4188	2894	1294
金秀瑶族自治县	10066	5293	4773	1679	1198	481
合山市	7185	3592	3593	1093	741	352
崇左市	**155072**	**79700**	**75372**	**35515**	**22159**	**13356**
江州区	34625	17941	16684	13243	7501	5742
扶绥县	30521	16140	14381	7562	4936	2626
宁明县	22505	11775	10730	4130	2737	1393
龙州县	18417	9457	8960	3120	2117	1003
大新县	21483	10663	10820	3232	2085	1147
天等县	17869	8637	9232	2361	1545	816
凭祥市	9652	5087	4565	1867	1238	629
海南省	**739671**	**387457**	**352214**	**180442**	**114936**	**65506**
海口市	**210867**	**107961**	**102906**	**59236**	**34009**	**25227**
秀英区	40155	21345	18810	9986	6209	3777
龙华区	57745	29687	28058	16273	9482	6791
琼山区	47418	24271	23147	12471	7259	5212
美兰区	65549	32658	32891	20506	11059	9447
三亚市	**74850**	**39546**	**35304**	**21345**	**13209**	**8136**
海棠区	7077	3849	3228	1764	1165	599
吉阳区	33176	17408	15768	10602	6217	4385
天涯区	25946	13618	12328	7184	4536	2648
崖州区	8651	4671	3980	1795	1291	504
三沙市						
西沙群岛						
南沙群岛						
中沙群岛的岛礁及其海域						
儋州市	**66204**	**35123**	**31081**	**15297**	**10102**	**5195**
市辖区	66204	35123	31081	15297	10102	5195
省直辖县级行政区划	**387750**	**204827**	**182923**	**84564**	**57616**	**26948**
五指山市	8584	4524	4060	2428	1569	859
琼海市	40603	21042	19561	7807	5193	2614
文昌市	43303	21896	21407	7737	4924	2813
万宁市	41819	22131	19688	8655	5957	2698
东方市	32113	16830	15283	7309	4785	2524
定安县	21934	11732	10202	4618	3225	1393
屯昌县	17577	9344	8233	3156	2179	977
澄迈县	35975	19606	16369	7436	5307	2129
临高县	30463	16042	14421	7503	4931	2572
白沙黎族自治县	11614	6278	5336	2474	1806	668
昌江黎族自治县	16620	8812	7808	3472	2414	1058
乐东黎族自治县	34303	18329	15974	9326	6379	2947
陵水黎族自治县	28589	15281	13308	7303	5015	2288
保亭黎族苗族自治县	11634	6194	5440	2580	1887	693
琼中黎族苗族自治县	12619	6786	5833	2760	2045	715
重庆市	**2785011**	**1396941**	**1388070**	**547351**	**322459**	**224892**
市辖区	**2227027**	**1115045**	**1111982**	**441372**	**258670**	**182702**
万州区	146996	72761	74235	27257	15484	11773
涪陵区	94784	47392	47392	17793	10005	7788
渝中区	54985	26699	28286	15491	7995	7496
大渡口区	37114	18231	18883	5896	3408	2488
江北区	82171	40621	41550	17673	10016	7657
沙坪坝区	121998	60541	61457	28637	16220	12417
九龙坡区	134520	67021	67499	24624	14292	10332
南岸区	104381	50972	53409	24444	13199	11245
北碚区	75105	38578	36527	18240	10479	7761
綦江区	92374	46867	45507	15332	9548	5784

单位：人

有配偶			离婚			丧偶			15—64岁妇女	
小计	男	女	小计	男	女	小计	男	女	平均活产子女数	平均存活子女数
15380	7851	7529	578	375	203	1752	457	1295	1.68	1.62
17346	8667	8679	500	328	172	1802	450	1352	1.85	1.77
7148	3622	3526	382	246	136	857	227	630	1.55	1.51
5208	2577	2631	241	128	113	643	146	497	1.68	1.62
104559	**53095**	**51464**	**2309**	**1404**	**905**	**12689**	**3042**	**9647**	**1.42**	**1.39**
19264	9761	9503	415	246	169	1703	433	1270	1.04	1.02
20323	10435	9888	382	251	131	2254	518	1736	1.45	1.42
16164	8332	7832	406	250	156	1805	456	1349	1.70	1.66
13163	6701	6462	433	259	174	1701	380	1321	1.42	1.39
15799	7873	7926	279	170	109	2173	535	1638	1.49	1.46
12960	6421	6539	143	102	41	2405	569	1836	1.73	1.69
6886	3572	3314	251	126	125	648	151	497	1.47	1.43
508675	**257201**	**251474**	**12762**	**7232**	**5530**	**37792**	**8088**	**29704**	**1.55**	**1.51**
140722	**70819**	**69903**	**3992**	**1745**	**2247**	**6917**	**1388**	**5529**	**1.20**	**1.17**
28197	14517	13680	677	332	345	1295	287	1008	1.38	1.35
38619	19407	19212	1179	473	706	1674	325	1349	1.18	1.13
32479	16284	16195	783	365	418	1685	363	1322	1.29	1.26
41427	20611	20816	1353	575	778	2263	413	1850	1.07	1.04
49329	**25075**	**24254**	**1561**	**762**	**799**	**2615**	**500**	**2115**	**1.37**	**1.33**
4867	2555	2312	104	61	43	342	68	274	1.59	1.55
21034	10709	10325	719	321	398	821	161	660	1.16	1.14
17134	8612	8522	592	294	298	1036	176	860	1.43	1.38
6294	3199	3095	146	86	60	416	95	321	1.84	1.78
46655	**23690**	**22965**	**785**	**505**	**280**	**3467**	**826**	**2641**	**1.84**	**1.80**
46655	23690	22965	785	505	280	3467	826	2641	1.84	1.80
271969	**137617**	**134352**	**6424**	**4220**	**2204**	**24793**	**5374**	**19419**	**1.75**	**1.70**
5520	2783	2737	165	101	64	471	71	400	1.48	1.41
29545	14883	14662	689	453	236	2562	513	2049	1.55	1.51
31759	15997	15762	555	351	204	3252	624	2628	1.56	1.53
29980	15124	14856	692	479	213	2492	571	1921	1.76	1.72
22649	11471	11178	452	255	197	1703	319	1384	1.85	1.80
15536	7900	7636	310	225	85	1470	382	1088	1.78	1.73
12889	6634	6255	330	232	98	1202	299	903	1.92	1.87
25795	13324	12471	573	435	138	2171	540	1631	1.89	1.86
20663	10431	10232	387	261	126	1910	419	1491	1.86	1.81
8041	4087	3954	298	201	97	801	184	617	1.89	1.83
11765	5980	5785	345	207	138	1038	211	827	1.80	1.74
22360	11207	11153	467	279	188	2150	464	1686	1.77	1.72
19004	9492	9512	508	322	186	1774	452	1322	1.67	1.63
7814	3946	3868	340	208	132	900	153	747	1.75	1.66
8649	4358	4291	313	211	102	897	172	725	1.85	1.79
1970035	**976105**	**993930**	**95258**	**50132**	**45126**	**172367**	**48245**	**124122**	**1.17**	**1.13**
1569853	**778490**	**791363**	**84072**	**43450**	**40622**	**131730**	**34435**	**97295**	**1.10**	**1.07**
105804	52109	53695	4337	2273	2064	9598	2895	6703	1.07	1.04
67627	33816	33811	3341	1838	1503	6023	1733	4290	1.12	1.09
34198	16858	17340	2942	1381	1561	2354	465	1889	0.83	0.81
26766	13297	13469	2530	1150	1380	1922	376	1546	1.04	1.01
57411	28248	29163	3878	1717	2161	3209	640	2569	0.89	0.88
82312	40517	41795	5779	2753	3026	5270	1051	4219	0.95	0.93
97726	48496	49230	6447	3064	3383	5723	1169	4554	1.03	1.01
70840	34706	36134	4973	2239	2734	4124	828	3296	0.89	0.87
49809	25597	24212	3166	1687	1479	3890	815	3075	0.90	0.87
65625	32951	32674	4284	2510	1774	7133	1858	5275	1.27	1.22

表7 续表 40

地 区	15岁及以上人口			未婚		
	合 计	男	女	小 计	男	女
大足区	64328	32452	31876	11651	7269	4382
渝北区	189177	93635	95542	38518	21605	16913
巴南区	103721	52108	51613	20513	11934	8579
黔江区	35867	17713	18154	6803	4084	2719
长寿区	64926	32837	32089	10225	6129	4096
江津区	114922	59815	55107	24274	16105	8169
合川区	135783	68523	67260	27905	16282	11623
永川区	98877	49833	49044	24997	14643	10354
南川区	46321	23419	22902	6906	4191	2715
璧山区	62994	32586	30408	11299	7083	4216
铜梁区	56717	27971	28746	8526	5302	3224
潼南区	64086	32679	31407	11151	6959	4192
荣昌区	58165	28661	29504	9963	5967	3996
开州区	100143	49402	50741	18936	11427	7509
梁平区	57760	28851	28909	9814	6184	3630
武隆区	28812	14877	13935	4504	2860	1644
县	**557984**	**281896**	**276088**	**105979**	**63789**	**42190**
城口县	14792	7455	7337	2364	1479	885
丰都县	50960	25596	25364	10214	6075	4139
垫江县	58600	29415	29185	11874	6942	4932
忠县	69139	35230	33909	12753	7698	5055
云阳县	88125	45280	42845	17874	10761	7113
奉节县	61683	31678	30005	11605	7063	4542
巫山县	33442	16746	16696	5178	3150	2028
巫溪县	28164	14001	14163	4341	2663	1678
石柱土家族自治县	30664	15160	15504	5541	3253	2288
秀山土家族苗族自治县	34815	17123	17692	6145	3797	2348
酉阳土家族苗族自治县	41280	20479	20801	7805	4700	3105
彭水苗族土家族自治县	46320	23733	22587	10285	6208	4077
四川省	**7466650**	**3741247**	**3725403**	**1424843**	**838330**	**586513**
成都市	**1782111**	**886825**	**895286**	**376345**	**210459**	**165886**
锦江区	73878	35130	38748	17337	8485	8852
青羊区	79498	37818	41680	17569	8824	8745
金牛区	109707	53869	55838	27594	14493	13101
武侯区	154303	75547	78756	42632	22345	20287
成华区	120811	59518	61293	30571	16341	14230
龙泉驿区	114228	57936	56292	26519	14990	11529
青白江区	42840	21957	20883	6257	3921	2336
新都区	130140	65243	64897	21654	12696	8958
温江区	81910	39781	42129	19745	10186	9559
双流区	224307	115075	109232	51461	29697	21764
郫都区	142377	74060	68317	40430	24612	15818
新津区	31880	15942	15938	4849	2727	2122
金堂县	69908	34265	35643	16552	9062	7490
大邑县	45106	21959	23147	6155	3553	2602
蒲江县	22537	11057	11480	2490	1506	984
都江堰市	63412	30343	33069	9564	4969	4595
彭州市	69010	34058	34952	7528	4484	3044
邛崃市	53349	26305	27044	6329	3959	2370
崇州市	63855	32392	31463	9653	6239	3414
简阳市	89055	44570	44485	11456	7370	4086
自贡市	**214961**	**105216**	**109745**	**33863**	**20302**	**13561**
自流井区	43293	20598	22695	7416	4044	3372
贡井区	22602	11375	11227	3248	2079	1169
大安区	26543	13530	13013	4486	2896	1590
沿滩区	25952	12916	13036	4568	2700	1868
荣县	35676	17248	18428	3747	2454	1293
富顺县	60895	29549	31346	10398	6129	4269

单位：人

有配偶			离婚			丧偶			15—64岁妇女	
小计	男	女	小计	男	女	小计	男	女	平均活产子女数	平均存活子女数
46247	22943	23304	1760	1033	727	4670	1207	3463	1.38	1.33
135149	66771	68378	8181	3683	4498	7329	1576	5753	0.99	0.96
72407	36225	36182	4964	2529	2435	5837	1420	4417	1.00	0.98
25699	12317	13382	768	440	328	2597	872	1725	1.52	1.46
48191	24200	23991	2302	1275	1027	4208	1233	2975	1.11	1.07
78399	39199	39200	4261	2416	1845	7988	2095	5893	1.11	1.09
94170	47163	47007	4510	2535	1975	9198	2543	6655	1.07	1.05
64952	32138	32814	2908	1574	1334	6020	1478	4542	1.11	1.07
34786	17372	17414	1451	820	631	3178	1036	2142	1.21	1.18
45754	23310	22444	2333	1267	1066	3608	926	2682	1.15	1.12
42135	20461	21674	1765	999	766	4291	1209	3082	1.25	1.21
46954	23423	23531	1414	879	535	4567	1418	3149	1.42	1.37
41884	20646	21238	1762	969	793	4556	1079	3477	1.25	1.21
71949	34577	37372	1821	1048	773	7437	2350	5087	1.40	1.34
41744	20429	21315	1420	862	558	4782	1376	3406	1.31	1.27
21315	10721	10594	775	509	266	2218	787	1431	1.41	1.38
400182	**197615**	**202567**	**11186**	**6682**	**4504**	**40637**	**13810**	**26827**	**1.45**	**1.40**
10922	5366	5556	337	212	125	1169	398	771	1.65	1.57
35647	17500	18147	1363	752	611	3736	1269	2467	1.36	1.32
41332	20455	20877	1349	738	611	4045	1280	2765	1.37	1.33
50032	24915	25117	1463	863	600	4891	1754	3137	1.33	1.28
62758	31613	31145	1599	968	631	5894	1938	3956	1.41	1.36
44866	22576	22290	1036	638	398	4176	1401	2775	1.44	1.41
24986	12220	12766	715	458	257	2563	918	1645	1.52	1.47
21126	10148	10978	453	336	117	2244	854	1390	1.51	1.46
22193	10737	11456	750	403	347	2180	767	1413	1.44	1.39
25025	12024	13001	687	402	285	2958	900	2058	1.58	1.53
29313	14154	15159	657	423	234	3505	1202	2303	1.64	1.59
31982	15907	16075	777	489	288	3276	1129	2147	1.49	1.46
5334325	**2640944**	**2693381**	**218471**	**121474**	**96997**	**489011**	**140499**	**348512**	**1.21**	**1.17**
1263929	**626480**	**637449**	**59630**	**29226**	**30404**	**82207**	**20660**	**61547**	**0.96**	**0.94**
51254	24727	26527	2809	1249	1560	2478	669	1809	0.83	0.81
55219	26873	28346	3491	1459	2032	3219	662	2557	0.88	0.85
73503	36582	36921	4251	1897	2354	4359	897	3462	0.87	0.85
101722	50063	51659	5327	2194	3133	4622	945	3677	0.83	0.81
81146	40055	41091	4701	2135	2566	4393	987	3406	0.83	0.81
79823	40177	39646	3503	1747	1756	4383	1022	3361	0.96	0.94
32206	16470	15736	1809	988	821	2568	578	1990	1.05	1.02
99240	49326	49914	3825	1904	1921	5421	1317	4104	1.08	1.06
56507	27759	28748	2587	1185	1402	3071	651	2420	0.90	0.87
158486	80339	78147	6539	3168	3371	7821	1871	5950	0.96	0.93
93671	46461	47210	3620	1832	1788	4656	1155	3501	0.93	0.90
23955	12078	11877	1232	625	607	1844	512	1332	0.98	0.95
47073	22913	24160	1715	992	723	4568	1298	3270	1.07	1.04
34252	16643	17609	1610	854	756	3089	909	2180	1.04	1.01
17741	8693	9048	797	443	354	1509	415	1094	1.06	1.03
46839	22976	23863	2770	1347	1423	4239	1051	3188	1.00	0.97
54148	26909	27239	2436	1380	1056	4898	1285	3613	1.08	1.06
41177	20070	21107	2058	1172	886	3785	1104	2681	1.05	1.02
48326	23846	24480	1934	1132	802	3942	1175	2767	1.03	1.01
67641	33520	34121	2616	1523	1093	7342	2157	5185	1.33	1.29
155264	**76190**	**79074**	**7891**	**4274**	**3617**	**17943**	**4450**	**13493**	**1.22**	**1.19**
30981	15106	15875	2108	923	1185	2788	525	2263	1.01	0.99
16269	8154	8115	1099	616	483	1986	526	1460	1.12	1.09
18521	9375	9146	1186	700	486	2350	559	1791	1.28	1.26
18582	9253	9329	741	447	294	2061	516	1545	1.30	1.26
27326	13210	14116	1181	662	519	3422	922	2500	1.21	1.18
43585	21092	22493	1576	926	650	5336	1402	3934	1.35	1.33

表7 续表 41

地区	15岁及以上人口			未婚		
	合计	男	女	小计	男	女
攀枝花市	**117146**	**60722**	**56424**	**21996**	**13326**	**8670**
东区	42513	22086	20427	9085	5219	3866
西区	12743	6636	6107	2163	1292	871
仁和区	23564	12103	11461	3692	2377	1315
米易县	20842	10762	10080	3582	2260	1322
盐边县	17484	9135	8349	3474	2178	1296
泸州市	**337593**	**167302**	**170291**	**65051**	**38058**	**26993**
江阳区	70043	34178	35865	14019	7873	6146
纳溪区	32708	16802	15906	5967	3734	2233
龙马潭区	37353	17955	19398	7230	3739	3491
泸县	60935	29921	31014	10918	6650	4268
合江县	52141	25490	26651	10670	6263	4407
叙永县	39051	19926	19125	7178	4383	2795
古蔺县	45362	23030	22332	9069	5416	3653
德阳市	**307258**	**152766**	**154492**	**45741**	**28579**	**17162**
旌阳区	70695	34643	36052	10790	6473	4317
罗江区	17444	8536	8908	3061	1652	1409
中江县	87523	44500	43023	14863	9818	5045
广汉市	54496	27357	27139	7770	5141	2629
什邡市	38250	19140	19110	4291	2670	1621
绵竹市	38850	18590	20260	4966	2825	2141
绵阳市	**456097**	**226967**	**229130**	**78555**	**46661**	**31894**
涪城区	113730	55042	58688	26937	14499	12438
游仙区	49066	24120	24946	8552	4976	3576
安州区	35966	17971	17995	5281	3325	1956
三台县	90519	46262	44257	13903	9220	4683
盐亭县	50331	25924	24407	7847	4927	2920
梓潼县	27686	13975	13711	4245	2547	1698
北川羌族自治县	15347	7799	7548	2593	1707	886
平武县	10576	5435	5141	1417	960	457
江油市	62876	30439	32437	7780	4500	3280
广元市	**200931**	**98893**	**102038**	**29028**	**17489**	**11539**
利州区	50343	24045	26298	7822	4327	3495
昭化区	11116	5583	5533	1142	753	389
朝天区	9999	4981	5018	1265	839	426
旺苍县	33183	16873	16310	6296	3781	2515
青川县	12565	6214	6351	1627	1068	559
剑阁县	34248	16846	17402	4616	2938	1678
苍溪县	49477	24351	25126	6260	3783	2477
遂宁市	**305315**	**155333**	**149982**	**55107**	**34324**	**20783**
船山区	72611	35465	37146	13073	7502	5571
安居区	53567	27887	25680	10036	6481	3555
蓬溪县	48093	25215	22878	8850	5771	3079
大英县	44896	22754	22142	8058	5001	3057
射洪市	86148	44012	42136	15090	9569	5521
内江市	**317620**	**159352**	**158268**	**60430**	**36232**	**24198**
市中区	33036	16372	16664	6092	3600	2492
东兴区	71272	35101	36171	15228	8423	6805
威远县	53454	27112	26342	8174	5178	2996
资中县	95515	49299	46216	19206	12272	6934
内江经济开发区	7928	3844	4084	1460	892	568
隆昌市	56415	27624	28791	10270	5867	4403
乐山市	**266283**	**131694**	**134589**	**36865**	**22614**	**14251**
市中区	68250	32661	35589	11338	6198	5140
沙湾区	13179	6649	6530	1806	1148	658
五通桥区	21658	10800	10858	2479	1653	826
金口河区	3375	1778	1597	497	331	166
犍为县	34109	17069	17040	4262	2899	1363
井研县	25357	12583	12774	3306	2122	1184

单位：人

有配偶			离婚			丧偶			15—64岁妇女	
小计	男	女	小计	男	女	小计	男	女	平均活产子女数	平均存活子女数
82803	**42403**	**40400**	**5522**	**3012**	**2510**	**6825**	**1981**	**4844**	**1.15**	**1.11**
28571	14743	13828	2582	1348	1234	2275	776	1499	0.90	0.87
8938	4689	4249	829	457	372	813	198	615	1.01	0.98
17434	8799	8635	1038	580	458	1400	347	1053	1.24	1.20
15337	7788	7549	640	366	274	1283	348	935	1.31	1.28
12523	6384	6139	433	261	172	1054	312	742	1.49	1.44
236947	**116193**	**120754**	**9431**	**5463**	**3968**	**26164**	**7588**	**18576**	**1.28**	**1.24**
49414	24101	25313	2609	1212	1397	4001	992	3009	1.07	1.05
23017	11560	11457	1110	691	419	2614	817	1797	1.25	1.21
26604	13024	13580	1332	664	668	2187	528	1659	1.04	1.02
43029	20987	22042	1178	744	434	5810	1540	4270	1.26	1.21
35339	16988	18351	1373	859	514	4759	1380	3379	1.23	1.19
27470	13745	13725	990	687	303	3413	1111	2302	1.51	1.48
32074	15788	16286	839	606	233	3380	1220	2160	1.75	1.69
227104	**111897**	**115207**	**10875**	**6160**	**4715**	**23538**	**6130**	**17408**	**1.08**	**1.05**
52824	25836	26988	2897	1419	1478	4184	915	3269	0.97	0.95
12609	6189	6420	496	325	171	1278	370	908	0.99	0.96
62192	30474	31718	2639	1764	875	7829	2444	5385	1.31	1.27
40717	20231	20486	2000	1096	904	4009	889	3120	1.03	0.99
29442	14893	14549	1532	842	690	2985	735	2250	1.01	0.99
29320	14274	15046	1311	714	597	3253	777	2476	0.98	0.95
330263	**161843**	**168420**	**16116**	**9382**	**6734**	**31163**	**9081**	**22082**	**1.10**	**1.07**
78050	37389	40661	4281	1970	2311	4462	1184	3278	0.92	0.90
35630	17305	18325	1757	967	790	3127	872	2255	1.01	0.99
26891	13189	13702	1244	805	439	2550	652	1898	1.16	1.11
65897	32686	33211	2819	1925	894	7900	2431	5469	1.34	1.30
37243	18816	18427	1420	954	466	3821	1227	2594	1.15	1.12
19941	9915	10026	1148	753	395	2352	760	1592	1.09	1.06
11085	5443	5642	492	312	180	1177	337	840	1.33	1.28
7999	4036	3963	236	168	68	924	271	653	1.49	1.45
47527	23064	24463	2719	1528	1191	4850	1347	3503	1.06	1.03
150495	**73287**	**77208**	**4986**	**2930**	**2056**	**16422**	**5187**	**11235**	**1.28**	**1.24**
38263	18280	19983	1660	788	872	2598	650	1948	1.13	1.11
8541	4260	4281	212	153	59	1221	417	804	1.36	1.32
7606	3726	3880	110	75	35	1018	341	677	1.55	1.49
23611	11803	11808	843	521	322	2433	768	1665	1.27	1.23
9462	4594	4868	272	180	92	1204	372	832	1.46	1.42
25355	12157	13198	886	583	303	3391	1168	2223	1.44	1.40
37657	18467	19190	1003	630	373	4557	1471	3086	1.23	1.20
220270	**109635**	**110635**	**8297**	**5158**	**3139**	**21641**	**6216**	**15425**	**1.31**	**1.27**
53276	25813	27463	2188	1123	1065	4074	1027	3047	1.21	1.18
37941	19213	18728	1426	980	446	4164	1213	2951	1.44	1.39
34472	17522	16950	1099	734	365	3672	1188	2484	1.39	1.35
32568	16073	16495	1067	730	337	3203	950	2253	1.36	1.32
62013	31014	30999	2517	1591	926	6528	1838	4690	1.24	1.21
224588	**111473**	**113115**	**9919**	**5675**	**4244**	**22683**	**5972**	**16711**	**1.25**	**1.21**
23183	11420	11763	1455	783	672	2306	569	1737	1.17	1.14
49386	24290	25096	2185	1176	1009	4473	1212	3261	1.19	1.15
39480	19822	19658	1721	1061	660	4079	1051	3028	1.25	1.22
66662	33412	33250	2621	1574	1047	7026	2041	4985	1.33	1.29
5537	2632	2905	441	220	221	490	100	390	1.21	1.16
40340	19897	20443	1496	861	635	4309	999	3310	1.24	1.21
199166	**97738**	**101428**	**10694**	**5847**	**4847**	**19558**	**5495**	**14063**	**1.16**	**1.13**
49470	23936	25534	3418	1562	1856	4024	965	3059	0.93	0.91
9728	4818	4910	612	376	236	1033	307	726	1.09	1.06
16286	8067	8219	1005	576	429	1888	504	1384	1.02	1.00
2525	1300	1225	109	73	36	244	74	170	1.56	1.51
25812	12651	13161	1102	654	448	2933	865	2068	1.24	1.20
19338	9454	9884	612	362	250	2101	645	1456	1.18	1.15

表7 续表 42

地区	15岁及以上人口			未婚		
	合计	男	女	小计	男	女
夹江县	26742	13143	13599	2866	1756	1110
沐川县	15165	7757	7408	2304	1585	719
峨边彝族自治县	9097	4695	4402	1317	847	470
马边彝族自治县	14140	7221	6919	2770	1691	1079
峨眉山市	35211	17338	17873	3920	2384	1536
南充市	**598797**	**304008**	**294789**	**113788**	**67786**	**46002**
顺庆区	84830	41371	43459	19721	10116	9605
高坪区	54320	26774	27546	12640	6811	5829
嘉陵区	54655	28414	26241	10923	6793	4130
南部县	86649	44071	42578	14806	9209	5597
营山县	66775	34248	32527	11542	7431	4111
蓬安县	53136	27720	25416	10308	6574	3734
仪陇县	77431	39938	37493	15468	9544	5924
西充县	57589	29892	27697	9710	6199	3511
阆中市	63412	31580	31832	8670	5109	3561
眉山市	**248125**	**120927**	**127198**	**35134**	**20523**	**14611**
东坡区	78419	37999	40420	11135	6074	5061
彭山区	28536	14033	14503	4755	2627	2128
仁寿县	88323	43268	45055	12768	7945	4823
洪雅县	24181	11701	12480	2535	1594	941
丹棱县	13170	6349	6821	1676	909	767
青神县	15496	7577	7919	2265	1374	891
宜宾市	**366769**	**185699**	**181070**	**68865**	**41780**	**27085**
翠屏区	74529	37578	36951	17495	10062	7433
南溪区	27254	13617	13637	4640	2827	1813
叙州区	76894	38468	38426	13220	7892	5328
江安县	32786	16444	16342	5525	3377	2148
长宁县	24726	12637	12089	4320	2738	1582
高县	30968	15851	15117	5418	3382	2036
珙县	29508	15258	14250	5276	3337	1939
筠连县	23337	11960	11377	4102	2534	1568
兴文县	28904	14787	14117	5847	3616	2231
屏山县	17863	9099	8764	3022	2015	1007
广安市	**259002**	**128056**	**130946**	**47571**	**28879**	**18692**
广安区	60599	30101	30498	11833	6976	4857
前锋区	17077	8666	8411	2846	1827	1019
岳池县	57532	28095	29437	9624	5880	3744
武胜县	42714	20972	21742	7421	4605	2816
邻水县	61739	30695	31044	12528	7504	5024
华蓥市	19341	9527	9814	3319	2087	1232
达州市	**612207**	**314978**	**297229**	**129966**	**77203**	**52763**
通川区	108373	53951	54422	23909	12335	11574
达川区	108150	55829	52321	22512	13587	8925
宣汉县	101667	52502	49165	21295	12703	8592
开江县	45230	23239	21991	9764	6050	3714
大竹县	94513	49093	45420	18896	11932	6964
渠县	107579	56159	51420	24411	14919	9492
达州经济开发区	6306	3394	2912	1265	821	444
万源市	40389	20811	19578	7914	4856	3058
雅安市	**124931**	**62561**	**62370**	**19639**	**11775**	**7864**
雨城区	31840	15660	16180	5764	3141	2623
名山区	21688	10855	10833	2645	1667	978
荥经县	12140	6063	6077	1824	1091	733
汉源县	24237	12343	11894	3833	2437	1396
石棉县	9706	4809	4897	1547	933	614
天全县	11483	5870	5613	1724	1089	635
芦山县	9039	4466	4573	1473	901	572
宝兴县	4798	2495	2303	829	516	313

单位：人

有配偶			离婚			丧偶			15—64岁妇女	
小计	男	女	小计	男	女	小计	男	女	平均活产子女数	平均存活子女数
20685	10141	10544	1078	617	461	2113	629	1484	1.07	1.04
11073	5407	5666	487	340	147	1301	425	876	1.50	1.47
6945	3530	3415	215	149	66	620	169	451	1.86	1.80
10198	5089	5109	317	216	101	855	225	630	1.93	1.87
27106	13345	13761	1739	922	817	2446	687	1759	1.07	1.03
428424	**213944**	**214480**	**14098**	**8539**	**5559**	**42487**	**13739**	**28748**	**1.23**	**1.19**
58786	28928	29858	2459	1188	1271	3864	1139	2725	0.97	0.95
37042	18169	18873	1312	746	566	3326	1048	2278	1.08	1.04
38929	19614	19315	1284	834	450	3519	1173	2346	1.30	1.27
62922	31461	31461	2041	1284	757	6880	2117	4763	1.34	1.31
48649	24157	24492	1388	887	501	5196	1773	3423	1.41	1.37
37392	18959	18433	1325	856	469	4111	1331	2780	1.29	1.25
54473	27369	27104	1520	1056	464	5970	1969	4001	1.42	1.36
42268	21361	20907	1244	764	480	4367	1568	2799	1.22	1.18
47963	23926	24037	1525	924	601	5254	1621	3633	1.10	1.07
187183	**90908**	**96275**	**7621**	**4258**	**3363**	**18187**	**5238**	**12949**	**1.14**	**1.12**
59667	29173	30494	2755	1427	1328	4862	1325	3537	1.02	1.00
20763	10277	10486	1087	593	494	1931	536	1395	0.99	0.97
66407	31973	34434	2047	1214	833	7101	2136	4965	1.33	1.29
18855	9026	9829	728	444	284	2063	637	1426	1.16	1.14
10115	4938	5177	391	231	160	988	271	717	1.11	1.08
11376	5521	5855	613	349	264	1242	333	909	1.02	0.99
258388	**128839**	**129549**	**12382**	**7324**	**5058**	**27134**	**7756**	**19378**	**1.39**	**1.34**
49450	24771	24679	2962	1564	1398	4622	1181	3441	1.16	1.12
19570	9706	9864	912	526	386	2132	558	1574	1.35	1.30
55636	27520	28116	2909	1567	1342	5129	1489	3640	1.32	1.27
23592	11628	11964	928	577	351	2741	862	1879	1.47	1.42
17532	8736	8796	805	524	281	2069	639	1430	1.45	1.39
22072	11085	10987	902	623	279	2576	761	1815	1.47	1.41
20868	10641	10227	1098	659	439	2266	621	1645	1.51	1.48
16684	8414	8270	658	462	196	1893	550	1343	1.80	1.73
20003	10006	9997	688	479	209	2366	686	1680	1.48	1.42
12981	6332	6649	520	343	177	1340	409	931	1.65	1.59
185843	**89886**	**95957**	**5144**	**3083**	**2061**	**20444**	**6208**	**14236**	**1.38**	**1.34**
43288	21241	22047	1186	636	550	4292	1248	3044	1.25	1.21
12399	6173	6226	277	193	84	1555	473	1082	1.46	1.42
41410	19829	21581	1254	756	498	5244	1630	3614	1.38	1.33
31036	14877	16159	746	471	275	3511	1019	2492	1.38	1.35
43584	20959	22625	1297	801	496	4330	1431	2899	1.49	1.45
14126	6807	7319	384	226	158	1512	407	1105	1.41	1.36
431611	**217169**	**214442**	**12778**	**7837**	**4941**	**37852**	**12769**	**25083**	**1.26**	**1.23**
77313	38632	38681	2680	1373	1307	4471	1611	2860	1.05	1.02
76671	38666	38005	2324	1410	914	6643	2166	4477	1.23	1.20
72304	36296	36008	1756	1171	585	6312	2332	3980	1.41	1.38
31108	15504	15604	905	577	328	3453	1108	2345	1.35	1.30
67824	34126	33698	1783	1119	664	6010	1916	4094	1.27	1.24
72974	37146	35828	2309	1516	793	7885	2578	5307	1.26	1.23
4544	2398	2146	131	76	55	366	99	267	1.11	1.08
28873	14401	14472	890	595	295	2712	959	1753	1.47	1.42
92647	**45827**	**46820**	**4310**	**2448**	**1862**	**8335**	**2511**	**5824**	**1.27**	**1.23**
22908	11313	11595	1346	676	670	1822	530	1292	1.06	1.03
16814	8291	8523	652	400	252	1577	497	1080	1.22	1.19
9109	4499	4610	410	228	182	797	245	552	1.23	1.17
17866	8880	8986	820	500	320	1718	526	1192	1.38	1.35
7040	3495	3545	429	224	205	690	157	533	1.52	1.48
8628	4293	4335	338	235	103	793	253	540	1.40	1.34
6718	3242	3476	202	124	78	646	199	447	1.38	1.35
3564	1814	1750	113	61	52	292	104	188	1.44	1.42

表7 续表 43

地区	15岁及以上人口			未婚		
	合计	男	女	小计	男	女
巴中市	**266222**	**134396**	**131826**	**52416**	**30739**	**21677**
巴州区	58722	28803	29919	10282	5849	4433
恩阳区	39794	20457	19337	7505	4572	2933
通江县	52771	26496	26275	10739	6157	4582
南江县	45902	23255	22647	9690	5752	3938
平昌县	63046	32394	30652	12748	7665	5083
巴中经济开发区	5987	2991	2996	1452	744	708
资阳市	**185516**	**91302**	**94214**	**29696**	**18557**	**11139**
雁江区	70743	34805	35938	12797	7835	4962
安岳县	74412	36419	37993	11195	6914	4281
乐至县	40361	20078	20283	5704	3808	1896
阿坝藏族羌族自治州	**69192**	**35756**	**33436**	**18060**	**10712**	**7348**
马尔康市	5242	2681	2561	1442	772	670
汶川县	7250	3531	3719	1860	878	982
理县	3222	1692	1530	492	320	172
茂县	8858	4517	4341	1929	1103	826
松潘县	5500	2989	2511	1246	826	420
九寨沟县	5734	3021	2713	1227	735	492
金川县	5184	2780	2404	1165	741	424
小金县	5611	2955	2656	1115	747	368
黑水县	4509	2278	2231	1033	601	432
壤塘县	2921	1526	1395	1261	754	507
阿坝县	5333	2795	2538	2152	1367	785
若尔盖县	5957	2998	2959	1796	1067	729
红原县	3871	1993	1878	1342	801	541
甘孜藏族自治州	**85505**	**43892**	**41613**	**30122**	**16968**	**13154**
康定市	10014	5147	4867	3170	1769	1401
泸定县	6965	3475	3490	1505	821	684
丹巴县	4599	2363	2236	1145	690	455
九龙县	4343	2229	2114	1047	629	418
雅江县	4140	2434	1706	1240	815	425
道孚县	5024	2608	2416	1870	998	872
炉霍县	3411	1772	1639	1387	836	551
甘孜县	5445	2726	2719	2142	1189	953
新龙县	3307	1706	1601	1336	750	586
德格县	6034	3046	2988	2774	1576	1198
白玉县	4888	2509	2379	2253	1194	1059
石渠县	6828	3460	3368	3215	1783	1432
色达县	4753	2229	2524	2262	1071	1191
理塘县	4871	2474	2397	1817	1062	755
巴塘县	3264	1588	1676	1024	551	473
乡城县	2824	1633	1191	760	500	260
稻城县	2616	1325	1291	563	350	213
得荣县	2179	1168	1011	612	384	228
凉山彝族自治州	**345069**	**174602**	**170467**	**76605**	**45364**	**31241**
西昌市	72557	36191	36366	15884	8765	7119
木里藏族自治县	9086	4673	4413	1947	1291	656
盐源县	25118	12899	12219	5893	3627	2266
德昌县	16784	8413	8371	3063	1871	1192
会理县	31315	15992	15323	5015	3295	1720
会东县	24956	12944	12012	4413	2866	1547
宁南县	14542	7568	6974	2705	1727	978
普格县	11505	5833	5672	2699	1593	1106
布拖县	11509	5826	5683	3206	1922	1284
金阳县	10268	5173	5095	2578	1493	1085
昭觉县	15402	7688	7714	4403	2510	1893
喜德县	10543	5273	5270	2859	1584	1275
冕宁县	27207	13618	13589	5591	3305	2286
越西县	19414	9791	9623	5102	2952	2150
甘洛县	14550	7409	7141	3502	2127	1375
美姑县	14918	7496	7422	4791	2672	2119
雷波县	15395	7815	7580	2954	1764	1190

单位：人

有配偶			离婚			丧偶			15—64岁妇女	
小计	男	女	小计	男	女	小计	男	女	平均活产子女数	平均存活子女数
190580	**94388**	**96192**	**4727**	**3012**	**1715**	**18499**	**6257**	**12242**	**1.42**	**1.38**
43626	21177	22449	1214	681	533	3600	1096	2504	1.37	1.32
28301	14399	13902	628	436	192	3360	1050	2310	1.43	1.39
37346	18332	19014	896	587	309	3790	1420	2370	1.39	1.35
32226	15870	16356	796	523	273	3190	1110	2080	1.44	1.40
44876	22471	22405	1124	750	374	4298	1508	2790	1.49	1.45
4205	2139	2066	69	35	34	261	73	188	1.24	1.19
134784	**64928**	**69856**	**4591**	**2822**	**1769**	**16445**	**4995**	**11450**	**1.36**	**1.31**
50756	24358	26398	1829	1022	807	5361	1590	3771	1.26	1.22
54738	26390	28348	1619	1064	555	6860	2051	4809	1.50	1.44
29290	14180	15110	1143	736	407	4224	1354	2870	1.29	1.22
45333	**23301**	**22032**	**1536**	**734**	**802**	**4263**	**1009**	**3254**	**1.44**	**1.40**
3387	1805	1582	101	43	58	312	61	251	1.04	1.01
4772	2414	2358	201	123	78	417	116	301	1.23	1.20
2421	1265	1156	71	47	24	238	60	178	1.43	1.40
6282	3198	3084	131	80	51	516	136	380	1.48	1.43
3803	2029	1774	92	43	49	359	91	268	1.56	1.51
4134	2153	1981	104	61	43	269	72	197	1.50	1.44
3554	1891	1663	117	71	46	348	77	271	1.47	1.41
4025	2048	1977	101	70	31	370	90	280	1.54	1.50
3037	1551	1486	62	31	31	377	95	282	1.29	1.24
1417	706	711	47	16	31	196	50	146	1.59	1.57
2711	1337	1374	170	41	129	300	50	250	1.68	1.61
3662	1829	1833	126	30	96	373	72	301	1.60	1.57
2128	1075	1053	213	78	135	188	39	149	1.41	1.36
48549	**24965**	**23584**	**1808**	**697**	**1111**	**5026**	**1262**	**3764**	**1.37**	**1.33**
6091	3146	2945	308	141	167	445	91	354	1.15	1.08
4757	2396	2361	194	119	75	509	139	370	1.36	1.33
2999	1529	1470	114	59	55	341	85	256	1.46	1.39
2973	1493	1480	75	43	32	248	64	184	1.88	1.81
2568	1509	1059	68	32	36	264	78	186	1.53	1.50
2859	1482	1377	74	36	38	221	92	129	1.18	1.17
1748	884	864	87	24	63	189	28	161	1.37	1.33
2794	1399	1395	138	39	99	371	99	272	1.28	1.23
1744	904	840	30	9	21	197	43	154	1.48	1.45
2796	1361	1435	112	27	85	352	82	270	1.31	1.28
2321	1249	1072	43	9	34	271	57	214	1.17	1.14
3127	1542	1585	135	39	96	351	96	255	1.48	1.40
2080	1055	1025	132	38	94	279	65	214	1.24	1.22
2648	1317	1331	136	33	103	270	62	208	1.57	1.52
1925	957	968	60	14	46	255	66	189	1.42	1.39
1886	1095	791	31	9	22	147	29	118	1.42	1.36
1853	924	929	46	17	29	154	34	120	1.48	1.41
1380	723	657	25	9	16	162	52	110	1.41	1.35
240154	**119650**	**120504**	**6115**	**3593**	**2522**	**22195**	**5995**	**16200**	**1.80**	**1.74**
50994	25444	25550	1984	1006	978	3695	976	2719	1.39	1.34
6386	3176	3210	114	68	46	639	138	501	1.85	1.80
17387	8622	8765	334	227	107	1504	423	1081	1.75	1.70
12257	6015	6242	381	229	152	1083	298	785	1.61	1.57
23220	11580	11640	730	461	269	2350	656	1694	1.57	1.51
18364	9247	9117	403	282	121	1776	549	1227	1.72	1.66
10545	5403	5142	298	186	112	994	252	742	1.64	1.59
8014	3997	4017	142	87	55	650	156	494	2.27	2.18
7187	3604	3583	103	57	46	1013	243	770	2.26	2.19
6833	3406	3427	100	64	36	757	210	547	2.26	2.17
9649	4789	4860	156	83	73	1194	306	888	2.20	2.11
6990	3457	3533	101	60	41	593	172	421	2.03	1.97
19616	9590	10026	367	237	130	1633	486	1147	1.89	1.83
12788	6353	6435	265	157	108	1259	329	930	2.07	1.99
9815	4885	4930	273	160	113	960	237	723	2.02	1.95
9051	4537	4514	97	59	38	979	228	751	2.09	2.03
11058	5545	5513	267	170	97	1116	336	780	2.10	2.04

表7 续表 44

地　区	15岁及以上人口			未婚		
	合 计	男	女	小 计	男	女
贵州省	**2769151**	**1398043**	**1371108**	**572640**	**340596**	**232044**
贵阳市	**468044**	**236876**	**231168**	**116659**	**65848**	**50811**
南明区	83617	41564	42053	19990	11111	8879
云岩区	86956	43323	43633	21557	12206	9351
花溪区	76396	38579	37817	25023	13435	11588
乌当区	26314	13129	13185	5699	3134	2565
白云区	35832	18190	17642	10020	5417	4603
观山湖区	47674	24272	23402	11707	6714	4993
开阳县	26905	13772	13133	3608	2299	1309
息烽县	17064	8773	8291	2284	1442	842
修文县	21293	11170	10123	3541	2275	1266
清镇市	45993	24104	21889	13230	7815	5415
六盘水市	**217191**	**110447**	**106744**	**41396**	**25517**	**15879**
钟山区	49125	24374	24751	10438	5912	4526
六枝特区	35810	17976	17834	6806	4190	2616
水城县	53170	27823	25347	11058	7042	4016
盘州市	79086	40274	38812	13094	8373	4721
遵义市	**483290**	**240857**	**242433**	**83260**	**49148**	**34112**
红花岗区	72712	35708	37004	14820	7956	6864
汇川区	46785	23178	23607	7997	4573	3424
播州区	55780	28047	27733	9059	5481	3578
桐梓县	37722	19071	18651	6853	4118	2735
绥阳县	25644	12894	12750	4127	2489	1638
正安县	28697	14158	14539	4436	2698	1738
道真仡佬族苗族自治县	17872	8470	9402	2643	1590	1053
务川仡佬族苗族自治县	21734	10749	10985	3791	2291	1500
凤冈县	21760	10605	11155	3334	2008	1326
湄潭县	28101	13687	14414	4193	2407	1786
余庆县	16587	8087	8500	2124	1299	825
习水县	42350	21455	20895	7511	4560	2951
赤水市	19509	9769	9740	2910	1862	1048
仁怀市	48037	24979	23058	9462	5816	3646
安顺市	**176268**	**89422**	**86846**	**34874**	**21161**	**13713**
西秀区	64565	32001	32564	13413	7548	5865
平坝区	25200	12960	12240	4474	2863	1611
普定县	26586	13713	12873	5557	3464	2093
镇宁布依族苗族自治县	21015	10855	10160	4065	2661	1404
关岭布依族苗族自治县	19192	9886	9306	3777	2355	1422
紫云苗族布依族自治县	19710	10007	9703	3588	2270	1318
毕节市	**455853**	**233634**	**222219**	**100437**	**60089**	**40348**
七星关区	82849	41692	41157	18587	10675	7912
大方县	55443	28423	27020	11518	6908	4610
黔西县	49569	25555	24014	8843	5572	3271
金沙县	38952	20286	18666	7029	4260	2769
织金县	52130	27018	25112	10036	6221	3815
纳雍县	45703	23352	22351	10124	6019	4105
威宁彝族回族苗族自治县	88290	45602	42688	24426	14698	9728
赫章县	42917	21706	21211	9874	5736	4138
铜仁市	**228549**	**113259**	**115290**	**50741**	**29479**	**21262**
碧江区	28386	13617	14769	7949	4004	3945
万山区	11208	5784	5424	2847	1704	1143
江口县	13058	6591	6467	2332	1453	879
玉屏侗族自治县	10740	5491	5249	1872	1235	637
石阡县	22230	10991	11239	3993	2497	1496
思南县	32002	15549	16453	6446	3725	2721
印江土家族苗族自治县	20608	10017	10591	3965	2381	1584

单位：人

有配偶			离婚			丧偶			15—64岁妇女	
小计	男	女	小计	男	女	小计	男	女	平均活产子女数	平均存活子女数
1927469	**956829**	**970640**	**82923**	**49093**	**33830**	**186119**	**51525**	**134594**	**1.63**	**1.58**
308762	**155683**	**153079**	**21524**	**10668**	**10856**	**21099**	**4677**	**16422**	**1.21**	**1.18**
54737	27494	27243	5056	2270	2786	3834	689	3145	1.09	1.06
56323	28037	28286	5174	2376	2798	3902	704	3198	1.08	1.04
45695	23215	22480	2592	1255	1337	3086	674	2412	1.06	1.03
18219	9131	9088	1182	574	608	1214	290	924	1.21	1.17
22759	11604	11155	1731	880	851	1322	289	1033	1.20	1.18
32844	16551	16293	1756	749	1007	1367	258	1109	1.19	1.16
20592	10372	10220	896	564	332	1809	537	1272	1.67	1.63
12912	6523	6389	708	467	241	1160	341	819	1.65	1.58
15712	8002	7710	813	539	274	1227	354	873	1.67	1.62
28969	14754	14215	1616	994	622	2178	541	1637	1.40	1.36
155287	**77372**	**77915**	**6445**	**3905**	**2540**	**14063**	**3653**	**10410**	**1.82**	**1.75**
33961	16804	17157	2398	1204	1194	2328	454	1874	1.50	1.43
25179	12352	12827	1045	678	367	2780	756	2024	1.86	1.79
37200	18905	18295	1284	936	348	3628	940	2688	1.94	1.88
58947	29311	29636	1718	1087	631	5327	1503	3824	1.93	1.86
352334	**173036**	**179298**	**14768**	**8250**	**6518**	**32928**	**10423**	**22505**	**1.58**	**1.53**
50586	25037	25549	3442	1708	1734	3864	1007	2857	1.30	1.26
34216	16916	17300	1878	885	993	2694	804	1890	1.41	1.37
41087	20334	20753	2036	1134	902	3598	1098	2500	1.60	1.55
27037	13399	13638	1020	655	365	2812	899	1913	1.68	1.63
19004	9398	9606	554	341	213	1959	666	1293	1.69	1.62
21219	10197	11022	504	302	202	2538	961	1577	1.72	1.67
13470	6195	7275	301	176	125	1458	509	949	1.64	1.60
15922	7621	8301	355	224	131	1666	613	1053	1.77	1.73
16345	7795	8550	452	283	169	1629	519	1110	1.67	1.62
21017	10166	10851	820	458	362	2071	656	1415	1.56	1.50
12758	6160	6598	413	246	167	1292	382	910	1.59	1.50
30789	15270	15519	989	659	330	3061	966	2095	1.81	1.75
14097	6940	7157	858	507	351	1644	460	1184	1.43	1.39
34787	17608	17179	1146	672	474	2642	883	1759	1.70	1.66
123682	**61789**	**61893**	**5158**	**3124**	**2034**	**12554**	**3348**	**9206**	**1.68**	**1.63**
44723	22228	22495	2233	1143	1090	4196	1082	3114	1.45	1.41
18330	9214	9116	733	449	284	1663	434	1229	1.65	1.60
18465	9212	9253	733	509	224	1831	528	1303	1.89	1.82
14730	7399	7331	528	365	163	1692	430	1262	1.80	1.74
13512	6775	6737	449	321	128	1454	435	1019	1.88	1.84
13922	6961	6961	482	337	145	1718	439	1279	1.90	1.83
314382	**157488**	**156894**	**10579**	**7624**	**2955**	**30455**	**8433**	**22022**	**2.01**	**1.94**
56982	28246	28736	2024	1307	717	5256	1464	3792	1.95	1.87
38751	19476	19275	1288	972	316	3886	1067	2819	2.02	1.97
35639	17870	17769	1636	1173	463	3451	940	2511	1.91	1.84
28105	14327	13778	1235	867	368	2583	832	1751	1.71	1.67
36862	18707	18155	1359	1050	309	3873	1040	2833	2.08	2.02
31311	15754	15557	977	738	239	3291	841	2450	2.12	2.06
57506	28524	28982	1209	903	306	5149	1477	3672	2.08	2.01
29226	14584	14642	851	614	237	2966	772	2194	2.15	2.05
155160	**75070**	**80090**	**4733**	**3008**	**1725**	**17915**	**5702**	**12213**	**1.60**	**1.54**
18454	8901	9553	749	395	354	1234	317	917	1.23	1.15
7319	3663	3656	291	180	111	751	237	514	1.43	1.39
9365	4600	4765	369	242	127	992	296	696	1.62	1.57
7714	3843	3871	348	219	129	806	194	612	1.56	1.51
15816	7597	8219	434	272	162	1987	625	1362	1.61	1.57
21871	10428	11443	559	365	194	3126	1031	2095	1.63	1.59
14348	6761	7587	369	263	106	1926	612	1314	1.64	1.59

表7 续表 45

地区	15岁及以上人口			未婚		
	合计	男	女	小计	男	女
德江县	26658	13091	13567	6094	3384	2710
沿河土家族自治县	28600	14130	14470	6466	3685	2781
松桃苗族自治县	35059	17998	17061	8777	5411	3366
黔西南布依族苗族自治州	**216173**	**108645**	**107528**	**43899**	**25735**	**18164**
兴义市	73985	36854	37131	16256	9039	7217
兴仁市	29586	14973	14613	5735	3406	2329
普安县	17138	8758	8380	3417	2072	1345
晴隆县	15998	8090	7908	3330	1968	1362
贞丰县	21603	10894	10709	3930	2420	1510
望谟县	17573	8925	8648	4117	2431	1686
册亨县	14077	6985	7092	2818	1692	1126
安龙县	26213	13166	13047	4296	2707	1589
黔东南苗族侗族自治州	**269675**	**136860**	**132815**	**49738**	**32511**	**17227**
凯里市	50940	25692	25248	11181	6826	4355
黄平县	17295	8742	8553	3280	2041	1239
施秉县	9074	4499	4575	1591	974	617
三穗县	11608	5845	5763	1997	1305	692
镇远县	14184	7093	7091	2202	1409	793
岑巩县	12206	6115	6091	2195	1422	773
天柱县	18481	9490	8991	2628	1839	789
锦屏县	11752	5961	5791	2014	1326	688
剑河县	13220	6671	6549	2330	1612	718
台江县	9215	4677	4538	2283	1395	888
黎平县	29402	14783	14619	4677	3174	1503
榕江县	20195	10416	9779	3818	2612	1206
从江县	21722	11040	10682	3588	2508	1080
雷山县	9419	5049	4370	1892	1356	536
麻江县	9877	5056	4821	1650	1121	529
丹寨县	11085	5731	5354	2412	1591	821
黔南布依族苗族自治州	**254108**	**128043**	**126065**	**51636**	**31108**	**20528**
都匀市	39656	19677	19979	9332	5240	4092
福泉市	21716	11161	10555	3933	2503	1430
荔波县	11948	6134	5814	2174	1399	775
贵定县	18804	9068	9736	4598	2287	2311
瓮安县	29021	14613	14408	4485	2828	1657
独山县	19340	9890	9450	3333	2176	1157
平塘县	16345	8030	8315	2883	1797	1086
罗甸县	18123	9010	9113	3094	1979	1115
长顺县	13934	7090	6844	2674	1710	964
龙里县	17234	9178	8056	3579	2331	1248
惠水县	28408	14206	14202	7315	4132	3183
三都水族自治县	19579	9986	9593	4236	2726	1510
云南省	**3899521**	**2008907**	**1890614**	**857957**	**523840**	**334117**
昆明市	**672878**	**340037**	**332841**	**165775**	**92365**	**73410**
五华区	93318	44672	48646	25985	12794	13191
盘龙区	80540	39908	40632	21230	11503	9727
官渡区	125834	66848	58986	30134	18427	11707
西山区	78995	39407	39588	17877	9899	7978
东川区	19761	10114	9647	3372	2160	1212
呈贡区	50733	25848	24885	18552	9455	9097
晋宁区	27891	14166	13725	5476	2948	2528
富民县	11951	6301	5650	2225	1489	736
宜良县	30644	15384	15260	4683	2926	1757
石林彝族自治县	20096	10271	9825	3587	2235	1352
嵩明县	33568	16715	16853	10991	5676	5315
禄劝彝族苗族自治县	26836	13238	13598	4743	2695	2048
寻甸回族彝族自治县	32982	16428	16554	5021	3137	1884
安宁市	39729	20737	18992	11899	7021	4878

单位：人

有配偶			离婚			丧偶			15—64岁妇女	
小计	男	女	小计	男	女	小计	男	女	平均活产子女数	平均存活子女数
18110	8754	9356	516	300	216	1938	653	1285	1.67	1.62
19360	9371	9989	391	260	131	2383	814	1569	1.84	1.78
22803	11152	11651	707	512	195	2772	923	1849	1.68	1.62
152331	**75784**	**76547**	**5093**	**3226**	**1867**	**14850**	**3900**	**10950**	**1.70**	**1.65**
51876	25767	26109	2066	1115	951	3787	933	2854	1.50	1.44
21207	10548	10659	644	456	188	2000	563	1437	1.85	1.80
12281	6186	6095	303	201	102	1137	299	838	1.99	1.93
11179	5601	5578	278	209	69	1211	312	899	1.94	1.88
15493	7645	7848	470	342	128	1710	487	1223	1.88	1.83
11386	5768	5618	390	274	116	1680	452	1228	1.58	1.52
9746	4789	4957	260	167	93	1253	337	916	1.62	1.58
19163	9480	9683	682	462	220	2072	517	1555	1.82	1.73
191165	**93826**	**97339**	**6909**	**4500**	**2409**	**21863**	**6023**	**15840**	**1.71**	**1.66**
34716	17142	17574	1999	1039	960	3044	685	2359	1.42	1.37
11930	5949	5981	374	288	86	1711	464	1247	1.69	1.64
6494	3165	3329	226	148	78	763	212	551	1.73	1.66
8275	4025	4250	368	240	128	968	275	693	1.77	1.71
10445	5106	5339	338	227	111	1199	351	848	1.72	1.65
8785	4197	4588	253	173	80	973	323	650	1.68	1.64
13521	6723	6798	498	376	122	1834	552	1282	1.74	1.70
8491	4185	4306	221	149	72	1026	301	725	1.80	1.74
9519	4597	4922	272	194	78	1099	268	831	1.89	1.85
6043	2985	3058	172	110	62	717	187	530	1.70	1.63
21482	10434	11048	592	403	189	2651	772	1879	1.88	1.82
14446	7058	7388	410	307	103	1521	439	1082	1.89	1.85
15983	7754	8229	362	258	104	1789	520	1269	1.91	1.84
6518	3313	3205	237	171	66	772	209	563	1.72	1.65
7097	3510	3587	286	204	82	844	221	623	1.69	1.64
7420	3683	3737	301	213	88	952	244	708	1.59	1.52
174366	**86781**	**87585**	**7714**	**4788**	**2926**	**20392**	**5366**	**15026**	**1.55**	**1.50**
25691	12870	12821	1767	944	823	2866	623	2243	1.18	1.13
15721	7863	7858	684	445	239	1378	350	1028	1.66	1.61
8563	4337	4226	291	173	118	920	225	695	1.62	1.59
12037	5977	6060	706	426	280	1463	378	1085	1.37	1.33
21548	10628	10920	994	588	406	1994	569	1425	1.63	1.57
13610	6839	6771	536	353	183	1861	522	1339	1.64	1.58
11433	5531	5902	322	225	97	1707	477	1230	1.65	1.60
12656	6201	6455	475	318	157	1898	512	1386	1.69	1.62
9766	4832	4934	318	232	86	1176	316	860	1.72	1.65
12066	6170	5896	582	369	213	1007	308	699	1.60	1.52
18008	8986	9022	645	427	218	2440	661	1779	1.50	1.46
13267	6547	6720	394	288	106	1682	425	1257	1.89	1.84
2710690	**1364977**	**1345713**	**103200**	**59486**	**43714**	**227674**	**60604**	**167070**	**1.44**	**1.39**
458433	**230870**	**227563**	**20241**	**9831**	**10410**	**28429**	**6971**	**21458**	**1.09**	**1.06**
60305	29564	30741	3573	1556	2017	3455	758	2697	0.85	0.82
53504	26520	26984	2815	1203	1612	2991	682	2309	0.93	0.91
88688	45857	42831	3666	1779	1887	3346	785	2561	1.13	1.09
54864	27437	27427	2999	1345	1654	3255	726	2529	0.96	0.93
14081	7132	6949	769	428	341	1539	394	1145	1.53	1.46
30051	15609	14442	1062	533	529	1068	251	817	0.90	0.88
20338	10447	9891	739	413	326	1338	358	980	1.19	1.17
8687	4445	4242	313	165	148	726	202	524	1.36	1.31
23012	11435	11577	843	472	371	2106	551	1555	1.39	1.35
14872	7445	7427	477	260	217	1160	331	829	1.42	1.37
20569	10293	10276	624	356	268	1384	390	994	1.12	1.09
19328	9645	9683	499	325	174	2266	573	1693	1.48	1.42
25189	12362	12827	493	305	188	2279	624	1655	1.62	1.57
24945	12679	12266	1369	691	678	1516	346	1170	0.99	0.97

表7 续表 46

地 区	15岁及以上人口			未婚		
	合 计	男	女	小 计	男	女
曲靖市	**471083**	**242469**	**228614**	**106822**	**65301**	**41521**
麒麟区	79332	39015	40317	18960	10258	8702
沾益区	37194	18859	18335	9019	5253	3766
马龙区	18056	9323	8733	3716	2224	1492
陆良县	50206	25982	24224	9956	6337	3619
师宗县	29054	15091	13963	5896	3737	2159
罗平县	44075	23040	21035	9092	5726	3366
富源县	53949	28389	25560	13343	8358	4985
会泽县	60817	31420	29397	13034	8317	4717
宣威市	98400	51350	47050	23806	15091	8715
玉溪市	**195823**	**100121**	**95702**	**38698**	**23568**	**15130**
红塔区	50050	24720	25330	11832	6414	5418
江川区	22083	11184	10899	3927	2367	1560
通海县	23827	12044	11783	3643	2302	1341
华宁县	15894	8122	7772	2618	1677	941
易门县	14478	7539	6939	2940	1884	1056
峨山彝族自治县	13908	7351	6557	2807	1768	1039
新平彝族傣族自治县	22323	11752	10571	3749	2527	1222
元江哈尼族彝族傣族自治县	18751	9754	8997	4066	2624	1442
澄江市	14509	7655	6854	3116	2005	1111
保山市	**211331**	**108318**	**103013**	**41891**	**25667**	**16224**
隆阳区	80501	40561	39940	17418	10249	7169
施甸县	24338	12509	11829	3977	2570	1407
龙陵县	23401	12487	10914	4585	3006	1579
昌宁县	28579	14734	13845	5194	3287	1907
腾冲市	54512	28027	26485	10717	6555	4162
昭通市	**406773**	**214807**	**191966**	**106303**	**65635**	**40668**
昭阳区	64202	32148	32054	14941	8568	6373
鲁甸县	32113	17205	14908	8471	5418	3053
巧家县	36556	19832	16724	8400	5638	2762
盐津县	28984	15458	13526	7925	4823	3102
大关县	19050	10301	8749	5281	3435	1846
永善县	31111	16620	14491	7922	5049	2873
绥江县	12149	6310	5839	2751	1720	1031
镇雄县	105269	55665	49604	31246	18755	12491
彝良县	41012	22142	18870	10736	6889	3847
威信县	27472	14594	12878	6713	4187	2526
水富市	8855	4532	4323	1917	1153	764
丽江市	**107386**	**54992**	**52394**	**23815**	**14464**	**9351**
古城区	23173	11623	11550	6352	3418	2934
玉龙纳西族自治县	18710	9653	9057	3228	2037	1191
永胜县	31327	15859	15468	6178	3858	2320
华坪县	14272	7561	6711	3385	2239	1146
宁蒗彝族自治县	19904	10296	9608	4672	2912	1760
普洱市	**192405**	**101384**	**91021**	**38241**	**25902**	**12339**
思茅区	32204	16104	16100	8563	4670	3893
宁洱哈尼族彝族自治县	13019	6789	6230	2037	1448	589
墨江哈尼族自治县	23004	12557	10447	4487	3401	1086
景东彝族自治县	28802	15123	13679	6502	4406	2096
景谷傣族彝族自治县	21868	11548	10320	3711	2744	967
镇沅彝族哈尼族拉祜族自治县	14102	7669	6433	2370	1766	604
江城哈尼族彝族自治县	8843	4691	4152	1569	1068	501
孟连傣族拉祜族佤族自治县	10744	5669	5075	1698	1141	557
澜沧拉祜族自治县	32705	17396	15309	5604	4091	1513
西盟佤族自治县	7114	3838	3276	1700	1167	533
临沧市	**183072**	**95542**	**87530**	**38612**	**25457**	**13155**
临翔区	28856	14506	14350	7260	4176	3084
凤庆县	35326	18265	17061	7253	4743	2510
云县	31280	16275	15005	6418	4306	2112

单位：人

有配偶			离婚			丧偶			15—64岁妇女	
小计	男	女	小计	男	女	小计	男	女	平均活产子女数	平均存活子女数
329715	**164550**	**165165**	**8171**	**4891**	**3280**	**26375**	**7727**	**18648**	**1.59**	**1.56**
55134	27069	28065	1906	867	1039	3332	821	2511	1.25	1.23
25646	12719	12927	599	345	254	1930	542	1388	1.37	1.34
13160	6665	6495	259	159	100	921	275	646	1.48	1.45
36872	18339	18533	839	521	318	2539	785	1754	1.66	1.62
21055	10532	10523	452	292	160	1651	530	1121	1.77	1.74
32037	16211	15826	583	392	191	2363	711	1652	1.78	1.75
36600	18553	18047	813	555	258	3193	923	2270	1.88	1.81
42381	21142	21239	1143	734	409	4259	1227	3032	1.66	1.61
66830	33320	33510	1577	1026	551	6187	1913	4274	1.64	1.60
140816	**71024**	**69792**	**5325**	**2832**	**2493**	**10984**	**2697**	**8287**	**1.34**	**1.30**
34382	17102	17280	1563	719	844	2273	485	1788	1.12	1.09
16468	8174	8294	534	292	242	1154	351	803	1.45	1.42
18121	9069	9052	616	339	277	1447	334	1113	1.48	1.43
11887	5946	5941	446	261	185	943	238	705	1.49	1.43
10342	5249	5093	288	160	128	908	246	662	1.31	1.28
10003	5228	4775	320	167	153	778	188	590	1.34	1.31
16493	8490	8003	598	348	250	1483	387	1096	1.45	1.38
12853	6525	6328	596	352	244	1236	253	983	1.42	1.39
10267	5241	5026	364	194	170	762	215	547	1.37	1.33
150876	**75847**	**75029**	**4740**	**2830**	**1910**	**13824**	**3974**	**9850**	**1.42**	**1.38**
55939	27760	28179	2202	1215	987	4942	1337	3605	1.33	1.29
17878	8998	8880	561	371	190	1922	570	1352	1.53	1.48
16913	8751	8162	410	267	143	1493	463	1030	1.55	1.51
20787	10513	10274	558	346	212	2040	588	1452	1.39	1.34
39359	19825	19534	1009	631	378	3427	1016	2411	1.48	1.43
265480	**134553**	**130927**	**11124**	**7621**	**3503**	**23866**	**6998**	**16868**	**1.79**	**1.74**
44462	21924	22538	1535	792	743	3264	864	2400	1.65	1.58
21220	10806	10414	621	458	163	1801	523	1278	2.06	2.03
24955	12906	12049	755	526	229	2446	762	1684	1.74	1.70
18192	9303	8889	1043	772	271	1824	560	1264	1.68	1.63
12048	6135	5913	554	398	156	1167	333	834	1.80	1.74
20204	10268	9936	986	666	320	1999	637	1362	1.71	1.67
7991	3997	3994	559	330	229	848	263	585	1.60	1.55
65498	33225	32273	2849	2077	772	5676	1608	4068	1.89	1.85
26560	13636	12924	1089	854	235	2627	763	1864	1.83	1.79
18333	9353	8980	732	522	210	1694	532	1162	1.87	1.83
6017	3000	3017	401	226	175	520	153	367	1.43	1.39
74464	**37481**	**36983**	**2415**	**1347**	**1068**	**6692**	**1700**	**4992**	**1.34**	**1.30**
15345	7744	7601	540	245	295	936	216	720	1.02	0.99
13716	7010	6706	387	242	145	1379	364	1015	1.39	1.35
21968	10946	11022	829	463	366	2352	592	1760	1.42	1.37
9591	4814	4777	427	266	161	869	242	627	1.32	1.27
13844	6967	6877	232	131	101	1156	286	870	1.56	1.54
134926	**68552**	**66374**	**5701**	**3482**	**2219**	**13537**	**3448**	**10089**	**1.49**	**1.42**
21372	10627	10745	1001	498	503	1268	309	959	1.07	1.04
9459	4806	4653	462	287	175	1061	248	813	1.48	1.43
16087	8273	7814	526	377	149	1904	506	1398	1.72	1.64
19420	9783	9637	649	410	239	2231	524	1707	1.42	1.38
15933	8010	7923	561	355	206	1663	439	1224	1.58	1.52
10349	5341	5008	383	259	124	1000	303	697	1.61	1.54
6460	3285	3175	305	183	122	509	155	354	1.62	1.55
7887	4096	3791	456	264	192	703	168	535	1.56	1.48
23247	11881	11366	1141	733	408	2713	691	2022	1.68	1.56
4712	2450	2262	217	116	101	485	105	380	1.59	1.49
127323	**64200**	**63123**	**4263**	**2594**	**1669**	**12874**	**3291**	**9583**	**1.52**	**1.46**
19041	9480	9561	753	427	326	1802	423	1379	1.28	1.24
24734	12386	12348	682	417	265	2657	719	1938	1.45	1.41
22041	10982	11059	575	366	209	2246	621	1625	1.51	1.46

表7 续表 47

地区	15岁及以上人口			未婚		
	合计	男	女	小计	男	女
永德县	27794	14921	12873	5980	4189	1791
镇康县	13176	7024	6152	2645	1802	843
双江拉祜族佤族布朗族傣族自治县	12596	6628	5968	2332	1662	670
耿马傣族佤族自治县	21687	11444	10243	4139	2790	1349
沧源佤族自治县	12357	6479	5878	2585	1789	796
楚雄彝族自治州	**224179**	**114179**	**110000**	**44613**	**27391**	**17222**
楚雄市	52813	26005	26808	11438	6253	5185
双柏县	12877	6972	5905	2704	1897	807
牟定县	18776	9720	9056	3910	2428	1482
南华县	20244	10295	9949	3936	2478	1458
姚安县	16793	8598	8195	3122	1914	1208
大姚县	19466	9900	9566	3430	2176	1254
永仁县	9247	4843	4404	1815	1235	580
元谋县	16788	8623	8165	2751	1870	881
武定县	22045	11098	10947	4217	2644	1573
禄丰县	35130	18125	17005	7290	4496	2794
红河哈尼族彝族自治州	**384861**	**198690**	**186171**	**83506**	**52675**	**30831**
个旧市	37523	19540	17983	7575	4740	2835
开远市	27476	13796	13680	5378	3334	2044
蒙自市	49747	25172	24575	13372	7471	5901
弥勒市	48986	25320	23666	10022	6286	3736
屏边苗族自治县	11916	6311	5605	2519	1707	812
建水县	46109	23531	22578	9624	5903	3721
石屏县	23813	11891	11922	4270	2665	1605
泸西县	32272	16733	15539	6348	4077	2271
元阳县	31752	16897	14855	7810	5394	2416
红河县	20725	10605	10120	4632	3012	1620
金平苗族瑶族傣族自治县	27741	14787	12954	6057	4119	1938
绿春县	17914	9404	8510	4099	2764	1335
河口瑶族自治县	8887	4703	4184	1800	1203	597
文山壮族苗族自治州	**281850**	**147428**	**134422**	**60132**	**38382**	**21750**
文山市	46524	23369	23155	10431	5967	4464
砚山县	38533	19985	18548	7927	5043	2884
西畴县	18962	10235	8727	4189	2720	1469
麻栗坡县	20261	11013	9248	3976	2738	1238
马关县	22686	11837	10849	3412	2269	1143
丘北县	38125	20296	17829	8837	5765	3072
广南县	63539	33562	29977	14127	9336	4791
富宁县	33220	17131	16089	7233	4544	2689
西双版纳傣族自治州	**103079**	**54054**	**49025**	**18916**	**12265**	**6651**
景洪市	51053	26790	24263	10074	6450	3624
勐海县	27884	14458	13426	4523	3047	1476
勐腊县	24142	12806	11336	4319	2768	1551
大理白族自治州	**292326**	**147129**	**145197**	**56366**	**33369**	**22997**
大理市	63696	31490	32206	13133	7200	5933
漾濞彝族自治县	8443	4468	3975	1436	979	457
祥云县	36866	18478	18388	7455	4258	3197
宾川县	29542	15099	14443	5208	3203	2005
弥渡县	25718	12896	12822	5462	3193	2269
南涧彝族自治县	17775	9001	8774	3640	2250	1390
巍山彝族回族自治县	23462	11763	11699	4103	2516	1587
永平县	14549	7348	7201	2618	1672	946
云龙县	15699	8145	7554	3285	2144	1141
洱源县	22355	11186	11169	4113	2454	1659
剑川县	13341	6673	6668	2482	1407	1075
鹤庆县	20880	10582	10298	3431	2093	1338
德宏傣族景颇族自治州	**101348**	**52457**	**48891**	**19346**	**11800**	**7546**
瑞丽市	21778	11981	9797	5439	3467	1972
芒市	34209	17343	16866	6640	3774	2866

单位：人

有配偶			离婚			丧偶			15—64岁妇女	
小计	男	女	小计	男	女	小计	男	女	平均活产子女数	平均存活子女数
19278	9799	9479	591	371	220	1945	562	1383	1.55	1.50
9348	4791	4557	298	205	93	885	226	659	1.70	1.64
8984	4543	4441	320	202	118	960	221	739	1.67	1.61
15506	7940	7566	663	404	259	1379	310	1069	1.65	1.57
8391	4279	4112	381	202	179	1000	209	791	1.72	1.57
159503	**79558**	**79945**	**5107**	**2948**	**2159**	**14956**	**4282**	**10674**	**1.34**	**1.30**
37272	18395	18877	1150	568	582	2953	789	2164	1.16	1.13
9005	4672	4333	239	152	87	929	251	678	1.45	1.40
13313	6677	6636	367	239	128	1186	376	810	1.31	1.27
14548	7198	7350	328	201	127	1432	418	1014	1.42	1.36
12155	6063	6092	363	224	139	1153	397	756	1.33	1.30
14073	6979	7094	391	248	143	1572	497	1075	1.38	1.34
6392	3205	3187	366	212	154	674	191	483	1.43	1.39
12423	6177	6246	458	261	197	1156	315	841	1.52	1.48
15664	7746	7918	530	310	220	1634	398	1236	1.47	1.43
24658	12446	12212	915	533	382	2267	650	1617	1.36	1.31
266220	**133584**	**132636**	**11704**	**6790**	**4914**	**23431**	**5641**	**17790**	**1.47**	**1.42**
25875	13398	12477	1747	878	869	2326	524	1802	1.22	1.20
19263	9560	9703	1183	552	631	1652	350	1302	1.30	1.25
32757	16354	16403	1583	864	719	2035	483	1552	1.15	1.12
34950	17587	17363	1308	745	563	2706	702	2004	1.39	1.35
8222	4131	4091	409	266	143	766	207	559	1.50	1.44
32377	16207	16170	1329	751	578	2779	670	2109	1.36	1.31
17278	8499	8779	577	326	251	1688	401	1287	1.52	1.46
23478	11666	11812	665	423	242	1781	567	1214	1.71	1.66
20794	10388	10406	767	546	221	2381	569	1812	1.74	1.69
14039	6902	7137	440	322	118	1614	369	1245	2.02	1.97
18870	9653	9217	868	609	259	1946	406	1540	1.62	1.56
12166	6087	6079	413	276	137	1236	277	959	1.75	1.68
6151	3152	2999	415	232	183	521	116	405	1.43	1.39
196546	**99369**	**97177**	**6997**	**4652**	**2345**	**18175**	**5025**	**13150**	**1.62**	**1.57**
32082	15946	16136	1568	872	696	2443	584	1859	1.40	1.32
27298	13730	13568	980	631	349	2328	581	1747	1.66	1.60
12757	6642	6115	635	473	162	1381	400	981	1.47	1.43
14220	7440	6780	572	409	163	1493	426	1067	1.60	1.55
16751	8569	8182	720	503	217	1803	496	1307	1.70	1.63
26484	13429	13055	741	515	226	2063	587	1476	1.80	1.75
44372	22265	22107	1017	750	267	4023	1211	2812	1.72	1.68
22582	11348	11234	764	499	265	2641	740	1901	1.54	1.50
74159	**37989**	**36170**	**4644**	**2553**	**2091**	**5360**	**1247**	**4113**	**1.42**	**1.36**
35965	18446	17519	2535	1321	1214	2479	573	1906	1.29	1.26
20558	10410	10148	1160	635	525	1643	366	1277	1.57	1.48
17636	9133	8503	949	597	352	1238	308	930	1.51	1.44
210528	**104941**	**105587**	**7015**	**3894**	**3121**	**18417**	**4925**	**13492**	**1.37**	**1.34**
45626	22682	22944	1789	850	939	3148	758	2390	1.16	1.12
6218	3208	3010	237	151	86	552	130	422	1.59	1.56
26402	13113	13289	791	466	325	2218	641	1577	1.35	1.31
21761	10951	10810	873	477	396	1700	468	1232	1.46	1.43
18014	8886	9128	586	328	258	1656	489	1167	1.31	1.27
12488	6239	6249	352	203	149	1295	309	986	1.40	1.36
17086	8479	8607	500	295	205	1773	473	1300	1.45	1.41
10406	5167	5239	421	248	173	1104	261	843	1.48	1.43
10938	5467	5471	377	235	142	1099	299	800	1.54	1.50
16406	8083	8323	373	210	163	1463	439	1024	1.49	1.46
9716	4886	4830	217	133	84	926	247	679	1.50	1.46
15467	7780	7687	499	298	201	1483	411	1072	1.48	1.45
72826	**37499**	**35327**	**3225**	**1794**	**1431**	**5951**	**1364**	**4587**	**1.51**	**1.44**
14654	7889	6765	924	487	437	761	138	623	1.25	1.20
24637	12579	12058	1058	562	496	1874	428	1446	1.40	1.35

表7 续表 48

地区	15岁及以上人口			未婚		
	合计	男	女	小计	男	女
梁河县	10326	5295	5031	1405	941	464
盈江县	21654	10954	10700	3669	2267	1402
陇川县	13381	6884	6497	2193	1351	842
怒江傈僳族自治州	**40861**	**21541**	**19320**	**8592**	**5540**	**3052**
泸水市	15874	8503	7371	3571	2208	1363
福贡县	7877	4118	3759	1699	1089	610
贡山独龙族怒族自治县	2838	1562	1276	665	471	194
兰坪白族普米族自治县	14272	7358	6914	2657	1772	885
迪庆藏族自治州	**30266**	**15759**	**14507**	**6329**	**4059**	**2270**
香格里拉市	14408	7467	6941	3224	1924	1300
德钦县	4301	2177	2124	890	568	322
维西傈僳族自治县	11557	6115	5442	2215	1567	648
西藏自治区	**250082**	**130455**	**119627**	**79837**	**45177**	**34660**
拉萨市	**59621**	**31677**	**27944**	**19641**	**11163**	**8478**
城关区	32368	16888	15480	11651	6360	5291
堆龙德庆区	9202	5312	3890	3010	1871	1139
达孜区	2168	1108	1060	540	342	198
林周县	3335	1646	1689	732	413	319
当雄县	3082	1559	1523	1010	562	448
尼木县	1887	1011	876	525	322	203
曲水县	3091	1642	1449	1024	610	414
墨竹工卡县	3420	1851	1569	830	483	347
拉萨经济技术开发区	713	428	285	200	116	84
西藏文化旅游创意园区	329	216	113	111	79	32
达孜工业园区	26	16	10	8	5	3
日喀则市	**55375**	**29004**	**26371**	**14889**	**8470**	**6419**
桑珠孜区	11214	5947	5267	4078	2230	1848
南木林县	5560	2928	2632	1570	875	695
江孜县	4736	2396	2340	980	560	420
定日县	3810	1950	1860	994	553	441
萨迦县	3599	1883	1716	909	526	383
拉孜县	3825	1973	1852	1008	565	443
昂仁县	3762	1950	1812	1048	605	443
谢通门县	3080	1630	1450	769	490	279
白朗县	3173	1706	1467	811	487	324
仁布县	2404	1352	1052	543	335	208
康马县	1479	739	740	272	157	115
定结县	1427	745	682	275	154	121
仲巴县	1832	929	903	494	273	221
亚东县	1099	568	531	193	121	72
吉隆县	1139	612	527	278	166	112
聂拉木县	1174	622	552	267	150	117
萨嘎县	1152	597	555	243	141	102
岗巴县	910	477	433	157	82	75
昌都市	**51061**	**26465**	**24596**	**21091**	**11862**	**9229**
卡若区	9430	4813	4617	4180	2268	1912
江达县	6490	3533	2957	3299	2001	1298
贡觉县	2821	1463	1358	1306	724	582
类乌齐县	4144	2170	1974	1891	1064	827
丁青县	6436	3327	3109	2869	1548	1321
察雅县	3606	1766	1840	1539	801	738
八宿县	2867	1450	1417	1096	610	486
左贡县	3199	1635	1564	1013	589	424
芒康县	5538	2963	2575	1721	1020	701
洛隆县	3550	1789	1761	1284	729	555
边坝县	2980	1556	1424	893	508	385

单位：人

有配偶			离婚			丧偶			15—64岁妇女	
小计	男	女	小计	男	女	小计	男	女	平均活产子女数	平均存活子女数
7923	3989	3934	216	141	75	782	224	558	1.77	1.70
15856	8000	7856	568	329	239	1561	358	1203	1.71	1.63
9756	5042	4714	459	275	184	973	216	757	1.66	1.57
27906	**14247**	**13659**	**1659**	**976**	**683**	**2704**	**778**	**1926**	**1.62**	**1.55**
10648	5583	5065	741	433	308	914	279	635	1.48	1.42
5389	2708	2681	308	175	133	481	146	335	1.85	1.76
1777	928	849	182	106	76	214	57	157	1.53	1.34
10092	5028	5064	428	262	166	1095	296	799	1.66	1.60
20969	**10713**	**10256**	**869**	**451**	**418**	**2099**	**536**	**1563**	**1.48**	**1.44**
10083	5205	4878	307	137	170	794	201	593	1.36	1.33
2895	1460	1435	114	54	60	402	95	307	1.50	1.46
7991	4048	3943	448	260	188	903	240	663	1.63	1.57
152763	**79763**	**73000**	**5269**	**1981**	**3288**	**12213**	**3534**	**8679**	**1.51**	**1.43**
36489	**19377**	**17112**	**1311**	**556**	**755**	**2180**	**581**	**1599**	**1.12**	**1.07**
19087	9995	9092	692	301	391	938	232	706	0.86	0.81
5769	3284	2485	192	91	101	231	66	165	1.06	1.01
1456	716	740	53	21	32	119	29	90	1.63	1.58
2277	1153	1124	91	28	63	235	52	183	1.84	1.72
1829	927	902	84	29	55	159	41	118	1.65	1.62
1191	632	559	48	17	31	123	40	83	1.80	1.75
1863	971	892	64	27	37	140	34	106	1.27	1.19
2327	1265	1062	55	24	31	208	79	129	1.88	1.75
478	299	179	18	9	9	17	4	13	1.10	1.07
195	125	70	13	8	5	10	4	6	1.13	0.95
17	10	7	1	1					0.90	0.90
36612	**19317**	**17295**	**980**	**337**	**643**	**2894**	**880**	**2014**	**1.77**	**1.67**
6648	3556	3092	120	52	68	368	109	259	1.22	1.17
3600	1928	1672	102	34	68	288	91	197	2.03	1.88
3375	1723	1652	95	32	63	286	81	205	1.92	1.84
2516	1301	1215	47	15	32	253	81	172	1.87	1.81
2437	1278	1159	65	23	42	188	56	132	1.81	1.68
2515	1316	1199	88	26	62	214	66	148	1.95	1.84
2454	1255	1199	65	25	40	195	65	130	1.97	1.83
2015	1043	972	87	30	57	209	67	142	2.00	1.86
2140	1149	991	53	16	37	169	54	115	2.24	2.01
1676	960	716	50	16	34	135	41	94	1.93	1.83
1094	546	548	17	6	11	96	30	66	1.84	1.70
1023	554	469	17	4	13	112	33	79	1.49	1.46
1175	602	573	69	26	43	94	28	66	1.85	1.74
813	426	387	31	9	22	62	12	50	1.41	1.31
773	418	355	19	7	12	69	21	48	1.90	1.79
842	455	387	12	2	10	53	15	38	1.92	1.83
820	428	392	34	13	21	55	15	40	1.76	1.68
696	379	317	9	1	8	48	15	33	1.59	1.50
26516	**13545**	**12971**	**725**	**199**	**526**	**2729**	**859**	**1870**	**1.51**	**1.47**
4731	2390	2341	120	41	79	399	114	285	1.10	1.08
2735	1413	1322	72	18	54	384	101	283	1.40	1.39
1284	663	621	22	6	16	209	70	139	1.31	1.30
1918	1005	913	133	26	107	202	75	127	1.55	1.50
3239	1653	1586	56	18	38	272	108	164	1.73	1.70
1825	898	927	52	16	36	190	51	139	1.47	1.42
1550	774	776	49	15	34	172	51	121	1.44	1.41
1901	948	953	46	11	35	239	87	152	1.59	1.56
3399	1816	1583	79	26	53	339	101	238	1.86	1.76
2017	992	1025	66	9	57	183	59	124	1.69	1.64
1917	993	924	30	13	17	140	42	98	1.82	1.79

表7 续表 49

地区	15岁及以上人口			未婚		
	合计	男	女	小计	男	女
林芝市	**17509**	**9219**	**8290**	**4679**	**2733**	**1946**
巴宜区	6041	3184	2857	2011	1098	913
工布江达县	2439	1242	1197	529	315	214
米林县	1850	958	892	379	220	159
墨脱县	1071	638	433	224	148	76
波密县	2628	1371	1257	781	473	308
察隅县	2159	1140	1019	513	332	181
朗县	1321	686	635	242	147	95
山南市	**25627**	**13251**	**12376**	**6450**	**3792**	**2658**
乃东区	5561	2776	2785	1715	920	795
扎囊县	2747	1381	1366	844	499	345
贡嘎县	3740	2105	1635	852	530	322
桑日县	1500	865	635	398	261	137
琼结县	1045	496	549	216	126	90
曲松县	981	503	478	228	138	90
措美县	918	468	450	182	114	68
洛扎县	1333	647	686	277	154	123
加查县	1868	994	874	381	233	148
隆子县	2439	1236	1203	576	343	233
错那县	1096	561	535	249	156	93
浪卡子县	2399	1219	1180	532	318	214
那曲市	**31868**	**16027**	**15841**	**10572**	**5686**	**4886**
色尼区	6085	3077	3008	2053	1121	932
嘉黎县	2414	1254	1160	669	366	303
比如县	4457	2220	2237	1663	864	799
聂荣县	2244	1099	1145	720	381	339
安多县	2831	1424	1407	861	496	365
申扎县	1572	790	782	470	256	214
索县	3012	1540	1472	1201	646	555
班戈县	2759	1349	1410	873	459	414
巴青县	3545	1798	1747	1163	612	551
尼玛县	2144	1078	1066	649	353	296
双湖县	805	398	407	250	132	118
阿里地区	**9021**	**4812**	**4209**	**2515**	**1471**	**1044**
普兰县	876	464	412	269	155	114
札达县	614	332	282	172	108	64
噶尔县	2373	1399	974	634	399	235
日土县	790	402	388	192	106	86
革吉县	1246	633	613	376	217	159
改则县	1889	963	926	530	299	231
措勤县	1233	619	614	342	187	155
陕西省	**3062288**	**1544904**	**1517384**	**556521**	**331011**	**225510**
西安市	**917034**	**460918**	**456116**	**210639**	**118028**	**92611**
新城区	44343	21729	22614	8585	4683	3902
碑林区	58107	28265	29842	14442	7809	6633
莲湖区	77577	37669	39908	14715	7793	6922
灞桥区	74091	38307	35784	17591	10161	7430
未央区	131485	67125	64360	30106	17177	12929
雁塔区	150920	75407	75513	39166	20728	18438
阎良区	25344	13061	12283	4531	2990	1541
临潼区	52818	26461	26357	10132	6118	4014
长安区	140097	70762	69335	42318	22302	20016
高陵区	34433	17264	17169	5262	3166	2096
鄠邑区	49037	25085	23952	10783	6687	4096
蓝田县	36227	18412	17815	6728	4266	2462
周至县	42555	21371	21184	6280	4148	2132
铜川市	**57178**	**28727**	**28451**	**7508**	**4669**	**2839**
王益区	11488	5659	5829	1529	945	584
印台区	10678	5398	5280	1285	818	467
耀州区	28846	14358	14488	3816	2303	1513
宜君县	6166	3312	2854	878	603	275

单位：人

有配偶			离婚			丧偶			15—64岁妇女	
小计	男	女	小计	男	女	小计	男	女	平均活产子女数	平均存活子女数
11492	**6048**	**5444**	**432**	**208**	**224**	**906**	**230**	**676**	**1.49**	**1.39**
3719	1976	1743	138	61	77	173	49	124	1.12	1.07
1700	867	833	64	26	38	146	34	112	1.84	1.68
1310	687	623	49	29	20	112	22	90	1.58	1.51
748	442	306	37	24	13	62	24	38	2.01	1.79
1616	830	786	62	31	31	169	37	132	1.54	1.45
1447	744	703	40	17	23	159	47	112	1.75	1.63
952	502	450	42	20	22	85	17	68	1.56	1.44
16983	**8768**	**8215**	**688**	**263**	**425**	**1506**	**428**	**1078**	**1.44**	**1.37**
3466	1742	1724	146	55	91	234	59	175	1.11	1.07
1706	826	880	27	14	13	170	42	128	1.41	1.38
2581	1467	1114	105	41	64	202	67	135	1.64	1.54
964	559	405	41	15	26	97	30	67	1.48	1.42
707	344	363	35	6	29	87	20	67	1.54	1.45
676	342	334	27	8	19	50	15	35	1.69	1.49
635	321	314	33	12	21	68	21	47	1.59	1.44
896	448	448	59	21	38	101	24	77	1.48	1.39
1333	713	620	44	20	24	110	28	82	1.48	1.44
1604	799	805	93	40	53	166	54	112	1.50	1.39
750	382	368	26	8	18	71	15	56	1.21	1.17
1665	825	840	52	23	29	150	53	97	1.79	1.70
18913	**9607**	**9306**	**797**	**278**	**519**	**1586**	**456**	**1130**	**1.83**	**1.69**
3624	1816	1808	138	46	92	270	94	176	1.71	1.48
1580	838	742	33	10	23	132	40	92	1.95	1.86
2503	1273	1230	79	22	57	212	61	151	2.19	2.11
1343	671	672	45	13	32	136	34	102	1.68	1.55
1692	836	856	128	49	79	150	43	107	1.69	1.54
956	480	476	57	31	26	89	23	66	1.57	1.45
1630	838	792	51	15	36	130	41	89	2.05	1.96
1631	810	821	101	35	66	154	45	109	1.52	1.40
2184	1144	1040	46	13	33	152	29	123	2.05	1.92
1296	661	635	82	31	51	117	33	84	1.65	1.51
474	240	234	37	13	24	44	13	31	1.59	1.43
5758	**3101**	**2657**	**336**	**140**	**196**	**412**	**100**	**312**	**1.52**	**1.45**
548	294	254	13	7	6	46	8	38	1.10	1.08
393	214	179	18	6	12	31	4	27	1.28	1.26
1576	939	637	97	48	49	66	13	53	1.38	1.33
515	266	249	40	21	19	43	9	34	1.54	1.51
731	375	356	61	23	38	78	18	60	1.50	1.49
1213	618	595	62	19	43	84	27	57	1.85	1.72
782	395	387	45	16	29	64	21	43	1.62	1.46
2269145	**1129311**	**1139834**	**56026**	**32180**	**23846**	**180596**	**52402**	**128194**	**1.32**	**1.29**
648481	**323600**	**324881**	**18901**	**9050**	**9851**	**39013**	**10240**	**28773**	**1.06**	**1.03**
31979	15815	16164	1452	675	777	2327	556	1771	0.94	0.92
38996	19012	19984	1841	796	1045	2828	648	2180	0.84	0.81
57152	28089	29063	2409	1035	1374	3301	752	2549	0.94	0.91
52223	26738	25485	1464	749	715	2813	659	2154	1.07	1.04
95301	47993	47308	2700	1172	1528	3378	783	2595	1.00	0.97
104773	52468	52305	3317	1388	1929	3664	823	2841	0.90	0.88
18844	9410	9434	633	326	307	1336	335	1001	1.20	1.18
38349	18826	19523	1012	604	408	3325	913	2412	1.35	1.33
90801	46109	44692	1756	887	869	5222	1464	3758	0.98	0.95
26881	13357	13524	662	346	316	1628	395	1233	1.24	1.21
34523	17104	17419	664	383	281	3067	911	2156	1.26	1.24
26174	12891	13283	475	337	138	2850	918	1932	1.52	1.50
32485	15788	16697	516	352	164	3274	1083	2191	1.59	1.55
44283	**22107**	**22176**	**1387**	**832**	**555**	**4000**	**1119**	**2881**	**1.36**	**1.32**
8604	4270	4334	406	223	183	949	221	728	1.16	1.12
8190	4146	4044	315	187	128	888	247	641	1.45	1.41
22774	11235	11539	529	322	207	1727	498	1229	1.36	1.32
4715	2456	2259	137	100	37	436	153	283	1.59	1.56

表7 续表 50

地区	15岁及以上人口			未婚		
	合计	男	女	小计	男	女
宝鸡市	**284096**	**141933**	**142163**	**44126**	**26986**	**17140**
渭滨区	45379	22020	23359	8058	4235	3823
金台区	39479	19668	19811	5741	3406	2335
陈仓区	40181	20203	19978	6012	3906	2106
凤翔县	40274	20289	19985	6945	4407	2538
岐山县	29192	14437	14755	3762	2438	1324
扶风县	25474	12515	12959	3898	2460	1438
眉县	23891	12163	11728	3598	2242	1356
陇县	14892	7156	7736	2200	1350	850
千阳县	9103	4602	4501	1508	948	560
麟游县	6364	3604	2760	989	649	340
凤县	6551	3517	3034	951	646	305
太白县	3316	1759	1557	464	299	165
咸阳市	**381603**	**190100**	**191503**	**65092**	**38337**	**26755**
秦都区	67180	32725	34455	14057	7110	6947
杨陵区	19559	9815	9744	6254	3557	2697
渭城区	40295	20104	20191	9120	4980	4140
三原县	29860	14770	15090	3756	2294	1462
泾阳县	34539	17291	17248	4919	3132	1787
乾县	33424	16580	16844	5050	3289	1761
礼泉县	26913	13545	13368	3616	2384	1232
永寿县	12017	6071	5946	2071	1314	757
长武县	10894	5842	5052	1154	785	369
旬邑县	15015	7637	7378	1871	1145	726
淳化县	11879	6098	5781	1939	1202	737
武功县	23551	11247	12304	3447	2158	1289
兴平市	37357	18542	18815	5611	3525	2086
彬州市	19120	9833	9287	2227	1462	765
渭南市	**382048**	**189361**	**192687**	**57651**	**34505**	**23146**
临渭区	74586	36925	37661	14041	8162	5879
华州区	21501	10746	10755	3230	1979	1251
潼关县	9877	4948	4929	1865	1095	770
大荔县	45870	22428	23442	5752	3423	2329
合阳县	30856	15161	15695	4132	2411	1721
澄城县	25206	12303	12903	3339	2009	1330
蒲城县	56088	27954	28134	8582	5126	3456
白水县	17598	8853	8745	2685	1717	968
富平县	53230	26246	26984	7109	4332	2777
韩城市	30985	15809	15176	4322	2727	1595
华阴市	16251	7988	8263	2594	1524	1070
延安市	**163108**	**84575**	**78533**	**25931**	**15681**	**10250**
宝塔区	45136	22890	22246	8616	4899	3717
安塞区	10248	5288	4960	1184	784	400
延长县	7957	4156	3801	1033	703	330
延川县	10112	5263	4849	1759	1088	671
志丹县	9739	5012	4727	1462	830	632
吴起县	9827	5115	4712	1255	757	498
甘泉县	5466	2796	2670	815	503	312
富县	11045	5895	5150	1622	1037	585
洛川县	15965	8175	7790	2333	1453	880
宜川县	8730	4472	4258	1457	857	600
黄龙县	3322	1736	1586	436	280	156
黄陵县	10039	5596	4443	1208	827	381
子长市	15522	8181	7341	2751	1663	1088
汉中市	**252831**	**124894**	**127937**	**39705**	**24912**	**14793**
汉台区	48982	23923	25059	7951	4552	3399
南郑区	35589	17364	18225	5727	3509	2218

单位：人

有配偶			离婚			丧偶			15—64岁妇女	
小计	男	女	小计	男	女	小计	男	女	平均活产子女数	平均存活子女数
216374	**106816**	**109558**	**4702**	**2895**	**1807**	**18894**	**5236**	**13658**	**1.37**	**1.35**
34232	16800	17432	921	430	491	2168	555	1613	1.04	1.02
30759	15276	15483	950	477	473	2029	509	1520	1.12	1.10
30450	14963	15487	636	442	194	3083	892	2191	1.48	1.46
29888	14794	15094	553	386	167	2888	702	2186	1.42	1.40
22783	11130	11653	383	263	120	2264	606	1658	1.51	1.49
19326	9312	10014	252	188	64	1998	555	1443	1.64	1.61
18447	9227	9220	369	251	118	1477	443	1034	1.48	1.46
11263	5288	5975	214	150	64	1215	368	847	1.63	1.60
6755	3321	3434	157	113	44	683	220	463	1.50	1.44
4880	2733	2147	79	66	13	416	156	260	1.61	1.58
5042	2635	2407	117	81	36	441	155	286	1.39	1.35
2549	1337	1212	71	48	23	232	75	157	1.52	1.48
286343	**141159**	**145184**	**6495**	**3837**	**2658**	**23673**	**6767**	**16906**	**1.37**	**1.34**
49423	24430	24993	1367	610	757	2333	575	1758	1.02	1.00
12389	5952	6437	197	102	95	719	204	515	1.10	1.08
28520	14287	14233	930	429	501	1725	408	1317	1.03	1.01
23460	11532	11928	691	431	260	1953	513	1440	1.36	1.32
26724	13153	13571	586	374	212	2310	632	1678	1.44	1.41
25346	12219	13127	454	317	137	2574	755	1819	1.61	1.56
20710	10197	10513	420	289	131	2167	675	1492	1.55	1.52
8851	4338	4513	201	150	51	894	269	625	1.59	1.54
8788	4691	4097	167	113	54	785	253	532	1.64	1.61
11714	5919	5795	202	158	44	1228	415	813	1.72	1.68
8877	4464	4413	193	139	54	870	293	577	1.54	1.50
17848	8404	9444	299	196	103	1957	489	1468	1.74	1.70
28396	13849	14547	535	349	186	2815	819	1996	1.45	1.42
15297	7724	7573	253	180	73	1343	467	876	1.78	1.74
291270	**143158**	**148112**	**6796**	**4353**	**2443**	**26331**	**7345**	**18986**	**1.37**	**1.34**
54763	26802	27961	1289	746	543	4493	1215	3278	1.20	1.17
16210	7945	8265	399	247	152	1662	575	1087	1.30	1.27
7121	3525	3596	203	135	68	688	193	495	1.37	1.34
35825	17559	18266	718	460	258	3575	986	2589	1.42	1.40
23716	11672	12044	549	354	195	2459	724	1735	1.37	1.32
19634	9547	10087	448	307	141	1785	440	1345	1.45	1.43
42774	21106	21668	966	648	318	3766	1074	2692	1.38	1.34
13363	6554	6809	354	239	115	1196	343	853	1.57	1.53
41341	20221	21120	938	636	302	3842	1057	2785	1.47	1.44
24402	12295	12107	574	338	236	1687	449	1238	1.37	1.33
12121	5932	6189	358	243	115	1178	289	889	1.42	1.38
126194	**64627**	**61567**	**2822**	**1762**	**1060**	**8161**	**2505**	**5656**	**1.64**	**1.60**
34084	17114	16970	835	445	390	1601	432	1169	1.40	1.36
8382	4268	4114	142	86	56	540	150	390	2.00	1.96
6246	3172	3074	129	96	33	549	185	364	1.78	1.73
7654	3907	3747	184	112	72	515	156	359	1.76	1.73
7694	3963	3731	120	63	57	463	156	307	1.78	1.76
7942	4108	3834	137	88	49	493	162	331	1.82	1.78
4280	2143	2137	80	56	24	291	94	197	1.73	1.70
8633	4525	4108	173	122	51	617	211	406	1.70	1.68
12368	6211	6157	280	197	83	984	314	670	1.61	1.57
6548	3297	3251	198	139	59	527	179	348	1.52	1.49
2576	1327	1249	78	50	28	232	79	153	1.55	1.53
8133	4478	3655	184	133	51	514	158	356	1.61	1.58
11654	6114	5540	282	175	107	835	229	606	1.81	1.79
187312	**90002**	**97310**	**5460**	**3515**	**1945**	**20354**	**6465**	**13889**	**1.24**	**1.21**
36762	17912	18850	1377	735	642	2892	724	2168	1.05	1.04
26149	12451	13698	733	478	255	2980	926	2054	1.21	1.19

表7 续表 51

地区	15岁及以上人口			未婚		
	合计	男	女	小计	男	女
城固县	37027	18250	18777	5312	3293	2019
洋县	25986	12755	13231	3901	2521	1380
西乡县	22887	11194	11693	3246	2155	1091
勉县	31833	15962	15871	5137	3189	1948
宁强县	18869	9129	9740	2956	1923	1033
略阳县	11804	5983	5821	1772	1227	545
镇巴县	14373	7453	6920	2734	1879	855
留坝县	3328	1750	1578	605	405	200
佛坪县	2153	1131	1022	364	259	105
榆林市	**267246**	**141186**	**126060**	**38084**	**23716**	**14368**
榆阳区	72467	36819	35648	13059	7382	5677
横山区	20039	10544	9495	2563	1623	940
府谷县	21042	12239	8803	2861	1981	880
靖边县	26685	13795	12890	3568	2192	1376
定边县	24891	13043	11848	2751	1707	1044
绥德县	17429	8728	8701	1978	1315	663
米脂县	9751	4873	4878	1084	698	386
佳县	9589	5101	4488	1268	847	421
吴堡县	3716	1909	1807	408	276	132
清涧县	7691	4012	3679	955	656	299
子洲县	9466	4873	4593	1035	707	328
神木市	44480	25250	19230	6554	4332	2222
安康市	**197661**	**102269**	**95392**	**39062**	**25672**	**13390**
汉滨区	65579	33083	32496	12900	7802	5098
汉阴县	18718	9604	9114	3754	2482	1272
石泉县	12566	6669	5897	2457	1683	774
宁陕县	4820	2606	2214	894	647	247
紫阳县	21096	11137	9959	4571	3083	1488
岚皋县	10851	5793	5058	2172	1556	616
平利县	15139	7906	7233	2817	1947	870
镇坪县	3594	1844	1750	568	382	186
旬阳县	33681	17812	15869	6795	4564	2231
白河县	11617	5815	5802	2134	1526	608
商洛市	**159483**	**80941**	**78542**	**28723**	**18505**	**10218**
商州区	42566	21741	20825	9163	5585	3578
洛南县	27788	13768	14020	4557	2904	1653
丹凤县	17479	8780	8699	2703	1768	935
商南县	14973	7370	7603	2078	1365	713
山阳县	25938	13139	12799	4469	2934	1535
镇安县	19745	10424	9321	3810	2624	1186
柞水县	10994	5719	5275	1943	1325	618
甘肃省	**1910067**	**951148**	**958919**	**328224**	**193359**	**134865**
兰州市	**346378**	**174898**	**171480**	**77023**	**42798**	**34225**
城关区	116005	57697	58308	24117	13215	10902
七里河区	56734	29032	27702	11922	7096	4826
西固区	33511	16719	16792	5038	3032	2006
安宁区	33719	16502	17217	11511	5864	5647
红古区	11365	5737	5628	1467	924	543
永登县	23588	11870	11718	3007	1922	1085
皋兰县	9684	5225	4459	1433	903	530
榆中县	36809	18534	18275	9329	4904	4425
兰州新区	24963	13582	11381	9199	4938	4261
嘉峪关市	**25222**	**13077**	**12145**	**3782**	**2573**	**1209**
市辖区	25222	13077	12145	3782	2573	1209
金昌市	**35800**	**17948**	**17852**	**4769**	**3005**	**1764**
金川区	20937	10534	10403	2984	1850	1134
永昌县	14863	7414	7449	1785	1155	630

单位：人

有配偶			离婚			丧偶			15—64岁妇女	
小计	男	女	小计	男	女	小计	男	女	平均活产子女数	平均存活子女数
27854	13475	14379	839	567	272	3022	915	2107	1.23	1.20
19272	9084	10188	431	320	111	2382	830	1552	1.32	1.28
17326	8162	9164	422	284	138	1893	593	1300	1.42	1.38
23447	11504	11943	663	433	230	2586	836	1750	1.13	1.10
13810	6370	7440	294	206	88	1809	630	1179	1.40	1.36
8724	4220	4504	250	167	83	1058	369	689	1.39	1.35
10018	4855	5163	291	210	81	1330	509	821	1.46	1.42
2377	1194	1183	105	74	31	241	77	164	1.36	1.33
1573	775	798	55	41	14	161	56	105	1.44	1.42
212780	**111475**	**101305**	**3549**	**1989**	**1560**	**12833**	**4006**	**8827**	**1.70**	**1.67**
55903	28387	27516	1048	474	574	2457	576	1881	1.47	1.44
16243	8467	7776	139	90	49	1094	364	730	1.88	1.86
17132	9869	7263	251	162	89	798	227	571	1.71	1.69
21723	11070	10653	332	185	147	1062	348	714	1.87	1.85
20487	10679	9808	484	270	214	1169	387	782	1.78	1.76
13917	6806	7111	230	152	78	1304	455	849	1.82	1.79
7830	3883	3947	123	78	45	714	214	500	1.79	1.76
7312	3831	3481	131	103	28	878	320	558	2.01	1.97
2968	1496	1472	67	45	22	273	92	181	1.91	1.89
5899	3012	2887	119	81	38	718	263	455	1.94	1.90
7447	3776	3671	112	86	26	872	304	568	2.18	2.14
35919	20199	15720	513	263	250	1494	456	1038	1.59	1.57
140021	**69438**	**70583**	**3719**	**2461**	**1258**	**14859**	**4698**	**10161**	**1.43**	**1.39**
47071	23275	23796	1087	641	446	4521	1365	3156	1.38	1.34
13208	6411	6797	383	262	121	1373	449	924	1.49	1.44
8836	4458	4378	355	247	108	918	281	637	1.36	1.32
3460	1744	1716	117	87	30	349	128	221	1.52	1.48
14134	7120	7014	503	339	164	1888	595	1293	1.52	1.49
7551	3787	3764	254	166	88	874	284	590	1.43	1.38
10832	5353	5479	318	235	83	1172	371	801	1.42	1.38
2631	1296	1335	95	67	28	300	99	201	1.52	1.49
24019	12161	11858	408	279	129	2459	808	1651	1.40	1.36
8279	3833	4446	199	138	61	1005	318	687	1.61	1.58
116087	**56929**	**59158**	**2195**	**1486**	**709**	**12478**	**4021**	**8457**	**1.54**	**1.51**
29657	14773	14884	630	420	210	3116	963	2153	1.37	1.35
20486	9859	10627	377	265	112	2368	740	1628	1.50	1.47
13088	6367	6721	220	139	81	1468	506	962	1.63	1.57
11581	5516	6065	182	110	72	1132	379	753	1.61	1.59
19108	9327	9781	320	219	101	2041	659	1382	1.73	1.70
14115	7090	7025	299	217	82	1521	493	1028	1.56	1.54
8052	3997	4055	167	116	51	832	281	551	1.60	1.57
1416628	**700013**	**716615**	**36772**	**21205**	**15567**	**128443**	**36571**	**91872**	**1.53**	**1.49**
241946	**123129**	**118817**	**9680**	**4851**	**4829**	**17729**	**4120**	**13609**	**1.08**	**1.04**
82427	41591	40836	3960	1781	2179	5501	1110	4391	0.99	0.95
40082	20400	19682	1786	892	894	2944	644	2300	1.07	1.02
25192	12623	12569	1304	630	674	1977	434	1543	1.10	1.06
20270	10085	10185	729	308	421	1209	245	964	0.81	0.79
8717	4406	4311	440	234	206	741	173	568	1.35	1.28
18140	9087	9053	462	323	139	1979	538	1441	1.55	1.50
7501	4055	3446	157	106	51	593	161	432	1.57	1.49
24757	12577	12180	576	410	166	2147	643	1504	1.23	1.19
14860	8305	6555	266	167	99	638	172	466	1.02	0.98
19213	**9711**	**9502**	**1008**	**508**	**500**	**1219**	**285**	**934**	**1.14**	**1.12**
19213	9711	9502	1008	508	500	1219	285	934	1.14	1.12
27561	**13843**	**13718**	**1074**	**552**	**522**	**2396**	**548**	**1848**	**1.36**	**1.33**
15882	7999	7883	810	390	420	1261	295	966	1.21	1.19
11679	5844	5835	264	162	102	1135	253	882	1.57	1.54

表7 续表 52

地区	15岁及以上人口			未婚		
	合计	男	女	小计	男	女
白银市	**113528**	**56670**	**56858**	**16158**	**9694**	**6464**
白银区	26682	13316	13366	3831	2292	1539
平川区	15321	7715	7606	2145	1263	882
靖远县	27440	13816	13624	3948	2448	1500
会宁县	28718	14127	14591	4264	2492	1772
景泰县	15367	7696	7671	1970	1199	771
天水市	**219863**	**107979**	**111884**	**41342**	**23501**	**17841**
秦州区	45831	22401	23430	8964	4839	4125
麦积区	41330	20682	20648	7325	4290	3035
清水县	16754	8172	8582	2870	1676	1194
秦安县	34682	17276	17406	6853	3946	2907
甘谷县	38601	18744	19857	7517	4322	3195
武山县	26875	13156	13719	5421	3180	2241
张家川回族自治县	15790	7548	8242	2392	1248	1144
武威市	**115579**	**57008**	**58571**	**16441**	**10042**	**6399**
凉州区	69484	34078	35406	9918	5974	3944
民勤县	15073	7589	7484	1769	1171	598
古浪县	19046	9310	9736	3018	1793	1225
天祝藏族自治县	11976	6031	5945	1736	1104	632
张掖市	**92244**	**45254**	**46990**	**12686**	**7433**	**5253**
甘州区	42011	20627	21384	6471	3626	2845
肃南裕固族自治县	2621	1373	1248	396	244	152
民乐县	14846	7222	7624	2004	1185	819
临泽县	9446	4677	4769	1013	629	384
高台县	10594	5187	5407	1123	711	412
山丹县	12726	6168	6558	1679	1038	641
平凉市	**141763**	**69300**	**72463**	**21343**	**12239**	**9104**
崆峒区	39987	19549	20438	6868	3599	3269
泾川县	16389	7826	8563	2053	1177	876
灵台县	11852	5761	6091	1583	955	628
崇信县	6580	3441	3139	920	557	363
庄浪县	24807	11760	13047	3832	2274	1558
静宁县	28097	13835	14262	4051	2428	1623
华亭市	14051	7128	6923	2036	1249	787
酒泉市	**83397**	**42279**	**41118**	**12446**	**7474**	**4972**
肃州区	36553	18073	18480	5872	3390	2482
金塔县	8809	4489	4320	1050	671	379
瓜州县	10464	5433	5031	1564	990	574
肃北蒙古族自治县	1342	849	493	223	150	73
阿克塞哈萨克族自治县	841	466	375	142	94	48
玉门市	10167	5328	4839	1442	925	517
敦煌市	15221	7641	7580	2153	1254	899
庆阳市	**151448**	**75097**	**76351**	**20963**	**12328**	**8635**
西峰区	36024	17706	18318	6423	3447	2976
庆城县	16491	8397	8094	2017	1252	765
环县	20923	10776	10147	2835	1788	1047
华池县	8916	4601	4315	1075	688	387
合水县	9570	4830	4740	1051	679	372
正宁县	11606	5646	5960	1305	795	510
宁县	22639	10839	11800	2817	1633	1184
镇原县	25279	12302	12977	3440	2046	1394
定西市	**204806**	**102686**	**102120**	**35551**	**21811**	**13740**
安定区	32960	16649	16311	4471	2769	1702
通渭县	34078	17571	16507	8736	5173	3563
陇西县	32270	15978	16292	4636	2859	1777
渭源县	22992	11724	11268	4106	2686	1420
临洮县	38544	19007	19537	5739	3537	2202
漳县	12129	5986	6143	2202	1332	870
岷县	31833	15771	16062	5661	3455	2206

单位：人

有配偶			离婚			丧偶			15—64岁妇女	
小计	男	女	小计	男	女	小计	男	女	平均活产子女数	平均存活子女数
87845	**43630**	**44215**	**2398**	**1321**	**1077**	**7127**	**2025**	**5102**	**1.76**	**1.71**
20155	10096	10059	1101	527	574	1595	401	1194	1.23	1.18
12037	6090	5947	338	167	171	801	195	606	1.68	1.64
21366	10599	10767	397	266	131	1729	503	1226	2.05	2.01
22169	10810	11359	222	159	63	2063	666	1397	2.01	1.96
12118	6035	6083	340	202	138	939	260	679	1.76	1.71
160295	**77842**	**82453**	**2713**	**1720**	**993**	**15513**	**4916**	**10597**	**1.64**	**1.60**
33238	16265	16973	783	422	361	2846	875	1971	1.37	1.34
30442	15063	15379	743	439	304	2820	890	1930	1.51	1.46
12319	5876	6443	127	94	33	1438	526	912	1.77	1.73
24831	12236	12595	291	218	73	2707	876	1831	1.75	1.71
28196	13457	14739	323	229	94	2565	736	1829	1.79	1.74
19131	9077	10054	333	240	93	1990	659	1331	1.71	1.67
12138	5868	6270	113	78	35	1147	354	793	1.97	1.93
89249	**43833**	**45416**	**1618**	**990**	**628**	**8271**	**2143**	**6128**	**1.62**	**1.59**
53734	26342	27392	1017	579	438	4815	1183	3632	1.55	1.52
11999	6015	5984	134	85	49	1171	318	853	1.71	1.69
14467	7000	7467	153	111	42	1408	406	1002	1.83	1.80
9049	4476	4573	314	215	99	877	236	641	1.55	1.52
71319	**35149**	**36170**	**1646**	**1016**	**630**	**6593**	**1656**	**4937**	**1.39**	**1.35**
31851	15821	16030	836	483	353	2853	697	2156	1.25	1.22
1982	1052	930	81	46	35	162	31	131	1.34	1.31
11524	5591	5933	195	129	66	1123	317	806	1.61	1.55
7510	3720	3790	170	120	50	753	208	545	1.44	1.40
8556	4182	4374	159	110	49	756	184	572	1.47	1.43
9896	4783	5113	205	128	77	946	219	727	1.50	1.46
107527	**52383**	**55144**	**2213**	**1436**	**777**	**10680**	**3242**	**7438**	**1.68**	**1.63**
29666	14721	14945	1032	560	472	2421	669	1752	1.39	1.33
12469	5952	6517	246	191	55	1621	506	1115	1.79	1.74
9008	4312	4696	162	125	37	1099	369	730	1.73	1.71
5120	2679	2441	86	56	30	454	149	305	1.59	1.52
18695	8697	9998	181	144	37	2099	645	1454	1.88	1.84
21703	10573	11130	240	176	64	2103	658	1445	1.91	1.88
10866	5449	5417	266	184	82	883	246	637	1.57	1.53
63637	**32346**	**31291**	**2156**	**1203**	**953**	**5158**	**1256**	**3902**	**1.35**	**1.30**
27319	13651	13668	1029	528	501	2333	504	1829	1.22	1.17
6958	3557	3401	112	84	28	689	177	512	1.58	1.52
8115	4144	3971	190	125	65	595	174	421	1.56	1.54
1023	660	363	46	28	18	50	11	39	1.29	1.27
635	353	282	18	11	7	46	8	38	1.52	1.41
7893	4077	3816	247	161	86	585	165	420	1.51	1.47
11694	5904	5790	514	266	248	860	217	643	1.27	1.24
116510	**57308**	**59202**	**2684**	**1710**	**974**	**11291**	**3751**	**7540**	**1.78**	**1.73**
26814	13284	13530	898	453	445	1889	522	1367	1.47	1.42
12962	6543	6419	319	212	107	1193	390	803	1.82	1.78
16403	8282	8121	301	215	86	1384	491	893	1.96	1.91
7124	3604	3520	131	87	44	586	222	364	1.90	1.84
7652	3779	3873	164	121	43	703	251	452	1.91	1.85
9117	4371	4746	192	132	60	992	348	644	1.89	1.86
17323	8270	9053	328	244	84	2171	692	1479	1.88	1.84
19115	9175	9940	351	246	105	2373	835	1538	1.86	1.81
151391	**74367**	**77024**	**3366**	**2280**	**1086**	**14498**	**4228**	**10270**	**1.63**	**1.59**
25827	12881	12946	598	365	233	2064	634	1430	1.58	1.54
22907	11545	11362	324	237	87	2111	616	1495	1.57	1.54
24756	12078	12678	541	363	178	2337	678	1659	1.78	1.74
16625	8121	8504	451	340	111	1810	577	1233	1.57	1.53
29192	14200	14992	776	518	258	2837	752	2085	1.57	1.53
8901	4254	4647	131	99	32	895	301	594	1.81	1.76
23183	11288	11895	545	358	187	2444	670	1774	1.67	1.62

表7 续表 53

地 区	15岁及以上人口			未婚		
	合 计	男	女	小 计	男	女
陇南市	**176510**	**88632**	**87878**	**31255**	**19785**	**11470**
武都区	40895	20411	20484	7343	4560	2783
成县	17912	8829	9083	3226	1887	1339
文县	15037	7574	7463	2471	1626	845
宕昌县	18658	9520	9138	3811	2507	1304
康县	12323	6214	6109	2299	1632	667
西和县	24912	12345	12567	4252	2593	1659
礼县	29144	14834	14310	5379	3353	2026
徽县	14346	7216	7130	1968	1296	672
两当县	3283	1689	1594	506	331	175
临夏回族自治州	**151492**	**74277**	**77215**	**22873**	**13721**	**9152**
临夏市	27615	13579	14036	4562	2655	1907
临夏县	23983	11889	12094	3258	2068	1190
康乐县	17889	8558	9331	2450	1450	1000
永靖县	14803	7321	7482	2200	1331	869
广河县	17048	8321	8727	2712	1579	1133
和政县	14513	7102	7411	1946	1185	761
东乡族自治县	18408	8932	9476	2979	1770	1209
积石山保安族东乡族撒拉族自治县	17233	8575	8658	2766	1683	1083
甘南藏族自治州	**52037**	**26043**	**25994**	**11592**	**6955**	**4637**
合作市	8097	3980	4117	2407	1253	1154
临潭县	9305	4608	4697	1353	851	502
卓尼县	7409	3746	3663	1422	900	522
舟曲县	10136	5070	5066	2327	1435	892
迭部县	4214	2102	2112	1052	604	448
玛曲县	3849	1982	1867	1026	637	389
碌曲县	2566	1274	1292	516	322	194
夏河县	6461	3281	3180	1489	953	536
青海省	**453713**	**230889**	**222824**	**96917**	**56196**	**40721**
西宁市	**198562**	**99900**	**98662**	**36817**	**21179**	**15638**
城东区	37425	18677	18748	6807	3783	3024
城中区	26595	13460	13135	5073	2914	2159
城西区	26748	13086	13662	4405	2403	2002
城北区	34610	17246	17364	7801	4161	3640
湟中区	31328	16295	15033	5706	3638	2068
大通回族土族自治县	32469	16376	16093	5391	3295	2096
湟源县	9387	4760	4627	1634	985	649
海东市	**99182**	**50127**	**49055**	**16684**	**10211**	**6473**
乐都区	19127	9665	9462	2923	1744	1179
平安区	8735	4368	4367	1326	783	543
民和回族土族自治县	23909	12013	11896	4298	2580	1718
互助土族自治县	26071	13447	12624	4084	2679	1405
化隆回族自治县	11882	5933	5949	2106	1276	830
循化撒拉族自治县	9458	4701	4757	1947	1149	798
海北藏族自治州	**21827**	**11167**	**10660**	**4206**	**2377**	**1829**
门源回族自治县	11358	5839	5519	2042	1194	848
祁连县	3611	1838	1773	582	328	254
海晏县	3552	1800	1752	798	430	368
刚察县	3306	1690	1616	784	425	359
黄南藏族自治州	**21177**	**10669**	**10508**	**5791**	**3214**	**2577**
同仁县	8136	4128	4008	2362	1326	1036
尖扎县	4419	2219	2200	981	560	421
泽库县	5414	2729	2685	1634	872	762
河南蒙古族自治县	3208	1593	1615	814	456	358
海南藏族自治州	**34404**	**17265**	**17139**	**8159**	**4594**	**3565**
共和县	10542	5336	5206	2690	1477	1213
同德县	4652	2376	2276	1194	707	487
贵德县	8624	4269	4355	1743	1013	730
兴海县	5066	2527	2539	1335	730	605
贵南县	5520	2757	2763	1197	667	530

单位：人

有配偶			离婚			丧偶			15—64岁妇女	
小计	男	女	小计	男	女	小计	男	女	平均活产子女数	平均存活子女数
128669	**62570**	**66099**	**2308**	**1545**	**763**	**14278**	**4732**	**9546**	**1.64**	**1.58**
30158	14648	15510	526	316	210	2868	887	1981	1.59	1.53
13017	6276	6741	251	174	77	1418	492	926	1.58	1.53
11249	5465	5784	136	92	44	1181	391	790	1.63	1.59
12923	6322	6601	346	241	105	1578	450	1128	1.55	1.49
8644	4043	4601	191	120	71	1189	419	770	1.57	1.52
18369	8874	9495	252	181	71	2039	697	1342	1.86	1.80
20754	10319	10435	367	264	103	2644	898	1746	1.67	1.62
11111	5396	5715	190	125	65	1077	399	678	1.57	1.51
2444	1227	1217	49	32	17	284	99	185	1.57	1.54
115815	**56209**	**59606**	**2818**	**1601**	**1217**	**9986**	**2746**	**7240**	**1.76**	**1.72**
20796	10329	10467	662	264	398	1595	331	1264	1.41	1.37
18348	8941	9407	433	307	126	1944	573	1371	1.71	1.66
13770	6520	7250	293	177	116	1376	411	965	1.81	1.79
11199	5518	5681	364	215	149	1040	257	783	1.49	1.46
13217	6380	6837	273	126	147	846	236	610	2.04	1.99
11328	5452	5876	230	153	77	1009	312	697	1.88	1.83
14125	6719	7406	256	148	108	1048	295	753	2.00	1.97
13032	6350	6682	307	211	96	1128	331	797	1.90	1.85
35651	**17693**	**17958**	**1090**	**472**	**618**	**3704**	**923**	**2781**	**1.57**	**1.52**
5206	2592	2614	149	61	88	335	74	261	1.20	1.15
6971	3414	3557	161	120	41	820	223	597	1.75	1.68
5257	2602	2655	136	75	61	594	169	425	1.64	1.57
6942	3384	3558	91	47	44	776	204	572	1.67	1.64
2725	1391	1334	79	34	45	358	73	285	1.60	1.55
2473	1265	1208	163	44	119	187	36	151	1.63	1.55
1788	897	891	84	21	63	178	34	144	1.66	1.63
4289	2148	2141	227	70	157	456	110	346	1.53	1.48
315318	**159746**	**155572**	**16288**	**8258**	**8030**	**25190**	**6689**	**18501**	**1.41**	**1.34**
142955	**72111**	**70844**	**7429**	**3803**	**3626**	**11361**	**2807**	**8554**	**1.27**	**1.21**
26907	13663	13244	1728	774	954	1983	457	1526	1.21	1.15
18850	9644	9206	1181	571	610	1491	331	1160	1.07	1.03
20193	10058	10135	974	404	570	1176	221	955	1.03	1.00
23721	12090	11631	1407	629	778	1681	366	1315	1.00	0.95
22567	11408	11159	814	614	200	2241	635	1606	1.61	1.55
23975	11887	12088	990	590	400	2113	604	1509	1.60	1.52
6742	3361	3381	335	221	114	676	193	483	1.47	1.41
73017	**36215**	**36802**	**2849**	**1754**	**1095**	**6632**	**1947**	**4685**	**1.69**	**1.62**
14230	7115	7115	622	423	199	1352	383	969	1.53	1.48
6609	3286	3323	271	147	124	529	152	377	1.53	1.47
17390	8554	8836	623	388	235	1598	491	1107	1.76	1.71
19383	9660	9723	678	494	184	1926	614	1312	1.67	1.60
8694	4278	4416	389	199	190	693	180	513	1.86	1.74
6711	3322	3389	266	103	163	534	127	407	1.79	1.74
15349	**7876**	**7473**	**1073**	**561**	**512**	**1199**	**353**	**846**	**1.54**	**1.47**
8206	4160	4046	458	276	182	652	209	443	1.69	1.60
2604	1352	1252	224	108	116	201	50	151	1.59	1.53
2412	1237	1175	186	95	91	156	38	118	1.23	1.18
2127	1127	1000	205	82	123	190	56	134	1.35	1.32
13825	**7035**	**6790**	**570**	**184**	**386**	**991**	**236**	**755**	**1.39**	**1.31**
5191	2652	2539	185	51	134	398	99	299	1.29	1.22
3012	1537	1475	169	68	101	257	54	203	1.49	1.38
3490	1778	1712	101	29	72	189	50	139	1.44	1.37
2132	1068	1064	115	36	79	147	33	114	1.40	1.33
22723	**11439**	**11284**	**1675**	**764**	**911**	**1847**	**468**	**1379**	**1.44**	**1.34**
6801	3449	3352	568	278	290	483	132	351	1.31	1.23
3101	1572	1529	140	43	97	217	54	163	1.52	1.41
5778	2858	2920	463	246	217	640	152	488	1.46	1.40
3237	1635	1602	257	99	158	237	63	174	1.46	1.29
3806	1925	1881	247	98	149	270	67	203	1.55	1.47

表7 续表 54

地　区	15岁及以上人口			未婚		
	合　计	男	女	小　计	男	女
果洛藏族自治州	**13496**	**7020**	**6476**	**5706**	**3311**	**2395**
玛沁县	2808	1516	1292	919	564	355
班玛县	2136	1126	1010	803	471	332
甘德县	3056	1572	1484	1865	1044	821
达日县	2282	1200	1082	915	560	355
久治县	2081	1033	1048	878	488	390
玛多县	1133	573	560	326	184	142
玉树藏族自治州	**27930**	**14174**	**13756**	**12544**	**6804**	**5740**
玉树市	9740	4990	4750	4782	2608	2174
杂多县	3682	1880	1802	1417	778	639
称多县	4101	2063	2038	1601	893	708
治多县	2037	1027	1010	648	357	291
囊谦县	5981	2986	2995	3302	1717	1585
曲麻莱县	2389	1228	1161	794	451	343
海西蒙古族藏族自治州	**37135**	**20567**	**16568**	**7010**	**4506**	**2504**
格尔木市	16605	9030	7575	2949	1897	1052
德令哈市	6872	3608	3264	1439	847	592
茫崖市	2040	1443	597	352	267	85
乌兰县	2827	1550	1277	553	381	172
都兰县	5387	2782	2605	932	568	364
天峻县	1693	911	782	477	301	176
大柴旦行政委员会	1711	1243	468	308	245	63
宁夏回族自治区	**564754**	**285609**	**279145**	**100586**	**57581**	**43005**
银川市	**223809**	**112968**	**110841**	**43504**	**24395**	**19109**
兴庆区	61843	30357	31486	11863	6275	5588
西夏区	35070	17606	17464	11420	6148	5272
金凤区	50057	24530	25527	8295	4535	3760
永宁县	24850	12670	12180	4069	2389	1680
贺兰县	26912	13647	13265	3990	2415	1575
灵武市	25077	14158	10919	3867	2633	1234
石嘴山市	**65048**	**33303**	**31745**	**10271**	**6153**	**4118**
大武口区	25028	12531	12497	4478	2651	1827
惠农区	17158	9190	7968	2671	1680	991
平罗县	22862	11582	11280	3122	1822	1300
吴忠市	**105336**	**53009**	**52327**	**16364**	**9351**	**7013**
利通区	35989	17599	18390	5574	3048	2526
红寺堡区	14287	7307	6980	2500	1443	1057
盐池县	12721	6804	5917	1644	1030	614
同心县	21995	11051	10944	3818	2200	1618
青铜峡市	20344	10248	10096	2828	1630	1198
固原市	**88057**	**44373**	**43684**	**16710**	**9458**	**7252**
原州区	35846	17777	18069	6539	3566	2973
西吉县	24270	12361	11909	5603	3193	2410
隆德县	8968	4478	4490	1525	916	609
泾源县	6430	3279	3151	1147	649	498
彭阳县	12543	6478	6065	1896	1134	762
中卫市	**82504**	**41956**	**40548**	**13737**	**8224**	**5513**
沙坡头区	31519	16033	15486	4800	2901	1899
中宁县	25483	12948	12535	3764	2302	1462
海原县	25502	12975	12527	5173	3021	2152
新疆维吾尔自治区	**1884068**	**954710**	**929358**	**380984**	**226705**	**154279**
乌鲁木齐市	**320970**	**163011**	**157959**	**71155**	**40601**	**30554**
天山区	47525	22529	24996	10902	5652	5250
沙依巴克区	67505	32923	34582	16379	8645	7734
新市区	77587	39822	37765	17112	10010	7102
水磨沟区	45672	23325	22347	10294	5783	4511

单位：人

有配偶			离婚			丧偶			15—64岁妇女	
小计	男	女	小计	男	女	小计	男	女	平均活产子女数	平均存活子女数
6580	**3363**	**3217**	**611**	**181**	**430**	**599**	**165**	**434**	**1.31**	**1.21**
1635	868	767	153	54	99	101	30	71	1.23	1.14
1141	591	550	72	27	45	120	37	83	1.69	1.64
946	462	484	148	44	104	97	22	75	0.92	0.67
1152	582	570	79	17	62	136	41	95	1.46	1.42
1030	511	519	86	15	71	87	19	68	1.38	1.34
676	349	327	73	24	49	58	16	42	1.44	1.41
13607	**6814**	**6793**	**691**	**211**	**480**	**1088**	**345**	**743**	**1.31**	**1.25**
4353	2188	2165	225	70	155	380	124	256	1.17	1.13
2093	1048	1045	54	16	38	118	38	80	1.60	1.55
2143	1066	1077	155	43	112	202	61	141	1.29	1.20
1254	633	621	75	16	59	60	21	39	1.50	1.47
2374	1174	1200	92	34	58	213	61	152	1.24	1.16
1390	705	685	90	32	58	115	40	75	1.44	1.36
27262	**14893**	**12369**	**1390**	**800**	**590**	**1473**	**368**	**1105**	**1.45**	**1.40**
12535	6677	5858	593	343	250	528	113	415	1.50	1.46
4840	2525	2315	260	147	113	333	89	244	1.32	1.27
1597	1127	470	80	45	35	11	4	7	1.09	1.08
1966	1048	918	118	76	42	190	45	145	1.54	1.46
3937	2012	1925	197	111	86	321	91	230	1.64	1.57
1072	561	511	86	36	50	58	13	45	1.25	1.19
1315	943	372	56	42	14	32	13	19	1.21	1.19
422141	**213773**	**208368**	**16938**	**8259**	**8679**	**25089**	**5996**	**19093**	**1.57**	**1.52**
164332	**83365**	**80967**	**7645**	**3420**	**4225**	**8328**	**1788**	**6540**	**1.26**	**1.22**
44961	22498	22463	2566	1095	1471	2453	489	1964	1.17	1.14
21326	10667	10659	1039	495	544	1285	296	989	1.04	1.01
38401	19011	19390	1850	712	1138	1511	272	1239	1.15	1.12
19163	9702	9461	552	299	253	1066	280	786	1.56	1.50
20990	10556	10434	829	419	410	1103	257	846	1.40	1.36
19491	10931	8560	809	400	409	910	194	716	1.66	1.61
48622	**25046**	**23576**	**2494**	**1292**	**1202**	**3661**	**812**	**2849**	**1.36**	**1.32**
17932	9030	8902	1139	517	622	1479	333	1146	1.23	1.20
12766	6864	5902	743	416	327	978	230	748	1.30	1.28
17924	9152	8772	612	359	253	1204	249	955	1.54	1.49
81170	**41092**	**40078**	**3084**	**1511**	**1573**	**4718**	**1055**	**3663**	**1.81**	**1.74**
27321	13588	13733	1449	646	803	1645	317	1328	1.54	1.47
11020	5586	5434	247	133	114	520	145	375	2.14	2.08
10194	5464	4730	321	171	150	562	139	423	1.76	1.73
16847	8437	8410	479	224	255	851	190	661	2.29	2.21
15788	8017	7771	588	337	251	1140	264	876	1.55	1.50
65175	**32649**	**32526**	**1724**	**963**	**761**	**4448**	**1303**	**3145**	**1.93**	**1.88**
26779	13322	13457	985	491	494	1543	398	1145	1.78	1.72
17186	8610	8576	310	203	107	1171	355	816	2.10	2.05
6739	3319	3420	90	59	31	614	184	430	1.87	1.85
4803	2434	2369	141	87	54	339	109	230	2.02	1.97
9668	4964	4704	198	123	75	781	257	524	2.04	1.99
62842	**31621**	**31221**	**1991**	**1073**	**918**	**3934**	**1038**	**2896**	**1.90**	**1.83**
24231	12232	11999	905	494	411	1583	406	1177	1.63	1.58
19876	10008	9868	578	319	259	1265	319	946	1.93	1.85
18735	9381	9354	508	260	248	1086	313	773	2.18	2.10
1335174	**673391**	**661783**	**73119**	**35269**	**37850**	**94791**	**19345**	**75446**	**1.50**	**1.41**
221313	**113208**	**108105**	**14561**	**6455**	**8106**	**13941**	**2747**	**11194**	**1.07**	**1.02**
31771	15590	16181	2457	888	1569	2395	399	1996	1.11	1.03
44674	22308	22366	3161	1346	1815	3291	624	2667	0.98	0.93
54170	27666	26504	3253	1512	1741	3052	634	2418	1.02	0.97
31032	16084	14948	2507	1096	1411	1839	362	1477	1.02	0.96

表7 续表 55

地区	15岁及以上人口			未婚		
	合计	男	女	小计	男	女
头屯河区	35251	18998	16253	7726	4867	2859
达坂城区	2792	1570	1222	681	400	281
米东区	41091	21959	19132	7493	4867	2626
乌鲁木齐县	3547	1885	1662	568	377	191
克拉玛依市	**39598**	**20653**	**18945**	**6812**	**4411**	**2401**
独山子区	6582	3327	3255	960	649	311
克拉玛依区	27484	14140	13344	4929	3127	1802
白碱滩区	4112	2324	1788	683	458	225
乌尔禾区	1420	862	558	240	177	63
吐鲁番市	**50712**	**26595**	**24117**	**9270**	**5763**	**3507**
高昌区	21742	11010	10732	4167	2454	1713
鄯善县	18149	9528	8621	3122	1993	1129
托克逊县	10821	6057	4764	1981	1316	665
哈密市	**54338**	**28831**	**25507**	**8868**	**5526**	**3342**
伊州区	46089	23931	22158	7547	4595	2952
巴里坤哈萨克自治县	5152	2852	2300	724	468	256
伊吾县	3097	2048	1049	597	463	134
昌吉回族自治州	**130107**	**68689**	**61418**	**20642**	**13223**	**7419**
昌吉市	46560	23429	23131	8193	4906	3287
阜康市	14930	8010	6920	2203	1494	709
呼图壁县	16144	8419	7725	2577	1586	991
玛纳斯县	15679	8151	7528	2122	1391	731
奇台县	17853	9560	8293	2505	1665	840
吉木萨尔县	13466	8193	5273	2290	1674	616
木垒哈萨克自治县	5475	2927	2548	752	507	245
博尔塔拉蒙古自治州	**34666**	**17787**	**16879**	**5789**	**3544**	**2245**
博乐市	19652	9922	9730	3548	2101	1447
阿拉山口市	912	592	320	240	175	65
精河县	9995	5177	4818	1410	893	517
温泉县	4107	2096	2011	591	375	216
巴音郭楞蒙古自治州	**115596**	**59665**	**55931**	**21510**	**13009**	**8501**
库尔勒市	59551	29948	29603	12039	6984	5055
轮台县	10400	5673	4727	1984	1295	689
尉犁县	8184	4377	3807	1289	802	487
若羌县	3470	2131	1339	568	417	151
且末县	5290	2794	2496	947	587	360
焉耆回族自治县	8721	4474	4247	1492	932	560
和静县	11599	6003	5596	1983	1239	744
和硕县	4384	2221	2163	585	369	216
博湖县	3997	2044	1953	623	384	239
阿克苏地区	**189914**	**96498**	**93416**	**38067**	**23016**	**15051**
阿克苏市	50626	25675	24951	10381	6181	4200
库车市	38880	20007	18873	7665	4693	2972
温宿县	18544	9265	9279	4419	2377	2042
沙雅县	19262	9950	9312	3627	2310	1317
新和县	13554	6844	6710	2600	1596	1004
拜城县	16798	8664	8134	3180	2055	1125
乌什县	13565	6888	6677	3025	1906	1119
阿瓦提县	15374	7522	7852	2606	1525	1081
柯坪县	3311	1683	1628	564	373	191
克孜勒苏柯尔克孜自治州	**43051**	**22069**	**20982**	**9107**	**5439**	**3668**
阿图什市	19922	10072	9850	4194	2490	1704
阿克陶县	15171	7700	7471	3462	2029	1433
阿合奇县	3349	1719	1630	723	439	284
乌恰县	4609	2578	2031	728	481	247
喀什地区	**296902**	**145174**	**151728**	**67627**	**39721**	**27906**
喀什市	54415	26452	27963	13692	7696	5996
疏附县	16481	8047	8434	3746	2216	1530

单位：人

有配偶			离婚			丧偶			15—64岁妇女	
小计	男	女	小计	男	女	小计	男	女	平均活产子女数	平均存活子女数
24841	13193	11648	1360	667	693	1324	271	1053	1.10	1.07
1865	1070	795	103	65	38	143	35	108	1.24	1.20
30300	15897	14403	1603	816	787	1695	379	1316	1.29	1.23
2660	1400	1260	117	65	52	202	43	159	1.61	1.55
28645	**14853**	**13792**	**2300**	**1083**	**1217**	**1841**	**306**	**1535**	**1.15**	**1.12**
4889	2457	2432	393	178	215	340	43	297	1.14	1.11
19767	10112	9655	1557	702	855	1231	199	1032	1.12	1.10
2949	1670	1279	282	150	132	198	46	152	1.28	1.22
1040	614	426	68	53	15	72	18	54	1.38	1.35
37090	**19394**	**17696**	**1833**	**957**	**876**	**2519**	**481**	**2038**	**1.60**	**1.50**
15573	7920	7653	815	410	405	1187	226	961	1.63	1.51
13517	7059	6458	622	313	309	888	163	725	1.57	1.49
8000	4415	3585	396	234	162	444	92	352	1.56	1.48
41111	**21757**	**19354**	**1812**	**981**	**831**	**2547**	**567**	**1980**	**1.25**	**1.20**
34678	17998	16680	1645	859	786	2219	479	1740	1.20	1.15
4103	2264	1839	89	62	27	236	58	178	1.62	1.57
2330	1495	835	78	60	18	92	30	62	1.50	1.46
98311	**51518**	**46793**	**4653**	**2496**	**2157**	**6501**	**1452**	**5049**	**1.31**	**1.25**
34385	17237	17148	1915	848	1067	2067	438	1629	1.18	1.12
11426	6058	5368	530	295	235	771	163	608	1.37	1.33
12138	6297	5841	577	324	253	852	212	640	1.39	1.33
11962	6191	5771	567	345	222	1028	224	804	1.34	1.28
13826	7332	6494	578	349	229	944	214	730	1.39	1.34
10282	6145	4137	363	245	118	531	129	402	1.38	1.31
4292	2258	2034	123	90	33	308	72	236	1.61	1.53
25774	**13224**	**12550**	**1258**	**636**	**622**	**1845**	**383**	**1462**	**1.40**	**1.35**
14345	7291	7054	739	338	401	1020	192	828	1.31	1.27
625	390	235	36	23	13	11	4	7	1.13	1.11
7707	3955	3752	342	196	146	536	133	403	1.54	1.48
3097	1588	1509	141	79	62	278	54	224	1.58	1.49
83596	**43012**	**40584**	**5119**	**2478**	**2641**	**5371**	**1166**	**4205**	**1.33**	**1.26**
42166	21203	20963	2768	1235	1533	2578	526	2052	1.16	1.10
7408	4012	3396	458	251	207	550	115	435	1.53	1.42
6216	3325	2891	321	170	151	358	80	278	1.53	1.44
2652	1612	1040	141	77	64	109	25	84	1.55	1.50
3868	2041	1827	226	111	115	249	55	194	1.65	1.57
6410	3244	3166	377	186	191	442	112	330	1.52	1.43
8482	4348	4134	479	259	220	655	157	498	1.50	1.44
3428	1716	1712	182	93	89	189	43	146	1.55	1.48
2966	1511	1455	167	96	71	241	53	188	1.48	1.42
133880	**67243**	**66637**	**8664**	**4321**	**4343**	**9303**	**1918**	**7385**	**1.68**	**1.56**
35954	18007	17947	2263	1063	1200	2028	424	1604	1.47	1.41
27291	13946	13345	1907	980	927	2017	388	1629	1.65	1.48
12548	6302	6246	722	399	323	855	187	668	1.46	1.34
13645	6918	6727	971	495	476	1019	227	792	1.76	1.62
9620	4811	4809	645	304	341	689	133	556	1.88	1.74
11999	6054	5945	711	372	339	908	183	725	1.76	1.63
9111	4439	4672	649	363	286	780	180	600	2.00	1.82
11225	5515	5710	702	311	391	841	171	670	1.95	1.80
2487	1251	1236	94	34	60	166	25	141	2.27	2.17
30710	**15668**	**15042**	**1304**	**642**	**662**	**1930**	**320**	**1610**	**2.05**	**1.91**
14311	7195	7116	569	258	311	848	129	719	2.13	1.98
10560	5317	5243	430	219	211	719	135	584	2.07	1.92
2339	1193	1146	117	57	60	170	30	140	1.74	1.63
3500	1963	1537	188	108	80	193	26	167	1.83	1.71
201926	**97357**	**104569**	**10348**	**4883**	**5465**	**17001**	**3213**	**13788**	**1.85**	**1.70**
36024	17533	18491	1966	825	1141	2733	398	2335	1.59	1.48
11381	5426	5955	435	242	193	919	163	756	1.95	1.76

表7 续表 56

地　区	15岁及以上人口			未婚		
	合　计	男	女	小　计	男	女
疏勒县	23999	11760	12239	6247	3732	2515
英吉沙县	16820	7759	9061	4137	2415	1722
泽普县	15436	7663	7773	2949	1705	1244
莎车县	55368	27131	28237	11991	7192	4799
叶城县	35068	17103	17965	8561	4924	3637
麦盖提县	15296	7425	7871	2916	1686	1230
岳普湖县	10639	5107	5532	2239	1333	906
伽师县	26527	13104	13423	5598	3459	2139
巴楚县	23904	12026	11878	4886	2958	1928
塔什库尔干塔吉克自治县	2949	1597	1352	665	405	260
和田地区	**144231**	**69882**	**74349**	**33974**	**19807**	**14167**
和田市	30203	14677	15526	8081	4428	3653
和田县	17664	8417	9247	4086	2365	1721
墨玉县	31849	15340	16509	7886	4698	3188
皮山县	17649	8540	9109	3850	2215	1635
洛浦县	17304	8610	8694	3507	2208	1299
策勒县	10998	5475	5523	2421	1430	991
于田县	15471	7222	8249	3580	2113	1467
民丰县	3093	1601	1492	563	350	213
伊犁哈萨克自治州	**202037**	**101474**	**100563**	**40562**	**23736**	**16826**
伊宁市	59961	29436	30525	13963	7709	6254
奎屯市	18802	9405	9397	3587	2146	1441
霍尔果斯市	5574	2895	2679	941	572	369
伊宁县	23924	12138	11786	4553	2803	1750
察布查尔锡伯自治县	11838	6108	5730	2223	1386	837
霍城县	17364	8759	8605	2950	1755	1195
巩留县	12818	6415	6403	2605	1497	1108
新源县	21027	10667	10360	4112	2467	1645
昭苏县	10045	5120	4925	1764	1064	700
特克斯县	10165	5156	5009	1964	1163	801
尼勒克县	10519	5375	5144	1900	1174	726
塔城地区	**87381**	**44482**	**42899**	**13607**	**8386**	**5221**
塔城市	12533	6337	6196	2074	1221	853
乌苏市	20696	10559	10137	3267	2028	1239
额敏县	14455	7254	7201	2338	1439	899
沙湾县	25252	12910	12342	3446	2185	1261
托里县	5818	2994	2824	1119	670	449
裕民县	3945	2036	1909	623	401	222
和布克赛尔蒙古自治县	4682	2392	2290	740	442	298
阿勒泰地区	**47942**	**24460**	**23482**	**8258**	**4966**	**3292**
阿勒泰市	17041	8654	8387	2932	1809	1123
布尔津县	5527	2847	2680	1044	620	424
富蕴县	7056	3631	3425	1133	665	468
福海县	5263	2662	2601	837	507	330
哈巴河县	6078	3162	2916	1012	622	390
青河县	4416	2244	2172	805	459	346
吉木乃县	2561	1260	1301	495	284	211
自治区直辖县级行政区划	**126623**	**65440**	**61183**	**25736**	**15557**	**10179**
石河子市	39431	19825	19606	8563	5038	3525
阿拉尔市	27975	14664	13311	5897	3625	2272
图木舒克市	18739	9739	9000	3888	2397	1491
五家渠市	12233	6371	5862	2441	1454	987
北屯市	1802	966	836	321	226	95
铁门关市	8496	4441	4055	1274	796	478
双河市	4643	2456	2187	755	472	283
可克达拉市	6184	3187	2997	1029	615	414
昆玉市	4417	2333	2084	978	590	388
胡杨河市	2703	1458	1245	590	344	246

单位：人

有配偶			离婚			丧偶			15—64岁妇女	
小计	男	女	小计	男	女	小计	男	女	平均活产子女数	平均存活子女数
15699	7428	8271	643	340	303	1410	260	1150	1.82	1.69
11064	4923	6141	549	229	320	1070	192	878	2.05	1.89
11068	5508	5560	559	269	290	860	181	679	1.74	1.62
38147	18304	19843	1886	880	1006	3344	755	2589	1.87	1.73
23683	11344	12339	1005	429	576	1819	406	1413	1.82	1.67
10598	5166	5432	783	381	402	999	192	807	1.80	1.67
7311	3472	3839	388	200	188	701	102	599	1.86	1.65
18524	8976	9548	762	407	355	1643	262	1381	2.23	2.03
16361	8157	8204	1304	643	661	1353	268	1085	1.92	1.77
2066	1120	946	68	38	30	150	34	116	1.84	1.63
97694	**46448**	**51246**	**5017**	**2088**	**2929**	**7546**	**1539**	**6007**	**1.99**	**1.81**
19687	9596	10091	1202	438	764	1233	215	1018	1.82	1.65
12081	5606	6475	564	250	314	933	196	737	2.31	2.15
21119	9858	11261	1004	389	615	1840	395	1445	2.15	1.93
12306	5826	6480	591	287	304	902	212	690	1.87	1.75
12171	5903	6268	706	322	384	920	177	743	2.09	1.83
7600	3743	3857	370	168	202	607	134	473	1.70	1.48
10466	4753	5713	454	177	277	971	179	792	1.94	1.83
2264	1163	1101	126	57	69	140	31	109	1.70	1.62
143513	**71833**	**71680**	**7583**	**3692**	**3891**	**10379**	**2213**	**8166**	**1.48**	**1.38**
40666	20126	20540	2715	1080	1635	2617	521	2096	1.22	1.11
13250	6589	6661	922	444	478	1043	226	817	1.07	1.04
4102	2116	1986	240	137	103	291	70	221	1.36	1.33
17295	8599	8696	805	445	360	1271	291	980	1.80	1.74
8544	4330	4214	445	246	199	626	146	480	1.66	1.56
12785	6450	6335	652	335	317	977	219	758	1.58	1.47
9135	4569	4566	369	191	178	709	158	551	1.68	1.58
15098	7600	7498	622	354	268	1195	246	949	1.54	1.44
7479	3793	3686	276	151	125	526	112	414	1.72	1.58
7396	3722	3674	266	158	108	539	113	426	1.76	1.65
7763	3939	3824	271	151	120	585	111	474	1.76	1.65
65283	**33245**	**32038**	**3131**	**1689**	**1442**	**5360**	**1162**	**4198**	**1.38**	**1.29**
9220	4718	4502	527	254	273	712	144	568	1.24	1.16
15478	7840	7638	716	409	307	1235	282	953	1.44	1.37
10730	5401	5329	517	259	258	870	155	715	1.40	1.31
19254	9805	9449	916	531	385	1636	389	1247	1.35	1.28
4150	2157	1993	173	96	77	376	71	305	1.44	1.29
2952	1513	1439	137	65	72	233	57	176	1.51	1.28
3499	1811	1688	145	75	70	298	64	234	1.37	1.29
35765	**18322**	**17443**	**1238**	**637**	**601**	**2681**	**535**	**2146**	**1.49**	**1.42**
12560	6362	6198	550	282	268	999	201	798	1.33	1.27
4020	2090	1930	147	79	68	316	58	258	1.49	1.39
5414	2827	2587	147	68	79	362	71	291	1.62	1.53
3980	2023	1957	153	79	74	293	53	240	1.54	1.46
4617	2392	2225	127	71	56	322	77	245	1.61	1.57
3334	1702	1632	54	28	26	223	55	168	1.71	1.62
1840	926	914	60	30	30	166	20	146	1.42	1.34
90563	**46309**	**44254**	**4298**	**2231**	**2067**	**6026**	**1343**	**4683**	**1.30**	**1.25**
26942	13510	13432	1674	816	858	2252	461	1791	0.99	0.96
20290	10357	9933	794	444	350	994	238	756	1.34	1.30
13456	6908	6548	599	280	319	796	154	642	1.79	1.73
8913	4620	4293	340	171	169	539	126	413	1.11	1.08
1369	696	673	49	31	18	63	13	50	1.48	1.41
6402	3345	3057	313	175	138	507	125	382	1.29	1.25
3487	1821	1666	167	100	67	234	63	171	1.50	1.45
4575	2346	2229	215	128	87	365	98	267	1.29	1.24
3198	1650	1548	99	60	39	142	33	109	1.73	1.62
1931	1056	875	48	26	22	134	32	102	1.20	1.18

全部数据、长表数据

表 8 家庭户住房状况

表8 家庭户住房状况

地 区	全部数据			长表数据		
	家庭户户数	平均每户住房间数	人均住房建筑面积	家庭户户数	住房内有管道自来水	住房内有厨房
合 计	**465241711**	**3.20**	**41.76**	**45791305**	**41822672**	**44179529**
北京市	**7770769**	**2.30**	**34.89**	**772865**	**734458**	**724670**
市辖区	**7770769**	**2.30**	**34.89**	**772865**	**734458**	**724670**
东城区	275665	1.94	26.25	27524	26640	25568
西城区	423566	1.97	26.37	41922	40558	38489
朝阳区	1419028	2.03	35.93	135425	127180	127063
丰台区	795308	2.13	33.35	79216	76076	74856
石景山区	215837	2.06	31.02	21134	20570	20467
海淀区	1061742	2.18	32.74	104641	98841	96851
门头沟区	148820	2.27	32.39	14887	14415	14329
房山区	425002	2.90	40.78	42508	41954	41712
通州区	581621	2.56	36.42	59315	56117	56141
顺义区	476717	2.49	36.04	48478	44511	43774
昌平区	768856	2.15	34.86	78470	75967	73966
大兴区	585225	2.59	38.44	59008	54562	53997
怀柔区	142013	2.79	37.10	14369	13561	13359
平谷区	151659	3.30	40.55	15411	14948	14872
密云区	184198	2.71	41.20	18791	17625	18009
延庆区	115512	3.26	40.87	11766	10933	11217
天津市	**4587490**	**2.38**	**35.45**	**448523**	**432475**	**440042**
市辖区	**4587490**	**2.38**	**35.45**	**448523**	**432475**	**440042**
和平区	95285	1.84	28.26	8480	8136	7977
河东区	317387	1.88	32.75	31414	30506	31198
河西区	289486	1.96	32.44	26819	26077	26683
南开区	331627	1.90	32.83	32145	31488	31891
河北区	243628	1.78	29.81	23243	22559	23008
红桥区	179432	1.79	31.10	17347	16832	17284
东丽区	297931	2.04	34.67	29624	28901	29051
西青区	347290	2.09	37.22	34610	34148	34208
津南区	283316	2.23	36.72	28048	27795	27660
北辰区	284245	2.18	34.11	27843	25359	27180
武清区	361701	3.17	37.46	35957	35312	35390
宝坻区	243282	3.06	34.76	23912	21986	23204
滨海新区	660409	2.26	36.33	64836	63014	63610
宁河区	134916	3.67	36.87	13542	13237	12738
静海区	249091	3.04	37.43	24463	23597	23223
蓟州区	268464	3.54	44.37	26240	23528	25737
河北省	**24554501**	**3.32**	**38.08**	**2416146**	**2242176**	**2341264**
石家庄市	**3530376**	**3.16**	**42.26**	**343494**	**316944**	**335135**
长安区	350089	2.43	38.11	34158	33907	34025
桥西区	331164	2.37	38.11	32462	32425	32179
新华区	251779	2.37	35.63	24401	24185	24292
井陉矿区	26787	2.75	41.35	2634	2627	2633
裕华区	237892	2.47	39.61	22657	22655	22636
藁城区	210890	3.74	46.83	20322	19903	20199
鹿泉区	162094	3.40	49.64	16064	15054	15914
栾城区	104271	4.26	60.97	10389	9196	10270
井陉县	89690	3.74	41.02	8619	8501	8533
正定县	154379	3.48	43.00	15029	14394	14805
行唐县	127696	3.47	41.59	12295	10779	11522
灵寿县	91350	3.83	41.67	8798	7332	8206
高邑县	54866	3.79	40.84	5280	4879	5142
深泽县	84880	3.16	46.80	8593	5516	7964
赞皇县	81341	3.33	34.51	7853	3103	6991
无极县	141655	3.64	42.49	13668	13138	13340
平山县	136885	3.40	39.93	12983	8155	11113
元氏县	115566	3.73	40.58	11117	7956	10743

注：本表数据为居住在普通住宅的家庭户。

(全部数据、长表数据)

单位：户、间/户、平方米/人

长表数据								
住房内有厕所	住房内有洗澡设施	住房所在建筑有电梯	拥有家用汽车	住房来源				
				租赁	自建	购买	继承或赠予	其他
44212865	**40485900**	**9013370**	**19082404**	**6680598**	**21076481**	**15691129**	**449641**	**1893456**
722908	**719045**	**329644**	**375491**	**273927**	**84393**	**345295**	**7518**	**61732**
722908	**719045**	**329644**	**375491**	**273927**	**84393**	**345295**	**7518**	**61732**
21358	25124	11154	12882	10689	493	14163	775	1404
35481	38891	17788	20520	14577	402	23002	1405	2536
126534	127113	80436	62237	47204	2236	72066	504	13415
74187	74523	44526	36868	25913	1993	41796	1405	8109
20184	20295	11296	10237	5279	318	13504	166	1867
97430	97430	51155	53370	41386	2807	52051	779	7618
13868	14049	6934	6595	3631	2227	4836	270	3923
41606	40612	13379	22599	9925	11702	17561	234	3086
56139	55414	24023	27297	20212	9891	21414	853	6945
46168	42743	12317	24985	22198	10291	13193	204	2592
76673	75320	23082	34312	39061	6775	26900	192	5542
54975	52928	25337	32424	23902	7293	24864	402	2547
13903	12831	1749	7265	4231	5121	4636	38	343
15219	14816	2143	8943	1497	8859	4404	89	562
18337	17372	2974	9099	2886	8193	6973	88	651
10846	9584	1351	5858	1336	5792	3932	114	592
429802	**429273**	**159453**	**221644**	**70423**	**82677**	**268515**	**7168**	**19740**
429802	**429273**	**159453**	**221644**	**70423**	**82677**	**268515**	**7168**	**19740**
7971	7804	3250	3954	2114	38	5468	388	472
31279	30967	7500	13154	5567	24	23026	415	2382
26765	26543	6928	13291	4252	23	20419	776	1349
31972	31671	8799	14910	7409	99	23302	494	841
23107	22990	5716	8397	3502	66	18148	247	1280
17217	16999	4820	6024	2817	6	13180	348	996
28798	29005	18795	15064	6988	388	21441	236	571
33291	33522	19522	19260	8164	1705	23292	378	1071
27045	26807	18744	13509	5659	1093	19620	286	1390
25883	26616	11355	12416	5830	3738	14463	1269	2543
34999	34400	11687	21692	3131	16815	14033	243	1735
23184	22420	4545	12475	1280	15401	5412	462	1357
62786	62732	28946	35531	9820	2266	49283	790	2677
11648	12868	1793	5847	430	9223	3785	55	49
19839	20710	3369	11611	2779	13225	7171	421	867
24018	23219	3684	14509	681	18567	6472	360	160
2324588	**2099417**	**426032**	**1199624**	**137988**	**1450063**	**718003**	**34380**	**75712**
333962	**309939**	**89914**	**180172**	**35516**	**165770**	**115848**	**6260**	**20100**
33973	33451	19238	17463	7652	1718	18562	1157	5069
32378	31770	15556	17705	7924	489	19231	919	3899
24300	23753	9551	13649	6240	463	13885	503	3310
2632	2535	347	1175	137	661	1477	9	350
22638	22469	13657	13791	4783	478	14589	501	2306
20068	18789	1284	11250	552	16153	3392	73	152
15845	14569	4581	9959	1444	7830	5953	111	726
10244	9327	2147	6760	591	7216	2258	85	239
8389	7352	394	3449	216	6563	1720	75	45
14387	13383	3408	9244	1329	8141	3941	281	1337
12294	9987	705	4548	186	10524	1396	98	91
8651	7666	561	4114	179	7252	1143	95	129
5089	3879	535	2540	134	4146	863	66	71
7580	7461	710	3639	28	6784	1500	252	29
6896	5533	538	3056	97	6306	1144	156	150
13451	12270	838	7082	109	11845	1602	75	37
9595	9279	1498	5986	398	9185	2913	172	315
10391	8643	1038	6462	110	9046	1880	33	48

表8 续表 1

地区	全部数据			长表数据		
	家庭户户数	平均每户住房间数	人均住房建筑面积	家庭户户数	住房内有管道自来水	住房内有厨房
赵县	148695	3.90	50.75	14898	13750	14474
石家庄高新技术产业开发区	87069	2.84	43.18	8488	8468	8477
石家庄循环化工园区	18150	4.49	56.37	1834	1726	1822
辛集市	217639	3.13	38.48	20869	20748	20484
晋州市	168972	3.77	46.25	16754	15378	16131
新乐市	136577	3.19	38.11	13329	13169	13240
唐山市	**2765667**	**2.53**	**34.41**	**277064**	**257663**	**258337**
路南区	124498	2.27	34.34	12555	12445	12359
路北区	324078	2.27	37.61	32047	31719	31421
古冶区	129850	2.31	29.16	12745	12317	11369
开平区	104491	2.35	30.75	10326	10081	9728
丰南区	192147	2.80	33.98	19474	19039	18865
丰润区	289732	2.50	32.38	29538	29143	24976
曹妃甸区	103237	2.42	40.14	10434	10387	10132
滦南县	189701	2.66	34.69	19006	18995	18999
乐亭县	150424	2.37	37.43	15140	15139	15140
迁西县	122196	2.67	33.00	12243	5691	11902
玉田县	234235	2.62	32.29	23077	22544	20239
河北唐山芦台经济开发区	13854	3.18	31.13	1403	1395	1361
唐山市汉沽管理区	19745	2.85	38.22	1957	1938	1945
唐山高新技术产业开发区	55856	2.44	38.95	5915	5775	5860
河北唐山海港经济开发区	36341	2.67	39.63	3714	3702	3711
遵化市	232773	2.71	33.74	23185	20149	22846
迁安市	255672	2.69	35.00	25945	20146	19477
滦州市	186837	2.53	34.47	18360	17058	18007
秦皇岛市	**1147569**	**2.46**	**34.95**	**111989**	**88029**	**108560**
海港区	370332	2.35	36.29	36041	33847	35490
山海关区	62978	2.41	34.59	5973	5444	5835
北戴河区	41579	2.36	39.59	4039	3138	3994
抚宁区	111728	2.37	33.90	10805	7224	9645
青龙满族自治县	147603	2.83	30.10	14107	4140	13329
昌黎县	184099	2.62	37.37	18186	17343	17667
卢龙县	129695	2.29	29.48	12812	7983	12713
秦皇岛市经济技术开发区	71273	2.43	39.38	7251	6475	7170
北戴河新区	28282	2.53	43.00	2775	2435	2717
邯郸市	**2754663**	**4.38**	**37.02**	**270101**	**264854**	**269654**
邯山区	185671	3.10	35.42	18381	18381	18381
丛台区	185801	3.17	36.38	18690	18690	18689
复兴区	109416	2.62	32.30	10899	10744	10853
峰峰矿区	135780	4.92	40.32	13745	13745	13745
肥乡区	98007	4.21	29.06	9780	9780	9780
永年区	224804	4.02	33.02	22117	22111	22111
临漳县	176714	4.10	43.78	17363	17363	17363
成安县	112436	3.51	35.65	11202	11195	11201
大名县	216117	4.19	37.66	20529	20528	20529
涉县	129716	4.26	37.51	12657	12088	12552
磁县	117266	3.90	40.28	11207	10196	11176
邱县	70651	3.31	35.83	6908	6908	6908
鸡泽县	83158	3.86	32.40	8121	8120	8116
广平县	72908	3.67	31.41	6789	6789	6789
馆陶县	97087	4.14	35.87	9213	9213	9212
魏县	224227	5.12	36.42	21643	21643	21643
曲周县	133786	4.56	33.06	13209	13199	13201
邯郸经济技术开发区	72733	4.84	43.82	7549	7194	7423
邯郸冀南新区	81390	4.06	38.48	7976	7950	7929
武安市	226995	8.50	44.47	22123	19017	22053
邢台市	**2249490**	**3.84**	**37.14**	**219633**	**208334**	**212343**
襄都区	129300	3.22	38.38	12674	12216	12421
信都区	265390	3.47	40.39	25907	25170	24372
任泽区	98885	4.06	36.77	9749	8958	9175

单位：户、间/户、平方米/人

长表数据								
住房内有厕所	住房内有洗澡设施	住房所在建筑有电梯	拥有家用汽车	住房来源				
				租赁	自建	购买	继承或赠予	其他
14580	12123	1008	7802	197	12934	1647	54	66
8480	8319	5900	5432	1854	1075	4428	88	1043
1768	1724	339	1177	88	1028	696	8	14
20822	19636	3594	9716	777	12304	6225	1253	310
16322	14153	1191	7624	249	13800	2445	150	110
13189	11868	1296	6549	242	9829	2958	46	254
269404	**253678**	**56267**	**143944**	**12390**	**148820**	**99664**	**4432**	**11758**
12222	12170	6242	6348	1591	1398	6683	545	2338
31605	31565	14133	18137	2594	1958	26119	346	1030
11584	11112	537	5082	432	2957	8246	207	903
9772	9115	2299	5088	1054	3989	4753	120	410
18901	18225	3615	10720	1031	12482	4038	375	1548
29011	28145	4023	15280	892	18169	9147	315	1015
9948	9820	4012	6347	649	3776	5277	83	649
18957	16841	2597	9227	243	14997	3335	208	223
15079	14230	1690	6953	379	11132	3491	102	36
11737	9777	1505	5959	273	8771	2730	328	141
22129	19952	2450	11946	458	17190	4394	696	339
845	1264	153	685	79	896	383	20	25
1955	1942	519	956	82	853	1006	3	13
5895	5696	2125	3481	465	1969	2822	115	544
3694	3579	1046	2356	253	1514	1889	27	31
22498	19776	2992	12012	435	17398	5040	186	126
25664	23328	4606	14319	1214	14904	7442	347	2038
17908	17141	1723	9048	266	14467	2869	409	349
105910	**92978**	**20016**	**49608**	**7286**	**53754**	**43831**	**2063**	**5055**
35133	33410	13775	19083	4372	3720	26015	416	1518
5466	5210	484	2519	531	1192	3404	102	744
3241	3423	201	2020	306	1292	1611	84	746
10150	7057	804	4568	379	7731	1901	367	427
12743	7693	413	4520	271	11837	1600	173	226
17163	15784	1267	7104	308	14276	3139	323	140
12595	11155	339	4404	119	10628	1406	486	173
6768	6670	2577	4182	888	1230	4043	85	1005
2651	2576	156	1208	112	1848	712	27	76
269439	**258931**	**34127**	**122639**	**7691**	**188137**	**67446**	**2545**	**4282**
18353	18182	5944	8536	1221	4687	11707	233	533
18681	18593	6231	9283	1082	4033	12836	246	493
10619	10443	3819	4272	1111	1809	7245	210	524
13643	13503	2078	4858	354	5075	8008	115	193
9780	9291	422	4418	35	8659	953	61	72
22116	20776	1846	11026	160	18617	3041	165	134
17363	17363	1221	9411	378	15029	1757	55	144
11202	11083	584	5413	106	9510	1482	22	82
20529	19215	2024	9220	235	17231	2382	162	519
12609	9955	1427	4289	596	8048	2873	297	843
11194	10576	1086	4617	194	9001	1835	158	19
6908	6907	563	2857	114	5699	891	149	55
8121	7916	208	3586	74	7244	734	51	18
6789	6783	363	2896	86	6106	573	19	5
9213	8912	359	3727	189	7700	1204	92	28
21643	21643	1273	10301	477	19118	1979	35	34
13209	12858	608	5562	114	11816	1231	24	24
7549	6582	1453	3580	266	5821	1314	69	79
7831	7481	222	3395	51	6764	1045	74	42
22087	20869	2396	11392	848	16170	4356	308	441
211082	**195371**	**22393**	**104051**	**6569**	**162769**	**43270**	**2990**	**4035**
11885	11859	3389	6633	1707	3084	6816	328	739
23324	23662	5552	12651	1821	9899	12468	409	1310
9186	8218	608	5121	133	8080	1392	108	36

表8 续表 2

地区	全部数据			长表数据		
	家庭户户数	平均每户住房间数	人均住房建筑面积	家庭户户数	住房内有管道自来水	住房内有厨房
南和区	110041	3.47	36.67	10896	10416	10622
临城县	66761	3.79	41.72	6585	5433	6191
内丘县	83091	4.64	42.43	8368	5307	7642
柏乡县	51142	4.03	40.16	4969	4718	4768
隆尧县	140183	4.75	38.64	13739	13050	13080
宁晋县	223130	4.00	30.89	22003	21131	21726
巨鹿县	116654	4.05	40.28	11471	11122	10891
新河县	52558	3.56	34.02	4962	4773	4868
广宗县	97635	4.32	40.39	9763	9386	8699
平乡县	97155	3.90	33.50	9579	9429	9535
威县	171494	3.97	37.52	16043	16043	16037
清河县	128287	3.75	35.07	12525	12525	12513
临西县	98446	3.90	33.74	9633	9051	9461
河北邢台经济开发区	55648	3.94	40.66	5530	5365	5449
南宫市	137775	3.20	38.36	13032	13032	13004
沙河市	125915	3.52	34.26	12205	11209	11889
保定市	**3737678**	**3.59**	**43.65**	**368351**	**344677**	**363771**
竞秀区	189687	2.65	40.11	18132	17929	17904
莲池区	269580	2.73	41.77	26221	25824	26024
满城区	119707	3.48	40.17	11749	11572	11713
清苑区	204977	3.92	49.45	20820	19686	20545
徐水区	179252	3.44	45.63	17801	16592	17779
涞水县	113509	3.26	44.28	11011	8889	10920
阜平县	66657	3.26	36.92	6609	5195	6416
定兴县	157254	3.95	49.36	15209	12421	15088
唐县	159722	4.21	45.76	15635	11428	15468
高阳县	101552	3.93	37.34	10081	9976	10060
容城县	79719	4.22	53.66	8010	7886	7830
涞源县	92181	2.95	31.57	8623	8039	8076
望都县	86351	3.67	47.51	8342	8231	8330
安新县	150631	3.05	46.70	15207	13682	13864
易县	173047	3.55	46.27	17289	13886	16953
曲阳县	198261	3.64	36.81	19354	18261	19320
蠡县	146554	4.01	34.47	14513	14511	14510
顺平县	95817	3.54	37.66	9524	8617	9371
博野县	80913	3.93	42.23	8093	8081	8092
雄县	138921	3.43	45.81	13905	13477	13537
保定高新技术产业开发区	30032	3.00	45.96	3084	3084	3084
保定白沟新城	39496	2.93	36.21	3628	3628	3628
涿州市	220164	4.01	50.05	21877	21287	21869
定州市	349581	3.65	43.04	34935	33946	34760
安国市	127320	3.44	44.14	12538	12425	12511
高碑店市	166793	4.81	47.74	16161	16124	16119
张家口市	**1611626**	**2.64**	**32.11**	**155089**	**143520**	**136194**
桥东区	112795	2.54	36.77	11214	10888	11021
桥西区	108869	2.26	33.69	10596	10325	9977
宣化区	212733	2.52	32.88	20828	18651	18194
下花园区	25625	2.44	37.05	2813	2728	2692
万全区	83425	2.29	31.31	8125	7495	6179
崇礼区	40484	2.66	33.07	3727	3664	2839
张北县	118377	2.44	28.82	10680	9700	8353
康保县	63304	2.40	30.49	5314	5147	4755
沽源县	59446	2.60	25.42	5819	5322	5337
尚义县	47625	2.56	30.98	4210	3793	3921
蔚县	150551	2.99	28.34	14667	13042	12340
阳原县	81527	2.92	27.98	8063	7685	6667
怀安县	71924	2.26	29.09	6878	6496	4091
怀来县	132032	3.00	34.92	12957	11663	12284
涿鹿县	122496	3.15	35.54	12282	12032	11868
赤城县	87474	2.74	32.18	7644	5872	7060

单位：户、间/户、平方米/人

长表数据								
住房内有厕所	住房内有洗澡设施	住房所在建筑有电梯	拥有家用汽车	住房来源				
				租赁	自建	购买	继承或赠予	其他
10681	9972	765	5107	240	8791	1697	109	59
5301	5388	333	2905	165	5481	591	135	213
7337	7019	757	3996	123	6421	1674	64	86
4793	4211	264	2197	35	4317	578	17	22
13075	12351	578	5902	90	12560	922	93	74
21901	20552	1739	10221	297	18758	2437	245	266
11335	9605	771	4453	177	9802	1288	93	111
4869	4414	383	1533	115	3767	1023	28	29
9587	7856	321	4173	79	8569	716	364	35
9568	8760	590	5161	152	8154	1210	32	31
16043	15115	759	7230	149	14176	1415	200	103
12517	11213	1501	7878	332	9846	2067	150	130
9469	8151	723	4393	153	8190	1135	108	47
5085	4907	723	2595	272	3885	806	264	303
13025	11844	1317	6019	144	10769	2013	79	27
12101	10274	1320	5883	385	8220	3022	164	414
359794	**330560**	**56379**	**190987**	**16781**	**250079**	**86123**	**5294**	**10074**
18100	17793	5882	9906	2654	2302	11687	159	1330
26130	25758	9927	15075	3887	3475	16006	588	2265
11698	10238	972	7006	296	9089	2171	94	99
20365	17202	968	10915	371	17580	2267	340	262
17792	16786	1813	10918	422	13856	3166	52	305
10922	9391	1296	5473	215	8801	1789	84	122
5546	5639	1610	2125	238	3357	1066	32	1916
15065	14251	1524	8513	373	12706	1860	107	163
15469	12901	1436	7184	303	13011	1884	293	144
10050	8945	1191	5209	306	7536	1966	236	37
7727	7295	723	4791	377	6193	1056	340	44
8277	4339	499	2705	486	5404	1845	79	809
8332	7175	1648	3753	192	5915	2104	85	46
11113	12022	637	7061	237	13041	1424	374	131
16846	14124	1782	7438	699	13809	2007	494	280
19330	18473	1957	7876	224	16073	2595	331	131
14511	13966	794	8115	130	12834	1381	107	61
9345	7984	783	4367	147	7669	1514	78	116
8093	7542	591	3306	59	6729	1055	186	64
13200	11587	947	8509	448	11305	1881	187	84
3084	2962	1756	2141	334	912	1804	6	28
3628	3545	1972	2513	1242	669	1638	32	47
21815	20677	3786	13073	1154	12726	7029	445	523
34665	32855	6862	16701	1045	25603	7236	271	780
12531	11920	2177	6300	275	8951	3155	109	48
16160	15190	2846	10014	667	10533	4537	185	239
137311	**91237**	**17535**	**54103**	**14903**	**65913**	**65927**	**2572**	**5774**
10936	9598	2438	4650	1350	1463	7781	139	481
9759	9306	2634	4043	1829	452	7870	90	355
18931	14487	1763	6848	1963	5495	12451	208	711
2733	2243	167	982	218	854	1388	52	301
7580	3897	470	3226	588	4190	3116	97	134
2944	2216	149	1343	435	1460	1586	41	205
8639	5627	838	3873	1381	3942	5123	50	184
4255	2098	559	1197	445	2507	1498	156	708
4717	3072	448	2023	352	2992	2255	49	171
3469	1623	214	1039	377	2293	1273	78	189
13912	6086	832	5223	1275	9044	3212	508	628
6761	2539	185	2095	392	4719	2396	253	303
6317	3597	243	1729	355	4266	1988	116	153
11048	8548	2071	5706	1250	6998	4156	199	354
10636	6884	950	3702	454	8056	3244	321	207
6117	2485	563	2058	815	4925	1589	137	178

表8 续表 3

地　区	全　部　数　据			长表数据		
	家庭户户　数	平均每户住房间数	人均住房建筑面积	家庭户户　数	住房内有管道自来水	住房内有厨房
张家口经济开发区	83857	2.52	35.96	8420	8254	7811
张家口市察北管理区	6591	2.30	33.15	595	514	549
张家口市塞北管理区	2491	2.30	33.33	257	249	256
承德市	**1182354**	**2.85**	**33.92**	**114218**	**71498**	**110833**
双桥区	131712	2.53	36.17	12848	11591	12755
双滦区	65940	2.57	34.39	6383	5200	6261
鹰手营子矿区	23005	2.27	31.89	2190	2070	2181
承德县	116854	2.87	32.32	11229	7037	10969
兴隆县	102146	2.80	36.60	10083	5465	9880
滦平县	94111	3.40	35.22	9265	3389	8996
隆化县	124492	2.69	33.54	11744	5840	11141
丰宁满族自治县	121271	3.17	32.59	11587	7900	10830
宽城满族自治县	80534	2.83	35.82	7718	4611	7557
围场满族蒙古族自治县	146668	2.90	31.56	14082	7669	13785
承德高新技术产业开发区	31924	2.74	39.57	3100	2538	3022
平泉市	143697	2.89	32.07	13989	8188	13456
沧州市	**2391473**	**3.39**	**34.51**	**236769**	**236083**	**232086**
新华区	86738	2.49	34.56	8405	8405	8390
运河区	161404	2.68	38.35	16014	16013	15962
沧县	209337	3.53	30.58	20891	20821	20752
青县	141647	3.43	35.00	13896	13896	13768
东光县	121067	2.74	33.57	11940	11940	11837
海兴县	65714	3.73	35.45	6528	6528	6376
盐山县	135018	3.80	32.74	13008	12949	11088
肃宁县	102829	3.48	39.36	10290	10290	10190
南皮县	110056	3.96	32.36	10758	10589	10214
吴桥县	93138	3.17	37.05	9150	9150	8912
献县	176196	4.05	31.59	17040	17039	17020
孟村回族自治县	65287	3.90	32.58	6340	6326	6267
河北沧州经济开发区	8379	3.12	48.69	809	807	805
沧州高新技术产业开发区	4420	3.57	57.30	429	429	426
沧州渤海新区	45475	2.79	39.82	4380	4380	4311
泊头市	193739	3.19	31.46	19965	19628	19295
任丘市	266262	3.34	36.13	26691	26659	26507
黄骅市	155234	3.64	38.08	15288	15288	15151
河间市	249533	3.42	33.67	24947	24946	24815
廊坊市	**1712110**	**3.15**	**38.86**	**170978**	**166936**	**168361**
安次区	151120	3.00	38.90	14219	14147	14137
广阳区	180700	2.92	41.42	18833	18446	18790
固安县	165511	4.03	46.62	16905	16036	16563
永清县	109608	3.75	39.25	10562	10494	10461
香河县	149141	2.72	39.19	14760	14510	14330
大城县	156827	2.70	37.48	15634	15186	15572
文安县	167465	3.51	34.44	16573	15865	16149
大厂回族自治县	56538	3.91	40.11	5253	5105	5185
廊坊经济技术开发区	36654	2.96	47.06	3355	3304	3250
霸州市	211388	2.89	34.72	20835	20727	20646
三河市	327158	2.97	37.97	34049	33116	33278
衡水市	**1471495**	**3.59**	**39.35**	**148460**	**143638**	**145990**
桃城区	195313	2.86	37.14	19179	19178	19176
冀州区	113446	3.15	37.44	11211	10866	11075
枣强县	133011	4.27	43.01	13321	13314	13215
武邑县	94189	3.45	36.99	9172	8306	8649
武强县	69294	3.36	33.64	7210	7181	7147
饶阳县	86388	3.65	38.15	8539	8186	8373
安平县	111697	3.12	40.88	11002	10507	10877
故城县	163221	3.90	38.62	16741	16035	16532
景县	158284	3.94	42.42	16396	15855	16204
阜城县	103146	3.89	36.53	10635	10630	10571
河北衡水高新技术产业开发区	46092	2.94	41.32	4399	4341	4384
衡水滨湖新区	19272	3.89	72.54	2015	1876	1939
深州市	178142	3.97	38.60	18640	17363	17848

单位：户、间/户、平方米/人

长表数据								
住房内有厕所	住房内有洗澡设施	住房所在建筑有电梯	拥有家用汽车	住房来源				
				租赁	自建	购买	继承或赠予	其他
7894	6408	3004	3977	1299	2088	4486	72	475
426	341	5	267	70	136	354	4	31
237	182	2	122	55	33	161	2	6
103431	**70803**	**20379**	**38934**	**7609**	**63957**	**36790**	**1851**	**4011**
12548	11557	4297	4674	1331	1388	7780	504	1845
6032	5239	1844	2826	466	1529	3787	358	243
2041	1723	264	642	252	375	1406	33	124
9496	6750	1193	3622	580	7740	2678	110	121
9354	6941	1299	3652	520	7143	2100	82	238
8584	5940	1496	3405	630	6046	2245	90	254
10213	6346	1346	3534	645	8488	2299	121	191
9389	5472	1585	3874	1020	7100	2837	181	449
6861	4866	1164	3016	329	4806	2369	95	119
13114	6466	1821	4403	1105	9332	3353	144	148
2939	2674	1777	1516	269	1107	1582	16	126
12860	6829	2293	3770	462	8903	4354	117	153
224872	**199893**	**32171**	**131406**	**8158**	**164557**	**56368**	**3111**	**4575**
8087	8175	3032	4570	895	1153	5806	291	260
15325	15581	8067	9333	2551	1934	9823	371	1335
19679	16996	71	11197	114	20073	372	269	63
13373	11576	1881	7802	268	10170	2995	140	323
11478	10219	1397	6184	241	8853	2570	137	139
6170	4043	641	3300	182	5036	1084	157	69
12038	8721	1253	7138	350	10360	1961	141	196
9900	9665	791	5843	114	8645	1406	58	67
9811	8381	717	5959	120	8831	1662	85	60
8428	6928	979	3053	238	6927	1725	163	97
17028	14505	1220	9447	142	14846	1908	85	59
6040	5477	402	3532	100	5118	1004	63	55
705	684	136	477	66	522	181	9	31
304	405	138	290	77	250	88	4	10
4172	3782	1495	2886	236	1066	2852	9	217
17546	16159	1574	10675	290	15117	4103	162	293
25794	24461	4215	15451	1100	15840	8599	550	602
15205	11922	1880	9082	793	9284	4528	133	550
23789	22213	2282	15187	281	20532	3701	284	149
165513	**159323**	**56623**	**107518**	**17545**	**84454**	**62746**	**1960**	**4273**
14112	13594	5159	8918	1442	6819	5198	74	686
18720	18568	9261	12251	2868	2599	12717	134	515
15990	15315	6572	11732	1537	9025	5177	260	906
10518	9951	1448	7339	430	8111	1435	195	391
14344	13830	5450	8957	1708	6373	6081	119	479
15261	12781	829	8525	281	13192	1709	358	94
14214	14305	1608	10145	270	13093	2494	409	307
5153	5073	2029	3420	293	2434	2292	34	200
3320	3163	1474	2006	1168	575	1294	48	270
20275	19434	3825	13991	1520	13285	5744	103	183
33606	33309	18968	20234	6028	8948	18605	226	242
143870	**136704**	**20228**	**76262**	**3540**	**101853**	**39990**	**1302**	**1775**
19169	18825	7042	10813	875	3605	14310	113	276
11139	10214	1374	4257	378	7845	2747	106	135
13235	12769	1238	8312	452	9477	3129	105	158
8805	7529	669	4110	105	7102	1862	59	44
7153	6863	429	3043	143	5928	1043	64	32
8315	7767	545	4127	114	7237	1012	118	58
10824	10456	1883	6860	354	7676	2844	81	47
14812	15105	1292	8702	153	13232	3002	199	155
15770	14719	1214	9638	224	12246	3394	110	422
10618	9480	1002	4864	150	8844	1556	34	51
4390	4129	1906	2622	268	1379	2621	25	106
1889	1787	143	1036	44	1630	204	60	77
17751	17061	1491	7878	280	15652	2266	228	214

表8　续表 4

地　区	全部数据			长表数据		
	家庭户户数	平均每户住房间数	人均住房建筑面积	家庭户户数	住房内有管道自来水	住房内有厨房
山西省	**12064669**	**2.91**	**36.16**	**1188728**	**1020264**	**1045114**
太原市	**1768114**	**2.52**	**35.74**	**173984**	**166238**	**167272**
小店区	360604	2.43	38.24	35500	34799	33160
迎泽区	211799	2.33	35.59	21108	20800	20569
杏花岭区	279452	2.28	34.50	27826	27016	27306
尖草坪区	171768	2.51	35.28	16972	16073	16547
万柏林区	323941	2.43	36.93	31980	31152	31617
晋源区	95310	3.00	36.57	9235	8543	9037
清徐县	109364	3.73	32.49	11163	10282	10978
阳曲县	44609	2.81	35.70	4316	3972	4174
娄烦县	36346	2.10	29.21	3270	2448	2725
山西转型综合改革示范区	59150	2.57	38.19	5718	5473	5135
古交市	75771	2.47	29.99	6896	5680	6024
大同市	**1195169**	**2.34**	**31.87**	**120108**	**101562**	**96491**
新荣区	31969	2.24	25.76	3693	2441	2015
平城区	411203	2.23	37.70	41667	40510	40208
云冈区	270829	2.16	30.38	26773	25294	25156
云州区	51673	2.61	28.12	5071	4384	3517
阳高县	82395	2.00	26.45	7494	7089	3739
天镇县	64528	2.35	26.51	5857	4546	3892
广灵县	64652	2.88	30.38	6625	5335	5991
灵丘县	79392	2.83	29.40	7094	5557	5545
浑源县	92829	2.66	26.01	10660	3311	3274
左云县	41631	2.64	31.48	4777	2776	2931
山西大同经济开发区	4068	1.78	24.93	397	319	223
阳泉市	**480622**	**2.66**	**34.86**	**48126**	**40476**	**46730**
城区	85113	2.38	35.11	8560	8467	8449
矿区	90763	2.22	32.35	9284	9039	9111
郊区	97121	2.77	40.29	9596	8172	9512
平定县	109189	2.82	34.57	10860	7674	10559
盂县	98436	3.03	31.96	9826	7124	9099
长治市	**1093116**	**3.28**	**41.21**	**108350**	**97312**	**98393**
潞州区	286686	2.97	38.94	28070	27462	27604
上党区	106511	3.86	39.15	10933	10197	10600
屯留区	90018	3.34	47.76	8986	6062	8688
潞城区	70385	3.67	46.90	6794	6307	6481
襄垣县	89698	3.28	45.22	9114	8266	8569
平顺县	43973	3.52	35.06	4676	3762	3709
黎城县	51184	3.23	40.54	4805	3968	3875
壶关县	92529	2.61	38.18	9272	8766	7819
长子县	97379	3.97	52.21	9650	7860	8697
武乡县	60997	3.32	36.60	5706	5090	4687
沁县	53439	3.32	35.10	5229	4585	4095
沁源县	50317	2.82	30.26	5115	4987	3569
晋城市	**758110**	**3.46**	**38.45**	**77315**	**73925**	**72857**
城区	187381	2.79	36.25	18325	17826	17414
沁水县	66593	3.53	40.95	6925	6102	6018
阳城县	130252	4.16	48.42	13413	13103	12823
陵川县	73158	4.02	35.59	7269	6664	6777
泽州县	157161	3.18	34.72	17024	16416	15984
高平市	143565	3.71	37.20	14359	13814	13841
朔州市	**528130**	**2.79**	**32.44**	**50452**	**35692**	**33947**
朔城区	160153	2.83	32.47	14289	10065	10719
平鲁区	46294	2.79	32.86	4596	3114	2378
山阴县	70328	2.76	28.92	6658	3401	3713
应县	86312	2.88	30.65	8824	5433	5130

单位：户、间/户、平方米/人

长表数据								
住房内有厕所	住房内有洗澡设施	住房所在建筑有电梯	拥有家用汽　车	住房来源				
				租赁	自建	购买	继承或赠予	其他
1076015	**787295**	**202071**	**496938**	**109364**	**532978**	**455145**	**27401**	**63840**
168969	**148243**	**66856**	**87038**	**32714**	**21660**	**100354**	**2824**	**16432**
34833	32270	16545	19268	9886	2396	20405	548	2265
20811	19514	8435	10443	4641	246	15054	246	921
27172	25345	10709	13341	5021	461	18891	496	2957
16462	14451	6335	8600	2840	1952	10505	272	1403
31650	29067	15863	16699	5341	233	19866	471	6069
9070	8017	3392	5347	1486	2152	4073	160	1364
11003	7657	779	5508	408	7658	2599	157	341
4044	2096	687	1599	317	2128	1423	190	258
2504	1330	152	682	400	1524	996	92	258
5437	4327	2687	3030	1416	1494	2532	50	226
5983	4169	1272	2521	958	1416	4010	142	370
106636	**64853**	**24470**	**33993**	**7811**	**37094**	**63530**	**1961**	**9712**
2773	450	30	708	184	2714	595	61	139
40621	36637	18938	17500	3404	1600	32611	487	3565
24819	15740	2674	6750	1197	2739	20732	376	1729
3992	1648	224	1285	361	3020	1054	96	540
6351	1785	521	1314	302	5029	1849	143	171
4881	1462	376	850	187	2963	1407	173	1127
5919	1488	571	966	386	4462	978	173	626
5871	2491	522	1647	505	4323	1539	200	527
8021	1686	372	1431	602	7533	1316	156	1053
3159	1280	209	1408	568	2591	1323	94	201
229	186	33	134	115	120	126	2	34
45342	**33724**	**7573**	**17796**	**3521**	**13173**	**26795**	**1126**	**3511**
8236	7684	1444	3158	1192	364	6153	87	764
8934	7082	1363	3307	883	215	7766	87	333
9345	7195	2548	4243	592	2398	5370	286	950
10154	6465	1055	3205	421	4788	4309	433	909
8673	5298	1163	3883	433	5408	3197	233	555
101599	**66165**	**13372**	**46903**	**7155**	**60519**	**35281**	**2097**	**3298**
27678	24381	7570	16282	3290	5572	18255	287	666
10561	6915	1103	5114	257	7656	2339	152	529
8723	5892	729	3913	214	6974	1534	133	131
6543	4341	638	3007	322	3836	2255	210	171
8636	5606	1383	4768	660	4781	2720	259	694
3906	1449	100	1141	185	3446	601	202	242
4552	2137	251	1438	257	3187	1075	177	109
8879	3604	416	2654	327	6705	2047	97	96
8240	5400	610	4319	302	7784	1311	121	132
5178	2123	232	1527	520	3745	1085	101	255
4179	2255	144	1022	257	3728	860	195	189
4524	2062	196	1718	564	3105	1199	163	84
66943	**47104**	**11222**	**39851**	**7033**	**39696**	**23348**	**2216**	**5022**
17178	15904	6388	11452	3394	1705	10886	223	2117
5601	4278	478	3373	618	4075	1548	305	379
11192	8921	1069	6411	700	7957	3284	463	1009
6697	2340	359	2924	186	5623	1082	264	114
13391	7102	1480	7678	1084	10826	3257	742	1115
12884	8559	1448	8013	1051	9510	3291	219	288
42041	**23741**	**6119**	**18008**	**4069**	**20770**	**22558**	**1052**	**2003**
12873	8263	2008	5876	1419	4918	7155	243	554
3525	1727	280	1524	761	1599	1553	151	532
4897	1960	583	2168	387	3998	1744	228	301
7268	2086	509	2044	364	5706	2400	219	135

表8 续表 5

地 区	全部数据			长表数据		
	家庭户户数	平均每户住房间数	人均住房建筑面积	家庭户户数	住房内有管道自来水	住房内有厨房
右玉县	32285	2.48	34.59	3085	2452	2012
山西朔州经济开发区	22673	2.71	42.18	2243	2189	2197
怀仁市	110085	2.78	33.16	10757	9038	7798
晋中市	**1162363**	**2.87**	**35.07**	**115401**	**103943**	**106056**
榆次区	270525	2.87	37.73	26698	23772	25416
太谷区	109147	3.16	34.58	10820	10331	10614
榆社县	44620	3.02	29.58	4270	4257	3152
左权县	55390	2.62	31.66	5620	5262	5235
和顺县	45506	2.80	31.01	4309	4241	4255
昔阳县	79006	2.57	32.80	7502	6753	7115
寿阳县	75077	2.72	41.26	7482	6623	7071
祁县	88711	3.78	36.12	8830	7863	8251
平遥县	163341	2.89	31.75	16796	13043	13655
灵石县	83014	2.40	33.88	8175	7753	7512
介休市	148026	2.66	36.39	14899	14045	13780
运城市	**1519154**	**3.68**	**42.43**	**150336**	**131427**	**142457**
盐湖区	297270	3.32	45.18	27930	26754	27153
临猗县	148685	4.23	44.35	15491	14923	15225
万荣县	112740	3.68	42.07	11577	10476	11114
闻喜县	113205	4.14	43.01	11288	8504	10556
稷山县	91484	3.02	39.02	9199	5394	8839
新绛县	86201	4.38	40.61	8591	7460	8093
绛县	72633	3.67	37.30	6908	5699	6263
垣曲县	68898	3.48	36.78	7104	6352	6789
夏县	87220	5.19	50.49	8605	7428	8203
平陆县	74626	3.22	36.87	7144	5525	6050
芮城县	118414	3.70	39.19	11977	10337	10986
永济市	122184	3.94	45.96	12121	11390	11905
河津市	125594	2.60	39.63	12401	11185	11281
忻州市	**994472**	**2.86**	**31.19**	**96443**	**72563**	**76439**
忻府区	197830	2.88	35.19	19430	15753	18001
定襄县	70840	3.54	32.84	7045	6435	6279
五台县	83710	3.53	27.41	7933	6379	6208
代县	66329	2.99	28.63	6557	4105	5363
繁峙县	88092	2.90	28.18	8252	7248	7328
宁武县	51461	2.56	30.48	4533	3432	2910
静乐县	45890	2.47	27.19	4691	3390	3510
神池县	27618	2.81	31.59	3083	1546	1782
五寨县	39330	2.68	33.64	3759	3286	3402
岢岚县	25605	2.44	32.12	2719	2300	2296
河曲县	49022	2.25	31.28	4597	4024	3689
保德县	56078	2.17	31.74	4736	3487	3413
偏关县	30982	1.99	25.43	3175	1400	1409
五台山风景名胜区	4517	3.98	35.94	474	292	409
原平市	157168	3.01	31.31	15459	9486	10440
临汾市	**1338731**	**3.21**	**38.20**	**131580**	**99279**	**113169**
尧都区	301943	3.02	40.21	29264	25572	26881
曲沃县	61160	3.69	35.04	6057	3764	5266
翼城县	86760	4.08	38.05	8296	6592	7838
襄汾县	148898	4.00	39.58	15248	9495	13011
洪洞县	213324	3.55	41.10	20348	11000	17581
古县	27062	3.09	38.40	2788	2539	2396
安泽县	25160	4.10	38.78	2507	2264	2221
浮山县	40738	3.25	40.22	3935	3041	3509
吉县	32567	2.26	32.73	3133	2505	2403
乡宁县	72476	2.57	35.42	6968	3371	4562
大宁县	19477	2.13	31.05	2193	1341	1154
隰县	33987	2.39	31.96	3181	2705	2160
永和县	20290	1.83	24.93	2119	1697	1075
蒲县	31523	2.56	35.54	3439	2907	3176

单位：户、间/户、平方米/人

长表数据								
住房内有厕所	住房内有洗澡设施	住房所在建筑有电梯	拥有家用汽车	住房来源				
				租赁	自建	购买	继承或赠予	其他
2237	1537	381	847	224	1118	1541	41	161
2187	2159	652	1392	140	37	2020	6	40
9054	6009	1706	4157	774	3394	6145	164	280
104426	**78416**	**18056**	**52505**	**8476**	**54636**	**43601**	**3603**	**5085**
23856	21018	7452	16003	2455	7346	15540	367	990
10520	8092	1359	5162	632	5798	3847	122	421
4020	2076	211	1288	266	2251	1365	85	303
5072	3345	675	1813	680	3038	1574	55	273
4107	2655	552	1518	304	2232	1562	28	183
6930	4021	1134	2214	436	4205	2408	210	243
6179	4235	878	3713	685	3984	2220	363	230
8333	6322	898	3989	331	5670	2391	171	267
13781	8951	1338	5704	913	10939	2809	1305	830
7432	5972	1121	3437	970	2513	3770	380	542
14196	11729	2438	7664	804	6660	6115	517	803
141408	**126114**	**15826**	**81416**	**7954**	**98775**	**40325**	**1083**	**2199**
27045	25772	7180	17309	3115	9618	14457	154	586
15235	13972	986	9699	327	12426	2619	71	48
10731	9435	545	6125	192	9706	1528	92	59
9953	9272	1177	5889	367	7947	2617	172	185
8370	7980	501	4712	228	7638	1255	37	41
8039	7306	574	4796	168	6944	1356	76	47
6338	4967	643	3206	213	4643	1905	69	78
6792	5478	978	2783	519	3459	2767	109	250
8079	7250	276	4298	114	7557	745	46	143
6054	4907	610	2786	424	4908	1667	43	102
11014	8713	358	5354	749	8908	2066	94	160
11810	10862	846	7033	379	8412	3144	38	148
11948	10200	1152	7426	1159	6609	4199	82	352
80859	**48783**	**7751**	**24854**	**7926**	**49370**	**31051**	**2688**	**5408**
16325	12269	3318	6870	1765	8985	7082	498	1100
6375	4660	368	2150	241	4824	1709	109	162
6642	2685	161	1287	383	5301	1694	241	314
4677	2619	141	1560	334	4095	1603	264	261
7857	3806	197	1964	862	3801	3226	183	180
3195	1924	461	1077	563	1942	1307	105	616
3672	1899	347	840	455	2315	1179	132	610
2153	986	9	575	186	1588	1027	127	155
3525	1830	125	943	180	1771	1590	122	96
2530	1436	66	515	130	1078	1030	56	425
4028	2264	440	1301	577	1779	1887	120	234
3564	2593	553	922	895	1730	1698	63	350
2421	990	91	694	306	1740	768	210	151
434	230		229	38	396	12	17	11
13461	8592	1474	3927	1011	8025	5239	441	743
114871	**88773**	**15154**	**55238**	**8376**	**78610**	**36922**	**3200**	**4472**
27265	24167	6723	14074	3266	11107	12551	492	1848
5408	4739	400	3260	180	4821	940	58	58
8100	6315	583	3927	409	5606	2056	132	93
13090	12337	1169	6831	229	12699	2107	119	94
16369	11518	1215	7897	559	15617	3461	438	273
2383	1630	219	1209	178	1713	756	51	90
1970	1225	291	1105	175	1605	654	20	53
3305	1783	108	1439	370	2605	718	144	98
1940	1740	239	1017	311	2062	622	52	86
4964	2318	623	3103	896	4519	1080	303	170
1562	863	163	456	207	1313	440	65	168
2914	1493	330	589	158	1666	1130	116	111
1622	659	114	383	223	1240	418	159	79
2973	1377	228	1136	210	2383	642	125	79

表8 续表 6

地　区	全部数据			长表数据		
	家庭户户数	平均每户住房间数	人均住房建筑面积	家庭户户数	住房内有管道自来水	住房内有厨房
汾西县	43948	2.26	31.93	4027	3615	2913
侯马市	85636	3.24	37.39	8630	8165	8379
霍州市	93782	2.71	37.63	9447	8706	8644
吕梁市	**1226688**	**2.32**	**30.11**	**116633**	**97847**	**91303**
离石区	151905	2.20	31.14	13919	12037	12234
文水县	131613	3.25	31.78	12786	9665	9824
交城县	81801	3.15	29.64	7324	5975	6069
兴县	70616	1.83	27.49	6162	5529	3967
临县	163735	1.72	24.21	17887	13813	11828
柳林县	106766	1.60	23.46	9269	7610	5773
石楼县	35328	1.76	24.12	3489	2905	1624
岚县	57622	2.34	29.28	4968	4617	3914
方山县	41308	1.96	27.97	4238	4056	3489
中阳县	49014	2.15	32.16	4434	3804	3681
交口县	35225	2.15	30.75	3246	2992	2759
孝义市	169077	2.52	34.83	16084	13738	14738
汾阳市	132678	2.74	35.37	12827	11106	11403
内蒙古自治区	**8817048**	**2.23**	**34.96**	**868558**	**724896**	**815827**
呼和浩特市	**1253203**	**2.06**	**36.02**	**120491**	**112031**	**109270**
新城区	237872	2.17	37.89	23398	22948	22479
回民区	155915	1.95	33.28	15371	14559	14197
玉泉区	194729	1.96	33.86	18787	15917	16799
赛罕区	310267	2.32	42.66	28924	27608	27670
土默特左旗	109042	1.77	30.79	10436	9219	8280
托克托县	66139	1.70	28.59	6573	6133	5547
和林格尔县	56716	1.88	29.49	5337	4918	4487
清水河县	33636	2.23	31.66	3026	2457	1791
武川县	42468	1.57	28.78	4140	3913	3599
呼和浩特经济技术开发区	46419	2.18	38.47	4499	4359	4421
包头市	**1052709**	**2.03**	**34.27**	**108111**	**102823**	**100224**
东河区	189750	2.06	34.31	19104	18044	18357
昆都仑区	303773	2.10	34.82	30489	29269	28842
青山区	201775	2.11	35.90	20245	18849	18843
石拐区	8929	2.02	35.60	834	661	733
白云鄂博矿区	8818	2.01	32.53	895	878	879
九原区	87062	2.07	34.91	8626	8251	7978
土默特右旗	99389	1.73	28.14	10885	10553	9332
固阳县	51495	1.70	28.32	6827	6605	6326
达尔罕茂明安联合旗	30132	1.82	34.05	2902	2573	2642
包头稀土高新技术产业开发区	71586	2.14	38.02	7304	7140	6292
乌海市	**206072**	**2.26**	**38.34**	**20298**	**19870**	**19284**
海勃湾区	126228	2.31	39.57	12390	12101	11704
海南区	32503	2.17	35.77	3247	3167	3102
乌达区	47341	2.20	36.68	4661	4602	4478
赤峰市	**1454697**	**2.54**	**33.10**	**143923**	**111336**	**138990**
红山区	159665	2.44	33.51	15575	15007	15267
元宝山区	108356	2.34	34.30	10741	10411	10664
松山区	240475	2.50	34.29	23407	19866	22974
阿鲁科尔沁旗	92411	2.46	34.47	8914	6952	8448
巴林左旗	110491	2.33	33.15	11042	8426	10800
巴林右旗	57696	2.19	32.85	5676	3637	5354
林西县	73651	2.55	31.83	7588	5738	5959
克什克腾旗	69855	2.31	32.51	6817	4526	6520
翁牛特旗	126467	2.75	32.01	12975	10861	12598
喀喇沁旗	94169	2.34	31.96	9306	7462	9200
宁城县	161524	2.93	32.29	15985	8767	15489
敖汉旗	159937	2.77	32.58	15897	9683	15717
通辽市	**969200**	**2.45**	**32.98**	**96024**	**76975**	**94343**
科尔沁区	246699	2.47	33.78	24801	23082	24484

单位：户、间/户、平方米/人

长表数据								
住房内有厕所	住房内有洗澡设施	住房所在建筑有电梯	拥有家用汽车	住房来源				
				租赁	自建	购买	继承或赠予	其他
3535	1367	104	909	369	2217	841	359	241
8355	8016	1593	4585	257	2994	4679	142	558
9116	7226	1052	3318	379	4443	3827	425	373
102921	**61379**	**15672**	**39336**	**14329**	**58675**	**31380**	**5551**	**6698**
11866	9295	3302	5987	3712	3393	5900	285	629
11253	6270	1125	4788	522	8679	2807	474	304
6583	3889	1426	2224	527	3890	1783	192	932
4517	2717	579	1145	822	3275	1595	112	358
14943	4273	942	3916	1544	11571	1985	2039	748
9264	4388	897	2829	2087	5069	1275	605	233
2685	1215	356	704	432	1961	600	240	256
4807	2426	638	953	455	2880	1571	21	41
3943	2081	260	1052	316	2704	606	215	397
4120	2598	670	1693	729	1871	942	197	695
2748	1587	107	1164	615	1572	580	176	303
14428	11598	3549	6751	1806	4472	7878	460	1468
11764	9042	1821	6130	762	7338	3858	535	334
736921	**562537**	**137915**	**386507**	**105928**	**280830**	**430076**	**8131**	**43593**
103090	**90398**	**32888**	**62603**	**21675**	**22571**	**67058**	**1308**	**7879**
21913	20867	8593	13610	4858	1227	14663	302	2348
13840	13238	3782	7454	3843	423	9041	177	1887
16212	15300	7038	9690	4860	1478	11415	108	926
26785	25272	11242	17279	4998	3163	18870	281	1612
6652	4163	280	3808	691	6423	3018	124	180
5771	2371	205	2833	722	3414	2169	106	162
3106	2309	73	2435	392	2844	1836	35	230
2151	1110	144	892	362	1424	938	111	191
2375	1741	30	1494	433	1730	1661	55	261
4285	4027	1501	3108	516	445	3447	9	82
93312	**78472**	**22939**	**47639**	**15504**	**18943**	**67485**	**757**	**5422**
17589	15434	4273	7366	1880	2150	14411	133	530
28625	24962	8187	14130	5235	1412	22251	135	1456
19374	17347	4981	9537	3731	549	15310	140	515
673	528	22	238	119	209	447	22	37
888	649	2	466	81	4	757	21	32
6369	5592	2222	4449	1368	2268	4337	48	605
6717	4290	476	4167	753	6712	3078	121	221
4825	2490	92	2170	350	4134	1919	33	391
1770	1581	48	1225	253	1088	1370	16	175
6482	5599	2636	3891	1734	417	3605	88	1460
18033	**17836**	**4969**	**9958**	**3340**	**1174**	**14902**	**167**	**715**
11255	11166	4294	6563	2197	561	9138	81	413
2794	2787	142	1456	518	370	2199	10	150
3984	3883	533	1939	625	243	3565	76	152
122219	**75234**	**19966**	**56196**	**11677**	**69556**	**58281**	**1016**	**3393**
15090	12467	4644	6811	2360	1348	11660	59	148
10206	7095	1311	4225	744	3048	6638	62	249
21597	15956	7739	11009	2687	7400	12226	109	985
7145	4109	775	3529	598	5160	2899	86	171
10939	4789	980	3941	1014	5859	3884	56	229
4236	2549	645	2548	587	2462	2474	27	126
5428	2802	402	2446	695	3828	2722	128	215
3776	3016	760	2604	533	3182	2712	42	348
9961	5433	811	4616	464	8422	3625	111	353
8406	3893	429	3379	350	6375	2480	58	43
11563	5863	513	5277	820	11547	3225	183	210
13872	7262	957	5811	825	10925	3736	95	316
85291	**61518**	**8103**	**41646**	**7580**	**52002**	**33612**	**569**	**2261**
21849	17870	3393	10354	2808	8593	12420	134	846

表8 续表 7

地 区	全 部 数 据			长表数据		
	家庭户户 数	平均每户住房间数	人均住房建筑面积	家庭户户 数	住房内有管道自来水	住房内有厨房
科尔沁左翼中旗	129452	2.40	28.98	13197	11663	12898
科尔沁左翼后旗	108792	2.26	30.44	10568	4427	10318
开鲁县	107720	2.65	32.94	10630	9938	10587
库伦旗	52098	2.18	32.84	5110	2196	5005
奈曼旗	122314	2.79	34.21	11896	10176	11713
扎鲁特旗	90369	2.20	33.69	8891	4894	8489
通辽经济技术开发区	65435	2.55	40.85	6394	6180	6374
霍林郭勒市	46321	2.13	31.40	4537	4419	4475
鄂尔多斯市	**706042**	**2.34**	**40.03**	**70294**	**63203**	**63561**
东胜区	184289	2.28	39.35	18424	17486	16373
康巴什区	33027	2.40	42.76	3341	3325	3304
达拉特旗	120749	2.22	37.82	11492	10558	10402
准格尔旗	121502	2.25	36.23	12166	9913	10170
鄂托克前旗	29108	2.57	46.32	2984	2545	2928
鄂托克旗	52860	2.41	42.33	5240	4386	4754
杭锦旗	42279	2.47	41.03	4162	3551	3990
乌审旗	46443	2.51	40.61	4783	4092	4544
伊金霍洛旗	75785	2.44	45.08	7702	7347	7096
呼伦贝尔市	**854570**	**2.07**	**33.91**	**85390**	**61955**	**83721**
海拉尔区	139924	2.16	38.41	13594	13352	13520
扎赉诺尔区	36823	2.06	35.63	3589	3266	3558
阿荣旗	91451	2.15	32.31	9101	5104	8954
莫力达瓦达斡尔族自治旗	81659	2.08	31.40	8175	5543	8001
鄂伦春自治旗	66976	1.93	30.56	6767	4080	6664
鄂温克族自治旗	54513	2.28	39.63	5467	4536	5413
陈巴尔虎旗	18403	2.24	38.39	1950	1353	1900
新巴尔虎左旗	12349	2.23	34.14	1327	825	1249
新巴尔虎右旗	11671	2.08	36.50	1175	915	1109
满洲里市	58001	2.09	36.03	5670	5479	5517
牙克石市	108474	1.97	31.26	11377	8425	11147
扎兰屯市	115071	2.02	32.05	11228	4970	10833
额尔古纳市	27321	2.12	34.55	2756	1787	2671
根河市	31934	1.75	28.49	3214	2320	3185
巴彦淖尔市	**611583**	**2.28**	**38.27**	**60188**	**56694**	**58065**
临河区	224128	2.37	39.12	21885	20912	21327
五原县	92715	2.20	36.23	9138	8555	8767
磴口县	37588	2.40	40.59	3712	3227	3667
乌拉特前旗	106429	2.12	36.09	10608	10166	9942
乌拉特中旗	44854	2.11	38.89	4394	3819	4082
乌拉特后旗	19264	2.24	38.48	1955	1713	1912
杭锦后旗	86605	2.42	39.42	8496	8302	8368
乌兰察布市	**717071**	**1.92**	**32.55**	**67776**	**55790**	**58267**
集宁区	155460	2.08	37.73	15308	14562	14778
卓资县	38788	1.61	30.11	3620	2573	2801
化德县	40961	1.93	31.30	3930	3770	3702
商都县	76332	1.58	28.00	7224	5629	6550
兴和县	73216	2.10	31.44	6791	5438	6205
凉城县	53475	1.97	32.18	4881	3241	3666
察哈尔右翼前旗	51183	1.99	33.63	5006	4353	4554
察哈尔右翼中旗	39988	1.93	30.57	3901	2802	2765
察哈尔右翼后旗	45122	1.85	31.38	4223	2762	3032
四子王旗	56757	1.79	30.33	5376	4920	4895
丰镇市	85789	1.95	30.99	7516	5740	5319
兴安盟	**499211**	**2.18**	**33.17**	**48645**	**25494**	**47689**
乌兰浩特市	126287	2.06	35.19	12201	10172	12086
阿尔山市	12708	1.86	31.57	1282	1021	1248
科尔沁右翼前旗	98145	2.26	34.09	9717	2576	9529
科尔沁右翼中旗	70725	2.25	31.59	6800	2691	6417
扎赉特旗	111644	2.15	31.23	10931	5118	10784
突泉县	79702	2.29	33.35	7714	3916	7625

单位：户、间/户、平方米/人

长表数据								
住房内有厕所	住房内有洗澡设施	住房所在建筑有电梯	拥有家用汽车	住房来源				
				租赁	自建	购买	继承或赠予	其他
11591	7625	208	4337	437	10046	2329	94	291
9174	4979	274	4419	492	7245	2531	81	219
9317	7326	285	4576	612	7425	2320	67	206
4717	2578	121	2590	151	3443	1323	24	169
9585	7662	433	5352	571	8773	2236	72	244
8442	4379	560	3800	867	5205	2604	66	149
6105	5344	2450	3843	714	1152	4427	22	79
4511	3755	379	2375	928	120	3422	9	58
58956	**52535**	**19108**	**45430**	**15375**	**17155**	**34290**	**452**	**3022**
16512	15504	8454	12556	5065	749	11976	103	531
3332	3309	2295	2729	1092	5	2149	18	77
8212	6336	1195	6574	1618	5171	4287	42	374
9691	7994	2034	7006	2694	3189	5419	81	783
2509	2445	217	2046	518	1537	868	19	42
4307	4148	389	3540	1104	1336	2713	33	54
3409	2939	692	2442	489	1661	1780	58	174
3991	3594	515	3260	846	1983	1707	40	207
6993	6266	3317	5277	1949	1524	3391	58	780
76838	**52389**	**8158**	**28792**	**7979**	**18964**	**53245**	**1196**	**4006**
13551	12113	5263	5720	1652	319	11029	73	521
3159	2359	72	1104	248	336	2930	26	49
8099	4357	348	3577	713	3903	4135	148	202
6339	3202	224	2946	764	4127	2591	92	601
6065	3623	207	1646	570	1477	4089	165	466
5291	4102	380	2215	500	486	4149	54	278
1682	1092	157	865	165	569	1060	65	91
1065	643	23	624	109	453	671	8	86
943	686	66	590	194	246	594	35	106
5196	4686	460	2246	1017	139	4287	28	199
10088	7244	386	2147	547	813	9162	177	678
10064	4574	485	3479	1136	5464	4382	94	152
2411	1713	68	1122	170	536	1948	40	62
2885	1995	19	511	194	96	2218	191	515
49048	**41508**	**7014**	**27605**	**5697**	**24464**	**27751**	**495**	**1781**
17736	16716	5001	10610	2887	6244	12193	118	443
7915	5790	539	3889	700	4768	3330	90	250
3048	2541	128	1469	229	1478	1751	56	198
7665	6407	638	4542	753	5135	4100	107	513
3584	2702	200	2100	510	2121	1653	27	83
1609	1377	124	1052	249	557	1083	10	56
7491	5975	384	3943	369	4161	3641	87	238
50621	**34057**	**5766**	**20098**	**6231**	**21999**	**27799**	**1125**	**10622**
14257	12441	4233	6809	2433	1089	9358	374	2054
2514	1522	202	748	239	1561	1169	66	585
2778	1967	61	1060	276	1215	1691	101	647
5078	2822	84	1624	435	1498	2177	74	3040
5131	2574	166	1552	448	3574	2390	71	308
3009	1726	88	1026	337	2754	1308	86	396
3723	1947	143	1350	400	2197	1508	58	843
2117	1453	193	896	180	1469	1197	90	965
2909	1855	110	1153	339	1314	1649	76	845
2986	2510	221	2013	628	2301	2109	39	299
6119	3240	265	1867	516	3027	3243	90	640
40900	**24997**	**5425**	**19869**	**4430**	**22722**	**18969**	**507**	**2017**
11178	9280	2434	5554	1794	1801	8245	79	282
1241	951	10	390	146	82	997	10	47
8355	3930	1125	4045	415	5729	2836	114	623
5293	2813	361	3146	683	4062	1836	38	181
8531	4426	505	4081	789	6324	3237	158	423
6302	3597	990	2653	603	4724	1818	108	461

表8 续表 8

地区	全部数据			长表数据		
	家庭户户数	平均每户住房间数	人均住房建筑面积	家庭户户数	住房内有管道自来水	住房内有厨房
锡林郭勒盟	**402226**	**2.29**	**36.25**	**38598**	**30713**	**34012**
二连浩特市	27058	2.10	36.87	2665	2529	2445
锡林浩特市	121016	2.26	38.04	11968	11150	11522
阿巴嘎旗	13260	2.32	36.40	1358	813	1139
苏尼特左旗	12009	2.20	34.08	1088	624	813
苏尼特右旗	24572	2.00	34.58	2354	1767	1992
东乌珠穆沁旗	24645	2.28	35.92	2150	1443	1848
西乌珠穆沁旗	30833	2.26	36.43	2885	1896	2579
太仆寺旗	46373	2.66	33.15	4354	3226	3160
镶黄旗	10218	2.25	37.31	982	683	766
正镶白旗	17706	2.29	33.31	1697	1150	1395
正蓝旗	27554	2.26	36.89	2586	1639	2218
多伦县	38588	2.31	34.60	3683	3118	3336
乌拉盖管委会	8394	2.20	40.60	828	675	799
阿拉善盟	**90464**	**2.63**	**45.12**	**8820**	**8012**	**8401**
阿拉善左旗	63776	2.69	46.02	6397	5836	6108
阿拉善右旗	8230	2.84	50.51	842	712	811
额济纳旗	10907	2.47	42.59	834	732	816
内蒙古阿拉善经济开发区	7551	2.07	36.14	747	732	666
辽宁省	**16571689**	**2.29**	**34.70**	**1628448**	**1392170**	**1606568**
沈阳市	**3571422**	**2.13**	**36.13**	**355445**	**347266**	**353799**
和平区	282363	2.13	37.69	28405	28092	28345
沈河区	323570	1.99	35.42	32701	32281	32527
大东区	313284	1.96	34.60	31098	30767	31041
皇姑区	359722	2.03	35.73	37582	37253	37390
铁西区	557395	2.01	34.70	54877	53590	54675
苏家屯区	202041	2.16	33.78	19123	18788	19049
浑南区	287079	2.33	43.81	28776	28373	28662
沈北新区	205982	2.04	36.03	20602	20319	20500
于洪区	436422	2.15	39.16	43683	42504	43479
辽中区	153214	2.56	34.82	14925	14363	14694
康平县	98785	2.39	31.09	9809	9418	9759
法库县	128629	2.39	32.89	12715	11669	12532
新民市	222936	2.20	33.98	21149	19849	21146
大连市	**2818657**	**2.41**	**34.19**	**274946**	**232500**	**269212**
中山区	145242	2.17	37.02	14162	13992	14060
西岗区	122060	1.99	31.54	11894	11728	11775
沙河口区	291810	2.12	39.20	25348	25055	25212
甘井子区	658046	2.04	31.72	65565	63152	64607
旅顺口区	139574	2.33	32.96	13695	13323	13608
金州区	559571	2.27	32.37	55917	52633	55067
普兰店区	247833	2.98	35.43	24049	13672	23367
长海县	26430	2.37	33.45	2666	2171	2644
瓦房店市	343627	2.99	36.43	33928	23587	33180
庄河市	284464	3.01	35.78	27722	13187	25692
鞍山市	**1301821**	**2.31**	**34.23**	**133167**	**126268**	**132524**
铁东区	218272	2.00	38.15	23741	23132	23715
铁西区	174259	1.86	33.15	17573	17245	17553
立山区	228244	1.88	35.25	22847	22437	22830
千山区	33845	2.88	33.66	3501	2862	3484
台安县	116254	2.81	36.36	11359	11161	11316
岫岩满族自治县	140702	3.01	32.87	13831	12995	13619
海城市	390245	2.50	32.31	40315	36436	40007
抚顺市	**784632**	**2.03**	**32.49**	**75921**	**70478**	**75648**
新抚区	103100	1.90	31.34	10031	9839	10027
东洲区	109953	1.92	30.71	10417	9524	10384
望花区	157670	1.90	32.31	15224	14543	15164
顺城区	205832	2.00	35.29	20049	19255	20021
抚顺县	31906	2.11	32.27	3139	1605	3113
新宾满族自治县	81106	2.42	31.58	7860	7092	7812
清原满族自治县	95065	2.20	30.96	9201	8620	9127

单位：户、间/户、平方米/人

长表数据								
住房内有厕所	住房内有洗澡设施	住房所在建筑有电梯	拥有家用汽　车	住房来源				
				租赁	自建	购买	继承或赠予	其他
31071	**26236**	**2948**	**20805**	**5306**	**9876**	**20924**	**476**	**2016**
2385	2216	145	1420	620	76	1904	10	55
11358	10921	2120	7303	1910	543	8625	154	736
1029	769	5	869	104	493	538	45	178
607	519	19	709	177	408	479	11	13
1635	1360	42	1082	294	638	1287	24	111
1567	1239	52	1393	349	653	1031	22	95
2336	1768	75	1750	445	882	1427	17	114
2682	1566	202	1257	281	2486	1485	27	75
686	604	31	511	122	350	456	6	48
962	747	32	808	142	881	558	45	71
1788	1616	74	1419	232	1017	1007	27	303
3276	2269	147	1828	458	1314	1627	84	200
760	642	4	456	172	135	500	4	17
7542	**7357**	**631**	**5866**	**1134**	**1404**	**5760**	**63**	**459**
5329	5305	561	4233	747	1124	4170	53	303
713	647	45	586	63	159	582	2	36
795	727	22	540	107	110	507	8	102
705	678	3	507	217	11	501		18
1493926	**1165146**	**363595**	**559891**	**119408**	**472821**	**916484**	**22271**	**97464**
341596	**304016**	**120256**	**140176**	**36661**	**49651**	**241332**	**4091**	**23710**
28208	27513	13657	12527	5121	127	21037	295	1825
32552	31908	8244	12106	4954	326	25802	313	1306
30785	29271	10912	11318	4095	322	23682	575	2424
37182	36028	14680	14715	4174	92	28463	774	4079
54480	51446	21751	20940	6716	2073	40555	722	4811
17208	13876	3587	6727	1023	4015	12554	225	1306
27617	25494	18244	14104	2952	3045	19438	244	3097
19921	18166	7343	8411	2050	2166	13955	109	2322
42554	40679	19317	19195	4093	2137	35815	349	1289
11053	7085	800	5168	443	7429	6499	169	385
8096	3957	589	3684	184	6379	2877	74	295
10935	6832	621	4192	336	8299	3861	96	123
21005	11761	511	7089	520	13241	6794	146	448
256445	**210810**	**83544**	**106706**	**38234**	**57010**	**161147**	**4150**	**14405**
14060	13733	5158	6024	3581	7	9560	235	779
11844	11487	3120	4260	3215	4	7909	162	604
25262	24675	7500	8915	4057	20	18997	256	2018
64502	59807	27918	28978	13178	1306	45261	959	4861
12837	11458	4038	5905	2262	2295	7425	185	1528
53299	45710	24492	24212	8025	8422	37247	390	1833
21891	11788	2894	7636	1062	12944	8902	565	576
2385	1512	86	511	421	780	1330	43	92
26577	18775	4466	11003	1521	15461	14753	699	1494
23788	11865	3872	9262	912	15771	9763	656	620
123853	**99224**	**30692**	**42008**	**6830**	**36777**	**74208**	**2216**	**13136**
23534	22036	7302	8558	1090	438	20123	422	1668
17137	14836	5638	4245	1655	1067	11859	296	2696
22497	20061	8397	6880	1714	500	17593	369	2671
2870	1368	559	1222	122	2239	575	92	473
10568	5368	659	3378	218	7009	3494	99	539
11311	6896	486	4407	410	9020	3727	244	430
35936	28659	7651	13318	1621	16504	16837	694	4659
71608	**58737**	**13044**	**20141**	**3082**	**15145**	**50332**	**1536**	**5826**
9934	9192	1543	2100	376	373	8507	132	643
9811	8039	1478	2007	365	1178	6295	313	2266
14772	12983	3321	4365	644	1005	12741	312	522
19862	17925	5755	6396	1224	1104	15532	554	1635
2531	1010		905	25	2620	258	44	192
6502	4477	299	2132	196	4430	2912	108	214
8196	5111	648	2236	252	4435	4087	73	354

表8 续表 9

地 区	全 部 数 据			长表数据		
	家庭户户数	平均每户住房间数	人均住房建筑面积	家庭户户数	住房内有管道自来水	住房内有厨房
本溪市	**550965**	**2.09**	**31.79**	**54932**	**52175**	**54686**
平山区	98041	1.91	27.82	9973	9682	9950
溪湖区	84410	1.78	29.38	8315	7703	8195
明山区	163036	2.06	35.02	16210	15709	16185
南芬区	22870	2.14	29.18	2316	1937	2305
本溪满族自治县	92803	2.45	32.25	9335	8735	9309
桓仁满族自治县	89805	2.28	32.27	8783	8409	8742
丹东市	**860945**	**2.17**	**33.43**	**84680**	**77049**	**83968**
元宝区	85743	2.02	35.57	8925	8503	8884
振兴区	182301	2.15	36.14	17632	16994	17610
振安区	76967	2.17	35.08	7592	5622	7525
宽甸满族自治县	121273	2.44	32.14	11907	10981	11660
东港市	221076	2.09	32.81	21390	19931	21148
凤城市	173585	2.19	31.15	17234	15018	17141
锦州市	**1064282**	**2.34**	**35.95**	**105413**	**80830**	**101197**
古塔区	104235	2.05	34.32	10171	9843	10128
凌河区	173154	1.99	34.52	16851	16651	16821
太和区	162778	2.36	38.68	16106	14022	15976
黑山县	178988	2.39	36.10	17767	13308	17478
义县	119491	2.57	35.09	12057	5203	11808
凌海市	163178	2.51	35.68	16141	12364	12821
北镇市	162458	2.50	36.31	16320	9439	16165
营口市	**885527**	**2.44**	**35.69**	**86055**	**72480**	**85896**
站前区	109180	2.22	37.73	10888	10886	10882
西市区	86146	2.18	36.29	8246	8244	8244
鲅鱼圈区	211008	2.20	36.38	20337	18473	20319
老边区	57333	2.41	37.75	5400	5398	5399
盖州市	195569	2.98	34.99	18854	10557	18808
大石桥市	226291	2.41	34.18	22330	18922	22244
阜新市	**656101**	**2.36**	**34.47**	**63635**	**42275**	**62396**
海州区	101497	2.11	34.71	9704	9458	9682
新邱区	30526	2.21	33.05	3022	2760	2904
太平区	65498	2.08	31.69	6293	6043	6281
清河门区	21974	2.45	34.25	2187	1958	2140
细河区	107442	2.22	37.81	10442	10299	10439
阜新蒙古族自治县	195450	2.54	34.33	18911	6403	18241
彰武县	133714	2.54	33.41	13076	5354	12709
辽阳市	**659658**	**2.10**	**35.18**	**63719**	**58858**	**63333**
白塔区	152627	2.13	36.74	14938	14797	14904
文圣区	69174	2.21	36.89	6642	6469	6635
宏伟区	59509	2.21	36.55	5800	5653	5785
弓长岭区	36980	2.09	33.18	3249	2773	3199
太子河区	55559	2.32	34.17	5359	5194	5328
辽阳县	144839	2.03	33.38	14127	12292	13973
灯塔市	140970	1.98	34.99	13604	11680	13509
盘锦市	**538770**	**2.52**	**40.39**	**53752**	**53106**	**53525**
双台子区	87581	2.39	37.54	8583	8514	8545
兴隆台区	217145	2.55	42.19	21796	21447	21761
大洼区	149083	2.72	40.45	14900	14738	14794
盘山县	84961	2.22	38.73	8473	8407	8425
铁岭市	**917630**	**2.17**	**32.18**	**86399**	**62105**	**85297**
银州区	152394	2.12	34.29	13799	13408	13754
清河区	35895	2.19	34.43	3458	2641	3426
铁岭县	119089	2.20	35.20	11340	9186	11222
西丰县	87533	2.08	30.48	7995	4791	7841
昌图县	256969	2.35	30.00	24846	14177	24348
调兵山市	89416	2.26	35.38	8225	7811	8162
开原市	176334	1.94	30.76	16736	10091	16544

单位：户、间/户、平方米/人

长表数据								
住房内有厕所	住房内有洗澡设施	住房所在建筑有电梯	拥有家用汽车	住房来源				
				租赁	自建	购买	继承或赠予	其他
52575	**41169**	**10608**	**13353**	**2708**	**10421**	**36387**	**1215**	**4201**
9793	8156	1637	1826	517	432	7809	364	851
7879	6484	1334	1499	626	671	4800	243	1975
16156	14314	5839	5022	733	788	14034	360	295
2218	1038	91	380	52	669	1144	76	375
8865	5430	1147	2163	540	3669	4582	120	424
7664	5747	560	2463	240	4192	4018	52	281
78783	**59054**	**17390**	**25351**	**5065**	**31599**	**40520**	**1208**	**6288**
8881	8273	3802	2071	746	511	4868	183	2617
17209	15819	5617	5330	1736	1680	12071	343	1802
7002	5327	1630	2511	477	2722	3343	121	929
10253	7081	959	3570	464	7421	3613	103	306
20183	12541	2957	7414	1010	10427	9422	287	244
15255	10013	2425	4455	632	8838	7203	171	390
93805	**69545**	**13775**	**34754**	**3687**	**43953**	**53310**	**1493**	**2970**
9938	9093	1693	3084	787	313	8582	113	376
16724	15393	3241	5664	1181	212	14923	182	353
15054	12483	4869	6998	638	4291	10282	135	760
15884	8698	1712	5252	326	11167	5333	228	713
11321	5387	188	3173	259	7895	3480	261	162
10715	8623	1304	5238	244	9605	5681	276	335
14169	9868	768	5345	252	10470	5029	298	271
79879	**58741**	**17516**	**30196**	**4658**	**27386**	**49471**	**1301**	**3239**
10868	10127	2514	4288	690	156	9384	157	501
8109	7562	2794	2578	715	136	7327	37	31
20138	17444	7135	8190	1718	2261	14391	268	1699
5205	4198	1823	2140	227	1095	3837	43	198
14852	6369	951	5178	344	13393	4172	432	513
20707	13041	2299	7822	964	10345	10360	364	297
52777	**39591**	**5231**	**20591**	**1901**	**26276**	**27840**	**639**	**6979**
9620	8294	1352	2672	350	349	8489	141	375
2923	1791	31	574	122	523	715	48	1614
6257	5193	432	926	137	351	3217	74	2514
2039	1344	187	424	39	435	830	70	813
10414	9718	2251	4351	644	434	8483	73	808
13165	7234	275	7257	250	15325	2921	93	322
8359	6017	703	4387	359	8859	3185	140	533
59169	**38923**	**11609**	**21179**	**3758**	**21115**	**36421**	**972**	**1453**
14879	13465	4629	5811	991	114	13141	197	495
6308	4574	2147	2290	183	1520	4736	128	75
5572	4341	882	2358	536	769	4333	54	108
2913	2003	38	868	130	747	2212	64	96
4230	2647	1308	1314	786	2266	1990	96	221
13029	5250	1395	4236	679	8791	4206	238	213
12238	6643	1210	4302	453	6908	5803	195	245
52213	**43289**	**14396**	**25272**	**3153**	**12527**	**35467**	**259**	**2346**
8378	7559	2265	3398	885	816	6526	57	299
21697	20665	8119	12005	1584	795	18639	79	699
13955	10321	3612	6362	517	5719	7523	54	1087
8183	4744	400	3507	167	5197	2779	69	261
73230	**44527**	**7711**	**23006**	**2406**	**39784**	**40253**	**803**	**3153**
13402	12419	1931	4876	575	713	11566	156	789
2762	2188	167	770	102	1192	2068	40	56
9239	4902	1866	3409	303	6722	3273	84	958
6475	2873	284	1943	247	4786	2692	73	197
19132	7446	1419	6408	515	17475	6289	239	328
7735	5907	730	1929	259	1318	6514	43	91
14485	8792	1314	3671	405	7578	7851	168	734

表8 续表 10

地区	全部数据			长表数据		
	家庭户户数	平均每户住房间数	人均住房建筑面积	家庭户户数	住房内有管道自来水	住房内有厨房
朝阳市	**1054830**	**2.49**	**33.00**	**103285**	**58499**	**100006**
双塔区	175489	2.23	34.65	17025	16119	16890
龙城区	80361	2.38	31.32	7971	5577	7825
朝阳县	145231	2.96	33.59	14192	2407	13004
建平县	168293	2.58	33.75	16594	9332	16296
喀喇沁左翼蒙古族自治县	125713	2.40	33.02	12233	5823	11718
北票市	169850	2.62	34.77	16982	8120	16686
凌源市	189893	2.31	29.72	18288	11121	17587
葫芦岛市	**906449**	**2.67**	**35.03**	**87099**	**58281**	**85081**
连山区	188673	2.22	32.43	18461	15092	18063
龙港区	118097	2.31	39.75	11635	11298	11600
南票区	71794	2.54	29.99	6907	4638	6738
绥中县	201597	2.97	37.94	19261	11610	18859
建昌县	151966	3.01	32.92	14322	3991	13836
兴城市	174322	2.79	35.26	16513	11652	15985
吉林省	**8724943**	**2.22**	**33.84**	**857737**	**767335**	**852538**
长春市	**3143558**	**2.30**	**34.75**	**313652**	**282534**	**311413**
南关区	235234	2.21	38.50	23242	23086	23089
宽城区	298816	2.13	33.39	30079	28729	30014
朝阳区	209417	2.18	36.49	21912	20849	21708
二道区	205873	2.05	35.04	21126	19888	20878
绿园区	266551	2.08	33.76	26541	25631	26409
双阳区	106098	2.27	33.55	10403	8482	10334
九台区	216786	2.43	33.98	21237	15629	21092
农安县	272818	2.62	33.18	26258	23137	26056
长春经济技术开发区	153373	2.14	37.29	15703	15559	15409
长春净月高新技术产业开发区	108681	2.52	45.64	11222	10583	11221
长春高新技术产业开发区	143579	2.30	40.63	15105	14934	15021
长春汽车经济技术开发区	115804	2.17	33.87	11793	11499	11787
榆树市	285802	2.34	30.14	28154	26215	28027
德惠市	221008	2.32	33.17	21662	16298	21408
公主岭市	303718	2.57	33.80	29215	22015	28960
吉林市	**1381619**	**2.11**	**33.13**	**133257**	**116294**	**132980**
昌邑区	238247	2.02	33.95	23484	22475	23461
龙潭区	149645	1.99	31.91	13351	11106	13336
船营区	182959	2.01	33.92	17483	15811	17449
丰满区	94879	2.25	39.21	9504	8505	9501
永吉县	87980	2.30	32.05	8487	7371	8487
吉林经济开发区	18621	2.16	33.81	1844	1497	1839
吉林高新技术产业开发区	57225	2.22	40.24	5789	5524	5783
吉林中国新加坡食品区	13263	2.18	31.75	1136	1105	1136
蛟河市	128665	2.16	32.38	12321	9507	12298
桦甸市	122852	2.24	31.57	11881	9124	11815
舒兰市	149283	2.06	30.04	14704	12748	14614
磐石市	138000	2.10	31.22	13273	11521	13261
四平市	**649676**	**2.33**	**33.16**	**63461**	**59639**	**62463**
铁西区	111083	2.24	37.97	11179	10987	11152
铁东区	117949	1.99	31.47	10687	8984	10651
梨树县	188448	2.50	32.65	18645	17597	18172
伊通满族自治县	120015	2.36	31.41	11772	11124	11554
双辽市	112181	2.43	33.21	11178	10947	10934
辽源市	**377155**	**2.24**	**31.67**	**37281**	**23816**	**37020**
龙山区	125682	2.07	33.41	12748	11534	12719
西安区	57269	1.94	30.50	5750	5121	5736
东丰县	111895	2.42	31.52	11036	5129	10917
东辽县	82309	2.47	30.17	7747	2032	7648
通化市	**671503**	**2.21**	**32.88**	**67361**	**58166**	**67076**
东昌区	136043	2.21	35.67	13936	13669	13931
二道江区	39072	2.03	31.60	3923	3756	3910

单位：户、间/户、平方米/人

长表数据								
住房内有厕所	住房内有洗澡设施	住房所在建筑有电梯	拥有家用汽车	住房来源				
				租赁	自建	购买	继承或赠予	其他
84778	**47194**	**8353**	**30306**	**3515**	**57927**	**36092**	**1172**	**4579**
16126	14222	2751	6483	1005	1770	12450	231	1569
6734	4296	654	2367	376	3393	3448	89	665
10047	2773	315	2982	98	12683	872	184	355
13699	6625	1346	5667	470	11116	4607	101	300
11187	4474	1027	3352	515	8006	3447	100	165
12662	7271	596	4508	464	10186	5375	169	788
14323	7533	1664	4947	587	10773	5893	298	737
73215	**50326**	**9470**	**26852**	**3750**	**43250**	**33704**	**1216**	**5179**
16399	12223	3166	5382	1325	4380	10847	295	1614
11341	9974	2406	5643	873	658	9192	43	869
6445	2167	60	1250	130	4463	960	196	1158
14058	11558	1640	5995	668	12921	4313	353	1006
11395	4402	1001	3507	274	10983	2698	172	195
13577	10002	1197	5075	480	9845	5694	157	337
849363	**526100**	**166120**	**293470**	**83860**	**262970**	**490270**	**7156**	**13481**
311674	**206664**	**91937**	**124129**	**39385**	**86275**	**180295**	**2334**	**5363**
23226	21671	11231	10664	4284	73	17633	272	980
30009	24939	11864	12359	4285	3714	21289	182	609
21345	19127	5346	9009	4530	1411	14915	282	774
20677	18657	10968	8709	3959	1167	14769	151	1080
26419	22803	8044	12017	5512	1443	19385	120	81
10401	4324	1604	3698	855	5241	4132	59	116
21192	9270	3256	6339	1462	10541	8858	110	266
26234	7709	2032	8305	1434	16397	7945	256	226
15648	14552	9238	7884	2820	309	11903	267	404
11185	9849	5413	6939	1486	1069	8631	22	14
15094	14492	9890	9702	2002	208	12740	11	144
11786	10533	4615	5642	1939	250	9548	46	10
28085	8546	2776	7170	1360	16793	9739	143	119
21452	7981	2015	5688	1346	12009	8042	114	151
28921	12211	3645	10004	2111	15650	10766	299	389
132927	**85295**	**22736**	**41899**	**12146**	**35558**	**83293**	**1352**	**908**
23467	19433	5348	8143	2568	1911	18627	230	148
13326	8926	1354	4096	1469	2891	8866	115	10
17393	14070	4897	6562	3258	1596	12312	216	101
9472	7394	3440	4374	898	1787	6300	93	426
8470	4115	302	2389	404	3939	4029	81	34
1838	1243	245	642	213	361	1228	34	8
5789	5304	2745	2981	350	381	4991	29	38
1136	479	47	361	65	538	504	29	
12281	6046	869	3245	735	4590	6752	190	54
11880	6263	886	2764	516	4878	6409	68	10
14624	5939	1186	2992	887	6970	6671	126	50
13251	6083	1417	3350	783	5716	6604	141	29
62560	**29909**	**9096**	**19408**	**3912**	**28513**	**27321**	**821**	**2894**
11168	8913	3642	4122	836	926	8704	136	577
10655	6643	3105	2790	1202	2310	5605	179	1391
18311	5229	913	5759	834	12136	5037	178	460
11449	3588	865	3576	561	7146	3728	117	220
10977	5536	571	3161	479	5995	4247	211	246
36876	**18030**	**6193**	**10701**	**2088**	**13396**	**20860**	**290**	**647**
12675	8732	3456	4366	904	1092	10382	93	277
5749	3357	1529	893	369	503	4818	33	27
10811	4333	1004	3069	573	6136	4161	95	71
7641	1608	204	2373	242	5665	1499	69	272
65889	**41482**	**9071**	**17953**	**4545**	**22009**	**40000**	**472**	**335**
13927	12297	3129	3937	1172	784	11798	103	79
3921	2468	232	758	429	461	2841	46	146

表8 续表 11

地　区	全部数据 家庭户户数	全部数据 平均每户住房间数	全部数据 人均住房建筑面积	长表数据 家庭户户数	长表数据 住房内有管道自来水	长表数据 住房内有厨房
通化县	66165	2.38	32.86	6512	5569	6485
辉南县	88259	2.12	32.97	8662	8097	8597
柳河县	94557	2.31	31.21	9562	7579	9494
梅河口市	182633	2.16	32.42	18322	14732	18231
集安市	64774	2.24	31.75	6444	4764	6428
白山市	**383679**	**2.14**	**32.26**	**38376**	**37175**	**38277**
浑江区	120792	2.16	33.79	12157	11773	12125
江源区	56198	2.22	30.77	5635	5188	5618
抚松县	89537	2.09	31.69	8926	8797	8922
靖宇县	41614	2.19	32.06	4158	4087	4155
长白朝鲜族自治县	23743	2.09	33.65	2328	2297	2307
临江市	51795	2.09	30.75	5172	5033	5150
松原市	**785677**	**2.37**	**33.26**	**76336**	**66434**	**76216**
宁江区	216712	2.17	32.87	21337	20198	21306
前郭尔罗斯蒙古族自治县	143811	2.23	33.07	14064	11121	14057
长岭县	156977	2.84	34.53	15105	12115	15103
乾安县	75212	2.40	34.40	7377	7185	7308
吉林松原经济开发区	31413	2.19	37.07	3152	2656	3142
扶余市	161552	2.32	31.55	15301	13159	15300
白城市	**588671**	**2.12**	**34.73**	**57583**	**54338**	**57096**
洮北区	138017	2.06	34.49	13571	12734	13496
镇赉县	83141	2.06	33.17	8189	8073	8142
通榆县	103540	2.15	34.00	10000	9864	9911
吉林白城经济开发区	38317	2.21	38.10	3888	3434	3887
洮南市	118520	2.18	34.87	11539	9962	11387
大安市	107136	2.14	35.63	10396	10271	10273
延边朝鲜族自治州	**743405**	**1.97**	**34.60**	**70430**	**68939**	**69997**
延吉市	248548	1.88	37.35	23213	22854	23104
图们市	34242	1.90	34.53	2983	2943	2938
敦化市	160657	2.18	31.63	15621	15154	15522
珲春市	92538	2.01	35.79	8626	8459	8612
龙井市	42017	1.73	34.02	3719	3587	3673
和龙市	39906	1.82	32.59	3869	3763	3781
汪清县	64564	1.89	33.12	6372	6234	6345
安图县	60933	2.05	32.42	6027	5945	6022
黑龙江省	**11685918**	**2.14**	**33.95**	**1172755**	**1119249**	**1163150**
哈尔滨市	**3545136**	**2.16**	**35.20**	**367859**	**356205**	**365653**
道里区	434740	2.18	41.47	48211	47742	48092
南岗区	484851	2.08	36.27	51941	51368	51791
道外区	307448	2.00	32.49	32196	31668	31995
平房区	88647	1.93	34.33	8771	8733	8763
松北区	136003	2.30	48.47	14058	13862	13963
香坊区	402532	2.03	36.28	40764	39613	40665
呼兰区	250987	2.20	36.79	26260	25940	26037
阿城区	180655	2.17	32.96	18604	17881	18537
双城区	212443	2.43	33.44	21479	20725	21068
依兰县	97857	2.19	32.98	9167	8745	9048
方正县	66114	2.09	34.70	6277	5955	6251
宾县	145982	2.28	30.46	15191	12909	14896
巴彦县	150733	2.16	30.95	15383	15294	15348
木兰县	58616	2.34	30.71	5991	5904	5974
通河县	72577	1.94	35.37	7519	7195	7484
延寿县	69292	2.00	33.60	6843	6601	6807
尚志市	162685	2.39	33.01	16419	14869	16241
五常市	222974	2.34	29.93	22785	21201	22693
齐齐哈尔市	**1494879**	**2.11**	**32.58**	**150533**	**138190**	**148952**
龙沙区	137963	2.00	37.30	14852	14595	14833
建华区	121043	1.99	37.09	12835	12597	12825
铁锋区	108953	2.00	33.92	11325	10851	11296

单位：户、间/户、平方米/人

长表数据								
住房内有厕所	住房内有洗澡设施	住房所在建筑有电梯	拥有家用汽车	住房来源				
				租赁	自建	购买	继承或赠予	其他
6472	3516	389	1748	402	2857	3182	54	17
8624	4344	1333	2070	453	3811	4337	40	21
8354	4715	947	2411	430	4873	4154	67	38
18187	10294	2491	5208	1253	6334	10612	111	12
6404	3848	550	1821	406	2889	3076	51	22
38218	**25093**	**4269**	**9402**	**3299**	**7293**	**26662**	**409**	**713**
12113	9092	2726	3468	1286	1100	9431	134	206
5550	3343	207	915	346	1095	3930	55	209
8920	5598	617	2414	717	2137	5963	67	42
4158	2278	220	1078	438	1307	2364	30	19
2323	1538	58	540	163	548	1426	50	141
5154	3244	441	987	349	1106	3548	73	96
76029	**35706**	**10001**	**29016**	**6472**	**35438**	**33789**	**434**	**203**
21224	16141	4412	9577	2532	3524	15163	110	8
14063	5101	1388	5127	1051	8023	4842	85	63
15078	4641	898	4653	1164	9900	3930	92	19
7369	2616	675	2590	674	3665	2894	36	108
3097	2394	1137	1657	358	507	2275	8	4
15198	4813	1491	5412	693	9819	4685	103	1
55225	**28867**	**4319**	**18151**	**4587**	**24248**	**26900**	**492**	**1356**
13368	8125	1675	4456	1296	4010	8039	128	98
7756	3914	358	2504	739	3699	3584	66	101
9838	3934	340	3012	858	5149	3745	64	184
3842	3030	777	1711	340	496	3018	26	8
10467	5062	367	3817	781	6006	3789	157	806
9954	4802	802	2651	573	4888	4725	51	159
69965	**55054**	**8498**	**22811**	**7426**	**10240**	**51150**	**552**	**1062**
23046	21934	5005	8954	3073	755	19206	101	78
2948	2562	77	722	349	333	2259	22	20
15618	9050	1017	4836	1245	3950	10190	131	105
8605	6866	1257	3253	1100	938	6145	60	383
3578	2918	170	839	403	529	2512	93	182
3846	3121	107	775	285	574	2749	57	204
6340	4520	716	1628	359	1495	4473	45	
5984	4083	149	1804	612	1666	3616	43	90
1077428	**762783**	**186888**	**319229**	**90582**	**302511**	**726361**	**13762**	**39539**
341307	**262639**	**94699**	**113852**	**31914**	**87555**	**232204**	**3991**	**12195**
47903	44896	21765	15635	3902	2440	38169	594	3106
51500	48782	18575	19537	7003	1277	40149	821	2691
31036	27367	7965	8289	3117	3321	23424	368	1966
8384	7702	2101	3477	1224	337	7048	126	36
13179	11022	8176	6743	1541	2888	9105	29	495
39975	35295	14458	14707	5789	2263	31832	399	481
22676	17935	5899	7524	1984	7599	16052	155	470
17165	10696	3842	4175	1373	5253	11527	112	339
16283	10121	2266	6596	459	11301	8917	267	535
7552	3726	929	1934	770	3364	4626	145	262
5759	4265	483	1756	430	1919	3693	82	153
12068	6451	901	4238	928	7798	6035	138	292
14968	6524	1204	3477	917	8905	5291	157	113
5835	2061	375	1039	461	3279	2137	48	66
6791	4103	624	1472	460	2666	3992	115	286
5458	2976	505	1545	373	3322	2733	75	340
13202	7920	2238	3169	683	7265	8034	156	281
21573	10797	2393	8539	500	12358	9440	204	283
132387	**80362**	**11779**	**35250**	**10203**	**55699**	**78202**	**2062**	**4367**
14789	13544	3428	3702	512	350	12908	179	903
12789	12176	3207	3841	793	183	11523	198	138
11202	9432	1359	2501	667	608	9360	184	506

表8 续表 12

地区	全部数据			长表数据		
	家庭户户数	平均每户住房间数	人均住房建筑面积	家庭户户数	住房内有管道自来水	住房内有厨房
昂昂溪区	27836	2.03	35.01	2854	2712	2817
富拉尔基区	85811	1.94	33.27	8032	7860	7988
碾子山区	23241	1.87	31.03	2194	2004	2183
梅里斯达斡尔族区	47216	2.02	32.73	4715	4283	4598
龙江县	148373	2.13	32.43	14435	8300	14054
依安县	110480	2.28	28.40	11834	11604	11733
泰来县	88476	2.37	32.05	8900	8567	8769
甘南县	110116	2.04	32.89	10710	9237	10540
富裕县	80488	2.22	32.79	8330	7577	8081
克山县	83419	1.97	30.11	7874	7469	7815
克东县	57029	2.62	31.76	5457	5395	5411
拜泉县	107777	2.29	29.98	11036	10900	10965
讷河市	156658	2.00	31.36	15150	14239	15044
鸡西市	**563185**	**2.13**	**33.75**	**56639**	**53257**	**55742**
鸡冠区	151957	2.08	36.45	16070	15763	16048
恒山区	34026	2.07	30.59	3382	3036	3331
滴道区	24721	2.04	30.25	2528	2207	2509
梨树区	15537	2.10	30.35	1618	1497	1528
城子河区	25989	2.08	30.08	2684	2507	2448
麻山区	7993	2.22	35.68	794	725	571
鸡东县	74639	2.03	33.50	7134	6471	7044
虎林市	107817	2.08	34.38	10669	10478	10593
密山市	120506	2.35	32.86	11760	10573	11670
鹤岗市	**364911**	**2.01**	**34.11**	**37213**	**35668**	**37055**
向阳区	29247	2.10	37.30	3138	3084	3138
工农区	54006	2.09	37.11	5583	5526	5568
南山区	52812	1.90	33.58	5798	5687	5783
兴安区	43047	1.93	33.30	4244	4154	4224
东山区	39483	2.11	34.23	4132	3748	4102
兴山区	9362	1.92	31.48	939	928	938
萝北县	82228	2.02	34.05	7931	7299	7889
绥滨县	54726	1.97	31.13	5448	5242	5413
双鸭山市	**468567**	**2.03**	**33.42**	**45245**	**43792**	**44825**
尖山区	103848	1.98	35.79	10299	10175	10283
岭东区	10571	1.92	34.28	1056	979	1056
四方台区	16711	1.95	33.08	1660	1595	1643
宝山区	30924	1.95	31.41	2947	2845	2934
集贤县	90458	2.09	33.79	8679	8394	8541
友谊县	39445	1.96	34.28	3947	3821	3922
宝清县	128420	2.09	31.90	11780	11256	11602
饶河县	48190	2.02	32.19	4877	4727	4844
大庆市	**1006427**	**2.35**	**35.76**	**99940**	**97955**	**99198**
萨尔图区	118131	2.40	35.35	11753	11554	11718
龙凤区	115461	2.28	37.15	11512	11310	11498
让胡路区	222869	2.50	38.44	22394	21914	22220
红岗区	51250	2.30	33.49	5089	4894	5070
大同区	64549	2.23	32.49	6324	6117	6229
肇州县	104755	2.35	32.49	10478	10318	10403
肇源县	112180	2.39	34.92	11088	10970	10973
林甸县	72942	1.98	33.16	6896	6750	6800
杜尔伯特蒙古族自治县	70112	2.23	33.01	6806	6561	6718
大庆高新技术产业开发区	74178	2.48	41.93	7600	7567	7569
伊春市	**361302**	**1.93**	**33.48**	**37364**	**33686**	**37093**
伊美区	67445	1.97	37.39	6791	6372	6779
乌翠区	34002	1.80	35.79	4368	3758	4330
友好区	24058	1.62	31.45	2339	2067	2321
嘉荫县	20762	2.08	31.49	2046	1902	2035
汤旺县	15021	1.80	31.67	1480	1315	1463
丰林县	25789	1.90	31.95	2590	2378	2532
大箐山县	24314	1.92	30.53	2420	1971	2404

单位：户、间/户、平方米/人

长表数据								
住房内有厕所	住房内有洗澡设施	住房所在建筑有电梯	拥有家用汽车	住房来源				
				租赁	自建	购买	继承或赠予	其他
2356	1303	74	536	129	989	1473	97	166
7688	5470	261	1539	293	792	6462	150	335
1936	1290	21	443	79	418	1653	37	7
3362	1250	27	1242	228	2955	1320	62	150
10615	4723	379	4207	844	8913	4347	159	172
10230	5052	210	2105	678	6712	3822	84	538
6406	3243	323	2733	373	5393	2880	96	158
8429	3972	198	2847	1152	5123	4031	176	228
7395	3332	411	1997	573	4195	3164	105	293
6665	3357	328	1186	662	3260	3528	109	315
4784	2403	444	1190	892	1962	2438	93	72
10201	4506	392	1888	592	6831	3304	135	174
13540	5309	717	3293	1736	7015	5989	198	212
51009	**38669**	**6229**	**12712**	**3443**	**11322**	**38648**	**699**	**2527**
15794	13995	4280	3247	944	563	13844	146	573
2994	1981	10	414	208	692	1683	176	623
2032	1704	59	300	137	498	1668	57	168
1456	929	19	228	121	224	1217	13	43
2637	1815	22	439	183	322	2025	41	113
575	371	1	91	45	288	141	34	286
6030	3323	271	1549	423	2990	3326	80	315
9554	8099	776	3405	757	1791	7845	57	219
9937	6452	791	3039	625	3954	6899	95	187
35015	**25398**	**1748**	**8580**	**4230**	**3945**	**25672**	**481**	**2885**
3128	2458	185	683	143	13	2637	75	270
5569	4826	458	1530	274	55	5061	28	165
5760	4052	156	621	1399	29	3717	49	604
4163	2618	126	407	809	128	2219	85	1003
3659	2393	57	740	281	901	2625	64	261
917	778	19	124	67	15	617	53	187
7128	5454	463	2805	654	1023	5933	71	250
4691	2819	284	1670	603	1781	2863	56	145
40687	**26255**	**3618**	**11426**	**3768**	**8085**	**30747**	**637**	**2008**
10187	6492	2092	2453	708	252	8717	101	521
1005	723	68	86	116	84	606	71	179
1511	354	2	146	151	401	1039	13	56
2705	1015	8	374	200	333	1829	143	442
7384	4908	597	2141	714	2552	5129	75	209
3428	2975	67	1096	465	262	3030	33	157
9851	6349	608	3418	954	3402	6966	156	302
4616	3439	176	1712	460	799	3431	45	142
95278	**73191**	**22025**	**42840**	**7595**	**25158**	**64843**	**576**	**1768**
11674	10963	2858	5707	1495	20	10025	67	146
11392	10173	3256	5538	1008	542	9755	56	151
22028	20942	7296	12338	1594	643	19861	74	222
4932	4063	459	1971	423	713	3823	15	115
6038	3057	217	2209	461	3079	2669	28	87
8941	4630	1328	2657	644	6362	2996	112	364
10142	5787	768	3005	518	6626	3715	96	133
6220	2512	500	2137	407	3810	2396	55	228
6311	3515	363	2255	324	3359	2855	64	204
7600	7549	4980	5023	721	4	6748	9	118
35522	**28241**	**995**	**5121**	**1800**	**3824**	**29337**	**597**	**1806**
6725	5625	288	1147	336	233	5619	226	377
4248	3610	74	527	86	302	3765	27	188
2312	2029	16	179	137	138	1972	22	70
1785	1163	55	505	168	756	1056	25	41
1444	1112	6	97	85	38	1240	10	107
2418	2245	23	226	144	239	2119	25	63
2300	1758	24	196	67	210	2018	34	91

表8 续表 13

地区	全部数据			长表数据		
	家庭户户数	平均每户住房间数	人均住房建筑面积	家庭户户数	住房内有管道自来水	住房内有厨房
南岔县	37590	1.88	30.98	3985	3490	3948
金林区	25368	1.89	30.85	2593	2455	2577
铁力市	86953	2.07	34.01	8752	7978	8704
佳木斯市	**802965**	**2.02**	**34.15**	**78311**	**75987**	**77778**
向阳区	105581	2.02	36.00	10260	10161	10253
前进区	62788	2.06	36.12	6138	6043	6123
东风区	47227	2.00	32.68	4610	4511	4584
郊区	106948	1.94	36.68	9620	9093	9537
桦南县	114219	2.12	33.16	11196	10898	11093
桦川县	55426	1.99	33.15	5280	5204	5245
汤原县	71049	2.04	35.17	6985	6756	6949
同江市	62785	2.04	31.72	6307	6093	6264
富锦市	143487	2.00	32.65	14591	14120	14422
抚远市	33455	2.05	33.46	3324	3108	3308
七台河市	**260681**	**2.01**	**31.99**	**24811**	**24171**	**24691**
新兴区	62472	1.86	28.99	6124	5947	6113
桃山区	74855	2.12	33.54	7343	7237	7337
茄子河区	46086	2.16	31.20	4676	4540	4653
勃利县	77268	1.95	33.22	6668	6447	6588
牡丹江市	**857400**	**2.16**	**33.44**	**82908**	**77543**	**82156**
东安区	86555	2.15	37.06	8236	8112	8231
阳明区	70139	2.22	32.23	7225	7006	7153
爱民区	98723	2.04	34.09	9781	9581	9737
西安区	91222	2.15	34.86	8672	8454	8638
林口县	86810	2.40	32.12	8323	7037	8230
绥芬河市	41010	2.13	34.42	4018	3967	3986
海林市	114523	2.06	31.86	10729	9616	10551
宁安市	122139	2.08	32.63	11411	10446	11333
穆棱市	70663	2.27	32.29	7093	6494	6979
东宁市	75616	2.19	33.88	7420	6830	7318
黑河市	**502445**	**1.95**	**33.08**	**48927**	**44948**	**48502**
爱辉区	83223	2.11	37.55	8183	7936	8162
逊克县	32348	2.00	33.59	3210	2876	3156
孙吴县	33017	2.00	34.87	3105	2752	3066
北安市	118625	1.94	31.74	11578	11048	11521
五大连池市	91864	1.90	31.91	9168	8347	9108
嫩江市	143368	1.89	31.89	13683	11989	13489
绥化市	**1316879**	**2.30**	**32.41**	**129540**	**126518**	**128134**
北林区	258557	2.65	33.34	25863	25557	25695
望奎县	95265	2.33	29.74	9159	8988	9124
兰西县	106706	2.08	32.19	10068	9899	10028
青冈县	95100	2.32	30.08	9324	8847	9228
庆安县	91765	2.03	32.99	9262	8992	9081
明水县	70830	2.15	30.84	7108	7042	6628
绥棱县	77743	1.98	30.73	7719	7516	7680
安达市	128955	2.26	34.29	12741	12335	12565
肇东市	231140	2.28	34.97	22752	21989	22634
海伦市	160818	2.26	30.15	15544	15353	15471
大兴安岭地区	**141141**	**2.04**	**30.53**	**13465**	**11329**	**13371**
漠河市	21951	2.09	29.55	2175	1674	2154
呼玛县	14356	2.08	31.49	1485	1074	1479
塔河县	21090	1.97	27.62	2120	1858	2085
加格达奇区	57905	2.08	32.56	5425	5110	5406
松岭区	7438	1.98	28.92	689	456	685
新林区	10243	1.83	27.50	888	683	881
呼中区	8158	1.96	29.14	683	474	681

单位：户、间/户、平方米/人

长表数据								
住房内有厕所	住房内有洗澡设施	住房所在建筑有电梯	拥有家用汽车	住房来源				
				租赁	自建	购买	继承或赠予	其他
3474	2267	96	315	203	459	3184	73	66
2549	2319	36	346	133	41	2254	17	148
8267	6113	377	1583	441	1408	6110	138	655
71302	**50210**	**12107**	**20035**	**7468**	**16203**	**50608**	**1112**	**2920**
10224	8612	3145	2786	850	52	9000	87	271
6025	4774	1276	1503	457	57	5330	75	219
4340	3033	961	569	291	416	3853	33	17
8494	5730	1959	2234	709	2915	5394	191	411
9881	5392	1109	2409	1003	3767	5252	320	854
4917	2744	445	1248	440	1872	2796	47	125
5571	3992	432	1573	597	2280	3439	122	547
5896	4794	459	2130	717	827	4557	60	146
12735	8638	2023	4297	1991	3551	8697	146	206
3219	2501	298	1286	413	466	2290	31	124
23147	**15584**	**1318**	**6220**	**2437**	**4213**	**16699**	**302**	**1160**
5890	4198	25	951	830	482	4671	41	100
7315	6215	778	2601	567	55	6596	58	67
4430	2584	278	1164	673	755	2252	86	910
5512	2587	237	1504	367	2921	3180	117	83
75159	**54504**	**12940**	**20134**	**5571**	**19659**	**54825**	**1069**	**1784**
8195	7216	2942	2837	581	313	7075	96	171
6243	4779	1462	1484	504	1655	4568	118	380
9481	8206	2790	2097	955	404	8082	163	177
8208	7258	2378	2396	456	659	7238	107	212
7031	3479	445	1913	412	3998	3669	128	116
3955	3390	496	1456	867	100	2753	63	235
9605	6260	1067	1894	533	2865	7019	107	205
10227	6046	905	2686	498	5189	5544	100	80
5530	3405	207	1448	160	2523	4198	101	111
6684	4465	248	1923	605	1953	4679	86	97
42684	**30736**	**3859**	**12136**	**4591**	**9389**	**31439**	**791**	**2717**
7797	6317	1276	2825	849	1103	5958	67	206
2368	1823	136	1073	177	1073	1850	42	68
2445	1692	166	755	203	806	1902	73	121
10865	6975	1150	2016	1235	1711	8133	104	395
7567	5503	403	1984	633	2063	4979	175	1318
11642	8426	728	3483	1494	2633	8617	330	609
121086	**67946**	**15261**	**28129**	**6569**	**56531**	**62426**	**1289**	**2725**
23970	15757	3257	5622	1268	7989	15472	299	835
8899	4084	714	1582	387	4908	3289	234	341
9775	4728	1477	2201	390	5863	3645	50	120
8553	4595	804	1957	346	4866	3981	35	96
8989	5054	1537	1824	714	3737	4630	70	111
6275	3658	538	1771	431	3369	3072	64	172
6971	5366	318	1327	582	2036	4806	140	155
11954	6956	1170	3141	477	4996	6739	146	383
21123	10505	4931	6037	678	11891	9811	165	207
14577	7243	515	2667	1296	6876	6981	86	305
12845	**9048**	**310**	**2794**	**993**	**928**	**10711**	**156**	**677**
1890	1347	10	438	209	110	1786	27	43
1468	821	13	384	100	438	897	10	40
2071	1477	7	416	145	84	1487	36	368
5371	4198	278	1235	407	240	4598	40	140
654	429		116	33	29	589	20	18
745	549	1	109	58	19	750	12	49
646	227	1	96	41	8	604	11	19

表8 续表 14

地区	全部数据			长表数据		
	家庭户户数	平均每户住房间数	人均住房建筑面积	家庭户户数	住房内有管道自来水	住房内有厨房
上海市	**9095041**	**2.04**	**32.28**	**901732**	**891176**	**859404**
市辖区	**9095041**	**2.04**	**32.28**	**901732**	**891176**	**859404**
黄浦区	203634	1.67	26.07	19612	19610	17103
徐汇区	394309	1.94	29.94	38779	38757	38544
长宁区	255988	1.93	31.67	24644	24597	24473
静安区	354896	1.89	29.26	33771	32993	32996
普陀区	460924	1.92	30.48	45404	45379	44935
虹口区	282761	1.85	28.07	27696	27103	26794
杨浦区	438354	1.87	27.78	42872	42680	42205
闵行区	912484	2.01	31.35	91187	90219	88607
宝山区	817374	1.95	29.05	80716	78627	77081
嘉定区	673676	1.94	30.90	66666	65275	57563
浦东新区	2092331	2.05	32.24	208926	206182	198130
金山区	299231	2.72	44.31	29970	29648	28685
松江区	680057	2.07	32.86	68046	67494	64875
青浦区	495039	2.06	31.74	50156	50154	46875
奉贤区	450845	2.23	37.50	45007	44684	43046
崇明区	283138	2.85	57.52	28280	27774	27492
江苏省	**28069197**	**3.10**	**46.80**	**2743393**	**2690125**	**2685744**
南京市	**2989186**	**2.68**	**39.65**	**296337**	**294067**	**292508**
玄武区	162013	2.41	32.16	16343	16074	16099
秦淮区	270427	2.27	30.47	27094	26634	26589
建邺区	182690	2.46	36.50	18173	18094	17960
鼓楼区	330573	2.31	31.20	32728	32727	32331
浦口区	361588	2.68	39.90	35917	35785	35551
栖霞区	286053	2.57	36.50	27689	27316	27278
雨花台区	194859	2.41	33.12	18962	18819	18543
江宁区	545243	3.01	45.05	53508	53263	52920
六合区	339624	3.02	45.22	34079	33741	33769
溧水区	162153	2.96	49.63	16003	15885	15884
高淳区	153963	3.12	54.14	15841	15729	15584
无锡市	**2489496**	**2.53**	**43.75**	**239543**	**236661**	**233016**
锡山区	273720	2.51	41.57	27230	26764	25619
惠山区	280856	2.62	41.45	26449	26055	25291
滨湖区	301274	2.53	41.84	29830	29512	29320
梁溪区	372763	2.30	36.66	35430	35038	34863
新吴区	218963	2.52	38.23	20383	20209	20194
江阴市	584970	2.60	48.08	55850	55171	54022
宜兴市	456950	2.58	50.55	44371	43912	43707
徐州市	**2967464**	**3.64**	**48.58**	**288058**	**273266**	**279746**
鼓楼区	158933	2.50	36.31	15714	15391	15409
云龙区	160209	2.69	38.89	15820	15596	15629
贾汪区	146514	3.64	43.04	14310	12858	13069
泉山区	230784	2.62	39.23	23238	22857	23020
铜山区	392842	4.26	58.35	38084	36222	37063
丰县	320774	5.08	61.05	30868	28520	30089
沛县	343149	3.62	42.97	33707	31000	31983
睢宁县	334102	3.69	50.62	30916	29012	30269
徐州经济技术开发区	119835	3.28	43.27	11870	11439	11743
新沂市	303655	3.39	52.36	29727	28545	28948
邳州市	456667	3.60	46.13	43804	41826	42524
常州市	**1839105**	**2.63**	**45.55**	**182207**	**179990**	**178034**
天宁区	241646	2.54	41.20	24131	23937	23381
钟楼区	230505	2.42	40.01	22764	22629	22354
新北区	296456	2.72	48.31	28851	28719	28601
武进区	564244	2.53	44.92	55960	54708	53617
金坛区	221132	2.80	50.00	21687	21453	21405
溧阳市	285122	2.86	48.79	28814	28544	28676
苏州市	**3918580**	**2.67**	**41.59**	**383896**	**376540**	**367007**
虎丘区	232817	2.59	34.71	23403	23185	22924
吴中区	414570	2.67	41.83	39771	38169	36897

单位：户、间/户、平方米/人

长表数据								
住房内有厕所	住房内有洗澡设施	住房所在建筑有电梯	拥有家用汽车	住房来源				
				租赁	自建	购买	继承或赠予	其他
864397	**833537**	**294596**	**388433**	**349306**	**69911**	**459655**	**2822**	**20038**
864397	**833537**	**294596**	**388433**	**349306**	**69911**	**459655**	**2822**	**20038**
16541	16221	7688	5546	10274	158	8766	144	270
38393	38224	13587	14350	12285	40	25554	178	722
24595	24555	8378	8486	7700	4	15120	120	1700
32998	32738	12692	11403	9547	67	23323	143	691
45324	45181	18906	16712	12461	11	31004	183	1745
26265	26272	10200	8798	8242	110	17728	229	1387
41627	41899	13799	15182	10654	454	31048	153	563
88064	87654	34335	42756	36310	2445	50913	131	1388
76755	75479	26863	34466	28658	1390	47043	291	3334
56479	54724	25319	32505	33124	4076	25486	273	3707
202258	192399	69253	93604	82020	19695	104324	527	2360
29548	27464	6285	16250	9758	7147	12849	31	185
67026	64718	25753	34004	34769	4302	27711	221	1043
47410	45359	11534	23676	27986	6306	15575	48	241
43602	34769	8011	21130	20927	6623	16896	61	500
27512	25881	1993	9565	4591	17083	6315	89	202
2682229	**2638889**	**652249**	**1401037**	**352558**	**1085126**	**1190769**	**17576**	**97364**
292857	**292142**	**116278**	**159382**	**56833**	**48311**	**176739**	**2886**	**11568**
16138	16097	5316	8566	3424	53	11935	146	785
26418	26633	8082	11881	5713	204	18933	519	1725
18148	18135	11807	10343	4286	13	13311	132	431
32425	32475	9883	16143	6268	87	24466	674	1233
35618	35521	20446	20514	8020	4248	22383	283	983
27246	27185	13492	14876	7117	1918	17098	389	1167
18570	18558	11268	10312	5647	297	12154	76	788
53229	53014	20949	33418	10278	11429	28797	181	2823
33708	33457	8590	17824	3699	12875	16023	311	1171
15891	15724	4365	8380	1570	7070	6898	135	330
15466	15343	2080	7125	811	10117	4741	40	132
233395	**228949**	**80669**	**137006**	**52558**	**45145**	**135099**	**1143**	**5598**
26154	25186	9555	16214	9163	5331	12172	57	507
24903	24215	10663	15747	7120	4535	14341	63	390
29305	29144	17619	17111	6543	1841	20413	218	815
34699	34597	15041	16754	6662	1269	24434	598	2467
20199	20055	11811	12185	3893	801	15452	15	222
54359	52431	11979	34867	13071	14938	27091	69	681
43776	43321	4001	24128	6106	16430	21196	123	516
277380	**275615**	**41573**	**118217**	**12777**	**165300**	**98879**	**1481**	**9621**
14635	15120	5036	6889	1981	1030	11878	174	651
15100	15503	6342	8402	1893	1275	10106	157	2389
13274	12836	455	5154	296	10064	3248	103	599
22317	22762	7283	10281	2483	1173	17707	200	1675
36086	36285	1943	16304	709	30125	6065	209	976
30319	29227	2759	11403	562	22801	6773	67	665
32182	31461	3590	11111	1142	22054	9306	142	1063
30038	29524	3247	13178	911	19912	9372	218	503
11618	11590	3847	6182	1570	3191	6638	37	434
28827	28737	2606	11980	353	21098	7687	100	489
42984	42570	4465	17333	877	32577	10099	74	177
177219	**173281**	**59209**	**101227**	**39478**	**49476**	**89062**	**769**	**3422**
23212	22756	10652	12825	5125	2662	14944	220	1180
22391	21728	9464	12739	5310	2513	14650	91	200
28751	28319	13773	18506	5879	6142	16724	27	79
52653	50994	16580	32244	18677	14667	21214	173	1229
21516	21059	4549	10258	2213	8494	10483	112	385
28696	28425	4191	14655	2274	14998	11047	146	349
373752	**364039**	**126111**	**237045**	**115624**	**65145**	**188067**	**2551**	**12509**
23149	23014	10282	15181	6817	692	15754	20	120
38745	37204	13459	23927	13655	7952	16410	185	1569

表8 续表 15

地区	全部数据			长表数据		
	家庭户户数	平均每户住房间数	人均住房建筑面积	家庭户户数	住房内有管道自来水	住房内有厨房
相城区	265753	2.48	37.28	26030	25307	23988
姑苏区	343117	2.27	32.57	33442	33037	32824
吴江区	476920	2.77	42.58	46084	44797	42070
苏州工业园区	310434	2.46	34.00	31353	31196	30999
常熟市	484137	3.18	51.06	47418	47224	46277
张家港市	468737	2.69	47.38	47110	45881	45300
昆山市	664227	2.48	38.28	63580	62812	61266
太仓市	257868	2.98	49.86	25705	24932	24462
南通市	**2765455**	**3.32**	**56.29**	**271583**	**268216**	**268093**
崇川区	257148	2.56	38.62	23524	23250	23341
港闸区	128667	2.67	40.74	12463	12212	12153
通州区	438257	3.43	59.29	43674	42972	42856
如东县	326170	3.65	66.33	32564	31978	32057
南通经济技术开发区	94029	2.49	40.37	9543	9468	9450
启东市	417613	2.58	57.80	41400	41020	40916
如皋市	413998	4.21	62.50	40561	40102	39994
海门市	374679	3.31	55.65	36457	35999	36031
海安市	314894	3.78	58.55	31397	31215	31295
连云港市	**1470410**	**3.78**	**52.53**	**140185**	**131901**	**134959**
连云区	67297	3.31	44.34	6428	6267	6369
海州区	248806	3.20	45.75	24085	23269	23366
赣榆区	342064	3.90	56.13	33600	30707	32121
东海县	325849	4.10	60.70	30164	29508	29673
灌云县	228294	3.82	46.95	20487	18183	18904
灌南县	188394	4.09	50.82	18543	17204	17699
连云港经济技术开发区	27797	3.25	48.01	2723	2693	2719
连云港高新技术产业开发区	41909	3.12	49.93	4155	4070	4108
淮安市	**1491756**	**3.62**	**48.75**	**141153**	**140315**	**140382**
淮安区	265743	3.51	51.40	24321	24033	24026
淮阴区	233019	4.34	54.71	22388	22233	22256
清江浦区	197697	3.01	42.58	18988	18898	18891
洪泽区	98253	3.70	46.38	9522	9316	9462
涟水县	275507	3.96	50.45	25537	25536	25512
盱眙县	200732	3.58	48.44	18185	18121	18094
金湖县	106434	3.20	47.62	10748	10728	10683
淮安经济技术开发区	114371	3.05	40.19	11464	11450	11458
盐城市	**2412425**	**3.14**	**45.68**	**239275**	**234740**	**235535**
亭湖区	258824	3.27	44.06	26619	26027	26373
盐都区	294897	3.09	43.51	30158	29759	29773
大丰区	259662	2.83	55.02	26146	25845	25895
响水县	149970	3.49	42.80	14196	13549	13721
滨海县	279898	3.13	42.11	25810	25311	25081
阜宁县	278466	3.33	40.88	27133	26252	26472
射阳县	285087	3.11	42.15	28998	28425	28596
建湖县	226502	2.84	42.37	22569	22350	22444
盐城经济技术开发区	28465	2.88	41.01	2844	2828	2820
东台市	350654	3.25	56.78	34802	34394	34360
扬州市	**1526984**	**3.27**	**48.69**	**155568**	**153763**	**154345**
广陵区	189641	3.05	45.64	19194	18915	18967
邗江区	256232	3.16	46.76	25511	25179	25407
江都区	331359	3.41	54.28	33460	33084	33125
宝应县	247285	3.39	44.88	25951	25604	25765
扬州经济技术开发区	72609	3.04	43.05	7322	7248	7278
仪征市	183570	3.37	54.11	18260	18103	18111
高邮市	246288	3.23	47.38	25870	25630	25692
镇江市	**1094512**	**2.95**	**48.59**	**107859**	**107363**	**106805**
京口区	121816	2.61	39.82	12102	12087	12000
润州区	108450	2.62	39.86	10709	10539	10514
丹徒区	105311	3.52	51.31	10379	10293	10297
镇江新区	83852	2.83	41.59	8345	8293	8329

单位：户、间/户、平方米/人

长表数据								
住房内有厕所	住房内有洗澡设施	住房所在建筑有电梯	拥有家用汽车	住房来源				
				租赁	自建	购买	继承或赠予	其他
24616	23633	12051	16180	8870	3002	11950	159	2049
32954	32689	8542	15843	8053	636	23894	489	370
43518	40528	9294	27254	15968	13851	15805	115	345
31334	31269	17254	20527	9110	49	21726	50	418
46615	46197	9796	33581	12781	18755	15184	234	464
45684	43811	11322	29206	13219	9709	21002	509	2671
62594	61610	26686	38979	19229	3959	36590	584	3218
24543	24084	7425	16367	7922	6540	9752	206	1285
265524	**258467**	**49386**	**151643**	**19187**	**155616**	**76902**	**2706**	**17172**
23302	23406	9273	15217	2960	104	15515	383	4562
12333	12114	8180	7659	2281	579	5351	526	3726
42579	41184	6215	25381	3993	28099	7723	684	3175
31884	30487	2110	18526	939	27065	4142	96	322
9487	9440	5459	6013	1815	105	7496	55	72
38819	37121	4026	17447	1888	28803	9640	339	730
40300	39939	4876	26519	934	28667	10291	88	581
35515	33536	3967	17857	3221	23016	9024	343	853
31305	31240	5280	17024	1156	19178	7720	192	3151
134914	**132940**	**16955**	**64116**	**5109**	**88140**	**44532**	**542**	**1862**
6181	6246	1753	2778	592	1311	4185	56	284
22637	23082	5527	11649	1580	6758	14981	171	595
32900	31223	1472	13366	671	27769	4827	104	229
29856	29576	3075	16370	910	21758	7211	45	240
18662	18407	842	7773	359	15720	4043	122	243
17912	17674	915	8131	415	13201	4788	30	109
2695	2657	776	1366	191	906	1526	4	96
4071	4075	2595	2683	391	717	2971	10	66
139860	**137879**	**24359**	**63527**	**6160**	**67583**	**60752**	**924**	**5734**
23856	23506	3336	9321	981	15935	6943	133	329
22181	21946	3016	9762	540	13822	7186	154	686
18702	18583	5921	9222	1777	2654	13801	102	654
9305	9203	1219	3654	368	4542	4173	78	361
25537	25388	2624	13434	366	15011	9483	66	611
18118	17311	1820	7440	916	9902	6814	85	468
10699	10514	1067	4304	491	4690	4933	37	597
11462	11428	5356	6390	721	1027	7419	269	2028
234068	**226758**	**36991**	**95399**	**8892**	**136988**	**85933**	**1239**	**6223**
26328	26096	7694	12052	1604	7673	16510	102	730
29846	29493	10902	14250	1673	13010	15141	81	253
25549	25125	3222	11973	1014	16661	7955	103	413
13269	12916	1207	6062	515	9118	4235	63	265
24737	21914	2242	10148	930	17328	6212	413	927
26568	25747	1957	8995	232	15963	9820	112	1006
28384	27868	2515	10077	783	19400	8323	68	424
22365	21524	3266	6125	802	10225	10425	123	994
2829	2757	980	1435	213	1309	830	27	465
34193	33318	3006	14282	1126	26301	6482	147	746
153308	**152739**	**28121**	**76743**	**8799**	**73362**	**66606**	**883**	**5918**
18797	18860	5223	9154	2171	4828	11142	286	767
25392	25364	7359	16055	1932	6387	15564	105	1523
32941	32860	3471	16466	1879	20502	10406	104	569
25159	24953	3154	10313	663	15903	9005	103	277
7258	7271	2959	4118	768	931	3919	106	1598
18166	18103	2341	9815	659	8520	7975	119	987
25595	25328	3614	10822	727	16291	8595	60	197
106833	**106097**	**24910**	**55374**	**11567**	**40111**	**48595**	**866**	**6720**
11961	11929	3627	5699	1192	676	9310	229	695
10418	10410	4774	4870	1279	527	7039	280	1584
10314	10240	1502	5376	472	6088	2939	77	803
8318	8298	3732	4279	635	975	6459	60	216

表8 续表 16

地 区	全部数据			长表数据		
	家庭户户数	平均每户住房间数	人均住房建筑面积	家庭户户数	住房内有管道自来水	住房内有厨房
丹阳市	344367	2.79	48.63	33871	33858	33420
扬中市	103066	3.46	61.85	10168	10097	10099
句容市	227650	3.10	52.18	22285	22196	22146
泰州市	**1624110**	**3.27**	**55.46**	**158151**	**157331**	**157068**
海陵区	186658	3.03	46.13	18480	18326	18301
高港区	85991	3.56	66.77	8475	8419	8413
姜堰区	258007	3.36	52.35	25467	25267	25330
泰州医药高新技术产业开发区	65648	3.22	50.60	6626	6549	6425
兴化市	428026	3.00	43.09	40366	40073	40033
靖江市	229964	3.53	70.12	22761	22761	22739
泰兴市	369816	3.44	64.73	35976	35936	35827
宿迁市	**1479714**	**3.63**	**42.75**	**139578**	**135972**	**138246**
宿城区	255424	3.69	47.34	24571	24300	24341
宿豫区	176579	3.46	44.08	16858	16472	16687
沭阳县	482482	3.84	41.01	45034	42679	44293
泗阳县	249123	3.88	47.02	23355	23111	23323
泗洪县	260016	3.05	36.99	24389	24110	24252
宿迁经济技术开发区	56090	3.56	40.51	5371	5300	5350
浙江省	**22921213**	**2.73**	**46.16**	**2279907**	**2221680**	**2117739**
杭州市	**4113283**	**2.63**	**44.52**	**418325**	**410395**	**388446**
上城区	119261	2.15	31.41	11301	11145	11092
下城区	177364	2.17	31.55	16924	16730	16547
江干区	469934	2.07	29.85	48989	48632	46504
拱墅区	227512	2.24	32.34	22566	22396	22087
西湖区	351221	2.35	35.11	35626	35323	30739
滨江区	154535	2.30	35.23	15426	15345	13915
萧山区	734107	2.73	48.88	75432	72158	67180
余杭区	896760	2.31	37.77	95677	94849	89495
富阳区	283695	3.28	58.55	28688	27931	27327
临安区	232775	3.33	66.68	23145	22254	21125
桐庐县	165757	3.40	61.20	16373	16095	15014
淳安县	137090	4.19	77.55	12838	12499	12350
建德市	163272	3.74	71.38	15340	15038	15071
宁波市	**3618432**	**2.26**	**39.17**	**371595**	**357336**	**329628**
海曙区	403390	2.10	34.08	41288	40380	38255
江北区	182219	2.25	35.25	18829	18209	17146
北仑区	315476	2.19	33.71	33394	31105	30265
镇海区	199399	2.20	32.23	20975	20414	18568
鄞州区	604496	2.22	37.13	61739	60574	56944
奉化区	223185	2.25	42.52	22274	21895	21278
象山县	226644	2.87	50.90	21895	21199	20971
宁海县	281139	2.45	43.67	27060	26483	25525
余姚市	474465	2.37	42.04	48741	47037	41073
慈溪市	708019	2.10	40.52	75400	70040	59603
温州市	**3280096**	**2.68**	**40.32**	**312902**	**303591**	**293287**
鹿城区	392647	2.21	34.52	39554	37831	35771
龙湾区	140107	2.35	32.85	13885	13446	12505
瓯海区	292329	2.27	33.60	27892	27004	24028
洞头区	46799	3.05	53.31	4483	4418	4370
永嘉县	295843	2.93	43.77	26295	24618	25172
平阳县	303036	2.99	46.89	28623	27162	27944
苍南县	296199	2.90	42.15	27207	26481	26572
文成县	101502	3.85	53.81	7567	7253	7482
泰顺县	100940	4.10	58.08	8450	8256	8344
温州经济技术开发区	69904	2.12	30.73	7221	7104	6246
瑞安市	524730	2.43	36.93	50100	49180	47434
乐清市	563303	2.69	40.80	57036	56357	53305
龙港市	152757	2.80	40.11	14589	14481	14114

单位：户、间/户、平方米/人

长表数据								
住房内有厕所	住房内有洗澡设施	住房所在建筑有电梯	拥有家用汽车	住房来源				
				租赁	自建	购买	继承或赠予	其他
33522	33052	4921	17964	5768	15135	12486	89	393
10118	10070	1544	6123	863	6218	2986	22	79
22182	22098	4810	11063	1358	10492	7376	109	2950
155311	**155836**	**24188**	**78630**	**10568**	**89896**	**50146**	**646**	**6895**
18027	18193	4217	10623	1628	5272	11076	128	376
8414	8377	1654	5293	542	4926	2981	12	14
25045	25001	3397	11838	1381	15760	7487	72	767
6562	6536	2608	4675	921	1450	3891	35	329
38621	39215	2035	14019	1954	28811	9026	123	452
22753	22717	4126	14419	2234	10166	6024	206	4131
35889	35797	6151	17763	1908	23511	9661	70	826
137808	**134147**	**23499**	**62728**	**5006**	**60053**	**69457**	**940**	**4122**
24434	24015	6187	12902	1242	9343	11468	408	2110
16642	15915	1999	8011	570	6210	9751	86	241
44138	41970	4523	19205	1454	25112	17651	225	592
23119	22884	4537	10075	472	11579	10965	78	261
24118	24060	4882	9308	959	6858	15559	131	882
5357	5303	1371	3227	309	951	4063	12	36
2173469	**2052577**	**429061**	**1138918**	**767106**	**798177**	**652807**	**24098**	**37719**
410939	**391518**	**149105**	**221864**	**169072**	**83701**	**157233**	**1341**	**6978**
11145	11143	3591	4987	2728	64	7859	138	512
16852	16829	7089	8013	4685	20	11623	126	470
48809	46830	30013	24990	24368	865	23087	90	579
22459	22414	14486	11210	7835	125	13905	93	608
35544	35260	14131	18632	15013	2394	17546	123	550
15348	15329	11333	8641	7355	113	7821	24	113
70918	66298	19740	41958	34916	20267	19204	113	932
95234	87197	37568	51972	51953	12740	29792	81	1111
28335	26855	3935	17119	7595	12261	7630	142	1060
22767	21507	2765	12491	6463	11057	5314	71	240
16055	15105	1894	8678	3671	7632	4696	100	274
12397	12032	1298	5698	1144	7508	3873	131	182
15076	14719	1262	7475	1346	8655	4883	109	347
319521	**296795**	**70967**	**171681**	**151164**	**96754**	**113974**	**3292**	**6411**
36378	34964	9937	18933	16105	5649	18018	432	1084
16044	15603	6660	9154	7510	1907	8660	246	506
30026	26899	6389	15339	16616	5424	10705	195	454
17375	16143	5580	9980	9427	2290	8606	160	492
57109	54359	23282	32756	22996	6809	30017	621	1296
20217	19071	3134	10014	5943	8534	6693	487	617
21416	20157	2502	9993	5816	10067	5516	116	380
25528	24019	2749	11287	8515	12537	5168	410	430
40025	35819	3987	23457	19629	17181	11086	216	629
55403	49761	6747	30768	38607	26356	9505	409	523
304727	**292746**	**57315**	**138814**	**100864**	**120208**	**80899**	**4602**	**6329**
38697	36873	12698	18773	15673	2638	19307	398	1538
13514	12492	3751	7414	7143	2264	3843	96	539
27100	26070	7444	13540	14161	5449	7660	168	454
4443	4393	461	1687	794	2346	1103	118	122
25396	24931	2356	11641	5760	15365	4166	614	390
28166	27450	3915	12173	4090	14275	9393	470	395
26879	26334	2583	10186	2573	14839	8892	542	361
7389	7188	570	2691	422	5707	1142	158	138
8297	8166	866	3130	342	6280	1487	222	119
7129	6585	1324	3466	4704	1739	524	46	208
49243	46716	8007	24167	18741	18678	10531	793	1357
53934	51352	11196	23202	23110	25766	6889	737	534
14540	14196	2144	6744	3351	4862	5962	240	174

表8 续表 17

地区	全部数据			长表数据		
	家庭户户数	平均每户住房间数	人均住房建筑面积	家庭户户数	住房内有管道自来水	住房内有厨房
嘉兴市	**1878292**	**2.91**	**50.14**	**193895**	**191587**	**181222**
南湖区	298432	2.63	42.74	30394	30081	29070
秀洲区	237635	2.75	44.20	24369	23893	22040
嘉善县	241579	2.39	40.51	25178	24968	24447
海盐县	152098	3.53	55.09	15465	15200	15082
海宁市	366753	2.86	49.41	39202	38805	36358
平湖市	236120	3.21	53.98	24414	24113	22595
桐乡市	345675	3.18	61.99	34873	34527	31630
湖州市	**1081250**	**3.14**	**52.46**	**108063**	**106356**	**103473**
吴兴区	293436	2.70	40.77	29704	29398	28255
南浔区	190135	3.04	53.84	18829	18650	18006
德清县	170684	3.50	60.51	17075	16837	16527
长兴县	234434	3.48	59.64	23572	23193	23016
安吉县	192561	3.19	52.80	18883	18278	17669
绍兴市	**1849255**	**2.90**	**52.33**	**183739**	**181318**	**175830**
越城区	348871	2.53	42.02	34284	34232	33907
柯桥区	355224	2.63	47.56	37091	36204	32203
上虞区	302042	2.84	55.51	29864	29554	29134
新昌县	164357	3.02	53.10	15574	15573	15270
诸暨市	417817	3.13	58.27	41419	40783	40231
嵊州市	260944	3.43	59.88	25507	24972	25085
金华市	**2534182**	**2.56**	**45.96**	**251182**	**244141**	**230806**
婺城区	359390	2.55	44.43	34820	34310	32953
金东区	168787	2.68	49.26	16961	16709	15792
武义县	173252	3.10	49.14	17171	16446	15761
浦江县	154835	2.75	49.28	15185	14762	14467
磐安县	72353	3.27	69.09	6851	6678	6550
兰溪市	206479	3.40	67.95	19515	19159	18812
义乌市	652191	1.98	29.85	68848	67438	62658
东阳市	389287	2.81	60.20	38539	36930	35028
永康市	357608	2.35	37.27	33292	31709	28785
衢州市	**858808**	**3.75**	**69.89**	**82269**	**79423**	**80501**
柯城区	188640	3.22	54.83	18397	18037	17984
衢江区	134877	3.94	76.60	12823	11728	12421
常山县	103072	4.05	81.32	9907	9651	9775
开化县	104433	3.86	83.21	9693	9470	9576
龙游县	143842	3.19	60.23	13975	13441	13499
江山市	183944	4.36	74.36	17474	17096	17246
舟山市	**453938**	**2.46**	**43.97**	**45307**	**43962**	**43378**
定海区	195495	2.48	43.60	19610	19175	18901
普陀区	152239	2.56	43.64	15252	14600	14327
岱山县	76485	2.27	45.45	7472	7314	7287
嵊泗县	29719	2.25	44.74	2973	2873	2863
台州市	**2334623**	**2.91**	**46.97**	**231321**	**224430**	**213614**
椒江区	267358	2.56	41.84	26956	26588	24709
黄岩区	245962	2.78	45.20	24360	23418	22974
路桥区	210087	2.54	41.25	21479	21196	19719
三门县	136713	3.45	56.90	12821	12455	12454
天台县	169677	3.20	55.05	15646	15488	15154
仙居县	148533	3.21	55.78	13435	12389	12663
温岭市	526542	2.73	43.14	53670	53622	48909
临海市	381967	3.61	55.33	37035	35858	35825
玉环市	247784	2.37	36.50	25919	23416	21207
丽水市	**919054**	**3.15**	**48.79**	**81309**	**79141**	**77554**
莲都区	187592	2.74	39.27	17960	17574	16414
青田县	182544	2.76	44.27	12290	12052	12041
缙云县	158353	3.10	51.24	14824	14317	14164
遂昌县	74258	3.97	69.33	7085	6770	6823
松阳县	76531	3.72	61.80	7376	7248	7105
云和县	49488	2.81	44.15	4665	4484	4296
庆元县	55815	4.05	54.54	4949	4873	4852
景宁畲族自治县	43534	3.28	42.67	3621	3535	3528
龙泉市	90939	3.29	48.01	8539	8288	8331

单位：户、间/户、平方米/人

长表数据								
住房内有厕所	住房内有洗澡设施	住房所在建筑有电梯	拥有家用汽车	住房来源				
				租赁	自建	购买	继承或赠予	其他
191597	**175575**	**32793**	**112293**	**75150**	**53156**	**62750**	**333**	**2506**
30121	28820	8128	17157	9589	3199	17124	60	422
23549	20262	5401	14029	10113	5865	8120	46	225
24994	22386	2989	12285	11975	6195	6434	63	511
15362	14474	2794	9835	3502	5576	5974	37	376
38883	35466	5411	22732	18279	12003	8544	44	332
24043	21701	4548	14051	7359	7702	9103	26	224
34645	32466	3522	22204	14333	12616	7451	57	416
106597	**101543**	**15871**	**67233**	**24071**	**43167**	**38500**	**333**	**1992**
29583	28361	8050	19034	7467	4411	16742	151	933
18359	17004	1107	10777	4922	8028	5517	62	300
16963	16311	2352	11298	3681	7363	5836	26	169
23327	22553	2552	14070	3218	13676	6346	60	272
18365	17314	1810	12054	4783	9689	4059	34	318
172198	**167741**	**29389**	**98776**	**37629**	**79648**	**61268**	**2874**	**2320**
33562	32934	6997	18606	7582	6582	19685	292	143
30397	29747	8235	20314	14200	11619	10381	258	633
28706	27510	4196	16238	4572	15256	9301	334	401
14408	13809	1862	7628	1561	8112	5337	404	160
40461	39621	5636	23170	6584	22372	10428	1249	786
24664	24120	2463	12820	3130	15707	6136	337	197
243239	**221185**	**28604**	**127343**	**105847**	**97757**	**39849**	**3729**	**4000**
34309	32077	4847	18129	12049	10124	11784	315	548
16631	15280	2164	8571	5636	8037	2712	304	272
16304	13658	956	7904	6770	7036	2737	296	332
14813	13091	1322	8249	3623	8630	2230	392	310
6226	5515	372	3191	943	4895	648	230	135
18792	17819	1322	9332	895	13061	4749	533	277
67850	63951	9688	35926	45850	15293	6402	606	697
37505	33799	5219	20409	13948	18450	4859	340	942
30809	25995	2714	15632	16133	12231	3728	713	487
80224	**78407**	**5840**	**39062**	**7317**	**51196**	**21166**	**1717**	**873**
18157	17919	2458	10501	3034	6135	8886	189	153
12382	11987	952	5906	851	9726	1839	268	139
9698	9443	308	4221	535	7192	1647	407	126
9372	9253	422	4075	735	6715	2047	96	100
13613	13174	703	6044	844	9631	3066	284	150
17002	16631	997	8315	1318	11797	3681	473	205
43212	**41504**	**7113**	**15559**	**9803**	**14249**	**20288**	**253**	**714**
19089	18354	3806	8484	4625	5336	9161	106	382
14247	13695	2642	5098	3536	4092	7370	71	183
7212	6883	482	1641	1204	3336	2794	57	81
2664	2572	183	336	438	1485	963	19	68
222430	**209471**	**24145**	**112529**	**69936**	**117943**	**37560**	**2516**	**3366**
26572	25434	5591	15169	9510	9151	7572	159	564
23949	22842	2770	13176	7124	12365	4194	236	441
21214	19959	3108	12275	8422	9012	3591	65	389
12250	11811	1173	5474	1193	9266	2145	148	69
14611	13921	1304	7317	1726	10632	2657	448	183
11801	11161	1020	6587	2003	9017	1851	363	201
52489	48080	4559	23703	19932	26116	6529	417	676
36417	35342	2610	18479	6758	23580	5817	502	378
23127	20921	2010	10349	13268	8804	3204	178	465
78785	**76092**	**7919**	**33764**	**16253**	**40398**	**19320**	**3108**	**2230**
17633	17321	3570	8689	6015	4691	6350	489	415
12031	11989	1347	3517	1981	6985	2549	265	510
14023	13152	798	6160	2260	8900	1981	1236	447
6812	6567	268	3054	698	4340	1591	299	157
7235	6955	317	3347	1131	4845	898	393	109
4415	4221	175	2096	1186	1974	1297	101	107
4841	4576	238	1522	705	2498	1348	134	264
3487	3271	215	1288	791	1724	968	74	64
8308	8040	991	4091	1486	4441	2338	117	157

表8 续表 18

地区	全部数据			长表数据		
	家庭户户数	平均每户住房间数	人均住房建筑面积	家庭户户数	住房内有管道自来水	住房内有厨房
安徽省	**20750408**	**3.25**	**46.08**	**2005193**	**1880135**	**1962787**
合肥市	**3017637**	**2.70**	**36.91**	**298630**	**290128**	**291986**
瑶海区	297996	2.40	32.63	29110	28695	28253
庐阳区	234050	2.44	32.78	23132	22859	22683
蜀山区	326580	2.52	36.90	30973	30400	30485
包河区	390322	2.50	34.54	38209	37461	36831
长丰县	261545	2.94	36.26	26187	25785	25720
肥东县	308769	2.86	39.94	33097	32093	31906
肥西县	295614	2.75	36.72	29656	28832	28906
庐江县	322160	3.14	43.20	32189	30715	31935
合肥高新技术产业开发区	69742	2.57	34.86	6971	6914	6917
合肥经济技术开发区	135844	2.62	34.52	13503	12924	13395
合肥新站高新技术产业开发区	112990	2.56	33.39	11084	10791	11019
巢湖市	262025	2.94	42.96	24519	22659	23936
芜湖市	**1284151**	**2.77**	**40.46**	**129541**	**128043**	**128082**
镜湖区	182230	2.39	37.87	18256	18127	18017
弋江区	124302	2.56	37.60	12146	12048	12090
鸠江区	182535	2.86	40.42	17660	17462	17295
三山区	54360	2.79	40.39	5194	5141	5130
芜湖县	114915	2.80	39.91	11597	11474	11500
繁昌县	92376	2.77	44.34	9460	9163	9256
南陵县	166270	2.87	44.35	16646	16452	16569
芜湖经济技术开发区	57326	2.38	36.43	5638	5609	5599
安徽芜湖长江大桥经济开发区	8120	2.87	44.74	789	783	784
无为市	301717	3.03	40.82	32155	31784	31842
蚌埠市	**1083601**	**3.16**	**44.32**	**99432**	**86192**	**96228**
龙子湖区	80143	2.69	37.99	7631	7115	7469
蚌山区	60524	2.27	35.80	5771	5461	5665
禹会区	114575	2.92	41.27	10824	8795	10533
淮上区	88206	2.70	41.26	8220	5702	7734
怀远县	304556	3.57	48.45	26439	21420	25500
五河县	173839	3.54	50.02	15938	15068	15195
固镇县	159207	3.36	42.80	14534	12601	14073
蚌埠市高新技术开发区	19268	2.50	34.86	1909	1901	1909
蚌埠市经济开发区	83283	2.54	39.50	8166	8129	8150
淮南市	**1070540**	**3.11**	**40.52**	**102582**	**88667**	**99282**
大通区	58593	3.36	45.29	5573	5169	5340
田家庵区	258511	2.69	39.31	24646	23926	24335
谢家集区	86028	2.68	37.25	8018	7815	7887
八公山区	46991	2.64	36.07	4610	4515	4529
潘集区	111690	3.44	43.71	10264	6380	9398
凤台县	213889	3.64	46.40	19332	15654	18175
寿县	294838	3.13	36.31	30139	25208	29618
马鞍山市	**759814**	**2.79**	**39.94**	**73045**	**72068**	**71449**
花山区	170453	2.49	36.21	16484	16190	16374
雨山区	117896	2.52	37.75	11519	11411	11376
博望区	52353	3.17	43.50	5095	5038	4946
当涂县	152463	2.85	40.57	14842	14725	14595
含山县	121555	3.12	40.47	12144	11861	11653
和县	145094	2.85	43.26	12961	12843	12505
淮北市	**665071**	**3.51**	**46.49**	**64131**	**56200**	**62620**
杜集区	85361	3.28	44.42	8345	7103	8101
相山区	190912	2.68	37.45	18607	17756	18460
烈山区	83158	3.70	47.08	8045	6297	7730
濉溪县	305640	4.04	52.02	29134	25044	28329
铜陵市	**498985**	**3.11**	**43.44**	**45808**	**44177**	**45396**
铜官区	158507	2.56	34.95	15515	15372	15456

单位：户、间/户、平方米/人

长表数据								
住房内有厕所	住房内有洗澡设施	住房所在建筑有电梯	拥有家用汽车	住房来源				
				租赁	自建	购买	继承或赠予	其他
1936670	**1834332**	**369571**	**802874**	**177578**	**1126003**	**568708**	**12573**	**120331**
292555	**282156**	**130630**	**145990**	**56453**	**70942**	**137981**	**2638**	**30616**
28473	28108	13753	14174	7056	513	17674	251	3616
22907	22704	11896	12858	5174	445	14916	319	2278
30617	30250	18483	18063	7258	994	21425	150	1146
37410	36580	26505	22127	11380	391	21191	262	4985
25685	24346	10453	11467	3202	10906	9918	189	1972
32047	28036	7864	13919	4039	17111	8898	271	2778
28931	27590	12646	14356	6591	7264	11405	254	4142
31701	30954	3351	11640	2447	21065	6575	231	1871
6942	6923	5041	4411	1610	44	4023	153	1141
13445	13195	9241	8446	3096	716	7925	207	1559
11045	10901	7635	6155	2339	304	5678	225	2538
23352	22569	3762	8374	2261	11189	8353	126	2590
126785	**125372**	**33987**	**51348**	**12801**	**55620**	**42720**	**776**	**17624**
18034	17974	8672	7691	2613	1054	10703	153	3733
12075	12040	6342	5571	1601	920	6493	21	3111
16911	16945	5853	7169	2239	7469	4779	67	3106
5009	5028	1771	2090	702	1663	1595	104	1130
11476	11266	2347	4975	904	5234	3652	75	1732
9019	8899	1241	3702	646	4736	3450	52	576
16519	16157	2145	6309	1187	9680	4445	158	1176
5584	5573	2608	2590	1276	463	2276	15	1608
773	771	462	280	42	309	18	19	401
31385	30719	2546	10971	1591	24092	5309	112	1051
94911	**93888**	**24999**	**34097**	**6870**	**50932**	**30656**	**745**	**10229**
7460	7416	2456	2066	1178	1498	3944	62	949
5677	5689	3044	2041	715	428	3899	52	677
10171	10329	3700	3260	978	3657	4115	109	1965
7692	7755	2254	2782	656	4000	1323	50	2191
24999	24203	2144	8960	1013	20534	3583	174	1135
14870	14813	2816	5073	715	10860	3168	120	1075
13973	13666	2358	4608	727	9949	2595	129	1134
1909	1909	1073	1014	153		1706	6	44
8160	8108	5154	4293	735	6	6323	43	1059
96189	**94158**	**14760**	**32766**	**6154**	**53321**	**36119**	**799**	**6189**
4898	5047	846	1659	321	2598	2228	124	302
24076	23731	8213	9352	2257	3738	16759	263	1629
7423	7479	700	1895	293	2407	5010	99	209
4089	4352	463	1040	262	982	2964	14	388
8834	9200	473	2954	467	7276	1633	34	854
17815	16857	2172	6182	1139	12597	3611	160	1825
29054	27492	1893	9684	1415	23723	3914	105	982
69889	**69226**	**11334**	**30592**	**5352**	**28769**	**32839**	**881**	**5204**
16259	16225	4328	7358	1571	746	13877	104	186
11376	11286	3447	4867	1414	882	8649	109	465
4774	4815	234	2469	114	2088	675	342	1876
14395	14308	1622	6437	824	8329	3575	203	1911
10988	10950	730	4272	554	8057	3181	54	298
12097	11642	973	5189	875	8667	2882	69	468
59890	**57894**	**8789**	**23156**	**4769**	**33266**	**22022**	**412**	**3662**
7784	7450	578	2154	974	4300	2731	35	305
18204	17779	5811	8334	1885	2144	12903	157	1518
7273	6958	454	2378	643	4095	2396	49	862
26629	25707	1946	10290	1267	22727	3992	171	977
44666	**43562**	**7189**	**17214**	**3541**	**21096**	**18392**	**299**	**2480**
15416	15306	5363	6713	1746	260	12021	152	1336

表8 续表 19

地　区	全部数据			长表数据		
	家庭户户数	平均每户住房间数	人均住房建筑面积	家庭户户数	住房内有管道自来水	住房内有厨房
义安区	90150	2.93	45.57	8563	8410	8488
郊区	65015	3.20	47.45	5751	5270	5663
枞阳县	185313	3.65	48.63	15979	15125	15789
安庆市	**1466326**	**3.36**	**49.14**	**149855**	**142474**	**148542**
迎江区	96017	2.62	39.82	9441	9378	9414
大观区	81706	2.67	40.81	8062	7688	8014
宜秀区	47153	3.46	57.05	4408	4380	4353
怀宁县	180493	3.41	52.45	18735	17885	18533
太湖县	154486	3.46	47.95	16008	14904	15917
宿松县	215715	3.55	55.15	22365	19795	21931
望江县	157628	3.29	51.17	16347	16342	16214
岳西县	111653	4.13	47.03	11237	9997	11171
安徽安庆经济开发区	47534	2.70	40.94	4734	4697	4695
桐城市	214581	3.34	45.86	22109	21021	21961
潜山市	159360	3.46	51.30	16409	16387	16339
黄山市	**483041**	**3.49**	**54.13**	**47630**	**46168**	**47262**
屯溪区	97350	2.98	46.35	9450	9354	9411
黄山区	53777	3.29	54.34	5215	5185	5191
徽州区	33464	3.55	53.91	3352	3321	3309
歙县	138272	3.79	56.65	14263	13944	14089
休宁县	75625	3.69	59.72	7377	7113	7339
黟县	29480	3.45	51.34	2857	2833	2842
祁门县	55073	3.57	55.55	5116	4418	5081
滁州市	**1321764**	**3.12**	**38.96**	**132260**	**118088**	**129502**
琅琊区	90806	2.72	36.18	8883	8344	8732
南谯区	114592	2.86	38.72	11091	10207	10963
来安县	142711	3.00	43.18	14031	12646	13922
全椒县	139812	3.04	38.57	14384	13058	13999
定远县	226819	3.22	34.51	23478	22130	22844
凤阳县	196719	3.47	38.66	19471	15472	18731
苏滁现代产业园	4839	2.48	36.59	484	484	484
滁州经济技术开发区	33672	2.64	36.62	3332	3324	3326
天长市	204422	3.09	45.67	20535	17820	20404
明光市	167372	3.28	36.14	16571	14603	16097
阜阳市	**2648769**	**3.81**	**53.80**	**255394**	**242398**	**248212**
颍州区	243387	3.64	52.67	23240	21396	22650
颍东区	166510	4.04	57.23	16425	15812	16167
颍泉区	196441	3.74	54.18	18955	18352	18619
临泉县	518802	4.10	56.34	49613	48542	48665
太和县	500128	3.85	50.46	48346	45415	47189
阜南县	367364	3.61	51.63	34494	33252	33313
颍上县	382067	3.87	55.90	38043	35384	36132
阜阳合肥现代产业园区	11398	4.07	52.72	1078	959	1066
阜阳经济技术开发区	36075	2.98	45.56	3413	2732	3351
界首市	226597	3.52	54.34	21787	20554	21060
宿州市	**1803565**	**3.64**	**49.32**	**170414**	**158364**	**165801**
埇桥区	563872	3.57	47.01	53430	51177	52331
砀山县	275931	4.05	51.46	26381	23574	24876
萧县	383584	3.55	50.32	36556	35011	35948
灵璧县	311830	3.66	51.27	28821	25175	27948
泗县	238913	3.42	48.28	22379	21302	21896
宿州马鞍山现代产业园区	12983	4.02	51.34	1242	889	1224
宿州经济技术开发区	16452	3.32	46.78	1605	1236	1578
六安市	**1545283**	**3.23**	**46.11**	**147551**	**139591**	**145603**
金安区	292716	2.93	44.69	27547	26564	27270
裕安区	298430	3.33	45.23	28183	26553	27941
叶集区	64263	3.50	46.89	5839	5666	5795
霍邱县	344091	3.12	43.02	31113	28613	30612
舒城县	266473	3.33	46.70	27083	26458	26403
金寨县	175088	3.48	52.92	17205	16515	17115
霍山县	104222	3.30	48.96	10581	9222	10467

单位：户、间/户、平方米/人

长表数据								
住房内有厕所	住房内有洗澡设施	住房所在建筑有电梯	拥有家用汽车	住房来源				
				租赁	自建	购买	继承或赠予	其他
8302	8062	963	2848	478	5127	2449	61	448
5493	5314	237	1898	287	3625	1279	49	511
15455	14880	626	5755	1030	12084	2643	37	185
147720	**143442**	**13773**	**71342**	**10276**	**97657**	**36104**	**965**	**4853**
9411	9224	3925	3598	1183	420	7000	154	684
7951	7879	716	2731	908	1712	4947	130	365
4382	4260	1470	2033	312	2060	1550	77	409
18390	17937	866	9771	1329	14032	3115	45	214
15723	15295	526	7956	997	12239	2523	64	185
21893	20498	666	9517	1329	17952	2691	86	307
16338	16062	619	8536	488	13877	1872	11	99
10853	10833	541	5490	667	8849	1423	19	279
4696	4649	1224	2006	625	207	2868	88	946
21941	21105	2460	11057	1388	14134	5376	158	1053
16142	15700	760	8647	1050	12175	2739	133	312
45738	**44551**	**3515**	**20082**	**3522**	**28644**	**14064**	**508**	**892**
9404	9259	2052	4695	1271	1807	5836	144	392
5135	5028	94	2297	314	3255	1547	26	73
3231	3140	211	1608	266	1980	1066	28	12
13474	12982	689	5478	676	10896	2323	161	207
7043	6750	282	3181	428	5423	1412	35	79
2781	2704	18	997	166	1995	558	85	53
4670	4688	169	1826	401	3288	1322	29	76
127344	**123231**	**21956**	**54152**	**9689**	**71682**	**41060**	**966**	**8863**
8678	8599	3223	3929	1373	941	5036	146	1387
10720	10335	4856	5405	1458	2525	5323	146	1639
13745	13504	1762	5805	887	8971	3413	111	649
13548	12779	2140	4881	871	6713	5872	47	881
22669	21462	1542	8434	734	17165	4716	131	732
18817	18611	1133	7610	1048	14496	3343	194	390
484	479	484	213	100		49		335
3328	3320	2083	1820	511	39	2068	45	669
20142	19262	2342	10626	1329	10423	7202	88	1493
15213	14880	2391	5429	1378	10409	4038	58	688
248173	**211724**	**23809**	**83897**	**14801**	**197041**	**33434**	**851**	**9267**
22284	20886	5579	9626	2448	10997	7898	46	1851
16143	14611	2447	5952	1247	11199	2774	41	1164
18702	16294	2626	6527	1066	13692	3205	86	906
48756	40781	2793	14033	2433	42650	3343	316	871
47553	36261	3593	14314	2503	39820	4836	45	1142
33140	29074	1802	12160	1776	28721	2811	129	1057
36040	32818	1835	12466	1099	31722	4222	114	886
1025	944	354	396	57	705	64	3	249
3369	3224	813	1739	451	837	1704	3	418
21161	16831	1967	6684	1721	16698	2577	68	723
161478	**155679**	**16801**	**60933**	**8996**	**127441**	**28484**	**553**	**4940**
49295	49208	9159	18816	3763	32859	15184	200	1424
25265	23328	1649	9051	644	22191	2705	81	760
36066	33496	1373	11893	1424	31624	2814	86	608
27876	26147	2024	11207	1739	22986	3599	66	431
20248	20800	1581	8890	953	16775	3359	59	1233
1186	1174	352	370	204	655	122	10	251
1542	1526	663	706	269	351	701	51	233
142188	**138835**	**24269**	**61985**	**12596**	**94661**	**34247**	**703**	**5344**
27169	26647	8705	12025	4171	11654	9961	175	1586
27761	27264	6970	12834	2129	14690	9945	110	1309
5745	5505	557	2525	295	4403	1030	20	91
29950	27431	1751	8885	1234	26002	2893	137	847
25803	25576	2604	12530	2275	19391	4201	167	1049
16120	16459	2774	7708	1638	11824	3389	31	323
9640	9953	908	5478	854	6697	2828	63	139

表8 续表 20

地　区	全部数据			长表数据		
	家庭户户数	平均每户住房间数	人均住房建筑面积	家庭户户数	住房内有管道自来水	住房内有厨房
亳州市	**1678530**	**3.61**	**55.36**	**153185**	**144752**	**148945**
谯城区	520895	3.32	55.31	48892	46344	47735
涡阳县	389028	3.82	55.02	34712	33123	33821
蒙城县	352210	3.85	57.55	32125	29143	30845
利辛县	416397	3.57	53.69	37456	36142	36544
池州市	**490490**	**3.38**	**51.85**	**47562**	**44471**	**47171**
贵池区	218742	3.23	49.48	20328	18945	20181
东至县	150037	3.62	53.17	15752	15314	15597
石台县	30893	3.48	52.37	2929	2537	2894
青阳县	90818	3.31	55.21	8553	7675	8499
宣城市	**932841**	**2.96**	**47.42**	**88173**	**78354**	**86706**
宣州区	260203	2.84	44.30	24197	23329	23840
郎溪县	113143	2.82	41.98	10934	10605	10782
泾县	111962	2.90	48.19	10269	9218	10153
绩溪县	55403	3.48	55.54	5193	5119	5144
旌德县	43133	3.38	51.49	4080	2785	4029
宣城市经济开发区	32629	2.88	42.23	3159	3138	3133
宁国市	146311	2.99	51.15	14100	10918	13668
广德市	170057	3.01	49.52	16241	13242	15957
福建省	**13350262**	**3.46**	**48.72**	**1266971**	**1163548**	**1210571**
福州市	**2630124**	**3.36**	**46.89**	**247028**	**236483**	**241180**
鼓楼区	204323	2.63	34.13	19921	19791	19630
台江区	138942	2.52	33.61	13768	13681	13615
仓山区	368306	2.60	32.96	37958	37679	36590
马尾区	86566	2.88	37.99	7755	7737	7427
晋安区	266424	2.51	32.33	27111	26423	26412
长乐区	237862	3.12	45.41	20302	19188	19584
闽侯县	282532	3.70	44.09	26597	25813	25986
连江县	213939	3.45	47.14	19480	19067	19309
罗源县	85893	3.17	39.43	7727	7544	7703
闽清县	84637	4.52	59.79	7732	7053	7668
永泰县	107885	3.89	42.94	9277	9007	9228
平潭县	129136	3.34	44.87	11881	9108	11691
福清市	423679	4.80	80.35	37519	34392	36337
厦门市	**1889017**	**2.06**	**28.72**	**193948**	**190343**	**177065**
思明区	362548	2.16	30.10	36343	35803	31923
海沧区	219257	1.88	26.42	22666	22527	21404
湖里区	429296	1.60	21.34	43953	43430	39114
集美区	365332	1.85	24.34	37987	37575	35503
同安区	319859	2.35	31.60	33167	31360	30840
翔安区	192725	3.02	44.99	19832	19648	18281
莆田市	**976241**	**4.57**	**67.04**	**90183**	**81835**	**86746**
城厢区	168984	3.80	56.46	16358	14598	15043
涵江区	141327	4.29	56.65	13200	12210	12622
荔城区	190685	4.05	58.33	17964	17471	17329
秀屿区	192310	5.86	98.87	17043	15983	16738
仙游县	282935	4.64	63.07	25618	21573	25014
三明市	**825142**	**4.02**	**48.13**	**77398**	**73957**	**76302**
梅列区	77898	2.57	34.13	7744	7578	7516
三元区	62122	2.85	33.36	5977	5785	5860
明溪县	33076	4.44	50.09	3130	2986	3077
清流县	37902	4.51	62.05	3629	3583	3589
宁化县	85297	4.89	58.96	8309	7880	8266
大田县	98030	4.41	47.96	8923	8266	8777
尤溪县	112685	4.79	47.08	10102	9071	10058
沙县	83804	3.68	48.24	7815	7527	7666
将乐县	46683	4.46	58.52	4225	4161	4174
泰宁县	34786	4.10	49.25	3041	3025	3003
建宁县	39327	4.06	53.04	3601	3473	3572
永安市	113532	3.64	45.46	10902	10622	10744

单位：户、间/户、平方米/人

长表数据								
住房内有厕所	住房内有洗澡设施	住房所在建筑有电梯	拥有家用汽车	住房来源				
				租赁	自建	购买	继承或赠予	其他
146836	**122791**	**17903**	**55024**	**9900**	**117662**	**19802**	**468**	**5353**
47737	39155	9110	17853	4109	33937	7639	208	2999
33332	27574	2808	12249	1779	28055	3621	75	1182
30023	26626	3722	13924	1947	24812	4742	57	567
35744	29436	2263	10998	2065	30858	3800	128	605
46629	**45417**	**4751**	**21062**	**3778**	**27984**	**13418**	**311**	**2071**
20093	19366	3293	8673	1713	8800	8449	163	1203
15291	15145	724	7106	1365	11710	2147	96	434
2756	2703	53	1250	156	2012	671	18	72
8489	8203	681	4033	544	5462	2151	34	362
85679	**82406**	**11106**	**39234**	**8080**	**49285**	**27366**	**698**	**2744**
23652	23064	4156	9175	2297	12871	7982	202	845
10721	10279	1486	4387	883	6089	3585	39	338
9845	9560	574	4004	803	6287	2818	196	165
5115	4849	323	2015	322	3552	1161	105	53
3953	3814	101	1593	251	2775	949	28	77
3140	3086	1282	1604	499	758	1812	4	86
13587	12625	1565	7284	1693	6750	5392	66	199
15666	15129	1619	9172	1332	10203	3667	58	981
1251102	**1233359**	**284921**	**496161**	**321158**	**569702**	**331390**	**14440**	**30281**
245575	**243826**	**79805**	**92901**	**57383**	**88073**	**90571**	**2995**	**8006**
19853	19847	9216	9864	4675	54	14068	205	919
13741	13732	6695	5062	3601	90	8876	179	1022
37819	37282	17905	16331	15517	2984	17279	407	1771
7732	7676	3473	2801	2849	1710	2953	47	196
26878	26485	13575	11129	10217	1046	14905	112	831
20042	19782	3742	6675	4423	11125	3976	283	495
26522	26447	8171	11286	6251	12110	6554	409	1273
19437	19338	3977	5022	2003	11927	5028	214	308
7683	7682	2801	1775	732	3244	3674	55	22
7695	7656	731	3107	350	5968	1099	194	121
9212	9142	1202	2851	397	6886	1603	241	150
11787	11704	2460	3989	1238	6300	3829	259	255
37174	37053	5857	13009	5130	24629	6727	390	643
192415	**184157**	**55997**	**74768**	**126004**	**20898**	**43090**	**734**	**3222**
35688	35407	15003	16415	17503	859	16034	334	1613
22622	20858	8357	8936	15817	1790	4792	14	253
43728	42246	11792	13440	34241	854	8345	44	469
37795	35252	10737	14885	27056	3229	7398	40	264
32910	30791	6107	13018	21275	7085	4451	62	294
19672	19603	4001	8074	10112	7081	2070	240	329
89255	**88550**	**15252**	**33650**	**14486**	**56193**	**17163**	**911**	**1430**
16260	16160	4569	6735	5629	5767	4600	76	286
13027	12833	2609	5039	2502	6926	3358	110	304
17918	17757	5062	7608	3867	8431	5399	59	208
16894	16778	773	5744	897	15235	566	100	245
25156	25022	2239	8524	1591	19834	3240	566	387
75913	**75406**	**14079**	**31004**	**9335**	**37758**	**27131**	**1102**	**2072**
7595	7571	3050	3043	1684	441	5326	53	240
5793	5825	1524	1897	1322	930	3412	64	249
3072	3091	170	1168	381	1753	913	17	66
3593	3585	442	1721	336	2314	888	33	58
8158	8117	1390	3581	664	5693	1845	32	75
8817	8546	823	3200	1000	5843	1540	381	159
10015	9868	988	4083	553	6511	2373	151	514
7475	7438	1621	3023	938	3743	2691	179	264
4106	4109	752	1663	553	2269	1343	13	47
3010	3008	295	1231	358	1661	893	18	111
3535	3506	243	1773	325	2382	774	19	101
10744	10742	2781	4621	1221	4218	5133	142	188

表8 续表 21

地区	全部数据			长表数据		
	家庭户户数	平均每户住房间数	人均住房建筑面积	家庭户户数	住房内有管道自来水	住房内有厨房
泉州市	**2577756**	**3.73**	**54.26**	**246540**	**199745**	**230470**
鲤城区	130879	2.60	35.20	12859	12459	11353
丰泽区	214048	2.52	37.29	21055	20307	18011
洛江区	65567	4.10	58.33	6309	5104	6149
泉港区	112748	4.65	77.33	10709	9037	10533
惠安县	318956	4.28	76.25	30952	20696	29613
安溪县	304627	4.23	44.28	28373	17755	27835
永春县	141248	4.80	56.53	12908	9348	12771
德化县	110359	2.95	31.81	10472	9638	10243
金门县						
石狮市	196526	2.73	43.32	19235	18768	16160
晋江市	555473	3.31	52.34	53184	51119	48214
南安市	427325	4.44	63.01	40484	25514	39588
漳州市	**1569067**	**3.32**	**50.16**	**151035**	**129870**	**142718**
芗城区	206526	2.57	39.43	19729	16863	18069
龙文区	94344	2.78	42.89	9104	8357	7869
云霄县	121793	3.19	46.12	11684	10605	11026
漳浦县	249021	3.99	60.03	24156	16300	23507
诏安县	168360	2.87	39.61	15870	15711	15442
长泰县	70190	3.84	55.14	6901	5185	6103
东山县	64828	3.29	52.93	6383	6334	6308
南靖县	100513	3.69	49.15	9515	7280	9192
平和县	147739	3.26	47.22	13672	12460	13067
华安县	45864	4.43	64.73	4346	3523	4242
龙海市	299889	3.39	56.68	29675	27252	27893
南平市	**934728**	**3.72**	**47.44**	**83478**	**78073**	**82233**
延平区	161322	3.15	41.44	14456	14197	14305
建阳区	119967	3.57	48.61	10909	9173	10599
顺昌县	65384	3.59	48.71	5904	5851	5845
浦城县	107793	4.38	49.99	9171	8828	8992
光泽县	45200	3.81	46.22	4088	2830	4039
松溪县	44958	4.11	55.76	3926	3819	3882
政和县	59959	3.96	44.01	5040	4869	4989
邵武市	102062	3.30	41.45	9436	9086	9286
武夷山市	75008	4.15	47.99	6895	6642	6789
建瓯市	153075	3.86	53.22	13653	12778	13507
龙岩市	**913739**	**4.05**	**52.78**	**86118**	**82408**	**83927**
新罗区	275307	2.90	36.13	26829	26359	25627
永定区	113950	4.19	52.21	10142	9594	9903
长汀县	127584	4.47	52.66	11756	10768	11545
上杭县	123020	5.30	74.08	11753	11478	11498
武平县	94022	4.84	64.66	8859	8429	8802
连城县	90177	4.44	64.30	8355	8120	8202
漳平市	89679	3.93	50.22	8424	7660	8350
宁德市	**1034448**	**3.61**	**47.12**	**91243**	**90834**	**89930**
蕉城区	187866	3.17	41.20	17295	17219	16950
霞浦县	154882	3.57	45.67	14004	14004	13936
古田县	119577	3.97	47.67	10140	9968	10069
屏南县	50376	4.01	52.89	4214	4192	4187
寿宁县	67324	4.18	52.34	4939	4935	4892
周宁县	51353	4.31	59.62	4586	4569	4562
柘荣县	29723	3.82	54.23	2755	2730	2733
福安市	192827	3.63	41.43	16526	16482	16302
福鼎市	180520	3.29	52.55	16784	16735	16299
江西省	**13331484**	**4.18**	**54.96**	**1340608**	**1141679**	**1320650**
南昌市	**1745487**	**3.08**	**41.06**	**176497**	**152676**	**172621**
东湖区	133547	2.32	32.99	14049	13892	13937

单位：户、间/户、平方米/人

长表数据								
住房内有厕所	住房内有洗澡设施	住房所在建筑有电梯	拥有家用汽车	住房来源				
				租赁	自建	购买	继承或赠予	其他
243200	**239476**	**54463**	**113332**	**62357**	**124345**	**50438**	**2029**	**7371**
12519	12056	3368	5716	5805	2293	4031	178	552
20600	20065	8703	10499	9851	2216	8576	62	350
6269	6162	1927	3391	1168	3141	1778	25	197
10597	10533	960	4105	696	8138	1583	56	236
30462	30031	4106	12154	2840	21990	5347	227	548
28292	28249	5007	12135	3420	18938	5346	367	302
12813	12705	1371	5958	1045	9606	1915	241	101
10412	9928	2395	4761	2449	3925	3155	128	815
18805	18409	5955	8673	8772	5319	4100	136	908
52227	51246	15060	24755	21098	20127	9183	389	2387
40204	40092	5611	21185	5213	28652	5424	220	975
147967	**146754**	**23378**	**60082**	**18740**	**96322**	**31942**	**1939**	**2092**
19317	18953	6318	8103	5430	4223	9484	167	425
9026	8834	4706	4727	2789	2161	4044	21	89
11311	11274	1294	3759	661	8519	2199	212	93
23695	23546	3183	9423	1245	18545	3764	286	316
15698	15648	697	4454	345	13639	1329	435	122
6799	6753	556	3503	1420	4513	864	32	72
6361	6333	713	2007	462	4296	1522	42	61
9248	9328	856	4521	430	6784	1981	163	157
13293	13378	674	6215	447	11512	1413	211	89
4212	4195	145	1633	252	3412	556	76	50
29007	28512	4236	11737	5259	18718	4786	294	618
80757	**80531**	**14293**	**25347**	**9926**	**41644**	**28453**	**1360**	**2095**
14195	14181	4606	3535	1570	4819	7495	142	430
10351	10349	2400	3698	1871	4651	3829	167	391
5720	5771	731	1655	535	3119	2000	106	144
8799	8735	428	2985	891	6042	1927	112	199
3934	3888	624	1385	429	2085	1446	33	95
3842	3742	274	1021	511	2672	593	76	74
4935	4850	232	1342	820	3218	804	132	66
9134	9152	2515	2770	1025	3008	5059	78	266
6706	6639	668	3271	860	3425	2359	115	136
13141	13224	1815	3685	1414	8605	2941	399	294
85110	**84980**	**14000**	**41055**	**12260**	**49116**	**21591**	**1026**	**2125**
26551	26452	9285	14882	7926	6404	11434	257	808
9929	9948	715	4553	552	7563	1555	208	264
11587	11605	657	4713	1094	7942	2058	170	492
11671	11632	973	6298	997	9067	1490	45	154
8801	8783	994	4394	452	6586	1650	49	122
8215	8242	616	3138	516	6426	1173	124	116
8356	8318	760	3077	723	5128	2231	173	169
90910	**89679**	**13654**	**24022**	**10667**	**55353**	**21011**	**2344**	**1868**
17257	17067	5068	5929	3299	7655	5883	252	206
13998	14002	1920	2850	1203	8364	3772	206	459
9991	9919	1209	2344	818	6475	2075	452	320
4195	3969	655	1233	288	2878	778	179	91
4939	4747	546	1138	381	3610	679	161	108
4566	4501	312	1321	461	3543	366	134	82
2729	2650	266	825	172	1918	574	58	33
16500	16348	1708	3829	2034	10374	3124	630	364
16735	16476	1970	4553	2011	10536	3760	272	205
1319811	**1299849**	**177559**	**563263**	**110109**	**787554**	**395678**	**12647**	**34620**
171956	**169486**	**51095**	**84941**	**24887**	**48188**	**91895**	**2762**	**8765**
14004	13954	2868	5789	2272	730	10087	292	668

表8 续表 22

地　区	全部数据			长表数据		
	家庭户户数	平均每户住房间数	人均住房建筑面积	家庭户户数	住房内有管道自来水	住房内有厨房
西湖区	163649	2.33	33.10	16424	16288	16307
青云谱区	116581	2.25	31.19	11623	11393	11532
青山湖区	338209	2.58	34.21	33690	33013	33279
新建区	214124	3.37	43.04	21788	17997	20839
红谷滩区	131829	2.65	38.18	13468	12938	13225
南昌县	382123	3.62	44.86	38226	28389	37292
安义县	68813	4.53	57.88	6825	5211	6720
进贤县	196612	4.01	54.37	20404	13555	19490
景德镇市	**481943**	**3.74**	**56.98**	**49279**	**46860**	**48922**
昌江区	62038	3.46	51.35	6150	5968	6118
珠山区	127352	2.68	38.34	12978	12809	12859
浮梁县	75066	4.40	62.31	7754	6745	7676
乐平市	217487	4.22	65.58	22397	21338	22269
萍乡市	**521043**	**4.54**	**61.59**	**51496**	**50202**	**51353**
安源区	162884	3.53	48.28	16453	16237	16411
湘东区	90887	4.33	65.92	8970	8776	8963
莲花县	67006	5.41	83.84	6525	6389	6503
上栗县	124061	5.29	61.70	12037	11469	11979
芦溪县	76205	4.97	64.20	7511	7331	7497
九江市	**1424473**	**3.82**	**55.18**	**145810**	**138378**	**145292**
濂溪区	130136	2.85	44.17	13014	12819	13001
浔阳区	148927	2.62	38.60	14554	14401	14511
柴桑区	89118	4.09	60.40	9803	8796	9753
武宁县	104197	4.04	56.78	10517	9308	10457
修水县	209498	4.42	54.85	21502	21212	21445
永修县	99518	3.67	50.40	10050	9610	10016
德安县	51438	3.68	51.69	5098	5036	5089
都昌县	187702	4.39	65.34	19336	17220	19246
湖口县	75544	3.79	70.89	7553	7459	7513
彭泽县	97716	3.84	65.57	9832	9502	9811
瑞昌市	126028	3.79	50.93	13997	13160	13930
共青城市	35449	3.64	45.77	3560	3329	3552
庐山市	69202	4.70	60.92	6994	6526	6968
新余市	**390109**	**3.02**	**42.22**	**37172**	**35645**	**36671**
渝水区	299301	2.87	40.37	28513	27102	28150
分宜县	90808	3.53	48.17	8659	8543	8521
鹰潭市	**354703**	**3.95**	**54.28**	**36595**	**26159**	**36188**
月湖区	94259	3.00	41.83	9405	8710	9332
余江区	97418	4.29	55.05	10177	5770	9958
贵溪市	163026	4.30	60.40	17013	11679	16898
赣州市	**2499425**	**4.61**	**53.67**	**254148**	**229353**	**252829**
章贡区	303256	2.95	40.70	30862	29383	30582
南康区	248684	4.49	56.25	24297	21332	24164
赣县区	164688	4.67	52.50	16204	13150	16103
信丰县	177595	4.80	62.48	18210	17612	18174
大余县	85336	5.19	73.09	8797	7232	8755
上犹县	85086	4.37	57.05	8777	8059	8759
崇义县	56545	4.73	55.04	5900	5451	5872
安远县	89580	4.41	49.98	8632	8487	8626
定南县	57651	3.90	39.19	5731	5269	5716
全南县	52692	4.15	45.74	5395	5395	5371
宁都县	202561	4.50	52.17	23272	18841	23097
于都县	254416	5.70	58.94	26572	23150	26471
兴国县	194827	5.56	60.07	19773	15513	19561
会昌县	109393	5.49	53.60	11113	11005	11093
寻乌县	80380	5.26	53.87	8111	7963	8095
石城县	75286	4.93	57.04	7175	7077	7149
瑞金市	167117	4.67	49.54	16054	15323	16008
龙南市	94332	3.68	47.95	9273	9111	9233

单位：户、间/户、平方米/人

长表数据								
住房内有厕所	住房内有洗澡设施	住房所在建筑有电梯	拥有家用汽车	住房来源				
				租赁	自建	购买	继承或赠予	其他
16372	16260	6184	7392	3225	229	11863	415	692
11509	11456	3366	4920	2374	379	7731	348	791
33434	33055	11550	17084	8041	3212	19381	461	2595
20718	20352	5171	10105	2313	9295	8883	332	965
13389	13240	9531	8535	3206	645	8800	131	686
36818	36861	10460	18953	2482	16165	17314	375	1890
6544	6398	379	4195	326	4578	1665	77	179
19168	17910	1586	7968	648	12955	6171	331	299
47701	**47569**	**5837**	**18978**	**4441**	**27365**	**15715**	**538**	**1220**
5964	6034	1049	2533	910	2305	2605	64	266
12617	12724	3093	5036	2308	1439	8299	210	722
7201	7102	563	3889	276	5976	1363	78	61
21919	21709	1132	7520	947	17645	3448	186	171
51317	**50834**	**3744**	**21814**	**2486**	**35013**	**13153**	**186**	**658**
16393	16420	2402	7626	1493	5192	9259	81	428
8957	8883	253	3300	230	7492	1158	16	74
6476	6412	167	2474	295	5748	443	17	22
11994	11678	589	5190	262	10589	1057	42	87
7497	7441	333	3224	206	5992	1236	30	47
145079	**143248**	**23057**	**65060**	**11629**	**80633**	**45738**	**1312**	**6498**
12964	12946	6870	6251	2897	1790	6803	114	1410
14505	14492	5871	7478	1830	366	10635	335	1388
9618	9430	1413	4684	426	6624	2158	148	447
10371	10118	856	4920	597	6382	2876	94	568
21488	21362	1631	9022	1260	14888	4611	104	639
10024	9988	915	4040	522	6247	2914	65	302
5076	4955	504	2467	413	2279	2295	22	89
19269	18891	654	6815	1198	15577	2193	121	247
7525	7434	706	3793	800	4892	1691	15	155
9826	9738	571	4080	495	7043	2011	80	203
13898	13465	1782	6058	607	8138	4572	132	548
3555	3514	631	1830	130	1368	1702	30	330
6960	6915	653	3622	454	5039	1277	52	172
35805	**34687**	**6351**	**14768**	**3649**	**13695**	**18228**	**214**	**1386**
27346	26556	5776	11913	2922	8963	15159	180	1289
8459	8131	575	2855	727	4732	3069	34	97
36211	**35303**	**5385**	**13558**	**3049**	**20477**	**12141**	**365**	**563**
9377	9329	2985	3914	1335	1487	6261	80	242
9971	9723	686	3344	733	7377	1870	71	126
16863	16251	1714	6300	981	11613	4010	214	195
253354	**250305**	**29622**	**103745**	**24618**	**160844**	**60439**	**1670**	**6577**
30750	30741	11935	16176	7664	5020	15449	212	2517
24243	23818	2618	11541	4300	13969	5094	188	746
16146	15669	1981	7327	1378	9697	4573	92	464
18187	18067	1577	7198	1209	13431	3301	80	189
8744	8692	143	3188	281	6592	1721	58	145
8757	8540	288	3463	656	5641	2347	43	90
5845	5644	309	2705	657	3907	1145	59	132
8623	8611	533	3049	358	6624	1518	46	86
5717	5693	466	1971	687	2912	1987	27	118
5395	5340	135	2065	459	3023	1700	31	182
23148	22771	1768	7650	1023	17383	4112	197	557
26533	26160	1487	9289	1505	19617	5080	100	270
19728	19517	1332	8994	1402	15849	2134	86	302
11111	10998	875	4060	516	8353	2012	73	159
8106	8091	630	3203	614	5719	1505	94	179
7148	7002	715	3020	326	5047	1620	77	105
15982	15796	1784	5240	802	11619	3370	77	186
9191	9155	1046	3606	781	6441	1771	130	150

表8 续表 23

地　区	全部数据			长表数据		
	家庭户户数	平均每户住房间数	人均住房建筑面积	家庭户户数	住房内有管道自来水	住房内有厨房
吉安市	**1378762**	**4.90**	**60.49**	**134582**	**100097**	**131963**
吉州区	124582	3.38	45.24	12023	10332	11831
青原区	68104	4.27	54.68	6604	4261	6499
吉安县	135339	4.57	47.97	12856	7691	12686
吉水县	135887	4.80	68.98	13218	8669	12958
峡江县	49891	3.95	53.29	4836	3303	4637
新干县	98696	4.47	68.80	9783	5389	9151
永丰县	115417	5.11	62.73	10966	9460	10901
泰和县	146402	4.66	56.42	14329	7778	13956
遂川县	147481	5.60	64.59	14570	13776	14515
万安县	76777	5.89	63.58	7764	5968	7704
安福县	104180	5.10	64.27	10050	7947	9789
永新县	126271	5.99	67.81	13010	11689	12841
井冈山市	49735	5.94	70.61	4573	3834	4495
宜春市	**1515432**	**4.25**	**57.09**	**147585**	**107473**	**143238**
袁州区	318483	3.95	48.41	30873	27248	30602
奉新县	85678	4.04	50.33	8232	6374	7658
万载县	137805	4.42	54.28	13267	12175	13141
上高县	106132	4.34	62.18	10135	8956	9927
宜丰县	84299	3.60	53.38	8004	6547	7918
靖安县	42373	4.12	60.04	4084	3244	3903
铜鼓县	36594	3.89	49.61	3601	3437	3595
丰城市	320432	4.85	62.68	30635	17706	29252
樟树市	157912	3.78	53.17	15845	8683	15704
高安市	225724	4.42	68.97	22909	13103	21538
抚州市	**1132618**	**4.02**	**51.79**	**116352**	**97909**	**113221**
临川区	332928	4.00	52.81	32994	26774	31794
东乡区	122072	4.00	56.86	12119	8003	11270
南城县	88431	4.22	48.37	8614	8088	8583
黎川县	68633	3.53	43.33	7149	6992	7114
南丰县	86372	3.68	43.44	8460	7988	8383
崇仁县	91309	4.53	54.66	10073	7355	9786
乐安县	91084	5.10	62.97	9966	9297	9925
宜黄县	65213	3.89	44.94	7275	7041	7220
金溪县	80676	3.94	53.39	8713	5563	8261
资溪县	30767	3.50	46.25	3363	3242	3291
广昌县	75133	3.30	49.06	7626	7566	7594
上饶市	**1887489**	**4.68**	**64.71**	**191092**	**156927**	**188352**
信州区	154444	3.84	51.59	16204	14356	16093
广丰区	210871	5.26	57.34	21574	20448	21440
广信区	208625	5.05	62.24	20570	17404	20145
玉山县	160633	5.02	75.92	15744	12456	15672
铅山县	114040	4.65	63.03	11245	10112	11113
横峰县	59637	4.30	62.75	5597	5055	5583
弋阳县	104008	4.63	66.20	10518	7868	10329
余干县	238550	4.83	71.44	24687	20053	24459
鄱阳县	345836	4.54	66.57	35053	25939	33826
万年县	104940	4.54	69.03	11020	5443	10894
婺源县	96617	4.59	63.83	10027	9573	9997
德兴市	89288	3.99	63.56	8853	8220	8801
山东省	**33915789**	**3.31**	**39.13**	**3465782**	**3224896**	**3371151**
济南市	**2950895**	**3.19**	**41.39**	**309541**	**295950**	**304061**
历下区	252939	2.50	35.31	26795	26251	26271
市中区	298911	2.77	40.44	30540	28210	29992
槐荫区	234226	2.59	37.90	25138	24685	24716
天桥区	273483	2.58	36.19	29088	27980	27966
历城区	390766	3.17	41.95	41413	39802	41070
长清区	170651	3.05	45.29	17257	16284	16923
章丘区	321244	4.10	41.25	34003	32195	33849
济阳区	155626	3.67	43.82	15787	14673	15463

单位：户、间/户、平方米/人

长表数据								
住房内有厕所	住房内有洗澡设施	住房所在建筑有电梯	拥有家用汽　　车	住房来源				
				租赁	自建	购买	继承或赠予	其他
132404	**130142**	**11192**	**49215**	**8575**	**94223**	**28947**	**1115**	**1722**
11925	11864	3844	5257	1627	2639	7382	96	279
6455	6402	1498	3018	444	3755	2220	67	118
12728	12583	1009	5343	691	8828	3112	95	130
13035	12484	451	4338	890	9777	2354	113	84
4708	4644	115	1810	248	3100	1291	43	154
9066	8936	583	3161	666	7125	1735	99	158
10834	10710	516	3612	685	8530	1584	47	120
14164	13929	1224	5445	860	10363	2751	177	178
14512	14287	545	4420	559	12432	1407	70	102
7696	7439	194	2958	280	6394	943	73	74
9879	9824	454	4010	510	7496	1840	87	117
12874	12655	620	3901	769	10845	1165	109	122
4528	4385	139	1942	346	2939	1163	39	86
142678	**140292**	**14479**	**68254**	**10401**	**91036**	**41617**	**1418**	**3113**
30739	29773	5781	14723	3348	14311	12348	214	652
7853	7771	465	3764	594	4667	2650	124	197
13203	12577	777	6197	696	9769	2541	117	144
9756	9704	894	4934	721	5666	3267	95	386
7692	7636	482	3477	514	4411	2875	88	116
3945	3882	160	1772	312	2434	1152	60	126
3590	3478	176	1513	307	2023	1004	57	210
28296	28091	2875	13841	1181	23026	5921	293	214
15519	15416	1572	6760	858	9423	4752	241	571
22085	21964	1297	11273	1870	15306	5107	129	497
113214	**110998**	**12768**	**38899**	**7999**	**69097**	**35287**	**1741**	**2228**
31776	31427	6571	10858	2909	17688	11262	423	712
11549	10795	1275	4046	841	7368	3568	213	129
8550	8390	874	2684	441	5073	2903	34	163
7059	6943	845	2606	406	3532	3035	61	115
8329	8202	492	3087	491	5002	2735	148	84
9744	9589	566	3882	564	6989	1944	248	328
9885	9869	504	3315	623	7208	1904	128	103
7152	7000	499	2246	461	4357	2192	109	156
8307	8047	590	2794	435	5789	2159	229	101
3295	3203	138	983	214	2052	899	47	151
7568	7533	414	2398	614	4039	2686	101	186
190092	**186985**	**14029**	**84031**	**8375**	**146983**	**32518**	**1326**	**1890**
16117	15945	4470	8063	2199	4768	8514	124	599
21537	21257	980	10383	434	19232	1679	109	120
20486	19965	2492	9487	952	15276	4101	100	141
15702	15452	942	6412	698	12058	2718	115	155
11232	11082	719	4555	356	8951	1708	131	99
5593	5492	281	2427	284	4101	1172	15	25
10472	10122	417	4574	509	8024	1841	81	63
24566	24329	1114	9309	437	21549	2181	209	311
34726	34251	1489	16089	995	31136	2659	122	141
10940	10570	599	4372	507	8759	1644	51	59
9914	9753	302	4552	541	7333	1907	180	66
8807	8767	224	3808	463	5796	2394	89	111
3401506	**3131453**	**560790**	**1753310**	**219172**	**1857667**	**1178292**	**29815**	**180836**
306155	**290754**	**94066**	**171368**	**37870**	**104833**	**147613**	**2054**	**17171**
26503	26391	12058	16606	5447	192	18612	324	2220
30165	29395	11515	17556	5670	3015	18769	217	2869
24956	24775	13639	14564	4491	1300	17714	217	1416
27906	27651	10400	13663	7081	2695	17101	270	1941
41303	40182	17373	24675	5449	11371	20487	328	3778
16976	15577	2873	9035	1076	10288	4999	119	775
33936	32044	5945	19696	2295	19110	12003	162	433
15550	13786	2871	9483	1246	10285	3908	55	293

表8 续表 24

地区	全部数据			长表数据		
	家庭户户数	平均每户住房间数	人均住房建筑面积	家庭户户数	住房内有管道自来水	住房内有厨房
莱芜区	358223	3.36	44.94	38313	36825	37408
钢城区	103746	4.07	46.34	11097	9993	10730
平阴县	113007	3.15	39.11	11488	11130	11367
商河县	161293	3.96	44.64	15962	15571	15777
济南高新技术产业开发区	116780	3.16	46.92	12660	12351	12529
青岛市	**3469099**	**2.78**	**34.92**	**354889**	**343494**	**347483**
市南区	175973	2.28	33.18	17826	17500	17487
市北区	421605	2.18	30.59	44091	43570	43900
黄岛区	617265	2.67	33.75	63176	61328	61542
崂山区	168035	2.30	41.61	17653	16174	15933
李沧区	262058	2.23	32.34	27293	27266	27032
城阳区	338172	2.50	35.62	34828	34244	34202
即墨区	451368	3.22	34.96	46595	43867	45514
青岛高新技术产业开发区	10013	2.55	39.10	991	991	990
胶州市	328400	2.99	35.99	33567	32949	33223
平度市	437295	3.37	36.43	43005	41027	42493
莱西市	258915	3.57	38.98	25864	24578	25167
淄博市	**1648063**	**2.99**	**41.05**	**170154**	**162177**	**165574**
淄川区	233583	3.16	36.88	25000	23588	24081
张店区	413670	2.78	40.05	43588	42690	43166
博山区	165843	2.81	36.20	16338	15367	15517
临淄区	221849	3.13	40.78	23508	23155	23431
周村区	132153	3.08	39.79	13321	12643	12940
桓台县	165163	3.23	49.29	16884	16665	16721
高青县	116685	3.56	51.45	11678	11046	10844
沂源县	199117	2.60	39.45	19837	17023	18874
枣庄市	**1207390**	**3.50**	**41.39**	**124834**	**110646**	**117937**
市中区	190632	3.15	37.00	19372	18333	18890
薛城区	188276	3.45	43.71	19532	16972	18264
峄城区	114221	3.26	37.76	11742	10847	10758
台儿庄区	94812	3.49	40.57	9815	8461	8817
山亭区	125820	3.41	35.79	12671	9587	11606
滕州市	493629	3.73	44.62	51702	46446	49602
东营市	**774286**	**3.24**	**45.10**	**79089**	**77232**	**77600**
东营区	307113	2.96	43.31	30774	30360	30506
河口区	89913	2.90	41.96	9412	9033	9094
垦利区	90232	3.72	47.21	9293	8936	9051
利津县	86792	3.30	47.65	8688	8363	8513
广饶县	175062	3.65	47.48	18243	17870	17762
东营经济技术开发区	25083	2.97	43.33	2669	2661	2665
东营港经济开发区	91	3.81	44.90	10	9	9
烟台市	**2604313**	**3.11**	**33.98**	**266682**	**237418**	**264062**
芝罘区	314666	2.42	31.10	33422	32507	33057
福山区	171088	2.67	34.62	17523	16227	17394
牟平区	182986	3.48	34.51	18033	17085	17946
莱山区	116309	2.57	37.46	12110	11814	12049
蓬莱区	194731	3.21	32.72	19795	17951	19609
烟台高新技术产业开发区	22186	2.79	42.54	2356	2334	2345
烟台经济技术开发区	135598	2.44	36.17	14317	14132	14088
龙口市	249612	2.95	33.35	25680	23897	25485
莱阳市	282378	3.65	37.03	29656	26031	29447
莱州市	311951	3.82	32.50	31583	29998	31207
招远市	212970	2.82	38.17	21050	16788	20661
栖霞市	179735	3.60	31.61	18130	7096	17854
海阳市	230103	3.10	30.63	23027	21558	22920
潍坊市	**3060737**	**3.24**	**39.35**	**310868**	**302221**	**305708**
潍城区	160735	2.94	39.22	16384	16013	16316
寒亭区	119812	3.40	39.50	12429	12250	12378
坊子区	176704	3.42	35.13	17794	17106	17688
奎文区	314436	2.69	38.60	32403	31796	32060

单位：户、间/户、平方米/人

长表数据								
住房内有厕所	住房内有洗澡设施	住房所在建筑有电梯	拥有家用汽车	住房来源				
				租赁	自建	购买	继承或赠予	其他
38091	33644	4569	16719	1441	21047	14477	156	1192
10886	9882	690	5754	210	5684	4907	25	271
11416	10777	1487	5476	628	5509	3804	102	1445
15819	14264	1559	9502	308	12276	3001	31	346
12648	12386	9087	8639	2528	2061	7831	48	192
351691	**328265**	**85828**	**197397**	**54404**	**118113**	**157949**	**4941**	**19482**
17558	17436	4768	8671	4345	44	11295	288	1854
43940	43803	16181	19317	8664	71	30957	655	3744
62242	57958	18909	38277	12654	17550	31021	382	1569
16812	15201	6424	10715	4933	4087	7300	201	1132
27125	26791	12491	15148	6349	329	18255	399	1961
34662	32926	12880	21517	8418	7076	13321	821	5192
46248	41607	6465	27980	4516	25004	14497	833	1745
991	983	842	758	214		774	1	2
33456	31342	3884	20188	2403	15516	14006	387	1255
42953	37899	1669	22615	1085	31512	8876	726	806
25704	22319	1315	12211	823	16924	7647	248	222
167935	**150648**	**28747**	**86026**	**10574**	**61256**	**77368**	**1578**	**19378**
24378	21496	2600	10776	1131	10513	10419	191	2746
43395	42168	13663	26404	5292	2128	27624	601	7943
16034	13421	1382	5762	481	4861	9154	165	1677
23489	21456	4318	13747	987	9647	10814	65	1995
13143	11813	2104	7270	1143	3768	6321	230	1859
16687	15586	2157	9008	422	8638	5797	175	1852
11440	9133	1354	6071	264	7805	2892	98	619
19369	15575	1169	6988	854	13896	4347	53	687
121237	**113128**	**18240**	**55363**	**3711**	**74226**	**41830**	**773**	**4294**
18858	18518	3134	9831	814	6422	11053	133	950
18749	17977	4706	9533	437	8990	9141	259	705
11147	10222	386	4439	282	9013	1963	60	424
9247	8488	618	3989	209	6719	2499	47	341
12429	10318	167	4515	80	11093	1133	50	315
50807	47605	9229	23056	1889	31989	16041	224	1559
76010	**69769**	**15240**	**52840**	**5878**	**26054**	**41334**	**606**	**5217**
30357	28674	8005	21508	2936	3839	20463	270	3266
8462	8409	781	5798	970	1759	6371	37	275
8553	7894	1130	6228	646	3369	4492	124	662
8270	6274	657	4932	232	5973	1947	46	490
17694	15859	2690	12071	878	11111	5621	127	506
2665	2659	1977	2296	211		2439	2	17
9			7	5	3	1		1
265069	**249777**	**46423**	**124767**	**13885**	**128527**	**108671**	**4286**	**11313**
33233	32639	10658	18787	3459	1280	26284	285	2114
17342	16531	5587	8873	1191	6711	8866	157	598
17919	17233	2263	7904	645	9018	7631	359	380
12055	11824	5640	7499	1442	2362	6734	259	1313
19610	18371	1741	7487	972	11427	6517	482	397
2356	2338	1744	1673	211	282	1598	18	247
14292	14206	9241	8844	2362	579	8969	180	2227
25628	24375	2969	13109	1087	11972	10202	542	1877
29471	27177	1665	12892	587	20891	7575	374	229
31406	29666	2218	13878	946	20905	8500	612	620
21008	18823	1437	9973	588	12667	6878	360	557
17896	15103	501	5520	202	13771	3683	253	221
22853	21491	759	8328	193	16662	5234	405	533
304603	**281884**	**46421**	**196562**	**17309**	**164945**	**115715**	**1972**	**10927**
16312	15683	4114	10478	1696	4037	10268	100	283
12208	11014	1460	7655	497	7099	4165	131	537
17200	15758	1683	10335	611	11255	5162	129	637
32195	31611	13929	22065	4049	1209	24383	452	2310

表8 续表 25

地　区	全　部　数　据			长表数据		
	家庭户户　数	平均每户住房间数	人均住房建筑面积	家庭户户　数	住房内有管道自来水	住房内有厨房
临朐县	250476	4.08	44.02	25312	24639	24935
昌乐县	195751	3.50	39.46	19623	18840	19266
潍坊滨海经济技术开发区	38658	2.96	45.86	4019	3965	3955
青州市	301781	3.32	39.60	30770	29287	29821
诸城市	354207	2.95	36.40	35457	34570	35398
寿光市	374451	3.17	42.37	39132	38984	37814
安丘市	280972	2.89	38.43	28042	26274	27201
高密市	297238	3.32	40.25	29663	28802	29366
昌邑市	195516	3.80	35.61	19840	19695	19510
济宁市	**2626917**	**3.38**	**38.43**	**267402**	**254041**	**264531**
任城区	398728	2.82	38.23	41782	39880	41603
兖州区	178685	2.99	38.46	18329	17795	18280
微山县	193402	3.44	38.76	19609	18330	19367
鱼台县	120878	3.81	37.65	12134	12001	12116
金乡县	206995	3.75	37.50	20699	19763	20546
嘉祥县	263588	4.00	40.54	26847	25271	26571
汶上县	206815	3.98	39.06	20720	20654	20713
泗水县	183071	3.00	33.11	18815	17730	18649
梁山县	233285	3.86	38.76	23415	22504	23084
济宁高新技术产业开发区	100858	2.79	42.23	9714	9575	9619
曲阜市	182776	3.11	40.93	17776	16285	17404
邹城市	357836	3.18	37.25	37562	34253	36579
泰安市	**1791138**	**3.36**	**40.32**	**183041**	**158138**	**177061**
泰山区	248451	2.85	39.15	25972	25199	25782
岱岳区	337764	3.30	38.53	33807	29181	33197
宁阳县	224290	3.66	43.01	22082	21164	21513
东平县	214306	3.73	39.99	21906	21452	21888
新泰市	457384	3.47	42.94	46122	29263	41738
肥城市	308943	3.23	37.77	33152	31879	32943
威海市	**1155127**	**2.88**	**36.58**	**117133**	**113803**	**116091**
环翠区	168396	2.57	34.12	16920	16652	16765
文登区	233812	3.14	44.15	23433	22145	23270
威海火炬高技术产业开发区	114682	2.62	35.57	11790	11603	11647
威海经济技术开发区	108713	2.67	34.63	11316	10885	11068
威海临港经济技术开发区	39474	2.93	30.14	4019	3900	4004
荣成市	285878	2.93	37.76	28685	27971	28507
乳山市	204172	3.02	31.42	20970	20647	20830
日照市	**1062148**	**3.39**	**38.51**	**107083**	**101528**	**105918**
东港区	335488	3.29	36.88	34542	33389	34220
岚山区	135810	3.79	42.80	13691	13243	13628
五莲县	170874	2.95	35.16	17044	15829	16803
莒县	365985	3.56	40.66	36205	33561	35689
日照经济技术开发区	53991	3.24	34.23	5601	5506	5578
临沂市	**3795181**	**3.39**	**38.97**	**382979**	**332088**	**363191**
兰山区	563186	3.12	42.04	57811	49904	56813
罗庄区	234144	3.26	40.81	24050	22371	23365
河东区	301385	3.32	41.64	30002	25829	29457
沂南县	304474	3.83	36.00	30857	29194	29791
郯城县	280356	3.61	42.74	27543	24427	26234
沂水县	382594	3.22	34.82	38600	34419	36924
兰陵县	369171	3.15	37.71	36336	30708	33179
费县	267077	3.21	36.60	27215	18176	23871
平邑县	313802	3.59	38.47	31485	26583	28229
莒南县	334187	3.71	34.90	34150	32173	33618
蒙阴县	182423	3.81	37.87	18212	14050	15681
临沭县	218014	3.22	39.09	22166	20216	21580
临沂高新技术产业开发区	44368	3.59	50.83	4552	4038	4449
德州市	**1783572**	**3.47**	**37.98**	**184283**	**176299**	**178957**
德城区	167790	2.54	35.17	17740	17134	17669
陵城区	172918	3.64	36.98	17121	16750	16925

单位：户、间/户、平方米/人

长表数据								
住房内有厕所	住房内有洗澡设施	住房所在建筑有电梯	拥有家用汽车	住房来源				
				租赁	自建	购买	继承或赠予	其他
25223	23332	1982	16585	933	18921	4697	63	698
18665	17162	2120	12850	556	12409	6202	53	403
3986	3457	281	2566	413	1194	2170	38	204
29083	27473	2508	21176	1083	18948	8779	312	1648
35251	32798	5543	21952	1516	20242	11957	100	1642
39002	35224	6217	26462	3684	21010	13201	212	1025
27023	23777	2687	16589	593	17515	9005	98	831
29239	26032	2747	16607	1243	17992	9796	120	512
19216	18563	1150	11242	435	13114	5930	164	197
265518	**245416**	**39686**	**124415**	**14046**	**156976**	**77927**	**2048**	**16405**
41618	40082	12042	20711	5366	11909	20560	381	3566
18223	17647	3834	9672	1183	6247	8845	139	1915
19246	17722	1005	7158	469	14333	3703	50	1054
12109	11776	949	4697	445	9361	2062	18	248
20638	18788	3124	8961	581	14426	3715	327	1650
26740	22853	1678	10902	994	20988	4539	119	207
20717	19774	2915	10012	547	13921	5011	108	1133
18731	16063	1653	7011	357	13669	3647	284	858
23009	20967	1802	11199	704	17946	4023	131	611
9649	9503	3698	5680	1038	2992	4175	126	1383
17577	16665	2310	10178	782	10433	5668	50	843
37261	33576	4676	18234	1580	20751	11979	315	2937
181470	**170346**	**23571**	**75862**	**7723**	**101642**	**59249**	**2487**	**11940**
25889	25232	5382	14553	2920	4620	16860	306	1266
33746	31295	6910	15461	2028	20748	8207	187	2637
21872	20529	1730	9126	582	14483	5227	91	1699
21875	21467	2870	9071	474	14939	4844	352	1297
45018	39650	2307	16087	943	32661	8634	1044	2840
33070	32173	4372	11564	776	14191	15477	507	2201
116476	**112874**	**15101**	**58055**	**10143**	**40079**	**60464**	**1810**	**4637**
16856	16468	3697	10228	2636	971	12969	116	228
23287	22336	1759	11459	1225	10286	10694	380	848
11773	11576	3004	7551	1586	449	9419	69	267
11236	11003	3390	6725	1859	1691	7587	32	147
3995	3729	405	2054	420	1522	1670	71	336
28486	27776	2209	12954	2088	11993	11932	721	1951
20843	19986	637	7084	329	13167	6193	421	860
106017	**93063**	**14158**	**53703**	**5880**	**65420**	**27880**	**727**	**7176**
34337	31979	8877	20981	3156	13604	14036	281	3465
13649	12395	1003	5983	757	9804	2824	47	259
16609	13168	1156	7823	414	11676	4209	123	622
35831	30122	1912	15077	783	29074	4357	152	1839
5591	5399	1210	3839	770	1262	2454	124	991
376560	**327285**	**42308**	**187263**	**14463**	**260907**	**79336**	**2030**	**26243**
57388	54471	19880	37503	6236	17166	27380	231	6798
23969	22370	2953	15209	957	12810	7155	169	2959
29616	27387	3987	17192	1090	17183	5263	218	6248
30639	25503	1395	12828	616	25201	4099	100	841
26948	25542	1744	13709	549	22582	3415	130	867
37971	29998	2764	15325	986	29590	6497	230	1297
35501	28964	1669	15508	653	29678	4689	419	897
26480	23028	1015	11779	584	22458	3361	103	709
30844	24289	2156	13271	924	24326	4712	80	1443
33573	28845	1489	14513	587	26771	4315	65	2412
17189	14421	647	7621	408	14558	2897	32	317
21922	18381	2487	10273	609	15050	5089	220	1198
4520	4086	122	2532	264	3534	464	33	257
177819	**161456**	**23811**	**96776**	**5235**	**112391**	**53835**	**1550**	**11272**
17523	16958	4218	10315	1186	2504	11759	192	2099
17033	14933	928	7582	145	12864	3268	69	775

表8 续表 26

地区	全部数据			长表数据		
	家庭户户数	平均每户住房间数	人均住房建筑面积	家庭户户数	住房内有管道自来水	住房内有厨房
宁津县	140408	3.19	37.72	14471	13559	13173
庆云县	101232	3.55	38.26	10014	9770	9896
临邑县	155226	3.66	39.69	15033	13551	13944
齐河县	182671	3.92	39.94	18723	17598	18061
平原县	140815	3.90	38.47	14570	14180	14373
夏津县	150462	3.79	35.77	15545	14944	15232
武城县	114382	3.46	37.15	11931	11702	11818
德州经济技术开发区	81007	2.93	41.20	8539	8325	8437
德州运河经济开发区	36794	2.48	35.32	3848	3689	3797
乐陵市	183040	3.76	37.30	20003	18992	19292
禹城市	156827	3.31	40.21	16745	16105	16340
聊城市	**1950442**	**3.64**	**42.09**	**199942**	**188399**	**195650**
东昌府区	467183	3.53	44.60	47847	45984	47440
茌平区	180536	3.41	44.25	18542	17184	18089
阳谷县	225281	3.57	40.49	23929	23143	23600
莘县	306211	3.66	44.44	30758	28112	29126
东阿县	117696	3.64	40.46	11930	11016	11587
冠县	250961	4.19	40.65	25534	24548	25019
高唐县	156576	3.98	40.44	16214	14301	15960
临清市	245998	3.27	37.69	25188	24111	24829
滨州市	**1279535**	**3.44**	**41.71**	**129092**	**122958**	**126210**
滨城区	273969	3.00	43.61	27918	27068	27529
沾化区	124609	3.55	42.36	12003	11783	11811
惠民县	174566	4.01	42.03	17751	16998	17130
阳信县	146488	3.59	41.25	14988	14348	14514
无棣县	158248	2.43	40.33	15782	15703	15623
博兴县	165035	3.72	41.01	16810	16117	16066
邹平市	236620	3.86	40.70	23840	20941	23537
菏泽市	**2756946**	**4.04**	**40.56**	**278770**	**248504**	**261117**
牡丹区	311821	4.15	42.86	31912	27530	29335
定陶区	180289	3.82	40.91	17385	16117	16771
曹县	443851	4.24	39.23	44298	39860	41971
单县	330926	4.15	38.92	34385	30497	32949
成武县	193611	3.65	34.41	19688	18389	19002
巨野县	302513	3.94	42.89	30420	29123	29720
郓城县	353643	4.12	38.64	35980	27842	29425
鄄城县	248309	3.90	35.83	24805	22694	23639
东明县	216964	3.91	44.95	21940	20113	21129
菏泽经济技术开发区	120559	3.77	47.37	12549	11702	12079
菏泽高新技术开发区	54460	5.17	51.25	5408	4637	5097
河南省	**30557811**	**4.21**	**46.50**	**2975955**	**2685237**	**2901252**
郑州市	**3481832**	**3.22**	**42.10**	**342578**	**318749**	**337771**
中原区	314693	2.41	32.72	30194	29944	29943
二七区	338976	2.47	36.20	32942	30872	32383
管城回族区	323289	2.48	35.53	32230	31219	31921
金水区	628415	2.52	37.76	61098	60481	60367
上街区	67935	2.51	39.31	6606	6488	6541
惠济区	140568	2.83	38.32	13592	13332	13426
中牟县	226067	4.31	49.18	22250	21130	21750
郑州经济技术开发区	77321	3.20	40.30	7566	6020	7160
郑州高新技术产业开发区	133617	2.57	33.55	13793	13680	13687
郑州航空港经济综合实验区	110385	3.53	38.91	10761	7827	10435
巩义市	229200	4.00	44.88	23201	22135	22833
荥阳市	185292	4.89	59.24	18258	17394	18157
新密市	247777	4.50	51.77	24314	23813	24211
新郑市	268086	3.48	44.70	26703	23118	26181
登封市	190211	4.45	52.82	19070	11296	18776
开封市	**1435790**	**4.75**	**44.35**	**139899**	**129160**	**133893**
龙亭区	160729	4.05	52.89	16004	15391	15850

单位：户、间/户、平方米/人

长表数据								
住房内有厕所	住房内有洗澡设施	住房所在建筑有电梯	拥有家用汽车	住房来源				
				租赁	自建	购买	继承或赠予	其他
12795	11633	1446	6941	348	11224	2275	86	538
9666	8377	822	5676	149	7540	1898	41	386
14023	12511	867	8696	291	10477	3460	170	635
18064	16692	3090	11063	759	11188	4332	141	2303
14101	13360	1075	6312	271	10036	2935	201	1127
15067	13642	1870	6694	300	11432	3268	150	395
11670	10233	1311	6024	306	7809	3076	91	649
8416	7524	3272	5427	739	2825	3931	141	903
3785	3639	1054	2097	268	236	2945	23	376
19291	16434	1965	11694	141	14682	4689	194	297
16385	15520	1893	8255	332	9574	5999	51	789
194583	**179385**	**27855**	**92765**	**7422**	**135567**	**49330**	**1488**	**6135**
47150	44426	13739	26349	3754	22114	19127	374	2478
17636	16332	1526	9452	611	12502	4623	125	681
23501	21307	1992	10651	526	18245	4264	109	785
29460	26708	1902	12617	790	25319	4098	283	268
11483	10813	1378	6195	417	7033	3340	169	971
24816	22200	2167	8982	299	21596	3348	130	161
15971	14653	1754	8157	407	10398	5065	71	273
24566	22946	3397	10362	618	18360	5465	227	518
126601	**111892**	**13897**	**76493**	**4618**	**81126**	**37481**	**518**	**5349**
27359	25837	5409	18236	1779	9563	14821	111	1644
11607	8052	221	4801	185	9750	1773	23	272
17312	15341	775	10428	483	13618	2823	60	767
14369	13456	631	8253	219	12711	1525	75	458
15639	12219	615	8168	458	12023	3125	46	130
16598	14372	2298	10523	572	10429	4687	73	1049
23717	22615	3948	16084	922	13032	8727	130	1029
263762	**245511**	**25438**	**103655**	**6011**	**225605**	**42310**	**947**	**3897**
29529	27311	4935	13416	1608	22464	7187	153	500
16888	15747	1046	5198	431	14539	2161	36	218
42472	40062	3121	15693	419	38243	5067	129	440
33558	32046	3446	13449	412	27913	5723	48	289
19002	18075	868	5640	345	16657	2265	43	378
29812	27801	2395	10446	514	25026	4150	201	529
30286	27846	2284	14386	459	30831	4022	186	482
23941	21486	1342	7630	351	21330	2751	65	308
21173	18745	1774	8755	505	17905	3139	42	349
12092	11887	4144	6907	920	5529	5712	24	364
5009	4505	83	2135	47	5168	133	20	40
2900520	**2692971**	**456448**	**1329155**	**160711**	**1922142**	**788314**	**16704**	**88084**
340066	**324948**	**157664**	**200437**	**68507**	**73397**	**163215**	**3699**	**33760**
30042	29781	16621	16168	7373	92	20650	230	1849
32773	32246	19240	17278	8732	741	19445	548	3476
32072	31640	19957	17419	10483	608	18192	213	2734
60925	60382	34891	35253	17695	263	36993	597	5550
6576	6482	2922	3572	523	26	4493	194	1370
13566	13014	8073	8623	3856	1242	5782	143	2569
21990	21652	8562	15872	3308	8668	6992	235	3047
7502	7108	5269	5103	2235	600	2928	242	1561
13762	13677	12139	8759	4221	37	7097	202	2236
10572	10453	4696	6452	2742	3906	987	204	2922
22781	20355	3326	11250	1019	13641	7543	101	897
17883	16675	4388	10910	1043	10042	5437	108	1628
24171	22097	3820	15669	628	13184	9868	89	545
26604	25197	11583	17982	4082	8202	11328	471	2620
18847	14189	2177	10127	567	12145	5480	122	756
132607	**127302**	**12484**	**64238**	**2916**	**105794**	**28667**	**670**	**1852**
15641	15654	5133	8871	729	4545	10000	122	608

表8 续表 27

地区	全部数据			长表数据		
	家庭户户数	平均每户住房间数	人均住房建筑面积	家庭户户数	住房内有管道自来水	住房内有厨房
顺河回族区	78687	3.86	43.50	7452	7192	7380
鼓楼区	49175	3.32	38.79	4518	4412	4457
禹王台区	45001	3.78	43.35	4246	3883	4154
祥符区	194460	5.54	45.12	19032	16501	17751
杞县	299188	4.96	38.14	29916	27971	28768
通许县	159565	4.88	43.10	15116	12566	13323
尉氏县	221181	5.43	47.36	21498	19972	20840
兰考县	227804	4.35	44.81	22117	21272	21370
洛阳市	**2202653**	**3.87**	**46.96**	**214621**	**182962**	**210660**
老城区	88607	2.76	41.26	7885	7737	7811
西工区	134219	2.62	38.65	13158	12927	12975
瀍河回族区	76748	2.80	41.76	7545	7443	7523
涧西区	192393	2.35	36.55	18902	18371	18599
吉利区	24661	3.19	46.88	2424	2382	2392
洛龙区	263287	4.07	52.20	26087	24684	25949
孟津县	133064	4.27	52.85	13470	13133	13387
新安县	151651	3.64	45.05	13707	11907	13488
栾川县	99566	4.02	44.66	9994	8806	9615
嵩县	161375	4.43	41.71	15464	9246	14387
汝阳县	128547	4.29	47.68	12374	11069	12041
宜阳县	171226	4.35	50.46	16945	14682	16676
洛宁县	120451	4.13	41.19	11058	9613	10776
伊川县	227531	4.48	50.69	22907	9289	22487
洛阳高新技术产业开发区	69635	4.04	62.33	6827	6562	6771
偃师市	159692	4.87	51.55	15874	15111	15783
平顶山市	**1501285**	**3.89**	**41.30**	**145680**	**109350**	**136809**
新华区	102279	2.68	29.99	10121	9533	9783
卫东区	105504	2.74	36.54	10717	9927	10555
石龙区	13466	3.34	42.47	1213	1195	1195
湛河区	104348	2.97	38.00	10092	8704	9635
宝丰县	145791	3.78	39.82	14297	12071	13878
叶县	209949	4.31	39.87	20152	18925	19251
鲁山县	224403	4.09	39.03	21216	10029	17987
郏县	170368	3.73	43.00	16262	10453	15430
平顶山高新技术产业开发区	16723	3.63	44.68	1511	1076	1475
平顶山市城乡一体化示范区	35108	3.57	52.10	3454	2157	2845
舞钢市	96069	3.56	39.91	9246	7764	8738
汝州市	277277	5.00	49.39	27399	17516	26037
安阳市	**1773037**	**4.45**	**46.79**	**169771**	**144888**	**162097**
文峰区	125618	3.31	44.95	12246	11923	12077
北关区	110514	3.33	42.39	10588	10425	10526
殷都区	77826	3.23	40.27	7431	7022	7367
龙安区	93726	4.61	45.67	9244	7276	8593
安阳县	258194	5.31	51.85	24983	19446	24227
汤阴县	135358	4.40	43.05	13430	11896	12896
滑县	405531	4.32	47.33	38575	34529	35654
内黄县	214669	4.73	41.54	19824	17433	18491
安阳高新技术产业开发区	42135	3.41	50.38	4223	4011	4199
林州市	309466	5.01	50.80	29227	20927	28067
鹤壁市	**467640**	**4.17**	**45.52**	**45603**	**39797**	**43870**
鹤山区	22519	4.35	43.36	2247	1818	2004
山城区	50509	3.57	36.32	5058	4751	5014
淇滨区	126795	3.31	41.83	11853	11036	11762
浚县	176212	4.96	49.29	17462	14775	16514
淇县	78823	4.31	49.47	7756	6385	7368
鹤壁经济技术开发区	12782	3.25	33.84	1227	1032	1208
新乡市	**1752024**	**4.80**	**52.67**	**172833**	**162368**	**169942**
红旗区	117325	3.23	44.76	11801	11502	11759
卫滨区	75476	3.70	44.24	7121	6989	7099
凤泉区	40379	3.67	46.65	3774	3725	3752

单位：户、间/户、平方米/人

长表数据								
住房内有厕所	住房内有洗澡设施	住房所在建筑有电梯	拥有家用汽车	住房来源				
				租赁	自建	购买	继承或赠予	其他
7123	7192	411	2356	296	2527	4290	92	247
4180	4253	418	1622	296	1227	2792	46	157
3563	3825	231	1318	245	1951	1639	153	258
17289	16225	621	9975	151	16996	1754	46	85
28837	26385	840	11693	88	28148	1432	110	138
13724	12998	682	6909	333	13322	1280	34	147
20799	20124	1835	11699	356	18542	2462	35	103
21451	20646	2313	9795	422	18536	3018	32	109
211291	**190611**	**39388**	**96090**	**13522**	**113636**	**75977**	**1370**	**10116**
7760	7323	2155	3074	1031	1093	5222	86	453
12999	12592	4550	5651	1907	1100	9445	72	634
7466	7335	2166	3170	609	1217	5196	49	474
18734	18033	5400	7390	2478	853	14074	120	1377
2422	2308	483	1337	331	568	1495	4	26
25958	25291	10579	14468	2139	9832	10148	283	3685
13366	11935	1612	6620	544	9070	3629	57	170
13452	10401	1392	5359	544	8979	3709	79	396
9704	7427	899	4013	1020	5848	2536	42	548
14861	11989	1041	5579	395	11272	2733	218	846
12156	10760	1290	5348	459	9632	2041	99	143
16502	15296	1575	7827	400	12461	3863	66	155
10842	8896	566	4069	234	8753	1856	47	168
22649	19897	1651	10621	464	19017	3223	91	112
6765	6530	2445	3536	675	2319	3200	31	602
15655	14598	1584	8028	292	11622	3607	26	327
139056	**122504**	**15141**	**59743**	**3870**	**95982**	**40544**	**1058**	**4226**
9854	9472	2161	4157	518	1151	7927	175	350
10542	9801	1777	4103	483	1695	7836	98	605
1206	1016	49	469	33	773	309	10	88
9748	9318	2391	4251	422	3058	6041	104	467
13974	12346	1122	6338	322	10534	2892	118	431
19538	17648	1191	8246	225	17596	2038	66	227
18941	15672	783	8298	227	17703	2503	124	659
15792	12714	1001	6550	473	13092	2390	144	163
1494	1380	177	693	75	856	396	3	181
2878	2685	1181	1568	372	1659	1188	33	202
8832	8047	822	4065	192	5793	3003	36	222
26257	22405	2486	11005	528	22072	4021	147	631
160835	**142262**	**24491**	**74706**	**6271**	**117344**	**42148**	**1132**	**2876**
11517	11410	4684	6498	1183	2708	8007	94	254
10200	10073	3206	4483	818	2732	6511	188	339
7184	7046	943	2937	576	2380	4115	57	303
8558	7456	1613	3913	300	5871	2800	77	196
23965	20731	861	10365	308	22713	1476	148	338
12785	11663	1701	5847	370	10200	2646	61	153
35813	32208	4138	16210	922	32035	4867	252	499
18652	16014	1315	8896	677	17055	1943	58	91
4100	4051	2473	2755	294	739	3016	40	134
28061	21610	3557	12802	823	20911	6767	157	569
43913	**38580**	**6071**	**22326**	**1306**	**27069**	**15636**	**228**	**1364**
2002	1543	4	447	39	1398	593	69	148
4973	4641	289	1505	225	1594	2798	31	410
11729	11046	3481	6566	434	2380	8697	23	319
16593	14009	620	8886	144	15851	1236	60	171
7415	6264	1096	4259	346	5590	1504	37	279
1201	1077	581	663	118	256	808	8	37
166104	**159296**	**24952**	**96778**	**6087**	**115503**	**47902**	**830**	**2511**
11521	11361	4756	6241	767	1524	9050	127	333
7042	6958	1459	3119	256	1450	5102	53	260
3665	3619	255	2064	61	2375	1184	40	114

表8 续表 28

地　区	全部数据			长表数据		
	家庭户户数	平均每户住房间数	人均住房建筑面积	家庭户户数	住房内有管道自来水	住房内有厨房
牧野区	117224	3.65	45.39	11254	10428	11202
新乡县	86692	5.12	57.61	8656	8569	8640
获嘉县	118002	4.41	51.76	11496	10600	11301
原阳县	138081	6.41	65.65	12886	12240	12635
延津县	119438	4.94	54.42	12682	12229	12387
封丘县	205395	6.41	57.39	19802	18727	19523
新乡高新技术产业开发区	45375	3.95	54.24	4464	4265	4461
新乡经济技术开发区	5884	6.28	68.56	609	493	602
新乡市平原城乡一体化示范区	45417	7.79	69.27	4640	4591	4578
卫辉市	130560	4.40	54.09	12993	10660	12958
辉县市	240567	4.24	47.98	23678	22280	23297
长垣市	266209	4.71	47.97	26977	25070	25748
焦作市	**999538**	**4.36**	**52.22**	**100006**	**95216**	**99108**
解放区	114137	2.97	39.53	11112	10727	11068
中站区	33318	3.69	45.94	3285	3012	3241
马村区	34983	3.91	49.28	3448	3073	3432
山阳区	91930	3.09	42.77	9357	8930	9300
修武县	70514	4.66	53.18	7143	6728	7035
博爱县	96645	4.10	47.75	9802	9164	9541
武陟县	176928	4.84	56.48	17877	16773	17790
温县	111613	5.11	55.46	11079	10807	10985
焦作城乡一体化示范区	45568	5.87	58.40	4628	4271	4581
沁阳市	126104	4.55	58.54	12432	12199	12374
孟州市	97798	4.98	56.77	9843	9532	9761
濮阳市	**1201490**	**4.16**	**40.14**	**118240**	**114523**	**116013**
华龙区	209272	2.99	36.87	20796	20694	20597
清丰县	192764	4.26	41.94	19235	19080	19029
南乐县	149910	5.23	42.79	14822	14507	14653
范县	150471	3.71	39.08	14254	14168	14145
台前县	101621	4.13	43.09	9934	9720	9691
濮阳县	295310	4.59	38.86	28993	26756	27955
河南濮阳工业园区	8407	6.33	49.18	862	842	854
濮阳经济技术开发区	93735	4.00	40.70	9344	8756	9089
许昌市	**1333878**	**4.48**	**49.08**	**131563**	**123988**	**129479**
魏都区	182765	3.14	46.40	18717	17547	18591
建安区	218696	5.06	56.73	20815	19306	20308
鄢陵县	162813	5.62	59.49	16070	15510	15665
襄城县	213555	4.87	51.16	21589	20410	21033
许昌经济技术开发区	22460	4.09	52.46	2121	2062	2101
禹州市	333119	3.86	41.19	32638	30431	32586
长葛市	200470	4.79	45.42	19613	18722	19195
漯河市	**735565**	**3.96**	**47.31**	**74726**	**69625**	**71613**
源汇区	98745	3.78	52.21	10170	9652	10084
郾城区	154896	3.68	48.03	15427	14185	14818
召陵区	121114	4.32	48.40	12116	11651	11834
舞阳县	146017	4.34	43.76	14152	12603	12887
临颍县	182640	3.71	45.27	19546	18277	18689
漯河经济技术开发区	32153	4.25	52.54	3315	3257	3301
三门峡市	**717322**	**3.48**	**42.46**	**72434**	**62410**	**69237**
湖滨区	109295	2.65	39.78	11188	10432	10710
陕州区	106426	3.38	43.33	11162	9896	10128
渑池县	118024	3.73	43.51	11563	8599	11345
卢氏县	113585	3.49	41.30	11509	10290	11104
河南三门峡经济开发区	13986	2.93	45.83	1476	1348	1367
义马市	51034	3.40	42.59	5247	5104	5218
灵宝市	204972	3.90	43.11	20289	16741	19365
南阳市	**2981839**	**4.30**	**43.45**	**283113**	**237185**	**279596**
宛城区	241333	3.84	42.19	22890	19537	22626
卧龙区	254241	4.08	42.33	24432	20669	24189
南召县	172472	3.58	33.96	15496	12573	15164

单位：户、间/户、平方米/人

长表数据								
住房内有厕所	住房内有洗澡设施	住房所在建筑有电梯	拥有家用汽车	住房来源				
				租赁	自建	购买	继承或赠予	其他
10933	10631	3014	5421	291	2803	7613	96	451
8403	8363	625	5761	90	6934	1569	33	30
9728	10370	1192	5533	436	8246	2624	37	153
12400	11331	789	7959	363	10874	1562	16	71
12108	11558	652	6481	447	11059	1087	35	54
19316	18879	1193	12323	470	17796	1434	40	62
4438	4407	1801	2953	279	803	3258	23	101
608	554	207	443	49	358	199		3
4462	4337	711	3392	246	3762	613	7	12
12836	11689	774	6722	173	10595	2069	70	86
22712	20923	3447	12825	847	16691	5611	142	387
25932	24316	4077	15541	1312	20233	4927	111	394
97861	**93543**	**10904**	**46242**	**2387**	**65202**	**29269**	**571**	**2577**
10858	10776	2781	4290	484	1127	8174	174	1153
3193	2983	238	1174	104	1365	1417	68	331
3338	3117	178	1555	76	1891	1376	5	100
9245	9036	2359	4127	416	1513	6816	49	563
6902	6411	368	3869	89	5795	1163	34	62
9535	8241	391	3615	234	8182	1197	72	117
17497	16808	1256	9703	308	15243	2206	44	76
10797	10568	629	4421	147	8955	1896	44	37
4530	4250	595	2397	42	3814	731	9	32
12296	11826	1220	5939	343	9759	2219	54	57
9670	9527	889	5152	144	7558	2074	18	49
116373	**109076**	**15639**	**56104**	**6816**	**79008**	**30989**	**340**	**1087**
20673	20452	5912	11477	2908	2070	15411	81	326
19000	17264	1312	8362	921	16182	1931	89	112
14627	13892	1008	6589	451	12626	1648	22	75
14231	12994	836	5770	653	11560	1945	41	55
9869	8997	478	5180	277	8428	1086	29	114
28129	26103	3067	12833	1000	23389	4217	62	325
821	756	9	459		849	12		1
9023	8618	3017	5434	606	3904	4739	16	79
129596	**119941**	**19161**	**64300**	**4000**	**92504**	**31926**	**438**	**2695**
18373	18248	7081	9183	1302	2324	13837	162	1092
20371	19039	2509	9844	607	16696	3049	35	428
15742	15140	1206	7665	337	13869	1600	16	248
21239	19768	1760	9766	323	19037	2102	39	88
2088	1998	547	1080	105	1198	759	2	57
32626	27418	3702	15253	1032	25320	5647	126	513
19157	18330	2356	11509	294	14060	4932	58	269
72015	**68071**	**9791**	**31942**	**2144**	**49868**	**20824**	**351**	**1539**
9998	9697	1849	4387	363	4537	4934	46	290
14896	14189	2823	7798	559	8318	6299	42	209
11826	11098	1610	5251	326	8494	3068	69	159
13010	12282	531	5426	96	12018	1732	95	211
19044	17549	2162	7636	294	15247	3302	88	615
3241	3256	816	1444	506	1254	1489	11	55
68792	**54890**	**9990**	**27169**	**4158**	**37562**	**26479**	**601**	**3634**
10702	10092	3609	4093	1501	1536	7717	31	403
10379	7773	1787	4317	530	6536	3279	210	607
11363	8724	1207	3989	474	6705	3792	56	536
10692	7380	738	3203	780	7360	2478	109	782
1351	1329	525	1105	155	176	1097		48
5213	4344	471	1924	180	985	3224	80	778
19092	15248	1653	8538	538	14264	4892	115	480
278953	**255733**	**26481**	**101209**	**9607**	**205620**	**59362**	**1791**	**6733**
22526	21604	4669	8782	1713	10876	9021	150	1130
24260	22869	4428	10644	1050	13892	8852	130	508
14979	13090	613	4608	527	11911	2467	141	450

表8 续表 29

地　区	全　部　数　据			长表数据		
	家庭户户　数	平均每户住房间数	人均住房建筑面积	家庭户户　数	住房内有管道自来水	住房内有厨房
方城县	277695	5.03	46.56	27474	24614	27224
西峡县	132261	4.27	43.72	12256	9481	12147
镇平县	254659	4.48	41.71	24059	20504	23969
内乡县	178249	4.20	45.30	17585	14836	17525
淅川县	150460	4.12	43.30	14014	12471	13842
社旗县	175726	4.23	40.02	16448	11847	15957
唐河县	324409	4.64	41.57	31947	26516	31270
新野县	179341	4.50	44.24	17226	15258	16988
桐柏县	135166	3.37	41.28	12111	8384	11986
南阳高新技术产业开发区	69306	3.50	42.51	6881	5737	6868
南阳市城乡一体化示范区	59743	4.73	56.48	6003	2834	5935
邓州市	376778	4.57	48.75	34291	31924	33906
商丘市	**2667369**	**4.55**	**49.26**	**266683**	**251352**	**258188**
梁园区	187168	4.82	52.06	18389	17177	18045
睢阳区	276885	4.89	52.16	27924	26851	27546
民权县	266196	4.62	46.35	27074	25246	26122
睢县	236443	4.94	45.09	22700	20183	20948
宁陵县	200382	5.00	64.05	19195	18528	19037
柘城县	284241	4.86	55.27	28108	27340	27597
虞城县	353327	4.33	47.62	36368	33998	34382
夏邑县	330756	4.13	45.49	32784	30833	31470
豫东综合物流产业聚集区	41970	4.92	60.96	4142	3215	3608
河南商丘经济开发区	44759	4.11	60.03	3975	3666	3887
永城市	445242	4.10	41.40	46024	44315	45546
信阳市	**2037747**	**3.49**	**44.70**	**192245**	**165699**	**190090**
浉河区	207011	3.12	42.71	20051	15703	19795
平桥区	257214	3.28	42.28	24460	19710	24104
罗山县	169530	3.62	44.48	15618	14004	15524
光山县	196500	4.04	48.21	17527	15152	17391
新县	100451	3.33	49.21	9106	8088	9041
商城县	161488	4.07	52.49	14640	9924	14359
固始县	353056	3.48	47.91	32900	28047	32578
潢川县	212800	3.35	41.89	21316	20112	21263
淮滨县	163759	3.23	38.31	15888	15647	15670
息县	209617	3.52	41.97	20111	19022	19739
信阳高新技术产业开发区	6321	3.48	45.26	628	290	626
周口市	**2787495**	**5.19**	**52.14**	**269022**	**255686**	**259800**
川汇区	155245	4.52	51.07	14911	14047	14459
淮阳区	322288	5.08	54.02	30460	28788	29006
扶沟县	169413	5.56	48.52	16077	15067	15275
西华县	213298	4.97	47.06	19871	18589	18743
商水县	279011	5.93	53.71	26047	25682	25844
沈丘县	292038	5.63	55.86	28098	27741	27979
郸城县	337146	5.03	54.69	34811	33984	34657
太康县	377183	5.37	44.32	35681	31563	32618
鹿邑县	327710	4.99	60.83	32221	30502	31064
河南周口经济开发区	20751	4.69	57.45	2163	1982	2101
项城市	293412	4.69	49.32	28682	27741	28054
驻马店市	**2268960**	**4.29**	**47.83**	**216307**	**203531**	**212870**
驿城区	238573	3.77	44.90	23676	20515	23012
西平县	209061	4.75	53.49	20043	18938	19386
上蔡县	319586	4.58	50.93	29556	29019	29125
平舆县	238562	4.31	47.56	22541	22536	22537
正阳县	218909	3.91	48.49	21346	18991	21111
确山县	144993	3.84	42.27	13747	13390	13747
泌阳县	218709	4.94	48.30	20476	16825	20157
汝南县	197548	4.45	46.70	18717	18377	18534
遂平县	139568	4.65	47.47	12810	12424	12488
新蔡县	266717	4.05	45.79	25483	24854	25016
河南驻马店经济开发区	76734	3.18	47.19	7912	7662	7757
省直辖县级行政区划	**212347**	**4.35**	**49.71**	**20631**	**18748**	**20216**
济源市	212347	4.35	49.71	20631	18748	20216

单位：户、间/户、平方米/人

长表数据								
住房内有厕所	住房内有洗澡设施	住房所在建筑有电梯	拥有家用汽车	住房来源				
				租赁	自建	购买	继承或赠予	其他
27375	25374	1972	9930	596	22289	4216	84	289
11755	10790	1367	5061	323	8827	2772	99	235
23992	21409	1384	9167	515	19278	3539	251	476
17418	15420	1156	6035	338	13552	3030	136	529
13818	12067	634	3922	369	10713	2006	163	763
15919	14098	1019	5052	218	14055	1579	138	458
31320	28978	1506	10706	687	25971	4736	155	398
17018	15959	884	4562	328	14418	2202	66	212
11844	10369	809	3306	571	8059	3200	67	214
6870	6811	2482	3561	618	1399	4563	11	290
5902	5636	860	2622	365	3288	2096	26	228
33957	31259	2698	13251	1389	27092	5083	174	553
260086	**244426**	**26934**	**118089**	**4581**	**213623**	**45171**	**946**	**2362**
18104	17511	3708	9061	497	10107	7448	65	272
27721	26485	4427	14479	408	19379	7638	145	354
26268	24824	2485	12482	139	23342	3343	119	131
21280	19020	1154	9315	246	20373	1945	37	99
19117	18766	1146	8426	474	17097	1581	16	27
27739	25716	1754	11285	369	25287	2161	173	118
34767	32128	2304	13951	549	30820	4514	180	305
32030	29771	1680	13694	175	29611	2585	60	353
3458	3448	305	1640	32	3602	434	28	46
3889	3768	1274	2118	65	2117	1777	2	14
45713	42989	6697	21638	1627	31888	11745	121	643
187215	**178878**	**17332**	**64572**	**8585**	**123344**	**54686**	**1270**	**4360**
19589	18979	3119	7001	1255	7070	10466	267	993
23906	21825	4728	8968	1410	10273	11824	172	781
15394	14462	1111	3728	518	10664	3870	181	385
17223	16545	1068	6176	659	13013	3638	93	124
8521	8040	256	3013	742	5255	2855	62	192
13275	13451	787	6214	576	11883	1893	47	241
32233	30976	2107	11784	1641	24246	6341	139	533
21230	20689	1935	6436	1137	13126	6582	72	399
15510	14852	610	5587	202	12895	2523	81	187
19710	18527	1570	5417	395	14558	4485	156	517
624	532	41	248	50	361	209		8
262272	**239892**	**15365**	**108694**	**4774**	**233424**	**27412**	**668**	**2744**
14464	14236	3828	6736	945	6512	6755	61	638
29400	26986	696	12197	212	28627	1494	24	103
15566	14262	567	5835	97	14581	1254	65	80
18944	17355	612	8007	326	17814	1537	34	160
25842	24749	936	11187	151	24191	1522	35	148
27975	26501	1087	10824	200	26092	1658	45	103
34688	30931	1932	13190	726	30504	3293	84	204
33603	28860	1430	14995	588	32177	2591	72	253
31377	28240	1054	12107	394	29601	1746	88	392
2104	2091	1312	1502	4	764	1108		287
28309	25681	1911	12114	1131	22561	4454	160	376
213112	**204098**	**20821**	**82446**	**9659**	**161572**	**41278**	**647**	**3151**
23053	22608	4500	10054	1891	10144	11233	86	322
19505	18456	1456	7253	531	16446	2842	32	192
29153	27308	1606	9552	890	25938	2429	50	249
22539	21006	1196	10073	489	18107	3637	52	256
21191	20320	1330	6137	722	15974	3899	137	614
13747	13698	960	6231	839	10411	2275	36	186
20039	19245	1570	8860	752	15883	3226	128	487
18493	18160	1247	6961	896	15594	1912	38	277
12587	12302	1315	5859	409	10142	2148	26	85
24906	23128	1176	6956	1006	21811	2286	54	326
7899	7867	4465	4510	1234	1122	5391	8	157
20373	**18920**	**3839**	**14070**	**1521**	**11690**	**6829**	**94**	**497**
20373	18920	3839	14070	1521	11690	6829	94	497

表8 续表 30

地 区	全部数据			长表数据		
	家庭户户数	平均每户住房间数	人均住房建筑面积	家庭户户数	住房内有管道自来水	住房内有厨房
湖北省	**18760549**	**3.35**	**47.31**	**1894974**	**1793286**	**1867931**
武汉市	**3883993**	**2.64**	**39.68**	**391707**	**388181**	**386026**
江岸区	348258	2.28	36.02	35806	35435	35342
江汉区	236422	2.05	33.00	24116	23767	22933
硚口区	242833	2.08	31.34	24136	23857	23557
汉阳区	291599	2.40	36.92	28824	28740	28717
武昌区	370330	2.38	38.42	37594	37162	37086
青山区	157168	2.19	32.45	15548	15377	15374
洪山区	684289	2.55	38.58	68153	67764	67101
东西湖区	255218	2.57	36.37	25822	25523	25607
汉南区	44651	2.63	39.42	4318	4287	4306
蔡甸区	286297	2.81	43.39	28290	28053	27929
江夏区	314488	3.05	42.27	31118	30838	30769
黄陂区	383803	3.25	47.69	39822	39494	39584
新洲区	268637	3.72	51.36	28160	27884	27721
黄石市	**779554**	**3.53**	**48.58**	**77877**	**70541**	**76765**
黄石港区	79666	2.59	38.43	7934	7884	7902
西塞山区	72423	2.63	39.76	7346	7268	7300
下陆区	69655	2.80	42.18	7022	6945	7007
铁山区	16527	2.37	35.22	1700	1672	1687
阳新县	259402	4.23	52.51	24902	21141	24556
大冶市	281881	3.64	51.15	28973	25631	28313
十堰市	**1087578**	**3.00**	**39.27**	**109497**	**107608**	**108950**
茅箭区	189280	2.59	35.25	19168	18970	19036
张湾区	148643	2.53	33.97	15113	14886	14906
郧阳区	135752	3.26	39.73	14606	14182	14526
郧西县	136911	3.19	40.37	12526	12406	12514
竹山县	120909	3.00	41.32	11680	11338	11659
竹溪县	96286	3.19	42.87	9925	9833	9907
房县	120611	3.38	43.64	12239	11940	12207
丹江口市	139186	3.14	40.66	14240	14053	14195
宜昌市	**1368422**	**3.37**	**48.78**	**138920**	**134299**	**137866**
西陵区	176063	2.43	36.23	17629	17442	17210
伍家岗区	119541	2.58	36.93	12321	12218	12221
点军区	32313	4.19	69.75	3238	3181	3229
猇亭区	21066	3.29	43.21	2098	2066	2081
夷陵区	188031	3.58	54.17	18911	18424	18831
远安县	63493	3.81	48.98	6472	6370	6444
兴山县	52314	3.12	50.52	5550	5301	5521
秭归县	115513	3.08	45.07	11623	11177	11547
长阳土家族自治县	119896	3.95	55.60	12307	11876	12240
五峰土家族自治县	60151	3.99	60.47	6237	4517	6212
宜都市	122462	4.07	54.43	12418	12270	12388
当阳市	151166	3.23	46.03	15293	14902	15230
枝江市	146413	3.70	51.47	14823	14555	14712
襄阳市	**1677947**	**3.45**	**48.91**	**168987**	**153507**	**165768**
襄城区	136605	3.60	53.09	13954	12651	13774
樊城区	315606	2.85	45.24	32478	32050	32223
襄州区	287766	3.86	53.25	28242	24602	27008
南漳县	150338	3.42	48.22	15254	11143	15014
谷城县	150808	3.64	53.87	15190	13797	15144
保康县	77052	3.57	52.32	7539	7472	7517
老河口市	130165	3.35	47.12	13241	12715	12827
枣阳市	284587	3.36	42.74	28559	25517	27897
宜城市	145020	3.83	50.89	14530	13560	14364
鄂州市	**355083**	**3.35**	**49.90**	**36444**	**36041**	**36226**
梁子湖区	44392	4.00	53.58	4577	4387	4531
华容区	82805	3.38	57.07	8548	8495	8505
鄂城区	227886	3.22	46.92	23319	23159	23190

单位：户、间/户、平方米/人

长表数据								
住房内有厕所	住房内有洗澡设施	住房所在建筑有电梯	拥有家用汽车	住房来源				
				租赁	自建	购买	继承或赠予	其他
1858667	**1822771**	**377637**	**751500**	**162108**	**948096**	**669001**	**12932**	**102837**
384984	**383107**	**191953**	**179261**	**73015**	**64133**	**207709**	**3323**	**43527**
35482	35388	20067	14600	8056	1640	24360	226	1524
23466	22662	11625	9102	8399	536	14263	156	762
23613	23370	12935	8918	7491	658	12767	247	2973
28752	28683	20292	13098	5366	502	17292	150	5514
37206	37148	17160	15870	7285	822	25435	623	3429
15365	15281	6133	5563	3139	383	10668	128	1230
67859	67472	49114	35983	16180	1536	36798	475	13164
25655	25496	13226	14139	4624	2265	16107	361	2465
4253	4184	1409	1911	487	684	2631	34	482
28019	27698	12115	14962	4146	6519	13991	170	3464
30699	30320	13528	15763	4698	8517	13039	297	4567
37604	38307	10797	17084	2415	20862	13028	350	3167
27011	27098	3552	12268	729	19209	7330	106	786
75875	**74681**	**14070**	**24225**	**6391**	**35826**	**30806**	**651**	**4203**
7888	7888	3212	2756	706	252	6624	75	277
7231	7220	1966	1683	987	961	4847	40	511
6968	6979	2524	2420	797	808	4844	60	513
1626	1650	126	359	185	239	1155	42	79
24538	23616	2019	7594	931	17808	5396	214	553
27624	27328	4223	9413	2785	15758	7940	220	2270
107225	**103481**	**17279**	**33691**	**8401**	**38870**	**46493**	**1476**	**14257**
19022	18589	8257	8775	2814	1041	13720	39	1554
14821	14232	4434	6076	2437	1262	9373	109	1932
13761	12997	1219	3971	464	8188	3660	221	2073
12359	12097	847	2629	563	5639	3709	303	2312
11620	10881	602	2757	496	6514	3092	284	1294
9887	9589	380	2466	554	4784	3377	114	1096
11653	11380	746	3030	352	7094	3025	200	1568
14102	13716	794	3987	721	4348	6537	206	2428
137763	**133808**	**26878**	**63952**	**13402**	**69927**	**49977**	**1064**	**4550**
17309	17263	6479	7838	3143	227	13121	191	947
12271	12063	7220	6367	2316	284	9382	73	266
3210	3195	744	1822	306	1977	611	20	324
2086	2041	465	1197	272	558	1221	2	45
18727	18199	3953	10261	1580	10648	6163	108	412
6425	5930	544	2833	545	4070	1619	60	178
5456	5270	348	2015	621	3529	1000	87	313
11472	11084	1469	4282	753	7399	2847	124	500
12260	11564	1135	4430	873	8910	1843	131	550
6183	6007	275	2709	486	4710	739	52	250
12406	12226	1264	6778	1214	8040	3002	38	124
15174	14685	1371	6822	854	9583	4580	63	213
14784	14281	1611	6598	439	9992	3849	115	428
164896	**159374**	**22948**	**68428**	**12764**	**89380**	**58467**	**705**	**7671**
13707	13556	2399	6535	1116	5065	7053	88	632
32148	31199	9132	14241	6455	6644	17939	102	1338
27389	26591	5523	12910	1624	17218	8217	58	1125
14101	13480	922	5941	645	10315	3424	139	731
14860	14394	875	5550	473	10797	3125	60	735
7466	7093	355	2487	515	4653	1216	31	1124
12816	12408	1104	4228	478	8168	3945	63	587
28000	26493	1580	10057	909	17304	9297	142	907
14409	14160	1058	6479	549	9216	4251	22	492
35638	**35518**	**7040**	**12265**	**1592**	**16815**	**16354**	**173**	**1510**
4449	4442	87	1361	24	3590	894	20	49
8334	8174	1556	2682	251	5092	2420	57	728
22855	22902	5397	8222	1317	8133	13040	96	733

表8 续表 31

地 区	全部数据			长表数据		
	家庭户户数	平均每户住房间数	人均住房建筑面积	家庭户户数	住房内有管道自来水	住房内有厨房
荆门市	**879348**	**3.60**	**48.89**	**93463**	**90276**	**93129**
东宝区	123234	3.19	47.34	12941	12551	12829
掇刀区	148720	3.01	42.49	15279	15100	15203
沙洋县	142942	3.81	51.69	16105	14784	16058
钟祥市	272200	4.13	53.01	29230	29149	29218
京山市	192252	3.44	46.26	19908	18692	19821
孝感市	**1389220**	**3.56**	**45.94**	**145530**	**134101**	**141747**
孝南区	306484	3.52	47.26	31014	28953	30583
孝昌县	162660	3.77	45.67	17239	16297	16880
大悟县	169666	3.52	43.54	18347	18153	18336
云梦县	143609	3.44	45.32	15013	14150	14682
应城市	164614	3.22	41.74	17229	16130	16677
安陆市	172625	3.62	44.24	18258	13627	18059
汉川市	269562	3.74	49.81	28430	26791	26530
荆州市	**1701682**	**3.25**	**48.99**	**171759**	**168398**	**168453**
沙市区	175763	2.62	41.72	17732	17548	17431
荆州区	166621	3.25	51.86	16956	16613	16720
公安县	256161	3.17	47.26	25885	25654	25715
监利县	338179	3.54	47.89	31997	30778	30772
江陵县	87712	3.50	56.49	9101	8965	8962
荆州经济技术开发区	60807	2.77	42.32	6106	6036	6029
石首市	160847	3.23	49.64	16595	16291	16355
洪湖市	227027	3.27	48.11	23317	22898	22499
松滋市	228565	3.45	54.92	24070	23615	23970
黄冈市	**1874585**	**3.87**	**53.94**	**187947**	**166952**	**186150**
黄州区	134761	3.23	50.49	13216	13105	13112
团风县	91804	3.64	49.56	9897	9173	9811
红安县	175755	3.26	48.58	17906	14501	17762
罗田县	160895	4.06	55.13	17108	16861	17055
英山县	109849	3.74	51.19	10980	10618	10945
浠水县	246728	3.44	50.83	24682	17101	24493
蕲春县	234860	4.50	57.22	23249	22367	23202
黄梅县	228758	3.94	52.58	22607	21715	22342
龙感湖管理区	9311	3.17	47.21	912	895	900
麻城市	291862	4.50	61.96	28799	24533	28441
武穴市	190002	3.66	52.84	18591	16083	18087
咸宁市	**813538**	**4.07**	**50.49**	**79372**	**72819**	**78211**
咸安区	197517	3.58	47.24	18317	17245	17779
嘉鱼县	91976	3.35	47.50	9482	9359	9262
通城县	123579	5.28	58.20	12436	9574	12315
崇阳县	131825	4.63	57.63	12064	10174	12021
通山县	119693	4.26	49.02	11499	11096	11362
赤壁市	148948	3.53	44.13	15574	15371	15472
随州市	**689962**	**3.13**	**44.71**	**70179**	**52876**	**69086**
曾都区	228556	3.01	45.88	22501	18529	22193
随县	213035	3.22	44.62	21229	12197	20923
广水市	248371	3.16	43.69	26449	22150	25970
恩施土家族苗族自治州	**1187688**	**4.04**	**56.39**	**114270**	**111733**	**113331**
恩施市	274458	3.83	51.57	26600	26153	26303
利川市	244042	4.56	61.21	22976	22811	22906
建始县	140502	4.59	60.89	13597	12760	13434
巴东县	169308	3.30	55.94	16470	16335	16353
宣恩县	98671	3.83	54.85	9752	9574	9642
咸丰县	109567	3.94	49.86	10586	10448	10489
来凤县	86050	4.26	55.43	7931	7669	7877
鹤峰县	65090	3.84	63.46	6358	5983	6327
省直辖县级行政区划	**1071949**	**3.49**	**49.74**	**109022**	**105954**	**106223**
仙桃市	382067	3.20	44.30	38348	37904	37734
潜江市	276891	3.51	48.82	29259	28762	27621
天门市	391150	3.73	55.94	39226	37233	38688
神农架林区	21841	3.74	48.42	2189	2055	2180

单位：户、间/户、平方米/人

长表数据								
住房内有厕所	住房内有洗澡设施	住房所在建筑有电梯	拥有家用汽车	住房来源				
				租赁	自建	购买	继承或赠予	其他
93207	**91365**	**12025**	**45633**	**5025**	**50697**	**35244**	**322**	**2175**
12860	12225	2234	6764	1420	4106	7036	75	304
15216	15075	4931	9035	1428	2443	10844	56	508
16031	15550	798	6914	620	11211	3908	69	297
29222	29073	2447	13917	873	21158	6687	46	466
19878	19442	1615	9003	684	11779	6769	76	600
140181	**137438**	**14857**	**47777**	**5193**	**88236**	**46751**	**614**	**4736**
30450	29503	5517	12209	2007	13562	13907	226	1312
15260	15719	1087	6042	670	12529	3534	62	444
18336	18182	1148	4893	538	12051	5019	93	646
14515	14251	1370	4199	214	10078	4419	24	278
16728	15875	1375	4411	573	9908	5396	94	1258
18130	17484	1447	6200	473	10549	6932	43	261
26762	26424	2913	9823	718	19559	7544	72	537
170374	**167080**	**17780**	**64180**	**8417**	**110535**	**48922**	**644**	**3241**
17561	17285	4940	7518	2610	2791	11877	133	321
16875	16307	2483	7943	1535	8038	7077	151	155
25801	25498	2070	8188	941	17818	6524	45	557
31585	30956	1136	10644	469	26810	4317	56	345
9032	8913	555	3545	352	7167	1473	24	85
6061	5957	2152	2364	897	1309	3092	25	783
16498	15919	1003	5784	496	11386	4396	57	260
22937	22607	1589	7149	605	16783	5465	90	374
24024	23638	1852	11045	512	18433	4701	63	361
182065	**180303**	**15167**	**68166**	**6373**	**141734**	**34136**	**785**	**4919**
13152	13042	3751	5902	1474	4297	6870	56	519
9513	9496	618	2882	291	8175	1197	46	188
16952	16565	1392	5738	994	11210	4116	146	1440
16698	16801	1328	6525	696	13203	2693	63	453
10659	10514	650	4020	355	7859	2061	60	645
23715	23414	1023	9478	381	20277	3661	44	319
22814	22766	1531	7892	383	19261	2890	107	608
22117	21516	1683	9163	333	19043	2884	107	240
885	874	9	267	32	666	196	2	16
27784	27521	1910	9891	904	23670	3808	95	322
17776	17794	1272	6408	530	14073	3760	59	169
78573	**76803**	**9169**	**27224**	**4309**	**45895**	**26984**	**538**	**1646**
18010	17435	3613	7901	1814	7594	8398	92	419
9266	9067	1102	2939	334	5089	3851	53	155
12408	12275	817	4613	233	9959	1956	90	198
12045	11914	762	3861	454	8680	2717	72	141
11348	11042	722	3538	640	8120	2253	142	344
15496	15070	2153	4372	834	6453	7809	89	389
66189	**63338**	**6773**	**25772**	**2598**	**42144**	**22826**	**519**	**2092**
21771	21386	4449	10934	1478	8980	11241	149	653
20284	18740	344	7240	282	16673	3363	176	735
24134	23212	1980	7598	838	16491	8222	194	704
114020	**110431**	**12451**	**47506**	**12277**	**76323**	**17797**	**1678**	**6195**
26528	26072	5610	13125	4371	14538	6543	210	938
22932	22338	2636	9388	1820	16476	3421	334	925
13576	13176	1057	6131	858	10475	1387	176	701
16466	15736	830	5464	1896	10648	1923	182	1821
9701	9175	636	4113	734	6975	1097	262	684
10564	10108	678	3936	1156	7356	1377	220	477
7899	7639	697	2651	676	5585	1297	103	270
6354	6187	307	2698	766	4270	752	191	379
107677	**106044**	**9247**	**43420**	**2351**	**77581**	**26535**	**440**	**2115**
37865	37288	5280	14648	1015	25081	11455	141	656
28824	28632	1894	12072	895	16500	10833	151	880
38877	38133	1935	15718	296	34805	3576	120	429
2111	1991	138	982	145	1195	671	28	150

表8 续表 32

地 区	全部数据 家庭户户数	全部数据 平均每户住房间数	全部数据 人均住房建筑面积	长表数据 家庭户户数	长表数据 住房内有管道自来水	长表数据 住房内有厨房
湖南省	**21561143**	**3.82**	**47.52**	**2162386**	**1761417**	**2120969**
长沙市	**3002161**	**3.28**	**43.15**	**297191**	**235582**	**294669**
芙蓉区	195327	2.43	36.75	19076	18924	18836
天心区	256665	2.69	40.20	25286	24567	25006
岳麓区	446973	2.86	38.92	43324	39838	42733
开福区	264756	2.73	42.58	27467	25949	27215
雨花区	406802	2.65	38.39	39755	38325	39631
望城区	230206	3.65	42.06	22323	16014	22205
长沙县	373498	3.59	42.66	37896	27561	37499
浏阳市	387624	3.98	46.50	38300	22700	37979
宁乡市	440310	4.25	53.80	43764	21704	43565
株洲市	**1235472**	**4.34**	**54.47**	**125332**	**96456**	**124740**
荷塘区	116319	2.83	38.71	11475	10637	11427
芦淞区	102965	2.97	40.67	10082	8760	9998
石峰区	75679	2.89	38.38	7801	7516	7744
天元区	148834	3.27	44.93	14894	13274	14881
渌口区	93644	4.55	56.63	10485	6603	10461
攸县	210348	4.71	66.24	20364	10293	20078
茶陵县	158100	6.19	69.70	17084	16492	17063
炎陵县	53953	5.23	60.76	5743	5395	5722
云龙示范区	17456	4.05	48.78	1772	1140	1769
醴陵市	258174	4.94	54.97	25632	16346	25597
湘潭市	**893494**	**3.69**	**47.11**	**90262**	**55040**	**89892**
雨湖区	139891	3.04	43.18	14304	12063	14181
岳塘区	127644	2.78	41.88	12787	12254	12713
湘潭县	266933	4.17	50.32	26566	10784	26490
湖南湘潭高新技术产业园区	20834	3.08	46.52	2193	1977	2189
湘潭昭山示范区	8450	3.29	45.68	819	590	819
湘潭九华示范区	39964	3.35	44.82	4012	3322	3997
湘乡市	256953	4.09	48.66	26364	11586	26291
韶山市	32825	4.00	48.07	3217	2464	3212
衡阳市	**2145485**	**3.82**	**48.03**	**212182**	**128089**	**201881**
珠晖区	104874	3.01	44.91	10464	8823	10364
雁峰区	71123	2.86	41.12	7200	6805	7150
石鼓区	70950	2.76	41.27	7278	6445	7208
蒸湘区	89909	3.02	44.29	8702	7519	8657
南岳区	19828	4.58	57.84	1966	1653	1955
衡阳县	293669	3.68	50.09	29682	15428	28953
衡南县	258125	3.78	45.66	25790	10418	23285
衡山县	109665	5.04	58.16	10371	5102	10099
衡东县	186897	5.84	64.10	17983	6981	17391
祁东县	262901	4.05	49.02	24588	14926	22631
衡阳综合保税区	6976	4.12	58.57	701	380	682
湖南衡阳高新技术产业园区	58959	3.11	49.82	6462	6302	6453
湖南衡阳松木经济开发区	3446	3.54	48.95	384	328	381
耒阳市	352606	3.14	40.84	32558	16242	29727
常宁市	255557	3.98	45.17	28053	20737	26945
邵阳市	**2195033**	**4.26**	**52.42**	**220733**	**200392**	**212759**
双清区	102757	2.70	36.36	10178	10012	9996
大祥区	130971	2.78	45.30	12974	12060	12537
北塔区	44801	3.13	47.54	4540	4452	4430
新邵县	195187	4.48	54.63	20007	17133	19115
邵阳县	235257	4.06	42.36	24051	23303	21679
隆回县	346939	5.51	65.67	35861	32579	35268
洞口县	219308	5.11	67.24	21104	20040	20897
绥宁县	101533	4.37	49.43	10787	10508	10730

单位：户、间/户、平方米/人

长表数据								
住房内有厕所	住房内有洗澡设施	住房所在建筑有电梯	拥有家用汽车	住房来源				
				租赁	自建	购买	继承或赠予	其他
2132248	**2081738**	**292663**	**786314**	**145131**	**1367514**	**568915**	**24774**	**56052**
296269	**293868**	**121091**	**174351**	**47342**	**101879**	**133545**	**2042**	**12383**
18946	18900	8816	9787	6442	722	10726	224	962
25072	25086	14263	14028	5113	1628	17057	342	1146
43198	42846	25634	25875	10790	5344	23575	339	3276
27288	27294	15092	15693	5284	2067	17575	245	2296
39711	39714	22703	23268	8981	1888	25545	338	3003
22308	22138	8684	14141	1862	11187	8682	116	476
37836	37491	14813	24714	5880	16779	14700	146	391
38184	37399	4878	24085	996	29567	7228	141	368
43726	43000	6208	22760	1994	32697	8457	151	465
124891	**123708**	**23952**	**54787**	**8231**	**72945**	**41712**	**723**	**1721**
11447	11421	3858	5111	2086	1682	7510	42	155
10023	9937	3346	4488	1558	2070	6231	55	168
7724	7697	1894	3230	962	980	5657	58	144
14893	14849	8126	9198	1345	2655	10455	33	406
10471	10276	764	3867	263	8319	1721	79	103
20200	19924	1371	7439	633	17239	2212	135	145
17055	17008	1354	6540	428	14363	1960	175	158
5723	5540	246	2167	304	4309	957	72	101
1762	1750	580	1146	92	800	734	6	140
25593	25306	2413	11601	560	20528	4275	68	201
89936	**88674**	**13235**	**39922**	**4746**	**50829**	**32328**	**516**	**1843**
14126	14166	1564	5774	1680	4515	7628	116	365
12745	12712	3977	6166	971	1174	9852	108	682
26507	25649	2223	12003	647	20637	4952	150	180
2191	2186	1161	1189	254	450	1296	11	182
818	818	153	397	89	426	257	3	44
4010	3980	2303	2542	288	937	2710	23	54
26325	25967	1614	9966	698	20252	5010	103	301
3214	3196	240	1885	119	2438	623	2	35
203781	**198700**	**21232**	**62179**	**8617**	**133254**	**61676**	**2510**	**6125**
10280	10280	1753	2814	1207	2332	6287	104	534
7104	7127	1866	2042	784	763	5017	97	539
7185	7221	1247	1894	811	907	4979	96	485
8676	8677	2792	3874	356	1457	6463	109	317
1961	1939	247	963	270	881	785	6	24
29133	28118	1632	9260	490	23563	4985	257	387
24066	22943	758	7428	505	20399	4210	270	406
10292	9732	468	4239	321	8457	1358	80	155
17753	17059	962	5851	829	14347	2281	175	351
22633	21990	1237	4478	820	18675	4197	399	497
692	691	100	278	45	415	112	12	117
6460	6457	3907	4160	356	238	5419	10	439
381	373	38	141	171	77	2		134
30572	29861	2297	8246	773	20986	9143	575	1081
26593	26232	1928	6511	879	19757	6438	320	659
216402	**207028**	**14378**	**65978**	**10939**	**168808**	**31173**	**3679**	**6134**
9954	10020	1442	3020	1223	3408	4701	129	717
12745	12484	2797	4543	1060	4388	6780	287	459
4483	4488	1056	1750	301	2197	1423	87	532
19840	18973	936	5963	565	17191	1678	286	287
22199	21457	479	7001	837	20357	1698	446	713
35725	34094	1211	9878	1820	30704	2300	399	638
20971	20210	1104	6786	498	18185	1764	157	500
10711	10350	469	2477	436	8894	1028	254	175

表8 续表 33

地区	全部数据			长表数据		
	家庭户户数	平均每户住房间数	人均住房建筑面积	家庭户户数	住房内有管道自来水	住房内有厨房
新宁县	162830	5.05	49.89	16884	13264	16415
城步苗族自治县	73672	4.06	42.18	7798	7618	7740
武冈市	223348	4.32	51.82	22885	19348	22024
邵东市	358430	3.28	47.39	33664	30075	31928
岳阳市	**1619961**	**3.73**	**45.93**	**171116**	**139448**	**170225**
岳阳楼区	313390	3.11	44.37	34207	33513	34087
云溪区	47153	3.92	51.24	5488	5385	5471
君山区	62095	3.52	47.34	6682	6537	6656
岳阳县	192226	4.53	47.19	21102	12554	20801
华容县	175185	3.17	42.96	18092	17631	18034
湘阴县	205563	3.24	46.81	22319	17478	22228
平江县	288313	3.98	39.77	28590	19527	28452
岳阳市屈原管理区	23602	3.86	47.95	2362	2326	2362
汨罗市	173928	4.01	48.63	17685	11985	17632
临湘市	138506	4.60	57.22	14589	12512	14502
常德市	**1795558**	**3.49**	**49.81**	**188493**	**179145**	**187719**
武陵区	239501	3.20	48.76	24368	24144	24234
鼎城区	238908	3.79	50.58	25569	24830	25515
安乡县	153161	3.24	45.61	17299	17012	17219
汉寿县	227773	3.74	50.42	23392	22991	23192
澧县	253379	3.22	51.54	26086	25068	25967
临澧县	121624	3.35	48.57	12757	12640	12730
桃源县	271935	3.88	51.65	28454	25872	28368
石门县	202450	3.51	49.46	20748	16894	20724
常德市西洞庭管理区	14745	3.23	50.51	1604	1595	1572
津市市	72082	2.87	47.00	8216	8099	8198
张家界市	**505612**	**4.15**	**49.64**	**52767**	**47575**	**52196**
永定区	161874	3.74	48.73	16796	14905	16531
武陵源区	17274	3.78	48.19	1821	1787	1773
慈利县	202743	4.65	53.14	21142	18853	21053
桑植县	123721	3.91	45.76	13008	12030	12839
益阳市	**1327912**	**3.52**	**46.48**	**130858**	**108933**	**130153**
资阳区	122964	3.03	44.03	10916	10344	10851
赫山区	252025	3.43	47.56	24355	17447	24266
南县	155294	3.07	42.05	15907	15705	15817
桃江县	248556	3.77	46.76	25173	18143	25097
安化县	261826	4.35	47.93	25090	19105	24812
益阳市大通湖管理区	30017	3.10	46.11	3159	3143	3152
湖南益阳高新技术产业园区	51353	3.13	51.20	5165	4444	5138
沅江市	205877	3.03	46.78	21093	20602	21020
郴州市	**1551700**	**3.72**	**43.82**	**156984**	**142818**	**153365**
北湖区	187072	3.17	39.09	18674	18379	18507
苏仙区	140868	3.10	39.88	14261	12706	13902
桂阳县	240969	3.58	39.12	23639	21350	22567
宜章县	182558	3.95	43.16	19321	18839	19259
永兴县	176649	3.65	43.95	17511	14124	16979
嘉禾县	112813	3.76	48.17	11309	10594	10656
临武县	103728	3.27	40.62	10575	10184	10100
汝城县	115987	3.50	40.97	11541	11351	11477
桂东县	59803	4.71	47.55	6680	6201	6651
安仁县	114677	5.90	69.57	11807	8441	11762
资兴市	116576	3.33	39.96	11666	10649	11505
永州市	**1700517**	**4.33**	**48.80**	**161853**	**123004**	**157626**
零陵区	178985	3.82	43.83	18990	12860	18495
冷水滩区	182047	3.35	43.56	16965	12803	16307
祁阳县	283680	4.09	47.38	27553	17551	26967
东安县	157629	4.41	47.87	14305	9519	13636
双牌县	52438	3.99	42.64	6171	5840	6117
道县	182135	4.87	48.76	16323	12008	15754
江永县	71897	4.04	49.92	6691	6198	6507

单位：户、间/户、平方米/人

长表数据								
住房内有厕所	住房内有洗澡设施	住房所在建筑有电梯	拥有家用汽车	住房来源				
				租赁	自建	购买	继承或赠予	其他
16632	15857	668	5255	900	13650	1529	280	525
7741	7320	217	2108	397	6311	734	191	165
22588	20852	860	6911	707	18755	2532	369	522
32813	30923	3139	10286	2195	24768	5006	794	901
170739	**168912**	**14722**	**72822**	**7476**	**115139**	**42827**	**1478**	**4196**
34117	33952	7959	15813	3698	8590	20373	349	1197
5474	5445	352	2501	432	2440	2464	77	75
6667	6604	169	2140	94	4179	2197	64	148
21002	20477	501	7107	260	18441	1858	201	342
18074	17869	910	5085	671	13127	3810	53	431
22306	22169	1608	10355	642	17583	3461	128	505
28518	28169	1658	13497	921	22607	3670	387	1005
2362	2357	89	1091	118	1785	419	7	33
17676	17557	789	9310	225	15404	1756	107	193
14543	14313	687	5923	415	10983	2819	105	267
188224	**186407**	**18443**	**69597**	**7339**	**135554**	**41925**	**649**	**3026**
24298	24198	8218	13349	2304	5577	15537	102	848
25550	25268	1869	9719	927	20122	4050	58	412
17283	17084	971	3827	382	13667	2944	91	215
23342	23190	1244	8127	510	19218	3258	75	331
26030	25753	1979	9064	366	21034	4441	79	166
12744	12670	644	5240	295	10743	1610	32	77
28437	28015	1327	10122	1093	23600	3124	109	528
20728	20451	1266	7809	853	16490	3171	64	170
1603	1596	243	412	127	646	780	4	47
8209	8182	682	1928	482	4457	3010	35	232
52441	**50570**	**4908**	**17154**	**3899**	**39356**	**8157**	**363**	**992**
16644	15923	3239	5684	1886	10091	4372	123	324
1812	1760	159	815	357	1075	360	5	24
21087	20707	1028	6763	630	18111	2023	85	293
12898	12180	482	3892	1026	10079	1402	150	351
130631	**128563**	**10199**	**45524**	**6404**	**95015**	**25671**	**939**	**2829**
10896	10842	890	4036	939	7377	2152	52	396
24300	24013	2453	10031	1493	15745	6325	189	603
15892	15710	687	4111	645	12287	2613	73	289
25148	24797	1376	10050	640	21613	2472	129	319
24997	23930	1422	8137	1464	19958	2857	294	517
3156	3144	37	697	210	1553	1355	12	29
5163	5142	1874	2960	306	1636	2813	61	349
21079	20985	1460	5502	707	14846	5084	129	327
152322	**150513**	**13758**	**43827**	**11170**	**97073**	**41880**	**3171**	**3690**
18540	18440	4774	7295	3368	4147	10655	221	283
13703	13582	2807	5413	1824	5716	5988	228	505
22289	22008	1799	5670	1549	15460	5740	548	342
19135	19227	838	4603	936	14236	3456	414	279
17158	16470	890	4111	455	10953	5005	491	607
10705	10679	412	2963	328	9144	1444	215	178
9984	9889	496	2428	444	7476	2113	377	165
11278	11099	448	3425	605	9145	1375	193	223
6599	6474	144	1331	349	4875	857	140	459
11807	11701	668	3374	410	10125	1097	83	92
11124	10944	482	3214	902	5796	4150	261	557
157841	**153311**	**11340**	**49233**	**5827**	**117534**	**32815**	**2264**	**3413**
18407	17125	1535	6034	738	12310	5098	428	416
16499	15571	2874	5915	550	6974	8560	225	656
27162	26637	1152	7022	581	22031	4126	460	355
13540	13251	574	4060	330	10731	2831	220	193
6085	5965	388	2116	340	3521	2089	133	88
15806	15657	1227	5949	752	12668	2536	147	220
6373	6400	245	1605	216	5435	787	129	124

表8　续表 34

地　　区	全部数据			长表数据		
	家庭户户　数	平均每户住房间数	人均住房建筑面积	家庭户户　数	住房内有管道自来水	住房内有厨房
宁远县	211113	4.92	48.99	18406	14319	18040
蓝山县	98149	5.41	56.79	9406	7952	9192
新田县	115209	4.08	52.61	10827	9676	10537
江华瑶族自治县	136927	4.81	56.42	13327	11766	13229
永州经济技术开发区	13288	3.45	42.66	1197	970	1163
永州市金洞管理区	14145	4.78	56.01	1411	1326	1404
永州市回龙圩管理区	2875	5.20	56.20	281	216	278
怀化市	**1564964**	**3.66**	**44.26**	**161322**	**135772**	**158869**
鹤城区	214294	2.94	40.25	20998	19199	20684
中方县	80566	3.67	43.91	8868	8128	8819
沅陵县	178310	3.45	42.69	19066	17833	18594
辰溪县	142202	3.87	39.62	14816	14502	14635
溆浦县	257368	4.50	53.23	26321	16712	25972
会同县	106544	3.81	41.51	11109	10455	11031
麻阳苗族自治县	108145	3.92	48.17	10760	9122	10254
新晃侗族自治县	73157	4.05	41.73	7511	7314	7461
芷江侗族自治县	115114	3.08	44.27	11727	6658	11515
靖州苗族侗族自治县	77161	3.47	44.35	8089	7661	8031
通道侗族自治县	61822	3.57	40.04	6221	5759	6136
怀化市洪江管理区	23746	2.72	40.65	2468	2130	2451
洪江市	126535	3.46	43.09	13368	10299	13286
娄底市	**1276607**	**4.20**	**50.77**	**125466**	**106417**	**120655**
娄星区	240492	3.33	46.65	23348	22334	23210
双峰县	231756	4.70	64.71	23790	13328	23213
新化县	373942	4.38	45.67	35214	31750	33374
冷水江市	106981	3.71	39.62	10108	8998	9470
涟源市	323436	4.46	55.11	33006	30007	31388
湘西土家族苗族自治州	**746667**	**3.93**	**41.94**	**67827**	**62746**	**66220**
吉首市	120428	3.25	40.89	11726	11415	11453
泸溪县	74531	3.90	38.34	6893	6597	6811
凤凰县	102673	3.91	40.59	9500	8378	9182
花垣县	64080	3.64	41.38	6065	5678	5889
保靖县	71556	3.62	36.80	6879	6538	6822
古丈县	35386	3.09	34.42	3225	2793	2998
永顺县	134197	3.93	42.80	11522	10054	11243
龙山县	143816	5.01	49.22	12017	11293	11822
广东省	**38953156**	**2.81**	**33.84**	**3752057**	**3543693**	**3581543**
广州市	**6803376**	**2.13**	**30.15**	**662251**	**651534**	**639978**
荔湾区	392097	1.94	26.67	38087	37705	37235
越秀区	369923	2.10	26.45	34815	34556	34084
海珠区	730490	1.87	26.37	72479	71847	70526
天河区	844860	1.82	26.70	86336	84750	84828
白云区	1475291	1.97	28.86	144111	142388	140767
黄埔区	449090	2.06	27.58	44313	43664	43387
番禺区	1061490	2.00	30.21	103026	102161	97499
花都区	551977	2.44	32.65	53002	52038	49813
南沙区	292401	2.51	38.41	28197	27782	26224
从化区	179852	3.67	37.03	16121	13999	15895
增城区	455905	2.93	39.57	41764	40644	39720
韶关市	**906571**	**3.58**	**42.14**	**83731**	**78302**	**83017**
武江区	122543	2.85	38.44	11393	10530	11255
浈江区	112862	3.03	40.69	10684	9567	10603
曲江区	91235	3.29	39.40	8483	8400	8433
始兴县	67115	3.86	45.93	6003	5287	5915
仁化县	60155	4.17	49.82	5682	5520	5646
翁源县	95213	4.30	41.69	8683	7849	8615
乳源瑶族自治县	56534	3.66	39.52	5178	5112	5114
新丰县	56913	4.07	40.95	4965	4924	4941
乐昌市	127560	3.71	44.71	11379	10524	11286
南雄市	116441	3.64	42.93	11281	10589	11209

单位：户、间/户、平方米/人

长表数据								
住房内有厕所	住房内有洗澡设施	住房所在建筑有电梯	拥有家用汽车	住房来源				
				租赁	自建	购买	继承或赠予	其他
18133	17625	1281	4923	548	15303	1914	167	474
9169	9029	632	3335	346	7567	1251	115	127
10660	10265	621	2972	1030	7816	1675	116	190
13173	12998	649	4355	219	11242	1430	83	353
1153	1116	139	459	129	512	458	17	81
1407	1395	22	353	23	1195	44	20	129
274	277	1	135	25	229	16	4	7
159192	**151858**	**10117**	**36865**	**10349**	**104524**	**38017**	**3835**	**4597**
20790	20347	5630	8037	3963	3197	12455	193	1190
8813	8321	101	2105	249	6640	1493	284	202
18734	18033	548	3504	827	13923	3476	353	487
14485	13853	375	3169	701	10119	3208	374	414
26179	24822	1030	4997	937	21057	3201	588	538
11052	10792	564	2265	424	8293	1551	581	260
10423	9839	298	1950	432	8008	1901	75	344
7487	7087	242	2000	260	5588	1199	271	193
11611	10261	276	2310	566	8114	2370	329	348
8008	7750	390	2082	578	5221	1809	342	139
5967	5888	168	1826	370	4522	1197	45	87
2379	2390	130	307	498	585	1278	17	90
13264	12475	365	2313	544	9257	2879	383	305
122600	**119658**	**9649**	**37899**	**8259**	**88641**	**23883**	**1594**	**3089**
23213	23071	4641	10366	3713	8093	11008	140	394
23394	22959	1518	8732	942	19689	2568	197	394
34507	32827	1646	8319	1531	27662	4291	554	1176
9483	9469	1018	2630	640	4870	4233	129	236
32003	31332	826	7852	1433	28327	1783	574	889
66979	**59968**	**5639**	**16176**	**4533**	**46963**	**13306**	**1011**	**2014**
11580	11035	3020	3942	1496	4541	5163	135	391
6822	6417	143	1347	364	4765	1383	102	279
9310	7972	640	2164	696	7106	1257	113	328
6016	4839	137	1311	53	5481	319	95	117
6834	6125	455	956	356	5413	901	122	87
3147	2596	178	584	269	2146	531	150	129
11324	9911	475	2780	771	8317	1958	130	346
11946	11073	591	3092	528	9194	1794	164	337
3723986	**3638218**	**932799**	**1457735**	**1555483**	**1174820**	**887112**	**37488**	**97154**
659330	**646472**	**184278**	**216777**	**372013**	**83808**	**180089**	**4468**	**21873**
37708	37571	14268	9288	15528	2781	16968	778	2032
34459	34357	12947	10715	11646	717	18702	1013	2737
72127	71755	23564	16780	36914	3286	29644	681	1954
86248	86057	28060	22746	57757	2651	22941	360	2627
143752	138847	40598	37921	101591	15169	20947	612	5792
44249	42813	12777	15851	28532	3986	10352	131	1312
102744	100379	17914	37710	65347	12591	23631	207	1250
52846	51307	14566	23420	26193	10644	14879	189	1097
27879	26983	4955	11556	14586	8068	4742	111	690
16009	15872	2495	8524	1348	8799	4619	154	1201
41309	40531	12134	22266	12571	15116	12664	232	1181
82774	**82295**	**14364**	**33403**	**9344**	**38839**	**32315**	**702**	**2531**
11350	11263	4080	5264	2492	2141	6478	42	240
10625	10613	2754	4391	1936	1939	6370	70	369
8396	8374	1207	3624	1018	3062	3905	100	398
5826	5783	1014	2241	460	3705	1665	81	92
5620	5611	423	2160	452	3643	1203	90	294
8640	8604	993	3874	499	5272	2488	65	359
5086	5086	696	2071	518	2907	1522	28	203
4950	4923	559	2055	377	3002	1417	50	119
11136	11063	1728	3603	1034	5882	4130	69	264
11145	10975	910	4120	558	7286	3137	107	193

表8 续表 35

地　区	全部数据			长表数据		
	家庭户户数	平均每户住房间数	人均住房建筑面积	家庭户户数	住房内有管道自来水	住房内有厨房
深圳市	**5973267**	**1.78**	**21.50**	**616351**	**612892**	**569010**
罗湖区	349468	2.03	23.76	35400	35216	34051
福田区	479626	2.14	26.35	47911	47684	45973
南山区	524139	2.08	27.02	51809	51449	49215
宝安区	1631815	1.60	19.40	169561	168642	151240
龙岗区	1390618	1.86	21.38	144333	142942	135285
盐田区	56602	2.27	24.07	5692	5659	5476
龙华区	942728	1.64	19.25	99803	99663	90830
坪山区	183451	1.77	20.06	18985	18839	18047
光明区	414820	1.49	17.75	42857	42798	38893
珠海市	**781411**	**2.39**	**30.77**	**75440**	**74709**	**73967**
香洲区	461310	2.25	29.95	44661	44308	43855
斗门区	197850	2.71	33.02	18926	18687	18384
金湾区	122251	2.43	29.91	11853	11714	11728
汕头市	**1279908**	**3.16**	**28.77**	**124087**	**121801**	**123233**
龙湖区	175681	3.15	35.41	16593	16449	16477
金平区	242570	2.55	28.79	22216	22008	22130
濠江区	59195	3.97	32.93	5267	5227	5238
潮阳区	335917	3.11	25.76	33720	32362	33555
潮南区	253864	3.63	27.25	25757	25411	25594
澄海区	194862	3.13	29.60	18795	18630	18506
南澳县	17819	3.12	37.08	1739	1714	1733
佛山市	**2962794**	**2.50**	**36.27**	**298337**	**295943**	**280775**
禅城区	470011	2.25	33.32	47485	47217	46758
南海区	1065015	2.59	37.04	107779	107109	102163
顺德区	1056260	2.48	37.84	107986	106888	98550
三水区	221270	2.73	35.48	21511	21312	20403
高明区	150238	2.47	29.98	13576	13417	12901
江门市	**1478619**	**2.94**	**35.75**	**129568**	**126556**	**125525**
蓬江区	261741	2.75	36.23	23724	23519	23286
江海区	106491	2.56	32.23	10119	10073	9074
新会区	279738	2.78	32.63	24611	24443	24078
台山市	295055	2.91	35.20	24902	24551	24422
开平市	230187	2.99	32.57	19572	18868	19094
鹤山市	165558	2.97	36.73	15099	14442	14397
恩平市	139849	3.83	48.05	11541	10660	11174
湛江市	**1880857**	**4.34**	**42.37**	**168568**	**132842**	**160835**
赤坎区	126847	2.80	33.47	10998	10696	10891
霞山区	206205	2.60	29.97	19080	18860	18858
坡头区	94053	4.57	48.55	8887	5491	8739
麻章区	116242	4.66	40.07	10642	7558	10063
遂溪县	223914	4.51	42.83	20171	17782	19489
徐闻县	164149	4.11	35.57	15321	8370	13560
廉江市	359367	5.11	48.36	30931	21979	28623
雷州市	347459	4.27	34.99	30540	22372	29608
吴川市	242621	5.33	59.51	21998	19734	21004
茂名市	**1670757**	**5.38**	**54.02**	**152188**	**95491**	**147812**
茂南区	293038	3.87	38.17	27416	26654	26688
电白区	378160	5.54	57.73	33941	23167	31625
高州市	372809	5.51	60.07	34181	16238	33484
化州市	342601	6.22	57.52	31054	19054	30503
信宜市	284149	5.56	52.37	25596	10378	25512
肇庆市	**1234450**	**3.66**	**37.27**	**110430**	**105180**	**109291**
端州区	193535	2.81	35.21	17418	17307	17337
鼎湖区	50725	3.32	37.63	4454	4417	4393
高要区	213288	2.69	25.30	17981	17428	17573
广宁县	136620	3.90	45.17	11540	10891	11520
怀集县	233225	5.07	45.83	21569	20465	21503
封开县	116650	4.92	41.34	10565	9997	10460
德庆县	104707	3.82	35.86	10239	8461	10140
四会市	185700	2.90	34.25	16664	16214	16365

单位：户、间/户、平方米/人

长表数据								
住房内有厕所	住房内有洗澡设施	住房所在建筑有电梯	拥有家用汽车	住房来源				
				租赁	自建	购买	继承或赠予	其他
614784	**576345**	**265462**	**223371**	**473629**	**12322**	**105363**	**1627**	**23410**
35269	35090	16642	13608	21162	358	12555	179	1146
47724	47457	25842	19893	28499	332	17598	166	1316
51709	51226	27458	24194	31364	425	17976	249	1795
169033	153071	69503	56730	143960	2759	16071	368	6403
144006	138783	49569	52432	108063	4751	25242	420	5857
5665	5590	2926	2803	3173	73	2177	40	229
99664	90548	48943	32145	83547	1704	9984	107	4461
18943	17137	3903	7503	15727	1068	1889	20	281
42771	37443	20676	14063	38134	852	1871	78	1922
75286	**74347**	**22780**	**34841**	**36152**	**8142**	**28778**	**283**	**2085**
44620	44295	15788	20969	22842	1403	18754	145	1517
18840	18416	3635	8241	7689	5395	5542	83	217
11826	11636	3357	5631	5621	1344	4482	55	351
123866	**123824**	**12966**	**38200**	**8464**	**76368**	**31316**	**5562**	**2377**
16577	16549	4717	8534	3254	4786	8197	92	264
22192	22177	3165	8890	2823	3950	13951	415	1077
5252	5244	257	1122	130	4210	795	85	47
33679	33682	1879	6149	380	26276	3896	2729	439
25703	25696	796	4566	459	23064	485	1581	168
18729	18748	1989	8568	1331	12940	3603	578	343
1734	1728	163	371	87	1142	389	82	39
297195	**293960**	**82472**	**151092**	**140300**	**56047**	**97236**	**1150**	**3604**
47400	47072	16824	22612	24446	3737	17630	336	1336
107564	106757	33707	57121	48417	22131	35649	415	1167
107657	105775	23034	52045	57159	21877	28117	253	580
21353	21193	5766	11699	6438	5367	9253	92	361
13221	13163	3141	7615	3840	2935	6587	54	160
124792	**126361**	**21146**	**60840**	**19718**	**51522**	**54994**	**1880**	**1454**
23640	23492	6318	13402	5387	4166	13667	118	386
10097	9903	2815	4873	3371	2279	4262	38	169
23775	23979	3597	11485	3570	9500	10947	358	236
23449	24447	2209	8572	1373	13497	8832	925	275
18087	18857	2671	9323	1724	8217	9202	299	130
14885	14617	2421	7906	3702	5611	5583	60	143
10859	11066	1115	5279	591	8252	2501	82	115
163271	**160739**	**20189**	**54011**	**13463**	**116396**	**31672**	**1993**	**5044**
10889	10920	4201	4785	2612	1552	6197	77	560
18906	18910	6556	6820	5273	2268	10222	214	1103
8705	8593	1031	2989	456	6617	1369	113	332
9988	10016	538	2785	552	8676	750	153	511
19534	19371	1094	6263	494	16734	2142	256	545
14696	14221	988	4212	783	12326	1711	132	369
29993	29507	2861	11660	1254	25416	3196	278	787
29121	27903	1549	7207	982	24151	4527	315	565
21439	21298	1371	7290	1057	18656	1558	455	272
150728	**148542**	**12795**	**60776**	**7455**	**112292**	**22248**	**2253**	**7940**
27191	27044	4958	12903	3266	12988	10446	305	411
33212	32679	2103	12814	787	29911	2641	264	338
33984	33548	2008	14446	1223	28561	3754	248	395
30834	30453	2103	11934	1370	26389	2658	281	356
25507	24818	1623	8679	809	14443	2749	1155	6440
109186	**107755**	**16681**	**44850**	**7991**	**70055**	**30092**	**720**	**1572**
17351	17378	6282	9333	2056	1993	13013	82	274
4384	4379	656	2366	385	3004	1002	30	33
17432	17005	1164	7728	798	14836	1877	133	337
11451	11264	918	4135	260	9383	1701	104	92
21514	21330	2018	6901	409	19076	1785	126	173
10482	10251	602	3519	215	8537	1538	71	204
10126	9864	776	2901	440	7797	1659	75	268
16446	16284	4265	7967	3428	5429	7517	99	191

表8 续表 36

地区	全部数据			长表数据		
	家庭户户数	平均每户住房间数	人均住房建筑面积	家庭户户数	住房内有管道自来水	住房内有厨房
惠州市	**1667933**	**2.94**	**34.24**	**158641**	**156711**	**153780**
惠城区	596675	2.72	32.53	56945	56279	55211
惠阳区	427825	2.47	32.37	42981	42686	41798
博罗县	296513	3.45	38.98	27316	26830	26095
惠东县	255478	3.37	32.88	23587	23382	23072
龙门县	91442	3.73	40.31	7812	7534	7604
梅州市	**1114654**	**4.69**	**43.44**	**98670**	**84474**	**97975**
梅江区	110963	3.80	40.63	10445	10115	10357
梅县区	167409	4.54	39.93	15300	13442	15189
大埔县	111027	4.04	40.93	9589	7943	9524
丰顺县	134311	3.62	32.96	11265	10042	11140
五华县	232645	6.17	51.19	20349	15238	20173
平远县	60516	5.27	53.38	5757	4973	5717
蕉岭县	59813	4.27	46.26	5808	5511	5775
兴宁市	237970	4.61	42.61	20157	17210	20100
汕尾市	**673055**	**3.28**	**32.64**	**58753**	**55589**	**57840**
城区	113223	2.74	28.23	9603	9435	9459
海丰县	207755	3.09	30.08	18185	17686	17896
陆河县	53503	5.10	44.60	4928	4802	4896
陆丰市	298574	3.28	33.54	26037	23666	25589
河源市	**809480**	**4.38**	**45.62**	**72849**	**60305**	**71739**
源城区	177748	3.45	37.30	16845	16772	16072
紫金县	144896	5.18	54.53	13318	10680	13261
龙川县	189092	4.52	47.01	16672	14107	16606
连平县	85820	4.77	50.06	7522	5383	7488
和平县	115528	4.25	42.19	10029	6102	10004
东源县	96396	4.40	44.79	8463	7261	8308
阳江市	**751107**	**3.90**	**47.37**	**63891**	**52267**	**62682**
江城区	230849	3.52	43.80	19538	18997	19352
阳东区	137043	3.34	41.70	11290	8811	10768
阳西县	123601	4.15	48.42	10594	8192	10413
阳春市	259614	4.42	53.03	22469	16267	22149
清远市	**1132699**	**3.79**	**39.54**	**100651**	**93097**	**99273**
清城区	290095	3.47	37.48	27415	26555	27123
清新区	181748	3.53	36.78	16067	15704	15692
佛冈县	94511	3.33	33.02	8431	7141	8350
阳山县	111780	4.26	44.57	9260	7347	9196
连山壮族瑶族自治县	27753	4.51	45.39	2611	2252	2593
连南瑶族自治县	40462	4.17	44.99	3715	3675	3617
英德市	264885	3.96	38.81	22928	20433	22531
连州市	121465	4.23	48.13	10224	9990	10171
东莞市	**3743775**	**1.78**	**27.80**	**389633**	**385582**	**351567**
市辖区	3743775	1.78	27.80	389633	385582	351567
中山市	**1412906**	**2.30**	**33.27**	**138328**	**137061**	**127869**
市辖区	1412906	2.30	33.27	138328	137061	127869
潮州市	**671741**	**2.89**	**31.05**	**62701**	**60331**	**60860**
湘桥区	166104	2.71	33.36	15194	15025	14816
潮安区	276956	3.15	29.91	26091	25456	25327
饶平县	228681	2.71	31.07	21416	19850	20717
揭阳市	**1323122**	**2.73**	**23.76**	**127265**	**115890**	**125999**
榕城区	215870	2.23	20.55	21275	21029	21015
揭东区	227814	2.18	21.12	22289	21409	21987
揭西县	175597	3.14	27.88	15583	12819	15534
惠来县	228173	3.48	25.56	21241	20008	20986
普宁市	475668	2.70	24.17	46877	40625	46477
云浮市	**680674**	**4.55**	**43.63**	**59724**	**47136**	**58516**
云城区	108422	3.51	34.26	10229	8374	10098
云安区	63042	4.90	47.47	5497	3446	5397
新兴县	126173	3.56	36.81	11416	11080	11312
郁南县	111125	5.06	50.92	9477	6131	9047
罗定市	271912	5.14	46.75	23105	18105	22662

单位：户、间/户、平方米/人

长表数据								
住房内有厕所	住房内有洗澡设施	住房所在建筑有电梯	拥有家用汽车	住房来源				
				租赁	自建	购买	继承或赠予	其他
158091	**157123**	**49841**	**76122**	**60089**	**49440**	**44185**	**1059**	**3868**
56850	56488	22399	29129	23104	10283	21879	279	1400
42942	42711	16290	17741	24887	7173	10025	138	758
27224	26941	6038	14512	5498	14211	6298	321	988
23385	23395	4555	11050	5804	12435	4778	167	403
7690	7588	559	3690	796	5338	1205	154	319
97919	**98110**	**12368**	**44177**	**4824**	**66212**	**24499**	**1746**	**1389**
10420	10431	3326	5711	1130	3162	5820	178	155
15183	15219	2540	7595	953	8589	5019	444	295
9367	9503	1034	3260	492	5532	2921	457	187
11147	11159	889	4215	500	9040	1302	250	173
20294	20239	1152	10323	465	17971	1703	67	143
5712	5716	449	2751	214	4170	1279	60	34
5763	5765	632	2609	303	3406	1934	108	57
20033	20078	2346	7713	767	14342	4521	182	345
58245	**57951**	**6121**	**18552**	**6401**	**35628**	**14302**	**1080**	**1342**
9566	9533	1674	2890	1507	4043	3486	160	407
17977	17998	2164	6330	3249	7297	7112	207	320
4917	4905	275	2770	243	4195	379	36	75
25785	25515	2008	6562	1402	20093	3325	677	540
72629	**72417**	**12797**	**32126**	**7331**	**44602**	**18796**	**461**	**1659**
16830	16783	6227	9311	4144	4163	7983	81	474
13266	13257	1130	6343	453	11192	1377	97	199
16640	16600	1895	6130	1217	10352	4472	113	518
7476	7480	677	2831	242	5859	1278	47	96
9993	9906	1561	3848	536	7133	2218	47	95
8424	8391	1307	3663	739	5903	1468	76	277
62525	**61861**	**9361**	**30063**	**3483**	**44388**	**14869**	**432**	**719**
19245	19299	4682	10337	1083	11309	6755	143	248
10749	10779	1318	5235	1380	7566	2137	81	126
10292	10061	1276	4303	310	7944	2118	90	132
22239	21722	2085	10188	710	17569	3859	118	213
99440	**98215**	**20144**	**44111**	**9255**	**54579**	**34386**	**559**	**1872**
27303	27134	10651	14969	3412	8708	14572	108	615
15925	15684	2524	6502	1624	7619	6528	127	169
8342	8166	1219	3685	761	4817	2739	41	73
9162	8994	1187	3592	552	6578	1879	41	210
2533	2498	215	993	136	1809	551	19	96
3589	3538	215	1052	226	2924	509	16	40
22575	22255	3088	10427	1969	14444	5825	152	538
10011	9946	1045	2891	575	7680	1783	55	131
388614	**371628**	**115133**	**146662**	**291171**	**35877**	**53626**	**990**	**7969**
388614	371628	115133	146662	291171	35877	53626	990	7969
137914	**134200**	**38021**	**61248**	**74142**	**25607**	**36560**	**385**	**1634**
137914	134200	38021	61248	74142	25607	36560	385	1634
61667	**61969**	**4962**	**24786**	**4849**	**43331**	**10892**	**2391**	**1238**
14916	15072	2527	6831	1892	5523	6750	473	556
25565	25702	1738	12000	2652	19857	2392	684	506
21186	21195	697	5955	305	17951	1750	1234	176
126936	**126726**	**4952**	**37092**	**2111**	**103802**	**11833**	**7163**	**2356**
21241	21241	1664	8620	470	15346	3812	1148	499
22253	22235	644	7756	409	19886	1072	839	83
15555	15535	413	5162	119	14287	594	401	182
21153	21054	464	3390	176	17737	1127	1425	776
46734	46661	1767	12164	937	36546	5228	3350	816
58794	**57378**	**5966**	**24635**	**3298**	**45563**	**9061**	**584**	**1218**
10147	10014	2196	5704	1441	4867	3571	58	292
5457	5278	171	2595	60	5157	161	82	37
11200	11162	1886	5398	1003	7651	2577	102	83
9135	8717	494	3287	274	7419	1048	168	568
22855	22207	1219	7651	520	20469	1704	174	238

表8 续表 37

地　区	全部数据			长表数据		
	家庭户户数	平均每户住房间数	人均住房建筑面积	家庭户户数	住房内有管道自来水	住房内有厨房
广西壮族自治区	**15517021**	**4.01**	**46.88**	**1445879**	**1271114**	**1401675**
南宁市	**2861617**	**3.43**	**43.56**	**268541**	**260471**	**265587**
兴宁区	204949	2.97	36.86	19615	19080	19512
青秀区	385900	2.87	42.71	35009	33928	34701
江南区	326105	2.64	33.44	31349	30990	31204
西乡塘区	551007	2.23	28.79	52118	51417	51781
良庆区	187210	2.94	36.54	18457	17887	18263
邕宁区	103978	4.37	50.42	9489	8228	9371
武鸣区	213111	4.16	51.06	20325	19820	19874
隆安县	102691	4.08	51.99	9710	9549	9450
马山县	126681	4.25	59.79	11578	11383	11485
上林县	120792	4.48	56.91	11471	11120	11157
宾阳县	254656	4.53	50.79	23071	22712	22912
横县	284537	5.19	56.95	26349	24357	25877
柳州市	**1341274**	**3.29**	**40.35**	**126994**	**118246**	**122935**
城中区	81289	2.85	39.97	7857	7806	7776
鱼峰区	198411	2.81	36.04	18879	18322	18481
柳南区	215886	2.56	31.45	20674	19701	20195
柳北区	165086	2.65	34.27	15938	15258	15715
柳江区	148663	3.69	41.29	14372	12536	13382
柳城县	101253	4.19	50.93	9546	7673	9081
鹿寨县	109257	4.05	50.71	10200	8515	9485
融安县	88207	3.90	50.44	8174	7886	8048
融水苗族自治县	134335	3.78	42.38	11713	11054	11266
三江侗族自治县	98887	3.77	41.52	9641	9495	9506
桂林市	**1643689**	**3.88**	**47.71**	**153769**	**130940**	**147862**
秀峰区	61551	2.41	31.86	5731	5679	5684
叠彩区	75440	2.57	34.14	7294	6613	7216
象山区	106603	2.59	35.16	9973	9662	9920
七星区	139981	2.25	31.47	13802	12626	13586
雁山区	18804	5.15	56.09	1776	883	1722
临桂区	168868	3.97	46.47	15466	13314	15034
阳朔县	84387	5.09	55.88	8053	6337	7346
灵川县	130304	3.96	47.50	12470	10969	12163
全州县	200228	4.22	48.70	17907	12705	16083
兴安县	102269	4.43	50.88	9706	8049	9352
永福县	74768	4.12	48.46	6894	5319	6605
灌阳县	80574	4.00	49.06	7223	7010	7102
龙胜各族自治县	46494	4.15	46.64	4294	4033	4264
资源县	49292	4.49	55.25	4569	4035	4500
平乐县	118952	4.67	64.45	10964	9222	10585
恭城瑶族自治县	78657	4.44	50.23	7573	6057	7467
荔浦市	106517	4.47	57.05	10074	8427	9233
梧州市	**861575**	**4.67**	**45.13**	**78610**	**59519**	**77559**
万秀区	92740	3.08	39.10	8331	7918	8298
长洲区	96483	3.47	39.98	9320	8617	9294
龙圩区	83474	4.83	46.33	7593	4815	7554
苍梧县	84095	5.66	47.81	7768	4603	7705
藤县	249198	5.03	47.36	22476	14591	22173
蒙山县	53304	5.06	62.77	4955	4558	4709
岑溪市	202281	4.94	41.45	18167	14417	17826
北海市	**531021**	**3.81**	**45.64**	**49085**	**37976**	**46190**
海城区	158129	3.13	42.88	14791	14493	14528
银海区	91290	3.38	47.22	8682	7966	8485
铁山港区	42415	4.60	54.51	4048	2729	3715
合浦县	239187	4.28	45.24	21564	12788	19462

单位：户、间/户、平方米/人

长表数据								
住房内有厕所	住房内有洗澡设施	住房所在建筑有电梯	拥有家用汽车	住房来源				
				租赁	自建	购买	继承或赠予	其他
1418713	**1384212**	**192488**	**495034**	**155092**	**950038**	**292272**	**9242**	**39235**
266102	**264966**	**68561**	**103779**	**59056**	**119865**	**80531**	**1097**	**7992**
19478	19462	8655	8369	5371	3793	9495	67	889
34838	34793	17986	17809	9451	4469	19468	185	1436
31208	31178	10812	12334	10168	6357	13702	131	991
51775	51780	15909	16793	23992	7666	19090	158	1212
18286	18169	5890	7757	5689	5533	6324	96	815
9320	9223	2223	3949	680	6257	2100	31	421
19934	19819	2498	9587	1447	14643	3585	127	523
9568	9479	678	3169	332	8071	761	34	512
11553	11426	260	3584	199	10603	402	67	307
11342	11204	645	3997	398	9637	1125	29	282
22793	22757	1644	7491	643	19425	2695	93	215
26007	25676	1361	8940	686	23411	1784	79	389
124607	**123148**	**21428**	**52962**	**22466**	**52937**	**46462**	**859**	**4270**
7833	7831	4231	4955	1445	348	5452	25	587
18676	18615	5048	8800	5087	3252	9843	84	613
20453	20343	4181	8556	7059	2602	10252	165	596
15775	15791	3682	6823	4389	1891	8759	80	819
13754	13720	1707	6678	1824	7827	4362	84	275
9261	9147	334	3825	334	7718	1211	73	210
9682	9680	672	4065	852	6886	2207	81	174
8014	7928	420	2729	401	5974	1286	116	397
11554	10860	705	3587	728	8788	1648	78	471
9605	9233	448	2944	347	7651	1442	73	128
148882	**144751**	**15293**	**54265**	**18284**	**91619**	**38461**	**1749**	**3656**
5713	5660	864	2142	2200	738	2451	46	296
7197	7196	1432	2703	1528	800	4479	159	328
9910	9934	2081	3489	1943	907	6567	145	411
13748	13614	2910	5049	6079	1291	5927	35	470
1712	1730	72	599	126	1490	108	11	41
14897	14743	3860	5954	1408	8592	5002	218	246
7744	7385	135	2945	399	6819	508	68	259
11897	11937	1306	5228	923	7108	4035	202	202
16217	14847	559	4796	1261	13600	2199	324	523
9350	9004	239	3689	413	7477	1593	140	83
6686	6392	170	2230	259	5455	887	115	178
7037	6794	163	2081	349	5923	710	83	158
4287	4209	196	1657	245	3288	676	16	69
4507	4264	220	1531	390	3568	508	36	67
10825	10487	299	3298	181	9825	765	59	134
7470	7238	169	2820	248	6449	791	26	59
9685	9317	618	4054	332	8289	1255	66	132
77579	**74094**	**10247**	**21283**	**4439**	**56500**	**16127**	**453**	**1091**
8276	8232	1554	1861	1082	2208	4811	74	156
9278	9247	4255	2987	1572	2533	5136	30	49
7440	7145	1070	2300	414	5476	1543	38	122
7676	7454	114	1741	63	7538	41	45	81
22103	20477	1483	5324	766	19615	1641	134	320
4879	4638	304	1630	122	4160	522	56	95
17927	16901	1467	5440	420	14970	2433	76	268
47035	**45548**	**9691**	**17395**	**6867**	**28128**	**12236**	**581**	**1273**
14588	14599	4992	5751	3726	3644	6938	102	381
8587	8441	3344	3238	2239	3158	2783	116	386
3848	3688	39	1218	139	3639	150	48	72
20012	18820	1316	7188	763	17687	2365	315	434

表8 续表 38

地区	全部数据			长表数据		
	家庭户户数	平均每户住房间数	人均住房建筑面积	家庭户户数	住房内有管道自来水	住房内有厨房
防城港市	**295653**	**3.68**	**42.85**	**27262**	**23847**	**25882**
港口区	69097	3.01	41.41	6359	6247	5994
防城区	105995	4.07	42.20	9710	7758	9315
上思县	62597	3.66	43.06	5668	4637	5129
东兴市	57964	3.80	45.24	5525	5205	5444
钦州市	**957298**	**4.27**	**41.75**	**87777**	**60499**	**82854**
钦南区	184287	3.99	41.64	16947	12874	16086
钦北区	203628	4.46	41.05	18611	13405	18041
灵山县	364765	4.22	39.89	33992	21378	31530
浦北县	204618	4.41	45.92	18227	12842	17197
贵港市	**1275620**	**4.97**	**55.63**	**116287**	**99291**	**113992**
港北区	217085	4.64	54.50	19891	18585	19445
港南区	154072	4.69	52.07	14205	12895	13591
覃塘区	127888	5.12	58.90	12176	12063	11882
平南县	330939	4.89	57.17	30056	22410	29701
桂平市	445636	5.25	55.30	39959	33338	39373
玉林市	**1671721**	**4.54**	**43.02**	**152510**	**119501**	**148834**
玉州区	241547	3.81	40.87	22888	22051	22517
福绵区	89545	4.42	43.14	8096	7258	7977
容县	205200	4.66	46.30	19052	14182	18661
陆川县	246229	4.32	36.51	20471	12020	20068
博白县	391040	4.87	41.60	36106	24178	34458
兴业县	164371	4.39	50.12	14721	12828	14439
北流市	333789	4.88	45.78	31176	26984	30714
百色市	**1100793**	**3.77**	**49.85**	**104339**	**98770**	**100412**
右江区	135158	3.18	40.66	12987	12211	12347
田阳区	100111	3.55	50.47	9953	9673	9559
田东县	118128	3.61	52.46	11353	11045	11097
德保县	95260	3.66	60.23	8993	8825	8671
那坡县	49392	3.97	57.01	4810	4756	4734
凌云县	51672	4.55	48.50	4906	4318	4774
乐业县	39378	4.84	52.91	3834	3472	3741
田林县	67434	3.96	41.50	6446	6183	6298
西林县	39932	4.14	42.64	3854	3603	3563
隆林各族自治县	99014	4.47	48.08	9442	7560	8725
靖西市	154991	3.74	55.97	14617	14380	14172
平果市	150323	3.42	47.23	13144	12744	12731
贺州市	**565080**	**4.99**	**53.67**	**54240**	**45847**	**52803**
八步区	176844	5.14	54.33	17078	15103	16714
平桂区	107188	4.81	51.94	10469	8885	10287
昭平县	100157	4.73	50.67	9417	9151	9315
钟山县	103359	5.23	53.71	9733	6576	9421
富川瑶族自治县	77532	4.95	58.34	7543	6132	7066
河池市	**1089073**	**3.91**	**52.22**	**102125**	**95187**	**97658**
金城江区	114924	3.40	45.72	10846	10565	10560
宜州区	172504	4.05	52.17	15976	14211	14789
南丹县	85792	3.87	45.03	8049	7656	7638
天峨县	43191	4.07	52.39	4285	3510	4131
凤山县	54698	3.98	52.27	5190	5069	5106
东兰县	74763	4.10	55.43	7086	6538	6729
罗城仫佬族自治县	96446	4.56	56.00	9110	8677	8713
环江毛南族自治县	96562	4.01	57.26	9023	8912	8466
巴马瑶族自治县	70204	4.02	49.46	6748	6492	6409
都安瑶族自治县	165432	3.73	55.50	15225	13733	14894
大化瑶族自治县	114557	3.62	52.06	10587	9824	10223
来宾市	**677129**	**4.21**	**51.11**	**63545**	**61671**	**59870**
兴宾区	297889	4.04	48.01	27755	27012	26603
忻城县	102513	4.09	55.79	9621	9445	9148

单位：户、间/户、平方米/人

长表数据								
住房内有厕所	住房内有洗澡设施	住房所在建筑有电梯	拥有家用汽车	住房来源				
				租赁	自建	购买	继承或赠予	其他
26576	**25714**	**4729**	**10627**	**4018**	**15824**	**6186**	**175**	**1059**
6314	6280	2473	2874	1893	1669	2384	37	376
9510	9163	866	3622	763	7037	1494	66	350
5259	4874	225	1595	392	4328	723	49	176
5493	5397	1165	2536	970	2790	1585	23	157
84586	**80961**	**8904**	**26467**	**4747**	**69243**	**11552**	**766**	**1469**
16140	15749	3606	6525	2231	9869	4170	168	509
18092	17609	3450	5544	1337	13030	3801	140	303
32684	30538	1115	9262	790	30081	2397	309	415
17670	17065	733	5136	389	16263	1184	149	242
114707	**111027**	**9577**	**32469**	**3402**	**98722**	**12072**	**567**	**1524**
19697	19261	4331	7492	1643	11659	6211	40	338
13933	13408	682	3439	459	12623	913	69	141
12053	11728	172	3140	87	11883	67	29	110
29618	28526	1725	8665	635	26633	2239	201	348
39406	38104	2667	9733	578	35924	2642	228	587
150484	**146324**	**11524**	**47327**	**6578**	**124501**	**16650**	**1193**	**3588**
22750	22622	5788	10373	3086	11028	8347	96	331
7996	7853	185	2440	95	7688	100	67	146
18677	17160	938	5634	1104	15923	1647	109	269
20244	19580	602	5102	464	18125	1497	134	251
35391	34618	1512	9142	745	31869	2323	296	873
14560	14253	362	4031	121	12651	231	183	1535
30866	30238	2137	10605	963	27217	2505	308	183
102390	**98721**	**10945**	**35853**	**7367**	**78490**	**14445**	**236**	**3801**
12625	12464	2848	5061	2385	5858	3988	44	712
9828	9730	1361	3427	482	7315	1600	34	522
11293	10995	1308	3797	999	8176	1624	9	545
8959	8746	445	2711	551	7399	788	9	246
4781	4525	281	1511	23	4426	279	14	68
4832	4490	287	1611	319	4139	283	10	155
3790	3563	122	1452	134	3338	230	17	115
6321	6202	413	2165	550	5137	542	20	197
3653	3421	185	1404	281	3064	400	7	102
8664	7655	456	2866	309	8108	556	19	450
14538	14150	994	5334	342	13013	811	21	430
13106	12780	2245	4514	992	8517	3344	32	259
53094	**52066**	**3612**	**17815**	**2758**	**43511**	**6300**	**347**	**1324**
16857	16495	1684	6534	1232	12775	2497	176	398
10282	10216	908	3375	462	8703	1138	32	134
9306	9025	252	2253	397	7812	773	62	373
9447	9316	458	2805	351	7975	1051	34	322
7202	7014	310	2848	316	6246	841	43	97
100825	**97155**	**6604**	**31589**	**6809**	**78019**	**12154**	**553**	**4590**
10754	10671	1659	4393	1457	5104	3944	39	302
15635	15340	945	5758	859	12510	2049	114	444
7728	7376	654	2446	952	5456	1113	28	500
4206	3777	291	1359	455	3142	538	13	137
5175	5037	244	1626	420	3985	480	10	295
7045	6773	233	2269	422	5959	432	12	261
8976	8786	339	2267	329	7356	838	49	538
8919	8752	260	2779	514	7041	956	73	439
6694	6346	293	2192	533	5571	430	2	212
15172	14280	888	3753	499	13214	521	83	908
10521	10017	798	2747	369	8681	853	130	554
62034	**60483**	**5358**	**22099**	**4622**	**47243**	**9570**	**401**	**1709**
27305	26791	3729	9536	2766	18757	5441	134	657
9482	9291	199	2866	343	8198	534	84	462

表8 续表 39

地区	全部数据			长表数据		
	家庭户户数	平均每户住房间数	人均住房建筑面积	家庭户户数	住房内有管道自来水	住房内有厨房
象州县	88983	4.74	55.57	8520	7991	7578
武宣县	110102	4.62	53.57	10254	10067	9512
金秀瑶族自治县	41079	4.30	52.85	4024	3906	3813
合山市	36563	3.35	42.01	3371	3250	3216
崇左市	**645478**	**3.67**	**53.01**	**60795**	**59349**	**59237**
江州区	114309	3.62	48.15	10860	10584	10542
扶绥县	123985	3.67	49.70	11561	11193	11083
宁明县	103429	3.85	50.93	9550	9022	9153
龙州县	75374	3.32	52.54	7305	7259	7179
大新县	90258	3.81	60.86	8839	8716	8764
天等县	98769	3.80	59.91	8902	8842	8839
凭祥市	39354	3.42	49.19	3778	3733	3677
海南省	**2747332**	**2.87**	**33.98**	**264959**	**226576**	**243756**
海口市	**811667**	**2.47**	**32.80**	**78852**	**75550**	**73877**
秀英区	150478	2.67	34.77	14750	14180	14082
龙华区	249206	2.18	30.06	23922	23076	22457
琼山区	178714	2.45	29.36	17332	16302	15824
美兰区	233269	2.67	37.00	22848	21992	21514
三亚市	**257306**	**2.76**	**33.88**	**25229**	**23013**	**21785**
海棠区	18995	4.32	43.08	1818	1100	1580
吉阳区	120274	2.23	29.14	11847	11446	10270
天涯区	89981	2.81	32.54	8821	8121	7593
崖州区	28056	3.81	46.17	2743	2346	2342
三沙市	**3**	**3.33**	**55.00**			
西沙群岛	1	5.00	60.00			
南沙群岛						
中沙群岛的岛礁及其海域	2	2.50	52.50			
儋州市	**253086**	**3.27**	**38.43**	**22144**	**16847**	**21152**
市辖区	253086	3.27	38.43	22144	16847	21152
省直辖县级行政区划	**1425270**	**3.04**	**33.73**	**138734**	**111166**	**126942**
五指山市	32288	2.90	29.55	3157	2936	2903
琼海市	151716	2.68	32.92	14721	13144	13677
文昌市	167675	3.09	32.34	16177	13022	15396
万宁市	151450	3.03	33.32	14859	11413	13606
东方市	104215	3.57	33.92	10361	9925	9964
定安县	85986	2.25	32.69	8403	7365	7566
屯昌县	72510	2.51	34.02	6977	5307	6534
澄迈县	130597	3.01	38.00	12514	9355	11767
临高县	105738	2.69	34.13	10608	8785	9951
白沙黎族自治县	47750	3.25	31.31	4527	3504	4047
昌江黎族自治县	64581	3.14	28.92	6181	5812	6035
乐东黎族自治县	122624	3.94	41.37	12024	6985	10174
陵水黎族自治县	88185	3.19	30.24	8553	5692	6482
保亭黎族苗族自治县	46089	3.11	29.39	4535	3260	4290
琼中黎族苗族自治县	53866	3.05	32.16	5137	4661	4550
重庆市	**11415050**	**3.09**	**41.96**	**1136063**	**1084894**	**1128579**
市辖区	**9039268**	**2.93**	**40.43**	**904302**	**859560**	**898337**
万州区	554596	3.21	42.26	57464	55684	57262
涪陵区	361322	3.21	42.94	37264	36946	37130
渝中区	209330	2.13	31.90	20840	20794	20674
大渡口区	161939	2.20	31.88	16336	16310	16286
江北区	345504	2.36	36.63	34346	34246	34220
沙坪坝区	492524	2.37	33.47	49286	48819	48794
九龙坡区	560834	2.39	33.01	55897	55594	55225
南岸区	432857	2.42	35.08	42575	42448	42255
北碚区	283554	2.49	35.96	27685	27395	27543
綦江区	366512	3.13	40.15	37452	35419	37168

单位：户、间/户、平方米/人

长表数据								
住房内有厕所	住房内有洗澡设施	住房所在建筑有电梯	拥有家用汽车	住房来源				
				租赁	自建	购买	继承或赠予	其他
7988	7743	479	3605	497	7001	854	67	101
10030	9579	805	3728	506	8099	1346	74	229
3951	3835	118	1437	227	3202	492	24	79
3278	3244	28	927	283	1986	903	18	181
59812	**59254**	**6015**	**21104**	**3679**	**45436**	**9526**	**265**	**1889**
10734	10681	2250	4499	559	6869	3070	42	320
11294	11247	1112	3625	694	8355	2007	84	421
9180	9017	429	2619	386	7706	985	47	426
7246	7210	556	2907	437	5509	1115	33	211
8802	8709	598	3588	447	7284	943	18	147
8888	8790	510	2271	503	7541	649	13	196
3668	3600	560	1595	653	2172	757	28	168
253486	**241183**	**48592**	**82019**	**48228**	**146393**	**55904**	**2400**	**12034**
77297	**75077**	**28238**	**32872**	**27194**	**19773**	**27915**	**644**	**3326**
14511	14009	5403	6471	4659	4759	4902	93	337
23471	22604	9711	9811	10257	3675	8775	247	968
16828	16480	5153	7155	5439	5437	5616	116	724
22487	21984	7971	9435	6839	5902	8622	188	1297
24271	**22813**	**8094**	**8442**	**9814**	**8195**	**4749**	**195**	**2276**
1679	1604	64	642	138	1244	94	29	313
11645	11134	5149	4343	6224	1718	2770	42	1093
8372	7837	2654	2838	2948	3299	1725	93	756
2575	2238	227	619	504	1934	160	31	114
21341	**20280**	**2230**	**4720**	**1100**	**16631**	**3389**	**220**	**804**
21341	20280	2230	4720	1100	16631	3389	220	804
130577	**123013**	**10030**	**35985**	**10120**	**101794**	**19851**	**1341**	**5628**
3026	2801	724	701	466	1610	838	18	225
14115	13969	1768	5380	1837	10038	2411	71	364
15722	15280	1288	5314	1748	11590	1910	264	665
13999	13648	585	3978	510	11836	1855	176	482
10006	9100	781	2044	687	7487	1248	205	734
7718	7545	405	2311	286	6737	1147	76	157
6704	6323	505	1958	385	5096	1295	73	128
11900	11190	1065	3719	859	9633	1453	98	471
9973	9514	340	2097	243	9618	497	50	200
4283	3914	173	872	323	2851	1186	16	151
6103	5696	721	1514	865	3282	1744	21	269
11059	9237	408	2264	619	9285	1369	102	649
6767	6264	380	1506	320	7084	456	121	572
4395	3891	473	1096	521	2637	1111	17	249
4807	4641	414	1231	451	3010	1331	33	312
1129104	**1068464**	**404028**	**419514**	**140945**	**409259**	**531131**	**10793**	**43935**
898794	**853324**	**371956**	**343715**	**126503**	**273680**	**460302**	**7967**	**35850**
57121	54325	12016	20594	4020	20502	27100	676	5166
37161	35238	12628	14477	2602	14435	18743	265	1219
20721	20721	11991	6840	6902	19	13151	152	616
16283	16140	12094	6896	4448	401	11170	39	278
34226	34165	25648	15467	6829	381	22569	375	4192
48927	48460	33406	20720	13791	2667	29630	420	2778
55486	54560	36341	24371	12505	3072	37056	434	2830
42414	42094	31017	18680	9537	1182	30379	120	1357
27461	26770	13872	10696	6165	4643	14725	396	1756
37015	34382	11309	11436	2796	14850	18028	579	1199

表8 续表 40

地 区	全部数据			长表数据		
	家庭户户数	平均每户住房间数	人均住房建筑面积	家庭户户数	住房内有管道自来水	住房内有厨房
大足区	282603	3.60	43.37	26299	22587	26135
渝北区	782540	2.49	37.20	77492	77140	77111
巴南区	427486	2.94	36.56	41876	39966	41646
黔江区	161963	3.81	48.26	15140	14442	14826
长寿区	276240	2.70	40.39	28645	27548	28543
江津区	474394	3.10	43.57	46183	42287	45904
合川区	484499	3.04	42.00	54633	45312	54246
永川区	369398	3.07	40.55	36231	34938	35872
南川区	195353	3.48	50.04	19085	17451	19006
璧山区	247605	3.07	39.85	24849	24321	24729
铜梁区	254526	3.11	45.79	24698	19921	24502
潼南区	270480	3.38	45.74	27660	25005	27569
荣昌区	245397	3.08	41.67	24140	22147	23934
开州区	439301	3.55	50.02	42644	41591	42514
梁平区	242073	3.84	54.37	23970	21436	23753
武隆区	116438	3.73	47.43	11612	9813	11490
县	**2375782**	**3.70**	**47.63**	**231761**	**225334**	**230242**
城口县	62298	4.07	51.53	6068	5970	6013
丰都县	212936	2.96	45.02	20944	20015	20793
垫江县	250932	3.25	50.25	24686	23772	24576
忠县	263559	3.19	49.15	28515	26443	28218
云阳县	332693	3.65	44.42	34311	34026	34208
奉节县	273699	3.52	42.51	26731	26559	26639
巫山县	164513	4.17	44.30	15213	14811	15073
巫溪县	130491	5.49	54.88	12161	12012	12134
石柱土家族自治县	149795	3.35	53.22	13456	13088	13353
秀山土家族苗族自治县	154833	4.24	51.35	14030	13739	13858
酉阳土家族苗族自治县	205998	3.92	49.36	18360	17738	18138
彭水苗族土家族自治县	174035	3.98	44.29	17286	17161	17239
四川省	**29098226**	**3.25**	**43.63**	**2947695**	**2377927**	**2906012**
成都市	**7076572**	**2.75**	**41.67**	**696268**	**626749**	**684625**
锦江区	345595	2.32	37.73	33787	33424	33411
青羊区	352788	2.31	36.40	34143	33766	33667
金牛区	465267	2.24	33.17	46036	45268	44743
武侯区	663053	2.30	36.74	64246	62575	61373
成华区	491111	2.25	32.27	48853	48278	48094
龙泉驿区	419395	2.55	33.84	41307	40823	40621
青白江区	176109	2.66	42.21	17666	16480	17576
新都区	504383	2.83	38.30	49616	48947	49151
温江区	316096	2.75	43.71	30980	29882	30592
双流区	857415	2.63	38.96	84392	83338	83320
郫都区	506745	2.53	36.13	50418	48650	49124
新津区	115292	3.03	46.83	11474	9912	11377
金堂县	269718	3.81	51.09	26351	15850	25866
大邑县	174736	3.22	53.54	17448	16060	17325
蒲江县	87351	3.34	65.46	8491	8068	8452
都江堰市	238025	3.24	50.36	23753	18492	23653
彭州市	267711	3.08	49.50	26524	18206	26355
邛崃市	206570	3.38	57.98	20751	16477	20694
崇州市	226499	3.51	55.80	22317	13209	22072
简阳市	392713	3.74	54.00	37715	19044	37159
自贡市	**896646**	**3.26**	**42.73**	**88907**	**75115**	**88487**
自流井区	171011	2.64	38.45	17505	17280	17466
贡井区	82728	3.03	39.81	8773	6809	8703
大安区	103807	2.99	38.53	10530	9837	10485
沿滩区	98646	3.67	43.23	9951	8401	9916
荣县	182576	3.25	45.59	16518	11868	16347
富顺县	257878	3.71	46.04	25630	20920	25570

单位：户、间/户、平方米/人

长表数据								
住房内有厕所	住房内有洗澡设施	住房所在建筑有电梯	拥有家用汽车	住房来源				
				租赁	自建	购买	继承或赠予	其他
26174	24109	5468	10423	1447	13863	10357	166	466
77318	75931	54329	38449	17194	4480	54483	239	1096
41656	40042	21991	16031	6221	8766	23749	420	2720
14865	13338	2626	6057	3148	8151	3574	129	138
28542	26826	9854	10174	2057	10818	14515	399	856
45836	41343	11994	15560	4529	19543	20242	570	1299
54145	49640	12336	14696	4348	27239	20722	531	1793
35806	32834	10787	13894	2401	14368	18629	237	596
18899	17450	5466	6527	837	10186	6891	254	917
24772	22757	7907	9605	3339	8470	12151	311	578
24514	21932	6158	9579	1638	11835	10578	251	396
27612	26510	5943	9267	3039	14019	9945	182	475
23977	21664	5946	7919	1225	12053	10232	152	478
42570	40187	5804	12577	3239	25053	12435	313	1604
23819	21323	3042	7865	1234	15762	6172	236	566
11474	10583	1983	4915	1012	6922	3076	121	481
230310	**215140**	**32072**	**75799**	**14442**	**135579**	**70829**	**2826**	**8085**
6036	5852	1049	1870	524	3687	1571	36	250
20764	18253	2668	6383	967	10668	7774	540	995
24601	22125	4404	9974	817	13614	8874	266	1115
28119	24780	4550	10110	1683	16633	8514	502	1183
34254	32883	3537	10891	2060	16786	14468	144	853
26625	26036	4359	8125	1737	12905	10175	387	1527
15152	14487	2143	3675	1402	8573	4617	152	469
12138	11857	1600	4241	938	8515	2384	54	270
13324	12230	2291	4286	841	7235	4555	216	609
13982	13371	1503	5447	694	10716	2353	95	172
18075	16802	1563	5115	1239	14480	2131	271	239
17240	16464	2405	5682	1540	11767	3413	163	403
2913068	**2686821**	**614268**	**1123863**	**314046**	**1444691**	**992522**	**30578**	**165858**
689887	**669952**	**304068**	**372631**	**154546**	**140849**	**317291**	**6511**	**77071**
33568	33477	22976	17629	8453	155	21672	219	3288
33836	33764	19293	17615	9541	114	21423	333	2732
45217	43925	20525	20885	16806	440	22655	510	5625
62475	60474	35616	32990	22448	571	33538	462	7227
48385	48032	32593	22869	13709	292	27830	531	6491
40886	40338	24219	22814	10664	3075	26767	86	715
17581	17072	5648	8729	2757	4660	6105	128	4016
49315	48764	23244	29612	11370	10247	24001	269	3729
30866	30483	17346	18908	5696	4134	19628	114	1408
83940	82195	47099	49399	24043	10853	40670	548	8278
50119	48994	24386	27718	13123	6784	22957	567	6987
11418	11091	2697	6565	1229	4153	3365	144	2583
26099	23620	4668	11470	1654	14407	6783	299	3208
17394	16359	3320	9909	1101	8443	4930	373	2601
8464	8154	1246	5417	381	5084	1729	156	1141
23692	23322	3573	13952	1548	8863	7144	618	5580
26389	25776	3305	15134	2186	12755	6134	317	5132
20717	19878	3247	11687	863	11837	5050	361	2640
22271	21534	2936	14245	2124	12791	5029	110	2263
37255	32700	6131	15084	4850	21191	9881	366	1427
87554	**83532**	**15097**	**29592**	**7093**	**44872**	**32489**	**587**	**3866**
17256	17380	7166	7257	2027	1602	12608	77	1191
8369	7871	1282	2820	805	4718	2873	134	243
10158	10057	979	2713	1280	6245	2542	63	400
9898	9429	1779	3953	474	5916	3017	77	467
16372	14559	1668	4403	1243	9546	4967	116	646
25501	24236	2223	8446	1264	16845	6482	120	919

表8 续表 41

地　区	全部数据			长表数据		
	家庭户户　数	平均每户住房间数	人均住房建筑面积	家庭户户　数	住房内有管道自来水	住房内有厨房
攀枝花市	**420195**	**3.10**	**39.88**	**43564**	**39809**	**42241**
东区	151359	2.31	37.25	16562	16181	15976
西区	49695	2.39	34.42	5046	4879	4883
仁和区	92189	3.35	40.89	8982	7221	8671
米易县	69377	4.19	45.48	7040	6843	6926
盐边县	57575	4.04	40.31	5934	4685	5785
泸州市	**1399450**	**3.54**	**44.85**	**135449**	**118245**	**134133**
江阳区	262597	3.23	43.78	27192	26656	27051
纳溪区	127038	3.55	48.55	13090	8207	12988
龙马潭区	153418	2.94	43.92	14539	14238	14489
泸县	263536	3.57	49.73	24986	19586	24842
合江县	239697	3.50	45.79	22380	18270	22089
叙永县	172653	4.08	41.50	16216	14689	15846
古蔺县	180511	3.97	40.79	17046	16599	16828
德阳市	**1279919**	**3.23**	**45.17**	**127844**	**99513**	**126536**
旌阳区	310202	2.78	43.38	30641	27915	30478
罗江区	75510	3.26	50.48	7232	4173	7161
中江县	369071	3.65	49.60	37769	22465	37393
广汉市	213542	3.25	43.87	20902	17610	20682
什邡市	146702	3.04	39.07	14997	11500	14682
绵竹市	164892	3.24	43.84	16303	15850	16140
绵阳市	**1866517**	**3.22**	**45.62**	**192537**	**141118**	**191432**
涪城区	459726	2.50	39.01	46530	45237	46302
游仙区	211206	3.07	47.40	21063	18166	20951
安州区	143798	3.23	47.80	15024	12870	14912
三台县	382527	3.74	47.93	38937	16290	38639
盐亭县	164470	3.16	46.69	20957	9936	20954
梓潼县	111693	3.52	52.28	11735	6628	11662
北川羌族自治县	62529	3.46	49.26	6280	6122	6251
平武县	47763	3.34	48.09	4602	4135	4565
江油市	282805	3.65	46.43	27409	21734	27196
广元市	**874375**	**3.40**	**48.13**	**86283**	**78320**	**85490**
利州区	215816	2.93	42.12	21208	20682	21029
昭化区	51224	3.81	62.39	4844	4773	4834
朝天区	47635	3.57	48.69	4410	1704	4257
旺苍县	121743	3.75	46.34	12755	11390	12561
青川县	59781	3.63	45.13	5642	5508	5599
剑阁县	175597	3.30	48.06	16535	14624	16413
苍溪县	202579	3.57	53.37	20889	19639	20797
遂宁市	**1046405**	**3.27**	**46.73**	**116159**	**72232**	**114987**
船山区	280567	2.83	41.12	28681	24737	28509
安居区	171861	3.46	53.79	20235	7313	19994
蓬溪县	176148	3.28	48.13	19469	8956	19279
大英县	146807	3.46	47.17	16642	10596	16502
射洪市	271022	3.50	47.58	31132	20630	30703
内江市	**1172531**	**3.44**	**42.21**	**125181**	**84840**	**123048**
市中区	125287	3.09	39.24	13191	10203	13003
东兴区	271397	3.06	39.16	28172	17572	27598
威远县	221912	3.24	42.93	23573	19027	23316
资中县	321773	4.09	44.66	35790	17860	34911
内江经济开发区	32465	2.74	36.55	3337	2894	3300
隆昌市	199697	3.47	44.45	21118	17284	20920
乐山市	**1136733**	**3.23**	**47.45**	**110415**	**88279**	**109810**
市中区	288490	2.97	45.34	28131	24426	28057
沙湾区	51368	3.28	53.30	5219	4661	5196
五通桥区	90876	3.09	49.98	8880	7364	8835
金口河区	13594	3.58	46.27	1341	1334	1329
犍为县	160127	3.24	51.15	15127	9416	14974
井研县	107695	3.73	48.71	10587	6077	10493

单位：户、间/户、平方米/人

长表数据								
住房内有厕所	住房内有洗澡设施	住房所在建筑有电梯	拥有家用汽车	住房来源				
				租赁	自建	购买	继承或赠予	其他
42655	**41519**	**10533**	**16985**	**6432**	**13485**	**21210**	**237**	**2200**
16277	15973	6421	6078	3179	337	12139	97	810
4883	4716	913	1591	897	556	3241	16	336
8822	8653	2260	4224	1277	3462	3758	48	437
6937	6715	762	2701	597	4565	1396	27	455
5736	5462	177	2391	482	4565	676	49	162
134508	**123820**	**19184**	**48974**	**8022**	**76223**	**46899**	**1046**	**3259**
27070	26381	9097	11811	2661	7598	16293	181	459
13022	11172	916	4425	893	8059	3587	140	411
14495	14141	3771	6327	1498	3524	9187	44	286
24890	22902	1182	10033	645	18346	5462	125	408
22116	18846	2023	6660	1159	13511	7061	222	427
16051	14436	1351	4953	708	11687	3032	169	620
16864	15942	844	4765	458	13498	2277	165	648
126862	**118935**	**15670**	**53278**	**9912**	**72548**	**40535**	**734**	**4115**
30511	30046	8548	14082	3543	8287	17176	126	1509
7135	6714	524	2681	534	4467	1982	44	205
37493	31874	1720	12623	1754	29592	5425	259	739
20717	20129	3170	10075	1974	10315	7922	131	560
14862	14486	935	6906	1300	8544	4171	115	867
16144	15686	773	6911	807	11343	3859	59	235
191452	**179312**	**30124**	**74538**	**22590**	**105621**	**57324**	**1341**	**5661**
46309	45886	15644	22789	12313	9009	23411	170	1627
20998	20171	3631	9865	3339	9618	7657	59	390
14940	13975	1331	6231	1201	11229	2403	25	166
38770	33144	1993	12013	1267	28961	7263	354	1092
20955	19772	1679	5497	1126	15411	3741	341	338
11696	10598	793	3782	659	9057	1774	100	145
6159	5826	216	2376	355	4000	944	109	872
4509	4162	132	1390	270	3636	620	36	40
27116	25778	4705	10595	2060	14700	9511	147	991
85325	**78084**	**9222**	**30702**	**7007**	**55036**	**21055**	**818**	**2367**
21032	20455	6051	9600	3829	5403	10986	72	918
4838	4502	188	1931	185	4209	371	16	63
4200	3463	177	1520	264	3714	364	17	51
12509	10755	681	3971	863	8708	2771	213	200
5482	5284	63	1596	223	4822	520	20	57
16434	14313	700	4206	738	12905	2279	235	378
20830	19312	1362	7878	905	15275	3764	245	700
115444	**98488**	**14886**	**37163**	**6773**	**65948**	**36159**	**1367**	**5912**
28602	27280	8954	9446	3167	6721	15671	347	2775
20081	15545	610	6897	507	16332	2773	159	464
19364	14983	835	4887	848	13502	4187	279	653
16540	14023	1322	5676	873	10883	4369	119	398
30857	26657	3165	10257	1378	18510	9159	463	1622
124016	**109626**	**19059**	**34206**	**7960**	**73171**	**37319**	**1505**	**5226**
12966	12013	2052	3231	1463	5545	5297	229	657
27994	24173	6812	8255	1992	14545	9891	397	1347
23269	20633	2528	5747	1391	13183	7776	197	1026
35454	29846	3404	9798	1433	26200	6830	464	863
3314	3124	1537	913	525	891	1045	96	780
21019	19837	2726	6262	1156	12807	6480	122	553
109636	**102840**	**17687**	**40550**	**7651**	**58613**	**38984**	**875**	**4292**
28060	27426	10109	13136	3357	8810	14538	177	1249
5173	4914	280	1841	158	3111	1596	45	309
8749	8317	558	2947	424	5063	2883	90	420
1340	1315	55	372	139	899	262	14	27
15025	12922	1350	4630	726	9258	4527	54	562
10468	8754	989	3406	407	6746	3172	20	242

表8 续表 42

地　区	全 部 数 据			长表数据		
	家庭户户　数	平均每户住房间数	人均住房建筑面积	家庭户户　数	住房内有管道自来水	住房内有厨房
夹江县	115666	3.32	55.99	11296	6426	11271
沐川县	69357	3.39	44.04	6608	5916	6576
峨边彝族自治县	36289	3.65	37.16	3529	3481	3523
马边彝族自治县	51751	3.22	33.60	5130	5006	5095
峨眉山市	151520	3.13	48.08	14567	14172	14461
南充市	**2158667**	**3.48**	**44.60**	**238687**	**176957**	**236280**
顺庆区	285221	2.77	39.53	30329	27095	30146
高坪区	201553	3.41	41.81	21247	16729	21025
嘉陵区	202020	3.07	40.38	22194	12858	22016
南部县	338748	3.25	45.94	37118	32122	36802
营山县	234663	3.88	47.30	25874	15872	25581
蓬安县	184111	4.07	47.32	20910	12327	20539
仪陇县	276850	4.88	51.19	30302	16082	30020
西充县	187128	2.63	44.08	24054	20411	23655
阆中市	248373	3.27	42.84	26659	23461	26496
眉山市	**1007008**	**3.50**	**52.54**	**99313**	**78995**	**98777**
东坡区	310776	3.26	48.71	31172	24778	31016
彭山区	99394	3.20	49.34	10050	7750	10006
仁寿县	387067	3.63	52.72	37195	31112	36934
洪雅县	100469	4.21	60.59	9888	7445	9850
丹棱县	48343	3.61	63.44	4843	3976	4835
青神县	60959	3.15	53.23	6165	3934	6136
宜宾市	**1470268**	**3.49**	**44.88**	**141652**	**101681**	**140222**
翠屏区	280502	3.01	41.80	26756	21472	26195
南溪区	113113	3.57	43.48	11022	9994	10936
叙州区	317424	3.35	44.66	30785	19506	30470
江安县	143037	3.58	44.49	13505	8782	13476
长宁县	106048	3.50	48.72	9987	5634	9896
高县	122726	3.80	46.35	11992	9120	11885
珙县	103251	3.67	42.61	10849	5430	10795
筠连县	94898	4.16	52.78	8912	8003	8842
兴文县	112547	3.63	44.02	10712	7633	10658
屏山县	76722	3.71	44.96	7132	6107	7069
广安市	**1200497**	**3.33**	**45.12**	**112265**	**88800**	**111247**
广安区	257021	3.28	42.15	24678	18462	24436
前锋区	82649	3.65	46.22	7369	5027	7275
岳池县	277983	3.56	49.01	25408	20943	25200
武胜县	214741	3.44	46.50	19149	11180	18821
邻水县	281015	2.89	40.85	27449	25591	27359
华蓥市	87088	3.55	50.34	8212	7597	8156
达州市	**1919493**	**3.04**	**41.03**	**218990**	**175544**	**216777**
通川区	276874	2.81	36.24	32190	28750	31826
达川区	353772	2.73	39.94	42279	31536	41686
宣汉县	329979	3.13	39.49	36564	35565	36463
开江县	146447	3.83	52.92	16311	12599	16191
大竹县	320062	2.92	42.86	35560	29960	35308
渠县	339475	3.10	40.65	39382	22181	39003
达州经济开发区	12663	2.76	47.24	1692	1385	1587
万源市	140221	3.44	41.39	15012	13568	14713
雅安市	**480069**	**3.93**	**48.63**	**47883**	**46155**	**47493**
雨城区	123337	3.62	50.24	12143	11653	12089
名山区	80479	3.99	51.38	8049	7131	8026
荥经县	48646	3.44	44.78	4917	4861	4809
汉源县	93783	4.54	45.60	9179	9108	9106
石棉县	39887	3.76	39.55	4025	3910	3936
天全县	43280	3.70	49.00	4346	4331	4322
芦山县	34971	4.23	58.89	3535	3477	3525
宝兴县	15686	4.34	50.02	1689	1684	1680

单位：户、间/户、平方米/人

长表数据								
住房内有厕所	住房内有洗澡设施	住房所在建筑有电梯	拥有家用汽车	住房来源				
				租赁	自建	购买	继承或赠予	其他
11279	10919	938	4732	464	8122	2472	125	113
6586	6096	576	1930	379	4551	1574	20	84
3525	3353	82	735	131	2598	729	27	44
4939	4761	215	1046	211	3728	890	52	249
14492	14063	2535	5775	1255	5727	6341	251	993
237272	**210194**	**30815**	**74137**	**13504**	**138434**	**74220**	**2857**	**9672**
30227	27951	8368	11456	3394	5441	19027	245	2222
21115	19123	3829	6115	1541	10315	7239	234	1918
22013	19684	3783	6957	981	13033	7048	251	881
37007	34255	3385	13376	2132	25577	8254	493	662
25688	21300	2620	6661	1240	16620	6864	249	901
20680	15620	1332	5859	600	14905	4779	302	324
30101	27099	2052	9563	1585	21803	5760	342	812
23938	20895	2170	6655	1147	14510	7183	463	751
26503	24267	3276	7495	884	16230	8066	278	1201
98944	**93858**	**15398**	**44165**	**5483**	**57704**	**32583**	**350**	**3193**
31077	29994	7241	15281	1822	14795	13991	53	511
10022	9656	1691	4488	775	4443	3929	30	873
36979	34119	4381	14727	2076	23746	9974	82	1317
9873	9470	924	4760	309	7082	2203	71	223
4837	4689	373	2474	239	3562	947	29	66
6156	5930	788	2435	262	4076	1539	85	203
140731	**126124**	**22723**	**47327**	**11672**	**83938**	**41282**	**1017**	**3743**
26290	24184	6128	10171	4017	11638	9852	184	1065
10977	9984	2373	3408	693	5803	3610	119	797
30602	25906	8454	11525	3001	15103	11832	207	642
13488	12873	1854	4230	756	8800	3614	76	259
9940	8621	1010	2912	656	6504	2534	116	177
11966	10160	590	3638	652	8658	2426	78	178
10833	10021	617	2847	643	7650	2409	34	113
8893	7920	345	2699	444	7052	1207	88	121
10670	10030	996	3579	396	8188	1917	52	159
7072	6425	356	2318	414	4542	1881	63	232
111531	**101026**	**13507**	**31439**	**6227**	**64204**	**36657**	**1480**	**3697**
24556	21588	5117	8954	1696	10282	11269	473	958
7311	6260	493	2203	475	4562	1708	131	493
25230	21891	1924	6565	839	16258	7526	218	567
18927	16987	1668	5270	846	12419	5353	148	383
27357	26524	3196	5802	2056	15936	8139	387	931
8150	7776	1109	2645	315	4747	2662	123	365
216832	**197447**	**35866**	**54260**	**11861**	**122974**	**71413**	**4472**	**8270**
31778	29578	11391	9598	3933	7192	18064	948	2053
41450	36841	7789	11021	2083	22084	15284	1565	1263
36492	35345	3137	7774	955	23794	9947	468	1400
16247	14526	1465	3843	699	12494	2773	77	268
35298	31974	5801	8450	1987	19994	12284	405	890
39121	33948	4446	8536	1213	26945	9082	708	1434
1606	1290	145	506	162	1000	188	57	285
14840	13945	1692	4532	829	9471	3791	244	677
47585	**45168**	**5470**	**19303**	**2931**	**31582**	**10590**	**771**	**2009**
12092	11854	2910	5355	1090	5045	5026	108	874
8032	7770	537	4190	234	6565	1069	50	131
4874	4390	675	1467	322	2744	1246	241	364
9143	8592	93	3324	444	7987	403	140	205
3891	3534	381	1365	553	2125	1269	20	58
4333	4058	414	1647	127	2939	978	140	162
3532	3340	322	1240	67	2934	366	67	101
1688	1630	138	715	94	1243	233	5	114

表8 续表 43

地　区	全部数据			长表数据		
	家庭户户数	平均每户住房间数	人均住房建筑面积	家庭户户数	住房内有管道自来水	住房内有厨房
巴中市	**1000398**	**3.76**	**45.43**	**105104**	**92673**	**104353**
巴州区	227239	3.51	41.72	23423	20787	23291
恩阳区	136458	4.00	56.05	15399	9107	15309
通江县	197144	3.70	44.29	20688	20134	20499
南江县	168323	4.19	46.30	17405	16879	17173
平昌县	252412	3.64	43.95	26193	24084	26100
巴中经济开发区	18822	3.58	44.71	1996	1682	1981
资阳市	**912771**	**3.53**	**48.05**	**85574**	**44396**	**84058**
雁江区	318580	3.71	47.23	30653	18551	30087
安岳县	381778	3.55	48.68	34929	16362	34321
乐至县	212413	3.23	48.23	19992	9483	19650
阿坝藏族羌族自治州	**214796**	**4.47**	**48.74**	**21565**	**19503**	**20126**
马尔康市	15491	4.12	66.83	1630	1594	1600
汶川县	22436	4.70	52.92	2344	2268	2310
理县	10831	5.76	60.36	1070	1060	1057
茂县	29247	4.86	53.64	2914	2791	2892
松潘县	15886	4.53	48.83	1520	1460	1510
九寨沟县	18545	4.44	48.67	1912	1901	1902
金川县	17468	4.95	59.08	1705	1593	1697
小金县	20460	4.83	57.28	1975	1879	1921
黑水县	14889	4.93	53.59	1600	1539	1585
壤塘县	9476	3.50	43.18	899	555	852
阿坝县	14667	3.97	36.59	1432	860	1065
若尔盖县	15537	3.71	30.45	1497	1392	1030
红原县	9863	2.48	23.74	1067	611	705
甘孜藏族自治州	**257173**	**3.73**	**39.31**	**25698**	**20179**	**22266**
康定市	30951	3.89	45.07	3119	2947	2933
泸定县	26178	4.25	51.18	2646	2614	2623
丹巴县	15038	5.95	51.98	1556	1544	1520
九龙县	15415	3.83	44.49	1582	1497	1535
雅江县	9014	3.85	44.29	928	811	873
道孚县	13133	4.26	40.73	1522	1509	1522
炉霍县	9578	4.04	39.59	890	644	815
甘孜县	15079	3.34	37.01	1454	1110	1261
新龙县	8306	4.23	34.84	785	537	746
德格县	19891	3.56	26.59	1960	1584	1618
白玉县	11744	3.33	32.64	1163	834	974
石渠县	25540	2.54	22.63	2267	606	1375
色达县	18692	1.98	22.95	1962	415	719
理塘县	11426	3.48	32.32	1250	1064	1216
巴塘县	9958	3.64	36.53	900	791	881
乡城县	5241	4.98	106.09	508	503	496
稻城县	6687	3.87	56.22	673	669	664
得荣县	5302	4.49	40.86	533	500	495
凉山彝族自治州	**1307743**	**3.67**	**33.01**	**128357**	**108824**	**123624**
西昌市	278552	3.40	39.97	27361	25491	26217
木里藏族自治县	31835	3.87	35.46	3015	2681	2970
盐源县	86151	3.87	31.56	8728	5553	8321
德昌县	62129	3.74	43.55	6151	3517	6066
会理县	119145	4.28	45.40	11548	6302	11109
会东县	102978	3.71	39.62	9531	6181	9068
宁南县	48415	4.60	43.94	4822	4555	4768
普格县	44506	3.43	24.56	4416	4048	4253
布拖县	44054	3.26	21.16	4651	4471	4505
金阳县	38794	3.35	23.00	3831	3559	3540
昭觉县	62713	3.02	20.59	6292	5910	5842
喜德县	40405	3.37	26.09	3905	3522	3740
冕宁县	99811	3.77	28.36	9737	9688	9730
越西县	77979	3.63	27.69	7828	7164	7346
甘洛县	51023	3.64	27.43	5022	5014	4997
美姑县	58308	3.48	22.04	5627	5409	5355
雷波县	60945	4.11	31.26	5892	5759	5797

单位：户、间/户、平方米/人

长表数据								
住房内有厕所	住房内有洗澡设施	住房所在建筑有电梯	拥有家用汽车	住房来源				
				租赁	自建	购买	继承或赠予	其他
104351	**94486**	**15498**	**34013**	**5159**	**61901**	**31486**	**1920**	**4638**
23293	21019	6141	8754	1688	8312	11477	381	1565
15241	12732	682	5324	487	11706	2523	190	493
20594	19476	1472	6395	926	12884	5183	539	1156
17211	15239	2079	6564	1140	11184	4213	310	558
26026	24205	3717	6026	836	17400	6654	470	833
1986	1815	1407	950	82	415	1436	30	33
84787	**70495**	**9623**	**26948**	**5644**	**54085**	**21567**	**856**	**3422**
30365	26554	5757	10177	2653	15405	10213	285	2097
34586	28871	2326	11270	1742	25982	6412	289	504
19836	15070	1540	5501	1249	12698	4942	282	821
19790	**17802**	**875**	**9603**	**1752**	**16101**	**2908**	**66**	**738**
1586	1507	342	829	324	767	472	5	62
2299	2281	108	1271	259	1554	438	4	89
1060	1031	10	556	57	824	149	5	35
2879	2823	103	1270	133	2242	489	6	44
1500	1403	12	746	95	1319	97	2	7
1905	1876	92	899	241	1297	306	4	64
1602	1555	88	620	77	1347	267	5	9
1909	1827	60	876	154	1515	264	9	33
1572	1476	15	561	108	1363	108	7	14
812	446	23	254	68	711	76	1	43
992	450	14	573	41	1251	74	7	59
1175	746	5	728	86	1249	102	5	55
499	381	3	420	109	662	66	6	224
20760	**16980**	**1424**	**9074**	**2217**	**18179**	**3069**	**201**	**2032**
2884	2645	395	1390	507	1506	903	8	195
2594	2507	305	1047	179	1752	601	32	82
1513	1438	158	637	100	1146	277	16	17
1488	1198	96	417	125	1208	209	9	31
910	803	64	396	77	685	145		21
1522	1473	18	1125	175	1241	60	12	34
803	625	23	390	53	722	41	8	66
1091	547	32	437	107	1109	129	2	107
752	595	23	231	61	660	35	4	25
1217	640	69	352	68	1746	77	16	53
920	648	44	279	67	924	109	5	58
779	311	2	527	165	1332	35	54	681
655	343	59	332	190	1209	27	8	528
1118	869	4	430	29	1009	115	19	78
856	724	63	278	88	654	130	3	25
505	494	15	219	59	385	57	1	6
669	645	9	397	77	534	46	4	12
484	475	45	190	90	357	73		13
123146	**107133**	**7539**	**34975**	**9610**	**89223**	**17482**	**1567**	**10475**
26519	25337	5382	10651	4493	12171	8363	483	1851
2821	2816	6	608	150	2535	241	9	80
8071	6402	156	3048	339	7311	494	91	493
6063	5650	240	1718	389	4232	1314	44	172
10952	10420	517	4275	891	9065	1218	170	204
8835	8227	376	2626	1111	7117	707	121	475
4723	4609	270	1455	427	3751	531	55	58
4182	3200	22	728	149	2399	453	95	1320
4515	4086	25	498	132	3637	182	23	677
3537	2941	36	507	158	2686	395	66	526
5721	3571	12	559	206	4302	440	32	1312
3712	2349	8	830	82	3187	340	57	239
9736	8404	150	2747	265	8558	832	42	40
7621	4719	164	1457	241	6022	806	104	655
5021	4958	35	1055	169	3461	513	106	773
5381	4460	20	900	89	3996	213	29	1300
5736	4984	120	1313	319	4793	440	40	300

表8 续表 44

地区	全部数据			长表数据		
	家庭户户数	平均每户住房间数	人均住房建筑面积	家庭户户数	住房内有管道自来水	住房内有厨房
贵州省	**12004270**	**3.97**	**43.10**	**1145420**	**1084924**	**1068305**
贵阳市	**1846732**	**3.15**	**39.88**	**181100**	**173493**	**168168**
南明区	370276	2.53	33.55	36034	34340	33483
云岩区	385478	2.36	32.14	37976	36553	34586
花溪区	251130	3.35	42.13	24942	23795	22782
乌当区	101833	3.38	44.23	10209	9631	9559
白云区	128022	3.09	38.00	12588	11747	11457
观山湖区	181619	3.01	42.84	17564	16980	16841
开阳县	119179	4.32	46.17	11553	11313	11279
息烽县	73045	3.91	47.82	7234	7181	7073
修文县	82422	4.27	48.40	8062	7917	7561
清镇市	153728	4.46	47.17	14938	14036	13547
六盘水市	**948929**	**3.61**	**40.84**	**91902**	**85210**	**85532**
钟山区	203703	3.08	36.22	19803	18719	18210
六枝特区	164905	3.89	42.74	15727	13924	14157
水城县	214337	4.62	41.27	20437	18940	19674
盘州市	365984	3.19	42.42	35935	33627	33491
遵义市	**2095198**	**4.00**	**43.55**	**199477**	**198306**	**197151**
红花岗区	293330	3.36	38.92	27992	27646	27237
汇川区	196775	3.74	42.41	18855	18789	18422
播州区	232612	4.24	44.93	22364	22349	22288
桐梓县	162260	4.42	44.59	15322	15287	15296
绥阳县	120922	3.93	43.76	11076	10671	10988
正安县	139587	3.74	46.08	13220	13213	13184
道真仡佬族苗族自治县	86101	3.53	41.94	8041	8023	7900
务川仡佬族苗族自治县	103612	4.09	43.54	9638	9538	9419
凤冈县	104075	4.34	44.49	9715	9712	9670
湄潭县	127004	4.22	45.45	12391	12391	12391
余庆县	76752	4.30	59.37	7394	7334	7332
习水县	176999	4.38	39.68	16918	16908	16883
赤水市	86961	3.12	44.27	8480	8468	8430
仁怀市	188208	4.57	43.83	18071	17977	17711
安顺市	**741003**	**3.86**	**45.50**	**71365**	**67087**	**66512**
西秀区	259920	3.68	46.47	24947	24405	23581
平坝区	98382	3.95	46.46	9699	9067	8717
普定县	122786	3.47	42.93	11667	11376	11161
镇宁布依族苗族自治县	90375	3.85	44.89	8732	8209	8132
关岭布依族苗族自治县	83133	4.11	45.16	7964	7349	7545
紫云苗族布依族自治县	86407	4.64	45.83	8356	6681	7376
毕节市	**2068492**	**4.43**	**38.15**	**193497**	**166038**	**155896**
七星关区	386597	4.12	38.55	35749	34102	29706
大方县	281462	4.57	37.07	26240	22562	18115
黔西县	225015	4.22	40.41	20946	19129	16955
金沙县	167271	4.73	45.17	16089	12170	14124
织金县	264704	3.98	38.40	24403	20323	19745
纳雍县	216562	4.69	37.55	20311	16384	15208
威宁彝族回族苗族自治县	342532	4.45	33.56	32344	28967	27066
赫章县	184349	5.18	39.86	17415	12401	14977
铜仁市	**1084661**	**4.28**	**48.51**	**100668**	**99397**	**99522**
碧江区	117690	3.31	40.50	10754	10624	10639
万山区	51997	3.63	43.09	4656	4580	4634
江口县	63807	4.03	47.56	5869	5817	5828
玉屏侗族自治县	47458	4.30	47.12	4511	4473	4490
石阡县	100285	4.68	51.33	9527	9460	9481
思南县	159112	4.41	51.56	14592	14392	14336
印江土家族苗族自治县	105567	3.90	45.10	9733	9663	9696

单位：户、间/户、平方米/人

长表数据								
住房内有厕所	住房内有洗澡设施	住房所在建筑有电梯	拥有家用汽车	住房来源				
				租赁	自建	购买	继承或赠予	其他
1096343	**936645**	**169260**	**420956**	**117828**	**690969**	**271569**	**13974**	**51080**
173168	**160314**	**63213**	**89923**	**44547**	**44418**	**85688**	**1188**	**5259**
33879	32593	17995	16272	11369	1465	21600	244	1356
35868	33477	14402	16631	13337	2133	20647	376	1483
23718	21938	7635	13451	5942	6358	11921	144	577
9880	9275	3493	5780	1841	2994	5023	89	262
11848	10796	3486	6967	3693	2706	5883	38	268
17202	16521	11100	11346	4356	2330	10397	35	446
11392	9938	1026	5245	984	7294	2960	135	180
7160	6557	650	3120	677	4688	1706	29	134
7935	6861	714	3844	748	5776	1308	34	196
14286	12358	2712	7267	1600	8674	4243	64	357
85896	**68718**	**10286**	**31587**	**10352**	**56857**	**18781**	**1312**	**4600**
18579	16119	5293	8837	4672	4144	9799	292	896
14566	10597	1515	4021	965	10832	2916	278	736
18699	14161	970	6269	1431	15349	1839	333	1485
34052	27841	2508	12460	3284	26532	4227	409	1483
198478	**191368**	**31266**	**77852**	**20480**	**107759**	**58336**	**2860**	**10042**
27449	26541	8367	12622	5150	7125	13393	346	1978
18769	17874	4431	8332	2906	6442	7693	311	1503
22350	22068	4219	9846	1646	12477	7264	232	745
15311	15071	1241	4691	782	9787	3899	258	596
11006	10188	1194	3760	512	7559	2480	208	317
13213	12826	1257	3932	851	8706	3363	129	171
8022	7578	809	2908	1134	4227	1851	184	645
9509	8787	1185	3245	773	6437	1696	145	587
9712	9277	994	4005	879	6596	1950	148	142
12391	12389	1252	4893	833	7463	3350	190	555
7340	6746	504	3203	587	5331	1204	71	201
16915	16838	1574	5972	1330	11331	3034	201	1022
8468	7950	924	2340	744	3504	3342	249	641
18023	17235	3315	8103	2353	10774	3817	188	939
67983	**53215**	**6832**	**27143**	**4921**	**50249**	**12896**	**544**	**2755**
24324	21174	4384	11067	2797	13293	7674	190	993
9133	7507	687	4442	585	7008	1811	48	247
11344	8366	560	3366	362	9543	1249	143	370
8153	5708	541	3029	468	6973	972	26	293
7614	5329	325	2487	455	6360	684	68	397
7415	5131	335	2752	254	7072	506	69	455
172088	**109327**	**13068**	**54239**	**9616**	**154121**	**18807**	**1921**	**9032**
34070	24883	5636	11344	2715	24250	6767	350	1667
21001	12435	784	6458	1010	22305	1562	311	1052
19124	13877	1251	6518	1117	16262	2584	217	766
15442	12016	987	4908	900	12145	1739	192	1113
22550	12368	1225	5114	1322	20039	2060	252	730
13517	9145	1023	4755	889	16717	1495	229	981
30382	16213	1440	9869	882	28128	1537	167	1630
16002	8390	722	5273	781	14275	1063	203	1093
99609	**93329**	**10447**	**32377**	**5567**	**70050**	**17771**	**2077**	**5203**
10694	10387	3174	4404	1335	3162	5163	170	924
4617	4419	835	1469	336	2739	1017	68	496
5839	5573	649	1887	284	4074	890	197	424
4492	4443	380	1538	249	2831	962	195	274
9460	9079	455	3294	406	7631	1100	123	267
14352	13681	771	4909	557	11601	1729	229	476
9611	9226	1091	3046	542	6681	1824	286	400

表8 续表 45

地区	全部数据			长表数据		
	家庭户户数	平均每户住房间数	人均住房建筑面积	家庭户户数	住房内有管道自来水	住房内有厨房
德江县	129926	5.01	50.01	11717	11639	11627
沿河土家族自治县	153068	4.69	55.93	14329	14105	14162
松桃苗族自治县	155751	4.19	47.06	14980	14644	14629
黔西南布依族苗族自治州	**917611**	**4.24**	**45.75**	**88278**	**84104**	**85202**
兴义市	297542	3.68	44.23	28265	27613	27739
兴仁市	132924	4.08	45.82	12904	12365	12432
普安县	75685	4.60	43.35	7262	6879	6958
晴隆县	73230	4.85	44.60	7071	5661	6585
贞丰县	96381	4.46	44.56	9365	9148	9192
望谟县	70126	5.30	53.20	6847	6304	6124
册亨县	61747	3.87	41.53	5942	5685	5785
安龙县	109976	4.67	50.47	10622	10449	10387
黔东南苗族侗族自治州	**1214215**	**3.92**	**43.97**	**115045**	**109038**	**110183**
凯里市	229250	3.23	38.64	21098	19072	19337
黄平县	82742	4.12	45.06	7666	7317	7287
施秉县	41180	4.33	42.17	3914	3863	3848
三穗县	56378	4.22	48.98	5350	5268	5277
镇远县	65474	4.72	55.06	6381	4803	6160
岑巩县	57452	4.03	49.30	5516	5467	5468
天柱县	102958	3.73	48.53	9010	8782	8888
锦屏县	53471	4.15	52.09	5153	5042	5055
剑河县	62798	3.74	44.46	6025	5884	5695
台江县	37791	4.09	41.43	3639	3063	3412
黎平县	128205	4.33	45.22	12382	12172	11930
榕江县	85139	4.09	38.96	8076	7902	7934
从江县	84763	4.04	43.16	8243	8000	7743
雷山县	39572	3.96	36.89	3788	3736	3699
麻江县	43103	3.73	44.29	4248	4161	4104
丹寨县	43939	3.64	40.03	4556	4506	4346
黔南布依族苗族自治州	**1087429**	**4.29**	**49.50**	**104088**	**102251**	**100139**
都匀市	161809	3.83	48.96	15602	15459	15059
福泉市	92104	4.36	43.35	8646	8633	8562
荔波县	49703	4.25	55.98	4875	4820	4601
贵定县	77908	4.33	44.48	7391	7256	6995
瓮安县	134064	3.60	43.45	12662	12556	12508
独山县	86281	4.64	51.08	7981	7806	7707
平塘县	75765	4.98	63.26	7307	7266	7064
罗甸县	84230	4.33	52.86	8245	7990	7994
长顺县	61287	4.92	55.15	5880	5460	5487
龙里县	65676	4.57	46.65	6319	6059	5874
惠水县	112124	4.57	52.44	10742	10508	9982
三都水族自治县	86478	4.06	44.01	8438	8438	8306
云南省	**14304259**	**3.57**	**42.61**	**1413050**	**1316971**	**1314530**
昆明市	**2820088**	**3.00**	**41.95**	**272189**	**260556**	**243161**
五华区	396418	2.47	35.15	38867	37470	34516
盘龙区	353944	2.60	38.63	34461	33204	30915
官渡区	599634	2.20	30.97	58260	55705	46526
西山区	367192	2.69	39.07	35901	34857	32404
东川区	89496	3.33	37.68	8482	8200	8084
呈贡区	159305	3.19	44.89	15094	13991	13322
晋宁区	100635	4.85	65.66	9824	9350	9157
富民县	45282	4.45	52.44	4361	4206	4239
宜良县	130063	3.87	54.35	12564	12119	12114
石林彝族自治县	73843	4.11	52.34	7407	6977	7137
嵩明县	95347	3.97	54.75	9295	8620	8657
禄劝彝族苗族自治县	129725	4.03	47.95	11149	10678	10869
寻甸回族彝族自治县	140288	4.13	52.39	12792	11811	12183
安宁市	138916	3.38	45.83	13732	13368	13038

单位：户、间/户、平方米/人

长表数据								
住房内有厕所	住房内有洗澡设施	住房所在建筑有电梯	拥有家用汽车	住房来源				
				租赁	自建	购买	继承或赠予	其他
11655	10796	1243	3832	836	8663	1682	186	350
14111	12269	704	3479	585	11403	1476	267	598
14778	13456	1145	4519	437	11265	1928	356	994
86287	**73062**	**9092**	**31446**	**5490**	**63257**	**16859**	**554**	**2118**
28113	26066	5800	13804	3399	15649	8713	146	358
12770	10419	718	3847	518	10467	1663	125	131
6904	5408	266	2120	349	6021	489	79	324
6531	4233	146	1558	211	5902	700	44	214
9256	7617	870	2651	391	7118	1574	45	237
6330	4885	246	1897	163	5715	771	31	167
5860	5291	541	1451	149	3438	1679	42	634
10523	9143	505	4118	310	8947	1270	42	53
110581	**96178**	**9947**	**36849**	**9792**	**76553**	**18817**	**2537**	**7346**
20014	16883	4783	8877	4700	7628	7639	249	882
7231	5231	280	2384	482	5667	945	171	401
3833	3348	221	1458	179	2696	580	291	168
5330	5107	577	1716	329	3685	821	66	449
6071	5458	186	2232	403	4931	691	164	192
5490	5179	735	1856	541	3772	735	43	425
8719	8213	690	2291	315	6479	1074	648	494
5002	4685	312	1441	271	3585	787	77	433
5668	4561	476	1750	519	4036	647	105	718
3327	2269	168	1023	121	2601	628	76	213
11703	10925	502	3421	712	9460	1153	207	850
7862	7218	486	1987	264	6176	819	120	697
8017	7073	261	1918	341	6780	483	82	557
3698	2872	33	1310	201	2646	315	34	592
4171	3566	125	1705	171	3237	519	83	238
4445	3590	112	1480	243	3174	981	121	37
102253	**91134**	**15109**	**39540**	**7063**	**67705**	**23614**	**981**	**4725**
15312	14212	5099	6825	1461	6529	6598	146	868
8617	7832	1278	3571	684	5591	1870	65	436
4832	4619	818	1700	378	3154	1159	17	167
7238	6214	714	2551	434	5091	1592	105	169
12510	11285	2051	4684	1127	6825	3576	178	956
7848	7212	839	3088	337	5990	1200	141	313
7258	6625	406	2641	307	5931	812	50	207
8112	7045	898	2556	620	5543	1813	48	221
5648	4442	378	2534	125	4636	704	30	385
6136	5235	1194	3071	679	3680	1624	69	267
10306	8892	882	4206	649	8126	1689	60	218
8436	7521	552	2113	262	6609	977	72	518
1289454	**1230667**	**155608**	**558646**	**196792**	**898006**	**266541**	**12598**	**39113**
253976	**252321**	**78068**	**137504**	**83517**	**72341**	**106778**	**1625**	**7928**
37421	36773	17036	20065	12599	1688	22928	262	1390
32975	32360	13587	17795	10834	3057	19690	145	735
55846	55130	18519	26645	32524	4750	18932	153	1901
34641	34401	12000	18109	12055	2746	20368	193	539
7784	7972	774	2368	1099	4580	2414	44	345
13602	14096	6121	9495	5614	2985	5476	67	952
6953	8608	1059	5560	1471	6087	1544	172	550
4187	3980	400	2281	436	3271	606	20	28
10488	10564	1625	5673	969	8652	2501	217	225
6667	6194	554	4153	564	5249	1416	83	95
8194	8240	1029	5635	1226	6462	1285	88	234
10628	9528	677	4898	834	8642	1253	58	362
11961	11716	464	6524	458	10905	1135	39	255
12629	12759	4223	8303	2834	3267	7230	84	317

表8 续表 46

地　区	全 部 数 据			长表数据		
	家庭户户　数	平均每户住房间数	人均住房建筑面积	家庭户户　数	住房内有管道自来水	住房内有厨房
曲靖市	**1869175**	**3.15**	**41.91**	**183997**	**160462**	**161119**
麒麟区	319837	3.12	46.89	31646	30523	29118
沾益区	118441	3.75	46.25	11983	10124	10590
马龙区	55960	4.41	54.47	5780	5079	5109
陆良县	201383	2.97	43.13	20358	18656	18677
师宗县	100830	3.48	39.58	9986	8376	9399
罗平县	168522	3.70	47.08	16916	14650	15821
富源县	191011	3.16	34.79	18857	16256	15821
会泽县	281587	3.12	41.67	26306	23773	23916
宣威市	431604	2.65	36.70	42165	33025	32668
玉溪市	**687410**	**4.39**	**57.65**	**68680**	**66871**	**66188**
红塔区	181121	4.69	69.34	17804	17524	16837
江川区	78718	4.89	60.90	7946	7838	7789
通海县	82659	4.71	59.86	8226	8031	8049
华宁县	60242	4.16	57.29	5936	5840	5805
易门县	48685	3.56	49.00	4908	4895	4884
峨山彝族自治县	43173	4.16	48.48	4439	4337	4281
新平彝族傣族自治县	78770	4.01	42.34	7787	7360	7412
元江哈尼族彝族傣族自治县	60027	3.59	41.14	6228	5677	5771
澄江市	54015	4.83	68.62	5406	5369	5360
保山市	**656467**	**4.08**	**47.30**	**65305**	**63764**	**64155**
隆阳区	246818	4.04	48.49	24536	23733	23885
施甸县	80012	4.11	40.69	7963	7703	7808
龙陵县	71638	3.93	45.26	7246	7168	7152
昌宁县	88510	4.35	43.95	8834	8679	8799
腾冲市	169489	4.06	51.38	16726	16481	16511
昭通市	**1491344**	**3.86**	**37.57**	**147883**	**142854**	**134882**
昭阳区	271443	3.27	38.23	25888	25190	21698
鲁甸县	124350	3.22	37.33	12445	11521	11512
巧家县	145159	3.88	38.78	14180	13392	12955
盐津县	84549	4.12	45.80	8610	8610	8599
大关县	61803	3.95	38.03	6365	6351	6317
永善县	109536	3.89	41.22	11325	11183	10255
绥江县	42131	4.00	46.51	4258	4239	4248
镇雄县	376999	4.34	33.12	37675	35635	32735
彝良县	140427	3.89	34.88	13995	13940	13865
威信县	102149	4.15	39.02	9985	9677	9568
水富市	32798	3.49	43.68	3157	3116	3130
丽江市	**363014**	**4.10**	**44.11**	**35554**	**30279**	**34574**
古城区	89146	3.08	39.83	8343	8072	8104
玉龙纳西族自治县	65627	4.78	54.39	6408	5860	6320
永胜县	96512	4.38	47.20	9620	7203	9466
华坪县	46373	4.00	39.33	4634	3550	4584
宁蒗彝族自治县	65356	4.45	37.62	6549	5594	6100
普洱市	**725967**	**3.20**	**32.43**	**71140**	**66987**	**67398**
思茅区	123277	2.88	36.27	12137	11173	10721
宁洱哈尼族彝族自治县	50759	3.11	38.77	4775	4685	4657
墨江哈尼族自治县	85850	3.46	31.95	8398	8108	8014
景东彝族自治县	91669	3.18	32.08	9527	8686	9207
景谷傣族彝族自治县	85017	3.38	33.12	8419	8419	8402
镇沅彝族哈尼族拉祜族自治县	56591	3.18	35.78	5453	5329	5358
江城哈尼族彝族自治县	33540	3.58	36.87	3303	3238	3243
孟连傣族拉祜族佤族自治县	42950	3.25	31.35	4004	3799	3763
澜沧拉祜族自治县	128950	3.15	25.88	12397	11475	11788
西盟佤族自治县	27364	3.28	28.52	2727	2075	2245
临沧市	**634395**	**3.82**	**39.82**	**62810**	**59499**	**61332**
临翔区	98238	4.11	46.51	9680	9314	9483
凤庆县	110517	3.89	44.10	11145	10921	11030
云县	113479	3.94	39.79	11187	9673	10732

单位：户、间/户、平方米/人

长表数据								
住房内有厕所	住房内有洗澡设施	住房所在建筑有电梯	拥有家用汽　车	住房来源				
				租赁	自建	购买	继承或赠予	其他
148649	**143733**	**11604**	**70335**	**14740**	**133645**	**27182**	**2965**	**5465**
27368	28499	4828	16342	7665	10845	12173	205	758
9634	9934	635	5550	761	9276	1643	138	165
4331	4597	113	3527	263	4472	768	53	224
15539	17352	819	7955	688	16475	2454	334	407
8979	7848	430	4328	509	8028	1087	97	265
16200	13524	697	6618	1059	14081	1356	119	301
16198	13116	425	6393	982	16017	1184	302	372
23232	19638	1675	8235	902	20388	2982	566	1468
27168	29225	1982	11387	1911	34063	3535	1151	1505
61258	**63106**	**6990**	**35713**	**8623**	**44317**	**13500**	**890**	**1350**
17172	17403	3695	11598	4010	7816	5636	85	257
6467	6997	394	3574	501	6268	875	233	69
6513	7328	474	4625	601	6051	1209	204	161
5419	5416	241	2898	419	4590	775	100	52
4704	4614	563	2235	369	3323	996	48	172
3980	4081	92	2502	437	2987	865	53	97
7199	7046	408	3836	1115	5364	1023	46	239
4721	5159	490	1798	528	4111	1314	39	236
5083	5062	633	2647	643	3807	807	82	67
63759	**58789**	**4860**	**25131**	**4156**	**52419**	**6105**	**626**	**1999**
23714	22424	2927	9267	1605	17627	3606	324	1374
7813	7269	196	2673	332	6562	562	83	424
7143	6695	444	2838	501	6100	533	15	97
8601	8256	136	3386	402	7982	380	27	43
16488	14145	1157	6967	1316	14148	1024	177	61
144273	**114896**	**11111**	**35648**	**10928**	**116539**	**10822**	**1458**	**8136**
24662	20616	4847	9222	3098	16657	4401	287	1445
12166	9511	1149	3110	693	9946	600	148	1058
13496	11601	527	3152	1342	11746	624	94	374
8610	8058	595	1811	259	7082	392	113	764
6330	4934	96	1476	467	5203	465	47	183
10901	8461	286	2400	1331	8633	712	49	600
4255	3988	435	1046	307	2391	163	149	1248
36878	25335	1407	7675	1393	33548	1229	314	1191
13959	11006	910	2995	755	11597	650	97	896
9876	8439	327	1896	974	8077	564	127	243
3140	2947	532	865	309	1659	1022	33	134
34049	**31325**	**1287**	**15848**	**4468**	**25440**	**4766**	**227**	**653**
8189	8071	431	4891	3511	2481	2262	16	73
6170	5522	296	3802	185	4749	1397	47	30
9188	8089	116	3766	172	8933	287	105	123
4610	4347	257	1895	296	3738	495	30	75
5892	5296	187	1494	304	5539	325	29	352
62711	**64421**	**3662**	**24350**	**8989**	**50681**	**10341**	**203**	**926**
11181	11357	1970	6198	3645	4044	4261	19	168
4586	4631	61	2028	495	3410	784	13	73
7217	7558	310	2284	778	6615	898	32	75
8992	8215	349	2914	637	8203	600	29	58
8419	8203	442	2946	864	6431	1045	15	64
5303	5194	34	2015	464	4263	671	12	43
3008	3155	84	1181	357	2422	435	10	79
2656	3607	22	1239	439	3036	424	26	79
9274	10302	372	3041	1120	10019	987	42	229
2075	2199	18	504	190	2238	236	5	58
58938	**57208**	**3608**	**19524**	**5387**	**50938**	**5466**	**325**	**694**
9482	9452	1290	4274	1301	6315	1912	50	102
10997	10650	480	3401	533	9894	575	55	88
10458	9751	624	3213	700	9589	748	58	92

表8 续表 47

地区	全部数据			长表数据		
	家庭户户数	平均每户住房间数	人均住房建筑面积	家庭户户数	住房内有管道自来水	住房内有厨房
永德县	90800	3.83	37.70	9112	8877	9020
镇康县	47171	3.53	34.52	4629	4451	4545
双江拉祜族佤族布朗族傣族自治县	47507	3.61	38.75	4687	4532	4521
耿马傣族佤族自治县	78524	3.71	36.55	7736	7534	7579
沧源佤族自治县	48159	3.51	32.42	4634	4197	4422
楚雄彝族自治州	**784715**	**3.73**	**44.14**	**80581**	**74393**	**77237**
楚雄市	201121	3.43	46.23	20010	19332	19000
双柏县	47848	2.99	43.84	4937	4899	4821
牟定县	53001	3.71	46.72	6126	5952	6070
南华县	69380	3.90	46.09	7433	5584	7051
姚安县	54671	3.74	46.47	5719	5559	5543
大姚县	72829	4.45	42.36	7193	6419	7004
永仁县	32175	3.72	41.06	3251	3060	3127
元谋县	61639	3.97	43.16	6142	5450	5872
武定县	75661	4.16	43.70	7760	7413	7511
禄丰县	116390	3.61	40.31	12010	10725	11238
红河哈尼族彝族自治州	**1314779**	**3.55**	**40.10**	**133170**	**124448**	**127344**
个旧市	133817	2.93	37.00	13563	13011	13176
开远市	105277	3.25	43.39	10763	10444	10499
蒙自市	167041	3.37	47.00	16858	16427	16457
弥勒市	175527	3.65	47.89	17924	15059	17390
屏边苗族自治县	41735	3.38	37.55	4453	4173	4173
建水县	152625	3.70	41.99	15336	14468	15073
石屏县	88929	4.00	44.47	8931	8636	8798
泸西县	108655	3.56	44.87	10958	10204	10119
元阳县	96764	3.95	32.35	9975	9333	9426
红河县	72433	3.72	32.44	7124	6967	6652
金平苗族瑶族傣族自治县	83588	3.72	28.92	8384	7088	7227
绿春县	54552	4.03	32.02	5509	5383	5188
河口瑶族自治县	33836	2.82	32.75	3392	3255	3166
文山壮族苗族自治州	**945028**	**4.05**	**48.32**	**93573**	**80137**	**89677**
文山市	172617	3.67	50.05	16902	15849	16282
砚山县	124486	3.95	46.36	12333	9880	11681
西畴县	58866	4.16	55.50	6039	5039	5707
麻栗坡县	71408	4.19	54.69	7081	5952	6747
马关县	93854	3.76	52.35	9079	8873	8907
丘北县	122711	3.77	40.61	12214	6875	11453
广南县	193933	4.42	46.21	19173	17606	18678
富宁县	107153	4.49	50.55	10752	10063	10222
西双版纳傣族自治州	**386829**	**3.00**	**40.14**	**37284**	**34907**	**34347**
景洪市	207803	2.76	38.96	19765	18851	18225
勐海县	92589	3.44	43.91	9033	8289	8431
勐腊县	86437	3.08	38.05	8486	7767	7691
大理白族自治州	**998491**	**4.24**	**46.69**	**99452**	**96005**	**96282**
大理市	244624	3.92	49.85	24040	23574	22177
漾濞彝族自治县	28511	3.58	40.66	2853	2672	2839
祥云县	120728	4.48	51.26	11983	11782	11837
宾川县	95927	4.45	41.85	9613	8709	9134
弥渡县	82445	4.46	53.54	8524	8494	8463
南涧彝族自治县	58458	3.79	42.36	5896	5221	5811
巍山彝族回族自治县	81662	4.29	48.29	8077	7994	8015
永平县	47493	3.59	42.24	4736	4582	4619
云龙县	53807	3.70	40.08	5321	4746	5184
洱源县	72407	4.86	43.33	7289	7288	7203
剑川县	43084	5.42	43.82	4252	4213	4225
鹤庆县	69345	4.47	46.61	6868	6730	6775
德宏傣族景颇族自治州	**372492**	**3.09**	**41.28**	**36919**	**33829**	**33792**
瑞丽市	81517	2.59	39.11	8159	7453	6884
芒市	120941	3.17	41.25	12042	11472	11060

单位：户、间/户、平方米/人

长表数据								
住房内有厕所	住房内有洗澡设施	住房所在建筑有电梯	拥有家用汽车	住房来源				
				租赁	自建	购买	继承或赠予	其他
8929	8354	289	2225	539	8004	459	24	86
4576	4435	154	1448	559	3684	317	6	63
4072	4172	329	1453	445	3798	373	31	40
7204	7267	338	2542	898	5922	661	83	172
3220	3127	104	968	412	3732	421	18	51
73203	**72399**	**4818**	**32870**	**8904**	**54820**	**14802**	**772**	**1283**
19505	19096	2651	10393	3910	8261	7570	72	197
4494	4490	20	1693	383	3796	596	27	135
5896	5789	35	2794	449	4554	1003	46	74
6538	6254	258	3139	617	6006	606	110	94
5091	5043	64	1965	322	4638	588	70	101
6605	6348	215	2333	400	5755	801	73	164
2920	2925	46	1163	354	2420	441	9	27
5461	5621	459	1829	707	4633	670	48	84
6773	6497	627	3031	643	6066	858	35	158
9920	10336	443	4530	1119	8691	1669	282	249
118511	**119515**	**10895**	**46733**	**13164**	**88105**	**27981**	**1288**	**2632**
12823	12910	2711	4359	2096	4448	6561	110	348
10539	10547	1044	4559	1546	4410	4477	76	254
16470	16230	3092	7899	3113	7519	5970	47	209
17590	16510	1320	6608	2134	12946	2449	170	225
4019	3915	27	1357	329	3468	487	67	102
14252	14547	945	6513	1054	11204	2738	180	160
6928	8212	306	3220	400	6967	1146	266	152
10350	9547	748	5002	689	8781	1170	168	150
6946	7449	158	1709	427	8700	610	35	203
5084	5313	58	1138	290	6173	326	86	249
6095	6457	162	1955	321	7149	566	40	308
4520	4766	89	1400	227	4818	329	5	130
2895	3112	235	1014	538	1522	1152	38	142
89278	**81397**	**5693**	**34691**	**7105**	**73135**	**11328**	**686**	**1319**
16335	15084	3381	9318	2553	8159	5905	89	196
11724	10766	390	5010	819	10077	1169	72	196
5651	5120	135	2212	222	5454	239	25	99
6581	6027	229	2714	371	5878	597	65	170
9010	8414	142	3241	791	7265	859	35	129
10908	9039	380	4273	801	10126	985	99	203
18727	17057	617	5247	713	17272	742	274	172
10342	9890	419	2676	835	8904	832	27	154
32313	**35200**	**3674**	**15933**	**8275**	**18391**	**9105**	**141**	**1372**
17429	18912	3041	7984	5980	6779	6281	79	646
8015	8509	420	4072	988	6716	1058	15	256
6869	7779	213	3877	1307	4896	1766	47	470
93554	**84170**	**5103**	**39544**	**9352**	**77078**	**11242**	**944**	**836**
23136	22578	3299	12010	5687	11103	6841	199	210
2683	2269	26	1008	174	2390	201	51	37
11621	10449	411	4761	735	10138	1003	75	32
8804	8346	235	4096	685	7931	723	140	134
7348	6364	163	2608	287	7529	569	86	53
5748	4877	299	2105	326	5110	380	56	24
7962	6656	143	2943	263	7352	313	130	19
4598	3925	141	1593	255	4237	193	16	35
4596	3673	135	1264	152	4700	233	52	184
6346	5655	72	2592	249	6730	231	54	25
4129	3559	67	1657	163	3839	163	39	48
6583	5819	112	2907	376	6019	392	46	35
33646	**33279**	**1980**	**15772**	**6915**	**24397**	**4754**	**134**	**719**
7632	7621	949	3821	3338	3147	1396	12	266
11373	11044	896	5665	2235	7462	2112	27	206

表8 续表 48

地 区	全 部 数 据			长表数据		
	家庭户户 数	平均每户住房间数	人均住房建筑面积	家庭户户 数	住房内有管道自来水	住房内有厨房
梁河县	39075	3.23	47.01	3867	3811	3781
盈江县	79962	3.28	40.97	7911	7077	7489
陇川县	50997	3.29	40.34	4940	4016	4578
怒江傈僳族自治州	**153463**	**3.65**	**32.38**	**14754**	**13156**	**13675**
泸水市	56298	3.39	33.62	5487	5177	5244
福贡县	30505	4.08	29.62	2913	2455	2524
贡山独龙族怒族自治县	11638	3.56	30.61	1083	940	1001
兰坪白族普米族自治县	55022	3.70	33.21	5271	4584	4906
迪庆藏族自治州	**100602**	**4.65**	**51.89**	**9759**	**8824**	**9367**
香格里拉市	43355	5.11	61.88	4255	4016	4123
德钦县	12913	5.32	62.49	1224	1104	1152
维西傈僳族自治县	44334	4.00	38.03	4280	3704	4092
西藏自治区	**793704**	**4.04**	**44.88**	**76553**	**48552**	**58795**
拉萨市	**216029**	**3.83**	**51.62**	**20640**	**17028**	**18001**
城关区	135383	2.89	45.05	12937	10774	11232
堆龙德庆区	27379	5.86	71.90	2677	2491	2615
达孜区	6472	6.65	67.21	625	612	611
林周县	12369	5.25	73.54	1183	913	1036
当雄县	8305	3.55	32.40	788	37	229
尼木县	5184	6.15	50.79	467	433	403
曲水县	9146	6.06	55.62	849	803	826
墨竹工卡县	9676	4.57	47.35	916	772	855
拉萨经济技术开发区	1331	2.77	32.01	130	129	127
西藏文化旅游创意园区	781	3.03	42.45	68	64	67
达孜工业园区	3	2.33	46.75			
日喀则市	**158890**	**5.09**	**45.40**	**15435**	**10016**	**11332**
桑珠孜区	24061	5.86	53.87	2278	1974	2146
南木林县	15550	5.59	36.78	1500	890	1089
江孜县	14201	5.50	47.36	1415	1232	1103
定日县	12979	5.35	40.43	1231	542	921
萨迦县	9939	5.14	37.65	953	838	575
拉孜县	11058	3.25	67.49	1085	935	963
昂仁县	12832	4.23	35.62	1227	677	554
谢通门县	9940	4.93	51.50	978	488	545
白朗县	7155	7.56	48.79	725	485	569
仁布县	6348	4.22	46.87	642	516	596
康马县	4693	7.92	62.62	467	371	415
定结县	4866	5.21	48.72	474	184	348
仲巴县	6940	2.60	18.18	691	5	192
亚东县	3971	4.93	59.43	380	290	335
吉隆县	3709	4.99	35.69	337	213	252
聂拉木县	3392	3.54	23.66	327	253	277
萨嘎县	4386	4.19	32.83	431	110	253
岗巴县	2870	4.48	58.55	294	13	199
昌都市	**129443**	**4.27**	**40.77**	**12613**	**8017**	**9544**
卡若区	24385	4.32	46.14	2318	1786	1670
江达县	15892	3.80	36.37	1482	879	1154
贡觉县	6018	5.18	36.32	629	587	616
类乌齐县	10584	3.83	36.82	1088	568	860
丁青县	16908	4.36	38.73	1708	785	1464
察雅县	9580	4.66	43.29	882	648	753
八宿县	7310	4.55	34.19	706	383	593
左贡县	8829	4.26	46.91	874	495	448
芒康县	10889	4.42	45.33	1050	933	936
洛隆县	10685	4.29	45.22	1035	328	408
边坝县	8363	3.78	34.44	841	625	642

单位：户、间/户、平方米/人

长表数据								
住房内有厕所	住房内有洗澡设施	住房所在建筑有电梯	拥有家用汽车	住房来源				
				租赁	自建	购买	继承或赠予	其他
3402	3509	15	1318	202	3335	249	41	40
6928	6792	112	2682	758	6517	497	25	114
4311	4313	8	2286	382	3936	500	29	93
12594	**10782**	**2121**	**3805**	**1146**	**8364**	**1522**	**255**	**3467**
5141	4705	987	1409	488	2794	926	73	1206
2342	2096	323	601	213	1834	136	98	632
894	611	13	270	122	410	71	37	443
4217	3370	798	1525	323	3326	389	47	1186
8742	**8126**	**134**	**5245**	**1123**	**7396**	**847**	**59**	**334**
4039	3952	59	3113	637	2858	685	17	58
1094	1047	14	688	107	1005	18	14	80
3609	3127	61	1444	379	3533	144	28	196
58564	**22749**	**6019**	**32410**	**15932**	**41510**	**7387**	**1956**	**9768**
18030	**10685**	**3762**	**9572**	**7375**	**6563**	**4766**	**203**	**1733**
11509	7909	2317	5394	6425	1649	4037	65	761
2631	1936	1216	1570	599	952	638	52	436
576	101	2	324		562	5	1	57
1065	113	10	532	139	952	10	16	66
33	25	10	498	6	611	8	32	131
393	46	2	219	35	394	8	3	27
834	327	5	423	31	672	12	25	109
795	110	48	512	83	755	21	8	49
127	78	104	65	37		21		72
67	40	48	35	20	16	6	1	25
13820	**1798**	**185**	**6100**	**2011**	**10235**	**341**	**449**	**2399**
2231	878	82	1166	443	1273	214	82	266
1244	97	4	563	171	1141	8	28	152
1378	139	12	558	147	1070	67	24	107
1125	51	10	504	102	890	2	37	200
914	21	10	340	31	802	2	4	114
1049	105	5	357	134	801	10	51	89
1093	28	4	366	120	791	10	21	285
741	20	2	269	104	632	5	50	187
709	76	1	319	76	582		21	46
625	44	5	289	107	449	3	22	61
453	32	11	185	87	356	2	1	21
419	46	6	197	91	333	4	8	38
290	5	3	254	48	256	4	69	314
363	161	7	182	102	262	2		14
288	63	6	134	44	176	2	14	101
267	26	3	96	42	113		13	159
359	5	1	174	82	118	5	4	222
272	1	13	147	80	190	1		23
9719	**3030**	**841**	**4158**	**1425**	**8146**	**774**	**298**	**1970**
1783	882	525	849	454	1391	257	29	187
1133	407	70	664	116	1155	41	44	126
592	244	55	128	82	457	55	6	29
703	149	43	424	46	719	27	5	291
1296	376	18	732	350	1006	91	23	238
718	232	23	178	13	623	58	13	175
548	196	8	278	30	502	19	26	129
697	40	14	216	76	700	18	7	73
790	261	19	273	26	812	134	40	38
856	130	11	246	121	311		85	518
603	113	55	170	111	470	74	20	166

表8 续表 49

地　区	全 部 数 据			长表数据		
	家庭户户　数	平均每户住房间数	人均住房建筑面积	家庭户户　数	住房内有管道自来水	住房内有厨房
林芝市	**56844**	**3.71**	**50.50**	**5642**	**3796**	**4903**
巴宜区	19840	3.01	48.15	1840	1683	1652
工布江达县	9095	3.55	54.39	893	343	698
米林县	5788	4.78	57.55	611	413	511
墨脱县	3142	3.56	33.38	324	204	294
波密县	7237	5.10	53.69	755	464	610
察隅县	6702	3.81	41.99	691	322	646
朗县	5040	3.45	62.08	528	367	492
山南市	**99288**	**4.34**	**58.40**	**9156**	**7302**	**8586**
乃东区	24442	3.71	72.52	2067	1829	1980
扎囊县	9298	6.58	42.19	869	864	850
贡嘎县	12236	2.95	50.21	1063	856	1018
桑日县	4711	4.55	65.67	478	372	442
琼结县	4832	4.30	38.28	438	427	430
曲松县	3775	5.38	63.97	350	211	346
措美县	4093	4.36	68.82	395	164	357
洛扎县	5523	4.71	66.49	528	322	492
加查县	6336	4.36	64.86	633	516	617
隆子县	10796	4.78	58.32	1051	949	1025
错那县	4935	3.61	65.52	480	198	463
浪卡子县	8311	4.77	49.55	804	594	566
那曲市	**101344**	**3.02**	**34.57**	**9935**	**1517**	**4741**
色尼区	21270	3.06	36.57	2070	425	1101
嘉黎县	7503	2.34	40.95	714	188	452
比如县	12141	4.01	50.58	1231	595	872
聂荣县	8057	2.74	27.89	766	18	279
安多县	9605	2.61	27.36	1011	27	305
申扎县	4532	3.15	22.68	452	24	161
索县	7428	3.02	39.61	701	113	539
班戈县	10844	2.57	21.05	1034	8	182
巴青县	8523	3.53	33.69	855	31	385
尼玛县	8353	3.12	24.85	773	85	294
双湖县	3088	2.32	27.51	328	3	171
阿里地区	**31866**	**2.32**	**23.76**	**3132**	**876**	**1688**
普兰县	3288	2.22	21.65	340	217	254
札达县	1921	3.56	40.75	167	66	159
噶尔县	6724	2.42	34.45	648	471	501
日土县	3408	2.66	28.33	327	102	250
革吉县	5178	2.26	17.53	513	9	172
改则县	6319	2.06	19.17	636	5	197
措勤县	5028	1.91	18.94	501	6	155
陕西省	**13350429**	**3.02**	**43.44**	**1275990**	**1191439**	**1212704**
西安市	**4050039**	**2.69**	**45.06**	**384123**	**359218**	**359324**
新城区	213758	2.21	35.98	20161	19811	19793
碑林区	259021	2.28	38.55	26230	25965	25841
莲湖区	394839	2.21	37.83	38962	38153	37881
灞桥区	322494	2.71	44.26	29524	27394	26252
未央区	661688	2.39	39.93	58239	52458	54645
雁塔区	773062	2.17	38.76	72181	63867	61267
阎良区	98611	3.07	53.25	9710	9550	9300
临潼区	204448	3.92	61.69	19616	18528	19175
长安区	490329	2.98	46.22	48707	45340	45491
高陵区	135234	3.65	57.62	13451	13093	13017
鄠邑区	170620	3.58	60.33	16725	16328	16606
蓝田县	156624	3.61	47.92	14420	13059	14096
周至县	169311	3.43	57.86	16197	15672	15960
铜川市	**251115**	**3.05**	**43.05**	**24531**	**23059**	**23546**
王益区	53348	2.47	36.76	5204	4962	4987
印台区	51777	2.64	36.81	4924	4530	4631
耀州区	120993	3.45	48.41	11919	11621	11764
宜君县	24997	3.22	39.47	2484	1946	2164

单位：户、间/户、平方米/人

长表数据								
住房内有厕所	住房内有洗澡设施	住房所在建筑有电梯	拥有家用汽　车	住房来源				
				租赁	自建	购买	继承或赠予	其他
4790	**3809**	**490**	**3009**	**1655**	**2995**	**625**	**66**	**301**
1703	1483	469	1055	830	416	485	10	99
704	305	4	525	234	621	20	5	13
531	465	2	369	144	390	15	8	54
275	242	4	89	89	161	3	20	51
483	329	2	395	84	564	86	5	16
598	553	3	276	141	509	7	4	30
496	432	6	300	133	334	9	14	38
8464	**2626**	**404**	**3574**	**1655**	**6410**	**428**	**108**	**555**
1998	1191	343	1076	665	878	349	20	155
865	243	8	257	102	736	6		25
1030	247	12	408	79	800	13	15	156
420	112		178	83	362	6	5	22
428	87	12	179	109	307	2	3	17
314	19	1	128	42	291	10	1	6
268	13		122	91	264	8	18	14
492	119	5	156	85	372	7	13	51
589	265	5	306	116	437	20	21	39
996	267	6	348	101	904	3	8	35
343	45	5	123	94	353		3	30
721	18	7	293	88	706	4	1	5
2524	**561**	**270**	**4597**	**1017**	**5630**	**362**	**780**	**2146**
690	177	51	907	251	1178	75	162	404
236	77	86	430	120	430	43	42	79
666	178	111	742	175	788	106	47	115
149	11	2	389	116	356	38	54	202
170	55		417	67	599	26	148	171
56	6		214	24	120	1	59	248
300	18	11	287	33	489	33	47	99
24	6	2	341	15	575	7	63	374
103	15	6	490	88	662	22	29	54
113	10	1	248	83	372	11	83	224
17	8		132	45	61		46	176
1217	**240**	**67**	**1400**	**794**	**1531**	**91**	**52**	**664**
191	14	16	213	119	131	8	2	80
61	13	2	71	13	97	3	1	53
467	174	45	285	251	266	15	2	114
194	29	1	128	104	198		12	13
101	5	1	162	77	214	12	18	192
70	1	2	385	125	342	52	17	100
133	4		156	105	283	1		112
1230226	**1073121**	**307524**	**488947**	**171034**	**598504**	**436034**	**9427**	**60991**
371374	**347913**	**171894**	**165887**	**88829**	**93062**	**168354**	**2838**	**31040**
19770	19404	10418	6451	4219	141	13379	169	2253
25873	25380	13843	9080	6534	169	16124	499	2904
38108	37130	22247	14052	9016	885	23381	791	4889
27600	24304	11701	13103	8351	6149	12781	134	2109
56432	53660	38741	26540	16558	3059	29530	565	8527
67367	63109	44615	30581	28194	1931	36623	212	5221
9620	9144	1996	5021	941	4088	4487	19	175
19210	17988	2082	9525	836	13907	4321	85	467
47450	43188	18431	22647	11827	18719	15174	219	2768
13389	13005	4541	8420	1339	5134	6321	27	630
16634	16094	1878	7843	511	12248	3065	48	853
13903	10638	584	5851	294	12267	1686	61	112
16018	14869	817	6773	209	14365	1482	9	132
23307	**19794**	**4324**	**9352**	**2068**	**10620**	**10707**	**208**	**928**
4940	4384	666	1239	462	996	3492	59	195
4324	3438	428	1435	521	2076	1872	83	372
11738	10473	3050	5566	918	5837	4824	41	299
2305	1499	180	1112	167	1711	519	25	62

表8 续表 50

地区	全部数据			长表数据		
	家庭户户数	平均每户住房间数	人均住房建筑面积	家庭户户数	住房内有管道自来水	住房内有厨房
宝鸡市	**1171254**	**3.39**	**40.92**	**116676**	**110183**	**114053**
渭滨区	192931	2.70	40.62	19754	18734	19011
金台区	182062	2.77	40.82	18538	18101	18301
陈仓区	156644	3.74	38.36	15564	14389	15216
凤翔县	136666	3.55	40.54	14589	14314	14482
岐山县	133335	4.04	45.98	12613	11769	12216
扶风县	105357	4.37	48.65	10104	9991	9942
眉县	90102	3.67	47.44	8848	8022	8652
陇县	69570	3.06	28.77	6422	5902	6313
千阳县	36946	3.28	32.38	3676	3446	3629
麟游县	25121	3.20	32.02	2438	1962	2327
凤县	28137	3.01	34.95	2742	2341	2628
太白县	14383	3.35	38.55	1388	1212	1336
咸阳市	**1593684**	**3.42**	**46.01**	**152866**	**145532**	**150516**
秦都区	277763	2.66	45.00	27441	26657	27014
杨陵区	67690	3.09	48.75	6609	6480	6588
渭城区	150262	2.62	41.24	15103	14063	14727
三原县	114271	4.34	54.97	11334	11122	11195
泾阳县	133199	4.11	53.82	12333	10944	12277
乾县	144799	3.83	44.33	14095	13521	13838
礼泉县	128694	3.38	45.81	11826	11224	11635
永寿县	49848	4.39	36.92	4766	4336	4679
长武县	49706	4.52	39.22	4585	4404	4443
旬邑县	69004	4.66	40.76	6269	5988	6210
淳化县	50233	3.94	43.81	4870	4599	4760
武功县	105551	3.25	49.38	10135	9919	10079
兴平市	155109	3.04	52.45	14943	14165	14881
彬州市	97555	3.09	32.00	8557	8110	8190
渭南市	**1539679**	**3.48**	**49.82**	**150704**	**143492**	**147341**
临渭区	302586	3.18	50.73	30239	28505	29644
华州区	94700	3.00	45.47	9008	8811	8917
潼关县	40221	3.30	42.34	3932	3826	3900
大荔县	175881	3.57	56.71	17063	16584	16903
合阳县	129864	3.65	45.65	12904	12350	12630
澄城县	112227	2.80	40.22	10631	9910	9751
蒲城县	206291	3.57	48.95	20199	20010	20019
白水县	74767	3.20	44.90	7264	6757	6819
富平县	203964	4.49	58.56	20279	19046	20167
韩城市	131483	3.39	44.77	12537	11453	12219
华阴市	67695	3.40	47.68	6648	6240	6372
延安市	**786027**	**2.43**	**32.76**	**71269**	**62006**	**63059**
宝塔区	205687	2.35	34.15	19841	17140	16674
安塞区	57381	2.46	29.87	4717	4255	3961
延长县	50051	1.99	29.29	4074	3917	3918
延川县	53119	1.98	25.80	4677	4359	4335
志丹县	56204	2.26	29.39	4438	3883	3518
吴起县	50178	2.65	35.18	4246	3293	4221
甘泉县	27870	2.43	33.56	2518	2318	2308
富县	43055	3.31	36.69	4220	3707	4023
洛川县	64743	2.85	38.98	6385	5095	5501
宜川县	42184	2.50	34.12	3998	3271	3744
黄龙县	15536	2.85	39.30	1491	1403	1456
黄陵县	42115	2.87	37.82	4037	3502	3687
子长市	77904	2.00	25.24	6627	5863	5713
汉中市	**1178300**	**3.18**	**44.87**	**111805**	**106024**	**110689**
汉台区	228744	3.01	46.66	21854	21387	21590
南郑区	168256	3.51	50.22	15541	14138	15418

单位：户、间/户、平方米/人

长表数据								
住房内有厕所	住房内有洗澡设施	住房所在建筑有电梯	拥有家用汽车	住房来源				
				租赁	自建	购买	继承或赠予	其他
113844	**103071**	**22320**	**39369**	**8800**	**60439**	**44530**	**342**	**2565**
19060	18395	7752	7629	2526	2307	14127	109	685
18095	17568	7481	6184	2113	2348	12976	96	1005
15229	13644	1660	5728	753	11294	3321	21	175
14473	13307	1092	4691	513	10953	2983	19	121
12211	10858	1181	4056	677	7863	3941	15	117
10063	9200	718	3078	318	8288	1440	16	42
8738	8215	1069	3802	562	6466	1759	14	47
6250	4673	583	1138	485	4601	1217	15	104
3603	2809	315	904	207	2435	999	2	33
2229	1304	171	696	256	1436	622	14	110
2592	2061	252	927	254	1575	831	10	72
1301	1037	46	536	136	873	314	11	54
150526	**137388**	**31546**	**63227**	**11488**	**88108**	**48026**	**491**	**4753**
27315	26662	14599	13210	3957	3228	19142	98	1016
6599	6322	3010	3142	377	2105	2758	35	1334
14829	14481	5615	6781	2882	2254	8884	109	974
11101	10658	1009	5382	459	8459	2293	31	92
12217	11714	925	6393	418	10521	1107	22	265
13740	12127	779	4769	387	12065	1523	22	98
11702	9906	413	4828	436	9396	1896	13	85
4339	3798	229	1807	116	4050	555	6	39
4480	3248	489	1678	402	3147	915	26	95
6231	5295	372	2227	268	5196	747	15	43
4514	4162	262	1924	185	3959	563	29	134
10093	9078	515	2840	317	8475	1292	13	38
14896	14011	1497	5709	442	10246	3893	57	305
8470	5926	1832	2537	842	5007	2458	15	235
147108	**134941**	**14816**	**62919**	**7150**	**104076**	**35250**	**574**	**3654**
29355	27612	4535	12608	2127	17035	10410	60	607
8947	8222	272	2841	442	6212	2065	31	258
3895	3108	181	1123	223	2656	934	17	102
16914	15821	988	7699	248	14584	2043	48	140
12590	11364	783	4631	706	9007	2823	68	300
10246	8248	941	3934	705	6888	2838	71	129
19628	19016	1769	9060	644	15660	3447	59	389
6722	5689	708	2600	282	5060	1424	40	458
19862	18458	1618	8968	629	16883	2562	37	168
12406	11084	2583	7107	965	5650	5052	128	742
6543	6319	438	2348	179	4441	1652	15	361
66832	**42990**	**14692**	**26684**	**10361**	**31079**	**27493**	**851**	**1485**
17808	13882	6193	8304	3348	4351	11507	248	387
4399	2257	893	1387	748	2239	1652	35	43
3976	2170	525	1098	348	2481	1191	34	20
4592	3007	649	1187	1056	1913	1629	38	41
4279	2553	1166	1412	771	2041	1578	9	39
4178	2742	1515	1754	483	1652	2095	11	5
2432	1495	602	832	195	1143	1040	30	110
4013	2292	498	2012	218	2741	1094	28	139
5718	3929	854	3376	828	4230	1013	112	202
3666	2318	374	1343	333	2606	963	35	61
1464	1082	99	661	74	833	517	11	56
3839	2529	648	2038	609	1814	1512	37	65
6468	2734	676	1280	1350	3035	1702	223	317
110015	**96066**	**10471**	**30039**	**7163**	**71131**	**28363**	**904**	**4244**
21640	20371	5321	7437	2913	7638	10394	141	768
15457	13212	1148	4739	587	11642	2877	95	340

表8 续表 51

地　区	全部数据			长表数据		
	家庭户户数	平均每户住房间数	人均住房建筑面积	家庭户户数	住房内有管道自来水	住房内有厨房
城固县	158807	3.27	43.26	15553	14999	15456
洋县	128907	3.34	43.91	11799	10756	11609
西乡县	118949	2.75	44.49	11205	10533	11174
勉县	133129	3.09	45.59	13370	12824	13322
宁强县	94929	3.14	42.50	8704	8256	8551
略阳县	54047	2.91	37.08	5232	4838	5122
镇巴县	69654	3.65	40.62	6281	6128	6235
留坝县	12804	3.25	42.74	1298	1238	1268
佛坪县	10074	3.19	47.50	968	927	944
榆林市	**1222909**	**2.42**	**32.79**	**113705**	**102461**	**95440**
榆阳区	304897	2.43	33.07	30520	28603	28126
横山区	89309	2.73	32.65	8270	7531	7204
府谷县	81196	2.47	36.01	7938	7435	6597
靖边县	115027	2.93	33.63	10459	9451	9339
定边县	107175	3.04	33.47	9812	7302	8812
绥德县	106507	2.09	29.75	9164	8251	6881
米脂县	57076	2.21	29.54	4834	4485	3265
佳县	52693	2.11	30.77	4882	3794	2553
吴堡县	24531	2.14	33.02	2012	1787	1592
清涧县	47961	2.06	30.79	3945	3260	2389
子洲县	62772	1.81	25.36	5117	4750	4208
神木市	173765	2.24	35.39	16752	15812	14474
安康市	**847178**	**3.26**	**44.40**	**82332**	**81153**	**81968**
汉滨区	292928	3.11	44.05	26895	26483	26774
汉阴县	82537	3.28	49.04	8128	8074	8106
石泉县	56609	3.29	46.81	5609	5532	5594
宁陕县	22428	2.95	44.57	2209	2130	2187
紫阳县	80836	3.39	41.48	8195	8082	8162
岚皋县	45104	3.40	45.08	4524	4457	4504
平利县	62033	3.37	44.28	6166	6030	6119
镇坪县	16910	3.61	47.39	1628	1609	1622
旬阳县	131281	3.33	43.27	13614	13428	13546
白河县	56512	3.45	43.04	5364	5328	5354
商洛市	**710244**	**3.50**	**44.51**	**67979**	**58311**	**66768**
商州区	166830	3.20	42.24	17239	14853	16591
洛南县	120800	4.46	46.52	11373	8198	11181
丹凤县	85982	3.66	47.14	7615	6888	7561
商南县	71584	3.30	45.91	6860	6013	6825
山阳县	129255	3.09	42.87	11668	10587	11574
镇安县	86991	3.54	43.31	8395	7512	8278
柞水县	48802	3.10	46.60	4829	4260	4758
甘肃省	**7936539**	**3.78**	**34.15**	**764771**	**677993**	**728786**
兰州市	**1419860**	**2.63**	**35.38**	**139006**	**127621**	**127394**
城关区	530355	2.11	32.92	52251	46403	44649
七里河区	239708	2.44	33.83	23606	21908	22108
西固区	159739	2.38	35.44	15336	14981	14913
安宁区	122531	2.43	38.59	11529	11341	11076
红古区	48168	2.72	38.92	4779	4634	4744
永登县	97275	4.04	33.55	9710	9094	9320
皋兰县	39569	4.09	38.14	3813	3710	3725
榆中县	130291	3.63	40.13	12678	10435	11686
兰州新区	52224	3.76	41.41	5304	5115	5173
嘉峪关市	**117725**	**2.43**	**40.29**	**11627**	**11427**	**11473**
市辖区	117725	2.43	40.29	11627	11427	11473
金昌市	**177705**	**2.60**	**37.93**	**17097**	**16739**	**16230**
金川区	104272	2.46	38.26	10096	9963	9776
永昌县	73433	2.80	37.46	7001	6776	6454

单位：户、间/户、平方米/人

长表数据								
住房内有厕所	住房内有洗澡设施	住房所在建筑有电梯	拥有家用汽车	住房来源				
				租赁	自建	购买	继承或赠予	其他
15423	13688	588	4038	697	11071	3264	107	414
11101	9547	545	2573	674	8731	2105	87	202
11168	10228	1136	2153	577	7337	2443	123	725
13274	11594	747	3738	393	9380	3262	91	244
8577	6111	320	1912	484	6617	1051	64	488
4981	4145	366	1249	496	2823	1489	33	391
6241	5310	226	1322	165	4505	975	154	482
1248	1064	39	574	59	912	278	5	44
905	796	35	304	118	475	225	4	146
101380	**67675**	**21558**	**53286**	**24984**	**49226**	**33348**	**1784**	**4363**
27746	23576	7681	17643	9097	8921	11367	277	858
7019	4397	1297	4282	1561	4466	2044	52	147
6343	5122	1518	3574	1909	2733	2486	138	672
9455	6182	1561	5820	1759	5371	2931	78	320
8988	5253	1862	5456	1813	4617	2811	57	514
8196	4178	1271	2344	1307	4545	2800	218	294
4570	2455	515	1259	540	2967	1119	96	112
4271	1111	74	1054	355	3824	283	300	120
1805	1006	228	503	304	1029	480	90	109
3082	1435	523	920	605	2295	685	111	249
4799	1511	366	895	542	3459	763	197	156
15106	11449	4662	9536	5192	4999	5579	170	812
81700	**76919**	**8685**	**21266**	**5812**	**44779**	**26705**	**831**	**4205**
26793	25167	4345	8569	2970	13200	9147	241	1337
8106	7696	742	1749	336	5314	1749	134	595
5600	5398	256	1218	413	2336	2613	46	201
2141	1857	122	672	182	1038	796	36	157
8159	7835	784	1578	336	4331	3122	103	303
4503	4241	320	1193	280	2476	1251	34	483
6114	5899	409	1436	297	3821	1508	64	476
1620	1562	115	518	133	1090	314	14	77
13348	12150	1108	3107	564	8795	3815	97	343
5316	5114	484	1226	301	2378	2390	62	233
64140	**46364**	**7218**	**16918**	**4379**	**45984**	**13258**	**604**	**3754**
15718	10561	2323	4124	973	11248	3428	238	1352
10467	6399	796	2941	452	9169	1325	52	375
7398	5488	778	1676	337	5629	1487	24	138
6599	5971	1041	1866	667	4166	1485	44	498
11396	8274	1106	2636	923	7254	2923	116	452
7965	6334	966	2107	662	5392	1759	47	535
4597	3337	208	1568	365	3126	851	83	404
731237	**487761**	**117055**	**254012**	**67622**	**403782**	**262389**	**6044**	**24934**
130819	**105654**	**52615**	**48206**	**26919**	**24829**	**79278**	**1564**	**6416**
46843	41493	20166	16839	14956	1789	33277	622	1607
22182	19488	10262	6974	4516	2328	14532	335	1895
15137	13066	6667	4693	2360	1389	10500	229	858
11376	10393	7332	4721	1965	446	7579	149	1390
4754	3888	1126	1435	407	1058	3130	29	155
9466	4501	675	3521	549	6399	2599	36	127
3779	2020	648	1431	190	1967	1591	44	21
12015	7292	2684	5672	1115	7447	3655	118	343
5267	3513	3055	2920	861	2006	2415	2	20
11514	**10765**	**1648**	**5768**	**1050**	**442**	**9929**	**59**	**147**
11514	10765	1648	5768	1050	442	9929	59	147
16482	**12761**	**1095**	**6870**	**1784**	**3743**	**11101**	**156**	**313**
9978	8617	955	4393	1095	1028	7725	103	145
6504	4144	140	2477	689	2715	3376	53	168

表8　续表 52

地　区	全部数据			长表数据		
	家庭户户数	平均每户住房间数	人均住房建筑面积	家庭户户数	住房内有管道自来水	住房内有厨房
白银市	**502260**	**3.11**	**33.75**	**47960**	**41922**	**46428**
白银区	128380	2.32	34.64	12558	12355	12355
平川区	64856	3.23	34.17	6273	5973	6171
靖远县	112061	3.14	31.96	10715	9348	10425
会宁县	131559	3.19	31.89	11958	8071	11336
景泰县	65404	4.30	38.96	6456	6175	6141
天水市	**906337**	**4.00**	**32.66**	**85316**	**75060**	**82862**
秦州区	209906	3.70	32.38	18653	17437	17368
麦积区	165328	4.40	36.60	15898	14300	15644
清水县	76138	4.62	32.73	6730	5742	6548
秦安县	127603	3.83	31.75	12778	11540	12640
甘谷县	151898	3.99	32.93	14684	12667	14473
武山县	106369	3.60	30.38	10409	8156	10223
张家川回族自治县	69095	4.23	29.12	6164	5218	5966
武威市	**501280**	**4.24**	**35.15**	**48715**	**45981**	**48016**
凉州区	302616	4.00	33.48	29566	28349	29353
民勤县	69317	5.14	48.46	6610	5819	6509
古浪县	80972	4.79	34.10	7763	7507	7633
天祝藏族自治县	48375	3.52	30.54	4776	4306	4521
张掖市	**411659**	**3.16**	**39.12**	**39921**	**38828**	**39084**
甘州区	188963	2.89	37.89	18097	17738	17815
肃南裕固族自治县	10455	2.71	40.25	1098	953	1031
民乐县	63312	3.47	39.14	6045	5766	5946
临泽县	42286	3.49	42.15	4129	4091	4091
高台县	51347	3.33	39.66	4997	4902	4867
山丹县	55296	3.40	40.29	5555	5378	5334
平凉市	**611204**	**3.50**	**33.37**	**58735**	**53408**	**55882**
崆峒区	164171	3.06	33.85	16154	14377	15296
泾川县	80110	4.44	38.48	7448	6829	7306
灵台县	60385	4.13	34.08	5708	5169	5403
崇信县	25511	4.29	37.92	2530	2304	2467
庄浪县	101027	3.22	28.68	9607	8971	9467
静宁县	120992	2.99	31.98	11609	10420	10635
华亭市	59008	4.02	35.20	5679	5338	5308
酒泉市	**372076**	**3.19**	**41.26**	**35954**	**35249**	**34776**
肃州区	169765	3.18	38.50	16432	16090	16021
金塔县	40252	3.53	54.07	3826	3767	3800
瓜州县	41787	3.12	37.37	4065	3971	3928
肃北蒙古族自治县	4766	2.97	35.86	414	366	381
阿克塞哈萨克族自治县	3150	3.05	41.96	313	309	310
玉门市	44796	2.95	37.99	4210	4170	4105
敦煌市	67560	3.24	45.66	6694	6576	6231
庆阳市	**698231**	**4.24**	**34.74**	**64910**	**49557**	**61112**
西峰区	164436	3.31	37.18	15277	14073	13754
庆城县	74643	4.01	32.45	6838	4344	6449
环县	91061	3.57	30.93	8297	4116	7158
华池县	36739	3.72	32.34	3519	1541	3343
合水县	42484	3.51	31.38	4115	3538	4030
正宁县	56087	5.23	38.96	5211	4332	5153
宁县	112551	5.73	36.70	10276	8828	10158
镇原县	120230	4.75	34.21	11377	8785	11067
定西市	**788947**	**3.72**	**31.34**	**76951**	**66036**	**73385**
安定区	139547	2.88	34.14	13775	12866	13180
通渭县	102179	2.86	27.55	10689	9849	10310
陇西县	135145	3.01	33.92	13039	11581	12707
渭源县	88740	3.90	28.53	8552	7513	8232
临洮县	151582	4.47	30.79	14670	13044	13946
漳县	52674	3.45	31.19	4836	3351	4364
岷县	119080	5.29	31.56	11390	7832	10646

单位：户、间/户、平方米/人

长表数据								
住房内有厕所	住房内有洗澡设施	住房所在建筑有电梯	拥有家用汽车	住房来源				
				租赁	自建	购买	继承或赠予	其他
45952	**28695**	**4782**	**15893**	**2989**	**23607**	**19810**	**305**	**1249**
12422	10063	2134	3383	1071	1292	9926	112	157
6110	4727	411	2646	411	1935	3551	86	290
10414	5331	470	3619	369	8292	1738	40	276
11064	4879	1207	3311	711	8704	2207	38	298
5942	3695	560	2934	427	3384	2388	29	228
83213	**55303**	**7809**	**19935**	**4841**	**58722**	**18423**	**761**	**2569**
17885	12095	3714	4282	2798	7648	6974	223	1010
15605	12272	1889	4480	738	9233	4899	183	845
6549	3764	292	1752	237	5093	1277	34	89
12498	7144	600	3035	321	10621	1683	38	115
14472	9182	589	2402	371	12672	1274	143	224
10234	5993	523	2464	136	8532	1475	103	163
5970	4853	202	1520	240	4923	841	37	123
47355	**29020**	**6359**	**17096**	**1997**	**26358**	**17191**	**377**	**2792**
29018	18205	4656	9895	1250	15044	11643	156	1473
6339	3282	520	2443	178	4322	1775	12	323
7488	4781	284	2826	188	5040	1779	110	646
4510	2752	899	1932	381	1952	1994	99	350
39055	**29372**	**5614**	**18138**	**2259**	**16050**	**20297**	**229**	**1086**
17835	14376	3890	8310	1261	4727	11453	76	580
1023	779	15	663	44	509	448	15	82
5935	4240	446	3163	256	3536	2120	48	85
3954	2968	390	1920	125	2546	1345	24	89
4893	3327	355	1865	204	2554	2163	28	48
5415	3682	518	2217	369	2178	2768	38	202
56429	**34561**	**6611**	**19662**	**4738**	**35589**	**16967**	**285**	**1156**
15497	11587	3333	5628	1851	5881	7947	79	396
7223	4054	443	1789	215	5747	1338	28	120
5421	2432	356	1347	437	3898	1180	42	151
2465	1588	283	867	136	1570	767	17	40
9521	5320	527	3231	194	7838	1262	77	236
10779	6002	937	4682	1268	8092	2156	13	80
5523	3578	732	2118	637	2563	2317	29	133
34656	**29211**	**3921**	**15552**	**3096**	**12892**	**17655**	**258**	**2053**
15894	13962	2686	7293	1737	4550	9852	62	231
3671	2797	82	1707	83	2156	1503	32	52
3860	2902	256	1466	273	2254	1390	17	131
365	308	28	227	96	88	224	3	3
308	306	8	186	45	71	196		1
3977	3236	138	1615	450	1865	1820	21	54
6581	5700	723	3058	412	1908	2670	123	1581
60135	**36087**	**5778**	**25503**	**6163**	**42536**	**14092**	**527**	**1592**
14256	10269	3254	7965	2963	5579	6415	66	254
6125	4135	352	3197	714	4435	1503	65	121
6869	3264	762	3670	1196	5459	1358	47	237
3174	2014	215	1471	409	2045	880	24	161
3872	2353	260	1456	218	2880	885	27	105
5070	2409	229	1588	173	4080	822	41	95
9913	5338	305	3050	163	8946	903	58	206
10856	6305	401	3106	327	9112	1326	199	413
73886	**35068**	**7267**	**22798**	**4644**	**54950**	**15416**	**329**	**1612**
13317	8368	3051	4462	1286	7121	4908	56	404
10364	4886	602	2557	448	8718	1256	72	195
12592	6675	1671	3553	686	8634	3472	40	207
8237	3282	375	2602	370	6909	1033	32	208
14190	6770	935	4907	940	10161	3044	56	469
4435	1780	73	1307	404	3770	620	15	27
10751	3307	560	3410	510	9637	1083	58	102

表8 续表 53

地 区	全部数据			长表数据		
	家庭户户数	平均每户住房间数	人均住房建筑面积	家庭户户数	住房内有管道自来水	住房内有厨房
陇南市	**734115**	**5.46**	**35.28**	**69972**	**55193**	**66166**
武都区	173853	4.58	35.64	16646	14684	15251
成县	74119	4.22	31.28	7174	5250	6746
文县	68889	4.62	41.35	6590	6271	6470
宕昌县	70068	5.93	31.64	6413	5186	6077
康县	53424	4.27	39.37	5181	3716	4804
西和县	98887	7.81	34.27	9614	7666	9444
礼县	119033	7.41	35.53	11116	6384	10590
徽县	62147	3.76	35.09	5862	4815	5452
两当县	13695	3.84	38.33	1376	1221	1332
临夏回族自治州	**516396**	**5.74**	**28.53**	**51065**	**45757**	**50276**
临夏市	96608	3.68	33.77	9671	9236	9553
临夏县	79827	7.69	29.04	7975	5928	7759
康乐县	63494	5.71	27.49	6321	6320	6287
永靖县	57425	4.21	34.87	5679	5343	5618
广河县	54720	5.84	25.52	5244	4932	5219
和政县	49206	6.31	26.97	4801	4384	4750
东乡族自治县	59944	6.67	23.11	5889	5055	5800
积石山保安族东乡族撒拉族自治县	55172	6.51	27.90	5485	4559	5290
甘南藏族自治州	**178744**	**4.15**	**33.03**	**17542**	**15215**	**15702**
合作市	24405	3.35	34.95	2434	2222	2208
临潭县	34779	4.41	33.15	3370	3104	3294
卓尼县	24464	5.00	31.28	2438	2321	2371
舟曲县	37364	4.61	37.61	3666	2973	3439
迭部县	14434	3.36	36.53	1462	1301	1216
玛曲县	15073	2.29	23.07	1405	861	836
碌曲县	8771	2.66	25.48	830	755	748
夏河县	19454	5.48	32.80	1937	1678	1590
青海省	**1791200**	**3.15**	**35.61**	**174934**	**138472**	**152056**
西宁市	**804171**	**3.04**	**41.92**	**79770**	**72520**	**75928**
城东区	164290	2.38	38.31	16280	15969	15765
城中区	117749	2.55	41.60	11689	10783	10956
城西区	120184	2.54	45.64	11931	11671	11634
城北区	142499	2.60	49.13	14257	13476	13716
湟中区	108017	4.15	41.03	10606	7583	9614
大通回族土族自治县	115917	4.34	38.12	11429	9677	10863
湟源县	35515	3.66	39.97	3578	3361	3380
海东市	**383473**	**3.67**	**34.74**	**36765**	**27626**	**34477**
乐都区	77484	3.56	40.23	7541	4373	6732
平安区	37308	3.18	40.37	3598	3033	3410
民和回族土族自治县	88663	3.59	31.43	8522	7863	8245
互助土族自治县	99279	3.72	38.28	9648	7840	8984
化隆回族自治县	48214	3.49	26.14	4271	1587	4089
循化撒拉族自治县	32525	4.79	31.82	3185	2930	3017
海北藏族自治州	**80940**	**3.12**	**28.84**	**8251**	**6451**	**6489**
门源回族自治县	40075	3.68	28.33	4069	3518	3442
祁连县	14985	2.84	32.31	1465	1076	1079
海晏县	13508	2.22	32.87	1457	1290	1297
刚察县	12372	2.64	23.08	1260	567	671
黄南藏族自治州	**78585**	**3.19**	**27.87**	**7859**	**5328**	**5059**
同仁县	28102	3.71	34.78	2949	2471	1948
尖扎县	15507	3.86	34.82	1544	1309	1307
泽库县	21993	2.23	15.23	2123	907	1121
河南蒙古族自治县	12983	2.88	26.78	1243	641	683
海南藏族自治州	**132890**	**3.19**	**29.47**	**13019**	**9685**	**10322**
共和县	39936	3.13	32.50	4009	3190	3270
同德县	17203	2.32	23.30	1726	1218	966
贵德县	32702	3.83	36.02	3323	2930	3144
兴海县	22855	3.43	23.45	1926	913	1491
贵南县	20194	2.74	26.14	2035	1434	1451

单位：户、间/户、平方米/人

长表数据								
住房内有厕所	住房内有洗澡设施	住房所在建筑有电梯	拥有家用汽车	住房来源				
				租赁	自建	购买	继承或赠予	其他
64875	**37828**	**4011**	**18185**	**4183**	**55812**	**8072**	**596**	**1309**
15348	9132	1779	3986	1876	11466	2794	89	421
6733	3753	507	2017	679	5505	888	39	63
6113	4475	225	1450	374	5415	666	72	63
6002	3101	442	1754	79	5407	701	22	204
4478	2641	102	1324	244	4390	443	24	80
9379	5040	330	2505	274	8552	587	69	132
10175	5009	169	2817	172	9956	598	193	197
5368	3679	456	1914	449	4099	1118	71	125
1279	998	1	418	36	1022	277	17	24
50406	**33466**	**7995**	**14475**	**2071**	**36146**	**10425**	**472**	**1951**
9612	7994	4102	3753	1311	2508	5147	192	513
7767	3873	353	2227	32	7336	402	25	180
6320	4191	496	1638	119	5333	793	12	64
5649	4082	1493	1940	284	3027	2129	17	222
5239	4172	378	1305	74	4328	525	50	267
4752	2208	402	1273	88	3941	678	31	63
5814	3515	309	813	32	5143	72	129	513
5253	3431	462	1526	131	4530	679	16	129
16460	**9970**	**1550**	**5931**	**888**	**12106**	**3733**	**126**	**689**
2315	1673	667	1226	323	849	1106	28	128
3332	1263	142	1132	89	2860	391	19	11
2422	1744	241	962	55	1848	473	9	53
3501	2204	232	884	167	2858	521	14	106
1409	842	107	453	78	954	417	1	12
1007	391	48	431	90	789	245	45	236
778	673	23	292	40	471	225	6	88
1696	1180	90	551	46	1477	355	4	55
158173	**112312**	**34818**	**82723**	**20089**	**70583**	**70881**	**3028**	**10353**
76478	**64707**	**27131**	**40057**	**10229**	**19277**	**47822**	**644**	**1798**
15854	14897	7914	6874	2978	196	12369	140	597
11074	9416	3825	5331	2193	711	8440	81	264
11800	10915	6907	6603	1365	106	9878	220	362
13905	11763	6438	6873	2664	1041	10235	96	221
9784	7016	475	6415	263	8526	1731	32	54
10676	8078	1197	6096	485	7202	3408	66	268
3385	2622	375	1865	281	1495	1761	9	32
35170	**22343**	**5005**	**16298**	**1736**	**24197**	**9736**	**267**	**829**
7025	4596	1633	2962	507	3941	2594	74	425
3526	2740	969	1749	249	1235	1941	23	150
8293	5479	1099	2945	365	5965	2079	20	93
9206	4487	1041	5516	343	6936	2288	26	55
4028	2620	131	1859	125	3677	370	43	56
3092	2421	132	1267	147	2443	464	81	50
6737	**4994**	**187**	**4600**	**1305**	**3832**	**2448**	**96**	**570**
3479	2573	126	2299	533	2460	1014	18	44
1271	967	33	724	184	584	540	30	127
1368	1069	22	904	337	345	669	11	95
619	385	6	673	251	443	225	37	304
5911	**2654**	**533**	**2724**	**713**	**4868**	**1404**	**223**	**651**
2665	1425	476	1006	405	1493	877	31	143
1410	804	48	495	122	1054	261	35	72
1038	197	7	548	100	1377	172	144	330
798	228	2	675	86	944	94	13	106
10118	**4735**	**176**	**6059**	**1793**	**7864**	**2711**	**163**	**488**
3318	1523	139	2052	589	2226	1071	33	90
1019	344	2	779	178	1096	255	66	131
3196	1989	22	1414	516	2136	620	14	37
1185	351	10	827	168	983	619	34	122
1400	528	3	987	342	1423	146	16	108

表8 续表 54

地区	全部数据			长表数据		
	家庭户户数	平均每户住房间数	人均住房建筑面积	家庭户户数	住房内有管道自来水	住房内有厨房
果洛藏族自治州	**64176**	**2.20**	**22.76**	**5621**	**1675**	**2643**
玛沁县	17139	2.40	26.72	1136	665	846
班玛县	8086	2.34	24.22	778	270	365
甘德县	14301	2.49	23.14	1349	117	460
达日县	10971	1.81	20.07	964	305	225
久治县	8357	1.94	19.12	826	154	579
玛多县	5322	1.81	20.04	568	164	168
玉树藏族自治州	**111815**	**3.08**	**25.08**	**9937**	**3468**	**5239**
玉树市	36563	3.34	26.18	3360	1907	2379
杂多县	15733	2.23	21.81	1173	175	502
称多县	16885	3.23	25.21	1531	406	581
治多县	10192	3.01	23.16	819	25	196
囊谦县	21674	3.46	25.83	1944	731	1251
曲麻莱县	10768	2.57	27.14	1110	224	330
海西蒙古族藏族自治州	**135150**	**2.79**	**35.17**	**13712**	**11719**	**11899**
格尔木市	62554	3.01	35.47	6229	5645	5752
德令哈市	27611	2.58	37.05	2697	2561	2557
茫崖市	5418	1.56	28.04	774	601	239
乌兰县	9644	3.12	40.49	1047	917	959
都兰县	20146	2.98	34.00	1995	1409	1800
天峻县	8002	1.92	25.90	805	422	429
大柴旦行政委员会	1775	2.25	33.80	165	164	163
宁夏回族自治区	**2361757**	**2.66**	**36.10**	**233945**	**226112**	**227904**
银川市	**959837**	**2.52**	**38.83**	**94525**	**92513**	**92573**
兴庆区	285880	2.36	37.84	27948	27443	27129
西夏区	129290	2.39	34.65	12747	12254	12366
金凤区	233551	2.66	43.62	22897	22576	22660
永宁县	104177	2.59	36.82	10395	10177	10214
贺兰县	118447	2.52	38.79	11567	11179	11367
灵武市	88492	2.75	38.16	8971	8884	8837
石嘴山市	**279286**	**2.46**	**36.70**	**28028**	**27587**	**27730**
大武口区	109255	2.52	37.33	10825	10663	10755
惠农区	70321	2.31	35.14	7295	7205	7163
平罗县	99710	2.49	37.02	9908	9719	9812
吴忠市	**438481**	**2.74**	**35.99**	**43291**	**42361**	**42322**
利通区	157614	2.58	38.68	15521	15163	15203
红寺堡区	52439	3.00	31.55	5149	5108	5064
盐池县	51828	2.66	36.46	5120	5034	4957
同心县	87872	2.98	33.72	8601	8350	8397
青铜峡市	88728	2.69	37.13	8900	8706	8701
固原市	**349151**	**2.81**	**30.85**	**35015**	**31454**	**33048**
原州区	145097	2.64	33.49	14692	14319	14106
西吉县	87201	2.70	27.31	8759	6391	7943
隆德县	36706	2.93	31.80	3695	3348	3570
泾源县	25836	4.34	31.29	2578	2365	2367
彭阳县	54311	2.62	29.26	5291	5031	5062
中卫市	**335002**	**2.95**	**34.60**	**33086**	**32197**	**32231**
沙坡头区	134120	2.91	36.66	13123	12812	12872
中宁县	109034	3.01	35.70	10668	10399	10385
海原县	91848	2.93	30.97	9295	8986	8974
新疆维吾尔自治区	**7878844**	**2.93**	**32.52**	**769328**	**747803**	**747513**
乌鲁木齐市	**1378151**	**2.42**	**35.71**	**136523**	**134377**	**132590**
天山区	204640	2.42	33.77	20120	19530	19923
沙依巴克区	283481	2.40	35.42	28186	27823	27864
新市区	346441	2.38	36.67	34297	33926	33058
水磨沟区	214407	2.17	33.48	21292	21019	19830

单位：户、间/户、平方米/人

长表数据								
住房内有厕所	住房内有洗澡设施	住房所在建筑有电梯	拥有家用汽车	住房来源				
				租赁	自建	购买	继承或赠予	其他
3906	**1418**	**39**	**1356**	**893**	**2024**	**743**	**465**	**1496**
940	490	21	411	250	468	154	28	236
576	217	3	170	102	415	59	70	132
1181	315	2	126	281	192	384	67	425
342	148	9	301	119	399	60	27	359
629	168	3	198	57	516	59	23	171
238	80	1	150	84	34	27	250	173
7472	**1810**	**58**	**4345**	**708**	**4848**	**694**	**839**	**2848**
2823	1163	43	1554	404	1665	48	248	995
764	72	4	839	53	575	154	70	321
1173	118		376	45	591	35	206	654
537	45	1	395	32	354	101	94	238
1616	352	9	826	141	1376	156	111	160
559	60	1	355	33	287	200	110	480
12381	**9651**	**1689**	**7284**	**2712**	**3673**	**5323**	**331**	**1673**
5802	4822	1532	3094	1275	1429	2913	45	567
2607	2077	86	1533	397	592	1303	133	272
693	534		415	300	36	5	43	390
1002	665	34	549	189	374	374	1	109
1659	1046	28	1085	295	1034	547	26	93
454	355	8	522	187	207	159	35	217
164	152	1	86	69	1	22	48	25
227455	**217995**	**45431**	**99140**	**30522**	**68686**	**114921**	**2003**	**17813**
92773	**90593**	**32169**	**45845**	**15335**	**9307**	**59176**	**1011**	**9696**
27361	26577	8896	13147	6685	1409	16692	382	2780
12382	11953	3469	5308	2001	966	8429	160	1191
22708	22647	13175	12725	3421	623	16989	157	1707
10192	9695	1783	4308	1016	1847	5188	221	2123
11253	11030	2968	6111	1004	2057	7654	50	802
8877	8691	1878	4246	1208	2405	4224	41	1093
27553	**26383**	**2355**	**11233**	**3350**	**5382**	**17891**	**258**	**1147**
10688	10366	1416	4500	1431	953	7876	134	431
7101	6825	383	2521	1212	1113	4389	77	504
9764	9192	556	4212	707	3316	5626	47	212
42002	**40009**	**4322**	**17134**	**4369**	**17666**	**16935**	**349**	**3972**
15279	15158	2709	6408	1918	2828	7488	217	3070
5100	4738	120	1878	425	3681	1009	11	23
4714	4236	601	2461	673	1992	2211	33	211
8335	8087	399	2891	576	6345	1350	44	286
8574	7790	493	3496	777	2820	4877	44	382
32998	**31381**	**3435**	**13089**	**4536**	**19589**	**9657**	**136**	**1097**
14662	13437	2475	5787	2219	6020	5876	41	536
7408	7699	219	3043	929	6421	1110	48	251
3537	3366	168	1349	409	2195	998	18	75
2391	2305	168	780	188	1851	447	8	84
5000	4574	405	2130	791	3102	1226	21	151
32129	**29629**	**3150**	**11839**	**2932**	**16742**	**11262**	**249**	**1901**
12859	12113	1949	4960	1134	4571	6027	131	1260
10122	9478	1034	4291	841	5266	4227	29	305
9148	8038	167	2588	957	6905	1008	89	336
751486	**712680**	**118267**	**303646**	**90568**	**178105**	**348788**	**13942**	**137925**
134637	**128952**	**46970**	**67924**	**28580**	**6107**	**92019**	**1199**	**8618**
19961	19786	5929	10205	3107	151	15750	319	793
27947	27595	9716	13296	4752	288	21285	243	1618
33756	31578	11270	17622	7387	1634	23174	221	1881
20749	18770	7193	9603	8117	848	11487	139	701

表8 续表 55

地区	全部数据			长表数据		
	家庭户户数	平均每户住房间数	人均住房建筑面积	家庭户户数	住房内有管道自来水	住房内有厨房
头屯河区	132251	2.53	36.54	13262	13164	13097
达坂城区	11864	3.05	37.72	1131	1106	1053
米东区	171399	2.60	37.20	16890	16552	16493
乌鲁木齐县	13668	3.80	49.75	1345	1257	1272
克拉玛依市	**169121**	**2.62**	**38.82**	**16799**	**16734**	**16668**
独山子区	30623	2.82	43.24	3033	3022	3028
克拉玛依区	116816	2.61	38.78	11642	11629	11530
白碱滩区	16998	2.39	32.31	1671	1671	1669
乌尔禾区	4684	2.36	34.12	453	412	441
吐鲁番市	**189449**	**3.33**	**35.95**	**18525**	**18225**	**17401**
高昌区	83096	3.33	32.73	8037	7883	7655
鄯善县	68399	3.57	38.83	6736	6632	6056
托克逊县	37954	2.91	38.55	3752	3710	3690
哈密市	**235870**	**2.78**	**38.03**	**23121**	**22251**	**22044**
伊州区	206146	2.81	38.86	20127	19511	19456
巴里坤哈萨克自治县	20134	2.72	32.73	2016	1792	1810
伊吾县	9590	2.24	31.90	978	948	778
昌吉回族自治州	**551163**	**2.72**	**38.73**	**54232**	**51064**	**53316**
昌吉市	204976	2.63	38.96	20145	19006	19963
阜康市	63294	2.68	38.39	6187	6098	6075
呼图壁县	67141	2.84	37.14	6712	5562	6577
玛纳斯县	73273	2.59	39.43	7111	6782	6943
奇台县	76344	2.81	39.79	7536	7357	7406
吉木萨尔县	43106	2.93	38.68	4278	4028	4173
木垒哈萨克自治县	23029	3.00	36.99	2263	2231	2179
博尔塔拉蒙古自治州	**147219**	**2.92**	**35.16**	**14646**	**14022**	**14272**
博乐市	82936	2.83	36.10	8262	8101	8062
阿拉山口市	2176	1.99	25.93	178	176	167
精河县	43686	3.19	34.80	4340	3970	4276
温泉县	18421	2.77	32.60	1866	1775	1767
巴音郭楞蒙古自治州	**499948**	**2.88**	**36.93**	**48991**	**47573**	**47926**
库尔勒市	263860	2.83	37.40	25928	25384	25579
轮台县	42305	3.11	34.14	4005	3885	3832
尉犁县	33140	2.85	36.22	3239	3159	3160
若羌县	10343	3.14	44.60	1021	995	1003
且末县	21474	2.66	32.39	2188	2172	2121
焉耆回族自治县	39352	2.96	37.66	3814	3694	3737
和静县	51761	2.85	35.74	5084	4702	4882
和硕县	20110	2.91	39.06	1945	1866	1874
博湖县	17603	3.19	39.24	1767	1716	1738
阿克苏地区	**759772**	**2.76**	**30.47**	**73871**	**72079**	**71061**
阿克苏市	208679	2.72	31.82	20424	19505	19364
库车市	145588	2.61	32.43	14195	14115	13724
温宿县	73545	3.05	30.40	7136	6900	6957
沙雅县	80394	2.49	31.62	7728	7504	7207
新和县	52677	2.67	29.71	5126	5038	4939
拜城县	66563	2.77	28.14	6439	6354	6329
乌什县	54292	2.82	25.07	5264	5157	5040
阿瓦提县	65202	3.12	28.26	6313	6269	6294
柯坪县	12832	3.58	31.46	1246	1237	1207
克孜勒苏柯尔克孜自治州	**164197**	**3.74**	**29.49**	**16026**	**15686**	**14977**
阿图什市	73483	4.06	32.59	7169	7084	6734
阿克陶县	60295	3.84	26.56	5813	5712	5614
阿合奇县	12925	2.56	24.85	1341	1214	1089
乌恰县	17494	2.88	28.86	1703	1676	1540
喀什地区	**1224402**	**3.40**	**25.76**	**117783**	**116474**	**116560**
喀什市	214812	3.82	29.51	20817	20636	20732
疏附县	72471	3.82	24.10	6673	6479	6488

单位：户、间/户、平方米/人

长表数据								
住房内有厕所	住房内有洗澡设施	住房所在建筑有电梯	拥有家用汽车	住房来源				
				租赁	自建	购买	继承或赠予	其他
13219	13083	6659	7173	2185	135	9489	69	1384
1114	979	1	445	138	281	280	17	415
16572	15959	6188	8829	2780	2232	10499	145	1234
1319	1202	14	751	114	538	55	46	592
16758	**16640**	**3764**	**9933**	**1951**	**79**	**14054**	**157**	**558**
3023	3015	319	1913	232	17	2716	22	46
11620	11554	3218	6986	1402	36	9666	119	419
1671	1659	172	848	240	10	1376	14	31
444	412	55	186	77	16	296	2	62
18327	**16852**	**1590**	**7376**	**1541**	**7332**	**5682**	**386**	**3584**
7945	7288	771	3183	603	3520	2597	177	1140
6641	5963	578	2694	649	3053	1848	168	1018
3741	3601	241	1499	289	759	1237	41	1426
22259	**20929**	**3205**	**11876**	**2724**	**3065**	**14227**	**262**	**2843**
19414	18590	3187	10428	2326	2545	13056	221	1979
1897	1460	13	949	214	481	798	29	494
948	879	5	499	184	39	373	12	370
52510	**48726**	**10843**	**26612**	**4768**	**10233**	**34137**	**455**	**4639**
19960	19484	6804	10761	2256	1586	14742	154	1407
6012	5760	1333	2704	494	921	3676	42	1054
6358	5829	503	3027	448	1740	4042	30	452
6672	5952	333	2902	475	1495	4588	61	492
7108	6308	1371	3851	536	2467	3900	83	550
4147	3575	284	2308	355	1184	2242	75	422
2253	1818	215	1059	204	840	947	10	262
14271	**13105**	**1892**	**6372**	**1552**	**2133**	**8129**	**137**	**2695**
8037	7653	1580	3871	844	873	5101	52	1392
178	177	2	73	102	3	61	6	6
4221	3899	300	1644	374	766	2227	53	920
1835	1376	10	784	232	491	740	26	377
47296	**45056**	**12149**	**23407**	**5412**	**9900**	**28557**	**360**	**4762**
25165	24861	9269	13896	3033	2422	19305	104	1064
3919	3362	369	1512	265	1483	1187	9	1061
3101	2921	433	1409	260	714	1522	97	646
1004	976	209	415	114	358	455	11	83
2163	1951	212	691	291	340	649	82	826
3630	3552	764	1731	503	1575	1567	27	142
4729	4105	541	2097	553	1748	2251	13	519
1870	1709	171	887	217	593	937	12	186
1715	1619	181	769	176	667	684	5	235
72249	**69116**	**8453**	**25764**	**8780**	**26479**	**22238**	**858**	**15516**
19286	18266	5181	9172	3636	5206	10532	103	947
14058	13333	1476	4498	1441	8497	3975	90	192
6976	6816	344	2959	694	2906	1674	49	1813
7661	7042	544	2139	727	3720	1550	67	1664
5084	4850	208	1603	462	1355	1144	81	2084
6386	6322	324	1782	628	701	1519	72	3519
5253	5040	78	1067	333	1316	598	191	2826
6305	6227	269	2082	697	1974	979	203	2460
1240	1220	29	462	162	804	267	2	11
15644	**14461**	**1679**	**4871**	**1464**	**3824**	**3802**	**162**	**6774**
7131	6681	1144	2443	707	2464	2016	51	1931
5796	5484	420	1425	340	827	998	54	3594
1090	860	36	391	156	230	388	29	538
1627	1436	79	612	261	303	400	28	711
117465	**115519**	**5848**	**24401**	**11651**	**39608**	**19912**	**2916**	**43696**
20805	20681	3559	6153	2387	5802	8774	299	3555
6653	6601	53	1267	432	3519	645	16	2061

表8 续表 56

地区	全部数据			长表数据		
	家庭户户数	平均每户住房间数	人均住房建筑面积	家庭户户数	住房内有管道自来水	住房内有厨房
疏勒县	97251	4.24	28.80	9209	9049	9053
英吉沙县	74296	4.11	28.12	6921	6759	6893
泽普县	64250	3.43	28.84	6255	6073	6191
莎车县	219710	2.91	22.61	21413	21411	21195
叶城县	134787	3.32	23.38	13094	12853	12947
麦盖提县	67930	2.34	23.92	6632	6632	6602
岳普湖县	47653	3.66	27.75	4471	4441	4438
伽师县	114965	3.25	25.33	11241	11240	11210
巴楚县	104885	2.86	24.24	9953	9813	9707
塔什库尔干塔吉克自治县	11392	2.49	25.65	1104	1088	1104
和田地区	**641805**	**3.47**	**29.44**	**59519**	**59349**	**59094**
和田市	123216	3.47	32.82	11325	11291	11193
和田县	75368	3.78	26.47	6803	6796	6780
墨玉县	148775	3.07	25.63	13351	13347	13333
皮山县	79440	3.06	25.26	7637	7587	7534
洛浦县	75765	4.20	34.72	7179	7179	7130
策勒县	49865	3.53	31.63	4818	4760	4803
于田县	75041	3.78	31.77	6988	6988	6919
民丰县	14335	2.78	35.99	1418	1401	1402
伊犁哈萨克自治州	**827312**	**3.20**	**33.45**	**80108**	**76868**	**74865**
伊宁市	242603	3.07	37.02	23907	23216	23179
奎屯市	86266	2.51	37.39	8521	8418	8488
霍尔果斯市	24221	2.90	37.43	2377	2073	2254
伊宁县	95399	3.42	29.29	8785	8429	8193
察布查尔锡伯自治县	45669	3.43	32.97	4476	4353	4210
霍城县	72180	3.60	34.38	6847	6465	6302
巩留县	51072	3.29	29.80	4987	4843	4544
新源县	85373	3.36	33.21	8206	7769	7308
昭苏县	40549	3.20	28.68	3990	3712	3583
特克斯县	40141	3.36	27.58	3823	3568	3128
尼勒克县	43839	3.59	32.77	4189	4022	3676
塔城地区	**385348**	**2.77**	**35.10**	**37976**	**35680**	**37027**
塔城市	56219	2.86	36.76	5425	5179	5328
乌苏市	91278	2.73	36.51	9036	8735	8847
额敏县	63028	2.87	33.10	6217	5210	5994
沙湾县	111349	2.66	36.57	11220	11002	11103
托里县	25088	2.98	27.30	2278	1970	2059
裕民县	17871	2.92	35.76	1768	1700	1740
和布克赛尔蒙古自治县	20515	2.64	33.61	2032	1884	1956
阿勒泰地区	**202515**	**2.79**	**31.91**	**19981**	**18069**	**19433**
阿勒泰市	75114	2.74	34.58	7381	6778	7202
布尔津县	23387	2.66	31.47	2329	1947	2291
富蕴县	28183	2.74	27.77	2791	2641	2703
福海县	22086	2.93	33.73	2208	2104	2153
哈巴河县	25217	2.90	30.58	2489	2107	2349
青河县	17786	2.90	29.81	1751	1478	1707
吉木乃县	10742	2.77	30.88	1032	1014	1028
自治区直辖县级行政区划	**502572**	**2.52**	**35.07**	**51227**	**49352**	**50279**
石河子市	168470	2.32	36.53	16631	16370	16453
阿拉尔市	98250	2.46	34.27	10496	10063	10224
图木舒克市	74546	2.82	32.20	7677	7500	7429
五家渠市	47095	2.57	40.42	4699	4597	4671
北屯市	6947	2.45	33.13	743	708	739
铁门关市	34856	2.70	35.69	3586	3498	3533
双河市	19296	2.74	35.58	1918	1877	1899
可克达拉市	26614	2.53	36.23	2765	2099	2633
昆玉市	17306	2.79	27.55	1730	1700	1725
胡杨河市	9192	2.48	32.06	982	940	973

单位：户、间/户、平方米/人

长表数据								
住房内有厕所	住房内有洗澡设施	住房所在建筑有电梯	拥有家用汽　车	住房来源				
				租赁	自建	购买	继承或赠予	其他
9176	9006	156	2217	301	5909	1272	37	1690
6905	6859	66	1115	164	2872	1020	20	2845
6230	6124	127	1586	583	3434	1370	41	827
21408	21014	837	3208	2071	6238	2304	1010	9790
13060	12900	390	2863	1887	3847	1257	578	5525
6628	6576	172	1036	1177	768	770	52	3865
4452	4399	124	935	556	1791	524	666	934
11239	11189	68	1912	963	2328	897	27	7026
9806	9270	294	1883	959	3039	1029	52	4874
1103	900	2	226	171	61	50	118	704
59420	**58673**	**4539**	**14507**	**4283**	**18588**	**6256**	**4887**	**25505**
11300	11130	2343	4508	1241	4259	3685	827	1313
6776	6630	3	1222	56	3048	11	376	3312
13343	13329	565	2828	718	2469	518	163	9483
7617	7382	495	1275	717	1362	452	265	4841
7179	7148	439	1957	548	2788	445	189	3209
4809	4791	109	915	436	1403	362	2485	132
6986	6873	554	1365	340	3006	537	568	2537
1410	1390	31	437	227	253	246	14	678
78198	**68371**	**6564**	**32471**	**7173**	**32564**	**32541**	**699**	**7131**
23750	22849	4145	11032	3112	5037	14411	312	1035
8419	8358	1389	4147	962	107	7085	45	322
2315	2011	310	1097	297	804	1199	16	61
8509	7412	24	2615	464	5436	999	32	1854
4383	3896	54	1806	360	2969	865	36	246
6716	5738	252	2743	320	4369	1959	73	126
4829	4123	66	1822	285	2245	1027	16	1414
7633	5903	231	3014	421	4887	2355	64	479
3830	2686	6	1348	367	1971	921	41	690
3709	2616	24	1410	291	2316	932	31	253
4105	2779	63	1437	294	2423	788	33	651
35520	**31395**	**2990**	**16941**	**3178**	**10026**	**20393**	**430**	**3949**
5118	4569	518	2770	436	1438	3122	54	375
8264	7461	877	4071	810	2774	4979	40	433
5905	4901	686	2728	618	1577	3171	104	747
10452	9942	701	4762	655	2658	6962	99	846
2156	1592	97	840	204	530	766	82	696
1718	1410	64	781	149	545	761	17	296
1907	1520	47	989	306	504	632	34	556
19139	**16836**	**1316**	**8845**	**1766**	**4568**	**10051**	**381**	**3215**
7089	6249	1009	3461	773	1397	4801	86	324
2226	1770	87	968	162	722	987	37	421
2670	2503	71	1137	371	567	1281	86	486
2095	1912	73	1078	152	636	984	65	371
2446	1925	30	1035	118	807	917	23	624
1586	1489	28	712	113	331	646	19	642
1027	988	18	454	77	108	435	65	347
47793	**48049**	**6465**	**22346**	**5745**	**3599**	**36790**	**653**	**4440**
16249	16135	3327	7221	1738	354	13866	117	556
8871	9653	615	5619	1758	535	7241	161	801
7158	7069	112	2573	742	1125	4295	231	1284
4585	4533	1608	2095	405	151	4011	30	102
667	671	89	448	77	32	540	2	92
3154	3440	347	1331	393	411	1967	58	757
1845	1774	245	853	185	51	1571	6	105
2610	2197	26	1085	168	583	1828	16	170
1716	1702	43	666	145	329	812	18	426
938	875	53	455	134	28	659	14	147